Penguin Reference

Goode and McKendrick on C

Roy Goode is Emeritus Professor of   d
Emeritus Fellow of St John's College, Oxford. A former solicitor, later a
barrister and Queen's Counsel, he held chairs at Queen Mary College,
University of London, and at Oxford, where he was Norton Rose Professor of
English Law until his retirement in 1998. He is an Honorary Bencher of Inner
Temple, a Fellow of the British Academy, of Goodenough College and of the
Royal Society of Arts and is an Honorary Fellow of Queen Mary. He holds
honorary doctorates from the University of London and the University of East
Anglia. He was for fifteen years a member, and is currently an honorary
member, of the Governing Council of the International Institute for the
Unification of Private Law (UNIDROIT). He was knighted in 2000 for services
to academic law.

Roy Goode served as chairman or member of several government committees.
He has lectured extensively in this country and abroad and is the author of a
number of standard textbooks and monographs. His leisure interests include
chess, walking and browsing in bookshops. He is married with one daughter
and lives in Oxford.

Ewan McKendrick is Herbert Smith Professor of English Private Law at the
University of Oxford, where he is also a Pro-Vice-Chancellor and a Fellow of
Lady Margaret Hall. He is the author of a number of key works on contract
law and commercial law, and is an editor of *Chitty on Contracts*. He is a
barrister in practice with a leading set of commercial chambers in London and
is a Bencher of Gray's Inn.

Goode and McKendrick on Commercial Law

Sixth Edition

Professor Ewan McKendrick QC (Hon)
Professor of English Private Law, University of Oxford,
Fellow of Lady Margaret Hall
Professor of Anglo-American Private Law, University of Leiden
Barrister, 3 Verulam Buildings and Bencher of Gray's Inn

PENGUIN BOOKS

PENGUIN BOOKS

UK | USA | Canada | Ireland | Australia

India | New Zealand | South Africa

Penguin Books is part of the Penguin Random House group of companies whose addresses can be found at global.penguinrandomhouse.com

First published in 1982 by Penguin Books Ltd and Allen Lane

Reprinted with minor revisions in 1985 by Penguin Books Ltd

Second edition published in 1995 by Butterworths and Penguin Books Ltd

Third edition published in 2004 by LexisNexis UK and Penguin Books Ltd

Fourth edition published in 2009 by LexisNexis and Penguin Books Ltd

Fifth edition published in 2016 by LexisNexis and Penguin Books Ltd

Sixth edition published in 2020 by LexisNexis and Penguin Books Ltd
Copyright © Professor Sir Roy Goode and Professor Ewan McKendrick, 2020

The moral right of the authors has been asserted

ISBN for this volume: 9780141991887

Printed and bound in Great Britain by Clays Ltd, Elcograf S.p.A.

The authorized representative in the EEA is Penguin Random House Ireland, Morrison Chambers, 32 Nassau Street, Dublin D02 YH68

A CIP catalogue record for this book is available from the British Library

003

www.greenpenguin.co.uk

 Penguin Random House is committed to a sustainable future for our business, our readers and our planet. This book is made from Forest Stewardship Council® certified paper.

Contents

Preface	xviii
Foreword to the First Edition	xxi
Preface to the First Edition	xxii
Acknowledgements	xxv
List of Figures	xxvi
Table of Statutes	xxix
Table of Statutory Instruments	xliii
Table of Codes	xlix
Table of European Treaties and Legislation	li
Table of Conventions and Model Laws	lv
Table of Uniform Rules, Uniform Trade Terms and Restatements	lix
Table of Cases	lxi

PART ONE THE FOUNDATIONS OF COMMERCIAL LAW

1 The Nature and Sources of Commercial Law — 3
1. The law merchant — 3
2. The founding of English commercial law — 6
3. The nature of commercial law — 8
4. The interests to be protected — 10
5. The principal sources of commercial law — 12
6. The limitations of judicial precedent — 26
7. The problem of language — 28
8. The importance of certainty — 30
9. The challenge of technology — 32

Contents

2	**Basic Concepts of Personal Property**	37
1.	Classification of rights	38
2.	Property and obligation	41
3.	Personal property defined	42
4.	The distinguishing characteristics of personal property	43
5.	Legal ownership	45
6.	Equitable ownership	53
7.	Possession	57
8.	Dealings in goods	61
9.	Dealings in intangibles	62
10.	Essential elements for the consensual transfer of real rights	65
11.	Conflicting claims to pure personalty	67
12.	The effect of transfers by a non-owner	73
13.	Identifying the object of a transfer obligation	75
14.	The protection of property rights through the law of torts	78
3.	**Some Aspects of Contract Law**	81
1.	The nature and function of contract law	81
2.	Contract, tort and restitution	83
3.	Promise and bargain	84
4.	Contract as a reflection of the will of the parties	90
5.	Formation and avoidance	91
6.	The classification of statements made in a contractual setting	99
7.	Ascertaining the contract terms	103
8.	Construing the contract	113
9.	Restrictions on what can be validly stipulated	119
10.	The privity rule and its consequences	131
11.	Variation and novation	134
12.	Waiver and estoppel	136
13.	Remedies for misrepresentation	138
14.	Performance of the contract	141
15.	Remedies for breach of contract	142
16.	Defences to a contract claim	166
17.	Illegality	166

18.	Impediments to performance and the doctrine of frustration	175

4	**Commercial Contracts**	**181**
1.	Commercial and non-commercial contracts	181
2.	Contract types and structures	182
3.	Factors influencing the choice	188
4.	Market contracts and their organization	194
5.	The legal power of the market	201

5	**Agency in Commercial Transactions**	**205**
1.	The concept of agency	207
2.	Sources of agency law	208
3.	Types of agent	210
4.	Authority and power of an agent	212
5.	Actual, apparent, and usual authority	214
6.	Conditions needed to be able to invoke apparent authority	215
7.	Ratification of acts done without authority	217
8.	Relations between principal and agent	217
9.	Position of third party: agency disclosed	222
10.	Position of third party: agency undisclosed	223
11.	Termination of the agent's authority	224
12.	Dispositions by and to A	226

PART TWO   DOMESTIC SALES

6	**A Brief History of Sales Law**	**229**

7	**The Contract of Sale: Its Nature and Function**	**237**
1.	Ambit of the Sale of Goods Act	237
2.	The language of the Sale of Goods Act	240
3.	The contract of sale defined	242
4.	The significance of the statutory definition	256
5.	Documentary and non-documentary sales	259
6.	Consumer sales	259

Contents

8	**The Passing of the Property**	261
1.	Identification of the contract goods	261
2.	Property: some general aspects	269
3.	Claims to goods forming part of a bulk	275
4.	The time when property passes to the buyer	285
9	**Risk and Frustration**	299
1.	The meaning of 'risk'	299
2.	The general principle of risk: res perit domino	301
3.	Wholly unascertained goods	302
4.	Quasi-specific goods	303
5.	Identified goods	305
6.	Goods supplied on approval or on 'sale or return'	316
7.	Insurance	316
8.	The Sale of Goods Act rules on frustration	318
9.	Effect of frustration at common law	321
10	**Delivery**	323
1.	The concept of delivery	323
2.	The relationship between implied terms and the delivery obligation	324
3.	Modes of delivery	325
4.	The delivery point	330
5.	Time of delivery	331
6.	Expenses of delivery	331
7.	Excuses for non-delivery	332
8.	The buyer's duties	332
9.	Instalment deliveries	332
10.	Remedies for non-delivery	340
11	**The Statutory Implied Terms in Favour of the Buyer**	341
1.	Conditions and warranties	341
2.	Title, freedom from encumbrances and quiet possession	345
3.	Correspondence with description	353
4.	Quality	362

5.	Fitness for purpose		379
6.	Correspondence with sample		390
7.	The exclusion of liability for fitness, quality and correspondence with description or sample		391
8.	Should further terms be implied?		396
12	**Rejection and its Consequences**		**399**
1.	The right to reject		400
2.	Time of rejection		402
3.	Mode of rejection		403
4.	Effectiveness of notice to reject		403
5.	Loss of right to reject		404
6.	The effect of improper rejection		404
7.	The effect of lawful rejection		405
8.	The right to cure		406
13	**Acceptance**		**411**
1.	The meaning of 'acceptance'		411
2.	Acceptance as non-rejection of an imperfect tender		411
3.	An outline of changes to the rules on acceptance		412
4.	What constitutes acceptance?		413
5.	The effect of acceptance		423
14	**The Buyer's Remedies for Misrepresentation or Breach by the Seller**		**427**
1.	The remedies in outline		427
2.	Anticipatory breach		432
3.	Non-delivery		433
4.	Delay in delivery		442
5.	Tender of non-conforming goods		445
6.	Defect in seller's title		446
7.	Damages for breach of warranty		446
8.	'Available market'		451
9.	The relevance of sub-contracts by the buyer		453
10.	A critique of the market-price rule		456

11.	Remedies of the consumer buyer	459
15	**Duties of the Buyer and Remedies of the Seller for Misrepresentation or Breach**	**465**
1.	Duties of the buyer	465
2.	The seller's remedies in outline	465
3.	Taking of delivery	466
4.	Acceptance	467
5.	Payment	467
6.	Rescission of the contract	471
7.	Anticipatory breach	472
8.	Refusal to take delivery	477
9.	Non-acceptance	478
10.	Delay in taking delivery	484
11.	Remedies for non-payment	484
16	**Title Conflicts between Seller or Buyer and Third Parties**	**493**
1.	The competing claims for protection	494
2.	The nemo dat rule and its common law exceptions	495
3.	Statutory exceptions to the nemo dat rule	502
4.	Conflicts as to proceeds	524
5.	Remedies in a conflict situation	524
6.	Proposals for reform	526

PART THREE   MONEY, PAYMENT AND PAYMENT SYSTEMS

17	**Money**	**531**
1.	The legal meaning of 'money'	532
2.	The different forms that money may take	537
3.	Claims to money	545
18	**Payment and Payment Systems**	**555**
1.	Payment: an introduction	555
2.	Payment systems	560
3.	Legal effects of interbank credit transfers	570

4.	Completion of payment of an in-house credit transfer	573
5.	Contract netting (netting by novation)	574
6.	Settlement	575

19 Instruments Generally — 579
1.	What is an instrument?	579
2.	Classes of instrument	580
3.	Historical background of instruments	581
4.	The autonomy of the payment obligation	584
5.	Certainty and unconditionality?	585
6.	The negotiable instrument as an abstract payment undertaking	585
7.	Decline in the importance of instruments	586

20 Bills of Exchange — 587
1.	The statutory definition	587
2.	Issue and acceptance	589
3.	Transfer of bills of exchange	594
4.	The holder	596
5.	Accommodation parties and accommodation bills	604
6.	Liabilities of parties	605
7.	Prerequisites of enforcement	614
8.	Remedies for dishonour	618
9.	Defences to a claim on a bill	620
10.	Discharge of bills of exchange	631
11.	Effect of bill on underlying contract	632
12.	Security over bills	633
13.	Advantages of a bill	634

21 Other Instruments — 637
1.	Promissory notes	637
2.	Bankers' drafts	638
3.	Travellers' cheques	639
4.	Negotiable instruments as investment securities	641

Contents

PART FOUR SECURED FINANCING

22	The Classification and Characteristics of Credit and Security	651
1.	The nature and forms of credit	652
2.	The secured creditor versus the unsecured creditor	656
3.	Consensual security	658
4.	Legal security	720
5.	The incidents of real security	725
6.	Attachment, perfection and priorities	725
7.	The transfer of security rights	725
23	The Creation, Enforcement and Transfer of Security Rights	727
1.	The grant of security: contract and conveyance	727
2.	The ingredients of attachment	730
3.	Effect of attachment	736
4.	Enforcement of the security	740
5.	Transfer of the security	745
6.	Assignment of security without debt, and vice versa	750
24	Principles of Perfection and Priorities	751
1.	The need to perfect	751
2.	Methods of perfection	751
3.	Priorities: some general points	758
4.	Registration requirements and their impact on priorities	763
5.	The after-acquired property clause and the purchase-money security interest	779
6.	Circularity problems	781
7.	General conclusions on perfection and priorities under English law	784
25	The Floating Charge	787
1.	Evolution of the charge	787
2.	The nature of the charge	789
3.	Creation of the charge	793
4.	Crystallization of the charge	795
5.	Effect of crystallization as between chargor and chargee	800

6.	Effect of crystallization as between chargee and third parties	801
7.	Priorities	801
8.	The future of the floating charge	804

PART FIVE SPECIFIC FORMS OF SECURED BUSINESS FINANCE

26	**General Financing Considerations**	**809**
1.	Selecting the security instrument	809
2.	The assets cycle	815
3.	Types of finance required	817
4.	The functional classification of collateral	818
27	**Conditional Sale and Hire-Purchase**	**819**
1.	The financing technique	819
2.	Conditional sale	823
3.	Hire-purchase	825
4.	Relations between finance house and dealer	832
5.	Relations between dealer and buyer or hirer in direct collection transactions	833
6.	Tracing proceeds of authorized resales	834
28	**The Finance Lease**	**835**
1.	The nature of the finance lease	835
2.	Reasons for use	837
3.	Setting up the transaction	838
4.	The triangular relationship	839
5.	The rights and duties of lessor and lessee inter se	841
6.	The lessor and the supplier	844
7.	More developed structures	844
8.	The lessor and third parties	849
29	**Financing against Stock and Receivables**	**851**
1.	Stocking finance	852
2.	Receivables financing	858

Contents

30	**Guarantees**	873
1.	The legal nature of a guarantee	874
2.	Types of guarantee	879
3.	Unilateral nature of the contract	905
4.	Relations between creditor and guarantor	906
5.	Rights of the guarantor against the debtor	912
6.	Discharge of the guarantor	915
7.	Contribution between guarantors	918

PART SIX CORPORATE INSOLVENCY

31	**Principles of Corporate Insolvency Law**	923
1.	Historical background of the principles of corporate insolvency law	923
2.	Winding up distinguished from bankruptcy	927
3.	The regimes of corporate insolvency	927
4.	The objectives of corporate insolvency law	927
5.	The cardinal principles of corporate insolvency law	928
6.	Subsidiary principles	936
7.	The winding-up process	936
8.	Vulnerable transactions	941
9.	Administrative receivership	947
10.	Administration in corporate insolvency law	948
11.	Restructuring	953
12.	Liability of directors for improper trading	954
13.	Cross-border insolvencies	957

PART SEVEN INTERNATIONAL TRADE AND FINANCE

32	**The Characteristics and Organization of International Sales Transactions**	967
1.	Characteristics of international sales transactions	967
2.	Trends in export procedures	968
3.	Problems peculiar to export sales	970
4.	Sources of law	970

5.	The delivery point on sale to an overseas buyer	971
6.	A typical export transaction	979
7.	Documents in export sales	989
8.	Breach of duty to tender documents	1023
33	**The Vienna Convention on International Sales**	**1025**
1.	Sphere of application of the CISG	1028
2.	Formation of the contract	1036
3.	Rights and duties of the parties	1037
34	**Documentary Sales**	**1045**
1.	Strict f.o.b.	1045
2.	Extended f.o.b.	1053
3.	C.i.f.	1054
35	**The Financing of International Trade**	**1067**
1.	Payment arrangements generally	1067
2.	The documentary bill	1068
3.	The documentary credit: nature, mechanism and relationships	1069
4.	Documentary credits: grounds for withholding or blocking payment	1116
5.	The transfer of a credit and its proceeds	1129
6.	Back-to-back credits	1139
7.	Raising of funds by seller against drafts or credits	1140
8.	Raising of finance by buyer on security of imported goods	1141
9.	Demand guarantees, performance bonds and standby credits	1149
36	**Rights and Duties of the Sea Carrier**	**1167**
1.	Sources of law	1168
2.	Application of the Hague-Visby Rules	1172
3.	The parties to the contract of carriage	1174
4.	Formation and evidence of the contract	1177
5.	Duties and liabilities of the carrier under or by virtue of the contract of carriage	1178
6.	Evidence and burden of proof in contractual claims against the carrier	1192

7.	Duties and liabilities of the shipper	1194
8.	Transfer and loss of contractual rights against the carrier	1197
9.	Carrier's rights against transferees	1199
10.	Claims against the carrier and others in tort	1200
11.	Claims based on bailment and sub-bailment	1201
12.	To whom defences and limitations of liability are available	1202
13.	Multimodal transport operations	1204
37	**Conflict of Laws**	**1215**
1.	Jurisdiction	1216
2.	Recognition and enforcement of foreign judgments	1237
3.	Applicable law	1244
4.	Foreign money obligations	1267

PART EIGHT THE RESOLUTION OF COMMERCIAL DISPUTES

38	**Commercial Litigation**	**1273**
1.	Litigation and its alternatives	1273
2.	The nature of litigation	1277
3.	The Civil Procedure Rules and the courts	1283
4.	The interim stages	1292
5.	Judgment without trial	1292
6.	Stages in a contested Queen's Bench action	1294
7.	Forum non conveniens	1313
8.	Anti-suit injunction	1315
9.	Interim applications	1316
10.	Commercial litigation costs	1325
11.	Enforcement	1326
12.	Commercial litigation appeals	1329
13.	Transnational litigation	1330
39	**Commercial Arbitration**	**1333**
1.	The nature of arbitration	1333
2.	Arbitration versus litigation	1334

3.	Types of commercial arbitration	1336
4.	The development of English arbitration law	1340
5.	The sources of arbitration law	1341
6.	The arbitration agreement	1344
7.	Principles of English arbitration law	1347
8.	The principles examined	1348
9.	Effectiveness of the agreement to arbitrate	1363
10.	The conduct of the arbitration	1365
11.	Judicial review of arbitral awards	1375
12.	The enforcement of an English arbitral award	1380
13.	International commercial arbitration and investor-state arbitration	1381

PART NINE ENVOI

40	**Final Reflections**	**1393**
1.	Are there principles of commercial law?	1393
2.	The philosophical foundations of commercial law	1394
3.	Should commercial law be codified?	1395
4.	Towards a new lex mercatoria?	1400
Index		1405

Preface

In preparing this edition I have endeavoured to maintain the approach which Roy Goode established as the hallmark of this book, namely a blend of theory, practice and rigorous analysis of legal doctrine combined with an emphasis on the underlying principles and concepts which both drive and inform the law. The latter emphasis has become much harder to maintain given the increase in the technicality and level of detail to be found in much modern legislation and the factual complexity of many of the commercial cases which currently come before the courts of this country.

The backdrop to the preparation of this edition has been a period of extraordinary uncertainty. Initially, the focus of that uncertainty was the protracted nature of the UK's departure from the EU following on from the referendum of June 2016. While the departure of the UK from the EU on 31 January 2020 provides a measure of certainty, it is the end of the transition period on 31 December 2020 that will likely prove to be the more critical date in terms of the future shape of the law. This uncertainty is most marked in areas such as the law relating to jurisdiction (on which see chapter 37) which depends to a considerable degree on reciprocity and where it is impossible at the time of writing to predict with any degree of accuracy the precise future shape of the law. The future relationship between the UK and the EU will be a subject to which it will be necessary to return in more detail in future editions. However, the bigger cause or source of uncertainty is the current COVID-19 pandemic which is proving to be the greatest global challenge for at least a generation. Some of the challenges created by the pandemic are immediately apparent, such as the terrible loss of life and the impact of the virus on the physical and mental health of so many people. In commercial terms its impact is beginning to be seen in the growing number of business failures and the astonishing levels of government borrowing. But some of its enduring challenges, at least for commercial law, may turn out to be ones that are not immediately apparent. The cash that was in my wallet in mid-March is still there. This is not because of my unwillingness to spend money attributable to my Scottish heritage but is due entirely to the fact that business no longer wants my cash. Our lives have suddenly moved from the physical world to the virtual world and to a world of electronic communications and payments. Not only do we increasingly communicate with one another online rather than in person, but it is likely that old paper-based systems will be more speedily replaced by electronic equivalents. Examples that come to mind in the commercial world include greater use of electronic bills of lading, new forms of payment systems and new methods of making payment. Perhaps we may

Preface

even see a quicker demise in the use of cash so that my concern about the money languishing in my wallet will soon be a concern of the past! Of course, much will depend on the likely duration of the pandemic. But at this point in time it is hard to envisage that we will all go back to our old ways of working, and the new methods of doing business will raise challenges to which commercial law must respond.

The period since the publication of the last edition of this work has seen numerous changes to various aspects of commercial law. This edition includes analysis of a number of high-profile Supreme Court decisions on aspects of commercial law (including retention of title clauses, insolvency and letters of credit). It also deals with Incoterms® 2020 and the Business Contract Terms (Assignment of Receivables) Regulations 2018. The Corporate Governance and Insolvency Act 2020, which passed through Parliament with almost unprecedented speed, came too late to be included in this edition. The chapters on payment and money have been substantially re-written to reflect the extensive changes that have taken place in the regulation of payment systems, the increasing reliance on electronic communications and the emergence of cryptocurrencies. The decision has also been taken to delete the chapter on cheques given their reduced significance in the modern world. Readers who wish to know about the law relating to cheques are referred to earlier editions of this book. Recent developments in commercial contract law covered in this edition include the principles applicable to the interpretation of contracts, the regulation of no reliance and basis clauses and the emergence of negotiating damages. More generally, new sections have been added on the importance of certainty in commercial law and the relationship between law and technology, particularly as it relates to cryptoassets, cryptocurrencies and electronic signatures.

I am particularly grateful to Grace Cheng of Field Court Chambers for taking on the responsibility for chapters 38 and 39 and for being so willing to help out when I was struggling to adhere to the timetable for the delivery of the manuscript.

Nigel Voak and Erica Lai of LexisNexis provided excellent support at various points in the production of the book. I am particularly grateful to Nigel for his time and attention to detail as the book went through the production process. I would also like to thank the LN Tables Department and Andrew Turner for their assistance with the preparation of the tables and the index.

I would also like to thank a number of people who supplied or provided assistance in connection with the supply of various forms and standard terms which are an important part of this work: Marie-Dominique Fraidérik of International Chamber of Commerce, Robert Keen of British International Freight Association, Emily Pope and Adam Lockhart of Maersk Line, Kevin Clarke and Keith Stern of Lloyd's of London, Fiona Day of Lloyd's Banking Group, Leslie Kovacs of International Bullion and Metal Brokers (London) Ltd and Graham Haxton-Bernard of the Consumer Credit Trade Association.

I continue to be indebted to Roy for his friendship, encouragement and his undimmed enthusiasm for the subject-matter of this book. He has been, and continues to be, a wise guide and remains as keen as ever to engage in debates about the shape of the modern law and the response which the law should

Preface

provide to new ways of doing business. On a more practical level he provided invaluable help in lending me some of his books from his extensive library during lockdown.

My greatest debt continues to be to my wife, Rose, without whose support in so many ways this new edition would never have seen the light of day.

Writing a significant part of the new edition in lockdown is an experience I hope not to have to repeat. While online communication has been invaluable during this very difficult period in our lives, there is no substitute for the physical classroom where ideas can be exchanged, explored and tested and to which we hope to be able to return as soon as it is safe to do so.

The law is stated on the basis of the information available to me as at 1 June 2020.

Ewan McKendrick
Lady Margaret Hall
Oxford
31 July 2020

Foreword to the First Edition

No task is easier than that of finding authors wanting to write legal textbooks. As editor of this legal series. I have set myself a very much more difficult problem. My approach is to identify a basic legal subject which, because of changed circumstances, is no longer adequately covered and then to ask whether the writer exists who in my view is capable of filling the gap.

That is how we came to publish Stanley de Smith's *Constitutional and Administrative Law*. Obviously if such rigorous requirements are imposed new books will not appear as regularly as in some other series. De Smith's book is already in its fourth edition as this second book in the series is published Why has it been chosen? Commercial law is a classic example of the weakness of so much textbook writing in Britain. Any reasonably competent legal scholar can mug up the statutes and reported decisions in a field like commercial law and present an acceptable account of their import. The essence of commercial law is in commercial transactions. It by no means follows that the accident of litigation indicates fully how these transactions are carried out. What is called for is a synthesis of the theory underlying commercial relationships and the practice which governs their operation. That synthesis also necessitates a blending of the purely commercial elements with the underlying principles of the law of property and trusts.

It would be unreasonable, if not impossible, to expect this tremendous burden to be borne either by a mere academic commercial lawyer or by a practitioner. I knew of only one English lawyer with decades of experience in the practice of commercial law who also holds a chair in commercial law. I was therefore delighted when I persuaded Professor Roy Goode to write this book. Nobody has previously attempted to combine an analysis of fundamental principles with a description of typical commercial transactions, in which the nature of the business operation, the roles of the parties and the function of the various documents devised are all explained. In this way the student will have the best opportunity ever given to him of learning what happens in commercial legal life. He will certainly become acquainted for the first time with many vital commercial matters which have never been aired in the reported cases. I believe that reading this book will be an equally profitable experience for legal practitioners, especially those who do not specialize exclusively in commercial law, but who are none the less frequently called upon to draft and advise on commercial documents.
H. Street

Preface to the First Edition

When Penguin Books invited me in 1973 to contribute a book on commercial law to the 'Foundations in Law' series edited by Professor Harry Street, I accepted with both enthusiasm and trepidation: enthusiasm, because this is the book I have always wanted to write; trepidation, because of the high standard set by the previous volume in the series and the formidable task of reducing to manageable compass such a vast field of law.

In the event, the task was far harder than I had ever imagined, and a work that was to have been written in five years took me eight, a delay caused in part by my habit of writing my best thoughts on the back of bus tickets and then losing them. I would have liked to spend a further eight years on the text before exposing it to the public gaze, but this might have strained even the legendary patience of Penguin and of their editor, Michael Dover.

Every author builds on the labours of his predecessors. There are several good books on commercial law, and on specific aspects of the subject; I freely acknowledge my indebtedness to those who have gone before me in this field. They are too numerous to mention here, but my principal sources have been identified at appropriate points throughout the book. However, in a number of respects the present volume seeks to break new ground.

In the first place, I have treated as within the purview of commercial law all those legal principles, from whatever branch of law they are drawn, which regularly surface in commercial disputes. It has long seemed to me that there is an unfortunate gulf between the commercial lawyer and the property and equity lawyer. Contract, sale of goods and negotiable instruments are accepted as falling within the domain of the former, equitable interests and conflicting real rights within the latter's field of expertise. But in the world of business, problems do not divide themselves into such neat packages. The seller or buyer of goods is likely to need finance, for which purpose he will usually be asked to furnish security. The financier will be concerned to establish the priority of his security interest and its validity in the event of the debtor's bankruptcy or liquidation. The typical commercial problem is a mixture of contract, sales law, tort, property, equity and trusts. The practitioner has to be familiar with the principles of each of these fields of law in order to be able to give sound advice to his client. So this book devotes a substantial amount of attention to principles of property law and of equitable obligation. Also included are topics which have hitherto been treated as the exclusive preserve of textbooks on company law – in particular, floating charges, receivership and liquidation.

Preface to the First Edition

Secondly, despite its size the book is concerned primarily with principles. It is a foundation book, in keeping with the title of the series, but it is not elementary. The greatest difficulty confronting the student lies not in the sophisticated rule but in the fundamental concept. Rules may change, concepts are more permanent. Hence it is the theoretical framework of a subject which demands the closest attention, for it is this that endures when the detailed rule has passed into oblivion. Chapters 2, 3, 6, 16 and 25–28 are the key conceptual chapters. Chapter 2, devoted to basic concepts of personal property, is, perhaps, the most important in the whole book and was also the most difficult to write, if only because so much of personal property law is conceptually obscure, and every time one thinks one has at last discovered the eternal truth it turns out to be a mirage. The full significance of the principles set down in this chapter will not become apparent until the reader has progressed further into the book, and he should return to it regularly to see how those principles are applied in specific situations.

The treatment of security interests in chapters 25–27 marks a departure from the normal method of presenting this topic in English textbooks, though it would in many respects be familiar to an American commercial lawyer. I have also essayed some new thoughts on that most brilliant of creations of the common law, the floating charge, which continues to present a whole range of difficult conceptual problems, despite a century of case law. (Law students seem to experience difficulty with charges. I retain an affectionate memory of the second-year student who, when asked in a property paper to describe the satisfaction of a charge over land, answered that in his experience there was nothing to equal fox-hunting!)

This book falls broadly into two halves, though not so divided sequentially. The first is concerned with theory and is relatively abstract. The second is devoted to what may be termed applied commercial law, in which I have attempted to show how typical financing operations are set up, the parties involved, the documents and forms of security used and the relevance of the principles previously enunciated to the resolution of a variety of common practical problems.

The application of theory to a specific dispute is rarely as clear cut as would be suggested by a reading of the textbooks. It is inevitable, indeed essential, that this should be so. A map which matched the actual ground, point for point, would defeat its purpose. A textbook which sought to encompass all possible variations would be unusable. The surgeon operating on a patient knows that his knife will reveal, not the clear divisions of the body revealed by Gray's *Anatomy*, but a slippery mass of blood, muscle and bone in which a certain amount of searching may be necessary to locate the organ on which he wishes to operate. But Gray's *Anatomy* remains an indispensable tool for the medical student, for the body does possess a structure and it is only by sharpening the principal features in a somewhat unreal way that the student can obtain a perception of their relationship to one another. The same is true of the legal textbook for the student of law.

It is surprising how many legal questions arising in day-to-day practice have not been the subject of a reported case. It is in this situation that resort must be had to first principles. I have not hesitated to explore a number of legal

Preface to the First Edition

problems which have yet to come before the courts, for in many ways these are the most interesting.

The book is thus designed to assist the practitioner as well as the student. But the analysis of the practical problems has been provided not simply to furnish a solution for the practising lawyer but also to illumine the principle for the student and to show how fundamental legal concepts constantly surface in a new form.

Finally, I have striven to convey the intellectual excitement of commercial law, which has constantly to adapt itself to the challenge of new business methods, new instruments and new technology.

I should like to acknowledge my indebtedness to Professor Street, whose advice has been invaluable and who saved me from several errors. I have many others to thank for the fact that this book has finally seen the light of day: my long-suffering secretary, Mrs Nicky Jones, who was responsible for the typing of much of the earlier drafts; the Rushgrove Secretarial Agency, for their help with the typing in the later stages; Mrs Anne Shotts, who came to my rescue by completing a mountain of typing in an impossibly short space of time; one of my former students, Miss Philippa Hughes, who read the entire text, completed various missing references and pointed out a number of infelicities; Mr Julian Burling, who at an earlier stage helped me greatly with literature searches; business and professional friends and acquaintances, who cheerfully accommodated my propensity for asking questions and gave me a great deal of assistance in answering my inquiries; colleagues and students, past and present, whose ideas and comments contributed to my better understanding of a number of problem areas discussed in the text; Mrs Anne Lyons, who once again has come to my help with a first-class index; Mrs Breda Farrington, who performed a similar service in the preparation of the tables; the printers Hazell Watson & Viney Ltd, who set the text so meticulously; and the staff of Penguin Books, headed by Michael Dover, for all their work and for their endless patience.

I owe a special debt to Queen Mary College, for giving me sabbatical leave to enable me to finish this book; and to my wife, Catherine, and my daughter, Naomi (to whom this book is dedicated), who for nearly a decade have endured with extraordinary fortitude the obsessions of authorship.

The law is stated on the basis of materials available to me as at 1 May 1982.

Faculty of Laws, R. M. Goode
Queen Mary College,
London
1982

Acknowledgements

The author and the publishers would like to express their indebtedness to the following organizations for their permission to reproduce their standard forms and for supplying copies:

	Form
British International Freight Association (BIFA)	32.9
Consumer Credit Trade Association	27.3
FIATA	32.9
International Bullion and Metal Brokers (London) Limited	3.1
International Chamber of Commerce	35.12, 35.13
Lloyd's of London	32.5
Lloyds Bank	22.1, 30.2, 35.1, 35.2, 35.3, 35.5, 35.8, 35.9
Maersk	32.3, 32.4, 32.7, 32.8
SITPRO	32.1, 32.2, 32.6

The forms listed above are reproduced without responsibility on the part of the organizations giving permission to do so and for illustration purposes only and should not be used for any other purpose.

List of Figures

3.1	Standard-term conditions of sale	106
4.1	Financing of sales on credit	183
4.2	Tripartite relationships	184
4.3	Chains, loops and circles	184
4.4	The distinction between assignment and novation	185
4.5	The distinction between assignment and a sub-participation	186
4.6	Simple securitization by sale of receivables	187
5.1	Agency models	206
20.1	Bill of exchange (face)	590
20.2	Bill of exchange (back)	596
20.3	The liability chain under a bill of exchange	607
20.4	(a) Bill of exchange with quasi-indorser (face), (b) Bill of exchange with quasi-indorser (back)	610
20.5	Bill of exchange: negotiation and renegotiation (back)	612
21.1	Promissory note	638
22.1	Fixed and floating charge	664
27.1	The parties to a direct collection transaction	821
27.2	Block discounting	822
27.3	Hire-purchase agreement outside the Consumer Credit Act 1974	828
28.1	Simple triangular leasing structure. Lessor buys equipment and lets it on lease. Two contracts, no contractual relationship between supplier and lessee (except by collateral contract)	840
28.2	Purchase by intending lessee as disclosed agent. Lessee buys equipment as disclosed agent of lessor and takes it on lease	845

List of Figures

28.3	Purchase by intending lessee as apparent principal. Lessee buys equipment as apparent principal, but in reality as agent for lessor, and takes lease. Two contracts, but supplier has alternative claim against lessor as undisclosed principal	846
28.4	Novation. Sale by supplier to lessee, followed by novation, involving cancellation of original sale (at least as regards transfer of title and payment obligation), resale to lessor and lease	846
28.5	Purchase by lessee, sale and lease-back. Sale by supplier to lessee, who resells to lessor and takes lease back. Three contracts, no contractual relationship between supplier and lessor	847
28.6	Leveraged lease by funder acquiring equipment. Funder grants lease to leasing company with permission to sub-lease to end-user and takes charge over sub-lease agreement and sub-rentals	848
28.7	Leveraged lease by way of loan. Leveraged lease in which lender or loan syndicate advances price of equipment to lessor by way of non-recourse loan on the security of the equipment and lease rentals. Lender has no contractual relationship with supplier or lessee	849
30.1	Structure of guarantee and primary liability relationships	876
30.2	'All-moneys' continuing guarantee and indemnity	881
32.1	Shipping instructions	983
32.2	Standard shipping note	984
32.3	Received for shipment bill of lading	987
32.4	Shipped bill of lading	988
32.5	Certificate of marine insurance	1004
32.6	Packing list	1012
32.7	Ship's delivery order	1015
32.8	Non-negotiable sea waybill	1016
32.9	Forwarder's certificate of receipt	1017
35.1	Request for collection of foreign bill of exchange and/or documents	1070
35.2	Application to open documentary credit	1078
35.3	Acceptance credit advised by issuing bank direct	1086
35.4	The parties to a confirmed credit	1104
35.5	Request for transfer of a transferable credit	1132
35.6	Flow of documents and money on transfer of a credit	1136

List of Figures

35.7	Flow of documents and money under a back-to-back credit	1140
35.8	Trust receipt	1145
35.9	Standby letter of credit	1152
35.10	Structure of three-party demand guarantee	1156
35.11	Structure of four-party demand guarantee	1156
35.12	Tender guarantee	1158
35.13	Performance guarantee	1160
38.1	The High Court of England and Wales	1287
38.2	Particulars of claim	1297
38.3	Defence and counterclaim	1299
38.4	Reply and defence to counterclaim	1301

Table of Statutes

Administration of Estates Act 1925
  s 9 (1) 23.51
Administration of Justice Act 1920 (22 *Statutes* 441) 37.52
  s 12 (1) 39.108
Administration of Justice Act 1970 (11 *Statutes* 825)
  s 36 .... 23.34
  44a 37.102
Agricultural Holdings Act 1986 (1 *Statutes* 779)
  s 84 .... 39.17
Agriculture Act 1970 (1 *Statutes* 424)
  s 72 .... 11.08
Arbitration Act 1950 (2 *Statutes* 534)
  .... 39.18
  s 4 (1) 39.54
Arbitration Act 1975
  .... 39.108
  s 1 .... 39.54
Arbitration Act 1979
  .... 39.18, 39.84, 39.85
Arbitration Act 1996 (2 *Statutes* 566)
  .. 1.28, 39.15, 39.18, 39.20, 39.22, 39.60
  s 1 .... 39.25
    (a), (b) 39.06
  2 (1) 39.21
  3 .... 39.20
  4 (1) 39.32, 39.54
  5 .... 39.19
  7 .... 39.53
  9 .... 39.55
    (4) 39.36
  18 .... 39.24, 39.27
  24 (1) (a) 24.42, 39.43
  30 .... 39.98
    (1) 39.87
    (2) 39.54
  31 (1) 39.52, 39.89
    (2) 39.89
  32 .... 39.51, 39.81, 39.86
    (4) 39.51
  33 .... 39.32
    (1) 39.29, 39.30
  34 .... 39.67
  34 (1) 39.32

Arbitration Act 1996 (2 *Statutes* 566) – *cont.*
  s 34 (2) (e) 39.69, 39.73
  37 .... 39.70
  38 (1), (2) 39.74
    (3), (4) 39.74
  39 .... 39.08
    (1) 39.76
    (3) 39.76
  40 .... 39.61
  41 (3)–(7) 39.75
  42 .... 39.81
  43 .... 39.81
  44 .... 39.55, 39.81, 39.86
  45 .... 39.81
    (1) 39.86
  46 (1) 39.42, 39.104
    (b) 39.24
    (2), (3) 39.42
  47 .... 39.77
  48 (5) 39.79
  52 (3), (4) 39.78
  53 .... 39.21, 39.78
  66 .... 39.94, 39.108
    (3) 39.94
  67 .... 39.76, 39.87, 39.88, 39.89, 39.101
  68 .... 39.63, 39.76
    (2) (b) 39.90
    (3) 39.90
  69 .... 39.29, 39.76
    (1) 39.24, 39.91
    (3) 39.91
    (b) 39.92
  70 (2) 39.89
  72 (1) 39.89
  73 .... 39.81
    (1) (a) 39.89
    (2) (a), (b) 39.89
  82 (1) 39.91
  85 (2) 39.14
  86, 87 .... 39.14
  89–91 .... 39.16
  93 .... 38.02
  94–98 .... 39.17
  95 (2) 39.21
  100 (1) 39.106
    (2) (b) 39.78

Table of Statutes

Arbitration Act 1996 (2 *Statutes* 566) – *cont.*
  s 101 .... 39.106
    103 .... 39.106
  Sch 2 .... 38.02
Arbitration (International Investment Disputes) Act 1966 (2 *Statutes* 544)
.... 39.108
Arbitration (Scotland) Act 2010
.... 39.19
Banking Act 2009
  Pt 1 (ss 1–89) 17.21
    2 (ss 90–135) 17.21, 31.30
    3 (ss 136–168) 17.21
  s 184, 185 .... 18.11
    206 .... 18.11
    252 .... 24.32
Bankruptcy Act (1623)
.... 22.22
Bankruptcy Act (1861)
.... 31.04
Bankruptcy Act (1914)
.... 31.04, 31.06
  s 38 (c) 22.22
    44 (1) 20.45
Bills of Exchange Act 1704
.... 18.10
Bills of Exchange Act 1882 (5 *Statutes* 414)
..... 1.61, 4.41, 6.08, 15.08, 18.29,
19.07, 21.11, 22.22, 40.13
  s 1 (3) 20.04
    2 .... 20.08, 20.26
    3 .... 20.04
    (1) 20.03, 20.15, 20.18
    (2) 20.03, 20.06
    (3) (b) 20.04
    (4) 20.12
      (a) 20.40
    5–11 .... 20.05
    5 (1) 20.04
    (2) 20.04, 20.112, 21.04, 21.06
    7 (1), (2) 20.04
    (3) 20.107, 20.110, 20.111
    8 (1) 20.22, 20.23
    (4), (5) 20.22
    9 (1), (2) 20.15
    10 (1) 20.11, 20.13
    (2) 20.13
    11 .... 20.17
    12 .... 20.06, 20.12, 20.30
    13 (2) 20.12
    14 (3) 20.12
    15 .... 20.25
    16 (1) 20.75
    17 (2) (a) 20.09
    19 (2) (c) 20.19
    20 .... 20.28, 20.71
    (1) 20.06, 20.69
    21 (1) 20.08
    22 (1), (2) 20.102
    23 .... 20.09, 20.50
    (1) 20.113
    (2) 20.104

Bills of Exchange Act 1882 (5 *Statutes* 414) – *cont.*
  s 24 .... 20.109
    25 .... 20.101
    26 .... 20.103
    27 (1) (b) 20.32
    (2) ... 20.33, 20.44, 20.95, 20.130
    28 (1) 20.50
    (2) 20.48, 20.49, 20.130
    29 (1) 20.37
    (b) 20.38
    (2) 20.45
    (3) 20.47
    30 (1) 20.33
    (2) 20.31, 20.37
    31 (1) 20.20
    (3) 20.30, 20.71
    (4) 20.20
    32 (5) 20.72
    34 (3) 20.108
    (4) 20.30
    35 .... 20.72
    35 (1) 20.23
    37 .... 20.71
    38 (1) 20.30
    (2) 20.130
    (3) 20.30
    39 (1)–(4) 20.78
    41 (1) (a) 20.30
    42 .... 8.111
    43 (2) 20.10, 20.79
    45 .... 20.17, 20.19, 20.79, 20.81
    (1) 20.82
    (2) 20.46, 20.82
    (3) 20.30, 20.82
    (4) 20.80
    46 (2) (e) 20.83
    (4) 20.19
    47 (1) 20.79, 20.82
    48 .... 20.84
    49 (1) 20.84
    (3) 20.85
    (5), (7) 20.84
    (12) 20.84
    50 (1) 20.86
    (2) (c) 20.86
    51 (1), (2) 20.87
    (4), (5) 20.87
    52 (1) 20.80
    (3) 20.84
    (4) 20.50, 20.82
    53–58 .... 20.50
    54 (2) 20.53, 20.102
    (a) 20.96
    55 .... 20.50, 20.66, 20.67, 20.69
    55 (1) 20.60, 20.102, 20.110
    (a) 30.47
    (b) 20.96
    (2) (b) 20.96
    .... 20.63, 20.110, 21.03
    (a) 30.47
    (b) 20.53

xxx

Table of Statutes

Bills of Exchange Act 1882 (5 *Statutes* 414) – cont.
 s 55 (2) (c) 20.36, 20.64, 20.94
  56 .... 20.50, 20.68, 20.69, 20.73
  57 .... 20.10, 20.50, 20.54, 20.57
   (1) 20.89, 20.90, 20.91
   (2) 20.90
  58 (2), (3) 20.50, 20.75
  59 .... 20.21, 20.27
   (1) .. 20.30, 20.82, 20.98, 20.121, 20.122, 20.124
  60 .... 20.82, 20.83, 20.85, 20.87
  61 .... 20.122
  62 (1), (2) 20.123
  63 (1) 20.123
  64 (1) 20.41, 20.114, 20.123
   (2) 20.114
  65–68 .... 20.25
  69 ...... 19.20, 20.30, 20.124, 21.07
  70 .... 18.18, 20.124, 21.07
  72 .... 37.65
  73 .... 19.16, 19.17
  74–81 .... 19.17
  76 .... 1.002
  79 .... 21.06
  80 .... 21.06
  83 (1) 21.02
  88 .... 21.02
  Pt IVA (ss 89A–89F)
  .... 18.22
 s 89A 19.18, 20.04
  89B–89F 19.18
  89 (1) 21.02, 21.03
   (2) 21.02, 21.03
  90 .... 20.119
   (1) 20.43
  91 (1) 20.18
  96 (2) 20.02
  97 (2) 1.07
Bills of Lading Act 1855
 .... 32.49, 32.63, 32.85, 36.86
 s 1 .... 8.33, 32.53, 36.24, 36.64
  1 (2) 36.65
  2 .... 32.63
   (1) 36.24, 36.65
   (4), (5) 36.65
  5 (1) 36.65
   (2) 36.65
Bills of Sale Act 1854
 . 22.22, 22.30, 23.21, 24.30, 26.09, 40.14
Bills of Sale Act 1878 (5 *Statutes* 476)
 ... 629, 22.30, 23.21, 24.10, 24.30, 26.09, 40.14
 s 4 .... 35.148, 35.149
  8 .... 23.45
  10 .... 23.45
Bills of Sale Act (1878) Amendment Act 1882 (5 *Statutes* 491)
 .... 20.02
 s 4 .... 23.12
  5 .... 22.22, 23.11

Bills of Sale Act (1878) Amendment Act 1882 (5 *Statutes* 491) – cont.
 s 7 .... 23.34, 23.35
  7A 23.35
  8 .. 22.22, 23.11, 23.45, 24.09, 24.57
  17 .... 23.45
Bills of Sale Act 1890 (5 *Statutes* 501)
 .... 22.22
 s 1 .... 24.30, 35.149
Bills of Sale Act 1891 (5 *Statutes* 502)
 .... 22.22
 s 1 .... 35.148
Bribery Act 2010 .... 18.20
Capital Allowances Act 2001
 s 219 .... 28.04
  220 .... 28.12
  221 .... 28.10
  225 225
  229 (3) 28.11
Carriage by Air Act 1961 (4 *Statutes* 19)
 .... 36.86
Carriage by Air and Road Act 1979 (4 *Statutes* 58) 36.86
Carriage by Air (Supplementary Provisions) Act 1962 (4 *Statutes* 47)
 .... 36.86
Carriage by Railway Act 1972
 .... 36.86
Carriage of Goods by Road Act 1965 (38 *Statutes* 145) 36.86
Carriage of Goods by Sea Act 1924
 s 1 .... 36.11
  3 .... 36.11
Carriage of Goods by Sea Act 1936
 .... 36.22
Carriage of Goods by Sea Act 1971 (39 *Statutes* 370) .. 32.49, 32.56, 32.59, 36.44
 s 1 (1) (c) 36.16
  (2) 36.11
  (3) 36.16
  (4) 36.15
  (5) 32.66
  (6), (7) 36.16
  1A 36.44
Carriage of Goods by Sea Act 1992 (39 *Statutes* 502) 8.33, 36.1, 32.49, 32.63, 36.65, 36.86, 39.34
 s 1 .... 32.49, 32.56
  (4) 32.85
  (5) 32.73
  2 (1) 32.64, 32.65, 32.85
  (2) 36.65
  3 (1) 36.67
  4 .... 32.65, 36.52
  5 (1) 36.24
Carta Mercatoria 1303
 .... 1.02
Charging Orders Act 1979 (22 *Statutes* 502) 22.74

xxxi

Table of Statutes

Charging Orders Act 1979 (22 *Statutes* 502) – *cont.*
s 1, 2 .... 38.124
3 (4) 38.124

Cheques Act 1957 (5 *Statutes* 468)
s 1 .... 20.27
2 .... 20.27
4 .... 21.06
(2) 21.06
5 .... 21.06

Civil Aviation Act 1982 (4 *Statutes* 96)
s 76 (2) 4.17
Sch 4 .... 37.03

Civil Evidence Act 1995
.... 38.59
s 1 .... 39.67

Civil Jurisdiction and Judgments Act 1982 (11 *Statutes* 1104) ....
s 3D 37.05
4B 37.53
18 .... 37.52
25 (1) 38.98
33 (1) 37.49
34 .... 37.49, 37.50
Sch 4 .... 37.08

Civil Procedure Act 1997
s 1, 2 .... 38.14
7 .... 38.103

Coinage Act 1971 (10 *Statutes* 168)
s 2 .... 17.06, 32.45

Common Law Procedure Act 1854 (5 *Statutes* 412)
s 78 .... 2.15

Companies Act 1862
.... 31.05

Companies Act 1948
s 302 .... 22.40

Companies Act 1985 (8 *Statutes* 88)
.... 31.05, 31.06
S 349(4) 20.105
617 .... 31.49

Companies Act 2006
.... 24.28, 26.09, 31.43, 31.50
s 51, 52 .... 20.105
83 .... 20.105
126 .... 24.16
172 (3) 31.71
754 .... 24.63
754 (1), (2) 25.32
859 .... 22.37
859A 4.14, 20.126, 22.05, 22.06, 22.26, 22.27, 22.30, 22.31, 22.57, 22.59, 23.07, 24.15, 24.22, 24.33, 24.50, 28.28, 29.18, 31.17, 35.148, 35.150
(1) 24.31
(2) 24.33, 24.35
(3) 24.34
(6)(a)–(c) 24.31
(7)(b) 24.31
859B 24.30, 24.31

Companies Act 2006 – *cont.*
s 859C 24.33
859D 24.33
859D (1)–(3) 24.34
859E 23.07, 24.33
859F 24.33, 24.54
859G 24.34
859H 4.14, 22.31, 22.50, 24.12, 24.22, 24.52, 24.53, 24.57, 29.45
(1) 24.50
(3) 24.50, 29.20
(4) 24.50
859I (2)(a) 24.35
(4) 24.36
(6)(b) 24.36
859K 24.34, 25.30
859L 24.35, 24.36
859M (1) 24.39
(2)(b) 24.39
(3) 24.39
859J 24.34
859O 24.34
859P 24.35
859Q 24.13, 24.35
859R (1), (2) 24.35
860 (4), (5) 24.12
(7) 24.30
(f) 20.126
861 (3) 20.126
(4) 24.30
863(1) 24.30
869 (6) (b) 24.36
876 .... 24.35
893 .... 24.13
894 .... 24.13
993 .... 24.09, 31.72
994 .... 31.30
1012 .... 2.32
1029–1034 .... 2.32
1282 .... 31.35
1282 (1) 25.32
PT 26 .... 31.70

Company Directors Disqualification Act 1986 (8 *Statutes* 837)
s 4 .... 31.72
(1)(a) 31.74
10 .... 31.72, 31.74
15A 31.77
15B (1) 31.77
(3) 31.77
15C 31.77

Competition Act 1998
.... 3.165
s 18 .... 3.28

Consumer Credit Act 1974 (11 *Statutes* 15)
. 4.02, 16.62, 16.100, 26.08, 27.05, 27.26, 38.20
s 8 (3) 23.34
9 (1) 22.05
10 (1) (a), (b) 22.11
15 (2) 23.34
56 .... 27.25

xxxii

Table of Statutes

Consumer Credit Act 1974 (11 *Statutes* 15) – *cont.*
- s 56 (2) 11.103
- 61 (1) 3.29
- 65 .... 3.35
- 67 .... 3.35
- 76 (1) 23.34
- 87 (1) 23.34, 23.35
- 100 .... 27.19, 27.20
- 103 .... 23.35
- 105 (1) 30.21
- 123 (2) 20.45
- 125 (2) 20.45
- 126 .... 23.34
- 189 (1) 23.34
- Sch 4
  - para 3 .... 11.103

Constitutional Reform Act 2005
- s 7(2) 38.21

Consumer Insurance (Disclosure and Representations) Act 2012
.... 3.74

Consumer Protection Act 1987
- Pt I (ss 1–9) 1.14
- s 46 .... 7.37

Consumer Rights Act 2015
.... 1.10, 1.34, 7.07, 7.42, 8.01, 10.06, 11.51, 11.62, 11.121, 11.133, 11.135, 12.05, 14.67, 33.02, 40.14
- Pt 1 (ss 1–60) 14.37, 27.03
- s 1 .... 28.12
  - (1) 11.59
  - (2) 3.82
  - (3) 3.78
  - (4) 7.21
- 2 .... 9.07
  - (1) 3.78
  - (2) 3.78, 3.83, 7.23, 11.59
  - (3) 3.83, 7.23, 11.59
  - (8) 7.20
- 3 .... 3.78
- 4 (1) 7.25, 8.01
  - (2) 7.25, 8.01
- 5 .... 3.77
  - (1) 7.15
  - (2) 7.21
- 6 .... 3.78, 3.77
- 7 .... 3.78, 3.77, 27.21, 28.13
- 9 . 3.61, 11.01, 11.08, 11.53, 11.136, 12.05, 14.66, 14.68, 14.69, 27.21, 27.22, 28.13
  - (1) 11.57
  - (2) 11.69
    - (c) 3.47
  - (3) 11.74
  - (4) 11.57
  - (5)–(7) 3.47, 11.85
  - (8) 11.57
- 10 . 3.61, 11.01, 11.08, 11.53, 11.95, 11.136, 12.05, 14.66, 14.68, 14.68, 14.69, 27.21 28.13

Consumer Rights Act 2015 – *cont.*
- s 11 . 3.61, 11.01, 11.08, 11.48, 11.51, 11.136, 12.05, 14.66, 14.68, 14.69, 27.21, 28.13
  - (1) 3.78, 11.29
  - (2) 11.29
  - (3) 3.78, 11.29
  - (4) 11.10
  - (5) 3.78
- 12 .... 3.61, 11.11, 11.136, 14.66, 14.68, 27.21, 28.13
- 13 ... 3.61, 3.79, 11.01, 11.01, 11.53, 11.125, 11.136, 12.05, 14.66, 14.68, 14.69 27.21, 28.13
- 13 (1) 3.78
- 14, 15 ... 3.61, 11.01, 11.136, 14.66, 14.68, 14.69, 27.21
- 15A 3.61, 14.66, 14.68, 27.21
  - (1) 12.04
- 15B 3.61, 14.66, 14.68, 27.21
  - (1)(b) 12.03
- 16 .... 3.61, 11.01, 11.53, 11.136, 12.05, 14.66, 14.68, 14.69, 27.21
- 17 .... 3.61, 11.01, 11.11, 11.136, 14.66, 14.68, 14.69, 27.21
- 18 . 3.61, 11.01, 11.136, 14.68, 27.21
  - (1) 11.53
- 19 .... 11.5, 13.30
  - (3) 12.05, 13.03, 14.69
  - (4) 14.69
  - (6) 14.69
  - (9)–(12) 14.68
  - (13) 12.01
- 20 .... 11.5, 12.10, 13.30, 14.03
  - (1) 12.05, 14.71
  - (2) 12.05, 14.70
  - (4) 14.71
  - (5), (6) 12.01, 12.05, 14.71
  - (7) 12.01, 12.05, 12.06
    - (a) 13.03, 14.69
    - (b) 14.69
  - (8) 12.05, 12.06, 14.69
  - (9) 12.05, 12.06, 13.03, 14.69
  - (10)–(17) 12.05, 12.06, 13.03, 14.69
- 20(18) 12.05, 12.06, 13.03, 14.69
- 20 (19)–(21) 14.69
- 21 .... 11.5, 13.30
- 22 .... 11.5, 13.30, 14.03
  - (1) 12.05, 13.03, 14.70
  - (2) 12.05, 13.03
  - (3), (4) 12.05, 13.03, 14.70
  - (4) 12.05, 13.03
  - (6) 12.03
  - (7), (8) 12.05
  - (9)–(11) 12.06
- 23 .... 11.5
  - (2) (b) 14.69
  - (3) 12.17, 14.72
  - (4)–(7) 14.69
- 24 .... 11.5, 14.03, 14.71, 14.71
  - (1)–(3) 14.72

xxxiii

Table of Statutes

Consumer Rights Act 2015 – *cont.*
  s 24 (5) 12.06
      (a)–(c) 14.72
      (6)–(8) 14.72
      (10)–(14) 14.72
  25 (1)–(3) 13.31
      (8) 13.31
  26 .... 3.82
      (1)–(7) 10.45
  27 .... 3.82
  28 .... 10.46
      (2) 10.13
      (3) 10.25
  29 .... 9.36
      (2)–(4) 9.02, 9.07, 9.16, 9.39
  30 .... 30.05
  31 .... 11.136, 28.20
      (1)(a) 11.53
        (c) 11.48
        (i) 11.25
      (2), (3) 11.25, 11.48
  34–41 .... 3.61
  47 .... 28.20
  49 .... 3.61
  50 .... 3.61
  51–53 .... 3.61, 11.10
  54 .... 11.10
  57 .... 28.20
  59 (1) 10.07
  58 (2) 14.69
      (3) 14.72
      (7) 14.72
  Pt 2 (ss 61–76) 3.73, 14.01
  s 62 (1) 3.83
      (4) 3.83
      (5) 3.84
  63 (1) 3.84
  64 (1)–(5) 3.85
  67 .... 3.85
  70 .... 3.85
  76 (2) 3.82
  Sch 1 .... 3.82
    2 .... 3.78, 3.83
      Pt 1 .... 3.84
  Sch 3 .... 3.85
    5 .... 3.85
Contracts (Applicable Law) Act 1990 (11
  Statutes 237) 37.62, 39.36
  s 2 (2) 37.82
  3 (3) 37.67
  Sch 1 .... 37.64
Contracts (Rights of Third Parties) Act
  1999 ..... 3.88, 3.123, 4.16, 27.27,
     28.14, 28.20, 37.17, 36.13, 39.27
  s 1 .... 36.04, 36.13
      (1) (a), (b) 3.89
      (2) 3.89
      (3), (4) 3.90
      (6) 3.89, 36.78
      (5) 28.15
  2–5 .... 3.90
  6 (5) 3.87, 36.04, 36.78

Contracts (Rights of Third Parties) Act 1999
  – *cont.*
  s 6 (5) (a) 36.13
Contract (Third Party Rights) (Scotland)
  Act 2017 .... 28.15
Copyright, Designs and Patents Act 1988
  (11 *Statutes* 337)
  s 91 .... 23.02, 23.20
Coronavirus Act 2020
  .... 38.12
Corporate Insolvency and Governance Act
  2020 .... 31.08
  s 8(2) 31.67
County Courts Act 1984 (11 *Statutes* 603)
  s 69 .... 15.55
  99 .... 22.74
Courts Act 2003
  Schedule 7
    para 7 .... 38.124
       8 .... 38.124
      10 .... 16.93
      11 .... 2.82, 16.93
      12 .... 16.93
Courts and Legal Services Act 1990
  s 58–58AA 38.11
Crime and Courts Act 2013
  s 21 .... 38.21
Criminal Law Act 1977 (12 *Statutes* 668)
  s 6 .... 16.100, 27.16
    (1) 23.33
Currency and Bank Notes Act 1954 (4
  Statutes 467) 17.07
  s 1 (2) 17.06
    (6) 17.06
Customs and Excise Management Act 1979
  (13 *Statutes* 153)
  s 139 .... 16.93
  Sch 3 .... 16.93
Decimal Currency Act 1969 (10 *Statutes*
  154)
  s 2 (1) 20.15
Digital Economy Act 2010
  .... 38.67
Digital Economy Act 2017
  .... 38.67
Electronic Communications Act 2000
  .... 3.29
Enterprise Act 2002
  . 31.07, 31.08, 31.35, 31.53, 31.54,
                               31.59
  s 248 .... 23.40
  250 .... 23.40, 25.18
European Communities Act 1972 (10 *Stat-*
  utes 735) 1.34
  s 2 (1) 1.30, 1.35
European Communities (Amendment) Act
  2002 .... 1.30
European Union Act 2002
  .... 1.31

xxxiv

Table of Statutes

European Union (Withdrawal Agreement) Act 2020 .... 1.35
  s 25 (1)–(3) 1.35
    39 (1) 1.34
European Union (Withdrawal) Act 2018
  .... 1.34
  s 1A, 1B 1.35
    2 (1), (2) 1.35
    3 (1), (2) 1.35
    4 .... 1.35
    5 (1) 1.36
      (4) 1.36
    6 (1) (a), (b) 1.36
      (2) 1.36
      (4)–(5D) 1.36
European Union (Withdrawal) (No. 2) Act 2019 .... 1.34
Export Control Act 2002
  .... 32.32
Factors Act 1823 ..... 16.17, 16.26, 40.14
Factors Act 1825 ...... 16.26, 40.14
Factors Act 1842 ...... 16.26, 40.14
Factors Act 1877 ...... 16.26, 40.14
Factors Act 1889 (1 *Statutes* 45)
  .... 5.12, 16.18
  s 1 .... 16.35, 16.37, 16.38
    1 (2) 16.36
    2 .... 16.30, 16.42, 16.69, 32.58
    2 (1) 16.33, 16.34, 16.37, 16.39
      (2) 16.41
      (3) 16.40
      (4) 16.41
    3 .... 16.34
    4 .... 16.34
    5 .... 16.42
    7 (1), (2) 16.45
    8 ... 2.82, 16.42, 16.46, 16.47, 16.49,
        16.50, 16.54, 16.64, 16.66, 16.67,
        16.68, 16.69, 32.58
    8 (1) 16.51
    9 ... 1.49, 16.30, 16.42, 16.49, 16.55,
        16.57, 16.58, 16.59, 16.60, 16.61,
        16.63, 16.64, 16.65, 16.68, 16.69,
        16.70, 16.71, 16.73, 27.21, 32.58
    10 .... 16.55
Financial Services Act 1986 (30 *Statutes* 162) 21.20
Financial Services and Markets Act 2000
  .... 4.29
  s 22 .... 21.20
    285 (1) 18.15
    412 .... 4.41
Financial Services (Banking Reform) Act 2013
  Pt 5 (ss 39–110) 18.11
  s 41 (1), (2) 18.15
    43, 44 .... 18.16
Forcible Entry Act 1381
  .... 16.100, 27.16
Forcible Entry Act 1623
  .... 16.100, 27.16

Foreign Judgments (Reciprocal Enforcement) Act 1933 (22 *Statutes* 447) 37.52
  Pt I (ss 1–7) 39.108
  s 10A 39.108
Forgery Act 1861 .... 20.97
  s 24 .... 20.98
Forgery and Counterfeiting Act 1981
  s 1 .... 20.97
    9 .... 20.98
      (1) 20.97, 20.113
    24 .... 20.99, 20.100
Fraud Act 2006 .... 17.38
  s 1 .... 16.90
Fraudulent Conveyances Act 1571
  .... 22.22
Gambling Act 2005
  s 335(1) 4.41
Health and Safety at Work etc Act 1974 (19 *Statutes* 796)
  s 2 .... 3.61
Hire–Purchase Act 1938
  s 8 (2) 4.16
    (3) 11.131
Hire Purchase Act 1964 (11 *Statutes* 3)
  Pt III (ss 27–29) 2.75, 16.26, 16.72, 27.21
  s 27 .... 16.83
    (1) 16.74
    (2) 16.75, 16.85
    (3), (4) 16.89
    (5) 16.73
    (6) 11.19, 16.88, 16.90
    28 .... 16.91
    29 (1) 16.74, 16.76
    (2) 16.78
    (3) 16.82
    (4) 16.75
    (5) 16.85
Hire-Purchase Act 1965
  s 54 .... 6.09
Housing Grants, Construction and Regeneration Act 1996
  s 108 .... 38.06
Human Rights Act 1998 (7 *Statutes* 497)
  .... 3.01
Income Tax Act 2007
  s 874 .... 26.13
Infants Relief Act 1874
  .... 3.32
Insolvency Act 1985 (4 *Statutes* 708)
  .... 22.22, 23.40, 31.04
Insolvency Act 1986 (4 *Statutes* 721)
  . 31.04, 31.06, 31.07, 31.34, 31.38, 22.31
  Pt I (ss 1–7) 31.57, 31.70
    2 (ss 8–27) 31.55
  s 11 (3) (c) 2.26, 2.40
    29 (2) 31.53
    33 .... 25.30
    39 .... 25.30

xxxv

Table of Statutes

Insolvency Act 1986 (4 *Statutes* 721) – *cont.*
s 40	25.32
40 (2)	25.23
44 (1)	23.40
46	25.30
72A	23.40, 25.17, 25.18, 25.18, 31.54, 29.01
72B–72G	23.40, 25.17, 25.18, 31.54, 29.01
72H	23.40, 25.17, 25.18, 29.01, 31.54
73 (1)	31.30
84 (1)	31.30
87 (1)	31.11
99 (3)	31.69
100 (2)	31.30, 31.32
112	31.12
115	31.23
116	31.30
122 (1) (f), (g)	31.30
123 (1) (a), (b)	31.30, 31.31
(e)	31.30
(2)	31.31
(2B)	31.30
124, 125	31.30
127	31.18, 23.22, 31.51
129 (2)	24.55
130	31.11
156	31.21
165	31.32
167	31.32
(1)	31.11
175	31.69
(1)	31.21
(1A), (1B)	31.21
(2) (a)	31.21
(b)	25.23, 25.32, 31.21, 31.35
176	31.35
176ZA	25.32, 31.21, 31.40
176ZB	31.39
176A	25.32, 31.35
183 (3)	22.74
213	31.71, 31.72
214	31.73, 31.75, 31.76
214 (4), (5)	31.72, 31.73
(7)	31.74
215	31.74
233 (2) (a)	31.23
238	31.40, 31.42, 31.51
238 (4)	31.40
(5)	31.40, 31.43
239	31.42
(4)	31.44
(5)	31.45
240 (1), (2)	31.41, 31.44
(3)	31.41
241	31.40
(1) (c)	31.45, 31.48
244	31.51
245	23.26, 25.32, 24.65
(2)	23.28, 31.49

Insolvency Act 1986 (4 *Statutes* 721) – *cont.*
s 245 (5)	31.46
246ZA	31.69, 31.71
246ZB	31.69, 31.72, 31.73
246ZD	31.76
251	25.32
267	30.28
287	23.50
306	23.50
325 (2)	22.55
344	24.15, 29.20
346 (1), (5)	22.74
423–425	22.13, 31.51
424 (2)	22.13
426	31.81, 31.82
Sch B1	31.55
para 2 (b)	719
3	31.59, 31.62
(4)	23.40
(b)	30.43
6	31.59
10–13	31.59
12 (1)	31.60
13 (1)	31.60
14	23.40, 25.18, 31.59
(2), (3)	31.59
26	31.59
36	31.59
37	31.55
40	31.63
41	31.63
42	31.63, 29.18
43	31.63, 29.18
44	29.18
(1)–(5), (7)	31.63
(7)	31.63
45	25.30
46 (2)–(4)	25.30
49	31.66
53 (1)	31.66
55 (2)	31.66
59 (1)	31.65
60A	31.67
61, 62	31.65
65	31.58
65 (1)	31.33
(2)	25.23, 25.32, 31.35
(3)	31.33
(b)	25.32
66	25.32, 31.30, 31.55
69	31.65
74 (1)	31.68
76	31.69
78–79	31.69
84	31.55, 31.69
99 (3) (b)	25.32
Sch 4	30.32
para 5	31.11
Sch 6	
para 8–11	31.36
13 (1), (2)	31.36

Table of Statutes

Insolvency Act 1994 (4 *Statutes* 1129)
.... 31.07
Insolvency Act 2000
.... 31.07
Insolvency (No 2) Act 1994 (4 *Statutes* 1130) 31.07
Insurance Act 2015
.... 3.74
Interpretation Act 1978 (41 *Statutes* 985)
    Sch 1 .... 3.30, 16.79
Joint Stock Companies Act 1844
.... 31.05
Land Charges Act 1925
.... 24.30
    s 13 (2) 24.28
Land Charges Act 1972 (37 *Statutes* 569)
.... 23.10, 24.09
    s 4–7 .... 24.57
    4 (5) 24.27, 24.68
    18 (5) 24.22
Land Registration Act 1925 (37 *Statutes* 423) 24.30
Land Registration Act 2002
.... 24.09, 24.26
    s 23 (1) (a) 23.46
        (2) (a) 23.46
        30 (1) 24.57
        49 (1) 24.22
        (4) 24.22
        51 .... 2.26
    Sch 2
        para 10, 11 .... 23.46
Landlord and Tenant Act 1985 (23 *Statutes* 345)
    s 11 .... 3.61
Late Payment of Commercial Debts (Interest) Act 1998
    s 8, 9 .... 15.55
Law of Property Act 1925 (37 *Statutes* 120)
    s 1 (2) 2.20
      (3) 2.36
      (6) 2.28
    2 .... 2.86
    34 (1) 2.28
    36 (2) 2.28
    40 .... 3.29, 3.35, 23.10
    52 (1) 23.11
    53 (1) (c) .. 2.35, 21.19, 23.11, 23.46
    60 (1) 2.12
    86 .... 23.46
    87 .... 2.36
    87 (1) 2.26, 23.16, 23.20, 23.32, 23.46
    88, 89 .... 2.86
    91 (2) 23.37
    94 .... 24.21, 24.23
    (2) 24.22
    97 .... 24.27, 24.68
    101 .... 23.35, 23.39
    104 .... 2.86
    109 .... 23.39

Law of Property Act 1925 (37 *Statutes* 120) – *cont.*
    s 109 (2) 23.40
    114 .... 23.46, 23.56
    115 (2) 23.46
    136 .... 2.54, 23.46, 23.47, 23.48
    198 .... 24.22, 24.26
    199 (1) (i) 24.28
    205 (1) (ix) 7.20
Law of Property (Miscellaneous Provisions) Act 1989 (37 *Statutes* 658)
    s 1 .... 3.34
    (1) 3.11
    2 (1) 3.29, 3.31, 23.10, 23.11
    (3) 3.29
Law Reform (Enforcement of Contracts) Act 1954
    s 1 .... 6.09
Law Reform (Miscellaneous Provisions) Scotland Act 1990
    s 66 .... 39.18
    Sch 7 .... 39.18
Law Reform (Frustrated Contracts) Act 1943 (11 *Statutes* 215)
.... 9.53
    s 1 (2) 3.180
    (3) 3.180
    2 (4) 10.46
    (5) 3.180
    (c) 9.52
Legal Aid, Sentencing and Punishment of Offenders Act 2012
    s 44 (6) 38.11
Limitation Act 1980 (24 *Statutes* 698)
.... 11.24
    s 3 (2) 2.32
    16 .... 23.41
    17 .... 2.32
    36 .... 23.42
Magistrates' Courts Act 1980 (27 *Statutes* 143)
    s 87a 31.60
    125ZA 22.74
Marine Insurance Act 1906 (22 *Statutes* 17)
    s 50 (1), (3) 32.74
Maritime Convention Act 1911
    s 1 .... 36.40
Mercantile Law Amendment Act 1856 (11 *Statutes* 213)
    s 3 .... 30.21
    5 .... 30.35
Merchant Shipping Act 1894
.... 36.07
    s 493, 494 .... 36.36
    499 .... 36.36
    503 .... 36.44
Merchant Shipping Act 1979
.... 36.11
    ss 17–19 .... 36.44
    Sch 4

Table of Statutes

Merchant Shipping Act 1979 – *cont.*
  Sch 4 – *cont.*
    Pt I 36.44
Merchant Shipping Act 1995 (39 *Statutes* 509)
  s 185 .... 36.12, 36.44
    187–190 .... 36.40
  Sch 1
    para 8 .... 24.57
  Sch 7 .... 36.12, 36.44
Mercantile Law Amendment Act 1856
  s 5 .... 23.53, 23.54, 30.35
Minors' Contracts Act 1987 (6 *Statutes* 350) 3.32
  s 2 .... 30.29
Misrepresentation Act 1967 (29 *Statutes* 978) 8.27, 13.04
  s 1 .... 3.46
    (a), (b) 3.99
  2 .... 11.71
    (1) 3.06, 3.44,3.98, 3.99, 14.10
    (2) 3.08, 3.99
  3 .... 3.70, 3.80, 3.81, 3.97, 3.99
  4 (1) 11.05
Patents Act 1977 (33 *Statutes* 138)
  s 33 (1) (a) 24.30
    (3) (b) 24.30
Pension Schemes Act 1993 (33 *Statutes* 580)
  Sch 4 .... 31.36
Policies of Assurance Act 1867
  s 1 .... 23.47
Powers of Attorney Act 1971
  s 4 .... 5.38
Proceeds of Crime Act 2002
    .... 18.20
  s 335 .... 18.20
Protection of Trading Interests Act 1980 (47 *Statutes* 391) 38.131
  s 5 .... 37.51
Registered Designs Act 1949 (33 *Statutes* 78)
  s 19 (1) 24.30
Restrictive Trade Practices Act 1956
    .... 29.05
Sale and Supply of Goods Act 1994 (39 *Statutes* 222) 1.07, 6.09, 11.54, 11.64, 11.70, 11.81, 11.82, 11.145, 13.20
Sale of Goods Act 1893
    ...... 2.21, 1.09, 6.08, 7.03, 11.04, 11.06, 11.70, 11.130, 11.131, 40.13
  s 11 (1) (c) 6.09, 11.05, 13.30
    12, 13 .... 6.09
    14 (3) 6.09
      (6) 6.09
    15 .... 6.09
    22(2) 6.09
    24 .... 6.09
    25 .... 6.09, 16.26

Sale of Goods Act 1893 – *cont.*
  s 25 (1) 16.17, 16.46, 16.50, 16.73
    (2) 16.71
  35 .... 6.09
  55 .... 6.09
  55A 6.09
  61 (2) 1.07
  62(1A) 6.09
Sale of Goods Act 1979 (39 *Statutes* 68)
  . 1.61, 3.60, 3.61, 6.08, 7.03, 7.20, 7.32, 7.33, 7.35, 7.42, 8.01, 8.10, 8.37, 8.78, 9.09, 9.26, 9.42, 9.47, 11.38, 11.70, 11.144, 12.01, 12.07, 12.21, 14.01, 14.29, 14.67, 15.08, 16.53, 17.29, 22.33, 27.05, 27.11, 27.14, 33.25, 33.26
  s 1 .... 7.28
  2 .... 7.13, 7.17, 7.28, 7.31
    (1) 7.14, 7.15, 8.26, 17.13
    (5) 7.25, 9.49
  4 .... 11.131
  5 (1) 7.27, 8.72
    (2) 7.26
    (3) 7.16, 7.25, 7.27, 7.28, 8.77, 8.81, 8.90
    (4), (5) 7.28
  6 .. 7.08, 7.12, 8.06, 8.07, 8.09, 9.03, 9.48, 9.49, 11.133, 34.37
  7 .. 7.08, 7.12, 8.06, 8.07, 8.09, 8.29, 9.03, 9.21, 9.38, 9.41, 9.48, 9.49, 9.50, 9.51, 9.52
  10 (1) 3.144, 10.43
  11 (1)(c) 12.12
    (2) 12.08
    (4) .. 10.44, 11.143, 12.12, 12.17, 12.27, 13.02, 13.06, 13.30, 13.38, 14.41
  12 .... 10.01, 10.05, 11.08, 11.12, 11.14, 11.17, 11.18, 11.19, 11.20, 11.21, 11.25, 11.131, 11.133, 11.134
  11 (4A) 13.30
  12 .... 15.11, 34.28
    (1) 7.27, 11.27, 16.89
    (2) 11.24, 11.135
    (3) 7.29, 7.30, 8.25, 11.28, 11.135
    (4) 11.135
    (5) 11.27 11.28, 11.135
  13 ..... 3.113, 10.01, 10.05, 11.08, 11.29, 11.35, 11.48, 11.51, 11.126, 11.131, 11.133, 11.14, 115.11
  13 (1A) 11.29
    (1) 11.46
    (3) 11.31
  14 ..... 3.113, 10.01, 10.05, 11.08, 11.14, 11.55, 11.62, 11.67, 11.116, 11.126, 11.131, 11.133, 11.141, 15.11
  14 (1) .. 11.52, 11.53, 11.112, 11.133
    (2) 11.57, 11.68, 11.73, 11.98, 11.130
    (2A) 11.68, 11.71

Table of Statutes

Sale of Goods Act 1979 (39 *Statutes* 68) – cont.
- s 14 (2B) .. 11.74, 11.75, 11.76, 11.111
  - (e) 11.82
  - (2C) 11.57, 11.64, 11.66
    - (a) 11.149
    - (c) 11.68
  - (3) 11.73, 11.95, 11.97, 11.98, 11.106, 11.111, 11.112, 11.117, 11.121, 11.149
    - (b) 11.103, 11.104
  - (4) 11.57
  - (5) 11.60, 11.95
  - (6) 11.54, 11.58, 11.71, 11.95
- 15 .... 3.113, 10.01, 10.05, 11.08, 11.53, 11.125, 11.126, 11.131, 11.133, 11.141, 15.11
  - (2) (a) 11.127, 11.128
    - (c) 11.68, 11.127, 11.128
- 15A 3.113, 3.144, 3.146, 10.06, 11.51, 13.06, 13.13, 33.27
- Pt III (ss 16–26) 7.30
- s 16 . 8.01, 8.08, 8.12, 8.16, 8.54, 8.81, 8.92, 8.100, 9.12, 15.16, 32.64, 34.13, 34.27
- 17 ..... 7.08, 8.01, 8.09, 8.79, 8.100, 32.53
  - (1) 8.81, 34.27
  - (2) 8.80
- 18 ...... 8.06, 8.07, 8.80, 8.91, 8.107
- r 1 .... 1.48, 7.08, 7.11, 7.17, 8.07, 8.09, 8.80, 8.81, 8.82, 8.83, 8.84, 8.85, 8.86, 8.87, 8.88 8.90, 8.95, 11.20
- 2 ..... 8.80, 8.88, 8.90, 8.95, 9.27
- 3 .... 7.08, 8.81, 8.89, 8.90
- 4 .... 8.102, 8.103, 8.104, 8.105, 8.106, 9.04, 9.41, 9.41
  - (a) 16.61
- 5 .... 7.08, 8.91, 8.93, 8.94, 8.95, 8.98, 8.99, 10.13, 11.20, 11.35
  - (1) 8.77, 8.92, 10.03, 34.13, 34.14, 34.15
  - (2) 8.92, 8.96, 9.31, 10.03, 10.13, 291, 34.13
  - (3) .. 8.100, 34.15, 34.25, 36.71
- s 19 . 7.08, 8.01, 8.09, 8.81, 8.90, 8.91, 8.113
  - (1) 8.60, 8.107, 8.108, 10.13
  - (2) 8.107, 8.108, 10.18, 34.14
  - (3) 8.111, 15.59, 34.30
- 20 . 8.01, 8.54, 9.02, 9.03, 9.06, 9.07, 9.13, 9.13, 9.28, 9.41, 9.49, 10.03
  - (1) .. 8.29, 9.04, 9.16, 9.19, 34.16
  - (2) . 8.100, 9.10, 9.16, 9.22, 15.32
  - (3) 9.16
  - (4) 8.29
- 20A 2.89, 7.39, 8.08, 8.28, 8.52, 8.53, 8.54, 8.55, 8.56, 8.57, 8.59, 8.71, 9.07, 9.12, 9.49, 10.09, 32.64, 34.13, 34.27, 35.149
  - (2) 8.60, 8.61, 8.70

Sale of Goods Act 1979 (39 *Statutes* 68) – cont.
- s 20A (4) 8.65, 9.40
  - (5) 8.68
  - (6) 8.59
- 20B .. 8.01, 8.52, 34.13, 32.64, 34.27
  - (1)–(2) 8.71
  - (3)(b) 8.71
- 21 .... 16.73
  - (1) 7.04, 7.27, 16.09, 16.10, 16.13, 16.14, 16.28, 16.70
- 23 . 16.29, 16.31, 16.31, 16.32, 16.60
- 24 ..... 2.45, 2.82, 3.75, 7.27, 11.20, 15.71, 16.47, 16.58, 16.59, 16.64, 32.58
- 25 ... 3.75, 7.27, 16.26, 16.55, 16.66, 27.21, 27.22, 32.58
  - (1) 16.58, 27.13, 37.86
  - (2) 16.62
  - (4) 13.31
- 26 .... 32.79
- 27 . 10.01, 10.05, 13.01, 15.07, 15.53
- 28 .... 3.142, 10.01, 10.05, 10.43, 15.02, 15.09, 15.11, 15.54, 34.12
- 29 .... 10.01, 10.05, 10.18, 10.21
  - (1) 10.14, 10.23
  - (2) 10.16, 15.05, 15.11
  - (3) 10.25
  - (4) 10.09
  - (5) 10.25
  - (6) 10.26
- 30 .... 10.01, 10.05, 11.39, 13.33
  - (1) 13.31, 33.31
  - (2) 13.02, 13.04, 13.31
  - (2A) 13.06, 13.13, 13.31
    - (a) 13.35
    - (b) 13.37
  - (2B) 13.31
  - (4) 13.04, 13.05
  - (5) 13.31, 13.32
- 31 . 10.01, 10.05, 12.25, 13.04, 13.33
  - (1) 10.29, 10.30, 10.31, 10.43, 13.35, 13.36
  - (2) 10.29, 10.40, 10.45
  - (3) 10.29
- 32 .... 9.03, 10.01, 10.05
  - (1) 9.32, 9.33, 10.03, 10.12, 10.13, 10.13, 10.14, 10.15, 10.16, 10.18, 15.64
  - (2) 9.07, 9.32, 9.36, 9.37
  - (3) ... 9.07, 9.32, 9.36, 9.36, 9.37, 10.14, 10.18, 34.07
  - (4) 9.36, 10.13
- 33 . 9.03, 9.07, 9.33, 9.34, 9.35, 9.40, 10.01, 13.33
- 34 .... 13.14
  - (1) 13.04, 13.05
  - (6) 12.22
- 35 .... 12.12, 13.01, 13.04, 13.04, 13.07, 13.09, 13.10, 33.30
  - (1) 13.08
  - (b) . 13.11, 13.13, 13.14, 13.18

xxxix

Table of Statutes

Sale of Goods Act 1979 (39 *Statutes* 68) – cont.
- s 35 (2) 13.05, 13.08, 13.26
- (4) 12.09, 13.14, 13.19, 13.34
- (5) 13.05, 13.20, 13.21
- (6) 13.05
  - (a) 13.14, 13.24
  - (b) 13.14, 13.16, 13.17, 13.28, 13.29
- (7) 10.44, 13.07
- 35A 10.44, 13.04, 13.05, 13.06, 13.07
- 36(1), (2) 12.11
- 37 .... 9.22, 15.32, 15.52
  - (1) 15.04, 15.31
  - (2) 15.31
- 38 (1) (a), (b) 15.59
  - (2) 15.59
- 39 (2) 15.60
- 41 (1), (2) 15.61
- 42 .... 15.63
- 44 .... 15.64
- 45 .... 9.30, 10.13
- 45 (1) 15.64
  - (3)–(5) 15.64
  - (7) 15.65
- 46 .... 10.13
  - (1), (2), (4) 15.64
- 47 (1) 15.63
  - (2) (a) 15.63, 16.55
  - (b) 16.55
- 48 (1) 15.62, 15.68, 15.71
  - (2) 15.68, 15.69, 15.71, 16.56
  - (3) 15.68, 15.70, 15.72
  - (4) 15.68, 15.72
- Pt VA (ss 48A–48F) 14.66
- s 49 (1) 8.30, 15.10, 15.13, 15.14, 34.05
  - (2) 15.10, 15.13, 15.14, 15.16
- 50 .... 15.30, 15.33
  - (2) 15.38, 15.42
  - (3) 13.01, 15.26, 15.35, 15.38, 15.39, 15.39, 15.40, 15.42
- 51 (1) 14.17
  - (2) 14.17, 14.19
  - (3) 3.75, 3.131, 14.18, 14.19, 14.51, 15.26
- 52 .... 7.07
  - (1) 8.01, 14.07
- 53 .... 10.06
  - (1) 11.21, 14.06, 14.13
    - (a) 33.31
  - (2) 14.41
  - (3) 14.41
  - (4) 14.06
- 54 .... 14.05, 14.17, 14.19, 15.30, 15.39, 15.44
- 55 .... 11.30
  - (1) ... 9.49, 11.48, 11.132, 11.133
  - (1A) 11.132

Sale of Goods Act 1979 (39 *Statutes* 68) – cont.
- s 55 (2) 11.132
- 55A 11.131
- 59 .... 13.20
  - (1) 10.02
- 61 (1) ... 7.08, 7.16, 7.17, 7.19, 7.20, 7.23, 7.25, 8.05, 8.08, 8.56, 8.57, 8.73, 9.16, 9.40, 9.49, 10.07, 11.35, 11.41, 11.59, 11.103, 16.52
  - (3) 16.44
  - (4) 15.61
  - (5) 8.87
- 62 .... 7.05
  - (1) 7.05, 8.05
  - (2) ... 1.07, 7.05, 7.06, 7.07, 9.48, 13.29
  - (4) ... 2.50, 7.05, 7.15, 7.18, 7.25
- Sch 1
  - para 53 .... 14.66
- Sale of Goods (Amendment) Act 1994 (39 *Statutes* 221)
  - s 1 .... 6.09, 16.29
  - 3 (2) 6.09
- Sale of Goods (Amendment) Act 1995 (39 *Statutes* 227) 6.09, 8.37, 8.70
- Sale of Horses Act 1555 .... 6.09
- Sale of Horses Act 1558 .... 6.09
- Securities Exchange Act 1934
  - s 10 (b) 39.34
- Small Business, Enterprise and Employment Act 2015
  - s 13 .... 18.22, 19.18
  - 129 .... 31.67
  - Pt 10 .... 31.08
- State Immunity Act 1978 (10 *Statutes* 756) 37.08
  - s 2 .... 39.99
  - 3 (1) (a) 39.88, 39.98
  - 9 (1) 39.88
  - 13 (2), (4) 39.98
  - 14 (1), (2) 39.98
- Statute of Acton Burnell 1283 .... 1.03
- Statute of Frauds 1677 (11 *Statutes* 211)
  - s 4 .... 1.57, 3.29, 3.30, 3.31, 30.21
  - 17 .... 6.09
- Statute of Merchants 1285 .... 1.03
- Statute of the Staple 1353
  - cc 5, 6, 8, 20, 21 .... 1.03
- Supply of Goods and Services Act 1982 (39 *Statutes* 132) . 1.25, 3.61, 7.36, 7.37
  - s 4 .... 7.38
  - (2) 4.34
  - 13 .... 3.60, 7.38

xl

Table of Statutes

Supply of Goods (Implied Terms) Act 1973
  (11 *Statutes* 8) ... 1.25, 3.61, 11.54,
  11.62, 11.64, 11.98,
  11.114, 11.116, 11.131
  s 8 .... 3.145
    10 (2) 11.58
Senior Courts Act 1981 (11 *Statutes* 966)
  s 6 (1) (b) 38.20
    33 (1) 38.69
      (2) 38.68
    34 (3) 38.69
    35A 15.55
    37 (1) 38.100
      (3) 38.96
    49 (2) 22.38, 22.71
      (3) 38.77
    67 .... 38.76
    68 .... 38.02
    69 (1) 38.02
    70 .... 38.02
    72 .... 38.107
Terrorism Act 2000
  .... 18.20
Theft Act 1968 (12 *Statutes* 488)
  s 1 .... 16.88, 16.90
    31(2) 6.09
Theft (Amendment) Act 1996
  .... 17.38
Third Parties (Rights against Insurers) Act 2010 .... 9.37
Torts (Interference with Goods) Act 1977
  (45 *Statutes* 874) 14.09, 16.96
  s 1 .... 16.96
    2 (1), (2) 16.96
    3 .... 16.03, 16.96, 22.66
    3 (1) 16.99
      (2) 2.15
      (a), (b) 38.126
      (6) 2.94, 16.96
    4 (2) 38.69
    6 ... 2.94, 16.03, 16.96, 16.99, 22.66
    8 (1) 2.21, 2.23, 16.96
    11 (2) 8.26
    12 .... 22.66
      (6) 16.93
    13 .... 22.66
      (2) 16.93
Trade Descriptions Act 1968 (39 *Statutes* 31) 1.14, 11.33
Trade Marks Act 1994 (48 *Statutes* 114)
  s 25 (3) 24.30
Tribunals, Courts and Enforcement Act 2007
  s 62 .... 22.74, 38.124
  Sch 12 .... 16.93
    para 4 (3) 22.74
Unfair Contract Terms Act 1977 (11 *Statutes* 220) 1.26, 3.73, 3.78, 5.26,
  6.09, 11.53, 11.133, 14.01
  s 2 .... 11.133

Unfair Contract Terms Act 1977 (11 *Statutes* 220) – *cont.*
  s 3 ... 11.48, 11.133, 762, 1082, 1264,
  28.14
    5 .... 3.82
    6 ... 1.26, 3.82, 11.30, 11.66, 11.131
      (1) 11.12, 11.135
        (a) 8.25, 11.134
      (1A) 11.48, 11.121
      (3) 11.121
    7 .... 3.82, 28.14
      (1A) 28.20
    9 .... 3.82
    10 .... 11.135
    11 .... 1.26, 11.131
      (5) 11.138
    13 .... 11.66
      (1) 3.79
    27 (2) 11.131
  Sch 2 ...... 1.26, 3.82, 11.131, 11.137,
  11.141, 11.142, 11.143
Uniform Law on International Sales Act 1967 (39 *Statutes* 6)
  s 1 (3) 33.02
Unsolicited Goods and Services Act 1971
  (39 *Statutes* 64) 8.105
Value Added Tax Act 1994 (48 *Statutes* 669)
  s 6 (2) (c) 29.13
Wireless Telegraphy Act 2006
  s 99 .... 16.93
    101 .... 16.93

Australia
New South Wales Contracts Review Act 1980 .... 3.70
New South Wales Sale of Goods Act
  s 12 .... 9.21

Germany
Arbitration Law 1998
  art 1040 (3) 39.50

Hong Kong
Arbitration Ordinance 1997
  s 6b 39.06

Netherlands
Arbitration Act 1986
  .... 39.06

New Zealand
Contractual Remedies Act 1979
  .... 3.42

United States

Table of Statutes

Federal Arbitration Act 1925
   s 1303 (8) 39.33

Pomerene Act 1916
   s 29 .... 32.56

US Carriage of Goods by Sea Act
   .... 36.46

Table of Statutory Instruments

Business Contract Terms (Assignment of Receivables) Regulations 2018, SI 2018/1254 .... 29.41
  reg 1 (2), (3) 29.28
  2 .... 29.29, 29.30
    (1)–(3) 29.28
  3 (2) 29.29
    (4), (5) 29.29
  4 .... 29.30
    (a)–(c) 29.30
    (d)–(k) 29.30
Capital Requirements (Capital Buffers and Macro-prudential Measures) Regulations 2014, SI 2014/894 .... 4.23
Carriage by Air Acts (Implementation of the Montreal Convention 1999) Order 2002, SI 2002/263 .... 38.63
Carriage of Goods by Sea Act 1971 (Commencement) Order 1977, SI 1977/981
  art 2 .... 36.11
Civil Jurisdiction and Judgments (Amendment) (EU Exit) Regulations 2019, SI 2019/479 .... 37.48
  para 84 .... 37.05
  89 .... 37.05
Civil Jurisdiction and Judgments (Hague Convention on Choice of Court Agreements 2005) (EU Exit) Regulations 2018, SI 2018/1424 .... 37.05, 37.39
Civil Jurisdiction and Judgments Order 2001, SI 2001/3929
  Sch 1
    para 9 (2) 37.09
    (3) 37.09
    (6) 37.09
Civil Procedure Rules 1998, SI 1998/3132 .... 38.14
  r 1.1 (2) 38.15
  1.3 .... 38.15
  1.4 (2) 38.57
    (e) 38.15, 38.37

Civil Procedure Rules 1998, SI 1998/3132 – cont.
  r 2.4 .... 38.02
  PD 2B
  para 6.1 .... 38.02
  r 3.1 (2) (a) 38.55
    (k) 38.08
    (3) 37.34
    (8) 38.63
  3.3 (1) 38.40
  3.4 (2) 38.40
  3.8 (3) 38.55
  3.9 (1) 38.63
  PD 3A
  para 4.1 .... 38.40
  Pt 6 .... 37.28
  r 6.3 .... 38.45
  6.4 (1) 38.45
  6.17 (2) 38.45
  6.33 .... 38.45
  6.36 .... 38.45, 37.33
  6.37 .... 37.35
    (1) 37.33
    (3) 37.33
  PD 6B 37.33, 37.36
  para 3.1 .... 37.34
    (3) 37.34
    (4A) 37.36
    (6) 37.34
      (a)–(d) 37.35
    (7), (8) 37.35
  Pt 7 . 38.42, 38.48, 38.54, 38.62, 38.66
  r 7.2 (1), (2) 37.12
  7.4 (1) (b) 38.45
    (2) 38.45
  7.5 (1), (2) 38.45
  PD 7A
  para 3.3 .... 38.42
  Pt 8 .... 38.50, 38.60, 38.66
  r 8.1 (2) (a) 38.42
    (5) 38.51
    (6) 38.42
  8.2(a) 38.42
  8.3 .... 38.50
  PD 8A 38.30
  r 9.1 .... 38.49

Table of Statutory Instruments

Civil Procedure Rules 1998, SI 1998/3132 – cont.
Pt 10 .... 37.32
    11 .... 37.32; 38.47
r 11.2 .... 37.32
    11.4, 11.5 .... 37.32
Pt 12 .... 38.29
r 12.3 .... 38.29
    (2) 38.47
    (3) 38.34
PD 12
para 1.2, 1.3 .... 38.29
r 14.3 .... 38.47
    15.4 (1) 38.48
    15.5 (2) 38.55
    15.8 .... 38.51
    15.8 (a) 38.55
Pt 16
r 16.3 .... 38.44
    16.5 .... 38.44
    (1), (5) 38.47
PD 16
para 3.1 .... 38.43
    3.2 .... 38.43
    9 .... 37.109
r 17.1 .... 38.56
PD 18
para 1.2 .... 38.52
Pt 19
r 19.4 .... 2.55
    19.5A 2.41, 16.96
    (3) 2.21
Pt 20 .... 38.16, 38.47, 38.51
r 20.2 .... 38.53
    20.7 (3) 38.54
    22.1 .... 38.16
PD 22
para 4.1–4.3 .... 38.16
r 23.3 .... 38.86
    23.4 (1) 38.84
    23.7 (1) 38.84
    23.8 .... 38.83
PD 23A
para 3 .... 38.85
    9.1 .... 38.87
    13.2 .... 38.120
Pt 24 .... 38.47
r 24.2 .... 35.110, 38.38
    24.4 (1), (3) 38.38
    24.5 (1), (2) 38.38
PD 24
para 5.2 .... 22.74
r 25.1 (1) (c) (i) 22.74
        (v) 16.93
        (e) 38.69
        (f) 38.96
        (h) 38.104
        (i), (j) 38.69, 38.96
    25.2 (2) 38.87
    25.5 (1) (a), (b) 38.69
        (2) 38.86

Civil Procedure Rules 1998, SI 1998/3132 – cont.
r 25.6 .... 38.92
    25.7 .... 38.91
    25.12 .... 22.74, 38.112
    25.13 (2) 38.113
    25.14 .... 38.112
PD 25A 38.98
para 3.1 .... 38.100
    7 .... 38.107
    7.2 .... 38.106
Pt 26 .... 38.62
r 26.3 .... 38.51
    (3) 38.58
    (4), (5) 38.59
    (6) 38.60
    26.3 (6A) 38.55
    26.8 .... 38.57
PD 26
para 8.1(1)(d) 38.58
Pt 27
r 27.14 (2) 38.120
Pt 28
r 28.5(2) 38.59
PD 28 .... 38.59
r 29.2 (2) 38.60
    31.4 .... 38.63
    31.5 .... 38.66
    (1) (a) 38.64
    31.6 .... 38.64
    31.12 (2) 38.65
    31.15 .... 38.63
    31.22 (1) 38.63
Pt 31 .... 38.63
PD 31B 38.63
para 5 (3) 38.63
Pt 32 .... 38.70
r 32.1 (2) 38.08
    32.2 .... 38.76
    32.14 .... 38.15
    34.8–34.12 .... 38.76
    34.13 .... 38.133
    34.16–34.21 .... 38.133
Pt 34 .... 15.36
    35
r 35.3 .... 38.70
PD 35 .... 38.70
r 35.3 .... 38.70
Pt 36 .... 38.58, 38.71, 38.113
r 36.2 .... 22.74
    36.3 .... 22.74
    36.4 (2) 38.73
    36.5 (1) 38.72
    36.9 (1) 38.73
    36.11 .... 18.07
    36.13 .... 38.73
    36.14 .... 38.73
    36.16 (1) 38.72
        (2) 38.72
    36.17 .... 38.73

xliv

Table of Statutory Instruments

Civil Procedure Rules 1998, SI 1998/3132 – *cont.*
Pt 37
  r 37.2 .... 18.07
  37.3 .... 18.07
PD 37
  para 2, 3 .... 18.07
  r 38.2 (2) 38.77
  39.2 (3) 38.76
  39.5 (2) 38.76
  44.2 (4) 38.116, 38.120
    (5) 38.116
    (6) 38.117
  44.3 (2), (3) 38.122
  44.10 (1) 38.120
  45.38(1) 38.120
Pt 48
  r 48.1, 48.2 .... 38.11
PD 48 .... 38.11
  51Z 38.12
  r 52.3 (1), (2) 38.127
    (6) 38.127
  52.6 (1) 38.127
  52.12 (1)–(3) 38.128
  52.13 (2) (a), (b)
    .... 38.128
    (3) 38.128
    (4)–(6) 38.129
  52.16 .... 38.127
PD 51U 38.66
  para 2.5 .... 38.63
PD 52B
  para 8.3 .... 38.75
PD 52C
  para 31 .... 38.75
Pt 55 .... 2.18
58
  r 58.1 .... 38.29
  58.1 (2) 38.25
  58.3 .... 38.25
  58.4 (1), (2) 38.30
  58.5 (2) 38.44
    (3) 38.44
  58.6 (1) 38.49
    (2) 38.49
  58.8 (2) 38.30
  58.10 (1) 38.52
  58.11 .... 38.23, 38.28
  58.13 (1), (3) 38.61
PD 58 .... 38.25, 38.29
  para 1.2 (2) 38.125
    2.1 .... 38.42
    2.3, 2.4 .... 38.42
    3.1 .... 38.88
    9 .... 38.46, 38.88
    10 (2), (6) 38.61
PD 58B
  para 8.3 .... 38.75
PD 58C
  para 31 .... 38.75
Pt 59 .... 38.27

Civil Procedure Rules 1998, SI 1998/3132 – *cont.*
Pt 69 .... 22.74
  r 69.2 (1) (C) 38.124
PD 69
  para 5 .... 38.124
  r 70.1 (2) (a), (b) 38.124
  70.3 .... 38.124
  71.2 .... 38.124
Pt 72 .... 22.74, 38.124
  73 .... 38.124
83
  r 83.9 .... 38.124
  83.13 (1) 38.126
  83.14 (1), (2) 38.126
Pt 89 .... 38.124
89.3 .... 38.124
Pre-Action Protocols
Pre-action Conduct and Protocols
  .... 38.28, 38.116
  para 3 .... 38.18
    15 (c) 38.18
    16 .... 38.18
Courts Guides
Admiralty and Commercial Courts Guide
  .... 38.26
  para A2.1 .... 38.23
    A3.2 .... 38.24
    B4.7 .... 38.16
    B4.8 .... 38.28
    B7.1 .... 38.46
    B7.6 .... 38.45
    B9.1 (b) 38.49
    B9.2 .... 38.49
    B9.4 (a) 38.45
    B11 .... 38.29
    B13.5 .... 38.28
    C1.1 (b) 38.27
    C1.2 (b), (c) 38.27
    C1.5 .... 38.16
    C1.8 .... 38.16
    C2.1 (a) 38.46
    C2.3 .... 38.46
    C3.2 .... 38.49
    C4.3 .... 38.52
    C4.4 .... 38.55
    C5.2 .... 38.16
    D2.1 .... 38.62
    D4.3, D4.4 .... 38.62
    D5 .... 38.62
    D5.2 .... 38.62
    D6.3 (b) 38.62
    D7.1, D7.2 .... 38.62
    D7.5 (a) 38.62
    F1.4 .... 38.62, 38.88
    F2.1–F2.3 .... 38.62, 38.89
    F3.1 .... 38.62, 38.89
    F5.1 .... 38.62, 38.89
    F5.5 .... 38.75
    F6.1 .... 38.62, 38.89
    F15.5 .... 38.62

Table of Statutory Instruments

Civil Procedure Rules 1998, SI 1998/3132 – *cont.*
  para F15.7 .... 38.98
    F15.12 .... 38.106
    H4.2, H4.3 .... 38.133
    K3.1 .... 38.125
  Appendix 4 .... 38.27
    5 .... 38.98, 38.104
    10
    para 1 .... 38.112
  Appendix 11
    para 125 .... 38.98
  Appendix 16
    para 1 .... 38.112
  Professional Negligence Pre-Action Protocol 38.27, 38.28

Commercial Agents (Council Directive) Regulations 1993, SI 1993/3053
  .... 1.34, 5.08, 5.09
  reg 2 (1)–(4) 5.13
    3 .... 5.26, 5.27
    4 .... 5.29, 5.31
    5 .... 5.26, 5.29
    5 (2) 5.27, 5.31
    6 .... 5.32
    6 (1) 5.30
    7–10 .... 5.32
    11 (1) 5.32
      (3) 5.32
    15 .... 5.38
    17 (3)–(6) 5.39
    18, 19 .... 5.39

Companies Act 2006 (Amendment of Part 25) Regulations 2013, SI 2013/600 .... 22.15, 24.13, 24.31

Company, Limited Liability Partnership and Business (Names and Trading Disclosures) Regulations 2015, SI 2015/17
  reg 24(1)(b)(c) 20.105

Consumer Protection from Unfair Trading Regulations 2008, SI 2008/1277
  .... 1.14, 8.105

Consumer Contracts (Information, Cancellation and Additional Charges) Regulations 2013, SI 2013/3134
  .... 3.35, 8.105

Cross-Border Insolvency Regulations 2006, SI 2006/1030
  Sch 1
    art 3 .... 31.84
      3 (1) 31.84
      16 (3) 31.81
      3 .... 31.84
      9 .... 31.83
      11, 12 .... 31.83
      15, 16 .... 31.83
      28 .... 31.83

Damages-Based Agreements Regulations 2013, SI 2013/609
  .... 38.11

Electronic Money Regulations 2011, SI 2011/99 .... 17.22
  art 2 (1) 17.22
    (2) 17.22
    3 .... 17.22

Electronic Identification and Trust Services for Electronic Transactions (Amendment etc) (EU Exit) Regulations 2019, SI 2019/89 .... 3.31

Employment Equality (Religion or Belief) Regulations 2003, SI 2003/1660
  .... 39.31

Export Control Order 2008, SI 2008/3231
  .... 32.32

Financial Collateral Arrangements (No 2) Regulations 2003, SI 2003/3226
  .... 31.52
  reg 3 .... 24.32, 25.17
    4 .... 22.32
    4 (4) 22.31
    8 .... 22.31
    18 .... 23.42

Financial Markets and Insolvency (Settlement Finality) Regulations 1999, SI 1999/2979 ..... 17.57, 18.40, 31.52

Financial Services and Markets Act 2000 (Regulated Activities) Order 2001, SI 2001/544
  art 77 (1) 21.20
    84 (1)–(4) 4.29
    85 (1) 4.29
    (2) (a) 4.29

High Court and County Court Jurisdiction (Amendment) Order 2014, SI 2014/821

Insolvency Act 1986 (Prescribed Part) Order 2003, SI 2003/2097
  .... 25.32
  art 3 .... 31.35

Insolvency Act 1986, Section 72A (Appointed Date) Order 2003, SI 2003/2095
  art 2 .... 31.51

Insolvency (Amendment) (EU Exit) Regulations 2019, SI 2019/146
  reg 116 .... 31.84, 31.85

Insolvency Proceedings (Monetary Limits) Order 1986, SI 1986/1996
  art 4 .... 31.36

Insolvency Rules 1986, SI 1986/1925
  .... 31.07
  r 2.86 .... 37.109
  3.2 .... 25.30
  4.91 .... 37.109

Insolvency Rules 2016, SI 2016/1024
  .... 31.08
  r 3.35 .... 31.66
  3.51 .... 31.69

Insolvency Rules 2016, SI 2016/1024 – *cont.*
  r 3.53 (1) (j) 31.69
  4.5 .... 25.30
  6.42 (4) 31.21
  6.44 .... 31.21
  14.1 .... 31.20
  14.2 .... 31.20
    (1) 31.33
  14.12 .... 31.69
  14.16 .... 31.35
  14.19 (1), (2) 31.35
  14.24, 14.25 .... 22.40
  14.43 .... 22.56
  Pt 4 Ch 2 .... 25.30
Insolvent Partnerships Order 1994, SI 1994/2421 .... 31.30
  art 7–10 .... 220.3
Law Applicable to Contractual Obligations and Non-Contractual Obligations (Amendment etc) (EU Exit) Regulations 2019, SI 2019/834
  .... 37.55, 37.63, 39.36
Legal Aid, Sentencing and Punishment of Offenders Act 2012 (Commencement No. 5 and Saving Provision) Order 2013 (SI 2013/77)
  art 4 .... 38.11
Merchant Shipping (Convention on Limitation of Liability for Maritime Claims) (Amendment) Order 1998, SI 1998/1258 .... 36.44

Money Laundering, Terrorist Financing and Transfer of Funds (Information on the Payer) Regulations 2017, SI 2017/692
  .... 18.20
Mortgaging of Aircraft Order 1972, SI 1972/1268 .... 24.30
  art 14 (1) 24.57
Payment Services Regulations 2017, SI 2017/752
  reg 2 (1) 18.19
  66, 67 .... 18.19
  74–77 .... 18.19
  81–96 .... 18.19
  100 .... 18.19
Taking Control of Goods Regulations 2013 SI 2013/1894
  reg 4 .... 38.124
  13 .... 38.124
  15, 16 .... 38.124
  19 .... 38.124
Unfair Terms in Consumer Contracts Regulations 1994, SI 1994/3159
  .... 3.83
Unfair Terms in Consumer Contracts Regulations 1999, SI 1999/2083
  .... 3.83

Table of Codes

France
Code Civil
   art 1104 .... 3.74
      1382–1386 .... 40.08
      2279 .... 16.06

Belgium
Judicial Code
   art 1717 (4) 39.39
      1718 .... 39.39

Germany
Arbitration Law 1998
   art 1040 (3) 39.50
German BGB
   art 242 374

Switzerland
Swiss Civil Code 40.09

United States
Uniform Commercial Code (UCC)
   .... 40.09, 40.14, 40.15
   s 1–201(b) (35) 22.15
   203 .... 3.74
   Article 2 .... 8.36, 14.65

Uniform Commercial Code (UCC) – *cont.*
   s 2–105 (4) 8.52
   207 .... 3.53
   210 (3) 37.98
   302 .... 3.73
   401 .... 8.28, 8.36
   502 .... 8.28, 8.36
   508 .... 12.21
   608 .... 13.23
   615 (b) 3.178
   706 .... 14.63, 15.46
   712 .... 14.65
   713 .... 14.65
   Article 3 .... 20.02
      4A .. 17.38, 17.43, 18.21, 18.26
      5
   s 5–109 (a) 35.31
   111 .... 35.120
   114 (2) 35.115
   Article 8
   s 8–106 .... 24.16
   Article 9 .... 1.09, 16.08, 22.45, 22.78,
       24.12, 24.70, 24.71, 25.33,
                          37.87
   s 9–102 .... 22.15
   102 (a) (11) 26.26
   103 (b) 24.58
   205 .... 29.10

Table of European Treaties and Legislation

EU-UK Withdrawal Agreement 1.34
   art 67 (1) (a) 38.80
Single European Act 1986 .... 1.30
Treaty Establishing the European Economic Community (Treaty of Rome) 1957
   art 81 .... 39.36, 39.37
   82 .... 39.36, 39.37
   85, 86 .... 39.36
Treaty of Amsterdam 1997 .... 1.30
Treaty of Maastricht 1992 .... 1.30
Treaty of Nice 2001 .... 1.30
Treaty of Lisbon 1.30
   art 50 .... 1.33
Treaty on the Functioning of the European Union 1.30
   art 101 .... 39.36, 39.37
   102 .... 39.36, 39.37
   128 (1) 17.18
84/450/EEC (EEC Misleading Advertising Directive) 7.42
85/374/EEC (EC Directive on Product Liability) 1.28
85/577/EEC (EEC Directive on Contracts Negotiated away from Business Premises) 7.42
86/653/EEC (EEC Directive on the Co-ordination of the Laws of Member States Relating to Self-Employed Commercial Agents) 5.08, 5.09, 5.10, 1.35
   art 3 .... 5.32
   4 .... 5.29
   5 .... 5.26, 5.29, 5.32
   6 .... 5.32
   6 (1) 5.30
   7–10 .... 5.32
   11 (1) 5.32
   (3) 5.32
86/653/EEC (EEC Directive on the Co-ordination of the Laws of Member States Relating to Self-Employed Commercial Agents) – *cont.*
   art 15 .... 5.38
   17 .... 5.32
   (2)(b), (c) 5.39
   18–19 .... 5.32, 5.39
91/13/EC 1.35
93/6/EEC (Capital Adequacy Directive) 578
93/13/EEC (EEC Directive on Unfair Contract Terms) 3.83, 7.42
97/5/EC (EC Directive on cross-border credit transfers) 4.67
97/7/EC (EC Directive on the protection of consumers in respect of distance contracts–Statement) 7.42
98/26/EC (EC Directive on settlement finality in payment and securities settlement systems) 31.52, 37.103
99/44/EC (Directive on aspects of sale of consumer goods) 1.35, 6.10, 7.42
99/93/EC (Electronic Signatures Directive)
   art 5 .... 3.31
2002/47/EC (Directive on financial collateral arrangements) 24.03, 31.52, 37.102
   art 2 (2) 25.12
   4 .... 23.42
   6 (1) 22.31
2007/64/E (Directive on Consumer Credit) 3.33, 7.42
2008/48/EU (Directive on Consumer Credit) 3.33, 7.42
2009/110/EC (Directive on Consumer Credit) 17.09
2011/83/EU (Directive on Consumer Rights) 3.35, 7.42

Table of European Treaties and Legislation

2013/36/EU (Directive on Capital Requirements) 22.03
2015/2366/EU (Directive on Payment Servives in the Internal Market) 18.19, 22.03
2019/771/EU (Directive on contracts for the sale of goods) 6.10, 7.42, 14.66
2019/1023/EU (Directive on preventive restructuring frameworks) 31.70
Council Regulation 1346/2000 on insolvency proceedings 40.19
Council Regulation 44/2001 on jurisdiction and the recognition of judgments in civil and commercial matters (Brussels I Regulation) 1.28, 37.04, 37.05
Council Regulation EC 805/2004 creating Enforcement Order 37.45
Council Regulation EC 1896/2006 for Payment Procedure Order 37.45
European Parliament and Council Regulation 864/2007 on law applicable to non-contractual obligations (Rome II) 37.63
European Parliament and Council Regulation 593/2008 on law applicable to contractual obligations (Rome I) 1.28, 37.55, 3762, 37.63, 37.44, 37.66, 37.83, 33.07, 39.36, 39.103, 39.104, 40.18
   Recital (11) 37.67
        (12) 37.55, 37.67
        (13) 37.68
        (14) 37.68
        (17) 37.74
        (38) 37.96
   art 1 (2) (a) 37.78
        (d), (e) 37.65
        (g) 37.67
   2 .... 37.66
   3 .... 37.72, 37.78, 37.79
   3 (1) 37.67, 37.68, 37.69
       (2) 37.69
       (3), (4) 37.71
       (5) 37.67
   4 .... 37.69 37.72, 37.78, 37.79
   4 (1) ... 37.73, 37.74, 37.75, 37.76, 37.77
       (a)–(c) 37.74
       (2) 37.75, 37.76, 37.78
       (3) 37.78
       (4), (5) 37.76
   5 .... 37.72, 37.91
       (2) 37.70
   6 .... 37.72
       (2) 37.71
   7 .... 37.72

European Parliament and Council Regulation 593/2008 on law applicable to contractual obligations (Rome I) – *cont.*
   art 7 (3) 37.70
   8 .... 37.72
       (1) 37.71
   9 .... 37.71
       (1) 37.80
       (2), (3) 37.81
   10 .... 37.67
       (1), (2) 37.78
   11 .... 37.67
       (1) 37.95
       (4) 37.78
   12 (1)(b) 37.78
       (2) 37.78
   13 .... 37.78
   14 .... 37.97, 37.99
       (1) 37.94, 37.96
       (2) 37.98
   19 (2), (3) 37.73
   20 .... 37.56
   21 .... 37.70, 37.82
   24 .... 37.55
   27 (2) 37.100

European Parliament and of the Council Regulation 1215/2012 on jurisdiction and the recognition and enforcement of judgments in civil and commercial matters (Brusseles I recast) 1.28, 35.03, 37.04, 37.06, 37.07, 37.45, 38.29, 37.44, 37.48, 38.45, 38.78, 38.98, 38.131, 39.24, 39.24, 39.35, 39.35, 39.103, 39.104, 40.19
   Recital (12) 37.08, 39.55
        (20) 37.11
        (24) 37.26
   art 1 (1) 37.08
       (2)(b) 37.08
   2 .... 38.77
   4 ...... 37.15, 37.19, 37.24, 37.27, 38.79
   5 .... 37.14
   6 .... 37.08, 37.29
       (1) 37.28
   7 .... 37.24
   7 (1) 37.16, 37.17, 37.18, 37.19
       (b) 37.21
       (2) 37.16
       (5) 37.16, 37.23
   8 .... 37.14
       (1)–(3) 37.24, 37.34
   9–16 .... 37.14
   17, 18 .... 37.10, 37.14
   18 (1) 37.11, 37.28
   19–21 .... 37.14
   21 (2) 37.28
   22 .... 37.14
   23 .... 37.14, 37.28
   24 ..... 37.09, 37.10, 37.12, 37.14, 37.25, 37.27, 37.28, 37.46

European Parliament and of the Council
  Regulation 1215/2012 on jurisdiction
  and the recognition and enforcement of
  judgments in civil and commercial mat-
  ters (Brusseles I recast) – *cont.*
  art 25 ..... 37.10, 37.11, 37.14, 37.25,
                                      37.28
   25 (4), (5) 37.11
   26 .... 37.10, 37.14
   29 .... 37.12
   30 (1), (3) 37.12
   32 .... 37.12
   33, 34 .... 37.26, 38.79
   35 (1) (a) 37.47
   36 .... 37.45
   37 (1), (3) 37.45
   38 (a) 37.45
      (b) 37.46
   39 .... 37.45
   42 (1) 37.45
      (4) 37.45
   43 (1)–(3) 37.45
   44 .... 37.46
   44 (2) 37.45
   45 (1) (a) 37.82
        (b)–(d) 37.47
        (e) 37.46
      (3) 37.46
   47 .... 37.46
   51 .... 37.45
   52 .... 37.47
   53 .... 37.45

European Parliament and of the Council
  Regulation 1215/2012 on jurisdiction
  and the recognition and enforcement of
  judgments in civil and commercial mat-
  ters (Brusseles I recast) – *cont.*
  art 62 (2) 37.09
   63 (1), (2) 37.09
   71 .... 37.08
   73 (2) 37.08
European Parliament and of the Council
  Regulation 575/2013 on prudential
  requirements for credit institutions and
  investment firms 4.23
European Parliament and of the Council
  Regulation 910/2014 on electronic
  identification and trust services for
  electronic transactions in the internal
  market and repealing Directive
  1999/93/EC (eIDAS Regulation)
  art 25 (1), (2) 3.31
European Parliament and of the Council
  Regulation on Insolvency Proceedings
  (EIR) 848/2015 .... 1.35, 31.76, 31.86
  art 1 (2) 31.85, 31.86
   2 (10) 31.86, 31.87
   3 (1) 31.86, 31.87
     (2)–(4) 31.86, 31.87
   7 (1) 31.88
     (2) 31.88
        (m) 31.89
   8 (4) 31.89
   19 (1) 31.87

liii

Table of Conventions and Model Laws

Arb-Med-Arb Protocol (AMA Protocol) 38.03
Brussels Convention on Jurisdiction and the Enforcement of Judgments in Civil and Commercial Matters 1968 .... 1.28, 37.03, 8.45
    art 2 .... 38.78
Brussels Protocol 1968 revising the Hague Rules 1924 relating to Bills of Lading 32.49
    art 2, 3 .... 36.09
    6 .... 36.07
Brussels Protocol 1979 further revising the Hague Rules 36.44
Cape Town Convention on International Interests in Mobile Equipment
    art 1 (nn) 3.30
    2 (2) 37.91
    (4) 37.91
    7 .... 37.91
    16–29 .... 37.91
    48 .... 1.32
    51 .... 37.91
Aircraft Equipment Protocol 2001 .... 37.91
    art XVII 1.32
Luxembourg Protocol 37.91
Collision Convention 1910 .... 36.40
Convention concerning International Carriage by Rail 1980 (COTIF Convention) 36.86
Convention for the Unification of Certain Rules for International Carriage by Air on 28 May 1999 (Montreal Convention) 36.86
Convention for the Unification of Certain Rules Relating to International Carriage by Air, Signed at Warsaw on 12 October 1929 (Warsaw Convention) 36.86

Convention on the Contract for the International Carriage of Goods by Road 1956 (CMR Convention) 36.86
Convention on the Law Governing Transfer of Title in International Sales of Goods 1958 .... 37.83
Convention on the Recognition and Enforcement of Foreign Judgments in Civil or Commercial Matters 2019 .... 1.28, 37.44, 37.54, 39.94, 39.109
    art 26, 27 .... 1.32
European Convention for the Protection of Human Rights and Fundamental Freedoms 1950
    art 6 .... 37.47, 38.76, 39.63
    6 (1) 37.51, 39.29
European Convention on Products Liability in Regard to Personal Injury and Death 1977 .... 1.28
Geneva Convention on the Contract for the International Carriage of Goods by Road (CMR) 1956 .... 1.28
Geneva Convention Providing a Uniform Law for Bills of Exchange and Promissory Notes 1930 .... 20.02
    art 7 .... 20.92
    45 .... 20.84
Hague Convention on Choice of Court Agreements 2005 .. 1.28, 37.44, 39.29
    art 1 (1) 37.40
    2 .... 37.40
    5 .... 37.40
    (1), (2) 37.41
    6 .... 37.40
    (1) (a)–(e) 37.41
    8 .... 37.40
    (1), (2) 37.53
    9 .... 37.40, 37.53
    11 .... 37.53
    22 .... 37.40

lv

Table of Conventions and Model Laws

Hague Convention on the Law Applicable
to Certain Rights in Respect of
Securities Held with an Intermediary
2002 .... 37.102
   art 18 .... 1.32
Hague Convention on the Law Applicable
to Contracts for the International Sale
of Goods 1986 .... 1.28, 33.02, 37.83
Hague Convention on the Taking of
Evidence Abroad in Civil
or Commercial Matters
.... 38.133
Hague Rules 1924 ...... 36.07, 36.11,
36.22, 36.30
Hague–Visby Rules
... 36.01, 36.07, 36.09, 30.10, 36.11,
36.17, 36.25, 36.29, 36.31, 36.38,
36.52, 36.86, 36.87, 36.97, 32.87
   art I (b) 36.15
       (e) 36.26
      III 36.29
   r 1 . 36.27, 36.30, 36.34, 36.41, 36.54,
36.58, 36.77
     2 .... 36.28, 36.41
     3 (a), (b) 36.32
     proviso 36.32
   r 4 .... 36.52
     5 .... 36.56
     6 .... 36.30, 36.50, 36.51
     8 .... 36.28, 36.41, 36.42
   art IV 36.06, 36.34
   r 1 .... 36.28, 36.44, 36.54, 36.77
     2 .. 36.39, 36.41, 36.44, 36.54, 36.77
       (a) 36.34
     4 .... 36.34, 36.77
     5 .... 36.30, 36.56
       (a) 36.44, 36.97
       (c) 36.44, 36.47
       (e) 36.49
     6 .... 36.58, 36.59
     8 .... 36.28, 36.42
   art VI 36.30
     VII 36.42
     X 36.11, 36.14, 36.15, 36.16
Hamburg Rules 1978
.... 36.17, 36.44, 36.87, 36.88, 36.94
   art 8
   r 1 .... 36.50
   art 9
   r 1 .... 36.29
   art 31 .... 36.09
International Convention for the unification
of certain rules relating to Arrest of
Sea-going Ships 1952 (Lugano II)
.... 37.43, 37.49
London Convention on the Limitation of
Liability for Maritime Claims 1976
.... 36.12, 36.44
   art 4 .... 36.49
     8 .... 36.44

Lugano Convention on Jurisdiction and the
Enforcement of Judgments in Civil
and Commercial Matters 1988
.... 37.03, 37.04, 38.45, 38.98
New York Convention on the Recognition
and Enforcement of Foreign Arbitral
Awards 1958 .... 37.08, 37.54, 39.05,
39.07, 39.19, 39.35, 39.57,
39.78, 39.94, 39.106,
39.108, 39.109
   art II (3) 39.54
   V 39.07, 39.41, 39.94, 39.106
   V (1) (a) 39.21, 39.40
     (e) 39.21, 39.40
     (2) 39.21
   VII 39.40, 39.41
Principles on Choice of Law in
International Commercial Contracts
(Hague Principles) 1.28
Rome Convention on the Law Applicable
to Contractual Obligations 1980
..... 1.28, 37.62, 37.63, 37.64 37.67,
37.69, 37.91, 39.36
   art 4 (1) 37.73
     (4) 37.90
     (5) 37.77
   7 (1) 37.82, 39.36
   12 .... 37.97
Stockholm Convention 1960 Establishing
the European Free Trade Association
.... 1.28
UNCITRAL Model Law on Cross-Border
Insolvency 1997 .... 1.28, 31.81
UNCITRAL Model Law on
Electronic Commerce 1996
.... 1.28
   art 6 (1) 3.30
UNCITRAL Model Law on Electronic
Signatures 2001 .... 1.28
UNCITRAL Model Law on
International Commercial Arbitration
1985 .... 1.28, 1.29
UNCTAD Convention on International
Multimodal Transport of Goods 1980
.... 32.88, 36.86, 36.87
   art 1 (1), (3) 36.88
     2 (2) 36.88
     3 (1), (2) 36.88
     5 .... 36.89
     8 .... 36.89
     10 .... 36.89
     11 .... 36.89
     14 (1) 36.90
     15 .... 36.90
     16 (1) 36.91
     17 .... 36.91
     18 (1), (2), (4), (5), (7)
.... 36.92
     19 .... 36.92
     31 .... 36.92

Table of Conventions and Model Laws

UNIDROIT Convention on Agency in the International Sale of Goods 1983
  art 12 .... 5.33
     13 .... 5.05, 5.10
     14 (2) 5.33

UNIDROIT Convention on International Factoring 1988 .... 1.28, 29.52, 40.18
  art 4 (1) 3.30
     6 (1), (2) 3.29
     18 .... 37.99

UNIDROIT Convention on International Financial Leasing 1988
.... 1.28
  art 8 .... 28.15
     10 .... 28.15

UNIDROIT Convention on Substantive Rules for Intermediated Securities 2009
  art 2 (1) 37.102
     4 (1) 37.102
     5 .... 37.102
     19 .... 37.102

UNIDROIT Convention on Substantive Rules for Intermediated Securities 2013
.... 1.28

Uniform Law on the Formation of Contracts for the International Sale of Goods 1964 .... 33.02

Uniform Law on the International Sales of Goods 1964 (ULIS)
.... 33.06
  art 1 .... 33.08
     3 .... 33.02
     36 (1) 33.28

United Nations Convention on the Assignment of Receivables in International Trade 2001
.... 1.28, 40.18
  art 5 (c) 3.30

United Nations Convention on Contracts for the International Sale of Goods 1980 (CISG) 1.28, 33.02, 33.05, 33.12, 33.13, 33.15, 33.19, 37.83
  art 1 .... 33.08
     1 (1) 33.07, 33.11
        (a) 33.07, 33.08, 33.09, 33.11, 33.17
        (b) 33.07, 33.09, 33.11
       (2) 33.07
     2 .... 32.02, 33.16, 37.83
     3 .... 33.07, 33.20
     4 .... 33.18
     6 .... 33.17, 33.20, 33.39
     7 (1) 33.20, 33.21, 33.21
       (2) 37.83, 33.19, 33.21, 33.22
     10 .... 33.07
     11 .... 33.23
     12 .... 33.17
     16 (1) 33.24
       (2) (a), (b) 33.24
     18 (2), (3) 33.24

United Nations Convention on Contracts for the International Sale of Goods 1980 (CISG) – cont.
  art 19 (1)–(3) 33.24
     22 .... 33.24
     24 .... 33.24
     25 ..... 33.06, 33.17, 33.22, 33.27, 33.29
     28 .... 33.17
     34 .... 33.22, 33.32
     35 (2) (d) 33.26
       (3) 33.22
     36 .... 33.22
     37 .... 33.22, 33.32
     38 (1) 33.30
     39 .... 33.29
     39 (1), (2) 33.30
     40 .... 33.22
     43 (2) 33.22
     44 .... 33.22
     46 (2), (3) 33.28, 33.29
     47 .... 33.28
     48 (1) 33.32
     49 .... 33.20, 33.22
       (1) 33.30, 33.32
         (a) 33.28, 33.29
         (b) 33.28
     50 .... 33.31, 33.38
     51 .... 33.28
     63 .... 33.28
     64 (1) (a), (b) 33.28
     67 .... 33.35
     68 .... 33.22, 33.35
     69 .... 33.35
     70 .... 33.35
     71 (1) 33.33
     72 (1) 33.33
     73 .... 33.28
     74–76 .... 33.20
     78 .... 33.04, 33.06, 33.22
     79 ..... 33.04, 33.27, 33.38, 33.39
       (1) 33.36
       (3), (4) 33.37
       (5) 33.36
     81 .... 33.28
     82 (1) 33.29
     92 .... 33.10, 33.11
     95 ..... 33.09, 33.10, 33.11, 33.20
     96 .... 33.10, 33.20, 33.23

United Nations Convention on Contracts for the International Carriage of Goods Wholly or Partly by Sea (New York, 2008) (the "Rotterdam Rules")
... 32.66, 32.73, 32.88, 36.44, 36.100
Preamble 32.88
  art 1 (1) 32.88, 36.99
     (18)–1 (20) 32.66
     6, 7 .... 36.99
     26 .... 32.88, 36.99
     82 .... 32.88, 36.99
     94 .... 36.99

lvii

Table of Conventions and Model Laws

United Nations Convention on Independent Guarantees and Stand-by Letters of Credit 1995 .... 1.28
  art 14 .... 35.160
    19 (1) 35.117
    20 .... 35.160

United Nations Convention on International Settlement Agreements Resulting from Mediation (New York, 2018) (Singapore Convention on Mediation) 1.28, 39.102

United Nations Convention on Transparency in Treaty-based Investor-State Arbitration (New York, 2014) 1.28

Vienna Convention on Contracts for the International Sale of Goods 1974 .... 9.02, 32.27, 33.01, 33.03
  art 19 .... 3.53
    24 (4) 37.90
    48 .... 12.21

Table of Uniform Rules, Uniform Trade Terms and Restatements

CMI Uniform Rules for Sea Waybills 1990 .... 32.04, 32.79
CMI Rules for Electronic Bills of Lading 1990 .... 32.04
ICC Rules of Arbitration 2012 .... 39.19, 39.59
   art 41 .... 39.37
ICC Rules of Arbitration 2014 .... 39.19
ICC Rules of Conciliation and Arbitration 1998
   art 4 (2) 39.13
      11 (1) 39.43
      21 (2) 33.14
ICC Rules for a Pre-Arbitral Referee Procedure 1990 .... 38.06
ICC Uniform Rules for Contract Bonds
   art 7 (j) 30.14
LCIA Rules 1998 .... 39.55, 39.59
   art 1 .... 39.13
      25.1 (iii) 39.75
UNCITRAL Arbitration Rules 1976
   art 33 (1) 39.42
UNCITRAL Arbitration Rules 2010
   art 35 (1) 39.42
UNCITRAL Arbitration Rules 2013
   .... 39.24, 39.101
   art 6 (2) 39.10
      (4) 39.10
UNCITRAL Model Law on Cross-Border Insolvency (1997) 31.76
UNCITRAL Model Law on Electronic Commerce (1996)
   art 6 (1) 3.30
UNCITRAL Model Law on Electronic Transferable Records (2017) 1.28
UNCITRAL Model Law on International Commercial Arbitration 39.18, 40.18
   art 1 (1) 39.16
      (3) 39.14
      16 (1) 39.53

UNCITRAL Model Law on International Commercial Arbitration – *cont.*
   art 28 (1), (2) 39.42
UNCITRAL Model Law on International Commercial Mediation and International Settlement Agreements Resulting from Mediation (2018) 1.28
UNCITRAL Model Law on Recognition and Enforcement of Insolvency-Related Judgments (2018) 1.28
UNCITRAL Model Law on Secured Transactions (2016)
   .... 1.28
UNCITRAL Rules on Transparency for Treaty-based Investor-State Arbitration 39.10
UNCTAD/ICC Rules for Multimodal Transport Documents (ICC 481) 1992 .... 36.87, 36.94
   r 1 (a) 36.94
     2 (a) 36.94
       (d) 36.94
     5 .... 36.94
     11 (a) 36.94
       (c) 36.94
     13 .... 36.95
     14 .... 36.96
UNIDROIT Principles of International Commercial Contracts 5.10
   art 2.1.11 .... 3.53
   Ch 2, s 2 (art 2.2.1–2.2.10) 5.10
UNIDROIT Principles of International Contracts
   art 6.2.1 .... 3.174
      6.2.2, 6.2.3 .... 3.174, 33.38
      6.111 .... 3.174
Uniform Customs and Practice for Documentary Credits 1993 (UCP 500) 1.23, 35.28
   art 2 .... 35.26
     3 .... 35.20

Table of Uniform Rules, Uniform Trade Terms and Restatements

Uniform Customs and Practice for Documentary Credits 1993 (UCP 500) – *cont.*
- art 6 (c) 35.28
- 8(b) 35.26
- 9 (a) (iv) 35.97, 35.98
- 18 .... 35.87
- 20–38 .... 35.89
- 20b 35.64
- 30 .... 32.87
- 43 .... 35.70

Uniform Customs and Practice for Documentary Credits for Electronic Presentation (eUCP)
.... 32.49

Uniform Customs and Practice (UCP 600)
... 32.49, 35.11, 35.12, 35.21, 35.28, 35.41, 35.42, 35.43, 35.44, 35.45, 35.46, 35.48, 35.141, 35.160
- art 1 .... 35.42
- 2 ...... 35.12, 35.15, 35.22, 35.23, 35.26, 35.29, 35.34, 35.115
- 3 .... 35.26, 35.92
- 4 (a) 35.20, 35.52
- (b) 35.20
- 5 .... 35.60
- 6 (a) 35.24, 35.96
- (b) 35.30
- (c) 35.97
- (d) (i) 35.80
- (ii) 35.24
- 7 .... 35.23
- (a) 35.98
- (b) 35.49
- (c) 35.31, 35.88
- 8 .... 35.23
- (a) 35.93
- (i) 35.98
- (ii) 35.37, 35.95
- (b) 35.49
- (c) 35.31, 35.88
- 9 .... 35.115
- (a) 35.23, 35.95
- 12 (a) 35.23, 35.37, 35.95
- (b) 35.31
- 13 (b) (iii) 35.88
- (c) 35.88
- 14 .... 35.66, 35.120
- (a) 35.60
- (c) 35.80, 35.89
- (d), (e) 35.70, 35.89
- (h) 35.63
- 16 (b) 35.72
- (c) (i), (ii) 35.90
- (iii) (a), (b) 35.90
- (d)–(g) 35.90
- 17 (a) 35.64
- (b) 35.64, 35.65
- (c), (d) 35.66
- 18 (c) 35.89
- 19 .... 32.87, 35.73, 35.89
- 20 (a) (i) 36.17

Uniform Customs and Practice (UCP 600) – *cont.*
- art 20 (c), (d) 35.89
- 21 .... 32.87, 35.89
- 22–26 .... 35.89
- 27 .... 32.64, 35.87, 35.89
- 28 .... 35.89
- 30(a), (b) 35.71
- 35 .... 35.46
- 37 ...... 35.46, 35.82, 35.86, 35.87, 35.94
- 38 .... 35.127
- (a), (b) 35.128
- (d) 35.132
- (g) 35.131
- (h) 35.130
- 39 .... 35.137, 35.139

Uniform Rules for Collections 1995 (URC 552) 1.23

Uniform Rules for a Combined Transport Document (ICC 298) 1975
.... 32.31, 32.88, 36.87
- art 2.1 .... 36.97
- 2.6 .... 36.97
- 4.1 .... 36.97
- 5.1 .... 36.97
- 6.1 .... 36.97
- 6.3, 6.4 .... 36.97
- 10 .... 36.97

Uniform Rules for Contract Bonds (ICC 524) 1994 .... 1.23

Uniform Rules for Contract Guarantees (ICC 325) 1978 .... 35.158

Uniform Rules for Demand Guarantees (ICC 458) 1992 . 1.23, 35.155, 35.159
- art 2 .... 35.161
- 6 (c) 35.166
- 15 .. 35.87, 35.170, 35.171, 35.173
- 23 .... 35.173

Uniform Rules for Demand Guarantees (URGD 758) 2010
.... 35.09, 35.87, 35.154, 35.155, 35.157
- art 1 (d) 35.160
- 2 .... 35.161, 35.162, 35.164
- 3(b) 35.166
- 4(b) 35.166
- 5 (a) 35.167
- (b) 35.167, 35.169
- 15 .... 35.171, 35.172
- (a), (b) 35.170
- 19 (a) 35.166
- 23 (a) 35.173
- (b) 35.174
- (c) 35.173, 35.174
- (d) 35.173
- (e) 35.173
- (f) 35.173
- 25 (b)(i)–(iii) 35.175
- 27–29 .... 35.169
- 30 .... 35.87, 35.169

Table of Cases

A

A v C [1981] QB 956 .... 38.97
AA v Persons unknown who demanded Bitcoin on 10th and 11th October 2019 [2019] EWHC 3556 (Comm), [2020] 4 WLR 35 .... 1.62, 2.16, 17.26
ABN Amro Bank NV v Chiyu Banking Corpn Ltd [2001] 2 HKLRD 175 .... 24.46
ABN Amro Commercial Finance plc v McenGinn [2014] EWHC 1674 (Comm), [2014] 2 Lloyd's Rep 333, [2014] All ER (D) 206 (May) 30.07
AEG (UK) Ltd v Logic Resource Ltd [1996] CLC 265, CA 3.50
AKAS Jamal v Moolla Dawood, Sons & Co [1916] 1 AC 175, 85 LJPC 29, 60 Sol Jo 139, 114 LT 1, 32 TLR 79, PC 15.41
AMB Imballaggi Plastici SRL v Pacflex Ltd [1999] 2 All ER (Comm) 249, [1999] All ER (D) 640 .... 5.13
AMT Futures Ltd v Marzillier, Dr Meier & Dr Guntner Rechtsanwaltsgesellschaft mbh [2015] EWCA Civ 143, [2015] QB 699, [2015] 3 WLR 282, [2016] 1 All ER (Comm) 486, [2015] All ER (D) 304 (Feb) 37.13
ASM Shipping Ltd v Harris [2007] EWHC 1513 (Comm), [2008] 1 Lloyd's Rep 61, (2007) Times, 6 August, [2007] ArbLR 5, [2007] Bus LR D105, [2007] All ER (D) 364 (Jun) 39.81
ASM Shipping Ltd of India v TTMI Ltd of England [2005] EWHC 2238 (Comm), [2006] 2 All ER (Comm) 122, [2005] ArbLR 5, [2005] All ER (D) 271 (Nov) 39.90
ASX Operations Pty Ltd v Pont Data Australia Pty Ltd (1990) 27 FCR 460 .... 7.20
Abbey National Building Society v Cann [1991] 1 AC 56, [1990] 1 All ER 1085, [1990] 2 WLR 832, 60 P & CR 278, [1990] 2 FLR 122, [1990] Fam Law 397, 22 HLR 360, 11 LDAB 607, [1990] 17 LS Gaz R 32, [1990] NLJR 477, HL 24.60, 24.69
Abbey National plc v JSF Finance & Currency Exchange Co Ltd [2006] EWCA Civ 328, [2006] All ER (D) 474 (Mar) 21.06
Abbhi v Slade (trading as Richard Slade and Co) [2019] EWCA Civ 2175, [2019] Costs LR 2039, [2019] All ER (D) 48 (Dec) 30.07
Ablynx NV v VHsquared Ltd [2019] EWCA Civ 2192, [2020] 2 All ER 601, [2020] 1 WLR 1412, [2020] 1 All ER (Comm) 512, [2019] All ER (D) 64 (Dec) 37.10
Abouloff v Oppenheimer & Co (1882) 10 QBD 295, 52 LJQB 1, 31 WR 57, [1881–5] All ER Rep 307, 47 LT 325, CA 37.40
Abrahams (S) & Sons, Re [1902] 1 Ch 695, 71 LJ Ch 307, 9 Mans 176, 50 WR 284, 46 Sol Jo 281, 86 LT 290, 18 TLR 336 .... 24.53
Abuja International Hotels Ltd v Meridien SAS [2012] EWHC 87 (Comm), [2012] 1 Lloyd's Rep 461, [2012] NLJR 213, [2012] All ER (D) 169 (Jan) 39.90
Accentuate Ltd v Asigra Inc [2009] EWHC 2655 (QB), [2010] 2 All ER (Comm) 738, [2009] 2 Lloyd's Rep 599, [2009] All ER (D) 306 (Oct) 39.36
Ace Imports Pty Ltd v Companhia de Navegacio Lloyd Brasilero, The Esmeralda I [1988] 1 Lloyd's Rep 206, NSW SC 36.83
Actionstrength Ltd (t/a Vital Resources) v International Glass Engineering IN.GL.EN SpA [2001] EWCA Civ 1477, [2002] 4 All ER 468, [2002] 1 WLR 566, [2002] BLR 44, [2001] All ER (D) 137 (Oct); affd [2003] UKHL 17, [2003] 2 AC 541, [2003] 2 All ER 615, [2003] 2 WLR 1060, [2003] 2 All ER (Comm) 331, 88 ConLR 208, [2005] 1 BCLC 606, [2003] NLJR 563, [2003] BLR 207, (2003) Times, 4 April, 147 Sol Jo LB 418, [2004] 1 LRC 25, [2003] All ER (D) 69 (Apr) 30.17

Table of Cases

Adams v Cape Industries plc [1990] Ch 433, [1991] 1 All ER 929, [1990] 2 WLR 657, [1990] BCLC 479, [1990] BCC 786, [1990] 11 LS Gaz R 36 .... 37.31, 37.49
Adler v Dickson [1955] 1 QB 158, [1954] 3 All ER 397, [1954] 3 WLR 696, [1954] 2 Lloyd's Rep 267, 98 Sol Jo 787, CA 36.75
African Export-Import Bank v Shebah Exploration & Production Company Ltd [2017] EWCA Civ 845, [2018] 2 All ER 144, [2018] 1 WLR 487, [2018] 1 All ER (Comm) 535, [2017] 2 Lloyd's Rep 111, 173 ConLR 53, [2017] All ER (D) 177 (Jun) 3.78
Agip (Africa) Ltd v Jackson [1991] Ch 547, [1992] 4 All ER 451, [1991] 3 WLR 116, 135 Sol Jo 117 .... 2.67, 16.94, 17.38, 17.39, 17.40
Agnew v IRC [2001] UKPC 28, [2001] 2 AC 710, [2001] 3 WLR 454, [2001] Lloyd's Rep Bank 251, [2001] 2 BCLC 188, [2001] BCC 259, [2001] 5 LRC 478, [2001] All ER (D) 21 (Jun), CSRC vol 25 iss 13/1 .... 22.27, 22.59, 25.05, 29.11
Agnew v Lansforsakringbolagens AB [2001] 1 AC 223, [2000] 1 All ER 737, [2000] 2 WLR 497, [2000] 1 All ER (Comm) 321, [2000] Lloyd's Rep IR 317, [2000] 09 LS Gaz R 39, [2000] All ER (D) 201, HL 37.18
Agricultores Federados Argentinos Sociedad Cooperativa Ltda v Ampro SA Commerciale, Industrielle et Financière [1965] 2 Lloyd's Rep 157 .... 12.20, 34.06
Agricultural Mortgage Corpn plc v Woodward (1994) 70 P & CR 53, [1996] 2 FCR 796, [1996] 1 FLR 226, [1996] Fam Law 149, [1995] 1 BCLC 1, [1994] BCC 688, [1995] 1 EGLR 1, [1995] 04 EG 143 .... 31.40
Agroexport State Enterprise for Foreign Trade v Compagnie Européene de Céréales [1974] 1 Lloyd's Rep 499 .... 3.178, 34.11
Aiglon Ltd and L'Aiglon SA v Gau Shan Co Ltd [1993] 1 Lloyd's Rep 164, [1993] BCLC 1321 .... 38.97
Ailsa Craig Fishing Co Ltd v Malvern Fishing Co Ltd and Securicor (Scotland) Ltd [1983] 1 All ER 101, [1983] 1 WLR 964, [1983] 1 Lloyd's Rep 183n, 127 Sol Jo 508, [1983] LS Gaz R 2156, 1982 SLT 377, HL 3.77
Air Transworld Ltd v Bombardier In [2012] EWHC 243 (Comm), [2012] 2 All ER (Comm) 60, [2012] 1 Lloyd's Rep 349, [2012] NLJR 504, [2012] Bus LR D109, [2012] All ER (D) 193 (Mar) 11.130
Airbus Industrie GIE v Patel [1999] 1 AC 119, [1998] 2 All ER 257, [1998] 2 WLR 686, [1998] 1 Lloyd's Rep 631, [1998] 18 LS Gaz R 32, [1998] NLJR 551, 142 Sol Jo LB 139, [1999] 2 LRC 438, HL 38.81
Airservices Australia v Ferrier (1996) 185 CLR 483 .... 31.48
Ajayi (t/a Colony Carrier Co) v RT Briscoe (Nigeria) Ltd [1964] 3 All ER 556, [1964] 1 WLR 1326, 108 Sol Jo 857, PC 3.96
Akbar Khan v Attar Singh [1936] 2 All ER 545, 80 Sol Jo 718, PC 21.02
Akers v Samba Financial Group [2017] UKSC 6, [2017] 2 All ER 799, [2017] 2 WLR 713, [2017] 2 All ER (Comm) 97, [2017] 1 BCLC 151, 20 ITELR 554, 167 NLJ 7733, (2017) Times, 06 February, [2017] AC 424, [2017] WTLR 373, [2017] BPIR 263, [2017] All ER (D) 06 (Feb), SC 2.33, 31.51
Al Wahab, The. See Amin Rasheed Shipping Corpn v Kuwait Insurance Co, The Al Wahab
Alan (W J) & Co Ltd v El Nasr Export and Import Co (1972) 9 LDAB 266, [1972] 2 QB 189, [1972] 2 All ER 127, [1972] 2 WLR 800, [1972] 1 Lloyd's Rep 313, 116 Sol Jo 139 .... 35.77
Alan Ramsay Sales & Marketing Ltd v Typhoo Tea Ltd [2016] EWHC 486 (Comm), [2016] 4 WLR 59, [2016] All ER (D) 72 (Mar) 5.39
Alaskan Trader, The. See Clea Shipping Corpn v Bulk Oil International Ltd, The Alaskan Trader
Alati v Kruger (1955) 94 CLR 216, ALR 1047, [1956] QSR 306, 29 ALJ 512, Aus HC 3.97, 3.98
Albacruz (Cargo Owners) v Albazero (Owners), The Albazero [1977] AC 774, [1976] 3 All ER 129, [1976] 3 WLR 419, [1976] 2 Lloyd's Rep 467, 120 Sol Jo 570, 126 NLJ 953, HL 3.123, 34.27
Albazero, The. See Albacruz (Cargo Owners) v Albazero (Owners), The Albazero
Albemarle Supply Co Ltd v Hind & Co [1928] 1 KB 307, 97 LJKB 25, [1927] All ER Rep 401, 71 Sol Jo 777, 138 LT 102, 43 TLR 783, CA 22.66
Aldridge v Johnson (1857) 7 E & B 885, 26 LJQB 296, 3 Jur NS 913, 5 WR 703 .... 7.36
Alecos M, The. See Sealace Shipping Co Ltd v Oceanvoice Ltd, The Alecos M

Table of Cases

Alev, The. See Vantage Navigation Corpn v Suhail and Saud Bahwan Building Materials Inc, The Alev
Alexander v Vane (1836) 5 LJ Ex 187, 2 Gale 57, 1 M & W 511, Tyr & Gr 865, 150 ER 537, Exch Ct 30.33
Alexander (as representative of the 'Property118 Action Group') v West Bromwich Mortgage Company Ltd [2016] EWCA Civ 496 .... 38.11
Ali v Petroleum Company of Trinidad and Tobago [2017] UKPC 2, [2017] 2 LRC 567, [2017] IRLR 432, [2017] ICR 531, [2017] All ER (D) 133 (Mar), PC 3.57
Ali Shipping Corpn v Shipyard Trogir [1998] 2 All ER 136, [1999] 1 WLR 314, [1998] 1 Lloyd's Rep 643 .... 39.62
Alimport v Soubert Shipping [2000] 2 Lloyd's Rep 447 .... 36.52
Alize 1954 v Allianz Elementar Versicherungs AG [2019] EWHC 481 (Admlty), [2019] 2 All ER (Comm) 679, [2019] Bus LR 1453, [2019] 1 Lloyd's Rep 595, [2019] All ER (D) 89 (Mar); affd [2020] EWCA Civ 293, [2020] All ER (D) 35 (Mar) 36.27, 36.34, 36.41, 36.54
All Trades Distributors Ltd v Agencies Kaufman Ltd (1969) 113 Sol Jo 995, CA ... 20.115
Allan (JM) (Merchandising) Ltd v Cloke [1963] 2 QB 340, [1963] 2 All ER 258, [1963] 2 WLR 899, 61 LGR 304, 107 Sol Jo 213, CA 3.160
Allester (David) Ltd, Re [1922] 2 Ch 211, 91 LJ Ch 797, [1922] B & CR 190, 3 LDAB 264, [1922] All ER Rep 589, 66 Sol Jo 486, 127 LT 434, 38 TLR 611 .... 35.150
Alliance Bank JSC v Aquanta Corporation [2012] EWCA Civ 1588, [2013] 1 All ER (Comm) 819, [2013] 1 Lloyd's Rep 175, [2012] All ER (D) 230 (Dec) 37.36
Allianz Insurance plc (Formerly Cornhill Insurance plc) v Tonicstar Ltd (on its own behalf and behalf of the other corporate members of Lloyd's Syndicates 62, 1861 and 2255) [2018] EWCA Civ 434, [2018] 2 All ER (Comm) 1080, [2018] Bus LR 2347, [2018] Lloyd's Rep IR 221, 168 NLJ 7787, [2018] All ER (D) 125 (Mar) 39.24
Allianz SpA v West Tankers Inc: C-185/07 [2009] AC 1138, [2009] ECR I-663, [2009] 3 WLR 696, [2009] 1 Lloyd's Rep 413, (2009) Times, 13 February, [2009] All ER (D) 82 (Feb), sub nom West Tankers Inc v Riunione Adriatica di Sicurta SpA, The Front Comor: C-185/07 [2009] 1 All ER (Comm) 435, [2009] All ER (EC) 491, [2008] 2 Lloyd's Rep 661, ECJ 37.08, 37.13, 38.81
Allied Marine Transport Ltd v Vale do Rio Doce Navegacao SA, The Leonidas D [1983] 3 All ER 737, [1984] 1 WLR 1, [1983] 2 Lloyd's Rep 411, 127 Sol Jo 729; revsd [1985] 2 All ER 796, [1985] 1 WLR 925, [1985] 2 Lloyd's Rep 18, 129 Sol Jo 431, [1985] LS Gaz R 2160 .... 3.32
Allied Mills Ltd v Gwydir Valley Oilseeds Pty Ltd [1978] 2 NSWLR 26, NSW CA
.... 9.17
Al Nehayan v Kent [2018] EWHC 333, [2018] 1 CLC 216 (Comm) 3.75
Alternative Power Solution Ltd v Central Electricity Board [2014] UKPC 31, [2014] 4 All ER 882, [2015] 1 WLR 697, [2014] 2 All ER (Comm) 1096, 164 NLJ 7623, [2015] 2 LRC 623, [2014] All ER (D) 55 (Sep) 35.109
Aluminium Industrie Vaassen BV v Romalpa Aluminium Ltd [1976] 2 All ER 552, [1976] 1 WLR 676, [1976] 1 Lloyd's Rep 443, 9 LDAB 426, 120 Sol Jo 95 .. 17.40, 22.33, 27.28
Amalgamated Investment and Property Co Ltd (in liq) v Texas Commerce International Bank Ltd [1982] QB 84, [1981] 3 All ER 577, [1981] 3 WLR 565, [1982] 1 Lloyd's Rep 27, 125 Sol Jo 623 .... 3.97
Amco Enterprises Pty Ltd v Wade [1968] Qd R 445 .... 7.20
Amec Civil Engineering Ltd v Secretary of State for Transport [2005] EWCA Civ 291, [2005] 1 WLR 2339, 101 ConLR 26, [2005] BLR 227, [2005] 12 EG 219 (CS), (2005) Times, 22 March, [2005] ArbLR 4, [2005] All ER (D) 280 (Mar) 39.33
American Cyanamid Co v Ethicon Ltd [1975] AC 396, [1975] 1 All ER 504, [1975] 2 WLR 316, [1975] FSR 101, [1975] RPC 513, 119 Sol Jo 136, HL 38.93
Amin Rasheed Shipping Corpn v Kuwait Insurance Co, The Al Wahab [1984] AC 50, [1983] 2 All ER 884, [1983] 3 WLR 241, [1983] 2 Lloyd's Rep 365, 127 Sol Jo 492, HL 37.56
Amoco Australia Pty Ltd v Rocca Bros Motor Engineering Co Pty Ltd [1975] AC 561, [1975] 1 All ER 968, [1975] 2 WLR 779, 119 Sol Jo 301, PC 3.165
Ampurius Nu Homes Holdings Ltd v Telford Homes (Creekside) Ltd [2013] EWCA Civ 577, [2013] 4 All ER 377, 148 ConLR 1, [2013] BLR 400, [2013] PLSCS 117, [2013] All ER (D) 305 (May) 3.145
Anderson, Re [1911] 1 KB 896, 80 LJKB 919, 18 Mans 217, 104 LT 221 .... 31.17

Table of Cases

Andrew, Re, ex p Official Receiver (Trustee) [1937] Ch 122, [1936] 3 All ER 450, 106 LJ Ch 195, [1936–7] B & CR 205, 80 Sol Jo 932, 155 LT 586, 53 TLR 90, CA 22.74
Andrews v Hopkinson [1957] 1 QB 229, [1956] 3 All ER 422, [1956] 3 WLR 732, 100 Sol Jo 768 .... 27.27
Angel Bell, The. See Iraqi Ministry of Defence v Arcepey Shipping Co SA (Gillespie Bros intervening), The Angel Bell
Anglia Television Ltd v Reed [1972] 1 QB 60, [1971] 3 All ER 690, [1971] 3 WLR 528, 115 Sol Jo 723 .... 3.09
Anglo-African Merchants Ltd v Bayley [1970] 1 QB 311, [1969] 2 All ER 421, [1969] 2 WLR 686, [1969] 1 Lloyd's Rep 268, 113 Sol Jo 281 .... 5.24
Anglo-Continental Holidays Ltd v Typaldos (London) Ltd [1967] 2 Lloyd's Rep 61, 111 Sol Jo 599, CA 3.126
Anglo-Oriental Carpet Manufacturing Co, Re [1903] 1 Ch 914, 72 LJ Ch 458, 10 Mans 207, 51 WR 634, 88 LT 391 .... 24.55
Anglo-Russian Merchant Traders Ltd and John Batt & Co (London) Ltd, Re [1917] 2 KB 679, 86 LJKB 1360, 61 Sol Jo 591, 116 LT 805, CA 34.11
Angove's Pty Ltd v Bailey [2016] UKSC 47, [2016] 1 WLR 3179 .... 2.12, 5.25, 5.38
Ankar Pty Ltd v National Westminster Finance (Australia) Ltd (1987) 162 CLR 549, 70 ALR 641, 61 ALJR 245, Aus HC 30.39
Annand & Thompson Pty Ltd v Trade Practices Commission (1979) ATPR 40-116 .... 11.71
Anonima Petroli Italiana SpA and Neste Oy v Marlucidez Armadora SA, The Filiatra Legacy [1991] 2 Lloyd's Rep 337, CA 34.27
Antaios Cia Naviera SA v Salen Rederierna AB, The Antaios [1985] AC 191, [1984] 3 All ER 229, [1984] 3 WLR 592, [1984] 2 Lloyd's Rep 235, 128 Sol Jo 564, [1984] LS Gaz R 2776, HL 3.68, 39.91
Antaios, The. See Antaios Cia Naviera SA v Salen Rederierna AB, The Antaios
Antares, The. See Kenya Railways v Antares Co Pte Ltd, The Antares
Anticosti Shipping Co v Viateur St Amand [1959] 1 Lloyd's Rep 352, [1959] SCR 372, 19 DLR (2d) 472, Can SC 36.23
Anton Durbeck GmbH v Den Norske Bank ASA [2003] EWCA Civ 147, [2003] QB 1160, [2003] 4 All ER 543, [2003] 2 WLR 1296, [2003] 2 All ER (Comm) 411, [2003] 12 LS Gaz R 29, (2003) Times, 6 February, [2003] All ER (D) 16 (Feb) 37.23
Aqaba Container Terminal (Pvt) Co v Soletanche Bachy France SAS [2019] EWHC 471 (Comm), [2020] 1 All ER (Comm) 86, [2019] 1 Lloyd's Rep 431, 169 NLJ 7845, [2019] All ER (D) 183 (Mar) 39.55
Arab Bank Ltd v Ross [1952] 2 QB 216, [1952] 1 All ER 709, 6 LADAB 286, 96 Sol Jo 229, [1952] 1 TLR 811, CA 20.41
Arab Bank plc v Merchantile Holdings Ltd [1994] Ch 71, [1994] 2 All ER 74, [1994] 2 WLR 307, 69 P & CR 410, [1994] 1 BCLC 330, [1993] BCC 816, [1994] 12 LS Gaz R 37 .... 23.37
Aramis, The [1989] 1 Lloyd's Rep 213, (1988) Financial Times, 22 November, CA 36.64
Ark Shipping Co LLC v Silverburn Shipping (IoM) Ltd [2019] EWCA Civ 1161 ..... 3.145
Archbolds (Freightage) Ltd v S Spanglett Ltd (Randall, third party) [1961] 1 QB 374, [1961] 1 All ER 417, [1961] 2 WLR 170, 105 Sol Jo 149, CA 3.166
Arcos Ltd v EA Ronaasen & Son [1933] AC 470, 45 Ll L Rep 33, 102 LJKB 346, 38 Com Cas 166, [1933] All ER Rep 646, 77 Sol Jo 99, 149 LT 98, 49 TLR 231, HL 3.113, 11.30, 12.03, 13.35, 33.29
Ardennes, SS (Cargo Owners) v SS Ardennes (Owners) [1951] 1 KB 55, [1950] 2 All ER 517, 84 Ll L Rep 340, 94 Sol Jo 458, 66 (pt 2) TLR 312 .... 36.23
Argentum Lex Wealth Management Ltd v Giannotti [2011] EWCA Civ 1341' 31.32
Argo Caribbean Group Ltd v Lewis [1976] 2 Lloyd's Rep 289, CA 30.07, 30.33
Argy Trading Development Co Ltd v Lapid Developments Ltd [1977] 3 All ER 785, [1977] 1 WLR 444, [1977] 1 Lloyd's Rep 67, 120 Sol Jo 677 .... 3.93
Aries Tanker Corpn v Total Transport Ltd, The Aries [1977] 1 All ER 398, [1977] 1 WLR 185, [1977] 1 Lloyd's Rep 334, 121 Sol Jo 117, HL 36.50
Aries, The. See Aries Tanker Corpn v Total Transport Ltd, The Aries
Arkin v Borchard Lines Ltd [2005] EWCA Civ 655, [2005] 3 All ER 613, [2005] 1 WLR 3055, [2005] 2 Lloyd's Rep 187, [2005] NLJR 902, (2005) Times, 3 June, [2005] 4 Costs LR 643, [2005] All ER (D) 410 (May) 38.11

Table of Cases

Armagas Ltd v Mundogas SA, The Ocean Frost [1986] AC 717, [1986] 2 All ER 385, [1986] 2 WLR 1063, [1986] 2 Lloyd's Rep 109, 2 BCC 99, 197, 130 Sol Jo 430, [1986] LS Gaz R 2002, [1986] NLJ Rep 511, HL 5.11, 5.20
Armaghdown Motors Ltd v Gray [1963] NZLR 5 .... 13.14
Armar Shipping Co Ltd v Caisse Algérienne d'Assurance et de Réassurance, The Armar [1981] 1 All ER 498, [1981] 1 WLR 207, [1980] 2 Lloyd's Rep 450, 125 Sol Jo 79 .... 37.70
Armour v Thyssen Edelstahlwerke AG [1991] 2 AC 339, [1990] 3 All ER 481, [1990] 3 WLR 810, [1991] 1 Lloyd's Rep 95, [1991] BCLC 28, [1990] BCC 925, 134 Sol Jo 1337, 1990 SLT 891, HL 22.32
Armstrong DLW GmbH v Winnington Networks Ltd [2012] EWHC 10 (Ch), [2013] Ch 156, [2012] 3 All ER 425, [2012] 3 WLR 835, [2012] Bus LR 1199, [2012] 05 LS Gaz R 19, [2012] NLJR 181, [2012] All ER (D) 64 (Jan) 2.16
Arnhold Karberg & Co v Blythe, Green, Jourdain & Co [1915] 2 KB 379, 34 LJKB 1673, 21 Com Cas 1, 113 LT 185, 31 TLR 351; affd sub nom Karberg and Co v Blythe, Green, Jourdain and Co Limited [1916] 1 KB 495, 85 LJKB 665, 13 Asp MLC 235, 21 Com Cas 174, 60 Sol Jo 156, 114 LT 152, 32 TLR 186, [1914–15] All ER Rep Ext 1221, CA 34.21, 34.34
Arnold v Britton [2015] UKSC 36, [2015] AC 1619, [2016] 1 All ER 1, [2015] 2 WLR 1593, [2015] 2 P & CR 282, [2015] HLR 627, 165 NLJ 7657, (2015) Times, 19 June, [2015] All ER (D) 108 (Jun) 1.49, 3.65
Aro Co Ltd, Re [1980] Ch 196, [1980] 1 All ER 1067, [1980] 2 WLR 453, 124 Sol Jo 15 .... 22.74
Arpad, The [1934] P 189, 103 LJP 129, 18 Asp MLC 510, 40 Com Cas 16, [1934] All ER Rep 326, 78 Sol Jo 534, 152 LT 521, 50 TLR 505, CA 14.09
Arthur D Little Ltd (in administration) v Ableco Finance LLC [2002] EWHC 701 (Ch), [2003] Ch 217, [2002] 3 WLR 1387, [2002] 2 BCLC 799, [2002] 19 LS Gaz R 28, (2002) Times, 22 April, [2002] All ER (D) 439 (Mar) 25.14
Aryeh v Lawrence Kostoris & Son Ltd [1967] 1 Lloyd's Rep 63, CA 14.56
Ascherson v Tredegar Dry Dock and Wharf Co Ltd [1909] 2 Ch 401, 78 LJ Ch 697, 16 Mans 318, [1908–10] All ER Rep 510, 101 LT 519 .... 30.32
Asfar & Co v Blundell [1896] 1 QB 123, 65 LJQB 138, 8 Asp MLC 106, 1 Com Cas 185, 44 WR 130, 40 Sol Jo 66, 73 LT 648, 12 TLR 29, CA 9.49, 36.60
Ashborder BV v Green Gas Power Ltd [2004] EWHC 1517 (Ch), [2005] 1 BCLC 623, [2005] BCC 634, [2004] All ER (D) 371 (Jun) 25.26
Asher v Whitlock (1865) LR 1 QB 1, 30 JP 6, 35 LJQB 17, 11 Jur NS 925, 14 WR 26, 13 LT 254 .... 2.22
Ashington Piggeries Ltd v Christopher Hill Ltd [1972] AC 441, [1971] 1 All ER 847, [1971] 2 WLR 1051, [1971] 1 Lloyd's Rep 245, 115 Sol Jo 223, HL ... 7.04, 11.38, 11.90, 11.97, 11.102, 11.114, 11.121
Ashmore & Son v CS Cox & Co [1899] 1 QB 436, 68 LJQB 72, 4 Com Cas 48, 15 TLR 55 .... 3.160, 12.20
Ashpurton Estates Ltd, Re [1983] Ch 110, [1982] 3 WLR 964, 126 Sol Jo 380, sub nom Victoria Housing Estates Ltd v Ashpurton Estates Ltd [1982] 3 All ER 665 .... 24.54
Ashworth Hospital Authority v MGN Ltd [2002] UKHL 29, [2002] 4 All ER 193, [2002] 1 WLR 2033, 12 BHRC 443, [2003] IP & T 601, 67 BMLR 175, (2002) Times, 1 July, [2003] 2 LRC 431, [2002] All ER (D) 234 (Jun) 38.67
Aspen Underwriting Ltd v Credit Europe Bank NV [2018] EWCA Civ 2590, [2019] 1 Lloyd's Rep 221, [2019] Lloyd's Rep IR 78, [2018] All ER (D) 117 (Nov); revsd in part sub nom Aspen Underwriting Ltd v Credit Europe Bank NV [2020] UKSC 11, [2020] 2 WLR 919, [2020] All ER (D) 08 (Apr), SC 5.37, 37.15
Aspinall's Cub Ltd v Al-Zayat [2007] EWCA Civ 1001, (2007) Times, 31 October, [2008] Bus LR D13, [2007] All ER (D) 302 (Oct) 20.12
Associated Alloys Pty Ltd v Metropolitan Engineering & Fabrications Pty Ltd [2000] HCA 25, (2000) 202 CLR 588 .... 22.34
Associated British Ports (a company created under statute) v Ferryways NV [2009] EWCA Civ 189, [2009] 1 Lloyd's Rep 595, [2009] All ER (D) 198 (Mar) 3.29, 3.32, 30.07, 30.09, 30.15, 30.41
Associated Japanese Bank (International) Ltd v Crédit du Nord SA [1988] 3 All ER 902, [1989] 1 WLR 255, 11 LDAB 95, 133 Sol Jo 81, [1989] 8 LS Gaz R 43, [1988] NLJR 109 .... 3.33

Table of Cases

Astley Industrial Trust Ltd v Grimley [1963] 2 All ER 33, [1963] 1 WLR 584, 107 Sol Jo 474, CA 3.145
Astley Industrial Trust Ltd v Miller (Oakes, third party) [1968] 2 All ER 36 .. 16.18, 16.39
Astor Management AG (formerly known as MRI Holding AG) v Atalaya Mining plc (formerly known as Emed Mining Public Ltd) [2017] EWHC 425 (Comm), [2018] 1 All ER (Comm) 547, [2017] 2 BCLC 119, [2017] Bus LR 1634, [2017] 1 Lloyd's Rep 476, [2017] All ER (D) 115 (Mar)sub nom Astor Management AG (formerly known as MRI Holding AG) v Atalaya Mining plc (formerly known as Emed Mining Public Ltd) [2017] EWHC 680 (Comm), [2017] All ER (D) 03 (Apr); affd sub nom Astor Management AG (formerly known as MRI Holdings AG) and another company v Atalaya Mining plc (formerly known as EMED Mining Public Ltd) and other companies [2018] EWCA Civ 2407, [2019] 1 All ER (Comm) 885, [2019] 1 BCLC 409, [2019] Bus LR 106, 169 NLJ 7822, [2018] All ER (D) 05 (Dec) 3.75
Astro Exito Navegacion SA v Chase Manhattan Bank NA, The Messiniaki Tolmi [1986] 1 Lloyd's Rep 455; affd [1988] 2 Lloyd's Rep 217, CA 35.63
Astro Exito Navegacion SA v Southland Enterprise Co Ltd (No 2) (Chase Manhattan Bank NA intervening), The Messiniaki Tolmi [1982] QB 1248, [1982] 3 All ER 335, [1982] 3 WLR 296, 126 Sol Jo 431; affd [1983] 2 AC 787, [1983] 2 All ER 725, [1983] 3 WLR 130, [1983] Com LR 217, 10 LDAB 440, 127 Sol Jo 461, [1983] LS Gaz R 3083, HL 15.02
Aswan Engineering Establishment Co v Lupdine Ltd (Thurgar Bolle, third party) [1987] 1 All ER 135, [1987] 1 WLR 1, [1986] 2 Lloyd's Rep 347, [1986] BTLC 293, 130 Sol Jo 712, [1986] LS Gaz R 2661 .... 11.55, 11.73, 11.77
Atari Corpn (UK) Ltd v Electronics Boutique Stores (UK) Ltd [1998] QB 539, [1998] 1 All ER 1010, [1998] 2 WLR 66, [1997] 33 LS Gaz R 27, 141 Sol Jo LB 168 ..... 8.104, 12.10
Atkinson v Denby (1863) 7 H & N 934, 31 LJ Ex 362, 8 Jur NS 1012, 10 WR 389, 158 ER 749, [1861–73] All ER Rep Ext 2294, sub nom Danby v Atkinson 7 LT 93, Ex Ch 3.169
Atlantic Baron, The. See North Ocean Shipping Co Ltd v Hyundai Construction Co Ltd, The Atlantic Baron
Atlantic Computer Systems plc, Re [1992] Ch 505, [1992] 1 All ER 476, [1992] 2 WLR 367, [1991] BCLC 606, [1990] BCC 859 .... 2.40, 31.57
Atlantic Corporation Ltd v Development Finance Corp [2012] CCJ 6 (AJ), 81 WIR 181 .... 23.21
Atlantic Emperor (No 2), The. See Rich (Marc) & Co AG v Società Italiana Impianti PA, The Atlantic Emperor (No 2): C-190/89
Atlas Express Ltd v Kafco (Importers and Distributors) Ltd [1989] QB 833, [1989] 1 All ER 641, [1989] 3 WLR 389, 133 Sol Jo 977, [1989] NLJR 111 .... 3.70
Atlas Maritime Co SA v Avalon Maritime Ltd, The Coral Rose (No 3) [1991] 4 All ER 783, [1991] 1 WLR 917, [1991] 2 Lloyd's Rep 374, 135 Sol Jo 59 .... 38.99
Attica Sea Carriers Corpn v Ferrostaal Poseidon Bulk Reederei GmbH, The Puerto Buitrago [1976] 1 Lloyd's Rep 250, CA 3.151
A-G v Blake (Jonathan Cape Ltd third party) [2001] 1 AC 268, [2000] 4 All ER 385, [2000] 3 WLR 625, [2000] 2 All ER (Comm) 487, [2000] IP & T 1261, [2000] NLJR 1230, [2000] 32 LS Gaz R 37, 144 Sol Jo LB 242, [2001] 1 LRC 260, [2000] EMLR 949, [2000] All ER (D) 1074, HL 3.08, 3.99, 3.120
A-G for Ceylon v Silva [1953] AC 461, [1953] 2 WLR 1185, [1953] 1 Lloyd's Rep 563, 97 Sol Jo 384, PC 5.20, 16.12
A-G of Belize v Belize Telecom Ltd [2009] UKPC 10, [2009] 2 All ER 1127, [2009] 1 WLR 1988, [2009] 2 All ER (Comm) 1, [2009] Bus LR 1316, [2009] 2 BCLC 148, [2009] BCC 433, 74 WIR 203, [2009] 3 LRC 577, [2009] All ER (D) 150 (Apr) 3.55, 3.57, 3.66
A-G for Hong Kong v Reid [1994] 1 AC 324, [1994] 1 All ER 1, [1993] 3 WLR 1143, [1993] NLJR 1569, (1993) Times, 12 November, 137 Sol Jo LB 251, PC 17.40
Attrill v Dresdner Kleinwort Ltd [2013] EWCA Civ 394, [2013] 3 All ER 607, [2013] IRLR 548, [2013] ICR D30, [2013] All ER (D) 217 (Apr) 3.88
Attrill v Dresdner Kleinwort Ltd [2011] EWCA Civ 229, [2011] IRLR 613, [2011] All ER (D) 88 (Mar) 3.13, 3.91
Attwood v Lamont [1920] 2 KB 146; revsd [1920] 3 KB 571, 90 LJKB 121, [1920] All ER Rep 55, 65 Sol Jo 25, 124 LT 108, 36 TLR 895, CA 3.165

Table of Cases

Australia Resources Ltd v Plowman (Minister for Energy and Materials) (1995) 183 CLR 10 .... 39.66
Avraamides v Colwill [2006] EWCA Civ 1533, [2007] BLR 76, (2006) Times, 8 December, [2006] All ER (D) 167 (Nov) 3.90
Awilco A/S v Fulvia SpA di Navigazione, The Chikuma [1981] 1 All ER 652, [1981] 1 WLR 314, [1981] 1 Lloyd's Rep 371, [1981] Com LR 64, 125 Sol Jo 184, HL 17.18, 18.08
Ayerst (Inspector of Taxes) v C & K (Construction) Ltd [1976] AC 167, [1975] 2 All ER 537, [1975] 3 WLR 16, [1975] STC 345, 50 TC 651, 54 ATC 141, [1975] TR 117, 119 Sol Jo 424, HL 31.32
Azémar v Casella (1867) LR 2 CP 677, 36 LJCP 263, 15 WR 998, 16 LT 571, Ex Ch 11.39

B

BMP Global Distribution Inc v Bank of Nova Scotia 2009 SCC 15, [2009] 5 LRC 307, Can SC 17.38, 17.39
BNY Corporate Trustee Services Ltd v Eurosail-UK 2007-3BL Plc [2013] UKSC 28, [2013] 3 All ER 271, [2013] 1 WLR 1408, [2013] 2 All ER (Comm) 531, [2013] Bus LR 715, [2013] 1 BCLC 613, [2013] All ER (D) 107 (May) 31.31
BP Exploration Co (Libya) Ltd v Hunt (No 2) [1982] 1 All ER 925, [1979] 1 WLR 783, 123 Sol Jo 455; on appeal [1982] 1 All ER 925, [1981] 1 WLR 232, 125 Sol Jo 165, CA; affd [1983] 2 AC 352, [1982] 1 All ER 925, [1982] 2 WLR 253, 126 Sol Jo 116, HL 3.174
BP Refinery (Westernport) Pty Ltd v Hastings Shire Council (1977) 52 ALJR 20, PC 3.57
BTI 2014 LLC v Sequana [2019] EWCA Civ 112, [2019] 2 All ER 784, [2019] 2 All ER (Comm) 13, [2019] 1 BCLC 347, [2019] Bus LR 2178, [2019] BPIR 562, [2019] All ER (D) 36 (Feb) 31.71
BTP Tioxide Ltd v Pioneer Shipping Ltd and Armada Marine SA, The Nema. See Pioneer Shipping Ltd v BTP Tioxide Ltd
B2C2 Ltd v Quoine PTC Ltd [2019] SGHC (I) 03 .... 1.61, 1.62, 2.16, 17.26
Babanaft International Co SA v Bassatne [1990] Ch 13, [1989] 1 All ER 433, [1989] 2 WLR 232, [1988] 2 Lloyd's Rep 435, 11 LDAB 175, 133 Sol Jo 46, [1989] 4 LS Gaz R 43, [1988] NLJR 203 .... 38.98
Bacon (MC) Ltd, Re [1990] BCLC 324, [1990] BCC 78, 11 LDAB 534 .... 31.42
Bacon v Cooper (Metals) Ltd [1982] 1 All ER 397 .... 14.24
Bahamas Oil Refining Company International Ltd v Owners of the Cape Bari Tankschiffahrts GMBH & Co KG (Bahamas) [2016] UKPC 20, [2016] All ER (D) 125 (Jul) 36.44
Bailey v Barnes [1894] 1 Ch 25, 63 LJ Ch 73, 7 R 9, 42 WR 66, 38 Sol Jo 9, 69 LT 542, CA 2.76, 24.14, 24.21
Bailey v Bullock [1950] 2 All ER 1167, 94 Sol Jo 689, 66 (pt 2) TLR 791 .... 3.130
Bailey v Finch (1871) LR 7 QB 34, 41 LJQB 83, 20 WR 294, 25 LT 871 .... 18.05
Baird Textiles Holdings Ltd v Marks & Spencer plc [2001] EWCA Civ 274, [2002] 1 All ER (Comm) 737, [2001] All ER (D) 352 (Feb) 3.27
Baldry v Marshall [1925] 1 KB 260, 94 LJKB 208, [1924] All ER Rep 155, 132 LT 326, CA 11.116
Balfour Beatty Civil Engineering v Technical & General Guarantee Co Ltd (1999) 68 ConLR 180, [1999] All ER (D) 1110 .... 35.111
Balfour Beatty Construction (Scotland) Ltd v Scottish Power plc (1994) 71 BLR 20, (1994) Times, 23 March, [1994] Lexis Citation 07, 1994 SC (HL) 20, 1994 SLT 807, HL 14.43
Ballenita and BP Energy, The. See ERG Petroli SpA v Vitol SA, The Ballenita and BP Energy
Balmoral Group Ltd v Borealis (UK) Ltd [2006] EWHC 1900 (Comm), [2006] 2 Lloyd's Rep 629, [2006] All ER (D) 378 (Jul) 2.45, 11.70
Baltic Shipping Co v Translink Shipping Ltd and Translink Pacific Shipping Ltd [1995] 1 Lloyd's Rep 673 .... 38.98
Banco de Portugal v Waterlow & Sons Ltd [1932] AC 452, 101 LJKB 417, [1932] All ER Rep 181, 76 Sol Jo 327, 147 LT 101, 48 TLR 404, HL 17.08

lxvii

Table of Cases

Banco Santander SA v Bayfern Ltd [2000] 1 All ER (Comm) 776, [2000] Lloyd's Rep Bank 165 .... 35.30
Banco Santander Totta, SA v Companhia Carris de Ferro de Lisboa, SA [2016] EWHC 465 (Comm), [2016] 4 WLR 49, [2016] All ER (D) 61 (Mar) 37.57
Bank für Gemeinwirtschaft v City of London Garages Ltd [1971] 1 All ER 541, [1971] 1 WLR 149, 114 Sol Jo 970 .... 20.36, 20.116
Bank Line Ltd v Arthur Capel & Co [1919] AC 435, 88 LJKB 211, 14 Asp MLC 370, [1918–19] All ER Rep 504, 63 Sol Jo 177, 120 LT 129, 35 TLR 150, HL 3.176
Bank Mellat v Helleniki Techniki SA [1984] QB 291, [1983] 3 All ER 428, [1983] 3 WLR 783, [1983] Com LR 273, 127 Sol Jo 618, 133 NLJ 597 .... 39.41
Bank Negara Indonesia 1946 v Lariza (Singapore) Pte Ltd [1988] AC 583, [1988] 2 WLR 374, [1988] 1 Lloyd's Rep 407, [1988] FLR 197, 11 LDAB 69, 132 Sol Jo 125, [1988] 5 LS Gaz R 36, PC 35.128
Bank of Australasia v Palmer [1897] AC 540, 66 LJPC 105, PC 3.67
Bank of Baroda v Vysya Bank Ltd [1994] 2 Lloyd's Rep 87 .... 35.59
Bank of Boston Connecticut v European Grain and Shipping Ltd, The Dominique [1989] AC 1056, [1989] 1 All ER 545, [1989] 2 WLR 440, [1989] 1 Lloyd's Rep 431, 133 Sol Jo 219, [1989] 10 LS Gaz R 43, HL 36.60
Bank of China v NBM LLC [2001] EWCA Civ 1933, [2002] 1 All ER 717, [2002] 1 WLR 844, [2002] 1 All ER (Comm) 472, [2002] 1 Lloyd's Rep 506, [2002] 09 LS Gaz R 29, 146 Sol Jo LB 22, [2001] All ER (D) 267 (Dec) 38.98
Bank of Credit and Commerce International SA (in liq) v Ali [2001] UKHL 8, [2002] 1 AC 251, [2001] 1 All ER 961, [2001] 2 WLR 735, [2001] IRLR 292, [2001] ICR 337, 151 NLJ 351, (2001) Times, 6 March, 145 Sol Jo LB 67, [2001] All ER (D) 06 (Mar), CSRC Vol 25 iss 2/1 .... 3.64, 3.77, 3.82
Bank of Credit and Commerce International SA (in liq) Re [2003] EWHC 1868 (Ch), [2004] 2 BCLC 236, [2003] BCC 735, [2003] All ER (D) 512 (Jul) 31.68
Bank of Cyprus UK Ltd v Menelaou. See Menelaou v Bank of Cyprus UK Ltd
Bank of England v Vagliano Bros [1891] AC 107, 55 JP 676, 60 LJQB 145, 39 WR 657, 1 LDAB 130, [1891–4] All ER Rep 93, 64 LT 353, 7 TLR 333, HL 7.03, 20.111
Bank of Scotland v T A Nielson & Co 1990 SC 284, 1991 SLT 8, Ct of Sess 24.53
Bank of Van Diemen's Land v Bank of Victoria (1871) LR 3 PC 526, 7 Moo PCCNS 401, 40 LJPC 28, 19 WR 857 .... 8.111
Bank Russo-Iran v Gordon Woodroffe & Co Ltd (1972) 116 Sol Jo 921, (1972) Times, 4 October 35.57
Bank Tejarat v Hong Kong and Shanghai Banking Corpn (CI) Ltd and Hong Kong and Shanghai Bank Trustee (Jersey) Ltd [1995] 1 Lloyd's Rep 239 .... 35.119
Banque Cantonale De Genève (a company incorporated in Switzerland) v Sanomi [2016] EWHC 3353 (Comm) 20.115
Banque Belge pour L'Etranger v Hambrouck [1921] 1 KB 321, 90 LJKB 322, 26 Com Cas 72, 3 LDAB 227, 65 Sol Jo 74, 37 TLR 76, CA 2.67, 17.39
Banque Brussels Lambert v Australian National Industries Ltd (1989) 21 NSWLR 502, NSW SC 3.32
Banque de l'Indochine et de Suez SA v Euroseas Group Finance Co Ltd [1981] 3 All ER 198, [1981] Com LR 77 .... 20.105
Banque de l'Indochine et de Suez SA v J H Rayner (Mincing Lane) Ltd [1983] QB 711, [1983] 1 All ER 468, [1982] 2 Lloyd's Rep 476; affd [1983] QB 711, [1983] 1 All ER 1137, [1983] 2 WLR 841, [1983] 1 Lloyd's Rep 228, 10 LDAB 376, 127 Sol Jo 361 .... 35.63, 35.89
Banque Financiere de la Cite v Parc (Battersea) Ltd [1999] 1 AC 221, [1998] 1 All ER 737, [1998] 2 WLR 475, 14 LDAB 147, [1998] 15 LS Gaz R 31, [1998] NLJR 365, [1998] EGCS 36, 142 Sol Jo LB 102, HL 23.53
Banque Saudi Fransi v Lear Siegler Services Inc [2006] EWCA Civ 1130, [2007] 1 All ER (Comm) 67, [2007] 2 Lloyd's Rep 47, [2006] All ER (D) 333 (Jul) 35.109
Barbados Trust Co v Bank of Zambia [2007] EWCA Civ 148, [2007] 2 All ER (Comm) 445, [2007] 1 Lloyd's Rep 495, 9 ITELR 689, [2007] All ER (D) 350 (Feb) 29.41
Barber v Inland Truck Sales Ltd (1970) 11 DLR (3d) 469, BC SC 13.14
Barber v Meyerstein. See Meyerstein v Barber
Barber v NWS Bank plc [1996] 1 All ER 906, [1996] 1 WLR 641, [1996] RTR 388, [1995] NLJR 1814, [2001] GCCR 2001 .... 11.13, 16.90
Barclay-Johnson v Yuill [1980] 3 All ER 190, [1980] 1 WLR 1259, 124 Sol Jo 594 .... 38.97

Table of Cases

Barclays Bank Ltd v Quistclose Investments Ltd [1970] AC 567, [1968] 3 All ER 651, [1968] 3 WLR 1097, 9 LDAB 105, 112 Sol Jo 903, HL 17.40
Barclays Bank plc v Fairclough Building Ltd [1995] QB 214, [1995] 1 All ER 289, [1994] 3 WLR 1057, [1995] IRLR 605, 39 ConLR 86, [1995] PIQR P 152, 68 BLR 1 .... 3.157
Barclays Bank plc v Kufner [2008] EWHC 2319 (Comm), [2009] 1 All ER (Comm) 1, [2008] All ER (D) 102 (Oct) 30.42
Barclays Bank plc v Stuart Landon ltd [2001] EWCA Civ 140, [2001] 2 BCLC 316, [2002] BCC 917, [2001] All ER (D) 266 (Jan) 24.54, 24.56
Barclays Mercantile Business Finance Ltd v Mawson (Inspector of Taxes) [2004] UKHL 51, [2005] 1 AC 684, [2005] 1 All ER 97, [2004] 3 WLR 1383, [2005] STC 1, 76 TC 446, 7 ITLR 383, [2004] NLJR 1830, (2004) Times, 27 November, [2004] All ER (D) 389 (Nov) 28.05
Baring v Corrie (1818) 2 B & Ald 137, 106 ER 317, [1814–23] All ER Rep 283 .... 16.23, 22.66
Barker v Baxendale-Walker [2018] EWHC 2245 (Ch), [2018] All ER (D) 127 (Aug) 31.07
Barker v Bell [1971] 2 All ER 867, [1971] 1 WLR 983, 115 Sol Jo 364, [1999] GCCR 471 .... 16.83
Barleycorn Enterprises Ltd, Re, Mathias and Davies (a firm) v Down [1970] Ch 465, [1970] 2 All ER 155, [1970] 2 WLR 898, 114 Sol Jo 187 .... 31.35
Barr v Gibson (1838) 7 LJ Ex 124, 1 Horn & H 70, 3 M & W 390 .... 6.05
Barrow, Lane and Ballard Ltd v Phillip Phillips & Co Ltd [1929] 1 KB 574, 98 LJKB 193, 34 Com Cas 119, [1928] All ER Rep 74, 72 Sol Jo 874, 140 LT 670, 45 TLR 133 .... 9.49, 9.52
Bartlett v Sidney Marcus Ltd [1965] 2 All ER 753, [1965] 1 WLR 1013, 109 Sol Jo 451, CA 11.58, 11.71, 11.110
Bates v Lord Hailsham of St Marylebone [1972] 3 All ER 1019, [1972] 1 WLR 1373, 116 Sol Jo 584 .... 38.95
Bates v Post Office Ltd [2019] EWHC 606 (QB), [2019] All ER (D) 100 (Mar) . 3.50, 3.75
Baumwoll Manufactur von Carl Scheibler v Furness [1893] AC 8, 62 LJQB 201, 7 Asp MLC 263, 1 R 59, 68 LT 1, 9 TLR 71, [1891–4] All ER Rep Ext 1710, HL 36.19
Beale v Taylor [1967] 3 All ER 253, [1967] 1 WLR 1193, 111 Sol Jo 668 .... 11.37
Beam Tube Products Ltd, Re. See Fanshaw v Amav Industries Ltd
Bear Stearns Bank plc v Forum Global Equity Ltd [2007] EWHC 1576 (Comm), [2007] All ER (D) 103 (Jul) 14.56
Bechervaise v Lewis (1872) LR 7 CP 372, 41 LJCP 161, 20 WR 726, 26 LT 848 .... 30.29
Bechuanaland Exploration Co v London Trading Bank Ltd [1898] 2 QB 658, 67 LJQB 986, 3 Com Cas 285, 1 LDAB 279, 79 LT 270, 14 TLR 587 .... 21.17, 21.18
Beckett v Tower Assets Co Ltd [1891] 1 QB 1, 60 LJQB 56, 7 TLR 21; on appeal [1891] 1 QB 638, 55 JP 438, 60 LJQB 493, 39 WR 438, 64 LT 497, 7 TLR 400, [1891–4] All ER Rep Ext 2038, CA 7.25
Bedford Insurance Co Ltd v Instituto de Resseguros do Brasil [1985] QB 966, [1984] 3 All ER 766, [1984] 3 WLR 726, [1984] 1 Lloyd's Rep 210, [1985] FLR 49, 128 Sol Jo 701, [1985] LS Gaz R 37, 134 NLJ 34 .... 5.21
Begley Industries v Cramp [1978] 2 NZLR 207 .... 22.08
Behn v Burness (1863) 3 B & S 751, 32 LJQB 204, 9 Jur NS 620, 1 Mar LC 329, 2 New Rep 184, 11 WR 496, 122 ER 281, 8 LT 207, Ex Ch 11.05
Behnke v Bede Shipping Co Ltd [1927] 1 KB 649, 96 LJKB 325, 17 Asp MLC 222, 32 Com Cas 134, [1927] All ER Rep 689, 71 Sol Jo 105, 136 LT 667, 43 TLR 170 .... 7.07, 14.07
Behrend & Co v Produce Brokers' Co [1920] 3 KB 530, 90 LJKB 143, 15 Asp MLC 139, 25 Com Cas 286, [1920] All ER Rep 125, 124 LT 281, 36 TLR 775 .... 10.31
Belgian Grain and Produce Co Ltd v Cox & Co (France) Ltd (1919) 1 Ll L Rep 256, [1919] WN 308, 317, CA 35.126
Bell v Lever Bros Ltd [1932] AC 161, 101 LJKB 129, 37 Com Cas 98, [1931] All ER Rep 1, 76 Sol Jo 50, 146 LT 258, 48 TLR 133, HL 3.33, 7.26
Bell Group Finance (Pte) Ltd v Bell Group (UK Holdings) Ltd [1996] BCC 505 ...... 31.32
Belmont Park Investments PTY Ltd v BNY Corporate Trustee Services Ltd [2011] UKSC 38, [2012] 1 AC 383, [2012] 1 All ER 505, [2011] 3 WLR 521, [2011] Bus LR 1266, [2012] 1 BCLC 163, [2011] BCC 734, (2011) Times, 15 August, [2011] BPIR 1223, [2011] All ER (D) 259 (Jul) 31.25, 31.26, 31.27

lxix

Table of Cases

Belvoir Finance Co Ltd v Stapleton [1971] 1 QB 210, [1970] 3 All ER 664, [1970] 3 WLR 530, 114 Sol Jo 719 .... 3.168, 3.169
Bem Dis a Turk Ticaret S/A TR v International Agri Trade Co Ltd, The Selda [1999] 1 All ER (Comm) 619, [1999] 1 Lloyd's Rep 729 .... 15.42, 15.44
Benaim & Co v Debono [1924] AC 514, 93 LJPC 133, [1924] All ER Rep 103, 131 LT 1, PC 13.14
Benatti v WPP Holdings Italy SRL [2007] EWCA Civ 263, [2007] 1 WLR 2316, [2007] 2 All ER (Comm) 525, [2008] 1 Lloyd's Rep 396, (2007) Times, 16 April, [2007] All ER (D) 460 (Mar) 37.13
Bence Graphics International Ltd v Fasson UK Ltd [1998] QB 87, [1997] 1 All ER 979, [1997] 3 WLR 205, [1996] 40 LS Gaz R 25, [1996] NLJR 1577, 140 Sol Jo LB 227 .... 14.33, 14.41, 14.57
Benedetti v Sawiris [2013] UKSC 50, [2014] AC 938, [2013] 4 All ER 253, [2013] 3 WLR 351, [2013] 2 All ER (Comm) 801, 149 ConLR 1, [2013] All ER (D) 210 (Jul) 37.12
Benedict v Ratner 268 US 353 (1925) 29.10
Benincasa v Dentalkit Srl: C-269/95 [1997] ECR I-3767, [1998] All ER (EC) 135, [1999] GCCR 4101, ECJ 37.10
Bennett v Bennett [1952] 1 KB 249, [1952] 1 All ER 413, [1952] 1 TLR 400, CA 3.165
Bentley (Dick) Productions Ltd v Harold Smith (Motors) Ltd [1965] 2 All ER 65, [1965] 1 WLR 623, 109 Sol Jo 329, CA 3.43
Bentsen v Taylor Sons & Co (No 2) [1893] 2 QB 274, 63 LJQB 15, 7 Asp MLC 385, 4 R 510, 42 WR 8, 69 LT 487, 9 TLR 552, CA 3.156
Berger & Co Inc v Gill & Duffus SA [1984] AC 382, [1984] 2 WLR 95, 128 Sol Jo 47, [1984] LS Gaz R 429, sub nom Gill & Duffus SA v Berger & Co Inc [1984] 1 All ER 438, [1984] 1 Lloyd's Rep 227, HL 12.01, 12.18, 15.21, 15.23, 32.78, 32.83, 34.40
Berkshire, The [1974] 1 Lloyd's Rep 185 .... 36.21
Berliner Verkehrsbetriebe (BVG), Anstalt des Offentlichen Rechts v JP Morgan Chase Bank NA: C-144/10 [2011] ECR I-3961, [2011] 1 WLR 2087, [2011] 2 All ER (Comm) 877, [2011] Bus LR 1061, [2011] All ER (D) 192 (May), ECJ 37.10
Bernardi v National Sales Corpn Ltd [1931] 2 KB 188, 100 LJKB 386, 36 Com Cas 270, [1931] All ER Rep 320, 145 LT 48, 47 TLR 380 .... 20.71
Berndtson v Strang (1867) LR 4 Eq 481, 36 LJ Ch 879, 15 WR 1168, 16 LT 583; on appeal (1868) LR 3 Ch App 588, 37 LJ Ch 665, 3 Mar LC 154, 16 WR 1025, 19 LT 40, CA in Ch 36.37
Bernstein v Pamson Motors (Golders Green) Ltd [1987] 2 All ER 220, [1987] RTR 384, [1987] BTLC 37 .... 11.86, 13.22
Berridge v Berridge (1890) 44 Ch D 168, 59 LJ Ch 533, 38 WR 599, 63 LT 801 .... 30.51
Besix SA v Wasserreinigungsbau Alfred Kretzschmar GmbH & Co KG: C-256/00 [2002] ECR I-1699, [2003] 1 WLR 1113, [2004] 1 All ER (Comm) 521, [2004] All ER (EC) 229, [2003] All ER (D) 280 (May), ECJ 37.19
Beswick v Beswick [1968] AC 58, [1967] 2 All ER 1197, [1967] 3 WLR 932, 111 Sol Jo 540, HL 3.86
Beverley Acceptances v Oakley [1982] RTR 417, CA 16.35, 16.42
Bhoja Trader, The. See Intraco Ltd v Notis Shipping Corpn, The Bhoja Trader
Biddle v Bond (1865) 29 JP 565, 6 B & S 225, 34 LJQB 137, 11 Jur NS 425, 5 New Rep 485, 13 WR 561, 122 ER 1179, [1861–73] All ER Rep 477, 12 LT 178 .... 2.23
Biggin & Co Ltd v Permanite Ltd [1951] 1 KB 422, [1950] 2 All ER 859, 66 TLR (pt 2) 944; revsd [1951] 2 KB 314, [1951] 2 All ER 191, 95 Sol Jo 414, [1951] 2 TLR 159, CA 14.41
Bilta (UK) Ltd (in liq) v Nazir [2015] UKSC 23, [2015] 2 All ER 1083, [2015] 2 WLR 1168, [2015] 2 All ER (Comm) 281, [2015] 1 BCLC 443, (2015) Times, 06 May, [2015] All ER (D) 149 (Apr), sub nom Jetivia SA v Bilta (UK) Ltd [2015] 2 Lloyd's Rep 61 .... 3.162, 31.71
Birkett v Acorn Business Machines Ltd [1999] 2 All ER (Comm) 429, [1999] 31 LS Gaz R 35 .... 3.172
Birkmyr v Darnell. See Buckmyr v Darnall
Birmingham, Re, Savage v Stannard [1959] Ch 523, [1958] 2 All ER 397, [1958] 3 WLR 10, 102 Sol Jo 454 .... 22.67

Bishopsgate Investment Management Ltd (in liq) v Homan [1995] Ch 211, [1995]
  1 All ER 347, [1994] 3 WLR 1270, [1994] BCC 868, 12 LDAB 660, [1994]
  36 LS Gaz R 37, 138 Sol Jo LB 176 .... 17.41
Bishopsgate Motor Finance Corpn Ltd v Transport Brakes Ltd [1949] 1 KB 322, [1949]
  1 All ER 37, [1949] LJR 741, 93 Sol Jo 71, 65 TLR 66, CA 16.04, 16.35
Bisset v Wilkinson [1927] AC 177, 96 LJPC 12, [1926] All ER Rep 343, 136 LT 97, 42
  TLR 727, PC 3.40
Black Ant Co Ltd (in admin), Re, [2014] EWHC 1161 (Ch), [2014] 2 EGLR 179,
  [2014] All ER (D) 122 (Apr) 24.20
Blackburn Bobbin Co Ltd v TW Allen & Sons Ltd [1918] 2 KB 467, 87 LJKB 1085, 119
  LT 215, 34 TLR 508, CA 14.19
Blesard v Hirst (1770) 5 Burr 2670, 98 ER 402 .... 20.84
Bloxsome v Williams (1824) 3 B & C 232, 1 C & P 294, 336, 2 LJOS 224, 5 Dow &
  Ry KB 82, 107 ER 720 .... 3.159
Blue Sky One Ltd v Mahan Air [2010] EWHC 631 (Comm), [2010] NLJR 843,
  [2010] All ER (D) 02 (Jun) 37.90
Bocotra Construction Pte Ltd v A-G (No 2) [1995] 3 LRC 423, Sing CA ... 35.118, 35.166
Bolam v Friern Hospital Management Committee [1957] 2 All ER 118, [1957] 1 WLR
  582, 101 Sol Jo 357, 1 BMLR 1 .... 3.60, 7.38
Bolivinter Oil SA v Chase Manhattan Bank [1984] 1 All ER 351n, [1984] 1 WLR 392,
  [1984] 1 Lloyd's Rep 251, 128 Sol Jo 153 .... 38.99
Bolt and Nut Co (Tipton) Ltd v Rowlands Nicholls & Co Ltd [1964] 2 QB 10, [1964]
  1 All ER 137, [1964] 2 WLR 98, 107 Sol Jo 909, CA 20.124
Bolton v Mahadeva [1972] 2 All ER 1322, [1972] 1 WLR 1009, 116 Sol Jo 564 .... 3.117
Boma Manufacturing Ltd v Canadian Imperial Bank of Commerce (1996) 140 DLR
  (4th) 463, Can SC 19.111
Bonacina, Re, Le Brasseur v Bonacina [1912] 2 Ch 394, 81 LJ Ch 674, 19 Mans 224, 56
  Sol Jo 667, 107 LT 498, 28 TLR 508, CA 37.57
Bond Worth Ltd, Re [1980] Ch 228, [1979] 3 All ER 919, [1979] 3 WLR 629, 123 Sol
  Jo 216 .... 2.34, 25.06, 25.11, 26.24
Bondina Ltd v Rollaway Shower Blinds Ltd [1986] 1 All ER 564, [1986] 1 WLR 517,
  [1986] ECC 260, [1986] FLR 266, [1986] BCLC 177, 130 Sol Jo 264, [1986] LS Gaz
  R 36, [1986] NLJ Rep 116 .... 20.104
Bonnard v Dott [1906] 1 Ch 740, 75 LJ Ch 446, 94 LT 656, 22 TLR 399, CA 3.169
Booth Steamship Co Ltd v Cargo Fleet Iron Co Ltd [1916] 2 KB 570, 85 LJKB 1577, 13
  Asp MLC 451, [1916–17] All ER Rep 938, 115 LT 199, 32 TLR 535, CA 36.37
Boral Formwork & Scaffolding Pty Ltd v Action Makers Ltd (in administrative
  receivership) [2003] NSWSC 713 .... 35.119
Borax Co, Re, Foster v Borax Co [1901] 1 Ch 326, 70 LJ Ch 162, 49 WR 212, 45 Sol
  Jo 138, 83 LT 638, 17 TLR 159, CA 25.16
Borden (UK) Ltd v Scottish Timber Products Ltd [1981] Ch 25, [1979] 3 All ER 961,
  [1979] 3 WLR 672, [1980] 1 Lloyd's Rep 160, 123 Sol Jo 688 .... 22.35
Borealis AB (formerly Borealis Petrokemi AB) v Stargas Ltd (Bergesen DY A/S, third
  party), The Berge Sisar [2001] UKHL 17, [2002] 2 AC 205, [2001] 2 All ER 193,
  [2001] 2 WLR 1118, [2001] 1 All ER (Comm) 673, [2001] 1 Lloyd's Rep 663, [2001]
  20 LS Gaz R 43, [2001] All ER (D) 268 (Mar) 36.68
Borrowman, Phillips & Co v Free and Hollis (1878) 4 QBD 500, 48 LJQB 65, 40 LT 25,
  CA 12.19, 12.20
Boss Group Ltd v Boss France SA [1997] 1 WLR 351, CA 37.18
Boston Deep Sea Fishing and Ice Co v Ansell (1888) 39 Ch D 339, [1886–90] All ER
  Rep 65, 59 LT 345, CA 15.20
Bourkmire v Darnell. See Buckmyr v Darnall
Bourne v Mason (1668) 2 Keb 454, 457, 527, 1 Vent 6, 86 ER 5 .... 1.04
Bournemouth and Boscombe Athletic Football Club Co Ltd v Manchester United
  Football Club Ltd (1980) Times, 22 May, CA 3.57
Bou-Simon v BGC Brokers LP [2018] EWCA Civ 1525, [2019] 1 All ER (Comm) 955,
  179 ConLR 32, [2018] All ER (D) 59 (Aug) 3.57
Bowes v Shand (1877) 2 App Cas 455, 46 LJQB 561, 3 Asp MLC 461, 25 WR 730,
  [1874–80] All ER Rep 174, 36 LT 857, HL 11.39, 34.08
Bowlay Logging Ltd v Domtar Ltd (1978) 87 DLR (3d) 325, [1978] 4 WWR 105, BC
  SC 14.26

Table of Cases

Bowmaker (Commercial) Ltd v Day [1965] 2 All ER 856n, [1965] 1 WLR 1396, 109 Sol Jo 853 .... 11.18
Bowmakers Ltd v Barnet Instruments Ltd [1945] KB 65, [1944] 2 All ER 579, 114 LJKB 41, 89 Sol Jo 22, 172 LT 1, 61 TLR 62, [1999] GCCR 71, CA 2.21, 3.169
Boyd & Co Ltd v Louca [1973] 1 Lloyd's Rep 209 .... 34.02
Boyter v Thomson [1995] 2 AC 628, [1995] 3 All ER 135, [1995] 3 WLR 58, [1995] 31 LS Gaz R 33, [1995] NLJR 922, 1995 SC (HL) 15, 1995 SLT 875, HL 11.60
Brac Rent-A-Car International Inc, Re [2003] EWHC 128 (Ch), [2003] 2 All ER 201, [2003] 1 WLR 1421, [2003] 1 BCLC 470, [2003] BCC 248, [2003] 14 LS Gaz R 28, (2003) Times, 24 February, [2003] BPIR 531, [2003] All ER (D) 98 (Feb) 31.86
Brady v Brady [1989] AC 755, [1988] 2 All ER 617, [1988] 2 WLR 1308, [1988] BCLC 579, 4 BCC 390, 11 LDAB 112, 132 Sol Jo 820, HL 22.14
Braemar Investments Ltd, Re [1989] Ch 54, [1988] 3 WLR 596, [1988] BCLC 556, 4 BCC 366, 132 Sol Jo 1181 .... 24.54
Braes of Doune Wind Farm (Scotland) Ltd v Alfred McAlpine Business Services Ltd [2008] EWHC 426 (TCC), [2008] 2 All ER (Comm) 493, [2008] 1 Lloyd's Rep 608, [2008] BLR 321, [2008] Bus LR D137, [2008] All ER (D) 222 (Mar) 39.22
Bragg v Villanova (1923) 40 TLR 154, DC 13.27
Braithwaite v Foreign Hardwood Co [1905] 2 KB 543, 74 LJKB 688, 10 Asp MLC 52, 10 Com Cas 189, 92 LT 637, 21 TLR 413, [1904–7] All ER Rep Ext 1613, CA 15.20, 15.25
Braithwaite v Thomas Cook Travellers Cheques Ltd [1989] QB 553, [1989] 1 All ER 235, [1989] 3 WLR 212, 11 LDAB 207, 133 Sol Jo 359, [1989] 16 LS Gaz R 35, [1988] NLJR 233 .... 21.12
Bramhill v Edwards [2004] EWCA Civ 403, [2004] 2 Lloyd's Rep 653, [2004] All ER (D) 42 (Apr) 11.66
Brandao v Barnett (1846) 12 Cl & Fin 787, 3 CB 519, 8 ER 1622, [1843–60] All ER Rep 719, 7 LTOS 525, HL 22.66
Brandon v Leckie (1972) 29 DLR (3d) 633, [1972] 6 WWR 113, Alta SC 16.71
Brandt (H O) & Co v H N Morris & Co Ltd [1917] 2 KB 784, 87 LJKB 101, [1916–17] All ER Rep 925, 117 LT 196, CA 34.11
Brandt v Liverpool, Brazil and River Plate Steam Navigation Co Ltd [1924] 1 KB 575, 93 LJKB 646, 16 Asp MLC 262, 29 Com Cas 57, [1923] All ER Rep 656, 130 LT 392, CA 36.64
Branwhite v Worcester Works Finance Ltd [1969] 1 AC 552, [1968] 3 All ER 104, [1968] 3 WLR 760, 112 Sol Jo 758, [1999] GCCR 397, HL 27.25
Braunstein v Accidental Death Insurance Co (1861) 1 B & S 782, 31 LJQB 17, 8 Jur NS 506, 121 ER 904, 5 LT 550 .... 3.57
Breadner v Granville-Grossman [2001] Ch 523, [2000] 4 All ER 705, [2001] 2 WLR 593, 2 ITELR 812 .... 1.49
Bremer Handelsgesellschaft mbH v J H Rayner & Co Ltd [1978] 2 Lloyd's Rep 73; revsd [1979] 2 Lloyd's Rep 216, CA 34.04
Bridges v Berry (1810) 3 Taunt 130, 128 ER 51 .... 20.84
Bridges and Salmon Ltd v The Swan (Owner), The Swan [1968] 1 Lloyd's Rep 5, PDA 5.34
Brightlife Ltd, Re [1987] Ch 200, [1986] 3 All ER 673, [1987] 2 WLR 197, [1986] BCLC 418, 2 BCC 99, 359, 131 Sol Jo 132, [1987] LS Gaz R 763 ... 22.42, 22.63, 25.18, 25.21
Brighton and Hove City Council v Audus [2009] EWHC 340 (Ch), [2010] 1 All ER (Comm) 343, [2009] 2 EGLR 131, [2009] 09 EG 192 (CS), [2009] All ER (D) 25 (Mar) 22.27
Brimnes, The. See Brimnes, The, Tenax Steamship Co Ltd v The Brimnes (Owners)
Brimnes, The, Tenax Steamship Co Ltd v The Brimnes (Owners) [1973] 1 All ER 769, [1972] 2 Lloyd's Rep 465, sub nom Tenax Steamship Co Ltd v Reinante Transoceanica Navegacion SA, The Brimnes [1973] 1 WLR 386, 117 Sol Jo 244; affd [1975] QB 929, [1974] 3 All ER 88, [1974] 3 WLR 613, [1974] 2 Lloyd's Rep 241, 118 Sol Jo 808 .... 17.18, 18.35
Bristol & West plc v Bartlett [2002] EWCA Civ 1181, [2002] 4 All ER 544, [2003] 1 WLR 284, [2002] 2 All ER (Comm) 1105, [2003] HLR 292, [2003] 1 EGLR 85, [2003] 01 EG 69, [2002] 33 EGCS 97, (2002) Times, 9 September, [2002] All ER (D) 516 (Jul) 23.38

Table of Cases

Bristol Airport plc v Powdrill [1990] Ch 744, [1990] 2 All ER 493, [1990] 2 WLR 1362, [1990] BCLC 585, [1990] 17 LS Gaz R 28, 1 S & B AvR IV/121, sub nom Paramount Airways Ltd, Re, Bristol Airport plc v Powdrill [1990] BCC 130 .... 2.26
Bristol and West Building Society v Mothew (t/a Stapley & Co) [1998] Ch 1, [1996] 4 All ER 698, [1997] 2 WLR 436, [1996] NLJR 1273, [1997] PNLR 11, 140 Sol Jo LB 206, sub nom Mothew v Bristol & West Building Society 75 P & CR 241 .... 5.25
Bristol Tramways etc Carriage Co Ltd v Fiat Motors Ltd [1910] 2 KB 831, 79 LJKB 1107, [1908–10] All ER Rep 113, 103 LT 443, 26 TLR 629, CA 11.70
British Airways Board v Laker Airways Ltd [1985] AC 58, [1984] 3 All ER 39, [1984] 3 WLR 413, 128 Sol Jo 531, [1984] LS Gaz R 2849, 134 NLJ 746, HL 38.81
British American Tobacco Switzerland SA v H Essers Security Logistics BV [2015] UKSC 65, [2015] 3 WLR 1173, [2016] RTR 1, (2015) Times, 16 November, [2015] All ER (D) 239 (Oct) 37.12
British and Beningtons Ltd v North Western Cachar Tea Co Ltd [1923] AC 48, 13 Ll L Rep 67, 92 LJKB 62, 28 Com Cas 265, [1922] All ER Rep 224, 128 LT 422, HL ... 15.21, 15.22
British and Commonwealth Holdings plc v Quadrex Holdings Inc (No 2) (1988) Times, 8 December 38.91
British Eagle International Airlines Ltd v Compagnie Nationale Air France [1975] 2 All ER 390, [1975] 1 WLR 758, [1975] 2 Lloyd's Rep 43, 119 Sol Jo 368, HL ... 18.40, 22.40, 31.26
British Fermentation Products Ltd v Compair Reavell Ltd [1999] 2 All ER (Comm) 389, 66 ConLR 1, [1999] BLR 352, [1999] All ER (D) 606 .... 3.78
British Imex Industries Ltd v Midland Bank Ltd [1958] 1 QB 542, [1958] 1 All ER 264, [1958] 2 WLR 103, [1957] 2 Lloyd's Rep 591, 7 LDAB 171, 102 Sol Jo 69 . 35.70, 35.126
British Motor Trade Association v Salvadori [1949] Ch 556, [1949] 1 All ER 208, [1949] LJR 1304, 65 TLR 44 .... 3.88
British Provident Life and Fire Assurance Society, Re, Stanley's Case (1864) 4 De GJ & Sm 407, 33 LJ Ch 535, 10 Jur NS 713, 4 New Rep 255, 12 WR 894, 10 LT 674 .... 25.06
British Steel Corp v Granada Television Ltd [1981] AC 1096, [1981] 1 All ER 417, [1980] 3 WLR 774; on appeal sub nom British Steel Corpn v Granada Television Ltd [1981] AC 1096, 1121, [1981] 1 All ER 417, 435, [1980] 3 WLR 774, 797, 124 Sol Jo 376, CA; affd [1981] AC 1096, 1144, [1981] 1 All ER 417, 452, [1980] 3 WLR 774, 818, 124 Sol Jo 812, HL 38.67
British Steel Corpn v Cleveland Bridge and Engineering Co Ltd [1984] 1 All ER 504, [1982] Com LR 54, 24 BLR 94 .... 3.32
Britvic Soft Drinks Ltd v Messer UK Ltd [2002] 1 Lloyd's Rep 20, [2001] All ER (D) 102 (May); affd sub nom Britvic Soft Drinks v Messer UK Ltd [2002] EWCA Civ 548, [2002] 2 All ER (Comm) 321, (2002) Times, 22 May, [2002] All ER (D) 303 (Apr) 11.89, 11.138
Brocklesby v Temperance Permanent Building Society [1895] AC 173, 59 JP 676, 64 LJ Ch 433, 11 R 159, 43 WR 606, 72 LT 477, 11 TLR 297, [1895–9] All ER Rep Ext 2099, HL 16.19, 24.19
Brogsitter v Fabrication de Montres Normandes EURL: C-548/12 [2014] QB 753, [2014] 2 WLR 1600, [2014] 1 All ER (Comm) 965, [2014] All ER (D) 258 (Mar), ECJ 37.17
Brown (B S) & Sons Ltd v Craiks Ltd [1970] 1 All ER 823, [1970] 1 WLR 752, 114 Sol Jo 282, 1970 SC 51, 1970 SLT 141, HL 11.71, 11.104
Brown v Edgington (1841) 5 JP 276, 10 LJCP 66, Drinkwater 106, 2 Man & G 279, 2 Scott NR 496, 133 ER 751 .... 6.07
Brown v KMR Services Ltd [1995] 4 All ER 598, [1995] 2 Lloyd's Rep 513, [1995] 32 LS Gaz R 29 .... 14.43
Brown v Metropolitan Police Comr (Equality and Human Rights Commission intervening) [2019] EWCA Civ 1724, [2020] 3 All ER 273, [2020] 1 WLR 1257, [2020] PIQR Q59, 169 NLJ 7862, [2019] Costs LR 1633, [2019] All ER (D) 124 (Oct) 38.11
Brown v Muller (1872) LR 7 Exch 319, 41 LJ Ex 214, 21 WR 18, 27 LT 272, Exch Ct 3.149
Brown v Raphael [1958] Ch 636, [1958] 2 All ER 79, [1958] 2 WLR 647, 102 Sol Jo 269, CA 3.40
Brown v Sheen and Richmond Car Sales Ltd [1950] 1 All ER 1102, [1950] WN 316 .... 27.27

lxxiii

Table of Cases

Brown's Estate, Re, Brown v Brown [1893] 2 Ch 300, 62 LJ Ch 695, 3 R 463, 41 WR 440, 37 Sol Jo 354, 69 LT 12 .... 30.44
Brown Shipley & Co Ltd v Alicia Hosiery Ltd [1966] 1 Lloyd's Rep 668, 116 NLJ 1144, CA 20.115
Browner International Ltd v Monarch Shipping Co Ltd, The European Enterprise [1989] 2 Lloyd's Rep 185 .... 36.16
Browning v Provincial Insurance Co of Canada (1873) LR 5 PC 263, 2 Asp MLC 35, 21 WR 587, 28 LT 853 .... 5.36
Bryen & Langley Ltd v Boston [2005] EWCA Civ 973, [2005] All ER (D) 507 (Jul) 3.84
Buchler v Talbot [2004] UKHL 9, [2004] 2 AC 298, [2004] 1 All ER 1289, [2004] 2 WLR 582, [2004] 1 BCLC 281, [2004] NLJR 381, (2004) Times, 5 March, 148 Sol Jo LB 299, [2004] 5 LRC 405, [2004] All ER (D) 89 (Mar), sub nom Leyland Daf Ltd, Re [2004] BCC 214 .... 25.32, 31.20, 31.35
Buckmyr v Darnall (1703) 2 Ld Raym 1085, sub nom Burkmire v Darnel 6 Mod Rep 248, Holt KB 606, sub nom Birkmyr v Darnell 1 Salk 27, sub nom Bourkmire v Darnell 3 Salk 15, sub nom Birkmyr v Darnell 91 ER 26 .... 30.07
Bulgrains & Co Ltd v Shinhan Bank [2013] EWHC 2498 (QB), [2013] All ER (D) 339 (Jul) 35.68, 35.90
Bulk Oil (Zug) AG v Sun International Ltd and Sun Oil Trading Co [1983] 1 Lloyd's Rep 655, [1983] Com LR 68, 127 Sol Jo 857; affd [1984] 1 All ER 386, [1984] 1 WLR 147, [1983] 2 Lloyd's Rep 587, 127 Sol Jo 857, [1984] LS Gaz R 36 .... 3.154
Bunge & Co Ltd v Tradax England Ltd [1975] 2 Lloyd's Rep 235 .... 34.05, 34.08
Bunge & Co Ltd v Tradax Ocean Transportation SA, The New Prosper [1991] 2 Lloyd's Rep 93 .... 34.05
Bunge Corpn v Tradax SA [1981] 2 All ER 513, [1981] 1 WLR 711, [1981] 2 Lloyd's Rep 1, 125 Sol Jo 373, HL 3.144, 34.05
Bunge Corpn v Vegetable Vitamin Foods (Pte) Ltd [1985] 1 Lloyd's Rep 613 .... 35.49
Bunge SA v Adm Do Brasil Ltd [2009] EWHC 845 (Comm), [2010] 1 All ER (Comm) 784, [2009] 2 Lloyd's Rep 175, [2009] All ER (D) 174 (Apr) 36.59
Bunge SA v Kyla Shipping Co Ltd, The Kyla [2013] EWCA Civ 734, [2013] 3 All ER 1006, [2013] 2 All ER (Comm) 577, [2013] 2 Lloyd's Rep 463, 164 NLJ 7624, [2013] All ER (D) 181 (Jun) 39.91
Bunge SA v Nidera BV (formerly known as Nidera Handelscompagnie BV) [2015] UKSC 43, [2015] 3 All ER 1082, [2015] 2 All ER (Comm) 789, [2015] Bus LR 987, [2015] 1 Lloyd's Rep 469, 165 NLJ 7661, [2015] All ER (D) 03 (Jul) 14.13, 14.19, 14.61
Burkmire v Darnel. See Buckmyr v Darnall
Burrows v Rhodes [1899] 1 QB 816, 63 JP 532, 68 LJQB 545, 48 WR 13, [1895–9] All ER Rep 117, 43 Sol Jo 351, 80 LT 591, 15 TLR 286 .... 3.160
Business Application Specialists Ltd v Nationwide Credit Corpn Ltd (Marn Garage (Camberley) Ltd, third party) [1988] RTR 332, [1988] BTLC 461, [1988] CCLR 135, [1999] GCCR 1225, CA 11.70
Butler Machine Tool Co Ltd v Ex-Cell-O Corpn (England) Ltd [1979] 1 All ER 965, [1979] 1 WLR 401, 121 Sol Jo 406 .... 3.53
Butterworth v Kingsway Motors Ltd [1954] 2 All ER 694, [1954] 1 WLR 1286, 98 Sol Jo 717 .... 11.18, 11.21
By Appointment (Sales) Ltd v Harrods Ltd [1977] CA Transcript 465, CA 16.44, 24.45
Byron v Eastern Caribbean Amalgamated Bank (Antigua and Barbuda) [2019] UKPC 16, [2019] All ER (D) 63 (May), PC 3.55

C

C v D [2007] EWCA Civ 1282, [2008] 1 All ER (Comm) 1001, [2008] Bus LR 843, [2008] 1 Lloyd's Rep 239, 116 ConLR 230, (2008) Times, 16 January, [2007] ArbLR 10, [2007] All ER (D) 61 (Dec) 39.21
C and P Haulage (a firm) v Middleton [1983] 3 All ER 94, [1983] 1 WLR 1461, 127 Sol Jo 730 .... 14.26
CCC Films (London) Ltd v Impact Quadrant Films Ltd [1985] QB 16, [1984] 3 All ER 298, [1984] 3 WLR 245, 128 Sol Jo 297 .... 3.09
CKR Contract Services Pte Ltd v Asplenium Land Pte Ltd [2015] SGCA 24, [2015] 3 SLR 1041 .... 35.119

Table of Cases

CMA CGM SA v Beteiligungs-Kommanditgesellschaft MS Northern Pioneer Schiffahrtgesellschaft mbH & Co [2002] EWCA Civ 1878, [2003] 3 All ER 330, [2003] 1 WLR 1015, [2003] 1 All ER (Comm) 204, [2003] 1 Lloyd's Rep 212, [2003] 09 LS Gaz R 28, (2002) Times, 31 December, [2002] ArbLR 11, [2002] All ER (D) 286 (Dec) 39.91
CTI Group Inc v Transclear SA, The Mary Nour [2008] EWCA Civ 856, [2009] 2 All ER (Comm) 25, [2008] Bus LR 1729, [2008] 2 Lloyd's Rep 526, [2008] All ER (D) 290 (Jul) 3.177
Cable & Wireless plc v IBM United Kingdom Ltd [2002] EWHC 2059 (Comm), [2002] 2 All ER (Comm) 1041, [2002] NLJR 1652, [2003] BLR 89, [2002] All ER (D) 277 (Oct) 38.03
Cahn and Mayer v Pockett's Bristol Channel Steam Packet Co [1899] 1 QB 643, 68 LJQB 515, 8 Asp MLC 517, 4 Com Cas 168, 47 WR 422, 43 Sol Jo 331, 80 LT 269, 15 TLR 247, CA 16.64
Calderbank v Calderbank [1976] Fam 93, [1975] 3 All ER 333, [1975] 3 WLR 586, [1976] Fam Law 93, 119 Sol Jo 490 .... 38.71
Cameco Inc v S.S. American Legion [1975] 1 Lloyd's Rep 295 .... 36.46
Cammell v Sewell (1860) 5 H & N 728, 29 LJ Ex 350, 6 Jur NS 918, 8 WR 639, 157 ER 1371, 2 LT 799, Ex Ch 37.85, 37.86, 37.88
Cammell Laird & Co Ltd v Manganese Bronze and Brass Co Ltd [1934] AC 402, 103 LJKB 289, 39 Com Cas 194, [1934] All ER Rep 1, 151 LT 142, 50 TLR 350, HL 7.21, 11.70
Campbell Mostyn (Provisions) Ltd v Barnett Trading Co [1954] 1 Lloyd's Rep 65, CA 15.41
Campden Hill Ltd v Chakrani [2005] EWHC 911 (Ch), [2005] All ER (D) 238 (May) 17.41
Canada Law Book Co v Boston Book Co (1922) 64 SCR 182, 66 DLR 209, Can SC 11.39
Canada Trust Co v Stolzenberg (No 2) [2002] 1 AC 1, [2000] 4 All ER 481, [2000] 3 WLR 1376, HL 37.09
Canadian Acceptance Corpn Ltd v Regent Park Butcher Shop Ltd (1969) 3 DLR (3d) 304, Man CA 28.18
Canadian Highlander, The. See Gosse Millerd Ltd v Canadian Government Merchant Marine Ltd, The Canadian Highlander
Canadian Klockner Ltd v D/S A/S Flint, The Mica [1973] 2 Lloyd's Rep 478, Can FC; on appeal sub nom Federal Commerce and Navigation Co Ltd v Canadian Klockner [1975] 2 Lloyd's Rep 371 .... 36.21
Canary Wharf (BP4) T1 Ltd and other companies v European Medicines Agency [2019] EWHC 335 (Ch), 183 ConLR 167, [2019] EGLR 17, [2019] PLSCS 37, 169 NLJ 7831, [2019] All ER (D) 154 (Feb) 3.175, 3.176
Canastrand Industries Ltd v the Ship Lara S [1993] 2 FC 553 .... 36.22
Canterbury Seed Co v Ward (1895) 13 NZLR 96, NZ CA 13.14
Canyon Offshore Ltd v GDF Suez E&P Nederland BV [2014] EWHC 3810 (Comm), [2015] Bus LR 578, [2014] All ER (D) 301 (Nov) 18.07
Cape Asbestos Co Ltd v Lloyds Bank Ltd [1921] WN 274, 3 LDAB 314 .... 35.20
Capital and Counties Bank Ltd v Gordon [1903] AC 240, 72 LJKB 451, 8 Com Cas 221, 51 WR 671, 2 LDAB 35, [1900–3] All ER Rep 1017, 88 LT 574, 19 TLR 462, HL 21.06
Capital Finance Co Ltd v Donati (1977) 121 Sol Jo 270, CA 3.127
Capital Finance Co Ltd v Stokes [1969] 1 Ch 261, [1968] 3 All ER 625, [1968] 3 WLR 899, 19 P & CR 791, 9 LDAB 91, 112 Sol Jo 746, 207 Estates Gazette 1227 .... 22.67
Capital Home Loans Ltd v Countrywide Surveyors Ltd [2011] 3 EGLR 153, CC 18.09
Car and Universal Finance Co Ltd v Caldwell [1965] 1 QB 525, [1964] 1 All ER 290, [1964] 2 WLR 600, 108 Sol Jo 15, CA 3.100, 3.101, 15.17, 15.18
Car Giant Ltd v Mayor and Burgesses of the London Borough of Hammersmith [2017] EWHC 464 (TCC), [2017] 2 Costs LO 235, [2017] All ER (D) 104 (Mar) 38.04
Car Trim GmbH v KeySafety Systems Srl: C-381/08 [2010] ECR I-1255, [2010] 2 All ER (Comm) 770, [2010] Bus LR 1648, [2010] All ER (D) 286 (Feb), ECJ 37.20
Cardiff Workmen's Cottage Co Ltd, Re [1906] 2 Ch 627, 75 LJ Ch 769, 13 Mans 382, 50 Sol Jo 696, 95 LT 669, 22 TLR 799, [1904–7] All ER Rep Ext 1217 .... 22.13
Carewatch Care Services Ltd v Focus Care Services Ltd [2014] EWHC 2313 (Ch), [2014] All ER (D) 163 (Jul) 3.76

lxxv

Table of Cases

Cargill International SA v Bangladesh Sugar and Food Industries Corpn [1998] 2 All ER 406, [1998] 1 WLR 461, 14 LDAB 45, [1998] 03 LS Gaz R 25, 142 Sol Jo LB 14 .... 35.168
Cargill UK Ltd v Continental UK Ltd [1989] 2 Lloyd's Rep 290, (1989) Times, 22 May, CA 34.06
Carillion Construction Ltd v Devonport Royal Dockyard Ltd [2005] EWCA Civ 1358, 104 ConLR 1, [2006] BLR 15, (2005) Times, 24 November, [2005] All ER (D) 202 (Nov) 38.06
Carlyle Finance Ltd v Pallas Industrial Finance (Burgess (t/a John Burgess Car Sales), third party) (Wise (t/a HRG Car Sales), fourth party [1999] 1 All ER (Comm) 659, [1999] RTR 281 .... 16.71, 16.72
Carman (liquidator of Casa Estates (UK) Ltd) v Bucci [2014] EWCA Civ 383, [2014] 2 BCLC 49, [2014] BPIR 523, [2014] All ER (D) 33 (Apr) 31.31
Cartel Damage Claims (CDC) Hydrogen Peroxide SA v Akzo Nobel NV: (2015) C-352/13, ECLI:EU:C:2015:335, [2015] QB 906, [2015] 3 WLR 909, [2015] 5 CMLR 285, [2015] All ER (D) 50 (Jun), EUCJ 37.11, 37.24
Carvill America Inc v Camperdown UK Ltd [2005] EWCA Civ 645, [2005] 2 Lloyd's Rep 457, 149 Sol Jo LB 711, [2005] All ER (D) 459 (May) 37.33
Casebourne v Avery and Houston (1887) 3 TLR 795, CA 36.55
Cassidy (Peter) Seed Co Ltd v Osuustukkukauppa IL [1957] 1 All ER 484, [1957] 1 WLR 273, [1957] 1 Lloyd's Rep 25, 101 Sol Jo 149 .... 3.178, 34.11
Castellain v Preston (1883) 11 QBD 380, 52 LJQB 366, 31 WR 557, [1881–5] All ER Rep 493, 49 LT 29, CA 9.43
Caterpillar (NI) Ltd (formerly FG Wilson (Engineering) Ltd) v John Holt & Co (Liverpool) Ltd [2013] EWCA Civ 1232, [2014] 1 All ER 785, [2014] 1 WLR 2365, [2014] 1 All ER (Comm) 393, [2014] 1 Lloyd's Rep 180, [2014] BLR 103, [2014] BPIR 1104, [2013] All ER (D) 179 (Oct) 8.30, 15.14, 22.34
Caterpillar Motoren GmbH & Co KG v Mutual Benefits Assurance Co [2015] EWHC 2304 (Comm), [2015] 2 Lloyd's Rep 261, [2016] 1 BCLC 419, 165 NLJ 7665, [2015] All ER (D) 01 (Aug) 30.14, 35.155
Cavanagh v Secretary of State for Work and Pensions [2016] EWHC 1136 (QB), [2016] IRLR 591, [2016] ICR 826, [2016] All ER (D) 113 (May) 3.89
Cavendish Square Holding BV v Talal El Makdessi [2015] UKSC 67, [2016] 2 All ER 519, [2015] 3 WLR 1373, [2016] RTR 109, [2016] 1 Lloyd's Rep 55, 162 ConLR 1, [2016] BLR 1, (2015) Times, 23 November, [2016] 1 LRC 631, [2015] All ER (D) 47 (Nov) 3.72, 3.141, 26.08, 27.20, 28.17
Cebora SNC v SIP (Industrial Products) Ltd [1976] 1 Lloyd's Rep 271, 10 LDAB 381, CA 20.115, 20.116
Cehave NV v Bremer Handelsgesellschaft mbH, The Hansa Nord [1976] QB 44, [1975] 3 All ER 739, [1975] 3 WLR 447, [1975] 2 Lloyd's Rep 445, 119 Sol Jo 678 .... 11.71
Celestial Aviation Trading 71 Ltd v Paramount Airways Private Ltd [2010] EWHC 185 (Comm), [2011] 1 All ER (Comm) 259, [2011] 1 Lloyd's Rep 9, [2010] All ER (D) 146 (Feb) 28.03, 28.16
Central London Property Trust Ltd v High Trees House Ltd [1947] KB 130, [1956] 1 All ER 256, [1947] LJR 77, 175 LT 332, 62 TLR 557 .... 3.15, 3.92
Central Newbury Car Auctions Ltd v Unity Finance Ltd [1957] 1 QB 371, [1956] 3 All ER 905, [1956] 3 WLR 1068, 100 Sol Jo 927, CA 16.18, 16.19
Centrax Ltd v Citibank NA [1999] 1 All ER (Comm) 557 .... 37.69
Cetelem SA v Roust Holdings Ltd [2005] EWCA Civ 618, [2005] 4 All ER 52, [2005] 1 WLR 3555, [2005] 2 All ER (Comm) 203, [2005] 2 Lloyd's Rep 494, (2005) Times, 13 June, 149 Sol Jo LB 708, [2005] ArbLR 12, [2005] All ER (D) 357 (May) 39.81
Chamberlain v Twyne. See Twyne's Case
Chance (Clifford) v Silver [1992] NPC 103, [1992] 2 Bank LR 11, CA 20.44
Chanda, The. See Wibau Maschinenfabrick Hartman SA v Mackinnon, Mackenzie & Co, The Chanda
Chandelor v Lopus (1603) Cro Jac 4, 79 ER 3, sub nom Lopus v Chandler 1 Dyer 75n, Ex Ch 6.03
Channel Tunnel Group Ltd v Balfour Beatty Construction Ltd [1993] AC 334, [1993] 1 All ER 664, [1993] 2 WLR 262, [1993] 1 Lloyd's Rep 291, 32 ConLR 1, [1993] 7 LS Gaz R 40, 61 BLR 1, 137 Sol Jo LB 36, [1993] 3 LRC 560, HL 39.02, 39.22
Chanter v Hopkins (1838) 8 LJ Ex 14, 1 Horn & H 377, 3 Jur 58, 4 M & W 399, 150 ER 1484, [1835–42] All ER Rep 346, Exch Ct 6.05, 11.05, 11.06

Table of Cases

Chapelton v Barry UDC [1940] 1 KB 532, [1940] 1 All ER 356, 38 LGR 149, 104 JP 165, 109 LJKB 213, 84 Sol Jo 185, 162 LT 169, 56 TLR 331, CA 3.77
Chaplin v Young (1864) 33 Beav 330, 3 New Rep 449, 55 ER 395, 11 LT 10 .... 23.40
Chapman v Morton (1843) 12 LJ Ex 292, 11 M & W 534, 152 ER 917, 1 LTOS 148, Exch Ct 12.12
Chapman v Speller (1850) 14 QB 621, 19 LJQB 239, 14 Jur 652, 15 LTOS 158 ..... 11.27
Chappell & Co Ltd v Nestlé Co Ltd [1960] AC 87, [1959] 2 All ER 701, [1959] 3 WLR 168, 103 Sol Jo 561, HL 3.13, 7.36
Charge Card Services Ltd, Re [1989] Ch 497, [1988] 3 All ER 702, [1988] 3 WLR 764, [1988] BCLC 711n, 4 BCC 524, 132 Sol Jo 1458, [1988] NLJR 201, [2000] GCCR 1231 .... 15.08, 22.39, 22.42
Charles (LH) & Co Ltd, Re [1935] WN 15, 179 LT Jo 120 .... 24.54
Charman, ex p [1887] WN 184 .... 20.89
Charnley Davies Ltd (No 2), Re [1990] BCLC 760, [1990] BCC 605 .... 30.42
Charrington & Co Ltd v Wooder [1914] AC 71, 83 LJKB 220, 58 Sol Jo 152, 110 LT 548, 30 TLR 176, [1911–13] All ER Rep Ext 1377, HL 14.52
Chartbrook Ltd v Persimmon Homes Ltd [2009] UKHL 38, [2009] AC 1101, [2009] 4 All ER 677, [2009] 3 WLR 267, [2010] 1 All ER (Comm) 365, [2009] Bus LR 1200, [2010] 1 P & CR 162, 125 ConLR 1, [2009] 3 EGLR 119, [2009] BLR 551, [2009] 27 EG 91 (CS), (2009) Times, 2 July, 153 Sol Jo (no 26) 27, [2010] 1 LRC 639, [2009] All ER (D) 12 (Jul) 1.43, 1.49, 3.68
Charter v Sullivan [1957] 2 QB 117, [1957] 1 All ER 809, [1957] 2 WLR 528, 101 Sol Jo 265, CA 14.52, 15.42
Charterhouse Credit Co Ltd v Tolly [1963] 2 QB 683, [1963] 2 All ER 432, [1963] 2 WLR 1168, 107 Sol Jo 234, CA 3.77
Chase Manhattan Bank NA v Israel-British Bank (London) Ltd [1981] Ch 105, [1979] 3 All ER 1025, [1980] 2 WLR 202, 124 Sol Jo 99 .... 17.40
Chatterton v Maclean [1951] 1 All ER 761 .... 30.23
Cheah Theam Swee v Equiticorp Finance Group Ltd [1992] 1 AC 472, [1991] 4 All ER 989, [1992] 2 WLR 108, [1992] BCLC 371, [1992] BCC 98, 12 LDAB 186, 135 Sol Jo 205, [1992] 1 LS Gaz R 32, sub nom Equiticorp Finance Group Ltd v Cheah [1989] 3 NZLR 1, PC 22.48, 24.19
Checkpoint Ltd v Strathclyde Pension Fund [2003] EWCA Civ 84, [2003] 1 EGLR 1, [2003] 12 LS Gaz R 29, [2003] 14 EG 124, [2003] 08 EGCS 128, (2003) Times, 12 February, 147 Sol Jo LB 233, [2003] ArbLR 13, [2003] All ER (D) 56 (Feb) 39.73
Chellaram (K) & Sons (London) Ltd v Butlers Warehousing and Distribution Ltd [1977] 2 Lloyd's Rep 192; revsd [1978] 2 Lloyd's Rep 412, CA 22.66
Chelsfield Advisers LLP v Qatari Diar Real Estate Investment Company [2015] EWHC 1322 (Ch), [2015] All ER (D) 180 (May) 3.76
Chemco Leasing SpA v Rediffusion plc [1986] CA Transcript 1115, CA 30.15
Chess (Oscar) Ltd v Williams [1957] 1 All ER 325, [1957] 1 WLR 370, 101 Sol Jo 186, CA 3.43
Chester Grosvenor Hotel Co Ltd v Alfred McAlpine Management Ltd (1991) 56 BLR 115 .... 3.78
Chetwynd's Estate, Re, Dunn's Trust Ltd v Brown [1938] Ch 13, [1937] 3 All ER 530, 106 LJ Ch 330, 81 Sol Jo 626, 157 LT 125, 53 TLR 917, CA 30.33
Chikuma, The. See Awilco A/S v Fulvia SpA di Navigazione, The Chikuma
China and South Sea Bank Ltd v Tan Soon Gin (alias George Tan) [1990] 1 AC 536, [1989] 3 All ER 839, [1990] 2 WLR 56, [1990] 1 Lloyd's Rep 113, 11 LDAB 512, 134 Sol Jo 165, PC 30.43
China-Pacific SA v Food Corpn of India, The Winson [1982] AC 939, [1981] 3 All ER 688, [1981] 3 WLR 860, [1982] 1 Lloyd's Rep 117, 125 Sol Jo 808, HL 5.15, 36.36
Chinery v Viall (1860) 5 H & N 288, 29 LJ Ex 180, 8 WR 629, 157 ER 1192, 2 LT 466, Exch Ct 14.09
Choice Investments Ltd v Jeromnimon [1981] QB 149, [1981] 1 All ER 225, [1981] 2 WLR 80, 124 Sol Jo 883 .... 37.109
Choko Star, The. See Industrie Chimiche Italia Centrale and Cerealfin SA v Alexander G Tsavliris & Sons Maritime Co, Panchristo Shipping Co SA and Bula Shipping Corpn, The Choko Star
Cholmondeley (Marquis) v Lord Clinton (1820) 2 Jac & W 1, 37 ER 527, Ct of Ch; affd (1821) 2 Jac & W 189n, 4 Bligh 1, HL 3.49

lxxvii

Table of Cases

Choudhary v Bhatter [2009] EWCA Civ 1176, [2010] 2 All ER 1031, [2010] 2 All ER (Comm) 419, [2010] 2 BCLC 17, [2009] NLJR 1628, (2009) Times, 20 November, [2009] All ER (D) 131 (Nov) 37.10
Chow Yoong Hong v Choong Fah Rubber Manufactory [1962] AC 209, [1961] 3 All ER 1163, [1962] 2 WLR 43, 105 Sol Jo 1082, PC 22.06, 27.07
Chrysovalandou-Dyo, The. See Santiren Shipping Ltd v Unimarine SA, The Chrysovalandou-Dyo
Church of England Building Society v Piskor [1954] Ch 553, [1954] 2 All ER 85, [1954] 2 WLR 952, 98 Sol Jo 316, 163 Estates Gazette 350, CA 24.59
Cie Commercial Sucres et Denrées v C Czarnikow Ltd, The Naxos [1990] 3 All ER 641, [1990] 1 WLR 1337, [1991] 1 Lloyd's Rep 29, 134 Sol Jo 1301, HL 10.24, 34.08
Circle Freight International Ltd v Medeast Gulf Exports Ltd [1988] 2 Lloyd's Rep 427, CA 3.58
City and Westminster Properties (1934) Ltd v Mudd [1959] Ch 129, [1958] 2 All ER 733, [1958] 3 WLR 312, 102 Sol Jo 582 .... 3.69
City Index Ltd v Leslie [1992] QB 98, [1991] 3 All ER 180, [1991] 3 WLR 207, [1991] BCLC 643 .... 4.41
Ciudad de Pasto and The Ciudad de Neiva, The. See Mitsui & Co Ltd v Flota Mercante Grancolombiana SA, The Ciudad de Pasto and The Ciudad de Neiva
Clare v Maynard (1837) 6 Ad & El 519, 6 LJKB 138, 1 Nev & PKB 701, Will Woll & Dav 274 .... 14.41
Clark's Refrigerated Transport Pty Ltd, Re [1982] VR 989 .... 30.30
Clarke v Earl of Dunraven and Mount-Earl, The Satanita [1897] AC 59, 66 LJP 1, 8 Asp MLC 190, 75 LT 337, 13 TLR 58, HL 4.36
Clarke, Re, Coombe v Carter (1887) 36 Ch D 348, 56 LJ Ch 981, 36 WR 293, 31 Sol Jo 676, 57 LT 823, 3 TLR 818, CA 23.26
Clay v Yates (1856) 1 H & N 73, 25 LJ Ex 237, 2 Jur NS 908, 4 WR 557, 156 ER 1123, 27 LTOS 126, Exch Ct 3.160, 7.21
Claydon v Bradley [1987] 1 All ER 522, [1987] 1 WLR 521, 11 LDAB 17, 131 Sol Jo 593, [1987] LS Gaz R 1571, [1987] NLJ Rep 57 .... 19.05, 20.17, 21.02
Clea Shipping Corpn v Bulk Oil International Ltd, The Alaskan Trader [1984] 1 All ER 129, [1983] 2 Lloyd's Rep 645 .... 3.151
Clegg v Andersson (t/a Nordic Marine) [2003] EWCA Civ 320, [2003] 1 All ER (Comm) 721, [2003] 2 Lloyd's Rep 32, [2003] 20 LS Gaz R 28, (2003) Times, 14 April, [2003] All ER (D) 150 (Mar) 11.70, 13.10, 13.21, 13.22
Clerke v Martin (1702) 2 Ld Raym 757, 1 Salk 129 .... 19.10
Cleveland Manufacturing Co Ltd v Muslim Commercial Bank Ltd [1981] 2 Lloyd's Rep 646, [1981] Com LR 247, 10 LDAB 292 .... 18.07, 35.102
Clipsham v Vertue (1843) 5 QB 265, 13 LJQB 2, Dav & Mer 343, 8 Jur 32, 2 LTOS 120 .... 3.145
Close Asset Finance Ltd v Care Graphics Machinery Ltd [2000] 12 LS Gaz R 42, [2001] GCCR 2617 .... 27.12
Clough v Samuel. See Reis, Re, ex p Clough
Clough Mill Ltd v Martin [1984] 3 All ER 982, [1985] 1 WLR 111, [1985] BCLC 64, 128 Sol Jo 850, [1985] LS Gaz R 116 .... 22.35
Clutton v Attenborough & Son [1897] AC 90, 66 LJQB 221, 45 WR 276, 1 LDAB 247, 75 LT 556, 13 TLR 114, HL 20.111
Cockett Marine Oil DMCC v ING Bank NV [2019] EWHC 1533 (Comm) 7.35
Co-operative Group Ltd v Birse Developments Ltd (in liq) [2014] EWHC 530 (TCC), 153 ConLR 103, [2014] BLR 359, [2014] All ER (D) 23 (Mar) 29.41
Co-operative Insurance Society Ltd v Argyll Stores (Holdings) Ltd [1998] AC 1, [1997] 3 All ER 297, [1997] 2 WLR 898, [1997] 1 EGLR 52, [1997] 26 LS Gaz R 30, [1997] NLJR 845, [1997] 23 EG 141, 141 Sol Jo LB 131, HL 3.107, 14.08
Coastal (Bermuda) Petroleum Ltd v VTT Vulcan Petroleum SA, The Marine Star [1993] 1 Lloyd's Rep 329, CA 34.06
Cobec Brazilian Trading and Warehousing Corpn v Toepfer [1983] 2 Lloyd's Rep 386, CA 10.30
Cole v North Western Bank (1875) LR 10 CP 354, 44 LJCP 233, [1874–80] All ER Rep 486, 32 LT 733, Ex Ch 16.19, 16.26
Coleman v Harvey [1989] 1 NZLR 723, NZ CA 7.22, 8.43
Colley v Overseas Exporters [1921] 3 KB 302, 90 LJKB 1301, 26 Com Cas 325, [1921] All ER Rep 596, 126 LT 58, 37 TLR 797 .... 3.116, 15.15, 34.05, 35.126

Collier v Collier [2002] EWCA Civ 1095, [2002] BPIR 1057, 6 ITELR 270, [2002] All ER (D) 466 (Jul) 3.170
Collier v P & M J Wright (Holdings) Ltd [2007] EWCA Civ 1329, [2008] 1 WLR 643, [2007] BPIR 1452, [2007] All ER (D) 233 (Dec), CSRC vol 31 iss 25/1 ... 3.13, 3.15, 3.96
Collingridge v Royal Exchange Assurance Corpn (1877) 3 QBD 173, 42 JP 118, 47 LJQB 32, 26 WR 112, 37 LT 525 .... 9.42
Collins v Blantern (1767) 2 Wils 341, 95 ER 847, [1558–1774] All ER Rep 33 .... 3.69
Collins, Re [1925] Ch 556, 95 LJ Ch 55, [1925] B & CR 90, [1925] All ER Rep 215, 133 LT 479 .... 23.22
Colonial Bank v Whinney (1885) 30 Ch D 261, CA; revsd (1886) 11 App Cas 426, 56 LJ Ch 43, 3 Morr 207, 34 WR 705, [1886–90] All ER Rep 468, 55 LT 362, 2 TLR 747, HL 2.16
Colonial Trusts Corpn, Re, ex p Bradshaw (1879) 15 Ch D 465 .... 25.17
Color Drack GmbH v Lexx International Vertriebs GmbH: C-386/05 [2007] ECR I-3699, [2010] 1 WLR 1909, [2008] 1 All ER (Comm) 168, [2008] All ER (EC) 1044, [2010] Bus LR 1044, [2007] All ER (D) 51 (May), ECJ 37.22
Colt Industries Inc v Sarlie [1966] 1 All ER 673, [1966] 1 WLR 440; on appeal [1966] 1 WLR 440, 110 Sol Jo 73, CA 37.31, 37.51
Columbia Picture Industries Inc v Robinson [1987] Ch 38, [1986] 3 All ER 338, [1986] 3 WLR 542, [1986] FSR 367, 130 Sol Jo 766 .... 38.110
Combe v Combe [1951] 2 KB 215, [1951] 1 All ER 767, 95 Sol Jo 317, [1951] 1 TLR 811, CA 3.96
Commercial Bank of Australia Ltd v Amadio (1983) 151 CLR 447, 46 ALR 402, Aus HC 3.73
Commercial Bank of Tasmania v Jones [1893] AC 313, 57 JP 644, 62 LJPC 104, 1 R 367, 42 WR 256, 68 LT 776, 9 TLR 466, [1891–4] All ER Rep Ext 1652, PC 30.41
Commercial Banking Co of Sydney Ltd v Jalsard Pty Ltd [1973] AC 279, [1972] 3 WLR 566, [1972] 2 Lloyd's Rep 529, 9 LDAB 281, 116 Sol Jo 695, [1972–73] ALR 559, PC 35.69
Commerzbank Aktiengesellschaft v Pauline Shipping Ltd [2017] EWHC 161 (Comm), [2017] 1 WLR 3497, [2017] 2 All ER (Comm) 829, [2017] 1 Lloyd's Rep 273, [2017] All ER (D) 97 (Feb) 37.11, 39.24
Commission Car Sales (Hastings) Ltd v Saul [1957] NZLR 144 .... 15.57
Commonwealth of Australia v Verwayen (1990) 170 CLR 394, 95 ALR 321, 64 ALJR 540, Aus HC 3.21
Commr of Taxation v Linter Textiles Australia Ltd (2005) 220 CLR 592 .... 31.32
Compagnie Europeene de Cereals SA v Tradax Export SA [1986] 2 Lloyd's Rep 301 .... 39.27
Compania Naviera General SA v Kerametal Ltd, The Lorna I [1983] 1 Lloyd's Rep 373, CA 36.60
Company, a (No 0012209 of 1991), Re [1992] 2 All ER 797, [1992] 1 WLR 351, [1992] BCLC 865 .... 31.32
Company, a, (No 006685 of 1996), Re [1997] 1 BCLC 639, [1997] BCC 830 .... 31.32
Compaq Computer Ltd v Abercorn Group Ltd (t/a Osiris) [1993] BCLC 602, [1991] BCC 484 .... 22.34, 29.51
Compass Group UK and Ireland Ltd (t/a Medirest) v Mid Essex Hospital Services NHS Trust [2013] EWCA Civ 200, [2013] BLR 265, [2013] All ER (D) 200 (Mar) 3.76
Comptoir d'Achat et de Vente du Boerenbond Belge S/A v Luis de Ridder Ltda, The Julia [1949] AC 293, [1949] 1 All ER 269, 82 Ll L Rep 270, [1949] LJR 513, 93 Sol Jo 101, 208 LT 215, 65 TLR 126, HL 9.14, 32.26, 34.01
Compton Beauchamp Estates Ltd v Spence [2013] EWHC 1101 (Ch), [2013] 2 P & CR 278, [2013] All ER (D) 33 (May) 39.90
Congo v SA Commissions Import Export (14 October 2014, unreported), Paris Court of Appeal 39.36
Conley (trading as Caplan and Conley) Re [1938] 2 All ER 127, 107 LJ Ch 257, [1938–1939] B & CR 33, 5 LDAB 121, 82 Sol Jo 292, 158 LT 323, 54 TLR 641, CA 22.04, 30.05
Connolly Bros Ltd (No 2), Re, Wood v Connolly Bros Ltd [1912] 2 Ch 25, 81 LJ Ch 517, 19 Mans 259, 106 LT 738, [1911–13] All ER Rep Ext 1207, CA 24.59
Continental Bank NA v Aeokos Cia Naviera SA [1994] 2 All ER 540, [1994] 1 WLR 588, [1994] 1 Lloyd's Rep 505 .... 37.13

Table of Cases

Cook v Deeks [1916] 1 AC 554, 85 LJPC 161, [1916–17] All ER Rep 285, 114 LT 636, PC 2.70, 17.40
Cook v The Mortgage Business plc. See Mortgage Business plc v O'Shaughnessy
Coope v Twynam (1823) 1 Turn & R 426, Turn & R 426, 2 Coop temp Cott 523, 37 ER 1164, Ct of Ch 30.47
Cooper (Gerald) Chemicals Ltd, Re [1978] Ch 262, [1978] 2 All ER 49, [1978] 2 WLR 866, 121 Sol Jo 848 .... 31.72
Cope (Benjamin) & Sons Ltd, Re, Marshall v Benjamin Cope & Sons Ltd [1914] 1 Ch 800, 83 LJ Ch 699, 21 Mans 254, 58 Sol Jo 432, 110 LT 905 .... 25.25
Coral Rose (No 3), The. See Atlas Maritime Co SA v Avalon Maritime Ltd, The Coral Rose (No 3)
Cordell v Second Clanfield Properties Ltd [1969] 2 Ch 9, [1968] 3 All ER 746, [1968] 3 WLR 864, 19 P & CR 848, 112 Sol Jo 841, 207 Estates Gazette 1001 .... 1.44
Cordova Land Co Ltd v Victor Bros Inc [1966] 1 WLR 793, 110 Sol Jo 290 .... 11.82
Coreck Maritime GmbH v Handelsveem BV: C-387/98 [2000] ECR I-9337, [2000] All ER (D) 1762, ECJ 37.27
Corman-Collins SA v La Maison du Whisky SA: C-9/12 [2014] QB 431, [2014] 2 WLR 494, [2014] 1 All ER (Comm) 882, [2013] All ER (D) 240 (Dec), ECJ 37.20
Cory (Wm) & Son Ltd v IRC [1965] AC 1088, [1965] 1 All ER 917, [1964] 2 WLR 924, [1965] 1 Lloyd's Rep 313, 44 ATC 61, [1965] TR 77, 109 Sol Jo 254, HL 7.37
Cory Bros & Co Ltd v Turkish SS Mecca (Owners), The Mecca [1897] AC 286, 66 LJP 86, 8 Asp MLC 266, 45 WR 667, 45 ER 667, [1895–9] All ER Rep 933, 76 LT 579, 13 TLR 339, HL 18.09
Cosslett (Contractors) Ltd, Re [1998] Ch 495, [1997] 4 All ER 115, [1998] 2 WLR 131, [1999] 1 BCLC 205, sub nom Cosslett (Contractors) Ltd (in administration) v Mid-Glamorgan County Council 85 BLR 1 .... 22.60
Costello v Chief Constable of Derbyshire Constabulary [2001] EWCA Civ 381, [2001] 3 All ER 150, [2001] 1 WLR 1437, [2001] 2 Lloyd's Rep 216, [2001] GCCR 2971, [2001] All ER (D) 265 (Mar) 2.21
Courtney and Fairbairn Ltd v Tolaini Bros (Hotels) Ltd [1975] 1 All ER 716, [1975] 1 WLR 297, 119 Sol Jo 134, 2 BLR 97 .... 3.32
Coutts & Co v Browne-Lecky [1947] KB 104, [1946] 2 All ER 207, 115 LJKB 508, 5 LDAB 443, 90 Sol Jo 489, 62 TLR 421 .... 30.29
Coventry Permanent Economic Building Society v Jones [1951] 1 All ER 901, [1951] WN 218, [1951] 1 TLR 739 .... 24.28
Cox v Dublin City Distillery Co [1906] 1 IR 446, 40 ILT 84 .... 25.28
Cox v Philips Industries Ltd [1976] 3 All ER 161, [1976] 1 WLR 638, [1975] IRLR 344, [1976] ICR 138, 119 Sol Jo 760 .... 3.130
Cox v Troy (1822) 5 B & Ald 474, 1 Dow & Ry KB 38, 106 ER 1264 .... 1.08
Crabb v Arun District Council [1976] Ch 179, [1975] 3 All ER 865, [1975] 3 WLR 847, 119 Sol Jo 711 .... 3.15, 3.20
Craddock Bros Ltd v Hunt [1923] 2 Ch 136, 92 LJ Ch 378, [1923] All ER Rep 394, 67 Sol Jo 593, 129 LT 228, CA 3.69
Craven-Ellis v Canons Ltd [1936] 2 KB 403, [1936] 2 All ER 1066, 105 LJKB 767, 80 Sol Jo 652, 155 LT 376, 52 TLR 657, CA 3.08
Craythorne v Swinburne (1807) 14 Ves 160, 33 ER 482, [1803–13] All ER Rep 181 .... 23.54, 30.47, 30.48
Credit Agricole Indosuez v Muslim Commercial Bank Ltd [2000] 1 All ER (Comm) 172, [2000] 1 Lloyd's Rep 275, [2000] Lloyd's Rep Bank 1, [1999] All ER (D) 1316 ..... 35.20, 35.59
Credit Industriel et Commercial v China Merchants Bank [2002] EWHC 973 (Comm), [2002] 2 All ER (Comm) 427, [2002] All ER (D) 247 (May) 35.64
Credit Suisse v Allerdale Borough Council [1995] 1 Lloyd's Rep 315; affd [1997] QB 306, [1996] 4 All ER 129, [1996] 3 WLR 894, [1996] 2 Lloyd's Rep 241 .... 30.29
Credit Suisse Fides Trust SA v Cuoghi [1998] QB 818, [1997] 3 All ER 724, [1997] 3 WLR 871 .... 38.98
Cremdean Properties Ltd v Nash [1977] 2 EGLR 80, 244 EG 547, [1977] EGD 63, CA 3.81
Cremer v General Carriers SA [1974] 1 All ER 1, [1974] 1 WLR 341, 117 Sol Jo 873, sub nom Peter Cremer, Westfaelische Central Genossenschaft GmbH and Intergraan NV v General Carriers SA, The Dona Mari [1973] 2 Lloyd's Rep 366 .... 36.52

Table of Cases

Cretan Harmony, The. See Cretanor Maritime Co Ltd v Irish Marine Management Ltd, The Cretan Harmony

Cretanor Maritime Co Ltd v Irish Marine Management Ltd, The Cretan Harmony [1978] 3 All ER 164, [1978] 1 WLR 966, [1978] 1 Lloyd's Rep 425, 122 Sol Jo 298 .... 22.75, 38.99

Cricklewood Property and Investment Trust Ltd v Leighton's Investment Trust Ltd [1945] AC 221, [1945] 1 All ER 252, 114 LJKB 110, 89 Sol Jo 93, 172 LT 140, 61 TLR 202, HL 3.159

Criterion Properties plc v Stratford UK Properties LLC [2004] UKHL 28, [2004] 1 WLR 1846, [2006] 1 BCLC 729, [2004] BCC 570, [2004] 26 LS Gaz R 27, (2004) Times, 25 June, 148 Sol Jo LB 760, [2004] All ER (D) 162 (Jun), CSRC vol 28 iss 9/1, HL 5.21

Croftbell Ltd, Re [1990] BCLC 844, [1990] BCC 781 .... 25.10

Crompton & Co Ltd, Re, Player v Crompton & Co Ltd [1914] 1 Ch 954, 83 LJ Ch 666, 21 Mans 200, 58 Sol Jo 433, 110 LT 759 .... 25.17

Crosse v Gardner (1689) Comb 142, 3 Mod Rep 261, 1 Show 68, Holt KB 5, 90 ER 393, Carth 90 .... 6.03

Crossley v Faithful & Gould Holdings Ltd [2004] EWCA Civ 293, [2004] 4 All ER 447, [2004] IRLR 377, [2004] ICR 1615, [2004] NLJR 653, (2004) Times, 29 March, 148 Sol Jo LB 356, [2004] All ER (D) 295 (Mar) 3.60

Crouch v Crédit Foncier of England (1873) LR 8 QB 374, 42 LJQB 183, 21 WR 946, 29 LT 259 .... 1.09

Crow v Rogers (1726) 1 Stra 592 .... 1.04

Crowther v Shannon Motor Co (a firm) [1975] 1 All ER 139, [1975] 1 WLR 30, [1975] RTR 201, [1975] 1 Lloyd's Rep 382, 118 Sol Jo 714 .... 11.86, 11.124

Cuckmere Brick Co Ltd v Mutual Finance Ltd [1971] Ch 949, [1971] 2 All ER 633, [1971] 2 WLR 1207, 22 P & CR 624, 9 LDAB 212, 115 Sol Jo 288, [1971] RVR 126 .... 23.35

Cullinane v British Rema Manufacturing Co Ltd [1954] 1 QB 292, [1953] 2 All ER 1257, [1953] 3 WLR 923, 97 Sol Jo 811, CA 14.26, 14.47

Cumming v Hasell (1920) 28 CLR 508, 16 Tas LR 9, Aus HC 34.02

Cundy v Lindsay (1878) 3 App Cas 459, 42 JP 483, 14 Cox CC 93, 26 WR 406, [1874–80] All ER Rep 1149, 38 LT 573, sub nom Lindsay & Co v Cundy 47 LJQB 481, HL 3.33

Cunliffe-Owen v Teather and Greenwood [1967] 3 All ER 561, [1967] 1 WLR 1421, 111 Sol Jo 866 .... 4.38

Cunningham (J & J) Ltd v Robert A Munro & Co Ltd (1922) 28 Com Cas 42 ...... 34.04

Currie v Misa (1875) LR 10 Exch 153, 44 LJ Ex 94, 23 WR 450, Ex Ch; affd sub nom Misa v Currie (1876) 1 App Cas 554, 45 LJQB 852, 24 WR 1049, [1874–80] All ER Rep 686, 35 LT 414, HL 3.13, 19.32

Curtain Dream plc, Re [1990] BCLC 925, [1990] BCC 341 .... 22.27

Curtis v Chemical Cleaning and Dyeing Co Ltd [1951] 1 KB 805, [1951] 1 All ER 631, 95 Sol Jo 253, 212 LT 60, [1951] 1 TLR 452, CA 3.77

Custom Made Commercial Ltd v Stawa Metallbau GmbH: C-288/92 [1994] ECR I-2913, [1994] IL Pr 516, ECJ 37.25

Cutter v Powell (1795) 6 Term Rep 320, [1775–1802] All ER Rep 159, 101 ER 573 .... 3.117

Czarnikow-Rionda Sugar Trading Inc v Standard Bank London Ltd [1999] 1 All ER (Comm) 890, [1999] 2 Lloyd's Rep 187 .... 35.109

D

DCD Factors plc v Ramada Trading Ltd [2008] Bus LR 654, [2007] EWHC 2820 (QB) 20.38

DKLL Solicitors, Re [2007] EWHC 2067 (Ch), [2008] 1 BCLC 112, [2007] BCC 908, [2007] All ER (D) 68 (Mar) 31.67

DSND Subsea Ltd V Petroleum Geo-Services ASA [2000] 1 BLR 530 .... 3.35

Daewoo Heavy Industries Ltd v Klipriver Shipping Ltd, The Kapitan Petko Voivoda [2003] EWCA Civ 451, [2003] 1 All ER (Comm) 801, [2003] 2 Lloyd's Rep 1, (2003) Times, 17 April, [2003] All ER (D) 46 (Apr) 36.30

Table of Cases

Dakin (H) & Co Ltd v Lee [1916] 1 KB 566, 84 LJKB 2031, 59 Sol Jo 650, 113 LT 903, [1914–15] All ER Rep Ext 1302, CA 3.117
Dallah Real Estate and Tourism Holding Co v Ministry of Religious Affairs, Government of Pakistan [2010] UKSC 46, [2011] 1 AC 763, [2011] 1 All ER 485, [2010] 3 WLR 1472, [2011] 1 All ER (Comm) 383, [2011] Bus LR 158, [2010] 2 Lloyd's Rep 691, 133 ConLR 1, [2010] NLJR 1569, (2010) Times, 5 November, [2010] All ER (D) 36 (Nov) 39.41, 39.49, 39.87, 39.104, 39.108
Dallas, Re [1904] 2 Ch 385, 73 LJ Ch 365, 52 WR 567, 48 Sol Jo 260, 90 LT 177, CA 24.15, 29.31
Dallman v King (1837) 4 Bing NC 105, 7 LJCP 6, 3 Hodg 283, 5 Scott 382, 132 ER 729, [1835–42] All ER Rep 411 .... 3.57
Dalmare SpA v Union Maritime Ltd, The Union Power [2012] EWHC 3537 (Comm), [2013] 2 All ER 870, [2013] 2 All ER (Comm) 70, [2013] Bus LR 810, [2012] All ER (D) 129 (Dec) 11.130
Danby v Atkinson. See Atkinson v Denby
Danecroft Jersey Mills Ltd v Criegee (1987) Times, 14 April, CA 14.42
Danvaern Production A/S v Schuhfabriken Otterbeck GmbH & Co: C-341/93 [1995] ECR I-2053, [1995] ILPr 649, ECJ 37.24
Dar Al Arkan Real Estate Development Co v Al Refai [2014] EWCA Civ 715, [2015] 1 WLR 135, (2014) Times, 30 June, [2014] All ER (D) 32 (Jun) 37.10
Darlington (Peter) Partners v Gosho Co Ltd [1964] 1 Lloyd's Rep 149 .... 3.49, 3.59
Darlington Futures Ltd v Delco Australia Pty Ltd (1986) 161 CLR 500, 68 ALR 385, 5 ACLC 132, 61 ALJR 76, Aus HC 3.77
Datec Electronics Holdings Ltd v United Parcels Services Ltd [2007] UKHL 23, [2007] 4 All ER 765, [2007] 1 WLR 1325, [2007] 2 All ER (Comm) 1067, [2007] Bus LR 1291, [2007] RTR 483, [2007] 2 Lloyd's Rep 114, (2007) Times, 18 May, 151 Sol Jo LB 670, [2007] All ER (D) 240 (May) 36.86
Davey & Co v Williamson & Sons [1898] 2 QB 194, 67 LJQB 699, 46 WR 571, 42 Sol Jo 525, 78 LT 755, DC 25.19
Davey v Money (as joint administrators of Angel House Developments Ltd); Dunbar Assets plc v Davey [2018] EWHC 766 (Ch), [2018] Bus LR 1903, [2018] All ER (D) 40 (Apr) 31.62
Davey v Paine [1954] NZLR 1122 .... 7.36
Davies v Sumner [1984] 3 All ER 831, [1984] 1 WLR 1301, 83 LGR 123, [1985] RTR 95, 149 JP 110, 128 Sol Jo 814, [1985] LS Gaz R 45, 4 Tr L 1, HL 11.59
Davies v Taylor [1974] AC 207, [1972] 3 All ER 836, [1972] 3 WLR 801, 116 Sol Jo 864, HL 3.132
Davis & Co, Re, ex p Rawlings (1888) 22 QBD 193, 37 WR 203, 5 TLR 119, CA 23.22
Davis Contractors Ltd v Fareham UDC [1956] AC 696, [1956] 2 All ER 145, [1956] 3 WLR 37, 54 LGR 289, 100 Sol Jo 378, HL 3.66, 3.175, 3.176
Dawber Williamson Roofing v Humberside County Council [1979] CLY 212, 14 BLR 70 .... 7.39, 16.61
Dawson (G J) (Clapham) Ltd v Dutfield [1936] 2 All ER 232 .... 7.32
Dawson v Isle [1906] 1 Ch 633, 75 LJ Ch 338, 54 WR 452, 50 Sol Jo 325, 95 LT 385 .... 20.126
Dawson, Re, Pattisson v Bathurst [1915] 1 Ch 626, 84 LJ Ch 476, 113 LT 19, 31 TLR 277, CA 25.06
Dean (Henry) & Sons (Sydney) Ltd v P O'Day Pty Ltd (1927) 39 CLR 330, 33 ALR 233 (Aust HC), 1 ALJ 62, Aus HC 34.40
Dearle v Hall (1828) 3 Russ 1, 38 ER 475, [1824–34] All ER Rep 28 .. 2.76, 24.03, 24.14, 24.15, 24.26, 29.31, 29.42
Debs v Sibec Developments Ltd [1990] RTR 91 .... 16.10, 16.11
Debtor (No 627 of 1936), Re [1937] Ch 156, [1937] 1 All ER 1, 106 LJ Ch 172, [1936–1937] B & CR 121, 81 Sol Jo 57, 156 LT 95, 53 TLR 191, CA 30.31
Decro-Wall International SA v Practitioners in Marketing Ltd [1971] 2 All ER 216, [1971] 1 WLR 361, 115 Sol Jo 171 .... 3.115
Deepak Fertilisers and Petrochemicals Corpn v Davy McKee (London) Ltd [1999] 1 All ER (Comm) 69, [1999] 1 Lloyd's Rep 387, 62 ConLR 86, [1999] BLR 41, [1998] All ER (D) 577 .... 3.67

Table of Cases

Deering v Earl of Winchelsea (1787) 2 Bos & P 270, sub nom Dering v Earl of Winchelsea 1 Cox Eq Cas 318, 29 ER 1184, [1775–1802] All ER Rep 140, Exch Ct 30.47, 30.48
Delfini, The. See Enichem Anic SpA v Ampelos Shipping Co Ltd, The Delfini
De Mattos v Gibson (1858) 4 De G & J 276, 28 LJ Ch 165, 5 Jur NS 347, 7 WR 152, 45 ER 108, [1843–60] All ER Rep 803, 32 LTOS 268, CA in Ch; on appeal (1859) 4 De G & J 284, 28 LJ Ch 498, 5 Jur NS 555, 7 WR 514, 33 LTOS 193, CA in Ch 22.46
Demby Hamilton & Co Ltd v Barden [1949] 1 All ER 435 .... 9.10
Demco Investments and Commercial SA v SE Banken Forsakring Holding Aktiebolag [2005] EWHC 1398 (Comm), [2005] 2 Lloyd's Rep 650, [2005] ArbLR 20, [2005] All ER (D) 109 (Oct) 39.90
De Molestina v Ponton [2002] 1 All ER (Comm) 587, [2002] 1 Lloyd's Rep 271, [2001] All ER (D) 206 (May) 3.98
Den Danske Bank A/S v Surinam Shipping Ltd [2014] UKPC 10 .... 35.23
Denton v TH White Ltd [2014] EWCA Civ 906, [2015] 1 All ER 880, [2014] 1 WLR 3926, 154 ConLR 1, [2014] BLR 547, 164 NLJ 7614, [2014] 4 Costs LR 752, [2014] All ER (D) 53 (Jul) 38.15
Department of Economics, Policy and Development of the City of Moscow v Bankers Trust Co [2004] EWCA Civ 314, [2005] QB 207, [2004] 4 All ER 746, [2004] 3 WLR 533, [2004] 2 All ER (Comm) 193, [2004] 2 Lloyd's Rep 179, [2004] BLR 229, 148 Sol Jo LB 389, [2004] ArbLR 21, [2004] All ER (D) 476 (Mar) 39.63
Department for Environment Food and Rural Affairs v Feakins [2005] EWCA Civ 1513, (2005) Times, 22 December, [2006] BPIR 895, [2005] All ER (D) 153 (Dec), sub nom Feakins v Department for Environment Food and Rural Affairs [2007] BCC 54 ...... 31.42
Dera Commercial Estate v Derya Inc; The Sur [2018] EWHC 1673 (Comm), [2019] 1 All ER 1147, [2019] 1 All ER (Comm) 448, [2018] Bus LR 2105, [2019] 1 Lloyd's Rep 57, 168 NLJ 7812, [2018] All ER (D) 200 (Jul) 36.30, 36.33
Derby & Co Ltd v Weldon [1990] Ch 48, [1989] 1 All ER 469, [1989] 2 WLR 276, [1989] 1 Lloyd's Rep 122, 133 Sol Jo 83, [1989] 6 LS Gaz R 43, [1988] NLJR 236 .... 38.95
Derby & Co Ltd v Weldon (Nos 3 and 4) [1990] Ch 65, [1989] 2 WLR 412, 133 Sol Jo 83, sub nom Derby & Co Ltd v Weldon (No 2) [1989] 1 All ER 1002 .... 38.98
Dering v Earl of Winchelsea. See Deering v Earl of Winchelsea
Derry v Peek (1889) 14 App Cas 337, 54 JP 148, 58 LJ Ch 864, 1 Meg 292, 38 WR 33, [1886–90] All ER Rep 1, 61 LT 265, 5 TLR 625, HL 3.44, 6.04
Despina R, The. See Eleftherotria (Owners) v Despina R (Owners), The Despina R
Deutsche Bank AG, London Branch v CIMB Bank Berhad [2017] EWHC 1264 (Comm), [2017] Bus LR 1671, 167 NLJ 7749, 167 NLJ 7753, [2017] All ER (D) 171 (May) 35.47, 35.88
Deutsche Ruckversicherung AG v Walbrook Insurance Co Ltd [1996] 1 All ER 791, [1996] 1 WLR 1152, [1996] 1 Lloyd's Rep 345, [1996] 5 Re LR 91 .... 35.101, 35.102
Deutsche Schachtbau- und Tiefbohrgesellschaft mbH v R'as Al Khaimah National Oil Co Ltd [1990] 1 AC 295, [1988] 2 All ER 833, [1988] 3 WLR 230, [1988] 2 Lloyd's Rep 293, 11 LDAB 128, 132 Sol Jo 996, [1988] 28 LS Gaz R 45, HL 39.42
Deverges v Sandeman, Clark & Co [1902] 1 Ch 579, 71 LJ Ch 328, 50 WR 404, 2 LDAB 23, [1900–3] All ER Rep 648, 46 Sol Jo 316, 86 LT 269, 18 TLR 375, CA 23.35
De Vigier v IRC [1964] 2 All ER 907, [1964] 1 WLR 1073, 42 TC 24, 43 ATC 223, [1964] TR 239, 108 Sol Jo 617, HL 22.37
de Wolf v Harry Cox BV: 42/76 [1976] ECR 1759, [1977] 2 CMLR 43, ECJ 37.45
Dexia Crediop S.p.A. v Comune di Prato [2015] EWHC 1746 (Comm), [2015] All ER (D) 20 (Jul) 37.57
Dey v Pullinger Engineering Co [1921] 1 KB 77, 89 LJKB 1229, 3 LDAB 228, [1920] All ER Rep 591, 124 LT 534, 37 TLR 10 .... 19.105
Deyes v Wood [1911] 1 KB 806, 80 LJKB 553, 18 Mans 299, 104 LT 404, CA 23.40
Dickinson v Dodds (1876) 2 Ch D 463, 40 JP 532, 45 LJ Ch 777, 24 WR 594, 34 LT 607, CA 3.28
Diggle v Ogston Motor Co (1915) 84 LJKB 2165, 112 LT 1029, DC 3.57
Dillwyn v Llewelyn (1862) 4 De GF & J 517, 31 LJ Ch 658, 8 Jur NS 1068, 10 WR 742, [1861–73] All ER Rep 384, 6 LT 878, CA in Ch 3.15

Table of Cases

Diplock, Re, Diplock v Wintle [1948] Ch 465, [1948] 2 All ER 318, [1948] LJR 1670, 92 Sol Jo 409, 484, CA; affd sub nom Ministry of Health v Simpson [1951] AC 251, [1950] 2 All ER 1137, 94 Sol Jo 777, 66 (pt 2) TLR 1015, HL 2.68, 17.39, 17.41
Director General of Fair Trading v First National Bank plc [2001] UKHL 52, [2002] 1 AC 481, [2002] 1 All ER 97, [2001] 3 WLR 1297, [2001] 2 All ER (Comm) 1000, [2002] 1 Lloyd's Rep 489, [2001] NLJR 1610, (2001) Times, 1 November, [2002] GCCR 3075, [2001] All ER (D) 355 (Oct) 3.83
Discount Records Ltd v Barclays Bank Ltd [1975] 1 All ER 1071, [1975] 1 WLR 315, [1975] 1 Lloyd's Rep 444, 119 Sol Jo 133 .... 35.113
Dix v Grainger (1922) 10 Ll L Rep 496 .... 35.76
Dixon v London Small Arms Co (1876) 1 App Cas 632, 46 LJQB 617, 25 WR 142, 35 LT 559, HL 7.23
Dobell v Stevens (1825) 3 B & C 623, 3 LJOSKB 89, 5 Dow & Ry KB 490, 107 ER 864 .... 3.69
Dodd and Dodd v Wilson and McWilliam [1946] 2 All ER 691 .... 7.21, 7.38
Dodds v Yorkshire Bank Finance Ltd [1992] CCLR 92, [1999] GCCR 1621 .. 16.77, 16.84
Dolphin Maritime & Aviation Services Ltd v Sveriges Angfartygs Assurans Forening [2009] EWHC 716 (Comm), [2010] 1 All ER (Comm) 473, [2009] 2 Lloyd's Rep 123, [2009] All ER (D) 119 (Apr) 3.89
Dominion Credit and Finance Ltd v Marshall (Cambridge) Ltd, (2 March 1993, unreported) 16.11
Dominique, The. See Bank of Boston Connecticut v European Grain and Shipping Ltd, The Dominique
Don King Productions Inc v Warren [2000] Ch 291, [1999] 2 All ER 218, [1999] 3 WLR 276, [1999] 1 Lloyd's Rep 588, [2000] 1 BCLC 607, [1999] EMLR 402, [1998] All ER (D) 794 .... 29.41
Dona Mari, The. See Cremer v General Carriers SA
Donohue v Armco Inc [2001] UKHL 64, [2002] 1 All ER 749, [2002] 1 All ER (Comm) 97, [2002] 1 Lloyd's Rep 425, [2002] 4 LRC 478, [2001] All ER (D) 178 (Dec) 37.13
Downing v Al Tameer Establishment [2002] EWCA Civ 721, [2002] 2 All ER (Comm) 545, [2002] BLR 323, [2002] ArbLR 12, [2002] All ER (D) 342 (May) 39.54
Downsview Nominees Ltd v First City Corpn Ltd [1993] AC 295, [1993] 3 All ER 626, [1993] 2 WLR 86, [1994] 1 BCLC 49, [1993] BCC 46, 12 LDAB 302, [1992] 45 LS Gaz R 26, 136 Sol Jo LB 324, PC 23.35, 30.42, 30.43
Doyle v Olby (Ironmongers) Ltd [1969] 2 QB 158, [1969] 2 All ER 119, [1969] 2 WLR 673, 113 Sol Jo 128 .... 3.98
Dreyfus (Louis) Trading Ltd v Reliance Trading Ltd [2004] EWHC 525 (Comm), [2004] 2 Lloyd's Rep 243, [2004] All ER (D) 24 (Jan) 14.40
Driver v Broad [1893] 1 QB 744, 63 LJQB 12, 4 R 411, 41 WR 483, 69 LT 169, 9 TLR 440, CA 25.06
Drouot Assurances SA v Consolidated Metallurgical Industries (CMI Industrial Sites): C-351/96 [1999] QB 497, [1998] ECR I-3075, [1999] 2 WLR 163, [1998] All ER (EC) 483, [1998] 34 LS Gaz R 34, [1998] All ER (D) 220, ECJ 37.12
Drummond v Van Ingen (1887) 12 App Cas 284, 56 LJQB 563, 36 WR 20, 57 LT 1, 3 TLR 541, HL 11.127
Dry Bulk Handy Holding Inc v Fayette International Holdings Ltd (The Bulk Chile) [2012] EWHC 2107 (Comm), [2013] 1 All ER (Comm) 177, [2012] 2 Lloyd's Rep 594, [2012] All ER (D) 304 (Jul); affd sub nom Dry Bulk Handy Holding Inc v Fayette International Holdings Ltd [2013] EWCA Civ 184, [2013] 1 WLR 3440, [2013] 2 All ER (Comm) 295, [2013] 2 Lloyd's Rep 38, [2013] All ER (D) 137 (Mar) 22.59
Duarte v Black and Decker Corpn [2007] EWHC 2720 (QB), [2008] 1 All ER (Comm) 401, [2007] All ER (D) 378 (Nov) 37.79
Dubai Electricity Co v Islamic Republic of Iran Shipping Lines, The Iran Vojdan [1984] 2 Lloyd's Rep 380 .... 37.70
Dublin City Distillery Ltd v Doherty [1914] AC 823, 83 LJPC 265, 58 Sol Jo 413, 111 LT 81, 48 ILT 115, [1914–5] All ER Rep Ext 1490, HL 24.06, 24.07
Duke v Robson [1973] 1 All ER 481, [1973] 1 WLR 267, 25 P & CR 21, 117 Sol Jo 89, 227 Estates Gazette 661, 123 NLJ 14, CA 2.86
Dunlop v Lambert (1839) 6 Cl & Fin 600, 7 ER 824, Macl & Rob 663, HL 3.118
Dunlop Pneumatic Tyre Co Ltd v New Garage and Motor Co Ltd [1915] AC 79, 83 LJKB 1574, [1914–15] All ER Rep 739, 111 LT 862, 30 TLR 625, HL 3.141

Table of Cases

Dunnett v Railtrack plc (in railway administration) [2002] EWCA Civ 303, [2002] 2 All ER 850, [2002] 1 WLR 2434 .... 38.04
Durham Fancy Goods Ltd v Michael Jackson (Fancy Goods) Ltd [1968] 2 QB 839, [1968] 2 All ER 987, [1968] 3 WLR 225, [1968] 2 Lloyd's Rep 98, 9 LDAB 61, 112 Sol Jo 582 .... 19.105
Durrant v Chief Constable of Avon and Somerset Constabulary [2013] EWCA Civ 1624, [2014] 2 All ER 757, [2014] 1 WLR 4313, [2014] 1 Costs LR 130, [2013] All ER (D) 186 (Dec) 38.15
Dutton v Poole (1677) Freem KB 471, 3 Keb 786, 814, 830, 836, 2 Lev 210, T Jo 102, 1 Vent 332, 83 ER 523; affd (1677) T Raym 302, Ex Ch 1.04
Duval v 11–13 Randolph Crescent Ltd [2020] UKSC 18, [2020] 2 WLR 1167 .. 3.55, 3.57

E

ERDC Group Ltd v Brunel University [2006] EWHC 687 (TCC), 109 ConLR 114, [2006] BLR 255, [2006] All ER (D) 468 (Mar) 3.32
ERG Petroli SpA v Vitol SA, The Ballenita and BP Energy [1992] 2 Lloyd's Rep 455 .... 34.06
ERG Raffinerie Mediterranee Spa v Chevron USA Inc (t/a Chevron Texaco Global Trading) [2006] EWHC 1322 (Comm), [2006] 2 All ER (Comm) 913, [2006] 2 Lloyd's Rep 543, [2006] All ER (D) 70 (Jun); affd sub nom ERG Raffinerie Mediterranee Spa v Chevron USA Inc, The Luxmar [2007] EWCA Civ 494, [2007] 2 All ER (Comm) 548, [2007] 2 Lloyd's Rep 542, [2007] All ER (D) 364 (May) 10.25
'ERGO Insurance' SE v 'PZU Lietuva' UAB DK: Joined Cases C-359/14 and C-475/14 (2016) ECLI:EU:C:2016:40, [2016] All ER (D) 48 (Feb), ECJ 37.65
ET Plus SA v Welter [2005] EWHC 2115 (Comm), [2006] 1 Lloyd's Rep 251, [2005] ArbLR 24, [2005] All ER (D) 89 (Nov) 39.37
Eagle Star Insurance Co Ltd v Spratt [1971] 2 Lloyd's Rep 116, CA 24.46
Earle (G & T) Ltd v Hemsworth RDC [1928] All ER Rep 602, 140 LT 69, 44 TLR 758, CA 23.14, 24.46
East Asia Company Ltd v PT Satria Tirtatama Energindo (Bermuda) [2019] UKPC 30, [2020] 2 All ER 294, 94 WIR 213, [2019] 4 LRC 646, [2019] All ER (D) 164 (Jun), PC 5.21
East West Corp v DKBS 1912 A/S [2003] EWCA Civ 83, [2003] QB 1509, [2003] 2 All ER 700, [2003] 3 WLR 916, [2003] 1 All ER (Comm) 525, [2003] 1 Lloyd's Rep 265n, [2003] 12 LS Gaz R 31, (2003) Times, 13 February, 147 Sol Jo LB 234, [2003] All ER (D) 146 (Feb) 36.65
Eastern Distributors Ltd v Goldring (Murphy, third party) [1957] 2 QB 600, [1957] 2 All ER 525, [1957] 3 WLR 237, 101 Sol Jo 553, [2000] GCCR 85, CA 16.23
Eastford Ltd v Gillespie [2011] CSIH 12, [2012] BCC 303, 2011 SC 501, 2011 Scot (D) 2/3, Ct of Sess 11.59
Eastgate, Re, ex p Ward [1905] 1 KB 465, 74 LJKB 324, 12 Mans 11, 53 WR 432, [1904–7] All ER Rep 890, 49 Sol Jo 205, 92 LT 207, 21 TLR 198 .... 15.18, 31.16
Eco Swiss China Time Ltd v Benetton International NV: C-126/97 [1999] ECR I-3055, [1999] 2 All ER (Comm) 44, [2000] 5 CMLR 816, [1999] All ER (D) 574, ECJ 39.36
Ecuador (Republic of) v Occidental Exploration & Production Co [2007] EWCA Civ 656, [2007] 2 Lloyd's Rep 352, [2007] ArbLR 16, [2007] All ER (D) 51 (Jul) 39.101
Edelstein v Schuler & Co [1902] 2 KB 144, 71 LJKB 572, 7 Com Cas 172, 50 WR 493, [1900–3] All ER Rep 884, 46 Sol Jo 500, 87 LT 204, 18 TLR 597 .... 21.17, 21.18
Edgeworth Capital (Luxembourg) S.A.R.L.v Ramblas Investments B.V [2015] EWHC 150 (Comm), [2016] 1 All ER (Comm) 368, [2015] All ER (D) 05 (Feb); revsd in part sub nom Edgeworth Capital (Luxembourg) S.A.R.L. v Ramblas Investments B.V. [2016] EWCA Civ 412, [2016] All ER (D) 196 (Apr) 3.65
Edler v Auerbach [1950] 1 KB 359, [1949] 2 All ER 692, 93 Sol Jo 727, 65 TLR 645 .... 3.172
Edmund Nuttall Ltd v R G Carter Ltd [2002] EWHC 400 (TCC), 82 ConLR 24, [2002] All ER (D) 325 (Mar) 39.33
Edwards (Percy) Ltd v Vaughan (1910) 26 TLR 545, CA 8.103, 9.41, 16.61
Edwards v Harben (1788) 2 Term Rep 587 .... 22.22
Edwards v Newland & Co (E Burchett Ltd, third party) [1950] 2 KB 534, [1950] 1 All ER 1072, 94 Sol Jo 351, 66 (pt 2) TLR 321, CA 9.16

lxxxv

Table of Cases

Edwards v Skyways Ltd [1964] 1 All ER 494, [1964] 1 WLR 349, 108 Sol Jo 279 .... 30.15
Edwinton Commercial Corp v Tsavliris Russ (Worldwide Salvage and Towage) Ltd, The Sea Angel [2007] EWCA Civ 547, [2007] 2 All ER (Comm) 634, [2007] 2 Lloyd's Rep 517, [2007] All ER (D) 99 (Jun) 3.177
Effer SpA v Kantner: 38/81 [1982] ECR 825, [1984] 2 CMLR 667, ECJ 37.18
Effort Shipping Co Ltd v Linden Management SA, The Giannis NK [1998] AC 605, [1998] 1 All ER 495, [1998] 2 WLR 206, [1998] 1 Lloyd's Rep 337, [1998] 07 LS Gaz R 32, [1998] NLJR 121, 142 Sol Jo LB 54, HL 36.58, 36.59
Egmont Box Co Ltd v Registrar-General of Lands [1920] NZLR 741 .... 7.20
Ehrmann Bros Ltd, Re, Albert v Ehrmann Bros Ltd [1906] 2 Ch 697, 75 LJ Ch 817, 13 Mans 368, 95 LT 664, 22 TLR 734, CA 22.13, 24.56
El Awadi v Bank of Credit and Commerce International SA Ltd [1990] 1 QB 606, [1989] 1 All ER 242, [1989] 3 WLR 220, 133 Sol Jo 784 .... 21.12
El Greco (Australia) Pty Ltd v Mediterranean Shipping Co SA [2004] FCAFC 202, [2004] 2 Lloyd's Rep 537, Aus FC 36.47
Elafi, The. See Karlshamns Oljefabriker v Eastport Navigation Corpn, The Elafi
Elbinger AG v Armstrong (1874) LR 9 QB 473, 38 JP 774, 43 LJQB 211, 23 WR 127, 30 LT 871 .... 14.32, 14.33
Eichholz v Bannister (1864) 17 CBNS 708, 34 LJCP 105, 11 Jur NS 15, 5 New Rep 87, 13 WR 96, 144 ER 284, sub nom Eicoltz v Bannister 12 LT 76 .... 6.07
Elefanten Schuh GmbH v Jacqmain: 150/80 [1981] ECR 1671, [1982] 3 CMLR 1, ECJ 37.10
Eleftherotria (Owners) v Despina R (Owners), The Despina R [1979] AC 685, [1979] 1 All ER 421, [1978] 3 WLR 804, [1979] 1 Lloyd's Rep 1, 122 Sol Jo 758, HL 37.109
Elektrim SA v Vivendi Universal SA (No 2) [2007] EWHC 571 (Comm), [2007] 2 Lloyd's Rep 8, [2007] ArbLR 20 .... 39.06
Elissar, The. See Johnson v Crédit Lyonnais Co
Ellenborough, Re, Towry Law v Burne [1903] 1 Ch 697, 72 LJ Ch 218, 51 WR 315, 47 Sol Jo 255, 87 LT 714, [1900–3] All ER Rep Ext 1171 .... 23.10
Ellesmere Brewery Co v Cooper [1896] 1 QB 75, 65 LJQB 173, 1 Com Cas 210, 44 WR 254, [1895–9] All ER Rep 1121, 40 Sol Jo 147, 73 LT 567, 12 TLR 86 .... 30.49
Elliott v Bax-Ironside [1925] 2 KB 301, 94 LJKB 807, [1925] All ER Rep 209, 133 LT 624, 41 TLR 631, CA 20.104
Elphick v Barnes (1880) 5 CPD 321, 44 JP 651, 49 LJQB 698, 29 WR 139, CPD 9.05, 9.41
Elwin v O'Regan and Maxwell [1971] NZLR 1124 .... 16.71
Eminence Property Developments Ltd v Heaney [2010] EWCA Civ 1168, [2011] 2 All ER (Comm) 223, [2010] 3 EGLR 165, [2010] 43 EG 99 (CS), [2010] All ER (D) 193 (Oct) 3.148
Emirates Trading Agency LLC v Prime Mineral Exports Private Ltd [2014] EWHC 2104 (Comm), [2015] 1 WLR 1145, [2014] 2 Lloyd's Rep 457, 164 NLJ 7615, 164 NLJ 7625, [2014] All ER (D) 40 (Jul) 3.32, 39.24
Emmott v Michael Wilson & Partners Ltd [2008] EWCA Civ 184, [2008] 2 All ER (Comm) 193, [2008] Bus LR 1361, [2008] 1 Lloyd's Rep 616, [2008] BLR 515, [2008] All ER (D) 162 (Mar) 39.62, 39.64
Empresa Exportadora de Azucar v Industria Azucarera Nacional SA, The Playa Larga and The Marble Islands [1983] 2 Lloyd's Rep 171, CA 12.20
English and Scottish Mercantile Investment Co Ltd v Brunton [1892] 2 QB 700, 62 LJQB 136, 4 R 58, 41 WR 133, 67 LT 406, 8 TLR 772, CA 24.46, 25.28
Enichem Anic SpA v Ampelos Shipping Co Ltd, The Delfini [1990] 1 Lloyd's Rep 252, CA 32.54, 34.27, 36.64
Enka Insaat ve Sanayi AS v OOO "Insurance Company Chubb" and other companies [2020] EWCA Civ 574 .... 39.20, 39.21, 39.22, 39.55
Ennis, Re, Coles v Peyton [1893] 3 Ch 238, 62 LJ Ch 991, 7 R 544, 69 LT 738, CA 30.47
Equitas Insurance Ltd v Municipal Mutual Insurance Ltd [2019] EWCA Civ 718, [2020] 1 All ER 16, [2019] 3 WLR 613, [2019] 2 All ER (Comm) 843, 169 NLJ 7839, [2019] All ER (D) 112 (Apr) 39.62
Equitable Trust Co of New York v Dawson Partners Ltd (1926) 27 Ll L Rep 49, HL 35.68

Table of Cases

Equiticorp Finance Group Ltd v Cheah. See Cheah Theam Swee v Equiticorp Finance Group Ltd
Eridania SpA v Rudolf A Oetker (The Fjord Wind) [2000] 2 Lloyd's Rep 191 .... 36.51
Erlanger v New Sombrero Phosphate Co (1878) 3 App Cas 1218, 27 WR 65, [1874–80] All ER Rep 271, 39 LT 269, sub nom New Sombrero Phosphate Co v Erlanger 48 LJ Ch 73, HL 3.103
Errington v Errington and Woods [1952] 1 KB 290, [1952] 1 All ER 149, 96 Sol Jo 119, [1952] 1 TLR 231, CA 30.20
Erste Group Bank AG v JSC 'VMZ Red October' [2015] EWCA Civ 379, [2015] All ER (D) 135 (Apr) 37.38
Ert Stefanie, The. See Tool Metal Manufacturing Co Ltd v Tungsten Electric Co Ltd
Esal (Commodities) Ltd and Reltor Ltd v Oriental Credit Ltd and Wells Fargo Bank NA [1985] 2 Lloyd's Rep 546, CA 35.170
Esberger & Son Ltd v Capital and Counties Bank [1913] 2 Ch 366, 82 LJ Ch 576, 20 Mans 252, 3 LDAB 65, 109 LT 140 .... 23.07
Esmeralda I, The. See Ace Imports Pty Ltd v Companhia de Navegacio Lloyd Brasilero, The Esmeralda I
Esso Bernicia, The. See Esso Petroleum Co Ltd v Hall Russell & Co Ltd and Shetland Islands Council, The Esso Bernicia
Esso Petroleum Co Ltd v Hall Russell & Co Ltd and Shetland Islands Council, The Esso Bernicia [1989] AC 643, [1989] 1 All ER 37, [1988] 3 WLR 730, [1989] 1 Lloyd's Rep 8, 132 Sol Jo 1459, HL 23.55
Esso Petroleum Co Ltd v Mardon [1976] QB 801, [1976] 2 All ER 5, [1976] 2 WLR 583, [1976] 2 Lloyd's Rep 305, 120 Sol Jo 131, 2 BLR 85 .... 3.40, 3.137
Esteve Trading Corpn v Agropec International, The Golden Rio [1990] 2 Lloyd's Rep 273 .... 14.55, 34.08
Etablissements A de Bloos Sprl v Société en Commandite par Actions Bouyer: 14/76 [1976] ECR 1497, [1977] 1 CMLR 60, ECJ 37.19
Etablissements Chainbaux SARL v Harbormaster Ltd [1955] 1 Lloyd's Rep 303 ..... 35.76
Etablissements Somafer SA v Saar-Ferngas AG: 33/78. See Somafer SA v Saar-Ferngas AG: 33/78
Etihad Airways PJSC v Flöther [2019] EWHC 3107 (Comm), [2020] 2 WLR 333 ... 37.11, 39.24
Eugenia, The. See Ocean Tramp Tankers Corpn v V/O Sovfracht, The Eugenia
Euro-Asian Oil SA (formerly Euro-Asian Oil AG) v Credit Suisse AG [2018] EWCA Civ 1720, [2019] 1 All ER (Comm) 706, [2019] 1 Lloyd's Rep 444, [2018] All ER (D) 69 (Aug) 14.56, 34.20
Euroil Ltd v Cameroon Offshore Petroleum Sarl [2014] EWHC 12 (Comm), [2014] All ER (D) 83 (Feb) 39.81
European Asian Bank AG v Punjab and Sind Bank (No 2) [1983] 2 All ER 508, [1983] 1 WLR 642, [1983] 1 Lloyd's Rep 611, [1983] Com LR 128, 10 LDAB 411, 127 Sol Jo 379 .... 35.33
European Enterprise, The. See Browner International Ltd v Monarch Shipping Co Ltd, The European Enterprise
Evans v Rival Granite Quarries Ltd [1910] 2 KB 979, 79 LJKB 970, 18 Mans 64, 54 Sol Jo 580, 26 TLR 509, CA 25.06, 25.17, 25.18, 25.19, 25.27
Evans Marshall & Co v Bertola SA [1973] 1 All ER 992, [1973] 1 WLR 349, [1973] 1 Lloyd's Rep 453, 117 Sol Jo 225 .... 37.55
Ewart v Latta (1865) 4 Macq 983, HL 30.37
Exeter Trust Ltd v Screenways Ltd [1991] BCLC 888, [1991] BCC 477, 135 Sol Jo LB 12 .... 24.54
Export Credits Guarantee Department v Universal Oil Products Co [1983] 2 All ER 205, [1983] 1 WLR 399, [1983] 2 Lloyd's Rep 152, 127 Sol Jo 408, 23 BLR 106, 133 NLJ 662, HL 3.141

F

F-Tex SIA v Lietuvos-Anglijos UAB 'Jadecloud-Vilma': C-213/10 [2013] Bus LR 232, ECJ 37.08

Table of Cases

FHR European Ventures LLP v Mankarious [2014] UKSC 45, [2015] AC 250, [2014] 4 All ER 79, [2014] 3 WLR 535, [2014] 2 All ER (Comm) 425, [[2014] 2 Lloyd's Rep 471, [2014] 2 BCLC 145, [2014] 3 EGLR 119, [2014] PLSCS 213, (2014) Times, 28 July, [2015] 1 LRC 63, [2014] WTLR 1135, [2015] 1 P & CR D1, [2014] All ER (D) 156 (Jul) 2.70, 5.25, 17.40
FKI Engineering Ltd v Stribog Ltd [2011] EWCA Civ 622, [2011] 1 WLR 3264, [2012] 1 All ER (Comm) 549, [2011] Bus LR 1410, [2011] 2 Lloyd's Rep 387, [2011] 23 LS Gaz R 17, [2011] All ER (D) 290 (May) 37.12
FSHC Group Holdings Ltd v Glas Trust Corporation Ltd [2019] EWCA Civ 1361, [2020] 1 All ER 505, [2020] 2 WLR 429, [2020] 1 All ER (Comm) 719, 187 ConLR 1, [2019] All ER (D) 10 (Aug) 3.69
Factortame Ltd v Secretary of State for Transport (No 2). See R v Secretary of State for Transport, ex p Factortame Ltd (No 2)
Fairfax Gerrard Holdings Ltd v Capital Bank plc [2006] EWHC 3439 (Comm), [2007] 1 Lloyd's Rep 171, [2006] All ER (D) 380 (Nov); revsd [2007] EWCA Civ 1226, [2008] 1 All ER (Comm) 632, [2008] 1 Lloyd's Rep 297, [2008] BPIR 332, [2007] All ER (D) 410 (Nov) 16.36, 16.44
Fairway Magazines Ltd, q
Re [1993] BCLC 643, [1992] BCC 924 .... 31.46
Falco Privatstiftung v Gisela Weller-Lindhorst: C-533/07 [2009] ECR I-3327, [2010] Bus LR 210, [2009] All ER (D) 14 (May), ECJ 37.19
Fanshaw v Amav Industries Ltd [2006] EWHC 486 (Ch), [2007] 2 BCLC 732, [2006] All ER (D) 246 (Feb), sub nom Beam Tube Products Ltd, Re [2006] BCC 615 .... 25.05, 29.10
Far Eastern Shipping Co Public Ltd v Scales Trading Ltd [2001] 1 All ER (Comm) 319, [2001] Lloyd's Rep Bank 29, [2000] All ER (D) 2034, PC 30.22
Farina v Home (1846) 16 LJ Ex 73, 16 M & W 119, 153 ER 1124, 8 LTOS 277, Exch Ct 2.45
Farley v Skinner [2001] UKHL 49, [2002] 2 AC 732, [2001] 4 All ER 801, [2001] 3 WLR 899, 79 ConLR 1, [2001] 3 EGLR 58, [2001] 49 EG 120, [2001] 48 EG 131, [2001] 40 LS Gaz R 41, [2001] BLR 1, [2001] 42 EGCS 139, 145 Sol Jo LB 230, [2001] All ER (D) 153 (Oct) 3.130
Farrell v Alexander [1977] AC 59, [1976] 2 All ER 721, [1976] 3 WLR 145, 32 P & CR 292, 120 Sol Jo 451, HL 7.03
Feakins v Department for Environment Food and Rural Affairs. See Department for Environment Food and Rural Affairs v Feakins
Feast Contractors Ltd v Roy Vincent Ltd [1974] 1 NZLR 212 .... 11.71
Federal Commerce and Navigation Co Ltd v Canadian Klockner. See Canadian Klockner Ltd v D/S A/S Flint, The Mica
Federal Commerce and Navigation Ltd v Molena Alpha Inc, The Nanfri, The Benfri, The Lorfri [1978] QB 927, [1978] 3 All ER 1066, [1978] 3 WLR 309, [1978] 2 Lloyd's Rep 132, 122 Sol Jo 347; affd [1979] AC 757, [1979] 1 All ER 307, [1978] 3 WLR 991, [1979] 1 Lloyd's Rep 201, 122 Sol Jo 843, HL 36.60
Federal Discount Corpn v St Pierre (1962) 32 DLR (2d) 86, [1962] OR 310, Ont CA 20.120
Federspiel (Carlos) & Co SA v Charles Twigg & Co Ltd [1957] 1 Lloyd's Rep 240 .... 8.96, 34.13
Feldaroll Foundry plc v Hermes Leasing (London) Ltd [2004] EWCA Civ 747, [2004] 24 LS Gaz R 32, 148 Sol Jo LB 630, [2004] All ER (D) 138 (May) 11.59
Fellus v National Westminster Bank plc (1983) 133 NLJ 766 .... 21.12
Felthouse v Bindley (1862) 11 CBNS 869, 31 LJCP 204, 10 WR 423, 142 ER 1037; affd (1863) 1 New Rep 401, 11 WR 429, 7 LT 835, Ex Ch 8.105
Fenton, Re, ex p Fenton Textile Association Ltd [1931] 1 Ch 85, 99 LJ Ch 358, [1929] B & CR 189, [1930] All ER Rep 15, 74 Sol Jo 387, 143 LT 273, 46 TLR 478, CA 30.32
Fercometal SARL v MSC Mediterranean Shipping Co SA, The Simona [1989] AC 788, [1988] 2 All ER 742, [1988] 3 WLR 200, [1988] 2 Lloyd's Rep 199, 132 Sol Jo 966, [1988] 27 LS Gaz R 41, [1988] NLJR 178, HL 3.153, 15.21, 15.22, 15.25
Fern Computer Consultancy Ltd v Intergraph Cadworx & Analysis Solutions Inc [2014] EWHC 2908 (Ch), [2014] Bus LR 1397, [2015] 1 Lloyd's Rep 1, [2014] All ER (D) 160 (Aug) 5.08, 7.20, 39.36

Table of Cases

Ferrexpo AG v Gilson Investments Ltd [2012] EWHC 721 (Comm), [2012] 1 Lloyd's Rep 588 .... 37.25, 37.27
Ferrier and Knight (as liquidators of Compass Airlines Pty Ltd) v Civil Aviation Authority (1994) 55 FCR 28 .... 31.48
Ferryways NV v Associated British Ports, The Humber Way [2008] EWHC 225 (Comm), [2008] 2 All ER (Comm) 504, [2008] 1 Lloyd's Rep 639, [2008] All ER (D) 201 (Feb) 30.09
Feuer Leather Corpn v Frank Johnston & Sons [1981] Com LR 251, 131 NLJ 1112; affd [1983] Com LR 12, CA 16.19, 16.44, 24.45
Fibrosa Spolka Akcyjna v Fairbairn Lawson Combe Barbour Ltd [1943] AC 32, [1942] 2 All ER 122, 111 LJKB 433, 86 Sol Jo 232, 167 LT 101, 58 TLR 308, HL 3.173
Ficom SA v Sociedad Cadex Ltda [1980] 2 Lloyd's Rep 118 .... 35.18
Fielding and Platt Ltd v Najjar [1969] 2 All ER 150, [1969] 1 WLR 357, 113 Sol Jo 160 .... 3.159
Filatona Trading Ltd v Navigator Equities Ltd [2020] EWCA Civ 109, [2020] All ER (D) 41 (Feb) 5.33, 5.37
Filiatra Legacy, The. See Anonima Petroli Italiana SpA and Neste Oy v Marlucidez Armadora SA, The Filiatra Legacy
Finance Houses Association Ltd's Agreement, Re (1965) LR 5 RP 366, [1965] 3 All ER 509, [1965] 1 WLR 1419, 109 Sol Jo 813 .... 29.05
Financial Times Ltd v Interbrew SA [2002] EWCA Civ 274, [2002] 2 Lloyd's Rep 229, [2002] 16 LS Gaz R 37, (2002) Times, 21 March, [2002] EMLR 446, [2002] All ER (D) 106 (Mar) 38.67
Financings Ltd v Baldock [1963] 2 QB 104, [1963] 1 All ER 443, [1963] 2 WLR 359, 107 Sol Jo 15, [1999] GCCR 175, CA 3.127, 28.18
Fine Art Society Ltd v Union Bank of London Ltd (1886) 17 QBD 705, 51 JP 69, 56 LJQB 70, 35 WR 114, 1 LDAB 70, 55 LT 536, 2 TLR 883, CA .. 8.26, 16.90
Finlay (James) & Co Ltd v NV Kwik Hoo Tong Handel Maatschappij [1929] 1 KB 400, 98 LJKB 251, 17 Asp MLC 566, 34 Com Cas 143, [1928] All ER Rep 110, 140 LT 389, 45 TLR 149, CA 3.138, 34.43
Finn-Kelcey Re, Tyson v Kelcey. See Kelcey, Re, Tyson v Kelcey
Fiona, The. See Mediterranean Freight Services Ltd v BP Oil International Ltd, The Fiona
Fiona Trust and Holding Corp v Privalov [2007] UKHL 40, [2007] 4 All ER 951, [2007] 2 All ER (Comm) 1053, [2007] Bus LR 1719, [2008] 1 Lloyd's Rep 254, 114 ConLR 69, (2007) Times, 25 October, 151 Sol Jo LB 1364, [2008] 4 LRC 404, [2007] All ER (D) 233 (Oct) 37.11, 39.24, 39.53
Fiorentino Comm Giuseppe Srl v Farnesi [2005] EWHC 160 (Ch), [2005] 2 All ER 737, [2005] 1 WLR 3718, [2005] 1 All ER (Comm) 575, [2005] BCC 771, (2005) Times, 3 March, [2005] All ER (D) 176 (Feb), CSRC vol 28 iss 25/2 .... 20.83
Fire Nymph Products Ltd v Heating Centre Pty Ltd (1989) 7 ACLC 90 .... 25.30
Fire Nymph Products Ltd v Heating Centre Pty Ltd (in liq) (1992) 10 ACLC 629, 7 ACSR 365 .... 25.26
First Abu Dhabi Bank PJSC (formerly National Bank of Abu Dhabi PJSC) v BP Oil International Ltd [2018] EWCA Civ 14, [2018] All ER (D) 73 (Jan) 29.41
First Energy (UK) Ltd v Hungarian International Bank Ltd [1993] 2 Lloyd's Rep 194, [1993] BCLC 1409, [1993] BCC 533, 12 LDAB 354 .... 3.03, 5.20
First National Bank plc v Thompson [1996] Ch 231, [1996] 1 All ER 140, [1996] 2 WLR 293, 72 P & CR 118, [1995] 32 LS Gaz R 30, 139 Sol Jo LB 189 .... 3.21
First Tower Trustees Ltd v CDS (Superstores International) Ltd [2018] EWCA Civ 1396, [2018] EGLR 34, [2019] 1 WLR 637, [2019] 1 P & CR 105, 178 ConLR 35, [2018] All ER (D) 114 (Jun) 3.21, 3.70, 3.80, 3.97, 3.98
Firstpost Homes Ltd v Johnson [1995] 4 All ER 355, [1995] 1 WLR 1567, [1995] NPC 135, [1996] 1 EGLR 175, [1995] 28 LS Gaz R 30, [1996] 13 EG 125, 139 Sol Jo LB 187 .... 3.29
Flame SA v Glory Wealth Shipping PTE Ltd, The Glory Wealth [2013] EWHC 3153 (Comm), [2014] QB 1080, [2014] 2 WLR 1405, [2014] 1 All ER (Comm) 1043, [2013] 2 Lloyd's Rep 653, [2013] All ER (D) 276 (Oct) 15.21, 15.23, 15.24
Fleet Disposal Services Ltd, Re [1995] 1 BCLC 345, [1995] BCC 605 .... 5.25
Fletcher v Tayluer (1855) 17 CB 21, 25 LJCP 65, 139 ER 973, 26 LTOS 60 . 14.32, 35.123

lxxxix

Table of Cases

Flightline Ltd v Edwards [2003] EWCA Civ 63, [2003] 3 All ER 1200, [2003] 1 WLR 1200, [2003] 1 BCLC 427, [2003] BCC 361, [2003] 13 LS Gaz R 28, (2003) Times, 13 February, 147 Sol Jo LB 178, [2003] BPIR 549, [2003] All ER (D) 50 (Feb) 22.75, 38.99

Florence Land and Public Works Co, Re, ex p Moor (1878) 10 Ch D 530, 48 LJ Ch 137, 27 WR 236, 39 LT 589, [1874–80] All ER Rep Ext 1651, CA 25.26

Flory v Denny (1852) 21 LJ Ex 223, 7 Exch 581, 19 LTOS 158 ...... 2.31

Flynn v Mackin and Mahon [1974] IR 101, Ir SC 7.36

Foakes v Beer (1884) 9 App Cas 605, 54 LJQB 130, 33 WR 233, [1881–85] All ER Rep 106, 51 LT 833, HL 3.13

Focke & Co Ltd v Thomas Robinson, Sons & Co Ltd (1935) 52 Ll L Rep 334 ...... 32.78

Foley v Hill (1848) 2 HL Cas 28, 9 ER 1002, [1843–60] All ER Rep 16, HL 17.20

Folgate London Market Ltd v Chaucer Insurance plc [2011] EWCA Civ 328, [2011] Bus LR 1327, [2011] Lloyd's Rep IR 623, [2012] 1 BCLC 550, (2011) Times, 13 April, [2011] BPIR 1001, [2011] All ER (D) 24 (Apr) 31.26

Folien Fischer AG v Ritrama SpA: C-133/11 [2013] QB 523, [2013] 2 WLR 373, [2014] 1 All ER (Comm) 569, [2012] All ER (D) 13 (Dec), ECJ 37.15

Fonderie Officine Meccaniche Tacconi SpA v Heinrich Wagner Sinto Maschinenfabrik GmbH: C-334/00 [2002] ECR I-7357, [2002] All ER (D) 89 (Sep), ECJ 37.17

Forbes v Jackson (1882) 19 Ch D 615, 51 LJ Ch 690, 30 WR 652, [1881–5] All ER Rep 863, 48 LT 722 ...... 30.35

Forbes, Forbes, Campbell & Co v Pelling, Stanley & Co (1921) 9 Ll L Rep 202 ...... 35.76

Ford v Beech (1848) 11 QB 852, 17 LJQB 114, 12 Jur 310, 116 ER 693, 11 LTOS 45, Exch 3.64

Ford, Re, ex p Trustee [1900] 2 QB 211, 48 WR 688, 44 Sol Jo 488, 82 LT 625, 16 TLR 399, sub nom Re Ford, ex p Maclister 69 LJQB 690, 7 Mans 281 ...... 22.74

Fores v Johnes (1802) 4 Esp 97 ...... 3.160

Forman & Co Pty Ltd v The Liddesdale [1900] AC 190, 69 LJPC 44, 9 Asp MLC 45, 82 LT 331, PC 3.117

Forman v Wright (1851) 11 CB 481, 20 LJCP 145, 15 Jur 706 ...... 20.116

Forres (Lord) v Scottish Flax Co Ltd [1943] 2 All ER 366, 87 Sol Jo 381, CA 4.38

Forsikringsaktieselskapet Vesta v Butcher, Bain Dawles Ltd and Aquacultural Insurance Services Ltd [1989] AC 852, [1989] 1 All ER 402, [1989] 2 WLR 290, [1989] 1 Lloyd's Rep 331, 133 Sol Jo 184, [1989] 11 LS Gaz R 42, HL 3.157

Forsythe International (UK) Ltd v Silver Shipping Co Ltd and Petroglobe International Ltd, The Saetta [1994] 1 All ER 851, [1994] 1 WLR 1334, [1993] 2 Lloyd's Rep 268 ...... 16.52, 16.66

Forthright Finance Ltd v Carlyle Finance Ltd [1997] 4 All ER 90, [1997] CCLR 84, [1999] GCCR 2177 ...... 27.12

Fortis Bank SA/NV v Indian Overseas Bank [2009] EWHC 2303 (Comm), [2010] 1 Lloyd's Rep 227 ...... 35.29

Fortis Bank SA/NV v Indian Overseas Bank [2011] EWCA Civ 58, [2011] 2 All ER (Comm) 288, [2012] Bus LR 141, [2011] NLJR 212, [2011] All ER (D) 233 (Jan) 35.47, 35.62, 35.89, 35.90

Fortis Bank SA/NV v Indian Overseas Bank [2011] EWHC 538 (Comm), [2012] 1 All ER (Comm) 41, [2011] 2 Lloyd's Rep 33, [2011] 2 Lloyd's Rep 190, [2011] All ER (D) 231 (Mar) 35.90

Foskett v McKeown [2001] 1 AC 102, [2000] 3 All ER 97, [2000] 2 WLR 1299, 2 ITELR 711, [2000] 5 LRC 664, [2000] All ER (D) 687, HL 2.69, 2.70, 17.37, 17.40

Foster v Driscoll, Lindsay v Attfield, Lindsay v Driscoll [1929] 1 KB 470, 98 LJKB 282, 4 LDAB 232, [1928] All ER Rep 130, 140 LT 479, 45 TLR 185, CA 37.81

Fothergill v Monarch Airlines Ltd [1981] AC 251, [1980] 2 All ER 696, [1980] 3 WLR 209, [1980–84] LRC (Comm) 215, [1980] 2 Lloyd's Rep 295, 124 Sol Jo 512, 1 S & B AvR I/9, HL 36.08

Four-Maids Ltd v Dudley Marshall (Properties) Ltd [1957] Ch 317, [1957] 2 All ER 35, [1957] 2 WLR 931, 101 Sol Jo 408 ...... 23.32

Four Point Garage Ltd v Carter [1985] 3 All ER 12 ...... 16.63, 16.66

Fragano v Long (1825) 4 B & C 219, 3 LJOSKB 177, 6 Dow & Ry KB 283, 107 ER 1040, [1824–34] All ER Rep 171 ...... 32.26

Frank (AJ) & Sons Ltd v Northern Peat Co Ltd (1963) 39 DLR (2d) 721, [1963] 2 OR 415, Ont CA 13.27

Table of Cases

Freeman and Lockyer (a firm) v Buckhurst Park Properties (Mangal) Ltd [1964] 2 QB 480, [1964] 1 All ER 630, [1964] 2 WLR 618, 8 LDAB 228, 108 Sol Jo 96, 189 Estates Gazette 963, CA 5.20, 20.100
Freeport plc v Arnoldsson: C-98/06 [2008] QB 634, [2007] ECR I-8319, [2007] All ER (D) 160 (Oct), ECJ 37.24
Freeth v Burr (1874) LR 9 CP 208, 43 LJCP 91, 22 WR 370, [1874–80] All ER Rep 751, 29 LT 773 .... 10.45
French v Gething [1922] 1 KB 236, 91 LJKB 276, [1922] B & CR 30, [1921] All ER Rep 415, 66 Sol Jo 140, 126 LT 394, 38 TLR 77, CA 2.47
Frith v Frith [1906] AC 254, 75 LJPC 50, 54 WR 618, 94 LT 383, 22 TLR 388, [1904–7] All ER Rep Ext 1281, PC 5.36
Future Express, The [1992] 2 Lloyd's Rep 79; on appeal [1993] 2 Lloyd's Rep 542, CA 2.45, 32.54

G

G v de Visser: C-292/10 [2013] QB 168, [2012] 3 WLR 1523, (2012) Times, 22 June, ECJ 37.09
GE Capital Bank Ltd v Rushton [2005] EWCA Civ 1556, [2006] 3 All ER 865, [2006] 1 WLR 899, [2006] RTR 207, (2005) Times, 21 December, 150 Sol Jo LB 96, [2005] GCCR 5541, [2005] All ER (D) 207 (Dec) 16.79, 16.80
GKN Centrax Gears Ltd v Matbro Ltd [1976] 2 Lloyd's Rep 555, 120 Sol Jo 401, CA 14.27
GKN Contractors Ltd v Lloyds Bank plc (1985) 30 BLR 48, CA 35.94
Gabarron v Kreeft (1875) LR 10 Exch 274, 44 LJ Ex 238, 3 Asp MLC 36, 24 WR 146, 33 LT 365, Exch Ct 8.110
Gabriel, Wade and English Ltd v Arcos Ltd (1929) 34 Ll L Rep 306, 73 Sol Jo 483 .... 13.37
Gaekwar of Baroda (Maharanee) v Wildenstein [1972] 2 QB 283, [1972] 2 WLR 1077, 116 Sol Jo 221, sub nom Maharanee Baroda v Wildenstein [1972] 2 All ER 689 .... 37.31
Galatia, The. See Golodetz (M) & Co Inc v Czarnikow-Rionda Co Inc, The Galatia
Gallagher v Shilcock [1949] 2 KB 765, [1949] 1 All ER 921, [1949] LJR 1721, 93 Sol Jo 302, 208 LT 24, 65 TLR 496 .... 15.72
Gamer's Motor Centre (Newcastle) Pty Ltd v Natwest Wholesale Australia Pty Ltd (1987) 163 CLR 236, [1987] ASC 57, 472, 72 ALR 321, 61 ALJR 415, Aus HC 16.52
Gamerco SA v ICM/Fair Warning (Agency) Ltd [1995] 1 WLR 1226, [1995] EMLR 263 .... 3.173
Gangway Ltd v Caledonian Park Investments (Jersey) Ltd [2001] 2 Lloyd's Rep 715 .... 38.98
Gantner Electronic GmbH v Basch Exploitatie Maatschappij BV: C-111/01 [2003] ECR I-4207, (2003) Times, 14 May, [2003] All ER (D) 93 (May), ECJ 37.12
Garcia v National Australia Bank Ltd (1998) 155 ALR 614, [1999] 3 LRC 52, Aus HC 3.73
Garcia v Page & Co Ltd (1936) 55 Ll L Rep 391 .... 35.76
Garden Cottage Foods Ltd v Milk Marketing Board [1984] AC 130, [1983] 2 All ER 770, [1983] 3 WLR 143, [1983] 3 CMLR 43, [1984] FSR 23, [1983] Com LR 198, 127 Sol Jo 460, HL 5.25
Gardner v Coutts & Co [1967] 3 All ER 1064, [1968] 1 WLR 173, 19 P & CR 79, 111 Sol Jo 906, 204 Estates Gazette 915 .... 3.56
Garey v Pyke (1839) 10 Ad & El 512, 2 Per & Dav 427 .... 7.36
Garfitt v Allen (1887) 37 Ch D 48, 57 LJ Ch 420, 36 WR 413, 57 LT 848 .... 23.32
Garrard v James [1925] Ch 616, 94 LJ Ch 234, 69 Sol Jo 622, 133 LT 261 .... 30.29
Gater Assets Ltd v Nak Naftogaz Ukrainiy [2007] EWCA Civ 988, [2008] 1 All ER (Comm) 209, [2008] Bus LR 388, [2007] 2 Lloyd's Rep 588, [2007] ArbLR 28, [2007] All ER (D) 232 (Oct) 39.74
Gatoil International Inc v Panatlantic Carriers Corpn, The Rio Sun [1985] 1 Lloyd's Rep 350 .... 11.24
'Gazprom' OAO, Re: C-536/13 (2015) C-536/13, ECLI:EU:C:2015:316, [2015] 1 WLR 4937, [2015] 2 All ER (Comm) 1023, [2015] All ER (EC) 711, [2015] 1 Lloyd's Rep 610, [2015] All ER (D) 136 (May), EUCJ 37.08, 39.55

Table of Cases

Gebrüder Metelmann GmbH & Co KG v NBR (London) Ltd [1984] 1 Lloyd's Rep 614; on appeal [1984] 1 Lloyd's Rep 614, CA 4.28
Geddling v Marsh [1920] 1 KB 668, 89 LJKB 526, [1920] All ER Rep 631, 122 LT 775, 36 TLR 337 .... 11.62
Geden Operations Ltd v Dry Bulk Handy Holdings Inc, The M/V Bulk Uruguay [2014] EWHC 885 (Comm), [2014] 2 All ER (Comm) 196, [2014] 2 Lloyd's Rep 66, 164 NLJ 7601, [2014] All ER (D) 271 (Mar) 3.148
Geldof Metaalconstructie NV v Simon Carves Ltd [2010] EWCA Civ 667, [2010] 4 All ER 847, [2011] 1 Lloyd's Rep 517, 130 ConLR 37, [2010] NLJR 878, [2010] BLR 401, (2010) Times, 21 June, [2011] Bus LR D61, [2010] All ER (D) 69 (Jun) 22.71
General Distributors Ltd v Paramotors Ltd [1962] SASR 1 .... 16.19
General Reinsurance Corpn v Forsakringsaktiebolaget Fennia Patria [1983] QB 856, [1983] 3 WLR 318, [1983] 2 Lloyd's Rep 287, 127 Sol Jo 389, CA 1.22
German Graphics Graphische Maschinen GmbH v Schee: C-292/08 (2009) C-292/08, [2009] ECR I-8421, [2009] All ER (D) 75 (Sep) 37.12
Gestoras Pro Amnistia v EU Council: C-354/04 P (2007) C-354/04 P, ECLI:EU:C:2007:115, [2007] ECR I-1579, [2008] All ER (EC) 65, [2007] 2 CMLR 525, [2007] All ER (D) 354 (Feb), EUCJ 31.84
Ghana Commercial Bank v Chandiram [1960] AC 732, [1960] 2 All ER 865, [1960] 3 WLR 328, 104 Sol Jo 583, PC 23.54
Giannis NK, The. See Effort Shipping Co Ltd v Linden Management SA, The Giannis NK
Gibbons Holdings Ltd v Wholesale Distributors Ltd [2007] NZSC 37, [2008] 3 LRC 632 .... 3.68
Giedo Van Der Garde BV v Force India Formula One Team Ltd [2010] EWHC 2373 (QB), [2010] All ER (D) 122 (Sep) 8.25
Gilchrist, Watt and Sanderson Pty Ltd v York Products Pty Ltd [1970] 3 All ER 825, [1970] 1 WLR 1262, 114 Sol Jo 571, sub nom York Products Pty Ltd v Gilchrist Watt and Sanderson Pty Ltd [1970] 2 Lloyd's Rep 1, [1970] 2 NSWR 156, PC 36.74
Gill (Stewart) Ltd v Horatio Myer & Co Ltd [1992] QB 600, [1992] 2 All ER 257, [1992] 2 WLR 721 .... 3.79
Gill & Duffus SA v Berger & Co Inc. See Berger & Co Inc v Gill & Duffus SA
Gillett v Holt [2001] Ch 210, [2000] 2 All ER 289, [2000] 3 WLR 815, [2000] 1 FCR 705, [2000] FLR 266, [2000] Fam Law 714, [2000] 12 LS Gaz R 40, [2000] All ER (D) 299 .... 3.15
Giumelli v Giumelli (1999) 1 ITELR 603, [2000] 3 LRC 120, Aus HC 3.21
Glencore Energy UK Ltd and another company v Freeport Holdings Ltd [2019] EWCA Civ 388, [2019] 2 All ER (Comm) 731, [2019] Bus LR 2809, [2019] 2 Lloyd's Rep 109, [2019] All ER (D) 25 (Apr) 36.08
Glencore Grain Rotterdam BV v Lebanese Organisation for International Commerce (Lorico) [1997] 4 All ER 514, [1997] 2 Lloyd's Rep 386 .... 34.08, 34.42
Glencore International AG v Bank of China [1996] 1 Lloyd's Rep 135, 13 LDAB 209 .... 35.47, 35.64
Glencore International AG v Metro Trading Inc [2001] 1 All ER (Comm) 103, [2001] 1 Lloyd's Rep 284, [2000] All ER (D) 1467 .... 37.84
Global Europe Trader Ltd, Re [2009] EWHC 602 (Ch), [2009] 2 BCLC 18, [2009] BPIR 446, [2009] All ER (D) 297 (Mar) 21.24
Globe Master Management Ltd v Boulus-Gad Ltd [2002] EWCA Civ 313, [2002] All ER (D) 39 (Mar) 3.175
Godard v Gray (1870) LR 6 QB 139, 40 LJQB 62, 19 WR 348, 24 LT 89 .... 37.38
Godts v Rose (1855) 17 CB 229, 25 LJCP 61, 1 Jur NS 1173, 4 WR 129, 139 ER 1058, 26 LTOS 240 .... 10.10
Gold Reserve Inc. v Bolivarian Republic of Venezuela [2016] EWHC 153 (Comm), [2016] All ER (D) 67 (Feb) 39.98
Goldcorp Exchange Ltd (in receivership), Re [1995] 1 AC 74, [1994] 2 All ER 806, [1994] 3 WLR 199, [1994] 2 BCLC 578, [1994] NLJR 792, sub nom Kensington v Unrepresented Non-allocated Claimants [1994] 24 LS Gaz R 46, 138 Sol Jo LB 127, PC 2.45, 8.27, 8.37, 8.48, 8.50
Golden Endurance Shipping SA v RMA Watanya SA [2014] EWHC 3917 (Comm), [2015] 2 All ER (Comm) 435, [2015] 1 Lloyd's Rep 266, [2014] All ER (D) 290 (Nov) 36.18

Table of Cases

Golden Ocean Group Ltd v Salgaocar Mining Industries PVT Ltd [2012] EWCA Civ 265, [2012] 3 All ER 842, [2012] 1 WLR 3674, [2012] 2 All ER (Comm) 978, [2012] 1 Lloyd's Rep 542, [2013] IP & T 130, [2012] NLJR 425, [2012] All ER (D) 83 (Mar) 3.30, 30.21, 37.67

Golden Rio, The. See Esteve Trading Corpn v Agropec International, The Golden Rio

Golden Strait Corpn v Nippon Yusen Kubishika Kaisha [2007] UKHL 12, [2007] 2 AC 353, [2007] 3 All ER 1, [2007] 2 WLR 691, [2007] 2 All ER (Comm) 97, [2007] Bus LR 997, [2007] 2 Lloyd's Rep 164, [2007] NLJR 518, (2007) Times, 30 March, [2007] 5 LRC 363, [2007] All ER (D) 457 (Mar) 14.14, 14.54

Goldsmith v Rodger [1962] 2 Lloyd's Rep 249, CA 7.07

Goldsoll v Goldman [1915] 1 Ch 292, 84 LJ Ch 228, [1914–15] All ER Rep 257, 59 Sol Jo 188, 112 LT 494, CA 3.158

Golodetz (M) & Co Inc v Czarnikow-Rionda Co Inc, The Galatia [1979] 2 All ER 726, [1980] 1 WLR 495, [1979] 2 Lloyd's Rep 450; affd [1980] 1 All ER 501, [1980] 1 WLR 495, [1980] 1 Lloyd's Rep 453, 124 Sol Jo 201 .... 32.64, 34.23

Goodlife Foods Ltd v Hall Fire Protection Ltd [2018] EWCA Civ 1371, 178 ConLR 1, [2018] BLR 491 .... 1.11, 3.50, 3.82

Goodwin v Gray (1874) 22 WR 312 .... 30.33

Goodwood Investments Holdings Inc. v Thyssenkrupp Industrial Solutions AG [2018] EWHC 1056 (Comm), [2018] All ER (D) 41 (May) 39.62, 39.81

Gordon, Re, ex p Navalchand [1897] 2 QB 516, 66 LJQB 768, 4 Mans 141, 46 WR 31 .... 22.74

Goss v Lord Nugent (1833) 5 B & Ad 58, 2 LJKB 127, 2 Nev & MKB 28, 110 ER 713, [1824–34] All ER Rep 305 .... 3.67, 3.88

Gosse Millerd Ltd v Canadian Government Merchant Marine Ltd, The Canadian Highlander [1929] AC 223, 32 Ll L Rep 91, 98 LJKB 181, 17 Asp MLC 549, 34 Com Cas 94, [1928] All ER Rep 97, 140 LT 202, 45 TLR 63, HL 36.53

Gothaer Allgemeine Versicherung AG v Samskip GmbH: C-456/11 [2013] QB 548, [2013] 2 WLR 520, [2012] All ER (D) 316 (Nov), ECJ 37.45

Gough v Everard (1863) 2 H & C 1, 32 LJ Ex 210, 2 New Rep 169, 11 WR 702, 159 ER 1, 8 LT 363, Exch Ct 2.45

Government of United States of America v Montgomery (No 2) [2004] UKHL 37, [2004] 4 All ER 289, [2004] 1 WLR 2241, [2004] NLJR 1184, (2004) Times, 29 July, 148 Sol Jo LB 942, [2004] All ER (D) 402 (Jul) 37.51

Governments Stock and Other Securities Investment Co Ltd v Manila Rly Co [1897] AC 81, 66 LJ Ch 102, 45 WR 353, 75 LT 553, 13 TLR 109, HL 25.18

Graanhandel T Vink BV v European Grain and Shipping Ltd [1989] 2 Lloyd's Rep 531 .... 12.10, 12.11

Graham v Freer (1980) 35 SASR 42 .... 7.07

Grain Union Co SA Antwerp v Hans Larsen A/S Aalborg (1933) 18 Asp MLC 449, 38 Com Cas 260, [1933] All ER Rep 342, 150 LT 78, 49 TLR 540 .... 34.25

Spar Shipping AS v Grand China Logistics Holding (Group) Co; The Spar Capella, The Spar Vega and Spar Draco [2016] EWCA Civ 982, [2017] 4 All ER 124, [2017] 2 All ER (Comm) 701, [2017] Bus LR 663, [2016] 2 Lloyd's Rep 447, [2016] All ER (D) 67 (Oct) 3.145

Grange v Quinn [2013] EWCA Civ 24, [2013] 1 P & CR 279, [2013] 2 EGLR 198, [2013] All ER (D) 246 (Jan) 14.27

Grant v Australian Knitting Mills Ltd [1936] AC 85, 105 LJPC 6, [1935] All ER Rep 209, 79 Sol Jo 815, 154 LT 18, 52 TLR 38, PC 3.130, 11.35, 11.70, 11.89, 11.99

Grant v Norway (1851) 10 CB 665, 20 LJCP 93, 15 Jur 296, 138 ER 263, 16 LTOS 504 .... 36.52

Grantham v Hawley (1615) Hob 132, 80 ER 281 .... 8.74

Gray v G-T-P Group Ltd [2010] EWHC 1772 (Ch), [2011] 1 BCLC 313, [2011] BCC 869, [2010] All ER (D) 80 (May) 25.13

Great Eastern Shipping Co Ltd v Far East Chartering Ltd, The Jag Ravi [2012] EWCA Civ 180, [2012] 2 All ER (Comm) 707, [2012] 1 Lloyd's Rep 637, [2012] All ER (D) 99 (Mar) 3.89

Great Elephant Corporation v Trafigura Beheer BV, The Crudesky [2012] EWHC 1745 (Comm), [2013] 1 All ER (Comm) 415, [2012] 2 Lloyd's Rep 503, [2012] All ER (D) 190 (Jun); revsd [2013] EWCA Civ 905, [2013] 2 All ER (Comm) 992, [2014] 1 Lloyd's Rep 1, [2013] All ER (D) 315 (Jul) 11.15, 11.24

Table of Cases

Great Northern Rly Co v Swaffield (1874) LR 9 Exch 132, 43 LJ Ex 89, [1874–80] All ER Rep 1065, 30 LT 562, ExCh 36.36

Great Peace Shipping Ltd v Tsavliris Salvage (International) Ltd), The Great Peace [2002] EWCA Civ 1407, [2003] QB 679, [2002] 4 All ER 689, [2002] 3 WLR 1617, [2002] 2 All ER (Comm) 999, [2002] 43 LS Gaz R 34, [2002] NLJR 1616, (2002) Times, 17 October, [2002] All ER (D) 184 (Oct) 3.33

Greaves & Co (Contractors) Ltd v Baynham, Meikle & Partners [1975] 3 All ER 99, [1975] 1 WLR 1095, [1975] 2 Lloyd's Rep 325, 119 Sol Jo 372, [1975] 2 EGLR 81, 4 BLR 56 .... 3.66, 7.38

Grébert-Borgnis v Nugent (1885) 15 QBD 85, 54 LJQB 511, 1 TLR 434, CA 14.27

Green (R W) Ltd v Cade Bros Farms [1978] 1 Lloyd's Rep 602 .... 3.78, 1.137

Green v Wynn (1868) LR 7 Eq 28, 38 LJ Ch 76, 17 WR 72, 19 LT 553; affd (1869) LR 4 Ch App 204, 38 LJ Ch 220, 17 WR 385, 20 LT 131, CA in Ch 30.41

Greenclose Ltd v National Westminster Bank Plc [2014] EWHC 1156 (Ch), [2014] 2 Lloyd's Rep 169, [2014] 2 BCLC 486, [2014] All ER (D) 127 (Apr) 3.76

Green Deal Marketing Southern Ltd v Economy Energy Trading Ltd [2019] EWHC 507 (Ch), [2019] 2 All ER (Comm) 191, [2019] All ER (D) 79 (Mar) 5.09, 5.39

Greenwood v Bennett [1973] QB 195, [1972] 3 All ER 586, [1972] 3 WLR 691, [1972] RTR 535, 116 Sol Jo 762 .... 2.94

Griffin v Weatherby (1868) LR 3 QB 753, 9 B & S 726, 37 LJQB 280, 17 WR 8, 18 LT 881 .... 5.31

Griffiths v Peter Conway Ltd [1939] 1 All ER 685, CA 11.111

Griffiths v Yorkshire Bank plc [1994] 1 WLR 1427, [1994] 36 LS Gaz R 36 .. 25.25, 25.28

Groom (C) Ltd v Barber [1915] 1 KB 316, 84 LJKB 318, 12 Asp MLC 594, 20 Com Cas 71, [1914–15] All ER Rep 194, 59 Sol Jo 129, 112 LT 301, 31 TLR 66 ..... 34.33, 34.34, 34.35

Grovewood Holdings plc v James Capel & Co Ltd [1995] Ch 80, [1994] 4 All ER 417, [1995] 2 WLR 70, [1994] 2 BCLC 782, [1995] BCC 760, [1994] NLJR 1405 .... 31.76

Guaranty Trust Co of New York v Hannay & Co [1918] 2 KB 623, 87 LJKB 1223, [1918–19] All ER Rep 151, 119 LT 321, 34 TLR 427, sub nom Guaranty Trust Co of New York v Hannay 3 LDAB 176, CA 19.55

H

HIH Casualty and General Insurance Ltd v Chase Manhattan Bank [2003] UKHL 6, [2003] 1 All ER (Comm) 349, [2003] 2 Lloyd's Rep 61, [2003] Lloyd's Rep IR 230, 147 Sol Jo LB 264, [2003] All ER (D) 272 (Feb) 3.77, 5.26, 31.82

HPJ UK Ltd (in admin), Re [2007] BCC 284 .... 31.33

Habibsons Bank Ltd v Standard Chartered Bank (Hong Kong) Ltd [2010] EWCA Civ 1335, [2011] QB 943, [2011] 2 WLR 1165, [2011] Bus LR 692, [2010] All ER (D) 277 (Nov) 20.114

Hadley v Baxendale (1854) 23 LJ Ex 179, 9 Exch 341, 18 Jur 358, 2 WR 302, 156 ER 145, [1843–60] All ER Rep 461, 2 CLR 517, 23 LTOS 69, Exch Ct .. 3.134, 14.17, 14.25, 14.41, 14.42, 14.43, 14.44, 15.38, 35.81

Hain Steamship Co Ltd v Tate and Lyle Ltd [1936] 2 All ER 597, 55 Ll L Rep 159, 19 Asp MLC 62, 41 Com Cas 350, 80 Sol Jo 68, 155 LT 177, 52 TLR 617, HL 36.33

Halesowen Presswork and Assemblies Ltd v Westminster Bank Ltd [1971] 1 QB 1, [1970] 3 All ER 473, [1970] 3 WLR 625, 114 Sol Jo 735; revsd sub nom National Westminster Bank Ltd v Halesowen Presswork and Assemblies Ltd [1972] AC 785, [1972] 1 All ER 641, [1972] 2 WLR 455, [1972] 1 Lloyd's Rep 101, 9 LDAB 253, 116 Sol Jo 138, HL 18.04

Halifax Life Ltd v Equitable Life Assurance Society [2007] EWHC 503 (Comm), [2007] 2 All ER (Comm) 672, [2007] 1 Lloyd's Rep 528, [2007] Bus LR D101, [2007] All ER (D) 212 (Mar) 39.01

Halifax plc v Chandler [2001] EWCA Civ 1750, [2001] All ER (D) 177 (Nov) 38.99

Halki Shipping Corpn v Sopex Oils Ltd [1998] 2 All ER 23, [1998] 1 WLR 726, [1998] 1 Lloyd's Rep 465, [1998] NPC 4, 142 Sol Jo LB 44 .... 39.33

Hall (R and H) Ltd and W H Pim Junior & Co's Arbitration, Re (1928) 30 Ll L Rep 159, 33 Com Cas 324, [1928] All ER Rep 763, 139 LT 50, HL 14.27, 14.57, 14.58, 14.59, 14.60

Table of Cases

Hallett's Estate, Re (1880) 13 Ch D 696, 49 LJ Ch 415, 28 WR 732, [1874–80] All ER Rep 793, 42 LT 421, CA 17.39, 17.40
Halliburton Company v Chubb Bermuda Insurance Ltd [2018] EWCA Civ 817, [2018] 3 All ER 709, [2018] 2 All ER (Comm) 819, [2018] 1 Lloyd's Rep 638, [2018] Lloyd's Rep IR 402, 180 ConLR 23, [2018] BLR 375, [2018] All ER (D) 105 (Apr) 39.45
Halpern v Halpern [2007] EWCA Civ 291, [2008] QB 195, [2007] 3 All ER 478, [2007] 3 WLR 849, [2007] 2 All ER (Comm) 330, [2007] 2 Lloyd's Rep 56, (2007) Times, 14 May, [2007] All ER (D) 38 (Apr) 3.101, 37.68
Halsey v Milton Keynes General NHS Trust [2004] EWCA Civ 576, [2004] 4 All ER 920, [2004] 1 WLR 3002, 81 BMLR 108, [2004] 22 LS Gaz R 31, [2004] NLJR 769, (2004) Times, 27 May, 148 Sol Jo LB 629, [2004] 3 Costs LR 393, [2004] All ER (D) 125 (May) 38.04
Hamilton, Young & Co, Re, ex p Carter [1905] 2 KB 772, 74 LJKB 905, 12 Mans 365, 54 WR 260, 2 LDAB 98, 93 LT 591, 21 TLR 757, CA 35.150
Hamer v Sidway 27 NE 256 (1891) 3.13
Hammer and Barrow v Coca Cola [1962] NZLR 723 .... 13.16, 13.18, 13.20, 13.28
Hammond & Co v Bussey (1887) 20 QBD 79, 57 LJQB 58, 4 TLR 95, CA 14.27
Hampton v Minns [2002] 1 WLR 1, [2002] 1 All ER (Comm) 481, [2001] 20 LS Gaz R 41, [2001] All ER (D) 66 (Mar) 30.24
Hamsard 3147 Ltd v Boots UK Ltd [2013] EWHC 3251 (Pat), [2013] All ER (D) 12 (Nov) 3.76
Hannah Blumenthal, The. See Wilson (Paal) & Co A/S v Partenreederei Hannah Blumenthal, The Hannah Blumenthal
Hansa Nord, The. See Cehave NV v Bremer Handelsgesellschaft mbH, The Hansa Nord
Hansson v Hamel and Horley Ltd [1922] 2 AC 36, 10 Ll L Rep 199, 507, 91 LJKB 433, 15 Asp MLC 546, 27 Com Cas 321, 3 LDAB 255, [1922] All ER Rep 237, 66 Sol Jo 421, 127 LT 74, 38 TLR 466, HL 32.64, 35.70
Harb v HRH Prince Abdul Aziz [2015] EWCA Civ 481, [2016] 2 WLR 533, [2016] 2 LRC 150, [2015] All ER (D) 122 (May) 39.98
Harbottle (R D) (Mercantile) Ltd v National Westminster Bank Ltd [1978] QB 146, [1977] 2 All ER 862, [1977] 3 WLR 752, 121 Sol Jo 745 .... 35.167
Harbour Assurance Co (UK) Ltd v Kansa General International Insurance Co Ltd [1993] QB 701, [1993] 3 All ER 897, [1993] 3 WLR 42, [1993] 1 Lloyd's Rep 455, [1993] 14 LS Gaz R 42 .... 39.53
Harbutt's Plasticine Ltd v Wayne Tank and Pump Co Ltd [1970] 1 QB 447, [1970] 1 All ER 225, [1970] 2 WLR 198, [1970] 1 Lloyd's Rep 15, 114 Sol Jo 29 ..... 3.77, 3.82, 14.24
Hardy & Co v Hillerns and Fowler [1923] 2 KB 490, 92 LJKB 930, 29 Com Cas 30, [1923] All ER Rep 275, 67 Sol Jo 618, 129 LT 674, 39 TLR 547, CA . 13.10, 13.16, 13.28
Harlingdon & Leinster Enterprises Ltd v Christopher Hull Fine Art Ltd [1991] 1 QB 564, [1990] 1 All ER 737, [1990] 3 WLR 13, [1990] NLJR 90 .... 11.45, 11.46
Harlow & Jones Ltd v American Express Bank Ltd and Creditanstalt-Bankverein (third party) [1990] 2 Lloyd's Rep 343 .... 35.45
Harlow and Jones Ltd v Panex (International) Ltd [1967] 2 Lloyd's Rep 509 . 15.44, 34.04
Harmer v Cornelius (1858) 22 JP 724, 5 CBNS 236, 28 LJCP 85, 4 Jur NS 1110, 6 WR 749, 141 ER 94, [1843–60] All ER Rep 624, 32 LTOS 62 .... 3.60
Harmony Care Homes Ltd Re [2009] EWHC 1961 (Ch) 29.10
Harris v Rickett (1859) 4 H & N 1, 28 LJ Ex 197, 157 ER 734, 32 LTOS 389, Exch Ct 3.69
Harris v Wyre Forest District Council [1988] QB 835, [1988] 1 All ER 691, [1988] 2 WLR 1173, 87 LGR 19, 20 HLR 278, 132 Sol Jo 91, [1988] 1 EGLR 132, [1988] 7 LS Gaz R 40, [1988] NLJR 15, [1988] 05 EG 57; sub nom Smith v Eric S Bush (a firm), Harris v Wyre Forest District Council [1990] 1 AC 831, [1989] 2 All ER 514, [1989] 2 WLR 790, 87 LGR 685, 21 HLR 424, 17 ConLR 1, 11 LDAB 412, 133 Sol Jo 597, [1989] 1 EGLR 169, [1989] NLJR 576, [1989] 17 EG 68, 18 EG 99, HL 3.79
Hartley v Case (1825) 4 B & C 339, 1 C & P 676, 3 LJOSKB 262, 6 Dow & Ry KB 505, 107 ER 1085 .... 8.111
Hartley v Hymans [1920] 3 KB 475, 90 LJKB 14, 25 Com Cas 365, [1920] All ER Rep 328, 124 LT 31, 36 TLR 805 .... 3.144, 10.24
Hartog v Colin and Shields [1939] 3 All ER 566 .... 3.32
Harvey v Dunbar Assets plc [2013] EWCA Civ 952, [2013] All ER (D) 400 (Jul) 30.21

xcv

Table of Cases

Haugesund Kommune v Depfa ACS Bank [2010] EWCA Civ 579, [2012] QB 549, [2011] 1 All ER 190, [2012] 2 WLR 199, [2011] 1 All ER (Comm) 985, [2012] Bus LR 1, [2010] All ER (D) 273 (May) 37.78

Hay v Carter [1935] Ch 397, 104 LJ Ch 220, [1935] All ER Rep 482, 152 LT 445, CA 30.50

Hayman & Son v M'Lintock (1907) 44 SLR 691, 1907 SC 936, 9 F 936, 15 SLT 63, Ct of Sess 2.45

Hazell v Hammersmith and Fulham London Borough Council [1992] 2 AC 1, [1991] 1 All ER 545, [1991] 2 WLR 372, 89 LGR 271, 11 LDAB 635, [1991] RVR 28, HL 4.42

Head v Tattersall (1871) LR 7 Exch 7, 41 LJ Ex 4, 20 WR 115, 25 LT 631, Exch Ct 12.18, 13.16

Healy v Howlett & Sons [1917] 1 KB 337, 86 LJKB 252, 116 LT 591 .... 8.96, 9.09

Heap v Motorists' Advisory Agency Ltd [1923] 1 KB 577, 92 LJKB 553, [1922] All ER Rep 251, 67 Sol Jo 300, 129 LT 146, 39 TLR 150 .... 16.43, 16.44

Hedley Byrne & Co Ltd v Heller & Partners Ltd [1964] AC 465, [1963] 2 All ER 575, [1963] 3 WLR 101, [1963] 1 Lloyd's Rep 485, 8 LDAB 155, 107 Sol Jo 454, HL ... 14.10, 35.94

Heilbut, Symons & Co v Buckleton [1913] AC 30, 82 LJKB 245, 20 Mans 54, [1911–13] All ER Rep 83, 107 LT 769, HL 3.41, 6.03

Helby v Matthews [1895] AC 471, 60 JP 20, 64 LJQB 465, 11 R 232, 43 WR 561, [1895–9] All ER Rep 821, 72 LT 841, 11 TLR 446, [1999] GCCR 21, HL 7.23, 8.103, 16.61, 27.12

Hellenic Steel Co v Svolamar Shipping Co Ltd, The Komninos S [1991] 1 Lloyd's Rep 370, CA 36.15

Helstan Securities Ltd v Hertfordshire County Council [1978] 3 All ER 262, 76 LGR 735 .... 29.41, 35.139

Henderson v Merrett Syndicates [1995] 2 AC 145, [1994] 3 All ER 506, [1994] 3 WLR 761, [1994] NLJR 1204, [1994] 4 LRC 355, HL 3.01

Hendrikman v Magenta Druck & Verlag GmbH: C-78/95 [1997] QB 426, [1996] ECR I-4943, [1997] 2 WLR 349, [1996] All ER (EC) 944, [1996] ILPr 752, ECJ 37.47

Henry Boot Construction (UK) Ltd v Malmaison Hotel (Manchester) Ltd [2001] QB 388, [2001] 1 All ER 257, [2000] 3 WLR 1824, [2000] 2 All ER (Comm) 960, [2000] 2 Lloyd's Rep 625, 72 ConLR 1, [2000] NLJR 867, [2000] BLR 509, [2000] All ER (D) 1104 .... 39.89

Hepburn v A Tomlinson (Hauliers) Ltd [1966] AC 451, [1966] 1 All ER 418, [1966] 2 WLR 453, [1966] 1 Lloyd's Rep 309, 110 Sol Jo 86, HL 9.43

Herne Bay Steam Boat Co v Hutton [1903] 2 KB 683, 72 LJKB 879, 9 Asp MLC 472, 52 WR 183, [1900–3] All ER Rep 627, 47 Sol Jo 768, 89 LT 422, 19 TLR 680, CA 3.169

Heron II, The. See Koufos v C Czarnikow Ltd, The Heron II

Hersom v Bernett [1955] 1 QB 98, [1954] 3 All ER 370, [1954] 3 WLR 737, 98 Sol Jo 805 .... 5.35

Heskell v Continental Express Ltd [1950] 1 All ER 1033, 83 Ll L Rep 438, [1950] WN 210, 94 Sol Jo 339 .... 36.23

Hewett v Court (1983) 149 CLR 639, Aus HC 22.67

Hewitt v Loosemore (1851) 9 Hare 449, 21 LJ Ch 69, 15 Jur 1097, 89 RR 526, 68 ER 586, 18 LTOS 133 .... 24.26

Heywood v Wellers [1976] QB 446, [1976] 1 All ER 300, [1976] 2 WLR 101, [1976] 2 Lloyd's Rep 88, 120 Sol Jo 9 .... 3.130

Hickman v Haynes (1875) LR 10 CP 598, 44 LJCP 358, 23 WR 872, 32 LT 873, [1874–80] All ER Rep Ext 2182, CPD 15.39

Hickox v Adams (1876) 3 Asp MLC 142, 34 LT 404, CA 32.74

Highbury Pension Fund Management Co v Zirfin Investments Management Ltd [2013] EWCA Civ 1283, [2014] Ch 359, [2014] 1 All ER 674, [2014] 2 WLR 1129, [2014] 1 BCLC 118, [2014] 1 P & CR 225, [2013] All ER (D) 336 (Oct) 23.54

High Commissioner for Pakistan in the United Kingdom v National Westminster Bank plc [2015] EWHC 55 (Ch), [2015] All ER (D) 107 (Jan) 39.99

Hill & Sons v Edwin Showell & Sons Ltd (1918) 87 LJKB 1106, sub nom John Hall & Son Ltd v Edwin Showell & Sons Ltd 62 Sol Jo 715, 119 LT 651, HL 15.45

Table of Cases

Hill v Spread Trustee Co Ltd [2006] EWCA Civ 542, [2007] 1 All ER 1106, [2007] 1 WLR 2404, [2007] Bus LR 1213, [2007] 1 BCLC 450, [2006] BCC 646, (2006) Times, 10 July, [2006] BPIR 789, [2006] All ER (D) 202 (May) 31.42

Hilmarton Ltd v Omnium de Traitement et de Valorisation (OTV) Cass le civ (23 March 1994, unreported) 39.40

Hing Yip Hing Fat Co Ltd v Daiwa Bank Ltd [1991] 2 HKLR 35, HK HC 35.70

Hiram Walker & Sons Ltd v Dover Navigation Co Ltd (1949) 83 Ll L Rep 84 ...... 36.20

Hirji Mulji v Cheong Yue Steamship Co Ltd [1926] AC 497, 95 LJPC 121, 17 Asp MLC 8, 31 Com Cas 199, [1926] All ER Rep 51, 134 LT 737, 42 TLR 359, PC 3.66, 3.174

Hiscox v Outhwaite [1992] 1 AC 562, [1991] 3 All ER 641, [1991] 3 WLR 297, [1991] 2 Lloyd's Rep 435, HL 39.78

Hitachi Shipbuilding and Engineering Co Ltd v Viafiel Cia Naviera SA [1981] 2 Lloyd's Rep 498, CA 38.99

Hitchcock v Cameron [1977] 1 NZLR 85 .... 13.14

Hitchcock v Humfrey (1843) 12 LJCP 235, 7 Jur 423, 5 Man & G 559, 6 Scott NR 540, 134 ER 683, 1 LTOS 109 .... 30.44

Hoenig v Isaacs [1952] 2 All ER 176, [1952] 1 TLR 1360, CA 3.117

Hollandia, The [1983] 1 AC 565, [1982] 3 All ER 1141, [1982] 3 WLR 1111, 126 Sol Jo 819, sub nom Morviken, The [1983] 1 Lloyd's Rep 1, [1983] Com LR 44, HL ... 36.08, 36.11, 37.80

Hollicourt (Contracts) Ltd (in liq) v Bank of Ireland [2001] Ch 555, [2001] 1 All ER 289, [2001] 2 WLR 290, [2001] 1 All ER (Comm) 357, [2001] Lloyd's Rep Bank 6, [2001] 1 BCLC 233, [2000] BCC 1210, (2000) Times, 1 November, [2001] BPIR 47, [2000] All ER (D) 1480 .... 31.51

Holman v Johnson (1775) 1 Cowp 341 .... 3.169

Holme v Brunskill (1878) 3 QBD 495, 42 JP 757, 47 LJQB 610, 38 LT 838, CA 30.41

Holmes (Eric) (Property) Ltd, Re [1965] Ch 1052, [1965] 2 All ER 333, [1965] 2 WLR 1260, 8 LDAB 349, 109 Sol Jo 251 .... 24.31

Holroyd v Marshall (1862) 10 HL Cas 191, 33 LJ Ch 193, 9 Jur NS 213, 138 RR 108, 11 WR 171, 11 ER 999, [1861–73] All ER Rep 414, 7 LT 172, HL .. 23.03, 23.21, 25.01, 25.12

Holterman Ferho Exploitatie BV v von Bullesheim: C-47/14 (2015) C-47/14, ECLI:EU:C:2015:574, [2016] IRLR 140, [2016] ICR 90, [2015] All ER (D) 72 (Sep) 37.17

Homburg Houtimport BV v Agrosin Private Ltd, The Starsin [2003] UKHL 12, [2004] 1 AC 715, [2003] 2 All ER 785, [2003] 2 WLR 711, [2003] 1 All ER (Comm) 625, [2003] 1 Lloyd's Rep 571, [2003] 19 LS Gaz R 31, (2003) Times, 17 March, [2003] All ER (D) 192 (Mar) 3.50, 36.17, 36.52

Homes v Smith [2000] Lloyd's Rep Bank 139, [2000] All ER (D) 2568 ...... 17.18, 18.02, 18.06

Honam Jade, The. See Phibro Energy AG v Nissho Iwai Corpn and Bomar Oil Inc, The Honam Jade

Honck v Muller (1881) 7 QBD 92, 50 LJQB 529, 29 WR 830, 45 LT 202, CA 10.30, 10.45

Hong Kong & Shanghai Banking Corpn Ltd v G D Trade Co Ltd [1998] CLC 238, 14 LDAB 59 .... 20.17, 20.24, 20.32

Hong Kong and Shanghai Banking Corpn Ltd v Jurong Engineering Ltd [2000] 2 SLR 54 .... 30.15

Hong Kong Fir Shipping Co Ltd v Kawasaki Kisen Kaisha Ltd [1962] 2 QB 26, [1962] 1 All ER 474, [1962] 2 WLR 474, [1961] 2 Lloyd's Rep 478, 106 Sol Jo 35, CA ... 3.145, 11.50

Hongkong and Shanghai Banking Corpn v Kloeckner & Co AG [1990] 2 QB 514, [1989] 3 All ER 513, [1990] 3 WLR 634, [1989] 2 Lloyd's Rep 323, [1989] BCLC 776, 11 LDAB 360, [1990] 27 LS Gaz R 42 .... 35.56

Honyvem Informazioni Commerciali Srl v De Zotti: C-465/04 [2006] ECR I-2879, [2006] All ER (D) 343 (Mar), ECJ 5.39

Hookway (F E) & Co Ltd v Alfred Isaacs & Sons [1954] 1 Lloyd's Rep 491 .... 11.128

Hopkinson v Rolt (1861) 9 HL Cas 514, 34 LJ Ch 468, 7 Jur NS 1209, 9 WR 900, 5 LT 90, [1861–73] All ER Rep Ext 2380, HL 24.20, 24.21, 24.23, 24.24

Horace Holman Group Ltd v Sherwood International Group Ltd [2001] All ER (D) 83 (Nov) 7.20

Horne and Hellard, Re (1885) 29 Ch D 736, 54 LJ Ch 919, 53 LT 562 .... 25.19

xcvii

Table of Cases

Horsler v Zorro [1975] Ch 302, [1975] 1 All ER 584, [1975] 2 WLR 183, 29 P & CR 180, 119 Sol Jo 83 .... 3.100
Horst (E Clemens) Co v Norfolk and North American Steamship Co Ltd (1906) 11 Com Cas 141, 22 TLR 403 .... 32.55
Hortico (Australia) Pty Ltd v Energy Equipment Co (Australia) Pty Ltd (1985) 1 NSWLR 545, NSW SC 35.119
Houda, The. See Kuwait Petroleum Corpn v I and D Oil Carriers Ltd, The Houda
Hounga v Allen [2014] UKSC 47, [2014] 4 All ER 595, [2014] 1 WLR 2889, [2014] IRLR 811, [2014] ICR 847, (2014) Times, 06 August, 39 BHRC 412, [2015] 3 LRC 155, [2014] EqLR 559, [2014] All ER (D) 289 (Jul) 3.156
Hounslow London Borough Council v Twickenham Garden Developments Ltd [1971] Ch 233, [1970] 3 All ER 326, [1970] 3 WLR 538, 69 LGR 109, 114 Sol Jo 603, 7 BLR 81 .... 3.146
House of Spring Gardens Ltd v Waite [1991] 1 QB 241, [1990] 2 All ER 990, [1990] 3 WLR 347, [1990] 28 LS Gaz R 44 .... 37.51
Household Machines Ltd v Cosmos Exporters Ltd [1947] KB 217, [1946] 2 All ER 622, [1947] LJR 578, 176 LT 49, 62 TLR 757 .... 14.26
Household Products Co Ltd and Federal Business Development Bank, Re (1981) 124 DLR (3d) 325, Ont HC 25.25
Howard v Pickford Tool Co Ltd [1951] 1 KB 417, 95 Sol Jo 44, CA 3.142
Howard Marine and Dredging Co Ltd v A Ogden & Sons (Excavations) Ltd [1978] QB 574, [1978] 2 All ER 1134, [1978] 2 WLR 515, [1978] 1 Lloyd's Rep 334, 122 Sol Jo 48, 9 BLR 34 .... 3.99
Howe, Re, ex p Brett (1871) LR 6 Ch App 838, 40 LJ Bcy 54, 19 WR 1101, 25 LT 252, [1861–73] All ER Rep Ext 1305, CA in Ch 30.37
Howe Richardson Scale Co Ltd v Polimex-Cekop and National Westminster Bank Ltd [1978] 1 Lloyd's Rep 161, CA 35.167
Hubbuck v Helms (1887) 56 LJ Ch 536, 35 WR 574, 56 LT 232, 3 TLR 381 .... 25.16
Hughes v Liverpool Victoria Legal Friendly Society [1916] 2 KB 482, 85 LJKB 1643, [1916–17] All ER Rep 918, 115 LT 40, 32 TLR 525, CA 3.162
Hughes v Metropolitan Rly Co (1877) 2 App Cas 439, 42 JP 421, 46 LJQB 583, 25 WR 680, [1874–80] All ER Rep 187, 36 LT 932, HL 3.95
Hughes v Pendragon Sabre Ltd trading as Porsche Centre Bolton [2016] EWCA Civ 18, [2016] 1 Lloyd's Rep 311, [2016] All ER (D) 184 (Jan) 8.77, 10.21, 14.24, 14.52
Hughes v Pump House Hotel Co [1902] 2 KB 190, 71 LJKB 630, 50 WR 660, 2 LDAB 25, [1900–3] All ER Rep 480, 86 LT 794, 18 TLR 654, CA 23.14
Humber Ironworks and Shipbuilding Co, Re, Warrant Finance Co's Case (1869) LR 4 Ch App 643, 38 LJ Ch 712, 17 WR 780, 20 LT 859, CACh 31.34
Humfrey v Dale (1857) 7 E & B 266 .... 3.59
Hunter v Moss [1994] 3 All ER 215, [1994] 1 WLR 452, [1994] 8 LS Gaz R 38, 138 Sol Jo LB 25 .... 2.90
Hunter v Prinsep (1808) 10 East 378, 103 ER 818, [1803–13] All ER Rep 446 ...... 36.60
Hussman (Europe) Ltd v Al Ameen Development & Trade Co [2000] 2 Lloyd's Rep 83 .... 39.70
Hussmann (Europe) Ltd v Pharaon (formerly trading as Al Ameen Development and Trade Establishment) [2003] EWCA Civ 266, [2003] 1 All ER (Comm) 879, [2003] 19 LS Gaz R 29, (2003) Times, 12 March, 147 Sol Jo LB 298, [2003] ArbLR 25, [2003] All ER (D) 17 (Mar) 39.87
Hyman v Nye (1881) 6 QBD 685, 45 JP 554, [1881–5] All ER Rep 183, 44 LT 919 .... 6.05
Hyundai Engineering and Construction Co Ltd v Vigour Ltd [2005] BLR 416 .... 38.03
Hyundai Heavy Industries Co Ltd v Papadopoulos [1980] 2 All ER 29, [1980] 1 WLR 1129, [1980] 2 Lloyd's Rep 1, 124 Sol Jo 592, HL 3.142, 7.21, 30.25

I

IE Contractors Ltd v Lloyds Bank plc and Rafidain Bank [1990] 2 Lloyd's Rep 496, 51 BLR 1, CA 35.166
ING Bank NV v Ros Roca SA [2011] EWCA Civ 353, [2012] 1 WLR 472, [2012] Bus LR 266, [2011] All ER (D) 39 (Apr) 3.97

Table of Cases

Ibrahim v Barclays Bank plc [2012] EWCA Civ 640, [2013] Ch 400, [2012] 4 All ER 160, [2013] 2 WLR 768, [2012] 2 All ER (Comm) 1167, [2012] 2 Lloyd's Rep 13, [2012] 2 BCLC 1, [2012] NLJR 843, [2012] All ER (D) 25 (Jun) 35.52

Illingworth v Houldsworth. See Yorkshire Woolcombers Association Ltd, Re, Houldsworth v Yorkshire Woolcombers Association Ltd

Impact Funding Solutions Ltd v AIG Europe Insurance Ltd (formerly known as Chartis Insurance (UK) Ltd) [2016] UKSC 57, [2017] AC 73, [2017] 4 All ER 169, [2016] 3 WLR 1422, [2017] 2 All ER (Comm) 863, [2016] Bus LR 1158, [2017] Lloyd's Rep IR 60, (2016) Times, 07 November, [2016] 6 Costs LO 903, [2016] All ER (D) 168 (Oct), SC 3.57

Ind Coope & Co Ltd, Re, Fisher v Ind Coope & Co Ltd [1911] 2 Ch 223, 80 LJ Ch 661, 55 Sol Jo 600, 105 LT 356 .... 29.45

Independent Automatic Sales Ltd v Knowles and Foster [1962] 3 All ER 27, [1962] 1 WLR 974, 8 LDAB 91, 106 Sol Jo 720 .... 23.07, 24.30, 24.50

India (Republic) v India Steamship Co Ltd, The Indian Endurance, The Indian Grace [1993] AC 410, [1993] 1 All ER 998, [1993] 2 WLR 461, [1993] 1 Lloyd's Rep 387, [1993] 14 LS Gaz R 45, HL 37.50

India (President of) v Lips Maritime Corpn, The Lips [1988] AC 395, [1987] 3 All ER 110, [1987] 3 WLR 572, [1987] 2 Lloyd's Rep 311, 131 Sol Jo 1085, [1987] LS Gaz R 2765, [1987] NLJ Rep 734, HL 35.124, 35.125

India (Union) v McDonnell Douglas Corpn [1993] 2 Lloyd's Rep 48 .... 39.22, 39.39

Indian Endurance (No 2), The, Republic of India v India Steamship Co Ltd [1998] AC 878, [1997] 4 All ER 380, [1997] 3 WLR 818, [1998] 1 Lloyd's Rep 1, [1997] 43 LS Gaz R 29, [1997] NLJR 1581, 141 Sol Jo LB 230, HL 37.50

Indian Oil Corpn Ltd v Greenstone Shipping SA (Panama), The Ypatianna [1988] QB 345, [1987] 3 All ER 893, [1987] 3 WLR 869, [1987] 2 Lloyd's Rep 286, 131 Sol Jo 1121, [1987] LS Gaz R 2768 .... 8.42

Industrie Chimiche Italia Centrale and Cerealfin SA v Alexander G Tsavliris & Sons Maritime Co, Panchristo Shipping Co SA and Bula Shipping Corpn, The Choko Star [1990] 1 Lloyd's Rep 516, CA 5.15

Industrie Tessili Italiana Como v Dunlop AG: 12/76 [1976] ECR 1473, [1977] 1 CMLR 26, ECJ 37.19

Inglis v Stock. See Stock v Inglis

Ingmar GB Ltd v Eaton Leonard Inc [2001] All ER (D) 448 (Jul) 5.32

Ingmar GB Ltd v Eaton Leonard Technologies Inc: C-381/98 [2000] ECR I-9305, [2001] 1 All ER (Comm) 329, [2001] All ER (EC) 57, [2001] 1 CMLR 215, [2000] GCCR 4477, [2000] All ER (D) 1759, ECJ 5.26

Ingram v Little [1961] 1 QB 31, [1960] 3 All ER 332, [1960] 3 WLR 504, 104 Sol Jo 704, CA 3.33

IRC v Rowntree & Co Ltd [1948] 1 All ER 482, 41 R & IT 364, [1948] TR 37, 92 Sol Jo 296, CA 22.08

Intercontainer Interfrigo SC (ICF) v Balkenende Oosthuizen BV: C-133/08 [2010] QB 411, [2009] ECR I-09687, [2010] 3 WLR 24, [2010] 1 All ER (Comm) 613, [2010] All ER (EC) 1, [2010] Bus LR 808, [2010] 2 Lloyd's Rep 400, [2009] All ER (D) 71 (Oct), ECJ 37.77

Interedil Srl v Fallimento Interedil Srl: C-396/09 [2011] ECR I-9915, [2012] Bus LR 1582, [2012] BCC 851, [2011] BPIR 1639, [2011] All ER (D) 195 (Oct), ECJ 31.84

Interfoto Picture Library Ltd v Stiletto Visual Programmes Ltd [1989] QB 433, [1988] 1 All ER 348, [1988] 2 WLR 615, [1988] BTLC 39, 132 Sol Jo 460, [1988] 9 LS Gaz R 45, [1987] NLJ Rep 1159 .... 3.50

International Air Transport Association v Ansett Australia Holdings Ltd [2008] HCA 3, [2008] BPIR 57 .... 22.41

International Business Machines Co v Sheherban (1925) 1 DLR 684 .... 11.79

International Factors Ltd v Rodriguez [1979] QB 351, [1979] 1 All ER 17, [1978] 3 WLR 877, 122 Sol Jo 680 .... 2.56, 2.95, 29.26

International Harvester Co of Australia Pty Ltd v Carringan's Hazeldene Pastoral Co (1958) 100 CLR 644, 32 ALJR 160, Aus HC 7.23

International Milling Co v The Perseus [1958] 2 Lloyd's Rep 272 .... 36.17

International Minerals and Chemical Corpn v Karl O Helm AG [1986] 1 Lloyd's Rep 81 .... 35.124, 35.125, 37.110

International Paper Co v Spicer (1906) 4 CLR 739, 13 ALR 481, 7 SRNSW 621, Aus HC 5.19

xcix

Table of Cases

Intraco Ltd v Notis Shipping Corpn, The Bhoja Trader [1981] 2 Lloyd's Rep 256, [1981] Com LR 184, CA 35.114
Investment CJSC v Krygyz Mobil Tel Ltd [2011] UKPC 7, [2011] 4 All ER 1027, [2012] 1 WLR 1804, [2012] 1 All ER (Comm) 319, [2011] 5 LRC 746, [2011] All ER (D) 144 (Mar) 37.33, 37.34, 37.37, 37.38
Investors' Compensation Scheme Ltd v West Bromwich Building Society, Investors' Compensation Scheme Ltd v Hopkin & Sons (a firm), Alford v West Bromwich Building Society, Armitage v West Bromwich Building Society [1998] 1 All ER 98, [1998] 1 WLR 896, [1998] 1 BCLC 493, [1997] CLC 1243, [1997] NLJR 989, [1997] PNLR 541, HL 1.43, 1.45, 1.48, 3.64
Inwards v Baker [1965] 2 QB 29, [1965] 1 All ER 446, [1965] 2 WLR 212, 109 Sol Jo 75, CA 3.15
Ipswich Borough Council v Fisons plc [1990] Ch 709, [1990] 1 All ER 730, [1990] 2 WLR 108, 134 Sol Jo 517, [1990] 1 EGLR 17, [1990] 04 EG 127 .... 39.01
Iran (Islamic Republic of) v Barakat Galleries Ltd [2007] EWCA Civ 1374, [2009] QB 22, [2009] 1 All ER 1177, [2008] 1 All ER 1177, [2008] 3 WLR 486, [2008] 2 All ER (Comm) 225, 152 Sol Jo (no 2) 29, [2007] All ER (D) 372 (Dec) 37.86
Iran Vojdan, The. See Dubai Electricity Co v Islamic Republic of Iran Shipping Lines, The Iran Vojdan
Iraqi Ministry of Defence v Arcepey Shipping Co SA (Gillespie Bros intervening), The Angel Bell [1981] QB 65, [1980] 1 All ER 480, [1980] 2 WLR 488, [1980] 1 Lloyd's Rep 632, 124 Sol Jo 148 .... 38.99
Ireland v Livingston (1872) LR 5 HL 395, 41 LJQB 201, 1 Asp MLC 389, [1861–73] All ER Rep 585, 27 LT 79, HL 34.24
Irish Bank Resolution Corporation Ltd (in special Liq) v Camden Market Holdings Corp [2017] EWCA Civ 7, [2017] 2 All ER (Comm) 781, [2017] All ER (D) 64 (Jan) 3.57
Islamic Republic of Iran Shipping Lines v Steamship Mutual Underwriting Association (Bermuda) Ltd [2010] EWHC 2661 (Comm), [2011] 2 All ER (Comm) 609, [2011] 1 Lloyd's Rep 195, [2010] All ER (D) 261 (Oct) 3.159
Islington London Borough Council v Uckac [2006] EWCA Civ 340, [2006] 1 WLR 1303, [2006] 2 FCR 668, [2006] HLR 651, (2006) Times, 19 April, [2006] All ER (D) 441 (Mar), sub nom Islington London Borough Council v Uckac [2006] 1 FCR 668 .... 3.100, 3.155
Islwyn Borough Council v Newport Borough Council [1994] ELR 141, (1993) Times, 28 June, 6 Admin LR 386, CA 3.155
Istel (AT & T) Ltd v Tully [1993] AC 45, [1992] 3 All ER 523, [1992] 3 WLR 344, [1992] 32 LS Gaz R 37, [1992] NLJR 1089, 136 Sol Jo LB 227, HL 38.107

J

J. & B. Caldwell Ltd v Logan House Retirement Home Ltd [1999] 2 NZLR 99 ..... 14.19
J & H Ritchie Ltd v Lloyd Ltd [2007] UKHL 9, [2007] 2 All ER 353, [2007] 1 WLR 670, [2007] 1 All ER (Comm) 987, [2007] Bus LR 944, [2007] 1 Lloyd's Rep 544, [2007] NLJR 403, (2007) Times, 8 March, 2007 SC (HL) 89, [2007] SLT 377, 151 Sol Jo LB 397, [2007] All ER (D) 109 (Mar) 12.21, 13.05, 13.25
J Evans & Son (Portsmouth) Ltd v Andrea Merzario Ltd [1975] 1 Lloyd's Rep 162 .... 36.29
J Pereira Fernandes SA v Mehta [2006] EWHC 813 (Ch), [2006] 2 All ER 891, [2006] 1 WLR 1543, [2006] 1 All ER (Comm) 885, [2006] IP & T 546, (2006) Times, 16 May, [2006] All ER (D) 264 (Apr), sub nom Mehta v J Pereira Fernandes SA [2006] 2 Lloyd's Rep 244 .... 3.30, 3.31
JD Brian Ltd (in liq), Re [2015] IESC 62, Ir SC 25.19
JP Morgan Chase Bank v Springwell Navigation Corp [2010] EWCA Civ 1221, [2010] All ER (D) 08 (Nov) 3.97
JSC Commercial Bank Privatbank v Kolomoisky [2019] EWCA Civ 1708, [2020] 2 All ER 319, [2020] 2 WLR 993, [2020] 1 All ER (Comm) 555, 169 NLJ 7861, [2019] All ER (D) 86 (Oct) 37.24, 37.26
Jackson v Horizon Holidays Ltd [1975] 3 All ER 92, [1975] 1 WLR 1468, 119 Sol Jo 759 .... 3.126, 3.130
Jackson v Rotax Motor and Cycle Co [1910] 2 KB 937, 80 LJKB 38, 103 LT 411, CA 10.45, 11.79, 11.84

Table of Cases

Jackson v Royal Bank of Scotland plc [2005] UKHL 3, [2005] 2 All ER 71, [2005] 1 WLR 377, [2005] 1 All ER (Comm) 337, [2005] 1 Lloyd's Rep 366, (2005) Times, 2 February, 149 Sol Jo LB 146, [2005] 5 LRC 564, [2005] All ER (D) 280 (Jan) 14.43
Jackson v Union Marine Insurance Co Ltd (1874) LR 10 CP 125, 44 LJCP 27, 2 Asp MLC 435, 23 WR 169, [1874–80] All ER Rep 317, 31 LT 789, Ex Ch 3.145, 3.176
Jackson and Bassford Ltd, Re [1906] 2 Ch 467, 75 LJ Ch 697, 13 Mans 306, 95 LT 292, 22 TLR 708 .... 23.10, 24.31
Jade International Steel Stahl und Eisen GmbH & Co KG v Robert Nicholas (Steels) Ltd [1978] QB 917, [1978] 3 All ER 104, [1978] 3 WLR 39, [1978] 2 Lloyd's Rep 13, 122 Sol Jo 294 .... 20.38, 20.95
Jansz v GMB Imports Pty [1979] VR 581 .... 8.92
Jarvis v Swans Tours Ltd [1973] QB 233, [1973] 1 All ER 71, [1972] 3 WLR 954, 116 Sol Jo 822 .... 3.130
Jarvis v Williams [1955] 1 All ER 108, [1955] 1 WLR 71, 99 Sol Jo 73, CA 2.95
Jeffcott v Andrews Motors Ltd [1960] NZLR 721, NZ CA 16.69
Jennings v Rice [2002] EWCA Civ 159, [2003] 1 P & CR 100, [2003] 1 FCR 501, [2002] 1 FCR 501, [2002] NPC 28, [2002] WTLR 367, [2002] All ER (D) 324 (Feb) 3.20
Jerome v Bentley & Co [1952] 2 All ER 114, [1952] WN 357, 96 Sol Jo 463, [1952] 2 TLR 58 .... 16.20
Jetivia SA v Bilta (UK) Ltd. See Bilta (UK) Ltd (in liq) v Nazir
Jet2.com Ltd v Blackpool Airport Ltd [2012] EWCA Civ 417, [2012] 2 All ER (Comm) 1053, 142 ConLR 1, [2012] All ER (D) 24 (Apr) 3.32
Jewson Ltd v Kelly [2003] EWCA Civ 1030, [2003] All ER (D) 470 (Jul), sub nom Jewson Ltd v Boyhan [2004] 1 Lloyd's Rep 505 ..... 11.70, 11.97, 11.104, 11.107, 11.117
Jian Sheng Co v Great Tempo SA [1998] 3 FC 418 .... 36.22
Jindal Iron and Steel Co Ltd v Islamic Solidarity Shipping Co Jordan Inc, The Jordan II [2004] UKHL 49, [2005] 1 All ER 175, [2005] 1 WLR 1363, [2005] 1 All ER (Comm) 1, [2005] 1 Lloyd's Rep 57, (2004) Times, 26 November, [2004] All ER (D) 388 (Nov), HL 36.28
Jivraj v Hashwani [2011] UKSC 40, [2012] 1 All ER 629, [2011] 1 WLR 1872, [2012] 1 All ER (Comm) 1177, [2012] 1 CMLR 307, [2011] Bus LR 1182, [2011] 2 Lloyd's Rep 513, [2011] IRLR 827, [2011] ICR 1004, [2011] NLJR 1100, (2011) Times, 04 August, [2011] EqLR 1088, [2011] All ER (D) 246 (Jul) ... 39.28, 39.31, 39.32, 39.59
Joblin v Watkins and Roseveare (Motors) Ltd [1949] 1 All ER 47, 64 TLR 464 ..... 16.35
Jobson v Johnson [1989] 1 All ER 621, [1989] 1 WLR 1026, 4 BCC 488, [2001] GCCR 1243 .... 28.17
John Grimes Partnership Ltd v Gubbins [2013] EWCA Civ 37, 146 ConLR 26, [2013] 2 EGLR 31, [2013] BLR 126, [2013] All ER (D) 30 (Feb) 3.134, 14.26
John Hall & Son Ltd v Edwin Showell & Sons Ltd. See Hill & Sons v Edwin Showell & Sons Ltd
Johnson v Agnew [1980] AC 367, [1979] 1 All ER 883, [1979] 2 WLR 487, 39 P & CR 424, 123 Sol Jo 217, 251 Estates Gazette 1167, HL 3.36
Johnson v Crédit Lyonnais Co (1877) 3 CPD 32, 42 JP 548, 47 LJQB 241, 26 WR 195, 37 LT 657, CA 16.19
Johnson v Taylor Bros & Co Ltd [1920] AC 144, 89 LJKB 227, 25 Com Cas 69, 64 Sol Jo 82, 122 LT 130, 36 TLR 62, [1918–19] All ER Rep Ext 1210, HL 34.30
Johnston v Boyes [1899] 2 Ch 73, 68 LJ Ch 425, 47 WR 517, 43 Sol Jo 457, 80 LT 488 .... 18.06
Johnstone v Bloomsbury Health Authority [1992] QB 333, [1991] 2 All ER 293, [1991] 2 WLR 1362, [1991] IRLR 118, [1991] ICR 269, [1991] 2 Med LR 38 .... 3.79
Johnstone v Cox (1881) 19 Ch D 17, 30 WR 114, 45 LT 657, CA 24.15, 29.31
Jones (FC) & Sons (a firm) Trustee v Jones [1997] Ch 159, [1996] 4 All ER 721, [1996] 3 WLR 703, [1996] 19 LS Gaz R 29, 140 Sol Jo LB 123, [1996] BPIR 644 .... 2.35
Jones (R E) Ltd v Waring and Gillow Ltd [1926] AC 670, 95 LJKB 913, 32 Com Cas 8, 4 LDAB 37, [1926] All ER Rep 36, 70 Sol Jo 736, 135 LT 548, 42 TLR 644, HL 20.38
Jones v Bright (1829) 5 Bing 533, Dan & Ll 304, 7 LJOSCP 213, 3 Moo & P 155, 130 ER 1167 .... 6.05, 6.07
Jones v Gallagher (t/a Gallery Kitchens and Bathrooms) [2004] EWCA Civ 10, [2005] 1 Lloyd's Rep 377 .... 13.21, 13.24

ci

Table of Cases

Jones v Gibbons (1804) 9 Ves 407 .... 23.56
Jones v Gordon (1877) 2 App Cas 616, 47 LJ Bcy 1, 26 WR 172, 37 LT 477, HL
.... 20.43, 20.119
Jones v Hope [1880] WN 69, 3 TLR 247, CA 5.23
Jones v Just (1868) LR 3 QB 197, 9 B & S 141, 37 LJQB 89, 16 WR 643, 18 LT 208,
[1861–73] All ER Rep Ext 1975 .... 6.07, 11.66, 14.41
Jones v Smith (1841) 1 Hare 43, 11 LJ Ch 83, 6 Jur 8, 58 RR 22; on appeal (1841) 1 Ph
244, 66 ER 943 .... 24.46
Jones, Re, ex p Nichols (1883) 22 Ch D 782, 52 LJ Ch 635, 31 WR 661,
[1881–5] All ER Rep 170, 48 LT 492, CA 23.22
Jorden v Money (1854) 5 HL Cas 185, 23 LJ Ch 865, 101 RR 116, 10 ER 868,
[1843–60] All ER Rep 350, 24 LTOS 160, HL 3.12, 3.95
Jordeson & Co v Stora Koppabergs Bergslags Akt (1931) 41 Ll L Rep 201 .... 13.15
Joseph v Lyons (1884) 15 QBD 280, 54 LJQB 1, 33 WR 145, 51 LT 740, 1 TLR 16,
CA 2.18
Josling v Kingsford (1863) 13 CBNS 447, 32 LJCP 94, 9 Jur NS 947, 1 New Rep 328,
11 WR 377, 7 LT 790 .... 11.39
Julia, The. See Comptoir d'Achat et de Vente du Boerenbond Belge S/A v Luis de
Ridder Ltda, The Julia

K

KG Bominflot Bunkergesellschaft fur Mineraloele mbH & Co v Petroplus Marketing
AG, The Mercini Lady [2010] EWCA Civ 1145, [2011] 2 All ER (Comm) 522, [2011]
1 Lloyd's Rep 442, [2010] All ER (D) 174 (Oct) 9.34, 11.53, 11.82, 11.130
KH Enterprise v Pioneer Container, The Pioneer Container [1994] 2 AC 324, [1994]
2 All ER 250, [1994] 3 WLR 1, [1994] 1 Lloyd's Rep 593, [1994] 18 LS Gaz R 37,
PC 36.71
Kabab-Ji SAL (Lebanon) v Kout Food Group (Kuwait) [2020] EWCA Civ 6,
[2020] All ER (D) 79 (Jan) 3.91
Kaefer Aislamientos SA de CV v AMS Drilling Mexico SA de CV [2019] EWCA Civ 10,
[2019] 3 All ER 979, [2019] 1 WLR 3514, [2019] 2 All ER (Comm) 315,
[2019] All ER (D) 125 (Jan) 5.37
Kanchenjunga, The. See Motor Oil Hellas (Corinth) Refineries SA v Shipping Corpn of
India, The Kanchenjunga
Karberg and Co v Blythe, Green, Jourdain and Co Limited See Arnhold Karberg & Co
v Blythe, Green, Jourdain & Co
Karflex Ltd v Poole [1933] 2 KB 251, 102 LJKB 475, [1933] All ER Rep 46, 149 LT
140, 49 TLR 418 .... 3.77
Karlshamns Oljefabriker v Eastport Navigation Corpn, The Elafi [1982] 1 All ER 208,
[1981] 2 Lloyd's Rep 679, [1981] Com LR 149 .... 8.22, 8.100, 8.101, 11.15
Karsales (Harrow) Ltd v Wallis [1956] 2 All ER 866, [1956] 1 WLR 936, 100 Sol Jo
548, CA 3.77
Kásler v OTP Jelzálogbank Zrt: C-26/13 [2014] 2 All ER (Comm) 443, [2014] Bus LR
664, [2014] GCCR 4600.157, ECJ 3.85
Kaupthing Singer and Friedlander Ltd (in admin), Re [2011] UKSC 48, [2012] 1 AC
804, [2012] 1 All ER 883, [2011] 3 WLR 939, [2012] 1 BCLC 227, [2011] Bus LR
1644, [2012] BCC 1, [2011] 42 LS Gaz R 21, [2011] NLJR 1485, (2011) Times,
14 November, [2011] BPIR 1706, [2011] All ER (D) 158 (Oct), SC 31.07
Kaupthing Singer & Friedlander Ltd in administration) v UBS AG [2014] EWHC 2450
(Comm), [2014] All ER (D) 200 (Jul) 18.02
Kasumu v Baba-Egbe [1956] AC 539, [1956] 3 All ER 266, [1956] 3 WLR 575, 100 Sol
Jo 600, PC 3.169
Kaufman (J) Ltd v Cunard Steamship Co Ltd [1965] 2 Lloyd's Rep 564, Exch Ct 36.53
Keeble v Combined Lease Finance plc [1999] GCCR 2065 .... 16.75
Keighley, Maxsted & Co v Durant [1901] AC 240, 70 LJKB 662, [1900–3] All ER Rep
40, 45 Sol Jo 536, 84 LT 777, 17 TLR 527, HL 5.23
Keighley, Maxted & Co and Bryan, Durant & Co (No 2), Re (1894) 7 Asp MLC 418, 70
LT 155, CA 32.64
Kelcey, Re, Tyson v Kelcey [1899] 2 Ch 530, 68 LJ Ch 472, 48 WR 59, 43 Sol Jo 720,
sub nom Re Finn-Kelcey, Tyson v Kelcey 81 LT 354 .... 23.04

Table of Cases

Kelly v Cooper [1993] AC 205, [1992] 3 WLR 936, 41 WIR 80, [1993] 3 LRC 476, [1994] 1 BCLC 395, [1992] 43 LS Gaz R 30, (1992) Times, 5 November, PC 5.25
Kelly v Fraser [2012] UKPC 25, [2013] 1 AC 450, [2012] 3 WLR 1008, [2013] 1 All ER (Comm) 296, [2012] ICR 1408, [2013] 1 LRC 705, [2012] All ER (D) 145 (Jul) 5.20, 5.21
Kelner v Baxter (1866) LR 2 CP 174, 36 LJCP 94, 12 Jur NS 1016, 15 WR 278, 15 LT 213, [1861–73] All ER Rep Ext 2009 .... 5.23
Kemp v Falk (1882) 7 App Cas 573, 52 LJ Ch 167, 5 Asp MLC 1, 31 WR 125, 47 LT 454, HL 2.45
Kendall (Henry) & Sons (a firm) v William Lillico & Sons Ltd [1969] 2 AC 31, [1968] 2 All ER 444, [1968] 3 WLR 110, [1968] 1 Lloyd's Rep 547, 112 Sol Jo 562, HL 3.58, 11.70, 11.89, 11.90, 11.109, 11.112, 37.71
Kensington v Unrepresented Non-allocated Claimants. See Goldcorp Exchange Ltd (in receivership), Re
Kenya Railways v Antares Co Pte Ltd, The Antares [1987] 1 Lloyd's Rep 424, CA 36.10, 36.30
Kerr v Postnov (2019) C-25/18, ECLI:EU:C:2019:376, 169 NLJ 7840, [2019] All ER (D) 41 (May), EUCJ 37.17
King v Marshall (1864) 33 Beav 565, 34 LJ Ch 163, 10 Jur NS 921, 4 New Rep 258, 12 WR 971, 55 ER 488, 10 LT 557 .... 25.06
Kingsley v Sterling Industrial Securities Ltd [1967] 2 QB 747, [1966] 2 All ER 414, [1966] 2 WLR 1265, 110 Sol Jo 267, CA 22.27
Kinsela v Russell Kinsela Pty Ltd (1986) 4 ACLC 215, 10 ACLR 395, 4 NSWLR 722, CA 22.14
Kirkham v Attenborough [1897] 1 QB 201, 66 LJQB 149, 45 WR 213, [1895–9] All ER Rep 450, 41 Sol Jo 141, 75 LT 543, 13 TLR 131, CA 8.104, 16.61
Kitto v Bilbie, Hobson & Co (1895) 2 Mans 122, 15 R 188, 72 LT 266, 11 TLR 214 .... 16.52
Kleinjan and Holst NV Rotterdam v Bremer Handelsgesellschaft mbH Hamburg [1972] 2 Lloyd's Rep 11 .... 34.43
Kleinwort Benson Ltd v Glasgow City Council [1999] 1 AC 153, [1997] 4 All ER 641, [1997] 3 WLR 923, [1997] NLJR 1617, 141 Sol Jo LB 237, [1997] All ER (D) 43, HL 37.18
Kleinwort Benson Ltd v Malaysia Mining Corpn Bhd [1989] 1 All ER 785, [1989] 1 WLR 379, [1989] 1 Lloyd's Rep 556, 5 BCC 337, 11 LDAB 306, 133 Sol Jo 262, [1989] 16 LS Gaz R 35, [1989] NLJR 221 .... 3.32, 30.15
Klomps v Michel: 166/80 [1981] ECR 1593, [1982] 2 CMLR 773, ECJ 37.47
Knatchbull-Hugessen v SISU Capital Ltd [2014] EWHC 1194 (QB), [2014] All ER (D) 120 (Jun) 3.32
Knight Machinery (Holdings) Ltd v Rennie 1994 SC 338, Ct of Sess 3.79
Knutsford, SS Ltd v Tillmanns & Co. See Tillmanns & Co v SS Knutsford Ltd
Kolfor Plant Ltd v Tilbury Plant Ltd (1977) 121 Sol Jo 390 .... 14.37
Kolmar Group AG v Traxpo Enterprises PVT Ltd [2010] EWHC 113 (Comm), [2011] 1 All ER (Comm) 46, [2010] 2 Lloyd's Rep 653, [2010] All ER (D) 26 (Feb) 35.76
Komninos S, The. See Hellenic Steel Co v Svolamar Shipping Co Ltd, The Komninos S
Kongress Agentur Hagen GmbH v Zeehaghe BV: 365/88 [1990] ECR I-1845, ECJ 37.24
Konkola Copper Mines plc v Coromin [2005] EWHC 898 (Comm), [2005] 2 All ER (Comm) 637, [2006] Lloyd's Rep IR 71, [2005] All ER (D) 180 (May); affd [2006] EWCA Civ 5, [2006] 1 All ER (Comm) 437, [2006] 1 Lloyd's Rep 410, [2007] Lloyd's Rep IR 247, [2006] 06 LS Gaz R 32, [2006] All ER (D) 83 (Jan) 37.25
Kornatzki v Oppenheimer [1937] 4 All ER 133 .... 37.106
Koufos v C Czarnikow Ltd, The Heron II [1969] 1 AC 350, [1967] 3 All ER 686, [1967] 3 WLR 1491, [1967] 2 Lloyd's Rep 457, 111 Sol Jo 848, HL 3.134
Kova Establishment v Sasco Investments Ltd [1998] 2 BCLC 83 .... 30.30
Koza Ltd v Akçil [2019] UKSC 40, [2020] 3 All ER 97, [2019] 1 WLR 4830, [2020] 1 BCLC 399, [2019] All ER (D) 157 (Jul), SC 37.03, 37.10
Kpohraror v Woolwich Building Society [1996] 4 All ER 119 .... 15.08
Kraut AG v Albany Fabrics Ltd [1977] QB 182, [1977] 2 All ER 116, [1976] 3 WLR 872, [1976] 2 Lloyd's Rep 350, 120 Sol Jo 817 .... 37.109

Table of Cases

Kredietbank Antwerp v Midland Bank plc [1998] Bank LR 173; affd sub nom Kredietbank Antwerp v Midland Bank plc, Karaganda Ltd v Midland Bank plc [1999] 1 All ER (Comm) 801 .... 35.64, 35.70
Kreditbank Cassel GmbH v Schenkers Ltd [1927] 1 KB 826, 96 LJKB 501, 32 Com Cas 197, 4 LDAB 64, [1927] All ER Rep 421, 71 Sol Jo 141, 136 LT 716, 43 TLR 237, CA 20.97, 20.100
Krell v Henry [1903] 2 KB 740, 72 LJKB 794, 52 WR 246, [1900–3] All ER Rep 20, 89 LT 328, 19 TLR 711, CA 3.176
Krombach v Bamberski: C-7/98 [2001] QB 709, [2000] ECR I-1935, [2001] 3 WLR 488, [2001] All ER (EC) 584, ECJ 37.46, 37.82
Kronprinsessan Margareta, The [1921] 1 AC 486, 90 LJP 145, 15 Asp MLC 170, 124 LT 609, sub nom The Hilding (Part Cargoes Ex) 37 TLR 199, PC 34.15
Kruppstahl AG v Quittmann Products Ltd [1982] ILRM 551 .... 22.35
Kum v Wah Tat Bank Ltd [1971] 1 Lloyd's Rep 439, PC 3.59, 36.86
Kursell v Timber Operators and Contractors [1927] 1 KB 298, 95 LJKB 569, 135 LT 223, 42 TLR 435, CA 8.87
Kuwait Airways Corpn v Iraqi Airways Co [1995] 3 All ER 694, [1995] 1 WLR 1147, [1995] 2 Lloyd's Rep 317, [1995] 32 LS Gaz R 28, HL 39.98
Kuwait Petroleum Corpn v I and D Oil Carriers Ltd, The Houda [1994] 2 Lloyd's Rep 541, CA 36.35
Kwei Tek Chao (t/a Zung Fu Co) v British Traders and Shippers Ltd [1954] 2 QB 459, [1954] 3 All ER 165, [1954] 3 WLR 496, [1954] 2 Lloyd's Rep 114, 98 Sol Jo 592 .... 12.16, 13.14, 13.27, 14.30, 14.56, 34.42
Kwok Chi Leung Karl v Comr of Estate Duty [1988] 1 WLR 1035, [1988] STC 728, 132 Sol Jo 1118, PC 37.99
Kydon Compania Naviera SA v National Westminster Bank Ltd, The Lena [1981] 1 Lloyd's Rep 68 .... 35.90
Kyokuyo Co Ltd v AP Møller-Maersk A/S (trading as 'Maersk Line') [2018] EWCA Civ 778, [2018] 3 All ER 1009, [2018] 2 All ER (Comm) 503, [2018] Bus LR 1481, [2018] 2 Lloyd's Rep 59, [2018] All ER (D) 90 (Apr) 36.15, 36.47
Kyprianou v Cyprus Textiles Ltd [1958] 2 Lloyd's Rep 60, CA 3.56

L

LHF Wools Ltd, Re [1970] Ch 27, [1969] 3 All ER 882, [1969] 3 WLR 100, 113 Sol Jo 363 .... 31.30
Laconia, The. See Mardorf Peach & Co Ltd v Attica Sea Carriers Corpn of Liberia, The Laconia
Laemthong International Lines Co Ltd v Artis, The Laemthong Glory (No 2) [2005] EWCA Civ 519, [2005] 2 All ER (Comm) 167, [2005] 1 Lloyd's Rep 688, [2005] All ER (D) 50 (May) 3.86
Lagden v O'Connor [2003] UKHL 64, [2004] 1 AC 1067, [2004] 1 All ER 277, [2003] 3 WLR 1571, [2004] RTR 377, [2004] Lloyd's Rep IR 315, [2003] NLJR 1869, (2003) Times, 5 December, 147 Sol Jo LB 1430, [2003] All ER (D) 87 (Dec) . 14.24, 35.124
Lake v Brutton (1856) 8 De GM & G 440, 25 LJ Ch 842, 2 Jur NS 839, 27 LTOS 294 .... 30.35
Lamb (W T) & Sons v Goring Brick Co Ltd [1932] 1 KB 710, 101 LJKB 214, 37 Com Cas 73, [1931] All ER Rep 314, 146 LT 318, 48 TLR 160, CA 7.23
Lambert v Lewis. See Lexmead (Basingstoke) Ltd v Lewis
Lamont (James) & Co Ltd v Hyland Ltd (No 2) [1950] 1 KB 585, 588, [1950] 1 All ER 929, 94 Sol Jo 336, 66 (pt 1) TLR 940, CA 20.118
Lamont (James) & Co Ltd v Hyland Ltd [1950] 1 KB 585, [1950] 1 All ER 341, 94 Sol Jo 179, 66 (pt 1) TLR 937, CA 20.115
Lampleigh v Brathwait (1615) 1 Brownl 7, Hob 105, Moore KB 866, 80 ER 255 ..... 1.04
Lamplugh Iron Ore Co Ltd, Re [1927] 1 Ch 308, 96 LJ Ch 177, [1927] B & CR 61, [1926] All ER Rep 682, 136 LT 501 .... 30.35
Lancashire Waggon Co v Fitzhugh (1861) 6 H & N 502, 30 LJ Ex 231, 3 LT 703 .... 16.88
Land Securities plc v Westminster City Council [1993] 4 All ER 124, [1993] 1 WLR 286, 65 P & CR 387, [1992] 2 EGLR 15, [1993] 5 LS Gaz R 42, [1992] 44 EG 153 ..... 39.01
Langmead v Thyer Rubber Co Ltd [1947] SASR 29 .... 16.69

Table of Cases

Latham v Chartered Bank of India (1874) LR 17 Eq 205, 43 LJ Ch 612, 2 Asp MLC 178, 29 LT 795 .... 20.61
Laurelgates Ltd v Lombard North Central Ltd (1983) 133 NLJ 720 .... 13.22
Laurie and Morewood v John Dudin & Sons [1926] 1 KB 223, 95 LJKB 191, 31 Com Cas 96, [1925] All ER Rep 414, 134 LT 309, 42 TLR 149, CA 2.45
Lauritzen (J) AS v Wijsmuller BV, The Super Servant Two [1990] 1 Lloyd's Rep 1, CA 3.178
Lavin v Johnson [2002] EWCA Civ 1138, [2002] All ER (D) 501 (Jul) 22.27, 22.29
Lawlor v Sandvik Mining and Construction Mobile Crushers and Screens Ltd [2013] EWCA Civ 365, [2013] 2 Lloyd's Rep 98, [2013] All ER (D) 216 (Apr) 37.67
Lazard Bros & Co v Midland Bank Ltd [1933] AC 289, 102 LJKB 191, [1932] All ER Rep 571, 76 Sol Jo 888, 148 LT 242, 49 TLR 94, HL 31.82
Lazenby Garages Ltd v Wright [1976] 2 All ER 770, [1976] 1 WLR 459, 120 Sol Jo 146 .... 14.52, 15.43
Leadbitter v Farrow (1816) 5 M & S 345, 105 ER 1077 .... 20.103
Leaf v International Galleries [1950] 2 KB 86, [1950] 1 All ER 693, 66 (pt 1) TLR 1031, CA 7.07
Lease Management Services Ltd v Purnell Secretarial Services Ltd (Canon (South West) Ltd, third party) (1994) 13 Tr LR 337, [1994] CCLR 127, [1999] GCCR 1841, CA 28.14, 28.20
Leathertex Divisione Sintetici SpA v Bodetex BVBA: C-420/97 [1999] ECR I-6747, [1999] 2 All ER (Comm) 769, (1999) Times, 26 October, [1999] All ER (D) 1058, ECJ 37.19
Leavey (J) & Co Ltd v George H Hirst & Co Ltd [1944] 1 KB 24, [1943] 2 All ER 581, 113 LJKB 229, 88 Sol Jo 7, 169 LT 353, 60 TLR 72, CA 14.26
Leduc v Ward (1982) 45 MLR 652 .... 36.24
Lee v Griffin (1861) 1 B & S 272, 30 LJQB 252, 7 Jur NS 1302, 9 WR 702, 121 ER 716, [1861–73] All ER Rep 191, 4 LT 546 .... 7.21
Lee v York Coach and Marine [1977] RTR 35, CA 13.14
Leggett v Taylor (1965) 50 DLR (2d) 516, BC SC 11.45
Lehman Brothers Europe Ltd (in administration), Re [2017] EWHC 2031 (Ch), [2018] 2 All ER 367, [2018] 2 All ER (Comm) 75, [2018] Bus LR 439, 167 NLJ 7759, [2017] All ER (D) 44 (Aug) 31.07
Lehman Brothers International (Europe) (in administration), Re [2017] UKSC 38, [2018] AC 465, [2018] 1 All ER 205, [2017] 2 WLR 1497, [2018] 1 All ER (Comm) 629, [2017] 2 BCLC 149, (2017) Times, 29 May, [2017] All ER (D) 102 (May), SC 31.07, 37.109
Lehman Brothers International (Europe) (in admin), Re [2012] EWHC 2997 (Ch), [2014] 2 BCLC 295, [2012] All ER (D) 32 (Nov) 21.24, 22.15, 22.20, 23.07, 25.13
Leigh and Sillavan Ltd v Aliakmon Shipping Co Ltd, The Aliakmon [1986] AC 785, [1986] 2 All ER 145, [1986] 2 WLR 902, [1986] 2 Lloyd's Rep 1, 130 Sol Jo 357, [1986] LS Gaz R 1810, [1986] NLJ Rep 415, HL 2.95, 8.27, 8.33, 36.71
Lena, The. See Kydon Compania Naviera SA v National Westminster Bank Ltd, The Lena
Leonardo SpA v Doha Bank Assurance Co LLC [2020] QIC (A) 1 .... 36.159
Leonidas D, The. See Allied Marine Transport Ltd v Vale do Rio Doce Navegacao SA, The Leonidas D
Les Laboratoires Servier v Apotex Inc [2014] UKSC 55, [2015] AC 430, [2015] 1 All ER 671, [2014] 3 WLR 1257, [2015] RPC 303, [2015] IP & T 1, 164 NLJ 7631, (2014) Times, 17 November, [2014] All ER (D) 328 (Oct) 3.162
Lesotho Highlands Development Authority v Impregilo SpA [2005] UKHL 43, [2006] 1 AC 221, [2005] 3 All ER 789, [2005] 3 WLR 129, [2005] 2 All ER (Comm) 265, [2005] 2 Lloyd's Rep 310, 101 ConLR 1, [2005] NLJR 1046, [2005] 27 EG 220 (CS), (2005) Times, 6 July, [2006] 2 LRC 178, [2005] ArbLR 41, [2005] All ER (D) 363 (Jun) 39.53, 39.90
L'Estrange v F Graucob Ltd [1934] 2 KB 394, 103 LJKB 730, [1934] All ER Rep 16, 152 LT 164, DC 3.50
Levey & Co v Goldberg [1922] 1 KB 688, 91 LJKB 551, 28 Com Cas 244, 127 LT 298, 38 TLR 446, [1922] All ER Rep Ext 842 .... 10.27
Lewis v Averay [1972] 1 QB 198, [1971] 3 All ER 907, [1971] 3 WLR 603, 115 Sol Jo 755 .... 3.33

cv

Table of Cases

Lexmead (Basingstoke) Ltd v Lewis [1982] AC 225, 268, [1981] 2 WLR 713, [1981] RTR 346, [1981] 2 Lloyd's Rep 17, 125 Sol Jo 310, sub nom Lambert v Lewis [1981] 1 All ER 1185, HL 11.82, 11.124

Leyland Daf Ltd, Re. See Buchler v Talbot

Libyan American Oil Co (LIAMCO) v Government of the Libyan Arab Republic (1981) 20 ILM 151, (1981) VI YBCA 89 .... 39.98

Libyan Arab Foreign Bank v Bankers Trust Co [1989] QB 728, [1989] 3 All ER 252, [1989] 3 WLR 314, [1988] 1 Lloyd's Rep 259, 133 Sol Jo 568 . 1.22, 17.18, 18.29, 37.108

Liesbosch, Dredger (Owners) v SS Edison (Owners) [1933] AC 449, 102 LJP 73, 77 Sol Jo 176, sub nom The Edison 45 Ll L Rep 123, 18 Asp MLC 380, 38 Com Cas 267, [1933] All ER Rep 144, 149 LT 49, 49 TLR 289, HL 35.123

Light v TY Europe Ltd [2003] EWCA Civ 693, [2004] 1 Lloyd's Rep 693, [2003] 38 LS Gaz R 33, (2003) Times, 21 August, [2003] All ER (D) 445 (Jul) 5.08

Lilley v Doubleday (1881) 7 QBD 510, 46 JP 708, 51 LJQB 310, [1881–5] All ER Rep 406, 44 LT 814 .... 9.16

Linden Gardens Trust Ltd v Lenesta Sludge Disposals Ltd [1994] 1 AC 85, [1993] 3 All ER 417, [1993] 3 WLR 408, 36 ConLR 1, [1993] 45 LS Gaz R 39, [1993] NLJR 1152, 137 Sol Jo LB 183, HL 3.123, 29.41

Lindholst & Co A/S v Fowler [1988] BCLC 166, 4 BCC 776 .... 20.105

Lindsay & Co v Cundy. See Cundy v Lindsay

Lipkin Gorman (a firm) v Karpnale Ltd [1991] 2 AC 548, [1992] 4 All ER 512, [1991] 3 WLR 10, 12 LDAB 73, [1991] NLJR 815, 135 Sol Jo LB 36, HL ... 17.30, 17.36, 17.42

Lips, The. See India (President of) v Lips Maritime Corpn, The Lips

Lister v Romford Ice and Cold Storage Co Ltd [1957] AC 555, [1957] 1 All ER 125, [1957] 2 WLR 158, [1956] 2 Lloyd's Rep 505, 121 JP 98, 101 Sol Jo 106, HL 3.63

Little v Courage (1994) 70 P & CR 469, [1995] CLC 164, CA 3.32

Liverpool City Council v Irwin [1977] AC 239, [1976] 2 All ER 39, [1976] 2 WLR 562, 74 LGR 392, 32 P & CR 43, 13 HLR 38, 120 Sol Jo 267, 238 Estates Gazette 879, 963, HL 3.57, 3.66

Llanelly Rly and Dock Co v London and North Western Rly Co (1873) LR 8 Ch App 942, 42 LJ Ch 884, 21 WR 889, 29 LT 357, CA in Ch; affd (1875) LR 7 HL 550, 45 LJ Ch 539, 23 WR 927, 32 LT 575, HL 3.150

Lloyd's Register of Shipping v Societe Campenon Bernard: C-439/93 [1995] ECR I-961, [1995] All ER (EC) 531, ECJ 37.23

Lloyds and Scottish Finance Ltd v Cyril Lord Carpets Sales Ltd [1992] BCLC 609, 129 NLJ 366, HL 22.36, 29.19

Lloyds and Scottish Finance Ltd v Williamson [1965] 1 All ER 641, [1965] 1 WLR 404, 109 Sol Jo 10, CA 11.23, 16.24

Lloyds Bank Ltd v Bundy [1975] QB 326, [1974] 3 All ER 757, [1974] 3 WLR 501, [1974] 2 Lloyd's Rep 366, 9 LDAB 365, 118 Sol Jo 714 .... 3.73

Lloyds Bank plc v Independent Insurance Co Ltd [2000] QB 110, [1999] 2 WLR 986, [1999] 1 All ER (Comm) 8, 14 LDAB 461, [1999] 03 LS Gaz R 31, [1998] All ER (D) 633 .... 17.36

Lloyds TSB Bank plc v Clarke [2002] UKPC 27, [2002] 2 All ER (Comm) 992, [2003] 1 LRC 590, [2002] All ER (D) 485 (May) 22.58

Lloyds TSB Foundation for Scotland v Lloyds Banking Group plc (Scotland) [2013] UKSC 3, [2013] 2 All ER 103, [2013] 1 WLR 366, 2013 SCLR 569, [2013] All ER (D) 158 (Jan), sub nom Lloyds TSB Foundation for Scotland v Lloyds Banking Group plc 2013 Scot (D) 15/1 .... 3.65

Lock International plc v Beswick [1989] 3 All ER 373, [1989] 1 WLR 1268, [1989] IRLR 481, 133 Sol Jo 1297, [1989] NLJR 644 .... 38.108

Lockett v A and M Charles Ltd [1938] 4 All ER 170, 82 Sol Jo 951, 159 LT 547, 55 TLR 22 .... 7.21

Loder v Kekulé (1857) 3 CBNS 128, 27 LJCP 27, 4 Jur NS 93, 5 WR 884, 30 LTOS 64 .... 14.41

Lomas v JFB Firth Rixson Inc [2012] EWCA Civ 419, [2012] 2 All ER (Comm) 1076, [2012] 2 Lloyd's Rep 548, [2013] 1 BCLC 27, [2012] All ER (D) 29 (Apr) 31.27

Lomard North Central plc v Blower [2014] EWHC 2267 (Ch), [2014] BPIR 1501 .... 30.24

Lombard Banking Ltd v Central Garage and Engineering Co Ltd [1963] 1 QB 220, [1962] 2 All ER 949, [1962] 3 WLR 1199, 8 LDAB 81, 106 Sol Jo 491 ...... 20.71, 20.72

Table of Cases

Lombard North Central plc v Butterworth [1987] QB 527, [1987] 1 All ER 267, [1987] 2 WLR 7, [1986] BTLC 382, 130 Sol Jo 681, [1986] LS Gaz R 2750, [1999] GCCR 1025 .... 3.127, 28.17
London and Cheshire Insurance Co Ltd v Laplagrene Property Co Ltd [1971] Ch 499, [1971] 1 All ER 766, [1971] 2 WLR 257, 22 P & CR 108, 114 Sol Jo 912, 217 Estates Gazette 531 .... 22.67
London And Globe Finance Corporation Re [1902] 2 CH 416 .... 22.16
London Plywood and Timber Co Ltd v Nasic Oak Extract Factory and Steam Sawmills Co Ltd [1939] 2 KB 343, 108 LJKB 587, 83 Sol Jo 607, 55 TLR 826 ...... 13.35
London Steamship Owners' Mutual Insurance Association Ltd v Kingdom of Spain, The Prestige [2015] EWCA Civ 333, [2015] 2 Lloyd's Rep 33, [2015] All ER (D) 34 (Apr) 39.99
London Wine Co (Shippers) Ltd, Re [1986] PCC 121 .... 2.45, 8.48
Long v Lloyd [1958] 2 All ER 402, [1958] 1 WLR 753, 102 Sol Jo 488, CA 7.07
Longbottom (H) & Co Ltd v Bass, Walker & Co Ltd [1922] WN 245, CA .. 10.40, 10.43, 12.20
Lonsdale (t/a Lonsdale Agencies) v Howard & Hallam Ltd [2007] UKHL 32, [2007] 4 All ER 1, [2007] 1 WLR 2055, [2007] 2 All ER (Comm) 621, [2008] Bus LR 788, [2008] 1 Lloyd's Rep 78, [2007] IRLR 825, [2007] ICR 1338, (2007) Times, 10 July, [2007] All ER (D) 41 (Jul) 5.09, 5.39
Lorimer v Smith. See Lorymer v Smith
Lorna I, The. See Compania Naviera General SA v Kerametal Ltd, The Lorna I
Lorymer v Smith (1822) 1 B & C 1, 1 LJOSKB 7, 107 ER 1, sub nom Lorimer v Smith 2 Dow & Ry KB 23 .... 6.05
Love (Gregory) & Co, Re, Francis v Gregory Love & Co [1916] 1 Ch 203, 85 LJ Ch 281, [1916] HBR 42, 60 Sol Jo 221, 114 LT 395, 32 TLR 210, [1914–15] All ER Rep Ext 1215 .... 23.10, 24.31
Lowe v Dixon (1885) 16 QBD 455, 34 WR 441 .... 30.43
Lowe v Lombank Ltd [1960] 1 All ER 611, [1960] 1 WLR 196, 104 Sol Jo 210, CA 4.16
Lowe v W Machell Joinery Ltd [2011] EWCA Civ 794, [2012] 1 All ER (Comm) 153, 138 ConLR 48, [2011] BLR 591, [2011] All ER (D) 115 (Jul) 11.53, 11.73, 11.112
Lowick Rose LLP (in liq) v Swynson Ltd [2017] UKSC 32, [2018] AC 313, [2017] 3 All ER 785, [2017] 2 WLR 1161, [2017] 4 LRC 305, 171 ConLR 75, 167 NLJ 7743, (2017) Times, 02 May, [2017] All ER (D) 52 (Apr), SC 23.53
Lowther v Harris [1927] 1 KB 393, 96 LJKB 170, [1926] All ER Rep 352, 136 LT 377, 43 TLR 24 .... 16.37
Lubbe v Cape plc [2000] 4 All ER 268, [2000] 1 WLR 1545, [2000] 2 Lloyd's Rep 383, 144 Sol Jo LB 250, [2000] 5 LRC 605, HL 37.38, 38.80
Lubell (Rolfe) & Co v Keith [1979] 1 All ER 860, [1979] 2 Lloyd's Rep 75, 123 Sol Jo 32 .... 20.104
Lucan (Earl), Re, Hardinge v Cobden (1890) 45 Ch D 470, 60 LJ Ch 40, 39 WR 90, 63 LT 538 .... 23.05
Lucas (T) & Co Ltd v Mitchell [1974] Ch 129, [1972] 3 All ER 689, [1972] 3 WLR 934, 116 Sol Jo 711 .... 3.165
Luke et Al' v Lyde (1759) 2 Burr 882 .... 40.21
Lukoil Asia Pacific PTE Ltd v Ocean Tankers (PTE) Ltd, The Ocean Neptune [2018] EWHC 163 (Comm), [2018] 2 All ER (Comm) 108, [2018] 1 Lloyd's Rep 654, [2018] All ER (D) 12 (Feb) 3.63
Lumley v Gye (1853) 2 E & B 216, 22 LJQB 463, 17 Jur 827, 1 WR 432, 118 ER 749, [1843–60] All ER Rep 208 .... 3.88
Lumley v Wagner (1852) 1 De GM & G 604, 21 LJ Ch 898, 16 Jur 871, 42 ER 687, [1843–60] All ER Rep 368, 19 LTOS 264 .... 3.115
Lummus Agricultural Services Ltd Re [1999] BCC 953 .... 31.32
Lunn v Thornton (1845) 1 CB 379, 14 LJCP 161, 9 Jur 350, 135 ER 587, 4 LTOS 417 .... 2.31
Lupton v White (1808) 15 Ves 432, 33 ER 817, [1803–13] All ER Rep 356 .... 8.42
Luxor (Eastbourne) Ltd v Cooper [1941] AC 108, [1941] 1 All ER 33, 110 LJKB 131, 46 Com Cas 120, 85 Sol Jo 105, 164 LT 313, 57 TLR 213, HL 3.57

cvii

Table of Cases

M

MALEV Hungarian Airlines v United Technologies International Inc (1993) Journal of Law and Commerce 1, [1992] Unilex D 92-20 .... 33.16

MCI WorldCom Ltd, Re, MCI WorldCom Ltd v Primus Telecommunications Ltd [2002] EWHC 2436 (Ch), [2003] 1 BCLC 330, [2003] BPIR 667, [2002] All ER (D) 237 (Nov) 31.30

MFM Restaurants Pte Ltd v Fish & Co Restaurants Pte Ltd (FKAOB Singapore Operations Pte Ltd) [2010] SGCA 36, [2011] 4 LRC 1, Sing CA 3.134

MIG Trust Ltd, Re [1933] Ch 542, 102 LJ Ch 179, [1933] B & CR 91, 149 LT 56, 49 TLR 299, CA; affd sub nom Peat (Sir William Henry) v Gresham Trust Ltd [1934] AC 252, [1934] All ER Rep 82, 151 LT 63, 50 TLR 345, sub nom MIG Trust Ltd, Re 103 LJ Ch 173, [1934] B & CR 33, HL 22.13

MK International Development Co Ltd v Housing Bank [1991] 1 Bank LR 74, CA
.... 20.44

MS Fashions Ltd v Bank of Credit and Commerce International SA (in liq) (No 2) [1993] Ch 425, [1993] 3 All ER 769, [1993] 3 WLR 220, [1993] BCLC 1200, [1993] BCC 360, [1993] 21 LS Gaz R 40, [1993] NLJR 651, 137 Sol Jo LB 132, CA 30.29

MSC Mediterranean Shipping Co SA v Owners of the Tychy [2001] 1 Lloyd's Rep 10, [2000] All ER (D) 1352; revsd [2001] EWCA Civ 1198, [2001] 2 Lloyd's Rep 403, [2001] All ER (D) 321 (Jul) 4.08, 3.92

MSC Mediterranean Shipping Company SA v Cottonex Anstalt [2015] EWHC 283 (Comm), [2015] 2 All ER (Comm) 614, [2015] 1 Lloyd's Rep 359, [2015] All ER (D) 172 (Feb) 3.151

MVV Environment Devonport Ltd v NTO Shipping GmbH & Co. KG [2020] EWHC 1371 (Comm) 36.17

MWB Business Exchange Centres Ltd v Rock Advertising Ltd [2016] EWCA Civ 553 .... 3.13, 3.91, 3.96

Macartney, Re, Macfarlane v Macartney [1921] 1 Ch 522, 90 LJ Ch 314, 65 Sol Jo 435, 124 LT 658 .... 37.51

McCarthy & Stone Ltd v Julian S Hodge & Co Ltd [1971] 2 All ER 973, [1971] 1 WLR 1547, 22 P & CR 1040, 115 Sol Jo 607 .... 2.76

McCutcheon v David MacBrayne Ltd [1964] 1 All ER 430, [1964] 1 WLR 125, [1964] 1 Lloyd's Rep 16, 108 Sol Jo 93, 1964 SC (HL) 28, HL 3.58

Mcdonald v Empire Garage (Blackburn) Ltd (1975) Times, 7 October 11.58

Macdonald v Whitfield (1883) 8 App Cas 733, 52 LJPC 70, 32 WR 730, 1 LDAB 48, 49 LT 446, [1881–5] All ER Rep Ext 1483, PC 20.71

McDougall v Aeromarine of Emsworth Ltd [1958] 3 All ER 431, [1958] 1 WLR 1126, [1958] 2 Lloyd's Rep 345, 102 Sol Jo 860 .... 10.24, 12.20, 14.03

McGee Group Ltd v Galliford Try Building Ltd [2017] EWHC 87 (TCC), 170 ConLR 203 .... 3.77

McEntire v Crossley Bros Ltd [1895] AC 457, 64 LJPC 129, 2 Mans 334, 11 R 207, [1895–9] All ER Rep 829, 72 LT 731, [1895] 1 IR 308, [1999] GCCR 11, HL 22.29

Maciej Rataj, The, Tatry (cargo owners) v Maciej Rataj: C-406/92 [1999] QB 515, [1994] ECR I-5439, [1999] 2 WLR 181, [1995] All ER (EC) 229, [1995] 1 Lloyd's Rep 302, [1995] IL Pr 81, ECJ 37.08

Mackay v Dick (1881) 6 App Cas 251, 8 R 37, 29 WR 541, 18 SLR 387, HL . 3.57, 34.05

MacKenzie v Royal Bank of Canada [1934] AC 468, 103 LJPC 81, 78 Sol Jo 471, 151 LT 486, PC 3.101

McLean (as Administrators of Dent Company (a partnership) (in administration)) v Berry [2016] EWHC 2650 (Ch), [2017] Ch 422, [2017] 3 WLR 198, [2017] BPIR 164, [2016] All ER (D) 18 (Nov) 23.54

Macmillan Inc v Bishopsgate Investment Trust plc (No 3) [1995] 3 All ER 747, [1995] 1 WLR 978; on appeal [1996] 1 All ER 585, [1996] 1 WLR 387, [1995] 43 LS Gaz R 25, [1995] TLR 573, 139 Sol Jo LB 225 .... 37.99

McParland & Partners Ltd and another company v Whitehead [2020] EWHC 298 (Ch), [2020] Bus LR 699, [2020] All ER (D) 106 (Feb) 38.66

McRae v Commonwealth Disposals Commission (1950) 84 CLR 377, [1951] ALR 771, 25 ALJ 425, Aus HC 7.25, 7.26

McTear and v Engelhard [2016] EWCA Civ 487, [2016] All ER (D) 187 (May) 38.15

Table of Cases

MacWilliam (JI) Co Inc v Mediterranean Shipping Co SA, The Rafaela S [2005] UKHL 11, [2005] 2 AC 423, [2005] 2 All ER 86, [2005] 2 WLR 554, [2005] 1 All ER (Comm) 393, [2005] 1 Lloyd's Rep 347, (2005) Times, 21 February, [2005] All ER (D) 236 (Feb) 32.56, 36.15

Madell v Thomas & Co [1891] 1 QB 230, 60 LJQB 227, 39 WR 280, 64 LT 9, 7 TLR 170, CA 3.69

Mahamdia v People's Democratic Republic of Algeria: C-154/11 [2014] All ER (EC) 96, [2013] ICR 1, (2012) Times, 16 October, [2012] All ER (D) 333 (Jul), ECJ 37.08

Maharanee Baroda v Wildenstein. See Gaekwar of Baroda (Maharanee) v Wildenstein

Mahmoud and Ispahani, Re [1921] 2 KB 716, 90 LJKB 821, 26 Com Cas 215, [1921] All ER Rep 217, 125 LT 161, 37 TLR 489, CA 3.160

Malik v BCCI SA (in liq) [1998] AC 20, [1997] 3 All ER 1, [1997] 3 WLR 95, [1997] IRLR 462, [1997] ICR 606, [1997] 94 LS Gaz R 33, [1997] NLJR 917, HL 3.130

Mahonia Ltd v JP Morgan Chase Bank [2003] EWHC 1927 (Comm), [2003] 2 Lloyd's Rep 911 .... 35.53, 35.102

Maine Spinning Co v Sutcliffe & Co (1917) 87 LJKB 382, 23 Com Cas 216, [1916–17] All ER Rep 537, 118 LT 351, 34 TLR 154 .... 34.09

Makers (UK) Ltd (t/a Allied Services) v BSS Group Plc [2011] EWCA Civ 809, [2011] All ER (D) 185 (Jul) 11.102

Mallett v McMonagle [1970] AC 166, [1969] NI 91, [1969] 2 All ER 178, [1969] 2 WLR 767, [1969] 1 Lloyd's Rep 127, 6 KIR 322, 113 Sol Jo 207, HL 3.132

Mambre Saccharine Co v Corn Products Co. See Manbre Saccharine Co Ltd v Corn Products Co Ltd

Man (E D and F) Ltd v Nigerian Sweets and Confectionery Co Ltd [1977] 2 Lloyd's Rep 50 .... 35.77

Manbre Saccharine Co Ltd v Corn Products Co Ltd [1919] 1 KB 198, [1918–19] All ER Rep 980, 120 LT 113, sub nom Mambre Saccharine Co v Corn Products Co 88 LJKB 402, 24 Com Cas 89, 3 LDAB 202, 35 TLR 94 .... 32.74, 34.33, 34.34, 34.35

Manchester Liners Ltd v Rea Ltd [1922] 2 AC 74, 91 LJKB 504, 27 Com Cas 274, [1922] All ER Rep 605, 66 Sol Jo 421, 127 LT 405, 38 TLR 526, HL 11.102

Manchester Trust Ltd v Furness, Withy & Co Ltd [1895] 2 QB 539, 8 Asp MLC 57, 1 Com Cas 39, 14 R 739, 44 WR 178, 73 LT 110, sub nom Manchester Trust Ltd v Turner, Withy & Co Ltd 64 LJQB 766, 11 TLR 530, CA 16.44, 24.45, 36.19

Manifatture Tessile Laniera Wooltex v J B Ashley Ltd [1979] 2 Lloyd's Rep 28, CA 13.21

Manila, The. See Procter & Gamble Philippine Manufacturing Corpn v Peter Cremer GmbH & Co, The Manila

Manx Electricity Authority v JP Morgan Chase Bank [2003] EWCA Civ 1324, [2003] BLR 477, 147 Sol Jo LB 1205, [2003] All ER (D) 52 (Oct) 35.169

Maple Flock Co Ltd v Universal Furniture Products (Wembley) Ltd [1934] 1 KB 148, 103 LJKB 513, 39 Com Cas 89, [1933] All ER Rep 15, 150 LT 69, 50 TLR 58, CA 10.37, 10.45

Marbig Rexel Pty Ltd v ABC Container Line NV, The TNT Express [1992] 2 Lloyd's Rep 636, NSW SC 36.83

Mardorf Peach & Co Ltd v Attica Sea Carriers Corpn of Liberia, The Laconia [1977] AC 850, [1977] 1 All ER 545, [1977] 2 WLR 286, [1977] 1 Lloyd's Rep 315, 121 Sol Jo 134, HL 18.07

Maredelanto Cia Naviera SA v Bergbau-Handel GmbH, The Mihalis Angelos [1971] 1 QB 164, [1970] 3 All ER 125, [1970] 3 WLR 601, [1970] 2 Lloyd's Rep 43, 114 Sol Jo 548 .... 3.144, 15.23

Mareva Cia Naviera SA v International Bulkcarriers SA, The Mareva [1980] 1 All ER 213, [1975] 2 Lloyd's Rep 509, 9 LDAB 393, 119 Sol Jo 660 .... 35.114, 38.95

Mareva, The. See Mareva Cia Naviera SA v International Bulkcarriers SA, The Mareva

Margarine Union GmbH v Cambay Prince Steamship Co Ltd [1969] 1 QB 219, [1967] 3 All ER 775, [1967] 3 WLR 1569, [1967] 2 Lloyd's Rep 315, 111 Sol Jo 943 .... 36.71

Marilyn L, The. See Jarvis v Williams

Marine Star, The. See Coastal (Bermuda) Petroleum Ltd v VTT Vulcan Petroleum SA, The Marine Star

Maritime Insurance Co Ltd v Assecurancz-Union von 1865 (1935) 52 Ll L Rep 16 .... 39.42

Maritime National Fish Ltd v Ocean Trawlers Ltd [1935] AC 524, 104 LJPC 88, 18 Asp MLC 551, [1935] All ER Rep 86, 79 Sol Jo 320, 153 LT 425, PC 3.178

Table of Cases

Marks and Spencer plc v BNP Paribas Securities Services Trust Company (Jersey) Ltd [2015] UKSC 72, [2015] 3 WLR 1843, [2016] 1 P & CR 221, 163 ConLR 1, 166 NLJ 7680, (2015) Times, 14 December, [2015] All ER (D) 24 (Dec) 3.55, 3.57

Maronier v Larmer [2002] EWCA Civ 774, [2003] QB 620, [2003] 3 All ER 848, [2002] 3 WLR 1060, [2003] 1 All ER (Comm) 225, [2002] 28 LS Gaz R 30, (2002) Times, 13 June, 146 Sol Jo LB 161, [2002] All ER (D) 449 (May) 37.47

Marrache v Ashton [1943] AC 311, [1943] 1 All ER 276, 112 LJPC 13, 87 Sol Jo 174, 59 TLR 142, PC 37.108

Marsh v Keating (1834) 1 Bing NC 198, 8 Bli NS 651, 2 Cl & Fin 250, 1 Mont & A 592, 1 Scott 5, 6 ER 1149, [1824–34] All ER Rep 226, HL 17.39

Martin v Reid (1862) 11 CBNS 730, 31 LJCP 126, 5 LT 727 .... 24.06

Martindale v Booth (1832) 3 B & Ad 498, 1 LJKB 166, 110 ER 180 .... 22.22

Martinez v Cooper (1826) 2 Russ 198, 38 ER 309, Ct of Ch 16.19

Marubeni Hong Kong and South China Ltd v Government of Mongolia [2005] EWCA Civ 395, [2005] 1 WLR 2497, [2005] 2 All ER (Comm) 289, [2005] 2 Lloyd's Rep 231, (2005) Times, 22 April, [2005] All ER (D) 117 (Apr) 30.14

Marvin v Wallis (1856) 6 E & B 726, 25 LJQB 369, 2 Jur NS 689, 4 WR 611, 27 LTOS 182 .... 2.45, 16.52

Mash and Murrell Ltd v Joseph I Emanuel Ltd [1962] 1 All ER 77n, [1962] 1 WLR 16n, [1961] 2 Lloyd's Rep 326, 105 Sol Jo 1007, CA 9.34, 11.82, 11.87

Mason v Burningham [1949] 2 KB 545, [1949] 2 All ER 134, [1949] LJR 1430, 93 Sol Jo 496, 65 TLR 466, CA 14.40

Mathew v Blackmore (1857) 1 H & N 762, 26 LJ Ex 150, 5 WR 363, 156 ER 1409, 28 LTOS 325, Exch Ct 22.37

Mauritius Commercial Bank Ltd v Hestia Holdings Ltd [2013] EWHC 1328 (Comm), [2013] 2 All ER (Comm) 898, [2013] 2 Lloyd's Rep 121, [2013] All ER (D) 311 (May) 37.70

Maxform SpA v Mariani & Goodville Ltd [1979] 2 Lloyd's Rep 385; affd [1981] 2 Lloyd's Rep 54, CA 20.105

Maxine Footwear Co Ltd v Canadian Government Merchant Marine Ltd [1959] AC 589, [1959] 2 All ER 740, [1959] 3 WLR 232, [1959] 2 Lloyd's Rep 105, 103 Sol Jo 561, PC 36.41

Maxwell Communications Corpn plc (No 3), Re [1993] BCC 369 .... 22.54

Mayfair Photographic Supplies (London) Ltd v Baxter, Hoare & Co Ltd and Stembridge [1972] 1 Lloyd's Rep 410 .... 36.72

Mayhew v Crickett (1818) 1 Wils Ch 418, 2 Swan 185, 37 ER 178, Ct of Ch 23.54

M'Combie v Davies (1805) 6 East 538, 2 Smith KB 557, 102 ER 1393 .... 8.26

Medina v Stoughton (1700) 1 Ld Raym 593, 1 Salk 210, Holt KB 208, 91 ER 188 .... 6.03

Mediterranean Freight Services Ltd v BP Oil International Ltd, The Fiona [1994] 2 Lloyd's Rep 506, CA 36.51

Mediterranean Salvage and Towage Ltd v Seamar Trading and Commerce Inc, The Reborn [2009] EWCA Civ 531, [2010] 1 All ER (Comm) 1, [2009] 2 Lloyd's Rep 639, [2009] NLJR 898, [2009] All ER (D) 83 (Jun) 3.57

Meek v Kettlewell (1842) 1 Hare 464, 11 LJ Ch 293, 6 Jur 550, 66 ER 1114; on appeal (1843) 1 Ph 342, 13 LJ Ch 28, 7 Jur 1120, 41 ER 662, [1843–60] All ER Rep 1109, 2 LTOS 205 .... 23.10

Mehta v J Pereira Fernandes SA. See J Pereira Fernandes SA v Mehta

Melachrino v Nickoll and Knight [1920] 1 KB 693, 89 LJKB 906, 25 Com Cas 103, [1918–19] All ER Rep 856, [1918–19] All ER Rep 857, 122 LT 545, 36 TLR 143 .... 14.13, 14.19, 14.64

Melluish (Inspector of Taxes) v BMI (No 3) Ltd [1996] AC 454, [1995] 4 All ER 453, [1995] 3 WLR 630, [1995] STC 964, 68 TC 1, [1995] 40 LS Gaz R 23, 139 Sol Jo LB 220, HL 7.20

Menelaou v Bank of Cyprus UK Ltd [2013] EWCA Civ 1960, [2014] 1 WLR 854, [2013] 2 P & CR 411, [2013] All ER (D) 33 (Jul); affd sub nom Bank of Cyprus UK Ltd v Menelaou [2015] UKSC 66, [2016] AC 176, [2015] 3 WLR 1334, [2015] 2 Lloyd's Rep 585, [2016] 1 BCLC 335, 166 NLJ 7676, (2015) Times, 07 December, [2015] All ER (D) 38 (Nov) 2.70, 23.52, 23.53, 30.36

Mengiste v Endowment Fund for the Rehabilitation of Tigray [2013] EWHC 599 (Ch), [2013] All ER (D) 230 (Mar) 37.31

Table of Cases

Mercantile Bank of Sydney v Taylor [1893] AC 317, 57 JP 741, 1 R 371, 9 TLR 463, PC 3.69, 30.41
Mercantile Credit Co Ltd v Hamblin [1965] 2 QB 242, [1964] 3 All ER 592, [1964] 3 WLR 798, 108 Sol Jo 674, CA 16.18
Mercantile International Group plc v Chuan Soon Huat Industrial Group Ltd [2002] EWCA Civ 288, [2002] 1 All ER (Comm) 788, [2002] All ER (D) 105 (Mar) 5.13
Mercer v Craven Grain Storage Ltd [1994] CLC 328, HL 8.43
Merchant Banking Co of London v Phoenix Bessemer Steel Co (1877) 5 Ch D 205, 46 LJ Ch 418, 25 WR 457, 36 LT 395 .... 10.45
Mercuria Energy Trading Pte Ltd v Citibank NA [2015] EWHC 1481 (Comm), [2015] All ER (D) 221 (May) 10.10
Merry v Green (1841) 10 LJMC 154, 7 M & W 623, 151 ER 916, [1835–42] All ER Rep 281, Exch Ct 2.40
Merthyr (South Wales) Ltd (FKA Blackstone (South Wales) Ltd) v Merthyr Tydfil County Borough Council [2019] EWCA Civ 526 .... 3.68
Mersey Steel and Iron Co v Naylor, Benzon & Co (1884) 9 App Cas 434, 53 LJQB 497, 32 WR 989, [1881–5] All ER Rep 365, 51 LT 637, HL 10.45
Messiniaki Tolmi, The. See Astro Exito Navegacion SA v Chase Manhattan Bank NA, The Messiniaki Tolmi
Metals Ltd v Diamond [1930] 3 DLR 886, Alta SC 13.14
Metcalfe v Archbishop of York (1833) 6 Sim 224, 4 LJ Ch 154, 58 ER 577; affd (1836) 1 My & Cr 547, 6 LJ Ch 65, 40 ER 485, Ct of Ch 23.03
Metropolitan Electric Supply Co Ltd v Ginder [1901] 2 Ch 799, 65 JP 519, 70 LJ Ch 862, 49 WR 508, 45 Sol Jo 467, 84 LT 818, 17 TLR 435, [1900–3] All ER Rep Ext 1545 .... 7.07
Metropolitan Water Board v Dick Kerr & Co [1918] AC 119, 16 LGR 1, 82 JP 61, 87 LJKB 370, 23 Com Cas 148, [1916–17] All ER Rep 122, 62 Sol Jo 102, 117 LT 766, 34 TLR 113, HL 3.159
Metula, The. See Shell International Petroleum Ltd v Seabridge Shipping Ltd, The Metula
Meyer (Montague L) Ltd v Kivisto (1929) 35 Ll L Rep 265, 74 Sol Jo 58, 142 LT 480, 46 TLR 162, [1929] All ER Rep Ext 795, CA 11.30
Meyer (Montague L) Ltd v Travaru A/B H Cornelius of Gamleby (1930) 37 Ll L Rep 204, 74 Sol Jo 466, 46 TLR 553 .... 11.39
Meyerstein v Barber (1866) LR 2 CP 38, 36 LJCP 48, 12 Jur NS 1020, 2 Mar LC 420, 15 WR 173, 15 LT 355; on appeal (1867) LR 2 CP 661, 36 LJCP 289, 15 WR 998, 16 LT 569, Ex Ch; affd sub nom Barber v Meyerstein (1870) LR 4 HL 317, 39 LJCP 187, 3 Mar LC 449, 18 WR 1041, 22 LT 808, [1861–73] All ER Rep Ext 1810, HL 24.06
Michael Gerson (Leasing) Ltd v Wilkinson [2001] QB 514, [2001] 1 All ER 148, [2000] 3 WLR 1645, [2000] 2 All ER (Comm) 890, [2000] 35 LS Gaz R 37 ... 2.45, 10.10, 16.52
Microbeads AG v Vinhurst Road Markings Ltd [1975] 1 All ER 529, [1975] 1 WLR 218, 31 P & CR 19, [1975] 1 Lloyd's Rep 375, [1976] RPC 19, 119 Sol Jo 81 ..... 11.22, 11.24
Midland Bank Ltd v Reckitt [1933] AC 1, 102 LJKB 297, 37 Com Cas 202, 4 LDAB 298, [1932] All ER Rep 90, 76 Sol Jo 165, 148 LT 374, 48 TLR 271, HL 20.101
Midland Silicones Ltd v Scruttons Ltd. See Scruttons Ltd v Midland Silicones Ltd
Mihalis Angelos, The. See Maredelanto Cia Naviera SA v Bergbau-Handel GmbH, The Mihalis Angelos
Miliangos v George Frank (Textiles) Ltd [1976] AC 443, [1975] 3 All ER 801, [1975] 3 WLR 758, [1975] 2 CMLR 585, [1976] 1 Lloyd's Rep 201, 9 LDAB 408, 119 Sol Jo 774, HL 20.90, 37.109
Millar (Andrew) & Co Ltd v Taylor & Co Ltd [1916] 1 KB 402, 85 LJKB 346, 60 Sol Jo 140, 114 LT 216, 32 TLR 161, CA 3.159
Millars of Falkirk Ltd v Turpie 1976 SLT (Notes) 66, Ct of Sess 11.79
Miller (James) & Partners Ltd v Whitworth Street Estates (Manchester) Ltd [1970] AC 583, [1970] 1 All ER 796, [1970] 2 WLR 728, [1970] 1 Lloyd's Rep 269, 114 Sol Jo 225, 214 Estates Gazette 111, HL 3.68, 39.22
Miller v Race (1757) 1 Burr 452, 2 Keny 189, 96 ER 1151 .... 17.17
Miller Associates (Australia) Pty Ltd v Bennington Pty Ltd (1975) 7 ALR 144, [1975] 2 NSWLR 506, NSW SC 20.23
Millett v Van Heek & Co [1921] 2 KB 369, 90 LJKB 671, 65 Sol Jo 356, 125 LT 51, 37 TLR 411, sub nom Millett v Van Heek [1921] All ER Rep 519, CA 14.13

Table of Cases

Mills v Fowkes (1839) 5 Bing NC 455, 8 LJCP 276, 2 Arn 62, 3 Jur 406, 7 Scott 444, 132 ER 1174 .... 18.09
Ministry of Health v Simpson. See Diplock, Re, Diplock v Wintle
Minster Trust Ltd v Traps Tractors Ltd [1954] 3 All ER 136, [1954] 1 WLR 963, 98 Sol Jo 456 .... 14.41
Miramichi, The [1915] P 71, 84 LJP 105, 13 Asp MLC 21, 1 P Cas 137, 59 Sol Jo 107, 112 LT 349, 31 TLR 72, P, D and Admlty 34.27
Misa v Currie. See Currie v Misa
Mitchell (George) (Chesterhall) Ltd v Finney Lock Seeds Ltd [1983] 2 AC 803, [1983] 2 All ER 737, [1983] 3 WLR 163, [1983] 2 Lloyd's Rep 272, [1983] Com LR 209, HL 3.77, 11.137
Mitchell v News Group Newspapers Ltd [2013] EWCA Civ 1537, [2014] 2 All ER 430, [2014] 1 WLR 795, [2014] BLR 89, [2013] 6 Costs LR 1008, [2013] All ER (D) 314 (Nov) 38.15
Mitchell, Cotts & Co v Steel Bros & Co Ltd [1916] 2 KB 610, 85 LJKB 1747, 13 Asp MLC 497, 22 Com Cas 63, [1916–17] All ER Rep 578, 115 LT 606, 32 TLR 533 .... 36.59
Mitchell, Re, Freelove v Mitchell [1913] 1 Ch 201, 82 LJ Ch 121, [1911–13] All ER Rep 187, 57 Sol Jo 213, 108 LT 34 .... 30.32
Mitsubishi Motors Corpn v Soler Chrysler-Plymouth Inc (1985) 473 US 614, 87 L Ed 444 1985, 105 S Ct 3346 .... 39.34
Mitsui and Co Ltd v Beteiligungsgesellschaft LPG Tankerflotte MBH and Co, The Longchamp [2017] UKSC 68, [2018] 1 All ER 545, [2018] 1 All ER (Comm) 815, [2017] Bus LR 1909, [2018] 1 Lloyd's Rep 1, (2017) Times, 07 November, [2017] All ER (D) 127 (Oct), SC 36.39
Mitsui & Co Ltd v Flota Mercante Grancolombiana SA, The Ciudad de Pasto and The Ciudad de Neiva [1989] 1 All ER 951, [1988] 1 WLR 1145, [1988] 2 Lloyd's Rep 208, 132 Sol Jo 1182, [1988] 34 LS Gaz R 54 .... 8.108, 34.14
M'Myn, Re, Lightbown v M'Myn (1886) 33 Ch D 575, 55 LJ Ch 845, 35 WR 179, 55 LT 834 .... 30.35
Modelboard Ltd v Outer Box Ltd [1993] BCLC 623, [1992] BCC 945 .... 22.35
Modern Terrazo Ltd Re [1998] NZLR 160 .... 25.26
Modern Transport Co Ltd v Ternstrom & Roos (1924) 19 Ll L Rep 345 .... 34.06
Mohammad Habib Ullah (Sheik) v Bird & Co (1921) 37 TLR 405, PC 14.20, 14.56
Molling & Co v Dean & Son Ltd (1901) 18 TLR 217, DC 13.16, 13.27
Molton Finance Ltd, Re [1968] Ch 325, [1967] 3 All ER 843, [1967] 3 WLR 1561, 111 Sol Jo 791 .... 22.61
Momm (t/a Delbrueck & Co) v Barclays Bank International Ltd [1977] QB 790, [1976] 3 All ER 588, [1977] 2 WLR 407, [1976] 2 Lloyd's Rep 341, 120 Sol Jo 486 .... 18.35
Money Markets International Stockbrokers Ltd (in liq) v London Stock Exchange Ltd [2001] 4 All ER 223, [2002] 1 WLR 1151, [2001] 2 All ER (Comm) 344, [2001] 2 BCLC 347, (2001) Times, 25 September, [2001] BPIR 1044, [2001] All ER (D) 117 (Jul) 4.37
Montage (G & H) GmbH v Irvani [1990] 2 All ER 225, [1990] 1 WLR 667, [1990] 1 Lloyd's Rep 14, 11 LDAB 483, 134 Sol Jo 425 .... 20.66
Montecchi v Shimco (UK) Ltd [1979] 1 WLR 1180, [1980] 1 Lloyd's Rep 50, 123 Sol Jo 551, CA 38.97
Montrod Ltd v Grundkotter Fleischvertriebs GmbH [2001] EWCA Civ 1954, [2002] 3 All ER 697, [2002] 1 WLR 1975, [2002] 1 All ER (Comm) 257, [2001] All ER (D) 335 (Dec) 35.116
Moorcock, The (1889) 14 PD 64, 58 LJP 73, 6 Asp MLC 373, 37 WR 439, [1886–90] All ER Rep 530, 60 LT 654, 5 TLR 316, CA 3.57
Moore & Co and Landauer & Co's Arbitration, Re [1921] 2 KB 519, 90 LJKB 731, 26 Com Cas 267, [1921] All ER Rep 466, 125 LT 372, 37 TLR 452, CA 11.39
Moorgate Mercantile Co Ltd v Twitchings [1977] AC 890, [1976] 2 All ER 641, [1976] 3 WLR 66, [1976] RTR 437, 120 Sol Jo 470, HL 16.11, 16.18, 16.23
Morgan (J P) Europe Ltd v Primacom AG [2005] EWHC 508 (Comm), [2005] 2 All ER (Comm) 764, [2005] 2 Lloyd's Rep 665, [2005] All ER (D) 03 (Apr) 37.12
Morgan v Larivière (1875) LR 7 HL 423, 44 LJ Ch 457, 23 WR 537, 32 LT 41, HL 35.49
Morgan v Russell & Sons [1909] 1 KB 357, 78 LJKB 187, 53 Sol Jo 136, 100 LT 118, 25 TLR 120, DC 7.20

Table of Cases

Morguard Investment v De Savoye (1990) 52 BCLR 2d 160, [1990] 3 SCR 1077, 76 DLR (4th) 256, [1991] 2 WWR 217, Can SC 37.49
Morison v London County and Westminster Bank Ltd [1914] 3 KB 356, 83 LJKB 1202, 19 Com Cas 273, 3 LDAB 91, [1914–15] All ER Rep 853, 58 Sol Jo 453, 111 LT 114, 30 TLR 481, CA 20.98, 20.126
Morley v Attenborough (1849) 13 JP 427, 18 LJ Ex 148, 3 Exch 500, 13 Jur 282, 154 ER 942, [1843–60] All ER Rep 1045, 12 LTOS 532, Exch Ct 6.07
Morley v Morley (1858) 25 Beav 253, 6 WR 360, 53 ER 633 .... 23.56
Morphitis v Bernasconi [2003] EWCA Civ 289, [2003] Ch 552, [2003] 2 WLR 1521, [2003] 2 BCLC 53, [2003] BCC 540, [2003] 19 LS Gaz R 30, (2003) Times, 12 March, 147 Sol Jo LB 300, [2003] BPIR 973, sub nom Morphites v Bernasconi [2003] All ER (D) 33 (Mar) 31.72
Morrell v Studd and Millington [1913] 2 Ch 648, 83 LJ Ch 114, 58 Sol Jo 12, 109 LT 628, [1911–13] All ER Rep Ext 1426 .... 3.94
Morris v Bank of India [2005] EWCA Civ 693, [2005] 2 BCLC 328, (2005) Times, 19 July, [2005] BPIR 1067, [2005] All ER (D) 242 (Jun), CSRC vol 29 iss 8/2, sub nom Bank of India v Morris [2005] BCC 739 .... 31.72
Morrison (James) & Co Ltd v Shaw, Savill and Albion Co Ltd [1916] 2 KB 783, 86 LJKB 97, 13 Asp MLC 504, 22 Com Cas 81, [1916–17] All ER Rep 1068, 61 Sol Jo 9, 115 LT 508, 32 TLR 712, CA 36.32
Morritt, Re, ex p Official Receiver (1886) 18 QBD 222, 56 LJQB 139, 35 WR 277, 56 LT 42, 3 TLR 266, CA 23.35
Mortgage Business plc v O'Shaughnessy [2012] EWCA Civ 17, [2012] 1 WLR 1521, [2012] 1 P & CR 393, [2012] 1 EGLR 89, [2012] 15 Estates Gazette 96, [2012] 05 EG 82 (CS), sub nom Cook v The Mortgage Business plc [2012] All ER (D) 203 (Jan); affd on other grounds sub nom Southern Pacific Mortgages Ltd v Scott (Mortgage Business plc intervening) [2014] UKSC 52, [2015] 1 All ER 277, [2014] 3 WLR 1163, [2014] HLR 747, [2015] 1 EGLR 3, 164 NLJ 7633, (2014) Times, 28 October, [2015] WTLR 1067, [2014] All ER (D) 251 (Oct) 24.61
Morviken, The. See Hollandia, The
Moschi v Lep Air Services Ltd [1973] AC 331, [1972] 2 All ER 393, [1972] 2 WLR 1175, 116 Sol Jo 372, HL 3.142, 30.24, 30.27, 30.28, 30.44, 30.45
Moss v Hancock [1899] 2 QB 111, 63 JP 517, 68 LJQB 657, 19 Cox CC 324, 47 WR 698, 43 Sol Jo 479, 80 LT 693, 15 TLR 353, DC 17.16
Mothew v Bristol & West Building Society. See Bristol and West Building Society v Mothew (t/a Stapley & Co)
Motis Exports Ltd v Dampskibsselskabet AF 1912 Aktieselskab and Aktieselskabet Dampskibsselskabet Svendborg [2000] 1 All ER (Comm) 91, [2000] 1 Lloyd's Rep 211, [2000] 03 LS Gaz R 37 .... 36.35
Motor Credits (Hire Finance Ltd) v Pacific Motor Auctions Pty Ltd (1963) 109 CLR 87, Aus HC; revsd sub nom Pacific Motor Auctions Pty Ltd v Motor Credits (Hire Finance) Ltd [1965] AC 867, [1965] 2 All ER 105, [1965] 2 WLR 881, 109 Sol Jo 210, PC 16.24, 16.43, 16.50
Motor Oil Hellas (Corinth) Refineries SA v Shipping Corpn of India, The Kanchenjunga [1990] 1 Lloyd's Rep 391, (1990) Times, 19 February, HL 3.93, 12.20
Motorola Credit Corp v Uzan [2003] EWCA Civ 752, [2004] 1 WLR 113, [2003] 32 LS Gaz R 34, (2003) Times, 19 June, 147 Sol Jo LB 752, [2003] All ER (D) 150 (Jun) 38.98
Mount (D F) Ltd v Jay and Jay (Provisions) Co Ltd [1960] 1 QB 159, [1959] 3 All ER 307, [1959] 3 WLR 537, [1959] 2 Lloyd's Rep 269, 103 Sol Jo 636 .... 16.65
Mount Sophia Pte Ltd v Join-Aim Pte Ltd [2012] SGCA 28, 150 ConLR 21, Sing CA 35.118
Mubarak Ali v Wali Mohamed & Co (1938) 18 KLR 23 .... 16.71
Mucklow v Mangles (1808) 1 Taunt 318, 127 ER 856 .... 8.97
Multiservice Bookbinding Ltd v Marden [1979] Ch 84, [1978] 2 All ER 489, [1978] 2 WLR 535, 35 P & CR 201, 122 Sol Jo 210, [1999] GCCR 517 .... 3.73
Munro (Robert A) & Co Ltd v Meyer [1930] 2 KB 312, 99 LJKB 703, 35 Com Cas 232, [1930] All ER Rep 241, 143 LT 565 .... 10.45, 11.39
Murray v Parker (1854) 19 Beav 305, 52 ER 367 .... 3.69
Murray v Bernard [2015] EWHC 2395 (Ch), [2015] 5 Costs LO 567 .... 38.04
Myers v Kestrel Acquistions Ltd [2015] EWHC 916 (Ch), [2015] All ER (D) 11 (Apr) 3.76

cxiii

Table of Cases

N

NLA Group Ltd v Bowers [1999] 1 Lloyd's Rep 109 .... 3.64
Napier and Ettrick (Lord) v RF Kershaw Ltd [1993] AC 713, [1993] 1 All ER 385, [1993] 2 WLR 42, [1993] 1 Lloyd's Rep 197, [1993] 9 LS Gaz R 43, 137 Sol Jo LB 44, HL 23.52
National Bank of Kazakhstan v Bank of New York Mellon SA/NV, London Branch [2020] EWHC 916 (Comm) 38.12
National Carriers Ltd v Panalpina (Northern) Ltd [1981] AC 675, [1981] 1 All ER 161, [1981] 2 WLR 45, 43 P & CR 72, 125 Sol Jo 46, HL 3.159, 3.176
National Commercial Bank (Jamaica) Ltd v Hew [2003] UKPC 51, 63 WIR 183, [2004] 2 LRC 396, [2003] All ER (D) 402 (Jun) 3.73
National Employers' Mutual General Insurance Association Ltd v Jones [1990] 1 AC 24, [1987] 3 All ER 385, [1987] 3 WLR 901, [1987] BTLC 125, 131 Sol Jo 1154, [1987] LS Gaz R 2458; affd [1990] 1 AC 24, [1988] 2 All ER 425, [1988] 2 WLR 952, [1988] RTR 289, 132 Sol Jo 658, [1988] NLJR 118, HL 7.27, 16.49
National Infrastructure Development Company Ltd v Banco Santander SA [2016] EWHC 2990 (Comm), [2017] All ER (D) 28 (Jan); affd [2017] EWCA Civ 27, [2018] 1 All ER (Comm) 156, [2017] 1 Lloyd's Rep 361, [2017] All ER (D) 91 (Jan) 35.118
National Provincial and Union Bank of England v Charnley [1924] 1 KB 431, 93 LJKB 241, [1924] B & CR 37, 68 Sol Jo 480, 130 LT 465, [1923] All ER Rep Ext 820, CA 24.37
National Provincial Bank of England Ltd v United Electric Theatres Ltd [1916] 1 Ch 132, 14 LGR 265, 80 JP 153, 85 LJ Ch 106, [1916] HBR 56, 3 LDAB 136, 60 Sol Jo 274, 114 LT 276, 32 TLR 174 .... 29.09
National Westminster Bank Ltd v Halesowen Presswork and Assemblies Ltd. See Halesowen Presswork and Assemblies Ltd v Westminster Bank Ltd
National Westminster Bank plc v Hardman [1988] FLR 302, CA 30.46
National Westminster Bank plc v Jones [2001] EWCA Civ 1541, [2002] 1 P & CR D20, [2002] 1 BCLC 55, [2001] 44 LS Gaz R 35, (2001) Times, 19 November, 145 Sol Jo LB 246, [2002] BPIR 361, [2001] All ER (D) 333 (Oct) 25.16
National Westminster Bank plc v Morgan [1985] AC 686, [1985] 1 All ER 821, [1985] 2 WLR 588, [1985] FLR 266, 17 HLR 360, 10 LDAB 510, 129 Sol Jo 205, [1985] LS Gaz R 1485, [1985] NLJ Rep 254, [1999] GCCR 727, HL 3.73
National Westminster Bank plc v Spectrum Plus Ltd. See Spectrum Plus Ltd, Re
Nauman v Northcote (1978), unreported 30.49, 30.50
Naviera Amazonica Peruana SA v Cia Internacional de Seguros del Peru [1988] 1 Lloyd's Rep 116, CA 39.22
Naviera Mogor SA v Société Metallurgique de Normandie, The Nogar Marin [1988] 1 Lloyd's Rep 412, CA 32.36
Navig8 Ptd Ltd v Al-Riyadh Co for Vegetable Oil Industry. The Lucky Lady [2013] EWHC 328 (Comm), [2013] 2 All ER (Comm) 145, [2013] 2 Lloyd's Rep 104, [2013] NLJR 269, [2013] All ER (D) 285 (Feb) 36.17
Naxos, The. See Cie Commercial Sucres et Denrées v C Czarnikow Ltd, The Naxos
Nelson (Edward) & Co Ltd v Faber & Co [1903] 2 KB 367, 72 LJKB 771, 10 Mans 427, 89 LT 21 .... 25.16
Nema, The. See Pioneer Shipping Ltd v BTP Tioxide Ltd
Neocleous v Rees [2019] EWHC 2462 (Ch), [2019] PLSCS 189, 169 NLJ 7860, [2020] 1 P & CR D19, [2019] All ER (D) 25 (Oct), CC 3.31, 3.32
New Age Alzarooni 2 Ltd v Range Energy Natural Resources Inc [2014] EWHC 4358 (Comm), [2014] All ER (D) 223 (Dec) 39.90
New Bullas Trading Ltd, Re [1993] BCLC 1389, [1993] BCC 251; revsd [1994] 1 BCLC 485, [1994] BCC 36, 12 LDAB 569, 12 ACLC 3203 .... 22.62
New City Constitutional Club Co, Re, ex p Purssell (1887) 34 Ch D 646, 56 LJ Ch 332, 35 WR 421, 56 LT 792, 3 TLR 331, CA 25.27
New Prosper, The. See Bunge & Co Ltd v Tradax Ocean Transportation SA, The New Prosper
New Sombrero Phosphate Co v Erlanger. See Erlanger v New Sombrero Phosphate Co
New York Star, The. See Port Jackson Stevedoring Pty Ltd v Salmond & Spraggon (Australia) Pty Ltd, The New York Star
New Zealand Shipping Co Ltd v AM Satterthwaite & Co Ltd [1975] AC 154, [1974] 1 All ER 1015, [1974] 2 WLR 865, 118 Sol Jo 387, sub nom The Eurymedon [1974] 1 Lloyd's Rep 534, PC 3.13, 3.86, 36.13, 36.76

Table of Cases

Newsholme Bros v Road Transport and General Insurance Co Ltd [1929] 2 KB 356, 24 Ll L Rep 247, 98 LJKB 751, 34 Com Cas 330, [1929] All ER Rep 442, 73 Sol Jo 465, 141 LT 570, 45 TLR 573, CA 5.24
Newtons of Wembley Ltd v Williams [1965] 1 QB 560, [1964] 3 All ER 532, [1964] 3 WLR 888, 108 Sol Jo 619, CA 1.43, 3.101, 7.04, 16.64, 16.69
Ng Chee Chong, Ng Weng Chong, Ng Chenc and Ng Yew (a firm t/a Maran Road Saw Mill) v Austin Taylor & Co Ltd [1975] 1 Lloyd's Rep 156 ...... 35.77
Niblett Ltd v Confectioners' Materials Co Ltd [1921] 3 KB 387, 90 LJKB 984, [1921] All ER Rep 459, 125 LT 552, 37 TLR 653, CA 11.15, 11.19, 11.62, 11.83
Nichol v Godts (1854) 23 LJ Ex 314, 10 Exch 191, 2 CLR 1468, 23 LTOS 162 ...... 11.39
Nicholson v Harper [1895] 2 Ch 415, 59 JP 727, 64 LJ Ch 672, 13 R 567, 43 WR 550, [1895–9] All ER Rep 882, 39 Sol Jo 524, 73 LT 19, 11 TLR 435 ...... 16.52
Niedersachen, The. See Ninemia Maritime Corpn v Trave Schiffahrtsgesellschaft mbH & Co KG, The Niedersachen
Nigerian National Shipping Line Ltd v River Gurara (cargo owners). See River Gurara (owners of cargo lately on board) v Nigerian National Shipping Line Ltd, The River Gurara
Ninemia Maritime Corpn v Trave Schiffahrtsgesellschaft mbH & Co KG, The Niedersachen [1984] 1 All ER 398, [1983] 1 WLR 1412, [1983] 2 Lloyd's Rep 600, [1984] LS Gaz R 198, CA 38.97
Niru Battery Manufacturing Co v Milestone Trading Ltd [2003] EWCA Civ 1446, [2004] QB 985, [2004] 2 WLR 1415, [2004] 1 All ER (Comm) 193, [2004] 1 Lloyd's Rep 344, [2003] 44 LS Gaz R 33, (2003) Times, 30 October, 147 Sol Jo LB 1242, [2003] All ER (D) 389 (Oct) 35.57
Nisshin Shipping Co Ltd v Cleaves & Co Ltd [2003] EWHC 2602 (Comm), [2004] 1 All ER (Comm) 481, [2004] 1 Lloyd's Rep 38, [2003] NLJR 1705, [2003] ArbLR 32, [2003] All ER (D) 106 (Nov) 3.88, 39.27
Nissho Iwai Petroleum Co Inc v Cargill International SA [1993] 1 Lloyd's Rep 80 ...... 3.74
Nocton v Lord Ashburton [1914] AC 932, 83 LJ Ch 784, [1914–15] All ER Rep 45, 111 LT 641, HL 14.10
Nogar Marin, The. See Naviera Mogor SA v Société Metallurgique de Normandie, The Nogar Marin
Norbrook Laboratories Ltd v Challenger [2006] EWHC 1055 (Comm), [2006] 2 Lloyd's Rep 485, [2006] BLR 412, [2006] ArbLR 50, [2006] All ER (D) 186 (May) 39.91
Nordsee Deutsche Hochseefischerei GmbH v Reederei Mond Hochseefischerei Nordstern AG & Co KG: 102/81 [1982] ECR 1095, ECJ 39.36, 39.37
Nori Holdings Ltd v Public Joint-Stock Company "Bank Otkritie Financial Corporation" [2018] EWHC 1343 (Comm), [2018] 2 All ER (Comm) 1009, [2018] 2 Lloyd's Rep 80, 168 NLJ 7798, [2018] BPIR 1402, [2018] All ER (D) 30 (Jun) 39.55
Norjarl K/S A/S v Hyundai Heavy Industries Co Ltd [1992] 1 QB 863, [1991] 3 All ER 211, [1991] 3 WLR 1025, [1991] 1 Lloyd's Rep 524, [1991] NLJR 343 ...... 39.27, 39.28, 39.60
Norman v Federal Comr of Taxation (1963) 109 CLR 9, [1964] ALR 131, Aus HC 23.14
Nortel GmbH (in administration) Re [2013] UKSC 52, [2014] AC 209, [2013] 4 All ER 887, [2013] 3 WLR 504, [2013] 2 BCLC 135, (2013) Times, 19 August, [2013] All ER (D) 283 (Jul) 31.69
North and South Trust Co v Berkeley [1971] 1 All ER 980, [1971] 1 WLR 470, [1970] 2 Lloyd's Rep 467, 115 Sol Jo 244 ...... 3.59, 5.22
North and South Wales Bank Ltd v Macbeth [1908] AC 137, 77 LJKB 464, 13 Com Cas 219, 2 LDAB 168, 52 Sol Jo 353, 98 LT 470, 24 TLR 397, HL 20.111
North Central Wagon Finance Co Ltd v Brailsford [1962] 1 All ER 502, [1962] 1 WLR 1288, 106 Sol Jo 878, [1999] GCCR 147 ...... 22.30
North Ocean Shipping Co Ltd v Hyundai Construction Co Ltd, The Atlantic Baron [1979] QB 705, [1978] 3 All ER 1170, [1979] 3 WLR 419, [1979] 1 Lloyd's Rep 89, 123 Sol Jo 352 ...... 3.73

Table of Cases

North Shore Ventures Ltd v Anstead Holdings Inc [2010] EWHC 1485 (Ch), [2011] 1 All ER (Comm) 81, [2010] Bus LR D116, [2010] 2 Lloyd's Rep 265, [2010] All ER (D) 159 (Jun); revsd [2011] EWCA Civ 230, [2012] Ch 31, [2011] 3 WLR 628, [2011] 2 All ER (Comm) 1024, [2011] Bus LR 1036, [2011] 2 Lloyd's Rep 45, [2011] BLR 757, [2011] All ER (D) 95 (Mar) 30.22
North Shore Ventures Ltd v Anstead Holdings Inc [2012] EWCA Civ 11, [2012] All ER (D) 89 (Jan) 30.22
North Western Bank Ltd v Poynter, Son and Macdonalds [1895] AC 56, 64 LJPC 27, 11 R 125, [1891–4] All ER Rep 754, 72 LT 93, HL 35.150
North-Western Salt Co Ltd v Electrolytic Alkali Co Ltd [1914] AC 461, 83 LJKB 530, [1914–15] All ER Rep 752, 58 Sol Jo 338, 110 LT 852, 30 TLR 313, HL 3.172
Northern Counties of England Fire Insurance Co v Whipp (1884) 26 Ch D 482, 53 LJ Ch 629, 32 WR 626, [1881–5] All ER Rep 51, 51 LT 806, CA 16.19
Northern Steel and Hardware Co Ltd v John Batt & Co (London) Ltd (1917) 33 TLR 516, CA 34.07
Northrop Grumman Mission Systems Europe Ltd v BAE Systems (Al Diriyah C4I) Ltd [2015] EWCA Civ 844, 161 ConLR 1, [2015] BLR 657, [2015] All ER (D) 325 (Jul) 3.68
Northside Developments Pty Ltd v Registrar-General (1990) 170 CLR 146, 93 ALR 385, 64 ALJR 427, Aus HC 20.100
Norwegian American Cruises A/S (formerly Norwegian American Lines A/S) v Paul Mundy Ltd, The Vistafjord [1988] 2 Lloyd's Rep 343, CA 3.94
Norwich and Peterborough Building Society v McGuinness [2011] EWCA Civ 1286, [2012] 2 All ER (Comm) 265, [2012] 2 BCLC 233, (2011) Times, 21 December, [2012] BPIR 145, [2011] All ER (D) 63 (Nov) 30.24, 30.28
Norwich Pharmacal Co v Customs and Excise Comrs [1974] AC 133, [1973] 2 All ER 943, [1973] 3 WLR 164, [1973] FSR 365, [1974] RPC 101, 117 Sol Jo 567, HL 38.67
Nottingham Permanent Benefit Building Society v Thurstan [1903] AC 6, 67 JP 129, 72 LJ Ch 134, 51 WR 273, [1900–3] All ER Rep 830, 87 LT 529, 19 TLR 54, HL 22.67
Nova (Jersey) Knit Ltd v Kammgarn Spinnerei GmbH [1977] 2 All ER 463, [1977] 1 WLR 713, [1977] 1 Lloyd's Rep 463, 121 Sol Jo 170, HL 20.88, 20.95, 20.117
Novaknit Hellas SA v Kumar Bros Inernational Ltd [1998] Lloyd's Rep Bank 287, [1998] CLC 971, 14 LDAB 210, [1998] All ER (D) 130 .... 20.06, 20.27, 21.02
Novus Aviation Ltd v Alubaf Arab International Bank BSC(c) [2016] EWHC 1575 (Comm), [2017] 1 BCLC 414, [2016] All ER (D) 20 (Jul) 3.32

O

OBG Ltd v Allan [2007] UKHL 21, [2008] 1 AC 1, [2007] 4 All ER 545, [2007] 2 WLR 920, [2008] 1 All ER (Comm) 1, [2007] Bus LR 1600, [2007] IRLR 608, [2007] 19 EG 165 (CS), (2007) Times, 4 May, 151 Sol Jo LB 674, [2007] EMLR 325, [2008] 1 LRC 279, [2007] All ER (D) 44 (May) 3.88
Oasis Merchandising Services Re, Ward v Aitkin [1998] Ch 170, [1997] 1 All ER 1009, [1997] 2 WLR 764, [1997] 1 BCLC 689, [1996] NLJR 1513 .... 31.75
O'Brien v MGN Ltd [2001] EWCA Civ 1279, (2001) Times, 8 August, [2001] All ER (D) 01 (Aug) 3.48
Obestain Inc v National Mineral Development Corpn Ltd, The Sanix Ace [1987] 1 Lloyd's Rep 465 .... 36.71
Occidental Worldwide Investment Corpn v Skibs A/S Avanti, Skibs A/S Glarona, Skibs A/S Navalis, The Siboen and The Sibotre [1976] 1 Lloyd's Rep 293 .... 3.73
Ocean Accident and Guarantee Corpn v Ilford Gas Co [1905] 2 KB 493, 74 LJKB 799, 93 LT 381, 21 TLR 610, CA 23.32
Ocean Frost, The. See Armagas Ltd v Mundogas SA, The Ocean Frost
Ocean Tramp Tankers Corpn v V/O Sovfracht, The Eugenia [1964] 2 QB 226, [1964] 1 All ER 161, [1964] 2 WLR 114, [1963] 2 Lloyd's Rep 381, 107 Sol Jo 931, CA 3.171
Oceanica Castelana Armadora SA v Mineralimportexport (Barclays Bank International Ltd intervening), The Theotokos [1983] 2 All ER 65, [1983] 1 WLR 1294, [1983] 2 Lloyd's Rep 204, [1983] Com LR 107, 127 Sol Jo 205 .... 38.99

Table of Cases

Office of Fair Trading v Abbey National plc [2009] UKSC 6, [2010] 1 AC 696, [2010] 1 All ER 667, [2009] 3 WLR 1215, [2010] 2 All ER (Comm) 945, [2010] 1 CMLR 1379, [2010] 1 Lloyd's Rep 281, [2009] NLJR 1702, (2009) Times, 26 November, 153 Sol Jo (no 45) 28, [2009] GCCR 9851, [2009] All ER (D) 271 (Nov) 3.85
Office of Fair Trading v Ashbourne Management Services Ltd [2011] EWHC 1237 (Ch), [2011] GCCR 11201, [2011] All ER (D) 276 (May) 3.84
Official Assignee of Madras v Mercantile Bank of India Ltd [1935] AC 53, 104 LJPC 1, 40 Com Cas 143, 4 LDAB 462, [1934] All ER Rep 237, 152 LT 170, PC 2.45, 24.05
Offord v Davies (1862) 12 CBNS 748, 31 LJCP 319, 9 Jur NS 22, 10 WR 758, 142 ER 1336, [1861–73] All ER Rep 868, 6 LT 579 .... 30.20
Ogle v Earl Vane (1868) LR 3 QB 272, 9 B & S 182, 37 LJQB 77, 16 WR 463, Ex Ch 14.19
Oldendorff (Egon) v Libera Corpn [1996] 1 Lloyd's Rep 380 .... 37.67
Olds Discount Co Ltd v John Playfair Ltd [1938] 3 All ER 275, 82 Sol Jo 648, 159 LT 332 .... 22.06, 27.07
Olex Focas Pty Ltd v Skodaexport Co Ltd (1996) 134 FLR 331 .... 35.119
Oliehandel Jongkind BV v Coastal International Ltd [1983] 2 Lloyd's Rep 463 ...... 3.154
Oliver v Davis [1949] 2 KB 727, [1949] 2 All ER 353, [1949] LJR 1661, 6 LDAB 58, 93 Sol Jo 562, CA 19.32
Oliver v Hinton [1899] 2 Ch 264, 68 LJ Ch 583, 48 WR 3, 43 Sol Jo 622, 81 LT 212, 15 TLR 450, CA 24.19
Olley v Marlborough Court Ltd [1949] 1 KB 532, [1949] 1 All ER 127, [1949] LJR 360, 93 Sol Jo 40, 65 TLR 95, CA 3.77
Olympic Airlines SA, Re [2015] UKSC 27, [2015] 3 All ER 694, [2015] 1 WLR 2399, [2015] 2 All ER (Comm) 393, [2015] 1 BCLC 589, 165 NLJ 7651, (2015) Times, 14 May, [2015] All ER (D) 224 (Apr) 31.87
Omak Maritime Ltd v Mamola Challenger Shipping Co [2010] EWHC 2026 (Comm), [2011] 2 All ER (Comm) 155, [2011] Bus LR 212, [2011] 1 Lloyd's Rep 47, 132 ConLR 196, (2010) Times, 21 September, [2010] All ER (D) 36 (Aug) 3.09, 14.27
On Demand Information plc (in administrative receivership) v Michael Gerson (Finance) plc [2000] 4 All ER 734, [2001] 1 WLR 155, [2000] 2 All ER (Comm) 513, [2002] BCC 122, [2000] NLJR 1300, [2001] GCCR 2831; revsd in part [2002] UKHL 13, [2003] 1 AC 368, [2002] 2 All ER 949, [2002] 2 WLR 919, [2002] 1 All ER (Comm) 641, [2002] BCC 673, [2002] 21 LS Gaz R 31, (2002) Times, 2 May, [2002] GCCR 4651, [2002] All ER (D) 116 (Apr) 28.03, 28.16
One Step (Support) Ltd v Morris-Garner [2018] UKSC 20, [2018] EGLR 26, [2019] AC 649, [2018] 3 All ER 659, [2018] 2 WLR 1353, [2018] 2 All ER (Comm) 769, [2018] 1 Lloyd's Rep 495, [2018] IRLR 661, 168 NLJ 7790, (2018) Times, 24 April, [2018] All ER (D) 62 (Apr), SC 3.102, 3.113, 3.120, 3.121
Oppenheimer v Attenborough & Son [1908] 1 KB 221, 77 LJKB 209, 13 Com Cas 125, [1904–7] All ER Rep 1016, 52 Sol Jo 76, 98 LT 94, 24 TLR 115, CA 16.43
Orakpo v Manson Investments Ltd [1978] AC 95, [1977] 3 All ER 1, [1977] 3 WLR 229, 35 P & CR 1, 121 Sol Jo 632, HL 22.67, 23.49, 23.52
Orams v Apostolides (British Residents' Association intervening) [2010] EWCA Civ 9, [2011] QB 519, [2011] 2 WLR 324, [2010] 1 All ER (Comm) 992, [2010] 05 LS Gaz R 18, [2010] 04 EG 112 (CS), (2010) Times, 24 February, [2010] All ER (D) 105 (Jan) 37.23
Orams v Apostolides: C-420/07 [2009] ECR I-3571, [2011] 2 WLR 324, [2010] 1 All ER (Comm) 950, (2009) Times, 1 May, [2009] All ER (D) 89 (May), ECJ 37.47
Orange Personal Communications Services Ltd v Hoare Lea (a firm) [2008] EWHC 223 (TCC), 117 ConLR 76, [2009] Bus LR D24, [2008] All ER (D) 169 (Feb) 38.18
Oriental Bank Corpn, Re, MacDowall's Case (1886) 32 Ch D 366, 55 LJ Ch 620, 34 WR 529, 54 LT 667 .... 31.29
Oriental Financial Corpn v Overend, Gurney & Co (1871) LR 7 Ch App 142, 41 LJ Ch 332, 20 WR 253, 25 LT 813, CA in Ch; affd sub nom Overend, Gurney & Co Ltd (Liquidators) v Oriental Financial Corpn Ltd (Liquidators) (1874) LR 7 HL 348, [1874–80] All ER Rep 1269, 31 LT 322, HL 20.61
Orion Compania Espanola de Seguros v Belfort Maatschappij voor Algemene Verzekgringeen [1962] 2 Lloyd's Rep 257 .... 39.42
Orion Finance Ltd v Crown Financial Management Ltd [1996] 2 BCLC 78 ... 22.31, 29.19
Ormrod v Huth (1845) 14 LJ Ex 366, 14 M & W 651, 153 ER 636, 5 LTOS 268, Ex Ch 6.05

Table of Cases

Orrcon Operations Pty Ltd v Capital Steel & Pipe Pty Limited [2007] FCA 1319 ... 35.119
Osterreichische Länderbank v S'Elite Ltd [1981] QB 565, [1980] 2 All ER 651, [1980] 3 WLR 356, [1980] 2 Lloyd's Rep 139, 124 Sol Jo 326 .... 20.45
Overend, Gurney & Co Ltd (Liquidators) v Oriental Financial Corpn Ltd (Liquidators). See Oriental Financial Corpn v Overend, Gurney & Co
Oversea Buyers Ltd v Granadex SA [1980] 2 Lloyd's Rep 608 .... 34.11
Overseas Union Insurance Ltd v New Hampshire Insurance Co: C-351/89 [1992] 1 QB 434, [1992] 2 All ER 138, [1991] ECR I-3317, [1992] 2 WLR 586, [1992] 1 Lloyd's Rep 204, ECJ 37.45
Owen (Edward) Engineering Ltd v Barclays Bank International Ltd [1978] QB 159, [1978] 1 All ER 976, [1977] 3 WLR 764, [1978] 1 Lloyd's Rep 166, 10 LDAB 50, 121 Sol Jo 617, 6 BLR 1 .... 35.167
Owen v Gooch (1797) 2 Esp 567, 170 ER 457, NP 5.35
Owen v Tate [1976] QB 402, [1975] 2 All ER 129, [1975] 3 WLR 369, 119 Sol Jo 575 .... 18.06, 20.121, 23.55, 30.33, 30.34
Owens Bank Ltd v Bracco [1992] 2 AC 443, [1992] 2 All ER 193, [1992] 2 WLR 621, [1992] 23 LS Gaz R 35, 136 Sol Jo LB 131, HL 37.51
Owens Bank Ltd v Bracco (No 2): C-129/92 [1994] QB 509, [1994] 1 All ER 336, [1994] ECR I-117, [1994] 2 WLR 759, ECJ 37.12
Owusu v Jackson (t/a Villa Holidays Bal-Inn Villas): C-281/02 [2005] QB 801, [2005] ECR I-1383, [2005] 2 WLR 942, [2005] 2 All ER (Comm) 577, [2005] 1 Lloyd's Rep 452, (2005) Times, 9 March, [2005] All ER (D) 47 (Mar), ECJ .. 37.25, 37.34, 38.78
Oxigen Environmental Ltd v Mullan [2012] NIQB 17 .... 20.117
Oxus Gold plc v Oxus Resources Corpn [2007] EWHC 770 (Comm), [2007] All ER (D) 57 (Apr) 14.30

P

P v T Ltd [1997] 4 All ER 200, [1997] 1 WLR 1309, [1997] ICR 887 .... 38.67
P, The [1992] 1 Lloyd's Rep 470 .... 38.97
PGF II SA v OMFS Co 1 Ltd [2013] EWCA Civ 1288, [2014] 1 All ER 970, [2014] 1 WLR 1386, 152 ConLR 72, [2013] 3 EGLR 16, [2014] BLR 1, [2013] 6 Costs LR 973, [2013] All ER (D) 264 (Oct) 38.04
PJ Pipe and Valve Co Ltd v Audco India Ltd [2005] EWHC 1904 (QB), [2005] All ER (D) 18 (Sep) 5.13
PST Energy 7 Shipping LLC v OW Bunker Malta Ltd (The Res Cogitans) [2015] EWHC 2022 (Comm), [2015] 2 Lloyd's Rep 563, [2015] All ER (D) 166 (Jul); affd sub nom PST Energy 7 Shipping LLC v OW Bunker Malta Ltd; "Res Cogitans" [2015] EWCA Civ 1058, [2016] 2 WLR 1072, [2016] 1 All ER (Comm) 503, [2016] 1 Lloyd's Rep 228, (2016) Times, 14 January, [2015] All ER (D) 192 (Oct); affd sub nom PST Energy 7 Shipping LLC v OW Bunker Malta Ltd [2016] UKSC 23, [2016] AC 1034, [2016] 3 All ER 879, [2016] 2 WLR 1193, [2017] 1 All ER (Comm) 1, [2016] 1 Lloyd's Rep 589, 166 NLJ 7699, (2016) Times, 17 May, [2016] BPIR 973, [2016] All ER (D) 75 (May), SC 7.31, 7.33, 8.30, 8.52, 15.14, 22.33, 27.05, 27.11
Pace Shipping Co Ltd of Malta v Churchgate Nigeria Ltd of Nigeria [2010] EWHC 2828 (Comm), [2011] 1 All ER (Comm) 939, [2011] 1 Lloyd's Rep 537, [2010] NLJR 1613, [2010] All ER (D) 135 (Nov) 36.65
Pacific Motor Auctions Pty Ltd v Motor Credits (Hire Finance) Ltd. See Motor Credits (Hire Finance Ltd) v Pacific Motor Auctions Pty Ltd
Pagarani v T Choithram International SA (1997) 1 OFLR(ITELR) 239; on appeal sub nom T Choithram International SA v Pagarani (1998) 2 OFLR(ITELR) 1; revsd [2001] 2 All ER 492, 3 ITELR 254, 145 Sol Jo LB 8, [2001] 1 LRC 694, [2000] All ER (D) 2140, PC 3.14
Page One Records Ltd v Britton (t/a The Troggs) [1967] 3 All ER 822, [1968] 1 WLR 157, 111 Sol Jo 944 .... 3.115
Pagnan and Fratelli v Corbisa Industrial Agropacuaria Ltda [1971] 1 All ER 165, [1970] 1 WLR 1306, [1970] 2 Lloyd's Rep 14, 114 Sol Jo 568 .... 14.20, 14.22
Pagnan SpA v Tradax Ocean Transportation SA [1987] 1 All ER 81, [1986] 2 Lloyd's Rep 646; affd [1987] 3 All ER 565, [1987] 2 Lloyd's Rep 342 .... 34.11

Table of Cases

Palgrave, Brown & Son Ltd v SS Turid [1922] 1 AC 397, 91 LJP 81, 15 Asp MLC 538, 27 Com Cas 216, [1922] All ER Rep 489, 66 Sol Jo 349, 127 LT 42, 38 TLR 423, HL 3.57
Palk v Mortgage Services Funding plc [1993] Ch 330, [1993] 2 All ER 481, [1993] 2 WLR 415, 65 P & CR 207, 25 HLR 56, 12 LDAB 285 .... 23.41
Panama, New Zealand and Australian Royal Mail Co, Re (1870) LR 5 Ch App 318, 39 LJ Ch 482, 18 WR 441, 22 LT 424, CA in Ch 25.17
Panatown Ltd v Alfred McAlpine Construction Ltd [2001] 1 AC 518, [2000] 4 All ER 97, [2000] 3 WLR 946, 71 ConLR 1, [2000] NLJR 1299, [2000] BLR 331, 144 Sol Jo LB 240, [2000] All ER (D) 1078, HL 3.123
Panchaud Frères SA v Etablissements General Grain Co [1970] 1 Lloyd's Rep 53, CA 34.42
Pantanassa, The, Norsk Bjergningskompagni AS v Pantanassa (Owners) [1970] P 187, [1970] 1 All ER 848, [1970] 2 WLR 981, [1970] 1 Lloyd's Rep 153, P, D and Admlty 34.24
Pao On v Lau Yiu Long [1980] AC 614, [1979] 3 All ER 65, [1979] 3 WLR 435, 123 Sol Jo 319, PC 3.73
Paradine v Jane (1647) Aleyn 26, Sty 47, 82 ER 897, [1558–1774] All ER Rep 172 .... 3.175
Paramount Airways Ltd, Re, Bristol Airport plc v Powdrill. See Bristol Airport plc v Powdrill
ParkingEye Ltd v Beavis [2015] UKSC 67, [2016] 2 All ER 519, [2015] 3 WLR 1373, [2016] RTR 109, [2016] 1 Lloyd's Rep 55, 162 ConLR 1, [2016] BLR 1, (2015) Times, 23 November, [2016] 1 LRC 631, [2015] All ER (D) 47 (Nov) ... 3.72, 3.84, 3.141, 26.08, 27.19, 28.17
Parkinson (Sir Lindsay) & Co Ltd v Triplan Ltd [1973] QB 609, [1973] 2 All ER 273, [1973] 2 WLR 632, 117 Sol Jo 146, 226 Estates Gazette 1393, CA 38.113
Parkinson v Lee (1802) 2 East 314, 102 ER 389 .... 6.05, 6.07
Parlux SpA v M&U Imports Pty Ltd [2008] VSCA 169 .... 36.86
Parmalat Capital Finance Ltd v Food Holdings Ltd (in liq) [2008] UKPC 23, [2009] 1 BCLC 274, [2008] BCC 371, [2008] BPIR 641, [2008] All ER (D) 124 (Apr), PC 31.34
Parker v Palmer (1821) 4 B & Ald 387, 106 ER 978 .... 6.05
Parsons (H) (Livestock) Ltd v Uttley Ingham & Co Ltd [1978] QB 791, [1978] 1 All ER 525, [1977] 3 WLR 990, [1977] 2 Lloyd's Rep 522, 121 Sol Jo 811 ... 3.133, 14.42, 14.43
Parsons Corp v CV Scheepvaartonderneming Happy Ranger [2002] EWCA Civ 694, [2002] 2 All ER (Comm) 24, [2002] 2 Lloyd's Rep 357, [2002] All ER (D) 278 (May) 36.15
Partabmull Rameshwar v K C Sethia (1944) Ltd [1951] 2 All ER 352n, [1951] 2 Lloyd's Rep 89, 95 Sol Jo 538, 209 LT 55, HL 34.11
Pask v Menon [2019] EWHC 2611 (Ch), [2020] Ch 66, [2020] 2 WLR 43, [2020] 1 All ER (Comm) 990, [2019] PLSCS 193, [2020] BPIR 244, [2019] All ER (D) 79 (Oct) 23.40
Patel v Mirza [2016] UKSC 42, [2016] 3 WLR 899 .... 2.21, 3.156, 3.163, 40.13
Patrick v Russo-British Grain Export Co [1927] 2 KB 535, 97 LJKB 60, 33 Com Cas 60, [1927] All ER Rep 692, 137 LT 815, 43 TLR 724 .... 14.20
Paul & Frank Ltd v Discount Bank (Overseas) Ltd and Board of Trade [1967] Ch 348, [1966] 2 All ER 922, [1966] 3 WLR 490, 8 LDAB 543, 110 Sol Jo 423 .... 24.30
Paul v Speirway Ltd (in liq) [1976] Ch 220, [1976] 2 All ER 587, [1976] 2 WLR 715, 31 P & CR 353, 120 Sol Jo 331 .... 23.49
Pavia & Co SpA v Thurmann-Nielsen [1952] 2 QB 84, [1952] 1 All ER 492, [1952] 1 Lloyd's Rep 153, 6 LDAB 254, 96 Sol Jo 193, [1952] 1 TLR 586, CA 35.79
Payne v Elsden (1900) 17 TLR 161 .... 8.25, 11.27
Payzu Ltd v Saunders [1919] 2 KB 581, 89 LJKB 17, [1918–19] All ER Rep 219, 121 LT 563, 35 TLR 657, CA 9.17, 12.22, 13.35
Peachdart Ltd, Re [1984] Ch 131, [1983] 3 All ER 204, [1983] 3 WLR 878, [1983] BCLC 225, 127 Sol Jo 839, [1984] LS Gaz R 204 .... 22.35
Peacock v Pursell (1863) 14 CBNS 728, 32 LJCP 266, 10 Jur NS 178, 2 New Rep 282, 11 WR 834, 8 LT 636 .... 20.81
Peak Hotels and Resorts Ltd, Re Crumpler (joint liquidators of Peak Hotels and Resorts Ltd) v Candey Ltd [2019] EWCA Civ 345, [2020] 1 BCLC 505, [2019] Bus LR 1758, 169 NLJ 7833, [2019] BPIR 623, [2019] All ER (D) 48 (Mar) 25.32

cxix

Table of Cases

Pearl Petroleum Company Ltd v Kurdistan Regional Government of Iraq [2015] EWHC 3361 (Comm), [2016] 4 WLR 2, [2016] 1 Lloyd's Rep 441, [2015] All ER (D) 193 (Nov) 39.98
Pearson v Lehman Brothers Finance SA [2010] EWHC 2914 (Ch), [2010] All ER (D) 232 (Nov); affd [2011] EWCA Civ 1544, [2012] 2 BCLC 151, [2011] All ER (D) 202 (Dec) 21.24
Pearson (S) & Son Ltd v Dublin Corpn [1907] AC 351, 77 LJPC 1, [1904–7] All ER Rep 255, 97 LT 645, HL 3.72
Pearson v Rose and Young Ltd [1951] 1 KB 275, [1950] 2 All ER 1027, 94 Sol Jo 778, 66 (pt 2) TLR 886, CA 16.18, 16.39, 16.43
Peat (Sir William Henry) v Gresham Trust Ltd. See MIG Trust Ltd, Re
Peekay Intermark Ltd v Australia and New Zealand Banking Group Ltd [2006] EWCA Civ 386, [2006] 2 Lloyd's Rep 511, [2006] All ER (D) 70 (Apr) 3.97
Peer Voss v APL Co Pte Ltd [2002] 2 Lloyd's Rep 707 .... 32.56
Pellegrini v Italy (Application No 30882/96) (2001) 35 EHRR 44, ECtHR 37.51
Penarth Dock Engineering Co Ltd v Pounds [1963] 1 Lloyd's Rep 359 .... 15.32
Pendlebury v Walker (1841) 4 Y & C Ex 424, 10 LJ Ex Eq 27, 5 Jur 334, 160 ER 1072, Exch Ct 30.47
Pennington v Waine [2002] EWCA Civ 227, [2002] 4 All ER 215, [2002] 1 WLR 2075, [2002] 2 BCLC 448, [2002] All ER (D) 24 (Mar), sub nom Pennington v Crampton (2002) Times, 1 April 3.14
People, The. See KH Enterprise v Pioneer Container, The Pioneer Container
Performing Right Society Ltd v B4U Network (Europe) Ltd [2013] EWCA Civ 1236, [2014] Bus LR 207, (2013) Times, 25 October, [2013] All ER (D) 28 (Nov) 23.21
Perkins v Bell [1893] 1 QB 193, 62 LJQB 91, 4 R 212, 41 WR 195, [1891–4] All ER Rep 884, 37 Sol Jo 130, 67 LT 792, 9 TLR 147, CA 13.15, 13.27
Perrin v Morgan [1943] AC 399, [1943] 1 All ER 187, 112 LJ Ch 81, 87 Sol Jo 47, 168 LT 177, 59 TLR 134, HL 17.05
Persons identified in Schedule 1 of the Claim Form (the SL Claimants) v Tesco plc [2019] EWHC 2858 (Ch), [2020] Bus LR 250, [2019] All ER (D) 174 (Oct) 21.24, 40.16
Peruvian Guano Co Ltd v Dreyfus Bros & Co [1892] AC 166, 61 LJ Ch 749, 7 Asp MLC 225, 66 LT 536, 8 TLR 327, [1891–4] All ER Rep Ext 1834, HL 2.94
Pesticcio v Huet [2004] EWCA Civ 372, [2004] NLJR 653, 148 Sol Jo LB 420, [2004] All ER (D) 36 (Apr) 3.73
Petch v Tutin (1846) 15 LJ Ex 280, 15 M & W 110, 153 ER 782, Exch Ct 8.74
Peter v Russell (1716) 1 Eq Cas Abr 321, Gilb Ch 122, 2 Vern 726, 23 ER 1076, Ct of Ch 24.19
Peter Cremer, Westfaelische Central Genossenschaft GmbH and Intergraan NV v General Carriers SA, The Dona Mari. See Cremer v General Carriers SA
Peter der Grosse, The (1875) 1 PD 414, P, D and Admlty; affd (1876) 3 Asp MLC 195, 34 LT 749, CA 36.53
Peter Pan Manufacturing Corpn v Corsets Silhouette Ltd [1963] 3 All ER 402, [1964] 1 WLR 96, [1963] RPC 45, 108 Sol Jo 97 .... 3.115
Petromec Inc v Petroleo Brasileiro SA Petrobas [2005] EWCA Civ 891, [2006] 1 Lloyd's Rep 121, [2005] All ER (D) 209 (Jul) 3.32
Petruchová v FIBO Group Holdings Ltd:, Case: C-208/18:, [2020] CEC 326 .... 37.10
Peyman v Lanjani [1985] Ch 457, [1984] 3 All ER 703, [1985] 2 WLR 154, 48 P & CR 398, 128 Sol Jo 853 .... 13.12
Pfeiffer (E) Weinkellerei-Weineinkauf GmbH & Co v Arbuthnot Factors Ltd [1988] 1 WLR 150, [1987] BCLC 522, 3 BCC 608, [1987] BTLC 207, 132 Sol Jo 89, [1988] 6 LS Gaz R 38 .... 22.34, 29.51
P4 Ltd v Unite Integrated Solutions plc [2006] EWHC 2640 (TCC), [2006] All ER (D) 352 (Oct) 16.50
Phibro Energy AG v Nissho Iwai Corpn and Bomar Oil Inc, The Honam Jade [1991] 1 Lloyd's Rep 38, CA 10.24
Philips Hong Kong Ltd v A-G of Hong Kong (1993) 61 BLR 41, 9 Const LJ 202, PC 3.141
Phillips v Brewin Dolphin Bell Lawrie Ltd [2001] UKHL 2, [2001] 1 All ER 673, [2001] 1 WLR 143, [2001] 1 BCLC 145, [2001] BCC 864, [2001] 12 LS Gaz R 43, (2001) Times, 18 January, 145 Sol Jo LB 23, [2001] BPIR 119, [2001] All ER (D) 84 (Jan) 31.40

Table of Cases

Phillips v Brooks Ltd [1919] 2 KB 243, 88 LJKB 953, 24 Com Cas 263, [1918–19] All ER Rep 246, 121 LT 249, 35 TLR 470 .... 3.33
Phillips Products Ltd v Hyland [1987] 2 All ER 620, [1987] 1 WLR 659n, 129 Sol Jo 47, [1985] LS Gaz R 681, Tr L 98 .... 3.79
Phoenix General Insurance Co of Greece SA v Halvanon Insurance Co Ltd, Phoenix General Insurance Co of Greece SA v Administratia Asigurarilor de Stat [1988] QB 216, [1987] 2 All ER 152, [1987] 2 WLR 512, [1986] 2 Lloyd's Rep 552, 131 Sol Jo 257, [1987] LS Gaz R 1055 .... 3.161
Phonogram Ltd v Lane [1982] QB 938, [1981] 3 All ER 182, [1981] 3 WLR 736, [1982] 3 CMLR 615, [1981] Com LR 228, 125 Sol Jo 527 .... 19.105
Photo Production Ltd v Securicor Transport Ltd [1980] AC 827, [1980] 1 All ER 556, [1980] 2 WLR 283, [1980] 1 Lloyd's Rep 545, 124 Sol Jo 147, 130 NLJ 188, HL 3.77, 3.82, 36.33
Pike v The indian Hotels Company Ltd [2013] EWHC 4096 (QB) 37.38
Pilkington v Wood [1953] Ch 770, [1953] 2 All ER 810, [1953] 3 WLR 522, 97 Sol Jo 572 .... 3.138
Piller (Anton) KG v Manufacturing Processes Ltd [1976] Ch 55, [1976] 1 All ER 779, [1976] 2 WLR 162, [1976] FSR 129, [1976] RPC 719, 120 Sol Jo 63 ...... 38.103, 38.105
Pim v Campbell. See Pym v Campbell
Pinnock Bros v Lewis and Peat Ltd [1923] 1 KB 690, 92 LJKB 695, 28 Com Cas 210, 67 Sol Jo 501, 129 LT 320, 39 TLR 212 .... 11.39
Pinto Leite & Nephews, Re, ex p Visconde des Olivaes [1929] 1 Ch 221, 98 LJ Ch 211, [1928] B & CR 188, [1928] All ER Rep 371, 140 LT 587 .... 29.31
Pioneer Container, The. See KH Enterprise v Pioneer Container, The Pioneer Container
Pioneer Shipping Ltd v BTP Tioxide Ltd [1982] AC 724, [1981] 2 All ER 1030, [1981] 3 WLR 292, [1981] Com LR 197, 125 Sol Jo 542, sub nom BTP Tioxide Ltd v Pioneer Shipping Ltd and Armada Marine SA, The Nema [1981] 2 Lloyd's Rep 239, HL 39.91, 39.176
Pitts v Jones [2007] EWCA Civ 1301, [2008] QB 706, [2008] 1 All ER 941, [2008] 2 WLR 1289, [2008] 1 All ER (Comm) 548, [2008] Bus LR 1279, [2008] 1 BCLC 613, (2007) Times, 19 December, [2007] All ER (D) 93 (Dec) 30.07
Playa Larga and The Marble Islands, The. See Empresa Exportadora de Azucar v Industria Azucarera Nacional SA, The Playa Larga and The Marble Islands
Playa Larga, The (Owners of Cargo lately laden on board) v I Congreso del Partido (Owners), Marble Islands, The (Owners of Cargo lately laden on board) v I Congreso del Partido (Owners), I Congreso del Partido [1983] 1 AC 244, [1981] 2 All ER 1064, [1981] 3 WLR 328, [1981] 2 Lloyd's Rep 367, 125 Sol Jo 529, HL 1.40
Pledge v Buss (1860) John 663, 6 Jur NS 695 .... 30.41
Pluczenik Diamond Company NV v W Nagel (a firm) [2018] EWCA Civ 2640, [2019] 2 All ER 194, [2019] 1 All ER (Comm) 497, [2019] Bus LR 692, [2019] 1 Lloyd's Rep 36, 169 NLJ 7822, [2018] All ER (D) 09 (Dec) 5.09, 5.13, 5.39
Polak v Everett (1876) 1 QBD 669, 46 LJQB 218, 24 WR 689, [1874–80] All ER Rep 991, 35 LT 350, CA 30.41
Polhill v Walter (1832) 3 B & Ad 114, 1 LJKB 92, 110 ER 43, [1824–34] All ER Rep 161 .... 20.103, 20.106
Polly Peck International plc v Nadir (No 2) [1992] 4 All ER 769, [1992] 2 Lloyd's Rep 238, [1993] BCLC 187, [1992] NLJR 671 .... 38.99
Polsky v S and A Services [1951] 1 All ER 185, [1951] WN 136; on appeal [1951] 1 All ER 1062n, [1951] WN 256, 95 Sol Jo 414, CA 22.27
Poole v Smith's Car Sales (Balham) Ltd [1962] 2 All ER 482, [1962] 1 WLR 744, 106 Sol Jo 284, CA 9.41
Port Jackson Stevedoring Pty Ltd v Salmond & Spraggon (Australia) Pty Ltd, The New York Star [1980] 3 All ER 257, [1981] 1 WLR 138, [1980] 2 Lloyd's Rep 317, 124 Sol Jo 756, PC 3.77, 36.76
Portbase Clothing Ltd, Re [1993] Ch 388, [1993] 3 All ER 829, [1993] 3 WLR 14, [1993] BCLC 796, [1993] BCC 96, 12 LDAB 332 .... 22.48, 24.65, 24.67
Portsmouth City Council v Ensign Highways Ltd [2015] EWHC 1969 (TCC), [2015] LGR 791, 161 ConLR 71, [2015] BLR 675, [2015] All ER (D) 146 (Jul) 3.76
Pound (A V) & Co Ltd v M W Hardy & Co Inc [1956] AC 588, [1956] 1 All ER 639, [1956] 2 WLR 683, [1956] 1 Lloyd's Rep 255, 100 Sol Jo 208, HL 34.11
Poussard v Spiers and Pond (1876) 1 QBD 410, 40 JP 645, 45 LJQB 621, 24 WR 819, 34 LT 572 .... 3.176

Table of Cases

Powell Duffryn plc v Petereit: C-214/89 (1992) C-214/89, ECLI:EU:C:1992:115, [1992] ECR I-1745, (1992) Times, 15 April, [1992] ILP 300, EUCJ 37.11
Power v Sharp Investments Ltd [1994] 1 BCLC 111, [1993] BCC 609 .... 31.49
Power Curber International Ltd v National Bank of Kuwait SAK [1981] 3 All ER 607, [1981] 1 WLR 1233, [1981] 2 Lloyd's Rep 394, [1981] Com LR 224, 125 Sol Jo 585 .... 35.114
Preist v Last [1903] 2 KB 148, 72 LJKB 657, 51 WR 678, 47 Sol Jo 566, 89 LT 33, 19 TLR 527, [1900–3] All ER Rep Ext 1033, CA 11.96, 11.99, 11.100, 11.106
Prenn v Simmonds [1971] 3 All ER 237, [1971] 1 WLR 1381, 115 Sol Jo 654, HL 3.68
President of India v La Pintada Cia Navigacion SA [1985] AC 104, [1984] 2 All ER 773, [1984] 3 WLR 10, [1984] 2 Lloyd's Rep 9, 128 Sol Jo 414, HL 35.124
Priyanka Shipping Ltd v Glory Bulk Carriers PTE Ltd; The CSK Glory [2019] EWHC 2804 (Comm), [2019] 1 WLR 6677, [2020] 1 All ER (Comm) 1040, [2019] All ER (D) 176 (Oct) 3.115
Price v Neal (1762) 3 Burr 1354, 1 Wm Bl 390, 97 ER 871 .... 20.55
Primera Maritime (Hellas) Ltd v Jiangsu Eastern Heavy Industry Co Ltd [2013] EWHC 3066 (Comm), [2014] 1 All ER (Comm) 813, [2014] 1 Lloyd's Rep 255, 164 NLJ 7625, [2013] All ER (D) 172 (Oct) 39.90
Priminds Shipping (HK) Co Ltd v Noble Chartering Inc [2020] EWHC 127 (Comm), [2020] All ER (D) 33 (Feb) 32.66
Print Concept GmbH v GEW (EC) Ltd [2001] EWCA Civ 352, [2001] All ER (D) 29 (Mar) 37.75
Procter & Gamble Philippine Manufacturing Corpn v Peter Cremer GmbH & Co, The Manila [1988] 3 All ER 843 .... 34.42
Proctor & Gamble Philippines Manufacturing Corpn v Kurt A Becher GmbH & Co KG [1988] 2 Lloyd's Rep 21, CA 34.45
Profit Investment Sim SpA v Ossi: C-366/13 (2016) ECLI:EU:C:2016:282, (2016) Times, 31 May, [2016] All ER (D) 44 (May), ECJ 37.18
Property Discount Corpn Ltd v Lyon Group Ltd [1980] 1 All ER 334, [1981] 1 WLR 300, 124 Sol Jo 614; affd [1981] 1 All ER 379, [1981] 1 WLR 300, 125 Sol Jo 185 .... 23.13
Prout v Gregory (1889) 24 QBD 281, 59 LJQB 118, 7 Morr 1, 38 WR 204, 61 LT 696 .... 22.55
Prudential Assurance Co Ltd v Ayres [2007] EWHC 775 (Ch), [2007] 3 All ER 946, [2007] 2 EGLR 31, 151 Sol Jo LB 504, [2007] All ER (D) 43 (Apr); revsd [2008] EWCA Civ 52, [2008] 1 All ER 1266n, [2009] 1 All ER 1266n, [2008] 1 EGLR 5, [2008] 16 EG 154, [2008] All ER (D) 90 (Feb) 3.89
Puerto Buitrago, The. See Attica Sea Carriers Corpn v Ferrostaal Poseidon Bulk Reederei GmbH, The Puerto Buitrago
Pulbrook v Lawes (1876) 1 QBD 284, 40 JP 452, 45 LJQB 178, 34 LT 95, DC 3.35
Purpoint Ltd, Re [1991] BCLC 491, [1991] BCC 121 .... 31.75
Pym v Campbell (1856) 6 E & B 370, 25 LJQB 277, 2 Jur NS 641, 4 WR 528, sub nom Pim v Campbell 27 LTOS 122 .... 3.69
Pyrene Co Ltd v Scindia Navigation Co Ltd [1954] 2 QB 402, [1954] 2 All ER 158, [1954] 2 WLR 1005, [1954] 1 Lloyd's Rep 321, 98 Sol Jo 354 .... 34.01, 34.08, 36.15

R

R v A-G for England and Wales [2003] UKPC 22, 147 Sol Jo LB 354, [2003] EMLR 499, [2004] 1 LRC 132, [2003] All ER (D) 246 (Mar) 3.35, 3.73
R v Consolidated Churchill Copper Corpn Ltd (1978) 90 DLR (3d) 357, [1978] 5 WWR 652, BC SC 25.22
R v Grantham [1984] QB 675, [1984] 3 All ER 166, [1984] 2 WLR 815, 79 Cr App Rep 86, [1984] Crim LR 492, [1984] BCLC 270, 10 LDAB 473, 128 Sol Jo 331, [1984] LS Gaz R 1437 .... 31.72
R v Greig [1931] VLR 413 .... 23.03
R v Heron [1982] 1 All ER 993, sub nom R v Heron, R v Storey, R v Thomas [1982] 1 WLR 451, 75 Cr App Rep 7, [1982] Crim LR 430, 126 Sol Jo 242, HL 7.03
R v King, R v Chinn [1992] QB 20, [1991] 3 All ER 705, [1991] 3 WLR 246, 93 Cr App Rep 259, [1991] Crim LR 906, 135 Sol Jo LB 76 .... 18.30

Table of Cases

R (on the application of Westminster City Council) v National Asylum Support Service [2002] UKHL 38, [2002] 4 All ER 654, [2002] 1 WLR 2956, [2003] LGR 23, [2002] HLR 1021, (2002) Times, 18 October, [2002] All ER (D) 235 (Oct) 3.49, 3.68
R v Preddy, R v Slade [1996] AC 815, [1996] 3 All ER 481, [1996] 3 WLR 255, [1996] 2 Cr App Rep 524, 160 JP 677, [1996] Crim LR 726, [1996] 31 LS Gaz R 29, [1996] NLJR 1057, 140 Sol Jo LB 184, HL 17.38
R v Secretary of State for Transport, ex p Factortame Ltd (No 2) [1991] 1 AC 603, [1990] 3 WLR 818, [1990] 3 CMLR 375, [1990] 2 Lloyd's Rep 365n, [1991] 1 Lloyd's Rep 10, 134 Sol Jo 1189, [1990] 41 LS Gaz R 36, [1990] NLJR 1457, sub nom Factortame Ltd v Secretary of State for Transport (No 2) [1991] 1 All ER 70, HL 1.31
R v Sunair Holidays Ltd [1973] 2 All ER 1233, [1973] 1 WLR 1105, 57 Cr App Rep 782, 137 JP 687, [1973] Crim LR 587, 117 Sol Jo 429 .... 3.40
R v Wheeler (1990) 92 Cr App Rep 279, CA 11.19
R & B Customs Brokers Co Ltd v United Dominions Trust Ltd (Saunders Abbott (1980) Ltd, third party) [1988] 1 All ER 847, [1988] 1 WLR 321, [1988] RTR 134, [1988] BTLC 52, 132 Sol Jo 300, [1988] 11 LS Gaz R 42, [1999] GCCR 1195 ...... 11.59
RBG Resources plc v Banque Cantonale Vaudoise [2004] 3 SLR 421 .... 8.57, 8.58
RBRG Trading (UK) Ltd v Sinocore International Co. Ltd [2018] EWCA Civ 838, [2019] 1 All ER (Comm) 810, [2018] 2 Lloyd's Rep 133, [2018] All ER (D) 111 (Apr) 39.108
RPS Prodotti Siderurgici SRL v Sea Mass (owners), The Sea Maas [2000] 1 All ER 536, [1999] 1 All ER (Comm) 945, [1999] 2 Lloyd's Rep 281 .... 36.28
RTZ Corpn plc v Connelly [1998] AC 854, [1997] 3 WLR 373, HL .. 37.38, 38.20, 38.80
Radford v de Froberville [1978] 1 All ER 33, [1977] 1 WLR 1262, 35 P & CR 316, 121 Sol Jo 319, 7 BLR 35 .... 3.126
Raffles v Wichelhaus (1864) 2 H & C 906, 33 LJ Ex 160, 159 ER 375, Exch Ct 3.32, 8.15
Raiffeisen Zentralbank Osterreich AG v Five Star General Trading LLC [2001] EWCA Civ 68, [2001] QB 825, [2001] 3 All ER 257, [2001] 2 WLR 1344, [2001] 1 All ER (Comm) 961, [2001] 1 Lloyd's Rep 597, [2001] 09 LS Gaz R 38, 145 Sol Jo LB 45, [2001] All ER (D) 182 (Jan) 37.97
Raiffeisen Zentralbank Osterreich AG v Royal Bank of Scotland plc [2010] EWHC 1392 (Comm), [2011] 1 Lloyd's Rep 123, [2011] Bus LR D65, [2010] All ER (D) 111 (Jun) 3.81
Rainbow v Howkins [1904] 2 KB 322, 73 LJKB 641, 53 WR 46, 48 Sol Jo 494, 91 LT 149, 20 TLR 508 .... 16.18
Rainy Sky SA v Kookmin Bank [2011] UKSC 50, [2012] 1 All ER 1137, [2011] 1 WLR 2900, [2012] 1 All ER (Comm) 1, [2012] Bus LR 313, [2012] 1 Lloyd's Rep 34, 138 ConLR 1, [2011] NLJR 1558, [2012] BLR 132, (2011) Times, 18 November, [2011] All ER (D) 19 (Nov) 3.65, 30.30
Rama Corpn Ltd v Proved Tin and General Investments Ltd [1952] 2 QB 147, [1952] 1 All ER 554, 96 Sol Jo 197, [1952] 1 TLR 709 .... 5.21
Ramburs Inc v Agrifert SA [2015] EWHC 3548 (Comm), [2016] Bus LR 135, [2015] All ER (D) 75 (Dec) 34.06
Ramsay v Margrett [1894] 2 QB 18, 63 LJQB 513, 1 Mans 184, 9 R 407, [1891–4] All ER Rep 453, 70 LT 788, 10 TLR 355, CA 2.47
Randall v Newson (or Newsom) (1877) 2 QBD 102, 46 LJQB 259, 25 WR 313, 36 LT 164, CA 11.112
Range v Corporation de Finance Belvédère' (1970) 48 Can Bar Rev 309 .... 20.120
Rapalli v K L Take [1958] 2 Lloyd's Rep 469, CA 11.79, 11.84
Rapid Discount Corpn v Thomas E Hiscott Ltd (1977) 76 DLR (3d) 450, Ont HC
    .... 20.114
Rasu Maritima SA v Perusahaan Pertambangan Minyak Dan Gas Bumi Negara and Government of the Republic of Indonesia (as interveners) [1978] QB 644, [1977] 3 All ER 324, [1977] 3 WLR 518, [1977] 2 CMLR 470, [1977] 2 Lloyd's Rep 397, 121 Sol Jo 706 .... 38.97
Rayner (J H) & Co Ltd v Hambro's Bank Ltd [1943] KB 37, [1942] 2 All ER 694, 74 Ll L Rep 10, 112 LJKB 27, 5 LDAB 334, 86 Sol Jo 302, 167 LT 380, 59 TLR 21, CA
    .... 35.61
Reardon Smith Line Ltd v Hansen-Tangen [1976] 3 All ER 570, [1976] 1 WLR 989, [1976] 2 Lloyd's Rep 621, 120 Sol Jo 719, HL 3.32, 11.39

Table of Cases

Reed v Norris (1837) 2 My & Cr 361, 6 LJ Ch 197, 1 Jur 233, 40 ER 678, Ct of Ch 30.36
Rees v Berrington (1795) 2 Ves 540 .... 30.40
Rees, Re, ex p National Provincial Bank of England (1881) 17 Ch D 98, 29 WR 796, 1 LDAB 24, 44 LT 325, CA 31.33
Reeves v Capper (1838) 5 Bing NC 136, 8 LJCP 44, 1 Arn 427, 2 Jur 1067, 6 Scott 877, 132 ER 1057, [1835–42] All ER Rep 164 .... 22.22, 24.06
Refco Inc v Eastern Trading Co [1999] 1 Lloyd's Rep 159, CA 38.98
Regal (Hastings) Ltd v Gulliver (1942) [1967] 2 AC 134, [1942] 1 All ER 378, HL 2.70
Regazzoni v KC Sethia (1944) Ltd [1958] AC 301, [1957] 3 All ER 286, [1957] 3 WLR 752, [1957] 2 Lloyd's Rep 289, 101 Sol Jo 848, HL 37.81
Regent OHG Aisenstadt und Barig v Francesco of Jermyn Street Ltd [1981] 3 All ER 327, [1981] Com LR 78 .... 10.45, 13.33
Régie Nationale des Usines Renault SA v Maxicar SpA: C-38/98 [2000] ECR I-2973, [2000] IP & T 1119, [2000] All ER (D) 639, ECJ 37.47
Regus (UK) Ltd v Epcot Solutions Ltd [2008] EWCA Civ 361, [2009] 1 All ER (Comm) 586, [2008] All ER (D) 199 (Apr) 3.78
Rehder v Air Baltic Corpn: C-204/08 [2009] ECR I-6073, [2010] Bus LR 549, [2009] All ER (D) 153 (Jul), ECJ 37.22
Reid v Buckinghamshire Healthcare NHS Trust [2015] EWHC B21 (Costs) (28 October 2015) 38.04
Reinhold & Co and Hansloh's Arbitration, Re (1896) 12 TLR 422 .... 32.64
Reis, Re, ex p Clough [1904] 2 KB 769, 73 LJKB 929, 11 Mans 229, 53 WR 122, 48 Sol Jo 506, 91 LT 592, 20 TLR 547, [1904–7] All ER Rep Ext 1669, CA; on appeal sub nom Clough v Samuel [1905] AC 442, 74 LJKB 918, 12 Mans 347, 54 WR 114, 93 LT 491, 21 TLR 702, HL 23.21
Reisch Montage AG v Kiesel Baumaschinen Handels Gmbh: C-103/05 [2006] ECR I-6827, [2006] All ER (D) 174 (Jul), ECJ 37.24
Reliance Industries Ltd v Enron Oil and Gas India Ltd [2002] 1 All ER (Comm) 59, [2002] 1 Lloyd's Rep 645, [2002] BLR 36, [2001] ArbLR 54, [2001] All ER (D) 342 (Nov) 39.91
Republic of Haiti v Duvalier [1990] 1 QB 202, [1989] 1 All ER 456, [1989] 2 WLR 261, [1989] 1 Lloyd's Rep 111, [1989] 2 LS Gaz R 38, [1988] NLJR 234 .... 38.98
Reuter Hufeland & Co v Sala & Co (1879) 4 CPD 239, 48 LJQB 492, 4 Asp MLC 121, 27 WR 631, 40 LT 476, [1874–80] All ER Rep Ext 1552, CA .. 10.38, 10.41, 10.43, 10.45
Revenue and Customs Comrs v Football League Ltd [2012] EWHC 1372 (Ch), [2012] Bus LR 1539, [2013] 1 BCLC 285, [2012] 24 LS Gaz R 20, [2012] NLJR 781, (2012) Times, 28 June, [2012] All ER (D) 214 (May) 31.26, 31.28
Rewia, The [1991] 2 Lloyd's Rep 325, (1991) Financial Times, 12 July, CA 36.19
Rhodes v Forwood (1876) 1 App Cas 256, 47 LJQB 396, 24 WR 1078, [1874–80] All ER Rep 476, 34 LT 890, HL 3.57
Rhodian River and Rhodian Sailor, The. See Rhodian River Shipping Co SA and Rhodian Sailor Shipping Co SA v Halla Maritime Corpn, The Rhodian River and Rhodian Sailor
Rhodian River Shipping Co SA and Rhodian Sailor Shipping Co SA v Halla Maritime Corpn, The Rhodian River and Rhodian Sailor [1984] 1 Lloyd's Rep 373, [1984] BCLC 139 .... 5.19
Rich (Marc) & Co AG v Società Italiana Impianti PA, The Atlantic Emperor (No 2): C-190/89 [1992] 1 Lloyd's Rep 624, ECJ 37.49
Richards v Delbridge (1874) LR 18 Eq 11, 43 LJ Ch 459, 22 WR 584 .... 23.04
Richardson, Re, ex p St Thomas's Hospital (Governors) [1911] 2 KB 705, 80 LJKB 1232, 18 Mans 327, 105 LT 226, CA 30.32
Richardson Greenshields of Canada (Pacific) Ltd v Keung Chak-Kiu and Hong Kong Futures Exchange Ltd [1989] 1 HKLR 476 .... 4.41
Riddiford v Warren (1901) 20 NZLR 572, NZ CA 7.07
Rio Sun, The. See Gatoil International Inc v Panatlantic Carriers Corpn, The Rio Sun
Rio Tinto Zinc Corpn v Westinghouse Electric Corpn, RTZ Services Ltd v Westinghouse Electric Corpn [1978] AC 547, [1978] 1 All ER 434, [1978] 2 WLR 81, 122 Sol Jo 23, HL 38.128

River Gurara (owners of cargo lately on board) v Nigerian National Shipping Line Ltd, The River Gurara [1998] QB 610, [1997] 4 All ER 498, [1997] 3 WLR 1128, sub nom River Gurara, The [1998] 1 Lloyd's Rep 225, sub nom Nigerian National Shipping Line Ltd v River Gurara (cargo owners) [1997] 33 LS Gaz R 27 .... 36.46

River Gurara, The. See River Gurara (owners of cargo lately on board) v Nigerian National Shipping Line Ltd, The River Gurara

Robarts v Tucker (1851) 16 QB 560, 20 LJQB 270, 15 Jur 987, Ex Ch 20.53

Robbie (NW) & Co Ltd v Witney Warehouse Co Ltd [1963] 3 All ER 613, [1963] 1 WLR 1324, 8 LDAB 213, 107 Sol Jo 1038, CA 25.08

Robertson v French (1803) 4 East 130, 102 ER 779, [1803–13] All ER Rep 350 ...... 3.49

Robertson, Re, ex p Crawcour (1878) 9 Ch D 419, 47 LJ Bcy 94, 26 WR 733, 39 LT 2, CA 22.29

Robey v Snaefell Mining Co (1887) 20 QBD 152, 57 LJQB 134, 36 WR 224, 4 TLR 148, DC 20.80

Robinson v Graves [1935] 1 KB 579, 104 LJKB 441, 40 Com Cas 217, [1935] All ER Rep 935, 79 Sol Jo 180, 153 LT 26, 51 TLR 334, CA 7.21

Robinson v Mann (1901) 31 SCR 484, CA 20.68

Robinson v Mollett (1875) LR 7 HL 802, 44 LJCP 362, 33 LT 544, HL 4.38

Robshaw Bros Ltd v Mayer [1957] Ch 125, [1956] 3 All ER 833, [1956] 3 WLR 1049, 100 Sol Jo 916 .... 7.36

Robson v Smith [1895] 2 Ch 118, 64 LJ Ch 457, 2 Mans 422, 13 R 529, 43 WR 632, 72 LT 559, 11 TLR 351 .... 25.27

Roche Nederland BV v Primus: C-539/03 [2006] ECR I-6535, [2007] FSR 106, [2006] All ER (D) 186 (Jul), ECJ 37.24

Rock Advertising Ltd v MWB Business Exchange Centres Ltd [2018] UKSC 24, [2019] AC 119, [2018] 4 All ER 21, [2018] 2 WLR 1603, [2018] 2 All ER (Comm) 961, [2018] 4 LRC 369, 179 ConLR 1, [2018] EGLR 28, [2018] BLR 479, (2018) Times, 22 May, [2018] 2 P & CR D45, [2018] All ER (D) 81 (May), SC 3.13, 3.91

Rodenstock GmbH, Re [2011] EWHC 1104 (Ch), [2011] Bus LR 1245, [2012] BCC 459, [2011] All ER (D) 62 (May) 37.08

Rodocanachi v Milburn (1886) 18 QBD 67, 56 LJQB 202, 6 Asp MLC 100, 35 WR 241, 56 LT 594, 3 TLR 115, CA 14.20

Rogers v Challis (1859) 27 Beav 175, 29 LJ Ch 240, 6 Jur NS 334, 7 WR 710, 54 ER 68 .... 23.03

Rogers v Parish (Scarborough) Ltd [1987] QB 933, [1987] 2 All ER 232, [1987] 2 WLR 353, [1987] RTR 312, [1987] BTLC 51, 131 Sol Jo 223, [1987] LS Gaz R 905 ..... 11.70, 11.78, 11.79

Rolls v Miller (1884) 27 Ch D 71, 53 LJ Ch 682, 32 WR 806, [1881–5] All ER Rep 915, 50 LT 597, CA 11.59

Rolls Razor Ltd v Cox [1967] 1 QB 552, [1967] 1 All ER 397, [1967] 2 WLR 241, 110 Sol Jo 943 .... 29.52

Ronly Holdings v JSC Zestafoni G Nikoladze Ferroalloy Plant [2004] EWHC 1354 (Comm), [2004] BLR 323, [2004] ArbLR 33, [2004] All ER (D) 223 (Jun) ... 39.76, 39.88

Roscorla v Thomas (1842) 3 QB 234, 11 LJQB 214, 2 Gal & Dav 508, 6 Jur 929 .... 1.04

Rose (Frederick E) (London) Ltd v William H Pim Jnr & Co Ltd [1953] 2 QB 450, [1953] 2 All ER 739, [1953] 3 WLR 497, [1953] 2 Lloyd's Rep 238, 97 Sol Jo 556, CA 7.07

Rose v Watson (1864) 10 HL Cas 672, 33 LJ Ch 385, 10 Jur NS 297, 3 New Rep 673, 12 WR 585, 11 ER 1187, 10 LT 106, HL 22.67

Rosenthal (J) & Sons Ltd v Esmail [1965] 2 All ER 860, [1965] 1 WLR 1117, [1965] 2 Lloyd's Rep 171, 109 Sol Jo 553, HL 10.36, 10.41, 15.20

Rosseel NV v Oriental Commercial and Shipping (UK) Ltd [1990] 3 All ER 545, [1990] 1 WLR 1387 .... 38.98

Rosserlane Consultants Ltd v Credit Suisse International [2015] EWHC 384 (Ch), [2015] All ER (D) 258 (Feb); affd [2017] EWCA Civ 91, [2017] All ER (D) 04 (Mar) 30.42, 35.08

Rossetti Marketing Ltd v Diamond Sofa Co Ltd [2012] EWCA Civ 1021, [2013] 1 All ER (Comm) 308, [2013] Bus LR 543, [2012] All ER (D) 14 (Aug) 5.25

Rouse v Bradford Banking Co [1894] AC 586, 63 LJ Ch 890, 7 R 127, 43 WR 78, 1 LDAB 204, 71 LT 522, [1891–4] All ER Rep Ext 1397, HL 30.11, 30.37

Rover Finance Ltd v Peter Siddons (9 July 2002, unreported) 27.20

Table of Cases

Row Dal Constructions Pty Ltd, Re [1966] VR 249 .... 22.13, 22.53, 24.51
Rowland v Divall [1923] 2 KB 500, 92 LJKB 1041, [1923] All ER Rep 270, 67 Sol Jo 703, 129 LT 757, CA 7.25, 8.23, 13.16, 14.39
Roxburghe v Cox (1881) 17 Ch D 520, 50 LJ Ch 772, 30 WR 74, 1 LDAB 34, 45 LT 225, CA 29.31
Royal Bank of Canada v Concrete Column Clamps (1961) Ltd (1976) 74 DLR (3d) 26 (Can SC) 20.111
Royal Bank of Scotland v Etridge (No 2) and other appeals, Barclays Bank plc v Coleman, Bank of Scotland v Bennett, Kenyon-Brown v Desmond Banks & Co (a firm) [2001] UKHL 44, [2002] 2 AC 773, [2001] 4 All ER 449, [2001] 3 WLR 1021, [2001] 2 All ER (Comm) 1061, [2002] 1 P & Cr D25, [2002] 1 Lloyd's Rep 343, [2001] 3 FCR 481, [2001] 2 FLR 1364, [2001] Fam Law 880, [2001] NLJR 1538, [2001] 43 EGCS 184, [2001] 5 LRC 684, [2001] All ER (D) 156 (Oct), sub nom Royal Bank of Scotland v Etridge (No 2) and other appeals, Barclays Bank plc v Coleman, Bank of Scotland v Bennett, Kenyon-Brown v Desmond Banks & Co [2001] GCCR 3105 .... 3.35, 3.73, 30.23
Royal Bank of Scotland plc v Cassa di Risparmio Delle Provincie Lombard [1992] 1 Bank LR 251, CA 35.43
Royal Boskalis Westminster NV v Mountain [1999] QB 674, [1997] 2 All ER 929, [1998] 2 WLR 538, [1997] LRLR 523 .... 37.81
Royal British Bank v Turquand (1856) 6 E & B 327, 25 LJQB 317, 2 Jur NS 663, 119 ER 886, [1843–60] All ER Rep 435, Ex Ch 20.100
Royscot Trust Ltd v Rogerson [1991] 2 QB 297, [1991] 3 All ER 294, [1991] 3 WLR 57, 135 Sol Jo 444, [1991] NLJR 493, [1999] GCCR 1603 .... 3.98
Rozanes v Bowen (1928) 32 Ll L Rep 98, CA 3.74
Ruben (E and S) Ltd v Faire Bros & Co Ltd [1949] 1 KB 254, [1949] 1 All ER 215, [1949] LJR 800, 93 Sol Jo 103 .... 13.28
Ruben v Great Fingall Consolidated [1906] AC 439, 75 LJKB 843, 13 Mans 248, 2 LDAB 132, [1904–7] All ER Rep 460, 95 LT 214, 22 TLR 712, HL 20.100
Rubicon Computer Systems Ltd v United Paints Ltd (2000) 2 TCLR 453 .... 11.24
Rubicon Vantage International Pte Ltd v Krisenergy Ltd [2019] EWHC 2012 (Comm), [2019] All ER (D) 154 (Jul) 30.14
Rubin v Eurofinance SA [2012] UKSC 46, [2013] 1 AC 236, [2013] 1 All ER 521, [2012] 3 WLR 1019, [2013] 1 All ER (Comm) 513, [2013] Bus LR 1, [2012] 2 Lloyd's Rep 615, [2012] 2 BCLC 682, (2012) Times, 09 November, [2013] 4 LRC 132, [2012] All ER (D) 258 (Oct) 31.82, 37.49, 37.84
Ruscoe v Cryptopia Ltd (in liq) [2020] NZHC 728 .... 1.62, 17.26
Russell-Cooke Trust Co v Elliott [2007] EWHC 1443 (Ch), [2007] 2 BCLC 637, [2007] All ER (D) 166 (Mar) 25.05
Ruxley Electronics and Construction Ltd v Forsyth [1996] AC 344, [1995] 3 All ER 268, [1995] 3 WLR 118, [1995] 31 LS Gaz R 33, [1995] NLJR 996, 73 BLR 5, 139 Sol Jo LB 163, HL 3.125
Ryan v Friction Dynamics Ltd [2001] CP Rep 75 .... 38.98

S

SAFA Ltd v Banque Du Caire [2000] 2 All ER (Comm) 567, [2000] 2 Lloyd's Rep 600, [2000] Lloyd's Rep Bank 323, [2000] All ER (D) 1010 .... 35.111
SAS Man Diesel & Turbo France v Sté Al Maimana General Trading Company Ltd (Paris Court of Appeal, 4 November 2014) 39.35
SIAT di del Ferro v Tradax Overseas SA [1978] 2 Lloyd's Rep 470; affd [1980] 1 Lloyd's Rep 53, CA 32.64
SSL International plc v TTK LIG Ltd [2011] EWCA Civ 1170, [2012] 1 WLR 1842, [2012] 1 All ER (Comm) 429, [2012] Bus LR 858, [2012] 1 Lloyd's Rep 107, [2011] 43 LS Gaz R 22, [2011] All ER (D) 183 (Oct) 37.31
SSSL Realisations (2002) Ltd (in liq), Re [2004] EWHC 1760 (Ch), [2005] 1 BCLC 1, [2004] BPIR 1334, [2004] All ER (D) 470 (Jul); affd sub nom SSSL Realisations (2002) Ltd (in liq), [2006] EWCA Civ 7, [2006] Ch 610, [2006] 2 WLR 1369, [2007] 1 BCLC 29, (2006) Times, 20 January, [2006] BPIR 457, [2006] All ER (D) 98 (Jan), sub nom Squires (liquidators of SSSL Realisations (2002) Ltd) v AIG Europe (UK) Ltd [2006] BCC 233 .... 22.49, 22.53, 31.22

STX Pan Ocean Co Ltd v Ugland Bulk Transport A.S, The Livanita [2007] EWHC 1317 (Comm), [2008] 1 Lloyd's Rep 86, [2007] All ER (D) 43 (Jun) 39.92
Sabbagh v Khoury [2019] EWCA Civ 1219, [2020] 1 All ER (Comm) 485, [2020] Bus LR 724, [2019] 2 Lloyd's Rep 178, [2019] All ER (D) 81 (Aug) 39.55
Sachs v Miklos [1948] 2 KB 23, [1948] 1 All ER 67, [1948] LJR 1012, 64 TLR 181, CA 5.15
Sacor Maritima SA v Repsol Petroleo SA [1998] 1 Lloyd's Rep 518 .... 39.06
Saetta, The. See Forsythe International (UK) Ltd v Silver Shipping Co Ltd and Petroglobe International Ltd, The Saetta
Sagal (t/a Bunz UK) v Atelier Bunz GMBH [2009] EWCA Civ 700, [2009] 4 All ER 1253, [2010] 1 All ER (Comm) 104, [2009] Bus LR 1527, [2009] 2 Lloyd's Rep 303, 153 Sol Jo (no 27) 28, [2009] All ER (D) 40 (Jul) 5.13
Said v Butt [1920] 3 KB 497, 90 LJKB 239, [1920] All ER Rep 232, 124 LT 413, 36 TLR 762 .... 5.37
Sainsbury (H R & S) Ltd v Street [1972] 3 All ER 1127, [1972] 1 WLR 834, 116 Sol Jo 483 .... 9.52
St Albans City and District Council v International Computers Ltd [1996] 4 All ER 481, 95 LGR 592, 15 Tr LR 444 .... 3.75, 7.20
St Cloud, The (1863) Brown & Lush 4, 1 New Rep 244, 8 LT 54 .... 36.19
St Margaret's Trusts v Castle [1964] CLY 1685, CA 29.17
St Microelectronics NV v Condor Insurance Ltd [2006] EWHC 977 (Comm), [2006] 2 Lloyd's Rep 525, [2006] All ER (D) 72 (May) 30.41
St Vincent European General Partner Ltd v Robinson [2018] EWHC 1230 (Comm), [2019] 1 BCLC 706 .... 17.19
Salt v Stratstone Specialist Limited trading as Stratstone Cadillac Newcastle [2015] EWCA Civ 745, [2015] All ER (D) 195 (Jul) 3.99,
Samuell v Howarth (1817) 3 Mer 272, 36 ER 105, Ct of Ch 30.40
Sancheti v City of London [2008] EWCA Civ 1283, [2009] Bus LR 996, [2009] 1 Lloyd's Rep 117, (2008) Times, 1 December, [2008] All ER (D) 204 (Nov) 39.101
Sandeman v Scurr (1866) LR 2 QB 86, 8 B & S 50, 36 LJQB 58, 2 Mar LC 446, 15 WR 277, 15 LT 608 .... 36.19
Sanders v Vanzeller (1843) 4 QB 260, 12 LJ Ex 497, 3 Gal & Dav 580, Ex Ch 36.66
Sanders Bros v Maclean & Co (1883) 11 QBD 327 .... 32.89
Sanix Ace, The. See Obestain Inc v National Mineral Development Corpn Ltd, The Sanix Ace
Santa Carina, The. See Vlassopulos (N & J) Ltd v Ney Shipping Ltd, The Santa Carina
Santa Clara, The. See Vitol SA v Norelf Ltd, The Santa Clara
Santiren Shipping Ltd v Unimarine SA, The Chrysovalandou-Dyo [1981] 1 All ER 340, [1981] 1 Lloyd's Rep 159 .... 36.60
Sapporo Breweries Ltd (a company incorporated under the laws of Japan) v Lupofresh Ltd [2013] EWCA Civ 948, [2014] 1 All ER (Comm) 484, [2013] 2 Lloyd's Rep 444, [2013] All ER (D) 76 (Aug) 37.78
Sargent (J) (Garages) Ltd v Motor Auctions (West Bromwich) Ltd [1977] RTR 121, CA 15.43, 16.35
Sass, Re, ex p National Provincial Bank of England Ltd [1896] 2 QB 12, 65 LJQB 481, 3 Mans 125, 44 WR 588, 1 LDAB 234, 40 Sol Jo 686, 74 LT 383, 12 TLR 333 .... 30.37, 31.33
Satanita, The. See Clarke v Earl of Dunraven and Mount-Earl, The Satanita
Sattva Capital v Creston Moly [2014] SCC 53, [2014] 2 SCR 633 .... 3.65
Saunders v Vautier (1841) 4 Beav 115, 49 ER 282; affd (1841) Cr & Ph 240, 10 LJ Ch 354, 54 RR 286, 41 ER 482, [1835–42] All ER Rep 58 .... 7.25
Savory & Co v Lloyds Bank Ltd. See Lloyds Bank Ltd v E B Savory & Co
Saw (SW) 2010 Ltd v Wilson (as joint administrators of Property Edge Lettings Ltd) [2017] EWCA Civ 1001, [2018] Ch 213, [2018] 2 WLR 636, [2018] 1 BCLC 291, 167 NLJ 7761, [2017] All ER (D) 48 (Aug) 25.10, 25.18, 25.21
Scafom International BV v Lorraine Tubes SAS Cour De cassation de Belgique 33.04, 33.36, 33.38
Scally v Southern Health and Social Services Board [1992] 1 AC 294, [1991] 4 All ER 563, [1991] 3 WLR 778, [1991] IRLR 522, [1991] ICR 771, 135 Sol Jo LB 172, HL 3.55

Table of Cases

Scammell (G) and Nephew Ltd v Ouston [1941] AC 251, [1941] 1 All ER 14, 110 LJKB 197, 46 Com Cas 190, 85 Sol Jo 224, 164 LT 379, 57 TLR 280, [1999] GCCR 43, HL 3.32
Scammell v Dicker [2005] EWCA Civ 405, [2005] 3 All ER 838, [2005] 3 EGLR 61, [2005] NLJR 620, [2005] 42 EG 236, (2005) Times, 27 April, 149 Sol Jo LB 479, [2005] All ER (D) 153 (Apr) 3.32
Scaramanga v Stamp (1880) 5 CPD 295, 49 LJQB 674, 4 Asp MLC 295, 28 WR 691, 42 LT 840, CA 36.33
Schenkers International Deutschland GmbH v Overland Shoes Ltd, Schenkers Ltd v Overland Shoes Ltd [1998] 1 Lloyd's Rep 498, 142 Sol Jo LB 84, [1998] All ER (D) 50 .... 11.143
Scherk v Alberto-Culver Co 417 US 506 (1974) 39.34
Schijveshuurder v Canon (Export) Ltd [1952] 2 Lloyd's Rep 196 .... 35.18
Schmid v Hertel: C-328/12 [2014] 1 WLR 633, 164 NLJ 7593, [2014] BPIR 504, [2014] All ER (D) 221 (Jan), ECJ 31.86
Schofield v Emerson-Brantingham Implement Co [1918] 43 DLR 509, [1918] 3 WWR 434, Can SC 13.14
Scholefield Goodman & Sons Ltd v Zyngier [1986] AC 562, [1985] 3 All ER 105, [1985] 3 WLR 953, 129 Sol Jo 811, [1985] LS Gaz R 3529, [1985] NLJ Rep 985, PC 30.47
School Facility Management Ltd v Governing Body of Christ the King College [2020] EWHC 1118 (Comm) 28.03
Schuler (L) AG v Wickman Machine Tool Sales Ltd [1974] AC 235, [1973] 2 All ER 39, [1973] 2 WLR 683, [1973] 2 Lloyd's Rep 53, 117 Sol Jo 340, HL 3.68
Schyde Investments Ltd v Cleaver [2011] EWCA Civ 929, [2011] 2 P & CR 336, [2011] All ER (D) 285 (Jul) 3.78
Scott v Brown, Doering, McNab & Co [1892] 2 QB 724, 57 JP 213, 61 LJQB 738, 4 R 42, 41 WR 116, [1891–4] All ER Rep 654, 36 Sol Jo 698, 67 LT 782, 8 TLR 755, CA 3.160
Scott v Forster Pastoral Co Pty Ltd (2000) 35 ACSR 294 .... 30.39
Scott v Hanson (1829) 1 Russ & M 128 .... 3.40
Scottish and Newcastle International Ltd v Othon Ghalanos Ltd [2008] UKHL 11, [2008] 2 All ER 768, [2008] 2 All ER (Comm) 369, [2008] Bus LR 583, [2008] 1 Lloyd's Rep 462, [2008] NLJR 334, 152 Sol Jo (no 8) 32, [2008] All ER (D) 294 (Feb) 10.13, 10.14, 34.01, 34.19, 36.65
Scottish Power plc v Britoil (Exploration) Ltd [1997] 47 LS Gaz R 30, 141 Sol Jo LB 246, CA 3.64
Scruttons Ltd v Midland Silicones Ltd [1962] AC 446, [1962] 1 All ER 1, [1962] 2 WLR 186, 106 Sol Jo 34, sub nom Midland Silicones Ltd v Scruttons Ltd [1961] 2 Lloyd's Rep 365, HL 3.77, 36.72
Sea Success Maritime Inc v African Maritime Carriers Ltd [2005] EWHC 1542 (Comm), [2005] 2 All ER (Comm) 441, [2005] 2 Lloyd's Rep 692, (2005) Times, 6 September, [2005] All ER (D) 227 (Jul) 36.31, 39.92
Sea Tank Shipping AS (formerly known as Tank Invest AS) v Vinnlustodin HF, The Aqasia [2018] EWCA Civ 276, [2018] 3 All ER 981, [2018] 2 All ER (Comm) 191, [2018] Bus LR 992, [2018] 1 Lloyd's Rep 530, [2018] All ER (D) 139 (Feb) .. 36.08, 36.45
Seaconsar Far East Ltd v Bank Markazi Jomhouri Islami Iran [1993] 1 Lloyd's Rep 236, (1992) Times, 25 November, CA; revsd [1994] 1 AC 438, [1993] 4 All ER 456, [1993] 3 WLR 756, [1994] 1 Lloyd's Rep 1, [1993] 42 LS Gaz R 42, [1993] NLJR 1479n, (1993) Times, 15 October, 137 Sol Jo LB 239, HL 35.69, 37.33
Seagon v Deko Marty Belgium NV: C-339/07 [2009] ECR I-767, [2009] 1 WLR 2168, [2009] Bus LR 1151, [2009] BCC 347, [2009] All ER (D) 112 (Feb), ECJ 31.86, 37.08
Sealace Shipping Co Ltd v Oceanvoice Ltd, The Alecos M [1991] 1 Lloyd's Rep 120, CA 3.135, 14.24
Seascope Capital Services Ltd v Anglo-Atlantic SS Co Ltd [2002] EWHC 1277 (Comm), [2002] 2 Lloyd's Rep 611 .... 3.70
Secure Capital SA v Credit Suisse AG [2017] EWCA Civ 1486, [2018] 1 BCLC 325, 167 NLJ 7765, [2017] All ER (D) 54 (Oct) 21.23
Securitibank Ltd (No 2), Re [1978] 2 NZLR 136, NZ CA 22.08
Securities Exchange Commission v Shavers and Bitcoin Savings and Trust, 2013 BL 208180 (ED Tex, 6 August 2013) 17.28
Security Trust Co v Royal Bank of Scotland [1976] AC 507, HL 24.59

Table of Cases

Selectmove Ltd, Re [1995] 2 All ER 531, [1995] 1 WLR 474, [1995] STC 406, 66 TC 552 .... 3.13
Semen v Deutsche Tamoil GmbH: C-348/07 [2009] ECR I-2341, [2009] 2 All ER (Comm) 243, [2009] 3 CMLR 389, [2009] 1 Lloyd's Rep 653, [2009] All ER (D) 271 (Mar), ECJ 5.39
Serena Navigation Ltd v Dera Commercial Establishment, The Limnos [2008] EWHC 1036 (Comm), [2008] 2 All ER (Comm) 1005, [2008] 2 Lloyd's Rep 166, [2008] All ER (D) 199 (May) 36.44
SerVaas Incorporated v Rafidain Bank [2012] UKSC 40, [2013] 1 AC 595, [2012] 4 All ER 1081, [2012] 3 WLR 545, [2013] 1 All ER (Comm) 208, [2012] 2 Lloyd's Rep 577, [2012] 33 LS Gaz R 16, (2012) Times, 30 October, [2013] 3 LRC 44, [2012] All ER (D) 117 (Aug) 39.98
Sevylor Shipping and Trading Corp v Altfadul Company for Foods, Fruits & Livestock; The Baltic Strait [2018] EWHC 629 (Comm), [2018] 2 All ER (Comm) 847, [2018] 2 Lloyd's Rep 33, [2018] All ER (D) 160 (Mar) 36.65
Sewell v Burdick (1884) 10 App Cas 74, 54 LJQB 156, 5 Asp MLC 376, 33 WR 461, [1881–5] All ER Rep 223, 52 LT 445, 1 TLR 128, HL 35.149, 36.23
Seymour v Pickett [1905] 1 KB 715, 74 LJKB 413, 92 LT 519, 21 TLR 302, CA 18.09
Shadwell v Shadwell (1860) 9 CBNS 159, 30 LJCP 145, 7 Jur NS 311, 9 WR 163, 142 ER 62, 3 LT 628 .... 3.13
Shah v HSBC Private Bank (UK) Ltd [2010] EWCA Civ 31, [2010] 3 All ER 477, [2011] 1 All ER (Comm) 67, [2010] Bus LR 1514, (2010) Times, 1 April, [2010] All ER (D) 45 (Feb) 18.20
Shah v HSBC Private Bank (UK) Ltd [2012] EWHC 1283 (QB), [2013] 1 All ER (Comm) 72, (2012) Times, 11 July, [2013] Bus LR D38, [2012] All ER (D) 155 (May) 18.20
Shaker v Vistajet Group Holding SA [2012] EWHC 1329 (Comm), [2012] 2 All ER (Comm) 1010, [2012] 2 Lloyd's Rep 93, [2012] All ER (D) 141 (May) 3.32
Shamia v Joory [1958] 1 QB 448, [1958] 1 All ER 111, [1958] 2 WLR 84, 102 Sol Jo 70 .... 2.93
Shamsher Jute Mills Ltd v Sethia (London) Ltd [1987] 1 Lloyd's Rep 388 .... 35.18
Shashoua v Sharma [2009] EWHC 957 (Comm), [2009] 2 All ER (Comm) 477, [2009] 2 Lloyd's Rep 376, [2009] All ER (D) 64 (May) 39.22, 39.55
Shaw v Metropolitan Police Comr (Natalegawa, claimant) [1987] 3 All ER 405, [1987] 1 WLR 1332, [1987] BTLC 150, 131 Sol Jo 1357, [1987] LS Gaz R 3011 .... 16.13
Shearson Lehman Hutton Inc v Maclaine Watson & Co Ltd (No 2) [1990] 3 All ER 723, [1990] 1 Lloyd's Rep 441, [1990] NLJR 247 .... 15.40
Shearson Lehman Hutton Inc v Maclaine Watson & Co Ltd, Shearson Lehman Hutton Inc v JH Rayner (Mincing Lane) Ltd [1989] 1 All ER 1056, [1988] 1 WLR 946, [1989] 2 Lloyd's Rep 570, 132 Sol Jo 1035, [1988] NLJR 185 .... 4.37, 4.38, 4.39
Shell International Petroleum Ltd v Seabridge Shipping Ltd, The Metula [1978] 2 Lloyd's Rep 5, CA 36.60
Shell UK Ltd v Lostock Garage Ltd [1977] 1 All ER 481, [1976] 1 WLR 1187, 120 Sol Jo 523 .... 3.57, 3.60
Shelley v Paddock [1979] QB 120, [1978] 3 All ER 129, [1978] 2 WLR 877, 122 Sol Jo 317; affd [1980] QB 348, [1980] 1 All ER 1009, [1980] 2 WLR 647, 123 Sol Jo 706 .... 3.160
Shenavai v Kreischer: 266/85 [1987] ECR 239, [1987] 3 CMLR 782, ECJ 37.15
Shepherd v Pybus (1842) 11 LJCP 101, 3 Man & G 868, 4 Scott NR 434, 133 ER 1390 .... 6.07
Shevill v Builders Licensing Board (1982) 149 CLR 620, 42 ALR 305, 56 ALJR 793, Aus HC 3.127
Shields (t/a W Ryder & Co Ltd) v Honeywill & Stein Ltd [1953] 1 Lloyd's Rep 357, CA 11.102
Shipley v Marshall (1863) 14 CBNS 566, 32 LJCP 258, 9 Jur NS 1060, 2 New Rep 244, 8 LT 430 .... 22.42, 24.30
Shipton, Anderson & Co v Weil Bros & Co [1912] 1 KB 574, 81 LJKB 910, 17 Com Cas 153, 106 LT 372, 28 TLR 269 .... 13.37
Shizelle, The [1992] 2 Lloyd's Rep 444 .... 24.30

Table of Cases

Shogun Finance Ltd v Hudson [2003] UKHL 62, [2004] 1 AC 919, [2004] 1 All ER 215, [2003] 3 WLR 1371, [2004] 1 All ER (Comm) 332, [2004] RTR 153, [2004] 1 Lloyd's Rep 532, [2003] 46 LS Gaz R 25, [2003] NLJR 1790, (2003) Times, 20 November, 147 Sol Jo LB 1368, [2004] 4 LRC 255, [2003] GCCR 4971, [2003] All ER (D) 258 (Nov) 3.33, 16.72, 16.101

Shore v Wilson, Lady Hewley's Charities (1842) 9 Cl & Fin 355, 11 Sim 615n, 4 State Tr NS App A 1370, 7 Jur 787n, 5 Scott NR 958, 8 ER 450, HL 3.49

Showlag v Mansour [1995] 1 AC 431, [1994] 2 All ER 129, [1994] 2 WLR 615, PC 37.51

Siboen and The Sibotre, The. See Occidental Worldwide Investment Corpn v Skibs A/S Avanti, Skibs A/S Glarona, Skibs A/S Navalis, The Siboen and The Sibotre

Siebe Gorman & Co Ltd v Barclays Bank Ltd [1979] 2 Lloyd's Rep 142, 10 LDAB 94 .... 24.46, 25.05, 25.09

Siemens Building Technologies FE Ltd v Supershield Ltd [2010] EWCA Civ 7, [2010] 2 All ER (Comm) 1185, [2010] 1 Lloyd's Rep 349, 129 ConLR 52, [2010] BLR 145, [2010] All ER (D) 113 (Jan) 3.134

Sign-o-Lite Plastics Ltd v Metropolitan Life Insurance Co (1990) 49 BCLR (2d) 183, 73 DLR (4th) 541, BC CA 5.17

Silven Properties Ltd v Royal Bank of Scotland plc [2003] EWCA Civ 1409, [2004] 4 All ER 484, [2004] 1 WLR 997, [2004] 1 P & CR D13, [2004] 1 BCLC 359, [2003] BCC 1002, [2003] 3 EGLR 49, [2003] 44 LS Gaz R 33, [2003] 50 EG 96, (2003) Times, 27 October, 147 Sol Jo LB 1239, [2003] All ER (D) 335 (Oct) 30.42

Silver v Ocean Steamship Co Ltd [1930] 1 KB 416, 35 Ll L Rep 49, 99 LJKB 104, 18 Asp MLC 74, 35 Com Cas 140, [1929] All ER Rep 611, 73 Sol Jo 849, 142 LT 244, 46 TLR 78, CA 36.52

Silverburn Finance (UK) Ltd v Salt [2001] EWCA Civ 279, [2001] 2 All ER (Comm) 438, [2001] Lloyd's Rep Bank 119, [2001] All ER (D) 02 (Mar) 30.46

Simon v Pawson and Leafs Ltd (1932) 38 Com Cas 151, [1932] All ER Rep 72, 148 LT 154, CA 14.27

Simona, The. See Fercometal SARL v MSC Mediterranean Shipping Co SA, The Simona

Simpson v Connolly [1953] 2 All ER 474, [1953] 1 WLR 911, 97 Sol Jo 490 .... 7.36

Sindall (William) plc v Cambridgeshire County Council [1994] 3 All ER 932, [1994] 1 WLR 1016, 92 LGR 121, [1993] NPC 82 .... 3.99

Singer & Friedlander v Creditanstalt-Bankverein (1980) 13 August 35.138

Singh (Gian) & Co Ltd v Banque de l'Indochine [1974] 2 All ER 754, [1974] 1 WLR 1234, [1974] 2 Lloyd's Rep 1, 118 Sol Jo 644, PC 35.66

Singh (Sajan) v Sardara Ali [1960] AC 167, [1960] 1 All ER 269, [1960] 2 WLR 180, 104 Sol Jo 84, PC 3.168

Singh Sandhu (t/a Isher Fashions UK) v Jet Star Retail Ltd [2011] EWCA Civ 459, [2011] All ER (D) 192 (Apr) 22.33

Singularis Holdings Ltd v Pricewaterhouse Coopers [2014] UKPC 36, [2015] AC 1675, [2015] 2 WLR 971, 87 WIR 215, [2015] 3 LRC 628, [2014] 2 BCLC 597, (2014) Times, 19 December, [2014] All ER (D) 154 (Nov), PC 31.82

Siporex Trade SA v Banque Indosuez [1986] 2 Lloyd's Rep 146 .... 35.166

Sirius International Insurance Corp (Publ) v FAI General Insurance Co Ltd [2003] EWCA Civ 470, [2004] 1 All ER 308, [2003] 1 WLR 2214, [2003] 1 All ER (Comm) 865, [2004] Lloyd's Rep IR 47, 147 Sol Jo LB 477, [2003] All ER (D) 76 (Apr), CSRC vol 27 iss 2/3; revsd sub nom Sirius International Insurance Co (Publ) v FAI General Insurance Ltd [2004] UKHL 54, [2005] 1 All ER 191, [2004] 1 WLR 3251, [2005] 1 All ER (Comm) 117, [2005] Lloyd's Rep IR 294, [2005] 1 Lloyd's Rep 461, (2004) Times, 3 December, 148 Sol Jo LB 1435, [2004] All ER (D) 24 (Dec) 35.101

Siskina (Cargo Owners) v Distos Cia Naviera SA, The Siskina [1979] AC 210, [1977] 3 All ER 803, [1977] 3 WLR 818, [1978] 1 CMLR 190, [1978] 1 Lloyd's Rep 1, 121 Sol Jo 744, HL 38.93

Siskina, The. See Siskina (Cargo Owners) v Distos Cia Naviera SA, The Siskina

Siu Yin Kwan v Eastern Insurance Co Ltd [1994] 2 AC 199, [1994] 1 All ER 213, [1994] 2 WLR 370, [1994] 1 Lloyd's Rep 616, [1994] NLJR 87, [1994] 1 HKLR 77, 138 Sol Jo LB 26, PC 5.36

Skatteverket v Hedqvist: C-264/14 (2015) C-264/14, ECLI:EU:C:2015:718, [2016] STC 372, [2015] SWTI 3240, [2015] All ER (D) 05 (Nov), EUCJ 17.28

Table of Cases

Skipton Building Society v Stott [2001] QB 261, [2000] 2 All ER 779, [2000] 3 WLR 1031, [2000] 1 All ER (Comm) 257, [2000] Lloyd's Rep Bank 365, (2000) Times, 12 January, [1999] All ER (D) 1408 .... 30.42
Sky Petroleum Ltd v VIP Petroleum Ltd [1974] 1 All ER 954, [1974] 1 WLR 576, 118 Sol Jo 311 .... 14.07
Slater v Finning Ltd [1997] AC 473, [1996] 3 All ER 398, [1996] 3 WLR 190, [1996] 2 Lloyd's Rep 353, [1996] NLJR 1023, 1997 SC (HL) 8, 1996 SLT 912, 140 Sol Jo LB 185, HL 11.104
Slater v Hoyle & Smith Ltd [1920] 2 KB 11, 89 LJKB 401, 25 Com Cas 140, [1918–19] All ER Rep 654, 122 LT 611, 36 TLR 132, CA 14.33
Slavenburg's Bank NV v Intercontinental Natural Resources Ltd [1980] 1 All ER 955, [1980] 1 WLR 1076, 124 Sol Jo 374 .... 23.45, 24.30, 35.148
Smeaton Hanscomb & Co Ltd v Sassoon I Setty, Son & Co [1953] 2 All ER 1471, [1953] 1 WLR 1468, [1953] 2 Lloyd's Rep 580, 97 Sol Jo 862 .... 3.77
Smeed v Foord (1859) 1 E & E 602, 28 LJQB 178, 5 Jur NS 291, 7 WR 266, 32 LTOS 314 .... 14.30
Smith (E E and Brian) (1928) Ltd v Wheatsheaf Mills Ltd [1939] 2 KB 302, [1939] 2 All ER 251, 63 Ll L Rep 237, 108 LJKB 602, 44 Com Cas 210, 83 Sol Jo 456, 160 LT 389, 55 TLR 599 .... 12.20
Smith (Administrator of Cosslett (Contractors) Ltd) v Bridgend County Borough Council [2001] UKHL 58, [2002] 1 AC 336, [2002] 1 All ER 292, [2001] 3 WLR 1347, 80 ConLR 172, [2002] 1 BCLC 77, [2001] BCC 740, [2002] BLR 160, [2002] GCCR 3095, [2001] All ER (D) 118 (Nov) 24.50
Smith v Eric S Bush (a firm), Harris v Wyre Forest District Council. See Harris v Wyre Forest District Council
Smith v Hughes (1871) LR 6 QB 597, 40 LJQB 221, 19 WR 1059, [1861–73] All ER Rep 632, 25 LT 329 .... 3.32
Smith v Lloyds TSB Group plc [2001] QB 541, [2001] 1 All ER 424, [2000] 3 WLR 1725, [2000] 2 All ER (Comm) 693, [2000] Lloyd's Rep Bank 334, [2000] 36 LS Gaz R 42, [2000] NLJR 1337, 144 Sol Jo LB 240, [2000] All ER (D) 1080 .... 20.114
Smith v Wilson (1832) 3 B & Ad 728, 1 LJKB 194, 110 ER 266 .... 3.49
Smith v Wood [1929] 1 Ch 14, 98 LJ Ch 59, [1928] All ER Rep 229, 72 Sol Jo 517, 139 LT 250, CA 30.40, 30.41
Smith (A) & Son (Bognor Regis) Ltd v Walker [1952] 2 QB 319, [1952] 1 All ER 1008, 96 Sol Jo 260, [1952] 1 TLR 1089, 159 EG 494, CA 18.09
Smith Bros (Hull) Ltd v Gosta Jacobsson & Co [1961] 2 Lloyd's Rep 522 .... 11.39
Smyth (Ross T) & Co Ltd v T D Bailey, Son & Co [1940] 3 All ER 60, 67 Ll L Rep 147, 45 Com Cas 292, 5 LDAB 249, 84 Sol Jo 572, 164 LT 102, 56 TLR 825, HL 10.36, 10.37
Sneezum, Re, ex p Davis (1876) 3 Ch D 463, 45 LJ Bcy 137, 25 WR 49, 35 LT 389, CA 31.29
Snell v Unity Finance Co Ltd [1964] 2 QB 203, [1963] 3 All ER 50, [1963] 3 WLR 559, 107 Sol Jo 533, CA 3.172
Snook v London and West Riding Investments Ltd [1967] 2 QB 786, [1967] 1 All ER 518, [1967] 2 WLR 1020, 111 Sol Jo 71, [1999] GCCR 333 .... 22.30
Sociedad Financiera de Bienes Raices SA v Agrimpex Hungarian Trading Co for Agricultural Products [1961] AC 135, [1960] 2 All ER 578, [1960] 3 WLR 145, [1960] 1 Lloyd's Rep 623, 104 Sol Jo 543, HL 3.74
Société des Industries Métallurgiques SA v Bronx Engineering Co Ltd [1975] 1 Lloyd's Rep 465, CA 14.07
Société Générale de Paris v Tramways Union Co (1884) 14 QBD 424, 54 LJQB 177, 52 LT 912, CA; affd sub nom Société Générale de Paris and Colladon v Walker (1885) 11 App Cas 20, 55 LJQB 169, 34 WR 662, 54 LT 389, 2 TLR 200, HL 24.15, 24.16
Societe Generale SA v Saad Trading [2011] EWHC 2424 (Comm), [2012] Bus LR D29, [2011] All ER (D) 32 (Oct) 35.52, 35.88
Societe Jakob Handte et Cie GmbH v Societe Traitements Mecano-Chimiques des Surfaces (TMCS): C-26/91 [1992] ECR I-3967, (1992) Times, 19 August, ECJ 37.17
Societe Nationale Industrielle Aerospatiale v Lee Kui Jak [1987] AC 871, [1987] 3 All ER 510, [1987] 3 WLR 59, 131 Sol Jo 842, [1987] LS Gaz R 2048, PC 38.81
Soleh Boneh International Ltd v Government of Republic of Uganda and National Housing Corpn [1993] 2 Lloyd's Rep 208, CA 39.23
Soleimany v Soleimany [1999] QB 785, [1999] 3 All ER 847, [1998] 3 WLR 811 .. 39.108

Table of Cases

Solholt, The. See Sotiros Shipping Inc and Aeco Maritime SA v Sameiet Solholt, The Solholt
Solle v Butcher [1950] 1 KB 671, [1949] 2 All ER 1107, 66 (pt 1) TLR 448, CA 3.33
Solo Industries UK Ltd v Canara Bank [2001] EWCA Civ 1059, [2001] 1 WLR 1800, [2001] 2 All ER (Comm) 217, [2001] 2 Lloyd's Rep 578, [2001] Lloyd's Rep Bank 346, [2001] 29 LS Gaz R 37, (2001) Times, 31 July, 145 Sol Jo LB 168, [2001] All ER (D) 34 (Jul) 35.102, 35.109, 35.166
Somafer SA v Saar-Ferngas AG: 33/78 [1978] ECR 2183, sub nom Etablissements Somafer SA v Saar-Ferngas AG: 33/78 [1979] 1 CMLR 490, ECJ 37.23
Somes v British Empire Shipping Co (1860) 8 HL Cas 338, 30 LJQB 229, 6 Jur NS 761, 8 WR 707, 11 ER 459, [1843–60] All ER Rep 844, 2 LT 547, HL 15.32
Soneco Ltd v Barcross Finance Ltd [1978] RTR 444, [1999] GCCR 525, CA 16.91
Sony Computer Entertainment UK Ltd v Cinram Logistics UK Ltd [2008] EWCA Civ 955, [2009] 2 All ER (Comm) 65, [2009] Bus LR 529, (2008) Times, 10 September, [2008] All ER (D) 66 (Aug) 15.42, 15.47
Sormovskiy 3068, The. See Sucre Export SA v Northern Shipping Ltd, The Sormovskiy 3068
Sotiros Shipping Inc and Aeco Maritime SA v Sameiet Solholt, The Solholt [1983] 1 Lloyd's Rep 605, 127 Sol Jo 305, CA 14.22
Soules CAF v PT Transap of Indonesia [1999] 1 Lloyd's Rep 917 .... 34.26
South Australian Insurance Co v Randell (1869) LR 3 PC 101, 6 Moo PCCNS 341, 22 LT 843 .... 8.41
South Staffordshire Water Co v Sharman [1896] 2 QB 44, 65 LJQB 460, 44 WR 653, [1895–9] All ER Rep 259, 40 Sol Jo 532, 74 LT 761, 12 TLR 402 .... 2.40
Southern v How (1617) Cro Jac 468, Poph 143, 79 ER 400, 2 Rolls Rep 26, J Bridg 125 .... 6.03
Southern Foundries (1926) Ltd v Shirlaw [1940] AC 701, [1940] 2 All ER 445, 109 LJKB 461, 84 Sol Jo 464, 164 LT 251, 56 TLR 637, HL 3.57
Southern Pacific Mortgages Ltd v Scott (Mortgage Business plc intervening). See Mortgage Business plc v O'Shaughnessy
Soward v Palmer (1818) 8 Taunt 277, 2 Moore CP 274, 129 ER 390 .... 20.81
Specialist Plant Services Ltd v Braithwaite Ltd [1987] BCLC 1, 3 BCC 119 .... 22.35
Spector v Ageda [1973] Ch 30, [1971] 3 All ER 417, [1971] 3 WLR 498, 22 P & CR 1002, 115 Sol Jo 426 .... 3.160
Spectrum Plus Ltd, Re [2005] UKHL 41, [2005] 2 AC 680, [2005] 4 All ER 209, [2005] 3 WLR 58, [2005] 2 Lloyd's Rep 275, [2005] 2 BCLC 269, [2005] NLJR 1045, (2005) Times, 1 July, [2006] 2 LRC 243, [2005] All ER (D) 368 (Jun), sub nom National Westminster Bank plc v Spectrum Plus Ltd [2005] BCC 694 . 22.27, 22.63, 25.02, 25.04, 25.05, 25.06, 25.09, 25.13, 26.24, 26.28, 29.01, 29.09, 29.10, 29.11
Spenborough UDC's Agreement, Re, Spenborough Corpn v Cooke Sons & Co Ltd [1968] Ch 139, [1967] 1 All ER 959, [1967] 2 WLR 1403, 65 LGR 300, 111 Sol Jo 253 .... 3.155
Spence v Coleman [1901] 2 KB 199, 70 LJKB 632, 49 WR 516, 45 Sol Jo 483, 84 LT 703, 17 TLR 469, [1900–3] All ER Rep Ext 1555, CA 22.55
Spiliada Maritime Corpn v Cansulex Ltd, The Spiliada [1987] AC 460, [1986] 3 All ER 843, [1986] 3 WLR 972, [1987] 1 Lloyd's Rep 1, 130 Sol Jo 925, [1987] LS Gaz R 113, [1986] NLJ Rep 1137, [1987] LRC (Comm) 356, HL 37.37, 38.78, 38.80
Spiliada, The. See Spiliada Maritime Corpn v Cansulex Ltd, The Spiliada
Squires (liquidators of SSSL Realisations (2002) Ltd) v AIG Europe (UK) Ltd. See SSSL Realisations (2002) Ltd (in liq), Re
Stacey v Hill [1901] 1 KB 660, [1901] 1 QB 660, 70 LJKB 435, 8 Mans 169, 49 WR 390, 45 Sol Jo 325, 84 LT 410, 17 TLR 311, CA 30.45
Stach (Ian) Ltd v Baker Bosley Ltd [1958] 2 QB 130, [1958] 1 All ER 542, [1958] 2 WLR 419, [1958] 1 Lloyd's Rep 127, 7 LDAB 177, 102 Sol Jo 177 .... 35.79, 35.125
Stadhard v Lee (1863) 3 B & S 364, 32 LJQB 75, 9 Jur NS 908, 1 New Rep 433, 11 WR 361, 122 ER 138, 7 LT 850 .... 3.57
Stadium Finance Co Ltd v Helm (1965) 109 Sol Jo 471, CA 30.29
Stadium Finance Ltd v Robbins (or Robins) [1962] 2 QB 664, [1962] 2 All ER 633, [1962] 3 WLR 453, 106 Sol Jo 369, CA 16.43
Staffordshire Area Health Authority v South Staffordshire Waterworks Co [1978] 3 All ER 769, [1978] 1 WLR 1387, 77 LGR 17, 122 Sol Jo 331 .... 3.155

Table of Cases

Stag Line Ltd v Foscolo, Mango & Co Ltd [1932] AC 328, 101 LJKB 165, 18 Asp MLC 266, 37 Com Cas 54, [1931] All ER Rep 666, 75 Sol Jo 884, 146 LT 305, 48 TLR 127, HL 36.08, 36.33
Stamp Duties Comr (Queensland) v Livingston [1965] AC 694, [1964] 3 All ER 692, [1964] 3 WLR 963, 43 ATC 325, [1964] TR 351, 108 Sol Jo 820, PC 2.34
Standard Chartered Bank v Dorchester LNG (2) Ltd [2014] EWCA Civ 1382, [2015] 2 All ER 395, [2015] 3 WLR 261, [2015] 2 All ER (Comm) 362, [2015] 1 Lloyd's Rep 97, 164 NLJ 7631, [2014] All ER (D) 273 (Oct) 20.89, 35.126, 36.35, 36.65
Standard Chartered Bank v Pakistan National Shipping Corp (No 2) [2000] 1 All ER (Comm) 1, [2000] 1 Lloyd's Rep 218, [2000] Lloyd's Rep Bank 40, [1999] All ER (D) 1367; revsd sub nom Standard Chartered Bank v Pakistan National Shipping Corp [2002] UKHL 43, [2003] 1 AC 959, [2003] 1 All ER 173, [2002] 3 WLR 1547, [2002] 2 All ER (Comm) 931, [2003] 1 Lloyd's Rep 227, [2003] 1 BCLC 244, [2002] BCC 846, [2003] 01 LS Gaz R 26, (2002) Times, 7 November, 146 Sol Jo LB 258, [2002] All ER (D) 67 (Nov) 35.106
Standard Manufacturing Co, Re [1891] 1 Ch 627, 60 LJ Ch 292, 2 Meg 418, 39 WR 369, [1891–4] All ER Rep 1242, 64 LT 487, 7 TLR 282, CA 23.45
Standard Oil Co of New York v Clan Line Steamers Ltd [1924] AC 100, 17 Ll L Rep 120, 93 LJPC 49, 16 Asp MLC 273, 29 Com Cas 75, [1923] All ER Rep 73, 68 Sol Jo 234, 130 LT 481, 40 TLR 148, HL 36.41
Standard Rotary Machine Co Ltd, Re (1906) 51 Sol Jo 48, 95 LT 829 .... 24.46
Stanford International Bank Ltd, Re [2010] EWCA Civ 137, [2011] Ch 33, [2010] 3 WLR 941, [2010] Bus LR 1270, [2011] BCC 211, [2010] BPIR 679, [2010] All ER (D) 219 (Apr) 31.84
Stapleford Colliery Co, Re, Barrow's Case (1880) 14 Ch D 432, 49 LJ Ch 498, 42 LT 891, CA 2.75
Stapylton Fletcher Ltd (in administrative receivership), Re [1995] 1 All ER 192, [1994] 1 WLR 1181, [1994] 2 BCLC 681, [1994] BCC 532 .... 8.44, 8.49
Star Shipping AS v China National Foreign Trade Transportation Corpn, The Star Texas [1993] 2 Lloyd's Rep 445, CA 39.41
Star Texas, The. See Star Shipping AS v China National Foreign Trade Transportation Corpn, The Star Texas
Starlight Shipping Company v Allianz Marine & Aviation Versicherungs AG, The Alexandros T [2014] EWCA Civ 1010, [2014] 2 Lloyd's Rep 544, [2015] Lloyd's Rep IR 49, [2014] All ER (D) 206 (Jul) 37.13
State v Katsikaris 1980 (3) SA 580 .... 21.11
State Trading Corpn of India Ltd v ED & F Man (Sugar) Ltd [1981] Com LR 235, CA 35.169
Stead, Hazel & Co v Cooper [1933] 1 KB 840, 102 LJKB 533, [1933] B & CR 72, [1933] All ER Rep 770, 77 Sol Jo 117, 148 LT 384, 49 TLR 200 .... 31.29
Sté Gulf Leaders for Management and Services Holding Company v SA Crédit Foncier de France (Paris Court of Appeal, 4 March 2014) 39.36
Steel v Dixon (1881) 17 Ch D 825, 50 LJ Ch 591, 29 WR 735, [1881–5] All ER Rep 729, 45 LT 142 .... 30.51
Steele v M'Kinlay (1880) 5 App Cas 754, 29 WR 17, 1 LDAB 28, 43 LT 358, HL 20.66
Steels & Busks Ltd v Bleecker Bik & Co Ltd [1956] 1 Lloyd's Rep 228 .... 11.128
Stein v Blake [1996] AC 243, [1995] 2 All ER 961, [1995] 2 WLR 710, [1995] 2 BCLC 94, [1995] BCC 543, 13 LDAB 83, [1995] NLJR 760, HL 31.33
Stein, Forbes & Co v County Tailoring Co (1916) 86 LJKB 448, 13 Asp MLC 422, 115 LT 215 .... 34.27
Sterns Ltd v Vickers Ltd [1923] 1 KB 78, 92 LJKB 331, [1922] All ER Rep 126, 128 LT 402, CA 9.13, 9.14, 9.15, 9.28, 9.40
Stevens, Re, Stevens v Keily [1888] WN 110 .... 19.126
Stevenson v Beverley Bentinck Ltd [1976] 2 All ER 606, [1976] 1 WLR 483, [1976] RTR 543, 120 Sol Jo 197, [1999] GCCR 493 .... 16.81
Stevenson v Blakelock (1813) 1 M & S 535, 105 ER 200 .... 22.66
Stevenson v Rogers [1999] QB 1028, [1999] 1 All ER 613, [1999] 2 WLR 1064, [1999] 02 LS Gaz R 29, [1999] NLJR 16, 143 Sol Jo LB 21 .... 7.03, 11.59
Stilk v Myrick (1809) 2 Camp 317, 6 Esp 129, 170 ER 1168, NP 3.13
Stimpson v Smith [1999] Ch 340, [1999] 2 All ER 833, [1999] 2 WLR 1292, [1999] 15 LS Gaz R 29, [1999] NLJR 414, [1999] All ER (D) 254 .... 30.43

Table of Cases

Stirling v Burdett [1911] 2 Ch 418, 81 LJ Ch 49, 105 LT 573 .... 30.4
Stock v Inglis (1884) 12 QBD 564, 53 LJQB 356, 5 Asp MLC 294, 51 LT 449, CA; affd sub nom Inglis v Stock (1885) 10 App Cas 263, 54 LJQB 582, 5 Asp MLC 422, 33 WR 877, [1881–5] All ER Rep 668, 52 LT 821, HL 34.16
Stocznia Gdanska SA v Latvian Shipping Co (No 3) [2002] EWCA Civ 889, [2002] 2 All ER (Comm) 768, [2002] 2 Lloyd's Rep 436, [2002] All ER (D) 166 (Jun) 3.154
Street v Blay (1831) 2 B & Ad 456, 109 ER 1212, [1824–34] All ER Rep 329 ...... 11.05, 13.11
Stretford v Football Association Ltd [2007] EWCA Civ 238, [2007] 2 All ER (Comm) 1, [2007] Bus LR 1052, [2007] 2 Lloyd's Rep 31, 151 Sol Jo LB 437, [2007] ArbLR 54, [2007] All ER (D) 346 (Mar) 39.29
Strongman (1945) Ltd v Sincock [1955] 2 QB 525, [1955] 3 All ER 90, [1955] 3 WLR 360, 99 Sol Jo 540, CA 3.160
Stroud Architectural Systems Ltd v John Laing Construction Ltd (1993) 35 ConLR 135, [1994] 2 BCLC 276, [1994] BCC 18 .... 24.50
Stuart v Wilkins (1778) 1 Doug KB 18 .... 6.04
Sucre Export SA v Northern Shipping Ltd, The Sormovskiy 3068 [1994] 2 Lloyd's Rep 266 .... 36.35
Sudbrook Trading Estate Ltd v Eggleton [1983] 1 AC 444, [1982] 3 All ER 1, [1982] 3 WLR 315, 44 P & CR 153, 126 Sol Jo 512, 265 Estates Gazette 215, HL 3.26
Suisse Atlantique Société d'Armement Maritime SA v Rotterdamsche Kolen Centrale NV [1967] 1 AC 361, [1966] 2 All ER 61, [1966] 2 WLR 944, [1966] 1 Lloyd's Rep 529, 110 Sol Jo 367, HL 3.77, 3.156
Sul America Cia Nacional De Seguros Sa v Enesa Engenharia SA [2012] EWCA Civ 638, [2013] 1 WLR 102, [2012] 2 All ER (Comm) 795, [2012] 1 Lloyd's Rep 671, [2012] Lloyd's Rep IR 405, [2012] NLJR 751, (2012) Times, 24 August, [2012] All ER (D) 145 (May) 37.11, 38.03
Sum Cheong Piling Pte Ltd [2002] 1 SLR 1 .... 35.118
Sumitomo Heavy Industries Ltd v Oil and Natural Gas Commission [1994] 1 Lloyd's Rep 45 .... 39.13
Sumpter v Hedges [1898] 1 QB 673, 67 LJQB 545, 46 WR 454, 42 Sol Jo 362, 78 LT 378, CA 3.117
Sumukan Ltd v Commonwealth Secretariat [2007] EWCA Civ 1148, [2008] 2 All ER (Comm) 175, [2008] Bus LR 858, [2008] 1 Lloyd's Rep 40, 116 ConLR 17, (2007) Times, 18 December, [2007] ArbLR 57, [2007] All ER (D) 253 (Nov) 39.87
Sumukan Ltd v Commonwealth Secretariat [2007] EWCA Civ 243, [2007] 3 All ER 342, [2007] 2 All ER (Comm) 23, [2007] Bus LR 1075, [2007] 2 Lloyd's Rep 87, [2007] NLJR 482, 151 Sol Jo LB 430, [2007] ArbLR 56, [2007] All ER (D) 341 (Mar) 39.29, 39.87, 39.91
Surrey County Council v Bredero Homes Ltd [1993] 3 All ER 705, [1993] 1 WLR 1361, [1993] 1 EGLR 37, [1993] 25 EG 141, 137 Sol Jo LB 135 .... 3.117
Suttons Motors (Temora) Pty Ltd v Hollywood Motor Pty Ltd [1971] VR 684 ...... 16.19
Svenska Petroleum Exploration AB v Government of the Republic of Lithuania [2006] EWCA Civ 1529, [2007] QB 886, [2007] 2 WLR 876, [2007] 1 All ER (Comm) 909, [2007] 1 Lloyd's Rep 193, [2006] ArbLR 59, [2006] All ER (D) 156 (Nov) 39.98
Svenska Traktor Akt v Maritime Agencies (Southampton) Ltd [1953] 2 QB 295, [1953] 2 All ER 570, [1953] 3 WLR 426, [1953] 2 Lloyd's Rep 124, 97 Sol Jo 525 .... 36.31
Swan v Barber (1879) LR 5 Ex D 130, 49 LJQB 253, 4 Asp MLC 264, 28 WR 563, 42 LT 490, CA 36.66
Swire v Redman (1876) 1 QBD 536, 24 WR 1069, [1874–80] All ER Rep 1255, 35 LT 470 .... 30.37, 30.41
Swiss Bank Corpn v Lloyds Bank Ltd [1982] AC 584, [1980] 2 All ER 419, [1980] 3 WLR 457, 124 Sol Jo 741; affd [1982] AC 584, [1981] 2 All ER 449, [1981] 2 WLR 893, 125 Sol Jo 495, HL 22.24, 22.46, 22.63, 23.03
Swotbooks.com Ltd v Royal Bank of Scotland [2011] EWHC 2025 (QB) 35.52
Sylvia Shipping Co Ltd v Progress Bulk Carriers Ltd (The Sylvia) [2010] EWHC 542 (Comm), [2010] 2 Lloyd's Rep 81, [2010] All ER (D) 184 (Mar) 3.134, 14.26
Syrett v Egerton [1957] 3 All ER 331, [1957] 1 WLR 1130, 101 Sol Jo 869, DC 23.04

Table of Cases

T

T & D Industries plc (in administration), Re [2000] 1 All ER 333, [2000] 1 WLR 646, [2000] 1 BCLC 471, [2000] BCC 956, [1999] 46 LS Gaz R 37 .... 31.67

T Choithram International SA v Pagarani. See Pagarani v T Choithram International SA

TH Knitwear (Wholesale) Ltd, Re [1988] Ch 275, [1988] 1 All ER 860, [1988] 2 WLR 276, [1988] STC 79, [1988] BCLC 195, 4 BCC 102, 131 Sol Jo 1696, [1988] 4 LS Gaz R 35 .... 23.52

TNT Express Nederland BV v AXA Versicherung AG: C-533/08 [2010] ECR I-4107, [2011] RTR 136, [2010] All ER (D) 47 (May), ECJ 37.12

TNT Express, The. See Marbig Rexel Pty Ltd v ABC Container Line NV, The TNT Express

TSB Bank plc v Camfield [1995] 1 All ER 951, [1995] 1 WLR 430, [1995] 2 FCR 254, [1995] 1 FLR 751, [1995] Fam Law 298, 27 HLR 205, 12 LDAB 707, [1995] 03 LS Gaz R 37, [1995] NLJR 215 .... 3.98

TTI Team Telecom International Ltd v Hutchison 3G UK Ltd [2003] EWHC 762 (TCC), [2003] 1 All ER (Comm) 914, [2003] All ER (D) 83 (Apr) 35.118

Tai Hing Cotton Mill Ltd v Kamsing Knitting Factory [1979] AC 91, [1978] 1 All ER 515, [1978] 2 WLR 62, 121 Sol Jo 662, PC 14.13

Tailby v Official Receiver (1888) 13 App Cas 523, 58 LJQB 75, 37 WR 513, [1886–90] All ER Rep 486, 60 LT 162, 4 TLR 726, HL .. 2.60, 23.03, 23.13, 23.21, 23.26

Tajik Aluminium Plant v Hydro Aluminium AS [2005] EWCA Civ 1218, [2005] 4 All ER 1232, [2006] 1 WLR 767, [2006] 2 All ER (Comm) 295, [2006] 1 Lloyd's Rep 155, [2005] ArbLR 59, [2005] All ER (D) 265 (Oct) 39.81

Tamil Nadu Electricity Board v St-CMS Electric Co Private Ltd [2007] EWHC 1713 (Comm), [2007] 2 All ER (Comm) 701, [2008] 1 Lloyd's Rep 93, [2007] ArbLR 58, [2007] All ER (D) 310 (Jul) 39.39

Tappenden (t/a English and American Autos) v Artus [1964] 2 QB 185, [1963] 3 All ER 213, [1963] 3 WLR 685, 107 Sol Jo 572, CA 22.66

Tarrabochia v Hickie (1856) 1 H & N 183, 26 LJ Ex 26, 156 ER 1168, Exch Ct 3.145

Tasman Orient Line CV v New Zealand China Clays, The Tasman Pioneer [2009] NZCA 135, [2009] 2 Lloyd's Rep 308, NZ CA; revsd [2010] NZSC 37 .... 36.34

Tate v Crewdson [1938] Ch 869, [1938] 3 All ER 43, 107 LJ Ch 328, 82 Sol Jo 454, 159 LT 512, 54 TLR 857 .... 30.32

Tatung (UK) Ltd v Galex Telesure Ltd (1988) 5 BCC 325, 11 LDAB 216 .... 22.34

Taurus Petroleum Ltd v State Oil Marketing Company of the Ministry of Oil, Republic of Iraq [2015] EWCA Civ 835, [2016] 2 All ER (Comm) 1037, [2016] 1 Lloyd's Rep 42, 165 NLJ 7665, [2015] All ER (D) 315 (Jul); revsd [2017] UKSC 64, [2018] AC 690, [2018] 2 All ER 675, [2017] 3 WLR 1170, [2018] 1 All ER (Comm) 1005, [2018] 1 Lloyd's Rep 29, 167 NLJ 7768, [2017] All ER (D) 132 (Oct), SC ... 35.48, 35.49, 35.51, 39.98

Tayeb v HSBC Bank plc [2004] EWHC 1529 (Comm), [2004] 4 All ER 1024, [2004] 2 All ER (Comm) 880, [2004] NLJR 1217, [2004] All ER (D) 65 (Jul) 18.13, 18.20, 18.31, 18.32

Taylor v Blakelock (1886) 32 Ch D 560, 56 LJ Ch 390, 55 LT 8, CA 20.32

Taylor v Bowers (1876) 1 QBD 291, 46 LJQB 39, 24 WR 499, [1874–80] All ER Rep 405, 34 LT 938, CA 3.169

Taylor v Caldwell (1863) 27 JP 710, 3 B & S 826, 32 LJQB 164, 2 New Rep 198, 11 WR 726, 122 ER 826, [1861–73] All ER Rep 24, 8 LT 356 .... 3.176

Taylor v Oakes, Roncoroni & Co (1922) 27 Com Cas 261, 66 Sol Jo 556, 127 LT 267, 38 TLR 517, [1922] All ER Rep Ext 866, CA 15.20, 15.21, 15.22

Taylor v Plumer (1815) 3 M & S 562, 2 Rose 457, 105 ER 721, [1814–23] All ER Rep 167 .... 17.39

Taylor v Russell [1892] AC 244, 61 LJ Ch 657, 41 WR 43, 36 Sol Jo 379, 66 LT 565, 8 TLR 463, HL 2.76

Taylor v Van Dutch Marine Holding Ltd (TCA Global Credit Master Fund LP, third party) [2017] EWHC 636 (Ch), [2017] 4 All ER 627, [2017] 1 WLR 2571, [2018] 1 All ER (Comm) 250, [2018] 1 BCLC 275, 167 NLJ 7741, [2017] All ER (D) 175 (Mar) 38.98

Taylor Woodrow Holdings Ltd v Barnes & Elliott Ltd [2006] EWHC 1693 (TCC), [2006] 2 All ER (Comm) 735, 110 ConLR 171, [2006] BLR 377, [2006] ArbLR 61, [2006] All ER (D) 05 (Jul) 39.81

Table of Cases

Tecnicas Reunidas Saudia for Services and Contracting Co. Ltd v Korea Development Bank [2020] EWHC 968 (TCC), [2020] All ER (D) 197 (Feb) 35.159, 36.16
Teheran-Europe Co Ltd v S T Belton (Tractors) Ltd [1968] 2 QB 545, [1968] 2 All ER 886, [1968] 3 WLR 205, [1968] 2 Lloyd's Rep 37, 112 Sol Jo 501 .... 5.37, 11.39, 11.114
Tekdata Interconnections Ltd v Amphenol Ltd [2009] EWCA Civ 1209, [2010] 2 All ER (Comm) 302, [2010] 1 Lloyd's Rep 357, [2009] All ER (D) 208 (Nov) 3.53
Tenax Steamship Co Ltd v Reinante Transoceania Navegacion SA, The Brimnes. See Brimnes, The, Tenax Steamship Co Ltd v The Brimnes (Owners)
Teo Siew Har v Lee Kuan Yew [1999] 4 SLR 560 .... 38.98
Tetley v Shand (1871) 20 WR 206, 25 LT 658 .... 12.19
Texaco Ltd v Eurogulf Shipping Co Ltd [1987] 2 Lloyd's Rep 541 .... 34.05
Thacker v Hardy (1878) 4 QBD 685, 43 JP 221, 48 LJQB 289, 27 WR 158, 39 LT 595, CA 3.60
Thai Airways International Public Company Ltd v KI Holdings Co Ltd (formerly known as Koito Industries Ltd) [2015] EWHC 1250 (Comm), [2016] 1 All ER (Comm) 675, [2015] All ER (D) 92 (May) 3.131
Thakkar v Patel (2017) [2017] EWCA Civ 117, [2017] 2 Costs LR 233 .... 38.04
Thalès Air Defence BV v GIE Euromissile (18 November 2004, unreported), Paris Court of Appeal 39.35
The Anthony II [1966] 2 Lloyd's Rep 437 .... 36.22
The David Agmashenebeli (cargo owners) v The David Agmashenebeli (owners) [2002] EWHC 104 (Admlty), [2002] 2 All ER (Comm) 806, [2003] 1 Lloyd's Rep 92, [2002] All ER (D) 535 (May) 32.66, 36.32
The Edison. See Liesbosch, Dredger (Owners) v SS Edison (Owners)
The Eurymedon. See New Zealand Shipping Co Ltd v AM Satterthwaite & Co Ltd
The Hilding (Part Cargoes Ex). See Kronprinsessan Margareta, The
Themehelp Ltd v West [1996] QB 84, [1995] 4 All ER 215, [1995] 3 WLR 751, 13 LDAB 34 .... 35.108
The Mormacvega [1974] 1 Lloyd's Rep 296 .... 36.29
Theotokos, The. See Oceanica Castelana Armadora SA v Mineralimportexport (Barclays Bank International Ltd intervening), The Theotokos
The State of Florida v Espinoza No F 14-2923 (Fla 11th Cir Ct 2016) 17.28
The Yue You 902 [2019] SGHC 106 .... 36.65
Third Chandris Shipping Corpn v Unimarine SA, The Pythia, The Angelic Wings, The Genie [1979] QB 645, [1979] 2 All ER 972, [1979] 3 WLR 122, [1979] 2 Lloyd's Rep 184, 123 Sol Jo 389, CA 38.97
Thomas v Brown (1876) 1 QBD 714, 45 LJQB 811, 24 WR 821, 35 LT 237, [1874–80] All ER Rep Ext 2108 .... 3.35
Thomas v Ken Thomas Ltd [2006] EWCA Civ 1504, [2007] Bus LR 429, [2007] 1 EGLR 31, 150 Sol Jo LB 1396, [2007] BPIR 959, [2006] All ER (D) 100 (Oct) 18.09
Thomas v Nottingham Incorporated Football Club Ltd [1972] Ch 596, [1972] 1 All ER 1176, [1972] 2 WLR 1025, 9 LDAB 245, 116 Sol Jo 96 .... 30.32
Thompson (W L) Ltd v Robinson (Gunmakers) Ltd [1955] Ch 177, [1955] 1 All ER 154, [1955] 2 WLR 185, 99 Sol Jo 76 .... 14.52, 15.42, 15.47
Thoni GmbH & Co KG v RTP Equipment Ltd [1979] 2 Lloyd's Rep 282, CA 20.116, 20.118
Thorley (Joseph) Ltd v Orchis Steamship Co Ltd [1907] 1 KB 660, 76 LJKB 595, 10 Asp MLC 431, 12 Com Cas 251, 51 Sol Jo 289, 96 LT 488, 23 TLR 338, CA 36.33
Thorner v Major [2009] UKHL 18, [2009] 3 All ER 945, [2009] 1 WLR 776, 12 ITELR 62, [2009] 3 FCR 123, [2009] 2 FLR 405, [2009] Fam Law 583, [2009] 2 EGLR 111, [2009] NLJR 514, [2009] 13 EG 142 (CS), (2009) Times, 26 March, 153 Sol Jo (no 12) 30, [2009] 2 P & CR D5, [2009] All ER (D) 257 (Mar), sub nom Thorner v Curtis [2009] 2 P & CR 269 .... 3.15
Thornett and Fehr v Beers & Son [1919] 1 KB 486, 88 LJKB 684, 24 Com Cas 133, 120 LT 570 .... 11.66
Thornbridge Ltd v Barclays Bank plc [2015] EWHC 3430 (QB), [2016] All ER (D) 16 (Jan) 3.80
Thyssen Steel Co v M/V Kavo Yerakas 50 F 3d 1349 (1995) 36.22
Tidal Energy Ltd v Bank of Scotland plc [2014] EWCA Civ 1107, [2015] 2 All ER 15, [2015] 2 All ER (Comm) 38, [2014] Bus LR 1167, [2014] 2 Lloyd's Rep 549, 164 NLJ 7619, (2014) Times, 28 August, [2014] All ER (D) 33 (Aug) 4.38, 18.13, 18.31

Table of Cases

Tigana Ltd v Decoro Ltd [2003] EWHC 23 (QB), [2003] All ER (D) 09 (Feb) 5.37
Tilley v Bowman Ltd [1910] 1 KB 745, 79 LJKB 547, 17 Mans 97, [1908–10] All ER Rep 952, 54 Sol Jo 342, 102 LT 318 .... 15.18, 31.16
Tillman v Egon Zehnder Ltd [2019] UKSC 32, [2020] AC 154, [2020] 1 All ER 477, [2019] 3 WLR 245, [2019] 2 BCLC 143, [2019] IRLR 838, [2019] ICR 1223, [2019] All ER (D) 16 (Jul), SC 3.165
Tillmanns & Co v SS Knutsford Ltd [1908] 1 KB 185; affd [1908] 2 KB 385, 77 LJKB 778, 13 Com Cas 244, 24 TLR 454, sub nom Knutsford, SS Ltd v Tillmanns & Co 99 LT 399, CA; on appeal [1908] AC 406, 77 LJKB 977, 11 Asp MLC 105, 13 Com Cas 334, [1908–10] All ER Rep 549, 99 LT 399, 24 TLR 786, HL 36.21
Tinn v Hoffmann & Co (1873) 29 LT 271 .... 3.53
Tinsley v Milligan [1994] 1 AC 340, [1993] 3 All ER 65, [1993] 3 WLR 126, [1994] 2 FCR 65, [1993] 2 FLR 963, HL 2.21, 3.162
Tito v Waddell (No 2) [1977] Ch 106, [1977] 3 All ER 129, [1977] 2 WLR 496, 121 Sol Jo 10 .... 3.126
Toby Construction Products Pty Ltd v Computa Bar (Sales) Pty Ltd [1983] 2 NSWLR 48, NSW SC 7.20
Todd v Robinson (1825) Ry & M 217 .... 16.18
Toepfer v Continental Grain Co Ltd [1973] 1 Lloyd's Rep 289; affd [1974] 1 Lloyd's Rep 11, 117 Sol Jo 649, CA 32.78
Tolhurst v Associated Portland Cement Manufacturers (1900) Ltd [1902] 2 KB 660, 71 LJKB 949, 51 WR 81, 87 LT 465, 18 TLR 827, CA; affd [1903] AC 414, 72 LJKB 834, 52 WR 143, [1900–3] All ER Rep 386, 89 LT 196, 19 TLR 677, HL 4.07
Toll (FGCT) Pty Ltd v Alphapharm Pty Ltd [2004] HCA 52, [2005] 3 LRC 548, Aus HC 3.50
Tool Metal Manufacturing Co Ltd v Tungsten Electric Co Ltd [1955] 2 All ER 657, [1955] 1 WLR 761, 72 RPC 209, 99 Sol Jo 470, HL 3.96
Total Oil Great Britain Ltd v Thompson Garages (Biggin Hill) Ltd [1972] 1 QB 318, [1971] 3 All ER 1226, [1971] 3 WLR 979, 115 Sol Jo 848, 220 Estates Gazette 1591 .... 15.57
Toussaint v Martinnant (1787) 2 Term Rep 100, 100 ER 55, [1775–1802] All ER Rep 336 .... 30.31
Townsend, Re, ex p Parsons (1886) 16 QBD 532, 55 LJQB 137, 3 Morr 36, 34 WR 329, 53 LT 897, 2 TLR 253, CA 24.07
Toyota Tsusho Sugar Trading Ltd v Prolat SRL [2014] EWHC 3649 (Comm), [2015] 1 Lloyd's Rep 344, 165 NLJ 7635, [2014] All ER (D) 105 (Nov) 39.19
Tracomin SA v Nathaniel Gibbs (Canada) Ltd and Bridge [1985] 1 Lloyd's Rep 586 .... 39.44
Tradax Export SA v European Grain and Shipping Ltd [1983] 2 Lloyd's Rep 100 ... 12.11, 12.12, 12.18
Traders Group Ltd v Gouthro (1969) 9 DLR (3d) 387 .... 16.39
Tradigrain v State Trading Corpn of India [2005] EWHC 2206 (Comm), [2006] 1 All ER (Comm) 197, [2006] 1 Lloyd's Rep 216, [2005] All ER (D) 206 (Oct) 35.168
Trans Trust SPRL v Danubian Trading Co Ltd [1952] 2 QB 297, [1952] 1 All ER 970, [1952] 1 Lloyd's Rep 348, 96 Sol Jo 312, [1952] 1 TLR 1066, CA 35.76, 35.124
Transbus International Ltd, Re [2004] EWHC 932 (Ch), [2004] 2 All ER 911, [2004] 1 WLR 2654, [2004] 2 BCLC 550, [2004] BCC 401, [2004] All ER (D) 293 (Apr) 31.67
Transco plc v Stockport Metropolitan Borough Council [2003] UKHL 61, [2004] 2 AC 1, [2004] 1 All ER 589, [2003] 3 WLR 1467, [2004] 1 P & CR D28, 91 ConLR 28, [2003] NLJR 1791, (2003) Times, 20 November, 147 Sol Jo LB 1367, [2004] 4 LRC 314, [2003] All ER (D) 255 (Nov) 16.75
Transcontainer Express Ltd v Custodian Security Ltd [1988] 1 Lloyd's Rep 128, [1988] 1 FTLR 54, CA 36.71
Transfield Shipping Inc of Panama v Mercator Shipping Inc of Monrovia, The Achilleas [2008] UKHL 48, [2009] AC 61, [2008] 4 All ER 159, [2008] 3 WLR 345, [2008] 2 All ER (Comm) 753, [2008] Bus LR 1395, [2008] 2 Lloyd's Rep 275, [2008] NLJR 1040, (2008) Times, 10 July, 152 Sol Jo (no 29) 30, [2008] All ER (D) 117 (Jul) 3.134, 14.26, 14.43
Transocean Drilling UK Ltd v Providence Resources plc; The GSF Arctic III [2016] EWCA Civ 372, [2016] 2 All ER (Comm) 606, [2016] 2 Lloyd's Rep 51, 165 ConLR 1, [2016] BLR 360, 166 NLJ 7696, [2016] All ER (D) 68 (Apr) 3.77

Table of Cases

Transocean Liners Reederei GmbH v Euxine Shipping Co Ltd, The Imvros [1999] 1 All ER (Comm) 724, [1999] 1 Lloyd's Rep 848 ..... 36.32
Transpacific Eternity SA v Kanematsu Corp, The Antares III [2002] 1 Lloyd's Rep 233, [2001] All ER (D) 33 (Aug) 8.108
Travers (Joseph) & Sons Ltd v Longel Ltd (1947) 64 TLR 150 ..... 11.45
Trentham (G Percy) Ltd v Archital Luxfer Ltd [1993] 1 Lloyd's Rep 25, 63 BLR 44, CA 3.26
Tribe v Tribe [1996] Ch 107, [1995] 4 All ER 236, [1995] 3 WLR 913, 71 P & CR 503, [1996] 1 FCR 338, [1995] 2 FLR 966, [1996] Fam Law 29, [1995] 32 LS Gaz R 30, [1995] NLJR 1445, 139 Sol Jo LB 203 ..... 3.164
Trollope and Colls Ltd v North West Metropolitan Regional Hospital Board [1973] 2 All ER 260, [1973] 1 WLR 601, 117 Sol Jo 355, 9 BLR 60, HL 3.57
Truk (UK) Ltd v Tokmakidis GmbH [2000] 2 All ER (Comm) 594, [2000] 1 Lloyd's Rep 543 ..... 12.09, 13.21
Trump International Golf Club Ltd v Scottish Ministers (Scotland) [2015] UKSC 74, (2016) Times, 01January, 2016 SLT 9, 2016 SCLR 67, [2015] All ER (D) 155 (Dec) 3.55
Tsakiroglou & Co Ltd v Noblee Thorl GmbH [1962] AC 93, [1961] 2 All ER 179, [1961] 2 WLR 633, [1961] 1 Lloyd's Rep 329, 105 Sol Jo 346, HL 3.175
Turner v Goldsmith [1891] 1 QB 544, 60 LJQB 247, 39 WR 547, [1891–4] All ER Rep 384, 64 LT 301, 7 TLR 233, CA 3.57
Turner v Grovit [2001] UKHL 65, [2002] 1 All ER 960, [2002] 1 WLR 107, [2002] 1 All ER (Comm) 320, [2002] IRLR 358, [2002] ICR 94, [2001] All ER (D) 179 (Dec); refd sub nom Turner v Grovit: C-159/02 [2005] 1 AC 101, [2004] ECR I-3565, [2004] 3 WLR 1193, [2004] 2 All ER (Comm) 381, [2004] All ER (EC) 485, [2004] 2 Lloyd's Rep 169, [2004] IRLR 899, [2005] ICR 23, (2004) Times, 29 April, [2004] All ER (D) 259 (Apr), ECJ 38.81
Turner v Sampson (1911) 27 TLR 200 ..... 16.18, 16.39
Tweddle v Atkinson (1861) 25 JP 517, 1 B & S 393, 30 LJQB 265, 8 Jur NS 332, 9 WR 781, 121 ER 762, [1861–73] All ER Rep 369, 4 LT 468 ..... 1.04, 3.83
Twinsectra Ltd v Yardley [2002] UKHL 12, [2002] 2 AC 164, [2002] 2 All ER 377, [2002] 2 WLR 802, [2002] NLJR 469, (2002) Times, 25 March, [2003] 2 LRC 114, [2002] All ER (D) 321 (Mar) 3.75, 17.40
Two Israeli Companies v Government of African State (1976) YB CA 133 ..... 39.23
Twyne's Case (1601) 3 Co Rep 80b, 76 ER 809, [1558–1774] All ER Rep 303, sub nom Chamberlain v Twyne Moore KB 638 ..... 22.22

U

UCB Leasing Ltd v Holtom (t/a David Holtom & Co) [1987] RTR 362, [1987] NLJ Rep 614, [1999] GCCR 1127, CA 11.86
UBS AG New York v Fairfield Sentry Ltd (in liq) (British Virgin Islands) [2019] UKPC 20, 94 WIR 306, [2019] 4 LRC 412, [2019] 2 BCLC 1, [2019] BPIR 1054, [2019] All ER (D) 122 (May), PC31.82
UTB LLC v Sheffield United Ltd [2019] EWHC 2322 (Ch), [2019] All ER (D) 39 (Sep) 3.76
Underwood Ltd v Burgh Castle Brick and Cement Syndicate [1922] 1 KB 343, 91 LJKB 355, [1921] All ER Rep 515, 126 LT 401, 38 TLR 44, CA 8.87
Union Carbide v Fednav Ltd (1997) 131 FTR 241 ..... 36.22
Union Discount Co Ltd v Zoller (Union Cal Ltd, Pt 20 defendant) [2001] EWCA Civ 1755, [2002] 1 All ER 693, [2002] 1 WLR 1517, [2002] 03 LS Gaz R 25, [2001] NLJR 1769, (2001) Times, 10 December, 145 Sol Jo LB 276, [2001] All ER (D) 312 (Nov) 37.13
United Antwerp Maritime Agencies (Unamar) NV v Navigation Maritime Bulgare: C-184/12 [2014] 1 All ER (Comm) 625, [2014] 1 Lloyd's Rep 161, [2013] All ER (D) 305 (Oct), ECJ 37.80
United Bank of Kuwait plc v Sahib [1995] 2 All ER 973, [1995] 2 WLR 94, [1996] 1 FLR 379, [1996] Fam Law 87; affd [1997] Ch 107, [1996] 3 All ER 215, [1996] 3 WLR 372, 73 P & CR 177, [1996] 2 FLR 666, [1997] Fam Law 17, [1996] NPC 12, 13 LDAB 288 ..... 23.11

Table of Cases

United City Merchants (Investments) Ltd and Glass Fibres and Equipments Ltd v Royal Bank of Canada, Vitrorefuerzos SA and Banco Continental SA (incorporated in Canada) [1983] 1 AC 168, [1982] 2 All ER 720, [1982] 2 WLR 1039, [1982] 2 Lloyd's Rep 1, [1982] Com LR 142, 10 LDAB 350, 126 Sol Jo 379, HL 35.53, 35.107, 35.110

United Dominions Trust (Commercial) Ltd v Pidgeon (14 November 1963 unreported) 227.27

United Railways of Havana and Regla Warehouses Ltd, Re, Tomkinson v First Pennsylvania Banking and Trust Co [1961] AC 1007, [1960] 2 All ER 332, [1960] 2 WLR 969, 104 Sol Jo 466, HL 37.109

United Scientific Holdings Ltd v Burnley Borough Council [1978] AC 904, [1977] 2 All ER 62, [1977] 2 WLR 806, 75 LGR 407, 33 P & CR 220, 121 Sol Jo 223, 243 Estates Gazette 43, HL 3.113

United States of America v Atlantic Mutual Insurance Co [1952] 1 Lloyd's Rep 520 .... 36.40

United States of America v Faiella 39 F Supp, 3d 544 .... 17.28

United States of America v Inkley [1989] QB 255, [1988] 3 All ER 144, [1988] 3 WLR 304, 132 Sol Jo 995, [1988] 26 LS Gaz R 42 .... 37.51

United States of America v Nolan [2015] UKSC 63, [2016] 1 All ER 857, [2015] 3 WLR 1105, [2016] 1 CMLR 1344, [2016] IRLR 34, [2015] ICR 1347, 165 NLJ 7674, [2015] All ER (D) 183 (Oct) 39.99

United States of America v Ulbricht 1:14-cr-00068-KB 17.28

United Trading Corpn SA and Murray Clayton Ltd v Allied Arab Bank Ltd [1985] 2 Lloyd's Rep 554n, CA 35.94, 35.109

Unity Finance Ltd v Woodcock [1963] 2 All ER 270, [1963] 1 WLR 455, 107 Sol Jo 214, CA 30.45

Universal Steam Navigation Co Ltd v James McKelvie & Co [1923] AC 492, 92 LJKB 647, 16 Asp MLC 184, 28 Com Cas 353, 67 Sol Jo 593, 129 LT 395, 39 TLR 480, HL 5.34

Universal Stock Exchange Ltd v Strachan [1896] AC 166, 60 JP 465, 65 LJQB 429, 44 WR 497, [1895–9] All ER Rep 751, 74 LT 468, HL 4.41

Universal Thermosensors Ltd v Hibben [1992] 3 All ER 257, [1992] 1 WLR 840, [1992] FSR 361, [1992] 26 LS Gaz R 31, [1992] NLJR 195 .... 38.107

University of Wales v London College of Business Ltd [2015] EWHC 1280 (QB), [2015] All ER (D) 76 (Jun) 3.78

Upfill v Wright [1911] 1 KB 506, 80 LJKB 254, 55 Sol Jo 189, 103 LT 834, 27 TLR 160 .... 3.161

Urquhart, Lindsay & Co Ltd v Eastern Bank Ltd [1922] 1 KB 318, 91 LJKB 274, 27 Com Cas 124, 3 LDAB 250, [1921] All ER Rep 340, 126 LT 534 .... 35.125

Uxbridge Permanent Benefit Building Society v Pickard [1939] 2 KB 248, [1939] 2 All ER 344, 108 LJKB 757, 83 Sol Jo 297, 160 LT 407, 55 TLR 579, CA 20.100

Uzinterimpex JSC v Standard Bank plc [2008] EWCA Civ 819, [2008] Bus LR 1762, [2008] 2 Lloyd's Rep 456, (2008) Times, 12 August, [2008] All ER (D) 196 (Jul) ... 35.169

V

VFS Financial Services Ltd v J F Plant Tyres Ltd [2013] EWHC 346 (QB), [2013] 1 WLR 2987, [2013] 1 Lloyd's Rep 462, [2013] GCCR 11714, [2013] All ER (D) 319 (Feb) 16.76

VTB Capital plc v Nutritek International Corp [2013] UKSC 5, [2013] 2 AC 337, [2013] 1 All ER 1296, [2013] 2 WLR 398, [2013] 1 All ER (Comm) 1009, [2013] 1 Lloyd's Rep 466, [2013] 1 BCLC 179, [2013] All ER (D) 47 (Feb) 37.38

VTB Commodities Trading DAC v JSC Antipinsky Refinery (Petraco Oil Company SA intervening) [2020] EWHC 72 (Comm), [2020] 1 WLR 1227 .... 17.07

Vacwell Engineering Co Ltd v BDH Chemicals Ltd [1971] 1 QB 88, [1969] 3 All ER 1681, [1969] 3 WLR 927, 7 KIR 286, 113 Sol Jo 639; revsd [1971] 1 QB 111n, [1970] 3 All ER 553n, [1970] 3 WLR 67n, 114 Sol Jo 472 .... 3.58

Valilas v Januzaj [2014] EWCA Civ 436, [2015] 1 All ER (Comm) 1047, 154 ConLR 38 .... 3.145

Vanda Compania Ltda of Costa Rica v Societe Maritime Nationale of Paris, The Ile Aux Moines [1974] 2 Lloyd's Rep 502 .... 14.27

Table of Cases

Vantage Navigation Corpn v Suhail and Saud Bahwan Building Materials Inc, The Alev [1989] 1 Lloyd's Rep 138 .... 3.13
Vargas Pena Apezteguia y Cia SAIC v Peter Cremer GmbH [1987] 1 Lloyd's Rep 394 .... 12.12
Varley v Whipp [1900] 1 QB 513, 69 LJQB 333, 48 WR 363, 44 Sol Jo 263 .. 8.20, 11.35
Vauxhall Motors Ltd (formerly General Motors UK Ltd) v Manchester Ship Canal Co Ltd [2019] UKSC 46, [2020] 2 All ER 81, [2019] 3 WLR 852, [2019] PLSCS 202, [2019] All ER (D) 141 (Oct), SC 1.53, 1.54, 3.146, 28.16
Vedanta Resources Plc v Lungowe [2019] UKSC 20, [2019] 3 All ER 1013, [2019] 2 WLR 1051, [2019] 2 All ER (Comm) 559, 169 NLJ 7837, [2019] All ER (D) 57 (Apr), SC 37.15, 37.24
Venezuela, The [1980] 1 Lloyd's Rep 393 .... 36.17
Veracruz I, The. See Veracruz Transportation Inc v VC Shipping Co Inc and Den Norske Bank A/S, The Veracruz I
Veracruz Transportation Inc v VC Shipping Co Inc and Den Norske Bank A/S, The Veracruz I [1992] 1 Lloyd's Rep 353, CA 38.97
Verein für Konsumenteninformation v Amazon EU Sàrl ECLI:EU:C:2016:603 C-191/15 .... 37.65
Verein für Konsumenteninformation v Henkel: C-167/00 [2002] ECR I-8111, [2003] 1 All ER (Comm) 606, [2003] All ER (EC) 311, [2003] GCCR 4497, [2002] All ER (D) 01 (Oct), ECJ 37.18
Vic Mill Ltd, Re [1913] 1 Ch 183, 82 LJ Ch 117, 57 Sol Jo 211, 108 LT 25, [1911–13] All ER Rep Ext 1532; affd [1913] 1 Ch 465, 82 LJ Ch 251, 57 Sol Jo 404, 108 LT 444, [1911–13] All ER Rep Ext 1532, CA 15.44, 15.47
Victoria Housing Estates Ltd v Ashpurton Estates Ltd. See Ashpurton Estates Ltd, Re
Victoria Laundry (Windsor) Ltd v Newman Industries Ltd [1949] 2 KB 528, [1949] 1 All ER 997, 93 Sol Jo 371, 65 TLR 274, CA 3.134, 14.31, 14.35
Victoria Steamboats Ltd, Re, Smith v Wilkinson [1897] 1 Ch 158, 66 LJ Ch 21, 45 WR 134, 75 LT 374 .... 25.16
Vidler & Co (London) Ltd v R Silcock & Sons [1960] 1 Lloyd's Rep 509 .... 34.11
Vigers Bros v Sanderson Bros [1901] 1 KB 608 .... 11.30
Vinden v Hughes [1905] 1 KB 795, 74 LJKB 410, 53 WR 429, 2 LDAB 81, 49 Sol Jo 351, 21 TLR 324 .... 20.111
Vistafjord, The. See Norwegian American Cruises A/S (formerly Norwegian American Lines A/S) v Paul Mundy Ltd, The Vistafjord
Vita Food Products Inc v Unus Shipping Co Ltd [1939] AC 277, [1939] 1 All ER 513, 108 LJPC 40, 19 Asp MLC 257, 44 Com Cas 123, 83 Sol Jo 295, 160 LT 579, 55 TLR 402, PC 36.11, 37.60
Vitol S.A v Beta Renowable Group S.A. [2017] EWHC 1734 (Comm), [2018] 1 All ER (Comm) 260, 173 ConLR 116, [2017] All ER (D) 56 (Jul) 34.05
Vitol SA v Norelf Ltd, The Santa Clara [1996] AC 800, [1996] 3 All ER 193, [1996] 3 WLR 105, [1996] 2 Lloyd's Rep 225, [1996] 26 LS Gaz R 19, [1996] NLJR 957, HL 3.142, 3.148
Vizcaya Partners Ltd v Picard [2016] UKPC 5, [2016] 3 All ER 181, [2016] 1 All ER (Comm) 891, [2016] 2 LRC 658, [2016] 1 BCLC 683, [2016] Bus LR 413, [2016] All ER (D) 66 (Feb), PC 37.49
Vlassopulos (N & J) Ltd v Ney Shipping Ltd, The Santa Carina [1977] 1 Lloyd's Rep 478, 121 Sol Jo 10, CA 5.33
Volcafe Ltd v Compania Sud Americana De Vapores SA (trading as CSAV) [2018] UKSC 61, [2019] AC 358, [2019] 2 All ER 81, [2018] 3 WLR 2087, [2019] 1 All ER (Comm) 397, [2019] 1 Lloyd's Rep 21, 169 NLJ 7822, [2018] All ER (D) 16 (Dec), SC 36.05, 36.28, 36.39, 36.41
Vossloh Aktiengesellschaft v Alpha Trains (UK) Ltd [2010] EWHC 2443 (Ch), [2011] 2 All ER (Comm) 307, 132 ConLR 32, [2010] All ER (D) 86 (Oct) 30.10, 35.154

W

WS Tankship II B.V. v Kwangju Bank Ltd [2011] EWHC 3103 (Comm), [2011] All ER (D) 234 (Nov) 35.155

Table of Cases

WWF-World Wide Fund for Nature (formerly World Wildlife Fund) v World Wrestling Federation Entertainment Inc [2007] EWCA Civ 286, [2008] 1 All ER 74, [2008] 1 WLR 445, [2008] 1 All ER (Comm) 129, [2007] Bus LR 1252, [2008] IP & T 136, [2007] All ER (D) 13 (Apr) 3.117
Wadsworth v Lydall [1981] 2 All ER 401, [1981] 1 WLR 598, 125 Sol Jo 309 ...... 15.09, 35.124
Wagg (Helbert) & Co Ltd's Claim, Re [1956] Ch 323, [1956] 1 All ER 129, [1956] 2 WLR 183, 100 Sol Jo 53 .... 37.99
Wait and James v Midland Bank (1926) 31 Com Cas 172 .... 8.100, 8.101
Wait, Re [1927] 1 Ch 606, 96 LJ Ch 179, [1927] B & CR 140, [1926] All ER Rep 433, 71 Sol Jo 56, 136 LT 552, 43 TLR 150, CA 8.15, 8.28, 8.37, 14.07
Wake v Hall (1880) 7 QBD 295, 45 JP 340, 50 LJQB 545, 44 LT 42, CA; affd (1883) 8 App Cas 195, 47 JP 548, 52 LJQB 494, 31 WR 585, 48 LT 834, [1881–51] All ER Rep Ext 1548, HL 7.20
Walford v Miles [1992] 2 AC 128, [1992] 1 All ER 453, [1992] 2 WLR 174, 64 P & CR 166, [1992] 1 EGLR 207, [1992] NLJR 123, [1992] 11 EG 115, HL 3.32
Walker v Linom [1907] 2 Ch 104, 76 LJ Ch 500, 51 Sol Jo 483, 97 LT 92 .... 24.19
Walker v Rostron (1842) 11 LJ Ex 173, 9 M & W 411, 152 ER 174, Exch Ct 5.31
Walkers, Re, Winser and Hamm and Shaw, Son & Co [1904] 2 KB 152, 9 Com Cas 174, sub nom Walkers, Winser and Hamm v Shaw, Son & Co 73 LJKB 325, 53 WR 79, 48 Sol Jo 277, 90 LT 454, 20 TLR 274 .... 11.84
Wallace v Evershed [1899] 1 Ch 891, 68 LJ Ch 415, 6 Mans 351, 80 LT 523, 15 TLR 335 .... 25.06
Wallace v Universal Automatic Machines Co [1894] 2 Ch 547, 63 LJ Ch 598, 1 Mans 315, 7 R 316, [1891–4] All ER Rep 1156, 70 LT 852, 10 TLR 501, CA 25.26
Wallis & Simmonds (Builders) Ltd, Re [1974] QB 94, [1974] 1 All ER 561, [1974] 1 WLR 391, 28 P & CR 37, [1974] 1 Lloyd's Rep 272, 118 Sol Jo 203 .... 22.61
Wallis v Woodyear (1855) 2 Jur NS 179 .... 23.54
Wallis, Re, ex p Jenks [1902] 1 KB 719, 71 LJKB 465, 9 Mans 136, 50 WR 430, 46 Sol Jo 340, 86 LT 237, 18 TLR 414 .... 31.17
Walton Harvey Ltd v Walker and Homfrays Ltd [1931] 1 Ch 274, 29 LGR 241, [1930] All ER Rep 465, 144 LT 331, CA 3.178
Waltons Stores (Interstate) Ltd v Maher (1988) 164 CLR 387, 76 ALR 513, 62 ALJR 110, Aus HC 3.21
Wanganyi Motors (1963) Ltd v Broadlands Finance Ltd (1988) 2 NZBLC 103 ...... 12.20
Ward (R V) Ltd v Bignall [1967] 1 QB 534, [1967] 2 All ER 449, [1967] 2 WLR 1050, 111 Sol Jo 190 .... 15.59, 15.71, 15.72, 15.75
Ward v Royal Exchange Shipping Co Ltd, ex p Harrison (1887) 6 Asp MLC 239, 58 LT 174 .... 29.45
Warinco AG v Samor SpA [1979] 1 Lloyd's Rep 450, CA; affd [1979] 3 All ER 64n, [1979] 1 WLR 884n, [1979] 2 Lloyd's Rep 425n, HL 10.39, 10.45
Warman v Southern Counties Car Finance Corpn Ltd, WJ Ameris Car Sales (Third Party) [1949] 2 KB 576, [1949] 1 All ER 711, [1949] LJR 1182, 93 Sol Jo 319, [1999] GCCR 79 .... 8.24, 14.39
Warner Bros Pictures Inc v Nelson [1937] 1 KB 209, [1936] 3 All ER 160, 106 LJKB 97, 80 Sol Jo 855, 155 LT 538, 53 TLR 14 .... 3.115
Warren v Drukkerij Flach BV [2014] EWCA Civ 993, [2015] 1 Lloyd's Rep 111 ...... 5.39
Waters v Widdows [1984] VR 503 .... 24.65, 24.67
Watford Electronics Ltd v Sanderson CFL Ltd [2001] EWCA Civ 317, [2001] 1 All ER (Comm) 696, [2002] FSR 299, [2001] IP & T 588, [2001] BLR 143, [2001] All ER (D) 290 (Feb) 3.70, 3.75, 3.77, 11.138
Wathes (Western) Ltd v Austins (Menswear) Ltd [1976] 1 Lloyd's Rep 14, 119 Sol Jo 527, 9 BLR 113, CA 3.77
Watkin Jones & Son Ltd v Lidl UK GmbH [2002] EWHC 183 (TCC), 86 ConLR 155, [2002] All ER (D) 340 (Feb) 39.33
Watkins-Johnson Co and Watkins-Johnson Ltd v Islamic Republic of Iran (1990) 33.15
Watson v Duff Morgan and Vermont (Holdings) Ltd [1974] 1 All ER 794, [1974] 1 WLR 450, 117 Sol Jo 910 .... 24.56
Watson, Re, ex p Official Receiver in Bankruptcy (1890) 25 QBD 27, 59 LJQB 394, 7 Morr 155, 38 WR 567, 63 LT 209, 6 TLR 332, [1886–90] All ER Rep Ext 1227, CA 22.27

cxli

Table of Cases

Watt v Mortlock [1964] Ch 84, [1963] 1 All ER 388, [1963] 2 WLR 626, 107 Sol Jo 235 .... 30.32
Watt v Westhoven [1933] VLR 458 .... 7.07
Watteau v Fenwick [1893] 1 QB 346, 56 JP 839, 5 R 143, 41 WR 222, [1891–4] All ER Rep 897, 37 Sol Jo 117, 67 LT 831, 9 TLR 133 .... 5.18, 5.19, 16.20
Webb v Chief Constable of Merseyside Police [2000] QB 427, [2000] 1 All ER 209, [2000] 2 WLR 546, [1999] 47 LS Gaz R 33, 144 Sol Jo LB 9 .... 2.21
Webb v Hewett (1857) 3 K & J 438, 69 ER 1181, 29 LTOS 225 .... 30.41
Weber v Weber: C-438/12 (2014) C-438/12, ECLI:EU:C:2014:212, [2015] Ch 140, [2015] 2 WLR 213, [2014] All ER (D) 110 (Apr) 37.12
Webster v Higgin [1948] 2 All ER 127, 92 Sol Jo 454, CA 3.77
Wehner v Dene Steam Shipping Co [1905] 2 KB 92, 74 LJKB 550, 10 Com Cas 139, 21 TLR 339 .... 36.19
Weiner v Harris [1910] 1 KB 285, 79 LJKB 342, 15 Com Cas 39, [1908–10] All ER Rep 405, 54 Sol Jo 81, 101 LT 647, 26 TLR 96, CA 16.37
Weiner v Gill [1906] 2 KB 574, 75 LJKB 916, 11 Com Cas 240, [1904–07] All ER Rep 773, 50 Sol Jo 632, 95 LT 438, 22 TLR 699, CA 8.106
Welcome Financial Services Ltd v Nine Regions Ltd [2010] 2 Lloyd's Rep 426 .... 16.81
Weld-Blundell v Stephens [1920] AC 956, 89 LJKB 705, [1920] All ER Rep 32, 64 Sol Jo 529, 123 LT 593, 36 TLR 640, HL 3.134
Welsh Development Agency v Export Finance Co Ltd [1992] BCLC 148, [1992] BCC 270 .... 22.27, 22.36
Wertheim v Chicoutimi Pulp Co [1911] AC 301, 80 LJPC 91, 16 Com Cas 297, [1908–10] All ER Rep 707, 104 LT 226, PC 14.33
West v Ian Finlay & Associates (a firm) [2014] EWCA Civ 316, 153 ConLR 1, [2014] 2 EGLR 63, [2014] BLR 324, [2014] All ER (D) 281 (Mar) 3.83
WestLB AG v Philippine National Bank [2012] SGHC 162 .... 37.97
West London Commercial Bank Ltd v Kitson (1883) 12 QBD 157; affd (1884) 13 QBD 360, 53 LJQB 345, 32 WR 757, 1 LDAB 54, 50 LT 656, CA 20.103
West Tankers Inc v Riunione Adriatica di Sicurta SpA, The Front Comor: C-185/07. See Allianz SpA v West Tankers Inc: C-185/07
Westacre Investments Inc v Jugoimport-SPDR Holding Co Ltd [1999] QB 740, [1998] 4 All ER 570, [1998] 3 WLR 770, [1998] 2 Lloyd's Rep 111; affd [2000] QB 288, [1999] 3 All ER 864, [1999] 3 WLR 811, [1999] 1 All ER (Comm) 865, [1999] 2 Lloyd's Rep 65, [1999] BLR 279, [1999] All ER (D) 486 .... 39.53, 39.108
Westdeutsche Landesbank Girozentrale v Islington London Borough Council [1996] AC 669, [1996] 2 All ER 961, [1996] 2 WLR 802, 95 LGR 1, 13 LDAB 444, [1996] NLJR 877, 140 Sol Jo LB 136, HL 17.41
Western Bulk Shipowning III A/S v Carbofer Maritime Trading ApS (The Western Moscow) [2012] EWHC 1224 (Comm), [2012] 2 All ER (Comm) 1140, [2012] 2 Lloyd's Rep 163, [2012] All ER (D) 134 (May) 22.59
Western Fish Products Ltd v Penwith District Council [1981] 2 All ER 204, 77 LGR 185, 38 P & CR 7, 122 Sol Jo 471, [1978] JPL 623 .... 3.15
Western Wagon and Property Co v West [1892] 1 Ch 271, 61 LJ Ch 244, 40 WR 182, 36 Sol Jo 91, 66 LT 402, 8 TLR 112 .... 23.03
Westland Helicopters (UK) v Arab Republic of Egypt (1991) XVI YBCA 174 .... 39.98
Westminster Chemicals and Produce Ltd v Eichholz and Loeser [1954] 1 Lloyd's Rep 99 .... 39.46
Westwood Shipping Lines Inc. v Universal Schiffartsgesellschaft MBH (formerly Gmb Schiffahrts Gmbh) [2012] EWHC 3837 (Comm), [2013] 1 Lloyd's Rep 670, [2013] All ER (D) 138 (Feb) 39.65
Wheatley v Silkstone and Haigh Moor Coal Co (1885) 29 Ch D 715, 54 LJ Ch 778, 33 WR 797, 52 LT 798 .... 25.25
Whistler International Ltd v Kawasaki Kisen Kaisha Ltd [2001] 1 AC 638, [2001] 1 All ER 403, [2000] 3 WLR 1954, [2001] 1 All ER (Comm) 76, [2001] 1 Lloyd's Rep 147, [2001] 07 LS Gaz R 41, [2000] NLJR 1856, (2000) Times, 13 December, 145 Sol Jo LB 6, [2001] 4 LRC 142, [2000] All ER (D) 2178, HL 36.34
White v City of London Brewery Co (1889) 42 Ch D 237, 58 LJ Ch 855, 38 WR 82, 61 LT 741, 5 TLR 553, CA 23.40
White v Jones [1995] 2 AC 207, [1995] 1 All ER 691, [1995] 2 WLR 187, [1995] 3 FCR 51, [1995] NLJR 251, 139 Sol Jo LB 83, HL 3.85

Table of Cases

White and Carter (Councils) Ltd v McGregor [1962] AC 413, [1961] 3 All ER 1178, [1962] 2 WLR 17, 105 Sol Jo 1104, 1962 SC (HL) 1, 1962 SLT 9, HL 3.141, 3.151
White & Osmond (Parkstone) Ltd Re (30 June 1960, unreported) 31.72
Whittington v Seale-Hayne (1900) 44 Sol Jo 229, 82 LT 49, 16 TLR 181 .... 3.102
Wibau Maschinenfabric Hartman SA v Mackinnon, Mackenzie & Co, The Chanda [1989] 2 Lloyd's Rep 494 .... 36.30
Wickham Holdings Ltd v Brooke House Motors Ltd [1967] 1 All ER 117, [1967] 1 WLR 295 .... 16.98
Wight v Eckhardt Marine GmbH [2003] UKPC 37, [2004] 1 AC 147, [2003] 3 WLR 414, 62 WIR 42, [2003] 5 LRC 408, [2004] 2 BCLC 539, [2003] BCC 702, (2003) Times, 6 June, [2003] All ER (D) 185 (May), PC 31.34
Williams & Co Ltd (t/a Williams Leasing) v McCauley Parsons & Jones [1994] CCLR 78, [1999] GCCR 1375, CA 27.25
Williams v Burlington Investments Ltd (1977) 121 Sol Jo 424, HL 23.10, 24.26, 24.31
Williams v Cohen (1871) 25 LT 300 .... 34.16
Williams v Phillips (1957) 41 Cr App Rep 5, 121 JP 163, DC 2.40
Williams v Reynolds (1865) 6 B & S 495, 34 LJQB 221, 11 Jur NS 973, 6 New Rep 293, 13 WR 940, 12 LT 729 .... 14.20
Williams v Roffey Bros & Nicholls (Contractors) Ltd [1991] 1 QB 1, [1990] 1 All ER 512, [1990] 2 WLR 1153, [1990] 12 LS Gaz R 36, [1989] NLJR 1712, 48 BLR 75 .... 3.13, 3.88
Williams Bros v E T Agius Ltd [1914] AC 510, 83 LJKB 715, 19 Com Cas 200, [1914–15] All ER Rep 97, 58 Sol Jo 377, 110 LT 865, 30 TLR 351, HL 14.20, 14.56
Williamson v Rider [1963] 1 QB 89, [1962] 2 All ER 268, [1962] 3 WLR 119, 8 LDAB 53, 106 Sol Jo 263, CA 20.17
Willis, Percival & Co, Re, ex p Morier (1879) 12 Ch D 491, 49 LJ Bcy 9, 28 WR 235, 40 LT 792, [1874–80] All ER Rep Ext 1503, CA 18.04
Wilmot v Alton [1897] 1 QB 17, 66 LJQB 42, 4 Mans 17, 45 WR 113, [1895–9] All ER Rep 188, 75 LT 447, 13 TLR 58, CA 23.22
Wilson (Paal) & Co A/S v Partenreederei Hannah Blumenthal, The Hannah Blumenthal [1983] 1 AC 854, [1983] 1 All ER 34, [1982] 3 WLR 1149, [1983] 1 Lloyd's Rep 103, 126 Sol Jo 835, HL 3.32
Wilson v Kelland [1910] 2 Ch 306, 79 LJ Ch 580, 17 Mans 233, 2 LDAB 245, 54 Sol Jo 542, 103 LT 17, 26 TLR 485 .... 24.46
Wilson v Rickett, Cockerell & Co Ltd [1954] 1 QB 598, [1954] 1 All ER 868, [1954] 2 WLR 629, 98 Sol Jo 233, CA 11.62
Wilson, Holgate & Co Ltd v Belgian Grain and Produce Co Ltd [1920] 2 KB 1, 89 LJKB 300, 14 Asp MLC 566, 25 Com Cas 1, 3 LDAB 209, 122 LT 524, 35 TLR 530 ..... 32.74
Wimble, Sons & Co v Rosenberg & Sons [1913] 3 KB 743, 82 LJKB 1251, 12 Asp MLC 373, 18 Com Cas 65, 302, 57 Sol Jo 784, 109 LT 294, 29 TLR 752, CA 10.18, 34.07
Windschuegl v Irish Polishes Ltd [1914] 1 IR 33 .... 34.11
Winkworth v Christie, Manson and Woods Ltd [1980] Ch 496, [1980] 1 All ER 1121, [1980] 2 WLR 937 .... 37.85
Winkworth v Edward Baron Development Co Ltd [1987] 1 All ER 114, [1986] 1 WLR 1512, 53 P & CR 378, [1987] 1 FLR 525, [1987] Fam Law 166, [1987] BCLC 193, 3 BCC 4, 130 Sol Jo 954, [1987] LS Gaz R 340, HL 22.14
Winsley Bros v Woodfield Importing Co [1929] NZLR 480 .... 11.79, 11.84
Winson, The. See China-Pacific SA v Food Corpn of India, The Winson
Wirth v Weigel Leygonie & Co Ltd [1939] 3 All ER 712, 83 Sol Jo 690, 161 LT 243 .... 20.04
Wiskin v Terdich Bros Pty Ltd (1928) 34 ALR 242, VLR 387, 49 ALT 245 .... 10.16
Wolmershausen v Gullick [1893] 2 Ch 514, 62 LJ Ch 773, 3 R 610, [1891–4] All ER Rep 740, 68 LT 753, 9 TLR 437 .... 30.32
Wood v Capita Insurance Services Ltd [2017] UKSC 24, [2017] AC 1173, [2017] 4 All ER 615, [2017] 2 WLR 1095, [2018] 1 All ER (Comm) 51, 171 ConLR 1, 167 NLJ 7741, [2017] All ER (D) 182 (Mar), SC 1.49, 3.64, 3.65
Wood v Sureterm Direct Ltd [2015] EWCA Civ 839, [2015] All ER (D) 328 (Jul) 3.62
Wood v TUI Travel plc (trading as First Choice) [2017] EWCA Civ 11, [2018] QB 927, [2018] 2 WLR 1051, [2017] 2 All ER (Comm) 734, [2017] 1 Lloyd's Rep 322, [2017] PIQR P153, 167 NLJ 7732, [2017] All ER (D) 53 (Jan) 7.31, 7.34

Table of Cases

Wood Floor Solutions Andreas Domberger GmbH v Silva Trade SA: C-19/09 [2010] ECR I-2121, [2010] 1 WLR 1900, [2010] Bus LR 1050, [2010] 2 Lloyd's Rep 114, [2010] All ER (D) 130 (Mar), ECJ 37.22
Woodar Investment Development Ltd v Wimpey Construction (UK) Ltd [1980] 1 All ER 571, [1980] 1 WLR 277, 124 Sol Jo 184, HL 3.148
Woodchester Equipment (Leasing) Ltd v British Association of Canned and Preserved Foods Importers and Distributors Ltd [1995] CCLR 51, [1999] GCCR 1923, CA 27.25
Woodhouse AC Israel Cocoa Ltd SA v Nigerian Produce Marketing Co Ltd [1971] 2 QB 23, [1971] 1 All ER 665, [1971] 2 WLR 272, [1971] 1 Lloyd's Rep 25, 115 Sol Jo 56; affd [1972] AC 741, [1972] 2 All ER 271, [1972] 2 WLR 1090, [1972] 1 Lloyd's Rep 439, 116 Sol Jo 392, HL 37.104
Woodroffes (Musical Instruments) Ltd, Re [1986] Ch 366, [1985] 2 All ER 908, [1985] 3 WLR 543, [1985] BCLC 227, 10 LDAB 497, 129 Sol Jo 589, [1985] LS Gaz R 3170 .... 24.65, 25.16, 25.17
Woodworth v Conroy [1976] QB 884, [1976] 1 All ER 107, [1976] 2 WLR 338, 119 Sol Jo 810 .... 22.66
Worcester Works Finance Ltd v Cooden Engineering Co Ltd [1972] 1 QB 210, [1971] 3 All ER 708, [1971] 3 WLR 661, 115 Sol Jo 605 .... 16.50
Worcester Works Finance Ltd v Ocean Banking Corpn Ltd (1972), unreported 16.91
Wormell v RHM Agriculture (East) Ltd [1987] 3 All ER 75, [1987] 1 WLR 1091, [1987] BTLC 385, 131 Sol Jo 1085, [1987] LS Gaz R 2197 .... 11.63
Wuhan Guoyu Logistics Group Co Ltd v Emporiki Bank of Greece SA [2012] EWCA Civ 1629, [2013] 1 All ER (Comm) 1191, [2014] 1 Lloyd's Rep 266, [2013] BLR 74, [2013] Bus LR D76, [2012] All ER (D) 56 (Dec) 30.14, 35.154
Wulff v Jay (1872) LR 7 QB 756, 41 LJQB 322, 20 WR 1030, 27 LT 118 .... 30.42

Y

Yam Seng Pte Ltd v International Trade Corporation Ltd [2013] EWHC 111 (QB), [2013] 1 All ER (Comm) 1321, 146 ConLR 39, [2013] BLR 147, [2013] Bus LR D53, [2013] All ER (D) 227 (Feb) 3.75
Yasuda Fire and Marine Insurance Co of Europe Ltd v Orion Marine Insurance Underwriting Agency Ltd [1995] QB 174, [1995] 3 All ER 211, [1995] 2 WLR 49, [1995] 1 Lloyd's Rep 525 .... 5.08, 5.23
Yates v Hoppe (1850) 9 CB 541, 19 LJCP 180, 14 Jur 372, 137 ER 1003, 15 LTOS 25 .... 5.31
Yemgas Fzco v Superior Pescadores SA Panama [2016] EWCA Civ 101, [2016] All ER (D) 231 (Feb) 36.11
Yeoman Credit Ltd v Gregory [1963] 1 All ER 245, [1963] 1 WLR 343, [1962] 2 Lloyd's Rep 302, 8 LAB 128, 107 Sol Jo 315 .... 20.72
Yeoman Credit Ltd v Latter [1961] 2 All ER 294, [1961] 1 WLR 828, 105 Sol Jo 300, CA 30.07
Yeoman's Row Management Ltd v Cobbe [2008] UKHL 55, [2008] 4 All ER 713, [2008] 1 WLR 1752, [2009] 1 All ER (Comm) 205, 11 ITELR 530, [2008] 3 EGLR 31, (2008) Times, 8 September, 152 Sol Jo (no 31) 31, [2008] All ER (D) 419 (Jul) 3.20
Yonge v Reynell (1852) 9 Hare 809, 68 ER 744 .... 30.36
York Products Pty Ltd v Gilchrist Watt and Sanderson Pty Ltd. See Gilchrist, Watt and Sanderson Pty Ltd v York Products Pty Ltd
Yorkshire Woolcombers Association Ltd, Re, Houldsworth v Yorkshire Woolcombers Association Ltd [1903] 2 Ch 284, 72 LJ Ch 635, 10 Mans 276, 88 LT 811, CA; affd sub nom Illingworth v Houldsworth [1904] AC 355, 73 LJ Ch 739, 12 Mans 141, 53 WR 113, 91 LT 602, 20 TLR 633, HL 25.04, 25.19
Youell v La Reunion Aerienne [2009] EWCA Civ 175, [2009] 2 All ER (Comm) 1071, [2009] Bus LR 1504, [2009] 1 Lloyd's Rep 586, (2009) Times, 27 March, [2009] All ER (D) 112 (Mar) 39.55
Young v Anglo American South Africa Ltd [2014] EWCA Civ 1130, [2014] Bus LR 1434, [2014] 2 Lloyd's Rep 606, (2014) Times, 21 August, [2014] All ER (D) 22 (Sep) 37.10

Young and Marten Ltd v McManus Childs Ltd [1969] 1 AC 454, [1968] 2 All ER 1169, [1968] 3 WLR 630, 67 LGR 1, 112 Sol Jo 744, 9 BLR 77, 207 Estates Gazette 797, HL 3.60, 7.37
Your Response Ltd v Datateam Business Media Ltd [2014] EWCA Civ 281, [2015] QB 41, [2014] 4 All ER 928, [2014] 3 WLR 887, [2014] 2 All ER (Comm) 899, [2015] IP & T 175, [2014] All ER (D) 156 (Mar) 7.20
Ypatianna, The. See Indian Oil Corpn Ltd v Greenstone Shipping SA (Panama), The Ypatianna
Yuanda (UK) Company Ltd v Brookfield Multiplex Construction Europe Ltd and another company [2020] EWHC 468 (TCC), 189 ConLR 26, [2020] All ER (D) 51 (Mar) 35.109
Yuchai Dongte Special Purpose Automobile Company Ltd v Suisse Credit Capital (2009) Ltd [2018] EWHC 2580 (Comm), [2019] 1 Lloyd's Rep 457, [2018] All ER (D) 48 (Oct) 35.48
Yukong Line Ltd of Korea v Rendsburg Investments Corpn of Liberia [1996] 2 Lloyd's Rep 604, CA 3.154
Yuzhny Zavod Metall Profil LLC v Eems Beheerder BV (The Eems Solar) [2013] 2 Lloyd's Rep 487 .... 36.28

Z

Z Ltd v A-Z and AA-LL [1982] QB 558, [1982] 1 All ER 556, [1982] 2 WLR 288, [1982] 1 Lloyd's Rep 240, 10 LDAB 309, 126 Sol Jo 100 .... 38.97
ZX v Ryanair DAC (2019) C-464/18, ECLI:EU:C:2019:311, [2019] 1 WLR 4202, [2019] 2 All ER (Comm) 834, [2019] 1 Lloyd's Rep 538, 169 NLJ 7838, [2019] All ER (D) 83 (Apr), EUCJ 37.10, 37.23
Zegna III Holdings Inc (in administration), Re; BLV Realty [2009] EWHC 2994 (Ch), [2010] BPIR 277 .... 31.68
Zinc Hotels (Investment) Ltd v Beveridge [2018] EWHC 1936 (Ch), 168 NLJ 7805, [2018] BPIR 1840, [2018] All ER (D) 172 (Jul) 31.07
Zuhal K and Selin, The [1987] 1 Lloyd's Rep 151, [1987] 1 FTLR 76 .... 30.30

Decisions of the European Court of Justice are listed below numerically. These decisions are also included in the preceding alphabetical list.

12/76: Industrie Tessili Italiana Como v Dunlop AG [1976] ECR 1473, [1977] 1 CMLR 26, ECJ 37.19
14/76: Etablissements A de Bloos Sprl v Société en Commandite par Actions Bouyer [1976] ECR 1497, [1977] 1 CMLR 60, ECJ 37.19
42/76: de Wolf v Harry Cox BV [1976] ECR 1759, [1977] 2 CMLR 43, ECJ 37.45
33/78: Somafer SA v Saar-Ferngas AG [1978] ECR 2183, sub nom Etablissements Somafer SA v Saar-Ferngas AG: 33/78 [1979] 1 CMLR 490, ECJ 37.23
150/80: Elefanten Schuh GmbH v Jacqmain [1981] ECR 1671, [1982] 3 CMLR 1, ECJ 37.10
166/80: Klomps v Michel [1981] ECR 1593, [1982] 2 CMLR 773, ECJ 37.47
38/81: Effer SpA v Kantner [1982] ECR 825, [1984] 2 CMLR 667, ECJ 37.18
102/81: Nordsee Deutsche Hochseefischerei GmbH v Reederei Mond Hochseefischerei Nordstern AG & Co KG [1982] ECR 1095, ECJ 39.36, 39.37
266/85: Shenavai v Kreischer [1987] ECR 239, [1987] 3 CMLR 782, ECJ 37.15
365/88: Kongress Agentur Hagen GmbH v Zeehaghe BV [1990] ECR I-1845, ECJ 37.24
C-190/89: Rich (Marc) & Co AG v Società Italiana Impianti PA, The Atlantic Emperor (No 2) [1992] 1 Lloyd's Rep 624, ECJ 37.49
C-214/89 (1992) C-214/89: Powell Duffryn plc v Petereit:, ECLI:EU:C:1992:115, [1992] ECR I-1745, (1992) Times, 15 April, [1992] ILP 300, EUCJ 37.11
C-351/89: Overseas Union Insurance Ltd v New Hampshire Insurance Co [1992] 1 QB 434, [1992] 2 All ER 138, [1991] ECR I-3317, [1992] 2 WLR 586, [1992] 1 Lloyd's Rep 204, ECJ 37.45

Table of Cases

C-26/91: Societe Jakob Handte et Cie GmbH v Societe Traitements Mecano-Chimiques des Surfaces (TMCS) [1992] ECR I-3967, (1992) Times, 19 August, ECJ 37.17
C-129/92: Owens Bank Ltd v Bracco (No 2) [1994] QB 509, [1994] 1 All ER 336, [1994] ECR I-117, [1994] 2 WLR 759, ECJ 37.12
C-288/92: Custom Made Commercial Ltd v Stawa Metallbau GmbH [1994] ECR I-2913, [1994] IL Pr 516, ECJ 37.25
C-406/92: Maciej Rataj, The, Tatry (cargo owners) v Maciej Rataj [1999] QB 515, [1994] ECR I-5439, [1999] 2 WLR 181, [1995] All ER (EC) 229, [1995] 1 Lloyd's Rep 302, [1995] IL Pr 81, ECJ 37.08
C-341/93: Danvaern Production A/S v Schuhfabriken Otterbeck GmbH & Co [1995] ECR I-2053, [1995] ILPr 649, ECJ 37.24
C-439/93: Lloyd's Register of Shipping v Societe Campenon Bernard [1995] ECR I-961, [1995] All ER (EC) 531, ECJ 37.23
C-78/95: Hendrikman v Magenta Druck & Verlag GmbH [1997] QB 426, [1996] ECR I-4943, [1997] 2 WLR 349, [1996] All ER (EC) 944, [1996] ILPr 752, ECJ 37.47
C-269/95: Benincasa v Dentalkit Srl [1997] ECR I-3767, [1998] All ER (EC) 135, [1999] GCCR 4101, ECJ 37.10
C-351/96: Drouot Assurances SA v Consolidated Metallurgical Industries (CMI Industrial Sites) [1999] QB 497, [1998] ECR I-3075, [1999] 2 WLR 163, [1998] All ER (EC) 483, [1998] 34 LS Gaz R 34, [1998] All ER (D) 220, ECJ 37.12
C-126/97: Eco Swiss China Time Ltd v Benetton International NV [1999] ECR I-3055, [1999] 2 All ER (Comm) 44, [2000] 5 CMLR 816, [1999] All ER (D) 574, ECJ 39.36
C-420/97: Leathertex Divisione Sintetici SpA v Bodetex BVBA [1999] ECR I-6747, [1999] 2 All ER (Comm) 769, (1999) Times, 26 October, [1999] All ER (D) 1058, ECJ 37.19
C-7/98: Krombach v Bamberski [2001] QB 709, [2000] ECR I-1935, [2001] 3 WLR 488, [2001] All ER (EC) 584, ECJ 37.46, 37.82
C-38/98: Régie Nationale des Usines Renault SA v Maxicar SpA [2000] ECR I-2973, [2000] IP & T 1119, [2000] All ER (D) 639, ECJ 37.47
C-381/98: Ingmar GB Ltd v Eaton Leonard Technologies Inc [2000] ECR I-9305, [2001] 1 All ER (Comm) 329, [2001] All ER (EC) 57, [2001] 1 CMLR 215, [2000] GCCR 4477, [2000] All ER (D) 1759, ECJ 5.24
C-387/98: Coreck Maritime GmbH v Handelsveem BV [2000] ECR I-9337, [2000] All ER (D) 1762, ECJ 37.27
C-167/00: Verein für Konsumenteninformation v Henkel [2002] ECR I-8111, [2003] 1 All ER (Comm) 606, [2003] All ER (EC) 311, [2003] GCCR 4497, [2002] All ER (D) 01 (Oct), ECJ 37.18
C-256/00: Besix SA v Wasserreinigungsbau Alfred Kretzschmar GmbH & Co KG [2002] ECR I-1699, [2003] 1 WLR 1113, [2004] 1 All ER (Comm) 521, [2004] All ER (EC) 229, [2003] All ER (D) 280 (May), ECJ 37.19
C-334/00: Fonderie Officine Meccaniche Tacconi SpA v Heinrich Wagner Sinto Maschinenfabrik GmbH [2002] ECR I-7357, [2002] All ER (D) 89 (Sep), ECJ 37.17
C-111/01: Gantner Electronic GmbH v Basch Exploitatie Maatschappij BV [2003] ECR I-4207, (2003) Times, 14 May, [2003] All ER (D) 93 (May), ECJ 37.12
C-159/02: Turner v Grovit [2005] 1 AC 101, [2004] ECR I-3565, [2004] 3 WLR 1193, [2004] 2 All ER (Comm) 381, [2004] All ER (EC) 485, [2004] 2 Lloyd's Rep 169, [2004] IRLR 899, [2005] ICR 23, (2004) Times, 29 April, [2004] All ER (D) 259 (Apr), ECJ 38.81
C-281/02: Owusu v Jackson (t/a Villa Holidays Bal-Inn Villas) [2005] QB 801, [2005] ECR I-1383, [2005] 2 WLR 942, [2005] 2 All ER (Comm) 577, [2005] 1 Lloyd's Rep 452, (2005) Times, 9 March, [2005] All ER (D) 47 (Mar), ECJ .. 37.25, 37.34, 38.78
C-539/03: Roche Nederland BV v Primus [2006] ECR I-6535, [2007] FSR 106, [2006] All ER (D) 186 (Jul), ECJ 37.24
C-354/04: Gestoras Pro Amnistia v EU Council: P (2007) C-354/04 P, ECLI:EU:C:2007:115, [2007] ECR I-1579, [2008] All ER (EC) 65, [2007] 2 CMLR 525, [2007] All ER (D) 354 (Feb), EUCJ 31.84
C-465/04: Honyvem Informazioni Commerciali Srl v De Zotti [2006] ECR I-2879, [2006] All ER (D) 343 (Mar), ECJ 5.39
C-103/05: Reisch Montage AG v Kiesel Baumaschinen Handels Gmbh [2006] ECR I-6827, [2006] All ER (D) 174 (Jul), ECJ 37.24

cxlvi

Table of Cases

C-386/05: Color Drack GmbH v Lexx International Vertriebs GmbH [2007] ECR I-3699, [2010] 1 WLR 1909, [2008] 1 All ER (Comm) 168, [2008] All ER (EC) 1044, [2010] Bus LR 1044, [2007] All ER (D) 51 (May), ECJ 37.22
C-98/06: Freeport plc v Arnoldsson [2008] QB 634, [2007] ECR I-8319, [2007] All ER (D) 160 (Oct), ECJ 37.24
C-185/07: Allianz SpA v West Tankers Inc [2009] AC 1138, [2009] ECR I-663, [2009] 3 WLR 696, [2009] 1 Lloyd's Rep 413, (2009) Times, 13 February, [2009] All ER (D) 82 (Feb), sub nom West Tankers Inc v Riunione Adriatica di Sicurta SpA, The Front Comor: C-185/07 [2009] 1 All ER (Comm) 435, [2009] All ER (EC) 491, [2008] 2 Lloyd's Rep 661, ECJ 37.08, 37.13, 38.40, 39.55
C-339/07: Seagon v Deko Marty Belgium NV [2009] ECR I-767, [2009] 1 WLR 2168, [2009] Bus LR 1151, [2009] BCC 347, [2009] All ER (D) 112 (Feb), ECJ 31.86, 37.08
C-348/07: Semen v Deutsche Tamoil GmbH [2009] ECR I-2341, [2009] 2 All ER (Comm) 243, [2009] 3 CMLR 389, [2009] 1 Lloyd's Rep 653, [2009] All ER (D) 271 (Mar), ECJ 5.39
C-420/07: Orams v Apostolides [2009] ECR I-3571, [2011] 2 WLR 324, [2010] 1 All ER (Comm) 950, (2009) Times, 1 May, [2009] All ER (D) 89 (May), ECJ 37.47
C-533/07: Falco Privatstiftung v Gisela Weller-Lindhorst [2009] ECR I-3327, [2010] Bus LR 210, [2009] All ER (D) 14 (May), ECJ 37.19
C-133/08: Intercontainer Interfrigo SC (ICF) v Balkenende Oosthuizen BV [2010] QB 411, [2009] ECR I-09687, [2010] 3 WLR 24, [2010] 1 All ER (Comm) 613, [2010] All ER (EC) 1, [2010] Bus LR 808, [2010] 2 Lloyd's Rep 400, [2009] All ER (D) 71 (Oct), ECJ 37.77
C-204/08: Rehder v Air Baltic Corpn [2009] ECR I-6073, [2010] Bus LR 549, [2009] All ER (D) 153 (Jul), ECJ 37.22
C-292/08: German Graphics Graphische Maschinen GmbH v Schee C-292/08, [2009] ECR I-8421, [2009] All ER (D) 75 (Sep) 37.08
C-381/08: Car Trim GmbH v KeySafety Systems Srl [2010] ECR I-1255, [2010] 2 All ER (Comm) 770, [2010] Bus LR 1648, [2010] All ER (D) 286 (Feb), ECJ 37.20
C-533/08: TNT Express Nederland BV v AXA Versicherung AG [2010] ECR I-4107, [2011] RTR 136, [2010] All ER (D) 47 (May), ECJ 37.12
C-19/09: Wood Floor Solutions Andreas Domberger GmbH v Silva Trade SA [2010] ECR I-2121, [2010] 1 WLR 1900, [2010] Bus LR 1050, [2010] 2 Lloyd's Rep 114, [2010] All ER (D) 130 (Mar), ECJ 37.22
C-396/09: Interedil Srl v Fallimento Interedil Srl [2011] ECR I-9915, [2012] Bus LR 1582, [2012] BCC 851, [2011] BPIR 1639, [2011] All ER (D) 195 (Oct), ECJ 31.78
C-144/10: Berliner Verkehrsbetriebe (BVG), Anstalt des Offentlichen Rechts v JP Morgan Chase Bank NA [2011] ECR I-3961, [2011] 1 WLR 2087, [2011] 2 All ER (Comm) 877, [2011] Bus LR 1061, [2011] All ER (D) 192 (May), ECJ 37.10
C-213/10: F-Tex SIA v Lietuvos-Anglijos UAB "Jadecloud-Vilma" [2013] Bus LR 232, ECJ 37.08
C-292/10: G v de Visser [2013] QB 168, [2012] 3 WLR 1523, (2012) Times, 22 June, ECJ 37.09
C-133/11: Folien Fischer AG v Ritrama SpA [2013] QB 523, [2013] 2 WLR 373, [2014] 1 All ER (Comm) 569, [2012] All ER (D) 13 (Dec), ECJ 37.15
C-154/11: Mahamdia v People's Democratic Republic of Algeria [2014] All ER (EC) 96, [2013] ICR 1, (2012) Times, 16 October, [2012] All ER (D) 333 (Jul), ECJ 37.08
C-456/11: Gothaer Allgemeine Versicherung AG v Samskip GmbH [2013] QB 548, [2013] 2 WLR 520, [2012] All ER (D) 316 (Nov), ECJ 37.45
C-9/12: Corman-Collins SA v La Maison du Whisky SA [2014] QB 431, [2014] 2 WLR 494, [2014] 1 All ER (Comm) 882, [2013] All ER (D) 240 (Dec), ECJ 37.20
C-184/12: United Antwerp Maritime Agencies (Unamar) NV v Navigation Maritime Bulgare [2014] 1 All ER (Comm) 625, [2014] 1 Lloyd's Rep 161, [2013] All ER (D) 305 (Oct), ECJ 37.80
C-328/12: Schmid v Hertel [2014] 1 WLR 633, 164 NLJ 7593, [2014] BPIR 504, [2014] All ER (D) 221 (Jan), ECJ 31.86
C-438/12: Weber v Weber C-438/12, ECLI:EU:C:2014:212, [2015] Ch 140, [2015] 2 WLR 213, [2014] All ER (D) 110 (Apr) 37.12
C-548/12: Brogsitter v Fabrication de Montres Normandes EURL [2014] QB 753, [2014] 2 WLR 1600, [2014] 1 All ER (Comm) 965, [2014] All ER (D) 258 (Mar), ECJ 37.17

Table of Cases

C-26/13: Kásler v OTP Jelzálogbank Zrt [2014] 2 All ER (Comm) 443, [2014] Bus LR 664, [2014] GCCR 4600.157, ECJ 3.85
C-352/13: Cartel Damage Claims (CDC) Hydrogen Peroxide SA v Akzo Nobel NV: (2015) C-352/13, ECLI:EU:C:2015:335, [2015] QB 906, [2015] 3 WLR 909, [2015] 5 CMLR 285, [2015] All ER (D) 50 (Jun), EUCJ 37.11, 37.24
C-536/13: 'Gazprom' OAO, Re: (2015) C-536/13, ECLI:EU:C:2015:316, [2015] 1 WLR 4937, [2015] 2 All ER (Comm) 1023, [2015] All ER (EC) 711, [2015] 1 Lloyd's Rep 610, [2015] All ER (D) 136 (May), EUCJ 37.08, 39.55
C-47/14: Holterman Ferho Exploitatie BV v von Bullesheim C-47/14, ECLI:EU:C:2015:574, [2016] IRLR 140, [2016] ICR 90, [2015] All ER (D) 72 (Sep) 37.17
C-359/14 and C-475/14 (Joined Cases): 'ERGO Insurance' SE v 'PZU Lietuva' UAB DK ECLI:EU:C:2016:40, [2016] All ER (D) 48 (Feb), ECJ 37.65
C-191/15: Verein für Konsumenteninformation v Amazon EU Sàrl ECLI:EU:C:2016:603 C-191/15 .... 37.65
C-208/18: Petruchová v FIBO Group Holdings Ltd:, Case, [2020] CEC 326 .... 37.10
C-464/18: ZX v Ryanair DAC (2019), ECLI:EU:C:2019:311, [2019] 1 WLR 4202, [2019] 2 All ER (Comm) 834, [2019] 1 Lloyd's Rep 538, 169 NLJ 7838, [2019] All ER (D) 83 (Apr), EUCJ 37.10, 37.23

PART ONE
The Foundations of Commercial Law

Chapter 1

THE NATURE AND SOURCES OF COMMERCIAL LAW

1. THE LAW MERCHANT

1.01 One of the most powerful influences on human activity is the driving force of trade. Governments may be overthrown, wars may break out, large areas of a country may be devastated by natural disaster, but somehow traders find ways of establishing and continuing business relationships. The inventiveness of the scientist and the engineer in matters physical is matched by the ingenuity of the trader in constantly developing new sales techniques, new instruments to accommodate more efficiently the requirements of the commercial community, new methods of surmounting hurdles thrown up by the law or by the actions of government.

1.02 In the history of English law there have been few developments that have captured the imagination as strongly as the medieval law merchant, which for hundreds of years subsisted as a distinct source of rights, administered by courts in which the merchants themselves were judges, before ultimately becoming redundant because of the adaptation of the common law itself to commercial needs and usages.[1] The maritime courts, the courts of the fairs and boroughs,[2] and the staple courts, in company with other commercial courts of the Middle Ages, determined disputes involving foreigners not by English domestic law but according to the 'general law of nations' based on mercantile codes and customs such as the Laws of Oléron[3] and reflecting international

---

[1] See generally Selden Society (H. Hall (ed)), *Select Cases on the Law Merchant* (1908–32), vols I (ed C. Gross) and II and III; F. R. Sanborn, *Origins of the Early English Maritime and Commercial Law* (1930); W. S. Holdsworth, *A History of English Law*, 17 vols (7th edn, 1956–72): vol 1, pp 562–573; vol 5, pp 60–154; vol 8, pp 99–300; L. Trakman, *The Law Merchant: The Evolution of Commercial Law* (1983); W. Bewes, *The Romance of the Law Merchant* (1923, reprinted 1986). The earliest known text on the English law merchant is by the anonymous author of *Lex Mercatoria*, which recent scholarship dates as completed in about 1286. See for a detailed analysis M. E. Basile, J. F. Bestor, D. R. Coquillette and C. Donahue, *Lex Mercatoria and Legal Pluralism: A Late Thirteenth Century Treatise and Its Afterlife* (1998).
[2] Known as courts of piepowder because they 'were frequented by chapmen of dusty feet, who wandered from mart to mart' (Gross, *Select Cases*, p xiv).
[3] Oléron, an island off the west coast of France, was for some while in the ownership of the English Crown as a commune of the province of Guienne (Aquitaine). The decisions of its

1.02 *The Nature and Sources of Commercial Law*

maritime and commercial practice. To these courts, as to their counterparts elsewhere in the civilized world, came not only our own merchants but foreign traders from all parts of Europe, content to have their disputes resolved by tribunals which, though located in England, were required to have an equal number of English and foreign merchants as jurors[4] and were conversant with foreign mercantile usage and with the concepts of the civil law as well as the common law. The characteristics of these commercial courts were speed in adjudication (a particularly essential requirement for the foreign trader), a realistic attitude towards the proof of facts, a relative freedom from technical rules of evidence and procedure that plagued the common law courts and an acceptance of the fact that the customs of merchants generated rights which required international recognition and which, for the stability of the European markets, needed to be interpreted in a broadly uniform fashion, with an overriding requirement of good faith.[5]

1.03 Special statutes were enacted in the Middle Ages for the benefit of the merchant community generally and traders from overseas in particular. These prescribed speedy justice for foreign merchants;[6] the application of the law merchant, and the paramountcy of the merchant courts, in mercantile disputes;[7] and a procedure for formal acknowledgement of indebtedness under writings obligatory (promissory notes) by the taking and enrolment of statutory recognizances which, upon the debtor's default, gave the creditor a statutory title to his lands and chattels until payment, coupled with a right to have the debtor committed to prison indefinitely until the debt was paid.[8]

1.04 The adaptability of the *lex mercatoria* was especially notable in the recognition of negotiable instruments. Well before the birth of the English law

---

mercantile community were treated as of the highest authority in England, and the Rolls of Oléron were promulgated by Richard I and reproduced in the Black Book of the Admiralty and in comparable local publications.

[4] Carta Mercatoria 1303.

[5] A requirement curiously lacking in present law as a prerequisite for the exercise of legal (as opposed to equitable) remedies. See para **3.74**. For a fascinating account of the detailed rules imposed by the market for the protection of the customer, including the prohibition of sales by the back doors of houses or by candlelight, see W. H. Hamilton, 'The Ancient Maxim Caveat Emptor' (1931) 50 Yale LJ 133.

[6] Carta Mercatoria 1303; Statute of the Staple 1353, 27 Edw III, stat 2, c 20. Speedy trial was indeed the essence of disputes among merchants. Dr Charles Gross gives a vivid illustration of the celerity of the procedure by reference to an action tried in the piepowder court of Colchester in 1458 (Gross, *Select Cases*, vol I, p xxvi): 'The plaintiff sued for the recovery of a debt at 8 am and the defendant was summoned to appear at 9 o'clock. He did not come at that hour and the sergeant was ordered to distrain him to come at 10 o'clock, at which hour he made default. Similar defaults were recorded against him at 11 and 12 o'clock. At the latter session judgment was given in favour of the plaintiff, and appraisers were ordered to value the defendant's goods which had been attached. They made their report at 4 o'clock, and the goods were delivered to the plaintiff.'

[7] Statute of the Staple, cc 5, 6, 8 and 21.

[8] Statute of Merchants (also known as the Statute of Acton Burnell) 1283, 11 Edw I, as amended by the Statute of Merchants 1285, 13 Edw I; Statute of the Staple. But if the defendant remained in prison for more than three months, through failing to avail himself of the statutory right given to him to sell his land and chattels himself within that period in order to pay the debt, the creditor had to pay for the cost of keeping him provided with bread and water for the duration of his stay in prison.

of contract, the law merchant accepted that a right to a sum of money embodied in a bill of exchange or promissory note could be conferred even though the instrument was not under seal.[9] When the common law did ultimately come to recognize the binding force of executory agreements, it imposed restrictions of a kind not operated by the merchant courts. Thus the common law required that the consideration for a promise should not be a past consideration[10] and should move from the promisee.[11] But such rules were largely bypassed by the *lex mercatoria* which, indeed, went much further, treating a bill of exchange as transferable by mere delivery, with any requisite indorsement (when the common law did not recognize the assignability of debts at all) and even laying down that in given conditions the holder of a bill could acquire a better title to it than his transferor and take free from equities,[12] contrary both to the common law principle *nemo dat quod non habet*[13] and to the equitable rule that the assignee of a chose in action takes subject to equities.[14]

1.05 Nevertheless, England contributed relatively little to the evolution of the medieval law merchant. As the centre of European commercial life, Italy had pride of place in the development of the law merchant in the Middle Ages. Not only were its cities powerful and its institutions for the resolution of commercial disputes highly organized but its merchants and lawyers were extremely creative in the development of maritime and commercial instruments, such as the bill of lading and the bill of exchange, and institutions, such as banking and insurance, all of which gave rise to a corpus of substantive rules based on mercantile usage. Such was the emphasis on commercial usage rather than technical law that lawyers were barred from taking part in the proceedings. The influence of the Italian merchants was felt throughout Europe, so that even the great fairs of Champagne were dominated by Italians.[15] By contrast, the trade dynamic that powered the *lex mercatoria* in Italy was lacking in England, which in the Middle Ages was relatively

---

[9] The best modern analysis is by J. S. Rogers, *The Early History of Bills and Notes* (1995). See also J. Milnes Holden, *The History of Negotiable Instruments in English Law* (1995); Street, *Foundations of Legal Liability* (1906), vol II, pt III; and J. S. Rogers, *The End of Negotiable Instruments: Bringing Payment Systems Law Out of the Past* (2012).
[10] *Lampleigh v Braithwait* (1615) Hob 105; *Roscorla v Thomas* (1842) 3 QB 234.
[11] *Bourne v Mason* (1669) 1 Vent 6, 2 Keb 454, 457, 527; *Crow v Rogers* (1726) 1 Stra 592. But other cases, such as *Dutton v Poole* (1677) 2 Lev 210, were to the opposite effect, and the rule that consideration must move from the promisee was not conclusively settled until *Tweddle v Atkinson* (1861) 1 B & S 393.
[12] Rogers, *The Early History of Bills and Notes*, ch 8; Milnes Holden, *Negotiable Instruments*, p 64. Lord Mansfield used to try cases with a special jury comprising experienced merchants, whose opinions he greatly valued and whom he frequently invited to dine with him in order to develop a clearer understanding of prevailing commercial practice.
[13] See para **16.05**.
[14] See para **24.18**. Similarly, the development of the bill of lading as a document of title to sea-borne goods resulted in the courts' acceptance of the right of the indorsee of the bill to recover the goods comprised in it from the shipowner even if title had not passed and the shipowner had not attorned to the indorsee. See further para **32.53**.
[15] Sanborn, *Maritime and Commercial Law*, p 159, citing F. Morel, *Les Juridictions Commerciales au Moyen Age* (1897), p 160, and P. Huvelin, *Essai Historique sur le Droit des Marchés et des Foires*, p 280.

1.05 *The Nature and Sources of Commercial Law*

backward in commerce. So the local courts – which were not truly specialized commercial courts but rather courts of general jurisdiction over matters arising in their locality while they were sitting[16] – were concerned mainly with the resolution of disputes concerning smaller internal transactions[17] and dealt with them to a considerable extent within the framework of the common law, albeit with modifications of evidence and procedure, and a few substantive rules, to reflect the need for rapid decisions before the fair or market ended and to ensure the efficacy of commercial contracts. But the central courts were active in commercial matters and though their proceedings could be formalistic and protracted, they were nevertheless building up a body of law applicable to commercial transactions, in addition to which they were often required to give decisions in accordance with the law merchant and for that purpose regularly sought expert evidence from the merchants themselves. Thus modern scholars have tended to reject the traditional, rather romanticized, view of the medieval English law merchant as a separate corpus of law and to regard it instead as 'the factual matrix within which certain types of contract are made'[18] and its rules as largely procedural in character, offering speedy justice and the relaxation of technical requirements of pleading and evidence.[19]

1.06 Ultimately, the merchant courts, with the Court of Admiralty, were vanquished by the courts of common law, partly because through the rise of *assumpsit* the courts became able to offer more efficacious contract remedies, partly because of the fact that the proceedings of some of the local courts fell into disrepute and partly because of the general desire of the central courts to increase their jurisdiction. The decline of the Staple Courts and the Court of Admiralty was largely due to one man, Sir Edward Coke, whose passionate devotion to the common law and the common law courts, and whose fierce hostility to all their competitors, resulted in the acquisition by the common law courts of most of the country's commercial litigation. The adaptation of the common law to the requirements of the merchants and the eventual integration of the *lex mercatoria* into the common law were to be brought about by two outstanding commercial lawyers, Chief Justice Holt and Lord Mansfield.

2. THE FOUNDING OF ENGLISH COMMERCIAL LAW

1.07 As has been mentioned, the *lex mercatoria* was international rather than English and when the courts of common law, under the direction of Coke CJ, began to displace the merchant courts in the early part of the seventeenth century, they did not adopt the *lex mercatoria* as a corpus of law for disputes

---

[16] Rogers, *The Early History of Bills and Notes*, p 25.
[17] Holdsworth, *English Law*, vol V, p 113.
[18] J. Baker, 'The Law Merchant as a Source of English Law' in W. Swadling and G. Jones (eds), *Essays in Honour of Lord Goff* (1999) at p 96.
[19] See, for example, J. H. Baker, 'The Law Merchant and the Common Law Before 1700'(1979) 38 CLJ 295, reproduced in J. H. Baker (ed), *The Legal Profession and the Common Law: Historical Essays* (1986), ch 19; Rogers, *The Early History of Bills and Notes*, ch 1. It may be noted, however, that the common law was largely procedural in character, and that in the Middle Ages the distinction between substantive and procedural law was less sharp than it is today.

between merchants but, though borrowing certain of its rules, continued in the main to apply the principles of common law with which they were familiar, while making gradual adjustments designed to satisfy the merchant that he could get as good a service from them as he had previously enjoyed from his own courts. But the approach was unsystematic and some of the deviations from the law merchant were unfortunate.[20] The moulding of the diffuse collections of rules into a coherent body of commercial law was largely the work of Lord Mansfield, who is rightly considered the founder of English commercial law. Building upon the earlier labours of Holt CJ, who had laid the foundations of the law relating to negotiable instruments, bailment and agency, Lord Mansfield proceeded to reduce the vast mass of case law on commercial disputes to an ordered structure, combining a mastery of the common law with a profound knowledge of foreign legal systems and a deep insight into the methods and usages of the mercantile world. By the time of his retirement, the law merchant had become fully absorbed into the common law, so that a century later the draftsman of the Bills of Exchange Act 1882 and the Sale of Goods Act 1893 was able to provide in both statutes that 'the rules of the common law, *including the law merchant*,' (emphasis added) should continue to apply to bills of exchange and contracts of sale respectively.[21]

1.08 In the nineteenth century the formulation of the principles of commercial law in all its major aspects was further developed and refined in the writings of a series of outstanding commercial lawyers, notably Benjamin, Blackburn, Story and Chalmers, who produced leading treatises on the law of sale; Charlesworth and Smith, whose works on commercial law became classics; Byles and Chalmers, who provided a detailed treatment of the law relating to bills of exchange; and Palmer, whose work on company law became the practitioner's *vade mecum*. It is a testimony to the impact of these intellectual giants that the leading work of several of them continues to be published in current editions under the author's name; and though it is many years since Smith's lucid and trenchant works were last produced, they are still occasionally used as a reference for relevant case law. Throughout the nineteenth century a strong influence continued also to be exercised by the works of the great French jurist Pothier, of the previous century, who indeed was not infrequently cited in English judgments as possessing the highest authority on questions of English commercial law.[22]

1.09 The close of the nineteenth century was illumined by the fine statutory draftsmanship of Sir Mackenzie Chalmers, whose Bills of Exchange Act 1882 and Sale of Goods Act 1893 were adopted almost verbatim throughout

---

[20] One of the most pernicious examples was the invention by the common law of the maxim *caveat emptor*, which had had no place in the law merchant or, indeed, in Roman law or the civil law. See Hamilton, n 5.
[21] Bills of Exchange Act 1882, s 97(2); Sale of Goods Act 1893, s 61(2), since replaced by the Sale of Goods Act 1979, s 62(2).
[22] See *Cox v Troy* (1822) 5 B & Ald 474, per Best CJ. Sir Mackenzie Chalmers, the draftsman of the Sale of Goods Act, was profoundly influenced by Pothier's *Traité du Contrat de Vente* (1806), as is evident from the frequent references to Pothier in his own work *The Sale of Goods Act, 1893*, notably in the Introduction to the first edition (1894).

1.09 *The Nature and Sources of Commercial Law*

the Commonwealth and, as regards the latter Act, in the United States in its model code, the Uniform Sales Act.[23] Thereafter, English commercial law began to lose its international flavour, less interest being shown in mercantile developments overseas as this country, caught up in a huge expansion of trade, sought to wrestle with commercial problems almost entirely in terms of its own law and trading practices. Inevitably, the assumption of mercantile jurisdiction by the common law courts, applying the rules of common law, resulted in the loss of flexibility and sensitivity to current trade usage that had characterized the old merchant courts. Indeed, despite the enlightened approach adopted by Lord Mansfield and those of his successors who were kindred spirits, the merchant must frequently have wondered whether the common understanding of traders in particular markets as to the effect of typical commercial instruments counted for anything in the courts, which as late as 1873 were subscribing to the view that, while it was open to merchants to establish rights by trade usage, they could not subsequently rely on a new usage to displace the rights so established.[24] As we hope to demonstrate, the courts of today, if reluctant to disturb settled rules, the observance of which is so conducive to the certainty for which business people crave, are nonetheless more receptive to the impact of new trade customs and more alive to the importance of effectuating the presumed intention of the contracting parties.[25] Moreover, with the globalisation of international trade and finance many scholars have detected the emergence of a new *lex mercatoria* as a transnational, autonomous legal system,[26] a subject to which we shall return when discussing international commercial arbitration.[27]

3. THE NATURE OF COMMERCIAL LAW

1.10 Commercial law is that branch of law which is concerned with rights and duties arising from the supply of goods and services in the way of trade.[28] Its

---

[23] This Act, drafted by Professor Samuel Williston, was promulgated in 1906 and amended in 1921. It was widely adopted before being replaced by the Uniform Commercial Code (UCC) in 1952. The UCC is subject to ongoing revision, and from time to time new articles are added. The most radical part of the UCC is Article 9, relating to secured transactions, which has attracted much interest throughout the common law world; see further para **24.70**.

[24] *Crouch v Crédit Foncier of England* (1873) LR 8 QB 374, per Blackburn J at 386, disapproved in *Goodwin v Robarts* (1875) LR 10 Ex Ch 337, per Cockburn CJ at 352.

[25] See para **1.21**. See also A. Rodger, 'The Codification of Commercial Law in Victorian Britain' (1992) 108 LQR 570; R. M. Goode, 'Twentieth Century Developments in Commercial Law' (1983) 3 *Legal Studies* 283; Lord Irvine of Lairg 'The Law: An Engine for Trade' (2001) 64 MLR 333; R. M. Goode, 'Removing the Obstacles to Commercial Law Reform' (2007) 123 LQR 602.

[26] See, for example, K. P. Berger, *The Creeping Codification of the Lex Mercatoria* (1999), ch 2.

[27] See ch 39.

[28] It is conventional to treat commercial law as confined to personal property and the provision of services. But at certain points it is inescapably entwined with land law. Thus, title to goods may be lost through annexation to land, as a fixture. More important, services include the provision of finance, which is frequently secured on land by a mortgage or by a fixed or floating charge; and no treatment of commercial interests can be considered complete without at least some consideration of the nature of a floating charge and priority problems arising from conflicting security interests in land. See chs 23–25.

scope is not clearly defined, and no two textbooks seem to adopt the same approach as to the spheres of commercial activity that ought properly to be included in a work on the subject. There are, indeed, some who question whether commercial law is a subject at all, suggesting that the apparent monolith is in reality no more than an agglomeration of distinct subjects (sale, negotiable instruments, carriage of goods and the like), the boundaries of which may overlap but which otherwise share little in common beyond the underlying foundations of the law of contract. We shall revert to this contention in the concluding chapter.[29] For the present, it suffices to make the point that the old law merchant has long ceased to be a separate corpus of law[30] and that, unlike most civil law systems, English law does not possess a commercial code, nor does it formally subject transactions between merchants to a regime different from that of the ordinary civil law regulating transactions with or between non-traders.[31] That said, there is emerging an increasingly sharp divide between the legal regulation of transactions between two commercial parties acting within the ordinary scope of their business and transactions concluded between a trader or merchant and a consumer (the latter being an individual who is acting for purposes that are wholly outside the individual's trade, business, craft or profession).[32] As we shall note,[33] transactions between a trader and a consumer are now more heavily regulated with the aim of providing a greater level of protection to the legitimate interests of the consumer. The latter regulation is largely beyond the scope of this book.

1.11 Nevertheless, as we shall see, principles have developed, and statutory provisions have been enacted, which are peculiar to dealings of a mercantile character.[34] Of cardinal importance in this respect is the impact of usages of trade on the rights of the parties. But this is not the only respect in which the law indirectly marks off commercial from consumer transactions. Thus, a contractual provision which in a contract between merchants may be interpreted in accordance with its natural and ordinary meaning may in a contract between a merchant and a consumer be subject to a stricter construction against the merchant and in favour of the consumer. Again, the mercantile character of the contract in dispute has in the past influenced the court in deciding whether to strike down an exemption clause, and this approach is

---

[29] Chapter 40. In Continental Europe commercial law is considered to include company law, whereas English lawyers treat the latter as a distinct branch of law and regard commercial law as concerned primarily with transactions rather than with institutions.
[30] Indeed, it was never an organized body of law at all, rather a diffusion of uncodified usage.
[31] Contrast the position in civil law countries, where it is usual to have a commercial code to regulate relations between merchants or those engaging in contracts of a mercantile character. As to the narrowing of the gap between civil law and commercial law, see B. Kozolchyk, 'The Commercialization of Civil Law and the Civilization of Commercial Law' (1979) 40 Louisiana L Rev 3. See also G. Samuel, 'Civil and Commercial Law: a Distinction Worth Making?' (1986) 102 LQR 569.
[32] The clearest example of this divide is to be found in the Consumer Rights Act 2015 which is perhaps the most ambitious legislative intervention in the law relating to the relationship between a trader and a consumer.
[33] See para **1.15**.
[34] See paras **40.02** ff for a discussion of the principles and policies of commercial law.

now reflected in legislation.[35] In other words, a court is likely to be more willing to uphold the validity of an exemption clause in a contract between two commercial parties on the basis that the clause is the means voluntarily chosen by the parties to allocate the risk of the occurrence of a particular set of circumstances.[36] But where the same clause is found in a contract between a trader and a consumer, it is less likely that the clause will be the product of a negotiation between two informed parties. Rather, it may be a term which has been imposed by the trader on the consumer and on that basis may be subject to a higher level of scrutiny by the courts.

1.12 The underlying motif that marks out the legal treatment of commercial transactions is a recognition of the need to protect the free flow of trade and to avoid as far as possible the application of rules that will operate to the disadvantage of the bona fide purchaser in the ordinary course of business.[37] Examples can be found of situations in which Parliament has been more sensitive to this need than the courts. So, for example, on every occasion when legislation has been passed to cut down the scope of the *nemo dat* rule in favour of the innocent purchaser, the courts have striven to preserve the *nemo dat* rule by a restrictive interpretation of the relevant statute.[38] But the task of maintaining a fair balance is far from easy. The process by which goods are marketed is often complex. Many interests are involved and these may conflict. It is impossible to have a clear perception of commercial law without at least a basic understanding of the mechanism of the transaction under consideration, the parties affected and the documents they employ. Thus, the rules evolved by the courts in relation to c.i.f. contracts will be meaningful to the reader only if he or she is able to visualize the sequence of operations involved in the ordering and movement of goods, the impact of new and speedier methods of transportation, the hazards that may arise for one party or another at different stages of the transaction and the way in which provision may be made against such hazards by the parties in their agreements or by rules of law where the agreements are silent.[39] Again, the law relating to documentary credits and the rights and duties of parties to negotiable instruments cannot be understood without a basic knowledge of the main stages in the journey of the documents involved, from the time when application is made for their issue to the point of their ultimate destination. All this we shall try to explain in due course.

4. THE INTERESTS TO BE PROTECTED

1.13 Inevitably, commercial law continues to be dominated by the sale of goods (although in an economy where services play an increasingly important

---

[35] See para 3.78.
[36] *Goodlife Foods Ltd v Hall Fire Protection Ltd* [2018] EWCA Civ 1371, [2018] BLR 491, [103].
[37] For a general discussion of the philosophical foundations of English commercial law, see Roy Goode, *Commercial Law in the Next Millennium* (the 1997 Hamlyn Lectures), pp 12 ff.
[38] See para 1.49 and 16.04.
[39] See chs 34, 36.

role, the continued domination of the contract of sale may be open to doubt); and central to this subject is the contract between seller and buyer. But sales are not the concern of the parties alone. There are many other interests which require protection by the law. The consuming public at large needs safeguards to ensure that products put on the market will not be injurious to life or health; that they will not be held to ransom by monopolies or restrictive trade practices or be deceived by false or misleading advertising; and that trading activity will be controlled to the extent necessary to protect the national economy.[40] The activities of a particular seller are of concern also to sellers in a similar line of business, who are entitled to protection against unfair trading, eg through passing off or infringement of a patent or trade mark or through inducement of a breach of contract subsisting between them and third parties. The owner of goods disposed of without his authority has an interest to protect, as has a purchaser who in good faith buys from one not entitled to sell, or a repairer who in good faith executes work on goods deposited with him for repair by a person not owning the goods or authorized to order repairs. Special classes of buyer may need distinct legislative protection, for example buyers on credit or at auction. The operations of all traders are of concern to their creditors, particularly in the event of insolvency.

1.14 It will be obvious, therefore, that the law relating to commercial transactions goes well beyond the law of contract, invading the provinces of property, tort, equity, restitution or unjust enrichment, company and insolvency law, and entering to a significant degree into the public law sector. Thus, a retail buyer injured by a defective product may have a strict liability claim against the manufacturer by statute[41] or at common law for negligence;[42] a party innocently purchasing goods comprised in an undischarged hire-purchase agreement may be exposed to an action for conversion,[43] while a restitutionary claim may be made to the proceeds received by the hirer: a security interest created in a credit transaction may be vulnerable in the event of the debtor's bankruptcy or liquidation;[44] a supplier of goods to which a false

---

[40] In bygone years Parliament went to quite extraordinary lengths to fulfil this objective. Thus in the reign of Charles II, in order to deal with a glut of wool resulting from restrictions on the export of this commodity, statutes were passed making it an offence for a person to be buried in a shroud not made entirely of sheep's wool or to be put in a coffin lined or faced with material other than sheep's wool (18 Car 2, c.4 (1666), replaced by Car 2, stat 1, c 3 (1678), as amended by 32 Car 2, c 1 (1680)). This remarkable piece of legislation was not repealed until 1814 (14 Geo 3, c 108).
[41] Consumer Protection Act 1987, Pt I, implementing (though imperfectly) the European Directive on Product Liability 85/374/EEC. The subject of product liability forms part of consumer law and is not discussed in the present work. For a detailed examination of the statutory provisions, see C. J. Miller and R. S. Goldberg, *Product Liability* (2nd edn, 2004) and for a detailed comparative analysis see S. Whittaker (ed), *The Development of Product Liability* (2014) and S. Whittaker, *Liability for Products: English Law, French Law and European Harmonisation* (2005). The best, albeit now somewhat dated theoretical treatment of product liability within the wider context of civil liability as a whole is by Jane Stapleton, *Product Liability* (1994), a perceptive work which poses some fundamental questions as to the purpose and policy of a product liability regime.
[42] For which the reader is referred to textbooks on the law of tort.
[43] See para **16.01**.
[44] See paras **31.37–31.52**.

trade description has been applied may incur a liability to prosecution,[45] whether or not guilty of any breach of contract. Moreover, commercial law is not confined to goods, but extends to a vast range of transactions relating to documents and services, including finance, carriage of goods and insurance.

1.15 In this book the emphasis is on commercial transactions, that is, transactions in which both parties deal with each other in the course of business, whether as merchants or as provider and recipient of financial or other services supplied for business purposes. Though some reference is made to consumer transactions in the context of unfair contract terms,[46] we shall not be concerned with other aspects of consumer protection, a vast subject which merits a volume to itself and to which several excellent publications are now devoted.[47]

5. THE PRINCIPAL SOURCES OF COMMERCIAL LAW

(i) Contract

1.16 While many branches of the common law affect business transactions, the foundation on which commercial law rests is the law of contract. Commercial transactions are, after all, specific forms of contract, and while each type of commercial contract is governed by rules peculiar to that type, all are subject to the general principles of contract law except to the extent to which these have been displaced by statute or by mercantile usage.[48]

1. Express and implied terms generally

1.17 When considering the law-making capacity of the parties themselves, one must avoid the assumption that they have necessarily negotiated each individual term. Certain basic terms will, of course, be bargained in almost every transaction, such as the *res* which is to be the subject of the contract and the price to be paid for it; and many commercial contracts are indeed hammered out by the parties term by term, and can truly be said to represent their own creation, to which they may be assumed to have addressed their minds. But a large number of commercial agreements are standard-term contracts and are not individually negotiated. Indeed, it would be impossible for business to cope with the enormous volume of bargains conducted daily if every term of every agreement, no matter how consistent the pattern of business, had to be negotiated step by step between the parties. The standard-term contract is thus

---

[45] Under the Trade Descriptions Act 1968 and see also the Consumer Protection from Unfair Trading Regulations 2008 (SI 2008/1277).
[46] See para **3.83**.
[47] See, for example, G. Woodroffe, C. Willett and C. Twigg-Flesner, *Woodroffe and Lowe's Consumer Law and Practice* (10th edn, 2016). For rather more dated, but nevertheless still helpful consideration, see *Cranston's Consumers and the Law* (3rd edn, eds C. Scott and J. Black, 2000) and B. Harvey and D. Parry, *Law of Consumer Protection and Fair Trading* (6th edn, 2000). See also in relation to product liability, the literature referred to in n 41.
[48] See paras **1.21** and **3.59**.

an essential feature of business life, and some such contracts are so widely adopted as to become in effect non-parliamentary statutes, attracting detailed analysis in textbooks and a body of case law as disputes are referred to the courts or to arbitration.[49]

1.18 Where the supplier is in a substantial way of business, the standard-term contract may be of his own making, or that of his lawyers. Many law firms now produce standard contract terms, commonly known as 'boilerplate' clauses, which they habitually insert into the contracts they negotiate on behalf of their clients. Such clauses deal with matters such as choice of law, jurisdiction, exclusion or limitation of liability, force majeure, termination of the contract and retention of title.[50] But frequently business people use standard contracts devised by others, for example the particular trade association to which they belong,[51] often without much familiarity with the detail of the contract or understanding of its legal implications. The problem becomes still more acute in relation to international transactions,[52] for which many model contracts have been settled by international organizations, such as the International Chamber of Commerce.[53] In such cases the document is required to accommodate the needs of parties who *ex hypothesi* are operating in different states and are governed by different systems of law, so that the scope for ignorance or misunderstanding of the legal effects of the contract is greatly increased. This does not, however, alter the fact that the parties to the contract, in adopting the standard terms, are making their own law,[54] and such model contracts perform an increasingly valuable function as traders become familiar with them. They also have a considerable role to play in any future harmonisation of contract law, given that the boilerplate clauses which appear in many modern international commercial transactions frequently exhibit a close family resemblance.[55]

---

[49] Prime examples are the JCT forms of building contract, to which complete textbooks have been devoted and which have been the subject of many reported cases.

[50] See generally R. Christou, *Boilerplate: Practical Clauses* (8th edn, 2019).

[51] For the most important standard commodity contracts, see C. Murray, D. Holloway and D. Timson-Hunt (eds), *Schmitthoff's Export Trade: The Law and Practice of International Trade* (12th edn, 2012), paras 32–010 ff. Standard forms of contract used in consumer credit transactions are published by the Consumer Credit Trade Association (see http://www.ccta.co.uk).

[52] English law does not in general draw a formal distinction between national and international transactions so far as sources of law are concerned.

[53] For example, the ICC Model Commercial Agency Contract (2015 edition, ICC Publication No 766E) and Model Distributorship Contract (No 646).

[54] For a general discussion, see C. Schmitthoff, 'The Unification or Harmonisation of Law by Means of Standard Contracts and General Conditions' (1968) 17 ICLQ 551. When criticizing standard contracts and model codes, it is important to avoid the assumption that faulty drafting or misconceived policy is necessarily the responsibility of the draftsman. Many such contracts and codes are born only after a lengthy gestation period involving prolonged examination and negotiations. Often the parties settle for less than the best in order to secure a compromise that will save the work as a whole. Those who pour scorn on what are undoubtedly defective features in many contracts and codes would do well to remember that the best is often the enemy of the good.

[55] See generally E. McKendrick, *The Creation of a European Law of Contracts: The Role of Standard Form Contracts and Principles of Interpretation* (2004).

1.19 Frequently, the parties to a contract do not set out all the terms in the contract itself but find it convenient to incorporate terms by reference to a variety of other documents, eg standard contract terms published by an independent body or group of institutions, a model code of practice or usage, a set of standard trade terms or definitions.

1.20 As we shall see, English law has a somewhat extended view of what constitutes a consensual undertaking, in the sense that a contract is considered to embrace not only express terms (including terms incorporated by reference) and terms implied in fact or from a prior course of dealing[56] but also rights and duties implied by law or by mercantile usage, which in other systems would be regarded as constituting independent, non-consensual norms.[57]

2. Uncodified custom and usage

1.21 Of great importance as a source of obligation in commercial contracts are the unwritten customs and usages of merchants.[58] The impact of these on the content and interpretation of contract terms cannot be overstated. It is, perhaps, this feature above all which distinguishes commercial from other contracts, a distinction not formally adopted by the law.[59] The fertility of the business mind and the fact that a practice which begins life by having no legal force acquires over time the sanctity of law are key factors to which the commercial lawyer must continually be responsive. Is a particular document a document of title? The House of Lords or other appellate court may have said no, possibly more than once. But how long ago was the ruling given? Cannot it now be said, in another time, that the acceptance of this document as a document of title in mercantile usage is so entrenched as to justify according it legal recognition as such? Is a payment instrument outside the Bills of Exchange Act negotiable? In principle, yes, if so accepted by the mercantile community, which may happen immediately or only over time.

1.22 What is it that gives binding force to unwritten mercantile usage? Is it the express or implied adoption of the usage by the parties in their contract? Or does mercantile usage have independent normative force? The question has been much debated in the context of international commercial arbitration and the controversy as to the existence of an international *lex mercatoria*.[60] In some legal systems the binding force of mercantile usage does not depend on adoption by contract,[61] but in the theory of English law a usage takes effect as

---

[56] See para 3.58.
[57] See below.
[58] See further para 3.59.
[59] A custom is a rule of a particular locality, whereas a usage is a settled practice of a particular trade or profession, but often the two terms are used interchangeably. See generally 32 *Halsbury's Laws of England* (5th edn, 2019), title 'Custom and Usage'.
[60] For a careful and authoritative examination of the issue, see O. Toth, *The Lex Mercatoria in Theory and Practice* (2017) and see also para 1.42.
[61] See C. M. Schmitthoff, *International Trade Usages*, a research report prepared for the Institute of International Business Law and Practice of the International Chamber of Commerce (1987), pp 25 ff.

The Principal Sources of Commercial Law **1.23**

an express or implied term of the contract between the parties[62] and is dependent for its validity on satisfying certain external legal criteria, namely certainty and consistency of practice, reasonableness, notoriety, and conformity with mandatory law. Moreover, in order to constitute a usage the practice must be observed from a sense of legally binding obligation, not as a matter of mere courtesy or convenience or a desire to accommodate a customer's wishes.[63]

3. Codified custom and usage

1.23 It is in the nature of unwritten custom or usage that its meaning and content may be understood differently by different people; indeed, the very existence of an alleged usage may be challenged. In areas of business or finance with a highly developed and widely used body of custom or usage it is particularly important to avoid disputes of this kind. To that end, <u>national and international trade associations and clearing houses may find it convenient to formulate the relevant usages in a published code or set of rules.</u> These will rarely reflect existing usage in every particular, since the opportunity will usually be taken to make improvements to established practice and procedures, but the intended effect of the code or rules is to state or restate best practice. They may be given effect either by making adherence to them a condition of membership of the relevant association or clearing house or by incorporation into individual contracts. At the international level the prime mover in the codification of international trade usage is the International Chamber of Commerce (ICC), an international nongovernmental organization serving world business. Working through its specialist commissions, the ICC has produced numerous uniform rules which are adopted by incorporation into contracts. These fall broadly into three groups: banking and insurance, international trade and international transport. The most long-standing and successful of the various ICC formulations is the Uniform Customs and Practice for Documentary Credits (UCP), first promulgated by the ICC in 1933. Bankers throughout the world have adopted the UCP,[64] which is now used almost universally in documentary credit transactions. Other ICC

---

[62] Once a usage has been recognized in decisions, the courts may well be prepared to take judicial notice of it in subsequent cases, but even then it is only upon the basis that the parties must be supposed to have intended to contract with reference to the usage.

[63] See *General Reinsurance Corporation v Forsakringsaktiebolaget Fennia Patria* [1983] QB 856, per Slade LJ, at 874; *Libyan Arab Foreign Bank v Bankers Trust Co* [1989] QB 728, 757, [1989] 3 All ER 252, 275, per Staughton J, holding that there was no sufficient evidence of a usage that a sum standing to the credit of a Eurodollar account could be withdrawn only through a United States clearing system. As has been pointed out elsewhere, the requirement of belief in the binding nature of the observed practice, which has its counterpart, *opinio juris*, in international customary law, is based on either circularity or paradox, for if the belief is correct, it is not necessary, while if erroneous, it would convert a non-binding practice into a binding one through error. See R. Goode, 'Usage and Its Reception in Transnational Commercial Law' (1997) 46 ICLQ 1 at p 9. But it is not easy to come up with a meaningful alternative.

[64] The current edition is that published in 2007 (UCP 600). The UCP have been supplemented by the eUCP, Version 2.0, published in 2019 and governing the presentation of electronic records. See paras **35.09–35.10**.

1.23 *The Nature and Sources of Commercial Law*

uniform rules in banking and insurance include the Uniform Rules for Collections,[65] the Uniform Rules for Demand Guarantees[66] and the Uniform Rules for Contract Bonds.[67] In the field of international trade extensive use is made of Incoterms,[68] while in relation to transport the ICC has collaborated with the United Nations Commission on Trade and Development (UNCTAD) in producing the UNCTAD/ICC Rules for Multimodal Transport Documents.[69] The ICC has also endorsed the ISP 98 on International Standby Practices.[70]

1.24 In English law codified customs and usages, like those which are uncodified, depend for their operation on express or implied adoption in the contract.

(ii) Domestic legislation

1.25 Until a few decades ago Parliament adopted a laissez-faire attitude towards commercial transactions, and in so far as legislation was enacted, it tended to be of a declaratory or permissive character, as in the case of the Sale of Goods Act 1893, which in its original form[71] imported implied terms into contracts of sale which the parties were free to exclude or restrict as they chose, within the limits permitted by general contract law. For a long time, commercial transactions were shielded from the statutory intervention that was a growing trend in relation to other fields of human activity, and this relative immunity from control reflected a general philosophy that trade was the life-blood of the nation and that measures that might interfere with the free flow of trade should, if possible, be avoided.

1.26 All this has now changed. Exemption clauses in many consumer transactions have been outlawed,[72] and even in purely commercial transactions their scope has been restricted[73] by the Unfair Contract Terms Act 1977. Of much greater significance in relation to consumer contracts are the

---

[65] Promulgated by the International Chamber of Commerce in 1953 (under the title Uniform Rules for the Collection of Commercial Paper), revised in 1967, 1978 and 1995 (URC 552).
[66] ICC Publication No 758, 2010. These rules are designed for demand guarantees and performance bonds under which payment is to be made on written demand and presentation of other specified documents without proof of actual default by the principal obligor. See further para **35.159**.
[67] ICC Publication No 524, 1994. These rules are designed primarily for suretyship bonds and guarantees, triggered by proof of actual default, though, where the relevant bond so provides, default may be established by production of a document showing default.
[68] A set of rules for the interpretation of commonly used price and delivery terms in international trade. The first edition was published in 1953; the current edition is *Incoterms*® *2020* which entered into force on 1 January 2020. See para **32.16**.
[69] ICC Publication No 481, 1992.
[70] Produced by the Institute of International Banking Law & Practice Inc.
[71] That is, prior to amendment by the Misrepresentation Act 1967 and the Supply of Goods (Implied Terms) Act 1973. See now the Sale of Goods Act 1979 (repealing and re-enacting the Sale of Goods Act 1893), as amended, principally by the Unfair Contract Terms Act 1977, ss 6, 11 and Sch 2, the Supply of Goods and Services Act 1982 and the Consumer Rights Act 2015.
[72] Consumer Rights Act 2015, ss 31, 47 and 57.
[73] See para **3.78**.

The Principal Sources of Commercial Law **1.28**

numerous European consumer protection directives that have been implemented into English law, including what is now Part 2 of the Consumer Rights Act 2015, under which a wide range of unfair terms are declared not to be binding upon the consumer.[74] Rules of competition law may also invalidate anti-competitive agreements and practices.

1.27 Hence while there remains substantial scope for free bargaining between parties to a commercial transaction in what is still a mixed economy, the parameters within which they are at liberty to make their own law are steadily shrinking.[75] In analysing commercial law cases it is important constantly to bear in mind the diminishing role of the common law in defining contractual obligations and the growing impact of enacted law and of government intervention. These require a treatise of their own and are outside the scope of the present work.

(iii) External sources of law

1. *International conventions and model laws*

1.28 With the absorption of the law merchant into the common law, commercial law became less international and more local than once it was, a tendency accentuated by the growth of legislative activity both in this country and elsewhere designed to provide for problems of an internal character. Happily, this trend has not passed unchecked. The sheer volume and complexity of modern international trade have made cooperation at an international level not merely desirable but essential to the free flow of trade among nations.[76] Quite apart from the establishment of free trading associations, such as EFTA,[77] and the formulation of contractually incorporated uniform rules and trade terms published by international organizations such as the International Chamber of Commerce,[78] much has been achieved in the harmonization of trade law by international conventions.[79] Continuous attention is devoted to measures for the unification of different branches of international trade law. Prominent among the organizations involved in this work are the United Nations Commission on International Trade Law (UNCITRAL),[80] the International Institute for the Unification of Private Law

---

[74] See para **3.83**.
[75] See R. Brownsword, *Contract Law Themes for the Twenty-First Century* (2nd edn, 2006), especially chs 3 and 4.
[76] See generally R. M. Goode, 'Rule, Practice and Pragmatism in Transnational Commercial Law' (2005) 54 ICLQ 539.
[77] The European Free Trade Association, brought into existence by the Convention of Stockholm in 1960.
[78] See para **1.23**.
[79] Examples are the various international transport conventions and the mainly private law conventions concluded under the auspices of one or other of the international organizations referred to below.
[80] Established by the United Nations in 1968 as a specialized agency for the harmonization of private commercial law, UNCITRAL has been responsible for a variety of UN conventions, including the 1980 Convention on Contracts for the International Sale of Goods, the 1995 Convention on Independent Guarantees and Stand-By Letters of Credit, the 2001 Con-

1.28 *The Nature and Sources of Commercial Law*

(UNIDROIT),[81] the Hague Conference on Private International Law[82] and organs of the Council of Europe[83] and the European Union.[84]

---

vention on the Assignment of Receivables in International Trade, the 2009 Convention on Contracts for the International Carriage of Goods Wholly or Partly by Sea, the 2014 Convention on Transparency in Treaty-Based Investor-State Arbitrations and the 2018 Convention on International Settlement Agreements Resulting from Mediation. There are also numerous UNCITRAL Model Laws, for example, the 1985 Model Law on International Commercial Arbitration, the 1996 Model Law on Electronic Commerce, the 1997 Model Law on Cross-Border Insolvency, the 2001 Model Law on Electronic Signatures, the 2016 Model Law on Secured Transactions, the 2017 Model Law on Electronic Transferable Records, the 2018 Model Law on International Commercial Mediation and International Settlement Agreements Resulting from Mediation and the 2018 Model Law on Recognition and Enforcement of Insolvency-Related Judgments. It has also published various legal guides.

[81] An international, intergovernmental organization in Rome established in 1926 pursuant to a bilateral agreement between the Italian government and the League of Nations. It was responsible for, among other instruments, the 1988 Conventions on International Factoring and International Financial Leasing and, with the International Civil Aviation Organization, the 2001 Cape Town Convention on International Interests in Mobile Equipment and the various protocols thereto (on which see para **37.91**, n 300) and the 2013 Convention on Substantive Rules for Intermediated Securities. UNIDROIT has played a prominent role in the preparatory work for conventions later sponsored by other bodies, such as the 1956 Convention on the Contract for the Carriage of Goods by Road (CMR) and the 1980 UN Convention on Contracts for the International Sale of Goods (UNCITRAL) (see ch 33). UNIDROIT has also produced a highly successful international restatement, *Principles of International Commercial Contracts*, now in its fourth (2016) edition, which is not a binding instrument (and therefore did not involve the participation of governments) but has frequently been used in arbitral proceedings as indicative of the best rule or to supplement a more general provision of CISG and as a guide to legislatures in the reform of their contract law. In addition, it has published the *Guide to International Master Franchise Agreements* (2nd edn, 2007) and produces a periodical, the *Uniform Law Review*.

[82] First held in 1893, the Hague Conference met regularly for many years, but after a period of decline, fell into abeyance during the Second World War. It was revived in permanent form by a treaty which came into force in 1955. The Conference has produced a number of conventions, including, in the field of commercial law, the 1986 Convention on the Law Applicable to Contracts for the International Sale of Goods, the 2005 Convention on Choice of Court Agreements, the 2006 Convention on the Law Applicable to Certain Rights in Respect of Securities Held with an Intermediary and the 2019 Convention on the Recognition and Enforcement of Foreign Judgments in Civil and Commercial Matters. It has also produced the 2015 Principles on Choice of Law in International Commercial Contracts.

[83] The Council of Europe came into being in 1949 with the objective of bringing European states into closer cooperation for the purpose of securing the maintenance of essential human rights and the development of social and economic progress. It has produced numerous conventions, including the 1977 European Convention on Products Liability in Regard to Personal Injury and Death, which was effectively superseded by the 1985 EEC product liability Directive (1985/374/EEC).

[84] For example, the 1968 Brussels Convention on Jurisdiction and the Enforcement of Judgments in Civil and Commercial Matters, first replaced by Council Regulation (EC) No 44/2001 of 22 December 2000 on jurisdiction and the recognition and enforcement of judgments in civil and commercial matters (commonly referred to as 'Brussels I') and now recast by Regulation (EU) No 1215/2012 of the European Parliament and of the Council of 12 December 2012 on jurisdiction and the recognition and enforcement of judgments in civil and commercial matters (commonly referred to as 'Brussels I (recast)', and the 1980 Rome Convention on the Law Applicable to Contractual Obligations (replaced in relation to contracts concluded after 17 December 2009 by Regulation (EC) 593/2008 of June 17, 2008 on the law applicable to contractual obligations (commonly referred to as 'Rome I'). Most harmonisation by the EU is now effected through the issue of Directives and Regulations, which are seen as more efficient instruments. See below as to EU law.

1.29 Where projects of these bodies are brought to a successful conclusion, the outcome is usually either an international convention or a model law. Conventions are not, as such, sources of law in England, having no force within the country until implemented by legislation; but when implemented, they must be adopted as they stand except to the extent that the relevant convention permits reservations or declarations excluding or modifying particular parts or provisions. By contrast, a state is free to adopt a model law with such additions and amendments as it chooses.[85]

2. European Union law

1.30 On 23 June 2016 the people of the United Kingdom voted in a referendum to leave the European Union. The decision to leave the EU was as momentous, possibly more so, than the decision taken to enter what was then known as the European Communities on 1 January 1973. In 1973 when we assumed membership of the Communities, we accepted the provisions of the treaties, regulations and other law-making acts of the Community organs as part of the law applicable in England.[86] Starting with the EC Treaty 1957, which established the European Economic Community, there then followed a series of treaties[87] which culminated in the Treaty of Lisbon, a consolidated version of which contains the Treaty on European Union and the Treaty on the Functioning of the European Union.[88] Decisions of the Court of Justice of the European Union established that EU law was not simply an external legal order in the traditional international law sense but was a body of law which, though distinct from the national law of a member state, was part of the law applicable in that state, penetrating it by its own force without being dependent on adoption by the state's own legislation – in our case, until its repeal, the European Communities Act 1972 as amended.[89] In any event, that Act expressly required that all rights and remedies created by or arising under the Treaties and having direct legal effect in accordance therewith were to be recognized and available in law.[90]

---

[85] An example of the adoption of a model law is provided by the Arbitration Act 1996 which is based on the 1985 UNCITRAL Model Law on International Commercial Arbitration.

[86] The phrase 'law applicable in England', used here in preference to 'English law', is borrowed from J. P. Warner (1977) 93 LQR 349 at 351. It is a convenient way of making the point that while European Union law operated in England, it constituted a legal order distinct from English national law, the former being derived from the Community, the latter from United Kingdom institutions.

[87] The Single European Act 1986, the Treaty of Maastricht 1992, which introduced the concept of the European Union, the Treaty of Amsterdam 1997, the Treaty of Nice 2001 and the Treaty of Lisbon 2007.

[88] [2008] OJ C115/1, [2010] OJ C83/1.

[89] By the European Communities (Amendment) Act 1993 giving effect to the Maastricht Treaty and the European Communities (Amendment) Act 2002 implementing the Treaty of Nice. See generally T. Hartley, *The Foundations of European Community Law* (8th edn, 2014), ch 8, pp 272 ff; P. Craig and G. de Búrca, *EU Law: Text, Cases and Materials* (6th edn, 2015), pp 296–304.

[90] Section 2(1).

1.31 *The Nature and Sources of Commercial Law*

1.31 It is a well-settled principle of EU law that in the event of a divergence between EU law and national law it is EU law which prevails.[91] It gradually became clear that as a matter of English law Parliament was no longer sovereign, a point graphically illustrated by the decision of the House of Lords in *Factortame Ltd v Secretary of State (No 2)*,[92] in which, following a ruling by the European Court of Justice, the House of Lords granted an interim injunction against the Crown restraining the Secretary of State from enforcing United Kingdom legislation where there were strong grounds for contending that this was invalid as incompatible with Community law.[93] Indeed, it was this loss of sovereignty that was to prove an important factor in the referendum decision to leave the EU.

1.32 The series of treaties referred to above gave a powerful impetus to the development of a common market in Europe and there followed a steadily increasing flow of directives and regulations relevant to English commercial law, covering such diverse matters as competition law, company law, commercial agency, banking, insurance, the provision of financial services and consumer protection, as well as regulations on insolvency and jurisdiction. As the result of this growth in the *acquis communautaire*, there was a substantial increase in the EU's external competence, which was sometimes exclusive and sometimes shared with member states. The effect of all of this was to restrict the freedom of member states to negotiate and conclude international conventions; increasingly, provision has been made in such conventions for regional economic integration organizations (of which the EU is by far the most important) to become parties.[94]

1.33 These developments were brought to an abrupt halt by the referendum decision. However, the effect of the referendum was not immediately to take the UK out of the EU. Rather, it proved to be the beginning of a protracted and difficult process of charting a path towards the eventual exit of the UK from the EU on 31 January 2020. The journey began with Article 50 of the Lisbon Treaty which provides that a member state which decides to withdraw from the EU shall notify the European Council of its decision. That notification then starts a negotiation process which has a maximum period of two years in which to reach a conclusion. Article 50 was invoked by the UK government on 29 March 2017 with the consequence that the two-year period was set to expire on 29 March 2019 at 23:00 hours UK time. In the event, the deadline

---

[91] Although in more recent times, and prior to the referendum, there was a growing reaction against the creeping expansion of EU law and a greater desire to place limits as a matter of national law upon the further integration of European States and the further transfer of power from the UK to Europe: see, for example, the European Union Act 2011.
[92] [1991] 1 AC 603.
[93] The European Court of Justice subsequently ruled that the legislation was indeed incompatible in certain respects with European law.
[94] Examples include Article 48 of the Cape Town Convention on International Interests in Mobile Equipment 2001, Article XVII of the Aircraft Equipment Protocol 2001 to that convention, Article 18 of the Hague Convention on the law applicable to certain rights in respect of securities held with an intermediary, otherwise known as the PRIMA Convention and Articles 26 and 27 of the Hague Convention on the Recognition and Enforcement of Foreign Judgments in Civil and Commercial Matters.

passed without the UK leaving the EU because extensions were granted to the UK by the EU. Three such extensions were granted. The first, granted on 21 March 2019, was to 12 April 2019; the second, granted on 10 April 2019, was to 31 October 2019, and the third, granted on 28 October 2019, was until 31 January 2020, the date on which the UK actually exited the EU (and referred to hereafter as 'exit day'). The outcome of this protracted process and the political stalemate it created for a significant period of time was the loss of certainty and the ability to plan with confidence in relation to dealings between the UK and member states of the EU. Given that one of the virtues claimed for English commercial law is the certainty which it provides to commercial parties,[95] the loss of that certainty has been a considerable source of concern.

1.34 The principal statutes enacted by the UK Parliament in connection with the departure of the UK from the EU are the European Union (Withdrawal) Act 2018[96] and the European Union (Withdrawal Agreement) Act 2020. Both are complex pieces of legislation, the details of which are well beyond the scope of this book. The primary significance of the 2018 Act is the provision it makes for the repeal of the European Communities Act 1972 and the incorporation in various ways of existing EU law into UK law. The 2020 Act gives effect to the Withdrawal Agreement reached between the EU and the UK and makes provision for a transition period (or 'implementation period' as it is referred to in the Act) which will run through until 11 pm on 31 December 2020 (the latter being referred to somewhat inelegantly as 'IP completion day')[97] during which time EU law will continue to have effect in the UK as if the UK were still a member state. However, during this transition or implementation period, the source of the UK's relationship with the EU will be the Withdrawal Agreement, given that the UK ceased to be a member state on 31 January 2020. The hope is that a comprehensive trade deal will be in place by IP completion day which will then regulate the future relationship between the EU and the UK. The present intent of the UK government is not to countenance a possible extension of these transitional arrangements beyond 31 December 2020. However, this deadline, which was always an ambitious one for the conclusion of a comprehensive trade deal, has become much more difficult as the result of the lockdown created by the coronavirus pandemic. At the time of writing there is no clarity as to the likely form of the legal regime that will be applicable at the end of the transition period.

1.35 In terms of the future relationship between the UK and the EU, a number of key issues should be noted. First, the European Communities Act 1972 was repealed on exit day but a saving provision was introduced into the 2020 Act by way of amendment to the 2018 Act, the effect of which is that during the transition period existing and new EU laws will continue to have effect in the UK during the transition period in much the same way as they did prior to the

---

[95] See para **1.52**.
[96] See also the European Union (Withdrawal) Act 2019 and the European Union (Withdrawal) (No. 2) Act 2019.
[97] European Union (Withdrawal Agreement) Act 2020, s 39(1).

1.35 *The Nature and Sources of Commercial Law*

exit of the UK from the EU.[98] Second, the departure of the UK from the EU does not mean the end of the influence of EU law on the law of the UK. It will change that relationship in very significant respects but it will not obliterate it. This is because the 2018 Act, as amended, makes provision for the incorporation of substantial swathes of EU law into domestic law as at exit day (and this incorporation or saving of EU law has subsequently been extended through to IP completion day[99]). Thus s 2(1) of the 2018 Act provides that 'EU-derived domestic legislation, as it has effect in domestic law immediately before exit day, continues to have effect in domestic law on and after exit day.'[100] Section 3(1) further provides that 'direct EU legislation, so far as operative immediately before exit day, forms part of domestic law on and after exit day.'[101] Section 4 then converts 'any rights, powers, liabilities, obligations, restrictions, remedies and procedures' which immediately before exit day were recognised and available by virtue of s 2(1) of the 1972 Act into domestic law.[102]

1.36 While the general effect of the 2018 Act is to incorporate vast tracks of EU law into domestic law as it exists at exit day (and now extended by the 2020 Act through to IP completion day), subsequent developments in EU law will not be so incorporated. In effect EU law, as it has been incorporated into domestic law, has been frozen in time as at IP completion day. Section 5(1) of the 2018 Act provides that the principle of the supremacy of EU law will not apply to any enactment or rule of law passed or made on or after exit date and s 5(4) states that the Charter of Fundamental Rights is not part of domestic law on or after exit day. Nor will a court or tribunal in the UK be able to refer any matter to the Court of Justice of the European Union ('CJEU') on or after IP completion day.[103] Decisions of the CJEU made on or after IP completion day will not be binding on the UK courts or tribunals,[104] although UK courts or tribunals in their discretion may have regard to such decisions in so far as they are relevant to any matter before them.[105] The status of decisions of the CJEU which pre-date IP completion day has been a matter of some political

---

[98] European Union (Withdrawal) Act 2018, s 1A (an amendment introduced by the European Union (Withdrawal Agreement) Act 2020).
[99] European Union (Withdrawal) Act 2018, s 1B (an amendment introduced by the European Union (Withdrawal Agreement) Act 2020).
[100] EU-derived legislation is defined in s 2(2) of the 2018 Act and in essence encompasses any enactment made under, or pursuant to, s 2(2) of the European Communities Act 1972. Section 25(1) of the European Union (Withdrawal Agreement) Act 2020 makes provision for the substitution of IP completion day for exit day in relation to s 2(1).
[101] Direct EU legislation is defined in s 3(2) of the 2018 Act and it includes any EU regulation, EU decision or EU tertiary legislation as it has effect in EU law immediately before exit day and so far as it is not an EU decision addressed only to a member state other than the UK and its effect is not reproduced in an enactment to which s 2(1) applies. Section 25(2) of the European Union (Withdrawal Agreement) Act 2020 makes provision for the substitution of IP completion day for exit day in relation to s 2(1).
[102] Section 25(3) of the European Union (Withdrawal Agreement) Act 2020 makes provision for the substitution of IP completion day for exit day in relation to s 4.
[103] European Union (Withdrawal) Act 2018, s 6(1)(b) (as amended by the European Union (Withdrawal Agreement) Act 2020).
[104] Ibid, s 6(1)(a).
[105] Ibid, s 6(2).

controversy. In its original form, the 2018 Act provided that such decisions would continue to carry authority as they do at the present time with the exception of the Supreme Court which would no longer by bound by any retained EU case law and, when deciding whether to depart from any retained EU law, would be required to apply the same test as it would when deciding whether or not to depart from its own case law.[106] But an amendment was introduced by the 2020 Act which enables Ministers in the period prior to IP completion day to provide by regulation that a court or tribunal is not to be bound by retained EU case law.[107] This enabling provision has the potential substantially to expand the range of courts and tribunals no longer bound by existing EU case law. The impetus for this amendment would appear to be political or symbolic rather than legal. In legal terms, the provision is problematic in so far as it introduces an even greater level of uncertainty into what is already a very uncertain situation.

1.37 It is therefore clear that the UK's exit from the EU will have major implications for the future of our commercial law. But at this point it remains extremely difficult to assess the precise nature of the changes that will be made as a result of our departure from the EU. Over the last 45 or more years EU law has influenced the development of commercial law in many different ways. For example, the content of the Consumer Rights Act 2015 was heavily influenced by European Directives on certain aspects of the Sale of Consumer Goods and Guarantees and on Unfair Terms in Consumer Contracts[108] but the decision to leave the EU will not result in the repeal of the Act (although it may have an impact on the way in which the Act is interpreted given that, after IP completion day as we have seen, UK courts will no longer be required to follow subsequent decisions of the CJEU as they relate to any of the Directives which are given effect by the 2015 Act). Similarly, the Commercial Agents (Council Directive) Regulations 1993,[109] which implement the European Directive on Commercial Agents,[110] are very unlikely to be revoked on IP completion day, although whether, given their civilian (rather than common law) influences, Parliament may deem it appropriate to do so at some future time is a matter which cannot at this point be known. All that can be said is that if Parliament wishes to do so, it will soon be free to revoke the Regulations in their entirety or to modify them as it sees fit.

1.38 Matters may be more difficult in relation to other areas of commercial law. For example, the financial crisis of the early part of this century led to greater European regulation of the banking and financial system. The integrity of the banking system and of payment systems tends no longer to be the sole responsibility of national law. The inter-connected nature of modern econo-

---

[106] Ibid, s 6(4) and (5).
[107] European Union (Withdrawal Agreement) Act 2020, s 26 of which amends s 6(4) of the 2018 Act and introduces new ss 5A–5D. There are some safeguards to be found in s 5C, although the extent to which they will be effective should the powers be exercised remains to be seen.
[108] 99/44/EC and 91/13/EC respectively.
[109] SI 1993/3053.
[110] 86/653/EEC, on which see para 5.08–5.09.

mies requires regulation at supra-national level. What will be the position of the UK government after IP completion day? In law, the answer is clear. The UK will no longer be within the scope of any subsequent European regulation of such matters. But in practical terms there may be a very strong incentive for the UK to fall into line with any European regulation (over which, it should be noted, it will no longer have any formal influence) rather than seek to set its own distinctive set of regulations which no one else is obliged to follow. Similar issues arise in relation to insolvency law given that the collapse of a multinational company can raise issues in multiple jurisdictions. The European Insolvency Regulation, as recast,[111] has made a significant contribution to the resolution of the problems that can arise in cross-border insolvencies and to ensuring an appropriate degree of co-operation between different jurisdictions. How will the UK address these problems after IP completion day? How will it ensure that the current levels of co-operation are retained and that the most suitable jurisdiction to resolve matters relating to the insolvency is chosen? A final example is private international law. Increasingly, the law on jurisdiction and the recognition of foreign judgments has been regulated by rules of law established by organs of the European Union, and the same is true of choice of law rules. As we shall see,[112] choice of law rules can be incorporated into domestic law without too much difficulty but the position is much more complex in relation to issues of jurisdiction. In its early years the increasing involvement of the European Union in these matters was not without its difficulties. But in more recent times the law had settled down to a far greater extent and the advantages of having a common set of rules across Europe had for many commercial practitioners become more apparent. However, the UK has now chosen to exit the EU and to free itself from the obligation to adhere to these common standards and rules. The risk that it takes in doing so is the creation of a very high level of uncertainty in the market as to the rules that will ultimately replace these European rules. It is also far from clear how the UK will secure the necessary element of co-operation and mutuality of recognition that has been such a beneficial feature of the development of the EU.

3. *Transnational commercial law*

1.39 We have previously remarked how, with the disappearance of the medieval law merchant, commercial law in England, as elsewhere, tended to lose its international flavour and become predominantly national in character. This has remained true even of those branches of law which might at first sight be thought international, namely private international law (otherwise known as the conflict of laws) and the law of international trade. Thus English courts apply English private international law; and in England international trade law is generally used to denote the English law governing international trade transactions.

---

[111] Regulation (EU) 2015/848 of the European Parliament and of the Council of 20 May 2015 on insolvency proceedings (recast) OJ L 141/19 dated 5.6.2015.
[112] See paras 37.55 and 37.03.

1.40 Growing recognition of the need for harmonization of principles and rules of commercial law governing international transactions has resulted in the formulation of a wide variety of instruments – conventions, model laws, uniform rules, uniform trade terms, model contracts – designed to reduce the application of purely domestic rules of law in international commercial trading transactions by prescribing rules of international application. But the harmonizing process is not confined to concerted international activity. The common practice of merchants may establish an uncodified international trade usage. The courts of one jurisdiction may decide to adopt a principle established in another or may reach the same point independently. In each case the result is the same, the internationalization of what was at one time a purely local rule. A good illustration is the doctrine of sovereign immunity from jurisdiction, which was at one time regarded as absolute but is now almost universally confined to *acta jure imperii* (namely, the imperial or public acts of the state) as opposed to *acta jura gestionis* (the commercial activities of the state). When in 1981 the House of Lords decided to abandon the old rule and to bring English law into line with that of other jurisdictions by removing sovereign immunity in relation to the trading activities of a state,[113] it thereby received into English law a restrictive doctrine of sovereign immunity which had by that time become adopted by almost all influential trading nations.[114]

1.41 The product of this process of harmonization through international instruments and conscious or unconscious parallelism has become known as transnational commercial law, a body of codified and uncodified principles and rules which cross national borders.[115]

1.42 The growth of international trade and the influence of mercantile usage have led several influential scholars to conclude that there exists a body of

---

[113] *Playa Larga v I Congreso del Partido* [1983] 1 AC 244.
[114] Ibid per Lord Wilberforce at 261.
[115] See generally R. Goode, H. Kronke and E. McKendrick, *Transnational Commercial Law: Text, Cases, and Materials* (2nd edn, 2015), esp ch 1; F. de Ly, *International Business Law and Lex Mercatoria* (1992); K. P. Berger, *The Creeping Codification of the New Lex Mercatoria* (2nd edn, 2010); J. H. Dalhuisen, *Dalhuisen on Transnational Comparative, Commercial, Financial and Trade Law* (7th edn, 2019, 3 vols); N. Horn and C. M. Schmitthoff (eds), *The Transnational Law of International Commercial Transactions* (1982). Of particular interest in this regard are the formulations of contract law principles by two different groups of scholars, Principles of International Commercial Contracts, directed by Professor Joachim Bonell and prepared and published under the auspices of UNIDROIT (though not involving the imprimatur of governments), and Principles of European Contract Law, prepared by the Commission on European Contract Law, a private body, under the chairmanship of Professor Ole Lando. The first edition of the UNIDROIT Principles was published in 1994 and a second edition, the coverage of which was much more extensive, was published in 2004. Further additions were made to the third edition which was published in 2010. The fourth and current edition of the Principles was published in May 2016 and is similar in size to the third edition, consisting of 211 Articles. The PECL were published in three phases: Part I was published in 1995, Parts I and II in 2000, and Part III in 2003. The provisions of the PECL have since been absorbed in modified form into the Academic Draft Common Frame of Reference prepared by the Study Group on a European Civil Code under the direction of Professor Christian von Bar (see *Study Group on a Civil Code Principles, Definitions and Model Rules of European Private Law: Draft Common Frame of Reference* (Sellier, 2009)). On the UNIDROIT Principles see generally S. Vogenauer (ed), *Commentary on the UNIDROIT Principles of International Commercial Contracts* (PICC) (2nd edn, 2015).

1.42 The Nature and Sources of Commercial Law

uncodified international commercial law, the new *lex mercatoria*, which has normative force in its own right and is dependent neither on incorporation by contract nor on adoption by legislation or judicial reception in a national legal system. The thesis adopted in this book is that while uncodified international usages undoubtedly exist (though they may be hard to identify), they do not have legal force merely by virtue of their existence; they are given effect by the express or implied adoption of the parties or by reception into the law of a national or supranational[116] legal system.

(iv) 'Soft' law

1.43 The legal norms described above are buttressed by a variety of forms of 'soft' law, that is, rules which are not legally binding but which in practice will normally be adhered to by those who subscribe to them, whether because of moral suasion, the sanction of expulsion from membership of the trade association promulgating the rules or the fear of adverse legislation or administrative action if the rules are not observed.[117] Among these forms of soft law are voluntary codes of practice, ombudsmen schemes and rules for non-binding mediation adopted by different sectors of industry, commerce and finance. International restatements of scholars of the kind referred to above are also a form of soft law in that they do not themselves possess normative force. They are, however, a rather harder version of soft law in that arbitral tribunals not infrequently resort to them as providing the source of a rule of transnational commercial law and they can also be used as a form of model law by legislatures.

6. THE LIMITATIONS OF JUDICIAL PRECEDENT

1.44 It is a common experience of the legal practitioner that things are not as they seem, and that what appears in a textbook as a clear and logical rule of law begins to lose its sharpness when applied to a concrete problem and, under the cold and concentrated scrutiny of lengthy argument, to be exposed as ambiguous, uncertain, capricious and insufficiently refined to distinguish one fact-situation from another.[118]

1.45 The world of commerce functions largely on the principle that what are generally accepted by business people as the legal consequences of their actions

---

[116] As was the case with the EU.
[117] See generally R. Creyke and J. MacMillan, 'Soft Law versus Hard Law' in L. Pearson, C. Harlow and M. Taggart (eds), *Administrative Law in a Changing State: Essays in Honour of Mark Aronson* (2008), p 377; and R. Rawlings, 'Soft Law Never Dies' in M. Elliott and D. Feldman (eds), *The Cambridge Companion to Public Law* (2015), p 215.
[118] See *Cordell v Second Clanfield Properties Ltd* [1969] 2 Ch 9, in which Megarry J, having been referred by counsel to a passage in a textbook of which the learned judge himself was a joint author, observed (at 16) that a textbook writer, while a persuasive influence and a valuable fertilizer of thought, 'has to form his ideas without the aid of the purifying ordeal of skilled argument on the specific facts of a contested case. Argued law is tough law . . . Today, as of old, by good disputing shall the law be well known.'

will be recognized by the courts: and judges, for their part, respond to this need for effectuating commercial usage by striving to reach a result that would commend itself to business people as reasonable. But commercial practice is constantly changing, with old methods of business giving way to new and novel forms of contract constantly evolving. It is thus in commercial law that the impact of the inductive approach of the English judge is most noticeable. The judge does not work like the textbook writer. The former deals with the particular dispute before him and, instead of reasoning from an abstract principle to a concrete result, feels his way to the right conclusion and, within the limits permitted by prior authority, shapes his statement of principle to reach that conclusion. This process may lead him to propound a new principle or to modify an existing principle; and his willingness to do either of these things will depend on his own view of the extent to which previous case law leaves him free to manoeuvre, a matter on which different judges may hold differing opinions. The textbook writer, on the other hand, is not called upon to adjudicate on a concrete dispute. His concern is to extract, criticize and reduce to order statements of principle enunciated in cases already decided and to speculate on the likely or desirable outcome of such other issues as may occur to him. Since his ability to visualize new issues is dependent on information available to him at the time of writing, and on the extent of his own imagination, his exposition of principle is necessarily incomplete, being predominantly concerned with what the courts have decided in relation to previous fact-situations, rather than with the way they will react in the future to new sets of facts, most of which are likely to be outside his field of contemplation. In short, the textbook writer tends to be preoccupied with the pathology of law.

1.46 It is for this reason that the practitioner learns not to place excessive reliance on previous decisions but to apply to his knowledge of these a sense of the court's likely reaction to a given set of facts. For his experience has taught him that not infrequently a judge distinguishes a previous case that will lead him to an undesirable result by relying on some difference in the facts as justifying a different conclusion; and in so doing he may modify the prior statement of principle, holding it to be inapplicable to cases of the type before him. Commercial law is peculiarly susceptible to this technique by reason of the dynamic force of trade. Hence in reading this book the student should bear in mind that there are few absolutes in English law, and that while the propositions stated in this and subsequent chapters are believed to hold good for the majority of situations, there will always be cases in which the stated rule is displaced or requires to be refined. This is as true of general contract principles as it is of the more detailed rules of a particular branch of commercial law.

1.47 *The Nature and Sources of Commercial Law*

7. THE PROBLEM OF LANGUAGE

1.47 Much of the work of the courts is taken up with the construction of contracts and statutes.[119] Those whose business it is to work with words soon acquire an appreciation of the limitations of language. The meaning of a word depends on the context in which it is used and the purposes for which its meaning is required to be elucidated. One of the great myths propagated by lawmakers is that everything can be made clear by definition. But a word or phrase can be defined only in terms of other words or phrases; so ought not these in turn be defined? The excessive use of definitions is one of the curses of modern legislation (and of many modern-day commercial contracts) and more often than not seems only to obscure rather than to illumine the meaning. Fortunately, the legislature is sometimes prepared to recognize that certain words are wholly undefinable. Thus the word 'possession' appears in innumerable statutes, but Parliament has generally and wisely chosen not to attempt a definition.

1.48 It is, moreover, astonishingly hard to avoid ambiguity. Ambiguity pervades legislation, contracts and even textbooks. Often it passes wholly undetected. Consider, for example, Rule 1 of s 18 of the Sale of Goods Act 1979:

> 'Where there is an unconditional contract for the sale of specific goods in a deliverable state the property in the goods passes to the buyer when the contract is made . . . '

No ambiguity there, you will say. In order for R1 to apply, the goods must be identified and in a deliverable state at the time of the contract. But is this what the Rule means? What if the goods are agreed to be sold as specific goods but are not in fact identifiable?[120] And might the phrase 'deliverable state' be referring not to the actual condition of the goods but to the assumption made by the terms of the contract?[121]

1.49 A related problem is how literal should be the interpretation of a contract or a statute. This has proved to be a difficult issue, the answer to which has varied over time. The modern approach is to place greater emphasis on a contextual or 'purposive' approach both to the interpretation of commercial contracts and the interpretation of statutes.[122] This is not to say that the meaning of the words used is irrelevant. It is not. The natural and ordinary meaning of words will very often reflect the intention of the parties, particularly in the case where the contract has been drawn up with the assistance of

---

[119] See generally A. Barak, *Purposive Interpretation in Law* (2005) and J. Steyn, 'The Intractable Problem in the Interpretation of Legal Texts' in S. Worthington (ed) *Commercial Law and Commercial Practice* (2003), p 123.
[120] See para **8.05**.
[121] See para **8.87**.
[122] See G. McMeel, *McMeel on the Construction of Contracts: Interpretation, Implication and Rectification* (3rd edn, 2017), ch 1; R. Calnan, *Principles of Contractual Interpretation* (2nd edn, 2017).

lawyers,[123] or the intention of the legislator. But it does not always do so and, where it does not, 'the law does not require judges to attribute to the parties an intention which they plainly could not have had.'[124] In the case of the interpretation of commercial contracts, the overriding aim of interpretation is to ascertain the meaning which the document would convey to a reasonable person having all the background knowledge which would reasonably have been available to the parties in the situation which they were in at the time of the contract.[125] It is, however, important to realise that the interpretation of a contract or a statute is not a mechanical process. Nor is it only a matter of dictionaries and grammars.[126] It requires the courts to have regard to the meaning of the words used, the purpose behind the statute or the contract which the parties have concluded and the context in which the statute was enacted or the contract concluded. In short, it is a balancing process which requires a judge to make a choice between a literal and a liberal construction, and this cannot be done by reference to the words of the contract or statute itself but only by reference to such extrinsic evidence as is available and admissible, or, if there is none, by making assumptions which in many cases are little more than value-judgments. For example, in *Newtons of Wembley Ltd v Williams*,[127] where B obtained a car from S by false pretences and resold it to an innocent buyer, T, after S had rescinded the contract, the Court of Appeal had to consider whether s 9 of the Factors Act 1889 divested S of his title and vested ownership in T. In the course of his judgment Sellers LJ commented:

> 'Before one takes too favourable a view for the sub-buyer and too harsh a view against the true owner of the goods as to the cases where s.9 can be invoked, one must remember that it is taking away the right which would have existed at common law, and for myself I should not be prepared to enlarge it more than the words clearly permitted and required.'[128]

1.50 Now whether this reflects a view that, other things being equal, the rights of the original owner are to have priority over the protection of the innocent purchaser, or the still broader view that any statutory provision cutting down a common law right is to be restrictively construed, an assumption of some kind is being made, namely that some special sanctity attaches to ownership,

---

[123] *Breadner v Granville-Grossman* [2000] 4 All ER 705, [2001] Ch 523 at [36]: 'it remains the case that the starting point, and usually the finishing point as well, is to identify the natural and ordinary meaning of the words which the draftsman has used'. See also *Arnold v Britton* [2015] UKSC 36, [2015] AC 1619 at [17] ('reliance . . . on commercial common sense and surrounding circumstances . . . should not be invoked to undervalue the importance of the language of the provision which is to be construed') and *Wood v Capita Insurance Services* [2017] UKSC 24, [2017] AC 1173, [2017] 4 All ER 615, at [13].
[124] *Investors Compensation Scheme Ltd v West Bromwich Building Society* [1998] 1 WLR 896, 913 and *Chartbrook Ltd v Persimmon Homes Ltd* [2009] UKHL 38, [2009] 1 AC 1101, at [15] and [25] on which see further paras **3.62–3.65**.
[125] *Investors Compensation Scheme Ltd v West Bromwich Building Society*, n 124, 912–913. For a consideration of the operation of Lord Hoffmann's restatement of the principles applicable to the interpretation of contracts, see E. McKendrick, 'The Interpretation of Contracts: Lord Hoffmann's Re-Statement' in S. Worthington (ed), *Commercial Law and Commercial Practice* (2003), p 139.
[126] *Investors Compensation Scheme Ltd v West Bromwich Building Society*, n 124, 913.
[127] [1965] 1 QB 560, [1964] 3 All ER 532.
[128] Ibid at 574.

or to rules of common law, which puts on the party seeking to displace the title or the common law rule the onus of showing that this was Parliament's intention. A different court might well have reached the opposite conclusion, based on a value-judgment that in commercial transactions it was important to protect the bona fide purchaser or, more generally, that statutes should in principle be liberally interpreted. It is not necessary for us to say which view is to be preferred; nor, indeed, does it follow that the same approach has to be adopted in relation to all cases. The essential point is that the court found it necessary to adopt some provisional standpoint by reference to facts external to the statute, and thus to reach a conclusion as to where the onus of persuasion lay.

1.51 The moral is that no word or group of words has a fixed meaning. Much depends on the context in which it is used and on the degree to which the court is willing to look behind the language to discover the underlying intention.[129]

8. THE IMPORTANCE OF CERTAINTY

1.52 A central feature of English commercial law is the importance which it attaches to certainty as a value which underpins much of commercial law. As Lord Mansfield observed in *Vallejo v Wheeler*:

> 'in all mercantile transactions the great object should be certainty: and therefore, it is of more consequence that a rule should be certain, than whether the rule is established one way or the other. Because speculators in trade then know what ground to go upon.'[130]

The essential point made by Lord Mansfield is the importance of enabling the parties to know the ground on which they stand. This need for certainty arises at various points in the life of a commercial transaction, whether it is at the point in time at which the contract embodying the transaction is drafted, the time at which one of the parties seeks to exercise its rights under the contract or when a dispute has arisen between the parties and litigation is potentially in prospect. If a legal rule is clear and its application to the facts at hand is predictable, then the parties can be advised with confidence as to their rights and liabilities. In the case where the rule in question is not a mandatory rule of English law, the parties may be able to contract out of the rule and make alternative provision which is more suitable to their needs. It can thus be seen that certainty enables parties to a transaction to plan with confidence, to exercise their autonomy as individuals in order to conclude and enforce contracts on terms which they have agreed and it avoids unnecessary waste and expenditure on legal disputes which arise as a result of the inability of lawyers to predict the likely outcome of a dispute. Perhaps more controver-

---

[129] *Investors Compensation Scheme Ltd v West Bromwich Building Society*, n 124, 912–913.
[130] (1774) 1 Cowp 143 at 153.

sially, certainty has been said to be 'what attracts business people across the world to make use of common law systems and jurisdictions.'[131]

1.53 At this point it is important to recall that English commercial law is not only of interest to parties whose business takes place within England and Wales. English contract and commercial law has a much broader reach by virtue of the practice of many commercial parties from other jurisdictions in the world of choosing English law as the law that is to govern their contract. So, for example, a contract entered into between an Indonesian seller and a South Korean buyer may be governed by English law if the parties choose English law as the law that is to govern their contract. This interest in certainty was reflected by Lord Briggs in his judgment in *Manchester Ship Canal Co Ltd v Vauxhall Motors Ltd* when, after referring to the importance of certainty in relation to the title to land, he observed that: 'certainty is equally important in the law of commerce, and one of the reasons why English commercial law is chosen around the world by commercial counterparties to govern their contracts, even when neither they nor the subject matter have any connection with England.'[132]

1.54 Important though certainty is to English commercial law, it is crucial to observe that it is not itself a legal principle and, as such, must give way to principle.[133] Indeed, the importance to be attached to certainty varies depending on the context of the particular contract and it is at its greatest in the case of a contract drafted in some detail with the benefit of professional legal advice where contracting parties of roughly equal bargaining power have a legitimate expectation that the courts will give effect to their agreement as it has been drafted. However, even in the case of detailed written contracts concluded by parties of roughly equal bargaining power and with the benefit of professional legal advice, the commitment to certainty is not an unqualified one but has to be weighed on the scales alongside the imperative to reach results which are fair and just. The case for attaching greater significance to the fairness or otherwise of the contract that is before the court was made by Lady Arden in her concurring judgment in *Manchester Ship Canal Co Ltd v Vauxhall Motors Ltd* when she stated:

---

[131] Sir Geoffrey Vos, 'Certainty v Creativity: Some Pointers Towards the Development of the Common Law', para [38], SAS Distinguished Speaker Lecture, 14 September 2018, available at https://www.judiciary.uk/wp-content/uploads/2018/09/speech-by-chc-sal-lecture-sept2018.pdf.

[132] [2019] UKSC 46, [2020] 2 All ER 81, [2019] 3 WLR 852, at [41].

[133] *Golden Strait Corporation v Nippon Yusen Kubishika Kaisha (The Golden Victory)* [2007] UKHL 12, [2007] 2 AC 353, [2007] 3 All ER 1 at [38] where Lord Scott observed that certainty *is* 'a desideratum and a very important one, particularly in commercial contracts' but it is not a principle and so it must give way to principle. To similar effect see Lord Mance, 'Should the Law be Certain?' The Oxford Shrieval Lecture, 11 March 2011 (available at https://www.supremecourt.uk/docs/speech_111011.pdf), para 39; and R. Ahdar, 'Contract Doctrine, Predictability and the Nebulous Exception' [2014] CLJ 39, 40–41. Contrast in this respect the dissenting judgment of Lord Bingham in *Golden Strait Corporation v Nippon Yusen Kubishika Kaisha (The Golden Victory)* at [23] when he stated that 'the importance of certainty and predictability in commercial transactions has been a constant theme of English commercial law' and (at [1]) he criticised the approach of the majority on the ground that it 'undermines the quality of certainty which is a traditional strength and major selling point of English commercial law.'

1.54 *The Nature and Sources of Commercial Law*

'Equity serves to finesse rules of law in deserving cases. It thus makes the system of law in England and Wales one which is more likely to produce a fair result than would be possible if equity did not exist. This must surely be one of the reasons why the law of England and Wales is held in high regard in the world.'[134]

1.55 Striking a balance between the respective claims of certainty and fairness is a difficult matter and legal systems around the world strike that balance in different ways. English law stands out because it attaches more weight to the importance of certainty than most other legal systems. The importance thus attached to certainty may be linked in part to the style of drafting of many contracts governed by English law. A feature of many such contracts is their level of detail and the range of contingencies which they seek to cover. In the case of such contracts, what the parties or their lawyers are likely to want to know is that effect will be given to the terms which they have agreed. English courts can generally be relied upon to give effect to the contract which the parties have negotiated and are therefore slow to strike down freely agreed contract terms. But it does not follow from this that the task of the courts is simply mechanically to give effect to the wishes of the parties. The law retains a supervisory jurisdiction which in appropriate cases the courts will exercise. Thus a party who drafts a sweeping exclusion the aim of which is to exclude all possible liability that may arise from the non-performance of its obligations under the contract, even a deliberate decision on its part not to perform, should expect scrutiny from an English court and the source of the supervisory jurisdiction may be found in the rules of the common law or in statute or a combination of the two.[135] Commercial transactions are not above the law. They are subject to it. This being the case, those responsible for the drafting of commercial transactions must always do so with the rules of the law applicable to their transaction firmly in mind.

9. THE CHALLENGE OF TECHNOLOGY[136]

1.56 The balance between certainty and fairness is a difficult one to strike. Another difficult balance that must be struck is one between certainty and flexibility or adaptability. Too heavy an emphasis on certainty has the potential to freeze the law and to render it incapable of further development. Given the need for the law to facilitate commerce, a law which is frozen in time and incapable of development to meet the demands of commerce is far from desirable. The law therefore has to adapt to the changing needs of the market. Many examples can be found of the law facilitating or enabling changes in the practice of merchants or commercial parties. One example, to which reference has already been made in this chapter, is the development of the bill of exchange.[137]

1.57 In more recent times a particular challenge has been posed for commercial law by the development of technology which has changed the way in

---

[134] [2019] UKSC 46, [2020] 2 All ER 81, [2019] 3 WLR 852, at [63].
[135] See paras **3.77–3.82**.
[136] See generally Lord Hodge, 'Technology and the Law': https://www.supremecourt.uk/docs/sp eech-200310.pdf.
[137] See para **1.04** and more generally ch 20.

which business is done. To give a simple example, s 4 of the Statute of Frauds 1677 provides that no action shall be brought on certain contracts unless the contract is 'in writing and signed by the partie' said to be bound. The vintage of this piece of legislation can be seen in its spelling of the words 'writing' and 'partie'. But, leaving such issues to one side, does the section apply to a contract which is contained in an exchange of emails or an electronic signature? The person responsible for drafting the statute in 1677 could not possibly have anticipated the development of electronic communications. An interpretation of the section which had regard only to the original intent of those responsible for the drafting of the legislation would leave the law incapable of adapting to such changes in technology. While the courts have no power to re-write statutes, they have shown themselves willing within limits to interpret legislation in order to give effect to its spirit or purpose rather than focus exclusively on the original intent of the framers of the legislation. In this way the courts have been able, with the assistance at times of legislation, to conclude that an electronic communication does constitute 'writing' and that, similarly, an electronic signature or a 'footer' should be regarded as a 'signature'.[138]

1.58 These challenges continue to multiply. A number of examples come to mind. For example, payment systems have changed out of all recognition. Cheques and cash are fast disappearing, being replaced by payments made by credit and debit cards, mobile phones and other forms of modern technology. Documents which previously existed only in physical form, such as a bill of lading, can now be created in electronic form. The development of these modern methods of transmission has the obvious advantage that it increases substantially the speed at which transactions can be completed and executed. But it also brings with it dangers. One obvious danger is the risk of fraud given the ease with which multiple copies of an electronic document can be produced and the difficulty of identifying which one is genuine or, to the extent that there is one, the 'original'. Securities which in a previous generation were held in paper form, or were represented by physical documents, are now typically held directly by entry on a central electronic register or are held indirectly through a chain of intermediaries. The pace of change is increasing and the challenges they create for the law are becoming more complex. In some instances, such as the development of electronic signatures, the question to be answered is a relatively simple one, namely whether the electronic transmission of information should be held to constitute 'writing'. But in other instances, of which the holding of securities is a good example, the questions are not simply about the adaptation of existing rules to new situations but may involve the development of new rules to answer questions which have not previously required an answer.

1.59 A topical illustration of the emergence of new legal issues is the creation in recent times of what has come to be known as 'cryptoassets' and 'smart contracts'. In broad terms, 'cryptoassets' may be defined as cryptographically secured digital representations of value or contractual rights that can be

---

[138] See paras **3.29–3.31**.

transferred, stored or traded electronically. The most well-known example of a cryptoasset is, perhaps, Bitcoin. At a high level, a smart contract may be defined as a contract that is recorded in computer-readable form and which is performed, at least in part, automatically, that is to say, without the need for, or even the possibility of, intervention by human beings. A large number of legal issues are arising out of the emergence of both cryptoassets and smart contracts and these issues are becoming more important as their commercial significance increases. What is the status of a cryptoasset? Does it constitute property? And, in the case of smart contracts, will they be recognised as contracts as a matter of English law and, if so, to what extent do the rules of English contract law require adaptation in order to accommodate smart contracts? One of the difficulties which the law sometimes experiences is in finding a way to provide an authoritative answer to such questions. If the issue is sufficiently important, Parliament may intervene. But it is no easy task for Parliament to intervene in the case of an emerging technology which is constantly evolving. And the courts can only intervene when a suitable case comes before them and there is an inevitable time lag between the emergence of new technologies and a suitable case coming before the courts. Although the law takes time to respond to these developments, the world of commerce does not wait, with the consequence that substantial amounts of trading may take place against a backdrop of considerable legal uncertainty.

1.60 In the case of cryptoassets and smart contracts a helpful intervention has been made by the UK Jurisdiction Taskforce of the LawTech Delivery Panel which has issued a 'legal statement on cryptoassets and smart contracts.'[139] The statement does not have formal legal status but it has been drawn up by experienced commercial practitioners, and Sir Geoffrey Vos, in his foreword, states that the objective of the statement is to provide 'the best possible answers to the critical legal questions under English law' and he expresses the hope that the statement 'will go a long way towards providing much needed market confidence, legal certainty and predictability in areas that are of great importance to the technological and legal communities and to the global financial services industry.'

1.61 After noting that the 'great advantage of the English common law system is its inherent flexibility',[140] the Taskforce proceeded to employ that flexibility in order to answer some central questions about the status of both cryptoassets and smart contracts. In short, its main conclusion in relation to cryptoassets is that they should be treated in principle as property, albeit they are neither things in possession nor do they fall within the traditional definition of things in action.[141] The fact that cryptoassets cannot be physically possessed is one of some significance because it means that they cannot be the object of a bailment and possessory securities cannot be granted over them (although other forms

---

[139] A copy of the statement can be downloaded from the LawTech Delivery Panel website: https://35z8e83m1ih83drye28009d1-wpengine.netdna-ssl.com/wp-content/uploads/2019/11/6.6056_JO_Cryptocurrencies_Statement_FINAL_WEB_111119-1.pdf.
[140] Ibid at para 3.
[141] Ibid at paras 35–84. See more generally C. Brummer (ed), *Cryptoassets: Legal, Regulatory, and Monetary Perspectives* (2019).

of security may be granted over them).[142] The Taskforce further expressed the view that cryptoassets are not goods for the purposes of the Sale of Goods Act 1979, nor are they documents of title, documentary intangibles or instruments under the Bills of Exchange Act 1882.[143] While they are not presently negotiable instruments, the possibility was not ruled out that they might be recognised as such at some future time as a result of the custom of the market.[144] In relation to smart contracts, the conclusion reached was that a smart contract does satisfy the requirements of English law for the creation of a binding contract.[145] The rules of English contract law will require some adaptation (for example in relation to matters such as the requirement for writing and signature and as regards questions of interpretation where the content of the contract assumes the form of computer code) but the answers to these questions can generally be found within the limits of the interpretative development of the common law. So, for example, when considering whether a contract entered into via the use of blockchain technology has been entered into under a mistake, a court which is considering such a plea can have regard to the state of mind of those responsible for carrying out the programming of the relevant technology.[146]

1.62 The conclusion of the UK Jurisdiction Panel is not, and does not purport to be, a legally binding statement. But it is nevertheless likely to prove to be an influential document as the courts begin to address the legal issues that arise out of the creation of cryptoassets and the increasing use of smart contracts. An indication of the likely influence of the statement can be gleaned from the decision of Bryan J in *AA v Persons Unknown*[147] where he concluded, essentially for the reasons given by the UK Jurisdiction Panel in its statement, that 'a crypto asset such as Bitcoin are property'[148] as a matter of English law and on that basis he proceeded to grant a proprietary injunction against the defendants. There will of course be many further legal questions to be answered as a result of the increasing use of cryptoassets and smart contracts but English law has begun the task of providing such answers.

1.63 As we conclude this chapter, it is worth noting both the process and the substance of recent developments in relation to cryptoassets and smart contracts. In terms of procedure, there is much to be said for careful, expert evaluation of the issues in a form that is not legally binding of the type produced by the UK Jurisdiction Panel following extensive consultation. It

---

[142] Ibid at paras 87–88 and 100–106.
[143] Ibid at paras 110–130.
[144] Ibid at para 123.
[145] Ibid at paras 135–167. See more generally L. DiMatteo, M. Cannarsa and C. Poncibò (eds), *The Cambridge Handbook of Smart Contracts, Blockchain Technology and Digital Platforms* (2019).
[146] See, for example, *Quoine Pte Ltd v B2C2* [2020] SGCA (I) 02.
[147] [2019] EWHC 3556 (Comm), [2020] 4 WLR 35 at [55]–[61]. The same conclusion has been reached in New Zealand (*Ruscoe v Cryptopia Ltd (in liq)* [2020] NZHC 728) and Singapore (*B2C2 Ltd v Quoine Pte Ltd* [2019] SGHC (I) 03, [2019] 4 SLR 17 at [138]–[146], although the Court of Appeal did not find it necessary to reach a final conclusion on this issue: *Quoine Pte Ltd v B2C2* [2020] SGCA (I) 02 at [144]). See further para **17.26**.
[148] [2019] EWHC 3556 (Comm), [2020] 4 WLR 35 at [59].

1.63 *The Nature and Sources of Commercial Law*

enables the issues to be examined as a whole and in a more dispassionate manner than is often permitted by the intense focus of litigation where attention is understandably concentrated on the facts of the individual case. Such a report can then, as in *AA v Persons Unknown*, provide an invaluable resource for the judge who is subsequently asked to decide a particular legal issue between the parties. In terms of substance, the report of the UK Jurisdiction Panel displays a concern for principle (as demonstrated in its consideration of existing case law) combined with a commitment to finding a pragmatic and flexible solution to the challenges created for the law by developments in technology. The legal statement of the UK Jurisdiction Panel will not provide all the answers to the issues that lie ahead, but it provides English law with a very good starting point and a resource on which the courts are likely to draw when seeking to resolve questions of law that arise before them in the future.

Chapter 2

BASIC CONCEPTS OF PERSONAL PROPERTY

2.01 While the financing of business operations frequently involves the grant of security over land,[1] about which we shall have something to say later,[2] commercial law is primarily concerned with dealings in personal property, tangible and intangible. The sale of goods, the issue and transfer of negotiable instruments and documents of title, the discounting of non-documentary receivables, these lie at the heart of commercial law, generating a mass of fascinating jurisprudential problems, many of which have never been answered, and some, indeed, not even raised.

2.02 Most students encountering real property law for the first time go through a period of almost total mystification. What they assumed to be a solid, immovable asset speedily dissolves into abstract tenures and estates, stretched out over an infinity of time, susceptible to peculiar rules and altogether beyond the plane of normal human existence.[3] How different is the world of goods! None of those theoretical abstractions; instead, a familiar picture of tangible objects, absolutely and indivisibly owned, moving from hand to hand in transactions that may be visualized without any great feats of intellectual imagination, reassuringly commonplace as the objects of daily experience.

2.03 In fact, the relative simplicity of personal property law is largely illusory. A chattel, it transpires, is not as indivisible as we had supposed. Its ownership may be carved up into legal and equitable rights, it may be exposed to trusts and to successive interests, and it may be subject to two concurrent legal interests and to an indefinite number of concurrent equitable interests. And what are we to make of the intangible forms of personal property? An invisible right notionally embodied in a document or instrument may, miraculously, become the object of a pledge, or a possessory security. A person who disposes outright of a debt, apparently retaining nothing in his hands, physical or

---

[1] As to which see P. Rainey, M. Walsh et al (eds), *Megarry's Manual of the Law of Real Property* (9th edn, 2014), ch 13; E. H. Burn and J. Cartwright, *Cheshire and Burn's Modern Law of Real Property* (18th edn, 2011), ch 21.
[2] Chapters 22–24.
[3] See F. H. Lawson and B. Rudden, *The Law of Property* (3rd edn, 2002), ch V.

2.03 *Basic Concepts of Personal Property*

metaphysical, yet has power in certain conditions to make an effective transfer of the same debt to a second transferee.[4]

2.04 Abstract though these concepts may be, they will be found to possess a practical importance in many of the transactions we are about to consider. The purpose of the present chapter is to set the scene with a brief account of the peculiar characteristics of personal property,[5] the different forms it may take, the types of dealing that are possible, and a glimpse of the priority questions and tracing rights that may result from such dealings and these will be examined in more detail hereafter.

1. CLASSIFICATION OF RIGHTS

2.05 Rights are classified as real (or *in rem*[6]), *ad rem* (more fully, *in personam ad rem*[7]) and purely personal (or *in personam*). Both real and personal rights may be subject to reduction or avoidance by the exercise of powers known as equities.

(i) Real rights[8]

2.06 A real right is a right in or over an identifiable asset or fund of assets. In the case of personal property[9] there are three main forms of real right: ownership, possession and equitable charge (hypothecation). The main significance of real rights is that they can be asserted against third parties (other than those acquiring an overriding title) and survive the bankruptcy of the person against whom they are asserted, so that the asset can be held against or

---

[4] See para **24.18**.
[5] Until relatively recently, there has been a relative lack of textbooks on personal property law in England. But the picture is now much healthier: see, for example, M. Bridge, L. Gullifer, G. McMeel and K. Low, *The Law of Personal Property* (2nd edn, 2017); M. Bridge, *Personal Property Law* (4th edn, 2015); and D. Sheehan, *The Principles of Personal Property Law* (2nd edn, 2019). For a comprehensive (but now rather dated) textbook treatment of the subject see A. P. Bell, *Modern Law of Personal Property in England and Ireland* (1989) and *Crossley Vaines on Personal Property* (5th edn, 1973). See also S. Worthington, *Personal Property Law: Text and Materials* (2000), and N. Palmer and E. McKendrick (eds), *Interests in Goods* (2nd edn, 1998). Scots law is particularly strong in its attention to property concepts. For an excellent example (although also now a little dated), see K. G. C. Reid et al, *The Law of Property in Scotland* (1996).
[6] The phrase '*in rem*' is also used to denote rights against the world generally rather than against a particular person and in this sense includes rights given by the law of tort, whether or not relating to property. Civilian writers also used the phrase *ius in re*, which conveniently marks off property rights from other rights available against third parties but the usage has not passed into English usage.
[7] The phrase 'rights *ad rem*', at one time in common currency in books on jurisprudence, has fallen into disuse. It is useful nevertheless in focusing attention on the distinction between a right *in* an asset and a right *to* an asset, a distinction not brought out in contrasting real rights with purely personal claims.
[8] Also termed proprietary rights. The phrase is avoided here, as it is not apt to describe the equitable charge, which is an incumbrance on an asset but confers no rights of ownership on the chargee.
[9] See para **2.15**.

reclaimed from his trustee in bankruptcy.[10] Thus if O's goods are stolen or wrongly detained by B, O can recover them from B, and if B becomes bankrupt, from B's trustee; they do not form part of B's estate so as to be available to B's creditors. Similarly, if C takes an equitable charge over D's assets to secure repayment of a loan made by C to D, that charge is enforceable despite D's bankruptcy, and C is entitled to have the assets sold[11] and to look to the proceeds for satisfaction of the debt in priority to D's other creditors. Again, if H is in possession of equipment under a leasing agreement with a leasing company, L Ltd, which goes into liquidation, H is entitled to retain possession against the liquidator for the duration of the agreement so long as he continues to pay the hire charges.

(ii) **Rights ad rem**

2.07 Claims to an asset may also be made by one who has no existing real right, merely a personal right to have the asset delivered or otherwise transferred to him. Such a person has a mere *ius ad rem*, as opposed to a *ius in re*. For example, if S agrees to let goods to B on hire-purchase and then refuses to deliver them, B has neither ownership nor possession, merely a contractual right to have possession given to him. When this happens, he will as possessor have a real right in the goods, namely the limited legal right of a bailee. Until then, he has merely a personal claim on S, a right to have a real right vested in him by delivery. Similarly, where B contracts to buy goods from S under an agreement for sale, then until ownership passes to B under the contract or possession of the goods is given to him, he has no real rights over the goods, merely a contractual right to call for delivery and transfer of ownership. Again, the holder of a purely possessory title[12] loses his real rights when he ceases to have possession, and his claim against the person who divested him of possession is a mere personal claim.[13] In all these cases the claimant does not acquire a right *in rem* unless and until his right *ad rem* has been effectuated by an actual delivery or transfer by the other party, whether voluntarily or as the result of enforcement of a court order.[14]

---

[10] Or in the case of a company, liquidation (ie winding-up).
[11] Though it will be necessary to obtain a court order for sale if the instrument of charge does not confer a power of sale on the chargee.
[12] The use of the term 'possessory title' has been challenged: see L. Rostill, 'Terminology and Title to Chattels: A Case against "Possessory Title"' (2018) 134 LQR 407. The author does not seek to challenge the point that possession of a chattel will generally confer rights in relation to that chattel on the possessor. Rather, the point is that possession is only one mode, albeit an important one, of acquiring a lesser title to the chattel and the label proposed to describe this lesser title is a 'general property interest' (see p 424). The interest so created is one that can be alienated by way of sale; it comprises a right to possession of the chattel and a right to non-interference.
[13] This is subject to the qualification mentioned in n 128.
[14] The making of the order does not by itself suffice except where it is expressed to vest the asset in the claimant.

2.08 An existing real right in an asset is, as one would expect, considerably stronger than a mere personal right to call for its delivery or transfer.[15] The latter does not avail against a subsequent purchaser of the asset who takes for value and without notice of his transferor's breach of duty.[16] Moreover, if the obligor becomes bankrupt, the obligee's right to call for performance of the delivery obligation is extinguished and replaced by a right to prove for damages in the bankruptcy in competition with other creditors,[17] a right which may be valueless. Finally, a mere personal right to possession, though sufficient to confer on the holder possessory remedies in tort against the obligor himself, does not entitle the claimant to pursue such remedies against a third party holding the goods as bailee unless the latter received them after the claimant's own right arose or the bailee has attorned to the claimant.[18]

(iii) Purely personal rights

2.09 A purely personal right is one which does not involve the delivery or transfer to the obligee of an identified asset or fund of assets but is to be satisfied by the obligor's personal performance in some other way, such as payment of a debt or damages from his general assets.[19] Purely personal rights do not survive the defendant's bankruptcy but are converted into rights of proof in competition with other unsecured creditors.

(iv) Equities

2.10 An equity is not an existing real right in an asset but rather a personal power in one person to set aside, reduce or extinguish to his own advantage an asset held by another. Equities are broadly of two kinds: those which entitle a person to have revested in him an asset improperly acquired by another, and those which entitle him to reduce or extinguish his personal liability to that other. Typical examples of the first kind of equity are the right to rescind a contract for fraud, misrepresentation or undue influence; to have a transfer set aside for undue influence or breach of fiduciary duty; and to obtain rectification of an instrument which does not truly record the agreement reached between the parties. Thus, if S is induced to sell and deliver goods to B in exchange for a cheque which B knows will not be honoured, S may rescind the agreement on the ground of fraud, and, upon his doing so, ownership of the goods automatically revests in him. B holds the goods subject to an equity in favour of S by which he can avoid the transaction. Such an equity is an inherent limitation on B's real right, a potential trigger for the reacquisition of

---

[15] The distinction between the two, sharply drawn at common law, has become blurred (1) by the rule of equity which treats the unperfected obligation to transfer as if a transfer had in fact taken place, provided that executed consideration was furnished by the promisee, and (2) by the recognition of the validity of charge-backs. See paras **2.33** and **22.42**.
[16] This question is discussed in relation to tracing, para **2.67**.
[17] See para **31.19**.
[18] See para **2.45** as to attornment in sale.
[19] For special problems of characterization arising in relation to claims to money, see para **17.30**.

the property by S. A prime example of an equity of the second kind is the equitable right to set off against a money claim by one's creditor a cross-claim for money due from that creditor on another account.

2.11 Since an equity is an inherent qualification of the real right of the person against whom it subsists, it binds not only that person but his trustee in bankruptcy, for the latter takes the assets of the bankrupt as he finds them, and therefore subject to all equities or incumbrances in favour of a third party. An equity also binds a purchaser for value with notice of the equity and a volunteer, with or without notice. So equities share with real rights the characteristic that they survive the bankruptcy of the person against whom they are asserted and can be asserted against anyone other than a bona fide purchaser for value without notice.[20]

2. PROPERTY AND OBLIGATION

2.12 The distinction between real and personal rights may be expressed in another way: as the distinction between property and obligation, between what I *own* and what I *am owed*.[21] The common law observed this distinction strictly. It was obvious that a contract to transfer an asset from A to B was not the same as an actual transfer. Once the transfer had been made in accordance with the formalities required by law,[22] B became the owner; until then he had no proprietary interest of any kind in the asset, merely a contractual right to have it transferred to him, and if A became bankrupt before executing the transfer, B's status was merely that of an unsecured creditor. But the impact of the distinction between contract and conveyance and, more generally, between property and obligation, has been substantially reduced by the development of equitable real rights, in particular through the trust and the principle that equity treats as done that which ought to be done, so that an agreement for transfer is to be treated as if it were an actual transfer.[23] The proprietary interest thus created was as effective as a transfer at law in all respects save one, namely that it would be overridden by a conveyance of the legal estate or title to a purchaser of the asset taking for value in good faith and without notice of the interest in question. Even this weakness has largely been eradicated by statutory provisions for registration of equitable interests, which enable an equitable transferee, by registering his interest, to give notice to

---

[20] Whether of the legal or the equitable interest. In this respect an equity differs from an equitable interest, which in principle can be cut off only by a purchase of the legal title.
[21] See R. M. Goode, 'Ownership and Obligation in Commercial Transactions' (1987) 103 LQR 433. The dangers of blurring the distinction were recognised by the Supreme Court, with reference to the article by Professor Goode, in *Angove's Pty Ltd v Bailey* [2016] UKSC 47, [2016] 1 WLR 3179.
[22] Land had formerly to be conveyed by a deed embodying formal words of limitation. A deed is still necessary to transfer a legal estate, but words of limitation are no longer required where the grantor intends to convey the whole of his interest (Law of Property Act 1925, s 60(1)). The rule for goods was, and remains, that they may be sold or mortgaged by word of mouth, but a gift of goods must be perfected by deed or delivery of possession.
[23] See para **23.03**.

2.12 Basic Concepts of Personal Property

subsequent parties and thus reduce[24] the ability of a subsequent legal purchaser to contend that he purchased in good faith and without notice.

2.13 There is another sense in which the distinction between property and obligation has become blurred, namely through the recognition that a person to whom a debt is owed can grant a security interest in it not only to a third party but back to the debtor himself. Despite the conceptual problems involved where a debtor becomes his own creditor, the force of commercial practice, both in England and other countries, is not to be denied. So a person holding a bank deposit can, it seems, give a charge back to the bank, and the holder of securities or negotiable instruments, a charge back to the issuer.[25]

2.14 The development of equitable proprietary rights, though of limited impact in relation to sales of goods,[26] is nevertheless of cardinal importance in commercial law, for equitable interests play a key role as a form of security in the provision of industrial and commercial finance. In particular, equitable mortgages and charges over property of all kinds are of common occurrence,[27] as are mortgages and charges of equitable interests, eg those arising under contracts to acquire an interest in land, while restitutionary proprietary claims in equity have been a recurrent feature of commercial disputes.[28]

3. PERSONAL PROPERTY DEFINED

2.15 The term 'personal property' is used as the antithesis of real property. In the context of commercial transactions, the main significance of the distinction is that, whereas a claim to the latter is a vindicatory action, in the sense that the claimant is entitled to possession of the asset itself, chattels cannot be recovered by action[29] as of right, the court having the discretion to award the claimant their value as damages instead.[30]

2.16 Apart from leaseholds (which for practical purposes are interests in land though the law continues to regard them as personalty), personal property divides broadly[31] into two groups: tangible movables (goods and money), and

---

[24] Though not entirely eliminate. See paras **24.02**, n 2; **24.49**.
[25] See further para **22.42**.
[26] For an agreement to sell goods appears not to attract the equitable doctrine (see para **8.28** and **8.37**). Yet it is not without significance in the context of sales law, since in certain conditions a seller who has reserved title may have a right to trace the proceeds in equity. See para **2.68**.
[27] See chs 23–25.
[28] See paras **2.68**, **2.70**, **17.40** ff.
[29] But the claimant may be able to have recourse to self-help by taking possession without a court order. See paras **16.100, 27.16**.
[30] At common law the defendant had the option of returning the goods or paying their value. The discretion to order specific delivery of the goods to the plaintiff was first conferred by s 78 of the Common Law Procedure Act 1854, later replaced by rules of court. The discretion is now exercised under s 3(2) of the Torts (Interference with Goods) Act 1977.
[31] Thus it should not be assumed that the two groups are rigidly defined. The point is one of some importance as new forms of 'property' emerge. A particular example is cryptoassets where the issue has arisen as to whether or not they are capable of constituting property. The UK Jurisdiction Taskforce, one of the sub-groups of the LawTech Delivery Panel, concluded in its

intangibles, often termed 'choses in action'. However, some intangibles are more concrete than others. These are rights to money, goods or securities which are locked up in a document to the extent that the document is considered to represent the right, which thus becomes transferable by transfer of the document itself. Rights so embodied may conveniently be termed 'documentary intangibles', and their significance lies in the fact that the document which manifests them is to most intents and purposes equated with goods and is susceptible to the same remedies of specific delivery, damages for conversion and the like. Into this category of documents fall rights embodied in bills of lading and other documents of title, negotiable instruments, negotiable certificates of deposit and bearer bonds and other bearer securities. We shall examine later those characteristics which assist in determining whether a particular right qualifies as a documentary intangible.[32] Rights which do not so qualify may be called pure intangibles. Most contracts fall into this category, even where evidenced by or arising out of a written contract.[33] The distinction between documentary and pure intangibles is legally significant in various ways discussed hereafter.[34] Intangibles are now far more significant in volume and value than tangibles as objects of security interests.

4.   THE DISTINGUISHING CHARACTERISTICS OF PERSONAL PROPERTY

2.17 If we exclude the peculiar case of leaseholds and treat real property as synonymous with interests in land, we can readily perceive why the law has found it necessary to apply different rules to personalty. Save in unusual circumstances, land is immovable and permanent. Its immobility renders it readily susceptible to restrictions on transfer or use, eg by restrictive covenants or by planning legislation. Its permanence facilitates the creation of multiple

---

Legal Statement on Cryptoassets and Smart Contracts (November 2019) that a cryptoasset is not a thing in possession because it is not tangible and so cannot be possessed (para 67). It also noted that it is not a thing in action in the sense that it cannot be enforced by court litigation or action (para 68). But it nevertheless concluded (paras 69–84 and 86) that a cryptoasset has all of the indicia of property and should be regarded as such by English law on the basis either of an extended definition of a thing in action (an approach favoured by Professor Bridge, *Personal Property Law*, n 5, pp 14–16 where he proposes the use of a different label, namely 'intangible personalty'), or, preferably, by classifying a cryptoasset as a third kind of property (in this sense following the approach of the High Court in *Armstrong DLW GmbH v Winnington Networks Ltd* [2012] EWHC 10 (Ch), [2013] Ch 156, [2012] 3 All ER 425 where EU carbon emission allowances were regarded as property). A copy of the statement can be downloaded from the LawTech Delivery Panel website: https://35z8e83m1ih83drye28oo9d1-wpengine.netdna-ssl.com/wp-content/uploads/2019/11/6.6056_JO_Cryptocurrencies_Statement_FINAL_WEB_111119-1.pdf. The analysis of the UK Jurisdiction Taskforce was adopted by Bryan J in *AA v Persons Unknown* [2019] EWHC 3556 (Comm) at [55]–[61] where he concluded that a cryptoasset, such as Bitcoin, is property as a matter of English law. The same conclusion has been reached in the Singapore International Commercial Court: *B2C2 Ltd v Quoine PTC Ltd* [2019] SGHC (I) 03. The case which may stand in the way of this analysis is the decision of the Court of Appeal in *Colonial Bank v Whinney* (1885) 30 Ch D 261 which was, however, distinguished by the UK Jurisdiction Taskforce (at paras 70–77).

[32] See para **2.56**.
[33] See para **2.58**.
[34] See para **2.53**.

2.17 Basic Concepts of Personal Property

interests of long duration (long leases, life interests, etc) whereas the relatively short life of goods militates against division of rights in a chattel. These factors render the investigation of title to land more prolonged and its transfer more complex than in the case of goods. Land is acquired primarily for use rather than for resale,[35] and is thus not an asset which is intended to circulate in the stream of trade. Its identity cannot easily be changed, and its fixed location gives it a unique character compared with other land, even if the latter be of precisely the same shape and dimensions. Moreover, as a result of registration systems and conveyancing procedures, title to land can normally be readily established. Personal property, on the other hand, comprises assets of a relatively evanescent character, whose primary value is to be measured in money. Goods deteriorate with use and usually depreciate in value with the passage of time or by reason of obsolescence. They are, for the most part, transferable from hand to hand; title to them is not readily verifiable; their physical movements may be hard to trace; and, in an age of mass production, they are indistinguishable from other goods of the same class. They are objects of commerce and, except to the end-user, their value lies in their convertibility to money by sale or lease. Even in the hands of the end-user, they usually have no unique value and their loss will adequately be compensated by a money payment which will allow the purchase of comparable goods by way of replacement. Similarly, choses in action are of limited duration. Debts are discharged by payment, patents and copyrights expire with the passage of time, shares in companies and partnerships disappear on dissolution. Moreover, debts, the largest category of choses in action, are, like goods, articles of commerce which are freely dealt in by way of assignment or charge.

2.18 The effect of these differences between land and other assets is fundamental and all-pervasive. The unique character of a parcel of land means that one who is wrongfully dispossessed or otherwise deprived of it cannot adequately be compensated by an award of damages, so that as against a trespasser he will as a matter of course be given an order for possession,[36] without being subjected to the exercise of any discretion by the court to award damages instead, as is the case in an action for recovery of goods.[37] For the same reason, the court will ordinarily decree specific performance of a contract for the sale of land, whereas this will rarely be given in the case of a sale of goods, where the buyer's interest is essentially financial, since he can go into the market to purchase other goods and is adequately protected by an award of damages for any extra price he has to pay. Again, the disposal of land involves a detailed and lengthy conveyancing procedure, with a substantial interval of time between contract and conveyance to allow for careful investigation of title and related matters, so that the risk of buying from one not entitled to sell is slight and disputes between rival claimants are settled almost entirely by reference to property law. Goods, on the other hand, are much more susceptible to dealings by one who has no right to sell, so that it

---

[35] However, builders and development companies acquire land as stock in trade for the purpose of erecting houses and selling them.
[36] For which purpose rules of court provide a summary procedure. See CPR, Pt 55.
[37] See n 30 and para **2.95**.

is necessary for commercial law to evolve distinct rules for the protection of the bona fide purchaser, in the interests of the free flow of trade. A buyer from one selling in the ordinary course of business cannot fairly be exposed to the full rigour of rules of property law concerning the superiority of legal titles over equitable interests, or the effect of registration of rights in a public register as constructive notice of those rights.[38] Finally, the doctrine of estates, which enables ownership of land to be divided up by slices of time and thus allows a smaller legal title to be carved out of a larger, does not apply to goods.

2.19 In short, land is governed primarily by property law concepts, goods and choses in action by commercial law concepts; land law is concerned essentially with status, commercial law with obligations. But as we shall see, many rules of property law apply equally to land and chattels.

5. LEGAL OWNERSHIP

(i) Interest and title

2.20 Ownership, one of the most elusive concepts of English law, is conventionally defined as the residue of legal rights in an asset remaining in a person, or in persons concurrently, after specific rights over the asset have been granted to others.[39] A person in whom such residue of rights is vested is said to have an absolute interest in the asset. By contrast, one who enjoys merely specific rights, eg possession under a pledge, lien or other bailment, has only a limited interest.[40]

2.21 Interest is to be distinguished from title. A person's interest in an asset denotes the quantum of rights over it which he enjoys against other persons, though not necessarily against *all* other persons. His title measures the strength of the interest he enjoys in relation to others.[41] English law attributes great significance to possession. A person in possession with the intention of assuming ownership is treated as owner, and given all the rights and remedies available in tort and property law for the protection of the owner, against everyone except him who has a better title. If O is the true owner but T has taken possession of the asset *animo domini*, both are considered to have title to the absolute interest in the property. O's title, being the best, is indefeasible:

---

[38] *Joseph v Lyons* (1884) 15 QBD 280.
[39] A. M. Honoré (A. G. Guest (ed)), 'Ownership', in *Oxford Essays in Jurisprudence* (1961), p 126; Bell, *Modern Law of Personal Property*, ch 4.
[40] In the case of goods, the only form of limited legal interest known to the law is possession as a bailee. See para **2.41**. The position is otherwise in relation to land, where the law admits not only of the *ius in re sua* represented by a lease but also *iura in re aliena* represented by the servitudes listed in s 1(2) of the Law of Property Act 1925, eg easements and rights of entry.
[41] The Sale of Goods Act also uses the term 'property', which denotes title (whether indefeasible or defeasible) to an absolute interest. For an illuminating discussion in the context of the sale of goods, see G. Battersby and A. D. Preston, 'The Concepts of "Property", "Title" and "Owner" Used in the Sale of Goods Act 1893' (1972) 35 MLR 268. Professor Battersby returned to the theme in [2001] JBL 1. See also the thought-provoking article by H. L. Ho, 'Some Reflections on "Property" and "Title" in the Sale of Goods Act' [1997] CLJ 571, and para **7.24** ff.

2.21 *Basic Concepts of Personal Property*

T's is a defeasible title, being subordinate to that of O but effective against all others not claiming under O or defending T's claim with O's authority.[42] There is a statutory exception to this principle, in that the defendant to T's action is now allowed to set up O's title by way of defence, ie to plead the *ius tertii*.[43] But such a plea will cease to be maintainable if O, upon being called on to intervene in the action, fails to do so and is then barred from asserting his title.[44] So strongly does the law adhere to the protection of possession that even a possessor who at the time he acquired possession was aware that the goods had been stolen is entitled to assert his title against all except the true owner. This was so held by the Court of Appeal in *Costello v Chief Constable of Derbyshire Constabulary*,[45] where the facts were as follows.

> The police seized from the claimant a car which they believed to have been stolen. The claimant brought proceedings for delivery up of the car and damages for its detention. The trial judge held that the claimant was aware at the time he acquired the car that it was a stolen vehicle and that this precluded him from recovery. Reversing the decision, the Court of Appeal held that the mere fact that goods had been acquired by unlawful means did not prevent the passing of property in them.[46] Once their statutory power of detention had been exhausted, the police were under a duty to return the goods to the person from whom they had been seized[47] and were not entitled to confiscate the goods in the absence of a statutory power to do so. Even a thief was entitled to bring proceedings against a person unlawfully divesting him of possession.[48]

Title to an absolute interest may be defeasible either because it is the second-best title, as in the case mentioned above, or because, though constituting the best title so long as it continues, it is subject to divestment, as where a mortgage (which confers title to an absolute interest on the mortgagee) is redeemed or the contract under which the title was acquired was a voidable title which has been avoided by the exercise of a right of rescission.[49]

2.22 Since title to goods, if not the best, can be acquired only by possession, and since possession, like ownership, is indivisible,[50] it follows that no more than two independent legal titles can exist in goods at any one time.[51] Each of

---

[42] Most law students, asked what interest a trespasser has in land which he occupies *animo domini*, are incredulous at the statement that he acquires a relative title to a fee simple absolute in possession – but that is the law.

[43] Torts (Interference with Goods) Act 1977, s 8(1); CPR, r 19.5A; G. Battersby, 'The Present Status of the Jus Tertii Principle', (1992) Conv N S 100.

[44] Under CPR, r 19.5A(3).

[45] [2001] EWCA Civ 381, [2001] 3 All ER 150, [2001] 1 WLR 1437.

[46] Citing *Bowmakers v Barnet Instruments Ltd* [1945] KB 65, [1944] 2 All ER 579, CA, albeit the status of *Bowmakers* would appear to be at best uncertain after the decision of the Supreme Court in *Patel v Mirza* [2016] UKSC 42, [2017] AC 467 at [110]. See further para 3.168.

[47] Assuming the true owner had not come forward to claim them.

[48] Citing *Webb v Chief Constable of Merseyside Police* [2000] QB 427, [2000] 1 All ER 209, CA; *Tinsley v Milligan* [1994] 1 AC 340, [1993] 3 All ER 65.

[49] As to which see paras 3.100, 15.17, 16.29.

[50] F. Pollock and R. S. Wright, *An Essay on Possession in the Common Law* (1888), p 20. See para 2.41.

[51] Ie the best title and a possessory title (although note the challenge to the latter label by Rostill, n 12 above). It follows also that a non-possessory legal interest in goods must necessarily be

these is separately transferable *inter vivos* or capable of being bequeathed by will.[52] But the holder of a relative title is in a vulnerable position, for in the first place his rights are subordinate to those of the true owner and, in the second, his possessory title, whether acquired by virtue of his own possession or by transfer from a person still in possession, will automatically be extinguished if the transferor himself loses possession.[53] Only an indefeasible title (or a title which a party is precluded from denying is indefeasible) survives the loss of possession.[54] The erstwhile possessor is left with a purely personal claim for trespass or conversion, subject to the defences of *ius tertii* and *ex turpi causa non oritur actio*. If the transferor of a possessory title delivers possession to the transferee himself, the latter's derivative title is extinguished and replaced by a new, original possessory title based on his own possession.

2.23 Absolute ownership exists when the interest is absolute and the title indefeasible.[55] Frequently, however, these two ingredients are not conjoined. A person may have indefeasible title to a limited interest, and he may have relative title to an absolute interest. A good example is the interest enjoyed by a person receiving possession of goods as a bailee of the absolute owner, eg under a rental agreement. He has a right to continue in possession on the terms of the bailment[56] and, since no one else has a better right, he has an indefeasible title to his limited interest as bailee. But suppose that, in defiance of his bailor's rights of ownership, the bailee asserts dominion over the goods by some act inconsistent with the bailor's rights, as by unlawfully offering the goods for sale as if they were his own. The assertion of dominion, though

---

absolute, for since legal ownership must be transferred entire (para **2.27**) a limited legal interest cannot be created directly by transfer of partial legal ownership but can come into existence as a new original interest only by possession under a pledge, hiring or other form of bailment.

[52] *Asher v Whitlock* (1865) LR 1 QB 1.
[53] See further D. Fox, 'Relativity of Title at Law and in Equity' [2006] CLJ 330, esp pp 345–351. This point has been challenged by Rostill, n 12 above at pp 415–416, who notes that in *Costello v Chief Constable of Derbyshire Constabulary*, it was the police and not the claimant who had possession of the car at the relevant time. The essence of the claim brought by the claimant was not that the police had unlawfully seized the car but that they had wrongfully refused to return it to him at a time when their right to retain it had expired. And at that point in time the car was in possession of the police, not the claimant.
[54] As to possession, see para **2.40**.
[55] To avoid possible confusion with absolute title in registered land conveyancing, which is not necessarily immune from attack, we shall hereafter employ the term 'indefeasible' to describe the best title to a chattel.
[56] A bailment is a voluntary delivery of possession of goods by one person (the bailor) to another (the bailee) upon terms, express or implied, that the bailee is to return the goods in specie when the bailment comes to an end. It frequently takes effect under a contract, as where goods are pledged by way of security or delivered for repair or storage, but may exist independently of contract, as in the case of gratuitous bailment. For an exhaustive treatment see N. E. Palmer, *Bailment* (3rd edn, 2009). For a more sceptical analysis see G. McMeel [2003] LMCLQ 169 where he concludes (at p 199) that bailment is, at best, a 'useful shorthand for all those situations where there is a transfer of possession of tangible property short of outright sale.' See also G. S. McBain, 'Modernising and Codifying the Law of Bailment' [2008] JBL 1.

ineffective as against the bailor,[57] is nevertheless good against the rest of the world, since it is supported by possession and possession is recognized by English law as a root of title. The position of the recalcitrant bailee is now reversed. From being the holder of an indefeasible title to a limited interest he has become the holder of a relative title to an absolute interest.

2.24 A person cannot, of course, be said to enjoy an interest of any kind unless he has *some* title. If he has neither the best right to the interest he claims nor a possessory title or some other lesser title which is recognised by law,[58] he has no interest at all. But even without an interest he may still have power to dispose of the asset, for example, as an agent acting within the scope of his actual or ostensible authority[59] or as an assignor of debts which he has previously assigned to another assignee.[60]

(ii) The indivisibility of ownership of personal property

2.25 In legal theory, only personal property is susceptible of private ownership and only land can be the subject of tenure and be governed by the doctrine of estates. Admittedly, the *ingredients* of ownership may be separated and distributed among different persons. Thus, goods may be held on trust or subjected to a mortgage or charge,[61] so that legal title is in one person and beneficial ownership in another; and ownership may be divorced from possession, either lawfully, as where the owner of goods lets them out on hire,[62] or unlawfully, as where he is divested of possession by a trespasser. Hence most of the things that the law permits in relation to land can be achieved also in relation to chattels, except where statute provides otherwise.[63] But whereas in the case of land a smaller legal title can be carved out of a larger (eg a leasehold interest or mortgage by demise can be carved out of a fee simple) and the two interests can exist concurrently as legal interests even though one is not to take effect in possession until a later date, this is not possible in the case of chattels. Legal title to an interest in a chattel (whether it be title to an absolute or a limited interest) can only be held or transferred entire. The legal title may be held by persons concurrently, as joint tenants or tenants in common,[64] and may be transferred as an entity by their collective action, but it is not possible to split that title in the sense of carving a smaller legal title out of it.

2.26 Thus, while on a legal mortgage of land the mortgagor and the mortgagee have concurrent legal estates (the former the fee simple, the latter a

---

[57] At common law this was so even if the bailor himself was not the true owner, since a bailee was estopped from disputing his bailor's title (*Biddle v Bond* (1865) 6 B & S 225). But the rule has now been abrogated by statute (Torts (Interference with Goods) Act 1977, s 8(1)).
[58] The claim that there are forms of lesser title other than those based on possession is one that has been made by Rostill, n 12.
[59] See para **5.18**.
[60] See paras **24.18–24.19**.
[61] See chs 22, 23.
[62] For a discussion of equipment finance leasing, see ch 28.
[63] As an example of this exception, a legal charge can be created only over land. See below.
[64] See para **2.28**.

term of years absolute), a legal mortgage of a chattel necessarily divests the mortgagor of his legal title, leaving him with a mere equity of redemption. Similarly, a charge on chattels is necessarily equitable, since the charge is the creation of equity, and the statutory provision by which a charge by way of legal mortgage creates a legal interest[65] is confined to land. These considerations may be of practical importance in determining priorities where the mortgagor of a chattel in the one case or the chargee in the other purports to dispose of the chattel to a third party.[66] The indivisibility of legal ownership of chattels can be of significance in other transactions also. For example, an agreement by which a chattel is let on lease or rental confers no legal interest on the lessee. Indeed, it gives him no rights *in rem* at all, merely a contractual claim to possession of the chattel for the agreed period of the lease.[67] If, therefore, the lessor before delivery of the chattel sells it to another, the latter acquires the absolute legal interest, and the lessee has at best the possibility of a claim *in personam* against the purchaser for knowingly participating in a breach of contract.[68] It is true that after delivery to him, the lessee does acquire a legal interest, but this is by virtue of possession, not by virtue of the agreement for lease, the sole effect of which is to indicate the character and quantum of the possessory interest, namely a bailment for use limited to the period of the lease. The possessory interest so enjoyed is thus an original interest created by the taking of possession, not a derivative interest carved out of the lessor's ownership.

2.27 Hence while a legal interest in a chattel cannot be split, there is nothing to prevent the concurrent existence of two independent legal interests, one derived from an absolute title, the other from possession.[69] The leasing agreement earlier referred to provides an example. After delivery, the lessee as well as the lessor has a legal interest, but there is no infringement of the

---

[65] Law of Property Act 1925, s 87(1) (unregistered land); Land Registration Act 2002, s 51 (registered land). The chargee does not in fact obtain a legal estate (a charge being in legal theory an incumbrance, not a grant of a term), but the effect of the section is to put the chargee in the same position as if he had been granted a mortgage by demise (ie a security lease) for 3,000 years (Law of Property Act 1925, s 87(1)).
[66] See para **24.18**.
[67] English law does not recognize the concept of equitable possession (see paras **2.37**, **23.04**). Hence the view of Browne-Wilkinson V-C in *Re Paramount Airways Ltd* [1990] BCC 130, that for the purpose of s 11(3)(c) of the Insolvency Act 1986 an equipment lessee's contractual right to delivery of possession under the leasing agreement gives him a species of equitable interest in the equipment, is not easy to reconcile with established principles of personal property law. A better ground for this aspect of the decision is that by virtue of his possession the lessee has a limited legal interest in the goods which suffices to constitute 'property' for the purpose of the statutory provisions. Cf the decision of Harman J at first instance [1990] BCC 130 at 136, referring to a 'bundle of rights'.
[68] Given that the purchaser was not a bona fide purchaser for value without notice, such a claim could be formulated either as damages for the tort of inducing a breach of contract or as a claim for wrongful interference with goods (yielding relief in the form of an order for delivery and/or damages) on the basis of the common law right to follow the asset (see para **2.66**, and R.M. Goode, 'The Right to Trace and Its Impact in Commercial Transactions' (1976) 92 LQR 360, at p 374, n 59). For the significance of the distinction between real and personal rights, see para **2.05**.
[69] See para **2.40**, as to possession.

indivisibility rule, for the lessee's legal interest has possession as its source and does not come about through any transfer by the lessor of part of his ownership. Similarly, if the legal owner of goods deposits them by way of pledge, both he and the pledgee have a legal interest, but again the pledgee's interest is created by possession and is not in any way derived from the ownership of the pledgor, though the fact that the pledgor is the owner and not a thief will obviously be relevant to the strength of the pledgee's title to his interest.

(iii) Co-ownership[70]

2.28 While a smaller legal title to goods cannot be carved out of a larger, there is nothing to preclude two or more people from owning goods together as joint tenants or tenants in common. Co-owners are joint tenants where their interest is acquired at the same time as a single interest, that is, without words of severance indicating that each is to have a distinct share in the goods.[71] Where their interests are acquired at different times, they are tenants in common. A particular characteristic of a joint tenancy is that on the death of one joint tenant the others become sole owners by survivorship. In contrast to land,[72] goods may be the subject of a legal tenancy in common. Full transfer of title to the goods requires the agreement of all co-owners. A purported disposition by one co-owner transfers only his own interest as tenant in common.[73]

2.29 Claims to co-ownership are a recurrent source of difficulty in commercial transactions, particularly where a pool of assets is held by a person to meet contractual transfer obligations incurred to several others. Thus it is not always easy to determine whether claimants to a pool of assets which have not been individually earmarked to each of them are co-owners in the proportions of their respective contributions or simply holders of personal rights. There are two paradigm situations. In the first, two or more people contribute materials to be made up by a third party into finished products which are then to be supplied to them in agreed quantities, and the third party becomes bankrupt without having fulfilled his delivery obligations.[74] In the second, two or more people contract to buy goods forming an unidentified part of a defined bulk in a store or warehouse, and the seller becomes bankrupt without having made

---

[70] See generally M. Bridge, L. Gullifer, G. McMeel and K. Low, *The Law of Personal Property* (2nd edn, 2017), paras 2-037 – 2-047; A. P. Bell, *Modern Law of Personal Property in England and Ireland*, pp 74 ff; J. Hill and E. Bowes-Smith, 'Joint Ownership of Chattels', in N. Palmer and E. McKendrick (eds), *Interests in Goods*, ch 10; S. Mills (ed), *Goode on Proprietary Rights and Insolvency in Sales Transactions* (3rd edn, 2009), paras 1.14, 1.83–1.84, 4.40, 5.07. See also paras 8.38 ff as to co-ownership problems that may arise in relation to contracts for the sale of goods.

[71] As where the goods are bought 'in equal shares' or are to be held 'equally'.

[72] Law of Property Act 1925, ss 1(6), 34(1), 36(2).

[73] This is so whether the co-owner was a joint tenant or a tenant in common, for the effect of a purported sale by a joint tenant is to sever the joint tenancy, so that what passes is the co-owner's resultant interest in common, as would be the case if he had been a tenant in common from the outset.

[74] See Goode, *Proprietary Rights and Insolvency*, paras 5.05–5.12.

delivery.[75] Both types of case raise fundamental issues as to the distinction between real and personal rights. In the first situation it is necessary for contributors to the common pool to establish a proprietary base for their claims to an interest in it, as by demonstrating that when they contributed their materials they did not intend to part with their ownership rights except on terms of acquiring an interest in the commingled pool. In the second, claimants must demonstrate that they have acquired a proprietary claim by appropriation to each of them individually or to them all collectively.[76]

(iv) Acquisition and transfer of legal ownership[77]

2.30 The acquisition of legal ownership may be original or derivative. It is original where it does not derive from the title of another. Examples are the reduction of a *res nullius* to possession, as where birds or wild animals are taken into captivity, and the acquisition of a defeasible title by possession *animo domini* as previously discussed.[78] Title is derivative where it takes the form of succession to another's title. The latter may come about voluntarily (eg by gift or sale) or by operation of law (eg by death or bankruptcy). In certain cases a person may, as the result of the acts of himself or another, acquire title without the consent (or even the knowledge) of the prior owner. For example, title may vest in one who in good faith buys goods from a mercantile agent[79] or innocently incorporates them into a larger product as an accession[80] or into land and buildings as a fixture;[81] until relatively recently a bona fide purchaser in market overt also acquired a good title.[82] With its customary pragmatism, English law has never conceptualized such forms of acquisition, so that it is unclear whether they are examples of original ownership or whether the acquirer merely succeeds to the title or titles of one or more prior parties.[83]

2.31 By far the most common form of acquisition of ownership is the consensual transfer for value, typically by way of sale or mortgage.[84] The common law had strict rules governing the efficacy of a purported transfer of ownership, and these are still operative. Thus the transferor has to have either a legal title or a power to pass legal title;[85] he has to deliver possession or

---

[75] See para **8.45**.
[76] See para **8.39** ff. The pre-paying buyers of goods may acquire this by statute. See para **8.51** ff.
[77] See N. Palmer and E. McKendrick (eds), *Interests in Goods*, which includes a fascinating array of the more arcane (though none the less important) objects of acquisition, such as human tissue, treasure trove, wreck and *bona vacantia*.
[78] See para **2.21**.
[79] See para **16.33**.
[80] R. M. Goode, *Hire-Purchase Law and Practice* (2nd edn, 1970), ch 33.
[81] Ibid, ch 32.
[82] See para **16.28**.
[83] See paras **2.82–2.83**.
[84] Other forms of consensual transfer include gift, exchange, and appropriation by an agent to his mandate from his principal to procure goods in the agent's name but on the principal's behalf. See Goode, *Proprietary Rights and Insolvency*, paras 3.24–3.28.
[85] See paras **16.04** ff, as to power to pass title by virtue of actual or ostensible authority or some other exception to the *nemo dat* rule.

utilize some other mode of transfer recognized by law;[86] and the dispositive act relied on has to signify an intention to make a present transfer of ownership, not a mere agreement to transfer at a future date. In consequence, the common law does not in general recognize a transfer of after-acquired property as effective by itself to vest ownership in the transferee upon the transferor acquiring the property. There has to be some new act of transfer after the time of acquisition.[87] Moreover, it follows from the indivisibility of ownership that the legal title cannot be split between one person and another. Thus the common law never recognized the beneficiary under a trust as an owner. If property was conveyed to A upon trust for B, the common law regarded A as the legal owner and ignored the condition that the property was to be held for B. As we shall see, these rigid rules were substantially relaxed by equity, which treats agreements for the transfer of property as if they were transfers, gives effect to assignments of future property without the need for a new act of transfer and regards the beneficiary for whose benefit property is held on trust as being the owner.

(v) Loss of legal ownership

2.32 Legal ownership may be lost by:

(a) the voluntary act of the owner, eg by transfer or by exercise of a right to terminate or rescind the agreement under which the asset was acquired;

(b) re-transfer resulting from the exercise by the transferor of a right to terminate or rescind the agreement under which the asset was transferred;

(c) transfer by operation of law, eg on death, bankruptcy or transfer to the Crown as *bona vacantia*;[88]

(d) displacement by a new original interest, eg that acquired by adverse possession;

(e) in the case of a tangible asset, destruction of the asset, or loss of its identity through confusion or commingling or through its becoming annexed as a fixture or accession;

(f) in the case of an intangible asset, expiry through lapse of time (as in the case of a patent right) or discharge (as in the case of payment or other discharge of a debt or other obligation);

---

[86] In the case of land or of a gift of chattels, delivery or a grant by deed was necessary. For other transfers of goods, there were (and are) no special formalities, an oral transfer being sufficient (*Flory v Denny* (1852) 21 LJ Ex 223, 7 Exch 581).

[87] *Lunn v Thornton* (1845) 1 CB 379. As regards real property, the law did recognize a limited range of future interests, but this was never so in the case of personalty except in relation to contracts of sale, future produce and progeny, and the like, where (as now) property passed by virtue of the contract. See para 8.37. As to future interests in copyright, see para **23.20**, n 56.

[88] As where a person dies intestate without heirs or a company is dissolved while still owning property (Companies Act 2006, s 1012, though in the latter case application may be made to the court under ss 1029–1034 to have the dissolution declared void). See generally as to *bona vacantia* N. Ing, *Bona Vacantia*, and A. Bell, '*Bona Vacantia*', in N. Palmer and E. McKendrick (eds), *Interests in Goods*, ch 8.

(g)   extinction or forfeiture by statute, as in the case of extinction of title by expiry of a period of limitation[89] or the forfeiture of uncustomed goods;

(h)   abandonment.[90]

But loss of ownership does not necessarily deprive the former owner of power to make an effective disposition to a new transferee.[91]

6. EQUITABLE OWNERSHIP[92]

(i) The acquisition and transfer of ownership in equity

2.33 Equity, though not directly overriding the common law, effectively modified the strict rules of transfer, originally by acting on the conscience of the obligor and ordering him to perfect at law the transfer that he had undertaken to carry out, or the trust he had undertaken to observe, and later by treating as done that which ought to have been done. An agreement to transfer ownership, provided that it was of such a kind as to be enforceable by specific performance,[93] was given effect in equity as if the transfer had already been executed, so that while legal title remained in the intended transferor, beneficial ownership was held to vest immediately in the intended transferee.[94] Similarly, equity gave effect to the trust by insisting that the transferee honour the condition upon which the property was transferred to him. Initially, this too was a purely personal obligation binding only on the trustee, but over time it was extended to cover purchasers with notice of the trust, donees (with or without notice) and also the trustee's heirs, personal representatives and creditors. Ultimately, it became established that a trust would bind anyone into whose hands the property passed other than a bona fide purchaser of the legal title for value without notice. Hence the interest of the beneficiary under a trust, like that of a party to whom another had contracted to sell or mortgage property, started as a purely personal right against the trustee and later became converted into a full-blooded property interest;[95] and when the object of the trust was ownership itself, as opposed to a limited interest, the beneficiary had

---

[89] See Limitation Act 1980, ss 3(2), 17.
[90] See A. H. Hudson, 'Is Divesting Abandonment Possible at Common Law?' (1984) 100 LQR 110, and A. H. Hudson, 'Abandonment' in N. Palmer and E. McKendrick (eds), *Interests in Goods*, ch 23.
[91] See para **2.74**.
[92] See further M. Bridge, L. Gullifer, G. McMeel and K. Low, *The Law of Personal Property* (2nd edn, 2017), ch 14.
[93] As to the meaning of this requirement, see para **23.03**.
[94] The resultant blurring of the distinction between property and obligation is discussed at para **2.12**. But even in equity the recognition of property rights depends upon 'settled principles': *Angove's Pty Ltd v Bailey* [2016] UKSC 47, [2016] 1 WLR 3179, [28].
[95] In *Akers v Samba Financial Group* [2017] UKSC 6, [2017] AC 424, [2017] 2 All ER 799 at [15]–[16] Lord Mance noted the 'difficult question' whether the law of trusts is properly seen as part of the law of property or as an aspect of the law of obligations and, having noted the difference of academic views on this issue, stated that he was content, without expressing any view about the appropriate analysis, to proceed on the basis of the 'conventional' analysis that a trust creates a proprietary interest, at least to the extent that such an interest is capable of existing and being recognised in the relevant asset. See further R. Nolan (2017) 133 *LQR* 353.

2.33 *Basic Concepts of Personal Property*

now to be recognized as the beneficial owner.[96] Finally, while the common law did not recognize an assignment of future property without a new act of transfer by the assignor after the property had been acquired, equity treated the assignment as effective upon the property automatically upon acquisition.[97]

2.34 Equitable title to property (whether land or goods) thus involves divided ownership, legal title being in A and beneficial ownership in B. When A holds the legal title primarily for the benefit of B, the relationship is that of trustee and beneficiary. But division of ownership may also occur without a trust relationship, namely when A holds the legal title primarily for his own interest, as in the case of a mortgage. Divided ownership in one form or another is the essence of equitable title. If both legal and beneficial ownership are vested in the same person, there is no scope for equity to operate on the asset, and no separate equitable interest can be said to exist.[98] One consequence of this is that the owner cannot transfer a bare legal title while reserving to himself equitable ownership.[99] If he wishes to produce this result, he must do it by way of transfer of his entire interest, followed by a charge or declaration of trust in his favour by the transferee. In other words, the equitable interest must be created by way of grant, not by way of exception or reservation. Another consequence is said to be that equitable tracing rights to proceeds are not available to the legal and beneficial owner of the original asset, but this view, which would have the effect that a victim of theft could not assert a claim to proceeds of the stolen property, stems from the supposed requirement that the claimant should be a person to whom fiduciary duties were owed in respect of the original asset, a requirement now discredited.[100]

2.35 Though an equitable interest can be carved out of the legal title, the converse is not true. The holder of an equitable interest can transfer only an equitable interest. Hence equitable ownership may be acquired in any of the following ways:

(a) by an agreement to transfer a legal or equitable title;
(b) by a present transfer which is defective at law, eg for want of compliance with some legally requisite formality, such as execution as a deed;

---

[96] However, what he owns depends on whether the trustee is a bare trustee or has powers of management of the trust fund under an active trust. In the former case the beneficiary is equitable owner of the specific assets comprised in the trust; in the latter, he has an interest in the trust *fund* as it stands from time to time but acquires no interest in the specific assets comprising the fund until he becomes absolutely entitled to the assets and thus acquires the power to terminate the trust and with it the trustee's management powers.
[97] See paras **23.03** ff.
[98] *Stamp Duties Commissioner (Queensland) v Livingston* [1965] AC 694, at p 712. It is therefore not clear how, as has been suggested, a thief can be a constructive trustee of the stolen property when the victim of the theft is still the legal and beneficial owner.
[99] *Re Bond Worth Ltd* [1980] Ch 228, [1979] 3 All ER 919.
[100] See G. Virgo, *The Principles of the Law of Restitution* (3rd edn, 2015), pp 617–618; A. Burrows, *The Law of Restitution* (3rd edn, 2011), pp 120–121. Where the claim is to trace the products or proceeds of property to which the defendant never acquired legal title, there is no role for equity to play, since the claimant recovers by virtue of his legal title (*Jones (FC) & Sons (a firm) Trustee v Jones* [1997] Ch 159, [1996] 4 All ER 721, CA).

(c) by creation of a trust, either
  (i) by the intended transferor declaring himself to be a trustee for the intended transferee, or
  (ii) by transfer of the asset to a third party to hold as trustee for the intended transferee;
(d) by a purported present transfer of an after-acquired asset;[101]
(e) by a transfer made by one whose title is purely equitable.

Equitable ownership may be transferred by written[102] assignment or declaration of trust.

(ii) Equitable title and equitable interest

2.36 As in the case of legal ownership, it is necessary, when discussing ownership in equity, to distinguish interest and title, interest denoting the quantum of the right to the asset, title the strength of that right as against others.[103] The range of interests that can exist in equity is considerably greater than the range of legal interests; for whereas almost every interest capable of subsisting as a legal estate or interest can equally subsist in equity,[104] there are many interests which (through a combination of common law rules and statutory restrictions) can exist only in equity. These include future interests, life interests, remainders and executory interests,[105] charges on goods and

---

[101] In this case the asset, upon being acquired by the transferor, vests in the transferee only in equity, and some new act or instrument is usually necessary in order to endow him with the legal title. See para **2.30** as to the rule and its exceptions.

[102] Law of Property Act 1925, s 53(1)(c), which requires the writing to be signed by the transferor or his duly authorized agent.

[103] It is unfortunate that legal terminology concerning equitable ownership tends to obscure the distinction between title and interest. Thus if a legal estate owner contracts to sell or mortgage his estate, we describe the other party's interest as an equitable interest. It would make for clarity if we spoke of his having acquired an equitable title to a legal estate.

[104] But as to the interest of a buyer of goods under a contract of sale, see para **8.28**.

[105] As regards interests in land, this is the effect of the Law of Property Act 1925, s 1(3). In the case of chattels, it results from the common law rule that legal ownership of a chattel is indivisible, so that a legal term of years cannot be carved out of legal ownership. A purported transfer of a chattel for a given period will, depending on the construction of the transfer, take effect either as a mere hiring agreement, the hirer's legal interest stemming not from the agreement itself but from the possession taken under it, or as a transfer of absolute ownership, with at best a contractual right to the return of the chattel at the end of the stipulated period. Hence the maxim that 'a gift of a chattel for an hour is a gift of it forever' (*Brooke's Abridgement, Done et Remainder*, pl 57). Where a chattel is supplied for consumption (as is usually the case with wine, grain, money, and the like), it is obviously not returnable in specie, so that the deliveree becomes the full owner, not a mere bailee. If it is supplied as a fungible (see para **2.90**), so that the deliveree's obligation is to restore only the equivalent in quality and quantity, the transaction is a loan (*mutuum*) and ownership passes. It is this which distinguishes a loan from a bailment (T. Wilson (R. H. Tawney (ed)), *A Discourse upon Usury* (1925, reprinted 1962, p 276). Where it is agreed that an article of a different kind shall be restored, the contract is one of sale if what is to be given back is money but otherwise is of exchange, or barter, as where grain is lent in exchange for wine.

intangibles[106] and any mortgage of goods granted after and during the currency of a legal mortgage given by the same mortgagor.[107]

2.37 Equitable interests, like legal interests, may be absolute or limited. Of the items just listed, charges and life interests are limited interests, the others are absolute interests. Though the principle of relativity of title applies to equitable interests,[108] it operates somewhat differently than in relation to legal interests. In the first place, an equitable right or interest can be acquired only by charge or assignment,[109] not by possession, though the delivery of possession may evidence an intention to make a transfer. Secondly, possession is itself a purely legal concept. Whereas there can be equitable ownership, there is no such thing as equitable possession.[110] An agreement to give possession has no effect on real rights at law or in equity. So English law does not recognize such a thing as an equitable pledge.[111] Thirdly, an equitable interest is not as marketable as a defeasible legal interest, for it is on its face subject to a legal interest outstanding in another, and is liable to be overridden by a transfer of the legal interest to a bona fide purchaser for value without notice.[112] Fourthly, whereas there can be only two concurrent legal interests in goods,[113] there is no limit to the number of concurrent equitable interests that can subsist in goods.

(iii) **Inchoate interests**

2.38 Certain types of interest are inchoate, conceived but not yet born. Until birth they receive no legal recognition from the law, but once born they are generally treated as having been continuously in existence from the time of conception. They include interests in future property,[114] equitable interests which remain to be perfected by the provision of consideration,[115] and interests which depend on the enforcement of an equity, such as rescission of a contract, crystallization of a floating charge[116] and the election of a tracing

---

[106] A charge on land expressed to be by way of legal mortgage confers the same rights and remedies as if it were a legal mortgage (Law of Property Act 1925, s 87).

[107] This follows from the indivisibility of the legal title; for once a legal mortgage has been granted, the mortgagor is left only with an equitable interest. However, if goods to which O has an indefeasible title are in the possession of P *animo domini*, both O and P have distinct legal titles to an absolute interest and each can grant a legal mortgage. That granted by O will, of course, have priority, in the absence of an applicable exception to the *nemo dat* rule.

[108] See generally D. Fox, 'Relativity of Title at Law and in Equity' [2006] CLJ 330, esp pp 351–361.

[109] Except, of course, where it arises by statute or operation of law.

[110] Presumably the common law concept of constructive possession (paras **2.42–2.43**) made it unnecessary for equity to develop a theory of its own.

[111] See para **23.04**.

[112] See para **2.33**.

[113] See para **2.22**.

[114] See para **23.14**.

[115] For example, interests arising on the exchange of contracts for the sale of an interest in land and before completion. See R. M. Goode, 'Ownership and Obligations in Commercial Transactions' (1987) 103 LQR 433 at p 437.

[116] See para **25.15**.

claimant to look to the proceeds of an asset to which he has title rather than to the asset itself.[117]

(iv) Floating interests

2.39 A person may have an interest not in a specific asset but in a shifting fund of assets.[118] Such is the nature of the interest of a beneficiary under an active (ie managed) trust and of a chargee under a floating charge.

7. POSSESSION

2.40 A person in possession of an asset has, as we have seen, a real right in it. The strength of that right depends on his title; the quantum of the right, on the capacity in which he holds the asset.[119] Possession, like ownership, is incapable of precise definition; indeed, its meaning varies according to the nature of the issue in which the question of possession is raised.[120] Moreover, there is not even an agreed terminology as to the different forms of possession. We can leave the higher theory to the masters of jurisprudence.[121] For our purposes it is sufficient to describe possession of an asset as control, directly or through another, either of the asset itself or of some larger object in which it is contained[122] or of land or buildings on or beneath which it is situated,[123] with the intention of asserting such control against others, whether temporarily or permanently.[124] The common law concept of possession is thus much broader than it is under French law or civil law systems based on French law, where a person holding goods for another is considered to be a mere *détenteur*, having custody but not possession of the goods.

---

[117] See L. Gullifer, *Goode and Gullifer on Legal Problems of Credit and Security* (6th edn, 2017), para 1–63 ff.
[118] See C. J. Davies, 'Floating Rights' [2002] CLJ 423; R. C. Nolan, 'Property in a Fund' (2004) 120 LQR 108; and see para **2.93**.
[119] See para **2.20**. As to real and personal rights, see paras **2.05** ff.
[120] For an example, see *Re Atlantic Computer Systems plc* [1992] Ch 505, [1992] 1 All ER 476, [1990] BCC 859, in which the Court of Appeal held that a company which took computers under an equipment lease and let them to the intended end-user under a sublease nevertheless continued to hold possession as between itself and the head lessor, which was the relevant relationship for the purpose of s 11(3)(c) of the Insolvency Act 1986.
[121] G. W. Paton, *A Text-Book of Jurisprudence* (4th edn, 1972), ch XXII; D. R. Harris, 'The Concept of Possession in English Law', in Guest, *Jurisprudence*, pp 69 ff. For a detailed analysis of possession in relation to goods, see Bell, *Personal Property*, ch 3 and M. Bridge, L. Gullifer, G. McMeel and K. Low, *The Law of Personal Property* (2nd edn, 2017), ch 10.
[122] But only if the transferor of the larger object was aware of its contents or intended to transfer them known or unknown (*Merry v Green* (1841) 7 M & W 623; *Williams v Phillips* (1957) 41 Cr App Rep 5).
[123] *South Staffordshire Water Company v Sharman* [1896] 2 QB 44.
[124] However, the law does not usually recognize as possession a contract which is purely fleeting (eg the handling of goods in a shop) or is exercised by a person as employee or guest.

2.41 Possession is indivisible. Like ownership, it can only be held and transferred entire.[125] This fact is sometimes obscured by the so-called rule of double possession arising from a bailment, where it is said that the bailee, B, has actual, or physical, possession and the bailor, O, constructive possession. Such a formulation is a source of great confusion, as was pointed out by Pollock and Wright in their brilliant essay on possession well over a century ago.[126] If B holds possession for an interest of his own, his possession is exclusive. This is so whether he acts as owner himself, that is, in a manner inconsistent with O's title, or holds possession for O subject to a limited interest of his own, eg as hirer under a rental agreement. In the latter case his exclusive possession continues even after the termination of the bailment if and so long as he asserts rights over the asset in defiance of O's entitlement to possession.[127] O may have a *right* to possession sufficient to give him the benefit of tort remedies against third parties dealing with the asset, but he does not enjoy possession itself, directly or indirectly.[128] Similarly, where O's goods are in the hands of a carrier or warehouseman whose charges have not been paid and who intends to exercise a lien over the goods until payment, O does not acquire constructive possession until payment or waiver of the lien.

2.42 By contrast, if B holds possession not for any interest of his own but exclusively for O as O's bailee at will, legal possession is shared by B and O.[129] In such a case, to say that O has constructive possession and B actual possession is perfectly legitimate so long as we do not fall into the trap of thinking that there are two distinct possessory titles. There is indeed but one, held by O and B. Their joint interest is to possession what a joint tenancy is to ownership.[130] If B transfers possession to T who agrees to hold for O, then B drops out of the picture and possession is now held together by O and T. Similarly, if O sells the asset to P and B attorns to P (ie, undertakes to hold for P), possession is held by P and B. But if, after B's delivery of the asset to him,

---

[125] Whereas ownership can derive from two separate sources, possession must either be held solely by or shared with the physical possessor and cannot exist independently.
[126] Pollock and Wright, *Possession in the Common Law*, p 27.
[127] See para **2.23**.
[128] It follows that if O is not the owner (ie the holder of an indefeasible title), he has no real rights in the asset at all and will be unable to recover it if B becomes bankrupt while still holding possession. However, the position is otherwise if B or his trustee has become estopped from disputing O's title, either because of failure to plead the *ius tertii* or because the true owner, when called upon to intervene to assert his interest, fails to do so and becomes barred by order of the court under CPR, r 19.5A.
[129] B may agree to hold possession for O subject to a prior interest of his own. A common case is where B as carrier or warehouseman holds goods for O as current holder of the bill of lading or statutory warehouse warrant subject to B's lien for freight or warehouse charges. In such a case B has exclusive possession until his charges have been paid or the lien waived, at which point his possession becomes shared with O, who acquires constructive possession. Since there is no gap between the cessation of B's exclusive possession and O's acquisition of constructive possession, O is entitled, on acquiring constructive possession, to assert his real right against B's trustee in bankruptcy or liquidator even if the bankruptcy or winding-up occurred while B still had exclusive possession. See further *Goode, Proprietary Rights and Insolvency*, para 1.33.
[130] See para **2.25**.

T claims it as his own or otherwise refuses to hold it to O's order,[131] T acquires exclusive possession. We can no longer speak of O's 'constructive possession', for this was merely a particular aspect of the indivisible possession held for him by B which B has now lost. Similarly, if O sells to P but T refuses to attorn to P, constructive possession remains with O, and P's real rights in the asset depend entirely on getting the legal title from O. If O was not himself the owner, P acquires no real rights in the absence of attornment by T, and will be unable to recover the asset if T becomes bankrupt.

2.43 Hence if the term 'constructive possession' is to be used, it is as well to confine it to cases where the bailee holds possession to the bailor's order, so that possession is shared, by contrast with the case where the bailee has exclusive possession (because he is holding for an interest of his own) and the bailor has merely a right to possess.

2.44 We may summarize the foregoing analysis as follows. Possession is either sole or shared, that is, held for another. Sole possession necessarily predicates physical possession or control to the exclusion of others. It follows that two people cannot separately hold sole possession; there can only ever be one possession at any time, sole or shared.

2.45 Shared possession is very common in commercial transactions. In some cases B holds possession for O from the outset. In others, he initially holds on his own account or for a third party, T, and later undertakes to O to hold it for him. In order to confer real rights on O, the attornment must identify the goods to which it relates.[132] If B fails to appropriate particular goods to his undertaking (as where B is a warehouseman who holds 100 cases of wine for S and on S's instructions notifies O, as purchaser of 30 cases, that this number will be held to O's order, without further identification being given), his undertaking is a mere 'quasi-attornment'.[133] O has at best a personal claim against B founded on estoppel,[134] not a possessory real right by attornment.[135] Attornment can arise in a wide variety of situations. A seller originally in possession as owner can attorn to his buyer,[136] and a buyer to his seller; a

---

[131] The typical case is where B wrongfully sells the asset to T. But the position would be the same if B delivered it to T with instructions to hold it for O, and in breach of those instructions T asserted a claim to the asset in defiance of O's right to possession. See to the same effect W. Markby, *Elements of Law* (6th edn, 1905), para 373.

[132] And since bailment is consensual, it is also necessary that B's possession for O has been expressly or impliedly authorized by O, failing which O does not acquire constructive possession unless and until he assents to B's holding for him (W. Markby, *Elements of Law*, para 374).

[133] This is also true of a bill of lading which does not identify the goods.

[134] See N. E. Palmer, *Bailment* (3rd edn, 2009), ch 25.

[135] *Re Goldcorp Exchange* Ltd [1995] 1 AC 74. Thus the attornment of a third party to the buyer under a contract of sale requires 'a complete assent of all three parties to the appropriation of specific goods to the buyer under the contract' (Pollock and Wright, *An Essay on Possession in the Common Law*, p 73); and see *Hayman & Sons v McLintock* 1907 SC 936; *Re London Wine Co (Shippers) Ltd* [1986] PCC 121; *Goode on Proprietary Rights and Insolvency*, Appendix; and see para **10.10**.

[136] In Pollock and Wright, *Possession in the Common Law*, p 72, the decision in *Marvin v Wallace* (1856) 25 LJQB 369 is cited as authority for the proposition that the seller is

2.45 *Basic Concepts of Personal Property*

pledgor can attorn to his pledgee; and a third party initially holding the goods for O can later attorn to O's purchaser, P. A person can in a loose sense attorn in advance by issuing a bill of lading, statutory warehouse warrant or other document of title by which he undertakes to surrender the goods to whoever is the lawful holder of the document.[137] Delivery of the document, with any necessary indorsement, thus puts the deliveree in constructive possession, though only if each successive holder was intended by his transferor to be given constructive possession of the goods by the transfer of the document.[138] Attornment may be effected either verbally (in the form of an oral or written undertaking to hold the goods to O's order[139]) or by conduct, eg delivery of the keys to the warehouse where the goods are stored[140] or delivery of one of a collection of articles in the name of the whole,[141] though these are sometimes treated as distinct methods of transfer. It would seem that an attornment can be made only by the physical possessor of the goods, not by a person who himself holds a mere constructive possession, for the physical possessor has not given him any undertaking and, indeed, may be completely ignorant of his existence.[142]

2.46 Once acquired, possession is deemed to continue until the asset has passed into the possession of another or has been abandoned.[143] Accordingly, once the requisite degree of control has been established, it is unnecessary to

---

considered to have made delivery to the buyer 'whether the vendor's custody is in the character of a bailee for reward or of a borrower'. This, however, is a misreading of the decision, which was based on the fact that, after the sale, the seller acknowledged the buyer's title and asked if he could borrow the goods. The buyer could have refused. The seller's assent to hold for the buyer was not under the bailment but preceded it. In *Michael Gerson (Leasing) Ltd v Wilkinson* [2001] QB 514, [2001] 1 All ER 148, there was a composite sale and lease back to the seller, so that, in contrast to the position in *Marvin v Wallace*, there was no identifiable point of time at which the buyer was in a position to give the seller instructions concerning the goods. Nevertheless the Court of Appeal held that the effect of the sale and lease back was to give symbolic delivery to the buyer, who otherwise would not be in a position to grant the lease back to the seller, and this sufficed to attract s 24 of the Sale of Goods Act 1979, as to which see paras **16.46** ff.

[137] Described as a transferable attornment by Lord Hobhouse in *Borealis AB v Stargas Ltd* [2002] 2 AC 205 at 219.

[138] For an illuminating examination of this principle, see the judgment of His Honour Judge Diamond QC in *The Future Express* [1992] 2 Lloyd's Rep 79 at pp 95–96, pointing out that transfer of the document of title passes constructive possession only if so intended by the transferor, and thus rests on a principle distinct from that of attornment. This is demonstrated by the fact that decisions on the effect of transfer of a document of title made no reference to the concept of attornment. Accordingly, it would seem that attornment in advance is not recognized by the common law. See *Farina v Home* (1846) 16 M & W 119; *Official Assignee of Madras v Mercantile Bank of India Ltd* [1935] AC 53, per Lord Wright at 58–59.

[139] See *Laurie and Morewood v Dudin & Sons* [1926] 1 KB 223, per Scrutton LJ at 237.

[140] *Gough v Everard* (1863) 2 H & C 1. Where these give control of the contents of the warehouse, so that the delivery is not merely symbolic, this constitutes an independent form of constructive delivery of the goods.

[141] It must be intended that delivery of the part shall count as delivery of the whole (*Kemp v Falk* (1882) 7 App Cas 573, per Lord Blackburn at 586).

[142] See Goode, *Proprietary Rights and Insolvency*, paras 1.27–1.31.

[143] Hudson, *Abandonment*, n 90 especially at pp 618–619; Pollock and Wright, *Possession in the Common Law*, pp 18–19; Harris, '*Possession*', n 121, pp 73–74; Paton, *Jurisprudence*, pp 580–581.

Dealings in Goods **2.49**

prove its continuance; it is for the party contesting the other's possession to show that this has been transferred to a third party or deliberately surrendered by abandonment.[144] So documents of title taken by way of pledge may be released to the pledgor to enable him to sell as the pledgee's trustee-agent without the pledgee losing legal possession. In such a case, the pledgor holds possession for the pledgee in the same way as under any other shared possession arrangement.

2.47 Where possession is doubtful (as in the case of goods used on premises in common occupation), the rule is that possession follows the title.[145]

8. DEALINGS IN GOODS

2.48 A consensual dealing in goods may take one of three forms:

(a) an outright disposition of the absolute interest;
(b) a disposition of the absolute interest by way of mortgage;
(c) the creation of a limited interest.

Interests in goods may also be transferred by operation of law, as in the case of death or bankruptcy of the holder of the interest, or be subjected to a security created by law, as with a common law or statutory lien.[146] In certain situations the two methods may be combined, the transfer taking place by act of the parties but operating, by virtue of a statutory provision or rule of law, to confer on the transferee a title better than that of his transferor, so that the absolute owner is divested of ownership even though he had not himself participated in the transfer at all.[147]

(i) Disposition of the absolute interest

2.49 An outright disposition of goods *inter vivos* may be effected at law by sale,[148] exchange,[149] gift or loan,[150] or as part of some other transaction, as where materials are supplied under a building contract. In contrast to land, an agreement for the outright transfer of goods is a mere executory contract. Until the transfer takes effect at law, the intended transferee acquires no proprietary interest of any kind.[151] The only way in which an outright disposition of goods can be effected in equity is by declaration of trust.

---

[144] See titles cited in n 143.
[145] *Ramsay v Margrett* [1894] 2 QB 18; *French v Gething* [1922] 1 KB 236.
[146] See paras **22.64–22.75**.
[147] See paras **22.64** ff.
[148] See chs 7 and 8.
[149] See para **7.36**.
[150] See para **2.36**, n 105.
[151] In the case of sale of goods, this is considered to result from the Sale of Goods Act (para **8.37**); and the court would presumably apply a similar principle to contracts of exchange. An agreement for a gift, or a purported gift not perfected by delivery of possession or by deed, confers no interest on the donee, legal or equitable, for equity does not perfect an imperfect gift, save in exceptional cases, such as those in which the donee can invoke a proprietary estoppel. See J.A. McGhee and S. Elliott, *Snell's Equity* (34th edn, 2020), 24-009 – 24-015.

2.50 The position is otherwise in the case of dealings with an absolute interest by way of mortgage,[152] to which the Sale of Goods Act 1979 does not apply even where the mortgage is in the form of a sale,[153] so that an agreement for a mortgage is treated in equity as a mortgage.[154]

(ii) Limited interests in goods

2.51 A limited interest in goods can be created at law only by the taking of possession, under a pledge, rental, lease or other form of bailment, or the retention of possession in exercise of a lien.[155] This is because, as we have seen, the doctrine of indivisibility of legal ownership precludes a limited legal interest from being created derivatively out of an existing legal interest.[156] Hence a limited interest in goods arising otherwise than by virtue of possession can take effect only in equity.

2.52 An equitable interest in goods does not have to be of a type which, if fully perfected, would be recognized at law. A full range of limited interests is available in equity, including a mortgage, a life interest, an entailed interest and an interest for a term of years under a trust.

9. DEALINGS IN INTANGIBLES

2.53 We have previously remarked on the value of debts and other intangibles as assets available for disposal by way of trade or security.[157] As in the case of goods, the absolute interest in an intangible may be disposed of outright or may be made the subject of security. Similarly, a pledge of or other limited interest in intangibles may be created by the delivery of possession, but in English law only documentary intangibles are susceptible to this treatment,[158] since a pure intangible is by definition incapable of physical possession. As the mode and effect of dealings in documentary intangibles differ markedly from those of pure intangibles, these two forms of choses in action require separate discussion.

---

[152] For this purpose, the reservation of title, eg under a contract of sale, is not considered in law to constitute a security interest; see also para **22.15**. See paras **22.33–22.35** as to the effect of extending reservation of title to cover proceeds.
[153] Section 62(4).
[154] See para **23.03**.
[155] See para **2.23**.
[156] See para **2.25**.
[157] See generally Fidelis Oditah, *Legal Aspects of Receivables Financing* (1991).
[158] See paras **2.56** ff and **22.18**.

(i) Pure intangibles

2.54 A pure intangible is a right which is not in law considered to be represented by a document.[159] At common law, such an intangible was generally regarded as incapable of assignment. This was partly because the common law considered rights under a contract to be intended to be personal to the contracting parties and partly through a fear that if the assignment of contract rights were recognized, the path would be open to the evils of maintenance, by which a party having no legitimate interest in pursuing a claim could, by taking it over, pursue remedies which might not have been pursued by the original creditor. The courts of equity, however, were less troubled by these apparent difficulties and were prepared to order the assignor to allow his name to be used by the assignee in a common law action.[160] This rather cumbersome approach is now unnecessary, since it is provided by statute that, if certain conditions are fulfilled,[161] the assignee of the debt or other chose in action acquires a legal right to it and can sue in his own name. The statutory provisions[162] apply equally to an outright sale or gift of choses in action and to a mortgage, that is, an assignment by way of security with a proviso (express or implied) for re-assignment on redemption. But a charge of a chose in action – which, as we have seen, is a mere incumbrance and does not operate to transfer any proprietary interest – is outside the scope of the statute and continues to have effect in equity only.

2.55 An agreement to assign an intangible constitutes an equitable assignment, as does an actual assignment which does not conform to all the conditions provided for a statutory assignment. The difference between an equitable assignment and a statutory assignment is procedural rather than substantive: the equitable assignee may in a proper case be required to have the assignor joined as claimant.[163] No other disability attaches to an equitable assignment so long as notice of the assignment is given to the debtor before payment by the debtor to the assignor and before the giving of notice by any subsequent assignee.[164] But failure to give notice of assignment can have disastrous consequences for the assignee.[165]

---

[159] As to the consequences of a right being so represented, and the tests for distinguishing a documentary intangible from a pure intangible, see para **2.56**. For the assignment of debts and other pure intangibles, see para **2.58**.
[160] Indeed, the common law courts themselves regularly allowed an assignee to sue in the name of his assignor where this did not appear to be objectionable.
[161] Ie an absolute assignment in writing under the hand of the assignor and written notice to the debtor.
[162] Law of Property Act 1925, s 136.
[163] Under CPR r 19.4.
[164] See paras **24.14–24.15**.
[165] Ibid.

(ii) Documentary intangibles

2.56 Documentary intangibles are of three kinds: documents of title to payment of money (termed instruments)[166], documents of title to negotiable securities (eg bearer bonds and notes), and documents of title to goods. Instruments, bonds, notes, and the like are true documents of title in that ownership of the underlying right to the securities or money may be transferred by delivery of the instrument, bond or note, if so intended. By contrast, documents of title to goods, such as bills of lading, do not in themselves embody ownership rights, merely control giving constructive possession, and it is this control which is transferable by delivery, with any necessary indorsement.[167] The feature characterizing a documentary intangible is that the debt or other obligation is considered in law to be locked up in the document, with the following consequences:

(a) Delivery of the document, with any necessary indorsement,[168] will, if so intended, operate to transfer to the deliveree legal title to the debt or other right embodied in the document without the need for any instrument of assignment or any notice to the obligor.

(b) So long as the document remains current, the right to sue on the original consideration for which it was given is suspended.[169]

(c) If the obligor tenders payment or other performance to the holder, he obtains a good discharge.

(d) Conversely, if the obligor tenders payment or other performance to one who is not the holder (eg to the original obligee after he has parted with the document), he does not obtain a good discharge.

(e) The document is treated as a chattel, with the result that it may be pledged and the person entitled to possession of it is protected by the same tort remedies (conversion, trespass to goods, etc) as are available to protect possession of ordinary chattels.[170]

2.57 A document embodying rights transferable by its indorsement and delivery is said to be *negotiable*, and the act of transfer is termed negotiation.[171] It will be apparent that transfer by negotiation is much more

---

[166] See chs 19–21.

[167] See *Goode, Proprietary Rights and Insolvency*, paras 4.01 ff. Older cases tend to treat documents of title to goods as meaning just that, probably because the practice of pledging documents of title was still undeveloped and the transfer of the document of title was usually identified by the contract of sale, expressly or impliedly, as the point at which the property was to pass.

[168] See paras 20.20, 32.56.

[169] See para 20.124.

[170] For this purpose an instrument is assessed at its face value (*International Factors Ltd v Rodriguez* [1979] QB 351).

[171] There is an unfortunate ambiguity in the term 'negotiable'. In its broad sense, it denotes an instrument or document of title transferable by delivery, with any necessary indorsement. In its narrow sense, it means an instrument which is capable of being held by a bona fide purchaser for value without notice (ie a holder in due course), free from defects in the title of his transferor. An instrument negotiable in the broad sense is a documentary intangible and as such is pledgeable even if it is not capable of giving rise to holder in due course status. But a payment order or undertaking which is not transferable at all is not a documentary intangible and is not pledgeable except as a scrap of paper.

Essential Elements for the Consensual Transfer of Real Rights 2.59

convenient than transfer by assignment. Since the obligation is locked up in the document, the delivery of the document, with any necessary indorsement,[172] is all that is needed to transfer the obligation. No separate instrument of assignment is necessary. Further, no notice of transfer or assignment has to be given to the obligor, who knows that the only person to whom he is entitled to make payment or tender delivery is the person who is the holder of the document at the time of its maturity, whether or not he was the original obligee. Finally (and this is limited to negotiable instruments and negotiable securities, as opposed to negotiable documents of title), whereas a mere assignee of a right to a sum of money takes subject to equities, the holder of a negotiable instrument or bearer security who qualifies as a holder in due course takes free from defects in the title of his transferor.

2.58 Whether an intangible will be recognized at common law as a documentary intangible depends upon mercantile usage. Is the document one which is treated as representing the obligation? The convenient way of testing this is to ask whether the document is of such a class that in ordinary mercantile usage the obligor's performance would be owed not to the original obligee as such but to whoever is the current holder of the document and in exchange for its surrender. If so, it is highly likely that the intangible is a documentary intangible and capable of transfer or pledge as such. Into this category fall bills of lading, negotiable bills of exchange[173] and a range of other negotiable instruments.[174] If, on the other hand, the document is not of this character, the intangible will be a pure intangible and as such will be capable of being dealt with only by way of assignment or charge, not by negotiation or pledge. Thus, a debt for goods sold and delivered may be recorded in an invoice sent to the debtor, of which a copy is retained by the creditor, but delivery of the copy of the invoice will not transfer title to the debt since it is not a document the possession of which establishes a right to payment. The same applies to sums payable under building contracts and hire-purchase agreements. Even the right to payment under an insurance contract is not a documentary intangible, for though production of the policy is normally required as a condition of payment, the obligation is owed to the name insured, not to the holder of the document as such. The essence of a documentary intangible is that in mercantile usage the right travels with the document.

10. ESSENTIAL ELEMENTS FOR THE CONSENSUAL TRANSFER OF REAL RIGHTS

2.59 Whether a transaction relates to tangible or intangible property, four elements are essential if the intended transfer is to be legally effective. First, the person alleged to be the transferor must have had a title to the asset or a power to dispose of it.[175] Secondly, he must have intended to divest himself of his

---

[172] See para **20.20**.
[173] A bill of exchange may be rendered non-negotiable by appropriate wording. See para **20.22**, n 57.
[174] See chs 19–21.
[175] See para **16.04**.

2.59 *Basic Concepts of Personal Property*

title.[176] Thirdly, he must have taken steps to effectuate that intention by an act of transfer or an agreement for transfer recognized in equity as a transfer. Fourthly, the property claimed to have been transferred must be identifiable as the subject matter of the transfer agreement, either because it has been so identified in the agreement itself or because it has become identified as the result of its subsequent setting aside and appropriation to the agreement by an unconditional act of appropriation made in conformity with the agreement. These propositions may seem self-evident, yet they continue to generate litigation, both as to the validity of the propositions themselves and as to their applicability to the particular facts of the case. Particular problems arise where materials contributed by different people to be made up for them by a third party into finished products are commingled and the third party becomes bankrupt before appropriating the products to any contract with any particular contributor[177] or where a number of buyers contract to purchase given quantities of goods from stock in an identified warehouse and the seller becomes bankrupt before appropriating any of the stock to any particular sale contract.[178]

2.60 The need for identifiability applies as much to dealings in intangible property as it does to dealings in tangibles, and as much to declarations of trust as to agreements for sale or charge. For example, the requirement of identifiability is satisfied if A Ltd agrees to transfer to B Ltd all debts due and to become due to A Ltd from third parties,[179] but not if A Ltd agrees to transfer 50% in value of such debts, for such an agreement does not identify the debtors or the debts, and the transfer of ownership depends upon a subsequent act of appropriation of identified debts to the agreement. The problem of identification arises only where performance of the transfer obligation relates to fungibles, that is, to one or more legally interchangeable units forming part of a larger collection or bulk and requiring segregation from the bulk in order to become ascertained.[180] Fungibility is thus the antithesis of specificity and presupposes that the property which is the subject of the transfer obligation is divisible by transfer into units capable of ownership separately from the property of which they previously formed part. Thus the question of ascertainment does not arise in relation to the transfer of shares in a single chattel, such as a ship or a racehorse, or shares in a particular issue of securities or part of a single debt, for in all these cases segregation is legally impossible and all that can be transferred is co-ownership of a single, identified asset.[181]

---

[176] Or be estopped from denying that he intended it.
[177] See para **8.39**.
[178] See para **8.45**.
[179] See *Tailby v Official Receiver* (1888) 13 App Cas 523.
[180] See para **8.10**. However, in the case of sale to a prepaying buyer the problem has been resolved by ss 20A and 20B of the Sale of Goods Act 1979. See para **8.52**.
[181] See paras **2.90–2.91** and R. Goode, 'Are Intangible Assets Fungible?' [2003] LMCLQ 379.

11. CONFLICTING CLAIMS TO PURE PERSONALTY

(i) Types of conflict

2.61 There are various situations in which two or more conflicting claims are made to tangible or intangible personalty and the law has to determine which of the claims is to be accorded priority. These divide into four broad groups:

2.62 (a) BOTH PARTIES CLAIM AN INDEFEASIBLE TITLE TO THE ABSOLUTE INTEREST IN THE ASSET. In this situation, winner usually takes all, since the upholding of one claim almost invariably destroys the other. The archetypal case is that in which goods belonging to A are wrongfully sold by B to C, as where goods acquired under a hire-purchase agreement are sold by the hirer to a third party. If A's claim is upheld, C will have to return the goods or at least to pay their value. There is no question of C's interest being merely subordinated to that of A, for A's interest is absolute and will thus endure indefinitely. Alternatively, if C's claim is upheld, A is adjudged to have lost the title he formerly enjoyed. A similar dispute can arise in relation to intangibles where A, to whom a debt is owed, sells the debt to B and then fraudulently sells the same debt to C. Exceptionally, the dispute between the two claimants to an absolute interest may be resolved by declaring that they have equal or unequal shares in the goods, as where C wrongfully commingles the property of A with that of B to form a new product. A slightly different type of conflict arises where, for example, B wrongfully sells goods belonging to A and assigns the resulting account for value to T, and A lays claim to the same account as proceeds of his goods. This is dealt with below.

2.63 (b) BOTH PARTIES CLAIM A DEFEASIBLE TITLE TO THE ABSOLUTE INTEREST. The typical case is where the owner of an asset mortgages it first to A and then to B. Here both parties have title, but since this is defeasible by repayment of the secured debt, the issue is one of priorities. Assuming that A's first mortgage has priority, B's second mortgage attaches to the debtor's equity of redemption, so that if A's mortgage is paid off without the need for sale of the asset, B's mortgage is promoted, while if the asset has to be sold to pay off the debt due to A, B's mortgage will attach to any surplus remaining.

2.64 (c) ONE PARTY CLAIMS TITLE TO THE ABSOLUTE INTEREST, THE OTHER TO A LIMITED INTEREST. Here the position is slightly different again, since ownership of the absolute interest is not in issue, and the sole question is whether this is subject to the limited interest claimed by the other party. If the limited interest is upheld, the absolute owner does not lose everything, but his goods remain encumbered by the limited interest until this is discharged. A typical case is where goods which are the property of A have been deposited by B with C for repair in such circumstances that C has a lien on them for the repair charge which is valid against A. Another example is where A sells assets to B which are subject to a charge in favour of C. The rights of B are not extinguished, merely subordinated to the charge. But if the

2.64 Basic Concepts of Personal Property

holder of the limited interest is unsuccessful, then he loses entirely, except where the court is able to come to his aid through principles of unjust enrichment.[182]

2.65 (d) BOTH PARTIES CLAIM A LIMITED INTEREST. The typical case is where the owner of a chattel charges it first to A and then to B. Title to the absolute interest remains in the debtor; in all other respects the situation is the same as in case (b). The upholding of one claim does not destroy the other but merely subordinates it so that, to the extent to which the value of the debt is sufficient to satisfy both claims, loss is not suffered by the holder of the subordinate interest. In this case both claims are to an equitable interest. It is also possible to have a contest between the holder of a limited legal interest and the holder of a limited equitable interest, as where goods are charged to A and then pledged to B. But there cannot be two concurrent limited legal interests in the same asset. The indivisibility of possession of personalty precludes the possibility in the case of goods, and all limited interests in pure intangibles are equitable in character.

(ii) Tracing at common law and in equity[183]

2.66 The distinction between real and personal rights is well brought out by comparing tracing in equity with its common law counterpart. A person whose asset is wrongfully disposed of by another may, in lieu of following that asset into the hands of its new holder, assert a claim to the proceeds received in exchange for it.

2.67 The common law did not recognize the trust; accordingly, if A transferred an asset to B to hold on trust for O, the common law regarded B as the owner and did not recognize the trust in favour of O. If A had wanted to vest ownership in O, he should have done so by a transfer in due form. In consequence, if B, the bailee of O's goods, wrongfully sold them to T, legal title to the proceeds passed to B, not to O, and O's common law remedy was limited to a purely personal claim for the amount received by B or to an *ad rem* claim for delivery up of the proceeds if they were non-fungible tangibles. The common law also provided O with similar personal rights against T2, a transferee of the proceeds from B,[184] except where T2 acquired an overriding title to them as a purchaser for value or perhaps where they lost their identity through commingling in a bank account.[185] But since O had no real rights in

---

[182] Eg, by giving him an allowance for improvements. See para **2.94**.
[183] See L. D. Smith, *The Law of Tracing* (1997); A. Burrows, *Law of Restitution*, ch 6; G. Virgo, *The Principles of the Law of Restitution* (3rd edn, 2015), chs 21 and 22; P, Birks, *Unjust Enrichment* (2nd, edn 2005), pp 198 ff and *An Introduction to the Law of Restitution* (2003), pp 377 ff.
[184] *Banque Belge Pour L 'Etranger v Hambrouck* [1921] 1 KB 321. See further para **17.37**, as to tracing claims to money.
[185] *Agip (Africa) Ltd v Jackson* [1991] Ch 547, where the Court of Appeal, like Millett J at first instance, [1990] Ch 265, experienced some difficulty with the judgment of Atkin LJ in the *Banque Belge* case suggesting the contrary. See further para **17.39**.

Conflicting Claims to Pure Personalty 2.70

the proceeds, he could not assert title to them against the trustee in bankruptcy of B or T2 and had to content himself with proving in the bankruptcy in competition with other creditors.

2.68 Equity, however, treats B as a trustee of the proceeds resulting from his improper disposition of O's asset, thereby giving O a proprietary right to the proceeds[186] which he can assert against a trustee in bankruptcy and entitling O to follow the proceeds from B's hands into those of T2, except where T2 has acquired an overriding title. But since the equitable remedy is proprietary, not personal, T2 incurs no liability in equity if, having received the proceeds in good faith, he parts with them to T3 before receiving notice of O's rights.[187] In this situation, O is left to pursue his common law remedy against T2 for money had and received (in the case of a money fund) or conversion (where the proceeds take the form of goods), a remedy which will be given only if T2 received the proceeds as a volunteer or with notice of O's rights.

2.69 Professor Lionel Smith's work *The Law of Tracing* has done much to clarify both thinking and terminology in this complex subject. First, a distinction is drawn between *following* the original asset and *tracing* its proceeds. Secondly, tracing is not itself a remedy, merely a legal mechanism to establish that a benefit received by the defendant can be identified as resulting from a diminution in the claimant's assets. Assuming that this is demonstrated, it is then for the law to determine, according to rules of *claiming*, whether the claimant has a proprietary claim to what the defendant received or whether this is barred by an available defence. Thirdly, it is wrong to regard proceeds as the original asset in a changed form, since the original asset continues to exist, and the proceeds represent the exchange value of the asset to the parties to the transaction which produces them. It follows that there is no need to show any physical correlation between the asset the claimant lost and the asset the defendant received, merely a loss of *value* by the claimant and a receipt of *value* by the defendant. Accordingly, an improper transfer of value by novation[188] is just as traceable as a transfer of value by assignment. These concepts have now been endorsed by the highest authority.[189]

2.70 Until relatively recently it had been thought that a claim to proceeds of an unauthorized disposition was based on unjust enrichment, rather than being a vindication of a pure property right. However, the House of Lords held, in *Foskett v McKeown*,[190] that the interest in proceeds is a pure property right flowing from ownership of the original asset and does not derive from the law of restitution or the law of unjust enrichment. Such a property right, like other property rights, is determined by fixed principles and is not dependent on

---

[186] For a discussion of proprietary claims to money, see para **17.40**; and for claims to the proceeds of goods supplied under reservation of title, paras **22.33–22.35, 27.2**.
[187] *Re Diplock, Diplock v Wintle* [1948] Ch 465.
[188] See paras **17.38–17.39, 24.16**.
[189] See *Foskett v McKeown* [2001] 1 AC 102 per Lord Millett at 128.
[190] Ibid.

2.70 Basic Concepts of Personal Property

the court's discretion or on ideas as to what is fair, just and reasonable.[191] Accordingly, the claimant succeeds by virtue of his title and not by way of reversal of unjust enrichment.[192] It is therefore unnecessary for the claimant to show that the defendant has been unjustly enriched; the claimant is entitled to the proceeds as of right, not in exercise of the court's discretion, and defences particular to the law of restitution, such as change of position, are not available.[193] The effect is substantially to reduce the concept of a *restitutionary* proprietary claim founded on unjust enrichment.[194] Concern has been expressed that the pure property approach, under which the claimant has an interest simultaneously in the original asset and its proceeds, leads to a geometric multiplication of the claimant's property.[195] The answer is that the claimant has to elect whether to follow the original asset or to trace the proceeds, and once he has elected to pursue one remedy, the other is extinguished.[196]

2.71 Tracing in equity presupposes that legal title resides in one person, beneficial ownership in another. Where legal and beneficial ownership are in the same person, there is no separate equitable interest, for the existence of such an interest depends on a division between management and ownership.

(iii) The resolution of conflicting claims

2.72 The detailed rules of law by which conflicting claims to goods are resolved are examined at appropriate points in subsequent chapters. But certain principles have evolved at common law and in equity, and these will apply except so far as cut down by statute. They apply equally to tangibles and

---

[191] Ibid, per Lord Millett at 127; *Menelaou v Bank of Cyprus UK Ltd* [2015] UKSC 66, [2016] AC 176, at [37]–[38], [98] and [108]. See also G. Virgo, *Law of Restitution*, pp 566–567.
[192] The issue has divided academic writers. See, for example, P. Birks, [1997] NZ Law Rev 623, and [2001] CLP 231 advocating the concept of reversal of unjust enrichment; R. Grantham and C. E. F. Rickett, [1997] NZ Law Rev 668 and [2003] CLJ 717, and G. Virgo, *Law of Restitution*, pp 11 ff., contending that the right of recovery is based on property, not unjust enrichment. Professor Virgo's reasoning, now found in the third edition of his book, was in substance adopted by the House of Lords, albeit without acknowledgment. See further Virgo, *Law of Restitution*, pp 559–565.
[193] *Foskett v McKeown*, n 189.
[194] The concept is not necessarily extinguished altogether, since there are types of proprietary claim which are based not on diminution of the claimant's estate but on equitable wrongdoing, for example, a claim to the disgorgement of benefits received by a company director from pursuing business opportunities which, if he pursued them at all, should have been procured for the benefit of the company, not himself. See *Cook v Deeks* [1916] 1 AC 554; *Regal (Hastings) Ltd v Gulliver* [1967] 2 AC 134n; *FHR European Ventures LLP v Cedar Capital Partners LLC* [2014] UKSC 45, [2015] AC 250; R. Goode, 'Property and Unjust Enrichment' in A. Burrows (ed) *Essays on the Law of Restitution* (1991), pp 215 ff. and 'Proprietary Restitutionary Claims' in W. R. Cornish et al. (eds), *Restitution, Past, Present and Future* (1998), 63 at pp 73–74.
[195] A. Burrows, *The Law of Restitution*, p 131, taking up a point originally made by P. Birks, *An Introduction to the Law of Restitution*, p 394.
[196] Smith, *Tracing*, p 324; Virgo, *Law of Restitution*, pp 611–612.

Conflicting Claims to Pure Personalty **2.75**

intangibles, and will constantly recur in our subsequent discussion of priority problems.[197] They are as follows.

2.73 (a) NEMO DAT QUOD NON HABET. The rule of the common law is that only the legal owner of goods or one who has been authorized or otherwise held out as entitled to dispose of them can make a disposition which will be effective to divest the legal owner of his title or encumber his interest. In principle, therefore, the owner is entitled to pursue his goods even into the hands of an innocent purchaser for value, and to assert proprietary rights over the proceeds and products of his property.[198] A further aspect of the *nemo dat* rule is that any transfer by the owner himself takes effect subject to existing real rights, so that if the asset is subject to a security interest, the purchaser's rights are qualified by that interest, and if goods are in the possession of a lessee, the purchaser takes them subject to the rights enjoyed by the lessee by virtue of his possession under the lease.[199]

2.74 Numerous exceptions to the *nemo dat* rule have been made by statute, but the rule nevertheless retains considerable vigour. Where statute or a rule of law does create an exception to the *nemo dat* rule, the effect is that the transferor effectively conveys not merely his own interest in the asset but that of the person from whom his interest was derived.[200] Thus, a sale by a mortgagee in exercise of his statutory powers transfers to the purchaser not merely the mortgagee's legal interest but full ownership. Similarly, a sale by a pledgee in exercise of his common law power of sale conveys the title of the pledgor. Moreover, in certain cases the exception may result in a person being able to transfer ownership of an asset in which he has not merely a limited interest (eg by virtue of possession) but no interest at all. Thus, where the same debt is assigned to two different purchasers in succession and the second purchaser takes in good faith and is the first to give notice to the debtor, he acquires ownership of the debt in priority to the first assignee despite the fact that as a result of the first assignment the original creditor had nothing left to assign.

2.75 (b) SHELTERING. Where, under an exception to the *nemo dat* rule, a person acquires an indefeasible title, he can transfer this in all respects as absolute owner, and those taking from him can shelter under this title and will acquire title in turn even if taking with notice of the prior owner's rights. Thus if H, a person holding a motor car on hire-purchase from the absolute owner, O, wrongfully sells this to P, a private purchaser, who buys in good faith and without notice of the hire-purchase agreement, thereby acquiring a good title under Part III of the Hire Purchase Act 1964,[201] and who then resells the car to T, T will get a good title even though aware at the time of buying the vehicle

---

[197] See ch 24.
[198] See above.
[199] See R. Goode, *Hire-Purchase Law and Practice*, p 35. For a different view, see W. J. Swadling, 'The Proprietary Effects of a Hire of Goods' in N. Palmer and E. McKendrick (eds), *Interests in Goods*, ch 20.
[200] And in certain cases even the paramount title of a third party.
[201] See para **16.72**.

that it had been fraudulently sold by H at a time when it belonged to O. If the position were otherwise, the title acquired by P would be rendered illusory, for it would not be marketable. There is one exception to the rule as to sheltering – it cannot be invoked by the original wrongdoer, so that if the vehicle were to be reacquired by H from T or an intervening party, H would not be allowed to retain it against O.[202]

2.76 (c) A LEGAL INTEREST IS TO BE PREFERRED TO AN EQUITABLE INTEREST. The holder of an equitable interest becomes subordinated to one who subsequently purchases the legal interest in good faith and without notice, at the time he advanced his money, that the equitable interest existed. So if A grants an equitable mortgage of an asset to B and then mortgages that asset in equity to C, who takes in good faith for value and without notice, C, though initially subordinated to B, can jump ahead of B by getting in the legal title, even if by that time he has acquired notice of B's interest.[203] There is one exception. Priority as between successive assignees of a debt or other chose in action is governed by the rule in *Dearle v Hall* and thus goes to the first to give notice to the debtor or fund holder, even if the interest of the person giving notice is equitable and that of the other assignee legal.[204]

2.77 (d) WHERE BOTH INTERESTS ARE EQUITABLE, THE FIRST IN TIME PREVAILS. Such a conflict is unusual in the case of goods but sometimes arises where two equitable claims are made to a debt, eg in a contest between a factor and bank holding a floating charge. In the case of debts, however, this priority rule gives way to a stronger equitable principle: that priority goes to the first to give notice of his interest to the debtor if, being the later party, he was without notice of the prior claim. It is only where neither has given notice that the order of creation of the equitable interests is relevant, and in such a case the priority so established is provisional only, since it is liable to be displaced if the holder of the second interest gives notice first. The interest which is prior in time may also be displaced as a result of the second assignee getting in the legal title, in the manner described below.

2.78 (e) A LEGAL OR EQUITABLE INTEREST PURCHASED FOR VALUE AND WITHOUT NOTICE PREVAILS OVER A MERE EQUITY. The position concerning mere equities has already been discussed.[205]

2.79 (f) A PURCHASER FOR VALUE IS PREFERRED TO A MERE DONEE ('VOLUNTEER'). An interest taken for new value is in principle stronger than one taken for past value or for no value at all. The concept of value and the

---

[202] 2 Bl Comm 450. The same rule applies in equity (*Re Stapleford Colliery Co, Barrow's Case* (1880) 14 Ch D 432 at 445).
[203] *Bailey v Barnes* [1894] 1 Ch 25; *Taylor v Russell* [1892] AC 244; *McCarthy & Stone Ltd v Julian S. Hodge & Co Ltd* [1971] 2 All ER 973. As to the circumstances in which the holder of a legal estate or interest may be postponed to a *subsequent* equitable incumbrancer, see para **24.19**.
[204] See paras **24.14, 29.31**.
[205] See para **2.10**.

way in which the deemed order of cash flows on a current account may have the effect of converting past value into new value are discussed later in relation to security interests.[206]

12. THE EFFECT OF TRANSFERS BY A NON-OWNER

(i) Validity and priority

2.80 Where, without authority, a person purports to transfer an asset to which he has no title (either because he never had title or because he has lost it), a lawyer asked to consider the effect of such a transfer will often characterize the question as one of validity. Is the transfer valid? Or is it void? If English law did not admit any exceptions to the *nemo dat* rule, such a formulation would be entirely accurate, for an unauthorized transfer by a non-owner would then be inherently impossible as a matter of law and would thus fall into the same category as, for example, a transfer prohibited by statute or a sale to a person of what is already his own property. But, because of the various exceptions to the *nemo dat* rule, a transfer by a non-owner cannot be treated in this way. The mere fact that the transferor lacks title is insufficient by itself to tell us whether the transferee will acquire a good title. There can be no doubt that as between transferor and transferee the disposition is 'valid' in any event. The question is in truth one of priority, ie whether the claim of the transferee is superior to that of the original owner.

2.81 In just the same way, it is inaccurate to speak of a transfer in legal form by one who has a good title as inexorably valid on that account. It may, for example, be valid as between him and the transferee while void against third parties for want of registration. Hence validity, like invalidity, is a relative concept. The question is, as before, one of priority as between transferee and third parties.

(ii) Nature of interest acquired by transferee

2.82 If, by virtue of some exception to the *nemo dat* rule, a person acquiring an asset from one not entitled to dispose of it nevertheless gets a good title, it is pertinent to inquire whose title he gets. Consider the following:

Case 1: S sells goods to B, to whom the property passes under the contract. S, while still in possession of the goods, then sells them a second time to C, to whom he delivers them. C acquires legal title to the goods, overriding that previously acquired by B.[207]

Case 2: T steals goods belonging to O. The goods are later seized and sold by an enforcement officer to W to satisfy a judgment against T. W gets a good title overriding that of O.[208]

---

[206] See paras **23.25–23.28**.
[207] Factors Act 1889, s 8; Sale of Goods Act 1979, s 24. See para **16.46**.
[208] Courts Act 2003, Schedule 7, para 11. See para **16.93**.

2.82 *Basic Concepts of Personal Property*

What, in each case, is the interest acquired? Does S confer on C the interest which S had before he sold to B? Or does C acquire from S the interest of B, through some sort of involuntary assignment resulting from S's second sale? Or does C take a new and original interest? Again, does the sale by the enforcement officer transfer to W the interest (if any) enjoyed by T himself, or the interest of O, or does it confer on W a new and original interest?

2.83 We can start to answer these questions by observing that the assumption made in the first question is not quite accurate. S, having sold to B, retains possession and thus a legal interest. The quantum of that interest will depend on S's intention. So long as he intends to possess as bailee, his interest will be limited. Once he assumes the intention to hold as owner, he acquires a full possessory title, subject only to the stronger title of B. Similarly, T, being in possession, has a legal interest and, if holding *animo domini*, has possessory title to an absolute interest, subject only to the stronger title of O. Yet this does not solve our problem. For since the legal title retained by S is subordinate to the indefeasible title of B, and the legal title obtained by T is subordinate to the indefeasible title of O, then, if the sale by S to C and the sale by the enforcement officer to W were merely transfers of existing legal titles, the title acquired by C would be subordinate to that of B and the title acquired by W would be subordinate to that of O.

2.84 Clearly, then, our two illustrations are exceptions to the *nemo dat* rule, for while both S and T had a legal title to convey, they effectively conferred more than they themselves possessed, by giving C and W a title paramount to that of B and O. The question is, whose title? Let us start with Case 1. There are at least three different possibilities. The first is that C acquires from S the interest of B, through some sort of involuntary assignment resulting from S's second sale. This is plainly not the case. C's title derives directly from S and is acquired upon the terms of his contract with S; it is not in any way derived from B or affected by the contract between S and B. The second possibility is that S confers on C the interest which S himself had before the sale to B. The third possibility is that C obtains a new and original title not (or not necessarily) limited to that previously held by S. English law does not deal with the problem conceptually, so that we cannot state with certainty whether in jurisprudential terms C obtains a title deriving from that of S himself or a new and independent title. Instead, the law concerns itself with the desired result, treating the issue as one of priorities. This particular exception to the *nemo dat* rule is founded on an underlying estoppel concept; B, by choosing to leave S in possession, assumes the risk of a fraudulent double sale. But if S himself lacks title there is no good reason why the true owner should be deprived of his property. So C gets as good a title as S had himself prior to the sale to B, but no better.[209] Whether C acquires *the* title of S or merely a fresh title as good as that of S is not a question the law answers. C has priority over B but not over the owner, and that is that.

2.85 By contrast, the rule operative in Case 2 is not based on the conduct of O but is designed to protect the inviolability of a purchase on a lawful sale by

---

[209] See para **16.71**.

way of execution. Hence W's rights do not merely displace those of T and of any other person who might claim under T, but override O's title as well.[210] We might ask whether W's ownership is original or is derived from O. But the law does not approach the problem in this way; it simply declares that W acquires a title displacing that of O.

2.86 In general, the result produced by Case 1 is more typical of the operation of an exception to the *nemo dat* rule, since English law is reluctant to shut out an owner who did not entrust possession or powers of disposition to the wrongful transferor or to an intermediate party. Thus, if B agrees to buy goods from S under a conditional sale agreement and, before becoming the owner, sells and delivers them to T, T will acquire title as against S but not as against a person whose title is paramount to that of S.[211] Similarly, a mortgagee exercising a power of sale transfers to the purchaser ownership of the asset free from the interests of the mortgagor[212] and those claiming under him[213] but subject to the rights of a prior mortgagee. Again, the issue is resolved in a practical way by a priority rule and does not depend for its resolution on any *a priori* classification of the purchaser's title as original or derivative.

13. IDENTIFYING THE OBJECT OF A TRANSFER OBLIGATION[214]

2.87 In considering the nature of claims to an asset, it is necessary to distinguish

(a)   an entitlement *in specie*;
(b)   a claim to a fungible;
(c)   an interest in a fund; and
(d)   a right to payment of a debt.

(i) Interests in specie

2.88 O has an entitlement *in specie* to an asset in the hands of B when the asset is identifiable[215] and the terms under which B holds it are such that he is under a duty to surrender or transfer the asset itself, and not merely its equivalent in the form of a comparable asset or money, to O or to deal with the asset at O's direction. Entitlements in specie, real or personal, may exist in any kind of asset, tangible or intangible, so long as it is identifiable to the transfer obligation.

---

[210] See para **16.29**.
[211] See para **16.71**.
[212] Law of Property Act 1925, ss 2, 88, 89, 104.
[213] Including a person to whom the mortgagor has contracted to sell the property (*Duke v Robson* [1973] 1 All ER 481).
[214] See further on this topic, R. M. Goode (1976) 92 LQR 360 at pp 382 ff and 529 ff.
[215] As opposed to being a fungible. See below.

(ii) Claims to fungibles[216]

2.89 By contrast, fungibles are assets of which one unit is, in terms of an obligation owed by one party to another, indistinguishable from any other unit, so that a duty to deliver one unit is considered performed by the delivery of an equivalent unit. Fungibles are sometimes described as movables ordinarily valued by number, measurement or weight, eg grain or flour, but this is an inaccurate description. Whether assets are fungibles depends not on their physical characteristics but upon the nature of the obligation owed with respect to them. It matters not whether the subject of the contract is grain, flour or a motor car, or whether it is tangible or intangible. In a contract for the sale of unascertained, or generic, goods, the goods are *ex hypothesi* fungibles, since the duty of the seller is to sell and deliver not a specific chattel identified at the time of the contract but an article (ie *any* article) which answers to the contract description. The same is true of a contract relating to quasi-specific goods, that is, goods which are not themselves identified but form part of a larger bulk. These are fungibles in that the goods cannot be ascertained until they have been separated from the bulk.[217]

2.90 Similar considerations apply to intangibles, such as shares and debts, with the difference that since intangibles do not lend themselves to physical segregation, the test of fungibility is whether they are legally divisible into units capable of separate ownership. Only in this situation is segregation both possible and necessary to identify the subject of the transfer obligation. The failure to appreciate this fact has led to much misunderstanding. Thus the decision of the Court of Appeal in *Hunter v Moss*,[218] in which the court upheld the validity of a trust of part of the issued share capital of a company, has been criticized on the ground that the shares intended to be the subject of the trust had not been segregated, so that the trust should have failed for want of certainty of subject matter. But the criticism is misconceived. Shares of a particular issue are not like potatoes; they are not capable of segregation, either in fact or in law. A person who holds 50 shares in a company which has issued 500 shares is simply a co-owner of the issued share capital to the extent of 10%, and if he transfers 25 shares to another, the transferee in turn becomes a co-owner, to the extent of 5%, of the same issued share capital with the transferor and other shareholders. It is legally impossible to hold or transfer shares separately from the rest of the share capital. There is, in short, no means of segregation, even if the securities are numbered[219] – and the law does not require the impossible. The asset is a single asset, and the question of appropriation does not arise unless there are at least two legally interchange-

---

[216] See generally R. Goode, 'Are Intangible Assets Fungible?' [2003] *LMCLQ* 74.
[217] The position is otherwise where, by the terms of the contract or under s 20A of the Sale of Goods Act 1979, the buyer acquires a co-ownership interest in the bulk itself. See paras **8.52** ff.
[218] [1994] 3 All ER 215, [1994] 1 WLR 452.
[219] Which is no longer the case for UK shares. Though shares held by one person cannot be segregated from those held by others, this does not preclude a particular shareholding from acquiring its own history for certain purposes. See *Goode and Gullifer on Legal Problems of Credit and Security*, para 6-15.

able units. The same applies even to bearer securities. It is true that the pieces of paper embodying them are capable of physical segregation and thus of separate ownership, but these do no more than represent title to a co-ownership interest in a single asset, namely the totality of the issue of the securities. Likewise, there can be no objection to the assignment of part of a debt – for example, part of a sum standing to the credit of a bank account – for the effect of the assignment is to make the assignee co-owner of a single asset, the debt or deposit.

2.91 The position is otherwise, of course, where the terms of the transfer obligation are such that shares of different companies, or of different issues or classes of the same company, are interchangeable, as where a person agrees to provide his broker with collateral by way of margin deposit in the form of quoted securities to a given market value. In such a case the subject matter of the transfer obligation requires to be ascertained by appropriation of particular shares to the agreement. Similarly, where the intended assignment of debts relates not to a single debt but to two or more separate debts, whether due from the same debtor or different debtors, the assignor being free to decide which debts to allocate to the assignment agreement so long as they are of not less than a particular value, ownership cannot pass until such allocation has been made.

(iii) Interests in funds

2.92 In legal terms[220] a fund is an asset or collection of assets[221] vested in one person, whom we will call B, to manage on behalf of another, O, upon terms, express or implied, that the asset or assets so given shall be kept by B separate from his own property and that during the currency of his authority B shall be at liberty to change the components of the fund within the limits, if any, specified by his appointment. There are two crucial points to observe about the nature of an interest in a fund. The first is that the fund has an identity distinct from its component parts. O is the beneficial owner of the fund, B the owner of the individual assets from time to time comprising the fund. Unless O has and exercises a power to terminate the manager's authority and thus crystallize the fund, O has neither a possessory nor a proprietary right to any particular component of the fund, nor any right to insist that a specific component in the fund shall remain there. Hence, until crystallization of the fund, O has no *locus standi* to pursue against B or a third party an action in conversion, or any other

---

[220] The words 'funds' and 'funds transfer' are also commonly used in a non-technical sense to describe a claim on a bank and the process by which a debtor's instruction to his bank to arrange for payment to his credit by transfer to the latter's bank account is implemented. See paras **18.21** ff.
[221] The term 'fund' is sometimes employed in a narrow sense to denote a fund of money, but for the purposes of the present discussion it matters not whether the managed assets comprise money, goods, shares or pure intangibles. Moreover, while a fund is usually defined as a *collection* of assets, there is no reason why a fund should not be established with a single asset. The test of a fund is not the number of components it comprises but the power given to the manager to change them.

action founded on a right to possession of a specific asset.[222] It is B himself, and no other, who is the person entitled to assert rights over the components of the fund he is managing.[223] Thus the interest of O as beneficiary under an active trust is an interest in the fund of assets from time to time held by the trustee, not in any individual assets; and where O is the holder of a floating charge, his interest is in the fund of assets from time to time held by the company and falling within the scope of the charge, not in the individual assets themselves.[224] But O's interest in the fund is a real right, not simply a personal right, as is evident from the fact that, if B were to become bankrupt, the assets comprising the fund would continue to be held for O and would not vest in B's trustee in bankruptcy. The second point to note is that an interest in a fund is more than a purely personal right, for O is entitled to have the fund kept intact (albeit with changing components) and to have misappropriated assets forming part of the fund followed into the hands of third parties other than those acquiring an overriding title. Further, in the event of the bankruptcy of the fundholder, the fund does not form part of his estate available to his creditors but must continue to be held and managed on behalf of O.

2.93 The concept of a fund is known both to the common law and to equity. An interest in a fund is to be distinguished on the one hand from a real or personal claim to specific assets, as indicated above, and on the other from a mere debt claim, in that the fund is considered to have a distinct and continuous existence, despite the fact that its components are constantly changing,[225] and is thus susceptible to a tracing claim both at law (eg in a personal restitutionary claim for money had and received, where the fund is a money fund) and in equity, for which a proprietary claim is available. No such claim can be asserted where B's obligation to O is purely in debt, for *ex hypothesi* there is no *res* to which the tracing claim can attach.[226]

14. THE PROTECTION OF PROPERTY RIGHTS THROUGH THE LAW OF TORTS

2.94 The right to property in goods (which include documents and instruments[227]) is protected primarily through the law of torts. The owner of a chattel which is in the wrongful possession of another may be able to secure

---

[222] English literature on the nature of interests in a fund is surprisingly sparse. See Nolan (2004) 120 LQR 108, R. Goode (1976) 92 LQR 384, 529, and, for brief discussions, Lawson and Rudden, *Law of Property*, pp 44–46; B. Rudden, 'Things as things and things as wealth' (1994) 14 OJLS 81; A. M. Honore, 'Ownership', pp 132–133.
[223] See R. Goode (1976) 92 LQR, pp 384, 529. Misappropriation of the fund by B himself does not alter its status as a fund, for unless the beneficiary's rights have meanwhile crystallized, the assets recovered from B must be managed by his successor.
[224] See para 25.06.
[225] Thus the River Thames can be described as an identifiable fund of water. The water at any given moment is not the same as the water a moment earlier, but it is still the River Thames. The Greek philosopher Heraclitus would not have subscribed to the fund theory. So far as he was concerned, you cannot step into the same river twice.
[226] It is for this reason that the much-criticized decision in *Shamia v Joory* [1958] 1 QB 448 is plainly erroneous. See Goode (1976) 92 LQR 384 at pp 387–388.
[227] See para 2.56.

its return by physical repossession, but if he resorts to the courts, he has no ineluctable right to an order for its return. The court has a discretion[228] to make an order for delivery which allows the defendant the option of paying the value of the goods as damages. Further, in making an order for delivery of the goods, the court may impose such conditions as seem just,[229] and may thus, for example, make it a condition of the order that the claimant shall compensate the defendant for any increase in the value of the goods resulting from improvements made by him.[230]

2.95 Since the tort of conversion involves an interference with another's possession or right to possession, an action in conversion can in general be maintained only by one who was in possession or had an immediate right to possession at the time of the act complained of.[231] Ownership as such does not confer a title to sue[232] except so far as it is the source of, or is combined with, the immediate right to possess.[233] On the other hand, a mere contractual right to possession of goods from one who is the owner does not suffice to ground a claim for conversion; it is necessary that the right to possess be allied with a property interest of some kind.[234] So a buyer of goods to whom the property has not yet passed cannot maintain an action for conversion against the seller for failure to deliver them in accordance with the contract of sale.

---

[228] See para **2.15**.
[229] Torts (Interference with Goods) Act 1977, s 3(6). This was so even before the Act. See *Peruvian Guano Co Ltd v Dreyfus Bros & Co* [1892] AC 166, per Lord Macnaghten at 176; *Greenwood v Bennett* [1973] QB 195.
[230] *Greenwood v Bennett*, n 229; Torts (Interference with Goods) Act 1977, s 6.
[231] See S. Deakin and Z. Adams, *Markesinis and Deakin's Tort Law* (8th edn, 2019), p 378; E. Peel and J. Goudkamp, *Winfield and Jolowicz on Tort* (19th edn, 2014), paras 18-027 – 18-028; *Clerk & Lindsell on Torts* (22nd edn, 2018), para 17–44. See also *Leigh and Sillivan Ltd v Aliakmon Shipping Co Ltd* [1986] AC 785 (equitable owner of goods having no possessory title could not sue in negligence for damage to the goods without joining the legal owner).
[232] See literature cited in n 231.
[233] As in *International Factors Ltd v Rodriguez* [1979] QB 351.
[234] *Jarvis v Williams* [1955] 1 WLR 71.

Chapter 3
SOME ASPECTS OF CONTRACT LAW

3.01 Commercial law, as we have previously remarked, is grounded in contract. This chapter provides a brief recapitulation of some of the more important principles of contract law.[1] It is, however, important not to view contract law in isolation from other sources of obligation, including tort, trusts and restitution or unjust enrichment. The fact that parties are in a contractual relationship does not of itself exclude the possibility that one party may owe to the other a duty of care in tort.[2] A claimant can resort to a claim in tort unless the tortious duty is so inconsistent with the applicable contract that the parties must be taken to have agreed that the tortious remedy is to be limited or excluded.[3] Equally a breach of contract can, in certain circumstances, give rise to a restitutionary claim or a claim in unjust enrichment.[4] In the present chapter we shall confine ourselves to the fundamentals of contract law as currently understood. The implications of the Human Rights Act 1998 for English contract law are not discussed here.[5]

1. THE NATURE AND FUNCTION OF CONTRACT LAW

3.02 A contract involves the exchange of equivalents. I agree to buy a television set from my local dealer for £750. The set is worth to me at least slightly more than the £750, for otherwise there would be no point in my parting with my money; while to the dealer, the price is at least a little more than the value of the set to him, for otherwise he would have no incentive to sell it. The figure of £750 is thus seen by each side as a price which yields him a profit: from the seller's viewpoint, in money, from the buyer's, in satisfaction. Where the buyer purchases not for use but for resale, then both parties view the profit in money terms.

3.03 The primary function of contract law is to facilitate such exchanges by providing a reasonable assurance that each party will be held to his undertak-

---

[1] The central themes of contract law are admirably described by R. Brownsword in *Contract Law: Themes for the Twenty-First Century* (2nd edn, 2006), esp ch 1.
[2] See *Henderson v Merrett Syndicates Ltd* [1995] 2 AC 145, [1994] 3 All ER 506 and, more generally, *Chitty on Contracts* (33rd edn, 2018), paras 1–152 ff.
[3] *Henderson v Merrett Syndicates Ltd*, n 2, 193 per Lord Goff.
[4] See generally A. Burrows, *Remedies for Torts, Breach of Contract, and Equitable Wrongs*, (4th edn, 2019), pp 352 ff.
[5] See *Chitty on Contracts* paras 1-064 – 1-101.

3.03 *Some Aspects of Contract Law*

ing.[6] Contract law does not in general concern itself with the question whether the television set is in fact worth £750, rather than £500 or £900. It is left to the parties to decide what figure is a sufficient inducement to them to buy and sell, and if the television set and the price are regarded by the parties as equivalents, they will usually be accepted as such by the law. In the great majority of transactions, the exchange is both simultaneous and immediate. No sooner is the undertaking given than it is performed, as when I buy goods for cash at a store, pay my fare on a bus or at a railway station or consume and pay for a meal at a restaurant. The role of contract law in simultaneous exchange transactions is reduced, for prima facie nothing remains to be performed on either side. In legal terms the contract is almost immediately discharged by performance, and its life is thus very short. But this is not always the case. It may transpire that the parties were contracting under some fundamental mistake which prevented a valid contract from coming into existence in the first place. Alternatively, one of the parties may complain that the other's performance was defective, eg because the goods supplied were not of satisfactory quality. If this complaint is well founded, it means that the undertaking to perform has not been fulfilled in conformity with the contract, which to this extent remains executory and susceptible to legal proceedings.

3.04 There are, moreover, many transactions in which it is not intended that performance shall be simultaneous and immediate. Often there is a long delay between the making of a promise and its implementation, and performance itself may be spread over a substantial period of time, as in the construction of an office block or an oil tanker or a joint venture agreement. Contracts in which performance on one or both sides is to take place at a future date raise additional questions to which the law of contract is required to furnish answers, such as whether a party is justified in withholding or suspending performance because of default by the other or because of supervening impossibility, and what steps are open to compel performance where none has been tendered.

3.05 The law of contract is at its most visible when invoked in litigation, but its influence is felt at every stage in the relationship between the parties. A lawyer drafts a contract very much with the rules of contract law in mind, and will advise her client as to the enforceability and effect of the various provisions. The parties themselves have to take account of their prospective rights and liabilities when assessing their risk in entering into the transaction; and the very existence of the contract as a legally binding agreement may discourage a party from conduct adversely affecting the other's interests. Sensible business people do not conclude contracts in the expectation that litigation will result, but require the assurance of the law's assistance if other parties breach their undertakings. Once concluded, a contract is often best put

---

[6] 'A theme that runs through our law of contract is that the reasonable expectations of honest men must be protected. It is not a rule or a principle of law. It is the objective which has become and still is the principal moulding force of our law of contract' (Steyn J in *First Energy (UK) Ltd v Hungarian International Bank* [1993] 2 Lloyd's Rep 194, at 196). Lord Steyn returned to this theme extra-judicially in 'Contract Law: Fulfilling the Reasonable Expectations of Honest Men' (1997) 113 LQR 433.

away in a drawer out of sight, except when a party needs to refer to it to refresh his memory as to what was agreed or to enforce his rights or resist claims made against him.

2. CONTRACT, TORT AND RESTITUTION

3.06 The primary function of contract law is to secure for each contracting party the benefit of the bargain he has made. So on a breach of contract the innocent party is entitled to the protection of his expectation interest, that is, to be placed in the position he would have been in if the contract had been performed according to its terms. This is achieved either by a decree of specific performance compelling the defendant to perform (a remedy which is relatively infrequent in English contract law) or by an award of damages representing the money value of the claimant's defeated contractual expectation. But contract law is not the only source of obligation that may arise within a contractual setting. The innocent party may also have claims in tort or unjust enrichment. For example, he may have been induced to enter into a contract by the other party's fraudulent or negligent misrepresentation, which is a tort,[7] thus causing loss to himself and unjustly enriching the other party.

3.07 The function of tort law is primarily to compensate a party for wrongful harm by putting him back into the position he would have been in if the tort had not occurred. So on a claim for damages for fraudulent misrepresentation the measure of damages is not the value of the lost bargain but the amount necessary to restore the claimant to the position in which he was before the contract: in short, to protect his reliance interest. The claim is limited to the loss the claimant has suffered through entering into the transaction.

3.08 The role of restitution or unjust enrichment is different again. Here the measure of recovery is not the loss to the claimant but the unjust enrichment of the defendant, who is required to disgorge benefits improperly received at the claimant's expense. So on rescission of a contract for misrepresentation the defendant is required to give back all benefits received under the contract.[8] Restitution may feature in various ways in a contractual context; for example, a party who has done work under a supposed contract which turns out to be void may have a restitutionary claim for the value of the services he provided;[9] and where as the result of a breach of contract the innocent party receives none of the benefit for which he bargained, as on the sale of goods by a party having no title to them, then instead of claiming damages the innocent party may pursue a restitutionary remedy for recovery of money paid on a total failure of consideration.[10] Exceptionally and controversially, in a case where the defen-

---

[7] The common law has tended to take a restricted view of liability for negligent misstatements causing pure economic loss. In the context of contract s 2(1) of the Misrepresentation Act 1967 creates statutory liability for negligent misrepresentation but this is essentially tort-like in character.
[8] See further para **3.103**.
[9] *Craven-Ellis v Canons Ltd* [1936] 2 KB 403.
[10] See para **3.129**.

3.08 *Some Aspects of Contract Law*

dant has made a profit from the breach of contract, the claimant may be able to recover that profit rather than the loss which it has suffered as a result of the breach.[11] If the defendant has received no benefit, he cannot be subject to a restitutionary claim, even if the claimant has suffered a loss. So, where the defendant's misrepresentation was made in good faith and without negligence and he has received nothing under the contract, the claimant has no restitutionary claim, nor can he bring a claim for damages in tort.[12]

3.09 These three types of interest, expectation, reliance and restitution,[13] are not mutually exclusive; frequently they overlap. A person who incurs expenditure in negotiations leading up to a commercial contract will normally assume that if he secures the contract and it is duly performed, he will recoup his expenditure and make a profit. His expectation interest thus encompasses his reliance interest, and in certain conditions (eg where the lost profit is hard to assess) the court may permit a claimant to recover pre-contract expenditure by way of damages for breach of the contract.[14] Again, it is often the case that the benefit the defendant receives from his improper conduct corresponds to the loss suffered by the claimant. But this should not obscure the fundamental fact that these three different branches of law are designed to protect different types of interest.

3. PROMISE AND BARGAIN

3.10 Not every kind of promise creates a legal obligation. It may be that as a matter of morality a person ought to be held to his undertaking, but law and morality are not coterminous,[15] and there are many promises which are outside the scope of the law: acceptance of an invitation to a game of tennis or to afternoon tea, a voluntary promise to help a friend dig his garden or repair his car. The law concerns itself only with undertakings that are, or are reasonably perceived by the promisee to be, sufficiently serious in intent to justify legal recognition.

3.11 English law recognizes various ways of demonstrating seriousness of purpose so as to make a promise binding. One is for the promisor to exact

---

[11] *Attorney-General v Blake* [2001] 1 AC 268, discussed at para **3.120** where it is observed that *Blake* is unlikely to be followed at least in a commercial context.
[12] The court has power to substitute an award of damages for rescission under s 2(2) of the Misrepresentation Act 1967, but this is a limitation on the claimant's right to rescind, not an alternative remedy to which he is entitled.
[13] First articulated as such in a seminal article by L. Fuller and W. Perdue, 'The Reliance Interest in Contract Damages', 46 Yale LJ 52, 373 (1936–1937), pts 1 and 2.
[14] *Anglia Television Ltd v Reed* [1972] 1 QB 60, [1971] 3 All ER 690, CA. A claimant generally has a right to choose whether to bring a claim to protect his reliance interest or his expectation interest, except that he cannot recover his reliance losses where that would enable him to escape from his bad bargain. The onus is on the defendant to show that the claimant would not have recouped his expenditure if the contract had been fully performed (*CCC Films (London) Ltd v Impact Quadrant Films Ltd* [1985] QB 16, [1984] 3 All ER 298; *Omak Maritime Ltd v Mamola Challenger Shipping Co* [2010] EWHC 2026 (Comm), [2011] 1 Lloyd's Rep 47).
[15] See P. S. Atiyah, *Promises, Morals and the Law* (1981).

something in exchange ('consideration') as the price of the promise – either performance of an act or an undertaking to perform it at a future date. Another is to put the promise into solemn form, as where a person executes a deed[16] covenanting to make a gift of money or property to a designated donee. A third is by showing that the promisee has relied on the promise (although English law has generally declined to regard such reliance as sufficient to render a promise binding).

3.12 In English law, only the first of these methods belongs to the realm of contract,[17] and we shall examine it next. Other types of promise owe their binding force to legal principles outside contract law. The promise by deed is enforceable because it is in solemn form.[18] The promise which induces unrequested reliance may give rise to a claim in tort for deceit if the promisor never intends to fulfil the promise,[19] and in other cases operates at best as one of the various forms of equitable estoppel,[20] where both the grant of relief and the remedy are matters of judicial discretion. The role of reliance in creating liabilities is controversial and will also be briefly discussed.[21]

(i) The nature of consideration

3.13 The essence of contract, then, is not promise but bargain, a promise made for consideration, whether in the form of a counter-promise or of actual performance. It is this requirement of consideration, or quid pro quo, which distinguishes the common law from the civil law, where the concept of consideration is unknown and gratuitous promises are in principle enforceable (although they are often only enforceable subject to compliance with various formal requirements).[22] If S agrees to sell goods to B, and B agrees to buy them from S, at the price of £100, the exchange of undertakings creates a contract which binds the parties even before either has taken a step towards performance. Reliance on a promise is not, therefore, either a necessary or a sufficient ingredient of a binding contract,[23] though it may give rise to a remedy outside contract law.[24] The old authorities defined consideration in terms of benefit to one party and detriment suffered by the other,[25] but this is unhelpful, indeed misleading. Consideration is an act or forbearance which is desired by the

---

[16] That is, a document which is signed by the promisor, attested and delivered as a deed (Law of Property (Miscellaneous Provisions) Act 1989, s 1.
[17] But this view is not uncontroversial. See para **3.15**.
[18] At common law it was required to be under seal, but this was abolished by s 1(1) of the Law of Property (Miscellaneous Provisions) Act 1989.
[19] See para **3.40**, n 109.
[20] See para **3.95**. Common law estoppel relates to representations of fact, not promises for the future (*Jorden v Money* (1854) 5 HL Cas 185). Estoppel by convention is a distinct category. See para **3.97**.
[21] See para **3.15**.
[22] See generally J. Gordley (ed), *The Enforceability of Promises in European Contract Law* (2001).
[23] And see P. Mitchell and J. Phillips, 'The Contractual Nexus: Is Reliance Essential?' (2002) 22 OJLS 115.
[24] See below.
[25] *Currie v Misa* (1875) LR 10 Ex Ch 153.

promisor, and is fixed by him as the price of his own undertaking. Whether the stipulated act or forbearance does in fact benefit the promisor is immaterial; it suffices that it was undertaken at his request. Similarly with detriment. If I agree to pay my neighbour £100 in consideration of his undertaking to repair the fence separating our two properties, the reason why my promise is enforceable is not because of the detriment he suffers in carrying out the repairs (for I have no interest in causing my neighbour work or expense for its own sake) but because I desire the fence to be repaired. Again, when I promise to pay a man £100 if he refrains from smoking for a month, his self-restraint constitutes good consideration, not because it is a detriment to him but because it is something in which I was sufficiently interested to make it worth my while to spend £100.[26] By contrast, if I promise to pay someone £500 in the event of his losing a leg in an accident, and I charge no premium or other consideration for my promise, there is no contract and he has no right to sue me for £500 if he loses a leg. Why not? Because the loss of the leg is not something I requested or desired. On the contrary, it is probably an event I was very much hoping would not occur. I did not say: 'Please lose a leg and I will reward you with £500.' What I said was: 'In the unfortunate event of your losing your leg, I will make you a gift of £500.' The loss of the leg is a condition of my gift-promise, not a consideration which creates a bargain.[27] The doctrine of consideration applies to the variation as well as to the formation of contracts. The extension of the doctrine of consideration to the variation of contracts has proved to be problematic. The traditional view is that a promise by a contracting party to perform its existing contractual duties is not good consideration for a promise of additional payment.[28] This rule still applies to the payment of debts so that a promise to pay part of a debt in return for the discharge of the entire debt is not supported by consideration.[29] Where, however, the promise is one to pay more for the performance of an existing contractual obligation to supply goods or services, the modern courts have been willing to find consideration where the promisor receives a 'practical

---

[26] *Hamer v Sidway* 27 NE 256 (1891).
[27] It can in certain circumstances be difficult to distinguish between a promise of a gift subject to a condition and a bargain. An example is the decision of the House of Lords in *Chappell & Co Ltd v Nestle Co Ltd* [1960] AC 87, [1959] 2 All ER 701 on which see Wedderburn [1959] CLJ 160.
[28] *Stilk v Myrick* (1809) 2 Camp 317, 6 Esp 129. Matters are otherwise where the promise is to perform a contractual duty owed to a third party. In such a case English law has no difficulty in finding that such a promise is supported by consideration: *Shadwell v Shadwell* (1860) 9 CB (NS) 159, *The Eurymedon* [1975] AC 154.
[29] *Foakes v Beer* (1884) 9 App Cas 605; *Re Selectmove* [1995] 2 All ER 531, [1995] 1 WLR 474. However, a court may find the existence of consideration where the creditor obtains a practical benefit beyond the reassurance that part of the debt will be paid by the debtor: see eg *MWB Business Exchange Centres Ltd v Rock Advertising Ltd* [2016] EWCA Civ 553, [2017] QB 604 where the consideration took the form of the defendant remaining as a licensee of the claimant's property (on appeal the Supreme Court found it unnecessary to deal with this particular issue: [2018] UKSC 24, [2019] AC 119, [2018] 4 All ER 21 at [18]). Alternatively, a creditor who seeks to recover the balance of the debt may find that it is prevented from doing so as a result of the operation of the doctrine of estoppel: *Collier v P & MJ Wright (Holdings) Ltd* [2007] EWCA Civ 1329, [2008] 1 WLR 643.

benefit' as a result of performance of the existing contractual obligation[30] provided that the promise to pay has not been exacted by duress or by fraud.[31]

3.14 The requirement of consideration applies only to a contract. A completed gift does not require consideration.[32]

(ii) **Promise inducing unrequested reliance**

3.15 The extent to which contract extends or should extend beyond bargain to embrace promises which induce unbargained-for reliance is a matter of debate among scholars. The necessity of a bargain is disputed by some writers, who point to various cases in which the courts have declared binding a promise which induced detrimental reliance by the promisee, even though the act of reliance was not one which had been stipulated by the promisor as the price of the promise. However, in almost all these cases the binding force of the promise derives from a principle outside the law of contract, usually one form or another of equitable estoppel which precludes the party making the promise from ignoring its effect.[33] For example, it is well established that if A agrees to grant an interest in land to B and stands by while B, with A's encouragement or acquiescence, incurs substantial expenditure on the land in the belief that it has become or is about to become his own, A may be estopped from disputing that the property has become vested in B.[34] This, however, is not because B's expenditure gives rise to a contract but because A's acquiescence and B's detrimental reliance on it[35] perfects the gift in equity and estops A from asserting his title.[36] Similarly, where A tells B that he will not enforce part of his legal rights, and B acts in reliance on that statement, A may be precluded from enforcing those rights without reasonable notice,[37] but A's statement does not give rise to a cause of action in contract, merely to a limited defence based on the equitable doctrine of promissory estoppel.

---

[30] *Williams v Roffey Brothers & Nicholls (Contractors) Ltd* [1991] 1 QB 1, [1990] 1 All ER 512; *Attrill v Dresdner Kleinwort Ltd* [2011] EWCA Civ 229, [2011] IRLR 613. See further para **3.91** as to the efficacy of this 'practical' consideration in the context of variation of a contract, and H. Collins, *Regulating Contracts* (1999), pp 144 ff.

[31] *Vantage Navigation Corpn v Suhail and Saud Bahwan Building Materials Inc (The Alev)* [1989] 1 Lloyd's Rep 138, 147.

[32] *Pennington v Waine* [2002] EWCA Civ 227, [2002] 4 All ER 215, [2002] 1 WLR 2075; *T Choithram International SA v Pagarani* [2001] 1 WLR 1.

[33] See paras **3.95–3.97**.

[34] See cases cited n 36. This is known as proprietary estoppel.

[35] *Gillett v Holt* [2001] Ch 210, [2000] 2 All ER 289.

[36] See *Dillwyn v Llewelyn* (1862) 4 De GF & J 517; *Inwards v Baker* [1965] 2 QB 29, [1965] 1 All ER 446; *Crabb v Arun District Council* [1976] Ch 179, [1975] 3 All ER 865; *Thorner v Major* [2009] UKHL 18, [2009] 3 All ER 945, [2009] 1 WLR 776. The criticism of *Crabb v Arun District Council* by Professor Atiyah in 'When is an Enforceable Agreement Not a Contract? Answer: When it is an Equity' (1976) 92 LQR 174 was effectively answered by P. J Millett, (1976) 92 LQR, at 342. See also *Western Fish Products Ltd v Penwith District Council* [1981] 2 All ER 204.

[37] *Central London Property Trust Ltd v High Trees House Ltd* [1947] KB 130; *Collier v P & MJ Wright (Holdings) Ltd* [2007] EWCA Civ 1329, [2008] 1 WLR 643. See para **3.95**.

3.16 This explanation does not satisfy the critics. They are not content with the result but argue that B should have succeeded in contract.[38] Indeed, they go further and contend that one who relies to his detriment on a gratuitous promise has a stronger moral claim to enforcement of the promise than a person who merely gives a counter-promise in exchange and has not yet begun performance. The case is put with characteristic elegance and persuasiveness by Professor Atiyah, who was the leading English exponent of the reliance theory of contract:

> 'Is it not manifest that a person who has actually worsened his position by reliance on a promise has a more powerful case for redress than one who has not acted in reliance on the promise at all? A person who has not relied on a promise (nor paid for it) may suffer a disappointment of his expectations, but he does not actually suffer a pecuniary loss.'[39]

3.17 As a theoretical conception, in which facts can be assumed without having to be established, the argument is at first sight compelling. Unfortunately, life in the real world is not quite so simple. How do we prove that a person has, or has not, acted in reliance on a promise? B is in the business of buying cement for resale, and engages in a steady flow of purchase and sale transactions. He places an order for 100 tons of cement with S. A week later, he contracts to sell five tons to T. Is this in reliance on S's promise to sell the 100 tons? Who is to say that B would not have contracted to sell five tons of cement to T in any event? Again, if I write to the headmaster of my old school and tell him I propose to make a donation of £100, and a week later the school purchases books for its library, has it relied on my promise? Might it not have bought the books anyway?

3.18 The problem of showing reliance becomes even more difficult where the reliance alleged is not positive (performance), but negative (forbearance). A writes to B, promising him a job. B does not reply, but takes no steps to look for employment elsewhere. A few days later he receives a letter from A withdrawing the offer. Is it to be said that B 'acted' in reliance on A's promise? And if so, are we to assume that he has passed up the chance of any one of a dozen different jobs available to him? (And why stop at a dozen? Why not a hundred?)

3.19 The difficulty is not purely a practical one. It is far from clear why an act of reliance not requested by the promisor should entitle the promisee to performance of the promise. Surely his remedy, if any, should be limited to compensation for his wasted outlay. Why should he be given by way of damages the value of an undertaking which he did not purchase and which may be worth a great deal more than the expenditure he incurred in relying on the promise? If there is to be a remedy for detrimental reliance, it should be in tort for reimbursement, not in contract for the performance of a gratuitous promise.

---

[38] See, for example, P. S. Atiyah, 'Contracts, Promises and the Law of Obligations' (1978) 94 LQR 193.
[39] Ibid, at 202.

3.20 It can hardly be disputed that in English law the reliance basis of enforcing a promise has been established by reference to principles of equitable estoppel outside the law of contract. This is demonstrated by the fact that it is for the court to decide in its discretion whether the case is a proper one for equitable relief and what form that should take. The same is true of proprietary estoppel. It is because of the absence of a contract that the court gives 'the minimum equity to do justice to the plaintiff',[40] so that while the claimant may obtain his expectation interest in specie (or if this is impracticable, in money equivalent) where this was based on a mutual understanding, yet if that expectation is uncertain or extravagant or out of all proportion to the detriment he suffered, the relief given should be more limited, though not necessarily restricted to the detriment suffered by the claimant.[41]

3.21 The real issue is whether English law should now discard the historically distinct sets of principles giving effect to promises and subsume them all within a unified theory of contract which treats reliance as an alternative to bargain.[42] No common law system has yet gone so far. The American approach, spearheaded by the American Restatement on Contracts,[43] is to treat reliance as a basis for enforcing a promise, but the rule is carefully qualified both as to the conditions of binding force ('if injustice can be avoided only by enforcement of the promise') and as to the remedy (which 'may be limited as justice requires'), so that it is more akin to, and is often referred to as, a rule of promissory estoppel. More recently, the High Court of Australia has begun to move towards a unified approach to estoppel as grounding a positive claim for recoupment of loss suffered by detrimental reliance,[44] but again the binding force of the promise is attributed to estoppel rather than to contract and it is emphasized that 'there must be a proportionality between the remedy and the detriment which it is its purpose to avoid'.[45] Accordingly, even in these jurisdictions it is only in respect of the bargained-for promise that the promisee is assured the protection of his expectation interest. Where American law and Australian law have moved forward is in recognizing that in certain conditions

---

[40] *Crabb v Arun District Council*, n 36, per Scarman LJ at 880.

[41] *Jennings v Rice* [2002] EWCA Civ 159, [2003] 1 FCR 501; and see S. Gardner, 'The Remedial Discretion in Proprietary Estoppel – Again' (2006) 122 LQR 492. The scope of proprietary estoppel has been curtailed by the decision of the House of Lords in *Cobbe v Yeoman's Row Management Ltd* [2008] UKHL 55, [2008] 4 All ER 713, [2008] 1 WLR 1752 where it was affirmed that unconscionable conduct will not, of itself, suffice to establish a proprietary estoppel.

[42] See P. S. Atiyah (1978) 94 LQR 193; C. Fried, *Contract as Promise* (revsd edn, 2015); H. Collins, *The Law of Contract* (4th edn, 2003), ch 5.

[43] Restatement, Second, Contracts 90.

[44] *Commonwealth of Australia v Verwayen* (1990) 170 CLR 394; *Waltons Stores (Interstate) Ltd v Maher* (1988) 164 CLR 387. See A. M. Gleeson, 'Innovation in Contract: An Australian Analysis' in P. Birks (ed), *The Frontiers of Liability* (1994), ch 9, at pp 114 ff. In the more recent decision in *Giumelli v Giumelli* (1999) 106 CLR 101 the High Court of Australia found it unnecessary to reach a view on the question of an overarching principle of estoppel. There is no such principle in English law (*First National Bank plc v Thompson* [1996] Ch 231, per Millett LJ at 236).

[45] *Commonwealth of Australia v Verwayen*, n 44, per Mason CJ at 413. See also Sir Anthony Mason's comments on the Australian developments in 'The Place of Equity and Equitable Remedies in the Contemporary Common Law World' (1994) 110 LQR 238 at 253–256.

3.21 *Some Aspects of Contract Law*

reliance on a promise is a sufficient ground for making the promise actionable and in some cases allowing recovery of the expectation loss.

(iii) Abstract payment undertakings

3.22 Like most propositions of English law, the rule that a contract must be supported by consideration is not absolute. An important exception is the abstract payment undertaking, a promise which the law will enforce as a matter of mercantile usage despite the absence of consideration or even reliance.[46] Prime examples are the documentary credit[47] and the performance bond or demand guarantee.[48] Yet it is clear that these too are bargain-based and are not gift-promises, even though they do not fit the consideration model.[49]

4. CONTRACT AS A REFLECTION OF THE WILL OF THE PARTIES

3.23 Whether viewed in terms of morality or of economic efficiency, the willingness of the law to enforce bargains freely made is rational, for to the extent to which the parties make their own law by the terms of their agreement it is unnecessary to look to outside rules as regulators of their conduct, and they will probably find the results more satisfactory than if such rules were thrust upon them. But the law cannot always stand back and leave it to the parties. In the first place, it takes two to make a bargain, and if the intentions and understandings of one party when making the contract do not coincide with those of the other (as where A thinks he is contracting to buy a Titian painting whereas, so far as B is concerned, the painting is offered merely as being of the school of Titian), the court has to apply an objective test and ask what the reasonable person would have assumed was intended. Secondly, the express terms of the contract are often confined to the barest essentials – the article purchased and the price, for example – and the parties do not trouble to spell out further undertakings, eg as to the quality of the goods or their fitness for the buyer's purpose. Where the court is not able to deduce the intention of the parties from the language and other circumstances in which negotiations were conducted, it may apply rules of law to import into the contract certain implied terms, for example that the goods shall be of satisfactory quality. Such terms, though designated contractual, are in truth prescribed by the law as gap-fillers on the basis of what the law (rather than the parties, who did not address their minds to the question) considers ought properly to be implied into contracts of the kind in question, in the absence of any contrary agreement. Then again, public policy may require the court to refuse enforcement of a contract, or of a particular contractual provision, either because of the circumstances in which it was concluded (eg under duress

---

[46] See generally R. Goode, 'Abstract Payment Undertakings' in P. Cane and J. Stapleton (eds), *Essays for Patrick Atiyah* (1991), ch 9.
[47] See paras **35.49–35.51**.
[48] See para **35.153**.
[49] See R. Goode, 'Abstract Payment Undertakings', n 46 at pp 222 ff.

Formation and Avoidance **3.27**

or undue influence) or because the terms contravene public policy, as in the case of a covenant unreasonably in restraint of trade or a clause seeking to impose a penalty or punishment for breach of contract.

3.24 The result is that while the agreement of the parties is the kernel of their legal relationship, it is for the law to decide, in cases of dispute, what that agreement is, whether it is valid and enforceable, and what its legal consequences are. Some would say that terms implied by law fall within the regime of the law of tort rather than the law of contract, for it is a characteristic of the former that duties are imposed by law and of the latter that they are created by agreement. But it is convenient to treat duties imported into a contract by established case law or by statute as forming part of the contract, for their scope is delimited by the contract, and the sanctions for breach and the measure of damages are defined by rules of contract law.

5. FORMATION AND AVOIDANCE

(i) Agreement on essential terms

3.25 We can take formation quite shortly, since it is well covered in the textbooks, and, in commercial transactions, disputes as to the existence of a contract are relatively infrequent. Far more common are disputes as to the content and construction of a contract that both parties admit came into being, and as to the fact and consequence of alleged breaches or misrepresentations.

3.26 The parties must have agreed on the essential terms or have provided the method by which these are to be determined, and these must be reasonably certain, otherwise there is no contract, merely an agreement to agree or an agreement to negotiate, neither of which is considered to have any legal force.[50] But if the essential terms have been agreed, the fact that the parties have agreed to negotiate as to the remaining terms does not preclude the establishment of a contract; particularly in the case where the agreement contains within it criteria or machinery that the court can use in order to resolve the point or points which the parties have left open.[51] The courts are particularly reluctant to conclude that a contract is too uncertain to be enforced where the parties have acted in reliance upon the agreement for a period of time.[52]

3.27 Contracts are usually, but not invariably, concluded as the result of offer and acceptance. The offer may call for acceptance either by counter-promise or by conduct. In the former case the contract is termed synallagmatic (ie bilateral or multilateral), in that both parties undertake the performance of future obligations and the contract comes into existence by exchange of promises. In the latter case, only one party (the offeror) undertakes anything. The other

---

[50] See para **3.32**.
[51] *Sudbrook Trading Estate v Eggleton* [1983] 1 AC 444, [1982] 3 All ER 1.
[52] *G Percy Trentham Ltd v Archital Luxfer Ltd* [1993] 1 Lloyd's Rep 25, 27; *Wells v Devani* [2019] UKSC 4, [2020] AC 129, [2019] 3 All ER 379 at [18].

accepts by performance or does not perform and thus rejects the offer. Such contracts are unilateral (or 'if') contracts. There are many more unilateral contracts than is commonly supposed. An obvious example is a guarantee. The creditor does not undertake to the surety to make an advance to the principal debtor, but if an advance is made, and each time it is made, a contract comes into existence.[53] Many general or master agreements, intended to regulate continuous dealings between the parties, have no contractual force at the time they are made, despite being signed by both parties.[54] They serve as an umbrella for specific future transactions and will, except so far as modified, apply by express or implied incorporation or course of dealing to each such transaction. For example, the parties may agree on standard terms of sale and purchase without either party committing itself at that stage to make any sale or purchase. In such a case, the contract is merely a set of terms that will govern a sale and purchase if and when made.[55] Block discounting agreements regulating the terms on which a finance house will purchase instalment credit contracts from a dealer are typical master agreements which do not without more create obligations. It is also possible to combine unilateral and bilateral undertakings in one contract, with the result that as to the former the party giving the undertaking is free to withdraw it until the other party has begun to carry out the designated act of performance, while as to the latter there is an immediately binding obligation by exchange of promises.[56]

3.28 An offer may be withdrawn at any time before acceptance, even if the offeror has undertaken not to withdraw it, unless the offer is by deed or the offeror receives consideration for his undertaking.[57] A binding offer is termed an option.

---

[53] See para 30.20.
[54] *Baird Textiles Holdings Ltd v Marks & Spencer plc* [2001] EWCA Civ 274, [2002] 1 All ER (Comm) 737 and, more generally, S. Mouzas and M. Furmston, 'From Contract to Umbrella Agreement' [2008] CLJ 37.
[55] See, for example, *Baird v Marks & Spencer plc*, n 54.
[56] For example, the terms governing the issue of a credit card, in addition to providing for repayment to an issuer of sums paid by the issuer to suppliers from whom the cardholder has purchased goods or services, may stipulate that the cardholder is to keep the card safely and return it on request. A provision of the former kind creates a unilateral obligation, for the cardholder is not obliged to use the card to buy goods or services and incurs the payment obligation only if he does so, whereas a stipulation of the latter type becomes operative from the moment the customer signifies his intention to accept the card. Where the contract is a 'requirements' contract, in that A undertakes to supply goods to B as and when ordered by B, who does not himself undertake to place orders, A's promise is usually characterised as a continuing offer which crystallizes into a separate contract each time B places an order, but which can be withdrawn at any time except as to orders already placed, in the absence of consideration for an express or implied undertaking to hold the offer open. For a different view, see J. N. Adams, 'Consideration for Requirements Contracts' (1978) 94 LQR 73. Even where permissible as a matter of contract law, a refusal to supply may be void under s 18 of the Competition Act 1998 but issues of competition law are beyond the scope of this book.
[57] *Dickinson v Dodds* (1876) 2 Ch D 463. The Law Commission's Working Paper No 60, *Firm Offers*, provisionally recommended that an offeror who undertook not to revoke his offer for a stated period should be bound by his undertaking, but the provisional recommendation has never been taken up.

(ii) Formal requirements

3.29 Most contracts can be concluded informally, for example, by word of mouth or even by conduct. To this general rule there are various statutory exceptions, including contracts of guarantee,[58] regulated consumer credit agreements[59] and contracts for the sale or other disposition of an interest in land.[60] Contracts of guarantee do not have to be in writing, but merely evidenced in writing and signed by or on behalf of the surety.[61] By contrast, regulated agreements and contracts for the disposition of an interest in land must be in writing and must be signed by both parties.[62] In an age of electronic communication the question has arisen whether the requirements of writing and signature can be satisfied electronically and the answer, perhaps not surprisingly, has generally been in the affirmative. The first issue to consider is whether or not an electronic communication constitutes 'writing' before turning to consider the separate question of whether it can also constitute a 'signature'.

3.30 It is, of course, open to contracting parties to provide their own definition of what is to constitute 'writing' for the purposes of their contract and for this purpose they are free either to exclude or include electronic communications within their definition.[63] In the absence of any party stipulation as to the meaning of 'writing', the courts are likely to fall back on the definition to be found in Sch 1 to the Interpretation Act 1978 which is stated to include 'typing, printing, lithography, photography and other modes of representing or reproducing words in a visible form' Thus emails have been held to satisfy the requirement of writing.[64] and the Law Commission has

---

[58] Statute of Frauds 1677, s 4.
[59] Consumer Credit Act 1974, s 61(1).
[60] Law of Property (Miscellaneous Provisions) Act 1989, s 2(1). The Act repealed s 40 of the Law of Property Act 1925 and by making contracts not in writing wholly void it also abolished the equitable doctrine of part performance (*Firstpost Homes Ltd v Johnson* [1995] 4 All ER 355, [1995] 1 WLR 1567).
[61] Statute of Frauds 1677, s 4. In this context it should be noted that the courts have experienced considerable difficulty in some cases in distinguishing between a guarantee (which is caught by s 4) and an indemnity (which is not). The problem lies in determining whether the defendant has assumed a primary or a secondary liability and that is a question of construction of the agreement which the parties have concluded: *Associated British Ports v Ferryways NV* [2009] EWCA Civ 189, [2009] 1 Lloyd's Rep 595.
[62] Consumer Credit Act 1974, s 61(1); Law of Property (Miscellaneous Provisions) Act 1989, s 2(1), (3).
[63] One context in which the issue may emerge is where the parties include in their contract a no oral modification clause (on which see para **3.91**) which requires that any modification of the contract must be in 'writing' in order to be effective. There is no right or wrong answer to the question whether the definition of 'writing' should extend to emails in such a case. The answer will depend on the degree of formality which the parties wish to obtain and the degree of control which they wish to exert over the communications between the parties.
[64] *J Pereira Fernandes SA v Mehta* [2006] EWHC 813 (Ch), [2006] 2 All ER 891, [2006] 1 WLR 1543 at [16] where it was held that an offer sent by email satisfied the requirements of 'writing' in s 4 of the Statute of Frauds. See also *Golden Ocean Group Ltd v Salgaocar Mining Industries PVT Ltd* [2012] EWCA Civ 265, [2012] 3 All ER 842, [2012] 1 WLR 3674 at [22].

3.30 *Some Aspects of Contract Law*

advised that information on websites will also satisfy the definition.[65] However, it would appear that electronic data interchange messages exchanged between computers do not fall within the definition because they are not intended to be read by any person and are not in a form which can be read.[66] In other words, the digital form of a communication is not writing but its visible representation in words is writing.[67] This formulation is somewhat broader than that adopted in modern international conventions, which in defining writing so as to encompass electronic communications typically incorporate the idea of a record of information capable of being reproduced subsequently.[68] In practice, of course, email and Internet messages are usually stored so as to be retrievable, but the Law Commission formulation implicitly treats it as sufficient that an electronic message recording the terms of an agreement is shown in words on a screen, because at that time it is capable of being stored and retrieved, whether or not it is in fact stored so as to be subsequently retrievable and whether or not it is later deleted. Such cases are treated as being the equivalent of a document that has been lost.

3.31 The function of a signature is to authenticate the document; that is, to demonstrate the signer's approval or apparent approval of its contents. It has been held that an electronic signature to an email, whether in the form of first name, initials or even a nickname, can satisfy the requirements of s 4 of the Statute of Frauds[69] and a 'footer' has been held to satisfy the requirement of a signature for the purpose of s 2(1) of the Law of Property (Miscellaneous Provisions) Act 1989.[70] A framework for the recognition of electronic signatures was created first by the Electronic Signatures Directive 1999[71] and subsequently by the EU Electronic Identification and Electronic Trust Services

---

[65] *Electronic Commerce: Formal Requirements in Commercial Transactions – Advice from the Law Commission* (December 2001), para 3.18. See also H. Beale and L. Griffiths, 'Electronic Commerce: Formal Requirements in Commercial Transactions' [2002] LMCLQ 467. The Law Commission has subsequently affirmed its position on these matters (see Law Commission, *Electronic Execution of Documents* (Law Com no 386, 3 September 2019), paras 2.15–2.17).
[66] *Electronic Commerce*, n 65, paras 3.19–3.22.
[67] *Electronic Commerce*, n 65, para 3.15.
[68] See, for example, Article 4(1) of the 1988 UNIDROIT Convention on International Factoring ('capable of being reproduced in tangible form'); Article 1(nn) of the 2001 Convention on International Interests in Mobile Equipment ('a record of information . . . capable of being reproduced in tangible form on a subsequent occasion'); Article 5(c) of the 2001 UN Convention on the Assignment of Receivables in International Trade ('any form of information that is accessible so as to be usable for subsequent reference'). See to similar effect the 1996 UNCITRAL Model Law on Electronic Commerce (as amended 1998), art 6(1) ('accessible so as to be usable for subsequent reference').
[69] *J Pereira Fernandes SA v Mehta*, n 64, at [27].
[70] *Neocleous v Rees* [2019] EWHC 2462 (Ch) at [53]–[57].
[71] Directive 1999/93/EC, dated 13 December 1999. Article 5 required member states to ensure that advanced electronic signatures which were based on a qualified certificate and which were created by a secure-signature-creation device satisfied the legal requirements of a signature in electronic form in the same manner as a handwritten signature for paper-based data. The directive was implemented in the UK by the Electronic Communications Act 2000 and the Electronic Signatures Regulations 2002 (SI 2002/318).

Formation and Avoidance **3.32**

Regulation 2014 (the 'eIDAS Regulation').[72] Article 25(1) of eIDAS provides that electronic signatures shall not be denied legal effect solely because of their electronic form, while Article 25(2) provides that a qualified electronic signature 'shall have the equivalent legal effect of a handwritten signature.' In its most recent review the Law Commission concluded, on the basis of the legal materials to which reference has been made, that 'an electronic signature is capable in law of being used to validly execute a document.'[73] Although a number of questions remain to be answered, the analysis of the Law Commission is to be welcomed in so far as it attempts to adapt the existing law as it relates to signatures to an electronic signature. However, some care needs to be exercised before treating it as applicable to the requirements of a specific statute, particularly where it is a strong consumer protection statute.

(iii) **Other elements**

3.32 Reference has already been made to the general requirement of consideration.[74] A contract also requires that the parties have legal capacity to enter into it,[75] an intention to create legal relations[76] and a *consensus ad idem*, though the test usually to be applied is not what each party in fact had in mind but what each ought reasonably to have assumed from the language and

---

[72] Regulation (EU) 910/2014 of 23 July 2014 of the European Parliament and of the Council on electronic identification and trust services for electronic transactions in the internal market and repealing Directive 1999/93/EC. The Regulation was implemented in the UK by the Electronic Identification and Trust Services for Electronic Transactions Regulations 2016 (SI 2016/696). An amended version of the Regulation will take effect in the UK at the end of the transition period following the UK's exit from the EU: see the Electronic Identification and Trust Services for Electronic Transactions (Amendment etc) (EU Exit) Regulations 2019 (SI 2019/89).
[73] Law Commission, *Electronic Execution of Documents*, n 65, para 3.6.
[74] See paras **3.13** ff.
[75] See now the Minors' Contracts Act 1987, which repealed the Infants Relief Act 1874, leaving the enforceability of contracts entered into by minors to be governed exclusively by common law rules and by the provisions of the 1987 Act relating to ratification. See E. Peel, *Treitel, The Law of Contract* (15th edn, 2020), ch 12; M. Furmston, *Cheshire, Fifoot and Furmston's Law of Contract* (17th edn, 2017), ch 13.
[76] There are certain situations in which business people find it convenient to fudge the question whether a legal commitment is intended, in order to be able to do the deal. The typical case is the so-called letter of comfort, which may or may not generate a contract, depending upon the intention of the parties as determined from the terms of the comfort letter. Inevitably, agreement is bought at the price of uncertainty. See, for example, *Kleinwort Benson Ltd v Malaysia Mining Corpn Bhd* [1989] 1 All ER 785 (letter of comfort held not to be contractual). But contrast *Banque Brussels Lambert SA v ANJ* (1989) 21 NSWLR 502 where the conclusion was reached that the letter of comfort was contractually binding. The label used by the parties cannot, however, be determinative. In all cases the court must construe the document as a whole and seek to ascertain the intention of the parties (*Associated British Ports v Ferryways NV* [2009] EWCA Civ 189, [2009] 1 Lloyd's Rep 595). Similar difficulties have arisen in relation to letters of intent. In *British Steel Corpn v Cleveland Bridge and Engineering Co Ltd* [1984] 1 All ER 504 the letter was held not be contractually binding because the parties had failed to reach agreement on a number of material issues. However, letters of intent are more likely to be contractually binding where they are limited in time and scope. In such cases, courts are more willing to find that the letter of intent gives rise to some, albeit limited, reciprocal rights and liabilities (see, for example, *ERDC Group Ltd v Brunel University* [2006] EWHC 687 (TCC), [2006] BLR 255).

3.32 *Some Aspects of Contract Law*

conduct of the other.[77] Reasonable certainty of meaning is also a requirement. If the expression of proposed terms is so vague that no clear meaning can be established[78] or so ambiguous that the court is unable to determine which of the possible alternative meanings is the most probable,[79] the matter ceases to be one of mere construction and the whole agreement fails for uncertainty. It is because of the perceived lack of certainty that, in contrast to the position in civil law countries and America, English law has struggled to recognize the validity of a contract to negotiate.[80] The root objection would appear to be that a duty to negotiate is thought to be too uncertain to be enforced. This is so whether the obligation to negotiate is a 'bare' obligation to negotiate[81] or whether it is one to negotiate in good faith[82] or to use reasonable or best endeavours to reach agreement.[83] But there are some signs that the courts may now be more willing to recognise and give effect to a duty to negotiate in good faith, at least in the case where the obligation is expressly assumed by the parties.[84] It cannot be said that the argument against the recognition of agreements to negotiate is compelling.[85] Fortunately, an asserted contract rarely fails for uncertainty, for the court is usually able to find a preponderance of evidence in favour of one meaning or another.[86] Moreover, if the fundamental terms of the contract are either agreed or capable of determination, the

---

[77] *Smith v Hughes* (1871) LR 6 QB 597; *Reardon Smith Line Ltd v Hansen-Tangen* [1976] 3 All ER 570; *The Hannah Blumenthal* [1983] 1 All ER 34; *The Leonidas D* [1983] 3 All ER 737. The position is otherwise where one party's understanding of the contract was known to the other, even though not matching his own (*Hartog v Colin and Shields* [1939] 3 All ER 566).

[78] *G. Scammell & Nephew Ltd v Ouston* [1941] AC 251, [1941] 1 All ER 14 (balance of purchase to be paid 'on hire-purchase terms over a period of two years' held too vague to enable the meaning of the term to be stated). However *Scammell v Ouston* has been stated to be a 'rare case' (*Scammell v Dicker* [2005] EWCA Civ 405, [2005] 3 All ER 838, [41]).

[79] As in *Raffles v Wichelhaus* (1864) 2 H & C 906.

[80] *May & Butcher Ltd v R* [1934] 2 KB 17n; *Courtney and Fairbairn Ltd v Tolaini Bros (Hotels) Ltd* [1975] 1 All ER 716; *Walford v Miles* [1992] 2 AC 128, [1992] 1 All ER 453. Whether entry into negotiation attracts any legal obligations is a separate question discussed in the context of good faith, n 85 below and para 3.76, n 264.

[81] *Courtney and Fairbairn Ltd v Tolaini Bros (Hotels) Ltd* [1975] 1 All ER 716, 720.

[82] *Shaker v Vistajet Group Holding SA* [2012] EWHC 1329 (Comm), [2012] 2 Lloyd's Rep 93.

[83] *Little v Courage Ltd* (1994) 70 P & CR 469; *Jet2.com Ltd v Blackpool Airport Ltd* [2012] EWCA Civ 417, [2012] 2 All ER (Comm) 1053. Cf *Walford v Miles*, n 80 where Lord Ackner at p 138 distinguished between a good faith obligation and one to use reasonable or best endeavours, which suggests that English law may be more willing to accept the latter than the former. But if the concern which English law has is with the enforceability of a duty to negotiate, it is not entirely easy to see why it should be willing to countenance such a duty which is qualified by the obligation to use best or reasonable endeavours.

[84] See, for example, *Petromec Ltd v Petroleo Brasiliero SA Petrobas* [2005] EWCA Civ 891, [2006] 1 Lloyd's Rep 121, [116]–[121] per Longmore LJ (which concerned an express obligation to negotiate in good faith included in a complex agreement drafted by commercial lawyers); *Emirates Trading Agency LLC v Prime Mineral Exports Private Ltd* [2014] EWHC 2104 (Comm), [2014] 2 Lloyd's Rep 457 (where the obligation in dispute was one which required the parties to seek to resolve a dispute by friendly discussions in good faith and within a limited period of time); and *Knatchbull-Hugessen v SISU Capital Ltd* [2014] EWHC 1194 (QB), [23].

[85] See I. Brown, 'The Contract to Negotiate: A Thing Writ in Water?' [1992] JBL 353.

[86] *Astor Management AG v Atalaya Mining plc* [2017] EWHC 425 (Comm), [2018] 1 All ER (Comm) 547, [64]; *Novus Aviation Ltd v Alubaf Arab International Bank BSC(c)* [2016] EWHC 1575 (Comm), [2017] 1 BCLC 414, [60].

fact that the subsidiary terms alleged to exist are not stated or are couched in ambiguous language is of little materiality to the existence of a contract, since the court will either rule that the asserted terms were not in fact agreed at all and thus do not form part of the contract or will exercise its gap-filling technique by drawing inferences of fact or law.

(iv) Void, voidable and unenforceable contracts

3.33 A *void* contract is one which is utterly devoid of legal effect. Thus at common law a supposed contract may be void because of want of consensus or consideration or because of mistake as to identity[87] or as to the existence or essential character of the subject matter of the contract.[88] Mistake as to identity has caused a good deal of difficulty, with distinctions drawn between identity and attributes, so that while in *Cundy v Lindsay*[89] the House of Lords held the contract to be totally void, in *Lewis v Averay* the Court of Appeal held it to be merely voidable. The denouement has now come with the decision of the House of Lords in *Shogun Finance Ltd v Hudson*,[90] in which by a bare majority[91] it was held that a distinction is to be drawn between face-to-face contracts, in which the innocent party typically intends to sell to the person present before him and identified by sight and hearing, so that the fraud as to identity merely renders the contract voidable,[92] and a written contract identifying the parties and intended to be made by the innocent party only with the person named in it as the other party, so that where that person exists but his signature is forged by a crook the contract is wholly void.

3.34 A contract may also be invalidated by statute, as where it relates to the sale or other disposition of an interest in land but is not in writing as required

---

[87] *Cundy v Lindsay* (1878) 3 App Cas 459. But this will usually nullify a contract only if the innocent party intended to contract with the person whose identity was assumed and no other (*Lewis v Averay* [1972] 1 QB 198, [1971] 3 All ER 907). The statement in *Cheshire, Fifoot and Furmston's Law of Contract* (p 329) that the claimant must also show he took all reasonable steps to verify the identity of the person with whom he was invited to deal is, with respect, erroneous. The proposition is nowhere stated in the cases cited as authority for it, and it is difficult to see for whose benefit the duty of care suggested could be imposed – not for the sake of the other party, who *ex hypothesi* knows of the mistake and is not acting in good faith, nor for that of a subsequent purchaser, since the validity of a contract is to be tested as at the time it is made.
[88] *Associated Japanese Bank (International) Ltd v Crédit du Nord SA* [1989] 1 WLR 255. It was at one time thought that a common mistake which was not so fundamental as to render a contract void at common law could be set aside in equity (*Solle v Butcher* [1950] 1 KB 671). But more recently the Court of Appeal has declined to follow *Solle v Butcher* on the ground of its inconsistency with the decision of the House of Lords in *Bell v Lever Bros Ltd* [1932] AC 161 and has held that there is no equitable jurisdiction to grant rescission of a contract which is valid at law (*Great Peace Shipping Ltd v Tsavliris Salvage (International) Ltd* [2002] EWCA Civ 1407, [2003] QB 679, [2002] 4 All ER 689). See generally Treitel, *The Law of Contract*, ch 8.
[89] See n 87.
[90] [2004] 1 AC 919.
[91] Lords Nicholls and Millett dissenting.
[92] Applying *Phillips v Brooks* [1919] 2 KB 243 and disapproving the majority decision of the Court of Appeal in *Ingram v Little* [1961] 1 QB 31.

3.34 Some Aspects of Contract Law

by statute.[93] A contract which is void produces no legal relationship between the parties. A necessary consequence is that payments made and property transferred under the supposed contract are recoverable (subject to the defence of illegality[94]), for neither party has an entitlement to what he has received.

3.35 By contrast, a *voidable* contract is one which a party is entitled to rescind, or to have set aside by the court, by reason of some external vitiating factor (deceit, misrepresentation,[95] duress,[96] undue influence,[97] mistake as to identity induced by a fraudulent misrepresentation in face-to-face dealings[98]), but which is valid and binding until rescinded. Rescission cancels the contract from the beginning, so that each party is obliged to return the benefits he has received and, so far as possible, the parties are restored to the position they would have occupied had no contract been entered into.[99] An *unenforceable* contract is a contract which is valid, and therefore effective to produce a legal relationship between the parties, but for some reason cannot be legally enforced by one party (and sometimes by the other as well). Illegality usually renders a contract unenforceable rather than void.[100] Other grounds of unenforceability are expiry of a period of limitation for bringing an action; want of capacity; and absence of a signed memorandum of agreement prescribed by statute or breach of some other statutory requirement which, by the terms of statute, is visited with the sanction of unenforceability of the agreement.[101] There are various reasons why certain categories of contract are made unenforceable by the law rather than totally void. Where the defect is purely evidentiary, there is no objection to enforcement of the contract later if the requisite note or memorandum comes into existence after the making of the contract. Moreover, it may be desired to allow enforcement against one party but not the other (eg to allow enforcement against the party who has

---

[93] Law of Property (Miscellaneous Provisions) Act 1989, s 1.
[94] See para **3.158**.
[95] See para **3.98** ff. A contracting party may also have a statutory right of cancellation, eg under s 67 of the Consumer Credit Act 1974 or the Consumer Contracts (Information, Cancellation and Additional Charges) Regulations 2013 (SI 2013/3134), implementing Directive 2011/83/EU on consumer rights. Mistake not induced by misrepresentation and not sufficiently fundamental to render the contract void at law cannot be set aside in equity. See n 88.
[96] Physical duress is rare but contracts have sometimes been set aside for economic duress, particularly where the claimant was led to enter into the contract through the exercise of illegitimate pressure by the other party and had no reasonable alternative. The ingredients of actionable economic duress are conveniently set out in the judgments of Dyson J in *DSND Subsea Ltd v Petroleum Geo-Services ASA* [2000] 1 BLR 530 and of Lord Hoffmann in *R v Attorney-General for England and Wales* [2003] UKPC 22, [2004] 1 LRC 132, [15]–[16].
[97] Many of the recent cases on undue influence concern a wife induced to give a guarantee secured on the matrimonial home to support the extension of credit to her husband. See, for example, *Royal Bank of Scotland plc v Etridge (No 2)* [2002] 2 AC 773.
[98] See text to n 90. For mistake as to the subject matter, see n 88.
[99] See further para **3.103**.
[100] This follows from the fact that illegality does not as a rule vitiate payments and transfers of property made under the contract. See para **3.168**.
[101] One of the main categories was that prescribed by s 40 of the Law of Property Act 1925, namely contracts relating to the sale of an interest in land. But that section has been repealed by s 2 of the Law of Property (Miscellaneous Provisions) Act 1989, which requires such contracts to be in writing, not merely evidenced by writing, and provides that in default the agreement is to be not merely unenforceable but void.

signed the document evidencing the contract terms but not against the party whose promise is purely oral; or against the party who has broken the statutory requirement but not against the party for whose protection the requirement was imposed). Since an unenforceable contract is nevertheless valid, payments made and property transferred under it cannot be recovered on the basis of a total failure of consideration where the payee or transferee remains ready, able and willing to perform its obligations under the contract.[102] The degree of unenforceability will itself vary according to the statute, some statutory provisions rendering the contract unenforceable by action (leaving the parties free to have recourse to self-help), while others prohibit enforcement by any means, judicial or extrajudicial.[103]

(v) Nullity and rescission distinguished from termination

3.36 It is a common misapprehension that if one party is in breach of contract – as where the seller of goods tenders goods that do not conform to the contract description – the contract is totally void, or is at least voidable at the option of the buyer.[104] This is not so. A breach of contract has absolutely no effect on the existence and validity of the contract. It gives the innocent party a right to damages, and in certain cases may entitle him to terminate the agreement;[105] but termination is not at all the same thing as rescission. Termination for breach brings the contract to an end at a particular time without affecting accrued rights and liabilities. Rescission, by contrast, is retrospective, cancelling the contract from the beginning, so that it is deemed never to have existed. The rights and duties of the parties are retrospectively obliterated and each must, as far as possible, restore to the other benefits received under the contract. The right to rescind derives from some external act or event (misrepresentation, duress, undue influence) which precedes the contract and constitutes an improper inducement to enter into it, such that the law will allow the party affected to resile from the bargain and cancel it from the beginning.[106]

6.   THE CLASSIFICATION OF STATEMENTS MADE IN A CONTRACTUAL SETTING

3.37 A protracted process of inquiry and negotiation may attend a commercial transaction. A company wishes to explore the desirability of installing a

---

[102] *Thomas v Brown* (1876) 1 QBD 714; *Pulbrook v Lawes* (1876) 1 QBD 284.
[103] Contrast the former s 40 of the Law of Property Act 1925 with s 65 of the Consumer Credit Act 1974. However it should be recalled that most types of contract may be made without formality.
[104] A myth cherished by generations of conveyancers until finally exploded by M. Albery, 'Mr Cyprian Williams' Great Heresy' (1975) 91 LQR 337, whose insistence on a return to basic principles of contract law was later vindicated by the decision of the House of Lords in *Johnson v Agnew* [1980] AC 367, [1979] 1 All ER 883.
[105] See para **3.142**. The act of termination is also described, somewhat confusingly, as 'repudiation' or as 'acceptance' of the guilty party's repudiation (acceptance here denoting willingness to treat the repudiation as ending the contract, not as a waiver of rights or remedies).
[106] See para **3.101**.

3.37 Some Aspects of Contract Law

new computer system at its head office. It writes to a supplier for information and receives a visit from the sales manager. The latter engages in customary sales talk, discusses the information needs of the company, jots down notes and figures, makes tentative suggestions as to the most suitable type of computer system, makes observations on the supply of programs, leaves behind sales literature and promises to follow up with a detailed plan later. This arrives subsequently; there ensue further meetings, telephone discussions, correspondence in which the company raises points of difficulty and seeks modifications to strengthen performance or answer a special purpose; costings are obtained, further assurances exacted, formal documents signed and ultimately the purchase of the computer system consummated.

3.38 Months or even years later the lawyer may be called upon to advise which of the oral and written statements made – from the time of the initial inquiry to the signature of the final document – have legal effect and what legal consequences ensue if an assertion of fact or an expression of opinion proves unfounded or if a forecast of future performance is not fulfilled.

3.39 Statements made in a contractual setting are susceptible to elaborate classification, but may be broadly divided into four groups:

(i) Statements which are altogether devoid of legal effect

3.40 Into this category fall, inter alia, mere puffs or commendations and honest expressions of opinion or intention. The former attract no legal consequences[107] because every trader may be expected to commend his wares and in so doing ought not to be taken too seriously and also because general commendatory expressions ('the best second-hand bookshop in the country', 'a wonderful buy') involve value judgments which cannot readily be tested by the objective standards of the law. Honest expressions of opinion or intention usually do not involve the maker in any legal responsibility, even if the opinion proves ill-founded or the stated intention is not carried into effect.[108] This is because in expressing his opinion, the maker of the statement is merely stating what he believes, not asserting that his belief is well-founded,[109] while the fact that a course of conduct stated to be intended is not in the event performed does not falsify the statement of intention, which *ex hypothesi* was true when

---

[107] *Scott v Hanson* (1829) 1 Russ & M 128; *Dimmock v Hallett* (1866) 2 Ch App 21. However, the older decisions should be read with circumspection, for they reflected a robust philosophy of *caveat emptor* to which courts are now much less sympathetic. Thus it is unlikely that *Dimmock v Hallett* (in which a description of land as 'very fertile and improvable', when it was in large measure a wilderness and had been abandoned as useless, was held a mere commendation) would be decided in the same way today.
[108] *Bisset v Wilkinson* [1927] AC 177.
[109] Ibid. The position is otherwise where the maker of the statement expresses an opinion or intention which he does not in fact hold (*Edgington v Fitzmaurice* (1885) 29 Ch D 459; *Brown v Raphael* [1958] Ch 636 at p 643). Moreover, a statement of belief by a party who was in a position to know the true facts may imply the existence of reasonable grounds for that belief (*Brown v Raphael*; *Esso Petroleum Co Ltd v Mardon* [1976] QB 801).

made.[110] Comfort letters (eg that a parent company's normal policy is to give adequate financial support to its subsidiary) are usually intended to give reassurance rather than any legal commitment, and the same may be true of letters of intent.[111]

(ii) Representations inducing a contract

3.41 A person may make a statement of fact which is not couched simply as an expression of opinion but is made in such definite terms as reasonably to lead the person to whom the statement is made to believe that it is true and, in reliance on its truth, to enter into a contract with the maker of the statement. If at the time when it is made the statement is not intended to be or to become a term of the contract but is a 'mere' representation, then at common law the falsity of the statement, though giving the representee a right to rescind the contract, does not usually[112] entitle him to damages except where it was made fraudulently or was in fact incorporated as a contract term subsequently. Rescission is allowed because the representee has been led to enter into the contract on a false basis; but the courts have denied a remedy in damages on the ground that since the representation was not made a term of the contract, the representor was not undertaking legal responsibility for the truth of his representation.[113]

3.42 The rule which confines a warranty to a statement forming a term of the contract stems from the early part of the twentieth century.[114] The deviation appears to have been influenced by a strong desire to preserve the integrity of the illogical parol evidence rule.[115] The result was unfortunate in the extreme. English law thereby became committed to the proposition that a misstatement made without intention to assume contractual responsibility is not actionable in damages, in the absence of fraud, despite the fact that it is a statement of hard fact (as opposed to honest belief or intention), that it is intended by the maker to be relied upon as an inducement to the recipient to enter into a contract, and that it is in fact relied upon for that purpose. It is difficult to conceive of circumstances in which the objective observer, hearing a statement

---

[110] See, in the context of false descriptions under the Trade Descriptions Acts, the judgment of MacKenna J in *R. v Sunair Holidays Ltd* [1973] 2 All ER 1233 at 1236.
[111] However letters of intent of limited duration and scope are more likely to be held to evidence a limited legal commitment and so give rise to rights and liabilities which are enforceable in the courts: see cases cited at n 76 above.
[112] For exceptions, see paras **3.98–3.99**.
[113] *Heilbut, Symons & Co v Buckleton* [1913] AC 30.
[114] It stems from *Heilbut, Symons & Co v Buckleton*, n 113, where the House of Lords misinterpreted a statement by Buller J in *Pasley v Freeman* which was concerned to distinguish a warranty (whether or not forming a term of a contract) from a statement not attracting legal responsibility. Buller J himself misstated earlier authority in ruling that an intention to warrant was necessary. See further para **6.03**, n 22.
[115] See para **3.67**.

3.42 *Some Aspects of Contract Law*

possessing all these characteristics, could reasonably conclude that the maker did not intend to assume responsibility for the truth of his statement.[116]

3.43 Conscious of this problem, the courts have tried to deal with it in one of three ways: (a) by postulating that the statement was in the circumstances no more than an expression of the maker's honest belief in the truth of the facts stated[117] (a conclusion which proves too much, for it thereby prevents the statement from amounting even to a 'mere' representation); or (b) by finding that the statement was in truth part of the contract;[118] or (c) where such a finding was blocked by the parol evidence rule, by holding that the statement had independent contractual force as a 'collateral' warranty or contract which induced the recipient of the statement to enter into the 'main' contract.[119] At the root of the difficulty lies the parol evidence rule,[120] but for which the court would have no difficulty, even where the contract was reduced to writing, in holding that responsibility for the truth of the preceding statements of fact was intended to form part of the total obligation undertaken by the representor.

3.44 Fortunately, the impact of the rule that a non-fraudulent misrepresentation not imported as a contractual term is not actionable in damages[121] – a rule to which there were exceptions even at common law[122] – has been considerably mitigated by the provisions of the Misrepresentation Act 1967, which entitle the representee to damages for non-fraudulent misrepresentation unless the representor can show that he reasonably believed the representation to have been true.[123]

3.45 Mere non-disclosure does not usually constitute a misrepresentation, but it may do so, as where its effect is to distort a positive misrepresentation.[124]

(iii) **Statements constituting terms of a contract**

3.46 A statement may have contractual force either as a term of the final agreement concluded between the parties or as a prior warranty generating a collateral contract, the consideration for the warranty being the promisee's entry into the main contract.[125] It would seem that a false collateral warranty can also be relied on by the innocent party as a misrepresentation inducing the main contract, entitling him to rescind the main contract as an

---

[116] See further para **6.03**, n 18. It is interesting to see that in New Zealand the remedies for misrepresentation and breach of contract have been assimilated by the Contractual Remedies Act 1979.
[117] *Chess (Oscar) Ltd v Williams* [1957] 1 All ER 325, [1957] 1 WLR 370.
[118] *Bentley (Dick) Productions Ltd v Harold Smith (Motors) Ltd* [1965] 2 All ER 65, [1965] 1 WLR 623.
[119] See para **3.71**.
[120] See para **3.67**.
[121] *Derry v Peek* (1889) 14 App Cas 337.
[122] See para **3.98**.
[123] Section 2(1). See para **3.99**.
[124] See *Chitty on Contracts*, paras 7-018 – 7-024 and, more generally, 7-158 – 7-184 and J. Cartwright, *Misrepresentation, Mistake and Non-Disclosure* (5th edn, 2019).
[125] See para **3.71**.

alternative to claiming damages for breach of the collateral warranty.[126] Even where there is no collateral warranty, a misrepresentation which induces a contract and is incorporated as a term of the contract does not lose its force as a prior misrepresentation, and the innocent party has the choice of treating the statement as a misrepresentation grounding rescission[127] or as a breach of a contractual term attracting a claim in damages and/or (if the breach is serious) a right to treat the contract as repudiated.[128]

(iv) Public statements relating to goods the subject of a consumer sale

3.47 In the case of a contract of sale between a trader and a consumer any public statements on the specific characteristics of the goods made about them by the trader, the producer or any representative of the trader or producer, particularly in advertising or on labelling, are included in the relevant circumstances mentioned in s 9(2)(c) of the Consumer Rights Act 2015 for the purpose of determining whether the goods are of satisfactory quality.[129]

7. ASCERTAINING THE CONTRACT TERMS

3.48 The content and meaning of a contract may derive from a variety of sources.

(i) The express language of the contract

1. In general

3.49 The language of the contract is obviously the principal tool used by the courts in determining what the parties have agreed. The contract will be interpreted in accordance with the principles which the courts apply to the interpretation of contracts[130] and any rules of interpretation that may be provided by the contract itself. Subject to this, technical terms will ordinarily be accorded their technical meaning,[131] language accorded a special meaning by custom or usage will be considered to bear that meaning if the contract was entered into in the light of such custom or usage,[132] and the remainder of the contract will usually be read according to the normal and popular sense of the

---

[126] This, of course, is possible only where the collateral warranty induced entry into a contract with the representor himself or with a third party of whom the representor was the actual or deemed agent for the purpose of making the representation.
[127] Misrepresentation Act 1967, s 1.
[128] See paras **3.143–3.147**.
[129] Consumer Rights Act 2015, s 9(5)–(7).
[130] See para **3.63** below.
[131] *Shore v Wilson* (1842) 9 Cl & Fin 355; *Cholmondeley (Marquis) v Lord Clinton* (1820) 2 Jac & W 1. Extrinsic evidence is admissible to prove the meaning of technical terms. But if it is clear that the words were not intended in their technical sense, it is the duty of the court to construe them according to their normal and popular meaning.
[132] *Smith v Wilson* (1832) 3 B & Ad 728; *Peter Darlington Partners Ltd v Gosho Co Ltd* [1964] 1 Lloyd's Rep 149.

3.49 *Some Aspects of Contract Law*

language used.[133] Extrinsic evidence will as a rule be admitted to resolve any ambiguity in the language, whether latent[134] or patent.[135] Whether, and to what extent, extrinsic evidence is available for other purposes, eg to add to, vary or contradict the contract document, or to show that the contract is subject to some undisclosed condition or is voidable on some ground, depends principally on the scope of the parol evidence rule.[136] Modern courts are, however, more willing than their predecessors to admit extrinsic evidence and it is no longer the case that such evidence is only admissible in cases where the contract is ambiguous.[137]

2. Signed and unsigned contracts

3.50 Except where otherwise prescribed by statute,[138] it is not necessary for a contract to be in writing or for a written contract to be signed. However, there is an important difference between signed and unsigned contract documents in that a person signing a contract is bound by all the terms contained in the document whether he has read them or not.[139] The courts do not ask whether reasonable steps have been taken to draw the terms to the attention of the party who has signed the document; the fact that the contract has been signed is sufficient to incorporate the terms in the document into the contract. Where the contract documents have not been signed, it must be demonstrated that reasonable steps have been taken to bring the terms to the notice of the other party and, the more onerous or unusual the term, the greater the steps that must be taken to draw the existence of the term to the other party.[140] It is, however, no easy task to persuade a court that a term is 'onerous or unusual' for this purpose.[141] So, for example, it cannot be assumed that an exclusion or limitation clause is necessarily 'onerous or unusual' and in each case it is necessary to examine the term with some care in order to ascertain whether it qualifies as 'onerous or unusual.'[142]

---

[133] *Robertson v French* (1803) 4 East 130. See further para **3.64**.
[134] *Chitty on Contracts*, para 13–134.
[135] Ibid, para 13–135.
[136] See para **3.67**.
[137] *R (on the application of Westminster City Council) v National Asylum Support Service* [2002] UKHL 38, [2002] 4 All ER 654, [5].
[138] See para **3.29**.
[139] *L'Estrange v Graucob Ltd* [1934] 2 KB 394; *Toll (FGCT) Pty Ltd v Alphapharm Pty Ltd* (2004) 219 CLR 165.
[140] *Parker v South Eastern Rly Co* (1877) 2 CPD 416; *Thornton v Shoe Lane Parking Ltd* [1971] 2 QB 163; *Interfoto Picture Library Ltd v Stiletto Visual Programmes Ltd* [1989] QB 433, [1988] 1 All ER 348; *AEG (UK) Ltd v Logic Resource Ltd* [1996] CLC 265; *O'Brien v MGN Ltd* [2002] CLC 33.
[141] *Bates v Post Office Ltd* [2019] EWHC 606 (QB), [979]. There is, however, an element of uncertainty here as the authorities do not always agree on the question whether a term is or is not onerous or unusual (*Goodlife Foods Ltd v Hall Fire Protection Ltd* [2018] EWCA Civ 1371, [2018] BLR 491 at [33]).
[142] *Goodlife Foods Ltd v Hall Fire Protection Ltd* [2018] EWCA Civ 1371, [2018] BLR 491. Thus there is authority to support the proposition that a clause which limits liability to the contract price or which excludes liability for indirect or consequential loss is neither onerous nor unusual (*Circle Freight International Ltd (t/a Mogul Air) v Medeast Gulf Exports Ltd (t/a Gulf Exports)* [1988] 2 Lloyd's Rep 427).

3. Standard-term contracts

3.51 The policy aspects of standard-term contracts are adverted to elsewhere. For the present we shall comment on them only in relation to their significance in ascertaining the terms which the parties are to be taken to have agreed.

3.52 First, there is the problem of internal consistency where blank parts of a standard-term contract are completed. Not everyone using such a contract is skilled in its handling, and not infrequently blank spaces left for the insertion of terms peculiar to the transaction in question are completed in such a way as to produce inconsistency with the printed words. Since the particular overrides the general, the rule of construction applied is that any written words inserted in or added to a printed contract override inconsistent printed provisions.[143]

3.53 Secondly, both parties may have their own standard conditions. A buyer may order goods on his own standard-term conditions and as likely as not the seller will purport to accept the order on *his* standard terms (figure 3.1), which in all probability will be inconsistent with those of the buyer. The approach of English law is to say that the seller's 'acceptance' of the buyer's order is a counter-offer (since to be effective an acceptance must be the 'mirror image' of the offer, ie must be unqualified[144]); and if the buyer proceeds with the contract without further comment, he is likely to be taken to have assented by conduct to the counter-offer thus made.[145] This is so even if the buyer's conditions contain a clause providing that those are to override any inconsistent provisions in the seller's terms; for *ex hypothesi* the seller, in invoking his own conditions, has rejected the buyer's clause. In short, English law adopts the 'last shot' approach. Acceptance by conduct applies to a counter-offer as much as to an original offer, and is likely to be inferred from the counter-offeree's subsequent acts in furtherance of the transaction.[146]

---

[143] *Robertson v French*, n 133; *Hombourg Houtimport BV v Agrosin Private Ltd, The Starsin* [2003] UKHL 12, [2004] 1 AC 715, [11].

[144] *Tinn v Hoffman & Co* (1873) 29 LT 271.

[145] *Tekdata Interconnections Ltd v Amphenol Ltd* [2009] EWCA Civ 1209, [2010] 1 Lloyd's Rep 357, [25].

[146] *Butler Machine Tool Co Ltd v Ex-Cell-O Corpn (England) Ltd* [1979] 1 All ER 965. For the American approach to the 'battle of the forms', see Uniform Commercial Code, s 2–207: J. White and R. S. Summers, *Uniform Commercial Code* (6th hornbook edn, 2010), pp 37–54. See also Article 19 of the Vienna Convention on Contracts for the International Sale of Goods and Article 2.1.11 of the Unidroit Principles of International Commercial Contracts.

Figure 3.1 Standard-term conditions of sale

TERMS AND CONDITIONS OF SALE

INTERNATIONAL BULLION & METAL BROKERS (LONDON) LIMITED

1. **Definitions**

In these Terms and Conditions:-

1.1   "Agreement" means an agreement for the supply of Goods from IBMB to the Purchaser which shall be governed by these Terms and Conditions;

1.2   "IBMB" means International Bullion & Metal Brokers (London) Limited;

1.3   "Delivery Date" means a date (if any) notified to the Purchaser by IBMB for the delivery of Goods;

1.4   "Goods" means goods ordered from IBMB and includes (where the context admits) each instalment or consignment of the same;

1.5   "Purchaser" means the person, firm or company contracting to purchase Goods from IBMB.

2. **Applicability**

2.1   These Terms and Conditions, with such variations only as a director of IBMB may consent to or specify in writing, shall apply to and govern all Agreements.

2.2   All terms, conditions, representations and warranties whether express or implied, and whether before or on the date of any Agreement, are hereby excluded save to the extent that the same appear in these Terms and Conditions or are specifically agreed in writing by a director of IBMB.

2.3   By placing an order for Goods subsequent to any previous receipt of or referral to these Terms and Conditions, the Purchaser acknowledges that these Terms and Conditions shall prevail over any qualification or condition purported to be imposed by the Purchaser.

3. **Prices**

3.1   Unless expressly stated otherwise, prices quoted for Goods are net, ex-works and are exclusive of VAT (which is payable by the Purchaser).

3.2   The price payable for Goods is that specified in the invoice from IBMB.

3.3   Prices indicated in IBMB's quotations, catalogues and other advertising material may be subject to variation from time to time and shall not be binding on IBMB.

4. **Payment**

4.1   The Purchaser shall pay for Goods within 30 days of the date of invoice, or on such other terms as may be agreed in writing, but the allowance of this credit period is subject to the provisions of paragraph 7.4.5.

4.2   In the event of any delay in payment, IBMB shall be entitled to charge the Purchaser interest, calculated on a daily basis, at the rate of 3% over the base lending rate of HSBC plc from time to time, for the period that payment is overdue.

5. **Delivery**

5.1   Goods shall be delivered from the premises of IBMB on the Delivery Date and, unless otherwise agreed, the Purchaser shall pay for the carriage of the Goods.

5.2   Risk in Goods shall pass on delivery.

5.3   For delivery, time shall not be of the essence.

Ascertaining the Contract Terms **3.53**

6. **Inspection**

The Purchaser shall inspect Goods as soon as practicable after delivery and shall report any shortages in, breakages of or defects in Goods to IBMB in writing within seven working days of delivery, failing which the Goods shall be presumed to have been accepted as being in good order and in conformity with the Agreement.

7. **Title**

7.1 Until the Purchaser has both paid in full for the Goods and paid in full all other monies it owes to IBMB howsoever such debts have accrued, those Goods shall remain the sole and absolute property of IBMB as legal and equitable owner.

7.2 In the event of delivery of Goods prior to the passing of title in them, the Purchaser shall be in possession of them solely as bailee and fiduciary agent of IBMB until such time as the Purchaser has paid for them in full.

7.3 The Purchaser shall insure to their full value Goods wherein the risk but not the title has passed to it and shall indemnify IBMB for loss, damage to or destruction of such Goods, and shall hold any insurance monies payable in respect of such Goods in trust for IBMB.

7.4 Until title to the Goods has passed to the Purchaser:-

7.4.1 the Purchaser shall store and label them so that they remain separate from other goods in the Purchaser's possession and are readily identifiable as the property of IBMB;

7.4.2 the Purchaser shall at the request of IBMB deliver them up to IBMB and allow IBMB to recover them on request and for such purpose IBMB may at any time (through its representatives or agents) enter premises at which they are situated;

7.4.3 the Purchaser may as fiduciary agent of IBMB dispose of them in the course of its business and pass good title to them to its own customer (being a bona fide purchaser for value without notice of IBMB rights) provided that such disposal shall be by the Purchaser as principal in relation to its own customer, and shall not commit IBMB to any contractual relationship with or liability to any such customer;

7.4.4 the permission contained in paragraph 7.4.3. may be revoked at any time by notice by IBMB and shall automatically and without notice be revoked upon the commencement of liquidation proceedings (compulsory or voluntary) of the Purchaser or the appointment of a receiver, administrator, administrative receiver or judicial administrator over any part of the Purchaser's assets;

7.4.5 in the case of all disposals of Goods under paragraph 7.4.3, IBMB shall be legally and beneficially entitled to the proceeds of the disposal; the Purchaser shall not use the same in the course of its business and shall account to IBMB forthwith for the proceeds of the disposal notwithstanding that the period of credit allowed to the Purchaser hereunder may not have expired, keeping the same, until paid over to IBMB, identified as IBMB's monies and separately from its own monies and those of third parties, in a separate bank account in which a credit balance shall be at all times maintained.

8 **Exclusion of Liability**

8.1 Subject to paragraph 8.2, IBMB hereby excludes all liability for consequential or indirect loss or damage (including loss of profits, economic loss and exploitation loss) suffered by the Purchaser by reason, directly or indirectly, of the supply of Goods under this Agreement or any breach by IBMB of any term of this Agreement.

8.2 Nothing in this paragraph 8 shall exclude or restrict IBMB's liability for:-

8.2.1 death or personal injury resulting from the negligence of IBMB, its servants or agents; or

8.2.2 breach of IBMB's implied undertaking as to title to Goods.

3.53 Some Aspects of Contract Law

9   Force Majeure

IBMB shall not be under any liability to the Purchaser in respect of any failure to perform, or delay in performing, any obligation under this Agreement attributable to any cause of whatsoever nature beyond IBMB's reasonable control and no such failure or delay shall constitute a breach of contract by IBMB.

10   Termination

Without prejudice to its rights and remedies, IBMB may without liability terminate any Agreement forthwith on written notice if:-

10.1   the Purchaser is in any material breach of the same;

10.2   any distress, execution or other legal process is levied upon any of the Purchaser's assets; or

10.3   any arrangement or composition is made between the Purchaser and its creditors or there is passed a resolution or there is made an order for the winding-up of the Purchaser, or there is made any administration order in respect of the Purchaser or there is appointed any liquidator or administrative receiver, judicial administrator or receiver or manager in respect of any part of the undertaking or assets of the Purchaser.

11   No Waiver

Any failure or delay on the part of IBMB to terminate an Agreement or take any action for the enforcement of an Agreement in consequence of any breach by the Purchaser shall not operate as a continuing waiver of the breach in question or prevent IBMB from subsequently enforcing its rights in respect of that continuing or any other breach.

12   General

12.1   If any provision of these Terms and Conditions is held by any competent authority to be invalid or unenforceable in whole or in part, the validity and enforceability of the remainder of the provisions hereof shall not be affected thereby.

12.2   Every Agreement shall be construed and take effect in accordance with English law and the parties shall accept the jurisdiction of the English Courts to settle any claim or matter arising in relation to an Agreement.

Ascertaining the Contract Terms **3.56**

4. Terms incorporated by reference

3.54 Instead of setting out all the terms itself, the contract document may incorporate by reference the provisions of other documents. Thus a contract for the sale of land may incorporate the Law Society's Standard Conditions of Sale, which will then take effect as if set out expressly in the contract document.

(i) Implication[147]

3.55 There are various grounds on which the court will be willing to read into a contract terms not expressly spelled out between the parties. The relationship between the interpretation of a contract and the implication of terms into a contract has been a source of some controversy in English law. Lord Hoffmann in *Attorney General of Belize v Belize Telecom Ltd*[148] described the implication of a term into a contract as an exercise in the construction of the contract as a whole.[149] Subsequently, the Supreme Court has distanced itself from the proposition that the process of implying a term is part of the exercise of interpretation, noting that, when seeking to imply a term into a contract, the term is, by definition, not there to be interpreted.[150] As Lord Hodge subsequently observed: 'interpretation of the words of a document is the precursor of implication.'[151] The task of the court is first to interpret the express words of the contract, and only once that task is complete should the court consider whether a term should be implied. In any event, the court has no power to improve upon the contract which it is called upon to construe, nor can it introduce terms to make it fairer or more reasonable. The cases broadly divide into two groups, terms implied in fact and terms implied in law.[152]

1. Terms implied in fact

3.56 (a) TERMS IMPLICIT IN EXPRESS TERMS. The court will imply a term where its inference from the language of the contract is such that it can be said to be too obvious to need stating. Thus, the grant of a first refusal of

---

[147] See E. A. Farnsworth, 'Disputes Over Omission in Contracts', 68 Col L Rev 860 (1968); D. McLauchlan, 'Construction and Implication: In Defence of *Belize Telecom*' [2014] LMCLQ 203; R. Hooley, 'Implied Terms After *Belize Telecom*' [2014] CLJ 73.
[148] [2009] UKPC 10, [2009] 2 All ER 1127.
[149] Ibid at [16].
[150] *Marks and Spencer plc v BNP Paribas Securities Services Trust Co (Jersey) Ltd* [2015] UKSC 72, [2016] AC 742 at [25]. See to similar effect *Byron v Eastern Caribbean Amalgamated Bank* [2019] UKPC 16 at [22] where Lady Hale observed that construing the words of the contract 'involves deciding what the parties meant by what they did say' while implication 'involves deciding whether they would have said something that they did not in fact say had the matter occurred to them.'
[151] *Trump International Golf Club Scotland Ltd v The Scottish Ministers* [2015] UKSC 74, [2016] 1 WLR 85 at [35]. See also *Byron v Eastern Caribbean Amalgamated Bank* [2019] UKPC 16 at [22]; and *Duval v 11–13 Randolph Crescent Ltd* [2020] UKSC 18, [2020] 2 WLR 1167 at [26] and [51].
[152] See Treitel, *The Law of Contract*, 6-050 ff; *Scally v Southern Health and Social Services Board* [1992] 1 AC 294, [1991] 4 All ER 563.

property, though expressed to be given in the event of the owner desiring to sell it, was held to preclude him from making a gift of the property without first offering it to the grantee of the first refusal.[153]

3.57 **(b) TERMS NECESSARY TO GIVE BUSINESS EFFICACY TO THE CONTRACT.** The court will imply a term where it is necessary to give business efficacy to the contract.[154] The court is slow to imply a term on this ground,[155] and it is not sufficient that the court considers that such a term would be reasonable.[156] Reasonableness may be a necessary requirement before a term will be implied but it is not sufficient. Thus it is not appropriate for a court to apply hindsight and to seek to imply a term in a commercial contract merely because it appears to be fair or because one considers that the parties would have agreed to it if it had been suggested to them.[157] The courts have been particularly slow to imply a term where the contract has been drawn up in some detail by lawyers who could have been expected to make provision for the issue had it been the intention of the parties to do so.[158] Thus silence will often indicate that nothing is to be done and that no term is to be implied.[159] Nor will a term be implied as a matter of fact where the term sought to be implied would be inconsistent with an express term of the parties' contract.[160] An inconsistency for this purpose can either take the form of a direct linguistic inconsistency or what has been termed a 'substantive inconsistency' where the term sought to be implied does not fit with the substance or the essence of the express terms of the contract or the parties' allocation of risk under the contract.[161] The test to be satisfied is one of necessity, albeit not 'absolute necessity' but whether, without the term, the contract would lack commercial or practical coherence[162] or whether it is necessary to imply the term 'in order to make the contract work'.[163] Thus, where an act is required to be performed to a party's satisfaction, it will usually be implied that his approval

---

[153] *Gardner v Coutts & Co* [1967] 3 All ER 1064, [1968] 1 WLR 173.
[154] *The Moorcock* (1889) 14 PD 64, per Bowen LJ at 68; *Southern Foundries (1926) Ltd v Shirlaw* [1940] AC 701, [1940] 2 All ER 445.
[155] See *Shell UK Ltd v Lostock Garages Ltd* [1977] 1 All ER 481, [1976] 1 WLR 1187; *Liverpool City Council v Irwin* [1977] AC 239, [1976] 2 All ER 39; *B.P. Refinery (Westernport) Ltd v Shire of Hastings* (1977) 52 ALJR 20; *Trollope & Colls Ltd v North West Metropolitan Regional Hospital Board* [1973] 2 All ER 260, [1973] 1 WLR 601; *Attorney General of Belize v Belize Telecom Ltd*, n 148.
[156] *Salvage & Towage Ltd v Seamar Trading & Commerce Inc (The Reborn)* [2009] EWCA Civ 531, [2009] 2 Lloyd's Rep 639 at [15].
[157] *Bou-Simon v BGC Brokers LP* [2018] EWCA Civ 1525, [2019] 1 All ER (Comm) 955 at [12].
[158] See, for example, *Marks and Spencer plc v BNP Paribas Securities Services Trust Co (Jersey) Ltd*, n 150; and *Impact Funding Solutions Ltd v Barrington Support Services Ltd (AIG Europe Ltd, Third Party)* [2016] UKSC 57, [2017] AC 73 at [31]-[32].
[159] *Attorney General of Belize v Belize Telecom Ltd*, n 148 at [17].
[160] *Palgrave, Brown & Son Ltd v SS Turid (Owners)* [1922] 1 AC 397 (where the custom sought to be implied was inconsistent with the express terms of the charterparty).
[161] *Irish Bank Resolution Corporation Ltd v Camden Markets Holding Corp* [2017] EWCA Civ 7, [2017] 2 All ER (Comm) 781 at [35].
[162] *Marks and Spencer plc v BNP Paribas Securities Services Trust Co (Jersey) Ltd* [2015] UKSC 72, [2016] AC 742 at [21]; *Ali v Petroleum Company of Trinidad and Tobago* [2017] UKPC 2, [2017] ICR 531 at [5]; *Duval v 11–13 Randolph Crescent Ltd*, n 151 at [51].
[163] Ibid at [77].

must not be capriciously withheld.[164] Again, there is in most contracts an implied term that neither party will obstruct performance by the other;[165] and there *may* be an implied term that a party will not take steps that will have the effect of preventing the other from earning his rights under the contract.[166]

3.58 (c) TERMS IMPLIED FROM PRIOR COURSE OF DEALING. Where parties have consistently[167] contracted on certain terms, so that it may reasonably be assumed that the transaction under consideration was intended to be governed by the same terms, the court will usually be willing to find that the terms apply, even if not expressly adopted in relation to the transaction.[168]

3.59 (d) TERMS IMPLIED BY CUSTOM OR USAGE. A term may be annexed to a contract by local custom or trade usage.[169] To be effective, such custom or usage must not be contrary to the law, and must be reasonable,[170] generally known or known to the party against whom it is invoked, and consistent with the express terms and general tenor of the contract.[171] Thus, the perfect tender rule ordinarily applicable on a contract of sale has been displaced by evidence of a trade usage permitting a limited shortfall in quality or quantity against an appropriate reduction in the price.[172] Custom or usage may be invoked not only to import a term into the contract but also to give a special meaning to express terms.

2. Terms implied in law

3.60 (a) TERMS IMPLIED AS RULES OF THE COMMON LAW. For certain types of transaction the courts have so regularly implied certain terms that these have become standard and will be implied as a matter of law unless excluded by the parties.[173] The test which must be satisfied before a term will be implied as a matter of law is less demanding than that applicable to a term

---

[164] *Dallman v King* (1837) 4 Bing NC 105; *Braunstein v Accidental Death Insurance* Co (1861) 1 B & S 782. It is in each case a question of construction whether the withholding of approval must be reasonable or whether it suffices that it is honest. See, for example, *Stadhard v Lee* (1863) 3 B & S 364; *Diggle v Ogston Motor Co* (1915) 84 LJKB 2165.
[165] *Mackay v Dick* (1881) 6 App Cas 251; *Kyprianou v Cyprus Textiles Ltd* [1958] 2 Lloyd's Rep 60; *Bournemouth and Boscombe Athletic Football Club v Manchester United Football Club* (1980) Times, 22 May.
[166] Compare *Turner v Goldsmith* [1891] 1 QB 544 with *Rhodes v Forwood* (1876) 1 App Cas 256 and *Luxor (Eastbourne) Ltd v Cooper* [1941] AC 108.
[167] *McCutcheon v David MacBrayne Ltd* [1964] 1 All ER 430.
[168] *Henry Kendall & Sons v William Lillico & Sons Ltd* [1969] 2 AC 31, [1968] 2 All ER 444; *Vacwell Engineering Co Ltd v B.D.H. Chemicals Ltd* [1971] 1 QB 88, [1969] 3 All ER 1681; *Circle Freight International v Medeast Gulf Exports* [1988] 2 Lloyd's Rep 427.
[169] For the traditional distinction between custom and usage, see 32 *Halsbury's Laws* (5th edn, 2019), para 5, and para **1.21**, n 59. Nowadays the two terms are often used interchangeably.
[170] *North and South Trust Co v Berkeley* [1971] 1 All ER 980, [1971] 1 WLR 470; and see *Kum v Wah Tat Bank Ltd* [1971] 1 Lloyd's Rep 439.
[171] *Humfrey v Dale and Morgan* (1857) 7 E & B 266, affirmed (1858) EB & E 1004. Custom and usage take effect as implied terms of the contract and are not considered in English to have independent normative force. See para **1.22**.
[172] *Peter Darlington Partners Ltd v Gosho Co Ltd*, n 132.
[173] *Shell U.K. Ltd v Lostock Garages Ltd* [1977] 1 All ER 481, per Lord Denning MR at 487.

3.60 *Some Aspects of Contract Law*

implied in fact and requires the court to take account of a broader range of factors than those taken into account when considering whether or not to imply a term as a matter of fact.[174] Prime examples are the terms of title, fitness and merchantable quality implied in contracts of sale of goods in the nineteenth century, prior to the enactment of the Sale of Goods Act.[175] Where the courts have not already established such terms as a matter of law, they will do so where as a matter of policy the term in question is one which the law should imply as a necessary incident of a defined contractual relationship.[176] The range of such implied terms is steadily spreading. For example, it has been held to be an implied term in a contract for the supply of services that they will be performed with such care and skill as is reasonable, having regard to the degree of experience which the provider holds himself out as possessing;[177] in a contract for labour and materials, that the materials will be of proper quality and fit for the purpose;[178] and in a contract of agency, that the agent is entitled to be indemnified against expenses and liabilities incurred by him in the performance of his duties.[179]

3.61 (b) TERMS IMPLIED BY STATUTE. A statute may act on a contract not merely by restricting its efficacy or by imposing *ab extra* additional duties on the parties to it[180] but by importing obligations into the contract itself as implied terms. The infringement of such a term is in such a case not a breach of statutory duty but a fully fledged breach of contract. Thus, terms as to title, quality, fitness and the like are now imported into sale and hire-purchase agreements by the Sale of Goods Act 1979 and the Supply of Goods (Implied Terms) Act 1973,[181] and into other contracts involving the supply of goods and contracts for the supply of services by the Supply of Goods and Services Act 1982. Broadly equivalent terms are treated by the Consumer Rights Act 2015 as included in contracts between a trader and a consumer for the trader to supply goods, digital content or services to the consumer.[182] We may also equate with implied terms duties set out in a statute which, though not designated as implied terms, are intended to describe the contractual obligations of the parties so far as not excluded or modified by the language of the contract.[183]

---

[174] *Scally v Southern Health and Social Services Board*, n 152; *Crossley v Faithful & Gould Holdings Ltd* [2004] EWCA Civ 293, [2004] 4 All ER 447.
[175] See para **6.05**.
[176] *Scally v Southern Health and Social Services Board*, n 152.
[177] *Harmer v Cornelius* (1858) 5 CBNS 236; *Bolam v Friern Hospital Management Committee* [1957] 2 All ER 118, [1957] 1 WLR 582; and see also the Supply of Goods and Services Act 1982, s 13.
[178] *Young & Marten Ltd v McManus Childs Ltd* [1969] 1 AC 454.
[179] *Thacker v Hardy* (1878) 4 QBD 685. See *Bowstead and Reynolds on Agency* (21st edn, 2017), art 62, para 7-057.
[180] Eg, on an employer, to ensure the health, safety and welfare at work of his employees (Health and Safety at Work etc., Act 1974, s 2); on a landlord under a short lease, to keep the structure and exterior of the premises in repair (Landlord and Tenant Act 1985, s 11).
[181] See ch 11.
[182] See ss 9–18, 34–41 and 49–53.
[183] Eg, the delivery obligation of the seller under the Sale of Goods Act 1979. See para **10.01**.

8. CONSTRUING THE CONTRACT

(i) The nature of the construction process

3.62 In its broad sense, construction of a contract denotes determination of the total legal effect of the agreement concluded by the parties. This may involve two related processes: (i) interpretation of the language used by the parties, and (ii) implication of terms where the contract is silent.[184]

1. Interpretation[185]

3.63 The modern approach to the interpretation of contracts is neatly encapsulated in the judgment of Popplewell J in *Lukeoil Asia Pacific Pte Ltd v Ocean Tankers (Pte) Ltd (The 'Ocean Neptune')* in which he sought to summarise the judgments of the House of Lords and Supreme Court in six leading cases concerned with the interpretation of contracts. His summary reads as follows:[186]

> 'The court's task is to ascertain the objective meaning of the language which the parties have chosen in which to express their agreement. The court must consider the language used and ascertain what a reasonable person, that is a person who has all the background knowledge which would reasonably have been available to the parties in the situation in which they were at the time of the contract, would have understood the parties to have meant. The court must consider the contract as a whole and, depending on the nature, formality and quality of drafting of the contract, give more or less weight to elements of the wider context in reaching its view as to the objective meaning of the language used. If there are two possible constructions, the court is entitled to prefer the construction which is consistent with business common sense and to reject the other. Interpretation is a unitary exercise; in striking a balance between the indications given by the language and the implications of the competing constructions, the court must consider the quality of drafting of the clause and it must also be alive to the possibility that one side may have agreed to something which with hindsight did not serve his interest; similarly, the court must not lose sight of the possibility that a provision may be a negotiated compromise or that the negotiators were not able to agree more precise terms. This unitary exercise involves an iterative process by which each suggested interpretation is checked against the provisions of the contract and its commercial consequences are investigated. It does not matter whether the more detailed analysis commences with the factual background and the implications of rival constructions or a close examination of the relevant language in the contract, so long as the court balances the indications given by each.'

3.64 A number of aspects of this summary should be noted. The first is that the test applied by the courts is an objective one which has as its focus the meaning of the term or the terms of the contract that are in dispute. This is consistent with the approach which English contract law generally takes but it is in contrast with the approach adopted in many civilian systems where greater attention is paid to the subjective understandings of the parties.

---

[184] See para **3.66**.
[185] See generally K. Lewison, *The Interpretation of Contracts* (6th edn, 2015) and G. McMeel, *The Construction of Contracts: Interpretation, Implication and Rectification* (3rd edn, 2017).
[186] [2018] EWHC 163 (Comm), [2018] 1 Lloyd's Rep 654 at [8].

3.64 *Some Aspects of Contract Law*

Second, the range of materials on which the courts can draw when seeking to interpret a contract (commonly referred to as the 'matrix of fact') is now much broader than it was in previous times.[187] Fears were expressed that this would increase significantly the cost of litigation.[188] These fears have, however, proved to be largely mis-placed and courts can through their case management powers and their ability to make awards relating to costs regulate the volume of material introduced into evidence.[189] Third, the particular words in dispute must be read in the context of the contract as a whole.[190] Thus a court may conclude that the particular words in dispute should be given a secondary meaning when to do so would enable the words in dispute to fit within the structure of the contract as a whole. Fourth, the approach of the court to the interpretation of contracts is sensitive to the context in which the contract was concluded. Thus, professionally drawn agreements should be interpreted 'principally' but not exclusively by textual analysis, while, in the case of more informal agreements which have not been concluded with the benefit of professional assistance (perhaps because they have been agreed between participants in a market who have dealt with one another over an extended period of time and have developed a range of informal understandings), greater emphasis may be given by the court to the matrix of fact and to the background circumstances.[191]

3.65 Fifth, it is in the case where there are two possible constructions of the disputed term that considerations of common sense are more likely to have a role to play in enabling the court to decide which of the two or more possible interpretations is likely to be the correct one. Where the parties have used unambiguous language, the court must apply it[192] and in such cases considerations of commercial common sense and the surrounding circumstances 'should not be invoked to undervalue the importance of the language of the provision which is to be construed.'[193] In other words, the clearer the language, the less appropriate it is to construe or confine it so as to avoid a result which could be characterised as lacking in commercial sense.[194] It is in the case where the contract is badly drafted or the disputed term is capable of more than one meaning that commercial good sense has a stronger role to

---

[187] In *Investors Compensation Scheme Ltd v West Bromwich Building Society* [1998] 1 WLR 896, at 912 Lord Hoffmann described the 'matrix of fact' in very broad terms to encompass 'absolutely anything which would have affected the way in which the language of the document would have been understood by a reasonable man', although he subsequently acknowledged that he meant to refer only to anything which a reasonable man would have regarded as relevant (*Bank of Credit and Commerce International SA v Ali* [2002] 1 AC 251, [39]). Lord Hoffmann also recognised that the law excludes from the matrix of fact the previous negotiations of the parties and their declarations of subjective intent.
[188] See, for example, the judgment of Staughton LJ in *Scottish Power plc v Britoil (Exploration) Ltd* (1997) Times, 2 December.
[189] *NLA Group Ltd v Bowers* [1999] 1 Lloyd's Rep 109.
[190] *Ford v Beech* (1848) 11 QB 852, 866.
[191] *Wood v Capita Insurance Services* [2017] UKSC 24, [2017] AC 1173 at [13].
[192] *Rainy Sky SA v Kookmin Bank* [2011] UKSC 50, [2012] 1 All ER 1137, [2011] 1 WLR 2900 at [23].
[193] *Arnold v Britton* [2015] UKSC 36, [2015] AC 1619 at [17].
[194] Ibid.

play.[195] In such cases, although not obliged to do so,[196] the court will generally consider it appropriate to adopt the interpretation which is most consistent with business common sense.[197] Where it is invoked, commercial common sense must not be viewed retrospectively, with the benefit of hindsight,[198] nor should it be used to re-write the contract which the parties have made. The task of the court 'is to identify what the parties have agreed, not what the court thinks they should have agreed.'[199] Sixth, the approach to interpretation is both 'unitary' and 'iterative' by which is meant that it is a single approach which does not differ (at least in significant respects) between law and equity and it requires the court to adopt a 'process by which each suggested interpretation is checked against the provisions of the contract and its commercial consequences are investigated.'[200] Finally, in applying this 'iterative' approach the courts seek to strike a balance between 'the indications given by the language and the implications of the competing constructions.'[201] The difficult case is the one in which the construction suggested by the natural and ordinary meaning of the language that has been used by the parties produces a result which appears to be lacking in commercial common sense. In such a case which interpretation is to prevail? No universal answer can be provided to that question. The balance between these different considerations seems to be struck by the courts in varying places in different cases[202] and it is probably pointless attempting fully to reconcile the case law because of the heavy factual component which has been introduced into these cases by the modern reliance on a broad 'matrix of fact'.[203] Nevertheless, it is clear that a court should be 'very slow' to reject the ordinary and natural meaning of a contract term 'simply because it appears to be a very imprudent term for one of the parties to have agreed, even ignoring the benefit of wisdom of hindsight.'[204]

---

[195] *Rainy Sky SA v Kookmin Bank*, n 192 at [23] and *Arnold v Britton*, n 193 at [24].
[196] *Edgworth Capital (Luxembourg) Sarl v Ramblas Investments BV* [2015] EWHC 150 (Comm), [2016] 1 All ER (Comm) 368 at [34].
[197] *Rainy Sky SA v Kookmin Bank*, n 192 at [23].
[198] *Arnold v Britton*, n 193 at [19].
[199] Ibid at [20].
[200] *Wood v Capita Insurance Services* [2017] UKSC 24, [2017] AC 1173 at [12].
[201] Ibid at [11].
[202] Contrast, for example, the decision of the Supreme Court in *Lloyds TSB Foundation for Scotland v Lloyd's Banking Group plc* [2013] UKSC 3, [2013] 2 All ER 103, [2013] 1 WLR 366 at [21] (where the court adopted a 'contextual and purposive' approach to interpretation rather than a 'mechanical' approach) with the decision of the Supreme Court in *Arnold v Britton*, n 193 at [16]–[23] where rather more emphasis was placed on the importance of the language of the term which is to be construed.
[203] A point which is relevant to the standard of appellate review. While the orthodox approach in English law is to regard the proper interpretation of a contract as a question of law, the modern emphasis on the matrix of fact makes it more appropriate to regard the question as one of mixed fact and law (an approach recently adopted by the Supreme Court of Canada in *Sattva Capital v Creston Moly* [2014] SCC 53, [2014] 2 SCR 633 and which, it is suggested, should be followed in the UK).
[204] *Arnold v Britton*, n 193 at [20].

2. Implication

3.66 Implication is usually stated to be a process by which the court arrives at the presumed intention of the parties,[205] but it is clear that in many cases the intention thus attributed to the parties has an element of fiction since the facts generating the dispute were not within their contemplation at all and no one can tell with confidence how they would have framed the contract if they had addressed their minds to the question.[206] In such cases the court is in truth reaching a solution by the application of external rules based on considerations of policy, though it may disguise this process by use of labels such as 'construing the contract' or 'deducing the intention of the parties'. Thus, terms implied by law, whether established by prior authority or enunciated *de novo* in the light of the relationship between the parties and other policy factors, will be imported into a contract without the court finding it necessary to consider what the parties would have been likely to agree if they had addressed their minds to the prospect of the terms in question.[207] Similarly, rules for determining whether a contract is frustrated by change of circumstances represent a judicially imposed solution which may be buttressed by appeal to the assumed intention of the parties but which in reality depends on the court's view of the degree of fundamentality of the change of circumstances.[208]

(ii) The parol evidence rule

3.67 If there be a contract which has been reduced into writing, verbal evidence is not allowed to be given of what passed between the parties, either before the written instrument was made or during the time that it was in a state of preparation, so as to add to or subtract from or in any manner to vary or qualify the written contract.[209]

3.68 This is the classical exposition of the so-called parol evidence rule, a rule which, in truth, extends to all extrinsic evidence, whether oral or otherwise, and which, moreover, is in some respects a rule of substantive law rather than a mere rule of evidence.[210] Thus it has been held impermissible to construe a written contract by reference to the negotiations that led up to it[211]

---

[205] *The Moorcock*, n 154, per Bowen LJ at 68; *Attorney General of Belize v Belize Telecom Ltd*, n 148.
[206] See G. Williams, 'Language and the Law' (1945) 61 LQR 384 at p 401; Wright, *Legal Essays and Addresses* (1939), p 259; *Greaves & Co (Contractors) Ltd v Baynham Meikle & Partners* [1975] 2 Lloyd's Rep 325, per Lord Denning MR at 327. Contrast *Attorney General of Belize v Belize Telecom Ltd*, n 148 at [16] and [19].
[207] See, for example, *Liverpool City Council v Irwin*, n 155, per Lord Edmund-Davies at 54–55, quoting the speech of Viscount Simonds in *Lister v Romford Ice and Cold Storage Co Ltd* [1957] AC 555 at 576.
[208] *Hirji Mulji v Cheong Yue SS Co* [1926] AC 497, per Lord Sumner at 510; *Davis Contractors Ltd v Fareham U.D.C.* [1956] AC 696. See further para **3.173**.
[209] *Goss v Lord Nugent* (1833) 5 B & Ad 58, per Lord Denman at 64; *Bank of Australasia v Palmer* [1897] AC 540, per Lord Morris at 545.
[210] See *Wigmore on Evidence*, para 2400.
[211] *Prenn v Simmonds* [1971] 3 All ER 237; *Chartbrook Ltd v Persimmon Homes Ltd*, [2009] UKHL 38, [2009] 1 AC 1101.

Construing the Contract **3.69**

or the conduct of the parties after conclusion of the contract.[212] Such a rigid rule, characteristic of the law of evidence in England, has little to commend it.[213] Very often the record of negotiations culminating in the contract is the best guide to the intention of the parties, as is their behaviour subsequently. Nevertheless, the rule excludes evidence of what was said or done during the course of negotiating the agreement for the purpose of drawing inferences about what the contract meant. However, it does not exclude the use of such evidence for other purposes. For example, evidence of pre-contractual negotiations is admissible to establish that a fact which may be relevant as background was known to the parties,[214] or to support a claim for rectification or estoppel.[215] As has been noted, it is well-established that in construing a contract the court looks at the factual matrix, or business setting, in which it was made.[216] It is clear that this is not confined to cases where the disputed term is ambiguously expressed.[217] This being so, it is hard to see why the court should ignore pre-contract and post-contract acts and documents to construe the contract, even where on its face there is no ambiguity.

3.69 The parol evidence rule is in any event subject to numerous exceptions. It does not apply where the evidence establishes the existence of a collateral contract,[218] or where it can be shown that the document was not intended as a complete record of the contract terms[219] (a typical case is where the contract is partly in writing, partly oral), or where its existence or operation was dependent on some prior unexpressed stipulation;[220] or that it was procured by misrepresentation[221] or was tainted by illegality;[222] or that it disguised the

---

[212] *James Miller & Partners Ltd v Whitworth Street Estates (Manchester) Ltd* [1970] AC 583; *Schuler A.G. v Wickman Machine Tool Sales* [1974] AC 235. But note that in *Gibbons Holdings Ltd v Wholesale Distributors Ltd* [2007] NZSC 37, [2008] 1 NZLR 277, four members of the Supreme Court of New Zealand concluded that they should depart from the rule and held that a court can have regard to the conduct of both parties subsequent to the making of the contract when seeking to interpret the contract.

[213] See to similar effect G. McMeel, 'Prior Negotiations and Subsequent Conduct – The Next Step Forward for Contractual Interpretation?' (2003) 119 LQR 272; Sir Johan Steyn, 'Written Contracts: To What Extent May Evidence Control Language?' (1986) CLP 23.

[214] A 'fact known to both parties' means 'some objective part of the background matrix of fact other than a mere negotiating position taken by one of the parties, however vigorously expressed.' This being the case, a claimant is not permitted to rely on evidence of its own bargaining position in the negotiations for the purpose of supporting its construction of the contract: *Northrop Grumman Missions Systems Europe Ltd v BAE Systems (Al Diriyah C41) Ltd* [2015] EWCA Civ 844, [2015] BLR 657 at [31]. See also *Merthyr (South Wales) Ltd v Merthyr Tydfil County Borough Council* [2019] EWCA Civ 526.

[215] *Chartbrook Ltd v Persimmon Homes Ltd*, n 211 at [42].

[216] *Prenn v Simmonds*, n 211, per Lord Wilberforce at 239.

[217] *R (on the application of Westminster City Council) v National Asylum Support Service* [2002] UKHL 38, [2002] 4 All ER 654, [5]. See also *The Antaios* [1985] AC 191, in which Lord Diplock approved a decision of arbitrators construing 'breach' as meaning fundamental breach.

[218] *City and Westminster Properties (1934) Ltd v Mudd* [1959] Ch 129; and see K. W. Wedderburn, 'Collateral Contracts' [1959] CLJ 58.

[219] *Harris v Rickett* (1859) 4 H & N 1; *Mercantile Bank of Sydney v Taylor* [1893] AC 317.

[220] *Pym v Campbell* (1856) 6 E & B 370.

[221] *Dobell v Stevens* (1825) 3 B & C 623, where the misrepresentation was fraudulent; but the principle applies equally to an innocent misrepresentation.

[222] *Collins v Blantern* (1767) 2 Wils 341.

3.69 *Some Aspects of Contract Law*

true nature of the transaction.[223] Further, the court may order rectification of a document which does not correctly record the agreement between the parties.[224] These exceptions have largely destroyed the rule;[225] and today's judges are more reluctant to use it as a short-cut method of excluding extrinsic evidence of doubtful credibility, preferring to avoid the risk of injustice (or even the appearance of injustice) by letting in the evidence while requiring it to be of a compelling nature before accepting it in the face of an apparently comprehensive contract document. As that outstanding contract scholar Corbin said some 60 years ago: 'The writing cannot prove its own completeness and accuracy.'[226]

3.70 But where the parties have included an 'entire agreement' clause in their contract stating that it represents the entirety of what they have agreed to the exclusion of all prior agreements, the court will usually refuse to give effect to prior, supplemental or inconsistent terms.[227]

(iii) Collateral contracts[228]

3.71 One way of surmounting the parol evidence rule is to find that statements by a party preceding the contract were distinct promises constitut-

---

[223] *Madell v Thomas & Co* [1891] 1 QB 230.
[224] *Murray v Parker* (1854) 19 Beav 305; *Craddock Bros Ltd v Hunt* [1923] 2 Ch 136. The scope of the doctrine of rectification has been a source of some controversy in recent years, particularly in the case where it is said that the agreement fails to give effect to the common intention of the parties. The particular issue of controversy is whether the common intention of the parties is to be assessed objectively or subjectively. It would appear that the test is an objective one where the common intention takes the form of a prior contract between the parties, but subjective where the intent is to be derived from a common understanding which has been shared between the parties but falls short of a concluded contract: *FSHC Group Holdings Ltd v GLAS Trust Corporation Ltd* [2019] EWCA Civ 1361, [2020] 1 All ER 505, [2020] 2 WLR 429.
[225] See Law Com Working Paper No 70, *Law of Contract: The Parol Evidence Rule*, para 21. The Working Paper provisionally recommended that the rule be abolished (para 43). Unfortunately, in its report the Law Commission finally decided to make no recommendation for abolition of the rule, primarily on the ground that any attempted description of the rule would be circular. See *Law of Contract: The Parol Evidence Rule* (Law Com No 154, Cmnd 9700, 1986).
[226] 'The Parol Evidence Rule' 53 Yale LJ 603, 630 (1944), cited by E. A. Farnsworth, *Farnsworth on Contracts* (3rd edn, 2003), vol II, p 231, who notes that 'the trend clearly favours Corbin' and cites the *Restatement Second* § 210 in support.
[227] *Deepak Fertilisers and Petrochemical Corpn v ICI Chemicals and Polymers Ltd* [1999] 1 Lloyd's Rep 387; *Inntrepreneur Pub Co (GL) v East Crown Ltd* [2002] 2 Lloyd's Rep 611. Entire agreement clauses can also be relied upon in an attempt to exclude liability for pre-contractual misrepresentations but the efficacy of entire agreement clauses in relation to misrepresentation claims is much more doubtful: see *Watford Electronics Ltd v Sanderson CFL Ltd* [2001] EWCA Civ 317, [2001] 1 All ER (Comm) 696 and, more generally, J. Cartwright 'Excluding Liability for Misrepresentation' in A. Burrows and E. Peel (eds), *Contract Terms* (2007), p 213. An entire agreement clause, or a 'basis' clause, which does encompass what would otherwise be a misrepresentation, will almost certainly be subject to the reasonableness test under s 3 of the Misrepresentation Act 1967: *First Tower Trustees Ltd v CDS (Superstores International) Ltd* [2018] EWCA Civ 1396, [2019] 1 WLR 637.
[228] Wedderburn [1959] CLJ 58.

ing a collateral warranty or undertaking, the consideration for this being the other party's entry into the main contract. The device of the collateral contract has been developed with some vigour by the courts and has been extended to cases where the statement induces the recipient of it to enter into a contract not with the maker of the statement but with a third party. For example, a motor dealer induces a customer to take one of his cars on hire-purchase from a finance house by representing the car to be in excellent condition. If the court is satisfied that the representation was a warranty, that is, that it was given as a promise by which the dealer bargained for the customer's entry into the hire-purchase agreement with the finance house, then if the representation was false, the dealer will be held liable in damages for breach of the warranty embodied in a collateral contract between him and the customer.[229] Of course, liability of this kind cannot logically be confined to cases where the action induced was the representee's entry into a *contract. Any* activity bargained for by the warranty suffices to ground an action for damages if the warranty is broken, for *ex hypothesi* the warranty is promissory in nature. In such a case the label 'collateral contract' is misleading since there is no 'main' contract at all, but simply a single contract of a perfectly ordinary nature by which the maker of the statement warrants its truth in consideration for performance of the designated activity by the recipient of the statement.

9. RESTRICTIONS ON WHAT CAN BE VALIDLY STIPULATED

(i) Must a contract be fair?[230]

3.72 The parties to a contract do not have unlimited freedom to agree upon any terms they choose. The common law in principle adopts a laissez faire standpoint, but recognizes that some limits have to be set to freedom of contract. In particular, the courts will not enforce contracts involving the infringement of the criminal or civil law, or otherwise contrary to public policy or morals;[231] penalty clauses are likewise unenforceable where the sum or remedy stipulated as a consequence of a breach of contract is exorbitant or unconscionable when regard is had to the innocent party's legitimate interest in the performance of the contract;[232] and a party will not be able to exclude liability for the consequences of his own fraud.[233] Further restrictions are imposed by equity and by statute.

3.73 However, there is no general principle of English law that enables a court to refuse enforcement of a contract solely on the ground that its terms are

---

[229] See para **27.27**.
[230] See H. Collins, *Law of Contract*, ch 13; D. Capper, 'The Unconscionable Bargain in the Common Law World', (2010) 126 LQR 403.
[231] *Chitty on Contracts*, ch 16; Treitel, *The Law of Contract*, ch 11; *Cheshire, Fifoot and Furmston's Law of Contract*, chs 10, 11 and 12.
[232] *Cavendish Square Holding BV v Talal El Makdessi* and *ParkingEye Ltd v Beavis* [2015] UKSC 67, [2016] AC 1172, [31]–[32], [152] and [255]. See further **3.141**.
[233] *S Pearson & Son Ltd v Dublin Corpn* [1907] AC 351.

3.73 *Some Aspects of Contract Law*

unfair.[234] Even a substantial disparity between the value of a promise and the value of the consideration for it is rarely invoked with success, the usual judicial approach being that it is for the parties, not the courts, to decide what is an acceptable bargain. Indeed, the suggestion that English law recognizes a general concept of inequality of bargaining power[235] has been firmly rejected.[236] But though the courts have been reluctant to interfere with the terms of contracts,[237] they have shown a much greater willingness to examine the circumstances in which the contract under consideration was made and to set aside contracts for what an American writer has termed 'procedural unfairness':[238] economic duress or other coercion;[239] undue influence arising from the relationship of the parties or from taking improper advantage of another's ignorance, infirmity or dependence;[240] and sharp or deceptive practices in negotiating the transaction.[241] Underlying all these ideas may be said to be the concept of unconscionability.[242] The court has long asserted an equitable jurisdiction to reopen unconscionable bargains,[243] and will not allow a person to retain the benefit of his improper conduct. Moreover, since equitable relief is discretionary, the court has an inbuilt power to refuse, or to impose conditions for granting such remedies as injunctions, decrees of specific performance, declarations and rescission and rectification of contracts.

---

[234] But see para **3.78** ff as to the Unfair Contract Terms Act 1977 and Part 2 of the Consumer Rights Act 2015.

[235] A concept propounded by Lord Denning in *Lloyds Bank Ltd v Bundy* [1975] QB 326; and see H. Beale, 'Inequality of Bargaining Power' (1986) OJLS 123.

[236] *Pao On v Lau Yiu Long* [1980] AC 614, [1979] 3 All ER 65; *National Westminster Bank plc v Morgan* [1985] AC 686, [1985] 1 All ER 821.

[237] A notable exception is the case of contracts considered to be in restraint of trade. See para **3.164**.

[238] A. Leff, 'Unconscionability and the Code – The Emperor's New Clothes' 115 U Pa L Rev 485 (1967); and see J. White and R. S. Summers, *Uniform Commercial Code* (6th hornbook edn, 2010), pp 220–225.

[239] *Pao On v Lau Yiu Long*, n 236; *North Ocean Shipping Co Ltd v Hyundai Construction Co Ltd, The Atlantic Baron* [1979] QB 705, [1978] 3 All ER 1170; *The Siboen and The Sibotre* [1976] 1 Lloyd's Rep 293; *Atlas Express Ltd v Kafco (Importers and Distributors) Ltd* [1989] QB 833, [1989] 1 All ER 641; *R v Attorney-General for England and Wales* [2003] UKPC 22; *Times Travel (UK) Ltd v Pakistan International Airlines Corporation* [2019] EWCA Civ 828, [2020] 1 All ER (Comm) 31, [2019] 3 WLR 445.

[240] *Royal Bank of Scotland plc v Etridge (No 2)* [2001] UKHL 44, [2002] 2 AC 773, [2001] 4 All ER 449; *National Commercial Bank (Jamaica) Ltd v Hew* [2003] UKPC 51; *Pesticcio v Huet* [2004] EWCA Civ 372, [2004] All ER (D) 36 (Apr).

[241] *Hartog v Colin and Shields*, n 77.

[242] See S. M. Waddams, 'Unconscionability in Contracts' (1976) 39 MLR 369; N. Bamforth, 'Unconscionability as a Vitiating Factor' [1995] LMCLQ 538; D. Capper, 'The Unconscionable Bargain in the Common Law World' (2010) 126 LQR 403. The High Court of Australia has made the doctrine of unconscionability a major tool of the development of Australian contract law: see, for example, *Commercial Bank of Australia Ltd v Amadio* (1983) 151 CLR 447 and *Garcia v National Australia Bank Ltd* (1998) 194 CLR 395.

[243] See *Treitel, The Law of Contract*, 10–046 ff. However, it is also the case that unconscionability as such (as opposed to particular types of vitiating factor such as undue influence) is rarely invoked with success (see, for example, *Multiservice Bookbinding Ltd v Marden* [1979] Ch 84, [1978] 2 All ER 489). English law appears to lack a general concept of unconscionability of the kind that has been developed in other jurisdictions through case law and specific statutory provisions such as the New South Wales Contracts Review Act 1980 and the American Uniform Commercial Code, s 2–302.

(ii) Good faith and its role in English law

3.74 The reluctance of English courts to recognize a general duty of good faith or to interfere with bargains freely made is an aspect of a general mistrust of what are perceived to be over-broad principles not susceptible to clear or consistent application.[244] Thus in contrast to Continental and American legal systems,[245] English law does not yet clearly possess any general requirement of good faith.[246] A duty of good faith may be owed in particular situations or relationships. For example, a person seeking to displace another's title[247] or obtain priority over an earlier security interest[248] must show that he himself took in good faith; an agent or other fiduciary owes a duty of good faith to his principal or other counterparty to the fiduciary relationship; good faith is also required in contracts characterized as uberrimae fidei.[249] Moreover, since equitable remedies are discretionary, a party seeking the assistance of equity will be expected to have acted in good faith.[250] But many situations which in civil law jurisdictions are resolved by reference to a requirement of good faith are dealt with by the imposition of a separate duty which does not depend on good faith.[251] Thus, the seller of defective goods is liable not because he concealed the defect but because he is under a strict duty to tender goods of satisfactory quality;[252] a party to a contract owes a duty not to impede performance by the other party;[253] and a contract induced by misrepresentation can be rescinded even if the misrepresentation was wholly innocent.

3.75 At the heart of judicial caution concerning the introduction of a general concept of good faith is that there is no consensus on its content. While good

---

[244] See *Walford v Miles*, n 80. See further E. McKendrick, 'Good Faith: A Matter of Principle?' in A. D. M. Forte (ed), *Good Faith in Contract and Property Law* (1999), p 39.
[245] See, for example, art 242 of the German BGB, art 1104 of the French Code Civil and s 1–203 of the American Uniform Commercial Code.
[246] See *Interfoto Picture Library Ltd v Stiletto Visual Programmes Ltd*, n 140 at 353; J. Steyn, 'The Role of Good Faith and Fair Dealing in Contract Law: a Hair-Shirt Philosophy?' (1991) Denning LJ 131 and M. Bridge 'Does Anglo-Canadian Contract Law Need a Doctrine of Good Faith' (1984) 9 *Canadian Business Law Journal* 385.
[247] See para **16.04** ff.
[248] See paras **24.18** ff.
[249] In historical terms, the classic example of a contract *uberrimae fidei* is a contract of insurance: *Rozanes v Bowen* (1928) 32 LI L Rep 98. But see R. A. Hasson (1969) 32 MLR, who contends that the expansive view of the duty of disclosure in insurance contracts results from a misreading of the root decision of Lord Mansfield in *Carter v Boehm* (1766) 3 Burr 1905. The status of a contract of insurance has been altered by statute: see the Consumer Insurance (Disclosure and Representations) Act 2012 and the Insurance Act 2015. The duty of the insured under the 2015 Act is now described as a duty of 'fair presentation'.
[250] See para **3.113**.
[251] Support for the proposition that the differences between English law and civil law are not as great as might be expected can be derived from the works of Professors Zimmermann and Whittaker (*Good Faith in European Contract Law* (2000)) whose comparative study demonstrates that there are a number of occasions in which the different systems reach the same, or similar, results but for very different reasons.
[252] See para **11.52**.
[253] *Nissho Iwai Petroleum Co Inc v Cargill International SA* [1993] 1 Lloyd's Rep 80; *Sociedad Financiera de Bienes Raices SA v Agrimpex Hungarian Trading Co for Agricultural Products, The Aello* [1961] AC 135, [1960] 2 All ER 578.

faith has a minimum content, namely honesty,[254] it may be more demanding if the relationship between the parties is a long-term, relational one.[255] In this sense, good faith can be said to take its meaning from its context.[256] The central question is how to resolve the tension between the legitimate pursuit of self-interest by a party who has entered or is negotiating to enter into a contract and a proper regard for the legitimate interests of the other party. English law does, it is true, distinguish between relationships that are essentially adversarial, where the guiding principle is that each party has to look after itself, from those which are essentially cooperative because the relationship between the parties or the circumstances in which they come together imposes on one of them an obligation to subordinate its own interests to that of the other, as in the case of an agent or other fiduciary.[257] But even in relationships classed as adversarial there are some limits on the pursuit of self-interest. Thus, a person buying goods from a non-owner who had no authority to sell them will usually have to establish good faith,[258] by which is meant honesty in fact.[259] For this purpose a person who genuinely believes his conduct is morally justified is not dishonest unless he is also aware that it would be so regarded by reasonable and honest people.[260] But so far, as regards adversarial types of commercial relationship English law does not appear to have gone further so as to require purely objective good faith in the sense of fair dealing by the standards of reasonable people regardless of whether the party in question was aware that his conduct would transgress such standards.[261] Still less does it equate good faith with reasonableness. Moreover, in the absence of fraud[262] there is no duty to conduct negotiations in good faith or to refrain from arbitrarily terminating them.[263] English law has no equivalent of the civilian *culpa in contrahendo*.

3.76 There are, however, signs that English law is undergoing a process of change, at least in so far as it relates to good faith in the performance of a

---

[254] *Yam Seng Pte Ltd v International Trade Corporation Ltd* [2013] EWHC 111 (QB), [2013] 1 All ER (Comm) 321 at [135]–[137], [141] and [149]; *Astor Management AG v Atalaya Mining plc* [2017] EWHC 425 (Comm), [2017] 1 Lloyd's Rep 476 at [98].
[255] Ibid at [138]–[139] and [142]. See to similar effect *Al Nehayan v Kent* [2018] EWHC 333 (Comm), [2018] 1 CLC 216, at [167]–[174]; and *Bates v Post Office Ltd* [2019] EWHC 606 (QB), at [725]–[726] and [738].
[256] Ibid at [141] ('what good faith requires is sensitive to context').
[257] For a useful discussion of this distinction in the context of joint ventures see G. Bean, *Fiduciary Obligations and Joint Ventures: The Collaborative Fiduciary Relationship* (1995).
[258] Sale of Goods Act 1979, ss 24, 25.
[259] Ibid, s 51(3).
[260] *Twinsectra Ltd v Yardley* [2002] UKHL 12, [2002] 2 AC 164, [2002] 2 All ER 377 (Lord Millett dissenting).
[261] Ibid. There is now a substantial literature on good faith, particularly in comparative law. See, for example, R. Brownsword *Contract Law: Themes for the Twenty-First Century* (2006), ch 6; R. Brownsword, N. J. Hird and G. Howells (eds), *Good Faith in Contract* (1999); R. Zimmerman and S. Whittaker (eds), *Good Faith in European Contract Law* (2000); J. Beatson and D. Friedmann (eds), *Good Faith and Fault in Contract Law* (1995).
[262] For example, conducting negotiations with no intention to conclude a contract.
[263] *Walford v Miles*, n 80. However, there is a duty to respect the confidentiality of information disclosed on a confidential basis

contract.[264] There can now be little doubt that an express term of a contract which requires the parties to act in good faith in the performance of a contract is enforceable.[265] More difficult is the implication of a term requiring the parties to act in good faith in the performance of a contract. The decision of Leggatt J in *Yam Seng Pte Ltd v International Trade Corporation Ltd*[266] stands as authority for the proposition that the court can, in an appropriate case, imply such a term into the contract between the parties and the case in which the courts are most willing to make the implication is where the contract between the parties is found to be a 'relational' contract.[267] However, the courts generally remain reluctant to make the implication and their reluctance can be attributed to two principal causes. The first is that the term is perceived to be inconsistent with the arm's length nature of the relationship between the parties[268] and the second is that the term would be inconsistent with, or cut across, other terms of the contract which impose narrower obligations upon the contracting parties.[269] Thus contracting parties who wish to impose on themselves a duty of good faith in the performance of the contract would be well advised to do so expressly.[270]

(iii) Exemption clauses[271]

1. *The common law*

3.77 Clauses by which a contracting party seeks to exclude or limit his liability have come under increasing attack from the courts in recent years, particularly in relation to standard-term consumer contracts. Over time, a battery of judicial weapons against exemption clauses has evolved. Thus, public policy

---

[264] English law remains more hesitant in relation to good faith in the negotiation of a contract, but even here there are signs that the courts may be willing to recognise the existence of such a duty, at least in the case where the duty has been expressly assumed by the parties, see n 84 above.
[265] *Compass Group UK and Ireland Ltd v Mid Essex Hospital Services NHS Trust* [2013] EWCA Civ 200, [2013] BLR 265.
[266] Note 254.
[267] See, for example, *Al Nehayan v Kent*, n 255 above and *Bates v Post Office Ltd*, n 255 above. In *Bates* Fraser J attempted at [725] to identify the principal characteristics of a 'relational' contract. However, a 'relational' contract should not be equated with a long-term contract given that some long-term contracts may be the product of an arm's length bargain and so not amount to a relational contract: *UTB LLC v Sheffield United Ltd* [2019] EWHC 2322 (Ch) at [202].
[268] *Hamsard 3147 Ltd v Boots UK Ltd* [2013] EWHC 3251 (Pat); *Myers v Kestrel Acquisitions Ltd* [2015] EWHC 916 (Ch), [2016] 1 BCLC 719.
[269] *Portsmouth City Council v Ensign Highways Ltd* [2015] EWHC 1969 (TCC), [2015] BLR 675; *Carewatch Care Services Ltd v Focus Care Services Ltd* [2014] EWHC 2313 (Ch); *Greenclose Ltd v National Westminster Bank plc* [2014] EWHC 1156 (Ch), [2014] 2 Lloyd's Rep 169.
[270] *Chelsfield Advisers LLP v Qatari Diar Real Estate Investment Co* [2015] EWHC 1322 (Ch) at [80].
[271] See generally R. Lawson, *Exclusion Clauses and Unfair Contract Terms* (12th edn, 2017); E. Macdonald *Exemption Clauses and Unfair Terms* (2nd edn, 2006); *Treitel, The Law of Contract*, 7-001 ff.

3.77 Some Aspects of Contract Law

precludes a party from excluding liability for his own fraud,[272] and a contract will not be construed as exempting him from liability for the fraud of his agent unless it so provides in clear and unmistakable terms.[273] Written disclaimers of liability have been struck down on the ground that they are contained in a document which the other party had no reason to suppose was contractual;[274] that the contract was concluded before the disclaimer was brought to the other party's notice;[275] that, applying the *contra proferentem* rule, the exemption clause was not, as a matter of construction, apt to cover the particular breach or loss complained of;[276] that the defendant was a stranger to the contract containing the exemption clause;[277] that the effect of the clause was misrepresented;[278] that the term broken was fundamental, the core of the contract, and thus did not fall within the scope of the exemption clause;[279] and that the exemption clause did not, as a matter of construction, cover an intentional breach. Finally, the courts developed the doctrine of fundamental breach,[280] for the purpose of ensuring that a party could not fall back on an exemption clause to safeguard himself from the consequences of a breach so grave as to frustrate the commercial purpose of the contract. However, after a prolonged judicial battle between those who argued that the fundamental breach doctrine was one of construction and those who contended that it was a matter of substantive law, the House of Lords firmly settled the issue, declaring that there is no substantive rule of law which empowers the court at common law to strike down an exemption clause merely because it is unreasonable, or because the consequences of the breach are serious, and that in each case the question is whether as a matter of construction the clause is apt to cover the breach complained of.[281] The courts of today are much more likely to apply

---

[272] *HIH Casualty and General Insurance Ltd v Chase Manhatten Bank* [2003] 2 Lloyd's Rep 61.
[273] Ibid at [16], [76]–[82] and [125].
[274] *Chapelton v Barry Urban District Council* [1940] 1 KB 532.
[275] *Olley v Marlborough Court Ltd* [1949] 1 KB 532; *Thornton v Shoe Lane Parking Ltd*, n 140.
[276] *Webster v Higgin* [1948] 2 All ER 127; *Karflex Ltd v Poole* [1933] 2 KB 251.
[277] *Scruttons Ltd v Midland Silicones Ltd* [1962] AC 446. But see *The Eurymedon*, n 28; *The New York Star* [1980] 3 All ER 257; and see para 36.76.
[278] *Curtis v Chemical Cleaning and Dyeing Co Ltd* [1951] 1 KB 805.
[279] *Karsales (Harrow) Ltd v Wallis* [1956] 2 All ER 866; *Smeaton Hanscomb & Co Ltd v I. Sassoon Setty Son & Co* [1953] 2 All ER 1471, per Devlin J at 1473.
[280] *Karsales (Harrow) Ltd v Wallis*, n 279; *Harbutt's 'Plasticine' Ltd v Wayne Tank and Pump Co Ltd* [1970] 1 QB 447.
[281] *Photo Production Ltd v Securicor Transport Ltd* [1980] AC 827, [1980] 1 All ER 556, explaining and applying *Suisse Atlantique Société d'Armement Maritime S.A. v N.V. Rotterdamsche Kolen Centrale* [1967] 1 AC 361, [1966] 2 All ER 61, and overruling *Charterhouse Credit Co Ltd v Tolly* [1963] 2 QB 683, *Harbutt's 'Plasticine' Ltd v Wayne Tank & Pump Co Ltd*, n 280, and *Wathes (Western) Ltd v Austins (Menswear) Ltd* [1976] 1 Lloyd's Rep 14. It has been held that clauses limiting liability are not to be construed with the same rigour as clauses excluding liability (*Ailsa Craig Fishing Co Ltd v Malvern Fishing Co Ltd* [1983] 1 All ER 101 at 102–103; *George Mitchell (Chesterhall) Ltd v Finney Lock Seeds Ltd* [1983] 2 AC 803 at 814). While this approach has not been followed by the High Court of Australia (see *Darlington Futures Ltd v Delco Australia Pty Ltd* (1986) 161 CLR 500), it has a certain logic, for ex hypothesi the situation to which it is applied is one in which there is a breach not covered by the exception clause so that prima facie the limitation of liability is designed for just such a case.

Restrictions on What Can Be Validly Stipulated **3.78**

the ordinary principles of interpretation to an exclusion or limitation clause.[282] While the courts still insist that clear and unambiguous language be used in order effectively to exclude liability to a contracting party, they are far less likely than their predecessors to resort to rules such as the *contra proferentem* rule in order to cut an exclusion clause down to size, particularly in the case where the parties to the contract are of roughly equal bargaining power and have access to legal advice.[283]

2. *The Unfair Contract Terms Act*

3.78 Substantial inroads on the freedom to exclude or limit liability have been made by the Unfair Contract Terms Act 1977. The Act no longer applies to contracts concluded between a trader and a consumer.[284] The title to the Act is somewhat misleading, since it is not concerned with the fairness of contracts generally, only with certain types of contractual provision (primarily exemption and limitation clauses), and it is not confined to contracts, being applicable equally to attempts to disclaim by notice liability in tort for negligence. As to the latter, the Act nullifies contractual provisions and notices excluding or restricting business liability[285] for negligence resulting in death or personal injury,[286] and as regards other forms of loss subjects the provision or notice to the requirement of reasonableness.[287] Under s 3, where a party to a contract deals on the other's written standard terms of business,[288] that other cannot, by reference to a contract term, exclude or restrict his liability[289] for breach of contract, or claim to be entitled to render a performance substantially different from that which the other party reasonably expected or, as regards the whole or part of his obligation, no performance at all, except in so far as (in any of the above cases) the contract term satisfies the requirement of

---

[282] *Bank of Credit and Commerce International SA v Ali* [2001] UKHL 8, [2002] 1 AC 251 at [57]–[62]; *McGee Group Ltd v Galliford Try Building Ltd* [2017] EWHC 87 (TCC) at [25].
[283] *Persimmon Homes Ltd v Ove Arup & Partners Ltd* [2017] EWCA Civ 373, [2017] BLR 417, at [52]; *Transocean Drilling UK Ltd v Providence Resources plc* [2016] EWCA Civ 372, [2016] 2 Lloyd's Rep 51 at [20].
[284] The regulation of terms in such contracts is now to be found in the Consumer Rights Act 2015.
[285] As defined by s 1(3).
[286] Section 2(1).
[287] Section 2(2). Reasonableness is to be tested as at the date of the contract (s 11(1), although see s 11(3) in relation to notices).
[288] There are a number of elements to this definition. The first is that the terms must be standard (whether terms are standard is a question of fact: *Chester Grosvenor Hotel Co Ltd v Alfred McAlpine Management Ltd* (1991) 56 Build LR 115 and *African Export-Import Bank v Shebah Exploration & Production Co Ltd* [2017] EWCA Civ 845, [2017] BLR 469, [2018] 2 All ER 144); second, they must be written (which may possibly include a contract which is partly written and partly oral); third, they must be the 'other's' (which may exclude terms prepared by a trade association which have not been adopted by a party as its own terms: *British Fermentation Products Ltd v Compair Reavell Ltd* [1999] BLR 352) and, finally, the parties must 'deal' on these terms (see *St Albans City and District Council v International Computers Ltd* [1996] 4 All ER 481; *University of Wales v London College of Business Ltd* [2015] EWHC 1280 (QB)). So, where there has been meaningful negotiation about the terms of the contract which has resulted in alterations to the standard terms, then it is much less likely that the requirements of s 3 will have been satisfied (see *African Export-Import Bank v Shebah Exploration & Production Co Ltd*).
[289] See s 13(1), and see para **3.79**.

reasonableness.[290] For the purpose of this section the court is not obliged (though it is entitled) to have regard to the guidelines laid down in Sch 2 as regards ss 6 and 7, which relate to contracts for the sale or other supply of goods.[291] It is for the party relying on the exclusion or limitation clause to demonstrate that the term is reasonable.[292] The courts take into account a number of factors when assessing the reasonableness of an exclusion or limitation clause. These include the equality (or inequality) of bargaining power as between the parties, whether the term was freely negotiated, the extent to which the parties were legally advised, the availability of insurance, the availability of an alternative source of supply to the innocent party and the extent to which the party seeking to rely on the exclusion clause sought to explain its effects to the other party.[293] As a general proposition, a limitation clause is more likely to pass the reasonableness test than a term which purports to exclude liability completely.[294] Much, however, depends on the facts of the individual case and there are no hard-and-fast rules. The court's decision contains a substantial element of discretion and the appellate courts are reluctant to review the exercise of that discretion, only intervening where the trial judge has proceeded upon some 'erroneous principle or was plainly and obviously wrong.'[295]

3.79 To prevent evasion, s 13 of the Act provides that to the extent that it prevents the exclusion or restriction of liability, it also prevents this being done by making the liability or its enforcement subject to restrictive or onerous conditions,[296] by excluding or restricting any remedy[297] or by excluding or restricting any rules of evidence or procedure, and to that extent it prevents excluding or restricting liability by reference to terms which exclude or restrict the relevant obligation or duty.[298] The ambit of this section is far from clear. In restricting the efficacy of exemption clauses in contracts the Act does, of course, presuppose the existence of a contract in the first place and the assumption of the duty of performance to which the exemption clause is directed. For example, a contract to paint the windows of a house does not

---

[290] See the remarks of Griffiths J in *R. W. Green Ltd v Cade Bros Farms* [1978] 1 Lloyd's Rep 602 at 607–608.
[291] As to which see paras **11.137** ff.
[292] See s 11(5).
[293] Some of the leading cases include *Watford Electronics Ltd v Sanderson CFL Ltd*, n 227; *Regus (UK) Ltd v Epcot Solutions Ltd* [2008] EWCA Civ 361, [2009] 1 All ER (Comm) 586; *Stewart Gill Ltd v Horatio Myer & Co Ltd* [1992] QB 600. For a critical analysis of some of the early cases, see J. N. Adams and R. Brownsword, 'The Unfair Contract Terms Act: A Decade of Discretion' (1988) 104 LQR 94.
[294] There is, however, no guarantee that a limitation clause will pass the reasonableness test. For a case in which a limitation clause did not pass the test, see *St Albans City and District Council v International Computers Ltd*, n 288.
[295] *George Mitchell (Chesterhall) Ltd v Finney Lock Seeds*, n 281; *Cleaver v Schyde Investments Ltd* [2011] EWCA Civ 929, [2011] 2 P & CR 21.
[296] For example, by requiring notice of rejection to be given within an unreasonably short time. See *Knight Machines (Holdings) Ltd v Rennie* 1995 SLT 166.
[297] Eg excluding the right of set-off (*Stewart Gill Ltd v Horatio Myers & Co Ltd* [1992] 2 All ER 257) or limiting damages.
[298] See E. Macdonald, 'Exclusion clauses: the ambit of s 13(1) of the Unfair Contract Terms Act 1977' (1992) *Legal Studies* 277.

attract the operation of the Act merely because it contains a provision that the painter is not to be responsible for repairing defective window sashes.[299] The difficulty is to distinguish cases where there is no initial obligation at all from those where a promise is given, the effect of which is then sought to be qualified.[300]

3.80 The definition of an exemption clause has also given rise to difficulty when seeking to decide whether a term in a contract excludes or restricts any liability in misrepresentation for the purposes of s 3 of the Misrepresentation Act 1967. This has been a particular issue in relation to 'no reliance' clauses and 'basis' clauses. A no reliance clause is one which provides that one contracting party agrees or acknowledges that the contract has not been entered into in reliance wholly or partly on any statement or representation made by the other party to the contract.[301] An example of a 'basis' clause is one that provides that an investor represents that it 'is acting for its own account, and it has made its own independent decisions to enter into the Transaction . . . based upon its own judgement and upon advice from such advisers as it has deemed necessary.'[302] These clauses do not assume the form of an exclusion clause, but their substance may be to exclude liability for what would otherwise be a misrepresentation.

3.81 The answer given by the Court of Appeal in *First Tower Trustees Ltd v CDS (Superstores International) Ltd*[303] was that s 3 'must be interpreted so as to give effect to its evident policy' which was 'to prevent contracting parties from escaping from liability for misrepresentation unless it is reasonable for them to do so' and further that 'how they seek to avoid that liability is subsidiary.'[304] To conclude otherwise would enable a person responsible for drafting a contract to evade the clutches of the Act and 'no rational legislator could have intended that the need for a contract term to satisfy a test of reasonableness could be avoided simply by felicity in drafting the contract term.'[305] This being the case, the default position is that both no reliance clauses and 'basis' clauses will fall within the scope of s 3 and will only be valid if they pass the reasonableness test.[306]

---

[299] *Impact Funding Solutions Ltd v Barrington Support Services Ltd (formerly Lawyers at Work Ltd) (AIG Europe Ltd, Third Party)* [2016] UKSC 57, [2017] AC 73 at [36].

[300] The difficulty was grasped by the Court of Appeal in *Harris v Wyre Forest District Council* [1988] 1 All ER 691 (concerning the disclaimer by notice of a duty in tort) but glossed over by the House of Lords when reversing that decision in the jointly heard appeals in *Smith v Eric S Bush* and *Harris v Wyre Forest District Council* [1990] 1 AC 831. See also *Phillips Products Ltd v Hyland* [1987] 2 All ER 620; *Johnstone v Bloomsbury Health Authority* [1992] QB 333, [1991] 2 All ER 293; and E. Macdonald (1992) *Legal Studies* 277.

[301] For an example of a no reliance clause, see clause 5.8 of the lease in *First Tower Trustees Ltd v CDS (Superstores International) Ltd* [2018] EWCA Civ 1396, [2019] 1 WLR 637 at [14].

[302] *Thornbridge Ltd v Barclays Bank plc* [2015] EWHC 3430 (QB) at [98].

[303] [2018] EWCA Civ 1396, [2019] 1 WLR 637.

[304] Ibid at [51]. See also *Cremdean Properties v Nash* [1977] 2 EGLR 80; and *Raiffeisen Zentralbank Osterreich AG v The Royal Bank of Scotland plc* [2010] EWHC 1392 (Comm), [2011] 1 Lloyd's Rep 123.

[305] Ibid at [99].

[306] The clause in *First Tower Trustees* did not pass the reasonableness test. There remains a possibility that some no reliance clauses or basis clauses may escape the clutches of s 3 (for a

3.82 There are other provisions in the Act relating to the sale or other supply of goods,[307] examined in a later chapter.[308] The Act, which does not extend to certain types of contract,[309] does not affect any of the judicial weapons available at common law to deal with exemption clauses.[310] Out of an abundance of caution the Act initially made provision for what was believed to be the rule at common law that in cases of fundamental breach an exemption clause cannot be relied on if the innocent party terminates the contract.[311] Section 9 of the Act accordingly provided that a clause may be held reasonable and given effect even if the contract has come to an end. However, the provision proved to be unnecessary given that the courts at common law subsequently held that a fundamental breach of contract did not of itself result in the termination of the contract and so deprive a contracting party of its right to rely on the exclusion clause, and s 9 was therefore repealed by the Consumer Rights Act 2015.[312]

3. **Part 2 of the Consumer Rights Act**[313]

3.83 The Unfair Contract Terms Act 1977 is relatively narrow in its focus, being directed essentially at clauses excluding or limiting liability. Part 2 of the Consumer Rights Act 2015,[314] though confined to contracts between a trader and a consumer,[315] is much more powerful, covering a much broader

---

possible example see *Watford Electronics Ltd v Sanderson CFL Ltd*, n 227, but note the analysis of the case adopted by the Court of Appeal in *First Tower Trustees* at [54]–[57] and [94]).

[307] Sections 5–7 and Sch 2.
[308] See paras **11.130** ff.
[309] See ss 1(2), 26, 27 and Sch 1, which exempt (inter alia) international supply contracts.
[310] However, it does reduce the practical need to rely on some of the common law weapons. For example, now that a court has the power to set aside an unreasonable exclusion clause under the Act, it can be argued that there is less need for the courts to adopt a restrictive approach to the incorporation and interpretation of such clauses. There is some evidence to suggest that the courts will now adopt a less stringent approach, at least in the context of the interpretation of exclusion clauses: see *Bank of Credit and Commerce International SA v Ali* [2001] UKHL 8, [2002] 1 AC 251, [2001] 1 All ER 961, [57]–[62] per Lord Hoffmann. But it would appear that they will not adopt a less stringent approach to the incorporation of terms (see *Goodlife Foods Ltd v Hall Fire Protection Ltd* [2018] EWCA Civ 1371, [2018] BLR 491 at [35] where Coulson LJ observed that the incorporation of a term at common law and the reasonableness of a term under the 1977 Act are 'separate' and 'distinct' issues, albeit there 'may be some overlap in the matters that fall to be considered under each principle').
[311] *Harbutt's 'Plasticine' Ltd v Wayne Tank & Pump Co Ltd*, n 280.
[312] The supposed common law rule was repudiated by the House of Lords in *Photo Productions Ltd v Securicor Transport Ltd*, n 281.
[313] See generally *Chitty on Contracts*, paras 38–365 ff.
[314] Part 2 replaces the Unfair Terms in Consumer Contracts Regulations 1999 (SI 1999/2083), which in turn replaced the Unfair Terms in Consumer Contract Regulations 1994 (SI 1994/3159), and all of them were designed to implement the European Directive on Unfair Contract Terms (93/13/EEC, OJ L95/29). The Act will not be affected by the UK's exit from the EU, although it will no longer be possible to refer cases to the Court of Justice of the European Union, and the UK courts will in future not be bound to follow decisions of the European courts (see para **1.37**).
[315] 'Consumer' means 'an individual acting for purposes that are wholly or mainly outside that individual's trade, business, craft or profession' (Consumer Rights Act 2015, s 2(3)) and a 'trader' means 'a person acting for purposes relating to that person's trade, business, craft or

range of contractual terms. The central provision in the Act is to be found in s 62(1) which provides that 'an unfair term of a consumer contract is not binding on the consumer.' A term is to be regarded as unfair if, contrary to the requirement of good faith, it causes a significant imbalance in the parties' rights and obligations under the contract to the detriment of the consumer.[316] The Act does not provide a definition of good faith, but its requirements were succinctly described in the following terms in a decision of the House of Lords on the Unfair Terms in Consumer Contracts Regulations 1994, and these would seem equally applicable when seeking to interpret s 62 of the Consumer Rights Act 2015:

> 'The requirement of good faith in this context is one of fair and open dealing. Openness requires that the terms should be expressed fully, clearly and legibly, containing no concealed pitfalls or traps. Appropriate prominence should be given to terms which might operate disadvantageously to the customer. Fair dealing requires that a supplier should not, whether deliberately or unconsciously, take advantage of the consumer's necessity, indigence, lack of experience, unfamiliarity with the subject matter of the contract, weak bargaining position or any other factor listed in or analogous to those listed in Schedule 2 to the Regulations. Good faith in this context is not an artificial or technical concept; nor, since Lord Mansfield was its champion, is it a concept wholly unfamiliar to British lawyers. It looks to good standards of commercial morality and practice.'[317]

3.84 Nor does the Act provide a definition of 'significant imbalance'. 'Imbalance' directs the attention of the court to the substantive fairness of the term and the addition of 'significant' provides a further hurdle which must be overcome by a consumer who wishes to challenge the fairness of a contract term.[318] When seeking to assess the fairness of a term the court is directed to have regard to the nature of the subject matter of the contract and to all the circumstances existing when the term was agreed.[319] The Act also sets out an indicative and non-exhaustive list of the terms which may be regarded as unfair.[320] These include terms excluding or limiting the consumer's legal rights for failure in performance by the trader, terms which have the object or effect of requiring a consumer who fails to fulfil his obligations under the contract to pay a disproportionately high sum in compensation and a term which has the object or effect of enabling the trader to alter the terms of the contract unilaterally without a valid reason which is specified in the contract. When deciding whether or not a term is unfair the courts will have regard to the

---

profession, whether acting personally or through another person acting in the trader's name or on the trader's behalf' (s 2(2)). These definitions are applicable in this context by virtue of s 76(2) of the Act.

[316] Section 62(4).
[317] *Director General of Fair Trading v First National Bank* [2001] UKHL 52, [2002] 1 AC 481, per Lord Bingham at [17]. See also *West v Ian Finlay & Associates (a firm)* [2014] EWCA Civ 316, [2014] BLR 324 and, for consideration of the issue by the Court of Justice of the European Union, see *Aziz v Caixa d'Estalvis de Catalunya, Tarragona I Manresa (Catalunyacaixa)* C-415-11, [2013] 3 CMLR 5.
[318] *Office of Fair Trading v Ashbourne Management Services Ltd* [2011] EWHC 1237 (Ch), [2011] ECC 31 at [174].
[319] Section 62(5).
[320] See section 63(1) and Part 1 of Schedule 2. The word 'may' is important here. The term is not therefore automatically unfair. The list is not a 'black' list but is rather a 'grey' list.

knowledge and experience of the consumer and the identity of the party who has put forward the term alleged to be unfair (so that the term is less likely to be unfair if it has been put forward by the consumer or his professional advisers).[321]

3.85 However, the assessment of fairness is not to be applied to the specification of the main subject matter of the contract or the appropriateness of the price payable under the contract by comparison with the goods, digital content or services supplied under it.[322] However, such terms are only excluded from assessment if they are 'transparent and prominent'.[323] The idea behind these exclusions is that, provided these 'core terms' are transparent and prominent, consumers will be aware of them and their significance and so there is no need to subject these terms to further scrutiny by asking whether or not they are unfair. Although this idea is a relatively simple one to grasp, it has proved to be more difficult to apply in practice.[324] The exclusion of the specification of the main subject matter of the contract is the more straightforward of the two, although even here it can be difficult to distinguish those terms which are 'essential' and thus define the main subject matter of the contract and those that are merely 'ancillary'.[325] In relation to the appropriateness of the price, a contract term, whether essential or ancillary, cannot be assessed for fairness by comparing the adequacy or appropriateness of the price against the services or goods supplied in exchange.[326] However, if the term relates to aspects of the price other than the amount, such as the time of payment, the term may be assessed for fairness provided that the amount of the price is not assessed as part of this process.[327] The effect of an unfair term is that it is not binding on the consumer, but the contract continues to bind the parties if capable of continuing in existence without the unfair term.[328] The enforcement of the

---

[321] *Bryen & Langley Ltd v Boston* [2005] EWCA Civ 973, [2005] BLR 508 and *West v Ian Finlay & Associates (a firm)*, n 317. The leading decision on the question whether a particular contract term is unfair is the decision of the Supreme Court in *ParkingEye Ltd v Beavis* [2015] UKSC 67, [2016] AC 1172, [2016] 2 All ER 519 where a charge of £85 for overstaying the permitted period of free parking in a car park at a retail park was held not to be an unfair term given the legitimate interest ParkingEye was held to have in its business model which did give to motorists two hours of free parking and was held not to have been imposed contrary to the requirements of good faith.
[322] Section 64(1).
[323] Section 64(2). A term is stated to be 'transparent' if it is expressed in plain and intelligible language and (in the case of a written term) is legible (s 64(3)). A term is 'prominent' if it is brought to the consumer's attention in such a way that the average consumer would be aware of the term (s 64(4)). An 'average consumer' for this purpose is one who is reasonably well-informed, observant and circumspect (s 64(5)).
[324] A point evidenced by the fact that the case law is not at all easy to reconcile: contrast the decision of the House of Lords in *Director General of Fair Trading v First National Bank*, n 317 with the decision of the Supreme Court in *Office of Fair Trading v Abbey National plc* [2009] UKSC 6, [2010] 1 AC 696. In the former case, the House of Lords concluded that the definition of a 'core term' should be interpreted 'restrictively' but the Supreme Court in the latter case appeared to adopt a more expansive interpretation of the exemption in holding that the bank charges were not open to challenge on the ground that they were unfair terms.
[325] See, for example, *Kásler v OTP Jelzálogbank Zrt*: C-26/13, [2014] 2 All ER (Comm) 443.
[326] Ibid.
[327] *Office of Fair Trading v Abbey National plc*, n 324.
[328] Section 67.

unfair terms legislation is not left solely in the hands of consumers, who may be reluctant to embark on the uncertain and expensive course of litigation. An important role is played here by the Competition and Markets Authority, together with various regulatory bodies (which includes the Consumers' Association), who have various investigatory powers and duties, including the power to seek an injunction to prevent the continued use of unfair terms.[329]

10. THE PRIVITY RULE AND ITS CONSEQUENCES[330]

(i) The position at common law

3.86 It was a basic principle of the common law that a contract could not effectively confer rights or impose duties on those who are not parties to it.[331] Hence a contract between A and B by which A undertook to pay money to C was not enforceable by C. Similarly, if B bought goods from A which suffered from a dangerous defect, as the result of which B's wife, C, was injured, B might have a remedy against A for breach of the contract of sale but C could not, as a stranger to the contract, rely on it and had to found her claim in the tort of negligence. Again, though B had a contractual claim against A, he could not invoke the contract against a manufacturer, M, but usually had to show negligence on the part of M if he was to succeed. This aspect of the privity rule was frequently criticized as unfair and unnecessary[332] and, when they considered it appropriate, the courts were not slow to find ways of avoiding the impact of the rule. Various avenues of escape were possible, eg specific performance,[333] assignment of rights by the promisee to the beneficiary[334] and a finding by the court that in entering into the contract the promisee was doing so not only on his own behalf but also as agent of the intended beneficiary of the promise, so that the latter was not in truth a stranger to the contract but a second promisee. A good illustration of the agency approach was furnished by the decision of the Privy Council in *The Eurymedon*.[335]

> Goods were carried from Liverpool to Wellington under a contract of carriage entered into between the shipper and the carrier. The terms of the contract were evidenced by a bill of lading which was expressed to limit the liability not only of the carrier and its servants or agents but of any independent contractor employed by the carrier.[336] On arrival in Wellington the goods were damaged as the result of negligence of the stevedore during unloading.
>
> In an action against the stevedore, the latter relied on the limitation of liability embodied in the bill of lading, and the shipper contended that the stevedore, as a stranger to the contract, was not entitled to rely on the exemptions and immunities conferred by the contract on the carrier.

---

[329] Section 70, Schedule 3 and Schedule 5.
[330] See generally M. Furmston and G. J. Tolhurst, *Privity of Contract* (2015).
[331] *Tweddle v Atkinson* (1861) 1 B & S 393.
[332] For a powerful criticism of the rule as causing a distortion of tort law in order to provide a third party with a remedy denied by the rule, see B. S. Markesinis, 'An Expanding Tort Law – the Price of a Rigid Contract Law' (1987) 103 LQR 354, cited in *White v Jones* [1995] 1 All ER 691.
[333] *Beswick v Beswick* [1968] AC 58.
[334] As to the requirements for a statutory assignment see para **2.54**.
[335] Sub nom *New Zealand Shipping Co Ltd v A.M. Satterthwaite & Co Ltd*, n 28.
[336] Clauses to this effect are known as 'Himalaya' clauses. See para **36.75**.

The Privy Council held that in entering into the contract the carrier did so not only on its own behalf but also on behalf of the stevedore, and that accordingly, in addition to the bilateral contract between shipper and carrier, there was a unilateral contract between shipper and stevedore to the effect that in consideration of the stevedore unloading the goods the limitation of liability provision would apply. The offer thus made by the shipper to the stevedore was accepted by performance of the act of unloading, so bringing into existence the separate unilateral contract with the stevedore, who was therefore entitled to rely on the provision in order to limit his liability.[337]

3.87 The Contracts (Rights of Third Parties Act) 1999[338] has created a further major exception to the principle that a third party cannot enforce a contract made for his benefit and has made it much simpler for two contracting parties to confer on a third party the right to enforce a term of their contract. The Act does not, however, apply to all contracts. Thus the Act does not confer a right on a third party in the case of a contract for the carriage of goods by sea except that a third party may rely on the Act for the purpose of availing himself of an exclusion or limitation of liability in the contract.[339]

3.88 Just as a stranger to a contract could not usually assert rights under it, so also he could not as a rule be made liable on it, and this principle is unaffected by the 1999 Act. Here again, however, ways may be found of fixing him with liability despite the privity rule. For example, one may have the converse of the situation which obtained in *The Eurymedon*. A contract between A and B purporting to impose liability on C may be found to have been entered into by A or B as agent for C, in which case C may be made liable upon it.[340] Another source of liability, considerably developed over recent years, is the collateral contract, described earlier in this chapter.[341] Even where the claimant cannot establish a contractual relationship of any kind with the defendant, he may have a claim in tort, eg for fraud or negligence or for unlawful interference with the contract between the claimant and a third party.[342]

(ii) **The Contracts (Rights of Third Parties) Act 1999**[343]

3.89 This Act, which resulted from a Law Commission report,[344] provides that, subject to other provisions of the Act, a person who is not a party to a contract may in his own right enforce a term of the contract if (a) the contract expressly provides that he may or (b) the term purports to confer a benefit on

---

[337] This decision was later applied by the Privy Council in *The New York Star*, n 277.
[338] See below.
[339] Contracts (Rights of Third Parties) Act 1999, s 6(5). The exception preserves the efficacy of the Himalaya clause. Carriage by sea is dealt with in ch 36.
[340] As to the liability of an undisclosed principal, see para **5.36**.
[341] See para **3.71**.
[342] *Lumley v Gye* (1853) 2 E & B 216; *British Motor Trade Association v Salvadori* [1949] Ch 556; *OBG Ltd v Allan* [2007] UKHL 21, [2008] 1 AC 1, [2007] 4 All ER 545.
[343] See *Treitel, The Law of Contract*, 14-099 ff; A. Burrows, 'The Contracts (Rights of Third Parties) Act 1999 and its implications for commercial contracts' [2000] LMCLQ 540.
[344] *Privity of Contract: Contracts for the Benefit of Third Parties*, Law Com No 242 (1996).

The Privity Rule and Its Consequences 3.90

him,[345] though in the latter case not if the parties did not intend the term to be enforceable by a third party.[346] The first part provides a simple procedure by which contracting parties can confer a right of action upon a third party. The second part is more complex in that the court must first decide whether the term purports to confer a benefit upon a third party[347] and then, if it did, the third party may enforce the term unless it is established that the parties did not intend the term to be enforceable by the third party. The easiest way for contracting parties to manifest an intention not to confer a right of action upon the third party is to say so expressly in the contract and many contracts do contain a standard clause which, in effect, excludes the operation of the Act. Where the parties insert no such clause in the contract, there is a risk that a court will find that they have not manifested an intention not to confer an enforceable right upon a third party.[348] But the Act does not require that the parties manifest their intent through an express term of the contract. A court can infer such an intent from the structure of the contract. The Act is not intended to enable parties to a typical chain transaction to bypass their counterparties and pursue someone higher or lower in the chain. For example, where part of construction works is sub-contracted, the fact that the works will benefit the building owner will not, in the normal case, give the owner a right to enforce the sub-contract, for this is not intended. Similarly, where a person sells goods knowing that they are intended to be immediately sub-sold, that fact will not as a rule entitle the sub-buyer to enforce the main sale contract, the benefits of which were intended to be conferred solely on the buyer as promisee.

3.90 The third party must be expressly identified in the contract by name, as a member of a class or as answering a particular description but need not be

---

[345] Contracts (Rights of Third Parties) Act 1999, s 1(1)(a) and (b). This extends to enforcement of a term excluding or limiting liability (s 1(6)).
[346] Ibid, s 1(2).
[347] It has proved to be relatively straightforward for third parties to satisfy this test: see, for example, *Nisshin Shipping Co Ltd v Cleaves & Co Ltd* [2003] EWHC 2602 (Comm), [2004] 1 Lloyd's Rep 38 and *Laemthong International Lines Co Ltd v Artis (The Laemthong Glory) (No 2)* [2005] EWCA Civ 519, [2005] 1 Lloyd's Rep 688. In particular the section does not require that the predominant purpose be to confer a benefit on the third party: *Prudential Assurance Co Ltd v Ayres* [2007] EWHC 775 (Ch), [2007] 3 All ER 946, [29]. However, a contract term does not purport to confer a benefit on a third party simply because the position of that third party will be improved if the contract is performed. One of the purposes of the parties' bargain (rather than one of its incidental benefits if performed) must have been to benefit the third party: *Dolphin Maritime & Aviation Services Ltd v Sveriges Angfartygs Assurans Forening* [2009] EWHC 716 (Comm), [2009] 2 Lloyd's Rep 123. But there is no requirement that the benefit on the third party must be the predominant purpose or intent behind the term or that the subsection is inapplicable if a benefit is conferred on someone other than the third party: *Cavanagh v Secretary of State for Work and Pensions* [2016] EWHC 1136 (QB), [2016] IRLR 591, [2016] ICR 826.
[348] See, for example, *Laemthong International Lines Co Ltd v Artis (The Laemthong Glory) (No 2)*, n 347 where the Court of Appeal rejected the submission that there was an established market practice which prevented one party from suing another party further down the chain of contracts. See also *Great Eastern Shipping Co Ltd v Far East Chartering Ltd (The Jag Ravi)* [2012] EWCA Civ 180, [2012] 1 Lloyd's Rep 637.

in existence when the contract is entered into.[349] He can enforce the term only subject to and in accordance with any other relevant terms of the contract.[350] Where a third party has become entitled to enforce a contract term, then, subject to any express term of the contract, the parties may not rescind or vary it so as to extinguish or vary that entitlement once the third party has communicated his assent to the term to the promisee or the third party has relied on the term and the promisor is either aware of such reliance or could reasonably have been expected to foresee it.[351] The promisor remains entitled to assert any defences and rights of set-off that would have been available to him against the promisee or would have been available against the third party if he had been a party to the contract.[352] The promisee remains entitled to enforce any term of the contract[353] but the promisor is protected against double liability.[354]

11. VARIATION[355] AND NOVATION[356]

3.91 The parties to a contract may freely agree to vary it, though for the variation to be effective and enforceable it must be made in compliance with the same formal requirements as those (if any) prescribed for the original contract.[357] The variation in order to be valid must also comply with any requirements in the contract which prescribe the form a variation must take if it is to be contractually binding as between the parties.[358] Since a variation is

---

[349] Contracts (Rights of Third Parties Act) 1999, s 1(3). While the individual cannot be identified by a process of implication (*Avraamides v Colwill* [2006] EWCA Civ 1533, [2006] BLR 76), this does not preclude express identification by a process of construction (*Chudley v Clydesdale Bank plc (trading as Yorkshire Bank)* [2019] EWCA Civ 233, [2020] QB 284). The requirement set out in s 1(3) is separate from the requirements of s 1(1)(b) and, while the requirements of both provisions must be satisfied if the third party is to be entitled to assert a third party right under the Act, a single term of the contract can in principle satisfy the requirements of both provisions (*Chudley*).
[350] Ibid, s 1(4).
[351] Ibid, s 2.
[352] Ibid, s 3.
[353] Ibid, s 4.
[354] Ibid, s 5.
[355] See S. Wilken and K. Ghaly, *The Law of Waiver, Variation and Estoppel* (3rd edn, 2012); T. Dugdale and D. Yates, 'Variation, Waiver and Estoppel – A Re-Appraisal' (1976) 39 MLR 680; P. S. Atiyah, 'Consideration and Estoppel: The Thawing of the Ice' (1975) 38 MLR 65.
[356] See J. Bailey, 'Novation' (1999) 14 JCL 189.
[357] *Goss v Lord Nugent*, n 209.
[358] *MWB Business Exchange Centres Ltd v Rock Advertising Ltd* [2018] UKSC 24, [2019] AC 119, [2018] 4 All ER 21 where the Supreme Court gave effect to a No Oral Modification ('NOM') clause and held that a variation which had been agreed between the parties but which did not comply with the terms of the clause was not binding on the parties. There may, however, be circumstances where the parties will be estopped by their conduct from denying effect to the non-compliant variation (in particular where there has been a representation made by one party and acted on by the other to the effect that the variation is to be treated as effective between them notwithstanding its failure to comply with the NOM clause) but such cases are likely to be few (see *MWB* at [16] and *Kabab-Ji SAL (Lebanon) v Kout Food Group (Kuwait)* [2020] EWCA Civ 6, [2020] 1 Lloyd's Rep 269 at [72]–[79]).

contractual, it requires consideration on both sides.[359] This is usually taken to mean that a purported variation which alters the contract in favour of one party only has no contractual force. Thus expressed, the proposition is too broad. An employer, without requiring the employee to perform additional duties, increases the employee's salary. A building owner, at the request of a builder who finds he has underpriced the contract, agrees to increase the contract figure. A car manufacturer, having in its franchise agreements with its dealers agreed to allow credit of 60 days for cars delivered on consignment, increases the credit period to 90 days. Are we to say that none of these variations has contractual force? Instinct rebels against such a non-commercial interpretation of an everyday occurrence – and it would be right to do so. Contracts involving continuing work or a continuing relationship or flow of dealings between the parties depend heavily on the subsistence of mutual goodwill. Tangible benefits may be expected to flow to the party who generates goodwill by improving his terms.[360] That is why the decision of the Court of Appeal in *Williams v Roffey Bros & Nicholls (Contractors) Ltd*[361] that a factual (as opposed to legal) benefit of the promise suffices as consideration is to be welcomed as reflecting commercial reality.[362]

3.92 A variation, which leaves the rest of the contract intact, must be distinguished from a novation, which replaces the contract entirely with a new contract. The term 'novation' is now usually employed to denote a change of parties, as where in a contract between A and B it is agreed that B shall be released and C shall take his place as the other party to the contract.[363] Novation need not be left to ad hoc agreement; it is open to the parties to provide for it in advance and in particular to establish a contractual mechanism by which novation takes place automatically on the occurrence of a designated act or event. As we shall see,[364] contractual novation has become a powerful market tool for reducing risk and facilitating the transfer of financial assets.

---

[359] For an attack on this requirement see C. Ulyatt, 'Should consideration be required for the variation of contracts?' (2002) 9 Auckland U. L. Rev 883.
[360] Thus in *Attrill v Dresdner Kleinwort Ltd* [2011] EWCA Civ 229, [2011] IRLR 613 it was held that an employee who continued to work after his employer had promised to establish a guaranteed minimum bonus pool had arguably provided consideration for the promise to set up the fund (and see further *Attrill v Dresdner Kleinwort Ltd* [2013] EWCA Civ 394, [2013] 3 All ER 607, [95]).
[361] Note 30.
[362] In that case the promisee agreed to pay an additional sum for performance of an existing duty in order to ensure the promisor's performance so that the promisee would not incur a liability to a third party through the promisor's default. For an example of the willingness of the modern courts to reflect commercial reality, see *MWB Business Exchange Ltd v Rock Advertising Ltd* [2016] EWCA Civ 553, [2017] QB 604 (and see n 29 above).
[363] For a helpful definition see *The Tychy (No 2)* [2001] 1 Lloyd's Rep 10, 24 per David Steel J.
[364] See paras **4.08, 4.34**.

3.93 *Some Aspects of Contract Law*

12. WAIVER AND ESTOPPEL[365]

(i) Waiver

3.93 The term 'waiver' has many meanings,[366] and its significance depends on the context in which it is used. In essence, it indicates a voluntary surrender of a right or a remedy, the surrender being voluntary both in the sense that no consideration is given for it and in the sense that the act of waiver is, or is considered by the law to be, intentional and its binding nature derives from the will of the waiving party, not from imposition by law consequent upon the conduct of the other party in reliance on the act of waiver. A promise to surrender a right or remedy may induce action by the other party in reliance on that promise. If the inducement was bargained for by the terms of the promise, there is a contractual variation. If it was not bargained for but was reasonably foreseeable as the consequence of the promise, it may generate an estoppel.[367] The party promising to give up a right or remedy is estopped, or precluded by law, from going back on his promise. A party having two alternative rights or remedies may be taken to have waived one by pursuing the other, as where a party having a right to treat a contract as repudiated elects to affirm it. This form of waiver is known as election. Election differs from promissory estoppel in a number of respects. It is not binding unless made with knowledge of the facts giving rise to the choice; it concerns a choice to be made between remedies that have already accrued; it does not depend for its efficacy either on consideration or on reliance.[368]

3.94 A party to a contract whose own duty to perform is subject to a condition may voluntarily waive that condition if it is solely for his benefit.[369] Such a waiver, rendering his performance obligation unconditional, requires no consideration to support it, but, if voluntary, it will be effective only where the condition waived does not constitute a substantial part of the consideration given in exchange for the obligation to which the condition was attached.[370]

---

[365] See Wilken and Ghaly, n 355.
[366] See ibid, ch 3; T. Dugdale and D. Yates, 'Variation, Waiver and Estoppel – A Re-Appraisal' (1976) 39 MLR 680 at pp 681–682; *Treitel, The Law of Contract* 3-066 ff, 18-089 ff. As to whether an apparent repudiation waives the requirement of willingness and ability to perform, see F. Dawson, 'Waiver of Conditions Precedent on a Repudiation' (1980) 96 LQR 239, and see paras **15.20** ff.
[367] See below.
[368] *The Kanchenjunga* [1990] 1 Lloyd's Rep 391; and see F. M. B. Reynolds, 'The Notions of Waiver' [1990] LMCLQ 453.
[369] *Hawksley v Outram* [1892] 3 Ch 359; *Morrell v Studd and Millington* [1913] 2 Ch 648.
[370] This qualification is not adverted to in the English texts but is well made by Corbin (*Contracts*, vol 3A, para 753) and has been adopted in the *American Restatement, Second, Contracts*, s 84(1). Corbin's illustration is of a man, B, who undertakes to pay $10,000 to A for the erection of a building. No court, says Corbin, would enforce a waiver by B of his right to the building as a condition precedent to payment so as to commit B to paying $10,000 for nothing. This is plainly the position in English law also.

(ii) Estoppel[371]

3.95 Estoppel typically arises in a situation where a statement or promise by one person, A, induces another person, B, to act in reliance on the statement or promise, and such reliance was reasonably foreseeable by A as the result of his statement or promise. In such a case, A is usually precluded from subsequently disputing the truth of the facts he had previously asserted or from going back on his promise. The orthodox rule of estoppel, both at law and in equity, was said to be that it was confined to statements of existing fact, and thus did not extend to promises to perform or refrain from performing an act or invoking a right.[372] The common law regarded such promises, if not made under seal, as *nudum pactum*, there being no consideration. But in the celebrated *High Trees House* case,[373] Denning J tapped a slender line of authority to establish a wider equitable principle by which even a promise not to assert a right would bind the promisor if the other party was thereby led to act in reliance on it; and the act of reliance need constitute only a change of position in some way, not necessarily a detriment. This form of estoppel is conveniently known as promissory estoppel.[374]

3.96 Promissory estoppel differs in its effect from earlier forms of estoppel in two respects. First, it does not, as a rule, ground a cause of action; it is merely a defence. In other words, it cannot be used as a sword but may be set up as a shield to prevent the claimant from asserting a right or from alleging a breach of duty when he has previously promised not to assert the right or to enforce the duty.[375] Secondly, promissory estoppel is usually only temporary in its effect, and the party bound by it can, as a rule, restore himself to his full legal rights by giving reasonable notice to the other party.[376]

3.97 These two types of estoppel are the most common, though they are not the only forms recognized by the law. A third form, proprietary estoppel, has

---

[371] See also para **3.15** and Wilken and Ghaly, *Law of Waiver*, n 355.
[372] *Jorden v Money*, n 20. For a criticism of this case, see D. Jackson, 'Estoppel as a Sword' (1965) 81 LQR 84, 223.
[373] *Central London Property Trust Ltd v High Trees House Ltd*, n 37, applying *Hughes v Director of the Metropolitan Rly Co* (1877) 2 App Cas 439.
[374] It is also termed 'quasi-estoppel' and, confusingly, 'equitable estoppel'. The latter term is to be avoided, for it implies that the traditional estoppel arising from representations of existing fact was known only to the common law, whereas it was equally recognized in equity. Promissory estoppel may be regarded as an extension of the old equitable estoppel. Other forms of estoppel are proprietary estoppel (para **3.20**) and estoppel by convention (below).
[375] *Combe v Combe* [1951] 2 KB 215, [1951] 1 All ER 767; *Argy Trading Development Co Ltd v Lapid Developments Ltd* [1977] 3 All ER 785.
[376] See *Tool Metal Manufacturing Co Ltd v Tungsten Electric Co Ltd* [1955] 1 WLR 761. But where the other party's change of position in reliance on the promise has become unalterable or it would otherwise be inequitable to allow retraction of the promise, the estoppel may become permanent in its effect (*Ajayi v R. T. Briscoe (Nigeria) Ltd* [1964] 1 WLR 1326; *Collier v P & MJ Wright (Holdings) Ltd* [2007] EWCA Civ 1329, [2008] 1 WLR 643). Whether the estoppel is permanent or suspensory in its effects will depend upon the facts and circumstances of the individual case: *MWB Business Exchange Ltd v Rock Advertising Ltd* [2016] EWCA Civ 553, [2017] QB 604 at [61]. This also is the position in the case of proprietary estoppel. See para **3.20**.

already been mentioned.[377] A rather more recent form of estoppel developed in the law of contract is estoppel by convention. This arises where each party to the contract has proceeded with the transaction on the basis of a given assumption of fact or entitlement which is known to and acquiesced in by the other. In such a case neither will be allowed to go back on the agreed assumption where it would be unfair or unjust to allow him to do so.[378] So if the parties to a guarantee contract have proceeded on a common, albeit erroneous, assumption that the guarantee covers certain liabilities which it does not in fact cover, they will not be allowed to interpret the contract otherwise than in accordance with that assumption.[379] A further form of estoppel, which has achieved some prominence in recent case law and is the source of some controversy,[380] is 'contractual estoppel' according to which contracting parties who have agreed the factual basis upon which they have entered into the contract (for example, that one of them is a 'sophisticated investor' who has understood the risks associated with an investment, has entered into the contract based on his own decision and judgment and not in reliance upon any advice which he has received from his counterparty) will not be permitted to deny that agreement and assert that the contract was entered into on a different factual basis.[381] While English law recognises that contracting parties 'can bind themselves by contract to accept a particular state of affairs even if they know that state of affairs to be untrue',[382] the clause which has this effect is subject to the reasonableness test in s 3 of the Misrepresentation Act 1967 where the substance or the effect of the clause is to enable a party to escape from what would otherwise be a liability for misrepresentation.[383]

13. REMEDIES FOR MISREPRESENTATION

(i) Rescission and damages

3.98 A representation, it will be recalled, is a statement of fact, express or implied, anterior to the contract, which is intended to and does induce the person to whom it was made to enter into the contract but is not at the time of its making intended as a promise, though it may later become incorporated as a term of the contract. Since a representation is not as such a promise, its falsity cannot constitute a breach of contract or give rise to an action for damages for breach of contract. If there is any remedy in damages, it must lie

---

[377] See para 3.20.
[378] *Amalgamated Investment & Property Co Ltd v Texas Commerce International Bank Ltd* [1982] QB 84; *The Vistafjord* [1988] 2 Lloyd's Rep 343; *ING Bank NV v Ros Roca SA* [2011] EWCA Civ 353, [2012] 1 WLR 472. See generally *Chitty on Contracts*, paras 4–108 ff.
[379] *Amalgamated Investment & Property Co Ltd*, n 378.
[380] For criticism of this development see G. McMeel, 'Documentary Fundamentalism in the Senior Courts: The Myth of Contractual Estoppel' [2011] LMCLQ 185.
[381] *Peekay Intermark Ltd v Australia and New Zealand Banking Group Ltd* [2006] EWCA Civ 386, [2006] 2 Lloyd's Rep 511 at [56]; *JP Morgan Chase Bank v Springwell Navigation Corpn* [2010] EWCA Civ 1221, [2010] 2 CLC 705.
[382] *First Tower Trustees Ltd v CDS (Superstores International) Ltd*, n 303, at [47].
[383] Ibid at [51] and [99].

Remedies for Misrepresentation **3.99**

in tort or under statute. Hence a fraudulent misrepresentation is actionable not because of the character of the statement as a representation inducing a contract but because the law of tort gives a general remedy in deceit for fraudulent statements; and a negligent misrepresentation may be actionable either because it is made in circumstances where the defendant owed the claimant a duty of care[384] or under s 2(1) of the Misrepresentation Act 1967.[385] In addition, equity gives the representee a right to rescind the contract, whether the misrepresentation was fraudulent, negligent or wholly innocent, for his entry into the contract has been brought about on a false basis. The entire contract must be rescinded; partial rescission is not recognized in English law.[386]

3.99 The remedies of the injured party were greatly strengthened by the Misrepresentation Act 1967, which allows rescission even if the misrepresentation has become a term of the contract[387] or the contract has been fully performed;[388] gives the innocent party a right to damages unless the maker of a non-fraudulent misrepresentation who is a party to a contract with the innocent party can prove that he had reasonable grounds to believe and did believe that the facts represented were true;[389] and renders ineffective clauses excluding or limiting liability for misrepresentation except so far as these satisfy the requirement of reasonableness under the Unfair Contract Terms Act.[390] But the Misrepresentation Act also cuts down the common law rights of the representee in one respect, by empowering the court to make him accept damages in lieu of rescission in the case of a non-fraudulent misrepresentation.[391] However, damages cannot be awarded in lieu of rescission where the right of rescission has been lost.[392]

---

[384] As where the defendant was in a 'special relationship' with the claimant (*Hedley Byrne & Co Ltd v Heller & Partners Ltd* [1964] AC 465, [1963] 2 All ER 575), which is considered to include *par excellence* a prospective contractual relationship (*Esso Petroleum Ltd v Mardon*, n 109). The conditions in which a duty is owed to a third party is a topic of considerable complexity. The current law is principally to be found in *Caparo Industries plc v Dickman* [1990] 2 AC 605, *Smith v Eric S. Bush*, n 300; and *Playboy Club London Ltd v Banca Nazionale del Lavoro SpA* [2018] UKSC 43, [2019] 1 All ER (Comm) 693, [2018] 1 WLR 4041.

[385] The measure of damages is tortious, not contractual, and is the same as for fraud, namely the sum needed to put the claimant in the position in which he would have been if he had not entered into the contract (*Doyle v Olby (Ironmongers) Ltd* [1969] 2 QB 158; *Royscot Trust Ltd v Rogerson* [1991] 2 QB 297). This is particularly controversial in so far as it relates to the remoteness rule, where the applicable rule is the rule derived from the tort of deceit, not the tort of negligence (*Royscot Trust Ltd v Rogerson*). The latter decision remains controversial but can only be overruled by the Supreme Court.

[386] *De Molestina v Ponton* [2002] 1 Lloyd's Rep 271; *TSB Bank plc v Camfield* [1995] 1 WLR 430.

[387] Misrepresentation Act 1967, s 1(a).

[388] Ibid, s 1(b).

[389] Ibid s 2(1). This can be a difficult burden for the representor to discharge: *Howard Marine and Dredging Co Ltd v A Ogden & Sons (Excavations) Ltd* [1978] QB 574, [1978] 2 All ER 1134.

[390] Ibid s 3.

[391] Ibid s 2(2). A court is most likely to exercise its discretion to award damages in lieu of rescission in the case where the claimant is seeking to use rescission in order to escape from what has turned out to be a bad bargain. In such a case a court may hold that the claimant is

(ii) Mode and effect of rescission

3.100 Rescission may be effected by notice to the guilty party of the innocent party's intention to rescind, or by conduct equivalent to such notice where the guilty party has absconded and cannot be traced,[393] or by repossession of property delivered under the contract.[394] To safeguard himself in case of doubt or to procure the benefit of remedies which are not available by self-help, such as execution of a conveyance in the name of the defendant, the innocent party may ask for a declaration that the contract has been or ought to be rescinded. But even where a court order is sought, the rescission is the act of the claimant, not of the court, and takes effect on the giving of notice or equivalent conduct, such as the commencement of proceedings.[395] In such a case the order is declaratory only.[396]

3.101 The effect of rescission is to cancel the contract from the beginning, to avoid it retrospectively so that it is treated as never having existed. Hence a necessary concomitant of rescission is restitution in order to prevent the unjust enrichment of the claimant.[397] Property transferred under the contract automatically revests in the transferor.[398]

3.102 Restitution must be distinguished from damages. As stated earlier, the function of damages is to compensate the innocent party so as to put him as nearly as possible in the position in which he would have been if the contract had been performed. If the claimant has suffered no loss, he is usually entitled to no more than nominal damages.[399] Restitution is concerned not with

---

not entitled to rescind but is limited to a remedy in damages: *William Sindall plc v Cambridgeshire County Council* [1994] 3 All ER 932, [1994] 1 WLR 1016.

[392] *Salt v Stratstone Specialist Ltd* [2015] EWCA Civ 745, [2015] 2 CLC 269.
[393] *Car & Universal Finance Co Ltd v Caldwell* [1965] 1 QB 525.
[394] Ibid.
[395] *Horsier v Zorro* [1975] Ch 302, per Megarry J at 310; *Alati v Kruger* (1995) 94 CLR 216 (High Court of Australia).
[396] But see *Islington London Borough Council v UCKAC* [2006] EWCA Civ 340, [2006] 1 WLR 1303, [26] where Dyson LJ stated that a voidable contract continues to exist 'until and unless it is set aside by an order of rescission made by the court at the instance of a party seeking to terminate it or bring it to an end.' The requirement of a court order seems unwarranted. The decision whether or not to rescind the contract is one that resides initially with the contracting parties, not the court.
[397] *Halpern v Halpern* [2007] EWCA Civ 291, [2007] 3 All ER 478. The aim is not necessarily to restore both parties to their pre-contractual position because a defendant cannot resist rescission on the ground that he cannot be restored to his original position as he has suffered a loss which cannot be made good: *McKenzie v Royal Bank of Canada* [1934] AC 468.
[398] In *Alati v Kruger*, n 395, it was said (at 224) that if the rescission was effected in equity it was only the equitable title that revested. That is true in English law to the extent that the retransfer of title requires a formal act such as a conveyance, as in the case of land, which was the subject-matter of *Alati v Kruger*, but it is not true of assets requiring no formality for transfer, such as goods, where legal title revests automatically on rescission whether this is effected at law or in equity (*Car & Universal Finance Co Ltd v Caldwell*, n 393, per Lord Denning MR at 532; *Newtons of Wembley Ltd v Williams* [1965] 1 QB 560, per Sellers LJ at 571. See to the same effect J. Cartwright, *Misrepresentation, Mistake and Non-Disclosure* (5th edn, 2019), para 4–11.
[399] *One Step (Support) Ltd v Morris-Garner* [2018] UKSC 20, [2019] AC 649, [2018] 3 All ER 659 at [95](9).

compensation for loss of a bargain but with the surrender of benefits obtained at the expense of the claimant which it would be unjust to allow the defendant to retain. The innocent party's loss is therefore recoverable only to the extent to which it has resulted in a corresponding benefit to the other party.[400]

(iii) Bars to rescission

3.103 Since rescission involves restitution, the right to rescind is usually lost if restitution has become impossible because, for example, the subject-matter has been irretrievably lost or disposed of or substantially changed in character. The courts do not apply this principle in a mechanistic way, and, in general, rescission will be allowed where the lack of perfect restitution does not give the innocent party a windfall at the expense of the guilty party.[401] The aim of the court is to do 'practical justice' so that, where it is impossible physically to restore the parties (or the subject matter of their contract) to the pre-contract position, the court may make a monetary award the practical effect of which is to restore the parties to that position.[402] Inability to give restitution because of acts of the guilty party is also treated more liberally than where restitution is impossible because of the innocent party's acts. The innocent party also loses the right to rescind if he affirms the contract with knowledge of the falsity of the representation; and lapse of time may also, it seems, destroy a right to rescind, where a reasonable time has gone by such that it would be inequitable in all the circumstances to grant rescission.[403]

14. PERFORMANCE OF THE CONTRACT

3.104 When a party undertakes a contractual obligation, he is strictly answerable for performance, in the sense that if he fails to perform or his performance is defective, it is no answer that he made all reasonable endeavours or took all reasonable care to carry out his obligations. Liability thus does not depend on fault. Compared with other legal systems, English law is remarkably reluctant to recognize change of circumstances as qualifying or discharging a contractual obligation. Only in the most extreme cases will

---

[400] This is the true explanation of *Whittington v Seale-Hayne* (1900) 82 LT 49, in which a confusing distinction was drawn between damages and an indemnity, when the real point was that the defendant could be required to restore the value of the benefits he had received (rent, rates, repairs) but not the other items claimed by the claimant (loss of stock, removal and storage expenses, wages, etc.), since these were losses sustained by him which had not resulted in any benefit to the defendant. In other words, the aim of the court was to reverse the unjust enrichment of the defendant, not to enable the claimant to recover in respect of the losses he had suffered. This being so, the case is best regarded as an example of a personal restitutionary claim.
[401] See *Treitel, The Law of Contract*, 9-113 ff.
[402] *Erlanger v New Sombrero Phosphate Company* (1878) 3 App Cas 1218; *Salt v Stratstone Specialist Ltd* [2015] EWCA Civ 745, [2015] 2 CLC 269.
[403] *Salt v Stratstone Specialist Ltd* [2015] EWCA Civ 745, [2015] 2 CLC 269. However, these limits do not apply where the misrepresentation was made fraudulently.

supervening events which obstruct performance be considered to frustrate the contract in a legal sense.[404]

3.105 Although the duty to perform a contractual obligation is strict, there are, of course, many contracts in which the obligation itself is merely to take reasonable care or exercise reasonable skill. Where a party's contractual expectation is defeated despite the exercise of such care and skill by the other party, the latter is free from liability, not because contractual liability is dependent on fault but simply because his obligation was merely to use reasonable care.

3.106 Any shortfall in performance, however minor, is a breach of contract entitling the innocent party to damages, though if he has suffered no loss, damages will be purely nominal. Not every breach, however, entitles the innocent party to withhold performance of his own obligations or to reject as ineffective the performance by the other.[405]

15. REMEDIES FOR BREACH OF CONTRACT[406]

3.107 Where a contract is broken, the innocent party has three principal avenues of redress open to him: self-help, judicial decision and arbitration. By self-help is meant some lawful act which does not involve recourse to the courts or an arbitrator.[407] To obtain redress through judicial decision involves litigation, the institution of proceedings before a court of competent jurisdiction.[408] Arbitration is a process by which, pursuant to an agreement, a dispute is referred for determination by a person or tribunal other than a court of law. It is an important method of resolving commercial disputes and is discussed in a later chapter.[409] Of growing significance is alternative dispute resolution which does not involve a binding award, such as mediation.

(i) Self-help

3.108 English law is surprisingly indulgent to self-help as a means of securing satisfaction for a breach of contract. Indeed, in a number of ways[410] the law

---

[404] See para **3.173**.
[405] For him to do this the two obligations must be correlative.
[406] See further, in relation to contracts of sale, chs 14 and 15; and, more generally, see A. Burrows, *Remedies for Torts, Breach of Contract, and Equitable Wrongs* (4th edn, 2019).
[407] See below.
[408] See ch 38.
[409] Chapter 39. A judge may act as an arbitrator, in which case his status is that of any other arbitrator, not that of a court except that an appeal lies direct to the Court of Appeal. See para **38.02**, n 2.
[410] For example, (i) a creditor holding a security which is imperfect (eg, for want of registration) is protected if he enforces it before the appearance of a rival claimant having a *locus standi* to impeach the security (see para **24.51**); (ii) a party may rescind a voidable contract by notice (though in the case of a non-fraudulent misrepresentation the court may order damages in lieu of rescission – see para **3.99**), whereas if he seeks a declaration of his right to rescind the grant of relief is discretionary; (iii) a contract unenforceable by action may lawfully be enforced by

positively encourages the innocent party to bypass the judicial process – a reflection of the wider philosophy that God helps those who help themselves, so that diligence in the pursuit of remedies should be rewarded and, as between two competing interests, the race should go to the swiftest. The advantages of self-help, where this is available, are speed, the avoidance of legal costs and the by-passing of procedural and substantive law obstacles to a judicial remedy.[411]

3.109 The principal self-help remedies of which the innocent party may avail himself are: forfeiture of a deposit taken from the guilty party; set-off;[412] lien; stoppage in transit; rescission; resale; extra-curial enforcement of security;[413] repossession of his goods (recaption); withholding of performance of his own obligations while the other party remains in default; and termination of the contract for breach.

(ii) Judicial remedies: some general points

1. The nature and function of judicial remedies

3.110 When a lawyer is consulted about a breach of contract, he may advise the client to take proceedings to enforce the contract. What, however, does he mean by 'enforce'? Physical compulsion in a literal sense is plainly out of the question. The nearest the court can get to it is to make an order directing performance and to apply sanctions if the order is not obeyed. An award of money earned under a contract (ie a judgment for debt) is designed to give the claimant the precise benefit contemplated by the contract and is thus a primary remedy. So also is a decree of specific performance directing the defendant to perform a non-monetary obligation on pain of imprisonment for contempt if he fails to do so. But specific performance is the exception rather than the rule, for most breaches of contract are best dealt with by an award of damages, the most common form of civil remedy after debt. The purpose of damages is to give the claimant the monetary value of his defeated contractual expectation. In contrast to judgments for debt and decrees of specific performance, an award of damages is a substitutionary remedy. It does not give the claimant that to which he was entitled under the contract, but merely a broad equivalent in money, after making such adjustments as are dictated by legal policy.[414] In practical terms, then, we can say that in the great majority of contract disputes which do not involve pure debt the guilty party has the option of buying himself out of the contract by paying damages. This is not as objectionable as it appears. There is little point in seeking to compel literal performance by an unwilling contractor, and the soothing unguent of damages is usually less

---

self-help remedies unless this is prohibited by statute; (iv) the holder of a subordinate equitable interest who acquired it by purchase without notice of the prior equitable interest can jump ahead by getting in the legal title; (v) a person entitled to possession of a chattel can enforce his rights by seizure, whereas if he seeks an order for specific performance or specific delivery, the court has a discretion to award him damages instead (paras **3.114** ff).

[411] See n 410.
[412] See para **22.38**.
[413] See paras **23.30** ff.
[414] See para **3.119**.

expensive and less wasteful of resources. Thus the court will not ordinarily decree specific performance or grant a mandatory injunction where damages would be an adequate remedy, or compel a continuing activity, such as the running of a business, which might involve repeated applications to the court, difficulties in determining what constituted a breach of the order or injunction, and the risk of the defendant being compelled to carry on business at a loss.[415]

2. Remedies at common law

3.111 The common law very much favoured the monetary approach to the settlement of disputes. Indeed, the rule at common law was that the defendant had the option of performing his contract or paying damages. The common law courts did not order specific performance of a contract or specific delivery of goods. The range of orders available at common law was in truth very limited, being largely confined to debt, damages and delivery of possession with an option to the defendant, except in the case of land, to pay damages instead of delivering up possession.

3. Judicial remedies in equity

3.112 Courts of equity, however, were prepared to go much further. They were willing to grant specific performance of contracts, injunctions to restrain an actual or threatened breach of a negative stipulation, orders for an account, for the appointment of a receiver and for the execution of instruments of transfer of title, and a range of other remedies.[416]

4. Legal and equitable remedies contrasted

3.113 Though all civil courts now administer both law and equity, the division between rules of common law and rules of equity continues,[417] and two important distinctions between legal and equitable remedies remain. First, a claimant with a common law remedy is entitled to exercise it as of right; the court has no discretion to refuse him relief. Thus a claimant with a right to damages must be awarded damages[418]; a claimant owed money must be given judgment for the amount due in the absence of a defence. But equitable remedies have always been discretionary; the court considers whether justice will better be served by granting an equitable remedy than by leaving the claimant to his remedies at law, and in so doing will have regard to the balance of hardship and convenience and to the conduct of the parties. A claimant

---

[415] *Co-operative Insurance Society Ltd v Argyll Stores (Holdings) Ltd* [1998] AC 1.
[416] See generally I. C. F. Spry, *Equitable Remedies* (9th edn, 2014); J. A. Jolowicz, 'Damages in Equity' [1975] CLJ 224; P. Pettit, *Equity and the Law of Trusts* (12th edn, 2012), chs 25–29; J. D. Heydon, M. J. Leeming and P. G Turner, *Meagher, Gummow and Lehane's, Equity – Doctrines and Remedies* (5th edn, 2014), pt 5.
[417] Despite Lord Diplock's dictum to the contrary in *United Scientific Holdings Ltd v Burnley Borough Council* [1978] AC 904 at 925, a statement widely criticized and rightly described as 'extreme' by Mason CJ extra-judicially in (1994) 110 LQR 238 at p 240.
[418] *One Step (Support) Ltd v Morris-Garner* [2018] UKSC 20, [2019] AC 649, [2018] 3 All ER 659 at [95](12).

whom the court considers to have been guilty of delay or sharp practice may be refused relief. Secondly, there is, surprisingly, no general principle of English law that requires legal remedies to be exercised in good faith. A buyer who lawfully rejects goods for non-conformity with description is entitled at common law to recover the price even though the deviation from the contract description is minor and of no account to him, and his motive in rejecting was to escape from a contract that had become unprofitable, eg through a fall in the market.[419] This irrelevance of good faith to the entitlement to legal remedies is at once the most remarkable and the most reprehensible feature of English contract law. Equally, there is no requirement that a legal remedy must be exercised in such a way as to avoid an unreasonable result. Again, this is a defect in English contract law. The position is quite otherwise where an equitable remedy is sought. He who comes to equity must come with clean hands,[420] and since equitable remedies are discretionary, the court is entitled to have regard to the moral merits on both sides in reaching its decision.

(iii) Specific performance[421] and mandatory injunction

3.114 The expression 'specific performance' is used in two senses. In the first, narrow sense it denotes an order directing execution of a deed or document or performance of some other act to perfect the claimant's rights under an executory contract. In its broader sense it encompasses any order for performance of a contractual obligation, whether the contract is executed or executory.[422] A mandatory injunction is a form of specific performance designed to require the defendant who has acted in breach to restore the status quo. We have seen that in commercial disputes specific performance and a mandatory injunction are exceptional remedies. Specific performance is most commonly ordered in relation to agreements for the sale of land and is rarely sought or given in commercial disputes. We need not consider it further here.[423]

---

[419] See *Arcos Ltd v E. A. Ronaasen & Sons* [1933] AC 470. The ability of a buyer lawfully to reject goods has, however, been limited by the intervention of statute in the form of s 15A of the Sale of Goods Act 1979. The section applies to a breach by the seller of one of the implied terms to be found in ss 13–15 of the Sale of Goods Act 1979 and, broadly speaking, it denies to the buyer the right to reject the goods where the consequences of the breach are slight and it would be unreasonable for the buyer to reject the goods: see further para **12.04**.

[420] Ashburner (D. Browne (ed)), *Ashburner's Principles of Equity* (2nd edn, 1933), ch 27; J. McGhee and S. Elliott (eds), *Snell's Equity* (34th edn, 2020), para 5–010.

[421] See G. Jones and W. Goodhart, *Specific Performance* (2nd edn, 1996); Spry, *Equitable Remedies*, ch 3; A. Burrows, *Remedies for Torts, Breach of Contract, and Equitable Wrongs*, ch 22 and, more generally, V. Mak, *Performance-Oriented Remedies in European Sale of Goods Law* (2009) and S. Rowan, *Remedies for Breach of Contract* (2012), esp ch 1.

[422] Spry, *Equitable Remedies*, pp 53–54.

[423] See para **14.07**, as to specific performance of contracts of sale of goods.

3.115 *Some Aspects of Contract Law*

(iv) **Prohibitory injunction**

3.115 The position is somewhat different as regards prohibitory injunctions. Whereas for policy reasons the court leans against compelling positive acts,[424] there is much less objection to an order restraining a defendant from performing acts which he has contracted not to perform. Thus the defendant may be restrained from breaking an undertaking not to disclose trade secrets;[425] from implementing a threat to terminate a contract when he has no ground for termination;[426] from entering into contracts with third parties which are inconsistent with his contractual duties to the claimant.[427] Yet the court has to tread with care, for a prohibitory injunction may have the indirect effect of compelling positive performance, a danger to which the courts are now more sensitive than formerly.[428]

(v) **Award of money due under the contract**

3.116 Where a contract provides for payment of a sum of money in consideration of the delivery of goods or the performance of services by one of the parties, then that party, on completing performance, is entitled to payment of the sum he has earned.[429] His remedy in the case of default is not damages but a debt action to recover the contract sum.[430] Debt lies only where the claimant has performed those acts which, by the terms of the contract, entitle him to payment.[431] If such performance is prevented by the defendant's wrongful act, the claimant cannot sue in debt but must claim damages.[432]

---

[424] Though the principles governing the grant of mandatory and prohibitory injunctions are similar, the ordering of positive acts may present difficulties which do not arise in the case of enforcement of a purely negative obligation. For example, the defendant may lack the skill or resources to comply with the order; there may be interminable argument as to whether an order requiring the execution of works has been sufficiently complied with; the performance required may involve the court in continuing supervision for which it is not well equipped. It is for reasons of this kind that the court will not usually decree specific performance of contracts for the performance of services, nor will it give such a decree indirectly by the grant of a mandatory injunction.

[425] See *Peter Pan Manufacturing Corpn v Corsets Silhouette Ltd* [1963] 3 All ER 402.

[426] *Decro Wall International S.A. v Practitioners in Marketing Ltd* [1971] 2 All ER 216.

[427] Ibid; *Priyanka Shipping Ltd v Glory Bulk Carriers Pty Ltd* [2019] EWHC 2804 (Comm), [2019] 1 WLR 6677.

[428] Compare *Lumley v Wagner* (1852) 1 De GM & G 604 and *Warner Bros Pictures Inc v Nelson* [1937] 1 KB 209 with *Page One Records Ltd v Britton* [1968] 1 WLR 157.

[429] As to performance against the wishes of the defendant, see para **3.151**.

[430] Or if none was fixed, a reasonable amount, on a *quantum meruit* (services) or *quantum valebat* (goods). A claim in debt has considerable advantages over a claim to damages. The claimant does not have to show loss, merely an express or implied agreement to pay, so that rules as to remoteness and measure of damages (paras **3.133–3.140**) do not come into play, nor is the claimant's claim affected by such matters as a duty to mitigate damage. Though it is widely assumed that damages are the main remedy for breach of contract, claims for debt are by far the most common form of action on a contract.

[431] However, the performance of an act not going to the entire consideration for the payment may be waived by the defendant, in which case its non-performance is not a barrier to recovery of the contract sum.

[432] *Colley v Overseas Exporters* [1921] 3 KB 302.

3.117 Where a claimant's contractual obligations are divisible, in the sense that the contract entitles him to be paid in portions for each stage of performance, he can sue for each part of the contract price as the work relevant to that part is completed. But where the contract obligations are not divisible, so that the contract is 'entire', the claimant cannot recover anything unless he has substantially completed performance. He is not entitled to be paid half the price for completing half the work, for the express or implied term of the contract is that he must finish before he is paid a penny.[433] However, where the amount of uncompleted or defective work is small, the court will allow him the contract sum less a deduction for the work not done or done badly,[434] unless the terms of the contract are such as to require strict and complete performance. Such is also the case in regard to the duty in a contract of sale of goods to supply goods of the contract description. Here the principle of substantial performance is, unless otherwise agreed, displaced by the perfect tender rule. The same applies to tender of documents under a letter of credit. But where the defendant voluntarily accepts the benefit of partial performance, the claimant is entitled to be paid for the value of the work he has carried out or the goods he has supplied.[435]

3.118 Because of the importance in trade of a reasonable measure of certainty as to payment, commercial people have devised various instruments designed to abstract the payment obligation from the rest of the contract and embody it in a separate autonomous contract which is not dependent for its enforceability on performance of the underlying transaction. Into this category fall irrevocable letters of credit, performance bonds and, to a lesser extent, negotiable instruments.[436]

(vi) Damages[437]

1. *The basis of damages in contract*

3.119 Whereas damages in tort for inducing entry into a contract by fraudulent or negligent misrepresentation are posited on the claimant's reliance interest, and are thus designed to restore him to the position in which he would have been if he had never entered into the contract at all, damages for breach

---

[433] *Cutter v Powell* (1795) 6 Term Rep 320.
[434] *H. Dakin & Co Ltd v Lee* [1916] 1 KB 566; *Hoenig v Isaacs* [1952] 2 All ER 176. The position is otherwise where a substantial amount of work is left outstanding (*Bolton v Mahadeva* [1972] 2 All ER 1322).
[435] *Sumpter v Hedges* [1898] 1 QB 673. The position is otherwise if the defendant had no choice, as in the case of work done on or materials incorporated into his property (*Forman & Co Pty Ltd v The Liddesdale* [1900] AC 190).
[436] See chs 19–21.
[437] After more than seventy years, the seminal article on the various norms by which damages fall to be determined remains that by L. L. Fuller and W. R. Perdue, 'The Reliance Interest in Contract Damages', 46 Yale LJ 52, 373 (1936–1937). The leading textbook is *McGregor on Damages* (20th edn, 2018). See also A. Kramer, *The Law of Contract Damages* (2nd edn, 2017); A. Burrows, *Remedies for Torts, Breach of Contract, and Equitable Wrongs* (4th edn, 2019). See further D. Friedmann, 'The Performance Interest in Contract Damages' (1995) 111 LQR 628.

3.119 *Some Aspects of Contract Law*

of contract are designed to give the claimant as nearly as possible what he would have received had the defendant performed his obligation. In other words, the purpose of damages in contract is to award the claimant the value of his defeated contractual expectation, and thus to compensate him not only for the expenses caused by the breach but also for the gains prevented by it, ie the loss of his bargain.

3.120 Since the basis of an award of damages for breach of contract is loss to the claimant, it follows that if the claimant has suffered no loss, he is entitled to no more than nominal damages, even if the defendant has profited from the breach.[438] A claimant who wishes to recover from the defendant the gain which the defendant has made from the breach, has three potential claims open to him. First, he can seek to recover any payment which he has made to the defendant, but he can only do so where he can prove that the consideration for his payment has wholly failed; that is to say, he has received no part of the performance for which he bargained. Where he has received part of the performance for which he bargained, he cannot bring a restitutionary claim to recover his payment and can only bring a contractual claim for damages for the loss suffered as a result of the breach.[439] Second, the claimant could seek to recover, not simply the gain which the defendant has received by subtraction from the claimant, but the entirety of the gain which the defendant has made from the breach. It is, however, extremely unlikely that such an award will be made in the case of a breach of a commercial contract. Although the House of Lords in *A-G v Blake*[440] ordered the defendant, a former member of the security services who had escaped from prison while serving a 42-year sentence for selling intelligence secrets and had published his autobiography, to account for the royalties on his autobiography, and this despite the fact that the information had already ceased to be confidential, it is clear from the subsequent decision of the Supreme Court in *One Step (Support) Ltd v Morris-Garner*[441] that this is a very exceptional case. Indeed, it is so exceptional that it is unlikely to be followed except in a case with very similar facts where the defendant is, or is in a position similar to, a fiduciary.

3.121 The third possibility is to bring a claim for what has come to be known as 'negotiating damages' where damages are assessed by reference to the sum

---

[438] *One Step (Support) Ltd v Morris-Garner* [2018] UKSC 20, [2019] AC 649, [2018] 3 All ER 659 at [95](9)–(11). See further A. Burrows, *Remedies for Torts, Breach of Contract and Equitable Wrongs*, pp 352 ff.

[439] The Law Commission considered, but ultimately rejected, a change in the law to allow recovery of money paid on a partial failure of consideration. See Law Com No 121 (1983), *Law of Contract: Pecuniary Restitution for Breach of Contract*, Part III. See further A. Burrows, *Law of Restitution* (3rd edn, 2011), pp 330 ff; G. Virgo, *The Principles of the Law of Restitution* (3rd edn, 2015), pp 325 ff.

[440] [2001] 1 AC 268, [2000] 4 All ER 385.

[441] [2018] UKSC 20, [2019] AC 649, [2018] 3 All ER 659 at [95](11). The difficulties said to be presented by *Blake* are analysed by Lord Reed in his judgment at [64]–[82] (and see also the references to the case in the judgment of Lord Sumption at [111]–[114] and Lord Carnwath at [129]–[133]). As Lord Reed observed (at [82]), the 'soundness' of *Blake* was not in issue before the Supreme Court in *One Step*. Had it been, there is a significant likelihood that it would have been overruled.

that the claimant could hypothetically have received in return for releasing the defendant from the obligation which he has failed to perform. Following the decision of the Supreme Court in *One Step (Support) Ltd v Morris-Garner*[442] it is now established that the availability of negotiating damages in English law is confined to a relatively small group of cases. The first is where the defendant wrongfully makes use of property, including intellectual property, which belongs to the claimant.[443] The defendant in such a case is not permitted to assert that the claimant has suffered no loss because he would not have used the property in the relevant period. The second case is where the court in the exercise of its discretion decides to award the claimant damages in substitution for specific performance or an injunction where the award of damages acts as a monetary substitute for what was lost by the claimant as a result of the decision of the court not to grant him a specific performance order or an injunction.[444] In these two cases the award of negotiating damages has the effect of protecting a claimant's interest in his own property or of compensating him for the decision not to grant him a specific performance order or an injunction.

3.122 Where the claim brought is one for damages for breach of a commercial contract which does not involve the right to control property and there is no claim for specific performance or an injunction, it is unlikely that the courts will award negotiating damages. Lord Reed in *One Step* was, however, careful not to say 'never' to the availability of negotiating damages in such a context. Thus he stated that:

> 'Negotiating damages can be awarded for breach of contract where the loss suffered by the claimant is appropriately measured by reference to the economic value of the right which has been breached, considered as an asset. That may be the position where the breach of contract results in the loss of a valuable asset created or protected by the right which was infringed. The rationale is that the claimant has in substance been deprived of a valuable asset, and his loss can therefore be measured by determining the economic value of the right in question, considered as an asset. The defendant has taken something for nothing, for which the claimant was entitled to require payment.'[445]

The difficulty lies in discerning when a breach of contract will result 'in the loss of a valuable asset created or protected by the right which was infringed.' Examples given by Lord Reed of cases which he believed fell within this category were 'the breach of a restrictive covenant over land, an intellectual property agreement or a confidentiality agreement.'[446] It is likely that the courts will be very slow to award negotiating damages in a breach of contract case outside these categories and that they are unlikely to view a mere contractual right as a 'valuable asset' which requires protection by the award of negotiating damages.

3.123 The requirement of loss presents two other difficulties. The first is where the contractual claim is vested in one party but the loss has been suffered

---

[442] Note 441.
[443] Ibid at [25]–[30], [95](1) and (2) and [110]–[111].
[444] Ibid at [41]–[47], [95](3) and [112]–[114].
[445] Ibid at [95](10).
[446] Ibid at [92].

3.123 *Some Aspects of Contract Law*

by an associated party for whose benefit the contract was concluded. This has the potential of creating a black hole in relation to remedies; the third party is debarred from suing by the privity rule[447] and the innocent party, having suffered no loss, is entitled to purely nominal damages, so that the guilty party escapes scot-free. It is now established that where, on entry into a contract, the parties contemplated that in the event of a breach loss would be caused not to the innocent party but to an identified or identifiable third party or a subsequent assignee of the innocent party's rights, then, if so intended, the contracting parties may be treated as having entered into the contract for the benefit of the third party and the innocent party can recover on its behalf the amount of the third party's loss.[448] However, the justification for this exception to the privity rule disappears in cases where the third party has a direct claim against the contract breaker, eg under a separate contract.[449] A striking illustration is provided by the decision of a bare majority of the House of Lords in *Alfred McAlpine Construction Ltd v Panatown Ltd*.[450] In that case:

> McAlpine, a subsidiary of Unex Corporation, agreed to carry out construction works for Panatown on land owned by Unex Investment Properties Ltd (UIPL), a co-subsidiary of Panatown, for which purpose Panatown had been put in funds by Unex to place the contract. In a separate duty of care deed McAlpine acknowledged that it owed a duty of care to UIPL and that it would exercise all reasonable care and attention in performance of the construction contract. The construction works were so seriously defective that it became necessary to demolish them and start again. Panatown then initiated arbitration proceedings, and obtained an award of damages from the arbitrator. The High Court set this aside. The Court of Appeal restored the award but its decision was in turn reversed by the House of Lords (Lords Goff and Millett dissenting) on the ground that UIPL had a direct claim under the duty of care deed so that there was no good reason to apply the exception to the normal rule that a claimant can recover only for its own loss.[451] In powerful dissenting speeches Lords Goff and Millett would have allowed recovery, not on the basis of an exception to the privity rule but on the broader ground previously enunciated by Lord Griffiths in *St. Martin's Property Corp Ltd v Sir Robert McAlpine*[452] that the plaintiffs had not received the performance for which they had bargained and had thereby lost the value of the promised performance, measured by the cost (reasonably) incurred by the third party in having the remedial works done. On this broader ground the existence of the duty of care deed was irrelevant, since that was significant only in the context of an exception to the privity rule.

3.124 It is respectfully submitted that the minority approach is to be preferred. The promisee has an interest in performance which is measured by its value, whether the performance is to be given to the promisee itself or to a

---

[447] But the third party may now have a right of enforcement under the Contracts (Rights of Third Parties) Act 1999. See paras **3.89–3.90** and n 452.
[448] *The Albazero* [1977] AC 774, applying the rule in *Dunlop v Lambert* (1839) 6 Cl & Fin 600; *St Martin's Property Corpn Ltd v Sir Robert McAlpine & Sons Ltd* [1994] 1 AC 85.
[449] *Alfred McAlpine Construction Ltd v Panatown Ltd* [2001] 1 AC 518.
[450] Ibid. For a detailed analysis of this case see E. McKendrick, 'The Common Law at Work: The Saga of *Panatown Ltd v Alfred McAlpine Construction Ltd*' (2003) 3 OUCLJ 145.
[451] Presumably the same reasoning would apply in the case of a third party having a claim under the Contracts (Rights of Third Parties) Act 1999.
[452] See n 448.

third party for whose benefit the promise was exacted, and in recovering substantial damages the promisee is recouping its own loss, not that of the third party.

3.125 The second difficulty created by the requirement of loss arises where the contract is for the provision of work and materials to be carried out in accordance with a precise specification – for example, the construction of a swimming pool of stated dimensions in a private house – and what is provided is not in accordance with the specification but there is no diminution in value. Should the contractor nevertheless be required to reconstruct the swimming pool even if this will involve great expense and add no value? Or should the building owner be required to pay the full price, with an entitlement to no more than nominal damages, when he has not received the performance for which he bargained? English law views with disfavour the award of a remedy which is economically wasteful. At the same time, there is a recognition that a claimant to whom a particular performance has subjective value over and above the utility associated with its market price should receive some compensation if he does not receive that value. This 'consumer surplus' notion[453] was adopted by the House of Lords in *Ruxley Electronics Ltd v Forsyth*.[454] In that case a swimming pool was constructed with a diving area significantly shallower than that called for by the contract but there was no diminution in value. The trial judge awarded compensation for loss of amenity, but the Court of Appeal reversed his decision and awarded the cost of reinstatement. The House of Lords allowed the appeal and held that the owner was not entitled to the cost of reinstatement but was entitled to recover damages for the loss of amenity which he suffered as a result of the pool being built to the wrong specifications. It was held to be unreasonable to award him the cost of reinstatement because the cost of carrying out the repair work was out of all proportion to the benefit which the owner would have obtained from the performance of such works.

3.126 Though the purpose of damages is to compensate the claimant for his loss, it does not follow that this objective is always (or even usually) achieved. The value of a contract is often not precisely measurable. How does one assess the extra profits that would have been earned by an income-producing machine if it had been delivered on time instead of late? Still more difficult, what value does one place on intangible contract benefits, eg a holiday ruined through a breach of contract,[455] a trade reputation lost by the defendant's failure to perform?[456] Further problems arise where the defendant has failed to perform an obligation to build, repair or restore property and the cost of the necessary work greatly exceeds the value thereby added to the property.[457] Moreover, the law fixes limits to the amount of the recoverable

---

[453] D. Harris, A. Ogus and J. Phillips, 'Contract Remedies and the Consumer Surplus' (1979) 95 LQR 581.
[454] [1996] AC 344.
[455] *Jackson v Horizon Holidays Ltd* [1975] 1 WLR 1468.
[456] *Anglo-Continental Holidays Ltd v Typaldos Lines (London) Ltd* [1967] 2 Lloyd's Rep 61.
[457] *Tito v Waddell (No 2)* [1977] 3 All ER 129 at 313–321; *Radford v De Froberville* [1978] 1 All ER 33; Harris, Ogus and Phillips, n 453.

3.126 Some Aspects of Contract Law

loss, as well as expecting the innocent party to take proper steps to minimize his loss. We revert to some of these questions later. Suffice it to say at this stage that where damages are awarded, these will rarely represent the claimant's actual loss; rather they will reflect what the law considers it just for him to recover.

2. *Loss flowing from the innocent party's termination of the contract*

3.127 Where the breach of contract is serious (a concept that will be examined more precisely in a moment), the innocent party may have a right to terminate and thereby put an end to the duty to perform of both sides. The result, of course, is to prevent the innocent party himself from reaping the future benefits that completion of the contract would have brought him; but though his loss directly results from his own election to terminate the contract, it is nevertheless considered reasonable to allow him to recoup it, for the termination was engendered by the defendant's repudiation of his obligations, and the loss resulting from termination can thus properly be laid at the defendant's door. But a contractual provision seeking to give the innocent party damages for loss of bargain consequent upon termination of the contract under an express term allowing termination for any breach will be struck down as penal unless the breach is of such gravity as to constitute a repudiation.[458] The theory is not, however, particularly convincing. It is for the parties themselves to agree what types of breach are to be treated as repudiatory, and it is at least arguable that the inclusion of an express power to terminate for any breach, coupled with a provision for compensation on the footing of loss of bargain in the event of such termination, indicates an intention that every breach is to be treated as repudiatory.[459] The parties are in any event free to stipulate that a particular term is to be treated as a condition and, in such a case, the claimant will be entitled to recover damages on a loss of bargain basis.[460]

3.128 If, instead of terminating, the innocent party elects to keep the contract alive, and the other party is willing to continue performance, then whatever other loss may have been caused to the innocent party by the breach, it will not have the effect of depriving him of the future benefits to accrue from the contract. Hence the measure of damages for breach is materially affected by the election of the innocent party to terminate or to affirm. For example:

> A leases equipment to B for five years at a rent of £100 a month. B persistently fails to pay the instalments due and after six months owes £400. If A elects to keep the contract alive, he can sue for the £400 but must wait for future instalments until they fall due. If, however, he elects to treat the contract as repudiated, he can recover not only the £400 but his loss of profit on the contract as a whole, represented by the

---

[458] *Financings Ltd v Baldock* [1963] 2 QB 104, applied in *Capital Finance Co Ltd v Donati* (1977) 121 Sol Jo 270 (Waller LJ dissenting); *Shevill v Builders Licensing Board* (1982) 42 ALR 305 (High Court of Australia).
[459] See R. M. Goode, 'Penalties in Finance Leases' (1988) 104 LQR 25 at p 29, and for a more developed argument, B. R. Opeskin, 'Damages for Breach of Contract Terminated Under Express Terms' (1990) 106 LQR 327.
[460] *Lombard North Central plc v Butterworth* [1987] QB 527.

discounted value of the future rentals, less such sum as he is able to obtain from disposal of the equipment elsewhere, taking reasonable steps to mitigate his loss.

3.129 Acceptance of the guilty party's repudiation may result in the innocent party being able to show that the consideration for which he made payments or transferred property under the contract has totally failed. In this event, as an alternative to claiming damages, he may pursue a restitutionary remedy and recover his money or property as paid or transferred on a total failure of consideration.[461]

3. Types of recoverable loss

3.130 The right to damages for breach of contract is not restricted to cases of pecuniary loss. Damages may be awarded for a variety of forms of non-pecuniary injury, including pain and suffering,[462] physical inconvenience,[463] loss of enjoyment[464] and mental distress.[465]

3.131 Pecuniary loss takes two main forms. First, there is what is called normal pecuniary loss, that is, loss that *any* claimant would be likely to suffer because of the breach. Essentially, this means loss of bargain, represented by the difference between the value of the performance as contracted for and its value as in fact tendered.[466] Thus, on non-delivery of goods the normal measure of damages for the buyer is the excess of the market price at the due delivery date over the contract price.[467] The computation of normal loss will depend on whether the breach takes the form of total non-performance, defective performance or delayed performance. This in turn depends on the manner in which the innocent party exercises his options; for if he elects to reject a tender of performance which is delayed or defective, the case becomes one of non-performance.[468] Secondly, there is consequential loss[469] – expenditure or loss of profit over and above the loss of or diminution in the value of the immediate subject matter of the contract. For example, if S contracts to sell to B goods for which there is not a ready market and fails to deliver them, with the result that B has to hire other goods while seeking a substitute and then has

---

[461] See paras **14.16, 14.39** as to the application of this principle in relation to contracts of sale.
[462] *Grant v Australian Knitting Mills Ltd* [1936] AC 85.
[463] *Bailey v Bullock* [1950] 2 All ER 1167.
[464] *Jarvis v Swan Tours Ltd* [1973] QB 233; *Jackson v Horizon Holidays Ltd*, n 455.
[465] *Heywood v Wellers* [1976] QB 446; *Cox v Philips Industries Ltd* [1976] 3 All ER 161; *Farley v Skinner* [2001] UKHL 49, [2002] 2 AC 732, [2001] 4 All ER 801. See also *Malik v Bank of Credit and Commerce International SA* [1998] AC 20 (where the claim was one to recover in respect of the financial losses claimed to have been suffered as a result of a loss of reputation caused by an alleged breach of contract).
[466] He may alternatively recover his abortive pre-contract expenditure (*Anglia Television Ltd v Reed*, n 14). But see para **14.26**(f).
[467] Sale of Goods Act 1979, s 51(3). See para **14.18**. For the theory of the lost-volume seller and the problem of establishing loss of bargain, see para **15.47**.
[468] See para **12.17**.
[469] Also termed special damage, but we shall follow *McGregor on Damages* (chapter 3) in employing the term 'consequential loss', since 'special damage' is used in so many different senses that confusion may arise.

3.131 Some Aspects of Contract Law

to pay a higher price for the substitute goods, the excess of that price over the contract price is the normal loss and the hire charges are recoverable in addition as consequential loss.[470]

3.132 Whereas normal loss is calculated according to well-established contract law formulae (eg excess of market price over contract price), consequential loss must be properly pleaded[471] and proved. Moreover, it is assumed in favour of an innocent claimant, unless otherwise proved, that he would have been willing and able to carry the contract through to completion, but for the defendant's breach. It is, of course, necessary for the claimant to adduce evidence as to the loss-producing event, and in this regard there is an important distinction between past events and possible future events. That a past event occurred has to be established on a balance of probabilities, and if it is so established the event is considered proved and no discount is to be made for the possibility that it might not have happened. The approach is all or nothing. But it cannot be proved that an uncertain future event will occur. So when a claimant claims damages for the loss of benefits that might have been expected to flow from future events but for the breach (for example, in the case of a film star whose contract is wrongfully terminated, the prospect of future contracts resulting from favourable publicity if she had been allowed to fulfil the original contract), the claim is for loss of a chance that the future benefits would have accrued.[472] The court will not embark on a valuation of the chance if it is merely speculative, but if it is significant, then an appropriate discount must be made for the possibility that the anticipated benefits would not have accrued.[473]

4. Remoteness of damage

3.133 Not all loss suffered consequent upon a breach is recoverable. Contract law requires a sufficient connection between the breach and the loss, and has developed well-defined rules for determining whether the loss is too remote. The loss must be causally connected to the breach, so that if it would have occurred in any event, it is not recoverable. Equally, if the loss resulted from some intervening act of the claimant or a third party which the defendant could not reasonably have foreseen as the consequence of the breach, it will be too remote.[474] The effect of the breach was exhausted and replaced by the intervening act as the 'proximate cause'. Given, however, that the loss *is* sufficiently connected to the breach, satisfying the first test of the rules of remoteness, the law, for policy reasons, restricts the defendant's liability to loss

---

[470] See para **14.27** as to consequential loss for non-delivery.
[471] The importance of pleadings or, as they are now known, statements of case, is discussed at paras **38.16** ff.
[472] *Mallett v McMonagle* [1970] AC 166, per Lord Diplock at 176; *Davies v Taylor* [1974] AC 207, per Lord Reid at 212–213.
[473] *Davies v Taylor*, n 472, per Lord Reid at 212. See H. Reece, 'Loss of Chances in the Law' (1996) 59 MLR 188; and, more generally, *McGregor on Damages*, chapter 10.
[474] As to the effect of the claimant's contributory negligence, see para **3.157**.

which he ought reasonably to have contemplated, at the time of the contract, would be likely to flow from the breach.[475]

3.134 This is the famous rule in *Hadley v Baxendale*.[476] Under the so-called first limb of the rule, the defendant is liable for such loss as may fairly and reasonably be considered as arising naturally, ie according to the usual course of things, so that *any* claimant would be likely to suffer the loss in question. Under the second limb of the rule, the defendant is further made liable for such loss as may reasonably be supposed to have been in the contemplation of the parties,[477] at the time of the contract,[478] as the probable result of its breach. The second limb is, in fact, merely a particular application of the first, namely that the defendant is answerable for loss he ought reasonably to have contemplated at the time of the contract would flow from his breach. A good illustration of the working of the rule is *Victoria Laundry (Windsor) Ltd v Newman Industries Ltd*.[479] An alternative approach is to ask whether the defendant has, objectively, assumed responsibility for the loss in question.[480] On this basis, it does not suffice to prove that the loss in question was contemplated by the parties. It is necessary to do more and demonstrate that the defendant has assumed responsibility for the loss. There is no doubt that a loss will not be held to be too remote where the defendant has assumed responsibility for it.[481] But it does not follow that a loss is too remote where the defendant has not assumed responsibility for it. The authorities establish that the defendant must have knowledge of the loss but knowledge of the loss

---

[475] It has been held that if the loss is of a type that could reasonably have been contemplated, the defendant is liable for it even if it is greater in degree than was reasonably foreseeable (*H. Parsons (Livestock) Ltd v Uttley Ingham & Co Ltd* [1978] QB 791), but the decision is difficult to justify. See para **14.42**.
[476] (1854) 9 Exch 341.
[477] Though this is the traditional formulation of the rule, it seems clear from the cases that it is only what could reasonably have been contemplated by the defendant that is relevant.
[478] Loss that could not reasonably have been contemplated at that time is too remote even if it could have been contemplated by the time of the breach. For a sustained attack on the rule in *Hadley v Baxendale* as a static rule which focuses on the time of the contract, and an argument in favour of the concept of proximate cause, which looks to the time of the wrong, see M. A. Eisenberg, 'The Emergence of Dynamic Contract Law', (2000) 88 Cal. Law Rev. 1743, 1771.
[479] [1949] 2 KB 528, applied in *Koufos v C. Czarnikow Ltd (The Heron II)* [1969] 1 AC 350.
[480] *Transfield Shipping Inc v Mercator Shipping Inc (The Achilleas)* [2008] UKHL 48, [2009] 1 AC 61, [2008] 4 All ER 159, per Lord Hoffmann and Lord Hope. Lord Rodger and Baroness Hale did not adopt this line of reasoning. The speech of Lord Walker is more ambivalent. He expressed some support for the approach adopted by Lord Hoffmann and Lord Hope ([79]) but did not rest his judgment on that ground. In *Sylvia Shipping Co Ltd v Progress Bulk Carriers Ltd (The Sylvia)* [2010] EWHC 542 (Comm), [2010] 2 Lloyd's Rep 81 Hamblen J held that the assumption of responsibility test was nevertheless part of the ratio of *Transfield Shipping* because it had the support of the majority. For a further illustration of the assumption of responsibility test, see *Siemens Building Technologies FE Ltd v Supershield Ltd* [2010] EWCA Civ 7, [2010] 1 Lloyd's Rep 349 and for an attempt to reconcile the assumption of responsibility test with the more traditional *Hadley v Baxendale* rule, see *John Grimes Partnership Ltd v Gubbins* [2013] EWCA Civ 37, [2013] BLR 126, [24]. But the analysis of Lord Hoffmann was not followed by the Singapore Court of Appeal in *MFM Restaurants Pte Ltd v Fish & Co Restaurants Pte Ltd* [2010] SGCA 36, [2011] 1 SLR 150. For academic criticism of the assumption of responsibility test, see P. C. K. Wee, 'Contractual Interpretation and Remoteness' [2010] LMCLQ 150.
[481] *Supershield Ltd v Siemens Building Technologies FE Ltd*, n 480.

3.134 *Some Aspects of Contract Law*

will not always of itself suffice to establish that the loss is not too remote. As *Treitel* observes, 'something more must be shown'[482] but the definition of that 'something more' has proved to be elusive. It may be that it will suffice for the claimant to prove that the defendant has accepted his 'purpose and intention'[483] in entering into the contract and that it is not necessary to establish the further requirement that the defendant accepted responsibility for the loss in question. Where the expectation of the market is that the defendant will not be liable for the loss in question, a court is likely to be more inclined to conclude that the loss was too remote a consequence of the breach.[484]

5. Measure of damages

3.135 Where a head of loss satisfies the remoteness test laid down by the rule in *Hadley v Baxendale*, so that the loss is of a kind which in principle is recoverable, the court has then to proceed to quantify the loss. For example, if A buys goods from B for the purpose of resale and B fails to deliver, it is clear that A has been deprived of the value of the goods contracted to be delivered to him and that this is a loss flowing naturally from the breach. But how is such value to be computed? Is it the price A agreed to pay (in which case his damages will be nominal)? Or the price at which he contracted to resell? Or is it the extra price (if any) A has to pay to obtain substitute goods? The basis of computation of a recoverable head of loss is known as the *measure of damages*. There are two cardinal rules governing the measure of damages. The first is that the claimant is entitled to such sum as will satisfy his expectation interest by putting him broadly in the position in which he would have been if the contract had been fully performed. This entails, on the one hand, identifying the loss of which he has been deprived and, on the other, of setting against it any expenditure or loss he would have incurred but has avoided as the result of the breach. The second is that after a breach the claimant must take reasonable steps to mitigate his loss.[485] The so-called 'duty to mitigate'[486] has both a negative and a positive aspect. The claimant must refrain from unreasonable acts which would increase his loss; and he must take such positive steps to reduce his loss as are reasonable in the circumstances.[487] Thus, the buyer whose seller fails to make delivery will not be expected to sit idly by and incur a liability in damages to his sub-purchaser, but will be expected to do what a prudent person would do, that is, obtain substitute goods on the market or from some alternative source of supply. Equally, he will be expected

---

[482] *Treitel, The Law of Contract*, para 20–128.
[483] *Weld-Blundell v Stephens* [1920] AC 956 at 980.
[484] The expectations of the market played an important role in persuading the House of Lords in *Transfield Shipping Inc v Mercator Shipping Inc*, n 480 that the loss was too remote a consequence of the breach of contract.
[485] Other aspects of the measure of damages, such as the impact of tax, are not considered here.
[486] Which is not a positive duty at all, merely a factor limiting the recoverability of damages (see below) and does not apply to claims for sums earned under the contract. But see para **3.151**, text and n 530.
[487] Since failure to mitigate can be said to break the chain of causation, the line between remoteness of damage, measure of damages and mitigation is sometimes hard to draw. For a good illustration see *The Alecos M* [1991] 1 Lloyd's Rep 120.

to purchase the substitute goods on reasonable terms and not to seek to debit the defendant with an extravagant substitute purchase.

3.136 It is, however, important to note that actual performance of steps in mitigation is not a prerequisite of the claimant's right to recover. In this sense, the expression 'duty to mitigate' is a misnomer. The position is simply that damages will be assessed on the assumption that his loss is no greater than it would have been if he had taken reasonable steps in mitigation.[488]

3.137 Where the steps taken to mitigate are reasonable, the claimant is entitled to recover any expenses incurred in taking such steps, even if these prove to be greater than the loss thereby avoided.[489]

3.138 The duty to mitigate only requires the claimant to act reasonably. He is not obliged to cushion the defendant by taking steps which, though legally available, would jeopardize his commercial reputation,[490] nor is he expected to embark on hazardous litigation against a third party in order to reduce his loss.[491]

3.139 The innocent party comes under a duty to mitigate as soon as the breach occurs,[492] and this is true even where, though having the right to treat the contract as discharged by the breach, he elects to keep it open for performance. In other words, the innocent party cannot, by forcing continuation of the contract on an unwilling guilty party, defer steps in mitigation that would reduce his loss.[493]

3.140 As Professor Atiyah has pointed out,[494] the duty to mitigate represents a major weakening of the claimant's right to protection of his expectation interest. The corollary, of course, is that it strengthens the defendant's position significantly by potentially reducing his liability. Indeed, it could be said that one of the adverse effects of what is on the face of it a desirable rule is that it gives every incentive to the defendant to delay the assessment of damages in the hope that the claimant will meanwhile obtain a substitute contract that reduces or extinguishes his loss.

---

[488] For examples in sales law, see para **14.19**. As to the significance of inflation, see D. Feldman and D. F. Libling (1979) 95 LQR 270 and I. N. Duncan Wallace (1980) 96 LQR 101.
[489] *Esso Petroleum Co Ltd v Mardon*, n 109.
[490] *James Finlay & Co Ltd v N.V. Kwik Hoo Tong* [1929] 1 KB 400.
[491] *Pilkington v Wood* [1953] Ch 770.
[492] But one must distinguish the onset of the duty from the time when acts of mitigation must be done. The duty arises on breach in the sense that this marks the time from which the claimant must act reasonably to reduce his loss. It may, however, be reasonable for him to defer steps in mitigation, eg until he has had a proper opportunity of discovering the best way of remedying the breach or in the reasonable expectation that the cost of remedial measures will be less if taken at a later date. However, on breach of a contract for the sale of goods for which there is an available market, there is an almost ineluctable rule that the market price at the due date of delivery or acceptance must be taken as the basis for measuring damages. See paras **14.19, 15.41**.
[493] See further para **3.151**. The position is otherwise in the case of an anticipatory breach (para **3.148**).
[494] *The Rise and Fall of Freedom of Contract*, p 429.

3.141 *Some Aspects of Contract Law*

6. Liquidated damages

3.141 It is open to the parties to stipulate in their contract the amount of damages that will be payable on a breach. However, the courts retain a jurisdiction to review such stipulations and to refuse to give effect to an agreed damages clause where it amounts to a penalty clause. The existence, scope and justifications for the penalty rule were recently considered by the Supreme Court in two appeals which were heard together, namely *Cavendish Square Holding BV v Talal El Makdessi* and *ParkingEye Ltd v Beavis*.[495] The Supreme Court rejected the submission that the rule should be abolished, noting that the rule is an established part of English contract law, similar rules can be found in many other jurisdictions around the world, the penalty rule does not give rise to too much uncertainty in commercial practice, statute has not intervened to regulate all forms of abuse in relation to agreed damages clauses and, to the extent that there were said to be difficulties with the rule, these could be dealt with by adapting the rule, not abolishing it.[496] At the same time the Supreme Court refused to extend the scope of the penalty rule, confirming that it applies only in the context of breach of contract.[497] Thus it applies to sums payable on a breach of contract,[498] an obligation to transfer property on a breach of contract,[499] the withholding of money on a breach[500] and the obligation to pay an extravagant, non-refundable deposit.[501] As can be seen, the common denominator in all these cases is that the obligation is triggered by a breach of contract. When will a clause be held to be a penalty? The answer given by the Supreme Court is that a clause will be held to be a penalty where the sum or remedy stipulated as a consequence of a breach of contract is exorbitant or unconscionable when regard is had to the innocent party's legitimate interest in the performance of the contract.[502] There are two critical factors here. The first is that the sum or remedy must be 'exorbitant', 'extravagant' or 'unconscionable.'[503] The mere fact that the sum stipulated is higher than a genuine pre-estimate of the loss likely to be occasioned by the breach is not sufficient of itself to turn the clause into a penalty clause.[504] A greater degree of disproportion is required. The extent of the disproportion is likely to depend on the bargaining power of the parties and their access to legal

---

[495] Note 232.
[496] Ibid at [36]–[39], [162]–[170] and [256]–[267].
[497] Ibid at [12]–[13], [40]–[43], [130] and [239]–[241]. See *Export Credits Guarantee Department v Universal Oil Products Co* [1983] 2 All ER 205, [1983] 1 WLR 399, HL. When deciding whether the obligation in question is triggered by a breach of contract, the court will have regard to the substance of the matter (*Makdessi* at [15]) so that where 'the substance of the contractual arrangement is the imposition of punishment for breach of contract, the concept of a disguised penalty may enable a court to intervene' (*Makdessi* at [258]).
[498] Ibid at [16], [157].
[499] Ibid at [16], [157]–[159], [230]–[233].
[500] Ibid at [154]–[156], [160]–[161], [226]–[229], [291] and [294]. Cf [18] where Lord Neuberger and Lord Sumption were more hesitant given that the point had not been fully argued.
[501] Ibid at [16], [156], [234]–[238].
[502] Ibid at [31]–[32], [152] and [255].
[503] Ibid at [34], [152], [162], [255] and [293].
[504] Ibid at [31], [223] and [225].

advice.[505] In other words, the greater the equality of bargaining power, and the greater the access to legal advice, the less likely it is that the clause will be held to be a penalty. The second factor is the 'legitimate interest'[506] of the innocent party. That interest may be purely financial[507] or it may extend beyond the financial[508] to, for example, the maintenance of a system of trade which only functions if all partners adhere to it.[509] However, given that 'the penalty rule is an interference with freedom of contract'[510] the courts will be 'careful not to set too stringent a standard and bear in mind that what the parties have agreed should normally be upheld.'[511]

(vii) Termination for breach

1. Effect of termination

3.142 In certain circumstances a breach of contract may entitle the innocent party not merely to suspend performance of a particular correlative obligation[512] but to treat the entire contract as discharged (terminated). The effect of such discharge is to relieve both parties (guilty as well as innocent) of their primary duties of performance and their primary right to demand performance. By the act of termination the guilty party's duty to perform is converted into an obligation to pay damages, while the innocent party's right to demand performance and to earn further sums by reason of his own future performance is converted into a right to damages, but without any secondary obligation in substitution for the primary obligation from which he has been released.[513] Termination, unlike rescission, operates only prospectively; it does not affect the accrued rights and liabilities of the parties. A repudiatory breach has no effect on the continuance of the contract unless and until accepted.[514] But acceptance need not be in any particular form or even in words; any conduct conveying to the party in breach that his repudiation has been accepted suffices, including non-performance by the innocent party.[515]

---

[505] Ibid at [35], [259] and [266].
[506] The language of 'legitimate interest' can be traced back to the judgment of Lord Reid in *White & Carter (Councils) Ltd v McGregor* [1962] AC 413, [1961] 3 All ER 1178.
[507] *Makdessi* at [28] and [249].
[508] Ibid at [28], [143], [152] and [249].
[509] As was the case in *Dunlop Pneumatic Tyre Co Ltd v New Garage and Motor Co Ltd* [1915] AC 79.
[510] *Makdessi* at [33].
[511] *Philips Hong Kong Ltd v Attorney General of Hong Kong* (1993) 61 BLR 41, 59.
[512] Eg the withholding of delivery of goods under a contract of sale until the buyer is willing and able to tender the price. See Sale of Goods Act 1979, s 28, and see para **15.11**.
[513] See *Moschi v Lep Air Services Ltd* [1973] AC 331, per Lord Diplock at 350. Rights and liabilities accrued prior to termination are unaffected (*Hyundai Heavy Industries Co Ltd v Papadopoulos* [1980] 2 All ER 29, and see para **3.36**). See also L. Gullifer, *Goode and Gullifer on Legal Problems of Credit and Security* (6th edn, 2017), paras 8–09, 8–10.
[514] 'An unaccepted repudiation is a thing writ in water and of no value to anybody' – per Asquith LJ in *Howard v Pickford Tool Co Ltd* [1951] 1 KB 417 at 421.
[515] *Vitol SA v Norelf Ltd* [1996] AC 800.

3.143 *Some Aspects of Contract Law*

2. Grounds for termination

3.143 Not every breach entitles the innocent party to treat the contract as discharged. An act which evinces an intention not to perform the contract in some essential respect has always been treated as entitling the innocent party to terminate the contract. But in viewing the impact of default which does not manifest such a repudiatory intention, the law distinguishes major breaches, which go to the root of the contract, from minor breaches, which do not. Whether a breach does or does not go to the root of the contract must in all cases be determined by ascertaining the express or presumed intention of the parties at the time of the contract. There are two quite distinct approaches to the ascertainment of that intention, and at different times first one has predominated, then the other.

3.144 The more usual approach is to look not at the nature of the act of breach or the gravity of its consequences but at the importance attached to the broken term by the parties at the time of the contract. If the term is a major term (or 'condition', as it misleadingly became known), then any breach, even if minor, is considered to go to the root of the contract so as to entitle the innocent party to terminate it. This is because it is clear from the language of the contract or the surrounding circumstances that the parties attached importance to strict compliance with the term. If, however, the term broken is a minor term, or warranty, the innocent party's remedy is limited to damages, for the parties have contracted on the basis that performance of the warranty is not a condition precedent to the innocent party's own performance obligation. The condition-warranty dichotomy is enshrined in the Sale of Goods Act as regards terms implied in favour of the buyer under a contract of sale, and, subject to s 15A of the Act,[516] *any* breach of a term which the Act labels a condition (eg correspondence with description, fitness or satisfactory quality of the goods) entitles the buyer to treat the contract as discharged. Quite apart from the Act, case law has established that certain terms in commercial contracts are to be presumed conditions unless the contrary is shown. For example, stipulations as to time will usually be treated as conditions, so that even a small delay will give the innocent party a right to terminate the agreement, for the assumption is that in the interests of certainty, to which commercial men attach great importance, a stipulation as to time is to be strictly construed.[517]

3.145 However, the courts have pointed out that the condition-warranty label is not exhaustive, and that the language of the contract or the nature of the transaction may show that the parties were concerned not so much with the characterization of the particular undertaking as major or minor as with the consequences of its breach. In other words, if at the time of the contract the

---

[516] On which see further para **12.04**.
[517] *Bunge Corpn v Tradax SA* [1981] 2 All ER 513 (notice of readiness of vessel); *Hartley v Hymans* [1920] 3 KB 475 (delivery under sale contract); *The Mihalis Angelos* [1971] 1 QB 164 ('expected ready to load' clause in charterparty); and see F. M. B. Reynolds, 'Discharge of Contract by Breach' (1981) 97 LQR 541. But stipulations as to time of payment are prima facie not of the essence. See, for example, Sale of Goods Act 1979, s 10(1).

parties had been asked whether the breach of a particular term would entitle the innocent party to terminate the agreement or would merely give him a right to damages, they would have replied: 'We cannot answer that question in the abstract. It all depends on the seriousness of the breach. If its effect is to frustrate the commercial purpose of the contract, the innocent party will be entitled to end the agreement; in other cases, he is merely to have a claim for damages.' Such terms have been labelled 'innominate', to denote that the parties have not chosen to classify them as either conditions or warranties. Obligations towards which the courts have adopted this second approach include the duty of a shipowner to provide a seaworthy vessel under a charterparty[518] and to proceed on the voyage with reasonable dispatch.[519] The modern approach to the classification of contractual terms is to regard a term as innominate unless it is clear that it is intended to be a condition or a warranty.[520] As can be gleaned from the analogy with the frustration of the commercial purpose of the contract, the bar which must be cleared before there is an entitlement to terminate in respect of a breach of an innominate term is a 'high' one[521] which requires the court to engage in a fact-sensitive inquiry,[522] and which involves 'a multi-factorial assessment.'[523] The test which is commonly used by the courts is whether the consequences of the breach are so serious as to deprive the innocent party of substantially the whole benefit which it was intended that he should obtain from the contract.[524]

3.146 So a breach of a contract will entitle the innocent party to treat the contract as discharged if (a) the act of breach signifies an intention on the part of the guilty party not to carry out the contract in some essential respect; or (b) subject to the Sale of Goods Act 1979, s 15A, the term broken is considered to be a condition; or (c) the consequences of the breach are such as to frustrate the commercial purpose of the contract; or (d) the contract empowers the innocent party to terminate it.[525]

3.147 The impact of termination on the assessment of damages has already been noted. We need only reiterate the point that termination pursuant to a

---

[518] *Hong Kong Fir Shipping Co Ltd v Kawasaki Kisen Kaisha Ltd* [1962] 2 QB 26. In *Astley Industrial Trust Ltd v Grimley* [1963] 1 WLR 584, this was applied to the implied term of fitness in a hire-purchase agreement outside the Hire-Purchase Acts; but the effect of the decision was later negated by s 8 of the Supply of Goods (Implied Terms) Act 1973, which equated hire-purchase with sale in labelling the term a condition.
[519] *Clipsham v Vertue* (1843) 5 QB 265; and see *Tarrabochia v Hickie* (1856) 1 H & N 183; *Jackson v Union Marine Insurance Co Ltd* (1874) LR 10 CP 125.
[520] *Grand China Logistics Holding (Group) Co Ltd v Spar Shipping AS* [2016] EWCA Civ 982, [2016] 2 Lloyd's Rep 447 at [92]; *Ark Shipping Company LLC v Silverburn Shipping (IoM) Ltd* [2019] EWCA Civ 1161, [2019] 2 Lloyd's Rep 603 at [81].
[521] *Telford Homes (Creekside) Ltd v Ampurius Nu Homes Holdings Ltd* [2013] EWCA Civ 577, [2013] 4 All ER 377 at [48].
[522] *Valilas v Januzaj* [2014] EWCA Civ 436, 154 Con LR 38 at [60].
[523] Ibid at [53].
[524] *Hong Kong Fir Shipping Co Ltd v Kawasaki Kisen Kaisha Ltd*, n 518, at 72.
[525] Where the termination affects the defendant's possessory or proprietary rights, the court has an equitable jurisdiction to grant relief against forfeiture, but this is rarely exercised. For a rare example of the exercise of the jurisdiction, see *Vauxhall Motors Ltd (formerly General Motors UK Ltd) v Manchester Ship Canal Co Ltd* [2019] UKSC 46, [2020] 2 All ER 81, [2019] 3 WLR 852.

contractual provision will not necessarily be treated as equivalent to acceptance of a repudiation for the purpose of assessing damages. In other words, the loss of bargain that is recoverable on acceptance of a repudiation is not necessarily recoverable on contractual termination; this will depend on whether the court treats the breach as repudiatory.

3. Anticipatory breach

3.148 At this point we must interject a comment on the so-called *anticipatory breach*. Every contract involves not merely the obligations expressly undertaken but also an implied major undertaking by each party that, from the time of the contract to the time fixed for performance, he will continue to be willing and able to perform. If at any time before the due date for performance a party signifies his intention not to perform the contract in some essential respect[526] or becomes disabled from performing at the due date,[527] the innocent party is entitled to accept the repudiation, that is, treat the contract as immediately at an end, without awaiting the time for performance. In truth, the breach is not anticipatory at all; the guilty party has broken an existing obligation to hold himself willing and able to perform. There is no formality attaching to acceptance and no need for any express statement of acceptance. Even a mere failure by the innocent party to perform may suffice to show his election to treat the contract as at an end.[528]

4. The innocent party's options

3.149 Where there is an anticipatory repudiation, the innocent party is not obliged to accept it. He may instead hold the contract open for performance at the due date. If he elects to do this, he is not obliged to take steps to mitigate his loss.[529] The innocent party's election to affirm the contract is not without risk, for the continuance of the contract enures for the benefit of both parties,

---

[526] To justify treatment as a repudiation, the threatened breach must be one which would be repudiatory if committed after the time for performance has arrived. The phrase 'anticipatory breach' is conventionally used to denote such a breach and thus means an anticipatory repudiation. For the effect of a party's refusal to perform based on an honest but mistaken belief that the contract entitled him to do so, see the controversial majority decision of the House of Lords in *Woodar Investment Development Ltd v Wimpey Construction U.K. Ltd* [1980] 1 All ER 571. The test to be applied by the court is whether, looking at all the circumstances objectively – that is from the perspective of a reasonable man in the position of the innocent party – the contract breaker has clearly shown an intention to abandon and altogether refuse to perform the contract: *Eminence Property Developments Ltd v Heaney* [2010] EWCA Civ 1168, [2011] 2 All ER (Comm) 223 at [61].
[527] *Geden Operations Ltd v Dry Bulk Handy Holdings Inc (M/V 'Bulk Uruguay')* [2014] EWHC 885 (Comm), [2014] 2 All ER (Comm) 196.
[528] *Vitol SA v Norelf Ltd* [1996] AC 800, a decision on actual rather than anticipatory breach but the principle is the same.
[529] *Brown v Muller* (1872) LR 7 Exch 319. This principle has little to commend it. If the defendant has made it clear that he does not intend to perform at the due date, there is no good reason why the claimant should be allowed to exacerbate his recoverable loss by futilely holding the contract open for performance. In the case of a repudiation after the time for performance has arrived, the claimant comes under a duty to mitigate (see below). Why should the rule be different in the case of an anticipatory repudiation? The weight of American authority has

and the guilty party is thus just as much entitled as the innocent party to rely on some intervening frustrating event as discharging the contract.

3.150 What is the innocent party's position where the repudiation occurs after the time for performance has arrived? The traditional answer is that, as in the case of an anticipatory breach, the innocent party may elect either to treat the contract as discharged or to affirm it and hold it open for performance. But this is extremely misleading. The option given to the innocent party after the other's default in performance of an accrued obligation is very much more restricted than on an anticipatory breach. Indeed, in many situations it is unrealistic to speak of the innocent party having an option to continue the contract at all.

3.151 Where the guilty party requests an extension of time for performance or otherwise assents to the continuance of the contract so as to suggest that he is or may be willing to perform, albeit tardily, the innocent party has a genuine option. He can treat the contract as discharged, or he can affirm it and postpone steps in mitigation until the extended date fixed for performance. But the position is otherwise where the guilty party remains obdurate and gives no indication that he intends to proceed. If the innocent party is able to earn his entitlement without the guilty party's cooperation, because no positive act is required on the part of the latter, then, in general, the innocent party may proceed to perform and recover the contract sum,[530] save where performance is so obviously commercially wasteful and of no benefit to the guilty party that the innocent party cannot be said to have a legitimate interest in continuing the contract.[531] But in the great majority of cases the innocent party *is* dependent on the cooperation of the other and, if this is refused, the innocent party comes under an immediate duty to mitigate his loss. The existence of such duty is not compatible with the continuance of the contract in any meaningful sense, for it means that the innocent party must seek substituted performance elsewhere and cannot recover loss that would have been avoided had he elected to treat the contract as at an end. Further, in the case where the breach renders further performance of the contract impossible or something radically different from that which was in the contemplation of the parties at the time of entry into the contract, it would appear that the innocent party cannot affirm the contract (given that performance can no longer take place in accordance with the terms of the contract) and must instead recognise that the contract has come to an end and seek a remedy in damages for the loss that has been suffered as a result of the breach.[532]

3.152 The affirmation-termination dichotomy is also open to objection in that, just as it overstates the importance of the option to continue the contract,

---

declined to adopt 'this harsh and unreasonable doctrine' (*Bu-Vi-Bar Petroleum Co v Krow*, 40 F 2d 488 (1930), per Phillip J at 492; *Fowler v A. & A. Co*, 262 A 2d 344 (1970)).

[530] *White & Carter (Councils) Ltd v McGregor* [1962] AC 413. He cannot do so where performance depends upon the co-operation, active or passive, of the other party: *Hounslow LBC v Twickenham Garden Development Ltd* [1971] Ch 233, 251–254.

[531] See, for example, *Attica Sea Carriers Corpn v Ferrostaal Poseidon Bulk Reederei* [1976] 1 Lloyd's Rep 250; *The Alaskan Trader* [1984] 1 All ER 129.

[532] *MSC Mediterranean Shipping Co SA v Cottonex Anstalt* [2016] EWCA Civ 789, [2016] 2 Lloyd's Rep 494, [43] and [61].

it understates the range of choices open to the innocent party when the guilty party is willing to perform or to cure a defective performance. For example, the proposition that the buyer of defective goods must either accept the tender and be bound or reject the tender and recover his money and/or damages accords neither with law nor with common experience, for it overlooks what is by far the most common choice of the buyer: to reject the goods but ask for them to be repaired or replaced – in other words, to reject the performance tendered but hold the contract open for performance if a fresh and proper tender of performance is made within a reasonable time.[533]

5. *Withholding of performance*

3.153 This leads on to a consideration whether English contract law recognizes any right of the innocent party to suspend his own performance after breach by the other party. The *locus classicus* on this point is the speech of Lord Ackner in *The Simona*:[534]

> 'When A wrongfully repudiates his contractual obligations in anticipation of the time for their performance, he presents the innocent party B with two choices. He may either affirm the contract by treating it as still in force or he may treat it as finally and conclusively discharged. There is no third choice, as a sort of via media, to affirm the contract and yet to be absolved from tendering further performance unless and until A gives reasonable notice that he is once again able and willing to perform. Such a choice would negate the contract being kept alive for the benefit of *both* parties and would deny the party who unsuccessfully sought to rescind, the right to take advantage of any supervening circumstance which would justify him in declining to complete.'

3.154 This passage, which was addressed to the case of anticipatory breach but is equally applicable to a repudiatory breach after the time for performance has arrived, might at first blush suggest that the innocent party must either terminate the contract or perform it, and cannot simply keep the contract alive and withhold his own performance. That, however, would be a misreading of Lord Ackner's speech, in which he makes it clear that the innocent party's duty to continue performance arises only after he has elected to affirm the contract, but does not deal with the position arising in the period after the act of repudiation but before its acceptance. It is well established that after a repudiatory breach the innocent party is not obliged to make his election immediately; he is entitled to give the guilty party an opportunity to reconsider his position and to tender a proper performance without being treated as having thereby affirmed the contract.[535] So during the negotiations preceding the innocent party's election to accept the repudiation he is not obliged to continue his own performance. Moreover, there are various circumstances,

---

[533] See below as to suspension of performance.
[534] *Fercometal SARL v Mediterranean Shipping Co SA, The Simona* [1989] AC 788 at 805.
[535] *Yukong Line Ltd of Korea v Rendsberg Investments Corpn of Liberia* [1996] 2 Lloyd's Rep 604, per Moore-Bick J at 608; *Stocznia Gdanska SA v Latvian Shipping Co (No 2)* [2002] EWCA Civ 889, [2003] 2 Lloyd's Rep 436, per Rix LJ at [87]. The guilty party may also have time to cure a non-conforming tender of performance and thus avoid a repudiatory breach altogether. See para **12.19**.

which did not arise in *The Simona*, in which the innocent party has a right to withhold performance even after acceptance of a repudiatory breach and sometimes even where the breach is not repudiatory at all. We can, in fact, identify at least four cases in which the innocent party may withhold performance:

(1) Where the contract so provides.
(2) Where the parties have agreed to suspend the contract or the party in breach has represented that it will not require performance or object to its suspension.[536]
(3) Where the innocent party's duty to perform is by the express or implied terms of the contract dependent on some prior performance by the other party which has not been given or which the other party has indicated it is unable or unwilling to give. In such a case the innocent party has a right to suspend his own performance whether the other party's performance was an obligation under the contract or was a non-promissory condition of the innocent party's duty to perform and whether in the former case the term broken was a condition (in the sense of a major term of the contract) or a warranty.
(4) Where the innocent party's performance is obstructed or made more difficult by the other party, whether by that party's failure in performance[537] or the imposition of requirements outside the terms of the contract[538] or by failure to provide the co-operation which the contract envisages as necessary for the innocent party's performance.[539]

(viii) Termination without breach

3.155 A contract may, of course, come to an end without any breach at all, as on the expiry of a fixed term or of a notice of termination given under the contract or where the parties agree on termination. These cases require no comment. What has, however, caused difficulty is the case where the contract is for an indefinite period. Is it then terminable on reasonable notice or is it to be treated as operative in perpetuity? There are cases in support of both solutions. In every case the question is one of construction of the contract. There is a presumption that every contract is permanent and irrevocable,[540] but this is readily rebuttable where the circumstances indicate that this was not contemplated by the contract, in which case it will be terminable on reasonable notice.[541]

---

[536] *The Simona*, n 534, per Lord Ackner at 805.
[537] *Bulk Oil (Zug) AG v Sun International Ltd* [1984] 1 Lloyd's Rep 386.
[538] *BV Oliehandel Jonglarid v Coastal International Ltd* [1983] 2 Lloyd's Rep 463.
[539] See *Chitty on Contracts*, paras 14-023, 24-033.
[540] *Llanelly Railway and Dock Company v London and North-Western Railway Co* (1873) 8 Ch App 942, per James LJ at 949–950; *Islwyn Borough Council v Newport Borough Council* (1994) 6 Admin LR 386, per Roch LJ at 414.
[541] *Spenborough Corpn v Cooke Sons & Co Ltd* [1968] Ch 139; *Staffordshire Area Health Authority v South Staffordshire Waterworks Co* [1978] 1 WLR 1387.

(ix) Loss of the right to terminate

3.156 The right to terminate is lost if the innocent party expressly or impliedly affirms the contract after knowledge of the breach.[542] In such a case, the condition broken sinks to the level of a warranty, and the innocent party's remedy is in damages.

16. DEFENCES TO A CONTRACT CLAIM

3.157 There are many possible defences to a claim on a contract and these may be pleaded alternatively or, so far as not mutually inconsistent, cumulatively. The principal defences are that the defendant did not commit the act alleged to constitute the breach of contract; that the act complained of, though committed, did not constitute a breach of the contract; that the contract is void, voidable or unenforceable and, in the case of a voidable contract, that the defendant seeks rescission or has already rescinded it; that the claimant has failed or refused to perform an obligation the performance of which is a condition of the defendant's own duty to perform; and that the claimant's claim is a money claim against which the defendant has a right to set off his own money cross-claim. All of these defences go to liability. The defendant may also contend that the claimant did not suffer the loss alleged or any loss, or that, if he did, it is legally irrecoverable, eg because it is too remote, does not represent the appropriate measure of damages or is a contractually agreed loss embodied in an agreed damages provision which is unenforceable as a penalty. However, contributory negligence is not a defence to a purely contractual claim,[543] though the position is otherwise where there is a parallel claim in tort on the same facts.[544]

17. ILLEGALITY[545]

3.158 The effects of illegality on a contract are complex and only the barest outline can be given here.

(i) Initial and supervening illegality

3.159 We must start by distinguishing illegality under the law as it stands at the time of contract from illegality engendered by a change in the law brought about by statute or statutory instrument after the making of the contract. The latter will usually frustrate the contract[546] except where the statutory prohi-

---

[542] *Bentsen v Taylor, Sons & Co* [1893] 2 QB 274; *Suisse Atlantique Société d'Armement S.A. v N.V. Rotterdamsche Kolen Centrale*, n 281.
[543] *Forsikringsaktielskapet Vesta v Butcher* [1989] AC 852.
[544] *Barclays Bank plc v Fairclough Building Ltd* [1995] QB 214.
[545] See R. A. Buckley, *Illegality and Public Policy* (4th edn, 2017); N. Enonchong, *Illegal Transactions* (1998).
[546] *Metropolitan Water Board v Dick, Kerr & Co Ltd* [1918] AC 119. In such cases the courts pay particular attention to the public interest that the law is observed: *Islamic Republic of Iran*

Illegality **3.161**

bition is likely to be temporary[547] or affects the contract only to a minor degree.[548] But illegality affecting the contract under the law as it stands at the time the contract is made renders the contract unenforceable,[549] though not necessarily unenforceable by both parties.[550]

3.160 A contract is affected by illegality if:

(a) the making of the contract is unlawful;[551] or
(b) the promise or consideration stipulated is the performance of an unlawful act;[552] or
(c) though the contract is not in itself unlawful, the purpose for which it is made or for which the subject matter is to be applied is unlawful[553] or the intended method of performance is unlawful;[554] or
(d) though free from any of the above defects, the contract stems from or is collateral to another agreement affected by illegality.[555]

3.161 The forms of illegality are many and various and do not readily lend themselves to rational classification.[556] They include contracts to commit a crime or to perform acts prohibited by statute,[557] and contracts of which the making or performance is considered to be contrary to public policy or morals.[558] The variety of cases encompassed under the heading of illegality has

---

Shipping Lines v Steamship Mutual Underwriting Association (Bermuda) Ltd [2010] EWHC 2661 (Comm), [2011] 1 Lloyd's Rep 195, [100]. A contract governed by English law is not, as a general rule, affected by the validity of the contract according to the law of another jurisdiction unless performance has become illegal by the law of the jurisdiction where performance is to take place (*Ralli Bros v Compania Naviera Sota y Aznar* [1920] 2 KB 287).

[547] *Andrew Millar & Co Ltd v Taylor & Co Ltd* [1916] 1 KB 402; *National Carriers Ltd v Panalpina (Northern) Ltd* [1981] AC 675.

[548] See *Cricklewood Property and Investment Trust Ltd v Leighton's Investment Trust Ltd* [1945] AC 221.

[549] It is often said that illegality renders a contract void. This goes too far. It is clear that unless the making of the contract is itself expressly or impliedly prohibited by statute, the illegality does not prevent the creation of legal relations between the parties, for if it did (a) property could not pass under the illegal contract, whereas it is well established that it can (see below); (b) it would not be possible to have a situation in which the contract remained enforceable by the party innocent of the illegality, whereas there are several categories of case in which this is permitted (below).

[550] See below.

[551] *Re Mahmoud and Ispahani* [1921] 2 KB 716 (contract for purchase of linseed oil without required licence).

[552] Eg, the sale of obscene prints (*Fores v Johnes* (1802) 4 Esp 97) or the rigging of a share market (*Scott v Brown, Doering McNab & Co* [1892] 2 QB 724).

[553] *J. M. Allan (Merchandising) Ltd v Cloke* [1963] 2 QB 340 (hire of equipment for illegal gaming).

[554] *Ashmore, Benson, Pease & Co Ltd v A. V. Dawson Ltd* [1973] 1 WLR 828 (carriage of goods on lorries in excess of the maximum load permitted for the lorries in question).

[555] *Spector v Ageda* [1973] Ch 30 (loan to discharge indebtedness under prior unlawful loan contract).

[556] See *Chitty on Contracts*, ch 16; *Treitel, The Law of Contract*, ch 11.

[557] For the presumptions to be made where the statute is silent as to the effect of infringement on a contract, see *Phoenix General Insurance Co of Greece SA v Administratia Asigurarlor de Stat* [1988] QB 216, [1987] 2 All ER 152.

[558] Notions of morality change from age to age, so that older cases on the subject need to be treated with some reserve. For example, in *Upfill v Wright* [1911] 1 KB 506, a land-

3.162 *Some Aspects of Contract Law*

created considerable difficulty for the courts over the years. Should all types of illegality affect the guilty party's rights in the same way, whether the infringement be major or minor and whether it be plainly culpable wrongdoing on the one hand or a slight infraction of a highly technical statutory instrument on the other? This question has elicited different answers over the years. The particular issue of controversy has been whether the illegality defence is a rule of law which is characterised by fixed (or relatively fixed) rules to be applied by the courts or whether instead this is an area of law where the courts enjoy a broad discretionary power to decline to enforce or otherwise give effect to an illegal contract.

3.162 This disagreement surfaced in the last decade of the twentieth century when an attempt to introduce a more flexible approach was rejected by the House of Lords in *Tinsley v Milligan*.[559] But the decision of the House of Lords in *Tinsley* was not to be the last word on the matter and it has been re-visited more recently by the Supreme Court in a string of cases. Initially, in *Les Laboratoires Servier v Apotex Inc*[560] the Supreme Court, in a judgment delivered by Lord Sumption, appeared to incline to the view that the illegality defence is a rule of law according to which, rather than seeking to regulate the consequences of an illegal act, the courts withhold judicial remedies, leaving the loss to lie where it falls. But within six months of giving judgment in *Les Laboratoires Servier* the Supreme Court had signalled that the proper approach to the defence of illegality to a private law claim was a matter that required to be addressed by a court of seven or nine Supreme Court justices.[561]

3.163 That consideration duly followed in *Patel v Mirza*[562] where a court of nine justices held, unanimously on the facts, that the claimant was entitled to recover a payment he had made to the defendant pursuant to an agreement

---

lord's action for arrears of rent was dismissed on the ground that to the knowledge of his agent, through whom the property was let, the tenant was intending to live there as the mistress of a man who would be supporting her by paying the rent (in the course of his judgment Darling J invoked, inter alia, the Book of Common Prayer). It is inconceivable that a court would today regard the mere fact of extramarital cohabitation as sufficient in itself to taint the tenancy with illegality even where the landlord knows that the couple are not man and wife. (Obviously the position would be otherwise if the premises were let as a brothel.)

[559] [1994] 1 AC 340. The attempt to introduce a greater degree of flexibility had been made by the Court of Appeal where the test which it sought to apply was whether it would be 'an affront to the public conscience' to grant the relief claimed: [1992] 2 All ER 391. Although the House of Lords rejected the 'public conscience' test, it affirmed the decision of the Court of Appeal on other grounds.

[560] [2014] UKSC 55, [2015] AC 430. Lord Toulson dissented and, in doing so, drew attention to the more flexible approach adopted by Lord Wilson giving the judgment of the majority of the Supreme Court in *Hounga v Allen* [2014] UKSC 47, [2014] 4 All ER 595, [2014] 1 WLR 2889 at [42]. Given the subsequent development of the law, the judgment of Lord Toulson and his reliance upon *Hounga* was to prove to be influential.

[561] *Bilta (UK) Ltd v Nazir (No 2)* [2015] UKSC 23, [2016] AC 1, [2015] 2 All ER 1083 at [15] and [34] per Lord Neuberger and Lord Mance respectively. But Lord Sumption (at [60]–[63]) broadly adhered to the views which he expressed in *Les Laboratoires Servier*, namely that the illegality defence is based on a rule of law upon which the court is required to act and it is not a discretionary power which depends for its exercise upon a judicial value judgment about the balance of the equities in each case.

[562] [2016] UKSC 42, [2017] AC 467.

which amounted to a conspiracy to commit an offence of insider trading that had not been carried into effect and, by a majority,[563] that a court considering the application of the defence of illegality should have regard to the policy factors involved and to the nature and circumstances of the illegal conduct in determining whether the public interest in preserving the integrity of the justice system should result in denial of the relief claimed. In short, the majority supported a more discretionary approach than that which had apparently been adopted in *Les Laboratoires Servier*. According to the majority, when deciding whether it is contrary to the public interest to enforce a claim on the ground that to do so would be harmful to the integrity of the legal system, the court should consider: (i) the underlying purpose of the prohibition which has been transgressed and whether that purpose would be enhanced by denial of the claim; (ii) any other relevant public policy on which the denial of the claim would have an impact; and (iii) whether denial of the claim would be a proportionate response to the illegality, bearing in mind that punishment is a matter for the criminal courts.[564] This more flexible approach was heavily criticised by Lord Sumption, in the minority, on the ground that it converted legal principle into an exercise of judicial discretion which would leave lower courts to evaluate individual cases on a case-by-case basis by reference to a potentially unlimited range of factors.[565] While it was not technically necessary for the Supreme Court to engage in this broad-ranging analysis for the purpose of deciding the case before it, it is unlikely that future courts will conclude that the Supreme Court's consideration of the issue was obiter and therefore not binding. Rather, the decision will be regarded as the leading authority on the issue and the Supreme Court has therefore opened a new chapter in the law relating to illegality which at least initially will result in greater uncertainty but over time may yield fairer results if the courts succeed in structuring their discretion in such a way as to render its exercise reasonably predictable.

3.164 But one class of contract must be separated from the rest, namely contracts which are regarded at common law[566] as being in unreasonable restraint of trade. Examples are contracts of employment by which an employee is subjected to unreasonable constraints after his employment ends and contracts which seek to restrict competition to a degree beyond what is necessary for the covenantee's protection.

---

[563] The majority was six to three. For the majority Lord Toulson gave the lead judgment with which Baroness Hale, Lord Kerr, Lord Wilson and Lord Hodge agreed. Lord Neuberger gave his own judgment which did not agree with that of Lord Toulson on all points but he also expressed (at [186]) his agreement with Lord Toulson's 'framework for arriving at an outcome' (and see also [174]). The minority were Lord Clarke, Lord Mance and Lord Sumption. While there are differences between the approaches adopted by the minority, they all rejected the need for a discretionary approach of the type advocated by Lord Toulson.

[564] Ibid at [120].

[565] Ibid at [265]. Lord Sumption's dissent is expressed in particularly strong terms (see [258]–[265] and his conclusion at [265] that 'we would be doing no service to the coherent development of the law if we simply substituted a new mess for the old one'). Only time will tell whether the approach of the majority will lead to a 'new mess' of the type feared by Lord Sumption.

[566] Where a statute regulating restrictive trade practices operates, it is the statute which will govern the consequences of infringement. See below.

3.165 *Some Aspects of Contract Law*

(ii) **Contracts in restraint of trade**

3.165 Contracts in restraint of trade differ from other classes of contract affected by illegality in that the mischief lies not in what the contracting party does or refrains from doing but in his *binding* himself to the stipulated act or restraint. Since such restrictive covenants are usually part and parcel of a much wider agreement, the courts are willing to sever the offending covenants and enforce the rest of the contract, provided that the contract is drafted in such a way as readily to permit such severance (the 'blue pencil' test[567]) and the covenants in question do not form such a substantial part of the consideration that their deletion would alter the whole basis of the contract.[568] By contrast, other kinds of illegality render the entire contract unenforceable, and severance is not usually permitted.[569] Competition law is now regulated in detail by the Competition Act 1998 as amended by the Enterprise Act 2002 and will not be discussed. The rest of this section is confined to the effect of other forms of illegality.

(iii) **The effect of illegality on contract rights**

3.166 Traditionally, the courts drew a distinction between contracts that are illegal as formed, in that the entry into or performance of the contract necessarily involves an illegal act, and contracts which are capable of being performed lawfully but are intended by one or both parties to be performed in an unlawful manner or for an unlawful purpose or of which the subject matter is to be applied to the implementation of an unlawful design. Contracts illegal in the making were not enforceable by either party, even if acting in good faith on the ground that the parties were presumed to know the law, and ought therefore to be aware that their acts were unlawful.[570] Matters were more complex where the contract was lawful in the making but unlawful in its actual or intended performance. If the unlawful manner of performance was known to both parties, then neither party could enforce the contract and their position was the same as on a contract which was unlawful in the making. Again, this was so even if one party or both acted in ignorance of the fact that the proposed performance was prohibited by law.[571] But if one of the parties was

---

[567] So referred to in *Attwood v Lamont* [1920] 2 KB 146 at 149, 155, though the actual decision was reversed on appeal, [1920] 3 KB 571. Severance has been allowed in many cases. See, for example, *Egon Zehnder Ltd v Tillmann* [2019] UKSC 32, [2020] 1 All ER 477, [2019] 3 WLR 245; *Goldsoll v Goldman* [1915] 1 Ch 292; and *T. Lucas & Co Ltd v Mitchell* [1974] Ch 129. In *Egon Zehnder* the Supreme Court acknowledged (at [85]) that the 'blue pencil' has the potential to operate in a capricious manner, but it was held to be inherent in the word 'severance' itself which was held to involve 'cutting things up and does not extend to adding things in.' The test thus acts as a 'brake' on the application of the severance principle and, although it may work in a rather arbitrary manner from time to time, this was held to be 'an appropriate brake on the ability of employers to secure severance of an unreasonable restraint customarily devised by themselves.'
[568] *Amoco Australia Pty Ltd v Rocca Bros Motor Engineering Co Pty Ltd* [1975] AC 561.
[569] See *Bennett v Bennett* [1952] 1 KB 249, per Somervell LJ at 253–254.
[570] *J. M. Allan (Merchandising) Ltd v Cloke*, n 553.
[571] Ibid.

not aware that the contract was to be performed by the other in an unlawful manner or for an unlawful purpose – that is, if he was unaware of the facts constituting the illegality – then so far as he was concerned, the contract was lawful, and he was entitled to enforce rights accrued due up to the time when he discovered the illegality.[572]

3.167 This traditional approach must now be modified in the light of the decision of the Supreme Court in *Patel v Mirza* because in future, when deciding whether or not a party to an illegal contract is entitled to enforce his contractual rights, much will depend upon the facts of the individual case and the court's balancing of the various relevant factors. In this context it may be helpful to set out the approach proposed by Professor Burrows which was widely discussed by the Supreme Court in *Patel*. He put forward the following possible formulation which he described as a flexible 'range of factors' approach:

'If the formation, purpose or performance of a contract involves conduct that is illegal (such as a crime) or contrary to public policy (such as a restraint of trade), the contract is unenforceable by one or either party if to deny enforcement would be an appropriate response to that conduct, taking into account where relevant –
 (a) how seriously illegal or contrary to public policy the conduct was;
 (b) whether the party seeking enforcement knew of, or intended, the conduct;
 (c) how central to the contract or its performance the conduct was;
 (d) how serious a sanction the denial of enforcement is for the party seeking enforcement;
 (e) whether denying enforcement will further the purpose of the rule which the conduct has infringed;
 (f) whether denying enforcement will act as a deterrent to conduct that is illegal or contrary to public policy;
 (g) whether denying enforcement will ensure that the party seeking enforcement does not profit from the conduct;
 (h) whether denying enforcement will avoid inconsistency in the law thereby maintaining the integrity of the legal system.'[573]

As Lord Toulson observed in *Patel*, this list, whilst 'helpful', should not be seen as being 'prescriptive or definitive because of the infinite possible variety of cases.'[574] But at least it gives an indication of the type of factors the courts are

---

[572] *Archbolds (Freightage) Ltd v S Spanglett Ltd* [1961] 1 QB 374; *Fielding and Platt Ltd v Najjar* [1969] 2 All ER 150. The complexities of this area of law were legion. See the works cited in n 545.
[573] A. Burrows, *A Restatement of the English Law of Contract* (2016), pp 229–230.
[574] Note 562 at [107]. On the other hand, Lord Neuberger at [175] was less convinced by what he termed 'the multi-factorial approach proposed by Professor Burrows' and he distinguished that approach from what he discerned to be the 'structured approach' preferred by Lord Toulson. But it is not altogether clear that there is a significant difference between the approaches of Professor Burrows and Lord Toulson. At [107] Lord Toulson appears to envisage the possibility that a wider range of factors may be taken into account than those itemised by Professor Burrows, although at other points in his judgment he refers to the 'trio of necessary considerations' to be taken into account by the courts (see [101] and [120] and referred to at n 564 above). It may be that it is this tri-partite approach which Lord Neuberger preferred. It may, however, be the case that this discretionary approach will not be applicable in all cases. So, for example, where the right which it is sought to enforce is not one arising directly from the contract, but arises from a representation that the contract was lawful or that

likely to take into account when deciding whether or not a party to an illegal contract remains entitled to enforce any of its rights under the contract. At a higher level of generality, it is also possible to identify the principal policy reasons for declining to enforce contract rights, namely that 'a person should not be allowed to profit from his own wrongdoing' and that 'the law should be coherent and not self-defeating, condoning illegality by giving with the left hand what it takes with the right hand.'[575] Beyond identification of the relevant factors and the underlying policy considerations, it is difficult at this point to determine when a party will be entitled to enforce its rights under an illegal contract and when it will not.

(iv) The effect of illegality on property rights

3.168 Unless otherwise expressly or implicitly provided by statute, illegality renders a contract merely unenforceable, not totally void. Hence to the extent that the obligations of a party under the contract have been performed, the question of enforcement of those obligations does not arise and the illegality has no impact. The performance is legally effective and is not vitiated by the illegality of the contract. It follows that where money has been paid or property transferred under the illegal contract, title passes to the transferee by virtue of the contract itself, despite the illegality.[576] Thus, where goods are sold under a contract of sale by which the property is to pass immediately to the buyer, the agreement for sale is both a contract and a conveyance. In two different cases Lord Denning advanced two separate policy reasons for such a result. The court ought not to allow the guilty transferor to set up his own illegality in order to defeat the transfer he has made; and if the law were not to recognize such transfers, anyone could take the property with impunity, since no one could assert a good title to it.[577] A more difficult issue is whether or not a party can seek to recover property transferred under an illegal contract and that is an issue to which we will now turn.

(v) The effect of illegality on unjust enrichment claims

3.169 For many years the general rule was that the law would not assist a party to an illegal contract by giving him a claim to recover money paid or

---

the contract would be lawfully performed, the party to whom the representation was made should have an action as of right against the representor, whether based on deceit, negligent misrepresentation or breach of warranty, and it should not depend upon the exercise of discretion by the court (*Shelley v Paddock* [1978] 3 All ER 129; *Strongman (1954) Ltd v Sincock* [1955] 2 QB 525; *Burrows v Rhodes* [1899] 1 QB 816).
[575] Ibid at [99].
[576] *Singh v Ali* [1960] AC 167; *Belvoir Finance Co Ltd v Stapleton* [1971] 1 QB 210; *Patel v Mirza*, n 562, at [109]. It also follows that the passing of property under the illegal contract is not dependent on delivery (*Belvoir Finance Co Ltd v Stapleton* [1971] 1 QB 210).
[577] See *Singh v Ali*, n 576 at 176 and *Belvoir Finance Co Ltd v Stapleton*, n 576 at 217 respectively.

property transferred under an illegal contract.[578] However, this general rule was not without its exceptions. So, for example, the courts were willing to lend their aid to a party to recover money paid or property transferred under an illegal contract:

(a) where the parties were not *in pari delicto*, ie where the claimant was morally innocent and the defendant had been guilty of fraud, oppression or breach of fiduciary duty;[579]

(b) where the illegality consisted of the breach of a statute which was designed to restrict one party only (the defendant) and to protect the other (the claimant). Thus illegality in a moneylending transaction was held to preclude enforcement of the security by the moneylender but did not prevent recovery of the security by the borrower;[580]

(c) where the claimant withdrew from the illegal transaction before there had been substantial performance;[581]

(d) where the claimant could show that his title, whether at law or in equity, was not dependent on the illegal contract.[582]

3.170 While these exceptions mitigated the harshness of the general rule, they did so at a cost of introducing a degree of complexity and also producing results which could best be described as haphazard. This was particularly so in relation to the rule which entitled a claimant to recover his property provided that he did not have to rely on his own illegality in order to prove his title. This rule was condemned by the majority in *Patel v Mirza* on the ground that 'it could produce different results according to procedural technicality which had nothing to do with the underlying policies.'[583] Rather than continue to rely on a supposed 'master' rule that a party cannot rely on his own illegal conduct in order to establish his claim, the Supreme Court instead held that the rule to be applied in the future is that a person who satisfies the ordinary requirements of a claim in unjust enrichment will not prima facie be debarred from recovering money paid or property transferred by reason of the fact that the consideration which has failed was an unlawful consideration.[584] An unjust enrichment claim generally requires the claimant to identify the circumstances which render the enrichment of the defendant unjust. On what ground is the enrichment of the defendant said to be unjust in the case of an illegal contract? Where one of the contracting parties is unaware of the illegality, the ground is likely to be mistake. But in a case such as *Patel v Mirza*, where both parties

---

[578] The case that was generally cited as authority for this proposition was *Holman v Johnson* (1775) 1 Cowp 341 ('no court will lend its aid to a man who founds his cause of action upon an immoral or an illegal act' per Lord Mansfield CJ at 343).

[579] *Atkinson v Denby* (1862) 7 H & N 934; *Hughes v Liverpool Victoria Legal Friendly Society* [1916] 2 KB 482.

[580] See *Kasumu v Baba-Egbe* [1956] AC 539 (moneylender) and *Bonnard v Dott* [1906] 1 Ch 740 (borrower).

[581] *Taylor v Bowers* (1876) 1 QBD 291.

[582] *Bowmakers Ltd v Barnet Instruments Ltd* [1945] KB 65; *Belvoir Finance Co Ltd v Stapleton*, n 576; and *Tinsley v Milligan*, n 559.

[583] Note 562 at [87]. See also [137]–[139]. An example of such procedural technicalities is the decision of the Court of Appeal in *Collier v Collier* [2002] EWCA Civ 1095, [2002] BPIR 1057.

[584] Ibid at [116].

3.170 Some Aspects of Contract Law

were aware of the unlawful nature of the transaction into which they were entering, mistake cannot be invoked and so the most likely candidate is failure of consideration (or failure of basis)[585] and it would appear that the failure of consideration need not be total in order to ground a claim for repayment.[586] The justification offered by the Supreme Court for the recognition of a general right of recovery is that the reversal of a transaction does not undermine the policies which lie behind the doctrine of illegality as a defence to a private law claim. Reversal of the transaction does not permit a party to benefit from his own wrongdoing, nor does it render the law incoherent or self-defeating. On the contrary, it restores the parties to their previous position as if there had been no illegal contract.[587]

3.171 However, there may still be cases in which a party will be held not to be entitled to recover a payment made or property transferred pursuant to an illegal contract. Examples which might fall into this category include payments made in respect of serious criminal activity, such as drug trafficking or a contract to murder someone.[588] Similarly, a bribe may not be recoverable.[589] However, it is likely that these exceptional cases will be kept within narrow limits and the general picture which emerges from the decision of the Supreme Court in *Patel v Mirza* is that the courts in future are more likely to order the recovery of benefits conferred under an illegal contract than they are to enforce the terms of the contract itself. The latter step is more likely to undermine the policies perceived to lie behind the illegality defence, whereas the recognition of a general right to recover benefits has been held to be consistent with these policies in so far as it aims to reverse rather than enforce the illegal transaction.

(vi) Pleading illegality

3.172 Where a contract is illegal on its face, the court is obliged to take notice of the illegality, whether or not illegality has been pleaded.[590] Where, on the

---

[585] This does not emerge with particular clarity from the judgment of Lord Toulson, although he does refer at [13] to the need for the claimant to show that there was a failure of consideration (and he also refers at [116] to 'the consideration which has failed'). Lord Neuberger's general rule that a claimant is entitled to the return of the money which he has paid seemed to be based on policy reasoning rather than reasoning based on total failure of consideration (see [170]). Of the minority, Lord Sumption (at [249]) identified the ground of restitution invoked by the claimant as being 'that the contract was illegal and that the basis for the payment had failed.'

[586] Both Lord Neuberger (at [167]–[168]) and Lord Mance (at [198]) were of the view that part performance was not necessarily a bar to recovery provided that an appropriate adjustment could be made for benefits received.

[587] This point is made most clearly by Lord Mance (at [193] and [197]), Lord Neuberger (at [154]) and Lord Sumption (at [250]).

[588] Ibid at [110], [116]. But contrast the view of Lord Neuberger (at [176]) and Lord Sumption (at [254]).

[589] Ibid at [118]. Although here Lord Toulson recognised that today it might be regarded as more repugnant to the public interest that the recipient of the bribe should keep it than that it should be returned.

[590] *Edler v Auerbach* [1950] 1 KB 359, per Devlin J at 371; *North-Western Salt Co Ltd v Electrolytic Alkali Co Ltd* [1914] AC 461.

other hand, the contract is *ex facie* lawful, so that extrinsic evidence would have to be adduced in order to demonstrate that the contract was affected by illegality, then, as a rule, the court will require the illegality relied upon to be properly pleaded and evidence adduced concerning it. In the absence of such an allegation in the pleading, the court will not normally look itself at the surrounding circumstances alleged to indicate the illegal purpose or mode of performance because, had these matters been pleaded, the claimant would have had an opportunity to call evidence to rebut the contentions.[591] Only where the court is satisfied that all the relevant facts are before it and that even if illegality had been pleaded it could not have been refuted will the court take notice of unpleaded illegality in relation to a contract which is on the face of it lawful.[592]

18. IMPEDIMENTS TO PERFORMANCE AND THE DOCTRINE OF FRUSTRATION[593]

(i) Performance not generally excused by adverse change of circumstances

3.173 A contract which seems sensible from a business viewpoint at the time it is made may later become unprofitable to one of the parties for a variety of reasons. Commercial contracts are particularly prone to disturbance through supervening events. Wages payable by one of the contracting parties to his employees may be substantially increased through industrial pressure; the price of materials needed for the contract may rise dramatically; the factory in which a product undertaken to be produced is to be made may be damaged by fire and put out of operation; the export of goods or payment for goods imported may be prevented through the executive action of governments; and the economy may be brought to a substantial halt by the spread of a virus, such as COVID-19. For a variety of reasons, the contracting party may discover to his dismay that even if he is able to complete the contract, in doing so he will not only be unable to earn his expected profit but will undoubtedly make a substantial loss. Whether impediments to performance created by post-contract events discharge the parties from future performance is determined by reference to the doctrine of frustration.

(ii) The meaning of frustration

3.174 A contract is said to be frustrated when a supervening event occurs which so fundamentally affects the performance of the contract that in the eyes of the law the contract comes to an end and both parties are discharged from any future duty to perform. The doctrine of frustration operates within very

---

[591] *North-Western Salt Co Ltd*, n 590.
[592] *Snell v Unity Finance Co Ltd* [1964] 2 QB 203; *Birkett v Acorn Business Machines Ltd* [1999] 2 All ER (Comm) 429.
[593] For a comprehensive treatment of this difficult topic, see G. H. Treitel, *Frustration and Force Majeure* (3rd edn, 2014). As to the relationship between risk and frustration in the case of contracts for the sale of goods, see paras **9.03** ff.

3.174 *Some Aspects of Contract Law*

narrow limits but, where it is applicable, its effects are drastic in that it brings the contract between the parties automatically to an end.[594] Given these very narrow limits, it has become standard practice for contracting parties to insert into contracts governed by English law a *force majeure* clause, the aim of which is to make provision for the impact of a range of events which are beyond the control of the parties and which prevent or hinder performance by one party, typically the seller or supplier, of its contractual obligations.[595] So, for example, the *force majeure* clause may provide for the suspension of the contract on the occurrence of one of the defined *force majeure* events and to shield the party who has not been able to perform its contractual obligations from a liability in damages in respect of that non-performance. English law does not, however, recognise a legal concept of *force majeure* so that the precise effects of a particular *force majeure* clause will depend upon the drafting of the individual clause. Accordingly, the events constituting *force majeure*, the impact of *force majeure* and the conditions in which it may be invoked stem entirely from the terms of the contract. English law knows no *tertium quid* between frustration and non-frustration. If the contract is frustrated it automatically comes to an end. If it is not, in the absence of a contract term such as a force majeure clause, the parties must perform, however burdensome the contract may have become and however much the circumstances may have changed. There is no duty on the parties to renegotiate the contract terms, nor does the court have power to modify the contract on the ground of hardship or change in the economic equilibrium of the contract, which may be particularly difficult to envisage or take into account in the negotiation of long-term contracts.[596] It is thus left to the parties to provide in hardship clauses for renegotiation.[597]

---

[594] *Hirji Mulji v Cheong Yue SS Co* [1926] AC 497, per Lord Sumner at 509. It follows that termination of the contract is not affected by the fact that the parties continue performance in the mistaken belief that the contract is still on foot. It may be possible to show an implied new contract on the same terms but this is not easy if the parties have proceeded on the footing that the old contract is still in existence (*BP Exploration Co (Libya) Ltd v Hunt (No 2)* [1982] 1 All ER 925, [1979] 1 WLR 783), nor will such conduct estop a party from relying on the doctrine of frustration (ibid). The remedy of a party who has conferred a post-frustration benefit on the other party is to bring a restitutionary claim on a *quantum meruit*. See generally Treitel, *Frustration and Force Majeure*, paras 15-003 – 15-004. See generally E. McKendrick (ed), *Frustration and Force Majeure* (2nd edn, 1995), and Treitel, *Frustration and Force Majeure*, para 12–025.
[595] See generally E. McKendrick, 'Force Majeure Clauses: The Gap between Doctrine and Practice' in A. Burrows and E. Peel (eds), *Contract Terms* (2007), p 233.
[596] Contrast the UNIDROIT *Principles of International Contracts*, arts 6.2.1–6.2.3 and comparable provisions in art 6.111 of the *Principles of European Contract Law* formulated by the Commission on European Contract Law. See also S. Vogenauer (ed), *Commentary on the UNIDROIT Principles of International Commercial Contracts (PICC)* (2nd edn, 2015), Ch 6, Section 2; A. S. Hartkamp et al (eds), *Towards a European Civil Code* (4th edn, 2011), ch 28.
[597] See U. Draetta, 'Hardship and *Force Majeure* Clauses in International Contracts' in (2002) *International Business Law Journal* 347 and see ICC Force Majeure Clause 2003, ICC Hardship Clause 2003 (ICC publication no. 650).

(iii) The common law approach to impediments to performance

3.175 The common law is very reluctant to recognize an impediment to performance as a ground for relieving a party of his obligations as to future performance.[598] The general principle is that the parties are free to qualify or to limit the obligations which they assume to one another but, once an obligation has been assumed, the law will only exceptionally discharge the parties from the obligations which they have expressly assumed. This is vividly illustrated by three cases, one from the seventeeth century, one from the twentieth century and one from the twenty-first century.

Case 1

The plaintiff, who had granted a lease to the defendant, sued for arrears of rent. The defendant pleaded that he had been expelled from the premises by an invading force led by the German Prince Rupert.

It was held that this was not a sufficient defence.[599]

Case 2

Sellers agreed to ship goods from Port Sudan to Hamburg. The route contemplated was through the Suez Canal but that was not a term of the contract. The closure of the Suez Canal meant that the cost of transportation would be greatly increased. The sellers refused to ship the goods, contending that the contract was frustrated.

The House of Lords, upholding the decision of the Court of Appeal, held that closure of the Canal, though making the contract more onerous, did not produce so fundamental a change as to frustrate the contract.[600]

Case 3

A 25-year underlease of premises in London entered into between an agency of the EU and its landlords was held not to have been frustrated by Brexit. The effect of Brexit was not to render the contract between the parties illegal as a matter of English law nor did it frustrate the common purpose of the parties. The common purpose was to be found in the terms of the contract and, given the provisions in the contract dealing with assignment and sub-letting, it could not be said that the parties had had a common purpose that the EU agency would continue to occupy the premises as its headquarters for the entirety of the period of the underlease. The fact that, with the benefit of hindsight, the agreement turned out to be a poor one for the EU agency (both in relation to the term of the underlease and the restrictions on its ability to assign the underlease or sub-let the premises) was held to be insufficient to amount to a case of frustration.[601]

---

[598] See, for example, *Davis Contractors Ltd v Fareham Urban District Council* [1956] AC 696, [1956] 2 All ER 145; *J Lauritzen AS v Wijsmuller BV (The 'Super Servant Two')* [1990] 1 Lloyd's Rep 1; *Canary Wharf (BP4) T1 Ltd v European Medicines Agency* [2019] EWHC 335 (Ch), 183 Con LR 167.
[599] *Paradine v Jane* (1647) Aleyn 26.
[600] *Tsakiroglou & Co Ltd v Noblee Thorl GmbH* [1962] AC 93. See to similar effect *Globe Master Management Ltd v Boulos-Gad Ltd* [2002] EWCA Civ 313.
[601] *Canary Wharf (BP4) T1 Ltd v European Medicines Agency* [2019] EWHC 335 (Ch), 183 Con LR 167.

3.176 *Some Aspects of Contract Law*

(iv) **Events that may frustrate a contract**

3.176 There are, however, certain types of risk which are either so unforeseeable or so destructive of the commercial purpose of the contract that it would be unjust to hold the parties to the bargain; and in these cases the law declares that the contract is frustrated, that is, terminated automatically by force of law. Among the circumstances which will usually frustrate a contract where there is no fault on either side are:

(a) accidental destruction of the subject matter;[602]
(b) supervening physical disability in contracts of personal service;[603]
(c) supervening illegality;[604]
(d) supervening impossibility through government interference;[605]
(e) an event or change in circumstances which causes abnormal and unexpected delays in the performance of the contract;[606]
(f) a fundamental change in the basis of the contract.[607]

3.177 When deciding whether or not a contract has been frustrated, the courts apply what has been described as a 'multi-factorial' approach;[608] they will have regard to the terms of the contract itself, its matrix or context, the parties' knowledge, expectations, assumptions and contemplations, in particular as to risk, the nature of the supervening event and the parties' reasonable and objectively ascertainable calculations as to the possibilities of future performance in the new circumstances. The essence of the doctrine is that there must be a break in identity between the contemplated and the new performance and the courts will not lightly conclude that there has been such a break.[609]

3.178 But the rules providing for frustration in the above cases are far from absolute in their application. The terms of the contract may indicate that the party pleading frustration was assuming a strict responsibility so that, for example, he had bound himself to obtain an export licence and not merely to take reasonable steps to obtain it, and cannot therefore rely on a refusal of his application as producing frustration.[610] Supervening illegality will not frus-

---

[602] *Taylor v Caldwell* (1863) 3 B & S 826. But as to contracts of sale, see para **9.48**.
[603] *Poussard v Spiers and Pond* (1876) 1 QBD 410.
[604] See para **3.159**.
[605] *Bank Line Ltd v Arthur Capel & Co* [1919] AC 435 (government requisition of ship let on time charter).
[606] *Pioneer Shipping Ltd v BTP Tioxide Ltd (The Nema)* [1982] AC 724, [1981] 2 All ER 1030; *Jackson v Union Marine Insurance Co Ltd* (1874) LR 10 CP 125.
[607] *Krell v Henry* [1903] 2 KB 740. But this is not lightly established. See, for example, *Davis Contractors Ltd v Fareham Urban District Council* [1956] AC 696 and *National Carriers Ltd v Panalpina (Northern) Ltd* [1981] AC 675, and contrast *Krell* with the decision of the Court of Appeal in *Herne Bay Steam Boat Co v Hutton* [1903] 2 KB 683 (the relationship between the latter two cases was examined by Marcus Smith J in *Canary Wharf (BP4) T1 Ltd v European Medicines Agency* [2019] EWHC 335 (Ch), 183 Con LR 167 at [36]–[38]).
[608] *Edwinton Commercial Corpn v Tsavliris Russ (Worldwide Salvage & Towage) Ltd (The 'Sea Angel')* [2007] EWCA Civ 547, [2007] 2 Lloyd's Rep 517, per Rix LJ at [111].
[609] *CTI Group Inc v Transclear SA* [2008] EWCA Civ 856, [2009] 2 All ER (Comm) 25, [2008] 2 Lloyd's Rep 526, per Moore-Bick LJ at [14].
[610] *Peter Cassidy Seed Co Ltd v Osuustukkukauppa* [1957] 1 Lloyd's Rep 25.

trate a contract if it is clear that the party from whom performance was due was deliberately taking a chance on not being stopped by legislation.[611] Self-induced frustration does not terminate a contract, so that, for example, a party who fails to take proper steps to apply for an export licence cannot rely on the failure to obtain the licence as a frustrating event,[612] and supervening impossibility that would have been avoided if the party invoking it had not previously broken the contract will not ground a plea of frustration.[613] The underlying principle in all these cases has been stated as that of reasonable control. A party cannot plead frustration if the impediment is one which he had the means and opportunity to prevent but still caused or permitted it to come about.[614] This principle has been applied even to cases where a party has entered into several contracts and the effect of the impediment is that he can perform some but not all of them.[615] This is a harsh result, for it means that the defendant, despite his inability to perform through a supervening event, has no way of avoiding a breach of contract and consequent liability. The reasoning on which this conclusion is based is that there is no eligible frustrating event. It is not the impediment itself, for no one contract can be shown to be incapable of performance; nor can it be the defendant's act of election to perform some of the contracts, for this is the result of the defendant's own choice. But this is to focus on each contract in isolation, whereas the proper approach is surely to take all of them together. If this is done, the difficulty in applying the doctrine of frustration disappears, for it is clear that the defendant cannot perform all the contracts, and his election not to perform some of them is not a free choice but is forced upon him by the frustrating event. This leaves only the question whether the defendant should have a free hand in deciding which contracts to perform or should perform the earliest contracts first or should pro-rate performance among all the contracts. This last solution, adopted in American case law and thereafter in s 2–615(b) of the Uniform Commercial Code, seems the most satisfactory.[616]

3.179 The doctrine of frustration as currently applied by the English courts is sometimes criticised on the ground that it is too strict and narrow and that it therefore fails to produce that degree of adjustment which the commercial community would regard as fair. The premise that the parties could have covered the particular eventuality in the contract is often unrealistic, for the range of possible obstructions to performance of a contract is so vast and variable that a contract would have to be of enormous length to encompass them. Moreover, the doctrine is too inflexible, for it involves an all-or-nothing approach. Ignoring cases where the frustrating event is temporary only, so that

---

[611] *Walton Harvey Ltd v Walker & Homfrays Ltd* [1931] 1 Ch 274; *Peter Cassidy Seed Co Ltd v Osuustukkukauppa*, n 610.
[612] *Maritime National Fish Ltd v Ocean Trawlers Ltd* [1935] AC 524; *Agroexport State Enterprise for Foreign Trade v Compagnie Européenne de Céréales* [1974] 1 Lloyd's Rep 499.
[613] *The Eugenia* [1964] 2 QB 226.
[614] *The Super Servant Two* [1990] 1 Lloyd's Rep 1, per Bingham LJ at 10. See E. McKendrick, 'The Construction of Force Majeure Clauses and Self-Induced Frustration' [1990] LMCLQ 153; A. Phang, 'Frustration in English Law – A Reappraisal' [1992] Anglo-Am. LR 278.
[615] *The Super Servant Two*, n 614.
[616] For a detailed discussion, see Treitel, *Frustration and Force Majeure*, paras 5–015 ff.

3.180 *Some Aspects of Contract Law*

the contract is merely suspended and not terminated, the impact of a supervening disabling event is either that the contract is frustrated, in which case it comes to an end, or that it is not, in which case its terms are enforceable in all their rigour. What is needed is some legal mechanism for adjusting contract terms so as to divide between the parties on a more equitable basis the cost of serious and unforeseen intervening events, leaving the contract to continue in force as adjusted. As things stand, contracting parties who wish to inject that degree of flexibility into their relationship must draft an appropriate clause, whether in the form of a *force majeure* clause or a hardship clause, in order to give effect to their intention. In the absence of such a term, the courts lack the ability to adjust or adapt the contract to the changed circumstances in which the parties find themselves.

3.180 The effect of frustration, as we have seen, is to terminate the contract and discharge the parties from liability for future performance. At common law, a party who had paid money under the frustrated contract could recover it if he could show a total failure of consideration,[617] but a partial failure of consideration did not suffice. The rigours of this rule were mitigated by the Law Reform (Frustrated Contracts) Act 1943, where this applies.[618] The general principle laid down by the Act is that sums paid by one party to another under the contract are recoverable, and sums payable by a party under the contract cease to be payable. But the payee or intended payee may be allowed by the court to retain or recover expenses incurred by him before discharge in or for the purpose of performance of the contract;[619] and a party who has obtained a valuable benefit by reason of any act done by the other party before the time of discharge may be ordered to pay that party such sum, not exceeding the value of the benefit, as the court considers just.[620] But where a party incurs expenditure which does not result in benefit to the other party, the Act does not enable him to recoup such expenditure except out of monies paid or payable by him to the other party. If he has not made a payment or incurred a liability to make a payment (and if he is the party supplying goods or performing services, it is unlikely that any sum will be paid or payable *by* him), he has to bear such expenses himself.

---

[617] *Fibrosa Spolka Akcyjina v Fairbairn, Lawson, Combe Barbour Ltd* [1943] AC 32.

[618] As to the categories of contract excluded from the Act, see s 2(5).

[619] Section 1(2), proviso. The award of expenses and the sum to be awarded are in the discretion of the court, and the onus is on the defendant to show that they were incurred to the amount claimed and that it is just to allow their recovery (*Gamerco SA v ICM/Fair Warning (Agency) Ltd* [1995] 1 WLR 1226, per Garland J at 1235). Expenses can, in any event, be awarded only to the extent that the defendant claiming them has to repay or ceases to be entitled to recover sums paid or payable to him.

[620] Section 1(3). The effect of the statutory provisions was exhaustively examined by Robert Goff J in *B.P. Exploration Co (Libya) Ltd v Hunt (No 2)*, n 594, astonishingly the first reported case on the Act. The decision was upheld on appeal by the Court of Appeal and the House of Lords. See [1982] 1 All ER 925, where all three stages of the case are reported. Although s 1(3) of the Act necessarily refers to a benefit conferred *before* the discharge, yet in considering what sum should justly be awarded the court looks at the value of the benefit immediately afterwards, so that if it has been reduced as the result of the frustrating event (as by expropriation) or extinguished altogether (as by destruction of the subject-matter of the contract) the claimant will receive a reduced sum or, as the case may be, nothing at all in respect of the benefit he has conferred (ibid).

Chapter 4

COMMERCIAL CONTRACTS

1. COMMERCIAL AND NON-COMMERCIAL CONTRACTS

4.01 In a number of other European legal systems contracts are formally classified according to whether one or other of the parties enters into them in the course of a business. In French law, for example, contracts are commercial, civil or mixed. A commercial contract is one entered into between merchants acting for business purposes; in a purely civil contract neither party acts as a merchant; while a mixed contract is a contract entered into by a merchant acting for business purposes and one who is not a merchant or does not act for the purposes of a business.

4.02 By contrast, English contract law, which is uncodified, does not draw any formal distinction between civil and commercial contracts or, indeed, between civil law and commercial law. But while all contracts are governed by general principles of contract law, the commercial character of a transaction frequently leads to the application of particular principles or rules which would not otherwise apply. Repeat transactions between the same parties are a common feature of commercial life, so that contract terms not expressly stated will readily be implied from a prior and consistent course of dealing between the parties.[1] English law also attaches considerable importance to mercantile custom and usage,[2] and to the need to uphold the reasonable practices of business people and the reasonable rules of the markets on which they trade.[3] The courts are much less willing to restrict freedom of contract in commercial transactions than in contracts between a business concern and a consumer, and most consumer-protection legislation is confined to consumer transactions.[4] Accordingly, the absence of a formal classification of the type adopted in continental Europe has not prevented English contract law from applying distinctive rules to commercial contracts.

4.03 Moreover, commercial contracts are not homogeneous. Each type of commercial contract has rules peculiar to that type which are superimposed on

---

[1] See para **3.58**.
[2] See para **1.21**.
[3] See paras **4.35–4.39**.
[4] A striking exception is the Consumer Credit Act 1974, which applies to all credit and hire agreements within the statutory financial ceiling where the debtor or hirer is not a body corporate.

4.03 *Commercial Contracts*

the principles and rules applicable to commercial contracts at large and, below them, on the general principles of contract law. So contracts of sale of goods are subject to rules not applicable to other types of commercial contract. Similarly, contracts of insurance, carriage of goods, finance and guarantee each possess distinctive rules tailored specifically to the nature and purposes of the contract. The present chapter is devoted to commercial contracts as a class, with a specific focus on typical structures of commercial relationships and on the nature and functions of an organized market.[5]

2. CONTRACT TYPES AND STRUCTURES

4.04 When two parties decide to transact business, it will often be found that their commercial objectives can be achieved through any one of a variety of contract types. The legal nature of the relationship will depend upon the particular type of contract selected, but the economic effect of one type may be indistinguishable from that of another. For example, B wishes to acquire goods from S without having to make a lump sum payment, while S does not wish to give up all rights in the goods until he has received payment in full. There are several different ways in which these dual objectives might be attained. S could contract to sell the goods to B under a conditional sale agreement, that is, an agreement providing for payment of the price by instalments and the retention of title by S until completion of payment. Alternatively, S could sell the goods to B outright under a contract providing for payment by instalments, B mortgaging or charging the goods to S by way of security for payment. Other alternatives are for S to let the goods to B on hire-purchase (that is, a hiring with an option to purchase)[6] or to lease them to B under a finance lease.[7] Similarly, a company holding investment securities and wishing to use these as collateral to obtain short-term finance could either mortgage or charge the securities or sell them outright under a sale and repurchase agreement ('repo'), which though not in itself a security agreement nevertheless functions as such in commercial terms because of the buy-back agreement and close-out provisions.[8]

4.05 Where a particular transaction or series of transactions involves more than two parties and more than one set of relationships, then again it will usually be found that these relationships can be structured in different ways, each designed to achieve a similar objective. If, in the above illustration, S does not wish to extend credit himself, and a third party financier, F, is brought into the deal, one way of doing the deal is for F to buy the goods from S for cash and supply them[9] to B under a conditional sale, hire-purchase or leasing agreement.[10] Alternatively, S could contract directly with B under a condi-

---

[5] For typical forms of commercial contract see R. Christou, *Drafting Commercial Agreements* (6th edn, 2016).
[6] See para **27.19**.
[7] See para **28.03**.
[8] See para **22.31**.
[9] Legally, not physically. The goods would be delivered by S.
[10] See figs 27.1 at paras **27.04–27.06** in relation to hire-purchase agreements.

tional sale agreement and then sell the contract, and the reserved title to F, who would then be entitled to collect the instalments as S's assignee.

Figure 4.1   Financing of sales on credit

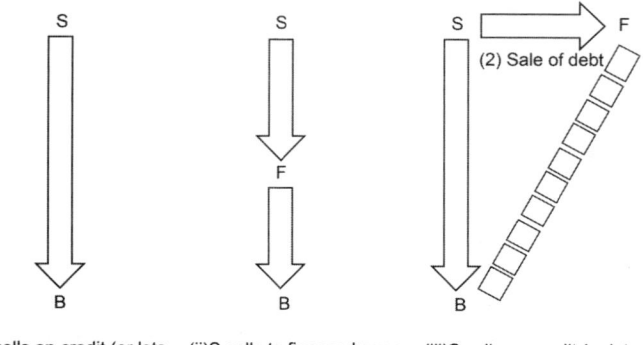

(i) S sells on credit (or lets on hire-purchase) and retains credit burden.

(ii) S sells to finance house which resells on credit (or supplies on hire-purchase).

(iii) S sells on credit (or lets on hire-purchase) then sells contract to finance house or factoring company.

4.06 Figure 4.1 shows three ways of financing a sale on credit. In (i) S extends the credit himself; in (ii) S sells to a finance house, which in turn supplies the goods on credit; in (iii) S enters into the supply agreement with B and then sells the contract to F. Where three parties are involved, the relationship may be either a triangular relationship, in which one party (in figure 4.2(i), the assignee) becomes involved with both the other parties in relation to the same contract, or a chain relationship (figure 4.3(i)), in which there is a main sale contract between S and B, and a sub-sale contract between B and SB. In transactions between traders, in the sense of those trading on a market for profit without intending to take physical delivery of goods, a party who has sold goods as the first or intermediate link in a chain transaction may find the opportunity, in a rising market, to buy them back and make a second sale and thereby an additional profit. Figure 4.3(ii) shows a loop transaction in which an intermediate seller buys back the goods, while figure 4.3(iii) shows a complete circle, where the goods come back to the original seller at the top of the chain.

4.07 A party to a contract can assign his rights under it but cannot transfer the burden of his obligations to a third party without the consent of the other party to the contract.[11] Even if he purports to transfer the burden of the contract as well as the benefit, this operates only as between himself and the assignee; the assignor remains liable to the other party to the contract. Assignments feature in a wide variety of commercial transactions, including factoring and block discounting of receivables,[12] the assignment by a lead bank of part of its rights under a loan agreement to other participants under a participation agreement, and securitization of secured or unsecured receivables.[13]

---

[11] *Tolhurst v Associated Portland Cement Manufacturers (1900) Ltd* [1902] 2 KB 660.
[12] See paras **27.07** and **29.32**.
[13] See below.

4.07 *Commercial Contracts*

Figure 4.2   Tripartite relationships

(i) Triangular relationship

Creditor → Assignee
Debtor

(ii) Chain relationship

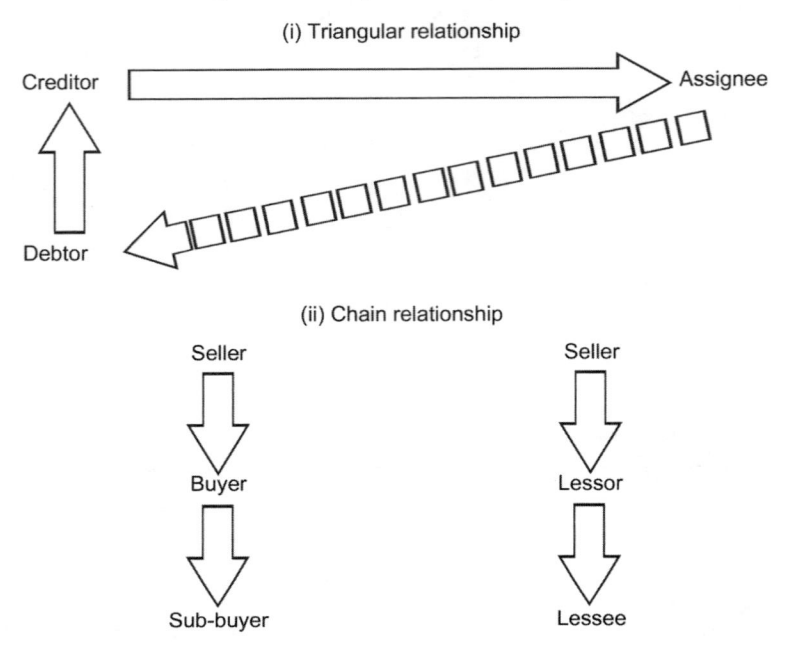

Seller → Buyer → Sub-buyer

Seller → Lessor → Lessee

Figure 4.3   Chains, loops and circles

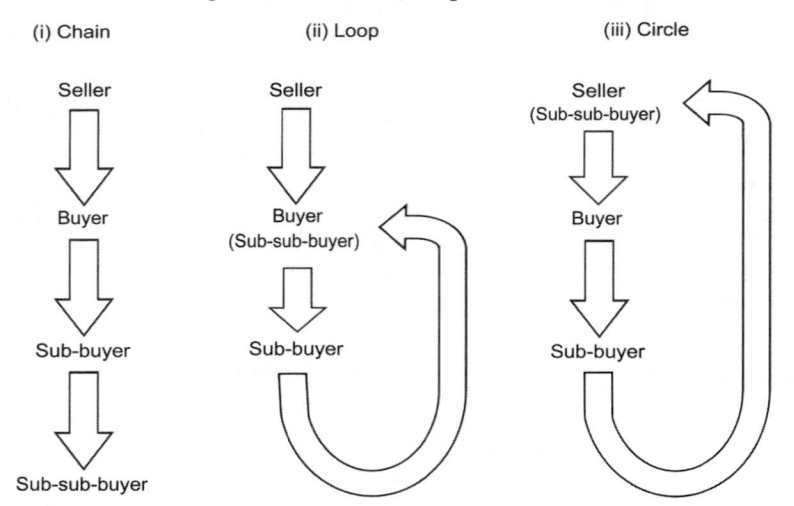

(i) Chain

Seller → Buyer → Sub-buyer → Sub-sub-buyer

(ii) Loop

Seller → Buyer (Sub-sub-buyer) → Sub-buyer

(iii) Circle

Seller (Sub-sub-buyer) → Buyer → Sub-buyer

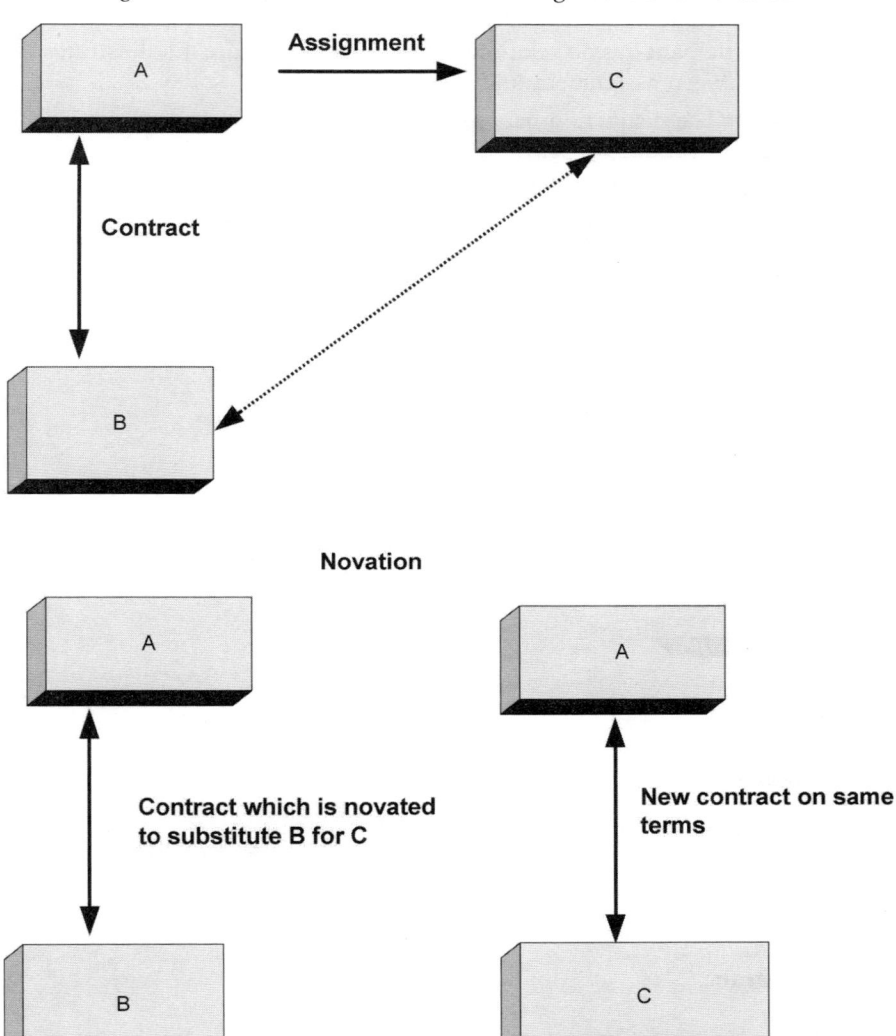

Figure 4.4 The distinction between assignment and novation

4.08 Assignment is to be contrasted with novation, by which the existing contract is replaced by an entirely new contract. Usually novation is used to substitute one party for another, so that where there is a contract between A and B, C is substituted as a party for B, the consideration for C's assumption of liability being B's release.[14] Figure 4.4 illustrates the distinction between assignment and novation. Assignment is also to be distinguished from 'sale' of a participation, termed a sub-participation, where the lead lending bank does not transfer any part of its rights under the loan agreement to the participant

---

[14] *The Tychy (No 2)* [2001] 1 Lloyd's Rep 10, 24.

4.08 *Commercial Contracts*

but enters into a back-to-back contract with the participant to pay it an agreed percentage of whatever sum the lead bank receives from the borrower, with whom the participant has no relationship of any kind. Figure 4.5 illustrates the distinction between assignment and a sub-participation.

Figure 4.5   The distinction between assignment and a sub-participation

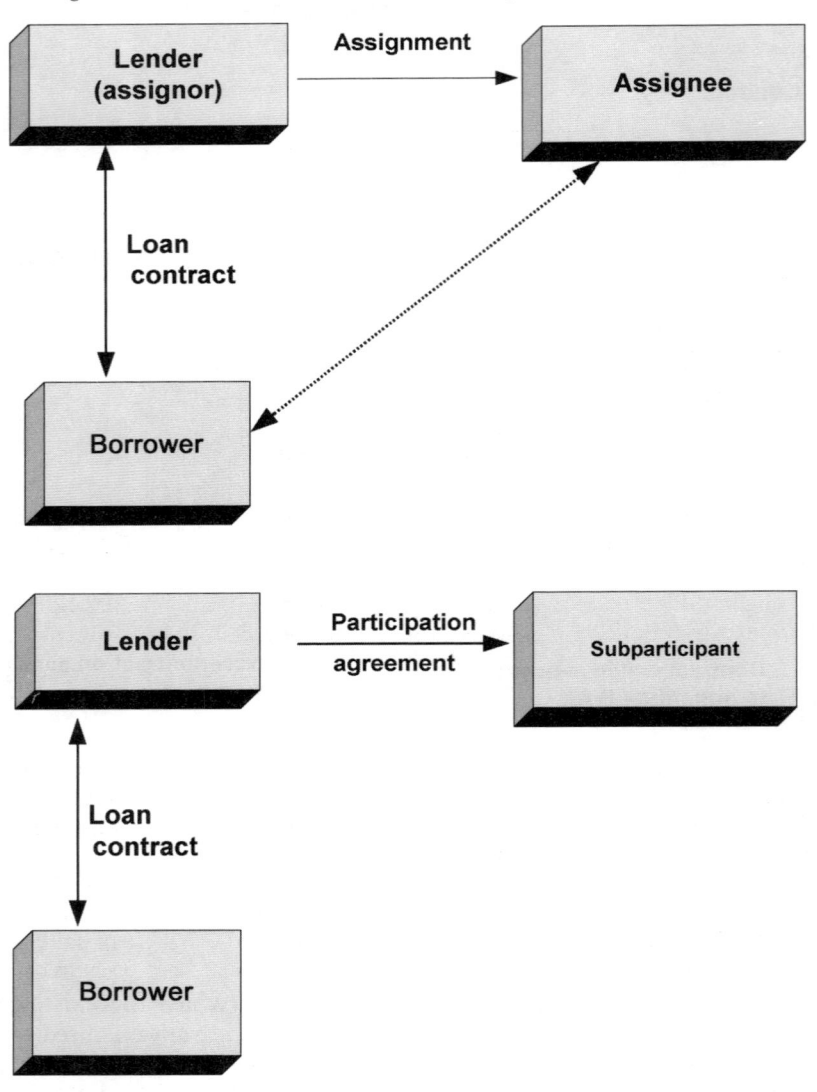

4.09 In operations on an organized market, in which all parties contract on standard terms, it is common to have contractual provisions which avoid the need for a string of deliveries and payments by notionally eliminating the intermediate transactions and providing for delivery direct from the head seller to the ultimate buyer, the obligations of the various buyers being settled by the

Contract Types and Structures **4.10**

payment of differences.[15] It is generally provided that the circle is broken on insolvency.

Figure 4.6 Simple securitization by sale of receivables

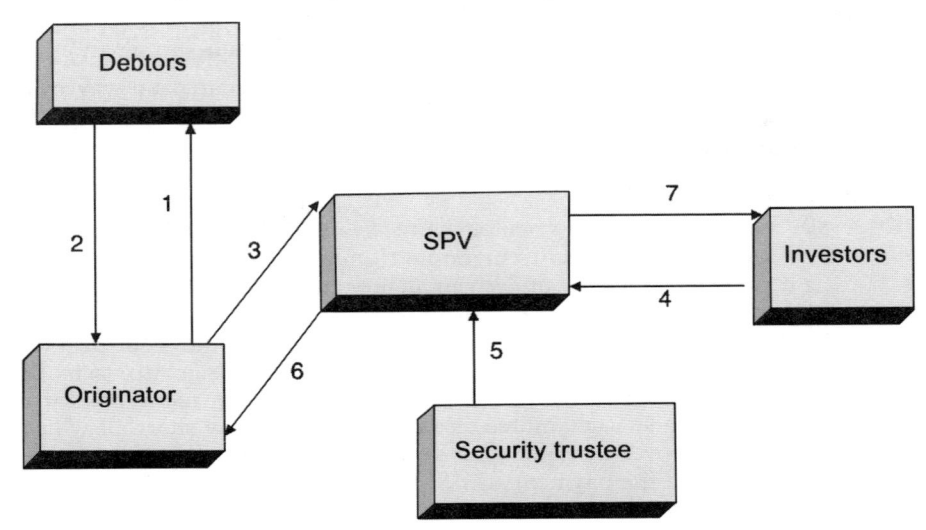

[Figure 4.6: Diagram showing flows between Debtors, Originator, SPV, Investors, and Security trustee, with arrows numbered 1–7]

4.10 The packaging of non-marketable assets[16] into marketable securities is achieved through a technique called securitization.[17] The holder of the assets (that is, the original creditor, termed the originator) sells them to a special-purpose vehicle (SPV), usually a single-purpose company, which issues bonds or notes to investors under a trust deed, the assets being charged to the trustee to secure payment of the bonds or notes and the sale price being discharged from the proceeds of the issue.[18] Figure 4.6 provides a simplified illustration of a typical securitization structure.

(1) Originator (underlying creditor) makes bulk loans (receivables) to (underlying) debtors. Loans can be trade credit, home loans etc.
(2) Underlying debtors owe the debt to the underlying creditor and make periodic repayments of principal and interest.
(3) Originator sells the receivables to the SPV (purchaser of receivables) under a transfer agreement. It is important for the originator and SPV to remain separate and for the sale of receivables to be a clean sale, in order to satisfy capital adequacy, tax and accounting rules. Originator

---

[15] See, for example, the circle clauses in the contract forms issued by the Grain and Feed Trade Association (GAFTA), which publishes a wide range of standard-term contracts, varying from commodity to commodity. The complete set is available to its members, and the Association kindly supplies a magnifying glass to assist reading it!
[16] Typically receivables, such as home mortgage loans or credit cards or leasing receivables.
[17] There is an unfortunate similarity between two terms having different meanings, 'security' and 'securities'. In its singular form the word denotes security for performance of an obligation, such as a mortgage or charge. In its plural form it means stocks, shares, bonds, and the like, issued and transferred on a market. 'Securitization' is linked to the latter meaning.
[18] Where the assets consist of receivables which are themselves secured by a charge, the security is sub-charged to the trustee.

and SPV enter into an administration agreement whereby originator agrees to administer receivables and act as servicing agent for SPV, primarily collecting repayments from underlying debtors on behalf of SPV and then forwarding the moneys to the SPV.
(4) Investors lend (funding loan, commonly in the form of subscribing to a bond issue, or making a syndicated bank loan) to SPV to finance the purchase of the receivables. The funding loan is secured by way of a fixed and floating charge over all the assets of the SPV, including the receivables.
(5) A security trustee is engaged to hold the security on behalf of the investors.
(6) SPV pays the purchase price of the receivables to the originator.
(7) SPV repays funding loan to investors from the proceeds of receivables, (ie repayments made by underlying debtors and collected by originator on behalf of SPV).
(8) Often credit enhancement is used in order to make the securitization more marketable to investors. One method is for the originator to make a high-interest subordinated loan to the SPV. Another method is for a guarantor to give a guarantee to the SPV to meet any shortfall which may occur between the repayments which the SPV receives from the originator and the payments the SPV must make to the investors.

4.11 Finally, a substantial volume of business is conducted through a variety of synthetic transactions, in which the parties, instead of engaging in a real transaction for, say, the sale of assets, conclude an agreement which reproduces the effects of the real transaction, in terms of the transfer of economic benefits and risks, but without any actual sale of the assets. Since synthetic transactions do not involve real assets, they provide much greater flexibility and fewer documentation problems.[19] In essence, the originator buys credit protection and releases regulatory capital while retaining the assets to which the transaction is linked. Synthetic transactions typically arise in relation to repos,[20] collateralized debt obligations and securitizations,[21] the credit risk being transferred by a credit derivative such as a credit default swap or a credit-linked note.

3. FACTORS INFLUENCING THE CHOICE

4.12 What leads parties to choose one contract type or structure instead of another? One reason is habit. That is the way it has always been done. Another is that the person selling the deal to the customer is an employee of, or has a

---

[19] However they may give rise to other problems as the recent financial crises have demonstrated, where substantial concern has been expressed about the risks associated with some of these synthetic transactions.
[20] A repurchase agreement (or repo as it is more commonly known) is an agreement whereby one party agrees to sell an asset, typically debt securities, to another party and simultaneously agrees a forward contract to repurchase the asset at a higher price at an agreed future point in time.
[21] The futures contract is in conception an early form of synthetic transaction, except that, in theory, the parties can, it seems, insist on actual performance. See para **4.28**.

business relationship with, an organization set up to transact a particular kind of business. So whether B, in our example, enters into a sale, hire-purchase, lease or loan transaction may depend upon whether the person getting the business is from a bank, a finance house or a leasing company, or on whether S himself receives a greater amount of commission on introducing business to one type of financier rather than another.

4.13 But where both contracting parties are well informed, the choice of contract type or structure will usually be influenced by commercial necessity or convenience or by legal, accounting or regulatory considerations.

(i) Commercial considerations

4.14 There are many different commercial considerations which may influence the choice of the contract type or structure. One of them is the perceived need to avoid disturbing existing relationships. For example, a supplier may not wish his customers to know that he is obtaining finance against the sale transactions. He will therefore wish to avoid bringing the financier into a contractual relationship with his customers and, if discounting his agreements or receivables to a finance house or a factoring company, will insist upon being allowed to collect payments as agent of the finance house or factoring agreement without the assignments being notified to the customers. Similarly, a corporate supplier may decide to sell its book debts rather than borrowing on the security of them, for a charge on book debts is registrable in the Companies Registry,[22] whereas a sale of debts is not. Again, intermediate parties to a chain transaction may insist on being allowed to buy and resell for their own account, or, if acting as agent, to resell in their own names as principals, to avoid the risk of the buyer or sub-buyer cutting them out of future deals by contracting direct with the seller.

4.15 Various commercial considerations have made securitization attractive, such as reduction in borrowing costs through the transfer of credit risk and an increase in liquidity through an issue on the capital markets.

(ii) Legal and accounting considerations

1. Right to sue and liability to be sued

4.16 In a transaction involving three parties and two sets of relationships, the way in which the transaction is structured may determine the right to sue and the liability to be sued. This is primarily because of the operation of the doctrine of privity of contract which remains an important part of English contract law notwithstanding the enactment of the Contracts (Rights of Third Parties) Act 1999.[23] For example, if S sells goods to B for resale to B's customer, SB, S's only claim will generally be against B, there being no

---

[22] Companies Act 2006, ss 859A, 859H.
[23] On which see paras 3.89–3.90 above.

4.16 *Commercial Contracts*

privity between S and SB.[24] By contrast, if S appoints B his undisclosed agent to sell in B's own name, S can intervene to enforce the contract against SB.[25] The conventional hire-purchase model by which the finance house, F, buys goods from the supplier, S, and lets them on hire-purchase to the customer, B, brings F into a direct contractual relationship with B, so that if the goods are defective, B's claim is against F; not against S.[26] This is well illustrated by the decision of the Court of Appeal in *Lowe v Lombank Ltd*:[27]

> The plaintiff agreed to acquire a car from a motor dealer. The dealer sold the car to the defendants, who let it on hire-purchase to the plaintiff. The car was completely unroadworthy. The plaintiff sued the defendants for breach of the condition of fitness implied under s 8(2) of the Hire-Purchase Act 1938. Among the various defences advanced by the defendants was that they were bankers, not suppliers of goods.
>
> *Held:* the defendants had chosen to arrange the transaction in such a way that they were in a direct contractual relationship with the plaintiff. They were therefore liable.

F's exposure to liability can be avoided by structuring the deal so that S enters into the hire-purchase agreement with B and assigns it to F.[28]

2. *Assumption, or avoidance of, an interest in the subject matter*

4.17 A party may wish to acquire an interest in the subject matter of the contract for greater security. For example, the assignee of debts arising from conditional sale agreements will usually wish to take title (or reserve the right to take title) to the goods in order to be able to repossess and sell the goods on default by the buyer. Conversely, a party may wish to avoid taking title, because of legal liabilities imposed on owners, eg the owner of an aircraft in respect of surface damage.[29]

3. *Characterization of the transaction*

4.18 Of great importance is the legal characterization of a transaction, upon which may depend liability to tax or stamp duty, public registration requirements, the disclosure of assets and liabilities on a balance sheet, and conformity with statutory or contractual restrictions on entering into certain types of transaction. Particularly significant is the distinction between the

---

[24] It is unlikely that, in such a case, S would be able to invoke the assistance of the Contracts (Rights of Third Parties) Act 1999 unless there is a term in the contract between B and SB which gives to S the right to enforce a term of their contract. In the absence of such a term a court is likely, but not guaranteed, to conclude that the parties had set up a chain of contracts (between S and B and between B and SB) and that S was not entitled to cut across that contractual allocation of responsibility by bringing a direct contractual claim against SB (see para **3.89**).
[25] See para **5.36**.
[26] In the absence of a misrepresentation or collateral warranty by S. See paras **3.41**, **3.71** and **3.98**.
[27] [1960] 1 All ER 611.
[28] See ch 27.
[29] See the Civil Aviation Act 1982, s 76(2).

purchase of an asset and the advance of a loan on the security of an asset. The sale of goods or book debts by a company is not a registrable transaction, whereas a mortgage or charge on goods or book debts must normally be registered.[30] A loan transaction may breach restrictions on lending or borrowing imposed by statute[31] or contract.[32] There has been much litigation relating to cases where an apparent sale transaction has been attacked, often successfully, as a disguised loan on security.[33] Debts which are sold disappear from the balance sheet; debts which are mortgaged remain.[34]

4. Networking of contracts

4.19 The performance of delivery obligations and the settlement of transactions can be made much easier if parties to all relevant agreements contract with reference to a uniform set of terms. This helps to avoid the common problem of a mismatch between the terms of one transaction and those of a linked transaction in a chain, which can leave a party to both transactions exposed to liability on one contract while having no countervailing claims under the linked contract. There are various methods of standardizing terms. One is by the institutional formulation of a set of terms in a way which balances the interests of the different parties, those terms being incorporated by reference into every relevant contract. A prime example is the confirmed documentary credit, which involves at least five sets of contractual relationship. Though each is distinct from the others, the almost universal practice is to incorporate the Uniform Customs and Practice for Documentary Credits into all the contracts. Another method of standardization is through the rules of an organized market, rules which every member undertakes to observe as a condition of his right to continued membership.[35] A similar technique is applied to the settlement of banking transactions, which are governed by Clearing House Rules, to which all members of the clearing subscribe, and which can be imposed by contract on non-members transacting business with or through members.[36]

5. Coordination of fractional interests

4.20 Transactions involving large numbers of players could not be conducted efficiently if each player were left to enforce his rights individually without regard to the interests of others. The power of a single participant might be very limited; conversely, precipitate action by a major participant could adversely affect the interests of others. Suppose, for example, that there is a £100 million bond issue, the bonds being available in denominations of

---

[30] See paras **22.06** and **26.18**.
[31] See para **22.06**, n 14.
[32] As to negative pledge clauses, a breach of which may in turn trigger a cross-default clause, see para **22.45**.
[33] See para **22.27**.
[34] See further as to the importance of characterization, paras **22.26** ff.
[35] See para **4.35**.
[36] On operational matters they will be bound without a contract. See paras **4.36–4.39**.

4.20 *Commercial Contracts*

£10,000. At any one time there could be literally thousands of bondholders. In the event of delay or default, there would be chaos if the issuer of the bonds had to negotiate separately with each bondholder. Again, many international loans are far too large for any one bank or group of banks to handle. What is required is a mechanism by which several hundred banks can contribute to a loan facility in a way which keeps their loans separate but applies a uniform set of terms to all the loans and gives one bank, within defined limits, the power to act on behalf of all. The development of legal techniques for the coordination of fractional interests is a striking example of the way in which creative lawyers have responded to the commercial needs of their clients.

4.21 Two techniques deserve particular mention: the trust for bondholders and the syndicated loan. The trust, though of medieval origin, has proved an immensely powerful and flexible instrument of modern finance. The issuer executes a trust deed in favour of trustees for the bondholders investing the trustees with defined powers, including powers to act in the event of default. Every bond is issued subject to the terms of the trust deed, so that the bondholder, though the legal owner of the right to payment conferred by the bond, confers irrevocable authority on the trustees to exercise their powers under the trust deed for the benefit of all bondholders. A remarkable, if seldom-remarked, characteristic of the trust in this context is that it does not necessarily involve the holding of any trust property in the ordinary sense. What the trustees hold is a collective delegation of authority from the bondholders. The pension fund trust fulfils a similar coordinating function, the trustees being the vehicle for the collective protection and enforcement of the rights of the scheme members, though in this case the trustees also hold the assets of the scheme.

4.22 The syndicated loan is another example of the way in which fractional interests can be coordinated. A syndicated loan has been succinctly defined as:

'a loan made by two or more lending institutions, on similar terms and conditions, using common documentation and administered by a common agent.'[37]

The loan is assembled by one or more arranging banks, which invite other banks to participate in the loan.[38] Each bank accepting the invitation agrees to make available a defined part of the total facility on standard terms. But the syndicated loan is not a joint loan by the different members. Each member of the syndication is committed only to the extent of its agreed participation. The distinctive feature of a syndicated loan is that while each participation is treated as a separate loan and each lending bank preserves its freedom of individual action in the event of default, all the participants enter into common contract documents on similar terms and at a common rate of interest vis-à-vis

---

[37] S. Hum, *Syndicated Loans* (1990), p 1. See more generally A. Mugasha, *The Law of Multi-Bank Financing: Syndicated Loans and the Secondary Loan Market* (2007); C. Proctor, *The Law and Practice of International Banking* (2nd edn, 2015), ch 21; and S. Paterson and R. Zakrzewski (eds), *McKnight, Paterson and Zakrzewski on the Law of International Finance* (2nd edn, 2017), ch 9.

[38] The bank taking the most substantial participation is known as the lead bank or lead manager.

Factors Influencing the Choice **4.23**

the borrower, and the entire loan is administered by a common agent, who provides the link between the borrower and the lending banks.

(iii) **Regulatory considerations**

4.23 The structure of commercial transactions can be heavily influenced by regulatory considerations (sometimes more accurately expressed as a desire by commercial parties to avoid a regulatory regime which is believed to be 'inconvenient' or 'unhelpful'). An example arises from the requirement to disclose assets and liabilities on a balance sheet. A company may wish to avoid creating a liability which has to be disclosed on its balance sheet and so seek to structure a transaction in such a way as to achieve its commercial goal without creating a liability that has to be disclosed. Or, in the case of banks, the desire may be to avoid capital adequacy requirements which until recently focused almost entirely on the balance sheet of the bank. This focus led some banks that wished to raise funds on their investment portfolio to make an outright transfer of title to securities under a repo transaction rather than mortgage or charge the securities which would keep them on their balance sheet and thus attract a capital adequacy requirement in respect of them. But the ability of commercial parties to evade such regulatory requirements has reduced substantially in recent years as these requirements have tightened largely as a result of the various financial crises that have afflicted the global economy since 2008. This can be seen most obviously in relation to banks where capital adequacy requirements have been progressively tightened over the last 30 or 40 years. Given the global nature of the risk created by the possibility of bank failure, the regulation of banks is most effectively undertaken at an international level. A lead has here been taken by the Basel Committee for Banking Supervision[39] which in 1988 produced its first set of capital adequacy standards in the form of the Basel I Capital Accord. These standards, the detail of which is beyond the scope of this book,[40] have been refined in the light of experience, particularly the banking crises from 2007 onwards. Both the EU and the UK have accepted these standards and in some cases enacted regulation which goes beyond the requirements of the various Basel Accords.[41] One effect of these changes has been to make it much more difficult for banks to avoid capital adequacy requirements by entering into off-balance sheet transactions, as the regulators have sought to incorporate such transactions within the regulatory framework by seeking to convert the off-balance sheet exposures of banks into 'credit risk equivalents' which are then taken into account when assessing the credit risk to which the bank is exposed.[42] In the case of accountancy standards as they apply to what is, or is not, to be included in the balance sheet, the new requirements increasingly

---

[39] On which see https://www.bis.org/bcbs.
[40] For the details see S. Gleeson, *Gleeson on International Regulation of Banking* (3rd edn, 2018) and for a briefer account of the development of the capital adequacy rules see I. H-Y. Chiu and J. Wilson, *Banking Law and Regulation* (2019), ch 8.
[41] See the Capital Requirements Regulation (EU) No 575/2013 and the Capital Requirements (Capital Buffers and Macro-prudential Measures) Regulations 2014 (SI 2014/894).
[42] See further S. Gleeson, n 40, ch 7.

focus on the substance rather than the form of the transaction, thus bringing a greater range of transactions on to the balance sheet.[43] This focus on substance rather than form makes it much harder for the lawyer to draft around these requirements given that drafting typically focuses on matters of form and the regulatory requirement looks through such formalities to the underlying substance of the transaction.

4. MARKET CONTRACTS AND THEIR ORGANIZATION[44]

4.24 A market, in its broadest sense, is any place or system by which intending buyers of goods or services can find or be put in touch with intending suppliers of those goods or services, and vice versa. The market may be a physical location, such as an open-air market or a trading hall, or it may be little more than an electronic communications system to which all members of the market have access, as in the case of electronic dealings in securities.

(i) Types of market

4.25 The utility of a market is greatly enhanced if it is organized, in the sense of being given an institutional structure for the conduct, monitoring and settlement of dealings on the market. London, as one of the world's leading commodity and financial centres, has developed a whole range of sophisticated markets. Markets fall broadly into two groups: commodities markets, in which commodities are traded with a view to physical delivery, and financial markets, which involve the issue and transfer of contracts embodying, directly or indirectly, an entitlement to investment securities or money. These include commodities futures contracts, which in form are contracts for the sale and delivery of goods but are in almost all cases intended to be converted into purely money obligations by reverse transactions.[45] The financial markets are by far the most important and complex. They include the money market, in which short-term loans are raised against bills of exchange and commercial paper; the capital (securities) markets, which exist to provide medium and long-term finance; the foreign exchange market, for dealings in foreign currencies; and the derivative markets in commodity and financial futures and options, designed essentially for hedging and speculation. A more modern phenomenon is the development of international financial markets in Eurocurrency deposits, Eurocommercial paper and Eurobonds.

4.26 The financial markets must provide a mechanism both for the issue of securities and for dealings in them after issue. In relation to the issue of securities the market serves as a primary market; in relation to subsequent

---

[43] See, for example, the accountancy treatment of finance and operating leases, on which see para 28.04, n 7.
[44] For a more detailed discussion, see R. Goode, 'The Concept and Implications of a Market in Commercial Law' (1990) 24 Israel LR 185, reproduced in [1991] LMCLQ 177, and *Commercial Law in the Next Millennium* (the 1997 Hamlyn lectures) (1998), pp 38 ff.
[45] See para **4.27**.

dealings, as a secondary market. There is no such division in the case of the futures market, which has no issuing function and exists solely for the sale and purchase of contracts.[46]

1. The physical market in commodities

4.27 In the physical (or 'actuals') markets traders buy and sell with a view to taking or making physical delivery. Contracts may be 'spot' contracts, involving delivery in the current delivery month at the prevailing cash price, or forward contracts, in which the price is fixed at the time of contract for delivery in some future delivery month.[47] Forward contracts have the advantage to the parties of crystallizing their rights and obligations, so that they have the contractual assurance of delivery and payment regardless of subsequent fluctuations in the market price or lack of availability of the purchased commodity. They thereby enable the trader to safeguard himself ('hedge') against a fall in the price of goods he has bought for future resale, or a rise in the price of goods he has already sold for future delivery. In the former case he enters into an offsetting sale transaction at a price fixed now for future delivery. If the market price falls, the loss he will incur on the original transaction by selling for less than he paid will be compensated, wholly or in part, by the profit he will make on the offsetting transaction, under which the price is higher than that at which he is now able to buy the goods in the market to meet his delivery obligation under that transaction. If the market price rises he will lose on the offsetting transaction but gain on the original transaction. In the converse case where he has sold for future delivery, he enters into a matching purchase for future delivery, so that if the price rises, the loss he makes on the original transaction is matched by the gain on the offsetting transaction, while if the price falls, his loss on the latter is counterbalanced by his gain on the former. The disadvantage of the forward contract is that it is tailored to a specific item of produce that a particular trader in the market wishes to sell or buy at a particular time, rather than an item of standard description available for sale or purchase on a standard contract at any time the trader may wish to sell or buy it. In consequence the trader wishing to hedge may find it difficult to locate a counterparty on the market who is able to enter into a fully matching transaction as regards description, time of delivery and other contract terms.

2. The futures market in commodities

4.28 The ingenious solution adopted by the traders was to create a market in contracts for different kinds of commodity, each contract being on standard terms for delivery of a commodity of standard description in given lot sizes at

---

[46] See para **4.28**.
[47] The contract type is identified, inter alia, by the delivery month, which thus forms part of the contract description. Thus an August contract for soyabeans is not the same as a July contract and can be rejected by the buyer who has contracted for the latter.

4.28 *Commercial Contracts*

a stated price denomination per unit in a designated trading month.[48] Contracts for given quantities of a particular commodity are put into the market simply by brokers offering them on the market, without the need to hold any particular goods or possess any particular source of supply. This makes it unnecessary for a buyer or seller to look for a particular counterparty able to make a matching sale or purchase contract to offset the contract he has already entered into. All he has to do is to sell or buy a matching contract on the market. In general those dealing on the futures (or 'terminal') market do not intend to take physical delivery. Their purpose is either to hedge against an adverse movement in the market or to make a profit by speculation,[49] though a small amount of business is transacted with a view to physical delivery. Accordingly, a party who has taken a position by buying or selling a futures contract can close his position by a countervailing sale or purchase before the due delivery (terminal) date, thus effectively cancelling out his original transaction and simply paying or receiving the difference between the two prices. For example, if B, having bought a futures contract from S, wishes to liquidate his position, he will sell a corresponding contract to S, receiving the difference between the sale price and the original purchase price if the market goes up and paying the difference if the market goes down. S liquidates his position by the reverse procedure, offsetting his original sale to B with a purchase. Until the liquidation of a party's position by a countervailing transaction and the payment of differences, the contract is said to be an open contract, that is, open for performance by delivery and payment. When a party liquidates his position, so that the prospective delivery and acceptance/payment obligations are replaced by an obligation to pay differences, the contract is said to be 'closed' or 'closed out'. At the terminal date the exchange matches the cancelled transactions, the payments are netted out and differences paid. Since the parties do not usually intend physical delivery, most futures contracts in practice function not as contracts of sale but as contracts for the payment of differences.[50] Nevertheless, a sale on the terminal markets *is* a contract for physical delivery in law,[51] so that a party who fails to close out a contract by the terminal date is obliged to tender delivery if a seller and to accept it if a buyer.[52] This usually takes the form of constructive delivery by the transfer of warehouse warrants.

4.29 The financial character of the futures contract by contrast with the physical character of the forward contract is reflected in the fact that dealings

---

[48] For an interesting historical account, see A. W. B. Simpson, 'The Origin of Futures Traded in the Liverpool Cotton Market', in P. Cane and J. Stapleton (eds), *Essays for Patrick Atiyah* (1991), ch 8.

[49] The speculator is an essential player in the futures market, for hedging by one party in order to offload his risk necessarily assumes the willingness of another, the speculator, to assume it.

[50] In other words, the seller keeps the goods and pays or receives from the buyer the amount by which the market price at the due delivery date exceeds or falls below the contract price.

[51] *Gebrüder Metelmann GmbH & Co KG v N.B.R. (London) Ltd* [1984] 1 Lloyd's Rep 614, where the judgment of Mustill J at first instance contains (at 623) a useful description of the essential features of the futures market.

[52] Not necessarily the original party, as one of the functions of a commodity exchange is to match traders wishing to tender physical delivery with those wishing to obtain delivery.

Market Contracts and Their Organization **4.32**

in futures are regulated as investments for the purpose of the Financial Services and Markets Act 2000,[53] whereas forward transactions in principle are not.[54]

3. The financial markets

4.30 These consist of the money market, in which short-term finance is raised against bills, notes, interbank money transfers, and the like, and the securities (or capital) market for issues and sales of stocks, shares, bonds and debentures.

4. Derivatives and the derivatives market

4.31 Just as the futures market in commodities fulfils the function of hedging against, and speculation on, price changes without (in most cases) performance of a trading transaction, so the derivatives market provides a similar service for financial products, through futures, swaps, options, and through credit-linked notes and other forms of synthetic transaction. They are called derivatives because their pricing is derived from that of conventional securities but they do not involve actual dealings in currency, money instruments or securities – they merely imitate their financial characteristics and are performed by the payment of differences rather than by delivery of and payment for actual instruments.[55] Derivatives are thus flexible instruments which can be used to package financial products which are not available on the market in direct form or which add features to those which are traded on the market. Not all derivatives are traded, or even available, on a market; many, such as swaps, are arranged by bilateral transactions.

(ii) Characteristics of an organized market

4.32 A fully organized market possesses a number of characteristics which have been described elsewhere.[56] They include a formally established exchange with a defined membership and rules, the provision of a trading floor or other communication facilities, the fixing and regular adjustment of prices by reference to supply and demand, the standardization of contracts and the

---

[53] Financial Services and Markets Act 2000 (Regulated Activities) Order 2001 (SI 2001/544), art 84(1).
[54] SI 2001/544, art 84(2), which excludes contracts for future delivery made for commercial and not for investment purposes, the test being whether delivery is to be made within seven days, unless it can be shown that there existed an understanding that (notwithstanding the express terms of the contract) delivery would not be made within seven days (art 84(4)). All contracts made or traded on a recognized investment exchange are treated as investment contracts (art 84(3)), as are contracts for differences (art 85(1)), but traded forward contracts are made on a commodity exchange, not an investment exchange, and even where constituting contracts for differences will usually be excluded from regulation as investments under art 85(2)(a).
[55] See generally P. R. Wood, *Set-Off and Netting, Derivatives, Clearing Systems* (3rd edn, 2019), ch 11; S. Firth, *Derivatives Law and Practice* (looseleaf); A. Hudson, *The Law on Financial Derivatives* (6th edn, 2017); and J-P. Castagnino, *Derivatives: The Key Principles* (3rd edn, 2009). The turmoil in the financial markets, particularly in the period after 2008, caused many to re-examine the operation of the derivatives market and to re-consider the risks involved in trading on the market.
[56] See the article referred to in n 44.

4.32 *Commercial Contracts*

fungibility of the commodities offered,[57] together with a clearing and settlement providing for the netting and settlement of claims.

(iii) Functions served by an organized market

4.33 An organized market fulfils six principal functions. First, it provides a mechanism for matching sellers to buyers, and lenders to borrowers. Secondly, it is a convenient tool for raising large amounts of capital through the primary securities market. Thirdly, it ensures through the secondary market that those who buy commodities or financial assets can readily liquidate their positions and offload their risks on the market with an assurance or reasonable expectation of payment. Fourthly, it enables traders and investors to protect themselves against price fluctuations by an offsetting transaction in the futures market. The ability to hedge is dependent on counterparties who are either hedging in the opposite direction or are speculators having no interest in any underlying trade transaction. Fifthly, by providing the mechanism for an ascertainable market price for a commodity or security of a specified description, an organized market sets a yardstick by which compensation or damages for failure to honour a contract can be objectively measured. This market-price rule is examined in detail in chapters 14 and 15. Finally, through its control of membership and its membership rules, an organized market helps to ensure the competence and integrity of its members and the observance of fair and efficient standards of trading.

4.34 Closely associated with market operations is the system for settlement of bargains through a clearing house. An important function of a clearing house is to net out transactions between the participants, so that instead of large numbers of bilateral settlements, with money going round in a circle, the clearing house establishes which participants are net creditors and which net debtors at the end of the trading cycle, net debtors making a single net payment to, and net creditors receiving a single net payment from, the clearing house. A distinct and valuable function of a clearing house is to provide a means of novating contracts to the clearing house, so that where S sells goods to B on the market, the contract is registered with the clearing house and upon registration the original contract between S and B is replaced by two new contracts, between S and the clearing house for sale and payment, and between the clearing house and B for purchase and payment. In this way the clearing house is substituted as the counterparty to each of the original parties, a procedure which overcomes possible problems of netting and substitutes the resources of the clearing house for those of the individual trader in the performance of payment and delivery obligations.

(iv) The rules and usages of a particular market

4.35 Each market develops its own customs and usages. Over time many of these are likely to become codified or replaced by formal rules of the market

---

[57] So that each unit is treated contractually as the equivalent of any other unit of the same grade, sample or description.

issued by the exchange, so that members are expected to transact business in accordance with those rules and with the unwritten customs and usages prevailing. The status and effect of market rules and usages may be a matter of some uncertainty. Do they have legal force or are they merely agreed procedures for the efficient administration of the market and not intended to have any legal effect? What, if any, is the legal relationship between the members and the exchange, between the members among themselves and between the exchange and a non-member transacting business through a member? Can a non-member invoke the rules or usages against a member or the exchange? To what extent is a non-member bound by the rules or usages?

1. The legal status of market rules and usages

4.36 The legal status of custom and usage has been described earlier.[58] In English law these take effect as implied terms of the contract. The same is true of formal rules issued by the exchange. Unless these are promulgated under statutory powers, they can take effect only by express or implied contract. In the normal case it is a term of membership of the market that members undertake to the exchange and to each other to observe the rules. The effect is to underpin each bilateral sale and purchase contract with a multilateral network of market rules.[59] This, of course, assumes that the rules themselves are intended to have legal force and not simply to be rules of commercial convenience.

2. The powers of the exchange vis-à-vis members

4.37 The power to make those rules is usually conferred on a committee or other executive organ of the exchange and must be exercised in good faith and consistently with the objects of the exchange.[60] To be valid, a decision taken by the exchange or a relevant body established by it must be in conformity with a power conferred by the rules expressly or by necessary implication. The more urgent the need for the decision and the greater the threat to the stability of the exchange if it is not taken, the more likely it is that the court will imply the power to make it. A striking example is provided by the *Shearson Lehman* case,[61] where the facts were extraordinary.

> The International Tin Council was a body established by some twenty-three sovereign states and the EEC, and was based in London. Its primary function was to ensure a stable price for tin, for which purpose it was given funds and a buffer

---

[58] See para **1.21**.
[59] An early example of this networking effect of 'club' rules is *Clarke v Dunraven, The Satanita* [1897] AC 59.
[60] *Shearson Lehman Hutton Inc v Maclaine Watson & Co Ltd* [1989] 2 Lloyd's Rep 570. However, where the objects are not stated, it will be necessary to deduce them from the rules themselves. The objects will then be 'those which, upon a proper construction of the rules read as a whole, are necessary for the fulfilment of such fundamental intention or intentions of the members as can with reasonable certainty be inferred from those rules' (per Webster J at 582).
[61] Ibid. For a further illustration of the influence of market rules, see *Money Markets International Stockbrokers Ltd v London Stock Exchange Ltd* [2002] 1 WLR 1151.

stock of tin, so that it could sell tin when the market was moving too sharply upwards and buy tin when the market was depressed. The market in tin fell sharply and the ITC used up all its funds to buy tin in the hope of restoring the price. But the price of tin continued to fall. The ITC then borrowed money from banks to continue its market-support operations, and exhausted the borrowed funds as well, whereupon it declared itself unable to meet its commitments.[62] The London Metal Exchange thereupon suspended all dealings on the tin market.

Some two months later the LME amended its rules by empowering the relevant committee to publish such settlement prices as they thought fit, and requiring all open contracts having 'prompt' dates (ie due delivery dates) falling on or after the date the market closed to be closed out and balanced by reverse sales and purchases at the price so fixed (the 'ring-out' price). The effect on the plaintiffs, who had sold a quantity of tin prior to closure of the market, was that they would have to keep the tin previously sold and accept by way of payment the excess of the contract price over the 'ring-out' price. The plaintiffs[63] attacked the new rule on various grounds, one of which was that the LME had no power to suspend or affect the performance of contracts already made.

It was held that the committee had both express and implied power to amend the rules to alter rights under existing contracts. The implication of such a power was necessary to avoid possible damage to the Exchange and the endangering of the market.

3. *The position of a non-member vis-à-vis a member*

4.38 In general, members of a market contract with each other as principals, even where they are entering into transactions for a client rather than for their own account. This enables the exchange to exercise control and to ensure that only those seen as fit to conduct business on the market are directly involved in its operations. It follows that in the normal way a non-member's contract is with the member through whom he concludes the purchase or sale transaction, not with the counterparty to that transaction. Suppose, however, that the non-member is ignorant of the rule or custom to this effect. Here a distinction is drawn between rules relating simply to the conduct of business and those which relate to substantive rights. A person who is not a member of an exchange and who instructs a member to make a purchase on his behalf thereby impliedly assents to the transaction being dealt with in accordance with the normal operational rules of the exchange,[64] for otherwise those rules would become unworkable. But the non-member is not bound by a rule or custom of which he is ignorant which affects substantive rights.[65] So if

---

[62] This default led to a spate of litigation concerning the legal status of the ITC, a fascinating topic, which, unhappily, cannot be explored here. See J. Macleod, 'The Saga of the International Tin Council' [1990] LMCLQ 305.

[63] Who were not members of the LME, a separate point taken by them unsuccessfully and discussed below.

[64] *Shearson Lehman Hutton Inc v Maclaine Watson & Co Ltd*, n 60; *Cunliffe-Owen v Teather & Greenwood* [1967] 1 WLR 1421.

[65] *Robinson v Mollett* (1875) LR 7 HL 802; *Forres (Lord) v Scottish Flax Co Ltd* [1943] 2 All ER 366. However, in certain circumstances the courts have been willing to conclude that a non-member has impliedly agreed to be bound by the usual practice of the market. See for example *Tidal Energy Ltd v Royal Bank of Scotland plc* [2014] EWCA Civ 1107, [2015] 2 All ER 15, discussed further at para **18.31**.

a non-member instructs his broker to purchase goods as agent, being ignorant of the custom of the market that brokers deal with each other as principals, the non-member is not obliged to accept the transaction, for its effect is to substitute his broker as principal in place of another party.[66]

4. The position of a non-member adversely affected by acts of the exchange

4.39 There is, of course, no contractual relationship between an exchange and a person who is not a member. Accordingly, any claim a non-member may wish to pursue against the exchange for loss suffered by its acts or omissions must lie either in tort, eg for negligence, or in the domain of public law by way of judicial review. It is thought that the court will not readily treat an exchange as under a duty of care to non-members so as to be liable for pure economic loss.[67] On the other hand, it may well be susceptible to judicial review,[68] so that its decisions can be set aside if the procedure adopted is unfair or the decision wholly unreasonable.[69]

5. THE LEGAL POWER OF THE MARKET

4.40 In a world financial centre such as London it would be surprising indeed if the courts were insensitive to the need to uphold reasonable business practice where not otherwise constrained by rules of positive law. In a major market the consequences of a refusal to accept the market's perception of the legal nature and incidents of contracts and financial instruments in widespread use could be severe; indeed, in some cases confidence in the market could be seriously undermined. If, for example, the court were to hold that futures trading was gambling and that dealings in futures were unenforceable as gaming transactions, London would face the loss of its entire futures market to another international financial centre.

4.41 There is therefore considerable scope for the business community to establish law through practice and thus, as it were, to pull itself up by its own legal bootstraps. Thus the concept of negotiability derives its legal support from judicial recognition of mercantile usage in the development of negotiable instruments,[70] the treatment of which is now partially codified in the Bills of Exchange Act 1882.[71] In an action for recovery of payments due to brokers in respect of futures contracts entered into by a speculator, the Hong Kong High Court rejected the defence that futures contracts constituted illegal

---

[66] *Robinson v Mollett*, n 65.
[67] See, for example, *Shearson Lehman Hutton Inc v Maclaine Watson & Co Ltd*, n 60, where the court held it would not be just or reasonable for the members of the committee to be under a duty of care, particularly having regard to LME's status as a self-regulatory body.
[68] As was held to be the case in *Shearson Lehman*, though the court concluded that the relevant body had acted fairly.
[69] Ibid, where, however, no unfairness was found.
[70] See para **20.02**.
[71] 'Partially' because the Act covers only two forms of negotiable instrument. See para **21.17**.

4.41 *Commercial Contracts*

gaming, holding that a game was something played for sporting, recreational, leisure or pure amusement purposes, and that genuine commercial activities did not constitute gaming even though they involved chance and speculation.[72] The power of the London Metal Exchange to alter its rules even with retrospective effect in relation to open contracts already concluded has been noted above.[73]

4.42 But there are occasions when the courts are unable to respect the sanctity of market contracts, despite the adverse effect on the market. This is strikingly illustrated by the decision of the House of Lords in *Hazell v Hammersmith and Fulham London Borough Council*,[74] in which it was held that swaps and similar contracts entered into by local authorities on a massive scale were *ultra vires* and void, so that the local authorities concerned were not liable on them.[75] However much this conclusion may have been compelled by legal principle and by a proper interpretation of the relevant provisions of the Local Government Act 1972, it cannot be denied that the outcome seriously damaged the reputation of the London swaps market. Foreign investors, in particular, must have found it hard to understand how local authorities could be admitted to the market to engage in transactions for profit and then be able to walk away from the bargains they had freely made.

4.43 So strong is the perceived need to protect the integrity of the market and to avoid loss of business from abroad that where legal principles or judicial decisions stand in the way of upholding commercially sensible transactions, the government is more often than not likely to intervene with liberating legislation. So the validity of futures contracts was assured by the Financial Services Act 1986 (which has since been repealed and replaced by the Financial Services and Markets Act 2000), and, at a more general level, subsequent legislation has conferred on market contracts a wide degree of immunity from the effects of insolvency legislation which might otherwise have rendered them vulnerable.[76]

---

[72] *Richardson Greenshields of Canada (Pacific) Ltd v Keung Chak-Kiu and Hong Kong Futures Exchange Ltd* [1989] 1 HKLR 476; similarly *City Index Ltd v Leslie* [1992] QB 98, distinguishing the decision of the House of Lords in *Universal Stock Exchange v Strachan* [1896] AC 166. In England, Wales and Scotland the regulation of gambling has undergone radical change as a result of the enactment of the Gambling Act 2005, s 335(1) of which provides that 'the fact that a contract relates to gambling shall not prevent its enforcement.' Now that gambling contracts are enforceable, there is no longer any need for legislation in order to render transactions on the financial markets enforceable; hence the repeal of the relevant parts of s 412(1) of the Financial Services and Markets Act 2000.
[73] See para **4.37**.
[74] [1992] 2 AC 1, on which see generally E. McKendrick, 'Local Authorities and Swaps: Undermining the Market?' in R. Cranston (ed), *Making Commercial Law: Essays in Honour of Roy Goode* (1997), p 201; and R. McCormick and C. Stears, *Legal and Conduct Risk in the Financial Markets* (3rd edn, 2018), ch 20.
[75] In subsequent actions counterparties to swaps transactions with local authorities made claims for restitution of monies paid, which were upheld by the courts or were settled.
[76] See para **31.49**.

4.44 Yet it remains the case that capitalist markets generate significant policy tensions.[77] One is between market freedom and market integrity. Markets must be not only free but fair. This means that rules have to be introduced to prevent such malpractices as insider dealing and the creation of a false market by private share-support operations, the publication of untrue or misleading information or the abuse of monopoly power. Another tension is between fairness and stability. The soundness and financial stability of the market are of the utmost importance. In the interests of these it may be necessary to give limited sanction to such stabilization devices as delay in the display of information relating to large-scale share dealings, or the overselling, under-allotment or buying-in of securities. A third tension relates to the mode of regulation. Should the market be regulated primarily by its own members (self-regulation) or by an independent regulator? To what extent is self-regulation within a statutory framework adequate to ensure the integrity of the market? Experience over recent years showed the weaknesses of self-regulation, and the system has now been replaced by a statutory regime. The first major step was taken with the enactment of the Financial Services Act 1986 which was later repealed and replaced by the Financial Services and Markets Act 2000. The latter Act has been substantially amended (principally by the Financial Services Act 2010 and the Financial Services Act 2012) in the light of the turbulence in the financial services markets since its enactment. The Act, as amended, together with a substantial amount of subordinate legislation, confers enormous powers on regulators of the financial services industry, principally the Financial Conduct Authority.

---

[77] See generally R. Goode, *Commercial Law in the Next Millennium*, ch 2.

Chapter 5

AGENCY IN COMMERCIAL TRANSACTIONS

5.01 A commercial enterprise may use a variety of techniques to ensure that its goods reach the intended market.[1] One is direct selling. The enterprise contracts directly with the various buyers without going through any intermediary. Another is agency. It is often convenient for the enterprise to appoint one or more agents whose business it is to effect sales. This itself may be done in a variety of ways. The agent may simply introduce prospective buyers to his principal, leaving it to the latter to conclude the contract if he wishes. Alternatively, the agent may effect the sale himself on behalf of his principal, either contracting expressly as agent, with or without naming the principal, or contracting in his own name as apparent principal. A third method of selling is to appoint a commission agent whose role is to effect sales without committing his principal to third parties in any way, even as undisclosed principal, so that the agency is a purely internal mandate.[2] A fourth method is to appoint a distributor to buy the goods and resell them on his own account. Yet another is consignment. The enterprise delivers the goods to the consignee to hold in the first instance as bailee but on terms that the consignee is to buy the goods if he notifies his intention to do so and that he is deemed to have elected to buy them if he fails to return the goods within a given time or otherwise adopts the prospective purchase transaction, typically by selling the goods.

5.02 A highly specialist form of marketing is franchising. The enterprise grants to others a licence to exploit the franchisor's product or service under his trade mark or trade name on standard terms which, in allowing each franchisee to sell for his own account, impose on him detailed requirements and restrictions designed to enhance the reputation of the franchisor and knowledge of the product or service and to ensure that each franchisee observes proper business practices in selling the product and supplies the franchisor with all the information it needs concerning marketing and sales.[3] The franchisor for its part supplies the product or raw material, the know-how and other ancillary services.

---

[1] Similar considerations apply to the supply of services. For brevity, 'goods' will be used to include services where this is appropriate.
[2] See para **5.05**. For the agency models, see figure 5.1. Model (iii) is not treated in English law as a true agency.
[3] One of the most ubiquitous franchising operations is McDonalds, through whose franchisees hamburgers, fries, salads and other fast foods are purveyed around the world.

5.03 *Agency in Commercial Transactions*

5.03 Many factors will be taken into account by the enterprise when considering which of these marketing methods to adopt: cost, commercial convenience, legal considerations, such as the desire to ensure or avoid contractual relations with buyers, and the tax and accounting implications involved in choosing one method instead of another. On the one hand there may be a desire to sell directly so as to cut out middlemen and agents and keep all the profit. On the other, the enterprise may take the view that it does not want to keep large numbers of staff on its payroll and that anyway its selling may be more effective if conducted through others.

Figure 5.1   Agency Models

(i) Sale through A as agent to T, with or without disclosure of P's identity

P ⇔ A ⇒ T

(ii) Sale by A as apparent principal but in reality as agent for an undisclosed principal, P. The contract is between T and A but T may elect to hold P liable and P may intervene to enforce the contract.

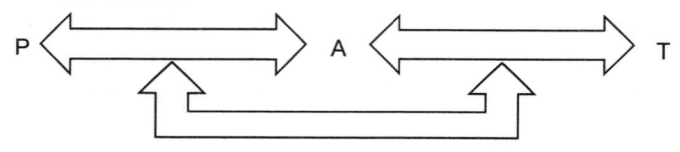

P ⇔ A ⇔ T

(iii) Sale by A as true principal under a mandate from P ('commission agency' or 'representation') with no relationship betweeen T and P.

P ⇔ A A ⇔ T

5.04 The present chapter is concerned with one type of relationship only, though a highly important one – agency.[4] For the lawyer, agency is a subject of never-ending fascination, subtle and complex. For the business enterprise it is a vital tool in bringing goods and services to the market. But lawyers and business people do not always speak the same language. The lawyer uses the term 'agent' in a fairly precisely defined way,[5] whereas in business the term is frequently used more loosely to include, for example, distribution agreements under which the 'agent' buys and sells for his own account. We shall use the term in its technical legal sense. Only a brief outline can be given here, with the

---

[4] For a general overview of commercial agency, franchise and distribution from a European perspective see M. Hesselink, J. Rutgers, O. Bueno Diaz, M. Scotten and M. Veldmon, *Principles of European Contract Law: Commercial Agency, Franchise and Distribution Contracts* (2006).
[5] See below.

emphasis on relations between the principal or agent and third parties. For fuller details the reader is referred to the standard textbooks.[6]

1. THE CONCEPT OF AGENCY

(i) Agency defined

5.05 Agency is the relationship arising where one person, the principal (P), appoints another, the agent (A), to bring about, modify or terminate legal relations between the principal and one or more third parties (T). This includes cases where A contracts as principal, so that his agency status is undisclosed, for, as we shall see, the true principal has a right to intervene to enforce the contract and, as a corollary, can be sued on it by the other contracting party. In this respect the common law conception of agency is broader than that of the civil law, which in general confines agency to direct representation[7] and treats indirect representation[8] as incapable of conferring rights or imposing liabilities on P, so that the mandate given by P to A is purely internal and is insulated from the relations between A and T. It is the civil law approach that has tended to prevail in international instruments aimed at the harmonisation of this aspect of agency law.[9]

5.06 An employee may have power to commit his employer to contracts with third parties and in that sense is the employer's agent, but in commercial parlance the designation 'agent' usually denotes one who is self-employed.

(ii) Agency and authority

5.07 Agency may therefore be regarded as a particular form of authority, namely to create or affect legal relations between P and T. Authority to do acts which are not intended to produce this result does not give rise to an agency relationship. So a purely internal mandate by which P instructs or authorizes A to enter into a commitment with a third party not only in A's own name but without involving P even as undisclosed principal does not fall within the English law notion of agency. Sometimes known as a 'commission agency',[10]

---

[6] The leading English textbook is *Bowstead and Reynolds on Agency* (21st edn, 2017). See also R. Munday, *Agency: Law and Principles* (3rd edn, 2016) and H. Bennett, *Principles of the Law of Agency* (2013). For an excellent compilation of text and materials, see M. A. Clarke, R. J. A. Hooley, R. J. C. Munday, L. S. Sealy, A. M. Tettenborn and P. G. Turner, *Commercial Law – Text, Cases and Materials* (5th edn, 2017), Part II. For agency agreements, see R. Christou, *International Agency, Distribution and Licensing Agreements* (6th edn, 2011), esp chs 1–3 and for a consideration of the application of agency law in commercial practice see D. Busch, L. Macgregor and P. Watts, *Agency Law in Commercial Practice* (2016).
[7] Ie where A contracts expressly as agent.
[8] Where A contracts in his own name for an undisclosed principal.
[9] See, for example, Article 2.2.4 of the UNIDROIT Principles of International Commercial Contracts, Book II, Article 6:106 of the Draft Common Frame of Reference; and Article 13 of the UNIDROIT Convention on Agency in the International Sale of Goods.
[10] The term 'commission' is borrowed from its equivalents in French and German law and denotes the task with which the agent is entrusted, not his remuneration.

it constitutes an agency-type relationship between P and A but not one which affects third parties. Such a relationship – designated in civil law jurisdictions as indirect or imperfect representation – can arise in a variety of contexts. One of them is sale. A is authorized to resell goods as 'agent' in the relationship between himself and P but as the principal in his relationship with buyers. In such a case P cannot sue or be sued, even as undisclosed principal, on contracts entered into by A with buyers.[11] Sometimes the law confers a power of sale on A even where he has no authority from P for this, as in the case of apparent authority[12] or of an agency of necessity.[13] Another example of the purely internal mandate is the instruction given by the buyer of goods to his bank to open a letter of credit in favour of the foreign seller. The letter of credit is a payment undertaking which is entirely independent both of the underlying transaction between buyer and seller and of the relationship between buyer and bank. The beneficiary's rights under the letter of credit lie solely against the bank.[14] Where A is authorized to enter into transactions without bringing about or affecting legal relations between P and T, then if such a transaction is concluded, the parties to the contract are A and T, and P can neither sue nor be sued on the contract. But the authority thus given to A may produce effects similar to that of agency in some respects. For example, where A is authorized or instructed to incur on his own behalf a liability to T, the discharge of which is intended to satisfy P's obligation to T – as where A instructs his bank to open a letter of credit in favour of T covering the price of goods sold by T to P – A is entitled to be indemnified against his liability and to be reimbursed for any payment made to T. Again, where A, acting as a commission agent or an agent of necessity, sells P's goods to T, then although P cannot sue or be sued by T, the sale operates to divest P of his ownership and transfer it to T. Similarly, where P takes a floating charge over the assets and undertaking of a company, A, by which it authorizes A to deal with its assets in the ordinary course of business free from the charge, and pursuant to this authority A sells goods to T, then although P is not thereby brought into a contractual relationship with T, he is bound by the sale in the sense that he cannot assert his charge against T.[15]

2. SOURCES OF AGENCY LAW

5.08 It will be apparent from what has been said above that agency law has to deal with three distinct relationships: between P and A; between P and T; and between A and T. Any contractual relationship (eg between P and A, or between A and T where A contracts in his own name) is governed by the terms of the contract and general contract law[16] and by particular principles of the

---

[11] See generally S. Mills (ed), *Goode on Proprietary Rights and Insolvency in Sales Transactions* (3rd edn, 2010), ch III.
[12] See para **5.18**.
[13] See para **5.15**.
[14] See para **35.58**.
[15] See para **25.26**.
[16] Including legislation such as the Misrepresentation Act 1967 and the Unfair Contract Terms Act 1977. But agency is not dependent on contract. It suffices that P consents to the exercise

common law (including equity) relating to agency. Where A is a self-employed commercial agent, relations between him and P are additionally regulated[17] by the Commercial Agents (Council Directive) Regulations 1993,[18] which significantly reduces the ability of the parties to contract out of certain of their basic obligations.[19] Contracts between P or A and T are governed by their terms, general contract law and any common law and statutory provisions applicable to the type of contract in question.[20]

5.09 There have been various attempts at harmonisation of aspects of agency law, although they have met with rather little by way of success. Within Europe, the most notable example is the European Directive on Commercial Agents, which has probably been the most successful of the harmonisation instruments to date. The origins of the Directive are not to be found in the common law which did not recognise a distinct category of commercial agents, nor did it acknowledge that such agents were in need of protection from their principals. But matters were otherwise on the continent of Europe where there was an established body of law, albeit these laws were not entirely uniform, which did afford significant protection to such agents. The Directive seeks to harmonise aspects of the law relating to commercial agents in these various continental jurisdictions and to introduce these protections into the UK. The Directive was implemented into UK law by the Commercial Agents (Council Directive) Regulations 1993 (SI 1993/3053). When seeking to interpret the 1993 Regulations, the UK courts have been sensitive to the continental origins of the Directive, particularly in French and German law,[21] and have recognised their obligation to interpret the Regulations, so far as possible, in the light of the wording and purposes of the Directive, in order to achieve the result pursued by the Directive.[22] The 1993 Regulations survive the departure of the UK from the EU and so remain good law unless and until Parliament chooses to repeal or amend them (which it will be free to do if at some future time it

---

of authority by A and that A consents to exercise that authority (*Yasuda Fire and Marine Insurance Co of Europe Ltd v Orion Marine Insurance Underwriting Agency Ltd* [1995] QB 174). However, to be within the Commercial Agents (Council Directive) Regulations 1993 (SI 1993/3053), a commercial agent must have a contract with the principal, which a sub-agent does not (*Light v Ty Europe Ltd* [2003] EWCA Civ 1238, [2004] 1 Lloyd's Rep 693, [23]).

[17] The form of the regulation is not itself 'directly contractual': *Fern Computer Consultancy Ltd v Intergraph Cadworx & Analysis Solutions Inc* [2014] EWHC 2908 (Ch), [2014] 2 CLC 326, [38]. Rather, the Commercial Agents (Council Directive) Regulations 1993 (SI 1993/3053) and the directive which it implemented (on which see n 18 below) confer rights on the parties out of which they may, within narrow limits, contract.

[18] SI 1993/3053, as amended by SI 1998/2868 which implements into UK law Council Directive on the Coordination of the Laws of the Member States Relating to Self-Employed Commercial Agents, 86/653/EEC, OJ L382/17 dated 31.12.86 ('Council Directive on Commercial Agents'), p 17. See generally F. Randolph and J. Davey, *The European Law of Commercial Agency* (3rd edn, 2010) and S. Saintier and J. Scholes, *Commercial Agents and the Law* (2005).

[19] See para **5.26**.

[20] Eg contracts of sale are governed by the Sale of Goods Act 1979.

[21] See, for example, *Lonsdale v Howard & Hallam Ltd* [2007] UKHL 32, [2007] 4 All ER 1, [2007] 1 WLR 2055.

[22] See, for example, *W Nagel (a firm) v Pluczenik* [2018] EWCA Civ 2640, [2019] 1 Lloyd's Rep 36, [64]–[65]; *Green Deal Marketing Southern Ltd v Economy Energy Trading Ltd* [2019] EWHC 507 (Ch), [2019] 2 All ER (Comm) 191, [143](3).

5.09 wishes to do so). In terms of the interpretation of the Regulations, there is no reason for the English courts to depart from their current approach, although now that the UK has left the EU it will no longer be possible to refer a question of interpretation to the Court of Justice of the European Union and the UK courts will not be bound by any principles laid down, or any decisions made by the Court of Justice of the European Union, after IP completion day.[23] However, given that the principles applicable to the interpretation of the Regulations are now well established in the English courts, it is unlikely that the UK's departure from the EU will give rise to fundamental changes to the way in which the Regulations will be interpreted by the courts.

5.10 The European Directive on Commercial Agents is not the only example of an attempt to harmonise the principles of agency law. Both the Principles of European Contract Law[24] and the Draft Common Frame of Reference[25] make provision for aspects of agency law (the former confined to the external aspects) and, as has been noted,[26] they seem to draw more heavily on civilian ideas than on the common law. The latter point also holds true for the UNIDROIT Principles of International Commercial Contracts[27] which is similarly confined to the external aspects of agency law. The most ambitious attempt at harmonisation has been the 1983 UNIDROIT Convention on Agency in the International Sale of Goods but it has not, as yet, come into effect[28] and it seems unlikely that it will ever do so. The Convention sought to strike a delicate balance between the common law and the civil law.[29] This can be seen in particular in Article 13 which, in its opening provisions, adopts a civilian position in relation to indirect agency (so that the parties bound are the agent and the third party) but then in the exceptions which are developed later in the Article recognises the possibility in certain circumstances of a claim by or against the principal. This delicate balance was sufficient to secure agreement to the text of the Convention but it has not been sufficient to turn that consensus into ratifications and it is likely that the role of the Convention will be confined to a comparative law text which can be referred to by scholars or, possibly, used by courts when seeking to develop national law.

3. TYPES OF AGENT

5.11 An agent may be appointed to act in a specific transaction outside his ordinary course of business (a 'special agent') or in transactions of a designated

---

[23] See paras **1.36–1.37** above.
[24] See Chapter 3.
[25] See Book II, Chapter 6. The internal aspects are covered in their specific contexts (see, for example, Book IV, Part D dealing with mandate contracts and Book IV, Part E dealing with commercial agency, franchise and distributorship).
[26] See n 9 above and associated text.
[27] See Chapter 2, Section 2.
[28] Ten ratifications are required before it will come into force but only five states (France, Italy, Mexico, the Netherlands and South Africa) have so far ratified the Convention. See more generally M. Evans, 'Explanatory Report on the Convention on Agency in the International Sale of Goods' [1984] II *Uniform Law Review* 119.
[29] See further R. Goode, H. Kronke and E. McKendrick, *Transnational Commercial Law: Text, Cases and Materials* (OUP, 2nd edn, 2015), paras 10.16–10.26.

class or generally (a 'general agent') so as to be within the ordinary course of his business. It was at one time common to distinguish between special (or ad hoc) agents and general agents, and, though the utility of the distinction has been doubted,[30] it has been applied by the House of Lords for the purpose of determining the normal ambit of the doctrine of apparent authority.[31] More significant is whether the agent has power to buy and sell in his own name. A broker is normally expected to deal as such and not as a principal, and if he buys in his own name his principal may be able to disclaim the transaction;[32] a factor may buy and sell both as agent and on his own account,[33] and the same is true of a market-maker as regards dealings in securities. A *del credere* agent is one who guarantees to his principal that the third party will perform his contractual obligations to the principal.[34] A confirming house performs the converse function of giving an assurance of performance to the third party on behalf of its principal by adding its confirmation to the principal's order, thus assuming the same responsibilities as the principal.[35]

5.12 Some agency descriptions to be found in nineteenth-century legislation and cases, such as mercantile agents and factors, are nowadays rarely used. The term 'mercantile agent' is defined for the purposes of the Factors Act 1889,[36] while 'factor', which formerly denoted an agent having power to buy and sell in his own name, is currently employed to describe a company which buys debts due from trade debtors and assumes the credit risk.[37]

5.13 The Commercial Agents (Council Directive) Regulations 1993 (SI 1993/3053) have introduced into English law the commercial agent who is defined as a 'self-employed intermediary who has continuing authority to negotiate and conclude the sale or purchase of goods on behalf of another person (the 'principal') or to negotiate and conclude the sale or purchase of goods on behalf of and in the name of that principal.'[38] There are a number of components to this definition. First, the agent must be 'self-employed'. Second, the authority of the agent must be 'continuing', which does not require that the authority be indefinite but will ordinarily connote the authority to enter into

---

[30] See *Bowstead and Reynolds on Agency*, para 1-045.
[31] *The Ocean Frost* [1986] AC 717. See para **5.20**.
[32] See para **4.38**.
[33] As to factors and mercantile agents, see paras **16.17** and **16.37**.
[34] See *Bowstead and Reynolds*, paras 1-039, 1-042 – 043.
[35] See *Benjamin's Sale of Goods* (10th edn, 2017), paras 23-019 ff.
[36] See para **16.37**.
[37] The modern factor is in fact a derivative of the old-style goods factor. See S. Mills and N. Ruddy, *Salinger on Factoring* (6th edn, 2020), paras 1-11 ff.
[38] Reg 2(1). See further A. Tosato [2014] *LMCLQ* 544 and S. Saintier and J. Scholes, n 18, pp 28–38. A person cannot be both an agent of his principal and a buyer from or seller to his principal (*Mercantile International Group plc v Chuan Soon Huat Industrial Group* [2002] 1 All ER (Comm) 788). So a distributor who buys and sells on his own account is not a commercial agent (*AMB Imballagi Plastici SRL v Pacflex Ltd* [1999] 2 All ER (Comm) 249; *Sagal v Atelier Bunz GmbH* [2009] EWCA Civ 700, [2009] 2 Lloyd's Rep 303), nor is a sub-agent vis-à-vis the principal (see para **5.08**, n 16). But a person may still be an agent, even if not paid a commission, if he earns a mark-up by selling goods on behalf of his principal at a price higher than that which the principal is to receive (*Mercantile International Group plc v Chuan Soon Huat Industrial Group* [2002] 1 All ER (Comm) 788).

a series of transactions. Third, the authority must relate to the sale or purchase of goods and so does not extend to the provision of services. Fourth, the agent must have authority to 'negotiate' or 'negotiate and conclude' a relevant agreement. The word 'negotiate' is to be broadly understood so the fact that there are limits on the authority of the agent, for example in relation to his ability to agree prices or commercial terms, does not of itself take the agent outside of the Regulations.[39] Fifth, the agent must negotiate on behalf of and in the name of the principal. Finally, the Regulations exclude certain agents from their scope, such as officers of companies, partners, insolvency practitioners, agents operating on commodity exchanges or in commodity markets[40] and agents whose activities as commercial agents are to be considered secondary.[41]

4. AUTHORITY AND POWER OF AN AGENT

(i) In general

5.14 The authority of an agent must be distinguished from his power. A transaction entered into by A within the scope of his actual authority from P will, of course, bind P. But P will also be bound if A acts within his *apparent* authority.[42] In such a case, though A does not have the right to enter into the transaction on behalf of P, the law invests him with the power to commit his principal to the transaction.[43]

(ii) Agency of necessity

5.15 A's power normally derives from some authority conferred by P, but this is not necessarily so. In extreme cases, as where P's property is at imminent risk and A has to take urgent action to save it and is unable to communicate with P or to obtain an adequate response to his request for instructions,[44] the law may treat A as an agent of necessity to take the necessary remedial action, as where the master of a ship enters into a salvage agreement with T on behalf of P to save P's cargo,[45] or where A is in possession of perishables belonging to P and sells them for P's benefit before they become rotten.[46]

5.16 The doctrine of agency of necessity illustrates the problems that can arise where legal rules develop without being underpinned by a coherent foundation

---

[39] *PJ Pipe & Valve Co Ltd v Audco India Ltd* [2005] EWHC 1904 (QB), [2006] Eu LR 368, [155].
[40] On which see *W Nagel (a firm) v Pluczenik* [2018] EWCA Civ 2640, [2019] 1 Lloyd's Rep 36.
[41] Reg 2(2)–(4).
[42] See below.
[43] The distinction between authority and power in agency transactions thus corresponds to the distinction between a seller's right to sell and his power of sale, as to which see para **16.02**.
[44] *China Pacific SA v Food Corpn of India (The Winson)* [1982] AC 939.
[45] *The Winson*, n 44; *The Choko Star* [1990] 1 Lloyd's Rep 516.
[46] See *Sachs v Miklos* [1948] 2 KB 23.

of principle.[47] As Treitel has pointed out,[48] an agency of necessity can produce three quite distinct forms of authority with differing effects. It may enable A to commit P to a contract with T; it may invest A with power to sell P's goods to T without thereby bringing about a contractual relationship between P and T; and it may entitle A to claim recompense or reimbursement for acts done on P's behalf (which may not involve the making of a contract at all). Only the first of these is a true agency.[49] In principle, where T does not know that A is acting for P rather than on his own account, T should be entitled to treat A as the other party to the contract, leaving A to claim reimbursement from P. But there remain a number of problems. For example, should T, on discovering P's existence, have the option of looking to P as an undisclosed principal instead of to A? And what guiding principle distinguishes cases within the second category from those within the first? Moreover, a bewildering number of theories have been advanced as the basis of the claim for reimbursement. These include bailment, restitution, rules of negotiable instruments law governing acceptance for honour and principles of maritime salvage derived from the Roman law concept of *negotiorum gestio*.[50]

5.17 It is clear that a distinction is to be drawn between cases where A has an existing agency relationship with P but acts from necessity beyond his express or implied authority and cases where there is no pre-existing agency relationship at all. The law is reluctant to allow claims by the intervener who, having no connection with the party on whose behalf he intervenes, chooses of his own volition to take action on that party's behalf. Such cases are controlled not only by strict limits on the doctrine of agency of necessity but also by the general principles of the law of restitution (or the law of unjust enrichment), which may operate to deny a right of recovery to a party who has acted officiously in conferring what is claimed to be a benefit upon P.[51] One problem is to know what constitutes officious behaviour for this purpose. This is a problem to which English law has, as yet, produced no clear answer. In part, this is because of the uncertainty which surrounds the legal nature of the claim that is being advanced. These cases draw to some extent upon the law of contract, the law of restitution (or unjust enrichment) and, to the extent that the claim by the intervener is one to recover expenses incurred in an intervention which has not resulted in a benefit to P (because, for example, the intervention was unsuccessful) a miscellaneous category of claim which, as yet, has not formally been recognised in English law.[52]

---

[47] See G. Samuel, 'Legal Reasoning and Liability for People' (1982) 98 LQR 362; I. Brown, 'Authority and Necessity in the Law of Agency' (1992) 55 MLR 414.
[48] E. Peel, *Treitel, The Law of Contract* (15th edn, 2020), para 16-047.
[49] *The Winson*, n 44 at 958.
[50] See generally A. Burrows, *The Law of Restitution* (3rd edn, 2011), pp 470–478 and 479–486 and L. Aitken, 'Negotiorum Gestio and the Common Law: A Jurisdictional Approach' (1998) 11 *Sydney LR* 566.
[51] See A. Burrows, *The Law of Restitution*, ch 18 and G. Virgo, *The Principles of the Law of Restitution* (3rd edn, 2015), ch 12.
[52] See, for example, P. Birks, *Unjust Enrichment* (2nd edn, 2005), pp 23–24; cf A. Burrows, *The Law of Restitution*, pp 485–486.

5. ACTUAL, APPARENT, AND USUAL AUTHORITY

5.18 An agent is said to have actual authority when what he does is in fact authorized by his principal, whether expressly or impliedly. Actual authority is to be contrasted with apparent (or ostensible) authority. The phrase 'apparent authority' does not mean merely the appearance of authority; it is legal shorthand for an appearance of authority to which the principal has lent himself by some act by which he represents or holds the agent out as having an authority beyond that which he in fact possesses. Where A acts within the scope of his apparent authority, P is bound to the same extent as if he had actually authorized the transaction. This conforms to the objective theory of contract law.[53] Cutting across the division between actual and apparent authority is 'usual authority', that is, the authority which a person occupying or put into the same kind of position as the agent would normally possess. For example, the manager of a store normally has authority to buy stock, engage sales staff and delegate to them the power to make sales to customers on behalf of the store; an auctioneer has authority to sign a contract of sale on behalf of vendor and purchaser; a solicitor has authority to offer or accept a compromise of proceedings on behalf of a client. An agent has both implied and apparent authority to do what is usual for someone in his position. This authority may be restricted by the terms of his instructions from his principal, but a third party dealing with him without notice of the restriction is still entitled to rely on his apparent authority. The difficult case is where A, in concluding a transaction that would be within his usual authority as agent, contracts in his own name without disclosing the existence of a principal, so that the third party assumes he is dealing with a principal. In *Watteau v Fenwick*[54] the doctrine of usual authority was held applicable to such a case also.

> H owned a hotel. He sold it to the defendants, who retained him as manager. The licence continued to be held in his name, which remained over the door. The plaintiffs supplied cigars to H, to whom alone they gave credit, believing him to be the owner. They had never heard of the defendants, who had forbidden H to buy cigars on credit. Upon learning that the defendants were the owners of the hotel, the plaintiffs sued them for the amount outstanding. The county court judge gave judgment in favour of the plaintiffs and his decision was upheld by the Divisional Court. In giving the only reasoned judgment of the court, Wills J stated:
>
>> 'once it is established that the defendant was the real principal, the ordinary doctrine as to principal and agent applies – that the principal is liable for all the acts of the agent which are within the authority usually confided to an agent of that character, notwithstanding limitations, as between the principal and the agent, put upon that authority. It is said that it is only so where there has been a holding out of authority – which cannot be said of a case where the person supplying the goods knew nothing of the existence of the principal. But I do not think so. Otherwise, in every case of undisclosed principal, or at least in every case where the fact of there being a principal was undisclosed, the secret

---

[53] G. McMeel, 'Philosophical Foundations of the Law of Agency'(2000) 116 LQR 387 at 389.
[54] [1893] 1 QB 346.

limitation of authority would prevail and defeat the action of the person dealing with the agent and then discovering that he was an agent and had a principal.'[55]

5.19 Though the decision has never been overruled, it has been disapproved in Canada[56] and doubted in both England[57] and Australia.[58] The problem, of course, is that T does not in such cases rely on the apparent authority of A, for this implies that T is aware of the existence of a principal standing behind A. An analogy has been drawn[59] with the doctrine of apparent ownership of goods or other property, under which a person held out by another as apparent owner is bound by a disposition made by that person to a purchaser for value in good faith and without notice of the true owner's rights. In such a case the ordinary limitation of acting within the scope of apparent authority does not apply, for an owner needs no authority and there is generally no limit to his dealing powers. But the analogy is false. The doctrine of apparent ownership does not operate to expose the true owner to contractual liability of any kind; its sole effect is to preclude him from denying the power of the apparent owner to pass title to a third party. Moreover, it is well established that P cannot ratify an unauthorized act by his agent A who contracts in his own name;[60] and since he cannot sue on the contract, it is unfair that he should be liable on it, particularly since his potential exposure to liability would be almost unlimited. The fallacy of *Watteau v Fenwick* lies in the assumption that there is an agency relationship at all, when the true position is that A is an indirect representative, or commission agent,[61] who has a purely internal mandate from P and is left to contract with third parties as the real principal on his own behalf, albeit with a duty to account to P in respect of his dealings.[62]

6. CONDITIONS NEEDED TO BE ABLE TO INVOKE APPARENT AUTHORITY

(i) A representation by the principal

5.20 An agent who is not authorized to enter into a contract cannot represent his own authority to conclude the contract so as to commit his principal unless he is authorized to make such a representation by the principal himself or by a person having actual or apparent authority from the principal to authorize the making of that representation. P's holding out of A as so authorized may

---

[55] Ibid, per Wills J at 348–349.
[56] *Sign-O-Lite Ltd v Metropolitan Life Insurance Co* (1990) 73 DLR (4th) 541. See G. H. L. Fridman, 'The Demise of *Watteau v Fenwick*' (1991) 70 Can Bar Rev 329.
[57] See *The Rhodian River* [1984] 1 Lloyd's Rep 373, per Bingham J at 378–379.
[58] *International Paper Co v Spicer* (1906) 4 CLR 739. The decision is also considered 'extremely dubious' by *Bowstead and Reynolds*, para 8–077.
[59] See M. Conant, 'The Objective Theory of Agency: Apparent Authority and the Estoppel of Apparent Ownership' 47 Nebraska LR 678, 686 (1968).
[60] See para 5.23.
[61] See para 5.07.
[62] So, as Professor Tettenborn has pointed out, any defence of *Watteau v Fenwick* must rest on a principle of estoppel which is independent of agency altogether (A. Tettenborn, 'Agents, Business Owners and Estoppel' [1998] CLJ 274).

5.20 Agency in Commercial Transactions

be direct or through another agent, and may also be effected by investing A with a position or function in which he would have usual authority to conduct the transaction which he represents he has authority to conduct. But without some such holding out, A's representation of his own authority to contract does not commit P,[63] though it will expose A to an action by T for damages for breach of warranty of authority.[64] An agent who has no apparent authority to conclude a contract on behalf of P may, however, have apparent authority to convey to T the approval of the transaction by P or by someone authorized to approve it on P's behalf.[65] As Lord Sumption has observed, 'it is not at all uncommon for the authority to approve routine transactions to be limited to a handful of very senior officers, but for their approval to be communicated in the ordinary course of the company's administration by others whose function it is to do that.'[66] In each case it is necessary to examine the facts in order to determine whether the agent has apparent authority (a) to conclude the transaction or (b) to communicate to T that the transaction has been approved by P. Apparent authority almost invariably arises in cases where the actual authority given to the agent is general in character.[67]

(ii) **Reliance**

5.21 T cannot invoke the doctrine of apparent authority unless he acted in reliance on P's express or implied representation that A had authority.[68] Apparent authority cannot be relied upon by T when he knows that A has no actual authority[69] and, after some equivocation in the authorities, it has now been established that T cannot rely upon apparent authority if he failed to make the inquiries that a reasonable person would have made in all the circumstances in order to verify that A did have authority.[70]

---

[63] *The Ocean Frost*, n 31; *A-G. for Ceylon v Silva* [1953] AC 461, per Mr L. M. D. de Silva at 479; *Freeman & Lockyer v Buckhurst Park Properties (Mangal) Ltd* [1964] 2 QB 480, in which the judgment of Diplock LJ contains an illuminating description of the nature and scope of apparent authority.

[64] See para **5.33**.

[65] *Kelly v Fraser* [2012] UKPC 25, [2013] 1 AC 450, [12]–[15]; *First Energy (UK) Ltd v Hungarian International Bank Ltd* [1993] 2 Lloyd's Rep 194, discussed by F. M. B. Reynolds, 'The Ultimate Apparent Authority'(1994) 110 LQR 21 and, more generally, see P. Watts, 'Some Wear and Tear on *Armagas v Mundogas*: The Tension between Having and Wanting in the Law of Agency' [2015] LMCLQ 36.

[66] *Kelly v Fraser*, n 65, [13].

[67] 'It is possible to envisage circumstances which might give rise to a case of ostensible specific authority to enter into a particular transaction, but such cases must be very rare and unusual' (*The Ocean Frost*, n 31, per Lord Keith at 777).

[68] *Bedford Insurance Co Ltd v Instituto de Resseguros do Brasil* [1984] 3 All ER 766; *Rama Corpn Ltd v Proved Tin and General Investments Ltd* [1952] 2 QB 147; *Freeman & Lockyer v Buckhurst Park Properties (Mangal) Ltd*, n 63. While the reliance must be detrimental, detriment commonly for this purpose takes the form of the loss of an opportunity to protect one's interests by taking some alternative course of action: *Kelly v Fraser*, n 65, [17].

[69] *Criterion Properties plc v Stratford UK Properties LLC* [2004] UKHL 28, [2004] 1 WLR 1846, [31].

[70] *East Asia Co Ltd v PT Satria Tirtatama Energindo* [2019] UKPC 30, [2019] 4 LRC 646, [93].

(iii) Contract within the capacity of the principal

5.22 A cannot effectively commit P to a contract which P himself has no power to make, for clearly what a principal cannot do himself he cannot do through an agent. It follows that an act which would not bind P if done by A will not be binding on him if done by a sub-agent.

7. RATIFICATION OF ACTS DONE WITHOUT AUTHORITY

5.23 Where an agent concludes a contract without authority and expresses himself as so doing on behalf of a principal who is then in existence and is named or ascertainable from the description given in the contract, this may be ratified by the principal, in which case it takes effect from the time it was made.[71] But P cannot ratify a contract made by A in his own name[72] or on behalf of a different principal[73] or at a time when P was not in existence.[74]

8. RELATIONS BETWEEN PRINCIPAL AND AGENT

(i) Capacity in which agent acts

5.24 Where a transaction is effected through an intermediary, it is not always easy to determine for which party the intermediary is acting as agent. There are certain types of relationship where this is settled as a presumption of law or as a matter of business usage in the absence of agreement to the contrary. For example, an insurance broker is prima facie the agent of the insured, not of the insurer, even though it is the latter from whom he receives his commission.[75] In a syndicated loan transaction the lead manager normally acts as agent of the borrower in arranging the syndication, while the agent who manages the syndication after the agreements have been concluded is the agent of the lending banks.[76] But there may be equivocal transactions in which it is far from clear whether the agent, A, is acting for P or on his own behalf or for another principal, P2.[77]

(ii) Duties of the agent to the principal

5.25 In entering into an agency agreement A normally undertakes two distinct sets of obligations to P. The first is the performance of the duties imposed on

---

[71] See generally *Bowstead and Reynolds*, paras 2-047 ff; *Treitel, The Law of Contract*, 16-049.
[72] *Keighley, Maxsted & Co v Durant* [1901] AC 240.
[73] *Jones v Hope* (1880) 3 TLR 247n.
[74] The typical case is that of a contract expressed to be made on behalf of a company which is about to be incorporated but has not yet been registered (*Kelner v Baxter* (1866) LR 2 CP 174).
[75] *Newsholme Bros. v Road Transport and General Insurance Co Ltd* [1929] 2 KB 356; *Anglo-African Merchants Ltd v Bayley* [1970] 1 QB 311; *North and South Trust Co v Berkeley* [1971] 1 WLR 470.
[76] P. Wood, *International Loans, Bonds, Guarantees and Legal Opinions* (3rd edn, 2019), para 17-005.
[77] See *Goode on Proprietary Rights and Insolvency*, paras 3.32–3.42, discussing this problem in the context of an agency for the purchase of goods.

him by the express or implied terms of the agency agreement: A must perform with reasonable care and skill[78] the duties allotted to him by the agreement, must observe any lawful and reasonable instructions given by P so far as they are consistent with the terms of the agreement and must act strictly within the limits of his actual authority. P has the usual contractual remedies for breach of any of these duties. But A's contractual obligations form only part of the total. The law usually (though not invariably) treats A as a fiduciary and thus requires him to fulfil a further range of duties which equity imposes on fiduciaries. The extent to which these apply and the strength of their application vary according to the nature and circumstances of the agency agreement. Thus an agent 'owes a duty of undivided loyalty to the principal, unless the latter has given his informed consent to some less demanding standard of duty.'[79] An agent also owes a duty to his principal to keep and be prepared to render accounts of his dealings on behalf of P, to subordinate his own interests to those of P, to avoid conflicts of interest between P and other principals and to refrain from using his position as agent to acquire for himself property, contracts, business opportunities or other benefits which he ought (if acquiring them at all) to do so for P.[80] A may also, depending on the terms of his agreement with P, be under a duty to keep money and other assets received from or for P separate from his own and be a trustee of any proceeds of sale of P's property.[81] But not all these fiduciary duties apply with full force, or, indeed, at all, to all contracts of agency because the terms of the contract may, expressly or impliedly, exclude or modify the operation of these fiduciary duties. For example, it is well understood that an estate agent engaged to find sellers and buyers of properties will be acting for competing principals, for otherwise he could not carry on his business. Accordingly, the estate agent does not commit a breach of fiduciary duty by failing to disclose to the prospective vendor of one property that he is at the same time acting for the prospective

---

[78] The agreement may, of course, impose on A a strict duty of performance, as by requiring him to effect sales of not less than a stated minimum value each year, in which case the fact that A did all he reasonably could to discharge this duty will not be a defence if he fails to achieve sales to the stated value.

[79] *FHR European Ventures LLP v Cedar Capital Partners LLC* [2014] UKSC 45, [2015] AC 250, [33]. It has been held to follow that the principal is entitled to 'the entire benefit of the agent's acts in the course of his agency.' Not only that, but any bribe or secret commission received by the agent is treated as the property of the principal and does not simply give to the principal a claim for equitable compensation to recover the value of the bribe or secret commission. After many years of uncertainty and debate, English law finally recognised in *FHR European Ventures LLP* that a bribe or secret commission accepted by an agent is held on trust for his principal so that the principal has an equitable right to trace or follow the bribe or secret commission. The principal can therefore elect between a proprietary and a personal claim in such a situation. Contrast in this respect the decision of the Supreme Court in *Angove's Pty Ltd v Bailey* [2016] UKSC 47, [2016] 1 WLR 3179 where, in a situation which did not involve wrongdoing by the agent, it was held that the agent's duty to account to his principal for moneys received on his behalf did not give rise to a trust of the money in the agent's hands.

[80] See *Bristol and West Building Society v Mothew* [1998] Ch 1, per Millett LJ at 18; *Bowstead and Reynolds* paras 6–034 ff. An agent's duty to produce accounts relating to the period of his agency continues after the agency relationship has ended (*Yasuda Fire and Marine Insurance Co of Europe Ltd v Orion Marine Insurance Underwriting Agency Ltd*, n 16).

[81] *Re Fleet Disposals Services Ltd* [1995] 1 BCLC 345.

Relations Between Principal and Agent 5.27

vendor of an adjacent property selling to the same purchaser, even though the prospective purchase of both properties by a single buyer could have affected the price,[82] nor is the agent disabled from claiming commission from both vendors.[83]

5.26 The rise of financial and commercial conglomerates has made it virtually impossible for any agent, however scrupulous and well-intentioned, to avoid conflicts of interest. All he can hope to do is to manage them. The law allows most of these duties to be excluded or qualified by agreement with P after full disclosure by A of all the material facts.[84] There are, however, certain limits. First, the exclusion or restriction must be one which satisfies the test of reasonableness under the Unfair Contract Terms Act 1977, where applicable.[85] Secondly, an agent or other fiduciary cannot exclude liability for fraud.[86] Thirdly, reg 3 of the Commercial Agents (Council Directive) Regulations 1993 (SI 1993/3053) provides that a commercial agent who falls within the scope of the regulations[87] is subject to the following duties from which the parties may not derogate:[88]

(1) In performing his activities a commercial agent[89] must look after the interests of his principal and act dutifully and in good faith.
(2) In particular, a commercial agent must:
   (a) make proper efforts to negotiate and, where appropriate, conclude the transactions he is instructed to take care of;
   (b) communicate to his principal all the necessary information available to him;
   (c) comply with reasonable instructions given by his principal.

5.27 The remedies available to P for breach of A's contractual duties are the normal remedies available for breach of contract, including damages.[90] The

---

[82] *Kelly v Cooper* [1993] AC 205. However, a court is likely to be slow to extend this understanding beyond estate agents: see *Rossetti Marketing Ltd v Diamond Sofa Company Ltd* [2012] EWCA Civ 1021, [2013] 1 All ER (Comm) 308, [25] and [27] where the Court of Appeal held that there was no reason for concluding that the normal non-compete principle should not apply.
[83] See the Law Commission's Consultation Paper *Fiduciary Duties and Regulatory Rules* (Cons. Paper No 124, 1992), Pt III.
[84] For a discussion of what constitutes adequate disclosure, see ibid, paras 3.4.4 ff.
[85] See paras **3.78–3.82**.
[86] *HIH Casualty and General Insurance Ltd v Chase Manhattan Bank* [2003] UKHL 6, [2003] 2 Lloyd's Rep 61.
[87] See n 18. Where the agent carries on his activities within the European Union it has been held by the Court of Justice of the European Union that the application of the directive is mandatory and cannot be excluded by a choice of law clause which selects the law of a state outside the EU and where the principal has its establishment (*Ingmar GB Ltd v Eaton Leonard Technologies Inc* [2000] 1 CMLR 9, [2001] 1 All ER (EC) 57). For criticism of the decision on the ground that it undermines the principle of party autonomy, see H. L. E. Verhagen (2002) ICLQ 135.
[88] Reg 5. For the equivalent provision in the Directive, see art 5.
[89] See n 38 above.
[90] See para **3.107** ff. Article 5(2) of the Commercial Agents (Council Directive) Regulations provides that the law applicable to the contract shall govern the consequence of a breach of the rights and obligations under reg 3.

219

remedies for breach of fiduciary duty vary according to circumstances. They include personal remedies, such as an account and payment of monies received for P, compensation by way of equitable debt for loss caused to P, and confiscation of a bribe or secret commission received by A; and remedies for the enforcement of proprietary rights, such as a constructive trust of money or other assets received by A for himself which he should have received (if at all) for P, and the proceeds of P's property which A has misappropriated.[91]

(iii) Duties of the principal to the agent

5.28 Hitherto the duties owed by P to A have been left to be determined by the express or implied terms of the agreement. English law has been reluctant to imply terms other than in relation to A's remuneration and security for payment of it, and the case law has for the most part been concerned with such questions as whether A has done what is necessary to entitle him to his commission and whether P owes A a duty to avoid steps (eg withdrawal from a proposed transaction with T or cessation of business) which would prevent A from earning his commission.

5.29 With the advent of the European Directive on Commercial Agents[92] this has changed. Regulation 4 of the Commercial Agents (Council Directive) Regulations 1993 (SI 1993/3053), which implements Article 4 of the Directive, imposes various duties on P from which no derogation is permitted.[93] These are as follows:

'(1) In his relations with his commercial agent a principal must act dutifully and in good faith.
(2) In particular, a principal must—
 (a) provide his commercial agent with the necessary documentation relating to the goods concerned;
 (b) obtain for his commercial agent the information necessary for the performance of the agency contract, and in particular notify the commercial agent within a reasonable period once he anticipates that the volume of commercial transactions will be significantly lower than that which the commercial agent could normally have expected.
(3) A principal shall, in addition, inform his commercial agent within a reasonable period of his acceptance or refusal of, and any non-execution by him of, a commercial transaction which the commercial agent has procured for him.'

5.30 Whether an agent is entitled to be remunerated for his services depends on the express or implied terms of the agency agreement. Agents used in trade and commerce will almost invariably be remunerated, usually by commission, and will be entitled to the agreed remuneration or, if the amount of this is not specified, the remuneration that commercial agents appointed for the goods forming the subject of his agency contract are customarily allowed in the place where he carries on his activities, or if there is no such customary practice, a

---

[91] See *Bowstead and Reynolds*, paras 6-073 – 6-089.
[92] See n 18.
[93] Reg 5. For the equivalent provision in the Directive, see art 5. See n 88.

Relations Between Principal and Agent **5.32**

reasonable sum taking into account all aspects of the transaction.[94] The agent also has a right to be reimbursed his agreed or reasonable expenses, except so far as intended to be covered by his remuneration, and to be indemnified against all liabilities, incurred in the performance of his duties. He is not entitled to reimbursement or indemnity in respect of unauthorized transactions except where the principal ratifies them or accepts a benefit from them, or in respect of transactions which he knows or ought to know are unlawful.[95]

5.31 A's remedies for breach of duty by P may be personal or proprietary.[96] A has a personal right of action for unpaid remuneration and expenses, and has a lien over any property of P in his possession to secure payment of what is owed to him. Further, where A has at P's request incurred on behalf of P a commitment to make a payment to T, A's authority to make the payment becomes irrevocable, and he is entitled to recoup himself from funds of P available to him and for that purpose to debit P's account, even if P has meanwhile become bankrupt or gone into liquidation.[97] This irrevocable right of recoupment by debit to P's account is quite distinct from any lien or right of set-off A may have.[98]

5.32 The Commercial Agents (Council Directive) Regulations 1993 (SI 1993/3053) contain various provisions designed to ensure the payment of commission to A.[99] It is unclear to what extent, if at all, derogation from these is permitted.[100]

---

[94] Commercial Agents (Council Directive) Regulations 1993 (SI 1993/3053), reg 6(1), For the equivalent provision in the Directive, see art 6(1).
[95] See *Bowstead and Reynolds*, paras 7–063 ff.
[96] Article 5(2) of the Regulations provides that the law applicable to the contract shall govern the consequence of a breach of the rights and obligations under regulation 4.
[97] *Yates v Hoppe* (1850) 9 CB 541. Other cases usually cited in support of this proposition are *Crowfoot v Gurney* (1832) 9 Bing 372, *Walker v Rostron* (1842) 9 M & W 411, and *Griffin v Weatherby* (1868) LR 3 QB 753, but these were decided on a different ground, namely an equitable assignment to T of funds in the hands of A and earmarked for the payment.
[98] A common law lien in the strict sense is available only over tangible property, such as documents, cheques, securities and the like; and set-off is involved only where money is owed by P to A on a separate account, so that A can set off his right of recoupment on one account against his liability to P on the other.
[99] Regs 6–10. For the equivalent provisions in the Directive, see arts 6–10. See para **5.39**.
[100] The source of the difficulty can be traced back to the Directive which the Regulations seeks to implement. The Directive contains no express non-derogation rule such as art 5 provides in relation to art 3 or art 19 in relation to arts 17 and 18. However, reg 11(1) of the 1993 Regulations (and for the equivalent provision in the Directive see art 11(1)) states that the right to commission 'can be extinguished only if and to the extent that' the contract with the third person will not be executed and the principal is not to blame for that fact, while reg 11(3) (for the equivalent provision in the Directive see art 11(3)) precludes derogation from that provision. In *'Ingmar' GB Ltd v Eaton Leonard Inc* [2001] All ER (D) 448 (Jul), which followed the decision of the European Court of Justice, Morland J concluded that as there was no equivalent of art 19 in relation to arts 7 and 8, it was open to the parties to derogate from those provisions 'but only so far as they do not thwart the purpose of the Council Directive'. But the judgment makes no reference to art 11.

5.33 *Agency in Commercial Transactions*

9. POSITION OF THIRD PARTY: AGENCY DISCLOSED

5.33 Where A contracts expressly as agent for P as a named or identifiable principal, T's contract is with P, not with A, and only P can sue and be sued on the contract.[101] This is so even where in making the contract A exceeds his authority,[102] though in such a case he becomes liable to T for damages for breach of the implied warranty of authority.[103] But A can expressly undertake liability, either in substitution for or in addition to that of P. Where A contracts as such but without disclosing P's identity, it is a question of construction of the contract whether T entered into the contract on the basis that he was willing to treat as the other party any person by whom A was authorized to make the contract or whether he looks to the credit of A, not of P. In the former case, T's contract is with P, in the latter, with A.[104] A similar principle is succinctly expressed in art 12 of the UNIDROIT Convention on Agency in the International Sale of Goods:

> 'Where an agent acts on behalf of a principal within the scope of his authority and the third party knew or ought to have known that the agent was acting as an agent, the acts of the agent shall directly bind the principal and the third party to each other, unless it follows from the circumstances of the case, for example by a reference to a contract of commission, that the agent undertakes to bind himself only.'

5.34 However, in the case of signed contracts in writing there is an established rule that where A signs in his own name, he is personally liable unless it is clear from the document that he is signing in his capacity as agent.[105] The mere addition of words of description after the signature, such as 'agent' or 'director', will not normally suffice to displace A's liability; it is necessary for

---

[101] It has been accepted that, in theory, it may be possible for the contract to provide that, notwithstanding the existence of a disclosed and identified principal, the contract could take effect as a contract between the third party and the agent but it would be an 'odd agreement' for parties to make and is best regarded as an option available in legal theory rather than a practical reality: *Filatona Trading Ltd v Navigator Equities Ltd* [2020] EWCA Civ 109, [38], [63] and [125].

[102] See to similar effect art 14(2) of the UNIDROIT Convention on Agency in the International Sale of Goods: 'Where the conduct of the principal causes the third party reasonably and in good faith to believe that the agent has authority to act on behalf of the principal and that the agent is acting within the scope of that authority, the principal may not invoke against the third party the lack of authority of the agent.'

[103] See generally *Bowstead and Reynolds*, paras 9–060 ff. Where P is bound by A's apparent authority, it is not altogether clear whether A escapes liability or is liable in full or is liable for purely nominal damages on the basis that T has suffered no loss, since he can enforce the contract against P. The position is analogous to that arising where S wrongfully sells O's goods to T in circumstances where T acquires an overriding title (paras **11.17–11.19**), and it is thought that the position should be the same, namely that where it is unclear whether P is bound, T is not obliged to buy a lawsuit and should be allowed to sue A for damages in full, but that where there can be no doubt that P is bound, then although A has still committed a technical breach of warranty, damages will be purely nominal.

[104] *The Santa Carina* [1977] 1 Lloyd's Rep 478.

[105] *The Swan* [1968] 1 Lloyd's Rep 5.

him to indicate that he is acting in a representative capacity, eg 'for and on behalf of' P.[106]

5.35 Where A contracts as agent but without identifying P, who actually exists, A will not normally be liable, but liability will be imposed where A is in fact the principal,[107] and has sometimes been imposed where P was fictitious or non-existent or where A refused to disclose P's identity, thus preventing T from enforcing the contract against P,[108] or his evidence as to his principal is disbelieved.[109]

10. POSITION OF THIRD PARTY: AGENCY UNDISCLOSED

5.36 Where A makes a contract as apparent principal, so that T is not aware that he is an agent, the parties to the contract are A and T. But if T discovers the facts, he may elect to sue P instead of A,[110] while P for his part may intervene to enforce the contract made on his behalf.[111] This doctrine of the undisclosed principal is generally recognized as anomalous but is firmly entrenched in English agency law. In this respect it differs sharply from the civil law, which treats P's authority to A in such cases as a purely internal mandate which neither confers rights nor imposes liabilities on T.

5.37 However, the doctrine of the undisclosed principal does not apply where:

(a)   the terms of the contract expressly or impliedly exclude P's right to sue and liability to be sued,[112]
(b)   A does not intend to contract on P's behalf,[113]

---

[106] *Universal Steam Navigation Co Ltd v James McKelvie & Co* [1923] AC 492. But it is difficult to be dogmatic about any particular forms of words, for so much depends on the context and on the commercial understanding of the words used. So 'as agent' has sometimes been held sufficient to indicate a representative capacity, sometimes not.
[107] See *Chitty on Contracts* (33rd edn, 2018), para 31–099, suggesting that liability on a collateral contract may in certain circumstances be a more appropriate basis.
[108] *Owen v Gooch* (1797) 2 Esp 567.
[109] *Hersom v Bernett* [1955] 1 QB 98.
[110] *Browning v Provincial Insurance Co of Canada* (1873) LR 5 PC 263.
[111] Ibid; *Siu Yin Kwan v Eastern Insurance Co Ltd* [1994] 2 AC 199.
[112] *Siu Yin Kwan v Eastern Insurance Co Ltd* n 111. When seeking to identify who is, and who is not, a party to the contract, a court is entitled to take into account the range of materials that falls within the scope of the contractual matrix, although it is less certain whether it can have regard to parol evidence: *Aspen Underwriting Ltd v Credit Europe Bank NV* [2018] EWCA Civ 2590, [2019] 1 Lloyd's Rep 221, [49]. Given the long-established nature of the right of the principal to intervene, the courts are likely to be slow to conclude that the terms of the contract deprive the principal of that right, at least in the absence of clear words to that effect (*Filatona Trading Ltd v Navigator Equities Ltd* [2020] EWCA Civ 109, although it should be noted that the case was one concerned with the right of a disclosed rather than an undisclosed principal to sue on the contract). An entire agreement clause is a term to which a court can have regard when deciding who are the parties to the agreement (*Kaefer Aislamientos SA de CV v AMS Drilling Mexico SA de CV* [2019] EWCA Civ 10, [2019] 3 All ER 979, [2019] 1 WLR 3514, [113]–[114]) but it is not conclusive unless, perhaps, it states clearly that only the named parties may sue or be sued on the contract (*Filatona*, [87]),
[113] *Siu Yin Kwan v Eastern Insurance Co Ltd*, n 111; *Teheran-Europe Co Ltd v S. T. Belton (Tractors) Ltd* [1968] 2 QB 545.

(c) T makes it clear that he does not wish to contract with anyone other than A,[114] or
(d) P stipulates that A is not to commit P to a contract with third parties but is to undertake all transactions on his own behalf.[115]

11. TERMINATION OF THE AGENT'S AUTHORITY

(i) Principal's power of termination

5.38 A's authority can be terminated by agreement or by P's unilateral act in giving notice of revocation of the authority, and may also come to an end by operation of law in various circumstances, such as P's bankruptcy.[116] P can terminate A's authority in part or completely, as by determining the agency contract as a whole. But in certain cases, in particular where the parties have agreed that the agent's authority shall be irrevocable and the authority is given to secure the agent's own interest in some way, it cannot be revoked before that interest has been satisfied and until then continues even after P's bankruptcy. Typical cases of such 'authority coupled with an interest' are where A has been empowered to resort to funds or securities held for P to secure recoupment of expenses or cover for liabilities incurred on P's behalf. But the creation of such a power should be regarded as a property disposition rather than as the conferring of authority, for A exercises the power in his own interest.[117] However, P is not precluded from revoking A's authority merely by reason of the fact that this would constitute a breach of the agency agreement. A's remedy is to sue for damages for the breach; he is not entitled to continue acting as if still authorized.[118]

5.39 A matter of some importance is the agent's position on termination of the agency agreement. An agent may spend considerable time and effort developing a market for his principal only to find that the principal terminates the agency and takes over the network of contacts without compensating the agent. Until recently, the agent's entitlement to compensation was purely a matter of contract. But under the Commercial Agents (Council Directive) Regulations 1993 (SI 1993/3053) on termination of the agency contract A is entitled to be compensated or, if so provided by the agency agreement, indemnified.[119] The provisions governing compensation are modelled on

---

[114] *Said v Butt* [1920] 3 KB 497. The scope of this decision is, however, the subject of some controversy; see *Bowstead and Reynolds*, para 8-079.
[115] The so-called commission agency. See further, para 5.07.
[116] See *Bowstead and Reynolds*, ch 10. Regulation 15 of the Commercial Agents (Council Directive) Regulations 1993 (SI 1993/3053) contains various rules as to notice of termination (for the equivalent provision in the Directive, see art 15).
[117] *Bowstead and Reynolds*, para 10–007. A power may be irrevocable both at common law and under the Powers of Attorney Act 1971, though for the latter to apply the power must be expressed to be irrevocable and to secure a proprietary interest of, or some obligation owed to, the donee (s 4).
[118] *Angove's Pty Ltd v Bailey* [2016] UKSC 47, [2016] 1 WLR 3179; *Frith v Frith* [1906] AC 254.
[119] Regs 17–19 (for the equivalent provisions under the Directive see arts 17–19). Termination includes expiry by effluxion of time (*Tigana Ltd v Decora Ltd* [2003] Eu LR 189). The use of

French law, those relating to indemnity on German law.[120] Compensation is awarded to the agent in order to compensate him for the loss of the benefit of the agency relationship.[121] While the method by which the damage is calculated is a matter for each member state to decide,[122] the approach of the courts in the UK is to compensate the agent for the loss of value of the agency, having regard to factors such as the amount of the commission which the agent could reasonably have expected to receive had the agency continued in existence.[123] The aim of an indemnity, on the other hand, is to reflect the continuing benefit P will derive from new customers introduced by A and loss of the commission A would have earned in respect of sales to those customers.[124] The amount of commission which the agent has lost does not operate as a limit on the amount which the agent can recover by way of an indemnity.[125] When calculating an indemnity a court must first quantify the benefits accruing to the principal as a result of the business which has been brought in by the commercial agent. Then the court must consider whether this amount is equitable, having regard to all the circumstances of the case and, in particular, to the commission which has been lost by the commercial agent.[126] The valuation of an agency is very much a matter for the court at first instance so that an appellate court is likely to be slow to interfere with the finding of the trial court judge.[127] Finally, the amount awarded by way of indemnity must not exceed the stipulated upper limit.[128] The parties may not derogate from the

---

the word 'indemnity' in the English text is unfortunate, conveying a meaning quite different from that in ordinary English legal usage. It is in essence a payment in respect of value added to P's business by A's activities as agent.

[120] *Lonsdale v Howard & Hallam Ltd* [2007] UKHL 32, [2007] 4 All ER 1, [2007] 1 WLR 2055, [5]. While the courts are entitled to have regard to the French and German origins of the particular provisions, it does not follow that they must adhere to all of the practices of the French and German courts respectively. Thus in *Lonsdale* it was held that the courts were not obliged to follow the practice of the French courts in awarding to the agent compensation based on two years' gross commission (see *Lonsdale* at [16]–[21]). For an example of an English court applying reg 17, see *Alan Ramsay Sales and Marketing Ltd v Typhoo Tea Ltd* [2016] EWHC 486 (Comm), [2016] 4 WLR 59.

[121] Reg 17(6). See *Lonsdale v Howard & Hallam Ltd*, n 120, [10]–[11].

[122] *Honeyvem Informazioni Commerciali Srl v De Zotti* (Case C-465/04) [2006] ECR I-2879.

[123] *Lonsdale v Howard & Hallam Ltd*, n 120, [21] and [35]. This could be valued by estimating what a hypothetical purchaser would have been willing to pay for the right to take over the agency: *W Nagel (a firm) v Pluczenik* [2018] EWCA Civ 2640, [2019] 1 Lloyd's Rep 36, [40].

[124] Reg 17(3) (for the equivalent provision in the Directive see art 17(2)). This regulation, which does not apply where the principal has terminated the agency contract because of the agent's default or where the agent has terminated it without circumstances to justify such termination (reg 18, for the equivalent provision in the Directive see art 18), cannot be excluded to the detriment of the agent before the agency contract expires (reg 19, for the equivalent provision in the Directive see art 19). In relation to termination because of the agent's default, the entitlement to compensation will be excluded only if (a) the principal terminates 'because of' default attributable to the agent, and (b) that default would justify immediate termination of the agency: *Green Deal Marketing Southern Ltd v Economy Energy Trading Ltd* [2019] EWHC 507 (Ch), [2019] 2 All ER (Comm) 191, [152](6).

[125] *Semen v Deutsche Tamoil GmBH* Case C-348/07, [2009] 2 All ER (Comm) 243.

[126] Ibid.

[127] *Warren (t/a On-line Cartons and Print) v Drukkerij Flach BV* [2014] EWCA Civ 993, [2015] 1 Lloyd's Rep 111, [22].

[128] Reg 17(4) (for the equivalent provision in the Directive see art 17(2)(b)). Regulation 17(5) provides that commercial agents, on the termination of the agency agreement, are entitled both

5.39 *Agency in Commercial Transactions*

provisions of regs 17 and 18 to the detriment of the commercial agent before the agency contract expires.[129]

(ii) Effect of termination on third parties

5.40 Termination of the agency agreement, though bringing to an end A's right to commit P to new transactions, does not normally affect third parties who dealt with P before the termination, or who act on the basis of usual authority, and are unaware that A's authority has come to an end.

12. DISPOSITIONS BY AND TO A

(i) Dispositions by A

5.41 A disposition of P's property by A to T will bind P where effected pursuant to A's actual or apparent authority, in accordance with ordinary agency principles. But A's power of disposal is not confined to true agency situations in which P is brought into contractual relations with T; it applies also where A disposes of P's goods as a commission agent[130] or an agent of necessity.[131] Special statutory provisions apply to dispositions by mercantile agents; these are discussed in chapter 16.

(ii) Dispositions to A

5.42 Where A purchases goods from T at the request of P, it is not always easy to characterize the transaction. Depending on the agreement between the parties, A may purchase as agent for P as a disclosed principal (whether named or unidentified) or as an undisclosed principal or as a commission agent who buys on his own account and immediately resells to P. A may also participate by confirming an order placed by P with T. According to the circumstances title may pass direct from T to P without going through A, or may pass through A to P without any interval between A's acquisition and that of P, or may be held by A on trust for P or as beneficial owner until A has appropriated the goods to his contract with P. The sometimes complex issues arising have been discussed by Professor Goode elsewhere.[132]

---

to an indemnity for customers limited to a maximum of one year's remuneration and, if that indemnity does not cover all of the loss actually sustained, to recover damages on top provided that there is no element of double recovery. For the equivalent provision in the Directive see art 17(2)(c) and *Quenon K Sprl v Metlife Insurance SA*: C-338/14 (3 December 2015), [2016] Bus LR 264, CJEU. In other words, within the maximum limit, it is permissible to combine a claim for an indemnity with one for damages provided that there is no element of double recovery.

[129] Reg 19 (for the equivalent provision in the Directive see art 19).
[130] See para 5.07.
[131] See para 5.15.
[132] *Goode on Proprietary Rights and Insolvency*, ch III.

PART TWO
Domestic Sales

Chapter 6

A BRIEF HISTORY OF SALES LAW

6.01 The sale of goods is one of the earliest forms of business transaction, existing from the time when money was first introduced to replace barter. Medieval English law was primarily concerned to protect real rights,[1] and did not recognize the binding force of executory agreements if not under seal.[2] Thus, in the early history of the common law, a bargain and sale of goods, being ineffective by itself to transfer ownership to the buyer,[3] did not as such entitle the seller to sue for the price; it was necessary for him to establish benefit to the buyer by delivery of the goods,[4] so generating the *quid pro quo* which would ground an action in debt and which would not have been sufficiently constituted by the mere promise of performance by the seller. But the manifest commercial importance of sale, and the need for the mercantile community to be able to rely on a principle of *pacta sunt servanda*, drove the common law to accept that if a sale transaction were properly established,[5] ownership would pass to the buyer by virtue of the contract, and he could accordingly maintain an action in detinue, not by virtue of the seller's undertaking to deliver but in exercise of a proprietary right.[6] As a corollary, the seller could sue for the price, though in deference to the principle that a mere executory agreement could not impose liability the courts based the seller's entitlement not on the exchange of promises as such but on the fact that, by virtue of the contract, ownership had passed to the buyer, thus conferring on him the benefit requisite to ground the seller's action.[7]

---

[1] Ie those arising from the delivery of property, the payment of money or the conferment of some other tangible benefit, as opposed to a mere exchange of promises, neither of which was considered by itself a sufficient *quid pro quo* to make the other enforceable.

[2] *Anon.* (1338) YB 11 and 12 Edw III (RS) 586. See generally M. Furmston, *Cheshire, Fifoot and Furmston's Law of Contract* (16th edn, 2012), pp 1 ff and literature there cited.

[3] *Anon.* (1337) YB 50 Edw III, Trin, f 16, pl 8.

[4] C. H. S. Fifoot, *History and Sources of the Common Law* (1949), pp 225 ff; D. Ibbetson, 'Sale of Goods in the Fourteenth Century' (1991) 107 LQR 480; S. F. C. Milsom, 'Sale of Goods in the Fifteenth Century' (1961) 77 LQR 257 at p 272.

[5] Eg by payment of a 'God's penny' (conventionally a farthing) to symbolize the making of the bargain, or of 'earnest money' (a forfeitable deposit as a pledge of good faith), or by part payment of the price, or production of a tally (a stick of wood with notches indicating payments of a given size, which was split in two, each party retaining one half). Frequently a bargain was sealed by a combination of a God's penny and earnest.

[6] *Doige's Case* (1442) YB Trin 20 Hen VI, f 34, pl 4, per Fortescue CJ.

[7] Ibid. This concept of debt as a proprietary claim was firmly embedded in the language in which debt claims were framed. Even in the Fair Courts and the Courts of the Staple, where

229

6.02 A Brief History of Sales Law

6.02 Yet for anything other than these basic rights – the right of the seller to the price, and of the buyer to the goods – the common law had little concern. The main control of sales transactions, apart from the civil jurisdiction of the merchant courts, who applied the *lex mercatoria*,[8] lay through the criminal law, with statutes prohibiting the use of false measures, the watering down of beer and the adulteration of food,[9] and local ordinances regulating the conduct of the market, trade by trade, which were enforced by the trade guilds and the borough courts.[10] Except for sales of food and drink by a dealer in victuals,[11] the seller did not impliedly warrant the quality of the goods he sold,[12] or even have a duty to disclose defects known to him;[13] nor, indeed, did the sale imply that the seller had a good title.[14] In short, *caveat emptor* was the principle that guided the courts. The buyer had eyes; let him use them, or suffer the consequences.[15] If he was unsure of the product or of his seller's title, his remedy was either to make inquiries of others or to exact suitable warranties from the seller.

6.03 If the seller knowingly made a false statement as to the nature or quality of the goods, or as to his title to them, he could be sued in tort for deceit;[16] and if he not merely asserted a fact but warranted its truth by express words of

---

merchants were accustomed to the notion of enforceable agreements, a claim for the price of goods traditionally took the form of an assertion that the defendant was 'detaining' the price. Conceptually, there was thus a close link between debt and detinue.

[8] See para **1.02**.
[9] See, for example, Judicium Pillorie (1266) 51 Hen III, stat 6, which prescribed the punishment of the pillory and tumbrel for bakers giving short weight in bread and for butchers selling unwholesome meat. Cf. *Liber Albus*, Book III, Pt II: 'And if any default shall be found in the bread of a baker of the City, the first time, let him be drawn upon a hurdle from the Guildhall to his own house, through the great streets where there may be most people assembled, and through the great streets that are most dirty, with the faulty loaf hanging from his neck.' For a second offence it was the pillory; for the third, the baker had to forswear his trade within the City forever.
[10] See generally W. H. Hamilton, 'The Ancient Maxim Caveat Emptor', 40 Yale LJ 1133 (1931) at pp 1141 ff.
[11] Where liability was imposed by ancient statute (*Burnby v Bollett* (1847) 16 M & W 644).
[12] Co Litt 102, a.
[13] The attitude of the common law was thus in marked contrast to that of the law merchant, which held the seller to a strict duty of good faith, imposing on him a liability for damages if he sold goods to which he had no title or which were not of merchantable quality.
[14] See below. In early times such a policy was not unreasonable, for most sales took place at markets and fairs, and a bona fide purchaser in market overt acquired a good title even if the seller had no right to sell, so that there was not a widespread need for an implied undertaking as to title. For the reason underlying the market overt rule, see para **16.28**. It has now been abolished (see para **16.28**).
[15] A. Fitzherbert, *New Natura Brevium* (8th edn, 1755), 94C; P. S. Atiyah, *The Rise and Fall of Freedom of Contract* (1979), pp 178 ff, pp 464 ff. Though of doubtful parentage (see Hamilton, 'The Ancient Maxim Caveat Emptor', n 10), this principle became so strongly rooted that as late as 1789 we find in the dissenting judgment of Grose J in *Pasley v Freeman* (1789) 3 Term Rep 51 the proposition, astonishing to modern eyes, that a person causing loss to another by a fraudulent misstatement incurred no liability except in the case of a contract, and even then only if the plaintiff had exacted a warranty, instead of relying on a bare affirmation, of which he ought to have tested the truth himself by appropriate inquiries.
[16] See A. W. B. Simpson, *A History of the Common Law of Contract* (1975), pp 240 ff; Milsom, n 4, at pp 278 ff.

warranty, he was liable in deceit even though ignorant of the falsity of his statement.[17] Though the existence of a contract was essential to this warranty liability, it was not necessary that the warranty should actually be a term of the contract; it sufficed that it was causally connected to the sales transaction by constituting an inducement to the buyer to buy.[18] In short, the seller's liability on a warranty was not in contract but in tort for making a false statement which (albeit made in good faith) deceived the buyer into entering into the contract. But in the absence of fraud, the mere affirmation of a fact by the seller was not enough to involve him in liability for the falsity of his statement unless he expressly warranted its truth, and his use of the word 'warrant' or 'warranty' had to be specifically pleaded in order to establish a cause of action. This was vividly illustrated in the famous case of *Chandelor v Lopus*.[19]

> The plaintiff brought an action upon the case against the defendant alleging that the latter, in selling a stone to the plaintiff, had affirmed it to be a Bezoar stone,[20] which it was not. The majority of the court (Anderson J dissenting) held that the allegation was insufficient to entitle the plaintiff to relief, since the defendant was not liable unless he had given a warranty.[21]

---

[17] Milsom, n 4, at p 280, and *Historical Foundations of the Common Law* (2nd edn, 1971), p 364.

[18] When a claim for breach of warranty still lay only in deceit, it was laid down that the warranty had to relate to an existing fact and was not actionable if amounting merely to a promise for the future (see Blackstone, 3 Comm. 165, and *Anon* (1472) YB Trin 11 Edw IV, f 6, pl 10), a reasonable conclusion since at the time a promise is made it cannot be said that it is false save where the promisor misrepresents his intention, and the view then was that 'it is common learning that the intent of a man cannot be tried, for the Devil himself knows not the intent of a man', *Anon* (1477) YB 17 Edw IV, Pasch, f 1, pl 2, per Brian CJ. But when *assumpsit* became an alternative basis of the claim, this ground of objection disappeared, since the promise was now a matter of contract. The contractual basis of warranty having superseded the action in deceit for breach of warranty, the promissory nature of the remedy eventually assumed such dominance in the minds of the judges that it came to be assumed that a statement could be a warranty only if it formed part of the contractual undertaking (see n 27). This unfortunate failure to remember the representational function of warranty, as a statement which induced but did not necessarily form part of the contract, is largely responsible for the unhappy distinction now drawn in English contract law between 'mere' representations and terms of the contract. See para **3.41**, D. W. Greig, 'Misrepresentations and Sales of Goods' (1971) 87 LQR 179 and M. Bridge *The Sale of Goods* (4th edn, 2019), paras 8.03–8.08. American courts, influenced by that great scholar Samuel Williston, usually avoided falling into this trap. See *Williston on Sales* (rev. edn, 1973–4), paras 181–183, 194–197; and S. Williston, 'Representation and Warranty in Sales', 27 Harv L Rev 1 (1913), criticizing *Heilbut, Symonds & Co v Buckleton* [1913] AC 30. But cf S. J. Stoljar, *Mistake and Misrepresentation*, pp 126–128.

[19] (1603) Cro Jac 4. The prolonged influence of this case can be gauged from the fact that it was still being cited in 1957. See *Oscar Chess Ltd v Williams* [1957] 1 All ER 325, per Denning LJ at 327–330.

[20] A stone found in the stomach of certain ruminants and reputed to have possessed wondrous medicinal properties.

[21] The majority judgments also asserted, erroneously, that the defendant's knowledge of the falsity of his statement was not sufficient, Anderson J again dissenting. The plaintiff should, however, have succeeded on this ground. Subsequently, there was a new trial, in which Popham CJ, at least, was prepared to hold that the seller's concealment of a defect in title or quality would be actionable in deceit even if he had made no affirmation whatsoever. This expression of view appears to have been lost sight of in subsequent cases; and the outcome of

6.03 A Brief History of Sales Law

The proposition that a statement of fact could not by itself be a warranty in the absence of express words of warranty was ultimately abandoned;[22] the action for breach of express warranty continued to lie in tort for deceit, not in contract, though in the absence of fraud the existence of a contract induced by the warranty was an essential ingredient of the defendant's liability.

6.04 Thus, case law on sale up to the seventeenth century, in so far as it emerged at all from the common law courts,[23] was largely devoted to allegations of fraud or breaches of express warranty, arguments that in the absence of these the pleadings were not well founded, and highly technical points arising from formalities imposed by the Statute of Frauds.[24] However, by the sixteenth century the courts were beginning to hold a defendant liable for breach of a contractual undertaking as such, not by way of a claim in tort but by an action on the case in *assumpsit*;[25] and in 1778 there came a significant breakthrough when it was held that a claim for breach of warranty[26] in a contract of sale could be brought in *assumpsit* as an alternative to deceit.[27] The availability of this alternative contractual basis having been established, it was but a short step to hold that in certain circumstances a warranty could be implied.

6.05 But only after a struggle was this notion accepted.[28] First to secure recognition were the implied warranties of correspondence with description

---

the second action in *Chandelor v Lopus* is uncertain, though a statement by counsel in the later case of *Southern v How* (1618) Cro Jac 468 would seem to indicate that the plaintiff was successful. See 8 Harv L Rev 282 (1894).

[22] 'If the court went on a distinction between the words *warranty* and *affirmation*, the case is not law; for it was rightly held by Holt CJ in the subsequent cases, and has been uniformly adopted ever since, that an affirmation at the time of a sale is a warranty provided it appear on evidence to have been so intended' (*Pasley v Freeman*, n 15, per Buller J). This statement by Buller J became the *locus classicus* for the nature of a warranty, despite the fact that in neither of the decisions of Holt CJ, on which it was based (namely *Crosse v Gardner* (1688) 1 Show 68 and *Medina v Stoughton* (1700) 1 Salk 210) was any reference made to a requirement that the maker of the statement should have intended it as a warranty. However, while adopting the statement, later courts have construed it as importing an objective test of intention.

[23] Merchants often avoided the common law courts because of the delay, expense and technicality of the procedure, and resorted to their own courts. See para 1.03.

[24] Most of which has been repealed.

[25] *Jordan's Case* (1528) YB 27 Hen VIII, f 24, pl 3. This was carried a stage further in *Slade's Case* (1602) 4 Co Rep 91a, where a bargain and sale was held to imply a promise to pay the price sufficient to ground an action in *assumpsit* without the seller having to prove a distinct and express promise to pay.

[26] It should be borne in mind that at this time the word 'warranty' did not have its present technical meaning of a minor term of the contract but denoted an affirmation of material fact (whether or not forming part of the promise) which induced the other party to enter into the contract. It is in this sense that the word is used in the present discussion.

[27] *Stuart v Wilkins* (1778) 1 Doug KB 18. Eventually *assumpsit* replaced deceit altogether as the remedy for non-fraudulent breach of warranty, and it became established that no action in deceit would lie in the absence of fraud or recklessness by the defendant in the making of the statement (*Derry v Peek* (1889) 14 App Cas 337). As previously mentioned (n 18), the heavy emphasis that came to be placed on the promissory character of the buyer's remedy had unfortunate consequences for the concept of warranty.

[28] See further M. Lobban, 'Contractual Terms and Their Performance' in W. Cornish, S. Anderson, R. Cocks, M. Lobban, P. Polden and K. Smith (eds), *The Oxford History of the Laws of England: Volume XII 1820-1914: Private Law* (2010), pp 475–485.

A Brief History of Sales Law **6.07**

and sample on the sale of unascertained goods, description here embodying not merely identification in the present narrow sense but quality and performance.[29] This was not achieved without struggle either,[30] and for the first half of the nineteenth century the ambit of the implied warranties remained uncertain and the case law was confused and conflicting as the courts began uncertainly to move away from the principle of *caveat emptor*.[31] The courts were particularly reluctant to imply a warranty of quality or freedom from defects on the sale of horses, which were treated as a distinct category.[32]

6.06 A particular source of difficulty was the all-pervasive influence of land law, which until well into the nineteenth century dominated English law. The general law of contract was largely property orientated, and this was as true of sale of goods as of other contracts. Blackburn's famous work was entitled 'A Treatise on the Effect of the Contract of Sale on the Legal Rights of Property and Possession in Goods, Wares and Merchandise', and was primarily devoted to the property aspects of sales law and the impact of the transfer of property on risk, the right to sue for the price, the ability to bring actions in tort for interference with the goods, and the effect of insolvency of one of the parties on the rights of the other. The vendor's real rights – lien, stoppage in transit, rescission and resale – were treated at length, and considerable space was devoted to equitable interests and assignments, while merchantable quality was dismissed in a few pages and even these examined it in the context of conditions precedent to the passing of property.

6.07 Hence only gradually did the courts move away from the *caveat emptor* principle that characterized sales of land, and even then they continued to differentiate sharply between a sale of goods *in esse*, seen or capable of being examined by the buyer, and a sale of unascertained goods, for which the buyer relied on the seller's description. In *Jones v Just*[33] a useful recapitulation of principle came in a famous judgment of Mellor J that emphasized the distinction drawn between a sale of specific existing goods which the buyer was capable of inspecting himself, and which therefore did not attract an implied warranty even as regards latent defects,[34] and a sale by description[35] of goods manufactured or dealt in by the seller which were to be supplied for

---

[29] See further para **11.05**.
[30] Thus in *Parkinson v Lee* (1802) 2 East 314, the court rejected the contention that the innocent seller of hops which rotted because the grain had been watered down by the grower and which therefore did not correspond with the perfectly good sample previously tendered was liable to the buyer, in the absence of an express warranty that the bulk corresponded with the sample.
[31] Contrast, for example, *Parker v Palmer* (1821) 4 B & Ald 387, *Lorymer v Smith* (1822) 1 B & C 1 and *Jones v Bright* (1829) 5 Bing 533 with *Barr v Gibson* (1838) 3 M & W 390, *Chanter v Hopkins* (1838) 4 M & W 399 and *Ormrod v Huth* (1845) 14 M & W 651. It is interesting to find that even in the latter half of the nineteenth century the courts had not fully separated tortious from contractual liability. See, for example, the judgment of Lindley J in *Hyman v Nye* (1881) 6 QBD 685, at 689.
[32] See P. Mitchell, 'The Development of Quality Obligations in Sale of Goods' (2001) 117 LQR 645, discussing in detail the evolution of implied terms in the nineteenth century.
[33] (1868) LR 3 QB 197. For a criticism of the judgment of Mellor J, see S. J. Stoljar, 'Conditions and Warranties on Sale' (1952) 15 MLR 425 at p 434.
[34] Citing *Parkinson v Lee* (1802) 2 East 314. Cf. the Second Report of the Mercantile Law Commission in 1855, at p 11, contrasting the rule with that prevailing under Scots law.

6.07 A Brief History of Sales Law

a particular purpose, or which the buyer had no opportunity to inspect, and in respect of which he therefore relied on the seller's skill and judgement.[36] Acceptance of the implied warranty of title was longer in coming. It was vigorously denied in 1849,[37] but adopted as the normal rule in 1864.[38]

6.08 In 1889 the Sale of Goods Bill was presented to Parliament. This had been drafted by Sir Mackenzie Chalmers, who had achieved such success in his codification of the law relating to bills of exchange;[39] and he produced a commentary which was to become a classic work on the Sale of Goods Act.[40] The Bill, after lapsing and being reintroduced in 1891, was radically altered during its passage through Parliament, emerging somewhat confusingly as the Sale of Goods Act 1893 although not in fact passed until 1894.[41] While primarily intended as a codification measure, the Act nevertheless embodied major deviations from the common-law rules; and though the draftsman presumably intended it to preserve the common law distinction between a sale of specific goods and a sale by description, he failed to make his intention sufficiently plain, thus paving the way for the application of a range of implied terms to contracts for the sale of specific goods.[42]

6.09 Despite the intense criticism to which the Sale of Goods Act has since been subjected,[43] it was for its time a superb work of draftsmanship, which was to become adopted almost verbatim throughout the common law world.[44] It restated, but also changed, the existing law of sale, and remained entirely

---

[35] At this time a sale of specific goods was assumed to be the antithesis of a sale by description. The buyer of specific goods necessarily bought the goods as seen, or as they would have been seen if he had exercised his right to examine. The modern doctrine that even a sale of specific goods is a sale by description if the goods are not bought for their unique qualities compared with other goods of the same class (para **11.34**) had not then taken hold.

[36] Citing *Brown v Edgington* (1841) 2 Man & G 279, *Jones v Bright*, n 31 and *Shepherd v Pybus* (1842) 3 Man & G 868.

[37] *Morley v Attenborough* (1849) 3 Ex Ch 500. The argument of the defendant, accepted by the court, was that 'since in the transfer of property circumstances will inevitably occur by which one of the parties must be a loser, the loss, whether arising from defect of title or quality, must fall on the purchaser unless a deceit has been practised or a warranty given. The rule of the common law originated in a desire for peace; for if the rule were otherwise there could be numerous actions by successive purchasers against their respective sellers before the fault could be discovered.'

[38] *Eichholz v Bannister* (1864) 17 CBNS 708, where Erle CJ stated that by the very act of selling the seller held out to the buyer that he was the owner of the goods, except where the circumstances were such as to indicate otherwise, eg on a forced sale by the sheriff, who in the nature of things could not be expected to vouch for the debtor's title.

[39] Bills of Exchange Act 1882.

[40] The current edition of *Chalmers' Sale of Goods Act 1893* is (sub. nom. Sale of Goods Act 1979) the 18th edition (1981).

[41] The Act is numbered 1894 (56 and 57 Vict) c 71. For a history of the Act, see the Introduction to the first edition (1894) of *Chalmers' Sale of Goods*.

[42] See para **11.34**.

[43] See paras **7.08–7.12** for some problems of language.

[44] See para **1.09**.

unaltered until 1954, when s 4 of the Act[45] was repealed.[46] Further small, but significant, amendments were made by the Misrepresentation Act 1967,[47] the Criminal Law Act 1967[48] and the Theft Act 1968.[49] More radical textual changes were introduced by the Supply of Goods (Implied Terms) Act 1973[50] and further amendments were made by the Consumer Credit Act 1974[51] and the Unfair Contract Terms Act 1977.[52] Subsequently, these amendments were incorporated into a consolidating enactment, the Sale of Goods Act 1979, and further changes were made in 1994[53] and 1995.[54]

6.10 Seven years later came the Sale and Supply of Goods to Consumers Regulations 2002[55] which implemented the 1999 European Consumer Sales Directive.[56] At the time, the decision was taken to give effect to these changes by incorporating them into the existing Sale of Goods Act rather than enact a

---

[45] Which (re-enacting s 17 of the Statute of Frauds 1677) provided that, inter alia, contracts of sale for £10 and upwards and agreements not to be performed within a year were not to be enforced by action unless evidenced by a note or memorandum in writing signed by the party to be charged or his agent.
[46] Law Reform (Enforcement of Contracts) Act 1954, s 1.
[47] Section 4, amending ss 11(1)(c) and 35 of the Sale of Goods Act 1893. See para **12.12**.
[48] Repealing s 22(2) of the Sale of Goods Act 1893, which had provided that the provisions of s 22, dealing with sales in market overt, were not to affect the law relating to the sale of horses. The repeal was accompanied by repeal of the Elizabethan statutes relating to the sale of horses (namely the Sale of Horses Act 1555 and 1588) by s 10(2) and Sch 3, Pts I and III, of the Criminal Law Act 1967.
[49] Section 33(3) and Sch 3, Pt III, of the Theft Act repealed s 24 of the Sale of Goods Act 1979, which had provided that the property in stolen goods disposed of in market overt revested in the owner on conviction of the offender. See also s 31(2) of the Theft Act 1968, which makes it clear that conviction of the offender is not to affect the title to stolen property. But the market overt rule has now been abolished by the Sale of Goods (Amendment) Act 1994. See n 53.
[50] Which amended ss 12–15, 55 and 62 of the Sale of Goods Act and added ss 55A and 62(1A). See ch 11.
[51] Schedule 4, para 3 (making minor terminological changes in s 14(3) of the Sale of Goods Act, as amended by s 3 of the Supply of Goods (Implied Terms) Act 1973 so as to reflect the new terms in the Consumer Credit Act); para 4 (amending s 25 of the Sale of Goods Act 1893 to exclude conditional sale agreements which are consumer credit agreements for the purpose of the Consumer Credit Act – a textual amendment reflecting a similar provision previously contained in s 54 of the Hire-Purchase Act 1965); and Sch 5 (repealing s 14(6) of the Sale of Goods Act 1893).
[52] See further, para **11.130** ff.
[53] Sale of Goods (Amendment) Act 1994, ss 1, 3(2), repealing the market overt exception to the *nemo dat* rule; Sale and Supply of Goods Act 1994, revising the implied term of quality and the rules as to deemed acceptance.
[54] Sale of Goods (Amendment) Act 1995, making the prepaying buyer of an individual part of a bulk a co-owner of the bulk.
[55] SI 2002/3045.
[56] Directive 1999/44/EC of 25 May 1999 on certain aspects of the sale of consumer goods and associated guarantees. See now Directive (EU) 2019/771 of the European Parliament and of the Council of 20 May 2019 on certain aspects concerning contracts for the sale of goods, amending Regulation (EU) 2017/2394 and Directive 2009/22/EC, and repealing Directive 1999/44/EC which will apply to contracts entered into after 1 January 2022 and will therefore replace the 1999 Directive. Given the UK's departure from the EU, it will be for the UK government to decide whether or not to implement any of the changes made to the 1999 Directive by its successor.

6.10 *A Brief History of Sales Law*

separate consumer sales law.[57] This decision, coupled with the drafting techniques adopted, resulted in a set of provisions governing consumer sales which were of great complexity in an area of law in which there is a particular need for clarity.[58] It was not until the enactment of the Consumer Rights Act 2015 (which, amongst other matters, revoked the Sale and Supply of Goods to Consumer Regulations 2002) that separate provision was made for consumer sales law.[59] The survival of the Sale of Goods Act in substantially its original form for more than 100 years is simultaneously a fitting tribute to its creator and a striking illustration of the reluctance to effect major change to English sales law.

---

[57] Although there were calls at the time for the creation of a separate consumer sales statute: see, for example, M. Bridge, 'What is to be Done about Sale of Goods?' (2003) 119 LQR 173. The need to separate consideration of consumer sales law from commercial sales law gained further support from the joint consultation paper issued by the Law Commission and the Scottish Law Commission, *Consumer Remedies for Faulty Goods* (Law Comm Consultation Paper 199 and SLC Discussion Paper No 139), October 2008, where the focus was, as the title of the paper suggests, exclusively upon consumer sales law. It was the work of the Law Commissions in this area that was ultimately to lead to the enactment of the Consumer Rights Act 2015.

[58] For detailed analyses, see R. Bradgate and C. Twigg-Flesner, *Blackstone's Guide to Consumer Sales and Associated Guarantees* (2003).

[59] See further *Chitty on Contracts* (33rd edn, 2018), chs 38 and 44.

Chapter 7

THE CONTRACT OF SALE: ITS NATURE AND FUNCTION

7.01 The contract of sale remains the most common type of contract (although in an economy where services have become increasingly significant, the contract of service may in time challenge the historical supremacy of the contract of sale). People buy goods for a variety of reasons. The most obvious, of course, is to enjoy their ownership and use. But in commercial dealings traders are not interested in goods as such, only in the profit that can be made, or the loss that can be avoided, by reselling them. In many cases therefore the trader buys goods without ever intending to take physical delivery but to resell at a profit or to hedge against the possibility of a loss. Even in a transaction on the futures market the contract remains one of sale and purchase, and if it is not closed out before the due delivery date, the seller has a duty to tender delivery and the buyer to accept it.[1]

1. AMBIT OF THE SALE OF GOODS ACT

(i) The Act as a code

7.02 The full title of the Sale of Goods Act 1893 was 'An Act for codifying the Law relating to the Sale of Goods', and in judgments and literature concerning sales law it is not infrequently referred to as 'the Code'. As originally drawn, the Bill 'endeavoured to reproduce as exactly as possible the existing law, leaving any amendments that might seem desirable to be introduced in Committee on the authority of the legislature'.[2] Substantial changes were in fact made to the Bill during its passage through Parliament, so that the resulting enactment represented partly a restatement of existing law in ordered form and partly a departure from common law rules of sale. The Sale of Goods Act 1979, which repealed the 1893 Act and amending legislation,[3] is a pure consolidation measure.

---

[1] See para **4.28**.
[2] M. D. Chalmers, Introduction to the first (1894) edition of *The Sale of Goods Act 1893*.
[3] See paras **6.09–6.10**. The one section of the 1893 Act left unrepealed by the Sale of Goods Act 1979 was section 26, dealing with the effect of levy of execution against goods. This section was eventually repealed by the Senior Courts Act 1981, s 152(4) and Sch 7.

7.03 The Contract of Sale: Its Nature and Function

(ii) The interpretation of the Act

7.03 The *locus classicus* for the approach to interpretation of a codifying enactment is the speech of Lord Herschell in *Bank of England v Vagliano Brothers*.[4] From this it is clear that in principle the interpretation of a codifying statute is no different from that of any other enactment. The statute must in the first place be construed according to its natural meaning, unaided by reference to prior case law. Only if the statutory provisions are unclear is it permissible to infer that the Act did not intend to change the law, and to resort to the earlier case law in order to establish what the law was previously. This applies equally to an enactment consolidating earlier legislation, even where the enactment is a 'pure' consolidation measure.[5] So decisions on the Sale of Goods Act 1893 should not be used to interpret the Sale of Goods Act 1979 where the meaning of the latter is clear.[6] That said, the 1979 Act is 'not to be regarded as more than the sum of its parts.'[7] This being the case, the meaning to be given to a particular phrase in the Act may not be the same on each occasion it is used, particularly where the phrase has been introduced into what is now the 1979 Act at different times and for different purposes.[8]

7.04 While the courts have paid lip-service to the rule of interpretation enunciated by Lord Herschell, they have frequently ignored it when a broad interpretation of the statutory provisions would produce a result running counter to their views of desirable legal policy.[9] Of no provision is this more true than those dealing with the power of a non-owner to pass a good title to a bona fide purchaser.[10] Issues of this kind could have been resolved purely from the language of the Act itself, by deciding whether s 21(1) giving effect to the common law rule *nemo dat quod non habet* should in a given case be construed as intended to have priority except where a strict construction of the exceptions contained in other sections produced the opposite result. But time and again the courts have approached the matter not by looking at the relationship between s 21 and such other provisions but by harking back to the common-law rule and then going on to hold that to the extent to which the statutory provisions would have the effect of depriving the owner of title to his goods they must be strictly construed.[11]

---

[4] [1891] AC 107, at 144–145.
[5] *Farrell v Alexander* [1977] AC 59; *R. v Heron* [1982] 1 All ER 993. The various types of consolidation were described by Lord Simon in the former case and by Lord Scarman in the latter.
[6] This is the theory. But since the Sale of Goods Act 1979 closely follows the wording of the 1893 Act, the court may be receptive to an argument that earlier case law can be referred to in order to show that an apparently clear provision in fact raises difficulties of interpretation.
[7] *Stevenson v Rogers* [1999] QB 1028, 1040, [1999] 1 All ER 613, 625.
[8] See ibid where the issue before the court concerned the meaning to be given to the phrase 'in the course of a business.'
[9] See, for example, *Ashington Piggeries Ltd v Christopher Hill Ltd* [1972] AC 441, 501.
[10] See paras **16.25** ff.
[11] See, for example, the passage from the judgment of Sellers LJ in *Newtons of Wembley Ltd v Williams* [1965] 1 QB 560 quoted, para **1.49**.

(iii) Preservation of the common-law rules

7.05 In contrast to codes of the continental type, English codifying statutes do not aspire to be all-embracing in the field of law to which they are devoted. In particular, the common law rules survive except so far as expressly or impliedly displaced by the legislation. The Sale of Goods Act expressly preserves a whole range of common law rules and provisions of other statutes. Thus s 62 of the Act provides that:

'(1) The rules in bankruptcy relating to contracts of sale apply to those contracts, notwithstanding anything in this Act.
(2) The rules of the common law, including the law merchant, except in so far as they are inconsistent with the provisions of this Act, and in particular the rules relating to the law of principal and agent and the effect of fraud, misrepresentation, duress or coercion, mistake, or other invalidating cause, apply to contracts for the sale of goods.
(3) Nothing in this Act or the Sale of Goods Act 1893 affects the enactments relating to bills of sale, or any enactment relating to the sale of goods which is not expressly repealed or amended by this Act or that.'

(iv) What are 'the rules of the common law'?

7.06 When s 62(2) provides that 'the rules of the common law . . . apply to contracts for the sale of goods', what does this mean? Is the phrase 'common law' employed in the broad sense, in contra-distinction to statute law, or in the narrower sense of law as opposed to equity? The question is not simply of theoretical significance, for if the narrower sense is what is intended, the Act must be construed as negating equitable remedies in contracts of sale except to the extent to which these are specifically reproduced. On this basis the Act would not permit equitable rescission for innocent misrepresentation, specific performance of contracts for the sale of unascertained goods, the grant of an injunction to restrain an actual or threatened breach, rectification of a contract document or the setting aside in equity of a contract of sale for undue influence.

7.07 In England the case for the narrower construction of s 62(2) has in effect gone by default, since while the point has never been argued in any reported case, it has been tacitly assumed in a number of cases that some at least of these equitable remedies are available[12] except to the extent to which these are circumscribed by the express provisions of the Act;[13] and despite two

---

[12] *Goldsmith v Rodger* [1962] 2 Lloyd's Rep 249 (innocent misrepresentation) (and cf *Leaf v International Galleries Ltd* [1950] 2 KB 86 and *Long v Lloyd* [1958] 1 WLR 753); *Metropolitan Electric Supply Co Ltd v Ginder* [1901] 2 Ch 799 (injunction); *Behnke v Bede Shipping Co Ltd* [1927] 1 KB 649 (specific performance and injunction); *F. E. Rose Ltd v W. H. Pim & Co Ltd* [1953] 2 QB 450 (rectification).

[13] As in the case of specific performance, which is said to be available only where the goods are specific or ascertained, on the footing that s 52 of the Act is exhaustive on this point. But note *VTB Commodities Trading DAC v JSC Antipinsky Refinery (Petraco Oil Co SA intervening)* [2020] EWHC 72 (Comm), [2020] 1 WLR 1227, [73] where the argument was deployed that the Sale of Goods Act 1979 was not a 'complete code' in order to support the proposition that there was a jurisdiction to grant specific performance beyond the scope of s 52. Phillips LJ

early Commonwealth decisions to the contrary,[14] there is little doubt that if the point were now to be raised, an English court would treat 'the rules of common law' as embracing those of equity.

2. THE LANGUAGE OF THE SALE OF GOODS ACT

7.08 Compared with modern legislation,[15] the Sale of Goods Act is delightfully easy to read. Perusal of any section conveys at once the basic idea the draftsman is trying to implant. The tortuousness of recent statutes is avoided, and the impression is given of limpid clarity. But this simplicity is deceptive. The Sale of Goods Act, with its taut phraseology, epitomizes the fundamental problem of language in expressing legal concepts.[16] At various points the draftsman has been so concise as to render an apparently self-evident proposition quite ambiguous. For example, there are several instances of definitions where it is unclear whether the draftsman is describing what a party must be taken to have *contracted* to do or what is the factual situation. Thus, 'specific goods' are defined as goods identified and agreed upon at the time of the contract.[17] Does 'contract for the sale of specific goods'[18] mean a contract in which the goods are *presented* as specific, whether or not they are in fact identifiable at the time of contract, or does it mean a contract for the sale of goods which are in fact identifiable? In this particular case it becomes clear that the draftsman is referring to the factual situation, not the undertaking of the parties in their contract.[19] On the other hand, when we raise the same question in relation to the phrase 'deliverable state'[20] we reach a different conclusion. Goods are in a deliverable state when they are in such a state that the buyer would under the contract be bound to take delivery of them.[21] When s 18, r 1 refers to 'an unconditional contract for the sale of specific goods in a deliverable state', it is not talking about a contract for the sale of goods which are *in fact* in a deliverable state but a contract in which the goods are offered

---

sought to reconcile the authorities by concluding that it is only in 'exceptional circumstances' that a court can award specific performance outwith the scope of s 52, for example 'where the goods were effectively unique or in which the normal market was not functioning' (at [74]). See further para **14.07**.

[14] *Riddiford v Warren* (1901) 20 NZLR 572 (New Zealand Court of Appeal); *Watt v Westhoven* [1933] VLR 458 (Full Court of Victoria). Both of these cases held that a contract of sale cannot be rescinded for innocent misrepresentation except within the narrow limits laid down by the common law (as opposed to equity), viz such a complete difference in substance between what was bargained for and what was obtained as to constitute a total failure of consideration. Cf *Graham v Freer* (1980) 35 SASR 424.

[15] See by way of contrast the style of the Consumer Rights Act 2015 which is written in an awkward style that is likely to be accessible only with difficulty to the consumer but at the same time departs (sometimes for no obvious good reason) from the traditional language of the law of sale that the lawyer would expect to see.

[16] See para **1.48**.
[17] Section 61(1).
[18] See ss 6, 7, 17–19.
[19] See paras **8.05–8.07**.
[20] Section 18, rr 1, 3, 5.
[21] Section 61(1).

as being in a deliverable state, that is, a contract in which the seller has not expressly undertaken to do anything in relation to them prior to the tender of delivery.[22]

7.09 Similar problems of ambiguity arise in relation to the word 'description'. This has been held in numerous cases to indicate that which contractually identifies the goods. But it is clear that 'identification' has a different meaning in the case of a contract for the sale of specific goods from that which it has when the contract relates to unascertained goods.[23]

7.10 The root of the problem, as with so many difficulties in the law, is the use of a single word to encompass a variety of facts or events. The word thus has to carry more than it is equipped to bear, in that though it is defined (whether in the Act or by judicial interpretation) in language suggesting a unique meaning, it is found to possess meanings which vary according to the circumstances in which it has to be applied, so that the word is not susceptible of consistent interpretation throughout the Act. Among such words are 'description',[24] 'condition',[25] 'delivery',[26] 'accept',[27] 'state'[28] and 'sell'.[29]

7.11 The Act contains other linguistic pitfalls. For example, r 1 of s 18 is framed as if, in the conditions stated in the rule, it had executive force, whereas the opening words of s 18 show that the rules are only expressions of presumed *intention*, and the fact that r 1 applies so as to express the presumed intention of the parties does not necessarily mean that such intention is in all cases effective.[30]

7.12 Finally, the Act creates categories and situations which it presents as exhaustive, whereas in fact there is often either an inadequate subdivision or a complete *casus omissus*. Thus, 'unascertained goods' is presented as a single species whereas it subdivides into wholly unascertained and quasi-specific goods;[31] and ss 6 and 7 are confined to specific goods, the Act saying nothing as to what is the position where the goods are, for example, not specific but 'ascertained'. This silence might lead to the erroneous conclusion that in the cases not described, the legal consequences stipulated would not occur.[32] From this, we may conclude that to construe the Act as if it were complete and self-consistent is a futile exercise. We ought not to ascribe to the draftsman a foresight he cannot have possessed, nor be excessively pedantic in literal construction, for much of what passes as the internal logic of the Act has been invented by commentators and was not the design of its creator.

---

[22] See para **8.87**.
[23] See paras **11.35 ff**.
[24] See para **11.29**.
[25] See paras **8.84** and **11.02**.
[26] See para **10.02**.
[27] See para **13.01**.
[28] See para **8.95**.
[29] See para **11.57**.
[30] See paras **8.79–8.91**.
[31] See para **8.14**.
[32] See para **9.49**.

3. THE CONTRACT OF SALE DEFINED

(i) The ingredients of the contract

7.13 The contract of sale is defined in s 2 of the Sale of Goods Act,[33] which is worth setting out in full.

(1) A contract of sale of goods is a contract by which the seller transfers or agrees to transfer the property in goods to the buyer for a money consideration, called the price.
(2) There may be a contract of sale between one part owner and another.
(3) A contract of sale may be absolute or conditional.
(4) Where under a contract of sale the property in the goods is transferred from the seller to the buyer the contract is called a sale.
(5) Where under a contract of sale the transfer of the property in the goods is to take place at a future time or subject to some condition later to be fulfilled the contract is called an agreement to sell.
(6) An agreement to sell becomes a sale when the time elapses or the conditions are fulfilled subject to which the property in the goods is to be transferred.

7.14 The root definition in s 2(1), though concisely expressed, contains a number of ingredients the analysis of which enables us to perceive the essential nature of sale and to distinguish it from various cognate transactions. Whether the distinction is in any given case of practical importance is another question, to which we shall revert hereafter.[34] Before we plunge more deeply, we can state the general proposition that the legal objective of a contract of sale is, from the buyer's viewpoint, to obtain ownership and, from the seller's, to receive the price. It is worth emphasizing the word 'legal', because here, as elsewhere in the field of commerce, the objectives of the law and those of the business person are by no means necessarily the same. Indeed, while it would be hard to frame a definition of sale which made no reference to the transfer of 'property' or 'ownership', the preoccupation of English law with ownership as the essential feature for which the buyer bargains is excessive, not to say obsessional.[35]

7.15 But there are many transactions involving the transfer of ownership which are not contracts of sale;[36] and while a sale must involve the passing of some form of ownership, this does not necessarily involve a transfer of absolute title to the goods. There are six key expressions in s 2(1), namely 'contract of sale of goods', 'seller', 'buyer', 'property', 'transfers' and 'money consideration'. Each of these must now be examined in turn.

---

[33] A very similar definition of a 'sales contract' has been used in s 5 of the Consumer Rights Act 2015. Section 5(1) provides that a contract is a sales contract if under it the trader transfers or agrees to transfer ownership of goods to the consumer and the consumer pays or agrees to pay the price.
[34] See para **7.37**.
[35] See para **8.23**.
[36] For example, gifts, mortgages (s 62(4)), exchanges (barter), the supply of materials under a contract for work and materials.

The Contract of Sale Defined **7.20**

(ii) 'Contract of sale of goods'

1. Contract of sale

7.16 For the purpose of the Act 'contract of sale' includes an agreement to sell as well as a sale.[37] The latter is not merely a contract but a conveyance, operating to transfer the property in the goods to the buyer; the former is a mere agreement, some further act or event being necessary before the property can vest in the buyer under the contract.[38] The agreement must, of course, be a contract.[39]

7.17 By s 61(1), 'sale' includes a bargain and sale as well as a sale and delivery, thus emphasizing the point which emerges from s 2, that delivery is not an essential element of a sale contract and that the property may pass to the buyer before delivery.[40]

7.18 The Act further provides that its provisions are not to apply to any transaction in the form of a contract of sale which is intended to operate by way of mortgage, pledge, charge or other security.[41] Thus a transfer of goods by way of mortgage to secure a loan is not a sale, even though it involves the transfer of property for a money consideration and even if the mortgage is disguised as a sale.

7.19 In order for the agreement to be a sale, it must have as its objective the transfer of property in *goods*.[42] Contracts of sale within the Act are thus to be contrasted with (a) agreements for the transfer of some other form of asset, notably land and choses in action, and (b) agreements the purpose of which is not to transfer an asset as such but to provide services – ie contracts of labour with or without materials.

2. Goods

7.20 The Act[43] defines 'goods' as including all personal[44] chattels other than things in action[45] and money,[46] and as including emblements,[47] industrial

---

[37] Section 61(1).
[38] See paras **8.72** ff. 'Agreement for sale' includes a purported sale of future property (s 5(3)).
[39] For the ingredients of a contract, see paras **3.25** ff.
[40] See also s 18, r 1, and para **8.82**.
[41] Section 62(4). This would in any event follow from the requirements of s 2(1) that the contract must transfer or provide for the transfer of the property in the goods. See para **7.24**.
[42] In addition, the consideration must be a money payment (the price). See para **7.36**.
[43] Section 61(1). For the equivalent definition in the Consumer Rights Act 2015 see s 2(8) which provides that goods 'means any tangible moveable items, but that includes water, gas and electricity if and only if they are put up for supply in a limited volume or set quantity'.
[44] See para **2.15**.
[45] See paras **2.16** and **2.53**. It has been suggested that cryptoassets fall within the definition of things in action for this purpose so that cryptoassets are not to be regarded as goods for the purposes of the Sale of Goods Act 1979: see The LawTech Delivery Panel, *Legal Statement on Cryptoassets and Smart Contracts* (November 2019) (https://35z8e83m1ih83drye28o09d1-w pengine.netdna-ssl.com/wp-content/uploads/2019/11/6.6056_JO_Cryptocurrencies_Statement_FINAL_WEB_111119-1.pdf), paras 128–130.

growing crops[48] and things attached to or forming part of the land which are agreed to be severed before sale or under the contract of sale. It has never been authoritatively decided whether goods include computer hardware or software. However, in a helpful obiter dictum in *St Albans City and District Council v International Computers Ltd*[49] Sir Iain Glidewell concluded that, while goods include hardware, a computer disk on which a program is recorded,[50] and a whole computer system covering both hardware and software,[51] a contract for the sale of the program itself is not a contract for the sale of goods.[52] It has also been held in Australia that software supplied by electronic means does not constitute goods.[53] A sale of fixtures or timber to be severed before sale or pursuant to the sale contract is a sale of goods. So also is a sale of crops to be severed, whether they be industrial growing crops or *fructus naturales* (the natural growth of the soil). Whether the grant of a right to part of the physical content of land – minerals, soil, underground water, sand and gravel, and the like – is a contract of sale of the materials in question depends upon the circumstances. If the transferor is to extract and to supply at a price, the transaction is usually one of sale.[54] If it is left to the transferee to extract, it will usually be a sale if he is under an *obligation* to extract and to pay for the materials extracted and is not intended to acquire any interest in the materials prior to extraction.[55] If, however, the transferee is simply charged a sum of money for the *privilege* of working the land, being free to work it or not as he pleases,[56] or if, though obliged to extract, he is intended to be given an interest in the materials *in situ* and not as chattels, the transaction amounts to the grant of a profit *à prendre*;[57] and this is the case even if the consideration for the grant is directly related to the quantity of material extracted.[58] Where the transferee acquires rights over the materials as part of the purchase or lease of the land, no contract of sale of goods is involved, the materials merely

---

[46] See ch 17.
[47] That is, annual crops such as corn, grain, potatoes, produced by agricultural labour, in contrast to *fructus naturales*, ie natural growth of the soil, such as timber and grass, which at common law are not chattels but part of the land on which they grow.
[48] See *Benjamin's Sale of Goods* (10th edn, 2017), para 1–093.
[49] [1996] 4 All ER 481 at 492–493. See also *Your Response Ltd v Datateam Business Media Ltd* [2014] EWCA Civ 281, [2015] QB 41, [20] and *Fern Computer Consultancy Ltd v Intergraph Cadworx & Analysis Solutions Inc* [2014] EWHC 2908 (Ch), [2014] 2 CLC 326, [86].
[50] However, it does not follow that all disks are supplied under a contract of sale. In many cases the supplier simply grants a licence to use the disk or retains rights to restrict its use or sale.
[51] On this point citing the decision of Rogers J in *Toby Constructions Products Pty Ltd v Computa Bar (Sales) Pty Ltd* [1983] 2 NSWLR 48.
[52] See also *Horace Holman Group Ltd v Sherwood International Group Ltd* (2002) 146 SJLB 35. For a more detailed discussion, see S. Green and D. Saidov, 'Software as Goods' [2007] JBL 161 and P. Kohler and N. Palmer, 'Information as Property' in N. Palmer and E. McKendrick (eds), *Interests in Goods* (2nd edn, 1998), 1, 17–19.
[53] *ASX Operations Pty Ltd v Pont Data Australia Pty Ltd* (1990) 27 FCR 460.
[54] In this case, the materials to be extracted fall squarely within the definition of 'goods' in s 61(1) of the Sale of Goods Act and the stipulated sum is the consideration for their supply.
[55] As in *Amco Enterprises Pty Ltd v Wade* [1968] Qd R 445.
[56] See *Egmont Box Co Ltd v Registrar-General of Lands* [1920] NZLR 741 (timber).
[57] See *Morgan v Russell & Sons* [1909] 1 KB 357.
[58] Ibid.

passing under the conveyance or lease of the land.[59] Where the equipment to which the contract applies is intended to be affixed to land or incorporated in buildings, as in the case of central heating equipment, a lift or swimming pool, and has already been affixed or incorporated at the time of the contract, it does not constitute goods, since title has passed to the owner of the land or building: *quiquid planatur solo, solo cedit*.[60]

3. *Services*

7.21 The distinction between a sale of goods and a provision of services involving the supply of materials is well recognized but not always easy to apply.[61] If, for example, a person undertakes to paint a portrait, to construct a ship, to manufacture furniture to a special order or to install central heating, are these contracts of sale or contracts for work and materials? English courts have wobbled uncertainly from one test to another, first adopting the criterion of relative importance of the labour and the materials,[62] then shifting position to hold that any transaction under which the work results in the production of an article that can be said to be the subject of a sale is a contract of sale;[63] and finally reverting to a modified form of the original test, namely whether the substance of the contract is the exercise of skill and labour, in which the provision of materials is subsidiary, or whether it is the supply of a finished product by way of sale.[64] These tests are not particularly helpful, and the cases are irreconcilable. Where that which is to be supplied is not intended to be furnished as a distinct chattel at all, as where it is to be incorporated as a fixture to land[65] or as an accession to a chattel[66] before the owner of the land or chattel takes control of it, the contract will usually be considered a contract for skill and labour, not a contract for the sale of goods. The same principle applies where the services consist primarily of work that has not gone into the production of the material supplied and the latter is merely subsidiary to the

---

[59] This is a long-standing common law principle; and see Law of Property Act 1925, s 205(1)(ix). However, there are special rules governing coal and coal mines, petroleum, royal metals (gold and silver) and water. See E. H. Burn and J. Cartwright, *Cheshire and Burn's Modern Law of Real Property* (18th edn, 2011), p 159; S. Mills (ed), *Goode on Proprietary Rights and Insolvency in Sales Transactions* (3rd edn, 2010), ch II.

[60] *Wake v Hall* (1880) 7 QBD 295. For a detailed discussion of fixtures in relation to hire-agreements, see R. M. Goode, *Hire-Purchase Law and Practice* (2nd edn), ch 32. Where equipment is leased under an agreement concluded only after it has become a fixture, the lessor is not the owner and cannot claim capital allowances (*Melluish v BMI (No 3) Ltd* [1996] AC 454).

[61] In the case of contracts that fall within the scope of the Consumer Rights Act 2015, the Act makes specific provision for service contracts in Chapter 4 but it also recognises the existence of a 'mixed contract' (see s 1(4)) so that a contract may fall within both Chapter 2 (goods contracts) and Chapter 4 (service contracts).

[62] *Clay v Yates* (1856) 1 H & N 73.

[63] *Lee v Griffin* (1861) 1 B & S 272.

[64] *Robinson v Graves* [1935] 1 KB 579.

[65] As in the case of central heating, built-in machinery in a factory, and the like.

[66] As where in the course of repairing or improving goods a part is incorporated in such a way that it cannot be removed without material damage to the goods.

7.21 The Contract of Sale: Its Nature and Function

contract as a whole.[67] Where, on the other hand, most of the skill and labour goes into the creation of the article supplied,[68] the strong tendency of the courts is to treat the contract as one of sale, however artistic the product and however valuable or expensive the services of the producer.[69]

4. Contracts for the making up of goods from another's materials

7.22 Where A supplies materials to B to be made up into a finished product, ownership of the materials to remain in A and B to have no right to use the materials for any purpose of his own, the contract is one of work and labour, unless the bulk of the materials is to be supplied by the manufacturer, in which case the contract is one of sale.[70] Where the agreement is that A shall part with ownership of the materials and acquire the finished product for an agreed money sum, the transaction is one of sale. If several suppliers contribute materials on terms that they are to remain the owners of what they supply and of any amalgam resulting from the commingling of the materials pending appropriation to them of particular units of the finished product, the contract is *sui generis*.[71] The effect of the commingling is that the individual titles previously held by the suppliers to that which each had contributed are replaced by ownership in common of the amalgam in the agreed proportions pending delivery by the manufacturer to each supplier of the contractual quantity to which that supplier is entitled.[72] Upon each such delivery the supplier to whom it is made acquires title to what is delivered and its interest in the amalgam is either extinguished, if the full contract quantity is delivered, or proportionately reduced, if the delivery is less than the full quantity. If a supplier reserves title to the materials supplied until these have been paid for and then limits its co-ownership to the value of such proportion of the bulk as will equal the sum owing to it, that is likely to be held a floating charge, not an effective reservation of title, and to be avoided in the manufacturer's winding up if not previously registered.[73]

---

[67] *Dodd and Dodd v Wilson and McWilliam* [1946] 2 All ER 691 (inoculation of cattle with serum by veterinary surgeon held contract for services, not for sale of serum, though ultimately this made no difference to the result of the case – see para **7.38**). But for certain purposes (eg the right to claim or retain an instalment payment under a contract) the court will distinguish a pure contract of sale from one involving a substantial work and materials content. See, for example, *Hyundai Heavy Industries Co v Papadopoulos* [1980] 1 WLR 1129.

[68] See *Cammell Laird & Co Ltd v Manganeze Bronze & Brass Co Ltd* [1934] AC 402 (contract to construct two ships' propellers held contract of sale).

[69] Thus the courts have held that the supply of a meal in a restaurant is a contract of sale (*Lockett v A. & M. Charles Ltd* [1938] 4 All ER 170), as is the supply of dentures by a dentist (*Lee v Griffin*, n 63).

[70] In the case of contracts that fall within the scope of the Consumer Rights Act 2015 the effect of s 5(2) is to treat many contracts for work and materials as sales contracts for the purposes of the Act.

[71] *Coleman v Harvey* [1989] 1 NZLR 723. See para **8.43**.

[72] Where the manufacturer produces a bulk greater in quantity than is needed to satisfy all its contracts, it will be a co-owner to the extent of the excess.

[73] *ICI New Zealand Ltd v Agnew* [1998] 2 NZLR 129. See further as to reservation of title, paras **22.33–22.35**, and D. Webb, 'Title and Transformation: Who Owns Manufactured Goods?' [2000] JBL 513.

(iii) 'Seller' and 'buyer'

7.23 Naturally there must be a seller and a buyer. 'Seller' means a person who sells or agrees to sell goods; 'buyer', a person who buys or agrees to buy goods.[74] An agreement is thus not a contract of sale unless the buyer is bound to buy as the seller is to sell, so that a hire-purchase agreement, by which the hirer has the option to purchase but no obligation to do so, is not a contract of sale within the Act.[75] An agreement between two parties by which one agrees to act as agent in selling the other's goods or in buying goods on behalf of the other is an agency agreement, not a sale contract. The point is an obvious one and the cases have been concerned not with the enunciation of so self-evident a principle but with the problem of determining whether on the facts the relationship between the parties was that of seller and buyer or of principal and agent. The problem is complicated by the fact that in the commercial world the word 'agent' is frequently used in a loose sense to denote a distributor of the supplier, whether in truth selling as agent or on the other hand buying and reselling on his own account; but the label used by the parties does not alter the legal nature of the transaction.[76] The primary test is whether the alleged agent is obliged to pay for the goods himself, irrespective of whether he makes a sale and without any obligation on him to account for the proceeds of such sale, or whether his duty is to account for the proceeds of sale as such, as opposed to a payment duty arising from a guarantee that a sale will be made or that the buyer will pay the price.[77]

(iv) 'Property'

7.24 We now come to a word that has caused a good deal of trouble. An essential ingredient of a contract of sale is a transfer or agreement for the transfer of 'the property'[78] in goods. What does this mean? Does it denote absolute ownership, in the sense of the best possible title, which no one is in a position to challenge, or will the definition be satisfied by something less? And is there a distinction between property and title?

7.25 It will be recalled that the Act divides contracts of sale into executed contracts (ie sales) which are immediately effective to transfer the property in the goods to the buyer, and which thus constitute simultaneously a contract and a conveyance, and executory contracts (ie agreements to sell) by which either the parties agree that the property shall pass at a future time, whether

---

[74] Sale of Goods Act 1979, s 61(1). But 'seller' is given an extended meaning for the purpose of Part IV of the Act. See s 38(2) and para **15.59**, n 143. In the case of the Consumer Rights Act 2015 the equivalent terms are 'trader' and 'consumer' (s 2(2) and (3)).
[75] *Helby v Matthews* [1895] AC 471. See para **27.12**.
[76] *W. T. Lamb & Sons v Goring Brick Co Ltd* [1932] 1 KB 710; *International Harvester Co of Australia Pty Ltd v Carringan's Hazeldene Pastoral Co* (1958) 100 CLR 644.
[77] For various other tests, see *Dixon v London Small Arms Co* (1876) 1 App Cas 632. See further para **7.40**.
[78] The equivalent term in the Consumer Rights Act 2015 is 'ownership' but ownership of goods is defined in s 4(1) as 'the general property in goods, not merely a special property.'

7.25 *The Contract of Sale: Its Nature and Function*

automatically or subject to the performance of some condition,[79] or there is a purported sale of future goods.[80] It is clear that unless the parties intend that a legal title (whether or not the *best* title) to an absolute interest in the goods shall pass to the transferee, the agreement is not a contract of sale at all.[81] Thus to be a contract of sale, the transaction must be one in which the transferor is to transfer a legal title. Moreover, an intention to transfer the totality of his actual interest is a minimum requirement to establish even an executory sale contract.[82] The Act itself tells us that 'property' means the general property in goods, not merely a special property,[83] thus excluding agreements the object of which is to transfer a limited possessory interest, eg by way of bailment or pledge.[84] Even a mortgage, which involves more than the conferment of a special property since it passes ownership to the mortgagee, would thus be outside the definition of a contract of sale,[85] independently of the express provision in the Act to that effect,[86] since the mortgagor retains an equity of redemption and is thus not contracting to part with the entirety of his interest.[87]

7.26 Next, we must consider the case where the intention of the parties, viewed objectively,[88] is that an indefeasible title shall pass to the buyer, but at a future time. This is not a sale, since no interest in the goods passes to the intended transferee at the time of the contract. It is, however, an agreement to sell. In general, this remains true even if at the time of the contract the seller does not have any title to the goods[89] and indeed even if they do not then exist.[90] Further, the fact that the creation or acquisition of the goods is outside the seller's control does not of itself prevent the contract from amounting to an agreement to sell. What a man promises and what he can perform are two different things. There are exceptional cases in which a contract will not come into existence in these circumstances, as where it is impossible of performance

---

[79] Sale of Goods Act 1979, s 2(5).
[80] Ibid, s 5(3).
[81] For a discussion of the relationship between interest and title, see para **2.21**.
[82] Thus a sole owner's transfer of only part of his interest so as to create a tenancy in common would not be a sale of goods. Similarly, a transfer by a co-owner of part of his interest would be outside the statutory definition (cf *Benjamin's Sale of Goods*, para 1-121). On the other hand, one co-owner who for a money consideration divests himself altogether of his interest in favour of the other or others is thereby making a sale, a point brought out by s 2(2) of the Act.
[83] Section 61(1).
[84] Pledge and other security transactions are in any event expressly excluded by s 62(4).
[85] See *Beckett v Tower Assets Co* [1891] 1 QB 1.
[86] Section 62(4). The point is not wholly unimportant, for the word 'sale' appears in the Factors Act 1889 but is not there defined.
[87] On the other hand, a person with title to an absolute interest in a chattel who, in consideration of a stated price, agrees to hold the chattel on trust for that other thereby brings into existence a contract of sale, even if not expressly agreeing to transfer the legal title, for the beneficiary absolutely entitled can at any time call for the legal title to be transferred to him, under the rule in *Saunders v Vautier* (1841) 4 Beav 115.
[88] A basic principle of contract law. See para **3.32**.
[89] Sale of Goods Act 1979, s 5; *Rowland v Divall* [1923] 2 KB 500.
[90] Sale of Goods Act 1979, s 5; *McRae v Commonwealth Disposals Commissions* (1950) 84 CLR 377.

by reason of the fact that the goods already belong to the buyer[91] or are mistakenly believed to exist when they have either never existed at all[92] or have ceased to exist.[93] Even a mistake of one of these kinds will not preclude the contract from constituting an agreement to sell if the mistake was solely that of the buyer[94] or if the seller expressly or impliedly warranted the existence of the goods.[95] In such a case, though a sale is impossible, there is none the less an agreement to sell, for the breach of which the party at risk is liable in damages.[96]

7.27 The third possibility is that the seller undertakes an immediate transfer of an indefeasible title (an undertaking which is usually implied[97]) but his title is defective or even nonexistent. Again, it is clear that at the very least an agreement to sell is created,[98] for, as we have just seen, the fact that the seller cannot perform does not mean that he has not contracted to do so. But does the transaction amount to a sale? Beguiled by an uncharacteristic lapse on the part of Lord Atkin in *Rowland v Divall*,[99] some writers have asserted that 'property' means indefeasible title and that a transfer by one whose title is not the best cannot be a sale.[100] Such a conclusion is so at variance not only with the express language of s 5(3) of the Act itself but with the whole legal development of title to chattels that it is difficult to see how the argument has ever taken root. The implied undertaking as to title in s 12 is expressed to arise 'in a contract of sale'; and s 12(1) tells us that the implied condition, in the case

---

[91] See *Bell v Lever Bros Ltd* [1932] AC 161, per Lord Atkin at 218.
[92] See ibid, at 217.
[93] Sale of Goods Act 1979, s 6.
[94] Who would have an alternative claim in tort for fraud.
[95] As in *McRae v Commonwealth Disposals Commissions*, n 90. For a discussion of some of the difficulties arising from s 6 of the Sale of Goods Act 1979, see Christian Twigg-Flesner, Rick Canavan and Hector MacQueen, *Atiyah and Adams' Sale of Goods* (13th edn, 2016), pp 77 ff; E. Peel, *Treitel, The Law of Contract* (15th edn, 2020), para 8-010.
[96] If it is the buyer who accepts the risk that the goods do not exist, there is a binding contract, but it is an *emptio spei*, ie a sale of a chance, not a contract of sale of goods, and is thus outside the Sale of Goods Act 1979. Such a contract is to be distinguished from a contract of sale dependent on a contingency (see Sale of Goods Act, s 5(2)), which falls to the ground if the contingency fails to occur within the stipulated time (or if none, within a reasonable time), whereas on the sale of a chance the buyer undertakes to pay the price however the chance turns out.
[97] Sale of Goods Act 1979, s 12(1). Such transfer is considered fundamental to the agreement. See para **8.23**.
[98] Sale of Goods Act 1979, s 5(3).
[99] See n 89 at 506–507. See to the same effect the judgment of May LJ in *National Employers Mutual General Insurance Association v Jones* [1987] 3 All ER 385 at 396, an approach avoided by other members of the Court of Appeal and by the House of Lords [1990] 1 AC 24. See para **16.71**.
[100] The question has generated much academic heat, with occasional shafts of academic light. By far the most penetrating analysis to date is by G. Battersby and A. D. Preston, 'The Concepts of "Property", "Title" and "Owner" Used in the Sale of Goods Act 1893' (1972) 35 MLR 268, which effectively destroys the argument that 'property' denotes the best title. See also G. Battersby, 'A Reconsideration of "Property" and "Title" in the Sale of Goods Act' [2001] J.B.L 1, a response to arguments by L. McClure, C. Stebbings and G. Goldberg, 'The History of a Hunt for Simplicity and Coherence in the Field of '"Ownership", "Possession", "Property" and "Title"' [1992] Denning LJ 103 and H.L. Ho, 'Some Reflections on "Property" and "Title" in the Sale of Goods Act' [1997] CLJ 571.

7.27 The Contract of Sale: Its Nature and Function

of a sale (as opposed to an agreement to sell), is that the seller has a right to sell the goods. But if every sale by definition involves a transfer of the best title, then the implied condition can never become operative on a sale; for if the seller *has* the best title, the implied condition is redundant; and if he has not, then *ex hypothesi* the purported transfer is not a sale and s 12(1) does not apply. The argument that transfer of the best title is essential to a sale thus involves the proposition that a breach of the implied condition that the seller has a right to sell is impossible. Moreover, s 5(1) of the Act includes under the heading of 'existing goods' goods which, though not owned by the seller, are in his possession, and thus implies that a possessory title suffices.[101] Finally, the provisions of ss 24 and 25, enabling a non-owner delivering goods 'under any sale' to pass a good title,[102] would make no sense if the sale by a non-owner were not a sale at all. The same applies to the opening words of s 21(1).

7.28 Yet if 'property' does not mean absolute ownership, what does it mean? Plainly *something* must be transferred to the buyer if the transaction is to qualify as a sale. The answer, as was pointed out in a penetrating article previously referred to,[103] is *any* title (however imperfect) if it is a title to the absolute legal[104] interest in the goods, as opposed to some lesser interest. This involves two distinct ingredients. First, the seller must be asserting a right of dominion over the goods, not merely a right to enjoy them for life or for some other limited period, eg under a bailment.[105] Secondly, he must establish some title to that right (though not necessarily the best title). This he does by showing (a) that his title is in fact indefeasible,[106] or (b) that he is in actual or constructive possession,[107] including constructive possession as transferee of a current possessory title where physical possession remains with the transferor.[108] In short; while the seller, unless otherwise agreed, owes a duty to the buyer to transfer an indefeasible title, the contract will still be a sale if he transfers a possessory title. If, however, he is not able to establish any title at all to the asserted right of dominion, he has nothing to convey and the contract is not a sale but an agreement to sell.[109]

---

[101] See further para **8.72**.
[102] See paras **16.46** ff.
[103] Battersby and Preston, n 100.
[104] As opposed to equitable; see above.
[105] The fact that the seller is in truth a mere bailee (eg under a hiring or hire-purchase agreement) is irrelevant. What matters is the character with which he has chosen to invest his possession. If while in possession as bailee he does an act in relation to the goods which is adverse to his bailor's rights, as by offering to sell them, he thereby asserts an absolute interest and relies on his possession as title to such interest. If, on the other hand, he undertakes merely to transfer his interest as bailee, he is not asserting dominion over the goods and the transfer of his interest cannot be a sale.
[106] For the modes of obtaining indefeasible title, see paras **2.30–2.31**.
[107] This generates a title which the law will protect against all except the person with a better right to possession. See para **2.21**.
[108] That is, a title derived from or through one who has continued to hold possession, being a title which has not been destroyed under some exception to the *nemo dat* rule. See para **2.21**.
[109] Section 5(3). It will be noted that without s 5(3) there would have been a lacuna in the statutory provisions, for subss (4) and (5) of s 2 do not between them cover the case of a purported sale by a non-owner.

7.29 The remaining alternative is that the seller undertakes to transfer merely such title as he or a third person may have. Assuming the seller himself has some title and that this is to be transferred immediately, then for the reasons already advanced the transaction constitutes a sale within the Sale of Goods Act, a point now put beyond doubt by s 12(3) of the Act.[110] If the seller's undertaking is to make a future transfer of his limited title, the contract is an agreement to sell. Where the seller undertakes to transfer such title as a third person may have, the contract will be a sale if that third person has some title and the transfer is immediate,[111] but will otherwise be an agreement to sell.

7.30 We may conclude, then, that when the Sale of Goods Act refers to 'property' it means title to an absolute interest, and that, while a person who has no title may enter into an agreement to sell, he cannot conclude a sale except where he has a power of sale despite not having any title himself.[112] The Act uses the term 'property' when describing the passing of ownership 'as between seller and buyer'[113] and 'title' when laying down rules dealing with ownership disputes between a seller or buyer and a third party.[114]

(v) 'Transfers'

7.31 The contract must contain an obligation that the seller transfer property in the goods to the buyer. The need for a 'transfer' generally does not give rise to difficulty. However, in unusual cases it can do so. One such case is *PST Energy 7 Shipping LLC v OW Bunker Malta Ltd (The Res Cogitans)*.[115] The owners of a vessel placed an order for the supply of bunkers of fuel oil and gasoil. The suppliers' terms stated that payment was to be made 60 days after delivery and also included a retention of title clause according to which property in the fuel was not to pass to the owners until it had been paid for (although the retention of title clause also conferred on the owners an immediate right to use the fuel 'for the propulsion of the Vessel'). The Supreme Court held that the contract between the parties was not one of sale within section 2 of the Sale of Goods Act 1979. It was 'closely analogous to a sale'[116] and was held to 'contain similar implied terms as to description, quality, etc to those implied in any conventional sale'[117] but at the end of the

---

[110] See para **11.11**.
[111] Eg where the third party joins in the contract to transfer the property to the buyer by direction of the seller, or where the seller himself, though selling on his own account, transfers the third party's title at the same time under a power of attorney from the third party.
[112] Hence s 12(3) of the Sale of Goods Act 1979 does not imply that a person with no title may sell, merely that he may agree to sell, and even this presupposes that it is intended to transfer at least a defeasible title, for without such intention the contract is not a contract of sale within the Act.
[113] See Sale of Goods Act 1979, Pt III, first sub-heading.
[114] Ibid, second sub-heading.
[115] [2016] UKSC 23, [2016] AC 1034, [2016] 3 All ER 879.
[116] Ibid at [31].
[117] Ibid.

7.31 *The Contract of Sale: Its Nature and Function*

day it was a 'sui generis transaction.'[118] The obstacle in the way of the conclusion that the contract was one of sale was the combination of the retention of title clause[119] and the liberty to use the bunkers for propulsion prior to payment which was held to be 'a vital and essential feature'[120] of the bunker supply business and, hence, of the transaction itself. This 'liberty to consume all or any part of the bunkers supplied without acquiring property in them or having paid for them' was held to be 'a feature quite different from a contract of sale.'[121] The Supreme Court also rejected the submission, which had been accepted by the Court of Appeal, that the contract between the parties could be analysed as a contract of sale to the extent that it provided for the transfer of property in any part of the bunkers which had not been consumed and thus remained in existence at the time of payment. It was held not to be possible to divide up the contract in this way given that it was 'a single agreement covering the supply of all the bunkers . . . .at a single price for each, irrespective of what had happened to them.'[122] The contract in its entirety therefore was one which was not within the scope of s 2 of the Sale of Goods Act 1979.

7.32 The conclusion of the Supreme Court that the contract was not one of sale has not been well received by commentators.[123] The criticisms have taken six principal forms. First, the decision is said to lack commercial realism and to prefer 'conceptual purity over commercial practicality.'[124] The point here would appear to be that the decision has disturbed the understanding of the market that such contracts are indeed contracts of sale and, in this connection, it has been pointed out that no court had 'ever before entertained any doubt'[125]

---

[118] Ibid at [34].
[119] Had there not been a retention of title clause, the contract would probably have been held to be a contract of sale and property would have transferred to the owners on delivery so that the subsequent consumption of the bunkers would not have been problematic. But the retention of title clause prevented property from passing to the owners at the time of delivery and their subsequent consumption had the consequence that any property in the bunkers was thereby extinguished so that there could be no transfer of property in the bunkers from the suppliers to the owners. For confirmation of this point see *Wood v TUI Travel plc (trading as First Choice)* [2017] EWCA Civ 11, [2018] QB 927, [25] ('the problem would not have arisen but for the retention of title clause').
[120] Note 115 at [27].
[121] Ibid at [34]. The fact that not all of the fuel would have been consumed prior to payment, so that property in the fuel not consumed would have passed to the owners of the vessel, was held not to alter the analysis because it could not make the agreement 'as a whole a contract of sale': ibid at [34].
[122] Ibid at [31].
[123] See, for example, L. Gullifer, '"Sales" on Retention of Title Terms: Is the English Law Analysis Broken?' (2017) 133 LQR 244; M. Bridge, 'The UK Supreme Court Decision in The Res Cogitans and the Cardinal Role of Property in Sales Law' [2017] *Singapore Journal of Legal Studies* 345; R. Goode, 'The Res Cogitans: Communis Error Facit Ius? in R. Goode, *Fundamental Concepts of Commercial Law: Fifty Years of Reflection* (2018), p 225; K. Low and K. Loi, 'Bunkers in Wonderland: A Tale of How the Growth of Romalpa Clauses Shrank the English Law of Sales' [2018] JBL 229; and D. Saidov, 'Sales Law Post Res Cogitans [2019] JBL. 1. For a perceptive comment on the decision of the Court of Appeal, see A. Tettenborn, 'Of Bunkers and Retention of Title: When is Sale not a Sale?' [2016] LMCLQ 24.
[124] Bridge, n 123, p 345.
[125] Goode, n 123, p 225.

that a contract of this nature was a contract of sale and indeed the contract itself described the parties as 'Seller' and 'Buyer'. Second, there is a concern that the effect of the decision will be substantially to reduce the practical significance of the Sale of Goods Act 1979 so that 'sales law is in danger of being seriously marginalised'[126] given that many contracts are thought to contain the features that took the contract in *The Res Cogitans* outside the scope of the Act (namely the combination of a retention of title clause, payment on credit terms and a right in the recipient to consume the goods prior to payment). Third, there is a particular concern that the effect of the decision will be to take many contracts containing retention of title clauses outside the scope of the Sale of Goods Act 1979 (at least in the case where the goods are likely to be consumed or mixed irrevocably with other goods prior to the time for payment).[127] This leads on to the fourth concern which is the uncertainty that the decision has generated. This uncertainty is said to exist at a number of levels. For example, the limits of the decision in *The Res Cogitans* remain to be resolved. Will the decision only apply when it is clear that the goods will cease to exist prior to the expiry of the credit period or will it suffice that it is probable or likely that the goods will cease to exist? There is also uncertainty in relation to the rules applicable to these *sui generis* contracts.[128] While the Supreme Court provided some comfort in relation to the terms to be implied into such contracts, which were said to be 'similar' to those implied into 'any conventional sale',[129] what is to be done in relation to matters such as dealings in a bulk of goods and dealings in the goods by parties who do not have good title to pass to third parties? Such matters are expressly dealt with in the Sale of Goods Act 1979 but, given that the Act does not apply to *sui generis* contracts, where will the courts look for the source of the rules that are to govern such contracts? Fifth, this uncertainty may lead to potentially adverse consequences for contracting parties, the precise nature of which cannot presently be ascertained. This leads us back to the first criticism, namely that the decision of the Supreme Court does not reflect one of the strengths of English commercial law which is that 'judges are usually sensitive to the impact of their decisions and seek to arrive at results which would commend themselves to the business community as producing commercially reasonable results.'[130] Finally, it has been stated that the conclusion that the contract was not one of sale could have been avoided if the Supreme Court had concluded that the contract was 'a contract for the transfer of property in the bunkers for a price with a provision allowing earlier use of the bunkers for the propulsion of the vessel' such that 'property was to pass on payment or on commencement of consumption of the bunkers, whichever was the earlier.'[131]

---

[126] Saidov, n 123, p 4.
[127] See in particular, Gullifer, n 123. The case may be said to demonstrate that retention of title clauses have their dangers as well as their benefits. However, the conclusion that contracts containing a retention of title clause fall outside the scope of the Sale of Goods Act 1979 might not have an impact (or any significant impact) on the outcome of decided cases: *The Res Cogitans* at [35].
[128] For examples of this uncertainty, see Bridge, n 123, at pp 356–359.
[129] Note 115 at [31].
[130] Goode, n 123, p 237.
[131] Goode, n 123, p 234.

7.33 But the arguments are not all one way. First, the fact that the contract described the parties as 'Seller' and 'Buyer' is not conclusive evidence that the contract was one of sale. A court is entitled to have regard to all the facts and circumstances of the case when seeking to characterise the nature of the contract into which the parties have entered. While the conclusion of the Supreme Court may seem rather formalistic, given that in commercial terms the contract does not otherwise differ from a conventional contract of sale, it is consistent with the importance attached elsewhere by English sales law to the transfer of property.[132] Second, the diminished significance of the Sale of Goods Act and the uncertainty generated by the decision may have been over-stated by the critics. The claim that the decision of the Supreme Court has 'plunged English law and commerce' into a state of Carollian irrationality'[133] borders on the histrionic and is not supported by subsequent developments in the law. To be clear, it cannot be denied that the case has generated uncertainty and the level of uncertainty may legitimately be described as 'serious'[134] but it is an uncertainty that is likely to diminish over time as the case law settles down and the scope of the decision is established. Third, in so far as the complaint is one of the reduced significance of the Sale of Goods Act 1979, the answer to that concern may lie in a fundamental review of the Act given the way in which modern contracts are drafted, the combination in one contract of both sale and service elements and the present unsatisfactory relationship between the law of sale and the law of credit and security.[135] Fourth, to some extent at least, the problem in *The Res Cogitans* arose from the tendency of some contract draftsmen to draft too broadly and not to take account of the full range of circumstances that might impact upon the obligations to be found in the contract. Thus the present difficulty could have been avoided had the contract stated that property was to pass on the earlier of timely payment or the commencement of consumption or other destruction of the goods. But the contract did not so provide. It provided that 'title in and to the Bunkers delivered and/or property rights in and to such Bunkers shall remain vested in the Seller until full payment has been received by the Seller of all amounts due in connection with the respective delivery' and that, until full payment had been made, 'the Buyer agreed that it is in possession of the Bunkers solely as Bailee for the Seller.' With the benefit of hindsight, it can be seen that the clause as drafted was not suitable for the transaction into which it was inserted. Further, the express terms of the contract were held by Males J to preclude the implication of a term providing for the passing of property on consumption given the well-established rule that a term cannot be implied into a contract the effect of which is to contradict an express term of the contract.[136] Had the contract not provided in such clear terms that property

---

[132] On which see para **8.27**.
[133] Low and Loi, n 123, p 232.
[134] Goode, n 123, p 237. Somewhere in between is Professor Bridge, n 123, who states (at p 345) that the decision of the Supreme Court has had 'a profoundly upsetting impact on the law of sale of goods.'
[135] See more generally Gullifer, n 123.
[136] *PST Energy 7 Shipping LLC v OW Bunkers Malta Ltd* [2015] EWHC 2022 (Comm), [2015] 2 Lloyd's Rep 563, [67]. The conclusion of Males J would appear to be one that was supported by the Supreme Court at [28].

was not to pass until full payment had been received by the seller, the court might have been able to find its way to the conclusion that the parties also intended property to pass from the commencement of consumption.

7.34 How has *The Res Cogitans* been received in subsequent case law? The first point to note is that there has not been an avalanche of cases, thereby suggesting that the prophets of doom in relation to the uncertainty which the decision will generate were wrong. But the two cases in which it has been considered suggest that it will be interpreted narrowly. The first is the decision of the Court of Appeal in *Wood v TUI Travel plc (trading as First Choice)*[137] where the issue before the court was whether s 4(2) of the Supply of Goods and Services Act 1982 (which provides that 'where . . . the transferor transfers the property in goods in the course of a business, there is an implied condition that the goods supplied under the contract are of satisfactory quality') applied to a contract for an all-inclusive holiday. The defendant submitted, in reliance upon *The Res Cogitans*, that the consumption of food and drink at the hotel did not involve the transfer of property in that food or drink so that s 4(2) was not applicable. The Court of Appeal rejected this attempt to invoke *The Res Cogitans* and held that this was a case in which property in the food and drink passed to the claimants when they were served. It is worth noting that there was no retention of title clause in the contract in *Wood* and so the case demonstrates the significance of the retention of title clause to the conclusion in *The Res Cogitans*, in particular its role in excluding the implication of a term that property was to pass on the commencement of consumption.

7.35 The second case is the decision of Teare J in *Cockett Marine Oil DMCC v ING Bank NV and OW Bunker Malta Ltd*[138] in which an Omnibus Security Agreement entered into between ING and OW Bunker Group contained an assignment to ING of 'any amount owing, or to be owed . . . under any Supply Contract' and Supply Contract was defined for this purpose as 'any one-time contract . . . relating to the sale of oil products traded by the Group.' It was submitted on behalf of OW Bunker Group that there was no assignment to which the clause could apply because the contracts for the supply of bunkers were not contracts of sale. This submission was rejected by Teare J who held that the parties to the Security Agreement had described the contracts for the supply of bunkers as contracts 'relating to the sale of oil products' because 'in commercial terms they had many of the features or characteristics of a sale, notwithstanding that they were not contracts of sale within the meaning of the Sale of Goods Act because they did not envisage the passing of property before payment was due.'[139] In reaching this decision Teare J was clearly influenced by the fact that a conclusion to the contrary would have left ING with no security attaching the sums due to OW Bunker Group under its bunker supply contracts. In this context at least commercial good sense trumped conceptual purity and the court was able to conclude that

---

[137] [2017] EWCA Civ 11, [2018] QB 927.
[138] [2019] EWHC 1533 (Comm).
[139] Ibid at [65].

a contract for the supply of bunkers amounted for this purpose to a contract relating to the 'sale' of oil products even if it was not a contract to which the Sale of Goods Act 1979 applied.

(vi) 'Money consideration'

7.36 Since in a sale transaction the goods and the money are contrasted, the Act restricts contracts of sale to those contracts in which the consideration for the transfer of the property in the goods is a money payment. An exchange of goods for other goods, with no stipulation as to a money price,[140] is a barter and is outside the Act.[141] On the other hand, a part-exchange transaction in which an agreed price is payable partly in money and partly in other goods[142] is a sale.[143] An agreement to provide goods against trading stamps or other tokens is not a sale,[144] and is thus outside the Act,[145] as is a transfer of goods in exchange for land or for the performance of services[146] or for the payment of debts.[147] A supply of goods which is to be followed at a later date by return of their equivalent rather than of the goods *in specie* is a loan.[148]

4. THE SIGNIFICANCE OF THE STATUTORY DEFINITION

7.37 We have examined in some detail the ingredients of the statutory definition of the contract of sale. We must now take stock and ask ourselves

---

[140] The position is otherwise under a contract in which A sells goods to B for £100 and B sells other goods to A for £100 and, because of the equality in the money consideration, the parties agree that the monetary obligation of each shall be satisfied by delivery of the goods bought by the other. Such a transaction is not an exchange but a conjunction of reciprocal contracts of sale (*Davey v Paine Brothers (Motors) Ltd* [1954] NZLR 1122).

[141] Though the terms implied in favour of the parties at common law are in many respects similar to those implied under a contract of sale.

[142] In most part-exchange transactions, as commonly understood, the goods tendered in part exchange do not on a proper analysis form part of the consideration for the sale at all. The seller quotes an exclusively money price but agrees that he will, if so required by the buyer, purchase the part-exchange goods at a price to be set against that payable by the buyer. (The part-exchange goods then become the subject of a separate contract of sale if and when the buyer accepts the seller's offer of purchase by delivering them to the seller.) See R. M. Goode, *Hire-Purchase Law and Practice* (2nd edn, 1970), p 305.

[143] *Aldridge v Johnson* (1857) 7 E & B 885; *G. J Dawson (Clapham) Ltd v H. and G. Dutfield* [1936] 2 All ER 232. The position is otherwise where the parties do not fix a money price to be satisfied partly in cash, partly in kind, but simply provide for the exchange of the goods for other goods and money (*Flynn v Mackin* [1974] IR 101). See E. M. C. Canton (1976) 39 MLR 589. For a detailed analysis of part-exchange transactions, see R. M. Goode, *Hire-Purchase Law and Practice*, ch 14.

[144] *O'Dea v Merchants Trade-Expansion Group Ltd* (1938) 37 AR (NSW) 410. But a sale at a money price to be satisfied by trading stamps, or partly by trading stamps and partly by cash (*Chappell & Co Ltd v Nestlé Co Ltd* [1960] AC 87) is a sale. In other words, the same principles apply as where goods are given in exchange or part-exchange. The question in all cases is whether there is an agreed money price. See *Robshaw Bros Ltd v Mayer* [1957] Ch 125, [1956] 3 All ER 833, *Simpson v Connolly* [1953] 2 All ER 474.

[145] They now fall within the scope of the Supply of Goods and Services Act 1982.

[146] *Garey v Pyke* (1839) 10 Ad & El 512.

[147] See *Simpson v Connolly*, n 144 (transfer of land in discharge of debt held not to be a sale).

[148] Roman law described the transaction as one of *mutuum*. In common parlance a loan is generally taken to refer to the loan of money, but in law the term covers any transaction which treats what is supplied as a fungible (see paras **2.89–2.91**).

why it matters. If a contract asserted by one party to be a contract of sale is found not to be, what are the consequences of such a finding? The answer depends on the circumstances. In some cases such a finding will make little or no difference at all to the rights of the parties.[149] In other situations the impact may be dramatic. Whether a transaction is to be characterized as a contract of sale or some other type of transaction may affect the nature and extent of the rights of the parties *inter se*;[150] the position of a third party who purchases from one of the contracting parties when that party does not have, or has ceased to have, a good title;[151] the liability of the contract document to stamp duty,[152] and the amount of such duty; the tax position of the parties;[153] the existence and extent of statutory duties of which a breach would attract civil or criminal sanctions;[154] the availability of government grants and tax allowances.[155] Two forms of contract deserve special mention, namely contracts for services and agency agreements.

(i) Services

7.38 Whereas in a contract of sale the seller's duty to tender goods of satisfactory quality is strict, so that no amount of care will absolve him from liability if the goods are defective,[156] the obligation of one who undertakes to provide other services is usually limited to the exercise of reasonable care and skill, that is, such care and skill as he professes, either expressly or by implication, in the carrying on of some calling for which a given standard of competence is required.[157] But as regards materials furnished under such a contract, the supplier now has the same duty to supply goods of satisfactory quality as he has under a contract of sale.[158] Moreover, even as regards the pure services element of the contract there is no distinction in principle between a contract for skill and labour and one for the sale of goods. The question in each case is what the supplier has undertaken to provide. If the supplier of services undertakes to produce a given result, as where a contractor agrees to install central heating that will produce not less than a given room temperature, or an engineer to design a structure that will withstand specified

---

[149] For example, the terms implied in contracts of hire and contracts of work and labour in so far as they involve the supply of materials are very similar to the terms implied in a contract of sale. See the Supply of Goods and Services Act 1982.
[150] See below.
[151] See para **16.61**.
[152] See *William Cory & Sons Ltd v IRC* [1965] AC 1088.
[153] For example, on a purchase of goods for the purpose of a business, capital allowances are given to the buyer; on a lease (even a finance lease) to the lessor.
[154] Though the tendency in modern legislation is to cover all forms of supply. See, for example, the Consumer Protection Act 1987, s 46.
[155] See n 153.
[156] See para **11.56**.
[157] *Bolam v Friern Hospital Management Committee* [1957] 2 All ER 118. The principle is now embodied in s 13 of the Supply of Goods and Services Act 1982.
[158] Supply of Goods and Services Act 1982, s 4, enacting the principle established by the common law. See *Young & Marten Ltd v McManus Childs Ltd* [1969] 1 AC 454; *Dodd and Dodd v Wilson and McWilliam* [1946] 2 All ER 691.

stresses,[159] the duty is no less strict than in a contract of sale. The only point of difference is that while in contracts of sale the strict nature of the seller's obligation is assumed unless displaced by evidence of a contrary intention, the normal assumption in a contract for services is that the supplier is not undertaking to produce a given result but simply to exercise all reasonable care and skill in the performance of work designed to produce that result.

7.39 An important difference between a contract of sale of goods and a contract of work and labour involving the supply of materials is that the statutory exceptions to the *nemo dat* rule in the Sale of Goods Act, which in given conditions enable a buyer or seller in possession to pass a good title to a third party even where the buyer lacked or the seller had already parted with title, do not apply to other types of contract.[160] A further difference is that the provisions of s 20A of the Act conferring co-ownership of an identified bulk on prepaying buyers pending delivery under their individual contracts[161] do not apply to contracts of work and labour.

(ii) Agency[162]

7.40 Whether a person is to be considered to have purchased goods and resold them on his own account or to have received and disposed of them as agent of the supplier is a question that may be of considerable practical importance, and anyone who proposes to market goods through an agent or distributor will have to consider the legal implications when deciding which form of contract to select, particularly where the goods are to be sold abroad. If A supplies goods to B as agent to sell on A's behalf, there is privity of contract between A and the purchasers of the goods, so that A incurs all the liabilities of a seller if the goods are defective or if B fails to deliver in accordance with the contract. Conversely, A is entitled to sue the purchasers for the price, so that the risk he runs in the event of B's becoming insolvent is somewhat reduced, for instead of having to look at B as the sole purchaser, he is instead entitled to exercise rights against each purchaser separately under the particular contract entered into by that purchaser. If A is in England and B is in a foreign country, A's selection of the form of agreement may be influenced by restrictions imposed by the law of that country on trading by foreigners. A may need a licence to carry on a business through the agency of B, whereas if he merely sells to B for resale, A is not necessarily on that account carrying on business in the foreign country concerned. Again, the delivery of goods to another as agent consignee rather than as purchaser allows deferment of tax.[163]

---

[159] *Greaves & Co (Contractors) Ltd v Baynham Meikle & Partners* [1975] 2 Lloyd's Rep 325.
[160] *Dawber Williamson Roofing Ltd v Humberside County Council* (1979) 14 Build LR 70.
[161] See para **8.52**.
[162] See also ch 5.
[163] See para **29.13**.

5. DOCUMENTARY AND NON-DOCUMENTARY SALES

7.41 Special characteristics are possessed by documentary sales, in which the seller agrees to dispatch goods rather than deliver them at their intended destination and to procure for the benefit of the buyer the contract of carriage and any other ancillary contracts that may be agreed, eg of marine insurance, and make over to the buyer the contract documents or other documents embodying their essential terms.[164] Documentary sales involve as a minimum the transfer to the buyer of documents of control over the goods – typically a bill of lading[165] or a warehouse warrant[166] – to enable the buyer to sell or pledge the goods while they are still in transit or in an independent warehouse. Documentary sales are a particular feature of international sale transactions.[167]

6. CONSUMER SALES

7.42 A proliferation of European directives and UK implementing legislation in the field of consumer law has greatly complicated English sales law, to the point where the law relating to consumer sales has become a subject in its own right.[168] This Europeanisation of contract law, and of consumer sales law in particular, has rightly been characterised as 'rather patchy'.[169] Initially the focus was on specific contracts concluded in specific contexts, such as directives and implementing UK regulations dealing with contracts negotiated away from business premises[170] and distance selling.[171] These directives have since been repealed and incorporated in the Consumer Rights Directive[172] which has introduced a greater degree of standardisation in relation to both the provision of pre-contractual information and the consumer's right to withdraw from the contract. Other directives and implementing legislation

---

[164] Eg, the parties may agree that the seller is to arrange insurance and to furnish a certificate of insurance rather than the insurance policy itself. See para **32.74**.
[165] See paras **32.51** ff.
[166] See S. Mills (ed), *Goode on Proprietary Rights and Insolvency in Sales Transactions* (3rd edn, 2010), paras 4.05–4.09.
[167] Examined in detail in chs 32–34 and see also M. Bridge, *The International Sale of Goods: Law and Practice* (4th edn, 2017).
[168] On which see generally J. Macleod, *Consumer Sales Law: The Law Relating to Consumer Sales and Financing of Goods* (2nd edn, 2006).
[169] C. Twigg-Flesner, *The Europeanisation of Contract Law: Current Controversies in Law* (2nd edn, 2013), p 52.
[170] Directive 85/577/EEC, initially implemented by the Consumer Protection (Contracts Concluded away from Business Premises) Regulations 1987 (SI 1987/2117). These Regulations were revoked by the Cancellation of Contracts made in a Consumer's Home or Place of Work etc Regulations 2008 (SI 2008/1816) which in turn have been revoked by the Consumer Contracts (Information, Cancellation and Additional Charges) Regulations (SI 2013/3134).
[171] Directive 97/7/EC, initially implemented by the Consumer Protection (Distance Selling) Regulations 2000 (SI 2000/2334). These Regulations were revoked by the Consumer Contracts (Information, Cancellation and Additional Charges) Regulations 2013 (SI 2013/3134).
[172] Directive 2011/83/EU.

7.42 *The Contract of Sale: Its Nature and Function*

deal with misleading and comparative advertising,[173] consumer credit,[174] general product safety[175] and price indications.[176] Of wider significance for contract law has been the directives on unfair contract terms[177] and consumer sales and guarantees.[178] The latter two directives have had a more far-reaching effect on contract law generally and this can be seen most obviously in the enactment of the Consumer Rights Act 2015 which sets out a distinctive regime for consumer sales law in the UK, departing at a number of points from the provisions of general sales law to be found in the Sale of Goods Act 1979. The departure of the UK from the EU will obviously have an impact on this area of law. However, it is unlikely that it will lead the UK to repeal the Consumer Rights Act 2015 or to revoke statutory instruments which protect consumers pursuant to what were our obligations under EU law. But, now that the UK has left the EU, it is no longer obliged to give effect to future European legislation, and it may choose to revisit some of the legislation enacted in pursuance of what was at the time a legal obligation to give effect to EU law, although the extent to which it will do so in the area of consumer sales law is thought to be doubtful.

---

[173] Directive 84/450/EEC, implemented by the Control of Misleading Advertisements Regulations 1988 (SI 1988/915).
[174] Directive 2008/48/EC. In the UK, consumer credit is governed by the Consumer Credit Act 1974, the Consumer Credit Act 2006 and a large number of statutory instruments. The implementation of the 2008 Directive led to a number of significant changes to the 1974 Act and the regulations made under that Act.
[175] Directive 2001/95/EC, replacing Directive 92/59/EEC, which was implemented by the General Product Safety Regulations 1994 (SI 1994/2328).
[176] Directive 98/6/EC, implemented by the Price Marking Order 1999 (SI 1999/3042).
[177] Directive 93/13/EEC, implemented initially by the Unfair Terms in Consumer Contracts Regulations 1994 (SI 1994/3159) which were revoked by the Unfair Terms in Consumer Contracts Regulations 1999 (SI 1999/2083) which were in turn revoked by the Consumer Rights Act 2015 and the implementing legislation is now to be found in Part 2 of that Act and Schedules 2 and 3 thereto.
[178] Directive 99/44/EC, initially implemented by the Sale and Supply of Goods to Consumers Regulations 2002 (SI 2002/3045) which were revoked by the Consumer Rights Act 2015. The 1999 Directive will be replaced with effect from 1 January 2022 by Directive (EU) 2019/771 of the European Parliament and of the Council of 20 May 2019 on certain aspects concerning contracts for the sale of goods, amending Regulation (EU) 2017/2394 and Directive 2009/22/EC, and repealing Directive 1999/44/EC. Given the UK's departure from the EU, it will be for the UK government to decide whether or not to implement any of the changes made to the 1999 Directive by its successor.

Chapter 8

THE PASSING OF THE PROPERTY

8.01 The Sale of Goods Act 1979[1] provides that the passing of the property depends on intention; risk of loss or damage goes with the property; and frustration is linked to risk. Hence an examination of the general principles governing the passing of property, risk and frustration is a necessary prelude to our step-by-step analysis of the contract of sale in action; and the starting point of this examination is the problem of identification of the contract goods. In short, what is the subject matter of the contract?

1. IDENTIFICATION OF THE CONTRACT GOODS

(i) The need to identify[2]

8.02 There are at least five reasons why it may be material to identify the subject matter of the contract. In the first place, the buyer will want to know what he is purchasing; and he cannot as buyer assert property rights over goods without first identifying them as the goods that are the subject of the contract.[3] Secondly, just as ownership depends on identification, so also does possession.[4] Thirdly, and somewhat illogically, identification may be relevant to the availability of specific performance.[5] Fourthly, the buyer cannot maintain an action for conversion against the seller or a third party unless he can show that the act of conversion complained of relates to goods which are or include goods the subject of the contract of sale. Fifthly, if a party wishes to claim that the contract has been frustrated through destruction of the subject matter, he must prove that the goods destroyed were or included the contract goods.

---

[1] In the case of contracts falling within the scope of the Consumer Rights Act 2015, the term used is 'ownership' not 'property' but the difference would appear not to have any practical impact given that ownership is defined in s 4(1) as meaning 'the general property in goods, not merely a special property.' Section 4(2) provides that the rules on the transfer of ownership for the purpose of the 2015 Act are taken from the equivalent provisions in the Sale of Goods Act 1979 (ss 16, 17, 18, 19, 20 and 20B) and so it is not necessary to discuss the 2015 Act separately in this chapter.
[2] See also paras **2.59–2.60**.
[3] Sale of Goods Act 1979, s 16. See para **8.08**.
[4] See para **2.40** ff.
[5] Sale of Goods Act 1979, s 52(1). See para **14.07**.

8.03 *The Passing of the Property*

8.03 While identification of the contract goods is thus of crucial importance, the *degree* of identification required varies according to circumstances.[6] In particular, where the question is whether the contract goods have been destroyed or disposed of, it suffices to know that the goods called for by the contract formed part of a larger but identified bulk which has been lost or disposed of, for loss or disposal of the whole necessarily involves loss or disposal of the part.

(ii) Specific, ascertained, generic and quasi-specific goods[7]

8.04 It is convenient to have labels to describe the degree of identification achieved at the time that the contract is made. The Sale of Goods Act makes a twofold classification into specific goods on the one hand and unascertained goods on the other; but, as we shall see, this second class is not a single species but subdivides into two quite distinctive classes, namely quasi-specific goods and wholly unascertained goods.

1. *Specific goods*

8.05 Where the goods are fully identified at the time of the contract (as where they are handed over or set aside with the buyer's consent at the time he agrees to buy them), they are said to be *specific* goods. In the language of s 61(1) of the Sale of Goods Act, 'specific goods' are 'goods identified and agreed on at the time a contract of sale is made'. Thus, if I go into a shop and buy two kilos of potatoes which I take away with me, or if I try on and purchase a suit which I arrange to be sent to my home, the goods are in each case specific goods, for the precise articles I am buying are known at the time I agree to buy and do not depend on any later selection, made either by the shopkeeper or by me from among the former's stock. The seller would not be entitled to change his mind and require me to take different potatoes or a different suit; nor would I be entitled to change my mind and insist on having the potatoes replaced with other potatoes or the suit replaced with another suit. The definition of specific goods also includes an undivided share, specified as a fraction or percentage, of goods so identified and agreed.[8]

8.06 Various provisions of the Sale of Goods Act refer to a 'contract for the sale of specific goods'.[9] This phrase is ambiguous. Does it mean that the goods must in fact be identified? Or does it mean merely that the parties must be contracting with reference to the goods on the basis (which may or may not be correct) that they are identified? Suppose, for example, that S contracts to sell 'one of the bottles of wine in my cellar' and there is but one such bottle. The contract is in form a contract for the sale of quasi-specific goods, yet in

---

[6] See para **8.11**.
[7] Other classifications will be dealt with at appropriate points in this chapter. The distinction between existing and future goods is relevant to the passing of property and is discussed in para **8.72**.
[8] Section 62(1).
[9] Sections 6, 7, 17–19.

substance it involves an agreement to sell specific goods, for there is only one member of the designated class. Now let us take the converse case, where S contracts to sell 'the bottle of wine in my cellar', and the cellar contains several bottles of wine. Here the contract is in form a contract for the sale of specific goods, yet in substance it is for quasi-specific goods, for beyond the fact that the contract can be satisfied only by selection of a bottle of wine from those in the cellar, as opposed to wine located elsewhere, we cannot tell which bottle is earmarked to the contract.

8.07 Though the Sale of Goods Act 1979 does not directly tell us whether, for the purpose of definition, we are to look at the form of the contract or the factual situation, it is apparent from the various provisions relating to specific goods – eg ss 6, 7 and 18 – that the Act is concerned with the fact of specificity (or lack of it), not with the contract formulation. If the latter were the determining factor, we could have a contract of sale of specific goods expressed to be existing and located in a particular spot, even though no such goods were located in that spot, or indeed even if no such goods existed at all. But since the Act is concerned with specificity as a fact, we can conclude that a contract for the sale of specific goods requires, first, that the goods be in fact identified, ie unique, at the time of contract, and secondly, as a corollary, that they exist (either as actual or as potential property[10]) at that time. Conversely, if the goods are in fact identified at the time of the contract, the fact that the contract is couched in a form which implies that some act of selection is necessary does not alter the status of the contract as a contract for the sale of specific goods.

2. *Ascertained goods*

8.08 Section 16 of the Sale of Goods Act 1979 tells us that 'where there is a contract for the sale of unascertained goods no property in the goods is transferred to the buyer unless and until the goods are ascertained', that is, identified by some act of appropriation subsequent to the contract. Hence, specific goods are those identified at the time of the contract;[11] ascertained goods are those which were unidentified when the contract was made but become identified subsequently as the contract goods.[12] Section 16 does not simply lay down a rule of law; it is in the nature of things that a person cannot acquire ownership of goods, or indeed any other asset, if it cannot be identified.[13] Nor can the problem be overcome by resort to estoppel or by invoking a trust of the sums paid as the purchase price in the absence of any

---

[10] As to potential property, see para **8.74**.
[11] Section 61(1).
[12] Such identification is not necessarily determinative, for if the buyer subsequently exercises a right to reject the goods for non-conformity with the contract, they cease to be the contract goods and unless it is then too late for the seller to re-tender (see paras **12.16–12.24**), the contract remains on foot as one under which the goods continue to be unascertained pending an effective appropriation. See further, para **8.19**.
[13] Hence the opening words of the section suggesting that s 20A provides an exception to the requirement of ascertainment should not be taken at face value. See para **8.52**.

8.08 *The Passing of the Property*

evidence of an intention to create a trust. A good illustration is the decision of the Privy Council in *Re Goldcorp Exchange Ltd*,[14] where the facts were as follows:

> Goldcorp Exchange was a dealer in gold and other precious metals. It agreed to sell to various customers (referred to throughout in the proceedings as the 'non-allocated claimants') quantities of bullion which, pending physical delivery on seven days' notice, would be stored in the company's vault, each customer being issued with a 'certificate of ownership'. The company became insolvent and there was insufficient bullion to meet customers' entitlements. The unallocated claimants, together with various others, instituted proceedings claiming co-ownership of the remaining bullion. This was rejected by Thorp J at first instance, the New Zealand Court of Appeal and the Privy Council. All three courts rejected the contention that the problem created by the lack of identification could be overcome by reliance either on estoppel based on the company's literature or on the existence of a trust. Estoppel could not conjure into existence goods which were not there, and the facts were inconsistent with any intention on the part of the company to create a trust for its customers.
>
> However, in the New Zealand Court of Appeal the majority had accepted a new argument that the purchase price paid by the customers was impressed with a trust in their favour, namely a trust to apply the purchase price for the purpose for which it was paid, failing which the sums paid were to be held for the customers and were traceable into the company's general assets. The Privy Council robustly rejected this proposition and reversed the decision of the Court of Appeal. Lord Mustill, delivering the opinion of the Board, pointed out that the moneys were paid to the company unconditionally, and that the existence of customers' continuing proprietary interests in the money they had paid was inconsistent with their assertion that they had acquired title under their respective contracts of sale.

8.09 Ascertained goods are for the most part governed by the same rules as specific goods. It is true that the rules as to the passing of property in s 18 pick out specific goods for special treatment, but this is simply an indication of the fact that the process of identification is different. Once goods, originally unascertained, have become identified to the contract, we can for most purposes equate these with specific goods. But two important distinctions remain. First, the frustration rules embodied in ss 6 and 7 of the Act are confined to specific goods. Secondly, whereas the buyer's lawful rejection of ascertained goods negates the seller's appropriation of these but leaves him free to make a fresh appropriation if still in time to do so, the seller cannot proffer a substitute for specific goods lawfully rejected, for by definition the contract covers those goods and no other.

3. *Generic or unascertained goods (fungibles)*

8.10 Frequently, goods are not identified at the time of the contract but depend on some subsequent agreed act of appropriation by the seller or (less commonly) by the buyer. For example, I may order two kilos of potatoes from my greengrocer for delivery later in the day, or a new car from my local motor dealer for which there is an estimated delivery time of two months. In this case there is no existing item of goods which at the time of the contract can be

---

[14] [1995] 1 AC 74. Only the central points are examined here.

pinpointed as the subject of the contract. I have agreed to buy not a specific and identified item but simply an article (*any* article) which possesses the characteristics I have described to the seller. The contract is thus for the sale of unascertained or generic[15] goods, that is, I have agreed to buy an article which is one of a genus or class and do not mind which one, as long as that which is subsequently selected by the seller (whether from his existing stock or from other sources) possesses the characteristics of the genus. Until that selection (or *appropriation* as it is termed in the Sale of Goods Act) has been made, the contract goods remain unascertained.

4. *The two categories of unascertained goods*

8.11 When the Sale of Goods Act 1979 refers to 'unascertained goods' – a phrase not defined – it fails to distinguish two quite different categories. The goods may be *wholly* unascertained, in that the parties have not even designated a source of supply in their contract, or they may be partially identified as a result of agreement between seller and buyer that they shall be supplied from an identifiable bulk. We shall apply the term 'quasi-specific goods' to denote goods partially identified in this way[16] and in future confine our use of the phrase 'unascertained goods' to goods which are wholly unascertained, while emphasizing that in the Sale of Goods Act itself this phrase is used to cover both categories, with potentially unfortunate consequences.

8.12 Contractually, unascertained goods possess neither a present nor a potential location. Indeed, when s 16, in speaking of unascertained goods, tells us that no property in 'the goods' passes to the buyer until ascertainment, it gives a totally misleading impression, for it suggests an undefined but existing collection of articles from which the contract goods are to be selected, whereas the fact is that, unless the parties have at least agreed on the source of supply, 'the goods' have no contractual existence at all! The most that can be said is that somewhere there is, or at some time there may come into being, a source of supply which in the contemplation of either or both of the parties will be drawn on to meet the seller's contractual obligations. But legally that source has no relevance to the contract unless made a term of the contract. If I agree to buy 100 kilos of potatoes, then, unless otherwise stipulated, the seller is free to supply them from any existing or future source. I as the buyer have no right to insist that any particular source of supply shall be used. How the seller performs is none of my business as long as he does perform. Conversely, failure of the intended source does not relieve the seller of his delivery obligation; if the anticipated source fails, he must find another.

8.13 Goods can move (figuratively) from an unascertained to an ascertained state directly by an act of appropriation sufficient for precise identification.

---

[15] Or fungible. See paras **2.89–2.91** as to fungibles.
[16] See para **8.100**.

8.13 *The Passing of the Property*

Alternatively, there can be a staged progression, from unascertained to quasi-specific[17] and thence to ascertained goods through appropriation from that bulk.[18]

5. *Quasi-specific goods*

8.14 The significance of quasi-specific goods as a distinct category will readily become apparent. Suppose that the buyer agrees to purchase 100 kilos of potatoes forming part of a consignment of 500 kilos then on board a named vessel or in a designated warehouse. The goods in this case are not wholly unascertained, for while the particular 100 kilos out of the 500 cannot be identified until set aside and appropriated to the contract, it can be said that the seller is neither entitled nor obliged to supply 100 kilos from any other source.[19] If the ship were to sink with the loss of all its cargo, or the warehouse were to be set on fire with the destruction of all its contents, we should have no difficulty in saying that the goods the subject of the contract, even though never specifically identified, had perished, since the entire source from which they were to come had been destroyed. Similarly, if the seller, before appropriating 100 kilos to the contract, were to sell and deliver to another buyer the whole 500 kilos of potatoes, lack of precise identification of the first buyer's 100 kilos would not of itself present a barrier to a claim by him for conversion.[20]

8.15 Just as precise identification of the goods earmarked to the contract may take place either when the contract is made (specific goods) or subsequently (ascertained goods), so also goods may be quasi-specific on the making of the contract or may alternatively become quasi-specific as the result of a provision of the contract allowing a party to designate the source of supply[21] or a subsequent agreement between the parties that the goods shall be supplied from a given source.[22] Further, it is not essential that the source be actually in existence at the time of the contract or of the subsequent agreement. It suffices that it is described with sufficient particularity to enable it to be identified when it does come into existence. For example, the buyer may contract to purchase '1,000 tons of Weston White wheat ex motor vessel *Challenger* expected to load between 16 and 31 December from Oregon or Washington',[23] a sufficient description to identify the contractual source of supply in the absence of some latent ambiguity.[24]

---

[17] Ibid.
[18] As to appropriation, see paras **8.19** ff.
[19] One must be careful to distinguish a contractually designated source of supply from a mere contractual delivery point. Thus if there is an agreement to sell '100 bushels of wheat ex our warehouse', it is a question of construction whether the seller is required to supply from stock already in his warehouse at the time of the contract or whether he is free to tender wheat obtained from any other source so long as he makes it available for delivery at his warehouse.
[20] See para **14.09**.
[21] As where a c.i.f. contract provides for the seller to give a notice of appropriation of goods shipped on board a specified vessel. See para **34.25**.
[22] See para **34.15**, n 57.
[23] *Re Wait* [1927] 1 Ch 606.
[24] As in *Raffles v Wichelhaus* (1864) 2 H & C 906.

8.16 Certain important consequences flow from the status of goods as quasi-specific goods. The identification of the bulk from which they are to be drawn may enable us to test (in contrast to the case of wholly unascertained goods) whether:

(a) they are still in existence,
(b) their control has passed from the seller to the buyer,
(c) the seller has wrongfully parted with possession, and
(d) the seller or an independent carrier or other bailee is wrongfully detaining them.

Such identification, though insufficient to pass the property in particular goods,[25] may nevertheless be enough to raise issues of risk,[26] frustration[27] and availability of personal remedies in tort arising from the detention or conversion of the bulk from which the contract goods are to be supplied.[28] In addition, identification of the bulk may lead to ascertainment of the precise contract goods through exhaustion, as by delivery of the rest of the bulk to other purchasers.[29]

8.17 So far it has been assumed that the contract provides for a single, identified source of supply. But there is nothing to preclude the parties from agreeing that the seller may supply from either or both of different sources of supply, or indeed from any of a number of identified sources. In such a case two separate acts of appropriation may be involved: an act designating the particular bulk from which the contract goods are to be supplied and a subsequent or simultaneous act of appropriation to identify the particular goods. Until the first of these acts of appropriation, the destruction of one of the possible sources of supply cannot be said to involve destruction of the contract goods for the purpose of the rules as to risk and frustration, for the seller still has the remaining source or sources from which to fulfil his contractual obligations. Similarly, the seller does not commit an act of conversion by disposing elsewhere of all the contents of a particular bulk, for this does not preclude him from meeting his delivery obligation from another contractual bulk.

(iii) The process of identification

8.18 Where the contract is for the sale of unascertained or quasi-specific goods, two stages of identification separated by an interval of time are involved. At the moment the contract is made, the parties must, as terms of the contract, agree upon the characteristics by which the goods to be supplied are

---

[25] Sale of Goods Act 1979, s 16. However, the prepaying buyer now acquires a co-ownership interest in the bulk. See para **8.51**.
[26] See para **9.03**.
[27] See para **9.48**.
[28] Above.
[29] See paras **8.46** and **8.100**.

8.18 *The Passing of the Property*

to be identified. This means at least some verbal description[30] in writing or by word of mouth, but in many cases the difficulty of expressing in words all the relevant characteristics of the required article makes it desirable for the description to be supplemented by other methods, eg, a sample, photographs, drawings, specifications expressed in mathematical or chemical formulae, reference to established grades or other standards, and the like. At the second stage, goods possessing the specific characteristics must be set aside and appropriated to the contract, so that the seller ceases to be entitled to proffer or the buyer to take other goods, even if having all the designated characteristics.

(iv) Appropriation to the contract

8.19 In the case of a contract for the sale of specific goods no question of appropriation arises, for the goods are identified at the time of sale. Where, however, the contract is for the sale of unascertained or quasi-specific goods, the identification of goods as the contract goods depends on some act of appropriation, after the making of the contract, by the seller with the assent of the buyer, or by the buyer with the assent of the seller. Appropriation merely fixes the contract goods; it does not necessarily result in the transfer of ownership to the buyer, though it may be relevant under the rules in the Act as to the assumed intention of the parties concerning the transfer of ownership.[31]

8.20 Appropriation may be conditional or unconditional. In the latter case it is irrevocable;[32] in the former, the party making the appropriation reserves the right to substitute, or require the substitution of, other goods in certain conditions.[33] Since appropriation is a contractual act, it is effective only if carried out, or accepted by the other party as having been carried out, in conformity with the contract. So if a seller purports to appropriate to the contract goods of a different description from those specified in the contract, the appropriation is ineffective[34] unless the buyer has given or subsequently gives his assent to the change of identity.[35] Again if the parties have agreed that

---

[30] However, not every descriptive statement forms part of the contract description, but only that which is necessary to identify the goods. See para **11.35**.
[31] See para **8.92**.
[32] Assuming that it is in accordance with the contract and that the buyer does not on some other ground exercise a right to reject.
[33] See paras **8.92** ff.
[34] *Varley v Whipp* [1900] 1 QB 513, per Channell J at 517.
[35] This produces interesting situations where the passing of the property is in issue, for the buyer's right to assert that a purported appropriation was not valid may overlap with his right to reject the goods for non-correspondence with description. The distinction between the two rights is that exercise of the former prevents the property from vesting in the buyer at all, whereas rejection of goods may well not take place until after the property has passed to the buyer and will then result in the property revesting in the seller, so extinguishing the initially valid appropriation (see below). The right to disclaim an ineffective appropriation is narrower than the right to reject the goods, for appropriation goes only to identity, not to attributes, so that if the goods earmarked to the contract are of the contract description and the act of appropriation is one expressly or impliedly authorized by the contract, the appropriation is effective even if the goods are of poor quality or unfit for their purpose.

notice of appropriation shall be given to the buyer, the appropriation will not normally become operative until such notice has been given.[36]

8.21 While an unconditional appropriation made by one party with the assent of the other[37] binds the seller irrevocably,[38] its impact on the buyer is conditional only; for if, though the goods are of the contract description, the tender is not otherwise in conformity with the contract (eg because the goods are unfit or of unsatisfactory quality or because delivery is tendered late in a contract where time is of the essence), the buyer can exercise his right to reject, in which event the original appropriation is nullified and the rights of the parties are for the most part[39] regulated as if no appropriation had been made and no delivery tendered.[40]

8.22 What is the position if the seller tenders a quantity of goods in excess of the contract quantity? Does this prevent property passing on the ground that until some act of appropriation it cannot be said which goods belong to the buyer?[41] The answer depends on the intention of the parties. If their intention is that the property in the entire quantity is to pass in the first instance to the buyer, subject to its right to reject the excess later, the buyer becomes the owner of the whole quantity and, when the excess is rejected, the property in it revests in the seller.[42] If, on the other hand, the intention is that the property will pass only when the buyer has separated from the bulk the quantity to be delivered under the contract, the property will not vest in the buyer until it has effected the separation.

2. PROPERTY: SOME GENERAL ASPECTS

(i) Property as the core of the contract

8.23 It has long been established that, as a matter of contractual obligation, the seller's transfer of an indefeasible title is fundamental to the agreement. So relentlessly does English law apply this principle that possession and enjoyment of the goods, even for a substantial period, are not by themselves considered to confer on the buyer a benefit sufficient to preclude him from asserting a total failure of consideration if he discovers that his seller did not have a right to dispose of the goods. The leading authority is the much-discussed decision of the Court of Appeal in *Rowland v Divall*.[43]

> The plaintiff bought a motor car from the defendant for £334. He resold it to a third party, from whom it was repossessed by the police on the ground that it had been stolen by the person who sold it to the defendant. The plaintiff, having refunded to

---

[36] See paras **8.96** and **34.25** as to a notice of appropriation.
[37] As to what constitutes a sufficient act of appropriation, see paras **8.96** ff.
[38] But see n 32.
[39] As to the seller's liability to the buyer for expenses incurred by the latter in connection with the abortive tender, see para **12.27**.
[40] See para **12.24**.
[41] See J. Ulph, 'The Proprietary Consequences of an Excess Delivery' [1998] LMCLQ 4.
[42] *The Elafi* [1982] 1 All ER 208.
[43] [1923] 2 KB 500.

8.23 *The Passing of the Property*

his own purchaser the resale price he had received, then sued the defendant for recovery of the £334 as money paid for a consideration which had wholly failed.

The trial judge dismissed the claim on the ground that the plaintiff and his purchaser had together had the use of the car for a period of four months; but this decision was reversed by the Court of Appeal on the ground that the plaintiff had not received any part of that for which he had bargained, namely the property and the right to possession. In rejecting the argument that the depreciation of the vehicle through use precluded *restitutio in integrum* to the seller and thus defeated the plaintiff's claim, the Court of Appeal pointed out that, since the seller had no title, he could not recover the car in any event and it did not lie in his mouth to set up by way of defence the impossibility of *restitutio in integrum* when this had resulted from his own breach.

8.24 Even more striking was the later decision in *Warman v Southern Counties Car Finance Corpn Ltd*,[44] where on similar reasoning the plaintiff was held entitled to recover all payments made under a hire-purchase agreement though he had used the car for eight months before surrendering it to the true owner; and it was further held that even if, as contended by the defendants, the plaintiff had continued payments under the agreement after discovering the defect in the defendants' title, this did not preclude him from recovering from the defendants on the basis of a total failure of consideration. Thus ' . . . if at any stage the option to purchase goes, the whole value of the agreement to the hirer has gone with it'.[45]

8.25 Hence, the seller's right[46] to transfer the property in the goods to the buyer is conceived to be the core of the contract, with the result not merely that actual enjoyment by itself is not considered to constitute a benefit negating total failure of consideration[47] but that the implied condition of title is considered a fundamental term which at common law could not easily be negated in a contract of sale,[48] though the parties could, of course, expressly bargain for an *emptio spei*, a sale of such interest (if any) as the seller has in the goods.[49]

8.26 *Rowland v Divall* is probably good law, in view of the definition of 'contract of sale' in s 2(1) of the Sale of Goods Act, which talks exclusively of property and makes no mention of possession. But in terms of policy, the result

---

[44] [1949] 2 KB 576.
[45] Ibid per Finnemore J at 582.
[46] The fact that the seller has *power* to transfer the property and effectively exercises this does not normally deprive the buyer of his remedy of rejection if the seller did not also have the *right* to sell. See para **11.19**. The seller's duty to transfer the property comes to an end if the goods are destroyed after the risk has passed to the buyer. See para **9.04**.
[47] See *Giedo Van Der Garde BV v Force India Formula One Team Ltd* [2010] EWHC 2373 (QB), [273] where Stadlen J held that the buyer in *Rowland* did not get any part of what he had bargained for ('the consideration for which he had bargained was lawful possession of the car and a good title to it, neither of which he got').
[48] And see the Unfair Contract Terms Act 1977, s 6(1)(a), and para **11.134**.
[49] *Payne v Elsden* (1900) 17 TLR 161. See also Sale of Goods Act 1979, s 12(3), and para **11.135**.

cannot be described as satisfactory.[50] It is a further illustration of the all-or-nothing approach so often encountered in English commercial law,[51] and reflects a divergence between legal principle and commercial reality.[52] In everyday life possession is every bit as important as ownership. The implied warranty of quiet possession,[53] which gives the buyer the right to damages if his possession is in fact disturbed, goes a long way towards providing the buyer with all he needs for his protection. It does not, however, go all the way, for the buyer who is to pay without an assurance of title needs some safeguard against exposure to a claim in conversion by the true owner. Perhaps the most satisfactory solution is to review the rule that good faith and want of notice in receiving and dealing with goods to which another is entitled are no answer to an action for conversion.[54]

(ii) The relevance of property to other issues

8.27 The excessive importance attached by English sales law to the transfer of property does not merely manifest itself in the rule that such transfer is a fundamental obligation of the contract. The impact of the location of the property is all-pervasive.[55]

1. No *real rights short of property or possession*

8.28 Until the property passes to the buyer or possession has been delivered to him, his rights appear to rest solely in contract and he apparently has no interest of any kind in the goods pending acquisition of the legal title.[56] Thus he does not, it seems, acquire, an equitable interest in the goods[57] or any

---

[50] The Law Reform Committee recommended that the buyer should recover only the amount of his loss, giving credit for any benefit derived from the goods while in his possession (*Transfer of Title to Chattels* (1966, Cmnd 2958), para 36). The Law Commissions at one time appeared to support this proposal, but eventually came out against any change on the ground that there was no reason why the buyer should have to pay the seller for goods belonging to a third party. See *Sale and Supply of Goods* (Law Com No 160, Scot Law Com No 104, Cm 137, 1987), paras 6.1–6.5.
[51] For a further example, see para **8.47**.
[52] See M. Bridge, 'The Title Obligations of the Seller of Goods' in N. Palmer and E. McKendrick (eds), *Interests in Goods* (2nd edn, 1998), pp 303–327.
[53] See para **11.22**.
[54] *M'Combie v Davies* (1805) 6 East 538; *Fine Art Society v Union Bank of London* (1886) 17 QBD 705; and see Torts (Interference with Goods) Act 1977, s 11(2).
[55] Prior to the Misrepresentation Act 1967 it even affected the buyer's right to reject. See para **12.12**, n 34.
[56] *Re Wait*, n 23 per Atkin LJ at 636; *The Aliakmon* [1986] AC 785, per Lord Brandon at 812–813; *Re Goldcorp Exchange Ltd*, n 14; *Re Martin, ex p Avery Motors Ltd* [1991] 3 NZLR 630.
[57] Ibid. However, the parties are free to make any bargain they wish outside the contract of sale, eg that until the passing of legal title the seller is to hold the goods on trust for the buyer: See *Re Wait*, n 23 per Atkin LJ at 636.

8.28 *The Passing of the Property*

implied right of security under the contract,[58] nor at common law can he claim an interest in common with the seller or other buyers in an identified bulk of which he has agreed to purchase an unidentified part.[59] He acquires real rights only by the transfer of ownership or the delivery of possession.[60]

2. Property, risk and frustration

8.29 Unless otherwise agreed, the risk of loss of or damage to the goods goes with the property in them[61] and is not directly related to custody or control.[62] The location of the property may, by virtue of its impact on risk, also be relevant to the question of frustration, the Sale of Goods Act providing that, where there is an agreement to sell specific goods which perish without the fault of either party before the risk has passed to the buyer, the agreement is avoided.[63]

3. Right to sue for the price

8.30 The seller's right to sue for the price is, unless the price is payable on a day certain irrespective of delivery, in general dependent on the passing of the property in the goods to the buyer.[64]

4. Insolvency of a party

8.31 If the seller becomes bankrupt or goes into liquidation without having delivered specific or ascertained goods agreed to be sold, the buyer's ability to enforce against the trustee or liquidator a right of possession against the seller

---

[58] Contrast the position of the buyer under the American Uniform Commercial Code, ss 2–401, 2–502, which gives the buyer a 'special property' in the goods upon their identification to the contract and thus enables him to recover them from the seller, upon tender of the price, even if the latter becomes bankrupt.
[59] See para **8.38**. As to the changes introduced by s 20A of the Sale of Goods Act 1979, see para **8.52**.
[60] For the effect of delivery of possession, see para **2.40**.
[61] Sale of Goods Act 1979, s 20(1). But in the case of sale to a person dealing as consumer risk does not pass until delivery (ibid, s 20(4)).
[62] But indirectly there is a close connection, in that constructive delivery, by which the seller loses control, usually constitutes an appropriation of unascertained goods. See para **8.96**.
[63] Section 7.
[64] Sale of Goods Act 1979, s 49(1). The question whether section 49 is a complete code of the situations in which the price may be recoverable under a contract of sale is presently the subject of a conflict of authority. The Court of Appeal held that it was a complete code in *Caterpillar (NI) Ltd (formerly FG Wilson (Engineering) Ltd) v John Holt & Co (Liverpool) Ltd* [2013] EWCA Civ 1232, [2014] 1 All ER 785, [2014] 1 WLR 2365 (so that the inclusion of a retention of title clause in the contract, the effect of which was to prevent property in the goods from passing to the buyer, also prevented the seller from bringing an action for the price). On the other hand, the Supreme Court in *PST Energy 7 Shipping LLC v OW Bunker Malta Ltd* [2016] UKSC 23, [2016] AC 1034, [2016] 3 All ER 879 concluded, albeit obiter, that the section was not a complete code and that, while a court should be cautious about recognising a claim to the price in cases not falling within section 49, there were circumstances outside section 49 in which the price may be recoverable. It is suggested that the latter view is the preferable one (see further para **15.14**).

will normally depend upon the buyer's acquisition of the property in the goods. If property was still in the seller at the date of the commencement of the bankruptcy or winding up,[65] the buyer is restricted to a right to prove in competition with other creditors.[66] Similar principles apply where a seller seeks to assert a right to goods in the possession of a buyer who becomes bankrupt without having paid for them.[67]

5. Assertion of claims against third parties

8.32 The buyer's ability to assert claims in conversion against third parties into whose hands the goods may have come depends on his establishing that he had a right to possession at the time of the detention or conversion complained of; and while the right to possession does not necessarily either depend on or flow from ownership, yet frequently the acquisition of the property is the source of the right to possess and therefore of the ability to maintain possessory actions in tort.[68] Similarly, from the seller's viewpoint the location of the property may be highly material. If, for example, goods are sold on conditional sale[69] and, before the property has passed, the buyer wrongfully disposes of them to a third party, the seller may have a claim against that third party.

8.33 Until relatively recently, the consignee or indorsee of a bill of lading acquired no rights against the carrier unless the property in the goods had passed to him upon or by reason of the consignment or indorsement.[70] This enactment, which caused great problems, was repealed by the Carriage of Goods by Sea Act 1992.[71] However, it remains the case that actions in tort against third parties can be brought only by one who had a proprietary or possessory interest in the goods at the time of the act complained of.[72]

6. Buyer's right and power of disposal

8.34 The buyer's right to dispose of the goods to a third party will usually, though not inevitably, depend on his having acquired the property; and though he may have a power of disposal (in the sense of an ability to pass a good title

---

[65] As to which see para **31.30**.
[66] See para **31.19**. The position is otherwise where the buyer is in possession, or has a right to possession subject to the prior possessory right of a third party and takes possession (actual or constructive) upon the termination of that prior right. See S. Mills (ed), *Goode on Proprietary Rights and Insolvency in Sales Transactions* (3rd edn, 2010), para 1.33.
[67] The position is otherwise where the goods have not yet reached the buyer, for the seller can then exercise his lien or right of stoppage in transit (see para **15.64**).
[68] See para **14.09**.
[69] See ch 27.
[70] Bills of Lading Act 1855, s 1.
[71] See para **36.11**. The Act resulted from the Law Commissions report *Rights of Suit in Respect of Carriage of Goods by Sea* (Law Com No 196, Scot Law Com No 130, 1991, H.C. 250).
[72] *The Aliakmon*, n 56.

8.34 *The Passing of the Property*

to another), even where he does not have the right to do so[73] the general principle is that *nemo dat quod non habet*.[74]

7. Tracing rights

8.35 It is not only in respect of the goods the subject of the contract of sale that rights may be available. If the buyer sells goods the property in which is still in the seller, the latter may have a common law personal right to follow the proceeds into the hands of the buyer and subsequent recipients[75] and/or an equitable right to trace.[76] The significance of these rights has only relatively recently come to be appreciated.[77]

8.36 The 'lump-concept' thinking which makes so much depend on property in the goods attracted so much criticism in the United States when incorporated into the American Uniform Sales Act that, with the advent of the Uniform Commercial Code, property was largely jettisoned as the determinant of rights. Instead, the draftsman, that outstanding commercial lawyer and jurist Karl Llewellyn, adopted an issue-by-issue approach, taking each step in a transaction in turn and regulating its consequences in a manner designed to produce results that would commend themselves to the commercial world as fair and reasonable in the typical case.[78]

(iii) How the property interest arises

8.37 The effect of the Sale of Goods Act, as interpreted by the courts, is that contracts for the sale of goods are governed by rules fundamentally different from those regulating other types of dealing in personal property. The following points of divergence merit particular attention.

(a) The principle of equity by which the agreement of the owner of an asset to transfer it to another is not merely contractual but vests an immediate equitable interest in the intended transferee appears to have no application to contracts of sale of goods.[79]

(b) Conversely, the property passes *at law* when it is intended to pass, by virtue of the contract itself and without the necessity for some new act, even if the seller had no interest in the goods at the time of the contract. This is in contrast to the rule for other types of dealing in personal property, by which an agreement to transfer after-acquired assets takes

---

[73] See ch 16.
[74] See para **16.05**.
[75] See para **2.67**.
[76] See para **2.68**.
[77] Principally because of the impact of the *Romalpa* case. See para **22.34**.
[78] As Karl Llewellyn pointed out in his evidence to the New York Law Revision Commission when debating art 2 of the Uniform Commercial Code, sellers and buyers doing business under c.i.f. contracts managed perfectly well without using the concept of title (1954 Report, pp 160–161); and art 2 adopts the contractual rather than the property approach (see Official Comments to ss 2–401, 2–509). See further Professor T. B. Smith's discussion of 'The Passing of Risk and "Property"' in *Property Problems in Sale* (Tagore Law Lectures, 1977).
[79] See para **8.28**.

effect in equity when the assets are acquired but does not operate to transfer the legal title unless some new act is done which is either effective as a legal transfer on its own or else is an act designated by the contract as that which will operate to vest the legal title in the transferee.[80]

(c) The buyer of unidentified goods forming part of a bulk does not acquire equitable co-ownership of the bulk[81] and, prior to the coming into force of the Sale of Goods (Amendment) Act 1995, obtained no property interest, even if paying for the goods in advance, until these had been separated from the bulk and unconditionally appropriated to his contract. However, the Act now has special rules conferring on the prepaying buyer of goods to be supplied from an identified bulk a co-ownership interest in the bulk pending delivery of his contract entitlement to him from the bulk.[82]

3. CLAIMS TO GOODS FORMING PART OF A BULK

8.38 There are two paradigm situations which enable us to examine the problem from opposite ends. Only the second of these is affected by the Sale of Goods Act; the first remains governed by common law rules.

(i) Commingling of goods from different suppliers

8.39 The first case concerns the effect of the commingling of materials contributed by different people to be made up by a third party into a finished product and sold to them in agreed quantities, where the third party becomes bankrupt before delivering the finished product. Here the question is whether they parted with title and the third party acquired title to the materials, the amalgam created by their commingling and the unappropriated finished products.

EXAMPLE 1:

8.40 A delivers silver to a silver refiner, S, to be made up into ingots, of which a given number are to be sold to A. Similar arrangements with S are entered into by B, C and D. Before any ingots have been delivered S becomes bankrupt, having in his possession a quantity of unprocessed silver in the form in which it was supplied to him, other silver contributed by all four parties which has become commingled but not yet made up into ingots, and a number of ingots yet to be delivered. Can A, B, C or D lay claim to any of the unprocessed silver, the amalgam or the ingots?

---

[80] See paras **2.30** and **23.02**.
[81] *Re Wait*, n 23; *Re Goldcorp Exchange Ltd*, n 14; and see para **8.08**. It would, however, be open to the parties to make a specific agreement outside the contract of sale that would have this effect, eg by a declaration of trust by the seller in favour of himself and the buyer to the extent of their respective interests.
[82] See para **8.52**.

8.41 *The Passing of the Property*

8.41 This question cannot be answered without more facts, and it is quite possible that the position of the various claimants will differ. The first matter to be decided is the intention of each of the four parties when they handed over their silver to be processed. Let us suppose that A intended to part with all his interest in his silver and simply to await its return made up into ingots. In that event A has no proprietary claim to anything. By giving up title to his silver, he has lost any chance of asserting a proprietary right to its product, for if the silver is no longer his, what is made from it cannot be either.[83] If ingots had been delivered to him or otherwise unconditionally appropriated to his contract,[84] he would have had title to them. In the absence of any such appropriation he is an unsecured creditor in the bankruptcy, for none of the ingots can be identified as referable to the contract with him; they might equally be referable to the contracts with the other three suppliers or to a decision by S to keep them for himself.

8.42 Suppose now that B, by contrast, stipulated that he was to remain the owner of the silver he supplied and that this was to be kept separate from anyone else's silver and applied exclusively to the making up of ingots for him. So far as B is concerned, S is a bailee of the unprocessed silver and the commingling was unauthorized. Equally, he did not bargain for any interest in silver contributed by other suppliers. Hence B can assert a proprietary claim to the unprocessed silver he supplied, if identifiable, and to co-ownership with S, C and D of the amalgam and any ingots (whether or not appropriated to any of the contracts) to the extent that they contain silver contributed by B, but not otherwise.[85]

8.43 Now take the case of C and D, who are aware that S intends to commingle all the silver for the purpose of making it up into ingots, so that any particular ingots supplied to C or D may come from their own silver, a mixture of their silver and that of other contributors, including S himself, or silver that does not include any part of C's or D's contribution. Suppose further that C and D agree to this on the basis that each retains ownership of his own silver until it has been commingled. In this situation the position of C and D between themselves and *vis-à-vis* S differs from that of B, for whereas B has no claim to any ingots beyond what he contributed to them, C and D each become sole owner of any ingots appropriated to their contracts even if those ingots consist exclusively of materials contributed by the other or by S.[86] This is because C and D have each agreed that the contract with either of them may be satisfied from the amalgam, regardless of who contributed to it,[87] though they cannot, of course, override the rights of B.

---

[83] *South Australian Insurance Co Ltd v Randell* (1869) 6 Moo PCCNS 341.
[84] See para **8.92**.
[85] *The Ypatianna* [1988] QB 345; *Lupton v White* (1808) 15 Ves 432.
[86] Of course, to the extent of any contribution made by B, the ingots are co-owned by him, C and/or D.
[87] For good illustrations see *Mercer v Craven Grain Storage Ltd* [1994] CLC 328, noted by L. Smith (1995) 111 LQR 10; and the decision of the New Zealand Court of Appeal in *Coleman v Harvey* [1989] 1 NZLR 723, discussed in *Goode on Proprietary Rights and Insolvency*, paras 5.09–5.11 and in N. Palmer and E. McKendrick (eds), *Interests in Goods* (2nd edn,

8.44 The final possibility is that B, C and D agree to transfer ownership of their materials to S immediately but to acquire a co-ownership interest in the commingled silver and any ingots produced with it pending appropriation to them of their respective individual entitlements. There seems no reason why such an agreement should not be respected.[88]

(ii) Contracts to sell to different buyers from the same bulk

8.45 The second situation involves viewing the matter from the opposite end. In this case a supplier agrees to supply a number of buyers with goods from an identified stock of goods in a warehouse or on board a ship but becomes insolvent without any particular goods being appropriated to the contract of a particular buyer. Here the question is not whether a particular claimant has retained title to what he supplied so as to have tracing rights but whether he can show that prior to the bankruptcy he acquired title in the first instance either to particular goods or to a share in the bulk. The answer to this question now depends on whether the buyer has made a payment for the goods.

1. Goods forming part of a bulk: the non-prepaying buyer

8.46 The position of a person who contracts to buy goods forming part of an identified bulk but does not pay for them in advance remains as it has always been: he acquires no property interest of any kind until the goods have been ascertained, whether by separation from the bulk and unconditional appropriation to his contract or by exhaustion.

EXAMPLE 2:

8.47 S, a wine merchant, contracts to sell to B on credit 99 bottles of 1966 Chateau Montrose claret from a stock of 100 bottles of such wine on S's premises. Before any bottles have been appropriated to the contract S becomes bankrupt. B cannot lay claim to a single bottle of wine, for it cannot be said of any one bottle that it is not the bottle excluded from the purchase. The position would be otherwise if S had sold all 100 bottles to B or if, before S became bankrupt, one bottle had rolled off a shelf and smashed or had been sold and delivered to another buyer,[89] producing appropriation by exhaustion. So B is deprived of the property in 99 bottles because of the one remaining bottle he had failed to buy.

EXAMPLE 3:

8.48 A, B and C each order ten cases of wine from S from a larger quantity of wine held in S's warehouse, payment to be made on delivery. Each of the

---

1998), pp 125, n 39 (by A. W. Beaves) and 756–757 (by G. McCormack). Before appropriation, C and D will usually be co-owners of the amalgam.

[88] The situation in *Re Stapylton Fletcher Ltd* [1995] 1 All ER 192 is a good illustration of a two-stage process in which individual buyers first become co-owners of a bulk pending appropriation to their respective contracts and then acquire title to what is withdrawn from the bulk and appropriated to each individual contract. See below.

[89] Or otherwise appropriated to that buyer's contract.

8.48 *The Passing of the Property*

buyers is issued with a warehouse warrant which is expressed to be negotiable and describes the holder of the warrant as the owner of the quantity and type of wine therein stated. Before any of the wine has been withdrawn or otherwise appropriated to any of the three contracts, S becomes bankrupt. A, B and C are unable to show title to any specific bottles or cases, and cannot claim to be tenants in common of thirty cases[90] even, it seems, if that quantity accounts for the entire stock.

8.49 The position would be otherwise if S, though not allocating wine to any particular purchaser, had unconditionally appropriated a quantity of wine to meet the orders of buyers generally. In that situation A, B and C would be co-owners of the appropriated wine in the proportion of their respective entitlements.[91]

EXAMPLE 4:

8.50 A company offers for sale a quantity of gold bullion from its stock of bullion in storage. Buyers are issued with certificates of ownership but no bullion is set aside for individual buyers or for buyers collectively. The company becomes insolvent. No payment has been made by any buyer. None of the buyers acquires title under his contract of sale since the goods are not ascertained. The difficulty cannot be surmounted by reliance on attornment by estoppel or trust, for both of these require identification of the subject matter. It would be possible for the seller to declare a trust of the entire stock of bullion for purchasers collectively but this is likely to be inconsistent with the commercial realities of the transaction. The result is that all the buyers are unsecured creditors of the insolvent company.[92]

2. *Goods forming part of a bulk: the prepaying buyer*[93]

8.51 The rule that one who contracts to buy an unsegregated part of a bulk acquires no property rights of any kind, even if he has paid the purchase price in advance, has been widely criticized. In America it was long ago discarded and replaced with § 2–105(4) of the Uniform Commercial Code.

> 'An undivided share in an identified bulk of fungible goods is sufficiently identified to be sold although the quantity of the bulk is not determined. Any agreed proportion of such a bulk or any quantity thereof agreed upon by number, weight or other measure may to the extent of the seller's interest in the bulk be sold to the buyer who then becomes an owner in common.'

8.52 So under § 2–105(4) an agreement to buy, say, 10 bottles from a bulk of 100 is equated with an agreement to buy a 10% interest in the entire bulk. The

---

[90] *Re London Wine Co (Shippers) Ltd* [1986] PCC 121; *Re Goldcorp Exchange Ltd*, n 14. However, where there are several contracts of sale with the same buyer, ascertainment of the totality of the goods suffices; it is not necessary that the goods shall have become earmarked as between one contract and another.
[91] *Re Stapylton Fletcher Ltd*, n 88.
[92] *Re Goldcorp Exchange Ltd*, n 14; and see para 8.08.
[93] See generally *Benjamin's Sale of Goods* (10th edn, 2017), paras 18–341 ff.

Law Commissions advocated the adoption of a similar rule in the United Kingdom,[94] though only as regards the prepaying buyer.[95] These recommendations were carried into effect by the Sale of Goods (Amendment) Act 1995, which introduced a new ss 20A and 20B into the Sale of Goods Act 1979. These provide as follows:

'**20A Undivided shares in goods forming part of a bulk**

(1) This section applies to a contract for the sale of a specified quantity of unascertained goods if the following conditions are met—
(a)   the goods or some of them form part of a bulk which is identified either in the contract or by subsequent agreement between the parties; and
(b)   the buyer has paid the price for some or all of the goods which are the subject of the contract and which form part of the bulk.

(2) Where this section applies, then (unless the parties agree otherwise), as soon as the conditions specified in paragraphs (a) and (b) of subsection (1) above are met or at such later time as the parties may agree—
(a)   property in an undivided share in the bulk is transferred to the buyer, and
(b)   the buyer becomes an owner in common of the bulk.

(3) Subject to subsection (4) below, for the purposes of this section, the undivided share of a buyer in a bulk at any time shall be such share as the quantity of goods paid for and due to the buyer out of the bulk bears to the quantity of goods in the bulk at that time.

(4) Where the aggregate of the undivided shares of buyers in a bulk determined under subsection (3) above would at any time exceed the whole of the bulk at that time, the undivided share in the bulk of each buyer shall be reduced proportionately so that the aggregate of the undivided shares is equal to the whole bulk.

(5) Where a buyer has paid the price for only some of the goods due to him out of a bulk, any delivery to the buyer out of the bulk shall, for the purposes of this section, be ascribed in the first place to the goods in respect of which payment has been made.

(6) For the purposes of this section payment of part of the price for any goods shall be treated as payment for a corresponding part of the goods.

20B Deemed consent by co-owner to dealings in bulk goods

(1) A person who has become an owner in common of a bulk by virtue of section 20A above shall be deemed to have consented to—
(a)   any delivery of goods out of the bulk to any other owner in common of the bulk, being goods which are due to him under his contract;
(b)   any dealing with or removal, delivery or disposal of goods in the bulk by any other person who is an owner in common of the bulk in so far as the goods fall within that co-owner's undivided share in the bulk at the time of the dealing, removal, delivery or disposal.

---

[94] By an addition to the Sale of Goods Act 1979. These provisions therefore only apply to contracts that fall within the scope of the Act and so cannot encompass sui generis contracts of the type recognised by the Supreme Court in *PST Energy 7 Shipping LLC v OW Bunker Malta Ltd* [2016] UKSC 23, [2016] AC 1034, [2016] 3 All ER 879 (see paras **7.31–7.35**).

[95] *Sale of Goods Forming Part of a Bulk* (Law Com No 215, Scot. Law Com No 145, HC 807, 1993). One could make a case for allowing even a buyer who has not prepaid to assert an interest in the bulk, for he could enforce his interest only on paying the price. But there is less need to protect such a buyer, whose loss will usually be no more than the excess of the market price or value over the contract price.

8.52 *The Passing of the Property*

(2) No cause of action shall accrue to anyone against a person by reason of that person having acted in accordance with paragraph (a) or (b) of subsection (1) above in reliance on any consent deemed to have been given under that subsection.

(3) Nothing in this section or section 20A above shall–
- (a) impose an obligation on a buyer of goods out of a bulk to compensate any other buyer of goods out of that bulk for any shortfall in the goods received by that other buyer;
- (b) affect any contractual arrangement between buyers of goods out of a bulk for adjustments between themselves; or
- (c) affect the rights of any buyer under his contract.'

8.53 While it remains the case that the property in particular goods does not pass to the buyer until these have been ascertained, s 20A now gives him a co-ownership interest in the bulk pending delivery to him from the bulk of his contract entitlement and a right to withdraw that entitlement from the bulk without liability to other co-owners.

8.54 Although the requirement of ascertainment in s 16 is expressed by the opening words of that section to be subject to s 20A, the latter does not in fact provide an exception. It remains impossible to acquire a property interest in goods that have not been ascertained.[96] What s 20A does is to give an interim property right by way of co-ownership of the bulk itself, though only if the bulk is identified.[97] This co-ownership interest falls outside the rules in ss 17 and 18 as to the time when property passes and the provisions of s 20 as to the passing of risk, for these are directed to property and risk in relation to the goods to be delivered under the contract of sale, whereas, in the case of the co-ownership interest arising under s 20A, the co-ownership rights arise by virtue of that section as soon as the conditions which it prescribes are satisfied, while the Act contains no provisions on risk of loss, damage or deterioration affecting the bulk.[98]

(iii) Conditions in which section 20A applies

8.55 In order for s 20A to apply, five conditions must be satisfied.

1. Contract must specify quantity of goods to be sold

8.56 Section 20A applies only if the contract relates to a specified quantity of goods. The specification may be by number, weight or other measurement. But if the contract is for the transfer of an interest in the bulk itself in terms of a given fraction or percentage, the goods are then specific[99] and the rules in s 18 governing the transfer of property in specific goods apply,[100] the respective shares of the co-owners being governed by their agreement and common law rules.

---

[96] For the process of ascertainment, see paras **8.18** and **8.96**.
[97] See below.
[98] See para **9.40**.
[99] Sale of Goods Act 1979, s 61(1).
[100] See para **8.79**.

2. Goods must form part of a bulk

8.57 Section 20A does not apply to a contract for the sale of wholly unascertained goods, only to those to be supplied from a bulk. 'Bulk' is defined as a mass or collection of goods of the same kind which (a) is contained in a defined space or area and (b) is such that any goods in the bulk are interchangeable with any other goods therein of the same number or quantity.[101] The requirement that the goods be 'of the same kind' would seem to be more restrictive than for the concept of fungibility,[102] where contractual interchangeability (element (b) above) suffices regardless whether the units forming the collection are of the same kind or disparate in character.[103] The references to a 'mass or collection' and a 'defined space or area'[104] are intended to distinguish ex-bulk goods from wholly unascertained goods and in particular to exclude the seller's general stock.[105] So 'bulk' should be confined to a heap or collection of goods all of the same kind that are together at one place at the same time.[106]

3. The bulk must be identified

8.58 The section does not apply unless the bulk itself is identified.[107] So if the seller has the choice whether to supply the goods from bulk A or bulk B,[108] the section does not come into operation until he has made an unconditional election. Moreover, since even a 'quasi-appropriation' is contractual in character, it is not sufficient that the seller intends to supply from a particular bulk; this must be agreed by the contract or subsequent agreement, whether specifically or giving one party the power of designation.

4. The buyer must have prepaid

8.59 Prepayment is an essential condition of the application of s 20A. It may be total or partial; the effect of a partial payment is simply to scale down the buyer's co-ownership interest.[109] Payment by the buyer obviously includes a

---

[101] Sale of Goods Act 1979, s 61(1).
[102] See *RBG Resources plc v Banque Cantonale Vaudoise* [2004] 3 SLR 421, [66]–[67] where copper, nickel and tin were held not to be goods 'of the same kind' for the purposes of the s 20A claim.
[103] See para **2.89**.
[104] It would seem to be necessary to identify the location of the warehouse in which the goods are stored: see *RBG Resources plc v Banque Cantonale Vaudoise*, n 102, [68]–[69].
[105] Law Commission and Scottish Law Commission, *Sale of Goods Forming Part of a Bulk* (Law Com. No 215, Scot. Law Com. No 145) para 4.3.
[106] Examples given in the Law Commissions' Report (ibid), were: a cargo of wheat on a named ship, a mass of barley in an identified silo, cases of wine (all of the same kind) in an identified cellar, ingots of gold (all of the same kind) in an identified vault, bags of fertilizer (all of the same kind) in an identified storehouse and a heap of coal in the open at a specified location.
[107] See, for example, *RBG Resources plc v Banque Cantonale Vaudoise*, n 102, [70]–[74].
[108] See para **8.17**.
[109] Sale of Goods Act 1979, s 20A(6). However, the position is otherwise if the parties have agreed that the property is to pass only on payment in full. See below.

8.59 *The Passing of the Property*

payment by a third party with the buyer's authority which operates in total or partial discharge of the buyer's price obligation, including payment by a bank under a documentary credit.[110]

5. No contrary agreement

8.60 Section 20A does not apply if the parties agree otherwise.[111] So if, in relation to the bulk, the seller has reserved a right of disposal, then just as under s 19(1) this would preclude the passing of property in specific or ascertained goods,[112] so also under s 20A(2) reservation of a right of disposal of the bulk as a whole would preclude conferment of a co-ownership interest. Similarly, it would seem that s 20A is excluded if there is an express or implied agreement that the property is to pass only on payment in full and only a partial payment has been made, for it cannot be supposed that the section is intended to give the buyer from bulk a property interest he would not have on delivery *in specie*.[113]

(iv) Proprietary effects

1. Buyer becomes owner in common

8.61 Unless the parties agree otherwise, as soon as the above conditions have been met or at such later time as the parties may agree (a) property in an undivided share in the bulk is transferred to the buyer and (b) the buyer becomes an owner in common of the bulk.[114] The buyer is co-owner with everyone else having an interest in the bulk, including other buyers and, to the extent that their entitlements do not account for the entire bulk, the seller himself.

2. Measure of buyer's share

8.62 At any given time the buyer's co-ownership share is represented by such share as the quantity of goods bought and paid for bears to the quantity of goods in the bulk at that time.

EXAMPLE 5:

8.63 S contracts to sell from his warehouse stock of 1,200 cases of 1996 Chateau Montrose wine 120 cases to B1, 240 cases to B2 and 360 cases to B3. All the wine is paid for by the buyers in advance. The buyers have the following interests in the bulk:

---

[110] As to what constitutes payment, see para **18.02**.
[111] Sale of Goods Act 1979, s 20A(2).
[112] See para **8.107**.
[113] See the discussion in *Benjamin's Sale of Goods*, para 18–346.
[114] Sale of Goods Act 1979, 20A(2). Limb (b) is a tautology, since an 'undivided share' presupposes an ownership in common.

B1	120 cases	10%
B2	240 cases	20%
B3	360 cases	30%
S	480 cases	40%

EXAMPLE 6:

8.64 The facts are as in example 5 except that B2 has paid only half the price due from him. His interest is only 10%, while that of S is 50%.

8.65 Since the co-ownership share is always measured by reference to the quantity of the bulk at any given time, it follows that if the bulk shrinks by natural wastage or destruction so that there is insufficient to meet the claims of all the co-owning buyers, the value of each co-owning buyer's interest abates in proportion. This is the effect of s 20A(4). It is interesting that this subsection makes no reference to any retained interest of the seller, from which it may be inferred that any reduction in the bulk is first to be attributed to the seller's retained interest and the abatement of the buyers' interests arises only if there remains a shortfall after excluding that interest. This interpretation is consistent with the view that the risk of shrinkage falls in the first instance on the seller as regards his interest.[115] So in example 5, if 240 cases were accidentally destroyed, reducing the stock to 960 cases, the loss is borne entirely by S, reducing his entitlement from 480 cases to 240, while the number of cases to which the buyers are entitled remains unchanged and accordingly the proportion of their entitlement to the reduced number of cases increases to produce the following redistribution:

B1	120 cases	12.5%
B2	240 cases	25%
B3	360 cases	37.5%
S	240 cases	25%

8.66 The interests of the buyers are reduced only if what is lost exceeds the amount of S's retained interest. So if 516 of the 1,200 cases are destroyed, the loss comes first out of S's 480 cases, extinguishing his interest in the bulk, and the buyers share the loss of the other 36 cases proportionately, leaving them with interests in the remaining 684 cases in the ratio 1:2:3 as follows:

---

[115] See para **9.40**. This interpretation is challenged by Michael Bridge, 'Risk, Property and Bulk Goods in International Sales' [2019] LMCLQ 57 esp pp 65–72 on the ground that clear words are required before a statute will be held to have the effect of expropriating an interest in property and that no such clear words are to be found in the statute itself or in the preparatory materials, including the reports of the Law Commissions, which preceded the statute (the only reference in the Law Commissions' report, n 105 above, being at para 4.14). The argument to the contrary is that s 20A(4) is dealing only with the undivided shares of the buyers alone and so is proceeding on the basis that the seller has no such interest in the bulk (see Prof. Gullifer in M. Bridge, L. Gullifer, K. Low and G. McMeel, *The Law of Personal Property* (2nd edn, 2017), para 19.026).

8.66 *The Passing of the Property*

B1	114 cases
B2	228 cases
B3	342 cases

8.67 By contrast, an increase in the bulk beyond the total quantity of the buyers' entitlements does not affect them one way or the other, since the increase belongs to the seller or other person entitled to it.

3. Effect of a buyer's withdrawal from bulk

8.68 If one buyer takes out all that is due to him, he ceases to have a share in the bulk and the remaining buyers are co-owners of what is left, measured as above. If the buyer takes out only part of what is due to him, then the delivery to him is to be ascribed in the first instance to the goods he has paid for.[116] This means that he retains an interest in the bulk only if the goods he has paid for exceed in quantity what he has withdrawn, and his continuing interest in the bulk is limited to the proportion of the excess in relation to the remaining bulk.

EXAMPLE 7:

8.69 The facts are as in Example 6. B2 withdraws 75 cases, leaving 165 cases still to be supplied to him under the contract and 1125 cases remaining in the bulk. He had paid for only 120 cases and the 75 cases he has withdrawn are to be attributed to those for which he had paid, reducing his co-ownership interest to 45/1125 (ie the 45 cases in the bulk remaining attributable to his payment divided by the remaining quantity of the bulk), namely 4%.

4. Buyer may acquire constructive possession in common[117]

8.70 Section 20A(2), in conferring co-ownership, does not say anything about constructive possession, which, it is thought, can come about only if the seller or other person in physical possession attorns to the buyers in common in respect of the bulk rather than to each individual buyer in respect of his entitlement. Such shared constructive possession does not in any way depend on s 20A and has always been available. It does not, however, appear to add to the buyer's rights and remedies deriving from his ownership and right to physical delivery from the bulk, which together are sufficient to ground an action for conversion against the seller or any third party who interferes with the right to possession.

(v) Right to withdraw from bulk

8.71 Each co-owner under s 20A is deemed to have consented to any delivery of goods out of the bulk to any other owner to whom such goods are due under

---

[116] Sale of Goods Act 1979, s 20A(5).
[117] See L. Gullifer, 'Constructive possession after the Sale of Goods (Amendment) Act 1995' [1999] LMCLQ 93.

the contract and to any dealing with or removal or disposal of goods in the bulk by any other owner in common.[118] A co-owning buyer who receives no more than his entitlement under his contract is not liable to any other person for having taken his entitlement,[119] and in particular he is not liable to any other buyer who suffers a shortfall because the bulk is inadequate to satisfy all entitlements.[120]

4. THE TIME WHEN PROPERTY PASSES TO THE BUYER

8.72 Before turning to the detail of the rules governing the time when property passes to the buyer, we must briefly mention two other categories referred to in the Act, namely *existing* goods and *future* goods. This classification is distinct from and cuts across the specific/generic/quasi-specific classification previously discussed, and is expressed in s 5(1) of the Sale of Goods Act in the following terms:

> 'The goods which form the subject of a contract of sale may be either existing goods, owned or possessed by the seller, or goods to be manufactured or acquired by him after the making of the contract of sale, in this Act called future goods.'

8.73 This definition of future goods is repeated verbatim in s 61(1). It will be seen that goods may be existing goods even if not owned by the seller; the seller's possession suffices. Since the Act draws a contrast between existing and future goods, and thus presumably does not contemplate the possibility of goods being both existing and future at the same time, it follows that by 'future goods' is meant goods which either do not exist at all at the time the contract is made or, though existing, are neither owned nor possessed by the seller. Hence the word 'acquired' is confined to situations where the seller lacks both ownership and possession at the time of the contract and obtains one or the other, or both, subsequently.

8.74 Future goods are usually wholly unascertained but this is not necessarily the case. For example, I may agree to buy from A the first car he makes or a car already in existence which A has contracted to buy from B but has not yet acquired. In the exceptional case of potential property, that is, property which in the course of nature may grow from existing property of the seller (produce from land, offspring of animals, etc), future goods may perhaps be regarded as specific even before they have actually come into existence. Thus if S contracts to sell to B the entire crop of potatoes to be grown on a particular piece of land, the subject matter of the sale is identified at the time of sale even though not

---

[118] Sale of Goods Act 1979, s 20B(1).
[119] Ibid, s 20B(2).
[120] Ibid, s 20B(3). Thus no buyer receiving what is due to him has to compensate another buyer who suffers a shortfall because of a shrinkage in the bulk or because a third buyer has taken more than his entitlement. It is, however, open to the parties to make a contractual arrangement to the contrary, whereby the parties agree to make adjustments between themselves (see s 20B(3)(b)). Some international commodity markets make provision in their rules for adjustment between buyers in such circumstances.

yet in existence.[121] But this is so only where the existing asset is specific and the potential product is ascertainable without any subsequent act of appropriation. An agreement to sell 200 kilos of potatoes from a particular piece of land is not a contract for the sale of specific goods, for the contract contemplates that the total output from the land may be greater than 200 kilos, and if it is, some act of appropriation will be necessary in order to identify the particular 200 kilos that are to satisfy the contract.[122]

8.75 Future goods may also be quasi-specific, as where S agrees to sell to B 100 kilos of potatoes *ex* a named vessel, being part of a larger quantity of potatoes on board the vessel which S has not yet acquired himself.

8.76 Existing goods may be specific, unascertained or quasi-specific, depending on the degree of identification achieved at the time of the contract.

8.77 The label 'future goods' appears to serve a twofold purpose. First, it is used in s 5(3) to make it clear, in conformity with the general concept of 'property' discussed in an earlier chapter,[123] that since a sale involves a transfer of property, and property means either an indefeasible title or possession with intent to assert dominion, a purported sale of that which the seller neither owns nor possesses (ie future goods) is merely an agreement to sell.[124] Secondly, it features in r 5(1) of s 18, though its sole effect is to make that rule applicable to contracts for the sale of future specific goods.[125]

8.78 With these preliminary remarks, we can turn to consider the rules embodied in the Sale of Goods Act for the passing of the property from seller to buyer.

(i) Specific goods

8.79 Where the contract is for the sale of specific goods, no problems of identification arise, for by definition the goods are identified on the making of the contract. Hence the time when the property passes to the buyer depends solely on the intention of the parties. Section 17 of the Sale of Goods Act provides:

---

[121] The common law recognized this by allowing the legal title to after-acquired potential property to vest in the purchaser automatically upon its coming into existence without any new act of transfer of the kind that would ordinarily be mandatory. See *Grantham v Hawley* (1615) Hob 132; *Petch v Tutin* (1846) 15 M & W 110, and para **23.14**. It is not clear whether potential property constitutes 'future goods' for the purpose of the Sale of Goods Act or whether it can be the subject of an immediate sale, but the point is of little practical importance, for, if so intended by the parties, such property vests in the buyer immediately on coming into existence, without any new act, except where it is growing on land, in which case it probably has to be severed before the property can pass. See *Benjamin's Sale of Goods*, paras 1-100, 5-095.
[122] In other words, the same degree of identification is necessary for potential property as for goods contracted to be sold as existing at the time of the contract.
[123] See para **2.23**.
[124] *Hughes v Pendragon Sabre Ltd (t/a Porsche Centre Bolton)* [2016] EWCA Civ 18, [2017] 1 All ER (Comm) 173, [28].
[125] See para **8.94**.

> '(1) Where there is a contract for the sale of specific or ascertained[126] goods the property in them is transferred to the buyer at such time as the parties to the contract intend it to be transferred.
>
> (2) For the purpose of ascertaining the intention of the parties regard shall be had to the terms of the contract, the conduct of the parties and the circumstances of the case.'

8.80 The general provisions of s 17(2) are supplemented by more precise 'rules for ascertaining intention' embodied in s 18, which apply to determine the time of passing of the property to the buyer 'unless a different intention appears'. Section 18 contains five rules, the first three of which are concerned with contracts for the sale of specific goods.

> 'Rule 1 – Where there is an unconditional contract for the sale of specific goods in a deliverable state the property in the goods passes to the buyer when the contract is made, and it is immaterial whether the time of payment or the time of delivery, or both, be postponed.
>
> Rule 2 – Where there is a contract for the sale of specific goods and the seller is bound to do something to the goods for the purpose of putting them into a deliverable state, the property does not pass until the thing is done and the buyer has notice that it has been done.
>
> Rule 3 – Where there is a contract for the sale of specific goods in a deliverable state but the seller is bound to weigh, measure, test, or do some other act or thing with reference to the goods for the purpose of ascertaining the price, the property does not pass until the act or thing is done and the buyer has notice that it has been done.'

8.81 It should be emphasized that these and other rules in s 18, supplemented by those in s 19,[127] are merely presumptive rules of intention; they are displaced by any contrary intention evinced by the agreement and by other provisions of the Act which directly or indirectly govern the passing of the property irrespective of the intention of the parties.[128]

8.82 RULE 1 When referring to 'deliverable state', the rule is not concerned with the actual state of the goods on the making of the contract but is simply postulating that the seller has not by the terms of the contract undertaken to do anything to the goods before tendering delivery to the buyer.[129]

8.83 It will be apparent that neither delivery nor payment is directly related to the passing of the property. Two questions are posed by r 1. What is an 'unconditional contract' and when are goods 'in a deliverable state'?

8.84 (1) *'UNCONDITIONAL CONTRACT'*. The problem created by this phrase stems partly from the much-abused word 'condition', which possesses

---

[126] The word 'ascertained' is imprecise in this context. More accurate is 'to be ascertained'.
[127] See paras **8.107–8.113**.
[128] Eg ss 5(3), 16. The character of s 18 as a mere determinant of intention is masked by the wording of the specific rules, which are framed as if self-executing. Thus r 1 purports to provide that in the conditions stated 'the property in the goods passes to the buyer', whereas what is meant is that the property is assumed to be intended to pass to the buyer, so that it will pass by virtue of s 17(1) of the Act *unless* prevented from so doing by some other provision of the Act, such as s 5(3). See further para **8.86**.
[129] See further paras **8.87–8.91**.

8.84 *The Passing of the Property*

a variety of meanings,[130] and partly from the fact that the word 'unconditional' is positioned so as to qualify the contract rather than the sale under the contract. It is clear that if the operation of the contract as a whole is subject to a condition precedent – as where there is a contract for the sale of specific goods subject to the seller obtaining a legally required licence – the case is not within r 1. But what if the contract is subject to a condition subsequent, to a resolutive condition by which the contract, though otherwise unconditional, is to become void in stated events, eg if the goods fail to meet a given standard on testing by a designated third party? It is strongly arguable that a condition subsequent, unlike a condition precedent, does not preclude the contract from being 'unconditional' within r 1, for by its nature a condition subsequent does not suspend the operation of a contractual provision but merely produces a restoration to the status quo (in this case revesting of the property in the seller) if the stipulated condition occurs. It is even more clear that 'unconditional' cannot be intended to denote the absence of any condition in a sense of a major term of the contract (ie condition as opposed to warranty), for this construction would obliterate the operation of the rule almost entirely. Hence the accepted view is that 'unconditional contract for the sale of specific goods' means no more than a contract of sale under which the passing of the property to the buyer is not made subject to any condition.[131] Rule 1 would, indeed, have been more happily worded if it had used the phrase 'contract for the unconditional sale of goods'.

8.85 This construction means that r 1 is not displaced by a condition subsequent, nor by the inclusion of terms the breach of which attracts a right to terminate, nor even by conditions precedent if they are not conditions which suspend the contract as a whole or the passing of the property but merely suspend the operation of other terms, eg payment.[132] On the other hand, a conditional sale agreement by which the property in the goods is not to pass until payment or the performance of some other condition is plainly outside r 1. So also is a contract for a sale of goods expressly stipulated as goods to be acquired by the seller for the purpose of sale to the buyer, for the parties are then implicitly recognizing that the passing of the property is conditional upon the seller acquiring the goods.

8.86 What, however, is the position where a seller contracts to sell specific goods which, though offered to the buyer on the basis that they are currently in the seller's possession or ownership, are in truth future goods? Is this within r 1, so as to pass the property in the goods to the buyer? Some writers, baulking at the prospect of r 1 applying to such a situation, have surmounted the difficulty by treating 'specific goods' as excluding future goods in the context of r 1, thus giving future goods a meaning for the purpose of r 1 different from that which the term bears in s 5. But these verbal gymnastics are neither appropriate nor necessary. The difficulty disappears if we remember

---

[130] See S. J. Stoljar, 'Contractual Concept of Condition' (1953) 69 LQR 485.
[131] *Benjamin's Sale of Goods*, para 5–019; C. Twigg-Flesner, R. Canavan and H. MacQueen, *Atiyah and Adams' Sale of Goods* (13th edn, 2016), pp 248–249.
[132] This last point is apparent from the concluding words of r 1 itself.

that r 1 does not of itself have executive force but merely states the presumed intention of the parties.[133] The sale as existing goods of goods which are in fact future goods is unquestionably within r 1, for the presumed intention is to pass the property to the buyer immediately. It does not follow, however, that this intention is effective. In fact, in this situation it is not effective, for s 5(3) provides in terms that where by a contract of sale the seller purports to effect a present sale of future goods, the contract operates as an agreement to sell the goods with the result that the property will not pass to the buyer unless and until the seller has himself acquired a title, whether indefeasible or relative,[134] or the buyer acquires an overriding right by virtue of some exception to the *nemo dat* rule.

8.87 (2) *'IN A DELIVERABLE STATE'*. Section 61(5) of the Sale of Goods Act provides that goods are in a deliverable state when they are in such a state that the buyer would under the contract be bound to take delivery of them. This would suggest that if the goods are in such a state that the buyer is entitled to reject them, as where they are not of satisfactory quality, r 1 does not apply and property does not pass. But if this be right, we are constrained to reach the somewhat startling conclusion that in a contract for the sale of specific goods the property will never pass to the buyer on the making of the contract if the goods are defective. Such a wide view of r 1 has not been canvassed in the courts, which have hitherto been called on to apply the rule only in a very limited range of situations.[135] There can be little doubt that the restricted view assumed in the cases is correct. The trouble with r 1, as with certain other provisions of the Sale of Goods Act, is the excessive compression used in the drafting. The wide view of r 1 would require us to read it as follows: 'Where there is an unconditional contract for the sale of specific goods and the goods are in a deliverable state at the time of the contract . . . ' but this reading is not consistent with the case law on which the formulation of the rule is based. Rule 1 applies where, *on the assumption that the goods are what they purport to be*, the seller has not by the terms of the contract undertaken to do anything to them as a prerequisite of the buyer's acceptance of delivery. In short, in speaking of 'deliverable state', r 1 refers not to the actual state of the goods but to the fact that the parties have agreed that the seller may tender delivery of them without first having to do something to them to put them into a state where they are ready for delivery.

8.88 RULE 2 This rule, unlike r 1, does not refer to an 'unconditional' contract, for the obvious reason that by the operation of r 2 itself the property is deemed to be intended to pass only when the conditions of deliverable state and notice thereof to the buyer are satisfied. The phrase 'deliverable state' has the same meaning as in r 1, that is to say it refers to the situation in which the seller has undertaken to do something to the goods before tendering delivery of them.

---

[133] See n 128.
[134] See para **2.21**.
[135] Of which the most typical is severance from land or buildings to which the goods are affixed at the time of the contract. See, for example, *Kursell v Timber Operators and Contractors Ltd* [1927] 1 KB 298; *Underwood Ltd v Burgh Castle Brick and Cement Syndicate* [1922] 1 KB 343.

8.89 The Passing of the Property

8.89 RULE 3 This rule, which applies only where it is the seller who has the obligation to weigh, measure, test, etc, and only when such act is necessary for the calculation of the price, is somewhat curious in view of the fact that ascertainment and payment of the price are not generally prerequisites of the passing of the property. The rule is of little practical importance.

8.90 It is to be noted that whereas r 1 is couched in positive terms, so that subject to the other provisions of the Act[136] there is a presumed intention to transfer the property where the requirements of r 1 are satisfied, rr 2 and 3 are negative and thus prescribe the *minimum* requirements that have to be met before an intention to transfer the property can be inferred. Fulfilment of these minimum requirements will not necessarily suffice, however.

8.91 Since all the rules in s 18 are subject to the opening caveat 'unless a different intention appears', and since reservation of a right of disposal pending fulfilment of stipulated conditions precedent plainly manifests a contrary intention, the above rules are subordinated to s 19 (reservation of a right of disposal) where that section is applicable.[137]

(ii) Unascertained goods

8.92 The overriding provision in the case of wholly unascertained goods is s 16 of the Sale of Goods Act 1979, which states the self-evident proposition that no property can pass until the goods are ascertained.[138] In the nature of things, this is not a rule which can be excluded by contract.[139] Goods become ascertained by unconditional appropriation. In the case of a contract for the sale of unascertained goods by description, the presumed intention of the parties as to the passing of the property is governed by r 5 of s 18, the first two sub-rules of which provide as follows:

> 'Rule 5 – (1) Where there is a contract for the sale of unascertained or future goods by description, and goods of that description and in a deliverable state are unconditionally appropriated to the contract, either by the seller with the assent of the buyer or by the buyer with the assent of the seller, the property in the goods then passes to the buyer; and the assent may be express or implied, and may be given either before or after the appropriation is made.
>
> (2) Where, in pursuance of the contract, the seller delivers the goods to the buyer or to a carrier or other bailee or custodier (whether named by the buyer or not) for the purpose of transmission to the buyer, and does not reserve the right of disposal, he is to be taken to have unconditionally appropriated the goods to the contract.'

8.93 This is by far the most difficult rule to apply and is also one of the most important. A dispute as to the applicability of r 5 typically arises where the seller, having collected the whole or part of the price from the buyer in advance, becomes bankrupt without having made delivery. The buyer's rights

---

[136] Eg ss 5(3), 19.
[137] See paras **8.107–8.113**.
[138] See para **8.08**.
[139] *Jansz v G.M.B. Imports Pty Ltd* [1979] VR 581.

The Time When Property Passes to the Buyer **8.96**

are vitally affected by the question whether the goods have become unconditionally appropriated to the contract, for if they have, the buyer becomes the owner of them,[140] whereas if they have not, he is restricted to proving in competition with other unsecured creditors. The following questions arise.

1. To what classes of sale contract does Rule 5 apply?

8.94 This is answered by the opening words of r 5, which refer to contracts for the sale of unascertained or future goods by description. The rule does not distinguish wholly unascertained from quasi-specific goods, and 'unascertained' covers both categories.[141] Future goods, even if specific,[142] are brought within the rule. This may seem illogical, but in practice works well enough, for it is extremely unlikely that future goods will also be specific if they are sold by description, and r 5 is confined to sale by description.[143]

2. What other conditions must be satisfied?

8.95 Given that the contract is of a class falling within r 5,[144] four other conditions must be satisfied before r 5 comes into play. First, there must be an appropriation of goods to the contract. Secondly, the appropriation must be unconditional. Thirdly, the goods must be of the contract description. Fourthly, they must be in a deliverable state. In this context, the phrase 'deliverable state' has a different significance from that which it possesses in relation to rr 1 and 2, for in r 5 it denotes the actual state of the goods as opposed to the state in which the seller has expressly undertaken to put them before tendering delivery. Hence for the purpose of r 5, goods are not in a deliverable state unless (a) they are in fact in such condition that the buyer would not be entitled to reject them when tendered or (b) they are accepted by the buyer as being in a deliverable state. Whether goods conform to the contract description is a question which, as we shall see,[145] involves distinguishing identity from attributes and is considered in detail in a subsequent chapter.[146] For the purpose of r 5 the distinction is less material than in other parts of the Act, for a defect in quality which prevents the goods from being in a deliverable state will render r 5 inapplicable even if the defect is not such as to prevent the goods from conforming to the description in the contract.

8.96 This leaves the requirement of unconditional appropriation. What is meant here is some act which earmarks goods as the contract goods and irrevocably commits the parties to those goods, thus depriving the party who performs the act of appropriation of the right to change his mind and

---

[140] With the result that the goods do not form part of the seller's estate and cannot be retained by his trustee, who is obliged to surrender them to the buyer.
[141] But the operation of the rule in relation to quasi-specific goods may be different and is therefore discussed separately, para **8.100**.
[142] See para **8.79**.
[143] As to the meaning of this, see paras **11.32** ff.
[144] See above.
[145] See para **11.36**.
[146] See paras **11.36** ff.

8.96 *The Passing of the Property*

substitute other goods of the contract description. An act of constructive delivery[147] which puts the goods out of the control of the seller – as by delivery to a carrier[148] without reserving a right of disposal[149] or by procuring a third party in possession of the goods to attorn to the buyer – almost always constitutes an unconditional appropriation. If there is no loss of control, assent to the specific act of appropriation is usually necessary. Such assent may be given before or after the act of appropriation and may be express or implied. The performance by the seller of what would ordinarily be regarded as acts of internal organization – such as segregating the goods in his warehouse, packaging them and labelling them in the name of the buyer – will not normally constitute appropriation unless the act in question was that specifically designated by the contract, for the seller is entitled to say that what he does with the goods while they are in his control is entirely his own affair, and that having provisionally allocated goods to the contract, he has changed his mind and decided to allocate different goods.[150] The position is otherwise where the contract provides, expressly or impliedly, for an act of appropriation preceding the seller's loss of control, as where the seller agrees to sell 'the first widget I receive' or the contract allows the seller to fix the contract goods by giving a notice of appropriation.[151] An instructive case on these points is *Healy v Howlett & Sons*.[152]

> The plaintiff contracted to sell to the defendants twenty boxes of mackerel. He dispatched 190 boxes of mackerel by rail from Valentia, Ireland, to Holyhead, *consigned to his own order*, giving instructions to the railway company at Holyhead to distribute the fish among his various customers, including the defendants. Due to the train being delayed, the mackerel arrived in Holyhead late and in such condition that it would inevitably be unmerchantable under its contract description when delivered to the defendants in London. The railway officials at Holyhead set aside twenty boxes of mackerel and dispatched them to the defendants, who rejected them as unmerchantable. After disposing of the mackerel elsewhere, the plaintiff sued for the balance of the price, contending that the fish had been appropriated to the contract at Valentia and that the risk of deterioration had thereupon passed to the defendants.
>
> *Held*, there was no appropriation until the twenty boxes had been set aside for the defendants at Holyhead, by which time the deterioration had occurred, so that the defendants were justified in rejecting the goods.

8.97 It is worth observing that the requirement of assent to the seller's appropriation is just as essential in the case of goods which are being made by the seller for the buyer as it is for goods which the seller is to supply from

---

[147] As to constructive delivery generally, see para **10.07**.
[148] See para **9.30**. But the goods do not pass out of the seller's control by such delivery unless consigned to a particular buyer. If it is left to the carrier himself to make the selection as between one customer and another, he acts as the seller's agent and property does not pass to any particular buyer until earmarked to the contract by the carrier (*Healy v Howlett & Sons* [1917] 1 KB 337, and below).
[149] Section 18, r 5(2). See paras **8.107–8.113**.
[150] See *Mucklow v Mangles* (1808) 1 Taunt 318, per Heath J at 319; *Carlos Federspiel & Co S. A. v Charles Twigg & Co Ltd* [1957] 1 Lloyd's Rep 240.
[151] See para **34.15**.
[152] *Healy v Howlett & Sons*, n 148.

stock or outside sources. This may at first sight seem surprising. If I instruct a boatbuilder to build me a boat of specified type and dimensions, and without further communication from me he proceeds with the work and completes a boat that accords with the specifications I have laid down, then surely, it will be said, neither he nor I can deny that it is *my* boat, in the sense of being the boat appropriated to *my* contract. But even here, the rule requiring assent applies, for as was said over 200 years ago: 'A tradesman often finishes goods, which he is making in pursuance of an order given by one person, and sells them to another.'[153] On the other hand, it would not be unduly difficult to establish an assent to the boatbuilder's appropriation of the boat (and indeed of the incomplete structure). It would suffice if I visited the boatbuilder's yard and made approving comments when he showed me the structure, or even if I telephoned to inquire about progress and the builder gave me details sufficient to identify the boat he was talking about and I did not dissent.[154]

8.98 It is important to bear in mind that while an unconditional appropriation is necessary if the property is to pass under r 5, it does not follow that it inevitably signifies an intention to transfer the property; nor is appropriation necessarily connected to actual delivery. Appropriation merely denotes the act by which the contract goods become ascertained and earmarked to the contract. There are many reasons why the parties may wish to reach the point of identifying the contract goods without necessarily intending that property shall pass at that stage. For example, a foreign buyer purchasing goods from an English seller on a c.i.f. basis will not ordinarily acquire the property until he has paid the price and taken possession of the shipping documents,[155] but he will wish to know well in advance of that time on what ship the goods have been loaded so that he can either resell on a c.i.f. basis or calculate the time of arrival of the goods and organize arrangements for their collection. Again, if the goods are of a kind which is in short supply, the buyer may wish to be assured that goods have been earmarked from the seller's existing stock to meet the contract, even if the buyer does not require immediate delivery and is not to obtain ownership until payment at a later date.

3. Can Rule 5 be excluded?

8.99 In theory, since all the rules in s 18 are subject to a contrary intention, r 5 could be excluded by agreement of the parties. But such an exclusion would normally be pointless, since it would then be necessary for the parties to spell out their own rule to govern the passing of the property, and this could just as easily be done within r 5 itself, either by defining the act of appropriation or

---

[153] *Mucklow v Mangles*, n 150. The comment was made to illustrate a somewhat different point, namely the presumed intention of the parties that ownership of goods to be made is not to pass to the buyer until they have been completed, but it is equally apposite to the issue of appropriation. See further n 154.
[154] On the facts of *Mucklow v Mangles* there was almost certainly an appropriation, but it would not have helped the buyer to avoid the effect of the seller's insolvency, for appropriation merely identifies the contract goods, it does not as such confer any real right on the buyer.
[155] See para **34.27**.

8.99 *The Passing of the Property*

by reserving a right of disposal to the seller pursuant to s 19[156] or a right of substitution to the buyer in the contract of sale.[157]

(iii) **Quasi-specific goods**

8.100 Where the contract is for the sale of an unascertained part of an identified bulk, ss 16 and 17 and r 5 of s 18 of the Sale of Goods Act 1979 apply to the same extent as for wholly unascertained goods. But the identification of the source from which the contract goods are to be supplied produces one difference, namely that the goods may become ascertained without any physical act of the seller or buyer, as the result of exhaustion,[158] ie shrinkage of the bulk to a quantity no greater than that stipulated in the contract.[159] This shrinkage may occur in various ways, eg delivery of part of the bulk to another buyer; reduction of the bulk through destruction or evaporation; or damage, deterioration or other change in composition of part of the bulk so that such part ceases to correspond to the contract description. Any of these events may produce the result that the contractual source of supply, being reduced to no more than the contract quantity, becomes referable in its entirety to the contract; and the result appears to be that the seller is to be considered to have made an unconditional appropriation for which the buyer's prior assent suffices even though the seller has not lost control, since it is clear that the seller has lost the power to substitute other goods. If the seller has undertaken to notify the buyer when this stage has been reached, his failure to do so does not affect the ascertainment of the goods (for in this situation the seller has no choice as to the goods to which his notice can relate), though it may have consequences for the seller if the buyer, being unaware that the goods are now identified and available for collection, does not collect them and they are later damaged or destroyed.[160]

8.101 Where separate quantities of goods on board a vessel or in a warehouse are agreed to be sold to the same buyer under different contracts, it is not necessary to allocate a particular part of the goods to a particular contract; it suffices that all the goods are intended for the buyer, either from the outset or by exhaustion following deliveries to other buyers.[161]

(iv) **Goods delivered on approval or on 'sale or return'**

8.102 Rule 4 of s 18 of the Sale of Goods Act 1979 provides as follows:

---

[156] See paras **8.107–8.113**.
[157] See para **8.113**.
[158] *Wait and James v Midland Bank* (1926) 31 Com Cas 172; *The Elafi* [1982] 1 All ER 208. This has been given statutory effect under the Sale of Goods (Amendment) Act 1995, which inserts a new r 5(3) in s 18 of the Sale of Goods Act 1979.
[159] For the converse case where the seller tends a quantity of goods in excess of that called for by the contract see para **13.37**.
[160] See Sale of Goods Act 1979, s 20(2), and para **9.16**.
[161] *Wait and James v Midland Bank*, and *The Elafi*, n 158.

'When goods are delivered to the buyer on approval or on sale or return or other similar terms the property in the goods passes to the buyer:
(a) when he signifies his approval or acceptance to the seller or does any other act adopting the transaction;
(b) if he does not signify his approval or acceptance to the seller but retains the goods without giving notice of rejection, then, if a time has been fixed for the return of the goods, on the expiration of that time, and, if no time has been fixed, on the expiration of a reasonable time.'

8.103 We have deliberately left this rule to the end as its very inclusion in s 18 is an oddity. This is because, while all the other rules deal with the transfer of property under a contract of sale, the delivery of goods on approval or on a sale or return basis is not made pursuant to a contract of sale;[162] the 'seller' is merely making an offer of sale to the 'buyer', coupled with an assent to the latter's retention of possession for a reasonable period while he makes up his mind. In commercial parlance a transaction is usually termed a 'sale on approval' where the recipient is to examine the goods to see if they are suitable for his purpose and a 'sale or return' where the recipient wishes to have the facility of returning the goods for some reason other than disapproval of their suitability, eg because the quantity supplied may prove surplus to requirements or because he takes delivery for the purpose of resale and may be unable to find sufficient buyers; but the legal effect of the two transactions appears to be the same. The delivery of the goods constitutes an offer of sale by the deliveror and the offer is accepted in the conditions prescribed by r 4 or when the deliveree does any act designated by the deliveror as the mode of acceptance.

8.104 There being no contract of sale at the time of delivery, the words 'seller' and 'buyer' in r 4 (and the word 'buyer' in the opening lines of s 18 of the Sale of Goods Act 1979 so far as these govern r 4) do not bear their ordinary signification,[163] but are convenient to describe the deliveror and the deliveree under the proposed sale. But though there is no contract of sale, there is nevertheless a contract, the effect of which is to confer on the deliveree a right to possession and an option to buy which he is taken to exercise if he fails to return the goods within the agreed period. Hence the deliveror, as grantor of the option, cannot withdraw his offer of sale.[164]

8.105 A delivery on approval or on 'sale or return' is a consensual arrangement[165] and must be distinguished from a delivery of totally unsolicited goods.

---

[162] For a contract of sale involves not merely a commitment to sell but an obligation to buy (*Edwards v Vaughan* (1910) 26 TLR 545; *Helby v Matthews* [1895] AC 471).
[163] See s 61(1).
[164] *Atari Corpn (UK) Ltd v Electronics Boutique Stores (UK) Ltd* [1998] QB 539; *Kirkham v Attenborough* [1897] 1 QB 201, per Lord Esher MR at 203. The contract in the *Electronics Boutique* case was curious in that it required payment to be made well before expiry of the period allowed for return of the goods. The plaintiffs originally asserted but later rightly abandoned the argument that the right of return was lost once the payment date had passed. The effect of such a contract would seem to be that the buyer is contractually obliged to make payment by the agreed date but can recover it upon exercising his right to return the goods within the period allowed. See also J. N. Adams (1998) 61 MLR 432.
[165] A fact reflected in the opening words of s 18, r 4: 'When goods are delivered to the buyer on sale or return or other similar terms . . . '.

8.105 *The Passing of the Property*

Nothing in r 4 entitles the deliveror to foist goods on an unwilling recipient and then claim (contrary to the common law rule)[166] that silence implies assent. Before r 4 can apply it must be shown that the recipient either received the goods as a voluntary bailee or became a willing possessor for a sufficient time before purchase to create a meaningful right of disapproval or return,[167] as opposed to an immediate contract of sale. An involuntary bailee is not under a duty either to return the goods or to communicate non-acceptance in order to avoid an obligation to buy.[168]

8.106 Sale or return transactions are to be distinguished from apparently similar agreements such as hire-purchase and conditional sale by virtue of the fact that, pending acceptance of the goods, the deliveree is a mere custodian and does not acquire rights over the goods vis-à-vis the seller unless and until he becomes committed to the purchase of the goods by accepting them. The commitment to purchase and the passing of the property almost invariably coincide, by virtue of r 4, though it is open to the parties to agree that the passing of the property shall be deferred to a later point of time, eg payment.[169]

(v) Reservation of right of disposal[170] or substitution

8.107 The presumption raised by s 18 of the Sale of Goods Act 1979 as to the seller's intention to transfer the property to the buyer will be displaced where the seller reserves the right of disposal pending the fulfilment of stated conditions, of which the most common is payment of the price. Section 19 of the Act deals with reservation of a right of disposal in the following terms:

> '19 – (1) Where there is a contract for the sale of specific goods or where goods are subsequently appropriated to the contract, the seller may, by the terms of the contract or appropriation, reserve the right of disposal of the goods until certain conditions are fulfilled; and in such a case, notwithstanding the delivery of the goods to the buyer, or to a carrier or other bailee or custodier for the purpose of transmission to the buyer, the property in the goods does not pass to the buyer until the conditions imposed by the seller are fulfilled.
>
> (2) Where goods are shipped, and by the bill of lading the goods are deliverable to the order of the seller or his agent, the seller is prima facie to be taken to reserve the right of disposal.

---

[166] *Felthouse v Bindley* (1862) 11 CBNS 869.
[167] It is a matter of construction of the contract whether the buyer has physically to return the goods or simply hold them available for collection.
[168] This common law rule is greatly strengthened by legislation. Initially to be found in the Unsolicited Goods and Services Acts 1971 and 1975 (as amended), the law has developed over time principally through the Consumer Protection from Unfair Trading Regulations 2008 (SI 2008/1277) and the Consumer Contracts (Information, Cancellation and Additional Charges) Regulations 2013 (SI 2013/3134). In essence, the legislation precludes demand for payment for unsolicited goods sent to a person otherwise than for the purpose of his business and which enable him, if the goods are not collected within the time prescribed by the Acts, to keep the goods as his own without payment.
[169] As in *Weiner v Gill* [1906] 2 KB 574.
[170] This topic is further explored in connection with export sales (para **34.27**) and bills of exchange (para **35.05**).

(3) Where the seller of goods draws on the buyer for the price, and transmits the bill of exchange and bill of lading to the buyer together to secure acceptance or payment of the bill of exchange, the buyer is bound to return the bill of lading if he does not honour the bill of exchange, and if he wrongfully retains the bill of lading the property in the goods does not pass to him.'

8.108 The reservation of the right of disposal under s 19(1) may be either express or implied. A conditional sale agreement, which provides that property is not to pass until payment and that on default the seller may repossess the goods, offers a good illustration of an express reservation of a right of disposal. Very commonly, however, the reservation is to be inferred from the seller's conduct and almost invariably this takes the form of an act by which the seller preserves control over the goods. Section 19(2) provides an example. Where in a bill of lading the goods are consigned to or to the order of the seller or his agent, the seller retains control, for only he or the agent or a person to whom the bill of lading has been transferred will be entitled to collect the goods on arrival.[171] Even where the seller arranges for the bill of lading to be made out in the name of the buyer as consignee, yet if the express or implied terms of the sale are cash against documents, the seller will be considered to retain a right of disposal at least so long as he holds the documents.[172]

8.109 Yet in all these cases the court is seeking to ascertain the intention of the parties. The fact that the seller parts with control does not necessarily mean that he is intending to transfer the property, for his intention may be merely to part with possession. Indeed, in c.i.f. contracts the normal presumption is that where the documents are released by the seller to the buyer in anticipation of immediate payment, the parties intend that, while the buyer is to have possession, the property is to remain in the seller until payment.[173] Conversely, the fact that the seller retains the documents is not always indicative of an intention to reserve the right of disposal, for the seller may consider himself adequately protected by retaining constructive possession while allowing ownership to pass to the buyer.[174]

8.110 Where the contract is for the sale of specific goods, the seller must obviously make the right of disposal a term of the contract. If he fails to do this, he cannot unilaterally introduce such a term subsequently. If, however, the contract is for the sale of generic goods (whether wholly unascertained or quasi-specific), the reservation may be made either in the contract or at the time of appropriation, and in the latter case it will be effective to stop the passing of the property, even if the reservation is in breach of the contract.[175]

8.111 Section 19(3) lays down a special rule for documentary bills of exchange. The buyer must either honour the bill (by acceptance or payment according to the agreement between the parties) or return the bill of lading. If

---

[171] *The Ciudad de Pasto* [1988] 2 Lloyd's Rep 208. See also *The Antares III* [2002] 1 Lloyd's Rep 233, and para **32.51**.
[172] See paras **34.13–34.15** and **34.27**.
[173] See para **34.27**.
[174] See paras **34.13–34.14**.
[175] *Gabarron v Kreeft* (1875) LR 10 Exch 274.

8.111 *The Passing of the Property*

he retains the bill of lading after dishonouring the bill of exchange by non-acceptance or non-payment,[176] the property does not pass. Section 19(3) does not deal directly with the location of the property in the short interval that may elapse between the buyer's receipt of the documents and his acceptance or payment of the bill of exchange,[177] but the obvious inference is that the bill of lading is delivered conditionally on honouring of the bill of exchange and that meanwhile the property in the goods is to remain in the seller.

8.112 Reservation of the right of disposal, though it precludes the passing of the property to the buyer and thus defers his acquisition of the right to deal with the goods, does not necessarily mean that the buyer has no *power* of disposal; for, being in possession of the document, he may be able to give an innocent third party a good title, overriding that of the seller, by virtue of some exception to the *nemo dat* rule.[178]

8.113 Section 19 deals only with reservation by the seller of a right to dispose. It does not cover the converse case of retention by the buyer of a right to change his mind after an act of appropriation by him. Such a right may, of course, be expressly or impliedly conferred by the contract. Alternatively, the buyer can, in the event of a contract for the sale of unascertained goods, reserve the right at the time of appropriation, so that in effect his appropriation is conditional only.

---

[176] Non-acceptance in the case of a time bill, non-payment in the case of a sight bill (see para **20.12**). An accepted time bill may, of course, be dishonoured later by non-payment but it is obvious that this latter type of dishonour is not intended to fall within s 19(3) and that the property will pass to the buyer upon acceptance of the bill and will not remain in the seller pending payment.

[177] A bill presented for acceptance need not be accepted instantaneously, and is dishonoured only if not accepted within 'the customary time' (Bills of Exchange Act 1882, s 42), ie 24 hours, excluding non-business days (*Bank of Van Diemen's Land v Bank of Victoria* (1871) LR 3 PC 526). Similarly, a bill presented for payment is not dishonoured by non-payment if the drawee tenders payment later the same day (*Hartley v Case* (1825) 1 C & P 676).

[178] See paras **16.57** ff.

Chapter 9

RISK AND FRUSTRATION

9.01 Once the buyer has acquired both possession and property in the goods, their subsequent fate, except so far as due to some breach by the seller, is not the latter's concern, and if the goods are damaged or destroyed, it is the buyer's loss, unless the parties have otherwise agreed. But deterioration, damage or loss may occur before this stage is reached, that is, when the buyer has neither possession nor property, or when he has the one but not the other. The parties may expressly agree who is to suffer the loss, but very frequently they fail to make provision for this eventuality. The law has then to resolve two questions: who is to suffer the loss, and what effect is the loss-making event to have on the contract? The first of these two questions is regulated by the rules relating to risk; the second, by rules as to frustration of the contract.[1] But risk and frustration, though distinct concepts, are connected in that, where frustration occurs, the resultant working out of the rights of the parties may mean that the burden of the loss falls more heavily on one than on the other.[2]

9.02 One of the principal reasons why English law has been so troubled with questions of risk is that by s 20 of the Sale of Goods Act 1979[3] risk is tied to property and, as we have seen, the passing of the property is not dependent on delivery.[4] It follows that the buyer may acquire the property in goods while these are still in the seller's possession, and if the goods are then accidentally destroyed without fault, the loss prima facie falls on the buyer. A more reasonable rule would have been to link risk with control,[5] for the person in control of goods (whether by physical possession or by having the right to give directions as to the goods to a third party holding them) is best able to take proper steps for their protection and to cover loss by insurance.

1. THE MEANING OF 'RISK'

9.03 The statutory provisions as to risk are to be found in ss 20, 32 and 33 of the Sale of Goods Act 1979, with which must be read the rules of frustration

---

[1] See para **9.48**.
[2] See ibid.
[3] Contrast the Consumer Rights Act 2015, s 29(2) where the general rule is that the goods remain at the trader's risk until they come into the physical possession of the consumer or of a person identified by the consumer to take possession of the goods: see further para **9.07**.
[4] See para **8.83**.
[5] As is the case under the Vienna Convention on Contracts for the International Sale of Goods (discussed in more detail in ch 33), where the general rule is that risk passes with control or custody of the goods.

9.03 *Risk and Frustration*

embodied in ss 6 and 7. But before we examine these provisions we must get a clearer perception of what is meant by 'risk'. Goods are at a party's risk if he has to bear the loss resulting from their damage or destruction. The impact of this will depend on whether the party in question is the seller or the buyer. As Professor Sealy has rightly remarked:

> 'The truth is that risk is a derivative, and essentially negative, concept – an elliptical way of saying that either or both of the primary obligations of one party shall be enforceable, and that those of the other party shall be deemed to have been discharged, even though the normally prerequisite conditions have not been satisfied.'[6]

Where the goods are at the seller's risk, this means that, if they suffer a mishap, the seller, being unable to tender delivery in accordance with the contract, cannot recover the price from the buyer and must repay any part of the price paid in advance. It does not necessarily follow, however, that he incurs a liability to the buyer for non-delivery. This second question depends on the impact which the loss-making event has on the contract as a whole and is thus a question not of risk but of frustration.

9.04 Where the goods are at the buyer's risk, this means that he must pay the price[7] despite the fact that the goods have been lost or damaged before the buyer has taken possession, or after he has taken possession but before the property has passed to him.[8] In other words, since the risk is on the buyer, destruction of the goods absolves the seller from his duty to deliver the goods or to transfer the property in them to the buyer[9] and, if the goods are merely damaged, the seller is entitled to tender, and the buyer is obliged to accept, delivery of them as if they were in conformity with the contract, while the buyer remains liable for payment of the price in full. In this situation the question of frustration cannot arise since, if the contract were to be treated as frustrated by loss of or damage to the subject matter,[10] the buyer would be discharged from his obligation to pay the price, so that effectively the risk would be thrown back on the seller.

9.05 An analogous position arises in the case of goods sent on approval or on 'sale or return'. If they are destroyed or damaged while at the deliveror's risk, the loss falls on him and the intended recipient incurs no liability. If the loss or damage occurs when the goods are at the risk of the intended recipient, he is

---

[6] L. S. Sealy, 'Risk in the Law of Sale' [1972] 31 CLJ 225, at p 226.
[7] If he does not, he can in the alternative be sued for damages for non-acceptance, but almost invariably the action for the price is more efficacious. See para **15.36**.
[8] This produces the curious result that whereas a seller who is precluded from tendering delivery by reason of the buyer's breach cannot sue for the price (unless he can show that delivery has been waived) but must rest his claim in damages (see para **15.14**), where delivery is prevented by accidental destruction after the risk has passed to the buyer, the buyer is nevertheless liable for the price.
[9] Assuming, of course, that the contract is one under which the risk has passed before the passing of the property, contrary to the normal rule embodied in s 20(1).
[10] See para **9.48**.

precluded from rejecting them and thus becomes liable for the price as if he had voluntarily adopted the transaction.[11]

2. THE GENERAL PRINCIPLE OF RISK: RES PERIT DOMINO

9.06 The draftsman of the Sale of Goods Act 1979 appears to have taken as axiomatic the need to link risk not to delivery but to property. If the goods I contracted to buy have become mine, any subsequent loss is my loss; if the loss occurs when the goods are still the property of the seller, the loss falls on him. Some critics of this rule have urged a return to the principles of Roman law. However, in this respect Roman law was far from possessing the virtues now ascribed to it by modern commercial lawyers. True, the general principle of Roman law was that property did not normally pass to the buyer until delivery at the earliest.[12] But this fact loses much of its significance when we discover that Roman law did not tie risk to property at all. On the contrary, from the buyer's viewpoint it was even more stringent than the Sale of Goods Act, stipulating that in the absence of fault, risk passed to the buyer on the making of the contract even if the buyer at that point had neither possession nor property.[13] The English rule is embodied in s 20 of the Sale of Goods Act.

(1) Unless otherwise agreed, the goods remain at the seller's risk until the property in them is transferred to the buyer, but when the property in them is transferred to the buyer the goods are at the buyer's risk, whether delivery has been made or not.
(2) But where delivery has been delayed through the fault of either buyer or seller the goods are at the risk of the party at fault as regards any loss which might not have occurred but for such fault.
(3) Nothing in this section affects the duties or liabilities of either seller or buyer as a bailee or custodier of the goods of the other party.

9.07 The general rule, then, is that risk passes with property. This is subject to several qualifications. First, it is displaced by contrary agreement between the parties. Secondly, even where risk is prima facie on one party, it may be shifted, wholly or partly, as the result of fault by the other. Thirdly, where the seller is authorized to send the goods (ie to deliver them to an independent carrier for onward transmission to the buyer), the Act provides special rules for the risks of transit.[14] Fourthly, where the contract is concluded between a trader and a

---

[11] However, the general rule is that the risk does not pass to the deliveree until he has adopted the transaction, whether expressly or by failing to give notice of rejection within the stipulated time or (if none) within a reasonable time. This is the combined effect of s 20 and s 18, r 4. In such a case, the buyer does not become liable for the price merely because of the destruction of the goods before he has adopted them (*Elphick v Barnes* (1880) 5 CPD 321). See further, para **9.41**.
[12] F. De Zulueta, *The Roman Law of Sale* (1957), p 31.
[13] Ibid. In practice, the distinction between the Roman rule and s 20 of the Sale of Goods Act 1979 is less marked than might appear, since ' . . . the circumstances in which the risk passes in Roman law are much the same as those in which the property passes and with it the risk under our law' (W. W. Buckland and A. D. McNair, *Roman Law and the Common Law* (2nd rev edn, 1965), pp 288–289).
[14] Sections 32(2), (3), 33. See paras **9.36–9.37**.

consumer,[15] the goods remain at the trader's risk until they come into the physical possession of the consumer or into the physical possession of a person identified by the consumer to take possession of the goods.[16] Fifthly, s 20 does not in terms distinguish specific or ascertained goods from unascertained or quasi-specific goods. But the distinctions are very material, for they influence the passing of the property, which in turn affects the incidence of risk. Moreover, despite the peremptory language of s 20, the location of the property is not the only determinant; the extent to which control has passed from seller to buyer may also be material, a fact of particular relevance where the goods are at the time of the contract, or later become, quasi-specific. Finally, s 20 does not apply to the risk of loss of goods held in co-ownership by virtue of s 20A of the Act, in respect of which the law remains unsettled.[17]

9.08 The scene having been set, we can now examine in detail the impact of risk and frustration, and associated rules of delivery,[18] at different stages of the contract. In the case of goods that have become identified or quasi-specific by the time of the act or event which brings the application of the rules into question, the effect of these can best be seen in relation to the location of the goods at that time. But goods which are still wholly unascertained cannot be treated in this way, for they have no situation. They must therefore be treated as a distinct category, and it is with them that we shall begin.

3. WHOLLY UNASCERTAINED GOODS

9.09 Where the contract is for the sale of wholly unascertained goods and the seller is unable to tender delivery because the stock from which he intended to meet the order is destroyed or his anticipated source of supply otherwise becomes unavailable then, in the absence of fault by the buyer causing delay in delivery, the loss will fall on the seller on the ground that the goods have not become ascertained and so it cannot be predicated that the perished goods were those earmarked for the buyer. The question whether the seller has made an effective appropriation may thus be very material to the incidence of risk. In the language of the Sale of Goods Act, the risk prima facie passes with the property, and the property does not pass until the goods have become ascertained by an unconditional appropriation effected in conformity with the contract.[19] Moreover, the seller will not normally be able to plead frustration because, if it is not a term of the contract that the goods shall be taken from the seller's existing stock or any other identified source of supply, the buyer will be entitled to say that, if one source of supply dries up, then it is for the seller to find another. But the Sale of Goods Act only complements, and does not

---

[15] As defined in the Consumer Rights Act 2015, s 2.
[16] Consumer Rights Act 2015, s 29(2). However, if the goods are delivered to a carrier who is commissioned by the consumer to deliver the goods and the carrier is not one named by the trader as an option for the consumer, the goods are at the consumer's risk on and after delivery to the carrier: s 29(3) and (4).
[17] See para **9.40**.
[18] The topic of delivery is examined in ch 10.
[19] See *Healy v Howlett & Sons* [1917] 1 KB 337, the facts of which are set out at para **8.96**.

wholly replace, common law rules of frustration, and it is possible to envisage circumstances in which the destruction of available sources of supply is so total and unforeseeable as to produce frustration at common law.[20] In any event, destruction of the subject matter of the contract is not the only type of frustrating event. Even in the case of wholly unascertained goods, other causes of frustration may arise, eg a change in the law which makes it illegal for the seller to proceed with the contract.

9.10 Though risk of loss of his anticipated source of supply prima facie falls on the seller, this principle may, under s 20(2) of the Act, be displaced where delivery has been delayed through the fault of the buyer. Though the reference to 'the goods' in s 20(2) might suggest that this proviso is confined to specific, or at any rate specific and quasi-specific, goods, it has been held equally applicable to unascertained goods. In this case 'the goods' means no more than 'the contractual goods which have been assembled by the seller for the purpose of fulfilling his contract and making delivery'.[21]

4. QUASI-SPECIFIC GOODS

9.11 The *res perit domino* rule causes particular difficulty in the case of goods which are at the time of the contract, or which later become, quasi-specific as the result of agreement between seller and buyer that the contract goods shall be supplied from a larger and identified bulk. For example, the seller may agree to sell 100 out of 500 crates of whisky in a warehouse. This is an example of goods that are quasi-specific at the time of sale. Or he may contract to sell 100 crates of whisky f.o.b. London and later put on board a vessel at London 300 crates, giving notice to the buyer that these include the 100 crates ordered by the buyer. Here the goods are wholly unascertained at the time of the contract but become quasi-specific through the later act of appropriation. The effect of the goods being quasi-specific is that if the bulk in which they are comprised perishes, we can say that the contract goods, though not precisely identified, have ceased to exist, so that questions of risk and frustration arise. It is in this respect that the distinction between quasi-specific and wholly unascertained goods possesses particular significance.[22]

9.12 From the seller's viewpoint, however, this is of little help in answering his problem. True, he is able to say that the contractual source of supply has perished,[23] thus rendering future performance impossible, so that if the risk has not passed to the buyer, the contract is frustrated and the seller is not liable to the buyer for non-delivery. But this is poor consolation to the seller, who as

---

[20] Eg where the only area in which goods of the contract description are produced is destroyed by earthquake or volcanic lava or is submerged beneath the sea.
[21] *Demby Hamilton & Co Ltd v Barden* [1949] 1 All ER 435, per Sellers J at 437. It is apparent from the next sentence of the judgment, where reference is made to the fact that the Act need not be interpreted narrowly, that in speaking of 'the contractual goods' Sellers J was not intending to depict identified goods but simply goods kept by the seller for the fulfilment of the contract.
[22] See below.
[23] The effect of loss of only part of the bulk is unclear. But see paras **8.65** and **9.40**.

9.12 Risk and Frustration

a result of the loss of the goods is disabled from recovering the price. What the seller needs to show in order to recover the price is that the risk has passed to the buyer; but under the normal rule linking risk to property this is precisely what he cannot do, for necessarily quasi-specific goods are unascertained, so that no property passes.[24]

9.13 So long as the bulk from which the goods are to be supplied remains under the seller's control, the *res perit domino* rule works reasonably well, for the seller as possessor is best placed to safeguard the goods and to cover the risk of loss by insurance and, in so far as the property is to pass on ascertainment, he can normally bring an end to the risk by making the necessary appropriation of goods to the contract. But, where the bulk is with a third party and the seller relinquishes control, as by transferring a document of title to the buyer or by authorizing the third party to attorn to the buyer, the seller's difficulty becomes acute, for the power to appropriate ceases to be in him and lies with the third party and/or the buyer, who between them control the time at which the goods become ascertained and therefore the time at which the property is to pass. In such a case, the court may be willing to infer an intention to exclude s 20, the implied agreement being that risk shall pass to the buyer when the seller has done everything required of him to put the goods into the buyer's hands. A good illustration is *Sterns Ltd v Vickers Ltd*:[25]

> The defendants, who had purchased from the Admiralty 200,000 gallons of white spirit lying in the tank of a storage company, sold 120,000 gallons to the plaintiffs, who resold the same quantity afterwards to a third party. The defendants procured from the storage company and passed to the plaintiffs a delivery warrant for 120,000 gallons of the spirit, and the plaintiffs in turn endorsed this warrant to their purchaser, the third party. When the third party came to take delivery, he found that the quality of the spirit had deteriorated in storage, and claimed damages from the plaintiffs, who claimed over against the defendants, alleging that the spirit was not of the quality warranted by the terms of the contract.
>
> The Court of Appeal, though not deciding whether the property had passed to the plaintiffs prior to the deterioration,[26] held that even if it had not, the risk was on the plaintiffs because the defendants had done all that they undertook to do, the plaintiffs could have demanded delivery from the storage company as soon as they had received the delivery warrant and, if they had done so, they would have procured spirit which was then in conformity with the contract. The plaintiffs' claim was therefore dismissed.[27]

---

[24] Section 16. See para **8.100**. However, under s 20A of the Sale of Goods Act 1979 a prepaying buyer of goods forming part of a bulk acquires a proportionate interest in the bulk pending withdrawal of his entitlement from the bulk, so that the subject matter of his temporary interest is the bulk itself, which is, of course, identified or ascertained. As to whether s 20 applies in this situation, see para **9.40**.

[25] [1923] 1 KB 78.

[26] Scrutton LJ considered that the plaintiffs' contention on this point, namely that the property had not passed, was correct.

[27] The precise ground for excluding s 20 was not expressly stated but must be taken to rest on the inference of an agreement that risk was to pass to the buyers on transfer of the delivery warrant to them.

9.14 This case is usually treated as exceptional,[28] but the principle it embodies is eminently sensible, and it is submitted that, unless otherwise agreed, it applies to any case in which the seller loses control of quasi-specific goods by giving constructive delivery, provided that in so doing he fulfils the delivery obligation imposed on him by the contract. In most cases this proviso will be satisfied, even where the contract provides for physical delivery by the seller to the buyer, for in accepting a document of title or other form of constructive delivery the buyer is implicitly assenting to this mode of performance of the seller's delivery obligation, and is thus estopped from contending that the original delivery term has not been fulfilled. If the buyer contracts for physical delivery, eg at his own premises, and is offered a warehouse warrant or an attornment by a third party in possession, he can decline to accept this on the ground that it is not the mode of delivery prescribed in the contract; but, if he accepts, he must take the consequences,[29] and cannot expect the seller to continue on risk as to quasi-specific goods over which the seller no longer has control.

9.15 It must, however, be emphasized that in *Sterns Ltd v Vickers Ltd* the warehouse had assented to the delivery warrant in favour of the buyer,[30] so that the act of appropriation was in the buyer's control, not the seller's. The position is otherwise where there is no such assent.[31]

5. IDENTIFIED GOODS

(i) Goods in the seller's possession[32]

9.16 Where specific or ascertained goods are, without fault on the part of the seller, lost or damaged[33] while in the seller's possession, then prima facie the risk is on the buyer if the property in the goods has passed to him and on the seller if it has not.[34] This does not, however, apply to a contract concluded

---

[28] See, for example, *Benjamin's Sale of Goods* (10th edn, 2017), para 6-005, citing *Comptoir d'Achat et de Vente du Boerenbond Beige SA v Luis de Ridder Limitada* [1949] AC 293. But the *ratio decidendi* of that case was not the supposed exceptional character of the decision in *Sterns Ltd v Vickers Ltd*, n 25, but the fact that the respondent sellers had not given effective control to the buyers, merely a delivery order by one of the sellers' agents to another. Such an order conferred no right against the carrier of the goods without its attornment (para **2.45**) and there was no evidence to indicate that the buyers had bound themselves to accept it as performance of the delivery obligation.

[29] Ie the consequence of control passing. He may, of course, accept on the basis of reserving his right to proceed against the seller for the expense incurred in having to organize physical collection himself.

[30] Creating a quasi-attornment rather than a true attornment, which requires that the goods held for the buyer as new bailor be identified. See para **2.45**.

[31] For the risk in the case of prepaid unascertained goods forming part of a bulk, in which the prepaying buyers acquire co-ownership interests in the bulk, see para **9.40**.

[32] 'Seller's possession' is here used to denote possession (actual or constructive) by the seller or his agent, as opposed to possession by an independent warehouseman, carrier or other bailee.

[33] Unless otherwise indicated, 'damage' is hereafter used to include deterioration.

[34] Section 20(1).

9.16 *Risk and Frustration*

between a trader and a consumer,[35] where the the goods remain at the trader's risk until they come into the physical possession of the consumer or into the physical possession of a person identified by the consumer to take possession of the goods.[36] Moreover, if one of the parties is at fault, the risk may pass to him in some measure, though the extent to which it shifts depends on the nature of the fault. Fault may occur either because the seller fails to observe his duties as a bailee in relation to the goods[37] or because through the wrongful act or default[38] of the seller or buyer delivery is delayed.[39] The two types of fault differ in their effect in that whereas the consequence of fault causing delay in delivery is regulated by s 20(2) and shifts the risk only as regards loss which might not[40] have occurred but for such default, the effect of breach of a duty owed as bailee is governed by common law rules of bailment, not by s 20, which merely preserves the common law position; and, at common law, a bailee who deviates from his bailment becomes strictly liable as an insurer and is answerable even for wholly accidental loss unless he can show that it would inevitably have occurred even without the breach.[41]

9.17 Where there is no delay by the buyer in taking delivery and the seller alone is in default, whether as regards care of the goods or as to making delivery, the position is clear. The seller is disabled from recovering the price, and at the same time is exposed to an action for damages for non-delivery, for his fault precludes him from contending that the contract is frustrated.[42] More complex is the position where the seller has not protected the goods and the buyer is late in taking delivery or has otherwise caused delay in delivery. The problem here is not merely to work out the respective liabilities of the parties where both are at fault. Before we can address ourselves to this question we

---

[35] As defined in the Consumer Rights Act 2015, s 2.
[36] Consumer Rights Act 2015, s 29(2). However, if the goods are delivered to a carrier who is commissioned by the consumer to deliver the goods and the carrier is not one named by the trader as an option for the consumer, the goods are at the consumer's risk on and after delivery to the carrier: s 29(3) and (4).
[37] In which case the buyer's common law remedies are preserved by s 20(3). As to want of care by the buyer in possession, see para **9.38**. The fact that at the time of the agreement the goods are not in conformity with the contract description or of satisfactory quality or fit for their purpose is not a fault of the seller of a kind within s 20(2) or (3), which is confined to delay in delivery and breach of the seller's duty as bailee. This may appear to create a problem for the buyer if the non-conforming goods are destroyed before rejection by the buyer; but the answer would seem to be that the buyer retains the right to reject, and thus pass the risk back to the seller, even though the loss has already occurred and the risk has thus crystallized. See para **13.16**, n 43.
[38] Which is what is meant by fault in s 20(2). See s 61(1).
[39] In which case s 20(2) applies.
[40] See paras **9.18** ff.
[41] See *Lilley v Doubleday* (1881) 7 QBD 510; *Edwards v Newland & Co* [1950] 2 KB 534.
[42] *Allied Mills Ltd v Gwydir Valley Oilseeds Pty Ltd* [1978] 2 NSWLR 26 (NSW Court of Appeal). Moreover, he has no right to cure non-performance by the tender of substitute goods of the same description, for once the contract goods are ascertained, then, unless they are rejected by the buyer as not in conformity with the contract, no other goods can be substituted without the buyer's consent. On the other hand, a buyer who unreasonably refuses a tender of alternative goods will not be able to recover by way of damages a loss that he would have avoided if he had taken reasonable steps to mitigate his loss by accepting the tender in question. See *Payzu Ltd v Saunders* [1919] 2 KB 581, and see para **3.135**.

first have to decide whether both parties are at fault or whether, on the other hand, the default of one has excused performance by the other, so that his apparent default is legally justified. The nature and extent of the duty to deliver and to accept delivery are discussed later[43] and need not concern us at this point. For the present our inquiry reduces itself to three questions. First, what is the extent of the seller's duty as bailee, given that there has been no default by the buyer resulting in delay in delivery? Secondly, what impact, if any, does such default by the buyer have on the seller's responsibilities as bailee?[44] Thirdly, assuming that both parties are in breach and that neither breach excuses the other, what are the respective rights and liabilities of the parties?

1. The seller's duty as bailee

9.18 Where the seller holds the goods for the buyer pending collection or delivery, he must comply with any express terms of the bailment. Thus, if he undertakes to keep the goods in a particular building or in a particular room, he must not store them elsewhere; and if they are to be secured in a designated manner against damage or theft, he must secure them in that manner and no other. If the seller deviates from the terms of the bailment then, like any other bailee, he becomes strictly liable for delivery up of the goods in proper condition and will not be excused even by accidental loss or damage not resulting from his negligence unless he can show that it would have occurred even without the deviation.[45] In the absence of express agreement as to the manner of his custody, the seller owes an implied duty to exercise reasonable care.

9.19 If, without breach of duty on the part of the seller, the goods perish before the property has passed to the buyer, the risk is on the seller,[46] but the contract of sale is either avoided under s 7 of the Sale of Goods Act 1979, where the goods are specific, or frustrated at common law, where they are ascertained, with the consequences previously discussed.

9.20 Where, however, the goods are merely damaged but do not perish either in a physical or in a commercial sense, the contract remains afoot, so that the seller will have to repair the goods at his own expense to bring them into conformity with the contract and will incur the usual liability to the buyer if he fails to supply conforming goods or is late with delivery.

9.21 In the event of the goods perishing or suffering damage after the property has passed to the buyer and without fault by the seller, the risk is on the buyer, the contract is not frustrated[47] and the buyer must pay the price. The seller

---

[43] See paras **10.01** ff.
[44] The converse question, whether the seller's breach of duty as bailee extinguishes the buyer's obligation to accept delivery, depends on the buyer establishing either that the goods as tendered do not conform to the contract or that the breach of duty so goes to the root of the contract as to constitute an anticipatory repudiation.
[45] See cases cited n 41.
[46] Section 20(1).
[47] See para **9.04**.

9.21 *Risk and Frustration*

remains liable to tender the goods, and the buyer to take delivery and accept them, in so far as delivery remains possible.[48]

2. Impact of the buyer's default

9.22 Suppose that because of default by the buyer in taking delivery (whether at the seller's premises or elsewhere) the goods remain in the seller's possession and suffer loss or damage after the due delivery date. Where then does the seller stand? It is clear that if the time of taking delivery was of the essence and the seller had, prior to the loss or damage, properly elected to treat the contract as repudiated, he has no liability to the buyer, even for negligence, for after the seller's acceptance of the repudiation the buyer no longer had an interest in the contract, and the sole effect of the seller's negligence would be to reduce the damages recoverable from the buyer.[49] Where, however, the buyer's breach did not go to the root of the contract because time was not of the essence, or where the seller had not elected to treat the breach as a repudiation, the contract of sale remains afoot for the benefit of both parties, and the buyer's delay in taking delivery would not appear to absolve the seller from all responsibility for the goods,[50] though the extra expense involved in the prolongation of those duties is recoverable as damages and the seller can charge for storage.[51] But if the goods are damaged or destroyed without any breach of bailment by the seller, then to the extent to which the damage or loss might not have occurred if the buyer had taken delivery when he should, any risk that would ordinarily have rested on the seller passes to the buyer.[52] In such a case, even total destruction does not frustrate the contract.

(ii) **Goods stored with a third party**

9.23 Issues of risk and frustration become still more complex where goods identified as the contract goods are stored with a third party, eg in a warehouse or at a railway depot. There are now not two parties involved but at least three: the seller, the buyer and the depository. The goods may have been located in the warehouse[53] at the time of the contract of sale or they may have been delivered there afterwards. The storage may have been effected by the

---

[48] Where delivery is not possible, the position ought to be that the seller is excused from the delivery obligation. Unfortunately, the Act is silent on the point. For this and other criticisms of s 7, see G. Williams, *The Law Reform (Frustrated Contracts) Act 1943* (1944), at pp 81 ff. Professor Williams's strictures on the section were echoed by the Law Reform Commission of New South Wales, in relation to s 12 of the New South Wales Sale of Goods Act *(Working Paper on the Sale of Goods* (WP 13, 1975), pp 255 ff; *Report on Frustrated Contracts* (LRC 25, 1976), para 8.16). *Semble*, the increased expense of delivery resulting from the adverse event – eg the cost of raising a sunken vessel – is part of the buyer's risk.
[49] Under s 37 of the Act. See para **15.31**.
[50] But *semble* his status becomes that of an involuntary bailee, with a consequent diminution in the nature of his obligation. See N. E. Palmer, *Bailment* (3rd edn, 2009), ch 13.
[51] See para **15.32**.
[52] Section 20(2).
[53] For convenience, the term 'warehouse' will be used to denote any kind of store or depot not under the control of the seller or buyer.

seller or his agents or by some third party, eg the person from whom the seller acquired the goods. The warehouse may be a bonded warehouse in which the goods, after importation, are being held pending customs clearance or it may be an ordinary depository where no question of customs arises, either because the goods are not imported or because they have already been cleared for customs. The goods may be held purely for deposit or they may be held for the purpose of onward transmission, so that the depository is not merely a bailee but also a carrier.

There are four key questions to be resolved:

(1) Did the delivery of the goods to the depository, or their continuance in the depository's possession, involve or result from a breach of duty on the part of the seller?
(2) Did the depository hold the goods as a carrier or other bailee for transmission to the buyer or merely as a warehouseman?
(3) Had the property passed to the buyer?
(4) Even if the property had not passed, had the buyer obtained control? In other words, was the depository the bailee of the seller or the buyer?

1. Breach of duty by seller

9.24 A breach of duty by the seller could occur in various ways. The seller may have undertaken to keep the goods at his own premises, in which case their removal to a warehouse is a breach of the terms of the bailment, making him strictly liable for loss.[54] Even if not prohibited from depositing the goods in a warehouse, the seller may have failed to exercise reasonable care to ensure that the warehouse was suitable and competently staffed. Again, assuming that the seller acted perfectly properly in depositing the goods in the warehouse in question, or that the goods were deposited there before the seller acquired control of them, the period of storage may have been unnecessarily prolonged as the result of the seller failing to pay storage charges, so subjecting the goods to a warehouse lien and preventing the buyer from obtaining delivery.[55] In each of these cases the seller is in breach of duty with the consequences previously described.

2. Was the depository holding as warehouseman or as carrier or other bailee for transmission?

9.25 Goods are not infrequently warehoused by a carrier on his own premises, either while in transit or to await collection by the buyer. Thus, if the East Coast train operator undertakes to carry goods from Edinburgh to London, then except in the unlikely event of their being put straight on the train at Edinburgh by the seller and collected at King's Cross by the buyer immediately on arrival, the goods will have to be kept in a depot of some kind when not on the train. Where the carrier holds the goods in store at the end of

---

[54] See para **9.18**.
[55] This constitutes a twofold breach by the seller: failure to deliver in accordance with the contract and breach of the implied term of freedom from incumbrances.

9.25 *Risk and Frustration*

the journey, nice questions may arise as to when he ceases to hold them as carrier and becomes a warehouseman.[56]

9.26 The Sale of Goods Act has special rules regulating delivery to an independent carrier or other bailee for transmission to the buyer. It is thus relevant to know whether, at the time the goods were lost or damaged, the depository held them as a mere bailee holding the goods for collection or as a carrier or other bailee holding them for the purpose of transmission to the buyer. In the latter case, the rules discussed in section (iii), below, apply.[57]

3. *Had the property passed to the buyer?*

9.27 We are here dealing with identified goods, so that no problems of ascertainment arise. It does not, of course, follow that the property is in the buyer. Even if the goods were sold as specific goods, and were thus identified at the time of the contract, the seller may have undertaken to carry out further acts to put them into a deliverable state,[58] or he may by the terms of the contract have reserved title, eg pending payment. If the goods were not ascertained at the time of the contract, an unconditional appropriation is necessary to pass the property and even this is not sufficient where, by the terms of the contract or of the appropriation, the seller reserves a right of disposal. The reservation of such a right is particularly likely to be manifested where the goods are held by a third party, such as a carrier[59] or a warehouseman,[60] for while the relinquishment of control by the seller to the buyer does not necessarily indicate an intention to transfer the property,[61] the seller's retention of control is evidence of his desire to retain a right of disposal, so as to negate an intention to transfer the property to the buyer. Accordingly, while the transfer of the property and the transfer of control are distinct conceptions, they are closely interlocked. But however the transfer of property occurs, if it has taken place before the loss of or damage to the goods, the risk is prima facie on the buyer, in accordance with the principles previously discussed.

4. *Had the buyer obtained control?*

9.28 The question of control is important not only as a guide to whether the property has passed[62] but also as a distinct issue, for just as the transfer of

---

[56] See para **15.64**, n 162.
[57] As to who is a carrier, see para **10.15**.
[58] In which event the property prima facie does not pass until those acts have been done and the buyer has notice of the fact (s 18, r 2).
[59] See para **8.107**.
[60] See below.
[61] See paras **34.14–34.15**.
[62] This may also operate in reverse, ie the passing of the property, established independently of control, will usually entitle the buyer to possession, subject to any necessary tender of the price where credit has not been given.

control to the buyer may pass the risk to him in the case of quasi-specific goods,[63] so also it may have this effect where the goods are or have become wholly identified.[64]

9.29 *Ex hypothesi* physical possession is enjoyed neither by the seller nor by the buyer but by a third party, the warehouse company. In determining who had control when the loss or damage occurred, the question to be asked is whether at that time the warehouse still held the goods as bailee of the seller or whether the buyer had become the bailor. When the duty of the warehouse to surrender ceases to be owed to the seller and becomes a duty owed to the buyer, constructive delivery (and thus control) is considered to have been given to the buyer. This will occur, even without the passing of the property, where

(a) the seller transfers to the buyer (by delivery, with any necessary indorsement)[65] a bill of lading or other document of title[66] comprising the goods; or
(b) the warehouse attorns to the buyer, that is, acknowledges that it now holds the goods to the buyer's order.[67]

(iii) Goods in transit

9.30 We have so far dealt with cases where the goods are lost or destroyed while in the possession of the seller or the buyer or a third party who holds them as custodian of the seller or buyer but with no duty to transmit. We must now see what happens where identified[68] goods are lost or damaged in transit, that is, after delivery to an independent carrier[69] or other bailee for the purpose of transmission to the buyer[70] but before the buyer or his agent has taken delivery.[71]

9.31 Delivery to a carrier, in addition to marking the commencement of transit of the goods, prima facie constitutes an appropriation of the goods to the contract, in the absence of the seller's reservation of a right of disposal.[72]

9.32 Where s 32(1) of the Sale of Goods Act 1979 applies, so that delivery to a carrier is deemed delivery to the buyer, other than a contract concluded

---

[63] *Sterns Ltd v Vickers Ltd*, n 25.
[64] For the giving of control to the buyer may imply an agreement to exclude the normal rule in s 20.
[65] See para **32.54**.
[66] Eg, a statutory dock or warehouse warrant.
[67] As to attornment generally, see paras **2.45** and **10.10**.
[68] The goods may become identified by the act of delivery to the carrier which starts the transit, but this will usually be the case only where they are consigned to a designated buyer. See para **8.96**, n 148.
[69] See below.
[70] As opposed to deposit with a bailee for collection by the buyer.
[71] Sale of Goods Act 1979, s 45. See further, para **15.64**, as to when goods are deemed to be in transit.
[72] Section 18, r 5(2). See para **8.92**.

9.32 Risk and Frustration

between a trader and a consumer,[73] the rules governing risk and frustration where the goods are lost or damaged in transit are the same as for goods lost or damaged in the buyer's possession,[74] except so far as modified by the provisions of the Sale of Goods Act designed specifically for goods in transit.[75] These must now be examined.

1. Goods otherwise at risk of seller

9.33 Let us suppose that the goods, though in the constructive possession of the buyer by virtue of s 32(1), would ordinarily have remained at the seller's risk, either under the ordinary rule linking risk with property or because the seller had expressly agreed to deliver the goods at his own risk. Nevertheless, as regards the period of transit, the seller's risk is modified by s 33.

> 'Where the seller of goods agrees to deliver them at his own risk at a place other than that where they are when sold, the buyer must nevertheless (unless otherwise agreed) take any risk of deterioration in the goods necessarily incident to the course of transit.'

9.34 What does 'necessarily incident to the course of transit' mean? Does it mean, for example, that if I order a china tea set from a shop and it arrives broken, I have to bear the loss and pay the full price for the broken china? The short answer is no. Section 33 is very narrow in scope. It applies only where, by reason of the nature of the goods carried, the contractual mode of transport or other circumstances, there is a normal risk of deterioration *despite the exercise by the seller of all proper care and conformity with the obligations imposed on him by the contract.* Thus, s 33 cannot be invoked by a seller who has failed to ensure that the goods are properly packed or who has not taken reasonable care to select a competent carrier. Nor does the section apply to the sale of perishables, for the implied condition of satisfactory quality requires not merely that they shall be sound when delivered to the carrier but that they shall be in such condition when so delivered that with a normal transit they will arrive sound.[76]

9.35 Again, the buyer is not at risk as regards abnormal incidents, eg the collapse of a building on the lorry carrying the goods. In effect, all that s 33 does is to provide that if the buyer, in circumstances where loss or damage is liable to occur despite proper precautions by the seller, still authorizes

---

[73] Where the applicable rules are to be found in the Consumer Rights Act 2015, s 29, on which see n 16 above.
[74] See para **9.38**. This does not, of course, mean that for all the purposes of the Sale of Goods Act delivery to the carrier is equivalent to delivery to the buyer. In particular, the right of stoppage in transit is not normally lost until delivery to the buyer himself or his authorized agent. See para **15.64**.
[75] In particular, ss 32(2) and (3). See para **9.36**. For delivery to a carrier, see paras **10.12** ff.
[76] *Mash & Murrell Ltd v Joseph I. Emmanuel Ltd* [1962] 1 WLR 16n; *KG Bominflot Bunkergesellschaft für Mineralöle MbH & Co v Petroplus Marketing AG (The 'Mercini Lady')* [2010] EWCA Civ 1145, [2011] 1 Lloyd's Rep 442, [21] and see para **11.82**. See also B. G. Hansen, 'Inherent Vice and Contracts for the Sale of Goods' (1975) 2 Dalhousie LJ 168.

dispatch, he must take the consequences. It is to be remarked that at the time of the case law from which s 33 was derived, travel and transportation were much more hazardous affairs. Everyone knew that the roads were badly built, that a coach was liable to be held up by highwaymen, that sailing ships might be diverted and sunk in a storm. The category of risks 'necessarily incident to the course of transit' is generally much smaller now than it was then. Nevertheless, some such risks can still exist, eg where goods are ordered to be delivered to a farm that can be reached only over a very bumpy track, or where the goods consist of highly inflammable explosives that are very sensitive to disturbance and may explode without warning despite all reasonable care. Whether the prospect of a lorry becoming involved in a road accident is a risk necessarily incident to the course of transit remains to be determined!

2. Goods otherwise at risk of buyer

9.36 Where under the ordinary rules the goods in transit would be at the risk of the buyer, the seller will nevertheless have to bear the risk himself if he fails to comply with s 32(2) and (3), where those subsections are applicable.[77]

> '(2) Unless otherwise authorized by the buyer, the seller must make such contract with the carrier on behalf of the buyer as may be reasonable having regard to the nature of the goods and the other circumstances of the case; and if the seller omits to do so, and the goods are lost or damaged in course of transit, the buyer may decline to treat the delivery to the carrier as a delivery to himself or may hold the seller responsible in damages.
>
> (3) Unless otherwise agreed, where goods are sent by the seller to the buyer by a route involving sea transit, under circumstances in which it is usual to insure, the seller must give such notice to the buyer as may enable him to insure them during their sea transit; and if the seller fails to do so, the goods are at his risk during such sea transit.'

9.37 Subsection (3) will be considered in relation to export sales.[78] The object of sub-s (2) is to ensure that if the goods are damaged in transit while at the buyer's risk, he will, so far as reasonable, be able to maintain an effective claim against the carrier.[79] Accordingly, the seller must select a competent carrier,[80] and must not accept a contract which unreasonably restricts the carrier's duties or his liability in the event of a breach of duty. Reasonable endeavours by the seller to procure a proper contract of carriage are not in themselves sufficient. What is required is that the contract of carriage itself shall be reasonable in the circumstances. If, despite all endeavours, the seller is driven to accept a contract which is not reasonable for the buyer's protection, the buyer has the

---

[77] They do not apply to sales between a trader and a consumer (Sale of Goods Act 1979, s 32(4)). The applicable rules in the case of such contracts are to be found in the Consumer Rights Act 2015, s 29, on which see n 16 above.
[78] See para **34.07**.
[79] Though the contract is in its inception made between seller and carrier (unless expressed to be taken out by the seller on behalf of the buyer), the buyer will nevertheless have a direct right of action against the carrier in given conditions once the transport document has been transferred to him. See para **36.66**, with particular reference to sea carriage.
[80] This is implicit in s 32(2), for if the carrier is incompetent, no terms of the carriage can be reasonable.

9.37 Risk and Frustration

remedies given by s 32(2). On the other hand, in determining what the buyer can reasonably be required to accept, regard must be had to the terms of contract prevailing in respect of the types of transport which the seller is authorized or required to use under the contract of sale and, if the contract of carriage which the seller concludes is as good as is normally available, the seller cannot be held at fault because the bargaining power of carriers of the class in question enables the carrier selected to impose terms of carriage which do not provide the buyer with adequate protection against loss or damage of the goods in transit.[81] Moreover, provided that the seller acts reasonably in selecting the carrier, the fact that the carrier proves unable to meet his liabilities for such loss or damage (eg because he becomes insolvent and has no policy of insurance to which the buyer can have recourse)[82] does not alter the incidence of risk, and it is the buyer who will have to bear the loss.

(iv) Goods in the buyer's possession

9.38 Since risk is linked to property, not to delivery, the fact that the goods are in the buyer's possession at the time of loss or damage does not affect the basic rules previously described except in relation to consumer sales. If there has been no fault on either side, then, unless otherwise agreed, the risk is on the buyer if the property has passed and on the seller if it has not; and in the latter case the contract is avoided by s 7 of the Act.[83] In practice, this result is relatively infrequent. In most cases the property will have passed to the buyer on or before delivery. Where it has not,[84] possession will normally be held by the buyer under a written contract – eg a hiring or hire-purchase agreement – which will usually stipulate that the goods are held at the buyer's risk and that he is liable for loss or damage, even if not caused by his negligence. Even where there is no such contractual provision, the buyer must observe his duties as bailee, namely to follow precisely any express terms of the bailment and in any event to exercise reasonable care for the safekeeping of the goods; and a breach of any of his bailment obligations will, if the goods are delayed or destroyed, leave him liable for the price,[85] or at the seller's option for the diminution in or loss of the value of the goods, unless the buyer can show that the loss or damage would inevitably have occurred even if the terms of the bailment had been strictly observed.[86]

9.39 The rules are different in the case of a sale by a trader to a consumer. In this case risk passes only when the goods come into the physical possession of

---

[81] 'What is a reasonable contract appears to depend on what is usual in the trade in question' (*Benjamin's Sale of Goods*, para 18-296).
[82] Under the Third Parties (Rights against Insurers) Act 2010 as amended by the Insurance Act 2015.
[83] See para 9.48.
[84] It will be seen that there is a difference between possession by the seller and possession by the buyer in that the seller, while in possession, is a bailee whether or not he still has the property in the goods, whereas the buyer to whom the property has passed will not as a rule be the seller's bailee but will be free to deal with the goods as he chooses.
[85] See cases cited n 41.
[86] Ibid.

the consumer or a person identified by the consumer to take possession of the goods,[87] and this is so whether or not the property has passed to the buyer.

(v) Goods forming part of a bulk within section 20A

9.40 It will be recalled that under s 20A of the Sale of Goods Act 1979 the prepaying buyer of unascertained goods forming part of a bulk acquires a proportionate interest in the bulk pending delivery to him of his entitlement under the contract. The Act contains no specific provision as to the incidence of risk in relation to the bulk. It is thought that s 20 is inapplicable to this situation, since what it addresses is the passing of risk in relation to the goods that are to be transferred to the buyer under the contract of sale, not the buyer's temporary interest in the bulk and, while the definition of 'goods' in s 61(1) includes an undivided share in goods, this too is concerned with the goods that are to be transferred under the contract of sale and does not apply to co-ownership created by the Act itself. What, then, should be the incidence of risk? It is unnecessary in this situation to resort to the principle established in *Sterns Ltd v Vickers*,[88] where the problem arose because the buyer had not acquired a proprietary interest of any kind, merely control over the contractual appropriation, whereas in cases to which s 20A applies, the prepaying buyers become owners in common of the bulk, so that in the case of total loss of the bulk where the seller has retained no interest there is no difficulty in applying the *res perit domino* rule by analogy with s 20. In the case of partial loss, however, the normal presumption that this should be borne rateably by all co-owners, including the seller if he has not parted with the entirety of his interest, would not be appropriate, for the seller has a duty to supply all the buyers from the bulk to the extent of their contractual entitlements. Accordingly, any loss, damage or deterioration affecting only part of the bulk should in the first instance be attributed to such part of the bulk as is retained by the seller[89] and only if there remains a shortfall of goods in proper condition should the loss be borne rateably by the various buyers. This conclusion is reinforced by s 20A(4) which, in applying the co-ownership interests to the reduced bulk refers only to the aggregate of the undivided shares of the buyers, not to any interest of the seller.[90] But these principles are subject to the provisions of ss 32 and 33 of the Act relating to goods in transit[91] and in the case of documentary sales they will usually be displaced by the special rules applicable to these.[92]

---

[87] Consumer Rights Act 2015, s 29(2). However, if the goods are delivered to a carrier who is commissioned by the consumer to deliver the goods and the carrier is not one named by the trader as an option for the consumer, the goods are at the consumer's risk on and after delivery to the carrier: s 29(3) and (4).
[88] [1923] 1 KB 78. See para **9.13**.
[89] See the report of the Law Commissions, *Sale of Goods forming Part of a Bulk* (Law Com No 215, Scot. Law Com No 145, 1993), para 4.14.
[90] See paras **8.61–8.70**, and illustrations there given.
[91] See paras **9.30 ff**.
[92] See paras **34.15** and **34.30**.

6. GOODS SUPPLIED ON APPROVAL OR ON 'SALE OR RETURN'

9.41 Goods supplied on approval or on 'sale or return' or similar arrangements are, of course, identified from the outset as the potential subject matter of the contract of sale, and while ss 7 and 20 of the Sale of Goods Act do not apply,[93] the principles applicable at common law are similar. If the goods are accidentally damaged or destroyed without fault on the part of the 'buyer' or those for whom he is responsible[94] and before he has signified his approval of the goods or otherwise adopted the transaction within r 4 of s 18, the risk is on the 'seller' and he is obliged to accept the return of the goods (if capable of return) without having any claim to the price.[95] Where the loss or damage occurs as the result of fault by the 'buyer', it is usually said that he is to be taken to have adopted the transaction so that the risk is on him. This approach is fallacious. Where the 'fault' alleged is an act inconsistent with the continued possession of the goods on approval or on sale or return, property and risk pass to the 'buyer' not because of his fault but because he has adopted the transaction within s 18, r 4. Indeed, no question of fault can then arise, for in adopting the transaction he becomes the owner of the goods and ceases to owe any duty to the seller. But fault may occur through some act which does not of itself signify an adoption of the transaction, as where the 'buyer' fails to take proper care to safeguard the goods, with the result that they are damaged. In such a case, he incurs the normal liability of a bailee to pay for the diminution in the value of the goods, but there seems no good reason why he should be considered to have adopted the transaction so as to become liable for the price.[96]

7. INSURANCE

9.42 A prudent seller or buyer will not leave the risk of loss to be determined by the uncertain application of the rules embodied in the Sale of Goods Act but will cover his position by insurance. The policy being one of indemnity against loss, it is enforceable by the insured only if he can show that at the time of loss of or damage to the goods he had an insurable interest in them.[97] It is not,

---

[93] For until the deliveree adopts or is deemed to have adopted the transaction under s 18, r 4, the contract is not a contract of sale at all (see para **8.102**); and once he has adopted the transaction, the property will pass to him under that rule. It is arguable that s 20 (though not s 7 – see *Edwards v Vaughan* (1910) 26 TLR 545) is wide enough to cover sales on approval and sale or return transactions, on the basis that, like s 18, r 4, it employs the words 'seller' and 'buyer' in an extended sense. But even if s 20 does not apply, the rules at common law produce a similar effect (*Elphick v Barnes*, n 11).
[94] This would include persons to whom he has given possession in a manner or on terms inconsistent with his own holding of the goods on approval or on sale or return.
[95] *Elphick v Barnes*, n 11.
[96] Cf *Benjamin's Sale of Goods*, para 5-056 where a more tentative view is taken. The question was adverted to but not decided in *Poole v Smith's Car Sales (Balham) Ltd* [1962] 1 WLR 744.
[97] See J. Birds, B. Lynch and S. Paul, *MacGillivray on Insurance Law* (14th edn, 2018), ch 1, especially at paras 1-139 – 1-141; M. Clarke, *Law of Insurance Contracts* (looseleaf), ch 4, especially at para 4-5E. The Law Commission has proposed that the law relating to insurable interest be updated and a Bill has been drafted to give effect to their recommendations but any legislative reform is likely to be confined to life-related insurance.

however, essential for him to establish an insurable interest at any earlier time, eg when the policy is taken out,[98] unless the terms of the policy so require. Conversely, insurable interest when the policy is taken out will not suffice if the insured has ceased to have an insurable interest at the time of the loss.[99]

9.43 The seller has an insurable interest in goods the subject of the contract of sale if at the time of loss or damage he is (a) the owner of the goods,[100] or (b) in possession of them,[101] or (c) at risk under the rules previously discussed,[102] or (d) entitled to exercise a right of stoppage *in transitu*.[103] Cases (a), (c) and (d) are straightforward. Case (b) requires a word of explanation. The interest of the seller in possession may take various forms. If he is an unpaid seller holding a lien over the goods, the policy safeguards his interests under the lien. Even where he has no lien, his status as a bailee of the buyer entitles him to insure the goods to their full value.[104] He may also insure for the buyer's interest as well as his own,[105] in which event he can recover the full value of the loss or damage from the insurers but is accountable to the buyer for any excess beyond the amount of his, the seller's, interest in the sum recovered.[106]

9.44 The buyer acquires an insurable interest as soon as possession, property or risk has passed to him or he has made a payment in respect of the goods,[107] and he can insure against loss of profit on resale as soon as the contract of sale is concluded.[108]

9.45 Insurance may be taken out for the particular goods the subject of the contract of sale or it may be comprised in a master or floating policy, eg a policy covering all goods stored on the seller's premises or in transit, to a stated value.

9.46 The fact that insurance has been taken out by the seller or buyer does not necessarily render academic questions of risk under the Sale of Goods Act, for on making payment to the insured under the policy, the insurers may become subrogated to the rights of the insured against the other party to the sale contract. For example:

(1) Goods purchased by B but remaining in possession of the seller, S, are insured by S and are later destroyed without fault on the part of S. On making payment to S under the policy, the insurance company becomes subrogated to S's right to collect the price from B, to whom the risk had passed with the property.

---

[98] Clarke, *Law of Insurance Contracts*, paras 4-1, 4-5E.
[99] See *Collingridge v Royal Exchange Assurance Corpn* (1877) 3 QBD 173, per Lush J at 177.
[100] Whether at law or in equity (*Castellain v Preston* (1883) 11 QBD 380 at 398).
[101] See below.
[102] See paras **9.06** ff.
[103] See para **15.64**.
[104] *Hepburn v A Tomlinson (Hauliers) Ltd* [1966] AC 451.
[105] Ibid.
[106] Ibid; *Castellain v Preston*, n 100.
[107] *MacGillivray on Insurance Law*, para 1-139; Clarke, *Law of Insurance Contracts*, para 4-4-5E2.
[108] *MacGillivray on Insurance Law*, para 1-140; Clarke, *Law of Insurance Contracts*, para 4-5N.

9.46 *Risk and Frustration*

(2) S delivers goods to B under a contract of sale, reserving ownership until payment. B insures the goods, which are later destroyed by fire without fault on the part of B. On making payment to B under the policy, the insurance company becomes subrogated to such rights, if any, as B may have against S for non-delivery.[109]

It will be seen that in these cases the existence of insurance has not eliminated issues of risk and liability between seller and buyer but has merely shifted the interest in them from the insured to the insurers.

9.47 Whether the insured party has rights to which the insurers can claim to be subrogated depends on the contract of sale and any applicable provisions of the Sale of Goods Act. If, for example, the seller in possession insures both for his own interest and for that of the buyer and, consequent upon damage to the goods while in the seller's possession, a payment is made to him by the insurers, the insurers will not normally be subrogated to the seller's rights against the buyer, for the insurance was taken out for the buyer's benefit as well as that of the seller, the risk was one against which the policy was designed to protect the buyer and to allow the insurers a right of subrogation would be to defeat the intention of the parties to the contract of sale.[110]

8. THE SALE OF GOODS ACT RULES ON FRUSTRATION

(i) Grounds of frustration

9.48 The Sale of Goods Act 1979, in addition to preserving the general rules of the common law,[111] including rules as to frustration, contains two provisions – ss 6 and 7 – dealing in particular with the perishing of specific goods before the property in them has passed to the buyer. Section 6 (which is not a frustration rule but simply an exemplar of the rule of common law rendering a contract void for antecedent impossibility) has been discussed in an earlier chapter.[112] Section 7 provides as follows:

> 'Where there is an agreement to sell specific goods and subsequently the goods, without any fault on the part of the seller or buyer, perish before the risk passes to the buyer, the agreement is avoided.'

9.49 The limited scope of this section should be noted.[113] It is confined to agreements to sell specific goods, and thus does not cover quasi-specific

---

[109] If s 7 applies, so that the contract is frustrated, B may not have any rights to which the insurers can succeed by subrogation.
[110] *MacGillivray on Insurance Law*, paras 24-097 ff; Clarke, *Law of Insurance Contracts*, para 31-5D.
[111] Section 62(2).
[112] See para **7.26**.
[113] See further A. Diamond, 'Force Majeure and Frustration under International Sales Contracts' in E. McKendrick (ed), *Force Majeure and Frustration of Contract* (2nd edn, 1995), pp 257–262.

goods,[114] nor does it extend to goods that become ascertained after the making of the contract,[115] though why the section should draw this distinction between specific and ascertained goods is not clear. Section 7 does not apply where there is an immediate sale, but only to agreements by which the property is to pass to the buyer at a future date.[116] Its application is excluded by fault[117] on the part of the seller or buyer, and is also excluded where the risk has passed to the buyer, for the buyer must then suffer the loss and pay the price.[118] It is limited to cases in which the goods 'perish', a word which has never been exhaustively defined but which embraces not only total physical destruction but also total loss in the sense of the contract, as where the goods deteriorate to such an extent as to be unsaleable under the contract description[119] or are so damaged as to become goods different from those contracted for,[120] or are irretrievably lost by theft,[121] misdirection or otherwise. Finally, s 7 may be excluded by agreement.[122]

9.50 Where s 7 does not apply and the risk has not passed to the buyer, the common law rules of frustration[123] are free to assert themselves; and these may come into play not merely because the goods perish but because of some other unforeseeable event undermining the basis of the contract.[124] Even the common law rules do not apply where there is fault on one side or the other.[125]

9.51 The interplay between s 7 and the common law frustration rules may be summarized as follows:

---

[114] On the other hand it appears to cover the perishing of part only of specific goods, so avoiding the contract as a whole except where by the terms of the contract the perished part is severable. See *Barrow, Lane & Ballard Ltd v Phillip Phillips & Co Ltd* [1929] 1 KB 574, a case on s 6 of the Act. Section 7 does not, however, apply to a case under s 20A of the Sale of Goods Act 1979, which gives the prepaying buyer of part of a bulk a proportionate interest in the bulk (see para **8.52**) and it is unclear how the risk is to be allocated. See *Benjamin's Sale of Goods*, paras 6-006 – 6-008.
[115] The draftsman of the 1893 Act appears to have assumed that ascertained goods were covered by s 7. See *Chalmers' Sale of Goods* (18th edn, 1981), p 100.
[116] This is the effect of the words 'agreement to sell' in s 7. See s 2(5) and para **7.13**.
[117] 'Fault' – that is, a wrongful act or default (Sale of Goods Act 1979, s 61(1)) – would here seem to have a meaning similar to that which it bears for the purpose of s 20, namely (a) a breach of a party's duty as bailee (which exposes him to liability even if the goods perish accidentally – see para **9.18**) or (b) a delay in tendering or taking delivery without which the loss might have been avoided (para **9.16**).
[118] See para **9.04**.
[119] *Asfar & Co v Blundell* [1896] 1 QB 123.
[120] *Oldfield Asphalts v Grovedale Coolstores (1994) Ltd* [1998] 3 NZLR 479.
[121] See *Barrow, Lane & Ballard Ltd v Phillip Phillips & Co Ltd*, n 114.
[122] Section 55(1).
[123] See para **9.53**, and as to frustration in export sales, paras **34.06** and **34.11**.
[124] See para **3.173**.
[125] It seems that for this purpose a party who has agreed to make sales to different buyers under different contracts will be treated as at fault merely because, being disabled from performing all the contracts, he elects to perform some and therefore inevitably defaults on the remainder. See *The Super Servant Two* [1990] 1 Lloyd's Rep 1 criticized para **3.178**.

9.51 *Risk and Frustration*

(1) Where s 7 applies, the common law rules of frustration are excluded in so far as they concern the effect of the perishing of the goods, but remain operative as regards other grounds of frustration, eg supervening illegality.[126]

(2) Where s 7 does not apply, the common law frustration rules can be invoked if the risk has not passed to the buyer, there is absence of fault on both sides and the other preconditions of frustration at common law are fulfilled.

(ii) Effect of frustration under section 7

9.52 Where s 7 does apply, the agreement is 'avoided'. This word is usually employed by contract lawyers to denote avoidance *ab initio*, as where a party elects to rescind a contract that is voidable for misrepresentation;[127] but in s 7 'avoided' probably means 'terminated', so that when the goods perish the contract comes to an end, discharging the parties from performance of future obligations without disturbing accrued liabilities.[128] The Act does not go on to work out the consequential position of the parties, but since the Law Reform (Frustrated Contracts) Act 1943 does not apply in this situation[129] we are thrown back on the rules of the common law. If all the contract goods have perished, the seller is absolved from his duty to deliver and the buyer is discharged from liability to pay the price and can recover any payment he has made on the ground of total failure of consideration.[130] If only some of the goods have perished, the position is less clear. It would seem that where the delivery obligation is indivisible, the buyer is not obliged to accept the remaining goods,[131] though he is entitled to call for their delivery if he wishes,[132] but that where the delivery obligation is divisible and the whole of a contractually separate part of the goods has perished, the seller is absolved from his duty to deliver that part, and the buyer is released from liability for the price of it and can, if he has already paid the price, recover it on the ground of total failure of consideration; as regards the remainder of the goods, the seller continues to be liable to deliver and the buyer to accept and pay for them.[133]

---

[126] In consequence, frustration at common law is not necessarily excluded by the fact that at the time of the event relied on as causing frustration the goods are still wholly unascertained. See para **9.09**.
[127] See para **3.35**.
[128] As at common law. See para **3.142**.
[129] Law Reform (Frustrated Contracts) Act 1943, s 2(5)(c).
[130] See para **9.04**.
[131] For he has a right to reject a short tender. See para **13.31**. But if he does so in the case here postulated, the contract would then become frustrated, for it is impossible for the seller to tender the full contract goods.
[132] *H. R. & S. Sainsbury Ltd v Street* [1972] 1 WLR 834, distinguishing *Barrow, Lane & Ballard Ltd v Phillip Phillips & Co Ltd*, n 114.
[133] See paras **10.32** ff, as to severable contracts generally.

9. EFFECT OF FRUSTRATION AT COMMON LAW

9.53 Upon the contract becoming frustrated at common law, the rights of the parties will be governed by the Law Reform (Frustrated Contracts) Act 1943.[134]

---

[134] See para **3.180**.

Chapter 10
DELIVERY

1. THE CONCEPT OF DELIVERY

10.01 The concept of delivery, and its relationship to other duties of the seller, is not easy to grasp. There are several reasons for this. First, the Sale of Goods Act 1979 makes a misleading division between implied terms on the one hand[1] and duties of the seller on the other.[2] But 'implied terms' and 'duties' are not distinct concepts. To state that there is an implied term that the goods shall be of satisfactory quality and fit for their purpose is merely another way of saying that it is the duty of the seller to tender goods that are of satisfactory quality and fit for their purpose. The duty to deliver is thus not a distinct and isolated obligation but encompasses all the seller's obligations, express and implied, with respect to the goods, including the implied terms of title, correspondence with description, quality and fitness for purpose.[3] Indeed, we can go further and say that, subject to any express provisions of the contract, the status of these implied terms as *conditions* is relevant only to the buyer's right to reject; for if the buyer elects to accept a defective tender, the broken implied condition sinks to the level of a warranty, thus restricting the buyer to a remedy in damages,[4] while if the buyer rejects the tender on the ground that one of the implied conditions is not satisfied, the case becomes one of non-delivery, and the buyer's right to treat the contract as repudiated depends on his showing that the non-delivery is itself a breach of condition because time of delivery was or has become of the essence and has expired without a proper retender by the seller.[5] In short, it is a repudiatory failure to deliver, not a non-compliance with a statutory implied condition as such, which is the immediate ground of the buyer's right to treat the contract as discharged.

10.02 Secondly, the term 'delivery', defined in s 61(1) of the Act as 'voluntary transfer of possession from one person to another',[6] is capable of a number of different meanings and is not confined to the transfer of physical possession. Indeed, the draftsman, wisely avoiding any attempt to define that most

---

[1] Sections 12–15.
[2] Sections 27–33.
[3] The statutory implied terms are analysed in detail in ch 11.
[4] See paras **14.40** ff.
[5] See para **12.17**.
[6] The same definition is used in the Consumer Rights Act 2015, s 59(1).

10.02 *Delivery*

nebulous word 'possession', treats possession and delivery as including all forms of so-called constructive possession and constructive delivery, including acts which do not result in the receipt of possession as a real right at all but merely create for the buyer or transfer to him a personal right to obtain possession.

10.03 Thirdly, the fact of delivery may be significant for a variety of purposes, and what constitutes delivery for one purpose will not necessarily suffice as delivery for another purpose. For example, delivery of the goods to a carrier for transmission to the buyer is deemed to be delivery to the buyer within s 32(1), destroys the unpaid seller's lien and, if made without reservation of a right of disposal, constitutes an unconditional appropriation of the goods to the contract within s 18, r 5(2) so as to pass the property under r 5(1) and thus the risk under s 20. On the other hand, such delivery is not equated with delivery to the buyer for the purpose of the rules as to stoppage in transit, and the transit continues until the carrier himself delivers the goods (whether actually or constructively) to the buyer or his agent or wrongfully refuses to deliver.[7] Again, constructive delivery may suffice to divest the seller of possession but will not constitute performance of a contract calling for actual delivery.

2. THE RELATIONSHIP BETWEEN IMPLIED TERMS AND THE DELIVERY OBLIGATION

10.04 The integration of the implied terms with the seller's duty to deliver becomes still clearer if we consider the following questions:

(a) *What* must the seller deliver?
(b) *When* must delivery be made?
(c) *How* must delivery be made?

10.05 The answer to all these questions is to be found in s 27 of the Sale of Goods Act 1979:

> 'It is the duty of the seller to deliver the goods, and of the buyer to accept and pay for them, *in accordance with the terms of the contract of sale*.'

This makes it clear that if the seller is to avoid a breach of the delivery obligation, he must ensure that the goods themselves conform to the requirements of the contract and that delivery is tendered at the time and in the manner prescribed in the contract.[8] Where the contract is silent, the seller's duties are to be found in ss 12–15 (ownership and quality of the goods), 28 (readiness of the buyer to pay) and 29–32 (manner of delivery), as interpreted in various cases.

---

[7] Section 45. See paras 15.64–15.67.
[8] We have seen earlier that in many types of commercial contract – particularly futures contracts – the parties do not intend physical delivery at all. But even in these contracts there is a duty on the seller to tender and on the buyer to accept delivery if the transaction is not closed out prior to the due delivery date. See para 4.28. For delivery terms in export sales, see para 32.13.

10.06 A tender of delivery which is not in conformity with the contract is not necessarily ineffective. In the first place, not all aspects of the delivery obligation are within the 'perfect tender' rule[9] so as to entitle the buyer to treat the non-conforming tender as bad and reject the goods. Secondly, the effect of the Sale of Goods Act 1979, s 15A is significantly to qualify the right of a buyer to reject goods for slight defects.[10] Thirdly, even where the buyer is entitled to reject, the tender of delivery will be effective if the buyer elects (or is deemed to have elected) not to exercise his right of rejection. But if the buyer does reject, the tender becomes invalid. Hence the seller's failure to deliver can occur either because he tenders no goods at all or because the goods tendered are properly rejected by the buyer as not in conformity with the contract. The buyer's acceptance of non-conforming goods exposes the seller to an immediate action for damages as for breach of warranty.[11] Rejection, on the other hand, does not necessarily place the seller in breach at all as regards his primary delivery obligation,[12] for unless the improper tender signifies an intention or unwillingness to perform (and thus constitutes an anticipatory breach), rejection simply produces non-delivery and the seller may still have time to retender in conformity with the contract.[13] Finally, the taking of delivery must be distinguished from acceptance of the goods.[14]

3. MODES OF DELIVERY

10.07 The voluntary transfer of possession[15] may be effected either by actual delivery or by constructive delivery. By actual delivery is meant the transfer of physical possession to the buyer or his agent. This is the most common method of delivery in domestic transactions. Constructive delivery denotes the transfer of control of the goods to the buyer without physical possession. There are six types of constructive delivery.

(i) Transfer of document of title

10.08 Where the seller holds a document of title to the goods[16] the transfer of that document to the buyer gives legal control, and thus constructive delivery,

---

[9] As to which, see paras **11.30** and **11.50**.
[10] See para **12.04**. Similarly with delivery of the wrong quantity. See paras **13.31** ff. These provisions do not apply to a contract of sale concluded between a trader and a consumer where the applicable legislation is the Consumer Rights Act 2015 and not the Sale of Goods Act 1979.
[11] See para **14.38**. So the provisions of the Act relating to damages for breach of the terms of quality and fitness come into play only if the buyer accepts the nonconforming goods, in which case the conditions sink to the level of warranties, and damages are governed by s 53. Where the buyer rejects the goods, then while the breach of the term of quality or fitness may be the ground of rejection, the remedy is damages for non-delivery, not damages under s 53.
[12] As to the implied *warranty* that the tender conforms to the contract, see para **12.09**, n 20.
[13] This question is explored in detail at paras **12.16** ff.
[14] See para **15.04**.
[15] The definition of 'delivery' in the Sale of Goods Act 1979, s 61(1) and in the Consumer Rights Act 2015, s 59(1).
[16] As to the meaning of 'document of title' see para **2.45**, n 138.

10.08 *Delivery*

of the goods themselves if so intended by the transferor.[17] For the transfer to be effective, the buyer must be given possession of the document, which must in addition indicate that the buyer's possession of it is authorized. This indication may be given either from the fact that the document is made out in favour of the bearer or, if it is to a named person or his order, because it carries the indorsement of the person named and of any subsequent party to whom the document has been specially indorsed.[18] The only common law document of title is the bill of lading, but there are various statutory documents of title, eg statutory dock and warehouse warrants.

(ii) **Delivery of an object giving physical control**

10.09 An example is the delivery of the keys to the premises where the goods are stored. This is conventionally treated as constructive delivery of the goods, though in truth it is more akin to physical delivery.

(iii) **Attornment**

10.10 The third method of constructive delivery is attornment. A party attorns to the buyer by lawfully acknowledging that goods which he previously held for himself or another are now held for the buyer.

(a) Where the goods are still in the seller's possession, he attorns by acknowledging that he holds them as the buyer's bailee. The Court of Appeal has held that on a sale and lease-back there is a notional attornment, and thus constructive delivery, by the seller to the buyer even though there is no moment of time at which the buyer is able to give directions to the seller as to what is to be done with the goods.[19]

(b) Where the goods are held by a third party (eg a warehouseman) to the order of the seller, the third party's undertaking to the buyer[20] to hold the goods for the buyer is an attornment, and gives constructive delivery to the buyer, but only if the undertaking so given is lawful, that is, authorized by the seller.

It would seem that to be effective to give constructive delivery, the attornment must relate to identified goods. An 'attornment' in respect of an unidentified part of a bulk gives rise merely to a personal obligation, and does not confer

---

[17] The importance of the transferor's intention needs to be stressed. See para **2.45**.
[18] See para **32.56**.
[19] *Michael Gerson (Leasing) Ltd v Wilkinson* [2001] QB 514.
[20] An undertaking to the *seller* to release the goods to the buyer is not sufficient (*Godts v Rose* (1855) 17 CB 229; Sale of Goods Act, s 29(4)). In the absence of the transfer of a document of title to the goods, an attornment by the third party is a necessary element in the transfer of constructive possession from seller to buyer: *Mercuria Energy Trading Pte Ltd v Citibank NA* [2015] EWHC 1481 (Comm), [2015] 1 CLC 999, [59]. In the latter case Phillips J left open the question whether s 29(4) is mandatory in its terms and so excludes the option of the parties agreeing between themselves that delivery would take place without an attornment by the third party in possession of the goods (at [79]).

a possessory interest on the buyer,[21] except where the attornment is on the instructions of a seller who is himself a prepaying buyer having a proportionate interest in the bulk under s 20A of the Sale of Goods Act 1979.[22]

(iv) Buyer's continuance of possession in his own right

10.11 Where the goods were already in the buyer's possession, as bailee of the seller, before the making of the contract of sale, then upon the buyer becoming entitled to possession in his own right (whether under the contract of sale or otherwise by consent of the seller) there is a notional delivery to him by the seller.

(v) Delivery to a carrier

10.12 Delivery to a carrier constitutes constructive delivery under s 32(1) of the Sale of Goods Act 1979, which provides as follows:

> 'Where, in pursuance of a contract of sale, the seller is authorized or required to send the goods to the buyer, delivery of the goods to a carrier (whether named by the buyer or not) for the purpose of transmission to the buyer is prima facie deemed to be a delivery of the goods to the buyer.'

10.13 Rather curiously, this provision, which sets out a prima facie rule,[23] is strictly confined to delivery to a carrier, and, in contrast with other sections dealing with such delivery,[24] is not extended to cover delivery to some other type of bailee for the purpose of transmission to the buyer. It appears, therefore, that delivery by the seller to, say, an independent packing house for the purpose of packing and dispatch of the goods to the buyer does not suffice to effect constructive delivery to the buyer under s 32(1), though it may be effective as an act of appropriation within r 5 of s 18. Section 32(1) does not apply in relation to a contract of sale concluded between a trader and a consumer, so that delivery to the carrier is not in such a case to be treated as delivery to the buyer[25] and in consequence will not normally have the effect of transferring risk to the buyer.

---

[21] See para **2.45**.
[22] See paras **8.52** ff.
[23] As such, it must yield to the terms of the contract if they demonstrate that the seller was to keep, rather than to transfer, possession of the goods: *Scottish and Newcastle International Ltd v Othon Ghalanos Ltd* [2008] UKHL 11, [2008] 2 All ER 768, [2008] 1 Lloyd's Rep 462, [11]. For example, Lord Rodger stated at [20] that it was 'at least arguable' that the prima facie rule in s 32(1) is displaced in the case of f.o.b. and c.i.f. contracts where the seller retains the bill of lading as security until the buyer has paid the price.
[24] Sections 18, r 5(2); 19(1); 45; 46.
[25] Section 32(4). In *Scottish and Newcastle International Ltd v Othon Ghalanos Ltd* [2006] EWCA Civ 1750, [2007] 2 Lloyd's Rep 341, Rix LJ in the Court of Appeal observed at [22] that the different treatment of consumers could be explained on the basis that in the case of a sale to a consumer the law had adopted 'what one might call a layperson's view of delivery as being something essentially physical' whereas, in the case of a commercial sale, the view of delivery which had been adopted was 'more conceptual.' The Consumer Rights Act 2015,

10.14 *Delivery*

10.14 Several points of interpretation arise under s 32(1). First, in what circumstances is the seller considered to be 'authorized' to send the goods to the buyer? There is no problem if the contract expressly provides that the goods shall be sent, either by using the word 'send', or some equivalent word such as 'post' or 'dispatch', or by employing a delivery term implying transportation by an independent carrier, such as f.o.b., f.c.a.[26] But frequently the buyer orders goods without addressing his mind to the medium by which they are to be brought to his door. The question then is whether the seller fulfils his duty of delivery by giving possession to the carrier and procuring a reasonable contract of carriage for the buyer's benefit,[27] in which case he incurs no responsibility for the subsequent fate of the goods[28] and can claim the price even if they never reach their appointed destination, or whether he is obliged to go further and ensure that the goods arrive safely at the buyer's address.[29]

10.15 Examined against this question, s 32(1) comes perilously close to tautology. 'Carrier' means an independent carrier, not an employee of the seller[30] nor even, so it is said, an agent of the seller; but if he is not the seller's agent, he must be the agent of the buyer, for clearly the contract of carriage must be taken out for the benefit of one or the other. Hence, in the final analysis, s 32(1) says merely that where the carrier (whether or not named by the buyer) is expressly or by implication made the agent of the buyer, delivery to the agent shall be treated as delivery to the buyer – a fairly self-evident proposition and one which gives no guidance as to when, in the absence of a stipulated delivery point, the carrier is to be considered the agent of the buyer rather than of the seller.

10.16 We can see, then, that while one who transports goods as the employee of the seller or the employee of the buyer is not a carrier but is simply the alter ego of the seller or buyer himself, to say that a person who carries as agent of the seller is not a carrier is to beg the question, namely whether the transporter is or is not the seller's agent. On this question we can derive some assistance, though not complete satisfaction, from the following propositions:

(a) The transporter is the seller's agent, and not a 'carrier' within s 32(1), as regards every part of the journey preceding the agreed delivery point. Thus there is no problem where the contractual delivery point can be established, for until that point is reached the seller has not discharged his delivery obligation and the transporter must therefore be acting on

---

s 28(2) now provides that, unless the trader and the consumer have agreed otherwise, the contract is to be treated as including a term that the trader must deliver the goods to the consumer.

[26] For an explanation of these terms, see paras **32.16** ff. For an illustration of the application of s 32(1) to a contract to what was held to be 'to all intents and purposes' an f.o.b. contract see *Scottish and Newcastle International Ltd v Othon Ghalanos Ltd*, n 23, [33].

[27] See paras **9.36–9.37**.

[28] Subject to compliance with s 32(3) where applicable. See para **9.37**.

[29] The question does not, of course, arise when the presumption of delivery at the seller's premises operates (s 29(1)).

[30] Or of the buyer. See below.

Modes of Delivery **10.18**

his behalf and not on behalf of the buyer. The difficulty lies in establishing what *is* the agreed delivery point when the parties themselves have not been explicit on the point.

(b) If the contract calls for the goods to be 'sent' or 'dispatched' to the buyer, as opposed to being 'delivered' to the buyer, then prima facie as a matter of ordinary usage it is to be assumed that the seller is free to send them by any normal method of dispatch, so that delivery to one who is not the seller's employee and who constitutes a normal type of transporter for the goods in question represents delivery to a carrier, and is thus deemed delivery to the buyer, within s 32(1).

(c) When the wording of the contract is neutral, using terms which do not necessarily indicate either dispatch on the one hand or delivery on the other, the court has to do the best it can to ascertain the intention of the parties. In an Australian case it has been held that the phrase 'please supply us' prima facie indicates a requirement to deliver at the buyer's premises.[31] If the contract is altogether silent as to the mode and place of delivery, the presumption is that this is to be at the seller's premises,[32] so that unauthorized dispatch or delivery to the buyer's premises would presumably be at the seller's risk.

10.17 A person is not a carrier unless he undertakes responsibility as principal for at least some movement of the goods constituting part of their transit, and he is a carrier only as regards the movement so undertaken. Hence a mere depository is not a carrier, nor is a bailee who receives goods for onward transmission without himself having responsibility for transporting them. Again, a freight forwarder who simply undertakes to make arrangements for transportation by others, being himself merely an intermediary, is not a carrier, though the position is otherwise if he assumes responsibility for transportation as a principal,[33] even if in fact he delegates the task of carriage to others.[34]

10.18 We have not quite exhausted the problems arising under s 32(1). The word 'send' has generated some discussion. It evidently bears a different meaning from that implicit in s 29 of the Act, for that section uses the word 'send' to embrace all forms of delivery (including delivery by the seller's own employees) other than collection at the seller's own premises, whereas in s 32(1) what is contemplated is delivery to a carrier.[35] Such delivery is only

---

[31] *Wiskin v Terdich Bros Pty Ltd* (1928) 34 ALR 242.
[32] Sale of Goods Act 1979, s 29(2). See further paras **15.05** and **15.12**.
[33] Freight forwarders often combine the functions of carrier and forwarding agent, so that it is sometimes difficult to determine in what capacity they have acted in a particular transaction (see, for example, P. M. Budgen, 'Freight Forwarder – Agent or Carrier? Categories of Forwarding Contracts' in R. Thomas and S. Lamont-Black (eds), *Current Issues in Freight Forwarding: Law And Logistics* (2017), p 8 and D. J. Hill, *Freight Forwarders* (1972), para 25). It has long been common for forwarders to contract as principals for the entire journey even where this is multi-modal. See para **36.84**; and generally, Hill, *Freight Forwarders*, chs 2 and 3.
[34] The question when a carrier ceases to hold the goods as carrier and becomes a warehouseman is considered later in relation to stoppage in transit. See para **15.64**, n 162.
[35] Including delivery on board a ship under an f.o.b. contract. This straightforward approach was somewhat blurred by the decision of the majority of the Court of Appeal in *Wimble, Sons & Co v Rosenberg & Sons* [1913] 3 KB 743 (Vaughan Williams LJ dissenting), who in

10.18 *Delivery*

prima facie deemed to be a delivery to the buyer. Delivery is a matter of intention and the presumption of delivery is displaced where, in giving possession to a carrier, the seller reserves the right of disposal, either expressly or by implication, as by retaining documents giving control[36] or by instructing the carrier to deliver the goods at their destination not to the buyer but to the agent of the seller.[37]

10.19 What constitutes an effective tender in terms of performance is considered in detail in Chapter 12, where we shall examine the 'perfect tender' rule.

(vi) **Delivery of part in the name of the whole**

10.20 This mode of delivery has been described earlier.[38]

4. THE DELIVERY POINT

10.21 The place of delivery, and thus the degree of movement for which the seller is responsible, depends on the terms of the contract,[39] and, in so far as these are silent, the provisions of the Sale of Goods Act.[40] The seller may restrict his delivery burden to the minimum by undertaking merely to hold the goods available for collection by the buyer[41]; or he may agree to deliver to the buyer's own premises or to those of a third party, eg a warehouseman or a sub-purchaser; or his obligation may be the intermediate one of *dispatching* the goods, that is, of delivering them to a carrier for onward transmission to the buyer.[42] The contract of carriage is then deemed to be entered into by the seller for the benefit of the buyer.[43]

10.22 The stipulation of a delivery point may be relevant for two distinct reasons. It may indicate that the seller is not required to convey the goods at all beyond the delivery point; or it may denote merely that the quoted price covers delivery only up to that point and that any further act of delivery will be at the buyer's expense.[44]

10.23 The Sale of Goods Act rules as to the place of delivery are concisely expressed in s 29(1). In practice, few disputes arise as to the place of delivery,

---

order to justify the application of s 32(3) to f.o.b. contracts felt it necessary to argue that in s 32(1) 'send' meant more than delivery on board the vessel. Such a construction of s 32(1) is difficult to sustain.

[36] See paras **8.107, 34.14** and **34.15**.
[37] An example is given in s 19(2) of the Act.
[38] See para **2.45**.
[39] Including any incorporated Incoterms. See para **32.16**. For the meaning of established delivery terms in export sales, such as f.o.b., c.i.f., and the like, see paras **32.16** ff.
[40] Section 29.
[41] *Hughes v Pendragon Sabre Ltd (t/a Porsche Centre Bolton)* [2016] EWCA Civ 18, [2017] 1 All ER (Comm) 173, [28].
[42] See paras **9.30** ff.
[43] As to the buyer's rights vis-à-vis the carrier, see para **36.66**.
[44] See para **32.12**.

Expenses of Delivery **10.26**

which is usually obvious from the terms or circumstances of the contract. It is unclear whether, when delivery is to be made by transfer of documents, s 29 applies to fix the delivery point of the documents. Again, few problems arise in practice. Frequently, delivery of documents is to be made against payment, in which case the delivery point and place of payment will usually coincide.

5. TIME OF DELIVERY

10.24 The seller must tender delivery at the time stipulated in the contract. The buyer can reject a late tender if, and only if, time is of the essence under the contract or, though not originally of the essence, has been made so as the result of notice, or if more than a reasonable period has elapsed since the contractual delivery date.[45]

10.25 Where under the contract the seller is bound to send the goods to the buyer but no time for sending them is fixed, the seller is bound to send them within a reasonable time.[46] Demand or tender of delivery may be treated as ineffectual unless made at a reasonable hour. What is a reasonable hour is a question of fact.[47] In the case of a contract concluded between a trader and a consumer, in the absence of an agreement by the trader and the consumer for the time or the period of delivery, the contract is to be treated as including a term that the trader must deliver the goods without undue delay and, in any event, not more than 30 days after the day on which the contract was entered into.[48]

6. EXPENSES OF DELIVERY

10.26 Unless otherwise agreed, the expenses of and incidental to the tender of delivery must be borne by the seller and the expenses of taking delivery by the

---

[45] See *Hartley v Hymans* [1920] 3 KB 475; *McDougall v Aeromarine of Emsworth Ltd* [1958] 3 All ER 431; *Bunge Corpn v Tradax SA* [1981] 2 All ER 513, per Lord Wilberforce at 541–542. In commercial contracts, time of delivery is prima facie of the essence, though the particular circumstances of each case must be taken into account (*Bunge Corp. v Tradax SA; The Naxos* [1990] 3 All ER 641; *The Honam Jade* [1991] 1 Lloyd's Rep 38). In the forward and futures markets, where contracts are designated by the delivery month, the stipulated month forms part of the contract description. See para **4.27**, n 47; para **34.08**. In the case where one party unilaterally serves a notice on the other party purporting to make time of the essence of the contract, the notice will not necessarily achieve its intended purpose because it is not open to one party unilaterally to turn a term which is not of the essence into a term which is of the essence (see *Chitty on Contracts* (33rd edn, 2018), paras 21–015 and 21–018). Such difficulties do not arise in the case where both parties agree that time is to become of the essence of the contract.
[46] Section 29(3). It has been doubted whether a seller under an f.o.b. contract 'sends' the goods by putting them on board a vessel provided by the buyer: *ERG Mediterranee SpA v Chevron USA Inc (The Luxmar)* [2006] EWHC 1322 (Comm), [2006] 2 All ER (Comm) 913, [2006] 2 Lloyd's Rep 543, [56].
[47] Section 29(5).
[48] Consumer Rights Act 2015, s 28(3). The remedial consequences of a failure by the trader so to deliver the goods are set out in the remainder of the section.

10.26 *Delivery*

buyer.[49] Where the delivery point is stated merely as a price term, expenses of delivery beyond that point are for the buyer's account.[50] Unless otherwise agreed, the expenses of and incidental to putting the goods into a deliverable state must be borne by the seller.[51]

7. EXCUSES FOR NON-DELIVERY

10.27 Even where there is an agreed delivery date, the duty to deliver may be suspended; and in certain cases it will be discharged altogether. The duty is in suspense pending fulfilment of any conditions precedent to its performance, eg the buyer's willingness and ability to pay the price.[52] It is also suspended where through unforeseeable circumstances beyond the seller's control there is some temporary obstacle to performance which, if prolonged, would produce legal frustration of the contract.[53] The seller is altogether discharged from performance of the contract if it becomes frustrated[54] or if the seller accepts a repudiation by the buyer[55] or exercises a contractual right to terminate or rescind.[56] The undertaking to deliver will also be rendered nugatory if the contract is avoided, whether under s 6 of the Act[57] or at common law.[58]

8. THE BUYER'S DUTIES

10.28 The seller's duty to tender delivery is matched by the buyer's duty to take delivery and the entirely separate obligation to accept the goods.[59]

9. INSTALMENT DELIVERIES

10.29 Where delivery of contract goods is tendered by instalments, a question which not infrequently arises is what effect the buyer's acceptance or rejection of one instalment has on the duties of the parties as to delivery and acceptance of the remaining instalments. If, for example, the first instalment is defective but is accepted by the buyer, does this debar him from rejecting subsequent instalments? If he unlawfully rejects the first instalment, or fails to pay for it, does this rejection or failure discharge the seller from his duty to tender the remaining instalments? These and related questions are to be resolved by reference partly to s 31 of the Act, partly by reference to the common law rules. Section 31 provides as follows:

---

[49] This is not dealt with by the Sale of Goods Act but is a rule of the common law.
[50] See para **32.14**.
[51] Section 29(6).
[52] *Levey & Co v Goldberg* [1922] 1 KB 688. As to who has to make the first move, see para **15.12**.
[53] See paras **3.173** ff.
[54] See para **9.48**.
[55] See para **15.20**.
[56] See para **15.72**.
[57] See para **7.26**.
[58] Ibid.
[59] See paras **15.04** ff.

'(1) Unless otherwise agreed, the buyer of goods is not bound to accept delivery of them by instalments.

(2) Where there is a contract for the sale of goods to be delivered by stated instalments, which are to be separately paid for, and the seller makes defective deliveries in respect of one or more instalments, or the buyer neglects or refuses to take delivery of or pay for one or more instalments, it is a question in each case depending on the terms of the contract and the circumstances of the case whether the breach of contract is a repudiation of the whole contract or whether it is a severable breach giving rise to a claim for compensation but not to a right to treat the whole contract as repudiated.

(3) This section does not apply to a contract to which Chapter 2 of Part 1 of the Consumer Rights Act 2015 applies (but see the provision made about such contracts in section 26 of that Act).'

10.30 It will be seen from s 31(1) that the buyer is not obliged to accept[60] delivery by instalments unless otherwise agreed. The mere fact that goods are shipped under separate bills of lading for discharge at different ports does not make the contract one for delivery by instalments where the seller's duty is to make a single tender of documents covering the entirety of the goods.[61]

10.31 One consequence of the rule embodied in s 31(1) is that if less than the contract quantity is tendered by the seller and the buyer accepts the tender, he is not bound to accept a subsequent tender of the balance.[62] Similarly, if the buyer rejects the non-conforming part of a tender while accepting the rest,[63] he is not obliged to accept a fresh and conforming tender in relation to the rejected part even if this is made in due time. In the absence of circumstances showing a contrary intention, the buyer is entitled to insist on a single tender. Where several deliveries are tendered, then, assuming them to be tendered under the same contract, the seller will be in breach of duty if that contract does not, expressly or by implication, permit tender by instalments. But first we have to be satisfied that the tenders are indeed made under the same contract; for if each is made under a separate contract, it is not a case of tender by instalments at all, the seller will not be in breach of his single-delivery obligations and the rules as to instalment deliveries will not come into play. Where, on the other hand, there is but one contract for delivery by instalments, then, to determine the effect of a breach as regards one instalment on the rest of the contract, it is necessary to ascertain whether the obligation broken is divisible in performance or indivisible.[64]

---

[60] Nor is he entitled to demand. This point is not covered by s 31(1) but is established at common law. See *Honck v Muller* (1881) 7 QBD 92, per Bramwell LJ at 98–99. However, it seems obvious that the seller cannot invoke this common law rule to prevent the buyer from exercising the right now given to him to reject a non-conforming part of a tender (see para **12.17**) and hold the contract open for performance by retender of that part.

[61] *Cobec Brazilian Trading & Warehousing Corpn v Alfred C Toepfer* [1983] 2 Lloyd's Rep 386.

[62] *Behrend & Co Ltd v Produce Brokers & Co Ltd* [1920] 3 KB 530.

[63] As he is now entitled to do. See para **12.25**.

[64] Another pair of labels commonly used is 'severable' and 'non-severable'. Non-severable obligations are also termed 'entire'. The usual approach is to speak of divisible and indivisible *contracts* rather than obligations. The reason for eschewing this approach is given in n 68.

10.32 *Delivery*

(i) **Separate contracts or a single contract?**

10.32 Where each consignment tendered is the subject of an entirely separate, self-contained contract, then unless the parties have agreed, expressly or by implication, that the different contracts are to be in some way interdependent, a breach of one contract, even if so grave as to constitute a repudiation of that contract, will not affect the guilty party's right to enforce the other contracts, except where the breach is such as to show that he is unable or unwilling to perform those contracts also. The problem is to know whether the parties had in fact concluded a single contract or several contracts. While no hard-and-fast rules can be laid down – for in the last analysis everything turns on the intention of the parties – there are various features which will strongly point to a single contract. The first is the documentation employed. If all the goods are ordered on a single order form, that is a clear indication of a single contract, even if the order form embraces a range of different items that are individually priced. Thus, an order for stationery may list designated quantities of notepaper, envelopes, computer paper and printer cartridges, each item being separately priced, but there is not a separate contract for each class of item, for the parties plainly contemplate that the same contract conditions shall govern the entire order and prima facie delivery is to be made at one time.[65]

10.33 Where separate order forms embodying the same conditions are used, a relevant question is whether the forms are dispatched together or otherwise in circumstances indicating that each comprised merely part of a composite order. If different order forms embodying different contract terms (other than merely differences in price or delivery) are utilized, this strongly suggests separate contracts, for the differences would make it difficult, if not impossible, to operate the transaction as a single contract. Again, even where the various orders embodied the same standard terms, if they are dispatched at different times or relate to merchandise of such widely differing character as to negate any inference that delivery of the whole at one time is contemplated, the inference of separate contracts may readily be drawn.

10.34 Three typical forms of arrangement between seller and buyer deserve special mention.

1. *General selling terms which contemplate specific orders*

10.35 The parties may agree on a set of general trading terms which are to regulate dealings between them. Such terms will not themselves embody any specific transaction but will be expected to govern all purchases made by the buyer from the seller. Here the position is reasonably straightforward. The general selling conditions do not themselves constitute a contract of sale; they

---

[65] This, of course, depends on the agreement and the course of dealing between the parties. For example, it may have become an established practice for the seller, if temporarily out of stock of an item, to indicate on the delivery sheet that this was to follow, and for the buyer to accept this.

merely state the terms on which contracts of sale subsequently concluded between the parties are to be considered made if not expressly displaced.

2. *Call-up of a global quantity by declaration*

10.36 The seller may agree to sell, and the buyer to buy, a designated quantity (or alternatively a minimum or maximum quantity) of goods during a given period, the buyer being entitled to 'call up' or 'declare' purchases as and when he requires, within the global amount and period and other limits agreed. For example, the contract may provide for the sale of 5,000 yo-yos to be called up within not more than twelve months by declarations each of which is to relate to not less than 1,000 yo-yos. In this case the normal inference is that the parties intend a single contract under which delivery is to be made by instalments at the buyer's option; and this would not be displaced by the fact that the seller has reserved the right to increase the price between orders. The same applies where it is the seller to whom the option of making declarations is given.[66]

3. *Provision for each shipment or delivery to be treated as a separate contract*

10.37 Another common practice is for the seller to agree to sell a given quantity of goods with the right to ship or otherwise deliver by instalments, the contract providing that each shipment or delivery is to be treated as a separate contract. Such clauses will not be given literal effect if this would produce an artificial division of what is in truth a single contract, but will be treated as subsidiary clauses of a single contract, their effect being that each delivery may be treated separately for the purpose of performance to the extent that one party's duty to perform as regards a particular delivery is not necessarily dependent on performance by the other party in relation to a prior delivery. In short, documents of this kind will not convert one contract into several[67] but will be treated as making the single contract severable, that is, divisible in terms of performance, so that instead of the contract as a whole being treated as entire, each designated instalment of the contract is regarded as entire, so as to constitute a separate 'contract within a contract'.

(ii) **Divisible or indivisible?**

10.38 Given that there is but a single contract providing for delivery by instalments, what is the effect of breach by one party on the other's duty to perform? This depends to some extent on whether the obligation in question is divisible (ie severable) or whether it is 'entire' (ie indivisible or non-

---

[66] *Ross T. Smyth & Co Ltd v T. D. Bailey Son & Co* [1940] 3 All ER 60; *J Rosenthal & Sons Ltd v Esmail* [1965] 1 WLR 1117.
[67] *Ross T. Smyth & Co Ltd v T. D. Bailey Son & Co*, n 66; *Maple Flock Co Ltd v Universal Furniture Products (Wembley) Ltd* [1934] 1 KB 148.

10.38 *Delivery*

severable).[68] An obligation is entire when complete performance of it by one party is a condition precedent to the other's duty to perform, and divisible where it is intended that each stage of performance shall be treated separately and carry its own part of the total consideration for the performance, so that a party's default in performance of one stage does not go to the whole consideration so as to entitle the innocent party to withhold his own performance of a later stage.[69]

10.39 The distinction between divisible and indivisible obligations is of significance only as regards those obligations of which even a minor departure from the agreed term is a repudiation. As regards other obligations, it matters little whether they are divisible or indivisible, for in neither case does a breach ipso facto constitute a repudiation, while in both cases a breach showing an intention to repudiate the contract as a whole entitles the innocent party to treat it as discharged.[70] So in a case where, for example, time of payment is not of the essence, the principles to be applied in determining whether the buyer's default in payment is a repudiation will be the same whether the payment obligation is divisible or indivisible.

10.40 Divisibility of an obligation must be distinguished from the mere right to spread its performance. The essential characteristic of the former is divisibility of performance on one side and consideration for each partial performance on the other, thus creating a contract within a contract and making delivery of each individual instalment a separate, self-contained part of the delivery obligation. If the seller has the right to tender by instalments but the price is payable in a lump sum or in some other manner not fixed by reference to the individual instalments to be tendered, the seller's delivery obligation, though it may be distributed over the number of instalments in question, is not divisible, for no part of it can be matched against any corresponding part of the price. Similarly, the buyer's right to pay by instalments does not make the delivery obligation divisible if the terms of the contract indicate that a single delivery is contemplated.[71] The essential correlation between divisibility of performance and divisibility of consideration for the performance is reflected in s 31(2) of the Act.[72]

---

[68] The question is usually posed as one of divisibility of the *contract*. But this is incorrect. Some parts of a contract may be divisible, others indivisible. It is necessary to look at the particular obligation.
[69] *Reuter, Hufeland & Co v Sala & Co* (1879) 4 CPD 239, per Brett LJ at 254, 256–257.
[70] See, for example, *Warinco A.G. v Samor SpA* [1979] 1 Lloyd's Rep 450.
[71] Expressed as a general proposition, the right of one party to spread his performance does not of itself imply that he can claim to split the other party's consideration in the same way, nor that the other party is entitled to split his own performance.
[72] Set out in para **10.29**. That section in terms applies only where the contract provides for delivery by stated instalments which are to be separately paid for, but it is not considered to displace the less rigid rule of common law, which recognizes divisibility even where the contract does not expressly state each instalment or say that it must be separately paid for (see *H. Longbottom & Co Ltd v Bass, Walker & Co Ltd* [1922] WN 245). Thus it suffices if the right to deliver by instalments and the duty to pay a calculable part of the price for each instalment can be inferred from the language of the contract and the surrounding circum-

10.41 Moreover, the terms of the contract may give one party the option of dividing his performance, in which case the question whether his obligation is divisible or not is to be answered in the light of his actual election.[73] On the other hand, it seems equally clear that a provision expressly or impliedly requiring or permitting delivery by instalments is not enough to make the delivery obligation divisible unless there is an express or implied term that each instalment is to carry its own price, for in the absence of such a term there is no way of separating the contractual treatment of the individual instalments. Certainly there appears to be no reported case in which an English court has upheld an instalment contract as severable without inferring an apportionment of the price.

10.42 We can now turn to consider the consequences for the parties where the obligation is held to be indivisible and the different results that will flow if each instalment is held to be a separate division, or contract, within the main contract.

(iii) Delivery obligation indivisible

10.43 Where the contract provides for delivery by instalments but the seller's delivery obligation is indivisible, the following rules apply, except so far as displaced, expressly or impliedly, by the contract.

(a) The seller is not entitled to demand a part of the price against partial delivery unless the buyer elects to accept such delivery,[74] in which case the buyer must pay for the goods accepted.
(b) The buyer's improper rejection of an instalment constitutes a repudiation of the entire contract.[75] The same rule applies to non-payment of an instalment in cases where time of payment is of the essence.[76]
(c) Where the tender of an instalment is too late to be effective[77] or where the buyer lawfully rejects a defective instalment and it is too late for the seller to make an effective retender,[78] the seller's repudiatory breach in relation to that instalment constitutes a repudiation of the entire contract and thus entitles the buyer to treat the contract as discharged, even if the seller is willing and able to make a proper tender of the remaining instalments and has no intention of repudiating the contract as a whole.[79]

---

stances. It would seem that 'defective delivery' in s 31(2) does not include non-delivery, but the same principles apply at common law. See *Benjamin's Sale of Goods* (10th edn, 2017), para 8-065.
[73] *J Rosenthal & Sons Ltd v Esmail*, n 66. The seller is bound by his election (*Reuter, Hufeland & Co v Sala & Co*, n 69).
[74] It will be recalled that the buyer is not bound to accept delivery by instalments unless otherwise agreed (Sale of Goods Act 1979, s 31(1)). If, therefore, he rejects a tender by instalments, he is within his rights and the seller cannot demand payment. See paras **10.29–10.30**.
[75] See *Reuter, Hufeland & Co v Sala & Co*, n 69, per Thesiger LJ at 247.
[76] Prima facie it is not (Sale of Goods Act 1979, s 10(1)).
[77] Ie because time of delivery was or became of the essence and has expired.
[78] See n 77.
[79] *Reuter, Hufeland & Co v Sala & Co*, n 69.

10.43 *Delivery*

(d) The seller's lien or right to withhold delivery for non-payment[80] extends to the whole of the undelivered goods and secures the whole of the price. The buyer is not able to say that his default relates only to the goods already delivered to him, for since the delivery obligation is *ex hypothesi* indivisible, so also is the correlative obligation as to payment,[81] so that the buyer's default constitutes a non-payment for the goods as a whole.[82]

(e) Accidental destruction of part of the goods before the risk has been passed to the buyer[83] may frustrate the entire contract.[84]

10.44 Prior to 1995 acceptance of an instalment under an indivisible contract constituted an adoption of the contract as a whole, and thus barred rejection of subsequent instalments, except in certain limited cases.[85] Now, however, acceptance of an instalment or part of an instalment does not preclude rejection of future instalments except in so far as the instalment accepted forms part of the same commercial unit as the later instalments.[86] Accordingly, in this respect there is no difference between a divisible and an indivisible contract.

(iv) Delivery obligation divisible

10.45 The consequences of the delivery obligation being divisible are, of course, the converse of those flowing from an indivisible obligation.

(a) The seller is entitled to require the buyer to accept and pay for each instalment tendered in conformity with the contract and this right is not affected by the seller's breach in relation to other instalments[87] except where such breach constitutes a repudiation of the entire contract which is accepted by the buyer as discharging the contract.[88]

(b) The buyer's improper rejection of an instalment does not ipso facto constitute a repudiation of the contract as a whole,[89] but will do so only if

---

[80] See para **15.59**.
[81] By virtue of the fact that, unless otherwise agreed, delivery and payment are concurrent conditions (s 28). But, as pointed out earlier, such correlation depends in each case on the terms of the agreement, and it is quite possible to have a contract in which the delivery obligation is indivisible but the buyer is given the right to pay by instalments, and vice versa.
[82] *H. Longbottom & Co Ltd v Bass, Walker & Co Ltd*, n 72.
[83] As to which, see para **9.06** ff.
[84] See para **9.48**.
[85] As to which, see the first edition of this work, pp 229, 314, 316.
[86] Sale of Goods Act 1979, ss 11(4), 35(7), 35A, incorporating amendments made by the Sale and Supply of Goods Act 1994.
[87] *Regent OHG Aisenstadt und Barig v Francesco of Jermyn Street Ltd* [1981] 3 All ER 327; *Jackson v Rotax and Cycle Co* [1910] 2 KB 937, per Farwell LJ at 947, citing with approval (though erroneously attributing it to Lord Esher) a passage from the dissenting judgment of Brett LJ in *Reuter, Hufeland & Co v Sala & Co*, n 69, at 256.
[88] *Robert A. Munro & Co Ltd v Meyer* [1930] 2 KB 312.
[89] *Warinco A.G. v Samor SpA* [1977] 2 Lloyd's Rep 582, per Donaldson J at 588. The decision was reversed by the Court of Appeal [1979] 1 Lloyd's Rep 450, but purely on the application of the law to the facts.

(i) it is made in such circumstances as to convey to the objective observer either an intention to repudiate or an inability to perform the contract as a whole;[90] or

(ii) its effect is so substantial as to go to the root of the contract.[91] The same rules apply to non-payment of an instalment in a case where time is not of the essence.[92]

(c) The fact that the seller is out of time for making an effective tender or retender[93] of a defective instalment does not as such constitute a repudiation of the contract as a whole,[94] but will do so only in the same circumstances as described in (b) above. At one time, it was thought that the only criterion was subjective, ie the mental state of the defaulting party, but it is now established that even if he did not intend to repudiate, he will be deemed to have renounced if his default goes to the root of the contract. The main tests to be considered in applying s 31(2) are, first, the ratio quantitively which the breach bears to the whole, and, secondly, the degree of probability or improbability that such a breach will be repeated.[95]

(d) For the purpose of the seller's rights of lien and withholding of delivery each instalment is a separate contract, so that the buyer's default in payment for one instalment does not entitle the seller to withhold delivery of future instalments[96] except where the defect is so grave or persistent as to constitute a repudiation of the contract as a whole. Similarly, the seller cannot exercise a lien over goods comprising an instalment that has been paid for to secure the price of other instalments.[97]

(e) Accidental destruction of one or more instalments before the risk has passed to the buyer will not frustrate the contract unless its impact is to destroy the commercial basis of the contract.[98]

(v) Consumer sales

10.46 The Consumer Rights Act 2015, s 26 makes separate provision for instalment deliveries in a contract of sale concluded between a trader and a consumer. In such a contract a consumer is not bound to accept delivery of the goods by instalments unless that has been agreed between the consumer and the trader.[99] If the consumer does so agree and the trader fails to deliver the

---

[90] Ibid.
[91] *Honck v Muller*, n 60; *Mersey Steel and Iron Co Ltd v Naylor, Benzon & Co* (1884) 9 App Cas 434; per Lord Blackburn at 443–444.
[92] *Mersey Steel and Iron Co Ltd v Naylor, Benzon & Co*, n 91; *Freeth v Burr* (1874) LR 9 CP 208.
[93] Ie, retender after rejection of a prior tender by the buyer.
[94] See authorities cited n 87.
[95] *Maple Flock Co Ltd v Universal Furniture Products (Wembley) Ltd*, n 67, per Lord Hewart CJ at 157.
[96] *Mersey Steel and Iron Co Ltd v Naylor, Benzon & Co*, n 91.
[97] *Merchant Banking Co of London v Phoenix Bessemer Steel Co* (1877) 5 Ch D 205.
[98] Where severable instalments have been delivered prior to the frustrating event, these are to be treated as separate contracts which are not frustrated (Law Reform (Frustrated Contracts) Act 1943, s 2(4)).
[99] Consumer Rights Act 2015, s 26(1).

10.46 *Delivery*

goods or to deliver them within the prescribed time period, the rights of the consumer are to be found in section 28 of the Act.[100] Where the consumer does so agree and the trader makes a defective delivery, the consumer may, depending on the terms of the contract and the circumstances of the case, have a right to claim damages, to exercise the short-term right to reject or the right to reject in respect of the whole contract or to reject the goods in the relevant instalment.[101] In the case where the consumer neglects or refuses to take delivery of or pay for one or more instalments, the trader may, depending on the terms of the contract and the circumstances of the case, be entitled to treat the whole contract as at an end or, if it is a severable breach, bring a claim for damages but not have a right to treat the whole contract as at an end.[102]

10. REMEDIES FOR NON-DELIVERY

10.47 The remedies for non-delivery and for tender of nonconforming goods are discussed in a subsequent chapter.[103]

---

[100] Section 26(5).
[101] Section 26(2)–(4).
[102] Section 26(6)–(7).
[103] See paras **14.16** ff. As to non-delivery of an instalment under a contract providing for delivery by instalments, see above.

Chapter 11

THE STATUTORY IMPLIED TERMS IN FAVOUR OF THE BUYER[1]

11.01 We have noted earlier[2] the artificiality of the distinction between duties, such as delivery, and terms implied under the Sale of Goods Act, which are simply duties imposed by law under another name. The present chapter is devoted to these implied terms. As previously noted,[3] consumer sales law has now mushroomed into a distinct subject which can be treated only briefly[4] in a work devoted to commercial transactions.

1. CONDITIONS AND WARRANTIES

11.02 English contract law, as we have seen, draws an important distinction between conditions and warranties. A condition is a major term of the contract, a term of such importance that any breach of it is considered to go to the root of the contract so as to entitle the innocent party to treat the contract as discharged. A warranty, on the other hand, is a minor term, collateral to the main purpose of the contract, for breach of which the innocent party has a right to damages while remaining bound to perform his own obligations under the contract.

11.03 The condition-warranty dichotomy was created by the Sale of Goods Act 1893. It is true that prior to the Act there was a well-established distinction between a condition and a warranty, but this distinction was of a decidedly different character from that depicted in the Act and now carried into our general contract law. The pre-1894 cases cannot be properly understood without some perception of what the courts then meant by conditions and warranties.[5]

---

[1] The remedies available to the buyer for breach of duty, including non-compliance with the statutory implied terms, are discussed in ch 14.
[2] See para **10.01**.
[3] See para **1.26**.
[4] The subject of implied terms in consumer sales is now to be found in the Consumer Rights Act 2015, ss 9–18, which will be discussed in outline only in this chapter and by way of comparison with the law applicable to commercial sales. For detailed analysis of the law relating to consumer sales, see *Chitty on Contracts* (33rd edn, 2018), ch 38.
[5] The topic is complex. For an admirable treatment see S. J. Stoljar, 'Conditions, Warranties and Descriptions of Quality in Sale of Goods' (1952) 15 MLR 425, (1953) 16 MLR 174, and

11.04 The Statutory Implied Terms in Favour of the Buyer

(i) Conditions and warranties prior to the Sale of Goods Act 1893

11.04 Originally the term 'condition' denoted not a contractual undertaking by A to B but simply a prerequisite of B's duty to perform, or continue to perform, an obligation to A. Thus A and B agree that *if* A transfers to B the property in goods of a particular description, B will pay the price. Here, A is not *promising* to transfer any goods to B. He is simply stipulating that, if he does so, B is to pay the agreed price. In the early days of contract law, after the courts had come to recognize that consideration could be generated by the mutual exchange of promises, they tended to assume that in a bilateral contract the respective promises of the parties were independent of each other, so that the performance of A's promise to B was not a condition precedent to B's duty to perform his own promise to A. This was considered to be the logical consequence of the fact that the consideration for B's promise was not performance by A but simply A's counter-promise, which B had in fact received. Hence a condition was conceived as an act or event external to the contract and not forming part of the promise of either party. Eventually, the courts were driven to accept that in most cases the parties contemplated not merely mutuality in the exchange of promises but also a mutual exchange of performances. Thus A's duty to transfer the property in the goods to B and B's duty to accept the goods and pay the price came to be accepted as mutually dependent obligations, so that performance of A's obligation to B could properly be labelled a condition precedent to B's duty to perform his obligations to A, and vice versa. The condition was not itself a promise, but the performance of the promise was a condition.

11.05 Where the goods were specific, that is, earmarked at the time of the contract, then, unless the seller had undertaken to do something to put them into a deliverable state, the property would usually pass to the buyer, so that the seller's fundamental obligation was satisfied, and any superadded undertakings as to description or quality were mere warranties, collateral to the main purpose of the contract, the breach of which thus gave the buyer a right to damages but did not entitle him to reject the goods.[6] The policy reason for this was that as the property had passed, the contract was partially executed and the buyer, having received the primary benefit to which he was entitled, lost the right to treat the contract as discharged, for he could not unilaterally retransfer the property to the seller.[7] This principle, that the transfer of the property in specific goods barred the right to reject, was carried over into s 11(1)(c) of the Sale of Goods Act 1893, where it remained until removed by the Misrepresentation Act 1967.[8] The term 'warranty' was thus largely confined to express statements on the sale of specific goods. In the case of an executory contract for the sale of unascertained goods, a different rule pre-

---

literature there cited. This two-part article was strongly influenced by the writings of Professors Williston and Corbin, whose trenchant criticisms of the condition-warranty labels in the Sale of Goods Act show clearly how English law has been led into error.

[6] Unless they were wholly useless, in which case there was a total failure of consideration to which the label 'breach of condition' was also misleadingly attached.

[7] *Street v Blay* (1831) 2 B & Ad 456; *Behn v Burness* (1863) 3 B & S 751, per Williams J at 755.

[8] Section 4(1).

vailed.⁹ In such a case the buyer had not contracted to take the goods that lay before his eyes or were available for his examination but expected to receive goods of the contract description, the term being employed widely to cover both the characteristics necessary to identify the goods in the sense of enabling the parties to know to what the contract related *and* statements as to quality, performance and the like. Put another way, the seller's undertakings as to quality, etc, were considered to go to the identity of the goods so as to render their fulfilment part of the condition precedent to the buyer's obligation to accept the goods. It followed that whether the nonconformity related to identity in the narrow sense or to attributes, the property would not pass to the buyer if the goods did not conform unless the buyer decided to accept them, in which case, of course, he lost his right to reject. The only distinction between statements of description going to identity in the narrow sense and statements of quality and other attributes was that contractual provisions excluding the latter would not entitle the seller to tender goods of an essentially different kind from that contracted for.[10] Cases laying down this rule were thus the forerunners of the modern case law on fundamental breach.

(ii) Conditions and warranties under the Sale of Goods Act

11.06 The draftsman of the Sale of Goods Act, having originally intended to adhere to the principles described above, ultimately deviated from this approach,[11] with various consequences, some benign, others unfortunate. He failed to state the common law antithesis between sales of specific goods and sales by description, and thus (a) opened the way for the courts to declare that even a sale of specific goods was by description if the buyer bought in reliance on express or implied words of description, and (b) for the first time imported implied undertakings as to quality and fitness into contracts for the sale of specific goods. The result of the former was to create a curious gap between what was necessary to identify goods at the time of contract for the purpose of their being specific and what was required to ensure that in addition they corresponded with their contract description.[12] Further, instead of recognizing that an undertaking as a term of the contract was quite distinct from performance of the undertaking as a condition, and that it was possible to have a condition without any promise to perform it and, conversely, a promise of which the performance was not a condition, the draftsman used the word 'condition' as a synonym for a major term of the contract, an abuse of language that has rightly incurred severe criticism.[13] Finally, by labelling as an

---

[9] *Street v Blay*, n 7. Where the contract was for the sale of specific goods but the property did not immediately pass to the buyer, the position was unclear. In some cases the court treated the sale as a sale by description, in others the statement of quality was treated as a warranty unless its breach rendered the goods of no value.
[10] *Chanter v Hopkins* (1838) 4 M & W 399.
[11] Without apparently realizing it. Much of the resultant confusion arises from Chalmers' mistaken assumption that his condition-warranty dichotomy, which he adopted to denote major and minor promises, was merely another way of expressing the distinction between dependent and independent covenants.
[12] See para **11.35**, as to the problems created by this logical difficulty.
[13] See *Stoljar*, n 5, and literature there cited.

11.06 *The Statutory Implied Terms in Favour of the Buyer*

'implied condition' the seller's duty to supply goods conforming to the contract description, the draftsman implicitly accorded correspondence with description a rank similar to that of fitness and merchantable quality (as it was then known), as terms implied *by law*, whereas the duty to supply goods of the contract description is, of course, a *factual* and *express* undertaking the breach of which, as Lord Abinger had pointed out many years before in *Chanter v Hopkins*,[14] is not merely breach of part of the contract[15] but a total non-performance of it.

11.07 As we shall see, the end result of all these changes was to transform the buyer's position from that of *caveat emptor* to one in which the denial of a remedy to the buyer for defective or non-conforming goods became the exception rather than the rule. But this result was not achieved without some violence to language and conceptual analysis.

11.08 Sections 12–15 of the Sale of Goods Act[16] prescribe a set of seven implied terms in favour of the buyer, namely title,[17] freedom from charges and encumbrances, quiet possession, correspondence with description, quality, fitness for purpose and correspondence with sample.

11.09 Of the seven statutory implied terms, five (title, correspondence with description, quality, fitness for purpose and correspondence with sample) are labelled conditions, while the remaining two (freedom from charges and encumbrances, and quiet possession) are termed warranties.[18] The first group thus comprises terms the breach of which entitles the buyer to reject the goods, while the second embraces terms of less importance, the breach of which entitles the buyer to damages only, except where the circumstances are such as to evince a repudiation by the seller of his obligations under the contract.[19] In each case the duty to perform is strict; reasonable care does not suffice.

11.10 The impact of non-performance of an implied condition varies according to whether the buyer elects to reject the goods or to accept them. If he rejects,[20] the situation becomes one of non-delivery[21] and, unless the seller

---

[14] See n 10.
[15] Lord Abinger referred to a breach of warranty, but a breach of the kind he was dealing with would now be labelled a breach of condition, and the same reasoning applies.
[16] The Act referred to is the Sale of Goods Act 1979, re-enacting the Sale of Goods Act 1893, as amended. In the case of prescribed feeding stuffs a separate warranty of fitness is implied under s 72 of the Agriculture Act 1970. Sections 9–18 of the Consumer Rights Act 2015 set out a number of terms that are to be 'treated as' included in contracts that fall within the scope of the Act. The phrase 'treated as including' would appear to be the equivalent of 'implied term'.
[17] Strictly speaking, what is implied is not that the seller has title but that he has a right to dispose, not quite the same thing, for he may perfectly legitimately be selling goods to which he has no title, eg as agent for an undisclosed principal or as bailiff under an execution. The label 'title' is a convenient shorthand to denote a right to dispose and is used in this sense throughout this chapter.
[18] It should be noted that, by way of contrast, the Consumer Rights Act 2015 does not use the language of 'conditions' and 'warranties'.
[19] See paras **3.143** ff.
[20] Assuming he has not lost the right to do so. See paras **12.09, 13.01** ff.
[21] See para **10.06**, n 11.

makes a fresh tender which conforms to the contract or is accepted by the buyer, the seller will be exposed to an action for damages for non-delivery under s 51 or, in exceptional cases, a claim for specific performance under s 52. Where, on the other hand, the buyer elects to accept the goods, or is deemed to have accepted them and thus becomes debarred from rejecting them, the broken condition sinks to the level of a warranty,[22] and the buyer's remedy is then, under s 53, to set up the breach of warranty in diminution of the price and/or claim damages for breach of warranty, with possible additional claims at common law for special damage or interest.[23] Sections 53 and 54 between them appear also to embrace claims for damages for delay in delivery, whether the delay be in the original delivery or in some subsequent delivery made consequent upon the buyer's lawful rejection of the earlier tender. A claim for delay in delivery, as opposed to a claim for non-delivery, arises only where the goods are ultimately delivered.[24]

2. TITLE, FREEDOM FROM ENCUMBRANCES AND QUIET POSSESSION

11.11 It is convenient to take these three terms together, despite the fact that the first is a condition and the others mere warranties, for they are closely linked and a breach of the latter will often be a consequence of a breach of the former. These three implied terms are set out in s 12 of the Act,[25] which (omitting subsection (6) and (7)) reads as follows:

> '12 – (1) In a contract of sale, other than one to which subsection (3) below applies, there is an implied term on the part of the seller that in the case of a sale he has a right to sell the goods, and in the case of an agreement to sell he will have such a right at the time when the property is to pass.
>
> (2) In a contract of sale, other than one to which subsection (3) below applies, there is also an implied term that –
>
> (a) the goods are free, and will remain free until the time when the property is to pass, from any charge or encumbrance not disclosed or known to the buyer before the contract is made, and
>
> (b) the buyer will enjoy quiet possession of the goods except so far as it may be disturbed by the owner or other person entitled to the benefit of any charge or encumbrance so disclosed or known.
>
> (3) This subsection applies to a contract of sale in the case of which there appears from the contract or is to be inferred from its circumstances an intention that the seller should transfer only such title as he or a third person may have.
>
> (4) In a contract to which subsection (3) above applies there is an implied term that all charges or encumbrances known to the seller and not known to the buyer have been disclosed to the buyer before the contract is made.

---

[22] Section 11(4).
[23] These are preserved by s 54.
[24] See para **14.28**.
[25] The equivalent term in the Consumer Rights Act 2015 is to be found in s 17 which, albeit in slightly different language, sets out the same three terms to be treated as included in contracts entered into between a trader and a consumer, namely that the trader has the right to sell the goods, that the goods are free from any charge or encumbrance not disclosed or known to the consumer and that the consumer will enjoy quiet possession of the goods.

11.11 *The Statutory Implied Terms in Favour of the Buyer*

(5) In a contract to which subsection (3) above applies there is also an implied term that none of the following will disturb the buyer's quiet possession of the goods, namely –
  (a) the seller;
  (b) in a case where the parties to the contract intend that the seller should transfer only such title as a third person may have, that person;
  (c) anyone claiming through or under the seller or that third person otherwise than under a charge or encumbrance disclosed or known to the buyer before the contract is made.

(5A) As regards England and Wales and Northern Ireland, the term implied by subsection (1) above is a condition and the terms implied by subsections (2), (4) and (5) above are warranties.'

11.12 It is not open to the contracting parties to exclude or restrict liability for breach of the obligations arising from section 12.[26] These two sections raise numerous questions, each of which requires separate consideration.

(i) Implied and express terms are conditions

11.13 The implied term of a right to sell is a condition, breach of which entitles the buyer to terminate the contract and recover all payments under it.[27] Unsurprisingly, the Court of Appeal has rejected the contention that an express term as to title is merely a warranty and has held it to be a condition also.[28]

(ii) Seller need not be a dealer

11.14 In contrast to s 14, relating to implied terms as to quality and fitness, s 12 is not confined to a seller selling in the ordinary course of business but extends to private sellers.

(iii) The seller's right to sell

11.15 We have already seen that the law regards the transfer of property to the buyer as the essence of the contract, so that if the buyer acquires no title because the seller lacks the right to sell, there is a total failure of consideration.[29] The words 'right to sell', though normally equated with title, have both a wider and a narrower significance. On the one hand, it is not essential that title be in the seller himself. It suffices that the sale is made with the consent of the party in whom title is vested as where the seller, with the approval of the owner, sells in his own name as apparent principal[30] or, having himself agreed to buy the goods from a third party, procures that party to transfer title direct to the sub-purchaser.[31] On the other hand, the fact that the

---

[26] Section 6(1) of the Unfair Contract Terms Act 1977, on which see paras **11.133–11.135**.
[27] See para **14.39**.
[28] *Barber v NWS Bank plc* [1996] 1 WLR 641, 646.
[29] See para **8.23**. See also para **14.39**.
[30] If he expressly sells as agent then it is, of course, the owner who is the seller.
[31] *The Elafi* [1982] 1 All ER 208, per Mustill J at 215.

seller has and transfers the property in the goods will not necessarily preclude a breach of the condition,[32] for the sale may infringe some patent, trade mark or other proprietary interest so as to entitle the holder of the patent or other right in question to stop the sale, either altogether or in the form in which the goods are to be supplied under the contract.[33] A good illustration is *Niblett v Confectioners' Materials Co Ltd*:[34]

> The defendants sold to the plaintiffs 1,000 cases of condensed milk in tins bearing the label 'Nissly Brand'. Nestlé and Anglo-Swiss Condensed Milk Co Ltd then threatened proceedings for infringement of their trade mark and exacted an undertaking from the defendants not to dispose of condensed milk with the label 'Nissly'. In order to secure the release of the purchased goods from the Commissioners of Customs, who had detained the goods, the plaintiffs were forced to remove the offending labels and sell the condensed milk unlabelled for the best price they could get.
>
> It was held that the plaintiffs were entitled to damages for breach of the implied condition[35] as to the defendants' right to sell. The obligation of the defendants was not merely to pass a good title but also to ensure that the goods did not infringe the trade mark of a third party so as to enable that third party to interfere with the sale.

11.16 The buyer has the right not merely to *a* title but to the best (ie an indefeasible) title.[36] Hence while a seller in possession can, even though not the owner, transfer the property in the goods to the buyer in the sense of conveying the title he holds by virtue of his possession *animo domini*,[37] the buyer is not obliged to accept this, for it is not what he contracted to acquire.

11.17 What if a third party makes an unfounded but plausible claim to the goods? Must the buyer take upon himself the burden of defending the proceedings so as to vindicate his seller's title and thus his own? And if it is the seller who is sued by the third party, is the buyer obliged to await and abide by the outcome of the contest, or can he say that the shadow on the seller's title is sufficient ground for pleading a breach of s 12, even though it is ultimately established that the third party's claim was not a good one? There are at least three ways in which the law could resolve the problem, which at present admits of no clear answer.

---

[32] *Great Elephant Corporation v Trafigura Beheer BV (The Crudesky)* [2012] EWHC 1745 (Comm), [2013] 1 All ER (Comm) 415, [93] where it was held (at [99]) that a third party right which merely interferes with the possession of the buyer is not sufficient to prevent the seller from having the 'right to sell'. In other words, the interference must relate to the buyer's ability to sell or to deal in the goods.
[33] If the inability to sell arises from the fact that it is the buyer who has furnished the seller with a specification infringing a patent or trade mark, then, of course, the buyer cannot complain but, on the contrary, will have to indemnify the seller against liability he incurs to the owner of the patent or trade mark.
[34] [1921] 3 KB 387.
[35] Atkin LJ considered that the warranty of quiet possession was also infringed, inasmuch as the plaintiffs were not able to assume possession without first stripping off the labels; and Bankes and Atkin LJJ were further of the opinion that the defendants were in breach of the implied condition of merchantable quality (as it then was).
[36] See para **8.23**.
[37] See paras **7.27–7.30**.

11.17 The Statutory Implied Terms in Favour of the Buyer

(a) It could be argued that the buyer is not obliged to accept a doubtful title, and that his rejection of the goods at a time when the doubt is still unresolved is justified even if it ultimately emerges that the third party's claim was ill-founded. It is a well-established rule of land law that the vendor must prove his title and that the purchaser cannot be forced to accept a doubtful title.[38] There is much to be said for applying this rule to a sale of goods, for the buyer ought not to be expected to suffer uncertainty as to his position or expense in defending the third party's claim. On this view, the buyer who rejects while the seller's title is still in doubt is entitled to treat the contract of sale as repudiated unless the seller succeeds in removing the shadow on the title before his time for tender of delivery has run out.[39] If the buyer, instead of rejecting, elects to defend the third party's claim and is successful, the costs he incurs would then be recoverable from the seller as damages for breach of warranty, to the extent that he does not otherwise recover from the claimant.

(b) An alternative argument is that a shadow on the title is not a defect in title, but that if the buyer is in fact subjected to a claim by a third party, his costs of defending the claim are recoverable from the seller as damages for breach of the implied warranty of quiet possession.

(c) Finally, it could be argued that the seller has no duty to prove his title and that if the buyer wishes to show a breach of s 12, he must positively establish that the seller did not have a right to sell.

11.18 In practice, the issues have not been raised in this form, and where a title dispute arises in a chain of transactions, the buyer has simply disputed the claimant's claim and, to cover himself against the possibility of defeat, has joined his seller as a third party, claiming an indemnity and damages on the basis of a breach of s 12.[40] This approach works well enough where the claimant institutes proceedings at a time when the buyer is still in possession. The buyer's position is less satisfactory, however, where he is faced with a choice as to what to do where the possibility of a claim by the third party is known but has not yet been asserted. There seems no reason why the buyer should be expected to pay the price on a speculation as to the outcome of a prospective dispute, or to engage in litigation (whether with the seller or with the claimant) to resolve the issue, and if there is a real doubt as to the seller's title which cannot be cured in proper time, the buyer should be held entitled to invoke s 12 and plead a breach of the condition of the seller's right to dispose of the goods. On the other hand, it would not be right to require the seller affirmatively to prove his title, for in the case of goods, in contrast to land, there is no machinery by which this can be done. All that should be required is the absence of a shadow on the title, or if there be a shadow, its removal, if this can be effected in due time.

11.19 A right to sell must be distinguished from a power of sale. The seller may, by some exception to the *nemo dat* rule, be able to transfer to the buyer

---

[38] See J. T. Farrand, *Contract and Conveyance* (4th edn, 1983), pp 87 ff.
[39] This depends not only on the contractual time for delivery but also whether time is of the essence and, if not, whether a reasonable time from the delivery date has expired.
[40] For illustrations of such chain disputes see *Butterworth v Kingsway Motors Ltd* [1954] 2 All ER 694; *Bowmaker (Commercial) Ltd v Day* [1965] 1 WLR 1396.

a title overriding that of the true owner, as on a sale by a seller in possession after having made a prior sale to another buyer.[41] Though in such cases a good title passes to the buyer, yet the seller is in breach of the implied condition that he had a *right* to sell the goods, for vis-à-vis the true owner his disposition was unlawful. In *Barber v NWS Bank* plc[42] the Court of Appeal held that where a person holding a motor car as buyer under a conditional sale agreement with a finance house discovers that the finance house has no title, he is entitled to terminate the contract for breach of s 12 despite the fact that under Part III of the Hire-Purchase Act 1964 he would have obtained a good title on completion of payment. But that decision turned on the express wording of the Hire-Purchase Act, s 27(6) of which made it clear that nothing in the section would exonerate the seller from liability. Whether in other cases a buyer who obtains good title can rely on the breach to reject the goods is unsettled, there being no authority directly on the point.[43] If there is any doubt about the effect of the disposition to the buyer, the court should have no hesitation in declaring the seller in breach, for if it be right that the buyer cannot be compelled to take a doubtful title which the seller in fact is able to substantiate, then a fortiori the buyer ought not to have cast upon him the difficulty and expense of proving to others, including a sub-purchaser, that he obtained a good title despite the fact that the disposition to him was unlawful. More difficult is the case where the seller's disposition takes effect in such circumstances as to leave no doubt that the buyer acquired a good title. The probable answer here is that though the seller is still in breach of s 12, the breach has no operative effect since the buyer is given in fact as well as in law a right just as good as that for which he bargained, so that the remedy for the breach abates.[44]

(iv) At what time is the condition required to be satisfied?

11.20 Section 12 requires of the seller that 'in the case of a sale, he has a right to sell the goods, and in the case of an agreement to sell, he will have such a right at the time when the property is to pass'. The words 'in the case of a sale' are obviously meant to cover not only a sale by one who is the owner but whose right to sell is restricted – as in the Nestlé case – but also a purported sale by a non-owner.[45] On a contract for the sale of specific goods, the condition will thus normally have to be satisfied when the contract is made,[46] in the absence of a term postponing the passing of the property to a later date, eg until payment. If the contract is for the sale of unascertained goods,

---

[41] Sale of Goods Act 1979, s 24. See para **16.47**.
[42] [1996] 1 WLR 641.
[43] In *Niblett Ltd v Confectioners' Materials Co Ltd*, n 34, Atkin LJ said at 401–402: 'It may be that the implied condition is not broken if the seller is able to pass to the purchaser a right to sell notwithstanding his own inability; but that is not the case here, for the Nestlé Company Ltd had the same rights against the appellants as they had against the respondents.'
[44] But see *R v Wheeler* (1990) 92 Cr App Rep 279, in which it appears to have been assumed that even where title passes to the buyer on a sale in market overt the buyer could reject. *Sed quaere*.
[45] See para **7.27**.
[46] See s 18, r 1.

11.20 The Statutory Implied Terms in Favour of the Buyer

the seller will be required to have the right of disposal by the time the property would vest in the buyer under s 18, r 5, as modified by the contract.

11.21 However, the seller's failure to get in the title or otherwise acquire a right of disposal by the time laid down in s 12 is not necessarily fatal. In the first place, if the buyer rejects when the seller is still in time to make a fresh tender,[47] the seller may be able to cure the defect.[48] Secondly, if before the buyer has exercised his right to reject, the seller acquires the right to dispose of the goods, the defective title acquired by the buyer is then 'fed' and perfected, so that the breach of condition is cured and can no longer be relied on by the buyer.[49] There is a similar result if the title is fed after the buyer has elected to adopt the transaction. But if it is the buyer himself who cures the defect, as by discharging an outstanding hire-purchase agreement, he can recover the expense of so doing as damages for breach of warranty.[50]

11.22 If the seller has a right of disposal at the time when the property is to pass, the fact that a third party subsequently acquires a right to prevent the buyer using or dealing with the goods does not give rise to a breach of the implied condition of title, for that condition is required to be satisfied only at the time of sale.[51] The buyer may, however, have a remedy for breach of the implied warranty of quiet possession.[52]

(v) Freedom from charge or encumbrance

11.23 The implied warranty of freedom from undisclosed charges or encumbrances[53] has little practical significance, for a charge can subsist only in equity or by statute and will usually be overridden by a sale to a purchaser without notice, who is in any event adequately protected against charges and other encumbrances by the implied warranty of quiet possession.[54] The measure of damages for breach of the implied warranty is usually the amount necessary to discharge the charge or encumbrance in question.

(vi) Quiet possession

11.24 The implied warranty of quiet possession, unlike the implied condition of title, is not a once-for-all term operating only at the time the property is to pass, but is a continuing warranty on the part of the seller. Hence, if at some

---

[47] See n 39.
[48] See para 12.17.
[49] *Butterworth v Kingsway Motors Ltd*, n 40, per Pearson J at 701.
[50] Or, if he has not already paid the price, set up the payment to the true owner in diminution or extinction of the price (s 53(1)).
[51] *Microbeads A.G. v Vinhurst Road Markings Ltd* [1975] 1 All ER 529, [1975] 1 WLR 218.
[52] Ibid. See below.
[53] Section 12(2).
[54] For an exceptional case where the warranty of freedom from encumbrances did have significance, see *Lloyds & Scottish Finance Ltd v Williamson* [1965] 1 All ER 641, [1965] 1 WLR 404.

time after the sale, the buyer's possession is disturbed by the seller himself[55] or by the lawful act of a third party (other than a person entitled to the benefit of a charge or encumbrance disclosed to the buyer before the contract was made), the seller is in breach even though at the time of sale he had a good title, so that the interference with the buyer's possession does not stem from a defect in title.[56] Further, the rule of real property law that the warranty of quiet possession does not extend to interference by those claiming by title paramount has no application to contracts for the sale of goods.[57] But unlawful interference by a third party is not a breach of the warranty, nor is even a lawful interference if this is not due to the fault of the seller or a superior title.[58]

(vii) **Contracting out of section 12**

11.25 Section 6(1) of the Unfair Contract Terms Act 1977 renders void any term of the contract of sale, or of any other contract, exempting from all or any of the provisions of s 12.[59] Accordingly, any limitation of the implied condition of title and of the warranties of freedom from charges and encumbrances, and quiet possession must be found in the language of s 12 itself. From this, two different bases of limitation may be extracted.

1. Buyer's knowledge of defect or encumbrance

11.26 The fact that at the time of contracting the buyer knew of the seller's want of title is not as such sufficient to displace the implied condition as to title. This may seem surprising but is sensible enough, for, as in the case of land,[60] the normal assumption is that the seller will cure any *removable* defect in title (eg an outstanding mortgage), so that except where the removal of the defect is outside the seller's control no significance is to be attached to

---

[55] Eg by interfering with the goods so as to prevent their use by the buyer (*Rubicon Computer Systems Ltd v United Paints Ltd* (2000) 2 TCLR 453, where a person acting on behalf of the seller placed a time-lock on a computer preventing access) or by exercising a purported lien which he does not actually have (*The Rio Sun* [1985] 1 Lloyd's Rep 350), which, of course, would be a breach of the contractual duty to deliver quite apart from the implied warranty of quiet possession.

[56] *Microbeads A.G. v Vinhurst Road Markings Ltd*, n 51; *Great Elephant Corporation v Trafigura Beheer BV (The Crudesky)*, n 32. In *The Playa Larga* [1983] 2 Lloyd's Rep 171, Ackner LJ appeared sympathetic (at 180) to the argument that there must be some temporal limit on the operation of the warranty of quiet possession, but it is difficult to see what limit there could be beyond that imposed by the Limitation Act 1980. See M. Bridge, 'The Title Obligations of the Seller of Goods' in N. Palmer and E. McKendrick (eds), *Interests in Goods* (2nd edn, 1998), 303–327 at p 307.

[57] *Microbeads A.G. v Vinhurst Road Markings Ltd*, n 51.

[58] *Oeheri International Trading Co v Donald & McCarthy* [1999] SLR 391 (Singapore High Court). See further on quiet possession Bridge, 'The Title Obligations of the Seller of Goods', n 56.

[59] In the case of the Consumer Rights Act 2015, s 31(1)(i) provides that a term of a contract to supply goods is not binding on the consumer to the extent that it would exclude or restrict the trader's liability arising under s 17. See also s 31(2) and (3) in relation to more detailed aspects of the definition of the term which is not binding on the consumer.

[60] See Farrand, *Contract and Conveyance*, n 38, p 69.

11.26 *The Statutory Implied Terms in Favour of the Buyer*

the purchaser's knowledge of it.[61] It is thus somewhat curious that the Act adopts a different approach to the implied warranties of freedom from charges and encumbrances, and quiet possession. There is no good reason for distinguishing a charge or encumbrance from any other removable defect in title. The fact that it is known to the buyer at the time he makes the contract ought not in itself to be relevant. The crucial question should be whether the intention of the parties is that the buyer shall take subject to or free from the charge or encumbrance in question.[62]

2. *Intention to transfer such title as the seller or third party may have*

11.27 In cases where there appears from the contract or is to be inferred from its circumstances[63] an intention that the seller should transfer only such title as he or a third person may have, s 12(5) replaces the terms that would otherwise be implied under s 12(1) with a set of more limited implied terms, all of which are categorized as warranties.[64] The seller has a duty to disclose charges or encumbrances known to him, except in so far as these are already within the buyer's knowledge.[65] In addition, the seller gives a limited undertaking as to future conduct on the part of himself and, if he is purporting to transfer such title as a third person may have, that person, the undertaking being that the buyer's possession will not be disturbed by the seller, the third person (if any) or anyone claiming through or under the seller or third person otherwise than under a charge or encumbrance disclosed or known to the buyer before the contract is made.[66]

11.28 Can a seller who purports to exclude the implied condition of title fall back on s 12(3) and (5) and say that the effect of the exemption clause is to evince an intention to transfer merely such title as he has? It seems clear that such an argument would not avail. The core of the contract will be taken to be that which the buyer is reasonably entitled to assume from the manner in which the contract terms are presented to him by the seller. If the seller presents the transaction as one in which he is selling as owner, he will be held to what he has apparently offered, and the court will not construe the exemption clause as converting a purported transfer of an indefeasible title into a transfer of such title as the seller may possess.

---

[61] However, whereas on the sale of land there is almost invariably a significant time-lag between contract and conveyance, thus leaving scope for a contractual obligation to discharge encumbrances before completion, a contract for the sale of goods may, and frequently does, operate simultaneously as a conveyance. Where title is to pass to the buyer immediately upon the contract, there may be difficulty in implying an obligation on the seller to remove charges or encumbrances known to the buyer.

[62] In this connection see n 61.

[63] Eg, on a sale by an executor or a sale of a judgment debtor's goods by a sheriff or bailiff or by an auctioneer on his behalf (*Payne v Elsden* (1900) 17 TLR 161; *Chapman v Speller* (1850) 14 QB 621).

[64] Hence a breach does not normally entitle the buyer to treat the contract as discharged.

[65] 'Know' signifies actual knowledge, not constructive notice.

[66] Section 12(5).

3. CORRESPONDENCE WITH DESCRIPTION

11.29 Section 13 of the Sale of Goods Act 1979[67] (omitting subsections (4) and (5)) provides as follows:

'**13 Sale by description.**

(1) Where there is a contract for the sale of goods by description, there is an implied term that the goods will correspond with the description.

(1A) As regards England and Wales and Northern Ireland, the term implied by subsection (1) above is a condition.

(2) If the sale is by sample as well as by description it is not sufficient that the bulk of the goods corresponds with the sample if the goods do not also correspond with the description.

(3) A sale of goods is not prevented from being a sale by description by reason only that, being exposed for sale or hire, they are selected by the buyer.'

11.30 The unhappy designation as an implied condition of that which is in truth an express delineation of the very subject matter of the contract has already been commented upon.[68] Fortunately, the courts contrived to avoid the possible adverse consequences, by recognizing that correspondence with description was not simply, like fitness for purpose or merchantable quality (as it then was), a condition implied by law which was capable of being excluded by agreement,[69] but a fundamental obligation which would not lightly be construed as having been cut down by an exemption clause.[70] Indeed, the courts have gone further and insisted (as if it were a necessary corollary of the fundamental nature of the conformity with description obligation) that *any* disconformity, however minor, infringes 13, unless purely microscopic.[71] This 'perfect tender' rule has attracted much adverse criticism.

11.31 Subsection (3) of s 13 re-enacts a provision added by the Supply of Goods (Implied Terms) Act 1973 in order to remove a doubt[72] as to whether there could be a sale by description where the buyer simply selected the goods himself in a self-service store.

(i) The elements of a sale by description

11.32 There is a contract for sale by description where, as terms of the contract, descriptive words are employed, expressly or impliedly, for the

---

[67] The equivalent term in the Consumer Rights Act 2015 is to be found in s 11(1)–(3) which substantially resembles the Sale of Goods Act 1979, s 13 except that it does not use the language of 'condition' and 'warranty' and so does not include an equivalent of s 13(1A).
[68] See para **11.06**.
[69] Sale of Goods Act 1979, s 55, as originally enacted. But see now para **11.132**.
[70] *Vigers Bros v Sanderson Bros* [1901] 1 KB 608; *Montague L. Meyer Ltd v Kivisto Carelia Timber Co Ltd* (1929) 142 LT 480. See now Unfair Contract Terms Act 1977, s 6, paras **11.133** ff.
[71] *Arcos Ltd v E. A. Ronaasen & Sons* [1933] AC 470.
[72] *Final Report of the Committee on Consumer Protection* (1962, Cmnd 1781), para 441; 1969 Law Com Report, No 24, paras 23–25.

11.32 *The Statutory Implied Terms in Favour of the Buyer*

purpose of identifying or defining the goods and are at least in some measure relied on by the buyer for that purpose. Each of these ingredients will be separately examined.

(ii) Description as a term of the contract

11.33 In order for a contract to be for sale by description, the descriptive statement relied on must be a term of the contract and not a mere representation inducing the buyer to enter into the contract.[73] This highly artificial separation of the external inducement from the internal undertaking was insisted upon by the House of Lords in *Heilbut, Symons & Co v Buckleton*,[74] a decision which has been applied on more than one occasion, though latterly with increasing reluctance.[75] The principle remains intact but the modern tendency is to bypass it by finding as a fact that the descriptive words were indeed part of the bargain and not merely an anterior inducement to enter into the contract.

(iii) The extension of the 'description' concept to specific goods

11.34 In the nineteenth century 'sale by description' was used as the antithesis of sale of specific goods; for in the latter case goods were in existence and earmarked, the buyer could inspect for himself, the *caveat emptor* principle meant that the seller was under no duty to disclose defects, and the buyer was thus buying on the strength of his own judgment and not by reference to any description expressly or impliedly annexed by the seller. The earmarking of the goods in a physical sense at the time of the contract, and their availability for physical inspection at that time, were taken to mean that they were identified for all purposes, whether or not they possessed the intrinsic qualities which were the inducement to the buyer to buy. For an article to be thus earmarked it was necessary only that it should be of the *kind* agreed upon (using the word 'kind' in a very broad sense) and should be the sole article possessing at the time designated by the parties[76] the location in space by reference to which it was described.

11.35 Almost certainly the draftsman of the Sale of Goods Act intended that the phrase 'sale by description' should be used in its common law signification, that is, by contrast to a sale of specific goods; for by definition specific goods are those identified and agreed upon at the time of the contract,[77] and if description be taken to mean that which earmarks or identifies in the broad sense stated above,[78] then on a contract for the sale of specific goods

---

[73] Hence 'description' for the purpose of the Sale of Goods Act is narrower than for the purpose of the Trade Descriptions Act 1968.
[74] [1913] AC 30.
[75] See paras 3.41–3.43.
[76] This will usually be the time when the descriptive statement is made, not the time of contract. See below.
[77] Sale of Goods Act 1979, s 61(1).
[78] This premise is examined below.

non-correspondence with description ought logically to be impossible. This reasoning is probably the true basis of the decision in *Varley v Whipp*,[79] where it was held that a contract for sale of a particular reaping machine which the buyer had not seen and which was therefore identifiable only by description[80] was not an unconditional contract for the sale of specific goods within s 18, r 5, as the reaping machine did not possess the identity of the goods contracted to be sold. But it has subsequently been held that 'there is a sale by description even though the buyer is buying something displayed before him on the counter: the thing is sold by description, though it is specific, so long as it is sold not merely as a specific thing but as a thing corresponding to a description . . . '.[81] It is thus apparent that an article may lack conformity with description for the purpose of s 13 even though it is specific within the meaning of the Sale of Goods Act and that description as identification subtly changes meaning when applied to specific goods. Indeed, this raises the whole question: what exactly do we mean by specific goods?[82]

(iv) Distinguishing identity from attributes

11.36 Goods do not correspond with the contract description if they are essentially different from the goods for which the buyer bargained, that is to say, are of a different 'kind' or constitute a different 'substance'. The task, then, is to ascertain what 'kind' of goods were the subject of the contract and then to see whether what was tendered was of that kind or of a different kind. The problem is to know how to delineate the contractual genus, the 'core' of the contract. Consider, for example, the following advertisement, on the assumption that its terms are incorporated in their entirety into the resulting contract.

> For sale. 2016 Honda Civic manual, only one owner, 73,000 miles, climate control, rear parking camera, in car entertainment (Radio CD/MP3), excellent condition.

11.37 What is the essence of the bargain? What kind of article is being offered? If the seller tendered a caravan, we should be in no doubt that this was not the type of article to which the contract related. The difficulty is to determine how closely we are to regard the genus as defined: that is to say, what parts of the descriptive statement are so crucial to the identity of the subject matter that their absence would make what was tendered essentially different from the goods bargained for? Is the core of the contract a car (ie *any* car), with make and model being mere attributes? Is it a car (*any* car) manufactured by Honda? Or do the other ingredients – year, type of

---

[79] [1900] 1 QB 513.
[80] Williston argued persuasively that this was not a true case of sale by description at all. 'The distinction is artificial between such a case and a case where the buyer sees the goods and agrees to buy what he sees, relying on a description by the seller the truth of which inspection cannot determine. Whether the buyer sees the goods or not, it is the description which induces him to buy but it is not the description which identifies the goods' (*Williston on Sales*, rev edn, vol 1, 1948, para 224).
[81] *Grant v Australian Knitting Mills Ltd* [1936] AC 85, at 100.
[82] See para **11.41**.

11.37 *The Statutory Implied Terms in Favour of the Buyer*

gear-change, prior ownership, mileage and so on – also form part of the essential identity of the subject of the contract? As a matter of impression we should probably reach the conclusion that 'Honda Civic manual' was clearly part of the contract description, that '2016' would very likely be so regarded,[83] that 'only one owner' and '73,000 miles' are borderline, and that 'climate control', 'rear parking camera' and 'in car entertainment (Radio/CD/MP3)' and 'excellent condition' are almost undoubtedly mere attributes not going to the identity of what is to be contracted to be sold.

11.38 Philosophers have raged for centuries over the distinction between identity and attributes. Indeed, there is a sharp division of opinion on the crucial question whether an article is any more than the aggregate of its constituent parts – whether, in short, identity *can* be distinguished from attributes.[84] It would thus be futile to attempt a definition of 'the core' of a contract.

> '. . . I do not believe that the Sale of Goods Act was designed to provoke metaphysical discussions as to the nature of what is delivered in comparison with what is sold. The test of description, at least where commodities are concerned, is intended to be a broader, more commonsense, test of a mercantile character. The question whether that is what the buyer bargained for has to be answered according to such tests as men in the market would apply, leaving more delicate questions of condition, or quality, to be determined under other clauses of the contract or sections of the Act.'[85]

11.39 Applying such a test, the courts have held that there was non-conformity with description where the seller tendered as Long Staple Salem cotton that which was Western Madras cotton;[86] where a mixture of hemp and rape oil was offered in performance of a contract to supply foreign refined rape oil;[87] where what was proffered as oxalic acid was found to contain 10% of sulphate of magnesium and was thus not oxalic acid within the commercial sense of the contract.[88] Similarly, copra cake contaminated with so large an admixture of castor bean as to render it poisonous was held not to be copra cake for the purpose of the contract,[89] and meat and bone meal adulterated to the extent of 5% with cocoa husks was not regarded as meat and bone meal within the contract.[90] Again, the courts have treated as part of the contract description such diverse matters as method of packing,[91] shipment[92] and

---

[83] *Beale v Taylor* [1967] 1 WLR 1193.
[84] See also para **11.49**.
[85] *Ashington Piggeries Ltd v Christopher Hill Ltd* [1972] AC 441, per Lord Wilberforce at 489.
[86] *Azémar v Casella* (1867) LR 2 CP 677.
[87] *Nichol v Godts* (1854) 10 Exch 191.
[88] *Josling v Kingsford* (1863) 13 CBNS 447.
[89] *Pinnock Bros v Lewis & Peat Ltd* [1923] 1 KB 690.
[90] *Robert A. Munro & Co Ltd v Meyer* [1930] 2 KB 312.
[91] *Re Moore & Co and Landauer & Co* [1921] 2 KB 519.
[92] *Bowes v Shand* (1877) 2 App Cas 455; *Montague L. Meyer Ltd v Travaru A/B H. Cornelius of Gambleby* (1930) 46 TLR 553.

marking[93] and occasionally quality[94] and quantity.[95] On the other hand, herring-meal containing an ingredient which generated a toxin was not held to have lost its identity as herring-meal;[96] 'fair average quality' of the season was, in the context in which it appeared in the contract, a statement as to quality, not a part of the contract description,[97] and defects in quality do not render the goods not in conformity with the description if the goods remain in substance the goods contracted for.[98]

11.40 It is important not to place excessive reliance on decisions as to the effect of particular phrases, for each case turns on the language of the contract and on its commercial setting, and is not a reliable guide to the conclusion that a court will reach in another case on similar facts. Hence instead of listing words and phrases that have attracted judicial rulings in the past, it is more fruitful to concentrate on some fundamental questions, of which the following are but a selection.

1. Is the distinction between specific and unascertained goods relevant for the purpose of description under the Sale of Goods Act?

11.41 If description goes to identity[99] and goods sold as specific goods[100] do not in fact answer the contract description, then they do not possess the identity ascribed to them. How, then, can they be specific at all? Clearly, if we are to make sense of the statutory definition of specific goods, we must recognize that the identification function of 'description' is not the same in the case of specific goods as it is in the case of unascertained goods. The word 'description' when applied in reference to specific goods imperceptibly changes meaning. Whereas on a contract for the sale of unascertained goods the description fixes the identity of the subject matter, so that there is no effective

---

[93] *Smith Bros (Hull) Ltd v Gosta Jacobsson & Co* [1961] 2 Lloyd's Rep 522. The position is otherwise if the mark is designated purely as a convenient means of reference, not as a mode of physical identification (*Reardon Smith Line Ltd v Hansen-Tangen* [1976] 2 Lloyd's Rep 60).
[94] See cases cited nn 88–90. But normally quality is treated as a matter distinct from description. It is usually only where the defect is so serious as to alter the nature of the article that it will produce non-correspondence with description. The purpose for which the goods are required may also form part of the contract description. See *Teheran-Europe Co Ltd v S. T. Belton (Tractors) Ltd* [1968] 2 QB 545, per Diplock LJ at 559.
[95] *Canada Law Book Co v Boston Book Co* (1922) 66 DLR 209. But a shortfall or excess of quantity, which is dealt with expressly in s 30 of the Act (paras **13.31** ff), is even less likely to be treated as going to identity so as to constitute a breach of the implied term of correspondence with description.
[96] *Ashington Piggeries Ltd v Christopher Hill Ltd*, n 85. But herring-meal was only one element in the compound which comprised the mink food in that case. It was selected because it was the defective ingredient. Such selection is not, it has been pointed out, the proper way of approaching the issue, which is to look at the entirety of the goods the subject of the dispute (I. Patient (1971) 34 MLR 557 at p 558). A defect in a particular component may be serious enough to alter the character of the component without changing the nature of the goods as a whole.
[97] *Ashington Piggeries Ltd v Christopher Hill Ltd*, n 85.
[98] Ibid.
[99] See para **11.49**.
[100] That is, goods identified and agreed upon at the time of the contract (s 61(1)).

11.41 *The Statutory Implied Terms in Favour of the Buyer*

appropriation unless the goods selected do in fact answer to the contract description (or at least are accepted by the buyer as so answering),[101] the function of the contract description in a contract for the sale of specific goods is not to identify the article which the buyer has agreed to buy and the seller to sell but to delineate the fundamental obligation of the seller, that is, to define the essence of what he is undertaking to deliver.

11.42 In other words, what the description identifies is not the article which is *in fact* selected by the parties and earmarked to the contract but the essential characteristics which the article that has become so earmarked must possess if the seller is to fulfil his fundamental obligation. Instead of correspondence with description being, as in the case of unascertained goods, a condition precedent to identification, the buyer's exercise of a right to reject for non-conformity with description is a condition subsequent. The buyer is not saying: 'I wish to buy an article possessing the characteristic X and if this is such an article I will buy it.' He is saying: 'I wish to buy *this* article on the basis that it possesses characteristic X and if it is not such an article I reserve the right to reject it.'

11.43 The distinction is of some importance, for it shows that in the case of specific goods non-correspondence with description merely gives the buyer the option of treating the goods as not in conformity with the contract and does not alter the fact that the non-conforming goods were nevertheless the unique goods the subject of the contract. Hence if the buyer does reject, the seller has no right to cure the breach by tendering other goods which do conform to the contract description, for though such substituted goods may possess characteristic X, they are not *the* goods the buyer contracted to buy but simply goods possessing the characteristic which ought to have been possessed by the goods the buyer *did* contract to buy.

2. *As at what time is the description of specific goods fixed?*

11.44 Although on a contract for the sale of specific goods the identification is made at the time of the contract, yet the true contractual identity of the goods is fixed by reference to the state of affairs existing when the description was given, unless that description has changed by the date of the contract or the buyer has otherwise ceased to rely on it. Thus, if I own two paintings, one in my lounge and the other in my bedroom, and I offer to sell 'the painting hanging in my bedroom', the buyer, if relying solely on that description to identify the goods, is entitled to the painting which is in my bedroom at the time of my offer, even though by the time of his acceptance the paintings have been switched round.[102] This, of course, is so obvious as to seem hardly worth stating. Yet it is important to keep the temporal reference point in mind, for it

---

[101] See para **8.19**.
[102] Of course, if he inspects the painting which I have moved to the bedroom and decides to buy it, we can say that the original description has ceased to be relevant to identification, since the buyer is now buying on the basis of his inspection, not in reliance on my description.

may bear on the question whether there is an ambiguity in the seller's offer which can be resolved only by treating a descriptive statement as part of the identification of the goods.[103]

(v) Reliance on the description

11.45 The mere fact that the seller *offers* to sell by description, in the sense that he intends his words of description to identify the contract goods, does not make the contract one for sale by description unless the buyer accepts the offer on that basis. The seller must not merely offer to sell by description but must contract to do so; and this involves that the buyer must contract to buy by description. If the buyer agrees to buy in exclusive reliance on his own skill and judgment, so that he is not depending on the description to delineate the subject matter of the contract, the sale is not by description and the descriptive words employed by the seller will become inoperative. Thus reliance on the description is an essential ingredient of a contract for sale by description.[104] However, the proof of reliance is not an onerous task. On a sale of unascertained goods, the buyer necessarily relies on the description, for he has no other way of knowing to what the contract relates. Even in a contract for the sale of specific goods, if the goods in question are ordinary articles of commerce, the court will usually presume that the buyer intended to buy in reliance on the goods possessing the characteristics making up their description rather than purchasing a specific article as such. Moreover, reliance need not be total. It suffices if the description is material in influencing the buyer's decision to buy.[105]

11.46 However, there are cases in which it is clear that the buyer does not rely in any way on the seller's description when entering into the contract. This is particularly likely to happen in transactions between dealers, who typically (though not invariably) rely on their own expertise. A good illustration is provided by the decision of the Court of Appeal in *Harlingdon & Leinster Enterprises Ltd v Christopher Hull Fine Arts Ltd*,[106] a case which has given rise to much discussion.

> The plaintiffs and the defendants were both art dealers. The defendants offered for sale two paintings which they described as being by Gabriele Münter, who was an artist of the German expressionist school. The employee of the plaintiffs who viewed the paintings was told that the defendants knew little about them and nothing about

---

[103] See the first edition of this work, pp 251–252, discussing whether the presence or absence of other members of the class of goods described influences the identity content of the descriptive statement.

[104] *Joseph Travers & Son Ltd v Longel Ltd* (1947) 64 TLR 150; *Leggett v Taylor* (1965) 50 DLR (2d) 516. In *Harlingdon & Leinster Enterprises Ltd v Christopher Hull Fine Arts Ltd* [1991] 1 QB 564 (see below) it was said to be theoretically possible for a description which is not relied on to become an essential term of the contract (*per* Nourse LJ at p 574); but it is hard to see how a sale could be 'by description' if the description played no part in influencing the buyer to buy.

[105] *Joseph Travers & Son Ltd v Longel Ltd*, n 104. Cf the decisions on fitness for purpose, paras **11.117–11.118**.

[106] Note 104.

11.46 The Statutory Implied Terms in Favour of the Buyer

Gabriele Münter. The plaintiffs themselves were more expert in German expressionist paintings than the defendants. The employee asked no questions about the provenance of the paintings, nor did he request an opportunity to make further inquiries. The plaintiffs bought the paintings, which were later found to be forgeries. The plaintiffs sought to reject the paintings and recover the price on the ground of non-conformity with description in breach of s 13 of the Sale of Goods Act.

Held (Stuart-Smith LJ dissenting): the description did not have sufficient influence on the plaintiffs for it to have been intended to become a term of the contract, and was therefore not relied on by the plaintiffs, so that the contract was not for the sale of the paintings by description for the purposes of s 13(1).

11.47 This decision is plainly correct. In the art world there are frequent disputes and disagreements as to the provenance of particular works, and different expressions conveying varying degrees of confidence in the stated attribution. Much of the success of dealers comes from backing their own judgment over that of others who take a different view.

(vi) Can section 13 be excluded?

11.48 It is clear that in principle s 13 as such can be excluded,[107] subject to ss 3 and 6 of the Unfair Contract Terms Act.[108] But the effect of excluding s 13 is minimal. The exclusion negates the *implication by law* of the term of correspondence with description, whereas we have seen that the description is that which identifies the subject matter of the contract and is thus an *express* delineation of the contract goods. Hence a purported exclusion not merely of s 13 as a statutory provision but of the seller's duty to deliver goods conforming to the contract description cannot be effectuated without negating the entire contract. The seller could, of course, contract to sell, for example, 'this article, which may or may not be a car', but the court would expect plain language before interpreting the contract as intended to have this effect, and if such language were used, the contract would not then be a contract for sale by description but an agreement to sell the designated article 'as is'. In short, the requirement of correspondence with description applies only where there is a contract for sale by description, and the effective exclusion of a duty to furnish goods corresponding with the description given would either negate the contract or convert it into one for the sale of a unique chattel.

(vii) The utility of the distinction between identity and attributes

11.49 Even supposing that there is a logical distinction between identity and attributes, it is highly artificial from the viewpoint of the buyer of the goods. If he contracts to buy 'a 2016 Honda Civic motor-car in excellent condition', he will expect just that, and will be singularly unimpressed by the argument

---

[107] Section 55(1); Unfair Contract Terms Act 1977, s 6(1A).
[108] In the case of the Consumer Rights Act 2015, s 31(1)(c) provides that a term of a contract to supply goods is not binding on the consumer to the extent that it would exclude or restrict the trader's liability arising under s 11. See also s 31(2) and (3) in relation to more detailed aspects of the definition of the term which is not binding on the consumer.

that the 'identity' of what he is buying is confined to '2016 Honda Civic' and that 'excellent condition' is a mere attribute. Moreover, where as a matter of construction the express statement, though not considered to go to identity, is nevertheless regarded as a major term of which a breach would go to the root of the contract, the buyer has the same right to reject, and other remedies, as for non-correspondence with description. We may therefore ask whether any useful purpose is served by retaining the concept of 'correspondence with description'.

11.50 As the law at present stands, the status of a descriptive statement as part of the contract description is relevant, in at least three ways. First, the duty to provide goods conforming to the description cannot readily be excluded.[109] Secondly, whereas in the case of other terms the doctrine of substantial performance applies unless the parties otherwise agree or the circumstances of the contract otherwise indicate,[110] the courts have held that *any* non-conformity with description, other than purely microscopic, entitles the buyer to reject. Thirdly, whereas the statutory implied terms of fitness and satisfactory quality are conditions, express statements as to the goods may be conditions or warranties (depending on the court's view as to the importance which the parties must be taken to have intended to attach to compliance) or, indeed, may be terms which cannot be given any a priori label at all, the legal effect of a breach depending on the gravity of its consequences and not on any classification of the express term broken as a condition or a warranty.[111]

11.51 Yet none of these factors makes the present concept of correspondence with description indispensable. We could, for example, drop s 13 altogether (recognizing that a contract description is anyway an *express* term), and provide (a) that the buyer shall be entitled to reject, and/or to pursue other remedies for breach of contract where, as the result of the goods differing in a material respect (whether as to description, quality, quantity or otherwise) from those which the buyer contracted to buy, the commercial value of the bargain to the buyer is substantially impaired, and (b) that any provision purporting to exclude or restrict the buyer's rights under (a) shall be regulated by s 6(1A) of the Unfair Contract Terms Act[112] in the same way as this subsection now regulates contractual provisions purporting to exclude the statutory implied terms. By attaching the same consequences to all material breaches we should avoid the necessity of distinguishing identity from attributes and should thus give effect to the commercial understanding of the transaction. By insisting that the difference from specification be 'material' we should release the seller from the rigours of the present 'perfect tender' rule and bring the law of sale into line with that of other contracts. By looking at the consequences of the breach rather than the nature of the term broken we

---

[109] See paras **11.30**, **11.135** and **11.136**.
[110] Eg on a commercial sale, where time of delivery is prima facie of the essence. See para **10.24**, n 45.
[111] *Hong Kong Fir Shipping Co Ltd v Kawasaki Kisen Kaisha Ltd* [1962] 2 QB 26.
[112] In the case of the Consumer Rights Act 2015, a term of a contract to supply goods is not binding on the consumer to the extent that it would exclude or restrict the trader's liability arising under s 11 (see n 108 above).

11.51 *The Statutory Implied Terms in Favour of the Buyer*

should escape the artificial classification of the seller's undertakings as conditions or warranties. As to these last two points s 15A now precludes a non-consumer buyer from rejecting for breaches of the implied conditions which are so slight that it would be unreasonable for him to do so.[113]

4. QUALITY

11.52 At common law, the courts were reluctant to imply any terms of fitness or quality, and the general principle was *caveat emptor*.[114] We have seen how this principle gradually came to be eroded.[115] Nevertheless, its impact was such that in the Sale of Goods Act itself, *caveat emptor* is still presented as being the dominant rule.

> '14 – (1) Except as provided by this section and section 15 below and subject to any other enactment, there is no implied term about the quality or fitness for any particular purpose of goods supplied under a contract of sale.'

11.53 A broadly equivalent provision is to be found in s 18(1) of the Consumer Rights Act 2015. But the exceptions have become so large and general that, despite the impression given by s 14(1) of the Sale of Goods Act 1979 (SGA 1979) and s 18(1) of the Consumer Rights Act 2015, the *caveat emptor* rule is now a shadow of its former self and, except in the case of private sales, the seller will in most cases be under a duty to supply goods of satisfactory quality and fit for their known purpose[116] save to the extent to which, within the limits permitted by the Unfair Contract Terms Act 1977, the Consumer Rights Act 2015[117] and common law principles, he has contracted out of those obligations. However, s 14(1) remains of significance in so far as it provides us with a reminder that there is no implied term about the quality or fitness for any particular purpose of goods supplied under a contract of sale other than the terms to be found in ss 14 and 15 of the SGA 1979 and ss 9, 10, 13 and 16 of the Consumer Rights Act 2015[118] unless, perhaps, the term can be implied into the contract as a matter of fact (rather than law) in order to give effect to the intention of the parties.

(i) The duty to supply goods of satisfactory quality

11.54 Prior to the Sale and Supply of Goods Act 1994, the epithet used to describe the quality of goods which the buyer, in certain cases, had the right to expect was 'merchantable'. The phrase 'merchantable quality', originally

---

[113] See para **12.04**.
[114] See para **6.02**.
[115] See paras **6.03–6.04**.
[116] The implied condition of fitness is examined para **11.95**.
[117] The Consumer Rights Act 2015 effectively prevents the trader from excluding or restricting such liability: see s 31(1)(a).
[118] *KG Bominflot Bunkergesellschaft für Mineralöle mbh & Co KG v Petroplus Marketing AG (The Mercini Lady)* [2010] EWCA Civ 1145, [2011] 1 Lloyd's Rep 442, [45]. This point was overlooked by the trial judge, but re-affirmed by the Court of Appeal, in *Lowe v W Machell Joinery Ltd* [2011] EWCA Civ 794, [2011] BLR 591.

intended to convey that one merchant buying from another would have regarded the goods as suitable,[119] was extended to cover sales by business sellers to consumers, and was first defined by statute in the Supply of Goods (Implied Terms) Act 1973, which inserted a definition in what later became s 14(6) of the Sale of Goods Act 1979. Under that section the test of merchantable quality was whether the goods were as fit for the purpose or purposes for which goods of that kind were commonly bought as it was reasonable to expect having regard to any description applied to them, the price (if relevant) and all the other relevant circumstances. The problem with the fitness for purpose test was that, while it clearly covered both saleability and usability, it was less clear that it encompassed such matters as freedom from minor or cosmetic defects or durability, though in the end the decisions of the courts established that the phrase was broad enough to cover these aspects.

11.55 It became apparent that, used in this extended sense, neither the word 'merchantable' nor the reference to fitness for purpose adequately conveyed the concept of acceptable quality, but there was considerable difficulty in finding an appropriate substitute. Among the various alternatives canvassed were 'good', 'proper' and 'acceptable'. The Law Commissions opted for the last of these,[120] but in the 1994 Act the label 'satisfactory' was adopted. In its amended form s 14 of the Sale of Goods Act provides a general standard of quality and then sets out a non-exhaustive list of matters which in appropriate cases are to be considered aspects of the quality of goods. The new definition for the most part restates the quality aspects which the courts had held to fall within the concept of merchantable quality. However, in at least one important respect it departs from the case law, by making it clear that an aspect of quality is fitness of the goods for *all* the purposes for which goods of that kind are commonly supplied, whereas prior to the 1994 Act it had been held sufficient for goods to be fit for any one of those purposes.[121]

11.56 We shall first examine the ambit of the duty and then consider the quality standard and the aspects of quality to which the court can have regard. The duty is strict; reasonable care is not enough. The remedies for breach of the duty, including the additional remedies provided to consumers,[122] are discussed in Chapter 14.

(ii) The ambit of the duty

11.57 Subsections (2) and (2C) of s 14[123] provide as follows:

---

[119] See Law Commissions' Report, *Sale and Supply of Goods* (Law Com No 160, Scot Law Com 104, Cmnd 137, 1987), para 3.7.
[120] Ibid, paras 3.14 ff.
[121] M/S Aswan Engineering Establishment Co v Lupdine Ltd [1987] 1 WLR 1, where it had been unsuccessfully argued that the change of wording effected by the 1979 Act had produced this result.
[122] Consumer Rights Act 2015, ss 19–24.
[123] The equivalent terms in the Consumer Rights Act 2015 are to be found in s 9(1) and (4).

11.57 *The Statutory Implied Terms in Favour of the Buyer*

'(2) Where the seller sells[124] goods in the course of a business, there is an implied term that the goods supplied under the contract are of satisfactory quality.

. . .

(2C) The term implied by subsection (2) above does not extend to any matter making the quality of the goods unsatisfactory –
- (a) which is specifically drawn to the buyer's attention before the contract is made,
- (b) where the buyer examines the goods before the contract is made, which that examination ought to reveal, or
- (c) in the case of a contract for sale by sample, which would have been apparent on a reasonable examination of the sample.'

By s 14(4) an implied term about quality may be annexed to a contract of sale by usage.[125]

1. 'Goods'

11.58 The obligation to supply goods of satisfactory quality is not confined to new goods but covers used and second-hand goods,[126] though the state of the goods and the price at which they are offered will, of course, be relevant to the standard of quality the buyer is entitled to expect.

2. 'In the course of a business'

11.59 The implied condition of quality does not in general apply to private sales.[127] For the condition to be attracted, the seller must sell in the course of a business. 'Business' includes a profession and the activities of any government department or public authority.[128] The term is a wide one and denotes any regular activity of a business character carried on by a person on his own account, whether or not for financial or other reward.[129] 'In the course of a business' has a broad meaning. It is not necessary that the transaction should be one of a type conducted with regularity by the seller. Indeed, it is not necessary that he should be a dealer in goods of that type at all. So if the seller sells an item of equipment used in his business with a view to acquiring new equipment in its place, that is a sale in the course of a business.[130] The sale does

---

[124] The word 'sells' is obviously used here loosely to include an agreement for sale.
[125] The equivalent term in the Consumer Rights Act 2015 is to be found in s 9(8) where the term may be treated as included as a matter of 'custom' rather than 'usage'.
[126] See *Bartlett v Sidney Marcus Ltd* [1965] 1 WLR 1013 and *Shine v General Guarantee Corpn* [1988] 1 All ER 911, which rather strangely applied s 14(6) of the Sale of Goods Act to a hire-purchase agreement, a type of agreement outside the scope of the Act! The statutory provision which should have been applied was s 10(2) of the Supply of Goods (Implied Terms) Act 1973, which is to similar effect. See also *McDonald v Empire Garage (Blackburn) Ltd* (1975) *The Times*, 7 October.
[127] In the case of the Consumer Rights Act 2015, the Act only applies to contracts entered into between a trader and a consumer (see s 1(1) and, for the relevant definitions, s 2(2) and (3)).
[128] Section 61(1).
[129] *Rolls v Miller* (1884) 27 Ch D 71.
[130] *Stevenson v Rogers* [1999] QB 1028 (distinguishing *Davies v Sumner* [1984] 1 WLR 1301 and *R. & B. Customs Brokers Ltd v United Dominions Trust Ltd* [1988] 1 WLR 321) and

not have to be *for the purpose* of the business, nor is it necessary that the business should have as its object sales of or other dealings in goods of the kind to which the particular sale relates, or indeed any goods.

11.60 The restriction of the implied term of quality to sales by those selling in the course of a business is subject to the exception[131] embodied in s 14(5):

'The preceding provisions of this section apply to a sale by a person who in the course of a business is acting as agent for another as they apply to a sale by a principal in the course of a business, except where that other is not selling in the course of a business and either the buyer knows that fact or reasonable steps are taken to bring it to the notice of the buyer before the contract is made.'[132]

11.61 The purpose of this exception is obvious, namely to avoid a situation in which the buyer is led into thinking that his seller is selling in the course of a business when in fact the seller is acting as agent for a purely private principal. Of course, if the seller, though acting as agent, sells as a principal, the buyer may treat him as the principal and rely on the implied condition of quality, if otherwise applicable. But where the buyer learns that the seller is selling only as agent (whether for a named or an unnamed principal), the buyer is entitled to assume that the principal is making a business sale unless the buyer knows that he is a private seller or reasonable steps are taken to bring that fact to the buyer's notice before the contract is made.

3. *'The goods supplied under the contract'*

11.62 The words 'supplied under the contract' were originally introduced by the Supply of Goods (Implied Terms) Act 1973 to make clear what had already been established in the cases, namely that what is required to be of appropriate quality is not merely the contract goods agreed to be *sold* but the whole of what is supplied in purported performance of the contract, including containers and other articles mixed in with the contract goods.[133] Thus where the contract was for the sale of mineral water in a bottle, and through a defect in manufacture the bottle exploded and injured the buyer, she was held entitled to recover for breach of the condition of merchantable quality (as it then was) even though the bottle remained the property of the manufacturer and was not included in the sale.[134] Since the mineral water was obviously to be supplied in the bottle, the bottle was supplied under the contract of sale and had itself to conform to s 14. Similarly, where a ton of 'coalite' was bought and on being put on a fire exploded through the presence of some explosive substance mixed

---

MacDonald v Pollock [2011] CSIH 12, [2012] 1 Lloyd's Rep 425. The relationship between *Stevenson* and *R. & B. Customs Brokers* is examined by the Court of Appeal in *Feldarol Foundry plc v. Hermes Leasing (London) Ltd* [2004] EWCA Civ 747. See further I. Brown, 'Sales of goods in the course of a business' (1999) 115 LQR 384.

[131] The restriction and the exception apply equally to the implied condition of fitness for purpose, discussed at para **11.95**. The undisclosed principal may be liable as well as the agent (*Boyter v Thomson* [1995] 2 AC 629, HL).
[132] There is no equivalent provision in the Consumer Rights Act 2015.
[133] *Geddling v Marsh* [1920] 1 KB 668; *Niblett Ltd v Confectioners' Materials Co Ltd*, n 34; *Wilson v Rickett, Cockerell & Co Ltd* [1954] 1 QB 598.
[134] *Geddling v Marsh*, n 133.

in with the fuel, the fuel was held to be unmerchantable despite the fact that the lumps of fuel themselves were of proper quality; for the implied condition of merchantable quality applied not merely to the 'coalite' itself but to the whole consignment tendered in performance of the contract, and the presence of the explosive substance meant that what was *supplied* under the contract was unmerchantable.[135]

11.63 It may be that instructions for the use of the goods are also to be treated as part of the goods supplied under the contract,[136] but even if they are not, it would seem that where the buyer cannot reasonably be expected to use the goods without adequate instructions and the instructions are inadequate, inaccurate or misleading, the goods will not be of satisfactory quality.[137] The same applies a fortiori if no instructions are supplied at all.

4. Disclosed defects

11.64 Section 14(2C) provides that the implied term of satisfactory quality does not extend to any matter making the goods unsatisfactory which is specifically drawn to the buyer's attention before the contract is made. This part of the statutory provision stems from the 1973 Act, with modifications made under the 1994 Act, and there has been little case law on it. There are thus some unresolved questions. What is meant by 'specifically drawn to the buyer's attention'? This presumably requires that the buyer shall have had pointed out to him the particular defect of which he later seeks to complain, so that it would not be enough for the seller to say, in general terms, that the goods were in rather poor condition or that they were sold subject to defects unparticularized. But how much factual information concerning the defect must be communicated to the buyer before it can be said to have been 'specifically drawn to the buyer's attention'? Is it sufficient if the seller points to the outward manifestation of the defect, leaving it to the buyer himself to make further investigation? Or must the root of the trouble be precisely identified to the buyer? For example, is it enough to tell the buyer of a motor car that there is a malfunction of the engine without revealing that this is due to extensive corrosion? Each case depends on its facts, but the guiding principle would seem to be that it suffices to draw attention to a defect in general terms provided that the buyer is not misled as to the nature of the defect, eg by having it presented to him as arising from a relatively minor factor, X, when X is itself but a reflection of a more fundamental factor, Y. In such a case the buyer is entitled to expect that Y will be specifically drawn to his attention.

---

[135] *Wilson v Rickett, Cockerell & Co Ltd*, n 133.
[136] See the decision at first instance in *Wormell v R.H.M. Agriculture (East) Ltd* [1987] 3 All ER 75, which held goods to be unfit for their purpose on the ground that the instructions were misleading. The decision was reversed on appeal on the facts. For the legal significance of instructions in other respects, see J. K. Macleod, 'Instructions as to the Use of Consumer Goods' (1981) 97 LQR 550.
[137] In *Wormell v R.H.M. Agriculture (East) Ltd*, n 136, this appears to have been assumed by the Court of Appeal, though the point was not directly addressed.

11.65 Must it be the seller who draws the defect to the buyer's attention? The section does not say so, and it seems clear that if anyone, whether or not employed by or otherwise connected with the seller, points out the defect, the seller will not be answerable on account of it. On the other hand, some positive act of drawing attention seems to be required, whether it be oral or in writing. The mere fact that the buyer himself spots a defect would not attract this particular exception, though it would ordinarily bring into play the second exception described below.

5. Examination by the buyer

11.66 A further effect of s 14(2C) is that where the buyer examines the goods before the contract is made, the implied term of satisfactory quality does not extend to any matter making the quality of the goods unsatisfactory which that examination ought to reveal. The question here is not, as it was at common law,[138] whether the buyer had an opportunity to examine, but whether the examination he in fact conducted should have revealed the defects of which he seeks to complain.[139] Thus the buyer does not lose his right to complain that goods are of unsatisfactory quality merely because he contracted to buy without having examined. Yet if the buyer not only fails to examine but waives his right of examination, and thus expressly or impliedly accepts the risk of defects that would have been revealed if he had examined, he cannot rely on the implied condition of quality;[140] and if, when offered a full examination, he confines himself to a cursory inspection, he cannot rely on defects which the full examination would have revealed to show the goods were not of satisfactory quality. This is the effect of the much-criticized decision in *Thornett & Fehr v Beers & Son*.[141]

> The defendants agreed to purchase from the plaintiffs a quantity of glue in barrels in a warehouse. The plaintiffs offered every facility for examination but the defendants' representatives, being pressed for time, did not have any of the barrels opened but contented themselves with an inspection of the outside of the barrels. Had the defendants opened the barrels, they would have found that the glue was defective.
>
> It was held by Bray J that the defendants had examined the goods within the language of the Act, for the Act did not require full examination, the defendants had conducted such inspection as satisfied them that the goods were in order and, the

---

[138] *Jones v Just* (1868) LR 3 QB 197; *Thornett & Fehr v Beers & Son* [1919] 1 KB 486, per Bray J at 489.
[139] *MacDonald v Pollock*, n 130 at [34]. This point may have been overlooked by the Court of Appeal in *Bramhill v Edwards* [2004] EWCA Civ 403, [2004] 2 Lloyd's Rep 653, [51] and [54]. For criticism of this aspect of the decision see C. Twigg-Flesner, 'Examination prior to purchase: a cautionary note' (2005) 121 LQR 205.
[140] This rule is not derived from the Act but is an application of the common law principle that a contracting party can waive conditions in his favour and having done so cannot subsequently invoke them. However, it would seem that a contractual exclusion of the opportunity to examine (as opposed to a voluntary waiver of that opportunity) is an exemption clause for the purpose of s 6 of the Unfair Contract Terms Act 1977 (see s 13 of that Act), so that the exclusion of the opportunity to examine is valid only if it satisfies the requirement of reasonableness (see paras **11.137–11.143**).
[141] See n 138.

11.66 *The Statutory Implied Terms in Favour of the Buyer*

price being very low, were willing to take the risk involved in not conducting a more thorough examination. Accordingly, there was no implied condition of merchantable quality.

11.67 The decision would have been more satisfactory if expressed as a straightforward case of waiver of examination. In any event, the words 'that examination' in the present section (as opposed to 'such examination' in the original s 14) seem to indicate that what is now relevant is the examination actually conducted by the buyer, so that, for example, a buyer who contented himself with inspecting the exterior of the car he was purchasing would not be debarred from complaining of defects apparent only from an examination of the engine. In deciding what ought to have been revealed by the buyer's examination, the court is presumably to apply an objective test, namely that of the reasonable man, ignoring, on the one hand, any special expertise possessed by the buyer and, on the other, any unusual degree of ignorance.

6. *Sale by sample*

11.68 Section 14(2C)(c) deals with an inconsistency in the earlier legislation as regards the treatment of sales by sample. Under s 15(2)(c) of the original Act, on a sale by sample there was an implied condition that the goods would be free from any defect, rendering them unmerchantable, which would not be apparent on a reasonable examination of the sample. The implied condition would therefore not operate as to defects that a reasonable examination of the sample would have revealed, even if the buyer did not in fact examine the goods. By contrast, the implied term of merchantable quality under s 14(2), which extended to sales by sample, was not excluded merely because of what a reasonable examination would have revealed, but only where the buyer had in fact examined the goods. The new provision makes it clear that in the case of a sale by sample s 15(2)(c) is to prevail and that if a reasonable examination of the same would have revealed the defect, the implied term as to quality is excluded in relation to that defect whether or not the buyer has in fact examined the sample.

(iii) **The quality standard**

11.69 Section 14(2A) of the Sale of Goods Act 1979[142] provides as follows:

'For the purposes of this Act, goods are of satisfactory quality if they meet the standard that a reasonable person would regard as satisfactory, taking account of any description of the goods, the price (if relevant) and all the other relevant circumstances.'

11.70 This is a relatively new formulation introduced by the Sale and Supply of Goods Act 1994. Accordingly, pre-1973 case law offering definitions of merchantable quality under the Sale of Goods Act 1893[143] and case law on the

---

[142] The equivalent provision in the Consumer Rights Act 2015 is s 9(2).
[143] The three most widely used definitions were those given by Lord Wright in *Cammell Laird & Co Ltd v Manganeze Bronze & Brass Co Ltd* [1934] AC 402 at 430; by Farwell LJ in

amended definition in the Supply of Goods (Implied Terms) Act 1973[144] must now be regarded as of historic interest only for most purposes. The implied term establishes a 'general standard which goods are required to reach'[145] and it has been stated that 'it is primarily directed towards substandard goods.'[146] The test to be applied is an objective one and the reasonable person must for the purposes of the section be attributed with knowledge of all relevant background facts.[147]

11.71 In determining whether goods are of satisfactory quality the court must have regard to the description, price (if relevant) and other relevant circumstances. The contract description goes to the essence of what it is that the seller has contracted to sell, so that whether goods are of satisfactory quality almost inevitably depends on the description under which they are sold.[148] Thus, cloth sold for industrial purposes would not be expected to have the same visual and tactile quality as cloth sold to be made up into dresses,[149] and a commodity sold as being of average quality will not be expected to be of top quality. Price will also be relevant in most cases. Clearly the buyer of an old second-hand car cannot expect of it the performance or absence of visual blemishes required of a car sold as a new car;[150] and an article sold at an unusually low price may be expected to be inferior in quality to an article of similar description sold at a normal price.[151] Thus in *Business Application Specialists Ltd v Nationwide Credit Corpn Ltd*,[152] a decision on the former s 14(6):

Bristol Tramways, etc, Carriage Co Ltd v Fiat Motors Ltd [1910] 2 KB 831 at 841; and by Dixon J in *Grant v Australian Knitting Mills Ltd* (1933) 50 CLR 387 at 418. In *Henry Kendall & Sons v William Lillico & Sons Ltd* [1969] 2 AC 31, there was a division of opinion as to the respective merits of the three definitions; the majority favouring the test propounded by Dixon J.

[144] See, for example, *M/S Aswan Engineering Establishment Co v Lupdine Ltd*, n 121; *Rogers v Parish (Scarborough) Ltd* [1987] 2 All ER 232; *Business Application Specialists Ltd v Nationwide Credit Corpn Ltd* [1988] RTR 332.

[145] *Jewson Ltd v Boyhan* [2003] EWCA Civ 1030, [2004] 1 Lloyd's Rep 505, [46]. To similar effect, see [77].

[146] *Balmoral Group Ltd v Borealis (UK) Ltd* [2006] EWHC 1900 (Comm), [2006] 2 Lloyd's Rep 629, [140].

[147] *Bramhill v Edwards* n 139, [39]. See also *Clegg v Andersson T/A Nordic Marine* [2003] EWCA Civ 320, [2003] 1 All ER (Comm) 721, [2003] 2 Lloyd's Rep 32.

[148] It is submitted that the phrase 'any description of the goods' in s 14(2A) refers to the contract description, as opposed to descriptive language not embodied in the contract (see para **11.30**). Where a non-contractual description constitutes a misrepresentation, the buyer's remedy is to rescind the contract or, where the misrepresentation was fraudulent or negligent or the claim is brought under s 2 of the Misrepresentation Act 1967, to claim damages. See para **3.99**.

[149] See, for example, *B. S. Brown & Sons Ltd v Craiks Ltd* [1970] 1 WLR 752.

[150] In that connection it should not be overlooked that the buyer is not necessarily confined to reliance on the statutorily implied condition of satisfactory quality; he may have another line of attack by claiming breach of an *express* undertaking or an undertaking implied *in* fact. It is arguable, for example, that to describe a car as 'new' implies that it does not possess significant blemishes. See *Cehave N.V. v Bremer Handelsgesellschaft MbH, The Hansa Nord* [1976] QB 44, *per* Lord Denning MR at p 63. (For motor-car enthusiasts, the most detailed discussion of 'new' is to be found in the judgment of Franki J in *Annand & Thompson Pty Ltd v Trade Practices Commission* (1979) ATPR 40-116, ASC 55-046 (Federal Court of Australia), giving at least five possible meanings of the word.)

[151] *Feast Contractors Ltd v Ray Vincent Ltd* [1974] 1 NZLR 212; *Cehave N.V. v Bremer Handelsgesellschaft MbH*, n 150, *per* Lord Denning MR at p 63. But this depends on the

11.71 *The Statutory Implied Terms in Favour of the Buyer*

A second-hand Mercedes car, sold at a little under £5,000 with 37,000 miles on the clock, broke down after a further 500 miles because of burnt-out valves and badly worn valve seals. The repairs cost £635. Evidence was given by an independent expert that it would be unusual for defects of this kind to manifest themselves in such a car after only 38,000 miles.

Held by the Court of Appeal that following the enactment of s 14(6) of the Sale of Goods Act it was no longer necessarily sufficient for a second-hand car to be safe and roadworthy, the test applied in earlier cases,[153] but that after this usage some degree of wear and tear had to be expected, the cost of repairs was not particularly great in relation to the price and the car when sold was of merchantable quality.

11.72 Indeed, there may come a point where the quality standard that can reasonably be expected approaches zero, as where a car suitable only for the scrap-heap is sold for £5. However, there may well be cases where price is of limited or no relevance, as where goods are expressed to be sold at bargain or knock-down prices, particularly on liquidation sales. A 'bargain' is no bargain if the quality is no greater than reflected by the price.

11.73 'Other relevant circumstances' would include in particular risks voluntarily assumed by the buyer. For example, it is also reasonable to suppose that the buyer will take his chance with products known to carry inherent risk in normal use, eg cigarettes, drink and drugs; and if the buyer, without the knowledge of the seller, buys the goods for use in an environment for which they are known to be unsuitable, he cannot complain that they are on that account of unsatisfactory quality.[154] But goods may be of unsatisfactory quality notwithstanding the fact that they comply with the buyer's express requirements.[155] The circumstances do not generally include the particular requirements of a buyer which diverge from the requirements of the 'general' or 'standard' buyer; it is the function of s 14(3) rather than 14(2) to 'impose a particular obligation tailored to the particular circumstances of the case.'[156]

(iv) Aspects of quality

11.74 Section 14(2B) of the Sale of Goods Act[157] follows the recommendations of the Law Commissions in their 1987 report *Sale and Supply of Goods* and provides as follows:

---

circumstances. Shops frequently have seasonal and clearance sales and offer special discounts on particular lines of stock. Since a sale implies a genuine price reduction, the buyer is prima facie entitled to expect the same quality as on sale at a normal price, though the position is otherwise, of course, if the goods are sold as shop-soiled or as 'seconds'.

[152] See n 144.
[153] Eg *Bartlett v Sidney Marcus Ltd* [1965] 2 All ER 753.
[154] See *M/S Aswan Engineering Establishment Co v Lupdine Ltd*, n 121.
[155] *Lowe v W Machell Joinery Ltd* [2011] EWCA Civ 794, [2011] BLR 591 (staircase not of satisfactory quality because it did not comply with the Building Regulations and so could not lawfully be used, even though the staircase did meet the buyers' express requirements).
[156] *Jewson Ltd v Boyhan*, n 145, [47]. The reasonable person is, for this purpose, a 'construct by whose standards the Judge is required to evaluate the quality of the goods': ibid [78].
[157] The equivalent provision in the Consumer Rights Act 2015 is s 9(3).

'For the purposes of this Act, the quality of goods includes their state and condition and the following (among others) are in appropriate cases aspects of the quality of goods –
(a) fitness for all the purposes for which goods of the kind in question are commonly supplied,
(b) appearance and finish,
(c) freedom from minor defects,
(d) safety, and
(e) durability.'

11.75 The reference to state and condition re-enacts the previous provisions. The rest of s 14(2B) was inserted into the Sale of Goods Act 1979 by the Sale and Supply of Goods Act 1994. To a considerable extent s 14(2B) reflects the position already reached by the courts over the past 40 or so years, though, as we shall see, the fitness test has been strengthened.

1. 'In appropriate cases'

11.76 It is important to appreciate that s 14(2B) does not lay down any absolute rule that goods will fail the quality test if they do not satisfy all the listed criteria. In every case the question is what a reasonable person would regard as satisfactory, having regard to the contract description, the price and other relevant circumstances.

2. 'Fitness for all the purposes'

11.77 This is a change in the law. Previously it had been held that the test of merchantable quality was satisfied if the goods were fit for any one of the purposes for which goods of that kind were commonly bought, even if unfit for the other purpose or purposes.[158] That will no longer suffice. In principle, the standard is fitness for *all* normal purposes. Again, however, this is so only 'in appropriate cases', so that the seller can ensure through the contract description or other indications to the buyer that any common purpose for which the goods are unfit is excluded.[159] So if a car is sold for scrap, the fact that it is unroadworthy will not prevent it being of satisfactory quality.

3. 'Appearance and finish'

11.78 This reflects the existing law. Starting with the purpose for which 'goods of that kind' are commonly bought, one would include in respect of any passenger vehicle not merely the buyer's purpose of driving the car from one place to another but doing so with the appropriate degree of comfort, ease of handling and reliability and, one may add, pride in the vehicle's outward and interior appearance. What is the appropriate degree and what relative weight is to be attached to one characteristic of the car rather than another will depend on the market at which the car is aimed.[160]

---

[158] *M/S Aswan Engineering Establishment Co v Lupdine Ltd*, n 121.
[159] Law Commissions' Report, *Sale and Supply of Goods*, para 3.36.
[160] *Rogers v Parish (Scarborough) Ltd*, n 144, per Mustill LJ at 237.

11.79 *The Statutory Implied Terms in Favour of the Buyer*

4. *'Freedom from minor defects'*

11.79 Under the old law the question whether minor defects rendered goods unmerchantable proved very troublesome. On the one hand there was a substantial line of authority which held that defective goods were defective goods and were not to be considered merchantable merely because the defect could be remedied at trifling cost;[161] on the other hand there were cases which held that defects that were repairable readily and cheaply did not render the goods unmerchantable.[162] The purpose of the new formulation is to show that the first approach is the one to be followed, so making it easier for a court faced with facts such as those in *Millars of Falkirk Ltd v Turpie*[163] to reach a different conclusion.[164]

5. *'Safety'*

11.80 Safety is an obvious element of quality. In principle, goods which are unsafe are not of satisfactory quality. Again, however, it is necessary to look at the circumstances. Goods may be safe for some purposes but not for others; if the seller excludes the unsafe purposes in the contract description of the goods, the buyer will not have grounds for complaint. Again, goods may be safe if used in a certain way or in accordance with particular procedures. In that case it is for the seller to provide adequate instructions. If he does, the goods will not fail the quality test on safety grounds; if he does not, their quality will be unsatisfactory.

6. *'Durability'*[165]

11.81 Prior to the 1994 Act it had been urged in a number of reports that there should be an implied term that the goods comprised in a contract of sale shall be durable for a reasonable period of time.[166] The Law Commissions rightly concluded that durability should not be an independent term but

---

[161] *Jackson v Rotax Motor and Cycle Co Ltd* [1910] 2 KB 937; *Rapalli v K.L. Take* [1958] 2 Lloyd's Rep 469; *Rogers v Parish (Scarborough) Ltd*, n 144; *Winsley v Woodfield* [1929] NZLR 480; *International Business Machines Co v Sheherban* (1925) 1 DLR 684.
[162] *Millars of Falkirk v Turpie* 1976 SLT (Notes) 66 (defective oil seal in a car easily repairable at small cost).
[163] Ibid.
[164] Law Commissions' Report, *Sale and Supply of Goods*, para 3.43.
[165] See ibid, paras 3.47–3.61; S. Kapnoullas and B. Clarke, 'Countdown to Zero: the Duration of Statutory Rights for Unfit and Unmerchantable Goods' (1999) JCL 154; W. C. H. Ervine, 'Durability, Consumers and the Sale of Goods Act' 1984 JR 147.
[166] See, for example, Ontario Law Reform Commission, *Report on Consumer Warranties and Guarantees in the Sale of Goods* (1972), pp 37–38, and the Commission's revised proposals in its *Report on Sale of Goods* (1979), pp 215–216; Law Commission, *Implied Terms in Contracts for the Supply of Goods* (1979, Law Com. No 95), paras 113–114; Law Commission and Scottish Law Commission, *Sale and Supply of Goods*, paras 3.49–3.52. Most of the Canadian provinces have enacted consumer protection legislation prescribing (*inter alia*) an implied warranty of reasonable durability. The recommendation made by the Law Commissions was that this should be incorporated as part of the requirement of merchantable quality. See their 1987 report, paras 3.52 ff.

should feature as an aspect of quality.[167] It is, however, necessary to examine this concept of durability a little more closely to see what it means and what changes, if any, it makes to existing law.

11.82 There is no doubt that even before the 1994 Act the breakdown or malfunctioning of goods within an unusually short time after delivery at least raised a presumption that the goods were not of proper quality and condition at the time of delivery. But is there an implied term that goods in proper condition when delivered shall remain in good order and working condition for a reasonable period thereafter? There is curiously little authority on the point. It has been held that where perishables are to be dispatched by the seller (as opposed to being delivered to the buyer's premises), eg on a sale f.o.b. or c.i.f., they must be delivered to the carrier in such condition that with a normal transit they will arrive sound.[168] This is not a rule of durability; it is merely a commonsense rule to the effect that if at the time of delivery to the carrier the perishables are already in such peak condition that they are likely to arrive in a deteriorated state, then if they do so arrive the requirement of satisfactory quality or fitness as at the time of delivery is not satisfied. The material date remains the date of constructive delivery by the seller to the carrier. Though the rule has been formulated with special reference to the case of perishables in transit,[169] it is but a particular application, in relation to perishables, of a general concept of fitness and satisfactory quality applicable in relation to all goods, namely that if at the time of delivery by the seller they are not in such condition that they will endure for a reasonable period of time, assuming no misuse by the buyer or other untoward event occurring after delivery and outside the seller's control, then that provides evidence on the basis of which a court may infer that they are not satisfactory or fit for their purpose.[170] If I

---

[167] Law Commissions' Report, *Sale and Supply of Goods*, paras 3.57–3.61.
[168] *Mash & Murrell Ltd v Joseph I. Emanuel Ltd* [1962] 1 WLR 16n. The product? Potatoes! However, the implied term does not amount to a continuing warranty as to the quality of the goods; rather, it is a 'fixed point' warranty: *KG Bominflot Bunkergesellschaft Für Mineralöle mbh & Co KG v Petroplus Marketing AG (The Mercini Lady)*, n 118, [18]. A continuing warranty is one which extends into the future and guarantees the condition of the goods after delivery, whereas the warranty in *Mash & Murrell* was a 'fixed point' warranty which required that the goods be of merchantable (now satisfactory) quality at the time of delivery.
[169] See eg the judgment of Winn J in *Cordova Land Co Ltd v Victor Bros Inc* [1966] 1 WLR 793. See in this connection the dictum of Lord Diplock in *Lambert v Lewis* [1981] 1 All ER 1185 at p 1191: 'The implied warranty of fitness for a particular purpose relates to the goods at the time of delivery under the contract of sale in the state in which they were delivered. I do not doubt that it is a continuing warranty that the goods will continue to be fit for a reasonable time after delivery, so long as they remain in the same apparent state as that in which they were delivered, apart from normal wear and tear.' Read literally, this passage might suggest an implied term of durability. But the learned Law Lord was considering a different point, namely the stage at which the effect of a breach of warranty became exhausted, as the result of the breach becoming apparent, so as to preclude the buyer from relying on the warranty to secure an indemnity against liability arising from resale of the goods by him after the defect had become evident. It seems clear from the first sentence of the quoted passage that by 'continuing warranty' Lord Diplock meant a continuing obligation for defects which, though manifesting themselves after delivery, resulted from the goods not being in proper condition at the time of delivery.
[170] *KG Bominflot Bunkergesellschaft Für Mineralöle mbh & Co KG v Petroplus Marketing AG (The Mercini Lady)*, n 118 at [21]. In this sense it can be described as a 'prospective' warranty;

buy a new car which, without explanation, breaks down after a week, this is strong (though not conclusive) evidence that it was faulty when delivered, and the onus will be on the seller to show that the breakdown did not occur through faulty design or manufacture. So though the inclusion of a reference to durability in s 14(2B)(e) clarifies the law, it probably does not change it. As before, durability is a quality element which bites at the time of supply.[171] If the goods are at that time in such condition that with proper usage and in normal circumstances they will remain of satisfactory quality for a reasonable time, then they will satisfy the implied term of quality even if, in the events that occur, they develop a malfunction earlier than would ordinarily be expected for goods of the kind in question.

7. Absence of legal impediment to use

11.83 Prior to the 1994 Act it had been held that the concept of merchantable quality was not confined to the physical state of the goods or their suitability for a normal purpose; for goods to be merchantable there also had to be no legal impediment to their being used for such a purpose and sold under the contract description. If the buyer could be restrained by injunction from such use or sale, then the goods were not merchantable even if their physical qualities were fully to the standard called for by the contract.[172] The new formulation of quality would not appear to change this. A buyer of goods, whether for use or for resale, reasonably expects to be able to resell the goods freely if he wishes and is unlikely to regard the goods as of satisfactory quality if there is a legal impediment to their resale.

(v) Effect of commercial usage substituting price abatement for rejection

11.84 A distinctive approach to the quality problem, formulated in *Cehave N.V. v Bremer Handelsgesellschaft MbH*,[173] is that goods with minor defects, or of which a part is not up to the contract quality, are not of unsatisfactory quality when the commercial person would consider that the proper way of dealing with the matter was not by rejection of the goods but by an allowance against the price. But this confuses the right with the remedy. It is one thing to say that the buyer is bound by a trade custom by which minor defects entitle him merely to an abatement of the price, not to rejection of the goods,[174] but quite another to hold that such a way of dealing with the matter means that there is no breach of the implied term at all. Either the goods are of proper quality, in which case there is no breach and no remedy, in the absence of some express term or term implied in fact, or they are unmerchantable, in which case the quality term is broken. There is no halfway house: the court cannot hold the goods to be of satisfactory quality *and* award the buyer a reduction in the

---

that is to say, it looks into the future and asks whether the goods, as at the time of delivery, were in the condition which the buyer was entitled to expect under the contract.
[171] Law Commissions' Report, *Sale and Supply of Goods*, para 3.54.
[172] *Niblett Ltd v Confectioners' Materials Co Ltd*, n 34.
[173] See n 150. See to the same effect *Millars of Falkirk Ltd v Turpie*, n 162.
[174] *Re Walkers, Winser & Hamm and Shaw, Son & Co* [1904] 2 KB 152.

price.[175] How, then, is the buyer to get the abatement of the price, which, according to *Cehave*, is the commercial person's solution to the problem? *Cehave* is best regarded as a decision turning on its own particular facts, which were indeed extraordinary.

> A German company agreed to sell 12,000 tons of US citrus pulp pellets to a Dutch company for approximately £100,000, delivery to be c.i.f. Rotterdam and shipment to be made in good condition. The buyers paid the price, obtained the documents and had the goods unloaded, when they found that, although the cargo in one hold was perfectly sound, part of the cargo in another hold was severely damaged through overheating. The buyers rejected the entire cargo and when the sellers refused to repay the price, the buyers obtained an order from the Rotterdam county court for sale of the cargo by agents appointed by the court. The agents sold the entire cargo for £32,720 to a Mr Bass, who resold it to the original buyers at the same price. The buyers thus resumed possession of the self-same pellets they had previously contracted to buy from the German company and rejected on arrival, and proceeded to transport them to their plant sixty miles away and use them in almost exactly the way they would have done if the pellets had all been sound, suffering absolutely no loss. Thus, without detriment to themselves, the buyers had reacquired for a little over £30,000 goods they had originally bought for £100,000, yet they insisted they were entitled to recover the full price from the original sellers for breach of the implied condition of merchantable quality.
>
> This claim, reluctantly upheld by the Board of Appeal of GAFTA, was rejected by the Court of Appeal on the grounds that (i) while the express term as to shipment in good condition had been broken, it did not constitute a condition of the contract, and the effect of its breach was such as in the eyes of commercial people would justify a deduction from the price, not rejection, so that the remedy was damages; and (ii) though *any* breach of the condition of merchantable quality would entitle the buyer to reject, goods did not have to be perfect in order to be of merchantable quality, and it sufficed that they remained saleable for the purpose for which they would normally be bought, even with some reduction in the price. In this case, the pellets had been bought for use as cattle food and were still usable and had in fact been used as such. The goods were therefore of merchantable quality.[176]

(vi) Additional relevant circumstances in consumer sales

11.85 In the case of a contract of sale concluded between a trader and a consumer which falls within the scope of the Consumer Rights Act 2015, s 9(5)–(7) contains further provisions as to relevant circumstances in the case of sales to a consumer buyer. In such a case the relevant circumstances include

---

[175] *Jackson v Rotax Motor & Cycle Co Ltd*, n 161; *Rapalli v K. L. Take Ltd*, n 161. It is well established that the mere fact that goods can be made saleable for a trifling expenditure does not prevent them from being unmerchantable (ibid; *Jackson v Rotax*; *Winsley v Woodfield*, n 161; *International Business Machines Co v Sheherban*, n 161), a point reaffirmed in *Rogers v Parish (Scarborough) Ltd*, n 144. But a trade custom by which minor defects entitled the buyer merely to an abatement of the price, not to rejection of the goods, has been upheld as reasonable (*Re Walkers, Winser & Hamm and Shaw, Son & Co*, n 174).

[176] Understandably, the Court of Appeal was not over-impressed by the fact that the goods had been sold off under the court order for a price nearly £70,000 below the original contract price, a circumstance attributable not so much to the defects complained of as to a fall in the Rotterdam market price at the time of sale, coupled with the good offices of the worthy Mr Bass.

11.85 *The Statutory Implied Terms in Favour of the Buyer*

any public statements about the specific characteristics of the goods made about them by the trader, the producer or his representative, particularly in advertising or on labelling.[177] But a public statement about such matters is not a relevant circumstance if the trader shows that:

(a) when the contract was made the trader was not, and could not reasonably have been, aware of the statement;
(b) before the contract was made, the statement had been publicly withdrawn or, to the extent that it contained anything which was incorrect or misleading, it had been publicly corrected; or
(c) the consumer's decision to buy the goods could not have been influenced by the statement.[178]

(vii) **The time at which the implied condition of quality must be satisfied**

11.86 We have seen that the duty to see that the goods are of satisfactory quality is not a continuing obligation; it is required to be satisfied only at the point of delivery.[179] But in determining whether the goods *are* of satisfactory quality at the time of delivery, regard must be had to any natural deterioration likely to occur in transit.

11.87 The seller of plums f.o.b. or c.i.f. will not perform his duty to supply goods of satisfactory quality if he puts on board a ship plums which are then at such a peak of perfection that they will inevitably arrive rotten at the port of destination. The rule in the case of perishables[180] is that to be of proper quality they must, at the point of delivery, be in such condition that with a normal voyage they will arrive sound. This does not mean that the satisfactory quality obligation is extended beyond the contractual delivery point. If the goods are indeed in such state that with a normal voyage they will arrive sound, the fact that through other circumstances – eg poor ventilation in the ship's hold, deviation from the shipping route causing delay – they arrive in a deteriorated condition will not put the seller in breach of the duty to supply goods of satisfactory quality. Thus, as we have seen, there is no independent requirement of durability.[181]

---

[177] Consumer Rights Act 2015, s 9(5) and (6).
[178] Consumer Rights Act 2015, s 9(7).
[179] See the cases cited n 168 and *Bernstein v Pamson Motors Ltd* [1987] 2 All ER 220, per Rougier J at 226. See also *Crowther v Shannon Motor Co* [1975] 1 WLR 30, a decision on the implied condition of fitness, but the same principle applies. Cf. the decision of the Court of Appeal in *UCB Leasing Ltd v Holtom* [1987] RTR 362. The rule that the goods must be of satisfactory quality at the time of delivery, rather than at the time of sale, is subject to the qualification that the seller is not liable for any damage to the goods between the time of sale and the time of delivery which occurs without fault on the part of the seller and at a time when the risk has passed to the buyer. As to the passing of risk, see ch 9.
[180] *Mash & Murrell Ltd v Joseph I. Emanuel Ltd*, n 168. The position in the case of non-perishables is discussed under the topic of durability (para **11.82**), in reference to which the implied condition of fitness is also examined.
[181] See para **11.146**.

(viii) **The state of knowledge by reference to which the quality of the goods has to be tested**

11.88 In considering whether goods are defective and, if so, whether the defect renders them unsatisfactory, nice questions arise as to the degree of knowledge that must be ascribed to the hypothetical purchaser and as to the date by reference to which that knowledge must be tested.

1. Latent defects

11.89 In deciding whether goods are of satisfactory quality, the court must ascribe to the hypothetical buyer a knowledge of any latent defects in the goods. In other words, the seller is not entitled to say: 'The defect was not apparent on examination, therefore there would have been no difficulty in selling the goods.' The question is not whether a person ignorant of the defect would have bought the goods, nor even whether a person did in fact buy the goods because of such ignorance, but whether, had the true facts been known, the goods would have been saleable under their contract description.[182] What is involved, in short, is an objective standard against which the goods have to be tested, not the imperfect perception of the buyer.[183]

2. Characteristics not known to be harmful at time of delivery

11.90 In the preceding paragraph it was assumed that the goods possessed a hidden characteristic which, in the light of the state of knowledge at the time of delivery, was known to be injurious, so that what was unknown was simply the fact that the particular goods possessed that characteristic, not the adverse consequences that would flow if they did possess it. But a defect may be latent in an entirely different sense, in that the concealed characteristic may be one which in the state of knowledge at the time of the transaction is not recognized as a defect at all. For example, asbestos masks may have been supplied at a time when the risk of cancer from asbestos was not appreciated. Here it might be thought that the situation is somewhat different. An asbestos mask would have been commercially saleable, with full knowledge of its asbestos composition, at the time of the particular transaction. Is the hypothetical buyer to be assumed to possess at that time medical and scientific knowledge which did not exist until a much later date? It appears that he is,[184] though the reasons are scarcely convincing.[185]

---

[182] *Grant v Australian Knitting Mills Ltd*, n 81, per Dixon J at 418; *Henry Kendall & Sons v William Lillico & Sons Ltd*, n 143; *Britvic Soft Drinks Ltd v Messer U.K. Ltd* [2002] 1 Lloyd's Rep 20, [92].
[183] See Law Commissions' Report, *Sale and Supply of Goods*, para 3.25.
[184] *Henry Kendall & Sons v William Lillico & Sons Ltd*, n 143 (and see (3) below). The point could have been raised again in *Ashington Piggeries Ltd v Christopher Hill Ltd*, n 85, but the respondents, rather surprisingly, conceded that the mink food the subject of the contract of sale was unmerchantable, despite the fact that its deleterious features could not have been appreciated, even with the exercise of all care and skill, in the light of the knowledge prevailing at the time of the contract.
[185] See (3) below.

11.91 *The Statutory Implied Terms in Favour of the Buyer*

3. *Immunities not known to exist at time of delivery*

11.91 This is the converse of (2) above, and raises the same question of principle. What is the position if goods possessing a characteristic which at the time of sale is thought to render them of unsatisfactory quality are subsequently found to be safe and usable if limited to a particular quantity or used for a particular purpose or treated in a particular way? Such was the situation in *Henry Kendall & Sons v William Lillico & Sons Ltd*,[186] where, at some time after the sale of certain groundnut meal, it became known that particular ingredients of the meal were toxic, thus rendering the meal unsaleable, but at a later date still, and before the trial of the action, it was discovered that the meal, though toxic, could safely be included in cattle food in small quantities, so that it became saleable once more for that purpose. The question was whether that which would in fact have been unmerchantable if the defect had been known at the time of sale became retrospectively merchantable, so to speak, because of the later discovery that it could safely be used in the way described above. This produced a sharp division of opinion in the House of Lords. The majority view was that since after-acquired knowledge of the defective nature of the meal was utilized to show want of merchantable quality, it would be artificial to exclude later after-acquired knowledge to demonstrate that the defect was not as serious as had been thought. The minority view was well expressed by Lord Pearce, who, after commenting that in judging merchantability one must obviously assume a knowledge of hidden defects, continued:

> 'But what additional after-acquired knowledge must one assume? Logic might seem to indicate that the court should bring to the task all the after-acquired knowledge which it possesses at the date of trial. But I do not think that this is always so. For one is trying to find what market the goods would have had if their subsequently ascertained condition had been known. As it is a hypothetical exercise, one must create a hypothetical market. Nevertheless the hypothetical market should be one that could have existed, not one which could not have existed at the date of delivery. Suppose goods contained a hidden deadly poison to which there was discovered by scientists two years after delivery a simple, easy, inexpensive antidote which could render the goods harmless. They would be unmarketable at the date of delivery if the existence of the poison was brought to light, since no purchaser could then have known the antidote to the poison. Hypothesis is no reason for complete departure from possibility. One must keep the hypothesis in touch with the facts as far as possible . . .'[187]

11.92 Which of these two conflicting views is to be preferred? There is little doubt that *if* after-acquired knowledge that a characteristic is defective is to be admitted, it would be wrong to exclude later knowledge qualifying what had been discovered in relation to the defect. On this aspect, the logic of the majority view is unanswerable. The crucial question is whether after-acquired knowledge of the fact that a substance originally believed harmless is in fact injurious should be taken into account in the first place.

---

[186] See n 143. The case is also known as the *Hardwick Game Farm* case, the Hardwick Game Farm being the original plaintiff and Henry Kendall & Sons a later party who then claimed over against their own suppliers.
[187] Ibid, at 118.

11.93 There is much to be said for the view that this is to substitute a hypothetical market for that which actually existed. It presupposes that satisfactory quality is incapable of being tested at a given date (ie the date of delivery) but is subject to shifts and changes with each addition to relevant knowledge right up to the time of trial. This is surely unreasonable. The parties are entitled to know where they stand at the time when they invoke their rights under the contract. It is unreasonable to expose a buyer to a claim for damages because he rejects as unsatisfactory goods which are in fact of unsatisfactory quality at the time of rejection but later are retrospectively declared satisfactory because of the advance of scientific knowledge. Moreover, the hypothesis does not go far enough, for if the after-acquired knowledge is to the effect that *in stated conditions* the goods can be safely used, then it follows that the seller should have given adequate instructions at the time of sale drawing attention to those conditions. The parties must be assumed to have contracted in the light of the state of knowledge prevailing at the time of delivery.[188] After-acquired knowledge, whether as to unsuspected toxicity or as to unsuspected immunity or antidotes, should be ignored.

(ix) Is satisfactory quality a constant concept?

11.94 A separate issue again is whether satisfactory quality is itself a constant concept and, if not, what is the relevant date for testing it. It is clear that perceptions of what is satisfactory are not fixed or immutable but change with commercial and consumer attitudes. An article readily saleable despite its faults in one age may be quite unacceptable in another because of rising standards in the market and a greater sophistication on the part of buyers. It seems equally clear that in testing quality in this sense the relevant date is the date of the contract, not the date of delivery, still less the date of the trial of the action. Any other conclusion would have the effect of increasing the standard of the seller's delivery obligation beyond that which was the basis of the parties' bargain.

5.   FITNESS FOR PURPOSE

11.95 Section 14(3) of the Sale of Goods Act 1979[189] reads as follows:

'Where the seller sells[190] goods in the course of a business and the buyer, expressly or by implication, makes known
(a)   to the seller, or
(b)   where the purchase price or part of it is payable by instalments and the goods were previously sold by a credit-broker[191] to the seller, to that credit-broker,

---

[188] Or arguably at the time of contract. But it would not, perhaps, be unreasonable to expect the seller to carry the risks attendant on new knowledge between contract and delivery.
[189] The broadly equivalent provision in the Consumer Rights Act 2015 is s 10.
[190] See n 124.
[191] As defined by s 61(1).

11.95 *The Statutory Implied Terms in Favour of the Buyer*

any particular purpose for which the goods are being bought, there is an implied term[192] that the goods supplied under the contract are reasonably fit for that purpose, whether or not that is a purpose for which such goods are commonly supplied, except where the circumstances show that the buyer does not rely, or that it is unreasonable for him to rely, on the skill or judgment of the seller or credit-broker.'

11.96 As with quality, the implied condition is confined to cases where the seller sells in the course of a business[193] but, where applicable, extends to all goods supplied under the contract, whether or not the subject of the *sale*.[194] 'Particular purpose' does not necessarily mean a special, or non-normal, purpose but simply a specified purpose, whether ordinary or otherwise.[195]

(i) Relationship with quality

11.97 The implied condition of fitness for a particular purpose to some extent overlaps with that of quality,[196] in that an aspect of quality is fitness of the goods for all the purposes for which goods of that kind are commonly supplied,[197] while the condition of fitness under s 14(3) requires that the goods be fit for such a purpose[198] as well as for any particular, non-normal purpose for which the buyer makes it known they are required.[199] But the two implied conditions must be distinguished. Goods may be fit for the particular purpose required by the buyer yet be unsatisfactory because they are not of a quality which makes them saleable under their contract description. For example, an expensive motor car purchased as new may be perfectly fit for the required purpose of being driven along the road and yet not be of satisfactory quality because of poor finish, dents or other defects that would not be acceptable to the purchaser of a new car, particularly in an expensive price range, though not affecting the car's performance. Conversely, goods may be of satisfactory quality yet not suited to the particular purpose required by the buyer, as where cattle food suitable for animals generally is bought for the particular purpose of being fed to mink and turns out to be injurious to mink.[200]

(ii) Fitness for normal purpose

11.98 It is unfortunate that when the Supply of Goods (Implied Terms) Act 1973 was enacted opportunity was not taken to remove the overlap of the

---

[192] Which by s 14(6) is a condition.
[193] For the provisions of s 14(5) as to sale through an agent, see para **11.61**.
[194] See paras **11.62–11.63**. As to the statutory implied warranty on the sale of feeding stuffs, see n 16.
[195] *Preist v Last* [1903] 2 KB 148.
[196] *Jewson Ltd v Boyhan*, n 145, [47].
[197] See para **11.77**.
[198] See (ii). For the position where goods are capable of use for several normal purposes, see paras **11.98–11.100**.
[199] This is now made explicit in s 14(3), enacting the rule established at common law (*Preist v Last*, n 195). See also *Jewson Ltd v Boyhan*, n 145.
[200] *Ashington Piggeries Ltd v Christopher Hill Ltd*, n 85.

implied conditions of quality and fitness for purpose. Because of the differences between the criteria laid down in s 14(2) and those enunciated in s 14(3), the possibility is created of goods being fit for their normal purpose so as to be of satisfactory quality within s 14(2) yet being unfit for their normal purpose within s 14(3), and vice versa. This possibility arises because s 14(2) excludes the condition of quality as regards disclosed defects and defects that ought to have been apparent from the examination conducted by the buyer, whereas no such ground of exclusion is provided by s 14(3) in relation to fitness for purpose. Similarly, s 14(3) negates the implied condition of fitness where the buyer does not rely, or cannot reasonably rely, on the seller's skill and judgment, whereas want of reliance on the seller's skill and judgment is not a relevant factor for the purpose of s 14(2).

11.99 When the goods are of a kind having only one normal purpose, the seller's knowledge that the buyer requires the goods to be fit for that purpose will usually be assumed;[201] but where the goods are of a kind capable of being used for more than one normal purpose, it is for the buyer to make known[202] which normal purpose he requires the goods to serve, otherwise the seller will fulfil his duty by tendering goods which answer any one of the normal purposes, whether or not it happens to be the particular normal purpose for which the buyer requires them.[203]

(iii) Fitness for special purpose

11.100 If the goods are bought for some particular purpose of the buyer – that is, a purpose which is not their normal purpose or is more exactly defined than would normally be the case – then that purpose must be expressly or impliedly communicated to the seller if he is to be made responsible for ensuring that the goods are fit for the particular purpose.[204]

(iv) Communicating the purpose

11.101 In deciding whether a particular purpose has been effectively made known to the seller, three questions arise: *by* whom must the purpose be communicated, *to* whom must it be communicated, and *how* must the purpose be described to the seller?

1. By whom the purpose must be made known

11.102 Section 14(3) requires that it be the buyer who, expressly or by implication, makes known to the seller any particular purpose for which the

---

[201] *Grant v Australian Knitting Mills Ltd*, n 81, at 99.
[202] As to the means by which such knowledge may be communicated, see paras **11.101–11.109**.
[203] *Priest v Last*, n 195. Contrast the position as regards the implied term of quality (para **11.52**). Different normal purposes must, it seems, be distinguished from different specific applications of a single normal purpose. See paras **11.105–11.109**.
[204] *Priest v Last*, n 195.

11.102 *The Statutory Implied Terms in Favour of the Buyer*

goods are being bought. This would, of course, cover communication by the buyer's agent. In practice, the courts interpret this requirement liberally and, if the particular purpose is known to the seller or is apparent from the circumstances of the contract, this will suffice as an implied communication of purpose by the buyer.[205] The inference that the purpose has been made known by the buyer may be derived from a previous course of dealing between the buyer and the seller or from a previous order or series of orders placed by the buyer with the seller.[206]

2. To whom the purpose must be made known

11.103 The purpose is sufficiently communicated if made known to the seller or to any person having actual or ostensible authority to receive communication of the purpose on behalf of the seller. But s 14(3)(b) provides a further category of person to whom the buyer may make known the purpose, namely a credit-broker[207] by whom the goods were sold to the seller, being then resold to the buyer upon terms as to payment by instalments. Thus, if A wishes to acquire a car from a motor dealer, B, on credit terms and B sells the car to a finance house, F, which resells on credit sale to A, the car must be fit for any purpose communicated by A either to F directly or to B. This provision reflects B's status under the Consumer Credit Act as a deemed agent of F.[208]

3. The particularity with which the purpose must be stated

11.104 The purpose for which the buyer may require the goods may, as we have seen, be their normal purpose or one of a prescribed range of normal purposes or a non-normal purpose. The seller is entitled to assume that the goods are required for their normal purpose, or one of their normal purposes, unless otherwise indicated by the buyer. Accordingly, if the buyer requires the goods for a non-normal purpose, he must take steps to acquaint the seller of this fact before the contract is made, otherwise the seller, if unaware of the special purpose for which the goods are bought, will not be considered to undertake that they are suitable for that purpose.[209] Hence where an article is purchased for installation in other goods, the seller is not liable for a failure of the article to meet its intended purpose where this is caused by some abnormal feature in the goods in which it is installed. Instructive on this point is the decision of the House of Lords in a Scottish case, *Slater v Finning Ltd*.[210]

> The pursuers, on the advice of the defenders, ordered a new camshaft for their motor fishing vessel. Noises started coming from the engine and parts became badly worn.

---

[205] *Manchester Liners Ltd v Rea Ltd* [1922] 2 AC 74, per Lord Atkinson, at 84; *Shields v Honeywill & Stein Ltd* [1953] 1 Lloyd's Rep 357; *Ashington Piggeries Ltd v Christopher Hill Ltd*, n 85, per Lord Guest at 477.
[206] *Makers (UK) Ltd v BSS Group plc* [2011] EWCA Civ 809, [2011] All ER (D) 185 (Jul).
[207] Defined in s 61(1), which is itself derived from the Consumer Credit Act 1974, Sch 4, para 3. See R Goode: *Consumer Credit Law and Practice* (looseleaf), paras [27.155], [48.26B] ff, as to credit brokerage.
[208] Consumer Credit Act 1974, s 56(2). See R. Goode: *Consumer Credit Law and Practice*, ch 32.
[209] *B. S. Brown & Son Ltd v Craiks Ltd* 1969 SLT 107 and 357 (the subsequent appeal to the House of Lords was against the ruling on merchantable quality only).
[210] [1997] AC 473. See also *Jewson Ltd v Boyhan*, n 145.

The camshaft was twice replaced but problems with the engine continued. Eventually the old engine was sold and installed in the purchaser's vessel, which logged many thousands of miles without incident. In proceedings by the pursuers for damages for breach of the implied condition of fitness under s 14(3) of the Sale of Goods Act it was found as a fact that the camshaft failed not because of any internal defect but because of excessive torsional resonance excited by some cause external to the engine and the camshafts.

Held: a seller is not liable for a failure in the goods supplied resulting from some external and abnormal feature not made known to the seller by the buyer, and this was so whether or not the abnormality was known to the buyer.

11.105 More difficult are the cases where goods are required (a) for one of a range of normal purposes, or (b) for a purpose which is a particular and specific application of a wider normal purpose. The distinction between the two categories is one of degree rather than kind. Thus, an antique lamp may be purchased to give illumination or purely for ornament and with no intention to put it to use. That might be considered within category (a), the two purposes being quite unconnected. Again, meat may be bought which is suitable both for human consumption and for feeding to animals. Here the overall purpose of the purchase is to use the meat for food, but within that function it may be purchased with the specific intention of feeding it to animals rather than humans, and to some types of animal rather than others.

11.106 The two categories appear to be governed by different principles. As regards the former, it is for the buyer to specify the particular normal purpose for which he requires the goods. If he does not, s 14(3) does not come into play,[211] though if the goods are unfit for one of their normal purposes the buyer may now be able to claim that they are not of satisfactory quality.[212] But where the buyer communicates the purpose for which the goods are required, he is not obliged to specify all the particular applications, within that normal purpose, to which he proposes to put the goods. He is entitled to assume that they will be fit for all applications commonly utilized under the umbrella of the designated purpose.

11.107 The distinction is well brought out in the third-party claim in the *Ashington Piggeries* case,[213] in which herring-meal, purchased and made up into a compound for feeding to mink, was toxic and killed large numbers of mink to which the compound was fed. Herring-meal was commonly used both as an animal food and as a fertilizer. The sellers knew the herring-meal was required for use as animal food but did not know that it was to be fed to mink. It appears to have been accepted by the House of Lords that if the sellers had not known whether the meal was required for use as food or as fertilizer no condition of fitness for purpose would have been implied. But the majority view was that the buyers, having intimated that it was required for animal

---

[211] *Preist v Last*, n 195.
[212] See para **11.98**.
[213] See n 85. For a more detailed description of the facts in relation to the plaintiffs' claim against the defendants, see paras **11.117–11.118**. Another example is provided by *Jewson Ltd v Boyhan*, n 145.

food, did not have to go further and specify all the different kinds of animal to which the food might be given. It sufficed that herring-meal was commonly fed to mink.

11.108 Lord Diplock, however, dissented from this view. He did not expressly draw a distinction between a range of purposes and a specific application of a single normal purpose, and considered that feeding to animals comprised not one purpose but a range of purposes, so that if the buyer wished the goods to be suitable for a particular purpose (in this case, if he wished the food to be suitable for mink, as opposed to animals generally), he should either have that purpose incorporated into the contract description of the goods or identify with greater precision the purpose for which he required them.

11.109 It would seem that the difference between Lord Diplock's approach and that of the other members of the House is not one of principle but rather of the inference to be drawn from the particular set of facts. In Lord Diplock's view, the purpose for which the buyers actually required the herring-meal was not feeding to animals generally but feeding to mink, while the suppliers could not reasonably have inferred that the herring-meal *was* required for feeding to mink but at most that it *might* be so required, which was not within the language of the subsection. The view of the majority was that the required purpose was the general one of feeding to animals and that use of the herring-meal as mink food was merely a specific, and common, application within the umbrella of the general purpose. The purpose might be wide but that was no great hardship to the seller, for if a particular purpose encompassed a number of different applications, the buyer was entitled only to the satisfaction of suitability requirements common to them all, so that the wider the designated purpose, the greater the dilution of the seller's responsibility.[214] There is, however, a distinction between a wide purpose and a requirement so generalized as not to constitute a specified purpose at all. As pointed out by Lord Reid in the *Hardwick Game Farm* case,[215] the required purpose must be stated with sufficient particularity to show the buyer's (reasonable) reliance on the seller's skill and judgment. It was on that ground that the buyers failed in *Hamilton v Papkura District Council*,[216] where the Privy Council held by a majority[217] that sellers of water required by statute to be of a standard fit to drink were not required to ensure that the water met the higher standard of suitability to enable the buyers' cherry tomatoes, which were particularly sensitive to certain toxins in the water, to be grown hydroponically.

(v) 'Reasonably fit for that purpose'

11.110 The word 'reasonably' indicates that fitness for purpose, like satisfactory quality, is a relative concept. The question is what a reasonable buyer

---

[214] See n 85, per Lord Wilberforce at 497.
[215] *Henry Kendall & Sons v William Lillico & Sons Ltd*, n 143, at 79.
[216] [2002] 3 NZLR 308.
[217] Lords Hutton and Rodger dissenting.

would expect from the goods, having regard to their price, age, state of wear and other relevant factors. Thus in *Bartlett v Sidney Marcus Ltd*:[218]

> The plaintiff purchased a second-hand Jaguar car for £950, on the basis that the clutch needed repair and that this would be done at his expense, the price being reduced by £25 to take account of this factor. The defect in the clutch proved more serious than had been thought and cost £84 to repair. The plaintiff's claim that the car was not fit for the purpose or of merchantable quality was dismissed by the trial judge, whose judgment was upheld on appeal. The buyer had acquired the car in as good a condition as he was entitled to expect.

11.111 The seller is liable only to see that the goods are fit for their known purpose, not for some other, uncommunicated purpose;[219] and he does not commit a breach of s 14(3) merely by reason of the fact that goods that would be fit for a normal buyer are unsuitable for the particular buyer because, unknown to the seller, the buyer has an unusual sensitivity to goods of such description.[220] But where the seller knows or ought reasonably to know, in the light of the expertise he professes himself as holding, that certain people are unusually sensitive to the product he is selling, then it is his duty to warn the buyer or at least to take reasonable steps (whether by administration of tests or otherwise) to ensure that the buyer is not such a person.[221]

11.112 Whether goods are reasonably fit for their known purpose is to be determined objectively and does not in any way depend on the degree of care which the seller may have exercised. Hence the fact that the goods are unfit through some latent defect which no amount of care on the part of the seller could have detected is not an answer to a claim based on s 14(3), for it does not in any way make the goods more suitable for their purpose than if no care had been exercised.[222] The fact that the implied condition is attracted by reliance on the seller's skill and judgment does not mean that the condition is satisfied by the exercise of all reasonable care and skill. As Lord Reid observed in *Henry Kendall & Sons v William Lillico & Sons Ltd*:

> 'If the law were always logical one would suppose that a buyer, who has obtained a right to rely on the seller's skill and judgment, would only obtain thereby an assurance that proper skill and judgment had been exercised and would only be entitled to a remedy if a defect in the goods was due to failure to exercise such skill and judgment. But the law has always gone farther than that. By getting the seller to undertake to use his skill and judgment the buyer gets under s 14(1) an assurance that the goods will be reasonably fit for his purpose and that covers not only defects

---

[218] [1965] 1 WLR 1013. But as the result of what is now s 14(2B) the courts now take a broader view of what can reasonably be expected of a second-hand car. See para **11.79**.
[219] See para **11.101**.
[220] *Griffith v Peter Conway Ltd* [1939] 1 All ER 685.
[221] There does not appear to be any authority on the point, but there are a number of products to which people are known to be allergic and good practice requires that inquiry be made of them before the product is supplied. Failure to take reasonable precautions might also render the supplier liable in tort.
[222] *Randall v Newson* (1877) 2 QBD 102; *Henry Kendall & Sons v William Lillico & Sons Ltd*, n 143.

11.112 *The Statutory Implied Terms in Favour of the Buyer*

which the seller ought to have detected but also defects which are latent in the sense that even the utmost skill and judgment on the part of the seller would not have detected them.'[223]

Further, the fact that the goods meet the express requirements of the buyer does not have the necessary consequence that the goods are reasonably fit for their purpose, at least in the case where the goods cannot lawfully be used for their purpose.[224]

(vi) **Reliance on seller's skill or judgment**

11.113 The implied condition of fitness for purpose does not apply 'where the circumstances show that the buyer does not rely, or that it is unreasonable for him to rely,[225] on the skill or judgment of the seller or credit-broker'. The ingredient of reliance is directly connected to the communication of the purpose for which the goods are required, for the buyer relies on the seller's skill or judgment to supply goods fit for the known purpose, and if the purpose is not sufficiently communicated, the buyer cannot reasonably rely on the seller's skill or judgment to ensure that the goods answer that purpose.[226]

11.114 It is clear that if the buyer relies exclusively on his own skill or judgment to select goods fit for the purpose for which he requires them, he cannot hold the seller at fault if the goods prove unsuitable. But whereas prior to the Supply of Goods (Implied Terms) Act 1973 the onus of showing reliance on the seller's skill or judgment lay on the buyer,[227] it is now for the seller to show affirmatively that there was no reasonable reliance. Hence such reliance will be assumed until the contrary is proved.

11.115 The question of reliance can conveniently be considered under a number of different heads.

1. Sale under patent or other trade name

11.116 As originally enacted, s 14 excluded the implied condition of fitness where the contract was for the sale of a specific article under its patent or other trade name. But the courts construed this provision restrictively, ruling that it did not apply unless the patent or trade name was specified in such a way as to show that the buyer did not intend to rely on the seller's skill or judgment.[228]

---

[223] See n 143, at 84.
[224] See *Lowe v W Machell Joinery Ltd*, n 155 (staircase not reasonably fit for its purpose because it did not comply with the Building Regulations, even though it did meet the buyers' requirements).
[225] See paras **11.119–11.122**.
[226] *Henry Kendall & Sons v William Lillico & Sons Ltd*, n 143, per Lord Reid, at 80.
[227] Ibid, at 81. But reliance on the seller's skill and judgment as to the fitness of the goods for their ordinary purpose is readily inferred. See *Ashington Piggeries Ltd v Christopher Hill Ltd*, n 85, per Lord Guest, commenting on the dictum of Lord Denning MR in *Teheran-Europe Co Ltd v S. T. Belton (Tractors) Ltd*, n 94, at 554.
[228] *Baldry v Marshall* [1925] 1 KB 260.

The provision was thus reduced to a specific application of the reliance test, and as it served little purpose, it was dropped by the Supply of Goods (Implied Terms) Act 1973, implementing the recommendations of the Law Commission.[229]

2. Partial reliance

11.117 It not infrequently occurs that the buyer relies on the seller's skill or judgment as to some aspects of the goods while drawing on his own expertise as to other aspects. In such cases the question is whether the unsuitability of the goods arose in relation to the former aspect or in relation to the latter. If the goods prove unfit for their purpose on account of some fact within the buyer's sphere of expertise, he cannot complain.[230] But the fact that he relied on his own skill or judgment on that aspect does not preclude him from asserting a breach of s 14(3) if the goods are unfit because of some fact within the seller's sphere of expertise on which the buyer relied. This point is well brought out by the decision of the House of Lords in *Ashington Piggeries Ltd v Christopher Hill Ltd*:[231]

> Ashington Piggeries Ltd was a mink-farming company controlled by a leading mink farmer and a known expert in mink nutrition. On behalf of his company, the farmer asked Christopher Hill Ltd to make a vitamin-fortified mink food, to be called 'King Size', in accordance with a formula he had prepared. Christopher Hill, though well-known compounders of foodstuff (principally for poultry, pheasant, calves and pigs), had never produced food for mink and knew nothing of the nutritional requirements of mink food. They suggested, and the mink-farming company accepted, two variations of the formula, one of which was to substitute herring-meal for whitefish-meal as one of the ingredients. The ingredients were to be of the best quality available.
>
> The mink food was prepared and marketed, with no complaints that mink had suffered from the compound, but after Christopher Hill had begun to use Norwegian herring-meal in the compounding of 'King Size', heavy losses began to occur to mink fed with the compound. This was later found to be caused by a toxin produced by a chemical reaction generated by a preservative in the compound. At the time of the contract the possibility of the chemical reaction producing the toxin was unthought of, and in the then existing state of knowledge no deliberate exercise of human skill or judgment could have prevented the herring-meal from having its toxic effect on mink. But later publications by an expert indicated that mink were seriously affected by the herring-meal and that other animals were sensitive to the toxin, though they were affected to a much lesser extent and there was no evidence that animals other than mink had suffered from the 'King Size' compounded by Christopher Hill with the Norwegian herring-meal.
>
> Ashington Piggeries, on being sued for the price of 'King Size', counterclaimed damages for loss suffered by the death of the mink, alleging, inter alia, that the compound was not fit for the purpose for which it was supplied, namely being fed to mink.

---

[229] Law Commissions' Exemption Clauses in Contracts – First Report: Amendments to the Sale of Goods Act 1893 (Law Com No 24, Scot Law Com No 12 (1969)), paras 32–33.
[230] See, for example, *Jewson Ltd v Boyhan*, n 145.
[231] See n 85.

11.117 *The Statutory Implied Terms in Favour of the Buyer*

The House of Lords, reversing the decision of the Court of Appeal, held that while Ashington Piggeries relied on their own skill or judgment to ensure that no idiosyncrasy of mink made the food unsuitable for mink, they relied on the skill and judgment of Christopher Hill to obtain the ingredients, mix them correctly and ensure that they did not contain a toxin or poisonous element rendering the compound unsafe for feeding to animals generally. Christopher Hill had failed to supply a compound fit for the required purpose and were thus liable on the counterclaim.

11.118 In short, both the seller and the buyer had areas of expertise and the question was whether the defect complained of fell within the area of expertise of the buyer (in which event the buyer could not complain) or of the seller. If there had not been evidence of the sensitivity of *other animals* to the toxin generated by the herring-meal, the counterclaim for breach of the implied condition of fitness would not have succeeded, for the death of the mink would then have been shown to be due to the peculiar sensitivity of mink, a matter within the sphere of expertise of the buyer. But other animals *were* affected (though to a much lesser degree) by Norwegian herring-meal. It may be asked why the House of Lords should have regarded it as relevant to examine the fitness of the compound for other animals when it was known to be required only for mink.[232] The answer is that their Lordships were not concerned with suitability for other animals in a general sense but with whether the food was safe; and the fact that other animals had been adversely affected by the herring-meal of the type used in the compound showed that the food was unsafe, *regardless of any characteristic peculiar to mink.*

3. Unreasonable reliance

11.119 Even where the buyer relies on the seller's skill or judgment to ensure that the goods are reasonably fit for their required purpose, he will not be able to invoke the implied condition of fitness for purpose if such reliance was unreasonable. The onus of proving unreasonableness is on the seller. The mere fact that the buyer failed to avail himself of an opportunity to examine the goods and would have discovered their unsuitability if he had examined them does not by itself make it unreasonable for him to rely on the seller's skill or judgment. On the contrary, his decision not to examine for himself may well have been taken because of his reliance on the seller.

11.120 Where the buyer does examine the goods, and they possess defects apparent on examination which ought to make it clear to the buyer that they are unsuited to their purpose, this may be a ground for holding the buyer's reliance on the seller's skill and judgment unreasonable, but it does not inevitably follow that there should be such a finding. The seller may, for example, have assured the buyer that the defects would not in any way impair the utility of the goods for their required purpose.

11.121 If the goods are offered as subject to defects, on the basis that the buyer is to take them as he finds them, he can scarcely claim to be acting

---

[232] See I. Patient (1971) 34 MLR 557 at pp 559–60.

reasonably in reliance on the seller's skill or judgment as to the fitness of the goods. The same applies where the buyer knows or ought reasonably to have known that the seller has no expertise in relation to the goods in question, and a fortiori where the seller expressly disclaims such expertise.[233] However, there are disclaimers and disclaimers. Section 6(1A) of the Unfair Contract Terms Act 1977 places restrictions on contracting out of the implied condition of fitness in the case of a commercial sale and s 31 of the Consumer Rights Act 2015 precludes contracting out of the equivalent term in a consumer sale; and the court will obviously not allow these provisions to be evaded merely by incorporating a contractual provision that the buyer relies on his own skill and judgment and not on that of the seller. Whether such a clause makes the buyer's reliance unreasonable depends on the prominence of the clause or other steps taken by the seller to bring it to the buyer's notice. If the buyer ought reasonably to have read it, then no doubt he will be unable to invoke s 14(3) of the Sale of Goods Act. But we can infer from s 6(1A) of the Unfair Contract Terms Act and s 31 of the Consumer Rights Act that this result will not occur simply because the term features as a term of the contract, even if the contract be signed by the buyer.

11.122 Where the suitability of the goods for their required purpose is a matter peculiarly within the buyer's own knowledge or sphere of expertise, this will usually make it unreasonable for him to rely on the seller's skill or judgment, though the matter is otherwise where, as in the *Ashington Piggeries* case,[234] the expert buyer relies on the seller to ensure that the goods possess those characteristics which are or ought to be within the seller's sphere of knowledge.

4. *The time at which reliance has to be tested*

11.123 The fact of reliance and the reasonableness of reliance must be established as at the date of the contract.

(vii) **The time at which the condition of fitness must be satisfied**

11.124 As with quality, the implied condition of fitness is not a continuing duty but is a once-for-all obligation which has to be satisfied at the time of delivery.[235] But if the goods cease to function, or evince defects, within a shorter period than normal, that is evidence that they were not in proper condition when delivered.[236]

---

[233] As in *Ashington Piggeries Ltd v Christopher Hill Ltd*, n 85, where the defendants would have escaped liability if the food compound which they prepared in accordance with the plaintiffs' specification had been safe but merely unsuitable.
[234] Ibid.
[235] *Crowther v Shannon Motor Co*, n 179; but see the speech of Lord Diplock in *Lambert v Lewis* [1981] 1 All ER 1185 at 1191. See also A. H. Hudson, 'Time and Terms as to Quality in Sale of Goods' (1978) 94 LQR 566.
[236] *Crowther v Shannon Motor Co*, n 179; and see further under 'Durability', para **11.81**.

6. CORRESPONDENCE WITH SAMPLE

11.125 The first two subsections of s 15,[237] as amended by the Sale and Supply of Goods Act 1994, provide as follows:

> '(1) A contract of sale is a contract for sale by sample where there is an express or implied term to that effect in the contract.
>
> (2) In the case of a contract for sale by sample there is an implied term
> (a) that the bulk will correspond with the sample in quality;
> (b) [Repealed]
> (c) that the goods will be free from any defect making their quality unsatisfactory which would not be apparent on reasonable examination of the sample.'

11.126 The sample may be one extracted from the bulk to be purchased or it may be entirely separate from that bulk. The mere fact that a sample is exhibited during negotiations for a sale does not make it a sale by sample. It is necessary that the sample displayed be intended to form the contractual basis of comparison with the goods subsequently tendered. As a working rule, it may be said that a sale is unlikely to be considered a sale by sample unless the sample is released by the seller to the buyer or to a third party for the purpose of providing a means of checking whether the goods subsequently tendered correspond with the sample. The mere fact that I look at a pair of shoes in a shop window and then ask the shop assistant for 'a pair like that' does not make the sale a sale by sample. It will be observed that the implied term of correspondence with description is not confined to sales made by a seller in the course of business. This is logical, for a sale by sample is simply an alternative to a sale by description, and s 15 is thus properly equated with s 13 rather than with s 14.[238]

11.127 Paragraphs (a) and (c) of s 15(2) can best be understood if analysed together. We can begin by considering the function of a sample.

> After all, the office of a sample is to present to the eye the real meaning and intention of the parties with regard to the subject-matter of the contract which, owing to the imperfection of language, it may be difficult or impossible to express in words. The sample speaks for itself. But it cannot be treated as saying more than such a sample would tell a merchant of the class to which the buyer belongs, using due care and diligence, and appealing to it in the ordinary way and with the knowledge possessed by merchants of that class at the time. No doubt the sample might be made to say a great deal more. Pulled to pieces and examined by unusual tests which curiosity or suspicion might suggest, it would doubtless reveal every secret of its construction. But that is not the way in which business is done in this country. Some confidence there must be between merchant and manufacturer. In matters exclusively within the province of the manufacturer, the merchant relies on the manufacturer's skill, and he does so all the more readily when, as in this case, he has had the benefit of that skill before.[239]

---

[237] The equivalent provision in the Consumer Rights Act 2015 is s 13.
[238] For an argument that most breaches of s 15 are adequately covered by ss 13 and 14, see J. R. Murdoch, 'Sale by Sample – A Distinction Without a Difference?' (1981) 44 MLR 388.
[239] *James Drummond & Sons v E. H. Van Ingen & Co* (1887) 12 App Cas 284, per Lord Macnaghten at 297.

11.128 Hence the buyer is not entitled under s 15(2)(a) to require the bulk to correspond with the sample except as to those qualities, whether of the sample or of the bulk, that would be apparent from such examination as is normal in the trade. From this principle, coupled with the provisions of s 15(2)(c), four propositions may be extracted. First, if the sample contains latent desirable qualities which are not carried over into the bulk, and through their absence the bulk is of unsatisfactory quality, the buyer's remedy is under s 15(2)(c). If the absence of such qualities does not render the bulk of unsatisfactory quality, the buyer has no claim under s 15 at all.[240] Secondly, if the sample contains a latent defect but the bulk does not, the bulk does not on that account disconform to the sample, for the seller does not undertake that the bulk will correspond to the sample as regards those characteristics of the sample that would not be apparent from reasonable examination of it;[241] he merely undertakes, under s 15(2)(c), that they will not be such as to render the quality of the goods unsatisfactory. Thirdly, if the bulk contains a latent defect which was not in the sample, then again there is no breach of s 15(2)(a),[242] and the buyer must show that the defect makes the bulk of unsatisfactory quality, so as to come within s 15(2)(c). Finally, if both the sample and the bulk contain the same latent defect and the bulk is in all other respects in conformity with the sample, s 15(2)(a) is complied with (all too well!), but if the defect is one which renders the quality of the bulk unsatisfactory, there is a breach of s 15(2)(c).[243]

11.129 In the commodity trades it is common for the rules of the relevant association to provide for the machinery by which samples are to be taken, with a view to securing that the sample is fairly representative of the bulk,[244] and where those rules are incorporated into the contract, the parties will be bound by them.[245]

7. THE EXCLUSION OF LIABILITY FOR FITNESS, QUALITY AND CORRESPONDENCE WITH DESCRIPTION OR SAMPLE

11.130 The laissez-faire policy of the Sale of Goods Act 1893, with its express encouragement to contract out of the statutory implied terms,[246] was allowed to hold sway for a remarkably long time. Indeed, by the middle of last century the courts, evidently despairing of intervention by the legislature, had developed their own weapons for dealing with exemption clauses, through rules of strict construction and the doctrines of fundamental term and fundamental breach.[247] Judicial reliance on these weapons has largely disappeared, although the modern courts do still insist that 'clear words' are used if the

---

[240] *F. E. Hookway & Co Ltd v Alfred Isaacs & Sons* [1954] 1 Lloyd's Rep 491.
[241] Ibid.
[242] *Steels & Busks Ltd v Bleecker Bik & Co Ltd* [1956] 1 Lloyd's Rep 228.
[243] For an illustration see *James Drummond & Sons v E. H. Van Ingen & Co*, n 239, the effect of which decision was incorporated into s 15(2)(c).
[244] See, for example, the sampling rules provided by the Grain and Feed Trade Association in the GAFTA Sampling Rules No 124 (Rules for Sampling, Analysis Instructions and Certification).
[245] See paras **4.35** ff.
[246] Section 55.
[247] See para **3.77**.

11.130 *The Statutory Implied Terms in Favour of the Buyer*

statutory terms implied into contracts for the sale of goods are to be excluded. For example, a clause which provided that 'the Vessel shall be delivered and taken over as she was at the time of inspection, fair wear and tear excepted' was held not to be effective to exclude the implied term as to satisfactory quality in the Sale of Goods Act 1979, s 14(2).[248]

11.131 Notwithstanding the inability of the common law to regulate effectively the contracting out of the statutory implied terms, Parliament was slow to rectify the position and the protection accorded to a hirer on hire-purchase since 1938[249] remained unavailable to the cash buyer, despite a strong recommendation by the Molony Committee that exemption clauses in consumer sales should be curbed.[250] It was only as the result of the Law Commission's first report on exemption clauses[251] that Parliament was finally persuaded to act, adopting (with certain amendments) the draft Bill appended to the report. The end product was the Supply of Goods (Implied Terms) Act 1973, which revised the implied terms in ss 12–15 of the Sale of Goods Act 1979 and also[252] modified and expanded s 55 so as to ban contracting out of the terms implied by s 12 and, in the case of consumer sales, the terms implied by ss 13–15, and empowered the courts to rule such exemption clauses unenforceable in non-consumer sales, in given conditions. In addition, the ability of the parties to displace by a choice of law clause the application of English law to a contract of sale whose proper law would otherwise have been English was excluded by a new s 55A.[253] These provisions were replaced by the Unfair Contract Terms Act 1977 ss 6, 11, 27(2) and Sch 2.

11.132 Section 55, as slightly amended by the Sale and Supply of Goods Act 1994[254] and the Consumer Rights Act 2015, provides as follows:

'(1) Where a right, duty or liability would arise under a contract of sale of goods by implication of law, it may (subject to the Unfair Contract Terms Act 1977) be negatived or varied by express agreement, or by the course of dealing between the parties, or by such usage as binds both parties to the contract.

(1A) Subsection (1) does not apply to a contract to which Chapter 2 of Part 1 of the Consumer Rights Act 2015 applies (but see the provision made about such contracts in section 31 of that Act).

(2) An express term does not negative a term implied by this Act unless inconsistent with it.'

11.133 Like the *caveat emptor* statement in s 14(1), the general rule in s 55(1) as to freedom to contract out of the Act is now subordinated to the exceptions

---

[248] *Dalmare SpA v Union Maritime Ltd (The Union Power)* [2012] EWHC 3537 (Comm), [2013] 2 All ER 870. To similar effect see *Air Transworld Ltd v Bombardier Inc* [2012] EWHC 243 (Comm), [2012] 2 All ER (Comm) 60 and *KG Bominflot Bunkergesellschaft für Mineralöle mbH v Petroplus Marketing AG (The Mercini Lady)*, n 118.
[249] Hire-Purchase Act 1938, s 8(3).
[250] Final Report of the Committee on Consumer Protection (1962, Cmnd 1781), paras 426 ff.
[251] See n 229.
[252] Section 4.
[253] See F. A. Mann, 'The Amended Sale of Goods Act 1893 and the Conflict of Laws' (1974) 90 LQR 42, for a singular view of the effect of that section.
[254] By substituting 'term' for 'condition' in s 55(2).

in s 6 of the Unfair Contract Terms Act 1977. The restrictions imposed by s 6 are, however, confined to provisions excluding or limiting the operation of ss 12–15 of the Sale of Goods Act 1979. Section 6 leaves untouched contractual provisions purporting (a) to negate duties imposed by other sections of the Sale of Goods Act or by *express* undertakings, or (b) to exclude terms implied *in fact* or terms purporting to exclude liability in tort, eg for negligence. Exemption clauses of these kinds are controlled only by the common law and by other more general provisions of the Unfair Contract Terms Act, in particular ss 2 and 3,[255] and, in relation to consumer sales, by the more wide-ranging provisions of the European Directive on Unfair Contract Terms[256] as now implemented in the UK by the Consumer Rights Act 2015.[257] We first consider the 1977 Act before turning briefly to examine the impact of the Consumer Rights Act on exemption clauses.

(i) Exclusion of title, quiet possession and freedom from charges and encumbrances

11.134 The terms of title, quiet possession and freedom from encumbrances imported into contracts of sale by s 12 of the Sale of Goods Act 1979 cannot be excluded, and any provision in any contract (whether the sale contract itself or a separate contract entered into by the buyer, either with the seller or with a third party such as the manufacturer) purporting to exclude any of these terms is rendered void.[258]

11.135 Of course, s 12 itself provides circumstances in which the terms implied under it may be excluded or limited. For example, there is no implied warranty of freedom from disclosed charges or encumbrances;[259] and a seller may contract to transfer only such title as he or a third party may have, in which case the ordinary terms as to title are replaced by a more limited set of implied undertakings.[260] But where there is nothing to indicate that the seller is contracting to transfer only a limited title, he cannot fall back on s 12(2) and (5) to surmount s 6(1) of the Unfair Contract Terms Act.[261]

(ii) Exclusion of other[262] implied terms: consumer sales

11.136 In the case of a contract under which a trader agrees to supply goods to a consumer (and hence falls within Chapter 2 of the Consumer Rights Act 2015), s 31 provides that a term of a contract to supply goods is not binding on the consumer to the extent that it would exclude or restrict the trad-

---

[255] See para **3.78**.
[256] See para **3.83**.
[257] See para **3.83**.
[258] Unfair Contract Terms Act 1977, ss 6(1)(a), 10.
[259] Section 12(2). See para **11.23**.
[260] Section 12(3)–(5).
[261] See para **11.25**. A similar result would appear to follow under s 31 of the Consumer Rights Act 2015.
[262] Ie, other than title, quiet possession or freedom from charges and encumbrances.

er's liability arising under ss 9–18 of the Act. Thus, implied terms of correspondence with description, other pre-contract information included in the contract, sample, the model seen or examined, quality or fitness, and the right to supply the goods, cannot be effectively excluded as against the consumer. Again, ss 9–18 define the circumstances in which these terms are to be treated as included in the contract between the trader and the consumer. The mere fact that a trader avoids the implication of the terms in the first place, eg by drawing defects to the buyer's attention prior to the sale or by giving a warning which makes it unreasonable for the buyer to rely on the seller's skill or judgment, cannot, it is thought, be treated as imposing an exemption clause. But an attempt to exclude the implied term by incorporating a waiver of the opportunity of examination would, it is thought, be treated as an attempt to exclude or restrict the trader's liability arising under any of these statutory provisions.

(iii) Exclusion of other[263] implied terms: non-consumer sales

11.137 Where the buyer is not a consumer who has entered into a contract with a trader, the implied terms of correspondence with description,[264] fitness, quality and correspondence with sample may be validly excluded or restricted but only so far as the exempting term satisfies the requirement of reasonableness.[265] Schedule 2 provides guidelines to which the court must have regard in determining whether the test of reasonableness is satisfied. In contrast to the position under the 1973 Act, the question is whether the *term* is reasonable, not whether *reliance* on it is reasonable. Reasonableness has to be tested in the light of circumstances prevailing at the date of the contract. In each case the onus is on the seller to show that the exempting term is reasonable.[266]

11.138 (a) RELATIVE BARGAINING STRENGTH. The first factor mentioned is the strength of the bargaining positions of the seller and buyer relative to each other taking into account, amongst other things, alternative means by which the customer's requirements could have been met.[267] Thus, where the seller holds a monopoly position he will find it harder to persuade a court to uphold reliance on the exemption clause.

11.139 (b) INDUCEMENT TO BUYER TO ACCEPT CLAUSE. A material consideration is 'whether the customer received an inducement to agree to the term, or in accepting it had an opportunity of entering into a similar contract with other persons, but without having to accept a similar term'.

---

[263] Ie, other than title, quiet possession and freedom from charges and encumbrances.
[264] But see para **11.06**.
[265] See *George Mitchell (Chesterhall) Ltd v Finney Lock Seeds Ltd* [1983] 2 AC 803; *R. W. Green Ltd v Cade Bros Farms* [1978] 1 Lloyd's Rep 602, a decision on s 55(4), (5), of the Sale of Goods Act 1893. See also para **3.78**.
[266] Unfair Contract Terms Act 1977, s 11(5).
[267] *Watford Electronics Ltd v Sanderson CFL Ltd* [2001] EWCA Civ 317, [2001] 1 All ER (Comm) 696. This factor is not, however, conclusive. A term may be held to be unfair despite the fact that the parties are of roughly equal bargaining power: *Britvic Soft Drinks Ltd v Messer U.K. Ltd* [2002] 1 Lloyd's Rep 20, [150]–[151] (upheld on appeal: [2002] EWCA Civ 548, [2002] 2 Lloyd's Rep 368).

11.140 (c) BUYER'S KNOWLEDGE OF TERM. Recognizing that parties frequently enter into contracts without reading them, the subsection includes as a relevant factor 'whether the buyer knew or ought reasonably to have known of the existence and extent of the term (having regard, among other things, to any custom of the trade and any previous course of dealing between the parties)'. For the purpose of determining whether a business buyer ought to have known of the existence of the exempting term, certain features are of obvious relevance. A tailor-made contract is more likely to be read than a printed, standard-term document. A previous course of dealing between seller and buyer will make it more difficult for the buyer to establish ignorance of the standard terms. A trade custom by which the responsibilities of the seller are restricted or qualified is likely to be a significant factor weighing against the buyer, for business buyers are presumed to contract with knowledge of customs affecting the trading activity in which they operate. On the other hand, a lengthy, obscurely worded exemption clause will tilt the scales against the seller, as will a clause which restricts liability in a manner unusual in the trade. Finally, the buyer's knowledge of the existence and effect of the exemption clause is far from conclusive, for it is only one factor among many, and may be outweighed by evidence of marked inequality in bargaining power adversely affecting the buyer's ability to negotiate.

11.141 (d) EXEMPTION IF CONDITIONS NOT COMPLIED WITH. The fourth factor mentioned in Sch 2 deals with the situation where the exempting term excludes or restricts all or any of the provisions of ss 13, 14 or 15 if some condition is not complied with. In such a case the question is whether it was reasonable at the time of the contract to expect that compliance with that condition would be practicable. Typical provisions within this paragraph are those which require the buyer to notify a complaint within a specified time or to accompany such notification with the part or parts alleged to be defective. A material factor in such cases is whether the time limit allowed was reasonably capable of being adhered to,[268] whether it was practicable to require dispatch of the defective part (which might require considerable skill to extract without further damage) and so on.

11.142 (e) SPECIAL ORDERS. The final matter listed in the guidelines in Sch 2 is whether the goods were manufactured, processed or adapted to the special order of the buyer. Obviously, a special order may create particular difficulties for the seller. He may be willing to accept the order but only on the basis that he is allowed to qualify his responsibility. On the other side of the coin, the buyer may require the goods to be specially made precisely in order to avoid defects of the kind experienced in mass-produced articles, and since he is likely to be paying a significantly higher price for goods made to his order, he may legitimately be able to argue that the exemption clause does not satisfy the test of reasonableness.

---

[268] See case cited at para **3.79**, n 296.

11.143 The Statutory Implied Terms in Favour of the Buyer

11.143 The guidelines in Sch 2 to the Unfair Contract Terms Act 1977 are not exhaustive. In *George Mitchell (Chesterhall) Ltd v Finney Lock Seeds Ltd*[269] the House of Lords considered relevant, as tending to show the unreasonableness of a limitation of liability clause, not only that the sellers could have obtained liability insurance at a modest cost[270] but also that the sellers had not usually relied on the clause in the past but had negotiated a settlement.[271]

8. SHOULD FURTHER TERMS BE IMPLIED?

11.144 The adequacy of the range of terms now implied by the Sale of Goods Act has come increasingly into question both in this jurisdiction and in other parts of the Commonwealth whose sales law is modelled on the Sale of Goods Act. The following additional terms, in particular, are worthy of consideration.

(i) Suitability for immediate use

11.145 The Law Commissions at one time considered, but ultimately rejected, the idea of including the suitability of goods for immediate use, not as an independent implied term but as an aspect of quality.[272] As consultees pointed out, there are many cases where goods are quite properly sold when they are not suitable for immediate use, as where they are maturing or where they can be used only after some act by the buyer, such as removing locking pins.[273]

(ii) Durability

11.146 As previously pointed out,[274] the Law Commissions rightly rejected the notion of an independent implied term of durability. Instead, durability features as an aspect of quality, and as such is to be satisfied as at the time of supply.

(iii) Replaceability

11.147 There is no implied obligation on the seller (or indeed on the manufacturer) of goods to ensure that, if a purchased article is lost or damaged

---

[269] See n 265.
[270] This is the second of the two factors specifically mentioned in s 11(4) of the Act in relation to limitation of liability clauses, but in practice it is taken into account by the courts also when considering the reasonableness of an exemption clause. This factor is, of course, directly linked to the first of the two factors mentioned in s 11(4), namely the resources which the person invoking the limitation of liability clause could expect to be available to him for the purpose of meeting the liability should it arise.
[271] The fact that the clause is not always enforced in practice does not mean that it is inevitably unreasonable: see *Schenkers Ltd v Overland Shoes Ltd* [1998] 1 Lloyd's Rep 498 where the decision in *George Mitchell* was explained as a case in which reliance was not placed on the clause because it was recognized in the industry that the clause was unreasonable.
[272] *Sale and Supply of Goods*, n 119, para 3.62.
[273] Ibid, para 3.64.
[274] See para **11.81**.

or wears out, a replacement will be available. This may be of no great moment where the article is used on its own, but creates more difficulty if it is part of a set, for inability to replace it may diminish the value of the remainder of the set, as in the case of a given utensil or a piece of porcelain forming part of a table setting. If at the time of sale of the set the seller warrants that it is a running line for which replacements will be available, he may incur a liability for misrepresentation or breach of warranty if this proves not to be the case. There would be serious practical difficulties in imposing on the seller an undertaking as to replaceability, even for a limited period, for the ability to keep replacements available depends on too many factors outside the seller's control.

(iv) Servicing and spare parts

11.148 There is a stronger case for importing into contracts of sale an undertaking that servicing facilities and spare parts will be available for a reasonable period after sale. Many items of equipment are complex and require specialist knowledge; moreover, the parts used in the manufacture are all too often specially made for the product and not standard, and thus are not available except from the manufacturer or its distributors. The absence of servicing facilities or of spare parts thus seriously reduces the effective working life of the purchased article. An obligation to ensure that spare parts and servicing will be available for a limited period was advocated by at least two Canadian reports[275] and is now imposed by several Canadian statutes. No such legislation at present exists in England, and the Law Commission advised against it in its two reports.[276]

(v) Information

11.149 The duty to provide information about the goods is generally encompassed within the existing implied terms of quality and fitness for purpose. Thus there is a duty to warn the buyer of safety risks if the goods are, or are not, used in a particular way or for a particular purpose,[277] while the Sale of Goods Act itself contains provisions negating the implied term of quality as regards matters drawn specifically to the buyer's attention before the making of the contract[278] and the implied term of fitness for purpose where the buyer does not rely, or the circumstances show that it is unreasonable for him to rely, on the seller's skill and judgment.[279] Yet there is force in the criticism[280] that

---

[275] Both by the Ontario Law Reform Commission. See *Report on Consumer Warranties and Guarantees in the Sale of Goods* (1972), pp 40–401, and the Commission's revised proposals in its *Report on Sale of Goods* (1979), pp 216–217.
[276] Law Commission, *Implied Terms in Contracts for the Supply of Goods*, n 166, paras 115–122; *Sale and Supply of Goods*, n 119, para 3.66.
[277] See paras **11.80, 11.104** ff.
[278] Sale of Goods Act 1979, s 14(2C)(a).
[279] Ibid, s 14(3).
[280] S. Hedley, 'Quality of Goods, Information, and the Death of Contract' [2001] JBL 114 at p 116.

11.149 *The Statutory Implied Terms in Favour of the Buyer*

to subsume everything under one or other of the implied terms is artificial. If the goods are perfectly suitable but the buyer needs adequate instructions in order to use them, there is much to be said for a free-standing implied duty to provide the necessary instruction, rather than an implication, contrary to the facts, that the goods are not of satisfactory quality or are unfit for their purpose.

Chapter 12

REJECTION AND ITS CONSEQUENCES

12.01 Where the buyer rejects goods, he thereby signifies that he is not prepared to accept them pursuant to the contract. Refusal to take delivery may (and usually does) signify rejection, but just as the taking of delivery is not synonymous with an acceptance, so the refusal to take delivery does not inevitably signify rejection.[1] In each case it is a question of fact and intention. There is no definition of the terms 'reject', 'rejected' or 'rejection' in the Sale of Goods Act 1979, although these terms are frequently used in the Act.[2] The primary sense in which these terms are used is to denote the rejection of the goods, either in whole or in part. A buyer may reject the goods in one of two principal ways. First, he may refuse to accept physical possession of the goods when they are tendered. Second, in the case where the buyer has initially taken physical possession of the goods, he may reject them by returning them to the seller or by making them available for collection by the seller, having informed the seller that the goods are not accepted. Importantly, as we shall see,[3] the right to reject the goods does not necessarily connote that there is also a right to terminate the contract of sale. In other words, the right under consideration in this chapter is the right to reject the goods and this right does not necessarily imply that there is also a right to reject the contract. This should be contrasted with the way in which the consumer's right to reject is defined for the purposes of the Consumer Rights Act 2015 where it is provided that the consumer's right to reject entitles the consumer 'to reject the goods and treat the contract as at an end.'[4] This use of rejection to encompass both the rejection of the goods and the termination of the contract is unfortunate for two reasons. First, it is not consistent with the way in which the term 'reject' is generally used in the Sale of Goods Act 1979 and, second, it has the potential to generate confusion in so far as the word rejection seems a more appropriate

---

[1] See para **15.04**. As to particular facets of rejection in documentary sales, including the difficult decision of the House of Lords in *Berger & Co Inc v Gill & Duffus S.A.* [1984] AC 382, see paras **34.40** ff.
[2] Professor Clive, 'Time to Reflect on the Right to Reject' in L. Gullifer and S. Vogenauer (eds), *English and European Perspectives on Contract and Commercial Law: Essays in Honour of Hugh Beale* (2014), pp 131, 135 notes that these terms are used on 25 occasions in the Act.
[3] See para **12.03**.
[4] Consumer Rights Act 2015, s 20(5) and (6). The right to treat the contract as at an end means the right to treat the contract as repudiated: s 19(13).

12.01 *Rejection and its Consequences*

term to use in relation to the goods themselves and is less apt to describe the right to terminate the contract of sale itself. In this chapter rejection will be used to describe the buyer's right to reject the goods, unless otherwise specified.

1. THE RIGHT TO REJECT

12.02 The buyer has the right to reject goods tendered under a contract of sale in any of the following cases:

(a) Where he is permitted to do so by the express terms of the contract.
(b) Where a right to reject is given by terms implied in fact or by usage of trade or a course of dealing between the parties.[5]
(c) Where the seller has committed a breach of an express or implied condition of the contract[6] or the seller has by words or conduct evinced an intention to repudiate the contract or has disabled himself from performing it in an essential respect or has broken the contract in such a way as to frustrate its commercial purpose.[7]

12.03 In the latter category of case, the buyer's right to reject the goods flows from the exercise by the buyer of his right to terminate the contract of sale (whether the right to terminate the contract arose under the Sale of Goods Act or at common law). Thus, while a right to reject does not, as we have noted, necessarily carry with it the right to terminate the contract, the right to terminate the contract does carry with it the right to reject the goods. In England, the buyer's right to terminate the contract and reject the goods arose in the case of any breach of a condition by the seller, even where the consequences of the breach were trivial.[8] Given the breadth of the right to terminate the contract, the buyer thereby enjoyed a broad right to reject the goods. But, in more recent times, Parliament has intervened to place greater restrictions on the entitlement of the buyer to terminate the contract and the limits placed on the right of the buyer to terminate the contract have an impact upon the scope of the buyer's right to reject the goods.

12.04 A good example of this process is provided by the Sale of Goods Act 1979, s 15A(1), which provides:

'Where, in the case of a contract of sale –
(a) the buyer would, apart from this subsection, have the right to reject goods by reason of a breach on the part of the seller of a term implied by section 13, 14 or 15 above, but

---

[5] See paras **3.58–3.59**.
[6] See para **3.144**.
[7] See para **3.145**.
[8] *Arcos Ltd v E. A. Ronaasen & Son* [1933] AC 470. In this respect the buyer's right to reject does not have to be exercised reasonably, so that if, for example, the goods do not correspond to their contract description, the buyer is entitled to reject them whether or not the non-conformity of the goods affects their saleability. Compare the position in Scotland where the buyer's right to reject the goods and terminate the contract (or 'treat the contract as repudiated') is confined to the case where the breach by the seller is 'material' (Sale of Goods Act 1979, s 15B(1)(b)).

(b) the breach is so slight that it would be unreasonable for him to reject them, the breach is not to be treated as a breach of condition but may be treated as a breach of warranty.'

The reference in paragraph (a) is clearly to the buyer's right to reject the goods and the same would appear to be the case in paragraph (b) (that is to say, 'reject them' is a reference to rejection of the goods). But in stating that the buyer is not in these circumstances entitled to reject the goods, it seems clear that the provision is also stating that the buyer does not have the right to terminate the contract of sale or to treat the contract as repudiated. This being the case, the buyer does not have a right to reject the goods and his remedy is one in damages.

12.05 The enactment of the Consumer Rights Act 2015 has brought about a change of terminology in this area. The Act distinguishes between a short-term right to reject and a final right to reject.[9] It gives to the consumer a powerful short-term right to reject but at the cost of a more limited right of final rejection. The short-term right to reject must be exercised within 30 days of ownership or possession of the goods having been transferred to the buyer, the goods having been delivered and, where the contract requires the trader to install the goods or to take other action to enable the consumer to use them, the trader has notified the consumer that the action has been taken.[10] An agreement which purports to deprive a consumer of the short-term right to reject before the expiry of the 30-day period is not binding on the consumer.[11] This right can be exercised by the consumer in the event that the goods do not conform to the contract because they are not of satisfactory quality, not fit for their particular purpose, or do not match the description, the sample or the model seen.[12] The right is exercised by the consumer indicating to the trader that he is rejecting the goods and treating the contract as at an end.[13] The effect of its exercise is to entitle the consumer to a refund and to impose on the consumer a duty to make the goods available for collection by the trader or (if there is an agreement for the consumer to return rejected goods) to return them as agreed.[14] If the consumer does not exercise the right within the 30-day period, the right is lost unless the trader and the consumer agree that the right can be exercised at a later point in time.[15]

---

[9] CRA 2015, s 20(1) and (2).
[10] CRA 2015, s 22(3). The time limit is reduced in the case of goods that can reasonably be expected to perish after a shorter period (s 22(4)) and is extended in the case where the consumer requests or agrees to the repair or replacement of the goods (s 22(6)–(8)).
[11] CRA 2015, s 22(2).
[12] Section 19(3). In other words, there is a breach by the trader of one of ss 9, 10, 11, 13 or 14 of the Act. The short-time right to reject also arises in the event that there is a breach by the trader of s 16 (goods not conforming to the contract if the digital content does not conform).
[13] CRA 2015, s 20(5). The indication may be something the consumer says or does, but it must be clear enough to be understood by the trader: s 20(6).
[14] CRA 2015, s 20(7). The mechanics applicable to the claim for a refund are set out in s 20(9)–(18). In the case where the consumer has a duty to return the rejected goods, the trader must bear any reasonable costs of returning them, other than any costs incurred by the consumer in returning the goods in person to the place where the consumer took physical possession of them: s 20(8).
[15] CRA 2015, s 22(1).

12.06 Rejection and its Consequences

12.06 By contrast, the final right of rejection is available in more limited circumstances. The Consumer Rights Act 2015, s 24(5) provides that a consumer may only exercise the final right to reject if, after one repair or one replacement, the goods do not conform to the contract, or the consumer cannot require repair or replacement of the goods because it is impossible to do so or the trader has failed to carry out the repair, having been required by the consumer to do so, within a reasonable time and without significant inconvenience to the trader. Like the short-term right to reject, the right is exercised by the consumer indicating to the trader that he is rejecting the goods and treating the contract as at an end.[16] The effect of its exercise is to entitle the consumer to a refund and to impose on the consumer a duty to make the goods available for collection by the trader or (if there is an agreement for the consumer to return rejected goods) to return them as agreed.[17] However, unless the final right to reject is exercised within six months, any refund to the consumer may be reduced by a deduction for use to take account of the use the consumer has had of the goods in the time after their delivery.[18]

12.07 In very general terms, what the Consumer Rights Act has done is to confer upon the consumer a broad right to reject the goods provided that the right is exercised within the 30-day period, but thereafter to give greater priority to the remedies of repair and replacement, relegating the final right of rejection to cases where it has, for one of the prescribed reasons, not been possible to effect repair or replacement. Having thus dealt in outline with the modifications introduced by the Consumer Rights Act, we now turn back to a consideration of the rights of the buyer both at common law and under the Sale of Goods Act 1979.

12.08 The buyer is not bound to exercise a right to reject for breach of a condition; he can elect to treat the breach of the condition as a breach of warranty,[19] in which case the contract will remain on foot and the buyer's remedy will be damages for breach of warranty. Moreover, there are various cases in which the right to reject will be lost even where the buyer may wish to reject.

2. TIME OF REJECTION

12.09 The buyer may reject the goods either by declining to receive them when delivery is tendered or by giving notice of rejection before a tender of delivery or after receipt of the goods and before acceptance. The distinction between rejection on tender and rejection after receipt appears to have no legal

---

[16] CRA 2015, s 20(5). The indication may be something the consumer says or does, but it must be clear enough to be understood by the trader: s 20(6).
[17] CRA 2015, s 20(7). The mechanics applicable to the claim for a refund are set out in s 20(9)–(18). In the case where the consumer has a duty to return the rejected goods, the trader must bear any reasonable costs of returning them, other than any costs incurred by the consumer in returning the goods in person to the place where the consumer took physical possession of them: s 20(8).
[18] CRA 2015, s 22(9)–(11).
[19] Sale of Goods Act 1979, s 11(2).

consequences, beyond the fact that a claim by the buyer for expenses to which he has been put as the result of an ineffective tender by the seller[20] is likely to be greater where the buyer has taken the goods into his custody than where he has not. The goods must be rejected within a reasonable time,[21] and in determining what is reasonable it is necessary to consider the interests of the seller as well as those of the buyer.[22]

3. MODE OF REJECTION

12.10 The right to reject must be exercised by an unequivocal notice of rejection to the seller.[23] In exercising a right to reject the goods, the buyer is not, unless the contract so provides, bound to return them to the seller. It suffices that he intimates to the seller that he refuses to accept them.[24] It is the duty of the buyer to hold the goods available for collection by the seller at the contractual place for examination.[25] If the buyer is not in a position to do this at the time he gives notice to reject, the notice will usually be ineffective.[26] The notice of rejection need not be in writing, nor need it specifically identify the goods so long as they are identifiable with certainty as the goods to which the notice relates.[27]

4. EFFECTIVENESS OF NOTICE TO REJECT

12.11 A notice which leaves the seller in reasonable doubt as to whether the buyer is or is not rejecting is not sufficient.[28] Even if the notice of rejection is unequivocal, the buyer cannot rely on it if at the time he gives it he has already lost the right to reject.[29] On the other hand, the seller is entitled to treat the notice of rejection as binding on the buyer, who cannot himself be heard to deny the effectiveness of his own notice.[30] It is for the seller to decide whether to hold the buyer to the notice or to treat it as ineffective by reason of the inconsistent conduct. In the latter case the property in the goods revests in the

---

[20] The basis of such a claim is that running parallel with any express delivery obligation of the seller is an implied, collateral undertaking (ie a warranty) not to involve the buyer in expense by making a tender which is not in conformity with the contract.
[21] Sale of Goods Act 1979, s 35(4).
[22] *Truk (UK) Ltd v Tokmakidis GmbH* [2000] 2 All ER (Comm) 594, 603.
[23] *Graanhandel T Vink B.V. v European Grain and Shipping Ltd* [1989] 2 Lloyd's Rep 531.
[24] Sale of Goods Act 1979, s 36(1). Section 36 does not apply to a contract of sale concluded between a trader and a consumer (s 36(2)) where the applicable provision is to be found in the Consumer Rights Act 2015, s 20.
[25] See para **13.26**.
[26] See para **13.11**.
[27] *Atari Corp. (UK) Ltd v Electronics Boutique Stores (UK) Ltd* [1998] QB 539. This was a decision on sale or return but the principle is the same.
[28] *Graanhandel T Vink B.V. v European Grain and Shipping Ltd*, n 23.
[29] See below.
[30] This is a case of election, not estoppel, so that the seller does not have to show he relied on the notice (see para **3.93**).

12.11 *Rejection and its Consequences*

seller, and the buyer will be guilty of conversion in dealing with the goods[31] unless he was authorized by the seller to do so or acted as an agent of necessity.[32] The only cases where the buyer is entitled to treat his notice to reject as ceasing to be operative is where the seller agrees or where he refuses to accept the notice and the buyer acts in reliance on that refusal.[33]

5. LOSS OF RIGHT TO REJECT

12.12 The buyer may lose his right to reject by conduct which is inconsistent with rejection before, at the time of or subsequent to his notice to reject.[34] So he cannot reject if at the time of giving notice he has already accepted the goods or is deemed to have done so,[35] or is on some other ground precluded from denying that he has adopted the transaction.[36] Similarly, the buyer's notice of rejection is ineffective if it is inconsistent with his contemporaneous conduct, as where at the time of giving the notice he proceeds to sell the goods or do some other act inconsistent with rejection, for he cannot say one thing and do another.[37] Finally, a notice of rejection which is valid when given may be lost by subsequent conduct which is inconsistent with the revesting of the goods in the seller.[38] Again, it is only the seller, not the buyer, who can treat the notice of rejection as ineffective.[39]

6. THE EFFECT OF IMPROPER REJECTION

12.13 Where the buyer purports to reject without being entitled to do so, this constitutes a repudiation, which the seller is entitled, though not obliged, to accept as discharging the contract. If the seller elects to hold the buyer to the

---

[31] This will be the case where the buyer resells the goods and delivers them to the sub-purchaser or resells them in circumstances where the sub-purchaser acquires a good title. But a sale unaccompanied by delivery and ineffective to pass an overriding title is not a conversion (*Lancashire Waggon Co v Fitzhugh* (1861) 6 H & N 502).

[32] *Tradax Export S.A. v European Grain & Shipping Ltd* [1983] 2 Lloyd's Rep 100, per Bingham LJ at 107; *Graanhandel T. Vink B.V. v European Grain & Shipping Ltd*, n 23, per Evans J at 533.

[33] There is no authority directly on the point, though it was adverted to in *Graanhandel T. Vink B.V. v European Grain & Shipping Ltd*, n 23, at 533, by Evans J, who did not find it necessary to decide it. In contrast to the buyer's notice of rejection (above), the seller's refusal to accept the notice would not, it is thought, bind him unless and until the buyer acts in reliance on it, for the intimation of such a refusal is not a matter of election but of estoppel.

[34] At one time the right to reject was also lost once the property in the goods had passed to the buyer, but this part of s 11 (then s 11(1)(c)) was repealed by s 4(1) of the Misrepresentation Act 1967.

[35] Sale of Goods Act 1979, s 11(4). See ch 13.

[36] Eg, where, through no fault of the seller, restoration of the goods to the seller is impossible. See para **13.16**. See also para **13.30**, n 79.

[37] *Chapman v Morton* (1843) 11 M & W 534; *Tradax Export S.A. v European Grain & Shipping Ltd*, n 32, per Bingham LJ at 107; *Vargens Pena Afezteguia y Cia v Peter Cremer GmbH* [1987] 1 Lloyd's Rep 394.

[38] *Tradax Export S.A. v European Grain & Shipping Ltd*, n 32, per Bingham LJ at 107. This results from the application of common law principles, not from s 35 of the Sale of Goods Act, which is confined to inconsistent acts committed prior to the notice to reject (ibid).

[39] See above, text and n 30.

contract, the purported rejection is ineffective, the property in the goods, if already in the buyer, remains in him and, unless the rejection took a form which involved the seller in loss (as where the buyer returns the goods to the seller's premises), the seller's decision to affirm the contract enures for the benefit of both parties, so that, in the absence of a further breach by the buyer, the seller has no claim for damages beyond the purely nominal damages recoverable for breach of the implied undertaking of the buyer to hold himself ready and willing to perform up to the due date of performance. But the seller cannot, by holding the contract open for performance after the date when the buyer ought to have accepted the goods, defer taking steps to mitigate his loss.[40]

12.14 Where the seller accepts the buyer's repudiation, the property (if then in the buyer) revests in the seller, who is entitled to recover the goods and sue the buyer for damages for non-acceptance.

12.15 Whether, in the case of an instalment contract, the buyer's improper rejection of one instalment constitutes a repudiation of the whole contract depends on the circumstances.[41]

7. THE EFFECT OF LAWFUL REJECTION

12.16 It has been said, in relation to contracts of sale, that 'a right to reject is merely a particular form of the right to rescind'.[42] This statement, made in a judgment dealing with a case where the seller had quite clearly repudiated his obligations, has been taken out of context and converted into the general proposition that rejection equals rescission. The use of the word 'rescind' is in any event unfortunate, for what is meant is termination for breach, not rescission *ab initio*, as for misrepresentation.[43] But even with this qualification, is the proposition true? What in fact is the effect on the contract of a buyer's well-founded election to reject a tender as not in conformity with the contract?

12.17 It is generally considered that where defective goods are tendered, the buyer has but two alternatives: to adopt the contract or to reject the goods and thereby treat the contract as discharged. Such an assumption, though deriving some support from s 11(4) of the Sale of Goods Act 1979, is neither consonant with legal principle nor in accord with commercial practice. The typical buyer, confronted with defective goods, does not do either of these things. He tells the seller that the goods are not accepted in the condition in which they are

---

[40] See para **15.37**.
[41] See paras **10.29** ff.
[42] *Kwei Tek Chao v British Traders and Shippers Ltd* [1954] 2 QB 459, per Devlin J at 480.
[43] This confusion of language probably stems from the fact that the effect of acceptance of a repudiation in a contract of sale seems very similar to the effect of rescission *stricto sensu*, for the property revests in the seller, while the buyer is entitled to withhold payment of the price, or recover it if he has already made payment. There is, however, an important difference in that at common law the corollary of rescission is not damages but restitution (see para **3.36**), whereas the buyer who lawfully rejects is entitled to damages.

12.17 *Rejection and its Consequences*

tendered and asks that they be repaired or replaced. The tender is rejected but the buyer holds the contract open for performance by a fresh tender.[44] Even if the buyer does not request or desire repair or replacement of the defective goods, the seller is as a rule entitled to do this if he still has time under the contract. The sole effect of rejection as such[45] is to nullify delivery. The seller is treated as if he had not tendered delivery at all.[46] If, when the buyer gives notice to reject, the time for delivery has already expired, the seller is in breach.[47] If the time for delivery has not then expired, then prima facie there is no breach of the seller's primary delivery obligation.[48]

12.18 Unless otherwise agreed, where the buyer exercises a right to reject, the property in the goods revests in the seller[49] and the goods are again at his risk.[50] This would seem to be the case even if the seller has the opportunity to make a fresh and conforming tender.[51]

8. THE RIGHT TO CURE

12.19 This right of the seller to cure a defective tender by making a fresh tender of conforming goods is well illustrated by the decision of the Court of Appeal in *Borrowman Phillips & Co v Free & Hollis*.[52]

> The plaintiffs, who had taken over a contract to supply to the defendants a quantity of maize, offered a cargo on board a named vessel but were unable to tender the shipping documents pursuant to the contract. An arbitrator having upheld the defendants' contention that the tender was invalid, the plaintiffs offered a further cargo on board a different vessel, together with the necessary documents. This offer was also refused, on the ground that the plaintiffs could not substitute other goods for those first tendered. The Court of Appeal, rejecting the defendants' argument that the first tender irrevocably identified the contract goods, held that since the defendants had rejected them, the plaintiffs were at liberty to tender another cargo in conformity with the contract, and this had been done. They were therefore entitled to damages for non-acceptance.

---

[44] There are certain forms of redress which at common law cannot be forced on the seller, eg (i) repair of defective goods or other curing of a non-conforming tender; (ii) revocation of acceptance. However, under the Consumer Rights Act 2015, s 23 a consumer buyer has a statutory right to require repair or replacement of goods not conforming to the contract of sale unless the repair or replacement is impossible or is disproportionate compared to the other of those remedies (s 23(3)).

[45] Apart from putting the seller in breach of his implied collateral undertaking not to make an invalid tender.

[46] With one difference, however, namely that the seller probably incurs a liability in damages for any expense incurred by the buyer in making arrangements to take delivery under the abortive tender.

[47] Though he may still retender if time is not of the essence.

[48] See below and nn 34, 35.

[49] *Tradax Export S.A. v European Grain & Shipping Ltd*, n 32, per Bingham LJ at 107; *Gill & Duffus S.A. v Berger & Co Inc*, n 1, at 395. See further para **13.10**, n 22.

[50] *Head v Tattersall* (1871) LR 7 Exch 7, per Cleasby B at 19: 'The person who is eventually entitled to the property in the chattel ought to bear any loss arising from any depreciation in its value caused by an accident for which nobody is at fault.'

[51] See below.

[52] (1878) 4 QBD 500. For an earlier decision to similar effect see *Tetley v Shand* (1871) 25 LT 658.

12.20 Though doubt has been expressed as to whether English law recognizes a general right of cure,[53] the principle has since been enunciated in a number of cases[54] and has received powerful judicial support in the decision of the House of Lords in *The Kanchenjunga*:[55]

> 'If the time for delivery has not yet expired, the seller is still entitled to make a fresh tender which conforms with the contract, in which event the buyer is bound to accept the goods so tendered.'[56]

12.21 It is, however, regrettable that opportunity has not been taken to modernize the Sale of Goods Act by including express provisions as to the right of cure,[57] a right which mitigates the impact of an improperly motivated rejection by the buyer while at the same time tending to avoid economic waste. The right to cure given by s 2–508 of the American Uniform Commercial Code goes somewhat beyond the common law right of retender and could usefully be adopted here.

> '2–508. Cure by Seller of Improper Tender or Delivery; Replacement
>
> (1) Where any tender or delivery by the seller is rejected because non-conforming and the time for performance has not yet expired, the seller may seasonably notify the buyer of his intention to cure and may then within the contract time make a conforming delivery.
>
> (2) Where the buyer rejects a non-conforming tender which the seller had reasonable grounds to believe would be acceptable with or without money allowance the seller may if he seasonably notifies the buyer have a further reasonable time to substitute a conforming tender.'

---

[53] See, for example, the Law Commissions' Working Paper *Sale and Supply of Goods* (Law Com WP No 85, Scot Law Com Cons Mem No 58, 1983), para 238. See more generally A. Apps, 'The right to cure defective performance' [1994] LMCLQ 525; W. C. H. Ervine 'Cure and Retender Revisited' [2006] JBL 799 and V. Mak, 'The Seller's Right to Cure Defective Performance – A Reappraisal' [2007] LMCLQ 409.

[54] *Ashmore & Son v C. S. Cox & Co* [1899] 1 QB 436 at 440–441; *H. Longbottom & Co Ltd v Bass Walker & Co* [1922] WN 245, per Atkin LJ at 246; *E. E. & Brian Smith (1928) Ltd v Wheatsheaf Mills Ltd* [1939] 2 KB 302, per Branson J at 314; *McDougall v Aeromarine of Emsworth Ltd* [1958] 3 All ER 431, per Diplock J at 438; *Agricultores Federados Argentinos Sociedad Cooperativa Limitada v Ampro S. A. Commerciale Industrielle et Financière* [1965] 2 Lloyd's Rep 157, per Widgery J at 167; *The Playa Larga* [1983] 2 Lloyd's Rep 171; *Wanganyi Motors (1963) Ltd v Broadlands Finance Ltd* (1988) 2 NZBLC 103.

[55] [1990] 1 Lloyd's Rep 391.

[56] Ibid, per Lord Goff, at 399, citing *Borrowman Phillips & Co v Free and Hollis*, n 52.

[57] See, for example, Article 48 of the Vienna Convention on Contracts for the International Sale of Goods (below para 33.32) and the American Uniform Commercial Code, s 2–508, set out below; J. Honnold, 'Buyer's Right of Rejection', 97 U Pa L Rev 457 (1949); A. Schwartz, 'Cure and Revocation for Quality Defects: The Utility of Bargains', 16 BC Ind & Com LR 543 (1975); G. L. Priest, 'Breach and Remedy for the Tender of Non-Conforming Goods under the Uniform Commercial Code: An Economic Approach', 91 Harv L Rev 960 (1978); J. White and R. S. Summers, *Uniform Commercial Code* (6th hornbook edn, 2010), pp 436–444; Ontario Law Reform Commission, *Report on Sale of Goods* (1979), pp 444 ff. The Law Commissions considered proposing a cure remedy but ultimately came down against it (*Sale and Supply of Goods* (Law Com No 160, Scot Law Com 104, Cmnd 137, 1987), paras 4.13–4.17). Instead, they recommended (at para 5.29) that a buyer who asks for a repair to be carried out should not thereby be deemed to have accepted the goods (see *J H Ritchie Ltd v Lloyd Ltd* [2007] UKHL 9, [2007] 2 All ER 353, [2007] 1 WLR 670, [12]) and this change was implemented in what is now the Sale of Goods Act 1979, s 34(6).

12.22 In the case of a contract for the sale of unascertained goods, a tender lawfully rejected because the goods are defective may be cured either by putting the rejected goods into the condition called for by the contract or by offering different goods which conform to the contract. But where the contract is for the sale of specific goods which are rejected by the buyer, one of these methods of cure is not open to the seller. He can repair the goods so as to put them into proper condition,[58] but he cannot, without the buyer's consent, tender other goods, for the contract itself identified the subject matter of the contract, and it is not open to the seller to change the contract goods by unilateral action.[59]

12.23 There are three cases in which the seller is deprived of the right to cure a defective tender.

(i) Where it is too late to retender

12.24 A retender is not necessarily too late merely because the contract date for delivery has passed. The rules as to time for a retender are the same as those for the original tender; and, as we have seen, the buyer is entitled to reject late delivery only where time is of the essence[60] or where a reasonable time has elapsed after the contract delivery date.

(ii) Where the rejection relates to part of the goods and the seller has no right to tender by instalments

12.25 Until recently, a buyer who accepted part of the goods was precluded from rejecting the rest where not conforming to the contract. This is no longer the case.[61] But if, in a contract that does not provide for delivery by instalments, the buyer exercises his right to accept part while rejecting the rest, he cannot be compelled to accept a fresh tender as to the part rejected, for he is not obliged to accept delivery by instalments.[62]

(iii) Where the seller's conduct is a repudiation

12.26 It is clear that if the seller refuses to retender, he commits a breach which the buyer is entitled to treat as discharging the contract. This is so

---

[58] But if the contract was for the supply of new goods, the curing of the defect by repair is probably not open to the seller where major repairs are required, for it is arguable that the goods will then no longer be new. For an Australian decision on the various meanings of 'new', see para **11.71**, n 150.
[59] Of course, if the first tender had been rejected because the article tendered was not the specific article which the buyer had agreed to buy but a different article – as where the seller had sent the wrong goods by mistake – the seller would be entitled to put the matter right by sending the correct goods. The buyer may in any event be expected to accept alternative goods, not by way of performance but in reasonable mitigation of his loss (*Payzu Ltd v Saunders* [1919] 2 KB 581).
[60] See para **10.24**.
[61] See paras **13.31–13.37**.
[62] Sale of Goods Act 1979, s 31. See paras **10.29–10.31** and **13.35**.

whether the refusal is intimated after the seller has taken back the goods or before, as where he refused to accept their return. But suppose that S, having had his first tender rejected on the ground that the goods are defective, makes a further tender within the contract period which is again rejected because the goods tendered still fail to conform to the contract. What happens next? Is S entitled to an indefinite number of bites at the cherry within the contract period? Clearly not. In every contract there is an implied condition that the party undertaking an obligation shall continue willing and able to perform up to the due date for performance. If, therefore, the seller's contract evinces either an intention to repudiate or an inability to perform, the buyer is entitled to treat the contract as repudiated by what is usually, though inaccurately, termed anticipatory breach. At what point this stage is reached depends on the circumstances. Several imperfect tenders would obviously expose the seller to an allegation that he has repudiated;[63] but even a single defective tender could constitute repudiation if it were so defective, or was made so near the expiry date (in the 'time being of the essence' sense), as to indicate that proper performance by the seller was either not intended or impossible.

12.27 We are left with one final problem. If rejection of an imperfect tender made within the contract period is merely non-delivery, and thus not of itself a breach of the delivery obligation, can the buyer recover the loss and expenses he incurred in connection with the abortive tender? There appears to be no authority on this point, but it is submitted that the seller, in addition to his positive delivery obligation (which is, of course, a condition of the contract), owes an implied collateral duty not to make an invalid tender, and that, accordingly, the buyer would be entitled to compensation for any loss suffered[64] and any expenses needlessly incurred in arrangements to collect goods which upon subsequent tender he lawfully rejects.[65]

---

[63] *Quaere* whether a justifiable loss of confidence in the seller resulting from the initial defective tender suffices to entitle the buyer to treat the agreement as at an end. No reported English case has yet gone so far.
[64] Eg, in delivering perishable goods which deteriorate and have to be destroyed.
[65] Sale of Goods Act 1979, s 11(4).

Chapter 13
ACCEPTANCE

1. THE MEANING OF 'ACCEPTANCE'

13.01 The draftsman of the Sale of Goods Act 1979 has not been consistent in his use of the word 'accept', which is employed in different senses in different parts of the Act. Section 27, which imposes on the buyer the duty to accept the goods in accordance with the contract, suggests some positive act of acceptance, though its effect is probably no more than to require the buyer to refrain from acts signifying rejection.[1] Section 50(3), on the other hand, when referring to the date on which the buyer ought to have accepted the goods, evidently refers not to acceptance in the full sense but to the taking of delivery.[2] Finally, in s 35, which states when the buyer is deemed to have accepted the goods, 'acceptance' means no more than an election or deemed election not to reject for failure to make a perfect tender.[3] It is with acceptance as a bar to rejection that the present chapter is concerned.

2. ACCEPTANCE AS NON-REJECTION OF AN IMPERFECT TENDER

13.02 The analysis of acceptance as an acknowledgement of perfect tender raises two crucial questions. When is the buyer considered to have given such an acknowledgement? And what is the consequence of his so doing? To answer the second question first, the effect of acceptance of the goods is to debar the buyer from rejecting the goods or from treating the seller as having repudiated the contract.[4] But the parties may agree otherwise; and special rules apply where the contract is severable[5] or the goods tendered exceed the contract quantity.[6]

13.03 Since acceptance usually precludes subsequent rejection, a crucial issue is what constitutes acceptance for this purpose. At what point does the buyer lose the right to insist on the seller taking back the goods? It is a remarkable circumstance that this, the most common question raised by the consumer

---

[1] *Benjamin's Sale of Goods* (10th edn, 2017), para 9–002.
[2] See para **15.35**.
[3] See paras **10.06** and **11.30**, as to the perfect tender rule.
[4] Sale of Goods Act 1979, s 11(4).
[5] Ibid. See also para **10.32**.
[6] Sale of Goods Act 1979, s 30(2). See para **13.31**.

13.03 Acceptance

buyer, a question on which lawyers and citizens' advice bureaux are daily asked to advise, was for so long such an intractable problem of sales law. There were many everyday disputes between traders and shoppers where it was difficult, if not impossible, to advise the customer whether he or she was still entitled to return the goods and recover the price. As far as consumer buyers are concerned a large step forward was taken with the enactment of the Consumer Rights Act 2015, which provides consumer buyers with a short-term right to reject the goods and treat the contract as at an end which is exercisable within a 30-day period[7] where the goods sold by the trader to the consumer are not of satisfactory quality, are not fit for their particular purpose or do not match the description, sample or the model seen.[8] The 30-day time limit may be said to have a degree of arbitrariness to it but it has the merit of giving to consumers a fixed period of time[9] of reasonable length in which to decide whether or not to reject the goods and claim a refund.[10] The position of the consumer is further strengthened by the fact that an agreement which provides that the short-term right to reject is to be lost before the expiry of the 30-day time limit[11] is not binding on the consumer.[12]

3. AN OUTLINE OF CHANGES TO THE RULES ON ACCEPTANCE

13.04 The rules for determining whether, in cases that do not fall within the scope of the Consumer Rights Act 2015, the buyer has accepted the goods are embodied in ss 35 and 35A of the Sale of Goods Act 1979. The statutory provisions relating to acceptance and its effect have undergone several important amendments over the past fifty years. Section 35 has always prescribed three types of act on the part of the buyer which are to be deemed an acceptance of the goods: (i) intimation of acceptance, (ii) performance of a post-delivery act inconsistent with the seller's ownership, and (iii) retention of the goods after the lapse of a reasonable time without intimation of rejection. Under the 1893 Act deemed acceptance under s 35 was qualified only by the special rules contained in ss 30(2),[13] 30(4)[14] and 31.[15] The Misrepresentation Act 1967 introduced a further qualification, by subjecting the second, and probably the third, of the three types of act to the provisions of what was then s 34(1), which provided that the buyer was not deemed to have accepted the goods until he had had a reasonable opportunity of examining them to ascertain whether they conformed to the contract.

---

[7] The 30-day period is reduced in the case where the goods are of a kind that can be reasonably expected to perish after a shorter period: Consumer Rights Act 2015, s 22(4). Conversely, it is extended in the case where the consumer requests or agrees to repair or replacement: s 22(6).
[8] Consumer Rights Act 2015, ss 19(3), 20(5), 22(1) and 22(3). See further para **12.05**.
[9] If the right is not exercised within the 30-day time limit, the right is lost unless the trader and the consumer agree that it may be exercised later: s 22(1).
[10] The entitlement of the consumer to a refund is to be found in the Consumer Rights Act 2015, s 20(7)(a). The details relating to the right are to be found in s 20(9)–(18).
[11] Or the time limit applicable by virtue of the Consumer Rights Act 2015, s 22(4) or (6).
[12] Consumer Rights Act 2015, s 22(2).
[13] Dealing with delivery of an excessive quantity.
[14] Relating to delivery of the contract goods mixed with goods of a different description.
[15] Dealing with instalment deliveries.

13.05 Subsequently, the Sale and Supply of Goods Act 1994 recast ss 34 and 35 and added a new s 35A. The old s 34(1) has now become s 35(2), expanded to cover sales by sample; intimation of acceptance now constitutes deemed acceptance only where the buyer has had a reasonable opportunity of examination; and retention of the goods for a reasonable time without intimating rejection is now a deemed acceptance in all cases, whether or not the buyer has had a reasonable opportunity to examine the goods.[16] The new s 35(6) also makes it clear that there is no longer a deemed acceptance solely because the buyer asks for or agrees to repair of the goods or because the goods are delivered to another under a sub-sale or other disposition.[17] In addition, s 30(4), relating to delivery of mixed goods, has been repealed.

13.06 The effect of acceptance is governed in general by s 11(4),[18] but subject to the overriding provisions of s 35A, which give the buyer a right of partial rejection,[19] s 15A, which restricts the right of a buyer to reject for a slight breach, and s 30(2A), which imposes a similar restriction on a buyer wishing to reject for a slight excess or shortfall in quantity.

4. WHAT CONSTITUTES ACCEPTANCE?

13.07 Sections 35 and 35A of the Sale of Goods Act 1979 provide as follows:

'35. – (1) The buyer is deemed to have accepted the goods, subject to subsection (2) below–
(a) when he intimates to the seller that he has accepted them, or
(b) when the goods have been delivered to him and he does any act in relation to them which is inconsistent with the ownership of the seller.

(2) Where goods are delivered to the buyer, and he has not previously examined them, he is not deemed to have accepted them under subsection (1) above until he has had a reasonable opportunity of examining them for the purpose –
(a) of ascertaining whether they are in conformity with the contract, and
(b) in the case of a contract for sale by sample, of comparing the bulk with the sample.

(3) [Repealed]

(4) The buyer is also deemed to have accepted the goods when after the lapse of a reasonable time he retains the goods without intimating to the seller that he has rejected them.

(5) The questions that are material in determining for the purpose of subsection (4) above whether a reasonable time has elapsed include whether the buyer has had a reasonable opportunity of examining the goods for the purpose mentioned in subsection (2) above.

---

[16] However, such an opportunity, or lack of it, is relevant to the question whether a reasonable time has elapsed (Sale of Goods Act 1979, s 35(5)).
[17] Indeed, the buyer may be held not to have accepted the goods, and so retain the right to reject them, even in the case where the seller has successfully repaired the goods: see *J H Ritchie Ltd v Lloyd Ltd* [2007] UKHL 9, [2007] 2 All ER 353, [2007] 1 WLR 670, discussed further at para **13.25**.
[18] Which provides that in the case of a non-severable contract the buyer's acceptance of the goods precludes rejection and restricts him to his remedies for breach of warranty.
[19] Which is not, however, available as regards goods forming part of a commercial unit (s 35(7)).

(6) The buyer is not by virtue of this section deemed to have accepted the goods merely because –
  (a) he asks for, or agrees to, their repair by or under an agreement with the seller, or
  (b) the goods are delivered to another under a sub-sale or other disposition.

(7) Where the contract is for the sale of goods making one or more commercial units, a buyer accepting any goods included in a unit is deemed to have accepted all the goods making the unit; and in this subsection 'commercial unit' means a unit division of which would materially impair the value of the goods or the character of the unit.

. . .

(9) This section does not apply to a contact to which Chapter 2 of Part 1 of the Consumer Rights Act 2015 applies (but see the provision made about such contracts in section 21 of that Act).

35A. – (1) If the buyer –
  (a) has the right to reject the goods by reason of a breach on the part of the seller that affects some or all of them, but
  (b) accepts some of the goods, including, where there are any goods unaffected by the breach, all such goods,

he does not by accepting them lose his right to reject the rest.

(2) In the case of a buyer having a right to reject an instalment of the goods, subsection (1) above applies as if references to the goods were references to the goods comprised in the instalment.

(3) For the purpose of subsection (1) above, goods are affected by a breach if by reason of the breach they are not in conformity with the contract.

(4) This section applies unless a contrary intention appears in, or is to be implied from, the contract.

(5) This section does not apply to a contact to which Chapter 2 of Part 1 of the Consumer Rights Act 2015 applies (but see the provision made about such contracts in section 21 of that Act).'

Having noted the exclusion of contracts falling within the Consumer Rights Act from the scope of sections 35 and 35A, we must now examine the three categories of deemed acceptance in more detail, noting *en passant* that these are not exhaustive and that any other conduct of the buyer which would according to general contract principles amount to an election to affirm the contract produces a deemed acceptance.[20]

(i) Intimation of acceptance

13.08 The major change introduced by the 1994 Act is that the buyer's intimation of acceptance (for example, by signing an acceptance note at the time of delivery) does not constitute acceptance for the purpose of the statutory provision unless the buyer, at the time of giving the intimation, has had a reasonable opportunity to examine the goods.[21] This resolves the serious

---

[20] See para **13.29**.
[21] Sale of Goods Act 1979, ss 35(1), (2).

problem confronting many buyers in signing away their rights of rejection by signature of an acceptance note. There are many defects which are not apparent from external inspection at the time of delivery and, indeed, may not become apparent until after considerable use of the goods. This is true not only of complicated pieces of machinery such as motor-car engines and computers but also of more mundane articles like office furniture and stationery. This is therefore a sound change in terms of policy.

(ii) Act inconsistent with seller's ownership

13.09 Any act by the buyer which is inconsistent with the ownership of the seller constitutes a deemed acceptance within s 35 if it is performed after the goods have been delivered to the buyer and after he has had a reasonable opportunity to examine them.

13.10 This second category of deemed acceptance has been a source of great confusion and has generated considerable litigation. We can, however, start by disposing of a dilemma posed by textbook writers, and adverted to in reported cases, which is more illusory than real, namely, if the property in the goods has already passed to the buyer, how can the seller have any ownership with which the buyer's subsequent actions can be inconsistent? It is hard to see why this question should have occasioned such difficulty. Section 35 is plainly not postulating ownership by the seller at all; on the contrary, it is referring to acts by the buyer which implicitly assume his own ownership and negate any revesting of the goods in the seller. In other words, what s 35 is in effect saying is that if, after delivery and a reasonable opportunity to examine, the buyer does an act which is inconsistent with rejection of the goods (and thus with the revesting of ownership in the seller[22]), then he must be taken to have accepted them. The problem is to know what acts have this effect.

13.11 In a sense, all acts of dominion exercised by the buyer over the goods are 'inconsistent with the ownership of the seller', so that, literally construed, s 35(1)(b) would debar the buyer from rejecting if he, having had a reasonable opportunity to examine the goods, did no more than continue in possession *animo domini*, for however short a time, after delivery. Plainly s 35 does not mean this. What, then, does it mean? The problem arises because in his desire

---

[22] The possibility of this revested ownership was described by Devlin J in *Kwei Tek Chao v British Traders & Shippers Ltd* [1954] 2 QB 459 as the seller's 'reversionary interest', an unfortunate phrase which tends to obscure rather than illuminate, since it suggests a *retention* of residual rights of ownership by the seller rather than a *revesting* of ownership which results from the buyer's rejection after ownership has passed to him. That Devlin J intended the latter meaning, not the former, is apparent from his references to the 'condition' of transfer being a condition subsequent and to the difficulty in the first of the alternative views of Atkin LJ in *Hardy & Co v Hillerns & Fowler* [1923] 2 KB 490 that the right to reject prevented the property from passing to the buyer at all. On the other hand, in *Clegg v Andersson T/A Nordic Marine* [2003] EWCA Civ 320, [2003] 1 All ER (Comm) 721, [2003] 2 Lloyd's Rep 32, [59] Sir Andrew Morritt VC understood the reference to the seller's reversionary interest as a reference to the 'reversionary interest of the seller which remains in him arising from the contingency that the buyer may reject the goods.'

13.11 *Acceptance*

to be concise the draftsman has carried ellipsis to its uttermost limit. While s 35(1)(b) may on a superficial reading appear to embody a single theme, in fact it reflects three entirely distinct principles of contract law. The first is that the innocent party cannot both approbate and reprobate: having elected to affirm the transaction, he cannot thereafter change his mind and repudiate it. The second is that even without knowledge of the facts entitling him to terminate the contract, the innocent party may be estopped from so doing where he acts in such a way as reasonably to lead the other party to believe that he is electing to keep the contract on foot. For example, if a buyer were to dispose of the goods after intentionally waiving his right of examination, he could not rely on his lack of knowledge of defects to preserve his right of rejection. Thirdly, the innocent party cannot unscramble a transaction unless he is himself able to give *restitutio in integrum*, except where his inability to do this arises from the wrongful act of the guilty party himself. This third principle usually arises in claims for rescission rather than acceptance of repudiation, but in the case of a contract of sale it applies equally to the latter, for it is inherent in rejection that the property revests in the seller and the goods must be delivered up to him.[23]

13.12 The conditions in which the first two principles become operative have little in common with the third. Affirmation depends upon the state of knowledge of the innocent party. To be effective as an election, the act of affirmation relied on must ordinarily be done with knowledge of the breach and of the legal right to choose between acceptance and rejection.[24] This applies in sales law as in other contracts, subject only to the modification that the need for some measure of finality in sales transactions has led the law to impose a sharper cut-off point on buyers, by equating reasonable opportunity for examination (and a fortiori examination itself) with knowledge of the defect.[25] Estoppel is based on a representation of the innocent party's intentions (with or without knowledge of the breach) on which the other party reasonably relies. Inability to give restitution, on the other hand, is a state of affairs, and this state of affairs is not affected one iota either by the innocent party's ignorance of the breach or by the absence of any representation by that party or reliance by the other. Conversely, a party who elects to treat a contract as subsisting after knowledge of the breach thereby affirms it, and becomes bound by his election, even though, when he seeks to change his mind, he remains able to restore the goods to the guilty party. Finally, the first and third legal principles to which we have referred are governed by different time factors. Whether an act evinces an intention to affirm depends on whether the innocent party was aware of the breach at the time of the act in question. But in considering whether rejection is barred for inability to restore, the relevant

---

[23] See para **12.01**, and *Street v Blay* (1831) 2 B & Ad 456. It is this factor, peculiar to contracts involving the transfer of property, which has led writers and judges to equate rejection with rescission rather than with acceptance of repudiation. But as has been pointed out earlier, the equation is not valid. See para **12.16**, n 43.
[24] *Peyman v Lanjani* [1985] Ch 457.
[25] See para **13.26**. This comment applies, of course, only as regards the right to reject, not the implication of terms as to satisfactory quality and the like (see ch 11) and remedies other than rejection.

time is not the time of the act which puts the goods out of the innocent party's possession but the time when restoration to the guilty party is due, ie when notice of rejection is given.

13.13 Much of the difficulty in reconciling the cases disappears once it is appreciated that they fall into two distinct groups, one group involving cases where the buyer has affirmed the contract or is estopped from disputing that he has affirmed it, the other, cases where he is unable to restore the goods. In determining what acts are to be considered 'inconsistent with the ownership of the seller' we must be careful to distinguish the former group from the latter. Where the buyer is in a position to return the goods to the seller at the relevant time[26] and place[27] and has not affirmed the contract with knowledge of the breach or represented an intention to accept the goods on which the seller has relied, there will rarely, if ever, be scope for s 35(1)(b) to come into play so as to bar rejection.[28] Conversely, nothing in the Sale of Goods Act will entitle the buyer to reject the goods where he would have lost the right to do so at common law.[29]

1. *Affirmation*

13.14 Where the buyer's post-delivery act is done with knowledge of the seller's breach, or the buyer is estopped from denying that he has affirmed the contract, almost any assumption of ownership implicit in the act will suffice to attract s 35(1)(b). Thus it has been held inconsistent with the seller's ownership, and accordingly a bar to rejection, for the buyer to sell,[30] pledge or mortgage[31] the goods, offer them for sale,[32] enter them at auction,[33] seek to negotiate a price reduction on account of defects,[34] register a transfer of the goods to him[35] or even merely use them.[36] Indeed, bare retention for any significant period after knowledge of the breach is likely to be construed as indicating an election to accept,[37] even where the period is not such as would

---

[26] See para **13.16**.
[27] See para **13.16**.
[28] There may, of course, be other statutory barriers to rejection, in particular those provided by ss 15A and 30(2A), as to which see paras **12.04, 13.31**.
[29] See para **13.29**.
[30] *Benaim & Co v L. S. Debono* [1924] AC 514; *Metals Ltd v Diamond* [1930] 3 DLR 886.
[31] *Kwei Tek Chao v British Traders & Shippers Ltd*, n 22.
[32] *Symonds v Clark Fruit & Produce Co Ltd* [1919] 1 WWR 587. It is thought that s 35(6)(b) of the Sale of Goods Act, which provides that the buyer is not deemed to accept the goods merely because they are delivered under a sub-sale or other disposition, does not come into play to preserve the right of rejection where the buyer has affirmed the contract or is estopped from disputing that he has affirmed it.
[33] *Hitchcock v Cameron* [1977] 1 NZLR 85.
[34] *Canterbury Seed Co Ltd v J. G. Ward Farmers' Association Ltd* (1895) 13 NZLR 96.
[35] *Armaghdown Motors Ltd v Gray Motors Ltd* [1963] NZLR 5.
[36] *Lee v York Coach & Marine* [1977] RTR 35.
[37] *Kwei Tek Chao v British Traders & Shippers Ltd*, n 22. The position is otherwise where the buyer continues to retain and use the goods because of the seller's assurance that they can be made to function properly (*Schofield v Emerson Brantingham Implement Co* [1918] 43 DLR 509; *Barber v Inland Truck Sales Ltd* (1970) 11 DLR (3d) 469); and see Sale of Goods Act 1979, s 35(6)(b).

13.14 *Acceptance*

attract the operation of s 35(4),[38] though the position is otherwise if the retention of the goods occurs solely because the buyer has asked for, or agreed to, repair of the goods by or under an arrangement with the seller.[39] In these affirmation cases the fact that he may not have had a reasonable opportunity to examine the goods is irrelevant, for *ex hypothesi* he is aware of the defect, so that an examination would be superfluous. His act of ownership thus constitutes a waiver of the right to examine, so that s 34 does not operate.

13.15 Similar consequences ensue where a buyer, though not in fact aware of the defect in the goods, has had a reasonable opportunity, before performing his act of dominium, to conduct an examination which would have revealed the defect,[40] or alternatively has elected to take the goods as they are despite lack of opportunity for examination.[41]

2. *Inability to restore*

13.16 Even if he has not performed an act signifying affirmation of the contract after knowledge of the breach or opportunity for examination, the buyer's right to reject is lost if at the relevant time he is unable to surrender the goods to the seller at the proper place[42] and in the proper condition.[43] Exceptionally, this does not apply to rejection for a defect in the seller's title, which precludes the buyer from returning the goods to the seller anyway.[44] For the purpose of s 35 the relevant time is not the time of the act which divests the buyer of possession or control of the goods but the time when he gives notice to reject.[45] It follows that mere resale, even if followed by delivery to a sub-purchaser, does not necessarily constitute an act inconsistent with the seller's ownership under this form of deemed acceptance, for by the time he comes to give notice of rejection the buyer may have recovered the goods and be able[46] to surrender them at the place where the seller is entitled to expect them to be.[47] Section 35(6)(b) of the Sale of Goods Act 1979 now expressly

---

[38] Which does not depend for its application on knowledge of the breach. See paras **13.19–13.22**.
[39] Sale of Goods Act 1979, s 35(6)(a).
[40] *Jordeson & Co v Stora Koppabergs Bergslags Aktieborag* (1931) 41 Ll L Rep 201; *Perkins v Bell* [1893] 1 QB 193; and see para **13.26**.
[41] See para **11.67** as to waiver of examination. Whether the buyer had a reasonable opportunity to examine before performing his act of dominium is a question of fact which involves consideration of the time and place at which he could reasonably have been expected to examine. See para **13.26**.
[42] Prima facie this is the place expressly or impliedly fixed for examination of the goods, which may well be the sub-purchaser's premises. See para **13.26**.
[43] That is, in the condition in which they were on arrival at the contractual place of examination, subject only to such interference as would necessarily arise from a reasonable examination (*Hammer and Barrow v Coca-Cola* [1962] NZLR 723, per Richmond J). But the mere fact that the goods have been damaged or destroyed does not preclude rejection if the buyer was not at fault (*Head v Tattersall* (1871) LR 7 Exch 7).
[44] *Rowland v Divall* [1923] 2 KB 500. See para **8.23**.
[45] See *Hardy & Co v Hillerns & Fowler*, n 22, per Bankes LJ at 496 and Atkin LJ at 499.
[46] As in *Molling & Co v Dean & Son Ltd* (1901) 18 TLR 217. The position is otherwise where the buyer resells with knowledge of his seller's breach, for that constitutes an affirmation of the contract. See para **13.14**.
[47] See text and n 42, and para **13.26**.

provides that the buyer is not deemed to have accepted the goods merely because they are delivered to another under a sub-sale or other disposition.

13.17 Conversely, if at the time when he gives notice to reject, the buyer is unable to recover the goods and surrender them to the seller at the above place, the buyer is deemed to have accepted the goods; and the fact that he regains possession after giving notice to reject does not validate the notice.[48] This rule, which is not affected by s 35(6)(b), has been criticized, but is sensible, for the seller is entitled to know where he stands and cannot be expected to be held up while the buyer endeavours to secure the return of the goods. One can put the matter another way by saying that as regards the buyer's duty to surrender the goods to the seller after giving notice of rejection, time is of the essence.

13.18 Inability to restore is not within s 35(1)(b) unless the buyer's notice to reject is given after delivery,[49] as it usually will be. But where notice to reject is given before delivery and the buyer has already divested himself of control of the goods, there may be a deemed acceptance at common law.

(iii) **Retention of the goods**

13.19 Under s 35(4) the buyer is deemed to have accepted the goods when, after the lapse of a reasonable time, he retains the goods without intimating to the seller that he has rejected them. This part of s 35 is no longer dependent on the buyer's having had a reasonable opportunity to examine the goods, though it is relevant in determining whether there has been a lapse of a reasonable time.[50] The word 'retains' is not defined but evidently signifies either physical possession or such form of constructive possession as affords the buyer a reasonable opportunity to examine the goods.

13.20 What is a 'reasonable time'? This has proved to be one of the most troublesome issues in sales law. Until the 1994 Act, all that the Sale of Goods Act told us, in s 59, was that this was a question of fact. Now, however, s 35(5) provides that one of the material facts in determining whether a reasonable time has elapsed is whether the buyer has had a reasonable opportunity to examine the goods. In deciding whether a notice to reject was given in time, the court must balance the interests of the parties. Particularly relevant on the seller's side is the impact of delay on his ability to resell. If the market is seasonal or fluctuating, protection of the seller's interests requires a speedier notification than where the market is likely to remain constant.[51]

---

[48] See the judgments referred to in n 45. Hence the timing of the buyer's notice to reject is all-important. If he moves too quickly in giving it, he may put himself out of court. He should get the goods back first, then give notice of rejection.
[49] *Hammer and Barrow v Coca-Cola*, n 43.
[50] See para **13.20**.
[51] *Hammer and Barrow v Coca-Cola*, n 43, per Richmond J at 733.

13.21 *Acceptance*

13.21 On the buyer's side, relevant considerations are the availability of a reasonable opportunity for examination,[52] the ease or difficulty of examination,[53] the time reasonably taken to try to make the goods work,[54] the conduct of the seller after the defect has been drawn to his attention,[55] the fact that the goods were known to the seller to be bought for resale, so that any defect would be unlikely to be discovered until the goods were in the hands of the sub-purchaser,[56] the time reasonably spent in discussions with any sub-purchaser to ascertain the facts and to find out whether the sub-purchaser himself intends to reject the goods and, if so, whether the whole or part of them.[57] The buyer is also entitled to a reasonable time to decide whether to accept or reject, and for that purpose to ascertain what it would cost to repair the goods, how long repairs would take and whether a replacement is available, either from the seller or from some other source.

13.22 At one time, buyers appeared to be given a very short period of time in which to examine the goods. The high water mark of this approach was the decision of Rougier J in *Bernstein v Pamson Motors Ltd*[58] where the use of a new car over a three-week period, during which time the car had done 140 miles, was held to be a sufficient time for the buyer to examine the goods. The decision is generally considered to be harsh,[59] reflecting an extremely stringent approach to the need for finality in sales transactions.[60] Indeed, it has been stated that it 'does not represent the law now.'[61] Nevertheless, the courts continue to experience difficulty in striking a balance between the seller's interest in finality and the buyer's interest in having a sufficient period of time to examine the goods. In *Clegg v Andersson T/A Nordic Marine*,[62] a yacht was delivered to the buyer on 12 August 2000 and he was held to be entitled to reject the yacht on 6 March 2001. In concluding that a reasonable time had not elapsed the Court of Appeal had regard to the fact that the yacht was a

---

[52] Section 35(5).
[53] Which obviously varies according to the complexity of the product. See *Public Utilities Commission of City of Waterloo v Burrows Business Machines Ltd* (1974) 52 DLR (3d) 481 (Ontario CA), per Brooke JA at 489; *Clegg v Andersson T/A Nordic Marine*, n 22; *Jones v Gallagher (T/A Gallery Kitchens and Bathrooms)* [2004] EWCA Civ 10, [2005] 1 Lloyd's Rep 377, [31].
[54] For example, if the seller urges the buyer to give the goods another try or fails to respond to the buyer's complaints altogether, the resultant delay will not be laid at the buyer's door. See the Canadian cases cited in nn 37 and 53.
[55] *Manifatture Tessile Laniera Wooltex v J. B. Ashley Ltd* [1979] 2 Lloyd's Rep 28, *Clegg v Andersson T/A Nordic Marine*, n 22 and the Canadian cases referred to at n 37.
[56] *Truk (UK) Ltd v Tokmakidis GmbH* [2000] 1 Lloyd's Rep 543.
[57] *Manifatture Tessile Laniera Wooltex v J. B. Ashley Ltd*, n 55; and see I. H. E. Patient, 'Loss of Buyer's Right to Reject' (1980) 43 MLR 463.
[58] [1987] 2 All ER 220.
[59] See, for example, R. Cranston and G. Dehn, 'The Right to Reject' [1990] JBL 346. For a more general survey of the relevant authorities, see M. Hwang, 'Time for Rejection of Defective Goods' [1992] LMCLQ 334.
[60] The test of what is a reasonable time has always been much more severe in a sales transaction than it is for a hiring or hire-purchase transaction: see for example, *Laurelgates Ltd v Lombard North Central Ltd* (1983) 133 NLJ 720.
[61] *Clegg v Andersson T/A Nordic Marine*, n 22, [63].
[62] Note 22, on which see F. M. B. Reynolds, 'Loss of the right to reject' (2003) 119 LQR 544.

complex piece of machinery, the precise cause of the problem was initially uncertain and the seller did not provide the buyer with information about the steps that would be taken to remedy it until 15 February 2001. On the other hand, in *Jones v Gallagher (T/A Gallery Kitchens and Bathrooms)*[63] buyers of a kitchen which was fitted in May 2000 were held to have lost the right to reject by September of that year. The defects in the kitchen were obvious and the fact that the parties had engaged in correspondence between May and September did not stop the clock from ticking. In the final analysis, much depends upon the facts of the individual case. While the decision in *Clegg* demonstrates that a court will have regard to the difficulties which confront a buyer when deciding whether it has the right to reject the goods and whether it should exercise that right, the decision in *Gallagher* emphasises that buyers must act expeditiously if they wish to avoid a claim by the seller that they have accepted the goods by allowing a reasonable period of time to elapse.

13.23 The American Uniform Commercial Code offers a convenient alternative solution by conferring on the buyer a specific right to revoke his acceptance.

'**2–608. Revocation of Acceptance in Whole or in Part**

(1) The buyer may revoke his acceptance of a lot or commercial unit whose non-conformity substantially impairs its value to him if he has accepted it
   (a)   on the reasonable assumption that its non-conformity would be cured and it has not been seasonably cured; or
   (b)   without discovery of such non-conformity if his acceptance was reasonably induced either by the difficulty of discovery before acceptance or by the seller's assurances.

(2) Revocation of acceptance must occur within a reasonable time after the buyer discovers or should have discovered the ground for it and before any substantial change in condition of the goods which is not caused by their own defects. It is not effective until the buyer notifies the seller of it.

(3) A buyer who so revokes has the same rights and duties with regard to the goods involved as if he had rejected them.'

This concept does, of course, run quite counter to the principle of finality of acceptance embodied in the Sale of Goods Act but reflects the requirements of the market place.

13.24 Not uncommonly, the seller will offer either to repair the goods himself or to send them back to the manufacturer for repair. If the buyer accepts this offer, does he thereby adopt the sale so as to bar rejection if the repairs are not satisfactorily carried out? The Sale of Goods Act now makes it clear that he does not.[64] But delay which arises while the parties discuss whether or not a repair is to be carried out, will be taken into account by a court when deciding whether a reasonable time has elapsed.[65]

13.25 If the seller successfully carries out the repair, can the buyer nevertheless reject the goods? Ordinarily, the repair of the goods will deprive the buyer of

---

[63] Note 53, on which see R. Bradgate, 'Remedying the unfit fitted kitchen' (2004) 120 LQR 558.
[64] Section 35(6)(a).
[65] *Jones v Gallagher (T/A Gallery Kitchens and Bathrooms)*, n 53.

13.25 *Acceptance*

the right to reject the goods. But it will not do so in all cases. It is necessary to examine any arrangement made between the seller and the buyer for the repair of the goods. A seller who takes goods away for repair may be required to inform the buyer how long the repair will take, the likely cost of the repair, the nature of the defect discovered and the steps which have been taken to remedy the defect. A failure by the seller to provide the buyer with such information may amount to a breach by the seller which justifies the buyer in rejecting the goods, even in the case where the repair has been carried out successfully.[66]

(iv) **The place and time of examination**

13.26 In deciding whether the buyer has had a reasonable opportunity to examine, it is necessary to establish the place of examination under the contract, for until the goods have reached that place the buyer cannot be taken to have had the opportunity for examination contemplated by the contract. Hence the fact that the buyer could have examined the goods at an earlier point does not affect his right to insist on examination at the contractual place of examination,[67] unless the circumstances show that he has waived that right.

13.27 Where the contract does not specify the place of examination, the presumption is that this is to take place at the contractual delivery point.[68] However, the presumption is rebutted where the buyer is not entitled to take physical delivery at that point. Hence it is well established that in c.i.f. contracts, the place of examination is not that at which the documents are handed to the buyer but the port of arrival and that the time for this examination is on or within a reasonable period after their arrival.[69] Accordingly, the buyer's acceptance of the shipping documents does not preclude him from rejecting the goods, after their arrival, for non-conformity with the contract,[70] except where the non-conformity is such as would be apparent on the face of the documents.[71] The presumption that the contractual delivery point is the place of examination may also be rebutted where examination at that point is not suitable and the seller knows that the goods are destined for onward dispatch.[72]

---

[66] *J H Ritchie Ltd v Lloyd Ltd*, n 17, on which see V. Mak, 'The Seller's Right to Cure Defective Performance' [2007] LMCLQ 409 and K. Low, 'Repair, rejection and rescission: an uneasy resolution' (2007) 123 LQR 536.
[67] There does not appear to be any authority directly on the point, but there seems no reason why the buyer should be expected to examine before the goods reach the contractual point of examination. Indeed, in the case of perishables a defect which has become apparent by the time the goods reach the place for examination under the contract may not have been detectable from inspection at an earlier point. Cf D. W. Greig, *Sale of Goods* (1974), p 140. This conclusion is fortified by the wording of s 35(2) of the Sale of Goods Act 1979, which evidently contemplates a reasonable opportunity for examining *after delivery*.
[68] *Perkins v Bell*, n 40. As to the contractual delivery point, see paras **10.21, 32.11** ff.
[69] See *Kwei Tek Chao v British Traders & Shippers Ltd*, n 22.
[70] Ibid.
[71] Ibid; and see para **34.42**, n 141.
[72] *Molling & Co v Dean & Son Ltd*, n 46; *Bragg v Villanova* (1923) 40 TLR 154; *A. J. Frank & Sons Ltd v Northern Peat Co Ltd* (1963) 39 DLR (2d) 721.

(v) Delivery to a sub-purchaser

13.28 Considerable litigation has resulted from transactions in which non-conforming goods have been sub-sold by the buyer before delivery and the goods have at his request been delivered by the seller direct to the sub-purchaser. In some cases it has been held that in handing over the goods to a carrier for transmission to a sub-purchaser the seller has made constructive delivery, so that the buyer should have examined the goods at that point.[73] In others, it has been said that the place of examination was the premises of the sub-purchaser, so that the act of delivery to the sub-purchaser was not an act inconsistent with the seller's ownership performed after the buyer had had an opportunity to examine under the contract.[74] As stated above, the Sale of Goods Act now makes it clear that mere delivery to another under a sub-sale or other disposition does not of itself constitute acceptance.[75] But the common law barriers to rejection[76] may still be invoked against him where applicable.

(vi) Deemed acceptance under common law rules

13.29 Section 62(2) of the Sale of Goods Act 1979 preserves the rules of the common law, so far as not inconsistent with the provisions of the Act. It therefore seems clear that even where s 35 does not apply, the buyer loses his right to reject if, after knowledge of the seller's breach, he elects to affirm the transaction or is estopped by his conduct[77] from disputing that he has affirmed the contract, or puts it out of his power to restore the goods to the seller. For example, conduct signifying an intention to affirm but taking place before delivery would not be within s 35 but would nevertheless attract the common law rule.

5. THE EFFECT OF ACCEPTANCE

13.30 The general effect of acceptance is laid down by the Sale of Goods Act 1979, s 11(4), which provides:

> 'Subject to section 35A below, where a contract of sale is not severable and the buyer has accepted the goods or part of them, the breach of a condition to be fulfilled by the seller can only be treated as a breach of warranty, and not as a ground for rejecting the goods and treating the contract as repudiated,[78] unless there is an express or implied term of the contract to that effect.'[79]

---

[73] *Hardy & Co v Hillerns & Fowler*, n 22; *E. & S. Ruben Ltd v Faire Bros & Co Ltd* [1949] 1 KB 254.
[74] *Hammer & Barrow v Coca-Cola*, n 43.
[75] Section 35(6)(b).
[76] See para **13.11**.
[77] The effect of s 35(6)(b) is that mere delivery to a sub-buyer, etc, would not be sufficient.
[78] This division of terms into conditions and warranties was at one time thought to be exhaustive not only for contracts of sale but for contracts generally. For the modern view, see paras **3.143–3.146**.
[79] As originally enacted, s 11(1)(c) of the Sale of Goods Act 1893 also barred rejection where the contract was for the sale of specific goods the property in which had passed to the buyer, but

13.30 *Acceptance*

This subsection, which does not apply to severable contracts[80] or to contracts to which Chapter 2 of Part 1 of the Consumer Rights Act 2015 applies,[81] has been so cut down by s 35A,[82] to which it is expressed to be subject, that it has no significance at all unless read distributively as meaning that where the contract is not severable, the buyer who has accepted the goods cannot reject them and the buyer who has accepted a part or an instalment of the goods cannot reject *that part or that instalment.*

(i) **Delivery of the wrong quantity**

13.31 Section 30(1)–(2B) provides as follows:

'(1) Where the seller delivers to the buyer a quantity of goods less than he contracted to sell, the buyer may reject them, but if the buyer accepts the goods so delivered he must pay for them at the contract rate.

(2) Where the seller delivers to the buyer a quantity of goods larger than he contracted to sell, the buyer may accept the goods included in the contract and reject the rest, or he may reject the whole.

(2A) A buyer may not –
  (a) where the seller delivers a quantity of goods less than he contracted to sell, reject the goods under subsection (1) above, or
  (b) where the seller delivers a quantity of goods larger than he contracted to sell, reject the whole under subsection (2) above

if the shortfall or, as the case may be, the excess is so slight that it would be unreasonable for him to do so.

(2B) It is for the seller to show that a shortfall or excess fell within subsection (2A) above . . . .

(3) Where the seller delivers to the buyer a quantity of goods larger than he contracted to sell and the buyer accepts the whole of the goods so delivered he must pay for them at the contract rate.

(4) [Repealed]

(5) This section is subject to any usage of trade, special agreement, or course of dealing between the parties.

(6) This section does not apply to a contract to which Chapter 2 of Part 1 of the Consumer Rights Act 2015 applies (but see the provision made about such contracts in section 25 of that Act).'[83]

---

   this particular limb of the subsection was repealed by s 4(1) of the Misrepresentation Act 1967. Section 11(4A) provides that subsection 4 does not apply to a contract to which Chapter 2 of Part 1 of the Consumer Rights Act 2015 applies (although see the provision made about such contracts in ss 19–22 of the Consumer Rights Act 2015).
[80] See para **10.32**.
[81] On which see the Consumer Rights Act 2015, ss 19–22; see paras **12.05–12-07**.
[82] Which allows the buyer who has a right of rejection to accept some of the goods, whether or not conforming to the contract, without affecting his right to reject the rest for nonconformity with the contract, and to accept one instalment without affecting his right to reject a future nonconforming instalment.
[83] The Consumer Rights Act 2015, s 25(1), (2), (3) and (8) largely resemble the Sale of Goods Act 1979, s 30 (1), (2), (3) and (5). In other words, there is no equivalent of s 30(2A) and (2B) in

13.32 These provisions may, of course, be modified by express or implied agreement between the parties; and very commonly such a modification is to be spelled out, either from a previous course of dealing or from trade usage permitting a given level of tolerance. Hence no lawyer can safely advise his client on the application of s 30 without ascertaining whether there was some prior course of dealing or a governing usage of trade, a fact emphasized by s 30(5).

13.33 Where delivery is to be made by instalments, and the wrong quantity is tendered in a particular instalment, s 30 operates in relation to that instalment, and the consequential effect on the rest of the contract then falls to be resolved by reference to s 31.[84]

13.34 Where less than the full contract quantity is tendered, the buyer may retain that part with a view to receiving the balance later, and if such balance is not tendered or if when tendered it is found not in conformity with the contract so as to entitle the buyer to reject, he can reject both that balance and the quantity originally taken, even though as regards the latter he would otherwise be deemed to have accepted it by retention within s 35(4).

We must now say a few words about each of the subsections.

1. *Short delivery*

13.35 A minuscule shortfall has always been disregarded by the court under the *de minimis* rule.[85] Now, however, the buyer may be precluded from rejecting where the shortfall, though not *de minimis*, is nevertheless so slight that it would be unreasonable for him to reject.[86] Rejection is also barred where the shortfall is within a level of tolerance or degree of approximation sanctioned by the contract or by usage of trade.[87] A shortfall is very common in the shipment of bulk cargo, such as oil and grain, as the result of wastage through evaporation, adhesion to the hold, and the like, and within a level of tolerance specified in the contract or implied by custom it is dealt with by abatement of the price rather than rejection. If the buyer elects to accept the short delivery, he cannot later be compelled (though he remains entitled) to take the balance of the goods ordered, for he is not obliged to accept delivery by instalments.[88] In consequence, if he exercises a right not to take the remaining goods, he can recover the price paid for them[89] and is entitled to damages for any further loss suffered through non-delivery at the proper time except to the extent to which he could reasonably have been expected to mitigate his loss by taking the balance of the goods instead of exercising his

---

the Consumer Rights Act where the consumer's right to reject is stated (in s 25(4)) to depend 'on the terms of the contract and the circumstances of the case.'
[84] *Regent OHG Aisenstadt und Barig v Francesco of Jermyn St Ltd* [1981] 3 All ER 327.
[85] *Arcos Ltd v E. A. Ronaasen & Son* [1933] AC 470, per Lord Atkin at 480.
[86] Sale of Goods Act 1979, s 30(2A)(a).
[87] See *Benjamin's Sale of Goods*, paras 8-046 – 8-052.
[88] Section 31(1). See para **10.29**.
[89] As paid on a total failure of consideration.

13.35 *Acceptance*

right not to do so.[90] If he signifies a willingness to accept a subsequent tender but the tender is not made or is defective in quantity[91] and he can show that his acceptance of the first tender was conditional upon proper tender of the balance, he can reject not only the second tender but also that which he had conditionally accepted.[92]

13.36 Short delivery may arise because part of the quantity tendered is lawfully rejected by the buyer as not in conformity with the contract. Again, the buyer cannot be compelled to accept a retender in relation to the part rejected.[93]

2. Excessive delivery

13.37 As with short delivery, a trifling excess will be disregarded, at any rate if the seller does not demand payment for it,[94] and a buyer will be precluded from rejecting the whole of the goods if the excess is so slight as to make such rejection unreasonable.[95] But there is nothing to stop him from rejecting the slight excess and keeping the contract quantity. If the buyer decides to accept the entire quantity tendered, he thereby waives all remedy for the breach[96] and must pay for them at the contract rate.[97]

(ii) **Severable contracts**

13.38 Section 11(4) is expressed not to apply to severable contracts. This part of s 11(4) is now otiose, since acceptance of a part or an instalment of the goods no longer bars rejection of the rest for non-conformity, even if the contract is not severable.[98]

---

[90] The principle stated in *Payzu Ltd v Saunders* [1919] 2 KB 581 applies here also.
[91] The same would seem to be true if the subsequent tender is defective in quality.
[92] *London Plywood and Timber Co Ltd v Basic Oak Extract Factory and Steam Sawmills Co Ltd* [1939] 2 KB 343.
[93] Section 31.
[94] *Shipton Anderson & Co v Weil Bros & Co* [1912] 1 KB 574 (excess of 55 lb over agreed 4,950 tons).
[95] Section 30(2A)(b).
[96] For in tendering the excessive quantity the seller is in effect offering the buyer a new contract, which the latter then accepts (*Gabriel, Wade & English Ltd v Arcos Ltd* (1929) 34 L1 L Rep 306).
[97] Section 33.
[98] See para **13.30**.

Chapter 14

THE BUYER'S REMEDIES FOR MISREPRESENTATION OR BREACH BY THE SELLER

14.01 Where the seller is guilty of a misrepresentation or breach of contract, various forms of redress are open to the buyer. The complexity of sales law derives in no small measure from this multiplicity of remedies and from the fact that, whereas some remedies go together so as to be exercisable cumulatively, the buyer who possesses several remedies not so grouped may have to elect which remedy or set of remedies to pursue.[1] This complexity has increased significantly as a result of the enactment of the Consumer Rights Act 2015 which sets out a very different remedial regime to that to be found in the Sale of Goods Act 1979.[2] In this chapter we shall not deal with these remedies in any detail but will outline them principally for the purpose of contrasting them with the remedies available under the Sale of Goods Act and at common law.

1. THE REMEDIES IN OUTLINE

(i) Rescission and restitution

14.02 Where the seller has made a misrepresentation, whether fraudulently, negligently or wholly without fault, the buyer is in principle entitled to rescind *stricto sensu*, that is, to treat the contract as avoided from the beginning.[3] With rescission goes restitution, that is, the surrender by each party of benefits received from the other. Where this is impossible, rescission will usually (though not invariably) be barred.[4] If the property had passed to the buyer

---

[1] For the provisions of the Unfair Contract Terms Act 1977 as to unreasonable restrictions on remedies, see paras **3.78–3.82**; and for the European Directive on Unfair Contract Terms (93/13/EEC) which has now been implemented in the UK in Part 2 of the Consumer Rights Act 2015, see paras **3.83–3.85**.
[2] On which see generally *Chitty on Contracts* (33rd edn, 2018), paras 38-512 – 38-522.
[3] This is the most common ground for avoiding a contract of sale, though as we have seen (para **3.35**) there are other classes of voidable contract, eg contracts entered into under duress or undue influence.
[4] See para **3.103**.

14.02 *The Buyer's Remedies for Misrepresentation or Breach by the Seller*

prior to rescission, the effect of rescission is to revest the property in the seller.[5] The remedy of rescission operates in the same way in relation to contracts for sale as for other contracts.[6]

(ii) Rejection of the goods

14.03 The buyer is entitled to reject goods which do not conform to the contract description or are not of satisfactory quality or fit for their known purpose or are tendered late when time is of the essence or the delay is such as to constitute a repudiation by the seller.[7] The grounds for and effect of rejection – which neither produces rescission in the strict sense nor even necessarily amounts to an election by the buyer to treat the contract as at an end[8] – have been considered in an earlier chapter.[9]

(iii) Suspension of payment

14.04 The non-fulfilment by the seller of any obligation to which the duty of payment is correlative entitles the buyer to suspend payment until the obligation has been performed. For this purpose the status of the obligation as a condition or warranty is irrelevant. Whether it be a major or a minor term, it is *ex hypothesi* a condition of payment, and the buyer has the right to insist on simultaneous performance of the correlative obligation. Thus, unless otherwise agreed, payment and delivery are concurrent conditions, and the buyer need not tender payment unless and until the seller is ready and willing to give the possession of the goods in exchange.[10]

(iv) Termination and restitution or damages

14.05 The buyer may terminate a contract of sale upon any ground specified in the contract as authorizing termination or if the seller commits a breach of a condition or otherwise repudiates the contract. Even a repudiation in advance of the due date for performance[11] entitles the buyer to treat the contract as at an end without waiting until the date in question.[12] Termination of a contract of sale necessarily entitles the seller to recover possession of the goods and the buyer to repayment of the price,[13] and thus produces effects

---

[5] See para **3.101**.
[6] See para **3.101**.
[7] *McDougall v Aeromarine of Emsworth Ltd* [1958] 3 All ER 431, [1958] 1 WLR 1126.
[8] See para **12.13**.
[9] See para **12.01** ff. Note that in the case of consumer contracts which fall within the scope of Part 1 of the Consumer Rights Act 2015, the consumer is given both a short-term right to reject and a final right to reject: see ss 20, 22 and 24.
[10] Sale of Goods Act 1979, s 28. For the effect of this provision see para **15.11**.
[11] Ie the so-called anticipatory breach. See para **3.148**.
[12] See para **14.13**.
[13] Section 54 of the Act expressly preserves the buyer's right to recover money paid on a total failure of consideration.

closely resembling those of rescission in the strict sense. It is for this reason that the buyer's acceptance of the seller's repudiation is sometimes referred to as rescission. But this usage is misleading, for it conceals the fact that whereas in principle the remedy of the buyer consequent upon rescission is restitution,[14] on termination for breach the buyer is not obliged to pursue a restitutionary remedy for recovery of money paid on a total failure of consideration, but has the option of claiming damages. This will be his preferred choice where he has not paid anything to the seller – so that the question of restitution does not arise and he is seeking compensation for loss of bargain or for special damage suffered – or where he has suffered loss exceeding the price paid to the seller, eg by abortive expenditure on repairs. In such a case the price he has paid will simply feature as an element of his damages, not as money paid on a total failure of consideration.

(v) Acceptance of the goods and damages or offset against the price

14.06 The buyer does not have a right to reject the goods for every kind of breach;[15] and even where there is a right to reject, the buyer can elect to adopt the transaction by accepting the goods, and in various circumstances will be deemed to have accepted them even if he did not so intend.[16] The effect of acceptance is that the condition broken sinks to the level of a warranty and the buyer can claim damages for breach of warranty and/or set up the breach in diminution or extinction of the price.[17]

(vi) Specific performance

14.07 The court has power to order specific performance of a contract to deliver specific or ascertained goods,[18] whether or not the property in the goods has passed to the buyer. Specific performance has, indeed, been decreed even of a contract for the sale of unascertained goods,[19] but the decision, though to be welcomed as commercially realistic, is hard to reconcile with the wording of s 52(1) of the Sale of Goods Act 1979 and with both earlier and subsequent authority.[20] The general rule is that specific performance will not

---

[14] See para **3.101**.
[15] See para **12.02**.
[16] See paras **13.07** ff.
[17] Sale of Goods Act 1979, s 53(1), (4).
[18] Section 52(1). The reference to ascertained goods is another example of the draftsman's compression technique. The contract cannot itself be to deliver ascertained goods, since such goods are not identified until after the making of the contract (see para **8.08**). In longhand, the section means that where there is a contract to deliver goods, and these are either identified at the time of the contract or become identified thereafter, the court can order specific performance.
[19] *Sky Petroleum Ltd v VIP Petroleum Ltd* [1974] 1 WLR 576.
[20] See *Re Wait* [1927] 1 Ch 606; *Société des Industries Métallurgiques S.A. v Bronx Engineering Co Ltd* [1975] 1 Lloyd's Rep 465. Neither s 52 nor *Re Wait* were referred to in the judgment. In *VTB Commodities Trading DAC v JSC Antipinsky Refinery (Petraco Oil Co SA intervening)* [2020] EWHC 72 (Comm), [2020] 1 WLR 1227, [68]–[84] Phillips LJ sought to reconcile the authorities by concluding that there is a 'strong presumption' that specific

14.07 *The Buyer's Remedies for Misrepresentation or Breach by the Seller*

be available where damages would be an adequate remedy;[21] and since most categories of goods are of a type that can either be purchased in the open market or acquired from other sources, specific performance of a contract of sale of goods will be decreed only in unusual circumstances, eg where the goods are unique or rare or are being made to the buyer's special requirements.[22] But it has to be said that the reluctance to grant specific performance can lead to an over-broad view of what constitutes availability in the market, and as a result a considerable financial burden on the innocent claimant. For example, in the *Bronx Engineering* case:[23]

> The defendants had wrongfully repudiated a contract to sell goods to the plaintiffs. The evidence showed that it would take the plaintiffs between nine and twelve months to obtain similar goods from an alternative source. Even this serious delay failed to persuade the Court of Appeal that the case was a proper one for the grant of specific performance, for the goods were of a type 'obtainable on the market in the ordinary course of business'[24] and the additional loss suffered by the plaintiffs as the result of the delay would be covered by an increased award of damages.

14.08 It is hard to see why a repudiating seller should be allowed to walk away from actual performance of its contract and leave the innocent buyer to wrestle with the commercial difficulties and added loss and expense of a delay of up to a year when this could so easily have been avoided by an order for specific performance. There is much to be said for relaxing the stringency of the rules as to specific performance, which in civil law jurisdictions is considered a primary remedy.[25] The position is, of course, otherwise where the buyer has paid all or part of the price and the seller has become bankrupt or gone into liquidation. In such a case specific performance would give the prepaying buyer an undue preference over the general body of creditors, contrary to well-established principles of insolvency law.[26]

---

performance will be limited to cases of specific or ascertained goods and that *Sky Petroleum Ltd v VIP Petroleum Ltd* was a very exceptional case where the court intervened as it did because there was a general failure in the market which was being exploited by a large supplier. Phillips LJ was also concerned about the proprietary implications that might flow from too ready a willingness to grant specific performance in a case where the seller is facing insolvency and claims by a number of parties (see [77], [81] and [83]).

[21] See para **3.110**. However, a consumer buyer may obtain specific performance of the duty to repair or replace: Consumer Rights Act 2015, s 58(2).
[22] *Behnke v Bede Shipping Co Ltd* [1927] 1 KB 649.
[23] See n 20.
[24] Ibid, per Lord Edmund Davies at 469.
[25] See generally V. Mak, *Performance-oriented Remedies in European Sale of Goods Law* (2009). There is, however, little sign of a change of emphasis in English law: see *Co-operative Insurance Society Ltd v Argyll Stores (Holdings) Ltd* [1998] AC 1, [1997] 3 All ER 297. The position is, of course, different in Scotland where specific implement is available as of right and so is in principle available in a wider range of circumstances than is the case in England: see generally W. McBryde, *The Law of Contract in Scotland* (3rd edn, 2007), ch 23.
[26] The position is usually different in contracts for the sale of land or for the mortgage of goods, for in both cases the contract is generally treated in equity as constituting an assignment, so that the seller or mortgagor has ceased to be the beneficial owner. One consequence of the principle that until the property in goods has passed under a contract of sale the buyer's rights are purely contractual (para **8.28**) is to restrict still further the availability of specific performance in contracts of sale of goods by comparison with other types of contract.

(vii) Tort remedies for non-delivery

14.09 Where the buyer has become entitled to possession[27] and the seller fails or refuses to deliver possession, the buyer can sue in tort for specific delivery and damages for detention, or for the value of the goods by way of damages for conversion.[28] The tort of conversion[29] is founded on interference with a right to possession. The claimant's ownership is not relevant except as a source of the right to possess.[30] There is little doubt, for example, that if the seller under a conditional sale agreement[31] refuses to deliver the goods to the buyer, the latter has a cause of action in conversion.[32]

(viii) Other tort remedies

14.10 The seller who causes loss to the buyer by a fraudulent misrepresentation or other fraudulent conduct is liable in tort for deceit. More difficulty has arisen in the case where the misrepresentation is made negligently. Where the negligent misrepresentation causes physical injury or damage to the property of the claimant, then the claimant is entitled to recover damages in respect of the loss suffered.[33] But in the case where the claimant suffers economic loss as a result of a negligent misrepresentation, the law has been more reluctant to recognise a claim. The watershed was the decision of the House of Lords in *Hedley Byrne & Co Ltd v Heller & Partners Ltd*,[34] which extended the scope of liability beyond the case where there was a fiduciary relationship in existence between the parties[35] to the case where there is in existence a 'special relationship' between the parties (which generally consists of a (voluntary) assumption of responsibility by the defendant and (reasonable) reliance thereon by the claimant).[36] Further, in the case where the misrepresentation is made by a defendant who is in a contractual relationship with the claimant, the claimant may have a right to recover damages under s 2(1) of the Misrepresentation Act 1967.[37]

(ix) Damages for breach of collateral contract

14.11 Where a seller, by a false statement which is promissory in character, induces the buyer to enter into the contract of sale, the false statement may

---

[27] See para **2.40**.
[28] There is little advantage in pursuing the tort remedy, for the buyer will not be able to recover greater damages than he could have recovered in contract (*Chinery v Viall* (1860) 5 H & N 288; *The Arpad* [1934] P189).
[29] And of detinue before it was merged with conversion by the Torts (Interference with Goods) Act 1977.
[30] See para **2.95**.
[31] See para **27.10**.
[32] See para **2.95**.
[33] See para **3.98**.
[34] [1964] AC 465.
[35] *Nocton v Lord Ashburton* [1914] AC 932.
[36] The precise scope of *Hedley Byrne* liability is beyond the scope of this book. See further S. Deakin and Z. Adams, *Markesinis and Deakin's Tort Law* (8th edn, 2019), pp 127–137.
[37] See para **3.99**.

14.11 *The Buyer's Remedies for Misrepresentation or Breach by the Seller*

constitute a warranty giving rise to a distinct collateral contract,[38] the breach of which entitles the buyer to damages. There seems no reason why, as an alternative, the buyer should not be able to treat the collateral warranty as a misrepresentation in relation to the contract of sale and to rescind that contract.[39]

(x) **Declaration**

14.12 Proceedings for a declaratory judgment may sometimes prove a useful remedy, and this has been granted in several cases.[40]

2. **ANTICIPATORY BREACH**

14.13 Where the seller, before the time for delivery has arrived, intimates that he is unable or unwilling to proceed with the contract or otherwise disables himself from performing it,[41] the buyer has an option. He can either treat the contract as immediately discharged[42] and claim damages or he can hold the contract open for performance and await the due date for delivery. If he adopts the former course, he comes under a duty to mitigate[43] as soon as he has accepted the seller's repudiation,[44] but, subject to this, the measure of damages is the same as on non-delivery, ie excess of market price[45] at the due delivery date[46] over contract price.[47] In awarding damages the court must keep in mind the fundamental compensatory principle applicable to the assessment of damages. The latter principle entitles the courts to take account of contingencies, other than a change in the market price, if subsequent events show that they would have reduced the value of performance even without the anticipa-

---

[38] The consideration for the warranty being the buyer's entry into the main contract. See para **3.71**.
[39] See para **3.46**.
[40] See *Benjamin's Sale of Goods* (10th edn, 2017), para 17-101.
[41] An intimation that, while ready and willing to perform, he will not be able to perform on time is treated in the same way if time is or has become of the essence. But a threatened breach which if actually committed would not be a repudiation cannot become repudiatory by anticipation.
[42] But this statement of principle has to be substantially qualified in relation to documentary sales.
[43] Eg by buying in a rising market. Provided that the buyer acts reasonably, he is entitled to have damages assessed by reference to the price at which he purchases in taking steps to mitigate his loss even if it later transpires that the price is higher than the market value at the due delivery date (*Melachrino v Nickoll & Knight* [1920] 1 KB 693). For criticism of the rule that the duty to mitigate arises when the claimant chooses to accept the anticipatory repudiation rather than on the occurrence of the anticipatory repudiation, see A. Burrows, *Remedies for Torts, Breach of Contract, and Equitable Wrongs* (4th edn, 2019), p 132.
[44] *Melachrino v Nickoll & Knight*, n 43.
[45] Or if there is no available market, value (see para **14.23**).
[46] The market price at the date of repudiation or acceptance of repudiation is irrelevant; and the concluding part of s 51(3) of the Sale of Goods Act 1979 (dealing with the situation where no time was fixed for delivery) is inapplicable to cases of anticipatory breach (*Millett v Van Heek & Co* [1921] 2 KB 369; *Tai Hing Cotton Mill Ltd v Kamsing Knitting Factory* [1979] AC 91).
[47] See para **14.19**.

tory breach. So, for example, the damages payable to a buyer were reduced to nominal damages when the seller was able to establish an entitlement to cancel the contract without incurring liability for doing so had the contract not been terminated by the buyer's earlier acceptance of the seller's anticipatory breach of contract.[48]

14.14 If the buyer elects to hold the contract open, the duty to mitigate is deferred, but if the seller persists in his refusal to perform when the due delivery date arrives, the buyer thereafter keeps the contract open at his peril, for though he is entitled to do this he cannot thereby further postpone his duty to mitigate and will not be able to recover his loss to the extent that this is caused by the failure to act promptly in mitigation of his loss after the due delivery date has passed.[49]

14.15 A vexed question is whether what appears to be an anticipatory breach can subsequently be justified by reliance on factors not known to the renouncing party at the time of his renunciation but which show that at that time the other party was himself in a position where he would not be able to perform at the due date. This is discussed in the next chapter in relation to renunciation by the buyer.[50] Exactly the same considerations apply where it is the seller who renounces.

3. NON-DELIVERY

(i) Buyer's remedies generally

14.16 Upon the seller's failure to deliver the goods, the buyer has various remedies open to him:

(a) If the failure constitutes a repudiation (either because time of delivery was or has become of the essence or because the delay is so great as to frustrate the commercial purpose of the contract[51]), the buyer may: (i) treat the contract as at an end; and (ii) either recover payments he has made in respect of the price, on the basis of a total failure of consideration, or sue for damages for non-delivery.[52]

---

[48] *Bunge SA v Nidera BV* [2015] UKSC 43, [2015] 3 All ER 1082, in this respect following the decision of the House of Lords in *Golden Strait Corporation v Nippon Yusen Kubishika Kaisha (The Golden Victory)* [2007] UKHL 12, [2007] 2 AC 353.
[49] See para **14.19**.
[50] See para **15.20**.
[51] See paras **3.143–3.146**.
[52] For the measure of damages, see below. A claim in restitution (or unjust enrichment) is an alternative to damages, not an additional remedy. Obviously a buyer claiming damages for loss of profit must give credit for the expenses he would have incurred in earning that profit and has avoided as the result of the breach. Hence if he paid the price in advance, he can claim repayment by way of restitution or the excess of value over the price by way of damages, but he cannot demand both the value of the goods of which he has been deprived and the sum he has paid, and other expenses he has incurred, in connection with the purchase and prospective delivery of the goods.

14.16 *The Buyer's Remedies for Misrepresentation or Breach by the Seller*

(b) If the failure does not constitute a repudiation, or if though it does the buyer does not wish to accept the repudiation, he may: (i) hold the contract open for performance, in which event it continues in force for the benefit of both parties;[53] (ii) in rare cases, obtain an order for specific performance,[54] but in any event (iii) claim damages for delay in delivery.[55]

(ii) **The measure of damages for non-delivery**[56]

14.17 The general principles of contract law governing the measure of damages have been set out in an earlier chapter.[57] The Sale of Goods Act builds on these principles – and in particular on the rule in *Hadley v Baxendale*[58] – in its provisions relating to damages for breach.

> '51. – (1) Where the seller wrongfully neglects or refuses to deliver the goods to the buyer, the buyer may maintain an action against the seller for damages for non-delivery.
>
> (2) The measure of damages is the estimated loss directly and naturally resulting, in the ordinary course of events, from the seller's breach of contract.
>
> (3) Where there is an available market for the goods in question the measure of damages is prima facie to be ascertained by the difference between the contract price and the market or current price of the goods at the time or times when they ought to have been delivered or (if no time was fixed) then at the time of the refusal to deliver.
>
> . . .
>
> 54. – Nothing in this Act affects the right of the buyer or the seller to recover interest or special damages in any case where by law interest or special damages may be recoverable, or to recover money paid where the consideration for the payment of it has failed.'

Section 51(2) states the first limb of the rule of *Hadley v Baxendale*, and s 51(3) sets out the normal measure of damages under that limb. Section 54 preserves the operation of the second limb of the rule in *Hadley v Baxendale*,

---

[53] Exceptionally, the buyer, though the innocent party, may lose this option. For delivery of the wrong quantity, see para **13.31**.
[54] See para **14.07**.
[55] If the seller persists in his failure to deliver and the case is not one in which the buyer can get specific performance, the buyer may ultimately be forced to accept the inevitable and treat the contract as discharged, in which case his claim will be for non-delivery, not delay in delivery. Moreover, once the time for performance by the seller has arrived, the buyer cannot, by holding the contract open for performance, postpone the duty to mitigate imposed on him. See para **14.19**.
[56] For excellent discussions of this topic see *McGregor on Damages* (20th edn, 2017), paras 25-002 ff; *Benjamin's Sale of Goods*, paras 17-001 ff. For delivery of the wrong quantity, see para **13.31**.
[57] See paras **3.119** ff.
[58] (1854) 9 Exch 341. It can be argued that too much emphasis is placed in this context on the rule in *Hadley v Baxendale*. The function of the rule is to place a *limit* on the liability of the contract breaker, not to provide the basic measure for the recovery of damages: see G. Treitel, 'Damages for breach of warranty of quality' (1997) 113 LQR 188.

'special damages' in this context[59] denoting damages for loss resulting not as the natural consequence of the defendant's breach but from some special circumstance which the claimant will have to show ought reasonably to have been within the defendant's contemplation at the time of the contract if the defendant is to be held liable for the loss in question.[60]

14.18 Section 51(3) contains two crucial phrases, 'available market' and 'market price'. Why the presence or absence of an available market is so important will shortly be seen. Once the significance of the market concept has been grasped, we can go on to examine more closely what is meant by an 'available market'[61] and what constitutes the 'market price'.[62] For present purposes we can define an available market as a market to which the buyer has reasonable access and in which he can procure goods of a description and quality comparable to those he has contracted to buy and at a price governed primarily by the market forces of supply and demand. The measure of damages to which the buyer is entitled in the event of the seller's failure to deliver depends on whether there is in fact an available market. As we shall see, the market-price rule in contracts for the sale of goods represents a major departure from the ordinary rules of contract law relating to mitigation of loss.[63]

1. *Measure of damages where there is an available market*

14.19 Where there is an available market[64] the following principles apply.

(a) Prima facie, the measure of damages is the amount by which the market price at the due date of delivery (or if no date for delivery was fixed, at the date of the seller's refusal to deliver[65]) exceeds the contract price.[66] This is the normal basis for evaluating the loss 'directly and naturally resulting, in the ordinary course of events, from the seller's breach of contract' under s 51(2) following the first limb of the rule in *Hadley v Baxendale*. It is predicated on the assumption that upon non-delivery the buyer can mitigate his loss by buying substitute goods in the open market. To the extent to which he suffers further loss by not going to the market, he cannot hold the seller responsible.

(b) If the time for delivery has been extended at the request of the seller, the market price is taken at the postponed delivery date.[67] It would seem, however, that the buyer cannot, without the assent of the seller,

---

[59] The term has a variety of meanings, and 'consequential loss' is to be preferred. See para **3.131**, n 469.
[60] See para **3.134**.
[61] See para **14.50**.
[62] See para **14.55**.
[63] See para **14.62**.
[64] A question which has to be tested as at the due date of delivery. If there was a market at the time of the contract of sale but there has ceased to be a market by the time the seller is due to deliver, he cannot complain if damages are assessed on a different basis.
[65] This limb of s 51(3) does not apply in the case of an anticipatory breach by the seller. See n 46.
[66] Section 51(3). *Bunge SA v Nidera BV*, n 48.
[67] *Ogle v Earl Vane* (1868) LR 3 QB 272.

14.19 *The Buyer's Remedies for Misrepresentation or Breach by the Seller*

postpone steps to mitigate by holding the contract open for performance by the seller. If the seller, having refused to deliver, maintains that refusal, the buyer is then expected to buy in the market.[68] To this rule, which applies to contracts generally,[69] there is one qualification. The buyer is in any event entitled to a reasonable time within which to ascertain the seller's intentions after a failure to deliver, with a view to agreeing on a postponed delivery date.[70]

(c) If the buyer, in addition to a general loss of bargain resulting from excess of the market price over the contract, suffers special damage that ought reasonably to have been within the seller's contemplation at the time of the contract[71] – eg extra freight,[72] the cost of additional time spent in locating replacements,[73] or the cost of adapting the substitute goods[74] – such special damage is recoverable as well under s 54. However, if at the due date of delivery the market price has fallen, so that the effect of the seller's repudiation is to enable the buyer to acquire the goods more cheaply, the reduction in price must be offset against any claim for special damage under s 54.[75]

14.20 Where there is an available market,[76] the market-price rule is not easily displaced.[77] In particular, the excess of market price over contract price will be used as the basis for calculating damages even if the buyer:

(a) does not in fact go into the market at all to buy substitute goods but merely does without – for he has still been deprived of a bargain if the market price exceeds the contract price;[78]

---

[68] *Melachrino v Nickoll & Knight*, n 43.
[69] See para **3.139**. The rule does not, however, apply to cases of anticipatory breach, for the innocent party is entitled to hold the contract open for performance at the due date. See para **3.149**.
[70] Cf the position in regard to the right to reject, para **13.08**.
[71] The seller's knowledge of special circumstances may in fact displace the market price altogether, as where he knows that the buyer is committed to sub-selling as specific goods the articles which are the subject of the sale contract. See para **14.56**.
[72] In cases where freight is payable by the buyer.
[73] *J. & B. Caldwell Ltd v Logan House Retirement Home Ltd* [1999] 2 NZLR 99.
[74] *Blackburn Bobbin Co Ltd v T. W. Allen & Sons Ltd* [1918] 2 KB 467.
[75] There appears to be no authority on the point, but it would seem to follow from general principle.
[76] As to this, see para **14.52**.
[77] For a criticism of the rigidity of the market-price rule, see para **14.61**.
[78] This is merely a specific application of the wider principle of the law of damages that a person who suffers a loss in value through a wrongful act need not take steps to restore the value lost as a condition of recovering damages. Thus where the estimated cost of repairs is taken as a reliable guide to the diminution in value of goods which are not in the condition warranted, the buyer can recover such cost, as representing the diminution in value, even if he chooses not to have the repairs carried out.

Non-delivery **14.21**

(b) goes into the market at a later date and obtains substitute goods at a higher or lower price than the market price prevailing at the due delivery date – for he could have done this even if the seller had performed his contract, and the substitute purchase has no necessary connection with the contract;[79]

(c) is able to buy substitute goods at the due delivery date at less than the market price[80] – for he could have got them in addition to the contract goods and thereby have had the benefit of two bargains, and in any event what the buyer chooses to buy has no necessary connection with the original contract and is thus *res inter alios acta*;[81]

(d) had contracted to resell goods of the same description[82] at a price higher than the market price[83] – the buyer can still perform his subcontract by going into the market, and if he does not do so, he cannot expect the seller to pay the extra loss resulting from the fact that the resale price exceeds the market price;

(e) had contracted to resell goods of the same description[84] at a price lower than the market price[85] – the seller cannot take advantage of this to reduce the damages, since it is no concern of his what the buyer chooses to do with the goods, and the buyer would have been perfectly entitled to obtain from a different source (eg in the market) the goods necessary to fulfil the sub-purchase contract;

(f) had contracted to resell with a delivery date the same as that under the original sale contract, so that on non-delivery by his seller there is no time left to go into the market to fulfil his obligation to his sub-purchaser – for a prudent buyer will in his subcontract allow a margin of time, and if he chooses to rely on his seller for delivery on a date leaving no margin available, he cannot put the resulting loss on the seller.[86]

14.21 The market-price principle is in no way displaced by the fact that a resale by the buyer at a higher price was within the knowledge or reasonable

---

[79] See *R. Pagnan & Fratelli v Corbisa Industrial Agropacuaria Limitada* [1970] 2 Lloyd's Rep 14, per Salmon LJ at 18. But on the particular facts of that case the substitute purchase was held to be connected to the broken sale contract. See para **14.22**.

[80] There is no clear authority on the point, but the principle seems clearly to follow from the passage in the judgment of Salmon, LJ, cited n 79.

[81] For the exceptional case illustrated by *R. Pagnan and Fratelli v Corbisa Industrial Agropacuaria Limitada*, n 79, see para **14.22**. The rule itself is open to criticism as being fundamentally inconsistent with the duty to mitigate, which presupposes that the guilty party is entitled to the benefit of any loss avoidance resulting from steps to mitigate that the innocent party took or ought reasonably to have taken. See further para **14.62**.

[82] For the position where, to the knowledge of the seller, the buyer had contracted to resell the identical goods, see para **14.57**.

[83] *Williams v Reynolds* (1865) 6 B & S 495; *Mohammad Habib Ullah (Sheik) v Bird & Co* (1921) 37 TLR 405. See further para **14.55**.

[84] As to the effect of a contract to resell the identical goods, see para **14.57**.

[85] *Williams Bros Ltd v Edward T. Agius Ltd* [1914] AC 510, approving the decision of the Court of Appeal in *Rodocanachi, Sons & Co v Milburn Bros* (1886) 18 QBD 67, a case of failure to deliver goods under a charterparty.

[86] *Williams v Reynolds*, n 83, cited by Salter J in *Patrick v Russo-British Grain Export Co Ltd* [1927] 2 KB 535.

14.21 *The Buyer's Remedies for Misrepresentation or Breach by the Seller*

contemplation of the seller;[87] for the buyer can cover the sub-contract by buying in the market,[88] and his duty to mitigate the loss in this way is unaffected by the seller's knowledge of the sub-contract, since the seller is entitled to assume that the buyer will take reasonable steps in mitigation.

14.22 In exceptional circumstances the market-price rule is displaced even though there is an available market. An illustration is *Pagnan & Fratelli v Corbisa Industrial Agropacuaria Limitada*,[89] where, after lawful rejection of the goods by the buyers, negotiations between the parties resulted in an agreement by the buyers to purchase the self-same goods from the sellers at a reduced price, the goods being resold by the buyers at a profit. It was held that the purchase by the buyers was not in this case *res inter alios acta* but was between the self-same parties in relation to the same goods and formed part of a continuous dealing between the sellers and the buyers. To ignore it would be to give the buyers damages for a fictitious loss when they had made a profit. In the circumstances it could not be said that the buyers had established a recoverable loss. The buyer may, indeed, be expected to mitigate his loss in an appropriate case by accepting the seller's offer to purchase the goods again.[90]

2. *Measure of damages where there is no available market*

14.23 Where there is no available market for the contract goods,[91] the rules governing the computation of damages become more complex. An available market presupposes both that substitute goods are readily accessible to the buyer and that it is reasonable for him to go into the market to acquire them. Hence his general damages can be measured by reference to the market price, whether he contracted to buy the contract goods for resale, for use in his business or for any other purpose.

14.24 The position is quite different if there is no available market. Goods of comparable description to those contracted for will not necessarily be available from another source, and even if they are, it does not necessarily follow that the buyer can reasonably be expected to utilize that source, nor even that he will be considered to have acted reasonably if he does utilize it. Hence damages may have to be computed on the basis that the buyer does not obtain substitute goods (whether of similar description or of a kind most nearly equivalent to the goods contracted for), and the loss resulting from his deprivation of the contract goods will thus depend very heavily on the purpose for which he required them. If they were purchased for the purpose of resale, his loss (though not necessarily his *recoverable* loss) is the loss of profit he would have made on resale. If he required the goods for the purpose of generating income in his business – eg because they comprised machinery used in the manufacture of products or because he intended to let them out on hire – his loss is to be

---

[87] *The Arpad*, n 28, per Maugham LJ at 230.
[88] For the position where the buyer cannot do this because he has contracted to sub-sell the very goods he is buying, see para **14.57**.
[89] See n 79.
[90] *The Solholt* [1983] 1 Lloyd's Rep 605, per Sir John Donaldson MR at 608.
[91] As to what constitutes an available market, see para **14.52**.

measured by the capitalized value of the income he would have been expected to receive for the goods over the period of their working life. If the goods were to be used in the business but were not directly of an income-producing character, the loss is prima facie represented by the excess of their value over the contract price, that is, the extra sum the buyer could reasonably expect to have to pay in order to purchase goods of comparable description and quality, or their nearest equivalent.[92] The case is otherwise, however, where the goods are unlikely to be used (eg where they are bought as spares in circumstances where it is improbable they will be required), so that it would be unreasonable for the buyer to go to the expense of procuring a substitute.[93]

14.25 These variations of loss do not exhaust the complications, for we also have to consider, in accordance with the rule in *Hadley v Baxendale*, to what extent any particular form of loss could reasonably have been contemplated by the seller as flowing from his breach; and this question (which is relevant, inter alia, to determine whether a buyer can be heard to say that because of a contract to resell the very goods he purchased, there was no available market to him[94]) requires us to ascertain to what extent the buyer's intended application of the goods should reasonably have been present to the seller's mind. This causes particular complications where the seller could reasonably have contemplated more than one possible application of the goods by the buyer. In such a case, is the loss to be measured by reference to the actual application of the goods or can either the buyer or the seller insist upon measurement of the loss by reference to any reasonable hypothetical application?[95]

14.26 Some of the cases are not easy to reconcile, but the following rules can, it is suggested, be extracted from them.

(a) There being no available market, the normal value of the goods[96] must be substituted for the market price,[97] and the buyer's loss of profit determined accordingly.

(b) In each of the situations described below, the measurement of value as a basis for computing damages is subject to the buyer's overriding duty to take reasonable steps to mitigate his loss, eg by buying from an alternative source.

---

[92] *Hughes v Pendragon Sabre Ltd (t/a Porsche Centre Bolton)* [2016] EWCA Civ 18, [2016] 1 Lloyd's Rep 311, [38]. Where the nearest equivalent consists of goods of a higher quality, the courts have generally allowed recovery of the full replacement cost without reduction for the element of 'betterment'. See *Bacon v Cooper (Metals) Ltd* [1982] 1 All ER 397; *Harbutt's 'Plasticine' Ltd v Wayne Tank and Pump Co Ltd* [1970] 1 QB 447. It is for the party who seeks a deduction from expenditure in mitigation on the ground of betterment to make out his case for doing so: *Lagden v O'Conner* [2003] UKHL 64, [2004] 1 AC 1067, [34].
[93] *The Alecos M* [1991] 1 Lloyd's Rep 120; G. H. Treitel, 'Damages for Non-Delivery' (1991) 107 LQR 364.
[94] See para **14.54**.
[95] This problem is discussed at para **14.52**, in relation to the meaning of an available market.
[96] Ie the value which could reasonably be expected to be in the contemplation of a seller not aware of any unusual element involved.
[97] *J. Leavey & Co Ltd v George H. Hirst & Co Ltd* [1944] KB 24, in which the court assessed damages on the footing of the profit the buyer would have made on resale.

14.26 *The Buyer's Remedies for Misrepresentation or Breach by the Seller*

(c) Where the goods were to be acquired with a view to resale[98] and the seller could reasonably have been expected to be aware that a resale was not unlikely[99] (eg because the buyer is a merchant dealing in goods of the like description), a normal resale price may be taken as the value. By a normal resale price is meant such percentage addition to the price charged to the buyer as the court considers, on the available evidence, would represent a reasonable mark-up for goods of a like description.[100] Where the buyer has actually contracted to resell, the resale price is prima facie evidence of the normal value, but is not conclusive, since the buyer may have negotiated a resale on uncommonly favourable terms and, unless the seller was aware of this, he will not be answerable for the excess of the profit above the normal profit figure.[101]

(d) Where the seller was aware not only that the goods were acquired for resale but also that the resale price was higher than normal, then to the extent to which the resale price was known to him or within his reasonable contemplation because of his knowledge of the sub-contract, it will be taken as the value of the goods, and damages will be assessed accordingly. This is so whether the resale price is higher or lower than the market price. In other words, the resale price can not only be relied on by the buyer to increase his damages where it exceeds the normal price, it will also go to reduce the seller's liability if it is below the normal price.[102]

---

[98] The principle is the same where they have first to be made up into a finished product, as in *J. Leavey & Co Ltd v George H. Hirst & Co Ltd*, n 97.

[99] The correct test is not entirely clear. 'Probable', 'likely', 'an even chance', 'not unlikely', are all phrases that have been used. There is also authority for the proposition that the buyer must fulfil an additional requirement; namely, to show that the seller was not merely on notice of the probability of a resale but expressly or impliedly undertook responsibility for loss of the resale profit if he failed to deliver. The issue was considered by the House of Lords in *Transfield Shipping Inc v Mercator Shipping Inc* [2008] UKHL 48, [2009] 1 AC 61, [2008] 4 All ER 159 (see further para **3.134**). Lord Hoffmann (at [15]) and Lord Hope (at [31]) attached importance to the question whether or not the defendant had assumed responsibility for the loss in question. Lord Rodger (at [63]) and Baroness Hale (at [93]) were able to decide the case on a narrower ground and so did not find it necessary to resolve the point. The crucial paragraph in the speech of Lord Walker of Gestingthorpe is [79], which is more sympathetic to the assumption of responsibility test. Thus it may be that it is necessary for a claimant to establish not merely that the loss in question was reasonably foreseeable but that the party in breach has assumed responsibility for the loss in question. In *Sylvia Shipping Co Ltd v Progress Bulk Carriers Ltd (The Sylvia)* [2010] EWHC 542 (Comm), [2010] 2 Lloyd's Rep 81 Hamblen J concluded (at [39]) that Lord Walker's agreement with both approaches meant that the 'rationale of assumption of responsibility' had the 'support of the majority'. According to Hamblen J the orthodox *Hadley v Baxendale* approach 'remains the general test of remoteness applicable in the great majority of cases' and the assumption of responsibility test is likely to be invoked in the minority of cases 'where the application of the general test leads to an unquantifiable, unpredictable, uncontrollable or disproportionate liability or where there is clear evidence that such a liability would be contrary to market understanding and expectations'. For a further attempt at a rationalisation of the case law, see the judgment of Sir David Keene in *John Grimes Partnership Ltd v. Gubbins* [2013] EWCA Civ 37, [2013] BLR 126, [24].

[100] *Household Machines Ltd v Cosmos Exporters Ltd* [1947] KB 217.

[101] Ibid.

[102] There appears to be no direct authority, but the proposition follows from general principle.

(e) Where the goods are not bought for resale, or for making up into a product intended for sale, but are to be used in the buyer's business with a view to generating income – as where they comprise machinery employed in the manufacture of goods for sale – the computation of damages may become more complex, since it depends on the interaction of two variables, a capital element (the extra cost of obtaining substitute goods if these are procurable) and an income element (the loss of profit resulting from depreciation of the goods for the period necessary to obtain substitutes). No single formula meets every case, since the degree of importance of each of the two variables depends on whether substitute goods are in fact ultimately obtained, whether it was reasonable for the buyer to incur expenditure in obtaining them and what is a reasonable period over which to base the claim for loss of income. The overriding principle is that where a claim is made under both heads, capital and income, damages should not be duplicated through overlap. Within this principle there is scope for a claimant buyer to elect between one form of claim and another. In this context the decision of the Court of Appeal in the *British Rema* case,[103] where a logical split of the claim between capital and income was disallowed on the erroneous grounds that this would duplicate damages and allow recovery under a head of damages that had not been pleaded, is unfortunate.[104]

(f) The basis of each of the different measures of damages described above is compensation for loss of bargain, the object being to put the buyer as nearly as possible in the position in which he would have been if the contract had been performed according to its terms. However, in given conditions the buyer may elect for an alternative basis of damages, namely the recovery of abortive expenditure incurred in connection with the transaction,[105] the object here being to restore him to the position he occupied before the contract. Expenditure recoverable on this ground may even include pre-contract expenditure,[106] although the claimant is not entitled to recover under this head more than he would have recovered for loss of bargain.[107]

---

[103] *Cullinane v British Rema Manufacturing Co Ltd* [1954] 1 QB 292.
[104] See para **14.47**.
[105] Where this expenditure is of a kind resulting in a corresponding benefit to the seller, as where it consists in payment of the whole or part of the price in advance, the buyer need not formulate his claim as one for damages but can recover his payment in restitution on the ground of total failure of consideration. Expenditure rendered futile by the breach must be distinguished from consequential loss resulting from the breach. The former is expenditure incurred in order to earn the fruits of the bargain and is recoverable only as an alternative to damages for loss of bargain. The latter is expenditure that would not have been incurred at all but for the breach and is recoverable in addition to damages for loss of bargain. See further below.
[106] See para **3.131**, n 466.
[107] *Bowlay Logging Ltd v Domtar Ltd* (1978) 87 DLR (3d) 325. The onus of proof is, however, on the seller to prove that the buyer would not have recouped his expenditure had the contract been performed according to its terms: *C & P Haulage v Middleton* [1983] 3 All ER 94, [1983] 1 WLR 1461; *Omak Maritime Ltd v Mamola Challenger Shipping Co* [2010] EWHC 2026 (Comm), [2011] 1 Lloyd's Rep 47; and *Grange v Quinn* [2013] EWCA Civ 24, [2013] 1 P & CR 279, [102].

14.27 The Buyer's Remedies for Misrepresentation or Breach by the Seller

3. Consequential loss

14.27 To any claim for damages for loss of bargain may be added consequential loss resulting from the breach,[108] eg extra freight or insurance charges in connection with the substitute goods and liability incurred to sub-purchasers for non-performance of the sub-sale contract,[109] together with legal costs incurred in reasonably defending the sub-buyer's claim.[110] Loss of profit is recoverable to the extent that this is not reflected in the normal measure of damages;[111] and damages are recoverable by the buyer for loss of repeat orders where this loss results from the seller's breach and ought reasonably to have been within his contemplation as the consequence of the breach.[112]

4. DELAY IN DELIVERY

14.28 Damages for delay in delivery arise only where a late tender is made which the buyer either elects or is obliged to accept; for the buyer's lawful rejection of a late tender makes the case one of non-delivery, for which the buyer's remedies will be those earlier described.

14.29 The computation of the normal measure of damages for delay in delivery – a matter not specifically dealt with by the Sale of Goods Act – proceeds on a basis entirely different from that applicable to non-delivery.[113] Instead of treating the contract as repudiated for non-performance, the buyer seeks damages for defective performance on the footing that the contract remains alive. The measure of damages is thus akin to that applicable for breach of warranty, whereas in the case of non-delivery damages are assessed as for breach of condition.

14.30 The continuance of the contract also has an impact on the buyer's duty to mitigate. In the case of non-delivery, the duty to mitigate comes into play on the due delivery date, and where there is an available market, it is by reference to the market price on that date that the buyer's damages are assessed, for the assumption is that the buyer will cover his position by making a purchase in the market.[114] But where delivery is merely delayed, so that the seller ultimately tenders the goods, then while the buyer, on the due delivery date, is

---

[108] Consequential loss features more prominently in claims for delay in delivery or delivery of defective goods. See below and para **14.42**.
[109] Limited, again, to what the seller could reasonably have expected (*Grébert-Borgnis v J. & W. Nugent* (1885) 15 QBD 85; *Re R & H Hall Ltd and W H Pim Jnr & Co Ltd* (1928) 30 Ll L Rep 159).
[110] *Hammond & Co v Bussey* (1887) 20 QBD 79 (defective quality).
[111] *Vanda Compania of Costa Rica v Société Maritime Nationale of Paris* [1974] 2 Lloyd's Rep 502.
[112] *GKN Centrax Gears Ltd v Matbro Ltd* [1976] 2 Lloyd's Rep 555, disapproving the dictum of Scrutton LJ in *Simon v Pawson & Leafs Ltd* (1932) 38 Com Cas 151. The *Matbro* case concerned delivery of faulty goods but the principle is equally applicable to non-delivery; and in each case it is a question of fact as to whether the loss of custom could reasonably have been contemplated by the seller at the time of the sale contract.
[113] See paras **14.16** ff.
[114] See para **14.19**.

expected to mitigate any anticipated loss of income by hiring substitute goods for the period of the delay,[115] he is not obliged to buy substitute goods in replacement for the contract goods, for *ex hypothesi* the seller has proved willing and able to perform and thus cannot be heard to say that the buyer should have cut his losses on the due delivery date by buying replacement goods.[116] It is for this reason that, where the buyer buys for resale, the price at which he could have bought substitute goods on the *due* delivery date is irrelevant, as his damages are measured by reference to the price at which he could reasonably expect to *sell* them on the *actual* delivery date.[117]

14.31 As with non-delivery, the measure of damages depends on whether the buyer bought the goods for resale on the one hand or for use in his business as an income-producing asset on the other.[118] The significance of this distinction tends to be overlooked by commentators, whose formulation of the measure of damages by reference to the drop in the capital value of the goods through the delay presupposes that the goods are bought for resale, which is not necessarily the case. Where the goods are bought for use, the buyer's loss will usually take the form of loss of profit-income, not diminution in capital value, and such loss of income, so far as not unusual in degree,[119] will thus represent normal loss directly flowing from the breach, not, as is commonly stated, consequential loss.[120]

(i) Goods bought for resale

14.32 In computing the direct loss through delay suffered by a buyer who buys for resale, the market price or value of the goods at the due delivery date must be compared not with the contract price (as in the case of non-delivery) but with the market price or value at the actual delivery date. In short, where there is an available market at the due delivery date, the normal measure of damages is the amount (if any) by which the market price has dropped between that date and the date of actual delivery.[121] Where there is no available market, the measure of damages is the drop in the value of the goods between the two dates,[122] value being measured in the same way as on non-delivery.[123]

14.33 As in the case of non-delivery, resales by the buyer should be ignored where there is an available market. The mere fact that the buyer may have been

---

[115] Unless induced not to do so by reason of assurances by the seller that delivery will be made promptly (*Smeed v Foord* (1859) 1 E & E 602).
[116] Ibid.
[117] *Kwei Tek Chao v British Traders & Shippers Ltd* [1954] 2 QB 459; *Oxus Gold plc v Templeton Insurance Ltd* [2007] EWHC 770 (Comm), [2007] All ER (D) 57 (Apr).
[118] Also relevant is whether the purpose of the purchase should have been within the seller's reasonable contemplation.
[119] *Victoria Laundry (Windsor) Ltd v Newman Industries Ltd* [1949] 2 KB 528.
[120] See below.
[121] See *Elbinger AG v Armstrong* (1874) LR 9 QB 473, at 477.
[122] Value being determined by whatever test is the most appropriate in the light of the evidence available. See, for example, *Fletcher v Tayleur* (1855) 17 CB 21.
[123] See para **14.26**.

14.33 *The Buyer's Remedies for Misrepresentation or Breach by the Seller*

able, by reselling forward, to avoid the consequence of a fall in the market is not something on which the seller is entitled to rely to reduce the damages, for it is *res inter alios acta*, stemming from the buyer's decision (which could involve him in substantial risk) not to cover his sub-contract by buying in the market on the seller's failure to meet the due delivery date.[124] A resale forward at a price which turns out to be below the market price at the due delivery date would not increase the seller's liability, and (so the argument goes) there seems no good reason why the seller should be allowed on the one hand to claim immunity from the consequences of a resale by the buyer on adverse terms and on the other to disregard the market price if it is lower than the resale price. For these reasons, most writers agree that the decision in *Slater v Hoyle & Smith Ltd*,[125] where the below-market price realized by the buyer on resale was ignored, is to be preferred to the contrary decision of the Privy Council in *Wertheim v Chicoutimi Pulp Co*[126] to the effect that the difference between the market price at the due date and the price obtained by the buyer on resale represented the limit of the seller's normal liability. Consequential loss is recoverable in addition, as in the case of non-delivery.[127]

(ii) Goods bought for use

14.34 Where the goods are bought for use, not for resale, the measure of damages is quite different. The complaint of the buyer in this situation is not that he acquired an asset whose realizable value was diminished through the delay – for he did not intend to realize it at the due delivery date – but that he has been deprived of the use of the asset for the period of the delay and has thereby suffered inconvenience and/or lost income or increased expenditure in procuring the temporary use of comparable goods. Apart from pure inconvenience, the buyer seeks to be reimbursed for loss of income-profit and for any expenditure incurred in taking reasonable steps to mitigate such loss.

14.35 If the asset is of an income-producing kind – eg because it is a production machine or because it is utilized in the provision of income-producing services or is an asset that the buyer acquired for the purpose of letting on hire – the normal measure of damages is the loss of profit that the seller could reasonably have contemplated as flowing from the breach.[128] The buyer will, in accordance with the normal duty to mitigate, be expected to take reasonable steps to minimize loss of income, eg by hiring substitute goods,

---

[124] For a criticism of this approach, see para **14.62**.
[125] [1920] 2 KB 11. But not all commentators support *Slater*. For critical commentary, see D. McLauchlan, 'Expectation Damages: Avoided Loss, Offsetting Gains and Subsequent Events' in D. Saidov and R. Cunnington (eds), *Contract Damages: Domestic and International Perspectives* (2008), pp 349, 367–378. *Slater* is not entirely easy to reconcile with the later decision of the Court of Appeal in *Bence Graphics International Ltd v Fasson UK Ltd* [1998] QB 87, [1997] 1 All ER 979, on which see para **14.41**, n 156.
[126] [1911] AC 301.
[127] *Elbinger AG v Armstrong*, n 121.
[128] A good illustration is the landmark decision in *Victoria Laundry (Windsor) Ltd v Newman Industries Ltd*, n 119, in which the defendants, who were late in supplying a boiler required by the plaintiffs for their laundry and dyeing business, were held liable for loss of normal

where this is possible. Any expenditure reasonably incurred in so doing is recoverable even if it proves to be greater than the loss that would have been suffered if no such steps had been taken.[129]

5. TENDER OF NON-CONFORMING GOODS

14.36 If the seller tenders goods not conforming to the contract – eg because they do not correspond with the contract description or are not of satisfactory quality or unfit for the known purpose – the buyer may: (i) reject the goods and, if the seller is not able or willing to retender in due time,[130] treat the contract as repudiated, and sue for damages for non-delivery;[131] or (ii) reject the goods and, instead of claiming damages, pursue a restitutionary remedy for recovery of the price, if paid; or (iii) accept the goods and thereby treat the breach of condition as a breach of warranty, and sue for damages as for breach of warranty.

(i) Remedies after rejection

14.37 The effect of the buyer's lawful rejection of the goods is to make the case one of non-delivery, and the buyer's remedies under (i) or (ii) above will be available accordingly, pursuant to the principles described earlier in this chapter. The only particular feature deserving mention is that since there is an implied undertaking on the part of the seller not to make a non-conforming tender,[132] the buyer, on rejecting, can, it is thought, include as part of his claim any expenses rendered futile in connection with the tender, eg the costs incurred in taking possession of the goods and installing them prior to rejection. There is no decision directly to this effect, but it has been held that a seller who fails to collect the goods promptly after notice of rejection is liable in damages for storage costs incurred by the buyer.[133] Where the buyer is a consumer who has entered into a contract of sale with a trader and the contract falls within Part 1 of the Consumer Rights Act 2015, the rights of the buyer are as described in the Act.[134]

---

profits resulting from the plaintiffs' loss of business but not for the additional loss arising from the fact that certain contracts entered into by the plaintiffs with third parties were on unusually lucrative terms.

[129] This is a general principle in the computation of damages. See para **3.137**.
[130] See paras **12.16–12.18**. For the additional remedies of a consumer buyer, see para **14.66**.
[131] For the measure of damages, see para **3.135**.
[132] See para **12.27**.
[133] *Kolfor Plant Ltd v Tilbury Plant Ltd* (1977) 121 Sol Jo 390.
[134] See paras **12.05–12.07**.

(ii) Remedies after acceptance

14.38 Where the buyer accepts, or is deemed to have accepted,[135] the goods, the conditions as to quality, fitness, etc, sink to the level of warranties, and damages fall to be assessed accordingly.[136]

6. DEFECT IN SELLER'S TITLE

14.39 The implied term as to title is a condition, breach of which entitles the buyer, if he acts before the defect has been cured,[137] to treat the contract as repudiated and:

(a) to recover damages for loss of bargain[138] or alternatively to recover any payment he has made as money paid on a total failure of consideration;[139] and

(b) to recover any consequential loss of a kind that the seller ought reasonably to have contemplated would flow from the breach, including abortive expenditure on repairs, liability incurred to a sub-purchaser, and the like.

If the buyer elects to proceed with the contract after discovering the defect in the seller's title, his remedy is restricted to damages for breach of warranty; but, unless the defect in title has been cured by the time the action is heard, the measure of damages is in this particular case very similar to that applicable when the seller's repudiation is accepted, for in the absence of title, the buyer can continue to assert that he has not had the essential benefit contracted for, and that damages are to be assessed accordingly.[140] The buyer is entitled to recover the price in full as paid on a total failure of consideration even though he has had the goods and used them for a considerable period.[141]

7. DAMAGES FOR BREACH OF WARRANTY

14.40 The measure of damages for breach of the implied warranty of quiet possession depends on the circumstances.[142] Where the buyer is divested of possession, then prima facie the measure of damages is the value of the goods together with any special damage suffered, eg expenditure on repairs which is rendered abortive through the buyer's loss of possession.[143] But the buyer must take reasonable steps to mitigate his loss, so that where, for example, the third

---

[135] See paras **13.07** ff.
[136] See below.
[137] See paras **11.20–11.22**.
[138] If the buyer has paid the price, this will, of course, form an element in the damages.
[139] *Rowland v Divall* [1923] 2 KB 500.
[140] *Warman v Southern Counties Car Finance Corpn Ltd* [1949] 2 KB 576.
[141] *Rowland v Divall*, n 139. See para **8.23**.
[142] However, the normal principles for the assessment of damages are generally applicable (for example, relating to the relevance of a sub-sale concluded by the buyer: *Louis Dreyfus Trading Ltd v Reliance Trading Ltd* [2004] EWHC 525 (Comm), [2004] 2 Lloyd's Rep 243).
[143] *Mason v Burningham* [1949] 2 KB 545.

party's claim is a charge or encumbrance the amount of which is less than the value of the goods, the duty to mitigate might well require the buyer to avoid loss of possession by discharging the charge or encumbrance.

14.41 Where the buyer accepts, or becomes precluded from rejecting,[144] goods not conforming to the contract, his claim is limited to damages for breach of warranty.[145] The measure of damages is the estimated loss directly and naturally resulting, in the ordinary course of events, from the breach of contract,[146] and in the case of breach of warranty as to quality of goods, this is prima facie the amount by which the value of the goods as warranted exceeds their value in the state in which they are delivered.[147] For this purpose, the two values must be taken as at the contractual date for delivery.[148] Where there is an available market at the due delivery date, the market price must be taken as the warranted value.[149] The contract price as such is not relevant (except in so far as it is evidence of the market value), for the question is not how far the delivered value falls short of the sum the buyer agreed to pay[150] but how much more the goods would have been worth if tendered on the due delivery date in proper condition.[151] Where there is no available market, the value of the goods must be ascertained by other means. A working guide to the value as warranted is the price at which the buyer had contracted to resell the goods,[152] though this is not conclusive.[153] Alternatively, the estimated cost of putting the goods into their warranted state may be taken as indicative of the diminution in value caused by the breach of warranty,[154] though again this is only a prima facie guide and will not apply where the carrying out of repairs would be uneconomic in the sense that it would not *pro tanto* restore the lost value.[155] The rule in s 53(3) is only a presumption and may be displaced by evidence that the buyer's loss is greater or less than the difference in value.[156]

---

[144] See paras **13.07** ff.
[145] Sale of Goods Act 1979, s 11(4).
[146] Section 53(2). This is, of course, the first limb of the rule in *Hadley v Baxendale* (1854) 9 Exch 341.
[147] Section 53(3). If the value of the goods is zero, the seller is unable to recover any part of the price, so that the effect is very much the same as on rejection of the goods and termination of the contract. See *Argos Distributors Ltd v Advertising Advice Bureau* (1996) Feb 15 [1996] CLY 5285.
[148] *Argos Distributors Ltd v Advertising Advice Bureau*, n 147.
[149] *Loder v Kekulé* (1857) 3 CBNS 128.
[150] The buyer may have bought at a bargain price amounting to no more than the value of the goods as in fact delivered to him, but he has nevertheless lost the benefit of the bargain, wholly or in part, if they are delivered in a damaged or inferior condition.
[151] *Jones v Just* (1868) LR 3 QB 197.
[152] See *Clare v Maynard* (1836) 6 Ad & El 519.
[153] Ibid.
[154] *Minster Trust Ltd v Traps Tractors Ltd* [1954] 3 All ER 136. The value of the goods as delivered may also be indicated by the price offered for the goods by a sub-purchaser with knowledge of the defects (*Biggin & Co Ltd v Permanite Ltd* [1951] 1 KB 422).
[155] However, the reasonable cost of repairs which in the event prove uneconomic may be recoverable as *consequential* loss if the buyer can show that the ordering of such repairs was a reasonable step in mitigation.
[156] *Bence Graphics International Ltd v Fasson UK Ltd* [1998] QB 87. However this decision of the Court of Appeal is not free from difficulty, for the reasons trenchantly set out by Professor Guenter Treitel, 'Damages for breach of warranty of quality' (1997) 113 LQR 188.

14.42 Consequential loss claims may well arise upon the acceptance of goods which prove defective. Such claims will be governed by the rule in *Hadley v Baxendale*.[157] Loss will be treated as within the reasonable contemplation of the parties if, knowing of the breach, they ought reasonably to have contemplated as a serious possibility[158] the type of loss that in fact occurred, even if the severity of the loss could not reasonably have been envisaged.[159] If the buyer has sub-sold the goods and this was within the reasonable contemplation of his seller at the time of their contract, the buyer may be able to claim an indemnity for liability incurred or compensation paid to his sub-purchaser.[160] The buyer must take reasonable steps to mitigate his loss, and must not exacerbate his loss by unreasonable action after discovery of the breach. The principles are easier to state than to apply, as is shown by the decision of the Court of Appeal in *H. Parsons (Livestock) Ltd v Uttley Ingham & Co Ltd*:[161]

> The plaintiffs, who were pig farmers, purchased from the defendants for £275 a bulk-food storage hopper for the purpose of storing pig nuts. Due to the failure of the defendants to open the ventilator at the top of the hopper after delivery, the pig nuts became mouldy. The plaintiffs nevertheless went on feeding the nuts to the pigs, since such nuts were not usually harmful. Subsequently, many of the pigs suffered an attack of an intestinal infection, *E. coli*, as the result of eating the mouldy nuts, and died, causing loss to the plaintiffs of between £20,000 and £30,000.
>
> Swanwick J held that the defendants had broken the implied condition of fitness for purpose under the Sale of Goods Act, that this implied term was an 'absolute warranty' and that, accordingly, the defendants were liable for all the loss resulting from the breach, whether or not this was within their reasonable contemplation. In case he was held to have reached the wrong conclusion on this point, he went on to find that, at the time the hopper was supplied, neither a farmer in the position of the plaintiffs nor a hopper manufacturer in the position of the defendants could reasonably have contemplated that there was a serious possibility that pigs fed with mouldy nuts would become ill. Therefore if, contrary to his ruling, the reasonable contemplation of the parties was relevant, the loss suffered by the plaintiffs would be too remote to be recoverable.
>
> The Court of Appeal rejected the view that the strict duty owed under the Sale of Goods Act excluded the operation of the normal rule in *Hadley v Baxendale*, but upheld the verdict in favour of the plaintiffs on the grounds that:
> (a) per Lord Denning MR, a distinction was to be drawn, not between claims in contract and claims in tort, but between a claim to recover loss of profit and a claim in respect of physical injury or expense. The present case was an example in the latter category and the test to be applied was whether the loss was reasonably foreseeable as a slight possibility (whereas in a claim to recover loss of profits, the loss must be reasonably foreseeable as a serious possibility). The plaintiffs were able to prove that there was a slight possibility that the pigs would become ill if fed mouldy nuts and so they were entitled to recover;
> (b) per Scarman LJ (with whom Orr LJ agreed), the cases did not support the

---

[157] See para **3.134**.
[158] There is a judicial division of opinion as to the most appropriate expression of the degree of probability required. See n 99.
[159] In this respect there appears to be no distinction between contract and tort.
[160] *Danecroft Jersey Mills Ltd v Criegee* (1987) Times, 14 April.
[161] [1978] QB 791.

distinction drawn by Lord Denning between economic loss and loss resulting from physical injury or damage, but that it was not necessary for the plaintiffs to show that the defendants ought reasonably to have contemplated that pigs would die from being fed mouldy nuts; it sufficed that they should have appreciated the serious possibility of pigs suffering injury or death if fed with nuts stored in a hopper unfit for storage purposes.

14.43 It is not easy to reconcile the decision with the rule in *Hadley v Baxendale*.[162] Faced with the finding of the judge at first instance that injury to the pigs could not reasonably have been contemplated as the consequence of feeding them with mouldy nuts, Scarman LJ said that the true question was what should have been contemplated on the more general assumption that the hopper was unfit for storing nuts.

> 'The assumption [to be made] is of the parties asking themselves not what is likely to happen if the nuts are mouldy but what is likely to happen to the pigs if the hopper is unfit for storing nuts suitable to be fed to them. While, on his finding, nobody at the time of contract could have expected *E. coli* to ensue from eating mouldy nuts, he is clearly – and as a matter of common sense, rightly – saying that people would contemplate, upon the second assumption, the serious possibility of injury and even death among the pigs.'[163]

14.44 Now, contract law is well known for its abstract character, but is this not carrying abstraction too far? It involves ignoring the actual act of breach (failure to open the ventilator), which could not reasonably have been contemplated as attracting a risk of injury, and postulating instead some more generalized breach (failure to supply a hopper fit for the purpose) which could reasonably have been expected to produce injurious consequences. It involves ignoring the particular occurrence (mouldy nuts) that caused the death of the pigs and postulating some other event, within the broad label 'unfit for storing nuts', which did not occur but which would have been within the reasonable contemplation of the parties as an injurious event if it had occurred. The trial judge, for his part, appears to have applied the first limb of the rule in *Hadley v Baxendale* on the ground that 'the natural result of feeding toxic food to animals is damage to their health and maybe death'. But it is clear from his findings of fact that for pigs to suffer illness through eating mouldy pig nuts was not usual or likely to happen in the ordinary course of events. Again, an assumption of a more generalized event (toxicity of pig food) is substituted for the actual occurrence (mouldy nuts) for the purpose of determining the consequences that could be said to flow naturally from the breach.

---

[162] The approach of Scarman LJ gains support from the decision of the Court of Appeal in *Brown v KMR Services Ltd* [1995] 4 All ER 598. But it is an open question whether *Parsons* would survive scrutiny by the Supreme Court. In *Balfour Beatty Construction v Scottish Power plc* 1994 SLT 807 Lord Jauncey (at 811) left open the question whether *Parsons* had 'correctly stated the law.' Neither the House of Lords nor the Supreme Court has subsequently considered this issue. In *Jackson v Royal Bank of Scotland* [2005] UKHL 3, [2005] 2 All ER 71, [2005] 1 WLR 377, *Parsons* was mentioned in passing by Lord Walker and in *Transfield Shipping Inc v Mercator Shipping Inc* [2008] UKHL 48, [2009] 1 AC 61, [2008] 4 All ER 159, it was cited to the court but not referred to in the judgments.
[163] *H. Parsons (Livestock) Ltd v Uttley Ingham & Co Ltd*, n 161, at 812.

14.45 Moreover, if the plaintiffs as specialist pig farmers thought it safe to continue feeding mouldy nuts to the pigs, and thereby contributed to their own loss, why should the defendants be saddled with liability for the ensuing sickness and death of the pigs?

14.46 Finally, the remoteness test laid down by Scarman LJ seems to obliterate the distinction between the rules of remoteness in contract and those in tort.

14.47 Difficult questions arise where goods not conforming to warranty are of an income-producing kind and the buyer seeks to claim both diminution in their capital value and loss of profit. It is, of course, clear that the buyer cannot recover both the full diminution in warranted value as at the contract delivery date *and* the full loss of profit resulting from the non-conformity, for he could earn the profit only by using the goods and thus depreciating their capital value, and to allow him both loss of income-profit and loss of capital value as at the due delivery date would be to duplicate his compensation. But in the much criticized decision in *Cullinane v British Rema Manufacturing Co*[164] the Court of Appeal went further and held that the buyer could not even split his claim as between capital-loss and income-loss, eg by confining his claim for loss of income-profit to a period shorter than the working life of the asset (viz to the period to trial of the action) and deducting the residual value of the goods[165] at the end of that period. In the case in question the Court of Appeal, by a majority, held the buyer to the limited number of years' profit claimed but declined to recognize that on this basis the loss of profit awarded did not absorb the buyer's capital loss, measured by the diminution in the capital value through the breach of warranty less the residual value at the end of the period for which the profit was claimed.

14.48 The outcome of this manifestly unjust decision appears to have been due to a misunderstanding on the part of the majority of the Court of Appeal (Morris LJ dissenting) as to the basis of the buyer's contentions. The duplication of damages which the majority assumed to be the consequence of the claim as pleaded did not exist, for in computing his loss of profit the buyer allowed for depreciation, with the result that the claim for loss of capital was effectively restricted to such part of the capital loss as was not referable to the period for which loss of profits had been claimed. It is to be hoped that, if a similar case should arise in the future, the decision in the *'Rema'* case will not be followed.

14.49 At the same time, it would be wrong to allow the buyer to split his claim in a purely arbitrary fashion. The test for determining at what point the period for loss of profits should end is to be determined by reference to what a reasonable buyer would do, taking proper steps to mitigate his loss. If, after trying to operate a defective machine profitably for a given period, it becomes

---

[164] See n 103. For two devastating criticisms of this decision in which the mathematics were fully explored, see J. K. Macleod, 'Damages: Reliance or Expectancy Interest' [1970] JBL 19, and S. Stoljar, 'Normal, Elective and Preparatory Damages in Contract' (1975) 91 LQR 68.
[165] Either by a lump-sum deduction from the capital loss claim or by an annual deduction from profits for depreciation.

8. 'AVAILABLE MARKET'

14.50 We have seen that where there is an available market, the market price is used as the yardstick to measure the damages to which the aggrieved party is entitled; and that where a market exists for goods of the contract description, the mere fact that in the buyer's particular circumstances he has no access to the market for the purpose of mitigating loss resulting from the seller's breach (eg because he has contracted to resell the identical goods he is buying) does not entitle him to plead the want of an available market unless he can show that those circumstances ought reasonably to have been within the seller's contemplation at the time of the contract. In short, the market-price rule will apply not only where there is in fact a market available to the buyer but also where there is a *deemed* available market, the buyer being precluded from relying on barriers to availability not within the reasonable contemplation of the seller.

14.51 Two questions now arise for consideration. What constitutes an available market and, given that a market in fact exists which would be available to the buyer but for his particular circumstances,[166] what degree of knowledge of those circumstances must the seller possess in order to debar him from contending that damages are to be assessed on the footing that the market was in fact available to the buyer? It should be borne in mind that the only effect of the absence of an available market is to displace the prima facie market-price rule embodied in s 51(3). The buyer will still be expected to take reasonable steps to mitigate his loss, eg by buying on a market which is not immediately available or by buying from a source which is not a market at all or procuring goods which are not the exact replica of those contracted for.[167]

(i) The meaning of 'available market'

14.52 An available market is a market which either is or is deemed to be available to the buyer in the sense that he can reasonably be expected to have immediate recourse to it at the requisite time[168] and place if his seller fails to

---

[166] Characteristically, his commitment to resell the self-same goods he is buying, so that he cannot perform his subcontract by buying a substitute on the market. It is this typical situation that is considered in section (ii), below.

[167] It is worth making this point, because there is sometimes a temptation to expand the concept of 'available market' for fear that the buyer may otherwise be entitled to claim that the alternative source of supply was not open to him. But whether a buyer should utilize an alternative source of supply depends not on whether this constitutes an available market but on what the buyer can reasonably be expected to do to mitigate his loss.

[168] What is the requisite time has occasioned some discussion. In *Charter v Sullivan* [1957] 2 QB 117, Sellers LJ concluded that the market had to be available immediately after the breach. The learned editors of *Benjamin's Sale of Goods* disagree, regarding this as a rather too stringent

14.52 *The Buyer's Remedies for Misrepresentation or Breach by the Seller*

tender the contract goods on the due delivery date. The word 'market' has no precise meaning.[169] It is not confined to sales and purchases at a particular place set aside for the bringing together of seller and buyers but extends to any situation in which goods are dealt in as fungibles at prices fluctuating according to supply and demand. Hence, in order for there to be a market, the following conditions must co-exist:

(a) The goods available for purchase must, in relation both to the contract goods and to each other, be fungibles, that is, goods of which any one unit is considered in the locality or trade in question to be the exact equivalent[170] of any other unit of the same grade, sample or description, as opposed to a quantity of articles of which each is unique and varies in price according to its particular qualities. For example, there are well-established markets in designated types and grades of coffee, cocoa, soya beans, etc, and a buyer whose seller fails to deliver coffee of a type dealt in on the market can go into the market to obtain the exact equivalent of what his seller failed to deliver. On the other hand, the Court of Appeal has held that second-hand cars do not satisfy this test of fungibility, for no two second-hand cars are alike and there is thus no 'available market' for second-hand cars.[171] The same will almost invariably be true of goods to be made to the buyer's special order.

(b) The equivalent units must be available in sufficient quantities to meet all demands by would-be purchasers. In other words, the supply must at least equal the demand.[172]

(c) The price must be one which fluctuates with supply and demand, as opposed, for example, to a fixed retail price,[173] though it has been rightly pointed out that this distinction may be academic.[174]

---

approach, and offer in its stead 'a reasonable time after the breach, given the nature of the goods in question and the business situation of the claimant' (para 16-069). With respect, this is not tenable. For the purpose of computing damages, the market price has to be taken as at the date of the breach; *ergo*, the market must be available at that date. If it is not, value must be substituted for the market price in calculating damages. This does not create a problem, for if the goods are able to be disposed of, or substitute goods purchased (as the case may be), soon after the breach, the price is strong evidence of the value of the goods at the date of the breach.

[169] *Charrington & Co Ltd v Wooder* [1914] AC 71, per Lord Dunedin at 82.
[170] Within customary degrees of tolerance. If there is no exact equivalent, there is no available market but the buyer's duty to mitigate may require him to procure the *nearest* equivalent.
[171] *Lazenby Garages Ltd v Wright* [1976] 2 All ER 770, [1976] 1 WLR 459. But expressed in this form, the proposition is surely too sweeping. It may well be that on the particular facts of that case the car in question was unique, but it is certainly not true to say that there is no established market in second-hand cars. On the contrary, there are any number of car auctions, websites and general motoring and trade journals which give second-hand values for almost all makes and models of cars.
[172] *Hughes v Pendragon Sabre Ltd (t/a Porsche Centre Bolton)* [2016] EWCA Civ 18, [2016] 1 Lloyd's Rep 311, [36]. Where the action is by the seller for damages for non-acceptance, then naturally the converse applies, ie the demand must at least equal the supply (*W. L. Thompson Ltd v Robinson (Gunmakers) Ltd* [1955] Ch 177).
[173] *Charter v Sullivan*, n 168, per Jenkins LJ at 128.
[174] *McGregor on Damages*, para 25-119.

14.53 Given that a market exists, it must be 'available' to the buyer in the sense of being within reasonable geographical access[175] to him and capable of being reached immediately after the contractual time for delivery has passed.[176] Where there is more than one such market, the relevant market is that which the seller ought reasonably to have expected the buyer to prefer.[177]

14.54 Even where the above conditions are satisfied, the market may not in fact be available to the buyer as an alternative source of supply because, for example, he has contracted to resell the self-same goods he is buying, ie the goods he is buying are fixed by his sub-contract as the source of supply. But whether this is a circumstance which the buyer is entitled to invoke against the seller depends on the degree to which the seller ought to have contemplated it, a matter to which we will shortly turn.

(ii) 'Market price'

14.55 The relevant market price is the price to the buyer of buying at the due delivery date[178] in a market to which he can reasonably be expected to resort[179] for goods of a similar description and available, as far as possible, in similar conditions. Determining the appropriate market price on this basis is sometimes a matter of considerable difficulty. Indeed, it may prove impossible to locate on the market a transaction which conforms to the same contract description as that of the broken contract.[180]

9. THE RELEVANCE OF SUB-CONTRACTS BY THE BUYER

14.56 The mere fact that the buyer had contracted to sell goods of the same description as those which he is buying and intends utilizing the latter to meet the order placed by his own purchaser does not, as we have seen, displace the market-price rule so as to reduce the damages payable to the buyer if he had

---

[175] *Benjamin's Sale of Goods*, para 16–070.
[176] *Contra*, ibid, para 16–069; but see n 168.
[177] It is submitted that the buyer is not merely entitled but obliged to have the relevant market determined in this way. He is not allowed simply to pick the market where the price is highest and then assume as a matter of course that this is the price by reference to which his damages are to be assessed. The question in each case is whether the selection of the market is reasonable. Where two or more markets fit this description but the buyer does not in fact go into the market at all to make a substitute purchase, damages will presumably be assessed on the basis of the lowest price.
[178] Or if the seller is allowed a period for delivery, the last day of the period available to him for tender of delivery.
[179] Which may well be the same market as that in which he originally contracted to buy the goods from the seller. But this is not necessarily the case. What has to be determined is the market available to the buyer, and the price of the goods on that market, in the situation in which the buyer finds himself at the date the goods should have been delivered, not the market in which the seller sells and the price on that market. Of course, the converse is true where the claim is by the seller against the buyer for non-acceptance.
[180] For a good illustration in relation to an f.o.b. contract which could not be replaced by a similar contract, the contractual delivery month having effectively expired, see *The Golden Rio* [1990] 2 Lloyd's Rep 273.

14.56 *The Buyer's Remedies for Misrepresentation or Breach by the Seller*

sold below the market price[181] or to increase them if he had sold above the market price,[182] for if the seller fails to deliver, then, unless the buyer has contractually committed himself to reselling the identical goods he has bought – an arrangement which, though not uncommon, is not the norm – he can perform his sub-contract by buying equivalent goods in the market.[183] It makes no difference that the seller knew or ought to have realized that the goods were being bought for the purpose of resale; for this does not by itself indicate that those self-same goods will be designated in the sub-contract as the specific contract goods. In order for the buyer to displace the market-price rule and recover damages based on the sub-contracts he has concluded, he must establish:

(a) that he purchased for resale;
(b) that at the time of his contract to purchase he had committed himself or intended to commit himself to deliver to his sub-purchaser the whole or part of the self-same goods he was buying, and not merely goods of equivalent description and quality;
(c) that both (a) and (b) were known to the seller, or ought reasonably to have been within his contemplation, at the time of the head contract.

If the seller, though aware of (a), did not know and could not reasonably have contemplated (b), then he is entitled to assume that the buyer will be able to use the market to satisfy the sub-sale contract if the seller himself fails to deliver, so that the market-price rule will still apply.[184] The displacement of the market-price rule may operate to reduce the damages payable to the buyer in the case where the loss on the sub-sale is less than the difference between the market price and the contract price. Such was the case in *Euro-Asian Oil SA v Credit Suisse*[185] where, on rather unusual facts, the lower sum of the loss on the sub-sale was held to be the appropriate measure of damages in a case where the on-sale of the goods to a particular buyer was a central part of the transaction into which the parties had entered, and both parties were held always to have contemplated that the buyer would nominate the same cargo to perform the sub-contract as was used to perform the main contract of sale. On these facts the market-price rule was displaced in favour of the loss held to have been in the contemplation of the parties.

14.57 Where, however, the seller ought reasonably to have contemplated not merely that the buyer would resell the goods but that he would contract to pass on to his sub-purchaser the identical goods he himself was buying, then the seller cannot contend that on non-delivery the buyer has an available market, and, accordingly, if the seller fails to deliver, the buyer's claim is for loss of

---

[181] *Williams Bros Ltd v Edward T. Agius Ltd*, n 85; para **14.20**.
[182] *Williams v Reynolds*, n 83; *Mohammad Habib Ullah (Sheik) v Bird & Co*, n 83. See para **14.20**.
[183] *Kwei Tek Chao v British Traders & Shippers Ltd*, n 117, per Devlin J at 489; *Bear Stearns Bank plc v Forum Global Equity Ltd* [2007] EWHC 1576 (Comm), [2007] All ER (D) 103 (Jul) at [205]–[209].
[184] Ibid; *Aryeh v Lawrence Kostoris & Son Ltd* [1967] 1 Lloyd's Rep 63.
[185] [2018] EWCA Civ 1720, [2019] 1 All ER (Comm) 706.

profit[186] on the sub-contract, or an indemnity for liability to his sub-purchasers,[187] and will not be restricted to the excess of the market price over the contract price.[188] The problem is to know what suffices to bring the terms of the existing or projected sub-contract into the seller's field of reasonable contemplation. Considerable confusion has been caused by certain loose dicta in some of the speeches in the House of Lords in *R. & H. Hall Ltd v W. H. Pim (Junior) & Co Ltd*,[189] which appear to suggest that it suffices if the contract entered into by the seller contemplated that the buyer might sub-sell the identical goods purchased. Thus Viscount Haldane stated:

> 'I think further that the contract and the conditions which it incorporates show that it was contemplated that the cargo might be passed on by way of sub-sale if the buyer did not choose to keep it for himself, and that the seller in such a case contracted to put the buyer in a position to fulfil his subcontracts if he entered into them. They were regarded by the terms of the original contract as subcontracts which the original buyer was to be in a position to enter into, with stipulations which bound the original seller to enable the original buyer to fulfil them. Whether the latter was likely to enter into such subcontracts and pass the cargo down a chain of resales is not material. It is enough that the contract contemplated by its terms that he should have the right to do so if he chose.'[190]

14.58 This passage is undoubtedly responsible for much of the ensuing criticism of *Hall v Pim*, for, in suggesting that the only relevant factor is whether the seller ought reasonably to have contemplated resale of the goods,[191] the passage in question fails to make it clear that this alone would not convey to the seller that the resale contract could be satisfied only by the self-same goods purchased by the buyer himself. In other words, Viscount Haldane's speech appears to run counter to a long line of prior authority by omitting to mention that in order to displace the market-price rule, the circumstances must be such that the seller ought reasonably to have contemplated not merely *any* resale but a resale on terms requiring the buyer to deliver the very goods that he himself was buying.

14.59 But the speech must be read in context; and when one examines the particular facts in *Hall v Pim*, admirably set out in the speech of Lord Blanesburgh, it is apparent that what was involved was not a mere contemplation of resale but a standard-term trade association contract which expressly contemplated resale along a string and which was followed by resale and sub-sale contracts in identical form except as to dates, price and parties, these contracts in turn being supplemented by subsidiary agreements, sug-

---

[186] *R. & H. Hall Ltd v W.H. Pim (Junior) & Co Ltd*, n 109. But not necessarily the full loss. The seller is liable only for loss of the profit that the buyer might reasonably have been expected to make on a resale on normal terms, except where the seller was aware of the favourable terms of the resale contract. See para **14.35**, n 128.
[187] *Bence Graphics International Ltd v Fasson UK Ltd* [1998] QB 87, [1997] 1 All ER 979, which, however, is open to the objection that, among other things, it was not a case in which the buyer was committed to supply to his sub-purchaser the self-same goods he had contracted to buy.
[188] Ibid.
[189] See n 109.
[190] (1928) 30 Ll L Rep 159 at 161.
[191] See n 99.

14.59 *The Buyer's Remedies for Misrepresentation or Breach by the Seller*

gested by the original sellers for their own intended advantage, by which all three preceding contracts were to be treated as string contracts relating to the identical cargo. A further fact which strongly influenced the House was the sharp practice of the sellers in so manipulating events as to produce by artificial means an apparent deferment of their breach of contract, with the aim of reducing their damages on a falling market.

14.60 We may therefore safely conclude that nothing in *Hall v Pim* displaces the rule established by previous authority, that for the seller to be charged with the buyer's loss of profit on a sub-contract in a situation where there is otherwise an available market, it must be shown that the seller knew or ought reasonably to have contemplated a resale on terms appropriating to the resale contract the identical goods to be supplied to the buyer under the head contract.

10. A CRITIQUE OF THE MARKET-PRICE RULE[192]

14.61 The market-price rule is designed to put the buyer in broadly the same position as if the seller had tendered delivery on the due date; and the assumption is that the buyer will mitigate his loss by going into the market to buy substitute goods on the very day on which he ought to have had delivery of the contract goods from the seller. It is for this reason that the court disregards changes in market price[193] after the due delivery date, the theory being that if the buyer delays making a substitute purchase, he makes his own speculation on the future movement of the market and can neither increase his damages because of a rise in the market price nor suffer a reduction in them if the market falls.

14.62 But the market-price rule is founded on an abstraction. It is concerned not with the factual situation of the claimant buyer but with the position of the notional, reasonable buyer, who is hypothesized as locked into remedial action on a single, statutorily defined date, the due delivery date. The market price at this due date is the yardstick for measuring damages whether the buyer 'covers' against the seller's default before the due delivery date or defers his substitute

---

[192] See generally M. Bridge, 'The Market Rule of Damages Assessment' in D. Saidov and R. Cunnington (eds), *Contract Damages: Domestic and International Perspectives* (2008), p 431. See also D. Campbell, 'Market Damages and the Invisible Hand' in L. DiMatteo and M. Hogg (eds), *Comparative Contract Law: British and American Perspectives* (2016), p 297 and D. Campbell, 'Market Damages in Sales of Goods and their Relationship to the General Principles of Remedies for Breach of Contract' in R. Halson and D. Campbell (eds), *Research Handbook on Remedies in Private Law* (2019), p 237.

[193] Matters may be otherwise where the change which has occurred is not one relating to the market price but is attributable to some other contingency which has reduced the value of performance, such as the operation of an express cancellation term in the contract or the impact of the doctrine of frustration. In these cases the court may take account of the impact of subsequent events. In doing so the court is giving overriding consideration to the compensatory principle and thereby seeking to put the buyer in the financial position he would have been in had the contract been performed according to its terms: *Bunge SA v Nidera BV*, n 48, in this respect following the decision of the House of Lords in *Golden Strait Corporation v Nippon Yusen Kubishika Kaisha (The Golden Victory)* [2007] UKHL 12, [2007] 2 AC 353.

purchase until well after that date or decides not to buy substitute goods at all. The market-price rule is not concerned with the price the buyer actually paid for the substitute goods but with the price he would have paid if he had purchased them on the contractual date for delivery of the original goods. Moreover, the rule, far from being an application of the duty to mitigate, is a distortion of it. In general contract law, though the duty to mitigate arises at the time when performance falls due,[194] in the sense that the due date of performance marks the time from which the innocent party comes under a duty to take reasonable steps to mitigate, reasonable action does not necessarily mean immediate action. Indeed, it may be prudent for the innocent party to delay steps in mitigation until he can secure substitute performance on more favourable terms. But the market-price rule entirely disregards prudence and reasonableness, and inflexibly fixes the due delivery date as the date at which mitigating action is expected, regardless of circumstances. If, for example, the contract price of goods is £1,000 and the market price at the due date is £1,100 but the buyer, holding back on a falling market, purchases his substitute goods a month later for £900, the courts insist that he is still entitled to recover £100 damages, ie the excess of £1,100 over £1,000, though he has lost nothing. The seller, it is said, is not entitled to have his damages diminished by the buyer's own efforts to mitigate his loss. But as a general principle of contract law that is precisely what the guilty party is entitled to demand. If steps in mitigation reduce the innocent party's loss, this enures for the benefit of the guilty party, and this is so even where the mitigating action in fact taken was not such as the guilty party could reasonably have required the innocent party to take. The innocent party cannot recover more than the loss which ultimately results from the breach. The strict adherence to the market-price rule goes against this fundamental principle.[195]

14.63 Yet the market-price rule does, on further examination, have much to commend it. It is true that in the case of contracts other than of sale, successful steps in mitigation, even if taken some time after the due date of performance, go to reduce the claimant's loss. But the defendant has to show that such steps were in truth connected to the breach in that they were designed to reduce its impact, and were not merely acts independent of the breach which the innocent party had intended to perform anyway; and the longer the gap between the due performance date and the date of the action alleged to be in mitigation, the harder it becomes for the guilty party to show that such action was connected to the breach at all. Where a commercial buyer makes regular purchases on the market, it becomes extremely difficult to say that a purchase made, say, a week after the original seller's failure to deliver was intended as a substitute for the original contract goods rather than as a wholly independent transaction.[196] Moreover, if a series of such purchases is made, which of them is to be taken as a substitute for the goods which the original seller failed to

---

[194] Unless there is an earlier anticipatory breach which the buyer elects to accept. See para **14.13**.
[195] For criticism, see J. N. Adams, 'Damages in Sale of Goods', [2002] JBL 553.
[196] Article 2 of the American Uniform Commercial Code, in giving an aggrieved seller a comparable right of 'cure' through resale, requires him to identify the resale contract (s 2–706); but, rather curiously, there is no similar requirement that a buyer plaintiff should identify his substitute transaction to the contract broken by the seller.

14.63 *The Buyer's Remedies for Misrepresentation or Breach by the Seller*

deliver? The market-price rule, rigid though it is, cuts through the difficulties of causal connection by ignoring events occurring after the due delivery date, and looking only at the market price at that date. It has the advantage of simplicity and of a greater measure of certainty, avoiding the formidable problems associated with internal calculation of profits and overheads, and the proof of these to the satisfaction of the court.[197] Sales law is probably the one area in which, because of the continuous course of dealing involved in market operations, the mitigation principles that apply to other contracts cannot on the whole work effectively, because the task of establishing the causal connection between breach and acts supposedly in mitigation is so great.

14.64 There is, however, one situation in which the rigidity of the market-price rule bears unfairly on the buyer, namely where he accepts the seller's anticipatory repudiation. A buyer whose seller repudiates before the due delivery date may not wish to take the chance of waiting until that date before covering his position by a substitute performance, for in waiting he runs the risk of a significant rise in the market price. True, if the price does rise, the quantum of his damages against the seller is correspondingly increased, but a right to sue for damages is not at all the same as money in the bank. If, by immediate cover, the buyer can show that he was taking reasonable steps to mitigate his loss, then his damages will indeed be measured by the excess of the actual price of the substitute goods over the contract price, even if, contrary to expectations, the market has gone down by the due delivery date.[198] But the buyer has no assurance that the court will approve his premature new purchase as a reasonable step in mitigation, particularly since, in its formulation of the market-price rule, the Sale of Goods Act plainly contemplates that in ordinary circumstances the buyer will not go into that market until the date when the original goods should have been tendered.

14.65 Article 2 of the American Uniform Commercial Code protects the buyer in two ways. First, upon the seller's non-delivery or repudiation (whether before or after the due delivery date), the buyer is permitted (though not obliged) to 'cover' by making in good faith and without unreasonable delay any reasonable purchase of or contract to purchase goods in substitution for those due from the seller, and to recover as damages the excess of the 'cover price' over the contract price, together with any incidental or consequential loss, after deducting any expenses saved in consequence of the seller's breach.[199] The substitute purchase need not be made on an available market in order to qualify as reasonable; and if the purchase is reasonable, the relevant figure is the actual purchase price, not the market price as such. Secondly, if a buyer chooses not to 'cover' in this way, he can fall back on the market-price rule, which, however, takes as the relevant market price not the price on the due delivery date under the broken contract but that prevailing at the time when the buyer learned of the breach. In other words, though, like the

---

[197] See para **15.46**.
[198] *Melachrino v Nickoll & Knight*, n 43.
[199] Section 2–712. For a perceptive analysis, see J. White and R. S. Summers, *Uniform Commercial Code* (6th hornbook edn, 2010), pp 284–293.

English rule, the Code's market-price formula is abstract in that it is not concerned with the price the buyer actually pays for substitute goods (or, indeed, whether he buys them at all), it is more realistic than the English rule in that it envisages a reasonable buyer as going into the market as soon as he learns of the breach[200] rather than waiting until the delivery date fixed by the original contract, and assumes that if the buyer had in fact covered, the cover price would have been the same as the market price.[201] There is much to be said for applying the Code provisions to the computation of damages where the seller commits an anticipatory breach.

11. REMEDIES OF THE CONSUMER BUYER

14.66 The Consumer Rights Act 2015 gives a consumer buyer who enters into a contract of sale with a trader a different set of remedies where the goods do not conform to the contract of sale at the time of delivery. In the event that the trader supplies to the consumer buyer goods which do not conform with the terms which are treated as included in the contract of sale by virtue of sections 9–18 of the Consumer Rights Act 2015, the Act gives to the consumer a set of remedies which differ, at times in significant respects, from those which the consumer buyer would enjoy at common law. The origin of some of these remedies is to be found in the EC Directive on Certain Aspects of the Sale of Consumer Goods and Associated Guarantees[202] which was initially implemented in domestic law by a new Part 5A of the Sale of Goods Act 1979.[203] Part 5A was subsequently repealed[204] on the enactment of the Consumer Rights Act 2015 so that it is the latter Act that now sets out the rights of consumer buyers in respect of a breach by the seller of sections 9–18 of the Act.

14.67 Although the aims of the Consumer Rights Act 2015 include the simplification and the clarification of the rights of consumer buyers, at first sight the remedial provisions of the Act appear to be more complex than the equivalent provisions in the Sale of Goods Act 1979 and more elaborate than the remedial structure of the common law. But first appearances can be

---

[200] Though it would, perhaps, be preferable to substitute the time when the buyer accepted the repudiation. For a discussion of the difficulties attendant on 'learned of the breach' in cases of anticipatory breach, see White and Summers, n 199, pp 324–329.
[201] Even under these provisions life is not all roses. In particular, the confluence of s 2–712 and s 2–713 may give the clever buyer an opportunity to have his cake and eat it, by making a new purchase which he will rely on as a substitute purchase by way of cover if the market price goes down but will ignore, and rely on the market price, if the market price goes up. For the differing views on whether he can do this, see White and Summers, n 199, pp 303–305.
[202] 1999/44/EC, [1999] OJ L171/12, on which see M. Bianca and S. Grundmann (eds), *EU Sales Directive Commentary* (Intersentia, 2002). The 1999 Directive will be replaced by a new Directive which will apply to contracts entered into after 1 January 2022: see Directive (EU) 2019/771 of the European Parliament and of the Council of 20 May 2019 on certain aspects concerning contracts for the sale of goods, amending Regulation (EU) 2017/2394 and Directive 2009/22/EC, and repealing Directive 1999/44/EC. It will be for the UK government to decide whether or not to incorporate any of the changes made by the 2019 Directive into UK law given the departure of the UK from the EU.
[203] Inserted by the Sale and Supply of Goods to Consumers Regulations 2002 (SI 2002/3045).
[204] See Sch 1, para 53 of the Act.

14.67 The Buyer's Remedies for Misrepresentation or Breach by the Seller

misleading. The Act certainly includes a greater range of remedies (particularly the inclusion of repair and replacement and the distinction drawn between the short-term right to reject and the final right to reject), but it can be said in its defence that it more closely approximates to the practice of consumers who find that they have been sold non-conforming goods. A consumer in such a situation does not routinely respond by bringing a claim for common law damages. Instead, he will generally return the goods to the seller and seek to have them replaced by conforming goods or to have them repaired. To the extent that the Act mirrors the existing practices of consumers, it may be said to have simplified the law. But in other respects it has introduced greater complexity in so far as it is now necessary to consider the relationship between the various remedies, their place in the remedial hierarchy and who it is that decides which remedy is to be granted on the facts of any particular case.

14.68 Before considering the remedies given to consumer buyers by the Consumer Rights Act 2015, it is first necessary to examine the relationship between these new remedies and the remedies available to consumer buyers at common law. The new statutory remedies do not prevent consumer buyers from resorting to other remedies, such as damages, specific performance, relying on the breach in order to defeat the trader's claim for the price or exercising the right to treat the contract as at an end for breach of an express term of the contract.[205] However, matters are otherwise when it comes to the terms treated as included in contracts of sale between a trader and a consumer by virtue of sections 9–18 of the Act. In the case of such terms, the Act provides that a consumer cannot treat the contract as at an end for breach of a term required by the Act to be treated as included in the contract, except in accordance with the terms of the Act which prescribe the availability of these remedies.[206] In this way the consumer's right to reject the goods has been circumscribed by the Act and instead the consumer has been given the choice from a more elaborate menu of remedies which places more emphasis on repair and replacement, and rather less on rejection and termination.

14.69 The right given to the consumer buyer to require that goods are repaired or replaced when he has been supplied with non-conforming goods is, in principle, a broad one.[207] Where the consumer requires the trader to repair or replace the goods, the trader must repair or replace them within a reasonable time but without causing significant inconvenience to the buyer[208]

---

[205] Consumer Rights Act 2015, s 19(9)–(11).
[206] Consumer Rights Act 2015, s 19(12).
[207] It arises in respect of a breach of the Consumer Rights Act 2015, ss 9, 10, 11, 13, 14, 15 and 16: see s 19(3) and (4). Where the term broken relates to the trader's right to sell the goods under s 17, the consumer has the right to reject but repair or replacement are inapplicable: s 19(6).
[208] Consumer Rights Act 2015, s 23(2)). 'Reasonable time' and 'significant inconvenience' are further defined in s 23(5). A consumer who requires a trader to repair or replace goods, or agrees to their repair or replacement by the trader, cannot exercise the short-term right to reject the goods until he or she has given the seller a reasonable time in which to repair or replace the goods, unless giving the trader that time would cause significant inconvenience to the consumer: s 23(6) and (7).

and must bear any necessary costs incurred in doing so.[209] However, the consumer cannot require the trader to repair or replace the goods if it would be impossible for the trader to do so or if it would be 'disproportionate' to do so compared to the other of those two remedies. The proposition that a consumer cannot require the trader to repair or replace the goods if it is impossible to do so is a self-evident proposition which does not require further comment.[210] Matters are more difficult when it comes to the question whether there is a sufficient degree of disproportion to render the remedy 'disproportionate'.[211] But it is important to note that the court is restricted in its choice of comparator when considering whether repair or replacement is 'disproportionate'. The question for the court is whether repair would be disproportionate when compared with replacement or vice versa. The court is not empowered to refuse repair or replacement because either or both would be disproportionate when compared to some other remedy, such as price reduction or rejection. This being the case, the only secure ground on which a trader can refuse either to repair or to replace the goods is where it is impossible for him to do so. Further, it should be noted that the court is given the power to make an order requiring specific performance by the trader of its obligation to repair or replace the goods.[212]

14.70 The consumer buyer is also given a short-term right to reject[213] which must be exercised within 30 days of the ownership or possession of the goods having been transferred to the buyer, the goods having been delivered and, where the contract requires the trader to install the goods or to take other action to enable the consumer to use them, the trader having notified the consumer that the action has been taken.[214] The exercise of this right entitles the consumer to reject the goods and to treat the contract as at an end[215] and it is exercised by the consumer indicating to the trader that this is what he is doing.[216] Once the right has been exercised the trader is subject to a duty to give the consumer a refund[217] and the consumer is subject to a duty to make the goods available for collection by the trader or to return them as agreed, albeit that the trader must bear the reasonable costs of returning them, other than any costs incurred by the consumer in returning the goods in person to the

---

[209] Consumer Rights Act 2015, s 23(2)(b).
[210] Except perhaps in relation to the meaning of 'impossible'. It clearly encompasses physical impossibility but is unlikely to encompass impossibility that is economic in nature. Such economic difficulties are more likely to be taken into account when deciding whether the remedy is 'disproportionate'.
[211] 'Disproportion' is further defined in s 23(4). The test to be applied is one that relates to the 'cost' to the trader of providing the remedy; it does not focus upon the benefit which the buyer will obtain from the remedy.
[212] Consumer Rights Act 2015, s 58(2).
[213] Consumer Rights Act 2015, ss 20(1) and 22.
[214] Consumer Rights Act 2015, s 22(3). However, if the goods are of a kind that can reasonably be expected to perish after a shorter period, the time limit for exercising the short-term right to reject in relation to these goods is the end of that shorter period: s 22(4).
[215] Consumer Rights Act 2015, s 20(4).
[216] Consumer Rights Act 2015, s 20(5). While the indication may be given by what the consumer says or does, it must be 'clear enough to be understood by the trader': s 20(6).
[217] Consumer Rights Act 2015, s 20(7)(a). The details of how that refund is to be calculated are to be found in s 20(9)–(21).

14.70 *The Buyer's Remedies for Misrepresentation or Breach by the Seller*

place where the consumer took physical possession of them.[218] This right to reject is, however, lost on the expiry of the 30-day time limit unless the trader and the consumer agree that it may be exercised later.[219] In other words, the consumer has been given a broad right of rejection but the price that is paid for that broad right is that it must be exercised within the prescribed time limit (which is rather short).

14.71 An extra level of complexity has been introduced into English law by creating in addition to the short-term right to reject what is termed in the Act the 'final right to reject.'[220] As is the case with the short-term right to reject, the exercise of the final right to reject entitles the consumer to reject the goods and to treat the contract as at an end[221] and it is also exercised by the consumer indicating to the trader what he is doing.[222] The Consumer Rights Act 2015 treats the final right to reject alongside the right to a price reduction in section 24 and so the two rights will be considered together here.

14.72 The right to a price reduction is described in the Act as the right to require the trader to reduce by an appropriate amount the price the consumer is required to pay under the contract, or anything else the consumer is required to transfer under the contract, and to receive a refund from the trader for anything already paid or otherwise transferred by the consumer above the reduced amount.[223] The amount of the reduction may be the full amount of the price or whatever the consumer is required to transfer.[224] However, in the case where the goods cannot be divided up so as to enable the trader to receive or retain only the reduced amount or the goods cannot be given back in their original state, the right to a price reduction is not available to a consumer. In any event, the right to a price reduction and the final right to reject cannot be exercised in combination. The consumer must choose between them[225] and may do so only in one of the following situations: (i) after one repair or one replacement, the goods do not conform to the contract;[226] (ii) repair or replacement of the goods is impossible or disproportionate;[227] or (iii) the consumer has required the trader to repair or replace the goods, but the trader is in breach of the requirement to do so within a reasonable time and without significant inconvenience to the consumer.[228] If the consumer exercises the final

---

[218] Consumer Rights Act 2015, s 20(7)(b) and (8).
[219] Consumer Rights Act 2015, s 22(1).
[220] Consumer Rights Act 2015, ss 20(2) and 24.
[221] Consumer Rights Act 2015, s 20(4).
[222] Consumer Rights Act 2015, s 20(5). While the indication may be given by what the consumer says or does, it must be 'clear enough to be understood by the trader': s 20(6).
[223] Consumer Rights Act 2015, s 24(1). The consumer's right to receive a refund is also subject to s 20(10)–(17) of the Act: see s 24(3).
[224] Consumer Rights Act 2015, s 24(2),
[225] Consumer Rights Act 2015, s 24(5).
[226] Consumer Rights Act 2015, s 24(5)(a), (6) and (7).
[227] Consumer Rights Act 2015, s 24(5)(b), that is to say it is impossible or disproportionate under s 23(3).
[228] Consumer Rights Act 2015, s 24(5)(c).

right to reject, any refund to the consumer may be reduced to take account of the use the consumer has had of the goods in the period since they were delivered.[229]

14.73 The Act contains one final important provision which confers a broad discretion upon the court, which discretion may weaken the position of the consumer in relation to the trader. Where the consumer claims the right to repair or replace the goods or the right to a price reduction or the final right to reject, the court is given a discretion to proceed as if the consumer had exercised a right other than the one he purported to exercise where the court 'decides that those provisions have the effect that exercise of another right is appropriate.'[230] In such a case the court may make an order 'unconditionally or on such terms and conditions as to damages, payment of the price or otherwise as it thinks just.'[231] The existence of such a broad discretion may be thought to be somewhat anomalous in an area where clarity and simplicity for the consumer is thought to claim a high priority. Whether the remedial provisions to be found in the Consumer Rights Act 2015 will improve the lot of the consumer remains to be seen. But they can hardly be said to have simplified the law.

---

[229] Consumer Rights Act 2015, s 24(8). For further details see s 24(10)–(14).
[230] Consumer Rights Act 2015, s 58(3).
[231] Consumer Rights Act 2015, s 58(7).

Chapter 15

DUTIES OF THE BUYER AND REMEDIES OF THE SELLER FOR MISREPRESENTATION OR BREACH

1. DUTIES OF THE BUYER

15.01 In addition to any other obligations expressly or impliedly imposed by the contract the buyer must:

(a) from the date of the contract hold himself continually willing and able to perform his obligations at the due date;[1]
(b) take delivery of the goods when tendered in conformity with the contract;
(c) accept the goods, ie refrain from conduct signifying rejection;[2]
(d) pay for the goods in accordance with the contract.

These obligations are cumulative. Thus payment for the goods does not of itself absolve the buyer from his duty to take delivery, for the seller, in addition to being paid, is entitled to have the goods taken off his hands.[3]

2. THE SELLER'S REMEDIES IN OUTLINE

15.02 The seller's remedies for breach by the buyer, like those of the buyer for breach by the seller, fall broadly into two groups: those which enable the seller, if he wishes, to disengage from the transaction, and those which assume continuance of the contract. Into the first category fall rescission (that is, cancellation from the beginning) on the ground that the contract was induced by misrepresentation, duress or some other vitiating factor; acceptance of the buyer's anticipatory repudiation, thus ending the contract while preserving a right to damages; acceptance of the buyer's repudiation after performance has fallen due, with similar consequences; and resale of the goods under the

---

[1] Breach of this duty is an anticipatory breach, the remedies for which are discussed at para **15.19**.
[2] This is an obligation distinct from the duty to take delivery (see para **15.04**) and its breach may attract different sanctions. For example, whereas unjustified non-acceptance is necessarily repudiatory, this is not always true of the failure to take delivery. See para **15.33**.
[3] See para **15.33**.

provisions of the Sale of Goods Act or of the contract by reason of the buyer's default in payment. All these remedies have the effect of divesting the buyer of the property in the goods and revesting them in the seller. In this respect contracts for the sale of goods are unique, for, in general, termination for breach, in contrast to rescission, does not affect accrued rights and liabilities, whereas in the case of sale the buyer's property rights are divested as much on termination as on rescission,[4] though not with retrospective effect. Into the second group of cases fall claims by the seller for payment (in an action for debt), damages and the rarely granted specific performance[5] or mandatory injunction.[6]

15.03 Cutting across the above classification is the division of remedies into real and personal. Real remedies are those asserted against the goods themselves: lien, stoppage in transit, resale.[7] The first two of these represent remedies by way of security for the price and presuppose the continuance of the contract of sale; the third, by contrast, has the effect of terminating the contract.[8]

3. TAKING OF DELIVERY

15.04 The taking of delivery is not as such an acceptance of the goods,[9] though it is usually the first step towards acceptance; and s 37 of the Sale of Goods Act 1979 inferentially imposes on the buyer the positive duty to take delivery[10] as an obligation distinct from the negative duty to accept, ie to refrain from unjustifiably rejecting.[11] The legal significance attached to the taking of delivery is indeed quite different from that annexed to acceptance. In taking delivery, the buyer does no more than give up his right to treat the act

---

[4] See para **3.142**.
[5] A judgment for payment of the price can be regarded as a form of specific performance, though not so styled. However, if the right to the price depends on some act by the buyer which he declines to perform (such as nomination of a vessel to receive the goods, without which the seller cannot make delivery) and which is a concurrent condition of the right to payment under s 28 – see para **15.11** – the court will not ordinarily order performance of that act by the buyer but will leave the seller to his remedy in damages.
[6] A mandatory injunction to perform an act needed to enable the seller to obtain payment is in essence an order for specific performance. For a case where it was granted, see *The Messiniaki Tolmi* [1982] QB 1248, where the documents to be presented by the seller under a letter of credit included a notice of readiness to be countersigned by the buyer, and the latter having refused to countersign the notice, the Court of Appeal upheld a mandatory injunction directing the buyer to do so, in default of which the notice was to be countersigned by a Master of the High Court. The case later went to the House of Lords on other issues. See [1983] 2 AC 787.
[7] The revesting of the goods in the seller which results from rescission or termination of the contract does, of course, have proprietary effects, but is more accurately classified as the restoration of a real *right* resulting from the exercise of a personal power (or equity), rather than as a remedy.
[8] See para **15.68**.
[9] See para **15.07**.
[10] Under s 27, the obverse of the seller's duty to deliver is the buyer's duty to accept. It is only indirectly, by making the buyer liable for loss to the seller caused by the buyer's refusal to take delivery, that s 37(1) indicates this as a duty.
[11] See below.

of tender as ineffective because made at the wrong time or place or in the wrong manner, and is not to be taken as signifying satisfaction with or willingness to retain the goods, as in the case of acceptance.

15.05 Whether it is for the seller to dispatch or deliver the goods or for the buyer to attend on the seller to collect them depends on the contract. Prima facie, the delivery point is the seller's place of business.[12]

15.06 Any ground that would be available to the buyer for refusing to accept the goods provides equal justification for refusing to take delivery of them. Thus the buyer is not obliged to take goods that do not conform to the contract, nor need he take delivery where the property in the goods ought to have passed to him under the contract at or before the time of delivery but at that time the seller still lacks the right to dispose of the goods. But the buyer may be entitled to refuse delivery on grounds quite independent of any right to reject, in the sense of refusal to accept. So a tender of delivery may be treated as ineffectual if not made at a reasonable hour, or otherwise at the time or place or in the manner stipulated by the contract. Refusal of delivery in such a case is not the same as rejection of the goods *qua* non-acceptance. It is simply an objection to the mode of performance of the attempted act of delivery itself, and it is an objection which may properly be taken, even if the buyer has, by an actual or deemed acceptance, lost the right to reject the goods for non-conformity with the contract.

4. ACCEPTANCE

15.07 Section 27 of the Act tells us that it is the duty of the buyer to accept and pay for the goods in accordance with the terms of the contract of sale.[13] Though framed in terms of a positive act, the duty to accept is no more than a negative obligation, ie to refrain from conduct signifying rejection. Where refusal to take delivery is an intimation of rejection (as is usually the case), it will constitute a breach of the duty to accept; but rejection is not inevitably to be inferred from refusal to take delivery,[14] nor, of course, is such refusal the only form that rejection can take.

5. PAYMENT

(i) **The payment obligation**

15.08 It is the duty of the buyer to pay for the goods in accordance with the terms of the contract of sale. Payment must prima facie be in legal tender,[15] but this is not usually found convenient or insisted upon in transactions of any size, so that the presumption that payment is to be by legal tender is readily

---

[12] Sale of Goods Act 1979, s 29(2).
[13] The seller's remedies for non-acceptance are discussed at para **15.33**.
[14] See n 2.
[15] See paras **17.07**, **17.12**.

15.08 *Duties of Buyer and Remedies of Seller for Misrepresentation or Breach*

displaced. In any event, payment by cheque[16] is a good tender if it is not objected to by the seller[17] and the cheque is duly honoured.[18] With modern methods of transfer of money – direct debit, banker's payment, mobile-to-mobile payments and other mobile payment methods – nice questions may arise as to the precise moment at which payment is to be treated as having been made.[19] Payment must usually be made at the seller's place of business,[20] but the contract may otherwise provide, and contractual provisions as to the time of payment may by necessary implication govern the place of payment. Thus if the contract provides for 'C.O.D.' (cash on delivery), payment must be made against delivery at the contractual delivery point. It is normally the duty of the buyer (like any other debtor) to see that the money gets into the hands of his seller,[21] so that the buyer takes the risk of this failing to occur, eg because of miscarriage of the post or through failure of the buyer's bank to honour the buyer's cheque when in funds[22] or to comply with the buyer's instructions to remit the price to the seller.

(ii) **Time of payment**

15.09 The seller is entitled to be paid at the time expressly or impliedly laid down in the contract. This, however, is subject to the qualification that any conditions precedent to the right to be paid which are prescribed by the Sale of Goods Act or the contract must first be complied with.[23] The time of

---

[16] It is therefore commonly said that the giving of a cheque is conditional payment. This, like the phrase 'payment by cheque' itself, is not an accurate statement of the effect of giving a cheque, which is simply to make a fresh promise of payment in documentary form and with the effects prescribed by the Bills of Exchange Act 1882. Payment results from the honouring of the cheque and the consequent release of funds to the payee. See para **18.02**.

[17] Moreover, if in previous transactions between the same parties the seller has always taken payment by cheque, payment by this method may be implied into the contract from the prior course of dealing.

[18] If it is dishonoured, whether because of lack of funds in the drawer's account or because of the drawee bank's insolvency, the seller has the option of suing on the cheque or on the original consideration, the former being almost invariably more advantageous (see para **20.88**). He also becomes an unpaid seller for the purpose of the Sale of Goods Act, with real rights over the goods so long as the buyer has not acquired both possession and property. See para **15.59**. By contrast, payment by credit card is absolute in that the seller of the goods is considered to accept the card issuer's promise of payment as discharging the buyer's liability for the price, whether or not the issuer fulfils its promise. See *Re Charge Card Services Ltd* [1988] 3 All ER 702.

[19] See chs 17 and 18.

[20] *Benjamin's Sale of Goods* (10th edn, 2017), para 9-047.

[21] Ibid.

[22] The paying bank owed a duty to its customer to honour his cheques if properly drawn upon an account in credit or with an agreed overdraft facility and duly presented by the holder. Breach of this duty renders the bank liable in damages to its customer for breach of contract. Such damages may include compensation for injury to the drawer's credit resulting from the wrongful dishonour of his cheque, which are recoverable without the need to prove special damage and in addition to any special damage that may have been suffered: *Kpohraror v Woolwich Building Society* [1996] 4 All ER 119 (on which see further N. Enonchong (1997) 60 MLR 412). Where the terms on which payment is refused are such as to reflect adversely on the customer's reputation, the customer has an alternative claim for damages for libel.

[23] See below.

payment is prima facie not of the essence, even on a commercial sale.[24] This reflects the fact that the most the seller is likely to lose from delay in payment is interest on his money,[25] so that forfeiture of the buyer's right to proceed with the contract would be a penalty disproportionate to the injury suffered by the seller through non-payment or late payment.[26]

(iii) Conditions of payment

15.10 The seller's right to be paid the price is prima facie dependent on the fulfilment of two conditions. First, he must be ready and willing to tender delivery of the goods in exchange for the price.[27] Secondly, he must show either that the property in the goods has passed to the buyer[28] or that under the terms of the contract the price became payable on a day certain irrespective of delivery and that that day has arrived.[29]

1. Payment and delivery as concurrent conditions

15.11 Unless otherwise agreed, delivery of the goods[30] and payment of the price are concurrent conditions; that is to say, the seller must be ready and willing to give possession of the goods to the buyer in exchange for the price, and the buyer must be ready and willing to pay the price in exchange for possession of the goods.[31] What s 28 requires is not coincidence of performance of the delivery and payment obligations but coincidence of willingness to perform. If one party is unable or unwilling to perform, the other party need take no steps towards performance. If neither party is able or willing to perform, there is a stand-off, and the contract is in suspense as regards the delivery and payment obligations.

15.12 Given that each party is ready and willing to perform, then whether the first step has to be taken by the seller or by the buyer depends on the contractual delivery point. Prima facie, this is the seller's premises,[32] and, if this presumption is not displaced, it is for the buyer to present himself there with the price and collect the goods in exchange. Where delivery is to be made to the

---

[24] Contrast the position as regards the seller's duty of delivery (para **10.24**). It is, however, possible for the parties to provide in their contract that the time of payment is to be 'of the essence' of the contract. The effect of this stipulation is to turn a failure to make payment by the due date into a repudiatory breach of contract.
[25] Where, however, the money is needed to enable the seller to complete some other transaction and that fact is known to the buyer at the time of his contract with the seller, time of payment may by implication be of the essence, and the seller may even be entitled to claim as part of his damages the extra expenses incurred in completing the transaction (*Wadsworth v Lydall* [1981] 2 All ER 401).
[26] Blackburn, *Contract of Sale* (3rd edn, 1910), p 507.
[27] Sale of Goods Act 1979, s 28.
[28] Ibid, s 49(1).
[29] Ibid, s 49(2).
[30] Ie delivery in accordance with the contract. Thus s 28 involves a willingness to give possession of goods fulfilling, inter alia, any terms implied under ss 12–15 of the Act.
[31] Section 28.
[32] Section 29(2).

15.12 *Duties of Buyer and Remedies of Seller for Misrepresentation or Breach*

buyer's premises, it is obviously the seller who must make the first move. If the contractual delivery point is elsewhere, the parties must meet there to exchange at the appointed hour.

2. *The right to sue for the price*

15.13 Section 49 of the Sale of Goods Act 1979 (omitting subsection (3)) provides as follows:

> '49(1) Where, under a contract of sale, the property in the goods has passed to the buyer and he wrongfully neglects or refuses to pay for the goods according to the terms of the contract, the seller may maintain an action against him for the price of the goods.
>
> (2) Where, under a contract of sale, the price is payable on a day certain irrespective of delivery and the buyer wrongfully neglects or refuses to pay such price, the seller may maintain an action for the price, although the property in the goods has not passed and the goods have not been appropriated to the contract.'

15.14 Section 49(1) is a curious provision. It emphasizes the obvious point that in order for the seller to be able to sue for the price, the price must have become due under the terms of the contract. But if this requirement is satisfied, why is there need of more? Why should the subsection add a further stipulation that the property in the goods shall have passed to the buyer? The drafting of s 49(1) has given rise to some difficulty and to a conflict of authority. The Court of Appeal in *FG Wilson (Engineering) Ltd) v John Holt & Co (Liverpool) Ltd*[33] held that the requirements of s 49(1) are mandatory and not permissive so that, where the property has not passed to the buyer (for example, because of a retention of title clause in the contract of sale), the seller is not entitled to bring an action for the price unless the requirements of s 49(2) have been satisfied. On the other hand, in *PST Energy 7 Shipping LLC v O.W. Bunker Malta Ltd*[34] Lord Mance, giving the judgment of the Supreme Court (albeit his consideration of the issue was obiter), concluded that s 49 is not a complete code of the situations in which the price may be recoverable under a contract of sale.[35] He recognised that a court should be 'cautious'[36] about recognising a claim for the price in cases not falling within s 49 so that, for example, a claim for the price cannot be brought in a case falling squarely within s 50 of the Act.[37] But in a case where property in the goods remains in the seller, risk lies with the buyer as regards damage or destruction and the buyer is permitted by the express terms of the contract of sale to consume the goods so that they no longer exist, Lord Mance stated that the price must be recoverable by the seller, while noting that that this example does not represent 'the limit of the circumstances outside section 49 in which the price may be recoverable.'[38] Given this conflict between the Court of Appeal and obiter

---

[33] [2013] EWCA Civ 1232, [2014] 1 WLR 2365. For criticism see Gullifer, 'The Interpretation of Retention of Title Clauses: Some Difficulties' [2014] LMCLQ 564, esp pp 575–579.
[34] [2016] UKSC 23, [2016] AC 1034, [2016] 3 All ER 879.
[35] Ibid at [58].
[36] Ibid at [53].
[37] Ibid.
[38] Ibid at [57].

conclusions of the Supreme Court, on which side of the argument should English law come down? It is suggested that it should conclude that s 49 is not mandatory and that it does no more than ascribe to the parties a prima facie intention not to require payment of the price until the passing of property to the buyer. But if the parties have agreed that the price is due to the seller prior to the passing of property to the buyer, why should Parliament deny efficacy to that agreement simply because property in the goods has not passed to the buyer? A buyer in a case such as *PST Energy* who has received delivery of the goods and been given permission to consume them, albeit property in the goods has not at that stage passed to it, should not be relieved of the obligation it has expressly assumed under the contract to make payment on the date of delivery of the goods (or at some other agreed point in time not being a day certain irrespective of delivery).

15.15 Where the buyer's refusal to pay is associated with his failure to accept the goods, then, in lieu of suing for the price, the seller can claim damages for non-acceptance, though it is only in unusual circumstances that he will wish to pursue the latter course. But if the passing of the property, or indeed any other condition precedent to the seller's right to the price, is obstructed by the buyer, the seller's remedy is in damages. Thus in *Colley v Overseas Exporters (1919) Ltd*:[39]

> On a contract for the sale of unascertained goods f.o.b., the buyer failed to name the vessel on which the goods were to be shipped, with the result that they had to be left at the dock. The sellers sued for the price.
>
> *Held*: the property in the goods had not passed, and the action failed.

15.16 The drafting of s 49(2) is at first sight equally odd. Why should a contractual provision making the price payable irrespective of delivery carry with it the further implication that the price is payable irrespective of the passing of the property? The answer would seem to be that in most cases delivery is the act which appropriates unascertained goods to the contract, and since the property in such goods cannot pass until they are ascertained[40] a provision for payment in advance of delivery would usually be stultified if the seller were still to have to show that the property had passed.

6. RESCISSION OF THE CONTRACT

15.17 The grounds for rescission *stricto sensu*[41] are the same as in other classes of contract. One of the most common events triggering off the seller's right to rescind is the buyer's fraud – typically, in misrepresenting his identity[42] or giving a cheque for the price knowing that there are no funds to meet it.[43] But the seller will usually have to act swiftly if rescission is to be

---

[39] [1921] 3 KB 302.
[40] Sale of Goods Act 1979, s 16.
[41] That is, cancellation *ab initio* (eg, for misrepresentation), as opposed to termination for breach. See para **3.142**.
[42] See para **3.33**.
[43] See, for example, *Car & Universal Finance Co Ltd v Caldwell* [1965] 1 QB 525.

15.17 Duties of Buyer and Remedies of Seller for Misrepresentation or Breach

effective. All too often he finds his right barred because of a resale by the buyer to an innocent third party.[44]

15.18 The remedy of rescission is available to the seller even if both the possession and the property in the goods have passed to the buyer[45] and even if the buyer has become bankrupt,[46] for the seller's right to rescind is an equity which binds the buyer's trustee in bankruptcy.[47]

7. **ANTICIPATORY BREACH**

15.19 Where, before the tender of delivery, the buyer signifies his refusal or inability to proceed with the contract,[48] the seller may either accept the repudiation, that is, treat it as immediately discharging the contract, and sue for damages, or hold the contract open for performance, in which case it continues in force for the benefit of both parties.[49]

(i) Acceptance of the repudiation

1. *Relevance to buyer's liability of seller's own inability to perform*[50]

15.20 The first question which arises is whether the buyer can justify his apparently repudiatory act by showing that the seller would have been unable to perform the contract even if it had proceeded. Where the buyer's refusal to accept delivery is expressly grounded on the seller's own future inability to perform, there is no difficulty, for the buyer is entitled to treat that inability as an anticipatory breach, so that his own act is not a renunciation of his duty to accept the goods but an acceptance of the seller's own repudiation.[51] But what if the buyer was unaware that the seller would not be able to perform the contract? In principle, this should make no difference, for it is a well-settled rule of contract law that if a party purports to terminate a contract on an unjustified ground, he can subsequently, on discovering the existence of facts that would have entitled him to bring the agreement to an end, rely on those facts as validating his apparent repudiation.[52] The difficulty arises because of

---

[44] See para **16.29**.
[45] As in *Car & Universal Finance Co Ltd v Caldwell*, n 43.
[46] *Re Eastgate* [1905] 1 KB 465; *Tilley v Bowman Ltd* [1910] 1 KB 745.
[47] See para **2.10**.
[48] Not every threatened breach is repudiatory. The test is whether the breach would be repudiatory if committed after the time for performance has arrived. For example, an advance warning that the buyer will not be able to take delivery until a few days after the contractual delivery date will not usually constitute a repudiation of the contract.
[49] See paras **3.149–3.152**.
[50] This question arises also in relation to the assessment of damages, as to which see para **15.23**, n 69.
[51] For the assessment of damages in such a case, see paras **14.13–14.14**.
[52] *Boston Deep Sea Fishing and Ice Co v Ansell* (1888) 39 Ch D 339; *Taylor v Oakes, Roncoroni & Co* (1922) 127 LT 267. For the special position of documentary sales, see paras **34.39** ff.

Anticipatory Breach **15.22**

the decision of the Court of Appeal in the curious case of *Braithwaite v Foreign Hardwood Co Ltd*:[53]

> The sellers contracted to deliver a quantity of rosewood by ship to Hull in two instalments. After shipment of the first instalment but before its arrival, the buyers wrote to say that they would not accept it, contending that they were entirely discharged from their obligations under the contract by reason of the sellers' breach of an alleged collateral oral agreement not to sell rosewood to anyone else. The buyers maintained their refusal to accept the first consignment after tender[54] of the bill of lading, whereupon the sellers resold the goods and claimed as damages the difference between the contract price and the market price. The same happened when the bill of lading for the second consignment was tendered. Subsequently, the buyers discovered that a small percentage of the first consignment of rosewood was of a quality inferior to that stipulated in the contract.
>
> The buyers, having failed to establish the oral agreement, claimed that damages for their renunciation in regard to the first consignment[55] should be nil, because at the time of such renunciation the sellers, by reason of the defective portion of the first consignment, were not able to show that they were ready and willing to perform at the time of the buyers' renunciation.
>
> It was held that the buyers, having adhered to their repudiation of the contract, had waived performance of the conditions precedent to the sellers' right to enforce the contract and could not, by reason of their after-acquired knowledge, set up a defence they had previously elected not to make.

15.21 The decision has generated much controversy and it has been described as 'a notoriously difficult decision to explain.'[56] It has been applied[57] and doubted[58] but never reversed. Much of the controversy stems from the difficulty of extracting the true ratio of the decision from the judgments,[59] and indeed of determining to what extent the court had addressed its mind to issues of fact that ought to have been material to the inquiry.

15.22 The first point to make is that, though the case has often been treated as one of anticipatory breach accepted by the innocent party, in fact on the

---

[53] [1905] 2 KB 543. For excellent discussions of this case, see M. G. Lloyd, 'Ready and Willing to Perform: The Problem of Prospective Inability in the Law of Contract' (1974) 37 MLR 121; J. W. Carter, 'The Higher Altitudes of Contract Law' [1989] LMCLQ 81; *Benjamin's Sale of Goods*, paras 9–012 ff, 19–184 ff.

[54] The report of the decision in the *Law Reports* suggests that Collins MR thought the sellers' agents had merely indicated a readiness to hand over the bill of lading (see [1905] 2 KB 543 at p 549), which is how Salmon LJ interpreted the facts in *Esmail v J Rosenthal & Sons Ltd* [1964] 2 Lloyd's Rep 447 at 466; but the headnote to that report and the judgments as set out in the other reports leave little room for doubt that the bill of lading was actually tendered. The ensuing analysis assumes that this was the case.

[55] The contract was considered severable and the non-conformity affected only the first consignment.

[56] *Flame SA v Glory Wealth Shipping PTE Ltd* [2013] EWHC 3153 (Comm), [2014] QB 1080, [27].

[57] *Taylor v Oakes, Roncoroni & Co*, n 52; *British and Beningtons Ltd v North Western Cachar Tea Co Ltd* [1923] AC 48.

[58] See *British & Beningtons Ltd v North Western Cachar Tea Co*, n 57, per Lord Sumner at 70; *Benjamin's Sale of Goods*, para 19–187. See also *Gill & Duffus S.A. v Berger & Co Inc* [1984] AC 382; *The Simona* [1989] AC 788, per Lord Ackner at 805.

[59] See *Benjamin's Sale of Goods*, paras 19-184 ff.

15.22 *Duties of Buyer and Remedies of Seller for Misrepresentation or Breach*

buyers' initial renunciation after shipment of the goods and before their arrival, the sellers elected to hold the contract open for performance as regards each consignment until the tender of the bill of lading relating to that consignment, so that what ultimately happened was that the sellers accepted the buyers' actual breach[60] in refusing to accept a tender of the bills of lading. It is, however, convenient to discuss the case at this point, since the issues it raises are the same whether the accepted repudiation[61] took place before or after performance fell due. Secondly, it is well settled that ignorance of an available ground for rejecting an actual or prospective tender of performance does not preclude the party allegedly in breach from relying on that ground when he later discovers it.[62] Thirdly, while it is true that renunciation by one party which is accepted by the other absolves that other from future performance,[63] it does not render irrelevant that other's willingness and ability to perform at the time of the renunciation of which he complains, for if at that time he was not himself able and willing to perform, then it is he who is guilty of an anticipatory breach which (whether or not known to the renouncing party) makes the renunciation justified.[64] Whether, on the facts in *Braithwaite*, the sellers were indeed unable to perform or whether they could have rectified their breach by a fresh tender, if necessary,[65] remains unclear.[66] If they had still been ready and willing to do so, the buyers would not have been entitled to maintain their repudiation, but the issue was never discussed. The buyers seem to have assumed that the shipment of the non-conforming goods would not merely have been a ground for their rejection but would have constituted a repudiation of the contract, an assumption not in conformity with legal principle.[67]

15.23 The assumption in *Braithwaite* that a party's renunciation of a contract precludes him from relying on a prior repudiation by the other party has

---

[60] If it was a breach. See below as to the effect of the sellers' earlier act in shipping non-conforming goods.
[61] There is no doubt that the repudiation in each case was accepted, and this has been assumed in subsequent cases. See *Taylor v Oakes Roncoroni & Co*, n 52, per Scrutton J at 271; *The Simona*, n 58, per Lord Ackner at 803. In *The Simona* Lord Ackner expressed surprise (at 803) at the statement by Collins MR in *Braithwaite* (n 53 at 551) that the contract had been kept alive. But it is clear that what Collins MR was referring to was not the repudiation on tender of the bills of lading but the earlier renunciation after shipment, when the sellers elected to keep the contract on foot. See further para **15.25**.
[62] See cases cited n 57.
[63] The impossibility of such performance through subsequent events that would have been outside his control goes only to the measure of damages to which he is entitled and does not affect his right to succeed on liability.
[64] See *British & Beningtons Ltd v North Western Cachar Tea Co*, n 57, per Lord Sumner at 71–72.
[65] It is doubtful whether the deviation in quality would have justified rejection by the buyer.
[66] The question was adverted to by Lord Sumner in *British & Beningtons Ltd v North Western Cachar Tea Co*, n 57 at 71.
[67] See para **12.16**. The failure to distinguish a shipment of non-conforming goods from a total renunciation of the contract through an unwillingness or inability to perform at the due date which manifests itself before performance is due may account for the decision of the House of Lords in *Gill & Duffus S.A. v Berger & Co Inc*, n 58 and para **15.21**.

rightly been characterized as heretical.[68] Its consequence is that a seller who would inevitably have been in breach if the contract had continued until the due date for performance is compensated for a loss calculated on a wholly unreal basis.[69]

15.24 The final point concerns the onus of proof. It is questionable whether in modern law a party alleging a breach of contract is under any initial onus to show that he himself was ready and able to perform.[70] Such a contention is implicit in his pleading[71] and it is submitted that it is for the defendant not only to plead the contrary but also to discharge the legal burden of proving it at the trial.

15.25 The decision in *Braithwaite* was unsuccessfully invoked in *The Simona*[72] as authority for the proposition that a party who elects to *affirm* a contract after an anticipatory repudiation is nevertheless entitled to withhold his own performance until the repudiating party gives notice of his change of heart and his willingness to perform the contract. Lord Ackner pointed out that in *Braithwaite* the innocent party had elected to accept the repudiation; if that was not the case, then the decision was wrong.[73]

2. Measure of damages

15.26 This is laid down by s 50, which is the exact counterpart of the provision in s 51 relating to non-delivery, and the observations made in relation to s 51 apply *mutatis mutandis*, except that, of course, the measure of damages for non-acceptance where there is an available market is the excess of the contract price over the market price, whereas in the case of an action for non-delivery it is the excess of the market price over the contract price.[74] The relevant rules are examined a little later, in relation to a refusal to accept after the time for acceptance has arrived.[75] The main difference in cases of

---

[68] M. G. Lloyd, 'Ready and Willing to Perform: The Problem of Prospective Inability in the Law of Contract' (1974) MLR 121 at 129. However, the actual decision could now be justified on the entirely distinct ground, not argued in the case, that in a c.i.f. contract the buyer's right of rejection of non-conforming goods does not arise until their arrival and therefore cannot be invoked to justify a refusal to take up and pay for the documents. See *Gill & Duffus S.A. v Berger & Co Inc*, n 58, a decision which is itself not free from difficulty and is discussed at paras **34.40–34.41**.
[69] A point forcefully made (though without reference to *Braithwaite*) in *The Mihalis Angelos* [1971] 1 QB 164, where the Court of Appeal, having declined to treat as unlawful a repudiation made on a wrong ground when a legitimate ground for termination existed, held that if that view were wrong, damages would in any case be purely nominal.
[70] The position is different in relation to the claim for damages where the onus of proof in relation to loss is on the claimant and so the claimant may be required to prove not only that it was ready and willing to perform but that he would have been able to perform his obligations under the contract: *Flame SA v Glory Wealth Shipping PTE Ltd*, n 56 at [85].
[71] This was expressly stated in the former RSC Ord 18, r 7(4) but there is no equivalent in the CPR.
[72] See n 58.
[73] *The Simona*, n 58.
[74] For the text of s 50, see para **15.38**.
[75] See para **15.39**.

15.26 Duties of Buyer and Remedies of Seller for Misrepresentation or Breach

anticipatory breach is that the second limb of s 50(3) would appear to be inapplicable,[76] so that where the time for acceptance is not fixed, damages for the buyer's anticipatory repudiation are determined by reference to the date on which he would have been obliged to accept the goods,[77] subject to his duty to mitigate, which arises immediately upon his acceptance of the repudiation.[78]

15.27 Where there is no available market for the goods, some other suitable measure of damages must be selected, eg excess of contract price over the seller's actual resale price if he can resell them or, if another buyer cannot be found, excess of contract price over cost of manufacture or acquisition, credit being given for the scrap value of the goods.[79]

(ii) **Affirmation of the contract**

15.28 Where the seller elects to affirm the contract, it continues for the benefit of both parties, and the buyer (unless committing a further act of renunciation which the seller accepts) is entitled to tender performance on the due date notwithstanding his earlier repudiation.[80] The seller for his part, having affirmed the contract, is not entitled to withhold his own performance until the other party indicates a willingness to perform. The effect of his affirmation is to negate the earlier renunciation, and he is not entitled to treat this as continuing in force until the other party's intimation of a willingness to perform. Such willingness must be assumed unless and until there is a fresh repudiatory act by the other party.

15.29 Having elected to affirm the contract after the buyer's anticipatory repudiation, the seller is not obliged to take steps to mitigate his prospective loss, even if the buyer indicates that he is maintaining his renunciatory attitude, unless the reiterated anticipatory breach is accepted by the seller. In short, the buyer cannot force the seller to abandon the contract, or to take precautionary steps in anticipation of such abandonment, prior to the due date of acceptance of the goods. In this respect the seller's position on the buyer's anticipatory breach differs from that arising when the time for acceptance of the goods has arrived. Apart from this, the seller's election to affirm does not alter the basis of assessing damages if the buyer ultimately fails to accept the goods, because even where the buyer's anticipatory breach is accepted, damages are measured by reference to the state of affairs at the due date for acceptance.[81]

---

[76] By analogy with the position under s 51(3). See para **14.13**, n 46.
[77] For problems in determining the due date of acceptance, see para **13.03**
[78] *Benjamin's Sale of Goods*, para 16-083 and paras **3.139** and **3.151**.
[79] Nice questions of assessment arise where the buyer orders goods to be specially made for him and repudiates when they have been partially manufactured.
[80] See para **3.149**.
[81] As a corollary, by electing to hold the contract open for performance, the seller runs the risk of an intervening event which frustrates the contract and thus releases the buyer from liability.

8. REFUSAL TO TAKE DELIVERY

15.30 Where the buyer's failure or refusal to take delivery signifies an intention to reject the goods, the seller is entitled to pursue his remedies for non-acceptance as described in the ensuing section.[82] Similarly, if the buyer's breach is a repudiation, as where the time of taking delivery is of the essence of the contract, the seller can treat the contract as discharged and recover damages at common law.[83] In such a case he cannot, except at the request or with the consent of the buyer, postpone his duty to mitigate by holding the contract open for performance. If he does elect to affirm the contract, his extra loss suffered through so doing will not be recoverable from the buyer.[84]

15.31 Section 37 provides as follows:

> '(1) When the seller is ready and willing to deliver the goods, and requests the buyer to take delivery, and the buyer does not within a reasonable time after such request take delivery of the goods, he is liable to the seller for any loss occasioned by his neglect or refusal to take delivery, and also for a reasonable charge for the care and custody of the goods.
>
> (2) Nothing in this section affects the rights of the seller where the neglect or refusal of the buyer to take delivery amounts to a repudiation of the contract.'

15.32 It is to be observed that in referring to 'loss occasioned by his neglect or refusal to take delivery', s 37(1) is not contemplating a loss of bargain situation of the kind arising from the buyer's repudiation (an eventuality separately dealt with in s 37(2)) but is essentially dealing with delay in taking delivery. Damages for refusal to take delivery altogether, though theoretically claimable under s 37, would in practice be picked up as part and parcel of general damages either under s 50 for non-acceptance or at common law for repudiation of the contract.[85] The purpose of s 37 is to give the seller a right to special damages for loss resulting from the buyer's failure to take delivery on time, eg the expenses incurred by the seller in making an abortive tender,[86] or the extra costs of prolonging insurance cover.[87] The section also entitles the seller to reasonable storage charges.[88]

---

[82] See para **15.33**. As to instalment deliveries, see paras **10.29** ff.
[83] It follows that the provisions of the Sale of Goods Act relating to non-acceptance do not cover every case where the contract falls through on account of the buyer's repudiation; for the buyer may indeed accept the goods for the purpose of the Act (eg by waiving examination and accepting in advance of delivery) but later repudiate the contract by declining to take delivery. In such a case, the seller's right to damages arises at common law and is not governed by s 50.
[84] Cf the position on non-acceptance, para **15.33**.
[85] See n 83. In addition, special damages are recoverable under s 54.
[86] For example, wasted transportation costs.
[87] Loss resulting from accidental destruction of the goods following the buyer's failure to take delivery would be dealt with not by damages under s 37 but by transfer of risk under s 20(2), as to which see para **9.22**.
[88] *Somes v British Empire Co* (1860) 8 HL Cas 338. An alternative route, successfully followed by the plaintiffs in *Penarth Dock Engineering Co v Pounds* [1963] 1 Lloyd's Rep 359, is an action in tort for mesne profits for trespass to the plaintiff's property, the measure of damages being the value of the benefit to the defendant from his unauthorized use rather than the loss suffered by the plaintiff.

15.33 *Duties of Buyer and Remedies of Seller for Misrepresentation or Breach*

9. NON-ACCEPTANCE

15.33 As we have seen, non-acceptance must be distinguished from the mere failure to take delivery.[89] Non-acceptance denotes rejection of the goods. Failure or refusal to take delivery may signify an intention to reject, but it may denote no more than that the buyer is not yet ready to receive the goods. The distinction is not without importance, for a failure or refusal to take delivery when tendered is not necessarily repudiatory (since the time of taking delivery is not always of the essence), whereas it is implicit in s 50 that a neglect or refusal to accept the goods (ie a wrongful rejection of them) is a repudiation, at least as to that part of the contract relating to the goods in question.[90]

15.34 The buyer's refusal to accept the goods may be intimated either before tender of delivery or on or after such tender. The time of refusal to accept does not affect the basis on which damages are assessed, though it may influence the quantum of the seller's recoverable expenses or other consequential loss. For example, if non-acceptance is intimated before tender of delivery, the seller has the opportunity to avoid the expense of an abortive tender, whereas if the buyer signifies non-acceptance at the time of tender of delivery, the seller will wish to recover any packing and transportation costs incurred in making the tender and in taking the goods back to his premises, while if non-acceptance is not intimated until after delivery has been taken the seller (if not entitled to leave the goods with the buyer and to sue for the price[91]) will incur still greater expense in collecting them.

15.35 Though the taking of delivery does not by itself constitute acceptance,[92] it represents in most cases the first and positive stage of acceptance, and it would seem that it is to this positive stage that s 50(3) of the Act refers when it speaks of 'the time or times when the goods ought to have been accepted'. In other words, for the purpose of s 50(3) the due date of acceptance means the date on which the buyer ought to have taken delivery.[93] Similarly, non-acceptance must be taken to occur where the buyer performs a positive act of rejection, eg by refusing a tender of delivery with the intention to reject or by communicating his intention not to accept.

15.36 If the property in the goods has already passed to the buyer at the time he rejects them, the seller has the option of claiming damages for non-

---

[89] But the Act is not entirely consistent in the meaning it gives to 'acceptance'. See text and n 93
[90] For the position on instalment contracts, see para **10.29**.
[91] See below and para **15.13**.
[92] See para **15.04**.
[93] Any other conclusion is fraught with difficulty. If, for the purpose of s 50(3), 'accept' were to be construed as denoting the complete act of acceptance, ie not only the taking of delivery but retention of the goods for such period or in such circumstances as to result in loss of the right to reject, then (a) it would be extremely difficult to fix the due date of acceptance (there being no way of establishing the due date of a negative, ie the date on which the buyer ought not to have rejected), and (b) rejection of delivery with the intention of non-acceptance would constitute an anticipatory breach, not an actual breach, of the duty to accept – an approach that has never been adopted.

acceptance or simply suing for the price.[94] Almost invariably, the latter remedy, where available, is to be preferred, for not only does it avoid problems of computation of damages and the duty to mitigate but also, in the absence of at least an arguable defence, the seller can obtain summary judgment under Part 24 of the Civil Procedure Rules.

15.37 Where the seller elects to claim damages, or is obliged to do so because he has not become entitled to the price, he gains little by seeking to hold the contract open for performance against the wishes of the buyer, for this will not justify a delay in taking steps to mitigate his loss.[95]

15.38 The measure of damages for non-acceptance is provided by s 50 in the following terms:

> '(2) The measure of damages is the estimated loss directly and naturally resulting, in the ordinary course of events, from the buyer's breach of contract.
>
> (3) Where there is an available market for the goods in question the measure of damages is prima facie to be ascertained by the difference between the contract price and the market or current price at the time or times when the goods ought to have been accepted or (if no time was fixed for acceptance) at the time of the refusal to accept.'

Section 50(2) represents the first limb of the rule in *Hadley v Baxendale*[96] and this is crystallized by s 50(3). In addition, special damages may be recoverable under s 54. As in the case of claims by the buyer, the computation of damages for non-acceptance depends on whether or not there is an available market in which the seller can sell elsewhere.

(i) Available market

15.39 Where there is an available market, the assumption is that the seller will have recourse to it by selling in the market the goods his buyer refused to accept. Hence s 50(3) fixes the measure of damages as prima facie the amount by which the contract price exceeds the market or current price at the due date for acceptance.[97] In addition, the seller is entitled to be compensated[98] for any expenses or other special damage reasonably incurred, eg in bringing the goods back from the original buyer's premises and in storing, insuring and reselling

---

[94] See para **15.13**.
[95] See para **3.139**. If the buyer decides after all to accept the goods after the due date for acceptance, then if the seller affirms the contract, his remedy is to sue for damages for delay. See paras **15.30, 15.53**.
[96] (1854) 9 Exch 341.
[97] Ie, for taking delivery (see text and n 93). If this has been postponed at the request or with the consent of the buyer, the postponed date for acceptance becomes the relevant date (*Hickman v Haynes* (1875) LR 10 CP 598); but if the buyer makes it clear that he does not intend to accept the goods, the seller cannot, by holding the contract open against the buyer's wishes, defer performance of his duty to mitigate and postpone the normal date at which the market price is to be taken under s 50(3).
[98] Under s 54.

15.39 *Duties of Buyer and Remedies of Seller for Misrepresentation or Breach*

them. Where at the due date for acceptance[99] the market price has risen, so that the effect of the buyer's repudiation is to enable the seller to resell at a higher price, the increase must be offset against any claim by the seller for special damages under s 54.[100]

15.40 What is an available market so far as the seller is concerned? If the seller actually offers the goods for sale, there is no available market unless there is one actual buyer on that day at a fair price. If there is no actual offer for sale but only a notional or hypothetical sale for the purposes of s 50(3), there is no available market unless on that day there are in the market sufficient traders potentially in touch with each other to evidence a market in which the actual or notional seller could, if he wished, sell the goods.[101]

15.41 As in the case of actions by the buyer,[102] the market-price rule is not readily displaced, given an available market. In particular, the excess of contract price over market price will be used as the basis for calculating damages even if the seller:

(a) does not in fact go into the market to resell the goods but retains them[103] – for he still has on his hands goods of which the value at the due date of acceptance is less than the buyer contracted to pay;

(b) has contracted a liability to his own supplier – for his remedy is to sell the goods in the market, and if instead he chooses to repudiate the contract with his supplier, he cannot expect an indemnity from his buyer;

(c) resells the goods in the market at a later date for a higher or lower price than that prevailing at the date on which the original buyer ought to have accepted the goods – for his extra profit or loss results from his own speculation in holding the goods, not from the buyer's breach, so that the buyer is neither entitled to credit for the seller's extra profit nor liable for his extra loss;[104]

(d) resells the goods at the due date for acceptance, to a third party at a price higher or lower than the market price – for if he is able to find a new buyer willing to pay above the market price the seller is entitled to

---

[99] See text and n 93.
[100] Thus if the rise in the market price at the due date of acceptance is greater than the amount of the special damage, the seller has no claim, though he is not, of course, accountable to the buyer for the surplus, but a rise in the market price *after* the due date for acceptance is irrelevant and does not reduce the seller's claim for general or special damages. See below.
[101] *Shearson Lehman Hutton Inc v Maclaine Watson & Co Ltd (No 2)* [1990] 3 All ER 723, per Webster J at 730.
[102] See para **14.20**.
[103] The cases on sale at a later date (n 104) are equally relevant where the seller does not resell at all.
[104] *Campbell Mostyn (Provisions) Ltd v Barnett Trading Co* [1954] 1 Lloyd's Rep 65, applying *AKAS Jamal v Moolla Dawood, Sons & Co* [1916] 1 AC 175. But this reasoning is open to objection as running counter to the effect of the mitigation rule in general contract law. See paras **3.135, 15.46**.

Non-acceptance **15.43**

retain for himself the benefit of his skill or exertion and, conversely, if he chooses to resell below the market price he cannot expect to charge the original buyer with the extra loss resulting;[105]

(e) has, in order to meet his contract, purchased the goods himself for a higher price than the market price prevailing at the date on which his own buyer should have accepted – for his loss results from a fall in the market and would have been incurred to this extent even if the buyer had fulfilled his obligations.

15.42 But the market-price rule in s 50(3), strong though it is, provides only a prima facie measure of loss and will not be applied where it would operate unrealistically or unfairly.[106] The governing principle is that set out in s 50(2).[107] Thus, if supply exceeds demand, the seller can argue that resale to another buyer does not mitigate his loss, since but for the original buyer's breach the second sale could have been made from the seller's other stock, so that he would have had profit from two sales instead of one.[108] For the same reason, the fact that the seller is able to persuade his own seller to accept the return of the goods without payment of compensation does not, it is said, reduce or extinguish his loss of profit,[109] but merely saves him the outlay he would otherwise have incurred. The problem of the lost-volume seller (to use American terminology) is in fact considerably more complex than is suggested by the English cases, and we shall return to it a little later.[110] Where demand exceeds supply, the lost-volume argument will not run, for the seller is then in a position to dispose of all his stock, including the goods not accepted by the buyer, and thus cannot claim to have lost a bargain.[111] However the onus of proof is upon the buyer to prove that the seller could not have made the profit by a substitute or replacement sale.[112] In other words, it is not for the seller to prove that it has not recouped the profit by a substitute sale; it is for the buyer to prove that the profit has been recouped and thus the loss of profit has not been suffered by the seller.

15.43 Moreover, the loss of bargain principle presupposes that the goods thrown back on the seller's hands as the result of the buyer's repudiation are sufficiently similar to other items in stock to enable the seller to say that the resale of such goods has deprived him of the opportunity to utilize another

---

[105] But where the market price or value is difficult to establish, the actual resale price may be evidence of it.
[106] *W. L. Thompson Ltd v Robinson (Gunmakers) Ltd* [1955] Ch 177.
[107] See *Bem Dis A Turk Ticaret S/A TR v International Agri Trade Co Ltd* [1999] 1 All ER (Comm) 619 and cases there cited.
[108] Ibid; *Re Vic Mill Ltd* [1913] 1 Ch 465; *Sony Computer Entertainment UK Ltd v Cinram Logistics UK Ltd* [2008] EWCA Civ 955, [2009] 2 All ER (Comm) 65. An alternative basis for displacing the market-price rule in such a case is that if supply exceeds demand, there is not an available market. As to whether the assumptions underlying the loss of bargain argument are justified, see paras **15.47–15.51**.
[109] *W. L. Thompson Ltd v Robinson (Gunmakers) Ltd*, n 106.
[110] See para **15.47**.
[111] *Charter v Sullivan* [1957] 2 QB 117.
[112] *Sony Computer Entertainment UK Ltd v Cinram Logistics UK Ltd*, n 108, at [49].

item of stock to satisfy the second sale. This will not be the case where the goods taken back are 'unique', as has been held to be the case in relation to second-hand motor-cars.[113]

(ii) No available market

15.44 The principles determining whether there is an available market are similar to those applicable to claims by the buyer,[114] except, of course, that we are now concerned with a market in which the seller can sell, not a market in which the buyer can buy. In the absence of an available market, the measure of damages will usually be the amount by which the contract price exceeds the value of the goods; and a useful indication of such value (though not, of course, conclusive) is the price at which the seller resells them,[115] assuming that the other terms of sale are similar to those of the original contract. In addition, the seller is entitled under s 54 to recover any special damage, eg the cost of adapting the goods to make them suitable for resale to another buyer where this step is reasonable.[116] As an alternative to the excess of the contract price over the value of the goods, the seller may recover expenditure wasted as the result of the breach.[117]

15.45 Resale does not necessarily reduce the seller's claim for loss of profit, for he may be able to show that even in the absence of an available market he would, but for the defendant's breach, have made two sales instead of one.[118]

(iii) Critique of the market-price rule

15.46 The operation of the market-price rule in relation to claims by the seller is open to much the same criticisms as those previously made in regard to claims by the buyer. In computing his damages, the seller is tied down to the market price at the due date of acceptance, so that in the case of the buyer's anticipatory breach, the assumption is that the seller will wait until that date before reselling and will not try to cover his position by an earlier resale. Again, if the seller, through prudent deferment of resale beyond the due date for acceptance by the original buyer, is able to reduce his loss because of a rising market, his buyer is not able to claim the benefit of this, any more than a seller can claim reduction in damages against him because of the buyer's postponed purchase of substituted goods in a falling market.[119] Mitigation is assumed to take place on the due date of performance by the buyer, whether

---

[113] *Lazenby Garages Ltd v Wright* [1976] 1 WLR 459. For a comment on this case, see para **14.52**, n 171. See also *J Sargent (Garages) Ltd v Motor Auctions (West Bromwich) Ltd* [1977] RTR 121.
[114] See para **14.19**.
[115] *Harlow & Jones Ltd v Panex (International) Ltd* [1967] 2 Lloyd's Rep 509.
[116] *Re Vic Mill Ltd*, n 108.
[117] *Bem Dis A Turk Ticaret S/A TR v International Agri Trade Co Ltd*, n 107.
[118] Ibid; *W. L. Thompson Ltd v Robinson (Gunmakers) Ltd*, n 106; *Hill & Sons v Edwin Showell & Sons Ltd* (1918) 87 LJKB 1106. But see below.
[119] See para **14.61**.

in fact this occurs earlier or later, and the financial impact of such earlier or later steps to mitigate is ignored, whether increasing or reducing the loss established by the due-date price. Again there is much to be said for adopting provisions along the lines of s 2–706 of the Uniform Commercial Code, which gives the seller a right to cover his position by resale immediately on the buyer's breach, without having to wait until the date fixed by the contract for the taking of delivery by the buyer.

(iv) **The problem of the lost-volume seller**

15.47 In awarding damages for loss of profit on the second sale (ie the extra sale the claimant would have made if the contract goods had not been thrown back on his hands) the courts have been content to look at the state of the market at the relevant date and, if it is shown that supply exceeded demand, assume that the second sale would have produced as much profit as the sale frustrated by the contract. In the leading cases[120] this assumption has not been challenged, and the seller's profit calculations have been either agreed by the other side or accepted by the court.

15.48 However, in the United States the literature[121] has demonstrated the complexities inherent in such calculations. In the first place, the excess of supply over demand does not of itself establish that the seller could and would have made the extra sale. Suppose that at the relevant time he was out of stock. Then he would have had to manufacture the extra unit or acquire it elsewhere. As a manufacturer, he might have reached the optimum level of production beyond which it would not pay to acquire the additional staff, accommodation or equipment needed to produce that unit. Alternatively, manufacture might have been prevented through illness, industrial action or one of the myriad other events that can interfere with the smooth running of business. Similar considerations apply to the seller's willingness and ability to purchase the additional unit required to meet the second order. To award as damages for loss of profit a sum equal to that which would have been made if the defaulting buyer had honoured his bargain is thus to ignore these hazards and equate loss of opportunity to make a sale with loss of an established contract.

15.49 Secondly, even assuming that the seller could show that he would have been willing and able to make or obtain the extra unit to satisfy the second contract, it by no means follows that he would have made the same profit as on the sale to the defaulting buyer. Beyond a certain point, the law of diminishing returns applies; the additional resources required to make or acquire the extra unit, to store it and to process its addition to stock reduce, and may even extinguish, the profit margin.

---

[120] *Re Vic Mill Ltd*, n 108; *W. L. Thompson Ltd v Robinson (Gunmakers) Ltd*, n 106; *Sony Computer Entertainment UK Ltd v Cinram Logistics UK Ltd*, n 108.
[121] The leading analyst in this economic minefield, which the amateur would do well to bypass, is Professor Robert J. Harris, whose principal writings on the subject, together with those of other scholars, are listed in J. White and R. S. Summers, *Uniform Commercial Code* (6th hornbook edn, 2010), pp 384–387.

15.50 Thirdly, the extent to which overheads attributable to that part of the broken contract which the seller no longer has to perform (ie by reason of the buyer's breach) should be deducted in computing the seller's loss of profit is conjectural. The calculation of overheads is not an exact science. The amount of overheads attributable to each unit of stock depends on more or less arbitrary management accounting decisions and will vary according to the quantity of stock produced; and the saving of overheads resulting from the termination of the contract may be illusory, in that the costs are more properly to be treated as fixed costs which will have to be reallocated to the remaining contracts, reducing their profitability.

15.51 These considerations lead to the conclusion that the court should not be too ready to assume the full loss of a bargain merely because of evidence of an excess of supply over demand, and that, at the very least, some discount should be made from the assumed profits of the second sale to take account of the possibility that this would not have taken place or would have been less profitable than the broken contract.

10. DELAY IN TAKING DELIVERY

15.52 Whether the buyer's delay in taking delivery is to be treated as a repudiation entitling the seller to regard the contract as discharged depends on the circumstances. Where time is of the essence[122] or the buyer has failed to comply with a notice requiring him to take delivery within a reasonable time, the seller may treat the contract as ended, in which event the case becomes one of non-acceptance. Where, however, the seller does not take this step or the buyer's breach is not repudiatory and the buyer ultimately takes delivery, the seller is entitled to damages for the delay, and to charge for storage, pursuant to s 37.[123]

11. REMEDIES FOR NON-PAYMENT

(i) Strength of the buyer's payment obligation

15.53 The buyer's obligation to pay the price is the correlative of the seller's obligation to deliver the contract goods.[124] Yet while the duties of delivery and payment are concurrent conditions[125] – so that the seller's ability and willingness to tender delivery are prima facie prerequisites of his right to demand tender of the price – the two obligations are not necessarily of equal strength. The only consequence to the seller of non-payment of the price is that he is deprived of the use of money, a matter that can readily be compensated by an award of interest in addition to the contract sum. But non-delivery of goods in a commercial transaction may be disastrous. If the goods are of an

---

[122] See para **15.30**.
[123] See para **15.31**.
[124] Sale of Goods Act 1979, s 27.
[125] Section 28. For the meaning of this provision, see para **15.11**.

income-producing kind bought for use in the buyer's business, he may suffer a substantial loss of profit, not to mention damage to his commercial reputation and the possible loss of repeat orders. If the goods are bought for resale and there is no available market, the seller's default may place the buyer in breach of his contractual obligations to his own purchaser.

15.54 The law recognizes in various ways the distinction between the payment interest of the seller and the delivery interest of the buyer. Thus, whereas on a commercial sale time of delivery is prima facie of the essence,[126] time of payment is usually not.[127] Again, the perfect tender rule obliges the seller to comply strictly with the obligation to furnish goods in accordance with the contract description,[128] and of the correct quality,[129] but a deviation from the agreed mode of payment,[130] though a breach of contract which entitles the seller to reject the payment tendered,[131] is not prima facie a repudiation entitling him to treat the contract as discharged.

(ii) Personal remedies

15.55 Once the price has become due,[132] the seller's remedy is not damages but an action for the price and interest.[133] However, in certain cases the seller may be able to rely on the default as entitling him to resell and recover damages[134] or as constituting a repudiation which he can treat as discharging the contract, with a right to recover the goods and damages.[135] Further, where the buyer has failed or refused to accept the goods, the seller may as an alternative sue for damages for non-acceptance.

(iii) Real remedies under the Sale of Goods Act

15.56 The Sale of Goods Act 1979 confers on the unpaid seller the following rights over the goods, in conditions laid down by the Act:

(a)   Where he is in possession, a lien on the goods or (if the property has not passed to the buyer) a co-extensive right to withhold delivery.
(b)   A right to stop the goods in transit.

---

[126] See para **10.24**.
[127] Section 10(1).
[128] See para **11.29**.
[129] See para **11.52**.
[130] As to the proper mode of payment, see *Benjamin's Sale of Goods*, paras 9-027 ff.
[131] See ibid.
[132] See para **15.13**.
[133] Interest (simple or compound) may be payable under the contract, and simple interest may be payable under s 35A of the Senior Courts Act 1981 (High Court) or s 69 of the County Courts Act 1984 or, in the case of a qualifying debt, statutory interest under the Late Payment of Commercial Debts (Interest) Act 1998 where there is no contractual agreement for payment of interest constituting a substantial remedy (s 8) as defined by s 9.
[134] See para **15.68**.
[135] Below. But the seller will not usually be entitled either to resell or to treat the agreement as repudiated where both possession and property have passed to the buyer. See below.

15.56 *Duties of Buyer and Remedies of Seller for Misrepresentation or Breach*

(c) A right of resale.

These real remedies may be reinforced by the express provisions of the contract, though not without legal pitfalls.[136]

15.57 Three preliminary points may be made concerning the seller's statutory rights over the goods. First, they are available only where the seller is an unpaid seller within the meaning of the Act[137] and one or more of the other conditions precedent to the exercise of the remedy is satisfied.[138] Secondly, the rights are not affected by the buyer's bankruptcy, being equally available against his trustee in bankruptcy. Thirdly, if both property and possession have passed to the buyer, the seller's rights over the goods are lost, and he is restricted to his personal remedies, unless (a) ownership or possession is restored to the seller by the voluntary act of the buyer,[139] or (b) the seller has grounds for rescission *stricto sensu*, eg for misrepresentation.[140] The seller cannot himself secure a revesting of the property by purporting to accept the buyer's repudiation, for the contract is executed and, as in land law, one cannot, by claiming to treat a contract as terminated for repudiation, undo the effect of a conveyance.[141] On the other hand, he may be able to achieve his objective in some measure by a contractual provision entitling him to repurchase in the event of the buyer's default.[142]

15.58 We shall not devote overmuch space to the seller's real remedies, for in modern commerce they are of limited practical importance. There are several reasons for this. A large number of sales are on credit terms, and both possession and property pass to the buyer before payment. Where the seller is not sure of his buyer's financial position or reliability, he may stipulate for payment in advance or on delivery or by a documentary letter of credit. Hence the exercise of rights over the goods is now likely to arise only in the relatively infrequent case where goods to be paid for on open account are still in the seller's possession or in transit when the buyer becomes insolvent.

1. The meaning of 'unpaid seller'

15.59 Under s 38(1) of the Act the seller[143] is deemed to be an unpaid seller within the meaning of the Act where the whole of the price has not been paid or tendered or where a bill of exchange or other negotiable instrument taken as conditional payment has been dishonoured or the condition on which it was received has otherwise not been fulfilled.[144] In other words, a seller is unpaid

---

[136] See para **15.75**, n 184.
[137] See para **15.59**.
[138] Ibid.
[139] As in *Commission Car Sales (Hastings) Ltd v Saul* [1957] NZLR 144.
[140] See para **15.17**.
[141] *Total Oil Great Britain Ltd v Thompson Garages (Biggin Hill) Ltd* [1972] 1 QB 318.
[142] See para **15.76**.
[143] In this part of the Act 'seller' includes any person who is in the position of a seller, as, for instance, an agent of the seller to whom the bill of lading has been indorsed, or a consignor or agent who has himself paid (or is directly responsible for) the price (s 38(2)).
[144] See also s 19(3), discussed paras **8.111, 35.05**.

until he has received full and unconditional payment. The fact that the buyer may not be in default is irrelevant.[145] Thus, a seller is an unpaid seller even if he has agreed to give credit and the credit period has not expired. Equally, he is unpaid during the currency of a bill of exchange taken by him in respect of the price.[146]

2. Lien or right to withhold delivery

15.60 The term 'lien' denotes rights over another's property, and in the case of sale of goods is thus appropriate where the property has passed to the buyer, for the seller cannot exercise a lien over his own goods. The point is purely technical, for where the property has not passed, the seller is given a right of withholding delivery similar to and coextensive with his rights of lien and stoppage in transit.[147]

15.61 By s 41(1) the unpaid seller has a lien for the price[148] only if he is in possession of the goods[149] *and* (a) the goods have been sold without any stipulation as to credit; or (b) the goods have been sold on credit but the term of credit has expired;[150] or (c) the buyer becomes insolvent.[151]

15.62 The assertion of a lien does not in itself affect the continuance of the contract of sale,[152] and except where the seller becomes entitled to resell under the Act or the contract he remains fully liable for performance, subject only to his lien. This is so even where the buyer becomes insolvent. Insolvency does not constitute either an act of repudiation by the buyer or an inability to perform, for the buyer's obligations may still be carried out by his trustee in bankruptcy.[153]

15.63 Since the lien depends on the seller's continued possession, it is lost where the seller delivers the goods to a carrier or other bailee for transmission

---

[145] *R. V. Ward Ltd v Bignall* [1967] 1 QB 534, per Diplock LJ at 550. This is a point of some importance where the buyer becomes insolvent before the price falls due.
[146] Thus until maturity of the bill, the seller is an unpaid seller within s 38(1)(a). If the bill is dishonoured, he becomes an unpaid seller additionally under s 38(1)(b), which seems superfluous.
[147] Section 39(2). The right to withhold delivery thus encompasses both (a) retention of possession by the seller and (b) stoppage in transit so as to prevent the goods from coming into the possession of the buyer.
[148] A lien prima facie secures only the price, not expenses incurred by the seller, eg storage. But the lien can be extended by contract to cover such expenses.
[149] He need not be in possession in his own right; possession as agent or bailee of the buyer suffices (s 41(2)).
[150] This will rarely apply, for the essence of credit is that the buyer obtains possession before payment.
[151] By s 61(4) of the Sale of Goods Act 1979, as amended by s 235 and Sch 10, Part III, of the Insolvency Act 1985, a person is deemed to be insolvent within the meaning of the Act if he has either ceased to pay his debts in the ordinary course of business or he cannot pay his debts as they become due.
[152] Section 48(1).
[153] *Re Edwards* (1873) 8 Ch App 289.

15.63 *Duties of Buyer and Remedies of Seller for Misrepresentation or Breach*

to the buyer without reserving a right of disposal,[154] or where the buyer or his agent lawfully obtains possession of the goods or the seller waives the lien. Delivery of part of the goods, though not in itself destroying the seller's lien over the remaining goods, may indicate an intention to waive the lien altogether.[155] In addition, though not in general affected by resale or other disposition by the buyer,[156] the lien may become overridden by or subordinated to the right of a bona fide transferee from the buyer of documents of title to the goods.[157]

3. Stoppage in transit

15.64 The seller's right to stop goods in transit is much more restricted than his lien. Having started the delivery process, the seller is not entitled to halt it merely because of the buyer's default in payment. He must go further and show that the buyer has become insolvent.[158] The right of stoppage is exercised by repossession by the seller or by notice to the carrier and is available only so long as the goods are still in transit. Goods are in transit from the time when they are delivered to a carrier[159] or other bailee for the purpose of transmission to the buyer[160] until the buyer or his agent takes delivery from the carrier or other bailee.[161] 'Delivery' here means actual delivery, not, of course, the constructive delivery which results from the act of delivery to the carrier himself.[162] Where the goods are delivered to a ship chartered by the buyer, it is a question of fact depending on the circumstances of the particular case whether they are in the possession of the master as carrier or as agent to the buyer.[163]

15.65 The right to stop goods in transit is given on the basis that the carrier or other bailee is still lawfully in possession. The Act therefore provides that where he wrongfully refuses to deliver the goods to the buyer or his agent, the transit is deemed to be at an end. Thus the carrier cannot by his own wrongful act prolong the buyer's exposure to the seller's right of stoppage. The effect of part delivery is the same as for the lien.[164] The right of stoppage is not affected by the buyer's resale, but is subordinated to the rights of a third party taking documents of title to the goods in good faith and for value, and if he is an

---

[154] But the seller will have a right of stoppage in transit.
[155] Section 42.
[156] Section 47(1).
[157] Section 47(2).
[158] Section 44.
[159] Section 46(1), (2). The carrier must then redeliver the goods to, or according to the directions of, the seller, at the seller's expense (s 46(4)) and subject to the carrier's lien for unpaid freight (see para **36.61**).
[160] As to the meaning of this, see para **9.30**.
[161] Section 45(1).
[162] Under s 32(1). But the carrier's attornment to the buyer ends the transit (s 45(3)) unless the buyer rejects the goods (s 45(4)). Thereafter the carrier is in the nature of a warehouseman.
[163] Sale of Goods Act 1979, s 45(5).
[164] See s 45(7) and paras **15.62–15.63**.

outright buyer (as opposed, for example, to a mere pledgee), the right of stoppage is lost altogether.[165]

15.66 The carrier is entitled to act on a notice of stoppage even if it transpires that the seller had no right to stop the goods in transit. The buyer's remedy for wrongful stoppage is against the seller, not the carrier.[166]

15.67 Exercise of a right of stoppage, like assertion of a lien, does not affect the subsistence of the contract. The seller, having recovered the goods, must hold them available for the buyer pursuant to the contract, against payment of the price, unless and until the contract comes to an end.

4. *Resale*

15.68 Resale by the unpaid seller is dealt with in s 48 of the Act, a confusing and badly drafted section, for it mixes indiscriminately powers of resale and rights of resale; its first two subsections[167] show an intention to deal with the effect of exercise of rights of lien and stoppage in transit, while the last two subsections have no necessary connection with these rights, and its treatment of the impact of resale upon the original contract leaves something to be desired. The section provides as follows:

> '48(1) Subject to this section a contract of sale is not rescinded by the mere exercise by an unpaid seller of his right of lien or retention or stoppage in transit.
>
> (2) Where an unpaid seller who has exercised his right of lien or retention or stoppage in transit re-sells the goods, the buyer acquires a good title to them as against the original buyer.
>
> (3) Where the goods are of a perishable nature, or where the unpaid seller gives notice to the buyer of his intention to resell, and the buyer does not within a reasonable time pay or tender the price, the unpaid seller may resell the goods and recover from the original buyer damages for any loss occasioned by his breach of contract.
>
> (4) Where the seller expressly reserves the right of resale in case the buyer should make default, and on the buyer making default resells the goods, the original contract of sale is rescinded but without prejudice to any claim the seller may have for damages.'

Certain important features must now be examined.

15.69 (a) RIGHT OF RESALE AND POWER TO RESELL DISTINGUISHED. There are various situations in which one who is not the owner of goods can effectively pass a good title to an innocent third party even though in disposing of the goods to the third party he does not have the authority of the owner. The disposer has the power of sale but not the right to sell. This distinction should be borne in mind in relation to s 48, subsection (2) of which

---

[165] Section 47(2)(a).
[166] *The Tigress* (1863) 1 New Rep 449; *The Constantia* (1807) 6 Ch Rob 321. Alternatively, the carrier can interplead.
[167] And in the original Act, the heading also ('sale not generally rescinded by lien or stoppage in transitu').

gives the seller a power to resell and gives a good title to the second buyer without thereby implying that the seller is acting lawfully *vis-à-vis* the original buyer.

15.70 (b) RIGHT TO RESELL. Section 48 confers on the unpaid seller the right to resell in two cases.[168] The first is where the goods are of a perishable nature and the buyer does not within a reasonable time pay or tender the price.[169] The second is where the unpaid seller gives notice to the buyer of his intention to resell and the buyer does not within a reasonable time pay or tender the price.[170] This last provision is merely a statement of the common law rule that where time of payment is not initially of the essence of the contract, it can be made of the essence by service of an appropriate notice.[171] It would seem that in neither case does the statutory right apply where both property and possession have passed to the original buyer.[172] Where the seller has delivered the goods to the buyer while retaining the property, the statutory right of resale is exercisable, but s 48 gives no guidance as to the recovery of possession from the original buyer. On general principles, the 'rescission' produced by the resale would seem to entitle both the seller and the second buyer to maintain tort claims against the original buyer and/or recapture the goods.

15.71 (c) POWER OF RESALE. Under s 48(2), where the unpaid seller, having exercised the right of lien or stoppage in transit, resells the goods, the buyer obtains a good title against the original buyer.[173] This provision is concerned with those cases in which the property in the goods has already passed to the original buyer, for where the seller has retained the property, he can obviously transfer it to the second buyer without any need for s 48(2).[174] Hence s 48(2) is an exception to the *nemo dat* rule.[175] It is equally clear that unless one of the later subsections of s 48 applies or the seller has a right to resell at common law,[176] a resale under s 48(2), though effective to pass a good title to the second buyer, is a breach of the seller's duty to the original buyer, for, since the exercise of a right of lien or stoppage does not rescind the original contract,[177] it is the duty of the seller who has exercised such a right to hold

---

[168] For the real remedies arising independently of the provisions of the Act, see paras **15.73–15.76**.
[169] Section 48(3).
[170] Ibid.
[171] *Chitty on Contracts* (33rd edn, 2018), para 21-014.
[172] *Benjamin's Sale of Goods*, para 15-117.
[173] Section 48(2).
[174] *R. V. Ward Ltd v Bignall*, n 145, per Diplock LJ at 549. For a critical comment on this case see G.D. Goldberg, 'Resale: Performance or Rescission' [1995] LMCLQ 470.
[175] For another case where the seller can pass a good title despite having parted with the property in the goods, see para **16.56**. If the second buyer cannot invoke s 48(2) (eg, because the seller was not an unpaid seller within the meaning of the Act) he may be able to fall back on one of the other exceptions to the *nemo dat* rule, eg s 24 (see para **16.47**). The title acquired by the second buyer under s 48(2) is, it is submitted, no greater than that acquired by a second buyer under s 24, ie, such title as was vested in the seller immediately prior to the second sale, and ignoring the first sale for this purpose. See para **2.85**.
[176] See paras **15.73–15.76**.
[177] Section 48(1).

the goods for the buyer pending tender of the price. Hence by reselling, the seller incurs a liability to the original buyer for damages for breach of contract, or for conversion. As a further alternative, the original buyer could waive the tort, treat the sale as made on his behalf and claim the proceeds of such sale as money had and received, subject to a set-off in respect of his liability for the price payable under the original contract. Strangely, the overriding title acquired by the second buyer is not made dependent on his good faith or want of notice of the first sale. Even if he bought with notice, he is immune from liability to the first buyer in conversion; and it seems probable that the subsection also protects him against liability for interference with the original sale contract, for if he could be sued in tort on this ground, the benefit of his title would be rendered illusory. Section 48(2) appears to be confined to cases where the seller still has possession of the goods, or a right as against the original buyer to immediate possession of them, at the time of resale.[178]

15.72 (d) EFFECT OF RESALE ON THE ORIGINAL CONTRACT. Section 48(4) expressly provides that resale pursuant to an express contractual right rescinds the original contract of sale, but without prejudice to any claim the seller may have for damages.[179] It has been held that a resale under s 48(3) has the same effect.[180] 'Rescinded' in this context denotes termination for breach, not rescission *ab initio* as for misrepresentation. It would seem to carry with it a right to recover possession from the original buyer if the goods have been delivered to him, provided that the property has not passed as well.[181]

(iv) Real remedies at common law

15.73 The rights which the Sale of Goods Act 1979 gives to the seller over the goods are not exhaustive.

1. Retention of title

15.74 A seller who in his contract of sale reserves title until payment continues as owner pending payment unless and until his title is displaced by virtue of some exception to the *nemo dat* rule.[182] But it does not necessarily follow that he has an immediate right to recover possession; and the existence of such a right is an essential prerequisite to the seller's ability to pursue tort remedies against the buyer or a third party through a claim in conversion. The seller will have a right to repossess if (a) the contract so provides, or (b) the contract empowers the seller to rescind, or terminate it for default in payment and he exercises that contractual right, or (c) the buyer's default in payment constitutes a repudiation of the contract (whether under the express terms of the contract or because time of payment is impliedly of the essence or the delay in payment is so grave as to be repudiatory) and the seller elects to accept the repudiation.

---

[178] *Benjamin's Sale of Goods*, para 15-102.
[179] Damages would prima facie be assessed as for non-acceptance (see para **15.33**).
[180] *R. V. Ward Ltd v Bignall*, n 145, overruling *Gallagher v Shilcock* [1949] 2 KB 765.
[181] See text to n 175, and below.
[182] See ch 16.

15.75 *Duties of Buyer and Remedies of Seller for Misrepresentation or Breach*

2. *Acceptance of repudiation*

15.75 If the seller has parted with possession while retaining the property or has retained possession while transferring the property, he can, if the buyer's default in payment is repudiatory, reacquire full rights over the goods by accepting the repudiation. Where the seller has retained possession while transferring the property, acceptance of the repudiation revests the property in him.[183] If he has lost possession while retaining the property, then by accepting the buyer's repudiation, he becomes entitled to resume possession. But if both property and possession have passed, the seller loses all real rights, and cannot rely on the buyer's repudiation as revesting the property in him unless the buyer voluntarily restores possession to him.[184]

3. *Agreement for repurchase*

15.76 There would seem to be no reason why the seller should not reserve the right to repurchase the goods in the event of the buyer's default and then set off the unpaid balance of the original purchase price against the repurchase price. Such a transaction is not in the nature of a security, for the buyer has no right of redemption and the goods come back to the seller not by way of enforcement of the buyer's price obligation but by way of repurchase.

---

[183] *R. V. Ward Ltd v Bignall*, n 145.
[184] See para **15.57**. If the seller, having transferred both property and possession, seeks to rely on a contractual provision for repossession he is likely to be met with the defence that the right to repossess makes the document a bill of sale which, in so far as it purports to give rights over the goods, will be void for noncompliance with the Bills of Sale Acts. See 49 *Halsbury's Laws* (5th edn, 2015), *Financial Instruments and Transactions*, ch 3, title 'Bills of Sale'.

Chapter 16

TITLE CONFLICTS BETWEEN SELLER OR BUYER AND THIRD PARTIES[1]

16.01 Most sales of goods are made either by their owner or by his duly authorized agent, but sometimes the seller is neither the owner nor authorized by the owner to sell. He may be an agent who has exceeded his authority, eg by selling without securing his principal's prior approval to the terms; or a buyer who, having received possession from his seller, has wrongfully resold the goods before himself acquiring title; or a thief who has stolen and disposed of them before they have been traced. In all these cases the question arises whether the owner can recover his property and, if so, on what terms, or whether, on the other hand, the person into whose possession the goods have come is entitled to retain them.

16.02 As we shall see, a person who has neither title nor authority to sell may sometimes confer a good title on a third party. He lacks the *right* to dispose, for his action is unauthorized, yet has the *power* of disposal in that in given conditions the law will treat his disposition as effective, binding the true owner even though he did not consent to it.[2] Where, in such a case, the disposition is an outright transfer of the goods, the original owner necessarily loses all his interest in them, though he will have personal claims against the transferor. But not all cases are of this kind. The unauthorized disposition may be intended to confer a purely limited interest in the goods, as where they are bailed to the third party or subjected to a lien or pledge or some other type of security interest. Here the owner does not lose all his rights; his interest merely becomes encumbered by or subordinated to the limited interest conferred on the third party.

16.03 Where the unauthorized disposition is ineffective, the owner is entitled to recover the goods or payment of their value;[3] but if the defendant took them in good faith and has added to their value by making improvements, the court

---

[1] See also *Benjamin's Sale of Goods* (10th edn, 2017), ch 7.
[2] This chapter is confined to cases where title is lost through a sale or other disposition by a non-owner. For loss of title by operation of law through the goods becoming fixtures or accessions or through confusion, commingling or specification, see P. Birks, 'Mixtures', in N. Palmer and E. McKendrick (eds), *Interests in Goods* (2nd edn, 1998), ch 16; R. M. Goode, *Hire-Purchase Law and Practice* (2nd edn, 1970), chs 32, 33.
[3] See paras **16.96** ff.

may give him an allowance for the value so added.[4] Accordingly, if the court makes an order for delivery of the goods it will usually be upon terms that the claimant is to pay the defendant the value of the improvements, while if the order is for payment of the value of the goods by way of damages, the sum awarded will be the value of the goods in their unimproved state.

1. THE COMPETING CLAIMS FOR PROTECTION

16.04 In the typical case A, in possession of goods with the consent of their owner O, wrongfully sells them to an innocent third party, T, and then disappears or becomes insolvent. The question which must then be answered is which of the two innocent parties, O or T, must suffer the loss.

> In the development of our law, two principles have striven for mastery. The first is for the protection of property: no one can give a better title than he himself possesses. The second is the protection of commercial transactions: the person who takes in good faith and for value without notice should get a good title. The first principle has held sway for a long time, but it has been modified by the common law itself and by statute so as to meet the needs of our own times.[5]

16.05 The common law has always strongly favoured the preservation of proprietary rights. It is an article of faith in the common law that only in exceptional cases should the owner of goods be deprived of his title to them otherwise than by his own voluntary act. *Nemo dat quod non habet*: the transferor of goods cannot pass a better title than he himself possesses. The fact that the transferee takes possession in good faith and for value is in most cases irrelevant. It is for him to check on his seller's title, if he can, not for the owner to take steps to safeguard his own property.

16.06 This sanctification of vested property rights was not peculiar to the common law. The *nemo dat* rule was a well-established principle of Roman law[6] and, though a different rule prevailed in Europe during the first half of the Middle Ages, the revival of the influence of Roman law in the thirteenth century led to the reinstatement of the *nemo dat* rule, which lasted well into the eighteenth century.[7] But with the growth of commerce and the gradual development of credit came a recognition on the part of the civilians that, if goods were to move freely in the stream of trade, proper protection had to be given to the innocent purchaser. The new idea became enshrined in art 2279 of

---

[4] This was a well-established rule at common law and is now embodied in ss 3 and 6 of the Torts (Interference with Goods) Act 1977.
[5] *Bishopsgate Motor Finance Corpn Ltd v Transport Brakes Ltd* [1949] 1 KB 322, per Denning LJ at 336–337.
[6] *Nemo plus iuris ad alium transferre potest, quam ipse habet* (Ulpian D 50. 17. 54). See also F. De Zulueta, *Roman Law of Sale* (1957), p 36; W. W. Buckland and A. D. McNair, *Roman Law and Common Law* (2nd rev edn, 1965, repr. 2008), p 77; F. Guisan, *La Protection de l'Acquéreur de Bonne Foi en Matière Mobilière* (1970).
[7] For a good historical account of this development see Guisan, *La Protection de l'Acquéreur de Bonne Foi*, chs 1 and 2.

the French Civil Code: '*En fait de meubles la possession vaut titre*'. So the buyer in good faith acquires an overriding title provided that he takes possession.[8]

16.07 In principle, the protection of the innocent buyer is a more sensible and more realistic approach. If the owner of goods voluntarily parts with possession of them, he takes upon himself certain risks. He can make his own judgment as to the creditworthiness of the party to whom he gives possession, and if his trust turns out to be ill-founded, he ought not to put the consequences of his own mistaken judgment on to the shoulders of a blameless third party. There is no effective way either of deducing or of investigating title to chattels,[9] and if the goods are to move freely down the distributive chain, it is important that buyers should be able to purchase with confidence in the strength of the seller's title. Yet the civil law approach goes too far, for in giving such sweeping protection to the innocent purchaser, it fails to take account of the needs of those selling on credit to take security for the price.

16.08 Over the last hundred years the civil law and the common law have moved closer together. In England the *nemo dat* rule has been steadily eroded by statutory exceptions, while in France and elsewhere certain forms of statutory purchase-money security are now protectable by registration.[10] Yet a gulf remains. *Nemo dat* is still the general rule in England and the exception in France. English law in this area has recently been described as 'an incoherent mess'[11] which has been resistant to any significant reform. Only the United States, in art 9 of the Uniform Commercial Code, has managed to produce a set of provisions which fairly balance the conflicting interests.[12]

2. THE NEMO DAT RULE AND ITS COMMON LAW EXCEPTIONS

16.09 The *nemo dat* rule, which is heavily relied on by sellers to secure payment of the price by reserving title until payment,[13] is enshrined in s 21(1) of the Sale of Goods Act 1979, which also preserves one of the two principal exceptions to it at common law.

> 'Subject to this Act, where goods are sold by a person who is not their owner, and who does not sell them under the authority or with the consent of the owner, the buyer acquires no better title to the goods than the seller had, unless the owner of the goods is by his conduct precluded from denying the seller's authority to sell.'

---

[8] This principle is the one adopted in the Draft Common Frame of Reference: see Book VIII, Article 3:101.
[9] Contrast the position in the case of land, para **2.17**.
[10] See R. M. Goode, 'A Credit Law for Europe?' (1974) 23 ICLQ 227, at pp 258–262
[11] A. Tettenborn, 'Transfer of Title by Non-Owners: Still an Open Problem' [2018] CLJ 151, 152.
[12] See paras **24.69–24.71**.
[13] See paras **22.05, 22.15** and **22.33**.

16.09 Title Conflicts between Seller or Buyer and Third Parties

It will be recalled that a sale by a non-owner is perfectly valid as between the parties, so that the effect of such a sale is a question of priorities, not of validity.[14]

16.10 The common law exceptions to *nemo dat* embody three distinct ideas. The first is the agency concept: a non-owner can pass a good title if he has actual or apparent authority[15] from the owner to make the sale. This is the concept referred to in s 21(1). It applies where O has by his conduct held out A as having O's authority to sell to T, so that O is precluded from denying that authority. The holding out must be voluntary and not, for example, at gun point.[16] The second idea is that of apparent ownership: O by his conduct holds out A as being himself the owner of the goods. As before, T is led to deal with A in the belief that A is entitled to dispose of the goods, but this time on the basis that A is himself the owner, so that no question of any possible limits to his power to act is involved – an important point, as we shall see. The third idea is the sanctity of purchases made in market overt, a principle later taken over by statute but now abolished.[17]

16.11 A fourth exception to the *nemo dat* rule has from time to time been canvassed, namely estoppel by negligence. O, it is said, must not be so negligent in safeguarding his own property as to facilitate A's fraud in representing to T that he, A, is the owner. Lord Denning was a strong proponent of this theory, maintaining a rearguard action with considerable success even after the theory appeared to have been generally discarded. But in *Moorgate Mercantile Co v Twitchings*[18] the House of Lords, by a bare majority, did at last put to rest the notion that mere inactivity by O in regard to safeguarding his property – in that case, a finance company's failure through carelessness to register a hire-purchase agreement with HP Information Ltd – can debar him from asserting his rights. In general, he owes no duty of care to third parties to protect his own property. The position is the same where non-registration is due not to carelessness but to deliberate policy.[19] To be estopped, he must either represent A as the owner or as authorized to sell or in some way lend himself to such a representation by A. If he does either of these things, he will be estopped whether or not he acted negligently. If he does neither, the fact that he might by suitable means have prevented A from disposing of his goods to T is not sufficient to deprive O of his ownership; nor

---

[14] See para **2.80**.
[15] 'Ostensible authority' is a synonym for apparent authority. See para **5.18**.
[16] *Debs v Sibec Developments Ltd* [1990] RTR 91.
[17] See para **16.28**.
[18] [1977] AC 890.
[19] *Dominion Credit and Finance Ltd v Marshall (Cambridge) Ltd*, 2 March 1993, CA, unreported. The rules of HPI do not oblige a member to register its hire-purchase agreements. The position might possibly be different if (a) registration were a requirement of membership, and (b) the party claiming to have acquired title was aware that the other party was a member and reasonably relied on the absence of any registration.

The Nemo Dat Rule and its Common Law Exceptions 16.14

can T obtain relief through the back door via an action against O for negligence.[20]

16.12 It is equally clear that a representation by A as to his own authority or ownership does not bind O unless O has in some way lent himself to that representation.[21]

(i) Apparent authority

16.13 Where T buys from A goods belonging to O in reliance on A's apparent authority to sell them, O is bound and T acquires a good title. As we have seen, this exception to the *nemo dat* principle is preserved in s 21(1) of the Sale of Goods Act. Of course, T does not get a good title unless A sold him the goods. If A merely agreed to sell the goods to T and the transfer of the property was dependent on T's payment of the price, then until he pays the price, T does not acquire ownership. The proposition would seem self-evident, but was nevertheless challenged in *Shaw v Metropolitan Police Comr*.[22]

> O gave possession of his car to A, a rogue, in circumstances where O clearly held out A as authorized to sell the car. A agreed to sell the car to T, to whom he delivered it. Ownership was to pass on payment. T gave a banker's draft to A, who disappeared. But, alerted to the fraud, the bank issuing the draft did not pay it. The car was then taken into custody by the Metropolitan Police. O claimed the car; T contended that he had acquired title.
>
> *Held* by the Court of Appeal that s 21(1) applied only to a sale, not to an agreement for sale, and since T had never paid for the car, the property had not passed to him.

16.14 It is important not to read too much into this decision. T's claim was wholly unmeritorious, for he was seeking to assert title to a vehicle for which he had not paid a penny, since the bank had withheld payment of its draft. The common law rule preserved by s 21(1) would therefore not have given title to T, for A never purported to transfer title to him. The position would have been otherwise if A, when contracting to sell the car to T, had not reserved title pending payment. But it would be wrong to treat the decision as meaning that the common law estoppel protects only a buyer to whom the goods have been sold. T failed because he was claiming a title that had never been transferred to him. But he could have relied on A's apparent authority to sell as protecting him in his possession if he had perfected his rights by re-tendering the price.[23] By conferring on A apparent authority to deal with the goods, O becomes bound by transactions entered into within the scope of that authority, whether they are sales or any other types of transaction. So if A were to pledge the

---

[20] Ibid; *Debs v Sibec Developments Ltd*, n 16. The rule is somewhat different in equity, at any rate as regards interests in land, where the holder of the legal title can find himself postponed to a subsequent equitable interest through his neglect to obtain or retain possession of the title deeds. See paras **24.18–24.19**.
[21] *A.-G. for Ceylon v Silva* [1953] AC 461 at 479.
[22] [1987] 3 All ER 405.
[23] There was, of course, the difficulty that A had disappeared. This could no doubt have been resolved by paying the money into court. But T was too ambitious; he wanted the car for nothing!

16.14 Title Conflicts between Seller or Buyer and Third Parties

goods to T as security for a loan, the pledge would bind O if within the scope of A's apparent dealing powers. Similarly, O would be bound by a mere agreement to sell to T, for having held out A as authorized to enter into the agreement O could not be heard to say that it was unauthorized. But that agreement would not by itself give T title; it would merely confer on him the right to acquire title by paying the price.

16.15 Care should be taken not to confuse apparent authority with the mere appearance of authority. As we have seen,[24] the phrase 'apparent authority' is a convenient legal shorthand to denote an appearance of authority *to which O has lent himself by some express or implied representation to T*, whether made directly or through A. Almost invariably, O's representation is not given directly to T but derives from an instruction given by O to A, so that apparent authority is in most cases an extension of actual authority. O authorizes A to perform certain acts in relation to O's goods and thereby provides A with a springboard which enables A to represent his authority as still wider.

16.16 In determining whether T can successfully invoke the apparent authority of A to dispose of O's goods, at least five factors are likely to be relevant:

(a) A's own status as an agent – in particular, whether he is a professional, a 'mercantile agent' in the language of the Factors Acts, or is merely an ad hoc agent not in the business of buying or selling for others;
(b) the capacity in which he was instructed to act;
(c) whether he was given possession of the goods and/or of any indicia of title to them;
(d) the capacity and manner in which he in fact acted;
(e) whether T acted in good faith and in the reasonable belief that A was authorized to sell.

1. A as a mercantile agent

16.17 The law sharply distinguishes the professional agent from the amateur. If A is a mercantile agent[25] and is instructed as such by O then, in the absence of any indication to the contrary, T, if dealing with A when acting in the ordinary course of business as a mercantile agent, is entitled to assume that A's authority from O extends to all acts which would be usual for an agent in A's position to be authorized to perform,[26] and T will not be bound by undisclosed limitations imposed by O on such authority. By entrusting his business to a professional agent, whose constant business activity comprises

---

[24] See para **5.18**.
[25] See para **16.33**. On the reluctance of the courts to recognize a mercantile agency, see L. Rutherford and I. Todd, 'Section 25(1) of the Sale of Goods Act 1893: The Reluctance to Create a Mercantile Agency' [1980] 38 CLJ 346.
[26] At one time, the American *Restatement* treated this case as an example not of apparent authority but of the 'inherent agency power' to affect relations between O and T. See *Restatement, Agency* (2d) paras 8A, 161. However, there seems no reason why it should not be treated as a form of apparent authority generated by the status which A holds as a mercantile agent and the fact that he has been instructed by O to act in that capacity. The notion of 'inherent agency power' was not retained in the Restatement (3d) of Agency.

the purchase and sale of goods on behalf of others, O is required to accept the risk of the agent exceeding his authority, while T for his part is entitled within certain limits to rely on appearances when dealing with A.[27] This is sound policy; for a huge volume of business, both domestic and international, is conducted through agents, and both buyers and sellers need assurance that they can safely rely on the agent's authority if he is carrying out the transaction in a normal manner and on usual terms. If the rule were otherwise, large-scale business would be difficult to conduct effectively.

16.18 On the other hand, the law does not penalize O *merely* because of appearances. O must have lent himself to the act of the mercantile agent by instructing him to act in that capacity.[28] If I ask a second-hand car dealer, A, to sell my car for not less than £5,000 and in breach of his instructions he sells it for £4,600, I must put a brave face on it; I can sue A for deviating from his instructions but I cannot disclaim the sale.[29] The position would be the same if, though not giving A unqualified instructions to sell, I entrusted the goods to him for a dispositive purpose, by asking him to invite offers, whether expressly or by exposing the goods for sale in his showroom, and he then sells without my authority.[30] But if I leave my car with him for repair and not for sale, I am not bound by his unauthorized disposition. The purchaser, it is true, is just as misled as in the previous case, but I have not lent myself to A's dispositive act because I have never entrusted the car to him with a view to sale in the first place. T is thus held strictly to the limits of A's actual authority.[31] A fortiori the mere fact that A is given possession of my goods for safe keeping or for his private use does not result in my being estopped from disputing his right to sell, even if by elementary inquiry I could have discovered that he was untrustworthy.[32] The courts have time and again insisted that the owner of the goods owes no duty to third parties to be careful in the protection of his property,[33] and the fact that the person with whom I have deposited them is a mercantile agent does not affect the matter unless I instructed him to act in that capacity. This is a hard rule; for how is the innocent purchaser to know that A, contrary to appearances, is holding the goods in a private capacity or for a purpose other than that for which he usually takes possession of goods?

---

[27] A principle embodied and extended in what is now the Factors Act 1889. See para **16.33**.
[28] This is so both at common law and under the Factors Act. See para **16.39**. The remedy of a third party who in good faith relies on an appearance of authority to which the principal has not lent himself is to sue the agent for damages for breach of warranty of authority. *Semble*, an action for breach of warranty of authority does not lie where, by virtue of the agent's apparent authority, the principal is bound; in this situation, the third party's proper course is to hold the principal to the contract. See *Rainbow v Howkins* [1904] 2 KB 322.
[29] See *Rainbow v Howkins*, n 28 (sale by auctioneer below reserve price at which vendor had instructed him to sell). Similarly, one who instructs an agent to make a purchase at not more than a stated price is bound if the agent buys at a higher price (*Todd v Robinson* (1825) Ry & M 217).
[30] *Turner v Sampson* (1911) 27 TLR 200.
[31] See *Astley Industrial Trust Ltd v Miller* [1968] 2 All ER 36, per Chapman J at 40; *Pearson v Rose & Young Ltd* [1951] 1 KB 275, per Denning LJ at 288.
[32] Ibid.
[33] *Central Newbury Car Auctions Ltd v Unity Finance Ltd* [1957] 1 QB 371; *Mercantile Credit Co Ltd v Hamblin* [1965] 2 QB 242; *Moorgate Mercantile Co v Twitchings*, n 18.

16.19 *Title Conflicts between Seller or Buyer and Third Parties*

16.19 By a spurious logic, the same rule is applied to the delivery of documents of title to goods.[34] If the mere deposit of the goods themselves with the mercantile agent does not confer on him apparent authority to sell, how can the deposit of indicia of title have any greater effect? But it is fallacious to equate in this way documents of title to goods with the goods themselves. The possession of documents of title is a great deal less ambiguous in character than the possession of goods. Goods may be delivered and held for use, for repair, for letting out on hire or for safe custody. Documents of title, on the other hand, are not taken for any of these purposes except safe custody; and the range of persons whose business it is to hold documents for safe keeping is very much narrower than in the case of goods. I might entrust documents of title to my bank for custody; it is extremely unlikely that I should deposit them for that purpose with a warehouse, a commercial agent or a repairer. Nevertheless, in keeping with decisions concerning the deposit of title deeds to land,[35] the authorities establish that the delivery of documents of title to goods to an agent otherwise than for the purpose of selling the goods or raising money on them does not confer on the agent the power to bind the owner by an unauthorized disposition.[36] Even the fact that A was entrusted with possession with a view to sale does not suffice to confer a good title on T. He must go further and show[37] that A's disposition was made in the ordinary course of business[38] and that he, T, took in good faith and in the belief that A was entitled to sell.[39]

2. A as an ad hoc agent

16.20 Where A is not a mercantile agent, different considerations apply. If I ask my friend Alec the greengrocer to sell my car for me for not less than £5,000, he cannot, in the absence of other factors, commit me beyond the extent of the authority I have given him. If he purports to sell the car to T for £4,600, I can disclaim the sale. Alec may incur liability to T for breach of warranty of authority,[40] but that is the most that T can secure by way of

---

[34] *Cole v North Western Bank* (1875) LR 10 CP 354, per Blackburn J at 363. In the light of this well-established common law principle, it is somewhat surprising that in *Central Newbury Car Auctions Ltd v Unity Finance Ltd*, n 33, the court felt that the case turned on whether the vehicle registration book was a document of title, for at common law that would not by itself have made any difference at all.

[35] *Martinez v Cooper* (1826) 2 Russ 198. Cf *Northern Counties of England Fire Insurance Co v Whipp* (1884) 26 Ch D 482; *Brocklesby v Temperance Permanent Building Society* [1895] AC 173.

[36] A similar rule applied at common law where a dealer sold goods but was allowed by his buyer to remain temporarily in possession of the goods and documents of title to them (*Johnson v Crédit Lyonnais Co* (1877) 3 CPD 32).

[37] The onus of so doing lies on T. If he adduces no evidence beyond the fact that A was a mercantile agent when the goods were entrusted for the purpose of sale, T will lose. See *Suttons Motors (Temora) Pty Ltd v Hollywood Motor Pty Ltd* [1971] VR 684.

[38] *General Distributors Ltd v Paramotors Ltd* [1962] SASR 1. The meaning of this requirement is discussed in relation to the Factors Act, para **16.43**.

[39] It is not, however, necessary for T to show that his belief was reasonable, for the doctrine of constructive notice does not normally apply to commercial transactions. See, for example, *Feuer Leather Corpn v Frank Johnston & Sons* [1981] Com LR 251 and para **24.45**.

[40] See *Bowstead and Reynolds on Agency* (21st edn, 2017), ch 9, esp art 105.

redress. By dealing with an amateur, T takes his chance. A good illustration is *Jerome v Bentley & Co*.[41]

> The plaintiff entrusted a diamond ring to one Tatham to sell on his behalf for £550. Tatham was to be entitled to keep any surplus above £550 for himself but was to return the ring if not sold within seven days. In breach of his agreement, Tatham sold the ring to the defendants eleven days later for £175, representing himself as the owner. The defendants subsequently resold the ring. In an action by the plaintiff against the defendants for conversion, it was held that the defendants could not rely on the principle of usual authority successfully invoked in *Watteau v Fenwick*,[42] for in the present case Tatham belonged to no well-known class of agent but was merely a private individual carrying on no calling and simply entrusted with the sale of the ring. Accordingly, his authority came to an end at the end of the seven days, and since he was not a broker or other person engaged in buying and selling goods for others, the defendants were not entitled to assume the continuance of an authority that had in fact come to an end.

16.21 But the fact that A is not a full-blooded mercantile agent does not necessarily put T out of court; it simply means that O's delivery of the goods to A for the purpose of sale is not by itself sufficient to create apparent authority going beyond A's actual authority. Something more is needed that will enable T to show that O has expressly or impliedly represented A's authority as wide enough to cover the transaction with T. If O has employed A as his agent on other occasions, this may give T an argument; and the greater the regularity with which O has instructed A to act, the stronger become T's prospects of showing that O has held A out as having a general authority to act on his behalf in similar dealings. This would suffice to confer apparent authority on A even if O was his sole principal.

(ii) Apparent ownership

16.22 The concept of apparent authority is limited to situations in which A is held out as an agent, whether for a named or an unnamed principal. But frequently O and A find it advantageous to conduct business on the basis that, while as between themselves A is to sell the goods as O's agent, he is to present himself to the third parties as a principal selling in his own name and on his own behalf. This, indeed, was the traditional role of the factor.

16.23 The principles underlying A's power to dispose of goods as apparent owner and thereby deprive O of title even where A acts in breach of his mandate are in some respects akin to those previously discussed in relation to apparent authority. The starting point is, as before, that O owes no duty to third parties to be careful in the protection of his property. The fact that he allows another to take possession and omits steps that would alert third parties to the fact that the possessor has only a limited interest is not sufficient to deprive him of his title in favour of an innocent purchaser who is thereby

---

[41] [1952] 2 All ER 114.
[42] [1893] 1 QB 346. See paras **5.18–5.19** for a criticism of this case.

16.23 *Title Conflicts between Seller or Buyer and Third Parties*

misled.[43] If, however, O either authorizes A to sell as principal or knows that it is usual for agents in the position of A to sell as principal, a disposition by A as owner will bind O, and this is so whether or not A is given possession of goods.[44] Thus at common law a factor had usual authority to sell goods in his own name,[45] though not to pledge them.[46]

16.24 It is at this point that the effect of apparent ownership diverges from that of apparent authority. Where A is held out as authorized to sell, the disposition by him will bind O only so far as it is within A's apparent authority. But where A is held out as owner, the question of apparent authority does not arise, for T has no reason to suppose that A needs the approval of any third party to the disposition.[47] T is thus entitled to assume that A's power to deal with the goods is as unfettered as that of any other owner. So the fact that A sells on unusual terms or does not sell in the ordinary course of business is irrelevant except in so far as it bears on T's good faith and the reasonableness of his belief that A was the owner.[48] Indeed, where A was in fact authorized by O to hold himself out as owner, it would appear sufficient that T genuinely believed A to be the owner, and the reasonableness of such belief is immaterial.[49]

3. STATUTORY EXCEPTIONS TO THE NEMO DAT RULE

16.25 Trade depends on the rapid movement of goods from hand to hand, and the reluctance of the common law to override the rights of the owner who parted with possession to an agent became a growing source of inconvenience with the expansion of trade in the nineteenth century.

16.26 Statutory encroachments on the *nemo dat* rule began with the Factors Act 1823, later amended by the Factors Acts of 1825, 1842 and 1877, all of

---

[43] *Moorgate Mercantile Co Ltd v Twitchings*, n 18, in which the House of Lords by a bare majority upheld the title of the plaintiff finance house to a motor vehicle let on hire-purchase and wrongfully disposed of by the hirer, despite the fact that as the result of the plaintiff's failure to register the hire-purchase agreement with H.P. Information Ltd (a company set up by the hire-purchase industry to maintain a register of hire-purchase and similar agreements) a motor dealer had in good faith purchased the vehicle in reliance on a clear search from HPI. In the Court of Appeal, Lord Denning's valiant rearguard action had persuaded the majority of the court to the opposite conclusion. An interesting feature of Lord Denning's judgment is the ingenuity with which, having stated the proposition that mere carelessness by the owner in protecting his property did not estop him from asserting his title, he then proceeded to elevate what was in truth mere inactivity of the plaintiff in failing to register into a positive representation that it had no interest in the vehicle. See further para 16.11.
[44] *Eastern Distributors Ltd v Goldring* [1957] 2 QB 600.
[45] *Baring v Corrie* (1818) 2 B & Ald 137.
[46] Ibid.
[47] *Motor Credits (Hire Finance) Ltd v Pacific Motor Auctions Pty Ltd* (1963) 109 CLR 87; *Lloyds and Scottish Finance Ltd v Williamson* [1965] 1 All ER 641, [1965] 1 WLR 404.
[48] Ibid.
[49] For having authorized A to represent himself as owner, O cannot be heard to contend that T's belief in A's ownership is unreasonable. The position is otherwise where, in so representing himself, A exceeds his authority.

these being repealed by the Factors Act 1889, still in force, which consolidated and to some extent extended the earlier Acts.[50] The previous Acts progressively extended the power of an 'agent entrusted' with goods or documents of title to goods to pass a good title or pledge of the goods to a third party; but 'agent entrusted' was interpreted by the courts as denoting not any agent but only commercial agents (factors, brokers and the like) ordinarily having power as such to sell or pledge goods, and then only to cases where the agent was entrusted with the goods in that capacity. The Factors Act 1889 substituted the phrase 'mercantile agent' for 'agent entrusted', but the meaning would appear to be the same. The Act, re-enacting and extending the previous legislation, is not confined to dealings by factors and other mercantile agents but also (repeating provisions contained in the Factors Act 1877) covers dispositions by a buyer in possession and by a seller who remains in possession after sale. These provisions in the 1889 Act were re-enacted almost verbatim in s 25 of the Sale of Goods Act 1893 (now s 25 of the Sale of Goods Act 1979). Since that time, the list of statutory exceptions to the *nemo dat* rule has gradually expanded, the most significant addition being the provisions embodied in Part III of the Hire-Purchase Act 1964, which enable the hirer or buyer of a motor vehicle under a hire-purchase or conditional sale agreement to pass an overriding title to a bona fide private purchaser.[51] As we shall see, the statutory provisions, developed piecemeal and interpreted restrictively by the courts, do not in policy terms represent either a rational or a cohesive set of rules for balancing the conflicting interests.

16.27 With the exception of statutes authorizing confiscation and forfeiture of goods,[52] all the statutory exceptions to the *nemo dat* rule require that the owner shall have voluntarily parted with possession, to the buyer or to a mercantile agent. A thief is therefore incapable of passing a good title.[53]

(i) Sale in market overt

16.28 Until 1995, where goods were sold in market overt according to the usage of the market, the buyer acquired a good title[54] to the goods, provided he bought them in good faith and without notice of any defect or want of title on the part of the seller.[55] The market overt rule, peculiar to English law, originated in the Middle Ages when shops were few, most goods were sold at markets and fairs, and private sales were severely discouraged as being likely to involve stolen goods. One who received stolen goods and was not able to show that he had acquired them in open market stood in considerable danger of being hanged. In recent times, however, a rule designed to promote honesty among buyers and the integrity of the market came to be seen as providing a

---

[50] For a useful historical account, see the judgment of Blackburn J in *Cole v North Western Bank*, n 34.
[51] See para **16.72**.
[52] See para **16.93**.
[53] The other exception to this principle, sale in market overt, has now been abolished. See below.
[54] Ie the best title, overriding the rights of all prior parties.
[55] Sale of Goods Act 1979, s 22(1).

charter for thieves and fences, a perception highlighted by the theft of paintings by Gainsborough and Reynolds from Lincoln's Inn and their sale in Bermondsey market. The market overt exception to the *nemo dat* rule has now been abolished.[56]

(ii) Sale by seller with voidable title

16.29 Section 23 of the Act provides that where the seller of goods has a voidable title thereto, but his title has not been avoided at the time of the sale,[57] the buyer acquires a good title to the goods, provided that he buys them in good faith and without notice of the seller's defect in title. For example, A is induced by S's fraud to sell goods to S, who resells them to B before A has discovered the fraud and rescinded the contract. B acquires a good title. This is not at first sight a true exception to the *nemo dat* rule, for S's title, though voidable at the instance of A, is nevertheless a good title until avoided and can be transferred to B as buyer in good faith. But B does in fact acquire a better title than S, for the sale to him extinguishes A's right to rescind the original sale agreement. Hence B's title, unlike that of S, is not voidable at the instance of A. In property terms, B takes the goods free from A's equity. This is merely a specific application of the general rule of contract law that the right to rescind a contract is lost when an innocent third party has acquired an interest in the subject-matter of the contract.

16.30 Though B prevails if he buys before A rescinds, the converse is not necessarily true, for though A's rescission revests the property in him, S may still be able to pass a good title to B by virtue of some other exception to the *nemo dat* rule, eg under s 9 of the Factors Act as a buyer in possession.[58]

16.31 If B, at the time of his purchase, knows that S's title is only voidable, then B himself obtains only a voidable title. Nevertheless, this is still a good title until avoided, so that if before rescission by A there is a resale by B to C, who takes in good faith and without notice of the defect in B's title, s 23 operates again, for the protection of C, and A loses title.

16.32 Section 23 applies only where S does in fact acquire title (albeit voidable) in the first instance. If A supplied the goods to S on conditional sale, s 23 does not come into play. A has reserved title and no act of rescission is needed on his part, nor would rescission assist him to defeat s 9 if S subsequently resold the goods to a buyer taking in good faith and without

---

[56] Sale of Goods (Amendment) Act 1994, s 1. The other great merit of this enactment is its brevity: two sections occupying three lines. Would that this were the characteristic of the rest of the statute book! For details of the market overt rule, see the first edition of this work at p 401, and B. Davenport and A. Ross, 'Market Overt' in N. Palmer and E. McKendrick (eds), *Interests in Goods* (2nd edn, 1998), ch 14.
[57] Ie by the seller's own supplier rescinding the contract under which the seller acquired title – typically, for misrepresentation or fraud. For the mode of rescission, see para 3.100.
[58] See para **16.57**. Withdrawal by A of his consent to S's continued possession does not affect the operation of s 9 of the Factors Act, for by s 2 such withdrawal is not to affect a person taking without notice of it.

notice of S's want of title. Similarly, if S, instead of buying the goods from A, had stolen them from him, S would not acquire a voidable title; he would have no title at all.

(iii) Disposition by mercantile agent

16.33 The common law, as we have seen, developed the general principle that if the owner of goods entrusted them, or documents of title to them, to a professional dealer, a mercantile agent, he took his chance on the dealer's integrity and could not complain if in selling the goods the dealer exceeded his authority. But the common law rule was confined to sales by the mercantile agent; it did not extend to unauthorized pledges of the goods or documents. The Factors Acts extended the common law rule to cover all types of disposition by a mercantile agent and these are now regulated by s 2 of the Factors Act 1889. By s 2(1):

> 'Where a mercantile agent is, with the consent of the owner, in possession of goods or of the documents of title to goods, any sale, pledge, or other disposition of the goods, made by him when acting in the ordinary course of business of a mercantile agent, shall, subject to the provisions of this Act, be as valid as if he were expressly authorized by the owner of the goods to make the same; provided that the person taking under the disposition acts in good faith, and has not at the time of the disposition notice that the person making the disposition has not authority to make the same.'

16.34 Where s 2(1) applies, the effect of the disposition by the mercantile agent on the rights of the original owner will, of course, depend on whether it is absolute or by way of security. An absolute disposition, if within the provisions of the section, deprives the owner of his title altogether, and transfers the title (such as it is[59]) to the third party; a disposition by way of pledge[60] or other security merely subordinates the owner's interest to that of the pledgee or other secured party, preventing him from recovering the goods or documents until the pledge or other security has been redeemed.[61] In order to invoke s 2(1) successfully the innocent third party must establish the following:

1. Possession of goods or documents of title by a mercantile agent

16.35 The expression 'goods' includes wares and merchandise[62] and appears to have the same meaning as in the Sale of Goods Act. Section 1 of the Factors

---

[59] The third party will acquire only such title as the owner himself had so that, if this is defeasible, it will remain so in the hands of the third party.
[60] A pledge of the documents of title to goods is deemed a pledge of the goods (s 3). The word 'pledge' is widely defined in s 1 and appears to embrace mortgages and charges.
[61] However, if the pledge was for an antecedent advance, the pledgee's priority does not extend to the full advance as such but is limited to the enforceable rights of the pledgor to the goods at the time of the pledge (s 4), so that if, vis-à-vis the owner, the mercantile agent had no claim over the goods at all, none will be held by the pledgee against the owner, and if the mercantile agent's claim over the goods was limited to a lien for his charges, the interest of the pledgee will be correspondingly limited.
[62] Factors Act 1889, s 1.

16.35 Title Conflicts between Seller or Buyer and Third Parties

Act 1889 gives an enlarged meaning to 'documents of title', for while at common law the only document recognized as a document of title is a bill of lading, s 1 of the Act extends the term to include 'any bill of lading, dock warrant, warehouse-keeper's certificate, and warrant or order for the delivery of goods, and any other document used in the ordinary course of business as proof of the possession or control of goods, or authorizing or purporting to authorize, either by endorsement or by delivery, the possessor of the document to transfer or receive goods thereby represented'.[63] A motor-vehicle registration book[64] has been held not to be a document of title,[65] serving entirely different functions.[66]

16.36 The mercantile agent must be in possession of the goods or document of title at the time of the disposition. A person is deemed to be in possession of the goods or the document of title where they are in his actual custody or are held by another person subject to his control or for him or on his behalf.[67]

16.37 'Mercantile agent' is defined[68] as 'a mercantile agent having in the customary course of his business as such agent authority either to sell goods, or to consign goods for the purpose of sale, or to buy goods, or to raise money on the security of goods'. Despite the title of the Act, it is not necessary that the agent should be a factor, that is, one having usual authority to buy, sell, etc, in his own name. Moreover, the courts have held (stretching the language of s 1 somewhat) that a person can be a mercantile agent even though his business is that of buying and selling on his own behalf, and not as agent at all, and even if he carries on an entirely different kind of business or no independent business, so long as in the particular case the owner entrusted the goods to him in a business capacity for the purpose of dealing with them in the way in which they would be dealt with by a mercantile agent. In other words, acting for a single principal in a single agency transaction may constitute a person a mercantile agent.[69] But s 2(1) does not apply if possession is given to a person otherwise than in the capacity of mercantile agent, for example, as a buyer under a conditional sale agreement.[70]

16.38 A third person is to be deemed in possession of goods or of the documents of title to goods where the goods or documents are in his actual custody or are held by any other person subject to his control or for him or on

---

[63] See S. Mills (ed), *Goode on Proprietary Rights and Insolvency in Sales Transactions* (3rd edn, 2010), para 4.08.
[64] Now replaced by a vehicle registration document.
[65] *Joblin v Watkins & Roseveare (Motors) Ltd* [1949] 1 All ER 47; *Bishopsgate Motor Finance Corpn. Ltd v Transport Brakes Ltd*, n 5; *J Sargent (Garages) Ltd v Motor Auctions (West Bromwich) Ltd* [1977] RTR 121; *Beverley Acceptances Ltd v Oakley* [1982] RTR 417 (Lord Denning MR dissenting).
[66] Namely, to establish the payment of the vehicle licence fee and to assist the police in tracing stolen vehicles.
[67] Factors Act 1889, s 1(2). See, for example, *Fairfax Gerrard Holdings Ltd v Capital Bank plc* [2006] EWHC 3439 (Comm), [2007] 1 Lloyd's Rep 171.
[68] Factors Act 1889, s 1.
[69] *Weiner v Harris* [1910] 1 KB 285; *Lowther v Harris* [1927] 1 KB 393.
[70] See below.

his behalf.[71] Hence a mercantile agent who, having received goods from the owner, deposits them in a warehouse which undertakes to hold them on his behalf is considered to be still in possession of the goods.

2. *Consent of the owner*

16.39 To be within the section, the third party must show that the goods were in the mercantile agent's possession with the consent of the owner and that the consent was to possession by the mercantile agent in his capacity as such.[72] If I deliver my car to a motor dealer for sale or with a view to sale,[73] I entrust my car to him as a mercantile agent. If I leave my car at his garage for the purpose of repair, then even though he is a mercantile agent I have not consented to his possessing the car in that capacity and s 2 will not apply to a wrongful disposition made by him.[74] Similarly, s 2(1) does not apply to delivery to a person as hirer under a hire-purchase agreement[75] or as buyer under a conditional sale agreement.[76] Consent obtained by fraud is nevertheless an effective consent within the meaning of the section.[77]

16.40 Consent to possession of the goods by a mercantile agent receiving them as such carries through automatically to any documents of title which the agent thereby obtains.[78] Thus if the agent, having received the goods with the owner's consent, has them loaded on to a ship and receives a bill of lading in exchange, he is deemed to have received the bill of lading with the consent of the owner of the goods, and the effect of any dealing with the bill of lading will be treated on that basis.

16.41 Consent is presumed in the absence of evidence to the contrary;[79] and withdrawal of the consent is not effective as against a third party who takes without knowledge of the withdrawal of consent and under a disposition which would have been valid if the consent had continued.[80]

3. *Sale, pledge or other disposition*

16.42 Any form of disposition is protected if it is for consideration[81] and the other requirements of s 2 are fulfilled and, in contrast to the position under ss 8

---

[71] Factors Act 1889, s 1.
[72] *Astley Industrial Trust Ltd v Miller*, n 31, which contains a useful survey of the relevant authorities.
[73] As at common law, it is not necessary that I should authorize the agent to sell; it suffices that I deposit the goods with him for the purpose of inviting offers. See *Turner v Sampson*, n 30.
[74] *Pearson v Rose & Young Ltd*, n 31, per Denning LJ at 288.
[75] *Astley Industrial Trust Ltd v Miller*, n 31.
[76] *Traders Group Ltd v Gouthro* (1969) 9 DLR (3d) 387; *Sun Toyota Ltd v Granville Toyota Ltd* 2002 BCD Civ J 1265.
[77] *Pearson v Rose & Young Ltd*, n 31.
[78] Factors Act 1889, s 2(3).
[79] Ibid, s 2(4).
[80] Ibid, s 2(2).
[81] Section 2 does not expressly require consideration, but this is implicit in s 5, which states what suffices as consideration. Under that section the pledge may be for cash, goods, documents of

16.42 *Title Conflicts between Seller or Buyer and Third Parties*

and 9 of the Act, it is not necessary that possession shall have been given to the third party. On the other hand, the mercantile agent must himself be in possession at the time of the disposition. It is not sufficient that he was previously in possession.[82] Moreover, the transaction between the mercantile agent and the third party must be one which has a dispositive effect, as opposed to being a mere contract.[83] If, therefore, the agent contracts to sell the goods to a third party but reserves title (eg until payment) and does not deliver possession, then at that stage the third party has no real rights in the goods but merely a personal contractual right and the owner will be entitled to recover them. The position is otherwise once title has passed or possession has been given or some other real right has been conferred on the third party, eg by an agreement that the goods shall stand mortgaged or charged with payment of a sum of money, which takes effect as an equitable mortgage or charge.[84]

4. *'In the ordinary course of business of a mercantile agent'*

16.43 This means merely that the agent must, in disposing of the goods, act in the manner in which a mercantile agent would act if authorized to carry out the transaction.[85] Factors tending to negate this are disposition of a kind not normal for a mercantile agent of the type in question;[86] sale at a substantial undervalue[87] or outside normal business hours[88] or otherwise than at or from proper business premises;[89] sale of a vehicle without delivery of the registration document[90] or ignition key;[91] and a forced sale designed to allow the buyer to set off the price against an existing indebtedness of the seller to the buyer.[92]

---

title or negotiable securities, but in the last three cases the pledgee's rights over the goods are limited to the value, at the time of pledge, of the goods, documents or instruments given in exchange.

[82] *Beverley Acceptances Ltd v Oakley*, n 65.
[83] This is not merely the natural construction of the words 'sale, pledge or other disposition' but seems to follow from the fact that in s 2, unlike ss 8 and 9, those words are not followed by the phrase 'or under any agreement for sale, pledge or other disposition thereof'.
[84] See para **23.03**.
[85] *Oppenheimer v Attenborough & Son* [1908] 1 KB 221; *Mercedes-Benz Financial Services Australia Pty Ltd v New South Wales* [2011] NSWSC 1458, [89]–[95].
[86] *Lloyds and Scottish Finance Ltd v Williamson*, n 47.
[87] *Heap v Motorists' Advisory Agency Ltd* [1923] 1 KB 577.
[88] *Motor Credits (Hire Finance) Ltd v Pacific Motor Auctions Pty Ltd*, n 47, approved on appeal on this point [1965] AC 867. The decision did not involve the question of mercantile agency, but the principle is the same.
[89] *Oppenheimer v Attenborough & Son*, n 85, per Buckley LJ at 230–231.
[90] *Stadium Finance Ltd v Robbins* [1962] 2 QB 664; *Pearson v Rose & Young Ltd*, n 31. But see n 91.
[91] *Stadium Finance Ltd v Robbins*, n 90. The suggestion in these cases that non-delivery of the registration document or ignition key ipso jure prevents the sale from being in the ordinary course of business is not, it is submitted, in accordance with commercial reality. There may be many reasons for a short delay in delivering the document or the keys. Non-delivery at the time of sale should simply be regarded as a relevant fact, not a conclusive determinant in law.
[92] *Motor Credits (Hire Finance) Ltd v Pacific Motor Auctions Pty Ltd*, n 47.

5. Good faith and want of notice

16.44 To be protected, the third party must show that he took in good faith and without notice of the agent's want of authority.[93] These two requirements are not synonymous. Good faith denotes honesty in fact, even if the honest belief was unreasonable or the party holding that belief was negligent.[94] Sale to him at an undervalue may be evidence of want of good faith but is not conclusive. On the other hand, the third party will probably be considered to have notice of want of authority if, though acting in good faith, he acquires the goods in such circumstances that no reasonable man would have taken them without further inquiry.[95]

(iv) Consignment[96]

16.45 By s 7(1) of the Factors Act 1889:

> 'Where the owner of goods has given possession of the goods to another person for the purpose of consignment or sale, or has shipped the goods in the name of another person, and the consignee of the goods has not had notice that such person is not the owner of the goods, the consignee shall, in respect of advances made to or for the use of such person, have the same lien on the goods as if such person were the owner of the goods, and may transfer any such lien to another person.'

Nothing in the section limits or affects the validity of any sale, pledge or disposition by a mercantile agent.[97]

(v) Disposition by seller remaining in possession[98]

16.46 The decision in *Johnson v Crédit Lyonnais Co*[99] resulted in immediate legislation in the shape of the Factors Act 1877, the relevant provisions of which are now embodied in s 8 of the Factors Act 1889, which provides as follows:

---

[93] The burden of proof rests on the third party: *Fairfax Gerrard Holdings Ltd v Capital Bank plc* [2006] EWHC 3439 (Comm), [2007] 1 Lloyd's Rep 171.
[94] Cf Sale of Goods Act 1979, s 61(3).
[95] However, the meaning of 'notice' is unclear. See the discussion by K. C. T. Sutton, *Sales and Consumer Law in Australia and New Zealand* (4th edn, 1995), pp 507–508. What is established is that the equitable doctrine of constructive notice does not apply to commercial dealings in goods. Hence a bona fide purchaser is not fixed with notice of his seller's breach of trust or other breach of duty merely because of a failure to make inquiries as to the seller's right to sell (*Manchester Trust v Furness* [1895] 2 QB 539, applied in *By Appointment (Sales) Ltd v Harrods Ltd* (1977), unreported CA (Bar Library transcript No 465) and *Feuer Leather Corpn v Frank Johnston & Sons*, n 39). The onus is on the third party to show that he took in good faith and without notice (*Oppenheimer v Attenborough & Son*, n 85; *Heap v Motorists' Advisory Agency Ltd*, n 87).
[96] For the use of consignment in motor-vehicle stocking arrangements, see paras **29.12–29.17**.
[97] Section 7(2).
[98] The ensuing pages are based on the somewhat more extended treatment in Goode, *Hire-Purchase Law and Practice*, n 2, pp 602 ff.
[99] See n 36.

16.46 Title Conflicts between Seller or Buyer and Third Parties

'Where a person, having sold goods, continues, or is, in possession of the goods or of the documents of title to the goods, the delivery or transfer by that person, or by a mercantile agent acting for him, of the goods or documents of title under any sale, pledge or other disposition thereof or under any agreement for sale, pledge or other disposition thereof, to any person receiving the same in good faith and without notice of the previous sale, shall have the same effect as if the person making the delivery or transfer were expressly authorized by the owner of the goods to make the same.'

16.47 Section 24 of the Sale of Goods Act 1979, re-enacting s 25(1) of the Sale of Goods Act 1893, is in identical terms except that the words 'or under any agreement for sale, pledge or other disposition thereof' are omitted. Since s 8 of the Factors Act is, by reason of the inclusion of the above words, somewhat wider in scope, it is that provision which will be analysed in the following paragraphs. In most cases where s 8 is applicable, s 24 of the Sale of Goods Act will apply also.

1. 'Having sold goods'

16.48 The section applies only to a disposition by a person who has sold. It does not cover the case where the first disposition is only an agreement to sell (the property remaining in the seller) or a hire-purchase agreement. In these cases the statutory provision is unnecessary since the seller's retention of the property in the goods enables him to pass title on the second disposition.[100]

16.49 Although s 8 is silent on the point, it would seem that the seller cannot, on making his second disposition, transfer a better title than he had before he sold to the first buyer. In other words, 'owner' in the phrase 'expressly authorized by the owner' must be taken to denote the first buyer, and it is only the latter's title that is overridden by the second disposition made by the seller. If, for example, the goods were stolen and the thief sold them to A, A would not acquire the title. It would be absurd if, having sold to A while remaining in possession, the thief could then qualify as a seller in possession and pass title by reselling the goods to B. In that situation, if the section were to apply, the first purchaser from the thief would acquire no title while the second purchaser would. It seems clear that 'owner' is to be read as denoting the relevant owner, ie the first buyer.[101]

2. 'Continues or is in possession'

16.50 In order for title to pass under s 8 it is necessary that the seller 'continues or is in possession' of goods, or of documents of title to them, at the time of the second disposition.[102] In *Pacific Motor Auctions Pty Ltd v Motor*

---

[100] *Semble*, this is so even if the purchaser took with notice of the prior sale or hire-purchase agreement.
[101] See *National Employers' Mutual General Insurance Association Ltd v Jones* [1990] 1 AC 24, per Lord Goff at 62, in which Lord Goff expressed a similar view (albeit obiter) on s 8 as part of his reasoning for his decision on s 9.
[102] *Pacific Motor Auctions Pty Ltd v Motor Credits (Hire Finance) Ltd* [1965] AC 867. See also *Mitchell v Jones* (1905) 24 NZLR 932, and Goode, *Hire-Purchase Law*, n 2, pp 604–605. L.

Statutory Exceptions to the Nemo Dat Rule 16.52

Credits (Hire Finance) Ltd,[103] it was held (disapproving earlier cases on the point) that as long as there was no break in the seller's possession after the first sale by him and before he resold, the section applied, even though the character of the seller's possession had changed from that of seller as such to that of bailee, eg under a hiring back from the original buyer on hire or hire-purchase. This decision was followed in *Worcester Works Finance Ltd v Cooden Engineering Co Ltd*,[104] in which, somewhat surprisingly, a repossession by the seller's own vendor with the seller's consent was held to constitute a 'disposition' within s 25(1) of the 1893 Act.[105]

16.51 It is not necessary that the seller should have remained in possession with the consent of the first buyer. In this respect s 8(1) differs from the comparable provisions of s 9 governing dispositions by a buyer in possession.[106]

3. *Delivery or transfer of goods or documents of title*

16.52 The second buyer will not acquire title unless there is a delivery or transfer of the goods or documents of title to him. This has been interpreted[107] as meaning that goods must be delivered or documents of title transferred. In *Gamer's Motor Centre (Newcastle) Pty Ltd v Natwest Wholesale Australia Pty Ltd*[108] the High Court of Australia held, by a majority of three to two, that physical delivery was not necessary and that constructive delivery sufficed. So where dealers, having acquired motor vehicles under a floor-plan agreement by which title remained in the seller until payment, resold the vehicles to the plaintiffs but retained possession for the purpose of display, the character of the dealer's possession changed to that of bailee for the plaintiffs, who had thereby obtained constructive delivery and thus title under the statutory provisions. The decision is not easy to support, for every seller of specific or ascertained goods is a bailee of the buyer, so that this construction deprives the delivery requirement of any meaning. Further, it disregards the underlying policy of the statutory provisions, which is not simply delivery to the buyer but divestment of possession by the seller. This is clear from the definition of 'delivery' in s 61(1) as 'voluntary transfer of possession from one person to

---

Merrett, 'The Importance of Delivery and Possession in the Passing of Title' [2008] CLJ 376, argues that a seller 'continues in possession' where there has been no delivery of the goods, actual or constructive, and that a seller is 'in possession' of the goods if his physical possession of the goods is attributable to the sale.

[103] See n 102.
[104] [1972] 1 QB 210.
[105] For a criticism of this case, see R. M. Goode, 'The Dispositive Effect of a Seller's Repossession' (1972) 35 MLR 186. The decision was, however, followed by Ramsey J in *P4 Ltd v Unite Integrated Solutions plc* [2006] EWHC 2640 (TCC), [2006] All ER (D) 352 (Oct). Ramsey J noted the differences in reasoning between the different members of the court in *Worcester Works Finance*, and concluded (at [114]–[115]) that a disposition does not have to be a full transfer of property in the goods but can be a transfer of an interest, legal or equitable, in the goods.
[106] See para **16.63**.
[107] *Nicholson v Harper* [1895] 2 Ch 415; *Kitto v Bilbie, Hobson & Co* (1895) 72 LT 266.
[108] (1987) 163 CLR 236.

16.52 Title Conflicts between Seller or Buyer and Third Parties

another'. However, the decision in *Gamer* was applied by Clarke J in *Forsythe International (UK) Ltd v Silver Shipping Co Ltd*.[109] An interesting point arose in *Michael Gerson (Leasing) Ltd v Wilkinson*,[110] where a company in possession of equipment under a leasing agreement sold it to a finance house which let it back to the seller on lease. The sale and lease-back were interdependent, so that there was never a time at which the buyer was in a position to give instructions to the seller as to the goods.[111] Nevertheless, the Court of Appeal rejected the argument that there was never any assent by the seller to hold the goods for the buyer rather than for an interest of its own as lessee and held that there had to have been constructive delivery to the buyer in order for it to grant a lease back of the goods, and it was not necessary to identify the point at which the constructive delivery occurred.[112]

4. Sale, pledge or other disposition

16.53 Where the second disposition is an outright sale, title passes to the second buyer; where it is an agreement for sale, then the second buyer has priority over the first and will acquire title when the property passes to him in accordance with the rules laid down in the Sale of Goods Act;[113] where it is a pledge, then while the first buyer still has title, he holds this subject to the rights of the pledgee. Where the seller, after selling the goods, lets them on hire-purchase and delivers possession to the hirer, the hire-purchase agreement binds the first buyer and if the hirer exercises his option to purchase,[114] he acquires a good title.

5. Good faith

16.54 In order to obtain title under s 8 the party to whom the goods or documents of title are disposed of must have received these in good faith and without notice of the previous sale. This good faith and want of notice must exist at the date of delivery of the goods, or transfer of documents of title, as well as at the date of the disposition. If, therefore, the seller wrongfully resells the goods to an innocent purchaser but, before the delivery of the goods to

---

[109] [1994] 1 All ER 851, [1994] 1 WLR 1334.
[110] [2001] QB 514.
[111] In this significant respect the case differed from *Marvin v Wallis* (1856) 25 LJQB 369, in which the seller acknowledged the buyer's title and asked if he could borrow the goods. The decision is incorrectly cited by Pollock and Wright, *An Essay on Possession in the Common Law* (1888), p 72, as authority for the proposition that there is constructive delivery whether the vendor's custody is in the character of a bailee for reward or of a borrower, whereas in fact the seller's assent to hold for the buyer was not under the bailment for reward but preceded that bailment, leaving it open to the buyer to refuse to allow the seller to have the goods as bailee. What happens after the assent has been given is irrelevant.
[112] Which would have been difficult, for the delivery must take place after the sale and the only relevant act, namely signature of the leasing agreement, would establish that the lessee held for an interest of its own, not at the direction of the buyer-lessor. This difficulty was not addressed in the judgments.
[113] Section 18. See paras **8.01** ff.
[114] For the complex position arising where he does not, eg because the hire-purchase agreement is terminated for default, see Goode, *Hire-Purchase Law*, n 2, pp 606–607.

him, that purchaser becomes aware of the previous sale, then he is subordinated to the rights of the original buyer and does not acquire title. His remedy is, of course, to rescind the contract of sale and/or claim damages for breach of the condition of title.[115]

(vi) Lien and stoppage in transit

16.55 The unpaid seller's rights of lien and stoppage in transit are defeated by the buyer's sale to a bona fide transferee for value of a document of title to the goods,[116] and if the buyer, instead of reselling, pledges or otherwise disposes of the document, the unpaid seller's rights are subordinated to those of the transferee.[117]

(vii) Sale by seller who has exercised his right of lien or stoppage

16.56 Where an unpaid seller who has exercised his right of lien or stoppage resells the goods, the buyer acquires a good title as against the original buyer.[118] This appears to be the case whether or not the second buyer has notice that the resale by the seller is in breach of his duty to the first buyer. On the other hand, the section is limited to resale by the seller and does not extend to a charge, pledge or other form of disposition.

(viii) Disposition by buyer obtaining possession

16.57 Section 9 of the Factors Act 1889 provides as follows:

> 'Where a person, having bought or agreed to buy goods, obtains with the consent of the seller possession of the goods or the documents of title to the goods, the delivery or transfer, by that person or by a mercantile agent acting for him, of the goods or documents of title, under any sale, pledge or other disposition thereof, or under any agreement for sale, pledge or other disposition thereof, to any person receiving the same in good faith and without notice of any lien or other right of the original seller in respect of the goods, shall have the same effect as if the person making the delivery or transfer were a mercantile agent in possession of the goods or documents of title with the consent of the owner.'

16.58 Section 25(1) of the Sale of Goods Act 1979 repeats this provision verbatim except that, like s 24, it omits the words 'or under any agreement for sale, pledge or other disposition thereof'. Again, therefore, we shall analyse the slightly wider provisions of s 9 of the Factors Act 1889.[119]

16.59 As with other statutory exceptions to the *nemo dat* rule, the courts have consistently taken the view that s 9 must be strictly construed. This has

---

[115] See paras **14.05** and **14.39**.
[116] Sale of Goods Act 1979, s 47(2)(a); Factors Act 1889, s 10. See also Sale of Goods Act 1979, s 25 and Factors Act 1889, s 9.
[117] Section 47(2)(b).
[118] Section 48(2).
[119] This and the ensuing paragraphs are a shortened version of the treatment in Goode, *Hire-Purchase Law and Practice*, n 2, pp 608 ff.

16.59 *Title Conflicts between Seller or Buyer and Third Parties*

resulted in such a restrictive and literal interpretation of s 9 that it has become extraordinarily difficult for any innocent party to bring himself within its provisions. We shall consider first the various conditions that have to be satisfied in order for s 9 to apply at all and then the effect of its application.

1. The buyer

16.60 Section 9 covers dispositions not only by one who has agreed to buy goods but one who has bought goods, ie title has passed to him. This is at first sight a somewhat odd provision since if the buyer has already acquired title, then there is nothing to prevent him from disposing of the goods without the assistance of s 9. However, it needs to be borne in mind that the buyer himself may not have acquired a full and indefeasible title. It may be that his seller lacked title or power to dispose of the goods. In that case, s 9 operates as against the seller but not as against the true owner.[120] Another case covered by s 9 is that of a buyer whose title is voidable[121] and who resells after his title has been avoided. In this situation it seems that even though s 23 of the Sale of Goods Act 1979[122] would not assist the second buyer, s 9 of the Factors Act 1889 will protect him.[123]

16.61 Section 9 does not apply to a disposition by a hirer under a hire-purchase agreement since from the nature of the agreement he is not compelled to exercise his right to purchase and is not, therefore, a person who has 'agreed to buy' for the purpose of the section;[124] nor does it extend to a disposition by one who has acquired materials under a contract for labour and materials, since, again, this is not an agreement to buy.[125]

16.62 Moreover, even dispositions by a buyer holding under a conditional sale agreement are excluded from s 9 if the agreement is within the Consumer Credit Act 1974,[126] for in such a case it is provided that the buyer shall be deemed not to be a person who has bought or agreed to buy goods.[127]

---

[120] See para **16.71**.
[121] Eg, because he obtained the goods by fraud or misrepresentation.
[122] See para **16.29**.
[123] See para **16.64**, n 131.
[124] *Helby v Matthews* [1895] AC 471. The same applies to a disposition by one who has taken the goods on sale or return (*Percy Edwards Ltd v Vaughan* (1910) 26 TLR 545). However, such a disposition constitutes an adoption of the sale, so that if it was on terms such that title was to pass to the deliveree on adoption (which is the presumption under s 18, r 4(a) of the Sale of Goods Act) this would, of course, be effectively transferred to the third party (*Kirkham v Attenborough* [1897] 1 QB 201). The position is otherwise where the terms of the agreement for sale on approval or sale or return are inconsistent with the property passing on adoption of the transaction, as where it is stipulated that the property is not to pass until payment (*Percy Edwards Ltd v Vaughan*, above). See generally A. Spowart Taylor, 'Goods on Sale or Return and the *Nemo Dat* Rule' [1985] JBL 390.
[125] *Dawber Williamson Roofing Ltd v Humberside City Council* (1979) 14 BLR 70 (the point is more clearly brought out in the summary of the case in [1979] CLY 212).
[126] Factors Act 1889, s 9, as amended by Consumer Credit Act 1974, Sch 4, para 2; Sale of Goods Act 1979, s 25(2).
[127] Ibid.

Statutory Exceptions to the Nemo Dat Rule **16.66**

2. *Possession of the goods*

16.63 In order to pass title under s 9 the buyer must be in possession of the goods or documents of title to them. But he need not be in physical possession; constructive possession suffices. So where the buyer resells the goods and arranges with his seller to deliver them direct to the sub-buyer, such delivery is considered to be a constructive delivery to the buyer,[128] and in turn a constructive delivery by the buyer to the sub-buyer.[129]

3. *Consent of the seller*

16.64 Unlike dispositions by a seller in possession under s 8, a disposition by a buyer in possession does not attract the operation of s 9 unless the buyer was in possession with the consent of the seller.[130] Such consent is effective for the purpose of s 9 even if obtained by fraud; and where consent is once given, its withdrawal does not affect the buyer's power to pass title under s 9 to a transferee taking without notice of the fact that the consent has been withdrawn.[131]

4. *Documents of title*

16.65 It seems that where the buyer is in possession of documents of title with the consent of the seller, then the transfer by him of documents of title to the goods attracts the operation of s 9 even though the documents of title transferred are not the same documents of title as those of which the buyer obtained possession with the consent of the seller.[132]

5. *Delivery or transfer*

16.66 As in the case of s 8, it would seem that there must be physical delivery of goods and that the alternative 'transfer' is limited to documents of title.[133] But, as under s 8, the goods need not be physically delivered by the buyer in possession himself. Delivery by a mercantile agent acting for him suffices, as does delivery by his own seller direct to the sub-buyer at the buyer's direc-

---

[128] *Four Point Garage Ltd v Carter* [1985] 3 All ER 12.
[129] See para **16.66**. The objections raised earlier (para **16.52**) to the acceptability of the buyer's constructive delivery as a means of satisfying s 24 of the Sale of Goods Act 1979 do not apply here, for the head seller has lost possession, the sub-buyer has acquired it, and the only question is whether the intermediate seller received constructive delivery and is to be treated as having himself made delivery to the sub-buyer. It is clear on general principle that delivery by the head seller at the request of the intermediate seller constitutes delivery by the intermediate seller himself.
[130] 'Seller' in this context appears to mean a seller whose consent is necessary, ie one who himself has title or a right to dispose.
[131] *Cahn and Mayer v Pockett's Bristol Channel Steam Packet Co* [1899] 1 QB 643; *Newtons of Wembley Ltd v Williams* [1964] 2 All ER 135, [1964] 1 WLR 1028. So the fact that the seller under a conditional sale agreement rescinds the agreement before resale by the buyer does not protect the seller from s 9 (*Newtons of Wembley Ltd v Williams*, above).
[132] *D. F. Mount Ltd v Jay & Jay (Provisions) Ltd* [1960] 1 QB 159.
[133] See para **16.52**.

16.66 Title Conflicts between Seller or Buyer and Third Parties

tion.[134] The delivery must be voluntary; a seizure of the goods from the buyer does not constitute delivery to the person seizing them for the purpose of s 25.[135]

6. *Sale, pledge or other disposition*

16.67 The same observations apply as to s 8.[136]

7. *Good faith*

16.68 The requirement of good faith is expressed slightly differently in s 9 from that stated in s 8. Under s 8 the third party must receive the goods in good faith and without notice of the previous sale. Under s 9 he must receive the goods in good faith and without notice of any 'lien or other right of the original seller in respect of the goods'. The reference to lien is curious since it is difficult to see in what circumstances the seller could have a subsisting lien when he has voluntarily given possession of the goods to the buyer.

16.69 Where the above conditions are satisfied, the disposition in favour of the third party has 'the same effect as if the person making the delivery or transfer were a mercantile agent in possession of the goods or documents of title with the consent of the owner'. Although these words admittedly differ from the concluding words of s 8, it had always been assumed until 1965 that they were to be taken as meaning that title passed to the third party. It was assumed that when s 9 said that the disposition was to take effect as if the person making the delivery or transfer were a mercantile agent in possession of the goods, this was an elliptical method of stating that the disposition was to take effect as if the goods had been delivered by a mercantile agent disposing of them in the ordinary course of business of a mercantile agent; for unless these additional words were to be regarded as imported by implication into s 9, it would be rendered almost wholly nugatory. This assumption, adopted in at least two Commonwealth decisions, one in Australia[137] and the other in New Zealand,[138] was somewhat surprisingly rejected by the Court of Appeal in *Newtons of Wembley Ltd v Williams*,[139] where it was held that although on the facts of that case s 9 applied, this did not conclude the matter, for that section impliedly incorporated the requirements of s 2, with the result that a disposition by a buyer under s 9 would pass a good title only if made in the manner in which it would have been made if the buyer had himself been disposing of the goods as a mercantile agent. It is submitted, for reasons elaborated elsewhere,[140] that this is an erroneous interpretation of s 9, and so drastically reduces its scope as to deprive the section of any rational policy basis.

---

[134] *Four Point Garage Ltd v Carter*, n 128.
[135] *The Saetta* [1994] 1 All ER 851, [1993] 2 Lloyd's Rep 268.
[136] See para **16.53**.
[137] *Langmead v Thyer Rubber Co Ltd* [1947] SASR 29.
[138] *Jeffcott v Andrew Motors Ltd* [1960] NZLR 721.
[139] [1965] 1 QB 560.
[140] Goode, *Hire-Purchase Law and Practice*, n 2, pp 613–614; 'Sale by Seller with Voidable Title' (1965) 115 LJ 4; and see J. S. Ziegel (1965) 43 Can Bar Rev 639.

16.70 So far, we have assumed that the disposition in favour of the third party is by outright sale or by pledge or mortgage. But suppose that B, having contracted to buy goods from S on terms that B is not to acquire title until payment, enters into an agreement for sale to T on similar terms before title has passed to him from S, and delivers the goods to T. T does not at that stage acquire a good title. None the less, the sub-sale agreement is binding on S, so that T is entitled to hold possession against S so long as he observes the terms of the sub-sale agreement, and title will vest in T on his completing payment under that agreement.[141]

16.71 One other problem remains. Though the consent to possession necessary to attract s 9 is the consent of the *seller*, the delivery or transfer is given the same effect as if the person making it were a mercantile agent in possession with the consent of the owner. From this it has been deduced[142] that s 9 can operate even if the original seller lacked title. Such an interpretation would produce the result, absurd in policy terms, that while a thief could not pass title in the stolen goods to his purchaser, yet that purchaser could pass title on a resale. This conclusion, which had rightly been rejected by courts in Kenya,[143] Canada[144] and New Zealand,[145] has also been decisively repudiated in this country by the House of Lords in *National Employers' Mutual General Insurance Association Ltd v Jones*.[146]

(ix) Disposition under Part III of the Hire-Purchase Act 1964[147]

16.72 Part III of the Hire-Purchase Act 1964, as amended by the Consumer Credit Act 1974,[148] regulates the rights of third parties who purchase motor vehicles while these are still comprised in a hire-purchase or conditional sale agreement.[149] The broad scheme of Part III is that a disposition of a motor vehicle made by a debtor under a hire-purchase or conditional sale agreement[150] is to be effective to transfer to a 'private purchaser' taking in good

---

[141] For discussion of a similar point arising under s 21(1) of the Sale of Goods Act 1979 see paras **16.13–16.16**. The difference is that s 9 requires delivery to T, whereas the common law rules as to the binding effect of transactions entered into with apparent authority do not.
[142] W. R. Cornish, 'Rescission Without Notice' (1964) 27 MLR 472.
[143] *Mubarak Ali v Wali Mohamed & Co* (1938) 18 KLR 23, discussed by A. L. Diamond, 'Sale of Goods in East Africa' (1967) 16 ICLQ 1045 at p 1054.
[144] *Brandon v Leckie* (1972) 29 DLR (3d) 633. See D. G. Powles, 'Stolen Goods and the Sale of Goods Act 1893 s 25(2)' (1974) 37 MLR 213, and G. Battersby and A. D. Preston, 'Stolen Goods and the Sale of Goods Act 1893 s 25(2) – A Rejoinder' (1975) 38 MLR 77. See also the discussion by C. Twigg-Flesner, R. Canavan and H. MacQueen, *Atiyah and Adams' Sale of Goods* (13th edn, 2016), pp 334–336.
[145] *Elwin v O'Regan & Maxwell* [1971] NZLR 1124.
[146] See n 101, approving the statement in P. S. Atiyah, *The Sale of Goods* (7th edn, 1985), at pp 302–303. See also the first edition of the present work at pp 413–414.
[147] See R. Goode, *Hire-Purchase Law and Practice*, n 2, pp 617 ff and Supplement.
[148] Sch 4, para 22.
[149] Part III is not limited to cases where the agreement is itself within the Hire-Purchase Act or the Consumer Credit Act.
[150] As to when a hire-purchase agreement is to be considered concluded, see *Carlyle Finance Ltd v Pallas Industrial Finance Ltd* [1999] RTR 281. If a purported hire-purchase agreement is

16.72 *Title Conflicts between Seller or Buyer and Third Parties*

faith and without notice of the agreement such title as was vested in the person who had supplied the goods under that agreement.[151] This is so whether the private purchaser takes direct from the debtor or through the medium of a 'trade or finance purchaser'.[152] If the private purchaser is not an outright buyer but himself takes the vehicle on hire-purchase or conditional sale, his possession is protected and he will acquire the original owner's title on completing his payments and (in the case of a hire-purchase agreement) exercising his option to purchase.

16.73 These statutory provisions constitute a substantial inroad into the common law rule *nemo dat quod non habet* which has hitherto been the cornerstone of English hire-purchase law. They override s 21 of the Sale of Goods Act 1979[153] but are without prejudice to the provisions of the Factors Act or of any other enactment enabling the apparent owner of goods to dispose of them as if he were a true owner.[154] It should, however, be borne in mind that s 9 of the Factors Act 1889 and s 25(1) of the Sale of Goods Act 1979 do not in any event apply to dispositions by a debtor holding under a hire-purchase or conditional sale agreement which is within the Hire-Purchase Act 1965 or the Consumer Credit Act 1974.[155]

1. *Goods to which Part III of the 1964 Act applies*

16.74 The provisions of Part III are limited to motor vehicles,[156] that is to say, mechanically propelled vehicles intended or adapted for use on roads to which the public has access.[157]

2. *Disposition to a private purchaser*

16.75 Where the debtor,[158] before the property in the vehicle has become vested in him under the hire-purchase or conditional sale agreement,[159]

---

void for mistake of identity on a face-to-face dealing between parties, the statutory provisions do not apply (*Shogun Finance Ltd v Hudson* [2003] UKHL 62, [2004] 1 AC 919). See para 3.33. *Semble*, the position is the same if the agreement is voidable and has been avoided prior to the disposition.

[151] For the legislative scheme originally projected, see R. Goode, *Hire-Purchase Law and Practice*, n 2, p 617, n 14.
[152] For the meaning of this, see para **16.78**.
[153] Hire-Purchase Act 1964, s 27(5), as amended by the Consumer Credit Act 1974, Sch 4, para 22, and Sale of Goods Act 1979, Sch 2, para 4.
[154] Ibid.
[155] See n 126.
[156] Section 27(1).
[157] Section 29(1).
[158] Ie the hirer or conditional buyer (Hire-Purchase Act 1964, s 29(4), as amended by the Consumer Credit Act 1974, Sch 4, para 22). A person does not qualify as a debtor for this purpose if the agreement is void *ab initio* (*Shogun Finance Ltd v Hudson* [2003] UKHL 61, [2004] 1 AC 919) or, semble, though originally voidable, has been avoided prior to the wrongful disposition. One of two joint and several hirers is a debtor and has power to pass a good title under the statutory provisions (*Keeble v Combined Lease Finance plc* [1999] GCCR 2065).
[159] This will usually be when he has completed his payments.

disposes of the vehicle to a private purchaser who takes in good faith and without notice of the agreement, the disposition is to have effect as if the title of the creditor[160] to the vehicle had been vested in the debtor immediately before that disposition.[161] The following points require to be noted in connection with this provision.

16.76 (a) DISPOSITION. By 'disposition' is meant any sale or contract of sale (including a conditional sale agreement), any bailment under a hire-purchase agreement and any transfer of the property in goods in pursuance of a provision in that behalf contained in a hire-purchase agreement, and includes any transaction purporting to be a disposition (as so defined); and 'dispose of' is to be construed accordingly.[162] The word 'purporting' has been held to relate back to sale, contract of sale, bailment and transfer and does not broaden the definition to 'embrace other transactions which are or purport to be outside those specified categories.'[163] This being the case, the transfer of a vehicle in return for the settlement of a debt has been held not to constitute a 'disposition'.[164] The vehicle must be transferred in return for money.[165]

16.77 It will be seen that the letting of goods on hire-purchase constitutes a disposition and if the new hirer subsequently exercises his option to purchase under the new hire-purchase agreement, that constitutes a separate disposition. But a mortgage is not a disposition.[166]

16.78 (b) PRIVATE PURCHASER. This term is used in contradistinction to 'trade or finance purchaser'. A trade or finance purchaser is a purchaser who, at the time of the disposition made to him, carries on a business which consists, wholly or partly:

(i) of purchasing motor vehicles for the purpose of offering or exposing them for sale;
(ii) of providing finance by purchasing motor vehicles for the purpose of bailing them under hire-purchase agreements or agreeing to sell them under conditional sale agreements.[167]

16.79 A private purchaser means a purchaser who, at the time of the disposition made to him, does not carry on any such business.[168] When

---

[160] Ie the owner or seller (Hire-Purchase Act 1964, s 29(4), as amended by the Consumer Credit Act 1974, Sch 4 and para 22).
[161] Hire-Purchase Act 1964, s 27(2), as amended.
[162] Section 29(1).
[163] *VFS Financial Services Ltd v JF Plant Tyres Ltd* [2013] EWHC 346 (QB), [2013] 1 WLR 2987, [9].
[164] Ibid.
[165] Ibid at [18]. However, a part exchange may be held to be a disposition at least where the vehicle is transferred in exchange for another vehicle and money. But where the part exchange reaches the value of the car it is unlikely to amount to a disposition because of the absence of a money payment: ibid at [19].
[166] For a case in which it was unsuccessfully argued that the transaction was a mortgage see *Dodds v Yorkshire Bank Finance Ltd* [1999] GCCR 1621.
[167] Hire-Purchase Act 1964, s 29(2).
[168] Ibid.

16.79 *Title Conflicts between Seller or Buyer and Third Parties*

deciding whether someone is carrying on such a business, the courts will have regard to the purpose for which the vehicle was bought as well as to the business of the purchaser immediately prior to and at the time of the disposition.[169] Broadly, therefore, a trade or finance purchaser means a motor dealer or a finance house, and a private purchaser means a purchaser other than a motor dealer or finance house. The term 'person' is not confined to natural persons so that a body corporate can be a private purchaser for the purpose of the Act in the same way as an individual.[170]

16.80 The intention of the provision is to protect members of the public who buy as consumers but not motor dealers or finance companies, who can be presumed to be capable of looking after themselves.[171] However, although a trade or finance purchaser cannot acquire title under these provisions, a purchaser from him will obtain title in certain circumstances.[172]

16.81 The expression 'private purchaser' being defined by reference to the business carried on by him at the time of purchase and not by reference to the circumstances in which he made his purchase, it follows that a trade purchaser such as a motor dealer cannot avail himself of the title-passing provisions, even in regard to a purchase made by him in a private capacity.[173]

16.82 (c) NOTICE. In order to acquire title the private purchaser must take in good faith and without notice of the hire-purchase or conditional sale agreement affecting the vehicle. If the private purchaser has notice, then title cannot pass to him, nor can it pass to persons claiming under him even though such persons take without notice.[174] A person is to be taken to be a purchaser without notice for this purpose if, at the time of the disposition to him, he has no actual notice that the vehicle is or was the subject of any hire-purchase or conditional sale agreement.[175] Constructive notice is not sufficient, so that, for example, the mere fact that a hire-purchase agreement relating to a motor vehicle is registered with HPI Ltd[176] does not of itself constitute notice to a purchaser unless he is aware of the registration.

---

[169] *GE Capital Bank Ltd v Rushton* [2005] EWCA Civ 1556, [2006] 3 All ER 865, [2006] 1 WLR 899 at [39]. The Court of Appeal also held that the expression 'carries on a business' does not necessarily require that the purchaser regularly buy vehicles. In an appropriate case, a person may be held not to be a private purchaser even though he has not previously bought a vehicle with a view to selling it in the way of business.

[170] See Interpretation Act 1978, Sch 1.

[171] *GE Capital Bank Ltd v Rushton*, n 169, at [39]. In particular, motor dealers or finance companies can utilize the services of HPI Ltd in the case of motor vehicles, caravans and the like, to see whether the goods which are offered to them are already comprised in a current hire-purchase or conditional sale agreement.

[172] See *GE Capital Bank Ltd v Rushton*, n 169, at [55], and para **16.53**.

[173] *Stevenson v Beverley Bentinck Ltd* [1976] 2 All ER 606, [1976] 1 WLR 483; *Welcome Financial Services Ltd v Nine Regions Ltd* [2010] EWHC B3 (Mercantile). In *GE Capital Bank Ltd v Rushton*, n 169, Moore-Bick LJ stated (at [39]) that he did not 'think that an established motor trader who buys a car for his personal use is deprived of the protection of the Act just because he is a motor trader.' But the decision in *Stevenson* was not cited to him and his dictum cannot stand in the light of that decision.

[174] See below.

[175] Hire-Purchase Act 1964, s 29(3).

[176] See n 171.

16.83 Moreover, the Court of Appeal has held[177] that a purchaser does not have notice of a hire-purchase agreement so as to defeat his title under s 27 if, though told that the vehicle had been on hire-purchase, he was led to believe that the hire-purchase agreement had been settled. The phrase ' . . . he has no actual notice that the vehicle is or was the subject of any hire-purchase agreement' refers to any relevant hire-purchase agreement, that is, a hire-purchase agreement in respect of which the purchaser is on notice that it is still current.

16.84 In order to qualify for protection the private purchaser must take in good faith, by which is meant honesty in fact;[178] and this is a requirement entirely distinct from the requirement as to absence of notice. Accordingly, if at the time of the disposition the purchaser is aware of a defect in his seller's title, he will not be able to invoke the provisions of Part III even though he was ignorant of the existence of the hire-purchase or conditional sale agreement.

16.85 (d) EFFECT OF DISPOSITION. A disposition by the debtor to a bona fide private purchaser has effect as if the creditor's title to the vehicle had been vested in the debtor immediately before the disposition.[179] By 'creditor's title' is meant such title (if any) as was immediately before the disposition by the debtor vested in the person who was then the creditor in relation to the hire-purchase or conditional sale agreement.[180] So if that person did not himself have title (eg because he was a thief or because his own vendor's title was defective), the private purchaser acquires no title. But such person may himself have acquired title under the provisions of the Act, and in that event this will be transferred to the private purchaser in the same way as if it were a normal title.[181]

16.86 (e) THE POSITION OF THE PURCHASER. Is the buyer obliged to accept a Part III title or can he repudiate the contract on the ground that the seller is in breach of the condition implied by s 12(1) of the Sale of Goods Act 1979 that he has a right to dispose of the goods? If the buyer tries to tender the vehicle to a dealer in part exchange, the dealer will discover the existence of the hire-purchase agreement from HPI Ltd and is unlikely to be impressed with the Part III title offered him. Such a title is therefore less marketable than an established title and, for reasons given earlier,[182] the buyer ought not to be compelled to accept it unless it is virtually indisputable.

16.87 Similar considerations would seem to apply where the bona fide private purchaser is not an outright buyer but himself takes the vehicle on hire-purchase or conditional sale.

---

[177] *Barker v Bell* [1971] 2 All ER 867, [1971] 1 WLR 983, citing R. Goode, *Hire-Purchase Law*, n 2, p 624, n 3.
[178] *Dodds v Yorkshire Bank Finance Ltd* [1999] GCCR 1621.
[179] Hire-Purchase Act 1964, s 27(2).
[180] Section 29(5).
[181] For an illustration, see R. Goode, *Hire-Purchase Law*, n 2, p 624.
[182] See para **11.18**.

16.88 Title Conflicts between Seller or Buyer and Third Parties

16.88 Nothing in the statutory provisions exonerates the hirer or buyer from any liability (civil or criminal) to which he would otherwise be subject,[183] so that in disposing of the goods to the sub-purchaser he commits the tort of conversion,[184] and the crime of theft.[185]

3. Disposition to a trade or finance purchaser

16.89 A trade or finance purchaser[186] is not entitled to the protection of Part III of the Act and acquires no title from the debtor, even though taking in good faith and without notice of the hire-purchase or conditional sale agreement. Nevertheless, such a purchaser is a conduit pipe for the passage of title to (and through) the first private purchaser who takes thereafter, if he takes in good faith and without notice.[187] But if the first private purchaser takes with notice, there is no passage of title, even though he may subsequently resell to a purchaser without notice.[188] If the first private purchaser himself takes on hire-purchase or conditional sale and as a result of his default the new creditor repossesses and sells the vehicle, it would seem that the person to whom the vehicle is then sold does not qualify for protection under Part III, since he is not the first private purchaser.[189]

16.90 The title-passing provisions do not in any way protect a trade or finance purchaser who disposes of goods of which he is not the owner,[190] so that even if he acted in good faith, he is liable to the true owner[191] in conversion.[192] Further, if he accepted the goods for the purpose of sale knowing them to be held on hire-purchase, he may be convicted of handling stolen goods[193] and, upon selling them, of the further offence of fraud.[194]

---

[183] Section 27(6).
[184] Assuming that the disposition is effective or he delivers the goods to the purchaser. An ineffective disposition unaccompanied by delivery is not a conversion (*Lancashire Waggon Co v Fitzhugh* (1861) 6 H & N 502).
[185] Theft Act 1968, s 1.
[186] See para 16.78.
[187] Hire-Purchase Act 1964, s 27(3). Where the disposition is itself on hire-purchase, the hirer is protected in the same way as where no trade or finance purchaser is involved (s 27(4)), but by an anomaly no such protection is extended to a buyer under a conditional sale agreement.
[188] For an example, see R. Goode, *Hire-Purchase Law and Practice*, n 2, p 627, illustration (3).
[189] This is a further anomaly. It is not clear why the Act should limit protection to the *first* private purchaser taking from a trade or finance purchaser when no such restriction is imposed as regards a disposition by the offending hirer or buyer to the private purchaser direct.
[190] Section 27(6). See *Barber v NWS Bank plc* [1996] 1 All ER 906, [1996] 1 WLR 641.
[191] Assuming that the true owner has an immediate right to possession, which is normally an essential qualification for a claimant suing in conversion.
[192] Indeed, it would seem that the mere receipt of the goods by him constitutes an act of conversion. See *Fine Art Society v Union Bank of London Ltd* (1886) 17 QBD 705.
[193] Theft Act 1968, s 1. See D. Ormerod and D. H. Williams (eds), *Smith's Law of Theft* (9th edn, 2007); E. Griew, *The Theft Acts 1968 and 1978* (7th edn, 1995).
[194] Fraud Act 2006, s 1. The Act creates a new general fraud offence which can be committed in one of three ways (by representation, by failing to disclose information and by abusing a position of financial trust), and which is based on dishonest conduct against property interests. See *Smith's Law of Theft*, n 193, ch 3.

4. Presumptions

16.91 There may be a lengthy chain of people between the hirer who wrongfully disposed of the goods and the ultimate purchaser whose title is called into question, and the latter may find it extremely difficult to trace his title back to the point where he can establish the right to the benefit of the title-passing provisions. To overcome this problem, s 28 of the Hire-Purchase Act 1964 lays down various presumptions for the benefit of the purchaser in question.[195]

16.92 The effect of these provisions is that once the purchaser establishes that he or an intermediate party was a private purchaser without notice of the hire-purchase agreement (ie was 'the relevant purchaser'), he succeeds unless the creditor who supplied the goods on hire-purchase or conditional sale can establish a break in the chain between the fraudulent debtor and the claimant by proving that the person to whom the debtor disposed of the goods was neither:

(a) the relevant purchaser; nor
(b) a bona fide private purchaser without notice through whom the relevant purchaser claims; nor
(c) a trade or finance purchaser who sold to the relevant purchaser or to a bona fide private purchaser without notice through whom the relevant purchaser claims.

(x) Sale or forfeiture under statutory powers

16.93 There are many statutory provisions authorizing a person to sell the goods of another without his consent and to pass a good title to the purchaser. Among the persons so authorized are enforcement officers disposing of goods lawfully taken in execution;[196] a mortgagee exercising a power of sale;[197] the Customs and Excise selling goods condemned as forfeited;[198] OFCOM confiscating and selling an unlicensed television set;[199] a bailee exercising a statutory power to sell uncollected goods[200] or selling such goods under an

---

[195] See R. Goode, *Hire-Purchase Law*, n 2, pp 628–630 and Supplement; *Worcester Works Finance Ltd v Ocean Banking Corpn Ltd* (1972), unreported (His Honour Judge Garrard, Uttoxeter County Court, noted R. Goode, *Hire-Purchase Law and Practice*, Supplement, pp A59, A90); *Soneco Ltd v Barcross Finance Ltd* [1978] RTR 444 (in which the Court of Appeal held that s 28 does not apply at all where all the relevant dispositions are known).
[196] Courts Act 2003, Sch 7, paras 10–12; Tribunals, Courts and Enforcement Act 2007, Sch 12. The officer or bailiff is protected from liability unless he had notice or might by reasonable inquiry have ascertained that the goods did not belong to the judgment debtor.
[197] See para **23.35**.
[198] Customs and Excise Management Act 1979, s 139 and Schs 2A and 3.
[199] Wireless Telegraphy Act 2006, ss 99 and 101.
[200] Torts (Interference with Goods) Act 1977, s 12. To pass a good title the sale must be 'duly made under this section' (s 12(6)).

order of the court;[201] a person selling perishables under an order of the court made pursuant to rules of court.[202]

4. CONFLICTS AS TO PROCEEDS

16.94 It is a curious fact that where goods are sold without the owner's authority,[203] attention is concentrated almost exclusively on the owner's right to recover the goods from the transferee, and little or no thought is given to an alternative method of satisfaction, namely a claim to the proceeds generated by the sale. Where those proceeds are tangibles (goods, documents, money), either at the outset or because of conversion from intangibles to tangibles,[204] the owner has a common law personal right to demand delivery up of the proceeds from the person making the unauthorized sale, and from any subsequent transferee of the proceeds other than one taking for value and without notice.[205] Whether the proceeds are tangible or intangible, equity gives the owner of the original goods a proprietary claim to the proceeds, provided that these were received by the seller in such circumstances as to create a trust obligation, ie an obligation to hold them for the owner in specie or as a fund under an actual, constructive or resulting trust.[206] The equitable right to trace is available against whoever is currently holding the proceeds, except where that person has acquired an overriding title.[207]

16.95 Tracing rights are available even where the proceeds generated by the wrongful sale have become commingled with the assets of the seller or of a third party.[208]

5. REMEDIES IN A CONFLICT SITUATION

16.96 Suppose that B, holding goods as bailee of their owner, O, wrongfully sells the goods to T. T's rights against B have been examined earlier[209] and at this point we shall confine attention to O's remedies against B and T. As a preliminary point, the reader is reminded of the significant changes made by the Torts (Interference with Goods) Act 1977. In particular, detinue has been

---

[201] Ibid, s 13(2).
[202] CPR 25.1, para (1)(c)(v).
[203] Claims to proceeds where the owner has authorized sale are governed by somewhat different considerations. See para **27.28**.
[204] As by using cash proceeds to buy goods.
[205] The proposition that a claim lies against a subsequent transferee of the proceeds has been disputed by Millett J on the ground that the common law right to trace proceeds is confined to the first recipient (*Agip (Africa) Ltd v Jackson* [1990] Ch 265 at 287–288). This, in turn, has been challenged (see, for example, P. Birks, 'Gifts of Other People's Money' in *Frontiers of Legal Liability* (ed Birks, 1994), vol 1, p 31, n 2, and A. Burrows, *The Law of Restitution* (3rd edn, 2011), pp 412–413).
[206] See para **2.66**.
[207] See para **2.68**.
[208] See para **17.39**.
[209] See para **11.15**.

abolished:[210] the remedy of conversion, which had been available in most of the situations where detinue lay, was extended to cover loss or destruction of the goods which a bailee has allowed to happen in breach of his duty to his bailor;[211] and in any action for wrongful interference with the goods (which includes the case of conversion[212]) the court was given the same power to order specific delivery as it had in proceedings for detinue.[213] Hence the abolition of detinue is essentially a technical matter, intended to avoid the overlap with conversion, a tort now expanded to embrace all the old forms of detention and all types of relief previously given in detinue. In addition, the bar on pleading *ius tertii*[214] has been abolished,[215] in accordance with rules of court;[216] and the rights of the innocent improver of another's chattels are crystallized.[217]

(i) Remedies against B

16.97 B's wrongful sale of O's goods to T is not by itself actionable as a conversion[218] unless it is effective to divest O of his title pursuant to an exception to the *nemo dat* rule. The mere denial of O's title implicit in B's unlawful sale is not of itself conversion,[219] and if title remains in O, then the sale neither deprives him of ownership nor constitutes an interference with his right to possess. But a sale which passes title is a conversion, whether or not accompanied by delivery;[220] and, equally, delivery pursuant to an unauthorized agreement for sale is a conversion, whether or not title passes.[221] In either of these cases, O will almost invariably have an alternative action for breach of bailment.

16.98 If B has lost possession, O's remedy against him is purely monetary. He can sue B for damages for the value of the goods or of O's interest in them, whichever is the lesser,[222] or he can claim the proceeds of sale in B's hands, either through a restitutionary claim for money had and received or by means of a tracing claim in equity.[223] Where the proceeds received by B are in a form other than money, the equitable remedy is equally applicable; and the common law gives O a personal right to delivery up of the proceeds, if tangible.[224] If B,

---

[210] Section 2(1).
[211] Section 2(2).
[212] Section 1.
[213] Section 3.
[214] See para **2.21**.
[215] Torts (Interference with Goods) Act 1977, s 8(1).
[216] CPR 19, para 5A.
[217] Torts (Interference with Goods) Act 1977, ss 3(6), 6.
[218] See n 184.
[219] Ibid.
[220] C. Witting, *Street on Torts* (15th edn, 2018), p 283; W. E. Peel and J. Goudkamp (eds), *Winfield & Jolowicz on Tort* (19th edn, 2014), paras 18-020 – 18-022.
[221] This is the usual case.
[222] See *Wickham Holdings Ltd v Brooke House Motors Ltd* [1967] 1 All ER 117, [1967] 1 WLR 295, and R. Goode, *Hire-Purchase Law*, n 2, pp 584, 769.
[223] See para **2.68**.
[224] See para **2.67**.

16.98 *Title Conflicts between Seller or Buyer and Third Parties*

having effectively transferred title to T, remains in possession, O can claim an order for delivery of the goods and the payment of consequential damages, but B can set up the *ius tertii*, namely the superior title of T, in accordance with rules of court,[225] so that in practice O would again be restricted to damages.

(ii) Remedies against T

16.99 T, if in possession, can be sued in conversion for any of the forms of relief available for wrongful interference with goods, namely an order for delivery up to O (with or without an option to T to pay their value) and/or consequential damages, or damages for the conversion.[226] T apparently commits a conversion by the mere innocent receipt of the goods, even though he has not thereafter been guilty of any improper dealings with them or any refusal to deliver them up.[227] But where T has improved the goods in the mistaken but honest belief that he had acquired a good title, an allowance would be made to the extent of the value added by the improvement.[228]

16.100 O is not exclusively dependent on judicial remedies. He may also recover the goods by physical seizure (recaption) and for that purpose enter on T's land,[229] though he should be careful not to make a violent entry, since this constitutes a criminal offence.[230]

6. PROPOSALS FOR REFORM

16.101 The present patchwork of legislative provisions detailing the exceptions to the *nemo dat* rule can hardly be described as satisfactory. Indeed, it has recently been described as 'an arbitrary and unpredictable mess.'[231] The legislation has generated a vast amount of case law and has given rise to grave problems of interpretation, often resolved at a highly technical level. In 1989, in a review on behalf of the government directed primarily at security interests in personal property,[232] Professor Aubrey Diamond recommended that the existing statutory provisions be replaced with a broad principle that where the owner of goods has entrusted them to, or acquiesced in their possession by, another person, then an innocent purchaser of those goods should acquire

---

[225] See n 216.
[226] Torts (Interference with Goods) Act 1977, s 3(1).
[227] See n 192.
[228] Torts (Interference with Goods) Act 1977, s 6.
[229] Though the exact limits of this right are unclear. See *Winfield & Jolowicz on Tort*, paras 18-044 – 18-049. The owner or seller of goods comprised in a regulated hire-purchase or conditional sale agreement within the Consumer Credit Act 1974 is not entitled to enter any premises to repossess the goods except under an order of the court (Consumer Credit Act 1974, s 92).
[230] Under the Criminal Law Act 1977, s 6, replacing the offence of forcible entry under the Forcible Entry Acts 1381–1623.
[231] A. Tettenborn, n 11, p 177.
[232] *A Review of Security Interests in Property* (1989). Professor Diamond's conclusions largely accord with those reached eighteen years previously by the Crowther Committee in its Report on Consumer Credit (Cmnd 4596, 1971).

Proposals for Reform **16.101**

good title.[233] In January 1994 the Department of Trade and Industry issued a Consultation Paper inviting comments on this proposal and on particular exceptions to the *nemo dat* rule. The ensuing abolition of the market overt principle appears to have owed nothing to this Consultation Paper, and it is unclear what provoked its publication. It is to be hoped that no government department will ever in the future seek to deal with such a complex set of issues in such an ill-conceived document, a mere eight pages long,[234] containing no analysis, no reasoning, no discussion of the policy issues and no detailed proposals. Given these shortcomings, it is not surprising that no legislative proposals resulted from the Consultation Paper. Reforms in this area of commercial law are best left to the Law Commissions, which have the resources and the expertise to give them the detailed consideration they deserve. The Law Commission included a project on transfer of title to goods by non-owners in its ninth programme of law reform in 2005,[235] but it announced in its tenth programme of law reform that it had deferred the project because there appeared to be 'little enthusiasm within Government or industry for reform at this particular time.'[236] Given the commercial significance of the issue, this legislative inertia is to be regretted.[237]

---

[233] Ibid, para 13.6.
[234] If one excludes the last page inviting consultees to identify and quantify the direct or indirect costs. For stark criticism of the exercise, see B. J. Davenport, 'Consultation – How Not to Do It' (1994) 110 LQR 165.
[235] *Ninth Programme of Law Reform* (Law Com No 293) (2005), paras 3.51–3.57. The immediate cause of its decision to include this topic in its programme would appear to have been the decision of the House of Lords in *Shogun Finance v Hudson*, n 158.
[236] *Tenth Programme of Law Reform* (Law Com No 311) (2008), para 4.4. This position was re-affirmed by the Law Commission in their *Eleventh Programme of Law Reform* (Law Com No 330) (2011), paras 3.4–3.5 and was not mentioned in either the 12th or the 13th programme.
[237] See generally A. Tettenborn, n 11, who sets out a proposal to reform the law consisting of three broad principles, namely that: (i) there should be a background rule of entrustment according to which anyone entrusting another with goods takes the risk of subsequent misdealing; (ii) this rule should apply to all proprietary interests and not simply to ownership; and (iii) it should be open to exceptions where there is good reason to admit them, for example to accommodate specific schemes covering particular types of security interest.

PART THREE
Money, Payment and Payment Systems

Chapter 17
MONEY

17.01 Money and payment play a central role in commercial and financial transactions. Every working day millions of transactions are concluded involving the sale and purchase of land, goods and services, the lending and borrowing of money, and the issue and transfer of financial instruments. Every working day funds are transferred and payments made in discharge of money obligations, and proceedings are instituted for the recovery of unpaid debts. Less frequent, but far from uncommon, are proprietary claims to money alleged to have been improperly received by the defendant at the claimant's expense.

17.02 Yet the legal concepts of money, payment and funds transfer remain elusive. When we speak of money in the bank or the recovery of money paid by mistake or which has been misappropriated, we are likely to have an unclear, if not entirely erroneous, picture of what we mean by 'money'. Similar considerations apply to payment and funds transfer. We speak of 'paying' by cheque or by letter of credit, though in truth these instruments do not represent payment, merely a different form of payment promise. We regularly confuse payment with tender and with commitment to pay, and we sometimes find it difficult to determine what precisely is the act which constitutes payment and when payment is to be considered complete. Again, we speak of funds transfers without having a clear idea of who is transferring what and to whom. We also use terminology which confuses the payment message with the act of payment. Thus bankers refer to wire transfers and to electronic funds transfers, conjuring up a picture of electronic currency, invisible and intangible, hurtling through the ether! Finally, the legal characterization of electronic money (or digital cash) remains obscure.

17.03 These concepts are not merely of theoretical interest, for upon the correctness of their analysis may turn the success or failure of legal claims running to hundreds of millions of pounds, and the recognition or denial of proprietary claims to money which, if upheld, protect the claimant *pro tanto* against the consequences of the defendant's bankruptcy or liquidation.

17.04 We cannot expect to solve all these conceptual problems in a general textbook on commercial law. What we can do is clarify the meaning of terms, set out the relevant principles of law, and provide a better understanding of the mechanism of payment, without which legal analysis is doomed to failure. In this chapter our focus is upon the legal nature of money and in the next chapter we turn to the related question of the nature of payment and the regulation of payment systems which have now become a vital part of the modern economy.

1. THE LEGAL MEANING OF 'MONEY'[1]

(i) Overview

17.05 The meaning of the term 'money' depends very much on the context in which it is used. In its most straightforward sense it is used to denote physical money, that is coins and notes. But the word 'money' can also be used in a much broader sense. An example of its broader use is provided by the case of *Perrin v Morgan*[2] in which Emily Rose Morgan drew up her own will without the benefit of legal assistance. In that will she directed that 'all monies of which I die possessed' were to be shared among her nieces and nephews. When she died her estate included investments in shares, dividends, cash at the bank, rents and income tax repayments due to her, household goods and the freehold interest in property. Viscount Simon LC, in considering which of these assets constituted 'monies' as that term was used in the will, stated that the word money 'has not got one natural or usual meaning.'[3] In its narrowest sense it means 'coin' but, as he observed, that narrow conception of money has very quickly broadened across society. He then proceeded to describe a gradual widening of the scope of the term to include bank notes, cheques and postal orders, 'money at the bank', money invested in stocks, shares or savings certificates and concluded that it 'may be used to cover the whole of an individual's personal property – sometimes, indeed, all of a person's property, whether real or personal.'[4] The conclusion of the House of Lords on the facts of this case was that the word 'monies' included the whole of Emily Rose Morgan's personal estate. The focus of this chapter is on a narrower conception of money but it is important to note at the outset that the colloquial use of the word 'money' can be much broader than the sense in which it is traditionally used by a lawyer.

17.06 Not only does the meaning of the word 'money' depend on the context in which it is used, it is also a term that is used in divergent ways by different professional groups. Thus an economist may take a different view of money

---

[1] The only comprehensive and up-to-date treatment of this subject is the late Dr Francis Mann's superb monograph *The Legal Aspect of Money*, the latest (7th) edition of which was prepared by Charles Proctor. A text much earlier in date but still repaying careful study is Professor Arthur Nussbaum's standard work *Money in the Law: National and International* (rev edn, 1950). See also C. Proctor and V. Dixon (eds), *Goode on Payment Obligations in Commercial and Financial Transactions* (3rd edn, 2016); and D. Fox and W. Ernst (eds), *Money in the Western Legal Tradition: Middle Ages to Bretton Woods* (2016). For a helpful discussion of the proprietary consequences of transferring money as a means of payment see D. Fox, *Property Rights in Money* (2008).
[2] [1943] AC 399.
[3] Ibid at 406.
[4] Ibid at 407.

Money **17.08**

from that taken by a lawyer. Economists have traditionally taken a much broader view of money than lawyers and have focussed attention on purchasing power so that money is something which can be used to buy goods and services. So, to the economist, anything constitutes money which is generally acceptable as a medium of exchange or as payment of a debt.[5] The traditional lawyer's definition by contrast is much narrower with its focus on money as currency and on what the creditor is entitled to demand in satisfaction of the debt, namely, legal tender. However, what amounts to legal tender in England is narrowly defined and consists of a prescribed list of coins made by the Mint[6] and notes of the Bank of England expressed to be payable to bearer on demand.[7] While payment by way of notes and coins does still take place (particularly in relation to transactions of small value), the use of cash in society is dropping substantially and the current COVID-19 pandemic has further discouraged the use of cash as a means of making payment. The result is that the lawyer's traditional definition of money no longer reflects the practical reality of what is occurring in the marketplace.

17.07 A broader conception of the 'essential legal characteristics' of money has been provided in the current edition of *Mann on the Legal Aspect of Money* in the following terms:

'(a) it must be expressed by reference to a name and denominated by reference to a unit of account which, in each case, is prescribed by the law of the State concerned;

(b) the currency and unit so prescribed must be intended to serve as the generally accepted measure of value and medium of exchange within the State concerned; and

(c) the legal framework for the currency must include a central bank or monetary authority responsible for the issue of the currency, and including appropriate institutional provisions for its management through the conduct of monetary policy and the oversight of payment systems.'[8]

A number of features of these 'essential legal characteristics' should be noted.

17.08 The first is that it contains three elements that are frequently used when seeking to identify the essential characteristics of money, namely that it is a 'unit of account', a 'measure of value' and a 'medium of exchange.' Each of these characteristics requires brief comment. First, money serves a purely abstract function as a unit of account, that is to say, it provides a standard of value against which the value of commodities can be measured. The unit of account may thus be the pound or the dollar and coins or notes are typically created to represent that unit of account but, as has been pointed out, 'it is the unit of account which defines the coin and not vice versa.'[9] Second, money is a store of value in the sense that it represents 'the wealth of the holder and his abstract or future purchasing power.'[10] Thus a central bank note has been held

---

[5] See G. Crowther, *An Outline of Money* (rev edn, 1948), p 20.
[6] Section 2 of the Coinage Act 1971 as amended by s 1(3) of the Currency Act 1983.
[7] Section 1(2) and (6) of the Currency and Bank Notes Act 1954.
[8] C. Proctor (ed), *Mann on the Legal Aspect of Money* (7th edn, 2012), para 1.68.
[9] S. Gleeson, *The Legal Concept of Money* (2018), para 1.02.
[10] *Mann*, n 8, para 1.56.

17.08 *Money*

to be both a monetary asset of the holder of the note and a monetary liability of the central bank.[11] The extent to which money represents a store of value does, however, depend on the state of the economy and in times of hyperinflation its role as a store of value is of very little utility. It should also be recalled that there are many assets which are a store of value but are not money. The third characteristic of money as a medium of exchange is the characteristic that is of principal interest to the private lawyer and to this book and it is one to which we shall shortly return.

17.09 The second feature of note relates to the role of the state. The definition in the current edition of *Mann* is broader than the one espoused by Dr Mann himself. In the last edition of the book for which he was responsible, Dr Mann set out the old orthodoxy on the legal definition of money as follows:

> 'It is suggested that, in law, the quality of money is to be attributed to all chattels which, issued by the authority of the law and denominated with reference to a unit of account, are meant to serve as universal means of exchange in the State of issue.'[12]

The definition in the current edition of *Mann* differs from that adopted by Dr Mann in that it rejects the idea that money is necessarily a chattel and that the state has a monopoly over its issue. The more attenuated state theory of money to be found in the current edition of *Mann* no longer requires that money be issued by the state but it does require recognition in some way by the state. One reason for the role of the state becoming the source of some controversy lies in the emergence of cryptocurrencies of which the most well known is, perhaps, Bitcoin. Cryptocurrencies are typically decentralised and operate on a peer-to-peer basis without the need for a centralised intermediary. Given that they explicitly do not place reliance upon the state for recognition, can they nevertheless be regarded as money? The legal status of cryptocurrencies is currently a contested issue,[13] the resolution of which depends in part on the role which the state plays in the definition of money.

17.10 The third feature of the identification in the current edition of *Mann* of the essential characteristics of money is the claim that the legal framework for the currency 'must include a central bank or monetary authority responsible for the issue of the currency.' The need for this characteristic has been challenged on the ground that there are currencies in existence in the world which do not have a central bank standing behind them (as was the case for many years in the USA). While central banks typically play a critical role in the creation and oversight of currencies, it would appear not to be the case that the existence of a central bank is an essential ingredient of the identification of money such that its absence would require the conclusion that there is no

---

[11] For an illustration of this point see *Banco de Portugal v Waterlow & Sons Ltd* [1932] AC 452 where it was held that the bank was entitled to recover damages not only in respect of the cost of physical printing and production of the new notes but by reference to the face value of these notes. See *Mann*, n 8, paras 1.57–1.60.
[12] F. Mann, *Legal Aspect of Money* (5th edn, 1992), p 8.
[13] The issues are helpfully examined in D. Fox and S. Green (eds), *Cryptocurrencies in Public and Private Law* (2019).

money or currency in circulation in that society.[14] If this final component of *Mann*'s definition is dispensed with, we are left with the proposition that the core meaning of the term 'money' is 'any private claim denominated in the units prescribed by a state'[15] and which is a generally accepted medium of exchange in the relevant society.

(ii) Why does the debate matter?

17.11 Does this debate about what constitutes money have any real significance? In previous editions of this book, the point has been made that the debate is 'rather sterile and has few implications for the rights of parties to commercial transactions.'[16] Instead, the critical question is said to be 'not what constitutes money but what constitutes payment' and that 'any transfer of value in a form according with the express or implied agreement of the parties constitutes payment, whether or not it is money in the legal sense.'[17] This view has found its supporters and it has been observed that, while there is considerable case law dealing with the concept of payment, 'there have been very few occasions on which the court has been directly concerned with the meaning of money or has attempted to address that subject in a meaningful way.'[18] As Sir William Blair has pointed out, 'the common law has tended to avoid overarching definitions of money.'[19]

17.12 The focus on payment is an important one in so far as it focuses attention on a real issue of everyday concern. Suppose that A is the debtor of B. Can A, in seeking to discharge the debt, tender coins and banknotes, write a cheque, make a bank transfer from his account, offer payment via his storecard or transfer to B a Bitcoin? The answer to this question will depend in the first instance on the agreement between the parties and, subject to this, on the unit of account in which the debt is expressed and the terms on which B has agreed to accept payment. This being the case, it is generally not necessary to ascertain the true meaning of 'money' in order to answer the question whether payment has been made and the debt discharged. The agreement between the parties, their course of dealing and any applicable commercial usage are likely to provide an answer to the question without the need to resort to textbooks on the law of money. Nevertheless, it does not follow from this that the legal definition of money is of no relevance whatsoever when seeking to answer the question. If what A tenders to B is recognised by the applicable law as money (that is to say, in the case of English law, it is legal tender[20]) then it will constitute payment unless the parties have for some unusual reason agreed that payment cannot be made in legal tender.

---

[14] This point is effectively made by Gleeson, n 9, at p 120.
[15] Ibid.
[16] See, for example, the 5th edition of this work at para **17.08**.
[17] Ibid.
[18] *Mann*, n 8, para 1.04. See also S. Green, 'It's Virtually Money' in S. Green and D. Fox, n 13, paras 2.01–2.02.
[19] Sir William Blair, 'Money and the Democratisation of Payments' (2020) 35 JIBLR 173 at 177.
[20] On which see nn 6 and 7 and paras **17.18–17.19**.

17.12 *Money*

But if what A tenders to B is not legal tender, then A may be required to demonstrate that the form in which payment was made is consistent with the terms of the contract between the parties. This inference will be very readily made where payment is made by bank transfer, given the near universal use of bank transfers without objection being taken to them, but is less likely to be reached in the case of Bitcoin unless it can be demonstrated that the parties have expressly agreed that payment can be made in this form or there is a regular and consistent course of dealing between the parties from which the courts can infer assent to this method of payment.

17.13 Important though payment is, it is not the only potential legal issue that can arise in relation to the debate about the meaning of 'money', The emergence of cryptocurrencies is beginning to raise legal issues which do turn on the definition of money. Two examples will suffice to illustrate the point. First, assume a case in which a car dealer sells a car on terms that payment is to be made in a virtual currency. How is such a transaction to be classified as a matter of law? Is it a contract for the sale of goods? A contract for the sale of goods, it will be recalled, is a contract by which the seller transfers or agrees to transfer the property in goods to the buyer for a money consideration, called the price.[21] On this basis the contract will only be one of sale if the virtual currency is accepted as 'a money consideration'. If it is not so regarded, the next question which follows is: how do we classify this transaction? Is it to be regarded as a contract of barter? A second example concerns the application of money laundering legislation and other regulatory requirements to virtual currencies. Does a virtual currency constitute money for the purposes of such legislation? In large part the answer to these questions will turn on the precise wording of the particular legislative enactment, but nevertheless there ought to be a guiding principle which enables us to identify what constitutes money and what does not.

17.14 This being the case, the debate about the meaning in law of the term 'money' is most likely to assume practical significance where a statute refers to 'money', 'a money consideration' or to 'money and all other property'. Even here, however, the meaning may depend on the context in which the word 'money' is used. It may not be safe to assume that it will have the same meaning across all statutes dealing with such diverse subjects as taxation, sale of goods and money laundering. Nevertheless, given the potential significance of the issue, there ought to be at the very least a core meaning to the term. The core of 'money' in legal terms must be those coins and banknotes which constitute legal tender. Given their explicit recognition by the legal system, it is extremely difficult to see any basis on which it can be held that these coins and banknotes are not to constitute money. While legal tender may be at the core of 'money', it is not an exclusive core. The ambit of 'money' extends beyond legal tender but it is not clear how far it goes, nor is it entirely clear what test the courts will apply to distinguish that which is money from that which is not. A test that is used in the current edition of *Mann*, and to which reference has already been made, asks whether the currency or unit is 'intended

---

[21] Sale of Goods Act 1979, s 2(1).

to serve as the generally accepted measure of value and medium of exchange within the State concerned.'[22] The key word here is 'generally'. Does it mean 'generally' in the country in which it is used or is the focus of attention on the particular community or market in which the unit is used? No authoritative answer can be given to the question, other than to observe that the broader the use of the unit within society the more likely it is that it will be recognised by the law as money. On this basis most commentators[23] would regard payment by bank transfer as payment in money and the same conclusion would apply to payment by cheque, albeit account has to be taken of the conditional nature of payment by cheque. The near universal acceptance of bank money as a medium of exchange supports the view it is properly to be treated as money. Storecards and Bitcoin, as we shall see,[24] are more difficult. While they may be accepted as a medium of exchange within particular communities, they have not achieved the same degree of acceptance as bank money and, in the case of Bitcoin, there is the additional complication which flows from the lack of state recognition of, or involvement in, its use. With these points in mind, let us now turn to examine in more detail the various forms which it has been claimed that money can take.

2. THE DIFFERENT FORMS THAT MONEY MAY TAKE

17.15 Money may take different forms. The most straightforward form that it can assume is physical money, that is to say, coins and notes. This being the case, it is with physical money that we shall commence the analysis. We shall then turn to consider bank money and it is at this point that we begin to encounter the difference between the traditional legal definition of money and the use of the word money in ordinary everyday language and in commercial practice. More difficult still is electronic money. Finally, we shall consider the most difficult category of all, namely virtual currencies and cryptocurrencies. But let us start at the core of the legal definition of money, namely physical money.

(i) Physical money

17.16 Physical money in England consists of notes issued by the Bank of England and coin distributed by the Mint, when transferred as currency, not as a curio or other commodity.[25] It is therefore to be distinguished from money which is deposited in a bank account or electronic money, neither of which assume a physical form.

17.17 Physical money has five important legal characteristics. First, its value in law is not its intrinsic value as paper or metal but the sum, or unit of account, in which the note or coin is denominated. So a £5 note has a legal

---

[22] See n 8 above.
[23] See, for example, *Mann*, n 8, at paras 1.01–1.02, 1.06.
[24] See paras **17.22–17.29**.
[25] *Moss v Hancock* [1899] 2 QB 111.

17.17 *Money*

value of five pounds, even though the value of the paper of which it consists is negligible,[26] and the same is true of a £1,000 note even though its value as a collector's item is greatly in excess of its nominal value.[27] Secondly, and as a corollary, money is not bought or exchanged; it is either borrowed or received by way of gift or in discharge of an obligation owed to the recipient.[28] Thirdly, money is fully negotiable, in the sense that one who receives notes or coins in good faith and for value obtains a good title even if his transferor stole them or his title was otherwise defective.[29] Fourthly, unless otherwise agreed, a creditor is not entitled to demand or obliged to accept anything other than money in discharge of the debt owed to him. Fifthly, money is a fungible, that is, any unit is legally interchangeable with any other unit or combination of units of the same denominated value. The loan of money, like the loan of securities or of any other kind of asset, transfers absolute ownership to the borrower, whose obligation is to restore not the identical notes and coins received but their equivalent. So a bank with whom notes are deposited is not a bailee of the notes but becomes the owner, with a duty to restore their equivalent in denominated value. Accordingly, a creditor's right to be paid is a purely personal right; he does not *own* money representing the debt, he *is owed* money.[30]

17.18 In describing the legal characteristics of physical money we have made reference to one that, as we have noted, is generally considered of fundamental importance, namely the right of a creditor to be paid in legal tender, that is, banknotes and coins which meet the statutory requirements for legal tender.[31] This is no doubt true in the case of small transactions, where payment in legal tender would be a reasonable method of payment; it is undeniably false in the case of transactions of any size, where, in the absence of a clear agreement for payment in legal tender, it would be absurd to suppose that this was the method of payment intended by the parties.[32] Indeed, there is clear authority in cases on charterparties – one of the principal sources of case law on what

---

[26] The banknote is a curious legal animal. In form it is a promissory note, since it embodies a promise by the Bank of England to pay the bearer the denominated sum on demand, and as such it constitutes a negotiable instrument. But since 1931, when the right of the holder to have the note converted into gold was abolished, the promise has been meaningless, as banknotes are also legal tender, so that presentation for payment is both unnecessary and futile, since at best the holder would receive other banknotes in exchange. As the late Professor Olivecrona wittily observed: 'Paradoxically enough, the claims on the central bank are always good because they can never be honoured. Payment does not come into question, since there are no media of payment available' (K. Olivecrona, *The Problem of the Monetary Unit* (1957), pp 62–63).
[27] On 8 March 1983 a £1,000 banknote issued by the Bank of England in 1933 was sold to Spink's, the London dealers, for £6,800 (*Times*, 9 March 1983). If the owner, instead of selling the note, had presented it for payment to the Bank of England, he would have been entitled to no more than its face value in notes of current legal tender.
[28] The position is otherwise where notes or coins are bought or held not as money but as curios or collectors' pieces; they are then ordinary commodities.
[29] *Miller v Race* (1758) 1 Burr 452.
[30] However, theory yields to commercial practice in one respect in recognizing the right of a bank to take a charge over its own customer's credit balance. See para **22.42**.
[31] See nn 6 and 7 above.
[32] See now, for a decision to this effect, *Homes v Smith* [2000] Lloyd's Rep Bank 139.

constitutes payment – that even where the contract provides in terms for payment in cash in a specified currency, the word 'cash' prima facie includes any commercially recognized method of transferring funds which gives the transferee immediate and unconditional use of the funds transferred so as to be the equivalent of cash.'[33]

17.19 Notwithstanding the everyday practice of making payment in a form other than legal tender, doubts still persist as to whether in a particular case a valid tender must take the form of coins or banknotes. An example of such a submission being made can be found in *St Vincent European General Partner Ltd v Robinson*[34] where Males J responded to the submission in the following terms:

> 'In my judgment, however, no sensible businessman would expect a debtor owing millions of euros (or for that matter any other currency) to turn up with a briefcase full of gold coins or banknotes in order to pay the debt. That would be highly inconvenient in modern conditions and might even raise suspicions of money laundering when the creditor attempted to pay the money into his bank account. I would therefore accept that it is at least arguable that an unconditional offer to pay by means of a bank transfer would constitute a valid tender.'[35]

The law would be out of step with commercial reality if it obliged a debtor in a transaction of any significant size to make payment in the form of legal tender. Much better for the law to recognise the realities as set out by Males J and conclude, not only that a debtor is not obliged to make payment in legal tender but that, in the absence of evidence of an agreement to the contrary by the parties, a debtor in such a case should be entitled to make payment, and a creditor obliged to accept payment,[36] by way of a bank transfer. It is to bank money that we now turn.

(ii) **Bank money**

17.20 The term 'bank money' can be used in different senses. First, it can be used to describe payments or transfers made by a bank to a third party, which

---

[33] *The Brimnes* [1973] 1 All ER 769, affirmed [1975] QB 929; *The Laconia* [1976] QB 835, reversed on other grounds [1977] AC 850; *The Chikuma* [1981] 1 WLR 314. All these cases involved payment or attempted payment by the transfer of funds to the creditor's account with its bank. Where it is the bank itself that is the debtor, the court is likely to be much readier to hold that the bank's customer is entitled to withdraw the deposited funds in cash. In *Libyan Arab Foreign Bank v Bankers Trust Co* [1989] QB 728 Staughton J accepted the evidence of a banking expert that a depositor had an inalienable right to withdraw his money in cash, however large the amount, and on that basis ordered payment in cash of $292 million. The courts have so far had to consider only whether the debtor was *obliged* to pay in legal tender. Whether it follows that the debtor is *entitled* to pay in legal tender is unclear. In each case it is a question of construction of the particular contract whether the parties have impliedly excluded legal tender as a means of payment or have simply agreed that it is not the only method available.
[34] [2018] EWHC 1230 (Comm), [2019] 1 BCLC 706.
[35] Ibid at [61].
[36] The question whether a debtor is entitled to pay in legal tender is distinct from the question whether the debtor is obliged to pay in legal tender: see n 33 above.

may be another bank, other than by way of legal tender (thus encompassing bank transfers, cheques or other payment instruments and also bank notes issued by a private bank or a commercial bank). Second, it can be used to denote the deposit by customers of money in their bank accounts. The use of the word 'money' in the latter context requires some explanation, given the widespread misconception that exists about the legal nature of money that has been paid into a bank account. Thus it is common for people to state that they have money in their bank account. While this represents daily use of language, it is not an accurate statement as far as the law is concerned. A customer who deposits money with his bank does not continue to own the notes and coins which have been so deposited. When the customer hands over the notes and coins to the bank, or money is transferred into his account, he obtains in return a claim against the bank for the money so deposited. The ownership of the money so deposited belongs to the bank. The bank is therefore in law the debtor of its customer to the extent of the money placed on deposit. The classic expression of this principle is to be found in the judgment of Lord Cottenham LC in *Foley v Hill*[37] when he stated:

> 'Money, when paid into a bank, ceases altogether to be the money of the principal . . . it is then the money of the banker, who is bound to return an equivalent by paying a similar sum to that deposited with him when he is asked for it . . . . The money placed in the custody of a banker is, to all intents and purposes, the money of the banker, to do with it as he pleases; he is guilty of no breach of trust in employing it; he is not answerable to the principal if he puts it into jeopardy, if he engages in a hazardous speculation; he is not bound to keep it or deal with it as the property of his principal, but he is of course answerable for the amount, because he has contracted, having received that money, to repay to the principal, when demanded, a sum equivalent to that paid into his hands . . . .That being established to be the relative situations of banker and customer, the banker is not an agent or factor, but he is a debtor.'[38]

For most people this common misconception about the ownership of the money in their bank account does not have obvious practical consequences. But it would become a matter of critical importance in the event of the insolvency of the bank given that the claim of a creditor of the deposited money is much weaker than a claim to ownership of that money.

17.21 Bank money differs from physical money in a number of respects. First, bank money is not legal tender. Second, it is not fully negotiable. Third, it is not issued under the authority of the state. Fourth, there is a greater degree of credit risk surrounding bank money in comparison with physical money given that the insolvency of commercial banks is not an unknown phenomenon.[39]

---

[37] (1848) 2 HL Cas 28.
[38] Ibid at 36–37.
[39] As a direct result of the financial crisis from 2007 onwards, Part 1 of the Banking Act 2009 has established a permanent special resolution regime to deal with banks that are in financial difficulty. The Act, as amended, sets out five stabilisation measures which are: transfer to a private sector purchaser, transfer to a bridge bank, transfer to one or more asset management vehicles, a bail-in option, and transfer to temporary public sector ownership. Parts 2 and 3 of the Act deal with bank insolvency and bank administration respectively. A detailed analysis of these provisions is beyond the scope of this work.

But there are also similarities between physical money and bank money.[40] Both are widely used methods of discharging money obligations in commercial transactions and, as has been noted,[41] a bank's unconditional commitment to pay is generally regarded as the equivalent of cash. For these functional reasons bank money is properly to be treated as money in our society. These similarities of function should not, however, be permitted to obscure the important differences that exist between physical money and claims to money in intangible form, a point to which we shall return when considering the types of claims that can be made to recover money.

(iii) Electronic money

17.22 The Electronic Money Regulations 2011 define electronic money to mean:

> 'electronically (including magnetically) stored monetary value as represented by a claim on the electronic money issuer which:
> (a) is issued on receipt of funds for the purpose of making payment transactions; [and]
> (b) is accepted by a person other than the electronic money issuer.'[42]

Electronic money is designed as an alternative to payment by cash in retail transactions and takes the form either of value stored on a microchip, any part of which is transferable in payment for goods or services, or unitized value in the shape of electronic coins which are transferable electronically.[43] Examples include store cards, petrol cards and public transport cards. Electronic money has been said to bear 'some similarity' to payment by way of a funds transfer in that the retailer receives immediate credit to its account, the transfer will generally be both unconditional and final and e-money can be accepted without reference to the identity or credit-worthiness of the holder.[44] Electronic money, like bank money, is not legal tender, is not fully negotiable and is not issued by the state. Its claim to be recognised as money in English law is not as strong as bank money but support can nevertheless be found for the proposition that electronic money, as defined above, should be recognized as money in English law.[45]

---

[40] See *Goode on Payment Obligations in Commercial and Financial Transactions*, n 1, para 1-07.
[41] See para **17.12**.
[42] Electronic Money Regulations 2011 (SI 2011/99), art 2(1), adopting art 2(2) of the Directive 2009/110/EC on the taking up, pursuit and prudential supervision of the business of electronic money institutions (OJ L 267, 10.10.2009), p 7. Specific exclusions from the definition of electronic money are to be found in art 3 of the Electronic Money Regulations.
[43] See J. Odgers (ed), *Paget's Law of Banking* (15th edn, 2018), paras 25.40–25.45. For a more extended treatment, see D. Kreltszheim, 'The Legal Nature of Electronic Money' (2003) 14 *Journal of Banking Finance Law and Practice* 161, 261; A. Tyree, *Digital Cash* (1997), and for an international perspective, see N. Horn (ed), *Legal Issues in Electronic Banking* (2002). Issuers of electronic money are required to be authorized under the Electronic Money Regulations 2011 (SI 2011/99).
[44] *Goode on Payment Obligations in Commercial and Financial Transactions*, n 1, para 1-09. See also *Mann*, n 1, paras 1.80–1.82; and *Paget's Law of Banking*, n 43, para 25.41.
[45] See n 44 above.

17.23 *Money*

(iv) Virtual currencies

17.23 Recent years have seen the emergence of various virtual currencies or cryptocurrencies which pose a substantial challenge to legal definitions of money and also to regulators around the world, given that virtual currencies, in addition to being used by respectable traders, have been used by criminals in order to achieve their ends. Before giving consideration to the question whether such currencies can and should be regarded as 'money', it is necessary to begin by seeking to define the types of currency with which we are here concerned.

17.24 The Financial Action Task Force has defined a virtual currency as a:

'digital representation of value that can be digitally traded and functions as (1) a medium of exchange; and/or (2) a unit of account; and/or (3) a store of value, but does not have legal tender status (i.e., when tendered to a creditor, is a valid and legal offer of payment) in any jurisdiction. It is not issued nor guaranteed by any jurisdiction, and fulfils the above functions only be agreement within the community of users of the virtual currency.'[46]

Three characteristics of a virtual currency are identified in this definition, namely: (i) it functions as one or more of a medium of exchange, a unit of account or a store of value; (ii) it is not legal tender, nor is it backed in any way by the state; and (iii) it fulfils its functions only by agreement between its users. It is this last feature which is, perhaps, the most distinctive and the most difficult feature of virtual currencies in terms of their treatment as money.[47]

17.25 Although it is tempting to treat virtual currencies as a single category, Simon Gleeson in his book *The Legal Concept of Money* has put forward a four-fold taxonomy of virtual currencies.[48] The first model he calls 'currency tokens' where the token is intended to function as 'a direct substitute for money' and has no other purpose or characteristic such that the 'owner' has no claim on anything or against any other person in respect of the cybercoin other than the right to instruct that the register be changed to someone else. The second model consists of 'utility tokens' where the tokens are intended to confer some benefit or right on the bearer other than by payment for goods or services. The third model takes the form of investment tokens which are either money-backed or asset-backed. So, for example, an asset-backed token will confer an investment return based on the performance of an identified asset, project or business. The fourth model takes the form of warrant tokens which operate in a manner that is similar to depositary receipts or warehouse warrants where the individual identifiable unit relates to a specific identifiable item of property or to a mass or bulk of assets, such as a pool of shares.

17.26 While acknowledging that Bitcoin is not the only model for virtual currencies, it is helpful to focus attention on Bitcoin at this point, principally

---

[46] FAFT Report, *Virtual Currencies: Key Definitions and Potential AML/CFT Risks* (June 2014), p 4, available at https://www.fatf-gafi.org/media/fatf/documents/reports/Virtual-currency-key-definitions-and-potential-aml-cft-risks.pdf.
[47] *Goode on Payment Obligations in Commercial and Financial Transactions*, n 1, para 1-10.
[48] S. Gleeson, n 9, at para 8.04.

because it is the virtual currency which has featured in a number of the cases to date and that case law provides a foundation for consideration of the question of the legal status of a virtual currency. There appears to be an emerging consensus, at least in common law jurisdictions, that cryptoassets, such as Bitcoin, are a form of property, A particularly influential document in terms of the development of the law has been the 'legal statement' issued by the UK Jurisdiction Taskforce of the LawTech Delivery Panel which concluded that cryptoassets should be treated in principle as property, albeit they are neither things in possession nor do they fall within the traditional definition of things in action.[49] Authority to support the proposition that cryptocurrencies, such as Bitcoin, should be regarded as a form of property can now be found in England,[50] Singapore[51] and New Zealand[52] and it also has considerable academic support.[53] But, as has been pointed out, the conclusion that virtual currencies are a form of property 'is the beginning rather than the end of the legal analysis'[54] given the need to resolve issues such as the identification of the form that the property interest assumes, the means by which it can be transferred and the remedies that are available for its misappropriation.

17.27 The more difficult question is whether virtual currencies should be regarded as money. While the UK Jurisdiction Taskforce expressed a clear view that cryptoassets are property, they did not venture into the question of whether they should be regarded as money, noting that they had not 'trespassed into issues relating to monetary policy or the nature of cryptoassets as money.'[55] The orthodox view is that virtual currencies are not presently regarded as money for the purposes of English law. This is so for a number of reasons. First, they are not backed by the state.[56] Indeed, their very essence is that they operate on a peer-to-peer basis in a decentralised manner which explicitly eschews reliance upon the apparatus of the state, including its banking system. Second, they are not a unit of account,[57] although this objection is sometimes framed in terms that 'cryptocurrencies are not denominated in a State-authorised unit of account.'[58] Third, they are said not to be a

---

[49] A copy of the statement can be downloaded from the LawTech Delivery Panel website: https://35z8e83m1ih83drye28oo9d1-wpengine.netdna-ssl.com/wp-content/uploads/2019/11/6.6056_JO_Cryptocurrencies_Statement_FINAL_WEB_111119-1.pdf.
[50] *AA v Persons Unknown* [2019] EWHC 3556 (Comm) at [55]–[61].
[51] *B2C2 Ltd v Quoine Pte Ltd* [2019] SGHC (I) 03, [2019] 4 SLR 17 at [138]–[146]. On appeal the Court of Appeal, while noting that 'there may be much to commend the view that cryptocurrencies should be capable of assimilation into the general concepts of property' did not 'come to a final position' on the question (*Quoine Pte Ltd v B2C2* [2020] SGCA (I) 02 at [144]).
[52] *Ruscoe v Cryptopia Ltd (in liquidation)* [2020] NZHC 728.
[53] See, for example, D. Fox, 'Cryptocurrencies in the Common Law of Property' in D. Fox and S. Green, n 13, ch. 6; T. De Graaf, 'The Qualification of Bitcoins as Documentary Intangibles' (2019) 27 *European Review of Private Law* 1051 and see also the references to the academic literature by the Singapore Court of Appeal in *Quoine Pte Ltd v B2C2*, n 51, at [141]–[142].
[54] S. Gleeson, n 9, at para 9.03.
[55] See n 49, at [11].
[56] See D. Fox, n 53, para 6.62; C. Proctor, 'Cryptocurrencies in International and Public Law Conceptions of Money' in D. Fox and S. Green, n 13, para 3.12.
[57] See D. Fox, n 53, para 6.62; and S. Green, n 18, para 2.19.
[58] See D. Fox, n 53, para 6.62.

store of value.[59] Fourth, they are not a 'generally accepted' medium of exchange.[60] Thus it has been observed that 'the number of people who use cryptocurrencies is still relatively small, and the number of cryptocurrency transactions counts as only a small fraction of the payments made with conventional State-denominated currencies.'[61]

17.28 But the arguments are not all one way.[62] There is authority which may be said to support the proposition that virtual currencies should be regarded as money in the context of decisions dealing with taxation,[63] and in the USA at least,[64] court decisions dealing with the regulatory aspects of virtual currencies. Further, the case for recognition of virtual currencies as money will become stronger if central banks begin to create their own digital currencies.[65] The creation of state-backed digital currencies will not, of course, require that the status of money be conferred upon non-state backed virtual currencies, but the transition from physical money to virtual currencies will surely strengthen the case for the inclusion of at least certain types of cryptocurrencies within the definition of money. However, we are not yet at that point and, this being the case, virtual currencies or cryptocurrencies cannot be said to constitute money as a matter of English law.

17.29 If cryptocurrencies are to be regarded as a form of intangible property but not as money, what practical consequences flow from this conclusion? Let us return to the case of the car dealer who sells a car on terms that payment is to be made in a virtual currency. Had the obligation to make payment been expressed in terms of cash, cheque, credit card, debit card, banker's draft or digital cash, it would have been regarded as a contract of sale and so straightforwardly within the Sale of Goods Act 1979. But, on the assumption that virtual currency is not to be regarded as money, the transaction does not fall within the 1979 Act.[66] But if it is not a sale, what is it? The most obvious candidate is that it is an example of barter so that the relationship between the parties would be governed by common law rules rather than the 1979 Act,

---

[59] See S. Green, n 18, paras 2.20–2.21; and Sir William Blair, n 19, 179 ('the fundamental reason why bitcoin and similar instruments are unlikely at present to be treated as money . . . .is that the blockchain technology is presently slow and clunky compared with conventional systems, and the assets are too volatile to have widespread use as a means of payment, and they have not been adopted as such.').
[60] See C. Proctor, n 56, para 3.12.
[61] See D. Fox, n 53, para 6.61
[62] See, for example, S. Gleeson, n 9, esp ch 9.
[63] *Skatteverket v Hedqvist* C-264/14, [2016] STC 372. See, more generally, A. Fairpo, 'Taxation of Cryptocurrencies' in D. Fox and S. Green, n 13, ch 10.
[64] *Securities Exchange Commission v Shavers and Bitcoin Savings and Trust*, 2013 BL 208180 (ED Tex, 6 August 2013); *United States of America v Faiella* 39 F Supp, 3d 544; and *United States of America v Ulbricht* 1:14-cr-00068-KBF, New York. Contrast *The State of Florida v Espinoza* No F 14-2923 (Fla 11th Cir Ct 2016). It may be that the cases which treat Bitcoin as money will not be followed in this country: see C. Proctor, n 56, at paras 3.27–3.43.
[65] The creation of a digital currency is a matter that is under consideration by the Bank of England: see *Central Bank Digital Currency: Opportunities, Challenges and Design* (https://www.bankofengland.co.uk/paper/2020/central-bank-digital-currency-opportunities-challenges-and-design-discussion-paper).
[66] For consideration of this issue see S. Green, n 18, at paras 2.26–2.43.

Claims to Money **17.31**

albeit the terms implied into a contract for barter are similar to those implied into a contract for the sale of goods. This type of legal uncertainty is likely to be a common problem for users of cryptocurrencies in the immediate future and if the usage of such currencies is to increase, it will be necessary to put them on a sounder legal footing.

3. CLAIMS TO MONEY

(i) Types of claim

17.30 There is relatively little to be said about claims to physical money, since claims in specie to physical money (eg stolen banknotes) are relatively rare.[67] This is because, as we have seen, money is a negotiable chattel and title even to stolen money passes to a bona fide purchaser for value without notice.[68] Of much greater interest are claims to money in intangible form. It should be unnecessary to point out that such money is not the same as physical money, which passes by delivery. Unfortunately, it is all too common, in discussions of tracing claims to intangible money, to equate it with physical money and pray in aid decisions on dealings in currency to support the proposition that an interbank funds transfer (with which those decisions had nothing to do) passes a legal title to the transferee or, in the case of transfer to an overdrawn account, his bank.[69] It is important to avoid confusion of this kind given that, as we have noted, bank money lacks most of the legal characteristics of physical money.

Claims to intangible money are susceptible to at least two distinct classifications: personal and proprietary, and gain-based and non-gain-based.

1. Personal and proprietary (real) claims

17.31 Claims to intangible money divide into two broad categories. The first consists of claims that are wholly generic, in the sense that the claimant's right is simply to be paid from the defendant's general assets[70] and is not attached to any specific bank deposit or other money asset or fund held by the defendant. Such claims are therefore personal, not proprietary, or real, in character, and the claimant takes his chance as an unsecured creditor in competition with other unsecured creditors. Into this category fall, for example, contractual claims for debt or damages and personal claims at

---

[67] For a modern example see *Lipkin Gorman v Karpnale Ltd* [1991] 2 AC 548, where the claimants successfully established a common law personal claim to cash misappropriated by a partner of the claimant firm and used to buy gaming chips at the defendants' casino.
[68] The defendants in *Karpnale* would have succeeded if they had been able to show that they had given value for the money paid over to them. They could not do so because, at the time, gaming and wagering contracts were void and so the gambling services were held not to amount to valuable consideration. Equally, the exchange of gambling chips for cash was held not to amount to valuable consideration. The defendants were, however, entitled to rely on the defence of change of position and this provided them with a partial defence to the claim.
[69] See para **17.38**.
[70] Where the debtor fails to pay voluntarily, this is achieved by post-judgment levy of execution.

545

17.31 *Money*

common law for money had and received (or equivalent restitutionary claim)[71] or in equity for unjust enrichment or recoupment of loss suffered through a breach of trust. Such claims may arise from improper dealings by the defendant with assets of the claimant but, being personal claims, are not dependent on the defendant's continued possession of those assets and may be asserted even if he has disposed of them.

17.32 The second category consists of claims which are specific, in that the claimant can point to a particular intangible (typically a bank deposit) as beneficially vested in him under a trust, whether created by the act of the parties[72] or imposed by law as a resulting or constructive trust. For example, where B wrongfully sells securities he is holding for O and pays the proceeds into his account with his bank, O can claim beneficial ownership of the claim on the bank in respect of the deposit, B being a constructive trustee of that claim for O. Specific claims to intangible money are by definition proprietary in character and thus can be asserted only against a defendant who still holds the intangible to which claim is laid.[73]

17.33 The distinction is thus between a right to payment (which is generic and personal) and a right to have an identified money intangible made over to the claimant (which is specific and proprietary). The distinction is of importance primarily in relation to the impact of the defendant's insolvency, for, as we have seen earlier, real rights survive the debtor's insolvency and may be enforced to the exclusion of the general body of creditors, whereas personal rights are converted into a right to prove in the insolvency in competition with other creditors.

2. *Gain-based and non-gain-based claims*

17.34 Claims to money[74] may also be classified according to whether they are gain-based or non-gain-based.[75] The significance of the distinction varies according to whether the claim is personal or proprietary. Where it is personal, the distinction is relevant to the measure of the claimant's entitlement. A non-gain-based personal claim to money is either for debt or damages, the measure of recovery in the former case being the amount due and, in the latter, the recoverable loss suffered by the claimant. By contrast, a gain-based claim to money is based on, and quantified by reference to, the defendant's illegiti-

---

[71] See para **17.37**.
[72] Ie, an actual trust, express or implied.
[73] For present purposes we may ignore an interest in a fund (see para **2.92**), for the beneficiary's interest is solely in the fund itself, not in its constituent parts, and his remedy for misapplication of the fund is not a payment to him but a restoration of the misappropriated assets or their money equivalent to the fund.
[74] In the ensuing discussion 'money' denotes bank money or other intangible money unless otherwise indicated.
[75] The label 'gain-based' is here used to capture rights (a) not previously held by the claimant, (b) measured by the defendant's improper gain in breach of a duty to the claimant, and (c) imposed by law rather than by contract or express trust, in each case whether those rights lie in unjust enrichment at the claimant's expense or as a remedy for a wrong through which the defendant obtained an illegitimate gain.

mate gain. In most cases the claim is based on unjust enrichment at the claimant's expense,[76] but there are some types of wrong which give rise to a claim where the remedy is measured by reference to the gain made by the defendant. A further distinction, which is also relevant to proprietary claims, is that a non-gain-based claim to money or other property is not dependent on the court's discretion, it is unnecessary for the claimant to show that the defendant was unjustly enriched and the defence of change of position is not available.[77]

(ii) **Non-gain-based claims to money**

17.35 Non-gain-based claims consist of claims to money or to a particular money asset (a) conferred on the claimant by assent of the defendant, usually under a contract or an express trust, or (b) representing proceeds of a disposition of the claimant's property. Contract rights, as we have seen, are personal, whereas the claim to a money intangible held on trust for the claimant is real, or proprietary,[78] and the claim to the proceeds of the claimant's property will itself be proprietary if the defendant is not entitled to retain them. Non-gain-based money claims are of no particular interest for present purposes, and are not discussed further in the present chapter, though in the contract sphere we are very much concerned with questions as to what constitutes payment[79] and when payment is to be considered complete.[80]

(iii) **Gain-based claims to money**

17.36 Gain-based claims too may be either personal or proprietary. In most cases they are based on unjust enrichment and, as such, their common characteristic is that they depend on showing a causal link between an involuntary loss of value suffered by the claimant through the act of the defendant or a third party and a corresponding receipt of value by the defendant in circumstances where he would be unjustly enriched if he were not required to give restitution. Good faith by itself is not a defence to such a claim, but change of position in good faith has now been recognized by the House of Lords as a general defence,[81] and the same is true of bona fide

---

[76] The phrase 'at the claimant's expense' is used as a shorthand to demonstrate that a subtraction from the claimant's estate is causally connected to the defendant's improper gain. But the measure of the claim is the gain itself, not the value extracted from the claimant's estate, which may have become augmented in the defendant's hands, as by profitable investment of money improperly obtained from the claimant.
[77] See paras **2.70, 17.40**.
[78] Unless the defendant trustee holds under an active trust with management powers, in which case the interest of the beneficiaries is in the trust fund itself, not in the individual assets comprised in it. For the nature of an interest in a fund, see para **2.92**.
[79] See para **17.43**.
[80] See paras **18.30 ff**.
[81] *Lipkin Gorman v Karpnale Ltd*, n 67. See more generally A. Burrows, *The Law of Restitution* (3rd edn, 2011), pp 524–550 and G. Virgo, *The Principles of the Law of Restitution* (3rd edn, 2015), pp 678–701.

17.36 *Money*

purchase for value without notice.[82] These two defences are available whether the claim is personal or proprietary. Gain-based claims have assumed huge importance in commercial and financial dealings. The law relating to them is complex and, in various respects, unsatisfactory, and only a brief outline can be given here.[83]

1. *Gain-based personal claims to money*

17.37 The exclusion from the law of unjust enrichment of claims to products and proceeds of the claimant's assets[84] means that the importance of the law of unjust enrichment (as opposed to restitution for wrongs) lies principally in the availability of personal claims. Such claims are made where no identified money asset is involved or where the defendant no longer holds it or is clearly solvent so that a proprietary claim is considered unnecessary. A personal claim may arise either at common law or in equity. The common law claim is for money had and received,[85] and typically arises where the defendant wrongfully disposes of an asset belonging to the claimant and fails to account for the proceeds, or receives from a third party money intended for the claimant and fails to pay it to the claimant. For ease of exposition we shall confine ourselves to the first of these. The action for money had and received is a personal claim based on the claimant's common law right to trace his original asset into any substitution for that asset or its proceeds. For example, if B, as hirer of O's car, wrongfully sells it to T and receives a cheque, then, instead of following the car itself into the hands of T,[86] O may assert a personal claim to the cheque or its

---

[82] There is a view that bona fide purchase is not a separate defence at all but merely a paradigm of change of position, and this has powerful proponents. See, for example, P. J. Millett, 'Tracing the Proceeds of Fraud' (1991) 107 LQR 71 at p 82; P. Birks, 'Trusts in the Recovery of Misapplied Assets' in E. McKendrick (ed), *Commercial Aspects of Trusts and Fiduciary Obligations* (1992), ch 8, at pp 164–165. But in *Lipkin Gorman v Karpnale Ltd*, n 67, Lord Goff (at 580–581) was in no doubt that the defences were distinct, a view shared by Peter Gibson LJ in *Lloyds Bank plc v Independent Insurance Co Ltd* [2000] QB 110 at 132. See to the same effect P. Key, 'Bona fide purchase as a defence to the law of restitution' [1994] LMCLQ 421 and A. Burrows, The *Law of Restitution* (3rd edn, 2011), pp 575–576. A separate and unresolved question is whether the defence of bona fide purchaser is an application of ordinary priority rules of property law (in which case the purchaser must have acquired the legal title in order to obtain priority over an earlier equitable interest) or a distinct principle of the law of restitution. The question is adverted to in Birks, *Unjust Enrichment*, (2nd edn, 2005), pp 242–243 and by Burrows, pp 576–577. See further para **17.42**.
[83] There is now a large volume of literature relating to the law of restitution or, if one prefers, the law of unjust enrichment. The leading texts on English law in this area are A. Burrows, *The Law of Restitution* (3rd edn, 2011), G. Virgo, *The Principles of the Law of Restitution* (3rd edn, 2015), P. Birks, *Unjust Enrichment* (2nd edn, 2005) and *An Introduction to the Law of Restitution* (1985), and C. Mitchell, P. Mitchell and S. Watterson, *Goff and Jones: Law of Unjust Enrichment* (9th edn, 2016). For a helpful restatement of the law, see A. Burrows, *A Restatement of the English Law of Unjust Enrichment* (2012).
[84] See *Foskett v McKeown* [2001] 1 AC 102, [2000] 3 All ER 97, and paras **2.70** and **17.40**.
[85] Where the money proceeds result from the defendant's improper disposal of goods or documentary intangibles (as to which see para **2.56**) the claimant has an alternative claim in conversion for the value of the asset disposed of. The claim for money had and received is advantageous where the sum received by the defendant exceeds the value of the converted asset.
[86] Which might not be possible, as where T acquires an overriding title or has disappeared.

face value. If B does not hand over the cheque to O but pays it into his own account with his bank, X, which is in credit,[87] O may sue for conversion of the cheque or may look to the second substitution, in which the cheque is replaced by B's claim on X, and sue for the amount credited to B's account in an action for money had and received.

17.38 Though the claim for money had and received is personal, it is not like a debt claim for, quite apart from the fact that it is not contractual, it depends for its success on the claimant showing that he started with an asset of some kind and that what the defendant now holds can be identified (or 'traced') as derived from that asset. Tracing is not a cause of action or a remedy; it is simply a legal technique by which value received by the defendant[88] is shown to be causally linked to value lost by the claimant. The common law takes a robust view of causal linkage. It is not necessary to show that the money asset acquired by the defendant was in direct exchange for the claimant's asset or its proceeds. It suffices that the claimant has suffered a loss of value which is reflected in a corresponding receipt of value by the defendant. Accordingly, where the defendant wrongfully procures a transfer (whether by cheque or otherwise) from the claimant's bank account to his own account, the transfer being effected through the bank clearing,[89] the common law has no difficulty in recognizing that the sum credited to the defendant's account represents the proceeds of the corresponding sum previously in the claimant's account,[90] despite the fact that receipt of funds by the defendant's bank does not as such constitute receipt by the defendant himself[91] and that the payment process does not involve any assignment of the claimant's claim on its bank, so that the sum credited to the defendant's account cannot be regarded as the proceeds of such an assignment but is simply the mirror image of a corresponding debit to the claimant's account to which that credit is causally connected.[92] Similarly, if the defendant borrows money from his bank and uses it to open an account

---

[87] If it is overdrawn, X will usually acquire an overriding title, since payment into the account *pro tanto* reduces X's claim on B and thus makes X a purchaser for value of the sum paid into the account.

[88] It is immaterial whether he retains it. His receipt is all that is required to found the action. By contrast, a proprietary claim in equity is confined to value surviving in the hands of the defendant. The two measures of recovery are thus potentially different. Professor Birks once referred to value received as the first measure of restitution and value surviving as the second measure of restitution (*An Introduction to the Law of Restitution*, ch III).

[89] See paras **18.11** ff.

[90] *Agip (Africa) Ltd v Jackson* [1992] 4 All ER 385. See also the decision of the Supreme Court of Canada in *BMP Global Distribution Inc v Bank of Nova Scotia* [2009] SCC 15, (2009) 304 DLR (4th) 292 at [83] where Deschamps J described the clearing system as a 'neutral factor' and as 'a payment process' so that 'the clearing system amounts to no more than channelling the funds.'

[91] See para **18.34**.

[92] Hence the general surprise at the decision of the House of Lords in *R v Preddy* [1996] AC 815 to the effect that a person who fraudulently procures the transfer of funds from another person's account to his own could not be convicted of theft, since the interbank transfer did not involve any assignment of the claimant's credit balance, merely a debit at one end reflected by a credit at the other. The decision necessitated emergency legislation in the shape of the Theft (Amendment) Act 1996 which has now been superseded by the Fraud Act 2006 which has enacted a general fraud offence.

17.38 *Money*

with a second bank, repaying the loan with money improperly obtained from the claimant, the common law recognizes the claimant's ability to trace the misappropriated sum into that account, even though in the first instance the claim on the second bank was acquired with funds advanced by the first bank rather than by the claimant. The law looks to the substance of the transaction and treats the second bank as having been paid with the claimant's money.[93]

17.39 Two limitations have been suggested on the scope of the common law right to trace. First, it has been said that any attempt to trace money through the clearing system 'obviously presents insuperable practical difficulties',[94] and, as a tacitly assumed corollary, that while the claimant can trace money representing the proceeds of a collected cheque, he cannot trace money reaching an account through an electronic funds transfer passing through the clearing.[95] It is hard to see what the difficulties are.[96] As stated above, the identification process involves no more than establishing that a debit to the transferor's account with his bank is linked to a credit to the transferee's account with his own bank. The ability to do this has nothing to do with the medium of the payment.[97] Moreover, cheques are collected through the clearing system, so if that is not a barrier in the case of a cheque payment,[98] why should it be in a paperless transfer? Secondly, it is asserted that the common law does not allow tracing into a mixed fund.[99] This is plainly incorrect where the defendant who received the money does the mixing, for liability in an action for money had and received is purely personal and is based on receipt, not retention, so that what the defendant does with the money after he has received it is irrelevant.[100] But even the fact that the money has become commingled before reaching the defendant should not be a bar to tracing, for there is no reason why the ability of the common law to identify the money as having come from the claimant should be any less at common law than it is in equity.[101]

---

[93] *Agip (Africa) Ltd v Jackson*, n 90, per Millett J at 397, approved on appeal [1992] 4 All ER 451, per Fox LJ at 462.

[94] P. Millett, 'Tracing the Proceeds of Fraud' (1991) 107 LQR 71 at p 74.

[95] Ibid, a proposition which Millett J then applied judicially in *Agip (Africa) Ltd v Jackson*, n 90 at 399.

[96] And the Supreme Court of Canada has concluded that the clearing system should be seen as a 'neutral factor': *BMP Global Distribution Inc v Bank of Nova Scotia*, n 90, at [83].

[97] Indeed, on this point the Court of Appeal does not appear to have agreed with Millett J, see [1992] 4 All ER 451, per Fox LJ at p 465. See also R. Hooley, 'Payment in a Cashless Society' in B. A. K. Rider, *The Realm of Company Law* (1998) at pp 243–245.

[98] *Banque Belge pour l'Etranger v Hambrouck* [1921] 1 KB 321.

[99] *Taylor v Plumer* (1815) 3 M & S 562, per Lord Ellenborough at 567; *Re Hallett's Estate* (1880) 13 Ch D 696, per Jessel MR at p 717; *Re Diplock* [1948] Ch 465, per Lord Greene M.R. at pp 518–520.

[100] *Agip (Africa) Ltd v Jackson*, n 90, per Millett J at p 399; [1992] 4 All ER 451, per Fox LJ at p 463; *Marsh v Keating* (1834) 2 C1 & Fin 250; R. M. Goode, 'The Right to Trace and its Impact in Commercial Transactions' (1976) 92 LQR 360 at p 394.

[101] Prior to *Agip* there appears to have been no reported case in which a claimant's claim failed on the ground of mixing, a point made by Thesiger LJ in *Re Hallett's Estate*, n 99 at p 723. For a powerful argument that it is contrary to both principle and authority to regard mixing as a barrier to the common law right to trace, see S. Fennell, 'Misdirected Funds: Problems of Uncertainty and Inconsistency' (1994) 57 MLR 38 at pp 43 ff; and L. D. Smith, *Law of*

2. Gain-based proprietary claims to money

17.40 The category of gain-based proprietary claims has now been substantially narrowed by the ruling of the House of Lords in *Foskett v McKeown*[102] that a claim to the products of an improper disposition of the claimant's property by the defendant is a pure property claim, not an unjust enrichment claim. The effect is to remove from the sphere of gain-based rights those proprietary claims which are based on unjust enrichment at the claimant's expense – that is, are derived by subtraction from the claimant's pre-existing proprietary base – and to restrict such rights to those based on a wrong, for example, the receipt of a bribe or the pursuit of business opportunities by the defendant for his own benefit which, if he had undertaken them at all, should have been exploited for the claimant's benefit, not his own.[103] However, while a proprietary claim to the money or asset first acquired through a wrong is gain-based, property subsequently acquired with such asset falls within the *Foskett v McKeown* principle as a pure property right. Gain-based proprietary claims to money usually arise in the form of a constructive trust or an automatic resulting trust.[104] Examples of such claims arising under a constructive trust are claims to the proceeds of the claimant's property improperly disposed of by the defendant or a third party,[105] proceeds of authorized dispositions of the claimant's property where the person disposing of them was an agent or other fiduciary having no right to retain and manage the proceeds, and money paid by the claimant to the defendant under a mistake of fact.[106] Where money is lent on terms that it is

---

Tracing (1997), ch 5. The point is of no great significance where the claimant can and does rely on the more powerful equitable proprietary right to trace, but that is supposedly dependent on a fiduciary relationship between claimant and defendant which will not always be present (see below).

[102] [2001] 1 AC 102.

[103] *Cook v Deeks* [1916] 1 AC 554 (business opportunities); *Attorney-General for Hong Kong v Reid* [1994] 1 AC 324 (bribes); *FHR European Ventures LLP v Cedar Capital Partners LLC* [2014] UKSC 45, [2015] AC 250 (bribes). Professor Goode has argued elsewhere that the institutional constructive trust should not be recognized where the restitutionary remedy is based on a wrong, and that in the case of bribes in particular the grant of a proprietary remedy is not only based on circular reasoning but in policy terms is objectionable as giving the claimant priority over unsecured creditors which he has done nothing to earn, having suffered no diminution in his estate, given no value and performed no act in reliance on the defendant's conduct, whereas unsecured creditors will have given value. See R. Goode, 'Proprietary Restitutionary Claims' in W. R. Cornish et al, *Restitution: Past Present and Future* (1998), ch 5 and 'Property and Unjust Enrichment' in A. Burrows (ed), *Essays on the Law of Restitution* (1991), ch 9. However, this argument was not accepted by the Supreme Court in *FHR European Ventures LLP v Cedar Capital Partners LLC*.

[104] An automatic resulting trust is one which arises by operation of law independent of the presumed intention of the parties. The distinction between resulting trusts and constructive trusts is arbitrary and sometimes difficult to draw. The present text follows conventional usage.

[105] *Re Hallett's Estate*, n 99; *Agip (Africa) Ltd v Jackson*, n 90.

[106] *Chase Manhattan Bank N.A. v Israel-British Bank (London) Ltd* [1981] Ch 105 (mistaken double payment of the same debt). There are also cases where authority to dispose of the claimant's asset is given on terms, express or implied, that the defendant is to hold the proceeds for the claimant, but this is consensual and is not based on unjust enrichment. For an example

17.41 *Money*

to be applied for a particular purpose which in the event fails, the borrower holds it on a resulting trust for the lender, who can accordingly assert an equitable proprietary claim to it.[107]

17.41 A proprietary claim cannot, of course, be asserted against one who no longer has the money or where the money has ceased to exist.[108] A more controversial limitation on the equitable right to trace is that there must have been a fiduciary relationship between the claimant and the defendant or a third party through whose hands the money or property producing it passed.[109] Though in the *Agip* case[110] the trial judge and the Court of Appeal felt obliged to follow *Re Diplock*,[111] there seems no good policy reason why the right should be restricted to cases involving a fiduciary relationship; it should suffice that the claimant has a stronger right to the money than the defendant and is thus entitled to recover it under normal priority rules in property law. In the *Chase Manhattan decision*[112] Goulding J robustly surmounted the problem by holding that the fiduciary relationship was sufficiently generated by the improper receipt itself, an ingenious solution which is, however, unsatisfactory, for it presupposes that which is in issue, namely the defendant's fiduciary duty to hold the sum received for the claimant.[113] It is to be hoped that the Supreme Court will take the opportunity to put the fiduciary relationship fallacy firmly to rest.

17.42 A proprietary claim to money is defeated where the defendant can show that he has acquired an overriding title as a bona fide purchaser for value

---

see *Aluminium Industrie Vaassen BV v Romalpa Aluminium Ltd* [1976] 1 Lloyd's Rep 443, which has, however, been distinguished almost out of existence. See paras **22.33–22.34**.

[107] *Barclays Bank Ltd v Quistclose Investments Ltd* [1970] AC 567, in which the House of Lords held that the relationship of lender and borrower subsisting between the plaintiffs and the first defendants did not preclude a concurrent trust relationship between them. In that case, money was lent to a company for the specific purpose of being paid out to shareholders as a dividend, a purpose which was frustrated by the company going into liquidation. The precise nature of the trust arising in this situation has been the subject of much debate (on which see generally W. Swadling (ed), *The Quistclose Trust: Critical Essays* (2004). See also the analysis by Lord Millett in *Twinsectra Ltd v Yardley* [2002] 2 AC 164 and the authorities there cited).

[108] *Bishopsgate Investment Management Ltd v Homan* [1995] Ch 211 (payment into overdrawn bank account).

[109] *Re Diplock*, n 99.

[110] [1992] 4 All ER 385 at 402 (where Millett J referred to the requirement as having been 'widely condemned'); [1992] 4 All ER 451 at 466. In that particular case there was clearly a fiduciary relationship, so that no problem arose on that score.

[111] See n 99.

[112] See n 106. See also *Campden Hill Ltd v Chakrani* [2005] EWHC 911 (Ch) where Hart J (at [74]) held that a fiduciary relationship can be established from the 'division of the legal and equitable ownership' of the property. So, while the fiduciary requirement formally remains part of the law, in substance the courts seem willing to relax its requirements so that, in large part, it ceases to be a practical problem.

[113] The reasoning leading to that decision, though not the result, was criticized by Lord Browne-Wilkinson in *Westdeutsche Landesbank Girozentrale v Islington London Borough Council* [1996] AC 669 at 714–715 and extrajudicially by Sir Peter Millett, 'Restitution and Constructive Trusts' in Cornish et al, n 103, p 199 at 212. But *Chase Manhatten* also has its defenders. See D. Friedmann, 'Payment Under Mistake – Tracing and Subrogation' (1999) 115 LQR 195.

without notice of the claimant's rights.[114] The defendant's priority is frequently ascribed to the fact that the innocent recipient has acquired *legal* title to the money by virtue of its status as currency. This cannot be the case, for, as pointed out earlier,[115] a bank deposit or other intangible money is not currency, legal title to which passes by delivery,[116] but arises from debits and credits in the banking system which do not involve even the transfer of a claim to the recipient.[117] The true position would seem to be that the bona fide purchaser of intangible money is protected not because he has legal title (which he does not) but because he has not been enriched.[118]

---

[114] See para **17.36**.
[115] See para **17.21**.
[116] A rare case involving a claim based on misappropriation of physical money was *Lipkin Gorman v Karpnale Ltd*, n 67, which was, however, a common law personal claim, not an equitable proprietary claim.
[117] See para **18.30**. The case is not one of novation (which would vest legal title to the account in the defendant), for this requires the consent of all three parties. It would, of course, be possible for a person to purchase a bank deposit and take an assignment, but this would not assist him, for even a statutory assignee of a debt takes subject to equities. See para **29.37**.
[118] A subsidiary ground is that the right to trace is usually a mere equity rather than an immediate equitable interest (see paras **2.10–2.11**) and as such is displaced by any transfer to a bona fide purchaser for value, whether or not passing the legal title.

Chapter 18

PAYMENT AND PAYMENT SYSTEMS

1. PAYMENT: AN INTRODUCTION

18.01 If the concept of money is difficult, it has at least been the subject of exhaustive analysis.[1] The same cannot be said of the concept of payment, itself a subject of considerable complexity, upon which the literature in common law jurisdictions remains surprisingly sparse.[2] Yet the topic is of great importance, and we should at least examine the fundamental principles.

(i) The concept of payment

18.02 At this point we are concerned not with what types of act constitute payment but with the more fundamental question: what do we mean by payment? The answer to that question depends in part on the proper construction of the contract and any definition of payment that is to be found in that contract.[3] It is both important and necessary to distinguish payment in its strict legal sense from some intermediate step which the parties may label 'payment'. Suppose, for example, that a contract between C and D requires D to pay C £10,000 by 10 May, and that C has always been content to accept D's cheques as the payment vehicle. In such a case the parties may well intend that the contractual time of payment will be considered met if C receives D's cheque by 10 May. That is a matter of construction of the contract. But C's receipt of the cheque does not in itself constitute payment by D, for no funds have been transferred. All that has happened is that D has given C an instrument embodying a direction to D's bank to pay C. By drawing the cheque, D undertakes that it will be paid by his bank. The effect of giving C

---

[1] See, for example, C. Proctor (ed), *Mann on the Legal Aspect of Money* (7th edn, 2012), and the extensive literature cited at para **17.01**, n 1.
[2] So far as English law is concerned, Professor Goode essayed the first modern conceptual treatment of the subject in *Payment Obligations in Commercial and Financial Transactions* (which is now in its third edition and edited by Charles Proctor and Victoria Dixon), of which the following passages represent a partial distillation and refinement. See also M. Brindle and R. Cox (ed), *Law of Bank Payments* (5th edn, 2018); *Chitty on Contracts* (33rd edn, 2018), paras 21–040 ff. For an admirably comprehensive treatment of electronic funds transfers, see B. Geva, *The Law of Electronic Funds Transfers* (looseleaf) and his equally impressive *Bank Collections and Payment Transactions: A Comparative Legal Analysis* (2001).
[3] *Kaupthing Singer & Friedlander Ltd v UBS AG* [2014] EWHC 2450 (Comm) at [64].

18.02 *Payment and Payment Systems*

the cheque is therefore to suspend D's original promise to pay, and to superimpose on it a second promise in a new form. Payment itself is made only when (and if) the cheque is honoured by D's bank, though when this occurs, payment is deemed to have been made at the time of receipt of the cheque.[4]

18.03 Payment in the legal sense means a gift or loan of money or any act offered and accepted in performance of a money obligation. Money must therefore feature in some way, either because payment is in physical money or because the obligation to be discharged by the act of payment is a money obligation, in which case the mode of discharge is immaterial to the status of the act as an act of payment.

(ii) Methods of discharging a money obligation

18.04 Though any act accepted in performance of a money obligation suffices as payment, in practice payment (or settlement) usually takes one of five forms. The first, the delivery of physical money, is common in small transactions but is little used in commercial dealings. The second is the acceptance of goods in part exchange, the agreed payment for such goods being applied in reduction of the price of the new goods. This requires no further mention. The third, and that on which we shall focus attention a little later, is the transfer of funds to the transferee's bank account.[5] Typically, the transferor and the transferee are different persons, as where the transferor is the debtor and the transferee the creditor. But this is not necessarily the case. Where a person has two or more accounts with the same bank, he can pay a debit balance on one account by transferring funds from another account which is in credit. For example, where the customer of a bank borrows money from the bank for a house purchase and has a separate account for accruing interest, a transfer from the customer's current account to the interest account in discharge of the debit balance on the latter constitutes payment of the interest in law, whether for tax or for any other purposes, and this is so whether the current account was in credit or in debit. The fourth is novation,[6] the replacement of the existing contract under which the indebtedness arises with a new contract, whether with the same creditor or with a new creditor. For example, C may agree to refinance D's indebtedness to him under a loan agreement by granting a fresh advance under a new agreement which is applied in discharge of the existing indebtedness. This is again a pure book entry but it has the effect of discharging the earlier indebtedness.[7] Another common form of settlement by novation is novation netting, which involves the contractual consolidation of unmatured liabilities.[8] Finally, the parties can contract for set-off (or netting) of matured liabilities. This is known as payment or settlement netting and does not involve

---

[4] *Homes v Smith* [2000] 1 Lloyd's Rep Bank 139.
[5] The word 'transfer' here denotes novation, not assignment. See paras **18.10**, n 27, **18.30**.
[6] See paras **4.08** and **4.34**.
[7] By contrast, a mere rescheduling of the existing indebtedness under the existing agreement does not constitute payment.
[8] See para **18.36**.

556

novation.⁹ The banker's implied contractual right to combine accounts, though not usually described in netting terms, is similar in character.¹⁰

18.05 Depending on the agreement between the parties, a payment may be either referable to a particular transaction or transactions, or be applied in reduction or discharge of a total net indebtedness arising from a series of mutual dealings recorded in a current (or running) account maintained by one or both for the other. The debit and credit items then lose their individual character, all sums paid in forming part of a single blended fund which, when set against the debit items, produces a single net credit or debit balance.¹¹ Thus instead of each transaction being settled individually, the parties agree that periodically a balance will be struck and the party who is the debtor will pay. Payment of the debit balance constitutes payment of all the items on the account.¹²

(iii) **Payment and commitment to pay**

18.06 It is easy to confuse payment and commitment to pay. Where a cheque is given, it is reasonably obvious that this is not payment, though it is sometimes referred to, rather misleadingly, as conditional payment, that is, payment conditional on its being honoured. All this means is that upon acceptance of the cheque by the creditor the debtor is not, or is no longer, in default, so long as the cheque is met when presented.¹³ Rather less obvious is the effect of a credit to a customer's account.¹⁴ Where this results from a funds transfer by a third party, it will constitute payment by that party, assuming the creditor has not insisted on legal tender. But it is not a payment *by the bank*,

---

⁹ See para **18.38**.
¹⁰ In several of the older cases the bank's right to offset a debit balance on one account against a credit balance on another is based on the proposition that there is in truth only one account between banker and customer, even if for convenience divided into separate accounts. See, for example, *Re Willis, Percival & Co., ex p Morier* (1879) 12 Ch D 491, per James LJ at 498; *Bailey v Finch* (1871) LR 7 QB 34, per Blackburn J at 40; *Halesowen Presswork and Assemblies Ltd v National Westminster Bank Ltd* [1971] 1 QB 1, per Buckley LJ at 46. However, the better view, as expressed by Professor Philip Wood (*English and International Set-Off* (1989), paras 3-6, 3-11), is that two accounts are not one account, so that the right to combine accounts is a true case of contractual set-off. The set-off is effected by book entry pursuant to express or implied agreement.
¹¹ C. Proctor and V. Dixon (eds), *Goode on Payment Obligations in Commercial and Financial Transactions* (3rd edn, 2016), para 2-03.
¹² Ibid.
¹³ So if the cheque is honoured, payment is deemed to have been made at the time the cheque was received (*Homes v Smith* [2000] Lloyd's Rep Bank 139). Meeting of the cheque involves no more than failure to return it as unpaid within the limited time allowed. It then becomes too late for the bank to dishonour it, so that the bank is committed to paying it. Since the creditor's bank will already have received funds from the debtor's bank in the clearing process, commitment and payment coincide. This is not normally the case where other modes of payment are used.
¹⁴ For brevity, the payment process is here described as credit to an account, though in fact it is complete when the bank, with the actual or apparent authority of the creditor, receives payment for his account, whether or not it has initiated or completed the mechanical accounting process.

merely an acknowledgement by the bank of its indebtedness to the customer and an implied undertaking to pay. Payment would typically come about only by allowing the customer to draw cash or by honouring the customer's instructions to transfer funds to a third party, both of which would operate to reduce the bank's indebtedness to the customer. This example shows how important it is to identify the particular relationship under discussion when considering the effect of credit to an account. The bank's commitment to pay constitutes payment as between debtor and creditor but remains a mere commitment as between bank and creditor. By the same token, a debit to the account is not a payment *to the bank*; it is simply a record of the customer's indebtedness. But there is nothing in law to prevent the customer from paying a debit balance on one account by transfer from another account with the same bank.[15]

(iv) Elements essential to an effective payment

18.07 In order for an act of payment to be effective as a pro tanto discharge of the debtor's obligation, certain essential conditions must be fulfilled. The payment must be made by the debtor or by a third party having actual or apparent authority to make it on his behalf. The law does not recognize as effective an unauthorized payment by an officious intervener except where the debtor ratifies this, whether expressly or by freely accepting the benefit of the payment.[16] In the case where the contract specifies the place at which payment must be made, the debtor must tender payment at the place that has been agreed in the contract. If the contract is silent on the issue, the traditional rule is that the debtor must seek out the creditor in order to make payment, typically at the creditor's place of business, but the traditional rule is now readily modified by the courts in the light of their experience of 'modern ways of making commercial payment.'[17] A creditor is not obliged to accept a negotiable instrument, such as a cheque, in payment of a debt unless it has agreed, expressly or impliedly, to do so.[18] The payment must not only be tendered by the debtor but accepted by the creditor or his authorized agent. An unaccepted tender does not discharge the debt, though if sued, the debtor can pay the money into court with a plea of tender and recover his costs.[19] Where

---

[15] See para **18.04**.
[16] *Owen v Tate* [1976] QB 402. Both the principle of free acceptance and the decision in *Owen v Tate* are controversial. See P. Birks, 'In Defence of Free Acceptance', in A. Burrows, *Law of Restitution*, ch 5; J. Beatson, *Use and Abuse of Unjust Enrichment* (1991), pp 177 ff. See further A. Burrows, *The Law of Restitution* (3rd edn, 2011), pp 449–452 and G. Virgo, *The Principles of the Law of Restitution* (3rd edn, 2015), pp 243–245.
[17] *Canyon Offshore Ltd v GDF Suez E&P Nederland BV* [2014] EWHC 3810 (Comm), [2015] Bus LR 578 at [38].
[18] *Johnston v Boyes* [1899] 2 Ch 73.
[19] CPR rr 37.2 and 37.3 and supplemental Practice Direction, paras 2 and 3. The payment into court may not be paid out without the permission of the court, except in the case where a Part 36 offer has been accepted without needing the permission of the court and the defendant agrees that a sum in court should be used to satisfy the offer, either in whole or in part (r 37.3). The circumstances in which the permission of the court is required in order to accept a Part 36 offer are to be found in r 36(11).

Payment: An Introduction **18.10**

the tender is accepted by a third party (such as the debtor's bank) on behalf of the debtor, that party must have actual or apparent authority to accept it.[20]

18.08 Where the agreed method of payment is by transfer of funds to the creditor's account, and the transfer is made subject to a condition precedent (eg the arrival of a stated value date or a written notification by the debtor of the release of the funds), the transfer is not effective as a payment until the condition has been satisfied or waived by the debtor. If this does not occur until after the contractual date for payment, the debtor is in breach. For this purpose a transfer is considered conditional where it does not provide the debtor with the same degree of availability as cash, so that if, though the funds themselves are available, the creditor's right to receive interest on them is deferred, even for only a few days, payment is not complete.[21] Moreover, the creditor can reject a tender of payment made on terms of a condition subsequent, eg repayment where the debtor objects to the action of his bank in making the transfer. So where a bank which is unsure whether documents tendered under a credit will be accepted by its customer as conforming tenders payment under reserve,[22] the creditor is entitled to reject the tender, in which event the attempted payment will be ineffective.

18.09 A debtor may owe several debts to a creditor. In such a case, it is necessary to identify the debt in respect of which payment has been made. This question may be answered by the debtor when making payment and, if the debtor does appropriate payment to a particular debt, then effect will be given to that appropriation.[23] Where no such appropriation has been made by the debtor, then the right to make the appropriation devolves to the creditor[24] who has a broad right to appropriate the payment as he sees it, including to a debt which is otherwise statute-barred but not to a debt incurred in respect of an illegal transaction.[25] The appropriation may be made by a computer system set up by the creditor and which allocates payments received to the discharge of identified debts.[26]

18.10 We have identified above the elements necessary to constitute an effective payment. A separate question, and one of considerable importance, is to determine when payment is to be considered complete. This will have to be

---

[20] *The Laconia* [1977] AC 850; *Cleveland Manufacturing Co Ltd v Muslim Commercial Bank Ltd* [1981] 2 Lloyd's Rep 646.
[21] *The Chikuma* [1981] 1 All ER 652, [1981] 1 WLR 314.
[22] That is, on condition that the beneficiary repays if the bank's customer declines to treat the documents as conforming.
[23] *Thomas v Ken Thomas Ltd* [2006] EWCA Civ 1504, [2007] Bus LR 429 at [21]–[22].
[24] *Cory Bros & Co v Owners of Turkish SS 'Mecca'* [1897] AC 286, where Lord Macnaghten observed (at 294) that the creditor's right of election exists 'up to the very last moment' and that the creditor is not bound to declare his election in express terms. It is not easy to identify the 'very last moment' but the courts have given a considerable degree of latitude to the creditor, even extending to an appropriation made by the creditor when being cross-examined in the witness box by the debtor in an action brought against the creditor by the debtor (*Seymour v Pickett* [1905] 1 KB 715).
[25] *Mills v Fowkes* (1839) 5 Bing NC 455; *A. Smith & Son (Bognor Regis) Ltd v Walker* [1952] 2 QB 319, [1952] 1 All ER 1008.
[26] *Capital Home Loans Ltd v Countrywide Surveyors Ltd* [2011] 1 EGLR 153 at [72].

18.10 *Payment and Payment Systems*

deferred until we have examined the payment process and in particular the way in which funds are transferred in the banking system.[27]

2. PAYMENT SYSTEMS[28]

18.11 Until recently, payments in physical money were far more numerous than other forms of payment. As has been noted,[29] more recent years have seen a decline in the significance of cash as a means of payment and the demise of cash may be further accelerated by the current COVID-19 pandemic which has led to a number of retailers discouraging the use of cash by members of the public. While it is too early to write the obituary for cash as a means of payment, it seems clear that its significance will substantially reduce over time and be replaced by payment made through the medium of banks or other payment service providers. In short, payment will increasingly be made through payment systems upon which we have all become reliant but the existence of which has largely escaped the attention of most members of the public.

18.12 The legal regulation of payment systems has been transformed in recent years. No longer is the law relating to payment systems the sole domain of private law. Their significance to the modern economy is such that payment systems are now the subject of considerable regulation in the public interest. As has been observed, 'there appears to have been a move away from viewing payment systems as essentially "private law" contractual arrangements between various large banks and systems providers towards viewing them more as "public utilities" and this is evident in the increased regulation of payment

---

[27] See paras **18.11** ff. The phrase 'funds transfer' is commonly used to denote the process by which an instruction given by a debtor to his bank to arrange for payment to the creditor results in a credit to the account of the creditor with his own bank. What the debtor holds is a claim on his bank (or a drawing facility), not a fund in a legal sense, and the process does not involve any transfer of that claim to the creditor, merely a debit at one end resulting in a credit at the other. See para **18.30**.

[28] See J. Odgers (ed), *Paget's Law of Banking* (15th edn, 2018), chs 24 and 25; B. Geva, 'The Concept of Payment Mechanism' (1986) 24 Osgoode Hall LJ 1; B. Geva, 'International Funds Transfers: Mechanisms and Laws' in J. J. Norton, C. Reed and I. Walden (eds), *Cross-Border Electronic Banking* (2000), ch 1; M. Giovanoli, 'Legal Issues Regarding Payment and Netting Systems' in *Cross-Border Electronic Banking* (ibid), ch 9; L. John, 'UK Payment Systems' in M. Blair, G. Walker and S. Willey (eds), *Financial Markets and Exchanges Law* (2nd edn, 2012), p 331. Part 5 of the Banking Act 2009 gives to the Bank of England formal powers of oversight of recognised inter-bank payment systems (see ss 184 and 185). Prior to the Act, the Bank of England exercised oversight over inter-bank payment systems on a non-statutory basis. The Act does not remove the ability of the Bank of England to continue to oversee payment systems on an informal basis in relation to matters not falling within the scope of the Act (see s 206). However, given the scale of the financial crisis in 2007 and 2008, it was thought that it was no longer appropriate to rely entirely on informal, non-statutory oversight of payment systems when these systems are of such vital importance to the health of the economy. The major development in regulatory terms has been the enactment of Part 5 of the Financial Services (Banking Reform) Act 2013 and the creation of the Payment Systems Regulator.

[29] See para **17.06**.

systems,'[30] The public interest that lies behind this rise in regulatory oversight is a matter of some complexity, given that the objectives sought to be achieved by the various regulatory interventions are not entirely consistent with one another. These objectives include the protection of consumers, the increase in access to payment systems, the promotion of competition in the provision of such systems, the reduction in obstacles to the making of payment across jurisdictions, the reduction in crime associated with the use of payment systems and ensuring the stability and reliability of these systems.[31]

18.13 The importance of these payment systems can be seen in the fact that the value of cashless transfers now substantially exceeds the total amount of cash held by the public. The dominant cashless transfer system in terms of value is CHAPS,[32] which is based on the Bank of England's real-time gross settlement infrastructure and the SWIFT messaging network.[33] In order to enhance the financial stability and resilience of the system and to ensure that regulatory expectations were fully met, responsibility for the CHAPS system was transferred to the Bank of England in November 2017.[34] The daily value of CHAPS sterling payments in March 2020 averaged around £394 billion a day and the total value in 2019 amounted to £83.4 trillion.[35] CHAPS claims to turn over the annual UK GDP every six working days. The financial significance of CHAPS can be seen by a comparison with the equivalent figures for cheques. In 2018 346 million cheques which amounted in value to £442 billion were used for payments and to acquire cash across the UK.[36] While the use of cheques has been in decline for some time now, these figures show that they continue to represent a not insignificant component of the UK economy albeit the value of CHAPS payments dwarfs payments by cheque by some margin.

18.14 A developed payment system structure has a number of key components: an interbank communications network for the on-line electronic

---

[30] *Goode on Payment Obligations in Commercial and Financial Transactions*, n 11, para 5-01.
[31] Ibid.
[32] Clearing House Automated Payment System. The System was previously run by the CHAPS Clearing Co Ltd. For a number of years, it offered two separate clearings, CHAPS sterling and CHAPS euro. However, the CHAPS euro system closed on 16 May 2008, in light of the decline in the volume and value of CHAPS euro transactions, the other options available for making euro payments and the fact that the UK has not joined the Euro. On CHAPS generally see *Paget's Law of Banking*, paras 25.18–25.29, and para **18.17** below. A brief description of the CHAPS system is also to be found in the judgment of Colman J in *Tayeb v HSBC Bank plc* [2004] EWHC 1529 (Comm), [2004] 4 All ER 1024, [10]–[14] and [58] and of Lord Dyson MR in *Tidal Energy Ltd v Bank of Scotland plc* [2014] EWCA Civ 1107, [2015] 2 All ER 15 at [53]–[54].
[33] As to SWIFT, see *Paget's Law of Banking*, paras 25.60–25.65, and para **35.22** below.
[34] For the background to the transfer of CHAPS to the Bank of England, see Bank of England, 'A Blueprint for a new RTGS service for the United Kingdom', May 2017 (available at https://www.bankofengland.co.uk/paper/2017/a-blueprint-for-a-new-rtgs-service-for-the-uk, accessed 8 April 2020).
[35] See https://www.bankofengland.co.uk/payment-and-settlement/chaps (accessed on 8 April 2020). This represented an increase of 16.8% from March 2019. The average daily volume was 187,896, a decrease of 2.3% from March 2019. The daily value of CHAPS sterling payments is, however, dwarfed by payments through the New York CHIPS.
[36] https://www.chequeandcredit.co.uk/, accessed on 8 April 2020.

transmission of large-value (wholesale) payment orders and associated messages; a clearing house for the physical exchange of paper-based payment orders (bills, cheques, bank giro payments) and the netting of matured payment obligations; an automated clearing house for the batch processing of large-volume off-line, mainly low-value (retail) payment orders; and the involvement of the central bank as the vehicle for settlement of dealings between the banks participating in the clearing (settlement banks) by means of transfers in the books of the central bank, where all settlement banks hold an account.

18.15 For the purposes of s 41 of the Financial Services (Banking Reform) Act 2013, a payment system is defined as 'a system which is operated by one or more persons in the course of a business for the purpose of enabling persons to make transfers of funds, and includes a system which is designed to facilitate the transfer of funds using another payment system.'[37] Expressly excluded from this definition are arrangements for the physical movement of cash, a system which does not make any provision for the transfer of funds by payers, or to recipients, in the United Kingdom, a securities settlement system operated by a recognised Central Securities Depository,[38] a system operated by a recognised clearing house,[39] or a recognised Central Securities Depository and any other system whose primary purpose is not that of enabling persons to transfer funds.[40]

18.16 As we have noted, the volume of business which flows through modern payment systems is such that they are now the subject of an increasingly sophisticated regulatory regime, the need for which has become even more apparent after the economic crises of recent times. The risks of failure, particularly systemic failure, are substantial to modern economies. This concern for the proper regulation of payment systems is reflected most clearly in the provisions of Part 5 of the Financial Services (Banking Reform) Act 2013 which set up the Payment Systems Regulator. Section 43 of the Act enables the Treasury to make a designation order the effect of which is to designate a payment system as a regulated payment system for the purpose of that Part of the Act. The Treasury can make a designation order in respect of a payment system if it is satisfied that any deficiencies in the design of the system, or any disruption of its operation, would be likely to have serious consequences for those who use, or are likely to use, the services provided by the system. When considering whether or not to make a designation order, the Treasury must have regard to the number and value of the transactions that the system presently processes or is likely to process in the future, the nature of the transactions that the system presently processes or is likely to process in the

---

[37] Section 41(1).
[38] Defined in s 285(1) of the Financial Services and Markets Act 2000 as a central securities depository in relation to which a recognition order is in force.
[39] Defined in s 285(1) of the Financial Services and Markets Act 2000 as a central counterparty in relation to which a recognition order is in force or a clearing house which provides clearing services in the UK without doing so as a central counterparty, and in relation to which a recognition order is in force.
[40] Section 41(2).

Payment Systems **18.17**

future, whether those transactions or their equivalent could be handled by other payment systems, and the relationship between the system and other payment systems.[41]

18.17 To date, the Treasury has made designation orders in respect of eight payment systems which are now regulated by the Payment Systems Regulator. They consist of:

(a) the Cheque & Credit interbank payment system[42] for the physical exchange of sterling paper-based debit payment orders (cheques and other instruments and the management of systems for the clearing of paper-based credits so that it operates essentially as a high-volume clearing system for payments of relatively small value);

(b) BACS,[43] the interbank system that processes payments through two principal electronic payment schemes, namely Direct Debit and BACS Direct Credits: the former is used by individuals in order to pay bills, while the latter is used by employers to pay wages and salaries to their employees;

(c) CHAPS which, as has been noted, is based on the Bank of England's real-time gross settlement infrastructure and the SWIFT messaging network and was designed primarily for high-value transfers but in practice is also used for smaller transfers;[44]

(d) FPS (Faster Payments Scheme)[45] which is an automated clearing system for electronic retail credit transactions, intended for low-value transactions, which operates as a deferred multilateral net settlement system which credits and debits customer accounts in near real-time;

(e) LINK[46] which is the interbank payment system that enables people to take cash out of their bank accounts using the LINK network of ATMs;

(f) Northern Ireland Cheque Clearing,[47] which processes cheques and other paper instruments in Northern Ireland; and

(g) MasterCard and Visa Europe (Visa)[48] which are the card payment systems operated by MasterCard Inc and by Visa Europe and Visa UK.

---

[41] Financial Services (Banking Reform) Act 2013, s 44.
[42] See http://www.chequeandcredit.co.uk. The Cheque and Credit Clearing Company Ltd became a wholly-owned subsidiary of Pay.UK in July 2018.
[43] See https://www.bacs.co.uk. The initials denote the Bankers' Automated Clearing System. The BACS payment is operated by BACS Payment Schemes Ltd which on 1 May 2018 became a wholly-owned subsidiary of Pay.UK. From that date responsibility for the operations of Direct Debit, Bacs Direct Credit, the Current Account Switch Service, Cash ISA Transfer Service and the Industry Sort Code Directory was handed over to Pay.UK.
[44] The transfer of responsibility for CHAPS to the Bank of England in November 2017 has necessitated a change to the regulatory oversight of CHAPS. The Bank of England does not fall within the scope of the regulatory powers of the Payment Systems Regulator. However, the Payment Systems Regulator continues to regulate the remaining participants in the CHAPS payment system. There are currently 34 direct participants in the system, consisting mostly of the major high-street banks and a number of international and custody banks.
[45] See http://www.fasterpayments.org.uk/. Faster Payments Scheme Ltd is a not-for-profit company and in May 2018 it became a wholly-owned subsidiary of Pay.UK.
[46] See https://www.link.co.uk/
[47] The Northern Ireland Cheque Clearing was operated by the Belfast Bankers' Clearing Company Ltd which, however, was placed in voluntary liquidation on 26 February 2020 following the implementation of the Image Collecting System (on which see n 70 below) and responsibility for it has now been transferred to Pay.UK.
[48] See https://www.mastercard.co.uk/en-gb.html and https://www.visa.co.uk/.

18.17 *Payment and Payment Systems*

The distinctive feature of CHAPS is that it operates on the basis of real-time gross settlement, while the others are multilateral net settlement systems where the settlement takes place over a limited time period, which in the past amounted to a number of days (three days was once a standard payment cycle), but now occurs in some systems either daily or several times each day. So, for example, the Faster Payments Scheme, which is widely used by individuals to make payments to suppliers of goods and services, is available 24 hours a day, seven days a week and payment, if not made immediately, is made within two hours, unless the customer elects to delay making the payment to a subsequent date.

18.18 A further important development in the evolution of payment systems in the UK was the setting up of Pay.UK[49] in July 2017 which has become the leading operator for UK retail payments. BACS, Faster Payments Scheme Ltd and the Cheque and Credit Clearing Co Ltd now operate as subsidiaries of Pay.UK. Another subsidiary of Pay.UK is Mobile Payments Services Co Ltd which operates the mobile payment system, Paym,[50] which now has more than four million registered users and in which a number of banks and building societies operate. Pay.UK is currently working on the development of what has come to be known as the New Payment Architecture which, it is intended, will replace BACS, Faster Payments and possibly Cheque and Credit from 2021 or as soon as possible thereafter. It will provide a single infrastructure platform which will provide clearing and settlement-related services for interbank retail payments. The intention is that the platform will allow new and existing payment service providers to develop services that can benefit consumer and business users of the system. The New Payment Architecture promises to be the biggest change to the way payments are processed in the UK since the 1960s and obtaining assurance over the development of the project is one of the key tasks of the Payment Services Regulator as it seeks to obtain assurance that the new system when it is introduced will be safe, secure and resilient while encouraging competitive innovation.

18.19 The setting up of the Payment Systems Regulator has changed the landscape in terms of the regulation of payment systems in the UK. No longer are we content to rely on informal systems to oversee the functioning of such a vital part of the modern economy. As has been noted, the regulation and management of interbank settlements is of great importance in controlling risks resulting from the failure of a settling participant: risk to its counterparty and, of still greater concern, possible consequential risk to the system as a whole (systemic risk) as a domino effect of that failure. Nor are we willing to rely solely on informal codes of practice to safeguard the rights of users of the system. Partially under the influence of initiatives from the European Union,[51] the rights and liabilities of both providers and users of payment systems are now the subject of detailed regulation. In the UK, these are to be found

---

[49] See https://www.wearepay.uk/.
[50] See https://paym.co.uk/.
[51] Now to be found in the Payment Services Directive 2015/2366/EU (generally referred to as PSD2) which repealed and replaced the Payment Services Directive 2007/64/EC (which was referred to as PSD).

principally in the Payment Services Regulations 2017[52] which contain complex and detailed rules that are well beyond the scope of this book.[53] In essence, the Regulations impose extensive obligations on payment services providers[54] to provide information to the payment service user[55] and set out a number of rights and obligations of providers and users of such services.[56] These rights and obligations extend to matters such as charges for the provision of services,[57] consent to payment transactions,[58] the responsibility of the parties in relation to unauthorised payment transactions,[59] the execution of payment transactions[60] and the obligation upon the payment service provider to provide strong customer authentication.[61] The effect of these Regulations is to provide a significant level of protection for users of payment systems.

18.20 A further layer of regulation has been added by modern anti-money laundering and anti-bribery legislation. In the case of money laundering, the principal legislation is to be found in the Terrorism Act 2000, the Proceeds of Crime Act 2002 and the Money Laundering, Terrorist Financing and Transfer of Funds (Information of the Payer) Regulations 2017.[62] In the case of bribery, the most important legislative provisions are to be found in the Bribery Act 2010. Taken together, these legislative enactments have had a significant impact on the operators of payment systems in general and banks in particular. The detail of this legislation is beyond the scope of this book.[63] One point which is, however, worth noting is the relationship between this regulatory legislation and the terms of the contract between a bank and its customer. An illustration is provided by the case of *Tayeb v HSBC Bank plc*.[64] The claimant was a customer of the defendant bank, although he was not a UK citizen and had no permanent address in the UK. He was involved in the sale of his business in Libya which he wished to sell to a Libyan entity. The Libyan purchaser agreed to make payment of almost £1 million to the claimant by a CHAPS transfer to his account with the defendant bank. Shortly after the sum had been credited to the claimant's account, the bank became suspicious of the payment. Concerned that it might be committing a money laundering offence, it returned the payment to the account from which payment had been received. However, the bank's suspicions proved to be groundless. The transaction was a legitimate one. The claimant sought to have the money credited back to his

---

[52] SI 2017/752.
[53] See, more generally, *Paget's Law of Banking*, ch 24; I. H-Y. Chiu and J. Wilson, *Banking Law and Regulation* (2019), pp 111–120.
[54] Which is broadly defined in reg 2(1).
[55] See further Part 6 of the Regulations.
[56] See further Part 7 of the Regulations.
[57] Reg 66.
[58] Reg 67.
[59] Regs 74–77.
[60] Regs 81–96.
[61] Reg 100.
[62] SI 2017/692.
[63] See further M. Sutherland Williams, M. Hopmeier and R. Jones (eds), *Millington and Sutherland Williams on the Proceeds of Crime* (5th edn, 2018); and A. Mitchell and K. Talbot (eds), *Confiscation and the Proceeds of Crime* (3rd edn, 2019).
[64] [2004] EWHC 1529 (Comm), [2004] 4 All ER 1024.

account but this attempt was resisted by the bank on the ground that the steps which it had taken were required by money laundering legislation. In finding for the claimant, Colman J held that the mere receipt of the funds in the circumstances of the case did not involve the bank in the commission of an offence. Once the money had been credited to the claimant's account, the bank had no contractual entitlement unilaterally to return the money and to reverse the credit in the claimant's account. Rather than return the money immediately, the bank should have reported its concerns to the regulatory authorities and then blocked the account as directed by the authorities pending the outcome of investigations into the circumstances surrounding the payment. In this way a bank can reconcile its regulatory obligations under money laundering legislation with its contractual obligations to its customers, albeit the balance between these different duties is not always an easy one to strike.[65] However, it does neatly illustrate the point that the law relating to payment systems is now a complex amalgam of regulatory requirements (including criminal offences) and private law rights and obligations.

(i) **Funds transfer terminology**

18.21 Discussion of the subject of interbank funds transfers has been complicated by the lack of any consistently used terminology. However, this is now changing, under the influence of art 4A of the Uniform Commercial Code and the UNCITRAL Model Law on International Credit Transfers,[66] which use broadly the same terminology to describe the key players in a funds transfer operation. This is admirably described in the Prefatory Note to art 4A:

'X, a debtor, wants to pay an obligation owed to Y. Instead of delivering to Y a negotiable instrument such as a check or some other writing such as a credit card slip that enables Y to obtain payment from a bank, X transmits an instruction to X's bank to credit a sum of money to the account of Y. In most cases X's bank and Y's bank are different banks. X's bank may carry out X's instructions by instructing Y's bank to credit Y's account in the amount that X requested. The instruction that X issues to its bank is a "payment order." X is the "sender" of the payment order and X's bank is the "receiving bank" with respect to X's order. Y is the "beneficiary" of X's order. When X's bank issues an instruction to Y's bank to carry out X's payment order, X's bank "executes" X's order. The instruction of X's bank to Y's bank is also a payment order. The entire series of transactions by which X pays Y is known as the "funds transfer." With respect to the funds transfer, X is the "originator," X's bank is the "originator's bank," Y is the "beneficiary" and Y's bank is the "beneficiary's bank." In more complex transactions there are one or more additional banks known as "intermediary banks" between X's bank and Y's bank. In the funds transfer the instruction contained in the payment order of X

---

[65] For an illustration of the potential for uncertainty, see *Shah v HSBC Private Bank (UK) Ltd* [2010] EWCA Civ 31, [2011] 1 All ER 67 (and the subsequent trial of the action at [2012] EWHC 1283 (QB), [2013] 1 All ER (Comm) 72) where it was ultimately held that there was an implied term in the contract between the bank and its customers which permitted the bank to refuse to execute payment instructions issued by its customers to transfer money out of their accounts in the absence of 'appropriate consent' under s 335 of the Proceeds of Crime Act 2002 where it suspected a transaction constituted money laundering.
[66] Adopted by the United Nations Commission on International Trade Law in May 1992. See (1992) I Uniform Law Review 3 for explanatory notes and text.

to its bank is carried out by a series of payment orders by each bank in the transmission chain to the next bank in the chain until Y's bank receives a payment order to make the credit to Y's account.'

We shall adopt the same terminology here,[67] substituting D (debtor) for X and C (creditor) for Y.

(ii) **Classification of funds transfer methods**

18.22 Methods of funds transfer may be differentiated in various ways. One is according to the medium of the payment order. The main division is between paper-based orders, such as bills, cheques and other negotiable instruments,[68] and paperless orders, which are implemented between banks by telephone or through electronic media.[69] In the Cheque and Credit Clearings, paper-based payment orders were at one time[70] physically cleared by exchange at an exchange centre.[71] Paperless orders are now on-line. On-line payment orders include those transmitted electronically through CHAPS, so that there is more or less instantaneous communication between the sending bank and the receiving bank. On-line orders are used for individual transfers, particularly those for substantial amounts. They do not, of course, involve any physical clearing in a clearing house. They are characterized by a combination of size and speed so that the transfer is done in real time throughout the operational

---

[67] But as stated above this is not yet uniform. In the United Kingdom it would be common to refer to X's bank as the sending bank and Y's bank as the receiving bank.
[68] See chs 19–21.
[69] As Professor Geva points out, what characterizes the system is the mechanism used for interbank communications. The form of instructions given by the originator to his bank or by the beneficiary's bank to the beneficiary is for the most part irrelevant (B. Geva, *The Law of Electronic Funds Transfers*, para 1.03[4]).
[70] This changed with the advent of cheque imaging, which uses modern technology to improve the efficiency and speed of the clearing process and has replaced traditional paper-based processing. Cheque imaging was introduced following the enactment of s 13 of the Small Business, Enterprise and Employment Act 2015 which introduced a new Part 4A into the Bills of Exchange Act 1882. It provides that presentment for payment of a cheque may be effected by provision of an electronic image of both faces of the instrument, instead of by presenting the physical cheque, if the person to whom presentment is made accepts the presentment as effective. This process will further speed up the process of clearing a cheque because it will enable the electronic image of the cheque to become the equivalent of the original physical cheque for the purpose of presentation. Prior to the introduction of cheque imaging, pursuant to an industry-wide agreement, the clearing of cheques for current and basic bank accounts became subject to what was known as the 2-4-6 timescales according to which collecting banks undertook to credit the proceeds of a cheque to the customer's account for the purpose of earning interest on the second working day following deposit of the cheque, to permit the customer to withdraw funds from the account on the fourth working day and to assure the customer that the cheque would not be dishonoured from the end of the sixth working day. The aim in introducing cheque imaging is to reduce this cycle down to a two-day cycle thereby bringing cheque clearing times more into line with those applicable to other modern payment systems.
[71] Though some items were exchanged between banks directly under bilateral arrangements.

18.22 *Payment and Payment Systems*

day[72] and funds are guaranteed to be delivered to the receiving bank and end customer on the same day. BACS similarly uses an electronic system to make payments directly from one bank account to another. It is principally used to make substantial numbers of relatively low-cost payments such as wages and council tax. In 2018, BACS processed 6.4 billion transactions which were worth just under £5 trillion.[73]

18.23 A second method of classifying funds transfers is according to whether they are initiated by the debtor's bank or the creditor's bank. A funds transfer initiated by the debtor's bank 'pushes' the funds to the creditor's bank by some form of credit transfer, typically by procuring a credit to the creditor's bank in the books of the central bank (the Bank of England) or some other third bank with whom both the debtor's bank and the creditor's bank hold accounts. A funds transfer initiated by the creditor's bank 'pulls' funds from the debtor's bank by some process of debit collection, such as collection of (payment under) a bill of exchange or cheque, issue of a direct-debit order to the debtor's bank pursuant to an authority from the debtor or the accessing of the debtor's account, on-line or off-line, by means of a debit card at the point of supply of the goods or services to which the funds transfer relates.

18.24 Thirdly, payment systems may be classified according to whether they are net or gross,[74] and wholesale (large-value) or retail (low-value), and whether they involve real time gross settlement, intra-day clearing,[75] or multi-day clearing. The CHAPS Clearing was at one point an intra-day settlement system but since 1996 has been based on real-time gross settlement. Other major payment systems in the UK operate as multilateral net settlement systems.

18.25 Finally, credit transfers may be effected in one of three ways: in-house, where debtor and creditor bank are with the same bank, so that funds are simply transferred from the account of the former to that of the latter; through a payment order given by the debtor's bank to its correspondent; or by interbank transfer through the books of the central bank (the Bank of England) or a common correspondent bank as described below, whether bilaterally or through a clearing system. The mechanisms of credit transfers are basically the same for international transfers as for domestic ones, any clearing being effected through the clearing system of the country of the currency involved.

---

[72] The CHAPS system opens at 6 am each working day. Participants must be open to receive by 8 am and must send by 10 am. CHAPS closes at 6 pm for bank-to-bank payments. Customer payments must be submitted by 5.40 pm.
[73] See https://www.bacs.co.uk/documentlibrary/payuk_record_volumes_infographic.pdf (accessed on 8 April 2020).
[74] See para **18.41**.
[75] Usually once at the end of the day but it is becoming more frequent.

(iii) The mechanism of interbank credit transfers[76]

18.26 A good description of the general procedure was given in the extract from the Prefatory Note to art 4A quoted above. But we need to examine the interbank relationships a little more closely to see exactly what happens in legal terms. As a preliminary point, a bank will normally accept a payment order only from a bank with which it has a pre-existing link or relationship. This typically takes one of three forms. In the first, the two banks are correspondents, each maintaining an account in the name of the other. Within the United Kingdom correspondent bank relationships are usually with banks overseas in order to facilitate local payments. In some countries, such as the United States, they also commonly feature in domestic banking.[77] Correspondent banks maintain accounts for each other and implement each other's payment orders. So Bank A acting for its customer, the originator of the payment instruction, issues a payment order to its correspondent, Bank B, requiring it to make the payment on its behalf. Each bank maintains two accounts in relation to the other, a nostro account, showing what it is entitled to receive from the other bank, and a vostro account, showing what it is liable to pay to the other bank. When Bank B makes the required payment, it credits its nostro account and Bank A credits its vostro account; when Bank A makes a payment on behalf of Bank B, the position is reversed, Bank B crediting its vostro account and Bank A crediting its nostro account. Periodically the two banks settle with each other by offsetting the balances on the two accounts, so that it is usually unnecessary for either bank to transfer funds to the other. Where, however, one bank feels unable to accept a payment order without being put in funds, the other must arrange a funds transfer through the books of a common correspondent bank as described below.

18.27 In the second form of payment, the two banks, though not correspondents, are settling members of the same clearing system. In that case each will normally accept payment orders from the other, and accounts between them and other members of the clearing will be either gross (as with CHAPS) or netted out (as with the other payment systems) and in each case paid through the books of the Bank of England, where all clearing banks hold accounts.[78]

18.28 In the third form of relationship the originating bank and the beneficiary's bank are not settling members of a clearing system or the same clearing system but each hold accounts with a common correspondent bank (CCB), and the beneficiary's bank is put in funds by an in-house transfer in CCB's books. Thus within the United Kingdom two banks which are not themselves settling members of the Credit Clearing may both maintain

---

[76] See B. Geva, *Bank Collections and Payment Transactions*, pp 186 ff; R. Cranston, E. Avgouleas, K. van Zwieten, C. Hare and T. van Sante, *Principles of Banking Law* (3rd edn, 2018), pp 336 ff; *Goode on Payment Obligations in Commercial and Financial Transactions*, n 11, paras 5.30 ff.
[77] For analysis of the nature of correspondent banking, see Cranston, *Principles of Banking Law*, n 76, pp 228–230.
[78] For a description of settlement netting, see para **18.39**.

accounts with the same clearing agent and settle between themselves by an in-house transfer in the books of that agent.

18.29 Let us suppose that D wishes to send £10,000 to C in discharge of a debt, and instructs his bank, DB, to arrange for this sum to be transferred to the credit of C's account with his bank, CB. If DB and CB are correspondent banks, each maintaining an account with the other, DB will credit CB's account and debit B's account, CB will debit DB's account and credit C's account, and no funds transfer will at that stage be involved. C is considered paid by D because CB, by accepting DB's payment order, thereby commits itself unconditionally to crediting C's account. But such a correspondent relationship will exist only by coincidence. In the typical case DB and CB will not be correspondents. If both banks are clearing banks, CB will normally feel able to credit C's account unconditionally where it has received a payment order from DB, which will feature in the daily settlement in the clearing. Where DB and CB both have an account with CCB, then CB will usually expect an in-house transfer in its favour before committing itself unconditionally to C. Where DB and CB are not clearing banks, they may arrange to use their respective clearing agents, so that DB will instruct its clearing agent, DBA, to send a payment order to CB's clearing agent, CBA, for the account of CB. In complex transactions there may be several layers of intermediary bank. So all interbank funds transfers result, sooner or later, in an in-house transfer in the books of an institution where two banks both hold an account,[79] either a CCB or the Bank of England as central bank.

3. LEGAL EFFECTS OF INTERBANK CREDIT TRANSFERS

18.30 It will be apparent from the above description that a so-called funds transfer does not involve the transfer to C of D's claim on DB. There is no assignment by D to C of any part of D's credit balance with his bank, nor does CB's receipt of funds from DB constitute per se a receipt by C in the sense of making C a beneficial owner of DB's claim on the CCB or the Bank of England. All that happens is that the debit of D's account with DB leads to a transfer of value or payment commitment passing between DB and CB or their respective intermediaries which enables CB to decide on an unconditional credit to C's account.[80] Two questions now arise. At what point in this process does it become too late for D to countermand his payment order to DB? And when is C considered in law to have received payment from D?

---

[79] As noted by Staughton LJ in *Libyan Arab Foreign Bank v Bankers Trust Co* [1988] 1 Lloyd's Rep 259 at 273.
[80] In *R v King* [1991] 3 All ER 705 it was held that a CHAPS payment order operates both to create and to transfer a property right in the form of the chose in action represented by the bank credit. This ruling was not in fact necessary for the decision and it is respectfully submitted that it is incorrect.

(i) When does D's payment order become irrevocable?

18.31 English law has not yet evolved any clear rules to determine when a payment order in a credit transfer becomes irrevocable.[81] This depends partly on clearing house rules,[82] where applicable, partly on banking practice[83] and partly on contract.[84] The interplay between these different sources was considered by the Court of Appeal in *Tidal Energy Ltd v Bank of Scotland plc*,[85] albeit the issue before the court was not one relating to when the payment had become irrevocable but whether the sending bank was entitled to debit its customer's account. The claimant requested its bank to pay one of its customers using the CHAPS payment system and it provided the bank with the name of the intended payee, the details of the payee's bank, the sort code and the payee's account number. However, the standard banking practice in CHAPS transactions was only to rely on the sort code and the payee's account number when transferring funds. The money was paid into the numbered account but the party into whose account it was paid was not the person named in the instruction to pay and most of the money was withdrawn before the true situation came to light. In these circumstances, the claimant brought an action against the bank claiming that it had wrongly debited its account. Its claim failed. By a majority, the Court of Appeal held that the bank was entitled to rely on clear and settled banking practice that the receiving bank in a CHAPS transaction does not check the beneficiary's name for correspondence with the other identifiers: it relies only on the sort code and the account number. Tomlinson LJ stated that the claimant, in completing the payment instruction, had authorised the bank to execute the transfer in accordance with usual banking practice and this was so whether or not the nature of that practice was reasonably available to the customer. Lord Dyson MR stated that, subject to any contrary express terms, a customer who uses CHAPS is taken to contract on the basis of the banking practice that governs CHAPS transactions. This judgment was believed to reach a commercially sensible conclusion on the basis that the object of the CHAPS system is to achieve rapid payment (which purpose would be frustrated if a check had to be carried out into the name of the intended beneficiary) and the court was not willing to impose on the sending bank an obligation to guarantee correspondence between the name of the beneficiary and the account number when it had no control over the information supplied by the customer nor over the way in which the receiving bank processed the payment. From one perspective, the result appears harsh

---

[81] An exception is the in-house transfer, where payment and commitment to pay coincide. See para **18.35**.
[82] See para **1.23**.
[83] The importance of banking practice is rightly stressed by B. Crawford and J. D. Falconbridge, *Banking and Bills of Exchange* (8th edn, 1986), para 3905.4. But it is of course necessary to provide clear evidence of the relevant banking practice: see *Tayeb v HSBC Bank plc* [2004] EWHC 1529 (Comm), [2004] 4 All ER 1024, [67]–[71] where it was held that there was insufficient evidence of the alleged banking practice.
[84] Only clearing house members are directly bound by the rules of the clearing. Relationships between a member and a non-member or between two non-members are governed by the terms of their contract.
[85] [2014] EWCA Civ 1107, [2015] 2 All ER 15. For criticism of the decision, see G. McMeel, (2014) 11 *Butterworths Journal of International Banking and Financial Law*, p 675.

18.31 *Payment and Payment Systems*

because the customer was held to be bound by rules of which it was no doubt unaware and which it might have found difficult to find had it wished to obtain them (evidenced by the fact that the bank resisted disclosure of the CHAPS Scheme Rules to the court). On the other hand, the case provides an illustration of the power of market rules and market practice and the willingness of the courts to conclude that parties, such as the claimant in the present case, who participate in a market are bound by the practices of the market, notwithstanding their lack of knowledge of the rules and the failure by the market operators to take reasonable steps to draw the market practice to their attention.

18.32 In a paper-based credit transfer, such as a giro payment, the sending bank becomes committed to the receiving bank at the time of delivery, whether direct or through the clearing. Payment of a cheque may be countermanded at any time before it has been paid or deemed to have been paid. In a payment through CHAPS a payment message becomes irrevocable when entered into CHAPS, which in the ordinary way is the point at which the relevant member's settlement account is debited,[86] ie in the books of the Bank of England. At this point the member sending the payment message cannot revoke it and any error has to be dealt with by a reverse payment, upon which the originator of the payment has no right to insist and which the receiving bank may be unwilling to effect without the payee's authority. As between the originator and the sending bank, and between non-clearing banks or between a non-clearing bank and its clearing agent, the time when a payment message becomes irrevocable is determined by the terms of their respective contracts, not by the CHAPS rules.

18.33 In order to reduce systemic risk the European settlement finality directive requires member states to ensure that transfer orders entered into a system (as defined) before the opening of insolvency proceedings, or after but on the same day as the insolvency proceedings but without awareness of those proceedings, are to be binding notwithstanding the proceedings and no law relating to the setting aside of transactions shall lead to the unwinding of a netting.[87]

(ii) When does C receive payment from D in an interbank transfer?

18.34 Here the law is a little clearer. Payment by D to C becomes complete at the moment when CB unconditionally accepts that C is its creditor for the

---

[86] *Tayeb v HSBC Bank plc* [2004] EWHC 1529 (Comm), [2004] 4 All ER 1024, [60] and [92]. See also CHAPS Rules, r 4.2 (May 2018) available at https://www.bankofengland.co.uk/payment-and-settlement/chaps. Rule 4.2 provides that a payment message in respect of any payment takes effect as having entered the CHAPS system at the point at which that payment message has entered the SWIFT network and is acknowledged within that network by SWIFT. It cannot be revoked by the sending participant or any other party after the moment that settlement with respect to that payment message is 'final.' Finality is defined by section C.7 of the RTGS Reference Manual, but it is not available to the general public via the Bank of England website but is available only to RTGS account holders.

[87] Article 3, implemented in the UK by the Financial Markets and Insolvency (Settlement Finality) Regulations 1999 (SI 1999/2979), Pt III.

amount in question. CB may be willing to do this in advance of being put in funds by DB, as where DB and CB are correspondents, or it may require to be put in funds first, typically as the result of a banker's payment received direct or through the clearing or a credit to its account with a third bank where both DB and CB hold accounts. In this case payment to C is complete when CB accepts the payment and decides to credit the beneficiary unconditionally with the equivalent amount.[88] The receipt by CB from DB and the receipt by C from D through a credit to C's account with CB are legally distinct.[89] Though the payment by DB to CB (directly or indirectly) is what enables CB to recognize C as its creditor for an equivalent sum, it is not that payment which discharges D's debt to C but the resultant decision to credit C's account. It is true that in banking parlance CB is said to receive payment 'for' or 'for the account of' or even 'as agent for' C, but that does not mean that CB's receipt is C's receipt, or that CB's claim on DB or a third bank is held on trust for C. If it has not already given C value by allowing him to draw against the expected receipt, CB collects as agent for C and instantaneously borrows the money back. What C receives from D as the result of CB's decision to credit him is not what CB received but simply an equivalent amount. There are various reasons why CB, despite having received funds for C's account, may be unable or unwilling to credit that account at the time of receipt. The payment order may not adequately identify C, or CB may wish to check whether it still has authority to accept the payment, or else CB may be concerned that the payment is not one which it can lawfully credit, eg because of legal restrictions.[90]

4. COMPLETION OF PAYMENT OF AN IN-HOUSE CREDIT TRANSFER

18.35 So far, we have dealt with completion of payment on the basis of an interbank transfer. What is the position where D and C bank at the same bank, SB.[91] The principle is the same. Payment is complete at the point where SB unconditionally recognizes C as its creditor. The difference arises from the fact that the transfer is purely in-house and does not involve any clearing process, any payment order or any correspondent relationship. All that is involved is that SB accepts C as its creditor in place of D. Payment is thus considered made once SB has performed some act showing its decision to debit D's account and credit C's account, whether or not the decision has been implemented by debit and credit entries to the two accounts.[92] Attempts by banks to reserve to

---

[88] It is not necessary that it shall have completed the credit entry to the account; its decision to do so is all that is required.
[89] However, for the purpose of a proprietary tracing claim in equity the courts rightly take a robust view and treat CB's unconditional credit to the defendant as derived from the payment to CB.
[90] Examples in recent times are the trade embargoes on Argentina and Libya, where regulations prohibited banks from crediting the accounts of nationals of those countries. The bank may also wish to defer a credit where it suspects money laundering or is on notice that C may not be the person who is entitled to the payment.
[91] For ease of exposition it will be assumed that they bank at the same branch.
[92] *The Brimnes* [1973] 1 WLR 386, affirmed [1975] QB 929.

themselves the right to decide this as a matter of subjective intention without reference to their overt acts have not succeeded. In *Momm v Barclays Bank International Ltd*:[93]

> 'The defendant bank was instructed by telex from Herstatt Bank to credit funds to the claimant's account by a stated value date. The computer processes to effect the transfer from the originator's account to the plaintiff's account were initiated on that date but the computer print-outs were not available until the following morning, when the computer had completed its overnight processing. On the previous day Herstatt had announced its insolvency and the defendants had become aware of the fact that the funds held for Herstatt were insufficient to cover the transfer. Taking the position that all transfer instructions sent through the computer were provisional only, the defendants reversed the transfer in their internal records. No trace of either the original transfer or the retransfer appeared in the plaintiff's own bank statements and came to light only during the course of the litigation. It was held by Kerr J that payment was completed when the bank initiated the computer process and that it was not entitled to reverse the transfer.'

There could, of course, be other overt acts having a similar effect, for example, a communication to the beneficiary that he could now regard the funds as his own and was free to draw on them unconditionally.

5. CONTRACT NETTING (NETTING BY NOVATION)[94]

18.36 Where parties are continuously engaged in mutual dealings it is both administratively convenient and legally prudent for them to offset or 'net out' their reciprocal obligations, reducing them to a single amount.[95] The term 'netting' is used in two distinct senses. In the first, it denotes the amalgamation of two or more executory contracts into a single new contract to be performed at an agreed future date. This is known as netting by novation, to which we now turn. In its second sense it signifies the netting out of matured obligations for the purpose of computing a payment immediately due. This form of netting is commonly termed payment, or settlement, netting and will be examined in the discussion of settlement.[96]

18.37 Contract (or novation) netting, that is, the netting of contracts to be performed in the future, is very common in foreign exchange and swaps transactions, and typically takes place under a master agreement between the parties by which each new contract is automatically consolidated with existing

---

[93] [1977] QB 790.
[94] See P. Wood, *English and International Set-Off*, paras 5–75 ff; L. Gullifer, *Goode and Gullifer on Legal Problems of Credit and Security* (6th edn, 2017), para 7-19; Giovonoli, in Norton et al, *Cross-Border Electronic Banking*, n 28; Bank for International Settlements, *Report of the Committee on Interbank Netting Schemes of the Central Banks of the Group of Ten Countries* (the Lamfalussy Report, 1990); B. Crawford, 'The legal foundations of netting agreements for foreign exchange contracts' [1993] 22 Can Bus L 163.
[95] Netting, embraces both money obligations and, in the commodities, futures and securities markets, delivery obligations. In these markets netting may occur either by bilateral agreement or by novation of contracts to a clearing house (see para **4.34**). The latter technique is not used in the case of bank clearings. For the purpose of the present chapter it will be assumed that all obligations are money obligations and that the only relevant clearing will be a bank clearing.
[96] See para **18.39**.

contracts to produce a new contract (novation) involving a single net indebtedness. This form of netting has two distinct characteristics. It has immediate contractual force and it gives rise to a single new indebtedness which does not fall due for payment until a later date agreed between the parties. The netting therefore takes place as each new contract is made and is not deferred until the time of payment. It follows that when payment falls due, only a single sum is involved on one side or the other, and no question of netting (or set-off) arises. Contract netting has both administrative and legal advantages. It obviates the need to settle each transaction separately when payment falls due, with the same beneficial consequences as derive from an effective settlement netting.[97] It also helps to avoid the risk that on the insolvency of one of the parties, its liquidator will be able to challenge a right of set-off and to cherry pick by claiming payment from the solvent party of accounts on which the latter is the debtor while leaving that party to prove in the liquidation for sums payable on accounts on which it is the creditor.[98]

6. SETTLEMENT

18.38 Settlement is the process by which the money obligations of parties engaged in mutual dealings are discharged. Settlement is effected, directly or indirectly, through the clearing banks, who settle with each other across the books of the Bank of England, with which they all hold accounts. Settlement systems are of two kinds, net and gross. In a net settlement system the mutual obligations of the parties involved are set off against each other and only the net balance paid. This form of netting is known as settlement (or payment) netting. In contrast to contract netting, settlement netting is purely an accounting process and does not in itself bring about a contractual consolidation of the separate accounts which have given rise to it. It takes place only at the point when payment falls due, and it is not until the completion of payment that the obligations under those contracts are discharged. Net settlement takes place in two phases. There is the netting itself, that is the computation of balances due, and this is followed by the payment of balances so ascertained. A gross settlement system is a pay-as-you-go system in which the parties settle each payment obligation separately (usually, though not necessarily, in real time) through the central bank without regard to other obligations that may flow in the opposite direction.

(i) Net settlement

18.39 Net settlement may be bilateral or multilateral. In a bilateral settlement, such as CHAPS, a participant's entitlement or exposure is by agreement with its counterparty, measured solely by reference to its net position with that counterparty, not by reference to the system as a whole, though for adminis-

---

[97] See below.
[98] Under English law cross-money claims between the same parties in the same right can usually be set off against each other on a liquidation, but there are certain circumstances in which the admissibility of insolvency set-off is denied or doubtful.

18.39 *Payment and Payment Systems*

trative convenience it is the multilateral (net net) balances which are established at the end of the day and paid by transfers in the books of the Bank of England.[99] In a multilateral settlement, such as that used in the paper-based clearings, each participant's position is established in relation to all other participants in the clearing, that is, in relation to the system as a whole, under the rules of the clearing by which participants are bound. Thus each participant ends up as a net net debtor or a net net creditor in relation to all other participants with whom it has dealt during the day and settlement.

18.40 Net settlement possesses a number of advantages over gross settlement. It avoids a multiplicity and circuity of payment orders; it enhances liquidity, since a participant's commitments in any one day are reduced by its entitlements; and for the same reason it reduces settlement risk, since the number and value of payments are reduced. It does, however, possess one major disadvantage which is particularly serious in relation to large-value transfers, namely receiver risk. This arises because receiving banks act in reliance on payment orders from sending banks throughout the day, giving immediate value to their customers, but do not receive payment until a later point in the day or the end of the day,[100] when the multilateral settlement is completed. This daylight exposure may be multiplied many times as the result of customers who receive funds initiating further interbank transfers involving their settlement bank in additional commitments to other banks. If a participating bank were to fail before completion of the daily settlement, other banks which had made payments and incurred commitments in expectation of receiving funds from the insolvent bank might find themselves not only out of pocket but unable to meet those commitments, thus giving rise to a systemic risk.[101]

(ii) **Real-time gross settlement**

18.41 It is because of the potential gravity of this daylight exposure that the Bank of England and CHAPS introduced a real-time gross settlement system (RTGS) for large-value transfers. Under this system each CHAPS instruction has to be covered by a transfer of funds to the sending bank in the books of the Bank of England before the payment order is sent to the receiving bank. The

---

[99] Since this multilateral netting and payment is not contractual but is purely for accounting convenience it would presumably follow that if a participant became insolvent, its liquidator would be entitled to have the settlement unwound to the extent necessary to ensure that the insolvent participant received its net credit balances without having these offset by its net debit balances.

[100] If they are net net creditors.

[101] The failure of a participant bank may also create problems under insolvency law, for to allow that participant's claims on a particular counterparty to be reduced by the participant's liabilities to other participants infringes at least two principles of insolvency law. It allows set-off of claims in relation to which there is no mutuality, and it contravenes the *pari passu* principle of insolvency law by giving a preference to creditor participants in the clearing over the insolvent participant's general creditors, including trade suppliers (*British Eagle International Airlines Ltd v Compagnie Nationale Air France* [1975] 2 All ER 390). But in relation to transfer orders entered into a designated system the problem has been alleviated by the Financial Markets and Insolvency (Settlement Finality) Regulations 1999 (SI 1999/2979). See para **31.52**.

Bank of England will make such a transfer only where the receiving bank's account is in funds for the purpose. The sending bank's message to the intended receiving bank will be held at the sending bank's CHAPS gateway pending confirmation from the Bank of England that the necessary funds have been transferred to the receiving bank, and only at that point will the system release the sending bank's payment order to the receiving bank, which will have the assurance of knowing that it has already been put in funds through its account with the Bank of England to cover the payment it is asked to make. RTGS thus provides the immediacy and finality that are lacking in a net settlement system. To deal with the problem of reduced liquidity, the Bank of England supports settlement of CHAPS payments through the provision of secured intraday liquidity to the direct participants. Liquidity is primarily provided by holding balances on a settlement account (also known as 'reserves'), and can be supplemented through additional intraday liquidity by means of same-day sale and repurchase agreements (repos), pursuant to which the Bank will, at the request of a clearing bank, purchase government securities, sterling eligible bank bills and sterling eligible local authority bills offered by that bank and sell them back at the end of the day, and banks will be allowed to make intra-day drawings on their cash ratio deposits. Following the recent financial crises, the liquidity regulations have been tightened further. In 2013 the Bank of England introduced a Liquidity Saving Mechanism (LSM) within RTGS which contains a central scheduler that enables members to prioritise payments, hold payments or schedule payments by value or counterparty and uses algorithms to match up groups of offsetting CHAPS payments which it then settles simultaneously and the aim of which is to significantly reduce CHAPS' banks' intraday liquidity requirements.

Chapter 19

INSTRUMENTS GENERALLY[1]

19.01 The banking system has devised various methods of payment, described later in this book.[2] The next chapter is devoted primarily to a long-established and popular payment medium, the bill of exchange; but since it is merely one member of a class of documents known as *instruments*, it is appropriate to say something now concerning the nature and history of instruments generally.

1. WHAT IS AN INSTRUMENT?

19.02 An instrument is a document of title to money.[3] As a documentary intangible,[4] it is the physical embodiment of the payment obligation, and its possession (with any necessary indorsement in favour of the possessor) is the best evidence of entitlement to the money it represents.[5] The right to receive payment belongs to the holder[6] for the time being, is exercised by production of the instrument to the obligee or his authorized agent and is transferred by delivery, with any requisite indorsement.[7]

19.03 Whether a writing is an instrument, that is, whether possession of it is recognized as carrying with it the right to the specified sum of money or security for money, depends on mercantile usage and on statute, and the list of instruments is not closed. In practice, instruments as a class usually possess distinctive characteristics without which a writing is unlikely to be given recognition as an instrument. Thus, the document is traditionally concise and no greater in size than enables it to be conveniently carried and transferred; its terms are limited to payment obligations, security for payment (if given) and (in the case of scrip) the right to exchange it for the specified bonds or

---

[1] See also para **2.56**.
[2] See paras **35.01** ff.
[3] See para **2.56**.
[4] The other class of documentary intangible comprises documents of title to goods.
[5] For an extensive discussion of this concept of incorporation of the right into the document see D. V. Cowen, *The Law of Negotiable Instruments in South Africa* (5th edn, 1985), pp 23 ff. For a comparative treatment, see P. Ellinger, *Negotiable Instruments*, 9 *International Encyclopaedia of Comparative Law* (ed J. S. Ziegel, 2000).
[6] As to who is a holder, see para **20.26**.
[7] For the function of an indorsement, see para **20.23**.

19.03 *Instruments Generally*

debentures.[8] Given that a document is an instrument, the next question is whether it is negotiable or non-negotiable,[9] which again depends on mercantile usage and statute.[10]

2. CLASSES OF INSTRUMENT

19.04 Instruments may be negotiable or non-negotiable. A negotiable instrument is one which, by statute or mercantile usage, may be transferred by delivery and indorsement to a bona fide purchaser for value in such circumstances that he takes free from defects in the title of prior parties.[11] A non-negotiable instrument is one which, though capable of transfer by delivery (with any necessary indorsement) in the same way as a negotiable instrument, can never[12] confer on the holder a better right than was vested in the transferor. The full significance of negotiability will be described later.[13] Suffice it to say for the present that the status of a 'holder in due course' of a negotiable instrument is essentially that of a bona fide purchaser acquiring an overriding title.

19.05 There are many classes of negotiable and non-negotiable instrument, but they all fall into one of two categories, namely, an undertaking to pay a sum of money and an order to another to pay a sum of money, whether to the person giving the order or to a third party.[14] Instruments taking the form of an express or implied undertaking include promissory notes, banknotes,[15] treasury bills, bearer bonds and bearer debentures, share warrants,[16] bearer scrip certificates and negotiable certificates of deposit (all of which are negotiable instruments) and (non-negotiable) letters of allotment. Instruments taking the form of an order to pay are cheques and other bills of exchange, dividend and interest warrants, bankers' drafts[17] and circular notes (all of which are negotiable), travellers' cheques (probably negotiable but now of declining practical significance), and postal orders, money orders, pension warrants and the like (non-negotiable).

---

[8] However, negotiable bonds are frequently expressed to be subject to the terms of a trust deed under a trust for bondholders. This is not considered to affect their status as negotiable instruments. See para **21.19**.
[9] See para **2.57** and below.
[10] See below.
[11] As pointed out in an earlier chapter (para **2.57**, n 171), the term 'negotiable instrument' is not always used in the strict sense, being sometimes employed to denote any instrument embodying a monetary obligation and transferable by indorsement and delivery, whether or not capable of being transferred free from equities.
[12] In the absence of some exception to the *nemo dat* rule falling outside the law relating to instruments.
[13] See para **20.35**.
[14] A mere receipt showing what is repayable is not negotiable (*Claydon v Bradley* [1987] 1 All ER 522).
[15] Strictly, a banknote *is* a promissory note, but with special incidents. In particular, the promise is valueless, for a banknote is legal tender and the holder no longer has the right to require the Bank of England to give him gold, silver or other metal in exchange. See para **17.17**, n 26.
[16] It is, perhaps, slightly anomalous that these are classified as instruments, but this can be justified on the basis that the ultimate right of a shareholder is to his share of any surplus moneys on winding up.
[17] Which may at the option of the holder be treated as promissory notes.

19.06 Orders to pay do not as such create any obligation between the payee and the person directed to make payment (the drawee). If the order is to pay on demand, the drawee either pays or refuses to pay. In the latter case, the payee's remedy is not against the drawee but against the party ordering payment (the drawer). If the order is to pay at a future date, the drawee is asked to 'accept' the instrument, ie to add his signature by way of an undertaking to pay the instrument at maturity. If he refuses, the instrument is dishonoured, but again the payee's remedy is against the drawer alone. Instruments payable on demand are not accepted. There is no point in the drawee *undertaking* to perform a payment obligation which is due for immediate performance. He either pays or declines to pay.

19.07 The Bills of Exchange Act 1882, which regulates bills of exchange and promissory notes, governs some but not all of the instruments described above.[18]

3. HISTORICAL BACKGROUND OF INSTRUMENTS[19]

19.08 We shall briefly depict the historical development of three types of instrument: the promissory note, the bill of exchange and the cheque. The evolution of these instruments shows the ingenuity of the mercantile community at its very best, although it has recently been argued that the law in this area has failed to keep pace with changes in market practice, particularly as they relate to modern payment systems, and that, as a result, the structure of the law relating to negotiable instruments is now 'profoundly anachronistic'.[20]

(i) The promissory note

19.09 The promissory note, that is, a document in which A promises to pay a sum of money to B, is of long standing as a credit instrument. But the creditor might find it inconvenient to collect payment himself at the due date and might wish to appoint an agent for that purpose. If the note provided simply for payment by A to B, then in any proceedings B's agent would have to produce a formal authority from B to collect payment. But if the note itself provided for payment to B or his nominee, or to B or other producer (ie holder) of the note, then A could not contest the right of the producer to collect payment, for A himself had provided for it in the terms of his undertaking.

---

[18] The Review Committee on Banking Services Law (Chairman: Professor R. Jack) recommended the enactment of a comprehensive Negotiable Instruments Act covering all forms of instrument possessing stated minimum requirements. A draft Act, prepared by the Committee's consultant, Professor A. M. Shea, is included in Appendix C to the Committee's Report (Cm 22, 1989, rec 8(1)). But the recommendation has not been adopted.

[19] See J. S. Rogers, *The Early History of the Law of Bills and Notes: A Study of the Origins of Anglo-American Commercial Law* (2004); J. Milnes Holden, *History of Negotiable Instruments in English Law* (1955); Street, *Foundations of Legal Liability* (1906), vol II, Pt III. For a description of negotiable investment securities, see para **21.13**.

[20] J. S. Rogers, *The End of Negotiable Instruments: Bringing Payment Systems Law Out of the Past* (2012), p 240.

19.10 *Instruments Generally*

19.10 Later it became apparent that the promissory note to some extent partook of the nature of money, and would thus be a very convenient method by which the payee, B, could discharge his own indebtedness to C. On taking a note payable to bearer, or to B or his nominee, B could pass the note over to his own creditor, C, who would thus collect for his own benefit, not merely as agent for B. The development of the promissory note as a negotiable instrument was abruptly halted by Lord Holt, who vigorously denied the negotiable character of the promissory note, saying that it was a new kind of specialty not known to the common law and relegated it to a mere contract.[21] Such was his influence that other judges who had been favourably inclined to the note felt obliged to follow his lead, and it was necessary to pass legislation, in the form of the Bills of Exchange Act 1704, to restore the promissory note to its earlier position as recognized by the custom of merchants.

(ii) The bill of exchange

19.11 Though instruments resembling bills of exchange have been known for over a thousand years, the development of the bill of exchange in the form in which we now know it begins with the great fairs, international meeting places where merchants from all over Europe transacted business in accordance with that body of law, evidence and procedure established by international usage and known as the law merchant.[22]

19.12 Each merchant selling goods desired to be paid in his own currency. The currency exchanges were effected at the fairs by professional money-exchangers, who were conversant with exchange rates and thus provided a currency clearing house, which is the progenitor of the modern foreign-exchange system. It was natural for creditors who wished to collect, and debtors who wished to pay, to appoint exchangers to do it for them. But since the physical transportation of money was inconvenient and hazardous, and since exchangers had many dealings to settle among themselves, the unnecessary inconvenience of continual payments and repayments of monies soon became obvious. The merchants of Lombardy therefore devised a system by which exchangers could, through using correspondents in the creditor's country, localize payment and avoid physical transportation of money.

19.13 Suppose that B in Milan wished to pay S in London for goods bought by B from S. The following procedure could be adopted.

(a)   B went to X, a Milan money-changer, and put him in funds, in lire, for the price and X's charges.
(b)   X drew a bill, ie a written request or instruction on Y, his foreign correspondent in London, requiring Y to pay the sum named to S. X sent this bill to S.

---

[21] *Clerke v Martin* (1702) 2 Ld Raym 757. Professor Rogers has shown (n 19, pp 177 ff) that Lord Holt's objections have been misunderstood and that much of the criticism levelled against him was misconceived.
[22] See para **1.04**.

(c) S presented the bill to Y, who paid him in sterling.
(d) Later, X and Y, who would have had numerous dealings between themselves, struck a balance on their account and settled up.

The advantages of this system were manifold:

(a) The risk and expense of transporting gold from one country to another were avoided, the payment being localized through the bill procedure, while the number of settlements was greatly reduced.
(b) If B were being given credit, the embodying of his obligation in a bill would provide S with an instrument he could sell before maturity.
(c) If X knew B and Y knew S, each would be able to extend credit to its own national in respect of the bill.

19.14 The bill of exchange was in its inception confined largely to the financing of foreign trade, but was imported into domestic use in this country in about the mid-fifteenth century.

19.15 A later development was the acceptance credit. Some merchants, having surplus funds, were willing to provide finance not necessarily linked to a specific trading transaction, by allowing the party requiring funds to draw a bill on them which they could accept and he could then discount. Eventually, these 'merchant bankers' moved exclusively into what had been their secondary activity, with the result that the modern merchant banker is a financier, not a merchant.

(iii) **The cheque**[23]

19.16 The goldsmiths, whose premises were equipped with safes and strongrooms for their bullion, offered as a service the acceptance of deposits from customers, paying interest. The deposit receipts issued by the goldsmiths were an acknowledgement of indebtedness. Later, the practice developed by which the goldsmiths would accept instructions from a depositor to pay a given sum of money to a named third party out of the funds held on deposit. This instrument was the forerunner of the cheque and has a still closer modern equivalent in the negotiable certificate of deposit.[24] The deposit receipt was recognized as a bill of exchange, and was transferable as such, but, since it involved immediate payment (ie was a species of sight bill), it was not 'accepted', there being no executory obligation. Thus the goldsmith was the progenitor of the modern banker, accepting deposits at interest, putting out the money at interest for his own account and honouring cheques drawn on him by his customers. A cheque is now defined by s 73 of the Bills of Exchange Act 1882 as a bill of exchange drawn on a banker payable on demand. Being a demand instrument, a cheque is not accepted; the drawee bank either pays or

---

[23] Previous editions of this book contained a full chapter devoted to cheques. As a result of the declining significance of the cheque, the chapter has been deleted from the current edition. Readers wishing to find out more about the cheque are referred to chapter 20 of the fifth edition of this work.
[24] See para **21.14**.

19.16 *Instruments Generally*

refuses to pay. It will do the latter if its customer has countermanded payment or if the account is not sufficiently in funds or within the limit of an agreed overdraft facility or if the bank decides to exercise a right to set off a debit balance existing on another account.

19.17 Except as otherwise provided,[25] the provisions of the Bills of Exchange Act 1882 applicable to a demand bill apply to a cheque.[26] But in truth a cheque is a very different kind of animal. In the first place, it is primarily a payment direction, not a credit instrument, and is by its nature intended to be presented and paid almost immediately, not negotiated to a third party.[27] Secondly, it forms an integral part of the banking mechanism and is thus deeply rooted in the banker-customer relationship. Duty relationships are thus set up between the collecting bank and its customer, the paying bank and its customer,[28] the collecting bank and paying bank, and each of these in relation to a third party claiming title to a cheque or to the proceeds of its collection.

19.18 While the cheque has played an important part in the historical development of commercial law in the UK, its role in the future will undoubtedly diminish if not disappear. The demise of the cheque seemed to be clear in 2009 when the UK Payments Council proposed the phasing out of cheques by 2018 provided that adequate alternatives to the cheque were developed. In 2011, however, the Payments Council, responding to criticisms of its 2009 proposal, stated that cheques would not now be phased out and would continue to be available for 'as long as customers need them.' While the future of the cheque may be secure as a matter of law, in practice its future is far from assured. The cheque has disappeared from some European countries and its day-to-day use in the UK is diminishing as automated payment processes assume greater importance. The recent introduction of 'cheque imaging'[29] (which permits a cheque to be presented for payment by sending an electronic image of both faces of the instrument rather than the physical instrument) may prolong the life of the cheque by reducing the length of time it takes to clear cheques, but is unlikely to prevent its ultimate demise.

4. THE AUTONOMY OF THE PAYMENT OBLIGATION

19.19 Every instrument, of whatever character, constitutes an independent contract embodying a payment obligation distinct from that of any other

---

[25] See ss 74–81.
[26] Section 73.
[27] This point is developed in J. S. Rogers, *The End of Negotiable Instruments: Bringing Payment Systems Out of the Past* (2012), esp ch 7 where the claim of a cheque to be treated as a species of negotiable instrument is challenged in the context of a wide-ranging critique of what is argued to be an increasingly anachronistic area of law.
[28] The *collecting* bank is the bank whose customer is the payee or other holder of the cheque and who is entrusted with the collection of the amount of the cheque on the customer's behalf and the crediting of it to his account (in practice, the credit is usually made on a provisional basis when the cheque is given to the bank for collection). The *paying* bank, also referred to as the *drawee* bank, is the bank on whom the cheque is drawn, ie the bank where the drawer keeps his account.
[29] See the Small Business, Enterprise and Employment Act 2015, s 13 which introduced new ss 89A–F of the Bills of Exchange Act 1882.

The Negotiable Instrument as an Abstract Payment Undertaking 19.22

contract or duty relationship by virtue of which the instrument was issued. If B orders goods from S and pays the price by bill of exchange or cheque, the price-obligation contained in the contract of sale is suspended and revives if and only if the instrument is dishonoured by non-acceptance[30] or by non-payment at maturity.[31] Since the instrument itself constitutes a separate contract, it must in principle be honoured regardless of any breach by S of the related sale agreement.

19.20 This autonomy of the payment obligation[32] is essential to the marketability of instruments, for it provides the assurance of payment upon which purchasers of instruments rely, and is advantageous even in the hands of the original holder.[33] In this respect, an instrument fulfils much the same functions as a bond and a letter of credit, both of which embody a duty to pay distinct from, and independent of performance of, the contract pursuant to which they are issued. But the merger in the instrument of the right to payment under the underlying transaction is not absolute, for the holder of a lost bill can call for a duplicate[34] or apply to the court for an order that the loss is not to be set up in proceedings on the bill if a satisfactory indemnity is given.[35]

5. CERTAINTY AND UNCONDITIONALITY?

19.21 Is it an essential prerequisite of an instrument in general or of a negotiable instrument in particular that the payment obligation should be both certain and unconditional? This was evidently the view of the draftsman of the Bills of Exchange Act, and no instrument can be a bill of exchange within the Act which embodies a payment obligation that is in some respect conditional or dependent on an event external to the instrument itself. But the usages of financial institutions are not to be so rigidly confined. In recent years numerous investment securities have evolved – the bearer bond, the certificate of deposit, the floating rate note – under which the payment obligation is in some measure both uncertain and conditional, yet such documents are invariably accepted as having the quality of instruments and as being negotiable in character, and they would almost certainly be held by the courts to be negotiable instruments, albeit outside the scope of the Bills of Exchange Act.[36]

6. THE NEGOTIABLE INSTRUMENT AS AN ABSTRACT PAYMENT UNDERTAKING

19.22 The independence of a negotiable instrument from the underlying transaction has led some commentators to treat it as a form of abstract payment undertaking, operating by force of its own issue without more. But

---

[30] See para 20.10.
[31] See paras 20.79, 20.84.
[32] Which is not, however, absolute. See para 20.116.
[33] See para 20.116.
[34] Bills of Exchange Act 1882, s 69.
[35] Ibid, s 70.
[36] See para 21.17.

19.22 Instruments Generally

this is to overstate the substance and effect of the autonomy principle. In the first place, a negotiable instrument is itself a form of contract which requires to be supported by consideration, and while in the case of a bill of exchange the rules as to consideration are relaxed,[37] it is necessary that consideration shall have been given by someone in order for a party to a bill to be liable on it. Secondly, the autonomy of a negotiable instrument is not absolute, for a breach of the underlying contract giving rise to a total or partial failure of consideration for a bill is *pro tanto* a defence to a claim on the bill except as against a holder in due course.[38] The negotiable instrument thus lacks the essential characteristic of an abstract payment undertaking, that it does not require to be supported by consideration and, as a corollary, is not susceptible to a defence of failure of consideration.[39]

7. DECLINE IN THE IMPORTANCE OF INSTRUMENTS

19.23 The development and increasing popularity of electronic funds transfer systems has significantly reduced the importance of negotiable instruments both in domestic and in international trade. Though their use remains considerable in the commercial sector, it is to be expected that over time there will be a further decline in their significance.[40] Yet the advantages of negotiability cannot be denied.[41] They are therefore likely to be with us in substantial volume for the foreseeable future.

---

[37] In particular, consideration need not have moved from the holder so long as value has been given by some party intermediate between him and the defendant. See para **20.33**.
[38] See para **20.118**.
[39] See R. Goode, 'Abstract Payment Undertakings' in P. Cane and J. Stapleton (eds), *Essays for Patrick Atiyah* (1991), ch 9, pp 215–217.
[40] And see in particular the sustained criticisms levelled against the modern law by Professor Rogers, n 20.
[41] See further paras **20.127–20.134**. The promissory note remains the basic instrument for forfaiting operations, as to which see S. J. Gleeson (ed), *Chalmers and Guest on Bills of Exchange and Cheques* (18th edn, 2017), para 2-109.

Chapter 20
BILLS OF EXCHANGE

20.01 Many of the observations made in this chapter are not confined to bills of exchange but apply, in varying degrees, to other instruments. But the bill of exchange epitomizes the use of instruments as a financing mechanism, particularly in international trade, and for this reason is the focus of this chapter.

20.02 The common law rules relating to bills of exchange, cheques and promissory notes were codified by Sir Mackenzie Chalmers in the Bills of Exchange Act 1882, a model statute which was subsequently adopted throughout the common law world.[1] The Act preserves such rules of the common law relating to bills of exchange, promissory notes and cheques as are not inconsistent with its express provisions.[2]

1. THE STATUTORY DEFINITION

20.03 Section 3 of the Bills of Exchange Act provides as follows:

'(1) A bill of exchange is an unconditional order in writing, addressed by one person to another, signed by the person giving it, requiring the person to whom it is addressed to pay on demand or at a fixed or determinable future time a sum certain in money to or to the order of a specified person, or to bearer.

(2) An instrument which does not comply with these conditions, or which orders any act to be done in addition to the payment of money, is not a bill of exchange.'

20.04 This definition, which we shall examine more closely when looking at the structure of a bill, encapsulates two fundamental characteristics of a bill, namely certainty and autonomy. If a bill is to fulfil its mercantile function, the amount and time of payment must be clear and unqualified, the instrument

---

[1] But in the United States it was eventually replaced by art 3 of the Uniform Commercial Code. Civil law jurisdictions have taken as their model the Uniform Law on Bills of Exchange and Promissory Notes embodied in the Geneva Convention 1930. A regime specifically designed for international bills and notes is the United Nations Convention on International Bills of Exchange and International Promissory Notes of 1988. This Convention was reproduced in *Chalmers and Guest on Bills of Exchange* (15th edn, 1998), Appendix C, but is not included in the eighteenth edition.

[2] Section 96(2). Thus usages of trade, so far as not displaced by the language of the Act, may still govern the rights of the parties.

20.04 *Bills of Exchange*

must speak for itself as a complete and integrated writing[3] and the rights and duties of the parties must not be obscured or made uncertain by the inclusion of non-monetary obligations. Hence the bill must be in the form of an order to pay in the sense that, even if courteously framed as a request, it signifies a command or direction to the drawee, not a mere invitation or expression of desire which the drawee is to be free to refuse or ignore.[4] The obligation must be expressed in money (English or foreign[5]), not goods, stock or other money's worth. The order must not direct payment out of a particular fund,[6] for this makes the duty to comply with it dependent on the adequacy of the fund and thus prevents the order from being unconditional as required by the definition.[7] The time of payment must be fixed or ascertainable,[8] and, unless

---

[3] Notwithstanding the broad interpretation of 'writing' and 'signature' to cover electronic messages and signatures (see para **3.29**), the general view is that the definition in s 3 requires that a bill of exchange must be paper-based and the paper signed. See H. Beale and L. Griffiths, 'Electronic Commerce: Formal Requirements in Commercial Transactions' [2002] LMCLQ 467 at 483. But it is not impossible that in future legislation might be enacted to permit a greater role for electronic messages or images to replace paper in respect of particular aspects of the law relating to bills of exchange. A recent example, in the context of the presentment of cheques, is provided by s 13 of the Small Business, Enterprise and Employment Act 2015 which introduces a new ss 89A–F of the Bills of Exchange Act 1882 and provides that presentment for payment of a cheque and other similar instruments may be effected by provision of an electronic image of both faces of the instrument, instead of by presenting the physical instrument, if the person to whom presentment is made accepts the presentment as effective (see para **18.22**, n 70). The view has been expressed that a cryptoasset cannot be characterised as an 'instrument' under the Bills of Exchange Act because the Act is 'premised on the concept of physical possession' and a cryptoasset cannot be physically possessed (see UK Jurisdiction Taskforce of the LawTech Delivery Panel, 'Legal Statement on Cryptoassets and Smart Contracts', paras 125–127, a copy of which can be downloaded from the LawTech Delivery Panel website: https://35z8e83m1ih83drye28oo9d1-wpengine.netdna-ssl.com/wp-content/uploads/2019/11/6.6056_JO_Cryptocurrencies_Statement_FINAL_WEB_111119-1.pdf).

[4] Strictly, the drawee cannot, within the terms of the definition, be the drawer himself or a fictitious person. But in the first two cases the Act gives the holder the option of treating the instrument as a bill of exchange or a promissory note (s 5(2)). A bill may also be drawn payable to the order of the drawee (s 5(1)). This is not as surprising as it seems. Where, for example, I ask my bank to purchase shares on my behalf I *could* reimburse the bank by drawing a cheque on my account, which is simply a method of enabling the bank to recoup itself from a particular account.

[5] Exchange controls, which formerly restricted dealings in foreign currency and instruments, were abolished in October 1979.

[6] Section 1(3).

[7] But an unqualified order to pay with an indication of the particular fund out of which the drawee is to reimburse himself or a particular account which is to be debited with the amount is treated as unconditional (ibid). Thus if A draws a bill for £100 on B Bank in favour of C and stipulates that the amount is to be debited to A's No 2 account with B Bank, C is entitled to be paid the face value of the bill, even if A's No 2 account only has £50 in it. The direction to debit that account is not intended to limit the amount of the bill (and thereby render it uncertain) but simply means that B Bank is to recoup itself from the No 2 account as far as possible. The position is otherwise if the bill states: 'Pay C or order the sum of £100 from my No 2 account.' For an interesting argument that a distinction is to be drawn between conditions, which decrease the certainty of payment, and which do not meet the criteria of conclusivity of details and affect the autonomy of the instrument by subjecting payment to an external event, and stipulations, which require additional action by the drawee or payee that does not have any of these adverse effects, see S. Ottolenghi, 'A Conditional Order/Promise – or just a Stipulation?' [1999] JBL 22.

the bill is made payable to bearer, the payee must be named or otherwise indicated with reasonable certainty.[9] And the bill must be complete and not require (whether as a condition of payment or otherwise) the performance of obligations set out in some other document,[10] though there is no objection to its containing a reference to another document purely for information, eg to identify the transaction to which it relates.[11]

20.05 The ingredients of the statutory definition are expanded by the ensuing provisions of the Act,[12] some of which will be referred to hereafter.[13]

20.06 An instrument which fails to comply with the requirements of the definition is not a bill of exchange.[14] But an omission is not normally fatal, for it can usually be cured by the holder. Thus, where the maturity of a bill is to be determined by reference to the date of its issue or acceptance,[15] any holder may insert the true date,[16] and an incorrect date inserted by the holder in good faith and by mistake is to be treated as the true date.[17] Again, the person in possession of an inchoate instrument has a prima facie authority to fill it up as a complete bill and to rectify the omission of any material particular.[18] But he can do this only if the person delivering the document has signed it. An unsigned document cannot be a bill of exchange; and a forged or unauthorized signature cannot transfer title to the bill itself, though a party may incur a liability for having impliedly warranted, or through being estopped from disputing, the genuineness of the signature.[19]

2. ISSUE AND ACCEPTANCE

20.07 Let us suppose that John Jones has agreed to lend William Brown £450 for six months, repayment to be made, with £50 interest, by a bill of exchange drawn upon Basil Green, who has agreed to provide William Brown with a line of credit and to accept bills drawn on him by William Brown up to the agreed

---

[8] So that, for example, a bill payable 'three months after date' must be dated in order to establish the due date for payment (but in given conditions the holder may insert the date himself – see para **20.12**).
[9] Section 7(1). Payment to the holder of an office for the time being (eg 'Treasurer of the Barset Chess Club') is permissible (s 7(2)).
[10] *Wirth v Weigel Leygonie & Co Ltd* [1939] 3 All ER 712.
[11] Section 3(3)(b). It is common practice for a bank issuing a letter of credit to require that drafts drawn under the credit bear a reference identifying the transaction. See para **35.30**, n 70.
[12] See, eg, ss 5–11.
[13] See paras **20.26** ff.
[14] Section 3(2). However, it may still be enforceable as a promissory note (*Novaknit Hellas SA v Kumar Bros. International Ltd* [1998] Lloyd's Rep Bank 287).
[15] See para **20.12**.
[16] Section 12.
[17] Ibid, proviso.
[18] Section 20(1).
[19] See further para **20.54** as to the distinction between the right to enforce a bill by virtue of a valid title to it and a right arising against a party solely on account of an implied warranty or estoppel.

20.07 *Bills of Exchange*

credit limit.[20] The face of the bill would look something like figure 20.1. We will examine each feature of this bill in turn.

Figure 20.1 Bill of exchange (face)

```
£500                London
                    6 January 2016

Six months after date pay to John
Jones or order the sum of five
hundred pounds, value received.

                    William Brown

To Basil Green
Leeds
```

Accepted payable at Canon's Bank, Henry Street, Leeds

Basil Green

(i) Parties

20.08 The person who draws the bill[21] – in this case, William Brown – is termed the *drawer*. He is the person who directs the intended paymaster, Basil Green, to make payment in six months' time to John Jones. Basil Green, the person *on whom* the bill is drawn, is at this stage called the *drawee*. The party in whose favour the bill is drawn, ie John Jones, is known as the *payee*. When the bill is delivered to him, he becomes the first *holder*. Until then, the document is not legally operative, for the commencement of its legal life depends on its issue, ie first delivery, complete in form, to one who takes as a holder;[22] and so long as William Brown retains possession, he cannot incur any liability to John Jones on the bill itself, though if he fails to deliver the bill he may thereby commit a breach of the underlying contract.

20.09 Delivery of the instrument to John Jones puts it in issue as a bill, but at that stage, despite Basil Green's name on the bill, there are only two parties to

---

[20] This example is given purely to illustrate a three-party bill. In practice, most term bills are two-party bills drawn to the drawer's own order and then negotiated or discounted by him.
[21] By 'drawing' a bill is meant signing it by way of an instruction to another to make payment of the designated sum. Hence the term 'draft' is another name for a bill. The drawer may make out the bill himself but this is not necessary; it is equally effective if he signs a bill prepared for him by another, eg the intended payee.
[22] Bills of Exchange Act 1882, s 2. Further, every contract on a bill, whether it be the drawer's, the acceptor's or an indorser's, is incomplete and revocable until delivery of the instrument in order to give effect thereto (s 21(1)), subject to the qualification that, where an acceptance is written on a bill and the drawee gives notice to or according to the directions of the person entitled to the bill that he has accepted it, the acceptance then becomes complete and irrevocable (s 21(1)).

it: William Brown, who by reason of his signature is liable as drawer, and John Jones, who as holder[23] will be entitled to payment of the bill on its maturity. Basil Green has not yet become a party, for he has not accepted the bill, that is, signed it to denote his willingness to comply with the payment instruction given by William Brown, and until he signs it, he cannot be liable upon it,[24] though his refusal to sign may constitute a breach of some prior contract between himself and William Brown. It is thus necessary for the holder, John Jones, to *present* the bill to Basil Green for his acceptance.[25] By signing it as *acceptor*, Basil Green undertakes to pay the amount of the bill on maturity to John Jones or whoever else is the holder. Having accepted the bill, Basil Green, previously termed the drawee, is hereafter called the acceptor. It is customary to insert words of acceptance (as in figure 20.1), but this is not essential; Basil Green's signature in the normal place for acceptance suffices.[26]

20.10 What if Basil Green refuses to accept the bill? As we have seen, he incurs no liability to the holder for so doing, but the bill becomes *dishonoured by non-acceptance*, with the result that John Jones acquires an immediate right of action against William Brown,[27] despite the fact that the bill has not yet matured, and can recover damages calculated in accordance with s 57 of the Act.[28]

20.11 Basil Green's acceptance is necessary only because the bill is a term or 'usance' bill,[29] that is, a bill payable at a future date. If the bill had been expressed to be payable on demand or at sight,[30] then clearly it would be pointless for Basil Green to *promise* to pay it; he would either pay on presentation or refuse to pay.

(ii) Date

20.12 Where, as in this case, the bill is payable on the expiry of a fixed period after date, it is obviously necessary to know the date of issue in order to fix the time for payment. Similarly, if it is payable 'six months after sight',[31] dating of the drawee's acceptance is necessary to establish the maturity date. But even in

---

[23] See para **20.26**.
[24] Section 23.
[25] Thus bills, or drafts, are also termed 'acceptances'. But an acceptor is not an essential party to a bill. There must always be a drawer, a payee and a drawee, but an unaccepted bill is fully negotiable and is enforceable by the holder against the drawer and prior indorsers. If the drawer draws the instrument on himself, it is not a bill of exchange but the holder may treat it at his option as a bill of exchange or a promissory note. See S. J. Gleeson (ed), *Chalmers and Guest on Bills of Exchange and Cheques* (18th edn, 2017), paras 2-038 – 2-042.
[26] Section 17(2)(a).
[27] Section 43(2).
[28] Where the drawer has drawn the bill to his own order, the question of proceedings on the bill does not, of course, arise, and his claim against the drawee is simply for breach of the underlying contract (if any) to accept the bill.
[29] Also called a tenor bill.
[30] 'At sight' means on presentation (s 10(1)).
[31] By which is meant six months after acceptance or, if acceptance is refused, from the date of noting or protest (s 14(3)).

these cases omission of the date is not fatal, for any holder may insert the true date, and if he acts in good faith, the date he inserts will be taken as the true date even if erroneous.[32] Dating of the bill is not, of course, necessary where the bill actually specifies the date on which it is to fall due; and in no case is a bill invalidated by reason of the fact that it is undated,[33] antedated or post-dated.[34]

20.13 A demand bill is one which is expressed to be payable on demand or at sight[35] or on presentation.[36] A bill is also payable on demand if no time for payment is specified.[37] A bill accepted or indorsed when overdue is deemed payable on demand as regards the acceptor or indorser.[38]

(iii) Place of drawing

20.14 This is customarily shown in the right-hand corner of the bill and is indicated in figure 20.1. Sometimes the drawer's full address is given. It is not essential to show the place of drawing of a bill but the practice is convenient, for it helps to show whether the bill is an internal or a foreign bill.[39]

(iv) Amount

20.15 The amount payable under a bill, ie its 'face value', is usually expressed both in figures and in words, the latter prevailing in the event of inconsistency.[40] The designation of a 'sum certain in money' is an essential ingredient of a bill,[41] but the amount need not be designated in English currency.[42] A sum payable is a sum certain within the meaning of the Act although it is required to be paid with interest, or by stated instalments (with or without a provision that upon default in payment of any instalment the whole shall become due) or according to an indicated rate of exchange or a rate of exchange to be ascertained as directed by the bill.[43]

---

[32] Section 12. However, he cannot thereby become a holder in due course, though the position is otherwise if the date is not necessary to fix the maturity of the bill. See para **20.40**.
[33] Section 3(4); *Aspinall's Club Ltd v Al-Zayat* [2007] EWCA Civ 1001, [2007] All ER (D) 302 (Oct) at [27].
[34] Section 13(2).
[35] To be distinguished from a bill payable at a given period 'after sight'.
[36] Section 10(1).
[37] Ibid.
[38] Section 10(2).
[39] A fact very material to the procedure to be followed in the event of the bill being dishonoured. See para **20.87**.
[40] Section 9(2). With modern technology geared to the scanning of figures there may be a case for reversing this rule.
[41] Section 3(1).
[42] But where it is so designated, it must be stated in decimal currency; the bill will be invalid if the sum payable is expressed wholly or partly in shillings and pence (Decimal Currency Act 1969, s 2(1)). There seems no reason why a bill should not be payable in euros instead of a particular national currency even though the UK has never been within the Eurozone.
[43] Section 9(1).

20.16 In export transactions the bill will usually be expressed in sterling but may carry an exchange clause providing for conversion into foreign currency or specifying an exchange rate on which the bill is based or by reference to which payment is to be made.

(v) Time of payment

20.17 The bill must be payable on demand or at a fixed or determinable future time. It fulfils the latter alternative if it is expressed to be payable at a fixed period after date or sight,[44] or on or at a fixed period after the occurrence of a specified event which is certain to happen, though the time of happening may be uncertain.[45] But an instrument expressed to be payable 'by' a particular date does not fulfil the statutory requirements, for it leaves the acceptor the option to pay at an earlier unspecified date;[46] and an instrument expressed to be payable on a contingency is not a bill, and the happening of the event does not cure the defect.[47]

(vi) Signature

20.18 A document cannot be a bill of exchange unless it carries the signature of the drawer.[48] No action lies on the bill against a person who has not signed it; and no title can be derived from a forged signature, though the person in possession can acquire a status as holder through a subsequent indorsement and, if a holder in due course, will then have claims against those who became parties subsequent to the forged signature, on the basis of their being estopped from disputing its genuineness.[49] A person may sign as agent for another – eg a director may sign on behalf of his company – but care is needed to ensure that his representative capacity is made clear and that the statement of the intended principal's name is not to be read as merely descriptive of the signatory himself, for if it is, then he will be treated as principal and be liable on the bill accordingly.[50]

---

[44] Section 11.
[45] Ibid.
[46] *Claydon v Bradley* [1987] 1 All ER 522, where the Court of Appeal felt obliged, with apparent reluctance, to follow its earlier decision in *Williamson v Rider* [1963] 1 QB 89.
[47] Ibid. However, where possible, the court will incline to a construction of the bill which upholds its validity where that is reasonably possible: *Hong Kong and Shanghai Banking Corp Ltd v GD Trade Co Ltd* [1998] CLC 238, 242.
[48] Section 3(1). But signature by an agent suffices (s 91(1)). In the case of a cheque, it would seem that the signature need not be handwritten and that a stamped facsimile suffices. The same would appear to be true even of a preprinted facsimile, though in order to be enforceable by anyone other than a holder in due course such a cheque would need to be completed within a reasonable time and strictly within the authority given.
[49] See para **20.54**. Note that, where a payee or named indorsee is a non-existent or fictitious person, the bill may be treated as payable to bearer, so that indorsement becomes superfluous and the fact that a subsequent indorsement was forged immaterial. See paras **20.111–20.112**.
[50] This has caused a problem in several cases and is discussed further paras **20.103–20.104**.

20.19 *Bills of Exchange*

(vii) Place of acceptance

20.19 It is usual for the bill to be presented and paid at the acceptor's designated bank; and for this reason the name and address of Basil Green's bank are shown in the margin of the bill above his signature. But this is not essential. The phrase 'payable at Canon's Bank, Henry Street, Leeds' indicates that the bill must be presented at that address if the holder wishes to make the drawer or an indorser liable on it;[51] but the acceptor, as the principal debtor, remains under a duty to seek out his creditor, and the phrase in question is not sufficient to qualify the acceptance so as to impose on the holder the duty vis-à-vis the acceptor to present the bill for payment.[52] To do this it would be necessary to make it clear in the words of acceptance that payment was to be made *only* at the stated address and not elsewhere.[53]

3. TRANSFER OF BILLS OF EXCHANGE

20.20 So far, we have been concerned only with the original parties to the bill, namely the drawer, the payee and the acceptor. But John Jones, the payee in our illustration, may not wish to wait six months for his money. He may prefer to get in the cash by discounting the bill, that is, selling it at a discount. A bill can, like any other chose in action, be transferred by assignment, with notice of assignment to the acceptor, but such a procedure has nothing to commend it, for since the acceptor is not obliged to make payment to anyone other than the holder, he can safely disregard a notice of assignment, and all that the assignee acquires is an equitable title to the instrument, so that he takes subject to equities and cannot sue in his own name.[54] He thereby loses one of the main advantages of an instrument, ie that it can be transferred from hand to hand so as to pass legal title to the sum payable under it. This process of transfer is termed negotiation. 'A bill is negotiated when it is transferred from one person to another in such a manner as to constitute the transferee the holder of the bill.'[55]

20.21 Before considering the method by which a bill is transferred we must examine the status of the payee. The bill could simply be made payable to 'bearer'. The rights under it would then vest in whoever was for the time being in possession, and the first holder could transfer it by mere delivery without indorsement. The risks involved in issuing a bearer bill will be obvious. Anyone into whose hands the bill comes (whether lawfully or otherwise) is the holder and as such is able to present the bill for payment to the acceptor on its

---

[51] Failure to do so discharges them (s 45).
[52] Sections 19(2)(c), 45, 46(4). See further paras **20.80–20.82**.
[53] Section 19(2)(c). As to the reason for imposing on the holder a general duty of presentment to the drawer or indorser but not the acceptor, see para **20.80**.
[54] This is so under the general law and is reinforced by s 31(4) of the Bills of Exchange Act 1882 in the case of a transfer for value, where the transferee acquires the additional right to have the transferor's indorsement.
[55] Section 31(1). The word 'negotiate' is also used in financial circles in a narrower sense, to denote transfer of a bill before acceptance, as opposed to the discount of a bill, which signifies transfer after acceptance.

maturity; and provided that the acceptor acts in good faith and without notice of a defect in the holder's title, the acceptor gets a good discharge by payment of the bill, even if the person to whom he made payment stole the bill or is otherwise unlawfully in possession of it.[56]

20.22 So in practice a bill is rarely drawn as a bearer bill. Instead, it is, as in our illustration, drawn to 'John Jones or order'. This means that payment is required to be made either to John Jones himself or to any transferee to whom he might direct payment to be made. The words 'or order', though usual, are in fact unnecessary, since the law implies that John Jones can transfer the bill and direct the acceptor to pay the transferee.[57]

20.23 The manner in which the payee makes his direction to the acceptor to pay a third party is by *indorsing* the bill, that is, placing his signature on the back of the bill, and delivering it to the third party concerned. The payee then becomes the first *indorser* and the transferee is the first *indorsee*. If, when indorsing the bill, the indorser names the indorsee, the acceptor must pay that indorsee or any other party to whom the indorsee, by putting his own signature on the bill, directs payment to be made. Such an indorsement is termed a *special indorsement* and preserves the character of the bill as an order bill.[58] Where, as is quite common, the payee as indorser simply puts his signature on the back of the bill without naming an indorsee, this *indorsement in blank*, as it is called, is a direction to the acceptor to pay whoever is currently in possession of the bill, ie the bearer. In short, an indorsement in blank converts the bill into a bearer bill, which is thereafter (unless reconverted into an order bill) transferable by manual delivery, without the need for any indorsement. The only distinction between a bill which becomes a bearer bill in this way and a bill which starts life as a bearer bill is that an order bill converted to a bearer bill may at any time be reconverted to an order bill by a special indorsement by the holder when transferring it, whereas a bill which is a bearer bill *ab initio* cannot be converted to an order bill, and any indorsement which is designed to transform it into an order bill will be disregarded as ineffective for the purpose.[59] Figure 20.2 illustrates the reverse side of the bill shown in figure 20.1 after it has been indorsed by the payee, John Jones.

---

[56] Section 59.
[57] See s 8(4). Similarly, a bill payable 'to the order of John Jones' is payable to him or his order at his option (s 8(5)). A bill may be drawn to prohibit negotiation (Bills of Exchange Act 1882, s 8(1)).
[58] If, in addition, the holder makes the indorsement a *restrictive* indorsement, by directing payment to the named indorsee *only*, or makes it clear that the indorsement is for the purpose of collection by the indorsee and not with a view to transferring the bill, it ceases to be negotiable (ss 8(1), 35(1)).
[59] *Miller Associates (Australia) Pty Ltd v Bennington Pty Ltd* [1975] 2 NSWLR 506. But the indorsement is not totally nugatory, for though the bill continues as a bearer bill the indorser incurs all the liabilities imposed on an indorser under the Act. See para **20.74**.

20.23 *Bills of Exchange*

Figure 20.2   Bill of exchange (back)

[Figure: Pay Richard Roe / John Jones / Richard Roe]

20.24 In indorsing the bill, John Jones directs payment to be made to Richard Roe. This is a special indorsement, and its effect is that only Richard Roe or a person to whom he has indorsed the bill can present the bill for payment. No other person, even if in possession of the bill, qualifies as the holder,[60] and the bill continues as an order bill. However, Richard Roe, having taken the bill, himself indorses it in blank, thus converting it into a bearer bill. The holder will thus be the person for the time being in possession. Suppose that Richard Roe delivers the bill to Stanley Small, and that he, as holder, indorses the bill specially to Tom Thumb. The bill is reconverted into an order bill, and, in the absence of any further indorsement by Tom Thumb, only he can present it for payment.

20.25 To be effective to transfer title to the bill an indorsement must be made by the holder. The Act does, however, make provision for signature by a stranger to the bill, sometimes called a *quasi-indorser*,[61] for the purpose of imposing liability on him despite the fact that he is not in the chain of title. With this exception, we have now dealt with all the normal parties to a bill – drawer, payee, drawee/acceptor, indorser and indorsee.[62]

4.   THE HOLDER

20.26 The right to enforce payment of a bill is given only to the *holder*, defined by s 2 of the Act as 'the payee or indorsee of a bill or note who is in possession of it, or the bearer thereof'. By 'bearer' is meant 'the person in

---

[60] See further below.
[61] See para **20.66**.
[62] There remain a few bizarre characters found only in the pages of textbooks, ie referees in case of need and acceptors and payers for honour *supra protest*. See Bills of Exchange Act 1882, ss 15, 65–68.

possession of a bill or note which is payable to bearer'.[63] As we have seen, a bill is payable to bearer if it is either made payable to bearer when first drawn or indorsed in blank.

20.27 To be a holder, a person must be in possession of the bill, and this is all that is necessary where the bill is or has become a bearer bill, for according to the tenor of the instrument his title is complete. It is immaterial that his possession is unlawful.[64] It suffices that on the face of the instrument he is the person entitled to be paid – in the case of a bearer bill, the possessor. This does not, of course, mean that a thief has a legal right to demand payment from the acceptor; what it does mean is that if the thief presents the bearer bill for payment and the acceptor pays him in good faith and without notice of a defect in title, he gets a good discharge.[65] But if the bill is an order bill, mere possession is not necessarily sufficient; the possessor must show that according to the tenor of the bill he is the person entitled to payment. If he is the original payee and the bill has not been indorsed, he is the holder. Where, however, the bill has been specially indorsed,[66] only the named indorsee in possession can be the holder. Thus if a bill payable to A is indorsed by him 'Pay B', B, if in possession, is the holder. If C has possession, the bill is without a holder. B is not the holder, for he lacks possession; C is not the holder, for, though in possession, he is not the named indorsee.

20.28 Where an inchoate instrument is delivered, the deliveree has prima facie authority to complete it and thus convert himself into a holder.[67]

20.29 The Bills of Exchange Act designates three categories of holder. These are, in ascending order of importance, a mere holder, a holder for value and a holder in due course. With the last of these must be bracketed a holder claiming title through a holder in due course and not himself a party to any fraud or illegality affecting the bill. We consider each of these four types of holder in turn.

(i) 'Holder'[68]

20.30 The holder of a bill who is not a holder for value nevertheless has certain privileges denied to a non-holder. The latter cannot negotiate an

---

[63] Section 2.
[64] *Chalmers and Guest on Bills of Exchange and Cheques*, para 1-022.
[65] For the instrument itself is then discharged (s 59).
[66] If it is indorsed in blank it becomes a bearer bill. A person who indorses a bill to a bank purely for collection and not with the intention of transferring rights does not cease to be a holder (*Novaknit Hellas SA v Kumar Bros. International Ltd* [1998] Lloyd's Rep Bank 287). Note that a cheque does not now have to be indorsed to a bank for collection on behalf of the holder (Cheques Act 1957, s 1), and if the bank gives value or has a lien on such a cheque it has the same rights as if the cheque had been indorsed in blank (ibid, s 2).
[67] Section 20.
[68] In the ensuing paragraphs the word 'holder' is used to denote one who is a *mere holder*, at the very bottom rung of the ladder, as opposed to a holder for value or a holder in due course.

order bill,[69] nor can he, except on behalf of the holder, present the bill for acceptance[70] or payment.[71] The holder can retain possession of the bill and can sue on it in his own name[72] and give a good discharge to a drawee or acceptor whose payment is otherwise in due course.[73] The holder may, in a bill payable after date, insert the date of issue or acceptance of the bill where this has been omitted.[74] Any holder is entitled to convert an order bill into a bearer bill by indorsement in blank and to convert a bearer bill into an order bill by a special indorsement.[75] The holder of a bill lost before it is overdue may apply to the drawer for a duplicate against a written indemnity, and the latter may be compelled to accede to the request.[76]

20.31 Despite these advantages, a holder otherwise than for value is (except where claiming title through a holder in due course[77]) in a very precarious position compared with one who has given or is deemed to have given value. Though a holder is prima facie deemed to be a holder in due course,[78] yet if it is established that he is not a holder for value,[79] his claim cannot succeed, for in the absence of consideration the 'contract' generated by the bill is *nudum pactum*.

(ii) 'Holder for value'

20.32 The first question is what is meant by 'value'? Section 27(1) of the Act tells us that valuable consideration for a bill may be constituted by (a) any consideration sufficient to support a simple contract, and (b) any antecedent debt or liability, this being deemed valuable consideration whether the bill is payable on demand or at a future time. Paragraph (b) of s 27(1) is usually referred to as an exception to the common law rule as to past consideration. But except in relation to a bill taken as collateral security for a past indebtedness, this assumption is misconceived. So far as concerns a bill taken as absolute or conditional payment of a pre-existing debt, s 27(1)(b) merely re-states the well-established common law rule that a payment or transfer in satisfaction of an existing debt is made for value, for the creditor's right to payment of the debt is thereby extinguished,[80] and in the case of a term bill

---

[69] Section 31(3).
[70] Section 41(1)(a).
[71] Section 45(3).
[72] Section 38(1).
[73] Sections 38(3), 59(1).
[74] Section 12.
[75] Section 34(4).
[76] Section 69.
[77] See paras **20.35** ff.
[78] Section 30(2). But the burden of proof shifts if in an action on the bill it is admitted or proved that its acceptance, issue or subsequent negotiation is affected with fraud, duress or illegality (ibid).
[79] As to the meaning of which see below.
[80] *Currie v Misa* (1875) LR 10 Exch 153; *Taylor v Blakelock* (1886) 32 Ch D 560; *Oliver v Davis* [1949] 2 KB 727 and cases there cited. The position is otherwise if the bill is taken not as

there is the additional fact that the creditor's rights on the underlying contract are suspended pending maturity of the bill.[81]

20.33 Hence for most purposes 'value' in the Bills of Exchange Act has exactly the same meaning as in the case of an ordinary contract. However, the common law rules as to consideration are modified in two respects. First, every signatory to the bill is prima facie deemed to have become a party to it for value.[82] Secondly, where value has at any time been given for the bill, the holder is deemed to be a holder for value as regards the acceptor and all parties to the bill who became parties prior to such time.[83] Put more simply, it is not essential to 'holder for value' status that the holder shall himself have given value[84] or that his proposed defendant shall have received value for the bill. It suffices that value was given by some party in the chain between the holder and his intended defendant. Two illustrations will make this clear.

> (1) S draws a bill on B to the order of S for the price of goods sold by S to B and, having procured B's acceptance, indorses the bill to T by way of gift. T can sue B, value having been given by S, for, as acceptor, B is liable to the holder if value has been given at any time, by whatever party; it is immaterial that T himself was a donee. But T cannot sue S.
>
> (2) B draws a bill in his own favour on A, who accepts gratuitously. B cannot sue A, no value having been given. B indorses to C, who takes for value. C can sue A, even though A received no benefit, since C gave value. C then indorses the bill to D by way of gift. D can sue A, even though A received no benefit and D gave nothing for the bill, for value has been furnished by C and this suffices to make A liable as acceptor. D can also sue B, for the value given by the intervening party, C, makes D a holder for value vis-à-vis B. But D cannot sue C, for D did not give value and there is no intervening party between C and D. Similarly, if D indorses the bill to E by way of gift, E cannot sue C, for E did not give value, nor was value given by D, the party standing between C and E.

In short, a donor, though he cannot be sued by his donee, can be sued by the first holder to give value and by any subsequent holder, whether or not he gave value.

20.34 Since the requirement of consideration is by definition satisfied, a holder for value is obviously in a better position than a holder not for value, for his claim cannot be defeated by a plea of want of consideration. But unless he is a holder in due course, a holder for value does not enjoy the full benefits of negotiability, for he acquires no better title than his transferor and thus takes the bill subject to equities and to any defect in the title of any of his predecessors.

---

absolute or conditional payment but as security for an existing debt. In this case, the creditor gives nothing in exchange for the bill, which but for s 27(1)(b) would be void as given upon a past consideration.

[81] See para **20.124**.
[82] Section 30(1).
[83] Section 27(2).
[84] The position is considered to be otherwise if he wishes to qualify as a holder in due course. See para **20.44**.

(iii) 'Holder in due course'

20.35 To become a member of the bill-holding aristocracy, the holder must ensure that he is not a mere holder nor even just a holder for value, but a *holder in due course*. This phrase broadly denotes a bona fide purchaser for value without notice. Just as the bona fide purchaser of goods for value and without notice will in certain conditions obtain an overriding title, by way of exception to the *nemo dat* rule, so also will the holder of a bill, if fulfilling certain requirements, be a holder in due course and thus acquire a title to the bill free from equities and defects in the title of his transferor. The conferring of this 'holder in due course' status is the crucial factor which distinguishes a negotiable from a non-negotiable instrument.

20.36 The holder in due course is in a powerful position. He can acquire a good title from or through a thief. He is not affected by the fact that any predecessor obtained the bill by fraud or pursuant to a fraudulent or otherwise illegal purpose,[85] or that the consideration given for the bill by a predecessor has wholly failed, as where the original holder took the bill as payment for goods which he failed to deliver or which were lawfully rejected. The holder in due course is not subject to personal defences that might be raised by prior parties, nor is his claim reducible by the exercise of a right of set-off to which the transferor may have been subject.[86] The estoppels binding signatories of a bill operate only in favour of a holder in due course or one claiming through a holder in due course and cannot be invoked by any other kind of holder.[87] The only limitation on the rights of the holder in due course is that, where a signature on the bill has been forged or is otherwise of no legal effect, he has no rights against those who were parties to the bill prior to the ineffective signature, for vis-à-vis those parties he is not a holder at all.

20.37 What, then, must the holder of a bill do to achieve the exalted status of a holder in due course? Section 29(1) answers this in the following terms:

> '(1) A holder in due course is a holder who has taken a bill, complete and regular on the face of it, under the following conditions: namely,
> (a) that he became the holder of it before it was overdue, and without notice that it had been previously dishonoured, if such was the fact;
> (b) that he took the bill in good faith and for value, and that at the time the bill was negotiated to him he had no notice of any defect in the title[88] of the person who negotiated it.'

We shall look at each of these ingredients in turn, noting that any holder is prima facie deemed to be a holder in due course.[89]

---

[85] *Bank für Gemeinwirtschaft Aktiengesellschaft v City of London Garages Ltd* [1971] 1 All ER 541, [1971] 1 WLR 149. See also para **20.117**.
[86] As to set-off in relation to a claim on a bill, see paras **20.93–20.95**, n 227.
[87] An exception is the estoppel binding an indorser vis-à-vis his own and subsequent indorsees as to the validity and subsistence of the bill and of his title to it. See s 55(2)(c) and paras **20.63–20.64**.
[88] See para **20.45**.
[89] Bills of Exchange Act 1882, s 30(2).

1. 'Holder'

20.38 Obviously a person cannot be a holder in due course unless he is a holder. But not every holder can qualify. As we have previously remarked, a holder in due course is in effect a bona fide *purchaser* of the bill. The original payee, though the holder if in possession, cannot as payee be a holder in due course,[90] a point obliquely made in s 29(1)(b) in the phrase 'at the time the bill was negotiated to him'. Hence only the second or subsequent possessor of a bearer bill or an indorsee in possession of an order bill can be a holder in due course. But, though the payee cannot *as such* be a holder in due course, if after he has negotiated it, the bill is renegotiated back to him, he can then qualify, not *qua* payee but *qua* indorsee.[91] This point is of practical importance in providing the payee with machinery to exercise rights against a quasi-indorser, that is, a non-party backing the bill by way of guarantee.[92]

2. Bill not overdue

20.39 A person taking a bill after it has matured cannot be a holder in due course. The reason for this rule is, of course, that as a bill must normally be promptly presented for payment, the fact that it is still outstanding in the hands of the holder after its due date suggests that all is not well.

3. 'Complete and regular on the face of it'

20.40 If any material particular is omitted from the bill at the time of its negotiation to the holder, he cannot qualify as a holder in due course, even if he proceeds to exercise his right as holder to complete the instrument.[93] Thus, one who takes an inchoate instrument cannot be a holder in due course. What are the material parts of a bill? It is commonly asserted that the omission of the date renders the bill incomplete; but it is hard to see why this should be so, except where the date is necessary to fix the maturity of the bill,[94] for the Act makes it clear that the statement of the date is not an essential ingredient of a bill,[95] and the absence of a date ought not by itself to be regarded as a circumstance arousing suspicion. Similarly, the place of issue of a bill is not, it is submitted, a material part such that its absence will render the bill incomplete. The fact that the bill has not been accepted does not affect its completeness, for a bill is fully negotiable before acceptance. On the other hand, a bill will be incomplete if it fails to identify the payee or the sum payable

---

[90] R. E. Jones Ltd v Waring & Gillow Ltd [1926] AC 670; DCD Factors plc v Ramada Trading Ltd [2007] EWHC 2820 (QB), [2008] Bus LR 654 at [31]. Prior to *Jones v Waring & Gillow* (which has been criticized by several overseas writers) a payee-holder was generally considered to be capable of being a holder in due course.
[91] See *Jade International Steel Stahl und Eisen GmbH & Co KG v Robert Nicholas (Steels) Ltd* [1978] QB 917 (drawer to whom bill subsequently negotiated back held to be a holder in due course).
[92] See para **20.66**.
[93] See para **20.06**.
[94] See para **20.12**.
[95] Section 3(4)(a).

20.40 *Bills of Exchange*

or if a signature necessary to establish the chain of title is missing. Of course, in the last case the person in possession will not be the holder at all.

20.41 In addition to being complete, the bill must be 'regular' on the face of it, that is, in apparent good order, with nothing calculated to arouse suspicion.[96] Unauthenticated alterations and erasures should put a person on his guard and will prevent the bill from being regular.[97] Similarly, a significant discrepancy between the name of the payee on the face of the bill and that shown by his indorsement on the back makes the bill irregular.[98]

4. No notice of previous dishonour

20.42 The meaning of 'notice' is discussed a little later, for it has proved a vexed question in relation to 'holder in due course' status. If the previous dishonour was by non-payment, then, of course, the holder could not be a holder in due course, even if taking without notice, for the bill would necessarily have been overdue at the time of negotiation.

5. Good faith

20.43 The holder must have taken the bill in good faith, that is, honestly, whether or not he was guilty of negligence.[99] Thus it is not a bar to 'holder in due course' status that the holder would have discovered a defect in his transferor's title if he had exercised more care.[100] On the other hand, evidence of an unusual degree of carelessness may lead to the conclusion that the holder deliberately turned a blind eye to suspicious circumstances external to the bill,[101] and this is equated with mala fides.[102]

6. Value

20.44 Until relatively recently it had been generally assumed that the special meaning attributed to 'holder for value' by s 27(2) of the Act[103] did not apply where 'holder in due course' status is concerned, and that to be a holder in due course it was necessary that the holder should himself have furnished value, so that he could not rely on value provided by his predecessors. This construction seemed to be plainly indicated by the phrase 'he takes the bill in good faith and

---

[96] *Arab Bank Ltd v Ross* [1952] 2 QB 216, per Denning LJ at 226.
[97] *Byles on Bills of Exchange and Cheques* (30th edn, 2020), para 18-005. As against parties other than a holder in due course, material alteration of a bill renders it void (Bills of Exchange Act 1882, s 64(1)). See para **20.114**.
[98] *Arab Bank Ltd v Ross*, n 96, where the omission of the word 'Company' was held to render an indorsement irregular.
[99] Section 90(1).
[100] *Jones v Gordon* (1877) 2 App Cas 616, per Lord Blackburn at 628.
[101] If on the bill, they would, of course, prevent it from being complete and regular.
[102] *Jones v Gordon*, n 100, per Lord Blackburn at 628–629.
[103] See para **20.33**.

for value', and was supported by the great preponderance of writers.[104] Despite this, the view has been expressed in two cases that 'value' has the ordinary meaning given to it by s 27(2).[105] But in the first case the view expressed was obiter and in neither was reference made to the relevant literature supporting the view that a holder in due course had to have given value himself. It is submitted that this view remains correct.

7. No notice of defect in title

20.45 What is meant by 'no notice' is discussed hereafter.[106] A list of matters constituting defects in title is given by s 29(2), which provides that the title of a person who negotiates a bill is defective within the meaning of the Act when he obtained the bill, or its acceptance, by fraud,[107] duress or other unlawful means or for an illegal consideration or when he negotiated it in breach of faith or under such circumstances as to amount to a fraud.[108] It will be observed that the title of a person negotiating a bill can be defective either because of the manner in which he took the bill or because of the circumstances in which he transferred it.

20.46 The list is far from exhaustive, being confined to defects arising from an unlawful act performed, or unlawful consideration given, by the person negotiating the bill to the party claiming 'holder in due course' status. But the negotiator may himself have acted in perfect good faith in taking and transferring the bill, and the defect in title may arise through some unlawful act of a prior holder of which he was unaware. Moreover, it is thought that a defect in title exists whenever the right of the holder to deal with the bill is restricted, even though no breach of duty has occurred on the part of anybody. For example, a person holding a bill as collateral security may without breach of duty negotiate it provided that he informs his indorsee that it is held as collateral security and provided further that he is able to secure its return upon redemption by the debtor; but there can be little doubt that the indorsee would not be a holder in due course, for his right to deal with the bill is curtailed by

---

[104] See the first edition of this work at p 448; *Chalmers and Guest on Bills of Exchange and Cheques*, para 4-057; Jacobs, *Bills of Exchange* (1943), p 184; B. B. Riley, *The Law Relating to Bills of Exchange in Australia* (2nd edn, 1964), p 119; D. V. Cowen, *Law of Negotiable Instruments in South Africa* (5th edn, 1985), p 58; and other writers referred to by M. A. Clarke, R. J. A. Hooley, R. J. C. Munday, L. S. Sealy, A. M. Tettenborn and P. G. Turner, *Commercial Law: Text, Cases and Materials* (5th edn, 2017), p 688.

[105] See *M. K. International Development Co Ltd v Housing Bank* [1991] 1 Bank LR 74, per Mustill LJ at 80; *Clifford Chance v Silver* [1992] 2 Bank LR 11; L. P. Hitchens, 'Holders for Value and Their Status; *Clifford Chance v Silver*' [1993] JBL 571; and M. Snedden, 'Deemed Holder for Value of Cheque or Bill of Exchange as Holder in Due Course' (1989) 17 ABLR 400.

[106] See para **20.119**.

[107] This means fraud in the common law sense, ie dishonesty. The fact that negotiation of a bill constituted what was a fraudulent preference within s 44(1) of the Bankruptcy Act 1914 (since repealed) was held not to mean that the bill was obtained by fraud for the purpose of s 29(2) of the Bills of Exchange Act 1882 (*Österreichische Länderbank v S'Elite Ltd* [1981] QB 565).

[108] In addition, where a person negotiates a cheque in contravention of s 123(2) of the Consumer Credit Act 1974, his doing so constitutes a defect in title within the meaning of the Bills of Exchange Act (Consumer Credit Act 1974, s 125(2)).

20.46 *Bills of Exchange*

the same limitations, so that the bill does not have the characteristic of free and unfettered transferability which is the hallmark of a bill of exchange in the hands of a holder in due course.[109]

(iv) Holder claiming under holder in due course

20.47 A holder (whether for value or not) who derives his title to a bill through a holder in due course, and who is not himself a party to any fraud or illegality affecting it, has all the rights of that holder in due course as regards the acceptor and all parties to the bill prior to that holder.[110] This is a specific application of the wider common law rule that where, by an exception to the *nemo dat* rule, a party acquired an overriding title to an asset, his transferee can shelter behind that title even if not himself giving value and even if aware, at the time he acquired his interest, that the original owner had been wrongfully deprived of the asset, except where the transferee himself was the party guilty of or involved in such deprivation.[111] Thus 29(3) does not deprive a holder claiming under a holder in due course from enforcing the bill merely because at the time he took it he had notice of some prior fraud or illegality. It is necessary to show that he was a party to the fraud or illegality in question.

5. ACCOMMODATION PARTIES AND ACCOMMODATION BILLS

20.48 The ability to discount a bill, and the discount rate it can command in the discount market, depend on the quality of the names on the bill. Sometimes a person in need of finance 'raises the wind'[112] by persuading a friend or acquaintance of known financial standing to 'accommodate' him gratuitously by signing the bill in order to make it acceptable for discount. Thus where A is seeking the finance and his friend B agrees to draw, accept or indorse a bill without receiving value, the bill is said to be drawn, etc, for A's accommodation (A may or may not be a party to the bill himself) and B is an accommodation party. In the language of the Act:

> 'An accommodation party to a bill is a person who has signed a bill as drawer, acceptor or indorser, without receiving value therefor, and for the purpose of lending his name to some other person.'[113]

20.49 An accommodation party is liable to a holder for value even though known by the holder to be an accommodation party.[114] Where B, the accommodation party, comes in as the acceptor, the bill is said to be an *accommodation bill*. The significance of this is that since B accepts for the

---

[109] For comment to the same effect in relation to bills of exchange taken in connection with hire-purchase agreements, see R. M. Goode, *Hire-Purchase Law and Practice* (2nd edn, 1970), p 679, n 17, and cases there cited. As these stand, the point cannot be regarded as settled.
[110] Section 29(3).
[111] See para 2.75.
[112] Or 'flies a kite'.
[113] Section 28(1).
[114] Section 28(2). But he may set up any defences that would have been available to the party accommodated.

accommodation of A, the party primarily liable is considered to be A, B being deemed merely a surety for A with the result that payment of the bill by A discharges it, whereas in the ordinary way a bill is discharged only by payment by the party named as acceptor.[115] A party may lend his name to a bill as drawer or indorser, and will be an accommodation party, but the bill will not be an accommodation bill, for in such a case the acceptor is intended to remain the party primarily liable, whereas the characteristic of an accommodation bill is that the party intended to be primarily liable is the party accommodated, and payment by him thus constitutes a good discharge of the bill.

6. LIABILITIES OF PARTIES

(i) In general

20.50 Sections 53–58 of the Bills of Exchange Act 1882 deal with the liabilities of the various parties to a bill. Section 53 emphasizes the point, previously made, that a drawee incurs no liability on a bill until he has accepted it.[116] The bill does not operate as an assignment of funds in the hands of the drawee, and the latter is thus not obliged to regard the holder as his new creditor. Further, no one is liable as drawer, indorser or acceptor of a bill who has not signed it as such.[117] But while liability *on the bill* is confined to signatories, it does not follow that a party who has not signed is totally immune from action. The holder of a bearer bill who negotiates it by delivery is not liable *on the bill*,[118] for he has not signed it; but by delivering it, he warrants to his immediate transferee, if the latter is a holder for value, that the bill is what it purports to be,[119] that he has a right to transfer it and that at the time of transfer he is not aware of any act which renders it valueless.[120] Breach of this warranty, though not making the transferor liable for the amount of the bill as such, exposes him to a claim for damages, or alternatively (and more efficaciously) for recovery of the sum paid to him as money paid on a total failure of consideration.[121]

20.51 Once a party signs a bill, he incurs to subsequent parties the liability for its payment and is precluded from denying to a holder in due course the genuineness of the signature of prior parties. In certain cases a party may also

---

[115] See para **20.121**. Payment by B will also, of course, discharge the bill.
[116] However, his refusal to sign may constitute a breach of contract exposing him to a claim for damages. Thus if the seller of goods which are to be paid for by the buyer's acceptance of a term bill draws the bill on the buyer, who refuses to accept it, there is no dishonour of the bill as such, for there is no party liable on it. S's remedy against B is for breach of contract.
[117] Section 23.
[118] Section 58(2).
[119] Ie that it is genuine.
[120] Section 58(3).
[121] The transferor's awareness of a fact which merely *diminishes* the value of the bill is not within s 58(3) and does not entitle the transferor to recover the price paid, for there is only a partial failure of consideration.

20.51 *Bills of Exchange*

be estopped, as against a holder in due course, from disputing the existence, capacity and authority of a prior party.[122]

(ii) Real rights and personal rights[123]

20.52 If for the moment we turn our attention away from the liabilities of the parties and look instead at the rights accorded to the holder (for convenience, we shall assume him to be a holder in due course), we must observe the important distinction between the holder who acquires a valid title to the bill and can thus enforce it as owner against all prior parties and the holder who, because of a defect in the bill or its transfer, does not get a good title but acquires rights against a particular party by virtue of some estoppel resulting from the latter's signature or delivery of the bill.[124]

20.53 For example, title cannot be derived from or through a forged signature, but as against a holder in due course, the acceptor is precluded from denying the genuineness of the drawer's signature[125] and an indorser is precluded from denying that the signature of the drawer and any prior indorser is genuine.[126] Thus the holder in due course may enforce the bill against the acceptor despite the fact that the drawer's signature was forged and can sue an indorser on the bill despite the forgery of the signature of a prior indorser.[127] But since a party to a bill obviously is estopped from disputing the genuineness of the signature only of *prior* parties, even a holder in due course cannot sue the acceptor if an indorsement is forged,[128] nor an indorser where the signature of a subsequent indorser is forged.[129] In short, the estoppels generated by signature may give the holder personal rights against the signatory *as if* the bill were a fully operative instrument, but the forged signature prevents the holder from acquiring a title valid against those who became parties prior to the forgery,[130] for this breaks the chain between them and the holder.

---

[122] See paras **20.54** ff.
[123] As to real and personal defences to a claim on a bill, see paras **20.92** ff.
[124] The position of a signatory who is *estopped* must be distinguished from that of a transferor by delivery who is deemed to *warrant*. The signatory's estoppel has the effect of making him liable on the bill for the full amount payable. Breach of warranty by the transferor does not do so, but simply makes him liable for damages or, if there is a total failure of consideration, for repayment of the price received for the bill. See further below.
[125] Section 54(2).
[126] Section 55(2).
[127] It may be asked how a person in possession of a bill can be a holder in due course (or indeed a holder of any kind) if the chain of title to him is broken by a forged signature. The answer is that where a party signs the bill subsequent to the forgery, this is treated as equivalent to the drawing of a new bill (*Chalmers and Guest on Bills of Exchange and Cheques*, para 7-028).
[128] *Robarts v Tucker* (1851) 16 QB 560. The position is otherwise where it is the drawer's signature which is forged, for he signs before the acceptor, and the latter, by accepting the bill, is estopped from disputing the genuineness of the drawer's signature (s 54(2)).
[129] Section 55(2)(b): 'is precluded from denying to a holder in due course the genuineness and regularity in all respects of the drawer's signature and all *previous* indorsements' (emphasis added).
[130] The position is otherwise as against one who signs the bill subsequently, because since his signature is, for title-passing purposes, treated as equivalent to delivery of a new bill (n 127), the holder has a real title and real rights back as far as that signatory, though not earlier.

(iii) Estoppels and warranties

20.54 Under some provisions of the Act a party warrants a fact, under others he is estopped from disputing a fact. There is an important distinction between the effects of an estoppel and that of a warranty. A party estopped from disputing a fact upon which the validity of a bill depends – eg the genuineness of a prior party's signature – can be sued on the bill as if it were valid, even if in truth it is not. On the other hand, a person committing a breach of warranty is liable only in damages for breach of warranty and is not, by reason only of that breach, liable to be sued on the bill. In such a case the claimant has to prove his loss in the usual way, whereas in a claim on the bill the damages are prescribed by the Act and are deemed to be liquidated.[131]

Figure 20.3   The liability chain under a bill of exchange

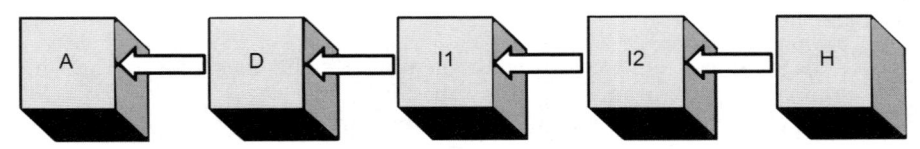

20.55 The indorsee of a bill does not, by presenting it for acceptance or payment, warrant its genuineness, and if, unknown to the indorsee, one of the signatures is forged, the acceptor who pays the bill cannot on that ground alone recover the payment.[132]

(iv) The chain of rights and liabilities

20.56 Under the Bills of Exchange Act rights flow backwards, liabilities forwards. That is to say, claims on a bill can be brought only against prior parties, while liabilities are incurred only to subsequent parties. Thus the chain of rights runs back from the current holder through prior indorsers (if any) to the acceptor. Each party in the chain can claim against any or all prior parties. The first party whose liabilities are dealt with in the Act is the acceptor. This is because, except where the bill is an accommodation bill,[133] the acceptor is regarded as the party primarily liable on the instrument, the drawer and indorsers being in a position analogous to that of sureties.[134] Thus on a bill which has been twice indorsed, the rights flow backwards as in figure 20.3.

---

[131] Section 57.
[132] *Price v Neal* (1762) 3 Burr 1354; *Guaranty Trust Co of New York v Hannay & Co* [1918] 2 KB 623. The rule in *Price v Neal* represents one of the most important qualifications to the right of a party to recover money paid under a mistake of fact. Denial of the remedy to a drawee or acceptor who pays a bona fide holder on a forged signature appears to reflect two distinct policy considerations: first, that the holder, having given value and being himself without fault, has not been unjustly enriched and there is no good reason to order him to repay what he has received; secondly, that the drawee is better placed to know whether the drawer's signature has been forged. But if none of the signatures is genuine, the instrument is a nullity and the rule does not apply.
[133] See para **20.48**.
[134] An important consequence of this is that they enjoy many of the forms of protection given to sureties against conduct by the creditor which may prejudice them. See paras **20.65–20.73**.

20.57 So, if we revert to the bill illustrated earlier, the current holder, H (who may be either the immediate indorsee of Richard Roe or a subsequent transferee by delivery), may claim against all prior parties (Richard Roe, John Jones, William Brown and Basil Green) or any of them. Any party sued by H may, after making payment to H, recover from all or any of his own predecessors, and each of them in turn, having paid the bill, may recover from his predecessors.[135] The acceptor, Basil Green, has no one against whom to claim, for he is the last in the chain.[136]

(v) Liability of the acceptor

20.58 By s 54 the acceptor, by accepting the bill, engages that he will pay it according to the tenor of his acceptance,[137] and is precluded from denying to a holder in due course:

(a) the existence of the drawer, the genuineness of his signature, and his capacity and authority to draw the bill;

(b) in the case of a bill payable to drawer's order, the then capacity of the drawer to indorse, but not the genuineness or validity of his indorsement;

(c) in the case of a bill payable to the order of a third person, the existence of the payee and his then capacity to indorse, but not the genuineness or validity of his indorsement.

20.59 Two points should be observed. First, the statutory estoppels, as one would expect, apply only to facts existing and events accruing up to the time of the acceptance. In other words, estoppels run backwards, not forwards. It is for this reason that the acceptor is not estopped from disputing the genuineness or validity of an indorsement; and even the estoppel as to the payee's capacity to indorse relates only to capacity at the time of the acceptance of the bill, and does not preclude the acceptor from asserting that the payee had become legally incapable at the time he indorsed the bill. Secondly, the estoppels operate only in favour of a holder in due course.

(vi) Liability of the drawer

20.60 By s 55(1) the drawer of a bill by drawing it:

(a) engages that on due presentment it shall be accepted and paid according to its tenor, and that if it be dishonoured he will compensate the holder or any indorser who is compelled to pay it, provided that the requisite proceedings on dishonour be duly taken;

---

[135] Section 57.

[136] Ibid. The matter would be otherwise, however, if he were an accommodation party, for the position as between him and the drawer, William Brown, would then be reversed.

[137] Thus if acceptance is qualified, eg by being local, the holder must perform the qualifying conditions if he is to be able to demand payment from the acceptor. It should be observed that the acceptor's engagement is absolute and is not, like that of other parties, dependent on compliance with procedures laid down consequent upon dishonour. See paras 20.80 and 20.84.

(b) is precluded from denying to a holder in due course the existence of the payee and his then capacity to indorse.

20.61 It will be observed that the drawer's liability is secondary, not primary; he does not engage himself to pay the bill, merely to ensure that it is accepted and paid and to compensate the holder or any indorser compelled to pay as a result of the bill being dishonoured by non-acceptance or non-payment. The drawer being in the nature of a surety, his liability is dependent on the holder taking the prescribed steps consequent on dishonour,[138] and may also be reduced or extinguished by prejudicial acts or omissions of the holder in the same way as a surety's liability may be affected by prejudicial steps on the part of the creditor. Thus, if without the consent of the drawer, the holder binds himself to grant time to the acceptor, the drawer is released, for the prolongation of his period of liability may adversely affect him.[139]

20.62 No estoppel is prescribed in relation to the genuineness of the payee's signature, for this is an act occurring after the drawing of the bill and, as we have seen, estoppels run backwards, not forwards. The estoppels as to the existence of the payee and his capacity to indorse[140] operate only in favour of a holder in due course.

(vii) Liability of an indorser

20.63 By s 55(2), the indorser of a bill by indorsing it:

(a) engages that on due presentment it shall be accepted and paid according to its tenor, and that if it be dishonoured he will compensate the holder or a subsequent indorser who is compelled to pay it, provided that the requisite proceedings on dishonour be duly taken;
(b) is precluded from denying to a holder in due course the genuineness and regularity in all respects of the drawer's signature and all previous indorsements;
(c) is precluded from denying to his immediate or a subsequent indorsee that the bill was at the time of his indorsement a valid and subsisting bill, and that he had then a good title thereto.

20.64 The estoppel specified in s 55(2)(c) is peculiar to an indorser (for, of course, neither the drawer nor the acceptor has title to the bill) and is the only statutory estoppel capable of being invoked by a holder who is not a holder in due course.

(viii) Liability of a quasi-indorser

20.65 The function of an indorsement *stricto sensu* is to transfer title to an order bill. Obviously, such an indorsement can be made only by the holder. But

---

[138] See paras 20.77 and 20.81.
[139] *Latham v Chartered Bank of India* (1874) LR 17 Eq 205; *Oriental Financial Corpn v Overend* (1871) 7 Ch App 142.
[140] Ie capacity at the time of delivery of the bill.

20.65 *Bills of Exchange*

not infrequently a person signs his name on the back of a bill, not for the purpose of transferring it, but simply to guarantee payment by the prior parties. In other words, he 'backs' the bill, coming in as a surety to reinforce the undertaking of the acceptor (and of the drawer also, if the bill is not drawn to his own order) and thereby give better protection to the payee and, perhaps, enable him more readily to discount the bill. For example, Richard Smith & Co Ltd, having agreed to sell £10,000 worth of goods to Vegetable Imports Ltd, may be willing to take payment by a three-month bill of exchange provided that it is backed by the directors of the buyer company, Jack Andrews and Simon Thomas. So the bill, in addition to being accepted by Vegetable Imports Ltd, will be signed on the back by Jack Andrews and Simon Thomas. After being handed back to Richard Smith & Co Ltd, it will look like figure 20.4.

Figure 20.4(a)　Bill of exchange with quasi-indorser (face)

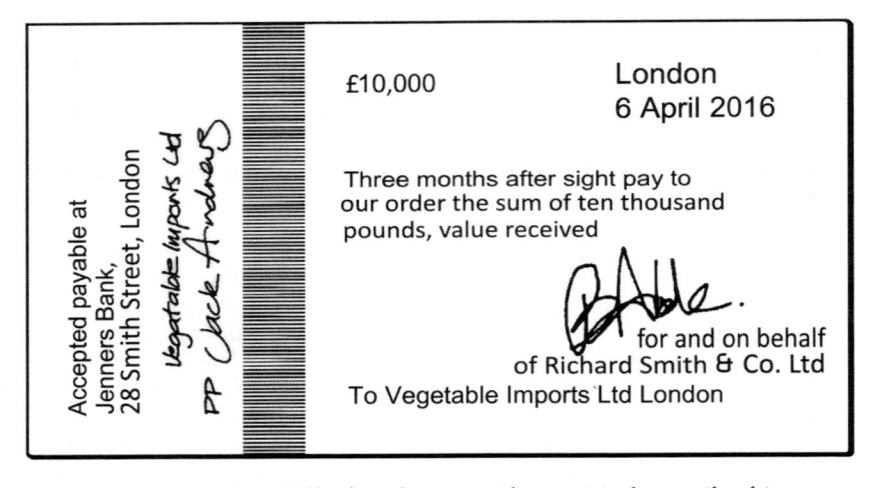

Figure 20.4(b)　Bill of exchange with quasi-indorser (back)

Liabilities of Parties **20.68**

20.66 Now Jack Andrews and Simon Thomas are not regular indorsers, for their function is to act as sureties, not to transfer title, and since they are not holders, their signatures have no impact on the chain of title. They are what are sometimes termed *quasi-indorsers*. In the civil law and in Roman Dutch law their signatures constitute an *aval*, a particular form of suretyship undertaken by indorsement of a bill of exchange and running with the bill so as to render the surety liable not only to subsequent but also to prior holders in the event of default by the party for whose account it is given.[141] English law does not recognize the concept of the *aval*,[142] though the government did indicate its intention to introduce it in accordance with the recommendations of the Jack Report (which intention remains unfulfilled).[143] Hence a bill structured as depicted in figure 20.4 creates a difficulty for the holder. Neither Jack Andrews nor Simon Thomas can be held liable as indorsers under s 55 of the Bills of Exchange Act; nor, despite their intention to give a guarantee, can they be sued as *avalistes*; nor again can they be made liable as sureties independently of the bill in the absence of a separate note or memorandum satisfying the Statute of Frauds.[144]

20.67 There are two ways in which a person intended to fulfil a suretyship role can be made liable on the bill. The first is to utilize s 56 of the Act relating to quasi-indorsers. The second is to avoid the problem altogether by structuring the parties in such a way as to make them regular indorsers under s 55.

20.68 Section 56 of the Act provides that:

'Where a person signs a bill otherwise than as drawer or acceptor,[145] he thereby incurs the liabilities of an indorser to a holder in due course.'

This would not help Richard Smith & Co Ltd at this stage, for the quasi-indorser is liable only to a holder in due course[146] and, as we have seen, the payee is not as such a holder in due course. If Richard Smith & Co Ltd were to negotiate the bill to Leslie Wilson, who took as a holder in due course, Leslie Wilson would be able to sue Jack Andrews and Simon Thomas under

---

[141] For a description of the aval, see D. V. Cowen, *Law of Negotiable Instruments in South Africa*, ch XIII; *Chalmers and Guest on Bills of Exchange and Cheques*, paras 7-039 – 7-040.
[142] *G. & H. Montage v Irvani* [1990] 2 All ER 225.
[143] *Banking Services: Law and Practice* (Cm 1026, 1990), Annex 6, para 6.8.
[144] *Steele v M'Kinlay* (1880) 5 App Cas 754.
[145] Curiously, the section makes no mention of a regular indorser within s 55; but the heading 'Stranger signing bill as indorser' makes it clear that the section is not intended to cover a regular indorser.
[146] Unless, of course, words of guarantee are added, in which case he can be sued not on the bill as such but on the independent contract of guarantee as evidenced by the wording and signature on the bill. The assumption in all the cases that s 56 makes the quasi-indorser liable only to a holder in due course is almost certainly wrong. The natural construction of the phrase 'incurs the liabilities of an indorser to a holder in due course' is that the quasi-indorser incurs the same liabilities as those incurred by a regular indorser to a holder in due course. This view, expressed informally by Professor Goode, has now been adopted by *Byles on Bills of Exchange and Cheques*, n 97, para 17-013. Certainly the Canadian courts have taken it for granted that s 56 was intended to introduce the principle of the *aval* into English law (*Robinson v Mann* (1901) 31 SCR 484).

20.68 *Bills of Exchange*

s 56. Again, if Leslie Wilson were to renegotiate the bill back to Richard Smith & Co Ltd, the latter would then be able to qualify as a holder in due course and invoke s 56.

20.69 In practice, the payee wishing to sue as quasi-indorser converts himself into a holder in due course not by bringing in a third party such as Leslie Wilson but by drawing the quasi-indorser himself into the chain of title, through negotiation and renegotiation, thereby converting him into a regular indorser. This procedure, which of course obviates the need to rely on s 56 at all (for s 55 then applies), is made possible by s 20(1), which provides that:

> '. . . when a bill is wanting in any material particular, the person in possession of it has a prima facie authority to fill up the omission in any way he thinks fit.'

20.70 Thus it has been held that the quasi-indorser, by signing the bill, impliedly authorizes the payee to complete it by inserting his own indorsement above[147] that of the quasi-indorser himself. So the payee of the bill shown in figure 20.4 could complete the bill by indorsing above the signatures of Jack Andrews and Simon Thomas. The back of the bill would then look like figure 20.5.

Figure 20.5 Bill of exchange: negotiation and renegotiation (back)

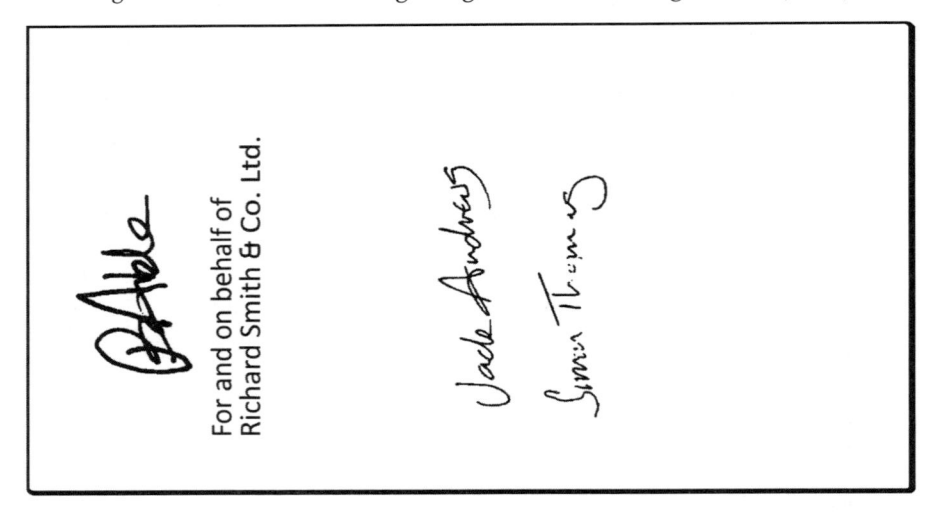

20.71 We now have a bill which shows a negotiation by Richard Smith & Co Ltd to Andrews and Thomas and (by virtue of their own signatures) a renegotiation back to Richard Smith & Co Ltd,[148] who thus, *qua* indorsees,

---

[147] This is the correct method, but an insertion below suffices. See below.
[148] Strictly, renegotiation of a bill requires delivery as well as indorsement (s 31(3)), and Richard Smith & Co would not in fact have parted with the bill to Andrews and Thomas but would have retained it throughout. Fortunately, the courts do not strain at this particular gnat and are willing to assume a notional delivery. Similarly, s 20 is considered to authorize the completion of a bill with retrospective effect, so that the fact that the signature of the quasi-indorser was placed on the bill when it was incomplete does not affect its regularity after

qualify for the 'holder in due course' status denied to them as payees. Andrews and Thomas can now be sued as regular indorsers. It might be asked why this is not blocked by s 37 of the Act. In the ordinary way, if A negotiates a bill to B, who later negotiates it back to A, A cannot sue B, for this would produce circuity, since B could claim over against A himself on his earlier indorsement. But the courts have held that extrinsic evidence is admissible to show the true relationship of the parties,[149] so that the payee is entitled to adduce evidence to show that his indorsement was not intended to confer rights on the quasi-indorsers but that, on the contrary, they were to be liable as sureties.

20.72 Since indorsements are usually made in descending order, it is not uncommon for the payee mistakenly to insert his signature below that of the quasi-indorser rather than above it. This, of course, dislocates the chain of title, for prima facie indorsements are made in order of appearance,[150] and the first indorsement ought thus to be by the payee; but again the courts have refused to accede to these technical arguments and have treated the bill as regular and complete despite the irregularity of the sequence of indorsements.[151] Indeed, they have gone further and upheld the bill despite the fact that the payee inserted a restrictive indorsement,[152] the effect of which was to negate further negotiation of the bill.[153]

20.73 Even the use of s 56 does not enable a quasi-indorser to be sued by the drawer or others who became parties to the bill prior to the quasi-indorsement. It follows that if a person backing a bill is to be made liable, for example, to the drawer under an *aval*, words of guarantee must be added, in which case the drawer's claim is then on the instrument *qua* guarantee, not *qua* bill.[154]

(ix) Liability of transferor of a bearer bill

20.74 The holder of a bearer bill need not, of course, indorse it, for it is transferable by mere delivery. If he does indorse it, he incurs all the liabilities of an indorser. If he merely delivers the bill, he is not liable on it as such[155] but may be sued for damages for any breach of the warranty implied under s 58(3).[156]

---

completion. See *Bernardi v National Sales Corpn Ltd* [1931] 2 KB 188; *Lombard Banking Ltd v Central Garage & Engineering Co Ltd* [1963] 1 QB 220.
[149] *Macdonald v Whitfield* (1883) 8 App Cas 733.
[150] Section 32(5).
[151] *Lombard Banking Ltd v Central Garage & Engineering Co Ltd*, n 148, and cases there cited.
[152] *Yeoman Credit Ltd v Gregory* [1963] 1 All ER 245, [1963] 1 WLR 343, in which the payee indorsed the bill to a designated bank for collection and signified this intention by the words 'value on collection'.
[153] Section 35. Megaw J avoided the difficulty by holding that the instrument could be treated as having been made in blank initially, the restrictive words being added only because the bill had notionally come back into the payee's hands after the deemed renegotiation by the quasi-indorser.
[154] See n 146.
[155] Section 58(2).
[156] See para **20.50**.

20.75 *Bills of Exchange*

(x) Exclusion of liability

20.75 It is open to a drawer or indorser to insert an express stipulation excluding or limiting his own liability to the holder,[157] eg by adding after his signature words such as '*sans recours*' or 'without recourse to me'.

7. PREREQUISITES OF ENFORCEMENT

20.76 As we have seen, since a demand bill matures immediately, the payee or other holder simply presents it to the drawee for payment. In the case of a term bill, on the other hand, the first stage is to secure the drawee's engagement, that is, his acceptance of the bill, for which purpose the bill must be presented to him. If he declines to accept, the bill is dishonoured by non-acceptance and the holder can (subject to certain formalities to be described) proceed immediately to enforce his rights against the drawer and any prior indorser without waiting for the bill to mature. If the bill is accepted, it must on maturity be presented for payment.

20.77 If the drawee refuses to accept, the holder must promptly notify the drawer and any prior indorser by giving them notice of dishonour, for as quasi-sureties they have an interest in being given early warning that they will not, as expected, have the acceptor to fall back on. Similarly, if the acceptor fails to honour the bill on maturity, notice of dishonour must be given promptly to the drawer and indorsers, so that they have an early opportunity to take such steps as may be open to them to protect themselves vis-à-vis the acceptor.[158] In the case of a foreign bill there is an additional requirement, namely that dishonour by non-acceptance or non-payment must be formally established by protesting the bill.[159] As we shall see, English law is very strict as to the time and manner of performance of these duties by the holder, and even a small delay may destroy his rights against parties to the bill.

(i) Presentment for acceptance

20.78 Given that the presence of an acceptor (as opposed to a drawee) is not essential to a bill,[160] it follows that presentment for acceptance is not usually necessary.[161] The bill must, however, be presented for acceptance when its

---

[157] Section 16(1). The negotiation of bills without recourse is not uncommon in the export trade and is known as forfaiting. See para **35.145**.
[158] In this respect, the duty on the holder of a bill to give notice of dishonour to the drawer and indorsers in order to hold them liable goes beyond that which is generally imposed on a creditor towards a surety under an ordinary contract of guarantee, where no such notice is required.
[159] See para **20.87**.
[160] See para **20.09**, n 25.
[161] Section 39(3). It has been suggested that this might be considered 'strange' by *Byles on Bills of Exchange and Cheques*, n 97, para 11-003, where it is noted that other parties have an interest in the acceptance. But the drawer, if committed by contract to paying by a bill of exchange, would have to do so whether or not there was an acceptance and, indeed, by

terms so require[162] or when presentment is necessary to fix the maturity of the bill, ie because it is payable a designated time after sight.[163] Presentment is also necessary where the bill is drawn payable elsewhere than at the drawee's residence or place of business.[164] This is because such residence or place of business is prima facie the place for payment[165] and if the drawee is to be required to pay elsewhere, he must be given the opportunity of agreeing to do so by his acceptance.[166]

(ii) Presentment for payment

20.79 This is not necessary if the bill has been dishonoured by non-acceptance.[167] In other cases presentment for payment is necessary to establish dishonour by non-payment[168] and to hold the drawer and indorsers liable.[169] The duty to present for payment is briefly as follows.[170]

1. The acceptor

20.80 Where a bill is accepted generally, presentment for payment is not necessary to render an acceptor liable on a bill.[171] The reason advanced for this curious rule is that, unless the bill be qualified by local acceptance,[172] it remains the duty of the acceptor, like that of an ordinary debtor, to seek out his creditor where he may be found.[173] This, of course, is arrant nonsense, for until the bill is presented, the acceptor cannot be sure who his creditor is. The onus ought therefore to be on the holder to present,[174] not on the acceptor to discover the identity and whereabouts of the current holder.

---

drawing the bill undertakes to procure its acceptance, while indorsement of the bill is purely voluntary, and if a holder does not want to negotiate an unaccepted bill, he is not obliged to do so.

[162] Section 39(2).
[163] Section 39(1).
[164] Section 39(2).
[165] Section 45(4).
[166] Denial of this opportunity does not, of course, prejudice the drawee himself, for until acceptance, he is not liable on the bill anyway. But to the extent that the stipulation of a place for payment other than that designated by the Act makes it less likely that he will be willing to honour the bill there, it is in the interests of other parties that they should know this as soon as possible.
[167] Section 43(2).
[168] Section 45.
[169] Section 47(1).
[170] See generally *Byles on Bills of Exchange and Cheques*, ch 12; *Chalmers and Guest on Bills of Exchange and Cheques*, paras 6-035 ff.
[171] Section 52(1).
[172] The rules as to place of presentment are set out in s 45(4).
[173] *Robey & Co v Snaefell Mining Co Ltd* (1887) 20 QBD 152.
[174] Cf *Chitty on Bills of Exchange* (11th edn, 1878), pp 253–255.

2. Drawer and indorsers

20.81 Presentment for payment, unless waived or excused,[175] is necessary in order to charge the drawer or an indorser on a bill, and if the bill be not duly[176] presented, these parties are discharged from liability on the bill.[177] Indeed, according to some authorities the holder loses even his right to sue the drawer on the consideration for which the bill was given.[178] But such a draconian rule (which would, for example, enable the buyer of goods tendering a bill of exchange in payment to acquire the goods for nothing if the seller failed duly to present the bill to the acceptor) does not, it is submitted, represent the law today, if indeed it ever did, which is doubtful.[179] The appropriate solution is to treat the drawer as discharged from liability on the underlying contract to the extent to which he has suffered prejudice.

20.82 Usually the bill is expressed to be payable at the acceptor's bank, and the procedure is for the holder or some person authorized to receive payment on his behalf to produce the bill to an officer of the bank in question and ask for payment,[180] giving up the bill in exchange.[181] Payment in due course[182] discharges the bill,[183] which thereupon ceases to be operative. Non-payment after due presentment constitutes dishonour of the bill.[184] Presentment for payment of a term bill must be made on the due date,[185] otherwise the drawer and indorsers are discharged. Presentment of a demand bill must be made within a reasonable time after its issue in order to render the drawer liable or within a reasonable time after its indorsement in order to render the indorser liable.[186]

---

[175] See para **20.83**.
[176] Ie in accordance with the requirements of the Act as embodied in s 45.
[177] Section 45.
[178] *Byles on Bills of Exchange and Cheques*, n 97, para 12-004, n 120.
[179] The authorities primarily relied on in support of the proposition that failure to present extinguishes the liability of the drawer and indorsers even on the original consideration are *Soward v Palmer* (1818) 8 Taunt 277 and *Peacock v Pursell* (1863) 32 LJCP 266. Neither of these cases appears to establish the supposed rule. The true ratio of *Soward v Palmer* is that since the plaintiff had not presented the bill on the due date, the defendant's tender of the amount due on the next day (which was refused) and his subsequent payment of it into court constituted a good tender, which prevented the plaintiff from recovering the (larger) amount of the original consideration. In *Peacock v Pursell* the bill was taken as *collateral security* and by reason of the failure to present, it was rendered valueless. The court upheld the argument that in these circumstances the defendant should be put in the same position as if the bill had been paid and that *to that extent* the obligation secured by the bill should be treated as discharged. In other words, the plaintiff's *laches*, having prevented the reduction in the defendant's liability which would have occurred if the bill had been duly presented, *pro tanto* reduced that liability but did not affect the plaintiff's rights of recovery as regards the balance of the indebtedness.
[180] Sections 45(3), 52(4).
[181] Section 52(4). The acceptor's bank will usually return the bill to him afterwards.
[182] Ie payment made at or after the maturity of the bill to the holder thereof in good faith and without notice that his title to the bill is defective (s 59(1)).
[183] Ibid.
[184] Section 47(1).
[185] Section 45(1).
[186] Section 45(2).

20.83 A party may waive presentment for payment[187] (eg by writing on the bill 'presentment for payment waived'), and presentment is excused in various other cases.[188]

(iii) Notice of dishonour

20.84 Where a bill has been dishonoured by non-acceptance or non-payment, notice of dishonour must, unless excused, be given to the drawer and each indorser,[189] and any drawer and indorser to whom notice is not given is discharged.[190] Mere knowledge of dishonour gained *aliunde* by a drawer or indorser is not equivalent to notice, which must be intimated by or on behalf of the holder or of an indorser liable on the bill[191] but need not be in writing or in any particular form.[192] There is a strict time limit: notice of dishonour must be given within a reasonable time after dishonour, which in the absence of special circumstances means that where the person giving and the person to receive notice reside in the same place, the notice must be given or sent off in time to reach the latter on the day after the dishonour of the bill and, where they reside in different places, the notice must be sent off on the day after dishonour of the bill, if there be a post at a convenient hour on that day, or, if not, by the next post thereafter.[193] The consequences of failure to give due notice of dishonour are as disastrous as on failure to make due presentment.[194]

20.85 Once given, notice inures for the benefit of the holder, all indorsers in the chain between the holder and the party to whom the notice is given and all subsequent holders.[195]

---

[187] Section 46(2)(e).
[188] Section 46(2). For an example, see *Fiorentino Comm Giuseppe Srl v Farnesi* [2005] EWHC 160 (Ch), [2005] 2 All ER 737, [2005] 1 WLR 3718.
[189] Notice to the acceptor is not necessary (s 52(3)), for he is, of course, the party who has dishonoured the bill.
[190] Section 48. This provision is particularly draconian in view of the short time-limit for giving notice of dishonour and the fact that the discharge of the drawer and indorsers is not made dependent on their having suffered prejudice. As the late Karl Llewellyn rightly observed (*The Common Law Tradition* (1960), pp 404 ff), the concept of risk and prejudice which was present in Lord Mansfield's mind at the time he formulated the principle (in *Blesard v Hirst* (1770) 5 Burr 2670) was not appreciated by judges of lesser vision. In the result, what Lord Mansfield had intended as the very salutary rule that a drawer or indorser was discharged if, through failure or delay in being given notice of dishonour, he lost the opportunity to recoup himself from the acceptor while the latter was still in funds, became crystallized into the rigid penalty now embodied in s 48. The Uniform Law contained in the Geneva Convention on Bills of Exchange reflects much more accurately the wisdom of Mansfield. By art 45, failure to give notice of dishonour does not affect the holder's right to enforce the bill against all parties but he becomes liable for the loss caused by his negligence, up to the amount of the bill.
[191] Section 49(1).
[192] See ibid, s 49(5). If in writing, the notice need not be signed (ibid, s 49(7)).
[193] Ibid, s 49(12).
[194] See para **20.81**. There is authority for the view that the holder who fails to give notice of dishonour loses his right to sue on the original consideration (*Bridges v Berry* (1810) 3 Taunt 130). But this is open to the same objection as the supposed rule to similar effect in the case of failure to present. See n 179.
[195] See s 49(3).

20.86 Notice is dispensed with in various cases.[196] As against a drawer, there are two typical situations in which notice of dishonour is excused.[197] The first is where the drawee or acceptor owes him no duty to accept or pay the bill.[198] The second is where the drawer has countermanded payment. In an action on the bill, care should be taken to plead the facts excusing notice of dishonour where such notice has not yet been duly given.[199]

(iv) Protest

20.87 By 'protesting' a bill is meant formally establishing its dishonour[200] by a notarial act. Only foreign bills need be protested,[201] though an inland bill may be.[202] Protesting is carried out in two stages. First, the bill is re-presented by a notary public to the acceptor for payment, and if it is again dishonoured, the notary indorses a memorandum to that effect on the bill, with an indication of the reason given for non-payment. This stage is called 'noting' the bill and is the vital stage, so far as compliance with time limits is concerned.[203] The second stage is the execution of a formal declaration of protest by the notary in the presence of witnesses. This is known as 'extending the protest'[204] and takes effect as from the time of noting.[205]

8. REMEDIES FOR DISHONOUR

20.88 Where a bill of exchange is dishonoured by non-acceptance or non-payment, the holder may sue all parties liable on it. Where he took the bill from a party in discharge of that party's liability to him under a separate contract, he has the option of suing on that contract, as dishonour of the bill restores the contractual duty of payment which was suspended by the giving of the bill. For example, if B draws a bill on C in favour of S for the price of goods and C refuses to accept the bill or, having accepted it, fails to pay it at maturity, S need not sue on the bill itself but can treat its dishonour as reviving his rights under the original contract of sale and sue for the price. However, exercise of this latter option will almost invariably be disadvantageous. The issue or transfer of a bill of exchange generates a contract quite distinct from that pursuant to which the bill was given; and since the courts are reluctant to do

---

[196] Section 50(2). In addition, delay in giving notice is excused where due to circumstances beyond the control of the party giving it (s 50(1)).
[197] Section 50(2)(c). These provisions are particularly useful in the case of dishonoured cheques.
[198] Usually because the drawer's account is not sufficiently in funds and the drawee/acceptor has not agreed to give sufficient credit to cover the bill.
[199] If this is not done, the claim is liable to be struck out as disclosing no cause of action.
[200] Or, in the case of a protest for better security (s 51(5)), the refusal of such security.
[201] Section 51(2). The object of the procedure is to provide evidence of dishonour which will be accepted by all courts, here and abroad.
[202] Section 51(1).
[203] A bill must be noted on the day of dishonour or at latest on the next succeeding business day (s 51(4), as amended by the Bills of Exchange (Time of Noting) Act 1917).
[204] See s 51(4).
[205] Ibid.

anything which will adversely affect the autonomy of a bill,[206] they will rarely allow an unliquidated claim,[207] whether for breach of the underlying contract or otherwise, to be set up by way of defence to a claim on the bill or as a reason for staying execution of a judgment on it pending trial of the cross claim;[208] nor will an arbitration clause in a contract normally be treated as covering disputes on a bill given under it.[209] So a claim on a bill of exchange will almost always end in summary judgment for the claimant.[210]

20.89 The amount of a bill is, of course, recoverable by way of debt and need not be treated as damages. This is true, too, of any interest stipulated by the bill.[211] But non-payment of money is also a breach of contract and, since the holder may not have stipulated for interest on the bill and may in addition require recoupment of other losses and expenses resulting from dishonour, the Act makes provision for dishonour in terms of damages.[212]

20.90 The measure of damages is the amount of the bill, interest from the time of presentment for payment if the bill is payable on demand and from the maturity in any other case,[213] and the expenses of noting or, where protest is necessary and has been extended,[214] in protesting the bill.[215]

20.91 The primary right of action on the bill is, of course, given to the holder, but a drawer who has been compelled to pay may recover from the acceptor, and an indorser who has been compelled to pay may recover from the acceptor, the drawer or a prior indorser.[216] In other words, each party liable on the bill can recover from his predecessors but only after he has discharged his own

---

[206] See para **20.129**.
[207] The position is otherwise for a liquidated claim. See para **20.116**.
[208] See para **20.115**.
[209] *Nova (Jersey) Knit Ltd v Kammgarn Spinnerei GmbH* [1977] 2 All ER 463, [1977] 1 WLR 713.
[210] See para **20.134**.
[211] The position is otherwise where interest is claimed under s 57(1) of the Act without there being any stipulation for it in the bill itself (*ex p Charman* [1887] WN 184).
[212] Section 57. See *Standard Chartered Bank v Dorchester LNG (2) Ltd* [2014] EWCA Civ 1382, [2015] 2 All ER (Comm) 362, [40]). This is not disadvantageous to the holder, for as the damages are liquidated (ibid) he need not prove more than the fact of dishonour and compliance with any applicable dishonour procedure (paras **20.76–20.77**) and is not under a duty to mitigate his loss. The damages here referred to are damages awarded to the holder against a party to the bill. A separate question is whether the drawer whose bill is wrongly dishonoured by the acceptor has a claim against the acceptor for injury to his credit. Such a claim has traditionally been reserved for proceedings against a bank for dishonour of its customer's cheque, but there seems no reason why such a claim should not lie against an acceptor where it has contracted with the drawer to honour drawings and thus to preserve the drawer's credit. If the acceptor assigns a reason for non-payment which is defamatory of the drawer, the latter may have an alternative claim for defamation.
[213] Ibid.
[214] See para **20.87**.
[215] Section 57(1). Section 57(2) dealing with damages for recovery of a bill dishonoured abroad was repealed by s 4(2) of the Administration of Justice Act 1977 consequent on the decision of the House of Lords in *Miliangos v George Frank (Textiles) Ltd* [1976] AC 443 that in given conditions a claimant can obtain a judgment expressed in foreign currency.
[216] Bills of Exchange Act 1882, s 57(1).

20.91 *Bills of Exchange*

liability.[217] If, of course, the holder succeeds in forcing payment against the acceptor, intervening parties will not be required to make payment and no question of claims over by them arises. In practice, the prudent holder will usually sue all parties liable on the bill in one action.

9. DEFENCES TO A CLAIM ON A BILL

(i) Real and personal defences

20.92 We have previously remarked on the distinction between real rights created by a bill, through the acquisition and transfer of title to it, and personal rights of action derived not from title but from some estoppel resulting from signature or delivery of the bill. In relation to possible defences to a claim on a bill, a comparable distinction is to be drawn between real and personal defences. A party sued on a bill may assert that, as between himself and the claimant, it is a complete nullity, and thus not capable of imposing liability upon him. Such a defence is termed a real defence, for it is founded on the inherent invalidity of the *res* itself, ie the bill, as opposed to a defence based on the personal relationship between claimant and defendant. Matters which affect the validity of a bill, so as to be capable of generating real defences, are forgery of a signature, lack of capacity of a signatory,[218] want of authority in the drawing or transfer of the bill, material alteration, the occurrence of an event causing discharge of the bill, and fraud or illegality of a kind rendering the bill void as opposed to merely voidable.

20.93 By contrast, a personal defence is one which is not founded on the invalidity of the instrument but derives from factors external to the bill which affect the relationship between claimant and defendant. Among such defences are total or partial failure of consideration for the bill, eg through non-performance of the underlying contract or other obligation in respect of which it was given; rights of set-off; the right to avoid liability on the bill on the ground that its delivery was induced by misrepresentation rendering it voidable as between misrepresentor and misrepresentee. Defects in title partake of the characteristics both of real and personal defences and are perhaps best treated as a distinct category.[219] On the one hand they relate to rights in the instrument as such, which are, of course, real rights; on the other,

---

[217] However, when sued, he can, as a matter of procedure, claim over against prior parties, though his right to recover depends on his making payment.

[218] It is interesting to contrast the approach of the Uniform Law embodied in the Geneva Convention on Bills of Exchange as to the effect of forgery, incapacity and the like. By art 7, the fact that for these or other reasons a signatory is not bound does not invalidate the obligation of the persons signing the bill. This is a more realistic approach. In any event the distinction between real and personal defences is of little significance in the last analysis. See below.

[219] B. Crawford and J. D. Falconbridge, *Banking and Bills of Exchange* (8th edn, 1986), p 1524. See also B. Crawford, *Payment, Clearing and Settlement in Canada* (2002), vol 2, §23.03.4. For the meaning of 'defect in title', see paras **20.45–20.46**.

they do not as such invalidate the instrument[220] but merely preclude the particular claimant from having a *locus standi* to enforce it.

20.94 The distinction between real and personal defences is of significance only as regards parties who became signatories to the bill prior to the forgery or other vitiating factor. As against such parties, the document is not a bill at all, so that even a holder in due course has no right of action. But subsequent indorsement of the bill is treated as equivalent to a fresh drawing,[221] and the indorser is precluded from denying to his immediate or any subsequent indorsee the validity and subsistence of the bill at the time of his indorsement.[222]

20.95 A mere personal defence does not vitiate the bill itself and therefore produces no break in the chain of title. The only question is whether the defence is one which affects the current holder of the bill. The answer to this is usually said to depend on whether, in relation to the defendant, the holder is an immediate party or a remote party, for in the former case he supposedly takes subject to equities, whereas in the latter, it is said, he does not.[223] There appears to be no sound basis for this distinction, and several of the authorities relied on, when loosely referring to a remote holder for value, appear to have in mind a holder in due course. The true rule would seem to be that equities may be raised against any party, whether immediate or remote, who is not a holder in due course,[224] except that failure of consideration may not be raised against a holder for value merely because the acceptor received no consideration.[225] Thus, if I is induced by F's misrepresentation to indorse a bill to F, and F re-indorses the bill to G for value but in circumstances such that G does not qualify as a holder in due course,[226] then in an action by G against I, the defendant is entitled to set up F's misrepresentation as a defence in just the same way as if he had been sued by F himself. On the other hand if B, having

---

[220] Of course, if the defect in title arises because of a forged signature that is another matter. See below.
[221] See n 127.
[222] Section 55(2)(c).
[223] Crawford and Falconbridge, *Banking and Bills of Exchange*, n 219, p 620; *Chalmers and Guest on Bills of Exchange and Cheques*, paras 5-069 – 5-070; *Byles on Bills of Exchange and Cheques*, n 97, para 18-029. Immediate parties are those adjacent to each other in the chain of liability on the bill. Thus, acceptor and drawer, drawer and payee, indorser and his indorsee are immediate parties *inter se*, while acceptor and payee, drawer and indorsee, indorser and an indorsee other than his own are all remote parties in relation to each other. But one who initially holds a bill as immediate party in relation to another may become a remote party as the result of parting with the bill and later reacquiring it, as where the drawer discounts the bill to his bank and then buys it back when the acceptor dishonours it. In such a case the erstwhile drawer becomes a holder claiming through a holder in due course and it is in that capacity that he sues the acceptor as a remote party without being subject to equities (*Jade International Steel Stahl und Eisen GmbH & Co KG v Robert Nicholas (Steels) Ltd*, n 91).
[224] A conclusion also reached by Professor Benjamin Geva in his two excellent articles: 'Equities as to Liability on Bills and Notes: Rights of a Holder not in Due Course' (1980) 5 Can Bus L J 53 and 'Absence of Consideration in the Law of Bills and Notes' [1980] CLJ 360.
[225] See Bills of Exchange Act, s 27(2), and para **20.33**.
[226] See para **20.35**, as to the conditions to be satisfied in order to secure 'holder in due course' status.

20.95 Bills of Exchange

bought goods from S, accepts a bill drawn on him by S for the price and S indorses the bill to T, B cannot set up against T a claim against S for unliquidated damages for breach of warranty, for this is not an equity but a mere personal cross-claim not giving rise to a set-off.[227]

(ii) Forged or unauthorized signature

20.96 The general effect of forgery of a signature on a bill has been described earlier.[228] The signature is inoperative and no title to the bill can be derived from it, but payment of the bill can nevertheless be enforced against a party who is precluded from setting up the forgery.[229] The particular case of insertion of a fictitious or non-existent person as payee or indorsee is considered below. Special rules are applicable to cheques, in that bankers paying on a forged indorsement are given a measure of statutory protection.[230]

1. The meaning of 'forged'

20.97 Forgery is not defined in the Bills of Exchange Act, and it is a nice question whether for the purposes of that Act the word 'forgery' is to be interpreted according to the Forgery Act 1861, which was the forgery enactment in force at the time the Bills of Exchange Act was passed, or it is now to have the meaning accorded by subsequent legislation in the criminal law field.[231] At least one judgment[232] takes it for granted that the modern statutory definition is the relevant one, and this seems the better view, for the draftsman of the Bills of Exchange Act, in using a technical term, no doubt intended it to bear the statutory meaning current at the time the relevant section of the Bills of Exchange Act was invoked. If this be right, then for the purposes of the Bills of Exchange Act as well as of the Forgery and Counterfeiting Act, forgery is the making of a false instrument with the intention of inducing someone to accept it as genuine and thereby to act to his or another's prejudice;[233] and an instrument is false within the meaning of the Act if, inter alia, it purports to have been made by or on the authority of a person who did not make it or authorize its making in the form or terms in which it is made.[234]

---

[227] The reason is that an unliquidated claim arising under one contract cannot be set off against a liquidated claim on another, unless at any rate the two contracts are closely intertwined; and since a bill of exchange is considered a contract separate from that of the underlying transaction (see paras **20.115–20.118**) an unliquidated claim for breach of the latter cannot usually be set up against a claim on the former. See *Nova (Jersey) Knit Ltd v Kammgarn Spinnerei GmbH*, n 209 and para **20.117**.

[228] See para **20.18**.

[229] Sections 54(2)(a), 55(1)(b), (2)(b).

[230] See ss 60 and 80. For more detailed consideration of these provisions, see paras 20.80–20.89 of the fifth edition of this book.

[231] In particular, the Forgery and Counterfeiting Act 1981, repealing the Forgery Act 1913, s 1(1).

[232] That of Scrutton LJ in *Kreditbank Cassel GmbH v Schenkers Ltd* [1927] 1 KB 826 at 840.

[233] See Forgery and Counterfeiting Act 1981, s 1.

[234] Ibid, s 9(1).

2. Forged distinguished from unauthorized

20.98 This definition blurs the distinction between a forged signature and a merely unauthorized signature, particularly since an intent to defraud or deceive is not an ingredient of the definition of forgery but merely a prerequisite of its constituting an offence. On the other hand, the definition would seem to require knowledge that the document was false, so that the signature of a bill of exchange in the honest but mistaken belief that it was authorized would not constitute forgery. What, however, is the position where the signatory was in fact authorized to sign but does so for his own fraudulent purposes and not in pursuance of the interests of his principal? In *Morison v London County and Westminster Bank Ltd*[235] such a misuse of authority was held not to render the instrument a forgery within s 24 of the Forgery Act 1861, and the enlargement of the statutory definition[236] does not appear to have altered the position.

20.99 So far as the Bills of Exchange Act is concerned, the distinction between a forged signature and a genuine but unauthorized signature is largely academic, since for most purposes the effect is the same, namely that the signature is a nullity except as against a party estopped from disputing that it was genuine or authorized. Section 24, it is true, suggests that forgery of a signature cannot be ratified, but what the section contemplates is the case where one person affirms his signature as that of another and thus does not purport to act on that other's behalf, an essential prerequisite to ratification by the latter. The definition of forgery in the Forgery and Counterfeiting Act 1981 covers signature on behalf of another without his authority and there seems no reason why this form of forgery should not be capable of ratification.[237] The other supposed distinction between a forged and an unauthorized signature is that the former is said to be outside the scope of the rule in *Turquand's* case,[238] but this suggestion seems contrary to principle.[239]

3. Forgery and the indoor management rule

20.100 Under the rule in *Turquand's* case, persons dealing with a company are not bound to inquire into its indoor management and will not be affected by irregularities of which they had no notice.[240] The rule is complex and has many facets[241] but, despite dicta suggesting otherwise,[242] it is in truth merely

---

[235] [1914] 3 KB 356.
[236] In what is now the Forgery and Counterfeiting Act 1981, replacing the Forgery Act 1913 as amended by the Criminal Justice Act 1925, s 35. The definition of 'false' is set out in s 9 of the 1981 Act.
[237] I. D. Campbell, 'Contracts with Companies' (1960) 76 LQR 115 at p 130; *Chitty on Contracts* (33rd edn, 2018), vol II, para 31-031, nn 182 and 183.
[238] See below.
[239] Ibid.
[240] *Royal British Bank v Turquand* (1856) 6 E & B 327. For an application of the rule, see *Freeman and Lockyer v Buckhurst Park Properties (Mangal) Ltd* [1964] 2 QB 480. See also the decision of the High Court of Australia in *Northside Developments Pty Ltd v Registrar-General* (1990) 64 ALJR 427.
[241] For which the reader should consult the company law textbooks.

a specific application of the general principle of agency law that acts by a person clothed with usual or apparent authority to perform them on behalf of another will bind that other, notwithstanding some internal limitation on the actor's actual authority, unless the party dealing with him had notice of the limitation.[243] Despite suggestions to the contrary,[244] there seems no good reason why the application of the rule should be excluded in cases of forgery;[245] and, indeed, so far as bills are concerned, s 24 of the Bills of Exchange Act expressly preserves the efficacy of the bill as against a person precluded from setting up the forgery. One such case is that of a company precluded by the rule in *Turquand's* case from disputing the authority of its officers to sign a bill of exchange on its behalf or otherwise put forward the bill as genuine.

4. Want of authority generally

20.101 Leaving aside the particular position of companies under the rule in *Turquand's* case, signature of a bill of exchange on behalf of or in the name of another without his authority will not bind that other unless the signatory had actual, apparent or usual authority[246] to sign as he did. By s 25 of the Bills of Exchange Act a signature by procuration operates as notice that the agent has but a limited authority to sign, and the principal is bound by such signature only if the agent in so signing was acting within the actual limits of his authority. The scope of this section is unclear. The first question is what suffices in general to denote signature by procuration? Plainly, those words themselves, their Latin equivalents and their abbreviations, 'per pro' and 'p.p.', are sufficient. Presumably this is true also of any other phrase denoting formal authority, eg 'under power of attorney'.[247] Less clear is whether phrases such as 'for and on behalf of' will suffice. Though the abbreviation 'p.p.' is today usually used as synonymous with 'for and on behalf of', this is incorrect, for 'p.p.' means 'through the agency of', and one who signs 'p.p.' should state the name of his principal before the abbreviation and add his own signature after the abbreviation, not vice versa. Moreover, procuration in the strict sense would seem to denote a relatively formal conferment of authority, of the type exemplified by a power of attorney, to act in a manner in which the agent appointed would not normally have authority to act. The phrases 'by procuration', 'per pro' and 'p.p.' are thus intended by the Bills of Exchange Act to signify that the signatory's powers derive not from the usual authority of an agent but from some special authorization the terms of which should be inquired into.[248]

---

[242] Eg, those of Greene MR in *Uxbridge Permanent Benefit Building Society v Pickard* [1939] 2 KB 248 at 257.
[243] See *Bowstead and Reynolds on Agency* (21st edn, 2017), art 72, and para **5.18**.
[244] *Ruben v Great Fingall Consolidated* [1906] AC 439; *Kreditbank Cassel GmbH v Schenkers Ltd*, n 232.
[245] *Bowstead and Reynolds on Agency*, para 8-041.
[246] See para **5.18**.
[247] *Byles on Bills of Exchange and Cheques*, n 97, para 7-010.
[248] *Midland Bank Ltd v Reckitt* [1933] AC 1. Section 25 has rightly been criticized on the ground that there is no reason why signature by procuration should be a unique exception to the

Defences to a Claim on a Bill 20.104

(iii) Want of capacity

20.102 Capacity to incur liability as a party to a bill is co-extensive with capacity to contract.[249] Now that it is becoming increasingly difficult for companies to plead that contracts entered into by them are ultra vires, the question of the capacity of parties to a bill of exchange is of diminished importance. In any event, a party's want of capacity as drawer or indorser does not affect the holder's right to receive payment of the bill and to enforce it against other parties;[250] the acceptor is precluded from denying to a holder in due course the capacity of the drawer to draw the bill;[251] and the drawer is precluded from denying to a holder in due course the payee's capacity to indorse at the time of the drawing of the bill.[252]

(iv) Signature in representative capacity

20.103 A person who expressly signs a bill as agent of another incurs no personal liability on it[253] even if he acted without authority,[254] though in the latter case he may be sued for damages for breach of warranty of authority.[255] But the fact of agency must appear from the wording of the signature: if it does not, the signatory, even though in fact acting as agent and signing within the limits of his authority, will be personally liable on the bill[256] unless the holder elects to look to the principal for payment. In this connection, s 26 of the Bills of Exchange Act is of some importance.

> '(1) Where a person signs a bill as drawer, indorser or acceptor, and adds words to his signature, indicating that he signs for or on behalf of a principal, or in a representative character, he is not personally liable thereon; but the mere addition to his signature of words describing him as an agent, or as filling a representative character, does not exempt him from personal liability.
>
> (2) In determining whether a signature on a bill is that of the principal or that of the agent by whose hand it is written, the construction most favourable to the validity of the instrument shall be adopted.'

20.104 Thus, a signature 'John Jones, Director, Excelsior Ltd' involves John Jones in personal liability, for the words after the name 'John Jones' are descriptive only and do not sufficiently indicate that John Jones is signing in a

---

rule that a person is bound by the acts of his agent acting within the scope of his apparent authority (*Chalmers and Guest on Bills of Exchange and Cheques*, para 3-098).

[249] Bills of Exchange Act, s 22(1).
[250] Section 22(2).
[251] Section 54(2).
[252] Section 55(1).
[253] But there are statutory exceptions, as where in signing as agent of a company the agent incorrectly states the company's name, and he may be liable for breach of the implied warranty of authority (*West London Commercial Bank Ltd v Kitson* (1883) 12 QBD 157, per A. L. Smith J at 161–162).
[254] *Chalmers and Guest on Bills of Exchange and Cheques*, para 3-104.
[255] *Polhill v Walter* (1832) 3 B & Ad 114; *West London Commercial Bank v Kitson* (1884) 13 QBD 360.
[256] *Leadbitter v Farrow* (1816) 5 M & S 345.

representative capacity.[257] More difficult is the case where the signatory writes the name of his firm or company on the back of the bill and places his signature below it. This is capable of several interpretations. The signature may be intended to be both representative and personal, committing the firm or company and the signatory, or it may be solely a representative signature or solely a personal signature. Here the position would appear to be that, if the name of the individual signatory is accompanied by a description of his position with the firm or company, the inference is that the bill was signed by the firm or company itself acting through the named signatory, and the same is true where he signs below the pre-printed name of the company without addition;[258] whereas if his name appears unaccompanied by such description the court will probably hold that both he and the firm or company are liable as parties.[259]

20.105 Where the principal is a company, the bill is effectively accepted or indorsed on behalf of a company if accepted or indorsed in the name of, or by or on behalf of or on account of the company by any person acting under its authority.[260] Until relatively recently, a difficulty arose in the case where the name of the company was omitted or misstated. In such a case, the law used to provide that the officer or other person signing on behalf of the company was personally liable unless the company paid,[261] even if it was clear that he signed only in a representative capacity. The law has now been reformed and no longer makes provision for the personal liability of the officer. Instead, the sanction for failure to disclose the name of the company is that the company's claim against the defendant will be dismissed if the defendant can prove that he has a claim against the company which he has been unable to pursue because of the company's failure to disclose its name or that the failure to disclose has caused him to suffer financial loss.[262] The Company, Limited

---

[257] *Elliott v Bax-Ironside* [1925] 2 KB 301.
[258] *Bondina Ltd v Rollaway Shower Blinds Ltd* [1986] 1 WLR 517.
[259] Signature for and on behalf of the company will usually negate any personal obligation of the signatory, but in appropriate circumstances the words may be disregarded as meaningless, eg if the company is already liable on the bill as acceptor, so that the signatory's indorsement is plainly intended to involve him in personal liability (*Rolfe Lubbell & Co v Keith & Greenwood* [1979] 2 Lloyd's Rep 75). Signature in the name of a firm is equivalent to the signature by the person so signing of the names of all persons liable as partners in that firm (s 23(2)).
[260] Companies Act 2006, s 52. 'Authority' includes apparent authority (*Dey v Pullinger Engineering Co* [1921] 1 KB 77). *Semble*, a party purporting to sign as agent for an unformed company is personally liable on the bill unless he expressly disclaims liability, by virtue of what is now s 51 of the Companies Act 2006. See *Phonogram Ltd v Lane* [1981] 3 All ER 182, a decision which, like the subsection itself, is concerned with an ordinary contract but appears equally applicable to the contract generated by signature of a bill of exchange.
[261] Companies Act 1985, s 349(4); *Maxform SpA v Mariani & Goodville Ltd* [1979] 2 Lloyd's Rep 385, affirmed [1981] 2 Lloyd's Rep 54. The fact that the mis-statement was too minor to be noticed was irrelevant (*Durham Fancy Goods Ltd v Michael Jackson (Fancy Goods) Ltd* [1968] 2 QB 839), though 'Ltd' instead of 'Limited' was considered acceptable (ibid) and 'Co.' instead of 'Company' (*Banque de l'Indochine et de Suez S.A. v Euroseas Group Finance Co Ltd* [1981] 3 All ER 198), but not the omission of the word 'Limited' or its abbreviation (*Lindholst v Fowler* [1988] BCLC 166).
[262] Companies Act 2006, s 83.

Liability Partnership and Business (Names and Trading Disclosures) Regulations 2015 require every company to disclose its registered name on bills of exchange, promissory notes and cheques purporting to be signed by or on behalf of the company.[263]

20.106 Signature by way of acceptance raises special considerations, since only the drawee can accept. Accordingly, if a bill is drawn on the principal, a purported acceptance by the agent in his own name is nugatory. It does not bind the company, for the agent had not indicated his representative capacity; and it does not impose liability on the agent, for he lacks the ability to give an effective acceptance.[264] Similarly, if the bill is drawn on the agent, his purported acceptance on behalf of the company is of no effect and neither he nor the company is liable.[265]

(v) Fictitious or non-existing party

1. *Payee or indorsee*

20.107 Section 7(3) of the Act provides as follows:

'Where the payee is a fictitious or non-existing person the bill may be treated as payable to bearer.'

20.108 By virtue of s 34(3), this provision extends to the case where an indorsee under a special indorsement is a fictitious or non-existing person. The bill can then be treated as having been indorsed in blank.

20.109 The effect of the above provisions is that if the bill carries an indorsement purporting to be that of the payee or indorsee in question the indorsement can be disregarded, s 24 of the Act (relating to forged signatures) will not apply to it and the instrument will be enforceable by a bona fide holder for value as if it were a valid bill payable to bearer. Similarly, the acceptor who pays the holder in good faith and without knowledge of the forgery will get a good discharge.

20.110 As an alternative to invoking s 7(3), a holder in due course can, in proceedings against the drawer, treat the drawer as estopped from denying the existence of the payee,[266] and in proceedings against an indorser, treat him as estopped from denying the genuineness and regularity of the signature of prior indorsers[267] and thus necessarily the fact of their existence.

20.111 There has been much controversy as to the meaning of the phrase 'fictitious or non-existing person', but the authorities now establish the following. A named payee or indorsee who never existed or who had died

---

[263] SI 2015/17, reg 24(1)(b) and (c).
[264] *Polhill v Walter*, n 255. But he may be liable to an action for damages for breach of warranty of authority (ibid).
[265] Ibid.
[266] Section 55(1).
[267] Section 55(2).

20.111 *Bills of Exchange*

before the drawing or indorsement naming him is both non-existent and fictitious.[268] A named payee or indorsee who does exist will nevertheless be fictitious if he was not intended by the drawer or indorser as the person to receive payment.[269] If, however, the drawer or indorser did intend the payee or indorsee to receive payment, the fact that this intention was induced by another's fraud or misrepresentation does not render the payee or indorsee fictitious.[270] The distinction between a fictitious and a non-existent payee is without practical consequences, s 7(3) treating both in exactly the same way.[271]

2. *Drawee*

20.112 Where the drawee is a fictitious person, the holder may treat the instrument, at his option, either as a bill of exchange or as a promissory note.[272]

3. *Drawer or indorser*

20.113 A person signing a bill in an assumed name is liable on it as if he had signed in his own name.[273]

(vi) **Unauthorized alteration**

20.114 Material alteration[274] of a bill without the consent of the parties liable on it avoids the bill except as against a party making, authorizing or assenting to the alteration or subsequent indorsers;[275] but where the alteration is not

---

[268] *Clutton v Attenborough & Sons* [1897] AC 90.
[269] *Bank of England v Vagliano Bros* [1891] AC 107, discussed P. E. Salvatori, 'Vagliano: Case Revisited' (1979) 3 Can Bus LJ 296; *Boma Manufacturing Ltd v Canadian Imperial Bank of Commerce* [1996] 3 SCR 727.
[270] *North & South Wales Bank v Macbeth* [1908] AC 137; *Vinden v Hughes* [1905] 1 KB 795; *Royal Bank of Canada v Concrete Column Clamps (1961) Ltd* (1976) 74 DLR (3d) 26 (Can SC).
[271] There may, however, be significance in the distinction where the party concerned is the drawer or an indorser, for a fictitious but existing drawer or indorser may be estopped by conduct from disputing the genuineness of his signature and may thus incur the liability of a signatory. For criticism of s 7(3), see M. Y. Haron, 'Revisiting 7(3) of the Bills of Exchange Act 1882: An Economic Analysis' [1998] Cambrian L. Rev. 53.
[272] Section 5(2).
[273] Section 23(1). A bill so signed is a false instrument for the purpose of the Forgery and Counterfeiting Act 1981. See s 9(1).
[274] Any alteration which changes the business effect of the instrument is likely to be considered material (*Suffell v Bank of England* (1882) 9 QBD 555). In particular, the following are material: any alteration of the date, the sum payable, the time of payment, the place of payment, and, where a bill has been accepted generally, the addition of a place of payment without the acceptor's consent (s 64(2)).
[275] Bills of Exchange Act 1882, s 64(1). In consequence, where a cheque is stolen and fraudulently altered by deleting the name of the payee and substituting that of a third party who pays it into his account, the collecting bank is not liable to the true owner for more than nominal damages for conversion of the cheque, because by the time of collection the cheque had already become void (*Smith v Lloyds TSB Group plc* [2001] QB 541. But the invalidity of the instrument as

apparent, the bill may be enforced by a holder in due course according to its original terms.[276]

(vii) Breach of the underlying transaction

20.115 A bill of exchange generates a contract quite distinct from the transaction in respect of which it is given. Great importance is attached by the court to the unconditional character[277] of a bill of exchange, for its utility as an instrument of commerce vitally depends on the assurance of payment to the holder.[278] It is thus regarded as akin to cash,[279] and the courts are very reluctant to allow a breach of the underlying transaction to be set up as a defence to a claim on a bill. The issue usually arises in proceedings for summary judgment on the bill, where the defendant has to show an arguable defence,[280] and in nine cases out of ten the claimant holder will be given judgment without stay of execution pending trial of the defendant's cross-claim.[281]

20.116 In a claim on a bill of exchange the defendant's ability to set up a breach of the underlying transaction by way of defence is substantially restricted. Even as between the original parties (payee and acceptor), the breach is a defence only so far as it gives rise to a liquidated claim for total or partial failure of the consideration for which the bill was given, as where the bill was delivered in payment of the price of goods sold under a contract of sale which were lawfully rejected for nonconformity with the contract.[282] The acceptor cannot, however, set up an unliquidated claim for damages for breach of warranty as a defence to a claim on the bill.[283] As against a holder for value, the defence of failure of consideration is not available even though there is a failure of consideration as between payee and acceptor. Finally, a holder in due course is not affected even by illegality in the underlying transaction.[284]

---

a result of a material alteration will not necessarily operate to discharge the parties from their obligations under the underlying contract or transaction: *Habibsons Bank Ltd v Standard Chartered Bank (Hong Kong) Ltd* [2010] EWCA Civ 1335, [2011] QB 943, [34].

[276] Section 64(1). See, for example, *Rapid Discount Corpn v Thomas E Hiscott Ltd* (1977) 76 DLR (3d) 450.
[277] See paras **19.21** and **20.03–20.04**.
[278] *Cebora S.N.C. v S.I.P. (Industrial Products) Ltd* [1976] 1 Lloyd's Rep 271, per Sir Erich Sachs at 278–279; *All Trades Distributors Ltd v Kaufman Ltd* (1969) 113 Sol Jo 995, per Lord Denning MR at 996.
[279] *James Lamont & Co Ltd v Hyland Ltd (No 2)* [1950] 1 KB 585; *Brown Shipley & Co Ltd v Alicia Hosiery Ltd* [1966] 1 Lloyd's Rep 668; *All Trades Distributors Ltd v Kaufman Ltd*, n 278; *Cebora S.N.C. v S.I.P. (Industrial Products) Ltd*, n 278; *Banque Cantonale de Genève v Sanomi* [2016] EWHC 3353 (Comm), [31].
[280] See para **38.37**.
[281] See the cases cited n 279.
[282] *Forman v Wright* (1851) 11 CB 481; *Thoni GmbH & Co KG v R.T.P. Equipment Ltd* [1979] 2 Lloyd's Rep 282.
[283] *Cebora S.N.C. v S.I.P. (Industrial Products) Ltd*, n 278.
[284] *Bank für Gemeinwirtschaft Aktiengesellschaft v City of London Garages Ltd*, n 85.

20.117 These rules are well illustrated by two cases:[285] *Bank für Gemeinwirtschaft AG v City of London Garages Ltd*[286] and *Cebora S.N.C. v SIP. (Industrial Products) Ltd*.[287] In the first case the court held, inter alia, that illegality arising from the exportation of foreign currency bills without Treasury consent and in breach of the Exchange Control Act did not affect the rights of a holder in due course.[288] In the second:

> The plaintiffs applied for summary judgment on a series of bills given by the defendants in payment of the price of goods purchased from the plaintiffs under a distribution agreement. The defendants, having served a counter-claim for (inter alia) damages for non-delivery of and defects in goods to which the bills related, sought leave to defend or a stay of execution pending trial of their counter-claim.
>
> Dismissing the defendants' appeal, the Court of Appeal held that, while as between the parties total failure of consideration afforded a defence, a counter-claim for unliquidated damages where there was no total failure of consideration did not, save in exceptional circumstances, justify either leave to defend or a stay of execution.

20.118 It will be apparent that where the bill sued on was given by the defendant as the price of goods purchased from the claimant and the defendant seeks to set up defects in the goods as a defence, the ability to do so will depend on whether he effectively rejected the goods on the one hand or accepted (or must be deemed to have accepted) them on the other. Lawful rejection entitles the buyer to recover the price of the goods rejected, creating a liquidated claim which *pro tanto* affords a defence to an action on the bill[289] except as against a holder in due course. Acceptance restricts the defendant to a claim for unliquidated damages for breach of warranty, and these cannot be set up either by way of a substantive defence, or by way of set-off, even if exceeding the amount of the bill.[290]

(viii) **Attacks on 'holder in due course' status**

20.119 Given that the position of a holder in due course is well nigh impregnable, the defendant's efforts are better directed to impeaching the claimant's holder in due course status. The prerequisites of such status have been examined earlier. Two of these merit particular attention at this point, namely the holder's good faith and his want of notice of any defect in the title of the person who negotiated the bill to him. Good faith, as we have seen, denotes honesty in fact,[291] and 'notice' signifies knowledge, actual or im-

---

[285] For a further illustration, see *Nova (Jersey) Knit Ltd v Kammgarn Spinnerei GmbH*, n 209. See also *Oxigen Environmental Ltd v Mullan* [2012] NIQB 17 where summary judgment was granted on the claim on the promissory note but a stay of execution was also granted pending a hearing of the counterclaim for damages for breach of the underlying contract.
[286] See n 85.
[287] See n 278.
[288] Whether the claimant is a holder in due course is, however, a separate question. See further below.
[289] *Thoni GmbH & Co KG v R.T.P. Equipment Ltd*, n 282, applying *Forman v Wright*, n 282.
[290] *James Lamont & Co Ltd v Hyland Ltd (No 2)*, n 279.
[291] Bills of Exchange Act 1882, s 90.

puted,[292] as opposed to constructive notice. Hence a holder is not precluded from being a holder in due course by reason of the fact that he was negligent and would, by making reasonable inquiries, have discovered the defect in his transferor's title. But a suspicion of something wrong coupled with a wilful neglect of the means of knowledge – in other words, deliberately turning a blind eye to the suspicious circumstances – is equivalent to knowledge and thus negates good faith.[293]

20.120 Where bills are negotiated to the holder in pursuance of a regular business relationship between him and his indorser, who himself takes the bills as the price of goods or services which he undertook to provide, the court may be less willing to treat the holder as insulated from the underlying trading transaction than if there were no such relationship, and may on that account deny the indorsee 'holder in due course' status. English courts have not yet had occasion to pronounce upon this in any reported case, but the issue has arisen several times in North America, particularly in relation to finance houses that discount instalment bills and notes for dealers and retailers pursuant to a prior arrangement;[294] and there is now an increasing tendency in common law jurisdictions to legislate against the use of bills and notes in consumer credit transactions.[295]

10. DISCHARGE OF BILLS OF EXCHANGE

20.121 A party to a bill is discharged from liability if, inter alia, the amount due on the bill is paid either by him or by a prior party or if, he being the drawer or an indorser, the bill was not duly presented for acceptance or payment, or notice of dishonour was not duly given.[296] But discharge of a party does not necessarily mean discharge of the bill. A bill is discharged – that is, treated as having exhausted its legal effect – where no party remains who can sue or be sued on it. This may occur in various ways. The most obvious, of course, is by payment of the bill in due course by or on behalf of the drawee or acceptor.[297] The acceptor (unless he is an accommodation party) is the party primarily liable on the bill, the principal debtor to whom the other parties stand in the relation of sureties. Only the acceptor, or some person having actual or ostensible authority from him, can effectively discharge the bill by payment. This is simply an application of the wider rule of law that no one is

---

[292] Knowledge is imputed where it is acquired by an agent who is under a duty to transmit it to his principal or who acquires it as the result of a notification which he has actual or apparent authority to receive.
[293] *Jones v Gordon* (1877) 2 App Cas 616, per Lord Blackburn at 628–629.
[294] The leading case is *Federal Discount Corpn v St Pierre* (1962) 32 DLR (2d) 86. For a discussion of this and subsequent cases, see J. S. Ziegel, 'Comments – *Range v Corporation de Finance Belvédère*' (1970) 48 Can Bar Rev 309.
[295] For North American developments, see the papers by R. B. Buglass, R. C. C. Cuming, B. Geva and J. F. Varcoe delivered at the Canadian Eighth Annual Workshop on Commercial and Consumer Law in Toronto in 1978, the proceedings of which have since been published (ed J. S. Ziegel (Butterworths, Toronto) 1980).
[296] See paras **20.79** ff.
[297] Section 59(1).

20.121 *Bills of Exchange*

entitled to intervene officiously to pay another's debt, and if he does so the payment is ineffective for the purpose.[298] If payment is made by the drawer, the bill remains operative for the purpose of giving him his indemnity against the acceptor. Similarly, if payment is made by an indorser, the bill remains current, the indorser having rights over against prior indorsers, and against the drawer and the acceptor. The indorsee does not pay the bill; he pays *for* the bill.

20.122 It is not every payment by the acceptor that will discharge the bill. His payment must be lawful in the sense of being a payment which gives him a good discharge. It must thus be made to the person apparently entitled to receive it[299] and it must not be made before maturity of the bill.[300]

20.123 A bill may be discharged in a variety of other ways, eg where, despite its remaining unpaid, there is no one who can sue on it;[301] where the holder at or after its maturity absolutely and unconditionally renounces his rights against the acceptor either in writing or by delivery of the bill to the acceptor;[302] or where the bill is intentionally cancelled by the holder or his agent and his cancellation is apparent thereon.[303] If a party materially alters a bill,[304] it is generally avoided against any prior party who did not assent to the alteration,[305] but is enforceable by a holder in due course where the alteration is not apparent,[306] and remains enforceable against the person who made the alteration and subsequent indorsers.[307]

11. EFFECT OF BILL ON UNDERLYING CONTRACT

20.124 Let us suppose that B, having bought goods from S on three months' credit, gives S a ninety-day bill of exchange for the amount of the price. What effect does this have on S's rights under the underlying contract of sale? This depends on the intention with which the bill was given. If, as is usual, it was taken as conditional payment,[308] then S's right to payment under the contract

---

[298] *Owen v Tate* [1976] QB 402 (although the principle has attracted criticism from some leading commentators: see, for example, A. Burrows, *The Law of Restitution* (3rd edn, 2002), pp 449–452 and G. Virgo, *The Principles of the Law of Restitution* (3rd edn, 2015), pp 243–245.
[299] In the language of the Act, it must be made to the holder in good faith, and without notice that his title to the bill is defective (s 59(1)).
[300] Ibid. A premature payment operates as a purchase of the bill from the holder by the acceptor, who becomes entitled to reissue it and negotiate it further, so long as he is still holding it in his own right at maturity (s 61).
[301] This could happen because of failure duly to present a bill in respect of which the acceptor had given a qualified acceptance.
[302] Section 62(1), (2).
[303] Section 63(1).
[304] See para **20.114**.
[305] Section 64(1).
[306] Ibid, *proviso*. The phrase 'where the alteration is not apparent' is superfluous, for if it were apparent the holder would not be a holder in due course. The holder in due course can avail himself of the bill as if it had not been altered and enforce it accordingly (ibid).
[307] Ibid.
[308] It could be taken as absolute payment, so giving up the right to sue on the original contract even if the bill is dishonoured, but the court would need compelling evidence that this was the intention of the parties.

of sale is suspended pending maturity or earlier discharge of the bill.[309] If the bill is met, the price obligation is discharged. If it is dishonoured, S's rights revive and he has then to decide whether to sue on the bill or to bring an action on the original contract. What if the bill is stolen from the payee? If it is paid in due course,[310] it is discharged[311] and B's liability to S is accordingly extinguished. In any other case S's rights on the original contract remain in suspense, but he may demand a duplicate on giving an indemnity[312] or may seek judgment on the bill against an indemnity, the matter then being in the discretion of the court.[313]

20.125 Where the bill is taken as collateral security, the position is reversed. S's primary rights and remedies are on the original contract of sale and the bill is to be resorted to only in the event of B's default in payment of the price. S is entitled to deal with the bill but only in such a manner as will enable him to get it back in time to surrender it to B if B discharges his obligations under the contract of sale. Thus S can sub-pledge the bill, but must ensure that he is ready to hand it back to B when B becomes entitled to it as a result of completing payment under the sale contract.

12. SECURITY OVER BILLS

20.126 The holder of a bill may pledge, mortgage or charge it by way of security. The monetary obligation embodied in a bill of exchange given in the way of trade constitutes a book debt,[314] and security over such a bill is therefore a charge on a book debt which would ordinarily be registered under s 859A of the Companies Act 2006. However, to the extent that the deposit of the bill amounts to a pledge it does not require to be registered, but to the extent (if any) that it creates a charge then it does require to be registered.[315] The pledgee of a bill which has been duly negotiated to him is entitled to sue on it as a holder for value but he has no right, in the absence of an agreement with the pledgor, to sell the bill.[316]

---

[309] Hence if S brings an action against B for goods sold and delivered and, when signing judgment in default, includes in the judgment figure the amount of a bill that has not yet been presented for payment, the judgment is irregular and the defendant can apply to have it set aside *ex debito justitiae* (*Bolt and Nut Co (Tipton) Ltd v Rowlands, Nicholls & Co Ltd* [1964] 2 QB 10).

[310] Ie because it is a bearer bill paid in good faith and without notice of a defect in the holder's title (s 59(1)).

[311] Ibid.

[312] Section 69.

[313] Section 70.

[314] *Re Stevens* [1888] WN 110; *Dawson v Isle* [1906] 1 Ch 633.

[315] See L. Gullifer, *Goode and Gullifer on Legal Problems of Credit and Security* (6th edn, 2017), para 3-26. The position was previously covered by the Companies Act 2006, s 861(3) which provided that the deposit by way of security of a negotiable instrument given to secure the payment of book debts was not a charge of those book debts for the purpose of what was s 860(7)(f) of the Companies Act. The reason for the exemption was to avoid interfering with the negotiability of bills of exchange and other instruments. This provision was not retained in the current legislation.

[316] *Byles on Bills of Exchange and Cheques*, para 18-018.

13. ADVANTAGES OF A BILL

20.127 We mentioned in the previous chapter that the bill mechanism avoids the risks and expense involved in the physical transportation of money and from the creditor's viewpoint provides a convenient means of localizing the transaction. We are now in a position to assess why a bill of exchange, though involving no more than a set of personal undertakings, is nevertheless considerably more advantageous to the obligee than an ordinary contract containing a promise of payment. This reflects the superiority of a documentary intangible over a pure intangible.

(i) Ease of transfer

20.128 Delivery of possession, with any necessary indorsement, suffices to transfer the legal right to the sum payable under the bill without the need for any separate assignment. Moreover, since the party liable on the bill knows that his duty is to pay only the current holder and (unless presentment is waived) only when the bill is presented to him for payment, it is not necessary that he should be given prior notice of the transfer, whereas to perfect an ordinary assignment of a debt notice of assignment must be given to the debtor.[317]

(ii) Insulation from the underlying transaction

20.129 As we have seen, a bill of exchange is considered to generate a contract quite distinct from that which gave rise to the payment obligation in the first place, with the result that the holder will usually be entitled to exact payment even if he or a prior party has committed a breach of the underlying contract in respect of which the bill was given. The bill transaction is thus wholly or partially[318] insulated from the associated trading contract, in much the same way as the old penal bond was insulated from the contract the performance of which it was designed to secure. This characteristic facilitates both the marketability of the bill[319] and the speed with which judgment can be obtained in proceedings to enforce it.[320]

(iii) Relaxation of ordinary contract rules

20.130 A bill of exchange, though a form of contract, has through the force of the law merchant been accorded special privileges now embodied in the Bills of Exchange Act. In particular, the holder of a bill is entitled to enforce it against all prior parties without having want of privity raised against him;[321]

---

[317] See para **2.55**.
[318] Dependent on the circumstances. See paras **20.116–20.118**.
[319] See para **20.133**.
[320] Ibid.
[321] See s 38(2).

and though consideration must be furnished, it need not move from the promisee.³²² Moreover, an accommodation party is liable on a bill to a holder for value despite the fact that he himself received no value for lending his name to the bill.³²³

(iv) Ready addition of obligors

20.131 Not infrequently, a contracting party wishes to have the other party's undertakings reinforced by guarantee from a third party. Alternatively, he may want to have a third party added as co-principal with the other. This involves the preparation and signature of a separate document. The advantage of a bill of exchange is that the undertaking of the acceptor can readily be reinforced, and the standing of the bill improved, by the addition of other names to the bill by way of indorsement.³²⁴ Moreover, since there is no particular magic in the way in which the parties to a bill are ordered, the bill does not have to be drawn on the obligor to the underlying transaction but may instead be drawn on and accepted by a good 'name', eg an established merchant bank, which thus becomes the party primarily liable on the bill, with the original obligor coming in as a party in some other capacity, eg as drawer or indorser.

(v) Negotiability

20.132 The most significant feature of a negotiable bill of exchange, and indeed of any negotiable instrument, is that in the hands of a holder in due course it is enforceable despite a defect in the title of any prior holder. In other words, the transferor who negotiates a bill to a holder in due course can pass a better title than he himself possesses.³²⁵

(vi) Marketability

20.133 Because of the features previously described, a term bill of exchange bearing a good name or names is readily marketable, enabling the seller or other holder to convert the bill into cash without holding it to maturity, whereas there is no ready market for rights embodied in an ordinary contract document. Thus it is much easier for an exporter to discount a bill of exchange drawn for the price of the goods sold than to discount the sale contract itself.

(vii) Speed of enforcement

20.134 Because of the need to protect the marketable status of bills of exchange, the courts are extremely reluctant to allow defences to be raised to

---

[322] Section 27(2). See para **20.33**.
[323] Section 28(2).
[324] See paras **20.63** ff.
[325] See paras **20.35–20.36**.

20.134 *Bills of Exchange*

an action on a bill, so that in the great majority of cases summary judgment will be given within a matter of weeks of the commencement of proceedings.[326] This is in marked contrast to an action on an ordinary contract, where a defendant having an arguable defence is entitled to have his case tried, which may hold up the claimant for two or three years, or even longer in a complicated case.

---

[326] For an outline of the procedure, see para **38.37**.

Chapter 21

OTHER INSTRUMENTS

21.01 Hitherto we have confined our attention to the first of the two main groups of instrument, namely *orders* to pay. There are one or two further instruments of this kind to be considered, but first we shall briefly examine the second group, ie *promises* to pay. There are several instruments within this group,[1] which subdivides into documents of title to money and documents of title to security for money. In this chapter we are concerned only with the former, exemplified by the promissory note.

1. PROMISSORY NOTES

21.02 A promissory note is an unconditional promise[2] made in writing by one person to another signed by the maker, engaging to pay, on demand or at a fixed or determinable future time, a sum certain in money, to, or to the order of, a specified person or to bearer.[3] It is not a bill of exchange[4] but shares most of the characteristics of a bill and is governed by parallel provisions of the Bills of Exchange Act. A typical promissory note looks like Figure 21.1. It will be observed that since the note is a promise to pay, not an order to pay, there is no drawee (and thus, of course, no acceptor). The promisor, Thomas Jones, is termed the *maker of* the note and is for the most part deemed to correspond with the acceptor of a bill.[5] The payee, Jack Robinson, can negotiate the note by indorsement and delivery in the same way as if he were the payee of a bill, and as first indorser he is deemed to correspond with the drawer of an accepted

---

[1] See para **19.05**.
[2] A mere acknowledgement of indebtedness, such as an IOU, is not a promissory note and, indeed, does not constitute an instrument at all (*Claydon v Bradley* [1987] 1 All ER 522). Moreover, it would seem that while the words 'promise to pay' or 'undertake to pay' are not essential, an instrument in which the payment obligation is merely implied is outside the statutory definition of a promissory note (*Akbar Khan v Attar Singh* [1936] 2 All ER 545). *A fortiori* a negotiable certificate of deposit, which does not constitute an undertaking to pay but merely evidences a prior agreement between depositor and depositee, is not a promissory note. See para **21.17**.
[3] Bills of Exchange Act 1882, s 83(1).
[4] Which is an *order* to pay. See para **20.03**. However, an instrument drawn as a bill of exchange which is invalid may constitute a promissory note (*Novaknit Hellas SA v Kumar Bros International Ltd* [1998] Lloyd's Rep Bank 287).
[5] Bills of Exchange Act 1882, s 89(2).

21.02 *Other Instruments*

bill payable to the drawer's order.[6] The provisions of the Bills of Exchange Act relating to bills apply, with the necessary modifications, to promissory notes.[7] The modifications derive mainly from the fact that there is no acceptor, so that the provisions as to presentment for acceptance and acceptance itself obviously do not apply. The rules as to presentment for payment broadly follow those applicable to bills but are simpler. The same is true of the liabilities and estoppels of the maker, s 88 of the Act providing that:

'The maker of a promissory note by making it
  (1) engages that he will pay it according to its tenor;
  (2) is precluded from denying to a holder in due course the existence of the payee and his then capacity to indorse.'

Figure 21.1   Promissory note

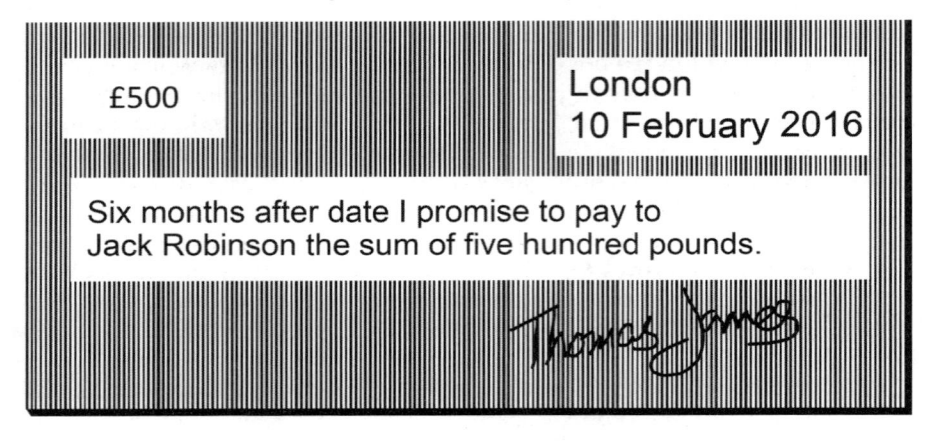

```
£500                       London
                           10 February 2016

Six months after date I promise to pay to
Jack Robinson the sum of five hundred pounds.

                                    Thomas Jones
```

21.03 By virtue of s 89(1) and (2), the indorser of a promissory note accepts the same duties and liabilities as an indorser of a bill under s 55(2), with the omission of references to the acceptor and other necessary modifications.

21.04 In certain circumstances the holder of a bill has the option of treating it as a promissory note. This is where there is no genuine drawer, eg where the drawer and drawee are the same or where the drawee is a fictitious person or a person having no capacity to contract.[8]

21.05 Promissory notes, though widely employed in the United States, are used relatively infrequently in England except in forfaiting transactions.[9]

2. BANKERS' DRAFTS[10]

21.06 A banker's draft is an order to pay drawn either by one bank on another or by a branch of a bank on its head office or another branch. The former type

---

[6] Ibid.
[7] Section 89(1).
[8] Section 5(2).
[9] See para **35.145**.
[10] See generally M. Brindle and R. Cox (eds), *Law of Bank Payments* (5th edn, 2018), paras 6-333 – 6-334; *Benjamin's Sale of Goods* (10th edn, 2017), para 9.038.

of draft is a cheque, and is distinguished from other cheques only in that the drawer as well as the drawee is a bank.[11] As regards the latter type of draft, since the drawer and drawee are the same legal entity, the instrument is not strictly a bill of exchange at all (and therefore not a cheque), but the holder of a banker's draft has the right to treat it either as a bill of exchange or as a promissory note.[12] In its former role the banker's draft could be treated by the holder[13] as if it were a cheque,[14] and the Cheques Act 1957 expressly extends to bankers' drafts the protection conferred by s 4 of the Act[15] and, in the case of crossed drafts, the provisions of the Bills of Exchange Act[16] relating to crossed cheques.[17]

21.07 What happens if a banker's draft is lost or stolen? The first point to note is that neither the person at whose request the draft was drawn nor the payee is entitled to 'stop' the draft because neither is the drawer. All he can do is to notify the bank which drew the draft so that, if the draft is drawn on itself, it is put on notice as to the title of the person presenting the draft, while if it is drawn on another bank, the drawer bank can stop payment if the draft has not already been paid. Secondly, if the payee had received the draft before it was stolen, so as to become a holder, he can apply for a duplicate, or seek a court order precluding the setting up of the absence of the draft as a defence to payment, on giving the drawer an indemnity.[18] For this purpose, a payee who has expressly or impliedly authorized dispatch of the draft to him through the post constitutes the post office his agent to receive it, so that posting makes him a holder. Thirdly, if the drawee bank has paid the draft in good faith to a person who is not the owner, it will usually have a statutory defence to a claim for conversion and will be entitled to debit the account of the drawer, who, in turn, will be able to debit the account of its customer.

3. TRAVELLERS' CHEQUES[19]

21.08 Travellers' cheques are now of diminishing significance in the UK. Although described as cheques, they are not like ordinary cheques. Indeed,

---

[11] The banker's payment, an interbank instrument, is now used only occasionally particularly since the introduction of CHAPS. See J. Odgers (ed), *Paget's Law of Banking* (15th edn, 2018), para 26.59.
[12] Bills of Exchange Act 1882, s 5(2); *Abbey National plc v JSF Finance & Currency Exchange Ltd* [2006] EWCA Civ 328, [2006] All ER (D) 474 (Mar) at [12]. Bankers' drafts were widely used as the payment instrument on the completion of property purchases, the banker's undertaking to pay being regarded as giving complete safety to the vendor, who might be reluctant to rely on the purchaser's own cheque or even that of his solicitor.
[13] But not by other parties (*Capital and Counties Bank Ltd v Gordon* [1903] AC 240).
[14] In Australia such drafts are called bank cheques.
[15] Section 4(2).
[16] Ie, ss 79, 80.
[17] Cheques Act 1957, s 5.
[18] Bills of Exchange Act 1882, ss 69, 70.
[19] The most detailed treatment is to be found in D. V. Cowen, *Law of Negotiable Instruments in South Africa* (5th edn, 1985), vol 1, pp 295–313. See also *Chitty on Contracts* (33rd edn, 2018), Vol II, paras 34-171 – 34-179 and M. Brindle and R. Cox (eds), *Law of Bank Payments*, paras 6-335 – 6-337.

21.08 *Other Instruments*

there is dispute as to whether they are cheques at all. The customer does not buy an ordinary cheque; he is issued with cheques, usually in a cheque book, and his account is debited with the amount of a cheque only after it has been presented for payment and honoured. By contrast travellers' cheques are purchased by the customer, and debited to his account at the time when they are supplied to him by his bank. Normally, therefore, there can be no question of a travellers' cheque being dishonoured for lack of funds. Moreover, whereas in the case of a cheque which is paid to a person not entitled to it the question is whether the bank can maintain a debit to the drawer's account, in the case of a misappropriated travellers' cheque the issue is whether the customer, who has already paid for it, can obtain reimbursement from his bank.

21.09 Travellers' cheques take a variety of different forms. The most common are those in which the issuing bank promises to pay, or draws on itself or others[20] for payment of the amount of the cheque to the order of an unspecified payee, whose name is inserted by the customer when he uses the cheque to make payment.[21] A 'cheque' in the form of a promise to pay is not a cheque but a promissory note; a draft drawn on the bank itself is not a bill of exchange, and therefore not a cheque, but may at the option of the holder be treated either as a promissory note or as a bill of exchange;[22] a draft drawn on others is (subject to the point mentioned below) a bill of exchange and, if drawn on another bank, a cheque.

21.10 At the time of issue the customer will be required by the issuing bank to sign his name near the top of the cheque, and when he presents it to the correspondent bank for payment, he will be required to countersign it near the foot in the presence of the correspondent bank's cashier, who will examine the signature to ensure that it matches the original signature. The agreement between bank and customer governing the issue of the travellers' cheques normally makes the signature and counter-signature a condition of the customer's right to be reimbursed if the cheques are lost or stolen. The purpose is, of course, to ensure as far as possible, for the protection of all parties, that the person handing over the cheque in payment is the same as the person who collected it from the issuer.

21.11 It is frequently asserted that because payment by the correspondent bank is dependent on the customer's signature and counter-signature the instrument is conditional and is not a bill of exchange or cheque within the Bills of Exchange Act. But this seems excessively technical. The requirement of signature and counter-signature is no more than a prescribed method of verifying the customer's title to the instrument and does not, it is submitted, render it conditional any more than does the requirement that an instrument

---

[20] Usually the drawee is not specified but, unless otherwise indicated, is taken to cover any of the issuer's correspondents in any part of the world.
[21] Another, less common, form involves the customer drawing on the issuing bank in favour of himself or order.
[22] See the discussion of bankers' drafts, above.

be duly presented by the holder if payment is to be made.[23] The purpose of the requirement in the Bills of Exchange Act that the order to pay be unconditional is to prevent the imposition of conditions external to the instrument which would impair its autonomy. By no stretch of the imagination can this be said of a stipulation designed solely to ensure that the person presenting the cheque is the party to whom it was issued.

21.12 After a long period in which there were no reported English decisions on travellers' cheques there were three reported cases in the 1980s, all dealing with the circumstances in which the customer could claim reimbursement for cheques that had been lost or stolen.[24] The right to reimbursement and the conditions of that right are, of course, governed by the agreement between the issuing bank and its customer. There is, however, a divergence of judicial opinion as to whether, in the absence of an express provision for reimbursement, the customer has an implied right to be reimbursed for lost or stolen cheques. In *Braithwaite v Thomas Cook Travellers Cheques Ltd*[25] Schiemann J opined, by way of obiter dictum, that the customer has no right of reimbursement apart from contract. But in *El Awadi v Bank of Credit and Commerce International SA*[26] Hutchinson J considered a right of reimbursement to be implied as a matter of commercial necessity.[27] Whether the right of reimbursement is lost because of the customer's failure to sign or countersign in accordance with the issuer's instructions or is negligent in some other way again depends on the terms of the contract. In *Braithwaite*, where there was an express condition that the customer should have safeguarded each cheque against loss or theft, it was held that he had failed to satisfy the condition and was not entitled to reimbursement. In the *El Awadi* case there was no such express stipulation, and it was held that it was not to be implied, so that the customer was entitled to reimbursement despite 'the most serious negligence'. In the light of these cases the law must be considered uncertain. On general principle, the law should recognize an implied right of reimbursement where this is not excluded by the terms of the contract but should also imply a duty on the customer to take reasonable precautions to safeguard the cheques issued to him, so that, to the extent of his failure to do this, he should not be allowed to claim reimbursement.

4. NEGOTIABLE INSTRUMENTS AS INVESTMENT SECURITIES

21.13 So far, we have examined the negotiable instrument solely in the context of its function as a method of discharging a payment obligation (typically

---

[23] *Contra, Chitty on Contracts*, vol II, para 34-172; D. V. Cowen, *Law of Negotiable Instruments*, p 303, citing the South African decision *State v Katsikaris* 1980 (3) SA 580 (AD).
[24] *Fellus v National Westminster Bank plc* (1983) 133 NLJ 766; *Braithwaite v Thomas Cook Travellers Cheques Ltd* [1989] 1 All ER 235; and *El Awadi v Bank of Credit and Commerce International SA* [1989] 1 All ER 242.
[25] See n 24.
[26] Ibid.
[27] In *Fellus v National Westminster Bank plc*, n 24, Stuart-Smith J observed that issuing banks in general undertake to give refunds but did not address the question whether such an undertaking was to be implied.

21.13 Other Instruments

short-term) under a specific transaction between two parties. But the negotiable instrument also plays an important role as a vehicle for raising long-term funds on the market. As such, it is not merely a payment device but also a form of investment security. An early instrument of this type was the bearer debenture, an instrument issued to the public at large, or to selected investors, in which the issuing company undertook to pay to the holder of the instrument its face value at maturity and periodic interest in the meantime. As a bearer security, the debenture was transferable by delivery.

21.14 As the result of exchange control restrictions (now abolished) affecting bearer securities, the bearer debenture went out of use, being replaced by the non-negotiable debenture or debenture stock, transferable (in the same way as shares) by entry in the company's register. But since the 1950s a number of new negotiable investment securities have evolved in both the short-term money market and the longer-term capital market. They include, in the former, the negotiable certificate of deposit and Treasury and commercial bills and, in the latter, 'Eurobonds' and other international bond issues (much more complex and sophisticated animals than the old-style domestic bearer bond) and floating rate notes.[28] Each of these instruments contains or evidences an express or implied undertaking by the issuing company to pay a stated amount at maturity, with interest at a fixed or floating rate. As with leasing, hire and rental agreements, discussed elsewhere in this book, the different labels reflect functional, rather than legal, distinctions,[29] each instrument being governed by a distinctive issue procedure and being tailored to a particular market requirement as to maturity, frequency and rate of interest etc. Such instruments feature prominently in the Euromarket, the development of which has been powerfully assisted by the substantial degree of immunity it enjoys from controls ordinarily imposed by national law.

21.15 The methods of issue of these investment securities are not dissimilar to those used in the marketing of unsecured loan stock. The terms of the issue are generally set out in a trust deed, a detailed prospectus is issued, managers are appointed to organize the issue and underwriters to underwrite it,[30] and the issue is usually listed on the Stock Exchange in order to enhance the marketability of the instruments.

21.16 The legal characterization of bonds, certificates of deposit and floating rate notes may be material for three distinct purposes. First, there is the question of their status, if any, under the Bills of Exchange Act; secondly, their negotiability under general law; and, thirdly, their subjection to securities regulation.

---

[28] See S. Paterson and R. Zakrzewski (eds), *McKnight, Paterson and Zakrzewski on the Law of International Finance* (2nd edn, 2017).
[29] There are, however, certain differences in the legal character of the three types of instrument, discussed below.
[30] Ie to take up the issue to the extent to which it is under-subscribed.

(i) Does the Bills of Exchange Act apply?

21.17 It seems reasonably clear that none of the above instruments falls within the Bills of Exchange Act. They are not bills of exchange since they do not embody an order to pay but merely contain or evidence a promise of payment. They are equally not promissory notes, for they are not treated as such by the financial community[31] and the terms of their issue import conditions and uncertainties[32] which take them outside the statutory definition. Moreover, in the case of a certificate of deposit the instrument is not even an implied promise of payment, merely evidence of a prior agreement between depositor and depositee that the latter will make payment to the holder of the certificate on the stated terms.

(ii) Are the instruments negotiable?

21.18 Despite the conditions attaching to their issue, and the fact that the amount of the obligation may in some respects be uncertain at the time of issue, there is little doubt that the negotiability of Eurobonds and other bearer bonds, certificates of deposit and floating rate notes would be recognized by the courts as established by mercantile usage.[33] They are issued as negotiable and are accepted as such by financial institutions the world over, and billions of pounds of business are transacted on this basis. The words of Bigham J in *Edelstein v Schuler & Co*[34] in relation to old-style bearer bonds are particularly pertinent:

> ' . . . but it is to be remembered that in these days usage is established much more quickly than it was in days gone by; more depends on the number of the transactions which help to create it than on the time over which the transactions are spread; and it is probably no exaggeration to say that nowadays there are more business transactions in an hour than there were in a week a century ago. Therefore the comparatively recent origin of this class of security in my view creates no difficulty in the way of holding that they were negotiable by virtue of the law merchant; they were dealt in as negotiable instruments in every minute of a working day . . .
> Thus it has been found convenient to treat securities like those in question as negotiable . . . It would be a great misfortune if it were otherwise, for it is well known that such bonds are treated in all foreign markets as deliverable from hand to hand; the attribute not only enhances their value by making them easy of transfer, but it qualifies them to serve as a kind of international currency; and it would be very odd and a great injury to our trade if these advantages were not accorded to them in this country.'[35]

21.19 All the instruments described have been recognized in the market for many years as negotiable and it is highly unlikely that the court would take a different view, particularly if proper expert evidence were adduced as to

---

[31] A relevant factor, as shown by *Bechuanaland Exploration Co v London Trading Bank* [1898] 2 QB 658 and *Edelstein v Schuler & Co* [1902] 2 KB 144.
[32] Eg in the case of a floating rate note, the interest payable.
[33] See, for example, S. Paterson and R. Zakrzewski (eds), *McKnight, Paterson and Zakrzewski on the Law of International Finance* (2nd edn, 2017), para 10.4.3.
[34] See n 31, following *Bechuanaland Exploration Co v London Trading Bank*, n 31.
[35] [1902] 2 KB 144 at 154–155.

market practice and understanding. Nevertheless, this view has not passed unchallenged in the case of bonds and other instruments which are subject to the terms of a trust deed entered into between the issuer and trustees for bondholders. There are those who contend that instruments of the kind described do not satisfy the criteria of negotiability. Three main grounds are advanced for this view. The first is that the payment undertaking is subject to conditions imposed by the trust deed. But only instruments within the Bills of Exchange Act are required to embody an unconditional payment order or undertaking. The second is that title to the bonds is vested not in the bondholders but in the trustees, and all that the bondholders have is the equitable interest enjoyed by a beneficiary under a trust. So far as the normal form of bond is concerned this view is misconceived. The amount of the bond is expressed to be payable to the holder of the bond, and there can really be no doubt that the debt embodied in the bond is vested in the bondholder. The 'trust' created by the trust deed is not a trust in the property sense[36] but rather an irrevocable authority given by the issuer to the trustees, and assented to by the bondholder, to act on behalf of the bondholders collectively in monitoring performance by the issuer and taking enforcement measures in the event of default. If the bondholders were merely holders of an equitable interest under a true trust, the bonds would not, of course, be negotiable, thus depriving them of one of the key ingredients of their marketability. The third reason why such bonds are said not to be negotiable is that the right to sue upon them is vested in the trustees, not in the individual bondholders. This assumes that the right of a holder to sue on an instrument in his own name is an essential characteristic of its negotiability, an assumption which appears to be attributable to a passage in *Smith's Leading Cases*.[37] However, what the passage in question was seeking to emphasize was that an instrument is not negotiable if after its transfer the holder is obliged to sue in the name of the transferor. This is obviously correct, for clearly in that situation the holder would be merely an equitable assignee and the assignment would have to be in writing.[38] The essential point is not that the holder must himself have an immediate right of suit but that any right he has must be an original right derived from delivery of the instrument to him, not a derivative right exercisable in virtue of the title of the original holder or an intermediate transferor. As against the issuer the bondholder has a right of suit in his own name, but in procedural terms the exercise of this is subordinated to the right of the trustees to sue pursuant to the terms of the trust deed.

(iii) Regulation as securities

21.20 Prior to the Financial Services Act 1986 there was considerable doubt how far some of the above instruments, in particular certificates of deposit, were securities for the purpose of legislation governing the issues of securities and the prevention of fraud in their marketing. However, regulations under

---

[36] Except that if the bonds are secured the trustees hold title to the security.
[37] 13th edn (1929), vol 1, pp 533–534.
[38] Law of Property Act 1925, s 53(1)(c).

section 22 of the Financial Services and Markets Act 2000 leave no doubt that all these instruments are securities and as such are regulated by the Act and by the regulatory regime it establishes.[39]

(iv) **Dematerialization and immobilization**

21.21 The issue and movement of paper-based investment securities has in recent years been significantly reduced by two developments: the issue and transfer of securities in dematerialized form through CREST and the shift from direct holdings of investments from the issuer to indirect holdings through a securities intermediary.[40] It is now common for a single global note to represent an entire issue of securities and to be permanently immobilized by deposit with a national or international central securities depository, investors acquiring their interests through accounts with the depository and, in turn, holding for customers of their own. A permanent global note may be expressed to be negotiable but in view of the fact that it is rarely, if ever, intended to be moved its negotiable status must be a matter of extreme doubt.[41]

21.22 The move from direct to indirect holding of securities has brought with it a number of advantages, including reductions in cost and corresponding increases in efficiency by facilitating the transfer of securities and the settlement of trades, greater access for investors to international markets and the provision of specialist services by intermediaries to the ultimate investor, thereby making possible greater investor protection and the reduction in risk to such investors.[42] The shift from direct to indirect holdings in dematerialized and immobilised form is now probably irreversible, given the extent of the shift in the market that has taken place.[43] But the change in market practice is not without its disadvantages and in some ways it is disconcerting that, given the volume of investments held in this form, there remains a degree of uncertainty about some fundamental aspects of intermediation.[44] This is an area in which

---

[39] See Financial Services and Markets Act 2000 (Regulated Activities) Order 2001 (SI 2001/544), art 77(1).
[40] See generally L. Gullifer and J. Payne (eds), *Intermediation and Beyond* (2019); J. Benjamin, *Interests in Securities* (2000); A.O. Austen-Peters, *Custody of Investments: Law and Practice* (2000); M. Yates and G. Montagu, *The Law of Global Custody* (4th edn, 2013); L. Gullifer, *Goode and Gullifer on Legal Problems of Credit and Security* (6th edn, 2017), ch 6; S. Paterson and R. Zakrzewski (eds), *McKnight, Paterson and Zakrzewski on the Law of International Finance* (2nd edn, 2017), ch 10; and J. Benjamin, *Financial Law* (2007), ch 19.
[41] See, for example, *McKnight, Paterson and Zakrzewski on the Law of International Finance* (2nd edn, 2017), para 10.4.5, where the point is made that it is 'very doubtful' whether a global note can be a negotiable instrument when it represents the whole of an issue.
[42] For a helpful summary of these advantages, see C. Twemlow, 'Why are Securities Held in Intermediated Form?' in Gullifer and Payne, n 40, p 85.
[43] Some indication of the size of the market is given by Twemlow, n 42, who observes that the total value of individual holdings in the CREST system in April 2018 was approximately £1.3bn whereas the value of corporate holdings was approximately £5.2tn. The number of individuals directly holding in the CREST system dropped from over 50,000 personal members in 2003 to approximately 5,400 such members in 2018.
[44] These uncertainties, together with potential solutions, are explored in the series of essays edited by Professors Gullifer and Payne, n 40.

21.22 *Other Instruments*

market developments continue to run ahead of the legal underpinnings that are required fully to support and, indeed, regulate the market.

21.23 While intermediation brings a number of benefits to the investor, or ultimate account holder, the principal drawback, at least as a matter of English law, is the lack of a direct relationship between the investor and the issuer of the securities. This lack of a relationship is generally referred to as the 'no look through' principle. This principle was explained in relation to the operation of Clearstream by David Richards LJ in *Secure Capital SA v Credit Suisse AG*[45] in the following terms:

> 'Typically, as in this case, the securities are represented by a bearer note that is physically held on a permanent basis by a custodian. In this way, the note is said to be "immobilised". It is not the bearer note, but interests in the note, that are traded through the Clearstream system. This is achieved through a descending succession of interests. The custodian holds the note for the Clearstream system. Clearstream maintains accounts for members (banks and others) which hold and deal in interests in securities as Account Holders. Each Account Holder's interests in securities at any time are recorded by Clearstream. The interests are fungible and are traded between Account Holders through electronic book entries. Account Holders may hold interests for themselves as principal or to the order of their customers (Account Owners).
>
> The system operates on the basis of a "no look through" principle, whereby each party has rights only against their own counterparty. Payments of sums due on the securities are made by the issuer or other payer to Clearstream which then makes payment to the Account Holders in respect of their recorded interests. The Account Holders pass on the appropriate sums to their Account Owners.'[46]

This 'no look through' principle was held to be consistent with the intention of market participants who 'know that they are trading in interests, not in the underlying securities.'[47] The latter proposition has been challenged on the ground that it is 'at odds with the generally understood position' given that 'many investors . . . still think that they own the notes and other securities that they buy.'[48] Notwithstanding this criticism, the 'no look through' principle must be regarded as firmly established as a matter of English law. On the facts of *Secure Capital*, the consequence of the lack of a direct relationship between the investor and the issuer was that the investor was held to be unable to bring a claim for an alleged breach of a contractual warranty by the issuer.[49]

21.24 The issue in *Secure Capital* was one that concerned the personal rights of the investor vis-à-vis the issuer. However, the interests of investors are not

---

[45] [2017] EWCA Civ 1486, [2018] 1 BCLC 325.
[46] Ibid at [8]–[9]. The position would be different in the case where definitive notes have been issued, in which case the investor would have a direct right of action against the issuer but such notes are rarely, if ever, issued.
[47] Ibid at [55] and [59].
[48] R. Salter, 'Enforcing Debt Securities' in Gullifer and Payne, n 40, p 129.
[49] For critical analysis of the decision, see R. Cox, 'Are Warranties in an Immobilised Bearer Note Enforceable?' in Gullifer and Payne, n 40, p 115.

confined to personal rights of action. They also extend to proprietary rights. As Briggs J observed in *Re Lehman Brothers International (Europe) (in admin)*:[50]

> 'it is an essential part of the English law analysis of the ownership of dematerialised securities that the interest of the ultimate beneficial owner is an equitable interest, held under a series of trusts and sub-trusts between it, any intermediaries and the depository in which the legal title is vested.'[51]

While the trust analysis can be made to work in many cases in order to protect the legitimate expectations of investors, it is not without its difficulties, particularly in terms of satisfying the certainty requirements for the existence of a trust[52] and in the case where the intermediary fails properly to segregate the trust assets.[53] Further, while the trust solution may provide workable solutions for the majority of cases as a matter of English law,[54] it encounters an obvious difficulty in those jurisdictions, principally civilian jurisdictions, which do not recognise the institution of the trust. It is difficult to avoid the conclusion that what is required here is the development of a comprehensive framework for intermediated securities,[55] ideally at an international rather than domestic level (given that the market is international rather than domestic). However, an international framework will take some time to develop, particularly as it relates to the substantive law applicable to intermediated securities.[56]

---

[50] [2012] EWHC 2997 (Ch), [2014] 2 BCLC 295.
[51] Ibid at [163]. See to similar effect his judgment in *Pearson v Lehman Brothers Finance SA* [2010] EWHC 2914 (Ch) at [226]. A similar analysis was adopted by Hildyard J in *SL Claimants v Tesco plc* [2019] EWHC 2858 (Ch), [2020] Bus LR 250 at [73]–[93].
[52] Although the analysis can be made to work: see *Pearson v Lehman Brothers Finance SA* [2010] EWHC 2914 (Ch) at [232] where Briggs J concluded that such a trust works by creating a beneficial co-ownership share in the identified fund, rather than in the conceptually much more difficult notion of seeking to identify a particular part of that fund which the beneficiary owns outright. In so concluding he drew on the work of Professor Goode, in particular his article 'Are Intangible Assets Fungible?' [2003] LMCLQ 379.
[53] *Re Global Trader Europe Ltd* [2009] EWHC 602 (Ch), [2009] 2 BCLC 18.
[54] For a helpful analysis, see V. Dixon, 'The Legal Nature of Intermediated Securities: An Insurmountable Obstacle to Legal Certainty' in Gullifer and Payne, n 40, p 47.
[55] See R. Goode, 'Intermediated Securities: The Long Haul to a Modern Comprehensive Legal Structure' in Gullifer and Payne, n 40, p 109. A project on intermediated securities was included by the Law Commission in its thirteenth programme of law reform (see Law Com No 377 (December 2017), paras 2.17–2.22). The Law Commission began a process of seeking views on how well the current system of intermediated securities works and where improvement is needed on 27 August 2019 with a closing date for responses of 5 November 2019. The intention is to issue a scoping paper in the autumn of 2020.
[56] Quicker progress may be made in harmonising the rules governing the choice of law in relation to intermediated securities, on which see paras **37.101–37.103**.

PART FOUR
Secured Financing

Chapter 22

THE CLASSIFICATION AND CHARACTERISTICS OF CREDIT AND SECURITY

22.01 Enterprises live (and sometimes die) by credit. In any developed economy an essential feature of commerce is the provision of suitable media for the extension of credit. The running of a business involves staff, premises, equipment and the consumption of goods and services. To earn income, an enterprise must first spend money on various factors of production, and, unless the capital of its proprietors is sufficient for the purpose, it must look to lenders to bridge the interval between the outlay of funds and receipts of the fruits of trade. Moreover, as the enterprise expands, the amount of credit it needs tends to increase and the growth in its borrowing facilitates further expansion, the borrowed funds providing leverage for the enhancement of profits.

22.02 The question which any lender has to consider is whether he can be sure that his loan will be repaid on the due date. The proven quality of the debtor company's management over a number of years may be sufficient assurance without the need for any special safeguards, but even well-run companies can be seriously affected by events over which they have little control: international incidents which affect supplies; adverse exchange rates; a trade recession; a global slowdown; prolonged or repeated industrial action; the unexpected financial collapse of the borrower's own customers; and unforeseen reduction in demand for the borrower's product. Where these misfortunes occur, the borrowed funds may prove a burden rather than a support, for the lender expects his interest, come what may, and if the return on the borrowed money, instead of being greater than the interest paid, falls below it, the servicing of the loan represents a steady drain on the borrower's resources. If the borrower is unable to trade out of his difficulties and is forced into liquidation with liabilities substantially in excess of assets, how is the lender to ensure that he or it will nevertheless be paid in full?

22.03 It is precisely to that end that security is taken. The general rule in bankruptcy or winding up[1] is that all creditors are treated *pari passu*, that is,

---

[1] Bankruptcy is the formal proceeding resulting from insolvency of an individual, winding up (or liquidation) the usual final outcome of insolvency of a company. Partnerships of individuals

22.03 *The Classification and Characteristics of Credit and Security*

on an equal footing, sharing in the proceeds of realized assets in proportion to the amount of their respective claims. Thus if the sale of the assets by the trustee in bankruptcy or liquidator produces, after deduction of expenses, £25,000 when liabilities are £100,000, each unsecured creditor will receive a dividend of 25p in the pound.[2] The principal reason why a lender takes a security is to avoid the effects of this *pari passu* distribution and to ensure for himself a privileged status, either by establishing real rights over one, some or all of the debtor's assets, which will thus have priority over the claims of unsecured creditors,[3] or by having recourse to a third party who has undertaken responsibility to the lender for payment if the debtor defaults.

22.04 Security over assets is known as real security, that is, security in or over a *res* or asset; security involving recourse to a third party is known as personal security, ie a personal claim against a third party, for example, under a guarantee, or against the debtor himself on a collateral undertaking given by way of security, such as a bill of exchange. Not infrequently, the latter is itself reinforced by a real security, as where A guarantees B's indebtedness to C and charges his house to C as security for performance of the guarantee.[4] Real security may be either consensual or legal, that is, it may be created by agreement between the parties or be conferred by law automatically when given conditions exist. The present chapter is concerned essentially with real security, and the term 'security' will hereafter be used in this restricted sense unless otherwise indicated. But first we must say a few words about credit.

1. THE NATURE AND FORMS OF CREDIT

(i) Loan, sale and lease

22.05 The word 'credit' has many meanings. It may signify no more than a person's financial standing ('his credit is good', 'he is a good credit risk') or may on the other hand be used in a legal sense, when its meaning will depend on the context in which it appears. For our purposes it will be employed to denote financial accommodation of some kind;[5] that is, the provision of a benefit (cash, land, goods, services or facilities) for which payment is to be

---

are subject to the regime of bankruptcy but in certain cases may also be wound up as unregistered companies under Part V of the Insolvency Act 1986 (see the Insolvent Partnerships Order 1994/2421, arts 7–10). See generally, ch 31.

[2] There are, however, numerous statutory exceptions to the general rule. Certain classes of creditor (eg employees for unpaid wages and certain other employment claims) enjoy preferential status, while others (eg shareholders of a company in winding up, a spouse in the other spouse's bankruptcy) are deferred, with no dividend entitlement until other creditors have been paid in full.

[3] As the reader will recall, it is a characteristic of real rights that they survive the debtor's bankruptcy or liquidation, whereas personal rights against the debtor become converted into a right to prove for dividends in competition with other holders of personal rights.

[4] It is also possible for a person to charge his property by way of guarantee without undertaking any personal liability for payment (*Re Conley* [1938] 2 All ER 127).

[5] Cf the Consumer Credit Act 1974, s 9(1), which defines credit as including 'a cash loan, and any other form of financial accommodation'.

made by the recipient in money at a later date.[6] From a commercial viewpoint all credit takes one of three forms: loan, sale or lease. A loan is a payment of money to the debtor, or to a third party at the debtor's request, by way of financial accommodation upon terms that the sum advanced, with any stipulated interest, is to be repaid by the debtor in due course. Into this category fall such transactions as building society mortgage advances, bank loans and overdrafts, payments to suppliers under credit card or check trading arrangements, and the like.[7] Sale credit is price-deferment. Price-deferment agreements involve sales on open account, instalment sale and hire-purchase agreements, revolving charge accounts[8] and the sale or supply of land, services or facilities at a deferred price, as opposed to lease or hire for rent.[9] To these two forms of credit we must add a third, finance leasing, that is, the leasing of equipment to a single lessee for all or most of its estimated working life, and without an option to purchase, at a rental which, instead of representing the use-value of equipment intended to be leased to a series of hirers, as would be the case for an operating lease, is calculated so as to ensure the return to the lessor of its capital outlay and desired return on capital. The finance lease is thus a financing tool by which legal title remains in the lessor but the economic benefits of ownership belong to the lessee.[10] From a legal viewpoint, leases without an option to purchase are not considered to involve the extension of credit at all, whether they are operating leases or finance leases. The distinction between the two other forms, loan credit and sale credit, is still very significant, though less than it was before the enactment of the Consumer Credit Act 1974.[11] The courts have always regarded price-deferment as essentially different from loan, so that legislation regulating the lending of money has never[12] applied to instalment sales and hire-purchase, finance charges under sale and hire-purchase agreements have been immune from attack under usury legislation and the two forms of financial accommodation have been subjected to entirely different common law rules.[13] Similarly, the reservation of title under a sale or hire-purchase agreement is still generally considered to be no more than a stipulation as to whether and when property is to pass, and is not to be confused with a chattel mortgage, despite the fact that the two devices are intended to fulfil the same security function. So a document reserving title is outside the Bills of Sale Acts and is exempt from registration as a charge under s 859A of the Companies Act 2006.

---

[6] For a detailed analysis of the concept of credit in the context of the Consumer Credit Act 1974, see *Goode: Consumer Credit Law and Practice* (looseleaf, ed R. M. Goode), ch 24.

[7] See *Goode: Consumer Credit Law and Practice*, n 6, ch 3–10. A transaction may be a loan even though repayment is to be made exclusively from a designated fund or security, so that the borrower incurs no personal liability. See para **22.37**.

[8] Eg, budget and option accounts. See *Goode: Consumer Credit Law and Practice*, n 6, paras [3.25], [3.26].

[9] See *Goode: Consumer Credit Law and Practice*, n 6, ch 40.

[10] See para **28.03**.

[11] Which largely obliterates the distinction in relation to transactions within the Act. See *Goode: Consumer Credit Law and Practice*, n 6, ch 25.

[12] Prior to the Consumer Credit Act 1974.

[13] *Goode: Consumer Credit Law and Practice*, n 6, ch 11–20; Report of the Committee on Consumer Credit (Cmnd 4596, 1971), para 4.2.4.

22.06 The Classification and Characteristics of Credit and Security

22.06 There are many situations in which A would like to lend money to B, and B to borrow money from A, yet the parties are obstructed by legal difficulties. Suppose, for example, that A and B are both companies. A's ability to lend money may be restricted by legislation[14] or by its Memorandum or Articles of Association. B's powers of borrowing may be similarly restricted; or B may have undertaken, eg as a term of a debenture given to its bankers, to keep its external borrowing within defined limits, and the loan by A would take B's borrowing beyond those limits and thus put it into default under the debenture deed, with potentially disastrous consequences.[15] Now, with a little ingenuity A and B can bypass these difficulties by selecting a price-deferment form of accommodation or by utilizing a mechanism which in legal terms does not involve the grant of credit at all.

EXAMPLE 1:

> B Ltd wishes to borrow from A Ltd on the security of B's receivables[16] but is precluded from so doing by the terms of a debenture given to its bank.[17] So it is agreed that B will sell the receivables to A outright at a discount, B guaranteeing payment by the debtors concerned. The end result is the same as on a loan: A pays cash now and gets it back later. But a sale at a discount is not a loan at interest[18] even where recourse is given.[19]

22.07 Typical transactions of this kind are block discounting agreements between dealers and finance houses[20] and factoring agreements between trade suppliers and factoring companies.[21]

EXAMPLE 2:

> B Ltd wants to buy equipment from S but has insufficient funds for the purpose. S is not prepared to extend credit. A Ltd is willing to help but, as in example 1, B is debarred from taking a loan. The problem can be solved in at least two ways. S can agree to accept payment of the price by instalments with interest and immediately discount the agreement to A. The effect of this is that S gets his money[22] while B obtains the necessary financial accommodation. Alternatively, S can sell the goods to A, who can resell to B on instalment terms.

---

[14] This will not usually be a problem for the commercial company incorporated under the Companies Act 2006, but statutory corporations may be subject to lending and borrowing restrictions.

[15] Not the least of which is likely to be that under the terms of the deed the exceeding of the limits would constitute a default event making the full outstanding balance of the loan become due immediately and possibly triggering cross-default clauses in loan agreements with other lenders.

[16] Ie debts and other money obligations owed to B by third parties, typically under sale, hire-purchase, lease or loan contracts. See generally ch 29 as to financing against receivables.

[17] Alternatively, B does not wish to have a charge on book debts registered against it under s 859A of the Companies Act 2006.

[18] *Olds Discount Co Ltd v John Playfair Ltd* [1938] 3 All ER 275; *Chow Yoong Hong v Choong Fah Rubber Manufactory* [1962] AC 209. Indeed, such a sale is not a credit transaction at all.

[19] See cases cited in n 18.

[20] See para **27.07**.

[21] See para **29.32**.

[22] Since he is selling the right to receive interest as well as the cash price, he should be able to obtain from A a sum at least sufficient to leave him with that price after deduction of the discount.

22.08 There may, however, be cases in which B Ltd wishes to receive short-term renewable finance as working capital for its day-to-day operations, rather than for any specific purchases, and does not have receivables which A is willing to buy. In this situation the cooperation of a third party may be needed.

EXAMPLE 3:

A Ltd agrees to accept 180-day bills of exchange drawn upon it by B Ltd, up to an agreed limit, B putting A in funds to meet each bill as it falls due. B discounts the bills to C.[23] Alternatively, the bills are drawn on C and discounted to A.

22.09 Similarly, equipment financing may be arranged by way of instalment sale (with or without reservation of title in favour of the seller), hire-purchase or finance lease, each of which possesses characteristics that may influence the choice of instrument.[24] Retention of title sales, hire-purchase agreements and finance leases may therefore be regarded as quasi-security devices, forms of agreement intended to fulfil a security function even though not security in law. A slightly less obvious quasi-security device is the repo, a transaction involving the sale and repurchase of investment securities. In the case of the repo, and of similar transactions such as sell/buy-back, the seller transfers full ownership and the buyer agrees to sell the securities back to the transferor at a later date. But the economic effect is similar to that of a mortgage because of close-out provisions in the repo agreement by which, in the event of default by either party, the non-defaulting party may accelerate the repurchase date, whereupon any transfer or retransfer obligations are converted into obligations to pay the then value of the securities and the resulting money obligations are netted out, leaving a balance to be paid by one party to the other. Thus the seller is protected against failure of the buyer to perform its retransfer obligation, while the buyer is protected against failure of the seller to pay the repurchase price.

22.10 The point of these examples is not merely to illustrate the legal differences between sale credit and loan credit but to show the versatility of the commercial world in adapting its techniques to accommodate legal requirements and restrictions. In other words, there are more ways than one of killing a cat!

---

[23] This form of financing is known as acceptance credit. It is not in law a loan, for no money is being lent either by A Ltd (who will meet the bills with funds provided by B) or by C, who is a purchaser of bills, not a lender (*IRC v Rowntree & Co Ltd* [1948] 1 All ER 482; *Re Securitibank (No 2)* [1978] 2 NZLR 136; *Begley Industries Ltd v Cramp* [1978] 2 NZLR 207). This type of acceptance must not be confused with that arising from the acceptance of bills under a documentary letter of credit given in connection with a sale transaction, as to which see paras **35.30** ff.

[24] See paras **26.01** ff.

(ii) Fixed-sum credit and revolving credit

22.11 A distinction must also be drawn between fixed-sum credit[25] and revolving credit.[26] Under the former the debtor agrees to take a fixed amount of credit and to repay this with interest or charges, the transaction coming to an end on completion of the payments. Examples are the non-instalment loan, the (instalment) personal loan, the hire-purchase or instalment sale agreement. The characteristic of fixed-sum credit is that the amount of credit to be taken by the debtor is predetermined and the contract relationship is of finite duration, lasting only so long as there are sums outstanding from the debtor. By contrast, revolving credit is a *facility*. The debtor is given not a fixed amount of credit, but a credit limit or line of credit, which he can draw on as and when he chooses,[27] each drawing reducing the amount of credit remaining available while each repayment *pro tanto* restores it. So the debtor can go on drawing on the credit indefinitely so long as his debit balance, after taking account of repayments he makes, does not at any time exceed the credit limit. The credit is said to be revolving because what comes off at the top by drawings is restored at the bottom by repayments. The relationship between the parties is thus of indefinite duration. Revolving credit may be either purchase-money or non-purchase money. Examples of the former are the trading check, the credit card (where used to buy goods or services) and the budget account.[28]

22.12 Among the latter are the credit card (where used to draw cash) and the overdraft. The distinction between fixed-sum credit and revolving credit is of legal as well as commercial significance. The contract providing for fixed-sum credit is bilateral in nature, consisting of an exchange of promises, whereas the terms of a revolving credit are usually no more than a standing offer, each drawing on the credit representing a separate acceptance, so that a series of unilateral contracts comes into existence, each governed by the standard terms of offer.[29] It is also possible to have a combination of fixed-sum and revolving credit, as where the parties enter into a master revolving credit agreement which sets a limit on total outstandings at any one time but within that limit permits a continuing series of fixed-sum credit agreements.

2. THE SECURED CREDITOR VERSUS THE UNSECURED CREDITOR

22.13 The possession of a real right over one or more of the debtor's assets is what distinguishes the secured from the unsecured creditor. Until the debtor's bankruptcy or winding up, the unsecured creditor lacks even a vestigial interest in the debtor's property.[30] He has no claim either to a specific asset or

---

[25] The term is taken from the Consumer Credit Act 1974, s 10(1)(b).
[26] Termed in the Consumer Credit Act 1974 'running-account credit' (s 10(1)(a)). The term 'revolving credit' is used here, since it is the usual business expression, and not all credit involving a running account between the parties is revolving credit.
[27] He may, indeed, decide not to use the facility at all.
[28] For descriptions of these forms of credit, see *Goode: Consumer Credit Law and Practice*, n 6, ch 3–10.
[29] See para **3.27** as to unilateral contracts.
[30] *Re Ehrmann Bros Ltd* [1906] 2 Ch 697.

to a fund, merely the right to sue for his money and to invoke the processes of the law to enforce a judgment against the defendant. As a corollary, the unsecured creditor has no *locus standi* to complain of the way in which the debtor deals with his assets,[31] the manner in which a secured creditor realizes his security,[32] the failure of a secured creditor to register or otherwise perfect his interest,[33] the enforcement of an unperfected security by the secured creditor[34] or the payment by the debtor in or towards discharge of an unperfected security interest.[35] Nor is the unsecured creditor protected by an order preserving the rights of intervening third parties where leave is given to register a secured interest out of time.[36]

22.14 These are simply illustrations of the general principle that while a business is solvent, it is for the proprietors, and for them alone, to decide how to use their unencumbered assets;[37] and even an unperfected security interest is good against the debtor himself, unless otherwise provided by statute. But if the debtor becomes bankrupt or goes into liquidation, the position changes dramatically. The proprietors cease to be masters in their own house;[38] their management functions are assumed by the trustee or liquidator, who, as the representative of the general body of unsecured creditors, has the right to impeach a security which is unperfected or is otherwise void or voidable under the insolvency statutes.[39] So a secured creditor has to be alert, for a security interest which is valid and enforceable outside insolvency may suddenly be deprived of effect by the onset of the debtor's bankruptcy or liquidation.

---

[31] Ibid; *Re Cardiff Workmen's Cottage Co Ltd* [1906] 2 Ch 627, per Buckley J at 630. It is true that where the debtor is bankrupt or in liquidation or administration an individual creditor can apply to set aside, under ss 423–425 of the Insolvency Act 1986, a transaction at an undervalue designed to put assets out of the reach of, or otherwise prejudice, a creditor or potential creditor, but such an action is brought for the benefit of all victims of the transaction (s 424(2)) and the claimant need only show an intention to prejudice creditors at large, not necessarily himself.

[32] See *Re Ehrmann Bros Ltd*, n 30, per Romer LJ at 708, where the learned Lord Justice makes the point that outside winding up, an unsecured creditor has no right to intervene to prevent a company from applying part of its property in payment of debentures even where these have not been registered.

[33] Ibid.

[34] Ibid; *Re Row Dal Constructions Pty Ltd* [1966] VR 249.

[35] *Re Row Dal Constructions Pty Ltd*, n 34.

[36] Ibid; *Re M.I.G. Trust Ltd* [1933] Ch 542.

[37] Subject only to the qualification that if there is clear evidence of an intent to defraud creditors by wrongful payment or transfers of assets, the court can in its discretion grant an injunction to restrain those managing the business from committing the intended fraud.

[38] In the case of a company this is true to a limited extent even before formal liquidation proceedings, in that where a company becomes or, *semble*, is likely to become unable to pay its debts, its members cease to be able to ratify transactions entered into by the directors in breach of duty, for at that stage it is the creditors, not the members, who have the primary interest in the proper application of the company's assets (*Winkworth v Edward Baron Development Co Ltd* [1986] 1 WLR 1512, per Lord Templeman at 1516; *Brady v Brady* [1988] 2 All ER 617; *Kinsela v Russell Kinsela Pty Ltd* (1986) 10 ACLR 395).

[39] See paras **31.34** ff.

3. CONSENSUAL SECURITY[40]

(i) The forms of security

22.15 Real security[41] is a right in another's asset to secure performance of an obligation. The creditor, or in appropriate cases a third party,[42] acquires real rights over one or more of the debtor's assets in order to secure payment of the debt. In principle, security in an asset carries through automatically to its products and proceeds except where the agreement indicates a contrary intention.[43] Only four forms of consensual security *stricto sensu* are known to English law: the pledge, the contractual lien, the mortgage and the equitable charge. Reservation of title to goods until payment of the price – eg by the seller under a conditional sale agreement or the owner under a hire-purchase agreement – is intended as a security device, yet it does not constitute security as a matter of law, for what is reserved is merely a right *in re sua*. The seller/owner does not take security in the buyer's asset; he merely stipulates that ownership is not to pass until the full price has been paid.[44] This distinction between security *stricto sensu* and reservation of title, which was abandoned many years ago in the United States,[45] has important conse-

---

[40] See generally L. Gullifer, *Goode and Gullifer on Legal Problems of Credit and Security* (6th edn, 2017); H. Beale, M. Bridge, L. Gullifer and E. Lomnicka, *The Law of Security and Title-Based Finance* (3rd edn, 2018); I. Davies, *Security Interests in Mobile Equipment* (2002).

[41] The term 'security' is not ideal, since it is used in so many senses, being applied indifferently to describe the interest acquired in the asset, the instrument creating that interest and the asset which is the subject matter of the interest. It is also unhappily contiguous to 'securities'; that is, investment securities, such as shares and bonds. There would be much to be said for substituting the word 'collateral' – despite our distaste for converting English adjectives into American nouns – but for the fact that in the securities industry the term is also used to include interests acquired by outright transfer under sale and repurchase ('repo') and similar sell/buy-back arrangements.

[42] *In the Matter of Lehman Brothers International (Europe) (in Administration)* [2012] EWHC 2997 (Ch), [2014] 2 BCLC 295 at [43], [44] where Briggs J stated that he could see no good reason why A should not confer a specifically enforceable right on B to have A's property appropriated towards the discharge of a debt which A (or someone else) owes to C, without any requirement that B be C's trustee or fiduciary. While conceptually possible, this type of arrangement has the potential to put A in a difficult position where A is called upon to honour the obligation created by the security given that payment by A to B may not necessarily have the effect of discharging the liability that A has towards C.

[43] See para **22.62**, as to security in proceeds.

[44] See paras **22.33, 27.28**.

[45] Under art 9 of the Uniform Commercial Code the buyer is treated as the economic owner and the seller's reservation of title is limited to a security interest, so that such a sale gives rise to a security agreement (ss 1–201(b)(35), 9–202). This has the advantage of reflecting the security function of title reservation and of allowing a unified concept of security which makes it unnecessary to distinguish between one form of financing and another. It has now been adopted throughout Canada, and in New Zealand and Australia, in the form of Personal Property Security Acts. A similar approach for this country was long ago recommended by the Crowther Committee in its report *Consumer Credit* (Cmnd 4596, 1971), ch 5 and Appendix III, which was later endorsed both by the Insolvency Law Review Committee, *Insolvency Law and Practice* (Cmnd 8558, 1982), paras 1620–1623 and by the report of Professor Aubrey Diamond, *A Review of Security Interests in Property* (1989). More recently, following a recommendation by the Company Law Review, the Law Commission gave extensive consideration to reform of this area of law. The early papers were more ambitious, suggesting that there was a real prospect of a move towards a functional approach to security (see the

quences[46] and is one of the principal incidents of the still more fundamental distinction between sale credit and loan credit to which reference has previously been made.[47]

22.16 The trust not uncommonly features in security transactions, as where an asset is transferred to trustees to secure an obligation or the owner of the asset declares himself a trustee for the creditors by way of security. But the trust is not a separate security device, merely a particular form of equitable mortgage or charge.[48]

(ii) The evolution of the security devices

1. The pledge[49]

22.17 The earliest form of security was the pledge, in which the creditor took possession of the debtor's asset as security until payment of the debt. The common law understandably attached great significance to possession, for this was the principal *indicium* of ownership, and to allow the debtor to grant security over his assets while remaining in possession was the surest way to facilitate a fraud on his other creditor, who might be led to lend money on the strength of the debtor's apparent continued ownership of the assets in question. Hence in the early days of the common law the taking of possession by the creditor was almost[50] a *sine qua non* of a valid security interest. Even the mortgage of land was originally in the nature of a pledge, the mortgagee taking possession until payment, and it was not until the sixteenth century that

---

Law Commission's major consultation papers, *Registration of Security Interests: Company Charges and Property other than Land* (Consultation Paper No 164, July 2002) and *Company Security Interests: A Consultation Paper* (Consultation Paper No 176, August 2004) but the final report (Law Commission, *Company Security Interests*, Law Com No 296, August 2005) was much less radical. But even that report has not been implemented.) Limited changes were made to the registration scheme by The Companies Act 2006 (Amendment of Part 25) Regulations 2013 (SI 2013/600), on which see paras **24.31** ff. The Law Commission Annual Reports in the period between 2011 and 2013 contained a rather plaintive statement that 'we still await a decision on our broader recommendations' but the statement was dropped from the Annual Report in 2014 and it has not reappeared. The Annual Report for 2018–2019 simply states that the status of the 2005 final report is 'pending'. It therefore seems unlikely that major reform will take place in the short term.

[46] In particular, reservation of title is not registrable as a mortgage or charge and the buyer/hirer does not in principle have any equity of redemption. See generally G. McCormack, *Reservation of Title* (2nd edn, 1995).

[47] See para **22.05**.

[48] A contractual right of set-off is not a real security at all, though its effects are not dissimilar. See para **22.39**.

[49] See generally N. Palmer and A. Hudson, 'Pledge' in N. Palmer and E. McKendrick (eds), *Interests in Goods* (2nd edn, 1998), p 621; H. Beale, M. Bridge, L. Gullifer and E. Lomnicka, n 40, paras 5.01 ff; and M. Bridge, L. Gullifer, K. Low and G. McMeel, n 40, paras 15-011 – 15-026.

[50] An exception was the Jewish mortgage, a non-possessory security interest perfected by local registration under a system established by King Richard I. For descriptions of this, see J. M. Rigg, *Select Pleas, Starrs and Other Records from the Rolls of the Exchequer of the Jews* (1902), Selden Society, vol 15, pp xviii ff; Pollock and Maitland, *History of English Law* (2nd edn, 1898), vol I, pp 469 ff.

22.17 The Classification and Characteristics of Credit and Security

the practice developed of leaving the mortgagor of land in possession. A further two centuries were to elapse before this could safely be done by the mortgagee of goods.[51]

22.18 With the development of documentary intangibles,[52] the scope of the pledge increased. It could now be applied not only to goods but also to documents of title to goods and to instruments embodying a money obligation. Further, it was not necessary for the creditor to take or retain *physical* possession; it sufficed that he had constructive possession through a third party or even through the debtor himself,[53] a particularly useful rule for banks financing the import of goods against a pledge of the shipping documents, for these could safely be released to the buyer against a trust receipt.[54]

22.19 To this day the pledge remains the most powerful form of security interest known to English law, for though the pledgee's interest is a limited one, his possession gives him a legal title to that interest, with an implied power of sale in the event of default; and the very fact of possession suffices both to evidence the transaction and to put third parties on notice of the pledgee's rights without any need for registration. But with the expansion of credit facilities, the limitations of the pledge as a security device long ago became apparent. It was often as inconvenient to the creditor to hold the asset as to the debtor to lose it; and if the asset was needed by the debtor in his business, as it frequently was, for the purpose of generating the income from which to pay the debt, a pledge to the creditor was out of the question. Finally, the pledge was by its very nature confined to physical assets, including documents; the pure intangible[55] could not be reached by this device and could be accommodated only by a valid non-possessory security interest.

2. The contractual lien[56]

22.20 A contractual lien is a right given to a creditor by contract to detain goods of the debtor to secure payment or performance of some other obligation, the goods having been delivered to the creditor for some purpose other than security, such as storage or repair. It is this last element that distinguishes the contractual lien from the pledge. The legal effect of a contractual lien differs from that of a pledge in that the latter carries with it an implied power of sale upon the debtor's default, whereas a lien is in principle a right of detention only, so that a power of sale would have to be agreed. A lien has traditionally been exercised over 'tangibles and old-fashioned certifi-

---

[51] See para **22.22**.
[52] See para **2.56**.
[53] See para **24.05**.
[54] See para **35.150**. For the position now in relation to electronic documents which are increasingly used in commercial transactions, see paras **32.04–32.06**.
[55] See para **2.54**.
[56] See generally H. Beale, M. Bridge, L. Gullifer and E. Lomnicka, n 40, paras 5.85 ff and M. Bridge, L. Gullifer, K. Low and G. McMeel, n 40, paras 15-039 – 15-042.

cated securities'[57] and has been held not to extend to intangibles so that a clause in a Master Custody Agreement which purported to be a 'general lien' but was in fact intended to apply mainly or almost exclusively to intangibles was re-characterised by the court as a charge.[58]

3. *The mortgage*[59]

22.21 A mortgage is a transfer of ownership to the creditor by way of security, upon the express or implied condition that the asset shall be reconveyed to the debtor when the sum secured has been paid.[60] The delivery of possession is not now essential to a mortgage, nor, indeed, is it usual for possession to be given, in the absence of default, except by delivery of title deeds. On the other hand, the delivery of possession is in no way incompatible with a mortgage, though whether possession was given by way of mortgage or of pledge will depend on the intention of the parties.

22.22 Whereas the non-possessory mortgage of land had become established by the sixteenth century, it was some time before this form of security became readily available for other classes of asset. Until 1854 the non-possessory chattel mortgage was almost invariably doomed to failure, for the debtor's continuance in possession after granting a security bill of sale was regarded as nearly conclusive evidence of an intent to defraud creditors within the Fraudulent Conveyances Act 1571.[61] All this changed with the enactment of the Bills of Sale Act 1854, which for the first time provided a public registration system for non-possessory chattel mortgages in writing.[62] This Act and its successors enabled the courts to take a more relaxed attitude towards mortgages of chattels, for if the statute were not complied with, the unregistered bill would become void as to the chattels comprised in it,[63] while if for some reason the Act did not apply, then Parliament must be taken to have considered that in the case in point public notice was not required. However, there was a further peril for the non-possessory chattel mortgage in the shape of the so-called order and disposition clause,[64] first introduced by the

---

[57] *In the Matter of Lehman Brothers International (Europe) (in Administration)* [2012] EWHC 2997 (Ch), [2014] 2 BCLC 295 at [34].
[58] Ibid at [34]–[46].
[59] See generally H. Beale, M. Bridge, L. Gullifer and E. Lomnicka, n 40, paras 6.01 ff and M. Bridge, L. Gullifer, K. Low and G. McMeel, n 49, paras 15-051 – 15-066.
[60] A mortgage of land no longer takes this form, since by statute this is required to be effected either as a charge by way of legal mortgage or as a demise for a term of years absolute, the latter now being confined to unregistered land. See para **2.26**.
[61] Where the transfer was absolute, the creditor's failure to take possession was considered conclusive evidence of fraud, so that as a matter of law the transfer was invalidated as a fraudulent conveyance (*Edwards v Harben* (1788) 2 Term Rep 587). In the case of a transfer by way of security, the debtor's continuance in possession was very strong evidence of fraud (*Twyne's Case* (1602) 3 Co Rep 80b) but was not conclusive so as to render the security void in point of law (*Reeves v Capper* (1838) 5 Bing NC 136; *Martindale v Booth* (1832) 3 B & Ad 498).
[62] The Act was amended in 1866 and ultimately repealed by the Bills of Sale Act 1878, which, with the amending Acts of 1882, 1890 and 1891, is still in force.
[63] Bills of Sale Act (1878) Amendment Act 1882, s 8.
[64] Also known as the reputed ownership clause.

22.22 *The Classification and Characteristics of Credit and Security*

Bankruptcy Act 1623 and eventually embodied in s 38(c) of the Bankruptcy Act 1914, which invalidated transfers of goods where they remained in the possession, order or disposition of the transferor in his trade or business in such circumstances that he was the reputed owner and he became bankrupt. The order and disposition clause, which never applied to charges by companies, was not displaced by registration of a security (as opposed to an absolute) bill of sale. It disappeared with the repeal of the 1914 Act by the Insolvency Act 1985.

22.23 The great merit of the mortgage was its flexibility. Since it did not depend upon possession, it could be applied to all classes of asset, tangible and intangible; and though at common law the scope for its development was severely limited because of the unwillingness of the common law to recognize assignments of future property or of contract rights, these obstacles were brushed aside by the courts of equity, which were perfectly happy to accord recognition both to transfers of after-acquired property[65] and to assignments of debts and other contract rights.[66] The mortgage thus became an instrument of great power. Not only could it be taken over any type of asset, whether currently owned by the debtor or to be acquired by him subsequently,[67] but it could be utilized to secure future as well as existing indebtedness. It is a form of security widely used at the present time.

4. *The equitable charge*[68]

22.24 An equitable charge does not involve the transfer either of possession or of ownership but constitutes the right of the creditor, created either by trust or by contract, to have a designated asset of the debtor appropriated to the discharge of the indebtedness. The right is satisfied out of the proceeds of sale of the asset, whether sale results from the debtor's voluntary act or takes place under a court order for sale or the appointment of a receiver made on application of the chargee.[69] Since a charge is a mere encumbrance and does not involve any conveyance or assignment at law, it can exist only in equity or by statute. An agreement for a charge is itself a charge.

22.25 Equitable charges may be fixed or floating.[70] A fixed charge is one which attaches as soon as the charge has been created or the debtor has acquired rights in the asset to be charged, whichever is the later. The effect of this is that the debtor cannot dispose of the asset free from the charge without

---

[65] See para **23.03**.
[66] See paras **2.54, 29.19**.
[67] But s 5 of the Bills of Sale Act (1878) Amendment Act 1882 outlawed security bills of sale over after-acquired property.
[68] See generally H. Beale, M. Bridge, L. Gullifer and E. Lomnicka, n 40, paras 6.17 ff and M. Bridge, L. Gullifer, K. Low and G. McMeel, n 40, paras 15-067 – 15-090.
[69] *Swiss Bank Corpn v Lloyds Bank Ltd* [1980] 2 All ER 419, per Buckley LJ at 425. The terms 'charge' and 'mortgage' are often used interchangeably. It is necessary to distinguish a *mere* charge from a charge which embodies an agreement for a mortgage and is treated in equity as a mortgage.
[70] The same is true of the mortgage, but floating mortgages, though not unknown, are much less common.

Consensual Security 22.25

the chargee's consent except by satisfying the indebtedness secured by the charge. The floating charge, by contrast, is one which hovers over a designated class of assets in which the debtor has or will in the future acquire an interest, the debtor having a liberty to deal with any of the assets free from the charge so long as it remains floating. The chargee's interest is thus in a changing fund of assets, not in any asset *in specie*,[71] but when an event occurs which causes the charge to crystallize, it attaches as a fixed security to all the assets then comprised in the fund and to any assets of the specified description subsequently acquired by the debtor.[72] A creditor can take a fixed and floating charge over the same asset to secure different liabilities but not the same liability. Typically, a debenture will contain both a fixed and a floating charge, the former covering fixed assets and debts, the latter covering the remaining types of asset (see figure 22.1).

---

[71] As to interests in funds, see para 2.92.
[72] For a fuller description, see ch 25.

22.25 *The Classification and Characteristics of Credit and Security*

Figure 22.1   Fixed and floating charge

Classification: Limited

LLOYDS BANK

Debenture
(company or limited liability partnership)

To be presented for registration at Companies House within 21 days of dating.

Form of Charge filed at HM the Land Registry under reference MD1390C

To

Lloyds Bank plc

40100

05/12/18

Classification: Limited

Table of contents

Clause	Heading	
1.	DEFINITIONS AND INTERPRETATION	3
2.	AGREEMENT TO PAY	8
3.	INTEREST	9
4.	CHARGES	9
5.	RESTRICTIONS AND WARRANTIES	11
6.	DEPOSIT OF TITLE DEEDS, ETC.	14
7.	FURTHER ASSURANCE AND NOTICE OF CRYSTALLISATION	15
8.	BANK'S POWERS OF SALE AND LEASING	16
9.	COMPANY'S POWERS OF LEASING AND LICENSING	16
10.	APPOINTMENT OF AN ADMINISTRATOR AND APPOINTMENT AND POWERS OF A RECEIVER	17
11.	PROTECTION OF THIRD PARTIES	20
12.	COVENANTS	21
13.	REPAIR AND INSURANCE	23
14.	ENVIRONMENTAL OBLIGATIONS	25
15.	INSTALMENT CREDIT AGREEMENTS	25
16.	ENFRANCHISING LEGISLATION	27
17.	POWER OF ATTORNEY	28
18.	INDEMNITY	28
19.	NOTICE OF SUBSEQUENT CHARGES, ETC.	29
20.	SET-OFF	30
21.	NOTICES AND DEMANDS	30
22.	CURRENCY CONVERSION	31
23.	PAYMENTS AND COSTS	31
24.	NON-MERGER, ETC.	32
25.	TRANSFERS BY THE BANK OR THE COMPANY	33
26.	PARTIAL INVALIDITY	33
27.	RESTRICTION ON LIABILITY OF THE BANK	33
28.	CONCLUSIVE EVIDENCE	33
29.	NO RELIANCE ON THE BANK	33
30.	MISCELLANEOUS	34
31.	LAW AND JURISDICTION	35

665

22.25 The Classification and Characteristics of Credit and Security

Classification: Limited

Clause 5.2 contains a request to HM Chief Land Registrar to note a restriction in the Proprietorship Register.			
THIS DEBENTURE DEED is made on the	(day) day of	(month)	(year)

BETWEEN

Name

                                                                                                                               (the "Company")

Registered Number

Address

AND **Lloyds Bank plc (company number 2065)** (the "Bank")

Address for communications with the Bank under this Debenture

Lloyds Bank PLC of Pendeford Securities Centre, Dept 3282, Pendeford Business Park, Wobaston Road, Wolverhampton, WV9 5HZ

or at such other address as the Bank may from time to time notify to the Company in writing for this purpose.

1. **DEFINITIONS AND INTERPRETATION**

    1.1   In this Debenture the following words and expressions shall have the following meanings:

            "Approved Instalment Credit Agreement" means Instalment Credit Agreements for the time being deposited with the Bank and approved by the Bank for the purpose of the calculation required by sub-clause 12(d);

            "Charged Property" means the undertaking, assets, properties, revenues, rights and benefits First, Secondly, Thirdly, Fourthly, Fifthly, Sixthly, Seventhly, Eighthly, Ninthly, Tenthly and Eleventhly described in sub-clause 4.1 and references to the Charged Property include references to any part of it;

            "Credit Agreements" means all agreements now or hereafter entered into by the Company under which the Company has provided or agreed to provide credit (as defined by section 9 of the Consumer Credit Act 1974) to any person of any amount and all agreements now or hereafter entered into by any person other than the Company under which credit (as so defined) is provided or agreed to be provided and the benefit of which is assigned to or otherwise vested in the Company;

Classification: Limited

"**Charged Securities**" means:

(a) all those Securities which (or the certificates of which) are now or may at any time in the future be:

(i) lodged with or held (in certificated or uncertificated form) by the Bank or its agents on behalf or for the account of the Company; or

(ii) transferred to or registered in the name of the Bank or its nominee(s) on behalf or for the account of the Company; or

(iii) held (whether in certificated or uncertificated form) by any person other than the Company for or to the order of the Bank or its nominee(s) at the request of or by arrangement with the Company; or

(iv) held in uncertificated form by a member of CREST or any other similar system (including the Company itself if a member of CREST or other similar system) where the Bank or its nominee(s) may to the exclusion of the member of the system direct the transfer of such Securities;

(whether lodged, held, transferred or registered for safe custody, collection, security or for any specific purpose or generally and either before or after the date hereof); and

(b) the benefit of all agreements, arrangements, undertakings or accounts under which any person holds on behalf of or on trust for the Company or has an obligation to deliver or transfer, any such Securities to the Company or to the order of the Company; and

(c) all those Securities held by the Company now or at any time in the future in any subsidiary undertaking as defined in Section 1162 (together with Schedule 7) of the Companies Act 2006;

"**Enfranchising Legislation**" means any legislation conferring upon a tenant or tenants of property (whether individually or collectively with other tenants of that or other properties) the right to acquire a new lease of that property or to acquire or require the acquisition by a nominee of the freehold or any intermediate reversionary interest in that property including (without limitation) the Leasehold Reform Act 1967 and the Leasehold Reform, Housing and Urban Development Act 1993 and the Commonhold and Leasehold Reform Act 2002 but does not include Part II of the Landlord and Tenant Act 1954;

"**Environmental Laws**" means all laws (statutory, common law or otherwise) including, without limitation, circulars, guidance notes and codes of practice from time to time regulating the control and prevention of pollution to land water or atmosphere and/or the carrying on of any process or activity on premises and any emissions from and all waste produced by such installations and/or process or activity and any chemicals or substances relating to the same whether relating to health and safety, the workplace, the environment or the provision of energy (including without limitation the Health and Safety at Work etc. Act 1974, the Control of Pollution Act 1974, the Environmental Protection Act 1990, the Environment Act 1995, the Water Industry Act 1991, the Water Resources Act 1991, the Statutory Water Companies Act 1991, the Water Consolidation (Consequential Provisions) Act 1991, the Water Act 2003, the Clean Air Act 1993, the Alkali, etc., Works Regulation Act 1906, the Planning (Hazardous Substances) Act 1990, the Public Health Acts and the Radioactive Substance Act 1993 and any European Union directives or regulations regulating the same) from time to time in force and

22.25 The Classification and Characteristics of Credit and Security

Classification: Limited

any other instrument, plan, regulation, permission, authorisation, order or direction made or issued thereunder or deriving validity therefrom;

"Environmental Licence" means any permit, licence, authorisation, consent or other approval required by or given pursuant to any Environmental Laws;

"Hiring Agreements" means all agreements (not being Credit Agreements) now or hereafter entered into by the Company for the bailment or (in Scotland) the hiring of goods to any person and all agreements (not being Credit Agreements) now or hereafter entered into by any person other than the Company for such bailment or (in Scotland) hiring the benefit of which is assigned to or otherwise vested in the Company;

"Insolvency Event" in relation to the Company means each of the following:

(a) a meeting is convened for the purpose of considering a resolution to wind up the Company;

(b) such a resolution as is mentioned in paragraph (a) is passed;

(c) a meeting of the directors or members of the Company is convened for the purpose of considering a resolution to seek a winding up order, an administration order or the appointment of an administrator;

(d) such a resolution as is mentioned in paragraph (c) is passed;

(e) a petition for a winding up or an application for an administration order is made by the Company or its directors or members or is presented against the Company;

(f) such an order as is mentioned in paragraph (e) is made;

(g) a notice of appointment of or notice of intention to appoint an administrator is issued by the Company or its directors or members or by the holder of a qualifying floating charge or a proposal is made for, or the Company becomes subject to, any voluntary arrangement;

(h) a receiver (administrative or otherwise) is appointed over all or part of the Company's assets;

(i) the Company takes part in any action (including entering negotiations) with a view to readjustment, rescheduling, forgiveness or deferral of any part of the Company's indebtedness;

(j) the Company proposes or makes any general assignment, composition or arrangement with or for the benefit of all or some of the Company's creditors;

(k) the Company suspends or threatens to suspend making payments to all or some of the Company's creditors;

(l) any action is taken in any jurisdiction which is similar or analogous to any of the foregoing; or

(m) the Bank has reasonable grounds for believing that any of the foregoing is imminent;

"Instalment Credit Agreements" means the Credit Agreements and the Hiring Agreements;

Consensual Security **22.25**

"**Intellectual Property Rights**" means:

(n) all present and future copyrights, patents, designs, trademarks, service marks, brand names, inventions, design rights, know-how, formulas, confidential information, trade secrets, computer software programs, computer systems and all other intellectual property rights whatsoever without any limitation, whether registered or unregistered, in all or any part of the world in which the Company is legally, beneficially or otherwise interested;

(o) the benefit of any pending applications for the same and all benefits deriving therefrom and thereunder including but not limited to royalties, fees, profit sharing agreements and income arising therefrom and all licences in respect of or relating to any intellectual property rights, whether such licences are granted to the Company or granted by the Company;

"**Interests in Securities**" means the Charged Securities and all stocks, shares, securities, rights, money or property or other assets accruing or offered at any time by way of conversion, redemption, bonus, preference, option or otherwise to or in respect of any of the Charged Securities including without limitation all dividends, interest and other income payable in connection therewith;

"**Non-Vesting Debts**" means all book and other debts which are purchased or purported to be purchased by the Bank pursuant to any debt purchase, invoice discounting or other financing arrangement relating to the purchase of any debts for the time being in force between the Company and the Bank but which fail to vest absolutely and effectively in the Bank for any reason;

"**Planning Acts**" means all legislation from time to time regulating the development, use, safety and control of property including without limitation the Town and Country Planning Act 1990 and any instrument, plan, regulation, permission and direction made or issued thereunder or deriving validity therefrom;

"**Related Rights**" means in relation to any book or other debts:

(p) all security, bonds, guarantees, indemnities in relation to such debts;

(q) the right to demand, sue for, recover, receive and give receipts for all amounts due and to become due under the contract or arrangement under which such debts arise;

(r) the benefit of all covenants and undertakings from, and all causes and rights of action against, the debtor in respect of amount due and to become due under the contract or arrangement under which such debts arise; and

(s) all ledgers, documents, computer or electronic data (including operating systems) recording or evidencing such debts;

"**Secured Obligations**" means:

(t) all money and liabilities and other sums hereby agreed to be paid by the Company to the Bank; and

(u) all other money and liabilities expressed to be secured hereby (including, without limitation, any expenses and charges arising out of or in connection with the acts

669

22.25 The Classification and Characteristics of Credit and Security

Classification: Limited

or matters referred to in clauses 10, 13, 14, 18, 23) and all other obligations and liabilities of the Company under this Debenture;

"Securities" means all stocks, shares, bonds, certificates of deposit, bills of exchange, depository receipts, loan capital, derivatives (including any currency or currency unit, interest rate or commodity hedging arrangement) and other securities of any kind (whether in certificated or uncertificated form and whether marketable or otherwise); and

"Value Added Tax" includes any other form of sales or turnover tax.

1.2 In this Debenture:

(a) The expressions the **"Company"** and the **"Bank"** where the context admits include their respective successors in title and/or assigns, whether immediate or derivative. Any appointment or removal under clause 10 or consents under this Debenture may be made or given in writing executed by any such successors or assigns of the Bank and the Company hereby irrevocably appoints each of such successors and assigns to be its attorney in the terms and for the purposes set out in clause 17;

(b) unless the context requires otherwise:

(i) the singular shall include the plural and vice versa;

(ii) any reference to a person shall include an individual, company, corporation, limited liability partnership or other body corporate, joint venture, society or an unincorporated association, organisation or body of persons (including without limitation a trust and a partnership) and any government, state, government or state agency or international organisation (whether or not a legal entity). References to a person also include that person's successors and assigns whether immediate or derivative;

(iii) the expression **"this Debenture"** means this debenture and shall extend to every separate and independent stipulation contained herein;

(iv) any right, entitlement or power which may be exercised or any determination which may be made by the Bank under or in connection with this Debenture may be exercised or made in the absolute and unfettered discretion of the Bank which shall not be under any obligation to give reasons therefore;

(v) references to any statutory provision (which for this purpose means any Act of Parliament, statutory instrument or regulation or European directive or regulation or other European legislation) shall include a reference to any modification re-enactment or replacement thereof for the time being in force, all regulations made thereunder from time to time and any analogous provision or rule under any applicable foreign law;

(vi) for the avoidance of any doubt, the rights, powers and discretions conferred upon the Bank by or pursuant to this Debenture shall (unless otherwise expressly stated) apply and be exercisable regardless of whether a demand has been made by the Bank for the payment of the

Consensual Security 22.25

Classification: Limited

Secured Obligations or any of them and regardless of whether the power of sale or other powers and remedies conferred on mortgagees by the Law of Property Act 1925 or this Debenture shall have arisen or become exercisable; and

(vii) references to clauses, sub-clauses and schedules shall be references to clauses, sub-clauses and schedules of this Debenture.

1.3 The clause headings and marginal notes shall be ignored in construing this Debenture.

1.4 The perpetuity period applicable to any trust constituted by this Debenture shall be eighty years.

2. **AGREEMENT TO PAY**

The Company shall pay to the Bank in accordance with any relevant agreement between the Bank and the Company relating to the amounts hereby secured or, in the absence of any such agreement, on demand:

(a) all money and liabilities whether actual or contingent (including further advances made hereafter by the Bank) which now are or at any time hereafter may be due, owing or incurred by the Company to the Bank anywhere or for which the Company may be or become liable to the Bank in any manner whatsoever without limitation (and (in any case) whether alone or jointly with any other person and in whatever style, name or form and whether as principal or surety and notwithstanding that the same may at any earlier time have been due owing or incurred to some other person and have subsequently become due, owing or incurred to the Bank as a result of a transfer, assignment or other transaction or by operation of law);

(b) interest on all such money and liabilities to the date of payment at such rate or rates as may from time to time be agreed between the Bank and the Company or, in the absence of such agreement, at the rate, in the case of an amount denominated in Sterling, of two percentage points per annum above the Bank's base rate for the time being in force (or its equivalent or substitute rate for the time being) or, in the case of an amount denominated in any currency or currency unit other than Sterling, at the rate of two percentage points per annum above the cost to the Bank (as conclusively determined by the Bank) of funding sums comparable to and in the currency or currency unit of such amount in the London Interbank Market (or such other market as the Bank may select) for such consecutive periods (including overnight deposits) as the Bank may in its absolute discretion from time to time select;

(c) commission and other banking charges and legal, administrative and other costs, charges and expenses incurred by the Bank in relation to the Debenture or the Charged Property (including any acts necessary to release the Charged Property from this security), or in enforcing the security hereby created on a full and unqualified indemnity basis; and

(d) any fees charged by the Bank for the time spent by the Bank's officials, employees or agents in dealing with any matter relating to this Debenture. Such fees shall be payable at such rate as may be specified by the Bank.

22.25 The Classification and Characteristics of Credit and Security

Classification: Limited

3. **INTEREST**

    The Company shall pay interest at the rate aforesaid on the money so due (whether before or after any judgment which may be recovered therefore) upon such days in each year as the Bank and the Company shall from time to time agree or, in the absence of such agreement, as the Bank shall from time to time fix and (without prejudice to the right of the Bank to require payment of such interest) all such interest shall be compounded (both before and after any demand or judgment) upon such days in each year as the Bank shall from time to time fix.

4. **CHARGES**

    4.1 The Company with full title guarantee hereby charges with the payment of the Secured Obligations and so that the charges hereby created shall be a continuing security:

    First: The freehold and leasehold property (if any) of the Company both present and future including (without prejudice to the generality of the foregoing) the properties (if any) specified in the Schedule (and, where any such property is leasehold, any present or future right or interest conferred upon the Company in relation thereto by virtue of any Enfranchising Legislation including any rights arising against any nominee purchaser pursuant thereto) and all buildings and fixtures (including trade fixtures) fixed plant and machinery from time to time on any such property and all liens, mortgages, charges, options, agreements and rights, titles and interests (whether legal or equitable) of the Company in or over land of whatever description both present and future.

    Secondly: All the right, title and interest of the Company in all fixed plant and machinery on any freehold or leasehold property forming part of the Charged Property from time to time hired, leased or rented by the Company from third parties or acquired by the Company from third parties on a hire, instalment or conditional purchase basis including (without prejudice to the generality of the foregoing) the Company's right to any refund of rentals or other payments.

    Thirdly: All book debts (including without limitation any book debts which are Non-Vesting Debts) both present and future due or owing to the Company or in which the Company is legally, beneficially or otherwise interested (and the proceeds thereof) and the benefit of all rights relating thereto including (without prejudice to the generality of the foregoing) the Related Rights, negotiable or non-negotiable instruments, legal and equitable charges, reservation of proprietary rights, rights of tracing and unpaid vendors' liens and similar and associated rights.

    Fourthly: All other debts (including without limitation any other debts which are Non-Vesting Debts), claims, rights and choses in action both present and future of the Company or in which the Company is legally, beneficially or otherwise interested (and the proceeds thereof) including (without prejudice to the generality of the foregoing):

    (a) deposits and credit balances held by the Company with the Bank or any third party from time to time both present and future (including choses in action which give rise or may give rise to a debt or debts) owing to the Company (and the proceeds thereof);

    (b) any amounts owing to the Company by way of rent, licence fee, service charge or dilapidations by any tenant or licensee (in each case whether present or future) of any freehold or leasehold property from time to time forming part of the Charged Property and any ground rents and rent charges, rent deposits and purchase deposits owing to the Company (and, in each case, the proceeds thereof);

(c) without prejudice to paragraph (d) below, any amounts owing or which may become owing to the Company under any building, construction or development contract or by virtue of the Company's rights under any retention or other trusts, whether or not any certificate as to the amount due has been issued in respect thereof (and the proceeds thereof);

(d) without prejudice to paragraph (e) below, all rights (and the proceeds of such rights) present or future, actual or contingent, arising under or in connection with any contract whatsoever in which the Company has any right, title or interest (including, without limitation, all policies and contracts of insurance and assurance);

(e) any amounts owing or which may become owing to the Company by way of damages, compensation or otherwise under any judgment or order of any competent authority howsoever arising or by way of settlement or compromise of any legal proceedings; and

(f) the benefit of all rights relating to such debts, claims, rights and choses in action including (without prejudice to the generality of the foregoing) such rights as are Thirdly described in this sub-clause.

Fifthly: Where the Company for the time being carries on any business comprising or relating to the provision of credit (as defined by Section 9 of the Consumer Credit Act 1974) or any business comprising or relating to the bailment or (in Scotland) the hiring of goods:

the full benefit of and all rights under the Credit Agreements, including all money payable under or in respect of the Credit Agreements;

(g) the full benefit of and all rights under the Hiring Agreements, including all money payable under or in respect of the Hiring Agreements;

(h) the full benefit of and all rights relating to the Instalment Credit Agreements including all legal and equitable charges and other securities and guarantees and the other rights and remedies expressly or impliedly reserved by the Instalment Credit Agreements and by such securities and guarantees;

(i) the Company's present and future rights and interests (if any) in and to any chattels comprised in the Instalment Credit Agreements or securities and guarantees provided in relation thereto including (without prejudice to the generality of the foregoing) any right to damages relating thereto and the benefit of any warranties given in respect thereof insofar as the property or any interest in such chattels remains vested in the Company; and

(j) the full benefit of the Company's rights and interests (if any) in and to all insurance effected by the Company or by any other person of any chattels comprised in any Instalment Credit Agreements or any security or guarantee provided in relation thereto.

Sixthly:

the Charged Securities;

(k) all rights in respect of or incidental to the Charged Securities; and

(l) the Interests in Securities.

22.25 *The Classification and Characteristics of Credit and Security*

Classification: Limited

Seventhly: The Intellectual Property Rights.

Eighthly: The goodwill and the uncalled capital of the Company both present and future.

Ninthly: All other plant and machinery, fittings and equipment (not in any such case being the Company's stock-in-trade or work in progress) now or at any time hereafter belonging to the Company or in which the Company is legally, beneficially or otherwise interested, wherever situated and whether or not affixed to any freehold or leasehold property of the Company.

Tenthly: All the rights, interests and benefits of the Company under any present or future hire-purchase, conditional sale, credit sale, leasing or rental agreement to which the Company is a party in the capacity of hirer, purchaser or lessee including (without prejudice to the generality of the foregoing) the Company's right to any refund of rentals or other payments.

Eleventhly: The undertaking and all property and assets of the Company both present and future including (without prejudice to the generality of the foregoing) heritable property and all other property and assets in Scotland and the Charged Property First, Secondly, Thirdly, Fourthly, Fifthly, Sixthly, Seventhly, Eighthly, Ninthly, and Tenthly described (if and in so far as the charges thereon or on any part or parts thereof herein contained shall for any reason be ineffective as fixed charges).

4.2 The security hereby created shall as regards the Charged Property First, Secondly, Thirdly, Fourthly, Fifthly, Sixthly, Seventhly, Eighthly, Ninthly and Tenthly described be first fixed charges (and as regards all those parts of the Charged Property First described now vested in the Company shall constitute a charge by way of legal mortgage thereon) and as regards the Charged Property Eleventhly described shall be a first floating charge.

4.3 The security hereby constituted shall extend to all beneficial interests of the Company in the Charged Property and to any proceeds of sale or other realisation thereof or of any part thereof.

4.4 This Debenture shall bind the Company as a continuing security for the Secured Obligations notwithstanding that the liabilities of the Company to the Bank may from time to time be reduced to nil.

4.5 Paragraph 14 of Schedule B1 to the Insolvency Act 1986 shall apply to the floating charge created by this Debenture.

4.6 The Company represents and warrants that at the date that the Company executes this Debenture the Company has made full disclosure in writing to the Bank of:

   (a) any information relating to each part of the Charged Property and each right held by any other person in relation to any part of the Charged Property which, in each case, would be material to the Bank in relation to the appropriateness or adequacy of any part of the Charged Property as security for the Secured Obligations; and

   (b) each matter in respect of which the Bank has requested information from the Company in connection with this Debenture.

5. **RESTRICTIONS AND WARRANTIES**

5.1 The Company shall not without the prior written consent of the Bank:

(a) sell, assign, license, sub-license, discount, factor or otherwise dispose of, or deal in any other way with, the Charged Property (other than the Charged Property Eleventhly described) subject as provided in clause 5.7(a);

(b) create or permit to subsist or arise any mortgage, debenture, hypothecation, charge, assignment by way of security, pledge or lien or any other encumbrance or security whatsoever upon the Charged Property except a lien arising by operation of law in the ordinary course of the Company's business as conducted during the 12 months preceding the date when the lien first came into existence;

(c) enter into any contractual or other agreement or arrangement which has or may have an economic effect similar or analogous to any such encumbrance or security as would be prohibited by sub-clause 5.1(b);

(d) transfer, sell or otherwise dispose of the whole or any material part of the Charged Property Eleventhly described whether by a single transaction or a number of transactions whether related or not except by way of sale at full value in the usual course of trading as transacted at the date hereof;

(e) vary or purport to vary any Instalment Credit Agreement or any security or guarantee provided in relation thereto or give any consents or licences under the terms of any Instalment Credit Agreement or any security or guarantee provided in relation thereto provided that the Company shall not be prohibited by this covenant from agreeing to any such variation or giving any such licence or consent if to do so would not materially and adversely affect the value to the Bank for security purposes of such Instalment Credit Agreement or such security or guarantee and if to do so would not affect the validity or enforceability of such Instalment Credit Agreement or such security or guarantee; or

(f) enter into any agreement with a financier, provider of money, creditor or any other party whatsoever (hereinafter called the "Financier") which has the economic effect of, or an economic effect similar to that of, providing security in respect of or in connection with the provision of finance or credit by the Financier and which involves or may involve one or more of the following:

(i) sales, agreements for sale or transfers of any property or rights whatsoever to the Financier; and/or

(ii) sales, agreements for sale or transfers actually or potentially on behalf of the Financier to any third party whatsoever; and/or

(iii) the grant or possible grant of authority by the Financier for sales, agreements for sale or transfers of the nature set out in sub-clause 5.1(f)(ii);

5.2 The Company hereby requests the Chief Land Registrar to register the following restriction on the Proprietorship Register of any registered land forming part of the Charged Property:

"RESTRICTION

No disposition of the registered estate by the proprietor of the registered estate or by the proprietor of any registered charge is to be registered without a written consent signed by the proprietor for the time being of the charge dated   in favour of Lloyds Bank plc referred to in the Charges Register."

22.25 The Classification and Characteristics of Credit and Security

Classification: Limited

5.3 The Company represents and warrants to the Bank, and so that each such representation and warranty shall be deemed to be repeated on each day during the continuance of this security, that, except to the extent disclosed by the Company to the Bank in writing prior to the date hereof:

    (a) the Company has not made any election pursuant to paragraph 2 of schedule 10 to the Value Added Tax Act 1994 in relation to or affecting any part of the Charged Property;

    (b) so far as the Company is aware after making due and careful enquiry the charges contained in clause 4 do not infringe any intellectual property rights whether registered or unregistered whatsoever;

    (c) no circumstances have occurred during the Company's ownership of any freehold or leasehold property and, so far as the Company is aware after making due and careful enquiry, no circumstances occurred before the Company's ownership of any freehold or leasehold property now owned by the Company which have led or could lead to a competent authority or a third party taking any action or making a claim under any Environmental Laws (including the requirement to clean up or remedy in any other way any contaminated part of the environment or the revocation, suspension, variation or non-renewal of any Environmental Licence) or which have led or could lead to the Company having to take action to avert the possibility of any such action or claim;

    (d) the Company is solely and beneficially interested in the Charged Property; and

    (e) no warning notice or restriction notice has been served in respect of any Interests in Securities owned (at law or in equity) by the Company under or pursuant to Part 21A of the Companies Act 2006.

5.4 The Company shall not make or revoke such an election as is referred to in sub-clause 5.3(a) in relation to any part of the Charged Property without the Bank's prior written consent or unless the Bank requests the Company to do so in which case the Company shall immediately make or revoke (as the case may be) such an election in relation to any part of the Charged Property that the Bank considers appropriate and give valid notification of it to H.M. Revenue and Customs.

5.5 The Company shall bear all costs of and/or pay to the Bank on demand all costs of and consent to or concur in the entry of any registration, notice or memorandum on any register in the United Kingdom or elsewhere (including without limitation any registration under Section 25 of the Trade Marks Act 1994) which the Bank may require in order to register or note any interest it may have in, to or under the Intellectual Property Rights described (or any part thereof) and/or to restrict any dealings in, under or in connection with the Intellectual Property Rights.

5.6 The Company shall waive and procure the waiver of any and all moral rights (being the rights conferred by Chapter IV of the Copyright Designs and Patents Act 1988) which may affect or relate to the Intellectual Property Rights as the Bank may require.

5.7

    (a) Sub-clause 5.1(a) shall not prevent the Company without such consent as is referred to in that clause collecting proceeds of the book and other debts, monetary claims and choses in action forming part of the Charged Property in the ordinary course of the Company's business and paying the same into the

Company's account(s) with the Bank in accordance with sub-clause 5.7(b) (and additionally, in the case of Non-Vesting Debts, strictly in accordance with sub-clause 5.7(d)). Where the Bank makes a payment at the request of the Company which is debited to any account with the Bank which is for the time being in credit, the Bank shall be taken to have given any necessary consent for the purposes of clause 5.1(a) to such payment unless such payment was made as a result of some mistake of fact on the part of the Bank;

(b) The Company shall pay into its account or accounts with the Bank the proceeds of the book and other debts, monetary claims and choses in action forming part of the Charged Property provided that the Bank shall be deemed to receive the amounts owing to the Company referred to in paragraph (b) of the Charged Property Fourthly described in sub-clause 4.1 pursuant to the fixed charge contained therein and not pursuant to the fixed charge on freehold and leasehold property First described in that sub-clause or as mortgagee in possession.

(c) The Company declares that all proceeds received or obtained by the Company or on the Company's behalf but which are not so paid or transferred into that account or accounts shall be received and held by the Company on trust for the Bank.

(d) In the event that the Company enters into any debt purchase, invoice discounting or other financing arrangements with the Bank relating to the purchase of any debts of the Company ("Debt Purchase Agreement") then without prejudice to the generality of clause 5.7(b) the Company shall give to its debtors or other obligors (whose debts are the subject of and referable to the Debt Purchase Agreement) such instructions as may be required from time to time by the Bank to make payment of the proceeds of such debts directly into the account specified by the Bank pursuant to such Debt Purchase Agreement or otherwise specified in writing by the Bank to the Company (the "Receivables Account"). If any such debtor proceeds are for any reason remitted to and received by the Company, the Company shall immediately upon receipt remit the identical cash or other remittance or instrument into the Receivables Account and pending such remittance hold the same on trust absolutely for the Bank, separate from the Company's own monies. The Company acknowledges that any balance standing to the credit of the Receivables Account shall be held on trust absolutely for the Bank and that it may not, without the prior written consent of the Bank, withdraw any such monies from the Receivables Account.

6. **DEPOSIT OF TITLE DEEDS, ETC.**

6.1 The Company shall, if being requested to do so by the Bank, for deposit with the Bank and the Bank during the continuance of this security shall be entitled to hold and retain (unless held by a prior mortgagee at the date hereof and for as long as it remains the prior mortgagee):

(a) all deeds and documents of title relating to the Company's freehold and leasehold and heritable property for the time being;

(b) all stock and share certificates and documents of title relating to Interests in Securities;

(c) all documents evidencing the Instalment Credit Agreements, and any securities and guarantees provided in relation thereto; and

22.25 *The Classification and Characteristics of Credit and Security*

Classification: Limited

        (d)   all such (if any) deeds and documents of title relating to the Charged Property Thirdly, Fourthly, Seventhly and Tenthly described as the Bank may from time to time specify.

6.2

        (a)   If any of the Interests in Securities are in uncertificated or dematerialised form, the Company shall, forthwith upon being requested to do so by the Bank, give or procure the giving of all necessary instructions, in accordance with and subject to the facilities and requirements of the relevant system, to effect a transfer of title of such Securities into the name of the Bank or its nominee and to cause the Operator to issue an Operator-instruction requiring the participating issuer in respect of such Securities to register such transfer of title;

        (b)   following the giving of such instructions the Company shall procure the registrar of such issuer to amend the issuer's register by entering the Bank or its nominee pursuant to such transfer of title in place of the Company;

        (c)   for these purposes **"instruction"**, **"Operator"**, **"Operator-instruction"**, **"relevant system"** and **"participating issuer"**, shall have the meaning given to those terms in the Uncertificated Securities Regulations 2001.

7. **FURTHER ASSURANCE AND NOTICE OF CRYSTALLISATION**

7.1   The Company shall at any time if and when required by the Bank execute and deliver to the Bank or as the Bank shall direct such further legal or other assignments, mortgages, securities, charges, agreements or other legal documentation as the Bank shall require of and on all or any of the Charged Property to secure payment of the Secured Obligations. Such assignments, mortgages, securities, charges, agreements or other legal documentation shall be prepared by or on behalf of the Bank at the cost of the Company and shall contain all such clauses for the benefit of the Bank as the Bank may require including without limitation, if so required by the Bank in the case of a mortgage or charge on any freehold or leasehold property, any such clauses as are contained in any of the Bank's standard forms of mortgage from time to time and, in the case of securities over heritable property, any such clauses as are contained in any of the Bank's standard forms of standard security from time to time.

7.2   The Company shall at any time if and when required by the Bank and at the Company's cost give notice to such persons as the Bank may require of the charges hereby effected and any such further legal or other assignments, mortgages, securities, charges, agreements or other legal documentation and shall take, do or execute such steps, acts, deeds, documents and things as the Bank may consider necessary or desirable to give effect to and procure the perfection, of the security intended to be granted by this Debenture or any such further legal or other assignments, mortgages, securities, charges, agreements or other legal documentation.

7.3   On each occasion that the Company acquires, or any nominee on the Company's behalf acquires, any property the title to which is registered or required to be registered under the Land Registration Act 2002, the Company shall immediately notify the Bank in writing of such acquisition and each relevant title number or if the land is unregistered the Company shall procure that title to that property is duly and promptly registered (as applicable) and in any event the Company shall procure that this Debenture is noted on the register with an agreed notice and the Company shall apply for a restriction in the terms referred to in sub-clause 5.2.

7.4   Without prejudice to the security hereby constituted the Bank may at any time (either before or after demand has been made by the Bank for payment of the money hereby secured) by notice in writing to the Company convert the floating charge created by sub-clause 4.1 over the Charged Property Eleventhly described with immediate effect into a fixed charge as regards any of the Charged Property Eleventhly described specified in the notice.

7.5   If, without the Bank's prior written consent, any security comes into existence in favour of a third party in relation to any part of the Charged Property Eleventhly described or if any person carries out, or attempts to carry out, any enforcement or process (including any distress, execution, taking of possession, forfeiture or sequestration) against any of the Charged Property Eleventhly described, the floating charge over such property shall automatically and instantly convert to, and have effect as, a fixed charge.

8. **BANK'S POWERS OF SALE AND LEASING**

8.1   The powers and remedies conferred on mortgagees by Section 101 of the Law of Property Act 1925 shall apply to this Debenture but without the restriction imposed by Section 103 of that Act and the statutory powers of leasing conferred on the Bank shall be extended so as to authorise the Bank to lease and make arrangements for leases at a premium or otherwise and to accept surrenders of leases and grant options as the Bank shall think expedient and without the need to observe any of the provisions of Sections 99 and 100 of the said Act.

8.2   The Bank in exercising its statutory power of sale, and any receiver appointed by the Bank in exercising his powers under this Debenture, shall be at liberty to sell at such price and on such terms and conditions as it or he in its or his sole discretion thinks fit and shall not be under any duty or obligation to obtain the best or any particular price.

8.3   Neither the Bank nor any such receiver shall be liable to the Company or any other person for any loss, damage, cost, expense or liability which the Company or any such person may suffer or incur as a direct or indirect result of the Bank exercising its statutory power of sale, as hereby varied or extended, or such receiver exercising his powers under this Debenture.

8.4   In favour of a purchaser the Secured Obligations shall be deemed to have become due on the day on which demand for payment thereof is made by the Bank and the statutory power of sale, as hereby varied or extended, shall be exercisable from and after that date, which date (without prejudice to the equitable right to redeem) shall be the redemption date.

9. **COMPANY'S POWERS OF LEASING AND LICENSING**

The Company shall not, without the prior written consent of the Bank in relation to any freehold or leasehold or heritable property now or at any time hereafter acquired by or belonging to the Company or any part thereof:

(a)   exercise the statutory powers and any other powers of leasing, letting, entering into agreements for leases or lettings and accepting or agreeing to accept surrenders of leases; or

(b)   part with possession of such property or grant any lease, tenancy, licence, right or interest to occupy such property or any part thereof; or

(c)   amend or confer upon any person any lease, tenancy, licence, right or interest to occupy such property or any part thereof or grant any licence or permission to assign, underlet or part with possession of such property or any part thereof.

22.25 The Classification and Characteristics of Credit and Security

Classification: Limited

10. **APPOINTMENT OF AN ADMINISTRATOR AND APPOINTMENT AND POWERS OF A RECEIVER**

10.1 At any time after the Bank shall have demanded payment of the Secured Obligations or the Company shall have requested it to do so or an Insolvency Event shall have occurred (upon the happening of which the security in this Debenture shall be immediately enforceable) the Bank shall have power, in writing under the hand of any official of the Bank authorised by the Bank from time to time or any person authorised by any such official in writing, to appoint any person or persons as the Bank thinks fit to be an administrator or joint administrators or several administrators or joint and several administrators of the Company or alternatively a receiver or joint receivers or several receivers or joint and several receivers of the Charged Property to act, in the case of two or more receivers, jointly, severally or jointly and severally in relation to any part of the Charged Property and to the extent permitted by law similarly to remove any such receiver and to appoint another or others in his place.

10.2 If the Bank excludes any part of the Charged Property from the appointment of any receiver, the Bank may subsequently extend that appointment (or that of any receiver replacing such receiver) to such excluded part of the Charged Property.

10.3 Any such receiver at the cost of the Company may, in the name of or on behalf of the Company or at his option in the name of the Bank (but only with the specific approval in writing of the Bank) or at his option in his own name (and in any case notwithstanding any administration or liquidation of the Company), do or omit to do anything which the Company could do or omit to do and (in addition) may exercise all or any of the powers specified in Schedule 1 to the Insolvency Act 1986 (notwithstanding that such receiver may not be an administrative receiver) and in particular (but without prejudice to the generality of the foregoing) any such receiver may:

(a) deal with, take possession of, collect and get in any of the Charged Property;

(b) carry on, manage, develop or diversify or concur in carrying on, managing, developing or diversifying any business of the Company or any part thereof and for any of those purposes receive, retain and use any proceeds, books and records of such business and carry out or complete (with or without modification) on any of the Charged Property any works of demolition, building, repair, construction, furnishing or any project or development in which the Company was engaged;

(c) raise or borrow any money from or incur any other liability to the Bank or any other person and on such terms as to interest or otherwise and with or without security as such receiver may think expedient and so that any such security may, with the prior written consent of the Bank, be or include a charge on the Charged Property ranking either in priority to or pari passu with or after the security hereby created;

(d) forthwith and without the restriction imposed by Section 103 of the Law of Property Act 1925 sell, realise, dispose of or concur in selling, realising or disposing of (but where necessary with the leave of the Court) and without the need to observe any of the provisions of Sections 99 and 100 of the said Act let or concur in letting or surrender or concur in surrendering or accept surrenders of leases or tenancies of all or any of the Charged Property;

(e) carry any sale, exchange, realisation, disposal, lease, tenancy or surrender of the Charged Property into effect by conveying, transferring, assigning, leasing, letting, surrendering or accepting surrenders in the name and on behalf of the Company (or other the estate owner) and so that covenants and contractual obligations may be granted in the name of and so as to bind the Company (or other the estate owner) so far as such receiver may consider it necessary, appropriate or expedient for the exercise of the powers conferred by this Debenture so to do. Any such sale, exchange, realisation, disposal, lease or tenancy may be for cash, debentures or other obligations, shares, stock or other valuable consideration and may be payable in a lump sum or by instalments spread over such period as such receiver shall think fit and so that any consideration received or receivable shall forthwith be and become charged with the payment of the Secured Obligations. Plant, machinery and other fixtures may be severed and sold separately from the premises containing them without the consent of the Company being obtained thereto;

(f) obtain (by way of application or otherwise) any approval, permission, consent and licence (including any Environmental Licence, planning permission and building regulation approval), enter into and perform contracts and arrangements, purchase materials and incur any type of obligation;

(g)

(i) promote the formation of a subsidiary or subsidiaries of the Company with a view to such subsidiary or subsidiaries purchasing, leasing, licensing or otherwise acquiring interests in or the use of the Charged Property or with a view to such subsidiary or subsidiaries engaging employees or providing management or other services in connection therewith or for any other purpose or function which may be regarded as necessary or appropriate by such receiver from time to time;

(ii) arrange for such subsidiary or subsidiaries to trade or cease to trade as such receiver may think fit from time to time; and

(iii) arrange for the purchase, lease, licence or acquisition of all or any of the assets of the Company by any such subsidiary or subsidiaries on a basis whereby the consideration may be for cash, shares, debentures, loan stock, convertible loan stock or other securities, shares of profits or sums calculated by reference to profits or turnover or royalties or licence fees or otherwise howsoever and whether or not secured on the assets of the subsidiary or subsidiaries and whether or not such consideration is payable or receivable in a lump sum or by instalments spread over such period as such receiver may think fit;

(h) take any proceedings in relation to the Charged Property in the name of the Company or otherwise as may seem expedient including (without prejudice to the generality of the foregoing) proceedings for the collection of rent in arrears at the date of his appointment;

(i) enter into any agreement or make any arrangement or compromise which such receiver shall think expedient in respect of the Charged Property;

(j) make and effect all repairs to and renewals and improvements of the Company's plant, machinery and effects and insure the Charged Property and/or maintain or renew any insurances of the same on such terms as such receiver shall think fit or as the Bank may direct;

22.25 The Classification and Characteristics of Credit and Security

Classification: Limited

(k) appoint managers, agents, officers and employees for any of the aforesaid purposes at such salaries and for such periods as such receiver may determine and dismiss any of the same;

(l) adopt any contracts of employment entered into between the Company and any of its employees with such variations to the contract as such receiver may think fit and dismiss any such employees;

(m) exercise the Company's rights under any rent review clause contained in any lease of the Charged Property First described and grant or apply for any new or extended lease thereof;

(n) cause the Company to grant such powers of attorney or appoint agents as such receiver may from time to time think expedient;

(o) do all such things as may be thought necessary for the management of the Charged Property and the affairs and business of the Company;

(p) grant, vary and release easements and other rights over freehold and leasehold property of the Company and impose, vary or release covenants affecting such property and agree that such property may be subject to any easements or covenants;

(q) purchase any freehold and leasehold properties and other capital assets if such receiver considers it would be conducive to realisation of the Bank's security to do so; and

(r) do all such other acts and things as may from time to time be considered by such receiver to be incidental or conducive to any of the matters or powers aforesaid or otherwise incidental or conducive to the realisation of the Bank's security or the exercise of his functions as receiver.

10.4 Sub-section 109(8) of the Law of Property Act 1925 shall not apply and all money received by such receiver shall (subject in relation to each paragraph below to any claims having priority to the matter therein described) be applied:

(a) first in payment of his remuneration and the costs of realisation including all costs and expenses of or incidental to any exercise of any power hereby conferred;

(b) secondly (if such receiver thinks fit, but not otherwise) in or towards payment of all or any of the matters referred to in paragraphs (i), (ii), (iii) and (iv) of Sub-section 109(8) of the Law of Property Act 1925 as he in his absolute discretion shall decide;

(c) thirdly in or towards satisfaction of the Secured Obligations.

10.5 Any such receiver shall at all times and for all purposes be deemed to be the agent of the Company which alone shall be responsible for his acts or defaults and for his remuneration.

10.6 Any such receiver shall be entitled to remuneration for his services and the services of his firm at a rate or rates or in an amount or amounts as may from time to time be agreed between the Bank and such receiver or (in default of agreement) as may be appropriate to the work and responsibilities involved upon the basis of charging from time to time adopted by such receiver in accordance with the current practice of such receiver or his firm and without in either such case being limited by the maximum rate specified in Section 109(6) of the Law of Property Act 1925.

10.7   Only money actually paid by such receiver to the Bank shall be capable of being applied by the Bank in or towards satisfaction of the Secured Obligations.

10.8   The powers conferred by this clause 10 shall be in addition to all powers given by statute to the Bank or to any such receiver.

10.9

(a)   If any person takes (or threatens to take) any steps to enforce any security which ranks before or equal to any part of this security in relation to any part of the Charged Property, the Bank or such receiver (in respect of such Charged Property) may at any time redeem any part of that person's security or procure its transfer to the Bank or such receiver. The money so expended by the Bank or any such receiver and all costs of and incidental to the transaction incurred by the Bank or any such receiver shall be secured hereby and shall bear interest computed and payable as provided in clauses 2 and 3 from the date of the same having been expended.

(b)   The Bank and such receiver may settle and pass the accounts of any person entitled to any security which ranks before or equal to any part of this security in relation to any part of the Charged Property. Any account so settled and passed shall be conclusive and binding on the Company.

10.10   If the Bank shall appoint more than one receiver the powers given to a receiver hereby and by statute shall be exercisable by all or any one or more of such receivers and any reference in this Debenture to "receiver" shall be construed accordingly.

11.   **PROTECTION OF THIRD PARTIES**

11.1   No person (each a **"Third Party"**, including any insurer, assurer, purchaser or security holder) dealing with the Bank or any receiver appointed by it or their respective employees and agents need enquire:

(a)   whether any right, exercised or purported to be exercised by the Bank, such receiver or their respective employees and agents has become exercisable; or

(b)   whether any of the Secured Obligations are due or remain outstanding; or

(c)   as to the propriety or regularity of anything done (including any sale, dealing or application of money paid, raised or borrowed) by the Bank, such receiver or their respective employees and agents.

11.2   Each of those things shall (as between that Third Party on the one hand and the Bank or any receiver appointed by it or their respective employees and agents on the other hand) be deemed to be exercisable, due, outstanding, proper, regular and within the terms of this Debenture (as the case may be) and to be fully valid and effective.

11.3   All the protections to purchasers contained in Sections 104 and 107 of the Law of Property Act 1925 and to persons contained in Section 42(3) of the Insolvency Act 1986 apply to each Third Party.

11.4   The Bank, any receiver appointed by it and their respective employees and agents may give receipts to any Third Party. The Company agrees that each receipt shall be an absolute and conclusive discharge to such Third Party and shall relieve such Third Party of any obligations

683

22.25 *The Classification and Characteristics of Credit and Security*

Classification: Limited

to see to the application of any assets paid or transferred to or by the direction of the Bank, such receiver, employee or agent.

12. **COVENANTS**

    The Company shall:

    (a) conduct and carry on its business in a proper and efficient manner and not make any substantial alteration in the nature of or mode of conduct of that business;

    (b) within such period as is allowed by law for the delivering of such accounts to the Registrar of Companies, furnish to the Bank a balance sheet and profit and loss account complying with all applicable laws, regulations and accounting standards and showing a true and fair view of the Company's profits and losses for the relevant financial year and the state of affairs of the Company as at the date to which they are made up, audited and reported upon by an accountant approved by the Bank and also from time to time such other information about the Company (including information about the assets and liabilities of the Company) as the Bank may reasonably require;

    (c) maintain at all times the aggregate value of the Company's good book debts and cash in hand as appearing in the Company's books and investments quoted on any recognised stock exchange and its marketable stock-in-trade (taken at cost or market price whichever may be the lower according to the best estimate that can be formed without it being necessary to take stock for the purpose) at such sum (if any) as the Bank may from time to time require by not less than one month's notice in writing to the Company (and in the absence of such notification from the Bank at a sum which is at least twice the Secured Obligations). On such dates (if any) in every year as may from time to time be required by the Bank the Company shall obtain and furnish to the Bank a certificate showing the said aggregate value together with details of any amounts payable by the Company and outstanding which under Sections 175 and 386 of the Insolvency Act 1986 or under any other statute would in the event of the liquidation of the Company constitute preferential debts. Such certificate shall be signed by the Managing Director of the Company for the time being or any other Director of the Company acceptable to the Bank. For the purposes of this sub-clause there shall be disregarded:

        (i) any stock-in-trade the property in which remains in the seller notwithstanding that the Company may have agreed to purchase the same and notwithstanding that the same may be in the possession, order or disposition of the Company; and

        (ii) any book debts or cash in hand deriving from any such stock-in-trade as is referred to in paragraph (i) of this sub-clause;

    (d) maintain at all times the aggregate value of the amounts remaining to be paid under the Approved Instalment Credit Agreements (excluding those Approved Instalment Credit Agreements under which instalments are more than six months in arrears) at such sum (if any) as the Bank may from time to time require by not less than one month's notice in writing to the Company and on such dates (if any) in every year as may from time to time be required by the Bank the Company shall obtain from the Managing Director of the Company for the time being or any other Director of the Company acceptable to the Bank and furnish to the Bank a certificate showing the said aggregate value (including a full explanation as to how that value was calculated);

(e) not (except with the prior consent in writing under the hand of an official of the Bank and then only on such terms and conditions as the Bank may specify) sever or remove from the Charged Property First described any trade or other fixtures, fixed plant and machinery for the time being thereon except for the purpose of renewing or replacing the same by trade or other fixtures or fixed plant and machinery of equal or greater value;

(f)
- (i) comply with all covenants, restrictions, requirements, provisions, regulations and conditions affecting the Charged Property (including the use or enjoyment of it); and
- (ii) fully and punctually perform each obligation on the Company in relation to any security in favour of a third party affecting any part of the Charged Property and, if the Bank so requests, the Company shall immediately produce to the Bank evidence of such performance (including a receipt for any payment made by the Company);

(g) comply with all relevant licences, consents, permissions and conditions from time to time granted or imposed by the Planning Acts and not without the prior written consent of the Bank given any undertaking to or enter into any agreement with any relevant planning authority affecting the Charged Property First described;

(h) forthwith upon receipt of any permission, notice, order, proposal or recommendation given or issued by any competent planning authority to the owner or occupier of the Charged Property First described or any notice under Section 146 of the Law of Property Act 1925 or otherwise from any superior landlord of the Charged Property First described forward the same or a true copy thereof to the Bank;

(i) not make or consent to the making of any application for planning permission or any other application under the Planning Acts affecting the Charged Property First described unless either the Bank has consented in writing to such application being made or a copy of the proposed application has been sent to the Bank at least one month before the date of the application and the Bank has raised no objection to the making of the application;

(j) permit the Bank or its agents at any time to enter upon any of the Charged Property First described for the purpose of inspecting any such Charged Property and/or of establishing whether or not the Company is complying with its obligations under this Debenture;

(k) not take or knowingly fail to take any action which does or might reasonably be expected to affect adversely any registration of the Intellectual Property Rights;

(l) maintain and defend the Intellectual Property Rights at all times (including without limitation by paying at the Company's expense all recording and renewal fees) and taking all action reasonably necessary to defend such Intellectual Property Rights against any action, claim or proceeding brought or threatened by any third party and to stop infringements thereof by any third party;

22.25 The Classification and Characteristics of Credit and Security

Classification: Limited

    (m)   not abandon or cancel or authorise any third party to do any act which would or might invalidate and jeopardise or be inconsistent with the Intellectual Property Rights and not omit or authorise any third party to omit to do any act which by its omission would have that effect or character;

    (n)   promptly notify the Bank of any infringement by any third party of any Intellectual Property Rights;

    (o)   not do or cause or permit to be done or omit to do anything which may in any way depreciate, jeopardise or otherwise prejudice the value to the Bank or marketability of the security created by this Debenture or of the Charged Property;

    (p)   not (without the prior written consent of the Bank) incur any expenditure or liabilities of an exceptional or unusual nature (including without limitation any expenses in carrying out a planning permission unless a copy of the relevant planning permission has been sent to the Bank at least one month before the date of commencement of such development and the Bank has raised no objection to such development);

    (q)   not (without the prior written consent of the Bank) redeem or purchase its own shares or pay an abnormal amount by way of dividend;

    (r)   notify the Bank immediately on the occurrence of an Insolvency Event;

    (s)   if any notice (whether agreed or unilateral) is registered against the title of all or part of the Charged Property First described in sub-clause 4.1, give to the Bank full particulars of the circumstances relating to such registration and, if such notice shall have been registered in order to protect a purported interest the creation of which is contrary to the obligations of the Company under this Debenture, immediately at the Company's expense take such steps as the Bank requires to ensure that the notice is withdrawn or cancelled;

    (t)   respond promptly (and in any event within the time required by law) to any request for information or notice served on it under or pursuant to Part 21A of the Companies Act 2006; and

    (u)   promptly upon receipt provide to the Bank a copy of any warning notice or restriction notice served on it under Part 21A of the Companies Act 2006.

13.   **REPAIR AND INSURANCE**

13.1

The Company shall:

    (a)   keep all buildings and fixtures hereby charged in a good state of repair;

    (b)   keep all plant and machinery in good working order and condition;

    (c)   insure and keep insured all its property and effects of every description with reputable insurers and on terms for the time being approved by the Bank (making such amendments thereto as the Bank may from time to time require) against loss or damage by fire and by terrorist damage and such other contingencies and risks as may from time to time be required by the Bank in their full reinstatement value for the time being in the joint names of the Company and the Bank or with the

(d) (unless deposited with a prior mortgagee at the date hereof and for as long as it remains the prior mortgagee or unless the insurance to which such policy or policies relate and which was approved by the Bank was effected by a landlord with the respective interests of the Bank and the Company endorsed or noted thereon) deposit with the Bank such policies as may be required by the Bank;

(e) duly pay all premiums and sums payable in relation to such insurance and produce the receipts therefore to the Bank within seven days of their becoming due and payable; and

(f) ensure that the relevant policy or policies remain valid at all times.

13.2

(a) If default shall at any time be made by the Company in keeping its buildings and fixtures and plant and machinery or any part thereof in a good state of repair and in good working order or in effecting or keeping up any such insurance or in paying any rent or other outgoings or dilapidations or in producing to the Bank any such policy or receipt, it shall be lawful for, but not obligatory on, the Bank to repair and maintain the same with power to enter any of the Company's property for that purpose or to pay such rent or other outgoings or dilapidations or to effect or renew any such insurance as aforesaid as the Bank shall think fit and any sum or sums so expended by the Bank shall be repayable by the Company to the Bank on demand together with interest computed and payable as provided in clauses 2 and 3 from the date of payment by the Bank as aforesaid and, pending repayment, shall be secured hereby.

(b) All money which may at any time be received or receivable under any such insurance or any other insurance covering any of the property and effects of the Company against such risks as aforesaid shall be held in trust for the Bank and (at the Bank's option) the Company shall pay such money to the Bank or shall apply the same in replacing, restoring or reinstating the property destroyed or damaged.

13.3 The Company authorises the Bank in the Company's name and on the Company's behalf to make any claim against the insurer under any part of any insurance policy and to admit, compromise or settle such claim or any liability relating to any such claim or any potential claim.

13.4 The Company also authorises the Bank to receive any amounts payable or received in respect of any insurance policy or claim under any insurance policy and to give a good discharge to the insurer in respect of such amounts.

13.5 Any sum paid by the Bank to the lessor of any lease under which the Charged Property First described in sub-clause 4.1 is held (or under any superior lease) in settlement of any claim made by the lessor for any rent or other outgoings or dilapidations reserved or payable or alleged to be reserved or payable under the lease shall be deemed to be a payment properly made under clause 13.2(a) (whether or not actually due to the lessor and whether or not disputed by the Company) provided that such payment was made by the Bank in good faith for the purpose of avoiding, compromising or terminating any proceedings for forfeiture or otherwise for the purpose of preserving or enforcing the security hereby created.

22.25 The Classification and Characteristics of Credit and Security

Classification: Limited

14. **ENVIRONMENTAL OBLIGATIONS**

    The Company shall:

    (a) obtain all Environmental Licences applicable to the Charged Property and to the Company's business and comply with the terms and conditions of the same;

    (b) comply with all Environmental Laws applicable to the Charged Property and to the Company's business and not permit a contravention of the same;

    (c) notify the Bank of the receipt of and content of all claims, notices or other communications in respect of any alleged breach of any Environmental Law or the terms and conditions of any Environmental Licence which may have a material adverse effect on the market value of the Charged Property or on the Company's business and shall forthwith take such steps as the Bank may direct to remedy and/or cease the continuation of any such alleged breach;

    (d) promptly pay all fees and other charges in respect of any Environmental Licence applicable to the Charged Property and to the Company's business;

    (e) forthwith notify the Bank of the receipt of and the contents of any notices or other communication varying or suspending any Environmental Licence relating to the Charged Property and to the Company's business and forthwith take such steps as the Bank may direct to reinstate in full force and effect any Environmental Licence so varied or suspended;

    (f) forthwith supply the Bank with copies of any environmental reports, audits or studies undertaken in relation to the Charged Property and to the Company's business; and

    (g) pay on demand the costs and expenses (including Value Added Tax) incurred by the Bank in commissioning environmental audits (which the Bank shall be entitled to do whenever it thinks fit) and shall permit the Bank and its agents full and free access to all the freehold and leasehold property of the Company for the purposes of such environmental audits. (Such costs and expenses shall bear interest from the date of demand computed and payable as provided in clauses 2 and 3, and pending payment shall be secured hereby.)

15. **INSTALMENT CREDIT AGREEMENTS**

    15.1 The Company hereby expressly warrants, represents and undertakes in relation to each Approved Instalment Credit Agreement, as and when the same is deposited with the Bank:

    (a) that such Approved Instalment Credit Agreement and any security or guarantee provided in relation to it is fully valid and enforceable in accordance with its terms, and that the form and content of the Approved Instalment Credit Agreement and any security or guarantee provided in relation to it complies with any relevant law including (without limitation) the Consumer Credit Act 1974 and any regulations made there under and that the creditor or owner under any such Approved Instalment Credit Agreement has complied with all other requirements under any such law in relation to the provision of such credit;

    (b) that any deposit or advance payment as the case may be shown as paid under such Approved Instalment Credit Agreement has in fact been paid in the manner therein stated;

Classification: Limited

(c) that (except where otherwise agreed) the sum stated in such Approved Instalment Credit Agreement (or in the schedule accompanying such Approved Instalment Credit Agreement) as outstanding in respect of such Approved Instalment Credit Agreement, is in fact outstanding at such date;

(d) that the particulars of any person providing any security or guarantee and of any assets secured appearing in any such Approved Instalment Credit Agreement are correct in every respect and that such assets are in existence;

(e) that save as otherwise notified the Company is not aware of any proceedings brought against it or threatened or contemplated in respect of any representation, breach of condition, breach of warranty or other express or implied term contained in any Approved Instalment Credit Agreement;

(f) in any case where the debtor or hirer under an Approved Instalment Credit Agreement is by statute given the right to cancel the Approved Instalment Credit Agreement, that the statutory period of cancellation has expired without the right having been exercised;

(g) that (save as disclosed in writing to the Bank) no agreement has been entered into, varying the terms of the Approved Instalment Credit Agreement or any security or guarantee provided in relation to it;

(h) that all documents constituting the Approved Instalment Credit Agreement and any security or guarantee provided in relation to it and all deeds and documents of title connected therewith have been or are deposited with the Bank; and

(i) that the Company has no knowledge of any fact which would or might prejudice or affect any right, power or ability of the Bank or any receiver appointed by it to enforce such Approved Instalment Credit Agreement or any security or guarantee provided in relation to it or any term or terms thereof.

15.2 The Company agrees that it shall perform all its obligations (including without limitation obligations as to maintenance) devolving on it by or in relation to the Approved Instalment Credit Agreements and any security or guarantee provided in relation to them.

15.3 The Company further agrees that it shall:

(a) (if it carries on a consumer credit business or a consumer hire business as defined by the Consumer Credit Act 1974 or the Financial Services Markets Act 2000) obtain and at all times maintain Financial Conduct Authority ("FCA") authorisation or permission for the applicable consumer credit lending activities, where appropriate covering the canvassing off trade premises of borrower-lender-supplier agreements and consumer hire agreements, and will advise the Bank forthwith should it receive notice from the FCA that it is minded to refuse any application for the grant or renewal of such authorisation or permission or that he is minded to revoke or suspend any such permission or authorisation; and

(b) procure that any person by whom the debtor or hirer under any Instalment Credit Agreement was introduced to the Company had and at all relevant times maintains (if required by law so to do) FCA authorisation or permission for credit-broking activities, where appropriate covering the canvassing off trade premises of borrower-lender-supplier agreements and consumer hire agreements, and shall advise the Bank forthwith should it come to the Company's attention that such FCA authorisation or permission was not at any relevant time maintained.

689

22.25 The Classification and Characteristics of Credit and Security

Classification: Limited

16. **ENFRANCHISING LEGISLATION**

    The Company shall:

    (a) where any of the Charged Property First described in sub-clause 4.1 is held under a lease:

    (i) notify the Bank forthwith if such property becomes subject to an Estate Management Scheme pursuant to Chapter IV of Part I of the Leasehold Reform, Housing and Urban Development Act 1993 and provide a copy of the scheme deed as approved by the relevant leasehold valuation tribunal;

    (ii) notify the Bank before exercising (whether individually or collectively with others) any right conferred upon the Company in relation to the property by Enfranchising Legislation and supply to the Bank such information as it may reasonably require in relation to the exercise of such right;

    (iii) not without the prior written consent of the Bank, agree the terms of any new lease of the property (with or without any further property) to be granted to the Company pursuant to any Enfranchising Legislation or otherwise;

    (iv) if as a result of the exercise of any rights conferred by Enfranchising Legislation or otherwise the freehold interest and/or any intermediate reversionary interest in the property becomes vested in a third party on behalf of the Company (with or without others), forthwith supply to the Bank particulars of such third party and (where such third party is a body corporate) details of any shares therein to be issued to the Company and deliver the share certificate in respect thereof to the Bank when received; and

    (v) at its own cost take such further action as the Bank may require in relation to the security granted by this Debenture.

    (b) where any of the Charged Property First described in sub-clause 4.1 or any part of it is or (without prejudice to clause 9) becomes subject to any tenancy:

    (i) forthwith notify the Bank on receipt of (and provide to the Bank a copy of) any notices received from any tenant of the property or any part of it pursuant to the provisions of any Enfranchising Legislation;

    (ii) not serve upon any tenant of the property or any part of it a notice pursuant to the provisions of any Enfranchising Legislation unless the Bank has consented in writing thereto;

    (iii) serve such notices in such form and take such other steps as the Bank may reasonably require following the exercise by any tenant of the property or any part of it of any rights arising under any Enfranchising Legislation;

    (iv) not enter into any agreement to grant a new lease to any tenant of the property or any part of it pursuant to or in consequence of the

Classification: Limited

(v) not enter into any agreement pursuant to or in consequence of the operation of any Enfranchising Legislation to transfer to any person or persons the Company's interest in the property subject to the security hereby created unless the Bank has consent in writing thereto and (if such consent be given or be deemed to be given as hereinafter provided) to provide to the Bank such information in respect of any such transfer and its terms (including the identity of the transferees) as the Bank may reasonably require.

Provided that in all cases in this subclause (b) where the Bank's consent in writing is required before the Company may take further action the Bank's consent to such action shall be deemed to be granted if the Bank has not raised any objection to such action within one month of the date of the relevant request to the Bank for such consent. The Company must at all times use its best endeavours (and at no cost to the Bank) to obtain the maximum compensation permitted under the relevant Enfranchising Legislation from any person or persons exercising any rights under such legislation.

operation of any Enfranchising Legislation unless the Bank has consented in writing thereto; and

17. **POWER OF ATTORNEY**

17.1 For the purpose of securing the payment of the Secured Obligations and for securing any proprietary interest which the Bank has in any of the Charged Property, the Company irrevocably appoints the Bank and the persons deriving title under it and its and their substitutes and any receiver or receivers appointed under this Debenture (the "Attorney") jointly and also severally to be the Company's true and lawful attorney. For the purposes aforesaid the Attorney shall have the right to do anything which the Company may lawfully do and all the rights and powers which may lawfully be given to an attorney including, without prejudice to the generality of the foregoing:

(a) the right to do anything to procure or carry out the performance of the Company's obligations under this Debenture and anything to facilitate the exercise of the Bank's rights under this Debenture;

(b) the right to act in the name of the Company;

(c) the right to delegate and sub-delegate any or all of the rights of the Attorney;

(d) the right to sign, execute, seal, deliver and otherwise perfect:

(i) any documents or instruments which the Bank or any receiver may require for perfecting the title of the Bank to the Charged Property or for vesting the same in the Bank, its nominees or any purchaser; and

(ii) any further security documentation referred to in clause 7.

17.2 The Company ratifies and shall ratify everything done or purported to be done by the Attorney.

18. **INDEMNITY**

18.1 The Company hereby agrees to indemnify the Bank and any receiver appointed by it and their respective employees and agents (as a separate covenant with each such person indemnified) against:

691

22.25 *The Classification and Characteristics of Credit and Security*

Classification: Limited

    (a) all existing and future rents, rates, taxes, duties, charges, assessments and outgoings now or at any time payable in respect of the Charged Property or by the owner or occupier thereof; and

    (b) all costs, claims, demands, expenses, charges, assessments, impositions, fines and sums and the consequences of any proceedings or prosecutions arising directly or indirectly from or in connection with any breach by the Company of any law or of this Debenture;

in each case, whether imposed by statute or otherwise and whether of the nature of capital or revenue and even though of a wholly novel character. If any such sums shall be paid by the Bank or any such receiver or any of their respective employees or agents, the same shall be paid by the Company on demand with interest computed and payable as provided in clauses 2 and 3 from the time or respective times of the same having been paid or incurred and, pending payment, shall be secured hereby, but the Bank shall not be deemed to have taken possession of the Charged Property by reason of such payment.

18.2   The Company hereby agrees to indemnify the Bank and any receiver appointed by it and their respective employees and agents (as a separate covenant with each such person indemnified) against all loss incurred in connection with:

    (a) any statement made by the Company or on the Company's behalf in connection with this Debenture or the business of the Company being untrue or misleading;

    (b) the Bank entering into any obligation with any person (whether or not the Company) at the request of the Company (or any person purporting to be the Company);

    (c) any actual or proposed amendment, supplement, waiver, consent or release in relation to this Debenture;

    (d) any stamping or registration of this Debenture or the security constituted by it; and

    (e) any failure to register this Debenture in respect of any Charged Property where such registration is required in order to preserve the effectiveness or priority of the security created by this Debenture,

whether or not any fault (including negligence) can be attributed to the Bank or any receiver appointed by it or their respective employees and agents.

18.3   This indemnity does not and shall not extend to any loss to the extent that:

    (a) in the case of any loss incurred by the Bank or its employees or agents it arises from the Bank or its employees or agents acting other than in good faith; or

    (b) in the case of any loss incurred by the receiver or his employees or agents it arises from the receiver or his employees or agents acting other than in good faith; or

    (c) there is a prohibition against an indemnity extending to that loss under any law relating to this indemnity.

19.   **NOTICE OF SUBSEQUENT CHARGES, ETC.**

If the Bank receives notice of any subsequent assignment, mortgage, security, charge or other interest affecting the Charged Property the Bank may open a new account. If the Bank does not open a new account it shall nevertheless be treated as if it had done so at the time when it received such notice and as from that time all payments made to the Bank in respect of any of the Secured Obligations shall be credited or be treated as having been credited to the new account and shall not operate to reduce the amount of the Secured Obligations owing at the time the Bank received the notice.

20. **SET-OFF**

20.1 Without prejudice to any other rights whatsoever which the Bank may have whether under general law or by implication or otherwise, the Bank shall have the right at any time or times and without notice to the Company (as well before as after any demand under this Debenture or otherwise) to:

(a) combine or consolidate all or any of the then existing accounts (including accounts in the name of the Bank with any designation which includes all or any part of the name of the Company) and liabilities to the Bank of the Company; and/or

(b) set off or transfer any sum or sums standing to the credit of any one or more of such accounts (whether subject to notice or restriction on availability or not and whether denominated in Sterling or in any other currency or currency unit) in or towards satisfaction of any of the liabilities of the Company to the Bank on any other account or in any other respect,

whether such liabilities be actual, contingent, primary, collateral, several or joint and whether as principal or surety.

20.2 In the case of all accounts (whether denominated in Sterling or in any other currency or currency unit) the Bank may at its sole discretion, and with or without notice to the Company, elect to convert all or any of the sum or sums standing to the credit of any such account or accounts (in whole or in part) into the currency or currency unit or the currencies or currency units of the whole or any part of the Secured Obligations (deducting from the proceeds of the conversion any currency premium or other expense). The Bank may take any such action as may be necessary for this purpose, including without limitation opening additional accounts. The rate of exchange shall be the Bank's spot rate for selling the currency or currency unit or the currencies or currency units of the Secured Obligations for the currency or currency unit of the sum standing to the credit of such account at or about 11.00 am in London on the date that the Bank exercises its rights of conversion under this Debenture.

20.3 The Bank shall not be under any obligation to repay the deposits and credit balances referred to in paragraph (a) of the Charged Property Fourthly described in sub-clause 4.1 or the balance on any Receivables Account representing the proceeds of any Non-Vesting Debts until the Secured Obligations have been paid and discharged in full.

21. **NOTICES AND DEMANDS**

21.1 Any notice or demand by the Bank to or on the Company shall be deemed to have been sufficiently given or made if sent to the Company:

(a) by hand or prepaid letter post to its registered office or its address stated herein or its address last known to the Bank; or

(b) by facsimile to the Company's last known facsimile number relating to any such address or office.

22.25 The Classification and Characteristics of Credit and Security

Classification: Limited

21.2 Any such notice or demand given or made under sub-clause 21.1 shall be deemed to have been served on the Company:

    (a) at the time of delivery to the address referred to in sub-clause 21.1(a), if sent by hand;

    (b) at the earlier of the time of delivery or 10.00 am on the day after posting (or, if the day after posting be a Sunday or any other day upon which no delivery of letters is scheduled to be made at the earlier of the time of delivery or 10.00 am on the next succeeding day on which delivery of letters is scheduled to be made), if sent by prepaid letter post;

    (c) at the time of transmission, if sent by facsimile (and a facsimile shall be deemed to have been transmitted if it appears to the sender to have been transmitted from a machine which is apparently in working order); or

    (d) on the expiry of 72 hours from the time of despatch in any other case.

21.3 Service of any claim form may be made on the Company in the manner described in sub-clause 21.1(a), in the event of a claim being issued in relation to this Debenture, and shall be deemed to constitute good service.

21.4 Any notice or communication required to be served by the Company on the Bank under the terms of this Debenture shall be in writing and delivered by hand or sent by recorded delivery to the Bank at the Bank's address stated herein (or at such other address as may be notified in writing by the Bank to the Company for this purpose) and will be effective only when actually received by the Bank. Any notice or communication must also be marked for the attention of such official (if any) as the Bank may for the time being have notified to the Company in writing.

22. **CURRENCY CONVERSION**

The Bank may at its sole discretion, and with or without notice to the Company, elect to convert all or any part of any sum received by the Bank pursuant to this Debenture (in whole or in part) into the currency or currency unit or currencies or currency units of the whole or any part of the Secured Obligations (deducting from the proceeds of the conversion any currency premium or other expense) and the rate of exchange shall be the Bank's spot rate for selling the currency or currency unit or currencies or currency units of the Secured Obligations or relevant part thereof for the currency or currency unit of the sum received by the Bank under this Debenture at or about 11.00 am in London on the date that the Bank exercises its right of conversion under this Debenture. The Bank may take any such action as may be necessary for this purpose, including without limitation opening additional accounts.

23. **PAYMENTS AND COSTS**

23.1 If at any time the currency in which all or any part of the Secured Obligations is denominated is, is due to be or has been converted into the euro or any other currency as a result of a change in law or by agreement between the Bank and the relevant obligor, then the Bank may in its sole discretion direct that all or any of the Secured Obligations shall be paid in the euro or such other currency or in any currency unit.

23.2 The Bank may apply, allocate or appropriate the whole or any part of any payment made by the Company under this Debenture or any money received by the Bank under any guarantee, indemnity or third party security or from any liquidator, receiver or administrator of the Company or from the proceeds of realisation of the Charged Property or any part thereof to

Classification: Limited

such part or parts of the Secured Obligations (or as the Bank may otherwise be entitled to apply, allocate or appropriate such money) as the Bank may in its sole discretion think fit to the entire exclusion of any right of the Company to do so.

23.3 If any payment made by or on behalf of the Bank under this Debenture includes an amount in respect of Value Added Tax or if any payment due to the Bank under this Debenture shall be in reimbursement of any expenditure by or on behalf of the Bank which includes an amount in respect of Value Added Tax, then such amount shall be payable by the Company to the Bank on demand with interest from the date of such demand computed and payable as provided in clauses 2 and 3 and, pending payment, shall be secured hereby.

23.4 Without prejudice to the generality of clauses 2 and 10, the Company shall pay to the Bank (on a full and unqualified indemnity basis) all costs incurred or suffered by the Bank, and any receiver appointed by the Bank shall be entitled to recover as a receivership expense all costs incurred or suffered by him:

(a) in connection with any application under Part III of the Insolvency Act 1986;

(b) in defending proceedings brought by any third party impugning the Bank's title to this security or the enforcement or exercise of the rights and remedies of the Bank or of such receiver or receivers under this Debenture; and

(c) (in the case of the Bank only) in connection with effecting any appointment of any receiver or administrator or in dealing with any appointment of, or notice of intention or application to appoint, any receiver or administrator by any party including the Company and without prejudice to any other right or process of recovering such costs;

and all such costs shall bear interest from the date such costs were incurred or suffered computed and payable as provided in clauses 2 and 3 and, pending payment, shall be secured hereby.

23.5 All costs awarded to the Bank or agreed to be paid to the Bank in any proceedings brought by the Company against the Bank shall bear interest from the date of such award or agreement computed and payable as provided in clauses 2 and 3 and, pending payment, shall be secured hereby.

24. **NON-MERGER, ETC.**

24.1 Nothing herein contained shall operate so as to merge or otherwise prejudice or affect any bill, note, guarantee, mortgage or other security or any contractual or other right which the Bank may at any time have for the Secured Obligations or any right or remedy of the Bank thereunder. Any receipt, release or discharge of the security provided by or of any liability arising under this Debenture shall not release or discharge the Company from any liability to the Bank for the same or any other money which may exist independently of this Debenture, nor shall it release or discharge the Company from any liability to the Bank under clauses 18 or 23.

24.2 Where this Debenture initially takes effect as a collateral or further security then, notwithstanding any receipt, release or discharge endorsed on or given in respect of the money and liabilities owing under the principal security to which this Debenture operates as a collateral or further security, this Debenture shall be an independent security for the Secured Obligations.

695

22.25 The Classification and Characteristics of Credit and Security

Classification: Limited

24.3 This Debenture is in addition to and is not to prejudice or be prejudiced by any other security or securities now or hereafter held by the Bank.

25. **TRANSFERS BY THE BANK OR THE COMPANY**

25.1 The Bank may freely and separately assign or transfer any of its rights under the Debenture or otherwise grant an interest in any such rights to any person or persons. On request by the Bank, the Company shall immediately execute and deliver to the Bank any form of instrument required by the Bank to confirm or facilitate any such assignment or transfer or grant of interest.

25.2 The Company shall not assign or transfer any of the Company's rights or obligations under this Debenture or enter into any transaction or arrangement which would result in any of those rights or obligations passing to or being held in trust for or for the benefit of another person.

26. **PARTIAL INVALIDITY**

Each of the provisions in this Debenture shall be severable and distinct from one another and if at any time any one or more of such provisions is or becomes invalid, illegal or unenforceable, the validity, legality and enforceability of the remaining provisions hereof shall not in any way be affected or impaired thereby.

27. **RESTRICTION ON LIABILITY OF THE BANK**

Except to the extent that any such exclusion is prohibited or rendered invalid by law, neither the Bank nor any receiver appointed by it nor their respective employees and agents shall:

(a) be liable to account as a mortgagee in possession for any sums other than actual receipts;

(b) be liable for any loss upon realisation of, or for any action, neglect or default of any nature whatsoever in connection with, any part of the Charged Property for which a mortgagee in possession might as such otherwise be liable;

(c) be under any duty of care or other obligation of whatsoever description to the Company in relation to or in connection with the exercise of any right conferred upon the Bank, any receiver appointed by it and their respective employees and agents; or

(d) be under any liability to the Company as a result of, or in consequence of the exercise, or attempted or purported exercise of, or failure to exercise, any of their respective rights.

28. **CONCLUSIVE EVIDENCE**

A certificate by an official of the Bank as to the Secured Obligations shall (save for manifest error) be binding and conclusive on the Company in any legal proceedings both in relation to the existence of the liability and as to the amount thereof.

29. **NO RELIANCE ON THE BANK**

(a) The Company acknowledges to and agrees with the Bank that, in entering into this Debenture and incurring the Secured Obligations:

(i) the Company has not relied on any oral or written statement, representation, advice, opinion or information made or given to the

Consensual Security 22.25

Classification: Limited

                        Company in good faith by the Bank or anybody on the Bank's behalf and the Bank shall have no liability to the Company if the Company has in fact so done;

            (ii)   the Company has made, independently of the Bank, the Company's own assessment of the viability and profitability of any purchase, project or purpose for which the Company has incurred the Secured Obligations and the Bank shall have no liability to the Company if the Company has not in fact so done; and

            (iii)   there are no arrangements, collateral or relating to this Debenture, which have not been recorded in writing and signed on behalf of the Bank and the Company.

(b)   The Company agrees with the Bank that the Bank did not have prior to the date of this Debenture, does not have and will not have any duty to the Company:

            (i)   in respect of the application by the Company of the money hereby secured;

            (ii)   in respect of the effectiveness, appropriateness or adequacy of the security constituted by this Debenture or of any other security for the Secured Obligations; or

            (iii)   to preserve the goodwill of any business carried on by the Company by running, or procuring the running of, such business or otherwise, either before or after the enforcement of this Debenture.

(c)   The Company agrees with the Bank for itself and as trustee for its officials, employees and agents that neither the Bank nor its officials, employees or agents shall have any liability to the Company in respect of any act or omission by the Bank, its officials, employees or agents done or made in good faith.

30.   **MISCELLANEOUS**

30.1   Any amendment of or supplement to any part of this Debenture shall only be effective and binding on the Bank and the Company if made in writing and signed by both the Bank and the Company. References to **"this security"**, or to **"this Debenture"** include each such amendment and supplement.

30.2   The Company and the Bank shall from time to time amend the provisions of this Debenture if the Bank notifies the Company that any amendments are required to ensure that this Debenture reflects the market practice prevailing at the relevant time following the introduction or extension of economic and monetary union and/or the euro in all or any part of the European Union.

30.3   The Bank and the Company agree that the occurrence or non-occurrence of European economic and monetary union, any event or events associated with European economic and monetary union and/or the introduction of any new currency in all or any part of the European Union will not result in the discharge, cancellation, rescission or termination in whole or in part of this Debenture or give any party hereto the right to cancel, rescind, terminate or vary this Debenture in whole or in part.

697

22.25 The Classification and Characteristics of Credit and Security

Classification: Limited

30.4		Any waiver, consent, receipt, settlement or release given by the Bank in relation to this Debenture shall only be effective if given in writing and then only for the purpose for and upon any terms on which it is given.
30.5		For the purpose of exercising, assigning or transferring its rights under this Debenture, the Bank may disclose to any person any information relating to the Company which the Bank has at any time.
30.6		The restriction on the right of consolidating mortgages contained in Section 93 of the Law of Property Act 1925 shall not apply to this Debenture or any further or other security entered into pursuant to this Debenture.
30.7		Any change in the constitution of the Bank or its absorption of or amalgamation with any other person shall not in any way prejudice or affect the Bank's rights under this Debenture.
30.8		If (but for this sub-clause) any company which has issued any Securities would by virtue of this Debenture be a "subsidiary undertaking" (as defined by the Companies Act 2006 or the Companies Act 2006) or "associated undertaking" (as defined by the Companies Act 2006 or any statutory provisions for the time being relevant for the purpose of the preparation of the Bank's accounts) of the Bank, then the Bank or its nominee shall only exercise any voting rights in relation to such Securities (and any other rights which are charged to the Bank pursuant to this Debenture and which are relevant for the purposes of the definitions of subsidiary undertaking and associated undertaking) in accordance with the Company's instructions and in the Company's interest, except where the Bank or its nominee is exercising such rights for the purpose of preserving the value of the security hereby created or for the purpose of realising such security.
30.9		The Bank shall be entitled to debit any account for the time being of the Company with the Bank with any sum due to the Bank under this Debenture.
30.10		Unless and until the Bank shall have made demand for payment of the Secured Obligations or one of the other events mentioned in sub-clause 10.1 shall have occurred, the Bank shall not be entitled (except for the purposes mentioned in sub-clauses 12(j), 13.2(a) and 14(g)) to enter upon the Company's freehold or leasehold or heritable property or to obtain possession thereof.
30.11		Each term in any document relating to the Company's obligations to the Bank is, to the extent not set out in or otherwise incorporated into this Debenture, incorporated into this Debenture in so far as is necessary to comply with section 2 of the Law of Property (Miscellaneous Provisions) Act 1989 but, except where stated otherwise, if there is any conflict between that term and any other term of this Debenture, that other term will prevail.
30.12		This document shall at all times be the property of the Bank.
31.		**LAW AND JURISDICTION**
31.1		This Debenture and any dispute (whether contractual or non-contractual, including, without limitation, claims in tort, for breach of statutory duty or on any other basis) arising out of or in connection with it or its subject matter ("Dispute") shall be governed by and construed in accordance with the law of England and Wales.
31.2		The parties to this Debenture irrevocably agree, for the sole benefit of the Bank, that, subject as provided below, the courts of England and Wales shall have exclusive jurisdiction over any Dispute. Nothing in this clause shall limit the right of the Bank to take proceedings against the Company in any other court of competent jurisdiction, nor shall the taking of proceedings in

any one or more jurisdictions preclude the taking of proceedings in any other jurisdictions, whether concurrently or not, to the extent permitted by the law of such other jurisdiction.

IN WITNESS whereof the parties hereto have executed this Debenture as a deed and have delivered it upon its being dated.

22.25 The Classification and Characteristics of Credit and Security

Classification: Limited

THE SCHEDULE

(Registered Land)

Premises at	Administrative Area	Registered at HM Land Registry under Title No

Classification: Limited

Use this execution clause if the Company is to execute acting by two directors or one director and the company secretary;

Executed as a deed by

acting by

_____ Director   _____ Director/Company Secretary

Use this execution clause if the Company is to execute acting by only one director;

Executed as a deed by

acting by

_____ Director

in the presence of:

Witness:	.... (name)
	....(signature)
Address:	....
	....
	....
Occupation:	....

22.25 The Classification and Characteristics of Credit and Security

Classification: Limited

Use this execution clause for a Limited Liability Partnership where two members are signing

Executed as a deed by

Acting by

Member   Member

Use this execution clause if the Limited Liability Partnership is to execute acting by only one member and a witness;

Executed as a deed by

acting by

Member

in the presence of:

Witness: .... (name)

                ....(signature)

Address: ....

                ....

                ....

Occupation: ....

Classification: Limited

Executed as a deed by   as attorney for and on behalf of
                                                       LLOYDS BANK PLC in the presence of:

NB. NOT TO BE USED FOR REGISTERED CHARGES

THIS DEED OF RELEASE is	**(day)**		**(month)**		**(year)**
made on the		**day of**			

BETWEEN LLOYDS BANK PLC (hereinafter called the "Bank") of the one part and within named Company (hereinafter called the "Company") of the other part.

WITNESSES that the Bank HEREBY RELEASES unto the Company ALL the Charged Property (as defined within) TO HOLD the same unto the Company freed and discharged from the within written Debenture and all principal money, interest, claims and demands whatsoever thereunder.

PROVIDED THAT this release shall not discharge the Company from any liability to the Bank remaining to be paid or any other security held by the Bank.

IN WITNESS whereof the Bank has executed this Instrument as a deed and has delivered it upon its being dated.

Executed as a deed by   as attorney for and on behalf of
                                                       LLOYDS BANK PLC in the presence of:

22.26 The Classification and Characteristics of Credit and Security

(iii) Some problems of characterization

22.26 Whether a written agreement between creditor and debtor creates a security interest is usually apparent from even the most cursory reading of its terms. But some types of agreement, which fulfil a security function in that they are designed to promote the creditor's claim to a rank higher than it would otherwise enjoy, are not easy to characterize and may or may not constitute security in the strict sense. A further problem of characterization may arise where the creditor takes possession of tangible movables (goods, documents, instruments) pursuant to a security agreement. Is the transaction a pledge, a mortgage, a charge or a lien? On the answer to these questions may turn the registrability of the interest (eg under s 859A of the Companies Act 2006) and the extent of its validity and priority in the event of the debtor's insolvency.

1. Purchase or loan on security?

22.27 An agreement which is in substance a loan on security may readily be disguised as a purchase. This has usually been done to evade either the Moneylenders Acts (now repealed) or the Bills of Sale Acts[73] or, where the 'seller' is a company, the registration requirements embodied in what is now s 859A of the Companies Act 2006.[74] Where an allegation is made that an apparent purchase is in reality a loan on security, the court has to inquire into the facts, where necessary looking behind the label which the parties have given the transaction.[75] The question to be decided is not whether the transaction would have the effect of avoiding the application of the relevant statute – for parties are free to organize their affairs in such a way as to ensure that they escape legislation they consider burdensome – but what is its legal nature. There are two distinct routes by which a transaction relied on as a sale may be struck down as a security for a loan.[76] These have conveniently been described as the external and internal routes.[77] The external route is to show that the document does not record the real agreement between the parties – in other words, that the document is a sham and is designed to conceal the true nature of the transaction.[78] Most of the cases in which an agreement has been held to be a security rather than a sale have been decided on this basis. But even where the document is a true record of the parties' agreement, the court may conclude from an examination of its terms that its legal character is that of a

---

[73] See, for example, *Re Watson* (1890) 25 QBD 27; *Polsky v S and A Services* [1951] 1 All ER 185, affirmed [1951] 1 All ER 1062n. For a more detailed discussion of the principal evasion techniques, see R. M. Goode, *Hire-Purchase Law and Practice* (2nd edn, 1970), pp 81 ff and H. Beale, M. Bridge, L. Gullifer and E. Lomnicka, n 40, paras 7.54–7.57.
[74] See para **24.31**.
[75] *Re Watson*, n 73; *Kingsley v Sterling Industrial Securities Ltd* [1967] 2 QB 747; *Welsh Development Agency v Export Finance Co Ltd* [1992] BCC 270.
[76] *Re Curtain Dreams plc* [1990] BCC 341, per Knox J at 349; *Welsh Development Agency v Export Finance Co Ltd*, n 75.
[77] *Welsh Development Agency v Export Finance Co Ltd*, n 75, per Staughton LJ at 301.
[78] On sham transactions see generally E. Simpson and M. Stewart (eds), *Sham Transactions* (2013).

security, not a sale. This is the internal route.[79] In short, the nature of the rights intended by the parties is to be ascertained from the terms of their agreement, while the characterization of such rights is a matter of law and is to be determined by the court.[80] But in each case it is the *legal* substance to which the court has regard, not the *economic* effect of the transaction.[81]

22.28 Typical cases in which the characterization of the agreement comes into consideration are the following:

22.29 (a) SALE AND LEASE-BACK. A normal hire-purchase transaction, in which goods are sold by a dealer to a finance house and let on hire-purchase to a hirer who had no prior interest in them, does not embody a loan or create a security interest.[82] But sometimes, with a view to raising funds, the owner of goods sells them to a finance house and takes a lease-back, eg under a hire-purchase agreement. The net effect is very much the same as if he had mortgaged the goods to secure a loan. He receives a cash sum and then has to pay instalments under the hire-purchase agreement which recoup to the other party its purchase outlay and give it finance charges in the same way as if interest had been levied. The reservation of title under the hire-purchase agreement produces an effect equivalent to security over the goods. There is nothing wrong with a genuine sale and lease-back, which is very common in property transactions[83] and is also encountered in equipment leasing in those cases where the intended lessee buys the equipment from the supplier himself.[84] But where goods are involved, the courts are likely to scrutinize the transaction with particular care to ensure that the transfer of ownership was genuinely intended as a sale and was not a mortgage in disguise.

22.30 The theme has a number of variants.[85] To add a little camouflage, the goods may be let back on hire-purchase not to the original owner but to his nominee.[86] Alternatively, instead of selling directly to the finance house the

---

[79] See the judgments of Dillon and Staughton LJJ in *Welsh Development Agency v Export Finance Co Ltd*, n 75, for a general discussion of the two routes.
[80] *Agnew v IRC* [2001] 2 AC 710, *per* Lord Millett at 725–726; *Lavin v Johnson* [2002] EWCA Civ 1138; *Brighton and Hove City Council v Audus* [2009] EWHC 340 (Ch), [2009] All ER (D) 25 (Mar).
[81] Ibid. For a wide-ranging discussion of the characterization question, see A. Berg, 'Recharacterisation after Enron' [2003] JBL 205 and see also H. Beale, M. Bridge, L. Gullifer and E. Lomnicka, n 40, paras 4.13–4.37. It has been suggested (G. Moss 'Fictions and Floating Charges: Some Reflections on the House of Lords' Decision in *Spectrum*' in J. Getzler and J. Payne (eds), *Company Charges: Spectrum and Beyond* (2006), pp 6–9) that, as a result of a dictum of Lord Scott in *Re Spectrum Plus Ltd* [2005] UKHL 41, [2005] 2 AC 680, [116] that the courts might in future place greater weight on the commercial nature of a transaction viewed in terms of its economic effects but it is suggested that this is to read too much into the passage from the speech of Lord Scott. It is unlikely that he intended to effect such a change in approach beyond the immediate issue before him which concerned the difference between a fixed and a floating charge. See further Lord Neuberger of Abbotsbury, 'Company Charges' in E. Simpson and M. Stewart (eds), n 78, p 158.
[82] *Re Robertson* (1878) 9 Ch D 419; *McEntire v Crossley Bros Ltd* [1895] AC 457.
[83] See, for example, *Lavin v Johnson* [2002] EWCA Civ 1138, [2002] All ER (D) 501 (Jul).
[84] See para **28.27**.
[85] See R. Goode, *Hire-Purchase Law and Practice*, pp 81 ff.
[86] Ibid, p 88.

owner may find a dealer willing to collude with him in his search for funds, allowing the dealer to represent himself as the owner. The dealer will then sell the goods to the finance house to be let back on hire-purchase to the original owner or his nominee. If the finance house bought in good faith, the court will uphold the sale and hiring back despite the mala fides of the other parties.[87] Where, however, the finance house was itself a party to the simulation, the transaction will be treated as a disguised bill of sale and will almost invariably be void for want of compliance with the Bills of Sale Acts[88] or for non-registration under the Companies Act 2006.[89] A further variant is the so-called refinancing transaction, where the owner of the goods genuinely sells them to a dealer who resells them to the finance house to be let back on hire-purchase to the original owner. Again, the question is whether the finance house was genuinely buying the goods or merely intending to lend on the security of them.[90]

22.31 (b) SALE AND REPURCHASE.[91] A sells goods to B under an agreement providing for payment of the price by instalments. The agreement contains a stipulation that in the event of B's default, A may repurchase the goods from B, setting off the amount outstanding against the repurchase price. Does the grant of the right of repurchase constitute an agreement for a mortgage? In general, no, for reasons already given.[92] But if the right is coupled with an obligation, the transaction as a whole is more likely to be held to be a mortgage rather than a sale and repurchase.[93] Sale and repurchase agreements (repos) and similar arrangements such as sell/buy-back are a common form of dealing in securities and in English law will not normally be characterized as security transactions since the sale is intended as an outright transfer. But the securities industry equates this with secured lending because of the repurchase provisions and the ability of the parties to close out their transactions, converting them into money obligations, and to net the amounts payable.[94] Concern over recharacterization risk in relation to title transfer, and consequential systemic risk, has led to a provision in the European financial collateral directive requiring member states to ensure that a title transfer financial collateral arrangement can take effect in accordance with its terms.[95]

---

[87] *Eastern Distributors Ltd v Goldring* [1957] 2 QB 600; *Snook v London and West Riding Investments Ltd* [1967] 2 QB 786.
[88] *North Central Wagon Finance Co Ltd v Brailsford* [1962] 1 All ER 502. However, the creditor will be entitled to recover his money, with reasonable interest, in a restitutionary claim for money had and received (ibid).
[89] Section 859A. See para **24.31**.
[90] *Stoneleigh Finance Ltd v Phillips* [1965] 2 QB 537.
[91] See generally H. Beale, M. Bridge, L. Gullifer and E. Lomnicka, n 40, paras 7.58–7.74.
[92] See para **15.76**. See also *Orion Finance Ltd v Crown Financial Management Ltd* [1996] 2 BCLC 78.
[93] *Re Curtain Dream plc*, n 76.
[94] See *Goode and Gullifer on Legal Problems of Credit and Security*, para 1–41.
[95] Directive on financial collateral arrangements (2002/47/EC), art 6(1), implemented in the UK by the Financial Collateral Arrangements (No 2) Regulations 2003 (SI 2003/3226), reg 4(4) and 8, the former of which disapplies ss 859A and 859H of the Companies Act 2006 in relation to charges over financial collateral, while the latter disapplies certain provisions of the Insolvency Act 1986.

22.32 (c) CONSOLIDATION CLAUSE. A not uncommon provision in a hire-purchase agreement or equipment lease is that if, by reason of default by the hirer, the owner becomes entitled to terminate the agreement at a time when the hirer holds other goods from the owner under another agreement, the owner shall not be obliged to accept a tender of the balance due under the former agreement unless the hirer at the same time pays the balance due under the latter. Such a consolidation clause is intended to give the owner of goods let on hire or hire-purchase rights similar to those enjoyed in equity by a mortgagee against a defaulting mortgagor even where there is no express provision for consolidation.[96] A consolidation clause does not in itself convert a hire-purchase agreement into a security.[97]

22.33 (d) EXTENDED RESERVATION OF TITLE.[98] We have seen[99] that the simple reservation of title clause by which the seller retains title until payment by the buyer of the price of the goods agreed to be sold does not make the agreement a security agreement. This is because the buyer is not giving security rights over goods he owns but is simply agreeing with the seller as to the condition on which the property in the goods is to pass to him. However, the form of sale agreement examined in the *Romalpa* case[100] showed at least three ways in which the title reservation could be extended. In the first, the seller retains title until the buyer has paid not merely the price of the goods agreed to be sold but all other sums owing to the seller under prior or subsequent transactions. No argument was advanced in *Romalpa* that this made the agreement a charge. But in *Armour v Thyssen Edelstahlwerke AG*[101] the House of Lords, in a Scottish appeal, held that an 'all moneys' title retention clause did not create a charge, for the parties were entitled to agree on any conditions they chose for the transfer of the property.[102]

22.34 A second extension of the title reservation clause is to pick up the proceeds of authorized sub-sales by the buyer and require these to be made

---

[96] See W. Clark and Sir P. Morgan (eds), *Fisher and Lightwood's Law of Mortgage* (15th edn, 2019), ch 46; S. Bridge, E. Cooke and M. Dixon (eds), *Megarry and Wade: The Law of Real Property* (9th edn, 2019), paras 24-054 ff.
[97] This follows from the decision of the House of Lords in *Armour v Thyssen Edelstahlwerke AG* [1991] 2 AC 339, referred to below.
[98] See G. McCormack, *Reservation of Title* (2nd edn, 1995); S. Wheeler, *Retention of Title Clauses* (1992); H. Beale, M. Bridge, L. Gullifer and E. Lomnicka, n 40, paras 7.07–7.25; M. Bridge, L. Gullifer, K. Low and G. McMeel, n 40, ch 12. One consequence of the decision of the Supreme Court in *PST Energy 7 Shipping LLC v OW Bunker Malta Ltd (The Res Cogitans)* [2016] UKSC 23, [2016] AC 1034, [2016] 3 All ER 879 (on which see paras 7.31–7.35) may be to cause commercial parties to re-think their reliance on retention of title clauses given the potential such clauses have to take contracts outside the scope of the Sale of Goods Act 1979 with the uncertainties that such a conclusion may bring: see, more generally, L. Gullifer, '"Sales" on Retention of Title Terms: Is the English Law Analysis Broken?' (2017) 133 LQR 244.
[99] See paras **22.05, 22.15**.
[100] *Aluminium Industrie Vaassen B. V. v Romalpa Aluminium Ltd* [1976] 1 WLR 676.
[101] See n 97.
[102] It is important to note that the claim in *Armour* was one to recover the goods which had been supplied. It was not a claim to recover the proceeds of the sale of these goods. Had the claim been of the latter variety, it is very unlikely that it would have succeeded: *Sandhu (trading as Isher Fashions UK) v Jet Star Retail Ltd (trading as Mark One) (in administration)* [2011] EWCA Civ 459 and see further below.

over to the seller. In *Romalpa* the Court of Appeal held that the terms of the agreement showed an intention to secure the plaintiffs for all sums owing to them and established a fiduciary relationship between seller and buyer which conferred on the former an equitable proprietary right to the proceeds. However, the decision is unsatisfactory in a number of respects and it has been described as 'a case more distinguished than followed in subsequent authority.'[103] The argument before the court focused on the construction of the contract rather than on the legal characterization of the agreement. Thus it was conceded that the buyer was a bailee of the goods, and it was not argued that the seller was in reality taking a registrable but unregistered charge over the book debts. It could no doubt have been argued that the seller's right to the proceeds was an equitable right to trace arising by operation of law rather than by way of contractual security. But such an argument would have enabled the seller to hoist itself up by its own legal bootstraps, in that the equitable duty to account was derived from the terms of the agreement itself. Relying on the fact that certain crucial points in the *Romalpa* case were either conceded or not argued, lower courts have consistently bypassed the decision, holding that the right to the proceeds derived from the agreement of the parties, not from some independent equitable tracing right, and that since the seller's only interest in the proceeds was to recover sums owing to it by the buyer the parties must be assumed to have intended that such interest should be by way of security only and not by way of outright transfer.[104] On this basis the effect of the agreement was to create a charge on the book debts arising from the sub-sales, and, in the absence of registration, this was void against the liquidator and creditors.[105]

22.35 The third form of extended reservation of title is that which covers products made from the goods and other materials belonging to the buyer or a third party. Here the test is whether the product is intended to belong to the seller absolutely, in which case it vests in him automatically under the reservation of title clause without any grant by the buyer,[106] or whether the seller's interest is to be limited to a security interest, as will almost invariably be the case, for otherwise the seller would receive a windfall.[107] Where, however, the processing of the original goods has resulted in their destruction

---

[103] *Caterpillar (NI) Ltd (formerly FG Wilson (Engineering) Ltd) v John Holt & Co (Liverpool) Ltd* [2014] EWCA Civ 1232, [2014] 1 All ER 785 at [26] per Longmore LJ.

[104] Contrast K. Loi, 'Quistclose Trusts and Romalpa Clauses: Substance and Nemo Dat in Corporate Insolvency' (2012) 128 LQR 412.

[105] *E. Pfeiffer Weinkellerei-Weineinkauf GmbH v Arbuthnot Factors Ltd* [1988] 1 WLR 150; *Tatung (UK) Ltd v Galex Telesure Ltd* (1988) 5 BCC 325; *Compaq Computer Ltd v Abercorn Group Ltd* [1991] BCC 484. Contrast *FG Wilson (Engineering) Limited v John Holt & Company (Liverpool) Limited*, n 103, where it was held that title did not pass under the retention of title clause until payment of the price. See also *Associated Alloys Pty Ltd v Metropolitan Engineering & Fabrications Pty Ltd* [2000] HCA 25, (2000) 202 CLR 588 where a clause limiting the seller's entitlement to the debt outstanding at all times was held to create a trust and not a registrable charge. See also M. Bridge, L. Gullifer, K. Low and G. McMeel, n 40, para 20-039 where the point is made that the decision in *Associated Alloys Pty Ltd* is likely to be confined to its own facts and is unlikely to be replicated in other cases, at least in England and Wales.

[106] *Clough Mill Ltd v Martin* [1985] 1 WLR 111, per Robert Goff LJ at 119 and Oliver LJ at 124.

[107] Ibid; *Re Peachdart Ltd* [1984] Ch 131; *Specialist Plant Services Ltd v Braithwaite Ltd* (1987) 3 BCC 119; *Kruppstahl AG v Quittman Products Ltd* [1982] 1 ILRM 551.

and replacement by a wholly new product, there is no longer any asset susceptible to title retention and the seller's rights over the new product derive from a grant by the buyer, which if by way of security will constitute a charge and will be void if unregistered.[108]

22.36 (e) DISCOUNTING OF RECEIVABLES. Where book debts and other receivables are discounted by A to B under arrangements by which A is made responsible for collecting the debts on behalf of B and guarantees payment, the distinction between a purchase of the debts by B and a loan by him on the security of the debt becomes a fine one, for in both cases the accounting mechanism is such as to involve an exchange of money for money. Once again, the test is whether it was intended that outright ownership of the receivables should pass to B or whether the reality of the transaction was that he was to be a mere mortgagee.[109]

22.37 (f) NON-RECOURSE FINANCING AGAINST RECEIVABLES. Under certain forms of loan contract the borrower does not undertake any personal obligation to repay the advance, the lender looking solely to underlying security, typically in the form of receivables which the borrower undertakes to collect and hold for the lender's account. For example, in leveraged leasing transactions (common in the United States and regularly encountered in the United Kingdom), most of the capital required to purchase the equipment that is to be let on lease is advanced by a third party to the intending lessor, who assigns the future rentals to the third party by way of security, undertaking to collect these and account for them to the third party. The transaction is customarily described as a non-recourse loan, the rentals are treated as security for the loan and the parties are described as lender and borrower. Non-recourse lending is common in project finance and is a well-established concept in other forms of international financial transaction. It may seem odd to characterize a transaction as a loan when there is no personal liability for repayment, and to speak of security for a loan when there is no obligation to be secured, other than a duty to account for the 'security' itself and its proceeds. Nevertheless, the courts have held that it is for the parties themselves to decide how a loan is to be repaid, and the mere fact that repayment is to come exclusively from a designated fund or class of assets, without any personal liability on the part of the borrower, does not prevent the transaction from constituting a loan in law, as in colloquial usage.[110] The transaction also differs in commercial effect from a sale, in that the borrower retains an equity

---

[108] *Modelboard Ltd v Outer Box Ltd* [1992] BCC 945. See also *Borden (UK) Ltd v Scottish Timber Products Ltd* [1981] Ch 25, where the agreement contained no provision as to products and the Court of Appeal held that the reservation of title to the original goods could not survive their destruction in the course of processing.

[109] See the cases cited n 18, and the decision of the House of Lords in *Lloyds and Scottish Finance Ltd v Cyril Lord Carpets Ltd* (1979), belatedly reported in [1992] BCLC 609, affirming the decision of the Court of Appeal *sub nom Lloyds & Scottish Finance Ltd v Prentice* (1977) 121 Sol Jo 847. See also *Welsh Development Agency v Export Finance Co Ltd*, n 75.

[110] *De Vigier v I.R.C.* [1964] 2 All ER 907, applying *Mathew v Blackmore* (1857) 1 H & N 762.

22.37 *The Classification and Characteristics of Credit and Security*

in the charged asset. Accordingly, the agreement is a security agreement and is registrable as such where the asset in question consists of the borrower's book debts.[111]

2. Set-off agreement[112]

22.38 A common provision in a commercial contract involving the payment of money by one person to another is that the former may set off against any sum for which he is liable under the agreement the amount of any cross-claim against the latter on some other account. For example, a bank may stipulate that it shall have the right to set off a sum due from a surety under a contract of guarantee against that surety's credit balance. Rights of set-off also exist in equity and to a limited extent under the Statutes of Set-Off,[113] but in either case only where given conditions are fulfilled,[114] and the purpose of a contractual set-off is usually to extend the right beyond that which would be given at law or in equity.

22.39 A contractual set-off, though fulfilling a security function, is not in point of law a security interest. It gives no right over the creditor's asset (ie the debt), merely an entitlement to set off one personal obligation against another. It is thus not registrable as a security interest.[115] So long as the creditor is not insolvent, a contractual set-off is considered unobjectionable even though it goes beyond the right of set-off in equity, as by entitling the debtor to set off a purely contingent claim against a sum due to the creditor; and such an agreement will in principle bind an assignee of the creditor's claim, for he cannot acquire rights greater than those of his assignor and he therefore takes the debt subject to the debtor's right of set-off.

22.40 But the matter is quite different where the debtor seeks to assert a contractual right of set-off against the creditor's trustee in bankruptcy or liquidator. To the extent to which the contractual right goes beyond the right of set-off allowed on insolvency,[116] it offends against the principle of *pari passu* distribution, for its effect would be to use a purely personal cross-claim to diminish an asset that would otherwise be available for the general body of creditors; and as we have seen, the feature which particularly distinguishes a personal right from a real right is that the former ceases to be available against the obligor's assets in bankruptcy or winding up and is converted into a right to prove in competition with other creditors. Instructive on this point is the

---

[111] Companies Act 2006, s 859A.
[112] See, generally, S.R. Derham, *The Law of Set-Off* (4th edn, 2010); P. Wood, *English and International Set-Off* (1989); S. McCracken, *The Bankers' Remedy of Set-Off* (3rd edn, 2009); W. Johnston and T. Werlen, *Set-off Law and Practice: An International Handbook* (2nd edn, 2010); Goode and Gullifer on Legal Problems of Credit and Security, ch 7.
[113] Though the Statutes of Set-Off were long ago repealed their effect is preserved by what is now s 49(2) of the Senior Courts Act 1981.
[114] See *Goode and Gullifer on Legal Problems of Credit and Security*, ch 7.
[115] *Re Charge Card Services Ltd* [1987] Ch 150. The case was appealed, but not on this point.
[116] Insolvency Rules 2016 (SI 2016/1024), rr 14.24 and 14.25. See *Goode and Gullifer on Legal Problems of Credit and Security*, paras 7-85 ff; Wood, *English and International Set-Off*, ch 7.

decision of the House of Lords in *British Eagle International Airlines Ltd v Compagnie Nationale Air France*.[117]

> The International Air Transport Association (IATA) provided a clearing-house scheme for settlement of debts between member airlines, and each member agreed to be bound by the clearing regulations. These provided that sums due from a member to other member airlines would be debited to that member's account with IATA, and sums due to the member from other airlines would be credited to the member's account with IATA, a balance being struck monthly, so that an airline in overall credit vis-à-vis other airlines would receive a remittance from IATA and an airline in overall debit would send a remittance to IATA.
>
> British Eagle, a member airline, went into liquidation and was owed money by Air France. The latter contended that the true creditor was IATA and that under the clearing-house rules IATA was entitled to set off sums due from British Eagle to other airlines so that there was no credit balance in favour of British Eagle.
>
> The House of Lords held by a majority that it would be contrary to public policy to allow a party to contract out of s 302 of the Companies Act 1948 (which provided for *pari passu* distribution among creditors) so as to give unsecured creditors, through the medium of set-off, the same rights as if they had taken a charge on the debts, and that accordingly the liquidator of British Eagle was entitled to recover the net balance due from Air France to British Eagle without being subject to set-off in respect of sums due from British Eagle to other airlines.

22.41 The crucial question, and that on which the majority differed from the minority, was whether the real creditors and debtors of British Eagle were the other airlines or IATA. On the minority view, no member airline could sue another member airline directly, the true creditor and debtor was IATA, and therefore the set-off was unobjectionable.[118] But the majority of their Lordships considered that IATA was in essence a clearing-house agent and on this basis British Eagle's claim was properly made against Air France and could not be reduced by sums owing from British Eagle to other airlines.[119]

3. *Charge-backs and pledge-backs*

22.42 Faced with the weakness of contractual set-off in the event of a customer's insolvency, banks now tend to play safe by taking and, where necessary, registering[120] a charge over the customer's credit balance. Can this

---

[117] [1975] 2 All ER 390, [1975] 1 WLR 758. See further para **18.40**, n 101.

[118] In setting up the now superseded Talisman, the London Stock Exchange was quick to draw the moral from this. See C. Abrams, 'Talisman: A Legal Analysis' (1980) 1 Co Law 17 at p 19.

[119] In *International Air Transport Association v Ansett Australia Holdings Ltd* [2008] HCA 3, (2008) 234 CLR 151, the IATA agreement was the same as that in *British Eagle*, except for the addition of a clause providing that no claim or liability for payment arose between the member airlines but only against IATA. A majority of the High Court of Australia took the view that the set-off could apply. See *Goode and Gulliver on Legal Problems of Credit and Security*, para 7-100.

[120] Where the customer is an individual or partnership, there is no registration requirement. Moreover, money on deposit with a bank is not usually a book debt, for the term 'book debt' means a debt due to a trader in the course of his trade, and which in the ordinary course of business would be entered in his books (*Shipley v Marshall* (1863) 14 CBNS 566), while a trader's right to repayment of surplus funds deposited with his bank is not a debt due to him in the course of his trade (*Re Brightlife Ltd* [1986] 3 All ER 673). The position would no

22.42 *The Classification and Characteristics of Credit and Security*

be done? In *Re Charge Card Services Ltd*[121] Millett J held that such a charge is conceptually impossible,[122] for, it was said, the debtor cannot become his own creditor and sue himself; his remedy is to withhold payment. In short, a purported charge over the customer's credit balance was in substance a contractual right to withhold payment and set off the bank's claim against its liability in respect of the deposit. But this view, on which both judicial and academic opinion were divided, did not find favour with Lord Hoffmann in the decision of the House of Lords in *Re Bank of Credit and Commerce International SA (No 8)*,[123] and while Lord Hoffmann's observations were obiter they clearly have great persuasive force, particularly since despite the theoretical difficulties[124] they respond to banking practice both in Britain and in other countries.[125] It is therefore likely that in future cases courts will uphold the charge-back as an effective security, and presumably the same is true of pledge-backs – for example, the pledge of a negotiable instrument or a negotiable security back to the issuer.

4. *Restrictions on right to withdraw deposit*

22.43 Even assuming – in light of what has been stated above – that such a security is possible, a corporate customer may be unwilling to give a charge over its credit balance at the bank, eg because of restrictions on its right to give security over its assets or for fear that the bank will register the charge, adversely affecting the company's credit. In the light of this, an arrangement has evolved by which the bank, instead of taking a charge or letter of set-off, imposes restrictions on the company's right to withdraw sums on deposit with the bank. Deposits made subject to such restrictions have become known as 'flawed assets'. For example, the bank may stipulate that sums deposited by Company A shall not become repayable to A so long as money is due to the bank from A's associated company, B. At first sight this looks like a charge under another name, but there is an important difference. Security over a credit balance is intended, when enforcement becomes necessary, to result in the credit balance being applied in or towards discharge of the indebtedness which it secures. In effect, the bank takes over the credit balance to the extent necessary to satisfy the secured indebtedness and in so doing reduces or extinguishes its liability to the company in whose name the credit balance had been held. By contrast, a restriction on the right to withdraw money on deposit merely qualifies the bank's repayment obligation without giving it rights over the credit balance. The customer's claim against the bank remains at all times intact. The bank does not, as in the case of an enforced charge, take over the credit balance, nor does its withholding of repayment in any way reduce the

---

doubt be otherwise where the depositor carries on the business of investment or money market operations and the deposit is made in pursuance of that business. See also W. J. Gough, *Company Charges* (2nd edn, 1996), pp 684–685.

[121] See n 115.
[122] The view put forward in the first edition of this book at p 721.
[123] [1998] AC 214.
[124] See the second edition of this book at p 659 and R. Goode, *Commercial Law in the Next Millennium* (1998), pp 69–71.
[125] See *Goode and Gullifer on Legal Problems of Credit and Security*, para 3-12.

liability of the third party the discharge of whose indebtedness is made a condition precedent to the depositor's right to withdraw its money.[126] Equally, the restriction on withdrawal does not constitute a contractual set-off, for the bank's countervailing claim is not against its creditor, A, but against a third party, B, and in any event the credit balance is not reduced by any cross-claim, it is merely frozen until the cross-claim has been discharged.

22.44 As a second stage, the bank may reach an agreement with Company A and Company B whereby B is to take over responsibility for repayment of A's deposit, the bank being released from liability to A. The net effect is to put the bank in much the same position as if it had enforced a charge on A's credit balance to reduce or extinguish the indebtedness of B, but the agreement does not create a charge in law for it requires the assent of B to assume responsibility for the obligation to repay A and amounts simply to a novation of the contract established by A's deposit.

5. Negative pledge clause[127]

22.45 Under the typical negative pledge clause a company giving a floating charge undertakes that it will not, without the consent of the chargee, grant any other mortgage or charge ranking in priority to or *pari passu* with the floating charge. Such a clause is of particular significance vis-à-vis a subsequent fixed chargee having notice of it, for its effect is then to displace the priority which that charge would ordinarily have over the floating charge. No problem of classification arises in this situation, since a floating charge creates a security interest effective as from the time of its creation, the charge is registrable and the negative pledge is thus part and parcel of the security agreement.

22.46 More difficult is the case where the covenant not to encumber is given in favour of a creditor who does not take a security on the asset to which the covenant relates. For example, A Bank agrees to lend B Co Ltd £100,000 on an unsecured debenture, B Co Ltd undertaking not to charge any of its assets to any third party without the consent of the bank. Is this covenant a mere personal obligation or does it create a security interest? It might be supposed that the answer depended on whether the covenant would be binding on a third party to whom B Co Ltd wrongfully charged its property. But this does not necessarily follow. The critical question is whether a negative pledge gives the creditor, A Bank, a real right over the asset or whether it merely exposes the

---

[126] For a perceptive analysis along similar lines, see F. W. Neate, 'Set Off' (1981) *International Bus Lawyer* 247.
[127] See generally *Goode and Gullifer on Legal Problems of Credit and Security*, paras 1-76 – 1-83 and L. Gullifer and J. Payne, *Corporate Finance Law: Principles and Policy* (3rd edn, 2020), pp 209–215. For a description of the negative pledge in international loan finance, see P. Wood, *International Loans, Bonds, Guarantees, Legal Opinions* (2nd edn, 2007), paras 5–008 ff. A comprehensive analysis of the status of the negative pledge in the law of the United States will be found in G. Gilmore, *Security Interests in Personal Property* (1965), ch 38. It should, however, be borne in mind that the exclusion of the negative pledge from art 9 of the Uniform Commercial Code is for reasons of policy and for the avoidance of doubt and does not necessarily indicate that a negative pledge would not be treated as creating a security interest at common law.

22.46 *The Classification and Characteristics of Credit and Security*

chargor to personal liability (including the possibility of an injunction) for breach of contract, with a possible claim against the chargee for knowingly inducing or facilitating a breach of contract.[128] There seems no good policy reason for allowing a creditor who has not chosen to take security expressly to elevate a purely personal covenant into a security interest, to the detriment of other creditors; and even the now very long reach of the constructive trust would not, it is thought, be extended so as to confer proprietary rights on A Bank merely by virtue of the covenant not to encumber.

6. *Agreement for further security if required*

22.47 The debtor may undertake to give security, or further security, if and when required by the creditor at a later date. For example, it is not uncommon for bank consortium loan agreements to provide that any charge of his property by the borrower in favour of a third party shall be matched by a charge on another asset of comparable value in favour of the consortium or of the lead bank on its behalf. Such an agreement is a mere contract and does not constitute a present equitable charge of the property, as not only is the undertaking for security contingent but the asset is not identifiable without a subsequent act of appropriation by the debtor. A variant of such an agreement is one by which the debtor undertakes that if any of his assets are charged to another borrower, a charge on the *same* asset shall automatically come into existence in favour of the original creditor equally and rateably with the charge in favour of the subsequent financier. This form of clause removes the problem of identification, but the agreement is still a purely contingent agreement, not an agreement for present security in an existing or future asset, and it therefore takes effect purely as a contract. Under both types of agreement, the occurrence of the contingency does not by itself create a security interest. The debtor must either give a completed mortgage or pledge of the asset or make a new agreement for security over it, and in the latter case the agreement will require to be supported by new value (ie an actual advance) in order to constitute an equitable security.[129]

7. *Subordination agreement*[130]

22.48 The subordination agreement is in a sense the obverse of the negative pledge. Instead of trying to obtain priority over other parties, the creditor voluntarily agrees to subordinate his prior right to that of another. As in the case of the negative pledge, the subordination agreement can arise in the

---

[128] On the principle enunciated in *De Mattos v Gibson* (1858) 4 De G & J 276, and unsuccessfully invoked in *Swiss Bank Corpn v Lloyds Bank Ltd* [1979] 2 All ER 853, reversed on other grounds by the Court of Appeal [1980] 2 All ER 419, an appeal to the House of Lords [1981] 2 All ER 449 being dismissed.
[129] See paras **23.03, 23.10**, and *Goode and Gullifer on Legal Problems of Credit and Security*, paras 1–81, 2–15.
[130] See P. Wood, *The Law of Subordinated Debt* (1990); B. Johnston, 'Contractual Debt Subordination or Legislative Reform' [1991] JBL 325; J. R. Powell, 'Rethinking subordinated debt' [1993] LMCLQ 357; *Goode and Gullifer on Legal Problems of Credit and Security*, paras 1–84 ff; Gilmore, *Security Interests in Personal Property*, ch 27.

context of both a secured and an unsecured transaction. For example, Debtor grants a fixed mortgage of Blackacre to A Bank and a second mortgage to B Bank. To facilitate the provision of further funds by the latter, A Bank agrees that to the extent to which its advances to Debtor exceed £100,000, its security shall rank behind B Bank's mortgage as regards loans by B Bank up to £40,000. The effect of such an agreement is simply to modify priorities as between the competing security interests.[131]

22.49 But two financiers may also agree on the subordination of unsecured claims.[132] For example, B Bank agrees to lend Debtor £100,000 against an undertaking by a prior financier, A Bank, that the latter will not seek to enforce repayment of its advances to Debtor until B Bank has been paid in full. By this contractual arrangement the loan by B Bank becomes the senior debt while A Bank's claim is relegated to the status of the junior debt. The agreement may further provide that any repayments received by A Bank while a subordinated creditor, and any dividends received from the liquidator of Debtor in the event of Debtor going into winding up, shall be made over to B Bank and meanwhile be held on trust for B Bank. Alternatively, A Bank may simply undertake not to prove in Debtor's liquidation in competition with B Bank until B Bank has been paid in full.

22.50 So long as the junior creditor, A Bank, remains solvent, the question whether the subordination agreement creates a security interest is largely academic except in relation to accounting requirements for disclosure of security interests in A Bank's balance sheet. But if A Bank were itself to go into liquidation, the matter would become most material, for if the subordination agreement were held to be an unregistered charge over book debts, it would be void against the liquidator,[133] and any book debts vested in A Bank at the time of liquidation or arising thereafter would (subject to the claims of any other party having real rights over the debts) form part of the assets available for the general body of creditors in the winding up.

22.51 In analysing this problem it is necessary to split it up into its constituent parts and to consider separately a subordination *simpliciter*; an undertaking to account for receipts prior to Debtor's liquidation; and an undertaking as to proof and application of dividends in the winding up.

---

[131] There is an alternative view that a legal mortgagee who agrees to postpone himself in priority to the holder of a second equitable charge in effect necessitates or brings about an exchange of proprietary interests. There are serious objections to this argument. First, it is a highly artificial way of viewing what is intended as a mere adjustment of priorities by agreement, an adjustment that the Privy Council has confirmed binds the debtor whether or not he was asked for and gave his consent (*Cheah Theam Swee v Equiticorp Finance Group Ltd* [1992] 1 AC 472). Secondly, if the exchange theory were correct, it would be necessary to register a transfer of each of the exchanged security interests. It has never been suggested that a subordination agreement attracts such a requirement. See also *Re Portbase (Clothing) Ltd* [1993] BCC 96, where Chadwick J (at 109) rejected the argument that the subordination agreement in that case had the effect of producing an exchange of security interests.
[132] For a description of the different types of subordination, see *Re SSSL Realisations (2002) Ltd* [2004] EWHC 1760 (Ch), [2005] 1 BCLC 1 at [25]–[27].
[133] Under s 859H of the Companies Act 2006. See para **24.33**.

22.52 *The Classification and Characteristics of Credit and Security*

22.52 (a) SUBORDINATION SIMPLICITER. If the agreement between A Bank and B Bank goes no further than obliging A Bank to refrain from collecting payments from Debtor until B Bank has been paid in full, no question of security arises. A Bank's undertaking is purely personal, giving B Bank no rights over sums received by A Bank in breach of the undertaking, merely a claim for breach of contract, which would no doubt carry with it a right *in personam* to require A Bank to account for the monies so received.

22.53 (b) UNDERTAKING TO ACCOUNT. Suppose that the subordination agreement goes a stage further and requires A Bank to account to B Bank for sums paid to it by Debtor while A Bank is still the junior creditor. It is then a question of construction whether the undertaking is to be construed as creating a proprietary right in B Bank to sums received by A Bank or whether it gives rise merely to a personal obligation on A Bank to make over such sums, ie a *ius ad rem*.[134] In the latter case the subordination agreement creates no security interest and is not registrable. The undertaking may be intended to create a subordination trust, but so long as the trust is limited to the amount of the senior debt, this trust will not be recharacterised as a charge.[135] Where, however, the undertaking is intended to create a charge in favour of B Bank, it will be registrable as a charge on A Bank's book debts (the obligation secured by the charge being the indebtedness of a third party, namely Debtor) and will be void against the liquidator if not registered. This will not, however, affect B Bank's right to retain sums paid over by A Bank prior to the commencement of its liquidation or, indeed, sums received from Debtor by A Bank before winding up and not yet paid over to B Bank, for on payment a book debt ceases to exist and the subsequent invalidity of the charge over it is without significance.[136]

22.54 (c) UNDERTAKING NOT TO PROVE IN DEBTOR'S WINDING UP. In so far as the subordination agreement is merely a contractual variation of the *pari passu* rights of senior and junior creditor *inter se*, there is no reason why the liquidator of Debtor should object (since the rights of the remaining creditors are not adversely affected), nor is there any ground for treating the agreement as a security agreement that would be void (if unregistered) in the event of A Bank's liquidation. By undertaking not to prove in Debtor's liquidation until B Bank has been paid in full, A Bank does not transfer any of its own rights of proof or dividend to B Bank but merely disables itself from participating in any distributions until such time as B Bank has received 100p in the pound. It has been held that an agreement of this kind does not contravene any principle of insolvency law.[137] Such an agreement, though common in bank mortgages and guarantees, is not very sensible from B Bank's point of view, since the effect of A Bank forbearing to prove is to benefit

---

[134] See para **2.07**.
[135] *Re SSSL Realisations (2002) Ltd* [2004] EWHC 1760 (Ch), [2005] 1 BCLC 1 at [54], approved by the Court of Appeal [2006] EWCA Civ 7, [2007] 1 BCLC 29.
[136] *Re Row Dal Constructions Pty Ltd*, n 34, in which the principle is admirably elucidated by Herring CJ.
[137] *Re Maxwell Communications Corpn plc (No 3)* [1993] BCC 369, in which Vinelott J conducted an extensive review of the authorities both in England and elsewhere.

all the unsecured creditors, not merely B Bank. Hence B Bank loses the right of double dividend that it would obtain by allowing or obliging A Bank to prove but requiring it to hand over its dividends to B Bank.

22.55 (d) UNDERTAKING TO ACCOUNT FOR DIVIDENDS RECEIVED IN DEBTOR'S WINDING UP. If A Bank undertakes to account to B Bank for dividends received in Debtor's liquidation, then it is again a question of construction as to whether that agreement creates a purely personal obligation to transfer or whether it is intended to make A Bank a trustee-chargor for B Bank. In the latter event, dividends received by A Bank will not be available for its own creditors but will belong in equity to B Bank, subject to the fulfilment of any registration requirement if applicable. Whether such an agreement is registrable depends on whether a creditor's entitlement to dividend in a debtor's winding up is a book debt. It seems clear that it is not, for the book debt is that which produced the dividend rather than the dividend itself. Moreover a dividend entitlement is not a debt. The liquidator has statutory duties to perform but is not a debtor in respect of a dividend declared by him, and no action lies against him for payment of the dividend.[138]

22.56 (e) ASSIGNMENT OF RIGHT TO DIVIDEND. A Bank, having become entitled to a dividend, can assign its right to B Bank, in which case the liquidator must pay the dividend to B Bank.[139]

8. Waiver of security rights

22.57 A creditor may agree not merely to subordinate his security interest but to waive it altogether, as regards a specified asset or class of assets, in favour of a third party. So a bank holding a floating charge from its customer covering book debts may agree to waive the charge in favour of a factoring company to enable its customer to factor the debts.[140] The effect of the waiver is that the factor acquires the debts free from the charge. The effect of a waiver on an assignee of the charge who takes in good faith and without notice of the waiver agreement is unclear. Probably it is a mere equity and as such is not binding on a chargee or purchaser for value, whether acquiring his interest at law or only in equity.[141]

9. Sub-participation in loan assets

22.58 A sub-participation, by which a lender 'sells' to another (the sub-participant) the right to receive a stated percentage of loan repayments

---

[138] *Spence v Coleman* [1901] 2 KB 199, applying to winding up a similar rule enunciated in bankruptcy in *Prout v Gregory* (1889) 24 QBD 281. The rule is now enshrined in s 325(2) of the Insolvency Act 1986.
[139] Insolvency Rules 2016 (SI 2016/1024), r 14.43(1).
[140] See para **29.43**. Usually the bank reserves the right to give notice terminating the waiver agreement as to future receivables.
[141] See *Goode and Gullifer on Legal Problems of Credit and Security*, para 5-58. One of the many weaknesses of what is now s 859A of the Companies Act 2006 is that it provides no machinery for registration of waiver or subordination agreements.

22.58 *The Classification and Characteristics of Credit and Security*

received by the lender, does not create a security interest, for the sub-participant does not acquire any beneficial interest either in the loan contract or in any assets securing repayment.[142]

10. Lien on sub-freights

22.59 Decisions holding that a lien on sub-freights was registrable as a charge on book debts or a floating charge[143] have now been doubted by Lord Millett, who in a decision of the Privy Council has expressed the view that it is not a charge at all, merely a personal right to intercept freight before it is paid to the owner and thus a right analogous to a stoppage in transit.[144] This seems the historically correct approach. However, Lord Millett's view has since been rejected in recent cases, where a lien of sub-freights has been held to be an equitable charge.[145] Thus, it is at least arguable that a lien on sub-freights is registrable under the wider registration provisions now in s 859A of the Companies Act 2006.[146]

11. Provision for possession and use under a construction contract

22.60 A standard provision in construction contracts enabling the employer, on default by the contractor, to take possession of plant and machinery on site and to use them to complete the contract works does not create a security interest, since its purpose is not to provide security for payment but to enable the employer to complete the construction.[147]

12. Pledge, mortgage, charge or lien?

22.61 A pledge, as mentioned earlier, involves the transfer of possession of the security, actual or constructive, to the creditor. But the delivery of possession does not necessarily signify the existence of a pledge; it may equally be referable to an intention to create an equitable mortgage or charge. The capacity in which the creditor holds possession depends on the agreement of the parties. Is he intended merely to have possession, with a right of sale in the event of the debtor's default, or is he to be a security owner (mortgagee) or chargee? It seems clear that the three types of security are mutually exclusive and that it is not possible, for example, for the creditor to be both a pledgee

---

[142] *Lloyds TSB Bank plc v Clarke* [2002] UKPC 27, [2002] 2 All ER (Comm) 992.
[143] The latest was *The Annangel Glory* [1988] 1 Lloyd's Rep 45.
[144] *Agnew v Inland Revenue Commissioners*, n 80, supporting the position taken by F. Oditah, 'The Juridical Nature of a Lien on Sub-Freights' [1989] LMCLQ 191.
[145] *Western Bulk Shipowning III A/S v Carbofer Maritime Trading ApS* [2012] EWHC 1224 (Comm), [2012] 2 All ER (Comm) 1140 at [32]–[52]; *Dry Bulk Handy Holding Inc v Fayette International Holdings Ltd* [2012] EWHC 2107 (Comm), [2013] 1 All ER (Comm) 177 at [51] (upheld on appeal at [2013] EWCA Civ 184, [2013] 2 All ER (Comm) 295 where this point was not considered).
[146] See para 24.31.
[147] *Re Cosslett (Contractors) Ltd* [1998] Ch 495, which, however, also held that a separate power to sell the plant and machinery and apply the proceeds towards discharge of the contractor's obligations constituted an equitable charge.

and a mortgagee of the same asset at the same time. Similarly, a common law or legal lien cannot co-exist with an equitable mortgage or charge by deposit of title deeds, for the creditor's right to retain the deeds derives from the implied contract between the parties for the giving of the mortgage and does not subsist independently by operation of law.[148]

(iv) Security in an asset and security in its proceeds[149]

22.62 Unless otherwise agreed, security in an identifiable asset carries through to its products and proceeds as a matter of property law.[150] It is quite possible for the creditor to have rights in the same item of property both as proceeds and as original security, as where he takes a charge over the debtor's stock in trade and receivables and the debtor then sells items of stock, producing receivables.[151] The strength and quality of a security interest in an asset is not necessarily the same as in its proceeds. The debtor who gives a charge over his stock and receivables may be allowed full freedom to dispose of the stock in the ordinary course of business free from the charge without reference to the creditor but be required to hold the proceeds separate from his own monies and pay them to the creditor or to an account which the creditor controls. Such a charge will be a floating charge as regards the stock[152] but may be a fixed charge as regards the receivables.[153] The security interest in proceeds, unless separately created, is not a distinct security interest but is part of a single and continuous security interest which changes its character as it moves from asset to proceeds. Moreover, a security interest in a debt cannot co-exist with a security interest in its proceeds, for upon collection the debt ceases to exist.[154]

22.63 There are dicta which on a superficial reading suggest that an obligation on the debtor to apply the proceeds of his asset towards discharge of the debt, and not for any other purpose, creates an equitable charge not merely over the

---

[148] *Re Molton Finance Ltd* [1968] Ch 325. The presumption is in favour of a charge rather than a lien (*Re Wallis & Simmonds Builders Ltd* [1974] 1 WLR 391).
[149] For a more detailed discussion, see *Goode and Gullifer on Legal Problems of Credit and Security*, paras 1–63 ff.
[150] See para **2.73**. It is necessary for the security to be specific. A floating charge covering assets of a particular description will not carry through to proceeds of a different description, for this would be inconsistent with the power of disposition inherent in the floating charge.
[151] See para **26.25**.
[152] See para **29.08**.
[153] Ibid. As a result of the decision of the House of Lords in *Re Spectrum Plus Ltd*, n 81, it is more difficult to establish that a charge over receivables is fixed rather than floating.
[154] This point appeared to have been overlooked by the Court of Appeal in its controversial decision in *Re New Bullas Trading Ltd* [1993] BCC 251. This failure has been criticised by commentators (see R. Goode, 'Charges over Book Debts: A Missed Opportunity'(1994) 110 LQR 592 at p 603). The point was considered but not definitively resolved by the Privy Council in *Agnew v Inland Revenue Commissioners*, n 80 at [42]–[47]. The decision in *New Bullas* was overruled by the decision of the House of Lords in *Re Spectrum Plus Ltd*, n 81 at [110] but on the separate ground that the charge over the debts when collected was floating and not fixed. See further as to floating charges paras **25.01** ff.

proceeds but over the asset itself.[155] But the dicta must be taken in context and are not, it is submitted, intended to lay down any such rule, which would lead to great confusion. A security interest in an asset carries forward to proceeds; a security interest in proceeds does not run backwards to the asset from which they derive. If it did, a creditor taking charge over book debts would automatically acquire a security interest in the trading stock the sale of which produced the book debts. A debtor who agrees to keep a class of assets separate from his other property and to account for the proceeds of those assets as and when these arise may well be held to have created an equitable charge over the assets, not, however, because of the duty to account for proceeds as such but because of the obligation to keep the assets themselves segregated for the benefit and protection of the creditor. The duty to account for proceeds is significant in relation to the asset only to the extent that it is a necessary concomitant of a fixed security in the asset itself, as in the case of a charge over book debts.[156]

4. LEGAL SECURITY

22.64 There are many forms of security which are created not by agreement between the parties but by operation of law. No useful purpose would be served by trying to catalogue all these (legal) securities, but they may be divided into five principal categories: the lien, the statutory charge, the equitable right of set-off, the equitable right to trace and, finally, a group of what may be conveniently termed procedural securities.

(i) The lien

22.65 There are four main categories of lien: the common law (or possessory) lien, the equitable lien, the maritime lien and the statutory lien.

1. The common law (or possessory) lien[157]

22.66 This is the most important class. It entitles a person who has done work for another to detain[158] goods in his possession belonging to that other until the charges for the work have been paid. In a limited number of cases the lien is exercisable over all goods in the lienee's possession, whether the charge is related to work done on those goods or to other work. Such liens are termed

---

[155] See, for example, the judgment of Browne-Wilkinson J in *Swiss Bank Corporation v Lloyds Bank Ltd* [1979] 2 All ER 853 at 866. The decision was subsequently reversed on the ground that as a matter of construction there was no agreement for a charge.
[156] See *Re Brightlife Ltd* [1987] Ch 200, and R. Goode (1994) 110 LQR 592.
[157] See generally M. Bridge, L. Gullifer, K. Low and G. McMeel, n 40, paras 15-028 – 15-036.
[158] The lienee has no right to sell the asset unless authorized by statute (eg under the Torts (Interference with Goods) Act 1977, ss 12, 13, in respect of uncollected goods) or by an order of the court.

general liens and are enjoyed by solicitors,[159] bankers,[160] factors[161] and stockbrokers.[162] In most other cases the lien is only a particular lien, that is to say, it entitles the lienee to hold the debtor's goods pending payment of charges incurred in relation to the goods detained. Thus a warehouseman has a lien on goods in his possession to secure payment of warehouse charges for those goods;[163] a repairer, to secure his charges for repairs.[164] There are well-established rules as to the circumstances in which and the persons against whom a lien can be asserted.[165] In certain conditions the lien is available not merely against the debtor but against a third party to whom the goods deposited by the debtor belong.[166] Even where these conditions do not apply, the party to whom the charges are due may be able to secure comparable benefits by invoking the court's discretion to impose terms when ordering goods to be returned to their owner.[167]

2. The equitable lien[168]

22.67 The common law lien is dependent on possession. By contrast, the equitable lien subsists independently of possession. Typical examples are the lien of the vendor of land to secure the purchase price[169] and the lien of the purchaser to secure repayment of his deposit if the transaction falls through.[170]

---

[159] *Stevenson v Blakelock* (1813) 1 M & S 535. Whether the lien of an accountant is a general or a particular lien is unsettled. See *Woodworth v Conroy* [1976] QB 884, where the Court of Appeal found it unnecessary to decide the point, ruling that accountants had at least a particular lien.
[160] *Brandao v Barnett* (1846) 3 CB 519.
[161] *Baring v Corrie* (1818) 2 B & Ald 137.
[162] *Re London and Globe Finance Corpn* [1902] 2 Ch 416.
[163] A warehouseman may be able to establish a general lien by contract or usage, and the typical warehousing contract provides for a general lien. This will be effective even against a stranger to the contract if he was aware of it (*K. Chellaram & Sons (London) Ltd v Butlers Warehousing and Distribution Ltd* [1977] 2 Lloyd's Rep 192, reversed on the evidence [1978] 2 Lloyd's Rep 412).
[164] *Albemarle Supply Co Ltd v Hind & Co* [1928] 1 KB 307; *Tappenden v Artus* [1964] 2 QB 185.
[165] See 68 *Halsbury's Laws* (5th edn, 2016), vol 68, title *Lien*.
[166] For the circumstances in which a lien on goods deposited for repair by one holding them on hire-purchase can be asserted against the owner, see R. Goode, *Hire-Purchase Law and Practice*, pp 693–704.
[167] Under the Torts (Interference with Goods) Act 1977, ss 3, 6.
[168] See generally M. Bridge, L. Gullifer, K. Low and G. McMeel, n 40, paras 15-043 – 15-050.
[169] Which arises upon the making of the contract of sale and becomes enforceable by action if there is default in payment after completion (*Re Birmingham* [1959] Ch 523). However, no lien arises where it is clear that the vendor intended to rely on other security, eg a charge. See *Capital Finance Co Ltd v Stokes* [1969] 1 Ch 261; *London & Cheshire Insurance Co Ltd v Laplagrene Property Co Ltd* [1971] Ch 499; and see n 170.
[170] *Rose v Watson* (1864) 10 HL Cas 672. A lien which is followed by a mortgage or charge of the property is impliedly extinguished even if the mortgage or charge is or becomes unenforceable (*Orakpo v Manson Investments Ltd* [1978] AC 95; *Capital Finance Co Ltd v Stokes*, n 169; *London & Cheshire Insurance Co Ltd v Laplagrene Property Co Ltd*, n 169). The position is otherwise where the charge is void *ab initio*, for the inference is that the lien is intended to be given up only against a charge which is for some moment of time effective (*Nottinghamshire Permanent Benefit Building Society v Thurstan* [1903] AC 6, as explained in *Orakpo v Manson Investments Ltd*, above).

22.67 *The Classification and Characteristics of Credit and Security*

The scope of the equitable lien is a matter of some obscurity;[171] it is exercisable in relation to personal property as well as real property but would seem inapplicable to a contract of sale of goods, under which the general rule is that even the prepaying buyer acquires no real rights until the property in the goods passes to him under the agreement.[172]

3. The maritime lien

22.68 This is a claim given by law over a ship and her cargo for salvage, seamen's wages, damage caused by the ship and the like.[173]

4. The statutory lien[174]

22.69 This is a right of attachment given by statute, eg to the unpaid seller of goods to secure the price.

(ii) The statutory charge

22.70 Whereas a statutory lien merely confers on the lienee a right to detain the debtor's asset until the debt is satisfied, a statutory charge is an encumbrance and if the debt is not paid, the chargee can apply to the court for an order for sale.[175]

(iii) The non-contractual right of set-off

22.71 Like contractual set-off,[176] this is not a security in the strict sense but a right which the law gives in certain conditions to set off one monetary obligation against another. There are two sources of non-contractual set-off outside insolvency, namely independent set-off and transaction set-off.[177] Independent set-off itself embraces two distinct forms, namely statutory (or legal) set-off[178] and that form of set-off which equity applied by analogy to

---

[171] See generally J. Phillips, 'Equitable Liens – A Search for a Unifying Principle' in N. Palmer and E. McKendrick (eds), *Interests in Goods* (2nd edn, 1998), ch 39; I. Hardingham, 'Equitable Liens for the Recovery of Purchase Money'(1985) 18 MULR 65; and the decision of the High Court of Australia in *Hewett v Court* (1983) 149 CLR 639.

[172] See para **8.28**. If the buyer were to be accorded an equitable lien much of the case law on the position of the buyer prior to the passing of the property would be negated.

[173] See D. R. Thomas, *Maritime Liens* (1980); W. Tetley, *Maritime Liens and Claims* (2nd edn, 2000); D. Jackson, *Enforcement of Maritime Claims* (4th edn, 2005), ch 18. A ship repairer does not have a maritime lien for the cost of repairs, merely a possessory lien. The nature of a maritime lien is a matter of controversy. See *The Halcyon Isle* [1980] 2 Lloyd's Rep 325, criticized by Professor D. C. Jackson in 'Foreign Maritime Liens in English Courts – Principle and Policy' [1981] 3 LMCLQ 335.

[174] See generally M. Bridge, L. Gullifer, K. Low and G. McMeel, n 40, paras 15-037 – 15-038.

[175] Sale is not a weapon normally available to a lienee. See n 158.

[176] See para **22.38**.

[177] See the works cited in n 112.

[178] That is, set-off under rules carried over from the former Statutes of Set-Off and preserved by s 49(2) of the Senior Courts Act 1981.

the Statutes of Set-Off. These two forms of set-off are purely procedural and are designed to avoid circuity of action. They are independent in the sense that it is not necessary for the two claims to be connected. They are not substantive defences but may be set up only as procedural defences which operate to reduce the balance for which the claimant is entitled to judgment.[179] They are available where both claim and cross-claim are for liquidated money sums or for relief based on the non-payment of liquidated sums, are mutual (that is, due from the same parties in the same right) and have become due. Transaction set-off is that form of equitable set-off which arises where claim and cross-claim are so closely connected that it would be manifestly unjust to allow the claim to be enforced without taking into account the cross-claim,[180] and it operates as a substantive, not merely procedural, defence. Transaction set-off is allowed where both claims are for money, are mutual and are so closely connected that the defendant's cross-claim impeaches the claimant's claim. It is not necessary, however, that either the claim or the cross-claim must be for a liquidated amount. The time and manner at which transaction set-off is required to be exercised is unclear.[181] It is particularly difficult for a person liable on a bill of exchange to invoke a right of set-off, because of the character of a bill of exchange as near-cash and the fact that it generates a contract distinct from the underlying contract in respect of which it was given.[182]

(iv) Tracing in equity

22.72 This has been discussed earlier.[183]

(v) Procedural securities

22.73 A party whose claim is purely personal may nevertheless be able to invoke court procedures by which moneys or other assets of his opponent are taken into the custody of the law, either to abide the outcome of the action or for the purpose of enforcing a judgment or order in favour of the claimant. The effect of the attachment is to make the assets in question a security for the claimant to which he can have recourse for satisfaction of his judgment even if the other party has meanwhile become bankrupt or gone into liquidation.

22.74 Among the acts giving rise to a procedural security are: the issue of an Admiralty writ *in rem*;[184] the payment of money into court, whether in fulfilment of a condition of leave to defend[185] or in satisfaction of the

---

[179] For the significance of this, see *Goode and Gullifer on Legal Problems of Credit and Security*, para 7-36.
[180] *Geldof Metaalconstructie NV v Simon Carves Ltd* [2010] EWCA Civ 667, [2010] BLR 410.
[181] See *Goode and Gullifer on Legal Problems of Credit and Security*, paras 7-58 – 7-59.
[182] See paras 20.116–20.118.
[183] See paras 2.66, 17.37 ff.
[184] *Re Aro Co Ltd* [1980] Ch 196.
[185] Under CPR 1998, PD 24, para 5.2. If after the payment in the defendant becomes bankrupt and the claimant either succeeds in the action or has his claim admitted to proof in the

22.74 *The Classification and Characteristics of Credit and Security*

claimant's claim[186] or in compliance with an order for security for costs;[187] the payment into court of a fund, or surrender into legal custody of other property, the subject of the action pursuant to an interim order for detention, custody or preservation of the fund or property;[188] the appointment of a receiver of property by the court at the behest of the claimant;[189] and the attachment of an asset by way of execution.[190]

22.75 By contrast, an order which merely restrains the defendant from dealing with his assets without attaching them in any way operates purely *in personam* and gives the claimant no preferential rights vis-à-vis other creditors. So the grant of a freezing order (previously termed a *Mareva* injunction), which is designed to prevent the defendant from rendering a judgment against him abortive by removing his assets from the jurisdiction, does not confer on the claimant a preferential claim to the frozen assets (in which he has no interest of any kind) as against other creditors of the defendant.[191]

---

bankruptcy, he can obtain an order for payment out of the money to him to the extent necessary to satisfy the amount due to him (*Re Ford* [1900] 2 QB 211) and prove in the bankruptcy for any deficiency.

[186] Under CPR 36.2, 36.3. If the defendant becomes bankrupt after making a payment into court in satisfaction of the claimant's claim, the claimant may (subject to any leave necessary if the time for acceptance of the money in court has expired) take out such amount as he is entitled to do and prove in the bankruptcy for any remaining deficiency (*Re Gordon, ex p Navalchand* [1897] 2 QB 516).

[187] Under CPR 25.12 ff. Where the defendant obtains an order for costs in his favour at the trial or as the result of the action being discontinued or struck out for want of prosecution, he may resort to the fund in court for payment of his costs even if the claimant has meanwhile become bankrupt. Again, the defendant may prove in the bankruptcy for any deficiency. If it is the defendant who becomes bankrupt and the claimant's claim succeeds or is conceded by the defendant's trustee, the claimant is entitled to an order for payment to him of the sum he paid in (*Re Gordon*, n 186).

[188] Under CPR 25.1(1)(c)(i) or the inherent power of the court.

[189] Under CPR 69.

[190] Against goods, by issue of a writ of control (Tribunals, Courts and Enforcement Act 2007, s 62, formerly known as a writ of fi. fa.). Where the power is conferred by a writ issued from the High Court, the writ binds the property in the goods from the time when it is received by the person who is under a duty to endorse it (Tribunals, Courts and Enforcement Act 2007, Sch 12, para 4(2)). Where the power is conferred by a warrant to which the County Courts Act 1984, s 99 or the Magistrates' Courts Act 1980, s 125ZA applies, the warrant binds the property in the goods from the time when it is received by the person who is under a duty to endorse it under that section (Tribunals, Courts and Enforcement Act 2007, Sch 12 para 4(3)). Against land, security or funds in court, by a charging order (see Charging Orders Act 1979); against debts due to the defendant, by a third party debt order (previously styled garnishee order) under CPR 72 requiring the debtor to make payment direct to the claimant to the amount of the judgment debt and costs. But the claimant cannot retain the benefit of the execution or attachment (ie the 'charge' arising in his favour by virtue of the execution or attachment – *Re Andrews* [1937] Ch 122) unless he completes it before the commencement of the bankruptcy (Insolvency Act 1986, s 346(1)) or, in the case of a debtor company, before commencement of the winding up (Insolvency Act 1986, s 183(1)). As to when execution is deemed to have been completed, see Insolvency Act 1986, ss 183(3), 346(5).

[191] *Cretanor Maritime Co Ltd v Irish Marine Management Ltd* [1978] 3 All ER 164; *Flightline Ltd v Edwards* [2003] 3 All ER 1200, citing the 2nd edn of this work at [40] and [47].

5. THE INCIDENTS OF REAL SECURITY

22.76 All forms of real security, whether consensual or legal, confer on the secured creditor at least two basic real rights: the right of pursuit and the right of preference. The secured party can follow his asset, and its products and proceeds, into the hands of any third party other than one acquiring an overriding title by virtue of some exception to the *nemo dat* rule; and the secured party is entitled to look to the proceeds of the asset to satisfy the debt due to him in priority to the claims of other creditors.[192]

22.77 Other real rights are available for the enforcement of the security, depending on the nature of the security interest. These are: the retention or recovery of possession of the asset; sale of the asset; foreclosure; and an order vesting legal title in the secured creditor.[193] In addition, of course, the secured creditor remains entitled (except where he has obtained foreclosure) to sue on the debtor's covenant for payment and on any other personal covenants and undertakings given by the debtor. These real and personal rights are considered in chapter 23.

6. ATTACHMENT, PERFECTION AND PRIORITIES

22.78 The process by which a security interest is made to fasten on an asset so as to be enforceable against the debtor as respects that asset is conveniently termed *attachment*.[194] Attachment is concerned only with relations between creditor and debtor and their respective representatives. It is to be contrasted with *perfection*; that is, the taking of any additional steps prescribed by law for giving public notice of the security interest so as to bind third parties. Perfection requirements are in turn to be distinguished from *priority* rules, ie rules declaring the ranking of the security interest in relation to rival claims to the asset, eg by a prior or subsequent encumbrancer. Perfection does not guarantee priority over *all* parties subsequently acquiring an interest in the asset; policy may require that certain parties (for example, buyers in the ordinary course of business) be allowed to take free of even a perfected security interest. Attachment is discussed in chapter 23, and perfection and priorities in chapter 24.

7. THE TRANSFER OF SECURITY RIGHTS

22.79 A security interest may be voluntarily transferred, either absolutely or by way of sub-security, in the same way as any other interest, and may also be transferred or transmitted by operation of law, eg on death or bankruptcy or through marshalling or other rights of subrogation.[195]

---

[192] Except, of course, a creditor who himself has a security or other real right ranking in priority to that of the secured party in question.
[193] See paras **23.07** ff.
[194] The term is taken from art 9 of the Uniform Commercial Code of the United States. See also *Report of the Committee on Consumer Credit* (Cmnd 4596, 1971), para 5.6.4 and Appendix III. It is beginning to come into use in England.
[195] See paras **23.43** ff.

Chapter 23

THE CREATION, ENFORCEMENT AND TRANSFER OF SECURITY RIGHTS

23.01 Our concern in the present chapter is with the steps necessary to create a security interest valid and enforceable against the debtor, the various methods of enforcement open to the secured creditor in the event of the debtor's default and modes of transfer of a security interest by the act of the parties or by operation of law.

1. THE GRANT OF SECURITY: CONTRACT AND CONVEYANCE

23.02 At law, the creation of a security interest involved a completed transfer of ownership (mortgage) or a delivery of possession (pledge), as opposed to a mere agreement for a mortgage or an agreement for a pledge. An agreement to give a mortgage was at best a contract, ineffective to confer on the intended mortgagee any real rights in the asset offered as security. For this reason, the common law courts were not prepared to recognize the efficacy of a mortgage of after-acquired property.[1] Since the debtor did not own the property at the time of the mortgage, it clearly could not operate as a present transfer and was merely an agreement to mortgage the property as and when acquired. The subsequent acquisition of the property by the debtor was not sufficient to give legal effect to the prior agreement as a mortgage: after acquisition the debtor had to execute the mortgage pursuant to the agreement or perform some new dispositive act prescribed by the agreement.[2] Similarly, an agreement that an article should be delivered to the creditor by way of pledge gave him no rights in the asset. Delivery was the essence of pledge; an unperfected undertaking to deliver counted for nothing, though the common law courts were surprisingly

---

[1] See para **2.31**. It is still the case that security over future assets has no proprietary effect at law, even after acquisition of the assets in question, without some new act of transfer. There are, however, exceptions. In particular, the principle does not apply to (a) potential property (see below); (b) contracts for the sale of goods (see para **8.37**); and (c) assignments of future copyright (Copyright, Designs and Patents Act 1988, s 91). For the distinction between present and after-acquired property, see para **23.14**.

[2] See para **2.31**.

liberal as regards constructive delivery.[3] Again, the charge (or hypothecation) of assets was not within the armoury of the common law security devices, for it did not involve either the transfer of ownership or the delivery of possession but was merely a right created by contract, deed or trust to look to a particular asset for satisfaction of the debt.

23.03 Equity, treating as done that which ought to be done, considered that an agreement to give a mortgage was itself a mortgage provided that certain conditions were satisfied, and on this basis saw no difficulty in treating a mortgage or charge of after-acquired property as constituting a present, albeit inchoate, security which fastened on the asset at the moment of its acquisition by the debtor, without the necessity for any separate *novus actus*.[4] Temporary confusion was caused by Lord Westbury's repeated assertion in *Holroyd v Marshall*[5] that to be effective for this purpose the contract by which the debtor undertook to mortgage or charge after-acquired property had to be of a kind susceptible to a decree of specific performance. But in later cases[6] the judges went to some pains to emphasize that Lord Westbury's admittedly infelicitous phraseology had been misunderstood. The creditor had to show that the consideration moving from him was 'executed', ie that he had actually advanced the money, not merely agreed to advance it, for equity would not decree specific performance of a contract to borrow and lend money.[7] But once this condition had been met, the criteria to be satisfied for the specific enforceability of *executory* contracts became irrelevant, for *ex hypothesi* the mortgage agreement was no longer executory, and equity thereupon recognized the mortgage as perfected provided that the requisite formalities had been complied with and that the existence of a security interest in the asset was consistent with the agreement that the parties themselves had made.[8] By this last requirement was meant that:

(a) the agreement should manifest an intention to confer a security interest on the creditor, and not merely to give him a contractual right to have the asset made over to him;[9]

---

[3] See para 24.05.
[4] The equitable rule allowing the creation of fixed security in future property, which was authoritatively restated in *Holroyd v Marshall* (1862) 10 HL Cas 191, went back several centuries before that case. See R. Gregory and P. Walton, 'Fixed and Floating Charges – A Revelation' [2001] LMCLQ 123.
[5] See n 4.
[6] See, for example, *Tailby v Official Receiver* (1888) 13 App Cas 523, per Lord Watson at 535, and Lord Macnaghten at 547; *Western Wagon and Property Co v West* [1892] 1 Ch 271, per Chitty J at 275; *R v Greig* [1931] VLR 413.
[7] *Rogers v Challis* (1859) 27 Beav 175.
[8] See *Tailby v Official Receiver*, n 6, per Lord Macnaghten at 547. See also the discussion in H. Beale, M. Bridge, L. Gullifer and E. Lomnicka, *The Law of Security and Title-Based Financing* (3rd edn, 2018), paras 6.13 – 6.16; J. D. Heydon, M. J. Leeming and P. G Turner, *Meagher, Gummow and Lehane's Equity: Doctrines and Remedies* (5th edn, 2015), para 6.255 ff; and J. F. Keeler, 'Some Reflections on *Holroyd v Marshall*' (1969) 3 Adelaide L Rev 360.
[9] *Palmer v Carey* [1926] AC 703; and see *Swiss Bank Corporation v Lloyds Bank Ltd* [1981] 2 All ER 449.

(b) the agreement should show an intention that the security interest was to attach to the property immediately or on subsequent acquisition by the debtor,[10] and was not to be dependent on some further act, eg execution of a mortgage or charge if so requested by the creditor;[11] and

(c) the description of the property to be given as security should be such as to enable the court to find that the asset acquired by the debtor fell within the terms of the security.[12]

23.04 The property did not have to be precisely described, merely identifiable as covered by the security agreement. There was nothing to stop a debtor from charging a class of assets, if sufficiently defined, or indeed *all* his assets[13] (a still clearer definition, for then everything was brought into the net). The one possible qualification was that an assignment of all future property would be held contrary to public policy if its effect was to deprive the debtor of all means of support.[14] Equity would also treat a declaration of trust as effective to transfer the beneficial ownership of property, whether outright or by way of security, and in this case consideration was not required.[15] But equity confined itself to agreements for a mortgage or a charge. Possession was a matter exclusively for the common law. Equitable ownership could and did exist, but there was no such thing as equitable possession. Hence an agreement for a pledge could not be elevated to the status of an equitable pledge. Such a device, though featuring faintly in American jurisprudence,[16] never took root in English soil, perhaps because it was felt that commercial requirements were adequately catered for by the various forms of constructive possession established at law.

23.05 The differences between contract and conveyance remain of some importance in English security law. So long as the security is uncompleted and rests in contract, the agreement must satisfy the conditions for a valid and enforceable[17] contract as well as being capable of specific performance in the loose sense described above. In particular, no effective security interest is created by a mere charge, or a mere undertaking to give a mortgage, unless and until new value (in the case of money, an actual advance) is made. For this purpose, it makes no difference that the charge or undertaking is by deed, for

---

[10] Even if he was thereafter to execute some other security instrument by way of further assurance (*Metcalfe v Archbishop of York* (1835) 4 LJ Ch 154, affirmed (1836) 6 LJ Ch 65). An agreement for an equitable charge will be treated as creating an equitable charge, for this form of security does not involve a transfer of ownership or possession, so that 'a contract for value for an equitable charge is as good an equitable charge as can be. It could not be made any better, though the aid of the Court might be required to protect or to give effect to it' (*Tailby v Official Receiver*, n 6, per Lord Macnaghten at 549).

[11] See further para **23.10**, text and n 30.

[12] *Tailby v Official Receiver*, n 6, per Lord Watson at 533.

[13] *Re Kelcey* [1899] 2 Ch 530; *Syrett v Egerton* [1957] 3 All ER 331.

[14] The point was adverted to but left open in *Syrett v Egerton*, n 13.

[15] *Richards v Delbridge* (1874) LR 18 Eq 11. An agreement for a gift will not by itself be treated as a declaration of trust (ibid).

[16] See G. Gilmore, *Security Interests in Personal Property* (1965), para 14.4.

[17] See para **23.10**.

23.05 The Creation, Enforcement and Transfer of Security Rights

equity will not enforce an uncompleted agreement for a gift, or a charge by way of gift,[18] and the intended donee will be left to his common law remedy of damages.

23.06 Where a binding agreement for security, duly supported by consideration, is concluded, the real rights created by the agreement are equitable only, and though for the purposes of attachment an equitable right is as strong as a legal right, the perfection rules for the one differ from those of the other, in addition to which an equitable right or interest is usually displaced by transfer of the asset to a bona fide purchaser of the legal title or interest without notice.

2. THE INGREDIENTS OF ATTACHMENT

23.07 In order for a consensual security interest to attach to an asset, six conditions must be fulfilled:

(a) There must be an agreement for security conforming to statutory formalities, if any.
(b) The asset to be given in security must be identifiable as falling within the scope of the agreement.
(c) The debtor must have power to give the asset in security.
(d) There must be some current obligation of the debtor to the creditor, or to another,[19] which the asset is designed to secure.[20]
(e) Any contractual conditions for attachment must have been fulfilled.
(f) In the case of a pledge, actual or constructive possession must be given to the creditor.

23.08 Attachment occurs when all the above conditions are satisfied and thereupon, unless otherwise agreed, *takes effect as from the date of the security agreement, regardless of the order in which the conditions were fulfilled.* This last point is worth emphasizing. If the making of the security agreement is the first step taken by the parties, then, while no security interest can attach until there is some asset on which it can fasten and an obligation which it can secure, the agreement is nevertheless effective to create an inchoate security interest which, when the other ingredients of attachment are furnished, will be deemed to have had continuous existence since the making of the security agreement.[21] Should any condition of attachment cease to be satisfied (ie because at a given time there is no current indebtedness or asset within the security), attachment ceases and the security interest again becomes inchoate, reviving *ab initio* as soon as the missing element is once more supplied.

---

[18] *Re Lucan (Earl)* (1890) 45 Ch D 470.
[19] *In the Matter of Lehman Brothers International (Europe) (In Administration)* [2012] EWHC 2997 (Ch), [2014] 2 BCLC 295.
[20] However, for the purpose of what is now s 859A of the Companies Act 2006, the time for registration of the security interest runs from the date of its creation (on which see s 859E) so that where the charge is created by an instrument, it is taken to have been created on the date on which the instrument takes effect, whether or not any money has been advanced (*Esberger & Son Ltd v Capital and Counties Bank* [1913] 2 Ch 366; *Independent Automatic Sales Ltd v Knowles and Foster* [1962] 3 All ER 27).
[21] The significance of this is discussed, para **23.21**.

23.09 It is now necessary to look at the ingredients of attachment more closely before going on to consider the significance of attachment.

(i) The security agreement and transfer

1. The agreement

23.10 The creditor cannot, of course, rely on his own unilateral act (eg wrongful seizure) to bring a security interest into existence. Except where the security is a legal security[22] there must be an agreement on the part of the debtor that the asset shall stand as security for the debt or other obligation.[23] If the security agreement is to be relied on as itself producing attachment, without the transfer of ownership or possession required for a security at law, two conditions must be fulfilled. Firstly, the agreement must be valid and enforceable as a contract.[24] To be valid it must be supported by consideration[25] and, if the intended security interest is an interest in land, it must be made in writing and signed by or on behalf of both parties, otherwise it is void.[26] Secondly, the prerequisites for recognition of a security interest by a court of equity[27] must be satisfied; that is to say, the agreement must manifest an intention to create a present security, as opposed to one which is merely contingent; the creditor must have advanced his money; the property must be sufficiently identifiable; and the conditions of attachment prescribed by the agreement itself, expressly or by implication, must be fulfilled. So a floating charge, though a present security, will not attach to an asset until crystallization,[28] and an agreement framed not as a present assignment or charge of future property but as an agreement to assign or charge it after acquisition if and when called upon to do so or on the occurrence of some other uncertain

---

[22] See paras **22.64** ff.
[23] For ease of exposition it will be assumed in the following pages that the obligation is to repay money. Security can, of course, be taken for non-monetary obligations (eg a covenant to repair) but, ultimately, the liability has to be expressed in monetary terms (damages for breach of covenant) if it is desired to enforce the security.
[24] It is, of course, possible to have a valid but unenforceable contract (see paras **3.33–3.35**) and thus a valid but unenforceable security interest. However, we include enforceability as an element in attachment, for a security interest which cannot be enforced in any manner whatsoever is a theoretical abstraction.
[25] The requirement of consideration for the creation of the contract will automatically be satisfied by the more stringent requirement of equity that the consideration should be not only promised but executed. This requirement is not dispensed with by the fact that the agreement for security is by deed (*Meek v Kettlewell* (1842) 1 Hare 464, affirmed (1843) 1 Ph 342; *Re Lucan (Earl)*, n 18). The same applies to a purported mortgage of after-acquired property, for this cannot constitute a transfer at law (see n 1) but rests in contract. Accordingly, such a mortgage, like an agreement for a mortgage or charge of present property, requires to be supported by executed consideration, even if by deed (*Re Ellenborough* [1903] 1 Ch 697), otherwise the intended transferee will have, at best, a right to damages at common law for breach of the promise in the deed.
[26] Law of Property (Miscellaneous Provisions) Act 1989, s 2(1). The Act repealed s 40 of the Law of Property Act 1925 and with it the equitable doctrine of part performance.
[27] See para **23.03**, and *Rogers v Challis*, n 7.
[28] See para **25.06**.

23.10 *The Creation, Enforcement and Transfer of Security Rights*

event is a mere contract which does not create a security interest.[29] It follows that the subsequent demand for security or the occurrence of the specified contingency does not by itself bring a security interest into existence. The creditor must either take a completed security (ie a mortgage or pledge) or furnish new value pursuant to the original agreement or under a new agreement; and in the latter case (ie agreement as opposed to completed transfer) his security interest will be limited to the value so furnished.

2. *The transfer*

23.11 Where, on the other hand, the agreement between the parties has crystallized into a mortgage or pledge,[30] questions of consideration and formalities of contract do not arise, for the real rights of the creditor now rest not on the original agreement but on the transfer of ownership or possession.[31] However, if the security is a written mortgage of goods by an individual, it must conform to the requirements of the Bills of Sale Acts unless falling within one of the exemptions from the Acts,[32] while if the security is a mortgage of land or an interest in land, it is void for the purpose of creating or conveying a legal estate unless it is by deed,[33] and even to take effect as an equitable mortgage it must be in writing and signed by or on behalf of the parties.[34]

---

[29] *Re Jackson & Bassford Ltd* [1906] 2 Ch 467; *Re Gregory Love & Co* [1916] 1 Ch 203, per Sargant J at 211; *Williams v Burlington Investments Ltd* (1977) 121 Sol Jo 424. See L. Gullifer, *Goode and Gullifer on Legal Problems of Credit and Security* (6th edn, 2017), paras 1–81, 2–15. But the agreement may nevertheless constitute an estate contract for the purpose of the Land Charges Act 1972, and if registered as such, will, in the event of security being given later, be effective to give it priority over an intervening encumbrance (*Williams v Burlington Investments Ltd*, above). This is one of the exceptional cases in which a mere personal contractual right can produce a security effect by virtue of the statutory registration provisions.

[30] A mere equitable charge (hypothecation), as opposed to a charge which includes an agreement for a mortgage, does not involve a transfer either of ownership or of possession. It may be created by contract or as a term of a settlement or other transfer or of a declaration of trust, as where A transfers property to B, or declares himself a trustee for B, but stipulates that the property is to stand charged with payment of a given sum or periodic payment to C. A mere voluntary undertaking to charge property does not suffice, even if by deed (see n 25).

[31] As to what constitutes delivery of possession for this purpose, see para **24.05**.

[32] See generally *Halsbury's Laws of England* (5th edn, 2015), vol 49, *Financial Instruments and Transactions*, Part 3: Bills of Sale. By a curious legislative anomaly, registration of a bill of sale is made obligatory not only to perfect it against third parties but even to preserve its validity as against the grantor in relation to the chattels comprised in the bill (Bills of Sale Act (1878) Amendment Act 1882, s 8). See further, para **24.10**. A security bill of sale cannot in general be taken over after-acquired property (Bills of Sale Act (1878) Amendment Act 1882, s 5).

[33] Law of Property Act 1925, s 52(1).

[34] Under s 2(1) of the Law of Property (Miscellaneous Provisions) Act 1989 if it is an agreement for a mortgage or an attempted legal mortgage which is imperfect, or s 53(1)(c) of the Law of Property Act 1925 where it is a mortgage of an equitable interest. The effect of the 1989 Act is that an equitable mortgage can no longer be created solely by deposit of the title deeds; it is necessary to have an agreement in writing signed by or on behalf of both borrower and lender (*United Bank of Kuwait plc v Sahib* [1995] 2 All ER 973). It seems pointless to require the signature of the lender when the agreement is purely unilateral and the lender is neither making promises nor giving undertakings – particularly since the purpose of the Act was to facilitate transactions, not make them more complicated!

Moreover, even a valid mortgage or pledge will not give the creditor an attached security interest unless and until money is advanced.[35]

(ii) Identifiability

23.12 English law, in contrast to that of a number of other jurisdictions,[36] does not require specificity of assets for the purpose of security except where the Bills of Sale Acts apply.[37] Accordingly, in the case of transactions outside those Acts, the security agreement may be expressed to cover a specific asset, a class of assets, or, indeed, all the debtor's assets, present and future, without description. The absence of any requirement of particularity greatly facilitates charges on after-acquired property in general and floating charges in particular.[38]

(iii) The debtor's power to give the asset in security

23.13 This requirement has two facets. Firstly, the asset must be one which is capable of being given in security. We have already seen that a pledge cannot be taken over pure intangibles because it involves the delivery of possession.[39] Subject to this, security can be given over any kind of property, tangible or intangible, except where the asset is of a kind which, because of its personal nature, considerations of public policy or a contractual prohibition against assignment, is incapable of transfer.[40] Secondly, the debtor must have an interest in the asset or a legal power to dispose of it. A security interest cannot attach to an asset in which the debtor has no current interest[41] except where he is authorized by the holder of such an interest to enter into the security agreement or transfer, or has power to do so by virtue of some exception to the *nemo dat* rule.[42] A security agreement expressed to cover future property creates merely an inchoate security interest, but upon the debtor acquiring an asset within the after-acquired property clause, the security interest attaches to that asset with effect from the date of the agreement[43] unless the agreement itself evinces a contrary intention.[44]

23.14 The distinction between an existing and a future asset is not quite as clear-cut as one might suppose. This is because present property is considered

---

[35] See para **23.15**.
[36] Eg, France, Germany, Italy.
[37] See Bills of Sale Act (1878) Amendment Act 1882, s 4.
[38] See further paras **2.60, 8.02** ff, as to identifiability.
[39] See para **22.19**. See also para **24.05**.
[40] See L. Gullifer, *Goode and Gullifer on Legal Problems of Credit and Security* (6th edn, 2017), para 1-59.
[41] For this purpose the debtor's possession of a tangible or documentary intangible constitutes a sufficient interest even if unlawful vis-à-vis the absolute owner. See paras **2.20–2.21**.
[42] See paras **2.74, 16.09** ff.
[43] See *Tailby v Official Receiver*, n 6; *Re Lind* [1915] 2 Ch 345; and paras **23.21–23.22**.
[44] As in the case of a floating charge. See ch 25. A charge on an agreement for a lease also constitutes a charge on any lease created pursuant to the agreement, even without an express undertaking to execute a charge on the lease when this comes into existence (*Property Discount Corpn Ltd v Lyon* [1980] 1 All ER 334, affirmed [1981] 1 All ER 379).

23.14 *The Creation, Enforcement and Transfer of Security Rights*

to include what is commonly termed *potential* property, that is, property not yet in existence but growing out of that which is in existence and is owned by the debtor. The concept of potential property applies both to tangibles and to intangibles. Examples of potential tangibles are progeny of livestock, milk from cows, wool growing on sheep, and growing crops. Provided that the security agreement identifies the asset (ie the particular livestock, cows, sheep, land) from which the potential property is to grow[45] and that the debtor has an interest in that asset at the time of making the security agreement, the grant of security over the potential property will be treated as a present assignment of existing property, not an agreement to assign after-acquired property,[46] though the security interest cannot, of course, be asserted until the potential property actually comes into existence. The same rule applies to rights growing out of existing contracts. So an assignment of the right to receive sums payable in the future under an existing hire-purchase agreement or building contract constitutes a present assignment of an existing chose in action, not an assignment of future property, even though (as in the case of the building contract) the assignor has to carry out work to earn the sums payable under the contract.[47] The position is otherwise, however, as regards the assignment of sums payable under future contracts, for the prospective entitlement to such sums is a mere expectancy and is thus assignable only in equity, taking effect when the debts come into existence.[48]

(iv) The subsistence of an obligation

23.15 Until the creditor has made his advance, so as to impose on the debtor an obligation of repayment, no security interest can be said to attach, even if all other requirements for attachment have been met. We are not here speaking of what is necessary to render an agreement for security effective as a security in equity.[49] Even if the debtor has executed a mortgage of property he currently owns, so that reliance on a contract for security is unnecessary, no security interest attaches to the mortgaged property until there is an obligation to be secured.[50] If there is no current indebtedness, there can be no attachment; and if an advance is made and then repaid, attachment ceases, though it will revive with effect from the date of the security instrument if a new advance is made pursuant to that instrument. This is the true analysis of so-called continuing security of the kind exemplified by a charge in favour of a bank to secure a current account. So long as there is a debit balance on the account there is a security interest with continuous existence as from the date of the security

---

[45] See para 8.74.
[46] See para 8.74.
[47] G. & T. Earle Ltd v Hemsworth R. D. C. (1928) 140 LT 69. See also *Norman v Federal Comr of Taxation* (1963) 109 CLR 9; *Hughes v Pump House Hotel Co Ltd* [1902] 2 KB 190.
[48] See *Chitty on Contracts* (33rd edn, 2018), vol I, paras 19–029 ff.
[49] See para 23.03.
[50] A past indebtedness suffices for this purpose. A mortgage granted to secure a debt previously incurred is perfectly valid – for the contract law requirement of consideration applies only to the contract, not to the conveyance – but the want of new value may render the mortgage vulnerable in certain circumstances. See paras 23.25, 31.37 ff.

agreement. But at those times when the account is in credit or has a nil balance, the security reverts to the inchoate status it possessed before the first drawing was made on the account.

23.16 Consider the case of A Bank which takes a legal charge over B's factory premises to secure present and future advances to B. Let us suppose that B does not draw on the account at all in the week following the execution of the charge. Then during this period A Bank, though it may have the equivalent of a legal estate in the premises,[51] has no attached security interest, for it has not made any advance. Unless the parties have otherwise agreed, B is free to terminate the current account facility and ask for the return of its title deeds or land certificate and the surrender of the charge instrument. If B, without doing this, were to grant a second charge to C to secure a contemporaneous advance of £20,000, C would *at that stage* be the only secured creditor in the field. A Bank would, indeed, still have its charge but, in the absence of any drawing on the account, the interest created by the charge would have no quantum, merely a position in time. However, B now draws a cheque for £12,000 on its account with A Bank. The requirement of a subsisting obligation is now satisfied and the legal charge in favour of A Bank fastens on the asset with effect from the date of the charge.[52] If B were subsequently to pay £12,000 into its account, extinguishing the debit balance, A's security interest would again go into limbo, giving C's interest exclusivity once more until B drew again on his account with A Bank.

23.17 Attachment requires that there be an existing obligation, even if falling to be discharged in the future (*debitum in praesenti, solvendum in futuro*). A mere contingent obligation, such as that given by a surety in respect of the indebtedness of another which has not yet matured, is insufficient. So if S Ltd gives a guarantee to A Bank for advances to S's parent, P Ltd, and secures its guarantee obligations by a charge over its assets, no security interest attaches to those assets until P has made default or some other event has occurred which makes the debt payable by P become due. Nevertheless, A Bank having made its advance to P, S is contractually committed to leaving the assets in A's hands as inchoate security so that A can have recourse to them if P defaults.

(v) Fulfilment of contractual conditions for attachment

23.18 Even if all other conditions are satisfied, a security interest will not attach until any contractual conditions for attachment have been fulfilled. Even then there will be no attachment if there was merely a contingent agreement for security. For this purpose an agreement for security over after-acquired property is treated as creating a present, not a contingent, security interest, though of course it cannot take effect until the property has been acquired.[53] An agreement is also not contingent if the stipulated event is

---

[51] Law of Property Act 1925, s 87(1). Even this is not free from doubt.
[52] This means that A's interest is first in time. Whether this suffices to give it priority is a separate question. See para **24.23**.
[53] See para **23.21**.

23.18 *The Creation, Enforcement and Transfer of Security Rights*

one that is bound to occur, such as the arrival of a given date, the expiry of a specified period of time or the death of a party. But an agreement that a security interest will arise on the occurrence of a future uncertain event does not suffice to create security even in equity and even if the event occurs.[54]

(vi) **In the case of pledge, delivery of possession**

23.19 What satisfies this requirement is discussed later.[55]

3. EFFECT OF ATTACHMENT

23.20 The attachment of the security interest gives the creditor real rights over the asset vis-à-vis the debtor.[56] Moreover, in a few cases attachment suffices to perfect the security interest against third parties,[57] including the debtor's trustee or the liquidator. This seems clear enough. There are, however, certain conceptual problems involved in the concept of attachment to which we must now turn our attention.

(i) **The time factor**

23.21 We have remarked earlier that when all the ingredients of attachment come together then, unless otherwise agreed, the security interest attaches as from the date of the security agreement. In other words, the security agreement creates an inchoate security which is treated by the law in very much the same way as it treats an unborn child. Until birth, a child has no legal existence and cannot be the claimant in an action. After birth, it acquires legal status and can sue even for injuries it sustained before birth. The birth gives it rights in law which run back to the time of conception. So also with the inchoate security interest. It exists by virtue of the security agreement but requires the added components of interest and obligation to give it substance. Thus, after some judicial hesitation, the courts have come down firmly in favour of the somewhat abstract notion of an existing security over a non-existing asset.

> 'Choses in action do not come within the scope of the Bills of Sale Acts, and though not yet existing, may nevertheless be the subject of present assignment.'

Thus spoke Lord Watson in *Tailby v Official Receiver*,[58] echoing the words of Lord Chelmsford a quarter of a century earlier in *Holroyd v Marshall*:

---

[54] See para **23.10**.
[55] See para **24.05**.
[56] The rights will be legal if conforming to the common law requirements for transfers (para **23.11**) or if so provided by statute, eg a legal charge of land (Law of Property Act 1925, s 87(1)) or an assignment of future copyright (Copyright, Designs and Patents Act 1988, s 91), otherwise they will be equitable.
[57] See para **24.01**, n 1.
[58] See n 6.

'At law property, non-existing, but to be acquired at a future time, is not assignable; in equity it is so.'[59]

Similarly in *Re Lind*:

'It is true that the security was not enforceable until the property came into existence, but nevertheless the security was there, the assignor was the bare trustee of the assignee to receive and hold the property for him when it came into existence.'[60]

23.22 The retroactive effect of attachment greatly enhances the value of the security interest. It means that where priority falls to be determined by the date of creation of competing interests, an attached security interest in favour of A is considered to have effect as from the date of the security agreement and will thus have priority over an interest granted to B and attaching after the date of A's security agreement and before attachment of A's interest.[61] Further, the after-acquired property clause binds the debtor's trustee in bankruptcy as regards moneys or other assets falling into possession after the commencement of the bankruptcy,[62] unless, of course, the monies or assets were earned by the activities of the debtor's trustee himself;[63] and even assets coming to the bankrupt after his discharge from bankruptcy will be claimable by the secured party under the charge over after-acquired property, in priority to the claims of an assignee under an assignment made by the debtor after discharge.[64] It follows that where a company, having given a charge over its future property, goes into compulsory liquidation, s 127 of the Insolvency Act 1986, which renders void dispositions of the company's property made after the commencement of the winding up,[65] does not affect the chargee's rights over property acquired by the company after the presentation of the petition, for the date when the company is to be taken to have disposed of the property to the chargee is not the date the company acquired the property but the date of the charge.

---

[59] See n 4 at 220.
[60] See n 43, per Bankes LJ at 374. See to similar effect *Re Reis* [1904] 2 KB 769, and cases on the floating charge, discussed at paras **25.04** ff. See also *Atlantic Corporation Ltd v Development Finance Corporation* (2012) 81 WIR 181, [20]–[24] and *Performing Right Society Ltd v B4U Network (Europe) Ltd* [2013] EWCA Civ 1236, [26]. For a spirited attack on *Re Lind*, see P. Matthews, 'The Effect of Bankruptcy upon Mortgages of Future Property' [1981] LMCLQ 40.
[61] However, (1) A will not have priority as regards advances made after notice of B's interest (see para **24.20**) and (2) crystallization of a floating charge is not retrospective, so that it is only *qua* floating security that this will relate back to the date of the security instrument (see para **25.08**, n 26, where other consequences of the floating charge's relative weakness compared with a fixed charge are discussed).
[62] *Re Lind*, n 43; *Re Reis*, n 60.
[63] *Re Jones, ex p Nichols* (1883) 22 Ch D 782 (distinguished in *Re Davis & Co, ex p Rawlings* (1888) 22 QBD 193); *Wilmot v Alton* [1897] 1 QB 17; *Re Collins* [1925] Ch 556. In particular, where what is charged is a right to future monies payable under contracts, there is a distinction between cases where the consideration for the payments is wholly executed by the debtor and those where the consideration is merely executory and is executed after the commencement of the bankruptcy by the debtor's trustee (*Re Collins*, above, per Astbury J at 562–563).
[64] *Re Lind*, n 43.
[65] See para **31.51**.

23.23 *The Creation, Enforcement and Transfer of Security Rights*

(ii) **One security interest or several?**

23.23 The next question is one that greatly occupied American commercial lawyers but has received little or no attention in England. If A takes security over B's future property, does a new security interest spring up in favour of A each time B acquires an additional asset or is there but a single security interest which expands as assets come in under the after-acquired property clause? Again, if A takes security over an asset for future advances, does each advance generate a separate security interest or is there merely one security interest which varies in quantum according to the amount from time to time outstanding?[66]

23.24 Though the answer to this question has never been articulated so far as English law is concerned, the inchoate security principle just discussed compels us to support the single-interest theory, for how else are we to explain the retroactive effect of attachment?[67]

(iii) **Value**

23.25 Value, in the sense of an actual advance, is a prerequisite of attachment. However, where the agreement has crystallized into a transfer of ownership or delivery of possession, the security is perfectly valid even if given for a past consideration, as when a creditor who originally lends on an unsecured basis subsequently desires to strengthen his position by taking security. Nevertheless, security taken for new value is inherently stronger than security taken for past value. Under the former, the creditor does not remove from the debtor's estate, in cash or in kind, a penny more than he puts in; the giving of the security leaves the debtor's net asset position entirely unchanged. But where security is taken for past value, the debtor's estate is *pro tanto* diminished, to the potential disadvantage of his other creditors. It is for this reason that statute provides for the avoidance of security taken during the run-up to bankruptcy or winding up[68] if no new value was given for it.

23.26 What constitutes new value for this purpose? In general, money or money's worth given by the creditor at the time of or subsequent to the security agreement and in consideration of the security.[69] It is not necessary that the amount of the advance should match the value of the asset taken as security, for the security interest cannot in any event be greater in quantum than the amount of the debtor's indebtedness. It follows that where an advance is made on the security of after-acquired property, value is taken to be given in relation

---

[66] A similar question arises in relation to security interests in proceeds. See *Goode and Gullifer on Legal Problems of Credit and Security*, paras 1-68, 1-69.
[67] It is true that the law restricts the ability of a secured creditor to tack further advances ranking in priority to the rights of an intervening encumbrancer, but the protection of the latter results from a priority rule and does not necessitate treatment of the further advances as creating fresh security interests. See, as to tacking, para **24.20**.
[68] As to the run-up period, see paras **31.41** ff.
[69] For the particular provisions of s 245 of the Insolvency Act 1986, see para **31.49**.

to every asset subsequently coming in under the after-acquired property clause. In effect, the secured creditor is permitted to rely on the clause to increase his security margin almost *ad infinitum*, even to the extent of picking up assets which accrue to the debtor's estate after he has become bankrupt[70] and, indeed, assets acquired after his discharge.[71] Having bargained for an elastic security before making his advance, the creditor is entitled to the benefit of his bargain.

23.27 Where the creditor provides financial accommodation in the form of an overdraft facility on a current account and there is continuing movement on the account, what starts as past indebtedness may become converted into new value through the operation of the rule in *Clayton's Case*.[72] This very important rule says that unless otherwise agreed between the parties, and in the absence of a contrary appropriation by either at the time of payment, sums paid to the credit of a current account are to be applied in discharge of the indebtedness in the order in which this was incurred, so that the earliest debit item is to be deemed settled first. The 'washing' of the account with new money may thus result in the discharge of all the indebtedness advanced before the grant of the security, leaving the security entirely for new value. For example:

> A lends B Ltd £20,000 unsecured. Later, A takes a charge over B's factory to secure the repayment of the £20,000. B draws a cheque on its account for £10,000 and subsequently pays into the account two cheques received from customers, for £5,000 each. It then goes into liquidation, two months after executing the charge. The ultimate debit balance is still £20,000 but the two cheques paid into the account are applied, under the rule in *Clayton's Case*, in reduction of the pre-charge indebtedness, bringing this down to £10,000, while the fresh drawing of £10,000 constitutes new value. Thus half of what was previously a past consideration has become converted into new value, and the charge is vulnerable to attack by the liquidator only in relation to the other half.[73]

23.28 New value is typically furnished by the advance of money, but benefit in kind – eg through the supply of land, goods, services or facilities – is, in general, equally effective. However, a floating charge taken from an insolvent company which goes into liquidation within twelve months (or, in the case of a charge in favour of a connected person, two years) is void except to the extent that the new value falls within one of the statutory categories.[74]

(iv) Cross-over security

23.29 The most flexible form of security agreement is that by which all the debtor's present and after-acquired property is made to secure existing and future indebtedness. Under this form of 'cross-over' security no particular asset stands as security for any particular indebtedness but the entire block of assets is made to secure a global indebtedness. For example, a finance house may

---

[70] *Tailby v Official Receiver*, n 6; *Re Clarke* (1887) 36 Ch D 348.
[71] *Re Lind*, n 43.
[72] *Devaynes v Noble, Clayton's Case* (1816) 1 Mer 572.
[73] As a preference. See para **31.44**.
[74] Insolvency Act 1986, s 245(2). See para **31.49**.

agree to make advances from time to time to a motor dealer to enable the dealer to purchase stock, the finance house taking a charge over all the stock from time to time acquired and held by the dealer. The global character of the security and the indebtedness secured makes it unnecessary to consider which particular advances for which particular vehicles have been repaid. Each unit is, in effect, securing not only the advance of the purchase price of that unit but the advances for the purchase of all the other units. Provided the security agreement preceded or was contemporaneous with all the advances, the charge on stock will be treated as given entirely for new value.

4. ENFORCEMENT OF THE SECURITY[75]

23.30 The primary remedies of the secured creditor, apart from an action on the debtor's personal covenant for payment (if any[76]) are possession, sale, the appointment of a receiver, foreclosure and, in the case of financial collateral, appropriation towards discharge of the debt.[77]

(i) Possession

23.31 A pledgee is, of course, in possession from the start, this being the essential ingredient of a pledge. But the typical modern security interest is non-possessory. The debtor needs the asset for immediate use or enjoyment, the creditor lacks the facilities to store it (and with accommodation at a premium, the rental value of space occupied by the asset given in security would be substantial) and possession is also burdensome in that the asset has to be looked after and, as a matter of prudence, insured.

23.32 The creditor will, however, wish to have the right to take possession in given events, notably the debtor's default. The right to take possession[78] can be (and in practice almost invariably is) expressly reserved in the security instrument, and is then exercisable regardless of the nature of the security interest, so that it is equally available, whether the creditor is the holder of a legal mortgage, an equitable mortgage[79] or a charge. Quite apart from any express right to possession, a legal mortgagee is, by virtue of his security ownership, entitled to possession the moment the mortgage is executed, irrespective of whether there has been any default by the mortgagor.[80] Whether

---

[75] See generally M. Bridge, L. Gullifer, K. Low and G. McMeel, *The Law of Personal Property* (2nd edn, 2018), ch 18; L. Gullifer and J. Payne, *Corporate Finance Law: Principles and Policy* (3rd edn, 2020), pp 336–348.
[76] A person sometimes gives his property as security for another's debt without himself undertaking personal liability as surety, as in *Re Conley* [1938] 2 All ER 127.
[77] He may also have a claim against a surety.
[78] Where the property is not in the physical possession of the debtor but is lawfully occupied by a third party, eg under a lease or rental agreement, the creditor's right to possession is exercised by directing the lessee or hirer to pay the rent to him.
[79] *Ocean Accident and Guarantee Corp Ltd v Ilford Gas Co* [1905] 2 KB 493.
[80] *Four-Maids Ltd v Dudley Marshall (Properties) Ltd* [1957] Ch 317. But the right to possession may be excluded by the express or implied terms of the mortgage.

the equitable mortgagee can take possession in the absence of an express provision to that effect is not settled.[81] It is clear that a mere equitable chargee, who has no proprietary interest in the asset but only an encumbrance over it, cannot take possession without a contractual right to do so or an order of the court.[82]

23.33 If the security comprises goods which can be seized without entry on to the premises of the debtor, the creditor may use self-help, taking the goods without an order of the court; but where the asset given as security is land, the creditor will usually either appoint a receiver to take possession for him or apply for a possession order so as to avoid the possibility of a breach of the peace, as well as liability to prosecution[83] if he were to make a violent entry.

23.34 The mortgagee's right to possession without a court order is in some circumstances restricted by statute. For example, a court order is necessary to enforce a right to possession of land under a mortgage securing a regulated agreement[84] within the Consumer Credit Act 1974;[85] and the court has statutory power to adjourn any proceedings for recovery of a dwelling house and to stay an order for possession and postpone the date of delivery of possession.[86] No security for a regulated agreement within the Consumer Credit Act can be enforced without service of a seven-day notice on the debtor;[87] and the grantee of a bill of sale can seize the goods comprised in the bill of sale only on one of the grounds specified in s 7 of the Bills of Sale Act (1878) Amendment Act 1882.

(ii) Sale

23.35 Possession is usually sought as a precursor to sale so that the creditor will be able to give possession to the purchaser. As in the case of possession, every class of secured creditor can sell the security if so agreed by the security instrument, and subject to any applicable statutory restrictions.[88] Even in the absence of an express provision, a mortgagee or chargee under a mortgage or

---

[81] See H. W. R. Wade (1955) 71 LQR 204; S. Bridge, E. Cooke and M. Dixon, *Megarry and Wade: Law of Real Property* (9th edn, 2019), para 24-046.
[82] *Garfitt v Allen* (1887) 37 Ch D 48. But a chargee of land by way of legal mortgage has the same rights and remedies as a legal mortgagee (Law of Property Act 1925, s 87(1)).
[83] Under the Criminal Law Act 1977, s 6(1).
[84] As defined by the Consumer Credit Act 1974, ss 8(3), 15(2) and 189(1).
[85] Section 126.
[86] Administration of Justice Act 1970, s 36.
[87] Consumer Credit Act 1974, ss 76(1), 87(1).
[88] See below. The secured creditor owes a duty to act in good faith and to take reasonable care to obtain a proper price (*Downsview Nominees Ltd v First City Corpn Ltd* [1993] AC 295; *Cuckmere Brick Co Ltd v Mutual Finance Ltd* [1971] Ch 949), but apart from this he owes no general duty of care in dealing with the assets of the company (*Downsview Nominees Ltd v First City Corpn Ltd*, above). This is somewhat surprising; the mortgagee would be adequately protected by a rule that he is entitled to put his own interests first. For a criticism of the decision, see Sir G. Lightman, G. Moss, H. Anderson, I. Fletcher and R. Snowden, *Lightman and Moss on the Law of Administrators and Receivers of Companies* (6th edn, 2017), paras 13-021 ff. See also paras **31.62**, n 190.

23.35 *The Creation, Enforcement and Transfer of Security Rights*

charge by deed (whether legal or equitable) has a power of sale under the Law of Property Act 1925[89] except where the mortgage is a mortgage of goods within the Bills of Sale Acts, in which case the goods can be sold only after they have been held for five days or (if the mortgage secures money payable under a regulated agreement within the Consumer Credit Act 1974) if the requisite seven-day notice has been served and has expired without the default being made good.[90] The Law of Property Act itself imposes restrictions on the exercise of the statutory powers of sale,[91] but these are almost invariably excluded by the mortgage deed. In addition to his right of sale under the Law of Property Act a legal mortgagee of goods who is in possession has an implied right of sale[92] in the event of the mortgagor's default, and this power is exercisable even if the mortgage is not by deed.[93] Whether an equitable mortgagee of goods has a similar right of sale if in possession is unclear. It is thought that he would need the assistance of the court to pass a good title to the purchaser. A pledgee has an implied right of sale at common law where the pledgor defaults.[94] An equitable charge which is not by deed confers no right of sale out of court, and if the chargee wishes to sell he must apply for an order for sale.

23.36 Where there are several mortgagees, any mortgagee may sell but the effect depends on his priority. Sale by a first mortgagee extinguishes the debtor's equity of redemption and overrides the second mortgage, which then attaches to any surplus proceeds of sale remaining after the first mortgagee has taken what is due to him. Sale by a second mortgagee takes effect subject to the first mortgage unless that is discharged from the proceeds of sale.

23.37 The court has power to order a sale of mortgaged property.[95] The remedy is primarily designed for cases where there is no power of sale out of court, but even where there is such a power the court is willing to make an order for sale in an appropriate case.[96]

23.38 If the proceeds of sale of the mortgaged property produce a surplus remaining after the first mortgagee has taken what is due to him, the mortgagee is accountable for it to the next ranking incumbrancer, if there is

---

[89] Law of Property Act 1925, s 101.
[90] Consumer Credit Act 1974, s 87(1); Bills of Sale Act (1878) Amendment Act 1882, s 7A, inserted by Consumer Credit Act, Sch 4, para 1.
[91] Section 103.
[92] At common law and, *semble*, if the charge is within the Bills of Sale Act (1878) Amendment Act 1882, then under s 7 of that Act (*Re Morritt* (1886) 18 QBD 222, per Lopes LJ at pp 241–242).
[93] *Re Morritt*, n 92; *Deverges v Sandeman, Clark & Co* [1902] 1 Ch 579. But if no date was fixed for repayment, the notice must give the debtor a reasonable opportunity to pay (*Deverges v Sandeman, Clark & Co.*).
[94] *Deverges v Sandeman, Clark & Co*, n 93; *Re Morritt*, n 92.
[95] Law of Property Act 1925, s 91(2).
[96] As where the buyer is a special purchaser who is concerned that he may not get a good title on a sale out of court (*Arab Bank plc v Merchantile Holdings Ltd* [1994] 2 All ER 74). Another case where a party may wish to obtain a court order is to secure recognition of the validity of his acts in a foreign court, particularly in a jurisdiction which does not accept the idea of self-help remedies.

one, or, if not, then, to the debtor. Where the sale leaves a deficiency this remains governed by the express covenant for payment, which the mortgagee is entitled to enforce.[97]

(iii) Appointment of receiver

23.39 A receiver may be appointed either pursuant to the provisions of the Law of Property Act 1925[98] or under an express power in the security instrument. The statutory power is exercisable in the same circumstances as the statutory power of sale, and is subject to the same restrictions. For this reason most receivers are appointed under express powers in the mortgage or charge.

23.40 Originally, the function of the receiver appointed by a mortgagee was to collect the income arising from the mortgaged property and apply it in keeping down interest and the expenses of the receivership, and it is this type of receiver which is envisaged by the statutory provisions[99] making the receiver the deemed agent of the mortgagor.[100] But with the growth of the modern corporation it was found necessary to confer much more extensive powers on receivers so as to enable them to utilize the charged assets to the best advantage of the appointing creditor. So the practice developed of drafting debenture deeds which empowered the debenture holder to appoint an administrative receiver,[101] with power to run the business of the debtor company, enter into contracts on its behalf, realize assets and ultimately dispose of the business altogether, if possible on a going concern basis. The deed would usually provide that the receiver was to be the agent of the debtor company, which was

---

[97] *Bristol and West plc v Bartlett* [2003] 1 WLR 284.
[98] Law of Property Act 1925, ss 109, 101.
[99] Ibid, s 109(2).
[100] *Deyes v Wood* [1911] 1 KB 806; *Re Vimbos Ltd* [1900] 1 Ch 470. Originally the receiver was appointed by the mortgagor at the direction of the mortgagee; later, it was found more convenient to empower the mortgagee to make the appointment directly. One of the principal benefits of appointing a receiver and making him the agent of the mortgagor was, and is, that the mortgagee avoids the obligation imposed on a mortgagee in possession of being liable to account on the footing of wilful default. A mortgagee who takes possession has always been held strictly accountable not only for rents and profits actually received but for those he would have received if he had not been guilty of wilful neglect or default. See *Chaplin v Young* (1864) 33 Beav 330; *White v City of London Brewery Co* (1889) 42 Ch D 237. The fact that the receiver is the agent of the mortgagor has been held not to deprive the receiver of the right to bring proceedings for possession against the mortgagor: *Pask v Menon* [2019] EWHC 2611 (Ch), [2020] Ch 66. The conclusion that the receiver could not bring proceedings against the mortgagor was held to lack business sense and so was rejected. To the extent that this conclusion is inconsistent with normal agency principles, this was held (at [27]) to follow from the fact that 'the agency of the receivers is not a normal agency' because the receiver has a better right to possession of the property than the mortgagor.
[101] Prior to the Insolvency Act 1985 he was called a receiver and manager, the two offices being invariably combined. See generally *Lightman and Moss on the Law of Administrators and Receivers of Companies*, n 88.

23.40 *The Creation, Enforcement and Transfer of Security Rights*

to be solely responsible for his acts, omissions and remuneration.[102] However, save in certain excepted categories of case, the Enterprise Act 2002 abolished administrative receivership[103] and replaced it with the power to appoint an administrator.[104] But the power to appoint an administrator does not have the same value to the debenture holder because the administrator, unlike the administrative receiver, does not have as his primary task the safeguarding of the interests of the debenture holder. Rather, the administrator may not perform his functions with a view to realizing assets for the benefit of his debenture holder unless (a) he thinks that it is not reasonably practicable to fulfil objectives having priority, namely rescue of the debtor company or achieving a better result for creditors than would be achieved on a winding up without administration, and (b) he does not unnecessarily harm the interests of the creditors as a whole.[105]

(iv) Foreclosure

23.41 A mortgagor has the right to redeem the mortgaged property at any time by tender of the amount due, with accrued interest. This right exists even if the tender is made after the due date for repayment, and it cannot be excluded by contract between the parties.[106] Only three events can extinguish the right to redeem: sale, foreclosure and the expiry of the prescribed limitation period. Sale by the mortgagee under a court order or in exercise of his power of sale overrides the mortgagor's equity of redemption, and his rights in any surplus over and above the mortgage debt attached to the proceeds of sale. Foreclosure is the termination by court order of the right to redeem. Its effect is to vest the mortgaged property in the mortgagee absolutely free from the equity of redemption. Foreclosure also extinguishes the residue of the debt, for by obtaining foreclosure the mortgagee is deemed to have elected to take the property in satisfaction. Since the effect of foreclosure is to give the mortgagee a windfall where the value of the mortgaged asset exceeds the outstanding balance of the debt, the court is naturally reluctant to make a foreclosure order without giving the mortgagor every opportunity to redeem.[107] This means that foreclosure proceedings tend to be protracted, and in consequence have become very rare.[108] The right to recover land becomes barred by statute

---

[102] Such a provision is no longer necessary, since s 44(1) of the Insolvency Act 1986 provides that the administrative receiver is deemed to be the agent of the company unless and until it goes into liquidation.
[103] Enterprise Act 2002, s 250, inserting ss 72A–72H into the Insolvency Act 1986.
[104] Insolvency Act 1986, Sch B1, para 14. Sch B1 was inserted into the Act by s 248 of the Enterprise Act 2002.
[105] Insolvency Act 1986, Sch B1, para 3(4). See further paras **31.61–31.62**.
[106] See generally J. McGhee and S. Elliott, *Snell's Equity* (34th edn, 2020), para 37–06.
[107] The almost invariable practice is to make an order *nisi* in the first instance, allowing the debtor an opportunity to redeem within a specified period, after which the creditor can apply to have the order made absolute if the debtor has not then paid the amount due.
[108] *Palk v Mortgage Services Funding plc* [1993] Ch 330, per Sir Donald Nicholls V-C at 336.

if the mortgagee has been in possession for twelve years without proceedings for redemption being brought.[109]

(v) Appropriation of financial collateral

23.42 An entirely new remedy was introduced by the Financial Collateral Arrangements (No 2) Order 2003[110] in relation to cash and financial instruments given in security. This, too, allows the collateral taker, where so empowered by the security financial collateral arrangement, to appropriate the collateral in or towards satisfaction of the debt. Its effect is nevertheless different from that of foreclosure in that the collateral taker is required to value the collateral in accordance with the terms of the arrangement and in any event in a commercially reasonable manner and to account to the debtor for any excess of value over debt, while being entitled to recover any deficiency.[111] No order of the court is required.

5. TRANSFER OF THE SECURITY

23.43 A security interest, like any other right, may be charged or disposed of by a consensual dealing or transmitted by operation of law.

(i) Consensual dealings in security

23.44 A secured creditor may freely assign his security interest without the debtor's consent. The rules for consensual assignment of a security interest, whether outright or by way of mortgage, depend on the nature of the asset constituting the security.

1. Goods

23.45 The transfer of a chattel mortgage entails an assignment of title to the goods comprised in the mortgage and must therefore comply with the statutory provisions applicable to such an assignment. If the assignment is by way of sale and is in writing, it must be registered as an absolute bill of sale[112] except where the mortgage is itself registered as a bill of sale, in which event the transfer is exempt from registration.[113] Where the assignment is by way of security (eg it is a submortgage), it must be registered as a security bill of sale[114]

---

[109] Limitation Act 1980, s 16. There is no comparable provision relating to chattels, though the claim may become barred by the equitable doctrine of *laches*; and see Limitation Act 1980, s 36.
[110] SI 2003/3226, implementing art 4 of the 2002 European Directive on financial collateral arrangements (2002/47/EC).
[111] Regulation 18.
[112] Under the Bills of Sale Act 1878, s 8.
[113] Ibid, s 10.
[114] Ibid, s 8 and Bills of Sale Act (1878) Amendment Act 1882, s 8. See *Jarvis v Jarvis* (1893) 63 LJ Ch 10.

unless the mortgage is registered as a bill of sale[115] or the transferor is a company.[116] In the latter case, it must be registered under the Companies Act 2006.[117]

2. *Land*

23.46 Again, the transfer of a mortgage of land may be by outright sale or by submortgage. If the transfer of a legal mortgage of land is to pass a legal title or the equivalent[118] to the transferee, it must be by deed[119] or by receipt indorsed on the mortgage and showing payment by the transferee;[120] and if the mortgage is of an equitable interest, the transfer must be in writing.[121] Writing is also necessary if the transferee is to have a legal right to sue for the mortgage debt, and must be followed by written notice of assignment to the mortgagor.[122] The transfer of a registered charge over registered land[123] is effected by registration of the transferee or his successor in title as proprietor of the charge.[124] A legal submortgage of unregistered land may be effected either by sub-demise[125] or by legal charge.[126]

3. *Life policy*

23.47 A life policy assigned by way of security may be subassigned either by written assignment under the hand of the assignor followed by notice in writing to the assurance company[127] or by indorsement of the policy under the Policies of Assurance Act 1867 or assignment in the form prescribed by the schedule to that Act.[128]

---

[115] Bills of Sale Act 1878, s 10.
[116] Bills of Sale Act (1878) Amendment Act 1882, s 17; *Re Standard Manufacturing Co* [1891] 1 Ch 627; *Slavenburg's Bank NV v Intercontinental Natural Resources Ltd* [1980] 1 All ER 955; *Online Catering Ltd v Acton* [2010] EWCA Civ 58, [2011] QB 204.
[117] Section 859A.
[118] See Law of Property Act 1925, s 87(1).
[119] Ibid, s 114.
[120] Ibid, s 115(2).
[121] Ibid, s 53(1)(c).
[122] Ibid, s 136. The transferee can resort to the security only for the assigned debt; he is not entitled to tack his own advances to the secured sum (*OBG Ltd v Allan* [2001] Lloyd's Rep Bank 365).
[123] It is no longer possible to create a mortgage of registered land by lease or sub-lease, the sole method available being the registered charge (Land Registration Act 2002, s 23(1)(a)).
[124] Land Registration Act 2002, Sch 2, para 10. Where the chargee creates a sub-charge the sub-chargee or his successor in title must be registered as proprietor of the sub-charge (ibid, para 11).
[125] Law of Property Act 1925, s 86. This must, as in the case of an ordinary lease, be for a term shorter than that of the head mortgage, otherwise it will take effect as an assignment. It is no longer possible to create a legal submortgage of registered land (Land Registration Act 2002, s 23(2)(a)).
[126] Ibid.
[127] Law of Property Act 1925, s 136.
[128] Section 1.

4. Debts and other choses in action

23.48 A debt the subject of a legal mortgage may be submortgaged by written assignment under the hand of the mortgagee and written notice to the debtor.[129] A debt may be submortgaged or subcharged in equity in the same ways as on the creation of an equitable mortgage of a debt.[130]

5. Contractual subrogation

23.49 A person may succeed to security rights by virtue of the principle of subrogation;[131] and subrogation may arise either by contract or by operation of law.[132] The typical case of contractual subrogation is where moneys are advanced by lender A to discharge a mortgage previously granted by the debtor to lender B. The contract may provide expressly that on making the advance A shall become subrogated to B's rights, including all securities held by him for repayment of his loan, but an express stipulation to that effect is not essential. It suffices that it is a term of the contract between A and the debtor that the advance is to be utilized to discharge the prior indebtedness; in such a case, it is an implied term of the new loan contract that A shall stand in the shoes of B,[133] though if a fresh legal charge is executed by the debtor over the property in favour of A, then prima facie the equitable charge by subrogation merges in the higher security interest.[134] However, the mere fact that the debtor chooses to use A's money to pay off B's loan does not of itself entitle A to claim subrogation to B's charge. A must go further and show that it was an express or implied term of the agreement between himself and the debtor that the advance should be utilized in this way.[135] On the other hand, since contractual subrogation is based on the presumed intention of the parties,[136] the fact that it may result in A acquiring security for a loan for which he had not specifically stipulated security is not an objection to allowing subrogation.

(ii) Transfer by operation of law

1. Bankruptcy

23.50 If a creditor holding security becomes bankrupt, the debt and security pass automatically to his trustee in bankruptcy.[137]

---

[129] Law of Property Act 1925, s 136.
[130] Ie by a formal or informal assignment or charge or agreement for the same.
[131] See C. Mitchell, P. Mitchell and S. Watterson (eds), *Goff and Jones: The Law of Unjust Enrichment* (9th edn, 2016), ch 39.
[132] As to subrogation by operation of law, see para **23.52**.
[133] *Orakpo v Manson Investments Ltd* [1978] AC 95, per Lord Diplock at 104; per Lord Keith at 120. For comments on the case, see J. Beatson (1978) 41 MLR 330.
[134] *Orakpo v Manson Investments Ltd*, n 133, per Lord Diplock at 105.
[135] Ibid.
[136] *Paul v Speirway Ltd* [1976] Ch 220.
[137] Insolvency Act 1986, ss 306, 287. For the somewhat different position in the case of companies, see paras **31.30** ff.

23.51 *The Creation, Enforcement and Transfer of Security Rights*

2. Death

23.51 In the event of the creditor's death, debts due to him and security for such debts vest in his personal representatives.[138]

3. Subrogation by operation of law[139]

23.52 Though subrogation to a security may arise as a matter of contract,[140] this is not the sole source of the remedy of subrogation to another's security, for subrogation may also arise by operation of law. It has been said of subrogation that:

> 'this expression embraces more than a single concept in English law. It is a convenient way of describing a transfer of rights from one person to another, without assignment or assent of the person from whom the rights are transferred and which takes place by operation of law in a whole variety of widely differing circumstances.'[141]

23.53 Subrogation can be a restitutionary remedy given to prevent unjust enrichment and, as such, is not dependent on the intention of the parties.[142] It has been applied with some flexibility by the courts who have declined to permit form to triumph over substance.[143] So, for example, a lender was held to be subrogated to an unpaid vendor's lien notwithstanding the fact that the money paid to purchase the property did not emanate directly from the lender.[144] In effect the court was satisfied on the facts that the purchaser had been unjustly enriched at the expense of the lender and, applying a rather

---

[138] Ie his executors, if he left a will appointing executors, or, if not, then the Public Trustee until the grant of administration (Administration of Estates Act 1925, s 9(1)).
[139] See C. Mitchell and S. Watterson, *Subrogation: Law and Practice* (2007); C. Mitchell, *The Law of Subrogation* (1994); *Goff and Jones: The Law of Unjust Enrichment*, ch 39; Meagher, Gummow and Lehane's *Equity: Doctrines and Remedies*, Part 3, ch 4.
[140] See above.
[141] *Orakpo v Manson Investments Ltd*, n 133, per Lord Diplock at 104; *Menelaou v Bank of Cyprus UK Ltd* [2015] UKSC 66, [2016] AC 176, at [41]–[50], [86]–[99]. See also *Re T. H. Knitwear (Wholesale) Ltd* [1988] 1 Ch 275; *Napier and Ettrick (Lord) v RF Kershaw Ltd* [1993] 1 All ER 385.
[142] *Banque Financière de la Citè v Parc (Battersea) Ltd* [1999] 1 AC 221; *Menelaou v Bank of Cyprus UK Ltd*, n 141; *Swynson Ltd v Lowick Rose LLP* [2017] UKSC 32, [2018] AC 313, [2017] 3 All ER 785. However, it should be noted that in *Swynson*, while Lord Sumption recognised (at [30]) the existence of cases in which subrogation has been invoked in order to prevent or reverse unjust enrichments, he also cautioned against the attempt 'to fit the subrogation cases into any broader category of unjust enrichment.' In his judgment subrogation is invoked in these cases on the ground that 'the claimant discharges the defendant's debt on the basis of some agreement or expectation of benefit which fails' ([18]). This analysis differs from the generally accepted analysis of unjust enrichment claims in two principal respects. First, the claimant's expectation of benefit need not be shared with the defendant but can be the expectation of the claimant alone and, second, subrogation does not restore the parties to their pre-transfer position but 'effectively operates to specifically enforce a defeated expectation' ([30]).
[143] *Menelaou v Bank of Cyprus UK Ltd*, n 141.
[144] Ibid.

broad, flexible approach, held that the lender had established an entitlement to be subrogated to the unpaid vendor's lien.[145]

23.54 Subrogation to security arises by operation of law where, inter alia, a surety pays off the principal indebtedness[146] and where a creditor is entitled to invoke the equitable doctrine of marshalling.[147] This doctrine is designed to ensure that where creditor A has a charge over assets x and y and creditor B takes a second charge over asset y, B does not suffer, and the debtor is not unjustly enriched, as the result of A resorting to asset y before he resorts to asset x. While equity does not restrict A's right to enforce his securities in any order he chooses, B will become subrogated to A's rights over asset x to the extent to which A has recouped himself from asset y.[148] For example:

> A lends D £10,000 secured by first charges on Whiteacre, worth £8,000, and Blackacre, worth £6,000. B then lends D £5,000 secured by a second charge on Blackacre. Upon D defaulting in his payments under A's charge, A, who could have recovered all but £2,000 of his debt from the sale of Whiteacre, proceeds instead to sell Blackacre for £6,000, taking the remaining £4,000 out of the proceeds of sale of Whiteacre. Since B has thereby been prejudiced to the extent of £4,000, he is subrogated to A's charge over Whiteacre to that amount.

But for the marshalling principle B would have suffered through A's resorting to Blackacre in the first instance instead of to Whiteacre, while D would have been unjustly enriched in that the value of his equity in Whiteacre would have been *pro tanto* increased.

23.55 Subrogation is not normally allowed where the claimant acted officiously in discharging the debtor's liability or otherwise conferring a benefit on him.[149]

---

[145] Ibid. This conclusion may generate some controversy. While it may be an acceptable outcome on the facts (and even here there will be those who maintain that the lender should not have been the beneficiary of this rather generous treatment), it has the potential to cause considerable uncertainty if applied more widely. The judgment of Lord Carnwath places more emphasis on principle than flexibility but it is clear that his approach is the minority one. See also the analysis of *Menelaou* adopted by Lord Sumption in *Swynson Ltd v Lowick Rose LLP*, n 142, at [29].

[146] *Craythorne v Swinburne* (1807) 14 Ves 160; *Mayhew v Crickett* (1818) 2 Swan 185. This applies to a mortgage as to any other security; and although the mortgage debt is satisfied by the payment, the mortgage is notionally kept alive for the benefit of the surety, who becomes in effect an assignee by operation of law. This rule of equity is now embodied in s 5 of the Mercantile Law Amendment Act 1856. See also *Ghana Commercial Bank v Chandiram* [1960] AC 732.

[147] See P. Ali, *Marshalling of Securities* (1999), who makes a powerful case (paras 4.20 ff) for saying that whether or not marshalling is a category of subrogation, it works in an entirely different way from ordinary forms of subrogation. See also *Highbury Pension Fund Management Co v Zirfin Investments Ltd* [2013] EWCA Civ 1283, [2014] Ch 359 at [18]; *In re Dent Co (a partnership) (in administration)* [2016] EWHC 2650 (Ch), [2017] Ch 422 at [26]; and W. Clark and Sir P. Morgan (eds), *Fisher & Lightwood's Law of Mortgage* (15th edn, 2019), paras 45.8 ff.

[148] *Wallis v Woodyear* (1855) 2 Jur NS 179.

[149] *Owen v Tate* [1976] QB 402; *Esso Petroleum Co Ltd v Hall Russell & Co Ltd* [1989] AC 643. This means that to be able to invoke the remedy of subrogation, the party discharging the liability must usually have done so either under legal compulsion (eg pursuant to a guarantee) or at the request of the debtor.

6. ASSIGNMENT OF SECURITY WITHOUT DEBT, AND VICE VERSA

23.56 A transfer of a mortgage which contains no reference to the debt or other obligation secured by it nevertheless carries with it by necessary implication of law a transfer of the debt or other obligation in question,[150] and presumably the same is true of the transfer of a charge. In the converse case, where the debt is transferred without mention of the mortgage, the transferor holds the mortgage as trustee for the transferee, who thus becomes entitled to it in equity;[151] but it is the transferor as legal estate owner who has the power to enforce the mortgage and is the proper party to proceedings for foreclosure or redemption.[152]

---

[150] *Jones v Gibbons* (1804) 9 Ves 407. In the case of transfer of a mortgage of land by deed, this is expressly provided by the Law of Property Act 1925, s 114.
[151] *Morley v Morley* (1858) 25 Beav 253.
[152] Ibid.

Chapter 24

PRINCIPLES OF PERFECTION AND PRIORITIES

24.01 This chapter is concerned with the general theory of perfection and priorities.[1] After a brief chapter devoted to a discussion of the floating charge, the chapters following are designed to show the relevance of the theory to everyday business life by examining the way in which the priority rules impact on different classes of typical financing transaction.

1. THE NEED TO PERFECT

24.02 The steps necessary to create a security interest enforceable against the debtor were discussed in chapter 23. But in order to perfect the interest so as to make it effective against third parties, the law usually[2] requires a further step, namely the performance of some act which puts third parties on notice of the security interest. The effect of perfection varies according to the mode of perfection and the interest of the claimant against whom the perfected security interest is asserted. There are similar variations as regards the consequences of failure to perfect.[3] Reservation of title under a hire-purchase or conditional sale agreement[4] or a leasing transaction[5] is not regarded by English law as a form of security interest and is thus wholly immune from perfection requirements.

2. METHODS OF PERFECTION

24.03 Methods of perfection requiring a step additional to attachment fall into one of two categories: those designed to give notice to the world of the

---

[1] See also H. Beale, M. Bridge, L. Gullifer and E. Lomnicka, *The Law of Security and Title-Based Finance* (3rd edn, 2018), chs 9–17.
[2] There are, however, cases where mere attachment suffices. One is a charge by a company over an item of personal property exempted from registration under s 859A(6) of the Companies Act 2006, eg a charge in favour of a landlord on a cash deposit given as a security in connection with the lease of land. Another is the oral mortgage or charge on goods by an individual, which takes effect at law without formality of any kind (see paras **23.10–23.11**). One of the more curious aspects of the Bills of Sale Acts is that while they require a written chattel mortgage to be registered as a bill of sale, they do not prescribe writing, nor, indeed, do they apply at all if the mortgage is not reduced to writing.
[3] See paras **24.08** ff.
[4] See paras **27.10** ff.
[5] See paras **28.03** ff.

24.03 *Principles of Perfection and Priorities*

existence of the security interest and those designed merely to enable an intending purchaser or incumbrancer of the asset given in security to discover the existence of the security interest. The rationale of the perfection requirement is broader for the former than for the latter.[6] Notice to the world may be given in one of two ways: by taking actual or constructive possession and by registration or filing. Either of these forms of notice perfects the security interest as against third persons generally without proof of specific notice to any particular claimant or any actual knowledge on his part of the prior interest. Possession is a mode of perfection developed at common law,[7] though receiving implicit recognition in legislation relating to fraudulent conveyances[8] and bills of sale.[9] By contrast, registration/filing is purely statutory. Registration is not required to perfect a security interest in financial collateral already perfected by possession or control,[10] though it remains a permissible form of perfection in other cases.

24.04 In addition, a security interest which is otherwise unperfected may, in the absence of a statutory provision to the contrary,[11] be perfected vis-à-vis a particular third party by notice to that party[12] or by knowledge *aliunde* on his part or, in the case of registered securities, by novation, or of a securities entitlement held through an intermediary or a deposit account, by novation or attornment. Novation and attornment may be subsumed under the general label 'control'.[13]

(i) Possession of the security

24.05 This is the oldest and safest method. Divesting the debtor of possession puts anyone dealing with him on inquiry and is thus equivalent to notice to the world at large. A pledge of the documents of title to goods is a pledge of the goods themselves. There are, it is true, dicta suggesting otherwise – for example, the speech of Lord Wright in *Official Assignee of Madras v Mercantile Bank of India Ltd* that 'a pledge of documents is not in general to be deemed a pledge of the goods; a pledge of the documents (always excepting

---

[6] See K. van Zwieten (ed), *Goode on Principles of Corporate Insolvency Law* (5th edn, 2019), para 13–118.
[7] Even before the Fraudulent Conveyances Act 1571, the courts viewed non-possessory security with great suspicion, and after that Act the failure to take possession was regarded as almost conclusive evidence of fraud (see para **22.22**). Notice to the debtor of an assignment of the debt by the creditor, a requirement established in what became known as the rule in *Dearle v Hall* (1828) 3 Russ 1, was conceived as the nearest one could get to possession of an intangible.
[8] Fraudulent Conveyances Act 1571.
[9] Bills of Sale Acts 1878–1891.
[10] Financial Collateral Arrangements (No 2) Regulations 2003 (SI 2003/3226), reg 4(4), implementing Directive 2002/47/EC on financial collateral arrangements, art 3(1).
[11] As will be seen, most statutes provide that failure to register shall invalidate a security interest even as against a party taking the asset with knowledge of the unregistered interest. See paras **24.28, 24.50**.
[12] *Dearle v Hall*, n 7.
[13] A concept developed in art 8 of the Uniform Commercial Code of the United States and defined by §8–106.

a bill of lading) is merely a pledge of the *ipsa corpora* of them . . . '.[14] But the true explanation is that the bill of lading remains the only document recognized by the common law as a document of title to goods.[15] Given, however, that a document *is* a document of title (whether because it is a bill of lading or because it is made a document of title by statute), a pledge of the document is a pledge of the goods if so intended. The strongest form of possession is, of course, physical possession by the creditor himself with intent to assert his security interest, but the law also recognizes various forms of constructive possession, any of which suffices to perfect the creditor's security interest, save in those unusual cases where statute imposes a registration requirement even in relation to possessory security.[16]

24.06 Among the various forms of constructive possession is attornment, by which a third party previously holding identified goods for the debtor intimates to the creditor that those goods will now be held to the creditor's order.[17] Moreover, the debtor may himself attorn to the creditor while retaining physical possession;[18] and a creditor who as pledgee takes possession of the goods or of documents of title to them may release the goods or documents to the debtor to hold as the creditor's trustee-agent without destroying the pledge.[19]

24.07 But an attornment by the debtor must be distinguished from an executory agreement to give a pledge. The distinction may seem a fine one but it is necessary to insist upon it. A mere agreement for a pledge leaves the debtor in possession and free to deal with the asset as he chooses. Such an agreement does not of itself constitute a pledge,[20] for as we have seen[21] English law does not recognize the concept of an equitable pledge, though the debtor may be exposed to a personal liability for breach of contract if he fails to surrender the asset at the appointed time. An attornment is an immediate transfer of constructive possession to the creditor, which forthwith divests the debtor of the right to use or deal with the asset except as authorized by the creditor. Attornment thus fulfils the dual rule of attachment and perfection of the security interest. An agreement for a pledge, if in writing, is caught by the Bills

---

[14] [1935] AC 53 at 59.
[15] See para **10.08**.
[16] As in the case of s 859A of the Companies Act 2006. See para **24.31**.
[17] There may also be attornment in respect of a fund of money or securities, but this is different in character, being simply a mode of perfection of a security interest previously created by agreement between the parties. See para **24.16**.
[18] *Martin v Reid* (1862) 11 CBNS 730; *Meyerstein v Barber* (1866) LR 2 CP 38; *Dublin City Distillery Co Ltd v Doherty* [1914] AC 823, per Lord Parker of Waddington at 852. Cf the speech of Lord Sumner at 865 commenting on the different position under Scots law, which required a third independent person. In *Meyerstein v Barber*, Willes J cited *Reeves v Capper* (1838) 5 Bing NC 136 in support of the proposition that the debtor may attorn to the creditor. However, the case is not directly on the point, for it involved the momentary delivery of the pledged article, a chronometer, by the debtor to a third party, who, having received it on behalf of the creditor-pledgee, then returned it to the debtor temporarily for use on a forthcoming voyage.
[19] See para **35.150**.
[20] *Dublin City Distillery Co Ltd v Doherty*, n 18.
[21] *See* para **23.04**.

24.07 Principles of Perfection and Priorities

of Sale Acts[22] and will inevitably be void, since it is impossible to reduce an agreement of this kind to the statutory form.[23] The same applies to constructive delivery effected by the debtor's written attornment to the creditor.[24]

(ii) Registration or filing

24.08 Some types of security interest are perfectible by registration or filing. The terms tend to be used interchangeably, but it is more accurate to speak of registration as the lodgement of particulars relating to the security, and filing as the lodgement of the security instrument itself or a copy of it.[25] Two systems of registration are possible for the protection of a security interest: registration against the asset and registration against the debtor. The former is, of course, more efficacious, since anyone proposing to acquire an interest in the asset can, by making a search against the asset, discover the existence of an adverse title or security interest, whether created by the prospective debtor or by one of his predecessors in title. In other words, an assets register gives a complete picture of registered rights, whether granted by the particular debtor with whom the creditor is dealing or by anyone else. Such a register is feasible only as regards assets that are relatively substantial and uniquely identifiable – land, aircraft, ships etc. By contrast, a register of debtors will not reveal security rights granted by someone other than the debtor himself unless that other party is also on the register and his existence as a possible secured party is known to the person making the search. On the other hand, registration by name of the debtor is capable of accommodating any class of asset, and after-acquired as well existing property, without the need for individual specification.[26] The searcher does not need to have a detailed description of the asset before making his search; he simply looks under the name of the debtor. No current English register relating to movables is indexed by asset.[27]

24.09 The present position with respect to registration/filing as a method of perfection is profoundly unsatisfactory on account of the multiplicity of

---

[22] *Re Townsend* (1886) 16 QBD 532.
[23] Which requires a transfer by way of security. See *Halsbury's Laws of England* (5th edn, 2015), vol 49, title 'Financial Instruments and Transactions', para 423.
[24] *Dublin City Distillery Co Ltd v Doherty*, n 18.
[25] *Report of the Committee on Consumer Credit* (Cmnd 4596, 1971), para 5.7.13. The distinction has been one of substance, for the filing of a security instrument or copy is public notice of its contents, whereas pre-2013 according to the orthodox view registration of particulars of the security interest constituted notice only of the existence of the security and of the other particulars registered (see further, para **24.46**). For convenience, the ensuing pages will be devoted to registration, but the distinction should be borne in mind.
[26] Debtor registration is thus responsive to the general cover.
[27] In respect of all registered land, the Land Registry maintains a property register, a proprietorship register and a charges register, while an index map enables a person making a search to discover whether a particular property has been registered and, if so, its title number. All entries in the Register are open to public inspection, as are documents (other than leases or charges) referred to in the Register. As to the International Registry for mobile equipment, see para **37.91**.

Methods of Perfection **24.12**

registers,[28] the varying, and sometimes uncertain, effects of registration[29] and the lack of a consistent and rational policy underlying the sanctions for non-registration.[30] Several of the registers attract their own priority rules;[31] and certain types of security interest are registrable in more than one register.[32]

24.10 Since the object of registration is to give notice of the security interest to third parties, failure to register ought not in principle to affect the enforceability of the security as against the debtor himself. Most registration rules reflect this approach, recognizing that registration is a requirement of perfection, not of attachment. Once again, the bill of sale is exceptional. Non-registration invalidates the security even as against the debtor himself.[33]

24.11 As will be seen, the range of third parties affected by registration, or entitled to disregard an unregistered interest, varies with the particular registration requirement.[34]

24.12 Particularly unsuitable as a perfection requirement in its present form is registration in the Companies Registry. The statutory requirements were designed to fulfil two entirely separate objectives: the provision of a company file giving prospective lenders and investors information as to the company's proprietors, management and general financial position; and the notification of a specific security interest so as to bind third parties acquiring rights over the assets given as security, and thereby preserve the secured creditor's priority. The former policy was pursued for many years principally through the imposition of a criminal penalty (in the form of a fine) for the failure to register a security interest.[35] But that policy has now been largely abandoned,[36] leaving as the sanction for a failure to register the invalidity of an unregistered interest as against subsequent secured creditors, the adminis-

---

[28] There are currently at least eleven different registers for different types of consensual security. Written chattel mortgages are required to be filed in the bills of sale register; certain charges by companies, in the Companies Registry; charges over registered land, in the Land Registry; agricultural charges, in a separate register in the Land Registry; charges over unregistered land not protected by deposit of the title deeds, in the Land Charges Registry; mortgages of ships, in the register of shipping mortgages; mortgages of aircraft, in the register of aircraft mortgages; and charges over assets of societies regulated by the Industrial and Provident Societies Acts, in the register maintained for that purpose. In addition, there are registers of patents, trade marks and designs, and registration in the appropriate register is required for a mortgage or charge over them.

[29] Discussed in relation to priorities, para **24.26**.

[30] See paras **24.12**, **24.33**, **24.44** and **24.50**.

[31] See paras **24.30**, n 109; **24.30**, n 110.

[32] Eg, charges by companies over land, which in addition to being registrable under the Land Registration Act 2002 or the Land Charges Act 1972 must also be registered in the Companies Registry. This is now subject to the power of the Secretary of State, contained in s 893 of the Companies Act 2006, to make provision for 'information-sharing arrangements', on which see below.

[33] Bills of Sale Act (1878) Amendment Act 1882, s 8.

[34] See para **24.57**.

[35] See Companies Act 2006, s 860(4), (5), now repealed.

[36] The criminal law has not been withdrawn entirely. So, for example, it is an offence for a company or every officer of the company who is in default not to give to the registrar notice of instruments creating charges of the place at which the documents are kept available for

24.12 *Principles of Perfection and Priorities*

trator and the liquidator and creditors in a winding up.[37] A further problem with the current system is that it is transaction-based: each charge from the same debtor has to be separately registered. This may work reasonably well for security as currently defined but would be extremely difficult if registration were to be extended to reservation of title agreements. A notice-filing system of the kind embodied in Article 9 of the Uniform Commercial Code is what is required.

24.13 While there have been many proposals for reform, progress to date has been both very limited and very slow. Section 893 of the Companies Act 2006 enables the Secretary of State to make provision for 'information-sharing arrangements' between the Companies Registry and other special registers so that, where the power to make such provision is exercised, the need for dual registration will be removed. However, as regards England and Wales no use has, as yet, been made of this power. The Law Commission has also been active in this area, issuing two consultation papers[38] and a final report.[39] The consultation papers were more radical than the final report but even the final report has not been implemented. The Law Commission recommended that registration should become a priority point, not merely a perfection requirement;[40] that transaction-filing be replaced by notice-filing, which would allow filing in advance of the grant of a security interest;[41] and that all charges should be registrable unless exempted.[42] The Companies Act 2006 did not attempt to implement these recommendations, although it did confer on the Secretary of State a limited power to alter, add or repeal provisions relating to company charges.[43] The latter power has been used in order to introduce new regulations which apply to all charges created after 6 April 2013.[44] However, the changes thus introduced are limited in scope. Firstly, the list of registrable interests has been replaced with a provision making all charges registrable, with limited exceptions. Secondly, as has been noted, the criminal sanction for non-registration has been abolished. Thirdly, a new scheme enabling registration to be done electronically has been introduced. However, the more substantial changes recommended by the Law Commission have not, as yet, been implemented.

---

inspection or not to have the documents available for inspection by a creditor or member of the company (without charge) or any other person (subject to payment of any prescribed fee): Companies Act 2006, s 859Q.

[37] Companies Act 2006, s 859H.
[38] *Registration of Security Interests: Company Charges and Property other than Land* (Consultation Paper No 164, July 2002) and *Company Security Interests: A Consultation Paper* (Consultation Paper No 176, August 2004).
[39] *Company Security Interests* (Law Com No 296. August 2005).
[40] *Company Security Interests*, n 39, paras 3.145 ff.
[41] Ibid. para 3.91.
[42] Ibid, para 3.16.
[43] Companies Act 2006, s 894.
[44] The Companies Act 2006 (Amendment of Pt 25) Regulations 2013 (SI 2013/600).

(iii) Notice to the debtor or fundholder

24.14 A special mode of perfection is available as regards security in a debt or other chose in action, namely notice to the party owing the debt or holding the fund. This is the well-known rule in *Dearle v Hall*.[45] For example, A, who is owed money by X, mortgages the debt to B as security for a loan and then fraudulently mortgages the same debt to C. If C gave value and is the first to give notice of his interest to X, he gets priority, even though his mortgage is last in time, provided that when he made his advance[46] he had no notice of B's mortgage. This mode of perfection encompasses two distinct but related ideas. The first is that in the case of a chose in action notice to the debtor is the nearest equivalent to taking possession. The debt is removed from the apparent possession of the original creditor and taken into the possession of the assignee. The second is that a prospective mortgagee or purchaser of the debt can, by inquiring of the debtor, ascertain whether the debtor has had notice of a prior assignment. The rule thus provides a method of searching for a previous disposition of the debt.

24.15 It is high time that the rule in *Dearle v Hall* was abolished.[47] No doubt it works well enough when a single debt is assigned, so that it is not unduly burdensome on the creditor to inquire of the debtor as to previous notices of assignment, but this procedure is quite impracticable when applied to a continuous flow of dealings in receivables involving a substantial number of debtors, and unnecessarily impairs the efficacy of transactions such as invoice discounting[48] and block discounting.[49] The rule is effectively displaced where the previous security or assignment is registrable and is duly registered, for the second assignee is then fixed with notice of the previous assignment,[50] and if registration were to be extended to cover all assignments of pure intangibles, whether outright or by way of security, *Dearle v Hall* would de facto become obsolete.[51] The rule is, in any event, inapplicable in cases where the debtor is under no duty to receive the notice of assignment, as where the agreement under which the debt arises prohibits assignment[52] or the chose in action is a

---

[45] See n 7. See J. de Lacy, 'Reflections on the Ambit of the Rule in *Dearle v Hall*' (1999) 28 Anglo-Am L Rev 87, 197.
[46] It is the date of the advance, not the date of the mortgage, that is relevant for this purpose. See *Bailey v Barnes* [1894] 1 Ch 25.
[47] See further M. Bridge, L. Gullifer, K. Low and G. McMeel, *The Law of Personal Property* (2nd edn, 2018), paras 30-107 ff.
[48] See para **29.22**.
[49] See para **27.26**.
[50] See para **24.30**.
[51] The present rules governing registrability of an assignment of a chose in action do not indicate any uniform policy. A charge on book debts by a company is registrable under s 859A of the Companies Act 2006, but the section does not apply to a sale of book debts. A general assignment of book debts to a sole trader or partnership firm is registrable as if it were a bill of sale, but this does not apply to an assignment of book debts due at the date of the assignment from specified debtors or of debts due under specified contracts, nor to an assignment of book debts included in a transfer of business made bona fide and for value or any assignment for the benefit of creditors generally (Insolvency Act 1986, s 344).
[52] See para **29.41**.

negotiable instrument[53] or corporate security;[54] nor is a person who has not yet become a debtor affected by notice of assignment of the future debt.[55]

(iv) Control

24.16 Two further forms of perfection, which are confined to pure intangibles, are based on the idea of control; that is, the replacement of the debtor by the creditor as the person entitled to give instructions for the disposal of the asset given in security.[56] Control is obtained either by novation or by attornment. A security interest in directly held investment securities is perfected by novation, through registration of the creditor as holder in place of the debtor.[57] A security interest in securities held through an account with a securities intermediary or in a bank deposit or other fund may be perfected either by novation — that is, transfer of the holding to an account in the name of the creditor — or by attornment, the intermediary, bank or other fundholder undertaking to act only on instructions from the creditor.[58] In the case of a deposit or other fund this mode of perfection is alternative to notice of assignment.

3. PRIORITIES: SOME GENERAL POINTS

(i) Types of priority conflict

24.17 A creditor taking a security interest will wish to satisfy himself on two points: that no prior interest subsists which will prevail over his security, and that his security will not be overridden by a subsequent disposition by the debtor. Hence any prospective secured creditor must look both backwards and forwards to safeguard his position. He looks backwards by search or inquiry,

---

[53] See S. J. Gleeson (ed), *Chalmers & Guest on Bills of Exchange and Cheques* (18th edn, 2017), para 5–067.
[54] See Companies Act 2006, s 126, which precludes a company from entering any notice of a trust on the register, and *Société Générale de Paris v Tramways Union Co Ltd* (1884) 14 QBD 424.
[55] *Re Dallas* [1904] 2 Ch 385; *Johnstone v Cox* (1881) 10 Ch D 17.
[56] The concept of control in English law is thus somewhat narrower than under §8–106 of the Uniform Commercial Code in the USA, where control of securities involves the taking of 'whatever steps are necessary, given the manner in which the securities are held, to place itself in a position where it can have the securities sold, without further action by the owner' (Official Comment, para 1). Under this formulation the secured creditor has control if he has the right to intervene in relation to the security, whether or not he has exercised that right, so that the debtor's own continued power of disposal is not considered inconsistent with control by the creditor. Under English law, by contrast, this would result in the security interest being characterized as a floating charge. See para **25.18**, n 57.
[57] Control by attornment is not legally possible in the case of shares, since s 126 of the Companies Act 2006 precludes the company from entering any notice of trust on the register or, indeed, from validly accepting such a notice (*Société Générale de Paris v Walker* (1885) 11 App Cas 20, per Earl of Selborne at 30–31).
[58] A mechanism commonly used in the case of investment securities is to transfer the debtor's holding to another account in his name but designated as a pledge or escrow account and under the control of the creditor or his escrow agent.

forwards by registering or otherwise perfecting his interest. Where the competing interest is a security interest only, the subordination of the creditor's rights is not necessarily fatal, for any surplus value after discharging the competing interest enures for his benefit. Where, on the other hand, the superior opposing interest is absolute, the question ceases to be one of mere priorities, since the security interest is extinguished altogether.[59]

(ii) Basic priority rules

24.18 The most important priority rules established at common law and in equity prior to 1925 have been set out in an earlier chapter.[60] They have not been fundamentally changed by the 1925 property legislation, though their significance has been reduced by the registration machinery which that legislation set up.[61] To recapitulate:

(a) a person cannot, in general, transfer a better title than he himself possesses, so that, in general, priority among competing interests is determined by the order of their creation;[62] but
(b) a legal estate or interest is preferred to an equitable interest; accordingly,
(c) while as between competing equitable interests the first in time prevails, if the holder of the second interest, having advanced his money without notice of the first, gets in the legal title, he obtains priority;
(d) the priority of successive assignees of a debt or other chose in action is determined by the order in which the assignments are made except that an assignee who takes without notice of an earlier assignment and is the first to give notice of assignment to the debtor has priority over the earlier assignee;
(e) both legal and equitable interests acquired for value and without notice prevail over mere equities; and
(f) one whose interest derives from the holder of an indefeasible title can shelter behind that title, even if taking with notice of an earlier title or if taking otherwise than for value, unless he committed or assisted in the wrongdoing by which that earlier title was lost.

24.19 These principles are supplemented by the following subsidiary, but nonetheless important, rules:

(a) Even the holder of a legal estate or interest will lose his priority where:
 (i) he has connived at or participated in a fraud as the result of which the later interest was acquired without notice of the prior legal title;[63] or

---

[59] See further, para **2.62**.
[60] See paras **2.61** ff.
[61] See paras **24.26–24.29**.
[62] See para **2.73**.
[63] *Peter v Russell* (1716) 1 Eq Cas Abr 321.

24.19 *Principles of Perfection and Priorities*

(ii) he has held out the debtor, or permitted the debtor to hold himself out, as the unencumbered owner of the asset or as authorized to deal with it free from the security interest;[64] or

(iii) he has by his gross negligence in failing to obtain or, possibly, to retain the title deeds enabled the debtor to deal with the asset as if it were not encumbered by the security interest.[65]

(b) The holder of a floating charge is postponed to the grantee of a subsequent fixed charge unless this is taken with notice of a negative pledge clause in the floating charge.[66]

(c) Normal priority rules may be displaced by agreement between the competing interests. So a first mortgagee may agree to have his interest subordinated to that of a second mortgagee. Such subordination agreements are not uncommon[67] and do not require the consent of the debtor.[68]

(d) There are special rules governing the ability of a secured party, after the grant of a subsequent encumbrance, to tack advances or further advances ranking in priority to the later encumbrance.[69]

(e) Discharge of a security interest automatically promotes junior security interests. So if Blackacre is mortgaged first to A, then to B, then to C, and the mortgage in favour of A is discharged,[70] B becomes the first mortgagee, C the second mortgagee.[71]

(iii) **Tacking of further advances**

24.20 The superiority of the legal estate gave rise to two recognized forms of 'tacking'. Tacking has been described judicially as 'the means by which a creditor, with a charge securing an original advance, is able to use the charge to secure a further advance and so obtain priority for the further advance over sums secured by any second or subsequent charge.'[72] Under the first form of

---

[64] *Brocklesby v Temperance Building Society* [1895] AC 173.
[65] *Walker v Linom* [1907] 2 Ch 104; *Oliver v Hinton* [1899] 2 Ch 264. This last exception is a rule of equity only, to resolve competing claims between the holder of a legal title and the holder of a subsequent equitable interest. At law, the owner of property owes no duty to be careful in preventing fraudulent dealings by another. Despite authority to the contrary there seems no logical reason to distinguish negligent failure to retain the deeds from negligent failure to obtain them in the first place.
[66] See paras **25.25–25.28**.
[67] See para **22.48**.
[68] *Cheah Theam Swee v Equiticorp Finance Group Ltd* [1992] 1 AC 472.
[69] See below.
[70] Discharge must be distinguished from assignment. If A transfers his mortgage to C, C steps into A's shoes as first mortgagee.
[71] To English lawyers this rule of promotion seems axiomatic. German law, however, views the matter quite differently. The junior encumbrancer has no right to promotion, for he did not bargain for it and does not deserve it. The rate of interest he charges will have been fixed after taking account of his subordinate status. Hence German law provides that if the debtor discharges the mortgage in favour of A, the debtor himself can register a security interest (*Grundschuld*) over his own property, having the rank of the discharged mortgage. This is not, of course, an interest which the debtor can assert against his own unsecured creditors but it enables him to transfer the *Grundschuld* as a first charge if he wishes to obtain further funds. See E. J. Cohn, *Manual of German Law* (2nd edn, 1968), paras 379, 461 and F. Baur and R. Stürner, *Sachenrecht* (18th edn, 2009), § 46 I paras 7 ff.
[72] *Re Black Ant Co Ltd (in administration)* [2016] EWCA Civ 30, [1].

tacking, a legal mortgagee[73] making a further advance without notice that the debtor had granted a second mortgage was entitled to tack that further advance to his original loan, in priority to the later mortgage. But under the rule in *Hopkinson v Rolt*[74] tacking was not permitted without the consent of the second mortgagee as regards an advance made after notice of the second mortgage, even if the prior legal mortgagee was contractually obliged to make the further advance. However, if the first mortgage, as is common, includes a negative pledge clause[75] then the mortgagor will be in breach of that clause by granting a second mortgage without the consent of the first mortgagee, and this is likely to have the effect of giving the first mortgagee the right to refuse to make further advances even where it would otherwise be obliged to do so.[76] In relation to voluntary further advances this restriction on tacking was sound, for otherwise, as was pointed out in *Hopkinson v Rolt*, the first mortgagee would secure a complete monopoly of the debtor's financing, even where not obliged to make further advances. Under the second form of tacking, if a legal mortgage was granted to A, followed by a mortgage to B and a mortgage to C, C could, by buying out A's interest, squeeze out B. In other words, C could use A's legal estate as a *tabula in naufragio* on which to latch C's mortgage advance and thus promote this over B's head.

24.21 Section 94 of the Law of Property Act 1925 (which apparently applies to personalty as well as to realty) abolished this form of the *tabula in naufragio*[77] and modified the rule in *Hopkinson v Rolt*.[78] The effect of the statutory changes is that any mortgagee, whether legal or equitable,[79] can make further advances ranking in priority to a subsequent mortgage (whether legal or equitable):

(a) if an arrangement has been made to that effect with the subsequent mortgagee; or
(b) if he had no notice of the subsequent mortgage at the time he made the further advance; or
(c) whether or not he had such notice, where the mortgage imposes on him the obligation to make such further advances.[80]

24.22 The above provisions apply even if the mortgage is not expressly taken to secure further advances, but in this case registration of the subsequent mortgage constitutes actual notice to the prior encumbrancer[81] and puts an

---

[73] But not an equitable mortgagee.
[74] (1861) 9 HL Cas 514.
[75] See J. Porteous and L. Shackleton, 'A Question of Great Importance to Bankers, and to the Mercantile Interest of the Country' (2012) 7 JIBFL 403.
[76] R. Calnan, *Taking Security, Law and Practice* (4th edn, 2018), para 8.229.
[77] It did not, however, abolish the rule by which the holder of an equitable interest, having advanced for value and without notice of a prior equitable interest, can secure priority by getting in the legal title. See *Bailey v Barnes*, n 46.
[78] See further L. Gullifer, *Goode and Gullifer on Legal Problems of Credit and Security* (6th edn, 2017), paras 5-17 – 5-24.
[79] In contrast with the previous position. See above.
[80] A typical case is the construction mortgage, where the lender financing the construction of a building undertakes to advance stage payments as the building proceeds.
[81] Law of Property Act 1925, s 198; Land Charges Act 1972, s 18(5).

end to his right to tack. Where, however, the prior mortgage is made expressly for securing a current account or other further advances, the prior mortgagee is not fixed with notice of a subsequent mortgage merely by reason of its registration.[82] Section 94 does not apply to registered land, but a somewhat similar set of rules is provided by s 49(1) of the Land Registration Act 2002, which does, however, introduce the somewhat surprising modification that where the mortgage is taken to secure sums up to a stated maximum, the mortgagee may tack further advances to the extent that the maximum is not exceeded,[83] even if the mortgagee has notice of the later mortgage and is under no obligation to make the further advance.

(iv) Initial advance made after notice of second mortgage

24.23 Section 94 of the Law of Property Act and s 49 of the Land Registration Act are concerned only with the tacking of further advances,[84] not with priorities as to the first mortgagee's initial advance. But the policy underlying *Hopkinson v Rolt* would appear to apply with equal force to the initial advance,[85] for it would be unfair to the second mortgagee (M2) to subordinate his interest to that of the first mortgagee (M1) as regards even an initial advance made after notice of the second mortgage. So in relation to such an advance M1 is bound by the rule in *Hopkinson v Rolt* but without the benefit of the statutory exceptions. The rule in *Hopkinson v Rolt* seems harsh on M1 in not allowing priority even for advances made pursuant to a binding commitment to the mortgagor, and this aspect of the rule could usefully be reviewed by the Supreme Court. It would also be reasonable for the common law to follow by analogy the statutory rule as to actual notice, for where the mortgagor is given a current account facility, M1 can no more control the

---

[82] Law of Property Act 1925, s 94(2). Without this dispensation, a bank would have to make a search every time a cheque drawn by its customer was presented for payment. *Quaere* whether, in the case of a company debtor, the protection given by s 94(2) is destroyed by the entirely separate constructive notice arising from registration of the second mortgage in the Companies Registry under ss 859A and 859H of the Companies Act. It is thought that the court would not apply the doctrine of constructive notice in this situation, for no banker or other person making advances on a current account could reasonably be expected to search the register *de die in diem*.

[83] Land Registration Act 2002, s 49(4).

[84] The meaning of 'further advance' was considered by the Court of Appeal in *Re Black Ant Co Ltd (in administration)* [2016] EWCA Civ 30 where it was held that the extension of an existing facility including accrued interest and costs did not amount to 'further advances' but was rather a restatement, with minor variations, of the original facility letter. An advance was stated to be a payment of money on terms that it will be repaid and that 'continuing or leaving outstanding an existing loan facility is not the making of a new or further advance' (at [22]). The Court of Appeal (at [27]) left open the question whether a liability for further fees payable on the renewal of the facility (and which fees were not payable under the terms of the original facility letter) constituted a further advance. If the liability to pay these fees did not arise under the terms of the original facility letter, it would appear that they should be held to amount to a 'further advance' even if the liability to pay these fees is not extensive.

[85] Though that case concerned the tacking of further advances, it is clear from the speeches that no distinction is to be drawn between a further advance made after notice of the second mortgage and a first advance so made.

timing of the first drawing on the account than he can control the timing of subsequent drawings.

24.24 Once M2 has given notice of his second mortgage to M1, he secures priority for all subsequent advances he makes to the debtor, whether before or after fresh advances by M1.[86] It follows that if at the time of receipt of such notice M1 has not yet made any advance, the ranking of the two mortgages is effectively reversed and M1 becomes the junior encumbrancer, under the rule in *Hopkinson v Rolt*. The only way in which M1 can halt M2's continuing priority, short of agreement between them, is by taking a third mortgage and giving notice of it to M2, who will then be postponed to M1 as regards advances by M2 subsequent to such notice. M1 and M2 can go on playing such games indefinitely, with an endless series of further mortgages. In practice, they would get together and conclude a priority agreement.

24.25 Where M1, having taken a charge to secure a current account, receives notice of M2's second charge, he should immediately rule off the debtor's account and open a new account to record new moneys received from or for the debtor. This is necessitated by the all-pervasive impact of the rule in *Clayton's Case* previously referred to.[87] If the existing account is not ruled off or *Clayton's Case* excluded in some other manner,[88] sums received into the account after notice of the second mortgage will go to reduce the earliest indebtedness first, that is, the indebtedness ranking in priority to M2's mortgage, while as regards new drawings, M1 will be subordinated to M2. The crediting of fresh moneys to a new account ensures that there is no reduction in the debit balance existing on the debtor's account with M1 at the time M2 gave notice of the second charge.

4. REGISTRATION REQUIREMENTS AND THEIR IMPACT ON PRIORITIES

(i) Under the 1925 property legislation

24.26 The 1925 property statutes made no fundamental alterations to the priority rules. What they did was to provide a system of registration of mortgages and charges of unregistered land[89] not protected by deposit of the

---

[86] Except where M1 is allowed to tack by virtue of an obligation to make the fresh advances in question.
[87] See para **23.27**.
[88] Eg, by a contrary appropriation made in pursuance of a power conferred by the agreement or in the absence of an appropriation by the debtor himself.
[89] Ie, land the *title* to which is unregistered. There remains a fundamental division between registered land and unregistered land conveyancing, the former being governed primarily by the Land Registration Act 2002, the latter by the Law of Property Act 1925. Since 1 December 1990 all conveyances on sale must be registered in the Land Registry under the Land Registration Act 1925, so that unregistered titles will gradually disappear. An unexpected by-product of the registration system for charges over unregistered land was to elevate the status of a contract for purely contingent security over land, so that such a contract, though not itself creating an equitable security, is registrable as an estate contract, and, if so registered,

24.26 *Principles of Perfection and Priorities*

title deeds,[90] making registration equivalent to actual notice.[91] The result, however, is largely to obliterate the previously superior status of the legal title, for where registrable but unregistered, this will be postponed to a subsequent limited interest and overridden by a subsequent absolute interest,[92] while registration of an equitable interest constitutes notice to the world and thus prevents that interest from becoming overreached by a later transfer of the legal title. The distinction between legal and equitable estates and interests is now of little significance in a priority situation,[93] save in the few cases where registration of a non-possessory security interest[94] is not available, eg on a mortgage or charge of an equitable interest in land.[95]

24.27 Whether registration constitutes a priority point or is merely a perfection requirement has never been conclusively settled. The doubt arises because of a conflict between s 97 of the Law of Property Act 1925 and what is now s 4(5) of the Land Charges Act 1972.[96] The former provides priority in the order of registration; the latter preserves the common law rule of priority by date of creation of the interest, subject to displacement of the earlier interest if this is not registered before creation of the later interest. The preponderant opinion is that s 4(5) prevails.[97]

24.28 Failure to register a registrable security interest has the result that the secured creditor is postponed to a subsequent encumbrancer and loses out altogether to an outright purchaser. This is so even if the subsequent encumbrancer or purchaser was aware of the prior unregistered security.[98] This may seem odd but has a sound policy base, in that it avoids factual disputes, endemic in the pre-1925 law, as to whether the later party did or did not have notice. This principle of conclusiveness of the register applies also in the other registration systems to which reference has previously been made,

---

gives priority over a later encumbrancer to any security subsequently executed pursuant to the agreement. See *Williams v Burlington Investments Ltd* (1977) 121 Sol Jo 424, and para **23.10**, n 29.

[90] If possession of the title deeds is taken, registration is not available, being considered unnecessary in that a third party dealing with the debtor is put on inquiry by the absence of the deeds. But the protection given by possession of the title deeds is not absolute. If the third party is given a reasonable explanation for the absence of the deeds and takes a legal title for value and without notice, he will obtain priority, the pre-1925 rules continuing to apply. See, for example, *Hewitt v Loosemore* (1851) 9 Hare 449.
[91] Law of Property Act 1925, s 198; Land Charges Act 1972, s 18(5).
[92] See below.
[93] However, the holder of an equitable interest may need the assistance of the court to perfect his remedy against the debtor himself, eg where he wishes to sell.
[94] In this context, a mortgage or charge not protected by deposit of the title deeds.
[95] Priority as between such charges remains governed by the rule in *Dearle v Hall*; see n 7.
[96] Previously s 13(2) of the Land Charges Act 1925.
[97] There is an extensive literature on this question, which has not, however, been the subject of a single reported case. See the discussion in S. Bridge, E. Cooke and M. Dixon (eds), *Megarry and Wade, Law of Real Property* (9th edn, 2019), paras 25-032 ff; E. H. Burn and J. Cartwright, *Cheshire and Burn's Modern Law of Real Property* (18th edn, 2011), pp 883 ff.
[98] Law of Property Act 1925, s 199(1)(i); *Coventry Permanent Economic Building Society v Jones* [1951] 1 All ER 901.

Registration Requirements and Their Impact on Priorities 24.30

including registration of charges under the Companies Act 2006 (albeit that the extent to which registration is treated as conclusive has been reduced under the reforms introduced in 2013).[99]

24.29 Similar principles govern security interests in registered land, but the position is here more complex, in that the registered/unregistered classification cuts across the traditional legal/equitable dichotomy.[100]

(ii) Under the Companies Act 2006[101]

1. The registration requirement

24.30 Section 860(7) of the Companies Act 2006, which has now been repealed, created a list of security interests requiring registration in the Companies Registry. The list consisted of the following:

(a) a charge on land[102] or any interest in it, but not including a charge for any rent or other periodical sum issuing out of the land;

(b) a charge created or evidenced by an instrument which, if executed by an individual, would require registration as a bill of sale. This head covered written chattel mortgages, but only so far as not exempted from the Bills of Sale Acts. So registration was not required under this head for a mortgage or charge on goods which was not in writing[103] or which covered identified goods to be imported,[104] nor for a charge on a chose in action;[105]

(c) a charge for the purpose of securing any issue of debentures;[106]

(d) a charge on uncalled share capital of the company;

(e) a charge on calls made but not paid;

---

[99] See paras 24.36–24.38.

[100] The standard work is M. Dixon, P. Milne, S. Hill Wheeler, D. Cavill, P. Timothy and D. Rees (eds), *Ruoff and Roper on the Law and Practice of Registered Conveyancing* (looseleaf).

[101] See generally M. Bridge, L. Gullifer, K. Low and G. McMeel, n 47, paras 15-110 – 15-119.

[102] This was also required to be protected, in the case of unregistered land, by deposit of the title deeds or registration as a land charge under the Land Charges Act 1972 or, in the case of registered land, in one of the ways prescribed by the Land Registration Act 1925.

[103] Eg an oral mortgage or a charge created by deposit of documents of title without an instrument of charge. This was because the Bills of Sale Acts bite on documents, not transactions. However, a floating charge was registrable under head (h) and a charge on a ship or aircraft under head (i).

[104] Exempt from the Bills of Sale Acts by s 1 of the Bills of Sale Act 1890 as amended by s 1 of the Bills of Sale Act 1891. As to 'identified', see *Slavenburg's Bank N V v Intercontinental Natural Resources Ltd* [1980] 1 All ER 955, citing with approval 4 *Halsbury's Laws of England* (4th edn, 1974), para 636, n 1. (See now *Halsbury's Laws of England* (5th edn, 2015), vol 49, 'Financial Instruments and Transactions', para 444.) For other exceptions to the Bills of Sale Acts, see *Halsbury's Laws of England* (5th edn, 2015), vol 49, paras 467 ff.

[105] To which the Bills of Sale Acts do not apply. But a charge on book debts was registrable under head (g) and a floating charge on receivables (or on any other asset) under head (h).

[106] 'Issue' implies a series of debentures, as opposed to a single debenture or two or more debentures issued separately. As to the permitted procedure for registration of a series of debentures, see now Companies Act 2006, s 859B (previously s 863(1)).

24.30 *Principles of Perfection and Priorities*

(f) a charge on book debts of the company;[107]
(g) a floating charge on the company's undertaking or property;[108]
(h) a charge on a ship[109] or aircraft[110] or any share in a ship; and
(i) a charge on goodwill or on any intellectual property.[111]

24.31 The reforms introduced in April 2013[112] (and which took effect from 6 April 2013) dispensed with this list in favour of a general requirement that all charges created by a company be registered,[113] subject to a limited number of exceptions to which we shall shortly turn. The aim in dispensing with the prescribed list is to avoid the disputes which arose in relation to the list in terms of deciding whether certain commercial transactions were within the list, and hence required registration, or not. But the aim of reducing uncertainty will only be achieved if there is clarity as to what constitutes a 'charge' which has been 'created' by a company. No definition of a 'charge' has been provided in the new legislation except to say that it includes 'a mortgage'.[114] In the absence of more detailed statutory guidance it will be necessary to refer back to case law for more details on the scope of the term.[115] On this basis, a 'charge' should not for this purpose include possessory securities,[116] such as a pledge or a lien,[117] nor should it catch a simple retention of title clause or a sale

---

[107] As to what constitutes a book debt, see *Shipley v Marshall* (1863) 14 CBNS 566; *Independent Automatic Sales Ltd v Knowles and Foster* [1962] 3 All ER 27; *Paul & Frank Ltd v Discount Bank (Overseas) Ltd* [1967] Ch 348; and W. J. Gough, *Company Charges* (2nd edn, 1996), ch 26.
[108] See ch 25.
[109] A mortgage of a registered ship must also be registered in the ship's port of registry under Sch 1 to the Merchant Shipping Act 1995 if it is to retain priority over a subsequent mortgage, but failure to register does not affect any status of the mortgage as a legal mortgage (*The Shizelle* [1992] 2 Lloyd's Rep 444).
[110] A mortgage of a registered aircraft must also be registered in the register of aircraft mortgages under the Mortgaging of Aircraft Order 1972 (SI 1972/1268) if it is to retain priority over a subsequent mortgage but failure to register does not affect its status as a legal mortgage.
[111] This was defined in the now repealed s 861(4) of the Companies Act 2006 as a patent, trade mark, registered design, copyright or design right and any licence under or in respect of any such right. To preserve priority it is also necessary to register with the Patent Office a charge over a patent (Patents Act 1977, s 33(1)(a), (3)(b)), a trade mark (Trade Marks Act 1994, s 25(3)) and a registered design (Registered Designs Act 1949, s 19(1)).
[112] The Companies Act 2006 (Amendment of Pt 25) Regulations 2013 (SI 2013/600). For a summary of changes under the 2013 Regulations, see 'Registering Company Charges at Companies House: A New Era' (2013) 5 JIBFL 326 and P. Graham, 'Registration of Company Charges' [2014] JBL 175.
[113] Companies Act 2006, s 859A(1). Section 859B makes similar provision for the case where a company creates a series of debentures containing a charge or giving a charge by reference to another instrument and the debenture holders of that series are entitled to the benefit of the charge *pari passu*.
[114] Section 859A(7).
[115] See paras **22.24** ff.
[116] The exclusion of possessory securities from the registration requirement may not be without exception. While possession of the asset is generally sufficient notice to a third party (so that registration can be said to be an unnecessary requirement) this is not so in all cases, for example where pledged goods are released to the pledgor under a trust receipt: see *Goode and Gullifer on Legal Problems of Credit and Security*, para 2-20.
[117] A point made clear in one of the early drafts of the legislation which excluded 'a pledge or lien of or over property', but the exclusion was not retained in the final version of the legislation.

Registration Requirements and Their Impact on Priorities **24.33**

of book debts.[118] On the other hand, an unconditional agreement to execute a charge constitutes a charge,[119] while an agreement to give a charge at a later date if called upon by the creditor to do so does not constitute an existing charge[120] and is thus not registrable under s 859A. Finally, the charge must be 'created' by the company and so the definition does not include a right which arises as a result of the operation of a rule of law, such as an equitable right to trace property or its proceeds or a vendor's lien.

24.32 Although the new statutory regime is broad, it is not without its limits. Three express exclusions are to be found in the legislation, namely:

(a) charges in favour of a landlord on a cash deposit given as security in connection with the lease of land;[121]
(b) charges created by Lloyds' members to secure obligations in connection with their underwriting business at Lloyd's;[122] and
(c) a charge excluded from the application of the section by or under any other Act.[123]

It has been pointed out that these exceptions 'cannot be rationalised under one principle.'[124] The first two are pragmatic exceptions designed to cater for particular fact situations where it was believed to be undesirable to impose a registration requirement. The third exception is broader and reflects a desire to avoid legislative incoherence by imposing a registration requirement which would be inconsistent with another legislative provision. So, for example, this exception would extend to security interests which are security financial collateral arrangements within the meaning of regulations 3 and 4 of the Financial Collateral Arrangements (No.2) Regulations 2003,[125] and security interests created by the Bank of England, the European Central Bank or the central bank of a country outside of the UK.[126]

2. *The registration process*

24.33 As has been noted, it is no longer a criminal offence for a company to fail to register a charge. In that sense it can be said that it is no longer

---

There is an express exclusion of 'a pledge' in s 859A(7)(b) but the sub-section would appear to be drafted with the law of Scotland in mind, not English law.
[118] See paras **22.33–22.36**.
[119] See para **22.24**.
[120] *Williams v Burlington Investments Ltd*, n 89; *Re Gregory Love & Co* [1916] 1 Ch 203. However, a creditor who deliberately refrains from asking for execution of the charge in order to avoid damaging the debtor's credit by reason of registration runs the risk of having the charge struck down as a preference if taken from the debtor when insolvent and during the six months (or, in the case of a chargee connected with a company debtor, two years) prior to bankruptcy or winding up (*Re Jackson & Bassford Ltd* [1906] 2 Ch 467; *Re Eric Holmes (Property) Ltd* [1965] Ch 1052; and see para **31.44** as to preferences).
[121] Section 859A(6)(a).
[122] Section 859A(6)(b).
[123] Section 859A(c).
[124] *Goode and Gullifer on Legal Problems of Credit and Security*, para 2-19.
[125] SI 2003/3226.
[126] Banking Act 2009, s 252.

767

obligatory to register a charge. But serious consequences flow from a failure to register the charge (in the sense that a failure to register the charge has the consequence that it is void as against the liquidator, administrator or any creditor of the company). So there remains a strong practical imperative to register.[127] In order to register a charge, the company must deliver to the registrar a statement of particulars relating to the charge,[128] which must be registered by the registrar if it is delivered to him 'before the end of the period allowed for delivery.'[129] The period allowed for delivery is 21 days beginning with the day after the creation of the charge[130] unless an order has been made allowing an extended period of time for registration.[131] A company which acquires property which is subject to a charge of a kind which would have been registrable as a charge under the Companies Act 2006, s 859A if it had been created by the company after its acquisition must register the charge within 21 days after the date on which the acquisition was completed.[132]

24.34 The statement of particulars to be sent to the registrar must include the registered name and number of the company, the date of creation of the charge and, in the case where the charge is not created or evidenced by an instrument, a statement to that effect, the names of each of the persons in whose favour the charge has been created, the nature of the charge, a short description of the property or undertaking charged and the obligations secured by the charge.[133] In the case where the charge is created or evidenced by an instrument, a certified copy of the instrument must be delivered to the registrar at the time of registration[134] and, in addition to the registered name and number of the company and the date of creation of the charge, the registrar must be informed of the names of the persons in whose favour the charge has been created, whether the charge is fixed or floating, the property over which the charge has been created,[135] and any terms of the charge which prohibit or restrict the company from creating further security that will rank equally with or ahead of the charge.[136] The inclusion of negative pledge clauses in the statement of particulars which must be registered is an important change in so far as it puts

---

[127] An exception may be charges which operate over a short period of time where the conclusion might be reached that it is not worth incurring the cost of going through the registration process given the low risk of the chargor's insolvency.
[128] Companies Act 2006, s 859D.
[129] Section 859A(2).
[130] The rules to be applied when determining the date of creation of the charge are to be found in the Companies Act 2006, s 859E. In essence, where the instrument is a deed, the date of creation is the date of delivery unless it is held in escrow, when the relevant date is the date of delivery into escrow. Where the instrument is not a deed, the date of creation is the date of execution where the instrument has immediate effect on execution, and the date on which it takes effect where it does not have immediate effect on execution.
[131] Under the Companies Act 2006, s 859F, on which see further para **24.54**.
[132] Section 859C.
[133] Section 859D(1) and (3).
[134] Section 859A(3).
[135] Where the charge is floating, it is necessary to state whether the charge covers all the property and undertaking of the company and, in the case of fixed charges, a short description must be given of any land, ship, aircraft or intellectual property that is registered or required to be registered in the UK.
[136] Section 859D(1) and (2).

on the face of the register the existence of such clauses as a matter of obligation (and not as a voluntary inclusion as was the case prior to 6 April 2013). The certificate submitted to the registrar may be redacted to remove personal information relating to an individual (other than his name), the number or other identifier of a bank or securities account of a company or an individual, or a signature.[137] Other information which may be added to the register includes a statement that the company is acting as trustee of the property or undertaking which is the subject of the charge,[138] notification of an addition to or an amendment of a charge which adds a negative pledge clause or varies the ranking of a charge in relation to any other charge,[139] notice of enforcement of the charge by the appointment of a receiver or manager, and notice that a person has ceased to act as a receiver or manager.[140]

24.35 Once the registrar has been supplied with the prescribed information within the required timeframe, the registrar 'must' register the charge.[141] The registrar is not given a discretion to decline to register the charge. Where the charge is so registered, the registrar must allocate to the charge a unique 12 digit reference code and insert a notice in the register which records that code.[142] On receipt of the relevant documentation the registrar must give a certificate of the registration of the charge to the person who provided the registrar with the statement of particulars and that certificate must state the registered name and number of the company in respect of which the charge was registered and the unique reference allocated to the charge which can then be used by anyone wishing to search the register.[143] The registrar must also include on the register a statement that a debt for which a charge has been given has been paid or satisfied in whole or in part, or all or some of the property or undertaking charged has been released from the charge or has ceased to form part of the company's property or undertaking.[144] While companies are no longer required to maintain a register of charges,[145] they must keep copies of instruments creating and amending charges available for inspection.[146]

3. The effect of registration

24.36 The certificate of registration issued by the registrar is 'conclusive evidence' that the documents required to be delivered were delivered to the registrar before the end of the period allowed for delivery.[147] This is a more narrowly drawn provision than its predecessor which provided that the

---

[137] Section 859G.
[138] Section 859J.
[139] Section 859O.
[140] Section 859K.
[141] Section 859A(2).
[142] Section 859I(2)(a).
[143] Section 859I(4).
[144] Section 859L.
[145] As was the case under s 876 of the Companies Act 2006, now repealed.
[146] Sections 859P and 859Q.
[147] Section 859I(6).

24.36 *Principles of Perfection and Priorities*

certificate was conclusive evidence that the registration requirements of the Act had been satisfied.[148] The latter provision suggests that the certificate is conclusive even if the certificate itself contained errors, whereas the former seems to suggest that the certificate is conclusive as to the timely delivery of the information, but not necessarily in relation to the information to be found in the certificate itself.

24.37 The conclusive nature of the certificate under the pre-2013 law gave rise to difficulties in the case where incorrect information was included on the register, or information which should have been included was omitted. In so far as the point was considered under the previous law, the context for that consideration was one in which the issue before the court was whether the omission vitiated the registration, a point readily disposed of by reference to the conclusive nature of the registrar's certificate of registration. So, for example, in *National Provincial and Union Bank of England v Charnley*,[149] a company granted to its bank in the same instrument a mortgage over its leasehold premises and an equitable charge over its movable plant,[150] but the filed particulars omitted reference to the plant. It was held that the charge on the plant was nevertheless valid against an execution creditor, since registration had been duly effected. Notice was here irrelevant, for a charge on chattels binds an execution creditor, whether or not he has notice of it. But suppose that, on the facts of *Charnley*, the claimant had acquired title to plant within the bank's equitable charge,[151] whether by purchase from the company or by taking a legal mortgage for value. In such a case he could surely have claimed that despite the validity of the registration of the bank's charge he had obtained priority, under the normal rule that a bona fide purchaser of the legal title for value and without notice has priority over a previous equitable encumbrance.[152]

24.38 The conclusive nature of the certificate is therefore of importance in relation to the validity of the registration and, potentially, in relation to priority as between competing claimants. In relation to the validity of the registration, the response of the courts to a challenge under the 2013 reforms may well be the same as that adopted under *Charnley*, namely that the court will conclude that the registration is valid notwithstanding the fact that the conclusive evidence provision is more narrowly drawn. To the extent that there is an error in the documentation, the more obvious remedy is rectification[153] rather than invalidity. In relation to the priority between competing claims, much may depend on the nature of the error that has been made in relation to the statement of particulars or the certificate creating or evidencing the charge. Where the error takes the form of an omission, the position of the third party

---

[148] Section 869(6)(b), now repealed.
[149] [1924] 1 KB 431.
[150] The instrument was framed as a 'demise' of the plant but, as it covered further chattels brought on the premises, the court treated it as creating an equitable floating charge in relation to the further assets.
[151] Ie, plant acquired after the date of that charge.
[152] See para **24.18**.
[153] See para **24.39**.

who consults the register would appear to be a strong one because it cannot be put on notice of material which was not included on the register. More difficult is the case where there is an inconsistency between the statement of particulars and the certified copy of the instrument creating or evidencing the charge. In such a case, at least where the third party has either examined the statement of particulars and the certified copy of the instrument or is held to have constructive notice both of the existence of the charge and its terms, it may be that it is the third party who will be held to have taken the risk given that the third party could with due diligence have identified the inconsistency.

24.39 It may also be possible, in an appropriate case, to rectify the error or omission on the register. Where a court is satisfied that there has been an omission or mis-statement in any statement or notice delivered to the registrar, that the omission or mis-statement was accidental or due to inadvertence or some other sufficient cause or is not of such a nature as to prejudice the position of creditors or shareholders of the company, then it has a discretion to order that the omission or mis-statement be rectified on such terms and conditions as seem to the court to be just and expedient.[154] Even more broadly, the court also enjoys a discretion to order rectification on the ground that it is 'just and equitable to grant relief.'[155]

24.40 Registration of the security interest is merely a perfection requirement. It does not validate an ineffective security, nor does it constitute a priority point. Provided that the interest is registered within 21 days, it has priority according to the date of its creation, and thus prevails over a later interest registered first, despite the fact that the grantee of the latter interest had no means of discovering from the register the existence of the prior charge.[156]

24.41 Conversely, registration does not guarantee priority; it merely serves negatively to prevent avoidance of the security as against a subsequent encumbrancer.[157] Whether a security interest perfected by registration has priority in any given conflict is to be determined by the normal priority rules established at common law and by any special rules prescribed by other legislation for the particular type of asset in question.[158]

24.42 Since notice of the security interest is usually a relevant factor under any priority rule, the first question to consider is the extent to which registration of a charge given by a company constitutes notice of the existence of the charge and of the documents which have been delivered to the registrar. This apparently straightforward sentence has within it a number of potentially difficult issues. First, what is meant by notice? Second, to whom is notice thereby given? Third, of what is it that the person is given notice? These questions, which are to some extent inter-related, gave rise to considerable

---

[154] Section 859M(1)–(3).
[155] Section 859M(2)(b).
[156] So the security obtained by a clear search is by no means as complete as is commonly supposed.
[157] See para **24.50**.
[158] As to land, see para **24.26**; as to ships and aircraft, see para **24.57**.

24.42 Principles of Perfection and Priorities

difficulty in the law prior to the changes enacted in 2013,[159] and in many ways it is surprising that the opportunity was not taken to provide answers to them. Nevertheless, it is the case that answers have not been provided and, to the extent that they have not, the quest for greater simplicity and clarity in the law has been put at risk.

24.43 (a) WHAT CONSTITUTES NOTICE? Notice may take one of two principal forms. The first and most straightforward case is where a person has actual notice; that is to say, they have looked at the register and discovered the existence of the charge created by the company and of the documents delivered to the registrar. In such a case it is clear that the individual has notice of the existence of the charge and of the documents consulted. More difficult is the case where the individual does not have actual notice of the existence of the charge but a reasonable person in the position of the individual would have discovered the existence of the charge. Another case which could fall into this category is where the individual did consult the register but did not read or pay any attention to a particular document, perhaps because they did not take time to read the entirety of the material available for inspection. In such a case should the individual be fixed with notice of the material which they did not read? This is generally referred to as 'constructive notice' and it has been a source of some controversy as to whether this form of notice has any role to play in this area of the law.

24.44 Given the controversy that existed under the previous law, it is particularly surprising that no attempt was made to address the issue of the role of constructive notice in the 2013 reforms. An early draft of the legislation contained a provision dealing with constructive notice[160] but it did not survive into the final text. It has been suggested that, whatever may have been the position under the old law, the fact that it is no longer a criminal offence to fail to register a charge should incline the courts to be less willing to fix an individual with notice of information which he does not have. If it is not mandatory to register the charge, why should it be mandatory to check the register? This argument probably goes too far. The fact that Parliament has decided that it should no longer be a criminal offence to fail to register a charge does not carry with it the inevitable implication that individuals are relieved of any obligation to consult the register. Nevertheless, as we shall see, the de-criminalisation of the registration requirement may have an impact on the range of people who might be expected to consult the register and the information of which they may be deemed to have notice.

24.45 (b) TO WHOM IS REGISTRATION NOTICE? The issue of the relevance, if any, of constructive notice is also linked to the question of the

---

[159] For the details of the old law see the fourth edition of this book, pp 705–709.
[160] An early draft included in square brackets what would have been s 859R, subsection (1) of which provided that a person taking a charge over a company's property shall be taken to have notice of any matter requiring registration and disclosed on the register at the time the charge is created. Subsection (2) continued that, otherwise, a person shall not be taken to have notice of any matter by reason of its being disclosed on the register or by reason of his having failed to search the register in the course of making such inquiries as ought reasonably to be made. This provision obviously did not make its way into the legislation as enacted but it is difficult to determine what inference should be drawn from its non-inclusion.

range of people to whom registration is deemed to be notice. The equitable doctrine of constructive notice was pushed to its limits, if not beyond them, in the nineteenth century, and towards the end of that century the courts were beginning to react against its excesses. In several cases we find judges saying that the constructive notice doctrine ought not to be extended, and in particular that it should not be applied in relation to chattels or commercial transactions.[161] But these statements must be read in the context of the facts of the particular case before the court. It is, indeed, important that commercial dealings in goods and receivables should not be equated with dealings in land, for there is not the time to pursue the types of inquiry that are commonly pursued in land transactions, and commercial dealings would be seriously hampered if subject to the full rigour of the doctrine of constructive notice. There is, however, a distinction to be drawn between traders and consumers buying goods sold in the ordinary course of business and creditors taking security for advances. A buyer in the ordinary course of business cannot reasonably be expected to search against his seller in the Companies Registry before consummating his purchase, and he does not, by reason only of registration of a security interest, have constructive notice of that interest.[162] On the other hand, there is no reason why a bank or other financier taking commercial security over the movable plant and other chattels of an enterprise should not be expected to search for prior charges. To try to define the limits of the constructive notice doctrine by reference to types of asset or classes of transaction is an exercise in futility. The court must be free to adopt a flexible approach, and consider the circumstances of the particular facts before it. With respect to the effect of registration we would reformulate the principle as follows: *registration fixes a party with notice if and only if the dealing between him and the debtor with respect to the asset is of such a kind that it would be reasonable to expect the party in question to search*. So registration of a charge in the Companies Registry will not by itself constitute constructive notice to a buyer in the ordinary course of business and the same may be true of a bank which, having taken a prior charge to secure a current account, continues to make advances after registration of the later charge. As yet, there is no authority on the question of whether this approach should be applied to the changes made in 2013 but it is suggested that there is no reason not to apply them and, indeed, it can be said that there is every reason to do so.

24.46 (c) OF WHAT FACTS DOES REGISTRATION CONSTITUTE NOTICE? This was a particular difficulty in the pre-2013 law. The generally accepted view was that registration constituted notice of the existence of the charge but not notice of the contents of the charge instrument,[163] although this was not a view which was universally shared. This issue proved to be of

---

[161] *Manchester Trust v Furness* [1895] 2 QB 539; *By Appointment (Sales) Ltd v Harrods Ltd* [1977] CA Transcript 465; *Feuer Leather Corp v Frank Johnstone & Sons* [1981] Com LR 251; *Ashburner's Principles of Equity* (2nd edn, 1933), p 69.
[162] And in this case he would not necessarily be bound by the security interest even if he had actual notice of it. See para **24.49**.
[163] *English and Scottish Mercantile Investment Co v Brunton* [1892] 2 QB 700; *Re Standard Rotary Machine Co* (1906) 95 LT 829; *Wilson v Kelland* [1910] 2 Ch 306; *G & T Earle Ltd v Hemsworth R D C* (1928) 44 TLR 605; *Siebe Gorman & Co Ltd v Barclays Bank Ltd*

24.46 *Principles of Perfection and Priorities*

particular significance in relation to negative pledge clauses where it was not uncommon for companies voluntarily to include in the filed particulars relating to a charge or debenture reference to any provision prohibiting or restricting the creation of subsequent charges. Did inclusion of these restrictions in the filed particulars constitute notice of them? Professor Farrar, while apparently accepting the soundness of the principle that registration of a charge instrument is not, as such, notice of its contents, argued that once a person had notice of the existence of the instrument he also had, at common law, inferred knowledge of all matters as regards which he could reasonably have been expected to make inquiry.[164] While Professor Farrar's view was not without its attractions, given the existence of a statutory right to inspect a copy of the charge instrument at the company's registered office and to take a copy of it, there were compelling reasons for rejecting it and applying the traditional approach according to which registration does not constitute notice of the terms of the charge. In the first place, it is the approach adopted in all the cases, even at a time when restrictive clauses had become quite common, and it is difficult to accept that the courts did not have in mind inferred knowledge as well as constructive notice in the narrow sense. Secondly, it is important to avoid undue restraints on dealings with assets in the ordinary course of business. The courts have always been reluctant to apply the doctrine of notice to commercial transactions,[165] and the policy is a sound one. The mere fact that a particular contractual provision is in common use has never been regarded as sufficient in commercial law to put a party on notice of its existence in relation to an individual transaction. Knowledge of facts specific to that transaction is required.[166] If the position were otherwise, most buyers of goods would now be considered to have notice of the fact that their sellers had bought under reservation of title. Thirdly, a person does not have inferred knowledge of facts at common law merely because a reasonable man would have been put on inquiry. It must be shown that he deliberately turned a blind eye.

24.47 The important difference between the pre-2013 law and the post-2013 law is that the latter requires companies to deliver to the registrar a statement of particulars which, when the charge is created or evidenced by an instrument, includes a statement as to the existence or otherwise of a negative pledge clause. The question is clearly posed in form MR01[167] which in box 7 contains

---

[1979] 2 Lloyd's Rep 142. The cases prior to *Siebe Gorman* are reviewed by Farrar, 'Floating Charges and Priorities' (1974) 38 Conv 315 at 320 ff.

[164] Farrar, n 163, at p 322.

[165] See n 161, and *Eagle Star Insurance Co Ltd v Spratt* [1971] 2 Lloyd's Rep 116, per Lord Denning MR at 128.

[166] We can here pray in aid the various property cases which say that an intending purchaser or mortgagee has no duty to investigate documents the existence of which is disclosed or discovered unless from the information given it is apparent that those documents will necessarily affect the title (*Jones v Smith* (1841) 1 Hare 43, affirmed (1843) 1 Ph 244; *English & Scottish Mercantile Investment Co v Brunton*, n 163). See also the judgment of Deputy Judge Susan Kwan in *ABN Amro Bank NV v Chiyu Banking Corpn Ltd* [2001] 2 HKLRD 175.

[167] https://assets.publishing.service.gov.uk/government/uploads/system/uploads/attachment_data/file/695624/MR01_v2.1.pdf

the following question: 'do any of the terms of the charge prohibit or restrict the company from creating further security that will rank equally with or ahead of the charge?'. The individual completing the form on behalf of the company is then asked to tick a box marked 'yes' or one marked 'no'. Given the clarity with which the issue is set out and the ease with which the information can be discovered, there is a strong case for concluding that an individual who consults the register should be deemed to have notice of the existence or otherwise of a negative pledge clause. The same point can be made of other information to be found in form MR01. Slightly more difficult may be the certified copy of the instrument which created or evidences the charge. Given the complexity of some of these instruments it may reasonably be said that an individual who checks the register should not necessarily be fixed with notice of the contents of the instrument.

24.48 But this may take us back to the question of the people to whom registration should constitute notice. If it is the case that the buyer who purchases goods in the ordinary course of business is not to be held to have constructive notice of the existence of the charge, then that individual will obviously not have knowledge of the contents of the charge. On the other hand, it can be argued that the person who is held to have constructive knowledge of the existence of the charge, such as the bank or other financier taking commercial security over movable plant and other chattels of an enterprise, should now be held to have knowledge of the statement of particulars included in form MR01 and, in the absence of compelling reasons to show why it should not be fixed with knowledge, also of knowledge of the content of the certified copy of the instrument which created or evidences the charge. However, the latter step may be a step too far given the traditional rule that registration constitutes notice of the existence of the charge but not notice of the contents of the charge instrument. But, given the relative simplicity of accessing the register, and the clarity of the information provided in form MR01, there is much to be said for the proposition that an individual who is held to have constructive knowledge of the existence of the charge should also be held to have knowledge of its terms.

24.49 A final point to be observed in this context is that not all parties taking with notice of a security interest are bound by it. It will be recalled that even the holder of a legal estate or a title may lose his priority where he has held out the debtor, or allowed the debtor to hold himself out, as entitled to deal with the asset free from the security interest. So if a creditor takes a floating charge over the debtor's trading stock, and thereby holds the debtor out as free to dispose of his stock in the ordinary course of business, restrictions on the debtor's power of sale will not bind a buyer in the ordinary course of business, even if he is aware of the existence of the floating charge, unless he bought with notice of the fact that the sale to him was in breach of the seller's obligations under the charge.[168]

---

[168] See paras **25.25** ff.

4. Effect of failure to register

24.50 Failure to deliver a charge for registration in compliance with s 859A of the Companies Act 2006 renders the charge void against the liquidator or administrator and any creditor of the company.[169] It does not invalidate the charge as against the company itself,[170] unless it is in liquidation or administration,[171] or against a purchaser or any other third party who is not a creditor,[172] nor does it extinguish the company's personal obligation for repayment;[173] indeed, on the expiry of the 21-day period allowed for registration, the money secured by the charge becomes immediately payable,[174] so that the invalidity of the charge accelerates the debtor company's liability.[175] It is not generally appreciated that this acceleration occurs automatically under s 859H(4) not only where the debtor company goes into liquidation or administration but also where it grants a subsequent charge.

24.51 It has been held that 'creditor' means a creditor who has acquired real rights over the property comprised in the charge and who thus has a *locus standi* to restrain the company from dealing with the property – eg a subsequent encumbrancer and an execution creditor whose execution has been completed[176] – and does not include an unsecured creditor except where the company has gone into liquidation.[177] This limitation on the meaning of 'creditor' is consistent with the continued enforceability of the charge against the company, which would be meaningless if the charge were open to attack by any creditor. If, at a time when there is no party entitled to impeach the charge, the chargee sells the security or obtains a foreclosure order absolute[178] or perfects the charge by seizure[179] or procures payment in satisfaction of it,[180] the charge becomes exhausted and its invalidity as against subsequent secured creditors or a liquidator does not affect the chargee's right to retain the property or proceeds of sale.

24.52 For some curious reason a purchaser, as opposed to a creditor, is not protected by s 859H[181] and is thus bound by an unregistered charge, unless he

---

[169] Section 859H(1) and (3). But there is nothing to stop the company from giving the creditor a fresh charge, though this may, of course, be subordinate to an intervening charge and may also be vulnerable to attack as a preference if the company goes into liquidation.
[170] Accordingly, the company is not a proper party to proceedings to declare the charge void (*Independent Automatic Sales Ltd v Knowles & Foster*, n 107).
[171] *Smith (Administrator of Cosslett (Contractors) Ltd v Bridgend County Borough Council* [2002] 1 AC 336.
[172] *Stroud Architectural Systems Ltd v John Laing Construction Ltd* [1994] BCC 18.
[173] Section 859H(4).
[174] Ibid.
[175] Presumably the effect of registration out of time pursuant to an order giving leave for such registration is to restore the payment provisions contained in the charge.
[176] See para **22.74**, n 190.
[177] See paras **22.13–22.14**. This now applies to administration as well as liquidation.
[178] See para **23.41**.
[179] See para **23.31** as to the chargee's right to possession.
[180] *Re Row Dal Constructions Pty Ltd* [1966] VR 249.
[181] See n 169.

acquires an overriding legal title or can invoke an estoppel, eg by holding out.[182]

24.53 Non-registration avoids the charge against a subsequent encumbrancer, whether or not he had actual notice of it,[183] so that he obtains priority, and this is so even if the later charge was expressed to be subordinate to or to rank *pari passu* with the unregistered charge.[184] But failure to register appears to have no significance in relation to a prior encumbrancer.[185] Registration serves no purpose in relation to prior parties, for their interests have already been acquired. If the previous encumbrancer's charge is valid, he will usually have priority as the first in time.[186] If it is itself void for want of registration, the order of ranking is reversed and the later unregistered charge has priority. Moreover, the later chargee would, it is thought, continue to enjoy priority under the usual terms of an order giving the first chargee leave to register out of time.[187]

5. Registration out of time

24.54 Where the court is satisfied that the omission to register a charge in due time was accidental, or due to inadvertence or to some other sufficient cause or[188] is not of a nature to prejudice the position of creditors or shareholders of the company, or that on other grounds it is just and equitable to grant relief, it may extend the time for delivery of the statement of particulars on such terms and conditions as it considers just and expedient.[189] In the past the power to extend time has been liberally exercised and there is no reason to believe that the situation will be any different under the 2013 reforms. Thus an extension will usually be granted even where the company is in default under the security or has had judgment entered against it by other creditors unless a

---

[182] The failure to register would not by itself, it is thought, create an estoppel, for s 859H lays down the classes of third party intended to be protected by the registration provisions, and common law principles ought not to be invoked to expand the ambit of the statute.

[183] Section 859H thus embodies the same principle as to the exclusive notice-giving character of the register as the registration provisions of the property statutes.

[184] *Re S Abrahams & Sons* [1902] 1 Ch 695; *Bank of Scotland v T A Neilson & Co* 1991 SLT 8. The position is otherwise if the prior chargee obtains leave to register out of time and the proviso preserving rights of intervening secured creditors is expressed not to affect any agreement for subordination. See below.

[185] There is no English authority on the point but the statement in the text is supported by an old American case. See *United States v New Orleans and Ohio Railroad Co* 79 US (12 Wall) 362, 365, 20 L Ed 434, 436 (1870). For the similar position arising in a conflict between two unregistered charges of land, see Megarry and Wade, *Law of Real Property*, n 97, para 25–031, which states the point succinctly: 'Indeed, if there are several successive registrable mortgages, none of which has been registered, the maxim "qui prior est tempore, potior est jure" is now reversed, for the last will rank first and so on.' The contrary view would require s 859H to be read as if, in the phrase 'void . . . against . . . a creditor of the company', the word 'registered' appeared before 'creditor'.

[186] In addition, he will be entitled to tack further advances until he has notice of the later charge.

[187] See below.

[188] Not 'and'; but despite this the court invariably imposes a condition that the order extending time is to be without prejudice to the rights of intervening creditors with real rights. See below.

[189] Companies Act 2006, s 859F.

winding-up petition has been presented or a meeting to pass a resolution for voluntary winding up has been or is about to be convened. Where liquidation is imminent, the order extending time should contain liberty for the company to apply to discharge it if the company does in fact go into liquidation within a time specified in the order.[190]

24.55 The order giving leave to register out of time does not itself perfect the charge; this comes about only when registration has been effected in accordance with the order, so that if the company goes into liquidation before registration,[191] the charge will become void against the liquidator and creditors notwithstanding the order.[192]

24.56 The standard condition imposed by an order extending time for registration is that the order is to be without prejudice to the rights of the parties acquired during the period between the date of creation of the charge and the date of its registration. So a subsequent encumbrancer whose interest is acquired before registration of the earlier encumbrance gets priority, even if he takes with actual notice, and, indeed, even if his interest was acquired before the 21 days allowed for registration of the earlier encumbrance had expired.[193] However, the proviso will not be used to override an agreement between the two encumbrancers that the earlier (unregistered) charge is to have priority.[194] The proviso protects only third parties acquiring real rights over the property given in security, and cannot be invoked by unsecured creditors except on a winding up or administration.[195]

(iii) **Under other legislation**

24.57 The various statutory provisions affecting other types of register previously referred to[196] do not disclose any uniform policy approach either as to the effect of registration or as to the categories of third party whom the registration requirements are designed to protect. Under some, registration is a priority point, so that the prize goes to the first to file, irrespective of the date of creation of the security agreement;[197] under others, registration is necessary

---

[190] *Re Braemar Investments Ltd* [1989] Ch 54; *Exeter Trust Ltd v Screenways Ltd* [1991] BCLC 888. The form of the order is that made in *Re L. H. Charles & Co Ltd* [1935] WN 15. See also *Re Ashpurton Estates Ltd* [1983] Ch 110, where the authorities are reviewed, and *Barclays Bank plc v Stuart Landon Ltd* [2001] 2 BCLC 316.
[191] It should be borne in mind that a compulsory winding up is deemed to commence on the date of presentation of the petition (Insolvency Act 1986, s 129(2)).
[192] *Re Anglo-Oriental Carpet Manufacturing Co* [1903] 1 Ch 914.
[193] The previous form of order did not protect a subsequent encumbrancer taking during this period (*Watson v Duff Morgan (Holdings) Ltd* [1974] 1 WLR 450).
[194] *Barclays Bank plc v Stuart Landon Ltd*, n 190.
[195] *Re Ehrmann Bros Ltd* [1906] 2 Ch 697. The position is otherwise if a winding-up order supervenes before registration, see above.
[196] See n 28.
[197] Eg, aircraft mortgages (Mortgaging of Aircraft Order 1972 (SI 1972/1268), art 14(1)) and shipping mortgages (Merchant Shipping Act 1995, Sch 1, para 8). This, of course, necessitates a priority notice system in order that an intending mortgagee can protect his security in advance of the transaction.

After-Acquired Property Clause and Purchase-Money Security Interest 24.59

merely to perfect the security interest but otherwise does not alter the ranking of the competing rights.[198] Some registration provisions say that failure to register avoids the security as regards any third party acquiring an interest in the asset for value, whether as purchaser or as mortgagee;[199] others protect only a mortgagee or chargee except in the event of winding up.[200] The Bills of Sale Acts are unique in avoiding an unregistered bill of sale, with respect to the chattels comprised in it, even as against the debtor himself.[201]

5. THE AFTER-ACQUIRED PROPERTY CLAUSE AND THE PURCHASE-MONEY SECURITY INTEREST

24.58 A question which has occasioned much difficulty is the resolution of a conflict between a charge over after-acquired property and a purchase-money security interest[202] taken to secure the price of an asset falling within the class covered by the after-acquired property clause. For example, A Bank lends D £50,000 secured on D's factory premises and all land and premises which D may thereafter acquire. Subsequently, D purchases additional land for £20,000, the whole of which is advanced by B Bank against a charge of the land. Who has priority in relation to that land, A or B?

24.59 The instinctive reaction in policy terms to this fact pattern is that B should win. He has put up the whole of the finance required to purchase the additional asset. Given this fact, it would surely be unfair if this could now be scooped up by A in disregard of B's own security interest. Until relatively recently English law appeared to take a highly technical approach to the treatment of the purchase-money security interest. If D had agreed to give a charge to B prior to acquiring the property,[203] then it was considered at all times encumbered by the charge, so that the after-acquired property clause in A's mortgage would attach to the property only in its encumbered state, thus

---

[198] Eg, land charges and charges by companies.
[199] Land Charges Act 1972, ss 4–6 (but non-registration of an estate contract as a Class C(iv) land charge invalidates it only as against a purchaser of a *legal* estate for money or money's worth); Land Registration Act 2002, s 30(1).
[200] Companies Act 2006, s 859H. See para **24.50**.
[201] Bills of Sale Act (1878) Amendment Act 1882, s 8.
[202] The term is borrowed from an earlier, and much simpler, version of what is now §9–103(b) of the Uniform Commercial Code: 'A security interest is a "purchase money security interest" to the extent that it is (a) taken or retained by the seller of the collateral to secure all or part of its price; or (b) taken by a person who by making advances or incurring an obligation gives value to enable the debtor to acquire rights in or the use of collateral if such value is in fact so used.' This definition, with minor modifications, was used by the Crowther Committee in its *Report on Consumer Credit* (see Appendix III, para 3) and has been adopted in the Canadian Personal Property Security Acts, which are modelled on art 9. The element the formulation lacks, but which is assumed in the present discussion, is an agreement at or before the acquisition of the collateral that it is to be given in security, thus excluding the case where a purchase-money loan is initially advanced on an unsecured basis but after it has been used for the purchase the parties agree that the purchased asset is to be given in security.
[203] Whether the relevant time for this purpose was the time of conveyance or the earlier exchange of contracts was uncertain.

24.59 *Principles of Perfection and Priorities*

giving B priority.[204] In such a case the fact that B may have had constructive notice of the earlier interest was irrelevant.[205] But in *Church of England Building Society v Piskor*[206] the Court of Appeal held that, in the absence of an agreement to give a charge to B prior to acquiring the property, the charge in favour of B, even if executed at the same time as the conveyance to D, was postponed to A's earlier charge, for it was a necessary concomitant of the *nemo dat* rule that D could not give B an effective charge before D had himself acquired the legal estate, so that there was a *scintilla temporis* (moment of time) between the conveyance and the purchase-money charge during which A's prior charge fastened on the property, thus giving A priority.

24.60 The decision in *Piskor* was, however, overruled by the House of Lords in *Abbey National Building Society v Cann*[207] but in terms which fell well short of a full recognition of the priority of a purchase-money security interest. Lord Oliver, while recognising the 'attractive legal logic' in the decision in *Piskor*, nevertheless concluded that it flew in the face of reality which was that in the vast majority of cases 'the acquisition of the legal estate and the charge are not only precisely simultaneous but indissolubly bound together.'[208] In his judgment, the *scintilla temporis* was no more than 'a legal artifice' given the reality that the purchaser of land who relies upon a building society or bank loan for the completion of the purchase never in fact acquires anything but an equity of redemption because the land is, from the very inception, charged with the amount of the loan without which it could never have been transferred at all and it was never intended that it should be otherwise.[209] Lord Jauncey similarly concluded that the analysis in *Piskor* ignored the realities of the situation, namely that a purchaser who can only complete a transaction by borrowing money for the security of which he is contractually bound to grant a mortgage to the lender at the same time as the execution of the conveyance in his favour cannot in reality ever be said to have acquired even for a *scintilla temporis* the unencumbered fee simple or leasehold interest in land whereby he could grant interests having priority over the mortgage.[210] Thus both Lord Jauncey and Lord Oliver seemed to be in no doubt that the priority of the purchase-money charge resulted from the pre-completion agreement for a charge, which fettered the property at the moment of its acquisition.[211]

24.61 The scope of the decision in *Cann* was the subject of further consideration by the Supreme Court in *Southern Pacific Mortgages Ltd v Scott*.[212] On the facts of the case, lenders who had provided the finance to enable the purchaser to acquire the property from the vendor were held to be entitled to

---

[204] *Re Connolly Bros. Ltd (No 2)* [1912] 2 Ch 25; *Security Trust Co v Royal Bank of Scotland* [1976] AC 507.
[205] *Re Connolly Bros. Ltd (No 2)*, n 204; *Security Trust Co v Royal Bank of Scotland*, n 204; *Wilson v Kelland*, n 163.
[206] [1954] Ch 553.
[207] [1991] 1 AC 56.
[208] Ibid at 92.
[209] Ibid at 93.
[210] Ibid at 101–102.
[211] Ibid, per Lord Jauncey at 102; per Lord Oliver at 92.
[212] [2014] UKSC 52, [2015] AC 385.

defeat the claim of the vendor that she was entitled to priority over the lenders based on a proprietary estoppel which the vendor submitted had arisen in her favour as a result of her reliance on a promise made to her by the purchaser that she would be entitled to remain in the property for a significant period of time after completion of the sale at a discounted rent. It was held that, at the date of exchange of contracts, the vendor had acquired no more than a personal right against the purchaser when she agreed to sell her property on the basis that she would be entitled to remain in occupation. Nor did the vendor obtain priority on completion of the sale because there was no *scintilla temporis* between the conveyance and the mortgage which enabled the purchaser to confer on the vendor a right which obtained priority over the rights of the lender. While the Supreme Court was unanimous in terms of the outcome of the case, there was a difference of view on the question whether the conveyance, the mortgage and the contract of sale were all part of one indivisible transaction. Lord Collins, speaking for the minority, concluded that the contract of sale was part of such an 'indivisible transaction' so that, even if the vendor had acquired an equitable right of a proprietary nature against the purchaser arising on exchange of contracts, the lenders would still have taken priority.[213] But Lady Hale, giving the majority judgment, concluded that the existence or otherwise of an indivisible transaction depends in all cases on the facts,[214] and that on the facts of this particular case the contract of sale between vendor and purchaser could not be regarded as a part of an indivisible transaction.[215] Although this difference of view as to what is, or is not, an indivisible transaction did not affect the decision in the case, given that the purchaser was in any event held to be unable to confer on the vendor an equitable interest in the land prior to completion taking place, it does evidence the technical nature of the legal rules that are now applied by the courts in this area.[216] While their effect in cases such as *Cann* and *Scott* was to give priority to the lender who advanced the money that enabled the transaction to take place, we are still a long way short of recognising the priority that ought to be accorded to the purchase-money security interest. Given the technical way in which English law in this area has developed (and that the case law includes decisions of both the House of Lords and the Supreme Court), it is now unlikely that the common law will be able to develop a full recognition of the priority of a purchase-money security interest. Such a step can probably only be taken by Parliament.

6. CIRCULARITY PROBLEMS

24.62 Lest the reader be tempted to conclude that all priority problems are readily soluble, we must draw attention briefly to the existence of a vicious circle that can be broken not on any logical basis but only by the selection of some arbitrary starting point. In its most common form, circularity arises

---

[213] Ibid at [89].
[214] Ibid at [115].
[215] Ibid at [119]–[120].
[216] These technical rules have themselves been the subject of criticism: see, for example, P. Sparkes, 'Reserving a Slice of Cake' [2015] Conv 301.

24.62 *Principles of Perfection and Priorities*

where three security interests are granted, to A, B and C respectively; the circumstances are such that A has priority over B, B over C, and C over A; and the security is insufficient in value to meet all three claims. The problem will be familiar to students of real property law,[217] and Professor Grant Gilmore, in his superb work on security interests, devotes an entire chapter to it.[218] Let us look at a corporate finance situation which is by no means untypical.

Debtor Ltd grants a fixed charge of its factory to A and a subsequent floating charge of its other assets to B. A agrees that his fixed charge is to be subordinated to B's floating charge. Debtor Ltd then goes into liquidation, owing £60,000 to A, £40,000 to B and £50,000 to unsecured preferential creditors.[219] All interested parties agree to the sale of the company's one asset, its factory premises, for £100,000. How should these proceeds be distributed?

24.63 The liquidator points out to A, correctly, that the preferential debts rank in priority to B's floating charge.[220] He says that since A has agreed to subordinate his charge to that of B, A ranks behind the preferential creditors. A protests that this cannot be right, since a fixed charge has priority over preferential claims, and preferential creditors should not have their position improved solely because of his priority agreement with B. On this basis A argues that the order of distribution should be as follows:

A	£60,000
Preferential creditors	£40,000
B	Nil
	£100,000

24.64 B objects to this solution: A has agreed to his charge being subordinate to B's, so how can A have a right to be paid first? B contends that the proper approach is to apply the principle of subrogation. Since A's charge ranks behind B's by virtue of their agreement, B should be subrogated to A to the extent necessary to preserve B's priority over A. On this basis the order of distribution becomes as follows:

B (by partial subrogation to A's claim)	£40,000
A	£20,000
Preferential creditors	£40,000
	£100,000

---

[217] See Megarry and Wade, *Law of Real Property*, n 97, para 25–034; Burn and Cartwright, *Cheshire and Burn's Modern Law of Real Property*, n 97, pp 887 ff.
[218] G. Gilmore, *Security Interests in Personal Property* (1965), ch 39.
[219] Eg for wages. See para **31.20**.
[220] Companies Act 2006, s 754.

Circularity Problems **24.67**

This distribution modifies the positions of A and B, in conformity with the priority agreement, while leaving the position of the preferential creditors unchanged. So this type of circularity problem is soluble and in a manner which fairly balances the conflicting interests.

24.65 However, though the correctness of this approach was conceded in *Re Woodroffes (Musical Instruments) Ltd*,[221] it was considered by Chadwick J in *Re Portbase Clothing Ltd* to face insuperable difficulties.[222] First, it was said, the subject matter of the floating charge is not merely the debtor's equity of redemption remaining in the debtor after the grant of the fixed charge but the whole of the debtor's interest in the property. So by subordinating itself to the holder of the floating charge, the fixed chargee was, in effect, swelling the assets subject to the fixed charge and thereby increasing the amount available to secured creditors. Secondly, if it were assumed in our example that B was entitled to collect in right of A, B could assert his rights even if his floating charge were invalid, eg under s 245 of the Insolvency Act 1986[223] or for want of registration. The effect would be to put B in the same position as if A had assigned his security to B or declared a trust of the proceeds in favour of B. But this was not what had been done in the case before him. Accordingly, Chadwick J held that by subordinating his fixed charge to B's floating charge, A had also subordinated it to the claims of preferential creditors, for A was not entitled to receive payment until B's floating charge has been satisfied, and this could occur only after payment of the preferential debts in full. In reaching this result Chadwick J followed the decision of Nicholson J in the Victorian case *Waters v Widdows*[224] in which it was held that this outcome was dictated by the statutory policy of protecting preferential creditors. Thus on the basis of the ruling in *Re Portbase* the assets would be distributed as follows:

Preferential creditors	£50,000
B	£40,000
A	£10,000
	£100,000

24.66 Under this solution the preferential creditors are paid in full, so that they are better off by £10,000 than if A and B had never entered into their priority agreement. A can avoid this unfortunate outcome by assigning his secured debt or its proceeds to B to the extent of B's claim against Debtor Ltd, so that B can prove as A's assignee without having to rely on his floating charge.

24.67 Nevertheless, it is submitted that the decision in *Portbase* produces results not intended by the legislature and that the reasoning cannot be

---

[221] [1986] Ch 366, referring to the first edition of *Goode on Legal Problems of Credit and Security* advancing this solution. See now the 6th edn (*Goode and Gullifer on Legal Problems of Credit and Security* (2017)), para 5-62.
[222] [1993] Ch 388.
[223] See para **31.49**.
[224] [1984] VR 503.

24.67 *Principles of Perfection and Priorities*

sustained. The statutory provisions are designed to provide for payment to preferential creditors from assets which would be free assets of the company but for the floating charge. But the additional assets that become available to the floating chargee as the result of the subordination do not come from the company and would not form part of its free assets if there were no floating charge; they result from the turnover subordination given by the fixed chargee to the floating chargee, a subordination intended for the benefit of the floating chargee and no one else. Nor is the fact that the floating charge might be invalid a reason for denying effect to the subordination,[225] which makes the fixed chargee a trustee for the floating chargee of receipts to which the fixed chargee would otherwise be entitled. As to the point that recourse to the doctrine of subrogation would place the floating chargee in the position of an assignee when there had been no assignment, it is in the nature of subrogation to proprietary rights that the subrogee is indeed placed in much the same position as an assignee. Nor is it easy to see why the outcome of *Portbase* or of *Waters v Widdows* is dictated by statutory policy. Surely the purpose of the legislation is to give preferential debts priority over those secured by a floating charge, not over debts secured by a fixed charge, and it cannot have been intended that an inter-creditor agreement should give the preferential creditors a windfall at the expense of the fixed chargee.[226]

24.68 Greater difficulties arise where all claimants are equally meritorious, or all are equally at fault, and the *circulus inextricabilis* is set up by a clash of inconsistent priority rules. An example is the clash between s 97 of the Law of Property Act 1925, which fixes priority according to the date of registration, and s 4(5) of the Land Charges Act 1972, which gives priority to a mortgage or charge *completed before registration* of an earlier charge, even though not registered until after the registration of the earlier charge.[227] This type of circularity problem does not lend itself to any one solution that is demonstrably superior to all others.[228]

7. GENERAL CONCLUSIONS ON PERFECTION AND PRIORITIES UNDER ENGLISH LAW

24.69 It will be apparent from what has gone before that the rules of English law as to perfection and priorities are seriously defective.[229] Perhaps the most fundamental weakness is the lack of any uniform policy or set of rules. Each type of security has evolved separately and is governed by its own particular rules. Reservation of title, which in the case of sale and hire-purchase at least is intended as a security device, is not recognized as such, with the result that in the absence of some applicable exception to the *nemo dat* rule innocent

---

[225] See P. R. Wood, *The Law of Subordinated Debt* (1990), para 9.8.
[226] Support for the view advanced in the text can be found in the final report of the Law Commission, n 39, at paras 3.181 ff.
[227] See n 97.
[228] The most sophisticated treatment of the problem is to be found in American literature. See Gilmore, *Security Interests in Personal Property*, ch 39 and literature there cited.
[229] See further R. M. Goode, *Credit* (March 1973), p 12.

General Conclusions on Perfection and Priorities Under English Law **24.71**

third parties are affected by rights the existence of which they have no official[230] means of discovering. Some types of security interest require to be registered, even though the creditor is in possession. The treatment of the purchase-money security interest remains highly unsatisfactory, despite the decision of the House of Lords in *Abbey National Building Society v Cann*.[231] Some statutes insist on the integrity of the register, others only half solve the notice problem in that they allow the secured creditor who has failed to register to assert that the third party had notice in some other form.

24.70 The Crowther Committee, having highlighted these deficiencies, proposed a system of registration of non-possessory security interests, modelled on art 9 of the American Uniform Commercial Code.[232] Reservation of title under a hire-purchase or conditional sale agreement or finance lease[233] would be equated with a purchase-money chattel mortgage. There would be an official and comprehensive register, with a simple and efficient filing system. The creditor would be able to perfect his security in any order he chose and would thus be at liberty to file a financing statement, giving details of his intended security even before the making of the security agreement.[234] Attachment and perfection would not occur until all the ingredients (value, interest etc) had been fulfilled. Priority would then date from the time of filing. The financing statement would not have to itemize security but could, as now, describe it by class or even cover 'all assets'. The priority rules, instead of deriving from technical doctrines such as the superiority of the legal title, would be designed to produce a result that would generally be considered fair in typical situations.[235]

24.71 These recommendations were endorsed by the Insolvency Law Review Committee[236] and a very similar set of proposals was made in the Diamond Report.[237] Despite this, and despite the fact that art 9 of the Uniform Commercial Code has been working well in the United States for well over fifty years and has been taken up in the Personal Property Security Acts of several Canadian provinces, steps have not been taken to implement this part of the Crowther Report. Sadly, the prospects for radical reform of the law in the UK remain unfulfilled. As has been noted,[238] the recommendations of the Law Commission, even in the less radical form to be found in its final report, have not, as yet, been implemented. It is to be hoped that the impetus

---

[230] For the private register of hire-purchase and related agreements maintained by H. P. Information Ltd, see para **16.23**, n 43.
[231] See para **24.60**.
[232] See *Report of the Committee on Consumer Credit*, paras 5.7.20 ff.
[233] See ch 28.
[234] A technique well established in English law through the system of priority notices and pre-completion searches. The defect in both of these is that they are very short in duration.
[235] This is the most priority rules can accomplish. There is no way in which justice in the individual case can be guaranteed; the function of priority rules is to secure the greatest satisfaction for the greatest number.
[236] *Insolvency Law and Practice* (Cmnd 8558, 1982), paras 1620–1623.
[237] *Review of Security Interests in Property* (1989).
[238] See paras **24.12–24.13**.

24.71 Principles of Perfection and Priorities

for reform will not be lost[239] and that the valuable recommendations to be found in these reports will one day be implemented.

---

[239] Much valuable work has been done in terms of keeping up the momentum by the Secured Transactions Law Reform Project (on which see https://securedtransactionslawreformprojec t.org/). A number of helpful discussion and policy papers have been produced which are to be found on the website.

Chapter 25

THE FLOATING CHARGE[1]

1. EVOLUTION OF THE CHARGE

25.01 The growth of the limited liability company in the nineteenth century was accompanied by an increasing reluctance on the part of lenders to advance money to such companies without security. But then, as now, the most valuable asset of the company was in many cases not the land or buildings it occupied (which it might not own) but its equipment, trading stock and receivables. Equipment was, of course, susceptible to a security interest by way of mortgage or charge, but from time to time required replacement; and as the common law insisted that real rights could be created only by present transfer, not by a purported assignment of future property, a lender who wished to extend his security to cover new equipment brought on to the premises in substitution for that given as security would, under the common law rule, be obliged to take a fresh instrument of transfer or to rely on some new dispositive act by the debtor, after acquisition of the property, pursuant to the original security agreement.[2] The first breakthrough came with the decisions of the courts of equity, authoritatively restated in *Holroyd v Marshall*,[3] that equity would recognize a charge over after-acquired property as effective to create a security interest attaching automatically on acquisition without the need for a new act. *Holroyd v Marshall* concerned an equitable mortgage of machinery in a mill,[4] which the mortgagor was required to hold for the

---

[1] See generally L. Gullifer, *Goode and Gullifer on Legal Problems of Credit and Security* (6th edn, 2017), chs 4 and 5; W. J. Gough, Company Charges (2nd edn, 1996), Pt 2; H. Beale, M. Bridge, L. Gullifer and E. Lomnicka, *The Law of Security and Title-Based Financing* (3rd edn, 2018), paras 6.68 ff; J. Getzler and J. Payne (eds), *Company Charges: Spectrum and Beyond* (2006); R. Calnan, *Taking Security* (4th edn, 2018), ch 5.
[2] See paras **2.31** and **23.02**.
[3] (1862) 10 HL Cas 191. See paras **23.03–23.06**.
[4] The case is sometimes regarded as one concerning an early form of floating charge, even though not so described (see, for example, R. R. Pennington, 'The Genesis of the Floating Charge' (1960) 23 MLR 630 at p 634), but the writer agrees with Dr Gough (*Company Charges*, p 82) that the security was a fixed equitable mortgage. In his speech Lord Westbury LC made it clear that if the mortgagor had attempted to remove any of the machinery except for the purpose of substitution, the mortgagee would have been entitled to an injunction restraining such removal. The fact that at the time it was held to be a fixed equitable mortgage does not carry with it the necessary implication that it would be so classified today, particularly in light of the decision of the House of Lords in *Re Spectrum Plus Ltd* [2005] UKHL 41, [2005] 2 AC 680, [2005] 4 All ER 209, on which see paras **25.05** ff.

25.01 The Floating Charge

mortgagee, with liberty to substitute new machinery that would then itself become subject to the charge, together with any additional machinery brought on to the premises. It was held that the mortgage took effect over the after-acquired machinery, purchased in substitution for the original equipment, in priority to the claims of an execution creditor.

25.02 This provided effectively for security over machinery and other equipment. The creditor could get his security; the debtor could not dispose of it except as permitted by the mortgage or with the creditor's subsequent consent. That, however, left the problem of security over shifting classes of asset – stock and receivables – which did not lend themselves so readily to such treatment. It was quite impracticable to expect a trading company to ask permission of its mortgagee every time it wanted to sell an item of stock; and while there was not quite the same difficulty with receivables, the debtor company would want, in the normal course of things, to pay the proceeds of sale into its own bank account and treat the moneys as its own, without the need to segregate the receivables and the proceeds for the benefit of the mortgagee. How was the security required by the creditor to be reconciled with the need of the debtor to deal with its circulating assets freely in the ordinary course of business?

25.03 The answer was the floating charge, a further manifestation of the English genius for harnessing the most abstract conceptions to the service of commerce.[5] The creditor would take security over the debtor's present and future property but would contract to allow the debtor liberty to manage the assets and dispose of them in the ordinary course of business, free from the charge, until such time as the company ceased to carry on the business as a going concern or some other event occurred which, by the terms of the security agreement, entitled the creditor to enforce his security and put an end to the company's powers of disposition. The first case in which the floating security device was tested and upheld came eight years after *Holroyd v Marshall* with the decision of the Court of Appeal in Chancery in *Re Panama, New Zealand and Australian Royal Mail Co.*[6] In that case the debtor company charged its 'undertaking and all sums of money arising therefrom' with repayment of the amount payable under its debenture. It was held that the word 'undertaking' signified not merely the income from the business but also present and future property of the company, and that while by the terms of the charge the debenture holder could not interfere in the running of the company and its dealing with its assets until the winding up of the company, the occurrence of that event entitled the debenture holder to realize its security over the assets, and to assert its charge in priority to the general creditors.

---

[5] Compare the doctrine of estates in real property law, paras **2.25–2.26**.
[6] (1870) 5 Ch App 318.

2. THE NATURE OF THE CHARGE[7]

25.04 Since *Re Panama*, the nature of the floating charge has been described in some detail in a number of cases, though the judges have been careful to avoid offering exhaustive definitions. The 'classic and frequently cited'[8] definition of a floating charge was provided by Romer LJ in the following terms:

> 'I certainly do not intend to attempt to give an exact definition of the term "floating charge", nor am I prepared to say that there will not be a floating charge within the meaning of the Act which does not contain all the three characteristics that I am about to mention, but I certainly think that if a charge has the three characteristics that I am about to mention it is a floating charge. (1) If it is a charge on a class of assets of a company present and future; (2) if that class is one which, in the ordinary course of the business of the company, would be changing from time to time; and (3) if you find that by the charge it is contemplated that, until some future step is taken by or on behalf of those interested in the charge, the company may carry on its business in the ordinary way as far as concerns the particular class of assets I am dealing with.'[9]

This language was echoed by Lord Macnaghten on appeal:

> 'I should have thought there was not much difficulty in defining what a floating charge is in contrast to what is called a specific charge. A specific charge, I think, is one that without more fastens on ascertained and definite property or property capable of being ascertained and defined; a floating charge, on the other hand, is ambulatory and shifting in its nature, hovering over and so to speak floating with the property which it is intended to affect until some event occurs or some act is done which causes it to settle and fasten on the subject of the charge within its reach and grasp.'[10]

The reference to there not being 'much difficulty' in defining a floating charge in such a way as to differentiate it from a fixed charge has proved to be somewhat optimistic. The courts have in fact experienced considerable difficulty in distinguishing between the two, particularly in the context of a charge over book debts.

25.05 The leading case is now the decision of the House of Lords in *Re Spectrum Plus Ltd*,[11] in which it was held that it is the third of Romer LJ's characteristics of a floating charge that is 'the hallmark of a

---

[7] The term 'floating charge' is used generally to cover any floating security, whether it takes the form of an assignment of future property or a charge upon it. The wide powers usually given to the creditor by the present-day security instrument mean that he will normally have all the powers of an equitable mortgagee, including the power to get in the legal estate or title, even if the security takes the form of a charge. Whether a floating security is in fact a charge or a mortgage depends on the terms of the security agreement. See H. Beale, M.Bridge, L. Gullifer and E. Lomnicka, n 1, paras 6.52–6.65.
[8] *Re Spectrum Plus Ltd*, n 4, at [99].
[9] *Re Yorkshire Woolcombers Association Ltd* [1903] 2 Ch 284, at 295.
[10] *Illingworth v Houldsworth* [1904] AC 355, at 358.
[11] See n 4. For critical analysis of the case see J. Getzler and J. Payne (eds), *Company Charges: Spectrum and Beyond*.

25.05 The Floating Charge

floating charge and distinguishe[s] it from a fixed charge.'[12] In other words, the critical question to be asked relates to the control that is exercised over the assets that fall within the scope of the charge. While the courts were once willing to recognise that a charge could be fixed notwithstanding the fact that the chargor retained an ability to remove the asset from the scope of the charge,[13] it is now clear from *Spectrum* that the test to be applied is a more restrictive one and that the ability to remove an asset from the scope of the charge will result in the conclusion that the charge is floating and not fixed.[14] While it may be an overstatement to conclude that any control by the chargor over the asset subject to the charge is inconsistent with the fixed nature of a charge, it would be accurate to state that the degree of control that can be exercised by the chargor consistently with the charge being fixed is now extremely limited.[15] Charges which give to the debtor the ability to deal with the asset without first seeking the permission of the chargor (or where such permission is not obtained in practice[16]) will in future be classified by the courts as floating and not fixed.

25.06 The concept underlying a floating charge is therefore one of a class of revolving assets which the company is to be free to manage and deal with in the ordinary course of business[17] until an event occurs which entitles the creditor to intervene and assert his security rights over the assets then held or subsequently acquired by the company. The occurrence of such an event is said to cause the charge to 'crystallize'. Until crystallization, the security interest does not attach and the chargee has no rights *in specie*, merely an interest in

---

[12] *Re Spectrum Plus Ltd*, n 4, at [106]. See to similar effect the judgments of Lord Millett in *Agnew v Commissioner of Inland Revenue* [2001] UKPC 28, [2001] 2 AC 710, at [32] and Briggs LJ in *SAW (SW) 2010 Ltd v Wilson* [2017] EWCA Civ 1001, [2018] Ch 213, at [23].

[13] See, for example, *Siebe Gorman & Co Ltd v Barclays Bank Ltd* [1979] 2 Lloyd's Rep 142, a case which was overruled by the House of Lords in *Re Spectrum Plus Ltd*.

[14] *Re Spectrum Plus Ltd*, n 4, at [107] and [139].

[15] See L. Gullifer, *Goode and Gullifer on Legal Problems of Credit and Security*, at para 4-23 and, more generally, L. Gullifer and J. Payne, 'The Characterization of Fixed and Floating Charges', in J. Getzler and J. Payne (eds), *Company Charges: Spectrum and Beyond*, p 51. See also *Re Beam Tube Products Ltd; Fanshawe v Amav Industries* [2006] EWHC 486 (Ch), [2007] 2 BCLC 732. Contrast *Russell-Cooke Trust Co Ltd v Elliott* [2007] EWHC 1443 (Ch), [2007] 2 BCLC 637, where a charge which was described as a floating charge was held to be a fixed charge because the rights of the chargor to deal with the assets subject to the charge were so circumscribed.

[16] The extent to which it is permissible to rely on conduct subsequent to the making of the charge is not a straightforward matter: see A. Berg, 'The Cuckoo in the Nest of Corporate Insolvency: Some Aspects of the *Spectrum* Case' [2006] JBL 22, and L. Gullifer and J. Payne, 'The Characterization of Fixed and Floating Charges', n 15. In large part the difficulty stems from the rule that it is not permissible to have regard to the conduct of the parties subsequent to the making of the contract when seeking to interpret that contract (see para 3.68, n 212). The uncertainty is reflected to some extent in the case law: contrast, in this respect, *Re Beam Tube Products Ltd; Fanshaw v Amav Industries Ltd*, n 15 (where subsequent conduct did not alter the nature of the charge) and *Re Harmony Care Homes Ltd* [2009] EWHC 1961 (Ch) (where some regard was had to conduct subsequent to the making of the charge for the purpose of reinforcing the conclusion that the judge would otherwise have reached). If the terms of the charge are never enforced in practice, this may incline a court to conclude that the agreement is a sham and that the true nature of the charge is a floating charge.

[17] See text to n 87.

a fluid fund of assets. It is unfortunate that, until relatively recently,[18] the concept of a fund[19] was not more clearly articulated in relation to the floating charge, for it might have avoided a great deal of confusion as to the nature of the chargee's interest before crystallization. That interest is closely analogous to the interest of a beneficiary in a trust fund under an active trust. The fund is considered to have an existence distinct from the particular assets from time to time comprised in it, and the beneficiary's interest does not fasten on to any particular asset until the trustee's management powers come to an end and the beneficiary becomes entitled to a distribution *in specie*.[20] Failure to appreciate this fact led some courts, in the earlier days of the floating charge, to apply fixed charge concepts, so that in certain cases it was erroneously concluded that the chargee had an immediate interest not merely in the fund but in the individual assets comprised in it,[21] while in others the judges went to the opposite extreme and decided that until crystallization the chargee had no real rights of any kind, merely a personal claim against the chargor.[22] Both these notions were firmly put down by Buckley LJ in *Evans v Rival Granite Quarries Ltd*:

'A floating charge is not a future security; it is a present security, which presently affects all the assets of the company expressed to be included in it . . . A floating

---

[18] The concept of an interest in a fund was recognised by Lord Walker in his speech in *Re Spectrum Plus Ltd*, n 4, at [139] when he stated that 'the chargee has a proprietary interest, but its interest is in a *fund* of circulating capital, and unless and until the chargee intervenes (on crystallisation of the charge) it is for the trader, and not the bank, to decide how to run its business' (emphasis in the original). But his reference in the same paragraph to the work of Professor Worthington may suggest that he envisaged that a floating charge is a defeasible fixed charge.

[19] See para **2.92**. The fund need not be open-ended. Even a closed fund, which can only reduce, suffices as an object of a floating charge (*Re Bond Worth Ltd* [1979] 3 All ER 919). See more generally R. Nolan, 'Property in a Fund' (2004) 120 LQR 108, where Nolan argues (at p 117) that a floating charge is a charge over a fund of assets in the sense that the charge has an immediate security interest in identified assets owned by the chargor but 'subject to, and restricted by, the superior but limited power of the chargor (as owner) to manage and alienate those assets free of the charge's interests'. See also H. Beale, M. Bridge, L. Gullifer and E. Lomnicka, n 1, paras 6.71–6.75 for a detailed discussion of the theories of the floating charge.

[20] See para **2.92**. A position challenged by Nolan, n 19, who contests (at pp 128 ff) the proposition that, prior to crystallization, the chargee has an interest in the fund but no interest in the assets comprising the fund.

[21] *Driver v Broad* [1893] 1 QB 744; *Wallace v Evershed* [1899] 1 Ch 891; *Re Dawson* [1915] 1 Ch 626. In all three cases a debenture giving a floating charge over land was held to create an interest in the land even before crystallization. Of course, where there are statutory provisions relating to land, the meaning of 'interest in land' in those provisions is a matter of interpretation of the statute and does not necessarily coincide with principles of property law. The cases could, perhaps, be justified on this ground, though it would have been easier to do so if the decisions had been based more explicitly on the language and terms of the statute rather than on the nature of the floating charge.

[22] See *King v Marshall* (1864) 33 Beav 565; *British Provident Life and Fire Assurance Society, Stanley's Case* (1864) 4 De GJ & Sm 407. However, it should be noted that an emphasis on the contractual obligations created by the debenture does not necessitate an analysis cast solely in contractual terms. Thus it has been argued that the floating chargeholder has the power to acquire a security right against the rights that are within the scope of the charge so that it has the potential to become an actual charge, and in this sense may be said to be analogous to a 'mere equity'; see R. Stevens, 'Contractual Aspects of Debt Financing' in D. Prentice and A. Reisberg (eds), *Corporate Finance Law in the UK and the EU* (2011), esp pp 219–223.

25.06 The Floating Charge

security is not a specific mortgage of the assets, plus a licence to the mortgagor to dispose of them in the course of his business, but is a floating mortgage applying to every item comprised in the security but not specifically affecting any item until some event occurs or some act on the part of the mortgagee is done which causes it to crystallize into a fixed security.'[23]

25.07 So a floating charge creates an immediate security interest but, until crystallization, no specific asset is appropriated to the security and the debtor company is therefore free to deal with the asset in the ordinary course of its business. In contrast to a fixed charge, the debtor company's present ownership or subsequent acquisition of property covered by the floating charge is not sufficient to cause the security interest to attach; a further act is needed to cause the charge to crystallize. As Dr Gough perceptively observes in his admirable work on company charges:

> 'Appropriation under a floating charge is a two-fold process. Neither the ownership of present property nor the acquisition of future property of itself constitutes a specific identification or ascertainment such as to permit an equitable proprietary interest without more to vest in the floating chargee. Under a floating security, there is no qualitative difference between present and future property for the purposes of appropriation and passage of title. There is also no equitable interest that arises in present property for the time being, which subsequently disappears or is displaced upon disposal by the charger in the course of its business.'[24]

25.08 Upon crystallization, the fund of assets comprised in the charge solidifies, terminating the debtor company's powers to manage the assets and converting the creditor's security interest into a fixed interest[25] as regards the property covered by the charge in which the company then has or subsequently acquires an interest.[26]

25.09 Though the floating charge is typically taken over property not readily susceptible to a fixed charge,[27] it is not confined to circulating assets but can be made to cover any description of property, including land. Conversely, a fixed charge may be taken over revolving assets, provided that the creditor has sufficient control over the debtor company's power to deal with the asset.[28] In practice, because of the advantages of a fixed charge in the event of the

---

[23] [1910] 2 KB 979 at 999. The fact that the security is a present security gives the debenture holder a number of rights which he would not possess under a mere contract to assign assets in the future (see *Goode and Gullifer on Legal Problems of Credit and Security*, at para 4-05). These include priority, on crystallization, over a subsequent charge taken with notice of a negative pledge clause in the floating charge instrument, and efficacy of the crystallized charge as a real right on winding up of the company.

[24] *Company Charges*, p 365.

[25] As to the strength of this compared with a security taken as a fixed mortgage or charge from the outset, see paras **25.20** ff.

[26] *N. W. Robbie & Co Ltd v Witney Warehouse Co Ltd* [1963] 3 All ER 613. Of course, as regards the company's future property, the usual rule applicable to fixed charges applies, viz that until acquisition, the security interest is inchoate, or dormant, but on acquisition it relates back to the date of the security agreement. However, it will rank as a fixed security only as from the date of crystallization. See para **23.22**, n 61.

[27] Eg stock in trade, receivables.

[28] *Re Spectrum Plus Ltd*, n 4.

debtor's liquidation, administration or receivership,[29] creditors tend to take a fixed charge over fixed assets and a floating charge merely over circulating assets. For a time there was a trend to extend the ambit of the fixed charge still further to cover book debts and other receivables,[30] but that trend was brought to a rather abrupt halt by the decision of the House of Lords in *Re Spectrum Plus Ltd*[31] which has made it much more difficult (but not impossible) to create a fixed charge over book debts and other receivables. The acid test for distinguishing between a fixed and a floating charge is not whether the assets comprising the security are fixed or circulating but whether the creditor has or has not taken sufficient steps to exclude the debtor's right to continue to manage the assets and dispose of them in the ordinary course of business free from the charge. A charge over circulating assets is thus presumptively intended as a floating charge, so that restrictions on the debtor company's ordinary dealing powers need to be specifically agreed, whereas a charge over fixed assets is assumed to be intended as a fixed charge, so that if the company wished to dispose of the asset free from the charge, it would need to obtain the chargee's assent.[32]

3. CREATION OF THE CHARGE

25.10 Though a floating charge is usually created by an instrument expressed to cover the debtor company's 'undertaking' or its 'present and future property', no particular form of words is necessary; it suffices that the agreement manifests an intention to charge the company's present and future assets, or a designated class of assets, with freedom to deal with them in the ordinary course of business so long as the company is a going concern and the creditor does not exercise any contractual right to intervene. The fact that the asset said to be subject to the charge does not exist at the time of the creation of the charge does not deprive the charge of validity. This is because the validity of an instrument as a floating charge does not depend upon the existence, at the time of the creation of the instrument, of uncharged assets of the company creating it, or upon a power in the company to acquire assets in the future, free from any fixed charge arising from the crystallisation of a prior floating charge.[33] This being the case, a company can create a floating charge for the purpose of setting itself up in business before it has acquired the assets to which the charge will attach.

25.11 Moreover, the fact that an instrument of charge is described as a fixed charge, and purports to create a fixed security, is not conclusive as to its

---

[29] See paras **25.32, 31.35** and note the limited circumstances in which an administrative receiver can now be appointed (para **31.53**).
[30] See in particular *Siebe Gorman & Co Ltd v Barclays Bank Ltd*, n 13, and see further ch 29 as to receivables financing.
[31] See n 4.
[32] See *Goode on Legal Problems of Credit and Security*, para 4-12, and *Re Cimex Tissues Ltd* [1994] BCC 626, per S. J. Burnton QC at 635, although it has been stated that it is 'very dubious' whether the decision in *Cimex Tissues* survives the decision in *Re Spectrum Plus* (see *Goode and Gullifer on Legal Problems of Credit and Security*, para 4-12, n 98).
[33] *SAW (SW) 2010 Ltd v Wilson* [2017] EWCA Civ 1001, [2018] Ch 213, at [24]–[25] and [48]; *Re Croftbell* [1990] BCLC 844, [1990] BCC 781.

25.11 The Floating Charge

character.[34] The court looks at the overall tenor of the document and beyond the document to the substance of the transaction. So if it is clear that the debtor is, in fact, to be left free to manage the charged assets as if they were its own, the court will treat the charge as a floating charge over those assets, whatever label the parties themselves may have given the charge.[35] Similarly, if a charge is taken over moneys or over cash proceeds of other assets and the debtor is allowed freedom to mingle the moneys and proceeds with its own moneys, the court will regard this as incompatible with the concept of a fixed charge and will treat the security as a floating security.[36]

25.12 On the other hand, the mere existence of a right of substitution on a unit-by-unit basis ought not (even post *Spectrum*) to be considered incompatible with the existence of a fixed security interest, particularly where the assets are not circulating assets.[37] Similarly, where a security interest is created in investment securities under an agreement empowering the debtor to substitute new securities or to withdraw securities to the extent of any excess over the value agreed to be maintained at any one time with the creditor, this should not by itself have the effect of converting the security interest into a floating charge or of negating the crystallization of a floating charge.[38]

25.13 As has been noted,[39] the critical question to be asked relates to the control that is exercised over the assets that fall within the scope of the charge. But what form must that control take? Must it take the form of legal control (typically a contractual right to prevent the disposal of the charged asset) or does it suffice that the creditor is able in fact to prevent the debtor from disposing of the charged asset (so-called practical control)? Mere factual or practical control is not sufficient because, in such a case, there is no legal guarantee that control can or will be exercised. In *Gray v G-T-P Group Ltd*[40] a charge was held to be floating because, although the factual co-operation of the creditor was required for the debtor to withdraw funds from the bank account which was the subject-matter of the charge, this was held to be merely

---

[34] *Re Spectrum Plus Ltd*, n 4, at [119] and [141].
[35] The same rule applies in determining whether the agreement is to be characterized as a charge of any kind. See *Re Bond Worth Ltd*, n 19.
[36] *Re Bond Worth Ltd*, n 19. If this freedom is tacitly given from the outset, the charge will be a floating charge *ab initio*. If it is given later, the charge will become converted, by contract or estoppel, into a floating charge.
[37] For an example, see *Holroyd v Marshall*, n 3. However, Professor Worthington suggests that unit-by-unit substitution is inconsistent with a fixed charge: see S. Worthington, 'Floating Charges: Use and Abuse of Doctrinal Analysis', in J. Getzler and J. Payne (eds), *Company Charges: Spectrum and Beyond*, p 37. In order to avoid the risk of characterisation of the charge as a floating charge, the power of the debtor to substitute the asset should be subject to the requirement that the consent of the creditor is first obtained. See generally H. Beale, M. Bridge, L. Gullifer and E. Lomnicka, n 1, paras 6.123 ff; and *Goode and Gullifer on Legal Problems of Credit and Security*, at paras 4-12, n 98 and 4-23.
[38] This approach is in line with the general thrust of the EC directive on financial collateral arrangements (2002/47/EC, art 2(2)) to preserve the efficacy of substitution and withdrawal clause. See the Financial Collateral Arrangements (No 2) Regulations 2003 (SI 2003/3226), reg 3, definitions of 'security financial collateral arrangement' and 'security interest'.
[39] See para **25.05**.
[40] [2010] EWHC 1772 (Ch), [2011] 1 BCLC 313.

an 'administrative step' and did not give the creditor control over the money in the account. So the primary focus is on the legal entitlement to control the asset in question. But legal entitlement to control the asset may not suffice in the event that the legal right is not exercised. While conduct subsequent to the making of the charge is not technically admissible in evidence when considering the nature of the charge that has been created,[41] a complete or a regular failure to enforce the right of control may lead a court to conclude either that the agreement as drafted was a sham or that the agreement has been varied by the unequivocal conduct of the parties. A final difficulty which arises in this context relates to the extent of the legal control which must be exercised over the charged asset for the charge to be fixed. If the agreement prohibits the debtor from dealing with the asset at all without the consent of the creditor, the charge is fixed. On the other hand, if the debtor can dispose of the asset without the consent of the creditor, the charge is floating. In between is the case where the debtor can dispose of the asset but must account to the creditor for the proceeds of the sale. In this instance the critical question relates to the extent of the control over the proceeds of the sale. Unless there is a total prohibition on the use of the proceeds without the consent of the creditor, it is likely that, post *Re Spectrum Plus Ltd*,[42] the charge will be regarded as floating.

25.14 Another difficult issue is that which arose in *Arthur D Little Ltd v Ableco Finance LLC*,[43] where the debenture created a charge over shares and separately charged dividends and other distribution rights. The debtor was not at liberty to dispose of the former, but distributions were at the free disposal of the charger. It was held that the charge over the shares was a fixed charge and that the distribution rights were not to be regarded as separate property, even though separately mentioned, but were ancillary to the shares themselves and were, therefore, part of the assets subject to the fixed charge. With respect, this does not seem correct. If the charges had not been extended to distributions, these would ordinarily have been regarded as the unencumbered property of the debtor. It was therefore necessary to provide specifically for these to be charged, and since the debtor was left free to deal with them, the charge should, it is thought, have been treated as a floating charge over the distribution rights.[44]

4. CRYSTALLIZATION OF THE CHARGE

25.15 The subsistence of the security as a floating charge presupposes the continuance of the debtor company's business as a going concern under the

---

[41] See n 16.
[42] Note 4. See also *Re Lehman Brothers International (Europe) (in administration) (No 5)* [2012] EWHC 2997 (Ch), [2014] 2 BCLC 295, [70] and, more generally, Goode and Gullifer on *Legal Problems of Credit and Security*, paras 4-22 – 4.29.
[43] [2003] Ch 217.
[44] This conclusion is supported by *Re Spectrum Plus*, n 4, which was decided after *Arthur D Little Ltd*: see *Goode and Gullifer on Legal Problems of Credit and Security*, at para 4-17, n 134.

management of the directors.[45] The charge will accordingly crystallize upon the occurrence of an event falling within one of the heads set out below. As a preliminary point, the position will here be taken that crystallization comes about through the withdrawal of the authority of the company to continue management of the assets comprised in the security, and that the termination of the company's actual (as opposed to its apparent) authority to manage the assets is purely a matter between the chargee and the company. The effect of crystallization on third parties should be seen as an entirely distinct question which, as will be argued hereafter, involves consideration of the company's *apparent* authority to continue management of the assets notwithstanding the termination of its actual authority. The failure to distinguish the two has caused much misunderstanding in the literature on crystallization, particularly in relation to the effect of automatic crystallization clauses.[46]

(i) **De facto cessation of business**

25.16 The charge will crystallize if the company ceases to trade,[47] whether it does so voluntarily[48] or in response to a winding-up petition[49] or other external cause. The fact that the directors retain theoretical powers of management does not prevent crystallization.

(ii) **Termination of management powers**

25.17 Even if the company is still trading, termination of the power of the directors to run the company as a going concern will cause the charge to crystallize, whether such power is terminated generally or merely with respect to the particular debenture holder whose charge is in issue. So crystallization will result from the passing of a resolution for voluntary winding up,[50] the making of a winding-up order[51] or the appointment of a receiver by the chargee or by the court on the chargee's application.[52] However, if the

---

[45] As opposed, for example, to management by an administrator.
[46] See para **25.19**.
[47] *National Westminster Bank plc v Jones* [2001] EWCA Civ 1541, [2002] 1 BCLC 55.
[48] *Re Woodroffe's Musical Instruments Ltd* [1985] 2 All ER 908, per Nourse LJ at 913–914; *Edward Nelson & Co Ltd v Faber & Co* [1903] 2 KB 367, per Joyce J at 376–377. Cessation of trade may be indicated by a transfer of the company's undertaking or a sale of its assets, as in *Hubbuck v Helms* (1887) 56 LJ Ch 536; but this is not necessarily the case (*Re Borax Co* [1901] 1 Ch 326).
[49] *Re Victoria Steamboats Ltd* [1897] 1 Ch 158, per Kekewich J. But the debenture holder must adduce evidence showing that the company has ceased to trade. The presentation of a winding-up petition does not as a matter of course cause a floating charge to crystallize (ibid).
[50] *Re Colonial Trusts Corporation* (1879) 15 Ch D 465, per Jessel MR at 472; *Re Crompton & Co Ltd* [1914] 1 Ch 954. The former case also decided that where, before the passing of the resolution, a provisional liquidator is appointed, that marks the date of crystallization of the charge.
[51] *Re Panama, New Zealand & Australian Royal Mail Co*, n 6. On the other hand, the mere presentation of a petition does not by itself have this effect, for it may be unfounded and in any event will not necessarily indicate that the company has ceased trading (see also n 49).
[52] *Evans v Rival Granite Quarries Ltd*, n 23. This is so whether he is an ordinary receiver (ie without powers of management) or an administrative receiver, although, since 15 September

directors' powers of management come to an end only as regards part of the assets comprised in the floating charge, as where the chargee exercises a power given by the debenture to effect a selective crystallization, the charge continues to float as regards the remainder of such assets.[53] The charge is not, however, crystallized by the appointment of a receiver by a chargee under another charge, whether later[54] or earlier, because, vis-à-vis the non-intervening debenture holder, the company's powers of management continue and there is no reason why the debenture holder should be compelled to treat its charge as crystallized when it might consider this contrary to its interests.[55] Matters are more difficult in relation to the appointment of an administrator. While it was previously thought that the appointment of an administrator, at least by the debenture holder, caused the charge to crystallize, it may now be the case that, having regard to the powers given to an administrator, the appointment of an administrator does not cause the charge to crystallize in the absence of an express term to that effect in the charge agreement.[56]

(iii) Chargee's exercise of power of intervention

25.18 If the chargee has become entitled, under the terms of the charge, to intervene in the management of the company's assets and exercises that power,[57] so divesting the directors of their own management powers in relation to the charged assets, the charge will crystallize,[58] though in the case of an authorized partial crystallization only in relation to the assets in respect of which the debenture holder intervenes.[59] Until relatively recently, the typical mode of intervention was by the appointment of an administrative receiver.[60] However, the power of a floating charge holder to appoint an administrative receiver has been removed in relation to most charges created after 15 Sep-

---

2003, a floating charge holder can no longer appoint an administrative receiver (s 72A of the Insolvency Act 1986) unless the case falls within one of the exceptions set out in ss 72B–72H of the Act (see para **31.54**). The appointment of a receiver also crystallizes the charge under para (iii) below. Unless otherwise ordered, the appointment of a receiver by the court does not take effect until he has furnished security. Crystallization does not depend upon the receiver's taking possession of the charged assets. An entirely separate question, however, is the extent to which a competing third party is bound by a crystallizing event of which he has no notice. See para **25.26**.

[53] See Gough, *Company Charges*, pp 401 ff and section (v) below.
[54] As in *Re Woodroffes (Musical Instruments) Ltd* [1986] Ch 366.
[55] Ibid.
[56] See *Goode and Gullifer on Legal Problems of Credit and Security*, paras 4-37 and 4-45. Contrast G. Lightman, G. Moss, H. Anderson, I. Fletcher and R. Snowden, *Lightman & Moss on the Law of Administrators and Receivers of Companies* (6th edn, 2017), para 3-081 for the view that where the appointment of the administrator is by the holder of a qualifying floating charge such an appointment must crystallise the floating charge.
[57] The mere fact that the power has become exercisable is not sufficient. The chargee must actually have exercised it (*Governments Stock and Other Securities Investment Co Ltd v Manila Rly Co* [1897] AC 81; *Evans v Rival Granite Quarries Ltd*, n 23, per Vaughan Williams LJ at 986–987; Fletcher Moulton LJ at 993).
[58] *Governments Stock and Other Securities Investments Co Ltd v Manila Rly Co*, n 57; *Evans v Rival Granite Quarries Ltd*, n 23.
[59] See above.
[60] See paras **23.40**, **31.53**.

tember 2003[61] so that the practical significance of administrative receivership has now substantially diminished. However, the holder of a qualifying floating charge has the ability to appoint an administrator without having to apply to court.[62] Other events of intervention include the exercise of a power to take possession of the assets[63] or to sell them[64] and crystallization of the charge by notice pursuant to a provision in the debenture.[65] Indeed, any acts of intervention permitted by the agreement between the parties would be sufficient, as between the chargee and the company, to terminate the company's management powers. On the other hand, mere demand for payment to the company or its bankers does not of itself produce crystallization,[66] unless so provided by the terms of the charge.

(iv) Automatic crystallization

25.19 Over the years there has been an increasing tendency to expand crystallization clauses in floating charges to cover not merely acts of intervention by the chargee but a variety of other events, not all of which constitute public acts of which third parties would be on notice. For example, the charge may provide for automatic crystallization if the debtor company allows its external borrowing to exceed a stated figure, fails to pay a sum due under the charge within a specified period of the due date, allows a judgment against it by some other creditor to remain unsatisfied for more than a stated period or has distress or execution levied against any of its property. To what extent are the parties free to agree on any act they choose as causing crystallization, even if involving no active step by the chargee? The English authorities on automatic crystallization[67] support its validity,[68] and the same is true of most

---

[61] By section 250 of the Enterprise Act 2002 which inserted a new s 72A into the Insolvency Act 1986. For critical consideration of this change, see R. Stevens, 'Security After the Enterprise Act', in J. Getzler and J. Payne (eds), *Company Charges: Spectrum and Beyond*, p 153. Note that administrative receivership has been retained where one of the exceptions set out in ss 72B–72H of the Insolvency Act 1986 applies.

[62] Insolvency Act 1986, Sch B1, para 14. An administrator may not be appointed under para 14 while a floating charge on which the appointment relies is not enforceable (para 16). The Court of Appeal in *SAW (SW) 2010 Ltd v Wilson* [2017] EWCA Civ 1001, [2018] Ch 213 at [33] held that 'enforceable' for this purpose means that the chargee has a right to enforce and is not concerned with the question whether there are free assets to which the chargee can have recourse for the purposes of enforcement. Further, a floating charge is not rendered unenforceable simply because of the existence of a prior security (*SAW (SW) 2010 Ltd v Wilson*, at [33]). Thus the effect of the automatic crystallisation of an earlier floating charge upon a later floating charge does not raise a question as to the validity of the later floating charge but is rather a question of priorities as between the two charges (see *SAW (SW) 2010 Ltd v Wilson*, at [28]).

[63] As to seizure of part only of the charged assets under a partial crystallization clause, see para (v) below.

[64] For the creditor's power of sale, see para **23.35**. Usually, extensive powers are conferred by the debenture.

[65] As in *Re Brightlife Ltd* [1987] Ch 200.

[66] Ibid.

[67] It has been suggested that a preferable term is 'express crystallization' rather than 'automatic' crystallization on the ground that the crystallization arises out of an express term of the agreement creating the charge: *Re JD Brian Ltd (in liquidation)* [2015] IESC 62, at [56].

other Commonwealth decisions,[69] though it has been contended that the views expressed by the judges do not go all one way.[70]

25.20 Much of the concern expressed about the adverse effects of automatic crystallization results from a failure to distinguish questions of attachment, which concern only the creditor and the debtor, from questions of priorities, which involve third parties. Crystallization of a floating charge causes the charge to become fixed; it is thus assumed that the charge thereafter operates in all respects as if it had been expressly created as a fixed charge at the time of crystallization. Herein lies the fallacy. The grantor of a fixed charge is circumscribed from the outset. He has no authority to deal with the asset as his own in the ordinary course of business; nor does he have even apparent authority to do so, for if he were held out by the chargee as having such authority, this would be incompatible with the status of the charge as a fixed charge.

25.21 By contrast, the chargor under a floating charge has a contractual right to manage the fund of assets comprised in the security, and to change the composition of the fund by acquisitions and disposals in the ordinary course of business. His actual authority may be terminated on any ground prescribed by the security agreement[71] and such termination will be fully effective as between the parties, but it does not follow that third parties continuing to deal with the company will be bound, for they may be able to invoke the well-established rule of agency law that entitles a party having prior dealings with an agent to assume continuance of the agent's authority until the party in question has notice of its termination.[72] The courts are, however, unlikely to adopt a liberal approach to the interpretation of automatic crystallisation

---

[68] Ibid; *Re Home & Hellard* (1885) 29 Ch D 736; *Davey & Co v Williamson and Sons* [1898] 2 QB 194; *Illingworth v Houldsworth*, n 10.

[69] The fullest treatment of automatic crystallization clauses and of the policy issues arising in connection with them is to be found in Gough, *Company Charges*, chs 11 and 16. See also the decision of the Supreme Court of Ireland in *Re JD Brian Ltd (in liquidation)* [2015] IESC 62, at [70] where it was held that there is no rule of law which precludes parties to a debenture creating a floating charge agreeing, as a matter of contract, that the floating charge will crystallise upon the happening of an event or a particular step taken by the chargee.

[70] See, for example, A. J. Boyle, 'The Validity of Automatic Crystallisation Clauses' [1979] JBL 231; J. H. Farrar, 'The Crystallisation of a Floating Charge' (1976) 40 Conv 397, and 'World Economic Stagnation Puts the Floating Charge on Trial' (1980) 1 Co Law 83 at pp 87–88. These writers interpret the judgments of Vaughan Williams LJ and Fletcher Moulton LJ in *Evans v Rival Granite Quarries Ltd*, n 23, as requiring active intervention by the debenture holder and as disapproving the notion of automatic crystallization. This appears to be a misreading of the judgments, which were concerned to show only that a mere *right to intervene*, unaccompanied by any steps to put an end to the company's management powers, did not suffice. The judgments were not dealing with automatic cessation of such powers by virtue of a provision in the debenture deed itself.

[71] For the dangers of overkill in the use of automatic crystallization clauses, see R. M. Goode, 'Some Aspects of Receivership Law – III' [1981] JBL 473 at p 474, and *Goode and Gullifer on Legal Problems of Credit and Security*, paras 4-56, 4-57.

[72] See *Bowstead and Reynolds on Agency* (21st edn, 2017), art 121 and paras 10.031 – 10.033 ff. See para **25.30**.

25.21 The Floating Charge

clauses, given the significant consequences which crystallisation will have for the business of the chargor, and, for this reason, it is important that such clauses are drafted clearly.[73]

(v) Partial crystallization

25.22 Most floating charges provide for crystallization over the whole of the charged assets in stated events. But there seems no reason why the charge cannot provide for crystallization over part of the assets, leaving the charge floating as to the remainder, so long as the property which is to be the subject of the partial crystallization is clearly identifiable from the description in the security agreement.[74] Provided that the intention of the parties can be sufficiently ascertained, there is no reason why the court should not give effect to it, thus enabling the chargee to take possession of particular assets only, leaving the charge floating as to the remaining assets.

5. EFFECT OF CRYSTALLIZATION AS BETWEEN CHARGOR AND CHARGEE

25.23 As previously mentioned, crystallization results in the charge becoming a specific charge over any property covered by the security agreement in which the company has or subsequently acquires an interest. As against the company, the chargee has all the rights of the holder of a specific equitable charge,[75] and the company's actual[76] authority to deal with the charged assets free from the charge comes to an end. Usually the remedies given at law or by statute[77] are extended in the debenture creating the charge, so that in the ordinary way the chargee will be able to appoint a receiver or administrator,[78] to take possession,[79] to sell[80] or to apply for foreclosure.[81] Where crystallization occurs by reason of the appointment of a receiver or because the company goes into liquidation or administration, the receivership or liquidation creates a priority point for the computation of preferential claims, which usually rank above the floating charge.[82] In addition, liquidation may trigger statutory

---

[73] *SAW (SW) 2010 Ltd v Wilson* [2017] EWCA Civ 1001, [2018] Ch 213, at [43]; *Re Brightlife* [1987] Ch 200, 213.
[74] See Gough, *Company Charges*, pp 401 ff. In the absence of a provision in the debenture for partial crystallization, the chargee has no right to crystallize the charge as to some assets only. If he purports to do so, the charge will be treated as continuing to float. See *R v Consolidated Churchill Copper Corpn Ltd* [1978] 5 WWR 652.
[75] Or equitable mortgage, if the 'charge' takes the form of an assignment (see n 7). As to the enforcement remedies of chargees and mortgagees, see paras **23.30** ff.
[76] As opposed to its apparent authority. See below.
[77] See para **23.34**.
[78] In most cases, however, it will be the appointment of the receiver or administrator that has caused the charge to crystallize in the first place.
[79] See para **23.31**.
[80] Getting in the legal title either by exercise of a power of attorney contained in the debenture or by application to the court.
[81] See para **23.41**.
[82] Insolvency Act 1986, ss 40(2), 175(2)(b), Sch B1, para 65(2). See para **25.32**.

provisions rendering the charge void or voidable if taken at a time when the company was insolvent.[83]

6. EFFECT OF CRYSTALLIZATION AS BETWEEN CHARGEE AND THIRD PARTIES

25.24 This is a question of priorities, discussed below.

7. PRIORITIES

(i) As regards competing interests arising prior to crystallization

1. General

25.25 Since a floating charge leaves the company free to deal with its assets in the ordinary course of business, a subsequent disposition by the company will in principle take effect free from the charge, while the grant of a subsequent fixed charge or mortgage will take priority over the floating charge.[84] The ability to grant a fixed charge ranking in priority to the floating charge arises by implication from the nature of the floating charge, in the absence of a term of the charge to the contrary,[85] and does not require to be provided expressly in the charge. By contrast, the grant of a subsequent floating charge ranking in priority to the first floating charge is prima facie against the intention of the earlier charge and, even if the later charge is the first to crystallize, it is ineffective vis-à-vis the holder of the earlier charge except in so far as thereby authorized.[86]

25.26 The company's implied authority to deal with its assets is limited to dealings in the ordinary course of business,[87] though this is liberally interpreted.[88] Not infrequently, the instrument of charge narrows the normal meaning of 'ordinary course of business' by excluding designated classes of

---

[83] Ibid, s 245. See para 31.49.
[84] *Wheatley v Silkstone and Haigh Moor Coal Co* (1885) 29 Ch D 715.
[85] See below.
[86] *Re Benjamin Cope & Sons Ltd* [1914] 1 Ch 800; *Re Household Products Co Ltd* (1981) 124 DLR (3d) 325. The decisions, which do not depend on the existence of a negative pledge clause in the first floating charge, were, unfortunately, not drawn to the attention of Morritt J in *Griffiths v Yorkshire Bank plc* [1994] 1 WLR 1427, as to which, see n 92. It has been held that the grant of a second floating charge over part of the assets comprised in the first floating charge is permissible (*Re Automatic Bottle Makers Ltd* [1926] Ch 412), though the true ratio of the decision is based not on a distinction between a floating charge over all the assets and a floating charge over part of them but simply on a construction of the charge instrument.
[87] *Re Florence Land and Public Works Co* (1878) 10 Ch D 530; *Wallace v Universal Automatic Machines Co* [1894] 2 Ch 547, per Kay LJ at 554; *Fire Nymph Products Ltd v The Heating Centre Pty Ltd* (1992) 7 ACSR 365.
[88] See *Re Modern Terrazzo Ltd* [1998] NZLR 160, approved by the Privy Council in *Countrywide Banking Corpn Ltd v Dean* [1998] AC 338; Gough, *Company Charges*, ch 9; *Ashborder BV v Green Gas Power Ltd* [2004] EWHC 1517, [2005] 1 BCLC 623 where Etherton J helpfully reviewed the authorities at [202]–[216] and summarised the applicable principles at [227].

25.26 *The Floating Charge*

transaction, eg the factoring of the company's receivables. Whether a third party who purchases or takes a charge of assets from the company outside the company's ordinary business as so defined is governed by such a restriction depends on ordinary principles of agency law. If the transaction was within the company's apparent authority, the third party gets priority, otherwise he does not.[89]

25.27 Since no specific asset is affected by the floating charge until crystallization, it follows that an execution creditor who completes his execution[90] before crystallization gets priority.[91]

2. Restrictions on dealings

25.28 The company's liberty to dispose of assets free from the floating charge and to grant subsequent fixed charges ranking in priority to the floating charge may be, and usually is, restricted by the terms of the instrument of charge. Such restrictions are fully effective as between the chargee and the company but are unlikely to bind a subsequent purchaser or encumbrancer unless he has notice of them.[92]

(ii) As regards competing interests arising after crystallization

25.29 Once the charge has crystallized, the company's authority to deal with the assets comes to an end and the charge fastens on them as a fixed charge. For this purpose the parties are free to agree on any event they choose as constituting a crystallizing event, whether or not it is visible to the outside world, for we are here speaking only of the effect of crystallization as between them.

25.30 But while crystallization puts an end to the company's *right* to dispose of the asset, it does not follow that its *power* to do so is fully terminated. This depends on the extent to which its apparent authority continues. In principle, a person who dealt with the company prior to crystallization should be entitled to assume the continuance of its authority to deal until he has had notice of the

---

[89] See para 5.18.
[90] See para 22.74, n 190.
[91] *Evans v Rival Granite Quarries Ltd*, n 23; *Robson v Smith* [1895] 2 Ch 118.
[92] *English & Scottish Mercantile Investment Co Ltd v Brunton* [1892] 2 QB 700. As to whether he has notice by virtue of registration of the charge, see para **24.46**. The effect of notice is to subject the subsequent purchaser or encumbrancer to a personal equity in favour of the floating chargee, so that the latter has priority even though his security interest has not yet attached. See Gough, *Company Charges*, p 228. The decision of Morritt J in *Griffiths v Yorkshire Bank Ltd*, n 86, that the restriction is purely a matter of contract and does not affect subsequent encumbrances even if taking with notice of it is inconsistent with the underlying assumption in *English & Scottish Mercantile Investment Co Ltd v Brunton*, and with *Cox v Dublin City Distillery Co* [1906] 1 IR 446.

termination of that authority.[93] Similarly, one who dealt with the company for the first time after crystallization and was aware of the existence of the floating charge[94] but not of its crystallization can reasonably contend that the company was held out to him as continuing to have authority to deal. It is one of the mysteries of the development of this branch of law that priority conflicts between the holder of a crystallized charge and a third party claiming rights over the charged property have always been viewed in purely property law terms, without reference to agency principles, and the issue has thus been expressed in the form: whose interest was first, that of the holder of the charge or that of the rival claimant? But the priority of the first in time is not absolute. He may lose it if he allows the debtor to hold himself out as at liberty to deal with the asset free from the security. Where the crystallizing event is itself a public act, the termination of apparent authority will coincide with the time of crystallization, so that the holder of the crystallized charge will have priority over a subsequently created interest. Such is the case where the crystallizing event is the winding up of the company or the cessation of its trading activity.[95] But not all crystallizing events are of this character. The appointment of a receiver is usually effected by a document in writing under the hand of the chargor, coupled with the receiver's express or implied acceptance of the appointment.[96] Some further act is necessary to give public notice of the receiver's intervention, as by filing notice of his appointment[97] or taking possession of the security.[98] Similarly, public notice of the appointment of an administrator must be given; for example, by filing notice of the appointment.[99] A fortiori, a crystallizing event such as default in payment or failure to satisfy a judgment does not of itself constitute notice to third parties of the termination of the company's management powers and will not, it is submitted, bind a bona fide purchaser for value[100] without notice.

---

[93] See to the same effect *Lightman and Moss on the Law of Administrators and Receivers of Companies*, paras 3-091 ff; *Fire Nymph Products Ltd v The Heating Centre Pty Ltd*, n 87, per Gleeson J at 373.
[94] Constructive notice through registration would not be sufficient for this purpose. It is necessary that the party in question shall have acted in reliance on the company's continued apparent authority to deal with its assets.
[95] See paras **25.16–25.17**.
[96] The appointment is not effective until accepted within the prescribed time (Insolvency Act 1986, s 33).
[97] As required by the Companies Act 2006, s 859K. But even such filing will not of itself bind a bona fide buyer in the ordinary course of business. See para **24.45**. An administrative receiver, in the limited circumstances where such an appointment can still be made, is also required to give notice of his appointment in the prescribed form to the company and creditors (Insolvency Act 1986, s 46; Insolvency Rules 2016 (SI 2016/1024), Part 4, Chapter 2, r 4.5) and to include a statement of the appointment on invoices, orders and business letters (Insolvency Act 1986, s 39).
[98] Relevant for this purpose, but not for crystallization of the charge. See n 52.
[99] As required by the Insolvency Act 1986, Sch B1, para 46(4). As with administrative receivership (see n 97), even such filing will not of itself bind a bona fide buyer in the ordinary course of business. See para **24.45** An administrator is also required to give notice of his appointment in the prescribed form to the company and creditors (Insolvency Act 1986, Sch B1, para 46(2) and (3)) and to include a statement of the appointment on invoices, orders and business letters (Insolvency Act 1986, Sch B1, para 45).
[100] Including an encumbrancer.

25.31 The Floating Charge

25.31 On the other hand, unsecured creditors (including execution creditors who have not completed the execution) have no *locus standi* to complain of want of notice, for they have no real rights in the company's assets and are therefore not regarded as concerned with the company's ability to deal with its property, and to circumscribe its own powers of disposition, as it thinks fit.[101]

(iii) Statutory subordination of the floating charge

25.32 A floating charge will be subordinate to the claims of preferential creditors where the chargee takes possession of the security,[102] a receiver is appointed,[103] or the debtor company goes into winding up[104] or administration,[105] and this is so even where the charge has crystallized before the right of the preferential creditor accrued.[106] In addition, where the company goes into liquidation, administration or receivership or a provisional liquidator is appointed, a prescribed part of the net property comprised in the floating charge must be made available for the satisfaction of unsecured debts.[107] A floating charge will also be subordinate to liquidation expenses[108] and administration expenses.[109] Winding up or administration will in certain circumstances invalidate the charge.[110]

8. THE FUTURE OF THE FLOATING CHARGE

25.33 The floating charge has proved a brilliantly successful device in many ways, yet the fundamental concept continues to cause difficulty and the huge volume of case law that has built up around it presents a serious obstacle to the modernization of English personal property security law. The floating charge was never adopted in the United States, while in the various Canadian provinces and in New Zealand it has ceased to be a distinct form of security and is treated as a form of fixed security under which the debtor continues to have dealing powers. The purpose of the floating charge has always been to provide the creditor with some form of security interest, despite the debtor's dealing powers, while ensuring that third parties acquiring rights in the subject matter of the charge obtain a title free from the floating charge. But the

---

[101] See paras **22.13–22.14**.
[102] Companies Act 2006, s 754(1), (2).
[103] Insolvency Act 1986, s 40.
[104] Ibid, s 175(2)(b).
[105] Ibid, Sch B1, para 65(2), although an administrator may make a distribution to a creditor who is not preferential if the court gives permission (para 65(3)(b)) or if he thinks it likely to assist achievement of the purpose of administration (para 66).
[106] This is because 'floating charge' in s 251 of the Insolvency Act 1986 means a charge which, *as created*, was a floating charge.
[107] Insolvency Act 1986, s 176A; Insolvency Act (Prescribed Part) Order 2003 (SI 2003/2097).
[108] Insolvency Act 1986, s 176ZA, inserted by s 1282(1) of the Companies Act 2006, which reverses the decision by the House of Lords in *Re Leyland Daf Ltd, Buchler v Talbot* [2004] UKHL 9, [2004] 2 AC 298. See para **31.35**, n 123.
[109] Insolvency Act 1986, Sch B1, para 99(3)(b).
[110] Insolvency Act 1986, s 245. See *In re Peak Hotels and Resorts Ltd (in liq)* [2019] EWCA Civ 345, [2019] 1 BCLC 505, [2019] Bus LR 1758, at [33].

case law has posed recurrent difficulties: the characterization of the charge, particularly where it relates to receivables, and the impact of that characterization on the rights of preferential creditors; the adverse position of execution creditors who have no means of knowing that a prior floating charge has crystallized; and the events that are sufficient to cause crystallization. These problems are now best dealt with by legislation along the lines of art 9 of the Uniform Commercial Code of the United States and comparable legislation since enacted in Canada and New Zealand, which provide that the debtor's continued power to dispose of its assets in the ordinary course of business is not inconsistent with the existence of the creditor's (fixed) security interest in the debtor's present and future property, and which balance the competing interests by a set of clear priority rules, rather than leaving these to be inferred by the courts from the characterization of the security interest. This was recommended almost 50 years ago by the Crowther Committee[111] and later by the Cork Committee[112] and Professor Aubrey Diamond,[113] but there was no legislative action. Today the prospects seem little better. The Law Commission, while recognising that there was a 'good case' for removing the distinction between fixed and floating charges, decided not to recommend that the distinction be removed and instead recommended that it be re-considered 'when insolvency law is next reviewed.'[114] While there can be little doubt that the floating charge has served us well in the past, doubts about its future persist. However, notwithstanding the forceful arguments advanced by its critics,[115] it is still too early to write an obituary for the floating charge.

---

[111] In its report on Consumer Credit (Cmnd 4596, 1971).
[112] In its report *Insolvency Law and Practice* (Cmnd 8558, 1982).
[113] *A Review of Security Interests in Property* (1989).
[114] Law Commission, *Company Security Interests* (Law Com no 296, August 2005) at paras 3.171 and 3.173. The response of the Law Commission on this issue has been described as 'feeble': see R. Goode, 'The Case for Abolition of the Floating Charge' in J. Getzler and J. Payne (eds), *Company Charges: Spectrum and Beyond*, at p 20. Much valuable work has been done by the Secured Transactions Law Reform Project which has produced a number of valuable discussion papers, but whether these will be translated into legislative reforms remains to be seen (see https://securedtransactionslawreformproject.org/).
[115] See Roy Goode, n 114; R. Goode, 'The Exodus of the Floating Charge' in D. Feldman and F. Meisel (eds), *Corporate and Commercial Law: Modern Developments* (1996), ch 10; R. Mokal, 'The Floating Charge – An Elegy', in S. Worthington (ed), *Commercial Law and Commercial Practice* (2003), p 479.

PART FIVE

Specific Forms of Secured Business Finance

Chapter 26
GENERAL FINANCING CONSIDERATIONS

1. SELECTING THE SECURITY INSTRUMENT

26.01 In Part Four we examined the structure of English security law and explored some of the conceptual subtleties inherent in security over future property under fixed and floating charges. We also noted that reservation of title, though serving a security function, is not considered as security *stricto sensu* and is governed by a quite different set of principles.

26.02 These theoretical abstractions may seem far removed from the practical world of business finance. Nothing could be further from the truth. The in-house lawyers employed by banks and finance houses, and their outside legal advisers, are constantly driven to examine fundamentals in devising new and untested credit instruments and security devices. The ground covered by reported cases may seem well trodden, but all too often the case law reflects the atypical or obsolete transaction and fails to furnish a reliable guide to the validity and effectiveness of a proposed new form of agreement. This is why we have devoted so much print to fundamental principle, for it is to principle that the practitioner must turn when there is no decisional law precisely in point. Where the loss or recovery of millions of pounds may turn on the soundness of her advice and the precision of her documents, the mind of the practising commercial lawyer becomes concentrated wondrously.

26.03 Now, the financier and her legal adviser approach security law from a standpoint rather different from that of the theoretician. The latter is concerned to discuss and evaluate the principles, the rules and the underlying policies. The financier and her lawyer want to arrive at a particular result, using the most appropriate legal tool available. The floating charge, the hire-purchase agreement and the loan are important not for what they are but for what they do in meeting the business objectives. The financier's concern is to provide her customers with what they need while at the same time ensuring as far as possible that she will be repaid.

26.04 The businessman who needs finance for the purchase of equipment has four basic mechanisms at his disposal: instalment sale, hire-purchase, lease and loan. The legal character of any particular credit instrument is of no great

809

26.04 General Financing Considerations

concern to him so long as that instrument serves his purpose. He needs equipment now but wants to pay for it later. In terms of pure cash flow, and ignoring taxation and accounting considerations, it matters little whether he buys the equipment and pays the price by instalments, takes it on hire-purchase, leases it and pays a similar amount by way of rental, or purchases it outright for cash with a loan which he repays by instalments. The sale by instalments or hire-purchase will attract a finance charge, the lease a hidden ingredient in the rental to provide the lessor with the desired return on capital, and the loan a levy of interest. If the creditor is to be given security over the equipment, it is largely a matter of indifference whether this takes the form of reservation of title (under a sale, hire-purchase or leasing agreement) or a purchase-money mortgage. Again, if a trading company wants to improve its liquidity by getting in money against outstanding receivables, it can, in cash-flow terms, achieve the same results whether it sells the receivables outright for cash, giving a guarantee of payment by the debtors, or charges them to secure a loan. Cash is cash, and what's in a name?

26.05 But in so far as the legal differences between sale, lease and loan affect the businessman's ability to achieve his objectives, he is liable to become profoundly interested. So, too, is the financier when she learns that one form of security gives her greater protection, or more flexibility, than another. This part of the book is thus devoted to what may be termed the applied law of credit and security – the application of the principles and rules in Part Four to specific forms of financial transaction. The factors influencing selection of a particular security device (including reservation of title as a security for this purpose) vary in nature and importance and often pull against each other, so that the parties have to balance the pros and cons and decide whether the advantages of a particular form of agreement are so significant compared with the others as to outweigh the disadvantages from which the other types of agreement might be free. It is impossible to give an exhaustive list of criteria influencing the choice of security, but the following are among the more important.

(i) From the viewpoint of the creditor

1. The legal ability to enter into the transaction

26.06 This has been adverted to earlier. A financier may be precluded from lending money[1] but entitled to buy and resell on credit. She may need official authorization for one type of transaction but not for the other.

2. The strength of the security interest

26.07 How easily is the security enforceable against the debtor? How effective is it against subsequent purchasers, encumbrancers and unsecured creditors?

---

[1] See para **22.06**. Financiers have sometimes sought to dress up a loan on security as a purchase. See para **22.27**.

Will it stand up against a receiver or liquidator? Does it enjoy priority or is it deferred to other real rights or to preferential creditors in a winding up? The answers to some of these questions may depend on whether the security is fixed or floating and whether it is required to be registered in some public register.

3. The enforceability of the personal covenants

26.08 Are there restrictions imposed by law on the enforceability of covenants in one form of agreement (eg hire-purchase) which do not apply to another (eg loans) as regards the amount recoverable from the debtor?[2]

4. The nature of the formalities involved

26.09 The more stringent the legal requirements for validity and perfection, the more expensive the transaction is to set up and administer and the greater the risk of something going wrong. For example, those lending to individuals and partnerships are reluctant to take written chattel mortgages, because of the complexities of the Bills of Sale Acts,[3] which are wholly avoided if the credit takes the form of price deferment and the price is secured by reservation of title to the seller. Again, a charge given by a company may need to be registered under the Companies Act 2006,[4] whereas there are currently no provisions for registration of reservation of title.[5]

5. Freedom to deal with the asset

26.10 A creditor advancing funds against a mortgage, charge or pledge of investment securities may grant a sub-mortgage, sub-charge or sub-pledge, but

---

[2] Of particular relevance if legislation limits the amount recoverable under one form of agreement (eg hire-purchase or conditional sale within the Consumer Credit Act 1974) but not another (eg credit sale or loan), and it may also be relevant when considering whether a term is a penalty clause or not (para **3.141**), although the application of the penalty clause jurisdiction to such clauses will require some re-consideration after the decision of the Supreme Court in *Cavendish Square Holding BV v Talal El Makdessi* and *ParkingEye Ltd v Beavis* [2015] UKSC 67, [2016] AC 1172, [2016] 2 All ER 519 (on which see para **3.141**).

[3] The Law Commission did undertake a review of the law relating to Bills of Sale (see *From Bills of Sale to Goods Mortgages*, Law Com No 376 (2017)) and a draft Goods Mortgages Bill was then prepared and included in the Queen's Speech in 2017 before the government announced in May 2018 that it had decided not to bring forward the legislation at that point in time.

[4] See para **24.31**.

[5] The Law Commission consulted on the possible extension of the registration scheme to encompass title-retention devices (see *Company Security Interests: A Consultation Paper* (Law Com No 176) (2004)). However in its report (*Company Security Interests* (Law Com No 296) (2005)) it decided that the proposed scheme should not apply to title-retention devices without further consultation, and proposed that the issue of the registration and priority of title-retention devices should be re-considered as part of, and in the light of, its work on transfer of title by non-owners (see paras 1.60–1.66 of the report). However, the latter has never been taken forward (it was deferred under both the *Tenth Programme of Law Reform* (Law Com No 311) (2008), paras 4.2–4.4 and the *Eleventh Programme of Law Reform* (Law Com No 330) (2011), paras 3.4–3.5 and no mention of it was made in either the twelfth or thirteenth programmes of law reform, on which see Law Com No 354 (2014) and Law Com No 377 (2017) respectively). Under the present law, the extension of the retention of title to cover products and proceeds will usually be treated as a registrable charge.

26.10 *General Financing Considerations*

is not entitled to dispose of the securities in the absence of a default or other event entitling the creditor to do so. That is why the preferred mode of finance is the sale and repurchase transaction ('repo'), by which the party providing the finance does so by way of outright sale with a provision for repurchase by the seller at a later date. Since the financier acquires outright ownership, it is free to dispose of the securities by way of sale or stock loan and thus take advantage of market conditions in the case of sale and of an additional return in the case of a stock loan. Repayment is 'secured' by the seller's repurchase obligation and a provision for close-out and netting in the event of default.

6. *Freedom from equities*

26.11 This is particularly relevant to receivables financing. For example, if a mortgage of a bank deposit is effected by assignment, the mortgagee takes subject to the bank's right of set-off and other equities, whereas if it is effected by transfer of the deposit to an account in the name of the mortgagee, the question of equities affecting the mortgagor does not arise.

7. *The liabilities incurred*

26.12 The advantage of a purchase-money loan over a sale or hire-purchase agreement[6] is that, except where s 75 of the Consumer Credit Act applies,[7] the creditor is not legally involved in the supply transaction, is not liable for breach of the supply contract and is entitled to enforce the covenants in the loan agreement, and the security for the loan, whether or not the purchased asset is delivered by the buyer or is of the contract description and of proper quality. If, for some reason, the debtor wants to have the goods on instalment sale or hire-purchase terms, the creditor may prefer to come in as assignee of the supplier's rights rather than acting as seller himself, in order to avoid the legal liabilities falling upon a supplier.[8]

8. *Taxation*

26.13 The impact of tax is all-pervasive in commercial transactions. If an intending finance lessor finds that the expenditure he is proposing to incur in buying the asset to let on lease will not qualify for capital allowances,[9] he may feel driven to offer an entirely different form of instrument, eg conditional sale, under which the debtor will pick up the allowances and the financial terms of the agreement will be adjusted accordingly. Again, it may be material to the financier whether his profit comes to him in the form of interest on the one hand or a finance charge ('time-price differential') on the other, in that interest

---

[6] See ch 27.
[7] See *Goode: Consumer Credit Law and Practice* (looseleaf), paras [33.4] ff, [33.144] ff.
[8] See para 27.09.
[9] See Capital Allowances Act 2001 (as amended); and generally *Simon's Taxes* (looseleaf), Binder 3, Pt B3.

payments must normally be made under deduction of tax,[10] substantially reducing the financier's cash flow compared with what he would receive from other types of charge payable gross.

9. Accounting

26.14 Business concerns are often preoccupied with the impression given by the accounts as to the financial stability of the business. The choice of financing instruments may determine to what extent money comes in as income rather than as capital, and whether the subject matter of the transaction is to appear as an asset, and the future instalments payable as a liability, in the balance sheet.[11] A financier also has to bear in mind that accounting conventions do not always match legal rules[12] and that for tax purposes the income, profits and expenditure of the taxpayer may have to be computed somewhat differently than for general accounting purposes. Accounting rules have become increasingly prescriptive and look to the substance rather than the form of the agreement (for example, in looking at the substance of lease agreements and asking whether the agreement transfers all the risks and rewards incidental to ownership).

(ii) From the viewpoint of the debtor

26.15 Considerations relevant to the selection of the credit instrument from the debtor's viewpoint include the following.

1. Ability to enter into the transaction

26.16 This was discussed in an earlier chapter. The debtor may, for example, be free to buy on credit or acquire equipment on lease but his borrowing powers may be restricted.[13]

2. Cash flow

26.17 Will one form of agreement meet his cash-flow requirements more fully than another? This may depend on complex calculations as to the amount and

---

[10] See Income Tax Act 2007, s 874. But there are various exemptions (see ss 875–888E), eg in respect of interest paid to or by a bank or building society.
[11] However, the modern accounting approach of substance over form has to a considerable extent reduced the accounting significance of choice of instrument. FRS 102 includes a section entitled 'Substance over form' (section 2.8) which reads: 'Transactions and other events and conditions should be accounted for and presented in accordance with their substance and not merely their legal form. This enhances the reliability of financial statements.' See further, para **26.20**.
[12] For example, it is still the accounting convention to show goods supplied on hire-purchase or conditional sale as an asset in the balance sheet of the hirer or buyer, not of the owner or seller, even before they have been paid for.
[13] Eg in the case of a company, by its Memorandum and Articles of Association or by the terms of a debenture it has given.

26.17 General Financing Considerations

timing of tax allowances, the manner in which repayments are structured,[14] the treatment of residual value of the asset at the end of the financing period, and so on.

3. Publicity

26.18 Though registration of charges against companies is commonplace, a particular debtor company may nevertheless want a form of finance which does not involve the registration of a charge against it in the Companies Registry. Thus it may prefer to factor its receivables by outright sale[15] rather than charge them as security for a loan.

4. Taxation

26.19 This is perhaps even more important for the debtor than for the creditor. Typically, the choice is between buying the asset and paying by instalments (on the basis that the purchase price will qualify for capital allowances and the finance charge for deduction as revenue expenditure) or taking a lease and paying rentals (deductible as revenue expenditure). However, the element of choice has decreased as a result of the increasing emphasis placed by both taxation and accounting rules on the substance of the transaction entered into between the parties rather than its form.

5. Accounts

26.20 The treatment of particular types of transaction in annual accounts has traditionally been a relevant factor in making a choice between one form of agreement and another. For example, sales of debts traditionally removed them from the seller's balance sheet, while rentals under a finance lease were treated as revenue expenditure, so that rentals falling due in future accounting periods did not feature as balance sheet liabilities. But accounting practice has changed to reflect the economic reality of transactions, and, in particular, which party is in substance the owner of the asset and upon which party the risk primarily falls. So a sale of debts will not take them off the balance sheet where the sale is with recourse, and rentals payable under finance leases are required to be capitalized in much the same way as on an instalment purchase.[16]

6. Flexibility or certainty

26.21 This is a major consideration for borrowers. For example, an overdraft is likely to be both cheaper and more flexible than a loan. The debtor can

---

[14] It is a common, if curious, phenomenon that while there may be nothing in theory to prevent repayments from being structured in the same way under, eg a loan as under a hire-purchase agreement, the separate evolution of the two forms of finance, coupled with the fact that the personnel engaged on the lending side of a business tend to be separate from those occupied with hire-purchase or conditional sale, means that the financial package offered under the one facility may be significantly different from that presented under the other, both as to the spread of payments and as to the degree of flexibility available.
[15] See paras **29.32** ff.
[16] See para **28.05**.

choose his own time for drawing on the facility and (apart from any commitment fee) incurs no interest charges until he draws, whereas on a loan he is obliged to take it at the outset and pay interest on the full amount outstanding. As against that, a term loan gives him the assurance of the agreed contract period, whereas overdrafts are, in theory at least, repayable on demand. Again, charges in some types of transaction are precomputed and fixed (eg finance charges under a conditional sale or hire-purchase agreement) and are thus not liable to increase or decrease with variations in market rates,[17] while others fluctuate eg by being tied to a given base rate. So the assurance of fixed terms must be set against the advantages of flexibility.

2. THE ASSETS CYCLE

(i) From raw materials to cash

26.22 A manufacturer buys raw materials and component parts and makes them up into finished products. He then sells his stock to distributors or retailers, generating receivables which in due course crystallize into cash. Part of this is then reinvested in the purchase of further raw materials, beginning the cycle all over again.

26.23 The character of the asset changes with each phase in the cycle. The raw materials and components are doomed to a short life, for they will quickly lose their identity in the process of manufacture. The resultant stock (or inventory) is not intended to remain long on the premises but will be constantly turned over. So its useful life may be long but its possession by the manufacturer (and in turn by intermediate parties between him and the end user) will be short. By sale of the stock, the tangible chattel is converted into the intangible debt (chose in action, receivable), an asset having no physical substance but valuable for all that.[18] When payment falls due, the buyer may send a cheque (although, admittedly, the incidence of payments by cheque in the modern world has reduced substantially). The pure intangible has now changed into a documentary intangible, a debt locked up in an instrument, and thus equated with a chattel to the extent of being susceptible to the common law of possessory rights and remedies.[19] The cheque is paid into the manufacturer's bank account and is collected for him through the clearing system, an equivalent amount being credited to his account, so that his so-called 'cash at bank' is in reality another pure intangible, namely a claim against the bank, reduced to possession only where he draws cash from his account.

26.24 Purchase-money finance may be made available to any party in the distribution chain and may be secured by a purchase-money or non-purchase-

---

[17] However, this is not an inevitable feature of term loans and other fixed-term credit such as hire-purchase or instalment sale. There is nothing to stop the creditor from inserting a clause providing for adjustments in the sum payable to take account of fluctuations in interest and tax rates, and this is not uncommon in commercial financing.
[18] See further as to proceeds, para **26.25**.
[19] See para **2.56**.

26.24 General Financing Considerations

money security interest.[20] The security may be extended to cover products and proceeds, and the nature and strength of purchase-money security will to some extent depend on the purpose for which the asset is being acquired. The broad division is between assets bought for sale and assets bought for use in the business, including use by letting them out on lease or rental. Assets bought for sale, ie stock, represent a tenuous form of security, in that the creditor is on notice from the outset that it is from the sale of the stock that his advance will be repaid, so that he necessarily allows the debtor to hold himself out as entitled to sell and will find it almost impossible to assert his security interest against a bona fide purchaser in the ordinary course of business.[21] It is because stock is manufactured and acquired for resale, and because it is impracticable to make the debtor seek advance permission for each sale of an item of stock, that a charge on stock will almost inevitably be a floating charge.[22] Hence, as an object of security, stock is inherently different from other assets. It is true that receivables share the characteristic of stock in constantly being turned over, new receivables coming into existence while old ones crystallize into payment, but there is nothing in the nature of receivables which compels the debtor to dispose of them to a third party instead of holding them to maturity. They are, therefore, as susceptible to a fixed charge as tangible assets in the hands of the end user.[23] These will usually, in the nature of things, be held for their working life or until part-exchanged for new equipment, so that the debtor's ownership is likely to be enduring and continuous.

(ii) Proceeds

26.25 Purchase-money security may be made to cover (and in given conditions will as a matter of law cover) not only the purchased asset but its products and proceeds. Indeed, in the case of stock, security over the proceeds is in some respects a stronger interest, in that it can be taken as a fixed security, whereas for stock this is normally possible only where security is by reservation of title.

26.26 Proceeds are likely to increase in variety as one moves down the distribution chain. For example, a retailer engaged in the sale of both new and second-hand goods and accepting credit cards while also offering instalment credit facilities on his own may, on making a cash sale, receive currency, a cheque or a right to payment from the issuer of the credit card, or may take payment of part of the price by acceptance of other goods in part-exchange. Alternatively, he may sell on open or revolving account or by way of fixed-sum

---

[20] See para 24.58, n 202.
[21] See para 29.17.
[22] Re Bond Worth Ltd [1979] 3 All ER 919. In theory it is possible to have a fixed charge over stock in trade, but in practice it is likely to be commercially impracticable. There is unlikely to be the level of control over the stock required by the decision of the House of Lords in Re Spectrum Plus Ltd [2005] UKHL 41, [2005] 2 AC 680: see further L. Gullifer (ed), *Goode and Gullfer on Legal Problems of Credit and Security* (6th edn, 2017), paras 4-21 – 4-29.
[23] Albeit that the emphasis on the need for the requisite degree of control in the decision of the House of Lords in Re Spectrum Plus Ltd [2005] UKHL 41, [2005] 2 AC 680 has made it more difficult to establish that a charge over receivables is a fixed charge: see para 25.09.

Types of Finance Required **26.30**

credit sale, or may supply the item under a hire-purchase or conditional sale agreement, generating what the Americans conveniently label chattel paper.[24]

26.27 All these forms of proceed are capable of being given as security (or collateral[25]) though it does not need much imagination to perceive that security over cash (coins and notes) is not as strong as security over equipment. Cash can be made to disappear very rapidly indeed! Proceeds in the form of accounts or chattel paper are regularly charged or sold outright under factoring or block discounting agreements.[26]

26.28 The distinction between original security and proceeds becomes blurred where, as not infrequently occurs, the secured creditor acquires rights over an asset both as proceeds and as original security. For example Creditor supplies Debtor, a car dealer, with motor vehicles under conditional sale agreements and also lends money to Debtor against a fixed charge over Debtor's receivables.[27] Eventually, Debtor gets into difficulties and defaults in payment under the conditional sale agreements, which are in consequence terminated by Creditor. Despite this, Debtor makes an unauthorized sale of a car on terms of payment by the buyer within twenty-eight days. Creditor's security attaches to the resultant receivable (ie the money due from the buyer) both as proceeds of an unauthorized disposition of Creditor's vehicle, traceable in equity,[28] and as a receivable within the scope of the fixed charge.

26.29 At every stage the secured creditor faces the prospect of challenge from a competing security interest or other real right. For example, if he takes a charge over the manufacturer's stock, he may find himself subject to a claim by a components supplier that the components incorporated into the finished product were supplied under reservation of title. A more likely conflict is between a stock financier who claims a security interest in receivables arising from the sale of stock as being proceeds of his security and a bank or finance house laying claim to the same receivables as original collateral by virtue of a charge on the manufacturer's book debts.[29]

3. TYPES OF FINANCE REQUIRED

26.30 The form of credit offered to an enterprise, the duration of the credit and the manner in which it is secured depend to a large extent on the purpose

---

[24] Uniform Commercial Code, §9–102(a)(11).
[25] As to the use of the word 'collateral', see para **22.15**, n 41.
[26] See ch 29.
[27] Assuming here that the requirements for the existence of a fixed charge have been satisfied: see *Re Spectrum Plus Ltd*, n 22.
[28] See paras **16.94–16.95, 27.28–27.29**.
[29] Or the rival claimant may be a factor who asserts rights as a purchaser of the receivables under a factoring agreement. Competing claims to receivables by inventory financiers and receivables financiers have been much more common in the United States, where they have given rise to considerable litigation and literature. This has occurred less frequently in England, presumably because it is only since *Romalpa* that creditors have given thought to proceeds as security. See paras **22.34, 27.28–27.29**.

26.30 *General Financing Considerations*

for which the financial accommodation is required. Let us take the case of a motor dealer engaged in the sale and repair of cars. He may need at least four different kinds of finance: funds to purchase new premises or extend his existing building; advances to enable him to purchase his stock; credit for the acquisition of new machinery and equipment; and working capital. Finance of the first type is likely to take the form of a fixed medium- or long-term loan secured by a legal charge on the premises. Advances in the second category are short term, since the stock is being constantly turned over and new stock purchased. A variety of forms of stocking finance is available, and in selecting these, regard will no doubt be had to some of the factors mentioned earlier as well as to such additional matters as value added tax.[30] If security is to be taken on the stock itself, then much will depend on whether this takes the form of title reservation or charge, and the shifting character of the security makes for particular problems.[31]

26.31 The creditor is unlikely to be interested in stocking finance as such, since this does not generate a very high level of profit. The main reason for offering stocking finance is to capture the dealer's retail credit business by getting him to introduce to the financier customers wishing to acquire the dealer's goods on credit terms. The purchase of equipment may be financed by a purchase-money fixed-term loan or through hire-purchase or instalment sale. The working capital is conveniently provided by an overdraft, which may or may not be secured by a fixed and/or floating charge.

4. THE FUNCTIONAL CLASSIFICATION OF COLLATERAL

26.32 It will be apparent from the foregoing that the nature and strength of a security interest depend very much on whether it is tangible or intangible and whether, in the latter case, it is held by the debtor for use or for sale. The chapters which follow reflect this functional classification of collateral. Chapter 27 looks at the situation of the financier who supplies business equipment under a conditional sale or hire-purchase agreement. Chapter 28 examines a further title reservation alternative, the finance lease. In Chapter 29 we move up the distribution chain to the dealer requiring stocking finance and the trader who wishes to convert his receivables into cash under factoring arrangements. The position of the manufacturer is very similar to that of the dealer and is not dealt with separately.

---

[30] See para **29.13**.
[31] See paras **29.07** and **29.08**.

Chapter 27

CONDITIONAL SALE AND HIRE-PURCHASE

27.01 In this chapter we outline the procedures adopted, and some of the legal problems involved, where business equipment is supplied on conditional sale or hire-purchase and a finance house is either itself the legal supplier or comes in subsequently as assignee of the legal supplier's contracts.

1. THE FINANCING TECHNIQUE

27.02 Where a supplier of business equipment[1] (hereafter termed 'the dealer') wishes to meet his customers' demands for instalment credit facilities but lacks the capital to bear the burden of the credit extension himself, there are two primary methods by which he can involve a cooperative finance house. The first is to sell the equipment to the finance house and arrange for the latter to supply it to the customer on conditional sale or hire-purchase. From the viewpoint of the finance house this is known as 'direct' or 'direct collection' business, since the finance company is placed in direct and overt contractual relations with the customer and collects the instalments directly from the customer. The second is for the dealer to conclude the conditional sale or hire-purchase agreement with the customer himself as principal and then sell the contract to the finance house. In this situation the finance house is not a party to the conditional sale or hire-purchase agreement, merely a purchaser of the receivables resulting from it and (if so agreed with the dealer) of the title to the underlying goods; and usually, though not invariably, it is arranged that the dealer shall continue to collect the instalments, ostensibly on his own behalf[2] but in reality as agent for the finance house. The agreements are commonly sold to the finance house at a discount in batches at a time and the transaction is termed 'block discounting'.

---

[1] This work is concerned essentially with commercial transactions, so that consumer credit agreements will not be discussed in this chapter, though the common law rules apply to the latter in almost the same way. For a treatment of the law relating to consumer credit, see *Goode: Consumer Credit Law and Practice* (looseleaf); E. Lomnika and D. Bowden (eds), *Encyclopaedia of Consumer Credit Law* (looseleaf); F. Philpott. W. Hibbert, S. Neville et al, *The Law of Consumer Credit and Hire* (2009); *Chitty on Contracts* (33rd edn, 2018), ch 39.

[2] It is customary not to give notice to customers of the assignment of the debtor's rights to the finance house, in order to avoid disturbing business relations between the dealer and his customers, who in the ordinary course will never get to know of the finance house's involve-

27.03 Conditional Sale and Hire-Purchase

27.03 The legal relationships set up by direct collection business are rather different from those involved in block discounting, as will become apparent, and it is necessary to describe the two systems separately. In the paragraphs that follow, D is the dealer, F is the finance house and B the business buyer or hirer on hire-purchase. It is assumed, unless otherwise stated, that none of the transactions are concluded between a trader and a consumer so that the Consumer Rights Act 2015[3] is not applicable.

(i) Direct collection[4]

27.04 D concludes an arrangement with F to introduce to F customers of D wishing to acquire his equipment on instalment terms. The arrangements may be recorded in a formal master agreement or more informally by an exchange of letters. D is remunerated for his introductions by a commission, calculated as a percentage of the finance charge made by F under the conditional sale or hire-purchase agreement. F installs a point of sale computer system on the dealer's premises, which generates the agreement document. D then signs up the customer to an agreement, collects any down payment required by F and sends the agreement to F for its approval, together with D's pro forma invoice incorporating a request to F to purchase the equipment. If F accepts the transaction, it signs the agreement itself,[5] dispatches a copy to the customer and pays D the cash price of the equipment, as stated in his invoice, less the down payment made by B. D then delivers the equipment to B. Expressed diagrammatically the relationship is as shown in figure 27.1.

27.05 In figure 27.1 transaction 1 is the sale by D to F, transaction 2 the conditional sale/hire-purchase agreement between F and B. It will be observed that in this form of transaction, in contrast to block discounting, B has no contractual relationship with D at all.[6] D is the physical supplier, but B's contract is with F.[7] If the transaction is a conditional sale agreement, F is

---

ment in the transactions. If, however, the dealer gets into financial difficulty, the finance house will usually take over the collection of instalments, giving formal notice of assignment to the customers.

[3] Part 1 of the Consumer Rights Act 2015 applies to an agreement between a trader and a consumer for the trader to supply goods, digital content or services, if the agreement is a contract: see s 1 of the Act and para **6.10** above. Brief reference is made to the Act at various points in chapters 7–15 but, as noted in n 1, this work is concerned essentially with commercial transactions and so does not provide comprehensive coverage of consumer sales law or other transactions between a trader and a consumer.

[4] See R. M. Goode, *Hire-Purchase Law and Practice* (2nd edn, 1970), pp 644 ff.

[5] Sometimes the procedure is reversed, with the finance house signing first and the customer afterwards.

[6] Except where D gives a collateral warranty of some kind. See para **27.27**. It is extremely unlikely that B would be able to rely upon the Contracts (Rights of Third Parties) Act 1999 in such a case. The Act is not intended to enable parties to a typical chain of contracts to bypass their counterparties and pursue someone higher or lower in the chain of contracts (see para **3.89** above).

[7] The problems created by this kind of triangular relationship are discussed in relation to finance leasing, paras **28.13–28.15**.

the seller for the purpose of the Sale of Goods Act 1979[8] and of any other legislation affecting sale transactions.[9] It follows that by using this method F places itself directly in the firing line if the equipment proves to be unfit for its purpose or not of satisfactory quality. Since F's role is intended to be financial, it may seem odd that it should choose this form of doing business, but that is how hire-purchase developed historically[10] and, despite the legal drawbacks, it remains the preferred method except for small-unit business.[11]

Figure 27.1 The parties to a direct collection transaction

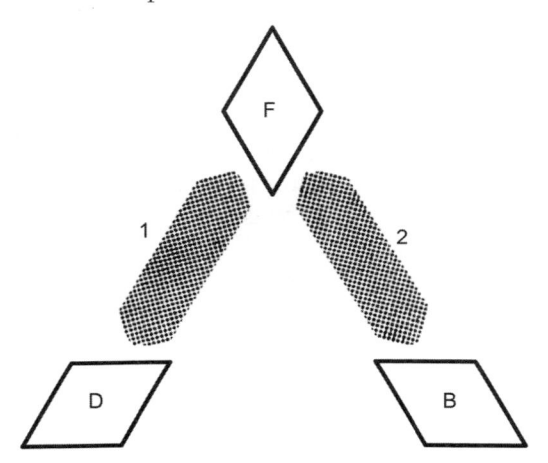

27.06 A word should be said about the formation of the contract between B and F. The submission of the agreement signed by B represents an offer by B to take the equipment under the terms of the agreement. It does not crystallize into a contract until F has accepted the offer (usually by signing the agreement) and has intimated his acceptance to B.[12] Until that point is reached, B is free to withdraw his offer.[13]

---

[8] The assumption that the Sale of Goods Act 1979 is applicable to the contract may not hold good in all cases where the conditional sale agreement contains a retention of title clause, a credit period and a licence to consume the goods prior to payment: see *PST Energy 7 Shipping LLC v OW Bunker Malta Ltd (The Res Cogitans)* [2016] UKSC 23, [2016] AC 1034, [2016] 3 All ER 879 (see paras **7.31–7.35**).
[9] Eg the Consumer Credit Act 1974.
[10] R. M. Goode, *Hire-Purchase Law*, pp 6 ff.
[11] For which block discounting tends to be used (see below). The popularity of the direct collection method is commonly attributed to the fact that by dealing directly with the customer, F has more control, and the finance charge levied on B compensates F for the extra work involved, whereas non-notification block discounting places a premium on D's business sense and integrity, and generates less income for F, since the ultimate burden is carried by D. There is nothing to prevent F from block discounting on a notification basis and collecting payments direct, like a factor under a factoring agreement, but the administration involved in small-unit consumer business makes direct collection less attractive.
[12] This follows from ordinary contract law principles.
[13] See R. M. Goode, *Hire-Purchase Law*, pp 144 ff.

27.07 *Conditional Sale and Hire-Purchase*

(ii) **Block discounting**[14]

27.07 F and D conclude a master agreement by which D agrees to offer for sale to F batches of conditional sale and/or hire-purchase agreements[15] made directly between D as seller/owner and the buyers/hirers. The agreement will provide that if F accepts the agreements offered, it will pay D the collection value[16] of the purchased agreements less a security retention (later released if the instalments payable by the debtors are duly paid) and a discount calculated by reference to the period or average period for which F will be out of its money.[17] D undertakes to collect the instalments as agent for F and to guarantee payment by the debtors under the agreements.[18] Though the block discounting agreement is often printed and signed by both parties, it is essentially facultative in nature (since D is not obliged to sell any receivables or F to purchase them) and, indeed, is not a true contract at all at the time of signature, merely an agreed standard set of terms regulating specific transactions as and when concluded.[19] Figure 27.2 shows the relationship of D, F and B.

Figure 27.2 Block discounting

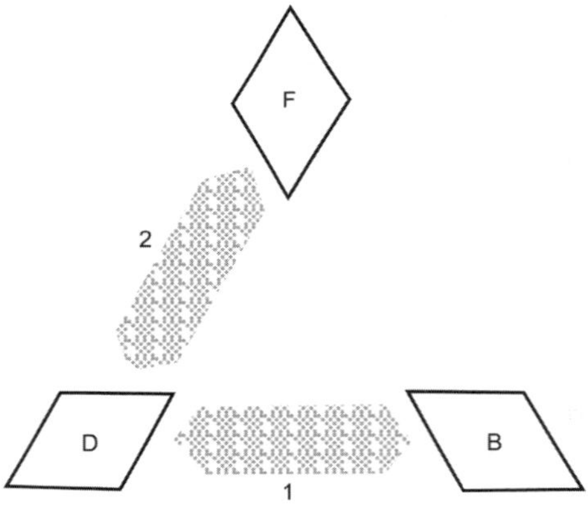

27.08 Transaction 1 is the conditional sale/hire-purchase agreement between D and B. Transaction 2 is the assignment to F of D's rights under that

---

[14] Ibid, pp 622 ff and see also para **22.07** above.
[15] Pure rental agreements (or specified rentals payable under them) may also be included.
[16] Ie the balance outstanding.
[17] Ie because it is paying D in a lump but receives the amounts due under the agreements by instalments.
[18] Since this 'recourse' provision means that D is responsible for getting the instalments to F come what may, even if the debtors themselves default, it is usually found convenient for D to make a standing order or direct debit in favour of F, rather than accounting for instalments as and when received from the debtors (in the past this was more often done by D giving instalment bills of exchange). This practice has been accepted by the courts as consistent with a purchase of the receivables and does not convert the transaction between D and F into a loan transaction. See *Olds Discount Co Ltd v John Playfair Ltd* [1938] 3 All ER 275; *Chow Yoong Hong v Choong Fah Rubber Manufactory* [1962] AC 209.
[19] See para **3.27**.

agreement, which (depending on the arrangement between D and F) may or may not include D's underlying title to the equipment. D's interest in the equipment, encumbered as it is by the conditional sale agreement in favour of B, is of no intrinsic value except in the event of B's default. What F is paying for is the receivables generated by the conditional sale/hire-purchase agreement, not the title to the equipment itself.

27.09 It will be observed that, in contrast to the position shown in figure 27.1, there is no contractual nexus between F and B. The latter's contract is with D, and D alone. F is merely a purchaser of the rights vested in D under the conditional sale/hire-purchase agreement. F does not assume any of D's liabilities and cannot be sued by B if, for example, the equipment proves defective. On the other hand, F as assignee cannot stand in a better position than D himself. F takes subject to 'equities', that is, to all rights and defences available to B against the original creditor, D.[20] Of course, so long as the assignment is not notified, B may know nothing of F's existence and will continue making payment to D. But if F gives notice of the assignment to B and calls upon B to pay future rentals to F, then subject to any defences or rights of set-off he may have, B is obliged to respect F's title to the receivables and pay F direct. A payment to D after notice of assignment would not be a good discharge of B's liability for the instalment paid and he could be made to pay again, to F.

2. CONDITIONAL SALE

27.10 We now turn to look at the incidents of the relationship between the parties to a conditional sale agreement. The position here is the same whether the seller is F (direct collection) or D (block discounting).

(i) Distinguished from hire-purchase

27.11 A conditional sale agreement is an agreement for sale under which title remains in the seller until the purchase price has been paid in full or the buyer has complied with any other conditions prescribed by the agreement for the transfer of title to him. The assumption that conditional sale agreements fall within the scope of the Sale of Goods Act 1979 may no longer be a safe one, at least where the contract contains a retention of title clause, a credit period and a licence granted to the buyer of the goods to consume them in the period prior to payment.[21]

27.12 It differs from hire-purchase, and its variants such as lease purchase and personal contract purchase,[22] in that the buyer is contractually committed to buying while the hirer has merely an option, but no obligation, to buy.[23] It has

---

[20] For the circumstances in which set-off is available, see paras **22.38, 22.71**.
[21] *PST Energy 7 Shipping LLC v OW Bunker Malta Ltd (The Res Cogitans)*, n 8; see paras **7.31–7.35**.
[22] See below.
[23] *Helby v Matthews* [1895] AC 471.

27.12 Conditional Sale and Hire-Purchase

been held that even a purely nominal option fee suffices to characterize the agreement as hire-purchase rather than conditional sale,[24] but that an agreement by which the hirer could indicate he did not wish to take title even after payment of all sums due under the agreement, in default of which indication the option would be deemed to have been exercised, is a conditional sale agreement.[25]

27.13 The significance of the distinction lies primarily in the fact that a conditional buyer can pass a good title under s 25(1) of the Sale of Goods Act 1979 whereas a hirer under a hire-purchase agreement cannot.[26]

(ii) Rights and duties of seller and buyer

27.14 Apart from the reservation of title clause, a conditional sale agreement has all the normal incidents of a contract of sale, and the provisions of the Sale of Goods Act apply save in so far as effectively excluded.[27] The typical agreement will require the buyer to maintain punctual payment of the instalments, to keep the equipment in his possession, comprehensively insured and in good repair and condition, not to sell or otherwise dispose of it and not to allow any lien to be created on it, eg for repairs. The agreement will contain a provision entitling the seller to terminate the agreement and repossess the equipment in various events, including breach of the buyer's obligations, levy of distress or execution against his goods by another creditor, bankruptcy etc. In addition, the buyer will usually be required, in the event of termination of the agreement by the seller, to compensate the seller for any loss remaining after repossession and sale of the equipment, eg by paying the unpaid balance of the purchase price less the proceeds of sale of the equipment and a discount to allow for the acceleration of the buyer's payment liability. As an alternative, the seller may rely on the rights given him by the Sale of Goods Act.[28]

27.15 Exercise of a right of repossession rescinds[29] the contract of sale and bars an action for recovery of the price as such,[30] and the same consequences flow from exercise of the statutory power of resale.[31]

27.16 The seller's right of repossession may be enforced by application to the court or by physical seizure (recaption). But recaption of business equipment is not always as easy as one might think. The seller cannot enter on the buyer's premises to recover the equipment without the buyer's consent unless

---

[24] *Close Asset Finance Ltd v Care Graphics Machinery Ltd* [2000] 12 LS Gaz R 42.
[25] *Forthright Finance Ltd v Carlyle Finance Ltd* [1997] 4 All ER 90.
[26] See the decision in n 8 and paras **16.60–16.61**.
[27] For the restrictions imposed by legislation on the exclusion or limitation of liability for breach; see paras **3.78, 3.83** ff.
[28] See paras **15.53** ff.
[29] Ie, in this context terminates, as opposed to cancelling from the beginning. See para **14.05**.
[30] R. M. Goode, *Hire-Purchase Law*, p 858.
[31] Ibid. The seller will, of course, be entitled to damages.

authorized to do so by the agreement.[32] Where the equipment has become incorporated into the fabric of the building as a fixture, it becomes part of the freehold (*quicquid plantatur solo, solo cedit*) and while such incorporation would be actionable as a conversion if not expressly or impliedly assented to by the seller, he would have no right to sever the equipment from the premises unless empowered to do so by the conditional sale agreement and would be restricted to a personal claim for damages. Even a contractual right of entry and severance will in certain cases be unavailing if the premises are vested in a third party.

27.17 The seller is entitled to trace the proceeds of unauthorized dispositions.[33]

(iii) **Rights of the seller vis-à-vis third parties**

27.18 In principle, the seller can assert his title against any third party into whose hands the equipment may pass as the result of an unauthorized disposition by the buyer. There are, however, certain exceptions to the *nemo dat* rule which, if applicable, will lead to the loss of title or the subordination of the seller's rights to a subsequent limited interest.[34] Title may also be lost as the result of incorporation of the equipment into a building as a fixture[35] or into other chattels as an accession.[36]

3. HIRE-PURCHASE

27.19 Much of what has been said in relation to conditional sale applies with equal force to hire-purchase. But the distinction between the two forms of agreement is not wholly without significance. The typical hire-purchase agreement (see figure 27.3)[37] allows the hirer to terminate at any time by notice in writing, in which event he is required to return the equipment to the owner in good order and to compensate the owner for the loss resulting from termination. It is at this point that hire-purchase begins to part company from conditional sale. Under a conditional sale agreement, the buyer is committed to payment of the full price; accordingly, any contractual provision for agreed compensation to the seller upon termination of the agreement by reason of the buyer's default can properly be predicated on the assumption that but for the default the seller would have received the full price. So a clause in the conditional sale agreement designed to ensure that the seller receives the full price, after giving credit for the value of the repossessed equipment and allowing a proper discount for accelerated payment, is in principle enforceable.

---

[32] If he enters without authority, he commits an actionable trespass, while if his entry is violent he may be prosecuted under the Criminal Law Act 1977, s 6, replacing the offence of forcible entry under the Forcible Entry Acts 1381–1623.
[33] As to the proceeds of authorized dispositions, see paras **27.28–27.29**.
[34] See paras **16.09** ff.
[35] R. Goode, *Hire-Purchase Law*, ch 32.
[36] Ibid, ch 33.
[37] Figure 27.3 below.

27.19 Conditional Sale and Hire-Purchase

In such a case the sum stated to be payable is not exorbitant or unconscionable when regard is had to the seller's legitimate interest in the performance of the contract[38] because the sum recovered by the seller is, after making the appropriate deductions, the sum to which it was entitled under the contract.

27.20 By contrast, the hirer under a hire-purchase agreement is entitled to put an end to his future rental liability by exercising his contractual right to terminate. So a clause designed to ensure that upon such termination the owner recovers the full price is vulnerable to challenge as a penalty on the ground that it seeks to impose on the defaulting hirer a liability greater than that which he would have incurred if he had not broken the agreement but simply exercised his contractual power of termination.[39] However, this vulnerability may have reduced as a result of the decision of the Supreme Court in *Cavendish Square Holding BV v Talal El Makdessi* and *ParkingEye Ltd v Beavis*[40] where Lord Neuberger and Lord Sumption stated that the 'real question when a contractual provision is challenged as a penalty is whether it is penal, not whether it is a pre-estimate of loss.'[41] This being the case, the 'fact that the clause is not a pre-estimate of loss does not therefore, at any rate without more, mean that it is penal.'[42] In order to be penal, the clause must stipulate for the payment of a sum which is out of all proportion, or is extravagant and unconscionable, when compared with the legitimate interest of the other party to the contract in the performance of the contract.[43] It follows from this that the mere fact that the owner stipulates for the payment of a sum greater than the contractual liability of the debtor under the hire-purchase agreement will not, of itself, suffice to demonstrate that the term is a penalty. But, when seeking to identify the legitimate interest of the owner under the contract, a court should have regard to the different interests of the owner under a conditional sale and a hire-purchase agreement respectively and scrutinise with greater care terms in hire-purchase agreements which seek to ensure that the owner recovers the full contract price on the termination of the contract.[44] Even so, it will be no easy task for the debtor to demonstrate that

---

[38] The test applied by the Supreme Court in *Cavendish Square Holding BV v Talal El Makdessi and ParkingEye Ltd v Beavis* [2015] UKSC 67, [2016] AC 1172, [2016] 2 All ER 519 when deciding whether or not a clause was a penalty clause (see further para **3.141**).

[39] See, by way of example, *Rover Finance Ltd v Peter Siddons* (9 July 2002, unreported), Leicester County Court (District Judge Eaton) and, for academic support, see *Goode: Consumer Credit Law and Practice*, para 45.154, although the point is made in more muted form in the current edition. This view may derive some analogical support from s 100 of the Consumer Credit Act 1974 which limits the liability of the debtor under a hire-purchase agreement who exercises his statutory right of termination by providing that the debtor's liability is to be limited to the excess of one-half of the total price over the aggregate of the sums paid and the sum due immediately before the termination, together with any installation charge specified in the agreement as part of the total price.

[40] Note 38.

[41] Ibid at [31].

[42] Ibid.

[43] Ibid at [31]–[32], [152] and [255].

[44] As Lord Hodge observed in *Cavendish Square Holdings*, n 38, at [249], 'where the obligation which has been breached is to pay money on a certain date, the innocent party's interests are normally fully served by the payment of the stipulated sum together with interest and the costs of recovery.' Although this statement does not expressly distinguish between a conditional sale

the sum stipulated is a penalty given the need to show that the sum stipulated is extravagant and unconscionable in comparison with the legitimate interest of the other party to the contract in the performance of the contract.

27.21 And there is indeed a compensating advantage to hire-purchase. Since it is not a contract of sale, it is unaffected by the provisions of the Sale of Goods Act and of every other statutory provision relating to contracts of sale.[45] It follows that the hirer under a hire-purchase agreement cannot give a good title to a bona fide purchaser under s 9 of the Factors Act 1889 or s 25 of the Sale of Goods Act. But where the agreement relates to a motor vehicle which is disposed of by the hirer to a bona fide private purchaser, the provisions of Part III of the Hire-Purchase Act 1964[46] apply in just the same way as they do on a wrongful disposition by a conditional buyer.

27.22 So in relation to business equipment the choice between hire-purchase and conditional sale is marginal. If the financier is not worried about the extra risk of loss of title under s 9 of the Factors Act or s 25 of the Sale of Goods Act and is more concerned to ensure that she can recover a sum equal to the full price on default, she will opt for conditional sale. If the feature that troubles her is the chance of losing title on an unauthorized disposition, she will be minded to choose hire-purchase. Since most business transactions are carried through without a hitch, the distinction between the two forms of agreement is in practice much smaller than the legal differences would suggest.

---

and a hire-purchase agreement, the focus on the obligation to pay the stipulated sum should direct attention to the debtor's obligation to pay under the contract and that obligation does differ as between a conditional sale and a hire-purchase agreement.

[45] However, while the provisions of the Sale of Goods Act 1979 as to implied terms in favour of the buyer do not apply to hire-purchase agreements, comparable provisions are contained in the Supply of Goods (Implied Terms) Act 1973 as so amended. In the case of contracts that fall within the scope of the Consumer Rights Act 2015, the terms to be treated as included in such contracts by virtue of ss 9–18 of that Act also include hire-purchase contracts (as defined in s 7).

[46] See para **16.72**.

27.22 Conditional Sale and Hire-Purchase

Figure 27.3 Hire-purchase agreement outside the Consumer Credit Act 1974

(VR) OSG 01/20

HIRE-PURCHASE AGREEMENT
(Commercial Goods, Equipment and Vehicles - fixed or variable rate)

USE: Outside the scope of the Financial Services and Markets Act 2000 and the Consumer Credit Act 1974 where the Borrower is a company, other incorporated body, a Limited Liability Partnership (LLP) or a partnership of four or more persons.

The user should read carefully through the Agreement and in particular the "Terms of Agreement" to be satisfied that it is suitable for the individual circumstances and addresses the requirements of the user.

This Document is the copyright of the Consumer Credit Trade Association, Spring Mill–Unit G5–Main Street–Wilsden–West Yorkshire BD15 0DX, and may not be copied or reproduced without express permission in writing. Infringement of this copyright will be restrained.

IMPORTANT NOTE ON THE GENERAL DATA PROTECTION REGULATION (GDPR)
relating to data subjects, namely identified or identifiable natural persons
(see clause 12(i) of the Terms of Agreement)

The General Data Protection Regulation (GDPR) and the Data Protection Act 2018 (DPA) include detailed rules on the giving of privacy information to data subjects, principally in Articles 12, 13 and 14 of GDPR, together with some differences depending on whether you are collecting the personal information directly from data subjects or from a third party, such as a credit broker. These are similar to, but much more detailed and prescriptive than, the 'fair processing notices' that were required under the Data Protection Act 1998.

The Agreement incorporates a 'Privacy Notice signpost' entitled "Use of Your Personal Information." This relates to the requirement under the GDPR for you, as Data Controller, to provide or make available to your customer/s, a 'Privacy Notice' containing the required privacy information at the time when personal data are obtained, typically at the quotation or application stage. The "Use of Your Information" section **must** be brought to the attention of your applicant/s and customer/s prior to the Agreement being signed and concluded.

The Privacy Notice should include how the data will be used and shared and with whom, for example with Credit Reference Agencies (CRAs) and Fraud Prevention Agencies. The CRAs have produced a standard Credit Reference Agency Information Notice (CRAIN), which sets out how data will be processed by the three CRAs, namely Callcredit, Equifax and Experian. CRAIN is GDPR compliant and has been shared with the Information Commissioner's Office (ICO).

CRAIN adopts a layered approach, which has been agreed by the ICO, and the Lender Layer incorporates where lenders will inform customers how their data will be used and shared and with whom, for example, via CRAs, CIFAS and other organisations. The information need not be prescriptive but **must** include a link to CRAIN. Customers must be given the opportunity (even if they choose not to take the opportunity) to access and read CRAIN at the point of application.

CRAs are unable to share data with lenders who do not adopt CRAIN in its current format.

Links to CRAIN:
Experian: www.experian.co.uk/crain
Equifax: www.equifax.co.uk/crain
Callcredit: www.callcredit.co.uk/crain

Further information on GDPR Privacy Notices can be accessed at:
https://ico.org.uk/for-organisations/guide-to-data-protection/privacy-notices-transparency-and-control/privacy-notices-under-the-eu-general-data-protection-regulation/

Hire-Purchase **27.22**

SUPPLIER'S OFFER and WARRANTY. (VR) OSG 01.20

Hire-Purchase Agreement No_____

From us (the Supplier): Name_____
Address_____ Postcode_____
VAT Reg No_____ Tel:_____ Fax:_____ Email_____
To you (the Owner): Name_____
Address_____ Postcode_____

Details of the Goods/Equipment/Vehicle For a motor vehicle state the Make, Model, Registration No. and date first registered		
Make:	Model:	
Reg'n No.	Date first reg'd	
		Cash Price (excl VAT)
		£
		£
		£
Accessories		£
Total Cash Price (excl. VAT)		£
Plus VAT at %		£
Total Cash Price (incl. VAT)		£
Deposit received by the Supplier Part ex' £ Cash £		£

1 We offer to sell to you the Goods/Equipment /Vehicle (the "Goods") described alongside and in the attached Hire-Purchase Agreement (the Agreement), for the Total Cash Price (incl. VAT) stated alongside, to enable you to enter into the Agreement with the Hirer named in the Agreement (the Hirer) and we DECLARE and WARRANT that:
1.1. the Goods are our absolute property, free from any liens, charges and encumbrances and have not been the subject of any previous transaction with the Hirer;
1.2 where the Goods comprise a vehicle, it is in a roadworthy condition and complies with the provisions of the Road Traffic Acts and the regulations made under them and, where required, a valid MOT certificate is held;
1.3 the Goods conform with their description in the Agreement and with any representations about them:
(a) made by us, our agents, or servants to you or the Hirer and are of satisfactory quality and fit for any purpose made known to us by the Hirer; or (b) which were contained in a public statement issued by the manufacturer, importer, if any, or distributor, if any, or any person acting on their behalf.
1.4 the Deposit (if any) shown alongside and in the Agreement has been received by us in cash or by a proper and lawful allowance in part-exchange;
1.5 the details of the Hirer and the Goods set out in the Agreement are correct in every respect, the Agreement was completed in every respect, apart from signatures and dates, when presented to the Hirer and was signed by the Hirer and a copy of the Agreement was immediately given to the Hirer;
1.6 we verified the Hirer's identity by reference to appropriate original documentation presented to us by the Hirer;
1.7 the Hirer has insured the Goods to their full replacement value under a fully comprehensive policy;
1.8 we are not aware of any matter not fully disclosed in the Hirer's application or the Agreement, which might affect your judgement in respect of this transaction;
1.9 any guarantee or indemnity in respect of the Agreement was signed by the person named as guarantor or indemnifier and that person was immediately given a copy of the Agreement and of the guarantee or indemnity.
1.10 the Agreement and guarantee and indemnity (if any) enclosed are the documents entered into in respect of the Hire-Purchase of the Goods by the Hirer.
2 We AGREE that our offer to you to purchase the Goods shall be deemed to have been accepted by your execution of the Agreement and in consequence the property in the Goods shall immediately pass to you and we shall be responsible for the delivery of the Goods to the Hirer.

DETAILS OF INSURANCE (Fully comprehensive cover required)
Name of Insurance Company / Broker_____ Tel:_____ Fax:_____ Email:_____
Address_____
Postcode_____ Policy / Cover Note No_____ Expiry Date_____
SIGNATURE OF SUPPLIER
Signature by/on behalf of the Supplier (duly authorised)_____ Name of signatory_____ Date_____

BANK STANDING ORDER MANDATE

Please pay the sums on the dates specified in the schedule below for the credit of:

To: The Manager_____ Bank
_____
_____
Customer Bank Account No [ ][ ][ ][ ][ ][ ][ ][ ]

Name(s):_____
Address:_____
_____ Postcode:_____
Signature(s)_____
Date of Signature(s):_____

Account Name of Owner_____
Name of Bank_____
Branch Title_____
Account No [ ][ ][ ][ ][ ][ ][ ][ ]
Sort Code [ ][ ] [ ][ ] [ ][ ]

No	Frequency	Amount	Commencing Date
		£	
		£	
		£	

PLEASE QUOTE AGREEMENT NO:_____

To (Owner's Name)_____ Hire-Purchase Agreement No_____
CERTIFICATE OF ACCEPTANCE (To be signed by the Hirer upon receipt of delivery of the Goods/Equipment/Vehicle)
I/We, the Hirer, acknowledge having taken delivery in good order and condition of the Goods/Equipment/Vehicle set out in the Hire-Purchase Agreement bearing the above Agreement No. and confirm that they are in conformity with their description in the Hire-Purchase Agreement.
Location of the Goods/Equipment/Vehicle (Address)_____
Signature(s) of /on behalf of, the Hirer_____
Full Name(s)_____ Date_____

© Copyright CCTA 2020

27.22 Conditional Sale and Hire-Purchase

(VR) OSG 01.20

HIRE-PURCHASE AGREEMENT   Agreement No._____

This Hire-Purchase Agreement is made between_____ (Owner's name)
Address_____
_____ VAT Reg. No._____
Telephone No._____ Fax No._____ Co. Reg. No._____

hereafter called 'the Owner' (which expression includes its successors and assigns) and the Hirer whose particulars are set out in the Schedule below, whereby the Owner agrees to let and the Hirer agrees to hire the Goods specified in the Schedule on the terms and for the period of hire set out in the Schedule and in the Terms of Agreement.

SCHEDULE

1. PARTICULARS OF HIRER
Full Name_____ Title_____
                                                    (Ltd, etc)
Address_____
Fax No._____ Tel No._____ Co. Reg. No._____
Nature of business_____ Year established_____ E-mail:_____
Name and address of banker_____

2. DESCRIPTION OF GOODS

	Net Price		VAT	
	£	p	%	£	p

Serial/Identification/Registration Nos:
_____   Total

3. FINANCIAL DETAILS

Balance Payable (E) is payable by: £ ___ p ___

Total Cash Price (incl. VAT)
Less: Cash £
Part Exch. £ } = Deposit

a first instalment (incl. documentation fee) of _____   Balance of Cash Price (A)
followed by____ instalments each of _____   Add Hire Purchase Charges[1] (B)
and a final instalment (incl. option fee (D)) of _____   Add Documentation Fee (C)
Each instalment is due and payable on the same day of each consecutive *month/quarter commencing on _____   Add Option to Purchase Fee[2] (D) (payable with final instalment)

Period of Hire_____ *months/quarters *delete where not applicable   Balance Payable (A+B+C+D) (E)

1. See Section 4 below and Clause 2 in the Terms of Agreement if charges are variable.

2. VAT Exempt within current limit (£10), otherwise show VAT - inclusive amount

4. HIRE-PURCHASE CHARGES – VARIABLE RATE (delete this section if not applicable)
The Hirer hereby opts to pay Variable Rate Charges at _____% above the Bank of England base rate from time to time in force (provided that if the rate is less than zero, for the purposes of this Agreement it shall be deemed to be zero) or _____% per annum, whichever is the greater, in accordance with clause 2 of the Terms of Agreement. The assumed constant Bank of England base rate for the initial calculation of the Hire-Purchase Charges shown above is_____%

Signature(s) of or on behalf of the Hirer(s) _____

DECLARATION, ACKNOWLEDGEMENT AND SIGNATURE BY THE HIRER
I/we declare and warrant that
(a) the Goods are required for the purpose of a business carried on by me/us, that I/we have carefully examined and selected the Goods and in my/our judgement they are satisfactory and suitable for the purpose for which they are required;
(b) my/our attention was drawn to Clause 4 in the Terms of Agreement;
(c) the information contained in the Schedule and in any application for this Agreement is correct and I/we understand that in considering whether or not to accept this Agreement, the Owner will have relied on the truth of that information.

This document contains the terms of a Hire-Purchase agreement. Sign it only if you want to be legally bound by them.

Signature(s) of or
on behalf of Hirer(s)_____

The Goods will not become your property until you have made all the payments. You must not sell or otherwise dispose of them before then.

ACCEPTANCE BY THE OWNER
Signature of the Owner
(or on their behalf)_____ duly authorised
Date of Owner's Signature
(Date of Agreement)_____

IMPORTANT: USE OF YOUR PERSONAL INFORMATION
Where applicable, you should have been provided with, or made aware of the availability of our 'Privacy Notice' prior to entering into this Agreement, that is, at the time when your personal data were obtained by us.
The Privacy Notice:
- provides information on how we control, protect, handle and process your personal data in connection with this Agreement, including how we may use Credit Reference and Fraud Prevention Agencies;
- provides information about your data protection rights; and
- details your marketing options and preferences (where applicable)

By signing this Agreement you acknowledge that you have read and understood the contents of the Privacy Notice

© Copyright CCTA 2020.

(VR) OSG 01.20

TERMS OF AGREEMENT

1 Payment

The Hirer, having paid the deposit specified in the Schedule on signing this Agreement, shall punctually pay the instalments set out in the Schedule by their due dates without deduction, withholding, set-off or counterclaim. Each payment by the Hirer shall be appropriated first in discharge of the Hire Purchase Charges accrued due and secondly in reduction of the Balance of Cash Price. Punctual payment is essential (see Clause 9). Payments shall only be made to the Owner or to such persons as the Owner may nominate in writing. Payments sent by post shall be at the Hirer's risk.

The Hirer shall pay interest on all instalments in arrears at a rate equal to the annual percentage rate represented by the Hire Purchase Charges or, where the Hirer opts to pay Variable Rate Charges by those charges as adjusted in accordance with Clause 2, such interest to accrue from day to day and to run after as well as before any judgment.

2 Variable Rate Charges

Where the Hirer has opted to pay Variable Rate Charges then, following each twelve month period of this Agreement and upon expiry or termination of this Agreement or exercise of the Hirer's option to purchase, the Owner shall recalculate the Hire Purchase Charges for the preceding period by substituting for the assumed constant Bank of England base rate stated in the Schedule the level of such rate prevailing from day to day during the period in question. If this results in a sum for Hire Purchase Charges and interest on overdue instalments higher or lower than that specified in the Schedule such increase or reduction shall be paid by the Hirer to the Owner within seven days of demand or credited by the Owner to the Hirer, as the case may be.

3 Option to Purchase

Upon payment of the sum specified in the Schedule as the Balance Payable (as varied in accordance with Clause 2 if Variable Rate Charges apply), all other sums payable under this Agreement and the Option to Purchase Fee, ownership of the Goods shall pass to the Hirer. Until such time the Goods shall remain the sole property of the Owner and the Hirer shall be a mere bailee or, in Scotland a hirer, of the Goods.

4 Hirer's Acknowledgement and Indemnity

a) The Hirer acknowledges that
   i) the Goods are required for the purpose of a business carried on by the Hirer, were selected by the Hirer and acquired by the Owner at the Hirer's request for the purposes of this Agreement;
   ii) the Hirer relied on his own skill and judgement in selecting the Goods;
   iii) acceptance by the Hirer of delivery of the Goods is proof that the Goods are of satisfactory quality, in good working order and condition and conform to the Hirer's requirements;
   iv) the Owner does not accept responsibility for the Goods corresponding with any description or for their quality, condition or suitability for the Hirer's purposes; and
   v) except where expressly authorised by the Owner, no dealer in or supplier of the Goods is or shall be deemed to be the Owner's agent.

b) The Hirer indemnifies the Owner against all claims, damages, loss, costs and expenses (including legal costs on a full indemnity basis) arising out of possession or use of the Goods, except for injury or death caused by the Owner's negligence.

5. Possession and Use

a) The Hirer shall not make or attempt any sale or other disposition of the Goods or part with possession of them otherwise than for the purpose of repair, and shall promptly inform the Owner in writing of any change in the address where the Goods are customarily kept.

b) The Hirer shall observe all the manufacturer's and/or the suppliers instructions regarding the use and operation of Goods.

c) The Hirer shall not permit the Goods to become affixed to any premises and shall keep them free from any mortgage, charge, lien, pledge, hypothec or other encumbrance and free from distress, execution or, in Scotland, from an attachment, other legal process or a landlord attempting to take control of the Goods.

6 Repair and Inspection

a) The Hirer shall maintain the Goods in good order and condition and shall be liable for all loss of or damage to the Goods however caused (fair wear and tear only excepted). The Hirer shall give immediate notice in writing of any loss or damage to the Owner which may in its discretion require the Hirer to have any necessary repairs effected by repairers approved in writing by them. The Hirer shall not pledge the Owner's credit or create or allow to be created a lien upon the Goods or any of them.

b) The Hirer shall ensure that any tests or inspections required by law or by the insurers are duly carried out.

c) The Hirer shall not, without the previous written consent of the Owner, make any alteration or addition to the Goods, and any addition shall immediately become the property of the Owner.

7 Insurance

The Hirer shall keep the Goods insured under a fully comprehensive policy to their full replacement value against all risks and third party liability and shall punctually pay all premiums under the policy and produce receipts for such payments to the Owner on demand. In the event of a claim being made against the insurers the Owner may in its absolute discretion conduct any negotiations and effect any settlement with the insurers and the Hirer agrees to abide by such settlement. The Hirer shall hold on trust for the Owner all monies payable under the policy and hereby irrevocably authorise the Owner to receive such monies which:

a) where the Goods are lost or stolen or damaged beyond repair shall be applied in payment to the Owner of any sums previously accrued due to it and of any sum necessary to make up the unpaid balance of the Balance Payable(as varied in accordance with Clause 2 if Variable Rate Charges apply), less any rebate in respect of accelerated payment as the Owner in its discretion may allow, any shortfall being payable immediately by the Hirer to the Owner and any surplus being payable to the Hirer

b) In any other case shall be retained by the Owner until the Goods have been repaired to its satisfaction and then shall be released to the repairer or (if the cost of the repairs has been paid by the Hirer) to the Hirer.

Payment of the surplus or deficiency under sub-clause (a) above shall bring this Agreement and the liability of the parties hereunder to an end. Until then, the loss or destruction of or damage to the Goods (for which the Hirer shall remain fully liable) shall not affect the continuance of this Agreement and the Hirer's liability for any sums payable under this Agreement.

8 Hirer's Right to Terminate

The Hirer may terminate this Agreement by giving notice to the Owner and returning the Goods together with, in the case of a vehicle, the registration document, licence and, if applicable, test certificate. The Hirer shall then be liable to pay to the Owner the unpaid balance of the Balance Payable (as varied in accordance with Clause 2 if Variable Rate Charges apply), less the aggregate of: (a) the net proceeds of sale of the Goods after deduction of expenses or charges incurred by the Owner in respect of repair or storage or which may be due under Clause 11; (b) the sum stated in the schedule as the Option to Purchase Fee; and (c) such rebate for accelerated payment as the Owner in its discretion may allow.

9 Default

If it should transpire that any part of the information given by the Hirer in the Schedule of this Agreement is in any material respect inaccurate or if the Hirer shall:

a) default in the performance of any of the Hirer's obligations under this Agreement;

b) make or propose any composition or scheme of arrangement or trust deed with his creditors or call a meeting of them;

c) permit execution to be levied against or, in Scotland, permit an attachment of, or other legal process in respect of, the Goods;

d) have an interim or bankruptcy or sequestration order made against the Hirer or receive a statutory demand under the Insolvency Act 1986 or, in Scotland, become apparently insolvent within the meaning of the Bankruptcy (Scotland) Act 2016;

e) cease to carry on business or, being a partnership, be dissolved or if proceedings for its dissolution be commenced;

f) suffer a receiver, administrative receiver or administrator to be appointed over its assets or a petition too be presented or pass a resolution for its winding up (otherwise than for the purposes of reorganisation);

g) do or suffer to be done any act or thing which in the opinion of the Owner may prejudice the Owner's rights of ownership of the Goods;

then the Owner shall be entitled;
   i) immediately with or without notice to terminate the hiring under this Agreement by repossessing the Goods and for that purpose to enter any premises where the Goods are believed to be or, to terminate this Agreement by notice in writing, whereupon the Hirer shall no longer be in possession of the Goods with the Owner's consent and shall forthwith return them to the Owner; and
   ii) to recover all sums due under this Agreement at the date of termination of the hiring or this Agreement, as the case may be and damages for all loss sustained by the Owner, including loss of profit resulting from such termination.

10 Automatic Termination

a) This Agreement and the consent of the Owner to the Hirer continuing in possession of the Goods shall terminate automatically and without notice upon any steps being taken by any person to acquire possession of, levy distress on or, in Scotland, exercise a right of hypothec over, the Goods. No payment subsequently accepted by the Owner without knowledge of such event shall prejudice or affect the operation of this clause.

b) Upon termination under this clause the Owner shall be entitled to exercise the rights conferred on it by Clause 9. Any payment accepted by the Owner without knowledge of the automatic termination of this Agreement shall not affect the Owner's rights under this Agreement.

11 Expenses

The Hirer shall repay on demand the Owner's expenses and all legal costs on a full indemnity basis for;

a) finding the Hirer's address if the Hirer changes address without notifying the Owner in writing within 7 days of a change of address; and/or

b) finding the Goods if it is not at the address notified by the Hirer; and/or

c) takings steps including court action to recover the Goods or to obtain payment for it.

The Hirer shall pay on demand the Owner's reasonable expenses in relation to any letter that the Owner might send to the Hirer and any reasonable expenses incurred by the Owner where the standing order or direct debit payment is not made by its due date, for whatever reason.

12 General Provisions

a) The complete and punctual performance of the obligations of the Hirer under Clauses 1, 2, 5, 6 and 7 of this Agreement including the payment of all sums payable on their due date is of the essence of this Agreement. A breach of any such obligations shall constitute a repudiation of this Agreement.

b) In Scotland any word or phrase not in current use in that country shall be given the nearest equivalent meaning.

c) In this Agreement 'Goods' includes all replacements or renewals and all additions and accessions to them made with the consent of the Owner or by the Insurer.

d) No relaxation or indulgence which the Owner may extend to the Hirer shall prejudice the Owner's strict rights under this Agreement.

e) Where the Hirer comprises four or more persons the liability of such persons shall be joint and several.

f) The rights conferred on the Hirer under this Agreement shall be personal to the Hirer, who shall not attempt to assign or otherwise deal with any of those rights.

g) Notice to the Hirer may be communicated to the Hirer orally and notices required to be given in writing may be given by delivery, post or facsimile to the Hirer at the Hirer's address stated in this Agreement or the Hirer's private or last known address and to the Owner at the Owner's address stated in this Agreement or other address notified by the Owner to the Hirer. Notices sent by first class post shall be deemed to have been received within forty-eight hours of posting.

h) If this Agreement (or the hiring hereunder) is terminated by the Owner or terminated automatically then the Owner may, by 7 days' written notice, to the Hirer, terminate any other Agreement between the Owner and the Hirer. Similarly, if any other Agreement (or the hiring thereunder) is terminated by the Owner or terminated automatically, then the Owner may terminate this Agreement. The Owner may then exercise its rights under this Agreement (or any other Agreement referred to in this Clause) as if they had terminated the same by reason of a repudiatory breach thereof. This clause will not apply to any regulated agreement.

i) Words and expressions to which meanings have been assigned in the Schedule shall have those meanings in these terms. Words in the masculine gender shall include the feminine and neuter genders. Reference to "you" in the notice "Use of Your Personal Information" means each partner where the Hirer is a partnership or LLP and each director where the Hirer is a company. Headings are for convenience only and shall not affect the interpretation of any provision.

j) No variation of this Agreement shall be valid unless it is in writing and signed by the Owner.

k) This Agreement, and the documents referred to in it, constitutes the entire Agreement and understanding of the parties and supersedes any previous Agreement between the parties relating to the subject matter of this Agreement.

l) If any provision of this Agreement shall be found to be invalid, illegal or unenforceable, such invalidity, illegality or unenforceability shall not affect the remaining provisions, which shall remain in full force and effect.

13 Commencement of Agreement

This Agreement shall only come into force if and when it is signed by or on behalf of the Owner and on the date when it is so signed.

14 Exclusion of Third Party Rights

Nothing in this Agreement shall be construed as creating a right which is enforceable by any person who is not a party or a permitted assignee or transferee of such a party to this Agreement.

© Copyright CCTA 2020. Consumer Credit Trade Association (CCTA), Spring Mill-Unit G5-Main Street-Wilsden-West Yorkshire BD15 0DX

27.23 Conditional Sale and Hire-Purchase

27.23 Hire-purchase agreements come in a variety of forms and with different labels. Lease purchase is hire-purchase, frequently with a facility to pay reduced rentals and a balloon payment (being a lump sum payment which is higher than the regular rental payment) at the end of the lease period if the lessee elects to buy the goods. Somewhat similar is personal contract purchase: a lease of a motor vehicle, such as a company car, for a set period with a reduced down payment and rentals, and a balloon payment at the end of the lease, the lessee having the option to buy the vehicle, to refinance it, to part-exchange it or simply to return it. The various forms of hire-purchase are differentiated by the different ways in which they are structured, but in law they are all hire-purchase agreements and are subject to the same legal rules.

4. RELATIONS BETWEEN FINANCE HOUSE AND DEALER

(i) Direct collection

27.24 It will be recalled that in a direct collection transaction D sells the equipment to F. The sale contract is governed by the normal statutory provisions and common law rules relating to contracts of sale, but is usually buttressed by express warranties on the part of D, eg as to the quality and condition of the equipment and its conformity with the requirements of the hire-purchase or conditional sale agreement. Breach of any of the terms of the agreement entitles F to pursue the usual remedies of a buyer whose seller commits a breach of contract.[47] D is sometimes required to give recourse, by guaranteeing B's performance or by undertaking to repurchase the equipment if B defaults. F's rights under the guarantee are governed by the general principles of the common law relating to guarantees[48] except so far as the parties otherwise agree in their contract.

27.25 Prima facie D is not the agent of F or of B but conducts on his own account the negotiations leading up to the conditional sale or hire-purchase agreement.[49] So except where otherwise agreed or provided by statute,[50] F is not liable for any misrepresentations by D in relation to the equipment;[51] nor is D considered to have actual or ostensible authority to accept on F's behalf notice of termination of a hire-purchase agreement.[52] Equally, D is not the agent of F to receive the pre-contract down payment; but if B's offer to take the equipment on conditional sale or hire-purchase is accepted and F agrees to buy the equipment from D, F is treated as having received the down payment in a

---

[47] See ch 14.
[48] See ch 30.
[49] *Branwhite v Worcester Works Finance Ltd* [1969] 1 AC 552. The same is true of leasing agreements. See *J. D. Williams & Co v McAuley, Parsons & Jones* [1999] GCCR 1375, [1994] CCLR 78; *Woodchester Equipment (Leasing) Ltd v British Association of Canned and Preserved Fruit Importers and Distributors* [1999] GCCR 1923.
[50] Eg Consumer Credit Act 1974, s 56.
[51] See R. M. Goode, *Hire-Purchase Law*, p 289.
[52] Ibid, p 293.

balance of account with D and can, therefore, be required to return it in a restitutionary claim if the agreement is rescinded or otherwise becomes ineffective.[53]

(ii) Block discounting

27.26 If D, when discounting the hire-purchase or conditional sale agreements, transfers to F title to the underlying equipment, the transaction is to that extent a sale and as regards the equipment the normal Sale of Goods Act rules apply. The assignment of the contract rights does, it is thought, imply a condition that D has not disposed of or encumbered them. Beyond this it is doubtful whether the law implies any conditions or warranties in relation to the contract rights, eg that the discounted agreements are valid and enforceable. In practice, express warranties are almost invariably set out in the block discounting agreement, and the circumstances may be such as to imply warranties *in fact*. If F chooses not to exact warranties and none are implied in fact, F presumably has no legal ground for complaint if a particular debt assigned proves irrecoverable, eg because of non-compliance with legal requirements.[54] This is subject to the qualification that if all the agreements were wholly invalid, F would presumably have a right to recover the price as paid on a total failure of consideration.

5. RELATIONS BETWEEN DEALER AND BUYER OR HIRER IN DIRECT COLLECTION TRANSACTIONS

27.27 In direct collection business there is in principle no privity of contract between D and B;[55] B is not a party to the contract of sale between D and F, while D is equally a stranger to the contract between F and B. If the equipment is defective, it is to F as seller or owner that B must turn. However, if B was induced to enter into the agreement with F by a false statement of fact on the part of D which was intended to be promissory in character, this will constitute a collateral warranty by D the consideration for which is B's entry into the agreement with F. In this event B can recover damages against D for breach of the collateral contract.[56] But B must be able to show that D's statement was intended to have contractual force, otherwise his claim will fail.[57]

---

[53] *Branwhite v Worcester Works Finance Ltd*, n 49.
[54] This would be most likely to occur in relation to agreements within the Consumer Credit Act 1974.
[55] And, as noted in n 6 above, it is extremely unlikely that either party would be able to rely upon the Contracts (Rights of Third Parties) Act 1999.
[56] *Andrews v Hopkinson* [1957] 1 QB 229; *Brown v Sheen & Richmond Car Sales Ltd* [1950] 1 All ER 1102.
[57] *United Dominions Trust (Commercial) Ltd v Pidgeon* (14 November 1963 unreported), 14 No, CA (Bar Library transcript No 289).

27.28 Conditional Sale and Hire-Purchase

6. TRACING PROCEEDS OF AUTHORIZED RESALES

27.28 The owner's equitable right to trace proceeds of an *unauthorized* disposition of his asset[58] was carried a stage further in the *Romalpa* case,[59] in which the Court of Appeal, affirming the decision of the trial judge, held that where, under a contract of sale, the seller reserved title until payment but authorized the buyer to resell the goods meanwhile, and the language of the contract indicated that he was to be accountable to the seller for the proceeds of resale, such proceeds vested in the seller in equity when they came into existence and did not form part of the buyer's assets. The relationship between seller and buyer as regards the proceeds was that of principal and fiduciary agent, not of creditor and debtor, in the case in question.

27.29 The decision is not free from difficulty, and in subsequent cases the courts have shown a marked inclination to confine *Romalpa* within close limits.[60]

---

[58] See paras **2.66–2.71**.
[59] *Aluminium Industrie Vaassen B V v Romalpa Aluminium Ltd* [1976] 1 Lloyd's Rep 443. For the facts of this case, see R. M. Goode, 'The Right to Trace in Commercial Transactions' (1976) 92 LQR 528 at p 548. For other analyses, see the literature cited, para **2.66**, n 183.
[60] See para **22.34**.

Chapter 28

THE FINANCE LEASE

28.01 In the eyes of English law a lease of goods is a hire contract, by whatever name it is called. Its essential characteristic is that goods are bailed by one party, A, to another party, B, for B's use[1] or enjoyment in exchange for payment of rent. It is distinguished from hire-purchase and conditional sale in that B has neither the option nor the obligation to purchase the goods but is required to return them to A, or deal with them as A directs, when the bailment comes to an end.

28.02 The leasing industry has become increasingly sophisticated over the years, and various forms of lease or hire have evolved, each designed to cater for a particular need. Leasing periods may range from fifteen or more years at one end to one day or shorter (car hire) at the other, and may encompass equipment ranging from 'big ticket' items such as oil tankers and aircraft to relatively small items of business equipment such as laptops and photocopiers.

1. THE NATURE OF THE FINANCE LEASE

28.03 Lessors have coined a variety of labels to describe different leasing schemes. These typically have no *legal* significance, but are used to market particular leasing products,[2] and reflect functional distinctions between one type of lease and another. While there is no universally agreed labelling system, one classification is fundamental, namely that which divides the *operating lease* from the *finance lease*.[3] An operating lease is typically one under which

---

[1] Including derivation of income through sub-hire.
[2] 'Product' here refers to the leasing agreement, or package, offered to potential lessees.
[3] For judicial recognition of the distinction, see the judgment of Robert Walker LJ in *On Demand Information plc v Michael Gerson (Finance) plc* [2000] 4 All ER 734, [2001] 1 WLR 155, 158. The distinction can be an important one, for example in relation to the jurisdiction to grant relief against forfeiture (see *Celestial Aviation Trading 71 Ltd v Paramount Airways Private Ltd* [2010] EWHC 185 (Comm), [2011] 1 All ER (Comm) 259, on which see further n 34). It also proved to be a point of considerable importance to the capacity of a school to enter into a contract for the provision of new school accommodation: see *School Facility Management Ltd v Governing Body of Christ the King College* [2020] EWHC 1118 (Comm) at [190]–[255] where the lease into which the school had entered was held to be a finance lease, not an operating lease, and so was an ultra vires transaction which was not binding on the school. The importance of the distinction, at least in accounting terms, is less important now that IFRS 16 has come into effect (see n 7 below).

835

28.03 *The Finance Lease*

equipment is let out on lease to a series of different lessees in sequence, each taking the equipment for the period for which he needs it and paying a rent reflecting its use-value. By contrast, a finance lease is, as its name implies, essentially a financial tool, in which the lessor's retention of ownership is little more than nominal. The characteristics of the finance lease are that the minimum period of the lease[4] approximates to the estimated working life of the equipment, so that there is only one lessee, responsibility for maintaining the equipment rests on the lessee and the rentals are calculated not on the use-value of the equipment but on the basis of producing for the lessor a total amount which, taking account of the rental cash flows and capital allowances to which he is entitled, will recoup his capital expenditure in acquiring the equipment and give him the desired return on capital. That is to say, the rentals are so structured as to amortize the capital cost over the period, or primary period,[5] of the lease and give the lessor his required addition for profit, so that, if one ignores the influence of taxation, the end result is that the lessor receives and the lessee pays a total sum not dissimilar to that which would be received and paid under a conditional sale agreement providing for payment by instalments. The assumption is that at the end of the lease the equipment will have a relatively small residual value,[6] and the usual practice is for the lessor to return the greater part of this to the lessee by paying him, or crediting to him against a future transaction, most of the proceeds arising from sale of the equipment by the lessor (or by the lessee as his agent) upon termination of the lease. The lessee must not be given the ability to acquire the equipment himself, for this would convert the transaction into a hire-purchase agreement.

28.04 A finance lease has been defined for accounting purposes as one that transfers substantially all the risks and rewards incidental to ownership of an asset to the lessee.[7]

---

[4] This is the period (usually termed the 'primary period') over which the lessor expects to recoup his capital outlay and most of his desired return on capital. The lessee is usually, though not invariably, able to extend the lease for a secondary period at a rate substantially below the then use-value of the equipment.

[5] See n 4.

[6] In the late 1970s this assumption was confounded by high rates of inflation, in consequence of which residual values rose sharply and in some cases resulted in the lessee receiving a 'rebate' in excess of the total rentals he had paid!

[7] FRS 102 'The Financial Reporting Standard applicable in the UK and Republic of Ireland', section 20.4. An operating lease by contrast is one which does not transfer substantially all the risks and rewards incidental to ownership. Guidance on the difference between a finance lease and operating lease is provided in sections 20.5–20.8 of FRS 102 but the difference is stated to depend upon 'the substance of the transaction rather than the form of the contract.' In terms of international accounting standards, para 62 of IFRS 16 defines a finance lease in terms very similar to that to be found in FRS 102, namely that a lease is a finance lease 'if it transfers substantially all the risks and rewards incidental to ownership of an underlying asset' (and an operating lease is similarly described as a lease which does not transfer substantially all the risks and rewards incidental to ownership of an underlying asset). The effect of IFRS 16 is to bring almost all leases on to the balance sheet from the date on which it came into effect, namely 1 January 2019, whether the lease is a finance lease or an operating lease, so that, from an accounting perspective, the two now look very similar. The Capital Allowances Act 2001, s 219, defines a finance lease in terms which defer to generally accepted accounting practice.

2. REASONS FOR USE

28.05 The huge growth in finance leasing illustrates how little importance is attached by the businessman to the legal concept of ownership. To him what matters is the substance, not the form. For practical purposes the lessee *is* the owner. But if he is to be committed to payment of the full capital cost of the equipment, why does he not choose to take title and purchase the equipment under a conditional sale agreement? There are many reasons, some more cogent than others. The lessee's tax position in general, and the likely flow of his income and profits in particular, may make it more advantageous for him to leave the capital allowances[8] to be claimed by the lessor and secure in exchange a reduction in rentals,[9] these being deductible in computing his profits assessable to tax. A second reason advanced for selecting finance leasing is that the lessor provides 100% of the finance required, whereas on hire-purchase or conditional sale the hirer or buyer is expected to make a down payment. This is one of the less compelling arguments. There are many finance leases which do require a down payment; conversely, there is no reason why hire-purchase business should not be underwritten on the basis of a 100% advance by the finance house. Another attraction of leasing at one time was that it was a form of off-balance-sheet financing[10] and enabled the lessee to present accounts showing a greater degree of liquidity than for conditional sale, when the future instalments would have to be capitalized as a liability in the balance sheet. But accounting standards now require the lessee, at the commencement of the lease term, to recognise its rights of use and obligations under finance leases as assets and liabilities in its statement of financial position at amounts equal to the fair value of the leased asset or, if lower, the present value of the minimum lease payments, determined at the inception of the lease.[11] There are various other factors to which the popularity of leasing is ascribed; but one of the most important, ranking with taxation, is that it is seen as a flexible financing tool that can be tailored to the lessee's particular cash-flow requirements.

---

[8] Ie annual writing-down allowances in respect of so much of the capital cost as has not been the subject of the first-year allowance. See *Simon's Taxes* (Looseleaf), Binder 3, Pt B3. The old first-year allowance has largely been abolished. As to fixtures, see para **7.20**, n 60.

[9] The leading case is the decision of the House of Lords in *Barclays Mercantile Business Finance Ltd v Mawson* [2004] UKHL 51, [2005] 1 AC 684, where it was held (at [40]) that, in the case of a finance lease, the statutory requirements for capital allowances focus entirely on the 'acts and purposes of the lessor.' The Act 'says nothing about what the lessee should do with the purchase price, how he should find the money to pay the rent or how he should use the plant.' It follows that the critical question is whether the capital expenditure was incurred by the lessor to acquire the machinery or plant for the purpose of leasing it in the course of the trade. If it has, it is the lessor as owner who suffers the depreciation in the value of the machinery or plant and is therefore entitled to an allowance against the profits of his trade.

[10] See para **26.14**. The significance of this should not be overrated. Most bankers and financiers of any sophistication would readily have picked up a leasing commitment from a perusal of the lessee's accounts.

[11] FRS 102, section 20.9. In the case of IFRS 16, para 67 provides that 'at the commencement date, a lessor shall recognise assets held under a finance lease in its statement of financial position and present them as a receivable at an amount equal to the net investment in the lease.'

3. SETTING UP THE TRANSACTION

28.06 The initiative for a leasing transaction comes from the lessee. It is he who selects the equipment and the supplier, and the finance house is often not brought into the picture until a very late stage – sometimes, indeed, after the customer has gone so far as to place an order with the supplier.[12] These features are often put forward as being peculiar to leasing, but of course they are not. Even a domestic hire-purchase agreement relating to, say, a dishwasher or a motor car involves initial selection of the goods and of the supplier by the intending hirer. The particular characteristic of business leasing in general and finance leasing in particular is the level of the prospective lessee's involvement and expertise.

28.07 In many cases the lessee has a very precise picture of its requirements and, indeed, may negotiate detailed specifications with the supplier to meet the particular needs of its business. The finance house is very much the pig in the middle. It will never see the equipment, its knowledge of the technical aspects of the equipment is likely to be no more than the general understanding which a good financier seeks to acquire of the nature and working of its client's business, and it has perforce to rely on its client's expertise and on the skill and integrity of the supplier. As we shall see, these factors are none too well accommodated by the law.

28.08 The straightforward method of setting up a leasing transaction is for the intending lessee, having found the equipment he wants, to request the finance house to purchase it from the supplier and let it to him on lease. The lessee will usually sign the lease at that time. The finance house places the order with the supplier and is in turn invoiced by the supplier, who later delivers the equipment direct to the lessee. Upon receipt of a certificate by the lessee that the equipment has been delivered in satisfactory condition, the finance house pays the price to the supplier, and signs the leasing contract, notifying its acceptance to the lessee, whereupon the leasing agreement becomes operative.

28.09 Where the lessee expects to use the finance house for a regular series of transactions, the two may enter into a master agreement setting out the standard terms by which specific leasing transactions subsequently entered into are to be governed. Like the block discounting agreement,[13] the master agreement is facultative. There is no obligation on either party to enter into future leasing transactions. Despite signature by both parties, the master agreement does not as a rule have the status of a binding contract at the time that it is made. It is merely a set of terms subsequently incorporated into specific transactions, sometimes by signature of leasing schedules identifying the equipment to be purchased, the price and the rentals.

28.10 Some lessees do not want it brought to the notice of their suppliers that they are utilizing a leasing facility. They can be accommodated in various

---

[12] A complication which necessitates either a rescission of the sale contract or at least a variation of it to provide for the transfer of title to the lessor instead of the lessee and for payment by the lessor.
[13] See para **27.07**.

ways. For example, the lessor may authorize the lessee to purchase the equipment in its own name as apparent principal but in reality as agent for the lessor, who will reimburse the price paid by the lessee to the supplier.[14] Alternatively, it may be agreed that the intending lessee shall buy the equipment on its own account in the first instance and then sell it to the lessor and take it back on lease.[15] Sale and lease-back is not uncommon, though there are certain tax pitfalls which have to be avoided.[16]

28.11 The lessor will not necessarily want to use its own money to purchase the equipment. It may conclude an agreement with a bank or another funder[17] to advance the whole or part of the price by way of loan, repayable with interest either on an unsecured basis or secured on the rental income.[18] Leasing of this kind is known as leveraged leasing, because the capital put up by the lender gives leverage to the lessor's purchasing power and thus increases the volume of business it can undertake, so long as it can ensure that the interest on the loan is less than the net return on capital derived from the lease. Leveraged leasing is common in the United States, where it is promoted with sophisticated techniques involving trust deeds and the issue of non-recourse loan notes secured against rentals,[19] but the use of these has never caught on in England.

28.12 Sometimes a lessor with insufficient profits to absorb its capital allowances will bring in another party with surplus profits to act as head lessor, and take the equipment from such party under a hire-purchase agreement with authority to sub-lease to the business user. But the ability to utilize this procedure as a tax shelter is now severely circumscribed in that the sub-lessor's entitlement to capital allowances is restricted to the rentals due in the relevant accounting period[20] and, in the case of rentals payable during the year of acquisition, to that proportion of such rentals as the period from the time of acquisition to the end of the accounting period bears to the length of the accounting period.[21]

4. THE TRIANGULAR RELATIONSHIP

28.13 The sets of legal relations set up by a simple finance lease transaction in which the lease is granted by a separate leasing company rather than by the manufacturer correspond exactly to those of the traditional hire-purchase or conditional sale agreement.[22] For convenience, we repeat these in figure 28.1, substituting Lessor for F (finance house), Lessee for B (buyer) and Supplier for

---

[14] See para **28.25**.
[15] See para **28.27**.
[16] See, for example, Capital Allowances Act 2001, ss 221 and 225.
[17] Or, in the case of 'big ticket' lessees (eg aircraft, oil tankers), a syndicate.
[18] See paras **28.28–28.30**.
[19] For the characterization of such a transaction so far as English law is concerned, see para **22.37**.
[20] See Capital Allowances Act 2001, s 229(3).
[21] Ibid, s 220.
[22] See para **27.04**.

28.14 The Finance Lease

D (dealer). It is assumed, unless otherwise stated, that none of the transactions are concluded between a trader and a consumer so that the Consumer Rights Act 2015[23] is not applicable.

Figure 28.1   Simple triangular leasing structure. Lessor buys equipment and lets it on lease. Two contracts, no contractual relationship between Supplier and Lessee (except by collateral contract).

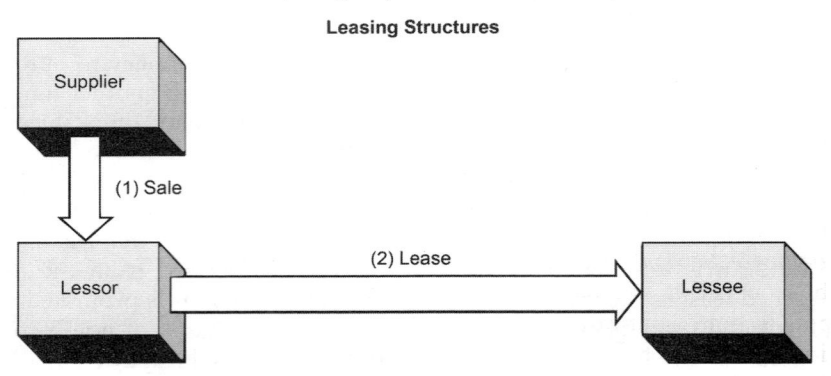

Leasing Structures

Supplier → (1) Sale → Lessor → (2) Lease → Lessee

28.14 The reader is reminded that (apart from any express collateral warranty[24]) there is no contractual nexus between Supplier and the Lessee, and so far as Lessee is concerned, his supplier is Lessor. English law regards transaction 1, the sale from Supplier to Lessor, as entirely distinct from transaction 2, the lease by Lessor to Lessee. This principle of separation has unfortunate consequences. It means that, unless otherwise agreed, Lessor is committed to Supplier on placing the order for the equipment even if Lessee wrongfully rejects a subsequent tender of delivery or withdraws his offer to take the equipment on lease. A more serious problem, in practical terms, used to exist at common law, namely that if the equipment was not in accordance with the sale contract[25] or was delivered late, the remedy against Supplier was vested in Lessor, whereas it was Lessee who principally suffered the loss, while Lessee's redress was against the hapless Lessor when the real culprit was Supplier. Most finance leases exclude any liability on the part of Lessor for defects in the equipment. This is understandable enough, for Lessor is not involved in the selection or delivery of the equipment, claims no expertise and relies on L to use his own judgment. But an effective exemption clause[26] used to bear heavily on Lessee, for he was then deprived of all remedy unless he

---

[23] Part 1 of the Consumer Rights Act 2015 applies to an agreement between a trader and a consumer for the trader to supply goods, digital content or services, if the agreement is a contract: see s 1 of the Act and para **6.10** above. Brief reference is made to the Act at various points in chapters 7–15 but this work is concerned essentially with commercial transactions and so does not provide comprehensive coverage of consumer sales law or other transactions between a trader and a consumer.

[24] See paras **3.46, 3.71, 27.37**. It is also unlikely that the Contracts (Rights of Third Parties) Act 1999 can be invoked in order to create enforceable contractual rights between the supplier and the lessee.

[25] Which will incorporate the lessee's specifications.

[26] The court has power to strike this down under either ss 3 or 7 of the Unfair Contract Terms Act 1977 if not satisfying the requirement of reasonableness. For an example of a term which

could establish some collateral warranty on the part of Supplier. Attempts to deal with this problem either by Lessor agreeing to enforce the sale agreement for the benefit of Lessee or by Supplier assigning its rights to Lessee walked into the problems concerning the question whether an assignee could recover for its own loss, as opposed to that of the assignor, or whether a party enforcing a contract for the benefit of another could recover more than its own loss,[27] questions on which there was much complex case law.[28]

28.15 An elegant solution to these problems at the international level has been provided by the 1988 UNIDROIT Convention on International Financial Leasing. Under art 8 of the Convention the lessor is, for the most part, rendered immune from liability to the lessee for nonconforming equipment accepted by the lessee, while under art 10 the duties of the supplier under the supply agreement are owed to the lessee as if it were a party to the supply agreement and as if the equipment were to be supplied directly to the lessee. The Convention does not help lessees in the United Kingdom, since it does not apply to domestic transactions and anyway has not been ratified by the United Kingdom.[29] Happily, a potential solution is now provided in England, Wales and Northern Ireland[30] by the Contracts (Rights of Third Parties) Act 1999, since where the sale contract between the supplier and the lessor expressly provides that the lessee may enforce a term of the contract or the Act otherwise applies,[31] the lessee is entitled to any remedy, including damages, that would have been available to him in an action for breach of contract if he had been a party to the contract.[32] It is not a technically difficult matter to give to the lessee the right to enforce a term or terms of the contract between the supplier and the lessor. It is really a matter of bargaining power and of the willingness of the lessor to seek to ensure that the lessee has a meaningful form of redress against the supplier in the event of default by the supplier.

5. THE RIGHTS AND DUTIES OF LESSOR AND LESSEE INTER SE

28.16 Relations between Lessor and Lessee are governed by the terms of the agreement between them.[33] In general, the parties are free to agree such terms as they choose, and leasing agreements frequently specify a series of default events the occurrence of any one of which will entitle the lessor to terminate the agreement, subject to the lessee's right to apply for relief against forfei-

---

failed to satisfy the requirement of reasonableness, see *Lease Management Services v Purnell Secretarial Services Ltd* [1994] 13 Tr LR 337. See further para **28.20**.
[27] See the second edition of this book at pp 783–785.
[28] See *Chitty on Contracts* (33rd edn, 2018), paras 18-051 ff.
[29] There are currently ten Contracting States to the Convention, and the Convention entered into force on 1 May 1995.
[30] In the case of Scotland see now the Contract (Rights of Third Parties) (Scotland) Act 2017.
[31] See para **3.89**.
[32] Contracts (Rights of Third Parties) Act 1999, s 1(5).
[33] The range of terms implied in favour of a lessee or hirer under the Supply of Goods and Services Act 1982 is similar to that of a buyer under a contract of sale.

28.17 The Finance Lease

ture.[34] There are, however, two types of contractual provision that may attract judicial scrutiny.

28.17 The first is the clause invariably found in leasing agreements by which Lessor seeks to ensure that if he has to terminate the agreement because of Lessee's default, he, Lessor, will not suffer a loss. It is necessary to ensure that a minimum payment clause designed to give Lessor the value of his defeated contractual expectation is not struck down as a penalty.[35] The risk of a minimum payment clause being struck down in this way is probably less after the decision of the Supreme Court in *Cavendish Square Holding BV v Talal El Makdessi* and *ParkingEye Ltd v Beavis*[36] where the Supreme Court switched the focus of attention away from the question whether the clause amounted to a genuine pre-estimate of the loss likely to be suffered by the breach and instead focused attention on the question whether the amount stipulated as payable is extravagant and unconscionable when compared with the legitimate interest of the other party to the contract in the performance of the contract.[37] Thus the mere fact that the Lessor stipulates for the payment of a sum greater than the contractual liability of the Lessee under the finance lease will not, of itself, suffice to demonstrate that the term is a penalty. But, when seeking to identify the legitimate interest of the Lessor, it remains important to have regard to the payment obligations of the Lessee under the finance lease. A finance lease commits Lessee to payment of the rentals for the primary period without power to terminate the agreement,[38] so that a minimum payment clause can properly be framed on the assumption that but for the breach Lessee would have been liable for the primary rentals in full. The difficulty is to know what discount to allow for the acceleration of Lessee's payment liability. In the case of hire-purchase or conditional sale this is relatively straightforward, for the finance charge is separately expressed and can be rebated according to an appropriate formula. In a finance lease, on the other hand, there is no distinct interest or finance charge; the return on capital is subsumed within the rental

---

[34] *On Demand Information Ltd v Gerson (Finance) plc* [2003] 1 AC 368. The distinction between a finance lease and an operating lease is of considerable significance in relation to the jurisdiction of the court to grant relief against forfeiture. While the jurisdiction to grant relief does exist in relation to finance leases (see *On Demand Information*), it is unlikely to be available in the case of an operating lease, particularly where the goods are of high value and the lease covers only a proportion of the economic life of the goods (see *Celestial Aviation Trading 71 Ltd v Paramount Airways Private Ltd* [2010] EWHC 185 (Comm), [2011] 1 All ER (Comm) 259). For confirmation of this approach, see the decision of the Supreme Court in *The Manchester Ship Canal Co Ltd v Vauxhall Motors Ltd (formerly General Motors UK Ltd)* [2019] UKSC 46, [2020] 2 All ER 81, [2019] 3 WLR 852, [32]–[33] and [51].
[35] See *Lombard plc v Butterworth* [1987] QB 527, where the Court of Appeal held that the stipulated minimum payment was unenforceable in so far as it purported to require the lessee to make payment in respect of rental instalments which had not accrued at the date of termination irrespective of the seriousness or triviality of the breach. But the penalty clause remains enforceable up to the amount of the loss suffered (*Jobson v Johnson* [1989] 1 All ER 621).
[36] [2015] UKSC 67, [2016] 2 All ER 519, [2016] AC 1172 (see further para **3.141**).
[37] Ibid at [31]–[32], [152] and [255].
[38] However, some agreements allow termination in cases where Lessor is protected by a buy-back arrangement with Supplier.

payments. None the less, these are calculated by reference to Lessor's desired internal rate of return, and though this may not be furnished to Lessee, he will usually be quoted a rental in terms of £x per mille of capital cost.

28.18 If all Lessor's income were pure interest or profit, the calculation of the discount would largely be a matter of mathematics. The 'interest' represented by the difference between the total rentals payable and the capital cost would be notionally spread on an actuarial basis and the discount for acceleration of Lessee's liability would be represented by the part of the 'interest' unearned at the date of termination plus the amount by which the value of the repossessed equipment exceeded the value it would have had, discounted to the date of expiry of the primary period, if the lease had run its full minimum course.[39]

28.19 But mathematics is not everything. Lessor's income is not pure income. In an ideal world Lessor would first be allowed to recover the full costs attributable to the transaction up to the date of termination and only the remainder of the 'interest' would be discounted. But since no one has devised a method of matching costs against income, the court should, it is submitted, be prepared to recognize any stipulated loss value formula that, as seen at the time when the agreement was made, is likely to do substantial justice between the parties,[40] taking account also of the fact that early termination deprives Lessor of part of its tax deferral, a loss which it is entitled to have reflected in the stipulated loss value. In any event, it is important to recall that the vital question is whether the sum stipulated is extravagant and unconscionable in comparison with the legitimate interest of the Lessor under the finance lease and not whether the sum stipulated is a genuine or an accurate pre-estimate of the Lessor's loss.

28.20 The other type of clause that may come under particular consideration is that by which Lessor seeks to exempt himself from liability for defects in the equipment. Such a clause is effective to exclude the common law implied terms[41] only so far as it satisfies the test of reasonableness.[42] In the context of a transaction in which Lessee relies essentially on his own skill and judgment and/or that of Supplier such an exemption clause would seem to be prima facie reasonable. On the other hand, if the effect of upholding it would be to deprive

---

[39] This is subject to the qualification that loss of future rentals resulting from the lessor's exercise of a right to terminate the lease for default will not be recoverable either under a liquidated damages clause or as unliquidated damages unless the lessee's breach was repudiatory. See *Financings Ltd v Baldock* [1963] 2 QB 104, applied to a leasing contract by the Manitoba Court of Appeal in *Canadian Acceptance Corpn Ltd v Regent Park Butcher Shop Ltd* (1969) 3 DLR (3d) 304, and n 35. By contrast, a clause providing for acceleration of rentals on the basis that the lessee continues in possession of the equipment appears unobjectionable. See R. M. Goode, 'Acceleration Clauses' [1982] JBL 148 at p 152.
[40] See R. M. Goode, *Hire-Purchase Law and Practice* (2nd edn, 1970), pp 887 ff and Supplement.
[41] See n 33.
[42] Unfair Contract Terms Act 1977, s 7(1A). Different considerations apply where the Lessee is a consumer and the contract falls within the scope of the Consumer Rights Act 2015 where the trader will not be able to exclude liability as against the consumer in respect of the terms treated as included within the contract (see Consumer Rights Act 2015, ss 31, 47 and 57).

28.20 *The Finance Lease*

Lessee of all remedy, owing to the lack of privity with Supplier, this may induce the court to take a more jaundiced view of the clause.[43] So the prudent Lessor will do what he can to protect Lessee by seeking to make use of the Contracts (Rights of Third Parties) Act 1999 in order to give to Lessee the right to enforce particular terms of the contract of sale entered into between Lessor and Supplier or, less satisfactorily, by incorporating undertakings, imperfect though their effect may be,[44] to assign his rights as buyer to Lessee or to enforce them for Lessee's benefit.

6. THE LESSOR AND THE SUPPLIER

28.21 The relationship of supplier and lessor is that of seller and buyer and as such calls for no special comment. Where Lessor authorizes Lessee to purchase equipment in his own name, though in reality as agent for Lessor, Supplier may either treat Lessee as the purchaser or, on discovering the existence of Lessor as undisclosed principal, hold Lessor liable on the sale contract. Once having made his election with knowledge of Lessor's status as undisclosed principal, Supplier is bound by it.[45]

28.22 The difficulty that may arise from Lessor's inability to prove that he has suffered loss as the result of breach of the supply contract has been adverted to earlier. The damages recoverable are in any event limited by the rule in *Hadley v Baxendale*.[46] Since Supplier knows from the outset that Lessor is buying the equipment to supply to Lessee on lease, Supplier will be aware that his failure to tender equipment in accordance with the supply contract is likely to cause loss to Lessor under the leasing agreement, so that Supplier will usually be liable for all such loss in so far as it is of an order that would normally flow from the breach and does not derive from the fact that Lessor concluded the leasing contract on unusually favourable terms.[47]

7. MORE DEVELOPED STRUCTURES

28.23 We have already drawn attention to the fact that leasing structures are frequently more developed than the simple triangular relationship identified in figure 28.1. Sometimes they can be very complex indeed, particularly in cross-border leasing transactions. We shall briefly depict some of these structures and say a few words about their legal implications.

(i) Purchase by intending lessee as disclosed agent

28.24 Where a flow of transactions is envisaged, the leasing company may authorize the lessee to buy equipment as disclosed agent of the lessor (figure

---

[43] See, for example, *Lease Management Services v Purnell Secretarial Services Ltd*, n 26.
[44] See para **28.14**.
[45] See *Bowstead and Reynolds on Agency* (21st edn, 2017), art 82 (para 8-113), although the text raises questions as to the justifications which have been offered in support of this rule.
[46] (1854) 9 Exch 341. See para **3.134**.
[47] See para **14.35**, n 128.

28.2). Title passes directly to the lessor, the lessee being merely an intermediary so far as the sale is concerned. The lessor loses a measure of control in that if the lessee exceeds its authority in making a purchase, the lessor may be bound in accordance with the principle of apparent authority described earlier.[48]

Figure 28.2 Purchase by intending lessee as disclosed agent. Lessee buys equipment as disclosed agent of lessor and takes it on lease. Contractual relationships are as in figure 28.1

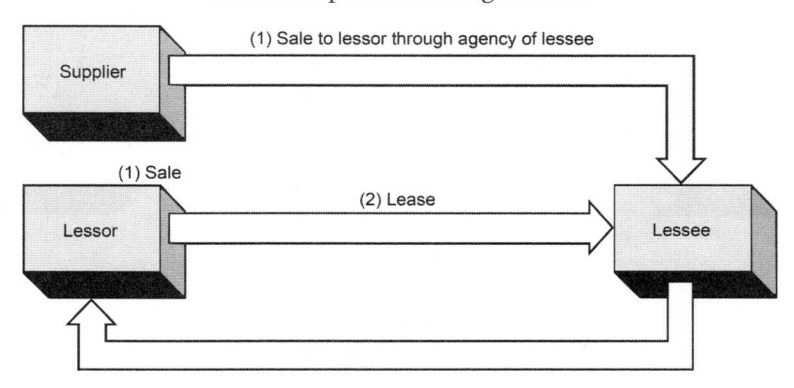

(ii) **Purchase by intending lessee as apparent principal**

28.25 Where, for business reasons, the parties do not wish it to be known to the supplier that the leasing company is involved, the lessor may authorize the lessee to buy in its own name, the lessor being the undisclosed principal (figure 28.3). This is still more risky for the lessor, for there is no apparent limit to the lessee's purchasing powers. Moreover, legal title to the equipment passes in the first instance to the lessee, who will therefore have the power (though not the right) to dispose of it. Title becomes vested in the lessor as the result of an act of appropriation by the lessee.[49] Signature of the leasing agreement identifying the equipment would seem to be sufficient for this purpose.

---

[48] See para **5.18**.
[49] See S. Mills (ed), *Goode on Proprietary Rights and Insolvency in Sales Transactions* (3rd edn, 2010), ch III.

28.25 The Finance Lease

Figure 28.3 Purchase by intending lessee as apparent principal. Lessee buys equipment as apparent principal, but in reality as agent for lessor, and takes lease. Two contracts, but supplier has alternative claim against lessor as undisclosed principal.

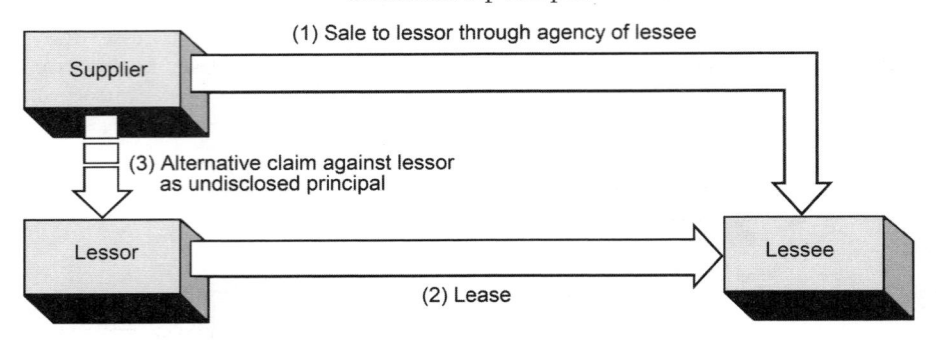

(iii) Novation

28.26 Sometimes the intending lessee concludes the purchase before putting the leasing arrangement in place, so that the parties may decide to unscramble the transaction by a novation, the supplier, lessor and lessee agreeing that the sale to the lessee shall be cancelled (at least as regards transfer of title and the payment provisions) and replaced by a sale to the lessor, which then leases the equipment to the lessee (figure 28.4). This calls for no special comment.

Figure 28.4 Novation. Sale by supplier to lessee, followed by novation, involving cancellation of original sale (at least as regards transfer of title and payment obligation), resale to lessor and lease.

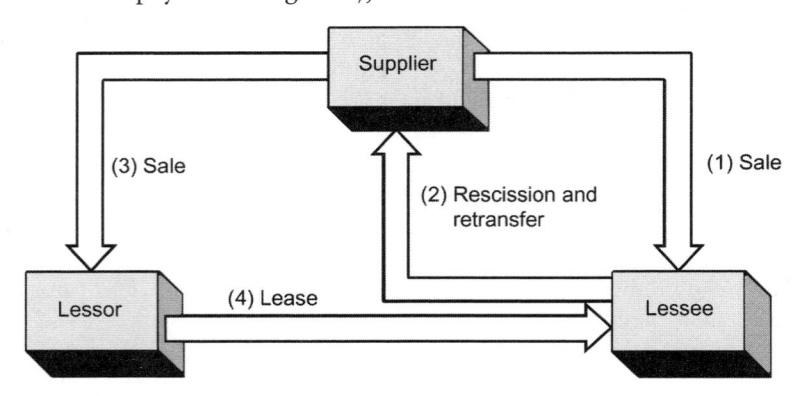

(iv) Purchase by lessee, and sale with lease-back

28.27 The lessee may decide on a leasing facility after it has purchased the equipment. Alternatively, the lessor may for some reason not wish to be involved in the purchase, even as undisclosed principal. Accordingly, the lessee buys the equipment as the real principal, sells it to the leasing company and takes it back on lease (figure 28.5). Such a sale and lease-back may give rise to questions whether the transaction is a disguised chattel mortgage (in which event it would be void for want of registration against the lessee's liquidator and creditors), but it is a well-established and legitimate practice, and so long as the parties intend an outright transfer of title to the lessor, so that the documents truly record the nature of their agreement, it will not be treated as a security.[50]

Figure 28.5 Purchase by lessee, sale and lease-back. Sale by supplier to lessee, who resells to lessor and takes lease back. Three contracts, no contractual relationship between supplier and lessor.

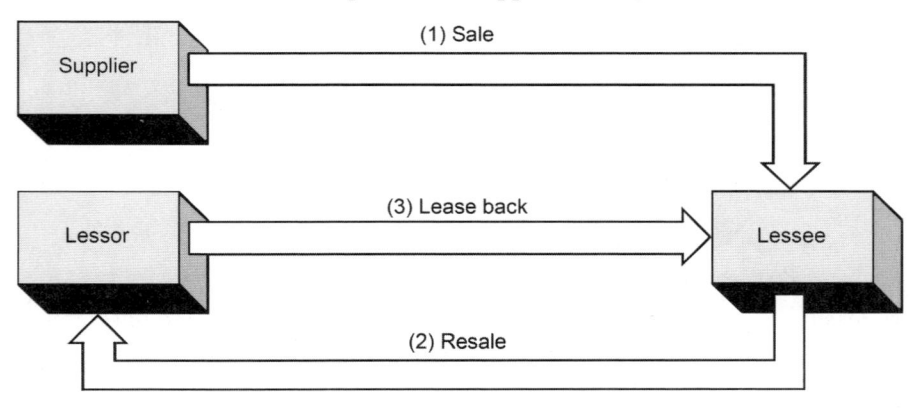

(v) Leveraged lease; sublease

28.28 The lessor may, both for financial and for tax reasons, wish to bring in a third party as funder to finance the purchase. The funding may be provided in one of two ways. The first involves the funder becoming the owner of the equipment, purchasing it from the supplier and letting it on lease or hire-purchase to the leasing company with permission to grant sub-leases (figure 28.6). The arrangements will usually be governed by a master hire-purchase or leasing agreement. This does not constitute a security agreement and is not registrable as a charge. Typically, the funder reinforces its rights by taking a charge over the sub-leases and sub-rentals. Such a charge is registrable under s 859A of the Companies Act 2006 and if not registered, is void against the liquidator and creditors of the intermediate lessor, though this will not affect the head lessor as regards sub-rentals it collects before commencement of the winding up. But if the head lessor exercises a power to terminate the head lease or this otherwise comes to an end, the intermediate lessor loses all interest in the equipment and all right to receive income from it, and it would seem that the sub-lessee becomes the direct lessee of the head lessor on the terms of the sub-lease[51] and the head lessor collects the future income as owner of the

---

[50] See para **22.29** and text and n 16.
[51] The sub-lease will continue to be binding on the head lessor if, in giving it, the intermediate lessor acted within the scope of its actual or apparent authority and the sub-lease is not expressed to be dependent on the continuance of the head lease. The doctrine of estates does not apply to chattels (see para **2.25**), so that the sub-lease does not automatically come to an

28.28 *The Finance Lease*

equipment, not as chargee of the sub-rentals and is therefore unaffected by the invalidity of the charge as regards that income.

Figure 28.6   Leveraged lease by funder acquiring equipment. Funder grants lease to leasing company with permission to sub-lease to end-user and takes charge over sub-lease agreement and sub-rentals.

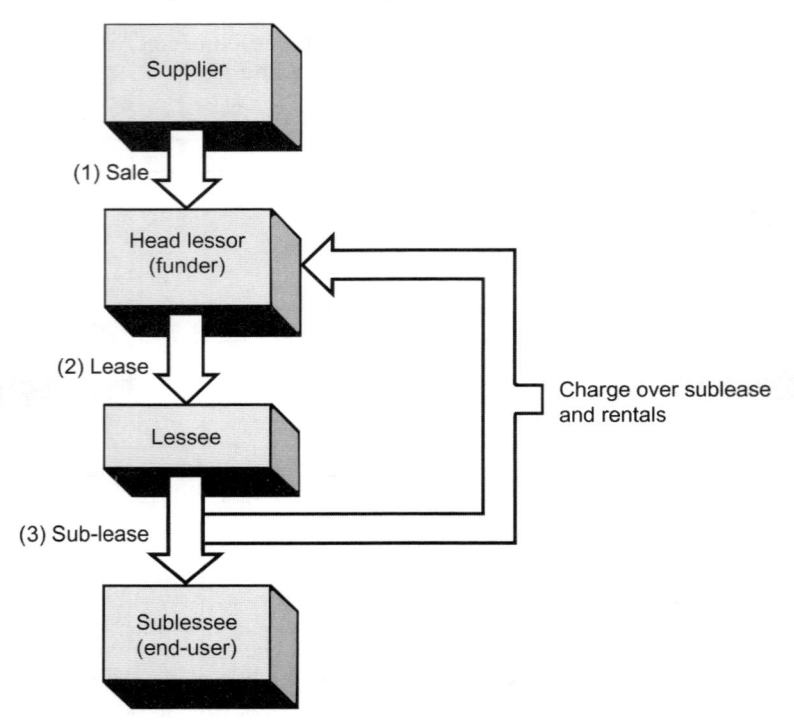

28.29 An alternative method of funding is by loan to enable the leasing company to buy the equipment with permission to lease it out to end-users, the lender taking a charge over the equipment and leases and lease rentals (figure 28.7). This charge is registrable under two distinct heads[52] and failure to register will be fatal in the event of the lessor's winding up, since the lender's only interest in the equipment and income from it is as chargee.

---

end with the cessation of the head lease, for the sub-lessee's interest in the equipment is not carved out of the head lease but is an independent interest derived from possession (see para 2.25).

[52] As a charge on goods which, if executed by an individual, would be registrable as a bill of sale, and as a charge on book debts.

Figure 28.7 Leveraged lease by way of loan. Leveraged lease in which lender or loan syndicate advances price of equipment to lessor by way of non-recourse loan on the security of the equipment and lease rentals. Lender has no contractual relationship with supplier or lessee.

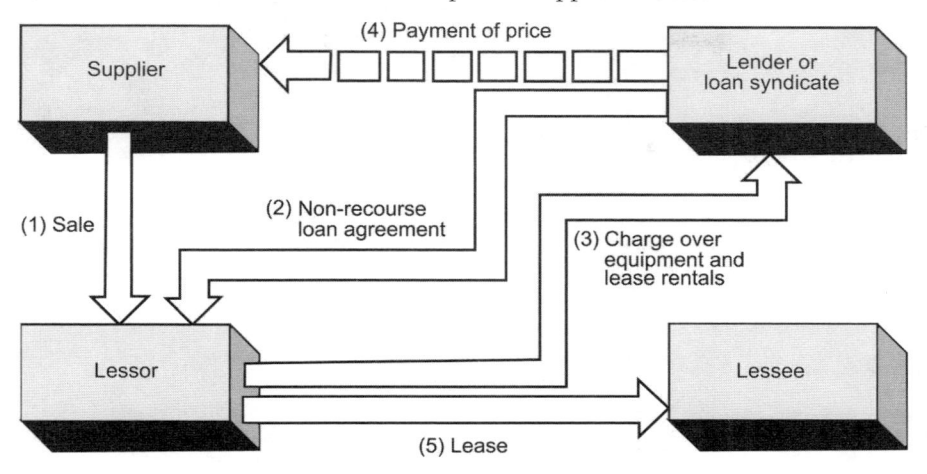

```
Supplier                (4) Payment of price            Lender or
                                                        loan syndicate

(1) Sale    (2) Non-recourse
            loan agreement        (3) Charge over
                                      equipment and
                                      lease rentals

Lessor                                                  Lessee
                        (5) Lease
```

8. THE LESSOR AND THIRD PARTIES

28.30 The lessor runs little risk of losing his title in the event of a wrongful disposition by the lessee, for none of the statutory exceptions to the *nemo dat* rule[53] rule is applicable.[54] A greater hazard is the prospect of the equipment losing its identity as a chattel by incorporation into the premises occupied by the lessee.[55]

---

[53] See paras **16.09** ff.
[54] The market overt exception has been abolished. See para **16.28**.
[55] See para **2.30**, and R. M. Goode, *Hire-Purchase Law*, ch 32.

Chapter 29

FINANCING AGAINST STOCK AND RECEIVABLES

29.01 Having examined the use of title reservation to finance the acquisition of business equipment by the end-user, we now move up the distribution chain to look at the provision of finance for a dealer which is to be secured on his stock and/or receivables. As regards stocking finance, we shall take as our paradigm the motor dealer supported by a finance house. In theory at least, security over stock goes hand in hand with security over the receivables resulting from sale of the stock. At first blush it makes little sense to take rights over assets that are by their nature destined to be turned over rapidly and passed into the hands of third parties while leaving the dealer-seller free to retain and apply the proceeds as if they were his own unencumbered moneys. But theory is not always matched by practice. The obvious method of taking security over trading stock and receivables is by a floating charge,[1] which in one instrument can cover both forms of collateral and, indeed, can be extended to embrace all the dealer's assets. But some finance houses feel safer if title itself passes to or through them, while some dealers are said to be reluctant to give a floating charge because of the fact that (in contrast to reservation of title) this is registrable in the Companies Registry. Further, the motor dealer has become used to a regime under which it is left free to treat the proceeds of stock as belonging to itself, and to mingle cash proceeds with its own moneys, even though they result from a sale of stock to which title was held by the finance house. So, in practice, the finance house may not in fact take security over proceeds even though this would be the logical thing to do. For this reason, the

---

[1] See ch 25. The floating charge has, however, lost much of its attractiveness following the Enterprise Act 2002, which, by s 252, inserts a new s 176A into the Insolvency Act 1986, allocating a share of the assets of a company in liquidation or receivership to unsecured creditors. It is also no longer possible to appoint an administrative receiver pursuant to a floating charge (Insolvency Act 1986, s 72A, inserted by the Enterprise Act 2002, s 250), unless the case falls within one of the exceptions set out in ss 72B–72H of the Insolvency Act 1986. Thus there are a number of advantages to the finance house in creating a fixed rather than a floating charge. However, although there is no legal prohibition against the creation of a fixed charge over receivables, the decision of the House of Lords in *Re Spectrum Plus Ltd* [2005] UKHL 41, [2005] 2 AC 680, [2005] 4 All ER 209 (see para **25.05**) has made it more difficult to create such a charge. The degree of control that is required in order to render the charge fixed is considerable and is unlikely to be found in many charges over receivables. The likelihood is that many such charges which, prior to *Re Spectrum Plus Ltd*, would have been regarded as fixed, will now be held to be floating.

29.01 *Financing against Stock and Receivables*

discussion of finance against receivables in the second half of this chapter will move away from the motor dealer to other types of supplier.

1. STOCKING FINANCE[2]

(i) **Purpose**

29.02 Stocking finance, often referred to as 'wholesale finance' because it is furnished to the dealer-purchaser as opposed to the retail purchaser, arises from the need of dealers for funds to acquire and maintain stock. It is typically sought by businesses with a regular throughput of high-value stock, such as car dealers, antique dealers and wine merchants. The classic example of the use of stocking finance is to be found in connection with car dealerships where stock financing may be made available by finance houses independent of the manufacturer or, increasingly, by the manufacturer itself or its associated finance company, to motor dealers who need to maintain adequate supplies of stock not only to be able to satisfy orders promptly but also to attract custom by display. The capital outlay required for the maintenance of a reasonable level of stock of motor vehicles is such that few dealers have the cash flow to provide it from their own resources. The role of the finance house is thus to furnish accommodation to the dealer which will tide it over for the period between acquisition and sale of stock. But since the dealer will certainly need to replenish its stock, such accommodation tends to be of a revolving character, generating a continuous flow of acquisitions and disposals of stock and, in consequence, of advances and repayments.

29.03 The primary objective of finance houses in furnishing stocking finance to motor dealers is to capture the dealers' lucrative retail paper. The relative insensitivity of consumer buyers to interest rates is well known. Hence the income which a finance house can derive from consumer hire-purchase and instalment sale contracts is, in terms of a percentage rate of charge, considerably higher than it could expect to obtain from loans to business; and while the administrative costs involved in servicing a large volume of small- or medium-cost transactions are obviously greater than those of controlling a small number of large transactions, the risk of default is much more widely spread.

29.04 While one might have thought that the finance house, as controller of the purse strings, would hold the whip hand in negotiations, bargaining power has often lain with the dealer, by reason of the strong competition among finance houses for the dealer's retail contracts. Finance houses vie with one another in offering attractive inducements to dealers to secure their business.

---

[2] See V. Lock, 'Stocking Finance – a Special Report', *Leasing Life*, July 2003, pp 21–25; B. Rogerson, 'Stocking Finance: Holding up Well', *Motor Finance* 29 (March 2007), pp 2–3; M. Nield, 'Protecting Title in Stock Finance' (2007) 22 *Journal of International Banking and Financial Law*, p 638; J. S. Ziegel, 'Legal Impediments to the Financing of Dealers' Stock and Accounts Receivable' in A. L. Diamond (ed), *Instalment Credit* (1970), pp 117 ff; J. R. Peden, *Stock-in-Trade Financing: Being a Study of North American Experience and Law Reform Proposals for Australia* (1974).

These inducements may take various forms, the two most convenient being the provision of stocking finance at low cost (the rate being sometimes geared directly to the volume of retail business introduced) and the payment of commission on retail business introduced, the commission being calculated as a percentage of the finance charge payable under the hire-purchase or instalment sale contract.

29.05 From time to time finance houses have come together to consider whether, by collective action, they can control the level of commission and thus avoid engaging in an economic war which, if carried beyond a certain point, would make business unprofitable, to the detriment of them all. The Finance Houses Association for many years operated a Code of Practice for Motor Vehicle Business by which members of the Association bound themselves not to impose finance charges on hirers or buyers, nor to pay commission to dealers, exceeding the rates prescribed by the Code. However, in 1965 the Code (which in practice was not always scrupulously observed) was struck down by the Restrictive Practices Court as against the public interest and therefore void under the Restrictive Trade Practices Act 1956.[3] Since then, finance houses in the United Kingdom cannot lawfully arrange to control the level of dealers' commissions, so that the era of the economic war has returned and still exists at the present day.

29.06 Not all stocking finance is provided on a secured basis. At one time it was common to give the dealer unsecured purchase money finance against a 90-day renewable bill of exchange. But in business, as in other walks of life, fashions change. There is always a period when some procedures are out and others in. The history of stocking finance shows fluctuations between secured and unsecured credit and between one form of secured credit and another.

(ii) Security over financed stock

29.07 A finance house desiring security for its stocking finance can, of course, avail itself of all the forms of security which the law allows over different classes of asset owned by the dealer or in which he has or will acquire an interest. But we are here concerned with interests in the stock itself. Such an interest may take various forms, but these divide broadly into two groups: a charge to secure a loan and title reservation under a bailment, or floor plan. Each has its advantages and disadvantages. The charge is more flexible in that it can secure a revolving facility, enabling the dealer to draw on its account at any time up to a stated maximum, and can legitimately cover products and proceeds, while the extension of reservation of title to products and proceeds may render it vulnerable as a disguised charge.[4] On the other hand, title

---

[3] *Re Finance Houses Association Ltd's Agreement* [1965] 3 All ER 509. The Restrictive Trade Practices Acts were repealed by the Competition Act 1998, s 1, and replaced by Pt III of the latter Act.
[4] See para **22.33**.

reservation is inherently stronger, since it is not a floating security (or, indeed, security at all in the legal sense), whereas a charge on stock will usually be a mere floating charge.[5]

(iii) Charge on stock

29.08 It is theoretically possible to have a fixed charge on stock, but this is far from easy in practice, particularly after the decision of the House of Lords in *Re Spectrum Plus Ltd*.[6] The essence of a fixed charge is that it gives the creditor an attached security interest. It is incompatible with the nature of a fixed charge that the debtor should have liberty to dispose of the asset free from the charge in the ordinary course of his business. No matter what language is employed, the court will construe a charge giving such liberty as a floating charge.[7] This is clear from the judgment of Vaughan Williams LJ in *Re Yorkshire Woolcombers Association Ltd*:

> 'I do not think that for a "specific security" you need have a security of a subject matter which is then in existence. I mean by 'then' at the time of the execution of the security; but what you do require to make a specific security is that the security whenever it has once come into existence, and been identified or appropriated as a security, shall never thereafter at the will of the mortgagor cease to be a security. If at the will of the mortgagor he can dispose of it and prevent its being any longer a security, although something else may be substituted more or less for it, that is not a "specific security".'[8]

29.09 This was followed in *National Provincial Bank of England Ltd v United Electric Theatres Ltd*,[9] a still stronger case in that the movables charged, though referred to as 'stock' in the judgment, did not appear to be stock in trade in the normal sense, since the chargor was not a trader but a theatre company. If, therefore, security on stock is to qualify as a fixed security, it must give the financier such control over the disposal of the stock as is sufficient to manifest an intention to appropriate it to an existing security interest.[10] Failing this, the charge will be considered a floating charge, a form of security which suffers from a number of disadvantages.[11] The most effective method, of course, is to take a pledge rather than a charge. A pledge device which became highly developed in the United States is field warehousing. The dealer's stock is required to be stored in a warehouse under the control of a custodian appointed by the financier. Alternatively, and less expensively, the dealer leases a warehouse or segregated area in his own premises to the financier at a nominal rent, and arranges that one of his own employees shall

---

[5] See para **29.08**.
[6] See n 1. The implications of the case are discussed in more detail at paras **25.05–25.14**.
[7] See para **25.11**.
[8] [1903] 2 Ch 284, at 294.
[9] [1916] 1 Ch 132.
[10] *Re Spectrum Plus Ltd*, n 1, at [138].
[11] See paras **25.09, 25.18**.

act as the financier's warehouseman, controlling and releasing stock in accordance with the financier's directions.[12]

29.10 Field warehousing has never taken root in England[13] and there is no indication that it will do so. A non-possessory fixed charge could be obtained by requiring the dealer to secure the prior assent of the finance house to every sale transaction, but the time and administrative effort involved are considered to render this impractical. A more relaxed approach to obtaining the consent of the finance house would likely result in the conclusion that the charge was floating and not fixed. In deciding whether or not a charge is fixed or floating the courts will have regard not only to the express terms of the charge but also to the way in which it was operated by the parties in practice.[14] A court is therefore likely to conclude that a charge is floating where the dealer is free (or is able in practice) to dispose of stock without first seeking the consent of the finance house.[15]

29.11 The fact that the stock held by the dealer at the date of the charge is itemized and scheduled to the charge would not seem to strengthen the case for treating the charge as fixed, except in so far as it may negate the inference that the dealer is to be entitled to deal with the stock freely in the ordinary course of business. Nor is the character of the charge altered by a provision requiring the dealer to account for the proceeds of the stock and meanwhile to keep those proceeds separate from his own moneys. Such a provision is not relevant to the character of the charge over the stock itself and is unlikely to create a

---

[12] See G. Gilmore, *Security Interests in Personal Property* (1965), ch 6; J. White and R. S. Summers, *Uniform Commercial Code* (6th edn, Practitioner Treatise Series, 2010), vol 3, paras 28-1 ff.
[13] However, imported goods the purchase of which is financed by a bank or confirming house are often stored in its name in an independent warehouse or released to the buyer to be held under a trust receipt in the buyer's own premises. The development of field warehousing in the United States was powered by the refusal of American courts to recognize the validity of a non-possessory mortgage of inventory on the ground that this was a fraudulent conveyance, since the debtor retained dominion over the property. This 'dominion' rule was extended to security over receivables in the famous case of *Benedict v Ratner* 268 US 353 (1925). American law never adopted the English floating charge; either the security was a valid *specific* charge, albeit over shifting security (and this is the meaning of the American 'floating lien'), or it was invalid and conferred no real rights on the creditor. The rule in *Benedict v Ratner* was jettisoned in art 9–205 of the Uniform Commercial Code.
[14] *Re Spectrum Plus Ltd*, n 1, at [160]. The proposition that the courts can have regard to post-contractual conduct for the purpose of ascertaining the nature of the charge is not, however, free from difficulty: see L. Gullifer and J. Payne, 'The Characterization of Fixed and Floating Charges', in J. Getzler and J. Payne (eds), *Company Charges: Spectrum and Beyond* (2006), pp 69–73; and A. Berg, 'The Cuckoo in the Nest of Corporate Insolvency: Some Aspects of the *Spectrum* Case' [2006] JBL 22. The difficulty is reflected to some extent in the case law: contrast *Re Beam Tube Products Ltd; Fanshaw v Amav Industries Ltd* [2006] EWHC 486 (Ch), [2007] 2 BCLC 732 (where subsequent conduct did not alter the nature of the charge) and *Re Harmony Care Homes Ltd* [2009] EWHC 1961 (Ch) (where some regard was had to conduct subsequent to the making of the charge for the purpose of re-inforcing the conclusion that the judge would otherwise have reached). If the terms of the charge are never enforced in practice, this may incline a court to conclude that the agreement is a sham and that the true nature of the charge is a floating charge.
[15] See further on the issue of control of the asset in question, para **25.13**.

fixed charge over the proceeds of the stock unless the finance house has control over the use that the dealer can make of these proceeds.[16] Conversely, if the finance house does reserve proper control over stock disposals, the absence of a proceeds clause will not convert the charge of the stock from a fixed charge into a floating charge, though if the dealer is allowed freedom to use the proceeds as its own moneys, the charge will be floating as to the proceeds.[17] In short, a proceeds clause is relevant to the characterization of a charge on the proceeds, but not to the characterization of a charge on the stock.[18]

(iv) **Bailment**

29.12 There are many forms of bailment or floor plan but they have a common characteristic: the dealer does not purchase the equipment from the supplier and charge it to the finance house but derives his interest from the finance house itself, whether as buyer under a conditional sale agreement, hirer under a hire-purchase agreement or consignee under a consignment or subconsignment. The finance house is either the owner or is itself a buyer, hirer or consignee from the manufacturer.

29.13 While car manufacturers are reluctant to give extended credit, an immediate sale to the dealer attracts value added tax, which would have to be accounted for to Customs and Excise. So the normal procedure is for the manufacturer to consign each vehicle or batch of vehicles to the dealer on a sale-or-return basis, collecting from the dealer a consignment deposit equal to the tax-exclusive price. The dealer is deemed to appropriate the vehicle (inter alia) by resale or by retaining it for more than a specified period. In that event, the price becomes payable, the manufacturer looks to the consignment deposit in its hands and the dealer is simply left with the tax to pay. If the dealer returns the car to the manufacturer before a deemed appropriation, his consignment deposit is refunded to him and value added tax will be avoided, provided the dealer has not held the vehicle for more than a year.[19]

29.14 The finance house supports the dealer by providing the consignment deposit, where consignment is used, or by advancing the price and value added tax where the transfer of title is not deferred by use of a consignment plan. The provision of the consignment deposit can be effected in various ways. One is for the finance house to advance this by way of loan, secured by a floating charge on the stock and receivables and/or on other assets of the dealer, which might include the consignment deposit itself. An advance by way of loan secured by a charge has the advantage that the finance house does not have to interpose itself between manufacturer and dealer in relation to the supply of the vehicles, while the tax deferment obtained by the consignment method is preserved.

---

[16] *Re Spectrum Plus Ltd*, n 1, at [113].
[17] *Agnew v IRC* [2001] 2 AC 710; *Re Spectrum Plus Ltd*, n 1.
[18] See para **22.62**.
[19] Value Added Tax Act 1994, s 6(2)(c).

29.15 But some finance houses prefer that title to the vehicle shall pass to or through them. Thus the finance house may, by agreement of the manufacturer, interpose itself as consignee and subconsign the vehicles to the dealer on similar terms, resale by the dealer constituting an appropriation of the vehicle by the finance house as against the manufacturer and by the dealer as against the finance house, so that title notionally passes through both of them to the retail buyer. This arrangement makes the finance house to some extent dependent on the manufacturer's cooperation for enforcement of the finance house's remedies, the latter, as a consignee, never getting title beyond that which flows through it on sale or other appropriation by the dealer. The subconsignment agreement will give the finance house a right to repossess the subconsigned vehicles upon the dealer's default, but these must be held to the order of the manufacturer unless the finance house itself decides to appropriate them by retention or sale. Because of this, certain finance houses prefer to purchase the vehicles outright from the manufacturer through the agency of the dealer and resell them to the dealer on conditional sale, reserving title until payment, which falls due on appropriation. The sale/conditional sale technique has the disadvantage that value added tax becomes payable on sale by the manufacturer, instead of being deferred until the making of the retail sale, so that the finance house may be called upon to finance the dealer's tax liability as well as the price. In addition, the detailed contract between manufacturer and dealer, which covers many other aspects of the relationship between them (eg levels of stock to be held, sales promotion etc) has to be varied by excluding or modifying the financial provisions.

29.16 The advantage of these unit-stocking plans,[20] compared with a loan secured by a charge, is that they tailor the finance provided at any given time to the amount of units actually held in stock (in contrast to the rough-and-ready loan method, which may result in the dealer being either overfinanced or underfinanced at any particular moment) and give the finance house greater stock control, since it can monitor daily the stock holdings and disposals. There are, however, some disadvantages. First, the unit-by-unit facility is expensive to administer and tends to lead to overstocking by the dealer. Secondly, the intervention of the finance house between manufacturer and dealer to some extent interferes with the manufacturer-dealer contract, which will need to be modified to accommodate the altered method of financing.

29.17 Whether the interest of the finance house in the dealer's stock is as conditional seller, subconsignor or chargee, one thing is clear, and that is that the finance house will not be allowed to assert its security interest against a buyer in the ordinary course of business.[21] It is submitted that this is so even where the security is a registered charge of which the buyer has actual knowledge, for he is entitled to assume, unless put on notice to the contrary, that the dealer is authorized to dispose of the stock in the ordinary course of

---

[20] So called because the finance house provides finance on a unit-by-unit basis as each item comes into stock.
[21] See *St Margaret's Trusts Ltd v Castle* [1964] CLY 1685, CA, 30 July (Bar Library transcript No 247); R. M. Goode, *Hire-Purchase Law and Practice* (2nd edn, 1970), pp 599, 616.

business. Only notice that the disposition to him is in breach of the dealer's obligations to the finance house will suffice to subordinate the buyer to the finance house's rights.[22]

2. RECEIVABLES FINANCING[23]

(i) Sale and loan

29.18 A trader who wishes to convert his receivables into cash may do so in one of two ways: by selling them or by charging them as security for a loan. Sales may be made with or without recourse; that is to say, the sales agreement may or may not provide for the trader to guarantee the purchaser against default by the debtors. In economic terms, a sale of receivables with recourse is virtually indistinguishable from a loan on the security of the receivables, for in both cases the trader receives money now and has to repay it himself, or ensure payment by debtors, later. But the two types of transaction are treated quite differently in law. A loan to a company on the security of receivables is registrable under s 859A of the Companies Act 2006 as a charge;[24] a purchase of receivables is not. Legal restrictions on the ability to borrow or lend do not apply to sale and purchase. The chargor of receivables has an equity in them; the seller does not. The chargee is precluded from enforcing his security pending the hearing of a petition for an administration order against the chargor company or during the currency of such an order,[25] while a purchaser of debts is entitled to collect them, since this does not involve any interference with any proprietary or possessory rights of the seller of the debts or any proceedings against the seller.

29.19 Where the sale form of receivables financing is used, difficulties sometimes arise because of the fact that while the lawyers draft the document in terms of sale and purchase, the staff of the finance house are more realistic in their characterization of the transaction and, despite all instructions to the contrary, tend to use words such as 'loan', 'advance' and 'interest' in their internal documents and in correspondence, so casting doubt on the genuineness of the transaction as a sale transaction. Fortunately, the courts have usually recognized the right of the businessman to use the business language he understands without having this interpreted as if it were in a legal dictionary. So documents drawn up by the lawyers to record a sale transaction have almost always been accepted as such where the court has been satisfied that they genuinely reflected the intention of the parties, even though the terms subsequently used in operating the agreement were such as would ordinarily

---

[22] See para **24.45**.
[23] For an excellent treatment of the whole subject, see F. Oditah, *Legal Aspects of Receivables Financing* (1991). See also H. Beale, M. Bridge, L. Gullifer and E. Lomnicka, *The Law of Personal Security and Title-Based Financing* (3rd edn, 2018), paras 7.75 ff.
[24] And separately as a floating charge if it leaves the debtor free to collect in the debts for its own account. See paras **25.11**, **25.13**.
[25] Insolvency Act 1986, Sch B1, paras 42, 43 and 44.

suggest a loan on security rather than a purchase.[26] Nevertheless, a party seeking to show that an assignment was absolute may face formidable difficulties if it was expressed to be by way of security[27] and the language of security should be avoided wherever possible if what is intended is an outright transfer. Thus the standard form of block discounting agreement by which hire-purchase receivables are expressed to be sold to a finance house by the trader will almost always be upheld as a true sale – that being the intention of the parties – not as a disguised charge.[28]

29.20 Where a purported purchase of receivables is held to be a disguised loan on the security of the receivables, it will be void against a liquidator and creditors except in the unlikely event of its having been registered as a charge on receivables, if the assignor is a company,[29] or as if it were a bill of sale, if the assignor is an individual and the assignment is a general assignment rather than assignment of debts due from specified debtors or becoming due under specified contracts.[30]

(ii) **The forms of receivables financing**

29.21 Receivables financing may be conducted either on a notification or on a non-notification basis. In the former, the debtor is given notice of the assignment whereas in the latter the assignor is left in apparent ownership, no notice of assignment being given to the debtor, so that the assignor continues to collect the debt, ostensibly on his own behalf but in reality as agent for the assignee, to whom he is accountable. As we shall see, non-notification financing, as exemplified by block discounting[31] and invoice discounting,[32] is inherently more risky for the financier. In the case of notification receivables financing, the vehicle we shall use to illustrate typical security procedures goes by the name of factoring.[33] Before giving fuller consideration to the different ways in which receivables financing may be conducted, it may be helpful to explain the significance of receivables financing for small and medium-sized enterprises and the challenges that have been experienced in accessing such finance because of the presence of clauses in contracts between suppliers and their customers which place a ban on the assignment of receivables by the supplier.

---

[26] See *Lloyd's and Scottish Finance Ltd v Cyril Lord Carpets Ltd* (1979), a previously unreported decision of the House of Lords now reported in [1992] BCLC 609.
[27] See, for example, *Orion Crown Finance Ltd v Crown Financial Management Ltd* [1996] 2 BCLC 78.
[28] See paras **22.06–22.10, 27.07** and *Anglo-Irish Asset Finance Co v DSG Financial Services* [1995] CLY 4491.
[29] Companies Act 2006, s 859(H)(3).
[30] Insolvency Act 1986, s 344. So a whole turnover agreement (see para **29.34**) may be vulnerable if not followed by specific assignments, whereas a facultative agreement is not.
[31] See para **27.26**, and R. M. Goode, *Hire-Purchase Law and Practice*, pp 657 ff.
[32] The sale of receivables due from trade debtors where the assignor continues to be responsible for collections as agent for its undisclosed principal, the assignee, whose services are limited to the provision of finance (by purchase, with or without an arrangement for prepayment and/or acceptance of the credit risk).
[33] For an admirable treatment of this subject, see S. Mills and N. Ruddy, *Salinger on Factoring* (6th edn, 2020).

29.22 *Financing against Stock and Receivables*

29.22 Invoice discounting has been a significant source of finance for small and medium-sized enterprises. Thus it has been reported that invoice finance has become 'a main stream source of funding for many businesses', in particular for small businesses which lack 'the "conventional" security required to gain access to loans and other lending products.'[34] So, for example, small businesses may find it difficult to obtain the bank financing that they need because the banks find it difficult to assess their creditworthiness, a difficulty which is compounded by the fact that it is now extremely difficult for a bank or other financial institution to protect its position by drafting a fixed charge which can extend over receivables. In such circumstances, where alternative sources of finance are difficult or expensive to obtain, invoice discounting can provide small and medium-sized businesses with quick and flexible means of obtaining finance. This may be particularly so in the case where the business is experiencing an increase in overdue payments and the cash flow difficulties which often follow such delays in making payment. An obvious difficulty faced by a business which is encountering these problems lies in placing a present value on the invoices, particularly those that are overdue. A market response to such difficulties has been provided by fintech companies[35] which seek to use new technologies to lower transaction costs, enable faster payment processing and increase security for business. Use is also made of artificial intelligence in order to enable a business better to understand the risks of non-payment by customers and to mitigate these risks through the effective use of technology. In such circumstances, receivables financing has the potential to become an even more important source of finance for business.

29.23 However, it has been claimed that the ability of small and medium-sized enterprises to access such finance has been hampered by the practice which has developed of including prohibitions on assignment in contracts which give rise to trade receivables.[36] These clauses are generally known as bans on assignment and they are to be found in some contracts concluded between a supplier of goods or services ('the supplier') and its customer, and their effect is to prohibit the supplier from assigning its right to payment to a third party ('the financier'). Such clauses are most likely to be found in contracts with customers where the supplier does not have the bargaining power to resist their inclusion; hence the likelihood that they will be found in contracts where the supplier is a small or medium-sized enterprise doing business with a larger enterprise. The precise effect of a clause which imposes a ban on assignment is a matter of some controversy. At this point[37] it suffices to note that the effect of the clause will be to render an assignment by the supplier a breach of its contract with the customer so that the customer will be entitled to ignore any notice of assignment and to continue to rely on any set-off it has against the

---

[34] UK Finance, 'SME Finance in the UK: Past, Present and Future', p 11 (available at https://www.ukfinance.org.uk/system/files/UK-Finance-SME-Finance-in-UK-AW-web.pdf).
[35] Such as MarketFinance (see https://marketfinance.com/).
[36] For a helpful summary of empirical studies of the use of clauses which seek to prohibit the assignment of receivables, see H. Beale, L. Gullifer and S. Patterson, 'A Case for Interfering with Freedom of Contract? An Empirically-Informed Study of Bans on Assignment' [2016] JBL 203.
[37] The effects of a clause which prohibits assignment is considered further at para **29.41**.

supplier, even if the set-off arose only after notice of assignment had been given to the customer. It will also prevent the financier from acquiring a right to sue the customer in its own name, although it is less certain whether the financier can require the supplier to enforce its claim for payment against the customer.[38]

29.24 Why has the practice developed of inserting bans on assignments in contracts? In one respect this may appear a surprising question to ask. Freedom of contract is one of the driving forces behind English contract law and we do not generally seek from the parties a justification for their agreement to include a particular term in their contract. Absent a compelling public policy justification against enforcement, the law will give effect to the term which the parties have agreed. At first sight, there does not appear to be an overwhelming public policy objection to a ban on assignment clauses, at least as between the supplier and the customer. More difficult, perhaps, is the impact of the clause on the relationship between the supplier and the financier. Given that the right to sue the customer for payment of the debt is a right that belongs to the supplier, does the customer have a legitimate interest in restraining the supplier from dealing with its contractual right to the receivables? In policy terms, the principal conflict that exists is one between the freedom of the debtor to protect itself from an assignment and the freedom of the supplier to deal with its own right to sue the customer for the receivable. The difficulty lies in striking the right balance between these competing policy considerations and this has led to an extensive examination of the reasons for and against giving effect to ban on assignment clauses.

29.25 A ban on assignment clause is included in contracts between a customer and its supplier for a number of reasons.[39] First, the customer may wish to deal only with the supplier. It does not wish to be pursued by a financier which it has not chosen and which may adopt aggressive enforcement practices it would prefer to avoid. Second, the customer may wish to pay only the supplier and not incur the inconvenience of having to set up a fresh payment instruction for the financier or, worse still, make payment to the wrong party and leave itself potentially exposed to a second claim for the same sum from the party which it ought to have paid in the first place. Third, the customer may wish to preserve its rights of set-off, particularly in relation to claims that arise only after the customer has received notice of the assignment.

29.26 But the arguments are not all one way. The claim that a refusal to give effect to a ban on assignment will cause harm to the customer has been resisted on the ground that the 'hardship' involved in re-directing payment to the financier is no real hardship given the minimal effort involved. Nor should we be particularly concerned to protect the position of the customer who cannot organise its business in such a way as to ensure that it makes payment to the party to whom it is directed to make payment. There is slightly more to the concerns in so far as they relate to the customer's loss of entitlement to set-off

---

[38] See para **29.41**, in particular nn 80 and 81.
[39] For fuller consideration of these issues, see Beale, Gullifer and Patterson, n 36.

29.26 *Financing against Stock and Receivables*

claims but even here the concern is not as great as it is sometimes presented given that the customer will retain the right to rely on defences under its contract with the supplier and under closely-related contracts. Any weakening of the position of the customer in relation to its rights of set-off would seem to be more apparent than real. The wish of the customer not to have imposed on it a creditor it has not chosen is a much stronger argument, but the counter to it has been that, at least in the context of trade receivables, the obligation of the customer is simply to pay the price of the goods or services with which it has been supplied and, at least in this context, it should really make no difference to the customer whether it is required to pay the liquidated sum to the supplier or to the financier.

29.27 The most difficult argument to overcome, however, is the argument from freedom of contract. The customer and the supplier have agreed that there is to be no assignment of the receivable and that, it is argued, should be the end of the matter. There are three possible responses to this argument. The first is that, to the extent that the customer is seeking to restrain the supplier from dealing with its own rights under its contract with the customer, the customer is seeking to go beyond its own legitimate interests. While the customer may be said to have a legitimate interest in ensuring that it is not exposed to any detriment by the assignment, does it have a legitimate interest in preventing the supplier from dealing with its right to the receivable even when that dealing does not expose it to any significant detriment? Second, the effect of the ban on assignment is either to eliminate or to reduce the ability of the supplier to raise finance by dealing in the receivables. The inability of the supplier to obtain such finance is not only potentially damaging to the business of the supplier but also to the economy as a whole. Third, the supplier, particularly in the case of small and medium-sized enterprises, is frequently in the weaker bargaining position and so may not be able to bargain effectively to protect its own position as against the customer (although this argument is weakened by the fact that English contract law does not recognise a general doctrine of inequality of bargaining power[40]). Taken together, these three responses may be said to support freedom of commerce by enabling the supplier to deal with its receivables. In this context at least, it can be argued that it is more important to protect freedom of commerce than the customer's freedom of contract.[41]

29.28 The arguments in favour of a refusal to give effect to a ban on assignment clauses eventually won the day when the Business Contract Terms (Assignment of Receivables) Regulations 2018[42] were enacted. But the width of the exceptions to that recognition may be said to give effect to the arguments on the other side of this debate. Regulation 2 sets out the general rule that 'a term in a contract has no effect to the extent that it prohibits or imposes a condition, or other restriction, on the assignment of a receivable

---

[40] See para 3.73.
[41] See further R. Goode, 'Contractual Prohibitions against Assignment' [2009] LMCLQ 300 at 316–318.
[42] SI 2018/1254.

arising under that contract or any other contract between the same parties.'[43] The Regulations apply to any term in a contract entered into on or after 31 December 2018.[44] A receivable is defined as a right (whether or not earned by performance) to be paid any amount under a contract for the supply of goods, services or intangible assets.[45]

29.29 The general rule enshrined in reg 2 is subject to two exceptions and these exceptions very much recognise and give effect to the concerns of those who opposed the decision to deny effect to a ban on assignment clauses. The first is that reg 2 does not apply to the assignment of a receivable if at the time of the assignment the supplier is a large enterprise or a special purpose vehicle.[46] At the risk of over-simplification, the essential effect of this exclusion is to confine the Regulations to individual suppliers, partnerships and small and medium-sized enterprises. In other words, it confines the Regulations to those most unlikely to be able to resist the incorporation of a ban on assignment clause into their contracts. Large enterprises and special purpose vehicles are presumed to be able to look after themselves. Unless the second objection is applicable, they remain bound by the ban on assignment clauses in their contracts.

29.30 The second exception is to be found in reg 4 which takes a number of contracts outside the scope of reg 2. Some of these exceptions were widely accepted and their rationale can be understood. For example, it was generally accepted that the Regulations should not apply to contracting parties which do not have their places of business in the UK and so it is no surprise to find that the list of exceptions includes contracts where none of the parties to the contract has entered into it in the course of carrying on a business in the UK.[47] Similarly, it was generally accepted that the Regulations should not extend to options, futures, swaps and other derivatives contracts where the preservation of mutuality was perceived to be important in order to preserve the efficacy of close-outs and netting, and such contracts have similarly been included in the list of exceptions.[48] The list of exceptions has also been extended to contracts for, or entered into in connection with, prescribed financial services and

---

[43] Reg 2(1). A term in a contract which imposes a condition or other restriction on the assignment of a receivable includes a term which prevents a person to whom a receivable is assigned from determining the validity or value of the receivable or their ability to enforce the receivable: reg 2(2). The information that the assignee must be able to obtain in order to determine the validity or value of the receivable or their ability to enforce it is to be found in reg 2(3).
[44] Reg 1(2).
[45] Reg 1(3).
[46] Regulation 3. The detailed definition of a 'large enterprise' is to be found in reg 3(2) and (3), while a special purpose vehicle is defined in reg 3(4) and (5). To give some idea of the scale involved, a supplier will not be a large enterprise for the purpose of the Regulations and so fall within the scope of the Regulations if in the last financial year in respect of which it filed accounts it satisfied two of the following three criteria, namely it had: (a) a turnover below £36m; (b) a balance sheet below £18m; and (c) no more than 250 employees. A special purpose vehicle must have incurred a liability under an agreement of £10m or more.
[47] Reg 4(d).
[48] Reg 4(j).

contracts for the sale of a business or of shares in that business.[49] Also exempted are contracts which concern any interest in land,[50] petroleum licences[51] and various other contracts in the energy market,[52] a contract which concerns national security interests,[53] various project and decommissioning contracts[54] and a contract where one or more of the parties is acting for purposes which are outside a trade, business or profession.[55] On one view there is no principle which underpins all of these exceptions and the exclusion of certain contracts from the scope of the Regulations can be said to be attributable to special pleading rather than principle. This view has led to the criticism that the Regulations are 'profoundly unsatisfactory'[56] in so far as they are 'long and complex' and represent 'a "dog's breakfast" of qualifications and exceptions, unnecessarily complex and hard to understand.'[57] More charitably, it has been said that the list of exceptions is 'no more than a recognition that effective non-assignment clauses are, on balance, beneficial in some markets and detrimental in others.'[58] While there is force in the latter point, it is hard to resist the claim that some of the exceptions owe their existence more to special pleading or lobbying than to a principled case for exclusion from the Regulations. Nevertheless, to the extent that the Regulations increase the ability of small and medium-sized enterprises to access finance by enabling them to deal in their trade receivables without thereby exposing their customers to significant detriment, they are to be welcomed.

(iii) **Non-notification financing**

29.31 As we have noted, non-notification financing is inherently more risky for the financier. The debtor gets a good discharge by payment to the assignor, even if the latter subsequently fails to account to the assignee;[59] while if the assignor fraudulently assigns the same debts to a third party who is the first to give notice to the debtors, he gets priority.[60] Moreover, if the assignee does ultimately find it necessary to get in the receivables himself, he may discover

---

[49] Reg 4(a) and (i).
[50] Reg 4(b).
[51] Reg 4(g) and (h).
[52] Reg 4(f) and (l).
[53] Reg 4(e).
[54] Reg 4(k).
[55] Reg 4(c).
[56] H. Beale, 'The New Override on Bans on Assignment of Receivables' in P. S. Davies and M. Raczynska, *The Contents of Commercial Contracts* (2020), 113 at p 136.
[57] Ibid at 116.
[58] W. Day, 'Non-Assignment Clauses – The Statutory Solution' (2019) 135 LQR 205 at 208.
[59] Thus, by contrast with the notification financier whose risk of non-payment is distributed among a number of debtors, the non-notification financier puts all his eggs in one basket as regards debts collected in by the assignor, for if the latter becomes insolvent and the sums he has collected are no longer traceable, the assignee is without remedy.
[60] Under the rule in *Dearle v Hall* (1828) 3 Russ 1. See para **2.76**. However, the debtor is not obliged to recognize or act on a notice of assignment given to him before the debt comes into existence (as opposed to a notice of assignment of a present debt payable in the future). See *Re Dallas* [1904] 2 Ch 385; *Johnstone v Cox* (1881) 19 Ch D 17. Such a notice is a nullity and is therefore ineffective to give priority.

that his delay in giving notice has subjected his claim to defences and rights of set-off that would not have been available against him had notice been given promptly, for the debtor is entitled to set up equities arising under all dealings between him and the assignor, whether before or after the assignment, up to the time when the debtor has received notice of assignment.[61] Despite these disadvantages, commercial pressure from suppliers has led to non-notification financing becoming the dominant form of receivables financing, since suppliers are reluctant to have their arrangements with factors disclosed to their customers with consequent disturbance to their relations.

(iv) **Factoring: the mechanism**

29.32 A major source of receivables financing is provided through factoring. A factor in the sense here discussed[62] is one who, pursuant to a continuing relationship with a supplier of goods or services to trade customers,[63] purchases debts from time to time arising in respect of supplies to those customers. The assignor is commonly called the client or supplier, the account debtor is the customer. The factor offers three main types of service: the acceptance of risk of non-payment by customers, the provision of finance by prepayment of part of the purchase price of the debts, and the administration of the sales ledgers. A client may opt for all or any of these services. A client who is not concerned about risk will sell on a recourse basis; that is, giving the factor the right to require debts that go into default to be repurchased. A client who does not need finance will opt for maturity factoring, where payment can be taken as and when the factor collects from the customer or on expiry of an agreed numbers of days after the invoice date.[64] Where the client is happy to keep the ledger administration and only requires finance, the arrangement is customarily referred to as invoice discounting. This is typically on a recourse basis, customers are not notified of the assignment except in stated events and the client collects the debts as agent for the factor, its undisclosed principal.[65]

29.33 Relations between the factor and the trader ('client') are governed by a detailed master agreement, the factoring agreement, which regulates the terms upon which the factor will purchase receivables due to the client from those to whom he supplies goods or services ('customers'). Receivables which the factor is prepared to purchase on a non-recourse basis[66] are termed 'approved receivables'. These denote receivables arising from transactions specifically approved by the factor or falling within an overall funding limit authorized by

---

[61] *Roxburghe v Cox* (1881) 17 Ch D 520; *Re Pinto Leite & Nephews* [1929] 1 Ch 221.
[62] As opposed to the mercantile agent referred to in the Factors Acts. The receivables factor has his origins in the mercantile factor.
[63] As opposed to consumers.
[64] Or, if the factoring is non-recourse, when the customer becomes insolvent.
[65] Invoice discounting on a notification basis is usually known as agency factoring; invoice discounting without recourse, as undisclosed factoring; but the terminology is not uniform. See generally Mills and Ruddy, *Salinger on Factoring*, n 33, paras 1-51 ff.
[66] That is, without the right to require unpaid debts to be bought back.

29.33 Financing against Stock and Receivables

the factor in respect of a particular customer. Unapproved receivables, in so far as purchased by the factor, are taken with recourse to the client if the relevant customers default.

29.34 Factoring agreements are either facultative agreements or whole turnover agreements. In a facultative agreement, as with block discounting,[67] the specific transaction concluded under the umbrella of the factoring agreement takes the form of an offer of batches of receivables for sale, the client being under no obligation to offer or the factor to purchase any particular batch of receivables.[68] In a whole turnover agreement, all receivables not specifically excluded by the agreement are agreed to be sold to and purchased by the factor and are to vest in the factor automatically on coming into existence.[69] Unless the receivables are to be assigned on a non-notification basis the factoring agreement will require the client to stamp on his invoices to customers notice of the fact that the invoiced account has been assigned to the factor and that payment should be made direct to the factor at the latter's stated address. In the case of maturity factoring, the client is not paid the price of a receivable until it matures or the customer becomes insolvent, whichever first occurs. In the case of advance factoring, the client is given the facility of drawing on the account with the factor against the receivables prior to maturity, paying a discount charge for the privilege.

(v) The factor and the client

29.35 Once a receivable has become vested in the factor in equity pursuant to the factoring agreement and notice of assignment has been given to the customer, it is the customer's duty to pay the factor, not the client. But mistakes occur even in the best-regulated circles, and it is not uncommon for the customer's accounts department to overlook the notice of assignment and send a cheque to the client. Most factoring agreements provide for this eventuality by stipulating that cheques and money received from customers are to be made over to the factor and are meanwhile to be held on trust for the factor; even without such a provision, it is clear that the client is a trustee for the factor as to cheques and money so received.[70] If the client wrongfully retains or deals

---

[67] See para 27.26.
[68] The client may, however, be placed under an obligation not to factor his receivables elsewhere without consent.
[69] This cannot happen by virtue of the factoring agreement unless the terms are such as to impose on the factor an obligation to purchase the receivables. In the absence of such an obligation, the agreement for transfer of the receivables to the factor lacks the consideration which is necessary to create a valid assignment of future rights even where the agreement is by deed (see para 23.10, n 25). The further requirement for the creation of an equitable interest in future property, viz that the consideration be executed, is satisfied in respect of each batch of receivables by payments or credits by the factor to the client in respect of earlier receivables, for the agreement has to be considered as a whole and such payments or credits are made in reliance on the vesting clause covering receivables generally. Where there is no commitment to purchase, receivables will normally vest not by virtue of the factoring agreement but pursuant to a subsequent equitable assignment made after they have come into existence and resulting from an offer of sale of the receivables by the client and its acceptance by the factor.
[70] *International Factors Ltd v Rodriguez* [1979] QB 351.

with cheques in defiance of the factor's title, it commits a conversion and is liable for the face value of any cheque so converted.[71] So too is a director of the client company who causes it to commit the act of conversion, for he is then guilty of conversion himself.[72]

29.36 The typical case is where the client pays the cheque into its overdrawn bank account. The bank can retain the proceeds of the cheque to the extent to which it gives value for them without notice of the factor's rights.[73] Subject to this, the factor can trace the proceeds into the account, and through it into the hands of volunteers and third parties taking with notice of the factor's rights, in accordance with the ordinary rules of tracing.[74]

(vi) **The factor and the customer**

29.37 As assignee of the debt, the factor incurs no positive liability to the customer for breaches of duty by the client under the supply agreement,[75] but the factor takes subject to all defences of which the customer could have availed itself against the client and also to all equities that arise up to the time when the customer has notice of the assignment or are otherwise closely connected with the assigned debt. So if the goods or services supplied by the client to the customer are not in conformity with the contract, the customer may assert against the factor the same defences as he would have been entitled to assert against the client, whether these arose before or after the customer's receipt of notice of assignment. Where there are mutual dealings between client and customer, the latter is entitled to set off against the factor's claim on one transaction a cross-claim which is closely connected to that claim,[76] whether arising before or after the customer's receipt of the notice of assignment. Under a separate rule, in proceedings by the factor, a customer is also entitled to set off an independent cross-claim which it has against the client on another transaction where the cross-claim is a liquidated claim for money that has become due at the time of commencement of the proceedings.[77] A few examples serve to illustrate these points.

---

[71] Ibid.
[72] Ibid.
[73] This will be the case where the bank receives the cheque without notice of the factor's rights and (a) applies it in reduction of the client's overdraft, or (b), when still without notice, allows the client to draw against the cheque. In this latter case, value is given by the bank to the extent to which the drawing exceeds any credit balance existing at the time the cheque was collected.
[74] See para **2.66**.
[75] Since an assignee does not, as such, become a party to the contract.
[76] The form of equitable set-off which has become known as transaction set-off. See generally P. R. Wood, *English and International Set-Off* (1989); S. R. Derham, *Law of Set-Off* (4th edn, 2010); L. Gullifer, *Goode and Gullifer on Legal Problems of Credit and Security* (6th edn, 2017), ch 7.
[77] This form of equitable set-off is known as independent set-off. This appears still to be the rule, though it has been criticized by several writers, who consider that it is too strict and that it should suffice if the cross-claim has matured by the time of judgment. See, for example, Derham, *Law of Set-Off*, paras 2-08 – 2-12.

29.37 Financing against Stock and Receivables

EXAMPLE 1: SUBSTANTIVE DEFENCE

29.38 Client sells factory equipment to Customer for £10,000, and assigns the debt to Factor. Notice of the assignment is given to Customer. Subsequently, Customer exercises a right to return the equipment because it is not of satisfactory quality and to terminate the sale contract. When Factor claims payment of the £10,000, Customer is entitled to rely on Client's repudiatory breach as a defence to the claim, though he is not entitled to recover damages from Factor for any additional loss.

EXAMPLE 2: TRANSACTION SET-OFF

29.39 Client sells manufacturing equipment to Customer for £100,000 and by a separate contract agrees to provide maintenance services for a specified period. Client then assigns the debt to Factor and gives notice of the assignment to Customer. Subsequently, the equipment's manufacturing capacity is reduced because of faulty servicing by Client. Customer is entitled to set off its claim for unliquidated damages for breach of the maintenance agreement against the £100,000 due to Factor even though that claim did not arise until after Customer received the notice of assignment.

EXAMPLE 3: INDEPENDENT SET-OFF

29.40 Client buys timber from Customer for £10,000, to be made up into furniture which Client sells back to Customer for £15,000. The £15,000 receivable is assigned by Client to Factor and notice of the assignment is given to Customer. At a later date Customer makes a loan of £5,000 to Client, repayable in two years' time. When Factor calls for payment of the £15,000, Customer is entitled to set off the £10,000 owing to him for the timber but not the sum owed to him under the loan agreement unless this has become payable by the time of commencement of proceedings by Factor or, possibly, the time when judgment on Factor's claim comes to be given.[78]

29.41 Where the assigned contract contains a provision prohibiting Client from assigning, Customer is not obliged to recognize Factor's title and will get a good discharge on paying Client.[79] But the prohibition will rarely be construed as intending to render the assignment void as between Client and Factor so as to preclude Factor from asserting a proprietary right to the proceeds of the debt in the hands of Client as assignor.[80] Indeed, any attempt

---

[78] See n 77.
[79] *Helstan Securities Ltd v Hertfordshire County Council* [1978] 3 All ER 262; *Linden Garden Trust Ltd v Lenesta Sludge Disposals Ltd* and *St Martin's Property Corpn Ltd v Sir Robert McAlpine* [1994] 1 AC 85. The effect of such a prohibition is to limit the factor's title to the proceeds of the assigned debt in the hands of the assignor. See also the controls placed upon clauses which purport to ban assignments in the Business Contract Terms (Assignment of Receivables) Regulations 2018, at paras **29.28–29.30** above.
[80] See R. M. Goode, 'Inalienable Rights?' (1979) 42 MLR 553, in an analysis approved by Lord Browne-Wilkinson in *Lenesta Sludge*, n 79. To the extent that *Helstan Securities* held that the assignment was wholly void, it went beyond what was necessary to decide the case and it is submitted that it is wrong; see Goode, ibid, at p 556. Further, a contractual prohibition on

by Customer to fetter the ability of Client to deal with the proceeds of the collected debt would, it is thought, be void as repugnant to Client's ownership of the sum paid and as serving no legitimate interest of Customer.[81]

(vii) Priority conflicts between the factor and third parties[82]

29.42 The after-acquired property clause in a factoring agreement may come into conflict with a competing security interest or other real right in various ways. One, of course, results from the fraudulent double assignment of receivables by the client, a relatively infrequent event, where priorities are regulated by the rule in *Dearle v Hall*.[83] The factor wins unless the subsequent assignee advanced without notice of the factoring agreement and was the first to give notice of assignment to the debtor concerned. What is more likely is that a conflict results through inadvertence on the part of the client (eg in failing to mention the existence of a floating charge in favour of his bank) or external events such as receivership or liquidation of the client company. The rule in *Dearle v Hall* does not apply in cases where the debtor is entitled to refuse to recognize the notice of assignment.[84]

1. Factor versus holder of floating charge

29.43 If the floating charge precedes the factoring agreement and contains no relevant restrictions against dealings of which the factor has notice, the factor's rights prevail as regards receivables vesting in the factor before it has notice of crystallization of the charge,[85] for the client has liberty under the

---

assignment (which is effective as a matter of contract) may not prohibit a declaration of trust of the benefit of the contract (*Don King Productions Inc v Warren* [2000] Ch 291 and *Barbados Trust Co Ltd v Bank of Zambia* [2007] EWCA Civ 148, [2007] 2 All ER (Comm) 445, [2007] 1 Lloyd's Rep 494). The reason is that an assignment and a declaration of trust are different things, so that a prohibition of the former does not automatically encompass the latter (see *Barbados Trust* at [88]) but equally a failure to create a valid assignment will not inevitably lead the courts to conclude that the parties had intended a declaration of trust (*Co-operative Group Ltd v Birse Developments Ltd (in liquidation)* [2014] EWHC 530 (TCC), 153 Con LR 103). In order to prohibit both, the clause must be drafted in such a way that it prevents both the assignment and the declaration of trust. See also M. Smith and N. Leslie, *The Law of Assignment: The Creation and Transfer of Choses in Action* (3rd edn, 2018), ch 25. For a detailed analysis of the effect of assignments in breach of a no-assignment clause, see R. Goode, 'Contractual Prohibitions against Assignment' [2009] LMCLQ 300, which analysis received support from Gloster LJ in *First Abu Dhabi Bank PJSC v BP Oil International Ltd* [2018] EWCA Civ 14 at [27]–[28]. But for criticism of the approach adopted by the Court of Appeal in the latter case, see P. G. Turner (2018) 134 *LQR* 532.

[81] See R. Goode, (1979) 42 MLR 553, pp 556–557. In *Lenesta Sludge*, n 79, Lord Browne-Wilkinson expressed no final view on the public policy point but thought it might well be the case that such an extension of the prohibition against assignment was contrary to public policy.

[82] See F. Oditah, *Legal Aspects of Receivables*, ch 6; Mills and Ruddy, *Salinger on Factoring*, n 33, ch 8.

[83] See n 60.

[84] See paras **24.04**, **24.14**.

[85] It is submitted that, for reasons already advanced, crystallization does not by itself affect the factor unless and until he has notice of it. See paras **25.15** and **25.26**.

29.43 *Financing against Stock and Receivables*

floating charge to dispose of its receivables in the ordinary course of business. However, the modern floating charge often excludes the chargor's right to factor its receivables, and if the factor is on notice of such prohibition,[86] it is bound by it and will acquire the receivables as encumbered by the charge, with a consequent duty to pay over the proceeds to the extent necessary to satisfy the charge. Because of this danger, the prudent factor exacts a waiver from the chargee before commencing the factoring operation.[87]

29.44 Where the factoring agreement comes first, the outcome of the conflict depends on its effect. If the agreement is one under which receivables vest automatically in the factor pursuant to a binding agreement for sale and purchase embodied in the factoring agreement and a sum has been paid or credited to the client under the agreement, the factor's equitable title attaches to a receivable at the moment of its birth and the client thus has no interest in it, so that there is nothing on which the floating charge can fasten. In this situation the fact that the factor may have acquired notice of the floating charge is irrelevant.[88] Where, on the other hand, the factoring agreement provides for receivables to be offered to the factor, no real rights, even of an inchoate character, vest in the factor until a binding agreement for sale and purchase has been concluded by acceptance of the client's offer for sale, and while the factor will still prevail as regards receivables purchased before notice of the crystallization of the charge, or notice of a prohibition contained in it against the factoring of the receivables, the factor will be postponed to the chargee as regards receivables purchased after such notice.

29.45 Failure to register a floating charge does not as such invalidate it as against a factor, for it is a buyer, not a secured creditor, and s 874 of the Companies Act 2006 protects only creditors.[89] But if the effect of non-registration is that the factor does not become aware of the restrictions imposed by the charge on the factoring of receivables, the factor will obtain priority, regardless of whether it is the first to give notice to the debtor.[90]

2. Factor versus holder of fixed charge

29.46 A prior fixed charge of the receivables binds the factor, whether or not it has notice of it, except that if the factor, having put out its money without notice of the charge, is subsequently the first to give notice to the debtors, it wins.[91]

3. Factor versus receiver

29.47 The appointment of a receiver crystallizes a floating charge, if it had not crystallized earlier, but the only effect on the factor is that the charge becomes

---

[86] As to what constitutes notice, see paras **25.15** ff.
[87] As to whether it binds an assignee of the floating charge, see para **22.57**.
[88] See para **24.45**.
[89] See para **24.51**.
[90] *Ward v Royal Exchange Shipping Co Ltd* (1887) 58 LT 174; *Re Ind Coope & Co Ltd* [1911] 2 Ch 223. If the charge does not contain such restrictions, the factor will obtain priority anyway, as stated above.
[91] See para **29.40**.

a fixed charge as regards all receivables within its scope that subsequently come into existence,[92] and the priority rules given above in relation to fixed charges apply.

4. Factor versus liquidator or administrator

29.48 The winding up or administration of the client company has no impact on the factor's position except, of course, that, unless the liquidator or administrator chooses to continue the factoring agreement, the factor cannot assert rights over receivables coming into existence after the winding up or administration as the result of the continuance of business by the liquidator or administrator on behalf of the company.[93] Subject to this, an automatic vesting clause in a factoring agreement will continue to operate even in relation to receivables coming into existence after presentation of a winding-up petition and falling due for payment after the making of the winding-up order.[94]

5. Factor versus execution creditor

29.49 A creditor can attach moneys due to the judgment debtor only so far as the right to such moneys is still vested in the debtor. If these have become vested in the factor prior to completion of the attachment,[95] the factor wins; otherwise the execution creditor prevails.

6. Factor versus conditional seller

29.50 What is the outcome of a contest between a factor as purchaser of receivables and a supplier claiming the same receivables as proceeds of the sale of goods to which he had reserved the title under a *Romalpa* clause? Assuming that the seller does, in fact, have an equitable right to trace, is this superior or subordinate to the factor's own equitable title? And can the factor obtain priority by taking a statutory assignment, thus getting in the legal title?

29.51 Where both titles are equitable, the seller has an initial priority as the first in time, but this is displaced under the rule in *Dearle v Hall*[96] if (as will almost invariably be the case) the factor is the first to give notice of its interest to the customer and advances its money without notice of the seller's equitable rights.[97] But where the factor is for some reason unable to invoke the rule in

---

[92] For the distinction between a present and a future receivable, see para **23.14**.
[93] See para **23.22**.
[94] See para **23.22**.
[95] See para **22.74**, n 190.
[96] See n 60.
[97] *Compaq Computer Ltd v Abercorn Group Ltd* [1991] BCC 484. This conclusion had earlier been disputed by D. W. McLauchlan, who contended that the rule in *Dearle v Hall* was restricted to competing assignments and did not apply in a situation where one of the interests was an equitable tracing right arising by operation of law. See (1980) 96 LQR 90, at 95 ff. But there is no good policy reason for distinguishing a conflict between competing assignees and one between a beneficiary under a trust of a receivable and an assignee of the receivable. The case for applying *Dearle v Hall* to the priority conflict raised in the text is even stronger in that

29.51 *Financing against Stock and Receivables*

Dearle v Hall, it will be postponed, even where getting in the legal title, for even as a statutory assignee, it takes subject to equities, including the seller's prior equitable interest.[98]

7. Factor versus (mercantile agent) factor

29.52 If the client sells his goods through a factor (in the sense of a mercantile agent, as opposed to a factor of receivables), the factor has a lien on the goods and their proceeds to secure payment of his commission; and the better view is that this is so whether the factor sells in his own name or in the name of his principal.[99] The lien has priority over the equitable title of the receivables factor.[100] Such a situation is particularly likely to arise in export factoring, where the client sells the goods to an overseas buyer through a (mercantile agent) factor and then factors the receivables to a United Kingdom factor ('the export factor'), who re-factors them to a factor in the buyer's own country ('the import factor').[101]

---

while the equitable tracing right of the original supplier does in a sense arise as a matter of law rather than of contract, it is the supplier himself who chose the form of his interest, by imposing the accounting obligation in the sale contract, and if he chooses to leave himself with an equitable interest in receivables knowing that they may very well be disposed of to a purchaser for value without notice and in the ordinary course of business, he can hardly complain if the rule in *Dearle v Hall* is applied against him. See further the excellent discussion in J. D. Heydon, M. J. Leeming and P. G. Turner, *Meagher, Gummow and Lehane's Equity: Doctrines and Remedies* (5th edn, 2015), paras 8-095 ff.

[98] *Compaq Computer Ltd v Abercorn Group Ltd*, n 97; *E. Pfeiffer Weinkellerei-Weineinkauf GmbH & Co v Arbuthnot Factors Ltd* [1988] 1 WLR 150, [1987] BCLC 522. For an argument to the contrary, see F. Oditah, 'Priorities: Equitable versus Legal Assignments of Book Debts' (1989) 9 OJLS 521.

[99] See P. M. Biscoe, *Credit Factoring* (1975), p 143, citing the dictum of Lord Denning MR in *Rolls Razor Ltd v Cox* [1967] 1 QB 552 at 568 that a person could not be a common law factor unless he sold in his own name.

[100] Biscoe, *Credit Factoring*, n 99, p 143; Mills and Ruddy, *Salinger on Factoring*, n 33, para 8-70.

[101] For a discussion of international factoring, see Mills and Ruddy, *Salinger on Factoring*, ch 12; and R. Goode, H. Kronke and E. McKendrick, *Transnational Commercial Law: Text, Cases and Materials* (2nd edn, 2015), paras 13.05 ff. The 1988 UNIDROIT Convention on International Factoring is designed to remove impediments to international factoring. The Acts and Proceedings of the Diplomatic Conference at Ottawa, at which the Convention was signed, have been published in two volumes by UNIDROIT. The Convention is in force but so far there are only nine contracting states.

Chapter 30

GUARANTEES[1]

30.01 Vast sums of money are lent every year on the security of a guarantee furnished by a third party.[2] The directors of a private limited company applying to its bank for a loan are likely to be asked by the bank to demonstrate their confidence in their own management by guaranteeing, or acting as surety for, the company's overdraft. A company may be asked to guarantee the obligations of its parent or subsidiary. Not infrequently, a number of companies in a group enter into arrangements with the group's bankers by which each member of the group guarantees the liabilities of every other member, each guarantee being reinforced by security over the guarantor's assets.

30.02 Much of our export trade is stimulated by institutional guarantees. In common with most other countries, the United Kingdom offers government credit insurance to its exporters, through UK Export Finance,[3] giving cover to sellers of goods against the default of their overseas buyers by guaranteeing bills of exchange on the buyer purchased by banks.[4] Banks themselves play a prominent part in the furnishing of guarantees and analogous instruments such as bid bonds and performance bonds.[5] States are frequently called upon to guarantee the obligations of their trading enterprises.

30.03 At a much humbler level, guarantees are often exacted in connection with consumer credit. For example, a dealer who is block discounting hire-purchase agreements may be asked to guarantee the obligations of the

---

[1] The most comprehensive treatment of this subject is by W. Courtney and J. C. Phillips, *O'Donovan and Phillips: The Modern Contract of Guarantee* (3rd (English) edn, 2016). The other principal English textbooks are G. Andrews and R. Millett, *Law of Guarantees* (7th edn, 2015) and D. Marks and G. Moss, *Rowlatt on Principal and Surety* (6th edn, 2011). See also R. Salter 'Guarantees' in S. Paterson and R. Zakrzewski (eds), *McKnight, Paterson and Zakrzewski on The Law of International Finance* (2nd edn, 2017), ch 16; and *Chitty on Contracts* (33rd edn, 2018), ch 45. For a concise treatment, see L. Gullifer, *Goode and Gullifer on Legal Problems of Credit and Security* (6th edn, 2017), ch 8.
[2] Termed a guarantor or surety. The terms are treated by modern writers as interchangeable.
[3] On which see https://www.gov.uk/government/organisations/uk-export-finance.
[4] The system of state guarantees was anticipated some 4,000 years ago in the Code of Hammurabi. See W. D. Morgan, 'The History and Economics of Suretyship', 12 Corn LQ 153, 487 (1927). See also O'Donovan and Phillips, *The Modern Contract of Guarantee*, n 1, paras 1-001 ff.
[5] See paras **35.153** ff.

30.03 Guarantees

hirers; an intending hirer may himself be required to put forward the name of a third party as a surety. More recently, guarantor loans have become a popular option with individuals with a poor credit rating or history: the security that the interposition of a guarantor provides encourages lenders to extend credit in situations where they might not otherwise be willing to advance money to the debtor.

30.04 The law has always adopted a protective attitude towards guarantors, taking the view that any act of the creditor which increases the guarantor's risk without his consent entitles him to be discharged from liability, wholly or in part. So for those advising banks and finance houses who intend to provide funds on the security of a guarantee, a knowledge of the legal principles involved is of first importance.

1. THE LEGAL NATURE OF A GUARANTEE

(i) Characteristics of a suretyship guarantee

30.05 In the sense used in this chapter[6] a guarantee is an undertaking to answer for another's default.[7] It is thus both a secondary and an accessory engagement. It is secondary in that the guarantor can be sued only after default by the principal debtor; and it is accessory in that, in principle, the guarantor's obligation is coterminous with the obligation of the principal debtor and is enforceable only where and to the extent that the principal contract is enforceable.[8] Just as a loan contract may limit the lender's rights to a specific fund or security, imposing no personal repayment obligation on the borrower, so also a guarantee may take the form of real security furnished by the guarantor without personal commitment on his part. For example, in consideration of B lending money to C, C's friend A may deposit the deeds of his house with B by way of equitable mortgage without personal obligation for repayment of the loan in the event of C's default.[9] In such a case the rights conferred by the guarantee are restricted to the enforcement of the security, and if this proves inadequate, that is B's misfortune; he cannot look to A for the deficiency.

30.06 The typical guarantee is an undertaking to meet the money liability of the principal debtor arising from his default, whether the default itself relates to the payment of money or the performance of some other obligation, for

---

[6] Demand guarantees, performance bonds and standby credits are not suretyship guarantees but undertakings which are primary in form, though secondary in intent. See para **35.154**.
[7] It does not refer to a 'guarantee' in the sense that the term is used in s 30 of the Consumer Rights Act 2015 to denote an undertaking to a consumer given without extra charge by a person acting in the course of that person's business that, if the goods do not meet the specifications set out in the guarantee statement or any associated advertising the consumer will be reimbursed for the price paid for the goods or the goods will be repaired, replaced or handled in any way.
[8] See para **30.29**, and J. Steyn, 'Guarantees: The Co-Extensiveness Principle' (1974) 90 LQR 246.
[9] *Re Conley* [1938] 2 All ER 127. As to non-recourse loans, see para **22.37**.

example, to execute building works. But there is nothing to prevent a guarantor from assuming a secondary liability for performance of the principal debtor's non-money obligations, and it is not uncommon for suretyship bonds given in connection with construction contracts to empower the issuer of the bond to take over the contract upon default by the contractor, as an alternative to payment of damages.[10] This is an area of law in which language can be used imprecisely and where labels can mislead. Thus the fact that a document is headed as a 'guarantee' does not mean that it is in law a guarantee. The focus of the law is on the substance of the transaction into which the parties have entered and the form or label which the parties have attached to it is not conclusive evidence of its true nature. In short, the scope and nature of the undertaking assumed by the guarantor very much depends upon the precise wording of the document in question and there is here no substitute for a careful evaluation of the exact words in the document under consideration.

(ii) **Suretyship guarantee distinguished from primary undertaking**

30.07 A guarantee is to be distinguished from a contract involving a primary obligation to the creditor, eg an indemnity. The distinction is relatively easy to state but has proved to be extremely difficult to apply in practice.[11] The classic exposition of the difference is the example given in *Birkmyr v Darnell*.[12] A says to B: 'Supply goods to C and, if he does not pay you, I will.' That is a contract of guarantee. But if A says to B: 'Supply goods to C and I will see that you are paid', that is a contract of indemnity. The illustration is neat, but the usual explanation of it tends to obscure rather than to illumine the principle. It is said that in the first case A's liability is dependent on C's default, while in the second it is not. This by itself tells us little in a situation where the obligations of the indemnifier have the same content as those of the principal debtor and both fall due at the same time, for the indemnifier will then be called upon to pay only where payment has not already been made by the principal debtor. The essential point of an indemnity, or other primary undertaking, is that it is a distinct, autonomous undertaking which is in no way dependent for its content or enforceability on the terms or validity of the undertaking given by the debtor.[13] Into this category fall undertakings by A:

(a) to be answerable for any loss suffered by B as a result of contracting with C;
(b) as issuer of a letter of credit;[14]

---

[10] See generally *Rowlatt on Principal and Surety*, n 1, ch 15.
[11] See, for example, *Yeoman Credit Ltd v Latter* [1961] 2 All ER 294, [1961] 1 WLR 828, at 835; *Pitts v Jones* [2007] EWCA Civ 1301, [2008] QB 706; *Associated British Ports v Ferryways NV* [2009] EWCA Civ 189, [2009] 1 Lloyd's Rep 595, at [1]; *ABM AMRO Commercial Finance plc v McGinn* [2014] EWHC 1674 (Comm), [2014] 2 Lloyd's Rep 333; *Abbhi v Slade (trading as Richard Slade and Company)* [2019] EWCA Civ 2175.
[12] (1704) 1 Salk 27.
[13] *Yeoman Credit Ltd v Latter*, n 11; *Argo Caribbean Group Ltd v Lewis* [1976] 2 Lloyd's Rep 289.
[14] See paras **35.49–35.51**.

30.07 *Guarantees*

(c)   as acceptor of a bill of exchange where the acceptance is given for C's accommodation;[15]

(d)   as issuer of a demand guarantee or performance bond for the performance of C's obligations.[16]

30.08 In each of these four cases A's payment undertaking is a primary obligation that exists independently of the contract between B and C, which is governed by its own terms and which B can in principle enforce against A whether or not B has an enforceable claim against C. The distinction between a guarantee, a parallel primary obligation and an obligation as co-contractor can be expressed diagrammatically as shown in figures 30.1(i), (ii) and (iii) respectively.

Figure 30.1   Structure of guarantee and primary liability relationships

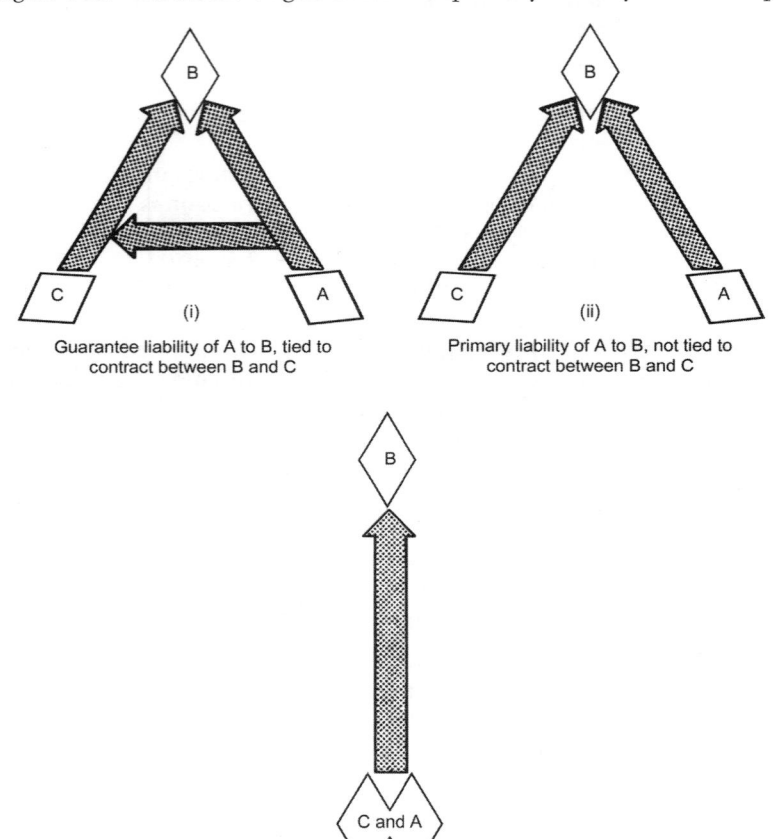

(i) Guarantee liability of A to B, tied to contract between B and C

(ii) Primary liability of A to B, not tied to contract between B and C

(iii) Primary liability of C and A to B as principals under the same contract

---

[15] See para **20.48**.
[16] See para **35.154**.

30.09 The distinction between a guarantee and an indemnity is important for a number of reasons. Firstly, there are formal requirements which apply to a guarantee which do not apply to an indemnity.[17] Secondly, a material variation of the contract between the debtor and the creditor will in principle discharge a guarantor but the liability of a party giving an indemnity is not affected by any variation of the contract between the debtor and the creditor.[18]

30.10 It is not uncommon to find contracts of a hybrid character in which the obligations of A to B are in principle made dependent on C's default, but which differ in some measure from C's obligations, whether as to amount or as to the time of performance, so that they have an independent force of their own.[19] Indeed, there is nothing to stop a guarantee and an indemnity from being combined in the same document; and it is always open to A and B, when concluding a guarantee, to agree on terms which qualify the correlation between A's liability to B and C's liability to B.

30.11 Two parties who contract with the creditor as principals may nevertheless agree between themselves that one is to be a mere surety and the whole burden is to fall on the other. Such an agreement, to which the creditor is a stranger, does not affect him until he has notice of it, after which he is obliged to treat the first co-debtor as a surety.[20]

(iii) Analogous transactions

30.12 Some undertakings, though not strictly guarantees, are analogous in character and have similar incidents. For example, the primary party liable on a bill of exchange is the acceptor, and vis-à-vis the holder, the drawer and indorsers stand in the position of sureties for the acceptor, so that, in principle, their liability is dependent on that of the acceptor, they cannot be sued before the bill falls due for payment by the acceptor and they are discharged if the liability of the acceptor is extinguished.[21]

30.13 A guarantee at first sight looks similar to a contract of insurance by which the insurer undertakes to make a payment to the insured on default by a third party. But the similarity is more apparent than real. A guarantee is an undertaking to make good another's default; an insurance contract provides an

---

[17] See para **3.29**, n 61.
[18] See for an example of the importance of the distinction, see *Associated British Ports v Ferryways NV*, n 11.
[19] *Vossloh Aktiengesellschaft v Alpha Trains (UK) Ltd* [2010] EWHC 2443 (Ch), [2011] 2 All ER (Comm) 307 at [34] where Sir William Blackburne referred to 'a spectrum of contractual possibilities' with the traditional guarantee at one end of the spectrum, where liability of the guarantor is exclusively secondary, and the on-demand bond at the other end where the liability of the giver of the bond may be triggered by a mere demand without proof of default by the principal.
[20] *Rouse v Bradford Banking Co* [1894] AC 586. The equity of allowing a creditor's position to be adversely changed in this way after the making of the principal contract and without his prior knowledge or consent is not self-evident.
[21] *Byles on Bills of Exchange and Cheques* (30th edn, 2020), para 33-002; *Rowlatt on Principal and Surety*, n 1, ch 13.

30.13 *Guarantees*

indemnity against loss and, unlike a guarantee, is not dependent on any default, so that while a guarantor's obligation is accessory to a principal obligation, the obligation of an insurer is a primary obligation. The guarantor's undertaking is given to a third party, normally at the request of the principal debtor, from whom the guarantor is entitled to an indemnity; the insurer gives protection to its own customer, the insured, against a third party's default and thus assumes the risk of default, with no right of indemnity. These distinctions have important consequences.[22]

(iv) Independent guarantee

30.14 To be a guarantee, an undertaking must be truly accessory to that of a principal debtor and must be an undertaking triggered by the principal debtor's default. There are, however, modern instruments of international finance in which the default is not required to be established in any real sense, the issue of a certificate of default by the creditor himself, or even his mere demand for payment, being sufficient to impose on the 'guarantor' the duty to pay. Into this category fall many standby credits, unconditional performance bonds and demand guarantees.[23] Undertakings of this kind, in which production of the document is specified as the condition of payment, not merely as evidence of default, are not suretyship guarantees but take effect as independent primary obligations. Whether a particular undertaking amounts to a suretyship guarantee or is an independent primary obligation is a question of the construction of the undertaking, which must be answered by reference to the language which the parties have used and the commercial context in which the undertaking was given.[24] While 'everything must in the end depend on the words actually used by the parties',[25] the courts do employ a presumption as an aid to their decision-making. That presumption is that where an instrument (a) relates to an underlying transaction between the parties in different jurisdictions, (b) is issued by a bank, (c) contains an undertaking to pay 'on demand' (with or without the words 'first' and/or 'written') and (d) does not contain clauses excluding or limiting the defences available to a guarantor, it will be construed as an on demand bond and not as a true guarantee.[26]

---

[22] See generally R. M. Goode, 'Surety and On-Demand Performance Bonds' [1988] JBL 87 at pp 88–89; O'Donovan and Phillips: *The Modern Contract of Guarantee*, n 1, paras 1-115 ff; Andrews and Millett, *Law of Guarantees*, n 1, para 1-008; *Rowlatt on Principal and Surety*, n 1, paras 1-10 ff.

[23] See para **35.153**. The position is otherwise for guarantees that require default but permit this to be proved by a certificate, as under the ICC Uniform Rules for Contract Bonds, art 7(j).

[24] *Marubeni Hong Kong and South China Ltd v Mongolian Government* [2005] EWCA Civ 395, [2005] 2 All ER (Comm) 289, [2005] 1 WLR 2497; *Vossloh Aktiengesellschaft v Alpha Trains (UK) Ltd*, n 19; *Wuhan Guoyu Logistics Group Co v Emporiki Bank of Greece SA* [2012] EWCA Civ 1629, [2013] 1 All ER (Comm) 1191, [2014] 1 Lloyd's Rep 266; *Caterpillar Motoren GmbH & Co KG v Mutual Benefits Assurance Co* [2015] EWHC 2304 (Comm), [2015] 2 Lloyd's Rep 261; *Rubicon Vantage International Pte v Krisenergy Ltd* [2019] EWHC 2012 (Comm).

[25] *Wuhan Guoyu Logistics Group Co v Emporiki Bank of Greece SA*, n 24, [23].

[26] The source of this presumption is the 11th edition of Paget's Law of Banking which was approved by the Court of Appeal in *Wuhan Guoyu Logistics Group Co v Emporiki Bank of Greece SA*, n 24, [26]–[29].

(v) Letter of comfort

30.15 A document is not a guarantee unless intended to be legally binding. A letter of comfort – for example, a letter confirming that it is the issuer's policy to ensure that its subsidiaries are at all times able to meet their liabilities – may be so framed as to indicate an assumption of liability[27] but is usually designed to provide no more than moral reassurance.[28] This is particularly the case where the party issuing the letter has refused to give a guarantee. The same is true of letters of awareness.[29] There is a presumption that an undertaking given in a commercial context is intended to be legally binding but this is rebuttable by evidence showing that this was not the intention of the parties, and it is that intention which it is the task of the court to ascertain.[30]

2. TYPES OF GUARANTEE

30.16 There are various ways in which guarantees may be classified, but the two divisions of most importance are discrete (or fixed) versus continuing guarantees, and guarantees given at the debtor's request as opposed to those given solely at the request of the creditor.

(i) Discrete and continuing guarantees

30.17 We have seen that a credit transaction may take one of two forms: fixed-sum credit, in which the amount of financial accommodation to be provided is determined at the outset, the transaction is a discrete transaction and the debtor's payments are intended to lead to the ultimate discharge of his indebtedness and termination of the debtor-creditor relationship; and revolving (or running-account) credit, in which the debtor is given a *facility* on which he can draw at leisure, the relationship between the parties is intended to be of indeterminate duration and the agreement contemplates a flow of dealings between the parties in which the debtor's primary obligation is to keep within the agreed credit limit.

---

[27] As in *Chemco Leasing SpA v Rediffusion plc* [1987] FTLR 201.
[28] See *Kleinwort Benson Ltd v Malaysian Mining Corpn* [1989] 1 All ER 785, in which the letter of comfort was held not to be contractual in character, a conclusion which was hardly surprising in view of the fact that it would have given the plaintiffs stronger rights than under a guarantee which the defendants had already declined to provide. Further, in *Associated British Ports v Ferryways NV*, n 11, the Court of Appeal stated (at [24]) that a letter of comfort, properly so called, is one which does not give rise to contractual liability. However, the label chosen by the parties cannot be determinative. If, notwithstanding their choice of the label 'letter of comfort', the parties did intend to create a binding contractual obligation, a court will give effect to that intention (see ibid at [24]).
[29] *Hong Kong and Shanghai Banking Corpn Ltd v Jurong Engineering Ltd* [2000] 2 SLR 54. A letter of awareness fulfils the same role as a letter of comfort and is so called because it contains a statement by the party issuing it that it is aware of the addressee's offer to make a loan facility available to the prospective borrower. A letter of intent gives rise to greater difficulty in terms of ascertaining the legal consequences which it generates. Letters of intent are more likely to be contractually binding, at least where they are limited in time and scope (see further para **3.32**, n 76).
[30] See *Edwards v Skyways Ltd* [1964] 1 All ER 494; *Hong Kong and Shanghai Banking Corp Ltd v Jurong Engineering Ltd*, n 29.

30.18 *Guarantees*

30.18 The contract of guarantee, true to its accessory nature, divides on similar lines. A may guarantee C's liability to B on a specific transaction or transactions, or may give a continuing guarantee covering a flow of transactions between B and C pursuant to a facility or master agreement agreed between them, in which event A's liability is not fixed but varies according to C's outstanding indebtedness to B at any one time.[31] The characteristic of a continuing guarantee is that it endures for as long as the debtor-creditor relationship between B and C continues or until such earlier time as A chooses to withdraw his guarantee as regards future transactions. Thus in the case of a continuing guarantee there is no specific amount of credit the repayment of which is guaranteed; there is merely a fluctuating *balance*, which rises as B utilizes the credit and falls as he makes payment in reduction of his indebtedness, and it is the ultimate debit balance for which A is responsible in the event of C's default. This is why a bank guarantee of a customer's overdraft commonly provides that the guarantee is not to be treated as discharged by an intermediate satisfaction of the customer's indebtedness. The customer may clear his overdraft by a payment to the credit of his account, reducing the debit balance to nil, but if a week later his account goes into debit again as the result of fresh drawings, the guarantor under a continuing guarantee is not out of the wood, for his undertaking relates to the customer's indebtedness from time to time, and the extinction of the debit balance at any particular time does not bring an end to the debtor-creditor relationship nor, in consequence, to his guarantee of defaults arising from that relationship.

---

[31] For an example of a guarantee see figure 30.2.

Figure 30.2 'All-moneys' continuing guarantee and indemnity

LLOYDS BANK

Guarantee and indemnity
companies and limited liability partnerships

To _____ Lloyds Bank plc _____

40500 VF v2.0 0408

30.18 Guarantees

Classification: Public

Table of Contents

1.	DEFINITIONS AND INTERPRETATION	3
2.	GUARANTEE	6
3.	INTEREST, COSTS, ETC.	8
4.	INDEMNITY, REPRESENTATIONS AND WARRANTIES	9
5.	CURRENCY CONVERSION	10
6.	PARTNERSHIP	11
7.	CONTINUING SECURITY	11
8.	CONCLUSIVE EVIDENCE	11
9.	DEALINGS BY THE BANK	12
10.	OPENING OR CONTINUANCE OF NEW OR EXISTING ACCOUNTS	12
11.	SUSPENSE ACCOUNT	12
12.	GUARANTEE NOT TO BE AVOIDED BY CERTAIN EVENTS	13
13.	GUARANTOR'S CLAIMS	14
14.	COMBINATION, CONSOLIDATION, SET-OFF, RESTRICTION ON WITHDRAWALS AND EFFECT OF WINDING-UP, ETC.	15
15.	SECURITY HELD BY THE GUARANTOR(S)	16
16.	OTHER SECURITIES OR RIGHTS	16
17.	PAYMENTS FREE OF DEDUCTION	16
18.	PAYMENTS	16
19.	UNLAWFULNESS, PARTIAL INVALIDITY	17
20.	NON-MERGER ETC.	17
21.	TRANSFERS BY THE BANK OR THE GUARANTOR(S)	17
22.	RESTRICTION ON LIABILITY OF THE BANK	17
23.	NOTICES AND DEMANDS	18
24.	MISCELLANEOUS	19
25.	NO RELIANCE ON THE BANK	20
26.	OTHER SIGNATORIES NOT BOUND, ETC.	21
27.	LAW AND JURISDICTION	21

Schedule 1 22

Classification: Public

Types of Guarantee **30.18**

	(day)		(month)		(year)
THIS GUARANTEE AND INDEMNITY is given on the		day of			

BETWEEN:

(1) **THE COMPANIES AND/OR LIMITED LIABILITY PARTNERSHIPS** the name, numbers and registered offices of which are specified in schedule 1; and

(2) **LLOYDS BANK plc** (Registered number 2065) whose address for the purposes of this Guarantee is Lloyds Bank PLC of Pendeford Securities Centre, Dept 3282, Pendeford Business Park, Wobaston Road, Wolverhampton, WV9 5HZ (or at such other address as the Bank may notify to the Guarantor in writing for this purpose),

in consideration of the Bank providing or continuing facilities, products or services or giving time or releasing any security or releasing any person from any obligation in respect of facilities, products or services to or at the request of

(the "**Customer**")

1. **DEFINITIONS AND INTERPRETATION**

    1.1 In this Guarantee, so far as the context admits, the following words and expressions shall have the following meanings:

    "**Bank**" means Lloyds Bank plc;

    "**Customer**" includes, where more than one person is named as the Customer, any one or more of such persons;

    "**Customer's Liabilities**" means:

    (a) all money and liabilities whether actual or contingent (including further advances made hereafter by the Bank) which now are or at any time hereafter may be due, owing or incurred from or by the Customer to the Bank anywhere or for which the Customer may be or become liable to the Bank in any manner whatsoever without limitation (and (in any case) whether alone or jointly with any other person and in whatever style, name or form and whether as principal or surety and notwithstanding that the same may at any earlier time have been due, owing or incurred to some other person and have subsequently become due, owing or incurred to the Bank as a result of a transfer, assignment or other transaction or by operation of law) including (without prejudice to the generality of the foregoing):

    (i) in the case of the death, bankruptcy, administration, liquidation or dissolution of the Customer all money and liabilities (whether actual or contingent) which would at any time have been owing to the Bank by the Customer if such death or dissolution had occurred or such

883

30.18 *Guarantees*

                (ii)   bankruptcy, administration or liquidation had commenced on the date of discontinuance, and notwithstanding such death, bankruptcy, administration, liquidation or dissolution; and

                (ii)   in the event of the discontinuance of this Guarantee, all cheques, drafts or other orders or receipts for money signed, bills accepted, promissory notes made and negotiable instruments or securities drawn by or for the account of the Customer on the Bank or its agents and purporting to be dated on or before the date of discontinuance of this Guarantee, although presented to or paid by the Bank or its agents after the date of discontinuance of this Guarantee and all liabilities of the Customer to the Bank at such date whether actual or contingent and whether payable forthwith or at some future time or times and also all credits then established by the Bank for the Customer;

(b)   interest on all such money and liabilities to the date of payment at such rate or rates as may from time to time be agreed between the Bank and the Customer or, in the absence of such agreement, at the rate, in the case of an amount denominated in Sterling, of two percentage points per annum above the Bank's base rate for the time being in force (or its equivalent or substitute rate for the time being) or, in the case of an amount denominated in any currency or currency unit other than Sterling, at the rate of two percentage points per annum above the cost to the Bank (as conclusively determined by the Bank) of funding sums comparable to and in the currency or currency unit of such amount in the London Interbank Market (or such other market as the Bank may select) for such consecutive periods (including overnight deposits) as the Bank may in its absolute discretion from time to time select; and

(c)   commission and other banking charges and legal, administrative and other costs, charges and expenses (on a full and unqualified indemnity basis) incurred by the Bank in enforcing or endeavouring to enforce payment of such money and liabilities whether by the Customer or others and in relation to preparing, preserving, defending, or enforcing any security held by or offered to the Bank for such money and liabilities together with interest computed as provided in paragraph (b) above on each such sum from the date that the same was incurred or fell due;

"Guarantor" means any company or limited liability partnership named in schedule 1 and, if more than one, **"Guarantors"** means each of them;

"Notice of Discontinuance" means a notice served in accordance with sub-clauses 2.3(a) and 23.4;

"Secured Obligations" means the aggregate of:

(a)   the Customer's Liabilities; and

(b)   all other money and liabilities whether actual or contingent now or at any time hereafter due owing or incurred from or by the Guarantor(s) to the Bank under this Guarantee; and

"Value Added Tax" includes any other form of sales or turnover tax.

1.2 In this Guarantee:

(a) the expression the **"Bank" "Customer" "Guarantor"** and **"Guarantors"** where the context admits includes their respective successors and/or assigns whether immediate or derivative;

(b) unless the context requires otherwise:

(i) the singular shall include the plural and vice versa;

(ii) any reference to a person shall include an individual, a company, corporation, limited liability partnership or other body corporate, a joint venture, society or unincorporated association, an organisation or body of persons (including a trust and a partnership) and any government, state, government or state, agency or international organisation whether or not a legal entity. References to a person also include that person's successors and assigns whether immediate or derivative;

(iii) the expression "this Guarantee" shall mean this Guarantee and Indemnity and shall extend to every separate and independent stipulation contained herein;

(iv) any right, entitlement or power which may be exercised or any determination which may be made by the Bank under or in connection with this Guarantee may be exercised or made in the absolute and unfettered discretion of the Bank which shall not be under any obligation to give reasons therefor;

(v) references to any statutory provision (which for this purpose means any Act of Parliament, statutory instrument or regulation or European directive or regulation or other European legislation) shall include a reference to any modification, re-enactment or replacement thereof for the time being in force, all regulations made thereunder from time to time and any analogous provision or rule under any applicable foreign law;

(vi) if at any time the value of the Customer's Liabilities is adjusted pursuant to or as a result of any law, regulation or other governmental provision or requirement, then any limit on the amount of the Customer's Liabilities set out in the proviso to clause 2 shall be automatically adjusted on the same basis;

(vii) references to "discontinuance" shall mean discontinuance of this Guarantee or any part thereof effected by a Notice of Discontinuance and discontinuance or determination of this Guarantee or any part thereof by any other means whatsoever (whether or not involving notice to the Bank) including (without prejudice to the generality of the foregoing) the death, bankruptcy, administration, liquidation or dissolution of the Customer or of any Guarantor;

30.18 *Guarantees*

<table>
<tr><td>(viii)</td><td colspan="2">the date of discontinuance shall for the purposes of this Guarantee be treated as whichever shall be the earlier of:</td></tr>
<tr><td></td><td>(a)</td><td>the date upon which the Bank receives actual notice (rather than notice given in any official publication or by newspaper) of such discontinuance; and</td></tr>
<tr><td></td><td>(b)</td><td>the date upon which a Notice of Discontinuance becomes effective; and</td></tr>
<tr><td>(ix)</td><td colspan="2">references to clauses, sub-clauses and schedules shall be references to clauses, sub-clauses and schedules of this Guarantee;</td></tr>
</table>

(c) each and every undertaking and liability of the Guarantors (if more than one) shall be joint and several on their part and this Guarantee shall be construed accordingly;

(d) any demand made under this Guarantee on any of the Guarantors (if more than one) shall be deemed to have been duly made on all the other Guarantors; and

(e) except where expressly otherwise stated or where the context requires otherwise, each of the provisions of this Guarantee shall apply both before and after any demand for payment under this Guarantee and both before and after the date of discontinuance.

1.3 The clause headings and marginal notes shall be ignored in construing this Guarantee.

1.4 The perpetuity period applicable to any trust constituted by this deed shall be eighty years.

2. **GUARANTEE**

2.1 Each Guarantor guarantees payment of the Customer's Liabilities in the currency or respective currencies thereof on demand by the Bank,

PROVIDED THAT the amount recoverable by the Bank under this Guarantee:

(i) in respect of the money and liabilities referred to in paragraph (a) of the definition of "Customer's Liabilities" shall be limited to:

Amount in words in relevant currency (delete if not applicable)

Amount in figures in relevant currency (delete if not applicable)

Amount in words in relevant currency (delete if not applicable)

Classification: Public

Amount in figures in relevant currency (delete if not applicable)

(ii)   in respect of the interest referred to in paragraph (b) of the definition of "Customer's Liabilities" shall be limited to interest on such part of the money and liabilities referred to in paragraph (a) of the definition of "Customer's Liabilities" as does not exceed the sum specified in paragraph (i) above (but so that the Bank shall be entitled to select to which part of the said money and liabilities this paragraph (ii) relates); and

(iii)   the commission and other banking charges and legal, administrative and other costs, charges and expenses and interest referred to in paragraph (c) of the definition of "Customer's Liabilities".

2.2   Each Guarantor shall make payment under this Guarantee as soon as the Bank makes demand under this Guarantee. It shall not be necessary for the Bank before making demand on a Guarantor under this Guarantee to make demand upon or seek to obtain payment from the Customer or any other Guarantor.

2.3

(a)   Any Guarantor may prevent further Customer's Liabilities being guaranteed by that Guarantor under this Guarantee by giving written notice to the Bank to that effect. Any Guarantor or the Customer (or any of their respective personal representative(s), trustee(s) in bankruptcy, receiver(s) appointed under the Mental Health Act 1983, deputies appointed under the Mental Capacity Act 2005, liquidator(s) or administrator(s)) may also give the Bank written notice of the death, bankruptcy, mental incapacity, liquidation, administration or dissolution of such Guarantor or Customer, which notice (subject to clause 6) shall have the same effect as a notice given by the Guarantor as above. Any such notice shall only be valid and become effective when the provisions of sub-clause 23.4 are met.

(b)   When any Notice of Discontinuance becomes effective in relation to any Guarantor under the terms of sub-clause 23.4, or when discontinuance occurs in relation to any Guarantor by any other means, such Guarantor shall nevertheless remain liable for all money and liabilities (whether actual or contingent) which are either due, owing or incurred from or by the Customer to the Bank at the date of discontinuance or which thereafter become due, owing or incurred from or by the Customer to the Bank by reason of agreements, events, transactions or any other fact or matter whatsoever without limitation occurring or arising on or before such date (as well as those referred to in paragraph (a)(ii) of the definition of "Customer's Liabilities").

(c)   The giving of any such Notice of Discontinuance shall not affect the continuing liability under this Guarantee of any Guarantor who has not given any such Notice of Discontinuance. Discontinuance occurring in relation to a Guarantor by any other means shall not affect the continuing liability of any other Guarantor under this Guarantee.

30.18 *Guarantees*

Classification: Public

3. **INTEREST, COSTS, ETC.**

3.1 In addition to its liabilities under clause 2, each Guarantor agrees to pay to the Bank on demand:

(a) interest (both before and after any demand or judgment) on the amount due or owing under this Guarantee either from the date of demand for payment or from the date of discontinuance, whichever first occurs, until payment, (but so that such Guarantor shall not also be liable for interest under paragraph (b) of the definition of "Customer's Liabilities" for such period) such interest to be:

(i) in the case of an amount denominated in Sterling, at the rate of two percentage points per annum above the Bank's base rate for the time being in force (or its equivalent or substitute rate for the time being) or in the case of an amount denominated in any currency or currency unit other than Sterling, at the rate of two percentage points per annum above the cost to the Bank (as conclusively determined by the Bank) of funding sums comparable to and in the currency or currency unit of such amount in the London Interbank Market (or such other market as the Bank may select) for such consecutive periods (including overnight deposits) as the Bank may in its absolute discretion from time to time select; or

(ii) at the highest rate payable from time to time by the Customer or which, but for any such reason, event or circumstance as is mentioned in clause 4, would have been payable from time to time by the Customer,

(whichever is the higher) and (without prejudice to the right of the Bank to require payment of such interest) all such interest shall be compounded both before and after any demand or judgment (in the case of interest charged by reference to the Bank's base rate) on the Bank's usual charging dates in each year and (in the case of interest charged by reference to the cost of funding in the London Interbank Market or other market) at the end of each such period as is selected by the Bank pursuant to sub-clause 3.1(a)(i) or at three monthly intervals whichever is the shorter; and

(b) commission and other banking charges and legal, administrative and other costs, charges and expenses (on a full and unqualified indemnity basis) incurred by the Bank whether before or after the date of demand on any Guarantor for payment or the date of discontinuance:

(i) in enforcing or reasonably endeavouring to enforce the payment of any money due under this Guarantee or otherwise in relation to this Guarantee; or

(ii) in resisting or reasonably endeavouring to resist any claims or defences made against the Bank by the Customer in connection with any liabilities or alleged liabilities to the Bank of the Customer or any money or benefits received by or any preference or alleged preference given to the Bank by the Customer.

3.2 If any payment made by or on behalf of the Bank under this Guarantee includes an amount in respect of Value Added Tax, or if any payment due to the Bank under this Guarantee shall be in reimbursement of any expenditure by or on behalf of the Bank which includes an amount in respect of Value Added Tax, then such an amount shall be payable by the Guarantors to the Bank on demand.

3.3 Each Guarantor agrees to pay on demand any fees charged by the Bank for the time spent by the Bank's officials, employees or agents in dealing with any matter relating to this Guarantee. Such fees shall be payable at such rate as may be specified by the Bank.

4. **INDEMNITY, REPRESENTATIONS AND WARRANTIES**

4.1 Any money and liabilities which, but for the circumstances set out in this sub-clause 4.1, would form all or part of the Customer's Liabilities and which cannot be recovered or cannot for the time being be recovered by the Bank from the Customer for any reason whatsoever including (without prejudice to the generality of the foregoing):

(a) any legal disability or incapacity of the Customer;

(b) any invalidity or illegality affecting any of such money or liabilities;

(c) any want of authority in any person purporting to act on behalf of the Customer;

(d) any provision of bankruptcy or insolvency law;

(e) the death, mental incapacity, bankruptcy, administration, liquidation or dissolution of the Customer and the inability of the Bank to make effective demand on the Customer as a result of such death, mental incapacity, bankruptcy, administration, liquidation or dissolution;

(f) the passage of time under any relevant Limitation Act;

(g) any moratorium or any statute, decree or requirement of any governmental or other authority in any territory;

(h) any inability of the Customer to acquire or effect payment in the currency or currency unit in which any of such money or liabilities are denominated or to effect payment in the place where any of such money or liabilities are or are expressed to be payable;

(i) the making, implementation or effect of any arrangement whereby, notwithstanding that security taken by the Bank from the Customer, any Guarantor or any surety may be ranked ahead of security held by any third party, the Bank is obliged to account for any money received from or in respect of the Bank's security to such a third party or to share any such money with such a third party;

(j) any event of force majeure or any event frustrating payment of such money or liabilities; or

(k) any other event or circumstance (apart from payment or express release of all the Customer's Liabilities) which would constitute or afford a legal or equitable discharge or release of, or defence to, a guarantor or indemnifier,

shall nevertheless be recoverable from each Guarantor as though it were a principal debtor in respect of an equivalent aggregate amount, whether any such reason, event or circumstance shall have been made known to the Bank before or after such money or liabilities were

889

30.18 *Guarantees*

incurred and each Guarantor shall indemnify the Bank on demand against all cost, damage, expense and loss which the Bank may suffer or incur as a consequence of such inability to recover from the Customer.

4.2 Each Guarantor agrees to indemnify the Bank and its employees and agents (as a separate covenant with each such person indemnified) against all loss incurred in connection with:

(a) any statement made by any Guarantor or on its behalf in connection with this Guarantee being untrue or misleading;

(b) the Bank entering into any obligation with any person (whether or not any Guarantor) at the request of any Guarantor (or any person purporting to be a Guarantor);

(c) any actual or proposed amendment, supplement, waiver, consent or release in relation to this Guarantee;

(d) any Guarantor not complying with any of its obligations under this Guarantee; and

(e) any stamping or registration of this Guarantee or the security constituted by it,

whether or not any fault (including negligence) can be attributed to the Bank or its employees and agents.

4.3 This indemnity does not and shall not extend to any loss to the extent that:

(a) in the case of any loss incurred by the Bank or its employees or agents it arises from the Bank or its employees or agents acting other than in good faith; or

(b) there is a prohibition against an indemnity extending to that loss under any law relating to this indemnity.

4.4 Each Guarantor represents and warrants to the Bank that:

(a) it has full power and authority to own its assets and to carry on business in each jurisdiction in which it carries on business;

(b) it is duly incorporated and in good standing in the jurisdiction in which it is incorporated; and

(c) it is empowered by its constitution to enter into and perform its obligations under this Guarantee and all necessary corporate action has been taken to approve and authorise the execution of and performance of its obligations under this Guarantee.

5. **CURRENCY CONVERSION**

5.1 If and to the extent that any Guarantor fails to pay on demand the amount due under this Guarantee in the currency or currency unit or currencies or currency units demanded (the "First Currency/Currencies"), the Bank shall be entitled in its absolute discretion and with or without notice to any Guarantor and without prejudice to any other remedy, to purchase as it shall think fit with any other currency or currency unit or any other currencies or currency units (the "Second Currency/Currencies") either forthwith or at any time or times thereafter the amount (or any part thereof) of the First Currency/Currencies which is unpaid.

Types of Guarantee 30.18

Classification: Public

5.2 Each Guarantor undertakes to indemnify the Bank against the price in the Second Currency/Currencies paid by the Bank pursuant to sub-clause 5.1 and to pay interest to the Bank on the amount of such Second Currency/Currencies at the rate of two percentage points per annum above the cost (as certified by the Bank) of funding such amount of Second Currency/Currencies until payment by the Guarantor compounded as provided in sub-clause 3.1(a) to the intent that if and in so far as such purchase is made by the Bank the liabilities of each Guarantor to indemnify and pay interest to the Bank under this sub-clause shall thenceforth to that extent be in substitution for all liability under clauses 2 and 3 only in respect of the said amount of the First Currency/Currencies which has been so purchased, and if such purchase(s) is or are made by the Bank as aforesaid, the Bank shall inform the Guarantor of the amount of the First Currency/Currencies so purchased, the date(s) of such purchase(s), the currency or currency unit or currencies or the currency units used in such purchase(s) and the price(s) paid.

5.3 Without prejudice to sub-clause 5.1 and sub-clause 5.2, each Guarantor undertakes to indemnify the Bank against any loss through currency or currency unit exchanges, including any loss occasioned by payment of any currency or currency unit premium or through any rule of law requiring judgments or proofs of debt, claims or payment of dividends in bankruptcy, administration or liquidation to be in any particular currency or currency unit, which may be suffered by the Bank before the Bank has been paid all amounts due or owing under this Guarantee in the First Currency/Currencies. Each Guarantor also agrees to pay interest in accordance with sub-clause 5.2 in respect of any such loss.

6. **PARTNERSHIP**

6.1 If the Customer is a partnership this Guarantee shall (unless the Bank otherwise determines) continue to apply to all Customer's Liabilities due, owing or incurred on behalf of the partnership notwithstanding:

 (a) the removal, death or retirement of any partner or partners;

 (b) the admission of a new partner or partners; or

 any dissolution of the partnership occurring as a result of any such event.

6.2 Where under sub-clause 6.1 this Guarantee is continued, it shall apply, in addition to all monies and liabilities due, owing or incurred from or by the old partnership to the Bank, to all monies and liabilities due owing or incurred to the Bank from or by the new partnership as though there had been no change in the partnership or from or by any former partner of the old partnership who carries on the business of the old partnership as a sole trader.

7. **CONTINUING SECURITY**

 This Guarantee shall continue to bind each Guarantor as a continuing security notwithstanding that the Customer's Liabilities may from time to time be reduced to nil and notwithstanding any change in the name, style, constitution or otherwise of the Customer.

8. **CONCLUSIVE EVIDENCE**

 A certificate by an official of the Bank as to the Customer's Liabilities or Secured Obligations shall (save for manifest error) be binding and conclusive on each Guarantor in any legal proceedings both in relation to the existence of the liability and as to the amount thereof.

891

30.18 Guarantees

9. DEALINGS BY THE BANK

9.1 The Bank may without any consent from any Guarantor and without affecting this Guarantee, do all or any of the following:

(a) grant, renew, vary, increase, extend, release or determine any facilities, products or services given or to be given to the Customer or any other person or the terms and conditions relating thereto and agree with the Customer or any such person as to the application thereof;

(b) hold, renew, modify or release or omit to take, perfect, maintain or enforce any security or guarantee or right (including without limitation any right as to the making, collection, allocation or application of recoveries in respect of any security or guarantee) now or hereafter held from or against the Customer or any other person in respect of any of the Customer's Liabilities;

(c) grant time or indulgence to or settle with or grant any waiver or concession to the Customer or any other person;

(d) demand or enforce payment from any Guarantor irrespective of whether or not the Bank shall take similar action against any other Guarantor.

9.2 In relation to each Guarantor, this Guarantee shall not be affected or discharged by anything which would not have discharged or affected it if such Guarantor had been a principal debtor to the Bank. In particular, but without limitation, the Bank may release any surety of any of the Customer's Liabilities and may discharge any security held by the Bank as security for the liabilities of any such surety or the Customer, notwithstanding that any Guarantor may have a claim for contribution against such surety or the Customer and notwithstanding that any Guarantor may claim to be subrogated to the Bank's rights under such security.

10. OPENING OR CONTINUANCE OF NEW OR EXISTING ACCOUNTS

10.1 The Bank may at any time open and continue any new account(s) or continue any existing account(s) with the Customer and no money paid from time to time into any such new or existing account(s) by or on behalf of the Customer shall be appropriated towards or have the effect of reducing or affecting any of the Customer's Liabilities.

10.2 If the Bank does not open a new account for the Customer on the date of discontinuance it shall nevertheless be treated as if it had done so at such date, and, as from that date all payments made to the Bank in respect of the Customer's Liabilities shall be credited or treated as having been credited to the new account and shall not operate to reduce or affect the amount of the Customer's Liabilities owing at such date.

11. SUSPENSE ACCOUNT

11.1 The Bank may at any time place and keep to the credit of a separate or suspense account any money received under or by virtue of this Guarantee for so long and in such manner as the Bank may determine without any obligation to apply the same or any part thereof in or towards the discharge of any of the Customer's Liabilities.

11.2 In calculating the amount for which a Guarantor may be liable under this Guarantee, the Bank shall not charge interest on so much of the Customer's Liabilities as is equal to the credit balance from time to time on such separate account.

Types of Guarantee **30.18**

11.3 Notwithstanding any such payment, in the event of any proceedings relating to the Customer in or analogous to bankruptcy, administration, liquidation, composition or arrangement, the Bank may prove for or claim (as the case may be) and agree to accept any dividend or composition in respect of the whole or any part of the Customer's Liabilities and other sums in the same manner as if such money had not been received.

12. **GUARANTEE NOT TO BE AVOIDED BY CERTAIN EVENTS**

12.1

(a) No assurance, security or payment which may be avoided or invalidated or for which the Bank may have to account in whole or in part to any third party under any applicable law ("**Applicable Law**") of any jurisdiction (including, without prejudice to the generality of the foregoing, sections 175, 176A, 234, 238, 239, 241, 242, 243, 245, 339, 340, 342 and 423 of the Insolvency Act 1986 and section 754 of the Companies Act 2006) and no release, settlement, discharge, cancellation or arrangement including, but not limited to, a release, settlement, discharge, cancellation or arrangement of or in relation to this Guarantee, which may have been given or made on the faith of any such assurance, security or payment, shall prejudice or affect the right of the Bank to recover under this Guarantee as if such assurance, security, payment, release, settlement, discharge, cancellation or arrangement (as the case may be) had never been granted, given or made.

(b) Any such release, settlement, discharge, cancellation or arrangement shall, as between the Bank and a Guarantor, be deemed to have been given or made upon the express condition that it shall become and be voidable at the instance of the Bank if the assurance, security or payment on the faith of which it was made or given shall at any time thereafter be avoided or invalidated or be subject to an accounting to any other person under any Applicable Law or otherwise to the intent and so that the Bank shall become and be entitled at any time after any such avoidance, invalidation or accounting to exercise all or any of the rights in this Guarantee expressly conferred upon the Bank and/or all or any other rights which by virtue and as a consequence of this Guarantee the Bank would have been entitled to exercise but for such release, settlement, discharge, cancellation or arrangement.

12.2

(a) The Bank shall be entitled to retain any security held for the Secured Obligations for a period of two months plus any period during which any assurance, security or payment such as is referred to in sub-clause 12.1(a) may be avoided or invalidated (or such longer period as the Bank shall consider reasonable in the light of the provisions of any Applicable Law) after (as the case may be) the creation of such assurance or security or after the payment of all money and liabilities that are or may become due to the Bank from the Customer, notwithstanding any release, settlement, discharge, cancellation or arrangement given or made by the Bank.

(b) If at any time within such period or prior to such repayment, either a bankruptcy petition shall be presented against the Customer or an application shall be presented to a competent Court for an administration order or for an order for the winding-up of the Customer or the Customer shall commence to be wound-up voluntarily or a notice of appointment of or of intention to appoint an administrator is issued by or in respect of the Customer (or any step is taken under

893

30.18 *Guarantees*

Applicable Law which is analogous to any of the foregoing), then the Bank shall be entitled to continue to retain this Guarantee and any such security as is referred to in sub-clause 12.2(a) for and during such further period as the Bank may determine, in which event this Guarantee shall be deemed to have continued to have been held by the Bank as security for the payment to the Bank of all the Secured Obligations (including any sums which the Bank is ordered to repay pursuant to any order of any Court or as a consequence of any Applicable Law).

13. **GUARANTOR'S CLAIMS**

    Until all the Customer's Liabilities shall have been paid or discharged in full, notwithstanding payment in whole or in part of the Secured Obligations or any release or cancellation hereof falling within sub-clause 12.1(b), no Guarantor shall by virtue of any such payment or by any other means or on any other ground (save as hereinafter provided):

    (a) claim any set-off or counter-claim against the Customer in respect of any liability on its part to the Customer;

    (b) make any claim or enforce any right against the Customer or prove in competition with the Bank in respect of any such claim or right;

    (c) accept any repayment from the Customer of any amount owed by the Customer to it;

    (d) be entitled to claim or have the benefit of any proof against or dividend, composition or payment by the Customer or in the bankruptcy, voluntary arrangement, administration or liquidation of the Customer;

    (e) be entitled to claim or have the benefit of any security or guarantee now or hereafter held by the Bank for any of the Customer's Liabilities or to have any share therein; or

    (f) claim or enforce any right of contribution against any surety of the Customer;

    PROVIDED THAT in relation to any Guarantor:

    (i) sub-clauses 13(a), (b) and (c) shall only apply after the date that demand has been made on that Guarantor under this Guarantee or after the date of discontinuance (whichever is the earlier); and

    (ii) if that Guarantor shall have any right of proof or claim in the bankruptcy, voluntary arrangement, administration or liquidation of the Customer, it shall, if the Bank so requires, exercise such right of proof or claim on behalf of the Bank and hold any dividend or other money received in respect thereof upon trust for the Bank to the extent of the Secured Obligations and it shall in like manner hold upon trust for the Bank to the extent of the Secured Obligations any money which it may receive or recover from any surety by virtue of any right of contribution and any money which it may receive but should not have received by reason of any of sub-clauses 13(a) to (f) inclusive.

Types of Guarantee 30.18

Classification: Public

14. **COMBINATION, CONSOLIDATION, SET-OFF, RESTRICTION ON WITHDRAWALS AND EFFECT OF WINDING-UP, ETC.**

14.1 As long as any liability remains under this Guarantee then, after the Bank has either made demand for payment on the Customer (whether or not any demand shall have been made on any Guarantor under this Guarantee) or after the date of discontinuance, the Bank shall (in addition to any general lien, right of set-off or combination or consolidation or other right to which the Bank as bankers may be entitled by law) be entitled to:

    (a) combine or consolidate all or any of any Guarantor's then existing current or other accounts with the Bank whether subject to notice or not and whether denominated in Sterling or in any other currency or currency unit (including any account(s) held in the Bank's name with any designation which includes any Guarantor's name) with any Guarantor's liability to the Bank under this Guarantee; and/or

    (b) set-off any Guarantor's liability under this Guarantee against any money standing to the credit of any one or more of such accounts.

14.2 After the date of such demand or discontinuance, no Guarantor shall without the Bank's prior written consent mortgage, charge, dispose of or otherwise deal with any such credit balances or any part thereof (or agree to do any such thing), nor shall any Guarantor be entitled to make withdrawals from such account or accounts, nor shall such credit balances in any circumstances become repayable to any Guarantor, until all the Secured Obligations shall have been paid and discharged in full. If the Bank does agree to any withdrawal, such agreement shall not be deemed to be a waiver of the Bank's rights as regards the balance of such credit balances, nor shall it invalidate or adversely affect any demand made under this Guarantee prior to such agreement.

14.3 In the case of all accounts (whether denominated in Sterling or in any other currency or currency unit) the Bank may at any time and from time to time elect to convert all or any of such accounts (in whole or in part) into the currency or currency unit or the currencies or currency units of the Secured Obligations. The Bank may take any such action as may be necessary for this purpose, including without limitation opening additional accounts. The rate of exchange shall be the Bank's spot rate for selling the currency or currency unit or the currencies or currency units of the Secured Obligations for the currency or currency unit or the currencies or currency units of the money standing to the credit of such account(s) prevailing at or about 11.00 a.m. on the date the Bank exercises its right to set-off.

14.4 Notwithstanding clause 2.2, in the event of:

    (a) any Guarantor becoming subject to an interim order under Section 252 of the Insolvency Act 1986 or going into liquidation, whether voluntary or compulsory;

    (b) a receiver being appointed of the whole or any part of the undertaking, property or assets of any Guarantor;

    (c) an application for the appointment of an administrator of any Guarantor being presented;

    (d) a voluntary arrangement being approved in relation to any Guarantor; or

    (e) a notice of appointment of or of an intention to appoint an administrator being issued by or in respect of any Guarantor,

30.18 Guarantees

the Secured Obligations shall be deemed to have become presently due and payable without demand or further demand immediately before the happening of the relevant event listed in sub-clauses (a) to (e) above.

15. SECURITY HELD BY THE GUARANTOR(S)

15.1 Each Guarantor confirms that it has not taken and undertakes that it will not take any security from the Customer or from any co-surety in respect of this Guarantee without the prior written consent of the Bank.

15.2 Without prejudice to sub-clause 15.1, any security now or hereafter held by or for any Guarantor from the Customer or any surety shall be held in trust for the Bank as security for the Secured Obligations and upon request by the Bank such Guarantor shall forthwith deposit such security with the Bank or assign the same to the Bank and/or do whatever else the Bank may consider necessary or desirable in order to permit the Bank to benefit from such security to the extent of the Secured Obligations.

16. OTHER SECURITIES OR RIGHTS

16.1 This Guarantee is in addition to and is not to prejudice or be prejudiced by any other guarantee or security or other rights which is or are now or may hereafter be held by the Bank for or in relation to the Secured Obligations, whether from a Guarantor or otherwise, nor shall any recoveries, or arrangements for allocation or application of the same, pursuant to any other guarantee or security or rights relating to the Secured Obligations affect the Bank's right to claim payment under this Guarantee.

16.2 It shall not be necessary for the Bank before claiming payment under this Guarantee to resort to or seek to enforce any other guarantee or security or other rights whether from or against the Customer or any other person.

16.3 It is hereby agreed that it shall not be a condition precedent or subsequent to this Guarantee that the Bank shall take any security from the Customer or any surety or any guarantee from any intended surety, nor shall any liability under this Guarantee be affected by any failure by the Bank to take any such security or guarantee or by the illegality, inadequacy or invalidity of any such security or guarantee.

17. PAYMENTS FREE OF DEDUCTION

All payments to be made under this Guarantee shall be made without set-off or counter-claim and shall be made free and clear of, and without deduction for, any taxes, levies, imposts, duties, charges, fees or withholdings of any nature now or hereafter imposed by any governmental authority in any jurisdiction or any political subdivision or taxing authority thereof or therein provided that, if any Guarantor is compelled by law to deduct or withhold any such amounts, such Guarantor shall simultaneously pay to the Bank such additional amount as shall result in the payment to the Bank of the full amount which would have been received but for such deduction or withholding.

18. PAYMENTS

18.1 If at any time the currency in which all or any part of the Secured Obligations are denominated is or is due to be or has been converted into the euro or any other currency as a result of a change in law or by agreement between the Bank and the relevant obligor, then the Bank may in its sole discretion direct that all or any of the Secured Obligations shall be paid in the euro or such other currency or currency unit.

896

Classification: Public

18.2   The Bank may apply, allocate or appropriate the whole or any part of any payment made by any Guarantor under this Guarantee or any money received by the Bank under any guarantee, indemnity or third party security or from any liquidator, receiver or administrator of any Guarantor to such part or parts of the Secured Obligations (or as the Bank may otherwise be entitled to apply, allocate or appropriate such money) as the Bank may in its sole discretion think fit to the entire exclusion of any right of any Guarantor to do so.

19.   **UNLAWFULNESS, PARTIAL INVALIDITY**

19.1   If (but for this sub-clause 19.1) it would for any reason be unlawful for any Guarantor to guarantee any particular liability of the Customer to the Bank, then (notwithstanding anything herein contained) the Guarantee given by such Guarantor shall not (to the extent that it would be so unlawful) extend to such liability but without in any way limiting the scope or effectiveness of that Guarantee as regards the rest of the Customer's Liabilities or the Guarantee given by any other Guarantor.

19.2   Each of the provisions in this Guarantee shall be severable and distinct from one another and if at any time any one or more of such provisions is or becomes invalid, illegal or unenforceable, the validity, legality and enforceability of the remaining provisions hereof shall not in any way be affected or impaired thereby.

20.   **NON-MERGER ETC.**

Nothing herein contained shall operate so as to merge or otherwise prejudice or affect any bill, note, guarantee, mortgage or other security or any contractual or other right which the Bank may at any time have for any of the Secured Obligations or any right or remedy of the Bank thereunder. Any receipt, release or discharge of the security provided by, or of any liability arising under, this Guarantee shall not release or discharge any Guarantor from any liability to the Bank for the same or any other money which may exist independently of this Guarantee, nor shall it release or discharge any Guarantor from any liability to the Bank under the indemnity contained in clause 4.

21.   **TRANSFERS BY THE BANK OR THE GUARANTOR(S)**

21.1   The Bank may freely and separately assign or transfer any of its rights under this Guarantee (a "**Transfer**") or otherwise grant an interest in any such rights to any person or persons (the "**Transferee**"). On request by the Bank, each Guarantor shall immediately execute and deliver to the Bank any form of instrument required by the Bank to confirm or facilitate any such assignment or transfer or grant. Following such Transfer, the Guarantors shall have recourse only to the Transferee in respect of that portion of the Bank's obligations transferred to the Transferee.

21.2   No Guarantor shall assign or transfer any of its rights or obligations under this Guarantee or enter into any transaction or arrangement which would result in any of those rights or obligations passing to or being held in trust for or for the benefit of another person.

22.   **RESTRICTION ON LIABILITY OF THE BANK**

Except to the extent that any such exclusion is prohibited or rendered invalid by law, neither the Bank nor its employees and agents shall:

(a)   be under any duty of care or other obligation of whatsoever description to any Guarantor in relation to or in connection with the exercise of any right conferred upon the Bank; or

897

30.18 *Guarantees*

(b) be under any liability to any Guarantor as a result of, or in consequence of, the exercise, or attempted or purported exercise, or failure to exercise, any of the Bank's rights under this Guarantee.

23. **NOTICES AND DEMANDS**

23.1 Without prejudice to clause 1.2(d), any notice or demand by the Bank to or on any Guarantor shall be deemed to have been sufficiently given or made if sent to that Guarantor:

(a) by hand or prepaid letter post to its registered office or its address stated herein or its address last known to the Bank; or

(b) by facsimile to the last known facsimile number relating to any such address or office.

23.2 Without prejudice to clause 1.2(d), any such notice or demand given or made under sub-clause 23.1 shall be deemed to have been served on that Guarantor:

(a) at the time of delivery to the address referred to in sub-clause 23.1(a), if sent by hand;

(b) at the earlier of the time of delivery or 10.00 a.m. on the day after posting (or, if the day after posting be a Sunday or any other day upon which no delivery of letters is scheduled to be made, at the earlier of the time of delivery or 10.00 a.m. on the next succeeding day on which delivery of letters is scheduled to be made), if sent by prepaid letter post;

(c) at the time of transmission, if sent by facsimile (and a facsimile shall be deemed to have been transmitted if it appears to the sender to have been transmitted from a machine which is apparently in working order); or

(d) on the expiry of 72 hours from the time of despatch, in any other case.

23.3 Service of any claim form may be made on the Guarantor in the manner described in sub-clause 23.1(a), in the event of a claim being issued in relation to this Guarantee, and shall be deemed to constitute good service.

23.4 In order to be valid:

(a) a Notice of Discontinuance must be actually received by the Bank at the address of its branch, office or department mentioned under its name on the first page of this Guarantee (or at such other address as the Bank may notify to the Guarantor in writing for this purpose);

(b) where the Bank administers a facility, product or service to the Customer from or at a branch, office or department other than one located at the address mentioned in sub-clause 23.4(a), for a Notice of Discontinuance to be valid in respect of such facility, product or service, a copy must also be received at the address of such other branch, office or department (or, if there is more than one such branch, office or department, at the addresses of all of them) PROVIDED THAT, in any event, each such other branch, office or department shall be deemed to have received a copy of the Notice of Discontinuance no later than thirty days after the date of its receipt at the address mentioned in sub-clause 23.4(a); and

(c) the Notice of Discontinuance (or copy, where sub-clause 23.4(b) applies) must be contained in an envelope addressed as described in this clause and such envelope must not contain any other documentation other than the Notice of Discontinuance (or such copy). Any envelope must also be marked for the attention of such official (if any) as the Bank may for the time being have notified to the Guarantor in writing.

A Notice of Discontinuance shall not become effective until the first working day after receipt (or, deemed receipt) of the Notice of Discontinuance (or copy where clause 23.4(b) applies).

24. **MISCELLANEOUS**

24.1 Any amendment of or supplement to any part of this Guarantee shall only be effective and binding on the Bank and the Guarantors if made in writing and signed by both the Bank and the Guarantors. References to this Guarantee include each such amendment and supplement.

24.2 Each Guarantor and the Bank shall from time to time amend the provisions of this Guarantee if the Bank notifies the Guarantors that any amendments are required to ensure that this Guarantee reflects the market practice at the relevant time following the introduction of economic and monetary union and/or the euro in all or any part of the European Union.

24.3 Each Guarantor and the Bank agree that the occurrence or non-occurrence of European economic and monetary union, any event or events associated with European economic and monetary union and/or the introduction of any new currency in all or any part of the European Union shall not result in the discharge, cancellation, rescission or termination in whole or in part of this Guarantee or give any party hereto the right to cancel, rescind, terminate or vary this Guarantee in whole or in part.

24.4 Any waiver, consent, receipt, settlement or release given by the Bank in relation to this Guarantee shall only be effective if given in writing and then only for the purpose for and upon any terms on which it is given.

24.5 For the purpose of exercising, assigning or transferring its rights under this Guarantee, the Bank may disclose to any person any information relating to the Guarantors which the Bank has at any time.

24.6 The Guarantors shall not change their business in any way which would result in it becoming a 'relevant financial institution' for the purposes of clause 2 of The Financial Services and Markets Act 2000 (Excluded Activities and Prohibitions) Order 2014 and shall promptly provide the Bank with copies of any information that the Bank may from time to time reasonably request in connection with the status referred to in this clause 24.6.

24.7 The Guarantors shall not carry on any business which would constitute 'excluded activities' in terms of Part 2 of The Financial Services and Markets Act 2000 (Excluded Activities and Prohibitions) Order 2014.

24.8 Any change in the constitution of the Bank or its absorption of or amalgamation with any other person shall not in any way prejudice or affect its or their rights under this Guarantee and the expression "the Bank" shall include any such other person.

24.9 The Bank shall be entitled to debit any of the Guarantor's accounts for the time being with the Bank with any sum falling due to the Bank under this Guarantee.

24.10 This document shall at all times be the property of the Bank.

30.18 *Guarantees*

25. **NO RELIANCE ON THE BANK**

    (a) Each Guarantor acknowledges to and agrees with the Bank that, in entering into this Guarantee:

    (i) it has not relied on any oral or written statement, representation, advice, opinion or information made or given to the Guarantors or any of them in good faith by the Bank or anybody on the Bank's behalf and the Bank shall have no liability to it if it has in fact so done;

    (ii) it has made, independently of the Bank, its own assessment of the viability and profitability of any purchase, project or purpose for which the Customer has incurred the Customer's Liabilities and the Bank shall have no liability to it if in fact it has not done so;

    (iii) there are no arrangements collateral or relating to this Guarantee which have not been recorded in writing and signed by the Guarantor(s) and on behalf of the Bank; and

    (iv) it has made, without reliance on the Bank, its own independent investigation of the Customer and its affairs and financial condition and of any other relevant person and assessment of the creditworthiness of the Customer or any other relevant person and the Bank shall have no liability to it if in fact it has not so done.

    (b) Each Guarantor agrees with the Bank that the Bank did not have prior to the date of this Guarantee, does not have and shall not have any duty to it:

    (i) in respect of the application by the Customer of the money hereby guaranteed;

    (ii) in respect of the effectiveness, appropriateness or adequacy of the security constituted by this Guarantee or of any other security for the Customer's Liabilities; or

    (iii) to provide it with any information relating to the Customer or any other relevant person.

    (c) Each Guarantor agrees with the Bank that the validity and enforceability of this Guarantee and the recoverability of the Secured Obligations shall not be affected or impaired by:

    (i) any other security or any guarantee taken by the Bank from it or any third party;

    (ii) any such other security or guarantee proving to be inadequate;

    (iii) the failure of the Bank to take, perfect or enforce any such other security or guarantee; or

    (iv) the release by the Bank of any such other security or guarantee.

    (d) Each Guarantor agrees with the Bank for itself and as trustee for its officials, employees and agents that neither the Bank nor its officials, employees or agents shall have any liability to any Guarantor in respect of any act or omission by the Bank, its officials, employees or agents done or made in good faith.

26. **OTHER SIGNATORIES NOT BOUND, ETC.**

    Each Guarantor hereto agrees and consents to be bound by this Guarantee notwithstanding that any other or others of them which were intended to execute or be bound hereby may not do so or be effectually bound hereby for any reason, cause or circumstances whatsoever and this Guarantee shall be deemed to constitute a separate and independent guarantee by each of the signatories hereto. None of such guarantees which is otherwise valid shall be avoided or invalidated by reason of one or more of the several guarantees intended to be hereby established being invalid or unenforceable.

27. **LAW AND JURISDICTION**

    27.1 This Guarantee and any dispute (whether contractual or non-contractual, including, without limitation, claims in tort, for breach of statutory duty or on any other basis) arising out of or in connection with it or its subject matter ("Dispute") shall be governed by and construed in accordance with the law of England and Wales.

    27.2 The parties to this Guarantee irrevocably agree, for the sole benefit of the Bank, that, subject as provided below, the courts of England and Wales shall have exclusive jurisdiction over any Dispute. Nothing in this clause shall limit the right of the Bank to take proceedings against the Customer in any other court of competent jurisdiction, nor shall the taking of proceedings in any one or more jurisdictions preclude the taking of proceedings in any other jurisdictions, whether concurrently or not, to the extent permitted by the law of such other jurisdiction.

IN WITNESS whereof each Guarantor has executed this Guarantee as a deed and has delivered it upon its being dated.

30.18 *Guarantees*

Schedule 1

The Guarantors (Guarantor)

Name	Registered Number	Address

End of Schedule 1

Classification: Public

Use this execution clause if the Guarantor is a company and is to execute acting by two directors or one director and the company secretary.

Executed as a deed by

acting by

| Director | Director/Company Secretary |

Use this execution clause if the Guarantor is a company and is to execute acting by only one director.

Executed as a deed by

acting by

Director
in the presence of:

Witness: .... (name)

....(signature)

Address: ....
....
....

Occupation: ....

Use this execution clause if the Guarantor is a Limited Liability Partnership.

Executed as a deed by

Acting by

| Member | Member |

Use this execution clause if the Mortgagor is an LLP and is to execute acting by only one Member.

30.18 Guarantees

Classification: Public

Executed as a deed by

Acting by

                                                      Member

in the presence of:

Witness:	....	(name)
	....	(signature)
Address:	....	
	....	
	....	
Occupation:	....	

(ii) **Guarantees given at request of debtor and guarantees given solely at request of creditor**

30.19 It is important to distinguish guarantees given at the express or implied request of the debtor from those given without reference to the debtor at all. The world of hire-purchase finance provides a neat example of the distinction. Where a finance house supplies goods on hire-purchase to a debtor introduced by a dealer, the finance house may require a relative or a friend of the debtor to join in as a guarantor. The debtor will then ask the intended guarantor to assist him in this way in order that the debtor may obtain the hire-purchase facility. In addition, the finance house may have an arrangement with the dealer by which the latter guarantees payment by all the debtors he has introduced. Such a guarantee is fixed solely as the result of negotiation between finance house and dealer, and the debtors concerned are never consulted. The difference between the two forms of guarantee is significant in that in the former case the guarantor has an implied right of indemnity from the debtor, whereas in the latter, as we shall see later, his only rights against the debtor are those acquired by subrogation or assignment.

3. UNILATERAL NATURE OF THE CONTRACT

30.20 The typical guarantee (and particularly the continuing guarantee) is unilateral in character. The bank gives no promise to the guarantor to extend credit to its customer; the consideration for the guarantor's undertaking is the bank's conduct in making the loan or honouring a drawing on the customer's account. In other words, the guarantor in effect says to the bank: 'If you lend C £100, I will repay you if he does not', or, in the case of a continuing guarantee: 'In consideration of your making advances to C from time to time, I will repay you if he does not.' So in the normal case[32] the guarantor's promise is an offer which the bank accepts by making the advance; and in the case of a continuing guarantee, the guarantor's undertaking is in the nature of a continuing offer generating a distinct act of acceptance, and thus a distinct contractual commitment, each time the bank honours a drawing on the account. So unless the guarantor receives consideration for making his offer irrevocable, he is entitled to withdraw it at any time before the advance to which it relates has been made, and this is so even if the creditor is contractually committed to the debtor to make the advance. This is why a guarantor under a continuing guarantee is always entitled to terminate it as to future advances, for as to these his offer has not yet been accepted.[33] But if the

---

[32] There are, of course, many transactions in which the creditor does commit himself to the guarantor to make the advance to the principal debtor, and the contract of guarantee comes into force as an ordinary bilateral agreement through an exchange of promises. But such a transaction is atypical.

[33] *Offord v Davies* (1862) 12 CBNS 748; *Coulthard v Clementson* (1879) 5 QBD 42. See also para **3.27**.

30.20 *Guarantees*

consideration for the guarantee is indivisible, the guarantor is committed for the whole of it where the creditor has begun performance by advancing part.[34]

4. RELATIONS BETWEEN CREDITOR AND GUARANTOR

(i) Validity and enforceability

1. Formalities

30.21 To bind the guarantor, a guarantee must either be by deed or be supported by consideration. Many guarantees are executed as deeds; where they are not, the consideration usually takes the form not of a counter-promise by the intending creditor to enter into the transaction with the prospective debtor but the actual conclusion of that transaction by the making of the advance.[35] Even if it is a valid contract, a guarantee constituting a 'special promise to answer for the debt, default or miscarriage of another' is unenforceable under the Statute of Frauds unless evidenced by a note or memorandum in writing signed by the guarantor or by some other person authorized to sign it on his behalf.[36] The note or memorandum must identify the parties and set out all the material terms but need not specify the consideration.[37] However, not all guarantees are within the statute, only those which require the guarantor to pay from his own resources. So if the guarantor agrees to pay from funds he owes the principal debtor and the latter agrees to their use for that purpose, the guarantor is not paying from his own funds and the guarantee is outside the statute. By contrast, if the debtor did not so agree, so that the payment was an officious payment not going towards extinguishment of the debt, the guarantor's obligation remains to pay from his own funds and the guarantee is unenforceable if not evidenced by the requisite note or memorandum in writing.[38] The liability of a guarantor may be conditional upon the signature of all the other intended guarantors listed in the contract of guarantee, so that the failure of one named guarantor to sign the guarantee

---

[34] See *Errington v Errington* [1952] 1 KB 290, per Denning LJ at 295. The case did not concern a guarantee but the judgment of Denning LJ reaffirmed the general principle that once the stipulated performance under a unilateral contract has begun, the promisor cannot revoke his promise, though of course he does not have to fulfil it until performance has been completed.
[35] See above para 30.20.
[36] Statute of Frauds 1677, s 4. A guarantee securing a regulated agreement within the Consumer Credit Act 1974 must be expressed in writing, not merely evidenced by writing (s 105(1)). There is no requirement that the guarantee be found in one document, so that a guarantee to be found in a series of documents duly authenticated by the signature of the guarantor has been held to be enforceable: *Golden Ocean Group Ltd v Salgaocar Mining Industries PVT Ltd* [2012] EWCA Civ 265, [2012] 3 All ER 842.
[37] Mercantile Law Amendment Act 1856, s 3.
[38] *Actionstrength Ltd v International Glass Engineering IN.GL.EN Spa* [2001] EWCA Civ, 1477, [2002] 4 All ER 468, [2002] 1 WLR 566. An appeal to the House of Lords [2003] UKHL 17, [2003] 2 AC 542 on a separate ground, namely that the debtor was estopped from relying on the statute, was dismissed, there being no evidence of any representation by the guarantor that it would honour the guarantee despite the lack of writing or that it would confirm the guarantee in writing. It is, however, clear from this and earlier cases that where the necessary elements are present, a party may be estopped from invoking a statute that would otherwise shield him from liability. However, in order to establish an estoppel it is necessary

may prevent the liability of the others from arising.[39] Whether the liability of a guarantor is so conditional is a question of construction of the contract of guarantee. But a court may be more likely to reach the conclusion that the liability of the guarantors is conditional in the case where the guarantee is contained in a single document than in the case where separate documents are prepared, each for separate signature by a separate individual.[40]

2. Creditor's duty of disclosure

30.22 When procuring the guarantee the creditor owes no general duty of disclosure to the prospective guarantor, but he is obliged to disclose any unusual feature of his contract with the debtor which the prospective guarantor would not otherwise have expected, failing which any resulting guarantee may become voidable.[41] The duty of disclosure would appear to extend to matters which the creditor reasonably considers that the guarantor already knows so that, if the guarantor does not in fact have the knowledge the guarantor believes him to have, the creditor is not thereby absolved from his duty of disclosure.[42]

3. Other grounds of invalidity

30.23 A contract of guarantee, like any other contract, can be set aside on the ground that the guarantor has been induced to enter into the guarantee by a misrepresentation made by the creditor, and other grounds of invalidity, such as duress, undue influence and *non est factum* may also be invoked by the guarantor.[43] A particularly fertile source of litigation has arisen in the domestic context where one party, typically a wife, agrees to act as a surety for the debts of her husband or his business and then seeks to set aside the guarantee on the

---

to establish something akin to an express assurance by the guarantor that it will honour its undertaking notwithstanding the fact that the undertaking is not evidenced in writing (see [9], [35] and [52]).

[39] *Harvey v Dunbar Assets plc* [2013] EWCA Civ 952, [2013] BPIR 722.
[40] *Harvey v Dunbar Assets plc*, n 39. However, in each case it is necessary to construe the guarantee as a whole against the admissible factual matrix to ascertain whether the parties have expressly or impliedly agreed that the liability of the guarantors shall be conditional upon signature by all intended guarantors. It is, however, open to the parties to avoid any doubt in this respect by agreeing in express terms that each signatory shall be bound by the guarantee from the time it is signed by him, even if someone else was named as a signatory but did not sign the guarantee.
[41] *Royal Bank of Scotland v Etridge (No 2)* [2001] UKHL 44, [2002] 2 AC 773, per Lord Nicholls at [81]; *Far Eastern Shipping Co Public Ltd v Scales Trading Ltd* [2001] 1 All ER (Comm) 319 (failure to disclose dishonest inflation of invoices); *North Shore Ventures Ltd v Anstead Holdings Inc* [2011] EWCA Civ 230, [2012] Ch 31 at [31] ('The Guarantee was not a contract *uberrimae fidei* . . . Accordingly there is no duty to disclose facts or matters which are not unusual features of the contractual relationship between the creditor and the debtor, or between the creditor and other creditors of the debtor').
[42] *North Shore Ventures Ltd v Anstead Holdings Inc*, n 41, at [33]–[37].
[43] See generally *Chitty on Contracts* (33rd edn, 2018), paras 45-027 – 45-039.

ground that she was induced to enter into the guarantee by the misrepresentation of her husband or the exercise of undue influence by him.[44]

(ii) Nature and extent of guarantor's liability

1. Nature of the undertaking

30.24 The nature of the undertaking that is assumed by a guarantor has been an issue of some controversy. While the nature and scope of the undertaking is ultimately a matter that depends upon the precise wording of the agreement which the parties have made, Lord Reid in his judgment in *Moschi v Lep Air Services Ltd*[45] identified 'at least two possible forms of agreement.'[46] The first he termed 'a conditional agreement' pursuant to which the guarantor undertakes to pay the instalments of principal and interest which fall due if the debtor fails to pay so that there is no obligation on the guarantor to make payment unless and until the debtor fails to pay. The second has come to be known as a guarantee of the 'see to it' kind where the guarantor undertakes that the debtor will carry out his contract so that a failure by the debtor to comply with the terms of his contract with the creditor will also result in the guarantor being in breach of contract to the creditor.[47] The distinction thus drawn by Lord Reid has been applied by the courts on a number of subsequent occasions.[48] But it has also been called into question on the ground that the characterisation of the guarantor's obligation 'ought not to depend on fine verbal distinctions between "pay" and "perform"'[49] given that, in the absence of a contrary intention, the guarantor's responsibility is not merely to pay £x to the creditor if the debtor fails to do so, but to procure the debtor's performance of his own obligations to the creditor.

30.25 The leading case on the nature of the obligation assumed by the guarantor, to which reference has already been made, is the decision of the House of Lords in *Moschi v Lep Air Services Ltd*:[50]

> A company which owed a substantial sum of money agreed to discharge its indebtedness by weekly instalments, and performance of its obligations was guaranteed by the appellant. The company failed to carry out the terms of the agreement, and the respondents treated the failure as a repudiation and elected to

---

[44] The leading case being the decision of the House of Lords in *Royal Bank of Scotland plc v Etridge (No 2)* [2001] UKHL 44, [2002] 2 AC 773, [2001] 4 All ER 449. The decision has itself spawned a considerable case law in which the courts have had to consider the limits of the decision in *Etridge* but that case law is beyond the scope of this work.
[45] [1973] AC 331, on which see further E. Peden, 'A Classification of Contracts of Guarantee' (1991) 13 Sydney LR 221.
[46] Ibid at 344.
[47] Ibid at 345.
[48] See, for example, *Hampton v Minns* [2002] 1 WLR 1, [91]; *McGuinness v Norwich and Peterborough Building Society* [2011] EWCA Civ 1286, [2012] 2 All ER (Comm) 265, [7]; and *Lombard North Central plc v Blower* [2014] EWHC 2267 (Ch), [2014] BPIR 1501, [33]–[35].
[49] R. Goode, *Legal Problems of Credit and Security* (3rd edn, 2003), para 8-10 (the sentence was deleted from subsequent editions).
[50] Note 45.

terminate the contract. The company having gone into liquidation, the respondents sued the appellant for the full unpaid balance of the debt with interest. The appellant contended that by terminating the contract with the principal debtor, the respondents had released him from liability, since the termination was to be regarded as the equivalent of a variation which he had not authorized.

The House of Lords, affirming the decision of the Court of Appeal, rejected the appellant's contention, holding that his undertaking as guarantor was not to pay the instalments as such in default of payment by the company but to procure performance by the company of its obligations under the agreement. Accordingly, the claim against the guarantor was in reality for damages, not debt, the measure of damages being the amount of the debtor company's liability, whether the primary liability in respect of the instalments or the secondary liability to pay damages into which the company's primary liability was transmuted when the contract came to an end by acceptance of its repudiation.

On its facts, the decision of the House of Lords was clearly correct. In rejecting the appellant's contention that the termination of the contract by the creditor operated to release the guarantor from liability, the House of Lords came to the only possible decision. The creditor's election to accept the debtor's repudiation was not a variation of the contract which had the effect of discharging the guarantor if made without his consent; it was an enforcement of it. As Lord Simon pointed out, the result of the appellant's argument would be to lose the guarantor at the very moment the creditor most needed him, namely at the moment of fundamental breach by the principal promisor.[51]

30.26 Less convincing is the proposition advanced by several of their Lordships in relation to the nature of the obligation that is assumed by the guarantor. The particular proposition advanced by their Lordships was that a claim against a guarantor on a guarantee of a debt sounds not in debt but in damages, the measure of damages being the amount of the debt. In support of this proposition Lord Diplock pointed out that in the old days the form of action against a guarantor was in special *assumpsit* not *indebitatus assumpsit*.[52] There are, however, dangers in relying on the old forms of action to demonstrate the basis of a monetary claim in present-day procedure. The fact is that *all* forms of *assumpsit*, even those in respect of what we should now call debt, such as a claim for the price of goods sold and delivered, were, in theory, claims to damages. The difference between *indebitatus assumpsit* and special *assumpsit* was not between debt and damages (both were in form a claim for damages for non-payment of debt) but between a mere allegation of indebtedness and a detailed pleading of the underlying transaction. Nowadays, however, a claim in contract for the price of goods or for repayment of money is characterized as a debt claim, and the same is true of a claim against a guarantor for the amount of the guaranteed debt. It is, no doubt, correct to say that the guarantor does not *merely* undertake payment of the guaranteed sum, he also undertakes to be answerable for performance of the contract by the debtor and pay any damages resulting from the principal debtor's repudiation

---

[51] Ibid at 355. For a later decision of the House of Lords to the same effect, see *Hyundai Heavy Industries Co Ltd v Papadopoulos* [1980] 2 All ER 29; cf *Chatterton v Maclean* [1951] 1 All ER 761.
[52] Ibid at 347.

30.26 *Guarantees*

of his contract. But that is not a good reason for characterizing the claim against the guarantor in respect of the debt itself as a claim for damages. The claim is never pleaded in this way, and the effect of characterizing it as damages would be to attract the normal incidents of a damages claim, including the duty to mitigate. But it is well established that the creditor is entitled to payment of the guaranteed sum as of right; he does not need to show that he has first exhausted his remedies against the principal debtor or taken any other steps to mitigate his loss.

30.27 On this basis if the claim is one brought against the guarantor in respect of an obligation of the debtor which had not accrued at the date of the termination of the contract between the debtor and the creditor, the claim against the guarantor is, like the claim against the debtor, a claim for damages. But if the claim is one in respect of a liability by the debtor to pay a sum of money and the liability to pay that sum has already accrued, the claim against the debtor is one in debt and the claim against the guarantor should also be so classified. If this analysis is accepted then, true to its accessory nature, the guarantee can be seen to embody undertakings which have the same character as those of the obligations guaranteed. The accessory nature of the obligation is, however, obscured if the obligation of the debtor is to pay a debt but, as per Lord Diplock in *Moschi*, the obligation of the guarantor is characterised as an obligation to pay damages with the measure of damages being the amount of the debt.

30.28 This obscurity introduced by *Moschi* has had unfortunate consequences in subsequent cases. One such example is *McGuinness v Norwich and Peterborough Building Society*[53] where a creditor brought a bankruptcy petition against a guarantor pursuant to s 267 of the Insolvency Act 1986 which provides that the creditor's petition be in respect of a 'debt . . . for a liquidated sum owed to the petitioning creditor.' The point taken by the guarantor by way of defence was that his liability to the creditor was a liability in damages, not a liability in debt, with the consequence that the requirements of s 267 had not been satisfied. In advancing this submission, reliance was placed by the guarantor upon *Moschi*. The Court of Appeal accepted that, as a matter of general principle and ordinary language, the liability under a guarantee of the 'see to it' type does not constitute a debt for a liquidated sum.[54] However, the Court of Appeal held, as a matter of construction of the guarantee in question, that the liability of the guarantor was a liability in debt so that the requirements of s 267 had been satisfied on the facts.[55] One can see how the Court of Appeal was tempted to reach the latter conclusion given the undesirable consequences that would follow from the conclusion that the liability of the guarantor was one in damages, and the fine nature of the distinction between a liability in debt and a liability in damages which is measured by the amount of the debt. But this is the difficulty which has been created by the decision of the House of Lords in *Moschi*. In contrast, the

---

[53] [2011] EWCA Civ 1286, [2012] 2 All ER (Comm) 265.
[54] Ibid at [43].
[55] Ibid at [54]–[67].

distinction between a liability in debt (where the debtor's obligation to pay the sum of money in question has accrued) and the debtor's liability to pay damages in respect of a payment obligation which has not yet accrued is a much cleaner distinction, and it is also one that, applied in the same way to the obligation of the guarantor, more accurately reflects the accessory nature of the liability of a guarantor.

2. *Correlation with debtor's liability*

30.29 Except so far as otherwise provided by the terms of the guarantee, the liability of the guarantor is coterminous with that of the principal debtor. The guarantor therefore incurs no liability until the principal debtor has made default, is not liable for any amount in excess of that recoverable from the principal debtor and is discharged by an event which extinguishes the principal debtor's liability.[56] Moreover, if the contract with the principal debtor is void or unenforceable, the contract of guarantee is likewise void or unenforceable[57] except to the extent to which the parties have otherwise expressly or impliedly agreed. In each case it is a question of construction of the guarantee whether the risk assumed by the guarantor is only the default of the principal debtor or whether it extends to the invalidity or unenforceability of the principal contract itself.[58] The giving of the guarantee may itself be void, eg as ultra vires the guarantor.[59] The guarantor is entitled to invoke not only defences available to the principal debtor but also rights of transaction (or equitable) set-off arising from the close connection between claim and cross-claim, but not, it is thought, a right of independent (or statutory) set-off.[60]

3. *Liabilities covered by the guarantee*

30.30 The scope of a guarantee's undertaking depends upon a proper interpretation of the guarantee itself. In the past the courts interpreted guarantees strictly in favour of the guarantor[61] but in more recent cases the courts have applied to contracts of guarantee the same principles as they would

---

[56] *Bechervaise v Lewis* (1872) LR 7 CP 372. As to the effect of receipts from the guarantor on the amount for which the creditor can prove in the principal debtor's liquidation, see para 31.33. As to the effect of a 'principal debtor' clause, see *M. S. Fashions Ltd v Bank of Credit and Commerce International SA (No.2)* [1993] 3 All ER 769.
[57] *Coutts & Co v Browne-Lecky* [1947] KB 104; *Stadium Finance Co Ltd v Helm* (1965) 109 Sol Jo 471.
[58] *Garrard v James* [1925] Ch 616. The effect of the difficult decision in *Coutts & Co v Browne-Lecky*, n 57 (guarantee of unenforceable contract with minor held unenforceable) has been reversed by s 2 of the Minors' Contracts Act 1987.
[59] *Credit Suisse v Allerdale Borough Council* [1995] 1 Lloyd's Rep 315 (guarantee by local authority).
[60] See J. Phillips, 'When should the guarantor be permitted to rely on the principal's set-off?' [2001] LMCLQ 383; *Goode and Gullifer on Legal Problems of Credit and Security*, n 1, para 8-02.
[61] This traditional approach is summarised in *Chitty on Contracts* (33rd edn, 2018), paras 45-062 – 45-063. The traditional approach was to interpret guarantees strictly in favour of the surety but it is uncertain to what extent these traditional rules continue to be applicable given

apply to any other contract.[62] That said, there may still be a need for caution when drafting guarantees given that the courts may require the use of 'clear words' when seeking to impose obligations upon guarantors.[63] Many guarantees are 'all moneys' guarantees by which the guarantor accepts a secondary obligation for all sums previously advanced or to be advanced in the future to the principal debtor, for whatever reason. Nevertheless, the courts will not construe the wide terms of such a guarantee as covering liabilities outside those which the parties could reasonably have contemplated. So it has been held that an all moneys guarantee will not readily be construed as covering the debtor's obligations to the creditor in the creditor's capacity as assignee of a debt previously owed by the principal debtor to a third party.[64]

5. RIGHTS OF THE GUARANTOR AGAINST THE DEBTOR

(i) Indemnity

30.31 Where the guarantee was given at the request of the debtor, the guarantor has an implied contractual right to be indemnified by the debtor against all liabilities he incurs.[65] This is a specific application of the general principle that one who incurs expenditure or liabilities at another's request or with his authority is entitled to reimbursement or indemnity, since the request or authority implies an undertaking to reimburse or indemnify.[66]

30.32 At law the guarantor cannot enforce his right of indemnity by an action in debt except as regards payments he has actually made to the creditor; the mere fact that he has incurred a liability to pay is not sufficient.[67] However, in equity the guarantor may seek an order for indemnity as soon as he has incurred a liability for payment as the result of the principal debtor's default.[68] Such an order, however, is quite different from a judgment in debt. The debtor will not be directed to pay the amount of the debt to the guarantor, for this would not exonerate the debtor's liability to the creditor, and the guarantor might apply the sum paid to some other purpose.[69] The normal order in equity is a declaration of a right to indemnity, coupled with a direction to the

---

the modern approach to the interpretation of commercial contracts (on which see paras 3.63–3.65). This uncertainty is reflected in cases such as *Harvey v Dunbar Assets plc*, n 39, at [22]–[32].

[62] See *Rainy Sky v Kookmin Bank* [2011] UKSC 50, [2012] 1 All ER 1137, [2011] 1 WLR 2900; *Harvey v Dunbar Assets plc*, n 39, at [22]–[32] and, more generally, *Chitty on Contracts*, paras 45-064 – 45-066. This approach is also strongly supported by R. Salter, n 1, para 16.1.8.
[63] See *Chitty on Contracts*, para 45-067.
[64] *Kova Establishment v Sasco Investments Ltd* [1998] 2 BCLC 83, adopting a passage from the judgment of Brooking J in *Re Clark's Refrigerated Transport Pty Ltd* [1982] VR 989 at 995–996.
[65] *Toussaint v Martinnant* (1787) 2 Term Rep 100; *Re a Debtor* (No. 627 of 1936) [1937] 1 All ER 1, per Greene LJ at 7–8. Frequently a right of indemnity is expressly stipulated eg under a counter-guarantee.
[66] *Re a Debtor*, n 65, per Greene LJ at 8.
[67] *Re Mitchell* [1913] 1 Ch 201; *Re Richardson* [1911] 2 KB 705.
[68] *Re Mitchell*, n 67; *Ascheson v Tredegar Dry Dock and Wharf Co Ltd* [1909] 2 Ch 401.
[69] *Wolmershausen v Gullick* [1893] 2 Ch 514; *Re Fenton* [1931] 1 Ch 85.

principal debtor to pay or secure the debt.[70] The declaration itself may be obtained in a *quia timet* action even before the principal debtor has made default, where there is evidence that he will do so,[71] and the claimant may be given liberty to apply for an order directing the debtor to pay or to secure the debt when the time for payment has accrued due and the amount of indebtedness has been ascertained.[72]

30.33 It is no defence to the guarantor's indemnity claim that he could not have been successfully sued by the creditor, eg because the guarantee was not evidenced by a note or memorandum in writing.[73]

30.34 No right of indemnity is given where the guarantor neither entered into the guarantee at the request of the debtor nor did so under legal compulsion or as an agent of necessity, for it is well established that one who officiously assumes responsibility for payment of another's debt cannot invoke an implied undertaking for indemnity and has no claim on the conscience of the debtor, who has had the benefit of the guarantee thrust upon him.[74] Again, the guarantee may qualify his right of indemnity by contract. A typical case is where the guarantor undertakes to the creditor not to prove in competition with the creditor in the bankruptcy of the principal debtor until the creditor has received payment in full.[75]

(ii) **Subrogation**

30.35 A guarantor who discharges the debt he has guaranteed is entitled to step into the shoes of the creditor and take over by subrogation all the creditor's rights against the debtor in respect of the debt and all the securities held by the creditor for payment of the debt, whether taken before or after the giving of the guarantee and whether or not their existence was known to the guarantor.[76] Even though the payment extinguishes the debt for which the security was given, the security is notionally kept alive for the benefit of the guarantor, who is entitled to have it transferred to him, together with the benefit of any judgment obtained by the creditor.[77] The guarantor acquires the same measure of priority as the creditor previously held, so that, for example,

---

[70] Ibid.
[71] *Tate v Crewdson* [1938] Ch 869; *Watt v Mortlock* [1964] Ch 84.
[72] Ibid; *Thomas v Nottingham Incorporated Football Club Ltd* [1972] Ch 596.
[73] *Alexander v Vane* (1836) 1 M & W 511; *Re Chetwynd's Estate* [1938] Ch 13; *Argo Caribbean Group Ltd v Lewis*, n 13.
[74] *Owen v Tate* [1976] QB 402, which contains a valuable exposition by Scarman LJ of the principles involved. The claim in that case was only for an indemnity. Had the plaintiff invoked the principle of subrogation he might have been successful. See also *The Zuhal K and Selin* [1987] 1 Lloyd's Rep 151.
[75] As to this form of subordination agreement, see para 22.52.
[76] *Forbes v Jackson* (1882) 19 Ch D 615; *Lake v Brutton* (1856) 8 De GM & G 440.
[77] Mercantile Law Amendment Act 1856, s 5; and see *Re McMyn* (1886) 33 Ch D 575, where it was said that the Act produced an implied assignment of the security.

30.35 Guarantees

a guarantor who pays a preferential debt becomes himself a preferential creditor.[78]

30.36 Subrogation does not depend on any implied contract with the debtor or even on his consent. It is a right given by law to prevent unjust enrichment of the debtor, who would otherwise obtain the release of his securities without payment.[79] The right is limited to what is necessary to recoup to the guarantor the money actually paid by him in discharging his liability; any surplus obtained by the guarantor as a result of enforcing the rights acquired by subrogation must be accounted for to the principal debtor.[80] Unless he takes a statutory assignment, the guarantor cannot sue in his own name; he must bring proceedings in the name of the creditor.[81]

30.37 The guarantor cannot claim subrogation to securities or other rights of the creditor until he has paid the full amount of the indebtedness to which his guarantee relates.[82] He does not, on paying part of the guaranteed debt, acquire a proportionate interest in securities[83] or a proportionate right to prove in the principal debtor's bankruptcy.[84] On the other hand, a guarantor who guarantees only part of the debt (as opposed to one who guarantees the full indebtedness with a limit of liability[85]) does acquire a pro rata interest in the securities and a right to prove in the debtor's bankruptcy upon payment of the part of the debt which he guaranteed.[86] In effect, that part is treated as if it were a separate debt.

(iii) Rights as assignee

30.38 There is nothing to prevent the guarantor from purchasing the debt from the creditor and taking an assignment of the creditor's rights and securities. In such a case the guarantor is not limited to the sum necessary to recoup his outlay, for his payment is by way of purchase, not in discharge of his liability as surety.[87]

---

[78] *Re Lamplugh Iron Ore Co Ltd* [1927] 1 Ch 308.
[79] *Yonge v Reynell* (1852) 9 Hare 809; *Menelaou v Bank of Cyprus UK Ltd* [2015] UKSC 66, [2016] AC 176.
[80] *Reed v Norris* (1837) 2 My & Cr 361.
[81] *Swire v Redman* (1876) 1 QBD 536.
[82] *Re Howe* (1871) 6 Ch App 838, per Mellish LJ at 841; *Ewart v Latta* (1865) 4 Macq 983.
[83] *Re Sass* [1896] 2 QB 12.
[84] Ibid.
[85] Ibid. This is why banks are always careful to ensure that a guarantor whose liability is to be limited to, say, £1,000 gives a guarantee of the whole indebtedness but with a limit of liability of £1,000, as opposed to a guarantee of the first £1,000 of the indebtedness.
[86] *Goodwin v Gray* (1874) 22 WR 312.
[87] Such liability is extinguished by merger, the debt becoming vested in the same person as the party liable for its payment in the event of the debtor's default.

6. DISCHARGE OF THE GUARANTOR

(i) Failure of consideration for guarantee

30.39 In accordance with general principles of contract law a guarantor is discharged from liability where the creditor commits a repudiatory breach of the contract of guarantee[88] or where a non-promissory condition of the guarantee is not fulfilled.

(ii) Acts prejudicial to guarantor's rights

30.40 In any guarantee which does not otherwise provide it is implicit that the guarantor is to have the benefit and protection given by his implied rights of indemnity and subrogation against the principal debtor. Accordingly, any act or omission by the creditor which has the effect of altering or extinguishing any part of the guarantor's rights against the debtor operates to discharge the guarantor from liability except so far as the guarantee itself otherwise provides or the guarantor assents to the act or omission in question.[89] So protective is the law towards the guarantor that it does not require him to prove that he has suffered loss as a result of the creditor's conduct, prejudice being assumed except where it is self-evident that the act or omission is to the guarantor's benefit or that the effect of the act or omission is insignificant.[90] Nor is the relief given to the guarantor limited to the amount of loss he has suffered. Once the guarantor's rights against the principal debtor are adversely affected by the creditor's conduct, the guarantor is in general entitled to a full discharge.[91] This may seem draconian, but appears to be founded on two distinct principles: firstly, that the preservation of the guarantor's rights against the principal debtor is by implication of law an essential part of his bargain with the creditor, a condition of the guarantor's engagement, the breach of which, like that of any other condition, entitles him to be discharged;[92] secondly, that in many cases it is hard to establish whether the creditor's act is prejudicial or not, and to assess the damage the guarantor will suffer, so that to avoid controversy on the question it is considered preferable to have a simple rule by which the guarantor is discharged.[93]

---

[88] *Ankar Pty Ltd v Westminster Finance (Australia) Ltd* (1987) 162 CLR 549; *Scott v Forster Pastoral Co Pty Ltd* (2000) 35 ACSR 294.

[89] In general, this total or partial discharge is sufficient to protect the guarantor, and it is interesting that there appears to have been no case to date in which it was necessary to establish a positive duty to the guarantor a breach of which would be actionable in damages. But one could imagine such a case. For example, as the result of the creditor's negligent handling of a sale following the principal debtor's default, there is a deficiency which the guarantor, not knowing of the breach of duty, then pays. There seems no reason why, on discovering the facts, he should not be able to recover such part of his payment as would have been unnecessary if the creditor had not been negligent.

[90] *Smith v Wood* [1929] 1 Ch 14.

[91] *Samuell v Howarth* (1817) 3 Mer 272, per Lord Eldon LC at 279; *Polak v Everett* (1876) 1 QBD 669, per Blackburn J at 674.

[92] *Rees v Berrington* (1795) 2 Ves 540.

[93] Ibid; *Polak v Everett*, n 91, per Blackburn J at 674.

30.41 *Guarantees*

30.41 Whatever the basis for the rule, it is well established that, unless otherwise provided by the terms of his guarantee,[94] the guarantor is released altogether if, without his consent, his rights of indemnity and subrogation are varied or extinguished by the deliberate act of the creditor, as where the creditor binds himself to give time to the debtor without reserving his rights against the guarantor[95] or otherwise varies the terms of the principal contract in a manner which is not self-evidently non-prejudicial,[96] or releases the principal debtor[97] or a co-guarantor,[98] or varies or surrenders a security taken from the principal debtor.[99]

30.42 However, in determining whether the creditor's act discharges the guarantor wholly or *pro tanto*, a distinction must, it seems, be drawn between an act which affects the guarantor's legal rights against the principal debtor or a co-guarantor or his legal ability to enforce his security and one which merely diminishes de facto the value of his rights of indemnity or subrogation without altering the content of his legal entitlement. So the intentional release of a security discharges the guarantor, whether the security was taken before the guarantee or after it, and the guarantor is wholly discharged even if it is clear that the security released could not have produced as much as the guaranteed debt in any event;[100] whereas if the guarantor's legal rights over the security are left untouched but its value to him is diminished or extinguished, eg by the creditor's failure to take legal steps to perfect the security by registration or the failure to take proper care to obtain a reasonable price when realizing the security,[101] the guarantor is discharged only to the extent to which the value of

---

[94] The terms of the guarantee frequently do provide that a subsequent variation or time to pay agreement between the creditor and debtor does not operate to discharge the guarantor: *Associated British Ports v Ferryways NV*, n 11, at [11].
[95] *Webb v Hewett* (1857) 3 K & J 438; *Swire v Redman*, n 81. The effect of a stipulation by the creditor that in granting time to the debtor he reserves his rights against the guarantor is that (whether the reservation be communicated to the guarantor or not) he is entitled, on paying the creditor, to enforce his indemnity against the debtor without regard to the extension of time (*Webb v Hewett*). A mere indulgence by the creditor, as opposed to a binding agreement to give time, does not release the guarantor (*Rouse v Bradford Banking Co Ltd* [1894] AC 586).
[96] *Holme v Brunskill* (1878) 3 QBD 495; *Smith v Wood*, n 90; *ST Microelectronics NV v Condor Insurance Ltd* [2006] EWHC 977 (Comm), [2006] 2 Lloyd's Rep 525.
[97] *Commercial Bank of Tasmania v Jones* [1893] AC 313. This is so even if the creditor purports to reserve his rights against the guarantor, since a guarantee depends for its existence on the continuance of the principal indebtedness, and so such a reservation is meaningless (*Webb v Hewett*, n 95). The position is otherwise, however, if the creditor reserves his rights against the guarantor as part of a mere agreement not to sue the principal debtor (*Green v Wynn* (1868) LR 7 Eq 28).
[98] *Mercantile Bank of Sydney v Taylor* [1893] AC 317.
[99] *Pledge v Buss* (1860) John 663.
[100] *Polak v Everett*, n 91. Loss of the security through realization by the creditor in exercise of his rights does not, of course, affect the guarantor's liability, for the whole object of the security is to safeguard the creditor's position, and, in any event, the proceeds of the realization reduce the guaranteed debt, so that the guarantor suffers no loss.
[101] So, for example, an administrator of a company owes a duty to a company over which he is appointed to take reasonable steps to obtain a proper price for its assets (*Re Charnley Davies Ltd (No 2)* [1990] BCLC 760, 775), and a receiver managing mortgaged property owes an equitable duty to the mortgagor and to anyone else with an interest in the equity of

the security has been reduced or lost.[102] The principle underlying the distinction seems to be that in the latter class of case the creditor has not been guilty of unilaterally altering the terms of the bargain to which the guarantor assented in entering into the guarantee but has merely caused the guarantor loss through carelessness. So it is not a case of a breach of a condition of the guarantor's engagement, but simply a failure to have regard to his interests, which is considered adequately dealt with by releasing the guarantor to the extent of his resultant loss. The same applies where the creditor fails to exercise reasonable care to obtain a proper price on realization of the security.[103]

30.43 A mortgagee owes no duty to his mortgagor to exercise a power of sale vested in him; it follows that the surety is not discharged merely by reason of a reduction in the value of the security through the creditor's delay in selling.[104]

30.44 The creditor is not obliged to sue the principal debtor, or even make demand on him[105] before proceeding against the guarantor, for it was the guarantor's duty to procure the debtor's performance of his obligations.[106] For the same reason the creditor is not obliged to give the guarantor notice of the debtor's default.[107]

(iii) **Extinction of principal indebtedness**

30.45 Since the guarantor's liability is limited to that of the principal indebtedness, it follows that he is discharged if the guaranteed debt is paid, or released or if the liability to pay it is extinguished by operation of law.[108] But the creditor's acceptance of the debtor's repudiation, which converts the

---

redemption to obtain a proper price on the sale of the property subject to the receivership (*Downsview Nominees Ltd v First City Corporation* [1993] AC 295, 315; *Silven Properties Ltd v Bank of Scotland plc* [2003] EWCA Civ 1409, [2004] 4 All ER 484, [22]) and to manage the property with due diligence which requires reasonable steps to be taken in order to try to do so profitably (*Medforth v Blake* [2000] Ch 86, 102). However, if the creditor chooses to sell the property of the debtor pursuant to its contractual rights under a participation agreement rather than in its capacity as mortgagee, it would appear that it does not owe a duty to take reasonable care to obtain a proper or reasonable price for the asset (*Rosserlane Consultants Ltd v Credit Suisse International* [2015] EWHC 384 (Ch)), although it is not obvious why no such duty should be owed where a professional party has exercised its right to sell property belonging to another party.

[102] *Skipton Building Society v Stott* [2001] QB 261; *Wulff v Jay* (1872) LR 7 QB 756; *Barclays Bank plc v Kufner* [2008] EWHC 2319 (Comm), [2009] 1 All ER (Comm) 1.
[103] *Skipton Building Society v Stott*, n 102; *Wulff v Jay*, n 102.
[104] *China and South Sea Bank Ltd v Tan Soon Gin* [1990] 1 AC 536. See also *Downsview Nominees Ltd v First City Corpn Ltd*, n 101. But an administrator of a company in administration is under a duty to avoid steps which do not unnecessarily harm the interests of the creditors as a whole. See Insolvency Act 1986, Sch B1, para 3(4)(b).
[105] Unless such demand is a condition precedent to his right to be paid.
[106] *Moschi v Lep Air Services Ltd*, n 45, per Lord Diplock at 348.
[107] *Hitchcock v Humfrey* (1843) 5 Man & G 559. The position is different if the agreement otherwise provides (*Re Brown's Estate* [1893] 2 Ch 300).
[108] *Stacey v Hill* [1901] 1 KB 660; *Unity Finance Ltd v Woodcock* [1963] 2 All ER 270, [1963] 1 WLR 455.

30.45 *Guarantees*

debtor's primary liability in debt into a secondary liability to pay damages, does not discharge the guarantor, for this secondary liability is encompassed by his undertaking.[109]

(iv) **Determination of guarantee**

30.46 The guarantor under a continuing guarantee can always terminate the guarantee as to future advances, for such a guarantee is a standing offer which is separately accepted each time the creditor makes an advance and can therefore be withdrawn as to advances not yet made.[110] Such termination may be by express unilateral declaration of the guarantor or by inference from the fact that the continuing relationship between creditor and principal debtor which the guarantee supports has come to an end.[111] Care should be taken to avoid ambiguity as to the indebtedness covered by the guarantee at the time of its termination.[112]

7. CONTRIBUTION BETWEEN GUARANTORS[113]

30.47 Where there are two or more guarantors of the same obligation who are liable for the same amount, then, unless otherwise agreed between them, their burden is to be shared equally, and if one pays more than his share,[114] he is entitled to recover the excess in an equitable action for contribution.[115] This is so whether the guarantors are joined in the same instrument or have given quite separate guarantees;[116] but the right to contribution is confined to cases where the same obligation is guaranteed, and does not extend to a situation in

---

[109] *Moschi v Lep Air Services Ltd*, n 45. See paras **30.25–30.28**.
[110] *Silverburn Finance (UK) Ltd v Salt* [2001] EWCA Civ 279, [2001] 2 All ER (Comm) 438.
[111] Ibid, where the Court of Appeal, affirming the decision of the trial judge, held that a guarantee supporting the obligations of the supplier under a factoring agreement impliedly came to an end with the termination of the factoring agreement so as to be inapplicable to future invoices and was not revived by the entry of the supplier and factor into a new agreement on the same terms.
[112] See *National Westminster Bank plc v Hardman* [1988] FLR 302, CA (continuing guarantee providing for payment on demand; guarantor not liable for sums not demanded prior to expiration of guarantee). See R. M. Goode, 'Guarantees – rights, rites and rewrites' [1988] JBL 264.
[113] See generally O'Donovan and Phillips, *The Modern Contract of Guarantee*, n 1, paras 12-119 ff; Andrews and Millett, *Law of Guarantees*, n 1, ch 12; *Rowlatt on Principal and Surety*, n 1, paras 7-45 ff; C. Mitchell, P. Mitchell and S. Watterson, *Goff and Jones: The Law of Unjust Enrichment* (9th edn, 2016), ch 20; C. Mitchell, *The Law of Contribution and Reimbursement* (2003); G. Williams, *Joint Obligations* (1949), ch 9.
[114] By this is meant payment of more than his share of the entire liability to which his guarantee relates, not merely that part of the debt due at the time he makes his payment (*Stirling v Burdett* [1911] 2 Ch 418).
[115] *Dering v Earl of Winchelsea* (1787) 2 Bos & P 270. The fact that the creditor has not yet made demand in accordance with the guarantee is not by itself a barrier to recovery, for it is open to a guarantor to waive a procedural requirement designed for his protection (*Stimpson v Smith* [1999] Ch 340). If a guarantor has become insolvent, the share of the burden he would have carried is to be borne equally by the solvent guarantors or, if their liability *inter se* is for unequal proportions (see below), then pro rata (*Lowe v Dixon* (1885) 16 QBD 455).
[116] *Dering v Earl of Winchelsea*, n 115; *Re Ennis* [1893] 3 Ch 238.

which, for example, A guarantees X's indebtedness to Y, and B guarantees X's indebtedness to Z, or A guarantees X's indebtedness to Y for the price of goods sold to X while B guarantees X's indebtedness to Y on a separate loan transaction[117] or A and B guarantee different parts of the same debt.[118] Similarly, it is necessary to distinguish co-suretyship from sub-suretyship. Co-sureties are those who undertake a common liability in the same degree. By contrast, a sub-surety is one who guarantees the performance of the surety's obligations and his position vis-à-vis the surety is analogous to that of the surety vis-à-vis the principal debtor, so that the sub-surety is entitled to a full indemnity from the surety, not merely a contribution.[119]

30.48 Given that the same obligation is guaranteed, the fact that each guarantor was unaware of the other's existence does not affect his right to contribution,[120] for this is grounded in equity and not on an implied contract between the guarantors. So a dealer giving recourse to a finance house in respect of the liabilities of a debtor under a hire-purchase agreement[121] and paying more than half the guaranteed indebtedness is entitled to recover the excess from another guarantor who, unknown to him, gave his guarantee at the request of the debtor.

30.49 The principle of equality of contributions does not apply where the guarantees given in respect of the common indebtedness are of different amounts, as where A guarantees X's overdraft up to a limit of £10,000 and B gives a guarantee without limit. In such a case, A and B must contribute to the common indebtedness in proportion to their respective liabilities, so that if the total claim is £30,000 A's share of the guaranteed liability is one-third, and B's, two-thirds.[122]

30.50 To avoid multiplicity of actions, a guarantor claiming contribution must join the principal debtor and all other guarantors to the proceedings, except where this would be pointless, eg because a party who would otherwise be joined is insolvent.[123]

30.51 A guarantor cannot claim contribution unless he brings into the hotchpot securities or other benefits obtained by him from the debtor.[124]

---

[117] *Dering v Earl of Winchelsea*, n 115; *Coope v Twynam* (1823) 1 Turn & R 426.
[118] *Pendlebury v Walker* (1841) 4 Y & C Ex 424.
[119] *Craythorne v Swinburne* (1807) 14 Ves 160; *Scholefield Goodman & Sons Ltd v Zyngier* [1985] 3 All ER 105. Similarly, the indorser of a bill of exchange who is sued on the bill is entitled to a full indemnity from prior parties (Bills of Exchange Act 1882, ss 55(1)(a), 55(2)(a)), for, in relation to them, his position is analogous to that of a sub-surety, not a co-surety.
[120] *Dering v Earl of Winchelsea*, n 115; *Craythorne v Swinburne*, n 119.
[121] See para 27.24.
[122] *Ellesmere Brewery Co v Cooper* [1896] 1 QB 75; *Naumann v Northcote* (1978, unreported), CA (Bar Library transcript No 7835).
[123] *Hay v Carter* [1935] Ch 397; *Naumann v Northcote*, n 122.
[124] *Berridge v Berridge* (1890) 44 Ch D 168; *Steel v Dixon* (1881) 17 Ch D 825.

PART SIX

Corporate Insolvency

Chapter 31

PRINCIPLES OF CORPORATE INSOLVENCY LAW

1. HISTORICAL BACKGROUND OF THE PRINCIPLES OF CORPORATE INSOLVENCY LAW

31.01 The principal concern of the creditor is, of course, to obtain payment of his money with stipulated interest; and his one overriding fear is that his debtor will become insolvent without the creditor holding adequate security. This chapter is concerned primarily with the insolvency of companies, not of individuals, though the regimes of personal bankruptcy and corporate winding up are to a considerable extent governed by common principles and will be briefly compared.

(i) The development of insolvency law

31.02 Life for the medieval debtor was likely to be nasty, brutish and short. Just as the charging of usury by moneylenders was regarded as contrary to the laws of God, and was punished accordingly both by the Church and by the powers temporal,[1] so also falling into debt was considered mortal sin. Two years after the Statute of Acton Burnell,[2] an Act was passed[3] by which receivers who fell into arrears with their accounts were to be imprisoned in irons, and if they were unable to make restitution, they were left to rot, if necessary for the rest of their lives. But these were measures designed for the protection of the individual creditor; more than 250 years were to elapse before the notion took hold of official collection and realization of a debtor's estate for the purpose of distribution among his creditors generally. This was introduced by a statute of Henry VIII,[4] the first bankruptcy statute to be enacted. As its preamble indicates, it was not a measure designed for the relief of debtors:

---

[1] The Church excommunicated the usurer until he repented of his evil ways; the king forfeited his goods and chattels, though he usually found it expedient to wait until after the offender had died, when he was no longer present to refute the charges against him and the profits of the forfeiture were likely to be maximized.
[2] See para **1.03**, n 8.
[3] Statute of Westminster II, 13 Edw 1, c 11 (1285).
[4] 34 & 35 Hen VIII, c 4 (1542).

923

'Where diverse and sundry persons, craftily obtaining into their hands great substance of other men's goods, do suddenly flee to parts unknown, or keep their houses, not minding to pay or restore to any of their creditors their debts and duties, but at their own wills and pleasures consume the substance obtained by credit of other men, for their own pleasure and delicate living, against all reason, equity and good conscience. Be it therefore enacted . . . '

31.03 The Act of 1542 empowered the Lord Chancellor and other designated officials to seize the body and assets of the debtor, to realize the assets and to distribute the proceeds to his creditors 'rate and rate alike, according to the quantity of their debts'. Thus was enshrined the principle of *pari passu* distribution, which remains a cardinal principle of bankruptcy law to this very day, though, as we shall see, things turn out somewhat differently in practice.

31.04 For several hundred years bankruptcy was confined to traders. As the list of bankruptcy offences multiplied, so the severity of the laws increased. Perjury was initially made punishable by two hours in the pillory, to which one of the debtor's ears was to be nailed and then cut off.[5] In later statutes,[6] debtors committing perjury, embezzlement or concealment of property were to be adjudged guilty of felony and to suffer as felons without benefit of clergy – a euphemistic way of describing their translation into a better world. On the other hand, those who made full disclosure and conformed to the requirements of the statutes were entitled to a certificate of discharge from their debts. In time, the severity of the penalties was mitigated, and bankruptcy began to be seen not merely as a process for examining the conduct of the bankrupt and organizing the realization of his estate and the distribution of dividends among creditors but also as a means by which an insolvent debtor could be relieved of the burden of his debts which he had no prospect of repaying. Eventually, bankruptcy was extended to non-traders by the Bankruptcy Act 1861, later repealed and replaced by a series of bankruptcy statutes culminating in the Bankruptcy Act 1914. That Act continued in force until 1986, when it was replaced by the Insolvency Act 1985, itself repealed, on the very day it was due to come into force, by the Insolvency Act 1986.

(ii) Corporate insolvency law[7]

31.05 The Bankruptcy Acts never applied to companies, for which an entirely distinct regime was created, albeit one which incorporated many of the bankruptcy rules. The history of corporate insolvency law begins with the enactment of the Joint Stock Companies Act 1844, the first statute to provide

---

[5] 1 Jac 1, c 15 (1604); 21 Jac 1, c 19 (1623).
[6] See, for example, 4 & 5 Anne, c 17 (1705); 5 Anne, c 22 (1706); 3 Geo I, c 12 (1716); 5 Geo II, c 30 (1732).
[7] See K. van Zwieten (ed), *Goode on Principles of Corporate Insolvency Law* (5th edn, 2018); I. Fletcher, *The Law of Insolvency* (5th edn, 2017); V. Finch and D. Milman, *Corporate Insolvency Law: Perspectives and Principles* (3rd edn, 2017); A. Keay and P. Walton, *Insolvency Law: Corporate and Personal* (4th edn, 2017); P. Totty, G. Moss and N. Seagal, *Insolvency* (looseleaf). See more generally R. Mokal, *Corporate Insolvency Law: Theory and Application* (2005).

Historical Background **31.07**

for the incorporation of a company as a distinct legal entity. However, it was not until the Companies Act 1862 that a detailed set of winding-up rules was enacted. Thereafter corporate insolvency law remained governed primarily by successive Companies Acts up to the Companies Act 1985. Though laying down a distinct regime for the winding up of companies, those Acts incorporated by reference the provisions of the bankruptcy legislation relating to provable debts and fraudulent preferences.

(iii) **The reform of insolvency law**

31.06 Following a wide-ranging review by the Insolvency Law Review Committee under the chairmanship of Mr (later Sir) Kenneth Cork,[8] sweeping changes were made to UK insolvency law. The Bankruptcy Act 1914 and the winding-up provisions of the Companies Act 1985 were repealed and replaced by the Insolvency Act 1985, which was altogether broader in scope, covering all forms of insolvency, individual and corporate, and introducing major revisions both to substantive law and to insolvency procedures. That Act was re-enacted by the Insolvency Act 1986, which is now the principal insolvency enactment.

31.07 Although the Act is now the principal insolvency enactment in the UK, it is not 'a complete insolvency code'[9] given that a number of 'long-established judge-made rules'[10] continue to survive. Examples of such rules include the anti-deprivation rule[11] and the rule against double-proof.[12] Where these judge-made rules are well-established, consistent with the terms and underlying principles of the insolvency legislation and are 'reasonably necessary to achieve justice',[13] they will continue to apply. To this extent the common law rules continue to co-exist with the various legislative enactments. More difficult is the question whether it is possible for the common law rules to continue to evolve and develop. The answer recently given by Lord Neuberger is that 'there is no reason in principle why they cannot be developed, or indeed why new rules cannot be formulated' but that 'any judge should think long and hard before extending or adapting an existing rule, and, even more, before formulating a new rule.'[14] The reasons for this judicial caution include 'the full and detailed nature of the current insolvency legislation and the need for certainty.'[15] While accepting the need for judicial caution, it would be going

---

[8] *Insolvency Law and Practice* (Cmnd 8558, 1982).
[9] *In re Lehman Bros International (Europe) (in administration) (No 4)* [2017] UKSC 38, [2018] AC 465 at [13].
[10] Ibid.
[11] See para **31.27**.
[12] *In re Kaupthing Singer & Friedlander Ltd (No 2)* [2011] UKSC 48, [2012] AC 804 at [13]–[20].
[13] *In re Lehman Bros International (Europe) (in administration) (No 4)*, n 9, at [13].
[14] Ibid.
[15] Ibid. This need for judicial caution has been observed in subsequent cases: see *Re Zinc Hotels (Holdings) Ltd* [2018] EWHC 1936 (Ch), [2018] BCC 968 at [59]–[61]; *Barker v Baxendale-Walker* [2018] EWHC 2245 (Ch) at [31]; and *Re Lehman Brothers Europe Ltd (in administration)* [2017] EWHC 2031 (Ch), [2018] 2 All ER 367 at [49].

too far to conclude that the common law is now incapable of development or is beyond innovation. Provided that any such development is not inconsistent with the terms or the policy of the legislative framework in which insolvency law is now set, incremental development of the common law should continue to remain possible.[16]

31.08 Among the many new measures introduced by what is now the Insolvency Act 1986 is the regime of company administration, seen as a potentially powerful mechanism for rehabilitating companies in difficulty. The legislation also lays down rules for the qualification of those acting as insolvency practitioners. The 1986 Act has been amended by the Insolvency Act 1994,[17] the Insolvency (No 2) Act 1994,[18] the Insolvency Act 2000,[19] the Enterprise Act 2002,[20] the Companies Act 2006 and Part 10 of the Small Business, Enterprise and Employment Act 2015. Some of these amendments are of a substantial nature, in particular the abolition of administrative receivership as regards new charges except for certain exempt categories in the Enterprise Act 2002.[21] The Insolvency Act is also supplemented by the Company Directors Disqualification Act 1986, which includes certain provisions for the disqualification of unfit directors of insolvent companies, and the Insolvency Rules 2016,[22] which combine rules of procedure with a number of substantive law provisions relating, for example, to proof and priority of debts and rules of insolvency set-off. Added to this are the important immunities from insolvency law which have been granted in respect of transactions involving investment securities and other financial assets.[23] There are also numerous subsidiary statutory instruments with which we need not be concerned. Nor are we concerned with the temporary[24] changes made to

---

[16] *Goode on Principles of Corporate Insolvency Law*, n 7, para 1-20.
[17] Dealing with the position of administrators and administrative receivers in relation to contracts of employment.
[18] Which amends some of the avoidance provisions.
[19] Dealing with company voluntary arrangements and resulting moratoria.
[20] Which, with certain exceptions, abolished the institution of administrative receivership and substituted complex provisions concerning administration, and dispensed with the need to obtain an administration order.
[21] See para **31.54**.
[22] SI 2016/1024 (as amended).
[23] See para **31.52**.
[24] On 20 May 2020 the government introduced the Corporate Insolvency and Governance Bill in Parliament and it was enacted as the Corporate Insolvency and Governance Act 2020 on 25 June 2020 (and thus too late for inclusion in this edition of the book). The temporary measures are directed at the pandemic itself and will apply in the period between 1 March 2020 and 30 September 2020. These temporary measures include a removal of liability for wrongful trading for company directors who are seeking to preserve their business during the pandemic and a prohibition on the filing of statutory demands and winding-up petitions by creditors during this period. There is also permission for companies to hold closed AGMs in the period between 26 March 2020 and 30 September 2020. But there are also to be found in the Act changes which will be of a permanent nature. The most significant change is the introduction of a moratorium or 'breathing space' for companies that are in distress in order to improve the prospects of a rescue by means of a restructure or by some other means. Also of importance is the invalidation of certain contract terms which purport to entitle a party to refuse to continue to supply goods when the company enters into a relevant insolvency procedure.

insolvency law in order to cope with some of the problems created by the COVID-19 pandemic.

2. WINDING UP DISTINGUISHED FROM BANKRUPTCY

31.09 Bankruptcy and liquidation law have many features in common. Under both regimes an insolvency practitioner is appointed – a trustee of a bankrupt and a liquidator of a company – to collect and realize the insolvent's assets and distribute dividends according to a statutory order of priority. Both regimes have common underlying principles as to preferential debts, *pari passu* distribution among ordinary unsecured creditors and the avoidance of transactions as preferences or transactions at an undervalue. But there the resemblance ends. The ultimate objective of the bankruptcy process is to discharge the bankrupt from his liabilities, so that he can begin again with a clean slate, free from the burden of his debts, and thus rehabilitate himself into the community. The ultimate fate of a company in winding up is not discharge but dissolution; that is, the termination of its existence.

3. THE REGIMES OF CORPORATE INSOLVENCY

31.10 Four distinct corporate insolvency regimes are now recognized by statute: administration, administrative receivership, winding up (liquidation) and arrangements with creditors. Each has its distinctive purposes and characteristics. In addition, major creditors of a company in financial difficulty may adopt informal arrangements ('workouts') for its reorganization. But administrative receivership, for long widely used as an enforcement tool by banks holding debentures, has now been abolished as regards new charges except for certain exempt categories.[25]

4. THE OBJECTIVES OF CORPORATE INSOLVENCY LAW[26]

31.11 Corporate insolvency law embodies a number of distinct objectives, some of which are mutually exclusive while others are not. For example, placing a company in administration may be seen as a prelude to its return to profitable trading (though in practice, such an outcome is relatively infrequent), whereas on liquidation it must cease to trade except so far as may be required for its beneficial winding up.[27] Most corporate insolvency regimes are collective procedures intended to benefit all unsecured creditors. The focus at the present day is very much on restoration of the business of the company[28] or, if this is not possible, on achieving through administration a better result for creditors than would be achieved on winding up. But whatever insolvency regime is adopted in the first instance, the eventual outcome for the company

---

[25] See paras **31.53–31.55**.
[26] See, generally, *Goode on Principles of Corporate Insolvency Law*, n 7, paras 2-02 ff.
[27] Insolvency Act 1986, ss 87(1), 167(1), Sch 4, para 5.
[28] Which does not necessarily, or even usually, mean the continuance of the company itself.

31.11 *Principles of Corporate Insolvency Law*

as a legal entity is almost always winding up, followed by dissolution. Accordingly, in looking at the objectives of corporate insolvency law we shall take winding up as the paradigm case and begin with this before examining other collective insolvency procedures.

31.12 The principal objectives of corporate insolvency law in the context of winding up are:

(a) to transfer the management of the company to an outside independent insolvency practitioner who is duly authorized to act as such;
(b) to provide for the orderly realization of assets and meeting of claims,[29] and in some cases to suspend the individual pursuit of claims by creditors;[30]
(c) to prescribe an equitable ranking of claims among different classes of (primarily unsecured) creditors, and distribution of the proceeds of realizations among creditors according to a statutory order of priorities;
(d) to set aside transactions made by the company prior to the commencement of the winding up which are prejudicial to the interests of the general body of creditors or which unfairly give a preference to one creditor over others; and
(e) to investigate the causes of failure and the conduct of those concerned in the management of the company with a view to the institution of criminal or civil proceedings, including disqualification, for culpable behaviour causing loss to the creditors.

5. THE CARDINAL PRINCIPLES OF CORPORATE INSOLVENCY LAW

31.13 Corporate insolvency law is underpinned by six cardinal principles.[31]

(i) Pre-liquidation rights are respected

31.14 Insolvency law respects rights acquired against the company before winding up except so far as policy requires that these be displaced, eg as a transaction at an undervalue, an improper preference of a creditor[32] or the trigger for the removal of an asset from the company contravenes the anti-deprivation rule.[33] Personal rights do, it is true, undergo some change in that a right to sue for debt or damages is converted into a right to prove in the winding up in competition with other creditors, but the quantum of the right

---

[29] See generally F. Oditah, 'Assets and the Treatment of Claims in Insolvency' (1992) 108 LQR 459.
[30] There is an automatic stay of actions and proceedings under s 130 of the Insolvency Act 1986 once a compulsory winding-up order has been made, but there is no automatic stay in a voluntary winding up: it is for the liquidator to apply for a stay under the Insolvency Act 1986, s 112.
[31] See also *Goode on Principles of Corporate Insolvency Law*, n 7, ch 3 where these principles are further refined and 13 principles are identified.
[32] See paras **31.40–31.48**.
[33] See para **31.27**.

is generally[34] unaffected, though the assets are usually insufficient to meet claims in full and frequently are inadequate to enable any payment to be made to the general creditors. Of especial importance is the recognition of pre-liquidation real rights. In particular, winding up does not affect the rights and remedies of those who own property in the possession of the company or who hold a security interest over all or any of its assets.

(ii) Only assets in which the debtor has an interest are available for its creditors

1. The general rule

31.15 As a corollary of the principle just stated, assets are available for distribution among creditors[35] only to the extent that the debtor company has or acquires a beneficial interest in them. Property in the possession of the company but belonging to another is returnable to its owner, subject to any right which the company may have to remain in possession (eg under a lease) and is not an asset available for distribution to creditors. Similarly, the liquidator takes the debtor's property as he finds it, and thus has a duty to respect the interest of a secured creditor, such as a mortgagee, and other real rights to which the property is subject, such as a reservation of title in favour of a supplier of goods to the company, so that only the equity of redemption or other residual interest constitutes a distributable asset.

31.16 Moreover, while control of the company's assets passes to its liquidator, the latter for most purposes stands in the shoes of the company itself and is not treated as a purchaser for value without notice. Two things follow from this. First, the liquidator takes subject to equities, so that if, for example, the company has acquired property under a contract which is voidable by the other party, eg for misrepresentation, that party's right to rescind remains exercisable despite the winding up.[36] Secondly, no question can arise of a priority dispute between the holder of a real right and the liquidator, so that, vis-à-vis the liquidator, equitable ownership is for all practical purposes as effective as legal and beneficial ownership.

31.17 In general, then, we can say that at common law an attached security interest or other real right is enforceable against the liquidator whether or not

---

[34] It is necessary to enter a caveat here to reflect the uncertainty that has been generated by Lord Neuberger's 'current inclination' (in a judgment in *In re Lehman Bros International (Europe) (in administration) (No 4)*, n 9, with which Lord Kerr and Lord Reed agreed) that, where a creditor proves for a debt, his contractual rights as a creditor are satisfied if his proof is paid in full (see [98] and [106]). This view was not one that was shared by Lord Sumption with whom Lord Clarke agreed (see [195]–[201] and [222]). Given that the Supreme Court clearly stopped short of deciding the point, it must be regarded as an open one, although it is unfortunate that a point of principle of this nature has been left unresolved. See para **31.34**.
[35] The phrase 'distribution among creditors' is here used as a shorthand to indicate the distribution of realizations of assets. On the winding up of an insolvent company assets are rarely distributed among creditors *in specie*.
[36] *Re Eastgate* [1905] 1 KB 465; *Tilley v Bowman Ltd* [1910] 1 KB 745. See paras **2.10–2.11**. As to set-off in insolvency, see paras **22.38** ff.

it has been perfected.[37] Perfection is relevant only where expressly made so by statute, as in the case of a requirement to register a charge by the company falling within s 859A of the Companies Act 2006.[38] Subject to this, liquidation is of little concern to secured creditors except to the extent to which they are owed an amount in excess of the value of the security. A fully secured creditor is able largely to ignore the liquidation process[39] and to go his own way, enforcing his security very much as if the debtor were still solvent.[40] Nevertheless, the rules of insolvency law are of great importance to a secured creditor, for they provide the supreme test of the strength of the security interest. So long as the debtor is solvent, the validity of a security interest is largely academic; it is only where there is not enough money to go round that the enforceability and ranking of his security become matters of moment.

2. *Exceptions*

31.18 To the rule that the liquidator can take only assets belonging to the company at the date of commencement of the winding up or acquired by the company thereafter, there are three principal statutory exceptions. First, the assets available to the general body of creditors may be swelled by the amount of payments or transfers made by the debtor before winding up under a transaction which is void or voidable at the instance of the liquidator.[41] Secondly, in a compulsory winding up all dispositions of the company's property made after the presentation of the winding-up petition are void unless authorized or ratified by the court.[42] Thirdly, the assets may be augmented by payments to the company ordered by the court in proceedings for fraudulent or wrongful trading.[43]

(iii) **Personal rights are converted into rights of proof**

31.19 It is a cardinal principle of corporate insolvency law (and the same is true of bankruptcy) that purely personal rights against the debtor, whether to money, property or the performance of services, cease to be exercisable by action[44] and become converted into rights to prove[45] in competition with other unsecured creditors. It is this characteristic which in the last resort marks off

---

[37] So an equitable assignee of a debt due to the company can assert his title against the liquidator even if he has not given notice of assignment to the company prior to the winding up. See *Re Wallis* [1902] 1 KB 719; *Re Anderson* [1911] 1 KB 896.
[38] See para **24.31**.
[39] This applies in general even to property falling within an after-acquired property clause in a security agreement which is acquired by the debtor after the commencement of the winding up. In principle this is just as much claimable under the after-acquired property clause in the security agreement as property acquired before such commencement. See paras **23.21–23.22**.
[40] This is true of all insolvency procedures except administration, which freezes the enforcement of all security and title retention rights. See para **31.63**.
[41] But where the transaction is void, as opposed to voidable, the liquidator takes the assets to which it relates subject to any prior charge or assignment. See further, para **31.37**.
[42] Insolvency Act 1986, s 127.
[43] See paras **31.71–31.77**.
[44] But self-help remedies may be available. See para **31.23**.

real from personal rights. The former are, in principle, unaffected by the insolvency process, for the liquidator takes subject to them; by contrast, liquidation puts an end to a creditor's ability to enforce purely personal rights and *iura ad rem*[46] and limits the rights of an individual unsecured creditor to a share in the realizations of assets.

31.20 The right of proof extends to future and contingent debts.[47] So liquidation has the effect of accelerating the debt, which is discounted according to the degree of futurity or contingency involved.

(iv) Unsecured creditors rank pari passu

31.21 The underlying principle of distribution is that unsecured creditors rank *pari passu* and are thus entitled to a dividend proportionate to their respective claims. However, the principle of *pari passu* distribution,[48] which has been a feature of bankruptcy law since the first bankruptcy statute in 1542, has been gravely diminished, firstly by the extensive range of security rights and analogous devices[49] that have evolved over the years, and, secondly, by an expansion of the range of debts made preferential by statute (which was subsequently reduced but will shortly be partially restored[50]). In the result, the amount left over for ordinary unsecured creditors after the rights of real creditors have been satisfied, the costs of the liquidation paid and the preferential creditors discharged is often small and in many cases ordinary unsecured creditors receive no dividend at all. Various attempts have been made in relatively recent times to alleviate their lot, in particular by abolishing administrative receivership in most circumstances, thus leaving debenture holders to appoint an administrator in a collective proceeding designed primarily for the benefit of general creditors;[51] and by providing for a portion

---

[45] A proof is simply a formal intimation to the liquidator of the amount and nature of the creditor's claim, which, if accepted, qualifies the creditor to share in any distribution of dividends.
[46] See paras **2.07–2.08**.
[47] Insolvency Rules 2016 (SI 2016/1024), r 14.2. See also r 14.1 on the meaning of 'debt', which provides that tort claimants are considered creditors with provable debts.
[48] See generally *Goode on Principles of Corporate Insolvency Law*, n 7, paras 8-02 – 8-34. According to Lord Neuberger in *In re Lehman Bros International (Europe) (in administration) (No 4)*, n 9, at [20], the rule which provides that provable debts rank equally between themselves 'embodies the fundamental principle of equality' which also applies to liquidations.
[49] Eg reservation of title on the sale of goods, which became a widespread feature of non-instalment sales after the *Romalpa* case (see paras **22.33–22.35**), and rights of insolvency set-off (see para **31.33**, n 112). The priority given to security and quasi-security rights is not a true exception to the *pari passu* principle, for to the extent of such rights the assets are not the property of the company at all. By contrast insolvency set-off is a true exception.
[50] The reduction initially took the form of the exclusion of assessed taxes (as opposed to 'collected' taxes such as Value Added Tax and PAYE) and was subsequently extended when Crown preference was abolished altogether. The restoration will take the form of the proposed (and controversial) re-introduction of Crown preference with effect from 1 December 2020. It is intended to create a new category of secondary preferential debt which will encompass VAT and various deductions made by employers, including PAYE, National Insurance contributions, student loan repayments and Construction Industry Scheme deductions. See para **31.66**.
[51] See paras **31.56 ff**.

of assets subject to a floating charge to be surrendered for the benefit of unsecured creditors.[52] Though these are welcome measures, it may be doubted whether they will significantly improve the lot of ordinary unsecured creditors. To summarize the position as regards unsecured creditors: first in the queue are the expenses of the liquidation,[53] which are payable in a prescribed order of priority;[54] next come preferential creditors, who have priority over claims secured by a floating charge[55] and who are divided into two groups, with ordinary preferential debts ranking ahead of secondary preferential debts although the two classes share on a *pari passu* basis within their own class;[56] then follow the ordinary unsecured creditors; and at the end of the queue are certain classes of creditor whose claims are deferred under the provisions of various statutes.

31.22 It has been objected that the *pari passu* principle is not, in fact, a central principle at all and that what insolvency law really seeks to ensure is that creditors do not make private arrangements that would have the effect of disturbing the principle of collectivity which the insolvency proceedings are designed to impose, a principle which in itself says nothing about the priority of claims in insolvency.[57] There is some force in this contention. It is clear that insolvency law does not treat all unsecured creditors alike. In particular, preferential creditors and creditors enjoying a right of set-off rank higher in the distribution stakes,[58] as do post-liquidation creditors and even pre-liquidation creditors who are in a position to require payment as a condition of continuing to provide goods or services on credit. But these are exceptions to the general rule, which is that all unsecured creditors should be treated equally. So it is not the *principle* of *pari passu* distribution that is in question but rather the fact that, because of carve-outs in favour of creditors holding security and

---

[52] See para **31.35**.
[53] Which now include expenses incurred by the liquidator in the conduct of legal proceedings to get in assets of the company, eg proceedings for wrongful trading or to recover a voidable preference (Insolvency Rules 2016 (SI 2016/1024), rr 6.42 and 6.44), but note that, where the general assets of the company are insufficient to pay litigation expenses so that recourse to floating charge assets is required, the liquidator must obtain floating chargeholder approval of the litigation expenses (Insolvency Rules 2016 (SI 2016/1024), rr 6.45–6.48).
[54] Insolvency Rules 2016 (SI 2016/1024), r 6.42(4). But the court may vary the order of priority (Insolvency Act 1986, s 156).
[55] Insolvency Act 1986, s 175(2)(b). Claims secured by a floating charge are subordinate to liquidation expenses following the insertion of s 176ZA of the Insolvency Act 1986 made by s 1282 of the Companies Act 2006, which reverses the decision of the House of Lords in *Re Leyland Daf Ltd, Buchler v Talbot* [2004] UKHL 9, [2004] 2 AC 298. See n 123.
[56] Insolvency Act 1986, s 175(1), (1A), (1B) and (2)(a). The two categories of preferential debt are further defined in s 386. The smaller of the two categories is the secondary preferential debt which is confined to a small number of bank and building society deposits.
[57] See R. Mokal, 'Priority as Pathology: The *Pari Passu* Myth' [2001] CLJ 581. Note that creditors are generally free to vary the *pari passu* rule among themselves by entering into contractual subordination agreements (*In re Lehman Bros International (Europe) (in administration) (No 4)*, n 9, at [66]; and *Re SSSL Realisations* [2006] EWCA Civ 7, [2006] Ch 610). This is subject to two qualifications. First, this contractual freedom to agree a different distribution does not apply where that distribution involves the creditor in question ranking lower in the waterfall than the law otherwise provides. Second, all of the creditors who are detrimentally affected by the promotion of another creditor must have agreed to it.
[58] Though among themselves preferential creditors rank *pari passu*.

quasi-security interests and rights of set-off, the quantum of the company's assets in the typical winding up is insufficient to leave much, if anything, to general creditors after the preferential debts have been paid.

31.23 The *pari passu* principle applies only to pre-liquidation creditors. Those who become creditors as the result of contracts entered into by the liquidator are entitled to have their claims treated as expenses of the liquidation and paid out of the assets in priority even to the claims of preferential creditors.[59] Such a priority is necessary, for otherwise the liquidator would be unable to obtain goods or services for the company during the winding-up process. Even pre-liquidation creditors will be able to jump the queue where the liquidator is dependent on their continuing to supply goods or services and they make it a condition that existing debts must first be paid. In such a case the liquidator is entitled to pay the pre-liquidation claims in question as being expenses of the liquidation necessary to preserve the company's business or its other assets.[60]

(v) Winding up accelerates personal rights

31.24 This results from the fact that debts provable in the winding up include future and contingent debts.[61]

(vi) Parties cannot contract out of the collective insolvency scheme

31.25 The mandatory nature of the insolvency scheme is fortified by two common law principles: the *pari passu* principle, and the anti-deprivation rule. These augment the various statutory avoidance regimes to ensure that parties do not avoid illegitimately the operation of the collective insolvency regime. Despite having much prominence in litigation surrounding the credit crunch of the early part of this century, the contours of, and relationship between, these principles, remain to be worked out fully.[62]

1. The pari passu principle

31.26 The general *pari passu* philosophy has already been outlined above.[63] This specific principle upholds that philosophy by striking down any provision which purports to distribute the insolvent company's estate otherwise than in the manner mandated by statute, eg by attempting to give one creditor more than its pro rata share.[64] The purpose behind, or the reason for, the insertion of the provision is irrelevant: it may be impugned on the onset of insolvency

---

[59] Insolvency Act 1986, s 115.
[60] Such a stipulation cannot be lawfully imposed by public utility suppliers (Insolvency Act 1986, s 233), who are entitled merely to require the liquidator personally to guarantee payment for future supplies (ibid, s 233(2)(a)).
[61] See para **31.33**.
[62] *Belmont Park Investments Pty Ltd v BNY Corporate Trustee Services* [2011] UKSC 38, [2012] 1 AC 383, [2012] 1 All ER 505 at [9]–[14] and [149]. See para **31.28**.
[63] See paras **31.21–31.23**.
[64] *Belmont Park Investments Pty Ltd v BNY Corporate Trustee Services*, n 60, at [1].

even if the parties were acting in good faith and did not intend the provision to circumvent the statutory system of distribution.[65] This principle operates from the time when the company enters into liquidation or, in the case of a company in administration, from the time when notice of an intention to make a distribution is given.[66]

2. The anti-deprivation rule[67]

31.27 The anti-deprivation rule is 'aimed at attempts to withdraw an asset on bankruptcy or liquidation or administration, thereby reducing the value of the insolvent estate to the detriment of creditors.'[68] It seeks to achieve this aim by denying effect to a device which seeks to remove an asset upon the onset of insolvency proceedings and put it beyond the operation of the mandatory collective insolvency regime. Although the rule is a long-established one, it is not easy to identify its precise nature or limits.[69] Its potential breadth is now curtailed by a number of limitations, such that the rule has been described 'as a mere shadow of its former self.'[70] Firstly, it only applies to provisions which are triggered by the opening of bankruptcy, liquidation or administration proceedings, and not to provisions that are triggered by other events.[71] Secondly, it only applies if the assets would otherwise have been available for distribution to the body of creditors.[72] Thirdly, when applying the rule, the courts take account of 'good faith and the commercial sense of the transaction.'[73] Thus the rule is most likely to be infringed where 'the party seeking to take advantage of the deprivation was intending to evade the bankruptcy rules.'[74] Conversely, the rule should be applied in a commercially sensible way which 'prevents its application to bona fide commercial transactions which do not have as their predominant purpose, or one of their main purposes, the deprivation of the property of one of the parties on bankruptcy.'[75] The

---

[65] *British Eagle International Airlines Ltd v Cie Nationale Air France* [1975] 2 All ER 390, [1975] 1 WLR 758. It is, however, important to note that English law does give effect to subordination agreements (*In re Lehman Bros International (Europe) (in administration) (No 4)*, n 9, at [66]) subject to the limitations set out at n 57 above.
[66] *Revenue and Custom Commissioners v Football League Ltd* [2012] EWHC 1372 (Ch), [2013] BCC 60.
[67] *Goode on Principles of Corporate Insolvency Law*, n 7, ch 7. See also M. Bridge and J. Braithwaite, 'Private Law and Financial Crises' (2013) 13 *Journal of Corporate Law Studies* 361.
[68] *Belmont Park Investments Pty Ltd v BNY Corporate Trustee Services*, n 60, at [1]. See R. Goode, 'Flip Clauses: The End of The Affair?' (2012) 128 LQR 171.
[69] Ibid at [58].
[70] Lord Briggs of Westbourne, 'Equity in Business' (2019) 135 LQR 567, 579.
[71] *Belmont Park Investments Pty Ltd v BNY Corporate Trustee Services*, n 60, at [14], [80] and [115]. The question whether the rule is applicable to factual insolvency was left open by the Supreme Court (at [99]) but there is a strong case for not applying the rule to a case of factual insolvency (see Goode, n 68, at 177–178).
[72] Ibid at [14].
[73] Ibid at [77].
[74] Ibid at [75]. Contrast the judgment of Lord Mance at [151]–[156].
[75] Ibid at [104]. Lord Mance was rather more cautious at [159].

recognition of this exception has been the source of some controversy[76] but it is seen by the courts as a critical way of keeping the rule within appropriate limits and of avoiding an unnecessary intrusion into party autonomy, particularly in the case of 'complex financial instruments.'[77] Fourthly, a distinction has for many years been drawn in the case law between an interest which is determinable on the commencement of insolvency proceedings and an absolute interest which is made defeasible on the commencement of such proceedings by a condition subsequent.[78] It is the latter, not the former, which is caught by the anti-deprivation rule. The problem with the distinction between a determinable interest and an interest forfeitable on a condition subsequent is that it is not always an easy one to draw and it turns on form rather than substance. The modern approach, by contrast, is to place more emphasis on substance rather than form,[79] while at the same time upholding the long-established rule that the grant of a lease or a licence which is determinable on insolvency does not fall within the scope of the anti-deprivation rule.[80] Fifthly, when considering the scope of the rule the courts will take account of the source of the asset which it is sought to remove from the insolvent estate. The fact that the asset has been acquired with funds supplied by the party against whom the rule is being invoked does not of itself take the case outside the scope of the rule, but it 'may well be an important, and sometimes decisive, factor in a conclusion that the transaction was a commercial one entered into in good faith and outside the scope of the anti-deprivation rule.'[81] Finally, the anti-deprivation rule is more likely to be infringed in a case where the asset the subject of the deprivation represents the quid pro quo for performance that was rendered by the debtor in the period before the onset of insolvency than in the case where the asset represents the quid pro quo for performance under an ongoing contract that is still to be rendered.[82]

3. *Distinguishing the pari passu principle and the anti-deprivation rule*

31.28 The *pari passu* principle and the anti-deprivation rule have been said to be 'two sub-rules of the general principle that parties cannot contract out of the insolvency legislation.'[83] Although the mischief behind the two rules is said to differ, at the same time it has been said that they 'overlap'[84] and that 'the distinction between the two sub-rules is by no means clear cut.'[85] There are, however, at least three differences between the two rules. First, the anti-

---

[76] See, for example, S. Worthington, 'Good Faith, Flawed Assets and the Emasculation of the UK Anti-Deprivation Rule' (2012) 75 MLR 112.
[77] *Belmont Park Investments Pty Ltd v BNY Corporate Trustee Services*, n 60, at [103].
[78] Ibid at [87].
[79] Ibid at [105]. In other words, it is not possible to guarantee the evasion of the rule by the choice of an appropriate label.
[80] Ibid.
[81] Ibid at [98] and [132].
[82] Ibid at [100], [131] and [175]–[179]. See also *Lomas v JFB Firth Rixson Inc* [2012] EWCA Civ 419, [2013] 1 BCLC 27.
[83] Ibid at [1].
[84] Ibid.
[85] Ibid at [8].

31.28 *Principles of Corporate Insolvency Law*

deprivation rule is only triggered by the onset of bankruptcy, liquidation or administration proceedings, whereas the *pari passu* principle is not so confined and applies to any distribution whether or not it is expressly triggered by the relevant insolvency procedure.[86] Second, while good faith and the intention of the parties is an important consideration to be taken into account when considering whether or not there has been an infringement of the anti-deprivation rule, the intention of the parties is not a relevant consideration when considering the *pari passu* principle.[87] Third, the anti-deprivation rule applies from the onset of liquidation or bankruptcy, whereas the *pari passu* rule applies from the point in time when the administrator gives notice of a proposed distribution.[88]

6. SUBSIDIARY PRINCIPLES

31.29 The six cardinal principles stated above are buttressed by three subsidiary principles. Contracts entered into by the company before liquidation remain in force until disclaimed;[89] on liquidation the company ceases to be the beneficial owner of its assets;[90] and no unsecured creditor has any interest *in specie* in the company's assets or realizations.[91]

7. THE WINDING-UP PROCESS

(i) Entry

31.30 The winding up of a company[92] on the ground of insolvency may be effected either by resolution of the members of the company[93] or by a winding-up order on a petition by a creditor or other party having a *locus standi* to present a petition.[94] The former is termed a creditors' voluntary winding up,[95] the latter a compulsory winding up. The usual ground on which

---

[86] Ibid at [14].
[87] Ibid at [75].
[88] *Revenue and Custom Commissioners v Football League Ltd*, n 66, at [87].
[89] See *Goode on Principles of Corporate Insolvency Law*, n 7, paras 6-26 ff. The liquidator's failure to disclaim does not commit him to performance of the contract, it merely deprives him of the right to terminate it unilaterally by notice (*Re Sneezum, ex p Davis* (1876) 3 Ch D 463; *Stead, Hazel & Co v Cooper* [1933] 1 KB 840). On a compulsory winding up all directors' appointments and contracts of employees come to an end automatically (*Measures Bros Ltd v Measures* [1910] 2 Ch 248; *Re General Rolling Stock Co, Chapman's Case* (1866) LR 1 Eq 346; *Re Oriental Bank Corpn, McDowall's Case* (1886) 32 Ch D 366).
[90] See *Goode on Principles of Corporate Insolvency Law*, n 7, para 3-09.
[91] Ibid, para 3-10.
[92] The provisions are also applied to the insolvencies of partnerships and limited partnerships (Insolvent Partnerships Order 1994 (SI 1994/2421)) and limited liability partnerships (Limited Liability Partnership Regulations 2001 (SI 2001/1090), reg 5). Note that a special regime for bank insolvencies exists in Part 2 of the Banking Act 2009.
[93] Insolvency Act 1986, ss 73(1), 84(1).
[94] Ibid, ss 73(1), 122–125.
[95] 'Creditors' voluntary winding up' because the conduct of the winding up is under the general control of the creditors rather than of the court. But it is only the members who have the power

a compulsory winding-up order is made is that the company is unable to pay its debts.[96]

31.31 A creditor can prove this inability in one of three ways. Firstly, there are certain facts which, if proved, will automatically see the company deemed to be unable to pay its debts.[97] Secondly, a creditor may satisfy the court that the company is unable to pay its debts as they fall due.[98] Known as the concept of 'cash flow' insolvency, this requires the court not simply to focus on the present ability of the company to pay, but requires a consideration of the reasonably near future.[99] The court may inquire into how the company is managing to meet its present obligations, and whether these means create an impression of present liquidity which may belie a future slide into deeper debt over the long term.[100] The third potential route is on the 'balance sheet' test of insolvency, ie by proving that the liabilities of the company outweigh its assets.[101] This is the only sensible test to use once one moves beyond the reasonably near future. It poses the following question: looking at the company's present assets and liabilities, and taking account of prospective and contingent liabilities through the means of discounting, can the company be reasonably expected to meet those liabilities?[102] If not, and regardless of any present ability to pay debts as they fall due, the company will be held to be insolvent.

31.32 Whatever the ground relied upon, the petitioning creditor must show a legitimate interest in having the company wound up,[103] which he will not have if there is a bona fide dispute as to the existence of the debt[104] or if there are no assets from which the petitioner could benefit and no other legitimate reason (eg a desirable investigation into the company's affairs) to have the company wound up.[105] Even where the debt is undisputed, the court will have regard to the wishes of the majority in value of creditors, though the views of

---

to put the company into voluntary winding up. The fact that a company is in voluntary winding up does not debar a petition for it to be wound up by the court (Insolvency Act 1986, s 116).

[96] Insolvency Act 1986, s 122(1)(f). Another ground commonly relied upon, usually in tandem with an unfair prejudice petition under s 994 of the Companies Act 2006, is that winding up the company would be just and equitable: ibid, s 122(1)(g).

[97] These include that demand for payment of a debt above £750 has gone unsatisfied for three weeks (Insolvency Act 1986, s 123(1)(a)), and that a creditor's judgment execution has been returned unsatisfied in whole or in part (ibid, s 123(1)(b)).

[98] Insolvency Act 1986, s 123(1)(e).

[99] *BNY Corporate Trustee Services Ltd v Eurosail-UK 2007-3BL* [2013] UKSC 28, [2013] 3 All ER 271, [2013] 1 WLR 1408. What amounts to the reasonably near future will depend on the facts of the particular case, eg the nature of the debtor's business.

[100] *Re Casa Estates (UK) Ltd (In Liquidation)* [2014] EWCA Civ 383, [2014] BCC 269.

[101] Insolvency Act 1986, s 123(2).

[102] *BNY Corporate Trustee Services Ltd v Eurosail-UK 2007-3BL*, n 99.

[103] In which case he is prima facie entitled to a winding-up order *ex debito justitiae*. Legal title to the debt is sufficient to have a legitimate interest.

[104] *Re A Company (No 001209 of 1991)* [1992] 2 All ER 797, [1992] 1 WLR 351; *Re A Company (No 006685 of 1996)* [1997] BCC 830, 832; *Argentum Lex Wealth Management Ltd v Giannotti* [2011] EWCA Civ 1341 at [16]–[17]. The court will also strike out a winding-up petition if the company has a set-off or cross-claim against the petitioning creditor which would reduce the creditor's claim to less than the statutory threshold.

[105] *Bell Group Finance (Pte) Ltd v Bell Group (UK Holdings) Ltd* [1996] BCC 505.

creditors who are associated with the company itself and its directors will be discounted.[106] Winding up does not divest the company of title to its assets but makes it notionally a statutory trustee of the assets for its creditors.[107] Control of the company passes to the liquidator, who may be either the Official Receiver or an outside liquidator appointed by the company itself or by the creditors.[108] The liquidator has a range of powers[109] and is responsible for getting in and realizing the assets, ascertaining the debts and distributing dividends. After payment of the expenses of the liquidation, the liquidator must pay preferential creditors, then ordinary unsecured creditors, then deferred creditors, with any surplus being paid out to the members of the company. When all the assets have been got in, the liabilities established and the distribution completed, the winding-up process is at an end. The final act is dissolution of the company, which terminates its legal existence.

(ii) Proof

31.33 Winding up was formerly the only collective procedure involving the statutory distribution of assets among creditors. It was therefore only on winding up that there was a requirement to lodge proofs of debt. That has changed in that an administrator may now make a distribution to ordinary unsecured creditors in some circumstances.[110] Where a distribution is to be made in an administration, proofs are lodged in the same way as in a winding up.[111] In general, all claims by creditors are provable as debts against the company, whether they are present and future, certain or contingent, ascertained or sounding only in damages.[112] A creditor may maintain his proof for the full amount of the debtor's indebtedness as it stands at the date of the winding-up resolution or order, without giving credit for partial payments subsequently made by a guarantor, whether before or after the creditor has

---

[106] *Re Lummus Agricultural Services Ltd* [1999] BCC 953.
[107] *Ayerst v C. & K. (Construction) Ltd* [1976] AC 167. However, 'trust' is here used in a broad sense, not in its technical meaning. Contrast the decision of the High Court of Australia in *Commissioner of Taxation v Linter Textiles Australia Ltd* (2005) 220 CLR 592.
[108] An outside liquidator will be appointed only where the assets are considered sufficient to cover the costs of the liquidation. The company's nomination is effective only where the creditors fail to make a nomination or the court accedes to an application to appoint the company's nominee instead of the creditor's nominee (Insolvency Act 1986, s 100(2)).
[109] Some of which may be exercised only with the sanction of the court: see the Insolvency Act 1986, ss 165, 167 and Sch 4. A liquidator may be assisted by a liquidation committee but the appointment of such a committee is a rarer occurrence now in comparison with former times.
[110] Ibid, Sch B1, para 65(1), (3). Leave is not necessary to make a distribution if the administrator thinks it is likely to assist achievement of the purpose of administration (ibid, para 66) or to make a distribution to a creditor who is secured or preferential. Note that the distribution need not be to all unsecured creditors (*Re HPJ UK Ltd* [2007] BCC 284).
[111] Insolvency Rules 2016 (SI 2016/1024), r 14.1.
[112] Ibid, r 14.1 and 14.2(1). As to insolvency set-off, r 14.25 sets out the rules in liquidation, and r 14.24 sets out similar rules in administration. As to insolvency set-off in general, see also *Stein v Blake* [1996] AC 243, [1995] 2 All ER 961; P. Wood, *English and International Set-Off* (1989), ch 7.

lodged his proof,[113] though the creditor cannot, of course, receive in total more than 100p in the pound.

31.34 What impact does the process of proof have on the underlying rights of the creditor? In practice, the conversion of the creditor's personal rights against the insolvent company into a right to prove for a dividend in the liquidation will, as a consequence of the operation of the *pari passu* principle, generally result in the creditor recovering only a proportion of the sum that is owed to it. But what is to happen in the unusual case where it transpires that there remains a surplus after payment of the proved debts and statutory interest? Can the creditor in such a case resort to its underlying contractual rights to recover in respect of any non-provable debt owed to it by the creditor or does the payment in full of its proof operate to extinguish these underlying rights? This issue was raised but not resolved by the Supreme Court in *In re Lehman Bros International (Europe) (in administration) (No 4)*[114] where part of the creditor's claim was not susceptible to proof because it was a foreign currency claim arising as a result of the depreciation of sterling in relation to the foreign currency after the debtor company had gone into administration. Lord Neuberger, with whose judgment Lord Kerr and Lord Reed agreed, inclined to the view that 'a proving creditor should be treated as having had his contractual rights fully satisfied once he is paid out in full on his proof.'[115] Having regard to various provisions of the Insolvency Act and the Insolvency Rules that were then current, his view was that it was 'improbable' that the legislature intended to create a 'category of hybrid debt with a presently provable element and a contingently unprovable element.'[116]. On this basis he concluded it was not consistent with 'the general thrust' of the legislation that a debt which had been the subject of a proof that had been met in full should nonetheless include a component which was 'somehow capable of resurrection.'[117] Lord Sumption, with whom Lord Clarke agreed, inclined to the opposite view. His principal point was that liquidation is a mode of collective enforcement of debts which operates procedurally and administratively rather than substantively and, as such, it does not 'itself extinguish the creditors' liabilities.'[118] Further, he observed that there was no reason to believe that either the Insolvency Act 1986 or the Insolvency Rules had intended to change the purpose and character of the process of proof of debt and distribution.[119] After the process of proof has run its course and all liabilities have been paid in full, the parties should revert to their pre-insolvency rights. As Lord Neuberger acknowledged, there are 'statements of high judicial authority which . . . support the notion that a contractual claim can survive the

---

[113] *Re Rees* (1881) 17 Ch D 98; *Re Sass* [1896] 2 QB 12. See L. Gullifer, *Goode and Gullifer on Legal Problems of Credit and Security* (6th edn, 2017), para 8-18.
[114] *In re Lehman Bros International (Europe) (in administration) (No 4)*, n 9.
[115] Ibid at [105].
[116] Ibid at [104].
[117] Ibid.
[118] Ibid at [195].
[119] Ibid at [199]–[201].

payment in full of a proof based on that claim.'[120] Given these statements, and the lack of any explicit statement to the contrary in either the Insolvency Act 1986 or the Insolvency Rules, there appears to be no justification for placing a restriction upon the prior rights of a creditor to claim from the debtor a sum which he remains entitled to under the terms of the contract between the creditor and the debtor. This being the case, the stronger view is that of Lord Sumption rather than Lord Neuberger.

(iii) **Priority of debts**

31.35 In principle, a secured creditor is not a contender in the priority stakes. Assuming his security to be valid against the liquidator and creditors,[121] he is entitled to have recourse to it before anyone else. Even the costs of the liquidation cannot be taken out of an asset given as security before the secured creditor has realized what is necessary to pay his debt.[122] To this principle there are now two exceptions. First, the holder of a floating charge given by a company is postponed to preferential creditors where the chargee takes possession of any of the charged property, a receiver is appointed or the company goes into liquidation[123] or into an administration in which a distribution is made.[124] Presumably it was felt that the ease with which the whole of a company's assets can be picked up in a floating charge would largely destroy the status of preferential creditors if provision were not made for them. Secondly, the amendments made to the Insolvency Act 1986 by the Enterprise Act 2002 provide for a proportion of assets subject to a floating charge to be made available for the claims of unsecured creditors,[125] reviving

---

[120] Ibid at [99], citing *In re Humber Ironwork and Shipbuilding Co* (1869) LR 4 Ch App 643, 647; *Wight v Eckhardt Marine GmbH* [2003] UKPC 37, [2004] 1 AC 147 at [26]–[27]; and *Parmalat Capital Finance Ltd v Food Holdings Ltd* [2008] UKPC 23, [2009] 1 BCLC 274 at [8].

[121] As to the circumstances in which a security is vulnerable, see paras **31.37** ff.

[122] The secured creditor has a quadruple choice: to rest on his security without proving at all; to surrender it and prove for the full amount of the debt (Insolvency Rules 2016 (SI 2016/1024), r 14.19(2)) – a course which can rarely be to his advantage; to realize his security and prove for the deficiency (r 14.19(1)); and to state the value of the security in his proof and prove for any deficiency. Any non-disclosure of security by a creditor may force the surrender of that security: r 14.16.

[123] Insolvency Act 1986, s 175(2)(b). It had been previously thought to follow from this that his claim was also postponed to the costs and expenses of liquidation, which rank ahead of preferential debts (*Re Barleycorn Enterprises Ltd* [1970] Ch 465). But the decision was overruled by the House of Lords in *Re Leyland Daf Ltd, Buchler v Talbot*, n 55, in which Lord Millett pointed out that the floating chargee was not competing for the same fund as the liquidator but for the separate fund of assets covered by the floating charge. The House of Lords ruling in *Re Leyland Daf Ltd* prompted s 1282 of the Companies Act 2006, which reinstates the former interpretation by amendment to s 176 of the Insolvency Act 1986.

[124] Insolvency Act 1986, Sch B1, para 65(2), applying s 175 of the Act.

[125] Insolvency Act 1986, s 176A. The prescribed proportion is 50% of the net property not exceeding £10,000 in value, and for property exceeding £10,000 50% of the first £10,000 plus 20% of the excess over £10,000 up to a maximum of prescribed part of £800,000 (Insolvency Act 1986 (Prescribed Part) Amendment Order 2003 (SI 2003/2097), art 3, as amended).

an idea first floated by the Insolvency Law Review Committee in its 1982 Report.[126]

31.36 The order of application of assets among unsecured creditors has been touched on earlier.[127] We need not dwell on this further, except to repeat that the range of preferential debts was reduced sharply as a result of the abolition of Crown preference (although it is now proposed to re-introduce Crown preference from 1 December 2020), leaving only unpaid contributions to occupational pension schemes and the state pension scheme within Sch 4 to the Pension Schemes Act 1993,[128] up to four months' unpaid wages with a maximum of £800,[129] unpaid holiday remuneration for employees whose employment has been terminated[130] and sums advanced to pay the above sums due to employees.[131]

8. VULNERABLE TRANSACTIONS[132]

31.37 Though insolvency law takes as its starting point the recognition of rights acquired from or against the company prior to liquidation, there are certain circumstances in which a transaction entered into by the company before winding up will be either wholly void or voidable at the instance of the liquidator.

31.38 The avoidance provisions of the Insolvency Act 1986 are designed to fulfil one or other of four broad objectives. The first is to ensure that a company which has become insolvent does not do anything outside the ordinary course of business to diminish still further the value of the assets available to unsecured creditors. Hence the provisions enabling the liquidator to avoid transactions at an undervalue. The second is to maintain the integrity of the *pari passu* principle by disabling an insolvent company from giving preferential treatment to one of its creditors at the expense of others and by restricting the types of consideration for which a floating charge given by an insolvent company will be valid. The Act thus provides for the avoidance of transactions which have the effect of giving such a preference. The third is to deter secured creditors from ignoring statutory provisions requiring their

---

[126] For this and the genesis of the idea, see *Goode and Gullifer on Legal Problems of Credit and Security*, paras 4-09 and 5-77.
[127] See para **31.21**. Note in particular the proposed re-introduction of Crown Preference with effect from 1 December 2020, on which see para **31.21**, n 50.
[128] Insolvency Act 1986, Sch 6, para 8.
[129] Insolvency Act 1986, Sch 6, para 9; Insolvency Proceedings (Monetary Limits) Order 1986 (SI 1986/1996), art 4. Remuneration includes guarantee payments, remuneration on suspension on medical grounds, payment for time off and remuneration under a protective award (ibid, para 13(1), (2)).
[130] Insolvency Act 1986, Sch 6, para 10.
[131] Insolvency Act 1986, Sch 6, para 11.
[132] See generally R. Parry, J. Ayliffe and S. Shivji, *Transaction Avoidance in Insolvencies* (3rd edn, 2018); *Goode on Principles of Corporate Insolvency Law*, n 7, ch 13; J. Armour and H. Bennett (eds), *Vulnerable Transactions in Corporate Insolvency* (2003); A.R. Keay, *Avoidance Provisions in Insolvency Law* (1997). For a European perspective see A. Keay, 'The Harmonisation of the Avoidance Rules in European Union Insolvencies' (2017) 66 ICLQ 79.

31.38 *Principles of Corporate Insolvency Law*

charges to be registered so that outsiders, including unsecured creditors, have notice of their existence. This objective is achieved by making registrable but unregistered charges void against the liquidator and creditors. The fourth is to prevent transfers in fraud of creditors.

31.39 At least four conditions must be satisfied before a transaction entered into by the company can be set aside under insolvency law. The company must be in liquidation or administration; the transaction must have resulted in a diminution of the assets available to the general body of creditors; the company must have been unable to pay its debts at the time of or in consequence of the transaction; and the transaction must have been entered into within a specified time prior to the onset of insolvency. The proceeds of a successful claim are not caught by a floating charge and so are not available to the holders of such a charge.[133]

(i) Transactions at an undervalue

31.40 Where a company which has at a relevant time entered into a transaction at an undervalue subsequently goes into liquidation or administration, section 238 of the Insolvency Act 1986 provides that the liquidator or administrator may apply to the court to make an order restoring the position to what it would have been if the company had not entered into the transaction.[134] A company enters into a transaction with a person at an undervalue if (a) it makes a gift to that person or otherwise enters into a transaction with that person on terms that provide for the company to receive no consideration, or (b) the company enters into a transaction with that person for a consideration the value of which, in money or money's worth, is significantly less than the value, in money or money's worth, of the consideration provided by the company.[135] The section is thus directed to transactions which diminish the company's net asset value, as where it makes a gift of money or property, or sells an asset for significantly less, or buys an asset for significantly more, than its true value. In determining the value of the consideration the court looks not only to the transaction between the parties but also to the value to the company of any transaction it enters into with a third party as part of the deal;[136] and though the value of the consideration is to be measured as at the date of the transaction, the court is entitled to look at post-transaction events which help to establish that value.[137]

---

[133] Insolvency Act 1986, s 176ZB.
[134] The types of order the court can make for this purpose are set out in s 241.
[135] Ibid, s 238(4).
[136] *Phillips v Brewin Dolphin Bell Lawrie Ltd* [2001] UKHL 2, [2001] 1 All ER 673, [2001] 1 WLR 143, where Lord Scott observed (at [20]) that the question is not whether the arrangement formed part of the transaction but whether the benefit derived from it by the company formed part of the consideration. For a detailed comment on the case see R. Mokal and L. C. Ho, 'Consideration, Characterisation, Evaluation: Transactions at an Undervalue after *Phillips v Brewin*' [2001] *Journal of Corporate Law Studies* 359.
[137] *Phillips v Brewin Dolphin Bell Lawrie Ltd*, n 136. See *Goode on Principles of Corporate Insolvency Law*, n 7, paras 13-30 ff. For an earlier decision of the Court of Appeal to the effect

Vulnerable Transactions 31.43

31.41 The statutory provisions do not bite unless the transaction was made at a relevant time; that is, within two years ending with the onset of insolvency[138] and at a time when the company was insolvent or became so in consequence of the transaction.[139] Only transactions by an insolvent company are caught; if the company is solvent when entering into the transaction, creditors are not adversely affected. If the company, though insolvent, manages to avoid liquidation or administration for two years, the transaction ceases to be vulnerable. This is a sensible limitation, for the purpose of the avoidance provisions is to strike at disadvantageous transactions entered into by the company in the run-up to liquidation, and after two years the causal link between the transaction and loss to creditors becomes tenuous. In any event, it is necessary to have some cut-off point, however arbitrary, in order to allow finality for business transactions.

31.42 It is important to appreciate that s 238 of the Insolvency Act 1986 is concerned solely with transactions that reduce a company's net asset value. It does not touch transactions which simply give one creditor an advantage over others; that is the province of s 239, dealing with preferences. So payment by the company in discharge of an existing debt is not a transaction at an undervalue, for the reduction in assets resulting from the payment is exactly matched by the disappearance of the debt from the liabilities side of the balance sheet. Similarly, if the company borrowed money on an unsecured basis and later gave security for the previous loan, this may be a preference of the creditor to whom the security was given but may not be a transaction at an undervalue, for the company's net asset position remains unchanged.[140] Realization of the security removes an asset from the company to the extent of the debt or the value of the asset (if lower), but at the same time *pro tanto* extinguishes the debt itself. All that has happened is that an asset previously available for the general body of creditors has been given in security to a particular creditor. The position would, of course, be otherwise if the company's security were given for a debt owed to the creditor by a third party, for in that situation the company would suffer a reduction in the net value of its assets.

31.43 The court cannot make an order under s 238 if satisfied that the company entered into the transaction in good faith and for the purpose of carrying on its business and that at the time it did so there were reasonable

---

that the totality of the benefits to be received on either side has to be looked at, see *Agricultural Mortgage Corpn plc v Woodward* [1994] BCC 688.

[138] 'Onset of insolvency' is defined in Insolvency Act 1986, s 240(3).
[139] Section 240(1), (2).
[140] *Re M. C. Bacon Ltd* [1990] BCC 78. However, note that the Court of Appeal expressed doubt about *Re M. C. Bacon Ltd* with respect to this point in *Hill v Spread Trustee Co Ltd* [2006] EWCA Civ 542, [2007] 1 BCLC 450, in which the court suggested (at [93] and [138]) that the grant of security might in certain circumstances constitute a transaction at an undervalue (although their concern would appear to be more obviously directed towards the existence of a preference rather than a transaction at an undervalue). The decision in *Re M. C. Bacon Ltd* was subsequently followed by the Court of Appeal in *Secretary of State for the Environment, Food and Rural Affairs v Feakins* [2007] BCC 54 at [72].

31.43 *Principles of Corporate Insolvency Law*

grounds for believing that the transaction would benefit the company.[141] It is, of course, necessary to protect bona fide business transactions but it is remarkable that the party of whom good faith is required is the company itself, not the party with whom it deals.

(ii) Preferences

31.44 Section 239 of the Insolvency Act 1986 provides for the avoidance of acts by which an insolvent company gives a preference to a creditor or surety at a relevant time.[142] The test of a preference is whether, assuming the company were to go into liquidation immediately afterwards,[143] the creditor or surety would be put in a better position as the result of the act the company has done or suffered to be done than if the act in question had not been done.[144] Though this definition does not use the language of preference, it is obvious that an improvement in the creditor's position compared to what it would have been without the act has the effect of preferring him to other creditors. The most common forms of preference are making a payment to a particular creditor and giving security to a creditor for a past advance.

31.45 However, the fact of preference is not by itself sufficient to enable the effect of the transaction to be undone. It is necessary to show that in giving the preference the company was influenced by a desire to improve the creditor's position as described above.[145] In policy terms this statutory requirement is doubly unfortunate. It looks to the company's desire when the mere fact of preference should be sufficient; and it gives no protection to a creditor who has acted in good faith and dealt with the company in the ordinary course of business.

31.46 Desire is subjective but its existence can be inferred from the circumstances of the case.[146] In order for the statutory provisions to apply, it has to be shown that the desire to improve the creditor's position was one of the factors (though not necessarily the only factor or even the decisive factor) operating on the minds of those who made the decision to do the act alleged to be a preference.[147] It is not a preference if the company pays a creditor, not with a desire to improve his position but simply for proper commercial

---

[141] Section s 238(5). It remains to be seen how case law concerning corporate benefit is affected by the codification of directors' duties in the Companies Act 2006.
[142] For this purpose the 'relevant time' is within the period of six months (or in the case of preference of a person who is connected with the company, two years) ending with the onset of insolvency and at a time when the company is insolvent or becomes so in consequence of the preference (s 240(1), (2)).
[143] See *Goode on Principles of Corporate Insolvency Law*, n 7, para 13-87.
[144] Insolvency Act 1986, s 239(4).
[145] Ibid, s 239(5).
[146] *Re M. C. Bacon Ltd*, n 140.
[147] Ibid.

considerations such as a wish to avoid the creditor calling in an overdraft[148] or to induce him to extend further credit.[149]

31.47 The statutory provisions apply not only to the preference of a creditor but to the preference of a surety. The typical case is where the directors of a company who have given a creditor a guarantee for an advance to the company cause the company to pay off the debt with a view to extinguishing their liability under the guarantee.

31.48 Where a payment, transfer or other act is held to be a preference, the court has the same wide powers to make orders restoring the status quo as it has in relation to transactions at an undervalue.[150] These include the making of an order which provides for a discharged surety to be under such new or revived obligation to the creditor as the court thinks fit.[151] The application of the preference rules raises particular difficulties in relation to running accounts, which have been discussed elsewhere.[152]

(iii) **Floating charges given otherwise than for prescribed new value**

31.49 Section 245 of the Insolvency Act 1986 provides for the avoidance of a floating charge given by a company which has gone into liquidation or entered administration in the period of 12 months ending with the onset of insolvency[153] (two years, in the case of a charge in favour of a person connected with the company) except to the extent of new value for the charge of a kind falling within s 245(2). This section is significantly less stringent than its predecessor, s 617 of the Companies Act 1985, which limited the permissible new value to cash paid at or after and in consideration of the charge. The current statutory provisions allow new value in the form of money paid, or goods or services supplied, to the company at the same time as, or after, the creation of the charge; the discharge or reduction of any debt of the company[154] at the same time as, or after, creation of the charge; and interest on the above in pursuance of any agreement under which the money was so paid, the goods or services were so supplied or the debt so discharged or reduced. But not all forms of new value will save a floating charge. The intention seems to be to restrict permissible new value to those forms of benefit to the company which arise from day-to-day trading and have a readily ascertainable value, and thus to exclude assets such as land and buildings,

---

[148] Ibid.
[149] *Re Fairway Magazines Ltd* [1992] BCC 924.
[150] Insolvency Act 1986, s 241.
[151] Ibid, s 241(1)(c).
[152] Goode on Principles of Corporate Insolvency Law, n 7, para 13-84. See also the judgments of the Federal Court of Australia in *Ferrier and Knight (as liquidators of Compass Airlines Pty Ltd) v Civil Aviation Authority* (1994) 55 FCR 28 and on appeal the High Court of Australia in *Airservices Australia v Ferrier* (1996) 185 CLR 483, containing detailed and illuminating analysis of the question in the context of the Australian rules of preference; A. R. Keay, *Avoidance Provisions in Insolvency Law* (1997), pp 175–177.
[153] As defined by s 245(5). See *Re Shoe Lace Ltd* [1993] BCC 609.
[154] To the creditor himself while he is refinancing or to a third party.

31.49 *Principles of Corporate Insolvency Law*

intellectual property rights, debts and other receivables and rights under contracts.[155] Also excluded, of course, are money paid or goods or services supplied prior to the creation of the charge.

(iv) **Failure to register**

31.50 A charge by a company which is not registered in conformity with the provisions of the Companies Act 2006[156] is void against the liquidator and creditors. The rationale of such avoidance has never been clearly articulated but there would seem to be a good policy justification for it.[157]

(v) **Other grounds of avoidance**

31.51 Other types of vulnerable transaction are extortionate credit bargains, to which the provisions of s 238 are applied,[158] dispositions made by the company after the commencement of a compulsory winding up and not authorized or validated by the court[159] and transactions defrauding creditors.[160]

(vi) **Special protection for transactions involving financial assets**

31.52 Central bankers have been concerned for some time about the impact of insolvency laws in invalidating transactions involving investment securities and other financial assets, with consequent systemic risk.[161] To that end two European directives have been issued, designed to remove from attack under insolvency law netting and close-out arrangements under the rules of desig-

---

[155] See *Goode on Principles of Corporate Insolvency Law*, n 7, para 13-111.
[156] See paras **24.33, 24.50**.
[157] See *Goode on Principles of Corporate Insolvency Law*, n 7, para 13-118.
[158] Insolvency Act 1986, s 244.
[159] Ibid, s 127. The word 'disposition' must be understood broadly so that, for example, it encompasses the surrender of a lease or the giving up of contractual rights, but it does not extend to a transfer by a trustee of legal title to trust assets of which the insolvent company was the beneficial owner to a bona fide purchaser for value without notice: *Akers v Samba Financial Group* [2017] UKSC 6, [2017] AC 424. The section has caused difficulties in relation to the payment of moneys into or from the company's bank account without court approval. See in that connection the helpful decision of the Court of Appeal in *Hollicourt (Contracts) Ltd v Bank of Ireland* [2001] Ch 555, holding that a payment made from an account in credit was recoverable from the payee but that no liability was incurred by the bank.
[160] Ibid, ss 423–425, which are not confined to cases where the company is in winding up and which cover not only transactions in fraud of creditors generally but those designed to put assets beyond the reach of a particular creditor or potential creditor.
[161] See R. Goode, H. Kronke, E. McKendrick and J. Wool, *Transnational Commercial Law: International Instruments and Commentary* (2nd edn, 2012), ch IX.

nated systems[162] and, more broadly, contractual arrangements to similar effect relating to financial collateral.[163]

9. ADMINISTRATIVE RECEIVERSHIP

31.53 Prior to the Enterprise Act 2002, a chargeholder with a debenture containing a floating charge which covered the whole, or substantially the whole, of the company's property could appoint an administrative receiver to recover sums owed.[164] The administrative receiver would not only be able to intercept income flowing to the debtor company and apply this to the satisfaction of the chargeholder's debt, but also would be able to manage the business, with the power to sell off the whole undertaking or particular assets and apply the proceeds to pay off the debt owed. Thus, unlike liquidation or administration, administrative receivership is not a true collective insolvency procedure: it is more in the nature of an enforcement mechanism for the debenture holder. It is this debenture holder to whom the administrative receiver owes his primary duty, and thus the administrative receiver has little incentive to achieve a price for the company beyond that which would satisfy the value of that debenture holder's debt.

31.54 This focus on the protection of the interests of an individual creditor clearly ran counter to the rescue culture through a collective insolvency procedure that had been fostered since the Cork Report. Acting on these concerns, the Enterprise Act 2002 has attenuated greatly the scope for appointing an administrative receiver.[165] After 15 September 2003,[166] an administrative receiver can only be appointed if the qualifying charge was created before that date,[167] or, in the case of charges created after that date, in cases falling within specified exempt categories.[168]

31.55 Save in these cases, the debenture holder's remedy is to appoint an administrator, which is less efficacious in that, while an administrative receiver's primary task was to safeguard the interests of his debenture holder, an administrator is required to give priority to other objectives, where reasonably practicable.[169] The holder of a 'grandfathered' floating charge, ie

---

[162] Directive on Settlement Finality in Payment and Securities Systems, 98/26/EC, implemented in the UK by what are now the Financial Markets and Insolvency (Settlement Finality) Regulations 1999 (SI 1999/2979).
[163] Directive on Financial Collateral Arrangements, 2002/47/EC, implemented in the UK by the Financial Collateral Arrangements (No 2) Regulations 2003 (SI 2003/3226).
[164] Insolvency Act 1986, s 29(2).
[165] See generally R. Stevens, 'Security After the Enterprise Act', in J. Getzler and J. Payne (eds), *Company Charges: Spectrum and Beyond* (2006), p 153.
[166] The date appointed by the Insolvency Act 1986, Section 72A (Appointed Date) Order 2003 (SI 2003/2095), art 2.
[167] Insolvency Act 1986, s 72A.
[168] Contained in ss 72B–72H. The categories of exemption are designed to safeguard large capital market financings, step-in rights in public-private partnership projects or large financed projects, utility projects, urban regeneration projects, financial market charges, registered social landlords and protected railway companies.
[169] See para 31.62.

one created prior to 15 September 2003, can block the appointment of an administrator by another party.[170] However, given that the incidence of such charges is diminishing in practice, and that the exempted categories of financing where an administrative receiver can still be appointed are narrow and specialist, they are not be covered further in this work and so the reader is directed elsewhere for a full treatment of the topic.[171]

10. ADMINISTRATION IN CORPORATE INSOLVENCY LAW[172]

(i) The nature of administration

31.56 Administrative receivership, as we have seen, is essentially a default remedy for a particular debenture holder. Prior to 1986 there was no collective procedure for the appointment of an external manager to run a company and hold and dispose of its assets for the benefit of the company itself and the general body of creditors. Moreover, it was all too easy for attempts at reorganization of a company in financial difficulty to be frustrated by enforcement action by individual creditors, for even the appointment of a receiver did not preclude a company from being put into winding up. It was to resolve these weaknesses in insolvency law that the administration procedure was devised.

31.57 Administration is thus similar to administrative receivership in relation to the management function and the power to dispose of assets; it differs from it primarily in being designed for the benefit of the company and the general body of creditors. The creditors must therefore be consulted on the administrator's proposals. It is intended to be an interim and temporary regime for the purpose of providing a breathing space for the company by way of a moratorium on the enforcement of proprietary and personal rights.[173] Administration also differs from liquidation in that the liquidator's task is to wind up the company, distribute dividends and then have the company dissolved, while the primary objective of the administrator is to rescue the company as a going concern or improve the realization of its assets. The administrator must also put proposals before the creditors and these can include a proposal for a voluntary arrangement under Part I of the Insolvency Act 1986 where he may be the nominee for the office of supervisor of the arrangements.[174] It is not the primary function of the administrator to receive proofs of debt or distribute dividends except in the capacity of supervisor of a voluntary arrangement where this takes place and he is appointed supervisor.

---

[170] Insolvency Act 1986, Sch B1, para 37.
[171] See the 4th edition of this work at pp 920–927. See also generally Sir G. Lightman, G. Moss, H. Anderson, I. Fletcher and R. Snowden, *Lightman & Moss on the Law of Administrators and Receivers of Companies* (6th edn, 2017); Goode on Principles of Corporate Insolvency Law, n 7, ch 10.
[172] See also *Lightman & Moss on the Law of Administrators and Receivers of Companies*, n 171; Goode on Principles of Corporate Insolvency Law, n 7, ch 11.
[173] *Re Atlantic Computer Systems plc* [1992] Ch 505, [1992] 1 All ER 476, at 528.
[174] Where he is not, he must put the proposals to the nominee.

31.58 However, sweeping changes were made to the administration regime by Sch B1 to the Insolvency Act 1986.[175] These were designed to streamline the administration procedure, and thereby reduce cost and speed up the process, by (a) dispensing with the need to obtain an administration order and the concomitant requirement to prepare a report for the court, and (b) providing for the appointment of an administrator by the holder of a floating charge, consequent upon the abolition of administrative receivership, thus replacing a mode of individual enforcement of a security by a collective insolvency procedure for the benefit of creditors generally. These provisions reflect three underlying objectives: transparency, accountability and collectivity. They are designed to promote the rescue culture, with a shift from saving the business to saving the company itself, and to increase the choice of exit routes.[176] Moreover, the power given to the administrator, with leave of the court, to make distributions to ordinary unsecured creditors[177] means that administration is no longer solely an interim regime but may be the sole insolvency procedure with the eventual outcome of dissolution, as in the case of winding up.[178] Administration under this regime may therefore take one of two forms, rescue or realization and distribution of assets.

(ii) Initiating an administration

31.59 Prior to the changes made by the Enterprise Act 2002 a company could be put into administration only by a petition followed by an order of the court. This procedure remains available,[179] but is usually only used by unsecured creditors who are not entitled to make an out-of-court appointment, or where the administrator's appointment is likely to be contentious so the blessing of the court is sought. Insolvency is required for a court appointment, but not for an out-of-court appointment. In the normal case, administration is initiated by the appointment of an administrator[180] by the holder of a qualifying floating charge, the debtor company[181] or its directors filing with the court a notice of appointment and such other documents as may be prescribed. The company enters into administration when the appointment takes effect.[182] A qualifying floating charge is one created by an instrument which states that paragraph 14

---

[175] Inserted by the Enterprise Act 2002, s 248. For certain purposes the original regime prescribed by Part II of the Insolvency Act 1986 continues to apply. What follows is confined to the new regime contained in Sch B1 to the Act. Further streamlining of the process was introduced by the Small Business, Enterprise and Employment Act 2015, for example, in relation to a relaxation of the requirement that meetings of creditors be held at which they are physically present.
[176] S. Leinster, 'Policy Aims of the Enterprise Act', *Recovery*, Autumn 2003, 27 at 28. On rescue generally, see V. Finch, 'Corporate Rescue: A Game of Three Halves' (2012) 32 *Legal Studies* 302.
[177] Insolvency Act 1986, Sch B1, para 65. Leave is not necessary if the administrator thinks the distribution is likely to assist achievement of the purpose of administration (para 66).
[178] Ibid, para 84.
[179] Ibid, paras 10–13. What was formerly described as a petition is now termed an application.
[180] Who must be a qualified insolvency practitioner (ibid, para 6).
[181] By shareholders' resolution or agreement.
[182] That is, when the requirements as to filing, etc, have been fulfilled.

of Sch B1 to the Insolvency Act applies to the floating charge or which purports to empower the holder of the floating charge to appoint an administrator or an administrative receiver.[183] But to be the holder of a qualifying floating charge in respect of a company's property it is necessary for the creditor to have a charge or charges over the whole or substantially the whole of the company's property and for at least one of the charges to be a qualifying floating charge.[184] The holder of a qualifying floating charge has first choice in appointing an administrator.[185]

31.60 The alternative route to administration is the appointment of an administrator by the court on application by the company, the directors, one or more creditors, a magistrates' court chief executive under s 87A of the Magistrates' Courts Act 1980 or a combination of these persons.[186] The court may make an order only if satisfied that the company is or is likely to become unable to pay its debts and that the administration order is likely to achieve the purpose of administration.[187] One of the options open to the court is to treat the application as a winding-up petition and make a winding-up order.[188]

(iii) **The purpose of administration**

31.61 The administrator must perform his functions with the objective of:

(a) rescuing the company as a going concern, or
(b) achieving a better result for the company's creditors as a whole than would be likely if the company were wound up without first being in administration, or
(c) realizing property in order to make a distribution to one or more secured or preferential creditors.

31.62 These objectives are arranged hierarchically, so that the administrator cannot perform his functions with the second objective unless he thinks either that it is not reasonably practicable to achieve the first objective or that the second objective would achieve a better result, and he may perform his functions with the third objective only if he thinks[189] that it is not reasonably practicable to adopt either of the first two objectives and he does not

---

[183] Insolvency Act 1986, Sch B1, para 14(2).
[184] Ibid, para 14(3).
[185] This is not directly stated but is implicit in the requirement that the company or directors proposing to appoint an administrator must first give notice to any person entitled to appoint an administrative receiver or administrator under a floating charge (ibid, para 26). See also para 36 dealing with cases where there is an application for an administration order.
[186] Insolvency Act 1986, Sch B1, para 12(1).
[187] As to which, see paras **31.61–31.62**.
[188] Insolvency Act 1986, Sch B1, para 13(1). However, the converse is not true: the court cannot make an administration order on the hearing of a winding-up petition.
[189] The use of the word 'thinks' rather than a term such as 'reasonably believes' has been held to be important in so far as it implies that the standard of review is not an onerous one. The appropriate standard of review is one of good faith and rationality: *Davey v Money* [2018] EWHC 766 (Ch), [2018] Bus LR 1903 at [255].

unnecessarily harm the interests of the creditors as a whole.[190] In theory, there is therefore little incentive for the holder of a floating charge to make an appointment except where it is not reasonably practical for either of the first two objectives to be achieved.[191]

(iv) The effect of administration

31.63 The effect of administration, whether out of court or by court order, is to place an almost total freeze on the enforcement of real and personal rights, including enforcement of security rights, rights of repossession under hire-purchase agreements, a landlord's right of forfeiture, or any legal process, including proceedings, execution or distress, except with the consent of the administrator or the approval of the court.[192] This freeze, which even precludes the making of a winding-up resolution or order, is peculiar to administration and is one of its most valuable features, for it means that the administrator can get on with his job free from the burden of fending off attacks on the company and its assets by individual creditors. Prior to the administration there is an interim moratorium where an application has been made for an administration order or notice of intention to appoint an administrator has been filed.[193] The interim moratorium imposes a slightly less wide-ranging freeze in that it does not prevent the presentation of a winding-up petition, the appointment of an administrator by the holder of a floating charge under paragraph 14, the appointment of an administrative receiver or the carrying out by the latter of his functions.[194]

31.64 Certain of the statutory provisions for avoidance of transactions on winding up[195] also apply to an administration.

(v) Powers of the administrator

31.65 Except that he is concerned for the interests of the company and the general body of creditors and not for those of a particular creditor, the position of an administrator is not dissimilar to that of a receiver. The administrator may do anything necessary or expedient for the management of the affairs, business and property of the company.[196] In addition, he may remove or appoint directors and call any meeting of the members or creditors of the company.[197] Like the receiver, he is deemed to act as the company's agent.[198]

---

[190] Insolvency Act 1986, Sch B1, para 3. So an administrator, unlike a mortgagee, no longer has unfettered discretion as to whether and when to sell. 'Harm' appears to have the same meaning as the previous term 'prejudice'.
[191] In practice, this is the case in many administrations.
[192] Insolvency Act 1986, Sch B1, paras 40–43.
[193] Ibid, para 44(1)–(5).
[194] Ibid, para 44(7).
[195] See paras **31.37** ff.
[196] Insolvency Act 1986, Sch B1, para 59(1).
[197] Ibid, paras 61, 62.

(vi) Conduct of the administration

31.66 The essential function of the administrator is to seek to achieve the objective of the administration as previously described and to lay before the creditors proposals to that end. Meanwhile he has the task of managing the company consistently with the objective in question, and obtaining and assembling the financial and other information needed to assess the company's position and prospects, deciding how far the desired objectives are achievable and annexing to his proposals the statement prescribed.[199] The creditors may approve the administrator's proposals or reject them but they may not modify them without his consent to each modification.[200] If the proposals are not accepted, or the creditors have not approved the revision of the administrator's proposal, the court may discharge the administrator, adjourn the hearing, or make an interim order or a winding-up order on any suspended petition or any other order it thinks appropriate.[201]

31.67 An administrator is not required to seek a direction from the court before he has the power to sell the assets of the company in advance of the creditors' approval of the administrator's proposals.[202] As a result, the use of pre-packaged sales (or 'pre-packs')[203] in administration has attracted some attention.[204] The Graham Review, commissioned by the Government, reported in July 2014, and made several proposals to improve the transparency of pre-pack administrations.[205] This resulted in several changes to the relevant code of practice,[206] and was buttressed by the introduction of a general power, which expires in June 2021, for the Secretary of State to intervene by the imposition of conditions or the outright prevention of sales to connected parties.[207]

---

[198] Ibid, para 69. The termination of the agency power on liquidation cannot arise in relation to an administrator, for during the currency of the administration the company cannot be put into winding up.
[199] By the Insolvency Act 1986, Sch B1, para 49, and Insolvency Rules 2016 (SI 2016/1024), r 3.35.
[200] Insolvency Act 1986, Sch B1, para 53(1).
[201] Ibid, para 55(2).
[202] *Re T & D Industries Plc (in administration)* [2000] 1 All ER 333, [2001] 1 WLR 646; *Re Transbus International Ltd* [2004] EWHC 932 (Ch), [2004] 2 All ER 911; *DKLL Solicitors v HM Revenue & Customs* [2007] EWHC 2067 (Ch), [2008] 1 BCLC 112.
[203] Pre-packs are defined in Statement of Insolvency Practice 16 as 'an arrangement under which the sale of all or part of a company's business or assets is negotiated with a purchaser prior to the appointment of an administrator, and the administrator effects the sale immediately on, or shortly after, his appointment'.
[204] See J. Armour, 'The Rise of the "Pre-Pack": Corporate Restructuring in the UK and Proposals for Reform', in R. P. Austin and F. Aoun, *Restructuring Companies in Troubled Times: Director and Creditor Perspectives* (2012), p 43.
[205] T. Graham CBE, *Review into Pre-Pack Administration* (July 2014).
[206] Statement of Insolvency Practice 16, available at https://www.gov.uk/government/publications/statements-of-insolvency-practice-16-sip-16.
[207] Small Business Enterprise and Employment Act 2015, s 129, inserting a new para 60A into Sch B1 of the Insolvency Act 1986. The extension from the original expiry date of May 2020 was made by s 8(2) of the Corporate Insolvency and Governance Act 2020.

31.68 A creditor or member may apply to the court for relief where the administrator is acting or has acted or proposes to act so as unfairly to harm the interests of the applicant (whether alone or in common with some or all other members or creditors).[208]

(vii) Exits from the administration

31.69 The administrator's proposals must state how it is envisaged the purpose of the administration will be achieved and how it is proposed that the administration shall end.[209] There are a number of possibilities. The administration could, with any necessary leave of the court, come to an end by distribution of realizations without any further proceedings.[210] This can be followed by the dissolution of the company.[211] Alternatively, the administration could be converted into a voluntary winding up or could be followed by a winding-up petition and order. Further alternatives are a voluntary arrangement under Part I of the Insolvency Act 1986 or a compromise or scheme of arrangement under Part 26 of the Companies Act 2006. A novel feature of the new regime is the provision for automatic ending of the administrator's appointment after one year unless extended by the court on his application or (subject to a limit of one year) by consent of the creditors.[212] The administrator may also apply to the court for the ending of his appointment.[213] In an administration, claims in respect of debts and liabilities under contracts entered into by the administrator in carrying out his functions and the administrator's remuneration and expenses[214] are payable in priority to claims secured by a floating charge[215] and claims of preferential and other unsecured creditors. Both preferential claims and any distribution of the prescribed part rank before claims secured by a floating charge,[216] which are then followed by the claims of ordinary unsecured creditors *pari passu*.[217] The court has no power to vary this statutory ranking.[218]

11. RESTRUCTURING

31.70 Although winding up remains the most likely outcome in practice for insolvent companies, the policy emphasis in recent years has moved in the

---

[208] Insolvency Act 1986, Sch B1, para 74(1). For the approach to be adopted in such an action, see eg *BLV Realty v Batten* [2009] EWHC 2994 (Ch), [2010] BPIR 277.
[209] Insolvency Rules 2016 (SI 2016/1024), r 3.35(1)(j).
[210] Leave of the court is required for an administrator to distribute assets to creditors who are neither secured nor preferential. See (i) above.
[211] Insolvency Act 1986, Sch B1, para 84.
[212] Ibid, para 76. Any extension of the administration with consent of the creditors must be in accordance with para 78.
[213] Ibid, para 79.
[214] Insolvency Rules 2016 (SI 2016/1024), r 3.51 sets out the order of priority of expenses of the administration.
[215] Insolvency Act 1986, s 99(3).
[216] Insolvency Act 1986, Sch B1, para 65(2), applying s 175 of the Act.
[217] Insolvency Rules 2016 (SI 2016/1024), r 14.12.
[218] *Re Nortel GmbH* [2013] UKSC 52, [2014] AC 209.

31.70 *Principles of Corporate Insolvency Law*

direction of seeking to find a way in which the company can continue in existence. To this end, there exist a number of mechanisms which can be deployed in order to restructure the company to enable it to survive either in whole or, more likely, in part. This can be done simply as a matter of contract between the insolvent company and its creditors. But this is easier said than done given the number of creditors that may exist and whose agreement must be procured and, as we have noted,[219] insolvency law itself places certain limits on the contractual freedom of the parties at the point of insolvency. That said, many examples can be found of restructures which have been effected by means of a 'workout' entered into between the company and its creditors.[220] Insolvency law may also assist the restructure of a company that is insolvent or facing insolvency. Examples include a scheme of arrangement under Part 26 of the Companies Act 2006[221] or a company voluntary arrangement under Part 1 of the Insolvency Act 1986.[222] A further impetus towards making greater use of restructuring has been provided by a new EU Directive[223] which will, however, not apply to the UK given that its implementation date is subsequent to the departure of the UK from the EU. Nevertheless, to the extent that the Directive further encourages the restructuring of the liabilities of companies in distress, it may encourage the UK further to develop its own processes for dealing with restructuring.

12. LIABILITY OF DIRECTORS FOR IMPROPER TRADING[224]

31.71 The creditors of a company have a clear interest in ensuring that the directors of a company trade responsibly. That interest is not, however, easy to translate into a legal duty on the part of directors. The approach which the law has traditionally taken is that the duties of a director are owed to the company, not to individual creditors. This being the case, it would be going too far to say that a legal duty is owed directly by the directors of a company to creditors to trade responsibly, particularly where the company is not insolvent or close to insolvency. Nevertheless, there are obligations placed upon directors which in functional terms require that account is taken in prescribed circumstances of the interests of creditors, particularly as the company nears insolvency. Thus directors are subject to both criminal and civil penalties for fraudulent trading and to civil sanctions for wrongful trading.[225] Such actions may be brought by

---

[219] See paras **31.25–31.28**.
[220] *Goode on Principles of Corporate Insolvency Law*, n 7, paras 12-02 – 12.11.
[221] Ibid, n 7, paras 12-12 – 12-26.
[222] Ibid, n 7, paras 12-27 – 12.56.
[223] Directive (EU) 2019/1023 of the European Parliament and of the Council of 20 June 2019 on preventive restructuring frameworks, on discharge of debt and disqualifications, and on measures to increase the efficiency of procedures concerning restructuring, insolvency and discharge of debt, and amending Directive (EU) 2017/1132 (Directive on restructuring and insolvency).
[224] See generally S. Mortimore (ed), *Company Directors: Duties, Liabilities and Remedies* (3rd edn, 2017), chs 33 and 34; *Goode on Principles of Corporate Insolvency Law*, n 7, ch 14.
[225] In *Jetivia SA v Bilta* [2015] UKSC 23, [2016] AC 1, [2015] 2 All ER 1083, it was held that these civil sanctions have extra-territorial effect and can be invoked against a director not present in England.

liquidators and administrators.[226] Additionally, in the vicinity of insolvency, directors may also have to have regard to the interests of creditors,[227] and thus it may be a breach of the duties which they owe to the company if they do not consider the implications of their actions for the creditors.[228]

(i) Fraudulent trading

31.72 If in the course of winding up of a company it appears that any business of the company has been carried on with intent to defraud creditors of the company or creditors of any other person or for any fraudulent purpose, the court may, on the application of the liquidator, declare that any persons knowingly party to the fraudulent trading are to be liable to make such contributions (if any) to the company's assets as the court thinks proper.[229] Fraudulent trading is also a criminal offence[230] and a person who is guilty of fraudulent trading may be made the subject of a disqualification order.[231] Directors are guilty of fraudulent trading if they cause the company to incur further credit in the knowledge that it would not be able to pay its debts as they fall due or shortly thereafter; it is not a defence that they had some expectation that at some indeterminate time in the future all debts would be paid.[232] Knowledge includes deliberately shutting one's eyes to the obvious and reckless indifference to the fraudulent nature of the transaction.[233] The fact that a transaction has been entered into fraudulently is not by itself sufficient to attract the operation of s 213 of the Insolvency Act 1986; it must be shown that the company *carried on business* with intent to defraud. And while it is possible for a single transaction in fraud of a single creditor to constitute the carrying on of a business,[234] it is not every fraudulent transaction that makes the business a business carried on with intent to defraud.[235]

---

[226] The extension to administrators was made by s 117 of the Small Business, Enterprise and Employment Act 2015, inserting a new s 246ZA (fraudulent trading) and s 246ZB (wrongful trading) into the Insolvency Act 1986.
[227] Companies Act 2006, s 172(3). See *BTI 2014 LLC v Sequana SA* [2019] EWCA Civ 112, [2019] 2 All ER (Comm) 13 where it was held that the s 172(3) duty is triggered when the directors know or should know that the company is or is likely to become insolvent and, for this purpose, an insolvency is likely where it is 'probable' (see at [220]).
[228] See generally A. Keay, 'Director's Duties and Creditor's Interests' (2014) 130 LQR 443.
[229] Insolvency Act 1986, s 213 (liquidation); s 246ZA (administration).
[230] Companies Act 2006, s 993. This does not depend on the company being in winding up.
[231] Company Directors Disqualification Act 1986, ss 4, 10.
[232] *R v Grantham* [1984] 3 All ER 166, disapproving of the statement of Buckley LJ in *Re White & Osmond (Parkstone) Ltd* (30 June 1960, unreported) that it was sufficient if the directors genuinely believed 'that the clouds will roll away and the sunshine of prosperity will shine upon them again' (the so-called 'clouds and sunshine' test).
[233] *Morris v Bank of India* [2005] EWCA Civ 693, [2005] 2 BCLC 328 at [14].
[234] *Re Gerald Cooper (Chemicals) Ltd* [1978] Ch 262. However, in such a case payment under s 213 is made not to the defrauded creditor but to the company, the creditor's remedy being a claim under the general law.
[235] *Morphitis v Bernasconi* [2003] EWCA Civ 289, [2003] Ch 552, [2003] 2 BCLC 53.

(ii) Wrongful trading

31.73 Though civil and criminal proceedings for fraudulent trading are from time to time pursued successfully, the standard of proof required and the time and expense involved have greatly inhibited proceedings of this kind. It was because of this that the Cork Committee recommended the introduction of new statutory provisions enabling contribution orders to be made for wrongful trading, for which proof of dishonesty would not be required. These provisions are now contained in s 214 of the Insolvency Act 1986.[236] Their effect is that a person can be found guilty of wrongful trading, and ordered to make a contribution to the company's assets, where the following conditions are satisfied:

(a) the company has gone into insolvent liquidation;
(b) at some time before the commencement of the winding up the person in question knew or ought to have concluded that there was no reasonable prospect that the company would avoid going into insolvent liquidation;
(c) that person was a director at that time; and
(d) the director fails to establish the statutory defence of taking every step he ought to have taken with a view to minimizing the potential loss to creditors.[237]

31.74 Wrongful trading is to be distinguished from fraudulent trading in a number of respects. First, fraud or dishonesty is not a necessary ingredient; want of care suffices. Secondly, only a director or shadow director[238] can be made liable for wrongful trading. Thirdly, proceedings for wrongful trading are purely civil, the sanctions being the making of a contribution order, subordination of any debt owed by the company to the director to all other debts of the company and disqualification.[239] Finally, whereas in the case of fraudulent trading the whole period of trading is potentially relevant, the wrongful trading provisions are confined to culpable conduct after the time when the director knew or ought to have known that there was no reasonable prospect of the company avoiding insolvent liquidation. The duty to minimize potential loss to creditors is owed to the creditors at large, so that the director would not be entitled to continue trading for the benefit of existing creditors by incurring fresh credit at the expense of the new creditors when there was no reasonable prospect of their being paid.[240]

31.75 The purpose of these statutory provisions is to recoup loss to the company so as to benefit creditors as a class. They do not give power to a court

---

[236] See s 246ZB for the equivalent provisions for administration.
[237] For this purpose a combined objective and subjective test is applied to the director, being that of a reasonably diligent person having both the general knowledge, skill and experience reasonably expected of a person carrying out the same functions and the general knowledge, skill and experience that the director has (Insolvency Act 1986, s 214(4), (5)). In other words, the director is held to the standard of the reasonable person and such higher standard as is to be expected of a person having his particular general knowledge, skill and experience.
[238] Insolvency Act 1986, s 214(7).
[239] Ibid, ss 214, 215; Company Directors Disqualification Act 1986, ss 4(1)(a), 10.
[240] Indeed, to do this knowingly would be fraudulent trading.

to order the director to pay creditors or to require sums paid to the company to be applied in payment to one class of creditor in preference to another; indeed, creditors whose debts are incurred after the critical date have no stronger claim than those whose debts were incurred before that date.[241] Sums recovered from a defaulting director under s 214 are not caught by a charge over the assets of the company. The policy of the section is that recoveries should go into the general assets of the company to be dealt with by the liquidator.[242]

31.76 Commentators have criticised various aspects of s 214, pointing to difficulties of proof and funding.[243] To allay concerns about funding difficulties, it is now possible for the liquidator or administrator to assign or sell their cause of action,[244] a course which previously fell foul of the rule against champerty.[245]

31.77 A disqualified director may also be required to pay compensation to a creditor by way of a compensation order where the conduct of the director of the company that is in liquidation or in administration has caused loss to one or more creditors of the company.[246] This right to seek a compensation order is not one that is given to individual creditors. Rather, the right resides with the Secretary of State. Where the relevant conditions have been satisfied,[247] a court may on the application of the Secretary of State order the director to make payment to the Secretary of State for the benefit of one or more creditors or class or classes of creditor, or as a contribution to the assets of the company.[248] While the proposition that a director may be required to make good losses suffered by creditors in such circumstances may seem a relatively straightforward one, it remains to be seen what impact this power may have on the decision-making of directors at a time when the company is in financial difficulty.

13. CROSS-BORDER INSOLVENCIES[249]

31.78 National corporate insolvency laws are ill-equipped for cross-border, or international, insolvencies in which a company trades, has assets, and may be

---

[241] *Re Purpoint Ltd* [1991] BCC 121.
[242] *Re Oasis Merchandising Services Ltd (in liq)* [1998] Ch 170. See also F. Oditah, 'Wrongful Trading' [1990] LMCLQ 205; D. D. Prentice, 'Creditor's Interests and Director's Duties' (1990) OJLS 265; S. Wheeler, 'Swelling the Assets for Distribution in Corporate Insolvency' [1993] JBL 256.
[243] See eg A. Keay, 'Wrongful Trading: Problems and Proposals', (2014) 65 NILQ 63,
[244] Small Business, Enterprise and Employment Act 2015, s 118, inserting a new s 246ZD into the Insolvency Act 1986.
[245] *Grovewood Holdings Plc v James Capel & Co Ltd* [1995] Ch 80, [1994] 4 All ER 417.
[246] Company Directors Disqualification Act 1986, ss 15A, 15B and 15C.
[247] Ibid s 15B(3).
[248] Ibid s 15B(1).
[249] There is now a prodigious amount of literature on this subject. See in particular I. F. Fletcher, *Insolvency in Private International Law* (2nd edn, 2005); R. Goode, H. Kronke and E. McKendrick, *Transnational Commercial Law: Text, Cases and Materials* (2nd edn, 2015), ch 17; *Goode on Principles of Corporate Insolvency Law*, n 7, chs 15 and 16; J. L. Westbrook, 'A Global Solution to Multinational Default' (2000) 98 Mich L Rev 2276; and for earlier but still relevant analyses, J. S. Ziegel (ed), *Current Developments in International and Comparative Corporate Insolvency Law* (1994).

31.78 *Principles of Corporate Insolvency Law*

the subject of concurrent insolvency proceedings, in two or more jurisdictions. What is required is an international regime, but this has raised singularly intractable problems, partly because of the difficulties involved in organizing judicial cooperation and a coordinated approach to the collection and distribution of assets located in different jurisdictions and partly because of the different legal approaches to certain fundamental concepts.[250] Two opposing pairs of principles are of particular significance, namely unity versus plurality, and universality versus territoriality.

31.79 The principle of unity ascribes exclusive jurisdiction over winding up to the courts of a particular state (eg the state of incorporation or the centre of the company's main interests), to which all other courts defer. It has been found impossible to apply this concept fully, because states are reluctant to give up jurisdiction over local assets where there are local creditors. What has, however, developed is the concept of limited plurality in the shape of a main insolvency proceeding covering all the debtor's assets and a secondary insolvency proceeding in a jurisdiction where the debtor has an establishment and confined to assets within that jurisdiction.

31.80 The second opposing pair of principles relates to the assets covered by the insolvency proceeding. In some jurisdictions, including England, the principle of universality is adopted by which all assets of the debtor company, wherever situated, are brought within the insolvency,[251] while other countries adopt the principle of territoriality, limiting the impact of the insolvency proceeding in their jurisdiction to local assets. A number of countries that themselves adopt the principle of universality are reluctant to concede exclusivity of asset control to other countries that also adopt the principle.

31.81 These principles are reflected to varying degrees in the various regimes which govern cross-border insolvencies. This is an area of considerable complexity which is more appropriately dealt with in more specialist works. In part, the complexity arises from the number of regimes that now exist and are potentially applicable. The common law has a role to play, as does s 426 of the Insolvency Act 1986 and the Cross-Border Insolvency Regulations 2006.[252] A further level of uncertainty arises from the extensive influence of EU law which 'has steadily grown over time'[253] but will now diminish after the UK's exit from the EU, although the position that will be reached at the end of the transition period is presently unknown. Although prior to Brexit the EU Recast Regulation on Insolvency Proceedings ('EIR') could claim to be the most influential instrument in this area, we shall postpone any consideration of it until the other regimes have been outlined, given that it is these regimes which are likely to have the greatest longevity, at least in the UK.

---

[250] See I. F. Fletcher, 'The Quest for a Global Insolvency Law: A Challenge for Our Time' [2002] *Current Legal Problems* 427.
[251] Though the ability of the insolvency administrator to gain control of assets situated outside the insolvency jurisdiction may depend on authorization by the courts of the country concerned.
[252] Implementing the 1997 UNCITRAL Model Law.
[253] *Goode on Principles of Corporate Insolvency Law*, n 7, para 15-01.

(i) Common law and statute

31.82 At common law the courts can, within limits, recognise foreign insolvency proceedings and render assistance in such insolvencies. In relation to the recognition of such proceedings, the English courts will generally recognise the authority of a liquidator appointed under the law of the place of incorporation of the company[254] and similarly will recognise the effect of the dissolution of a foreign company under the law of its place of incorporation.[255] In relation to the provision of assistance, it has been said that in pursuit of the principle of 'modified universalism'[256] the courts have 'not just a right but a duty to assist in whatever way they properly can' in order to ensure, where possible, that companies with transnational assets can be 'wound up in an orderly fashion under the law of the place of their incorporation and on a basis that will be recognised and effective internationally.'[257] It is a power that is only available to assist the officers of a foreign court of insolvency jurisdiction or equivalent officers, it is available only when it is necessary for the office holder's functions and it is a power of assistance so that it cannot enable the officer to do something which he or she could not do under the law by which they were appointed and any order given by the court must be consistent with the substantive law and public policy of the assisting court.[258] Section 426 of the Insolvency Act 1986 empowers a court in the UK which has jurisdiction in relation to insolvency law in the UK to assist the courts 'of any relevant country or territory' and in responding to the request it may apply the insolvency law which is applicable by either court in relation to comparable matters falling within its jurisdiction and in doing so must have regard in particular to English conflict of law rules.[259] This statutory power of assistance is, however, limited by the fact that it is only applies where the request comes from a foreign court (not from a foreign office holder), and the 'relevant country or territory' from which the request must emanate is largely confined to Commonwealth countries. But, where the statutory power is exercisable, it goes beyond the common law in so far as it permits the English court, when seeking to fulfil the request, to apply the insolvency law applicable by the requesting court. But by virtue of the limited use of the power to recognise a 'relevant country or territory', the provision remains one of limited ambition.

(ii) The Cross-Border Insolvency Regulations 2006

31.83 The UNCITRAL Model Law is designed to promote cooperation between the courts and other competent authorities of the enacting state and

---

[254] *Rubin v Eurofinance SA* [2012] UKSC 46, [2013] 1 AC 236, [2013] 1 All ER 521 at [13].
[255] *Lazard Bros v Midland Bank Ltd* [1933] AC 289.
[256] *Singularis Holdings Ltd v Pricewaterhousecooper* [2014] UKPC 36, [2015] AC 1675 at [15]–[23] and [112]. See also *In re HIH Casualty and General Insurance Ltd* [2008] UKHL 21, [2008] 3 All ER 869, [2008] 1 WLR 852 at [6]–[7]; and *UBS AG New York v Fairfield Sentry Ltd (in liquidation)* [2019] UKPC 20, [2019] 2 BCLC 1.
[257] *Singularis Holdings Ltd v Pricewaterhousecooper*, n 256 at [23].
[258] Ibid at [29] and [33].
[259] Insolvency Act 1986, s 426(5).

31.83 *Principles of Corporate Insolvency Law*

foreign states. It authorizes a foreign representative (typically an insolvency administrator) to apply directly to the courts of the enacting state[260] and to institute or participate in insolvency proceedings in that state.[261] It also contains provisions for the recognition of foreign proceedings[262] and, where proceedings ('main proceedings') have been instituted in the state where the debtor has its centre of main interests, for the stay of proceedings in another enacting state except as to assets in that state.[263] The Model Law is purely procedural in nature and contains no substantive insolvency law provisions and no conflict of law rules except rules of recognition in relation to foreign proceedings.

31.84 The Cross-Border Insolvency Regulations 2006 implement the Model Law in the UK,[264] with some modifications,[265] the main variations being to take into account established local requirements, such as the types of relief available under UK insolvency law. The Regulations apply to foreign insolvency proceedings anywhere in the world without any condition of reciprocity. It has been held that the Regulations cannot be used to enforce a judgment of a court where main proceedings take place against a defendant who was not present, or did not submit to the proceedings there:[266] ie the ordinary private international rules on foreign judgments apply to insolvency judgments.[267] As has been noted, the 'guiding principle' of the Model Law is that 'an insolvency organized at the centre of main interests of the debtor should be recognized and given priority, and that the role of the English courts in such a case is a secondary and supplementary one.'[268] A key concept is therefore the debtor's 'centre of main interests' (generally referred to as 'COMI'), a term which is used but not defined in either the Model Law or the Regulations. In seeking to identify the meaning and scope of COMI, the English courts have been willing to draw upon the jurisprudence of the Court of Justice of the EU[269] given that the EIR makes use of the same term and provides that the debtor's COMI 'should correspond to the place where [it] conducts the administration of [its] interests on a regular basis and is therefore ascertainable by third parties'.[270] In the case of a company, this is presumed to be the place where the company's registered office is.[271] The relationship between the

---

[260] Article 9.
[261] Articles 11 and 12.
[262] Articles 15 and 16.
[263] Article 28.
[264] SI 2006/1030.
[265] These modifications are helpfully summarised in *Goode on Principles of Corporate Insolvency Law*, n 7, para 16-20.
[266] *Rubin v Eurofinance SA* [2012] UKSC 46, [2013] 1 AC 236, [2013] 1 All ER 521. The recognition and enforcement of insolvency-related judgments is now the subject of a UNCITRAL Model Law of 2019, on which see https://uncitral.un.org/sites/uncitral.un.org/files/media-documents/uncitral/en/ml_recognition_gte_e.pdf
[267] On which see paras **37.42–37.52**.
[268] A. Briggs, *The Conflict of Laws* (4th edn, 2019), p 352.
[269] *Re Stanford International Bank Ltd* [2010] EWCA Civ 137, [2011] Ch 33.
[270] See EIR, art 3(1).
[271] It is, however, important to note that this presumption is a rebuttable one. The CJEU has held that the registered office presumption will be rebutted if it can be established, in a manner verifiable by third parties, that the company's actual centre of management and supervision is

Regulations and the EIR is a close one and, at present, the Regulations provide that, in the case of any conflict between the provisions of the Regulations and the obligations of the UK under the EIR, the requirements of the EIR shall prevail.[272] However, provision has been made for the repeal of the latter provision at the end of the transition period.[273] Presumably the English courts will remain free to have regard to the jurisprudence of the CJEU in the interpretation of the Regulations, at least in the case of decisions issued before the end of the transition period, but the extent to which the courts will choose a different path in the interpretation of the Regulations from that taken by the CJEU in respect of analogous provisions in the EIR remains to be seen.

(iii) The EC Recast Regulation on Insolvency Provisions[274]

31.85 As far as the UK is concerned, the practical significance of the EIR will be substantially reduced at the end of the transition period given that Regulations currently provide that a substantial part of the EIR will not be retained as part of English law.[275] It is possible that the EIR may be retained in some form if an agreement is reached with the EU but, as things stand, the default position is that the EIR will not apply to the UK, although provision has been made for the English courts to continue to have jurisdiction where the debtor's COMI is in the UK. It is, however, too early to write an obituary for the EIR, particularly given the significance that it will continue to have within the EU. But it will also remain important for UK lawyers to retain familiarity with the EIR and therefore we shall conclude this chapter by drawing attention to some of the key features of the EIR.

31.86 Except for cases involving insurance and financial undertakings,[276] the EIR deals with rules of jurisdiction, applicable law, the effect of insolvency proceedings and their intra-EU recognition for insolvencies where the debtor

---

located in another Member State. Factors to be taken into account, in so far as they are verifiable by third parties, include the places where economic activities are carried out and where assets are held. The presumption is most likely to be rebutted in the instance of 'letter-box' companies. On the other hand, where business is carried out in the place where the registered office is located, the fact that its economic choices are effected by a parent in another Member State is insufficient to rebut the presumption. Moreover, if managerial decisions take place in the same location as the registered office, then the presumption is unlikely to be rebutted (see *In re Eurofood IFSC Ltd*: C-354/04 [2006] Ch 508 and *Interedil Srl v Fallimento Interedil Srl*: C-396/09 [2012] Bus LR 1582). Under the EIR the presumption also does not apply if the COMI has been shifted in the three months prior to the opening of insolvency proceedings, in an attempt to curb abusive forum shopping (see art 3(1)).

[272] Cross-Border Insolvency Regulations 2006 (SI 2006/1030), Sch 1, art 3.
[273] Insolvency (Amendment) (EU Exit) Regulations 2019 (SI 2019/146), reg 116.
[274] See G. Moss, I. F. Fletcher and S. Isaacs, *The EC Regulation on Insolvency Proceedings* (3rd edn, 2016), and the Virgos-Schmit Explanatory Report on the Convention on Insolvency Proceedings, 1996, a report on the failed Istanbul Convention which remains relevant to the very similar provisions of the Insolvency Regulation.
[275] Insolvency (Amendment) (EU Exit) Regulations 2019 (SI 2019/146), as amended by the Insolvency (Amendment) (EU Exit) (No 2) Regulations 2019 (SI 2019/1459).
[276] Specialist regimes exist for such entities, and thus they are excluded from the scope of the EIR: art 1(2).

has its COMI[277] within a Member State.[278] The Regulation applies not only to the insolvency proceedings themselves, but also any closely-related actions which stem directly from the insolvency such as transaction avoidance proceedings,[279] even where the defendant to that action is domiciled outside of the EU.[280]

31.87 Main proceedings can be opened in the Member State in which the company's COMI is located,[281] and cover the entirety of the debtor's assets. However, as a concession to the interests of local creditors, the reach of main proceedings is potentially limited by secondary proceedings, which can be opened in any Member State in which the debtor possesses an establishment,[282] limited to those assets within that territory.[283] Both main and secondary proceedings receive automatic recognition across the EU, as does any judgment emanating from them.[284]

31.88 The general principle is that the law applicable to insolvency proceedings is that of the Member State within which the proceedings are opened.[285] This law applies to those issues listed in art 7(2), including determination of the assets forming part of the debtor's estate, the conditions in which set-off may be invoked and the ranking of claims. As regards the last of these, it is necessary to distinguish the law applicable to pre-insolvency entitlements and the rules of insolvency law which may affect those entitlements. For example, in considering the validity, perfection and priority of a security interest, the insolvency court should, as a starting point, apply the law determined by its own conflict of laws rules, typically the *lex situs* (*lex loci rei sitae*),[286] which may well be that of another Member State or of a Third State. The application of such law may lead to the conclusion that a security interest has been validly created and perfected and has priority over unsecured claims.

31.89 Where the law in question is that of another member state in which assets belonging to the debtor were situated at the time of opening of the insolvency proceedings, then, under art 8, the opening of the proceedings is not to affect the rights *in rem* of creditors or third parties. In such a case the insolvency court must respect those rights and cannot, for example, alter priorities by reference to its domestic rules of insolvency ranking, though it

---

[277] Therefore, it is irrelevant that the company is incorporated outside the EU: *Re BRAC Rent-A-Car International Inc* [2003] EWHC 128 (Ch), [2003] 2 All ER 201.
[278] Which, for the purposes of the EIR, does not include Denmark, which declined to exercise its power to opt in to the instrument: see Recital (33).
[279] *Seagon v Deko*: C-339/07 [2009] 1 WLR 2168. Actions which do not come under this heading will be dealt with under the Brussels Ir Regulation: see paras 37.03 ff.
[280] *Schmid v Hertel*: C-328/12 [2014] 1 WLR 633.
[281] Article 3(1).
[282] As defined in art 2(10). See *Re Olympic Airlines SA* [2015] UKSC 27, [2015] 3 All ER 694, [2015] 1 WLR 2399.
[283] Article 3(2) and 3(3). Such proceedings can be opened even where main proceedings have not yet been opened in the limited situations set out in art 3(4).
[284] Article 19(1).
[285] Article 7(1).
[286] See para 37.57.

remains entitled to apply such rules so far as they invalidate or render unenforceable transactions, eg as preferences or transactions in fraud of creditors.[287] But the principle of universality applies to such assets so far as consistent with the preservation of the *in rem* rights, so that, subject to the *in rem* rights, they form part of the insolvency estate and any surplus remaining after discharge of such rights will go to the estate. In cases outside art 8 – for example, where at the relevant time the assets are situated in the territory of a non-member state – the starting position of the insolvency court is to respect rights acquired under the law determined by its own conflict of laws rules – typically the *lex situs* (*lex rei sitae*) – but it may then apply any special rules of insolvency law to determine not only whether the rights are vulnerable as preferences, etc, but also whether, inter alia, any pre-insolvency priority is displaced by the ranking rules of the insolvency law, which may, for instance, give priority to certain types of unsecured claim over a perfected security interest.

---

[287] Article 8(4). Note, however, that art 8(4) refers to 'actions for voidness, voidability or unenforceability as referred to in art 7(2)(m)'. The principle referred to in art 7(2)(m) is subject to the provisions of art 16 which disapplies the rule in art 7(2)(m) where (1) the person who benefited from the relevant transaction shows that the transaction is subject to the law of a member state other than the member state of the opening insolvency proceedings; and (2) that law does not allow any means of challenging the transaction.

PART SEVEN

International Trade and Finance

Chapter 32

THE CHARACTERISTICS AND ORGANIZATION OF INTERNATIONAL SALES TRANSACTIONS

1. CHARACTERISTICS OF INTERNATIONAL SALES TRANSACTIONS

32.01 There are various ways in which the law might identify a sale transaction as international in character. The first is where the transaction involves the movement of goods from one state to another. This may seem quite a sensible yardstick, for the goods are moving from one legal regime to another, even if the seller and the buyer have their places of business in the same state. For example, to satisfy an order placed by his New York customer, C, a London merchant, B, may order goods from a trader in Liverpool, S, and stipulate that the goods are to be delivered to C in New York. Though B and S have their places of business in England, an international movement of goods is concerned, and in that sense we are involved with an international transaction. On the other hand, since B and S both trade in England, many of the usual risks associated with dealings with a foreign party are eliminated. If litigation results, it is almost certain that the proceedings will be brought in England, that English law will be applied as the law applicable to the contract and that the successful party will look to the other party's assets in England to satisfy the judgment.

32.02 So another approach is to look at the places of business of the parties and to designate the transaction as international where the place of business of the seller is in one state and that of the buyer in another. Here the two parties are governed by different legal systems, enforcement steps by one party will usually have to be taken in the other's jurisdiction and, as a rule, performance of the contract will involve at least some steps by one party to bring about a result (eg delivery or payment) that will occur outside his own jurisdiction. This test of the international character of a transaction has now gained general acceptance. Under the United Nations Convention on Contracts for the International Sale of Goods[1] it will be sufficient by itself.[2] Pursuant to this test,

---

[1] The Convention is discussed in more detail in ch 33.

it is quite possible to have an international contract of sale which does not involve the movement of goods outside the territory of a single state.

32.03 In this and the ensuing chapter we shall be primarily concerned with export sales, in the sense of sale transactions between an English seller and a foreign buyer involving the movement of goods from England to an overseas country, usually that in which the buyer carries on business. Such a transaction is international in the fullest sense and is the most convenient for purposes of exposition.[3] When dealing with the finance of international trade we shall also look at the position of the English buyer who wishes to raise finance against imported goods.

2. TRENDS IN EXPORT PROCEDURES

32.04 There have been significant changes in export procedures and documentation since the 1970s. At least three major trends can be identified. The first and most significant trend is the increasing reliance on electronic alternatives to traditional trade documents which were created in paper form. The transition from print to electronic communications has been taking place over a number of years but the pace of change is now increasing at an exponential rate, in particular as a result of the emergence of blockchain or distributed ledger technology. New entrants into the technology market are disrupting traditional ways of doing business, and businesses themselves, for a variety of reasons, are more willing than they were previously to engage with technology. Innovation is no longer the preserve of the few. It has become a key aspect of a successful and sustainable business. The drive towards paperless trade is now probably irreversible and the pace of change will only increase as a result of the COVID-19 pandemic.

32.05 The drivers behind this move away from paper documents are numerous. The first is the need for business to reduce cost in an increasingly competitive world. Unnecessary bureaucracy must be identified and eliminated. Second, there is the pressure to improve processes. The manual inputting of information into multiple documents on multiple occasions carries with it the inherent risk of error. Streamlining of process which removes the need for repeated checking of manually-inserted data not only reduces cost but improves accuracy and efficiency. Third, there is the need for business to increase the speed and efficiency with which transactions are entered into and performed. Fourth, environmental considerations support a reduction in the use of paper and, finally, a well-designed electronic communications system can provide greater security than a paper-based system.

32.06 Nevertheless, there are significant challenges associated with the move towards paperless trading. A number of obstacles must be overcome. These challenges are technical or technological, business-related and legal. The

---

[2] Article 1.
[3] See generally C. Murray, D. Holloway and D. Timson-Hunt (eds), *Schmitthoff: The Law and Practice of International Trade* (12th edn, 2012).

technical challenges relate to the stability and reliability of the technology, the uneven use and availability of the latest technology across the world, the cyber risk that the system may be penetrated by criminals and the lack of uniform standards, given the need for interoperability between different systems. While progress is being made on all of these fronts, there is a tension here between the need for stability and resilience on the one hand and the imperative to continue to innovate on the other. The business-related challenges relate to the lack of confidence displayed at times by business in these emerging technologies and their reluctance to embrace them. This reluctance is linked to concerns about the stability, reliability and resilience of the technology combined with a disinclination evident in some businesses to depart from tried-and-tested means of doing business. These challenges become even greater when account is taken of the number of participants who are potentially involved in an export sale transaction. Not only do buyers and sellers encompass an enormous group of people who defy neat classification, but the performance of the contract is likely to demand an input from a range of parties, including carriers, banks, insurers and governmental authorities (such as customs and taxation authorities). The range of potential parties increases the complexity involved in the move towards electronic communications, given the need to ensure that numerous parties can all have access to, and have the ability to use, the chosen system. The legal challenges come in different shapes and sizes, Some, such as the question whether an electronic communication or signature constitutes writing, are relatively straightforward to resolve and have been resolved (in varying degrees) in many jurisdictions around the world.[4] Other legal issues have proved to be more difficult to resolve, in particular whether an electronic document can constitute a document of title. As matters stand in English law, an electronic document is unlikely to be recognised as a document of title[5] so that parties who wish to solve the problems that would be resolved by recognition of the electronic document as a document of title have to find, if they can, some other (contractual) solution to the problem.

32.07 The second significant change in export procedures and documentation since the 1970s is that the traditional emphasis on shipment as the contractual delivery point has given way increasingly to multimodal transport under a contract of carriage covering all stages of the journey, starting with delivery to an inland terminal or collection of a full container load from the seller's premises. Nevertheless, the contract remains a dispatch contract, not an arrival contract;[6] all that changes is the dispatch point and the stages of the transit covered by the transport document. The third change is that the delays associated with bills of lading, coupled with a growing recognition that a document of title to shipped goods serves no useful purpose if they are not intended to be dealt with in transit, has led to growing use of the non-negotiable sea waybill.[7]

---

[4] See paras **3.29–3.31**.
[5] See paras **32.68–32.73**.
[6] See para **32.15**.
[7] See the CMI Uniform Rules for Sea Waybills (1990) and para **32.86**.

32.08 Despite these developments the documentary sale, in which goods are shipped under a bill of lading enabling them to be pledged or sold in transit by delivery of the bill of lading with any necessary endorsement, remains of considerable importance because of the volume and value of bulk cargo that continues to be shipped under f.o.b., c.i.f. and related contracts, and it is the documentary sale that will be the focus of this and the following chapters. Carriage of goods by air does not necessitate the use of a document of title, the period of the transit being too short for such a document to be useful.

3. PROBLEMS PECULIAR TO EXPORT SALES

32.09 Why does an export sale to a foreign party pose special legal problems for the seller? There are several reasons.

(a) It is generally less easy for the seller to check on the credit standing of an overseas buyer than of a buyer in his own country.
(b) Export and import licences may be required, quotas imposed or the transfer of funds restricted by the applicable law.
(c) Some aspects of the transaction may, so far as not effectively excluded by the contract of sale, be governed by the buyer's own law, with which the seller may not be familiar, and vice versa.
(d) Claims against the buyer may need to be enforced in the courts of the buyer's own country, whose procedure may be unknown, slow or more expensive than in the seller's country.
(e) In certain foreign countries, additional risks arise from the political stance or instability of the government.
(f) The seller may be adversely affected by fluctuations in exchange rates.
(g) The mechanism for executing the sale contract is likely to be considerably more complex than for a domestic sale, involving different forms of transportation, a range of ancillary contracts (warehousing, insurance, finance etc) and customs clearance at both ends.

The buyer for his part faces a comparable range of problems when purchasing from an overseas supplier.

32.10 The international sale transaction, with its central contract of sale and ancillary arrangements for insurance, storage, transportation and finance, epitomizes the commercial operation. It is in the international sale that the importance of documents as a means of harmonizing the security interests of seller and buyer becomes most evident; it is here that the ingenuity of financier and businessman in developing instruments that will answer emerging commercial needs reaches its highest point. The international sale is thus for the lawyer, as well as for the businessman, a fascinating area of study, and one of which we can, necessarily, give only a brief glimpse in the pages that follow.

4. SOURCES OF LAW

32.11 The primary source of the rights and duties of the parties to a contract of sale is, of course, the contract itself. This encompasses not only the express terms spelled out in the contract document but usages of trade and any codification of trade terms incorporated into the contract and thereby adopted by the parties as their contractual dictionary. The most widely adopted of these are Incoterms, published by the International Chamber of Commerce.[8]

32.12 The rights of the parties to an international sale transaction will normally be governed by a particular national law. Where the contract expressly designates the law to which it is to be subject, the court will usually give effect to that choice; where it does not, the court must determine the applicable law by reference to the conflict of law rules of the forum. Of particular interest as a source of law, so far as not excluded or varied by the contract, is the United Nations Convention on Contracts for the International Sale of Goods, to which the next chapter is devoted.[9]

5. THE DELIVERY POINT ON SALE TO AN OVERSEAS BUYER

32.13 It will be apparent that exporting involves not only a series of expensive and time-consuming procedures but also a measure of risk for both parties. Where the parties do not have an established relationship involving open account payment terms, the seller will want to be sure that he will be paid, while the buyer may not wish to part with money unless he is reasonably satisfied that he will receive the goods punctually and in proper condition. But these considerations will affect the arrangements for payment rather than the delivery point. The delivery point is influenced by a range of factors. The more services the seller provides, the greater the price he can charge, so that he maximizes his profit by delivering to the buyer's premises. By the same token, the exporting country's export earnings are likewise enhanced. The buyer, however, may find it cheaper to collect the goods ex works and make his own transportation arrangements than pay the seller a price which includes the seller's transportation costs; and the buyer's government may be keen to maximize its own revenues by requiring shipment on the ships of its nationals. At the end of the day much depends on the bargaining power of the parties and the seller's need to attract business by meeting his customer's requirements.

(i) Price and delivery terms

32.14 The delivery point on which the contract price is based is usually expressed in the form of an abbreviation established by trade usage, eg f.o.b., c.i.f.[10] The term used is thus a price term, ie it signifies the extent to which the transportation of the goods is covered by the contract price and is thus at the seller's expense. The quoted term may also be a delivery term, that is, it may be intended to show that the buyer is, in fact, to take delivery at the point

---

[8] The current edition is Incoterms® 2020 (ICC Publication No 723E).
[9] As stated earlier, the convention has not been ratified by the United Kingdom and does not have the force of law in this country.
[10] For a table of such terms, see Table 32.1 below. For a summary of the principles applicable to f.o.b. and c.i.f. contracts, see ch 34.

stipulated. But this is not necessarily the case. For example, in quoting a contract price of £100 ex warehouse, the seller is indicating that the sum of £100 covers only delivery at his own premises, but he may nevertheless be willing to effect delivery of the goods elsewhere (eg to the docks or on board a vessel or to a designated port in the buyer's country) so long as the costs are met by the buyer.[11] If an agreement to this effect is concluded, '£100 ex works' is merely a price term stating what is covered by the quoted price and does not denote the intended delivery point, which must be found elsewhere in the contract. But if the contract is silent, the quoted term will be both a price term and a term establishing the contractual delivery point.

(ii) Dispatch and arrival contracts

32.15 In an export sale, as in a domestic sale, the range of possible delivery points runs from the seller's premises at one end to the buyer's at the other. But, unless the buyer is to collect the goods from the seller's premises, the main choice is between a *dispatch* contract and an *arrival*, or destination, contract. In the case of a dispatch contract the seller must either ship the goods from his own country or deliver them into the charge of a carrier or other party alongside the ship or at some inland delivery point prior to shipment. Thereafter the seller has no responsibility for them; in particular, he is not liable for their loss or damage in transit and does not undertake that they will arrive at the destination to which they have been dispatched. In the case of an arrival contract the seller's duty is to deliver the goods to the buyer at an agreed destination point in the buyer's country, and the seller is responsible for them up to that point.

(iii) Incoterms® 2020

32.16 The great variety of modern transportation and handling arrangements has made it even more necessary than formerly to secure consistency in the use of price and delivery terms, so that each party has a clear picture of what the price does or does not cover and of the point at which the seller's delivery obligation is to be considered fulfilled. The widespread adoption of Incoterms greatly facilitates this objective, though, as we shall see, the parties often find it necessary to qualify these by additional words. Incoterms take effect by incorporation into the sale contract.

(iv) Degrees of localization

32.17 Under Incoterms® 2020 trade terms are divided into two groups:

(a)   rules which can be applied to any mode or modes of transport: EXW (ex works), FCA (free carrier), CPT (carriage paid to . . . named place of destination), CIP (carriage and insurance paid to . . . named place

---

[11] Usually these would be advanced by the forwarding agent and recovered from the consignee via the carrier with an additional profit element.

	of destination), DAP (delivered at place . . . named place of destination), DPU (delivered at place unloaded . . . .named place of destination) and DDP (delivery duty paid . . . named place of destination); and
(b)	rules for sea and inland waterway transport: FAS (free alongside ship . . . named port of shipment), FOB (free on board . . . named port of shipment), CFR (cost and freight . . . named port of destination) and CIF (cost, insurance and freight . . . named port of destination).

As can be seen, four terms are specific to shipment and one or other of these terms, or variants of them, should be used whenever the contract requires the goods to be shipped. The other terms are general delivery terms applicable to any mode of transport and to multimodal transport.

32.18 Table 32.1, based on Incoterms® 2020, shows in relation to each stated price term the delivery point up to which expenses are borne by the seller; the expenses of any subsequent movement or handling of the goods are for the buyer's account.[12] The seller is not responsible for arranging the shipment except in the case of a c.i.f. contract and its variants and of the extended f.o.b. contract.[13] Hence these are the only cases in which the duty to deliver shipping documents is superimposed on the seller's physical delivery obligation. The table is arranged in descending order of localization. The first column shows the abbreviation of the term; the second, its full expression; the third, the delivery point to be specified after the trade term; and the fourth, the point up to which expenses are borne by the seller, which is normally the delivery point shown in the third column, but in the case of c.i.f. contracts covers the cost of shipment to the port of destination.

32.19 Certain additions are common. These may affect the delivery point, and thus usually the risk, or merely what is covered in the price. Thus EXW loaded requires the seller to load on to the buyer's vehicle at the place agreed with the seller, usually the seller's premises; FCA undischarged, to deliver to the stated terminal ready for unloading but not to unload; FOB stowed, to arrange and bear the costs of stowage as well as placement on board;[14] CIF landed, to arrange and pay for unloading at the port of destination; DDU cleared, to clear for import but not to pay the import duties.

---

[12] Reference should be made to Incoterms® 2020 for a full description of each price and delivery term and of the duties of the respective parties.
[13] See, paras **32.22–32.27**.
[14] Extensions such as f.o.b.s. (f.o.b. stowed), f.o.b.t. (f.o.b. trimmed) and f.o.b.s.t. (f.o.b. stowed and trimmed) are normally used only where the goods are to be shipped on a vessel chartered by one of the parties.

32.19 Characteristics & Organization of International Sales Transactions

Table 32.1 Price and delivery terms

(1) Term	(2) Meaning	(3) Delivery point to be stated	(4) Point to which delivery made and risk and expenses borne by seller
RULES FOR ANY MODE OR MODES OF TRANSPORT			
E-term: departure			
EXW	Ex works	Placing the goods at the disposal of the buyer at the agreed point, often the Seller's premises (eg works, factory, warehouse etc). If no specific point has been agreed, the seller may select the point that best suits its purpose.	The point agreed with the buyer, often the Seller's premises (no duty to load)
FCA	Free carrier	Named place in country of departure	Into custody of carrier or other person at named place in country of departure
CPT	Carriage paid to	Named place in country of departure	Into custody of carrier, carriage paid to named place in country of destination
CIP	Carriage and insurance paid to	Named place in country of departure	Into custody of carrier, carriage and insurance paid to named place in country of destination
DAP	Delivered at place	Named place of destination	Into custody of buyer at named place of destination ready for unloading
DPU	Delivered at place unloaded	Named place of destination	Into custody of buyer at named place of destination, unloaded
DDP	Delivered duty paid	Named place of destination	Named place of destination, duty paid

The Delivery Point on Sale to An Overseas Buyer 32.19

(1) Term	(2) Meaning	(3) Delivery point to be stated	(4) Point to which delivery made and risk and expenses borne by seller
RULES FOR SEA AND INLAND WATERWAY TRANSPORT			
FAS	Free alongside ship	Vessel at named port of shipment	Alongside vessel (in tug, barge, lighter etc) at named place in country of departure
FOB	Free on board	Vessel at named port of shipment	On board the vessel at port of shipment, carriage unpaid
CFR	Cost and freight	Vessel at port of shipment	On board the vessel at port of shipment, carriage paid to port of destination
CIF	Cost, insurance and freight	Vessel at port of shipment	On board the vessel at port of shipment, carriage and insurance paid to port of destination

SUMMARY

Inland point in country of departure	Ship at named point in country of departure	Named point in country of destination
EXW FCA CPT CIP	FAS FOB CFR CIF	DAP DPU DDP

Note: unless otherwise agreed, risk passes at the delivery point stated in column (4).

975

32.20 Characteristics & Organization of International Sales Transactions

32.20 It is important that as far as possible terms contained in all the relevant contracts – in particular, the contract of sale, the contract of carriage and the engagement generated by the issue of a letter of credit – should be consistent with each other, but this does not always happen, nor do expressions used in the one necessarily have the same meaning as those used in the other. The International Chamber of Commerce, which produces both Incoterms and the Uniform Customs and Practice for Documentary Credits, has done much valuable work in helping to ensure that the two are aligned. Nevertheless, exporters using Incoterms continue to make arrangements which are not fully consistent with them, as by procuring a combined transport bill of lading with a shipped on board indorsement for f.o.b. and c.i.f. contracts, which strictly require that the seller itself shall have shipped on board rather than having the goods delivered to an internal collection or delivery point.[15]

(v) Nature of the delivery obligation when the goods are to be carried by ship

32.21 Suppose that S in Southampton contracts to sell goods to B in New York, and that B wishes to collect the goods on their arrival by ship in New York. There are at least four alternative ways in which S's delivery obligation may be framed in the contract. Arranged in ascending order of obligation they are as follows.

1. *Delivery to ship procured by buyer (strict f.o.b.)*[16]

32.22 In this, the narrowest, form of f.o.b. contract, it is B who acts as shipper and is responsible for procuring space in a vessel under a contract of carriage between himself and the shipowner providing for transportation of the goods to New York. S's duty is limited to putting the goods on board the ship nominated by B and procuring and delivering to B a mate's receipt[17] or other receipt document, leaving B to collect the bill of lading. S has to pay all expenses involved up to delivery of the goods over the ship's rail. These include customs entry but not port dues. Though an f.o.b. contract is prima facie of this type, the presumption is slight and is readily displaced by the language of the contract or by custom, course of dealing or other circumstances.[18] The f.o.b. contract is a very flexible instrument and though it possesses certain central features, the ancillary obligations may be divided between the parties

---

[15] Where Incoterms are not used, the problem is perhaps less acute under English law, since the courts, which already recognize the right of the c.i.f. seller to buy goods afloat that have previously been shipped by someone else, could be expected to accept the practice of tendering a combined transport bill of lading indorsed to show shipment on board and thus giving the buyer the requisite rights against the sea carrier. See para **34.23**.
[16] See, in more detail, paras **34.01** ff.
[17] Normally used only in the case of delivery alongside the vessel. Where the goods are loaded on board, the standard shipping note is used as a receipt.
[18] See para **32.24** below.

2. Delivery to ship procured by seller (extended f.o.b.)

32.23 Here, S acts as shipper, so that instead of waiting for a vessel to be nominated by B[20] he must himself book space on a vessel and deliver the goods on board that vessel.[21] Whether in booking space S acts as principal or as B's agent depends on the contract. In neither case is S responsible for the freight, nor is he obliged to advance it on behalf of the buyer, so that if the shipping company refuses to accept the goods on a 'freight collect' basis,[22] the seller need not proceed to load the goods unless he is put in funds by B. The capacity in which S acts in booking space may bear on the strictness of S's obligation to procure a bill of lading, and is relevant to the incidence of charges. If by the terms of the contract (express or implied) the f.o.b. price includes the making of arrangements for shipment, then in organizing the shipment S acts as principal and at his own expense and will normally be responsible for customs entry and port charges. Where, on the other hand, the f.o.b. price does not cover the procurement of the bill of lading but S agrees to do this for B's convenience and at B's expense, then the charges involved in obtaining the bill of lading, and other charges falling upon the shipper as such (including port dues and customs entry), will be for B's account, and in addition he will usually incur an extra charge to S by way of commission for S's trouble.

32.24 Since it is usually more convenient for S to arrange shipment than for B, the duty on S to procure the bill of lading will readily be inferred and may, indeed, be apparent from the language of the contract, as where payment is to be made against shipping documents.

32.25 S does not undertake that the goods will arrive safely or, indeed, at all. He is not concerned with their fate after they have been put on board. If they are lost or damaged in transit, through the negligence of the master or crew or other breach of contract by the shipping company, B will have a claim under the contract of carriage; and if the loss or damage is due to some other event covered by a contract of marine insurance taken out by B (or by S for B's account), he will recoup his loss by making a claim on the insurance policy.

3. Transfer to B of contracts of carriage and insurance concluded by S (c.i.f.)[23]

32.26 The third method is for S to undertake to ship the goods to New York at his own expense, duly insured under a policy of marine insurance covering

---

[19] As to additions such as 'f.o.b.s.', 'f.o.b.t.' etc, see para **34.18**.
[20] See further, para **34.04**.
[21] The duty to deliver at this point is a crucial element in an f.o.b. contract and is one of the factors distinguishing it from a c.i.f. contract. See below.
[22] Ie under an agreement to collect freight from the buyer at the other end.
[23] See further, paras **34.20** ff. If insurance is not included, the contract is a c.f.r. (formerly called c. & f.) contract. The shipment obligation is the same as for c.i.f.

the sea voyage, or to buy afloat goods so shipped and insured, and to transfer to B S's rights under the contract of carriage and insurance by delivering to B, with any necessary indorsement, the bill of lading, insurance policy or certificate and other shipping documents. This is the c.i.f. contract. It resembles the extended f.o.b. contract in that S does not undertake that the goods will arrive,[24] merely that B will be given the benefit of contractual claims against the carrier and insurers, together with the property in the goods if they are in existence at the time of tender of the documents.[25] But there are important differences between a c.i.f. contract and an extended f.o.b. contract. In an f.o.b. contract where S ships as B's agent, B is responsible for the freight and insurance; in a c.i.f. contract these are included in the price. Even where S is responsible as principal for arranging the shipment, bringing the contract much closer to a c.i.f. contract, there remains the significant difference that an f.o.b. contract requires delivery by or on behalf of S on board a vessel at the contractual port of departure, whereas in a c.i.f. contract S is not obliged to act as shipper but may perform the contract by buying goods afloat.[26] The distinctive feature common to c.i.f. and extended f.o.b. contracts in which S ships as principal is that the price includes the cost of carriage beyond the agreed delivery point, so that the delivery and price obligations are not coterminous.

4. Delivery at place (DAP)[27]

32.27 S may undertake not merely to dispatch the goods, as in the previous two cases, but to deliver them, say, ex ship New York, in which case the contract is a destination or 'arrival' contract, that is, it is S's responsibility to ensure that the goods arrive safely and in proper condition in New York, ready for collection by B from the ship, all expenses up to this point being paid by S.[28] If the goods are lost or damaged in transit, then subject to rules of risk and

---

[24] However, the contract may provide for payment 'on arrival'. These words may show that the contract is not intended as a true c.i.f. contract; but if the court is satisfied that the parties intended the duty of payment to come into existence on tender of documents in the usual way, the provision for payment 'on arrival' will usually be considered as an indication of the time of payment rather than as making arrival a condition precedent to payment, so that if the ship fails to arrive, payment will be treated as due at the time it would normally have arrived. See *Fragano v Long* (1825) 4 B & C 219 and F. Lorenzon, and Y. Baatz, *Sassoon: C.i.f. and F.o.b. Contracts* (6th edn, 2017), para 3-028. For a case where the terms of the contract were held to show an intention to make arrival a condition of payment, so that the contract was not a true c.i.f. contract despite its reference to c.i.f. terms, see *The Julia* [1949] AC 293. The true nature of the contract is a question of substance, not form.

[25] See para **34.20**.

[26] This is not to say that the port of departure is irrelevant in a c.i.f. contract (on the contrary, it is frequently made a contractual term), merely that the shipment need not be by or on behalf of S but is effective if made by a predecessor.

[27] The DAP term was introduced for the first time in Incoterms 2010. It amalgamated three terms which are no longer included in Incoterms, namely Delivered at frontier (DAF), Delivered ex ship (DES) and Delivered duty unpaid (DDU). So, for example, the arrival vehicle under DAP could be a ship, as in the example given in this paragraph, but it would also encompass another mode of transport.

[28] However, not all 'arrival' contracts are ex ship in this sense. The words 'arrival' or 'to arrive' may mean that the seller's obligation to deliver ex ship and the buyer's obligation to pay are

frustration the loss falls on S, for the contractual delivery point is from the ship in New York.

6. A TYPICAL EXPORT TRANSACTION[29]

(i) Procedural steps

32.28 Given the pace of developments in the modern world, it is a hazardous task to attempt to identify the elements of a 'typical' export transaction. As we have noted,[30] the drive towards paperless trade in international transactions continues to accelerate as parties innovate in their attempts to reduce cost and increase the speed with which business can be done within a secure environment. Notwithstanding the pace of change, it remains possible to identify certain basic stages in a typical transaction, albeit they may not always assume their traditional paper form. These stages will now briefly be described. In the illustration that follows it will be assumed that under the contract of sale it is the exporter's responsibility to arrange for shipment of the goods. This, of course, will not necessarily be so in all cases.

1. The purchase order

32.29 The first step is for the foreign buyer to place the order either in a paper document or, more probably, in electronic form. The contract of sale is the core of the operation, and all subsequent ancillary contracts must be in conformity with it, a point to which we shall return when considering the documents for which the buyer can call and which the seller is entitled to tender. Usually the contract will be a standard-term contract, on the buyer's terms, the seller's or a combination of the two. Whose terms are made to prevail will, in large measure, depend on the respective bargaining positions of the parties, a matter influenced as much by supply and demand for the goods as by the relative size and substance of the parties themselves.[31] A well-drawn contract will stipulate by which law it is to be governed (in practice, it will usually be that of the seller), and in most cases the choice-of-law clause will be upheld and applied in the courts of both seller and buyer. In the absence of an express choice of law by the parties, or the application of the Vienna Convention on Contracts for the International Sale of Goods (the 'CISG') to the contract, an English court will have to apply the law determined by English conflict of laws rules.[32]

---

dependent on the safe arrival of the ship and/or the goods at the stated destination, and that if this does not occur, the contract is discharged, neither party having any claim against the other. See *Benjamin's Sale of Goods* (10th edn, 2017), paras 21-023 ff.

[29] See generally *Schmitthoff: The Law and Practice of International Trade*, n 3; A. E. Branch, *Export Practice and Management* (5th edn, 2006).
[30] See paras **32.04–32.06**.
[31] As to the battle of the forms, see para **3.53**.
[32] See paras **37.83** ff.

2. Assurance of payment

32.30 Where the contract provides for payment in advance, or for some advance assurance of payment such as an irrevocable letter of credit,[33] the seller will wish to have this in his hands before proceeding further.

3. Procurement of the goods

32.31 Unless he is able to supply the goods from stock, the exporter must proceed to manufacture or acquire them. The goods must, of course, conform to the requirements of the contract of sale and, assuming that the sale transaction is governed by English law, the normal rules contained in the Sale of Goods Act will apply.

4. Export licence

32.32 Where an export licence is required, it is usually for the seller to obtain this.[34] Most exports do not require a licence, but for those categories listed in the Export Control Act 2002, and regulations made thereunder,[35] as from time to time amended, a licence from the Export Control Organisation in the Department for International Trade is necessary except so far as the order otherwise provides. Exports of specified classes of controlled goods are covered by an Open General Export Licence which may be utilized without application, provided that the exporter registers its intention to use the licence. In other cases the exporter must apply for a Standard Individual Licence to export specified goods to a specified consignee or an Open Individual Export Licence covering multiple shipments.

5. Transportation arrangements generally[36]

32.33 At this stage the exporter has a variety of choices. If his contract requires him merely to ship the goods, without further responsibility for them, he may reserve space on a suitable vessel and attend to all the shipping arrangements himself[37] or have this done for him, wholly or in part, by a freight forwarder, an organization specializing in the handling of all aspects of exportation,[38] including booking of space, transportation to the docks,

---

[33] See paras 35.26 ff.
[34] See paras 34.10–34.11.
[35] See in particular the Export Control Order 2008 (SI 2008/3231), which, as amended, consolidates various orders made under the Export Control Act 2002. The UK's system of export controls is administered by the Export Control Joint Unit which is part of the Department for International Trade. Further helpful information can be found at https://www.gov.uk/government/organisations/export-control-organisation.
[36] See further, ch 36.
[37] See below.
[38] And, of course, importation, which will not be discussed here.

customs clearance,[39] packaging, insurance, consolidation of cargo, warehousing, and the like. But suppose the exporter's contract requires him not merely to ship the goods to the contract port of destination but to deliver them to the buyer's premises at the other end. The journey may here involve combined, or multimodal, transport,[40] eg by road from the exporter's warehouse to the docks, by ship to an intermediate country, followed by transhipment to the buyer's country and then by rail to an inland terminus and by road to the buyer's premises. The exporter could arrange separate contracts with each carrier for each stage of the journey. If he wishes to avoid this cumbrous and time-consuming process, he may take out a through bill of lading by which the shipping company, having received the goods at the dock or on board the vessel, undertakes not merely to carry the goods for the first sea leg of the journey but also to attend to all stages of the transit, either as principal or by arranging contracts with the oncarriers as agent of the exporter.

32.34 The through bill of lading has obvious advantages compared with the traditional port-to-port shipment. Nevertheless, it does not solve all the exporter's problems. In the first place, it functions as an acceptable combined transport document only if issued by a shipping company, and thus does not cover earlier stages of the transit or journeys not involving a sea leg at all. Secondly, the shipping company issuing a through bill of lading almost invariably limits its responsibility to its own stage of the transit and disclaims liability for the goods after these have been delivered to the oncarrier. Happily, there developed, by a logical progression, the combined (or multimodal) transport document, pursuant to which a combined (multimodal) transport operator undertakes responsibility as principal for the entire transit, from the time he takes the goods in his charge (which may be at the exporter's own premises) to the time of their delivery to the buyer. Such an arrangement has been greatly facilitated by the development of containerization. Instead of warehouses and carriers having to handle individual items of merchandise, these are packed into containers of standard sizes that are kept sealed throughout the journey, and can be rapidly transferred from one recipient to the next without intermediate handling of the separate items, each recipient having premises, equipment or transport vehicles or vessels specially equipped to receive and hold containers.

6. *Booking space on the vessel*

32.35 Whether the exporter acts directly or through a freight forwarder, he will have to decide by what shipping line and vessel he intends to ship the

---

[39] A large freight forwarder or consortium may arrange customs clearance at its own inland clearance depot (ICD) under a system called ERTF (enhanced remote transit facility) which was formerly known as ERTS (enhanced remote transit shed). See further https://www.gov.uk/guidance/temporary-storage.

[40] Ie 'the carriage of goods by at least two different modes of transport from a place at which the goods are taken in charge situated in one country to a place designated for delivery situated in a different country' (Uniform Rules for a Combined Transport Document (1975 Revision), published by the International Chamber of Commerce (ICC Publication No 298). The term used by the ICC is 'combined transport'. Other expressions used as equivalents are 'inter-modal transport' and 'multimodal transport'. See paras **36.79** ff.

goods, and then book space on the vessel. This may be done with the shipping company direct or through a forwarding agent. The shipping line makes available its sailing schedules showing the dates between which cargo will be received for loading and the estimated sailing date, and deals with the calculation and payment of freight and the issue of bills of lading.

7. Packaging, marking and dispatch

32.36 Next, the goods must be packaged and got down to the docks. Packaging of products has been of major importance in trade, and the exporter may well wish to use a specialist firm for this task. The outside of the package must also carry the shipping marks and numbers by which the consignment is to be identified and the route and certain other information specified.[41] Again, the exporter may make his own arrangements for dispatch to the docks or may use a forwarding agent, to whom he will give shipping instructions (figure 32.1). Where the goods are being sent by container, they will be collected from the exporter's premises by the freight forwarder if comprising a full container-load (FCL) or, if not, will be sent by the exporter to the forwarder's container depot as a less than container load (LCL) to be consolidated with other goods by the groupage agent.[42] The goods must be accompanied by a standard shipping note (figure 32.2) setting out details of the exporter/shipper, the ship, the ports of departure and destination, the descriptions, dimensions and weights of the packages and other relevant details of the consignment.[43] The standard shipping note is prepared in multi-part sets and serves as a receipt by the forwarding agent (or if the exporter is shipping direct to the port, by the terminal operator) and an approved customs document for pre-entry presentation, with copies for the shipping line, terminal operators, customs and any other parties involved. When the container has been loaded the exporter will issue its bill of lading instructions to the shipping line, from which the manifest (that is, the document detailing the ship's content and cargo) and bills of lading can be completed, the bills being released to the exporter or the forwarding agent once the goods have been shipped on board.

---

[41] Packaging and marking as appropriate are expressly included as duties of the seller in Incoterms® 2020.
[42] Alternatively, they will be delivered to an ICD. The goods will be deconsolidated by a groupage agent at the port of destination.
[43] The standard shipping note has largely replaced the mate's receipt formerly issued as a receipt for the goods on board prior to issue of the bill of lading. Where issued, a mate's receipt is prima facie evidence of receipt of the goods in good order and condition (*The Nogar Marin* [1988] 1 Lloyd's Rep 412).

A Typical Export Transaction **32.36**

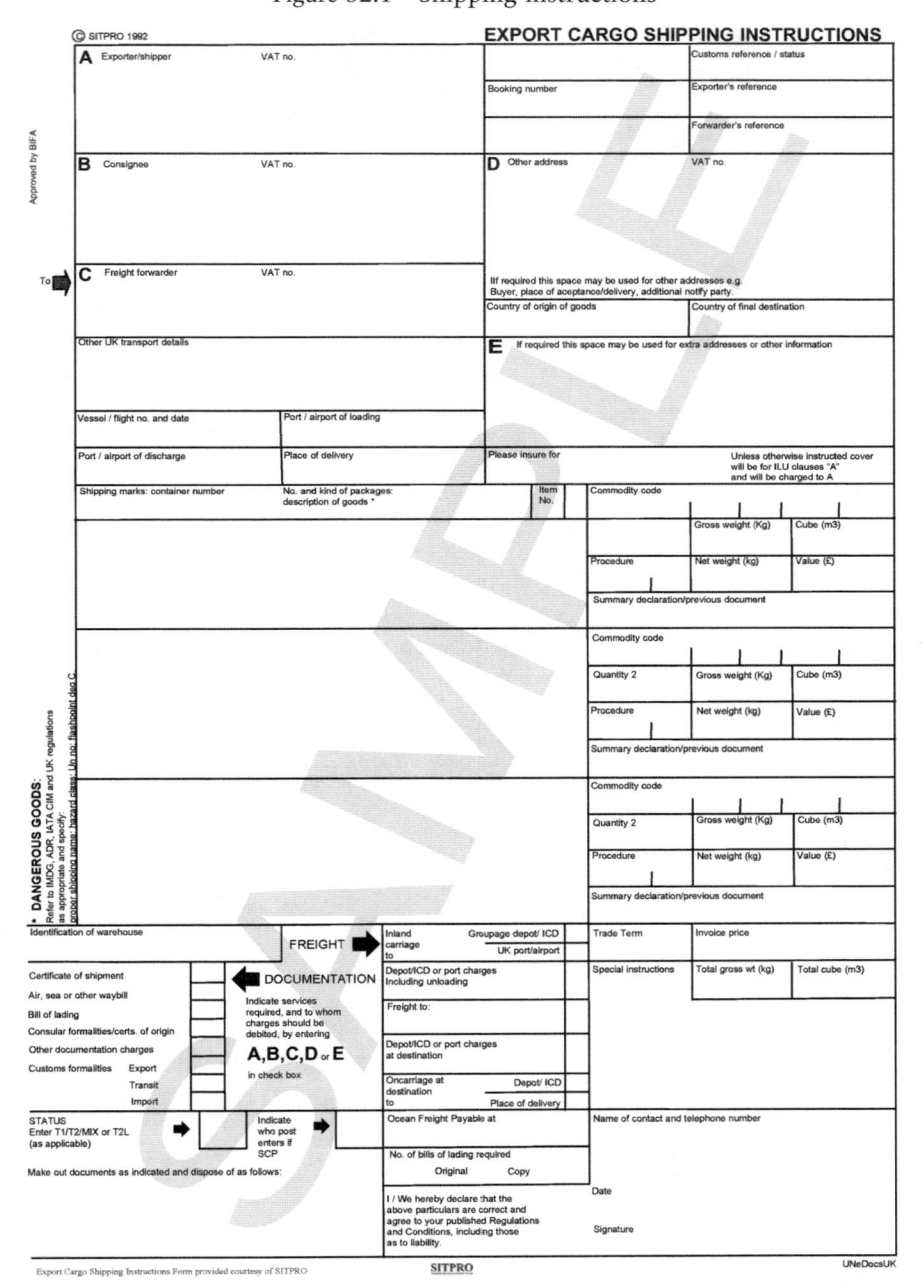

Figure 32.1 Shipping instructions

32.36 Characteristics & Organization of International Sales Transactions

Figure 32.2 Standard shipping note

8. Preparation of the bill of lading

32.37 The exporter must obtain and complete the shipping line's form of bill of lading (figure 32.3 or figure 32.4) showing details of the goods, shipper, consignee etc,[44] and forward the bill of lading, with the requisite number of copies, to the shipping company or loading broker.

9. Preshipment inspection

32.38 In principle, the buyer under a documentary sale is not entitled to inspect the goods before shipment.[45] But it is not uncommon for buyers to stipulate in the contract of sale that the goods are to be inspected prior to shipment, whether at the manufacturer's premises or some other place, by an independent inspection organization, which will issue a certificate as to the sampling, quality and analysis of the goods, suitability of the packaging, or as may be required, after laboratory testing, sampling or other quality evaluation method. The inspection certificate will normally be specified in the contract of sale as one of the required shipping documents and may be made conclusive evidence of the quality and condition of the goods.[46]

10. Loading

32.39 In due course the cargo is loaded on or pumped into the vessel, the process depending on the type of cargo. This may be broadly divided into liquid bulk cargo (eg crude oil, chemicals, spirits) pumped directly into the holds of tankers, dry bulk cargo (eg grain, flour, rice, sand) loaded directly into the hold of a bulk carrying vessel from the terminal, container cargo loaded into cellular container vessels and general (ie loose, or break-bulk) cargo. Oil is pumped into tanks in specially designed tankers, either from the terminal or off-shore. Much cargo, both dry and liquid, that is not of high tonnage is now shipped in containers, which in the case of perishables are refrigerated ('reefers'). Cargo is loaded by crane or fork-lift truck from the docks or ship or from a roll-on/roll-off vehicle (such as a trailer or lorry driven directly on to the vessel) or a barge alongside. Uncontainerized goods are checked by the shipping company's tally clerks to ensure correspondence with the bill of lading, particulars of any apparent defects in the condition of the goods or their packaging being noted on the bill of lading, and the goods are then entered on the ship's manifest, after which, if all is in order, the bill will be signed on behalf of the shipping company and given to the shipper. In the case of cargo shipped in containers, each container is sealed to ensure its security, details of the seal being entered on the ship's manifest, and every container is allocated an identified cell on the vessel. Obviously, sealed containers cannot be checked for their contents; the carrier merely acknowledges receipt of identified containers in apparent good order and condition and sealed. But

---

[44] For a description of the functions of a bill of lading, see paras **32.52** ff.
[45] Prior to this the seller will not normally have made an unconditional appropriation.
[46] As an alternative to preshipment inspection the buyer may stipulate inspection after discharge of the goods.

32.39 *Characteristics & Organization of International Sales Transactions*

where several Less than Container Load items are to be consolidated into a groupage container, the contents are first checked by tally clerks for their apparent good order and condition and details recorded showing which cargo has been loaded into which container.

11. Customs clearance[47]

32.40 The customs procedure for export is designed to fulfil two distinct functions. The first is to ensure that certain categories of goods are not exported without prior clearance, termed 'pre-entry'. These include goods from bonded warehouses on which duty has not been paid and goods the exportation of which requires a licence. The second is to provide the customs with details of the export for record and statistical purposes. For goods not requiring pre-entry, this information need not be supplied in advance but may be furnished after shipment, a procedure known as 'entry'.

12. Remaining stages

32.41 On arrival at the port of destination the goods will be unloaded by stevedores or terminal operators (and in the case of groupage containers, deconsolidated by a deconsolidating agent), passed through customs in the buyer's country, inspected by an inspection agency where this is required by the sale contract, and released or delivered to the buyer at the port or at his premises or other agreed contractual delivery point. Possession of goods shipped under a bill of lading is given up by the shipping company itself only on presentation of the requisite bill of lading.[48] In the case of goods shipped under a sea waybill it is not necessary for the consignee to produce the sea waybill; all its representative has to do is to furnish evidence of identity if required.

---

[47] See generally *Schmitthoff: The Law and Practice of International Trade*, n 3, ch 26; A. E. Branch, *Export Practice and Management*, n 29, ch 9.
[48] Not infrequently there are lengthy delays in the preparation and dispatch of bills of lading, which, in consequence, may arrive after the goods themselves, thus defeating the object of a bill of lading as a document of title and causing serious difficulties for both carrier and consignee. To deal with this, an elaborate system of guarantees and warranties has developed to enable the goods to be released by the carrier without production of the bill of lading. See generally S. Mills (ed), *Goode on Proprietary Rights and Insolvency in Sales Transactions* (3rd edn, 2010), paras 4.43 ff.

A Typical Export Transaction **32.41**

Figure 32.3 Received for shipment bill of lading

32.41 Characteristics & Organization of International Sales Transactions

Figure 32.4 Shipped bill of lading. For terms and conditions, see fig 32.3.

7. DOCUMENTS IN EXPORT SALES[49]

(i) **The importance of documents**

32.42 It will have become apparent from the preceding discussion that the export of goods involves the contract of sale as the core of the operation; a range of ancillary contracts (transport, insurance, finance), which may entail a number of intermediaries; the physical movement of goods; and the physical movement or the electronic transmission of documents.

32.43 As mentioned earlier in this chapter, the distance between exporter and importer creates several problems. In particular, the buyer may not want to pay until he has control of the goods, while the seller may be unwilling to deliver the goods until he is assured of payment. The buyer may wish either to dispose of the goods or raise finance against them before their arrival; and the seller, if giving credit, may himself wish to raise money against the payment due to him from the buyer.

32.44 How are these conflicting desires to be satisfied? The answer is, through the use of documents: in the case of the buyer, documents giving control of the goods; in the case of the seller, documents embodying a payment obligation. Simultaneous exchange of delivery documents against payment documents means that the buyer can safely pay before physical delivery, since he gets his hands on the means of control which enable him to deal with the goods before their arrival, while the seller obtains a payment instrument which either entitles him to immediate payment or, if a time bill, can be converted into cash before maturity by way of discount or pledge.

32.45 It is worth emphasizing here that neither party is obliged or entitled to furnish documents in performance of his obligations unless the contract of sale so provides. In the absence of agreement to the contrary, the seller's duty is to make delivery of the goods at the contractual delivery point,[50] while the duty of the buyer is to pay the price in legal tender[51] in exchange for delivery. Deviation from these methods of performance can be only by mutual agreement.

32.46 The multiplicity of documents used in export and import transactions can be an obstacle to the efficient operation of the system. Valuable work was done by the Simpler Trade Procedures Board (SITPRO) prior to its demise in 2010 in rationalizing and simplifying documents and procedures, particularly through the development of an aligned documentation system based on a master document containing all the relevant information from which separate documents could be run off. Moreover, there have been considerable efforts to reduce the volume and movement of paper through (i) the electronic transmission of bills of lading data and images and ship manifests, (ii) the issue of

---

[49] See for useful but rather dated guidance the UNCTAD publication *The Use of Transport Documents in International Trade*, UNCTAD/SDTE/TLB/2003/3, 26 November 2003.
[50] See paras **32.13** ff.
[51] See Coinage Act 1971, s 2, as amended by the Currency Act 1983, s 1(3).

32.46 *Characteristics & Organization of International Sales Transactions*

electronic bills of lading (and provision has now been made for electronic transport records in the Rotterdam Rules),[52] (iii) a shift from bills of lading to non-negotiable sea waybills and (iv), in the case of container cargoes intended for different importers at a particular destination, the use of electronically communicated PIN numbers or reliance upon blockchain technology instead of ship's or merchant's delivery orders.

32.47 If documentary procedures are to work properly, it is essential that the various rules governing the documentary requirements of each of the different contracts should be consistent. For example, the rules determining what constitutes an acceptable transport document should, in principle, be the same for the contract of sale, the contract of carriage and the Uniform Customs and Practice for Documentary Credits (UCP), a goal not easily achieved.[53]

(ii) The principal delivery documents

32.48 The documents tendered to the buyer must be such as will, inter alia, enable the buyer:

(a) to procure delivery from the carrier;
(b) to assert rights against the carrier if the goods have been lost or damaged in transit through breach of the carrier's obligations;
(c) where the contract is a c.i.f. contract or a variant of it, to recover from an insurer for loss of or damage to the goods in transit so far as resulting from perils normally covered by marine insurance;
(d) to calculate the freight;
(e) to clear the goods through the customs in the country of import.

32.49 The documents which confer these rights in the highest degree[54] are the bill of lading, the policy of marine insurance covering the goods in their sea transit and the commercial invoice. To these may be added other documents particular to the buyer's requirements as specified in the contract of sale, eg a certificate of origin, a certificate of quality and a consular invoice.

(iii) The key features of a transport document

32.50 The late Mr Bernard Wheble, a leading banking expert, listed five features required of a transport document if it is to have maximum efficacy. It must:

---

[52] See para **32.73**.
[53] At first sight it would seem possible to avoid the problem as regards letters of credit by requiring the applicant for the credit to set out the requirements for an acceptable transport document in detail. But this would make letters of credit very much longer and more complex, and, in practice, it is found much more satisfactory to set out the requirements in the UCP themselves and then incorporate the UCP by reference. See further A. Malek and D. Quest, *Jack: Documentary Credits* (4th edn, 2009), paras 8.82–8.133.
[54] Though, as we shall see, there are lesser documents often used instead, for example, a ship's delivery order or, in the case of multimodal transport, a freight forwarder's certificate of receipt or transport.

(a) give control of the goods vis-à-vis both the carrier and third parties;
(b) constitute a receipt for identified goods by the party undertaking responsibility for their carriage;
(c) establish the apparent condition of the goods when received by the carrier;
(d) show that the goods are in movement rather than static;
(e) establish privity of contract between the holder of the document and the carrier.

32.51 Only the bill of lading meets all these requirements. The exclusivity of the bill of lading is attributable partly to the reluctance of the courts to recognize new forms of negotiable document and partly to the Carriage of Goods by Sea Act 1971, which embodies the Hague-Visby Rules[55] and imposes on the carrier the obligation, inter alia, to furnish to the shipper on demand a bill of lading setting out identification marks and other details of the goods. Moreover, under the Bills of Lading Act 1855, only the transfer of a bill of lading operated to transfer the holder's contractual rights against the carrier to the transferee, but that Act has been repealed by the Carriage of Goods by Sea Act 1992, which extends the statutory transfer of contractual rights to persons entitled to receive the goods under a sea waybill or ship's delivery order.[56] Despite these attributes of a bill of lading, there has been a significant shift in favour of the non-negotiable sea waybill in cases where the importer does not wish to sell or pledge the goods in transit and production of a document of title is not required under the terms of a letter of credit, for the sea waybill has the great advantage that, since it does not have to be produced in order to obtain delivery, the delays associated with the physical transfer of a bill of lading along what may sometimes be a long chain are avoided, while most of the advantages of a bill can be incorporated by the terms of the waybill.[57] An UNCTAD study[58] demonstrated that a significant obstacle both to the use of sea waybills and to the issue of electronic bills of lading was the concern that these may not be acceptable under letters of credit covering shipments, although these particular risks have largely disappeared as a result of two developments. First, UCP 600 makes provision for the presentation of non-negotiable sea waybills so that it is open to the parties to stipulate for a non-negotiable sea waybill should they wish to do so.[59] Second, the eUCP makes provision for the presentation of electronic records.[60]

(iv) The characteristics of a shipped bill of lading

32.52 A shipped bill of lading (see figure 32.4) possesses five main characteristics.

---

[55] Ie the Hague Rules 1924 as amended by the Protocol of 23 February 1968. See further, para **36.07**.
[56] See paras **36.63** ff.
[57] See para **32.86**.
[58] See para **36.86**.
[59] Article 21.
[60] Supplement to the Uniform Customs and Practice for Documentary Credits for Electronic Presentation (eUCP), version 2.0 (2019), on which see further para **35.10**.

32.53 *Characteristics & Organization of International Sales Transactions*

1. It is a document of title

32.53 At common law a bill of lading is a document of title (indeed, the only document of title) to goods.[61] What does this mean? Right up to the latter part of the nineteenth century the term 'document of title' was used by the courts in a literal sense to denote that delivery of the document, with any necessary indorsement, transferred ownership of the goods where so intended; It may be that this emphasis on the transfer of title reflected the normal purpose for which a bill of lading was transferred; certainly that seems to have been the assumption underlying s 1 of the Bills of Lading Act 1855.[62] But where goods are agreed to be sold under a contract of sale, it is the terms of that contract which govern the transfer of the property of the goods. Under s 17 of the Sale of Goods Act 1979 the property passes when the parties intend it to pass. The parties may, of course, agree expressly or by implication that the act which is to produce this result is the transfer of the bill of lading, but in such a case it is the contract of sale, not the transfer of the bill of lading as such, which operates to transfer the property.

32.54 The focus on title is therefore misleading, for the transfer of title is an aspect of the relationship between seller and buyer, whereas the bill of lading concerns the relationship between holder and carrier. We have seen that where a bailee holds goods for another, the bailor has constructive possession[63] and that this may be changed by the bailee intimating that he is now holding the goods for a new bailor, an intimation known as attornment.[64] The bill of lading constitutes an acknowledgement by the carrier that the goods will be held for whoever is the current holder of the bill of lading. The holder thus has constructive possession and can transfer this by delivery of the bill of lading with any necessary indorsement. The bill of lading should therefore be seen as a control document by which constructive possession is transferred rather than as a document by which title is passed.[65] Its particular characteristic is that, where the parties to the transfer of the bill of lading so intend, it imposes on the carrier a duty to the transferee without the need for any separate act of attornment. It may thus be described in a loose sense as embodying an attornment in advance. But it is not a true attornment, for the mere transfer of the document does not confer rights against the carrier unless the parties to the transfer so intend.[66] Plainly the parties cannot intend the transfer to operate as a transfer of constructive delivery where to their knowledge the goods have already left the control of the carrier;[67] and, in any event, while this may not exhaust the bill of lading to the extent of any personal rights it gives against the

---

[61] For a comprehensive analysis of the history and proprietary and possessory effects of a bill of lading, see R. Aikens, R. Lord and M. Bools, *Bills of Lading* (2nd edn, 2015).
[62] Which referred to consignees or indorsees 'to whom the property in the goods therein mentioned shall pass upon or by reason of such consignment or indorsement'.
[63] See paras 2.42–2.43.
[64] See para 2.45.
[65] See *The Delfini* [1990] 1 Lloyd's Rep 252, per Mustill LJ at 268.
[66] See *The Future Express* [1992] 2 Lloyd's Rep 79, per His Honour Judge Diamond QC at 94, affirmed by the Court of Appeal [1993] 2 Lloyd's Rep 542.
[67] Ibid.

carrier, its function as a document of title obviously comes to an end when the carrier no longer has control of the goods.

32.55 The bill of lading fulfils in relation to the goods specified in it much the same functions, and is transferred in much the same way, as a negotiable instrument in relation to a stated money obligation. Thus the consignee named in a bill of lading corresponds to the payee of a bill of exchange and the indorsee of a bill of lading to the indorsee of a bill of exchange. A bill of lading may be negotiable or non-negotiable. It is negotiable if it is expressed to be transferable, either by the manner in which the consignee is designated or by the other terms of the bill. Where the consignee is designated 'order', this means that it is transferable by indorsement of the shipper and delivery. Where the bill is made out in favour of a named consignee 'or order', it is transferable by indorsement of the named consignee. If the consignee is shown as 'bearer' or 'holder' or is left blank, the bill is transferable by delivery without indorsement. Where, on the other hand, the bill is consigned to a named consignee without the addition of the words 'or order', the bill is a non-negotiable ('straight' or 'straight consigned') bill unless the terms of the bill provide for its transfer, in which event it will be transferable by the consignee's indorsement and delivery as if the words 'or order' had been added.[68] Like a bill of exchange, a bill of lading may be indorsed to a named indorsee or in blank, and in the latter case becomes a bearer document transferable by delivery without indorsement.

32.56 Thus the essence of an ordinary bill of lading is that it is transferable to different people in succession by delivery with any necessary indorsement. By contrast, a straight bill of lading may be transferred once only, to the named consignee, and then only by delivery without indorsement, the transferee being identified in the bill itself. Until relatively recently the status of a straight bill of lading was unclear in English law; in particular it was unsettled whether it was to be treated as a true bill of lading within the Carriage of Goods by Sea Act 1971 or whether on the other hand it was to be equated with a sea waybill. The issue has now been authoritatively determined by the House of Lords, in a ruling that a straight bill of lading (1) is both a bill of lading for the purposes of the 1971 Act and a document of title, since rights are transferred by its delivery, albeit only once,[69] and in contrast to a sea waybill its production is required in order to obtain delivery, and it is drawn in the traditional form of a classic bill of lading, but (2) is a sea waybill under s 1 of the Carriage of

---

[68] Bills of lading also contain a space for entry of 'notify party', ie the name and address of the party whom the shipper requires to be notified of arrival of the shipment – for example, the consignee, his bank or other intended indorsee of the bill of lading, or a freight forwarder who is to collect the goods on their arrival. A 'notify party' entry imposes a contractual duty on the carrier to notify the party stated, unless otherwise provided by the terms of the contract (*E. Clemens Horst & Co v Norfolk & North American Steam Shipping Co Ltd* (1906) 22 TLR 403).

[69] In this respect it differs from the straight bill of lading under s 29 of the US Pomerene Act 1916, which is transferable to different holders in succession but lacks the feature of full negotiability of an ordinary bill of lading under US law enabling a holder to pass a better title than he himself possesses. By contrast English law treats a bill of lading as transferable but not fully negotiable. See below.

Goods by Sea Act 1992 for the purposes of that Act,[70] though this does not affect the transferability of the holder's rights.[71]

32.57 A negotiable bill of lading possesses in relation to goods most of the features of negotiability accorded to instruments in respect of money. Thus:

(a) in the conditions previously mentioned it gives the holder control of the goods and entitles him to collect them from the carrier on surrender of the bill;
(b) it is transferable by delivery with any necessary indorsement, no separate assignment or notice of assignment being needed;[72]
(c) by virtue of (a) and (b) its possession enables the holder to deal with the goods before delivery.

32.58 But in two respects the negotiability of a bill of lading differs from that of a bill of exchange. First, negotiability denotes no more than transferability by delivery with any necessary indorsement. The transferee does not, by virtue of the character of the document, acquire any better title than his transferor.[73] There is thus no equivalent to the holder in due course status which is available for instruments. Secondly, negotiability is not presumed, as in the case of instruments; it is necessary for the bill to be made negotiable, in one of the ways indicated above.

2. It is a receipt by the carrier

32.59 The bill of lading also serves as a receipt by the carrier. It is prima facie evidence in favour of the shipper, and conclusive evidence in favour of the consignee or indorsee, that the goods were received on board in the number or quantity or of the weight stated.[74]

3. It evidences the apparent condition of the goods

32.60 Statements in a bill of lading as to the condition of the goods when taken on board – eg 'shipped in apparent good order and condition' – are not contractual (since the contract of carriage will have been concluded before

---

[70] *The 'Rafaela S'* [2005] UKHL 11, [2005] 2 AC 423. In *Peer Voss v APL Co Pte Ltd* [2002] 2 Lloyd's Rep 707 the Singapore Court of Appeal held that, in contrast to the position with a sea waybill, production of a straight bill of lading is necessary in order to obtain delivery. The Court of Appeal in *The 'Rafaela S'* [2003] EWCA Civ 556, [2004] QB 702 followed this approach. It would also appear to have the support of the House of Lords (see Lord Bingham at [20] and Lord Steyn at [45]), although it cannot be said that the point was conclusively resolved by their Lordships. The strongest evidence of their support for this view is probably to be found in their general approval of the analysis adopted by Rix LJ in the Court of Appeal. The judgment of Rix LJ, which reviewed the history of debates on the issue, is particularly instructive.
[71] See below.
[72] Cf the position in relation to bills of exchange, para **20.128**.
[73] He may, however, do so by virtue of some exception to the *nemo dat* rule, eg estoppel or statute (see, for example, the Factors Act 1889, ss 2, 8, 9 and the Sale of Goods Act 1979, ss 24, 25), on which see paras **16.46–16.71**.
[74] See paras **36.52** ff.

shipment) but, at most, constitute evidence of the stated condition, which in certain circumstances will be treated as conclusive and thus constitute an estoppel.[75]

4. It evidences the terms of the contract of carriage

32.61 The bill of lading is not itself the contract of carriage – for this is concluded before the goods are taken on board – but is the best evidence of its terms.[76] However, it is now possible for parties to make use of a short-form bill of lading which incorporates the carrier's standard terms by reference, the name of the carrier being typed on the front of the form.

32.62 The bill of lading should indicate whether the freight is prepaid or 'freight collect', that is, payable on arrival of the ship at the port of destination. In the latter case the seller must deduct the freight from the amount of his invoice.

5. It is a vehicle for transferring the contract rights it embodies

32.63 By statute, though not at common law, the transfer of a bill of lading also operates, in certain conditions, to transfer to a consignee or indorsee the rights and liabilities of the original shipper under the contract of carriage contained in or evidenced by the bill of lading, and this transfer is no longer dependent upon the property in the goods having passed to the consignee or indorsee at the relevant time.[77]

(v) Seller's duties as to the quality of the bill of lading

1. In general

32.64 Unless the contract of sale otherwise provides, a bill of lading tendered to a buyer must conform to the following requirements, in default of which the buyer is entitled to reject it.[78]

(a) It must be a shipped bill of lading, not a received for shipment bill. That is, it must show the carrier's receipt of the goods on board the vessel, not merely receipt alongside or at a dock or warehouse for the purpose of shipment. The point here is that the buyer is entitled to a document showing that the sea transit has begun. It is a common practice nevertheless for sellers to tender and buyers under f.o.b. and c.i.f. contracts to accept a combined transport bill of lading showing initial receipt by the carrier at the seller's premises or at an inland delivery

---

[75] See paras **36.52** ff.
[76] See paras **36.52**.
[77] Carriage of Goods by Sea Act 1992, repealing the Bills of Lading Act 1855. See paras **36.63** ff. In consequence of s 2 of the Act rights of suit against the carrier are not confined to a holder of a bill of lading. See para **36.65**.
[78] As to the effect of rejection, see paras **34.17, 34.39**.

32.64 *Characteristics & Organization of International Sales Transactions*

point but bearing an indorsement showing shipment on board. But f.o.b. and c.i.f. contracts are not suitable where the parties to the sale contract incorporate Incoterms, and instead the FCA term should be used.[79]

(b) It must be a clean bill, not a claused (or foul) bill.[80]

(c) It must not be issued under a charterparty (for its terms would then be qualified by the charterparty, so adversely affecting the buyer's rights).[81]

(d) It must record a date and place of shipment that indicates compliance with the contract of sale.[82]

(e) It must cover the whole of the agreed transit, and not, for example, be a bill of lading issued by an intermediate carrier holding the goods at the time when they are purchased afloat, for the buyer will then have no direct claim against the first carrier for the first part of the voyage.[83]

(f) Where transhipment is prohibited, the bill must be one which indicates continuous carriage by the same vessel to the port of destination, as opposed to a through bill of lading or a combined transport bill of lading.[84]

(g) It must sufficiently identify the goods.[85] If it does not do this, the property will not pass to the buyer as the result of the transfer of the bill of lading to him.[86] However, the requirement of identification may be excluded by the express terms of the contract or by course of dealing or usage, a common occurrence in the case of bulk cargo such as oil, grain etc, which are not packed, boxed or crated but are poured as an undivided mass into the ship's hold and where a single shipment may be covered by a large number of bills of lading in favour of different buyers and segregation of each buyer's entitlement would be impracticable.[87]

---

[79] See para **32.17**.
[80] See paras **32.66–32.67**.
[81] However, a mere reference to the charterparty does not render the bill of lading defective if it is clear that the terms of the charterparty are not incorporated into the bill of lading and do not affect the buyer's rights (*S.I.A.T. Di Del Ferro v Tradax Overseas SA* [1978] 2 Lloyd's Rep 470, *per* Donaldson J at 492).
[82] *Hansson v Hamel & Horley Ltd* [1922] 2 AC 36; *S.I.A.T. Di Del Ferro v Tradax Overseas SA*, n 81. If it does not, the buyer will usually be entitled to reject it, since prima facie shipment within the contractual shipping period is a condition which must be strictly complied with.
[83] *Hansson v Hamel & Horley Ltd*, n 83. But the fact that the bill of lading allows transhipment may not by itself entitle the buyer to reject it, so long as it is clear from the terms of the bill that the carrier at the port of shipment is undertaking responsibility for the entire sea transit (ibid at 48).
[84] Even if by the terms of the bill of lading the carrier reserves the right of transhipment, banks issuing letters of credit will refuse to accept such a bill unless the relevant cargo is shipped in containers or otherwise satisfies the requirements of UCP 600, art 20(c)(ii).
[85] See *Re Reinhold & Co* (1896) 12 TLR 422; *Benjamin's Sale of Goods*, para 18-334; A. G. L. Nicol, 'The Passing of Property in a Bulk' (1979) 42 MLR 129 at pp 141–142. Sellers usually take steps to facilitate identification by the use of shipping marks and numbers on the packages, details of the marks being given in the bill of lading and commercial invoice.
[86] Sale of Goods Act 1979, s 16.
[87] See *Goode on Proprietary Rights and Insolvency*, para 4.35, for a discussion of some of the problems arising from this. For the prepaying buyer these are alleviated by the Sale of Goods Act 1979, ss 20A and 20B, discussed at para **8.52**.

(h) It must be confined to the buyer's goods and must not include goods consigned to another purchaser,[88] for obviously the buyer cannot then deal with the bill of lading without committing a conversion of the other purchaser's goods. But this requirement obviously does not apply where the parties have agreed, expressly or impliedly, that the seller may furnish a bill of lading covering an undivided part of a bulk cargo.

(i) It must be signed on shipment or within a reasonable period thereafter.[89] Traditionally, bills of lading were signed by the master on the vessel after checking against the mate's receipt or other document; now, with electronic communication between ship and shore, it is usually signed by the carrier or its agent after shipment.

(j) It must, like the other shipping documents, be 'reasonably and readily fit to pass current in commerce',[90] a requirement not satisfied if the bill of lading is altered, unless the alteration is a correction of a minor clerical error and is duly authenticated by signature or initials before the bill is issued.[91]

32.65 Of course, any of these requirements may be varied or displaced by the terms of the contract or by usage. The gradual displacement of port-to-port contracts by multimodal transport documents,[92] coupled with extension of the statutory assignment of contractual rights against the carrier to those entitled to delivery under a ship's delivery order or sea waybill,[93] is making insistence on a shipped bill of lading, and indeed the whole concept of 'shipment' as delivery on board a vessel, increasingly out of date. It is to be anticipated that in due course the courts will recognize this shift in transport practice and will give a more extended meaning to the words 'shipment' and 'shipping documents'.

2. The problem of 'clean' bills of lading

32.66 The Uniform Customs and Practice for Documentary Credits,[94] dealing with transport documents generally, defines a clean transport document as one which bears no clause or notation which expressly declares a defective condition of the goods and/or the packaging. The issue of a clean bill of lading does not constitute a statement by the carrier that the goods are in fact sound, merely that they are in apparent good order and condition. Hence a clean bill vouches for the external appearance of the goods and/or packaging. If apparent good condition is qualified by a statement of defects – eg that the goods are damaged or that the packaging is inadequate, damaged, stained or wet – the bill is a foul, or claused, bill and unacceptable. However, in *The*

---

[88] *Re Keighley Maxted & Co and Bryan, Durant & Co (No.2)* (1894) 70 LT 155.
[89] *Hansson v Hamel & Horley Ltd*, n 82, at 47; *S.I.A.T. Di Del Ferro v Tradax Overseas SA*, n 81.
[90] *Hansson v Hamel & Horley Ltd*, n 82, per Lord Sumner at 46; *The Galatia* [1979] 2 All ER 726, affirmed [1980] 1 All ER 501.
[91] *S.I.A.T. Di Del Ferro v Tradax Overseas SA*, n 81.
[92] See para **36.84**.
[93] Carriage of Goods by Sea Act 1992, s 2(1). But only a signed bill of lading is conclusive evidence of shipment, or receipt for shipment, in favour of a transferee under s 4 of the Act.
[94] 2007 revision (UCP 600), art 27.

Galatia[95] it was held that this is so only where the notation refers to a defective condition existing at the time of shipment. Thus where, subsequent to shipment, a fire broke out and the goods were damaged by the fire and by water used to extinguish it and were discharged from the ship, a notation on the bill recording these facts was held not to preclude the bill from constituting a clean bill of lading, since it did not cast doubt on the condition of the goods at the time of shipment.[96] In the same case two further propositions were laid down. First, a bill is not rendered unclean by the inclusion of the common provision 'weight, measure, quantity, condition, contents and value unknown', since, even assuming that a standard term in the body of the bill, as opposed to a notation in the margin, could constitute a clausing of the bill, such a statement does not qualify the acknowledgement of receipt in *apparent* good order and condition. Secondly, whether a bill is clean is to be determined by the so-called 'legal' test, that is, the requirement that nothing on the bill should qualify the statement as to apparent good order and condition of the goods at the time of shipment, and not by the 'practical' test of whether the bill has in fact proved acceptable to a banker or other party to whom it was presented.[97] Moreover, the contractual duty imposed on the carrier to issue a bill of lading stating whether the goods are in apparent good order and condition is satisfied if the master honestly believes, in the exercise of his own judgment, that the facts are as stated and that view could properly be held by a reasonably observant master, even if not all or even most other masters would agree with him.[98] The mere fact that a notation is unusual does not, it was held, render the bill unclean.[99]

32.67 When clausing a bill of lading because of apparent defects such as discoloration affecting only a small proportion of the cargo, the master must be careful not to use words conveying that the whole or substantial part of the cargo is affected, which would render the statement of apparent good order and condition an untrue statement.[100]

3. The electronic bill of lading[101]

32.68 The delay and expense associated with the physical movement of paper-based bills of lading have led to various initiatives to replicate their effects by electronic means. However, the journey from paper-based bills of lading to electronic bills of lading has proved to be a rather protracted one, in large part because of the difficulties that have been experienced in developing

---

[95] See n 90.
[96] Which is, of course, the relevant time.
[97] Although in *The Galatia*, n 90, at 506 Megaw LJ stated that a bill of lading would not be clean if 'it was not a document that would ordinarily and properly have been accepted in the trade as being an appropriate document'. This suggests that it may be possible to show that a bill of lading is not clean by reference to the practice of the particular market.
[98] *The 'David Agmashenebeli'* [2003] 1 Lloyd's Rep 92; *Primands Shipping (HK) Co Ltd v Noble Chartering Inc* [2020] EWHC 127 (Comm).
[99] For a criticism of *The Galatia*, see C. Schmitthoff, 'Export Trade' [1979] JBL 164.
[100] *The 'David Agmashenebeli'*, n 98.
[101] See generally M. Goldby, *Electronic Documents in Maritime Trade: Law and Practice* (2nd edn, 2019), chs 6 and 11.

an electronic bill that can replicate the five main characteristics of a shipped bill of lading. Some of these characteristics have proved to be easier to replicate than others. So, for example, the evidential functions of a bill of lading are not difficult to replicate in electronic form. Thus, an electronic bill of lading can act as a receipt by the carrier,[102] it can evidence the apparent condition of the goods[103] and it can also evidence the terms of the contract of carriage. Slightly more difficult is the question whether an electronic bill of lading can act as a vehicle for transferring the contract rights which it embodies, But the real difficulty lies in the recognition which the common law has given to a paper bill of lading as a document of title, a recognition which has not, at least so far, been extended to an electronic bill of lading in the UK. In the absence of legislative intervention to provide a sure foundation for the use of electronic bills of lading,[104] those seeking to promote the use of electronic bills of lading have had to resort to contractual mechanisms in an attempt to replicate some of the characteristics of a paper bill of lading. This is easier to do in the case where the electronic bill of lading is used by members of a single organisation or association, where the rules of the association can bind the members to agree among themselves that an electronic communication is to be treated as equivalent to writing and, through the use of novation and attornment, they can seek to deal with the transfer of contractual and possessory rights. Notwithstanding these difficulties, and after a rather uncertain start, electronic bills of lading are assuming an ever more important role in export sale transactions.

32.69 An early step on the road to the development of an electronic bill of lading was taken by the SeaDocs scheme[105] under which a bill of lading was issued in paper form but immobilized in a central registry, transfers being effected by an instruction to the registry, which would then indorse the bill of lading as agent of the shipper.[106] However, the scheme was abandoned for lack of support. Subsequent developments, which are now beginning to gain much greater acceptance, have taken a different form in that the bill of lading is itself communicated electronically. In some cases that communication is to a central registry, where the transfers are effected by attornment and novation. In other cases, there is no central registry and instead reliance is placed upon peer-to-peer technology or blockchain technology. The growing maturity of electronic bills of lading in international trade is reflected in the fact that five systems have been approved by the International Group of P&I Clubs for use by its members so that cover will now be provided for liabilities arising under electronic bills of lading to the extent that these liabilities would have been

---

[102] The electronic document would thus be admissible in evidence to prove that receipt had occurred.
[103] While there is no difficulty in admitting the electronic document to evidence the apparent condition of the goods, more difficult is the question whether the courts will recognise that the electronic bill can be treated as conclusive evidence of the existence of the goods, as is the case with paper bills of lading (see para **32.60**).
[104] Such legislation has been enacted in other jurisdictions, but not so far in the UK: see Goldby, n 101, para 6.33.
[105] Seaborne Trade Documentation Scheme.
[106] For a description, see *Goode on Proprietary Rights and Insolvency*, para 4.70.

32.69 *Characteristics & Organization of International Sales Transactions*

incurred had a paper bill of lading been used. The five systems are Bolero,[107] essDocs,[108] E-Title,[109] edoxOnline[110] and Wave.[111]

32.70 One of the first entrants into this field was the Bolero system which is a membership system so that it is only open for use by members. For a number of years the issue and transfer of Bolero Bills of Lading ('BBLs') took effect through the Bolero Core Message Platform ('BCMP'). The carrier initiated the process by sending a message to the BCMP in which it requested that a BBL be issued to the shipper of the goods. After the identity of the parties had been confirmed, and confirming messages sent to the parties, the seller would be entered in the Bolero Title Registry as the holder of the BBL. Should the shipper subsequently wish to transfer the BBL it could do so by sending a message through the BCMP and, once the relevant identities had been confirmed, the rights were transferred to the new holder. The parties further agreed to be bound by the Bolero Rulebook which, as far as possible, sought to ensure that the electronic bill of lading was treated as the equivalent of a paper bill of lading. In February 2020 Bolero launched a new web-based platform, Galileo, which will bring all of the services offered by Bolero together on one platform so that, in addition to electronic bills of lading, it will enable users to create, edit and manage letters of credit, electronic presentations and guarantees and open account transactions. In addition, users will be able to subscribe to external services on matters such as compliance and e-certificates of origin.

32.71 CargoDocs DocEx has been developed by essDOCS Exchange Ltd. Like Bolero, it is a membership scheme and the rules that govern its use are to be found in its Databridge Services and Users Agreement which provides the legal framework within which users can create and send shipping documents, such as bills of lading, electronically. As was the case with Bolero, the members agree to treat the electronic bill of lading as the functional and legal equivalent of a paper bill of lading. It operates through a web-based platform, Cargo-Docs, which allows data to be uploaded in order to create an electronic bill of lading which in visual terms is very similar to a traditional paper bill of lading. It then operates through a secure system of email communications which requires the parties to authenticate their identity and enables them to create, approve, sign, issue, endorse and manage the relevant documents. As a system essDOCS also encompasses commercial invoices, certificates of origin, cargo manifests, inspector reports and insurance certificates. As a result of the degree of integration which it has achieved, CargoDocs is currently in use in 81 countries.

32.72 E-Title is a company based in Singapore. E-Title™ is patented, peer-to-peer technology which provides the functionality required to create,

---

[107] An acronym for the Bill of Lading Electronic Registration Organization. See http://www.bolero.net/.
[108] See https://www.essdocs.com/.
[109] See https://www.e-title.net/index.php.
[110] See https://www.edoxonline.com/.
[111] See https://wavebl.com/.

transfer and surrender bills of lading electronically. edoxOnline was developed by the Argentinian transportation software provider GlobalShare. It is a web-based platform for the digitization of international trade processes and documents, including electronic bills of lading, and makes use of blockchain technology. Wave, which is based in Delaware, also makes use of blockchain technology to enable parties to issue, exchange and sign a variety of encrypted documents, including electronic bills of lading.

32.73 The emergence of these companies evidences the significance of the change that is now taking place as business continues to move away from paper-based processes. The evolution and increasing use of electronic bills of lading demonstrates the need to provide a secure legal foundation for the use of electronic bills of lading. As has been noted, some legal systems have already taken this step and it was hoped by some that the adoption by the UN General Assembly of the 2008 United Nations Convention on Contracts for the International Carriage of Goods Wholly or Partly by Sea ('the Rotterdam Rules') would encourage the greater use of electronic bills of lading. One of the principal objectives of the Convention is to facilitate the use of electronic transport documents[112] both in negotiable and non-negotiable forms.[113] However, the Convention has failed to gain widespread support[114] and so its role in encouraging the greater use of electronic bills of lading is likely to be negligible. As far as the UK is concerned, it may be in the worst of all worlds in that s 1(5) of the Carriage of Goods by Sea Act 1992 provides that the Secretary of State may make regulations extending the Act to, inter alia, electronic bills of lading but no such regulations have so far been made.[115] Thus we have a situation in which the legislator has foreseen and made provision for the Act to be extended to electronic bills of lading but then nothing is done. This makes it impossible for the courts to extend the Act to electronic bills of lading because, had the intention been to take such a step, the Secretary of State would have issued regulations accordingly. In the absence of any regulations, the Act cannot apply to electronic bills of lading. Given their widespread use, there is a pressing need for greater legislative underpinning for electronic bills of lading, particularly in relation to the question whether they are to be accorded the status of a document of title and thus treated in the same way as traditional paper bills of lading. In the absence of such legislative support, providers of systems that facilitate the use of electronic bills of lading are compelled to rely on contractual agreements by which users of the system agree that the electronic documentation is to be regarded as the functional and legal equivalent of paper documents. One obvious difficulty with this solution

---

[112] Defined in Article 1(18) of the Convention.
[113] Negotiable electronic transport record is defined in Article 1(19), and non-negotiable electronic transport record in Article 1(20).
[114] As at 1 June 2020 the Convention had 25 State signatories but only five ratifications (Benin, Cameroon, Congo, Spain and Togo). Twenty ratifications are required for the Convention to come into force.
[115] For discussions, see N. Gaskell, 'Bills of Lading in an Electronic Age' [2010] LMCLQ 233; M. Clarke, 'Transport Documents: Their Transferability as Documents of Title; Electronic Documents' [2002] LMCLQ 356; H. Beale and L. Griffiths, 'Electronic Commerce: Formal Requirements in Commercial Transactions' [2002] LMCLQ 467 at 477; and D. Faber, 'Electronic Bills of Lading' [1996] LMCLQ 232.

is that it will not bind a third party who has not signed up to the undertaking and even as between the signatories it is not at all clear whether the courts will give effect to their agreement, particularly on the question whether an electronic bill of lading is to be regarded as a document of title. The incomplete nature of any contractual solution adds further to the case for legislative intervention to place electronic bills of lading on a more secure legal foundation.

(vi) The insurance policy

32.74 Where the seller is required to insure the goods for their sea voyage, the buyer is, unless otherwise agreed, entitled to a policy of marine insurance covering the goods against the usual marine risks and such others as may be specified in the contract.[116] The buyer is entitled to reject a policy which covers goods beyond those comprised in the bill of lading.[117] In practice, the delivery of the policy itself may not be feasible, eg because it is a policy covering other goods or is a floating policy or open cover.[118] In such cases, the seller should stipulate in the contract for delivery of a cover note or certificate of insurance (figure 32.5) instead of a policy. In the absence of such a stipulation the buyer is not obliged to accept a cover note or certificate, for just as the transfer of a ship's delivery order does not operate to convey to the buyer the shipper's rights under the contract of carriage, so also the transfer of a certificate of insurance does not give the buyer a direct right of action against the insurer.[119] By contrast, a marine insurance policy (unlike most other policies of indemnity insurance) is, unless its terms otherwise provide, assignable without the consent of the insurer[120] by indorsement or in any other customary manner.[121]

(vii) The commercial invoice

32.75 The third basic shipping document is the commercial invoice; that is, an invoice prepared on shipment of the goods and thus evidencing the start of the transit, as opposed to a pro forma invoice, which is, in effect, a quotation in invoice form.[122] The commercial invoice is a document of commercial

---

[116] Under Incoterms the seller's duty to make a contract of insurance, where applicable (in CIP and CIF contracts) is, unless otherwise agreed, to insure for at least the minimum cover under the Institute of Cargo Clauses (C) of the Institute of London Underwriters (clause (A) in the case of CIP contracts). In the more common case where the seller has no obligation to make a contract of insurance, the seller must, however, provide the buyer, at the buyer's request, risk and expense (if any), with information that the buyer needs for obtaining insurance.
[117] *Manbré Saccharine Co v Corn Products Co* [1919] 1 KB 198; *Hickox v Adams* (1876) 34 LT 404.
[118] For an explanation, see *Schmitthoff: The Law and Practice of International Trade*, n 3, paras 2-023 and 11-015 ff.
[119] *Wilson, Holgate & Co Ltd v Belgian Grain and Produce Co Ltd* [1920] 2 KB 1.
[120] Marine Insurance Act 1906, s 50(1).
[121] Ibid, s 50(3).
[122] Buyers frequently require pro forma invoices in order to obtain an import licence or arrange finance. Since the invoice is merely a quotation, it is not passed through the books of either

importance to the buyer. Quite apart from the normal purposes served by an invoice (eg in setting out details of the goods, the price, and the mode and time of dispatch), it will be required by the buyer in order to clear the goods through customs (since it is on the basis of the invoice that customs duty is assessed) and may also be needed for presentation to other authorities, eg to identify the goods as covered by an import licence or foreign exchange approval. The commercial invoice also fulfils an important role in documentary credits, since it is this document, rather than the bill of lading, which is required to record the full description of the goods as set out in the letter of credit.[123]

32.76 To fulfil its required functions, the commercial invoice should identify the buyer's order and should set out full details of the parties, the goods, the price and payment terms, shipping marks and numbers, and the shipment itself, including port of loading, route and port of discharge.

---

seller or buyer and, indeed, has no legal significance at all unless the buyer decides to accept the quotation. In that event, it will be followed by the commercial invoice on shipment.
[123] See para **35.89**.

32.76 *Characteristics & Organization of International Sales Transactions*

Figure 32.5 Certificate of marine insurance © Lloyd's. All rights reserved

Copy

This is page 1 of a 6 page Certificate issued under Lloyd's reference / Policy Number CBA12345/2016.
In the event of loss or damage the beneficiary must be in possession of the complete Certificate.

LLOYD'S ELECTRONIC CERTIFICATION SCHEME

This Certificate of Insurance has been issued under Lloyd's Electronic Cargo Certificate Scheme. The Declaration against the Contract detailed below may be verified at www.lecerts.lloyds.com quoting the Certificate Number, Security Id and one other piece of variable information which will be requested at the time of verification.

CERTIFICATE OF INSURANCE NO. 5202-7010-0004-3

SECURITY ID: 2421-5824-8176-5142-6

This is to Certify that there has been deposited with the Council of Lloyd's a Contract effected by TEST Broker, of Lloyd's, acting on behalf of ABC Company Limited - TEST, with Underwriters at Lloyd's, for insurances attaching thereto during the period commencing the First day of January, 2016, and ending the Eleventh day of February, 2018, both days inclusive, and that the said Underwriters have undertaken to issue to TEST Broker, Policy/Policies of Insurance at Lloyd's to cover, up to $250,000.00 USD (or equivalent in other currencies), in all by any one conveyances and/or approved power vessels and/or aircraft and/or road or rail, every description of Approved Goods and/or Manufactured and Raw Materials of a Non-fragile, Non-volatile and/or Non-hazardous nature, suitable packed and protected to withstand the normal rigors of the transit undertaken, excluding below items, from any port or ports, place or places in the World, to any port or ports, place or places in the World, but excluding shipments to from or between Afghanistan, Bougainville, Burundi, Chechnia Republic of, Cote d'Ivoire (Ivory Coast), Cuba, Democratic Republic of Congo (Zaire), Eritrea, Iran, Iraq, Liberia, Nigeria, North Korea, Sierra Leone, Somalia, Sudan and Syria, and that ABC Company Limited, are entitled to declare against the said Contract insurances attaching thereto.

THIS CERTIFICATE REQUIRES ENDORSEMENT IN THE EVENT OF ASSIGNMENT

For the Council of Lloyd's
Dated at Lloyd's, London, Tue. 13 Feb, 2018
© Lloyd's 2018

Conveyance		From	Brighton, United Kingdom
Via/To	High tstreet, United Kingdom / Bangok, Thailand	To	Bangkok, Thailand
INSURED VALUE/Currency	158,526.00 USD		

Marks and Numbers

Interest
test

Shipment Date: Thu. 8 Feb, 2018

We hereby declare for Insurance under the said Contract interest as specified above so valued subject to the special conditions stated on the following pages.

LIMITS
GBP250,000.00 Any one vessel, vehicle, aircraft, conveyance or location in the ordinary course of transit.
GBP5,000.00   Any one loss in respect of postal shipments.

Institute Cargo Clauses (A) CL382 dated 1/1/09.
Institute Cargo Clauses (Air) (Excluding sendings by post) CL387 dated 1/1/09.
Institute War Clauses (Cargo) CL385 dated 1/1/09.
Institute War Clauses (Air Cargo) (Excluding sendings by post) CL388 dated 1/1/09.
Institute War Clauses (Sendings by post) CL390 dated 1/3/09.
Institute Strikes Clauses (Cargo) CL386 dated 1/1/09.
Institute Strikes Clauses (Air Cargo) CL389 dated 1/1/09.
Institute Classification Clause CL354 dated 1/1/01.

Underwriters agree losses, if any, shall be payable to the order of **ABC Company Limited Test**.

IMPORTANT INSTRUCTIONS IN EVENT OF CLAIM

TO THE CLAIMANT: In the event of physical evidence of loss or damage which may result in a claim under this insurance immediate notice must be given to the Lloyd's Agent at the port or place where the loss or damage is discovered in order that they may examine the goods and issue a survey report if required. A full list of Lloyd's Agents can be found at www.lloyds.com/lloydsagencydirectory

TO THE LLOYD'S AGENT: As per Lloyd's Agency standard terms of engagement immediate notice of the potential claim is to be given to TEST BROKER - E.mail: sarah.fisk@Lloyds.com - Tel. No: +(0)20 7327 5818

PLEASE SEE FURTHER IMPORTANT INSTRUCTIONS BELOW

This Certificate not valid unless the Declaration is signed by
ABC Company Limited Test

Dated Wed. 14 Feb, 2018

Signed _____ **Authorised Signatory**

Brokers: TEST Broker

12345AKB

1004

Documents in Export Sales **32.76**

This is page 2 of a 6 page Certificate issued under
Lloyd's reference / Policy Number CBA12345/2016.
In the event of loss or damage the beneficiary must be
in possession of the complete Certificate.

CERTIFICATE OF INSURANCE NO. 5202-7010-0004-3
SECURITY ID: 2421-5824-8176-5142-6

Institute Replacement Clause CL372 dated 1/12/08.
Institute Radioactive Contamination, Chemical, Biological, Bio-Chemical and Electromagnetic Weapons Exclusion Clause CL370 dated 10/11/03.
Institute Cyber Attack Exclusion Clause CL380 dated 10/11/03.

However, the following items are excluded absolutely unless specifically agreed by Underwriters prior to sending:
* Alcoholic beverages of all kinds
* Art work, antiques, to include: Paintings, Drawings, Prints, Antique Rugs, Antique Carpets, Tapestries, Pictures, Antique Manuscripts, Antique Furniture, Bronzes, Sculptures, Statues, Silverware, Antique Clocks, Memorabilia, Porcelain, Antique Glassware, Antique China, Terracotta, Pottery, Antique Mirrors and/or similar
* Containers including ISO Tanks (All Risks). (Contents not included)
* Documents of all kinds
* Monies of every description, securities, negotiable documents or instruments, bonds, bullion, stamps, credit and debit cards including telephone calling cards
* Games consoles, tablet computers (including ipads), e-readers & other similar electronic device.
* Digital camera photo sticks
* Fresh fish, fresh meat, fresh fruit and fresh vegetables
* Frozen fish, frozen meat and frozen food
* Furs, hides and skins
* Fishmeal
* Refined or raw sugar and coffee beans
* Household goods, personal effects and personal motor vehicles
* Jewellery
* Watches
* Living creatures, dead creatures and life forms of any type
* Metals (other than iron and steel) in raw, scrap or ingot form
* Micro chips, mother boards and/or memory of any kind which is not part of a complete system
* Mobile telephones, components, parts and accessories
* Motor vehicles
* News print / pulp / reels of paper
* Perfume
* Precious stones, semi-precious stones or precious metals
* Sheet glass
* Tobacco, tobacco products, cigars and cigarettes
* Timber
* Weapons, arms, ammunition, explosives and/or parts, associated accessories, materials, ingredients, technology of all kinds

ACCUMULATION CLAUSE
The limits of liability expressed herein shall not apply in the event of or during transhipment or after the arrival of the overseas vessel or conveyance at the port or place of discharge provided always that any accumulation of interests during the ordinary course of transit beyond such limits of liability shall not have arisen from circumstances within the control of the assured.

AVERAGE CLAUSE
This insurance is subject to the condition of Average, that is to say if the property covered by this Insurance shall at the time of any loss be of greater value (in the country of destination) than the sum insured hereby, the Assured shall only be entitled to recover hereunder such proportion of the said loss as the sum insured by this insurance bears to the total value (in the country of destination) of the said property.

BRANDS CLAUSE
The Assured shall have full rights to possession of all goods bearing embossed or indented brands or labels or other permanent markings, identifying the Assured as the manufacturer thereof, or the sale of which carries or implies a guarantee of the supplier or of the Assured, or exclusive and/or secret formulas that may be involved in any loss hereunder, and shall retain control of all such goods. On shipments covered under this policy, Insurers are to pay a total loss on any and all goods and/or packaging damaged by risks insured against, which the Assured elects to either destroy or return to their factory, or recondition, Insurers being entitled to such salvage as may be obtained. The Assured, exercising a reasonable discretion, shall be the sole judge as to whether the goods involved in any loss hereunder are suitable for marketing and no goods deemed by the Assured to be unfit for marketing shall be sold or otherwise disposed of except by the Assured or with the

1005

32.76 Characteristics & Organization of International Sales Transactions

This is page 3 of a 6 page Certificate issued under
Lloyd's reference / Policy Number CBA12345/2016.
In the event of loss or damage the beneficiary must be
in possession of the complete Certificate.

CERTIFICATE OF INSURANCE NO. 5202-7010-0004-3
SECURITY ID: 2421-5824-8176-5142-6

Assured's consent, but the Assured shall allow Insurers any salvage obtained on any sale or other disposition of such goods.

JC 98/019 CARGO ISM ENDORSEMENT
Applicable to shipments on board Ro-Ro passenger ferries.
Applicable with effect from 1 July 1998 to shipments on board:
1. Passenger vessels transporting more than 12 passengers and
2. Oil tankers, chemical tankers, gas carriers, bulk carriers and cargo high speed craft of 500 gt or more. Applicable with effect from 1 July 2002 to shipments on board all other cargo ships and mobile offshore drilling units of 500 gt or more.

In no case shall this insurance cover loss, damage or expense where the subject matter insured is carried by a vessel that is not ISM Code certified or whose owners or operators do not hold an ISM Code Document of Compliance when, at the time of loading of the subject matter insured on board the vessel, the Assured were aware, or in the ordinary course of business should have been aware:
  (a) Either that such vessel was not certified in accordance with the ISM Code.
  (b) Or that a current Document of Compliance was not held by her owners or operators
      as required under the SOLAS Convention 1974 as amended.
This exclusion shall not apply where the insurance has been assigned to the party claiming hereunder who has bought or agreed to buy the subject matter insured in good faith under a binding contract.

CARGO ISPS ENDORSEMENT
In no case shall this insurance cover loss, damage or expense where the subject matter insured is carried by a vessel that does not hold a valid International Ship Security Certificate as required under the International Ship and Port Facility Security (ISPS) Code when, at the time of loading of the subject matter insured on board the vessel, the Assured were aware, or in the ordinary course of business should have been aware that such vessel was not certified in accordance with the ISPS Code as required under the SOLAS Convention 1974 as amended.
This exclusion shall not apply where the insurance has been assigned to the party claiming hereunder who has bought or agreed to buy the subject matter insured in good faith under a binding contract.

CARGO ISM FORWARDING CHARGES CLAUSE
This insurance is extended to reimburse the Assured, up to the limit of the sum insured for the voyage, for any extra charges properly and reasonably incurred in unloading, storing and forwarding the subject-matter to the destination to which it is insured hereunder following release of cargo from a vessel arrested or detained at or diverted to any other port or place (other than the intended port of destination) where the voyage is terminated due either
  (a) To such vessel not being certified in accordance with the ISM Code.
  Or
  (b) To a current Document of Compliance not being held by her owners or operators
      as required under the SOLAS Convention 1974 as amended.
This clause, which does not apply to General Average or Salvage or Salvage Charges, is subject to all other terms conditions and exclusions contained in the policy and to JCC Cargo ISM Endorsement JC98/019.

CARGO ISPS FORWARDING CHARGES CLAUSE
This insurance is extended to reimburse the Assured, up to the limit of the sum insured for the voyage, for any extra charges properly and reasonably incurred in unloading, storing and forwarding the subject-matter to the destination to which it is insured hereunder following release of cargo from a vessel arrested or detained at or diverted to any other port or place (other than the intended port of destination) where the voyage is terminated due to such vessel not being certified in accordance with the ISPS Code as required under the SOLAS Convention 1974 as amended.
This clause, which does not apply to General Average or Salvage or Salvage Charges, is subject to all other terms conditions and exclusions contained in the policy and to JCC Cargo ISPS Endorsement (JC 2004/050).

CONCEALED DAMAGE CLAUSE
In respect of shipments insured hereunder which are received by the consignee at final destination and placed in storage but not unpacked, this insurance also covers losses discovered upon the opening of the case, container or package which are deemed to have occurred during transit and shall be paid for accordingly unless conclusive proof to the contrary be established, provided the case, container or package is opened not later than 30 days after arrival in store.
Cases, containers or packages showing outward signs of loss and/or damage are to be opened immediately on arrival at site.

CONTRACTS (RIGHTS OF THIRD PARTIES) ACT 1999 EXCLUSION CLAUSE (CARGO)

1006

Documents in Export Sales **32.76**

This is page 4 of a 6 page Certificate issued under Lloyd's reference / Policy Number CBA12345/2016.
In the event of loss or damage the beneficiary must be in possession of the complete Certificate.

CERTIFICATE OF INSURANCE NO. 5202-7010-0004-3
SECURITY ID: 2421-5824-8176-5142-6

The Provisions of the contracts (Right of Third Parties) Act 1999 do not apply to this insurance or to any certificates(s) of insurance issued hereunder. Neither this insurance nor any certificates issued hereunder confer any benefits on any third parties. No third party may enforce any term of this insurance or of any certificate issued hereunder. This clause shall not affect the rights of the assured (as assignee or otherwise) or the rights of any loss payee.

DEBRIS REMOVAL CLAUSE
This insurance is extended to cover, in addition to any other amount recoverable under this insurance, extra expenses reasonably incurred by the Assured for the removal and disposal of debris of the subject-matter insured or part thereof, by reason of damage thereto caused by an insured risk, but excluding absolutely
1. any expenses incurred in consequence of or to prevent or mitigate pollution or contamination, or any threat or liability thereof.
2. the cost of removal of cargo from any vessel or craft.

In no case shall the insurers be liable under this Clause for more than 10% of the proportionate insured value under this policy of the damaged subject-matter insured.

EXCLUDING HEATING, SWEATING, INHERENT VICE AND/OR ANY LOSS OR DAMAGE CAUSED BY ATMOSPHERIC CONDITIONS.
EXCLUDING WEAPONS AND/OR ARMS AND/OR AMMUNITION AND/OR EXPLOSIVES AND/OR PARTS AND/OR ASSOCIATED ACCESSORIES AND/OR MATERIALS AND/OR INGREDIENTS AND/OR TECHNOLOGY OF ALL KINDS.

FINANCIAL CONDUCT AUTHORITY (FCA) REGULATIONS CLAUSE
This Policy expressly excludes any cover relating to any breach of or failure to comply with FCA Regulations concerning but not limited to the sale of insurance or the administration thereof whether or not the Assured is regulated (in whatever capacity) or unregulated by the FCA.

GENERAL AVERAGE, SALVAGE & SALVAGE CHARGES
This insurance covers general average and salvage charges, adjusted or determined according to the contract of affreightment and/or the governing law and practice (or, if there is no contract of affreightment, according to Foreign Statement or to York-Antwerp Rules) incurred to avoid or in connection with the avoidance of loss from any cause except those specifically excluded herefrom. For the purpose of claims for general average contributions and salvage charges recoverable hereunder, the subject-matter insured shall be deemed to be insured for its full contributory value.
No policy excess shall be payable in respect of the provision of General Average and/or Salvage contributions.
General average deposits shall be payable on production of general average deposit receipts.

INCREASED VALUE (DUTY AND/OR TAXES) CLAUSE
Increased Value by reason of payment of Duty and/or Levy is covered subject to the same conditions as are, or would be, applicable to the insurance on cargo hereunder and to pay on the same basis as such insurance cover but excluding:
1. Total Loss, or Total Loss of part arising prior to Duty and/or Levy becoming payable and resulting in non-payment of Duty and/or Levy.
2. Liability for General Average Contributions and Salvage Charges unless the occurrence giving rise to the General Average occurs after Duty and/or Levy becomes payable.

Also including the Assured's liability for the payment of duty or other levies, following loss of or damage to the Insured Interest recoverable hereunder, to the Authority of any country through which the interest may pass including country or origin prior to delivery to the consignee.
No claim to attach hereto for duty payable in the country of destination unless such duty amount is declared within the insured value hereunder.
Also deemed to cover Duty and/or other levies including Carnet penalties, which become payable due to the physical loss of equipment in the country in which the loss occurs.

INSOLVENCY EXCLUSION CLAUSE
It is hereby agreed that the exclusion "loss damage or expense arising from insolvency or financial default of the owners managers charterers or operators of the vessel and/or aircraft" (incorporated in the Institute Clauses herein) is amended to read as follows:-
"In no case shall this insurance cover loss damage or expense arising from insolvency or financial default of the owners managers charterers or operators of the vessel and/or aircraft where the Assured are unable to show that prior to the loading of the subject-matter insured on board the vessel and/or aircraft, all reasonable practicable and prudent measures were taken by the Assured, their servants and agents, to establish the financial reliability of the party in default".

JC2009- 056 TERMINATION OF TRANSIT CLAUSE (TERRORISM) 2009
This clause shall be paramount and shall override anything contained in this insurance inconsistent therewith.
1. Notwithstanding any provision to the contrary contained in the contract of insurance or the Clauses referred to therein, it is agreed that in so far as the contract of insurance covers loss of or damage to the subject-matter insured caused by any act of terrorism being an act of any person acting on behalf of, or in connection with, any organisation which carries out activities directed towards the overthrowing or influencing, by force or violence, of any government whether or not legally constituted or any person acting from a political, ideological or religious motive, such cover is conditional upon the subject-matter insured being in the ordinary course of transit and, in any event, SHALL TERMINATE:

32.76 Characteristics & Organization of International Sales Transactions

This is page 5 of a 6 page Certificate issued under
Lloyd's reference / Policy Number CBA12345/2016.
In the event of loss or damage the beneficiary must be
in possession of the complete Certificate.

CERTIFICATE OF INSURANCE NO. 5202-7010-0004-3
SECURITY ID: 2421-5824-8176-5142-6

either
1.1 as per the transit clauses contained within the contract of insurance, or
1.2 on completion of unloading from the carrying vehicle or other conveyance in or at the final warehouse or place of storage at the destination named in the contract of insurance,
1.3 on completion of unloading from the carrying vehicle or other conveyance in or at any other warehouse or place of storage, whether prior to or at the destination named in the contract of insurance, which the Assured or their employees elect to use either for storage other than in the ordinary course of transit or for allocation or distribution, or
1.4 when the Assured or their employees elect to use any carrying vehicle or other conveyance or any container for storage other than in the ordinary course of transit, or
1.5 in respect of marine transits, on the expiry of 60 days after completion of discharge overside of the subject-matter insured from the oversea vessel at the final port of discharge,
1.6 in respect of air transits, on the expiry of 30 days after unloading the subject-matter insured from the aircraft at the final place of discharge,
whichever shall first occur.
2. If the contract of insurance or the Clauses referred to therein specifically provide cover for inland or other further transits following on from storage, or termination as provided for above, cover will re-attach, and continues during the ordinary course of that transit terminating again in accordance with clause 1.

JC2010/014 SANCTION LIMITATION AND EXCLUSION CLAUSE
No (re)insurer shall be deemed to provide cover and no (re)insurer shall be liable to pay any claim or provide any benefit hereunder to the extent that the provision of such cover, payment of such claim or provision of such benefit would expose that (re)insurer to any sanction, prohibition or restriction under United Nations resolutions or the trade or economic sanctions, laws or regulations of the European Union, United Kingdom or United States of America.

JC2010-015 UK EXPORT CONTROL ORDER 2008 – REVOCATION OF LICENCES CLAUSE
In no case shall this insurance provide cover or shall any insurer(s) be liable to pay any claim or provide any benefit hereunder in respect of any movement(s) of goods authorised by an export control licence issued under the UK Export Control Order 2008 if the licence has expired or been revoked or for the period of suspension if the licence has been suspended.
This clause shall not apply to a claim that arises prior to expiry revocation or suspension of such licence. In the event of the subsequent reinstatement of the licence, cover will re-attach subject always to the terms and conditions of this insurance.
This clause shall be paramount and shall override anything contained in this insurance inconsistent therewith.

LABELS CLAUSE
In case of damage from peril insured against affecting labels only, loss to be limited to an amount sufficient to pay the cost of re-conditioning cost of new labels and relabelling the goods provided the damage will have amounted to a claim under the terms of this policy.

LSW 1001 SEVERAL LIABILITY NOTICE
The subscribing insurers' obligations under contracts of insurance to which they subscribe are several and not joint and are limited solely to the extent of their individual subscriptions. The subscribing insurers are not responsible for the subscription of any co-subscribing insurer who for any reason does not satisfy all or part of its obligations.

MACHINERY
NEW
Excluding Electrical and Mechanical Derangement, unless caused by an insured peril.
Excluding Rust, Oxidisation and Discolouration on unpacked or unprotected items.
Subject to Institute Replacement Clause.
SECOND-HAND
Excluding Electrical and Mechanical Derangement unless caused by an insured peril.
Excluding Rust, Oxidisation and Discolouration.
Excluding Scratching, Denting, Chipping and subsequent cost of repainting.
Subject to Second-Hand Replacement Clause.

PAIRS AND SETS CLAUSE
In the event of loss of or damage to any article forming part of a pair or set Underwriters shall not be liable for more than the value of the particular part or parts which may be lost or damaged without reference to any special value which such part or parts may have as forming a pair or set but in any event not exceeding a proportionate part of the sum insured in respect of the pair or set.

SECOND HAND REPLACEMENT CLAUSE
Underwriters' liability under the Institute Replacement Clause is limited to that proportion of any claim which the insured value bears to the present day cost of Machines and/or any other interest of

Documents in Export Sales **32.76**

This is page 6 of a 6 page Certificate issued under
Lloyd's reference / Policy Number CBA12345/2016.
In the event of loss or damage the beneficiary must be
in possession of the complete Certificate.

CERTIFICATE OF INSURANCE NO. 5202-7010-0004-3
SECURITY ID: 2421-5824-8176-5142-6

a similar nature when new.

SHIPMENTS OF STEEL AND/OR METALS AND/OR SIMILAR ITEMS
Shipments of Steel and/or Metals and/or similar items are covered hereunder but excluding loss or damage arising from rust, oxidisation, discolouration absolutely and twisting, bending, distortion unless caused by an insured peril.

WAR AND/OR STRIKES PREMIUM CLAUSE (JC 2004/039 06/09/04)
Notwithstanding anything to the contrary stated in the rates/premium applicable to the Policy into which this Clause is incorporated (the Policy), it is agreed that in the event of a transit to or from or within the geographical areas as listed as Elevated, High or Severe in the Global Cargo Watch List (GCWL), war and/or strikes risks in respect of such transits are held covered in accordance with the applicable war and/or strikes clauses contained in the Policy at rate(s) to be agreed.
Where storage and/or other static exposures are also covered by the Policy, this clause shall also apply to strikes risks from the time the relevant geographical area changes in the GCWL.
The applicable GCWL designated category for any particular transit/risk shall be that which is in force at the time transit/risk commences.

POLICY JURISDICTION CLAUSE
This policy shall be construed according to and governed by English law and any dispute hereunder shall be submitted to the exclusive jurisdiction of the High Court of Justice, England.

IMPORTANT INSTRUCTIONS IN THE EVENT OF A CLAIM

DOCUMENTATION OF CLAIMS	IMPORTANT — LIABILITY OF CARRIERS, BAILEES OR OTHER THIRD PARTIES
To enable claims to be dealt with promptly, the Assured or their Agents are advised to submit all available supporting documents without delay, including when applicable.	It is the duty of the Assured and their Agents, in all cases, to take such measures as may be reasonable for the purpose of averting or minimising a loss and to ensure that all rights against Carriers, Bailees or other third parties are properly preserved and exercised. In particular, the Assured or their Agents are required:-
1. Original policy or certificate of insurance.	1. To claim immediately on the Carriers, Port Authorities or other Bailees for any missing packages.
2. Original or copy shipping invoices, together with shipping specification and/or weight notes.	2. In no circumstances, except under written protest, to give clean receipts where goods are in doubtful condition.
3. Original Bill of Lading and/or other contract of carriage.	3. When delivery is made by Container, to ensure that the Container and its seals are examined immediately by their responsible official. If the Container is delivered damaged or with seals broken or missing or with seals other than as stated in the shipping documents, to clause the delivery receipt accordingly and retain all defective or irregular seals for subsequent identification.
4. Survey report or other documentary evidence to show the extent of the loss or damage.	4. To apply immediately for survey by Carriers' or other Bailees' Representatives if any loss or damage be apparent and claim on the Carriers or other Bailees for any actual loss or damage found at such survey.
5. Landing account and weight notes at final destination.	5. To give notice in writing to the Carriers or other Bailees within 3 days of delivery if the loss or damage was not apparent at the time of taking delivery.
6. Correspondence exchanged with the Carriers and other parties regarding their liability for the loss or damage.	Note:- The Consignee or their Agents are recommended to make themselves familiar with the Regulations of the Port Authorities at the port of discharge.

NOTE: The Institute Clauses incorporated herein are deemed to be those current at the time of commencement of the risk.
It is necessary for the Assured when they become aware of an event which is "held covered" under this Insurance to give prompt notice to Underwriters and the right to such cover is dependent upon compliance with this obligation.
Lloyd's Agents referred to herein are not insurers and are not liable for claims arising on this Certificate. The service of legal proceedings upon Lloyd's Agents is not effective service for the purpose of starting legal proceedings against Underwriters.

Lloyd's is authorised under the Financial Services and Markets Act 2000 and regulated by the Financial Conduct Authority and Prudential Regulation Authority

32.77 *Characteristics & Organization of International Sales Transactions*

(viii) Other documents

Among the other documents commonly called for in a contract of sale are the following.

1. Certificate of origin

32.77 This is a certificate issued by the exporter[124] or a third party of suitable standing (eg a Chamber of Commerce) as to the place of growth, production or manufacture of the goods. A certificate of origin is often required by treaty agreements for cross-border trade.

2. Certificate of quality/quantity

32.78 This is a certificate issued by the exporter or a recognized third party (eg a government or other quality evaluation agency) that the goods are of a stated quality, grade or quantity. Where the contract provides that such a certificate is to be final and conclusive as to the quality or condition of the goods, the certificate is binding in the absence of fraud and cannot be called into question[125] even if the certifier acted negligently.[126]

3. Certified invoice

32.79 This is a commercial invoice certified by the exporter or an independent third party (eg a Chamber of Commerce) as correct. Frequently, the certificate relates to the origin of the goods as well as their value.

4. Consular invoice

32.80 This is an invoice on an official consulate form which gives details of the goods, the price, the shipment etc, and is signed by a consular official of the country to which the goods are being consigned after verification against the shipping documents. Nowadays consular invoices are not often called for. If, which is not usually the case, a consular certificate is specified, this is normally given on the commercial invoice itself.

5. Movement certificate

32.81 A movement certificate may be required to attract the benefit of preferential tariffs or duty exemptions on the movement of goods between or among states who are parties to the relevant convention.

---

[124] Either as a separate form or by certification on the commercial invoice.
[125] *Gill & Duffus SA v Berger & Co Inc* [1983] 1 Lloyd's Rep 622, affirmed on this point by the House of Lords [1984] AC 382.
[126] *Alfred C. Toepfer v Continental Grain Co* [1973] 1 Lloyd's Rep 289; *Focke & Co Ltd v Thomas Robinson, Sons & Co Ltd* (1935) 52 Ll L Rep 334. Though the Unfair Contract Terms Act 1977 potentially brings 'evidence' clauses within its provisions, export transactions will usually be excluded from the Act under s 26.

6. Packing list

32.82 This gives particulars of the consignee, the vessel and port of departure, the terms of delivery and payment, the contents and weight of each package, with shipping marks but without prices and the port of discharge (see figure 32.6). The packing list is used for various purposes, eg as the basis for freight calculations and to satisfy the requirements of customs and of banks making payment for the goods under a documentary credit.

7. Inspection certificate

32.83 Reference has already been made to the practice of preshipment inspection and the inclusion of the inspection certificate as a shipping document.[127] Where inspection is not to take place until after shipment, the inspection certificate cannot, of course, be a shipping document and its absence does not entitle the buyer to reject a tender of the shipping documents.[128]

8. Health certificate

32.84 This certifies that health regulations have been complied with in relation to agricultural and animal products that are being exported.

---

[127] See para **32.38**.
[128] *Gill & Duffus SA v Berger & Co Inc*, n 125.

32.84 *Characteristics & Organization of International Sales Transactions*

Figure 32.6 Packing list

(ix) Substitutes for a bill of lading

1. *Documents to be produced by consignee to obtain the goods*

32.85 Despite the legal superiority of the bill of lading, it is often neither practicable nor necessary for a shipper to be issued with his own bill. Thus, one of the services performed by a freight forwarder is to consolidate consignments by different shippers, or by the same shipper acquiring goods from different suppliers which are destined for the same port, and thus to secure for his client the benefit of preferential freight rates, as well as reducing the risk of damage and pilferage. Obviously, the bill of lading cannot in such a case be issued to any one shipper. Instead, the bill (termed a groupage bill) is taken by the forwarder in his own name, and he will then split the groupage consignment among his respective clients either by procuring the issue of separate ship's delivery orders (figure 32.7),[129] by which the ship undertakes to release designated goods to the consignee or other holder of the relevant delivery order, or by issuing his own 'house' bill of lading, or certificate of shipment, or a forwarder's certificate of transport (FCT) enabling the holder to collect the goods from the forwarder's agent or other consignee at the port of destination on production of the document.[130] A more recent alternative is for the forwarder to issue no document at all but simply release goods to each consignee upon electronic communication of the consignee's PIN.

2. *Documents of which production by consignee is not required*

32.86 Where the buyer does not wish to have the facility of reselling or pledging the goods afloat, he should not specify a bill of lading, with all its attendant delays, in the contract of sale but should ask for a non-negotiable (ie non-transferable) sea waybill (figure 32.8) or forwarder's certificate of receipt (FCR) (figure 32.9). The latter document constitutes a receipt for the goods and incorporates by reference the standard conditions of contract of the carrier or forwarder, but it is not transferable, so that the goods will be collected at their destination by the consignee himself, who will not have to produce the document, merely evidence of identity. A non-negotiable sea waybill has

---

[129] Which to be effective must be either issued or assented to by the ship (see para **2.45**, n 135; and see the Carriage of Goods by Sea Act 1992, s 1(4)). The buyer is not obliged to accept a delivery order unless the contract of sale so provides. A delivery order is not as valuable to him as a bill of lading since it does not identify the goods sufficiently to make them ascertained. Until relatively recently it also suffered the disadvantage that it did not attract the provisions of the Bills of Lading Act 1855 passing the property and contract rights to the consignee or indorsee, but this disadvantage has been removed by the repeal of that Act by the Carriage of Goods by Sea Act 1992 and the extension of the statutory assignment of the contract rights to the holder of a ship's delivery order (s 2(1)).

[130] A house bill of lading, not being issued by the sea carrier, is not technically a bill of lading at all; and though forwarders may claim negotiable status for such documents, the general view is that this is not supportable in law, though de facto the house bill expressed to be negotiable operates well enough as such in the sense that the forwarders agent at the port of destination will recognize the right of an indorsee to possession of the goods. It was with a view to securing international recognition of a freight forwarders document as a negotiable transport document that FIATA introduced the FCT, which is now widely used (see below). Again, however, it would probably not be treated by an English court as a document of title.

32.86 *Characteristics & Organization of International Sales Transactions*

several advantages. Much of the detailed checking at both ends that is associated with the preparation and dispatch of a bill of lading is avoided. The document can be made available to the shipper as soon as the forwarder has taken the goods into his charge, so that if acceptable to the relevant bank it can be immediately furnished by the shipper to obtain payment under a letter of credit or to procure an advance from his bank. The other documents can be sent to the consignee without having to await the issue of a bill of lading. Finally, the fact that the consignee can collect the goods on arrival without the need to produce the document means that he avoids the delay in collection, and consequent storage charges, that may occur due to late arrival of the documents. By contrast, a bill of lading cannot be issued until shipment, and not infrequently does not reach the consignee until some time after the goods themselves have arrived, causing serious problems.[131]

32.87 A sea waybill is, in principle, a 'received for shipment' document but can be converted into a 'shipped' or 'loaded on board' document (or even into a negotiable bill of lading) by an appropriate notation by the carrier, so long as the goods are still in his hands. The disadvantage of carriers' sea waybills and of forwarders' documents, whether or not expressed to be negotiable, is that they may not be acceptable to banks[132] and may not confer the protection of the Hague-Visby Rules[133] unless expressly incorporated.

---

[131] See para **32.07**. See the CMI Uniform Rules for Sea Waybills, n 7.
[132] This is not, of course, a problem in the field of documentary credits where the credit calls for a multimodal transport document or a sea waybill, both of which are covered in detail in arts 19 and 21 of UCP 600. UCP 500, art 30 provided that transport documents issued by freight forwarders were not acceptable unless the name of the forwarder appeared as carrier or agent for the carrier. This provision is not included in UCP 600 and the issue would appear to be governed by art 14(1).
[133] See para **36.65**.

Documents in Export Sales **32.87**

Figure 32.7 Ship's delivery order

MAERSK

DELIVERY ORDER

Transport Document No.:

Print Date:

Business Unit:

Order Number:

Customs Ref. No:

Release To:

Equipment No	Size/Type	Tare Weight	Cargo Weight	Pin	Interim Pin	Properties	Condition	Quantity

Transport Plan

Type	Name	Release Date	Time	Valid to Date	Time	Est. Del. Date & Time	Reference

Haulage Instructions:

Page 1/1

1015

32.87 Characteristics & Organization of International Sales Transactions

Figure 32.8 Non-negotiable sea waybill

Documents in Export Sales 32.87

Figure 32.9 Forwarder's certificate of receipt

32.87 *Characteristics & Organization of International Sales Transactions*

BRITISH INTERNATIONAL FREIGHT ASSOCIATION (BIFA) – STANDARD TRADING CONDITIONS 2017 (ENGLAND) EDITION

BRITISH INTERNATIONAL FREIGHT ASSOCIATION (BIFA) STANDARD TRADING CONDITIONS 2017 EDITION, © BIFA 2017

THE CUSTOMER'S ATTENTION IS DRAWN TO SPECIFIC CLAUSES HEREOF WHICH EXCLUDE OR LIMIT THE COMPANY'S LIABILITY AND THOSE WHICH REQUIRE THE CUSTOMER TO INDEMNIFY THE COMPANY IN CERTAIN CIRCUMSTANCES AND THOSE WHICH LIMIT TIME AND THOSE WHICH DEAL WITH CONDITIONS OF ISSUING EFFECTIVE GOODS INSURANCE BEING CLAUSES 7, 8, 10, 11(A) and 11(B) 12-14 INCLUSIVE, 18-20 INCLUSIVE, AND 24-27 INCLUSIVE. THE CUSTOMER'S ATTENTION IS ALSO DRAWN TO CLAUSE 28 WHICH PERMITS ARBITRATION IN CERTAIN CIRCUMSTANCES

All headings are indicative and do not form part of these conditions

DEFINITIONS AND APPLICATION

1 In these conditions the following words shall have the following meanings:-

"Company"	the BIFA member trading under these conditions
"Consignee"	the Person to whom the goods are consigned
"Customer"	any Person at whose request or on whose behalf the Company undertakes any business or provides advice, information or services
"Direct Representative"	the Company acting in the name of and on behalf of the Customer and/or Owner with H.M. Revenue and Customs ("HMRC") as defined by Article 18 of Regulation (EU) No. 952/2013 of the European Parliament and of the Council or as amended
"Goods"	the cargo to which any business under these conditions relates
"Person"	natural person(s) or any body or bodies corporate
"LMAA"	the London Maritime Arbitrators Association
"SDR"	are Special Drawing Rights as defined by the International Monetary Fund
"Transport Unit"	packing case, pallets, container, trailer, tanker, or any other device used whatsoever for and in connection with the carriage of Goods by land, sea or air
"Owner"	the Owner of the Goods or Transport Unit and any other Person who is or may become interested in them

2(A) Subject to sub-paragraph (B) below, all and any activities of the Company in the course of business, whether gratuitous or not, are undertaken subject to these conditions.

(B) If any legislation, to include regulations and directives, is compulsorily applicable to any business undertaken, these conditions shall, as regards such business, be read as subject to such legislation, and nothing in these conditions shall be construed as a surrender by the Company of any of its rights or immunities or as an increase of any of its responsibilities or liabilities under such legislation, and if any part of these conditions be repugnant to such legislation to any extent, such part shall as regards such business be overridden to that extent and no further.

3 The Customer warrants that he is either the Owner, or the authorised agent of the Owner and, also, that he is accepting these conditions not only for himself, but also as agent for and on behalf of the Owner.

THE COMPANY

4(A) Subject to clauses 11 and 12 below, the Company shall be entitled to procure any or all of the services as an agent, or, to provide those services as a principal.

(B) The Company reserves to itself full liberty as to the means, route and procedure to be followed in the performance of any service provided in the course of business undertaken subject to these conditions.

5 When the Company contracts as a principal for any services, it shall have full liberty to perform such services itself, or, to subcontract on any terms whatsoever, the whole or any part of such services.

6(A) When the Company acts as an agent on behalf of the Customer, the Company shall be entitled, and the Customer hereby expressly authorises the Company, to enter into all and any contracts on behalf of the Customer as may be necessary or desirable to fulfil the Customer's instructions, and whether such contracts are subject to the trading conditions of the parties with whom such contracts are made, or otherwise.

(B) The Company shall, within **14 days'** notice given **by the** Customer, provide evidence of any contract entered into as agent for the Customer. Insofar as the Company may be in default of the obligation to provide such evidence, it shall be deemed to have contracted with the Customer as a principal for the performance of the Customer's instructions.

7 In all and any dealings with HMRC for and on behalf of the Customer and/or Owner, the Company is deemed to be appointed, and acts as, Direct Representative only.

8(A) Subject to sub-clause (B) below, the Company:

(i) has a general lien on all Goods and documents relating to Goods in its possession, custody or control for allsums due at any time to the Company from the Customer and/or Owner on any account whatsoever, whether relating to Goods belonging to, or services provided by or on behalf of the Company to the Customer or Owner. Storage charges shall continue to accrue on any Goods detained under lien;

(ii) shall be entitled, on at least 21 days' notice in writing to the Customer, to sell or dispose of or deal with such Goods or documents as agent for, and at the expense of, the Customer and apply the proceeds in or towards the payment of such sums;

(iii) shall, upon accounting to the Customer for any balance remaining after payment of any sum due to the Company, and for the cost of sale and/or disposal and/or dealing, be discharged of any liability whatsoever in respect of the Goods or documents.

(B) When the Goods are liable to perish or deteriorate, the Company's right to sell or dispose of or deal with the Goods shall arise immediately upon any sum becoming due to the Company, subject only to the Company taking reasonable steps to bring to the Customer's attention its intention to sell or dispose of the Goods before doing so.

9 The Company shall be entitled to retain and be paid all brokerages, commissions, allowances and other remunerations customarily retained by, or paid to, freight forwarders.

1018

10(A) Should the Customer, Consignee or Owner of the Goods fail to take delivery at the appointed time and place when and where the company is entitled to deliver, the Company shall be entitled to store the Goods, or any part thereof, at the sole risk of the Customer or Consignee or Owner, whereupon the Company's liability in respect of the Goods, or that part thereof, stored as aforesaid, shall wholly cease. The Company's liability, if any, in relation to such storage, shall be governed by these conditions. All costs incurred by the Company as a result of the failure to take delivery shall be deemed as freight earned, and such costs shall, upon demand, be paid by the Customer.

(B) The Company shall be entitled at the expense of the Customer to dispose of or deal with (by sale or otherwise as may be reasonable in all the circumstances):-

(i) after at least 21 days' notice in writing to the Customer, or (where the Customer cannot be traced and reasonable efforts have been made to contact any parties who may reasonably be supposed by the Company to have any interest in the Goods) without notice, any Goods which have been held by the Company for 60 days and which cannot be delivered as instructed; and

(ii) without prior notice, any Goods which have perished, deteriorated, or altered, or are in immediate prospect of doing so in a manner which has caused or may reasonably be expected to cause loss or damage to the Company, or third parties, or to contravene any applicable laws or regulations.

11(A) No insurance will be effected except pursuant to and in accordance with clearly stated instructions given in writing by the Customer and accepted in writing by the Company, and all insurances effected by the Company are subject to the usual exceptions and conditions of the policies of the insurers or underwriters taking the risk. Unless otherwise agreed in writing, the Company shall not be under any obligation to effect a separate insurance on the Goods, but may declare it on any open or general policy held by the Company.

(B) Insofar as the Company agrees to effect insurance, the Company acts solely as agent for the Customer, and the limits of liability under clause 26(A) of these conditions shall not apply to the Company's obligations under clause 11.

12(A) Except under special arrangements previously made in writing by an officer of the Company so authorised, or made pursuant to or under the terms of a printed document signed by the Company, any instructions relating to the delivery or release of the Goods in specified circumstances (such as, but not limited to, against payment or against surrender of a particular document) are accepted by the Company, where the Company has to engage third parties to effect compliance with the instructions, only as agents for the Customer.

(B) Despite the acceptance by the Company of instructions from the Customer to collect freight, duties, charges, dues, or other expenses from the Consignee, or any other Person, on receipt of evidence of proper demand by the Company, and, in the absence of evidence of payment (for whatever reason) by such Consignee, or other Person, the Customer shall remain responsible for such freight, duties, charges, dues, or other expenses.

(C) The Company shall not be under any liability in respect of such arrangements as are referred to under sub-clause (A) and (B) hereof save where such arrangements are made in writing, and in any event, the Company's liability in respect of the performance of, or arranging the performance of, such instructions shall not exceed the limits set out in clause 26(A) (ii) of these conditions.

13 Advice and information, in whatever form it may be given, is provided by the Company for the Customer only. The Customer shall indemnify the Company against all loss and damage suffered as a consequence of passing such advice or information on to any third party.

14 Without prior agreement in writing by an officer of the Company so authorised, the Company will not accept or deal with Goods that require special handling regarding carriage, handling, or security whether owing to their thief attractive nature or otherwise including, but not limited to, bullion, currency, securities, precious stones, jewellery, valuables, antiques, pictures, human remains, living creatures, plants. Should any Customer nevertheless deliver any such goods to the Company, or cause the Company to handle or deal with any such goods, otherwise than under such prior agreement, the Company shall have no liability whatsoever for or in connection with the goods, howsoever arising.

15 Except pursuant to instructions previously received in writing and accepted in writing by the Company, the Company will not accept or deal with Goods of a dangerous or damaging nature, nor with Goods likely to harbour or encourage vermin or other pests, nor with Goods liable to taint or affect other Goods. If such Goods are accepted pursuant to a special arrangement, but, thereafter, and in the opinion of the Company, constitute a risk to other goods, property, life or health, the Company shall, where reasonably practicable, contact the Customer in order to require him to remove or otherwise deal with the goods, but reserves the right, in any event, to do so at the expense of the Customer.

16 Where there is a choice of rates according to the extent or degree of the liability assumed by the Company and/or third parties, no declaration of value will be made and/or treated as having been made except under special arrangements previously made in writing by an officer of the Company so authorised as referred to in clause 26(D).

32.87 *Characteristics & Organization of International Sales Transactions*

THE CUSTOMER

17 (A) The Customer warrants:
  (i) that the following (furnished by on or behalf of the Customer) are full and accurate: the description and particulars of any Goods; any information furnished (including but not limited to, the nature, gross weight, gross mass (including the verified actual gross mass of any container packed with packages and cargo items), and measurements of any Goods); and the description and particulars of any services required by or on behalf of the Customer are full and accurate, and

  (ii) that any Transport Unit and/or equipment supplied by the Customer in relation to the performance of any requested service is fit for purpose;

(B) that all Goods have been properly and sufficiently prepared, packed, stowed, labelled and/or marked, and that the preparation, packing, stowage, labelling and marking are appropriate to any operations or transactions affecting the Goods and the characteristics of the Goods.

(C) that where the Company receives the Goods from the Customer already stowed in or on a Transport Unit, the Transport Unit is in good condition, and is suitable for the carriage to the intended destination of the Goods loaded therein, or thereon;

(D) that where the Company provides the Transport Unit, on loading by the Customer, the Transport Unit is in good condition, and is suitable for the carriage to the intended destination of the Goods loaded therein, or thereon.

18 Without prejudice to any rights under clause 15, where the Customer delivers to the Company, or causes the Company to deal with or handle Goods of a dangerous or damaging nature, or Goods likely to harbour or encourage vermin or other pests, or Goods liable to taint or affect other goods, whether declared to the Company or not, he shall be liable for all loss or damage arising in connection with such Goods, and shall indemnify the Company against all penalties, claims, damages, costs and expenses whatsoever arising in connection therewith, and the Goods may be dealt with in such manner as the Company, or any other person in whose custody they may be at any relevant time, shall think fit.

19 The Customer undertakes that no claim shall be made against any director, servant, or employee of the Company which imposes, or attempts to impose, upon them any liability in connection with any services which are the subject of these conditions, and, if any such claim should nevertheless be made, to indemnify the Company against all consequences thereof.

20 The Customer shall save harmless and keep the Company indemnified from and against
(A) all liability, loss, damage, costs and expenses whatsoever (including, without prejudice to the generality of the foregoing, all duties, taxes, imposts, levies, deposits and outlays of whatsoever nature levied by any authority in relation to the Goods) arising out of the Company acting in accordance with the Customer's instructions, or arising from any breach by the Customer of any warranty contained in these conditions, or from the negligence of the Customer;

(B) without derogation from sub-clause (A) above, any liability assumed, or incurred by the Company when, by reason of carrying out the Customer's instructions, the Company has become liable to any other party;

(C) all claims, costs and demands whatsoever and by whomsoever made or preferred, in excess of the liability of the Company under the terms of these conditions, regardless of whether such claims, costs, and/or demands arise from, or in connection with, the breach of contract, negligence or breach of duty of the Company, its servants, sub-contractors or agents;

(D) any claims of a general average nature which may be made on the Company.

21(A) The punctual receipt in full of sums falling due from the Customer to the Company is critical to the operation of the Company's business and its performance of its obligations to the Customer. Accordingly the Customer shall pay to the Company in cash, or as otherwise agreed, all sums when due, immediately and without reduction or deferment on account of any claim, counterclaim or set-off. Time is of the essence of payment of all and any sums payable by the Customer to the Company.

(B) In the event of any failure by the Customer to make full and punctual payment of any sum payable to the Company (in accordance with clause 21(A) above):

(i) Any and all other sums properly earned by and/or otherwise due to the Company (but which, but for this clause 21(B), would otherwise not yet be payable by the Customer, whether by virtue of an agreed credit period or otherwise) shall become immediately payable in full; and

(ii) Any sum thereby becoming immediately payable shall be paid to the Company in cash, or as otherwise agreed, and without reduction or deferment on account of any claim, counterclaim or set-off.

(C) No omission to seek compensation for breach of 21(A) and (B) above by the Company shall constitute a waiver or release to the Customer from any liability under 21(A) and (B) above during the application of these terms unless agreed in writing by authorised officers of the Company and Customer.

(D) The Late Payment of Commercial Debts (Interest) Act 1998, as amended, shall apply to all sums due from the Customer.

22 Where liability arises in respect of claims of a general average nature in connection with the Goods, the Customer shall promptly provide security to the Company, or to any other party designated by the Company, in a form acceptable to the Company.

LIABILITY AND LIMITATION

23 The Company shall perform its duties with a reasonable degree of care, diligence, skill and judgment.

24 The Company shall be relieved of liability for any loss or damage if, and to the extent that, such loss or damage is caused by:-
(A) strike, lock-out, stoppage or restraint of labour, the consequences of which the Company is unable to avoid by the exercise of reasonable diligence; or
(B) any cause or event which the Company is unable to avoid, and the consequences of which the company is unable to prevent by the exercise of reasonable diligence.

25 Except under special arrangements previously made in writing by an officer of the Company so authorised, the Company accepts no responsibility with regard to any failure to adhere to agreed departure or arrival dates of Goods.

Documents in Export Sales **32.87**

26(A) Subject to clause 2(B) and 11(B) above and sub-clause (D) below, the Company's liability howsoever arising and, notwithstanding that the cause of loss or damage be unexplained, shall not exceed:
  (i) in the case of claims for loss or damage to Goods:
    (a) the value of any loss or damage; or
    (b) a sum at the rate of 2 SDR per kilo of the gross weight of any Goods lost or damaged
    whichever shall be the lesser.
  (ii) subject to (iii) below, in the case of all other claims:
    (a) the value of the subject Goods of the relevant transaction between the Company and its Customer; or
    (b) where the weight can be defined, a sum calculated at the rate of 2 SDR per kilo of the gross weight of the subject Goods of the said transaction; or
    (c) 75,000 SDR in respect of any one transaction,
    whichever shall be the lesser.
  (iii) in the case of an error and/or omission, or a series of errors and/or omissions which are repetitions of or represent the continuation of an original error and/or omission:
    (a) the loss incurred; or
    (b) 75,000 SDR in the aggregate of any one trading year commencing from the time of the making of the original error and/or omission,
    whichever shall be the lesser.
  For the purposes of clause 26(A), the value of the Goods shall be their value when they were, or should have been, shipped. The value of SDR shall be calculated as at the date when the claim is received by the Company in writing.
(B) Subject to clause 2(B) above and sub-clause (D) below, the Company's liability for loss or damage as a result of failure to deliver, or arrange delivery of goods, in a reasonable time, or (where there is a special arrangement under Clause 25) to adhere to agreed departure or arrival dates, shall not in any circumstances whatever exceed a sum equal to twice the amount of the Company's charges in respect of the relevant contract.
(C) Save in respect of such loss or damage as is referred to at sub-clause (B), and subject to clause 2(B) above and sub-clause (D) below, the Company shall not in any circumstances whatsoever be liable for indirect or consequential loss such as (but not limited to) loss of profit, loss of market, or the consequences of delay or deviation, however caused.
(D) On clearly stated instructions in writing declaring the commodity and its value, received from the Customer and accepted by the Company, the Company may accept liability in excess of the limits set out in sub-clauses (A) to (C) above upon the Customer agreeing to pay the Company's additional charges for accepting such increased liability. Details of the Company's additional charges will be provided upon request.

27(A) Any claim by the Customer against the Company arising in respect of any service provided for the Customer, or which the Company has undertaken to provide, shall be made in writing and notified to the Company within 14 days of the date upon which the Customer became, or ought reasonably to have become, aware of any event or occurrence alleged to give rise to such claim, and any claim not made and notified as aforesaid shall be deemed to be waived and absolutely barred, except where the Customer can show that it was impossible for him to comply with this time limit, and that he has made the claim as soon as it was reasonably possible for him to do so.
(B) Notwithstanding the provisions of sub-paragraph (A) above, the Company shall in any event be discharged of all liability whatsoever and howsoever arising in respect of any service provided for the Customer, or which the Company has undertaken to provide, unless suit be brought and written notice thereof given to the Company within nine months from the date of the event or occurrence alleged to give rise to a cause of action against the Company.

JURISDICTION AND LAW

28(A) These conditions and any act or contract to which they apply shall be governed by English law.
(B) Any dispute arising out of any act or contract to which these Conditions apply shall, save as provided in (C) below, be subject to the exclusive jurisdiction of the English courts.
(C) Notwithstanding (B) above, the Company is entitled to require any dispute to be determined by arbitration.
(D) The Company may exercise its rights under (C) above either by itself commencing arbitration in respect of a dispute or by giving written notice to the Customer requiring a dispute to be determined by arbitration.
(E) In the event that the Company exercises its rights under (C) above, the corresponding arbitration shall be conducted as follows:
  (i) Where the amount claimed by the claimant is less than £400,000, excluding interest, (or such other sum as the Company and Customer may agree, and subject to (iii) below), the reference shall be to a tribunal of three arbitrators and the arbitration shall be conducted in accordance with the LMAA Intermediate Claims Procedure applicable at the date of the commencement of the arbitration proceedings;
  (ii) Where the amount claimed by the claimant is less than £100,000, excluding interest, (or such other sum as the Company and Customer may agree, and subject to (iii) below), the reference shall be to a sole arbitrator and the arbitration shall be conducted in accordance with the LMAA Small Claims Procedure applicable at the date of the commencement of the arbitration proceedings;
  (iii) In any case where neither of the LMAA Procedures referred to in (i) and/or (ii) above applies, the reference shall be to three arbitrators in accordance with the LMAA Terms applicable at the date of the commencement of the arbitration proceedings.

COPYRIGHT © BIFA 2017

3. Multimodal transport documents

32.88 A further development has been the increasing involvement of the freight forwarder as a carrier himself, not necessarily in a physical sense but as a multimodal operator (MTO)[134] contracting as principal to perform or procure performance of a multimodal transport (MT) from door to door under an MT bill of lading governed by the UNCTAD Multimodal Transport Convention of 1980 or by the Uniform Rules for a Combined Transport Document issued by the International Chamber of Commerce.[135] Multimodal/combined transport bills of lading may be either negotiable[136] or non-negotiable. The efficacy of multimodal transport is to some extent weakened by the fact that there is no international convention covering all stages of the transit. Instead, there are different conventions applicable to the different types of transport and, where loss, damage or delay occurs, this may involve complex questions as to the incidence of liability. A step forward was taken in December 2008 when the General Assembly of the United Nations adopted the Convention on Contracts for the International Carriage of Goods Wholly or Partly by Sea.[137] A contract of carriage for the purposes of the Convention 'shall provide for carriage by sea and may provide for carriage by other modes of transport in addition to the sea carriage.'[138] So, where the contract provides for the carriage of goods by sea, the Convention is in principle applicable to all legs of the journey. But where there is no element of carriage by sea, the Convention is not applicable. The attempt to create 'a binding universal regime to support the operation of contracts of maritime carriage involving other modes of transport',[139] is a laudable one but it is likely to encounter difficulties. The Convention has attracted considerable criticism and it has not secured the ratifications it needs in order to make it effective.[140] While the scope of the Convention is ambitious, it is not without limit. As has been noted, it does not apply to contracts which make no provision for carriage by sea and, in relation to contracts that fall within its scope, it gives way to existing international conventions governing the carriage of goods by other modes of transport that regulate the liability of the carrier for loss of or damage to the goods.[141] The risk is that the Convention will add to the existing complexity in so far as it creates another instrument (which has limited but by no means universal support) which will have to operate alongside the existing legal regimes. We are still some way off from an effective international convention which can encompass all stages in the carriage or transit of goods.

---

[134] Also termed a combined transport operator.
[135] See para 36.87. See also the UNCTAD/ICC Rules for Multimodal Transport Documents, published in 1990.
[136] There is as yet no reported decision recognizing the negotiability of a multimodal transport document, but if this is established by trade usage, there seems no reason why the courts should not give it recognition. See further, para 36.86.
[137] See para 36.98.
[138] Article 1(1).
[139] Preamble to the Convention.
[140] Having obtained only five of the required twenty ratifications for it to come into force. See further A. Diamond, 'The Rotterdam Rules' [2009] LMCLQ 445 and F. Berlingieri, 'Revisiting the Rotterdam Rules' [2010] LMCLQ 583.
[141] Article 82. See also art 26 which also limits the scope of the Convention.

(x) Time of dispatch of documents

32.89 Since one of the main functions of shipping documents is to enable the buyer to deal in the goods while they are afloat, he will naturally expect to receive them before the goods arrive at the port of destination. But the increased speed of modern vessels, coupled with delays in the processing of documents, not infrequently results in the documents arriving after the goods. Inconvenient though this may be from the buyer's viewpoint, it does not necessarily give him a right of action against the seller, for the latter is not an insurer so far as arrival of the documents is concerned; his duty is merely to forward the documents with reasonable dispatch,[142] and in so far as delays are outside his control he is not responsible for them.

32.90 Where the documents arrive late through the seller's default, the buyer is entitled to damages for any loss resulting from the delay. One of the advantages that the buyer may lose as the result of late arrival of the documents is the ability to sub-sell the goods while afloat and thus pass on to the sub-buyer the risk of loss or damage in transit, leaving the sub-buyer to claim over against the carrier or insurer. Thus if the goods arrive damaged through some neglect on the part of the carrier and before the documents themselves, so that the buyer has to sub-sell the goods on the basis of physical delivery and not on the basis of delivery of documents, and is accordingly faced with rejection of the goods by his sub-purchaser, there seems no reason why the buyer should not be able to claim his resulting loss from the seller, even if the goods have been loaded in sound condition.

8. BREACH OF DUTY TO TENDER DOCUMENTS

32.91 As in the case of the goods themselves, the duty to deliver the shipping documents may be broken in one of three ways: by failure to tender at all; by tender of nonconforming documents; and by a late tender. The buyer's remedies will depend, first, on which form the breach takes, secondly, the manner in which the buyer exercises his option (if he has one) to accept or reject the tender, and thirdly the manner in which he deals with the tender of the goods if and when they arrive. The question of a late tender has already been referred to. The remaining matters are discussed in chapter 34.

---

[142] *Sanders Bros v Maclean & Co* (1883) 11 QBD 327.

Chapter 33

THE VIENNA CONVENTION ON INTERNATIONAL SALES[1]

33.01 The harmonization of national laws may be effected, or encouraged, in various ways: by a convention or uniform law which is binding on contracting states, subject to reservation and denunciation, or by a model law, which states are free to adopt, with such variations as they choose. A uniform law regulating contracts may be designed to cover both domestic and international transactions or it may be confined to the latter. Its rules may be mandatory, that is, applicable irrespective of the agreement between the parties, or permissive, becoming operative only to the extent consistent with the expressed intention of the parties. Where the harmonization of the substantive laws of contracting states in the field of law would be too complex, the convention may instead lay down a set of conflict of laws rules. A convention embodying uniform rules of substantive law is designed to obviate the necessity of referring to national law and, as a consequence, the need to invoke conflict of laws rules. A conflict of laws convention, though not providing a substantive rule itself, prescribes the state whose law is to apply to a given problem and thereby relieves the forum of the task of applying its own conflict of laws rules. Sometimes the two types of harmonization are embodied in one convention, so that in a convention which for the most part lays down uniform rules of substantive law, certain issues upon which the contracting states cannot agree a solution are instead referred to a designated state law by a conflicts rule.

---

[1] There is now a massive volume of literature on the Convention. See generally I. Schwenzer (ed), *Schlechtriem & Schwenzer: Commentary on the Convention on the International Sale of Goods* (4th (English) edn, 2016); M. Bridge, *The International Sale of Goods: Law and Practice* (4th edn, 2017), chs 10–12; J. Honnold, *Uniform Law for International Sales* (4th edn, 2009, edited and updated by H. M. Flechtner); C. M. Bianca and M. J. Bonell, *Commentary on the International Sales Law* (1987); S. Kröll, L. Mistelis and P. P. Viscasillas, *The United Nations Convention on Contracts for the International Sale of Goods* (2nd edn, 2018); C. P. Gillette, *Advanced Introduction to International Sales Law* (2016); H. Flechtner, R. Brand and M. Walter (eds), *Drafting Contracts under the CISG* (2008); B. Nicholas, 'The Vienna Convention on International Sales Law' (1989) 105 LQR 201. For details of decisions and articles on the Convention, see the Unilex database edited by Professor M. J Bonell and others (www.unilex.info) and the UNCITRAL database, Case Law on UNCITRAL Texts (CLOUT) (www.uncitral.org/uncitral/en/case_law.html). There are numerous other websites containing details of cases on the CISG, of which the most prominent is probably that developed by the Institute of International Commercial Law of the Pace University Law School (http://iicl.law.pace.edu/cisg/cisg/).

33.02 The Vienna Convention on International Sales

33.02 The 1955 Hague Convention governing international sales transactions was a conflicts convention.[2] In 1964 substantive uniform rules were agreed in the shape of the Uniform Law on the International Sales of Goods (ULIS), with a separate Uniform Law on the Formation of Contracts for the International Sale of Goods (ULFIS). ULIS, adopted by a number of states,[3] was essentially suppletory in character, the parties being free to exclude its application, wholly or in part.[4] Though a major step towards the unification of international sales law, ULIS suffered serious deficiencies which limited its utility,[5] and substantial changes were made by its successor, the United Nations Convention on Contracts for the International Sale of Goods (CISG) concluded at Vienna in 1980. It is the CISG which is referred to hereafter unless otherwise indicated. The Convention came into force on 1 January 1988 and has been ratified by 93 states.[6] Unhappily, the United Kingdom is not one of them. The reluctance of the United Kingdom to ratify the Convention despite the overwhelming advantages of doing so reflects this country's penchant for making major contributions to the work of harmonization and then walking away from the finished product without any adequate explanation.[7] In the case of the CISG the United Kingdom's refusal to adopt the Convention appears to be based on a naive belief in the superiority of a Sale of Goods Act which has remained largely unchanged for over 125 years,[8] coupled with a failure to appreciate that for every international sales contract governed by English law there will be another one governed by a foreign law with which the English party may not be familiar and which may be in a language she does not understand. Moreover, the Convention is essentially gap-filling in character, since the

---

[2] Convention on the Law Applicable to International Sales of Movable Corporeal Objects. This is prospectively replaced by the 1986 Hague Convention on the Law Applicable to Contracts for the International Sale of Goods, which has not, however, been brought into force.

[3] Including the United Kingdom, but only where the parties have chosen to adopt it (Uniform Law on International Sales Act 1967, s 1(3)). Since they could have incorporated the ULIS rules anyway without legislation, the Act represents a purely political gesture.

[4] Article 3.

[5] In particular, (a) it allowed contracting states to restrict the Uniform Laws to contracts in which it was selected by the parties (a provision of which the United Kingdom took advantage – see n 3); (b) its attempt to exclude conflict of laws rules, and to impose itself on international transactions not involving contracting states, was overambitious; (c) its definition of fundamental breach (based not on detriment actually caused by the breach but on whether the reasonable man would have entered into the contract had he foreseen the breach and its effects) was unpopular in that it generated too much uncertainty to satisfy commercial requirements; (d) the provision for ipso facto avoidance (see n 69) was highly inconvenient. A further problem was caused by the lack of involvement of developing nations in the project. The lack of participation resulted in a lack of ownership of the project.

[6] As at 1 June 2020.

[7] In July 2007 the then Department of Business, Enterprise and Regulatory Reform commenced a further consultation on the question whether or not the UK should ratify the Convention. This was not the first time the relevant government department has engaged in consultation of this nature and it may not be the last. In the past, the government has declared its willingness in principle to ratify the Convention subject to finding parliamentary time for ratification. However, the government seems to find it extremely difficult to find the parliamentary time, which suggests that the commitment in principle to ratification is limited.

[8] With the exception of some relatively minor changes and, in the case of consumer contracts, more radical reform in the Consumer Rights Act 2015. But we are not here concerned with contracts of sale entered into between a trader and a consumer.

parties are almost entirely free to vary or exclude its provisions,[9] so that English parties who favour English domestic law can so provide in their contracts. A further consequence of our non-participation is that English courts are largely[10] deprived of the opportunity to contribute to the jurisprudence of the Convention. The latter point assumes ever more importance as the case law on the Convention develops and an increasing number of interpretative issues are resolved with no input from the English courts.

33.03 The Convention incorporates rules as to formation of international contracts of sale which were previously the subject of ULFIS. A protocol of the same date makes certain amendments to the 1974 Vienna Convention on the Limitation Period in the International Sale of Goods.

33.04 The CISG has become a reference point for subsequent international commercial law instruments, including the UNIDROIT Principles of International Commercial Contracts and the Principles of European Contract Law prepared by the Commission on European Contract Law, which can, in an appropriate case, be used to supplement some of the less detailed rules in the CISG, for example, art 78 on the entitlement to interest[11] and, more controversially, art 79 on force majeure.[12]

33.05 The purpose of the present chapter is not to give a detailed analysis of the CISG but rather to show the sphere of its application, the approach to its interpretation, the general principles underlying it, and the more significant differences between its provisions and those of the UK Sale of Goods Act.

33.06 It will be apparent from this discussion that, although a substantial improvement on ULIS, the CISG possesses a number of ambiguities, inconsistencies and other shortcomings. This is, perhaps, inevitable in any convention in a major field of law involving a number of contracting states. Criticism of the text should not necessarily be taken to imply criticism of the draftsmen. The Convention seeks to maintain a delicate balance between the contrasting

---

[9] Indeed, the Convention is regularly excluded in contracts for the sale of commodities, for which it is considered less suitable than for manufactured goods. See below.
[10] Not entirely, for an English court may find itself applying the Convention as part of the law of a contracting state applicable under English conflict of laws rules. So far this has not happened.
[11] The legal basis for this supplementary role is not entirely clear. But cases can be found in which the UNIDROIT Principles have performed this role, particularly in relation to art 78. See further R. Goode, H. Kronke and E. McKendrick, *Transnational Commercial Law: Text, Cases and Materials* (2nd edn, 2015), paras 8.54–8.55 and 8.78–7.87. See, more generally, M. Bridge, n 1, paras 10.36–10.39 and 10.50.
[12] See *Scafom International BV v Lorraine Tubes SAS* Cour de cassation de Belgique, C.07.0289 (19 June 2009), on which see further paras **33.36** and **33.38**. The Dutch original and the Court's French translation of the decision are available on the website of the court: http://jure.juridat.just.fgov.be. The decision is also reported in (2009) 8/4 Tijdschrift voor Internationaal Privaatrecht/Revue de Droit International Privé 25. An English translation is available at http://cisgw3.law.pace.edu/cases/090619b1.html. See, more generally, E. McKendrick and S. Vogenauer, 'Supervening Events in Contract Law: Two Cases and the Interaction of National Contract Laws, International Uniform Law and "Soft Law" Instruments' in C. Benicke and S. Huber (eds), *National, International, Transnational: Harmonischer Dreiklang im Recht. Festschrift für Herbert Kronke zum 70 Geburtstag* (2020), p 1121.

attitudes and concepts of the civil law and of the common law, and very often rules have to be blurred or omitted altogether in order to produce an acceptable compromise. The CISG, like its predecessor, should be read with this in mind.[13] That said, it is undoubtedly the case that the restricted view of fundamental breach in art 25, coupled with the perceived vagueness of its provisions, is widely considered, at least in the UK, to make the Convention unsuitable for use in documentary sales, where the doctrine of strict compliance – particularly in relation to letters of credit – holds sway, or in the sale of commodities, which typically involve rapidly fluctuating markets, long chains of parties and potential exposure to huge amounts of damages, all of which necessitate a high degree of legal predictability.[14]

1. SPHERE OF APPLICATION OF THE CISG

(i) CISG rules on sphere of application

33.07 Under art 1(1) of the CISG three distinct criteria must be satisfied before the Convention can apply. These relate to the nature and subject matter of the contract, the internationality of the contract and the connection with one or more contracting states. First, the contract must be a contract for the sale of goods.[15] Contracts for the supply of goods to be manufactured or produced are to be considered sales unless the party ordering the goods undertakes to supply a substantial part of the materials, or a preponderant part of the obligations of the party furnishing the goods is the supply of labour and other services.[16] Secondly, the parties to the contract must have their places of

---

[13] The CISG provides a good example of the way in which the focal point of interest in legislation or a convention is often quite different from what was expected. Who could have foreseen that of all the articles in the CISG that which has attracted the most litigation is also one of the shortest, art 78, dealing with interest?

[14] See M. Bridge, 'Uniformity and Diversity in the Law of International Sale' 15 Pace Int Law Rev 55, 69 (Spring 2003); F. M. B. Reynolds, 'Some Reservations About CISG' in *New Trends in International Trade Law* (eds G. Ajani and G. Porro, 2000) 287; and to similar effect, K. Takahashi, 'Right to Terminate (Avoid) International Sales of Commodities' [2003] JBL 102 at pp 103–104.

[15] No express definition of 'contract of sale' has been provided in the CISG itself and so the task of deciding what does, or does not, constitute a contract of sale is left to commentators, the courts and arbitral tribunals. The question whether a distribution agreement falls within the scope of the CISG has given rise to a degree of difficulty. The balance of authority supports the proposition that the distribution agreement itself does not fall within its scope but that the CISG does apply to each separate contract of sale concluded under the distribution agreement, although in the final analysis it is necessary to pay careful attention to the content of the individual distribution agreement (see Bridge, n 1, para **10.22**). For the problems involved in applying the Convention to futures contracts, see S. Fisher and M. Hains, 'Futures market law and the Vienna Sales Convention' [1993] LMCLQ 531. The Financial Markets Law Committee (Issue No 130: Implementation of the Vienna Sales Convention, July 2008) drew attention to possible difficulties with the scope of the Convention in relation to its application to financial instruments. It recommends that, in the event that the UK ratifies the Convention, the implementing legislation should state expressly that it does not apply to financial instruments, other than physically-settled commodity derivatives.

[16] Article 3. On which see further CISG Advisory Council Opinion No. 4 'Contracts for the Sale of Goods to be Manufactured or Produced and Mixed Contracts (Article 3 CISG)': www.cisgac.com.

business in different states.[17] Thirdly, the CISG applies only when both those states are contracting states (art 1(1)(a)) or the rules of private international law lead to the application of the law of a contracting state (art 1(1)(b)).[18]

33.08 Article 1 is much simpler than art 1 of ULIS. It is no longer necessary to show an additional international element (intended movement of goods from one state to the other, or acts constituting offer and acceptance in different states etc), while on the other hand there must be some point of contact with a *contracting* state. So if S, whose place of business is in England, contracts to sell goods to B, with a place of business in Ruritania, the CISG will apply if both the United Kingdom and Ruritania are contracting states or if the law applicable to the contract is that of a contracting state. The location or intended place of delivery of the goods is irrelevant. It is also not open to a contracting state (as it was under ULIS) to limit the application of the Convention to cases where the parties incorporate it into their contract. So far as the United Kingdom is concerned this means that, if the Convention is implemented by legislation, it will apply except so far as excluded by the parties. In cases within art 1(1)(a) the courts of a contracting state must apply the CISG even if their conflict of laws rules lead to the application of the law of a non-contracting state, though the position is otherwise if the parties expressly choose the law of a non-contracting state.[19]

33.09 The addition of limb (b) of art 1(1) proved controversial, and some states have exercised their right under art 95 to make a declaration that they will not apply it,[20] taking the view that it unduly narrows the sphere of application of their domestic law and, further, that reference to rules of private international law, which vary from state to state, creates uncertainty. But there is no question that art 1(1)(b) has achieved its objective in substantially accelerating the application of the CISG, as well as expanding its scope, since the early cases under the Convention applied art 1(1)(b) rather than art 1(1)(a), usually because the transaction took place before ratification of the Convention by the two states. With the substantial number of ratifications now achieved, art 1(1)(a) now commonly applies, substantially reducing the need for reliance on art 1(1)(b).

---

[17] If a party has more than one place of business, the place of business for the purpose of the Convention is that which has the closest relationship to the contract and its performance, having regard to the circumstances known to or contemplated by the parties at any time before or at the conclusion of the contract (art 10). By art 1 (2), the fact that the parties have their places of business in different states is to be disregarded whenever this fact does not appear either from the contract or from any dealings between them, or from information disclosed by the parties at any time before or at the conclusion of the contract.

[18] Some courts have concluded that limb (b) of art 1(1) applies only where the parties have not chosen the applicable law expressly, but this cannot be correct, for recognition of party selection of the applicable law is itself a rule (indeed, the primary rule) of private international law relating to contracts. In the case of proceedings in the courts of a member state of the European Union, the rules of private international law laid down in the Rome I Regulation (Regulation (EC) 593/2008 of 17 June 2008 on the law applicable to contractual obligations) will determine the applicable law.

[19] See para **33.17**.

[20] Namely Armenia, China, Lao People's Democratic Republic, Saint Vincent and the Grenadines, Singapore, Slovakia and the United States. Germany has declared that it will not apply limb (b) in respect of any state that has made a declaration that it will not apply limb (b).

33.10 *The Vienna Convention on International Sales*

33.10 The CISG empowers a contracting state to exclude certain of its provision by declaration.[21] Thus under art 92 a contracting state may declare that it will not be bound by Pt II of the Convention (formation of the contract)[22] or by Pt III (sales), and reference has already been made to the power of a contracting state to exclude art 1(1)(b) by a declaration under art 95, discussed below.

(ii) The effect of a declaration under Article 95

33.11 The effect of a declaration under art 95 disapplying art 1(1)(b) depends on whether it is made by the forum state or by another state whose law is applicable under the rules of private international law of the forum, and there is much controversy about some aspects.[23] On the assumption that in each case the parties carry on business in different states,[24] the following questions arise:

(a) Where proceedings are brought in a non-reserving contracting state whose rules of private international law lead to the application of the law of a reserving contracting state, should the court apply the CISG? The view of the government of the Federal Republic of Germany is that a state which makes such a declaration is not a contracting state for the purpose of art 1(1)(a), so that where the rules of private international law lead to the application of the law of such a state, there is no obligation on Germany to apply the Convention, and German legislation commits German courts to this approach, which is also shared by a number of scholars.[25] But whereas art 92 expressly provides that a contracting state making a declaration under that article is not to be considered a contracting state within art 1(1), there is no such provision in art 95, and the better view[26] is that only the courts of the reserving state are bound by that state's declaration, and that the courts of non-reserving contracting states should treat the CISG as applicable if their rules of private international law apply to the law of the reserving state, regardless of the latter's reservation.

(b) Where the rules of private international law of the forum state lead to the application of the law of a non-reserving contracting state but the forum state has made a declaration under art 95, should its courts apply the CISG? The answer is yes, but they will do so not by virtue of art 1(1)(b) but in pursuance of their own conflict rules, and it is for the court concerned to determine the application of these. However, the

---

[21] The declaration is in substance a reservation.
[22] Denmark, Finland, Iceland, Norway and Sweden originally made such a declaration but have since withdrawn it. The latter step evidences the influence of the CISG and the way in which over time it has the potential to displace regional harmonisation measures.
[23] The matter is now the subject of a CISG Advisory Council Opinion: see CISG Advisory Council Opinion No 15 'Reservations under Articles 95 and 96': www.cisgac.com. It may be that this Opinion will go some way towards reducing the uncertainty surrounding this issue.
[24] A condition which has to be satisfied whether art 1(1)(a) or art 1(1)(b) applies.
[25] See, for example, J. Honnold, *Uniform Law for International Sales*, para 47.5.
[26] And the view which is taken in the CISG Advisory Council Opinion, n 23, paras 3.12–3.16.

position is otherwise if the forum state's conflict rules lead to the application of the *lex fori* itself, for by making its declaration under art 95 the forum state has manifested its policy decision not to apply the CISG via a conflict rule.

(c) Where proceedings are brought in a non-contracting state whose rules of private international law lead to the application of the law of a contracting state, should the CISG be applied? Where the law referred to is that of a non-reserving state, the court will apply the CISG, but, again, under its own conflict rules, not under art 1(1)(b). Where the law referred to is that of a reserving state, a court is more likely to apply the domestic law of that state than the CISG.[27]

(iii) Other bases of application

33.12 The provisions of the CISG as to the sphere of its application are exhaustive only so far as the Convention rules are relied on as treaty provisions. There are at least three other ways in which courts and arbitral tribunals have succeeded in holding the Convention rules applicable despite the absence of the necessary link with a contracting state.[28]

1. Contractual incorporation

33.13 It is open to the parties to incorporate CISG provisions by reference in their contract. In the United Kingdom the sole effect of such incorporation is that the Convention rules are applied as if they had been set out as terms of the contract. Accordingly, an English court would have no duty to apply the Convention as such, but would do so only to the extent that it would apply any other terms of the contract.

2. Trade usage

33.14 In an arbitration under the Rules of Conciliation and Arbitration of the International Chamber of Commerce the arbitral tribunal, relying on what is now art 21(2) of the ICC Rules, which requires account to be taken of any relevant trade usages, held that there was no better source for determining those usages than the CISG.[29] That is itself a large assumption, but even if it were justified, it is harder to support the application of the CISG in a case where neither the country of the seller nor that of the buyer was a contracting state, the contract had been made before the CISG had even been concluded and the tribunal applied its provisions in the teeth of the law which it had determined was applicable but considered unreasonable. A potentially more

---

[27] This is the view taken in the CISG Advisory Council Opinion, n 23, para 3.18.
[28] See further L. F. Del Duca and P. Del Duca, 'Practice under the Convention on International Sale of Goods (CISG): A Primer for Attorneys and International Traders' 27 UCC LJ 331, 343–344 (1995).
[29] ICC Case No 5713/1989, summarized in (1990) XV Yearbook of Commercial Arbitration 70 and [1989] Unilex D 89–1, and discussed by R. Goode, 'Usage and its Reception in Transnational Commercial Law' (1997) 46 ICLQ 1 at pp 20 ff, 29.

fruitful source for identifying trade usage is the ICC's Incoterms® 2020, which could be resorted to as evidence of usage even where, under national law, they would not have been considered incorporated into the contract.

3. Lex mercatoria

33.15 There is a body of opinion which holds that there exists a corpus of uncodified international trade law and usage, the *lex mercatoria*, which subsists independently of any national legal system. In line with this view the Iran-United States Claims Tribunal applied the CISG rules as part of the *lex mercatoria*.[30] English law does not, it is thought, subscribe to this concept of *lex mercatoria*, but would, of course, be free to apply any trade usage by reference to which the parties expressly or impliedly contracted and to look to the Convention for best evidence of such usage where appropriate.

(iv) Transactions excluded by the CISG

33.16 The Convention does not apply to consumer sales[31] or sales by auction or under execution, nor to sales of securities, negotiable instruments or money,[32] ships, vessels, hovercraft or aircraft[33] or electricity.[34] It also does not apply to the liability of the seller for death or personal injury caused by the goods to any person.[35]

(v) Exclusion or variation by the parties

33.17 The parties may exclude the application of the CISG or, subject to art 12,[36] derogate from or vary the effect of any of its provisions.[37] Exclusion of the Convention may be express or implied. Choice of the law of a

---

[30] *Watkins-Johnson Co and Watkins-Johnson Ltd v Islamic Republic of Iran* (1990) XV Yearbook of Commercial Arbitration 220.
[31] More precisely, sales 'of goods bought for personal, family or household use, unless the seller, at any time before or at the conclusion of the contract, neither knew nor ought to have known that the goods were bought for any such use' (art 2).
[32] The possibility that the Convention might apply to a range of financial instruments is a worry that has been expressed by the Financial Markets Law Committee, Part 6, see n 15 above.
[33] However, the Hungarian Supreme Court has held that although the Convention does not apply to the sale of aircraft, it does apply to the sale of individual components of an aircraft (*MALEV Hungarian Airlines v United Technologies International Inc* (1993) 13 Journal of Law and Commerce 1, [1992] Unilex D 92–20).
[34] Article 2.
[35] An exclusion designed to avoid conflict with any applicable products liability convention.
[36] Which preserves the power of a contracting state, by declaration under art 96, to preserve its legislative requirements as to writing. Although art 12 is the only provision expressed to be of a mandatory nature, art 28 is also mandatory. See *Schlechtriem & Schwenzer*, n 1, p 493 where the point is made that art 28 is directed to the national courts and, as such, does not impair the autonomy of the contracting parties. Thus, while they cannot exclude the operation of art 28 by mutual consent, they can achieve the outcome they wish by selecting a jurisdiction which is supportive to their aim (whether that aim is to secure performance or to confine the parties to a claim in damages).
[37] Article 6.

contracting state is not an implied exclusion (since the CISG is part of the law of the selected state) unless the parties have shown an intention to apply the domestic sales law of the state concerned or otherwise to exclude the CISG.[38] By contrast selection of the law of a non-contracting state is an implied exclusion of the CISG, though this would not be so where the parties have made no choice of law and it is only through the conflict rules of the forum that the law of the non-contracting state is applicable.[39] There will also likely be an implied exclusion where the parties have entered into a contract the provisions of which are so detailed and wide-ranging that either the CISG rules cannot sensibly be applied or the provisions indicate an intention to rely on purely domestic law or other non-CISG rules. In all cases where the CISG is excluded, the law to be applied under the conflict rules of the forum is the domestic law of the state referred to excluding the CISG.

(vi) **Ambit of the CISG**

33.18 The Convention governs only the formation of the contract and the rights and obligations of the seller arising from it. The CISG is not concerned with the validity of the contract or any of its provisions or of any usage, nor with the effect the contract may have on the property in the goods sold.[40] In other words, the rules as to formation are devoted exclusively to questions of offer and acceptance, extrinsic grounds of invalidity (mistake, fraud etc) being a matter for the applicable law under conflict of laws rules;[41] and it is only the personal rights of seller and buyer *inter se* that are regulated. The Convention is not concerned with the proprietary effects of the contract, nor with title conflicts between seller or buyer and a third party. It would not have been possible to secure agreement on these matters in the negotiating process and so for pragmatic reasons they were excluded from the scope of the Convention. Add to this the fact that the CISG, like its predecessor, has nothing to say about f.o.b., c.i.f. and combined transport transactions, and it will be apparent that the scope of the Convention is not comprehensive. Since the parties are free to exclude or vary its provisions, and the seller will usually want to impose its own standard terms, the provisions of the Convention are likely in practice to be confined to cases where the parties either omit to exclude it through inadvertence or choose to allow it to govern the contract because they are unable to agree on any national law as the governing law.

33.19 The Convention does not purport to be a comprehensive code. Gaps in its provisions are to be filled in the first instance by reference to the general

---

[38] This is disputed by some authorities but is supported by F. Ferrari, *The Draft UNCITRAL Digest*, pp 124 ff and decisions there cited.
[39] It will be recalled that the courts of a contracting state must apply the Convention where art 1(1)(a) is satisfied even if the governing law is that of a non-contracting state.
[40] Article 4. Thus the effect of a reservation of title clause on the passing of property in the goods is not a matter that falls within the scope of the CISG: Bridge, n 1, para 10.29 and *Schlechtriem & Schwenzer*, n 1, pp 92–93.
[41] See paras 37.55 ff.

principles on which it is based.[42] Only in the absence of such general principles may resort be made to the law applicable by virtue of the rules of private international law.[43] The latter option is likely to be one of last resort because too ready a recourse to national law will defeat the object of the CISG in bringing about a greater degree of harmonisation of the law relating to the sale of goods.

(vii) Interpretation of the CISG

33.20 Article 7(1) is of some significance in view of the absence of any general requirement of good faith in English law as regards the exercise of legal rights and remedies:

> 'In the interpretation of this Convention, regard is to be had to its international character and to the need to promote uniformity in its application and the observance of good faith in international trade.'

This is best interpreted as an exhortation to national courts to beware of rigidity in interpreting the provisions of the Convention, since rules of interpretation suitable for domestic contracts are not necessarily appropriate for transactions of an international character. In particular, especial care has to be taken not to assume that words or phrases in the Convention which are terms of art in a given national legal system bear the same meaning as they do under the national law; instead, the provisions of the CISG should be given an autonomous interpretation,[44] a process assisted by the availability of databases which contain the text of many court decisions and arbitral awards relating to the Convention,[45] and the preparation of extensive academic commentaries.[46] A court or tribunal is to have 'regard' to the need to promote uniformity; it is not bound to follow a previous decision from another jurisdiction. The pursuit of uniformity is also assisted by the work of the CISG Advisory Council ('CISG – AC'), a panel of experts who, acting in a private capacity, prepare opinions on issues which have been the subject of divergent interpretations in national courts and arbitral tribunals.[47]

---

[42] Article 7(2).
[43] Ibid.
[44] On which see M. Gebauer, 'Uniform Law, General Principles and Autonomous Interpretation' (2000) 5 Uniform L Rev 683.
[45] See n 1 above. See also the *UNCITRAL Digest of Case Law on the United Nations Convention on Contracts for the International Sale of Goods* (2016 edn).
[46] Ibid.
[47] To date, the CISG-AC has produced 19 opinions, dealing with electronic commerce, examination of goods and notice of lack of conformity, parol evidence, a number of issues relating to the proper interpretation of art 3, the buyer's right to avoid the contract in case of non-conforming goods or documents, the calculation of damages under arts 74–76, exemption of liability for damages under art 49, the consequences of avoidance of the contract, agreed sums payable on breach of an obligation, issues raised by documents focusing on the buyer's payment duty, claims for damages caused by defective goods or services, inclusion of standard terms, interest, reservations under arts 95 and 96, exclusion of the CISG under art 6, limitation and exclusion clauses, set-off and standards and conformity of the goods under art 35. Two further opinions are in the process of finalisation, dealing with hardship and replacement and repairs under arts 48 and 49 respectively. While these opinions lack official

33.21 There has been much debate about the role of good faith in the CISG.[48] On one view neither art 7(1) nor the other provisions of the CISG impose a general duty of good faith on the parties to a contract of sale governed by the Convention, and art 7(1) means exactly what it says, namely that regard must be had to the observance of good faith in the *interpretation* of the Convention. But even on this view it is not easy to determine the effect of art 7(1). The underlying idea seems to be that the Convention rules are intended to be used, not abused, and must be read down accordingly. Quite apart from the difficulty of disentangling interpretation from substance, the problem is to know what constitutes an abuse. For example, where the CISG provides a default remedy, is the provision to be interpreted as inapplicable where the innocent party has suffered no loss and is simply seeking to escape from what has become a bad bargain through a fall or rise in the market?[49] Others consider that the CISG embodies a general duty of good faith, which is to be applied in accordance with art 7(2). However, there is no common understanding of the meaning and content of good faith, and this may militate against a uniform interpretation of the Convention in relation to good faith. All we can do is to search for a common core, such as the avoidance of behaviour which to right-thinking members of the commercial community would be considered either dishonest or unethical, contravening generally accepted standards of fair dealing. But it may be said that this is very much to view the issue through the lens of the common lawyer. Civilian lawyers are likely to see matters differently, given the important role which good faith plays in their own national legal systems and their greater willingness to recognise, and give content to, general principles, such as a general duty of good faith and to be more adventurous in employing it.

(viii) Gap-filling

33.22 Article 7(2) embodies what has become a standard provision in international private law conventions:

> 'Questions concerning matters governed by this Convention which are not expressly settled in it are to be settled in conformity with the general principles upon which it is based or, in the absence of such principles, in conformity with the law applicable by virtue of the rules of private international law.'

The first point to note is that art 7(2) comes into play only where the matter in issue falls within the scope of the Convention. In some cases that question is readily determined. For example, an issue concerning the transfer of property is not merely not dealt with by the Convention, it is outside its scope altogether. But it may sometimes be difficult to know at what point the line is

---

status, they may in the long run help to iron out inconsistencies in the interpretation of the Convention. The CISG-AC has also produced two declarations; one dealing with the CISG and regional harmonisation, and the other with the use of reservations under the CISG.

[48] See further D. Sim, 'The Scope and Application of Good Faith in the Vienna Convention on Contracts for the International Sale of Goods', www.cisg.law.pace.edu/cisg/biblio/sim1.html

[49] See the example given by M. Bridge, 'A Commentary on Articles 1–13 and 78', in *The Draft UNCITRAL Digest and Beyond* at p 251.

crossed between an unsettled matter governed by the CISG and one that is outside it.[50] Secondly, where art 7(2) does apply, the matter in question is to be settled in conformity with the general principles of the Convention, so far as these can be identified. This generally requires that the asserted principle be common to several provisions, though there is at least one exception to this in that art 6 suffices by itself to establish the principle of party autonomy. Principles common to a number of provisions include estoppel,[51] a duty to act reasonably,[52] and strict liability in the performance of the seller's obligations.[53] Only where there is no relevant general principle is there to be recourse to the applicable law as determined by the rules of private international law of the forum, a last resort which is to be avoided wherever possible because it substitutes a conflict rule for a uniform substantive law rule to be extracted from the Convention.

2. FORMATION OF THE CONTRACT

33.23 Under art 11 a contract of sale need not be concluded in or evidenced by writing and it is not subject to any other requirements as to form. It may be proved by any means, including witnesses. So, as under English law, a contract made on the telephone or by electronic communication is fully enforceable so long as it can be proved. But this is subject to the right of a contracting state to make a declaration under art 96 excluding art 11 where its law requires contracts of sale to be concluded in or evidenced by writing and any party has a place of business in that state.[54]

33.24 The rules as to offer and acceptance follow the civil law rather than the common law, and in many respects are much more closely attuned to commercial requirements. An acceptance does not become effective until it reaches the offeror,[55] and may be withdrawn if the withdrawal reaches the offeror before or at the same time as the acceptance would have become

---

[50] An example of this difficulty is the rate at which interest is payable in the event that a party fails to pay 'the price or any other sum that is in arrears.' Article 78 of the CISG provides that the other contracting party is entitled to recover interest in such circumstances, but it is silent on matters such as the rate at which interest is payable. Is the rate at which interest is payable a matter that is 'governed' by the Convention or does the silence of art 78 indicate that it is a matter which falls outside its scope? Courts and tribunals have given divergent answers to this question: see *Schlechtriem & Schwenzer*, n 1, pp 1118–1125 and CISG Advisory Council Opinion No 14, 'Interest under Article 78 CISG': www.cisgac.com.
[51] See, for example, arts 35(3), 40, 43(2), 68.
[52] See, for example, arts 25, 34, 37, 49.
[53] See, for example, arts 35, 36, 44. For other, more specific, illustrations, see *Schlechtriem & Schwenzer*, n 1, pp 134–137.
[54] The states which have made such a declaration are Argentina, Armenia, Belarus, Chile, Democratic People's Republic of Korea, Paraguay, Russian Federation, Ukraine and Vietnam.
[55] Article 18(2). The acceptance 'reaches' the offeror when it is made orally to him or delivered by any other means to him personally, to his place of business or mailing address or, if he does not have a place of business or mailing address, to his habitual residence (art 24). But where acceptance by conduct is permitted by the terms of the offer or by course of dealing or usage, acceptance becomes effective when the stipulated act is performed, if within the time fixed or, where none, within a reasonable time (art 18(3)).

effective.[56] So *mere* dispatch of an acceptance does not bind the offeree; on the other hand, it suffices to prevent the offeror from subsequently revoking his offer.[57] Revocation is also excluded where the offeror indicates (whether by stating a time for acceptance or otherwise) that it is irrevocable[58] or where it was reasonable for the offeree to rely on the offer as being irrevocable and he has acted in reliance on the offer.[59] A purported acceptance containing additions, limitations or other modifications is a rejection of the offer and constitutes a counter-offer.[60] But where the additional or different terms do not materially alter the offer, the acceptance is effective on the terms of the offer as added or varied unless the offeror objects to them without undue delay.[61]

3. RIGHTS AND DUTIES OF THE PARTIES

33.25 The rights and duties of the parties *inter se* correspond in many respects to those provided by the Sale of Goods Act 1979, though with differences in language and detail. Among the more important comparisons and contrasts between the CISG and English law are the following.

(i) Seller's obligations

33.26 As under English law, the two principal duties of the seller are to effect delivery in accordance with the contract terms and to tender goods that conform to the contract. The requirement of conformity embraces, in provisions closely following those of the Sale of Goods Act, the duty to supply goods for their ordinary purposes and for any particular purposes expressly or impliedly made known to the seller,[62] with an additional requirement that the goods be contained or packaged in the manner usual for such goods.[63]

(ii) 'Breach' and 'fundamental breach'

33.27 Certain remedies for failure in performance are given only where the failure constitutes a 'fundamental breach'. The word 'breach' is not defined, but it is apparent from art 79 that it denotes any failure to perform, whether or not excused, and is not limited to breach of contract in the English law sense of an unexcused failure in performance.[64] 'Fundamental breach' is defined by

---

[56] Article 22.
[57] Article 16(1).
[58] Article 16(2)(a).
[59] Article 16(2)(b).
[60] Article 19(1).
[61] Article 19(2). However, the impact of this article in preserving the efficacy of qualified acceptances is limited, since additional or different terms relating, among other things, to the price, payment, quality and quantity of the goods, place and time of delivery, extent of one party's liability to the other or the settlement of disputes are considered to alter the terms of the offer materially (art 19(3)).
[62] Article 35(2).
[63] Article 35(2)(d).
[64] See para **33.36**.

33.27 The Vienna Convention on International Sales

art 25 as a breach which 'results in such detriment to the other party as substantially to deprive him of what he is entitled to expect under the contract, unless the party in breach did not foresee and a reasonable person of the same kind in the same circumstances would not have foreseen such a result'.[65] The application of a foreseeability test to determine whether a breach is fundamental is novel to English lawyers and may produce some problems. Equally, the 'substantial deprivation' requirement, though it is now a familiar part of English law as a result of the recognition of innominate or intermediate terms,[66] does not find a place in English law as regards a breach of one of the statutory implied conditions in a contract of sale. The rule in English law is that, subject to s 15A of the Sale of Goods Act 1979,[67] any breach, however small, can be treated as fundamental in the sense of allowing the buyer to regard the contract as repudiated. The CISG definition, by contrast, looks to the consequences of the breach rather than the nature of the term broken.

33.28 Remedies not exercisable except where the breach is fundamental are:

(a) the buyer's right to require substitute goods in replacement of nonconforming goods;[68]
(b) the right of one party to avoid the contract[69] for non-performance by the other;[70]
(c) the buyer's right to avoid the contract for partial delivery.[71]

(iii) Rejection or avoidance by the buyer

33.29 As under English law, rejection is not synonymous with avoidance of the contract. Avoidance for nonconformity is permitted only where the breach is fundamental,[72] whereas the buyer may reject the goods and ask for the

---

[65] Expectation and foreseeability are to be determined as at the date of conclusion of the agreement, not as at the date of breach.
[66] On which see paras **3.143–3.147** above.
[67] On which see para **12.01**.
[68] Article 46(2).
[69] 'Avoid' appears to denote rescission ab initio, followed by restitution on both sides but without prejudice to a right to damages (art 81). Under art 36(1) of ULIS, the contract is ipso facto avoided for non-delivery amounting to fundamental breach unless the buyer informs the seller within a reasonable time of his decision to perform. This provision was most troublesome (see J. Hellner, 'Ipso Facto Avoidance', in J. Hellner (ed), *Julskrift* (1980), p 73) and was abandoned in the CISG.
[70] Articles 49(1)(a), 64(1)(a), 73. But in the case of non-delivery, non-payment or failure to take delivery, the innocent party may also exercise this right if the other does not perform within an additional period of reasonable notice fixed by the innocent party under arts 47 or 63 (arts 49(1)(b), 64(1)(b)).
[71] Article 51.
[72] Article 49(1)(a). English law regards any breach of condition as fundamental, but for the purpose of the CISG the definition of 'fundamental breach' in art 25 (para **33.27**) is to be applied and the test of 'substantial deprivation' would clearly produce a different result if applied, eg to the facts of *Arcos Ltd v E. A. Ronaasen & Son* [1933] AC 470. Even a fundamental breach may not entitle the buyer to avoid the contract if he is unable to give restitution of goods he has received substantially in the condition in which he received them (art 82(1)).

nonconformity to be remedied by repair,[73] whether or not the breach is fundamental, unless this request is unreasonable in the circumstances.[74] Another option open to the rejecting buyer, though only if the nonconformity is a fundamental breach, is to require the delivery of substitute goods.[75]

33.30 The buyer's right to avoid the contract is given in two cases: where the seller's breach is fundamental and where the buyer has fixed an additional time for delivery which the seller has failed to observe or has declared he will not observe.[76] This last approximates to the rule of English contract law entitling a party to give notice making time of the essence. A frequently invoked basis for avoidance is the tender of nonconforming goods, and here the case law indicates a greater reluctance under the CISG than under English law to allow the buyer to treat the tender of nonconforming goods as repudiatory, the general approach being that the breach is not fundamental if the goods are capable of use, resale or repair. On the other hand, instead of the rather stringent conditions laid down by s 35 of the Sale of Goods Act 1979,[77] art 39(1) of the CISG adopts an approach more consistent with general principles of contract law, stating that the buyer loses his right to reject the goods for nonconformity with the contract if he does not give notice to the seller specifying the lack of conformity within a reasonable time after he has discovered it or ought to have discovered it.[78] In a number of cases the buyer has been held to have lost the right to reject because of failure to give notice within a reasonable time and has been ordered to pay the price of the goods. An outside time-limit of two years from physical delivery is also prescribed.[79] Moreover, art 39(1) must be read in the light of the obligation imposed on the buyer to examine the goods, or cause them to be examined, within as short a period as is practicable in the circumstances.[80]

(iv) **Buyer's remedies on acceptance of nonconforming goods**

33.31 If the buyer does not have, or loses or chooses not to exercise, a right to reject, he may instead claim a reduction in the price and/or damages. The price-reduction remedy,[81] which is exercisable either by withholding the sum

---

[73] Article 46(3).
[74] Ibid. The request must be made either in conjunction with notice given under art 39 or within a reasonable time thereafter.
[75] Article 46(2).
[76] Article 49(1).
[77] See paras **13.07** ff.
[78] Article 39(1). By art 39(2) the buyer must specify the nature of the defect in his notice of lack of conformity, and the Munich Landgericht has held that his failure to do so extinguishes his right to reject under art 39(1) (Case No 10 HKO 2375/94; 17 HKO 3726/89). For a detailed discussion of the notice requirements, see S. A. Kruisinga, *(Non-) conformity in the 1980 UN Convention on Contracts for the International Sale of Goods: a uniform concept* (2004), ch III, and the CISG AC Opinion No 2 *Examination of the Goods and Notice of Non-Conformity Articles 38 and 39* (www.cisgac.com).
[79] Article 39(2).
[80] Article 38(1).
[81] A well-known remedy in civil law systems and distinguished from damages by (inter alia) the fact that, whereas damages are usually given only against a party who is at fault, price

33.31 *The Vienna Convention on International Sales*

to be deducted or by recovering it if the price has already been paid, is calculated by adjusting the price in the same proportion as the value of the goods at the time of delivery bears to the value they would have had at that time if they had conformed to the contract.[82]

(v) Seller's right to cure

33.32 The seller is given the right to cure a defective or incomplete delivery of documents or goods up to the due delivery date,[83] and even thereafter if he can do so without unreasonable delay and without causing the buyer unreasonable inconvenience or uncertainty of reimbursement by the seller of expenses advanced by the buyer.[84] However, the right to cure is lost once the buyer has exercised a right to avoid the contract.[85]

(vi) Anticipatory breach

33.33 A party may suspend the performance of his obligations if, after the conclusion of the contract, it becomes apparent that the other party will not perform a substantial part of his obligations as a result of (a) a serious deficiency in his ability to perform or in his creditworthiness, or (b) his conduct in preparing to perform or in performing the contract.[86] A repudiatory breach by a party before the due date for performance entitles the other to avoid the contract.[87]

(vii) Measure of damages[88]

33.34 The CISG, though providing a current-price rule for assessing damages, avoids the rigidity (or, if you prefer, the certainty) of the English market-price rule by stipulating that where the innocent party deals with the breach by making a substitute transaction (as where on non-delivery a buyer purchases other goods and on non-acceptance the seller resells to another buyer), the

---

reduction for nonconformity is allowed irrespective of fault. The distinction is less significant in the CISG, which adopts the common law approach that the right to recover damages does not depend on fault. The remedy of price reduction is given by the Sale of Goods Act in relation to short delivery (s 30(1)) but not as regards nonconformity with description or lack of satisfactory quality of goods which the buyer chooses to accept, where his claim is in damages for breach of warranty, which can be set up in diminution or extinction of the price (s 53(1)(a)).

[82] Article 50.
[83] Articles 34, 37 (but only if the exercise of the right does not cause the buyer unreasonable inconvenience or unreasonable expense, and without prejudice to the buyer's right to damages).
[84] Article 48. Again, this is without prejudice to the buyer's right to damages.
[85] Since the right to cure under art 48(1) is expressly made subject to art 49, which provides the grounds of avoidance by the buyer.
[86] Article 71(1).
[87] Article 72(1).
[88] See generally B. Zeller, *Damages under the Convention on Contracts for the International Sale of Goods* (3rd edn, 2018) and CSIG – AC Opinions Nos 6 and 8 (www.cisgac.com).

actual loss on the substitute transaction replaces the current price loss as the basis of damages. So (assuming that in either case the seller or the buyer acted reasonably) the damages will, in the case of a claimant seller, be the excess of the original contract price over the resale price and, if the claimant is the buyer, the excess of the purchase price of the substitute goods over the original contract price.

(viii) Risk

33.35 This is linked not to property but to control. If the contract involves the carriage of goods and the seller is not bound to hand them over to the carrier at a particular place, risk passes to the buyer when the goods are handed over[89] to the first carrier for transmission to the buyer. If a place is fixed for delivery to the carrier, risk passes when the goods are handed over to the carrier at that place.[90] The risk of goods sold in transit passes on the conclusion of the contract.[91] In other cases risk passes to the buyer when he takes over the goods or, if he does not do so in due time, from the time when they are placed at his disposal and he commits a breach of contract by failing to take delivery.[92] As in English law, difficult questions arise where at the time of loss or damage the goods did not conform to the contract. In that situation, the incidence of risk appears to depend on whether the buyer exercises a right given to him to avoid the contract,[93] in which case the risk is transferred back to the seller. But art 70 makes it clear that the passing of risk does not affect the buyer's remedies for fundamental breach.

(ix) Force majeure

33.36 Under art 79(1) a party is not liable in damages for a failure to perform any of his obligations if he proves that the failure was due to an impediment beyond his control and that he could not reasonably be expected to have taken the impediment into account at the time of the conclusion of the contract or to have avoided or overcome it or its consequences.[94] As under English law, the fact that the event was reasonably foreseeable is not necessarily a bar to the application of art 79. Most events can be foreseen as taking place at some time, but not necessarily during the life of the contract, and, moreover, their impact on the contract may not have been foreseeable. In any event, the circumstances

---

[89] This means delivery in the physical, not the legal, sense (P. M. Roth, 'The Passing of Risk', (1979) 27 Am J Comp L 291 at p 296).
[90] Article 67.
[91] Article 68.
[92] Article 69.
[93] See Roth, n 89, at 300 ff, contrasting the solutions offered by ULIS and the CISG.
[94] Article 79 is one of the most difficult and controversial articles in the whole Convention. For a discussion see A. H. Hudson, 'Exceptions and Impossibility under the Vienna Convention' in E. McKendrick (ed), *Force Majeure and Frustration of Contract* (2nd edn, 1995), ch 14. See also Bianca and Bonell, *International Sales Law*, pp 572–595; Honnold, *Uniform Law for International Sales*, paras 423–435.5; *Schlechtriem & Schwenzer*, n 1, pp 1128–1154 and CISG – Advisory Council Opinion No 7 (www.cisgac.com).

may be such that the party concerned could not reasonably have been expected to take the impediment into account even if it was foreseeable. 'Impediment' is wide enough to cover both physical impediment and supervening legal impediment, but not initial illegality, which goes to the validity of the contract and is therefore outside the scope of the Convention.[95] More difficult is the question whether 'impediment' is apt to encompass a change in economic circumstances which makes performance of the contract significantly more onerous than the parties had anticipated at the time of entry into the contract. Although cases can be found in which the courts have been willing to conclude that a change in market conditions can amount to an impediment,[96] it is likely that they will so conclude only in the most exceptional of cases.[97] Nothing in art 79 prevents either party from exercising any right other than to claim damages under the Convention.[98] So where the impediment results in a failure to perform constituting a fundamental breach under art 25, the other party can avoid the contract under art 49(1); and where the impediment results in delay in delivery, the buyer may fix an additional period for delivery of reasonable length under art 49(1) and avoid the contract if the seller does not deliver within the additional period. This represents a markedly different approach from English law, where non-performance due to an impediment, which, under the rules of frustration, relieves a party of any liability in damages, is not a breach of contract at all. It is therefore apparent that 'breach' in the Convention covers any failure in performance, whether or not excused under art 79.

33.37 Article 79 is more akin to the French law of *force majeure* than to the English law of frustration. The effect of the event of *force majeure* is purely suspensory; once the impediment is removed, the duty to perform is restored.[99] Hence the continued availability of the remedy of specific performance even in cases within art 79. Even if the impediment is incapable of removal the contract does not come to an end by force of law, as it would under the English doctrine of frustration; it is for the other party to invoke his right to avoid the contract. Moreover, the party prevented from performing must give notice of the impediment and its effect on his ability to perform. If the other party does not receive this within a reasonable time after the non-performing party knew or ought to have known of the impediment, the latter is liable for damages resulting from such non-receipt.[100]

---

[95] Article 4.
[96] An example is provided by the decision of the Belgian Supreme Court in *Scafom International BV v Lorraine Tubes SAS*, n 12, where it was held that a 70 per cent increase in the price of steel amounted to an 'impediment' because the increase in price had given rise to a serious imbalance which rendered further performance of the contracts on the original terms exceptionally detrimental for the sellers.
[97] In this respect some assistance may be derived from CISG Advisory Council Opinion No 7, n 94 above, where at para 37 the conclusion is reached that only in 'truly exceptional cases' should a court conclude that a change in economic circumstances amounts to hardship and so qualify as an impediment.
[98] Article 79(5).
[99] Article 79(3).
[100] Article 79(4).

33.38 Since art 79 excludes only liability for damages, leaving other rights unimpaired, it is open to the other party to sue for price reduction[101] or for specific performance, which remains available where the impediment was purely temporary and has ceased to exist. Rather more controversially,[102] the Belgian Supreme Court[103] has concluded that it is possible to resort to the Unidroit Principles of International Commercial Contracts[104] for the purpose of supplementing the CISG in order to give to a seller the entitlement to request the renegotiation of a contract the performance of which had become significantly more onerous for the seller as a result of a change in the market price for steel.

33.39 Article 79 may be varied or excluded by agreement of the parties,[105] and many contracts contain *force majeure* clauses in which the parties themselves prescribe the effect of impediments to performance, though it is a question of construction whether in any given case a *force majeure* clause was intended to cover the particular facts so as to displace Article 79 or whether that article is applicable despite the clause.

---

[101] Article 50.
[102] See further A. Veneziano, 'UNIDROIT Principles and CISG: Change of Circumstances and Duty to Renegotiate According to the Belgian Supreme Court' (2010) Unif L Rev 137; and E. McKendrick and S. Vogenauer, n 12.
[103] In *Scafom International BV v Lorraine Tubes SAS*, n 12.
[104] Articles 6.2.2 and 6.2.3.
[105] Article 6.

Chapter 34

DOCUMENTARY SALES

1. STRICT F.O.B.

34.01 The f.o.b. contract has many variants, and though the basic concepts as to delivery, property and risk are common to them all, other incidents of the relationship between the parties are not susceptible to rigid rules but depend very much on the language of the contract and the surrounding circumstances.[1] In the strict f.o.b. contract, the seller's duty is to ensure that goods conforming to the contract are put on board the ship[2] nominated by the buyer at the port of shipment[3] by the date or within the shipment period stipulated in or under the contract, and that the buyer is furnished with such documents as will enable him to obtain possession from the carrier. The buyer for his part must procure space on the vessel and nominate it to the seller in sufficient time to enable the seller to dispatch the goods to the docks and have them put on board[4] the vessel.[5] In the past the term 'free on board' defined the seller's delivery obligation by reference to the passage of goods over the ship's rail.[6] However, the current version of Incoterms (Incoterms® 2020 and the same held true of its predecessor, Incoterms 2010) adopts a more flexible

---

[1] See generally *Benjamin's Sale of Goods* (10th edn, 2017), ch 20; M. Bridge, *The International Sale of Goods: Law and Practice* (4th edn, 2017), esp ch 3; E. McKendrick (ed), *Sale of Goods* (2000), ch 12; F. Lorenzon and Y. Baatz, *Sassoon: C.i.f. and f.o.b. contracts* (6th edn, 2017). The most influential judicial attempt to classify f.o.b. contracts was undertaken by Devlin J in *Pyrene Co Ltd v Scindia Navigation Co Ltd* [1954] 2 QB 402, 424. The flexibility of the f.o.b. contract was emphasised by Lord Mance in *Scottish and Newcastle International Ltd v Othon Ghalanos Ltd* [2008] UKHL 11, [2008] 2 All ER 768, [2008] 1 Lloyd's Rep 462, [34].

[2] English law has so far continued to treat 'f.o.b.' as a shipment term in the literal sense of placement on board a vessel. But there is a growing trend in business to use 'f.o.b.' as a general delivery term capable of being applied to any designated mode of transport. Despite this, Incoterms® 2020 wisely retains the f.o.b. label even though delivery on board could be accommodated within the more general FCA term. As to multimodal transport operations, see ch 36.

[3] Frequently, the desired delivery point is more precisely specified, identifying the particular dock or wharf at which the ship is to load. The phrase 'port of shipment' should be read in this extended sense throughout.

[4] Ie, over the rail. See below.

[5] Incoterms® 2020 contain a comprehensive statement of the duties of the parties to an f.o.b. contract where they are incorporated into the contract. See para **32.16**.

[6] See, for example, Incoterms 2000 where the opening paragraph of the f.o.b. contract states that free on board 'means that the seller delivers when the goods pass the ship's rail at the named port of shipment', although in paragraph A4 which described the seller's delivery

1045

34.01 Documentary Sales

definition which provides simply that 'free on board' means that 'the seller delivers the goods to the buyer on board the vessel nominated by the buyer at the named port of shipment or procures the goods already so delivered.' This more flexible approach, which would almost certainly be adopted by English courts even where the Incoterms were not incorporated into the contract, accommodates all modes of shipment, including Ro-Ro vessels driven up a ramp and the pumping of liquid cargo into the ship's hold. The flexible nature of the f.o.b. contract has the consequence that it is necessary to examine with care the terms of the individual contract in order to ascertain the scope of the obligations which the parties have assumed. The mere fact that the parties have described their contract as an f.o.b. contract does not mean that it is an f.o.b. contract.[7] The question whether a contract is, or is not, an f.o.b. contract is a question of substance, not form.

(i) Identification of the port of shipment

34.02 Since the due delivery point is the port of shipment designated in the contract of sale, it is obviously important that the contract be as specific as possible in naming that port. Where the designation is ambiguous, three alternative situations are possible: that the choice of nomination is the seller's; that the choice lies with the buyer; or that the contract is void for uncertainty.[8] In *Cumming & Co Ltd v Hasell*[9] the High Court of Australia held that where the only evidence as to the delivery term under an alleged contract of sale was a telegram referring to 'f.o.b.' without qualification, the contract was too uncertain to be enforceable. The ground for the decision is not entirely clear. Want of compliance with the Statute of Frauds was certainly mentioned, but the court may also have considered the alleged agreement to be vitiated by uncertainty at common law. Indeed, the evidence as to the existence of a contract was decidedly tenuous. By contrast, in *David T. Boyd & Co Ltd v Louis Louca*,[10] where the phrase 'f.o.b. stowed good Danish port' was used, it was held that in the absence of any express or implied agreement or any custom or other circumstances from which the particular port intended might be inferred, the contract was to be construed as giving the buyer both the option and the duty to nominate the port of shipment, and that since he had failed to do so, he had committed a breach of contract for which the seller was entitled to damages.

34.03 The two decisions are not irreconcilable. There are many contracts in which a party is given a measure of choice, and if in the circumstances it is reasonable to infer an intention to give the buyer the right to select one of a

---

obligation no reference was made to the ship's rail and instead the seller was required to deliver the goods 'at the named port of shipment and in the manner customary at the port on board the vessel nominated by the buyer'.

[7] *Comptoir D'Achat et de Vente du Boerenbond Belge S/A v Luis de Ridder Limitada (The Julia)* [1949] AC 293, 309, [1949] 1 All ER 269.
[8] See *David T. Boyd & Co Ltd v Louis Louca* [1973] 1 Lloyd's Rep 209 at 211.
[9] (1920) 28 CLR 508.
[10] See n 8.

Strict F.O.B. 34.05

limited number of alternative ports, the question of uncertainty does not arise. The matter is otherwise, however, if the stipulation is so vague, and the range of alternatives so wide, that it cannot reasonably be supposed that the matter was to be left to the buyer's choice. The word 'f.o.b.' without qualification clearly comes within this category, for it cannot be imagined that this was intended to allow the buyer to designate any port in the world, and since the 'contract' thus affords no machinery for ascertainment of the delivery point it must fail for uncertainty.[11]

(ii) Nomination of vessel

34.04 Given that the contractual port of loading is or has become identified, the first step towards performance of the contract must usually be taken by the buyer.[12] Prima facie it is he who has the option of deciding on what date, within the permitted shipping period, the goods are to be loaded[13] and it is thus for him to procure space on a vessel at the relevant port and to give the appropriate shipping instructions, notifying the seller as to the vessel selected and the place at which and the date on which it will be ready to load, in sufficient time to enable the seller to arrange for the goods to be got down to the docks and loaded.[14] If, contrary to the prima facie rule, the parties agree that it is the seller who is to have the right to decide on the loading date, within the shipment period, then it is his duty to advise the buyer of the date on which loading is to be expected to take place, and until this information has been communicated to the buyer, his duty to nominate a vessel does not arise.[15]

34.05 Time of nomination is usually[16] of the essence, and failure to nominate in due time entitles the seller to treat the contract as repudiated and claim damages.[17] The nomination must not only be made but must be effective, that

---

[11] Were the contract to provide machinery by which the issue could be resolved, then there is a route by which the court can uphold and give effect: see *Chitty on Contracts* (33rd edn, 2018), para 2-139.
[12] *J & J Cunningham Ltd v Robert A. Munro & Co Ltd* (1922) 28 Com Cas 42.
[13] The position is otherwise in the case of the extended f.o.b. contract. See para **32.23**.
[14] *J & J Cunningham Ltd v Robert A. Munro & Co Ltd*, n 12; *Bremer Handelsgesellschaft mbH v J H. Rayner & Co Ltd* [1978] 2 Lloyd's Rep 73.
[15] *Harlow & Jones Ltd v Panex (International) Ltd* [1967] 2 Lloyd's Rep 509.
[16] But not necessarily: see *Vitol SA v Beta Renowable Group SA* [2017] EWHC 1734 (Comm), [2017] 2 Lloyd's Rep 338, [52]–[60] where the buyer's obligation to nominate a vessel was held not to be a condition precedent to the seller's obligation to deliver the goods so that the buyer was entitled to recover damages from the seller notwithstanding the buyer's failure to nominate the vessel in time where the buyer remained ready and willing to make the nomination but the seller had stated to the buyer that it would not be able to deliver the goods within the contract period.
[17] *Bunge Corpn v Tradax Export SA* [1981] 2 All ER 513. But he cannot recover the price as such, for prima facie this is payable only where the property in the goods has passed to the buyer (Sale of Goods Act 1979, s 49(1)), which in an f.o.b. contract is normally when the goods are placed on board (see below). The fact that it is the buyer's breach that has prevented the goods from being loaded and the property passing does not alter the situation (*Colley v Overseas Exporters* [1921] 3 KB 302), for it is a general rule of contract law that the contract price can be recovered only where it has been earned by performance, and if this is obstructed, the innocent party's remedy is in damages (see para **3.116**). The case of *Mackay v Dick* (1881)

1047

34.05 Documentary Sales

is, it must be made in sufficient time to enable the goods to be loaded within the shipping period and the nominated vessel must in fact be made available for loading by the seller within that period.[18] It follows that the nomination must be capable of proving effective and must not be one which is manifestly false or wholly artificial.[19]

34.06 Unless the contract otherwise provides,[20] the buyer is entitled to make a substitute nomination if he is able to do so in due time and the substitute vessel proves to be an effective vessel.[21] But the substitute nomination must itself be contractually valid.[22] Moreover, the original nomination remains contractually binding if the substitute nomination proves ineffective; the buyer cannot in that situation treat the original nomination as if it had never been made at all so as to rely on events of frustration or *force majeure*[23] affecting the substitute vessel as discharging him from liability where the substitution was not itself occasioned by an event of frustration or *force majeure*.[24] The ambit and limits of the right to make a substitute nomination are not altogether clear. The typical case is where the vessel originally nominated will not be able to receive the goods by the contractual loading date, because of breakdown, diversion or other cause of delay. But the buyer's right to make a substitute nomination is not restricted to events of frustration or *force majeure* affecting the original nomination; he would seem to be entitled to substitute a new vessel on any ground he chooses, for example, because he has decided to use the original vessel for another contract;[25] and if the initial nomination is invalid, the buyer may cure the default by a valid nomination.[26] It would seem that the mere fact that the seller has incurred abortive expenditure in reliance on the first nomination, as by bringing the goods down to the docks in readiness for the intended shipment, will not by itself preclude the buyer from making a substitute nomination or entitle the seller to compensation. A seller who relies on the first nomination knowing that the buyer has a right of substitution acts at his peril.[27] The buyer may, exceptionally, be estopped from making a substitution where he has made some representation, express or

---

  6 App Cas 251 is distinguishable in that there the property had passed, the contract being subject to a resolutive condition, not a condition precedent to the vesting of the property in the buyer.
[18] *Bunge & Co Ltd v Tradax England Ltd* [1975] 2 Lloyd's Rep 235; *The New Prosper* [1991] 2 Lloyd's Rep 93.
[19] *Texaco Ltd v Eurogulf Shipping Ltd* [1987] 2 Lloyd's Rep 541.
[20] As it was held to have done by implication in *Cargill U.K. Ltd v Continental U.K. Ltd* [1989] 2 Lloyd's Rep 290.
[21] *Agricultores Federados Argentinos Sociedad Cooperativa Limitada v Ampro SA Commerciale Industrielle et Financière* [1965] 2 Lloyd's Rep 157.
[22] *Ramburs Inc v Agrifert SA* [2015] EWHC 3548 (Comm), [2016] 1 CLC 46.
[23] *Force majeure* here denotes events short of frustration which fall within the scope of a *force majeure* clause in the contract discharging or suspending the buyer's duty to nominate.
[24] *The Marine Star* [1993] 1 Lloyd's Rep 329.
[25] As in *The Marine Star*, ibid.
[26] *Modern Transport Co Ltd v Ternstrom & Roos* (1924) L1 L Rep 345.
[27] See also H. Bennett, 'F.O.B. Contracts: Substitution of Vessels' [1990] LMCLQ 466 at pp 470–472, supporting the view expressed in the text, and *Benjamin's Sale of Goods* (10th edn, 2017), para 20–056, adopting a slightly more tentative stance.

implied, that he would not exercise his right of substitution and the seller has acted in reliance on that representation.[28]

(iii) Notice enabling buyer to insure

34.07 Section 32(3) of the Sale of Goods Act 1979, requiring a seller who sends goods by sea to give such notice to the buyer as may enable him to insure them during their sea transit,[29] has, rather surprisingly, been held to apply even to a strict f.o.b. contract, despite the fact that since it is the buyer's responsibility to fix the loading date and furnish the vessel, he ought normally to possess all the information necessary to enable him to arrange insurance.[30] In holding s 32(3) applicable to f.o.b. contracts, the Court of Appeal obviously felt unable to escape from the language of the section. However, the court effectively minimized the impact of the subsection by ruling that it was satisfied if the buyer already had sufficient information to enable it to take out insurance. Consequently, in most cases involving strict f.o.b. contracts s 32(3) would be deemed complied with despite the absence of any notice by the seller.[31]

(iv) Loading

34.08 The seller must arrange for the goods to be available and loaded on to the nominated vessel at or within the notified loading time.[32] A term of the contract requiring the buyer to give a specified period of notice of the ship's readiness to load is a condition, breach of which entitles the seller to treat the contract as discharged.[33] Traditionally, the duty to load was generally considered to be discharged when the goods had been passed over the ship's rail, even if they were still in mid-air when some untoward event occurred.[34] This would appear to be still the position where the goods are indeed carried over the ship's rail, but in other cases it suffices that they are considered to have been shipped in accordance with the customary practice of the port of loading.[35] In f.o.b. contracts the contractual delivery month forms part of the contract description, so that, for example, if the contract provides for goods to be shipped in August and the shipment is not made until

---

[28] *Erg Petroli SpA v Vitol SA (The 'Ballenita' and 'BP Energy')* [1992] 2 Lloyd's Rep 455, per Judge Diamond QC at 460. The case concerned a c.i.f. contract in which the nomination was to be made by the seller and it was the buyer who relied on estoppel, but the same principle applies to an f.o.b. contract where the nomination is to be made by the buyer.
[29] See para **9.36**.
[30] *Wimble, Sons & Co Ltd v Rosenberg & Sons* [1913] 3 KB 743 (Hamilton LJ dissenting), followed, somewhat reluctantly, by the Court of Appeal in *Northern Steel and Hardware Co Ltd v John Batt & Co (London) Ltd* (1917) 33 TLR 516.
[31] The position is otherwise, of course, in the extended f.o.b. contract. See para **32.23**.
[32] *Cie Commercial Sucres et Denrées v C Czarnikow Ltd, The Naxos* [1990] 3 All ER 641, [1990] 1 WLR 1337.
[33] *Bunge & Co Ltd v Tradax England Ltd*, n 18.
[34] *Pyrene Co Ltd v Scindia Navigation Co Ltd* [1954] 2 QB 402, per Devlin, J at 414.
[35] See para **32.39** as to loading generally.

34.08 Documentary Sales

September, the goods will not conform to the contract description, for a September shipment is not the same as an August shipment.[36] In a strict f.o.b. contract payment of the freight is the buyer's responsibility. Accordingly, the buyer is not entitled to require the handing over of a bill of lading marked 'freight prepaid', this being incompatible with the nature of an f.o.b. contract.[37]

34.09 Delivery on board is a term for the benefit of both parties, so that unless otherwise agreed the buyer is not entitled to collect the goods beforehand, even at the port of shipment itself.[38]

(v) Duty to procure export licence[39]

34.10 Where an export licence is required, two questions may arise: whose duty is it to procure the licence, and is the duty absolute or merely to use the parties' best endeavours to obtain it?

34.11 In determining on whom the duty lies it is necessary to distinguish the internal, or 'supply', f.o.b. transaction from the export transaction. For example, a London merchant, for the purpose of satisfying an order from a New York buyer, may order goods from a Liverpool merchant, to be shipped to London f.o.b. Liverpool. So far as the Liverpool merchant is concerned, the transaction is a purely domestic transaction and he is not concerned with the exportation of the goods. Hence there will ordinarily be no question of his becoming involved in the obtaining of the export licence.[40] But as between the London seller and the New York buyer the usual inference is that the duty to obtain an export licence is on the seller, for he is in the better position to do so.[41] Prima facie the seller discharges his duty by using due diligence or his best endeavours to obtain the licence.[42] If, despite those endeavours, he is unable to do so, the contract may be discharged by frustration.[43] But the language of the

---

[36] *Bowes v Shand* (1877) 2 App Cas 455; *The Golden Rio* [1990] 2 Lloyd's Rep 273.
[37] *Glencore Grain Rotterdam BV v Lebanese Organisation for International Commerce (Lorico)* [1997] 2 Lloyd's Rep 386.
[38] *Maine Spinning Co v Sutcliffe & Co* (1917) 23 Com Cas 216.
[39] See generally M. Bridge, n 1, ch 5.
[40] *H. O. Brandt & Co v H. N. Morris & Co* [1917] 2 KB 784.
[41] *A. V. Pound & Co Ltd v M. W. Hardy & Co Inc* [1956] AC 588.
[42] Generally the contract itself provides that the sale is to be 'subject to licence', in which event there is an implied term that the seller will use his best endeavours to procure a licence, and battle is usually joined on the factual question whether he has done so. See, for example, *Overseas Buyers Ltd v Granadex SA* [1980] 2 Lloyd's Rep 608, and cases there cited. A seller who has not made reasonable attempts to obtain a licence will be in breach unless he can show that nothing he could have done would have enabled him to ship the goods; and the burden of proving this is a heavy one (ibid; *Windschuegl v Alexander Pickering & Co* (1950) 84 Ll L Rep 89; *Vidler & Co (London) Ltd v R. Silcock & Sons Ltd* [1960] 1 Lloyd's Rep 509). It would seem that even in the absence of a 'subject to licence' clause the seller's obligation is presumptively to use best endeavours only, not to guarantee his ability to ship. See *Peter Cassidy Seed Co Ltd v Osuustukkukauppa I.L.* [1957] 1 WLR 273, per Devlin J at 279. See also B. Eckersley, 'International Sale of Goods – Licences and Export Prohibitions' [1975] LMCLQ 265 at pp 267–268.
[43] *Re Anglo-Russian Merchant Traders Ltd and John Batt & Co (London) Ltd* [1917] 2 KB 679.

contract or the surrounding circumstances may indicate that the seller was intended to assume an absolute duty, in which case his inability to obtain the licence is no defence to the buyer's claim for breach of contract.[44] For example, the terms of the contract may indicate that the parties were alive to the possibility of the licence being refused. Where the contract between the parties contains a force majeure clause, a court may conclude that it is the force majeure clause which provides the seller with protection in the event that it fails to obtain a licence and that its obligation is otherwise absolute and not simply one to exercise due diligence or use best endeavours.[45] Since the seller must at the very least use his best endeavours, it follows a fortiori that if he neglects to do so and cannot show that such endeavours would have been doomed to failure[46] he cannot rely on his self-induced frustration to treat the contract as at an end.[47]

(vi) Delivery of documents and payment

34.12 Unless otherwise agreed, it is the seller's duty to furnish to the buyer such document or documents as will enable the latter to obtain possession of the goods from the carrier. Typically, the document to be handed over will be a bill of lading, but in a strict f.o.b. contract the seller does not contract to arrange for transportation by sea, and he fulfils his contractual obligation if he furnishes some other document entitling the buyer to obtain possession, or to procure a bill of lading, eg a mate's receipt, shipping certificate or standard shipping note. Unless otherwise agreed, the documents need to be handed over only in exchange for payment, for prima facie payment and delivery are concurrent conditions[48] and here the delivery obligation is satisfied by the furnishing of the documents.

(vii) Transfer of property[49]

34.13 In general, the property in the goods passes to the buyer when they are placed on board the nominated vessel pursuant to the contract.[50] This results from the presumed intention of the parties, as formulated in r 5(1) and (2) of

---

[44] *Peter Cassidy Seed Co Ltd v Osuustukkukauppa I.L.*, n 42; *Partabmull Rameshwar v K C Sethia (1944) Ltd* [1951] 2 Lloyd's Rep 89 (quota); and see *Pagnan SpA v Tradax Ocean Transportation SA* [1986] 2 Lloyd's Rep 646.
[45] *Pagnan SpA v Tradax Ocean Transportation SA*, n 44.
[46] See n 42.
[47] See cases referred to at n 42, and *Agroexport State Enterprise for Foreign Trade v Compagnie Européenne de Céréales* [1974] 1 Lloyd's Rep 499. As to the seller's position where he has concluded several export contracts, each requiring a licence, but is unable to obtain sufficient licences to fulfil all the contracts, see para 3.178.
[48] Sale of Goods Act 1979, s 28.
[49] See generally ch 8 and M. Bridge, n 1, ch 7.
[50] *Carlos Federspiel & Co SA v Charles Twigg & Co Ltd* [1957] 1 Lloyd's Rep 240; *Colley v Overseas Exporters Ltd*, n 17. This, of course, assumes that the goods have by then become identified to the contract, instead of being merely an unidentified part of a bulk shipment. See Sale of Goods Act 1979, s 16 and, in relation to shipment of goods forming part of a bulk, see s 20A and 20B of the same Act, above para 8.52.

34.13 Documentary Sales

s 18 of the Sale of Goods Act 1979.[51] However, problems may arise where the bill of lading is made out to the order of the seller[52] or, though made out to the buyer, is retained by the seller, eg pending payment of the price. The question is then whether the seller is to be taken to have reserved a right of disposal, thereby negating an unconditional appropriation of the goods to the contract and preventing the passing of the property under the Sale of Goods Act.[53]

34.14 The matter is entirely one of intention. Did the seller, by taking possession of the bill of lading or by having it made out in his own favour, intend to leave himself free to allocate the goods to another contract, or did he intend merely to retain constructive possession of the goods, allowing property to pass to the buyer but subject to the seller's rights of lien and stoppage in transit?[54] Prima facie the seller who procures a bill of lading by which the goods are deliverable to the order of himself or his agent is deemed to reserve the right of disposal.[55] It is now established that s 19(2) applies to f.o.b. contracts.[56]

34.15 In practice, the problem of determining whether the seller intended to reserve a right of disposal is often avoided as the result of the seller sending the buyer a notice of appropriation pursuant to the contract. This has the effect of making the appropriation unconditional.[57] In the absence of such a notice, the presumption in s 19(2) is not readily displaced where the seller has not been paid, for the assumption is that he will wish to reserve the right of disposal until payment in full.[58] Section 19(2) does not apply where the bill of lading is made out in favour of the buyer. But where the seller retains possession of the bill of lading or delivers it to his bank or other agent for release against payment, there is a presumption that the seller intends to reserve the right of disposal until payment,[59] and this is not displaced merely by the fact that the

---

[51] See para **8.92**.
[52] This usually arises in the context of the extended f.o.b. contract.
[53] Ie s 18, r 5.
[54] There is a third possibility, viz that the seller intended to appropriate the goods to the contract unconditionally but to retain ownership until payment. In such a case, the presumption raised by r 5(1) of s 18 is displaced.
[55] Section 19(2).
[56] *The Ciudad de Pasto* [1989] 1 All ER 951. For a discussion and rejection of the argument to the contrary, see the first edition of this work at p 588.
[57] The precise effect of the notice depends on whether it fully identifies the goods or merely refers to an unidentified part of a designated bulk shipment. In the former case, the seller becomes contractually committed to delivery of the specified goods and no other. In the latter, his commitment is to supply goods of the contract description and quantity from the identified bulk. The appropriation necessary for the passing of the property in goods within s 18, r 5(1), is, of course, of the former kind, and the buyer is prima facie entitled to shipping documents which fully identify the goods. See paras **34.25**, **34.34**. But under s 18, r 5(3), inserted by the Sale of Goods (Amendment) Act 1995, the prepaying buyer becomes owner in common of the bulk instead of having a mere personal right; see paras **8.37** and **8.52**.
[58] *The Ciudad de Pasto*, n 56. The earlier decisions in *The Sorfareren* (1915) 114 LT 46 and *The Parchim* [1918] AC 157 indicating the contrary should be regarded as decided on their own special facts and in the light of practice then prevailing (*The Kronprinsessan Margareta* [1921] 1 AC 486, per Lord Sumner at 516–517; *The Ciudad de Pasto*, per Staughton LJ at 957).
[59] *The Ciudad de Pasto*, n 56.

seller, having received part of the price, is to be paid the balance under a letter of credit, for 'even the most copper-bottomed letter of credit sometimes fails to produce payment'.[60]

(viii) Risk

34.16 Whereas the normal rule for domestic sales is that risk passes with the property,[61] in export transactions that presumption is usually rebutted. In an f.o.b. contract, therefore, the risk passes to the buyer on shipment even though the seller has retained the bill of lading, or has had it made out to his own order to secure the price,[62] and even if he intended to reserve a right of disposal.[63] Again, if (which he is not obliged to do[64]) the buyer accepts shipping documents relating to goods that are only quasi-specific (eg as part of a larger consignment on board the vessel), the risk may pass to him even though the property does not,[65] though if only part of the whole is lost or damaged, difficult questions may arise as to the incidence of the risk.[66]

(ix) Rejection of documents and goods

34.17 The buyer is entitled to expect both documents and goods to be in conformity with the contract. If the documents are not in order, he may reject them, leaving the seller to cure the nonconformity by a fresh and conforming tender if he still has time to do so. Even if the buyer accepts the documents, he may subsequently reject the goods for any nonconformity that was not apparent from the documents. The principles applicable to the exercise of the two rights to reject are the same as for c.i.f. contracts, discussed below.

2. EXTENDED F.O.B.

34.18 In the case of an extended f.o.b. contract, one or more of the rules applicable to a strict f.o.b. contract will be displaced, depending on the nature of the seller's undertaking. A common variant is to add words such as 'stowed' ('f.o.b.s.'), 'trimmed' ('f.o.b.t.') or 'stowed and trimmed' ('f.o.b.s.t.').[67] These extend the seller's obligations beyond the point of putting the goods over the ship's rail but without involving him in procurement of the contract of carriage. Stowage involves arrangement of the goods in the

---

[60] Ibid, per Staughton LJ at 957.
[61] Sale of Goods Act 1979, s 20(1).
[62] See *Stock v Inglis* (1884) 12 QBD 564, per Brett MR at 573, affirmed by the House of Lords (1885) 10 App Cas 263; *The Parchim*, n 58.
[63] *Williams v Cohen* (1871) 25 LT 300, per Bramwell B at 303.
[64] See para **9.12**, n 24.
[65] *Sterns Ltd v Vickers Ltd* [1923] 1 KB 78. But as to the property, see nn 57, 88.
[66] The fairest solution would be for the parties interested in the bulk to suffer in the proportions of their respective interests, which now seems the case for prepaying buyers. See para **9.40**.
[67] See, generally, B. Reynolds, 'Stowing, trimming and their effects on delivery, risk and property in sales "f.o.b.s.", "f.o.b.t." and "f.o.b.s.t."' [1994] LMCLQ 119.

34.18 *Documentary Sales*

ship's hold (or, where permitted, on deck) in such a way as to make effective use of the available space while ensuring that the safety of the vessel is not impaired by instability of the cargo and that where necessary the goods are segregated from other cargo to avoid contamination of one or the other. Trimming involves levelling of dry bulk cargo such as grain. Such terms are price terms in that the seller has to perform the additional duties at his own expense. Less clear is whether they extend the contractual delivery point or the point at which property and risk pass to the buyer. No general answer can be given to this question, for so much depends on the terms of the contract and in particular on how much control the seller has over the loading and trimming operations.[68]

34.19 In what we have described earlier as 'extended f.o.b.' the seller undertakes responsibility for procuring the contract of carriage itself at the buyer's expense. As we have seen,[69] this does not produce the same legal effect as a c.i.f. contract, for the seller acts as agent of the buyer, not as principal, and the freight is not included in the price.[70] But what constitutes a sufficient contract of carriage for this purpose is the same as in c.i.f. contracts, though the seller's duty is not strict but is limited to the agent's duty to exercise reasonable care and skill.

3. C.I.F.[71]

34.20 The essential nature of a c.i.f. contract has already been described.[72] Whether a particular contract is or is not a c.i.f. contract is a question of substance, not form so that it cannot be resolved solely by reference to the label which the parties have agreed to attach to their contract.[73] The seller does not undertake that the goods shall arrive, but agrees at his own expense:

(a) to procure and tender to the buyer the requisite shipping documents,[74] which, unless otherwise agreed,[75] comprise:
    (i) a bill of lading showing shipment at the contractual port of shipment (if any) of goods conforming to the contract;

---

[68] See ibid. for an illuminating analysis of the problems.
[69] See paras **32.23–32.26**. However, the distinction between an extended f.o.b. contract and a c.i.f. contract is not always an easy one to draw on the facts of particular cases: see, for example, *Comptoir D'Achat et de Vente du Boerenbond Belge S/A v Luis de Ridder Limitada (The Julia)*, n 7.
[70] The principal differences between an f.o.b. contract and a c & f contract are listed by Lord Mance in *Scottish and Newcastle International Ltd v Othon Ghalanos Ltd* [2008] UKHL 11, [2008] 1 Lloyd's Rep 462, [35].
[71] See generally *Benjamin's Sale of Goods*, n 1, ch 19 and M. Bridge, n 1, ch 4.
[72] See para **32.26**.
[73] *Comptoir D'Achat et de Vente du Boerenbond Belge S/A v Luis de Ridder Limitada (The Julia)*, n 7; *Euro-Asian Oil SA v Credit Suisse AG* [2018] EWCA Civ 1720, [2019] 1 Lloyd's Rep 444, [46].
[74] For a full description, see paras **32.42** ff.
[75] For common variants, see paras **32.77** ff.

C.I.F. 34.23

(ii) a policy of insurance covering the goods for their sea transit;[76]
(iii) a commercial invoice relating to the goods;
(b) to transfer the property in the goods to the buyer at the due time for such transfer, provided that the goods are then in existence.

34.21 If the goods, having been shipped sound,[77] are lost or damaged in transit, the buyer's remedy (if any) is not against the seller but against the carrier and/or insurer, pursuant to the contracts of carriage and insurance taken out by the seller and transferred or to be transferred to the buyer.[78] For this reason, the c.i.f. contract has sometimes been described[79] as being not a sale of goods but a sale of documents relating to goods, the buyer purchasing the documents rather than the goods themselves. But this is true only in the sense that the seller undertakes no obligation as to physical delivery and remains free to tender the shipping documents even if the goods have been lost after the making of the contract of sale and before the tender.[80] In other respects the seller has the normal duties of the seller under a contract of sale. Thus the goods shipped must conform to the contract as to description and/or sample, quality and fitness, and the seller must be in a position to pass a good title to the buyer.

34.22 The duties of the parties must now be examined in a little more detail.

(i) Shipment

34.23 The seller is not himself obliged to ship the goods unless the contract so requires. He may instead purchase goods afloat and appropriate them to the contract or appropriate to the contract goods already purchased by him afloat before he entered into the contract. In short, under a c.i.f. contract (in contrast to an f.o.b. contract) there is no obligation on the seller to deliver the goods themselves to any delivery point[81] and, provided that the seller is able to furnish the buyer with the requisite shipping documents in due time,[82] it is

---

[76] For the position under Incoterms, see A. Odeke, 'The insurance element in Incoterms CIF and CIP contracts' (1995) 4 *Insurance Law & Practice* 86.
[77] That is, in such condition that with a normal voyage they will arrive sound. See para **11.87**.
[78] The seller does not, however, contract that the buyer will have a remedy against the carrier or insurer. If the contracts of carriage and insurance taken out for the buyer's benefit are in conformity with the stipulations in the contract of sale (see paras **9.36–9.37**, as to what is implied), the fact that the particular loss or damage suffered is not of a kind for which the carrier or insurer is responsible does not invalidate the seller's tender (*Arnhold Karberg & Co v Blythe, Green, Jourdain & Co* [1915] 2 KB 379, per Scrutton J at 388, 392; [1916] 1 KB 495, per Bankes LJ at 510–511).
[79] Eg, by Scrutton J in *Arnhold Karberg & Co v Blythe, Green, Jourdain & Co*, n 78, at 388, disapproved by Bankes LJ on appeal, n 78, at 510 and by Warrington LJ at 514.
[80] See para **34.34**.
[81] In this respect the normal construction of 'c.i.f.' by English courts differs from that of Incoterms 2000, which required the seller himself to deliver the goods on board the vessel at the port of shipment unless otherwise indicated, eg by the addition of 'afloat'. However, in Incoterms 2010 the delivery obligation of the seller was altered so that it now reads 'the seller must deliver the goods either by placing them on board the vessel or by procuring the goods so delivered' (and the same formula is used in Incoterms® 2020).
[82] As to which, see para **32.89**.

1055

34.23 Documentary Sales

immaterial who shipped them or at what point, prior to the tender of the documents, the seller obtained the property in the goods. But whether the shipment be by the seller or a predecessor in title, and whether it be effective before or after the making of the contract of sale, it must comply, as to time, place and manner, with any shipment terms of the contract. Further, shipment represents the temporal point by reference to which the validity of the seller's performance is required to be tested. The goods must be shipped in sound condition;[83] the bill of lading must evidence shipment in that condition, but is not to be treated as claused by reason of notations showing damage to the goods after the time of shipment;[84] and the insurance cover must be effective as from the time of shipment.

(ii) Payment of freight

34.24 Under a c.i.f. contract freight is, of course, included in the price. The seller may either prepay the freight and invoice the full c.i.f. price to the buyer or leave the freight to be paid by the buyer at the other end, in which case he will procure the issue of a 'freight collect' bill of lading[85] and will deduct the freight from the amount of the invoice. In such a case the buyer's obligation to pay freight is conditional on the arrival of the goods[86] unless the contract of carriage otherwise provides, as it usually does.

(iii) Appropriation to the contract

34.25 Since the buyer is not obliged to accept shipping documents comprising any goods other than those he is purchasing,[87] it is for the seller to ensure that, if they are not identified at the time of the contract, the goods become identified by an effective appropriation on or before the delivery of the shipping documents to the buyer.[88] That delivery may itself constitute the act of appropriation, or this may be some earlier act, eg dispatch of a notice of appropriation pursuant to the contract.[89]

---

[83] See n 77.
[84] *The Galatia* [1980] 1 All ER 501.
[85] Ie, a bill of lading which provides that freight is payable at destination. The carrier is not, of course, obliged to contract on those terms and may stipulate for prepayment of freight (see para **36.60**), or for an indemnity from the shipper. The carrier also enjoys the protection of a lien on the goods for the freight. See para **36.61**.
[86] *The Pantanassa* [1970] 1 Lloyd's Rep 153; *Ireland v Livingston* (1861) LR 5 HL 395.
[87] See para **32.64**(h).
[88] But such identification is dispensed with where there is a term or custom to the contrary, as, for example, in the shipment of bulk cargo, such as oil. Under the Sale of Goods 1979, s 18, r 5(3), the prepaying buyer of an unidentified part of a bulk cargo becomes a co-owner of the bulk; see paras **8.37** and **8.51**.
[89] See para **34.15**. Such a notice, once given, cannot be withdrawn (*Grain Union SA Antwerp v Hans Larsen Aalborg A.S.* (1933) 150 LT 78).

(iv) Tender of shipping documents

34.26 The composition of the shipping documents and the responsibility for a valid tender of each of these have been discussed earlier.[90] If the documents are not in order, the buyer may reject them, even if there is a contrary custom, for this would be inconsistent with the fundamental nature of the contract; and the seller cannot require the buyer to accept a guarantee instrument to cover the discrepancy.[91] The seller may thereafter make a fresh and conforming tender if he still has time to do so;[92] if not, the buyer is entitled to treat the contract as repudiated.[93] Acceptance of the documents does not preclude a subsequent rejection of the goods themselves for nonconformity with the contract,[94] provided that this was not apparent on the face of the documents.[95]

(v) Transfer of property

1. Time of transfer

34.27 In contrast to f.o.b. sales, shipment does not usually produce a transfer of the property in the goods under a c.i.f. contract, for the seller is not obliged to ship the goods himself and may not have acquired them until they are afloat. Of course, the paramount consideration is the intention of the parties, and, where the seller is to act as shipper, it may well be that in a particular contract the parties intend that property shall pass on shipment, in which case the court will give effect to that intention,[96] so long as the goods have become ascertained.[97] But the presumption is that the property is not intended to pass until delivery of the shipping documents to the buyer,[98] or posting of the documents to him where this is expressly or impliedly authorized by the contract;[99] and since, unless otherwise agreed, the condition of transfer of the documents is payment by the buyer, the property does not normally pass to him until the conjunction of delivery and payment. If, therefore, the seller hands over the documents without receiving payment in exchange, the presumption is that he intends to reserve the property until payment,[100] and this is not necessarily affected by the fact that payment is to be made under a

---

[90] See, paras **32.48** ff.
[91] *Soules CAF v PT Transap of Indonesia* [1999] 1 Lloyd's Rep 917.
[92] See para **12.19**.
[93] See further para **34.39** as to the buyer's rights of rejection.
[94] See para **34.39**.
[95] See paras **34.39, 34.40** ff.
[96] See Sale of Goods Act 1979, s 17(1).
[97] Sale of Goods Act 1979, s 16. Sales of part of a bulk are common in the case of c.i.f. contracts and so it is also important to have regard to ss 20A and 20B of the Sale of Goods Act 1979, on which see para **8.52** above.
[98] *The Miramichi* [1915] P 71.
[99] *The Albazero* [1977] AC 774.
[100] *The Miramichi*, n 98; *Stein, Forbes & Co v County Tailoring Co* (1916) 86 LJKB 448; *Ginzberg v Barrow Haematite Steel Co Ltd* [1966] 1 Lloyd's Rep 343. Where the documents are accompanied by a draft on the buyer, the property does not pass until he accepts and returns the draft (Sale of Goods Act 1979, s 19(5)).

34.27 *Documentary Sales*

letter of credit.[101] But the presumption will be displaced where the evidence indicates that the seller was intending to give credit[102] or was not concerned to secure himself by retaining ownership pending payment[103] or where, pursuant to the contract, the seller arranges for release of the goods by the carrier against a letter of indemnity without production of the bill of lading, so that it is clear that the property is intended to pass independently of the bill of lading.[104]

2. Duty to transfer

34.28 As in other contracts of sale, the seller must have a right to dispose of the goods. If he does not, he is in breach of s 12 of the Sale of Goods Act 1979 and the buyer has a right to reject (or to accept and claim damages) even after taking delivery of the bill of lading. In this connection, it should be borne in mind that the bill of lading is not a fully negotiable document of title and that the transferor cannot pass a better title than he himself possesses, except under some common law or statutory exception to the *nemo dat* rule.[105]

34.29 The obligation to transfer ownership is subject to the qualification, not peculiar to c.i.f. contracts, that if the goods are destroyed after the risk has passed to the buyer, he cannot complain, and remains bound to pay the price.[106]

(vi) Risk

34.30 Though the property prima facie passes to the buyer when he makes payment against the documents, the presumption is that the risk passes as from the time of shipment.[107] This is because, from the very nature of the contract, the parties contemplate the risk of loss or damage in transit and cover it by the contracts of carriage and insurance which the seller is required to take out and transfer to the buyer. Hence, in principle, provided that the goods were in good condition and otherwise in conformity with the sale contract at the time of shipment and the seller is in a position to furnish the shipping documents, he is not liable for loss, damage or deterioration of the goods in transit, nor is this a ground for the buyer to withhold payment or (in the case of damage or deterioration) to reject the goods on their arrival. The position is otherwise, of course, if the goods shipped were not in conformity with the contract. In that event, their subsequent loss does not deprive the buyer of his right to reject.[108]

---

[101] *The Filiatra Legacy* [1991] 2 Lloyd's Rep 337.
[102] See n 54.
[103] See, for example, *The Albazero*, n 99, where the buyer and the seller were associated companies.
[104] *The Delfini* [1990] 1 Lloyd's Rep 252; *The Filiatra Legacy*, n 101.
[105] See paras **16.09** ff.
[106] See paras **9.16**, **9.49** and below.
[107] *Johnson v Taylor Bros & Co Ltd* [1920] AC 144, per Lord Atkinson at 156.
[108] See paras **9.16**, n 37; **13.16**, n 43.

34.31 We must now consider in a little more detail the rights and duties of the parties in the event of loss[109] of the goods at different stages. Our discussion does, of course, presuppose that the goods lost were or included the contract goods, that is, that the goods to be supplied by the seller, if not identified at the time of the contract, had become ascertained as the result of an effective appropriation or formed part of a specific or ascertained bulk which was lost.[110] If at the time of the loss occasioning the dispute the contract goods remained wholly unascertained, the question of risk does not arise, for it cannot be predicated that it is the contract goods that have been lost. The seller simply has to accept that what he may have intended as the source of supply is no longer available and he must fulfil his obligations by procuring goods from another source.[111]

1. *Loss after acceptance of documents by buyer*

34.32 If the goods are lost after the buyer has accepted the documents, the risk is on the buyer[112] and he must look to his rights against the carrier or insurer.

2. *Loss after tender of documents but before acceptance*

34.33 The position is the same where the goods are lost after the tender of the documents but before acceptance (eg after posting and before receipt[113]), unless the buyer has other grounds for rejecting the documents.[114] In this connection it will be borne in mind that the buyer is prima facie entitled to shipping documents relating exclusively to the goods he has contracted to buy,[115] so that if at the time of the loss the goods still formed an unidentified part of a larger bulk, the buyer will be entitled to reject the documents and thereby throw the risk of loss back on to the seller.[116]

3. *Loss after contract and shipment and before tender of documents*

34.34 The position is the same as under (2). The fact that the goods have perished before tender of the documents does not preclude the seller from

---

[109] Hereafter, unless otherwise indicated, 'loss' includes (a) damage and (b) deterioration which is not attributable to the goods being unfit at the time of shipment to withstand a normal voyage.
[110] If the loss was only partial, nice problems arise as to whether, and if so to what extent, the part lost is to be considered to have included the contract goods. But as to prepaying buyers, see para **9.40**.
[111] See para **9.09**.
[112] Assuming that the goods conformed to the contract or that any defect which would have entitled the buyer to reject was apparent on the face of the documents, so that he is to be taken to have accepted the goods as regards that defect.
[113] *The Albazero*, n 99.
[114] For the requisites of a valid tender of documents, see paras **32.48** ff.
[115] See para **32.64(h)**. The position is different, however, if the contract otherwise provides, expressly or by implication (eg by permitting the seller to tender a delivery order instead of a bill of lading) or if the normal rule is displaced by custom or by a course of dealing between the parties.
[116] But see n 115. It is not easy to reconcile with this principle the decisions in *C. Groom Ltd v Barber* [1915] 1 KB 316 and *Manbré Saccharine Co Ltd v Corn Products Co Ltd* [1919] 1 KB 198. See below.

34.34 Documentary Sales

making a valid tender, even if he was aware of the loss at the time of tender.[117] Again, however, the tender will normally be valid only if the goods had been earmarked to the contract by the time of the loss.[118] The principle is clear, but difficulty is created by two decisions at first instance, *C. Groom Ltd v Barber*[119] and *Manbré Saccharine Co Ltd v Corn Products Co Ltd*.[120] In the first, Atkin J declined to accept the argument that loss of the goods[121] before appropriation to the contract invalidated a subsequent tender of the documents relating to them. However, he appears to have been concerned primarily to reject the proposition that a tender of the documents after loss would be valid only if the property had previously passed to the buyer. Having rightly held that the seller was under no obligation to transfer the property until the due tender of the bill of lading, and that such obligation was extinguished if the goods had meanwhile been lost, the learned judge went on to conclude that the absence of a pre-loss appropriation *by which the property would have been transferred* was irrelevant. This, however, misses the point. Appropriation is relevant not merely to property but to identification of the goods for the purpose of establishing that they, and they alone, were the goods comprised in the bill of lading and in the insurance policy. In the absence of appropriation it is not possible for the seller to perform his duty of tendering shipping documents relating exclusively to the goods the subject of the contract of sale.

34.35 In *Manbre Saccharine* McCardie J, citing with approval the decision in *C. Groom Ltd v Barber*, held that loss of the goods did not preclude a subsequent tender of the documents by the seller. However, he did not discuss the question of pre-loss appropriation as such, and he went on to hold that 'a purchaser under a c.i.f. contract is entitled to demand, as a matter of law, a policy of insurance which covers and covers only the goods mentioned in the bills of lading and invoices'.[122] But unless the goods are identified by the policy and the bill of lading, the buyer is not able to get that to which he is entitled.

34.36 It is accordingly submitted that while the location of the property in the goods at the time of loss is irrelevant, the seller cannot make a valid tender of shipping documents after loss of the goods unless before the loss they had become fully identified as the contract goods.[123]

4. Loss after shipment but before contract

34.37 This case is more difficult. The general rule is that if the goods, unknown to the parties,[124] have ceased to exist by the time the contract is

---

[117] *Manbré Saccharine Co Ltd v Corn Products Co Ltd*, n 116; *Arnhold Karberg & Co v Blythe, Green, Jourdain & Co*, n 78.
[118] But see n 115.
[119] See n 116.
[120] Ibid.
[121] *Semble*, at a time when they were quasi-specific, ie an unidentified part of a shipped cargo.
[122] Note 116, at 205.
[123] The same view is taken by *Benjamin's Sale of Goods*, para 19-083.
[124] If the facts were known to the seller, then the buyer may be entitled to avoid the contract but the seller is liable upon it. See para **7.26**.

made, the contract is either void or frustrated,[125] while if they were damaged or deteriorated before the contract, and were not sold as being in a damaged state, the buyer will have a right to reject for want of fitness and/or quality. The question is whether these rules become inapplicable if the seller, having procured shipping documents issued at a time when the goods were on board the vessel and in sound condition, is able to deliver them to the buyer, so enabling him to claim against the carrier or insurer. It is considered that this is not sufficient to displace the ordinary rules, and that the buyer is entitled to reject a tender of the documents in these circumstances, whether the goods are lost wholly or in part or are merely damaged or have deteriorated.[126] Quite apart from s 6 of the Sale of Goods Act 1979, where applicable,[127] even the c.i.f. buyer is contracting primarily to buy goods, not claims. If, therefore, the goods had suffered loss, damage or deterioration before even the contract of sale was concluded, the buyer cannot be compelled to accept the tender of the documents, for there never was a moment when goods conforming to the contract were available to him. Moreover, if it be right that the seller cannot appropriate the goods to the contract after they have been lost,[128] it must equally be true that an appropriation of damaged or deteriorated goods is ineffective, at least if the damage or deterioration results in their not conforming to the contract description.

5. Loss before shipment

34.38 Prima facie this must be borne by the seller, since the risk passes to the buyer only as from shipment unless otherwise agreed.[129]

(vii) Rejection of documents

34.39 As noted earlier, the c.i.f. seller has two distinct sets of duties: the duty to ship goods conforming to the contract of sale, or to buy afloat goods so shipped, and the duty to tender shipping documents conforming to the contract. It follows that the buyer has two separate rights of rejection: the right to reject nonconforming documents and the right to reject nonconforming goods. If the documents are properly rejected and the defect in them is not cured by a fresh and conforming tender within the time allowed by the contract, the seller will be guilty of a repudiatory breach and the question of rejection of the goods will not arise, for *ex hypothesi* the buyer will not have the documents. If the defective documents are accepted or the defect is cured

---

[125] Void under s 6 of the Sale of Goods Act 1979 if the contract was for the sale of specific goods; frustrated, if the goods lost had been appropriated to the contract or included all the goods so appropriated. If the goods remained wholly unascertained, the contract is unaffected, for the seller will be unable to contend that the lost merchandise constituted or included the contract goods.
[126] *Contra, Benjamin's Sale of Goods*, para 19-114, where it is argued that the buyer is released only if there is a total loss.
[127] See n 125.
[128] See above, and *Benjamin's Sale of Goods*, paras 19-083 and 19-113 – 19-114.
[129] See paras **34.30–34.31**.

34.39 *Documentary Sales*

by a new and conforming tender, the buyer may still have the right to reject the goods themselves on their arrival if they are found not to conform to the contract and the nonconformity was not apparent on the face of the documents.[130]

34.40 Where the buyer rejects documents that are in fact in conformity with the contract, he thereby commits a repudiatory breach. The seller then has the option of accepting the repudiation, in which event the contract comes to an end and he is released from his delivery obligation and has a right to damages for non-acceptance, or of holding the contract open for performance. But what is the position if, the seller having elected to accept the repudiation, the buyer later discovers that the goods are nonconforming? Can the buyer rely on this to justify retrospectively what was originally an improper rejection of the documents? The starting point is the general principle of contract law that a party to a contract who gives a bad reason for terminating it is entitled to rely subsequently on facts not known to him at the time which would have constituted a valid ground of termination, provided that the other party would not have been in a position to remedy the breach if the correct ground had been advanced at the time.[131] In *Henry Dean & Sons (Sydney) Ltd v O'Day Pty Ltd*[132] the High Court of Australia invoked this principle to uphold the c.i.f. buyer's right to refuse to pay for goods, on the basis that this was justified by the later discovery that the goods did not conform to the contract description. However, in *Gill & Duffus SA v Berger & Co Inc (No 2)*[133] Lord Diplock roundly declared that this was not the law of England. In that case:

> The sellers contracted to sell 500 tonnes of Argentina Bolita beans c.i.f. Le Havre, payment to be made against documents. The buyers rejected the documents on the ground that they did not include a quality certificate to be issued at the port of discharge. This rejection was wrongful since the certificate would not come into existence until after discharge and accordingly could not be one of the shipping documents. The sellers elected to affirm the contract and subsequently made a fresh tender of the documents together with the certificate. The buyers again rejected the documents despite the fact that these conformed to the contract and later sought to justify this rejection on the ground that a quantity of beans did not correspond with sample or description.

> The House of Lords held that the buyers were not entitled to do so. The duty to ship conforming goods and the duty to present conforming documents were separate and independent duties. The buyers had no right to reject the goods until their arrival. It followed that their earlier rejection of the documents was a repudiation of the sale contract which released the sellers from any further duty to perform, so that the buyers lost their putative right to reject the goods on arrival.[134]

---

[130] See para **34.42**, n 141.
[131] See *Chitty on Contracts* (33rd edn, 2018), para 24-014.
[132] (1927) 39 CLR 330.
[133] [1984] AC 382.
[134] If the sellers had not accepted the buyers' repudiation but had elected to keep the contract on foot, this would have enured for the benefit of both parties, so that on arrival of the goods the buyers would have been entitled to exercise their right to reject them and the sellers would have been restricted to purely nominal damages for the earlier breach. The case also involved a number of other issues not discussed here.

34.41 The decision is not free from difficulty.[135] It is clear from the facts of the case that by the time of rejection of the second tender of documents the contract delivery date had nearly passed, so that the sellers could not have shipped new and conforming goods within the contract period. Why, then, were the buyers not entitled to treat the sellers as guilty of an anticipatory breach preceding the rejection of the second tender of documents, making this rejection lawful? In the Court of Appeal Goff LJ entertained no doubt that the buyers were indeed entitled to do this.[136] Lord Diplock's answer, in which he characterized this view as 'wrong', appears to be that the seller's undertaking to ship conforming goods and the buyer's undertaking to pay against conforming documents are independent covenants, so that the breach of the former does not excuse a failure to honour the latter. This analysis, which reflects the principle 'pay now, argue later', is open to serious objection. There is only one contract, the contract of sale, and while it is certainly possible to have independent undertakings in such a contract this surely cannot be the case where each of the two undertakings is a condition, the breach of which therefore goes to the root of the contract. Moreover, the proposition that the buyer's remedy is to pay against the documents and then reject the goods on arrival and sue for recovery of the price lacks commercial realism. What is the point of requiring the buyer to go through such an exercise? And why should he be put in the position of being out of both goods and money, and therefore entirely dependent on the seller's ability to repay the price? It is submitted that the view of Goff LJ is to be preferred as consistent both with principle and with commercial sense. Lord Diplock's analysis is open to the further objection that he considered it sufficient if the seller tendered *apparently* conforming documents,[137] whereas it must surely be the case that the documents must *in fact* be conforming documents.[138]

(viii) Rejection of goods

34.42 Even where the documents conform to the contract the buyer has the right to reject the goods themselves if on arrival it is found that they were not in conformity with the contract[139] at the time of shipment.[140] The buyer usually has no opportunity to examine the goods before their arrival at the

---

[135] For a penetrating analysis see G. H. Treitel, 'Rights of rejection under c.i.f. sales' [1984] LMCLQ 565.
[136] [1983] 1 Lloyd's Rep 622 at 635.
[137] Reflecting his view, which, it will be submitted later, is equally erroneous, that a bank is obliged to pay under a letter of credit on the presentation of apparently conforming documents. See para **35.115**.
[138] See M. Bridge, 'Documents and Contractual Congruence in International Trade' in S. Worthington (ed), *Commercial Law and Commercial Practice* (2003) at pp 214 ff and M. Bridge, n 1, paras 9.30–9.33.
[139] Whether through non-correspondence with description or sample, lack of satisfactory quality or fitness, or otherwise.
[140] *Kwei Tek Chao v British Traders & Shippers Ltd* [1954] 2 QB 459.

34.42 *Documentary Sales*

port of destination, and defects or nonconformity will not necessarily have been apparent on the face of the documents.[141]

34.43 The buyer need not, of course, exercise his right to reject the goods but may elect to accept them and sue for damages for breach of warranty, or may be compelled to do so by deemed acceptance.[142] In that event the normal measure of damages applies, ie the difference between the value of the goods as warranted and their value as delivered. There is, however, an exceptional case where, despite the fact that the claim is for breach of warranty, the buyer can recover damages on the same basis as if he had rejected the documents. This is where the documents were not, in fact, in accordance with the contract but the nonconformity was concealed, whether by the seller himself[143] or his predecessor in title. In such a case, the buyer is entitled to recover as damages the loss he would have avoided if he had been aware of the defect in the documents and exercised his right to reject them.[144] Moreover, the fact that he elects to accept the goods after becoming aware of the defect in the documents does not alter the position, for at that stage he will usually have paid the price against the documents and cannot reasonably be expected to reject the goods and thereby leave himself in the hazardous position of having neither money nor goods. The point is well illustrated by the decision of Devlin J in *Kwei Tek Chao v British Traders and Shippers Ltd*.[145]

> The plaintiffs contracted to purchase from the defendants twenty tons of chemicals at £95 a ton c.i.f. Hong Kong, shipment to be made on or before 31 October. By a fraud to which the defendants' own supplier was a party, the bill of lading, which had originally borne an indorsement showing that the goods had been received for shipment on 31 October and shipped subsequently, was altered to show shipment on 31 October. Accordingly, the shipped goods did not conform to the contract.[146] The plaintiffs, having lost a sub-sale as the result of their purchaser discovering the facts and claiming cancellation, took delivery of the goods on their arrival in Hong Kong, but were unable to resell them due to a fall in the market. They then sued the defendants for return of the price or for damages for fraud or, in the further alternative, damages for loss suffered by their inability to resell.
>
> Held that:
> (a) the defendants were not responsible for the fraud;
> (b) the plaintiffs must be taken to have affirmed the contract with knowledge of the breach and were thus restricted to a claim for damages for breach of warranty;

---

[141] If they were, and the buyer nevertheless accepts the documents, he loses his right to reject as regards such defects or nonconformity. See *Panchaud Frères SA v Etablissements Général Grain Co* [1970] 1 Lloyd's Rep 53 and *Glencore Grain Rotterdam BV v Lebanese Organisation for International Commerce* [1997] 4 All ER 514, 527–528 (discussed in more detail by J. W. Carter 'Panchaud Frères Explained' (1999) 14 *Journal of Contract Law* 239). But if the contract shipping documents appear to be in order, the buyer is not under a duty to investigate the possibility thrown up by statements in non-contractual documents that the bill of lading or other contract document was false (*The Manila* [1988] 3 All ER 843).
[142] See paras 13.07 ff.
[143] In this event, of course, the buyer has an alternative claim in tort for deceit.
[144] For the measure of damages, see below.
[145] See n 140. See also *Kleinjan & Holst MV Rotterdam v Bremer Handellsgesellschaft mbH Hamburg* [1972] 2 Lloyd's Rep 11.
[146] Because the month of shipment is part of the contract description of the goods themselves, so that a November shipment is not of the same description as an October shipment.

(c) the breach by the defendants in shipping goods not in conformity with the contract was entirely distinct from their breach in tendering incorrect documents, and the plaintiffs' election in regard to the former breach could not affect the measure of damages to which they were entitled in respect of the latter breach;
(d) the loss of the sub-sale contract was not recoverable as such, since there was no evidence that the defendants knew the plaintiffs were committed to sub-selling the identical goods or that there was a string contract of any kind;[147]
(e) following *James Finlay & Co Ltd v Kwik Hoo Tong*,[148] the correct measure of damages was that which would put the plaintiffs in the same position as if they had known of the defect in the bill of lading and exercised a right to reject, thus avoiding a fall in the market.

34.44 Damages were subsequently assessed as the excess of the contract price over the market price of the goods in Hong Kong on the date on which the plaintiffs ought reasonably to have resold the goods, which for this purpose was taken as the date on which they knew or ought to have known of their right to reject.

34.45 It is important to note that in the *Kwei Tek Chao* case both the goods and the documents were nonconforming, so that the buyer would have been entitled to reject the goods upon arrival and lost that right through the falsification of the bill of lading, without which the nonconformity of the goods would have been apparent. But there may be concealed defects in the bill of lading without any nonconformity in the goods themselves, as where the bill of lading gives a false date of shipment but the true date is still within the shipment period[149] or where the shipping marks are incorrectly stated but the goods arrive safely and in full conformity with the contract. In such cases the buyer's damages are restricted to such loss as he has suffered because of the defect in the documents, and where no loss is suffered, damages will be purely nominal.[150]

---

[147] For a discussion of this point, see para **14.56**.
[148] [1929] 1 KB 400.
[149] *Proctor & Gamble Philippine Manufacturing Corpn v Kurt A. Becher* [1988] 2 Lloyd's Rep 21.
[150] Ibid. See further G. H. Treitel, 'Damages for Breach of a C.I.F. Contract' [1988] LMCLQ 457.

Chapter 35

THE FINANCING OF INTERNATIONAL TRADE[1]

1. PAYMENT ARRANGEMENTS GENERALLY

35.01 There are various ways in which the price of exported goods may be paid. If the seller is unsure of the creditworthiness of the buyer and is in a strong bargaining position, he may be able to stipulate payment wholly or partly in advance, or may have recourse to a float kept on deposit with him by the buyer. Alternatively, following the normal Sale of Goods Act rule that delivery and payment of the price are concurrent conditions,[2] the price may be payable on shipment. As a further alternative, the seller may agree to give the buyer credit, in one of the ways described below. Whether or not credit is to be given, the seller may want to reinforce his position by exacting payment undertakings from a third party (usually a bank), under a suretyship guarantee, a documentary credit, a demand guarantee (or performance bond) or a standby credit. In some cases (and invariably in the case of a documentary credit) the third party's payment obligation is a primary one and is not dependent on default by the buyer; in other cases, it is that of a surety, and it is the buyer to whom the seller must look for payment in the first instance.

35.02 Where credit is to be extended, this itself may take a variety of forms. The seller may simply supply on open account, allowing the buyer, say, 28 days from shipment, or the seller may specify payment by a term bill of exchange against documents or pursuant to a documentary credit. Other possibilities are payment by instalments, with or without reservation of title to the seller until payment, and supply on consignment, where the deliveree has no purchase obligation at the outset but holds the goods as bailee, with an obligation to

---

[1] See, generally, *Benjamin's Sale of Goods* (10th edn, 2017), chs 22–25; P. Cowdell and D. Hyde, *International Trade Finance* (8th edn, 2004); J. H. Dalhuisen, *Dalhuisen on Transnational and Comparative Commercial, Financial and Trade Law*, vol 3, part III (7th edn, 2019); and, in relation to documentary credits and demand guarantees, the publications cited in nn 12, 40, and 380.
[2] Section 28. See para **15.11**.

35.02 *The Financing of International Trade*

purchase if he does not return them within a stated period or if he performs some other act of appropriation.[3]

35.03 The present chapter, after dealing briefly with the documentary bill, will be devoted principally to the topic of documentary credits. A concluding section will examine demand guarantees, performance bonds and standby credits, and will discuss the raising of funds, by the seller against bills or credits given by the buyer, and by the buyer on the security of the imported goods.

2. THE DOCUMENTARY BILL

35.04 The term 'documentary bill' denotes a bill of exchange accompanied by shipping documents and intended to be accepted or paid in exchange for those documents, as opposed to a 'clean' bill, that is, a bill of exchange not accompanied by other documents.

35.05 The seller may send the bill of exchange and shipping documents direct to the buyer, who is then required to accept or pay the bill (depending on whether it is a sight or term bill) and return it to the seller. If the buyer fails to honour the bill of exchange, he is bound to return the bill of lading;[4] and if he wrongfully retains it, the property in the goods does not pass to him,[5] and his retention of the bill of lading constitutes a conversion. If thereafter the buyer proceeds to sell the goods, he commits a further act of conversion where the sale is effective to pass title or where delivery is made to the sub-purchaser. The latter may acquire title under some exception to the *nemo dat* rule – typically, under s 9 of the Factors Act 1889 or s 25 of the Sale of Goods Act 1979.[6]

35.06 To avoid the risk of loss of title through the buyer's fraud in disposing of the goods without honouring the bill of exchange, the seller will usually arrange for collection through a bank. For example, the seller's own bank (the 'remitting bank') may dispatch the bill of exchange and shipping documents to its correspondent (the 'collecting bank'[7]) in the buyer's country with instructions not to part with the documents except against payment[8] or acceptance.[9] The collecting bank will then present the documents to the buyer, procuring his payment or acceptance of the bill of exchange. The relations between seller and remitting bank, and between remitting and collecting banks, are often

---

[3] Consignment is widely used in domestic transactions on the supply of motor vehicles by car manufacturers to their distributors, since it has the advantage of deferring liability for value added tax.
[4] Sale of Goods Act 1979, s 19(3).
[5] Ibid.
[6] See paras 16.57 ff.
[7] The term 'collecting bank' is applied to any bank involved in the collection process at the request of the remitting bank. Where the collecting bank is that which presents the documents, it is known as the presenting bank.
[8] Known as 'D/P', ie documents against payment.
[9] Known as 'D/A', ie documents against acceptance.

The Documentary Credit: Nature, Mechanism and Relationships 35.08

governed by the Uniform Rules for Collections[10] (for an example of a standard outward collection form, see figure 35.1) or, in the case of the electronic presentation of documents, the Supplement for Electronic Presentation.[11]

3. THE DOCUMENTARY CREDIT: NATURE, MECHANISM AND RELATIONSHIPS[12]

35.07 Though the seller who stipulates for acceptance or payment against documents has some measure of security, he is not fully protected, for by that stage he has incurred the expense of manufacturing or acquiring the goods and shipping them to the buyer's country, and if the bill is dishonoured the seller will be left with the goods on his hands and will have the trouble and expense of disposing of them elsewhere.

35.08 What the seller needs when dealing with a buyer with whom he has not previously had a relationship is an assurance, before he makes the shipping arrangements, that he will be paid after shipment. It is this need that the documentary credit[13] is designed to satisfy. As Christopher Clarke LJ recently observed, the purpose of a documentary credit (or, to use his term, a letter of credit) is to 'ensure that the beneficiary can obtain from a bank sums due under the main contract regardless of the fact that there is a dispute between the parties to that contract as to whether those sums are in fact due. The function of a letter of credit is to reverse the risk of non-payment from the payee to the payor.'[14]

---

[10] The latest revision is URC 522 (1995). The Rules depend for their application on incorporation into the contracts of the parties concerned, whether expressly or by course of dealing or usage.

[11] See the Uniform Rules for Collections (URC 522) Supplement for Electronic Presentations (eURC) Version 1.0 (2019) and which came into force on 1 July 2019.

[12] The leading English textbooks on the subject are A. Malek and D. Quest, *Jack: Documentary Credits* (4th edn, 2009); R. King (ed), *Gutteridge and Megrah's Law of Bankers' Commercial Credits* (8th edn, 2001); *Benjamin's Sale of Goods*, n 1, ch 23; and J. Odgers (ed), *Paget's Law of Banking* (15th edn, 2018), chs 36–38. Strongly recommended additional reading is J. F. Dolan, *The Law of Letters of Credit* (4th edn, 2007); P. Todd, *Bills of Lading and Bankers Documentary Credits* (4th edn, 2010) and P. Ellinger and D. Neo, *The Law and Practice of Documentary Credits* (2010). For excellent early comparative studies, see B. Kozolchyk, 'Letters of Credit' in IX *International Encyclopaedia of Comparative Law* (eds K. Zweigert and U. Drobnig, 1978), ch 5 and *Commercial Letters of Credit in the Americas, A Comparative Study of Contemporary Commercial Transactions* (1966). On the UCP 600 see E. P. Ellinger, 'The Uniform Customs and Practice for Documentary Credits (UCP): Their Development and the Current Revisions' [2007] LMCLQ 152 and J. Ulph, 'The UCP 600: Documentary Credits in the 21st Century' [2007] JBL 355.

[13] Also termed 'banker's commercial credit' and 'commercial letter of credit'. Letters of credit are also used to cover payment obligations which do not arise from the supply of goods and therefore do not involve the presentation of shipping documents. These are known as 'clean' credits.

[14] *Petrosaudi Oil Services (Venezuela) Ltd v Novo Banco SA* [2017] EWCA Civ 9 at [55].

35.08 *The Financing of International Trade*

Figure 35.1 Request for collection of foreign bill of exchange and/or documents

Your instruction to process an
Outward collection

LLOYDS BANK

All fields marked * are mandatory and must be completed in all cases.

1 Your details

Currency and amount of collection*

Principal/Exporter's reference number

Name and address of Collecting Bank

Name and address of Principal/Exporter*

Postcode

Name and address of Drawee

2 Details of bill(s)/document(s)

Bill(s)/Documents to be sent: Courier Registered
First post ☒ ☒
Second post (only applicable if more than one Bill of lading) ☒ ☒

Description of goods or services*

(Please indicate, in the boxes provided, **the number(s)** of item(s) you are enclosing for us to send).

Commercial invoice
Certified/consular invoice
Certificate of origin
Parcel post receipt
Air waybill
Combined transport document
Packing list
Insurance policy/certificate

Other documents (please specify)

Bill of Exchange ☒   Date of Bill of Exchange D D M M Y Y   Tenor

Bill of Exchange clauses

Bills of lading

Total number of original bills in the set

Number of original bills enclosed

Whereabouts of any missing original Bills of lading (if applicable)

Name of carrying vessel

3 Action to be taken*

If local regulations require, a deposit in local currency may be taken.

Release documents against: Acceptance ☒ Payment ☒

If unaccepted: Protest ☒ Do not protest ☒

If unpaid: Protest ☒ Do not protest ☒

We will only give instructions to protest if the collection is unaccepted or unpaid if the appropriate box is marked above.

Contact name, address and telephone number in country of destination (in case of need)

What powers this person has: For information only ☒   Accept instructions without reserve ☒

Other (please specify)

4 Charges*

Principal/Exporter Drawee
Lloyds Bank's charges to be paid by ☒ ☒
Collecting Bank's charges to be paid by ☒ ☒

If charges to be paid by the Drawee are refused by them, can they be waived? Yes ☒ No ☒
(If waived the Principal/Exporter must pay them.)

Page 1 of 2
64(PDF)-0718

5. Special Instructions

1. Represent on arrival of goods, if not honoured on first presentation.

6. Payment details for proceeds

Sort code of Principal's/Exporter's account holding branch *

Credit sterling/currency account number *

Rate

Forward contract number (if any)

Maturity date D D M M Y Y

Amount (£)

7. Terms and conditions

1. Lloyds Bank plc. shall not be liable for any loss of profits, business, data or information or for any incidental, indirect, special or consequential damages whether arising from negligence, breach of contract or otherwise, even if informed of the possibility of those losses or damages. Except as otherwise specified herein Lloyds Bank plc. shall not be liable for any direct losses arising out of or relating to any of its actions or omissions to act in respect of the transaction contemplated by these terms and conditions, except to the extent that any such losses are caused by Lloyds Bank plc.'s wilful misconduct, fraud or gross negligence of Lloyds Bank plc.

2. Any collection pursuant to this application will be subject to the Lloyds Bank General Terms for Trade Services (**General Terms**). We may amend the General Terms from time to time. A copy of the current General Terms can be accessed at this website www.lloydsbankcommercial.com/terms-and-conditions. We will provide you a copy of the current General Terms if you ask us to do so. If you have entered into a facility letter with us in respect of the collection pursuant to this application, the collection will be also subject to the terms of the facility letter. The terms of your liability to us are set out in the General Terms and (if you have entered into the facility letter), in the facility letter. By signing this application form you confirm that (a) you have read the General Terms and agree to be bound by them and (b) you are authorised to sign this form.

3. The General Terms and these terms and conditions and any disputes or claims arising out of or in connection with its subject matter (including non-contractual obligations) shall be governed by, construed and take effect in all respects in accordance with the laws of England. The parties irrevocably agree to submit to the exclusive jurisdiction of the English courts to settle any dispute or claim that arises out of or in connection with these terms and conditions (and any non-contractual obligations). You acknowledge that the use of the collection in certain countries is subject to specific local legislation and regulations and you agree to comply with any such legislative requirements and regulations as though they were set out herein.

Company name

Contact name

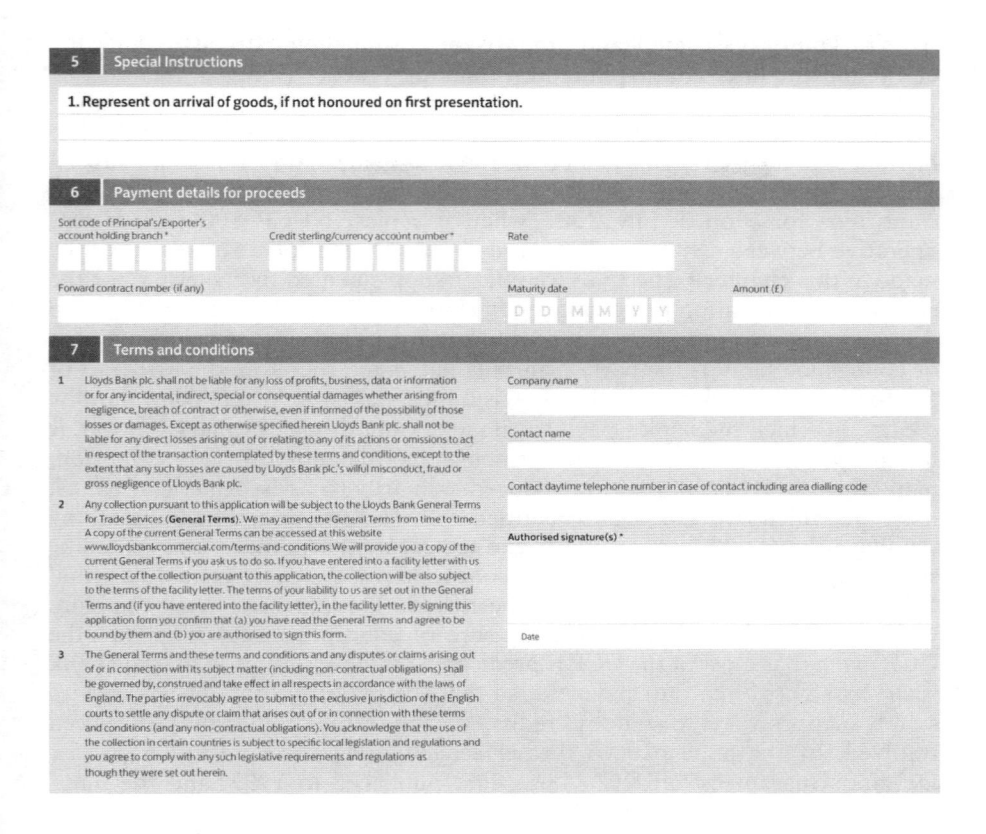

Contact daytime telephone number in case of contact including area dialling code

Authorised signature(s) *

Date

Please contact us if you'd like this information in an alternative format such as Braille, large print or audio.

Lloyds Bank plc. Registered Office: 25 Gresham Street, London EC2V 7HN. Registered in England and Wales, no. 2065.
Bank of Scotland plc. Registered office: The Mound, Edinburgh EH1 1YZ. Registered in Scotland, no. SC 327000.
Authorised by the Prudential Regulation Authority and regulated by the Financial Conduct Authority and the Prudential Regulation Authority under registration numbers 119278 and 169628 respectively.

35.09 *The Financing of International Trade*

(i) **The Uniform Customs and Practice for Documentary Credits (UCP), the eUCP and the International Standard Banking Practice (ISBP)**

35.09 In international trade almost all documentary credits are expressed to be subject to the UCP published by the International Chamber of Commerce.[15] The current version of the UCP is UCP 600, which was issued in 2007 and came into force on 1 July 2007 when it replaced UCP 500 (which was operative between 1993 and 2007 and to which occasional reference will be made in this chapter). The UCP were later supplemented by the eUCP for the electronic presentation of documents.[16] Until 1983 the UCP were confined to documentary credits in their true sense, that is, credits under which the issuing or confirming bank is the party primarily liable and therefore the first port of call for payment.[17] But in the 1983 revision the UCP were extended to standby credits, in which the bank's payment undertaking, though primary in form, is not properly invoked unless the principal has defaulted.[18] This extension, maintained in UCP 600, was introduced primarily to assist American banks, most of which are not legally entitled to issue suretyship guarantees, by sending a signal to American courts and regulators that standby credits, unlike suretyship guarantees and suretyship bonds, do not depend on proof of actual default and can therefore lawfully be issued. The extension was therefore understandable but introduced a measure of conceptual confusion into the UCP, given that most of the UCP is predicated on the assumption that the bank is the first port of call for payment, so that the majority of its provisions are simply inappropriate to standby credits.[19] Happily, the problem has since been resolved, by the issue of two further sets of rules, the Uniform Rules for Demand Guarantees (URDG 758[20]), first published in 1992, and the International Standby Practices (ISP98), a set of rules tailored specifically to standby credits and published by the Institute of International Banking Law and Practice. Demand guarantees and standby credits are considered later.[21]

---

[15] The UCP are an outstanding successful codification of banking practice in relation to documentary credits. First published in 1933, they were revised in 1951, 1962, 1974, 1983, 1993 and 2007. For the legal status of the UCP, see paras **35.42–35.46**.

[16] Supplement to the Uniform Customs and Practice for Documentary Credits for Electronic Presentation (eUCP), Version 2.0, 2019. The rules came into force on 1 July 2019 and replaced the Supplement to the Uniform Customs and Practice for Documentary Credits for Electronic Presentation (eUCP), Version 1.1 (2007).

[17] See para **35.77**.

[18] See paras **35.153–35.176**.

[19] The ICC later published its Uniform Rules for Demand Guarantees (URDG), which from a purely legal viewpoint are synonymous with standby credits and in concept are therefore more suited to them than the UCP. However, these were designed very much with the European-style demand guarantee in mind and lack the detail and comprehensiveness necessary to accommodate the much more diverse uses of standby credits. See further below and para **35.156**.

[20] Which replaced URDG 458.

[21] See para **35.153**. The ICC provides a swift dispute resolution machinery for resolving disputes arising under the UCP, URDG and other ICC payment rules. These are governed by the 2015 ICC Rules for Documentary Instruments Dispute Resolution Expertise (DOCDEX) administered by the ICC's International Centre for ADR. Decisions are made by a panel of three independent experts but are not binding unless otherwise agreed. The proceedings are conducted exclusively in writing.

35.10 The eUCP are concerned not with the electronic issue of letters of credit, for which there is a well-established practice, but with presentation of electronic records, either alone or with paper-based records. A system of electronic presentation offers a number of advantages, allowing the beneficiary conveniently to present documents directly to the issuing bank instead of to an advising or confirming bank, and providing an automated system for the checking of documents, which is otherwise a laborious manual process, thus saving labour and reducing the currently high percentage of discrepancies. The introduction to the current version of the eUCP provides that 'it is inevitable that traditional trade instruments will, over time, inexorably move towards a mixed ecosystem of paper and digital, and, ultimately, to electronic records alone.'[22] It is therefore likely that the significance of the eUCP will only increase over time.

35.11 The International Standard Banking Practice (ISBP) for the Examination of Documents under Documentary Credits[23] serves as a practical complement to UCP 600 designed to bring uniformity of standards into documentation examination.

(ii) The documentary credit defined

35.12 A documentary credit is, in essence, a banker's assurance of payment against presentment of specified documents. It is defined by UCP 600 as:

> 'any arrangement, however named or described, that is irrevocable and thereby constitutes a definite undertaking of the issuing bank to honour a complying presentation.'[24]

The 'issuing bank' is:

> 'the bank that issues a credit at the request of an applicant or on its own behalf.'[25]

The UCP define honour as:

> '(i) to pay at sight if the credit is available by sight payment; or
> (ii) to incur a deferred payment undertaking and pay at maturity if the credit is available by deferred payment; or
> (iii) to accept a bill of exchange ('draft') drawn by the beneficiary and pay at maturity if the credit is available by acceptance.'[26]

35.13 A 'complying presentation' is defined by the UCP as 'a presentation that is in accordance with the terms and conditions of the credit, the applicable provisions of these rules and international standard banking practice.'[27]

---

[22] Supplement to the Uniform Customs and Practice for Documentary Credits for Electronic Presentation (eUCP), Version 2.0, (2019), p 4.
[23] ICC Publication No 745, 2013 which updates ICC Publication No 681, 2007. In the case of UCP 500 the equivalent guidance was to be found in ICC Publication 645, 2003.
[24] Article 2. Under UCP 600, only irrevocable credits are defined as 'credits'. This marks a change from UCP 500, under which credits could be either irrevocable or revocable.
[25] Ibid.
[26] Ibid.
[27] Ibid.

35.14 *The Financing of International Trade*

35.14 In the case of a documentary credit opened pursuant to a contract of sale, the buyer (B) will be the applicant for the credit and the seller (S) will be the beneficiary.[28]

35.15 It will be seen from the above definition that a credit may take one of three forms. It may entitle S to collect payment on presentation of documents (sight payment credit), to receive payment on a deferred date (deferred payment credit), or to present with the documents a draft for acceptance and payment at maturity (acceptance credit). In addition S has the option to negotiate (sell) a draft and/or documents to a nominated bank, which then becomes the beneficiary in place of S.[29] Despite the references to banks throughout the UCP, there is nothing to preclude a non-bank institution from issuing a documentary credit governed by the UCP. Several non-banking financial institutions do so, and even some corporates, though the Banking Commission has emphasized the importance of ensuring that the issuer is truly independent of the parties.

(iii) Factors influencing use of documentary credits

35.16 Documentary credits provide the seller with security but they also cost money. The banks involved in issuing, advising and confirming the credit make a charge for their services and the cost is passed back to the buyer. Hence the buyer may be reluctant to agree to payment under a letter of credit, and whether the seller will be in a position to insist on this without agreeing to bear the cost himself will depend on the relative bargaining position of the parties. In practice, the seller will usually require a letter of credit only where he has not developed a sufficient relationship with the buyer to enable him to adopt a cheaper payment method, such as payment against documents.

35.17 The popularity of letters of credit has fluctuated widely over the years. The demand for letters of credit varies not only according to whether it is a sellers' or a buyers' market and the degree of confidence felt by sellers in the creditworthiness of their customers but also with governmental controls. Where strict exchange controls are applied, the letter of credit tends to become more prominent, for it provides the exchange control authorities with a means of ensuring that payments due on exported goods are, in fact, received in the country of export.[30] Again, letters of credit have tended to be used on the sale of goods overseas in countries with aid programmes. In more recent years the letter of credit appears to have entered a period of gradual decline,[31] and one leading authority, Professor James Byrne, has observed a dramatic decline in

---

[28] 'Seller' is hereafter used for convenience to denote the beneficiary, though the letter of credit is not always issued to the seller himself but may, at his request, be opened in favour of a third party.
[29] See art 2 for the definitions of 'negotiation' and 'nominated bank', as well as paras **35.32** ff.
[30] This is a factor which ceased to be relevant in the United Kingdom in 1979, when exchange controls were abolished.
[31] Statistics on the use of letters of credit can be found in *Documentary Credit World* which publishes quarterly statistics for the top 600 US banks and the top 170 US branches of non-US banks.

The Documentary Credit: Nature, Mechanism and Relationships 35.17

the willingness of banks to invest in this field,[32] while another, Professor John Dolan, has noted in the same volume that 'commercial letters of credit in general and the negotiation credit in particular arise in transactions at the margin of commerce. Financially sound enterprises with significant banking relationships do not need letters of credit.'[33] Advice given to business on behalf of the UK government states that it is 'often best to avoid using' a letter of credit given that letters of credit can 'sometimes result in expensive delays, bureaucracy and unexpected costs' so that they should only be used where the benefits outweigh these costs.[34] The recent development of Bank Payment Obligations[35] is likely further to reduce the practical significance of letters of credit. Bank Payment Obligations differ from letters of credit in so far as they operate as between banks, so that the buyer's bank will give an irrevocable undertaking to the seller's bank to pay a stipulated sum of money at a certain date on the presentation of agreed electronic data. Bank Payment Obligations thus have some similarities with letters of credit in that they are stated to be separate from the underlying trade transaction and constitute an irrevocable undertaking given by one bank to another to pay a stipulated sum of money on the presentation of matching electronic data. It is unlikely that Bank Payment Obligations will replace letters of credit in the short-to-medium term. Rather, they are likely to 'sit along side each other'[36] and offer to business an alternative to the letter of credit should they wish to avail themselves of it. The most significant challenge to the letter of credit may prove to be the emergence of fintech companies whose new technologies seek to lower transaction costs and make possible faster payment processing in a secure environment.[37] To the extent that these technologies enable sellers to lower transaction costs, reduce reliance on paper documents,[38] obtain better data on the likelihood of payment by the potential buyer and expedite the payment process so as to improve the seller's cash flow, their services may prove to be more attractive to sellers than the more traditional letter of credit. Given these developments, it is perhaps no surprise to find that there has been a gradual decrease in the use of letters of credit, although that decrease is not evenly distributed across the globe.[39] Although it is far too early to predict the demise of the letter of credit, the move of business to the electronic presentation of data will only have increased as a result of the current COVID-19 pandemic and this is likely

---

[32] 'Overview of Letter of Credit Law and Practice' in *2003 Annual Survey of Letter of Credit Law and Practice* (2003) at p 3.
[33] 'Negotiation Letters of Credit' in *2003 Annual Survey of Letter of Credit Law and Practice*, n 32, at p 25.
[34] See https://www.gov.uk/guidance/letters-of-credit-for-importers-and-exporters.
[35] See ICC Publication No 750E.
[36] G. L. Wynne and H. Fearn, 'The Bank Payment Obligation: Will it Replace the Traditional Letter of Credit – Now, or Ever?' (2014) *Butterworths Journal of International Banking and Finance Law*, p 102.
[37] See para 29.22.
[38] The ICC reported in 2018 that there are estimated to be 4 billion pages of documents circulating in documentary trade. This figure obviously includes documents other than letters of credit but it gives a sense of the proportion of the issue to be resolved (ICC, *Global Trade – Securing Future Growth 2018*, p 18).
[39] ICC, n 38, p 62. Greater use of letters of credit continues to be evident in countries such as Bangladesh, China, Hong Kong, India, Singapore, South Korea and Japan.

further to reduce the use of letters of credit, except in those parts of the world where a letter of credit remains the traditional method of making payment in an international sales transaction.

(iv) Stages in the opening of a credit[40]

35.18 The starting point, as always, is the contract of sale, for the seller is not entitled to require, nor the buyer to offer, payment by documentary credit unless the contract of sale so provides; and the credit opened in favour of the seller must comply in all respects with the terms of the contract, otherwise the seller will be entitled to reject it. Sometimes the contract of sale fails to indicate the type of credit required, this being left to the subsequent agreement of the parties. Such agreement impliedly varies or supplements the contract of sale.[41]

35.19 Let us suppose that S in London has agreed to sell a quantity of machinery to B in New York and that payment is to be made under an irrevocable credit issued by a New York bank and advised and confirmed by a London bank.[42] From the viewpoint of the London bank such a credit is an 'inward' credit, while to the New York bank it is an 'outward' credit. The procedure will be as follows.

1. *Application by B to his bank*

35.20 The first step is taken by B, who must apply to his bank in New York, known as the issuing bank (IB), to open the credit in favour of S, that is, to issue a letter of credit to S undertaking either payment of a sum equal to the contract price or payment, acceptance or negotiation of a bill of exchange drawn for that sum.[43] B will be asked to complete the bank's standard form of application to open a credit, giving full details of his requirements (for a specimen, see figure 35.2). In completing the application B must ensure, first, that his instructions are clear[44] and capable of being complied with by his bank and, secondly, that they conform to the terms of the contract of sale. IB is not itself concerned with the contract of sale, and is unlikely to see this docu-

---

[40] See generally W. Baker and J. F. Dolan, *Users' Handbook for Documentary Credits under UCP 600* (ICC Publication No 694, 2008).
[41] *Ficom SA v Sociedad Cadax Ltd* [1980] 2 Lloyd's Rep 118; *Shamsher Jute Mills Ltd v Sethia (London) Ltd* [1987] 1 Lloyd's Rep 388. If the parties do not conclude a later agreement identifying the type of credit, then, unless this can be inferred from the circumstances or a prior course of dealing, the contract of sale is likely to be held void for uncertainty or want of consensus (*Schijveshuuder v Canon (Export) Ltd* [1952] 2 Lloyd's Rep 196).
[42] The terms 'advised' and 'confirmed' are explained at paras **35.22–35.23**.
[43] Sometimes B's bank does not itself issue the credit but asks its correspondent in S's country to do so. In such a case there is no contractual relationship between B's bank and S.
[44] If they are not, so that the credit is ambiguous, it will be construed against the issuer. See *Credit Agricole Indosuez v Muslim Commercial Bank Ltd* [2000] 1 Lloyd's Rep 275, where the terms of the credit left it unclear whether the presentation of certain specified documents was a condition of the credit, and the confirming bank was held entitled to conclude that they were not to receive payment from the issuing bank.

ment.[45] It will act on B's instructions, but if in accordance with those instructions the letter of credit issued to S calls for documents other than those specified in the contract of sale or is otherwise at variance with that contract, S will be entitled to reject the letter of credit as not in conformity with the contract of sale.

---

[45] Article 4(b) of the UCP states that an issuing bank 'should discourage any attempt by the applicant to include, as an integral part of the credit, copies of the underlying contract, proforma invoice and the like'. Article 4(a) (formerly art 3 of UCP 500) sets out the 'autonomy' or 'independence' principle – that a credit is separate from the underlying contract – and art 4(b) is intended to assist in preserving that principle. See para **35.52**.

35.20 *The Financing of International Trade*

Figure 35.2 Application to open documentary credit

The Documentary Credit: Nature, Mechanism and Relationships 35.20

16 Transport Document (normally only one of the five available options to be selected)

16.1 Full set (or _____) clean "on board" Marine Bills of Lading covering port-to-port shipment ☒

either issued "to order" and blank endorsed ☒
(consignee name and address box below therefore to remain blank)

or issued to the order of/showing consignee as ☒
(delete as appropriate and complete consignee name and address box below)

16.2 Multimodal Transport Document ☒

either issued "to order" and blank endorsed ☒
(consignee name and address box below therefore to remain blank)

or issued to the order of/showing consignee as ☒
(delete as appropriate and complete consignee name and address box below)

If one of the following is selected, complete consignee name and address box below.

16.3 Non-Negotiable "on board" Sea Waybill ☒   **16.4** Air Transport Document ☒   **16.5** Road Transport Document ☒

Showing order of/consignee as (not applicable if transport document issued 'to order' and blank endorsed):
Name and address

[Postcode]

Showing notify party as:
Name and address

[Postcode]

Transport document to be marked: Freight paid ☒   **or**   Freight collect ☒

17 Other documents (if any)

18 Additional instructions (if any) (see note 2)

19 Charges (see note 4)

Other bank charges payable by   Yourselves ☒   Beneficiary ☒

Lloyds Bank charges in the UK payable by   Yourselves ☒   Beneficiary ☒

20 When Effecting Payment

Either
- ☒ debit account   Currency/Sterling account number [ ]
- ☒ at Lloyds Bank's prevailing rate of exchange

Or
- ☒ against Forward Contract number [ ]
  maturing [ ] rate [ ]
- ☒ other (specify) [ ]

21 Your contact details

Contact name

Contact e-mail

Contact numbers including area dialling codes
- Telephone
- Mobile
- Fax

22 Your agreement with us

Any Documentary Credit issued pursuant to this application will be subject to the Lloyds Bank General Terms for Trade Services (**General Terms**). We may amend the General Terms from time to time. A copy of the current General Terms can be accessed at this website http://www.lloydsbankcommercial.com/terms-and-conditions. We will provide you a copy of the current General Terms if you ask us to do so. If you have entered into a facility letter with us in respect of the Documentary Credit issued pursuant to this application, the Documentary Credit will be also subject to the terms of the facility letter. The terms of your liability to us are set out in the General Terms and (if you have entered into the facility letter), in the facility letter. By signing this application form you confirm that (a) you have read the General Terms and agree to be bound by them and (b) you are authorised to sign this form.

Signature(s) of Applicant(s) (as per Bank Mandate)

Date

If you have separated this form for typing, please ensure that you also initial the box at the bottom of the left hand page.

1079

35.20 The Financing of International Trade

Guidance notes

These notes are intended to assist your completion of the application form.

The references to article numbers in the following notes refer to the Articles of the "Uniform Customs and Practice for Documentary Credits", 2007 Revision. ICC Publication No. 600 ("UCP600"). Copies of this and the "Uniform Rules for Bank to Bank Reimbursements under Documentary Credits", ICC Publication No. 525 ("URR 525") are available from International Chamber of Commerce United Kingdom, 12 Grosvenor Place, London SW1X 7HH. Telephone No. 0207 838 9363, Fax No. 0207 235 5447.

Specific Notes

1 Where a credit is available with the Advising Bank or any bank by payment, debit interest will be charged to you from the date of payment until the date on which we as the Issuing Bank are reimbursed by you, including instances where discrepancies are identified and waived. The rate of interest charged will be that applicable to the account of Lloyds Bank debited in reimbursement for the payment made. For example, where the Paying Bank obtains US Dollar reimbursement for a payment made to a Beneficiary in Japan, debit interest will be charged at the rate applied to the Lloyds Bank US Dollar Account from which reimbursement is obtained.

2 Where a credit is to be available with any bank, unless you indicate otherwise under "Additional Instructions", we will stipulate that the credit is to expire in the Advising Bank's country.

Where a credit is both **available with any bank** and **transferable** a bank that is specifically authorised to transfer must be nominated in the credit. Unless you indicate your choice of authorised bank (Under "Additional Instructions", we will nominate the Advising Bank as the authorised bank.

3 If a credit contains a condition without stipulating the document to indicate compliance with the condition, banks will deem such condition as not stated and will disregard it (sub-Article 14h). Therefore, please ensure that where you include a condition to be met by the Beneficiary you also state the document required to evidence its fulfilment. You should also state who is to issue the document and what, if anything, it should say otherwise it will be accepted as presented (Article 14f).

4 Where Lloyds Bank and other bank charges are payable by the Beneficiary, we will incorporate such a condition into the terms of the credit; however if these are not received we will look to you for payment (Article 37).

5 In order to minimise the risk of breach by Lloyds Bank of any sanctions and/or embargoes imposed by the 'international community' including the UK, EU, UN and the USA:

5.1 the 'shipment/dispatch from' and 'to' details cannot be expressed as a 'geographical area', e.g. Asia, Southeast Asia, Europe or Western Europe. Expressing the 'shipment/dispatch from' or 'to' details as a country or range of named countries, e.g. Thailand, Vietnam or Malaysia', is acceptable.

5.2 please indicate the country of origin of the goods where known. (This may not be a 'geographical area' but may be a range of named countries.) This detail will be included in the credit issued as part of the goods description.

5.3 where the credit is transferable and expires in the country of the Advising Bank we require that the authorised transferring bank obtains our written consent before effecting any transfer.

General notes

6 Lloyds Bank has formal business links with a number of banks throughout the world ("Correspondent Banks") and consequently we would prefer that the choice of the Advising Bank be left to us. By you making the credit available with **any bank** the beneficiary will still be able to present documents to their own bankers where they do not bank with the Advising Bank. However, if you nonetheless wish to choose the Advising Bank, for example if you know the details of the Beneficiary's bankers, please indicate your choice under "Additional Instructions".

7 Where the Beneficiary is in the UK, we will not use an Advising Bank unless specifically requested to do so.

Terms and conditions

1 If two or more parties (other than the Bank) sign this document the obligations hereunder are joint and several.

2 The Bank shall not be liable for any loss of profits, business, data or information or for any incidental, indirect, special or consequential damages whether arising from negligence, breach of contract or otherwise, even if informed of the possibility of those losses or damages. Except as otherwise specified herein the Bank shall not be liable for any direct losses arising out of or relating to any of its actions or omissions to act in respect of the transaction contemplated by these terms and conditions, except to the extent that any such losses are caused by the Bank's wilful misconduct, fraud or gross negligence.

3 The General Terms and these terms and conditions and any disputes or claims arising out of or in connection with its subject matter (including non-contractual obligations) shall be governed by, construed and take effect in all respects in accordance with the laws of England. The parties irrevocably agree to submit to the exclusive jurisdiction of the English courts to settle any dispute or claim that arises out of or in connection with these terms and conditions (and any non-contractual obligations). You acknowledge that the use of the credit in certain countries is subject to specific local legislation and regulations and you agree to comply with any such legislative requirements and regulations as though they were set out herein.

For bank use only

The Original, bearing an original Branch/Service Centre signature(s), to be sent to Trade Services (TNT 05).

State how sanctioned
(e.g. within sanctioned limit, PLD/Business/Commercial/Corporate Banking approval obtained)

Sort code

Account number

Details of any special arrangements on commission
(If Lloyds Bank charges are payable by beneficiary, standard tariff will apply)

Name of account holding branch in full

Market Segment – completion is mandatory

Contact name

Code Authenticator:

Contact telephone number and area dialling code

CA User Name (file number and user level)

These instructions are confirmed (See Managerial Guide Sections 2 and 4).

Date generated
D D M M Y Y Y Y

Authorised Signatory(ies)

Code generated

Based on:

Date

Amount
£

Sort code

Authorised Signatory(ies) name(s) (in BLOCK CAPITALS)

Date
D D M M Y Y

Beneficiary

The Documentary Credit: Nature, Mechanism and Relationships 35.23

35.21 IB may require its customer, B, to put it in funds to cover IB's projected commitment to S, or it may be willing to rely on B's creditworthiness or the likelihood of funds coming in before the documents are due to be presented by S for payment. Usually the reverse side of the application for the credit, setting out the terms on which IB is prepared to issue the letter of credit and incorporating the provisions of the UCP, will contain a clause by which B gives IB a general charge or hypothecation over the goods to be supplied by S and over the shipping documents relating to them.

2. Notification of opening of credit

35.22 IB may issue the letter of credit directly to S, but almost invariably it will arrange for notification by another bank, known as the 'advising bank' (AB), in S's country.[46] In our case IB will ask its correspondent bank or branch in London to advise S of the opening of the credit in his favour. The advice is often given in electronic form via SWIFT.[47] The notification by AB will then constitute the letter of credit. IB becomes bound to S as soon as S has received the letter of credit.

3. Nomination of bank

35.23 A 'nominated bank' is defined for the purposes of UCP 600 as 'the bank with which the credit is available or any bank in the case of a credit available with any bank.' Articles 7 and 8 also make provision for payment via the nominated bank when setting out the nature of the obligations undertaken by the issuing bank and confirming bank.[48] Unless the nominated bank is the confirming bank, an authorization to honour or negotiate the credit does not oblige the nominated bank to honour or negotiate, except when the nominated bank has expressly agreed to do so and this fact has been communicated to the beneficiary.[49] AB does not itself incur any liability to S merely by advising the opening of the credit, or by being a channel of communication between the relevant parties,[50] and art 9(a) of the UCP confirms that an advising bank that is not a confirming bank advises the credit without any undertaking to honour or negotiate. If (as will often be the case) the contract of sale calls for a confirmed credit, then IB will ask AB[51] to add its own undertaking to honour the credit on presentation of the documents. This undertaking is known as a 'confirmation' and the credit is then said to be a confirmed credit, that is, a credit under which the undertaking given by IB is reinforced by a separate payment undertaking by the confirming bank, AB. Accordingly, the UCP

---

[46] Article 2 of the UCP defines the 'advising bank' as 'the bank that advises the credit at the request of the issuing bank'.
[47] The fast international payment system operated by the Society for Worldwide Interbank Financial Telecommunications. If B specifically requests it, IB may advise the issue of the credit through S's bank instead of its own correspondent bank.
[48] UCP, art 2.
[49] Article 12(a).
[50] *Den Danske Bank A/S v Surinam Shipping Ltd* [2014] UKPC 10.
[51] But sometimes the confirmation is by a third bank and AB's role is simply to advise the opening of the credit by IB and the confirmation by the third bank and to examine the documents.

35.23 *The Financing of International Trade*

define 'confirming bank' as 'the bank that adds its confirmation to a credit upon the issuing bank's authorization or request.'[52] The advantages to S are obvious: instead of having to rely exclusively on a foreign bank, whose standing may not be known to him and who would have to be sued in New York, S has the benefit of a separate commitment by a London bank which can, he assumes, be relied on to pay or procure payment and is subject to process in England. Where AB does not add its confirmation, the credit is known as an unconfirmed credit. Armed with the letter of credit, S can now proceed to fulfil the order.

4. *Presentation of documents*

35.24 After dispatch, S must arrange for the transport documents to be presented in accordance with the terms of the letter of credit. The credit must specify the bank with which it is available, and the location of this bank will be the place for presentation.[53] Usually, the letter of credit will provide for presentation of the documents to AB rather than IB, as it is obviously more convenient to S for the documents to be presented to a bank in his own country. Assuming the credit is a straight (or specially advised) credit, only S or his agent may present the documents.[54] The presentation will usually be made by S's bank, not by S himself, whose identity may not be known to the paying bank. S's bank thus acts as a collecting bank in much the same way as if collecting a cheque and vis-à-vis the paying bank, it presents the documents as S's agent, not in its own right, even where it has made an advance to S on the strength of the credit, so that where S has been guilty of fraud,[55] his bank is not entitled to payment. If the documents are in order,[56] AB will pay, accept or negotiate the bill of exchange in accordance with the letter of credit.[57] AB will then pass the documents back to IB, who will release them to B, either unconditionally or in exchange for a trust receipt.[58]

(v) **Types of credit**

35.25 Credits may be classified in various ways, in particular by reference to the presence or absence of a separate undertaking from a second bank, the time and mode of settlement, the range of parties entitled to enforce the undertaking, whether the credit is fixed or floating, the transferability of the benefit of the undertaking given to S by the bank, and so on.

---

[52] Article 2.
[53] Article 6(a) and (d)(ii). More specifically, art 6 provides that the credit must state either the bank with which it is available, or whether it is available with any bank; and the place for presentation under a credit available with any bank 'is that of any bank'. A credit available with a nominated bank is also available with the issuing bank.
[54] The position is otherwise in the case of a negotiation credit. See para 35.33.
[55] As to which, see para 35.105.
[56] Which in many cases they are not. See para 35.68.
[57] See para 35.93.
[58] See para 35.150.

The Documentary Credit: Nature, Mechanism and Relationships 35.29

1. Irrevocable and Revocable credits

35.26 As previously mentioned, article 2 of UCP defines a credit as an irrevocable undertaking, and a credit will be irrevocable even if there is no indication to that effect.[59] Irrevocability is thus built into the definition of a credit. However, parties may still seek to use revocable credits in certain circumstances, and for credits that are still governed by UCP 500, or which exclude or modify articles 2 and 3 of UCP 600, the principles relating to revocability will still be relevant. A revocable credit is one which may be cancelled by IB without notice.[60] IB incurs no real commitment under such a credit, except that if AB or some other authorized bank has accepted, paid or negotiated the credit prior to receiving notice of its cancellation, it will be entitled to reimbursement from IB,[61] which, in turn, will recoup the funds from B. Hence, revocable credits are of little value to a seller who requires security. They are, however, quite commonly used as a convenient payment mechanism where security for payment is not an objective, as where seller and buyer are associated companies or have a well-established relationship. The use of such credits may also be prompted by governmental desire to police the operation of exchange control regulations. Moreover, a buyer who is unwilling to incur the commitment attendant upon an irrevocable credit (which he has no power to cancel or countermand), may be quite happy to arrange for the issue of a revocable letter of credit, which leaves him free to instruct his bank to cancel the credit if there is a risk of default of performance by the seller, eg through insolvency, political interference or instability or the tender of a defective instalment of goods to be delivered by instalments.

35.27 By contrast, an irrevocable credit commits IB to honour the credit, notwithstanding instructions by its customer to the contrary, provided that the terms of the credit are fulfilled by S.

35.28 Prior to the 1993 revision there was a presumption that credits were revocable. This was out of line with normal usage, and UCP 500 changed the rule, by providing that a credit would be deemed irrevocable unless it clearly indicated that it was revocable.[62] UCP 600 does not refer to revocable credits at all.

2. Unconfirmed and confirmed credit

35.29 As previously explained, a confirmed credit is one under which IB's undertaking under an irrevocable credit is reinforced by that of another bank, usually AB. A confirmed credit within the meaning of the UCP is comprised of 'a definite undertaking of the confirming bank, in addition to that

---

[59] Article 3.
[60] UCP 500, art 2; *Cape Asbestos Co Ltd v Lloyds Bank Ltd* [1921] WN 274, where it was held that the right to refuse payment existed even if the beneficiary had already shipped the goods (the judgments speak throughout of a 'revocable' credit, though in modern terminology it would be an unconfirmed credit).
[61] UCP 500, art 8(b).
[62] UCP 500, art 6(c).

of the issuing bank, to honour or negotiate a complying presentation.'[63] It is not uncommon for an advising bank to add its confirmation without authority from IB in return for a commission from S himself. This so-called 'silent confirmation' is outside the UCP, and the 'confirming' bank, though committed to S by virtue of its confirmation, is no more than an advising bank vis-à-vis IB.[64] But in the case where IB permits AB to confirm a credit at the beneficiary's request and expense, there is sufficient authorisation to amount to a confirmation for the purposes of UCP 600.[65]

3. *Sight payment, acceptance and deferred payment credits*

35.30 Classified by the time at which S is entitled to payment, letters of credit divide primarily into sight payment credits, acceptance credits and deferred payment credits.[66] A sight payment credit is one which provides for payment against documents. The credit calls for S to draw a sight bill of exchange[67] on IB, AB or another bank and present the documents with the bill for immediate payment.[68] Since no acceptance of the bill is involved,[69] the bank retains the bill with the documents after payment.[70] An acceptance credit (figure 35.3) requires S to present a term bill to IB, AB or another bank for acceptance against documents and payment by the accepting bank at maturity.[71] Payment of a sight payment or acceptance credit will usually be made by AB, which in our example will be a London bank. S then receives payment in London. If the

---

[63] UCP 600, art 2.
[64] See, eg, E. P. Ellinger, 'The Beneficiary's Bank in Documentary Credit Transactions' (2008) 124 LQR 299, 303 ('The position differs where the issuing bank does not authorise any other bank – be it the advising bank or the beneficiary's bank – to confirm. In such a case the confirmation is given solely at the beneficiary's request and does not fall within the ambit of the UCP 600'). See to similar effect: *Jack: Documentary Credits*, n 12, para 6.25 where it is stated that art 8 'does not apply directly'.
[65] *Fortis Bank SA/NV v Indian Overseas Bank* [2009] EWHC 2303 (Comm), [2010] 1 Lloyd's Rep 227 at [59]–[60], per Hamblen J.
[66] The fourth type of credit mentioned in art 6(b), the negotiation credit, is not a truly distinct category but a particular form of acceptance credit in which the right to present the documents and collect payment is extended beyond the original beneficiary, S, to authorized purchasers of S's drafts and documents. See para **35.95**. There are also specialized forms of credit, such as red clause and green clause credits, which are the antithesis of the deferred payment credit. See para **35.38**.
[67] See paras **20.12–20.13**.
[68] This type of credit is used where the contract of sale between S and B does not provide for B to receive a period of credit. However, even where the contract and the ensuing letter of credit provide for immediate payment against documents, S may subsequently be willing to accommodate B by drawing a term bill if AB is willing to negotiate the bill and B is prepared to pay the discount. S will then receive from AB the full face value of the bill (which from S's viewpoint then achieves the same effect as a sight bill), and AB will debit IB for the account of B, who gets the credit he needs.
[69] See para **20.09**.
[70] Sometimes the bill is dispensed with, even where the credit provides for it, since it has no legal significance. But banks usually call for a bill in the letter of credit since (a) the bill shows at a glance the amount to be paid, and (b) after payment is retained by the paying bank, it is a useful record of payment which will identify the credit under which it was drawn and also, in many cases, the shipment of the goods to which it relates.
[71] But S will not necessarily hold the bill until maturity. He may instead negotiate it. See below.

The Documentary Credit: Nature, Mechanism and Relationships 35.30

credit is an acceptance credit, AB will accept it and will pay it at maturity and thereupon debit IB with the face value of the bill and AB's commission. Under a deferred payment credit, payment is made not on presentation of documents or by acceptance of a draft but after expiry of a stated period from shipment[72] or bill of lading date or from presentation (eg 60 days after sight), the documents being meanwhile released to B. Deferred payment credits came into vogue for the purpose of avoiding the high stamp duty payable on drafts in some countries. However, beneficiaries were not keen to have payment deferred, so that it became common for banks to negotiate deferred payment credits. Until the arrival of UCP 600, a bank which did this without first obtaining authority to negotiate from the issuing bank took the risk of discovery of fraud by the issuing bank prior to the due payment date, and in that event the issuing bank was entitled to refuse to pay the credit.[73] In *Banco Santander SA v Bayfern Ltd*[74] the facts were as follows:

> Banque Paribas issued a deferred payment credit in favour of Bayfern payable at the counters of Banco Santander, which in accordance with instructions from Paribas confirmed the credit. Several months prior to maturity of the credit Santander discounted its own obligation and took an assignment of Bayfern's rights under the credit. No notice of the assignment was given to Paribas, to whom the documents were passed by Santander. Two weeks after the assignment Paribas notified Santander that some of the documents presented by Bayfern were false or fraudulent. On maturity of the credit Paribas refused to pay on the ground that Santander, as assignee of Bayfern, stood in no better position than Bayfern itself. For Santander it was argued that Santander was entitled to be paid in its capacity of confirming bank, that there had been no assignment, since the effect of the transaction between Bayfern and Santander was to extinguish Bayfern's claim and that, even if there had been an assignment, Santander, as bona fide purchaser for value, took free from defences available against Bayfern as assignor. On the hearing of a preliminary issue the Court of Appeal, affirming the decision of Langley J, rejected the arguments advanced on behalf of Bayfern, holding that there had been an assignment; that, as assignee, Santander took subject to defences and that it could not recover in its capacity of confirming bank because it had no authority to negotiate or pay prior to maturity of the credit, by which time its knowledge of established fraud on the part of Bayfern would have given it a defence to a payment claim by Bayfern and thus precluded it from obtaining reimbursement from Paribas.[75]

---

[72] A provision for payment a stated number of days after shipment is interpreted as documentary in character and as referring to the date of shipment shown on the bill of lading.
[73] *Banco Santander SA v Bayfern Ltd* [2000] 1 All ER (Comm) 776.
[74] See n 73.
[75] This is how it was put by Waller LJ in the Court of Appeal; but a more satisfactory basis for the decision is that Santander would have been not merely entitled to withhold payment but obliged to do so. In situations where the evidence presented to the confirming bank falls short of established fraud, the bank is not obliged to expose itself to a law suit by being compelled to take a position on the evidence but has a choice: to pay and obtain reimbursement or to refuse payment and take its chance on being able to show fraud when the case comes before the court for decision.

1085

35.30 *The Financing of International Trade*

Figure 35.3 Acceptance credit advised by issuing bank direct

```
MT700 Issue of a Documentary Credit

To Institution
  XXXX

Priority N

:27: Sequence of Total
  1/1
:40A: Form of Documentary Credit
  IRREVOCABLE
:20: Documentary Credit Number
  IMP7XXXX
:31C: Date of Issue
  XXXX
:40E: Applicable Rules
  UCP LATEST VERSION
:31D: Date and Place of Expiry
  XXXX
:50: Applicant
  XXXX
:59: Beneficiary
  XXXX
:32B: Currency Code, Amount
  USD XXXX
:39A: Percentage Credit Amount Tolerance
  XX/XX
:41A: Available With... By...
  XXXXXXXXXX
  BY ACCEPTANCE
:42C: Drafts at...
  XX DAYS AFTER SHIPMENT DATE
:42A: Drawee
  XXXXXXXXX
:43P: Partial Shipments
  ALLOWED
:43T: Transshipment
  ALLOWED
:44E: Port of Loading/Airport of Departure
  XXXX
:44F: Port of Discharge/Airport of Destination
  ANY UK PORT
:44C: Latest Date of Shipment
  XXXX
:45A: Description of Goods and/or Services
  XXXXXXXX
  + FOB XXXX
  .
  + COUNTRY OF ORIGIN XXXX
  .
:46A: Documents Required
  .
  + ORIGINAL AND 1 COPY COMMERCIAL INVOICE.
  .
  + ORIGINAL AND 1 COPY PACKING LIST.
  .
  + ORIGINAL AND 1 COPY CERTIFICATE OF ORIGIN ISSUED BY BENEFICIARY.
  .
  + FULL SET CLEAN 'ON BOARD' MARINE BILLS OF LADING COVERING
  PORT-TO-PORT SHIPMENT. CONSIGNED TO XXXX AND
  NOTIFY PARTY XXXX MARKED FREIGHT COLLECT.
```

:47A: Additional Conditions
    + IN ALL DOCUMENTS ALL REQUIRED DATA, ALL FIELD HEADINGS AND ANY
    PRE-PRINTED TEXT REQUIRED IN ORDER TO DETERMINE FACIAL COMPLIANCE
    MUST BE IN ENGLISH.

    + WE RESERVE THE RIGHT TO MAKE A CHARGE OF UP TO GBP 50.00, IN
    ADDITION TO COSTS WHICH ARISE, WHERE DOCUMENTS DO NOT COMPLY WITH
    THE TERMS AND CONDITIONS OF THE LETTER OF CREDIT.

    + EVEN THOUGH STATED IN THE CERTIFICATE OF ORIGIN, THE COUNTRY OF
    ORIGIN MUST ALSO BE STATED IN THE INVOICE IN ORDER TO COMPLY WITH
    SUB-ARTICLE 18(C).

:71B: Charges
    + IT IS A CONDITION OF THIS LETTER
    OF CREDIT THAT ALL BANK CHARGES
    OTHER THAN THOSE OF LLOYDS BANK PLC
    IN THE UK ARE FOR THE BENEFICIARY'S
    ACCOUNT.
:48: Period for Presentation
    DOCUMENTS TO BE PRESENTED WITHIN 21
    DAYS AFTER THE SHIPMENT AS EVIDENCED
    BY THE TRANSPORT DOCUMENT.
:49: Confirmation Instructions
    WITHOUT
:78: Instructions to the Paying/Accepting/Negotiating Bank
    + PAYMENT WILL BE EFFECTED AT MATURITY IN THE CURRENCY OF THE
    LETTER OF CREDIT IN ACCORDANCE WITH YOUR INSTRUCTIONS.
    + THE REMITTING BANK IS TO SEND DOCUMENTS IN ONE LOT BY COURIER
    TO OUR ADDRESS AS QUOTED IN FIELD 72 OF THIS MESSAGE.
    + THE REMITTING BANK MUST ENDORSE THE LETTER OF CREDIT WITH THE
    AMOUNT OF EACH PRESENTATION.
:72: Sender to Receiver Information
    + ORIGINATES FROM TRADE OPERATIONS
    DOCUMENTARY CREDITS IMPORTS
    LLOYDS BANK PLC, P.O. BOX 63,
    TWO BRINDLEYPLACE,
    BIRMINGHAM, B1 2AB

35.31 The position is otherwise in the United States under article 5 of the Uniform Commercial Code, which protects an assignee for value and without notice of the fraud[76] so that Santander would have succeeded.[77] The decision of the Court of Appeal in *Banco Santander* caused much consternation in the banking community, and article 12(b) of UCP 600 was intended to shift the risk of fraud back to the issuing bank. Article 12(b) provides that, by nominating a bank to accept a draft or incur a deferred payment undertaking, an issuing bank authorizes the nominated bank 'to prepay or purchase a draft accepted or a deferred payment undertaking incurred by that nominated bank'. Therefore, the article indicates that a nominated bank will be automatically authorized to 'prepay or purchase' a deferred payment undertaking.[78] Under the new UCP, Santander would have been authorized and therefore it may well have succeeded. However, it is arguable that UCP 600 only covers the authorization point, but not the assignment issue. They do not contain any express equivalent of §§ 5–109(a) of the Uniform Commercial Code. If a nominated bank took an assignment of a fraudulent beneficiary's rights under a deferred payment letter of credit, the issuing bank may be able to argue that the nominated bank, as assignee, should be in no better position than the beneficiary and should not be protected from the fraud.[79]

4. Straight (or specially advised) credits and negotiation credits

35.32 Prima facie, IB's undertaking (and that of AB, if confirming the credit) is given in favour of S alone. The letter of credit itself is not a negotiable instrument, and while there is nothing to stop S from selling a draft drawn on IB or AB under the credit, the purchaser of the draft would have no claim against the drawee bank for refusal to honour the bill, since the undertaking in the letter of credit was not given to the purchaser. A credit of this kind is termed a 'straight' or 'specially advised' credit.

35.33 But the undertaking given in the letter of credit may be framed as an undertaking not merely to S but also to those negotiating S's drafts and/or documents. Such a credit is known as a negotiation credit[80] and its effect is that anyone who, pursuant to the authority in the credit, negotiates (purchases) S's drafts in good faith and in reliance on the credit may call upon IB (and on AB if confirming) to honour the draft, provided that this is accompanied by

---

[76] Uniform Commercial Code, §§ 5–109(a).
[77] See *2001 Annual Survey of Letter of Credit Law and Practice* at pp 195–196; and E. P. Ellinger, 'The UCP 500 – Considering a New Revision' [2005] LMCLQ 30, 35.
[78] See also arts 7(c) and 8(c), which respectively provide, in relation to the issuing bank's and confirming bank's undertakings, that reimbursement for the amount of a complying presentation under a credit available by acceptance or deferred payment is due at maturity, whether or not the nominated bank prepaid or purchased before maturity.
[79] See generally D. Horowitz, 'Banco Santander and the UCP 600' [2008] JBL 508; cf *Benjamin's Sale of Goods*, n 1, paras 23-347 – 23.348.
[80] A very useful analysis is provided by Dolan, *Law of Letters of Credit*, n 12. While the distinction between a straight and a negotiation credit is easy to state, it can be difficult to apply in practice: see *European Asian Bank AG v Punjab and Sind Bank (No 2)* [1983] 2 All ER 508, [1983] 1 WLR 642.

documents presented in accordance with the credit and in apparent good order at the time the draft was purchased.

35.34 It is important to distinguish negotiation of drafts and documents from payment of a credit. Negotiation is defined in art 2 of the UCP as 'the purchase by the nominated bank of drafts (drawn on a bank other than the nominating bank) and/or documents under a complying presentation, by advancing or agreeing to advance funds to the beneficiary on or before the banking day on which reimbursement is due to the nominated bank.'[81] Thus negotiation involves the purchase by a nominated bank of the draft and/or documents,[82] and, with it, the entitlement to present the documents and collect payment in its own right at the due date. The original beneficiary, S, receives payment for the drafts[83] and documents, not payment under the credit,[84] and then drops out of the picture, being replaced as beneficiary by the negotiating bank. So the negotiation credit is a particular form of acceptance credit under which the right to present and collect payment is extended beyond the original beneficiary.

35.35 A negotiation credit may be open or restricted. That is, IB may, by the terms of the letter of credit, permit negotiation by any bank which cares to do so, or may restrict negotiation, eg to banks or to a designated bank (typically IB's own correspondent, AB). The effect of an open negotiation credit is that IB undertakes to any bank negotiating the bill that it will be honoured on due presentment of the documents. A restricted negotiation credit does not prevent S from negotiating the draft to a person other than one authorized by the credit, but the indorsee then negotiates at its own risk, in that he will have no claim against IB on the credit if the draft is dishonoured. The matter is discussed in more detail later in this chapter.

35.36 The negotiation credit is a useful device for reconciling the interests of B, who wishes S's drafts to be payable in New York, and S, who needs to be able to cash them in London. It also enables S to sell his drafts in the foreign currency of his choice when he does not desire to be paid in sterling.

---

[81] Article 2. One of the difficulties created by the word 'negotiation' is that it is used in the law in different senses. In the context of the UCP the word has, and continues to create, some difficulties. So, for example, E. P. Ellinger ('The Uniform Customs and Practice for Documentary Credits (UCP): Their Development and the Current Revisions' [2007] LMCLQ 152, at p 179) has noted the ambiguity in the term (see also pp 160–161). See also *Jack: Documentary Credits*, n 12, pp 27–28 where a distinction is drawn between a credit available by negotiation and a negotiation credit.
[82] There may not be a draft. Banks frequently purchase documents without asking for a draft. Note that the letter of credit itself is not a negotiable instrument.
[83] If any. See n 82.
[84] See the analogous distinction between purchase (negotiation) of a bill of exchange and payment of a bill in due course, discussed paras **20.121–20.123**.

35.37 The Financing of International Trade

35.37 Where a negotiation credit is advised by AB, but not confirmed, AB incurs no commitment to S to negotiate,[85] and if it does negotiate the draft for S, it has the indorsee's usual right of recourse against S in the event of the bill being dishonoured.[86] Where, however, AB has confirmed the credit, it is under a duty to negotiate[87] and it will not have recourse, for this would be incompatible with its confirmation, by which it undertakes responsibility for ensuring payment of the bill in due course, so that to allow it to recover would produce circuity of action.

5. Red clause and green clause credits

35.38 Red clause credits (so called because such credits used to bear a notation in red) were found primarily in connection with the Australian wool trade and were designed to enable a shipper who is acting as a middleman, with limited resources, to obtain funds before shipment in order to pay the actual supplier. Nowadays red clause credits are used mainly to finance large orders for capital goods. The credit will provide for payment against specified preshipment documents (eg a receipt or warehouse warrant) or sometimes merely on presentation of a draft, and may allow the whole or a specified part of the price to be drawn, upon the terms that the sum so paid will be deducted from the amount payable on presentation of the full shipping documents under a letter of credit. A variant is the green clause credit, which operates in similar fashion except that the goods are required to be warehoused in the bank's name. Nowadays such credits are relatively infrequent, pre-presentation advances being made under an advance payment guarantee.[88]

6. Revolving credits

35.39 Instead of a credit being for a fixed amount or for a fixed time, it may revolve around value or time. A credit revolving around value enables the beneficiary to present documents as often as he wishes during the credit period so long as the overall limit specified in the credit is not exceeded. Hence, as in the case of a bank overdraft, drawings reduce the available credit while payments by the buyer automatically replenish it, until the credit period expires. A credit revolving around time allows the beneficiary to draw up to, say, £x a month for the period of the credit, and may or may not permit the beneficiary to carry forward under-drawings from one month to the next.

---

[85] The same is true of any other authorized bank which is not the confirming bank; mere nomination does not commit the nominated bank to negotiate, unless the nominated bank has expressly agreed to do so and has communicated that fact to the beneficiary (art 12(a)).
[86] See para 20.61.
[87] UCP 600, art 8(a)(ii). If IB fails to negotiate in these circumstances, it is in breach and must make payment under the credit without waiting for the draft to mature.
[88] See para 35.165.

7. Transferable credits and back-to-back credits

35.40 These are described later.[89]

8. Demand guarantees and standby credits

35.41 These are within the UCP but are of a different character from ordinary documentary credits and are discussed towards the end of this chapter.[90]

(vi) Fundamental concepts

1. The legal status of the UCP

35.42 Almost invariably, the different contracts initiated by B's application to open a credit will be expressed to be subject to the UCP. The traditional view in England is that the UCP are simply a set of standard rules having no legal force except so far as incorporated by reference into the contract between the parties concerned This accords with the text of the UCP themselves.[91] Upon this basis, no contracting party is bound by the UCP unless the contract expressly or impliedly so provides. By contrast, certain writers in other countries have described the UCP in more elevated terms, as a code, a codification of usage or even a uniform law of an international character operative of its own force without dependence on incorporation by contract.[92] However, it is suggested that the status of the UCP probably lies somewhere between the two extreme positions. As Professor Kozolchyk has pointed out in his superb comparative study:[93] 'The text of the UCP is neither systematic nor comprehensive enough to warrant the legal characterization of "code".'

35.43 There are many facets of the relationships between the various parties on which the UCP are silent and which have to be answered by reference to the common law. It seems equally exaggerated to refer to the UCP as an international uniform law.[94] On the other hand, to regard the UCP as a set of model rules which have no significance for the parties unless adopted by their contract is to take too narrow a view of their standing.

35.44 In the first place the UCP embody, in considerable measure, usages which have gained international acceptance among bankers. Hence even where they have no contractual force they are strong evidence of banking custom and practice, which themselves will readily be treated by the court as

---

[89] See paras **35.128** and **35.141**.
[90] See paras **35.153** ff.
[91] Article 1.
[92] F. Eisemann, C. Bontoux and M. Rowe, *Le Crédit Documentaire dans le Commerce Extérieure* (3rd edn, 1998), p 6.
[93] See n 12 at para 23.
[94] See *Royal Bank of Scotland plc v Cassa di Risparmio delle Provincie Lombard* [1992] 1 Bank LR 251, per Mustill LJ at 256. For helpful analysis of the question whether the UCP should be seen as part of the *lex mercatoria* or as international uniform law, see O. Toth, *The Lex Mercatoria in Theory and Practice* (2017), ch 3.

impliedly incorporated into the various documentary credit contracts as established usage. Of course, the UCP are not, and are not intended to be, purely declaratory of existing practices, for these vary somewhat from one country to another and, indeed, from one locality to another, and a primary objective of the UCP is to produce consistency and to remove difficulties created by bad practice. Moreover, the UCP are revised from time to time in order to eliminate weaknesses and to accommodate new developments (such as combined transport) and are thus intended to be normative in some measure. But in so far as the UCP have gained near-universal acceptance, it can reasonably be assumed, in the absence of evidence to the contrary, that even if a rule in the UCP does not embody what was previously settled practice, the practice will have become broadly uniform as the result of the rule, so that if at the relevant time the rules have been in operation for a reasonable period, they will have become indicative of prevailing practice.

35.45 But we can potentially go a stage further and, instead of treating the UCP merely as evidence of usage impliedly incorporated into the contract, regard them as directly incorporated by implication into the contract on the basis that their adoption is so much a matter of course that the parties must be taken to have intended to contract with reference to them even if the contract does not state this in terms and even if one of the parties (eg a non-banking party such as B or S) was not aware of the UCP.[95]

35.46 The place of the UCP in the hierarchy of binding sources is a complex question which cannot be examined in detail here.[96] Suffice it to say that so far as English law is concerned the UCP are contractual in nature, are subordinate to mandatory legislation, may be excluded or restricted by contract and, if incorporated into the contract, are, as a set of contractual terms, subject to the court's normal powers, at common law and by statute,[97] to adjudicate upon the enforceability of contractual provisions.

2. The interpretation of the UCP

35.47 The approach which should be taken to the interpretation of the UCP was set out by Thomas LJ in *Fortis Bank SA/NV v Indian Overseas Bank (Nos 1 & 2)*[98] in the following terms:

'In my view, a court must recognise the international nature of the UCP and approach its construction in that spirit. It was drafted in English in a manner that

---

[95] This was the approach that was taken by Gatehouse J in *Harlow & Jones Ltd v American Express Bank Ltd and CreditanstaltBankverein (third party)* [1990] 2 Lloyd's Rep 343 in reference to the Uniform Rules for Collections.
[96] See Kozolchyk, *Letters of Credit*, n 12, paras 25 ff.
[97] In particular, the Unfair Contract Terms Act 1977, so far as applicable. Thus the disclaimers in arts 35 and 37 of the UCP might well, as contract terms, fall to be tested by reference to the requirements of reasonableness. See paras **35.86–35.87**.
[98] [2011] EWCA Civ 58, [2011] 2 All ER (Comm) 288. See also *Deutsche Bank AG, London Branch v CIMB Bank Berhad* [2017] EWHC 1264 (Comm), [2017] Bus LR 1671 at [37]–[38]; and *Glencore International AG v Bank of China* [1996] 1 Lloyd's Rep 135 at 148. See E. Adodo, 'By What Criterion Should a Requirement be Implied into the UCP 600?' (2014) 29 JIBLR 529.

The Documentary Credit: Nature, Mechanism and Relationships 35.50

it could easily be translated into about 20 different languages and applied by bankers and traders throughout the world. It is intended to be a self-contained code for those areas of practice which it covers and to reflect good practice and achieve consistency across the world. Courts must therefore interpret it in accordance with its underlying aims and purposes reflecting international practice and the expectations of international bankers and international trade. A literalistic and national approach must be avoided.'[99]

35.48 While it is important to remember the international context in which the UCP is located[100] and to eschew an unduly nationalistic approach to its interpretation, it is also important to recall that, as has been noted, the provisions of the UCP take effect in English law as contractually incorporated terms. This being the case, it is not possible entirely to escape the principles which the English courts apply to the interpretation of commercial contracts.[101] However, these principles should be sufficiently flexible to be able to take account both of the international nature of the UCP and the principle of the autonomy of a letter of credit, the effect of the latter being to limit the willingness of the court to take account of surrounding circumstances, such as the underlying trade transaction between the parties, when seeking to interpret the terms of the credit.[102]

3. The nature and enforceability of the bank's promise

35.49 In banking usage an irrevocable credit binds IB upon issue of the credit, and the confirmation of a credit binds AB once AB has added its confirmation – that is, upon the credit's release from the control of the issuer or confirmer, irrespective of the time it is delivered to or received by the beneficiary, S.[103] If the credit is rejected by S, for example because it does not conform to the contract of sale, it ceases to have effect.

35.50 Though there is no reported case since the adoption of the 'irrevocable' label[104] in which the point has directly arisen for determination, there are

---

[99] Ibid at [29].
[100] *Taurus Petroleum Ltd v State Oil Marketing Co of the Ministry of Oil, Republic of Iraq* [2017] UKSC 64, [2018] AC 690, [2018] 2 All ER 675 at [20], [61], [76] and [80].
[101] See paras **3.62–3.65**.
[102] See, for example, *Taurus Petroleum Ltd v State Oil Marketing Co of the Ministry of Oil, Republic of Iraq*, n 100, at [8] (Lord Clarke) and [73] (Lord Hodge). The statement of Lord Hodge is particularly strong in so far as he twice stated that the focus is 'exclusively' on the terms of the letter of credit. There would not, however, appear to be an absolute bar upon the admission of extrinsic evidence when seeking to interpret a letter of credit (*Yuchai Dongte Special Purpose Automobile Co Ltd v Suisse Credit Capital* (2009) Ltd [2018] EWHC 2580 (Comm), [2019] 1 Lloyd's Rep 457 at [49]), although the courts are likely to exercise considerable caution before admitting such evidence.
[103] See UCP, arts 7(b) and 8(b). Cases indicating that the credit becomes binding only on receipt by the beneficiary (see, for example, *Dexters Ltd v Schenker & Co* (1923) 14 Ll L Rep 586, per Greer LJ at 588; *Bunge Corpn v Vegetable Foods (Pte) Ltd* [1985] 1 Lloyd's Rep 613, per Hobhouse J at 617) are now out of line with banking practice and should not, it is thought, be followed.
[104] Prior to that, the House of Lords had held, in *Morgan v Larivière* (1875) LR 7 HL 423, that a letter issued to a seller stating that a special credit had been opened in the sum of £40,000 was merely a normal undertaking to pay against documents, not an equitable assignment or

1093

35.50 *The Financing of International Trade*

several dicta in English cases indicating judicial acceptance of the binding nature of the credit by virtue of the issue of the document. Similarly, it is accepted that IB and that AB, as confirming bank, become committed to the second beneficiary under a transferable credit upon issue of the new letter of credit to him. The problem is to reconcile the binding nature of the bank's undertaking with traditional concepts of general law, which deny legal effect to a simple promise unless consideration is furnished by the promisee, producing a contract,[105] or the promisee is induced to act in reliance on the promise, generating some form of estoppel.[106] The difficulty created by the undertaking embodied in an irrevocable letter of credit is that it appears to be binding on IB, and enforceable by S, despite the fact that S has furnished no consideration for IB's promise and, indeed, may not have taken steps to act upon it nor even have signified his assent to its terms. The same applies to AB's confirmation. How, then, can the bank concerned become bound to the beneficiary solely by virtue of the issue of the letter of credit to him?

35.51 Various ingenious theories have been advanced designed to accommodate the binding nature of the bank's undertaking within the framework of traditional contract law.[107] All of these fall to the ground because, in an endeavour to produce an acceptable theoretical solution, they distort the character of the transaction and predicate facts and intentions at variance with what is in practice done and intended by the parties. The defects in these various theories show the undesirability of trying to force all commercial instruments and devices into a strait-jacket of traditional rules of law. Professor Ellinger has rightly argued[108] that the letter of credit should be treated as a *sui generis* instrument embodying a promise which by mercantile usage is enforceable without consideration. Professor Kozolchyk takes the description a stage further, treating a letter of credit as a new type of mercantile currency embodying an abstract promise of payment, which, like the bill of exchange, possesses a high, though not total, immunity from attack on the ground of breach of duty of S to B.[109] The English courts seem to have taken a more pragmatic approach which recognises that in formal terms there is a need for consideration but that in practice the court will strain to find it, should it be needed. Thus Lord Clarke recently observed, in the context of a claim involving a letter of credit, that he would be 'loathe to hold, particularly

---

declaration of trust of funds deposited with the issuer of the letter. No claim was brought in contract, so that the case is not authority for the proposition that an undertaking in a letter of credit is unenforceable for want of consideration, though Lord Chelmsford expressed doubt (at 435) as to whether there was sufficient consideration to support the promise.

[105] See paras 3.10–3.14.
[106] See para 3.15.
[107] See *Gutteridge and Megrah's Bankers' Commercial Credits*, n 12, ch 4; E. P. Ellinger, *Documentary Letters of Credit* (1970), ch IV.
[108] Ellinger, *Documentary Letters of Credit*, at p 122.
[109] Kozolchyk, 'Letters of Credit', n 12, ch 5 at pp 138–143. See also R. Goode, 'Abstract Payment Undertakings', in P. Cane and J. Stapleton (ed), *Essays for Patrick Atiyah* (1991), and paras **35.52** and **35.101**.

The Documentary Credit: Nature, Mechanism and Relationships 35.53

in a commercial context, that a promise which both parties intended should be relied on was unenforceable for want of consideration.'[110]

4. The autonomy of the credit

35.52 One of the primary functions of the letter of credit is to create an abstract payment obligation that is independent of and detached from the underlying contract of sale between S and B and from the separate contract between B and IB. It is thus a cardinal rule of documentary credits that the conditions of the bank's duty to pay are to be found exclusively[111] in the terms of the letter of credit, and that the right and duty to make payment do not in any way depend on performance by S of his obligations under the contract of sale.[112] In general, therefore, a breach of those obligations by S, for example by shipment of goods which fail to correspond to the contract description, are of unsatisfactory quality or fall short of the contract quantity, does not entitle B to instruct the bank to withhold payment under the credit if there has been compliance with the terms of the letter of credit. This is brought out in article 4(a) of the UCP:

> 'A credit by its nature is a separate transaction from the sale or other contract on which it may be based. Banks are in no way concerned with or bound by such contract, even if any reference whatsoever to it is included in the credit. Consequently, the undertaking of a bank to honour, to negotiate or to fulfil any other obligation under the credit is not subject to claims or defences by the applicant resulting from its relationships with the issuing bank or the beneficiary.
>
> A beneficiary can in no case avail itself of the contractual relationships existing between banks or between the applicant and the issuing bank.'

Similarly, IB cannot, as a defence to a claim under the letter of credit, plead that it has a claim for damages or right of set-off against B or that it has not been put in funds by B to meet the credit.[113] IB cannot take account of the underlying trading relationship between S and B and must adhere to the strict terms of the credit; it cannot take into account any extraneous information or documents.[114] Conversely, as provided in the second paragraph of article 4(a), S as beneficiary is not entitled to avail himself of the contract between B and IB.[115]

35.53 The autonomy of the credit closely resembles that of the bill of exchange, and the courts have shown an equal reluctance to allow the personal claims and defences of the buyer under the underlying contract of sale to be set up by the bank as an answer to a claim by the seller on the letter of credit. Attempts by buyers to invoke breaches of the sale contract to prevent payment

---

[110] *Taurus Petroleum Ltd v State Oil Marketing Co of the Ministry of Oil, Republic of Iraq*, n 100, at [25]. See to similar effect the judgment of Lord Mance at [95].
[111] Subject to the qualifications mentioned below.
[112] See below and paras **35.101** ff.
[113] More generally, any rights IB may have against B do not prejudice the rights of S (*Société Générale SA v Saad Trading* [2011] EWHC 2424 (Comm), [2011] 2 CLC 629 at [33]–[34]).
[114] *Swotbooks.com Ltd v Royal Bank of Scotland Plc* [2011] EWHC 2025 (QB) at [24].
[115] *Ibrahim v Barclays Bank Plc* [2012] EWCA Civ 640, [2013] Ch 400 at [60].

35.53 The Financing of International Trade

under a letter of credit have almost invariably been blocked by the courts, whether the buyer's line of attack has been an application for an injunction against the seller to restrain him from presenting the documents and collecting payment or against the bank to restrain it from making payment under the credit.[116] Even the illegality of the contract of sale does not affect the enforceability of the letter of credit.[117] This approach reflects the need of the business community for a high degree of certainty in relation to payment obligations contained in commercial instruments, and it is also applied to negotiable instruments, performance bonds and other commercial documents embodying an abstract promise of payment.

35.54 Of course it remains the case that the beneficiary must conform to the terms of the credit as a condition of his entitlement to be paid. Unfortunately, English courts have become so beguiled by the autonomy principle that they decline to allow refusal of payment in favour of a beneficiary acting in good faith even where the documents are forged or otherwise fraudulent, on the supposed principle that the beneficiary's duty is to tender documents which *appear* to conform to the credit, even if they are in fact fraudulent and worthless. Such an approach, far from enhancing the documentary credit system, does a disservice to its integrity, and it will be argued a little later that it is high time it was abandoned.[118]

35.55 As in the case of negotiable instruments, the autonomy rule is not absolute. Fraud by the beneficiary or his agent, whether in relation to the contract established by issue of the credit (for example, fraud in the obtaining of the credit or the presentation of the documents) entitles, and indeed should oblige, the bank, if on notice of it, to withhold payment,[119] whether the documents are tendered by the original beneficiary or by an innocent third party who has negotiated the seller's drafts.[120]

35.56 It is also a defence that the honouring of the credit would be illegal according to the law of the place where the bank's performance is due.[121]

---

[116] See para **35.58**.
[117] The position is otherwise so far as the illegality of the sale contract infects the letter of credit transaction, as where the sale constitutes (wholly or in part) an exchange transaction which contravenes the Bretton Woods Agreement. See *The American Accord* [1983] 1 AC 168; *Mahonia Ltd v J. P. Morgan Chase Bank* [2003] 2 Lloyd's Rep 911. Moreover, if the illegality renders the contract of sale not merely unenforceable but void, or if the contract is void on some other ground (eg want of consensus), the credit itself would seem to be void or voidable on the ground of mistake. See below and R. Goode, 'Abstract Payment Undertakings' n 109; N. Enonchong, 'The Autonomy Principle of Letters of Credit: An Illegality Exception?' [2006] LMCLQ 404.
[118] See para **35.115**.
[119] But this is so only where the fraud is that of the beneficiary or his agent (see para **35.110**). The bank has no duty to investigate a mere suspicion of fraud. See para **35.60**.
[120] But once the bank has accepted a draft presented by a holder in due course it must pay, for the instrument itself generates an autonomous contract independent of that created by the letter of credit.
[121] But illegality under some other law, eg the law of a foreign country in which B or IB is situated when payment is to be made by AB in England, is irrelevant (*Toprak Mahsulleri Ofisi v Finagrain Compagnie Commerciale Agricole et Financière SA* [1979] 2 Lloyd's Rep 98).

The Documentary Credit: Nature, Mechanism and Relationships **35.58**

Moreover, the bank is entitled to rescind a credit induced by a fraudulent conspiracy or a misrepresentation by S or his agent,[122] or to have the credit set aside for mistake, as where it has been issued to the wrong party who is aware that he has no right to it; and it has been held that the bank may set off against the amount due to the beneficiary, S, a liquidated sum due from S to the bank.[123]

35.57 However, if IB or AB has accepted S's drafts pursuant to the credit, then while IB is entitled to refuse payment to S himself or to a holder not in due course,[124] a holder in due course is in an almost unassailable position, for just as the credit itself creates an obligation independent of the underlying contract of sale, so also the autonomous contract generated by the acceptance of the drafts means that in the hands of a holder in due course these are enforceable despite the nullity or unenforceability of the credit. The holder is thus insulated both from the sale contract and from the letter of credit transaction.

5. *Each bank's undertaking is as principal*

35.58 Though IB opens the credit on the instructions of B, its undertaking to S is given as principal, not as B's agent. B is not even an undisclosed principal. He is a complete stranger to the contract established by the letter of credit. IB's role is analogous to that of a commission agent,[125] authorized to conclude a contract with S but to do so on his own account, without bringing B into a contractual relationship with S. Several consequences flow from this. B is not entitled to give instructions to IB to refuse payment under the credit, or to vary the terms of the credit without S's consent, for IB is already committed to S under the letter of credit. B can, it is true, obtain an injunction to prevent IB from paying against nonconforming documents or with knowledge of fraud, but this is merely because in that situation IB has neither the right nor the duty to pay, and does not imply that B has any power to interpose himself directly into a separate contract generated by the letter of credit.[126] Again, B cannot be sued *under the letter of credit* if IB fails to honour its obligations to S. B will, of course, incur a liability for breach of the sale contract, but he can raise any defences that would ordinarily be available to him in an action brought by S for the price. In other words, the autonomy of the credit insulates S from the underlying contract of sale in his relations with IB but not in his relations with

---

[122] *Solo Industries UK Ltd v Canara Bank* [2001] 1 WLR 1800 (a decision on a performance bond, but the principle is the same); *Rafsanjan Pistachio Producers Co-operative v Bank Leumi (UK) plc* [1992] 1 Lloyd's Rep 513, where it was held unnecessary to show the bank's reliance on the misrepresentation and that potential reliance suffices.
[123] *Hong Kong and Shanghai Banking Corpn v Kloeckner & Co AG* [1989] 3 All ER 513.
[124] *Bank Russo-Iran v Gordon Woodroffe & Co Ltd* (1972) 116 Sol Jo 921. If IB makes the payment, it can recover it as money paid under a mistake of fact, on which see further *Jack: Documentary Credits*, n 12, paras 9.48 ff. It is also important to consider the defences available to such a claim: see *Niru Battery Manufacturing Co v Milestone Trading Ltd* [2003] EWCA Civ 1446, [2004] QB 985.
[125] In civil law, a commissionaire, Kommissionär, etc. See C. Schmitthoff, *Agency in International Trade: A Study in Comparative Law* (1970), pp 136 ff.
[126] Conceptually, it would be better if the act prohibited by the injunction were not the honouring of the credit as such but the debiting of B's account.

35.58 The Financing of International Trade

B himself. Thirdly, if IB, in breach of its mandate, accepts a tender of nonconforming documents, B has no *locus standi* to assert that, in the relation between IB and S, such acceptance is ineffective. Put another way, B cannot himself reject the documents vis-à-vis S, but only vis-à-vis IB.[127]

35.59 Similar considerations apply as regards AB where AB is instructed to confirm the credit. Though the relationship between IB and AB is that of principal and agent, AB's undertaking to S is as principal, not as agent for IB or B.[128] AB's relationship to IB, like IB's relationship to B, is not an ordinary agency relationship[129] but is analogous to that of a commission agent, and the comments made above apply *mutatis mutandis*.[130] The position is otherwise, of course, if AB is instructed merely to advise the credit and/or receive and examine the documents, for in that situation AB is a mere agent having no contractual nexus with S at all, and IB is the principal.

6. The bank's concern is with documents, not facts

35.60 Closely allied to the principle of the autonomy of the credit is the rule that the nominated bank (acting on its nomination), the confirming bank (if any) and the issuing bank are, in the absence of strong evidence of fraud or illegality,[131] concerned only to ensure that the documents presented appear on their face to constitute a complying presentation,[132] not to check the veracity of the statements contained in the documents, still less to examine the goods the subject of the contract of sale. In the words of the UCP:

> 'Banks deal with documents, and not with goods, services or other performance to which the documents may relate.'[133]

35.61 If the documents appear to be in order,[134] then, in general, the bank is both entitled and obliged to pay. Conversely, if the documents deviate from the language of the letter of credit, the bank is entitled to withhold payment even if the deviation has no materiality in fact.[135] This is well brought out in the leading case of *J H. Rayner & Co Ltd v Hambro's Bank Ltd*,[136] in which the credit called for documents covering the shipment of coromandel groundnuts but the bill of lading tendered by S referred to machine-shelled groundnut

---

[127] See paras **35.84** and **35.89**. As a corollary, B's right to reject defective or nonconforming goods is not affected by the fact that the defect or nonconformity was apparent on the face of the documents accepted by IB. See n 182.
[128] *Bank of Baroda v Vysya Bank Ltd* [1994] 2 Lloyd's Rep 87.
[129] *Credit Agricole Indosuez v Muslim Commercial Bank Ltd* [2000] 1 Lloyd's Rep 275, per Sir Christopher Staughton at 280. Nevertheless many of the incidents of an agency relationship are present as between AB and IB.
[130] See R. M. Goode, 'Reflections on Letters of Credit – IV' [1981] JBL 73 at p 74.
[131] See para **35.102**.
[132] Article 14(a). See generally on the issue of compliance E. Adodo, *Letters of Credit: The Law and Practice of Compliance* (2014).
[133] Article 5.
[134] Even if they are in fact fraudulent or forged, the bank is protected if it accepts them in good faith and without negligence. See para **35.66**.
[135] See below regarding the doctrine of strict compliance and relevant UCP provisions.
[136] [1943] KB 37.

The Documentary Credit: Nature, Mechanism and Relationships 35.63

kernels. Everyone in the trade knew that the latter description was a synonym for the former. Nevertheless, the bank's refusal to pay was upheld by the court on appeal.

> '... it is quite impossible to suggest that a banker is to be affected with knowledge of the customs and customary terms of every one of the thousands of trades for whose dealings he may issue letters of credit.'[137]

35.62 In *Fortis Bank SA/NV v Indian Overseas Bank (Nos 1 & 2)*[138] the letter of credit was held on its proper construction to provide that the cost of dispatching the shipping documents by air courier was to be borne by the negotiating bank, whereas the documents presented stated that they were to be paid by IB. It was held that the document presented was discrepant and this was so even if someone in IB must have known that they had not engaged the courier and not paid the cost of the courier service. Even if someone in the bank had known these matters, Thomas LJ pointed out that:

> 'those checking the documents (including management supervising them) would not have known this; they could not have discerned this from the documents and they were under no obligation to make enquiries of others within [IB] as to whether [IB] had engaged the courier or paid the courier.'[139]

35.63 The documentary character of letters of credit is not always understood by exporters or even their banks, so that it is quite common for credits to be issued which include non-documentary conditions. The approach of the English courts under the 1983 revision and its predecessors was to construe such stipulations as if they called for reasonable documentary evidence of the stated condition,[140] a sensible approach which accorded with banking practice. However, art 14(h) of UCP 600 starkly provides that if a credit contains conditions without stating the documents to be presented under them, banks will deem such conditions as not stated and will disregard them. Though art 14(h) reflects an understandable desire to introduce greater discipline into the issue of letters of credit, it has potentially serious consequences. It would seem to preclude the interpretative approach previously adopted by English courts and raises questions as to the possible liability of a bank which, at the request of its customer, incorporates non-documentary conditions which it knows or should know are entirely nugatory.[141]

---

[137] Per Mackinnon LJ at 41. The learned judge went on to give the 'homely illustration' of tender of a bill of lading showing shipment of copies of *The White Book* when the credit called for documents covering *The Annual Practice* (now *The Supreme Court Practice*), the former being a synonym in common use by practitioners.
[138] [2011] EWCA Civ 58, [2011] 2 All ER (Comm) 288.
[139] Ibid, per Thomas LJ at [19].
[140] *Banque de l'Indochine et de Suez SA v J. H. Rayner (Mincing Lane) Ltd* [1982] 2 Lloyd's Rep 476, per Parker J at 480; [1983] 1 Lloyd's Rep 228, per Sir John Donaldson MR at 230–231; *The Messiniaki Tolmi* [1986] 1 Lloyd's Rep 455, per Leggatt J at 462, affirmed [1988] 2 Lloyd's Rep 217.
[141] See M. Hwaidi, 'The Story of the English Strict Compliance Principle in Letters of Credit and Its Consistency with the UCP' (2014) 29 JIBLR 71, 78–80 where it is argued that an English court should give effect to the non-documentary condition in the credit and strike down art 14(h) on the basis that it is repugnant with the terms of the credit.

35.64 Unless otherwise stipulated in the credit, the beneficiary is required to present documents that are originals.[142] The quality of photocopies and other reprographic productions of documents sometimes makes it difficult for a bank to determine whether what is presented is an original document. In general terms, the bank will be protected if it accepts as an original a document which appears to be such.[143] What constitutes an original has also been the subject of two Court of Appeal decisions, *Glencore International AG v Bank of China*[144] and *Kredietbank Antwerp v Midland Bank plc*.[145] In the former, the Court of Appeal, applying Article 20(b) of the UCP 500, held that a photocopy did not constitute an original, even if authenticated by signature, unless marked as an original. In the latter, the court held that the requirement to mark a document as an original did not apply if the document was in fact an original, though not marked as such. Subsequent to the events giving rise to those decisions, the Banking Commission of the ICC produced a policy statement explaining that the 'marked as original' proviso would be satisfied by any mark on a document or any recital in the text of a document that indicated that the issuer of the document intended it to be treated as an original rather than a copy; and a document signed by hand or facsimile could be treated as an original even if, as regards all the other elements, it was a photocopy or draft.[146] In *Crédit Industriel et Commercial v China Merchants Bank*,[147] David Steel J took that policy statement into account in interpreting article 20(b) of the UCP 500.

35.65 Under UCP 600, article 17 may well have clarified some of the issues relating to original documents. Article 17(b) provides that a bank should treat as an original 'any document bearing an apparently original signature, mark, stamp, or label of the issuer of the document, unless the document itself indicates that it is not an original'. In addition, unless the document indicates otherwise, the bank should also accept a document as original if it appears to be written, typed, perforated or stamped by the document issuer's hand; appears to be on the document issuer's original stationery; or states that it is an original, unless the statement appears not to apply to the document presented.[148]

7. Verification of documents limited to their apparent good order

35.66 Just as the bank to whom the documents are presented has neither the facilities nor the responsibility for verifying the physical state of the goods or any other facts external to the documents, so also it is not responsible for ensuring the accuracy, genuineness or authenticity of the documents but must simply determine, on the basis of the documents alone, whether or not the

---

[142] UCP 600, art 17(a).
[143] See UCP 600, art 17(b).
[144] [1996] 1 Lloyd's Rep 135.
[145] [1999] Lloyd's Rep Bank 219.
[146] ICC Banking Commission Policy Statement 12 July 1999, paras 2 and 3.
[147] [2002] 2 All ER (Comm) 427.
[148] UCP 600, art 17(c). Article 17(d) states that if a credit requires presentation of copies of documents, presentation of either originals or copies is permitted.

documents appear on their face to constitute a complying presentation. This is made clear in article 14 of the UCP and in a series of other articles describing the documents which banks will accept. The principle that the bank's duty is limited to verifying the apparent good order of the documents has been upheld by the Privy Council in *Gian Singh & Co Ltd v Banque de l'Indochine*,[149] in which a bank that paid out against a document on which the signature was forged after comparing the signature with that contained in what purported to be the passport of the apparent signatory to the document was held to have complied with its mandate and to have been entitled to debit its customer's account.

> 'In business transactions financed by documentary credits banks must be able to act promptly on presentation of the documents. In the ordinary case visual inspection of the actual documents presented is all that is called for. The bank is under no duty to take any further steps to investigate the genuineness of a signature which, on the face of it, purports to be the signature of the person named or described in the letter of credit.'[150]

35.67 Unhappily, what the courts have lost sight of is the fact that the rule as to the apparent conformity of documents was designed for the protection of bankers and was never intended to permit the beneficiary to tender nonconforming documents which appear on their face to be in order. We shall return to this question later.[151]

8. The doctrine of strict compliance

35.68 The 'perfect tender' rule governing the tender of goods under a contract of sale applies with equal force to the tender of a letter of credit and the tender of documents by S under a letter of credit.

> 'There is no room for documents which are almost the same, or which will do just as well.'[152]

A more modern illustration is *Bulgrains & Co Limited v Shinhan Bank*,[153] where the discrepancy between 'Bulgrains Co Ltd' in the credit and 'Bulgrains & Co Ltd' in the tendered commercial invoice was held to be discrepant because it was not clearly and demonstrably simply a typographical error and was material.[154]

35.69 The doctrine of strict compliance (which is to some extent cut down by the disclaimer provisions in the UCP[155]) applies to all the contracts involved in the credit operation. It must thus be observed by the buyer who procures the

---

[149] [1974] 2 All ER 754. See also *The American Accord*, n 117.
[150] Per Lord Diplock at 758.
[151] See para **35.115**.
[152] *Equitable Trust Co of New York v Dawson Partners Ltd* (1927) 27 Ll L Rep 49, at 52.
[153] [2013] EWHC 2498 (QB).
[154] It was added that even if there was no facility to insert an ampersand when (as in this case) using the SWIFT messaging system to transmit a credit to the beneficiary, the word 'and' could and should have been used because it was properly part of the beneficiary's name (at [24]).
[155] See paras **35.86–35.87**.

35.69 *The Financing of International Trade*

issue of the credit;[156] the seller wishing to claim payment under the credit; the paying bank that seeks reimbursement from the issuing bank; and the issuing bank that claims reimbursement from the buyer. The fact that the discrepancy is minor or that stipulations in the letter of credit might appear to the bank to serve no useful purpose is irrelevant.[157] Nevertheless, the degree of strictness varies according to the particular circumstances, and the parties involved in Professor Kozolchyk's survey of the application of the rule of strict compliance in different jurisdictions showed, in particular, that 'courts were inclined to take more seriously a banker's objection of noncompliance raised against a beneficiary's tender of documents than a customer's objection raised against the issuing bank's verification'.[158]

35.70 The rule of strict compliance is particularly important to bankers in that at times it has been widely neglected by sellers who tender documents, necessitating re-presentation in what was at one time estimated as 60% of all tenders.[159] But while it is not for the courts to condone lax standards, the problem confronting bankers who, with a limited time for perusal of the documents, wish to assure adherence to the credit while at the same time avoiding unnecessary impediments to the business transactions undertaken by their customers, needs to be borne in mind,[160] and, in deciding whether or not a tender conforms to the credit, a distinction should be drawn between deviations that are minor but apparently not insignificant and those that are trivial or insignificant.[161] Articles 14(d) and 14(e) of the UCP are designed to encourage courts not to be mechanistic in applying the doctrine of strict compliance:

> 'd. Data in a document, when read in context with the credit, the document itself and international standard banking practice, need not be identical to, but must not conflict with, data in that document, any other stipulated document or the credit.
> e. In documents other than the commercial invoice, the description of the

---

[156] Ie the credit must strictly conform to the contract of sale.
[157] *Seaconsar Far East Ltd v Bank Markazi Jamhouri Islami Iran* [1993] 1 Lloyd's Rep 236, per Lloyd LJ at 239; *Commercial Banking Co of Sydney Ltd v Jalsard Pty Ltd* [1973] AC 279, per Lord Diplock at 286.
[158] *Letters of Credit*, n 12, p 82.
[159] A major study by Professor Ronald Mann in the United States gave an even higher nonconforming rate, with only 27% of 500 presentations conforming to the credit but, astonishingly, only one case in which the buyer had not waived the discrepancy ('The Role of Letters of Credit in Payment Transactions', 98 Mich L Rev 2494 (2000)). A study by SITPRO of letter of credit practice in the UK would seem to indicate a much higher rejection rate, at an estimated cost to business of £113 million a year. Among the principal grounds of rejection were expiry of the credit, late presentation of documents (eg more than the specified period of time after shipment date – see UCP 500 art 43), inconsistent data, incorrect data, absence of documents and failure to name the carrier or signing capacity (SITPRO, *Report on the Use of Export Letters of Credit 2001/2002*, Appendix 1).
[160] A point made by the courts on more than one occasion. See, for example, *Hansson v Hamel & Horley Ltd* [1922] 2 AC 36, per Lord Sumner at 46: *British Imex Industries Ltd v Midland Bank Ltd* [1957] 2 Lloyd's Rep 591, per Salmon J at 597. In *Hing Yip Hing Fat Co Ltd v Daiwa Bank Ltd* [1991] 2 HKLR 35, which dealt with a number of interesting documentary credit points, Kaplan J held that the court would disregard obvious typographical errors.
[161] *Kredietbank Antwerp v Midland Bank plc* [1999] 1 All ER (Comm) 801.

The Documentary Credit: Nature, Mechanism and Relationships 35.74

goods, services or performance, if stated, may be in general terms not conflicting with their description in the credit.'

35.71 An additional and important reference point is the ISBP,[162] which must be read consistently with the UCP but provides a useful elaboration of international standard banking practice. The UCP provides for certain built-in tolerances, for example by stating that a tolerance of 5% more or 5% less than the quantity of the goods is permissible so long as the credit does not state the quantity in terms of a stipulated number of packing units or individual items and the total amount of the drawings does not exceed the amount of the credit.[163] Moreover, sellers can themselves help to reduce the likelihood of defective tenders by avoiding unnecessarily detailed stipulations and by providing for tolerances expressly in the application for the credit.[164]

35.72 In many cases, the buyer is willing to disregard small discrepancies in a tender, and such discrepancies may be formally waived by the buyer.[165] The existence of these discrepancies, the need for the checking of documents and for consultation with the buyer on any discrepancies so discovered is a problem which can be substantially overcome by technology which will reduce, or even eliminate, the need for manual inputting of data and the checking of that data. Given the speed with which technology is developing in this area, and the greater willingness of commercial parties to avail themselves of it,[166] this must be an area where technology will displace the need for paper documents with their inherent risk of discrepancy.

9. Correlation of right to withhold payment and duty not to pay

35.73 In general, the circumstances which entitle a bank to withhold payment also impose on it a duty to its principal so to do. But this does not always follow. The bank sometimes has the choice to pay or not to pay.[167] Thus it is not the bank's duty to investigate allegations or suspicions of fraud. It is entitled to pay in the absence of compelling evidence of fraud, but is equally free to withhold payment on mere suspicion, provided that in any proceedings brought against it by the beneficiary, the bank is then able to establish fraud.[168]

(vii) The contractual relations set up by a confirmed credit

35.74 Leaving on one side the introduction of additional parties through negotiation of a draft or transfer of a credit, the issue of an irrevocable

---

[162] See para **35.11**.
[163] Article 30(b).
[164] Under art 30(a) of the UCP, the words 'about', or 'approximately' used in connection with the amount of the credit or the quantity or the unit price stated in the credit are to be construed as allowing a tolerance not to exceed 10% more or 10% less than the amount, the quantity or the unit price to which they refer.
[165] See UCP, art 16(b), and para **35.90**.
[166] See paras **32.04–32.06**.
[167] See para **35.115**.
[168] See para **35.109**. The requirements which the bank must satisfy depend on whether the proceedings are interim or whether the proceedings have reached the stage of a trial: see para **35.109**.

35.74 *The Financing of International Trade*

confirmed credit involves the consideration of no less than five different contractual relationships, namely: (1) between B and S (under the contract of sale); (2) between B and IB; (3) between IB and AB; (4) between IB and S; and (5) between AB and S. These are shown in diagrammatic form in figure 35.4. Contracts (2)–(5) will almost invariably be expressed to be governed by the UCP, and the principles examined in the previous section apply to all of them. In addition, each set of relationships attracts its own particular rules, which will now be discussed. Where drafts are accepted and/or negotiated pursuant to a letter of credit, further contractual relationships of the kind discussed in an earlier chapter[169] arise under the drafts themselves, and these are quite distinct from the contract generated by the letter of credit.[170] Consideration of the measure of damages to which S, as beneficiary under a credit, is entitled if IB or AB fails to honour the undertaking embodied in the credit will be deferred to a later stage.[171]

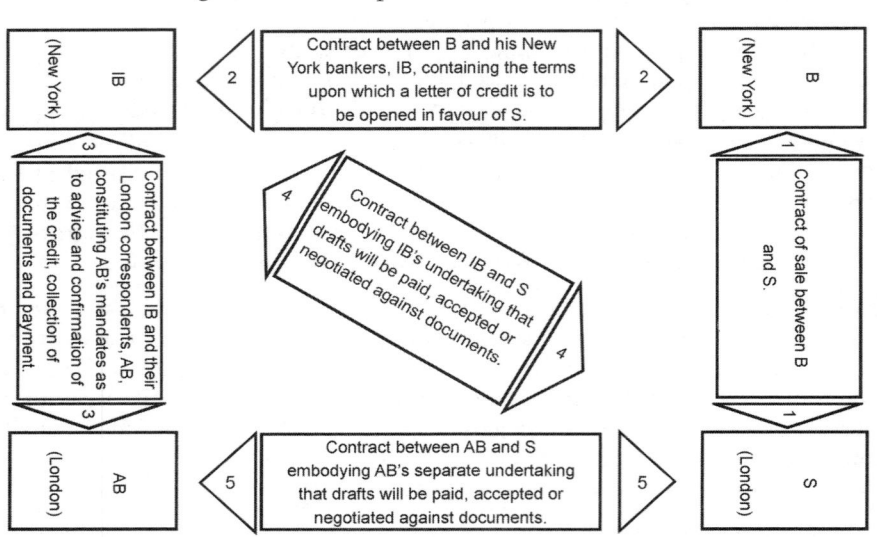

Figure 35.4 The parties to a confirmed credit

1. *The contract of sale*

35.75 (a) GENERAL DUTY TO COMPLY WITH THE CONTRACT. The contract between B and S is, of course, the root contract from which all the others stem. S's right to demand a letter of credit, and the nature of the credit to which he is entitled, depend on the terms of the contract of sale. B, for his part, must ensure that the letter of credit issued to S is that prescribed by the contract.

---

[169] Chapter 20.
[170] See para **35.97**.
[171] See para **35.125**.

The Documentary Credit: Nature, Mechanism and Relationships 35.79

35.76 Fulfilment of this obligation is a condition precedent to S's own duty to perform his delivery obligations.[172] For example, if the contract provides for a confirmed credit, the seller is entitled to reject an unconfirmed credit; and if the letter of credit stipulates a bill of lading as one of the shipping documents when the contract permits S to tender a delivery order, the letter of credit will likewise be defective and can be rejected by S. If a nonconforming letter of credit is tendered and rejected, B may cure the defect by procuring the issue of a fresh and conforming credit if still in time,[173] but if he fails to do so or is out of time, he commits a repudiatory breach which entitles S to treat the contract as discharged,[174] and to recover damages on the usual basis.[175] If S elects to waive the breach and accept a nonconforming letter of credit, he loses his right to complain of the breach.[176]

35.77 A term in the contract of sale providing for payment by letter of credit is for the benefit of both parties. Accordingly, S is not entitled to demand payment in any other way (eg by B direct) nor to sue for the price during the pendency of the credit or complain of non-payment by B during this period. The letter of credit, like the bill of exchange, is considered to be taken as conditional payment unless otherwise agreed, and during the currency of the credit S's right to sue for the price is suspended. If the credit is honoured, that constitutes payment under the contract of sale. If it is dishonoured (eg through failure of IB, or of AB as confirming bank, to pay, accept or negotiate in accordance with the credit on due presentation of documents), S's right to sue B for the price or for damages revives, for, as in the case of a bill of exchange,[177] the court will not ordinarily infer an intention on the part of S to take a letter of credit as an absolute payment.[178]

35.78 Similarly, B is not entitled to call for the tender of documents in a manner inconsistent with the letter of credit arrangements prescribed by the contract of sale. So, if pursuant to that contract (or a subsequent arrangement or acquiescence by the parties) the letter of credit issued to S calls for tender of documents to AB, S is not obliged to tender to B direct or to IB or, indeed, to anyone other than AB.

35.79 (b) TIME OF OPENING OF CREDIT. Subject to any express provisions in the contract, S is entitled to have the letter of credit in his hands within

---

[172] *Garcia v Page & Co Ltd* (1936) 55 Ll L Rep 391; *Etablissements Chainbaux SARL v Harbormaster Ltd* [1955] 1 Lloyd's Rep 303.
[173] *Forbes, Forbes, Campbell & Co v Pelling, Stanley & Co* (1921) 9 Ll L Rep 202. As to the time for issue of a credit, see below.
[174] *Dix v Grainger* (1922) 10 Ll L Rep 496; *Trans Trust SPRL v Danubian Trading Co Ltd* [1952] 1 Lloyd's Rep 348.
[175] See paras **15.53** ff.
[176] *Kolmar Group AG v Traxpo Enterprises Pvt Ltd* [2010] EWHC 113 (Comm), [2011] 1 All ER (Comm) 46 at [108]–[109]. In this situation no question of damages for breach of warranty arises; by waiving the breach S assents to the letter of credit in the form in which it is issued.
[177] See para **20.124**.
[178] *E D & F Man Ltd v Nigerian Sweets and Confectionery Co Ltd* [1977] 2 Lloyd's Rep 50; *W J Alan & Co Ltd v El Nasr Export and Import Co* [1972] 1 Lloyd's Rep 313; *Maran Road Saw Mill v Austin Taylor & Co Ltd* [1975] 1 Lloyd's Rep 156; and see E. P. Ellinger, 'Does an Irrevocable Credit Constitute Payment?' (1977) 40 MLR 91.

35.79 The Financing of International Trade

a reasonable time, which, unless otherwise provided in the contract of sale, means no later than the earliest shipping date open to S under the contract,[179] and probably a sufficient time before that date to enable him to make the necessary shipping arrangements.[180] The date when S is actually ready to ship is irrelevant; and since he is entitled to the benefit of the full shipment period allowed him by the contract, he cannot be required to notify B in advance of the date of shipment as a precondition of obtaining the letter of credit.[181]

35.80 (c) DURATION OF CREDIT. The date of expiration of the credit is a vital statement in the letter of credit, for in the absence of such a statement the implication is merely that the credit endures for a reasonable time, a somewhat vague concept which leaves S in a state of uncertainty as to whether he is covered for the full shipment period and as to the latest date by which a tender of documents is acceptable. Article 6(d)(i) of the UCP provides that all credits must stipulate an expiry date for presentation of documents. An expiry date stated for honour or negotiation will be deemed to be an expiry date for presentation. A statement of the latest date for shipment is not sufficient; if the credit contains no expiry date, S is entitled to reject it. Article 6(d)(i) is reinforced by article 14(c), which provides that a presentation including one or more specified types of transport document must be made not later than 21 days after the date of shipment and in any event not later than the expiry date of the credit.

35.81 (d) REJECTION OF GOODS. The acceptance of documents under a letter of credit does not preclude B from subsequently rejecting the goods themselves if on arrival they are found not to conform to the contract of sale.[182]

2. The contract between B and IB

35.82 The relationship between IB and B is that of banker and customer. In contrast to the relatively informal contract established in the opening of an ordinary loan account or overdraft facility, the terms of the contract are set out in detail in IB's standard form of application to open the credit which B is required to complete and sign, and which invariably incorporates the UCP.[183] In English practice the contract is usually a unilateral contract in which B's submission of the application constitutes an offer which IB accepts by

---

[179] *Ian Stach Ltd v Baker Bosley Ltd* [1958] 2 QB 130; *Pavia & Co SpA v Thurmann-Nielsen* [1952] 2 QB 84.
[180] See *Ian Stach Ltd v Baker Bosley Ltd*, n 179, per Diplock J at 142. This latter formulation, not expressly adopted by Diplock J but not dissented from by him when addressed by counsel, is to be preferred, for a shipper cannot make instantaneous shipping arrangements and if he does not receive the letter of credit until the day before the commencement of the shipping period, he will almost certainly be deprived of the benefit of at least the first few days of that period.
[181] *Pavia & Co SpA v Thurmann-Nielsen*, n 179.
[182] And since, in accepting the documents, the paying or confirming bank acts as principal, not as B's agent, it would seem that B is entitled to reject even for a defect apparent on the face of the documents, which he would not be entitled to do if the documents had been accepted by him or his agent. See n 127.
[183] See figure 35.2.

conduct in issuing the letter of credit. That is to say, IB does not, as a rule, engage itself to issue the credit but either issues it or declines to do so. IB owes the usual duties of a banker strictly to observe the terms of the mandate, and to act in other respects with reasonable care and skill in relation to the credit, except so far as these duties are effectively qualified by the contract. In particular, IB is responsible for ensuring that the letter of credit issued to S complies strictly with the instructions contained in the application for the credit and that honour or negotiation is effected only on presentation of documents which fully accord with the terms of the credit. Where payment etc is made not by IB but by AB, or by some other bank authorized to negotiate under an open negotiation credit, then subject to the effect of article 37 of the UCP, discussed below, IB is responsible for the errors and omissions of the bank in question, which is its agent.

35.83 As we have seen, the letter of credit issued by IB to S constitutes an autonomous engagement in which IB acts as principal, not as agent for B. It follows that B is not entitled to give instructions to IB to withhold payment or to deviate from the terms of the credit. IB is both entitled and obliged to ignore any such instructions so long as the documents are presented within the period of the credit and conform to it.

35.84 If the credit is not honoured, IB is obliged to indemnify B against any liability he may incur to S. Where, on the other hand, payment etc is made by IB or AB without authority against a non-complying presentation,[184] B, though not entitled to reject conforming goods vis-à-vis S,[185] may as between himself and IB decline to adopt the transaction, on account of the breach of mandate, in which event IB cannot debit B with the price paid or with remuneration for its services, while B for his part is taken to have 'abandoned' the goods to IB, in whom they will then vest.[186] In addition, B may claim damages for any loss reasonably foreseeable by IB as likely to flow from the breach.[187] In many cases it will be difficult for B to prove that he has suffered such loss. If, for example, IB's breach consisted of accepting a claused bill of lading showing the goods to be in damaged condition, B's loss through exercise of his right to abandon the goods to IB will normally be no greater than if IB had itself rejected the documents as it should have done.

---

[184] If he moves in time, B may be able to obtain an injunction to restrain such payment. See para 35.101.
[185] See para 35.58, n 127. The position is otherwise where the goods do not conform to the contract.
[186] See Kozolchyk, *Letters of Credit*, n 12, para 169. (If the unauthorized acceptance was by AB, IB has a similar right of abandonment as against AB.) The theory underlying abandonment has not been fully worked out even in countries where the courts have specifically adopted it. There appears to be no reported English case in which abandonment has been referred to, though it would seem to follow from general principles of restitution that B cannot have his cake and eat it by retaining the documents and goods without paying for them. *Semble*, if B abandons, he cannot claim any surplus arising from IB's disposal of the goods at a higher price. If B wants to preserve his interest in a surplus, he should accept the documents and resell himself or get IB to do so as his agent, reserving his rights of action against IB in the event of there being a deficiency.
[187] Under the rule in *Hadley v Baxendale*. See para 3.134.

35.85 As an alternative to rejecting the documents, B may either waive the breach altogether[188] or accept the documents without prejudice to his right to damages for any resulting loss. B will be deemed to have waived any nonconformity if he obtains delivery of the goods from the carrier without production of the bill of lading,[189] for where this is to be tendered under the credit, B has no right to take the goods from the carrier and it would be a fraud on S for B, having wrongfully procured the goods, to prevent payment under the credit. There is no English case law at all on the acceptance of documents under reservation of the right to damages[190] and thus no guide to the measure of damages. Where the defect in the document is unconnected to any defect in the goods and these conform in all respects to the contract, the damages will usually be nominal, though where B has, as a result of the defect in the documents, become prevented from transferring them under a resale contract and has suffered loss in consequence, this may be recoverable if it was within IB's contemplation. If the goods themselves do not conform to the contract of sale and in consequence are worth less than they would otherwise have been, B's loss through the bank's acceptance of the documents is nil, since he still has a right to reject the goods.[191]

35.86 Where the defective documents are accepted not by IB but by AB, IB is in principle responsible for AB as its agent[192] and B's remedy is not against AB (with whom he is not in privity[193]) but against IB. However, the first two paragraphs of art 37 of the UCP provide as follows:

'(a) A bank utilizing the services of another bank for the purpose of giving effect to the instructions of the applicant does so for the account and at the risk of the applicant.
(b) An issuing bank or advising bank assumes no liability or responsibility should the instructions it transmits to another bank not be carried out, even if it has taken the initiative in the choice of that other bank.'

35.87 The apparent width of these provisions is deplorable.[194] They amount to a disclaimer by IB (or, in an appropriate case, an AB) of responsibility for the acts and omissions of its own agents, with the result that while IB would be liable for breach of its duty of care if it were itself to accept nonconforming documents, it can (if article 37 is effective) shuffle off all responsibility by

---

[188] This is sometimes described as ratification, but the term is best avoided since it is customarily taken to denote retrospective authorization of a contract entered into by an agent on behalf of the ratifying party, whereas we are here concerned only with adoption of the transaction as between B and IB.
[189] Nowadays it is not uncommon for carriers to agree to release goods without a bill of lading against guarantees and warranties. See para **32.41**, n 48.
[190] A reflection of the fact that, as in other jurisdictions, allegations of wrongful honour of a credit rarely come before the courts, whether because they seldom occur or because they are rarely complained of or are dealt with by an out-of-court settlement.
[191] See n 182.
[192] Ie, responsible to B. But as against S the relevant bank acts as principal. See para **35.58**.
[193] See para **35.94**.
[194] Article 37 is not happily drafted. For a discussion of its possible meaning and its implications, see *Jack: Documentary Credits*, n 12, paras 4.21–4.25.

delegation to an AB, thereby depriving B of all remedy.[195] In no way can this result be described as reasonable, particularly since it is IB itself who normally selects the advising banker. It is submitted that if AB's breach is serious, either as regards the magnitude of the nonconformity or as regards the gravity of the consequences of AB's breach, a court may be able to declare that such terms fail to satisfy the requirement of reasonableness for the purpose of the Unfair Contract Terms Act 1977 and are thus ineffective under s 3 of that Act where the requirements for the application of that section have been satisfied.[196] The disclaimer (in its previous form in article 18 of UCP 500) has met with widespread hostility from courts and textbook writers abroad[197] and in practice it has tended not to be invoked by issuing banks.[198] It is not without significance that the ICC's Uniform Rules for Demand Guarantees 758, though containing similar provisions, preclude a bank from relying on them to excuse liability for failure to act in good faith.[199]

3. The contract between IB and AB

35.88 The relationship between IB as issuing bank and AB as confirming bank is that of principal and agent.[200] AB must comply strictly with the instructions in the letter of credit,[201] failing which it cannot claim reimbursement or remuneration from IB,[202] and if the latter rejects the documents, AB will be left with the goods on its hands. If it complies with the credit, AB is entitled to payment by IB or other designated reimbursing bank[203] in accordance with the credit, as well as to its charges.

---

[195] B would have no claim against IB because of article 37, and no claim against AB on account of want of privity. His only possibility of redress is a doubtful claim against AB for negligence. See para **35.94**.
[196] See para **3.78**. In the past the courts may also have resorted to restrictive rules of interpretation in order to cut down the scope of the clause, but in more recent years the courts, while still insisting on the need for clear language, have tended to apply the ordinary principles applicable to the interpretation of contracts to exclusion and limitation clauses (see para **3.77**).
[197] See Kozolchyk, *Letters of Credit*, n 12, para 143.
[198] Ibid, para 145.
[199] Uniform Rules for Demand Guarantees, art 30. In URDG 458 the equivalent provision, art 15, also prevented the bank from excluding liability in respect of its failure to exercise reasonable care but this element was deleted in URDG 758 in the belief that the reference to 'reasonable care' was an uncertain standard and a key element in the revision of the Rules was the elimination of such uncertain standards.
[200] See para **35.58**.
[201] The documents to be forwarded to IB must be the documents presented to AB under the credit since any discretion on the part of AB to decide not to forward a listed document (because it would appear to serve no useful purpose) would be contrary to the principle of strict compliance (*Societe Generale SA v Saad Trading* [2011] EWHC 2424 (Comm), [2011] 2 CLC 629 at [45]–[46]).
[202] However, AB's wrongful acceptance of the documents will probably bind IB, vis-à-vis S, if within the scope of AB's apparent authority, and will certainly bind IB where AB had confirmed the credit.
[203] See UCP 600, arts 7(c) and 8(c). An issuing bank's undertaking to reimburse the confirming bank arises where the confirming bank has honoured a complying presentation by making payment under the credit: a mere statement that it has made payment will not suffice (*Deutsche Bank AG, London Branch v CIMB Bank Berhad* [2017] EWHC 1264 (Comm), [2017] Bus LR 1671 at [38]). Bank-to-bank reimbursement is covered by art 13. If the reimbursing bank

35.89 *The Financing of International Trade*

4. *The contract between IB and S*

35.89 IB undertakes that payment etc will be made on due presentation of documents.[204] This undertaking must be honoured despite breach of the underlying contract of sale.[205] Though given in response to B's request, it is given by IB as principal and not as agent, disclosed or undisclosed, for B.[206] It follows that if IB accepts a non-complying presentation, then, while this may be a breach of his duty to B under the agreement between them, B, as a stranger to the separate contract generated by the letter of credit, has no *locus standi* to complain that IB's acceptance of the tender was not valid and binding for the purpose of that contract. B must base any claim he wishes to make on breach of his contract with IB, and/or breach of the underlying contract of sale with S.[207] As with the other contracts, the doctrine of strict compliance applies. The documents normally called for in c.i.f. and f.o.b. contracts have been described in an earlier chapter,[208] where the prerequisites of acceptability under the contract of sale were discussed. In the case of a tender under a documentary credit, there is the additional requirement[209] that the documents as a whole should be commercially acceptable and should not be in such condition or contain such features as are calculated to put a reasonable banker on inquiry.[210] Further, as indicated above, data in a document, when read in context with the credit, the document itself and international standard banking practice, need not be identical to, but must not be inconsistent with, data in that document, any other stipulated document or the credit.[211] This requires that the terms of each document should be consistent with those of the others and that all documents should appear on their face to relate to the same transaction. This, in turn, entails that they should be linked to each other either

---

fails to honour claims made on it, IB is itself liable to AB as the claiming bank (art 13(b)(iii), (c)). See also the Uniform Rules for Bank-to-Bank Reimbursements under Documentary Credits (ICC Publication No 725, 2008).

[204] The exceptional cases in which payment may be refused despite the conformity of the documents with the credit are discussed at paras **35.101** ff.

[205] See para **35.52**, and, as to grounds for withholding or blocking payment, para **35.101**.

[206] See para **35.58**. Whether in the case of a confirmed credit S must look for payment from AB or from IB in the first instance before calling upon the other depends on the terms of the credit. Usually this will call for presentation of documents to AB and payment by AB, in which event recourse can be had to IB only if AB dishonours the credit. But the credit may call for presentation to and payment by IB, in which case the position is reversed. If the bank primarily liable to pay fails to do so, S is not obliged to seek payment from the other bank before proceeding against B.

[207] See para **35.58**.

[208] See paras **32.42** ff.

[209] If indeed it be an additional requirement. It is at least arguable that the rule applies to any tender of documents under a c.i.f. or f.o.b. contract, whether or not a documentary credit is involved.

[210] See *Jack: Documentary Credits*, n 12, paras 8.52–8.58 (albeit it is stated, at para 8.52, that 'a bank would do well to avoid reliance on such general principles and seek to identify specific defects in the documents, which defects entitle rejection'); *Gutteridge and Megrah's Bankers' Commercial Credits*, n 12, pp 190–191.

[211] UCP, art 14(d).

by direct reference or by the fact that they appear on their face to relate to the same goods.[212] However, the following points should be noted.

(a) While the description of the goods, services or performance in the commercial invoice must correspond with the description in the credit, in all other documents the goods, services or performance may be described in general terms not conflicting with the description of the goods, services or performance in the credit.[213]

(b) UCP 500 introduced substantial changes in the requirements for transport documents. These were designed to cater in particular for the steadily growing use of non-negotiable sea waybills and multimodal transport documents. In each case it was for the credit to specify the type of transport document to be furnished by S. The UCP (both in their previous and current form) set out in detail for each such type the information that it has to indicate in order for it to be accepted by banks.[214] Article 26 also deals specifically with deck cargo, stating that banks will accept a transport document which contains a provision that the goods may be loaded on deck provided that it does not specifically state that they are or will be loaded on deck.

(c) Banks and importers have become much more relaxed about transhipment since containerization and the introduction of multimodal transport operations, because goods can safely be left at the intermediate port in sealed containers and thus protected from the elements. Accordingly, banks will accept a bill of lading indicating that the goods will or may be transhipped, provided that the entire ocean carriage is covered by one and the same bill of lading; even if the credit prohibits transhipment, banks will in certain conditions accept a bill of lading which indicates that the goods will or may be transhipped.[215]

(d) The documents must be presented not only before the expiry date specified in the credit but also (where particular transport documents are involved) not later than 21 days after the date of shipment.[216]

35.90 If IB determines that a presentation does not comply, it has various options open to it.[217] First, it may refuse to honour the credit.[218] Alternatively,

---

[212] See *Banque de l'Indochine et de Suez SA v J H Rayner (Mincing Lane) Ltd* [1983] 1 Lloyd's Rep 228; Jack: Documentary Credits, n 12, paras 8.42–8.51.
[213] UCP, arts 14(e) and 18(c).
[214] See UCP 500, Part D, arts 20–38; and UCP 600, arts 19–28.
[215] UCP, art 20(c). Article 20(d) provides that clauses in a bill of lading stating that the carrier reserves the right to tranship will be disregarded.
[216] Article 14(c). In the case of a negotiation credit the presentation that has to be made prior to expiry of the credit is presentation to the negotiating bank. The time when that bank, in turn, presents the documents to IB or AB as confirming bank (if AB is not itself the negotiating bank) is irrelevant to S's rights as beneficiary. However, art 14(c) can be displaced if the credit establishes a different temporal restriction. Thus, a provision that presentation is to be 'within 21 days from B/L date' clearly requires presentation within 21 days of the date of issue of the bill of lading irrespective of the date of shipment: *Fortis Bank SA/NV v Indian Overseas Bank (Nos 1 & 2)*, n 98, at [71]–[77].
[217] For an analysis of UCP 600, art 16, see M. Hwaidi and B. Harris, 'The Mechanics of Refusal in Documentary Letter of Credits: An Analysis of the Procedures Introduced by Article 16 UCP 600' [2013] JIBLR 146.
[218] Article 16(a).

it may, in its sole discretion, consult its customer, B,[219] to see whether he is willing to waive the discrepancy, which in most cases he will, as the commercial objective is to obtain the goods, not to take technical points on the documents.[220] If IB decides to refuse to honour on the basis that the presentation does not comply, it must give a single notice[221] to that effect to the presenter.[222] The notice must state that the bank is refusing to honour and indicate each discrepancy in respect of which the bank refuses to honour.[223] The notice must state then state that the bank is (a) holding the documents pending further instructions from the presenter, or (b) holding the documents until it receives a waiver from B and agrees to accept it, or receives further instructions from the presenter prior to agreeing to accept a waiver; or (c) that the bank is returning the documents; or (d) that it is acting in accordance with instructions previously received from the presenter.[224] The notice must be given[225] no later than the close of the fifth banking day following the day of presentation.[226] Once a bank has issued a rejection notice stating what it has elected to do with the documents, it comes under an obligation to act in accordance with the notice and with its chosen option.[227] Such an obligation arises as a matter of the proper interpretation of art 16(c).[228] So, for example, where the bank

---

[219] Where the documents are presented to AB as confirming bank, AB's consultation (if any) will be with IB, who, in turn, may consult B.

[220] Article 16(b). However, this will not extend the prescribed period that is stated in art 14(b).

[221] Although 'a single notice' is required, where the bank specifies discrepancies in the tendered documents, but fails to state that the bank is refusing to honour or negotiate as required by art 16(c)(i), and later serves another notice correcting the defect, it may be able to rely on the second notice as long as it serves that notice in time and adopts the same substantive reasons: *Bulgrains & Co Ltd v Shinhan Bank*, n 153, at [32]–[34].

[222] Articles 16(c).

[223] Article 16(c)(i) and (ii). An express statement of refusal to honour or negotiate is not necessary. A statement that clearly indicates the intention of the bank to refuse is sufficient: *Bulgrains & Co Ltd v Shinhan Bank*, n 153, at [35]–[41]. Prior to the UCP 500 English law did not consider that a bank which rejected documents on one ground precluded it from rejecting a fresh tender containing some other discrepancy featuring in the original documents (*The Lena* [1981] 1 Lloyd's Rep 68); but in Hong Kong Kaplan J took a different view in *Hing Yip Hing Fat Co Ltd v Daiwa Bank Ltd*, n 160, which art 16(c)(ii) adopts.

[224] Article 16(c)(iii). In *Bulgrains & Co Ltd v Shinhan Bank*, n 153, it was held that, in a communication between banks, it is enough that the rejection notice merely identifies the applicable provision (at [50]–[51]) (in that case 'notify, as per UCP 600 article 16(c)(iii)(b)', without expressly stating what the nominated, confirming or issuing bank is proposing to do with the documents). Article 16 applies equally to a nominated bank acting on its nomination or a confirming bank (if any), with the exception of arts 16(b) and 16(c)(iii)(b), which only relate to IB. A nominated bank, confirming bank or issuing bank may, after providing notice under art 16(c)(iii)(a) or (b) (as applicable), return the documents to the presenter at any time (art 16(e)).

[225] On the meaning of 'given' in art 16(d), and whether it requires receipt of the notice of refusal, see *Bulgrains & Co Ltd v Shinhan Bank*, n 153, at [29]–[31].

[226] Article 16(d).

[227] *Fortis Bank SA/NV v Indian Overseas Bank (Nos 1 & 2)*, n 98; cf E. P. Ellinger, 'Rejection of Documents Tendered Under a Letter of Credit' [2013] LMCLQ 1, 4–5. This is, however, without prejudice to the liberty expressly conferred by art 16(e) to return documents to the presenter at any time.

[228] The obligation thus arises as a matter of interpretation from art 16(c). Given that it arises expressly from art 16(c), the Court of Appeal in *Fortis Bank* (at [55]) found it unnecessary to decide whether to imply a term (the course of action favoured by Hamblen J at first instance:

elects to return the documents, it must do so with reasonable promptness.[229] If an issuing bank or confirming bank fails to act in accordance with article 16, it is precluded from claiming that the documents do not constitute a complying presentation.[230] If an issuing bank refuses to honour, or a confirming bank refuses to honour or negotiate, and the bank has given the required notice, then it will be entitled to claim a refund, with interest, of any reimbursement made.[231]

35.91 IB's acceptance of S's drafts pursuant to the credit generates a distinct payment obligation independent of that arising under the credit itself. The fact that the documents are later found not to have conformed with the credit does not entitle IB to refuse payment to a holder in due course of the drafts. However, as mentioned earlier, IB is entitled to refuse payment to S or to a subsequent holder not in due course, and to recover any payment made to S or such holder against non-complying documents.

5. The contract between AB and S

35.92 By adding its confirmation AB is giving its own undertaking that the credit will be honoured on due presentation. This undertaking is given by AB as principal, not as agent for IB, still less as agent for B, and is entirely distinct from that given by IB.[232] It is not a case of a joint and several liability on the part of IB and AB. IB's promise and AB's promise are separate and self-contained. So if the terms of the confirmation are more restricted than those of the credit as issued, AB's liability to S is limited accordingly.[233] Conversely, the fact that IB may have a defence to S's claim, or a right of set-off, does not entitle AB to withhold payment except where the same facts happen to constitute a defence to AB also.

[2010] EWHC 84 (Comm) at [59]–[68]). A failure to comply with the selected obligation will result in the bank being precluded from claiming that the documents do not constitute a complying presentation (art 16(f)) (see n 230 below).

[229] It has been held that the failure by a bank to dispatch the documents within three banking days of giving the notice of refusal would, in the absence of special extenuating circumstances, not be consistent with an obligation to act with reasonable promptness: *Fortis Bank SA/NV v Indian Overseas Bank (No 3)* [2011] EWHC 538 (Comm), [2012] 1 All ER (Comm) 41 at [35]; cf a stricter standard of within one or two banking days suggested in *Fortis Bank SA/NV v Indian Overseas Bank (No.2)* [2010] EWHC 84 (Comm), at [76] per Hamblen J.

[230] Article 16(f). It has been suggested that the UCP rules as to the processing of documents may apply only to presentations for payment but not to presentations for reimbursement, so an IB may not necessarily be precluded under art 16(f) from asserting that presentation is non-compliant even if it does not comply with the UCP rules in refusing a presentation: *Société Générale SA v Saad Trading* [2011] EWHC 2424 (Comm), [2011] 2 CLC 629 at [37]–[43] cf *Benjamin's Sale of Goods*, n 1, para 23-098.

[231] Article 16(g).

[232] It is assumed here and in what follows that AB is a legal entity distinct from IB. However, art 3 of the UCP provides that branches of a bank in different countries are considered to be separate banks. This means that it is possible for a credit issued by IB's head office in B's country to be confirmed by IB's branch in S's country. Of course, it remains the case that there is only one legal entity, but the ability of a branch to confirm may be significant in fixing the place of presentation and payment as that of the branch rather than IB's head office, a fact which may be relevant, for example, where there are foreign exchange controls, embargoes or expropriatory measures in the country of the head office but not in that of the branch.

[233] Whether AB will thereby be in breach of its mandate from IB is a separate question.

35.93 In general, AB as confirming bank is obliged to honour the credit if the stipulated documents are presented and constitute a complying presentation, whether or not there has been a breach of the contract of sale.[234] AB's position when it accepts drafts against documents which are later found not to constitute a complying presentation is the same as where IB accepts.[235]

6. Does AB owe a duty to B?

35.94 It remains only to note that English law does not recognize any privity of contract between B and AB. If AB advises the letter of credit in erroneous terms or pays the credit against a complying presentation, B's remedy is against IB, who, in principle, is responsible for the acts and omissions of its agent. However, IB could, in theory (though in practice usually does not), set up article 37 of the UCP by way of defence. If it did, B would have to fall back on the usual common law and statutory weapons available against exemption clauses.[236] A remaining possibility is an action against AB in tort for negligence, in accordance with the principle established in *Hedley Byrne & Co Ltd v Heller & Partners*[237] and developed in later cases, but while there is some judicial support for the existence of such a duty,[238] the better view is that there is no such duty.[239]

(viii) Negotiation and discount of S's drafts

35.95 So far we have assumed that the documents are presented by the original beneficiary, S, and that in the case of a term draft, the draft is still in S's hands and is presented by him for payment, at maturity. But S may wish to negotiate (sell) the draft before acceptance or discount it after acceptance. Where the credit is a negotiation credit, IB incurs a commitment either to procure negotiation, if S so wishes, by a bank authorized to negotiate (purchase) by the terms of the credit or to make payment itself if such a bank declines to negotiate the draft and/or documents. As stated earlier, the purpose of the negotiation credit is to give S the facility of selling to a nominated bank his right to present the documents and collect payment, and a nominated bank which buys the documents then replaces S as the beneficiary and presents the documents and receives payment in its own right. A nominated bank which is not the confirming bank has no obligation to negotiate,[240] so that if AB is merely an advising bank, it may decline to negotiate, leaving S to collect

---

[234] See art 8(a) and paras **35.58–35.59**. As to grounds for withholding or blocking payment, see para **35.101**.
[235] See above.
[236] See paras **3.77** ff.
[237] [1964] AC 465.
[238] See *United Trading Corpn SA v Allied Arab Bank Ltd* [1985] 2 Lloyd's Rep 554n, where the Court of Appeal, in a case concerning a performance bond, held that a confirming bank arguably owed a duty of care to the applicant for the credit.
[239] See *GKN Contractors Ltd v Lloyds Bank plc* (1985) 30 BLR 48, where doubt was cast upon the view expressed in the earlier decision, n 238.
[240] Article 12(a). This is so unless the nominated bank has expressly agreed to negotiate and has communicated that fact to the beneficiary.

payment from IB.[241] But where AB or some other nominated bank has confirmed the credit, it is obliged to negotiate S's draft and to do so without recourse to S in the event of the draft being dishonoured.[242] Of course, S need not avail himself of the negotiation facility but may, if he prefers, present the draft and documents direct to IB for acceptance of the draft.

35.96 We shall now consider the case where AB is the confirming bank but the credit is negotiated (purchased) by a third bank, N.[243] In considering N's rights (and we shall assume throughout that he is a holder in due course) we must distinguish three alternative fact-situations. The first is where N has negotiated the draft (ie purchased it before acceptance) without authority in the letter of credit. The second is where the credit is a negotiation credit and N has negotiated pursuant to an authority in the letter of credit. The third is where the draft is a term bill which has been discounted by N (ie sold to N after acceptance by the drawee).

1. Negotiation without authority

35.97 We have seen earlier[244] that where N negotiates S's draft without authority in the letter of credit to do so,[245] N acquires no rights against IB or the confirming bank AB *under the letter of credit* (for *ex hypothesi* the letter of credit contains no undertaking to N), and N's rights will be limited to the ordinary rights of the holder of an indorsed bill of exchange. Thus if the bill is drawn on IB, there is no obligation on IB to accept it, though if IB does accept the bill, it must pay it on due presentation at maturity. If the bill is drawn on B,[246] N will have no rights against IB or AB at all. If the bill is a term bill which B declines to accept when it is presented, N will have recourse to S as his indorser.[247] If the bill is accepted by B but dishonoured on presentment for payment, N can sue B, S or both. In each case, the letter of credit is irrelevant so far as N is concerned. His rights stem solely from the bill of exchange. As holder in due course, N can recover from B notwithstanding a breach of the underlying contract of sale, or non-compliance with the terms of the credit, and even if there has been a total failure of consideration or the contract of sale or letter of credit is tainted with illegality.[248]

---

[241] Article 9(a) provides that an advising bank that is not a confirming bank advises the credit (and any amendment) without any undertaking to honour or negotiate.
[242] Article 8(a)(ii).
[243] See UCP 600, art 6(a): a credit must state the bank with which it is available or whether it is available with any bank.
[244] See paras **35.30** and **35.35**.
[245] This may be either because the letter of credit does not permit negotiation or because the negotiation credit restricts negotiation to a designated bank or banks and N is not such a bank.
[246] This is still possible under UCP 500, which discourages but does not prohibit drawing drafts on B (art 9(a)(iv)). However, art 6(c) of UCP 600 provides that a credit must not be issued available by a draft drawn on the applicant.
[247] N will not have a claim against B, who cannot be made liable on the bill unless he accepts it, though his failure to accept will no doubt be a breach of his contract with S.
[248] See paras **20.116–20.117**.

2. Authorized negotiation

35.98 Here N buys the unaccepted draft pursuant to an authority to negotiate contained in the letter of credit. He thereby acquires two distinct and independent rights: the right to require IB and (if it confirmed the credit) AB to see that the credit is honoured upon due presentation of documents; and the right to hold his indorser, S, liable on the draft if this is dishonoured by non-acceptance or non-payment.[249] N cannot, of course, sue the drawee *on the bill* if the latter declines to accept it; but if the drawee is IB or AB, N has a claim against both of them for failure to honour the letter of credit,[250] and if the drawee is B himself (which may still occur under UCP 500, but should not occur under UCP 600), B's refusal to accept constitutes a breach by B of the sale contract, though it is not a breach by IB or AB.[251]

35.99 Once the draft has been accepted, N's position becomes almost unassailable, for the payment obligation of the acceptor and (if the acceptor is B) the responsibility of IB and AB under the letter of credit for ensuring payment by B at maturity become insulated not only from the underlying contract of sale but even from the conditions attaching to the letter of credit,[252] so that a belated discovery by IB or AB that the documents were not, after all, in order would constitute no defence to a claim by N for non-payment of the bill.[253] Unlike S, N is not deemed to warrant the genuineness of the documents or their compliance with the credit, and is not obliged to repay the sum received from the bank if the documents are later found to be forged or otherwise defective.[254]

3. Discount to N

35.100 In this case S procures the drawee's acceptance before discounting the bill to N. Hence from the outset N takes the bill as an accepted bill divorced from the documents and is thus at no time concerned with the terms of the credit but is entitled to payment at maturity.

4. DOCUMENTARY CREDITS: GROUNDS FOR WITHHOLDING OR BLOCKING PAYMENT

35.101 While under the principle of the autonomy of the credit the bank's duty to pay is not in general affected by matters relating to the

---

[249] But if N is itself the confirming bank, it has no right of recourse against S, for this would be inconsistent with the assurance of payment implicit in its confirmation. See para **35.37**.
[250] IB is liable for breach of its undertaking to accept the bill; AB is liable on its confirmation, which makes it responsible for acceptance (and subsequent payment on maturity) by IB. See UCP, arts 7(a) and 8(a)(i).
[251] This is because art 9(a)(iv) of UCP 500 provides that credits should not be issued available by drafts on the applicant, so that neither IB by issuing the credit nor AB by confirming it undertakes to procure acceptance of a draft on the applicant. The sole effect under UCP 500 is that the draft would be considered an additional document to be presented under the credit.
[252] *Gutteridge and Megrah's Banker's Commercial Credits*, n 12, pp 106–107.
[253] In this respect, the bona fide indorsee of S's draft stands in a better position than S himself, who is deemed to have warranted that the documents presented by him and upon which he secured the bank's acceptance were genuine and complied with the credit. See para **35.120**.
[254] See para **35.121**.

underlying transaction, there are exceptional cases in which the bank is entitled to withhold payment, and in most of these it owes a duty to its customer, B, to do so. Where the bank is insufficiently certain of the facts to refuse payment or is concerned that its reputation may be adversely affected if it does so voluntarily, B may apply to the court for an injunction, either to restrain the bank from paying or to restrain the beneficiary, S, from presenting the documents and/or collecting payment. Despite a view to the contrary by Staughton LJ in *Group Josi Re v Walbrook Insurance Co Ltd*,[255] there is a powerful argument that the considerations affecting the grant of an injunction against the bank are not quite the same as those influencing the grant of an injunction against S. This is because the bank is not a party to the underlying contract, so that, in the absence of fraud, its duty to pay is not affected by S's breach of that contract. The position is otherwise in the case of proceedings against S in that where B can show that S's right to present the documents and obtain payment is dependent on an unfulfilled condition precedent, so that S ceases to be entitled to the benefit of the credit, B may obtain an injunction to restrain presentation and payment.[256] Similarly, where the presentation of the documents and/or collection of payment by S would constitute a breach of the underlying contract (which would not necessarily be the case), there seems no reason why B should not be able to obtain an injunction to restrain the threatened breach in accordance with ordinary contract principles.

35.102 As a party to the contract established by the letter of credit the relevant bank (IB or AB, as the case may be) is entitled to invoke any ground open to it under the general law to refuse payment. What is distinctive about a letter of credit is that because it is opened pursuant to a mandate from its bank's customer, B, the bank is under a duty to observe its mandate and is thus not entitled to waive a right to refuse payment unless B consents to this. It follows that except where the ground of refusal is personal to the bank and of no interest to B, as where by coincidence the bank has an existing relationship with S under which it has acquired a right of set-off,[257] the bank has an obligation to its customer to refuse payment if it is, or ought from a reasonable examination of the documents to be aware of, its right to do so. So the bank is both entitled and obliged to refuse to honour a credit if:

(a) the documents tendered do not appear on their face to constitute a complying presentation,[258]
(b) the person presenting the documents is not the party entitled to payment,[259]

---

[255] [1996] 1 WLR 1152 at 1161.
[256] *Sirius International Insurance Corpn (Publ) v FAI General Insurance Co Ltd* [2004] 1 All ER 308 (decision reversed by the House of Lords ([2005] 1 All ER 191), but for reasons relating to a side-letter to the letter of credit and a schedule to a Tomlin order); *Kvaerner Singapore Pte Ltd v UDL Shipbuilding (Singapore) Pte Ltd* [1993] SLR 352, a decision on a performance bond in favour of the buyer, which was dependent on the prior issue of a letter of credit in favour of the seller but that was never issued.
[257] See para **22.38**.
[258] Since the tender of conforming documents is a condition of the beneficiary's right to be paid, a point that seems to have been ignored in some of the cases. See paras **35.115–35.116**.
[259] *Cleveland Manufacturing Co Ltd v Muslim Commercial Bank Ltd* [1981] 2 Lloyd's Rep 646.

35.102 *The Financing of International Trade*

(c) the issue of the letter of credit was induced by fraud or misrepresentation,[260]
(d) there is other established fraud in relation to the credit,[261]
(e) by the governing law or the law of the place where the credit is due to be honoured, it would be illegal to do so,[262] or
(f) the credit was issued to support an underlying transaction which to the knowledge of the bank was either unlawful in itself or lawful in the making but entered into for an unlawful purpose.[263]

35.103 These defences to payment are not available against a holder in due course of S's drafts when these have been accepted by the bank. But this is not an exception to the above rule, merely a consequence of the fact that the acceptance of a bill of exchange creates an autonomous payment obligation which is divorced from the letter of credit transaction that gave it birth and, as against a holder in due course, is unaffected by defects in that transaction.

35.104 Three particular issues have generated much debate:

(a) In what conditions is forgery or other fraud in the documents or the underlying transaction a defence to a claim for payment of the credit?
(b) Is nullity of the documents an independent ground for refusal to pay?
(c) Can payment be refused on the ground of unconscionability?

(i) Fraud as a defence to payment

35.105 Of all the defences to payment, fraud is the one least likely to succeed, partly because of the heavy standard of proof required to establish it and partly because the defence is limited to the fraud of the beneficiary himself or of others for whose acts he is legally responsible. The fraud defence has generated a series of questions which have occasioned differing degrees of difficulty.

1. What is fraud?

35.106 This question typically arises in the context of a false statement made in a document. It is not necessary that the maker of the statement should be dishonest in the sense used in the criminal law; it suffices that it constitutes the tort of deceit in that it is made knowingly and with intent that it should be acted upon by the person to whom it is addressed. So where the confirming bank sent a letter to the issuing bank falsely stating that the documents had been presented within the period limited by the credit and the statement was

---

[260] *Solo Industries UK Ltd v Canara Bank* [2001] 1 WLR 1800.
[261] See para **35.105**.
[262] See *Jack: Documentary Credits*, n 12, paras 13.83 ff.
[263] *Mahonia Ltd v J P Morgan Chase Bank* [2003] 2 Lloyd's Rep 911; *Group Josi Re v Walbrook Insurance Co Ltd* [1996] 1 Lloyd's Rep 345. These decisions follow the general principles concerning illegality in relation to contracts (see para **3.158**) and establish that the principle of the autonomy of the credit does not insulate the credit from the effects of illegality in the making or purpose of the underlying transaction, so that if it discovers the facts before payment, the bank is entitled, and indeed obliged, to refuse payment.

known to the confirming bank's checkers to be false and was intended by them to be acted upon by the issuing bank, this constituted fraud entitling the issuing bank to refuse payment and exposing the confirming bank to liability even though the checkers were not dishonest or fraudulent in the criminal law sense.[264]

2. What is the juridical basis of the defence?

35.107 There are two alternative approaches. The first is that the injunction can be given only in support of a substantive cause of action, namely the bank's breach of its duty to its customer if it made payment. The difficulty with adopting this as the sole juridical basis is that if the bank was unaware of the fraud at the time of presentation, it would be entitled to pay, so that its refusal to make payment could not be justified by after-acquired knowledge. So the alternative approach is that the true basis of the defence is that the beneficiary cannot be allowed to benefit from his own fraud – in other words, 'fraud unravels all'.[265]

3. Does fraud in the underlying transaction suffice?

35.108 In theory the fraud exception should not necessarily be confined to fraud in relation to the issue of the letter of credit. Indeed, it has been suggested that in *Themehelp Ltd v West*[266] the Court of Appeal held, in a majority decision, that it was equally available in the case of fraud in the underlying transaction, as where it was seriously arguable that the seller-beneficiary had been guilty of fraudulent misrepresentation.[267] However, as Waite LJ indicated, the case involved an injunction to restrain the beneficiary from calling on a performance guarantee, rather than an injunction to restrain the bank from paying under it. As argued above, there is a difference between these approaches. In Waite LJ's view, if fraud is raised between the parties to the underlying contract before any question of the enforcement of the guarantee has arisen, 'it does not seem . . . that the slightest threat is involved to the autonomy of the performance guarantee if the beneficiary is injuncted from enforcing it in proceedings to which the guarantor is not a party'.[268] Therefore, the decision of the majority of the Court of Appeal does not represent proper support for the proposition that fraud in the underlying transaction is an exception to the autonomy principle. Moreover, the decision is open to the

---

[264] *Standard Chartered Bank v Pakistan National Shipping Corpn (No 2)* [2000] 1 Lloyd's Rep 218. An unusual feature of the case was that the claim was brought by the confirming bank itself against the owners and charterers of the vessel concerned and one of the charterer's employees for loss suffered as the result of refusal of payment by the issuing bank, and the conduct of its employees was held not to be so egregious as to attract the defence *ex turpi causa non oritur actio*.
[265] *United City Merchants (Investments) Ltd v Royal Bank of Canada* [1983] 1 AC 168 (also sub nom *The American Accord*), per Lord Diplock at 184.
[266] [1996] QB 84 (Evans LJ dissenting), a case on a performance guarantee given to secure the purchase price under the underlying contract of sale.
[267] *Jack: Documentary Credits*, n 12, para 9.25.
[268] *Themehelp*, n 266, pp 98–99.

objection that, as pointed out by Evans LJ in his dissenting judgment, the primary remedy sought by the buyers in respect of the alleged misrepresentation was not rescission but damages, leaving the contract on foot and the buyers still liable for the price, and there was equally no basis upon which the fraud exception could be made available to the bank if payment were demanded under the guarantee. It is therefore necessary in each case to examine the effect of the fraud on the beneficiary's rights under the underlying transaction.

4. *What is the standard of proof?*

35.109 The standard of proof depends on the stage of the proceedings at which the matter comes before the court. In proceedings for an interim injunction, the mere allegation of fraud is insufficient, nor is it enough to demonstrate that there is an 'arguable case' that fraud has been committed or that there is a 'serious prima facie arguable case that there might be an attempt to defraud.' Instead, it is necessary to go further and establish clearly at the interim stage that the only realistic inference is that the beneficiary could not honestly have believed in the validity of its demands under the letter of credit and that the bank was aware of the fraud.[269] An alternative formulation is that it must be seriously arguable that, on the material available at the interim stage, the only realistic inference is that the beneficiary could not honestly have believed in the validity of its demands and that the bank was aware of that fact.[270] The phrase 'seriously arguable case' in the latter formulation is, however, intended to be a 'significantly more stringent test than good arguable case, let alone serious issue to be tried.'[271] The threshold which must be overcome by a party seeking an injunction is therefore a high one. But even if this test is satisfied, the balance of convenience must favour the grant of an injunction, otherwise it will be refused.[272] Further, it has been held that 'the balance of convenience will almost always militate against the grant of an injunction'[273] given that the claimant would have an adequate remedy in the form of a claim in damages against the bank were it to be established subsequently that the bank should not have made the payment. The position

---

[269] *Alternative Power Solution Ltd v Central Electricity Board* [2014] UKPC 31, [2014] 4 All ER 882, [2015] 1 WLR 697 at [59]. In reaching this conclusion the Privy Council expressed its agreement with the reasoning of Rix J in *Czarnikow-Rionda Sugar Trading Inc v Standard Bank London Ltd* [1999] 1 All ER (Comm) 890, at 913 and Mance LJ in *Solo Industries UK Ltd v Canara Bank* [2001] EWCA Civ 1059, [2001] 1 WLR 1800, at 1815–1816.
[270] *Alternative Power Solution Ltd v Central Electricity Board*, n 269, at [59], drawing upon the judgment of Ackner LJ in *United Trading Corp SA v Allied Arab Bank* [1985] 2 Lloyd's Rep 554n at 561. See also *Yuanda (UK) Co Ltd v Multiplex Construction Europe Ltd* [2020] EWHC 468 (TCC) at [50]–[51].
[271] Ibid.
[272] *Czarnikow-Rionda Sugar Trading Inc v Standard Bank London Ltd*, n 269, where it was pointed out that some of the parties may already have received the fruits of the credit in the form of discounted payments but were subject to a freezing injunction, a protection to the claimant which had to be taken into account in weighing the balance of convenience.
[273] *Alternative Power Solution Ltd v Central Electricity Board*, n 269, at [79].

is otherwise at the trial itself, where the bank has to establish fraud only on a balance of probabilities, though in fraud cases this is at the high end of the scale.[274]

5. Whose fraud is relevant?

35.110 Where the documents appear on their face to constitute a complying presentation, the bank's right to withhold payment on the ground of fraud is limited to cases where the fraud is that of the beneficiary himself or his agent. Thus in *The American Accord*[275] the House of Lords, reversing the decision of the Court of Appeal[276] and restoring that of the trial judge on this point,[277] held that a beneficiary who tendered a bill of lading in which a false date of shipment had been inserted by an employee of the ship's broker was entitled to be paid, since the beneficiary had acted in good faith and the broker was not his agent. We shall examine Lord Diplock's speech in more detail a little later in discussing whether forged or other fraudulent documents can truly be regarded as conforming documents.[278]

6. At what time is the party against whom injunctive relief is sought required to furnish clear evidence of fraud?

35.111 Suppose that the bank, though not having clear evidence of fraud at the time of presentation of the documents and therefore having a choice to pay, nevertheless declines to pay because it suspects fraud. Can it resist an application for summary judgment if by the time the application is heard it has obtained the evidence? The answer is yes. It would be absurd if the court were to be compelled to give summary judgment to the beneficiary in the face of clear evidence of fraud merely because that evidence was not available at the time of demand.[279] *A fortiori* the bank is not precluded from adducing such evidence at a trial.

7. Who is immune from the effects of the beneficiary's fraud?

35.112 The fraud exception is not available against a bank which, in conformity with an authorization from the issuing bank, has confirmed or

---

[274] In *Banque Saudi Fransi v Lear Siegler Services Inc* [2006] EWCA Civ 1130, a bank paid under a performance bond and claimed payment from the contractor and its parent company under a counter-indemnity. When they failed to pay, the bank brought proceedings for summary judgment under CPR 24.2. The Court of Appeal applied the usual test for summary judgment applications – namely, that there had to be a 'real prospect' of success at trial.
[275] [1983] 1 AC 168.
[276] [1982] QB 208.
[277] [1979] 1 Lloyd's Rep 267. In reaching its decision the Court of Appeal cited with approval Professor Goode's article in [1980] JBL 291 criticizing (at p 294) the basis of the decision at first instance on this point.
[278] See paras **35.115–35.116**.
[279] *Safa Ltd v Banque du Caire* [2000] 2 Lloyd's Rep 600, per Waller LJ at 606, citing *Balfour Beatty Civil Engineering Ltd v Technical & General Guarantee Co Ltd* (1999) 68 Con LR 180, CA.

negotiated the credit prior to becoming aware of the fraud or against a bona fide transferee of a transferable credit or a holder in due course of a draft.[280] The position is otherwise as regards a party who acts without authorization, as where a bank takes an assignment of a credit (as opposed to the proceeds of a credit[281]) which is not transferable.[282]

8. The need to join the beneficiary in proceedings against the bank based on fraud

35.113 If fraud is to be alleged, it is important to join the beneficiary as the party against whom the allegation is made, since courts are reluctant to make such a serious finding against a person who has not been joined so as to be given the opportunity of rebutting the allegation. In *Discount Records Ltd v Barclays Bank Ltd*,[283] B sought an injunction, against both the issuing bank and a confirming bank which had accepted a draft drawn by S to restrain payment, on the ground not only that there was a shortfall in delivery and that many of the goods delivered did not comply with the contract but also that the serial numbers on the boxes in which they had been dispatched had been fraudulently altered to comply with the order. As regards the confirming bank, Megarry J accepted the argument that the application was misconceived, for it was quite likely that the draft had come into the hands of a holder in due course. As regards the issuing bank, Megarry J held that a mere allegation of the fraud was not sufficient to justify the use of the injunctive power to restrain a bank from honouring a letter of credit. An even stronger argument would have been that the issuing bank had already become committed to reimbursing the confirming bank. But the really crucial point was that the beneficiary had not been joined, so that Megarry J was constrained to treat the case as one in which fraud had merely been alleged but not established.

9. The freezing injunction

35.114 The final question is whether the customer, B, can bypass the restrictions on the rules as to injunctive relief for fraud by applying for a freezing injunction[284] to restrain S from dealing with the benefit of the credit or its proceeds until trial of an action against S, the ground for the injunction being that S is likely to remove his assets (including the proceeds of the credit) from the jurisdiction, if not restrained, in order to render abortive any judgment against him.[285] Professor Goode has argued elsewhere[286] that while

---

[280] See X. Gao, 'Presenters Immune from the Fraud Rule in the Law of Letters of Credit' [2002] LMCLQ 10.
[281] See para **35.140**.
[282] So decided by the Vienna Commercial Court in *Singer & Friedlander Ltd v Creditanstalt-Bankverein* (1980). See n 339.
[283] [1975] 1 All ER 1071.
[284] Formerly called the *Mareva* injunction, so named after the decision of the Court of Appeal in *Mareva Compania Naviera SA v International Bulkcarriers SA* [1975] 2 Lloyd's Rep 509.
[285] As to the principles on which such injunctions are granted, see paras **38.96** ff. For a more detailed description, see M. Hoyle, *Freezing and Search Orders* (4th edn, 2006); and F. D. Rose, 'The *Mareva* Injunction – Attachment *in personam*' [1981] LMCLQ 1, 177.

there is nothing objectionable in restraining the beneficiary of a credit from dealing with the proceeds of the credit after this has been honoured by the paying bank, the use of a freezing injunction to restrain the bank from honouring the credit in the first place would be extremely inadvisable save in the most exceptional circumstances, for this would interfere with the assurance of payment upon which the whole letter of credit mechanism depends.[287]

(ii) **Is nullity of the documents an independent ground of refusal to pay?**

35.115 We have seen that fraud is not a defence to a claim for payment under a credit unless it is the fraud of the beneficiary or his agent, and it was on that basis that the beneficiary's claim was upheld by the House of Lords in *The American Accord*.[288] The House of Lords also rejected the argument that the false statement in the bill of lading precluded it from being a document against which the bank had to make payment. The decision is supportable on the ground that the bill of lading was a genuine document in that it was issued by the party by whom it purported to be issued without unauthorized alteration of its terms, so that what was false was simply the information in it. What cannot be sustained is the process of reasoning which led Lord Diplock to allow the appeal and which was seriously flawed in a number of respects. In particular, Lord Diplock formulated the following propositions, all of which are, with respect, untenable.[289]

(a) That the UCP imposes a duty on the bank to pay against documents which appear on their face to conform to the credit even if they do not in fact conform. This is not so; the UCP *entitles* the bank to pay against apparently complying documents, but the rule is for the protection of banks and does not oblige them to do so if they know that the documents do not actually constitute a complying presentation; for example, because they are forged. The undertaking to pay is contained in the letter of credit and is to pay against complying documents, not those which appear to comply, and the bank's duty is expressed in similar terms in the UCP itself, referring to payment against 'the stipulated documents'.[290]

(b) That the contractual duty owed by the bank to *the buyer* to honour the credit on presentation of apparently complying documents is matched by a corresponding duty to the seller. But the notion that the bank owes the buyer, its own customer, a duty to pay against forged or fraudulent documents, thus allowing the buyer to be defrauded, is surely bizarre!

(c) That the bank may not be entitled to withhold payment even if the documents presented are forged. This proposition is equally untenable and seems to conflate two distinct principles, that the documents must

---

[286] 'Reflections on Letters of Credit – II' [1980] JBL 378 at p 380. Strong support for this conclusion is provided by the decisions of the Court of Appeal in *Power Curber International Ltd v National Bank of Kuwait SAK* [1981] 3 All ER 607 and *The Bhoja Trader* [1981] 2 Lloyd's Rep 256.
[287] Cf *Rose* [1981] LMCLQ 1, 177 at 184 and *The Bhoja Trader*, n 286 (demand guarantee).
[288] See n 265.
[289] See further Goode, 'Abstract Payment Undertakings', n 109, at pp 228–232.
[290] See now arts 2, 9.

35.115 *The Financing of International Trade*

constitute a complying presentation and that the bank may withhold payment in the event of fraud but only if the fraud is that of the beneficiary or his agent. But documents which are forged cannot conceivably be treated as constituting a complying presentation; the bank may be safe in paying them if it has examined them and they appear on their face to constitute a complying presentation, but to say that the beneficiary has a right to payment against even forged documents if he is not party to the forgery finds no justification in the terms of the letter of credit or in the provisions of the UCP and has the effect of extending to beneficiaries the benefit of a rule designed exclusively to safeguard the banks.

(d) That under the American Uniform Commercial Code a person who has taken a draft under circumstances such that he becomes a holder in due course is entitled to payment irrespective of the forgery, and there is nothing in the Code to suggest that the seller who has not negotiated the draft is in any worse position. This last proposition is equally remarkable. It is trite law (to use one of Lord Diplock's favourite phrases) that a holder in due course is in a favoured position and is insulated from defences not available even to other holders of the bill, let alone to a seller whose documents and draft have been rejected. Moreover, the Uniform Commercial Code, far from protecting the seller in this situation, provides no fewer than four exceptions to the autonomy principle, including forgery, the presentation of fraudulent documents and 'fraud in the transaction'.[291]

35.116 Unhappily, Lord Diplock's influence manifested itself in a subsequent decision of the Court of Appeal in *Montrod Ltd v Grundkötter Fleischvertriebs GmbH*,[292] where it was held that nullity of the documents was not an independent ground for refusal of payment and that a beneficiary who tendered documents in good faith was entitled to payment even if the documents were fraudulent or otherwise devoid of commercial value. Again, reliance was placed on the importance of certainty in international banking operations. This, with respect, is misconceived. The certainty that is required lies in the ability of banks to pay against apparently complying documents. Nothing in the requirement to make a beneficiary tender genuine documents in any way impairs that ability, since the banks are protected by the express provisions of the UCP. It is a distortion of the autonomy principle to allow a beneficiary, so long as he acts in good faith, to tender documents which purport to be what they are not and to collect payment against worthless pieces of paper. Far from serving the purpose of the apparent compliance rule, which is to protect banks, such an approach undermines the security of transactions for banks where they advance funds to their customers on the security of the documents. The short point is that the UCP and the terms of every credit require the presentation of specified documents, that is, documents which are what they purport to be, and there is no warrant for the conclusion that this entitles the beneficiary to present, for example, any old piece of paper which purports to be a bill of lading issued by the named carrier or a certificate

---

[291] Section 5–114(2).
[292] [2002] 3 All ER 697, [2002] 1 WLR 1975.

of insurance issued by a named insurer even if it is forged, unauthorized or otherwise fraudulent. The decision itself can be justified on the ground that the document in that case was not a nullity but unauthorized. There is thus no decision of an English court which has held a good faith beneficiary entitled to tender a document which was not a genuine document at all but forged. On this issue the Singapore Court of Appeal has robustly declared, in *Beam Technology (Manufacturing) Pte Ltd v Standard Chartered Bank*,[293] that a bank is not obliged to pay against a document which is forged and therefore null and void. The court added that it was not possible to generalize as to when a document is null and void, and that such a question could be answered only on the facts of each case. It is to be hoped that this decision, which sets a proper limit to the autonomy principle, will be followed in England if the case should arise. It is worth repeating that this places no burden of investigation on banks, who remain entitled to pay against apparently genuine and complying documents; it merely precludes the beneficiary from taking advantage of a rule which was never designed to allow him to tender worthless pieces of paper.

35.117 In conclusion, reference may be made to the 1996 UN Convention on Independent Guarantees and Stand-By Letters of Credit, article 19(1) of which provides that the guarantor may withhold payment if it is manifest and clear that any document is not genuine or has been falsified.[294]

(iii) Can payment be refused on the ground of unconscionability?

35.118 In a series of cases concerned with performance bonds the Singapore courts have fashioned a new independent ground for granting an injunction, namely that in the particular circumstances the beneficiary would be guilty of unconscionable conduct in presenting the documents and collecting payment. The root decision is *Bocotra Construction Pte Ltd v A-G (No 2)*,[295] a decision on a performance bond, where the beneficiary threatened to call the bond after a dispute, in which it was alleged that the beneficiary had itself impeded the work in respect of which the bond was given, had been referred to arbitration. The court granted an injunction. The case was followed in *GHL Pte Ltd v Unitrack Building Construction Pte Ltd*,[296] where there had been a substantial revision in the sum payable under the underlying contract and the beneficiary

---

[293] [2003] 1 SLR 597. See L. Y. Chin and Y. K. Wong, 'Autonomy – A Nullity Exception at Last?' [2004] LMCLQ 14.
[294] For further discussion of the nullity issue, see R. Hooley, 'Fraud and Letters of Credit: Is There a Nullity Exception?' [2002] CLJ 279; M. Bridge, 'Documents and Contractual Congruence in International Trade' in S. Worthington (ed), *Commercial Law and Commercial Practice* (2003), pp 213–240; P. Todd, 'Non-Genuine Shipping Documents and Nullities' [2008] LMCLQ 547; A. Antoniou, 'Fraud, Exceptions to Autonomy and the UCP 600' [2013] JIBLR 339; A. Antoniou, 'Nullities in Letters of Credit: Extending the Fraud Exception' [2014] JIBLR 229; and J. Ren, 'A Nullity Exception in Letter of Credit Law?' [2015] JBL 1.
[295] [1995] 2 SLR 733.
[296] [1994] 4 SLR 904. See also *Samwoh Asphalt Premix Pte Ltd v Sum Cheong Piling Pte Ltd* [2002] 1 SLR 1, which was referred to by Judge Thornton QC in *TT1 Team Telecom International Ltd v Hutchison 3G UK Ltd* [2003] EWHC 762 (TCC).

35.118 *The Financing of International Trade*

had never demanded or taken delivery of the bond; again, it was held that to call the bond was unconscionable and would be restrained. In *BS Mount Sophia Pte Ltd v Join-Aim Pte Ltd*[297] the Singapore Court of Appeal confirmed that unconscionability is distinct from fraud as a ground on which an injunction can be obtained and that its elements include abuse, unfairness and dishonesty.[298] In applying the unconscionability test to the facts of a particular case, the court should apply the test in a nuanced fashion so that a balance is struck between, on the one hand, preventing abusive calls and, on the other hand, preserving the raison d'être of performance bonds.[299] The Singapore courts have attempted to strike this balance by insisting that the burden on the applicant for an injunction is a high one which requires the applicant to demonstrate a strong prima facie case of unconscionability[300] while at the same time recognising that it is open to the parties by an appropriately drafted clause to exclude the unconscionability jurisdiction.[301] There are signs of a similar unconscionability doctrine emerging in the Australian case law.[302] However, the jurisdiction may be too interventionist for English tastes.[303] No such principle has as yet evolved from the English case law, academic opinion is generally hostile[304] and, even in those jurisdictions which have recognised unconscionability as a ground on which payment can be refused, they are typically cases involving performance bonds, not letters of credit.

(iv) Recovery of money paid against non-complying documents

35.119
We have seen that a bank which is led to make a payment under a credit through forgery of documents or other fraud is entitled to recover the payment as made under a mistake of fact. In other cases it remains an open question whether, and in what circumstances, a bank which inadvertently pays

---

[297] [2012] SGCA 28, [2012] 3 SLR 352, 150 Con LR 21.
[298] Ibid at [18]–[19].
[299] Ibid at [38].
[300] Ibid at [20] and [39]. See more generally R. Chhina '"Unconscionability" as an Exception to the Autonomy Principle: How Well is it Entrenched in Singaporean Jurisprudence?' [2016] LMCLQ 412; and T. H. Wu, 'Equity in the Marketplace: Reviewing the Use of Unconscionability to Restrain Calls on Performance Bonds' in Paul S. Davies and J. Penner (eds), *Equity, Trusts and Commerce* (2017), p 51.
[301] *CKR Contract Services Pte Ltd v Asplenium Land Pte Ltd* [2015] SGCA 24, [2015] 3 SLR 1041, on which see G. Wooler, 'The New 'Asplenium Clause' – Unconscionability Unwound?' [2016] *Singapore Journal of Legal Studies* 169.
[302] Australian courts have also accepted a doctrine of unconscionable conduct in respect of particular abstract payment instruments. For an indication of the development of that principle in Australia, see *Hortico (Aust) Pty Ltd v Energy Equipment Co (Aust) Pty Ltd* [1985] 1 NSWLR 545; *Toy Co Pty Ltd v State Bank of New South Wales* (1994) 34 NSWLR 243; *Olex Focas Pty Ltd v Skodaexport Co Ltd* (1996) 134 FLR 331; *Boral Formwork & Scaffolding Pty Ltd v Action Makers Ltd (in administrative receivership)* [2003] NSWSC 713; and *Orrcon Operations Pty Ltd v Capital Steel & Pipe Pty Limited* [2007] FCA 1319.
[303] No attempt was made to develop such a jurisdiction in *National Infrastructure Development Co Ltd v Banco Santander SA* [2016] EWHC 2990 (Comm) at [26]–[27].
[304] See, for example, D. Horowitz, *Letters of Credit and Demand Guarantees*, (2010), ch 6 and N. Enonchong, *The Independence Principle of Letters of Credit and Demand Guarantees*, (2011), ch 7, esp paras 7.29–7.35.

Documentary Credits: Grounds for Withholding/Blocking Payment 35.120

against non-complying documents can recover the payment from the beneficiary.[305] There are three possible grounds of recovery: negligence, mistake of fact and breach of warranty. The first seems insupportable, since S owes no duty of care to the paying bank, which itself is under an obligation to its principal to examine the documents with reasonable care; and if it does so, it is entitled to recoupment from the principal. Mistake of fact is the basis of recovery advocated by the courts[306] and by English writers,[307] and seems appropriate enough where the documents are totally valueless. In other cases this ground of recovery is open to serious objection, for it has always been considered inapplicable where the payment sought to be recovered was made pursuant to a contractual obligation. In such a case the rights of the parties are, in principle, to be determined by the contract,[308] though it is accepted that if S's performance is of no value at all, the restitutionary remedy of money paid on a total failure of consideration is available. To allow the bank to reject documents which it has accepted seems contrary to general principles of contract law; to allow full recovery of moneys paid where there is only a partial failure of consideration is again contrary to principle; and, as a matter of policy, rejection of documents after acceptance is to be discouraged, for it is economically wasteful, imposing on S far greater prejudice than would be suffered by the bank if its remedy were restricted to damages for breach of warranty, a remedy much more accurately tailored to the bank's actual loss.

35.120 It is therefore at once more consonant with principle and more sensible as a matter of policy that recovery of the money paid should be denied and that the law should imply a warranty by the beneficiary that the documents are genuine and that there is no latent[309] non-compliance with the terms of the credit.[310] There is no English authority either supporting or denying the existence of such a warranty,[311] but in America this has now been made the primary basis of recovery,[312] and seems to produce the best solution. The bank's claim will usually be nominal, since if the non-compliance is latent,

---

[305] See *Jack: Documentary Credits*, n 12, paras 9.48 ff; R. M. Goode, 'Reflections on Letters of Credit – III' [1980] JBL 343.
[306] See, eg, *Bank Tejerat v Hong Kong and Shanghai Banking Corpn (CI) Ltd* [1995] 1 Lloyd's Rep 239, where it was common ground that there was this right of recovery.
[307] *Jack: Documentary Credits*, n 12, para 9.48; and cf. R. R. Pennington, A. H. Hudson and J. E. Mann, *Commercial Banking Law* (1978), p 358.
[308] C. Mitchell, P. Mitchell and S. Watterson, *Goff & Jones: The Law of Unjust Enrichment* (9th edn, 2016), ch 9.
[309] The beneficiary can reasonably expect the bank to take note of manifest defects in the documents, this being the bank's duty to its principal under art 14 of the UCP.
[310] See Goode, n 305, at pp 445–446.
[311] In their book *Commercial Banking Law*, Pennington, Hudson and Mann deny the existence of such a warranty, ascribing its absence to the unilateral nature of the contract generated by the letter of credit. But this, with respect, is a non sequitur. Given that the beneficiary owes no duty to the bank to present the documents at all, the question remains whether, if he does so, he warrants their compliance. (See in this connection s 5–111(1) of the American Uniform Commercial Code, which expressly provides such a warranty.) The cases cited by Pennington, Hudson and Mann in support of the denial of warranty do not bear out the proposition advanced, for they all involved payment to a subsequent holder in due course, whose position is quite different from that of S himself.
[312] UCC, s 5–111.

1127

the bank is entitled to debit its principal's account; the buyer will have his usual claim for damages for breach of warranty if the goods themselves are defective or if his position on a sub-sale on the documents is adversely affected in a manner which the seller could reasonably have foreseen; while if the goods conform to the contract and the buyer has not been prejudiced by any difficulty in using the documents to effect a sub-sale, the buyer suffers no loss.

35.121 There is, of course, no right to recover payments made to a purchaser of the seller's drafts who tendered the documents in good faith.

(v) The measure of damages for dishonour of a credit

35.122 The issue of an irrevocable credit is designed to give S an assurance of payment whether on presentation of documents or subsequently through maturity of a draft accepted under an acceptance credit or at the date fixed by the terms of a deferred payment credit. If the bank responsible fails to honour the credit, the question arises as to the monetary relief to which S is entitled.[313]

35.123 If the contract established by the credit were to be viewed in isolation, the case would simply be one of failure to pay money, and damages would in general be restricted to interest.[314] In other words, English law begins with the assumption that any consequential loss that a person may suffer through not receiving a money payment at the due date (eg loss of an opportunity to use the money to make an advantageous purchase) is too remote, since quite apart from the fact that the intended application of the money will usually have been outside the defendant's reasonable contemplation, the direct cause of the claimant's loss is his lack of access to other funds to make the purchase pending recovery of the debt itself, and loss due to the claimant's own impecuniosity is not, it is said, recoverable.[315]

35.124 But it is now settled that loss due to impecuniosity may not be too remote if the loss might reasonably have been in the contemplation of the parties at the time of the contract[316] and the loss resulting from dishonour of a letter of credit is just such a case.[317] The bank is aware from the outset that the credit is opened for the purpose of providing for payment of the price of goods under an associated contract of sale, and that if the credit is dishonoured, the seller will be entitled to treat the contract of sale as repudiated, and may, on so doing, suffer substantial loss which he ought to be entitled to recover.

---

[313] B's remedies against IB where payment is wrongly made under a credit have been considered at para **35.82**.
[314] *Fletcher v Tayleur* (1855) 17 CB 21. The sum itself would be recoverable as a debt only if payment had been caused by performance. See below.
[315] Ibid; *The Liesbosch (Owners) v The Edison (Owners)* [1933] AC 449.
[316] *Lagden v O'Connor* [2003] UKHL 64, [2004] 1 AC 1067; *President of India v La Pintada Compania Navegacion SA* [1985] AC 104; *Wadsworth v Lydall* [1981] 1 WLR 598; *President of India v Lips Maritime Corpn* [1988] AC 395; *International Minerals and Chemical Corpn v Karl O. Helm AG* [1986] 1 Lloyd's Rep 81; *Trans Trust SPRL v Danubian Trading Co* [1952] 2 QB 297.
[317] *Trans Trust SPRL v Danubian Trading Co*, n 316.

35.125 The damages recoverable by S will depend on a variety of factors: the time at which the bank repudiates its obligations under the letter of credit; the extent to which, through being deprived of the credit, S is unable to proceed with contracts with his own suppliers and incurs a liability to them; whether S elects to treat the underlying contract of sale as repudiated or to affirm it and seek payment from B; and, above all, the steps open to S to mitigate his loss and the extent to which any loss that he unavoidably suffers ought reasonably to have been in the contemplation of the parties at the time of issue of the letter of credit. The general principle that can be extracted from the various cases[318] is that the bank's refusal to honour a letter of credit is not a mere failure to pay money[319] but is an act which, in breaching the contract established by the letter of credit, also interferes with performance of the underlying contract of sale. Hence in appropriate cases – for example, where S elects to treat the contract of sale as repudiated – the court will award damages against the bank assessed on the same basis as they would be in an action against the buyer himself for wrongful non-acceptance.[320]

35.126 Can S, instead of suing for damages, with a concomitant duty to take reasonable steps to mitigate his loss, sue instead for the face value of the credit and interest?[321] Yes, if he has kept the documentary credit contract open for performance and is still able to perform by tendering or retendering the documents.[322] Where, on the other hand, S has resold the goods or has taken any other step indicating acceptance of the bank's repudiation, the contract established by the documentary credit is at an end and S must sue for damages. This is simply an application of the general contract rule that a sum payable under a contract cannot be claimed unless it has been earned by performance, and this requirement is not dispensed with merely because performance was prevented by the wrongful act of the defendant himself.[323]

5. THE TRANSFER OF A CREDIT AND ITS PROCEEDS

(i) Transfer of a credit

35.127 The transferable credit is typically used where the beneficiary wishes to pay his own supplier or is a middleman acting as agent for an undisclosed

---

[318] Ibid; *Ian Stach Ltd v Baker Bosley Ltd* [1958] 2 QB 130.
[319] Where the bank makes a delayed payment, with the result that S suffers currency losses which could reasonably have been contemplated at the time of the contract as likely to result from the delay, these may be recoverable as damages (*President of India v Lips Maritime Corp*, n 316; *International Minerals and Chemical Corp v Karl O. Helm AG*, n 316).
[320] *Trans Trust SPRL v Danubian Trading Co Ltd*, n 316; *Urquhart Lindsay & Co Ltd v Eastern Bank Ltd* [1922] 1 KB 318.
[321] We are not here concerned with S's rights against a bank which has accepted a draft and failed to pay. In such a case, S's claim would not be on the credit but on the bill itself, with a clear right of recovery under the Bills of Exchange Act.
[322] *Belgian Grain and Produce Co Ltd v Cox & Co (France) Ltd* (1919) 1 Ll L Rep 256 (where judgment for the amount of the credit was given after an assurance by counsel for the sellers that the goods had not been resold, and on condition of the documents being given to the defendants in exchange); *British Imex Industries Ltd v Midland Bank Ltd* [1958] 1 QB 542; *Standard Chartered Bank v Dorchester LNG (2) Ltd (The Erin Schulte)* [2014] EWCA Civ 1382, [2016] QB 1 at [41]–[51].
[323] *Colley v Overseas Exporters* [1921] 3 KB 302.

35.127 *The Financing of International Trade*

seller or buyer. Suppose, for example, that S, who has contracted to sell goods to B on terms that payment is to be made under an irrevocable confirmed credit, is not himself the physical supplier but is buying them from the manufacturer, M, who is to be paid under a similar letter of credit. In this situation S, instead of arranging for the opening of a separate letter of credit in favour of M, may find it convenient to transfer to M, wholly or in part, the benefit of the credit that is being opened in S's favour at the request of B. Article 38 of the UCP contains detailed provisions governing such a transferable credit.

35.128 A transferable credit is a credit that specifically states that it is 'transferable'.[324] It may be made available in whole or in part to another beneficiary (the 'second beneficiary') at the request of S (the 'first beneficiary').[325] S, as first beneficiary, has no right to demand a transfer; he can merely request it. This is reinforced by a separate provision that a bank is under no obligation to transfer a credit except to the extent and in the manner expressly consented to by that bank,[326] which reflects a principle of general contract law, applicable to other aspects of documentary credit operations such as confirmation and negotiation, that IB may commit itself by the terms of its credit but cannot commit other banks. Under the UCP, the 'transferring bank' is a nominated bank that transfers the credit or, in a credit available with any bank, a bank which is specifically authorised by the issuing bank to transfer the credit, and which does transfer the credit.[327]

35.129 A letter of credit is not a negotiable instrument and cannot be transferred by indorsement and delivery. It could, with the consent of the issuing bank, be transferred by assignment, but this is not the practice.[328] What in fact happens is that when IB issues a transferable credit to S, who wishes to transfer this to M, S returns the letter of credit to the transferring bank, which at S's request (figure 35.5) issues a new letter of credit to M for the whole or part of the amount of the original credit.[329] In short, there is a novation by substitution of M for S to the extent of the transfer.[330]

35.130 Suppose that S in London has contracted to sell a quantity of widgets to B for £15,000 f.o.b. London, payment to be made under an irrevocable transferable letter of credit. S places an order for the widgets with his own supplier, M, in Liverpool at a price of £10,000 f.o.b. London, payment to be made under an irrevocable credit. Upon receiving the letter of credit for

---

[324] UCP, art 38(b).
[325] Ibid.
[326] Article 38(a). The Privy Council had previously concluded that this was true also of art 46 of the 1974 revision (*Bank Negara Indonesia 1946 v Lariza (Singapore) Ltd* [1988] AC 583).
[327] Article 38(b). This provision also confirms that an issuing bank may be a transferring bank.
[328] Indeed, it would not usually be practicable. See n 332.
[329] Obviously the amount of the second credit issued to M (who is known as the second beneficiary) cannot exceed the original figure. Usually it will be less, since S will naturally resell to B at a higher price than he is paying M. The only situation in which S is likely to transfer to M the whole of the credit is where S is M's agent and will be receiving commission direct from M himself.
[330] See para **35.134**.

£15,000 from IB through the advising bank AB, S will ask AB to furnish a new letter of credit direct to M for £10,000 providing for payment against documents. This will be sent by AB to M. When M furnishes the documents to AB under the new letter of credit, M will be paid £10,000 and the remaining £5,000 will be paid to S. The documents will be remitted by AB to IB as received, except that AB must, when notifying S that it has received M's documents, give S the opportunity of substituting for M's £10,000 invoice S's own invoice for £15,000.[331] Figure 35.6 shows in diagrammatic form the flow of documents and money after S's return of the original letter of credit to AB.

35.131 In general, the new credit issued to M must match that originally issued to S, but certain deviations are authorized by article 38(g) to reflect the fact that two distinct contracts of sale are involved. In particular, when indicating in the letter of credit on whose instructions the credit is issued, AB can substitute S's name for that of B; the period for presentation or the period for shipment may be reduced (it usually is, to ensure a sufficient margin of time for S to comply with AB's request to furnish his own invoice in substitution for M's); and the amount of the credit and of any unit price stated in it may likewise be reduced.[332]

---

[331] UCP, art 38(h). S will usually want his own invoice, not M's, to go to B; but if he is dilatory, AB is entitled to send M's invoice to B, which would no doubt cause considerable confusion and, worse still, would reveal to B the identity of S's supplier and the size of the mark-up on the resale, creating the possibility for B to deal in future directly with M.

[332] It is because of deviations of this kind, which will occur in the vast majority of transferable credits, that transfer by indorsement and delivery of the original letter of credit is rarely practicable.

35.131 *The Financing of International Trade*

Figure 35.5 Request for transfer of a transferable credit

Your application for a

Transfer under a Documentary Credit to a Second Beneficiary

LLOYDS BANK

Please complete in ballpoint pen/typescript in BLOCK CAPITALS.

1 Please effect a transfer ('Transfer') under

Documentary Credit number ('original Credit')

Issued by

Lloyds Bank reference (if different to Documentary Credit number)

incorporating the following details

2 Second Beneficiary's name and address

Postcode

3 Currency and amount in figures (see note 1)

4 Currency and amount in words (see note 1)

5 Expiry date (see note 2)   **6 Latest date for shipment** (see note 2)   **7 Presentation period** (see note 2)

D D M M Y Y   D D M M Y Y   days after date of shipment as evidenced by the transport document

8 Quantity/Description of goods/services to be supplied by the Second Beneficiary

8.1 All of the goods/services covered by the original Credit   ☒   or   8.2 The following goods/services only (see note 3)

9 Unit price (only complete if the original Credit stipulates (a) unit price(s)) (see note 4)

10 Insurance cover (only complete if the original Credit requires an insurance document to be presented) (see note 5)

Insurance cover to be increased to the following percentage(s) of goods invoice value(s)

11 Substitution of Applicant name (see note 6)

Your name IS to be substituted in the Transfer for that of the Applicant of the original Credit   ☒   Your name IS NOT to be substituted in the Transfer for that of the Applicant of the original Credit   ☒

12 Amendments to the original Credit

12.1 Amendments notified to you **PRIOR TO** this application

You attach your notice of acceptance and confirm all amendments marked as accepted are to be incorporated into the Transfer, and/or   ☒

You attach your notice of rejection and confirm all amendments marked as rejected are NOT to be incorporated into the Transfer.   ☒

12.2 Amendments which may be received by the Bank **AFTER** the transfer has been effected (see note 7)

You confirm that all amendments should be referred to you in the first instance and may only be advised to the second beneficiary with your express agreement, or   ☒

You confirm that all amendments may be advised to the Second Beneficiary without prior referral to you.   ☒

Page 1 of 4
12211(PDF)-0718

13 Charges (see note 11 and Terms and Conditions B)

You have enclosed your remittance

☒

OR

Debit Sterling/Currency account (please give details below)

☒

Lloyds Bank/Bank of Scotland sort code   Sterling/Currency account number

in the sum of: Currency code   Amount

being:

Transfer commission and any other currently unpaid charges   **OR**   Transfer commission only (any outstanding charges previously advised to you are to be claimed from the second beneficiary)

☒   ☒

All charges levied by any other bank after transfer are payable by:

Yourselves   **OR**   Second Beneficiary

☒   ☒

Please note:
Where not payable by the Applicant, Lloyds Bank's payment commission and any acceptance/deferred payment/negotiation commission will be deducted pro-rata from the presentation(s) made by the Second Beneficiary and by you.

14 Your contact details

Contact name

Contact e-mail

Contact numbers including area dialling codes

Telephone

Mobile

Fax

15 Additional information/instructions (if any)

16 Your agreement with us

Any Transfer effected by us pursuant to this application and the terms of your liability to us will be subject to the Terms and Conditions on pages 3 and 4.

By signing this application form you confirm that (a) you have read the Terms and Conditions and agree to be bound by them and (b) you are authorised to sign this form.

For and behalf of

Signature(s) (as per Bank mandate)

Date

17 Banker's Authentication (required where no account(s) is/are held with Lloyds Bank or Bank of Scotland)

The signature(s) appearing in box 16 appear(s) to conform with the specimens(s) in our records

Authorised signature(s)

Bank stamp

Date

1133

35.131 The Financing of International Trade

Guidance notes

The parameters governing the transfer of documentary credits ('Credits') are set out in Article 38 of the "Uniform Customs and Practice for Documentary Credits", 2007 Revision, ICC Publication No. 600 ('UCP 600'). Copies of this publication are available from International Chamber of Commerce United Kingdom, 12 Grosvenor Place, London SW1X 7HH. Telephone No. 0207 838 9363. Fax No. 0207 235 5447.

Specific Notes

1. The currency of the Transfer must be the same as that of the original Credit.

    Unless otherwise instructed by you and expressly agreed by us, any tolerance on the amount will remain as stated in the original Credit.

2. In accordance with the provisions of Sub-Article 38g you are allowed to:

    (a) Curtail the expiry date.

    (b) Curtail any latest date for shipment.

    (c) Reduce the number of days for presentation of documents after the date of shipment.

    Unless otherwise instructed by you and expressly agreed by us, the place of availability will remain as that stated in the original Credit.

3. Box 8.2 should only be completed where:

    (i) The original Credit permits partial shipments/drawings, and

    (ii) The original Credit stipulates (a) quantity(ies) and/or describes the goods/services in such a way as would make a partial transfer possible, and

    (iii) The Second Beneficiary is to supply only some of the goods/services covered by the original Credit.

4. Sub-Article 38g permits a reduction in any unit price(s) quoted in the original Credit.

5. Sub-Article 38g permits an increase in the percentage of the invoice value for which insurance cover is to be effected. The percentage to be quoted in the Transfer must be sufficient to comply with the requirements of the original Credit where you intend to substitute invoices of a higher value than those of the Second Beneficiary. The calculation of the increased percentage(s) required can become complex where your profit margins vary according to the type of goods.

6. If it is your intention to substitute your invoice for that of the Second Beneficiary, you should normally also substitute your name for that of the Applicant in the Transfer. If however you intend to drop out of the transaction altogether (i.e. you do not intend to substitute your invoice for that of the Second Beneficiary), then your name should not be substituted for that of the Applicant in the Transfer. Please note that if the name of the Applicant is specifically required by the terms of the original Credit to appear on any document other than the invoice then such a requirement cannot be changed without an amendment to the original Credit.

7. Before the Credit is transferred, you must, (pursuant to sub-Article 38 e) indicate if and under what conditions amendments may be advised to the second beneficiary. This sub-Article also requires us to include those conditions in the transferred credit.

General Notes

8. Lloyds Bank has formal business links with many banks throughout the world ("Correspondent Banks") and consequently we would prefer that the choice of the Advising Bank be left to us. However, if you wish to choose the Advising Bank, for example if you know the details of the Second Beneficiary's bankers, please indicate your choice under 'Additional information/instructions'.

9. Where the Second Beneficiary is in the UK, we will not use an Advising Bank unless specifically requested to do so.

10. In the event that the original Credit is to be transferred to more than one Second Beneficiary, a separate application form must be completed for each Second Beneficiary.

11. The completed application form should be forwarded to the Lloyds Bank office in the UK which issued/advised the original Credit to you together with:

    (i) the original Credit and any amendments,

    (ii) Lloyds Bank's advising letter (where applicable),

    (iii) Your remittance/instructions for payment of our Transfer Commission and other outstanding charges (Terms and Conditions B also refers).

Terms and Conditions

We acknowledge and agree that:

A. The despatch of this form by you to us does not constitute a commitment on the part of Lloyds Bank plc to transfer the original Credit.

B. Transfer commission is always payable by you without exception and shall be payable at the rates and in the currencies in accordance with our standard practices.

Also, outstanding charges previously advised to you are payable at the time of applying for transfer unless you instruct us to claim these from the second beneficiary.

Your commission for effecting a transfer of the original Credit is payable by us in cleared funds prior to such Transfer being effected.

C. We are ultimately responsible for any charges, costs or other expenses incurred by or due to you and/or your correspondent in connection with the Transfer.

D. The Transfer is subject to Uniform Customs and Practice for Documentary Credits, 2007 Revision, ICC Publication No. 600 ('UCP 600') or any successor publication in force from time to time. Terms used in this Application form shall, wherever applicable, have the same meaning as used in UCP 600. References to provisions of UCP 600 in this application form shall be read and construed as referring to the corresponding provisions in any successor publication of UCP 600 in force from time to time.

E. Except as expressly provided for any amendments to the terms and conditions of the original Credit as originally transferred ('Transferred Credit'), can only be initiated by the Applicant of the original Credit and become effective as specified in sub-Article 10(a) of UCP 600. Amendment to those terms of the Transferred Credit which are the subject of sub-Article 38g of UCP 600 may, with your agreement, be initiated by us always provided that such amended terms would not be inconsistent with the terms of the original Credit.

Page 3 of 4
12211(PDF)-0718

1134

The Transfer of A Credit and Its Proceeds 35.131

F   Notwithstanding the provision of sub Article 38h and 38i of UCP 600 we undertake not to substitute our draft(s) for that (those) of the Second Beneficiary unless specifically agreed with you.

G   In the event of our failing to supply to you on your first demand our invoice(s) for substitution for that (those) of the Second Beneficiary (and, where applicable, our drafts for the difference due to us) including but not limited to the situation where the Second Beneficiary requests that you forward documents to the Issuing Bank in trust under the protection of the Original Credit, you shall have the right at your sole discretion to take up or deliver to the Issuing Bank (as the case may be depending on your role in the original Credit) all the documents of the Second Beneficiary, including the invoice(s), without responsibility on your part for the payment of any difference between the amount claimed by the Second Beneficiary and the amount that would otherwise have become payable to us under the original Credit should the documents be taken up and payment be authorised by the Issuing Bank.

H   Provided we have presented, and you have accepted for substitution, our invoice(s) and, where applicable, draft(s), any difference between the amounts due in respect of the Second Beneficiary's invoice and our own is to be paid to us less any outstanding charges in accordance with the terms of the original Credit.

I   Neither you nor your correspondents (if appropriate) shall be responsible for any loss or damage to the goods however and whenever caused, their quantity, quality, condition, or their detention by any person whatsoever and for whatever reason, the loss, validity, sufficiency, genuineness, or accuracy of the shipping, insurance or any other document or failure for any reason by you, your correspondents (where appropriate) or any other person to store, protect or insure the goods, nor for the general or particular conditions stipulated in the documents, nor for any eventuality beyond your control. All acts and omissions of the drawers and/or vendors and/or your correspondents (where appropriate) and/or any other persons shall be at our risk.

J   All teletransmission messages shall be dispatched at our risk and cost, and (save where it is directly due to your negligence or default) you shall not be responsible for any loss caused by mistakes, mutilations or omissions in teletransmission, coding or decoding or interpretation when received, or by delay on the part of the teletransmission companies and/or operators.

K   If two or more parties sign this application form the obligations of these parties are joint and several.

L   Unless expressly provided to the contrary in Clause I, no person other than we, you and your correspondent shall have rights under the Contracts (Rights of Third Parties) Act 1999 to enforce or to enjoy the benefit of these terms and conditions.

M   You and/or any member of the Lloyds Banking Group may be subject to sanctions and/or embargoes imposed by the international community including the UK, EU, UN, the USA and any local jurisdiction. You may not accept instructions from or you may refuse to make any payment to us and/or the second beneficiary or take any action under or in connection with the Credit if it would result, or is in your reasonable opinion likely to result, in a breach by you or any member of the Lloyds Banking Group or any of their respective employees or offices of any sanction or embargo which you, any member of the Lloyds Banking Group or your employees or offices may be subject to. You will not be liable for any loss, damage, cost or expense arising out of or in connection with any failure to pay or to act as a result of any such sanction or embargo. You and any members of the Lloyds Banking Group and/or your agents shall be permitted to disclose to the relevant authorities such information related to the Credit as may be required.

N   If you are a customer of Bank of Scotland plc,

     1   you acknowledge and agree that:

         (i)   each of the above banks has appointed Lloyds Bank plc as its agent for the purpose of international banking transactions carried out at the request of its customers. Accordingly, if you are a customer of one of these banks, although Lloyds Bank plc will effect the transaction contemplated in these terms and conditions in its own name, you acknowledge and agree that it will do so as agent for your bank and that bank will indemnify Lloyds Bank plc in respect of the transaction;

         (ii)   these terms and conditions are therefore to be read as being between you and your bank and that all references in these terms and conditions to the "Bank", "us", "we", "Lloyds Bank" and "Lloyds Bank plc" shall be construed accordingly to give effect to this clause;

         (iii)   where Lloyds Bank plc may require the disclosure by Bank of Scotland plc of information relating to its accounts (including information stored on its database), Bank of Scotland plc is authorised to disclose all such information as may be requested by Lloyds Bank plc for the purpose of carrying out international banking transactions;

     2   in any case where you have given Bank of Scotland plc information about individuals you represent and confirm that those individuals have appointed you to act for them and consent to the processing of personal data for the purpose of carrying out international transactions and to the transfer of that information abroad and to receive any data protection notices on their behalf;

     3   the account details to be entered into the application for the transaction contemplated in these terms and conditions should be those of your appropriate account with your bank which will be debited or credited with any sums due in respect of the transaction.

O   You shall not be liable for any loss of profits, business, data or information or for any incidental, indirect, special or consequential damages whether arising from negligence, breach of contract or otherwise, even if informed of the possibility of those losses or damages. Except as otherwise specified herein, you shall not be liable for any direct losses arising out of or relating to any of its actions or omissions to act in respect of the transaction contemplated by these terms and conditions, except to the extent that any such losses are caused by your wilful misconduct, fraud or gross negligence.

P   These terms and conditions and any disputes or claims arising out of or in connection with its subject matter (including non-contractual obligations) shall be governed by, construed and take effect in all respects in accordance with the laws of England. The parties irrevocably agree to submit to the exclusive jurisdiction of the English courts to settle any dispute or claim that arises out of or in connection with these terms and conditions (and any F obligations). You acknowledge that the use of the Documentary Credit and any associated Transfer in certain countries is subject to specific local legislation and regulations and you agree to comply with any such legislative requirements and regulations as though they were set out in this application form in full.

1135

35.131 *The Financing of International Trade*

Figure 35.6 Flow of documents and money on transfer of a credit

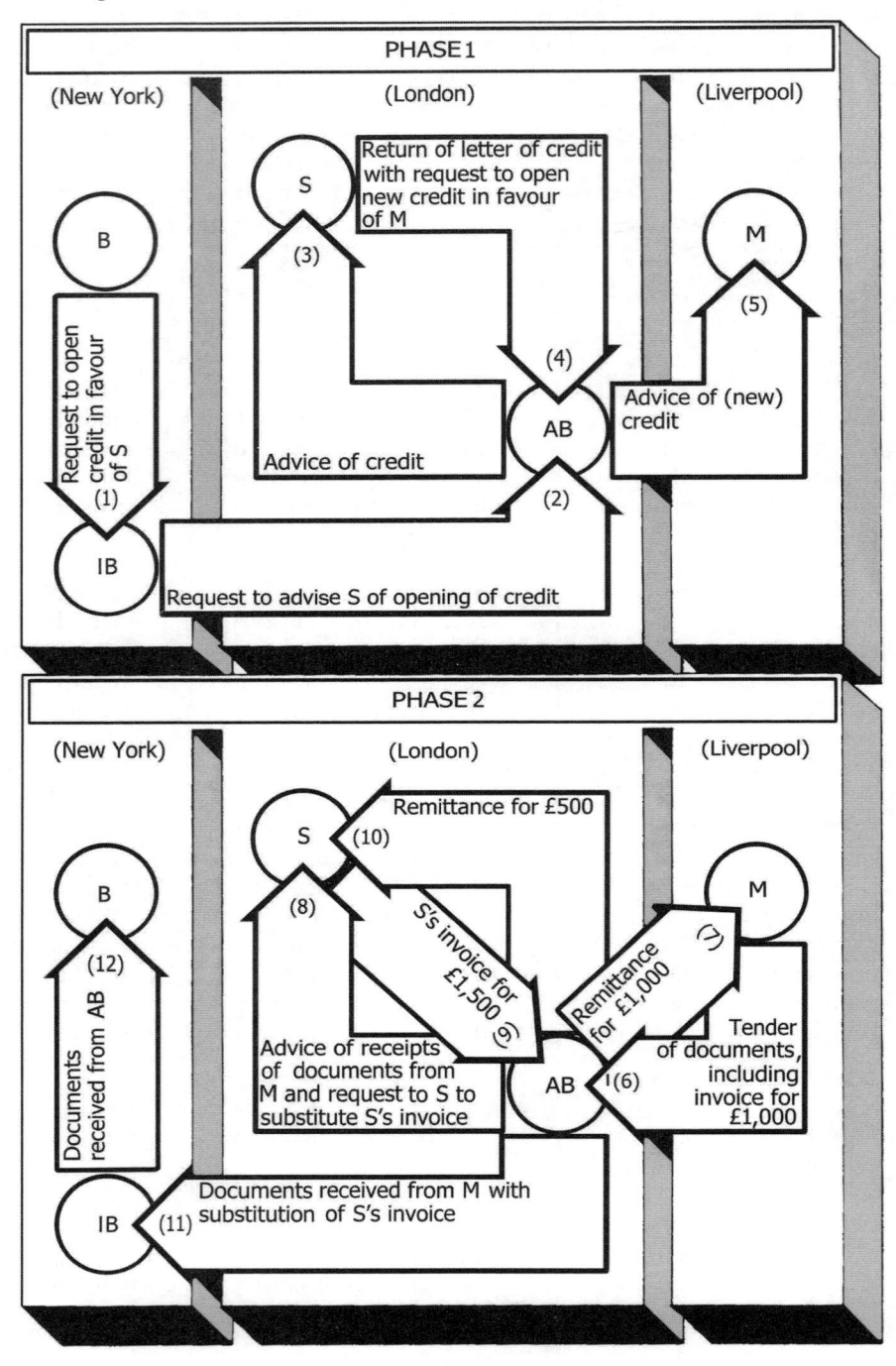

35.132 Where the letter of credit issued to the second beneficiary is for less than the full amount of the original credit, the latter remains in force in favour of S as to the balance,[333] though S will not have a document in his hands to that effect, the bank merely indorsing the original letter of credit with a note of the portion transferred. A transferred credit cannot be transferred at the request of a second beneficiary to any subsequent beneficiary.[334] This does not preclude S from giving instructions to split the credit into fractions to be allocated separately to two or more beneficiaries,[335] but since this will result in B's order being satisfied by two or more shipments from different sources, the division of the credit in this way is allowed only where the original credit does not prohibit partial shipments.[336]

(ii) Legal effect of transfer

35.133 The transfer of a transferable credit not merely entitles the second beneficiary to have the credit honoured on presentation of documents but constitutes an authority to him to perform the conditions of the credit himself instead of performance having to be by S. That is to say, M is considered to fulfil the terms of the credit by furnishing his own documents.

35.134 The relationship between IB/AB and the first and second beneficiaries after transfer of a transferable credit remains curiously undefined. Is the transfer an assignment of the benefit of the contract or is it a novation, in which S ceases to be in contractual relations with IB/AB as regards the transferred part of the credit and the second beneficiary takes his place as a contracting party in relation to that part? As mentioned above, the transfer of a credit goes beyond a mere assignment in that the transferee becomes entitled to tender his own performance in place of that of the first beneficiary, while the transfer itself cannot be effected by the sole act of the transferor but entails the cooperation of IB/AB; and a novation involves not a transfer of rights but a change of parties. In view of the procedure adopted for transfer, by which the original letter of credit is taken back and a new credit or credits issued to one or more second beneficiaries, it would seem more accurate to treat the partial transfer of a credit as a new contract by novation in relation to the part transferred, and a variation of the original contract as regards the original beneficiary by reduction of the credit to the amount retained.[337] If this be the

---

[333] S's application to transfer the credit in part will include a request to pay the difference to him.
[334] Article 38(d), which also provides that the first beneficiary is not considered to be a subsequent beneficiary.
[335] Ibid.
[336] Ibid.
[337] Novation is also the view taken by Pennington, Hudson and Mann, *Commercial Banking Law*, n 311, p 322. Banks tend to consider a transferable credit to be a single credit. But there are compelling arguments in favour of characterisation of a transfer as a *pro tanto* novation. The mechanism used is not an assignment mechanism; the terms of the transferred credit are in some respects different (in particular, there is a different beneficiary and the amount may be less than that of the original credit); the documents may in certain respects be different; and if the credit were a single credit, the transferee would take subject to any right of set-off the bank might have against the original beneficiary, which is not what the parties intend.

correct view, the partial transfer of an irrevocable credit from S to M extinguishes IB's liability to S as regards the part of the credit transferred and involves IB in a new commitment, to M, upon the terms of the new letter of credit furnished to M. M will also enjoy the benefit of AB's confirmation if, in advising the new letter of credit, AB adds its own confirmation, but not otherwise. That is to say, the confirmation given by AB to S does not as such enure for the benefit of M, who must, if he desires AB's confirmation, see that this is embodied in the new credit. M will assume the liability to IB/AB on implied warranties arising from the presentation of the documents and, consistently with the novation theory, S will incur no liability to IB/AB for repayment of sums paid out against forged or non-complying documents presented by M. This seems right in policy terms, for S is not involved in procuring the documents and has no control over their presentation. If B agrees to a transferable credit, he accepts the concomitant risk.

35.135 Another unresolved question is S's liability to B under the contract of sale if M fails to make a valid and timely presentation of documents. It seems clear that B, in agreeing to procure the issue of a transferable credit, cannot thereby be taken to have intended that S shall be released from his obligations on transfer of the credit, for this would leave B without remedy if M failed to proceed, there being no privity between B and M. Accordingly, if M fails to comply with the terms of the credit, he places S in breach of the contract of sale, and S will be liable to B accordingly.

(iii) Transferable credit distinguished from negotiation credit

35.136 A transferable credit should not be confused with a negotiation credit. The former is a credit which the original beneficiary can require to be replaced, wholly or in part, by a new credit in favour of a second beneficiary. A negotiation credit does not involve the replacement of one credit by another. It is a mechanism by which S is enabled to sell to an authorized bank his right to present the documents and collect payment. The original credit remains in force throughout and the purchaser of S's drafts and/or documents becomes the new beneficiary under the terms of the credit itself.[338]

(iv) Assignment of proceeds of credit

35.137 Article 39 of the UCP provides as follows:

'The fact that a credit is not stated to be transferable shall not affect the right of the beneficiary to assign any proceeds to which it may be or may become entitled under the credit, in accordance with the provisions of the applicable law. This article relates only to the assignment of proceeds and not to the assignment of the right to perform under the credit.'

35.138 Whereas the transfer of a credit involves the bank's acceptance of performance by the transferee instead of by the first beneficiary (for which

---

[338] See para 35.95.

reason the bank's consent to transfer is stipulated by the UCP as a necessary term of the credit if it is to be transferable), a beneficiary who assigns the proceeds is merely transferring the right to ask for payment as and when earned by his own performance. Hence, to claim under the credit the assignee must present the beneficiary's documents *as agent of the beneficiary*, or get the beneficiary to present them. The assignee of the proceeds cannot tender documents in his own right.[339]

35.139 It would, presumably, be open to a bank to exclude even assignability, thus avoiding art 39 of the UCP. This would not prevent an assignment from becoming effective as between beneficiary and assignee,[340] but it would entitle the bank to ignore any notice of assignment and to insist on making payment to the beneficiary himself and no one else.[341]

35.140 Assignments of proceeds are typically in favour of the advising or confirming bank itself where it has provided pre-shipment finance or has made an advance of funds payable under a deferred payment credit or in favour of the beneficiary's own supplier to cover the price payable to that supplier, in which case the bank notifies the supplier of the assignment, though usually without commitment.[342] In both cases the assignment of the proceeds is arranged prior to presentation of the documents. On maturity the beneficiary presents the documents in the usual way to the advising or confirming bank, which pays itself or the supplier, as the case may be, and credits any balance to the beneficiary.

6. BACK-TO-BACK CREDITS

35.141 A back-to-back credit is a credit which is issued at S's request to his supplier, M, against the letter of credit which S himself has received from B. Whereas a transferable credit is in concept a single credit, a back-to-back credit is entirely distinct from that issued at B's behest to S, and it does not concern B in any way. It is essentially a mechanism by which S's bank, relying on the prospect of receiving on S's behalf payment under the letter of credit issued to him against presentation of documents, is prepared to issue a corresponding letter of credit to M in fulfilment of the obligation contained in the separate sales contract between M and S. Accordingly, the back-to-back credit, unlike the transferable credit, does not attract any special provisions of the UCP.

35.142 Where S's bank (SB) agrees to issue a back-to-back credit, it will take possession of the letter of credit issued to S and itself issue a countervailing

---

[339] *Singer & Friedlander v Creditanstalt-Bankverein* (1980) 13 August, a decision of the Vienna Commercial Court (the action was subsequently settled). The same position would, it is thought, be taken by an English court. See further R. M. Goode 'Reflections on Letters of Credit – V' [1981] JBL 150 at pp 152–154.
[340] See para **29.41**, and R. M. Goode, 'Inalienable Rights?' (1979) 42 MLR 553, commenting on the decision in *Helstan Securities Ltd v Hertfordshire County Council* [1978] 3 All ER 262.
[341] Goode, n 340.
[342] This is because, among other things, the bank may wish to exercise a right of set-off against the beneficiary or may have a security interest in the proceeds.

35.142 The Financing of International Trade

letter of credit to M. The documents specified in this second credit must, of course, be such as can, when received by SB, be tendered on S's behalf in compliance with the requirements of the first credit. Thus the specification must be identical[343] and must, of course, relate to the same goods.[344] When the documents are tendered by M, SB will pay M under the back-to-back credit, will substitute S's invoice for that of M and will present the documents to IB or AB pursuant to the primary credit, collecting payment in exchange. SB will then retain the amount necessary to recoup the price paid to M and SB's own charges, and will release the balance of the sum received to S. In diagram form, the flow of documents and money is as shown in figure 35.7.

Figure 35.7 Flow of documents and money under a back-to-back credit

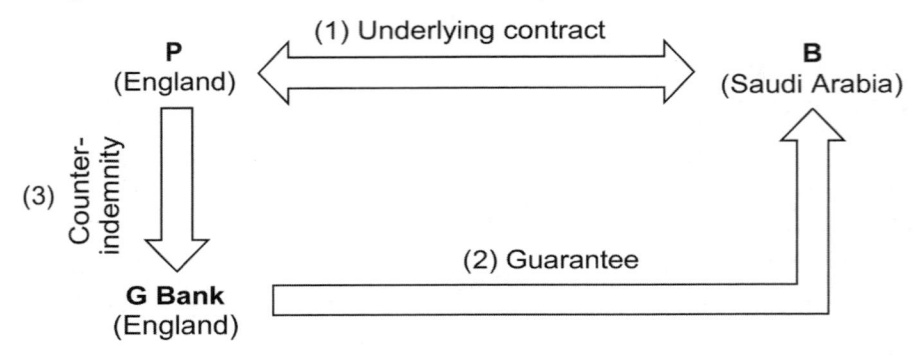

```
          (1) Underlying contract
    P  <--------------------->  B
(England)                    (Saudi Arabia)
    |                             ^
(3) | Counter-                    |
    | indemnity                   |
    v                             |
  G Bank  ------------------------
 (England)    (2) Guarantee
```

35.143 The back-to-back credit is relatively uncommon compared with the transferable credit. It is encountered mainly in connection with string contracts. Banks dislike issuing back-to-back credits, except for customers of first-class standing. The cover afforded by possession of the original letter of credit is weak, since apart from the risk of the issuing bank finding a flaw in the documents, S may become insolvent before SB has collected payment under the first letter of credit, in which case S's bank will have made or become committed to payment to M under the back-to-back credit, whereas any payment that falls to be made under the primary credit will (in the absence of the grant of an effective security interest over the credit or its proceeds by S to SB) be claimed by S's trustee in bankruptcy or liquidator.

7. RAISING OF FUNDS BY SELLER AGAINST DRAFTS OR CREDITS

35.144 There are various ways in which a bank may make funds available to its customer, S, in anticipation of the receipt of the price of the exported goods under S's contract with B. Thus, S's bank may:

---

[343] Except that, as with a transferable credit, an earlier date for presentation will be stipulated and the amount will normally be less.
[344] In addition, the credit should call for the document to be issued in a name that will not reveal M's identity to B.

Raising of Finance by Buyer on Security of Imported Goods 35.148

(a) negotiate S's draft on IB or AB,[345] such negotiation being on a recourse basis;[346]

(b) advance the whole or part of the draft at interest, collecting the draft for S at maturity and recouping itself from the sum collected;[347]

(c) open an acceptance credit in favour of S, that is, undertake to accept drafts drawn on it by S up to the agreed amount, which S will then be able to discount;[348]

(d) issue a back-to-back credit in favour of S's supplier, M, to enable S to fulfil his own payment obligation to M under his contract of sale with M.[349]

35.145 A form of bill discounting particularly designed for exporters is forfaiting. This is the provision of finance through the non-recourse negotiation of freely negotiable debt instruments, such as promissory notes made by or bills of exchange drawn on importers or of drafts drawn under letters of credit. Since the forfaiter buys the instruments without recourse to the exporter who draws or indorses them, he usually requires the obligations of the importer on the notes or bills to be supported by a bank guarantee or by a suretyship indorsement or 'aval' on the instruments themselves. The instruments can then be rediscounted by the forfaiter in the secondary market.

35.146 The use of bills of exchange drawn by the exporter on the importer creates difficulties where the Geneva Convention on Bills of Exchange applies in that the convention does not allow the drawer to exclude recourse. Indorsers are, however, permitted to do so, and it is therefore more usual for the exporter to take a promissory note in his favour and indorse it to the forfaiter.

8. RAISING OF FINANCE BY BUYER ON SECURITY OF IMPORTED GOODS

35.147 Just as S may require to raise funds from his bank in anticipation of receipt of the price, so also B may need an advance from his own bank to pay for the goods, repaying this from the proceeds of sale after the goods have arrived and been on-sold. B's bank may, of course, be willing to give B facilities on an unsecured basis, but usually it will want to take security over the imported goods and documents relating to them pending resale by the buyer.

35.148 Where the bank contemplates providing finance for B's imports generally, and not merely for a specific transaction, it may take from B a

---

[345] See para **35.95**.
[346] Unless, coincidentally, S's bank is also the bank which has issued or confirmed the credit.
[347] The difference between purchase with recourse and advance on security is that (apart from the distinction in the legal character of the two transactions) the loan may be repayable on demand and carries interest on the amount from time to time outstanding, whereas if it negotiates the draft, the bank must wait till maturity to receive its money (unless it discounts the bill), and its return will be the discount charged at the time of negotiation.
[348] In this case, the bill will be an accommodation bill and S's bank an accommodation party. The bank will, in effect, be lending money to S and will be entitled to repayment on whatever terms are agreed between them.
[349] See para **35.141**.

35.148 general letter of charge or hypothecation, by which B charges to the bank all goods from time to time imported by him to secure all advances from time to time made by the bank. A general letter of charge of this character is outside the exemption from the Bills of Sale Acts given[350] in respect of charges over imported goods,[351] with the result that where B is not a company, the charge will be ineffective against third parties unless registered as a bill of sale in conformity with the Bills of Sale Acts, and, where B is a company, will be void against a liquidator and creditors unless registered under s 859A of the Companies Act 2006.[352]

35.149 Usually, however, the bank will not rely exclusively on a general letter of charge but will take a specific security over each shipment of goods imported by B.[353] The most common form of security is a pledge of the bill of lading and other shipping documents. This is treated in law as equivalent to a pledge of the goods themselves[354] and is thus effective to give the bank a legal possessory interest in the goods. The pledge is effected by delivery of the bill of lading (with other documents) to the bank, indorsed to the bank or in blank.[355] The bank will not, of course, want to be involved with the physical handling of the goods themselves (indeed, taking physical possession might expose it to a claim for any unpaid freight[356]) and will thus concern itself solely with the documents. Only a bill of lading will suffice as a pledgeable document. Delivery orders are not considered negotiable, and their deposit with the bank would, at best, be evidence of an agreement to give an equitable charge. The pledge of the bill of lading is effected by delivery to the bank (with any

---

[350] By the Bills of Sale Act 1890, s 1, as replaced by the Bills of Sale Act 1891, s 1.
[351] *NV Slavenburg's Bank v Intercontinental Natural Resources Ltd* [1980] 1 All ER 955, citing with approval the statement in *Halsbury's Laws of England* (4th edn), vol 4, para 636, n 1. Similarly, it is thought it would not be within the separate exemption conferred by s 4 of the Bills of Sale Act 1878 in relation to documents used in the ordinary course of business as proof of the possession of goods.
[352] See para **24.31**.
[353] Provision for such security is often embodied in the bank's standard form of application to open the credit.
[354] Assuming the goods are identified in the bill of lading. In the case where the goods form part of an identified bulk, the rights of the bank will depend on whether or not the buyer is a pre-paying buyer within the scope of s 20A of the Sale of Goods Act 1979 (on which see para **8.52**). If the buyer has not paid for the goods, neither the buyer nor the bank will have a sufficient interest in the goods. But in the case where the buyer has paid the price with money advanced by the bank, the buyer becomes an owner in common of the bulk (see para **8.61**) and the bank which takes a pledge of the bill of lading relating to these goods will thereby acquire a co-ownership interest in the bulk through the buyer.
[355] Alternatively, the bank could ask B to arrange with S for the goods to be consigned directly to the bank. In practice, banks prefer not to become consignees, in order to avoid the risk of being held liable for unpaid freight (see paras **36.66–36.68**). As a matter of law, the mere fact that a bank is named as consignee or becomes an indorsee of a bill of lading and takes possession of the documents does not make it the owner, for the transfer of ownership depends on the intention of the parties, and if the documents are taken by way of pledge, the law gives effect to this intention, leaving the general property in B (*Sewell v Burdick* (1884) 10 App Cas 74).
[356] See paras **36.66–36.68**.

necessary indorsement) without further formality. In particular, registration is not required.[357]

35.150 However, B will need the documents in order to obtain possession of the goods from the shipping company for the purpose of selling them, for it is out of the proceeds of sale that he will repay the bank. If the bank were to part with possession of the documents unconditionally, its pledge rights would be extinguished, for a pledge depends on the continuance of possession. But this difficulty has been neatly surmounted by the ingenuity of the commercial lawyer. By way of exception to the general rule, redelivery of the goods or documents to the pledgor does not destroy the pledge if the redelivery is for some designated purpose of the pledgor himself (eg to hold for him in safe custody or to sell as his agent), for in taking possession the pledgor receives the pledged articles not on his own behalf but for the pledgee, who thus continues in constructive possession. Accordingly, there emerged the letter of trust, or trust receipt (figure 35.8), by which B undertakes that, in consideration of the release of the documents to him, he will hold them on trust for the bank, will use them to sell the goods as the bank's agent and will hold the goods themselves until sale, and the proceeds after sale, on trust for the bank. The letter of trust thus establishes that delivery of the documents to B is for the bank's purposes, not for his own.[358] In this sense the letter of trust is to be regarded as a means of securing the continuance of the pledge rather than as an independent security device; and on this ground, as well as on others,[359] it has been held not to constitute a bill of sale for the purpose of the Bills of Sale Acts.[360] Nor does the letter of trust amount to a charge on book debts so as to attract registration under s 859A of the Companies Act 2006.[361]

35.151 When releasing the documents, the bank will usually insist that the goods are warehoused in the bank's name. This will enable the bank to retain the goods as against the purchaser until the sum secured by the goods has been paid.

35.152 Can the bank's pledge rights be defeated by B's rejection of the goods if these are not in conformity with the contract of sale? It is thought that they cannot and that, on the contrary, the pledge of the documents will prevent B

---

[357] A pledge, being a possessory security, is outside the registration requirements both of the Bills of Sale Acts and the Companies Act, provided that it does not take the form of constructive delivery through the debtor's written attornment (see *Halsbury's Laws of England*, vol 49 (5th edn, 2015), para 459). Moreover, there is no document of transfer to which the Bills of Sale Acts could relate. The bill of lading is exempt as a document used in the ordinary course of business as proof of possession or control of the goods (Bills of Sale Act 1878, s 4) and there is, in any event, a separate exemption in relation to charges over imported goods (Bills of Sale Act 1890, s 1, as amended by Bills of Sale Act 1891, s 1).
[358] In *North Western Bank v Poynter Son & MacDonalds* [1895] AC 56 it was unsuccessfully argued that the rule allowing redelivery for a purpose of the pledgee without destroying the pledge applied only where redelivery was to a stranger, not to the pledgor himself. Possession under a letter of trust is deemed in law to be held by pledgor and pledgee together and is a further illustration of the concept of shared possession referred to at para **2.45**.
[359] In particular, that it falls within the exemptions mentioned in n 357.
[360] *Re David Allester Ltd* [1922] 2 Ch 211; *Re Hamilton Young & Co* [1905] 2 KB 772.
[361] *Re David Allester Ltd*, n 360.

from exercising his right to reject, at any rate if he is not able to secure the return of the documents to S at the time he gives notice of rejection.[362]

---

[362] See paras 13.16–13.17.

Figure 35.8   Trust receipt

Trust Receipt

1. I/We [COMPANY NAME]..

   [ADDRESS]..

   ....

   In consideration of LLOYDS BANK PLC (hereinafter called "the Bank" which expression shall include its successors and assigns) from time to time at my/our request delivering to me/us goods or produce (hereinafter called "the Merchandise") or the documents of title pledged to the Bank as security under the terms of a General Memorandum of Pledge and Hypothecation of Goods dated [   ] (which Memorandum I/we confirm and declare to continue) (the receipt whereof is hereby acknowledged) I/we agree and irrevocably undertake to hold the Merchandise or documents of title the proceeds of any sale of the Merchandise and all insurance monies arising therefrom as Trustee(s) for and on behalf of the Bank and to deal therewith only for the purposes and on the terms set out below.

2. For the purposes of this Trust Receipt references to "documents of title" include references to any documents (not constituting documents of title capable of being pledged) commonly regarded as documents of title, carriage or ownership which are from time to time issued in relation to Merchandise whether delivered to the Bank or not.

3. I/We acknowledge and agree that to the extent that the same are not set out in the schedule to this Deed on the date of its execution that I/we shall submit or deliver to the Bank in either electronic or written form a schedule of Merchandise or documents of title (substantially in the form of the Appendix hereto or in such other form as the Bank may from time to time prescribe), in respect of any one or more transactions, each time such Merchandise or documents of title are released to me/us. However, failure to submit or deliver such schedule shall not affect the validity of the trust declared in this letter. On each occasion that I/we submit or deliver such a schedule to the Bank or the Bank releases Merchandise or documents of title to me the trust declared in this Deed shall be deemed to have been repeated and I/we declare that all documents of title and Merchandise shall be held by me/us upon the trust herein set forth. The Bank shall be entitled to rely upon any schedule so submitted or delivered to it without enquiry whether it is in written or electronic form and I/we shall raise no objection to the Bank acting in reliance thereon.

4. I/We acknowledge that the Merchandise and documents of title are to be held to the order of the Bank but at my/our risk and expense and acknowledge and confirm that by taking delivery of the Merchandise and/or the relevant documents of title I/we shall not become the lawful holder thereof for the purposes of the Carriage of Goods by Sea Act 1992 or any statutory modification or re-enactment thereof ("the Act") and all rights appertaining thereto (including rights of action against third parties) shall remain vested in the Bank.

5. I/We undertake at my/our expense to land take delivery of and/or warehouse the Merchandise solely for the purpose of selling the Merchandise on behalf of the Bank to buyers.

6. I/We undertake to warehouse the Merchandise in the name of the Bank or as the Bank may direct pending the sale thereof and to hand to the Bank the warehouse receipts or warrants immediately on receipt and to advise the Bank of the whereabouts of the Merchandise at all times. The Bank has the right to inspect the Merchandise at any time.

7. I/We will keep the Merchandise duly covered by insurance at all times with insurers of repute in an amount not less than the greater of either the full current market value or the value of the customer order in respect of which the Merchandise may have been acquired by me/us. I/We will provide such evidence of this to the satisfaction of the Bank as the Bank may request on demand. I/We acknowledge that in default of my/our obligations the Bank may effect such insurance and I/we agree to indemnify the Bank, its agents and nominees its costs of doing so.

8. I/We will keep the Merchandise at all times separate from any other goods or produce whether belonging to me/us or to any third party and I/we will keep all transactions related to the Merchandise separate from any other transaction and will immediately advise the Bank of any sale giving full particulars of the Merchandise sold and give the Bank on request full authority to receive from any person or persons the proceeds of such sale.

Trust Receipt – Omnibus R/TELS/KDGJ4326

9. I/We undertake not to sell or otherwise dispose of the Merchandise other than for full current market value on non-deferred terms (other than on normal trade credit) to a person to whom I am/we are not indebted and not to allow the Merchandise to be processed altered or become subject to an encumbrance of any kind save in each case with the prior written consent of the Bank.

10. I/We undertake to forward to the Bank copies of my/our sales invoices for the Merchandise forthwith on the same being issued showing the name of the purchaser and the total sale price in each case and to remit to the Bank the whole proceeds of sale of the Merchandise or part thereof or any part payment immediately when received without any deduction and without intermingling the same with other moneys and in the meantime to hold the same and all rights of action against the buyer as Trustee(s) for and on behalf of the Bank.

11. Without prejudice to anything herein contained I/we will on the first demand of the Bank forthwith either deliver up to or to the order of the Bank the Merchandise or any part thereof which may at the time of such demand remain unsold and/or will comply promptly with any instructions which the Bank may give as to the manner of dealing with the Merchandise or any part thereof or the removal of the same to or storage of the same at any place and if so requested by the Bank or forthwith if I/we should become aware that any of the underlying Merchandise has been damaged lost converted or discharged other than to me/us I/we shall notify the Bank and shall return the relevant documents of title to the Bank which arrangement on delivery of the relevant bill of lading by me/us to the Bank shall constitute the Bank a lawful holder of that bill of lading as being a person to whom such rights have been transferred pursuant to Clause 2(2)(a) of the Act. Further without prejudice to anything herein contained I/we will on the first demand of the Bank forthwith either deliver up to or to the order of the Bank the documents of title.

12. I/We will ensure that all rents in respect of any warehouse or other premises at which any Merchandise may be held, stored or deposited shall be paid in advance or when due such that no warehouseman or landlord shall have any right of lien or retention over the Merchandise at any time. I/We will provide such evidence of this to the satisfaction of the Bank as the Bank may request on demand. I/We acknowledge that in default of my/our obligations the Bank may effect payment to such warehouseman or landlord as necessary to enable the Bank to deal freely with the Merchandise and I/we agree to indemnify the Bank, its agents and nominees its costs of doing so.

13. I/We agree to indemnify the Bank its agents and nominees on demand against all losses actions claims expenses demands and liabilities of whatever nature now or hereafter incurred by (or by any agent officer or employee of) the Bank for anything done or omitted in connection with or arising out of the release to me/us by the Bank of documents of title or otherwise in relation to the Merchandise.

14. I/We undertake that if by virtue of the release by the Bank the Merchandise and/or the documents of title relating thereto I/we shall become or be held by any competent court to have become a lawful holder of any bill of lading relating to the Merchandise and therefore have transferred to and vested in me/us all rights of action under or in connection with the contract of carriage contained in and evidenced by the said bills of lading I/we shall upon receipt of written notice from the Bank that the Bank has or may have sustained loss or damage which might be recoverable from the carrier take all such steps and do all such acts and things as the Bank shall in its absolute discretion deem necessary or desirable to protect preserve or otherwise enforce any rights which it may have against the said carrier and all sums including interest and legal costs which may be finally adjusted by the court or tribunal of competent jurisdiction or as may be agreed to be recoverable from the said carrier in respect of the said claims shall be held by us on trust for the Bank.

15. All the covenants obligations provisions and powers given or acknowledged by me/us in favour of the Bank in the aforesaid Memorandum shall wherever they are capable of doing so continue to be enforceable in favour of the Bank and I/we confirm that I/we shall continue to be bound by the same as if they had been set out in full in this letter.

16. This document shall be governed by and interpreted in accordance with English law and I/we irrevocably submit to the jurisdiction of the English Courts but without prejudice to the right of the Bank to commence proceedings against me/us in any other jurisdiction.

The SCHEDULE above referred to:

Quantity and Description of Goods or Produce
Marks and Numbers and Ship or where Stored
Documents
Name of Buyer(s) (where known)

SIGNED THIS [date] OF [month and year] AS A DEED BY [COMPANY NAME]

(print name) .... Director   (sign) ....

(print name) .... Director/Secretary   (sign) ....

acting by two duly authorised officers

in the pursuance of a Resolution of the Board

of Directors dated ....

35.152 *The Financing of International Trade*

Appendix to Trust Receipt

SCHEDULE Pursuant to the Trust Receipt

Between [   ] and Lloyds Bank plc:

Quantity, Description and Invoice Value of Goods or Produce
Marks and Numbers and Ship or where Stored
Documents
Name of Buyer(s) (where known)

This schedule is submitted pursuant to and subject to the terms of a Trust Receipt between us dated [   ].

I/We declare that by submitting this schedule to you I/we shall be bound by the Trust Receipt and hold any Merchandise and/or documents of title upon the trust and terms set out therein as if the same were set out here in full and I/we hereby repeat my/our declaration of trust.
The submission of this document may be relied upon by the Bank as if it were submitted in writing without further enquiry by the Bank. I/We confirm that we shall be bound by this schedule and shall raise no objection to the Bank acting in reliance thereon.

Trust Receipt – Omnibus R/TELS/KDGI4326

9. DEMAND GUARANTEES, PERFORMANCE BONDS AND STANDBY CREDITS[363]

35.153 We conclude this chapter with a brief discussion of payment undertakings in which the traditional legal distinction between a primary obligation of the type characterized by the undertaking embodied in an irrevocable credit and a secondary obligation, where the obligor's liability does not arise until default by the principal debtor (as in the case of the ordinary guarantee), has become decidedly blurred. These forms of undertaking are variously known as demand guarantees, on-demand or first-demand performance bonds and standby letters of credit.[364] Many of the principles governing documentary credits apply equally to demand guarantees; indeed, several of the cases referred to earlier involved demand guarantees.

(i) Terminology and nature

35.154 In describing the nature of these instruments it is necessary to clear up some terminological confusion arising from the lack of consistency in the use of labels. The words 'guarantee' and 'performance bond' are now used in two entirely different senses. In origin the word 'guarantee' denotes a suretyship contract in which the guarantor, or surety, assumes a liability to answer for the debt or default of another. The guarantor's liability is therefore secondary in character in that the guarantor's payment obligation does not arise until the principal debtor has defaulted and is in principle limited to the liability of the principal debtor.[365] Where the guarantee is by deed, it is commonly termed a bond; and where the bond is to secure the performance of non-monetary obligations, such as the execution of construction works under a building contract, it is labelled a performance bond. It is inherent in these suretyship guarantees and bonds that they are secondary in character.[366] They are commonly issued by insurance companies, rather than by banks, who prefer to confine themselves to documentary payment undertakings. But 'guarantee' and 'performance bond' are now also used to denote undertakings which are documentary in character. They partake of the character of documentary credits in that they are primary in form,[367] being conditioned only by presentation of a written demand for payment and any other specified documents[368] without the issuing bank being concerned with whether there

---

[363] See, generally, *Benjamin's Sale of Goods*, n 1, ch 24; and *Paget's Law of Banking*, n 12, ch 34.
[364] For an excellent comparative treatment, see R. F. Bertrams, *Bank Guarantees in International Trade* (4th edn, 2013).
[365] See paras 30.05 and 30.24.
[366] The International Chamber of Commerce has published a set of rules, *The Uniform Rules for Contract Bonds* (ICC Publication No 524, 2000 edition), designed primarily for suretyship bonds issued in international transactions. They are not discussed here.
[367] In other words, the essential difference between a guarantee in the suretyship context and a demand guarantee is that the liability of a surety is secondary, whereas the liability of the issuer of a demand guarantee is primary (*Vossloh Aktiengesellschaft v Alpha Trains (UK) Limited* [2010] EWHC 2443 (Ch), [2011] 2 All ER (Comm) 307 at [24]–[28]).
[368] In most cases all that is called for is a written demand by the beneficiary. Hence such guarantees are often referred to as on-demand, or simple, guarantees.

1149

35.154 *The Financing of International Trade*

has been actual default by the principal. But unlike documentary credits, where it is intended that the bank shall be the first port of call for payment, demand guarantees and similar instruments are secondary in intent, their function being to provide the beneficiary with a rapid access to payment if the principal defaults. Put another way, in a true (suretyship) guarantee the secondary nature of the guarantor's obligation is not merely a matter internal to the agreement between the guarantor and the principal but is also inherent in the guarantee itself, whereas in the case of the demand guarantee the secondary character of the undertaking is confined to the guarantor-principal relationship and is not a term of the guarantee document, so that the bank is neither obliged nor entitled to go behind the specified documents and inquire whether the principal has, in fact, defaulted. For this type of instrument the labels 'bank guarantee' and 'performance bond' are synonymous; the bond is not by deed and is therefore not a bond in the traditional sense. As the result of the ICC Uniform Rules on Demand Guarantees (URDG),[369] the term 'demand guarantee' is now coming into use to describe what have previously been referred to as bank guarantees or performance bonds.

35.155 The distinction between a traditional guarantee and a demand guarantee is easy to state but has proved to be much more difficult to apply in practice, a difficulty which has been exacerbated by the different terminology that has been used by practitioners over the years. At the end of the day, the distinction between the two is a question of construction of the document which can be resolved by the application of the general principles that are applied by the courts to the interpretation of commercial contracts.[370] However, in some cases the courts have made use of a rebuttable presumption so that, where an instrument (a) relates to an underlying transaction between the parties in different jurisdictions, (b) is issued by a bank, (c) contains an undertaking to pay 'on demand' (with or without the words 'first' and/or 'written') and (d) does not contain clauses excluding or limiting the defences available to a guarantor, the document will 'almost always' be construed as a demand guarantee.[371] The words 'almost always' are important because they demonstrate that the conclusion is not an inevitable one. Rather, they reflect a rebuttable presumption in favour of a demand guarantee where the four conditions are satisfied and the presumption is a strong one, particularly where the parties to the underlying transaction are in different jurisdictions. In another case, the incorporation of the International Chamber of Commerce's Uniform Rules for Demand Guarantees[372] was a critical factor in

---

[369] See below.
[370] *Wuhan Guoyu Logistics Group Co v Emporiki Bank of Greece SA* [2012] EWCA Civ 1629, [2013] 1 All ER (Comm) 1191 at [25]. For a summary of the courts' general approach, see *Benjamin's Sale of Goods*, n 1, para 24-005; and *Paget's Law of Banking*, n 12, para 35.8.
[371] Ibid at [25]–[29]. Nevertheless, the presumption has been applied even where the fourth element was absent (at [28]). It may be that there is no significant difference between this rebuttable presumption and the result which would be reached by the application of the general principles applied by the courts to the interpretation of commercial contracts: *Caterpillar Motoren GmbH & Co KG v Mutual Benefits Assurance Co* [2015] EWHC 2304 (Comm), [2015] 2 Lloyd's Rep 261 at [12]–[15].
[372] See below.

Demand Guarantees, Performance Bonds and Standby Credits **35.156**

persuading the court to conclude that the instrument was a demand guarantee.[373]

35.156 Demand guarantees,[374] which, in contrast to documentary credits are almost invariably issued in paper form, are used almost exclusively to underpin non-monetary obligations in international transactions, typically the obligations of the contractor under an international construction contract and those of the seller under an international contract of sale. By contrast the standby credit (see figure 35.9), developed in America because of sensitivity over the word 'guarantee',[375] is altogether more diverse in character. It has evolved into a general-purpose financial tool used to support financial as well as non-financial undertakings and domestic as well as international transactions, and to secure credit enhancement of public issues of securities, which, if underpinned by a standby credit issued by a first-class bank, may attract a higher credit rating from a credit rating agency than would otherwise be the case. Standby credits are also used to support the issuer's own commitments, whereas demand guarantees are issued only for the account of third parties as principals; and while the confirmed credit is found in relation to standby credits as well as documentary credits, confirmation is unusual in the case of demand guarantees, where in the ordinary way the beneficiary is content to rely on the undertaking of the issuing bank alone but may stipulate that it is to be a local bank known to him, that bank, in turn, relying on the instructing party's counter-guarantee. Standby credits are governed by the International Standby Practices.[376] But it is important to appreciate that the differences between a standby credit and a demand guarantee lie in business practice, not in law, in much the same way as the labels, 'lease', 'rental', and 'contract hire' are used by leasing companies to distinguish transactions which in a business sense are different from each other though legally they are the same.[377]

---

[373] *Meritz Fire & Marine Insurance Co Ltd v Jan de Nul NV* [2011] EWCA Civ 827, [2012] 1 All ER (Comm) 182 at [19]. However, the fact that no such rules have been incorporated is an entirely neutral factor to the instrument's characterisation (*WS Tankship II BV v Kwangju Bank Ltd* [2011] EWHC 3103 (Comm) at [123]).
[374] For the different types of demand guarantee see para **35.165**.
[375] See para **35.09** and, for a form of standby letter of credit, figure 35.9.
[376] See, para **35.09**. For a detailed treatment see James E. Byrne (ed), *The Official Commentary on the International Standby Practices* (1998).
[377] These remarks do not apply to the somewhat oddly named 'direct pay' standby credit, in which the issuing bank is intended as the first port of call for payment. It is not clear why the label 'standby' is applied to these credits at all; in essence they are virtually indistinguishable from conventional clean credits.

35.156 *The Financing of International Trade*

Figure 35.9   Standby letter of credit

TRADE DEBT STANDBY LETTER OF CREDIT (payable against beneficiary's demand)

(issued to beneficiary either direct or through advising bank)

Please advise [name and address of beneficiary] of the issue in their favour of our irrevocable Standby Letter of Credit No. [standby letter of credit number] in the following terms:

"We Lloyds Bank plc [title and address of issuing office] issue our irrevocable Standby Letter of Credit No. [standby letter of credit number].

Beneficiary: [name and address of beneficiary]

Applicant: [name of applicant]

Amount: Not exceeding [currency and amount in figures and words]

Expiration/Expiry+ Date: [expiry date]

Place of Payment and Expiration/Expiry+: Lloyds Bank plc [title and address of issuing office] (or such other address as we may subsequently notify to you in writing)

Covering: the Applicant's payment obligations in respect of [contract/order* no........ and/or date plus details of the goods/services to be supplied]

Available by payment with: Lloyds Bank plc against the following:

The Beneficiary's written demand(s) for payment in the form of a signed letter addressed to us which must state:

a) our above Standby Letter of Credit number

and

b) the currency and amount demanded

and

c) that [name of applicant] **are in breach of their payment obligations under** [contract/order* no ....] **and the amount demanded is now due to** [name of beneficiary] **by reason of such breach.**

This Standby Letter of Credit is personal to the Beneficiary and the Beneficiary's rights hereunder, including the right to receive the proceeds of this Standby Letter of Credit, are not assignable.

This Standby Letter of Credit shall not confer any benefit on or be enforceable by any third party. We hereby undertake that documents presented at this office on or before the expiration/expiry+ date in compliance with the terms and conditions of this Standby Letter of Credit shall be honoured.

* This Standby Letter of Credit is subject to International Standby Practices (ISP98), International Chamber of Commerce Publication No. 590."

or

This Standby Letter of Credit is subject to Uniform Customs and Practice for Documentary Credits (2007 Revision), International Chamber of Commerce Publication No. 600."

* DENOTES AN OPTION IN THE TEXT - SELECT APPLICABLE OPTION

+ USE 'EXPIRATION' IF SUBJECT TO ISP, 'EXPIRY' IF SUBJECT TO UCP

35.157 The rest of this chapter will be confined to demand guarantees, with particular reference to guarantees issued under the URDG.

(ii) Rules of the International Chamber of Commerce

35.158 The ability of the beneficiary to invoke a demand guarantee by simple written demand without proof of default by the principal obviously renders it liable to abuse by fraudulent calling. With a view to redressing the balance between beneficiaries and principals, the International Chamber of Commerce published in 1978 a set of Uniform Rules for Contract Guarantees.[378] These provided that where the guarantee did not specify the documents to be produced in support of a claim or specified only a statement of claim by the beneficiary, then the beneficiary had to present a court decision, an arbitral award or the principal's written approval of the claim and its amount. This proved too far removed from market practice to be acceptable, for the demand guarantee was originally conceived as a near-cash substitute for a cash deposit by the contractor, and to require a judgment or arbitral award as a condition of payment was to render the guarantee almost indistinguishable from the traditional suretyship guarantee.

35.159 Accordingly, in 1992 the ICC published a new set of rules, the URDG 458,[379] which sought to accommodate the market need for a simple on-demand guarantee but at the same time build in certain forms of protection designed to provide some safeguard against unfair calling. The initial response of the market to the URDG was favourable and they began to be incorporated into demand guarantees. The rules were subsequently revised and the current rules are to be found in URDG 758[380] which applies to a guarantee issued on or after 1 July 2010 and which states that it is subject to the URDG without stating whether the 1992 version or the 2010 issue is to apply.[381] The Rules have been endorsed by UNCITRAL, incorporated by the International Federation of Consulting Engineers (FIDIC) into its model forms of guarantee for construction works and incorporated by the World Bank into its model unconditional guarantee forms.[382] They have been recognised by the English courts as 'an internationally recognised set of rules' that are 'far more

---

[378] ICC Publication No 325, 1978.
[379] Uniform Rules for Demand Guarantees, ICC Publication No 458, 1992 (hereafter URDG 458). Model forms were also published (ICC Publication No 503, 1994). The publication of these Rules did not result in the formal withdrawal of the 1978 Rules but the effect in practice was substantially to diminish, if not eliminate, their practical significance given that, for reasons already given, the 1978 Rules did not satisfy the legitimate needs of the market. For a brief account of URDG 458, see R. Goode, 'The New ICC Uniform Rules for Demand Guarantees' [1992] LMCLQ 190.
[380] Uniform Rules for Demand Guarantees (including model forms), ICC Publication No 758, 2010. For an analysis of the Rules, see G. Affaki and R. Goode, *Guide to ICC Uniform Rules for Demand Guarantees URDG 758*, ICC Publication No 702, 2011.
[381] Article 1(d).
[382] See Affaki and Goode, n 380, paras 599–602.

important' than 'a set of standard conditions.'[383] Finally, in this context, it is important that the Rules are not interpreted in a literal manner or by reference to rules of national law given that they are 'intended to be an instrument underpinning international trade and commerce and to harmonise international demand guarantee practice.'[384]

(iii) **The UN Convention on Independent Guarantees and Stand-By Letters of Credit**

35.160 The URDG, like the UCP, have effect by virtue of incorporation into contracts.[385] Like the UCP, they are necessarily confined to issues that can be dealt with by agreement and cannot, for example, deal with the power of courts to grant injunctions restraining presentation or payment. The 1995 UN Convention on Independent Guarantees and Stand-By Letters of Credit covers much the same ground as the URDG and adopts a very similar approach. The Convention is limited to independent undertakings (standbys, demand guarantees and counter-guarantees) and does not apply to suretyship guarantees. In general, the Convention leaves it to the parties to determine the terms of the guarantee, and, in practice, they are likely to incorporate either the URDG or the ISP. But the Convention imposes a duty of good faith and reasonable care,[386] as well as providing exceptions to the guarantor's payment obligation and as to provisional court measures, including the grant of injunctive relief.[387] However, the Convention has only been ratified by eight States[388] and so its impact in practice has been limited.

(iv) **The demand guarantee defined**

35.161 Article 2 of the URDG 758 provides that, for the purpose of the Rules, a:

'demand guarantee or guarantee means any signed undertaking, however named or described, providing for payment on presentation of a complying demand.'

It has been pointed out[389] that there are six conditions which must be satisfied in order for a guarantee to fall within the scope of the Rules. First, the guarantee or counter-guarantee must embody a signed undertaking. Second, the undertaking must be for the payment of money, not for other kinds of performance. Third, the payment undertaking must be for a specified amount

---

[383] *Tecnicas Reunidas Saudia for Services and Contracting Co Ltd v The Korea Development Bank* [2020] EWHC 968 (TCC) at [48]–[49].
[384] *Leonardo SpA v Doha Bank Assurance Co LLC* [2020] QIC (A) 1 at [39]. In this respect the approach should be analogous to that adopted in the context of the UCP, on which see paras 35.47–35.48.
[385] Article 1.
[386] Article 14.
[387] Article 20.
[388] As at 1 May 2020: see https://uncitral.un.org/en/texts/payments/conventions/independent_guarantees/status.
[389] Affaki and Goode, n 380, para 65.

or maximum amount and not a sum fixed by reference to the amount of the beneficiary's loss. Fourth, the undertaking must be documentary in character without the need to show actual default on the part of the applicant. Fifth, it must be the intention of the applicant and the beneficiary that the guarantee will be invoked only if there has been default in the underlying contract or other relationship. Sixth, the guarantee or counter-guarantee must expressly indicate that it is subject to the URDG or, alternatively, the URDG must 'in some other way' have effect under the applicable law.

(v) **Structure of demand guarantee transactions**

35.162 Every demand guarantee involves at least three parties, the applicant, the beneficiary and the guarantor, and may involve a fourth, the counter-guarantor or the instructing party. The applicant is the party indicated in the guarantee as having its obligation under the underlying relationship supported by the guarantee.[390] The beneficiary is the person in whose favour the guarantee is issued.[391] The guarantor is the party issuing the guarantee and includes a party acting for its own account.[392] Almost invariably, the applicant and the beneficiary will carry on business in different countries. In a direct (or three-party) guarantee the applicant's bank, located in the country where the principal has his place of business, issues the guarantee direct to the beneficiary. Figure 35.10 shows the triangular relationship arising where P, an English contractor, enters into a contract with B in Saudi Arabia for the construction of a plant in Saudi Arabia and arranges for its bank, G Bank, to issue a guarantee direct to B.

35.163 But B may wish to have a guarantee from a bank he knows in his own country, and that bank, G Bank, will itself wish to be protected by a counter-guarantee from P's bank, who in this case is termed the instructing party or the counter-guarantor (CG Bank). This is the indirect (four-party) guarantee. At P's request, CG Bank communicates with G Bank and requests it to issue a guarantee in favour of B against CG Bank's counter-guarantee. The counter-guarantee will follow the same pattern as the guarantee and will require CG Bank to pay G Bank on the latter's first written demand and any other specified documents. This four-party structure is shown in figure 35.11.

35.164 Alternatively, the guarantor may act on the instructions of a party other than a counter-guarantor, which party is responsible for indemnifying the guarantor. Such a party is known as an 'instructing party'.[393] In most cases the instructing party will also be the applicant but this is not true in every case.

---

[390] Article 2. The applicant may or may not be the party from which the guarantor or counter-guarantor (a) receives instructions for the issue of the guarantee or counter-guarantee and (b) is entitled to an indemnity for its outlay. Hence, the applicant is defined as the party 'indicated in the guarantee' rather than as the party on whose instructions the guarantee is issued.
[391] Ibid.
[392] Ibid.
[393] Ibid.

35.164 *The Financing of International Trade*

So, for example, a parent company may instruct a bank to issue a guarantee with its subsidiary as the applicant (for example in the case where the subsidiary is not sufficiently creditworthy in the view of the guarantor). In the case where the instructing party is not the applicant, the guarantor's relationship is with the instructing party and the beneficiary's relationship is with the applicant.[394]

Figure 35.10 Structure of three-party demand guarantee

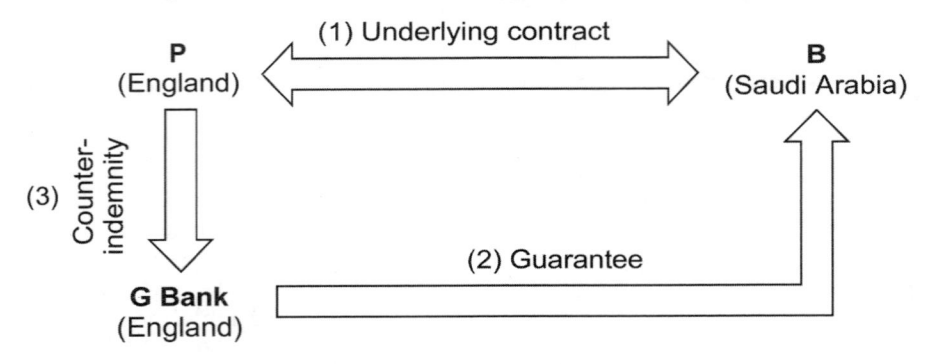

Figure 35.11 Structure of four-party demand guarantee

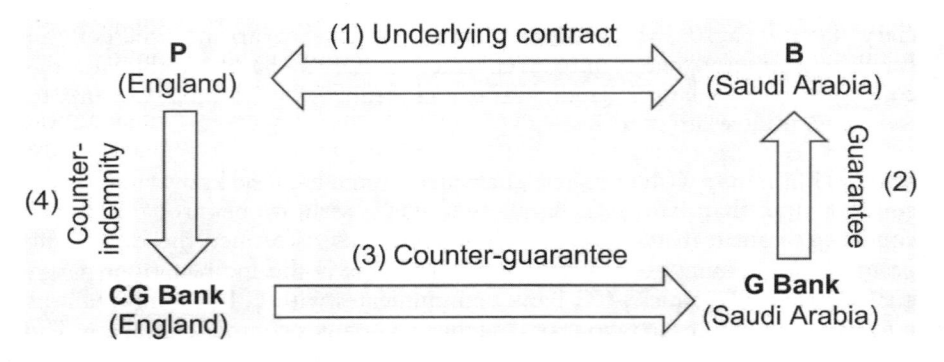

(vi) Types of demand guarantee

35.165 Guarantees may also be classified according to the stage or segment of performance they are designed to secure. It would be possible to have a single guarantee covering all stages from the bid for the contract to the expiry of the maintenance liability period. But in practice it is found convenient to have different types of guarantee for different stages so as to limit the liability for each phase to the amount of the guarantee relating to that phase. The main types of guarantee include:[395]

---

[394] Affaki and Goode, n 380, para 150.
[395] Ibid, para 3.

Demand Guarantees, Performance Bonds and Standby Credits **35.166**

(a) the tender (or bid) guarantee, given for a percentage of the project value and providing for payment to the beneficiary if the principal, having tendered successfully for the contract, fails to sign it or to procure the issue of any main performance guarantee required by the tender conditions;
(b) the performance guarantee, covering the main stage of performance;
(c) the advance payment (or repayment) guarantee, designed to provide repayment to the beneficiary of an advance payment made to the principal for work not later carried out[396];
(d) the retention guarantee, furnished to the beneficiary in exchange for release of retention monies and available to be called up if the principal fails to complete the contract or the work is defective[397]; and
(e) the maintenance (or warranty) guarantee, furnished to the beneficiary in exchange for release of retention moneys held to cover the cost of defects arising during the defects liability period.

(vii) Fundamental principles of demand guarantee law

35.166 Many of the fundamental concepts underlying documentary credits law apply equally in relation to demand guarantees[398] and counter-guarantees.[399] These include the abstract nature of the bank's payment undertaking, the independence of the guarantee from the underlying transaction and from the principal-guarantor relationship, its documentary character, the fact that each bank contracts as principal, the doctrine of strict compliance,[400] the bank's entitlement to pay against documents which appear on their face, after reasonable examination, to conform to the guarantee,[401] and the conditions of availability of injunctive relief.[402] The URDG 758 also provide that all guarantees and counter-guarantees are irrevocable unless otherwise indicated.[403] The form which can be used for all types of demand guarantees is shown in figure 35.12 and a set of optional clauses in figure 35.13.

---

[396] See, for example, *Multiplex Construction Europe Ltd v Dunne* [2017] EWHC 3073 (TCC), [2018] BLR 36.
[397] See, for example, *MW High Tech Projects UK Ltd v Biffa Waste Services Ltd* [2015] EWHC 949 (TCC), [2015] 1 CLC 449.
[398] See the decision of the Singapore Court of Appeal in *Bocotra Construction Pte Ltd v AG (No 2)* [1995] 2 SLR 733 at 744.
[399] In so far as URDG 758 is concerned, guarantee should be read as including a counter-guarantee except where the context otherwise requires (art 3(b)).
[400] It has been said that this applies with less rigour to demand guarantees than to documentary credits (*Siporex Trade SA v Banque Indosuez* [1986] 2 Lloyd's Rep 146; *I. E. Contractors Ltd v Lloyds Bank plc* [1990] 2 Lloyd's Rep 496), but it seems more accurate to say that since in most cases the only document that has to be presented is the demand itself there is much less likelihood of non-compliance and therefore of the need to resort to the doctrine of strict compliance. See to the same effect *Jack: Documentary Credits*, n 12, para 12.48.
[401] Article 19(a); see generally Affaki and Goode, n 380, pp 317–318.
[402] *Solo v Canara Bank* [2001] EWCA Civ 1059, [2001] 1 WLR 1800.
[403] Article 4(b). A similar provision was also to be found in URDG 458, art 6(c) which, in this sense, anticipated the change introduced by UCP 500 in relation to documentary credits.

Figure 35.12 Tender guarantee. ICC Uniform Forms for Issuing Demand Guarantees. ICC Publication No. 758 ISBN 978-92-842-0036-8. Published in its official English version by the International Chamber of Commerce. Copyright © 2010 – International Chamber of Commerce (ICC), Paris

Form of Demand Guarantee under URDG 758

[*Guarantor Letterhead or SWIFT identifier Code*]

To: [*Insert name and contact information of the Beneficiary*]

Date: [*Insert date of issue*]

- **TYPE OF GUARANTEE:** [*Specify tender guarantee, advance payment guarantee, performance guarantee, payment guarantee, retention money guarantee, warranty guarantee etc.*]
- **GUARANTEE NO.** [*Insert guarantee reference number*]
- **THE GUARANTOR:** [*Insert name and address of place of issue, unless indicated in the letterhead*]
- **THE APPLICANT:** [*Insert name and address*]
- **THE BENEFICIARY:** [*Insert name and address*]
- **THE UNDERLYING RELATIONSHIP:** The Applicant's obligation in respect of [*Insert reference number or other information identifying the contract, tender conditions or other relationship between the applicant and the beneficiary on which the guarantee is based*]
- **GUARANTEE AMOUNT AND CURRENCY:** [*Insert in figures and words the maximum amount payable and the currency in which it is payable*]
- **ANY DOCUMENT REQUIRED IN SUPPORT OF THE DEMAND FOR PAYMENT, APART FROM THE SUPPORTING STATEMENT THAT IS EXPLICITLY REQUIRED IN THE TEXT BELOW:** [*Insert any additional document required in support of the demand for payment. If the guarantee requires no documents other than the demand and the supporting statement, keep this space empty or indicate "none"*]

[*] The Form of Demand Guarantee and Counter-Guarantee under URDG 758 as well as the Optional Clauses proposed in the following pages are provided for guidance. They are not part of the rules.

- **Language of any required documents:** [*Insert the language of any required document. Documents to be issued by the applicant or the beneficiary shall be in the language of the guarantee unless otherwise indicated herein*]
- **Form of presentation:** [*Insert paper or electronic form. If paper, indicate mode of delivery. If electronic, indicate the format, the system for data delivery and the electronic address for presentation*]
- **Place for presentation:** [*Guarantor to insert address of branch where a paper presentation is to be made or, in the case of an electronic presentation, an electronic address such as the Guarantor's SWIFT address. If no Place for presentation is indicated in this field, the Guarantor's place of issue indicated above shall be the Place for presentation*]
- **Expiry:** [*Insert expiry date or describe expiry event*]
- **The party liable for the payment of any charges:** [*Insert the name of the party*]

As Guarantor, we hereby irrevocably undertake to pay the Beneficiary any amount up to the Guarantee Amount upon presentation of the Beneficiary's complying demand, in the form of presentation indicated above, supported by such other documents as may be listed above and in any event by the Beneficiary's statement, whether in the demand itself or in a separate signed document accompanying or identifying the demand, indicating in what respect the Applicant is in breach of its obligations under the Underlying Relationship.

Any demand under this Guarantee must be received by us on or before Expiry at the Place for presentation indicated above.

This Guarantee is subject to the Uniform Rules for Demand Guarantees (URDG) 2010 revision, ICC Publication No. 758.

Signature(s)

Figure 35.13 Performance guarantee. ICC Uniform Forms for Issuing Demand Guarantees. ICC Publication No. 758 ISBN 978-92-842-0036-8. Published in its official English version by the International Chamber of Commerce. Copyright © 2010 – International Chamber of Commerce (ICC), Paris

Optional clauses to be Inserted in the Form of Demand Guarantee

- **Time as from which a demand can be presented if different from the date of issue:**

  A demand under this guarantee may be presented as from [*indicate date or event*], e.g.:

  - The crediting of [*insert currency and exact amount to be received as advance payment*] to the applicant's account [*indicate account number*] maintained with the guarantor, provided such remittance identifies the guarantee to which it relates;

  - The receipt by the guarantor of [*insert currency and exact amount to be received as advance payment*] for further credit to the applicant's account [*indicate account number*] maintained with the guarantor, provided such remittance identifies the guarantee to which it relates;*or

  - The presentation to the guarantor of a statement stating [*the release of the tender guarantee*] [*the issue of a documentary credit fulfilling the following terms: indicate amount, issuing or confirming party and goods/services description*] or [*the entry into effect of the underlying contract*].

- **Variation of amount clause:**

  ❖ The Guarantee Amount will be **reduced** by [*insert percentage of Guarantee Amount or exact amount and currency*] upon [*choose one or more of the options below*]:

  - Presentation to the Guarantor of the following document(s): [*insert list of documents*];

  - In the case of an index specified in the guarantee as triggering reduction [*insert index figure triggering the reduction in the Guarantee Amount*]; or

  - (In the case of a payment guarantee): the remittance of [*insert exact amount and currency*] to the beneficiary's account [*indicate account number*] held with the guarantor, provided the record of such remittance enables the guarantor to identify the guarantee to which it relates (for example, by referring to the guarantee's reference number).]

* This suggested operativeness/entry into effect clause, like the one in the bullet immediately preceding it, is frequently used in advance payment and retention money guarantees. In both cases, the clause ensures that the guarantee is not available for drawdown before the amount due by the beneficiary under the underlying contract is paid to the applicant. There are two ways to draft this clause. The first one, reflected in the first bullet, is to consider the guarantee operative only when the amount is effectively credited to the applicant's account. This leaves the beneficiary/payor with the risks of errors in credit transfers or third party attachments. Another way to draft this type of clauses, reflected in the second bullet, considers the beneficiary's obligations as satisfied when the payment is received by the guarantor holding the applicant's account. Any delay in crediting that payment to the applicant's account is left to be sorted out between the applicant and the guarantor according to the bank-customer relationship agreement or rules of law.

Demand Guarantees, Performance Bonds and Standby Credits 35.166

- ❖ The Guarantee Amount will be **increased** by [*insert percentage or exact amount and currency*] upon [*choose one or more of the options below*]:
  - Presentation to the Guarantor of the following document(s): [*insert list of documents*];
  - Presentation to the Guarantor of the Applicant's statement stating that the underlying contract was amended to increase the scope or value of the works and specifying the amount and currency of the new value; or
  - In the case of an index specified in the guarantee as triggering increase [*insert index figure triggering increase in the Guarantee Amount*].]
- **Sample terms for article 15(a)'s supporting statement to be provided by the beneficiary:**
- ❖ In the case of a **tender guarantee**, the supporting statement could state:

The Applicant:
- Has withdrawn its offer during the tender period, or
- While it was declared the successful bidder, the Applicant did not sign the contract corresponding to its offer and/or failed to provide the guarantee(s) requested in the call for tenders.

- ❖ In the case of a **performance guarantee**, the supporting statement could state:

  The Applicant is in breach of its obligations with respect to the underlying relationship because [*of late delivery*] [*the contract's performance was not completed by the due date*] [*there was a shortfall in the quantity of the goods supplied under the contract*] [*the delivered works are defective*] etc.

- ❖ In the case of a **payment guarantee**, the supporting statement could state:

  The Applicant has not fulfilled its contractual payment obligations.

- ❖ Supporting statements required under **other types of guarantees** (advance payment, retention money, delivery, warranty, maintenance, etc.) are likewise expected to be general in their drafting without the need for the beneficiary to substantiate its claim or to provide meticulous technical detail of the breach absent an express requirement in the guarantee itself.

35.167 Even before the advent of the URDG, English courts had emphasized the essential purpose of the demand guarantee as an expeditious remedy conditioned only by presentation of the demand and any other specified documents. The courts took the view that if the guarantor and the principal place themselves at the mercy of the beneficiary in this way, they must accept the consequences. This is vividly illustrated by the decision of the Court of Appeal in *Edward Owen Engineering Ltd v Barclays Bank International Ltd*.[404]

> A contract between English suppliers and Libyan customers provided for the former to supply and erect glasshouses in Libya for the price of £502,030, payable by instalments under an irrevocable confirmed credit payable at Barclays Bank International. Prior to entering into the contract, the Libyan customers had exacted a performance guarantee from Umma Bank for 10% of the contract price payable 'upon first request' from the Libyan customers, and Umma Bank, in turn, had obtained an undertaking from Barclays Bank International to pay 'on demand without proof or conditions'.
>
> The Libyan customers committed a breach of the contract of sale in that the credit issued was not a confirmed credit. Nevertheless, they called upon Umma Bank to pay under the guarantee, and upon doing so Umma Bank claimed over against Barclays under the guarantee given by the latter. The plaintiffs sought an injunction to restrain Barclays from making the payment.
>
> It was held by Kerr J and affirmed on appeal, that notwithstanding the breach of the contract of sale, the undertaking given between the banks must be honoured, since the payment obligation did not depend on compliance with the contract of sale, and, in the absence of fraud, the plaintiffs were not entitled to the injunction sought.[405]

The URDG make these principles explicit.[406]

35.168 A further consequence of the autonomy of the demand guarantee is that the beneficiary is entitled to be paid even if he has suffered no loss under the underlying contract,[407] though at some stage there will be an accounting between the parties, so that if the guarantee is insufficient to cover the beneficiary's loss, he is entitled to recover the deficiency under the underlying contract, while if he has collected under the guarantee a sum greater than that ultimately found due to him, he will have to pay it to the principal.[408]

35.169 But though for the most part demand guarantees are governed by the same principles as those applicable to documentary credits, there are certain considerations particular to demand guarantees. First, it is improper for the beneficiary to make a claim under the guarantee without at least an honest

---

[404] [1978] QB 159.
[405] Similar decisions were given in *R. D. Harbottle (Mercantile) Ltd v National Westminster Bank Ltd* [1978] QB 146 and *Howe Richardson Scale Co Ltd v Polimex-Cekop and National Westminster Bank Ltd* [1978] 1 Lloyd's Rep 161. It is clear that on-demand performance guarantees of this kind are not guarantees in the legal sense but undertakings embodying a primary obligation.
[406] Article 5(a) and, in relation to counter-guarantees, art 5(b).
[407] *Cargill International SA v Bangladesh Sugar and Food Industries Corpn* [1998] 2 All ER 406.
[408] Ibid. See also *Tradigrain v State Trading Corpn of India* [2006] 1 All ER (Comm) 197.

belief that the principal is in breach of the underlying contract,[409] whereas in the case of a documentary credit the question of an abusive call on the paying bank does not arise, as the parties have agreed that the bank is to be the party primarily liable for payment. Secondly, the making of 'extend or pay' demands is a particular feature of demand guarantee practice necessitating special provisions in the URDG. Thirdly, in a four-party transaction the position of the parties to the counter-guarantee has to be covered. Broadly speaking, the same concepts apply to the counter-guarantee as to the guarantee, so that, for example, the counter-guarantor's liability under the counter-guarantee is independent not only of the underlying transaction between applicant and beneficiary but also of the guarantee itself[410] and, indeed, of the separate mandate given by the counter-guarantor to the guarantor, compliance with which is a condition of the latter's right to reimbursement as an agent but is not a prerequisite of its distinct right to payment under the autonomous counter-guarantee. Fourthly, the exemptions of the banks from liability for falsity or inaccuracy of documents, delay in transmission of messages, acts of intermediary banks, and the like,[411] though following the pattern of the UCP, are qualified by a provision that they do not apply to a failure to act in good faith.[412] Finally, there are special rules in art 15 as to the making of demands.[413]

(viii)   Formalities for a valid demand

35.170 Article 15 of the URDG contains a very distinctive rule requiring the beneficiary to present with his demand a statement that the principal is in breach, and the respect in which he is in breach, even if on its face the only document specified is the demand itself.[414] Article 15 provides:

> '(a)   A demand under the guarantee shall be supported by such other documents as the guarantee specifies, and in any event by a statement, by the beneficiary, indicating in what respect the applicant is in breach of its obligations under the underlying relationship. This statement may be in the demand or in a separate signed document accompanying or identifying the demand.

---

[409] See *State Trading Corpn of India Ltd v ED & F Man (Sugar) Ltd* [1981] Com LR 235; *United Trading Corpn SA and Murray Clayton Ltd v Allied Arab Bank Ltd* [1985] 2 Lloyd's Rep 554a; and more recently, *Manx Electricity Authority v JP Morgan Chase Bank* [2003] EWCA Civ 1324; *Banque Saudi Fransi v Lear Siegler Services Inc*, n 274; *Uzinterimpex JSC v Standard Bank plc* [2007] 2 Lloyd's Rep 187.
[410] Article 5(b).
[411] Articles 27, 28, 29.
[412] Article 30.
[413] See below.
[414] Where the URDG do not apply it is not necessary for the demand to specify the nature of the breach or, indeed, go beyond a bare demand for payment unless the terms of the guarantee indicate otherwise, as they were held to do in *I. E. Contractors Ltd v Lloyds Bank plc*, n 400. In that case the guarantee embodied an undertaking to pay the amount of the guarantee on demand 'being your claim for damages brought about by the above named principal'. The Court of Appeal held that this wording imported a requirement that the demand should state that it was a claim for damages brought about by the contractors. See also *Esal Commodities Ltd v Oriental Credit Ltd* [1985] 2 Lloyd's Rep 546.

(b) A demand under the counter-guarantee shall in any event by supported by a statement, by the party to whom the counter-guarantee was issued, indicating that such party has received a complying demand under the guarantee or counter-guarantee issued by that party. This statement may be in the demand or in a separate signed document accompanying or identifying the demand.

(c) The requirement for a supporting statement in paragraph (a) or (b) of this article applies except to the extent that the guarantee or counter-guarantee expressly excludes this requirement. Exclusion terms such as 'The supporting statement under article 15[(a)][(b)] is excluded' satisfy the requirement of this paragraph.

(d) Neither the demand nor the supporting statement may be dated before the date when the beneficiary is entitled to present a demand. Any other document may be dated before that date. Neither the demand, nor the supporting statement, nor any other document may be dated later than the date of its presentation.'

35.171 The purpose of article 15 is to impose some constraint on unfair calling of the guarantee without undermining its efficacy as a swift remedy in the event of perceived default. The constraint is somewhat limited in that the statement of breach is required only from the beneficiary himself, not from an independent third party. Even so, a beneficiary who has little compunction in making a written demand where there has been no breach may feel somewhat inhibited from so doing where he has to commit himself to a statement that the applicant is in breach, and in what respect.[415] The effect of incorporating the URDG is thus to impose an additional documentary requirement that may not be apparent on the face of the guarantee itself. Misunderstanding can be avoided by setting out the requirements of article 15 in the guarantee. A demand by the guarantor under the counter-guarantee given by the counter-guarantor must specify not only that the guarantor has itself received a demand from the beneficiary but that the demand conforms to article 15.

35.172 Article 15 may be excluded or varied by the terms of the guarantee or counter-guarantee, as the case may be, but is not excluded merely because the only document specified is the written demand.

(ix) 'Extend or pay' demands[416]

35.173 It is not uncommon for a beneficiary to present an 'extend or pay' demand requiring the period of the guarantee to be extended, failing which payment is to be made forthwith. Demands of this kind are not necessarily fraudulent, for there may have been, or the beneficiary may honestly though mistakenly believe there has been, a breach, but the beneficiary may be willing to allow time for this to be rectified if the guarantee is extended. Article 23 deals with demands of this kind in some detail. The first point to note is that

---

[415] The phrase 'in what respect' (as opposed to 'respects') is intended to require only a general statement of the nature of the breach (eg that the applicant has been guilty of delay, defective workmanship, a shortfall in delivery of goods), not a detailed specification. See Affaki and Goode, n 380, p 298.

[416] For a detailed analysis of art 23, see Affaki and Goode, n 380, pp 341–354.

if the demand is to be triggered automatically because of non-extension of the guarantee, it must be a demand which conforms to the rules, and in particular to the requirements of article 15. Upon receiving the extend or pay demand, the guarantor may[417] suspend payment for a period not exceeding 30 calendar days following its receipt of the demand.[418] Where the guarantor does decide to suspend payment, it must then without delay inform the instructing party of the period of suspension of payment.[419] Article 23 does not make any reference to the position as between the applicant and the beneficiary but, if the guarantor does agree to the suspension, they are given that period of time in which to agree an extension if they can. If they fail to reach agreement then the guarantor, on the expiry of the period of suspension, must pay. On the other hand, if they do reach agreement then the instructing party will instruct the guarantor to grant the extension but even here the guarantor is not obliged to grant the extension.[420] If it decides not to do so, it must pay and in such a case it must inform the instructing party of its decision to pay,[421] whereas if it decides to grant the extension it must inform the instructing party accordingly, issue an amendment extending the guarantee and the demand for payment is then deemed to be withdrawn.[422]

35.174 A guarantor who decides to suspend payment may itself then make an extend or pay demand under a counter-guarantee. In such a case, the counter-guarantor may suspend payment for a maximum period of four calendar days less than the period for which the guarantor suspended payment under the guarantee.[423] The counter-guarantor must then inform the instructing party of the request and suspension under the guarantee and any suspension under the counter-guarantee.[424] As in the case of a direct guarantee, the counter-guarantor is not obliged to grant an extension even if agreement is reached on a request for an extension. It may decide to pay and it may decide to do this even if the guarantor has decided to extend the guarantee. This difference in treatment, which is not very likely to happen in practice, arises from the fact that the counter-guarantee is independent from the guarantee so that the guarantor and the counter-guarantor are entitled to take their own decisions independently of each other. So the fact that the guarantor has issued an amendment to the beneficiary extending the guarantee does not have the consequence that the counter-guarantor must extend the counter-guarantee. On the contrary, it can decide to pay the guarantor.

---

[417] Under URDG 458 the guarantor was obliged to suspend payment, whereas URDG 758 uses the language of discretion. The guarantor may wish to make payment because, for example, it wishes to obtain reimbursement from the applicant while the applicant still has funds to make the payment. In any event, given that it is an extend 'or' pay demand, there can hardly be an objection if the guarantor decides to choose one of the two options put to it, namely to pay.
[418] Article 23(a).
[419] Article 23(c).
[420] Article 23(e).
[421] Article 23(f).
[422] Article 23(d).
[423] Article 23(b).
[424] Article 23(c).

35.175 The Financing of International Trade

(x) Termination of guarantee

35.175 A demand guarantee comes to an end on expiry,[425] payment,[426] on presentation to the guarantor of the beneficiary's signed release from liability under the guarantee.[427] or by force of law.[428] Termination is not dependent on return of the guarantee.[429]

(xi) Demand guarantees and freezing injunctions

35.176 A freezing injunction will not be granted to restrain payment of a guarantee, as opposed to removal of the proceeds by the beneficiary after payment.[430]

---

[425] Article 25(b)(i). A guarantee will generally expire at the end of the expiry date or upon the occurrence of any specified expiry event. For example, a tender guarantee will normally expire when the contract has been awarded to another party or when the principal, having been awarded the contract, signs it and procures the issue of any stipulated performance guarantee. If the guarantee does not contain an expiry date or an expiry event then it shall terminate after the lapse of three years from the date of issue and, in the case of a counter-guarantee, 30 calendar days after the termination of the guarantee: art 25(c).
[426] Article 25(b)(ii).
[427] Article 25(b)(iii).
[428] This ground is not mentioned in art 25(b) itself but the list of events in the Article is not exhaustive so that other events may have that effect under the applicable law: Affaki and Goode, n 380, p 366.
[429] Article 25(b).
[430] *The Bhoja Trader*, n 286.

Chapter 36

RIGHTS AND DUTIES OF THE SEA CARRIER[1]

36.01 Hitherto the contract of carriage of goods has been discussed in relation to its function as an auxiliary to the central contract of sale. But the crucial role played by transport in both domestic and international commerce gives the law relating to carriage of goods a much wider significance. Indeed, it is no exaggeration to say that the transportation of goods is at once the most important and the most complex of all the fields of activity with which commercial law is concerned. The subject is vast, and only the barest outline can be given here. The present chapter is confined to contracts of carriage by sea (including contracts for combined transport involving a sea leg) which are governed by the Hague-Visby Rules.[2] The principal focus is on contracts evidenced by a bill of lading (other than a bill of lading issued to the charterer under a charterparty),[3] but reference will also be made to sea waybills and delivery orders, which acquired a new importance with the enactment of the Carriage of Goods by Sea Act 1992. Part of the complexity of the subject lies in the fact that in relation to export and import transactions the contract of

---

[1] See generally S. Girvin, *Carriage of Goods by Sea* (2nd edn, 2011); D. Foxton, H. Bennett, S. Berry, C. Smith and D. Walsh, *Scrutton on Charterparties and Bills of Lading* (24th edn, 2020); G. Treitel and F. M. B. Reynolds, *Carver on Bills of Lading* (4th edn, 2017).
[2] See below.
[3] A charterparty is an agreement by which the owner of a ship makes the vessel, or a specified part of it, available with or without crew to another, called the charterer. Charterparties fall broadly into two groups, those under which the owner parts with control of the vessel for the period of the charter, and thus has no responsibility for the carriage of goods on the vessel, and those under which the vessel remains in the control of the owner. The former are known as 'bareboat' charters, or charters by demise, and do not constitute contracts of carriage of goods at all. The latter divide primarily into time charters, where the ship is chartered for a specified period of time, and voyage charters, where it is chartered for a designated voyage. Under a time charter, the hire is fixed by reference to the period of the charter and may also be linked to the capacity of the vessel, irrespective of whether this is fully used by the charterer. Under a voyage charter, freight is calculated according to the tonnage actually shipped, unless the charterer agrees to load a full cargo, in which case he has to pay compensation (dead freight) for the space not used, or a lump sum freight is agreed. (For the significance of the distinction between hire under a time charter and freight under a voyage charter in relation to the charterer's right to make deductions for cross-claims, see n 217.) A charterparty under which two or more charterers take space in different parts of the vessel is known as a space charterparty. There are also hybrids which combine elements of voyage and time charterparties. See J. Wilson, *Carriage of Goods by Sea* (7th edn, 2010), pp 3–5.

36.01 Rights and Duties of the Sea Carrier

carriage cannot be viewed in isolation from related contracts, in particular, the contract of sale and the provision of finance against documents.[4]

1. SOURCES OF LAW

36.02 Contracts of carriage are regulated partly by the common law of contract, tort and bailment, partly by statute.

(i) Contract

36.03 The primary source of the rights of the parties to a contract of carriage is, of course, the contract itself. This is normally concluded prior to the issue of the bill of lading but on the carrier's standard bill of lading terms.[5] The common law imports certain terms into contracts of carriage of goods by sea, though, except as otherwise provided by statute, these may be varied or excluded by agreement of the parties.

(ii) Tort

36.04 Independently of the contract of carriage, which deals with the rights of the parties to that contract, the carrier owes a duty of care in tort to those having a proprietary or possessory interest in the goods he is carrying and is liable in damages for negligence if that duty is broken,[6] but any liability in tort may be excluded or limited by the operation of a *Himalaya* clause or an exclusion or limitation of liability in favour of the defendant under a contract between other parties made for his benefit.[7]

(iii) Bailment

36.05 While the law of bailment may not add much in situations involving parties to the contract of carriage, it continues to exert a significant influence in non-contractual relationships, typically in relation to the rights and duties of the carrier vis-à-vis a transferee of the original shipper's rights by or against whom a sub-bailment is alleged to exist.[8] It is, however, important not to relegate the law of bailment to a historic footnote. It continues to have relevance. For example, the delivery of goods for carriage by sea is a bailment for reward on the terms of the bill of lading and, while the duty of the bailee is limited to taking reasonable care of the goods, it is important to note that the burden of proof at common law lies on the bailee to prove an absence of

---

[4] A particular theme of Professor Charles Debattista's book *The Sale of Goods Carried by Sea* (2nd edn, 1998).
[5] See para **36.23**.
[6] See para **36.69**.
[7] See Contracts (Rights of Third Parties) Act 1999, ss 1, 6(5), and paras **3.89–3.90**.
[8] On the significance of sub-bailment see *Chitty on Contracts* (33rd edn, 2018), para 33-026.

negligence on its part.[9] This is to be contrasted with the tort of negligence where the legal burden of proof lies on the party alleging negligence.

(iv) The Hague, Hague-Visby, Hamburg and Rotterdam Rules

36.06 The law relating to contracts of carriage by sea under bills of lading has evolved as a response to the imbalance of bargaining power between shipowners on the one hand and cargo owners on the other.[10] The nineteenth-century laissez-faire approach to contracts, coupled with the negotiating strength of the shipping companies, had enabled them to impose virtually any terms they chose on shippers, who had to take their contracts as they were presented and found themselves with minimal rights against the shipowners for loss of or damage to cargo.[11] Further, transferees of the bills of lading took on the same terms, over the negotiation of which they had no control at all.

36.07 Reaction against this state of affairs, coupled with serious disparities in the treatment of bills of lading by the laws of different states, led to the Brussels Convention of 1924, which adopted a set of uniform rules relating to bills of lading. These rules are known as the Hague Rules.[12] They regulated the rights, duties and immunities of the carrier, under a contract of carriage by sea covered by a bill of lading, in relation to the shipper, the consignee named in the bill of lading and the indorsee of the bill. The Brussels Convention was amended by the Brussels Protocol of 1968, which embodied a set of rules, known as the Visby Rules,[13] amending the Hague Rules. The Brussels Convention and the Protocol are to be read and interpreted as a single instrument,[14] and the original and amending rules thus form a single set of rules known as the Hague-Visby Rules.

36.08 A court which is called upon to interpret either the Hague Rules or the Hague-Visby Rules must keep firmly in mind their international origin and not seek to interpret them as if they were legislation enacted by the UK Parliament. This being the case, the language of the Rules should be 'construed on broad

---

[9] *Volcafe Ltd v Cia Sud Americana de Vapores SA (trading as CSAV)* [2018] UKSC 61, [2019] AC 358 at [8]–[9].
[10] Often referred to in depersonalized terms as 'ship' and 'cargo'. Thus the liability of 'the ship' (see, eg, art IV of the Hague Rules) denotes the liability of the person responsible for the vessel as owner or as charterer, depending on the circumstances. It may also refer to the susceptibility of the vessel itself to a claim *in rem*.
[11] In addition to which the Merchant Shipping Act 1894 conferred further rights and immunities on shipowners. See para **36.44**, n 160.
[12] Having first been formulated at a meeting of the International Law Association at The Hague in 1921.
[13] Since they resulted from the Conference of the Comité Maritime International (CMI) whose proposals were signed at Visby (the capital of the Swedish island of Gotland) in 1963.
[14] Protocol, art 6. By a further protocol signed at Brussels in December 1979 the Rules were again amended by substituting special drawing rights for francs in the limitation provisions. See n 162 for an explanation of the meaning and significance of 'francs' in this context.

36.08 Rights and Duties of the Sea Carrier

principles of general acceptation'[15] and they should be given 'a purposive rather than a narrow literalistic construction.'[16] In short, the court must be mindful of the aim to promote uniformity of interpretation where that is possible and not approach the task of interpretation through a narrow, domestic lens.[17] This broader approach includes greater resort to the travaux préparatoires in cases where the elucidation of the meaning of the text is not straightforward and where the travaux préparatoires clearly and indisputably point to a definite legislative intention.[18]

36.09 Reference must also be made to the Hamburg Rules. These resulted from the United Nations Convention on the Carriage of Goods by Sea adopted in Hamburg in 1978. The Hamburg Rules, which differ in material respects from the Hague-Visby Rules,[19] were intended to replace the latter. Indeed, the Hamburg Convention requires a state which becomes a contracting state to denounce the Brussels Convention and Protocol with effect from the date when the Hamburg Rules come into force in respect of that state, subject to a right to defer the denunciation for up to five years.[20] The Rules came into effect on 1 November 1992 as regards contracting states,[21] but none of the major maritime countries has yet ratified them, nor does there seem any likelihood of their doing so in the foreseeable future.

36.10 Dissatisfaction with the present situation has led a growing number of countries to introduce a hybrid Hague/Hague-Visby/Hamburg regime, which may represent an improvement for the countries concerned but does not advance the cause of uniformity. In December 2008 the General Assembly of the United Nations adopted the Convention on Contracts for the International Carriage of Goods Wholly or Partly by Sea, generally known as the Rotterdam Rules, which ambitiously attempts to create a new legal regime covering not only carriage by sea in isolation but multimodal contracts involving a sea leg.[22] Brief consideration is given to the Convention at the end of this chapter. However, more than a decade after agreement was reached on the text, it is still

---

[15] *Stag Line Ltd v Foscolo, Mango & Co Ltd* [1932] AC 328, 350 (Lord Macmillan). See also *Glencore Energy UK Ltd v Freeport Holdings Ltd (The 'Lady M')* [2019] EWCA Civ 388, [2019] 2 All ER (Comm) 731 at [22]–[31].
[16] *The Hollandia* [1983] 1 AC 565, 572 (Lord Diplock).
[17] *James Buchanan & Co Ltd v Babco Forwarding and Shipping (UK) Ltd* [1978] AC 141, 152 (Lord Wilberforce).
[18] *Fothergill v Monarch Airlines Ltd* [1981] AC 251, 278 (Lord Wilberforce). An example of detailed consideration being given to the *travaux préparatoires* is provided by the decision of the Court of Appeal in *Sea Tank Shipping AS v Vinnlustodin HF Vatryggingafelag Islands FH* [2018] EWCA Civ 276, [2018] 3 All ER 981 at [34]–[54].
[19] In particular, they apply to contracts of carriage by sea generally, whether or not covered by a bill of lading, but not charterparties (see arts 2, 3) and they significantly increase the carrier's liability by imposing a general duty of care without the limits and exemptions provided by the Hague-Visby Rules, notably the exemption from liability for negligence in the navigation or management of the ship. For a detailed examination of the differences, see J. Honnold, 'Ocean Carriers and Cargo: Clarity and fairness – Hague or Hamburg' [1993] 24 JMLC 75; W. Tetley, 'The Hamburg Rules – A Commentary' [1979] LMCLQ 1.
[20] Hamburg Convention, art 31.
[21] As at 1 June 2020 the Convention had been ratified by 34 states.
[22] See para **36.98**.

not in force. There are only five parties to the Convention (Benin, Cameroon, Congo, Spain and Togo) when twenty are required in order to bring it into force. It therefore seems unlikely that the Rotterdam Rules will achieve the objectives of those responsible for its creation.

(v) The Carriage of Goods by Sea Acts 1924–1992

36.11 The Hague Rules were given statutory force in the United Kingdom by the Carriage of Goods by Sea Act 1924.[23] The Hague-Visby Rules were carried into effect in relation to the United Kingdom by the Carriage of Goods by Sea Act 1971, which did not come into force until 23 June 1977.[24] That Act repealed the Act of 1924, so that the unamended Hague Rules ceased to have legal effect in the United Kingdom.[25] The Hague-Visby Rules (which have effect by force of law under the 1971 Act and do not require to be incorporated by a clause paramount[26]) expand the scope of application of the Hague Rules in various respects and make a number of changes in relation to the limits of liability, the limitation of actions and the evidential effect of a bill of lading vis-à-vis a bona fide transferee.[27] The Carriage of Goods by Sea Act 1992, which implements the recommendations of the Law Commissions,[28] is an important piece of legislation which is concerned not with the content of the carrier's duties but with title to sue and liability on the contract of carriage.

---

[23] Under s 1 of the Act, the Rules operated by force of the Act itself; but by s 3 the bill of lading was required to include a clause (commonly known as the paramount clause) stating that the bill of lading was subject to the provisions of the Rules. The result was that the carrier who pursuant to s 3 included a clause paramount in his bill of lading thus became bound by the Rules as a matter of contract even in relation to a dispute not governed by English law (see *Scrutton on Charterparties* (24th edn, 2020), n 1, para 14-016). The objective was to avoid conflict of laws problems. The Carriage of Goods by Sea Act 1971 does not require a clause paramount. See para **36.15**.

[24] Carriage of Goods by Sea Act 1971 (Commencement) Order 1977, art 2.

[25] It is, however, possible for parties contractually to incorporate the Hague Rules into the bills of lading. Contracting parties who intend to do so must draft clearly if their intent is to incorporate the Hague Rules and not the Hague-Visby Rules. The difficulty arises from the fact that a contract term which incorporates the Hague Rules 'as enacted' in the country of shipment will, in the case where the UK is the country of shipment, be regarded as a reference to the Hague Rules as enacted by Schedule 1 to the 1971 Act. In other words, it will be interpreted as a reference to the Hague-Visby Rules and not as a reference to the original Hague Rules of 1924: *Yemgas FZCO v Superior Pescadores SA (The Superior Pescadores)* [2016] EWCA Civ 101, [2016] 2 All ER (Comm) 104.

[26] Section 1(2). This is in contrast to the position under the 1924 Act. See n 23. Section 1(2) of the 1971 Act, together with art X of the Rules, added by the Visby Amendments, closes the gap opened up by *Vita Food Products Inc v Unus Shipping Co Ltd* [1939] AC 277 and makes application of the Rules mandatory in an action before an English court for voyages to which they apply, irrespective of whether the bill of lading incorporates the Rules or the law applicable to the contract is English (*The Hollandia* [1983] 1 AC 565; *The Antares* [1987] 1 Lloyd's Rep 424).

[27] For an excellent discussion of the Hague-Visby Rules and the changes which they introduced, see A. Diamond, 'The Hague-Visby Rules' [1978] LMCLQ 225.

[28] *Rights of Suit in Respect of Carriage of Goods by Sea* (Law Com No 196, Scot Law Com No 130, HC 250, 1991).

36.12 *Rights and Duties of the Sea Carrier*

(vi) The London Convention and the Merchant Shipping Acts 1979–1995

36.12 The London Convention,[29] implemented initially in the United Kingdom by the Merchant Shipping Act 1979 (and now consolidated in the Merchant Shipping Act 1995[30]), sets out the conditions in which the carrier can limit his liability overall by reference to the tonnage of the vessel. It replaces the 1957 International Convention Relating to the Liability of Owners of Sea Going Ships, which had attracted strong criticism.

(vii) The Contracts (Rights of Third Parties) Act 1999

36.13 This Act makes it possible under certain conditions for two contracting parties to give to a third party the right to enforce a term of their contract.[31] However, contracts for the carriage of goods by sea are generally excluded from the Act[32] in order to avoid overlap with legislation governing such contracts, except that a third party may rely on an exclusion clause or limitation of liability in such a contract.[33]

2. APPLICATION OF THE HAGUE-VISBY RULES

36.14 The scope of the Hague-Visby Rules in the United Kingdom is determined partly by the Rules themselves in art X and partly by provisions of the Carriage of Goods by Sea Act 1971 extending their scope.

(i) Scope of the Rules under Article X

36.15 The combined effect of arts I and X of the Hague-Visby Rules is that three requirements must be satisfied before the Rules can apply to a contract of carriage of goods.[34]

(a) The contract of carriage must be covered by a bill of lading[35] or similar document of title.[36] The words 'or similar document of title' have been held to be words of 'expansion as opposed to restriction' and, as such,

---

[29] Convention on Limitation of Liability for Maritime Claims 1976.
[30] Section 185 and Sch 7.
[31] Section 1. See para **3.89**.
[32] Section 6(5)(a).
[33] Ibid. Thus enabling a party such as a stevedore to claim the benefit of an exclusion or limitation clause provided that the requirements of the Act are satisfied. These requirements are, however, much easier to satisfy than those established by the common law in cases such as *The Eurymedon* [1975] AC 154 (see paras **3.86–3.88** above).
[34] 'Goods' include goods, wares, merchandise and articles of every kind whatsoever except live animals and cargo which by the contract of carriage is stated as being carried on deck and is so carried (art I). As to deck cargo, see para **36.29**.
[35] The phrase 'covered by a bill of lading' means that the contract of carriage provides, expressly or by implication, for the issue of a bill of lading evidencing the terms of the contract; whether or when it is issued is irrelevant (*Pyrene Co Ltd v Scindia Navigation Co Ltd* [1954] 2 QB 402; *Parsons Corpn v CV Scheepvaartonderneming (The Happy Ranger)* [2002] EWCA Civ 694, [2002] 2 Lloyd's Rep 357; and *AP Moller-Maersk A/S (t/a Maersk Line) v Kyokuyo Ltd* [2018]

'postulate a wide rather than narrow meaning.'[37] It is thus possible that the Rules may be held to be applicable to contracts covered by a non-negotiable sea waybill[38] or a non-negotiable multimodal transport document.[39] But the more orthodox view is that contracts covered by such documents fall outside the scope of the Rules unless incorporated by a clause paramount.[40]

(b) The contract must satisfy an internationality test in that the bill of lading[41] must relate to the carriage of goods between ports in two different states. The Rules therefore do not apply to carriage between ports in the same country or through inland waterways.

(c) The contract must either:
   (i) have a specified connection with a contracting state, by reason of the fact that the bill of lading is issued in a contracting state or the carriage is from a port in a contracting state, or
   (ii) provide that the Rules or legislation giving effect to them are to govern the contract.[42]

(ii) Extension of scope in the United Kingdom

36.16 The Carriage of Goods by Sea Act 1971 extends the scope of the Hague-Visby Rules in three ways. First, so long as the port of shipment is in the United Kingdom it is not necessary that the port of destination shall be in another state.[43] Secondly, the ability of the parties to give the Rules the force of law by a provision to that effect in the contract is not confined to contracts contained in or evidenced by a bill of lading, as provided by art X, but is extended to contracts contained in or evidenced by a non-negotiable receipt (for example, a sea waybill) marked as such if the contract expressly states that the Rules are to govern it as if the receipt were a bill of lading.[44] Thirdly, if and so far as the contract contained in or evidenced by the bill of lading or receipt

---

EWCA Civ 778, [2018] 3 All ER 1009). As noted earlier, the House of Lords has held that a straight bill of lading (see para **32.56**) is a bill of lading for the purpose of the Rules (see *J I McWilliam Co Inc v Mediterranean Shipping Co SA (The 'Rafaela S')* [2005] UKHL 11, [2005] 2 AC 423) and presumably the same is true of a combined transport bill of lading to the extent that it covers a sea leg of the transit: see *The Rafaela S* at [75] per Lord Rodger.

[36] Article I(b), which defines a contract of carriage for the purpose of the Rules and which is mirrored by s 1(4) of the Carriage of Goods by Sea Act 1971.

[37] *The Rafaela S*, n 35, at [44] per Lord Steyn.

[38] See in particular the broad approach adopted by Lord Rodger in *The Rafaela S*, n 35, at [57], [70] and [75]. While sea waybills may possibly be held to fall within the wording, it is unlikely that it will be held to extend to a document such as a ship's delivery order: see Girvin, n 1, para 19.20.

[39] Particularly a multimodal transport document issued as in negotiable form.

[40] See para **36.11**.

[41] It is a curious feature of the Rules that while the definition of 'contract of carriage' in art I(b) covers not only bills of lading but 'similar documents of title', several of the subsequent articles, including art X, refer only to bills of lading.

[42] It is not sufficient that the parties select English law to govern the contract, whether expressly or impliedly by choosing England as the forum (*The Komninos S* [1991] 1 Lloyd's Rep 370).

[43] Section 1(3).

[44] Section 1(6). See *The European Enterprise* [1989] 2 Lloyd's Rep 185.

36.16 *Rights and Duties of the Sea Carrier*

applies to deck cargo the Rules are extended to deck cargo,[45] which otherwise would be excluded.[46]

3. THE PARTIES TO THE CONTRACT OF CARRIAGE

36.17 The parties to a contract of carriage by sea are known respectively as the shipper and the carrier. The shipper is the person to whom the carrier undertakes the duty of transporting the goods. He may be the seller or buyer under a contract of sale, a freight forwarder or any other consignor.[47] His identity is prima facie[48] established by the bill of lading, though it does not necessarily follow that the person named in the 'shipper' box is the true contracting party, for it may be shown that he acted as agent, as where the seller acts as agent of the buyer under an extended f.o.b. contract[49] or a freight forwarder as agent of the seller. By contrast, the identity of the carrier is often not stated in the bill of lading,[50] a fact which may pose serious problems for the shipper.[51] The legal carrier (ie the party contracting with the shipper to carry the goods) may himself be the actual carrier or he may procure carriage by another.[52] In the former case, he may be the owner of the ship or a charterer.[53] In the latter, he may himself have no interest in the ship whatsoever but may simply arrange carriage by the owner or charterer. With the development of combined transport, many freight forwarders now contract as carriers,[54] though not in any way personally involved in the sea transit.

36.18 Where the ship has been let under a demise charter, difficult questions may arise as to whether the carrier is the owner, the charterer, or both, or is

---

[45] Section 1(7).
[46] Article 1(1)(c).
[47] The consignor and the shipper are not necessarily the same. For example, where a seller has goods shipped under a strict f.o.b. contract, the seller is the consignor while the buyer is the shipper.
[48] A party identified as a party to a contract of carriage evidenced by a bill of lading is entitled to show that it has been wrongly identified as a party: *MVV Environment Devonport Ltd v NTO Shipping GmbH & Co KG ('MV Nortrader')* [2020] EWHC 1371 (Comm) at [27].
[49] See *Benjamin's Sale of Goods* (10th edn, 2017), para 18-079; *Carver on Bills of Lading* (4th edn, 2017), n 1, paras 4-003 ff.
[50] The person signing the bill is rarely acting as principal but may sign as agent for a named or unnamed carrier or for the master, who himself is an agent, not a carrier (*International Milling Co v The Perseus* [1958] 2 Lloyd's Rep 272, a United States decision). The bill may contain an 'identity of carrier' clause making it clear that the contract is with the (unnamed) owner of the vessel, not with the signatory of the bill (*Navig8 Pte Ltd v Al-Riyadh Co for Vegetable Oil Industry (The Lucky Lady)* [2013] EWHC 1565 (Comm), [2013] 2 All ER (Comm) 145). This leaves the shipper the sometimes difficult task of ascertaining the identity of the owner. See, for example, *Homburg Houtimport BV v Agrosin Private Ltd (The Starsin)* [2003] UKHL 12, [2004] 1 AC 715; *The Venezuela* [1980] 1 Lloyd's Rep 393.
[51] And is inconsistent with UCP 600, art 20(a)(i). See below.
[52] One of the virtues of the Hamburg Rules is that they distinguish the legal carrier from the actual carrier, making the former responsible for the acts and omissions of the latter.
[53] Or sub-charterer.
[54] Ie as between themselves and the shipper. But vis-à-vis the actual carrier, the forwarding agent will himself be the shipper if he ships in his own name. Whether, in the absence of a contractual provision to that effect, the Hague-Visby Rules will apply to the sea voyage is as yet undetermined.

neither of these but some other party responsible for issuing the bill of lading, eg a charterer under a time or voyage charterparty or a freight forwarder undertaking to carry as principal. One of the causes of the problem is the practice of identifying one party as carrier on the face of the bill and a different and frequently unidentified party (eg 'the owner of the vessel') in small print on the reverse. The problems thus created for anyone wishing to sue on such a bill of lading were considerable. Happily, these have been considerably alleviated by the decision of the House of Lords in *The Starsin*,[55] which has robustly declared that the reasonable reader, versed in the shipping trade, looks to the identity of the carrier on the face of the bill and should not be expected to trawl through conditions in small print on the reverse.[56] As pre-printed standard terms, these must, in accordance with normal rules of interpretation, give way to what the parties have specifically agreed on the face of the bill. A conclusion to the contrary would create an unacceptable trap. In that case the facts were as follows:

> Proceedings were brought against the owner of a ship and against the demise charterers for damage caused by negligent stowage to cargo shipped under a bill of lading. The question was whether the bill of lading was an owner's or a charterer's bill of lading. The vessel had been let on a time charter to Continental Pacific Shipping (CPS), which at the time operated a liner service but subsequently became insolvent. The bill of lading on CPS's shipping form was drafted to express a contract of carriage between the shipper and the owner, but was signed on its face not by the master but by CPS's agent on behalf of CPS, which was described as the carrier. However, the reverse of the bill contained, as 'the Company's [ie CPS's] standard conditions', (a) a definition of 'carrier' as the party on whose behalf the bill of lading had been signed, (b) an identity of carrier clause stating that the contract of carriage was between the merchant and the owner of the vessel and (c) a demise clause[57] stating that if the vessel was not owned by or chartered by demise to the company or line by whom the bill was issued, the bill of lading should take effect only as a contract of carriage with the owners or demise charterer, as the case might be, made as principal through the agency of the company. The question was whether the bill was an owner's bill or a charterer's bill. The House of Lords, reversing the decision of the Court of Appeal and restoring the decision of Colman J at first instance, unanimously held that the bill was a charterer's bill and that the owner incurred no liability on it.[58]

36.19 Where the bill of lading is signed by the master (which was not the case in *The Starsin*), it may be necessary to determine for whom he acts in so doing. The main rules may be summarized as follows:

---

[55] *The Starsin*, n 50. See further E. Peel, 'Actual Carriers and the Hague Rules' (2004) 120 LQR 11.
[56] But the case does not stand for a more wide-ranging proposition that the content of the first page of a bill of lading should be preferred to the content of the reverse page. In the case where the conditions set out on the reverse are more prominent than those to be found on the front, the court may infer that it is the conditions on the reverse which have been incorporated into the contract: *Golden Endurance Shipping SA v RMA Watanya SA* [2014] EWHC 3917 (Comm), [2015] 2 All ER 435 at [16].
[57] See para **36.20**.
[58] It was, however, liable in tort to one party who had obtained title before the voyage began.

36.19 Rights and Duties of the Sea Carrier

(a) The master of a ship has a usual authority to sign bills of lading on behalf of the owner.[59]

(b) A charterer by demise is for this purpose treated as the owner for the time being, with the result that when the master of a ship let under a demise charterparty signs a bill of lading, the presumption is that he does so on behalf of the charterer, not on behalf of the owner,[60] so that it is the former who will be the carrier. The fact that the shipper is unaware of the existence of the charterparty is irrelevant.[61]

(c) Where the charterparty is not by demise, the charterer is not treated as the owner for any purpose, possession and control remaining with the person letting the vehicle out under the charterparty. Accordingly, where the master of a vessel let out under a time or voyage charterparty signs a bill of lading, he will usually be treated as the agent of the owner, not of the charterer.[62] The charterparty may, it is true, exclude or restrict the master's actual authority to sign bills of lading on behalf of the owner, but under ordinary agency principles such an exclusion or restriction does not affect the shipper unless he had notice of it; and mere knowledge of the existence of the charterparty does not constitute constructive notice of its contents.[63] On the other hand, the fact that the owner is liable as a carrier does not necessarily absolve the charterer from liability, so that if, for example, he has been involved in loading, stowing and unloading operations, this may justify the inference that he and the owner together undertook the duties of carrier.[64]

36.20 The person on whose behalf a bill of lading is issued may incur a liability as carrier even though he is neither the owner nor a demise charterer of the vessel.[65] To counter this possibility, it is common for bills of lading to contain a 'demise clause'[66] by which the issuer of the bill of lading stipulates that if the ship is not owned by or demised to the issuer, the bill of lading is to be treated as a contract[67] with the owner or charterer (as the case may be), not with the issuer.[68]

36.21 The demise clause was also used by a charterer issuing a bill of lading in order to establish that the signatory of the bill was not his agent but that of

---

[59] *The St Cloud* (1863) 8 LT 54.
[60] *Baumwoll Manufaktur von Carl Scheibler v Furness* [1893] AC 8.
[61] Ibid.
[62] *Sandeman v Scurr* (1866) LR 2 QB 86; *Wehner v Dene Steamship Co* [1905] 2 KB 92, per Channell J at 98; *The Rewia* [1991] 2 Lloyd's Rep 325 (bill of lading signed by agents). But in each case it is a question of fact (*The Venezuela*, n 50).
[63] *Manchester Trust v Furness Withy & Co Ltd* [1895] 2 QB 539.
[64] See generally W. Tetley, *Marine Cargo Claims* (4th edn, 2008), pp 578 ff.
[65] As in *Hiram Walker & Sons Ltd v Dover Navigation Co Ltd* (1949) 83 Ll L Rep 84 (time charter). Indeed, he may not even be a charterer at all.
[66] For the history of the demise clause, see Lord Roskill, 'The Demise Clause' (1990) 106 LQR 403.
[67] This is the usual wording. But the bill of lading is, strictly, not a contract itself but merely evidence of the previously concluded contract of carriage. See paras **36.03, 36.23**.
[68] 'Identity of carrier' clauses are similar and are designed to achieve the same objective.

the owner.[69] However, in the light of *The Starsin* it will usually be disregarded if inconsistent with the statement of the carrier on the face of the bill.[70]

36.22 The validity of the demise clause is a matter of controversy.[71] It has been declared invalid in the United States[72] as contrary to the provisions of the Harter Act,[73] on the ground that a stipulation by a carrier that he was not to be treated as the carrier was an attempted exclusion of liability,[74] nullified by the Act. The clause has similarly been ruled invalid in Canada[75] as contrary to the Hague Rules, though more recently it seems to have been rehabilitated.[76] By contrast, the demise clause has been assumed to be valid in several cases in England,[77] its function being not to exclude liability but to identify the carrier.[78]

4. FORMATION AND EVIDENCE OF THE CONTRACT

36.23 As previously mentioned, the contract of carriage is concluded between carrier and shipper before the bill of lading is issued. Though the bill of lading is the strongest evidence of the terms of the contract, it is not itself the contract,[79] nor is it necessarily conclusive as against the original holder as to the terms or even the existence of the contract.[80] The terms must be ascertained after reference to all relevant facts and documents, including oral discussions between the parties or their respective agents, sailing advertisements, sailing cards, shipping notes, mates' receipts, and the like. If, therefore, the bill of lading is inconsistent with the terms of a prior warranty by the carrier, the

---

[69] The charterer may be authorized by the charterparty to sign bills of lading on behalf of the master in the latter's capacity as agent of the owner, or to present bills of lading to the master for signature by him on behalf of the owner. See, for example, *Tillmanns & Co v SS Knutsford Ltd* [1908] 1 KB 185; *The Berkshire* [1974] 1 Lloyd's Rep 185.

[70] See above.

[71] See N. Gaskell, R. Asariotis and Y. Baatz, *Bills of Lading* (2nd edn, 2012), paras 3.66 ff; Tetley, *Marine Cargo Claims*, n 64, pp 601 ff.

[72] *Thyssen Steel Co v M/V Kavo Yerakas* 50 F 3d 1349 (1995); *The Anthony II* [1966] 2 Lloyd's Rep 437. But not all US decisions have gone the same way. See generally W. Tetley, 'The Demise of the Demise Clause' (1999) 44 McGill LJ 807; R. W. Pritchett, 'The Demise Clause in American Courts' [1980] LMCLQ 387.

[73] Which nullifies clauses purporting to exculpate the carrier from liability or negligence. However, that Act does not apply in relation to bills of lading within the Carriage of Goods by Sea Act 1936.

[74] Following *Bank of Kentucky v Adams Express Co* 93 US 174 (1876).

[75] *The Mica* [1973] 2 Lloyd's Rep 478, approving the statements in Tetley, *Marine Cargo Claims* (1st edn), pp 52–54 (see now the 4th edn, pp 601 ff). On appeal, [1975] 2 Lloyd's Rep 371, the decision was set aside by consent on terms of a settlement agreed between the parties.

[76] *Union Carbide v Fednav Ltd* (1997) 131 FTR 241, in which Nadon J declined to follow the earlier decision of Reed J in *Canastrand Industries Ltd v the Ship Lara S* [1993] 2 FC 553; *Jian Sheng Co v Great Tempo SA* [1998] 3 FC 418. See W. Tetley, n 72, who maintains his opposition to their validity.

[77] The latest being *The Starsin*, n 50. See also N. Gaskell, R. Asariotis and Y. Baatz, n 71, paras 3.66 ff.

[78] Wilson, *Carriage of Goods by Sea*, n 3, pp 246–247.

[79] *Sewell v Burdick* (1884) 10 App Cas 74, per Lord Bramwell at 105; *The Ardennes* [1951] 1 KB 55.

[80] *Heskell v Continental Express Ltd* [1950] 1 All ER 1033.

shipper is entitled to adduce evidence of the true terms of the contract and the prior undertaking will prevail.[81] However, if a standard bill of lading is regularly used for transactions between shipper and carrier, its terms may be implied into future contracts as the result of their course of dealing, and thus govern their rights even in a transaction where no bill of lading is issued.[82]

36.24 Though the earlier contract may still have force as between shipper and carrier, in favour of a consignee or indorsee, the bill of lading is conclusive as to the terms of the carriage and the consignee or indorsee will not be bound by any prior agreement between the shipper and the carrier not reflected in the terms of the bill of lading. This was established long ago in *Leduc & Co v Ward*.[83] The primary ground of that decision was that under s 1 of the Bills of Lading Act 1855 the indorsee became the transferee of all rights of suit as if the contract 'contained in' the bill of lading had been made with him. A secondary ground, advanced by Lord Esher MR, was that reduction of the earlier contract of carriage to writing attracted the operation of the parol evidence rule,[84] making extrinsic evidence of those terms inadmissible. The difficulty with this second ground is that it is equally applicable to claims by the original shipper. Indeed, it is not clear why the parol evidence rule has not been invoked against the shipper. As to the first ground, the Act of 1855 has been repealed by the Carriage of Goods by Sea Act 1992. Section 2(1) of that Act refers to the transfer of rights of suit 'under the contract of carriage', which in relation to a bill of lading is defined as the contract contained in or evidenced by the bill of lading.[85] Accordingly, if the principle established in *Leduc & Co v Ward* is still good law, it is best explained on the basis that as against a transferee of the bill of lading without notice of any prior inconsistent contract the carrier is estopped from disputing that the terms of the contract of carriage (albeit concluded before issue of the bill of lading) are different from those set out in the bill of lading. By contrast, the original holder of the bill of lading is entitled to treat the bill of lading as the exclusive embodiment of the terms of carriage.

5. DUTIES AND LIABILITIES OF THE CARRIER UNDER OR BY VIRTUE OF THE CONTRACT OF CARRIAGE

36.25 The carrier's duties and liabilities under the contract of carriage[86] are governed primarily by the terms of the contract and the Hague-Visby Rules. Together these largely displace the common law rules as to the obligations of the sea carrier.

---

[81] *The Ardennes*, n 79 (undertaking to ship directly to London held to override a clause in the bill of lading permitting deviation).
[82] Moreover, an agreement to ship the goods according to the carrier's regular practice incorporates by reference the terms of the carrier's bills of lading, even though in the particular transaction the bill was never issued (*Anticosti Shipping Co v St-Amand* [1959] SCR 372, [1959] 1 Lloyd's Rep 352).
[83] (1888) 20 QBD 475. See C. Debattista, 'The Bill of Lading as the Contract of Carriage – A Reassessment of *Leduc v Ward*' (1982) 45 MLR 652.
[84] See paras 3.67–3.70.
[85] Carriage of Goods by Sea Act 1992, s 5(1).
[86] As to his liability in tort, see para **36.69**, and in bailment, para **36.74**.

(i) As to the ship

1. Availability

36.26 If the shipper has booked space on a designated vessel in advance under a contractual arrangement,[87] then prima facie he has an action for damages for breach of contract if the goods are refused, or 'shut out', by the carrier.[88] But this is subject to the terms of the contract, and the carrier will usually make it clear that it undertakes no responsibility for shipment if the ship is already full at the time the goods are tendered.[89] In that event, any prepaid freight is almost invariably refunded.

2. Condition of the vessel

36.27 Article III, r 1 of the Rules provides that the carrier is bound before and at the beginning of the voyage[90] to exercise due diligence to make the ship seaworthy; to properly man, equip and supply the ship; and to make the holds, refrigerating and cool chambers, and all other parts of the ship in which goods are carried, fit and safe for their reception, carriage and preservation.[91] Thus the carrier's duty is not strict, as at common law,[92] but is limited to the exercise of due diligence, and if he fulfils this duty, he is not answerable for loss of or damage to the cargo resulting from unseaworthiness of the ship.[93] The burden of proving causative unseaworthiness lies on the cargo owner and, once it has been established that the loss or damage in question has resulted from that unseaworthiness, the burden of proving the exercise of due diligence then rests on the carrier.[94]

(ii) As to treatment of cargo on board

36.28 The carrier's obligation vis-à-vis the vessel is not the same as a requirement under the ordinary law of bailment that the goods be delivered in

---

[87] Not only bookings commit the carrier, who may be protected by a clause entitling it to shut out the cargo, eg if the vessel is already full.
[88] This part of the carrier's obligation will not be reflected in the bill of lading, which is confined to his duties from the time of dispatch. Similarly, the Hague-Visby Rules apply only in relation to the period from loading to discharge (art I(e)).
[89] This is commonly stated (inter alia) in the sailing card. Of course, such a stipulation is of no effect unless made as a term of the contract, so that if it is contained solely in a post-contract document it will be inoperative except, perhaps, to establish a usage or course of dealing for subsequent contracts.
[90] The temporal limitation here is important. It relates to the time 'before and at the beginning of the voyage' and so can encompass matters such as a failure to prepare a passage plan for the vessel: *Alize 1954 v Allianz Elementar Versicherungs AG (The CNA CGM Libra)* [2020] EWCA Civ 293.
[91] Damages may, however, be reduced in the case where the cargo could have been retrieved had appropriate action been taken: *JP Klausen & Co A/S v Mediterranean Shipping Co SA (The Sky Jupiter)* [2013] EWHC 3254 (Comm).
[92] See *Scrutton on Charterparties*, n 1, art 68.
[93] Hague-Visby Rules, art IV, r 1.
[94] *Alize 1954 v Allianz Elementar Versicherungs AG (The CNA CGM Libra)* [2019] EWHC 481 (Admlty), [2019] 1 Lloyd's Rep 595 at [57] (the point was not pursued on the subsequent appeal to the Court of Appeal: [2020] EWCA Civ 293 at [12]).

36.28 *Rights and Duties of the Sea Carrier*

the same condition as when received.[95] Subject to the provisions of art IV of the Rules,[96] art III, r 2 provides that the carrier must properly and carefully load, handle, stow, carry, keep, care for and discharge the goods carried.[97] This includes a duty, owed both in contract and in tort, to take reasonable steps to ensure that the cargo is not damaged by dangerous or deleterious cargo shipped by other shippers. What is reasonable will, of course, depend on the degree of knowledge which the carrier possesses or ought to possess, as to the nature and hazards of such other cargo.[98] In the case where the cargo is shipped in apparent good order and condition but is discharged in a damaged condition, it is the carrier who bears the legal burden of proving that the damage was not caused by its failure to take reasonable steps or to exercise reasonable care.[99] Article III, r 2, does not impose a mandatory obligation on the carrier to load and stow; its effect is merely that if he undertakes to do so, he must do it properly. So a provision in the contract of carriage that loading and stowage shall be effected by the cargo owner, provided that it is drafted in clear terms,[100] is not a purported exclusion of art III, r 2,[101] which would be invalid under art III, r 8.

36.29 Something should here be said about deck cargo. The long-established rule is that unless so authorized by agreement or custom, the carrier is not entitled to stow the goods on deck.[102] The reason is that, by stowing on deck, the carrier impedes the safe navigation of the ship and exposes the cargo to a greater risk than that agreed, in particular to loss overboard, damage through seawater coming over the deck and an increased hazard of jettison.[103] To what

---

[95] *RPS Prodotti Siderurgici SRL v Owners and/or demise charterers of The Sea Maas (The Sea Maas)* [2000] 1 All ER 536, which held that if the goods arrive damaged, it does not follow that the carrier's obligation was breached at the port of discharge; it could be that it was on the high seas because of a lack of care during the voyage.
[96] See para **36.39**.
[97] Hague-Visby Rules, art III, r 2. These duties involve giving proper ventilation in the vessel. See further S. Girvin, n 1, paras 27.33–27.40.
[98] For a full treatment of this complex topic, see M. J. Mustill, 'Carriers' Liabilities and Insurance' in K. Grönfors (ed), *Damage from Goods* (1978), pp 71 ff.
[99] *Volcafe Ltd v Cia Sud Americana de Vapores SA (trading as CSAV)*, n 9, at [20]. In this respect the legal position resembles that of a bailee at common law who bears the legal burden of proving the absence of negligence on its part (see para **36.05**).
[100] *Societe de Destribution de Toutes Merchandises en Cote D'Ivoire v Continental Lines NV (The Sea Miror)* [2015] EWHC 1747 (Comm), [2016] 1 All ER (Comm) 1016.
[101] *Pyrene Co Ltd v Scindia Navigation Co Ltd*, n 35. In *Jindal Iron & Steel Co Ltd v Islamic Solidarity Co Jordan Inc (The Jordan II)* [2004] UKHL 49, [2005] 1 All ER 175 Lord Steyn cited from the judgment of Devlin J in *Pyrene* on this issue with apparent approval (at [19]). Note, however, the reservation expressed by Lord Nicholls at [2]. The issue here is essentially one of interpretation, in particular the willingness of the courts to adopt a purposive interpretation of an international instrument (see in particular Lord Steyn in *The Jordan II* at [19]). The position would appear to be otherwise in the case where the bad stowage leading to the damage arose from a 'significant' intervention by the shipowner: *Yuzhny Zavod Metall Profil LLC v Eems Beheerder BV (The Eems Solar)* [2013] 2 Lloyd's Rep 487 at [99]. See further P. Todd, 'Hague Rules and Stowage' [2014] LMCLQ 139.
[102] *Royal Exchange Shipping Co v W. J. Dixon & Co* (1886) 12 App Cas 11.
[103] *Strang, Steel & Co v A. Scott & Co* (1889) 14 App Cas 601, per Lord Watson at 609–610. There is the further point that since stowage on deck is not in the usual or proper place, the owner of deck cargo is not as a rule entitled to general average contribution (ibid). But see below.

Duties and Liabilities of Carrier Under or by Virtue of the Contract **36.30**

extent this rule applies to the storage of containers on the deck of a vessel specifically constructed for on-deck container transportation is unclear.[104] There are a number of American decisions to the effect that carriage on deck may be justified[105] by the nature of the cargo or the construction of the ship.[106] On the other hand, the definition of 'goods' in the Hague-Visby Rules excludes cargo which by the contract of carriage is stated as being carried on deck and is so carried,[107] and it is strongly arguable that the shipper ought not to be deprived of the protection of the Rules except with his consent or by established custom.[108] Moreover, it is significant that under the Hamburg Rules the carrier is entitled to carry goods on deck if this is in accordance with his contract with the shipper or with the usage of a particular trade or is required by statutory rules or regulations.[109] It is submitted that this represents the current state of English law and that by well-established usage containers may be carried on deck where the ship is suitably equipped for that purpose.[110]

36.30 It has been suggested that unauthorized stowage on deck is arguably akin to deviation, and that the effect is to disentitle the owner to rely on the exceptions and limitations of liability in the bill of lading. But the view is gaining ground that deviation clauses should be assimilated to the ordinary law of contract[111] and that in any event the concept of deviation should not be extended.[112] It is now considered inappropriate to apply principles of domestic law to interpret an international convention, even though effected by legislation, and it has been held that the mere fact that cargo is carried on deck does not affect the limitation of liability given by art IV, r 5, which in providing for the limitation of liability 'in any event', must be taken to mean exactly what it says and is not limited to events giving rise to the exemption under art IV.[113] Similarly, unauthorized shipment on deck does not entitle the shipper to ignore the one-year time bar under art III, r 6, for the institution of proceedings,[114]

---

[104] See generally J. B. Wooder, 'Deck Cargo: Old Vices and New Law' (1991) 22 JMLC 131.
[105] In the sense of not constituting an unreasonable deviation for the purpose of the (US) Carriage of Goods by Sea Act.
[106] See, for example, *The Mormacvega* [1974] 1 Lloyd's Rep 296 (US Court of Appeals, 2nd Circuit), affirming the decision at first instance [1973] 1 Lloyd's Rep 267.
[107] Article III.
[108] Cf Tetley, *Marine Cargo Claims*, n 64, ch 31.
[109] Article 9, r 1.
[110] This was the view of Kerr J at first instance in *J Evans & Son (Portsmouth) Ltd v Andrea Merzario Ltd* [1975] 1 Lloyd's Rep 162, but the point was left open by the Court of Appeal [1976] 1 WLR 1078 since it did not arise in that case.
[111] *Kenya Rlys v Antares Co Pte Ltd, The Antares (Nos 1 & 2)* [1987] 1 Lloyd's Rep 424, per Lloyd LJ at 430.
[112] Ibid, approved in *Daewoo Heavy Industries Ltd v Klipriver Shipping Ltd (The Kapitan Petko Voivoda)* [2003] 1 All ER (Comm) 801. See to similar effect *Dera Commercial Estate v Derya Inc (The Sur)* [2018] EWHC 1673 (Comm), [2019] 1 All ER 1147 at [107]. Geographical deviation is considered below at n 126.
[113] *The Kapitan Petko Voivoda*, n 112, approving *The 'Happy Ranger'*, n 35, where the obligation broken was of seaworthiness under art III, r 1, and overruling *The Chanda* [1989] 2 Lloyd's Rep 494. The decision concerned the Hague Rules.
[114] This had been so held even before the abandonment of the deviation approach. See *The Antares*, n 111.

36.30 *Rights and Duties of the Sea Carrier*

except where art VI applies,[115] in which case they are free to agree their own terms as to rights and immunities, and the normal rules of construction can be brought into play.

36.31 Where the goods are carried on deck but the bill of lading does not so state, the Hague-Visby Rules apply;[116] and a clause providing that the carrier is to be at liberty to carry the goods on deck is not, for the purpose of the Rules, a statement that they are in fact being so carried.[117]

(iii) **As to issue and contents of bill of lading**

36.32 After receiving the goods into his charge, the carrier or the master or agent of the carrier is required, on demand of the shipper, to issue a bill of lading showing, among other things, the leading marks necessary for identification of the goods as furnished by the shipper before loading starts, together with either the number of the packages or pieces or the quantity or weight, as the case may be, as furnished in writing by the shipper.[118] The existence of this obligation is important to the shipper and consignees and indorsees, for it lays the foundation for statements in the bill of lading which may subsequently estop the carrier from disputing receipt of the designated articles in the apparent condition stated. However, marks, numbers, quantity or weight do not have to be stated where the carrier etc, has reasonable ground for suspecting that they do not accurately represent the goods actually received or where he has no reasonable means of checking the facts.[119] Similarly, the bill is required to state only the *apparent* condition of the goods. It is not the duty of the carrier to examine the contents of packages, nor has he the means of checking the condition of goods shipped in a container, though the external condition of the container itself is a matter to be stated. If the carrier honestly considers the cargo not to be in good order and that is a view that a reasonably observant carrier could hold, then he can qualify the statement as to the apparent condition of the cargo in the bill, as long as the words of qualification reflect reasonably closely the apparent condition of the cargo and the extent of any apparent defect.[120] Because of the lack of means of verification, it is common for bills of lading to carry statements such as 'shipper's load and

---

[115] That is, in cases involving the shipment of particular goods which are not ordinary commercial shipments made in the ordinary course of trade but are other shipments where the character or condition of the property to be carried or the circumstances, terms and conditions under which the carriage is to be performed are such as reasonably to justify a special agreement.
[116] Sound policy, for unless such a statement was required in order to exclude the Rules, a consignee or indorsee of the bill of lading would have no way of knowing that the goods were in fact being shipped on deck and that they were therefore outside the protection of the Rules.
[117] *Svenska Traktor Aktiebolaget v Maritime Agencies (Southampton) Ltd* [1953] 2 All ER 570. It is for this reason that a permissive clause of this kind does not prevent the bill of lading from constituting a clean bill of lading for the purpose of the Uniform Customs and Practice for Documentary Credits. See para **35.89**.
[118] Hague-Visby Rules, art III, r 3(a),(b).
[119] Ibid, art III, r 3, proviso.
[120] *Owners of cargo lately laden on board the David Agmashenebeli v Owner of the David Agmashenebeli* [2003] 1 Lloyd's Rep 92; *Sea Success Maritime Inc v African Maritime Carriers Ltd* [2005] EWHC 1542 (Comm), [2005] 2 All ER (Comm) 441.

count', 'weight, quality and condition unknown'. A carrier who fails to clause a bill of lading[121] when it should is estopped from disputing that the goods were shipped in apparent good order,[122] while on the other hand it is liable if, in clausing a bill on account of apparent defects affecting only a very small amount of the cargo, the master uses words implying that the whole or a substantial part of the cargo is affected.[123]

(iv) As to the voyage

36.33 The carrier is required to commence and complete the voyage contracted for with reasonable dispatch,[124] and to follow the contractual route or, if none is specified, then a usual and reasonable route, without unjustifiable deviation.[125] Breach of either of these obligations not only exposes the carrier to claims for any resulting loss or damage but may be held, as a matter of construction, to fall outside provisions in the contract limiting his liability.[126] At common law, circumstances justifying deviation were severely limited. Deviation was permitted if necessary to save life, but not if made solely for the preservation of the property of another.

> 'The impulsive desire to save human life when in peril is one of the most beneficial instincts of humanity, and is nowhere more salutary in its results than in bringing help to those who, exposed to destruction from the fury of winds and waves, would perish if left without assistance. To all who have to trust themselves to the sea, it is of the utmost importance that the promptings of humanity in this respect should not be checked or interfered with by prudential considerations as to injurious consequences which may result to a ship or cargo from the rendering of the needed aid. Deviation for the purpose of saving property stands obviously on a totally different footing. There is here no moral duty to fulfil, which, though its fulfilment may have been attended with danger to life or property, remains unrewarded.'[127]

---

[121] See para **32.66**.
[122] For an example where the carrier's failure to clause the bill as required by the terms of a charterparty was accepted as rendering it liable to indemnify the shipowner, see *Transocean Liners Reederei GmbH v Euxine Shipping Co Ltd (The Imvros)* [1999] 1 Lloyd's Rep 848.
[123] *The David Agmashenebeli*, n 120. See para **32.67**.
[124] See, generally *Scrutton on Charterparties*, n 1, art 143.
[125] Ibid.
[126] Unjustified deviations have been considered to go so much to the root of the contract as to disentitle the carrier as a matter of law to rely on exemption clauses. See *Joseph Thorley Ltd v Orchis Steamship Co Ltd* [1907] 1 KB 660; *James Morrison & Co Ltd v Shaw, Savill & Albion Co Ltd* [1916] 2 KB 783; *Stag Line Ltd v Foscolo, Mango & Co Ltd* [1932] AC 328; *Hain Steamship Co Ltd v Tate & Lyle Ltd* [1936] 2 All ER 597; *The Berkshire*, n 69. To the extent that this line of cases rests on the old and discredited doctrine of fundamental breach (on which see para **3.77**), they can be said to be under a cloud. But in *Photo Production Ltd v Securicor Transport Ltd* [1980] AC 827 Lord Wilberforce (at 845) suggested that the deviation cases 'should be considered as a body of authority *sui generis* with special rules derived from historical and commercial reasons' and, in the light of this dictum and the fact that *Hain Steamship* is a decision of the House of Lords, Carr J in *Dera Commercial Estate v Derya Inc (The Sur)*, n 112, held that *Hain Steamship* had neither been impliedly overruled by, nor was it inconsistent with, the decision of the House of Lords in *Photo Production* and it therefore remained good law.
[127] *Scaramanga & Co v Stamp* (1880) 5 CPD 295, per Cockburn CJ at 304–305.

36.33 Rights and Duties of the Sea Carrier

Deviation in saving or attempting to save property is expressly permitted by the Rules, as is any other reasonable deviation.[128]

36.34 Under art IV of the Hague-Visby Rules neither the owner nor the ship is responsible for loss or damage arising or resulting from the act, neglect or default of the master in the navigation or management of the ship.[129] It is important to note the temporal nature of this exclusion. The carrier's obligation to make the vessel seaworthy and properly manned and equipped arises 'before and at the beginning of the voyage'[130] whereas the exemption under discussion here arises thereafter, that is to say, during the voyage itself.[131] But this exemption does not cover the case where, in breach of an instruction to proceed with the utmost dispatch and to take the shorter of alternative routes, the master proceeds by a different and longer route for reasons unconnected with sailing conditions or other navigational matters and without any rational justification, for this is a breach of a duty relating to the employment of the vessel, not its navigation or management.[132]

(v) As to delivery of cargo at destination

36.35 Upon arrival of the goods at the port of destination it is the carrier's duty to surrender them at the contractual place of discharge to the holder of the bill of lading, whether he be the original consignee or an indorsee. The bill is a document of title and its possession thus gives control of the goods to the holder. Conversely, the master cannot safely deliver the goods to a person not the holder of the bill of lading, unless he is satisfied that that person is entitled to possession of the goods and there is some reasonable explanation for the absence of the bill of lading.[133] Because of delays in the arrival of bills of lading it is now not uncommon for these to provide for release of the goods against a warranty of title and indemnity. But the charterer of a vessel is not entitled to give instructions to the carrier to release the goods without a bill of lading.[134] Where the master does release the goods against an indemnity without authorization, whether in the bill of lading or otherwise, he does so at his peril. Where the bill of lading has been lost, the remedy of the party entitled to the goods is to obtain a court order that, on his tendering a sufficient indemnity to the carrier, the loss of the bill is not to be set up as a defence.[135]

---

[128] Article IV, r 4.
[129] Art IV, r 2(a). For analysis of the limits of this exemption, see *Tasman Orient Line CV v New Zealand China Clays Ltd (The Tasman Pioneer)* [2009] NZSC 37, on which see P. Myburgh [2010] LMCLQ 569.
[130] Art III, r 1, on which see para **36.27**.
[131] *Alize 1954 v Allianz Elementar Versicherungs AG (The CNA CGM Libra)* [2020] EWCA Civ 293 at [102].
[132] *Whistler International Ltd v Kawasaki Kisen Kaisha Ltd (The Hill Harmony)* [2001] 1 AC 638.
[133] *The Sormovskiy 3068* [1994] 2 Lloyd's Rep 266, although the existence of this exception is controversial: *Standard Chartered Bank v Dorchester LNG (2) Ltd (The Erin Schulte)* [2013] EWHC 808 (Comm), [2013] 2 Lloyd's Rep 338 at [77].
[134] *The Houda* [1994] 2 Lloyd's Rep 541.
[135] Ibid.

The bill of lading must be genuine; a carrier who releases the goods against a forged bill of lading is liable even if acting in good faith.[136]

36.36 If the consignee or other holder of the bill fails to claim the goods within a reasonable time after arrival of the ship at its destination, the master is entitled at common law, and usually also by the express terms of the bill of lading, to warehouse the goods at the expense of their owner. Such warehousing ends the transit and the carrier's responsibility for the goods. The shipowner who has a lien for unpaid freight or other charges may give notice of that fact to the warehouseman, who then becomes obliged to preserve the shipowner's lien. The warehouseman is himself entitled to charge rent for the storage.[137]

36.37 Where a carrier receives a valid notice of stoppage in transit from an unpaid seller whose buyer has become insolvent, the carrier must surrender the goods to the unpaid seller, or as he directs, at the place of destination stated in the bill of lading.[138] However, by giving notice of stoppage, the unpaid seller becomes liable for freight, and the carrier has a lien on the goods until such freight is paid.[139] Having given notice of stoppage, the unpaid seller is not only entitled but bound to take delivery of the goods, or give directions for their delivery, at the place of destination, and if he fails to do so, he is liable to the carrier in damages.[140] The seller, in short, becomes liable to perform the buyer's obligations vis-à-vis the carrier.[141] On the other hand, his rights are limited to the delivery of possession. Stoppage in transit does not give the unpaid seller a *locus standi* to complain of damage to the goods in transit.[142]

(vi) Excepted perils

36.38 The common law admitted of certain exceptions to the otherwise strict liability of the carrier, and these were usually expanded by the terms of the contract of carriage. All of these are expressly provided by the Hague-Visby Rules, which also incorporate certain restrictions on the exclusion or limitation of liability.

---

[136] *Motis Exports Ltd v Dampskibsselkabet AF 1912 Aktieselskab* [2000] 1 Lloyd's Rep 211. As to the steps which a shipowner or carrier might take to exclude or limit its liability in such circumstances, see P. Todd, 'Excluding and Limiting Liability for Misdelivery' [2010] JBL 243.

[137] In the case of goods imported into the United Kingdom, similar rights to those set out in this paragraph were given by the Merchant Shipping Act 1894, ss 493, 494 and 499 but these sections were repealed by the Statute Law (Repeals) Act 1993, Sch, Pt XV, Group 6 so that authority for these propositions must now be found in the common law in cases such as *Great Northern Rly Co v Swaffield* (1874) LR 9 Exch 132 and *China Pacific SA v Food Corpn of India (The Winson)* [1982] AC 939.

[138] The seller is not entitled to require delivery at any other place, eg an intermediate port, and if the carrier accedes to an instruction to deliver at such other place, he is entitled to damages for any freight lost as the result of his not being allowed to complete the voyage (*Booth S.S. Co Ltd v Cargo Fleet Iron Co Ltd* [1916] 2 KB 570, in which there is a full analysis by Lord Reading CJ of the right of stoppage as well as its history).

[139] *Booth S.S. Co Ltd v Cargo Fleet Iron Co Ltd*, n 138.

[140] Ibid.

[141] Ibid.

[142] *Berndston v Strang* (1868) 3 Ch App 588.

36.39 Rights and Duties of the Sea Carrier

36.39 Rule 2 of art IV of the Rules sets out a list of excepted perils, the loss or damage arising from which is not the responsibility of the carrier. The rule has been stated to be 'a notoriously unsatisfactory provision' because 'there is no unifying legal principle behind the highly miscellaneous list of excepted causes of loss.'[143] In addition to the exclusions that one might expect (perils of the sea;[144] acts of God, of war, of public enemies; inherent vice of the goods; strikes, lock-outs etc), there is the surprising exclusion of liability for defects of the master or crew in the navigation or management of the ship.[145] This exception reflects the now outmoded view of a voyage as a joint venture between ship and cargo in which 'the crew of the ship were treated, in a sense, as though they were employed by both owner and cargo instead of being exclusively the shipowner's servants'.[146] The exception is generally considered to be an anachronism[147] which tilts the burden unfairly against cargo,[148] and it does not feature in the Hamburg Rules. Nevertheless, errors in navigation and management remain an excepted peril as the law now stands. The exception was, however, capable of being bypassed in some measure when cargo was damaged through a collision between two vessels where both were at fault. In that situation, the owner of the cargo on board vessel A might sue the owner of vessel B for negligence; and he in turn would claim contribution from the owner of vessel A, whose immunity from a direct suit by the owner of the cargo would thus be undermined. Moreover, the right of vessel B to contribution from vessel A produced the anomalous consequence that the owner of vessel A incurred a liability to contribute to damages for loss of the cargo where vessel A was partially at fault, whereas if the negligence were solely that of vessel A, its owner would be immune from liability altogether. To counter this problem, it became common for bills of lading to include a 'both-to-blame' clause by which the shipper whose cargo was lost or damaged as the result of a collision between the ship on which the cargo was being carried and another vessel undertook to indemnify the carrier against liability

---

[143] *Volcafe Ltd v Cia Sud Americana de Vapores SA (trading as CSAV)*, n 9 at [28].
[144] Where ship and cargo are exposed to a common danger which necessitates an extraordinary sacrifice by one or other for the common safety (as where cargo properly stowed is jettisoned in a storm to save the ship), the losses fall to be borne by all parties in proportion to their respective interests under rules relating to general average. Almost invariably, the bill of lading imports the York-Antwerp Rules, a set of model rules for general average formulated by the International Law Association, the latest version being produced in 1974. The York-Antwerp Rules depend entirely on contractual incorporation for their binding force (see *Mitsui & Co Ltd v Beteiligungsgesellschaft LPG Tankerflotte mbH & Co KG (MV Longchamp)* [2017] UKSC 68, [2018] 1 All ER 545 at [3] and [41]).
[145] As to which see W. Tetley, *Marine Cargo Claims*, n 64, ch 14.
[146] A. Diamond, 'The Division of Liability as between Ship and Cargo' [1977] LMCLQ 39, at p 48.
[147] As Lord Sumption observed in *Volcafe Ltd v Cia Sud Americana de Vapores SA (trading as CSAV)*, n 9, at [28], the explanation for the 'intellectual disorder' in the Rule is 'historical' in that the exceptions are 'generally those which were allowed by the draftsmen of the Rules because their inclusion in the bill of lading was sanctioned by long-standing practice, or because they were common law exceptions to the liability of a common carrier, or because they were excepted in existing national legislation' in countries such as the USA, Canada and Australia.
[148] For a brief history of the way in which the carrier came to occupy this privileged position, see Lord Mustill, 'Ships are Different – Or Are They?' [1993] LMCLQ 490.

Duties and Liabilities of Carrier Under or by Virtue of the Contract **36.42**

incurred by the latter to the owner of the other vessel in respect of such loss or damage. The effect of the 'both-to-blame' clause was thus indirectly to require the shipper to indemnify the carrier against the shipper's own claim in so far as this resulted in the carrier incurring a liability to the other vessel. In this way the shipper's remedy for lost or damaged cargo ensuing from the collision was restricted to the proportion of the loss or damage commensurate with the degree of fault of the non-carrying vessel.

36.40 The 'both-to-blame' clause is now unnecessary where English law applies, since by statute the liability of the non-carrying vessel to the cargo owner is limited in proportion to the degree of its fault.[149] But the clause remains necessary for the protection of the carrier for those situations where the state whose law applies has not adopted the Collision Convention and the applicable law entitles the cargo owner to recover his loss in full from the non-carrying vessel if the latter was in the slightest degree at fault.[150]

36.41 It is for the carrier to prove that one of the exceptions listed in art IV, r 2 is applicable on the facts of the case.[151] It is, however, important to note that reliance upon the exceptions to be found in art IV, r 2 may not be the only ground on which a carrier can defend a claim that is brought against it. So, for example, in the case of a claim that the carrier has failed, in breach of art III, r 2 properly and carefully to load, handle, stow, carry, keep, care for, and discharge the goods carried, the carrier may defend the claim by proving either that the damage occurred without fault in the various respects listed in art III, r 2 or by proving that the damage was caused by an excepted peril in art IV.[152] The carrier in such a case may rely upon either ground of defence because art III, r 2 is expressly stated to be 'subject to the provisions of' art IV. There is, however, no such qualification in the case of the carrier's obligations under art III, r 1 where the obligation of the carrier to exercise due diligence to, amongst other things, make the ship seaworthy,[153] is not stated to be subject to art IV so that a carrier which commits a breach of art III, r 1 has no entitlement to rely by way of defence on the exceptions to be found in r 2 of art IV.[154]

(vii) **Limitation of liability**

36.42 It has been the tradition of shipowners to limit their liability for loss of or damage to cargo by the most detailed and widely drawn exemption clauses.

---

[149] Merchant Shipping Act 1995, s 187, which gives effect to the Collisions Convention of 1910 (the Convention was originally enacted in the Maritime Conventions Act 1911, s 1, but the provisions of that Act have been replaced by ss 188–190 of the 1995 Act).
[150] This is the position in the United States where, however, the 'both-to-blame' clause has been declared invalid as contrary to public policy. See *United States of America v Atlantic Mutual Insurance Co* [1952] 1 Lloyd's Rep 520.
[151] *Volcafe Ltd v Cia Sud Americana de Vapores SA (trading as CSAV)*, n 9, at [28].
[152] Ibid at [25].
[153] The range of the obligations imposed on the carrier by art III, r 1 is set out at para **36.27**.
[154] *Standard Oil Co of New York v Clan Line Steamers* [1924] AC 100; *Maxine Footwear Co Ltd v Canadian Government Merchant Marine* [1959] AC 589, per Lord Somervell at 602–603; *Alize 1954 v Allianz Elementar Versicherungs AG (The CNA CGM Libra)* [2020] EWCA Civ 293.

36.42 Rights and Duties of the Sea Carrier

The general principle of the Hague-Visby Rules is that any purported exclusion or limitation of a liability imposed by the Rules is null and void[155] except in relation to loss of or damage to the goods before loading or after discharge[156] or otherwise as permitted by the Rules themselves. In other words, the carrier can undertake liability in excess of that laid down by the Rules and in circumstances where under the Rules he would not incur a liability, and he can set a ceiling on liability which is above the ceiling laid down by the Rules, but he cannot specify a lower limit of liability than the Rules provide, nor can he in any other way contract out of the liabilities imposed on him by the Rules.[157] 'Benefit of insurance' clauses are within this prohibition, so that a clause purporting to give the carrier the benefit of insurance taken out by the shipper, in the sense of reducing the shipper's claim by the amount he is entitled to recover from his insurers, is void.[158]

36.43 Limitation of liability is a complex topic on which there has been a considerable amount of litigation. We shall deal with it briefly under three main heads: the nature of the limitation of liability afforded by the Rules; the persons entitled to invoke the limitation provisions; and the circumstances in which the right to rely on the limitation provisions is lost.

1. Nature of limitations

36.44 Two separate conventions provide for limitation of liability, namely the London Convention[159] and the Hague-Visby Rules. Under the former (which applies even to cases within the latter), limitation of liability is prescribed in terms of the unit of account and is tailored to the tonnage of the ship.[160] The

---

[155] Article III, r 8.
[156] Article VII.
[157] Article III, r 8.
[158] Ibid.
[159] Ie the Convention on Limitation of Liability for Maritime Claims, 1976, implemented initially in the United Kingdom by the Merchant Shipping Act 1979, ss 17–19 and Sch 4, Pt I, which replaced Pt VIII of the Merchant Shipping Act 1894 and has now been replaced by the Merchant Shipping Act 1995, s 185 and Sch 7. The limits of liability under the Convention were substantially increased by the 1996 Protocol, brought into force in the UK by the Merchant Shipping (Convention on Limitation of Liability for Maritime Claims) (Amendment) Order 1998 (SI 1998/1258) as amended by the Merchant Shipping (Convention on Limitation of Liability for Maritime Claims) (Amendment) Order 2004 (SI 2004/1273). For consideration of the approach to be adopted when seeking to interpret the Convention, and for confirmation that it is open to shipowners to waive their right to limit liability, see *Bahamas Oil Refining Co International Ltd v Owners of the Cape Bari Tankschiffahrts GmbH & Co KG (Bahamas)* [2016] UKPC 20, [2017] 1 All ER (Comm) 189.
[160] See arts 6 and 8. Under the Merchant Shipping Act 1894, s 503, as amended by the Merchant Shipping (Liability of Shipowners and Others) Act 1958, s 1, liability was limited by reference to the gold franc. The London Convention defines a unit of account as the Special Drawing Right (SDR) as defined by the International Monetary Fund, and provides for conversion into the national currency of the state in which limitation is sought (art 8). This reflects the decision of the International Monetary Fund to break with gold as a unit of value and substitute the SDR calculated by reference to a basket of currencies. It is intended to amend the various transport conventions in which limitations of liability are based on gold in order to give effect to this change. Thus in conformity with the Brussels Protocol of 1979 (see n 14), the Carriage of Goods by Sea Act 1971 was amended by s 2 of the Merchant Shipping Act 1981 to

Duties and Liabilities of Carrier Under or by Virtue of the Contract 36.46

limitation of liability provided by the Hague-Visby Rules is calculated on different lines. Rule 5(a) of art IV of the Rules provides that unless the nature and value of the goods have been declared by the shipper before shipment and inserted in the bill of lading, neither the carrier nor the ship shall 'in any event'[161] be or become liable for the loss or damage to or in connection with the goods exceeding the equivalent of 666.7 units of account[162] per package or unit, or 2 units of account per kilogramme of gross weight of the goods lost or damaged,[163] whichever is the higher.[164] The 'package or unit' limitation was included in the original Hague Rules whereas the 'gross weight' limit was added at a later stage in the Visby amendments and so is only to be found in the Hague-Visby Rules. The words 'package' and 'unit' have given rise to a degree of difficulty[165] to which we now turn.

36.45 The word 'package' is clearly apt to encompass something which is contained entirely by some form of wrapping but it is less clear whether it includes a covering that is partial or minimal.[166] There has been a greater level of dispute over what for this purpose amounts to a 'unit', in particular whether it is apt to encompass a unit of measurement. It has now been established that 'unit' for this purpose means a physical item of cargo or a shipping unit and not a unit of measurement.[167] In order to distinguish it from 'package' it must refer to a physical item of cargo which has not been packed, such as a car or other vehicle.

36.46 A particular problem has been the application of the idea of a 'package' or a 'unit' to goods shipped in a container or on a pallet or trailer or in a LASH[168] barge. Is the 'package' the container, pallet etc? Or is it each individual item stuffed into the container or loaded on the pallet? If the latter,

---

substitute SDRs for the limitation provisions in the Hague-Visby Rules, with conversion to sterling as provided by s 3 of the 1981 Act. The conversion to sterling is now dealt with in s 1A of the Carriage of Goods by Sea Act 1971, inserted by the Merchant Shipping Act 1995, s 314(2) and Sch 13, para 45. The Hamburg Rules have adopted SDRs from the outset and the same is true of the Rotterdam Rules. For a general discussion of SDRs in relation to international transport, see L. Bristow, 'Gold Franc – Replacement of Unit of Account' [1978] LMCLQ 31 and A. Tobolewski, 'The Special Drawing Right in Liability Conventions: An Acceptable Solution?' [1979] LMCLQ 169. See also below.

[161] These words confer an exemption from liability notwithstanding deviation or other fundamental breach on the limitation of liability given by the Rules; see paras **36.30, 36.49**.

[162] See n 160. Prior to the adoption of SDRs as the basis of defining a unit of account, limitation of liability was expressed in francs, a franc meaning a unit consisting of 65.5 milligrammes of gold of millesimal fineness 900. This was commonly known as the Poincaré franc, after the French prime minister of that name in the Government of 1928.

[163] Goods are 'lost' when they vanish, disappear or are destroyed and they are damaged then they survive in damaged form: *Serena Navigation Ltd v Dera Commercial Establishment (The Limnos)* [2008] EWHC 1036 (Comm), [2008] 2 Lloyd's Rep 166, at [37].

[164] This and other limitations and defences apply to claims in tort as well as in contract (art IV bis, rr 1, 2).

[165] See generally M. Huybrechts, 'Limitations of Liability and of Actions' [2002] LMCLQ 370.

[166] See *Carver on Bills of Lading* (4th edn, 2017), n 1, para 9-259.

[167] *Sea Tank Shipping AS v Vinnlustodin HF Vatryggingafelag Islands FH* [2018] EWCA Civ 276, [2018] 3 All ER 981.

[168] 'Lighter aboard ship', ie a fully loaded barge which is carried on vessels specially constructed for that purpose.

36.46 *Rights and Duties of the Sea Carrier*

the carrier's overall limit of liability will obviously be vastly greater than if the container or pallet is itself to be treated as a single package. In its original form, art IV of the Hague Rules offered no guidance on this point, the case law (mainly American[169]) was unclear and controversy raged between shipping interests on the one hand and cargo interests on the other. The former argued that to treat an item of contents as a package would be ruinous and that the shipper was seeking to combine the advantages of container freight rates with the benefit of a limitation by reference to individual contents. For the latter, it was contended that a limit of liability fixed by reference to the container itself was derisory and against the plain spirit and intention of the legislation, which was designed to protect cargo interests. From the American case law, at least two alternative tests emerged. The first turned on the intention of the parties as manifested in the description in the bill of lading, coupled with the presence or absence of the carrier's involvement in the selection of the container and/or the supervision of its stuffing. If the bill of lading described the container as a package and the container was selected by the shipper and packed under the supervision of himself or his agents without participation of the carrier, then the package was the container.[170] The second test, that of the 'functional package', was directed to the question whether the packaging of the individual items within the container would by itself be suitable for ocean transport. If not, the package was the container.[171] However, the English Court of Appeal in *The River Gurara*[172] chose to follow neither approach and held that, as far as the Hague Rules are concerned, the limit of liability should be calculated by reference to the particulars of the cargo and its packaging as it was proved to have been at the time of loading and not by reference to the description in the bill of lading.[173]

36.47 An attempt to resolve these problems as they relate to container transport was made in one of the Visby amendments to art IV. Article IV, r 5(c) now provides:

> 'Where a container, pallet or similar article of transport is used to consolidate goods, the number of packages or units enumerated in the bill of lading as packed in such article of transport shall be deemed the number of packages or units for the purpose of this paragraph as far as these packages or units are concerned. Except as aforesaid such article of transport shall be considered the package or unit.'

The approach taken in r 5(c) is very different from that taken by the Court of Appeal in *The River Gurara* in that it looks for its solution to the words which appear in the bill of lading. In other words, 'the number of packages or units

---

[169] Devoted to the construction of a comparable limitation of liability provision in the US Carriage of Goods by Sea Act.
[170] *Standard Electrica S. A. v Hamburg Sud* [1967] 2 Lloyd's Rep 193.
[171] *Royal Typewriter Co v M/V Kulmerland* [1973] 2 Lloyd's Rep 428; *Cameco Inc v S.S. American Legion* [1975] 1 Lloyd's Rep 295 (US Court of Appeals, 2nd Circuit). However, the functional package test was criticised as unsatisfactory by a US District Court in *The Aegis Spirit* [1977] 1 Lloyd's Rep 93.
[172] *River Gurara (Owners of Cargo Lately Laden on Board) v Nigerian National Shipping Line Ltd* [1998] QB 610. See also *AP Moller-Maersk A/S (t/a Maersk Line) v Kyokuyo Ltd*, n 35, at [99].
[173] Ibid at 625.

Duties and Liabilities of Carrier Under or by Virtue of the Contract **36.50**

enumerated' means 'no more than the specifying of the number of packages or units in words or numbers.'[174] If, therefore, the bill of lading refers simply to 'one container', or 'one container said to contain shoes', the container is the package; if it refers to 'one container said to contain 500 cartons of shoes', each of the cartons is a package and will attract a separate limit of liability. The addition of the words 'as packed' has been held to be 'simply descriptive' in the sense that it is 'stating no more than that the enumerated number of items have been packed in the container.'[175] It does not require some additional statement as to how the packages or units were packed in the container.[176]

2. *By whom the limitation provisions may be invoked*

36.48 The question to what extent the limitation provisions may be invoked by the carrier's servants, agents[177] and independent contractors is discussed later in this chapter.[178]

3. *Loss of limitation of liability*

36.49 The carrier loses his right to invoke the limitation provisions if it is proved that the damage resulted from an act or omission of the carrier done with intent to cause damage, or recklessly, or with knowledge that damage would probably result.[179] But deviation is no longer considered to affect the carrier's right to invoke the limitation of liability clause.[180]

(viii) **Limitation of actions**[181]

36.50 By r 6 of art III, the carrier and ship are discharged from liability in respect of the goods unless suit is brought[182] within one year of their delivery or of the date when they should have been delivered.[183] This period may be extended by agreement after[184] the cause of action has arisen. An action for an indemnity against a third person may, however, be brought after the expiration of the year if brought within the time allowed by the court seised of the case,

---

[174] *AP Moller-Maersk A/S (t/a Maersk Line) v Kyokuyo Ltd*, n 35, at [81].
[175] Ibid at [82].
[176] Ibid at [84] in this respect declining to follow the decision of the majority in *El Greco (Australia) Pty Ltd v Mediterranean Shipping Co SA* [2004] FCAFC 202, [2004] 2 Lloyd's Rep 537. For analysis of the latter decision, see F. M. B. Reynolds, 'The Package or Unit Limitation and the Visby Rules' [2005] LMCLQ 1.
[177] If such an intermediate category exists.
[178] See para **36.75**.
[179] Hague-Visby Rules, art IV, r 5(e); and of the Hamburg Rules, art 8, r 1; the London Convention, art 4.
[180] See para **36.30**.
[181] See, generally, Tetley, *Marine Cargo Claims*, n 64, ch 30.
[182] An argument in *The Aries* [1977] 1 Lloyd's Rep 334 that it was sufficient to withhold the amount of the claim by deduction from the freight was unsuccessful.
[183] As noted earlier (paras **36.07** and **36.11**), the Rules have effect by force of law, not by virtue of contractual incorporation, so that art III, r 6, is not susceptible to a rule of construction of the contract rendering an exemption clause inapplicable in case of fundamental breach.
[184] But not before, eg in the bill of lading itself.

being not less than three months from the date when the person bringing the action for indemnity has settled the claim or has been served with process in the action against himself.[185]

36.51 The one-year time limit, which does not apply to a pure defence, as opposed to a claim, counterclaim or set-off,[186] is very short. In the event of defective goods, for example, it may be some little while before the cargo owner discovers that the goods are not in proper condition;[187] he may then need to obtain expert evidence to establish that their defective state was due to conditions in transit and not, eg, to defects inherent at the time of loading; further time may elapse before he is able to discover the identity of the carrier; and when all this has been done, lawyers must be instructed, often in a foreign country and not infrequently through agents in the intending claimant's own country, and they will require all the salient facts before proceeding.[188]

6. EVIDENCE AND BURDEN OF PROOF IN CONTRACTUAL CLAIMS AGAINST THE CARRIER

(i) Probative effect of bill of lading

36.52 Both at common law and under the Hague-Visby Rules signature of the bill of lading showing shipment or receipt for shipment constitutes prima facie evidence in favour of the shipper, and conclusive evidence in favour of a transferee, as to the fact, time and place of shipment, and as to the leading marks, the number, quantity or weight and the apparent order and condition of the goods as stated in the bill.[189] These provisions have been reinforced by s 4 of the Carriage of Goods by Sea Act 1992, which makes a representation of shipment or receipt for shipment in a bill of lading signed by the master, or by a person having the express, implied or apparent authority of the carrier to sign bills of lading, conclusive evidence against the carrier of shipment or receipt for shipment, in favour of a person who has become[190] the lawful holder of the bill.[191] Where an agent signed a bill of lading and backdated the

---

[185] Article III, r 6 bis.
[186] *The Fiona* [1994] 2 Lloyd's Rep 506.
[187] In which event he faces the additional hazard that unless notice of loss or damage and the general nature of the loss or damage are given to the carrier or his agent at the port of discharge before or at the time of removal of the goods into the custody of the person entitled to delivery of them under the contract of carriage, or, if the loss or damage is not apparent, within three days, such removal is prima facie evidence of the delivery by the carrier of the goods described in the bill of lading (art III, r 6).
[188] See, generally, ch 38 as to litigation and ch 39 as to arbitration.
[189] *Silver v Ocean Steamship Co Ltd* [1930] 1 KB 416; Hague-Visby Rules, art III, r 4. At common law it is necessary for the transferee to give value and show that he acted in reliance on the bill, though the acceptance by a consignee or indorsee of a clean bill of lading without objection is prima facie evidence of reliance (*Silver v Ocean Steamship Co Ltd*; *The Dona Mari* [1973] 2 Lloyd's Rep 366).
[190] This phrase appears to exclude the original shipper from the ambit of the section.
[191] Thus abolishing the much-criticized rule in *Grant v Norway* (1851) 10 CB 665, in which it was held that the master has neither actual nor ostensible authority from the owner of the ship to sign a bill of lading for goods that had not in fact been shipped.

Evidence & Burden of Proof in Contractual Claims Against Carrier **36.54**

bill without actual or implied authority, it was held to have ostensible authority of the shipowner who had placed its trust in the agent.[192]

(ii) Onus of proof[193]

36.53 'Apparent good order and condition' relates to the external appearance of the goods or their packaging, not to their internal condition.[194] Accordingly, if the shipper or a consignee or indorsee wishes to recover against the carrier for goods arriving internally damaged, it is for him to adduce evidence in the first instance that the damage occurred while they were in the carrier's charge.[195] The claimant does this either by leading evidence to indicate that the goods were internally sound when put on board or by showing that the damage to them is causally connected to some act or event for which the carrier is responsible.[196] It is then for the carrier either to rebut the evidence so adduced or to show that the damage resulted from one of the excepted perils.[197] Where, on the other hand, the damage complained of is external, the shipper discharges the initial onus on him by showing that the bill of lading recorded shipment in apparent good order and condition and that the goods were not in such condition at the time of discharge.

36.54 As has been noted, the carrier's right to rely on the excepted perils in art IV, r 2, is lost if the carrier has failed to exercise due diligence to render the ship seaworthy in accordance with r 1 of art III.[198] The initial burden of proving unseaworthiness lies on the shipper. Once that hurdle has been overcome, the burden of proof then shifts to the carrier to establish that it exercised due diligence in order to make the ship seaworthy. That this is so is demonstrated by art IV, r 1 which provides that where loss or damage results from unseaworthiness the burden of proving the exercise of due diligence shall be on the carrier. It has been held to be implicit in the latter rule that the burden of proving causative unseaworthiness must lie upon the cargo owner.[199]

---

[192] *Alimport v Soubert Shipping* [2000] 2 Lloyd's Rep 447.
[193] See, generally, R. Asariotis, 'Allocation of Liability and Burden of Proof in the Draft Instrument on Transport Law' [2002] LMCLQ 382 at 385; C. Ezeoke, 'Allocating Onus of Proof in Sea Cargo Claims: The Contest of Conflicting Principles' [2001] LMCLQ 261.
[194] *The Peter der Grosse* (1875) 1 PD 414, affirmed (1876) 34 LT 749.
[195] *J Kaufman Ltd v Cunard Steam-Ship Co Ltd* [1965] 2 Lloyd's Rep 564 (Canadian Exchequer Court).
[196] Ibid.
[197] *Gosse Millerd Ltd v Canadian Government Merchant Marine Ltd* [1929] AC 223.
[198] See para **36.27**.
[199] *Alize 1954 v Allianz Elementar Versicherungs AG (The CNA CGM Libra)* [2019] EWHC 481 (Admlty), [2019] 1 Lloyd's Rep 595 at [57] (the point was not pursued on the subsequent appeal to the Court of Appeal: [2020] EWCA Civ 293 at [12]). This proposition was held to be good law notwithstanding the decision of the Supreme Court in *Volcafe Ltd v Cia Sud Americana de Vapores SA (trading as CSAV)*, n 9 above.

36.55 *Rights and Duties of the Sea Carrier*

7. DUTIES AND LIABILITIES OF THE SHIPPER

(i) As to the tender of cargo

36.55 It is the duty of the shipper to tender goods to the carrier at the time and place, and of the number, weight and quantity, appointed by the contract. If he fails to do so, he incurs a liability in damages for breach of contract.[200] Moreover, in certain conditions he may have to pay full freight despite not having delivered the quantity of goods contracted to be shipped.[201]

(ii) As to supply of information

36.56 The shipper is deemed to have guaranteed to the carrier the accuracy at the time of shipment of the marks, number, quantity and weight as furnished by him, and the shipper must indemnify the carrier against all loss, damages and expenses arising or resulting from inaccuracies in such particulars.[202] Moreover, failure to declare the nature and value of the goods before shipment and to have these inserted in the bill of lading entitles the carrier to claim limitation of liability under the provisions of r 5 of art IV previously discussed.

36.57 Where the goods are actually or potentially dangerous[203] and the fact is or ought to be known to the shipper, he has a common law duty to disclose this to the carrier. If he fails to do so, he will be liable to the carrier for any resulting loss or damage, except where the carrier knows or ought to have known of the danger.[204] The shipper may also incur a liability in tort to third parties, eg other cargo owners whose goods are damaged as the result of the shipment.[205]

(iii) As to dangerous and deleterious cargo

36.58 The circumstances in which cargo may cause loss or damage are extremely varied. Indeed, one authority, after identifying no less than ten different ways in which cargo may be potentially harmful,[206] has wisely suggested that it would be better to refer to dangerous situations resulting from cargo rather than to dangerous cargo as such.[207] This view receives support

---

[200] For the measure of damages, see G. Panagopoulos, 'Damages for a Charterer's Failure to Load: An Anglo-Australian Perspective' (1994) 25 JMLC 119.
[201] *Casebourne v Avery & Houston* (1887) 3 TLR 795. This is an exception to the general rule of contract law that a party cannot claim the contract price if he does not perform, even where this is because performance is frustrated by the other party. See para **15.31**.
[202] Hague-Visby Rules, art III, r 5. See further S. Girvin, n 1, paras 23-02 – 23-067.
[203] 'Dangerous' is here used to include goods that are potentially deleterious.
[204] See below.
[205] See below.
[206] Eg, cargo dangerous however carried (such as nitroglycerine); cargo which can be carried safely if certain precautions are taken; cargo which, though not dangerous per se, can be injurious to other types of cargo; cargo which will be deleterious to marine life if discharged.
[207] See Mustill, 'Carriers' Liabilities and Insurance', n 98, pp 75 ff.

from *Effort Shipping Ltd v Linden Management SA*,[208] in which the House of Lords held that the words 'dangerous nature' were to be given a broad interpretation and that it was not necessary to show that the goods caused direct damage to other cargo; it sufficed that their condition resulted in other cargo having to be dumped at sea. The liability of the shipper to the carrier for damage caused by his cargo depends partly on the nature of the cargo and the adequacy of its protective casing or packaging and partly on the degree of knowledge imparted to the carrier or which he ought reasonably to have possessed.[209] The shipper impliedly warrants that the cargo is free from undisclosed dangers or potentially deleterious defects. Disclosure of potential hazards will usually safeguard the shipper against liability to the carrier, though not necessarily against the claims of third parties. In the absence of such disclosure the shipper will be liable for all damages or expenses directly or indirectly arising out of or resulting from the shipment, and in addition the carrier will have the right to land the goods at any place, or to destroy them or render them innocuous, if they are of an inflammable, explosive or dangerous nature to the cargo.[210] This is a strict liability and it is no defence that the shipper did not know or have the means of knowing that the cargo was dangerous.[211] There are various statutory provisions and regulations requiring the marking and written disclosure of dangerous goods. Noncompliance with these constitutes an offence.

(iv) **As to receipt of cargo liable to cause delay**

36.59 Article IV, r 6 of the Hague-Visby Rules is probably confined to goods that are physically dangerous.[212] There is, however, a distinct rule of the common law that the shipper undertakes not to ship goods which are liable to cause delay (eg contraband, goods shipped without the required export licence). The principle is unaffected by the Hague-Visby Rules.[213]

(v) **As to freight**[214]

36.60 By 'freight' is meant the carrier's charge for transporting the goods. Prima facie a contract of carriage is an entire contract and the carrier is not

---

[208] [1998] AC 605, also sub nom *The Giannis K*, on which see further F. Rose, 'Liability for Dangerous Cargo' [1998] LMCLQ 480.
[209] Ibid.
[210] Article IV, r 6. However, the carrier's right to invoke art IV, r 6, is subject to performance of his obligations under art III, r 1, which is the overriding article, so that the shipper is not liable to the extent to which the loss was caused or contributed to by the carrier, eg by providing an unseaworthy vessel (*The Fiona*, n 186, where the court also applied the general principle that prima facie an indemnity is not to be construed as covering the consequences of the negligence of the person in whose favour it is given).
[211] *Effort Shipping Co Ltd v Linden Management SA (The Giannis NK)*, n 208. The rule is the same at common law.
[212] *The Fiona*, n 186; *Bunge SA v ADM Do Brasil Ltda (The Darya Radhe)* [2009] EWHC 845 (Comm), [2009] 2 Lloyd's Rep 175.
[213] So held by Longmore J at first instance in *Effort Shipping Co Ltd v Linden Management SA (The Giannis K)* [1994] 2 Lloyd's Rep 171, applying *Mitchell v Steel* [1916] 2 KB 610.
[214] For a full treatment, see *Scrutton on Charterparties*, n 1, ch 16.

36.60 *Rights and Duties of the Sea Carrier*

entitled to any payment unless and until he delivers the full cargo entrusted to him to the contractual destination.[215] If, therefore, the goods are lost on the voyage, the carrier cannot claim freight, even if the loss is not of a kind for which the carrier is legally responsible, eg where it results from an excepted peril. The same rule applies if the goods are so damaged that they cease to be merchantable under their contract description.[216] But damage falling short of this does not disentitle the carrier to freight if the goods are duly delivered at the port of destination; if the damage results from the fault of the carrier, the shipper's remedy is not to withhold the freight in whole or in part but to bring a separate action.[217] Similarly, where the agreement is for lump sum freight or for the intake quantity at the time of shipment and the carrier delivers less than the quantity of cargo shipped (short delivery), he is nevertheless entitled to payment of freight in full, without an allowance or set-off in respect of the short delivery, for such freight is considered to be calculated on the basis of the quantity of cargo taken on board, not the quantity discharged.[218] If, however, the carrier delivers to a point short of the contractual destination he is entitled to nothing – not even freight *pro rata itineris* – unless the shipper or consignee voluntarily accepts such delivery or there is an agreement for pro rata freight for it. In practice, the common law rules will almost invariably be modified by the terms of the contract. Thus the carrier may stipulate for advance freight, which is payable on shipment and in general is not recoverable whatever the subsequent misfortunes of the voyage,[219] though if the loss results from an excepted peril the carrier would be liable and the damages would include the wasted freight. To make this clear the contract may provide that freight is payable 'ship and/or cargo lost or not lost'[220] and may require pro rata freight for delivery short of destination.

36.61 The carrier has a lien on the goods to secure payment of freight.[221]

(vi) **As to shipment of cargo**

36.62 If the shipper consigns the goods to his own order and retains the bill of lading, it is his duty to arrange for their collection from the vessel at the port

---

[215] *Hunter v Prinsep* (1808) 10 East 378.
[216] *Asfar & Co v Blundell* [1896] 1 QB 123.
[217] *The Aries*, n 182, which reaffirms the principle that freight is payable without deduction and is not subject to set-off in respect of a cross-claim against the carrier for breach of the contract of carriage. This is true even where the carrier's breach is repudiatory (*The Dominique* [1989] 1 All ER 545). But this principle has been held inapplicable to hire payable under a time charterparty where the charterer has been deprived of the use of the vessel for part of the contractual hire period (*The Nanfri* [1978] 2 Lloyd's Rep 132; *The Chrysovalandou-Dyo* [1981] 1 All ER 340).
[218] *Shell International Petroleum Ltd v Seabridge Shipping Ltd (The Metula)* [1978] 2 Lloyd's Rep 5.
[219] *Colonial Bank v European Grain & Shipping Ltd (The Dominique)* [1987] 1 Lloyd's Rep 239, per Hobhouse J at 246.
[220] *Compania Naviera General SA v Kerametal Ltd (The Lorna)* [1983] 1 Lloyd's Rep 373.
[221] See generally *Scrutton on Charterparties*, n 1, ch 19.

of destination. If he fails to collect them within a reasonable time after arrival, the carrier may warehouse them at the shipper's expense.[222]

8. TRANSFER AND LOSS OF CONTRACTUAL RIGHTS AGAINST THE CARRIER

36.63 We have seen that at common law the contract evidenced by a bill of lading is a contract between shipper and carrier, and there is no privity of contract between carrier and consignee or indorsee.[223] In consequence, the consignee/indorsee does not at common law acquire rights under the contract of carriage.

36.64 Under s 1 of the Bills of Lading Act 1855, the consignee or indorsee became the statutory assignee of the shipper's rights under the contract of carriage but only where the property in the goods had passed to him 'upon or by reason of' the consignment or indorsement. This imposed severe limitations on any transfer of the right of action.[224] In the first place, it was limited to bills of lading. Those who became entitled to delivery under a sea waybill or ship's delivery order did not qualify. Secondly, only a person who had acquired the property in the goods (by which was meant the general property) could sue. This eliminated a transferee of the bill of lading by way of pledge and a buyer taking goods to which the seller had reserved a right of disposal. Thirdly, even a buyer acquiring the property in the goods was not protected if the property did not pass 'upon or by reason of' the consignment or indorsement but only subsequently, as in the case of a bill of lading covering an unidentified part of a bulk cargo, or independently of the consignment or indorsement, as on delivery of the goods to the buyer against an indemnity without production of the bill of lading.[225] In all these cases the best the buyer could hope for, short of procuring an assignment to himself of the shipper's claim, was to establish an implied new contract that might come into existence through presentation of the bill of lading and the tender and acceptance of freight[226] or a claim in tort based on a proprietary or possessory title at the time of the loss or damage complained of.[227]

36.65 It was to deal with these and associated problems that the Law Commissions recommended[228] and Parliament enacted legislation in the form of the

---

[222] See para **36.36**.
[223] Except where the shipper ships as agent of the consignee or indorsee.
[224] For a full discussion of these, see the Law Commissions' Report *Rights of Suit in Respect of Carriage of Goods by Sea* (HC 250, 1991), Part II.
[225] *The Delfini* [1990] 1 Lloyd's Rep 252.
[226] *Brandt v Liverpool, Brazil and River Plate Steam Navigation Co Ltd* [1924] 1 KB 575. But the device of the *Brandt v Liverpool* contract, at one time widely used, had become more strictly controlled in recent years. See, for example, *The Aramis* [1989] 1 Lloyd's Rep 213.
[227] See para **36.71**.
[228] See n 224. As to the admissibility of the Law Commission report when seeking to interpret the 1992 Act, see *Sevylor Shipping and Trading Corp v Altfadul Company for Foods, Fruits and Livestock* [2018] EWHC 629 (Comm), [2018] 2 Lloyd's Rep 33 at [46]–[47].

36.65 *Rights and Duties of the Sea Carrier*

Carriage of Goods by Sea Act 1992.[229] This Act, which repealed the Bills of Lading Act 1855, provides an altogether more liberal regime for the statutory assignment of the shipper's rights under the contract of carriage. Under s 2 of the Act a person who becomes the lawful holder of a bill of lading[230] or is a person to whom delivery is to be made under a sea waybill or ship's delivery order thereby has transferred to and vested in him all rights of suit[231] under the contract of carriage[232] as if he had been a party to that contract.[233] Where another person sustains loss or damage in consequence of the breach of the contract of carriage the lawful holder of the bill of lading etc, may sue on behalf of that person.[234] As a corollary of rights being transmitted to the current holder, all rights of action previously vested in the shipper or intermediate holders are extinguished,[235] except that in the case of a sea waybill the shipper retains his rights of action under the original contract of

---

[229] See F. M. B. Reynolds, 'The Carriage of Goods by Sea Act 1992' [1993] LMCLQ 436; J. Beatson and J. J. T. Cooper, 'Rights of Suit in Respect of Carriage of Goods by Sea' [1991] LMCLQ 196; R. Bradgate and F. White, 'The Carriage of Goods by Sea Act 1992' (1993) 56 MLR 188.

[230] The Act does not define 'bill of lading', but s 1(2) provides that it does not include a document which is incapable of transfer, either by indorsement or, as a bearer bill, without indorsement, but subject to that does include a received for shipment bill of lading. A straight bill of lading is within the Act (see para **32.56**) and there seems no reason why a multimodal transport document issued in negotiable form should not be a bill of lading for the purpose of the Act, subject to evidence that its negotiable status is accepted in mercantile usage. See para **36.86**. The phrase 'holder of a bill of lading' is defined in s 5(2) of the Act, on which see *Standard Chartered Bank v Dorchester LNG (2) Ltd (The Erin Schulte)* [2014] EWCA Civ 1382, [2016] QB 1, [2015] 2 All ER (Comm) 362 where it was held that the mere transfer of possession of a bill of lading was not sufficient to constitute completion of an indorsement by delivery. It is necessary to go further and establish an intention on the part of the holder and the indorsee to transfer and accept the rights under the contract of carriage. Where the bill of lading is 'spent' the holder will not acquire generally rights of suit transferred to it unless the requirements of s 2(2)(a) or (b) have been satisfied. A bill of lading is not spent where the goods have been delivered to a person who is not entitled to them: *The Yue You 902* [2019] SGHC 106.

[231] Which includes not merely the right to sue but the rights under the contract which include the contractual right against the carrier to demand delivery against presentation of the bill of lading and hence the right to possess the goods: *East West Corp v DKBS 1912* [2002] EWHC 83 (Comm), [2002] 2 Lloyd's Rep 182 at [50].

[232] As defined by s 5(1). In the case of a bill of lading it is the contract 'contained in or evidenced by the bill of lading', but the assumption is that in favour of a consignee or indorsee this means the bill of lading itself. See F. M. B. Reynolds, n 229, at p 441.

[233] As a result of becoming a party to the contract the lawful holder may also become a party to the arbitration clause in the contract of carriage contained in or evidenced by the contract of carriage: *Sea Master Shipping Inc v Arab Bank Switzerland Ltd* [2018] EWHC 1902 (Comm), [2019] 1 Lloyd's Rep 101 at [39]–[42].

[234] Section 2(4). The cause of action remains the lawful holder's own cause of action (*Pace Shipping Co Ltd v Churchgate Nigeria Ltd (The Pace) (No 2)* [2010] EWHC 2828 (Comm), [2011] 1 Lloyd's Rep 537 at [28] and [30]. Hence if A's action was begun before, but s 2(4) was invoked after, the period of limitation in respect of it had expired, then A's claim will not be time-barred. However, a claimant cannot rely on s 2(4) in respect of a loss suffered by a previous cargo-owner who did not have a claim under s 2(1) because, for example, the claimant bought the cargo from a charterer who held the bill of lading only as a receipt (*Sevylor Shipping and Trading Corp v Altfadul Company for Foods, Fruits and Livestock*, n 228).

[235] Section 2(5).

carriage,[236] which include his right to direct the carrier to deliver the goods to a person other than the named consignee.[237] However, it has been held that even if the statutory transfer carried with it more than contractual rights, as by giving the transferee a sufficient possessory interest to hold the carrier responsible for loss of or damage to the goods,[238] yet if the transferee holds the bill of lading not for an interest of its own but as agent of the transferor – eg as a bank for the purpose of collecting payment against the bill of lading – the transferor retains a sufficient possessory interest to maintain an action in bailment against the carrier by virtue of his immediate right to possession even if the transferee has not indorsed the bill of lading back to the transferor.[239]

9. CARRIER'S RIGHTS AGAINST TRANSFEREES

(i) At common law

36.66 As mentioned earlier, there is no privity of contract between carrier and consignee or indorsee at common law, so that in principle the consignee is not liable on the contract of carriage and in particular is not responsible for freight. However, he may incur liability under a *Brandt v Liverpool* contract in appropriate cases.[240]

(ii) By statute

36.67 The consignee or indorsee may incur certain duties and liabilities by statute. Though the transfer of rights to a consignee or indorsee under the Carriage of Goods by Sea Act 1992 does not by itself operate to transfer the liabilities, the transferee will incur those liabilities as if he had been a party to the contract of carriage where he:

(a) takes or demands delivery from the carrier of any of the goods to which the relevant document relates, or
(b) makes a claim under the contract of carriage against the carrier in respect of any of those goods, or

---

[236] Ibid.
[237] This is because the sea waybill provides for delivery to the named consignee or to such other person as the shipper may direct.
[238] In *East West Corp v DKBS AF 1912 A/S* [2003] QB 1509, where Mance LJ was of the opinion that only the contractual rights were transferred under the Act, so that the banks did not acquire a sufficient possessory title to sue in bailment, but he held that it was unnecessary to decide the point. See also his speech in *Scottish and Newcastle International Ltd v Othon Ghalanos Ltd* [2008] UKHL 11, [2008] 2 All ER 768, at [46].
[239] *East West Corp v DKBS AF 1912 A/S*, n 237, where Mance LJ, approving passages in Professor Norman Palmer's book *Bailment* (2nd edn, 1991) at pp 1285–1291, held that a person may be a bailee without any direct bailment or sub-bailment by virtue of holding possession by consent of the bailor and in the knowledge of the latter's interest in the goods, and that in the case before him the shipper had remained bailor of the carrier despite the fact that the bills of lading had been indorsed to banks and not indorsed back to the shipper.
[240] See para **36.64**; *Swan v Barber* (1879) 5 Ex D 130; *Sanders v Vanzeller* (1843) 4 QB 260.

36.67 *Rights and Duties of the Sea Carrier*

(c) is a person who, at a time before those rights were vested in him, took or demanded delivery from the carrier of any of those goods.[241]

36.68 In *The Berge Sisar*[242] the House of Lords held, first, that a buyer does not take or demand delivery merely because it cooperates in discharge of the cargo, as by directing the master to its import jetty, allowing the vessel to berth there and taking routine samples; and, secondly, that even if (contrary to the primary ruling) the buyers in that case had initially incurred a liability, this came to an end when they transferred the bills of lading and ceased to have any interest in the goods. This conclusion followed from the principle of mutuality embodied in the Act, which tied liabilities to the carrier to an existing interest in the goods.[243]

10. CLAIMS AGAINST THE CARRIER AND OTHERS IN TORT

(i) Types of claim available

36.69 Two main tort remedies are available for the protection of interests[244] in cargo shipped under a bill of lading: an action for negligence, if the cargo is lost or damaged through the negligence of the carrier or others; and an action for conversion or other unlawful interference with goods, if the carrier fails to deliver up the goods to the person entitled to possession of them or delivers them to one not so entitled.

36.70 There is nothing to prevent a claimant from proceeding against third parties exclusively in tort (negligence) or bailment in order to escape the limitations of the contract.[245]

(ii) Who can sue

36.71 It is now established that no action lies in tort against the carrier for negligent loss of or damage to the goods except at the suit of a person who at the time of the negligent act or omission was either the owner of the goods or the person in possession[246] or (probably) entitled to possession of them.[247] Thus, a buyer of the goods who did not acquire title or a right to possession

---

[241] Carriage of Goods by Sea Act 1992, s 3(1).
[242] *Borealis AB v Stargas Ltd (The Berge Sisar)* [2002] 2 AC 205, in which Lord Hobhouse discusses the variants of s 3 in some detail.
[243] For a fuller discussion, see G. Treitel, 'Bills of Lading: Liabilities of Transferee' [2001] LMCLQ 344.
[244] As to the nature of the interest required to give a title to sue, see para **36.71** below.
[245] S. Baughen, 'Bailment's Continuing Role in Cargo Claims' [1999] LMCLQ 393 and see also S. Baughen, 'Bailment or Conversion? Misdelivery Claims Against Non-contractual Carriers' [2010] LMCLQ 411.
[246] Almost invariably the possession in question will be constructive possession, since the carrier itself is the physical possessor.
[247] *The Aliakmon* [1986] AC 785, approving the earlier decision of Roskill J in *The Wear Breeze* [1969] 1 QB 219; *Transcontainer Express Ltd v Custodian Security Ltd* [1988] 1 Lloyd's Rep 128.

prior to the negligence complained of has no right of action; and, as a corollary, if at the time of such negligence the goods had not been separated from the bulk of which they formed part, so that the claimant cannot show that at that time the goods he was acquiring had become ascertained, his claim will fail.[248] On the other hand, a party who can show that he had a proprietary or possessory right at the time of the loss or damage can recover damages for negligence even if he has not himself suffered loss because the risk is on another party. So charterers were held entitled to substantial damages for damage to the cargo caused by the defective condition of hatch coamings even though they had been able to collect the price from their sub-buyers.[249] In the case of a claim for conversion the principle is rather more restrictive. Even ownership of the goods at the time of the act of conversion complained of will not suffice unless it was accompanied by an immediate right to possession. Conversion is an interference with the right to possession rather than ownership as such; accordingly, it is only the person who had the right to possess at the time of the act of conversion who can sue; but this right suffices, and the claim is not barred by reason of the fact that ownership was then in another.[250]

(iii) Who can be sued

36.72 Subject to any available defences and limitations of liability,[251] a claim for negligence lies against anyone through whose careless acts or omissions the goods are lost or damaged, whether he be the carrier, the carrier's servants,[252] or wholly independent contractors such as stevedores.[253] But a person not party to the contract of carriage who acts on instructions given by the carrier, within the carrier's actual or ostensible authority from the owner, owes no duty of care beyond adherence to those instructions, and if he fulfils that duty he cannot be guilty of negligence vis-à-vis the owner of the goods.[254]

36.73 A claim for conversion or other wrongful interference with the goods lies against anyone who delivers them to a party not entitled or acts in any other way inconsistent with the rights of the person entitled to possession; and this is so even if the defendant acted in good faith and without negligence.[255]

11. CLAIMS BASED ON BAILMENT AND SUB-BAILMENT

36.74 Quite independently of liability in tort for negligence, the carrier owes the ordinary duties of a bailee for reward. An action based on bailment has

---

[248] *The Wear Breeze*, n 247. But see now the Sale of Goods Act 1979, s 18 r 5(3) and para **8.92**.
[249] *The Sanix Ace* [1987] 1 Lloyd's Rep 465. The damages recovered must, however, be held on trust for the sub-buyers.
[250] See para **2.95**.
[251] See para **36.75** ff and below.
[252] The carrier himself is, of course, responsible for the acts and omissions of his own employees on ordinary tort principles.
[253] Stevedores have been held liable in a number of cases for negligence in unloading or for otherwise failing to take proper care of the goods. See, for example, *Scruttons Ltd v Midland Silicones Ltd* [1962] AC 446. See also below as to the ability of a stevedore to set up an exemption clause.
[254] *Mayfair Photographic Supplies Ltd v Baxter Hoare & Co Ltd* [1972] 1 Lloyd's Rep 410.
[255] See paras **16.96–16.100**.

36.74 Rights and Duties of the Sea Carrier

several advantages. Where it is shown that the goods were shipped in apparent good order and condition as recorded in the bill of lading but fail to arrive or are found to be damaged on arrival, the onus is on the carrier to show that it took reasonable care, whereas in a claim based on negligence the onus is on the claimant to show lack of care.[256] A bailee is liable for the acts of independent contractors, whereas this is not generally true of a defendant in a negligence claim. Further, a bailee has to take reasonable steps to prevent theft, which is not usually a duty owed in tort.[257] The disadvantage of a bailment claim is that the claimant has to show either an attornment or at least possession by the bailee with the consent of a person having an interest in the goods and with knowledge of that interest.[258] This may also arise in the context of a sub-bailment, as where goods are delivered by the shipper to a time charterer as bailee and sub-bailed by the time charterer to the owner, who takes possession of them.[259] In such a case the sub-bailee owes duties of care both to its own sub-bailor and to the bailor, notwithstanding the absence of any contract with or an attornment to the bailor,[260] but is entitled to rely on any exemptions and limitations of liability available under the terms of the sub-bailment provided that the bailor had expressly or impliedly consented to the sub-bailment on those terms or ostensibly authorized them.[261]

12. TO WHOM DEFENCES AND LIMITATIONS OF LIABILITY ARE AVAILABLE

36.75 It has been standard practice for many years for bills of lading to include what is known as a '*Himalaya* clause'[262] excluding any liability on the part of servants or agents of the carrier (including independent contractors) and providing that all exemptions, immunities and limitations of liability available to the carrier shall also be available to any servant or agent, including an independent contractor. The object of a *Himalaya* clause is, of course, to prevent a claimant from undermining the exemptions and limitations of liability available to the carrier under the contract and the rules by suing the carrier's servants and agents.[263] The problem that has exercised the courts is whether the privity rule precludes such servants or agents, as strangers to the contract of carriage, from invoking its provisions. In *Scruttons Ltd v Midland*

---

[256] See para **36.05**, n 9.
[257] See S. Baughen, n 245; J. F. Wilson, 'A Flexible Contract of Carriage – the Third Dimension?' [1996] LMCLQ 187.
[258] As in *The Starsin*, n 50.
[259] Which Lord Hobhouse considered was the position in *The Starsin*, n 50, at [133].
[260] *Gilchrist Watt and Sanderson Pty Ltd v York Products Co Ltd* [1970] 1 WLR 1262; *The Starsin*, n 50, at [136].
[261] *The Pioneer Container* [1994] 2 AC 324.
[262] After *Adler v Dickson* [1955] 1 QB 158, involving a contract for the carriage of passengers on board the SS *Himalaya*. For an analysis of the authorities, see D. G. Powles, 'The Himalaya Clause' [1979] LMCLQ 331.
[263] An alternative mechanism for protecting the carrier against liability is the circular indemnity clause, by which the shipper promises not to make claims against servants, agents etc, of the carrier, and agrees that if he does make such a claim, he will indemnify the carrier against liability. See R. Halson, 'The Scope of Charterparty Indemnity Clauses' [1999] LMCLQ 9.

To Whom Defences and Limitations of Liability are Available 36.77

Silicones Ltd[264] the House of Lords held by a majority (Lord Denning dissenting) that the provisions of a bill of lading purporting to extend to stevedores the same exemptions and limitations of liability as were conferred on the carrier could not be invoked by the stevedores as they were not parties to the contract of carriage evidenced by the bill of lading. Lord Reid did, however, consider that the agency argument had a prospect of success where:

(a) it was clear from the bill of lading that the stevedore was intended to be protected,
(b) the bill of lading made it clear that the carrier, in addition to contracting on his own behalf, was stipulating limitation of liability on behalf of the stevedore,
(c) such stipulation by the carrier was authorized or, perhaps, ratified by the stevedore, and
(d) difficulties about consideration moving from the stevedore were overcome.

36.76 The prospect thus held out was realized in *The Eurymedon*,[265] where a majority of the Privy Council (Viscount Dilhorne and Lord Simon of Glaisdale dissenting) held that the stevedores could avail themselves of the limitation given on the ground that in entering into the contract of carriage, the carriers were acting not only on their own behalf but also as agents of the stevedores; that the contract between the shipper (acting through the agency of the carrier) and the stevedores was a unilateral contract by which, in consideration of the stevedores unloading the goods, they were to enjoy the limitation of liability set out in the bill of lading; and that the acts of unloading brought that unilateral contract into existence and furnished the consideration for the shipper's agreement that the stevedores should enjoy the benefit of limitation of liability. This was followed in *The New York Star*[266] and *The Starsin*.[267]

36.77 The Hague-Visby Rules, where applicable, go some way towards answering the problem, by providing that a servant or agent of the carrier (not being an independent contractor) can avail himself of the same defences and limitations of liability prescribed by the Rules as the carrier himself,[268] those defences and limitations of liability being applicable both in contract and in tort.[269] But they cannot be invoked where the damage resulted from an act or omission of the servant or agent done with intent to cause damage, or recklessly and with knowledge that damage would probably result,[270] and in any case the people who would want to rely on this would normally be independent contractors.

---

[264] See n 253.
[265] [1975] AC 154.
[266] *Port Jackson Stevedoring Pty Ltd v Salmon & Spraggon (Australia) Pty Ltd (The New York Star)* [1980] 3 All ER 257.
[267] See n 50.
[268] Article IV bis, r 2. For a consideration of the position under the equivalent provisions of the Rotterdam Rules, see T. Nikaki, 'The Statutory Himalaya-type Protection under the Rotterdam Rules: Capable of Filling the Gaps?' [2009] JBL 403.
[269] Ibid, r 1.
[270] Article IV bis, r 4.

36.78 Rights and Duties of the Sea Carrier

36.78 The need to rely on the *Himalaya* clause is now reduced by the Contracts (Rights of Third Parties) Act 1999, which, though not in general applicable to contracts for the carriage of goods by sea,[271] does permit a third party for whose benefit a contract is concluded to avail himself of an exclusion or limitation of liability in such a contract.[272]

13. MULTIMODAL TRANSPORT OPERATIONS[273]

(i) The unitization of cargo

36.79 A major preoccupation of shipping companies has been to reduce the time and expense involved in handling cargo. Bulk cargo[274] has long been susceptible to automatic handling. By contrast, the loading, stowage and unloading of general cargo[275] using traditional methods were extremely labour-intensive; and the more stages in the transit, the greater the number of operations to be performed, with not only an increase in the expense but also a higher risk of loss through damage or pilferage.

36.80 The solution was seen to be the 'unitization' of cargo by shipping it in a standard unit which would not be opened or disturbed during the transit but would house its contents as a single unit-load carried from door to door. The most widely used units are containers,[276] pallets,[277] roll-on/roll-off (ro-ro) road vehicles (which may themselves carry containers) and barges,[278] all of which are transported in vessels specially designed to accommodate them.[279]

36.81 The development of containers and other forms of unit-load, coupled with the manufacture of carrying vessels and vehicles and terminal equipment specifically designed for the loading and storage of units, has dramatically reduced the time taken to handle cargo and, in consequence, the turn-around time of the carrying vessel. In addition, the use of containers has reduced

---

[271] Contracts (Rights of Third Parties) Act 1999, s 6(5).
[272] Ibid, s 1(6).
[273] See C. Murray, D. Holloway and D. Timson-Hunt (eds), *Schmitthoff's Export Trade: The Law and Practice of International Trade* (12th edn, 2012), ch 16; *Benjamin's Sale of Goods* (10th edn, 2017), paras 21-073 ff; B. Soyer and A. Tettenborn (eds), *Carriage of Goods by Sea, Land and Air: Unimodal and Multimodal Transport in the 21st Century* (2014); and M. Spanjaart, *Multimodal Transport Law* (2017). The term 'multimodal' has tended to replace the original word 'combined', though it is still not uncommon for reference to be made to combined transport bills of lading.
[274] Ie cargo comprising raw materials, commodities and liquids (iron ore, coal, grain, timber, oil etc) shipped in bulk and stored loose in the ship's hold.
[275] Ie manufactured and other goods of various kinds separately packed into crates, cartons, boxes, and the like, which have to be individually handled and stored. Such cargo is often termed 'break-bulk' cargo.
[276] Described below. For a comprehensive treatment of the law and practice governing the use of containers, see M. D. Booker, *Containers: Conditions, Law and Practice of Carriage and Use* (2000).
[277] Wood or metal rectangular platforms on which goods are placed and which are lifted on board by a fork-lift truck.
[278] Eg the LASH (lighter aboard ship) barge. See n 168.
[279] Ie container ships, ro-ro (roll-on/roll-off) vessels, pallet carriers, or combinations of these.

packaging problems for exporters, pressure on warehouse space (since containers can be left in the open) and loss through damage or theft in transit.[280] The ro-ro vessel has tended to be used for short sea-routes, while the more expensive container transport, with its greater carrying capacity, is considered preferable for ocean voyages, though ro-ro is also used for these.

36.82 Containers are large metal boxes constructed to internationally prescribed standards.[281] They are purchased or leased by container operators to hold goods shipped by their customers. The container operator may be a shipping agency, a freight forwarder, a road haulier or some other organization or consortium. If the shipper has sufficient goods to make up a full container load (FCL), the container operator will supply the container on loan to the shipper, who will 'stuff' the container himself and deliver it[282] to the terminal to be loaded on board the ship. On arrival at the other end, it will be collected by or delivered to the consignee and unpacked by him. This door-to-door transportation represents the optimum use of the container and is known as FCL/FCL.[283] However, the shipper may not have enough goods to fill a complete container, in which case he will deliver the LCL[284] consignment to the container operator's depot or base, and the operator will consolidate this with other LCL consignments destined for the same port, issuing each consignor with the container operator's own bill of lading.[285] The container operator will then arrange for the articles to be cleared by customs,[286] shipped and then collected at the other end and delivered to a depot where they will be unstuffed and the contents handed over to the respective consignees.

36.83 The carrier is not expected (or even entitled) to open a container to check for the apparent good order and condition of the goods. Accordingly, where a bill of lading records shipment of a container in apparent good order and condition, this estops the carrier from denying only the apparent good order and condition of the container itself at the time of shipment, not the apparent good order and condition of its contents[287] or the number of packages the container was said to contain,[288] assuming that 'said to contain' or words to similar effect were used.

---

[280] Nevertheless, a significant proportion of containers arrive in damaged condition through careless handling in the terminal, improper stowage, and other untoward acts.
[281] Ie those fixed by the International Standards Organization, an agency of the United Nations. For air transport, standards have also been formulated by IATA. Containers are usually made of steel or aluminium in standard lengths of 20ft and 40ft with a depth and height of 8ft.
[282] Or have it delivered by the container operator or forwarder.
[283] Ie, the container is to be both dispatched and delivered as a full container load and will thus be stuffed (packed) by the consignor and unstuffed by the consignee.
[284] Less-than-container load.
[285] Whether this is a bill of lading in the true sense depends on whether the container operator issues it as principal or merely as agent. In the latter case it is merely a 'house' bill of lading which enables the consignee to collect the goods from the forwarder or his agent at the other end. The form commonly used is the Negotiable FIATA FBL Multimodal Transport Bill of Lading.
[286] Facilities for this are provided at approved inland clearance depots (ICDs).
[287] *Marbig Rexel Pty Ltd v ABC Container Line NV (The TNT Express)* [1992] 2 Lloyd's Rep 636.
[288] *Ace Imports Pty Ltd v Companhia de Navagacao Lloyd Brasileiro (The Esmeralda)* [1988] 1 Lloyd's Rep 206.

36.84 *Rights and Duties of the Sea Carrier*

(ii) The multimodal transport operator

36.84 The door-to-door concept embodied in container and railroad transportation has by a natural progression led to the evolution of the multimodal transport operator (MTO), that is, one who undertakes responsibility as principal[289] for the carriage of goods by different modes[290] from one country to another. Multimodal transport (MT) is in a sense an extension of the through-carriage concept, and the multimodal transport bill of lading may be likened to an extended through bill of lading. But the extension has produced a basic change in approach. The through bill of lading is issued by a sea carrier, and its use is that predominantly perceived in terms of sea transport. Though undertaking to arrange for transhipment by oncarriers, the sea carrier under a through bill of lading has always been careful to stipulate that he accepts no responsibility for oncarriers and that his liability is limited to the sea leg and delivery to the first oncarrier. Thus the shipper who arranges for shipment under a through bill of lading may find himself in the difficulty that this contract is with one principal only, namely the sea carrier,[291] but that the latter disclaims responsibility for subsequent legs of the transit, so that if the goods are lost or damaged, the shipper will have the burden of showing at what stage the loss or damage occurred, and, if it is not the sea leg, may have to proceed in tort rather than contract.

36.85 By contrast, the multimodal transport operation is not geared to any particular mode, and the MTO does not have to be a sea carrier. Indeed, there is no necessity for him to provide any transport himself. He may merely undertake the responsibility of a door-to-door carrier while arranging for all stages of the transportation to be undertaken by others. In short, he may if he wishes act merely as the main contractor, subcontracting all or any of the physical carriage arrangements to others. The important point is that the MTO, unlike the carrier issuing a through bill of lading, undertakes responsibility for the goods throughout all the stages of the transit, so that in principle the shipper need not concern himself with anyone other than the MTO and, if his goods are lost or damaged, is relieved of the problem of identifying the party physically responsible.

(iii) The legal problems of multimodal transport operations

36.86 At first blush, then, the shipper contracting with the MTO appears to be in an entirely happy position. If anything goes wrong, it is the MTO who is primarily responsible as the contracting party, whether the loss or damage occurred during a sea transit, or on land in the hands of an oncarrier. But from the moment multimodal transport was conceived certain obvious difficulties presented themselves. First, different conventions and rules govern different modes. Carriage by sea is regulated by the Hague-Visby Rules; carriage by air

---

[289] In contrast to acting as forwarding agent.
[290] See below and Booker, *Containers*, n 276, ch 6.
[291] This is not necessarily the case, for the sea carrier may contract as agent for the oncarrier as regards the leg to be performed by the latter.

by the Warsaw and Montreal Convention;[292] carriage by road by the CMR Convention;[293] and carriage by rail by the COTIF Convention.[294] If goods shipped through an MTO are lost or damaged in transit, which convention, and, accordingly, which set of duties, exemptions and limitations of liability will apply? Clearly, if this were to depend on the type of carrier having charge of the goods at the time of the loss or damage, the question of identifying the party responsible would remain, and much of the point of the MT contract would be lost. Secondly, only a bill of lading issued by a sea carrier has traditionally been recognized by the common law as a document of title to goods, for documents issued prior to shipment, such as 'received for shipment' bills of lading and multimodal transport documents, do not show shipment on board and therefore do not embody any acknowledgement of receipt by the sea carrier or any undertaking by the sea carrier to hold the goods for the current holder of the bill of lading so as to give the holder constructive possession. As a corollary, the buyer under an f.o.b. or c.i.f. contract cannot be compelled to accept such a document. However, the multimodal transport document is now commonly accepted by parties to contracts of sale, a practice recognized in art 19 of the UCP, and may be issued in either negotiable or non-negotiable form. Where it is issued in negotiable form there seems no reason why courts should not follow mercantile practice and recognize the status of the MT document as a document of title, for there is nowadays no particular magic in shipment as the delivery point, and both the ICC Rules for a Combined Transport Document[295] and the 1980 UNCTAD Multimodal Transport Convention[296] expressly recognize MT documents issued in negotiable form. Thirdly, only a bill of lading issued by a sea carrier was within the Bills of Lading Act 1855, so that even if an MT bill of lading were to be transferable, it would not operate to transfer to the consignee or indorsee the shipper's contractual rights against the MTO. That problem, however, has now probably disappeared with the repeal of the Bills of Lading Act 1855 by the Carriage of Goods by Sea Act 1992, which in defining 'bill of lading' as including a received for shipment bill of lading[297] shows that receipt on board by the carrier is no longer considered a crucial element of a bill of

---

[292] Implemented in the United Kingdom by the Carriage by Air Act 1961, the Carriage by Air (Supplementary Provisions) Act 1962 and, as regards amending protocols, the Carriage by Air and Road Act 1979. In relation to the Montreal Convention, see the Carriage by Air Acts (Implementation of the Montreal Convention 1999) Order 2002 (SI 2002/263). See generally on carriage by air, *Chitty on Contracts* (33rd edn, 2018), ch 35.
[293] Implemented by the Carriage of Goods by Road Act 1965, as amended by the Carriage by Air and Road Act 1979. See further *Chitty on Contracts* (33rd edn, 2018), paras 36-118 ff, and for judicial consideration of the Convention see *Datec Electronic Holdings Ltd v United Parcel Services Ltd* [2007] UKHL 23, [2007] 4 All ER 765.
[294] Implemented by s 103 of the Railways and Transport Safety Act 2003 and the Railways (Convention on International Carriage by Rail) Regulations 2005 (SI 2005/2092). See generally *Chitty on Contracts* (33rd edn, 2018), paras 36-085 ff.
[295] See para **36.94**.
[296] See para **36.88**. See also *Kum v Wah Tat Bank* [1971] 1 Lloyd's Rep 439 and J. Ramberg, 'The Multimodal Transport Document' in C. M. Schmitthoff and R. M. Goode (eds), *International Carriage of Goods* (1988), p 6.
[297] Section 1(2).

36.86 Rights and Duties of the Sea Carrier

lading.[298] Fourthly, it may not always be clear whether the document is indeed a multimodal transport document, covering the whole transport operation, or whether it covers only one or more of the stages of the transport operation. The question whether the document covers the entirety of the transport operation or only part thereof is ultimately a question of interpretation of the document itself.[299]

36.87 It was with a view to resolving these problems that the TCM Convention[300] was drafted for consideration at a diplomatic conference, but work on this was later abandoned. However, in 1973 the International Chamber of Commerce promulgated a set of Uniform Rules for a Combined Transport Document[301] based on the TCM Convention, while FIATA produced a combined transport bill of lading for issue by freight forwarders undertaking combined transport operations. Towards the end of the 1970s a growing interest by the developing countries in a multimodal transport convention led to a new initiative by the United Nations Conference on Trade and Development, and after intensive negotiations which very nearly came to naught, the UNCTAD Convention on International Multimodal Transport of Goods was signed in Geneva in 1980. But the Convention has not come into force, only securing 11 out of the required 30 ratifications due to lack of interest on the part of the shipping industry and consequent want of government support, coupled with a sense that they were more closely aligned with the Hamburg Rules rather than the Hague-Visby Rules. Nevertheless, the key features of the 1980 Convention will be briefly described. Following the conclusion of the 1980 Convention, and in what subsequently proved to be the unfulfilled hope that the Convention would shortly come into force, UNCTAD and the ICC combined to draw up the UNCTAD/ICC Rules for Multimodal Transport Documents in 1992.[302] These Rules, like the 1975 ICC Rules, do not have the force of law and they must be incorporated into the contract by the parties if they are to be legally binding. We shall give further consideration to these Rules after first outlining the key components of the 1980 Convention.

(iv) The UNCTAD Multimodal Transport Convention

36.88 The 1980 Multimodal Transport Convention[303] represents a compromise between the developing and the developed countries and reflects the

---

[298] See the Law Commissions' Report *Rights of Suit in Respect of Carriage of Goods by Sea* (HC 250, 1991), para 2.49, indicating that multimodal transport documents are capable of falling within the ambit of the 1992 Act. For a more cautious view, drawing attention to the words 'by Sea' in the 1992 Act, see *Benjamin's Sale of Goods* (10th edn, 2017), para 21-078.
[299] *Benjamin's Sale of Goods* (10th edn, 2017), para 21-077 where the example provided is the decision of the Victoria Court of Appeal in *Parlux SpA v M&U Imports Pty Ltd* [2008] VSCA 169.
[300] Convention sur le Transport International Combiné de Marchandise. The draft was prepared by UNIDROIT.
[301] The current version is ICC No 298, published in 1975 and replacing ICC No 273 issued in 1973.
[302] ICC No 481.
[303] United Nations Document TD/MT/Conf. 16 adopted on 24 May 1980. See further Wei Jia Ju, 'UN Multimodal Transport Convention' (1981) 15 *Journal of World Trade Law* 283.

influence of the Hamburg Rules. The Convention applies to all contracts of MT[304] between places in two states, if (a) the place for the taking in charge of the goods by the MTO[305] as provided for in the applicable MT contract[306] is located in a contracting state, or (b) the place for the delivery of the goods by the MTO as provided for in the MT contract is located in a contracting state.[307] Where the MT contract falls within (a) or (b), the provisions of the Convention are mandatory;[308] but nothing in the Convention affects the right of the consignor to choose between MT transport and segmented transport.[309]

36.89 Article 5 requires the MTO, when taking the goods in charge, to issue an MT document, either in negotiable or in non-negotiable form, at the option of the consignor. The MT document must contain prescribed particulars[310] and, except to the extent to which it contains reservations specifying suspected inaccuracies in the particulars of the goods taken in charge, the document is prima facie evidence of the taking in charge of the goods by the MTO.[311] Further, except as above, proof to the contrary by the MTO is not admissible if the MT document is issued in negotiable form and has been transferred to a third party, including a consignee, who has acted in good faith in reliance on the description of the goods therein.[312] Intentional misstatements in or omissions from the MT document by the MTO deprive him of the benefit of limitation of liability provided by the Convention.[313]

36.90 The crucial provisions of the Convention are those dealing with the MTO's liability. Article 14(1) makes the MTO responsible for the goods from the time he takes them in his charge to the time of their delivery. The MTO is responsible not only for the acts and omissions of his servants and agents, when acting in the scope of their employment, but also for those of any other person of whose services he makes use for the performance of the MT contract,

---

[304] By virtue of the definition of 'multimodal transport contract' (see n 306), the Convention is confined to international multimodal transport, this being defined by art 1(1) as 'the carriage of goods by at least two different modes of transport on the basis of a multimodal transport contract from a place in one country at which the goods are taken in charge by the multimodal transport operator to a place designated for delivery situated in a different country'. The same paragraph adds that the operations of pick-up and delivery of goods carried out in the performance of a unimodal transport contract, as defined in such contract, are not to be considered as international multimodal transport.

[305] Ie, 'any person who on his own behalf or through another person acting on his behalf concludes a multimodal transport contract and who acts as a principal, not as an agent or on behalf of the consignor or of the carriers participating in the multimodal transport operations, and who assumes responsibility for the performance of the contract' (art 2(2)).

[306] 'Multimodal transport contract' means a contract whereby a multimodal transport operator undertakes, against payment of freight, to perform or to procure the performance of international multimodal transport (art 1(3)).

[307] Article 2.
[308] Article 3(1).
[309] Article 3(2).
[310] Article 8. These follow the normal pattern for a transport document.
[311] Article 10.
[312] Ibid.
[313] Article 11.

36.90 *Rights and Duties of the Sea Carrier*

when such person is acting in the performance of the contract, as if the acts and omissions were those of the MTO himself.[314]

36.91 The MTO is made liable for loss resulting from loss of or damage to the goods, as well as for delay in delivery, if the occurrence which caused the loss, damage or delay in delivery took place while the goods were in his charge, unless he proves that he or those for whose acts or omissions he is responsible under art 15 took all measures that could reasonably be required to avoid the occurrence and its consequences.[315] As regards delay, this is a considerable improvement on the corresponding provisions in the 1975 ICC Rules to which we will shortly turn, for the MTO is liable for delay regardless of the stage at which this occurred, so that it becomes unnecessary for the claimant to show on what leg of the transit delay ensued. However, the MTO is not an insurer. Where fault or neglect (whether by him or by others for whom he is responsible) combines with another cause to produce loss, damage or delay in delivery, he is liable only to the extent that the loss, damage or delay in delivery is attributable to such fault or neglect, provided that he proves the part of the loss, damage or delay in delivery not attributable thereto.[316]

36.92 In its provisions on limitation of liability the Convention largely, though not entirely, abandons the network liability approach and lays down its own rules, which apply even where the loss-making event can be localized. As regards loss of or damage to the goods, the Convention prescribes a limit of liability of 920 units of account[317] per package or other shipping unit[318] or 2.75 units of account per kilogramme of gross weight of the goods lost or damaged, whichever is the higher.[319] For delay in delivery, the limit of liability is two and a half times the freight payable for the goods delayed, but not exceeding the total freight payable under the MT contract.[320] The aggregate liability is not to exceed the limit of liability for total loss of the goods.[321] But where the loss or damage to the goods occurs during a particular stage in respect of which an applicable international convention or mandatory national law provides a *higher* limit of liability, then that limit applies.[322] To this extent the Convention adopts the network liability principle.

36.93 The Convention contains numerous other provisions – eg as to loss of the MTO's limitation of liability, dangerous goods, the intimation of claims, the time limit for initiating proceedings, rules of jurisdiction and the relationship of the Convention to other conventions – which space does not permit to be dealt with here. The Convention represents a major breakthrough in the regulation of multimodal transport contracts and, though by no means solving

---

[314] Article 15.
[315] Article 16(1).
[316] Article 17.
[317] Ie, the Special Drawing Right as defined by the IMF (arts 18(7), 31). See n 160.
[318] See art 18(2) as to what is to be deemed a package or shipping unit.
[319] Article 18(1).
[320] Article 18(4).
[321] Article 18(5).
[322] Article 19.

all the significant problems, it goes a long way towards removing those which have until now caused particular difficulty.

(v) The 1975 ICC Rules and the 1992 UNCTAD/ICC Rules

36.94 Under the 1975 ICC Rules, which apply to every contract concluded for the performance and/or procurement of performance of combined transport of goods which is evidenced by a Combined Transport (CT) document,[323] the CT document may be issued in either negotiable or non-negotiable form. By its issue the combined transport operator (CTO) undertakes to procure the performance of the combined transport from the time of taking the goods in charge to the time of delivery, and to accept responsibility not only for the acts and omissions of his own servants or agents acting within the scope of their employment but also for those of other persons whose services he uses for the performance of the contract.[324] Hence the CTO, even if not physically involved in any transportation himself, accepts responsibility for the acts of the sea and land carriers he engages to transport the goods. The Rules contain some useful provisions governing the situation where loss or damage occurs to the goods but the stage of transport at which this occurs is not known. In such a case, compensation is to be calculated by reference to the value of the goods at the place and time they are delivered to the consignee or should, under the CT contract, have been so delivered,[325] with a limit of liability of 30 francs per kilogramme of gross weight unless the value of the goods has been declared with the consent of the CTO, in which case that value is the limit.[326]

36.95 Where the stage at which loss or damage occurred is known, the provisions of any international convention or national law applicable in relation to that stage are to govern the rights of the parties as if the claimant had made a direct and separate contract with the CTO in respect of that stage.[327] This is the so-called 'network liability' principle. Its effect is to diminish the force of the Rules as autonomous provisions, since instead of these applying across the board to all modes encompassed by the transport contract, the rights and duties of the parties are subjected to the applicable unimodal law or convention, in cases where the relevant mode is ascertainable.

36.96 The other great weakness of the Rules, so far as the cargo owner is concerned, is in the provisions for delay. Where goods are carried by successive carriers and delay occurs during one or more stages, complex questions of causation can arise.[328] One might have thought that in the case of a CT

---

[323] Rule 1(a). Combined transport is defined as the carriage of goods by at least two different modes (sea, inland waterway, air, rail, road), from a place at which the goods are taken in charge situated in one country to a place designated for delivery situated in a different country (r 2(a),(d)).
[324] Rule 5.
[325] Rule 11(a).
[326] Rule 11(c).
[327] Rule 13.
[328] For example, carrier A is late by three days in delivery to carrier B. In consequence, the latter has no vehicle or vessel ready and performance of his stage of the transport is delayed by 28

36.96 *Rights and Duties of the Sea Carrier*

contract such questions would be avoided, since the CTO as the sole principal would be answerable for delay in delivery regardless of the stage at which this occurred. However, r 14 provides that the CTO is liable to pay compensation for delay only when the stage of transport where delay occurred is known, and to the extent that non-excludable liability for such delay is provided by any international convention or national law applicable to that stage.

36.97 The 1992 UNCTAD/ICC Rules for Multimodal Transport Documents reflect a movement away from the liability regime of the Hague-Visby Rules towards that of the Hamburg Rules, which, as noted earlier, omit the tariff of exceptions provided by the Hague-Visby Rules. These Rules, like the 1975 Rules, apply when they have been incorporated by the parties into their contract of carriage. A multimodal transport contract, for this purpose, is a single contract for the carriage of goods by at least two different modes of transport.[329] The responsibility of the multimodal transport operator (MTO) under the Rules covers the period from the time the MTO has taken the goods in his charge to the time of their delivery.[330] The multimodal transport document may be issued in negotiable or non-negotiable form.[331] The MTO undertakes to perform or to procure the performance of all acts necessary to ensure the delivery of the goods and accepts liability for loss of or damage to the goods or delay in delivery if the occurrence which caused the loss, damage or delay took place while the goods were in the charge of the MTO as defined unless the MTO proves that no fault or neglect of its own, or those for whom it is responsible, has caused or contributed to the loss, damage or delay.[332] The liability of the MTO is limited in line with r 5(a) of art IV of the Hague-Visby Rules[333] except in the case where the transport does not include the carriage of goods by sea or by inland waterways where the limit is set by reference to the CMR limit of an amount not exceeding 8.33 SDR per kilogramme of gross weight of the goods lost or damaged.[334] The Rules also contain a 'network liability' principle similar to that to be found in the 1975 Rules.[335] The time limit within which a claim must be brought against the MTO is nine months from the date of delivery of the goods or the date on which they should have been delivered or the date on which the consignee was entitled to treat the goods as lost.[336]

---

days. The overall delay of 31 days is then reduced to 27 days by the expedition of the third carrier. How is responsibility for the 27 days' delay to be apportioned? For an analysis of these problems, see M. Ganado and H. M. Kindred, *Marine Cargo Delays: the Law of Delay in the Carriage of General Cargoes by Sea* (1990).

[329] Article 2.1.
[330] Article 4.1.
[331] Article 2.6.
[332] Article 5.1.
[333] Article 6.1.
[334] Article 6.3.
[335] Article 6.4.
[336] Article 10.

(vi) The UN Convention on Contracts for the International Carriage of Goods Wholly or Partly by Sea (The Rotterdam Rules)

36.98 In December 2008 the General Assembly of the United Nations adopted the Convention on Contracts for the International Carriage of Goods Wholly or Partly by Sea. The Convention is ambitious in scope, covering not only carriage of goods by sea but also, within limits, other modes of transport where used in conjunction with carriage by sea. Thus a contract of carriage for the purposes of the Convention 'shall provide for carriage by sea and may provide for carriage by other modes of transport in addition to the sea carriage.'[337] So, where the contract provides for the carriage of goods by sea, the Convention is in principle applicable to all legs of the journey. But where there is no element of carriage by sea the Convention is not applicable.

36.99 The scope of the Convention is broad and, for present purposes, it is not possible to do more than outline its scope.[338] It covers, among other matters, the obligations of the carrier, the liability of the carrier for loss, damage or delay, the obligations of the shipper to the carrier, the delivery of the goods, the rights of the controlling party, the transfer of rights, the limits of liability and jurisdiction and arbitration. It will apply to an international carriage contract which, for this purpose, is defined as a contract of carriage in which the place of receipt and the place of delivery are in different states and the port of loading and the port of discharge are in different states provided that one of the place of receipt, the port of loading, the place of delivery or the port of discharge is in a Contracting State.[339] There are specific exclusions for both liner and non-liner transportation.[340] One of the major contributions of the Convention is the provision which it makes for electronic transport documents.[341] The Convention will enter into force one year after the date of deposit of the 20th instrument of ratification, acceptance, approval or accession.[342] A state which ratifies, accepts, approves or accedes to the Convention must at the same time denounce the Brussels or Hamburg Convention if it is a party to one or other Convention, the denunciation to take effect when the Convention comes into force as regards that state. But the ambition of the Convention is not without limit. As has been noted, it does not apply to contracts which make no provision for carriage by sea and, in relation to contracts that fall within its scope, it gives way to existing international conventions governing the carriage of goods by other modes of transport that regulate the liability of the carrier for loss of or damage to the goods.[343] The risk is that the Convention will add to the existing complexity in so far as it creates another instrument (which has limited but by no means universal support) which will have to operate alongside the existing legal regimes.

---

[337] Article 1(1).
[338] For a critical assessment of the Convention, see A. Diamond, 'The Rotterdam Rules' [2009] LMCLQ 445. See also the spirited response by F. Berlingieri, 'Revisiting the Rotterdam Rules' [2010] LMCLQ 583.
[339] Article 6.
[340] Article 7.
[341] See in particular chapters 3 and 8.
[342] Article 94.
[343] Article 82. See also art 26 which also limits the scope of the Convention.

36.100 *Rights and Duties of the Sea Carrier*

36.100 The prospects for the Convention seem bleak. While it has many supporters, it also has its detractors. For example, FIATA has recommended that its members should advise their governments not to accept the Convention on the basis that it is 'far too complicated' and it will work to the disadvantage of freight forwarders when acting as shippers or when demanding compensation from the performing carriers.[344] The Convention opened for signature on 23 September 2009 in Rotterdam. As at 1 June 2020 the Convention had been ratified by only five States,[345] a long way short of the twenty required for it to come into effect. On this basis the prospects for success appear distinctly gloomy.

---

[344] See https:www.uncitral.org/pdf/english/texts/transport/rotterdam_rules/FIATApaper.pdf.
[345] https://uncitral.un.org/en/texts/transportgoods/conventions/rotterdam_rules/status.

Chapter 37
CONFLICT OF LAWS

37.01 Litigation in England between two English parties under a contract governed by English law can be complex enough, as the reader who has had the patience to reach this point will already have surmised. An entirely new cluster of problems may be introduced where the transaction is one involving a foreign element. Consider the following:

> S, a Liverpool manufacturer, contracts to sell to B, a multinational corporation with its head office in Copenhagen, armaments to be delivered to B's factory in Lyon, payment to be made in euros under a letter of credit to be issued by a German bank. The contract of sale is concluded by an exchange of letters through the post. Under English law an export licence is necessary, for which S has not applied. B's managing director later writes from his New York office stating that B wishes to renegotiate the price and is not prepared to arrange for the opening of the letter of credit.

Among the questions which now arise are the following:

(a) Can S sue B in England?
(b) If an English court has jurisdiction, must it be exercised?
(c) If S obtains judgment against B in Denmark, France, Germany or the United States, will an English court be prepared to recognise the judgment? And how will the judgment be enforced in England?
(d) By what law will S's rights be determined? Possible candidates are English, Danish, French, German and New York law. Does it necessarily follow that all aspects of the matter will be governed by the same law?
(e) Assuming that the transaction as a whole is governed by a law other than English law, does this mean that an English court should disregard rules of public policy of English law or the mandatory provisions of an English statute or regulations, eg those requiring an export licence?
(f) How should obligations expressed in a foreign currency be dealt with?

These questions fall to be determined by rules of the conflict of laws, or private international law. This is a vast subject embracing all fields of law. We can do no more than give a vignette of the English conflict of laws rules of jurisdiction, the recognition and enforcement of foreign judgments, and choice of law that are applicable to contracts and commercial transactions.[1]

---

[1] Reference will be made to the leading texts on each point. '*Dicey*' refers to Sir L. Collins et al, *Dicey, Morris and Collins on the Conflict of Laws* (15th edn, 2012); '*Cheshire*' refers to P.

37.02 Conflict of Laws

37.02 Unlike public international law, the rules of private international law form part of the individual internal legal system of sovereign states. However, until recently there was a distinct trend towards the harmonisation of the rules of the conflict of laws, especially as between the Member States of the European Union. As a result, a large part of English private international law came to be found in the form of EU Regulations. This will change as a result of the UK's departure from the EU, although the precise extent to which it will change has not at the time of writing been resolved. In some areas, such as the law applicable to contracts and to torts, the change may not be particularly significant, as the relevant EU law will be incorporated into UK law as retained EU law. So, initially at least, the change will be minimal, although there is the possibility of more significant changes in the future if the UK and the EU choose divergent paths. But in other areas, such as jurisdiction and recognition of judgments, the change may be both sharp and significant. It is more difficult to predict the future development of these areas because they are based in part on a principle of reciprocity or mutual recognition (so, for example, the UK agrees to recognise the decision of a Belgian court and Belgium in turn agrees to recognise the decision of an English or Scottish court). Now that the UK has left the EU the legal basis for that reciprocity or mutuality with EU Member States has largely gone, although it could be restored were an agreement to be reached between the UK and the EU at the end of the transition period. But at this point in time, it is not known whether or not such an agreement will be reached and so there is a distinct prospect that the rules on jurisdiction and recognition of judgments will undergo radical change from 1 January 2021. Given that it is not possible to know the form which the law will take at the end of the transition period, the general approach which has been adopted in this chapter is to retain the text in so far as it relates to the law as it is in the transition period and to point out, albeit briefly, areas where it is believed that the law may change.

1. JURISDICTION[2]

(i) An overview

37.03 The identification of the court that has jurisdiction to determine a legal issue which has arisen between commercial parties is an issue of considerable importance. As Lord Sales recently observed, 'the desirability of having clear rules for allocation of jurisdiction is obvious, since parties who wish to bring claims and to defend them need to have a clear idea of which courts have jurisdiction so that they can decide how to proceed effectively and so as to minimise costs.'[3] Rules which are highly predictable also assist 'different courts to determine with a minimum of effort whether they have jurisdiction in respect of any given claim.'[4] The recent history of the law of jurisdiction has

---

Torremans (ed), *Cheshire, North and Fawcett's Private International Law* (15th edn, 2017); and '*Briggs*' refers to A. Briggs, *Private International Law in the English Courts* (2014).
[2] See generally *Briggs*, n 1, ch 4; *Dicey*, n 1, chs 11 and 12.
[3] *Koza Ltd v Akçil* [2019] UKSC 40, [2019] 1 WLR 4830 at [29].
[4] Ibid.

been one of the increasing influence of Europe and the drive towards a greater degree of harmonisation. This process began in 1968 with the Brussels Convention on Jurisdiction and Recognition and Enforcement of Judgments in Civil and Commercial Matters.[5] The next major development was the agreement in 1988 of the text of the Lugano Convention on Jurisdiction and the Recognition and Enforcement of Judgments in Civil and Commercial Matters which was entered into between the members of the EC and members of the European Free Trade Area ('EFTA'). The text of the Lugano Convention substantially resembled that of the Brussels Convention and, for this reason, it has often been described as a 'parallel' Convention to the Brussels Convention. Some states which were on the EFTA side of the fence when the Lugano Convention was agreed subsequently acceded to the Brussels Convention, on becoming members of the EU,[6] leaving only Iceland, Norway and Switzerland as 'Lugano' states today.

37.04 The agreement of the text of the Brussels and Lugano Conventions was not to be the end of the story, however. In 2002, the Council of the European Union adopted a Regulation on Jurisdiction and the Recognition and Enforcement of Judgments in Civil and Commercial Matters[7] which was intended to replace the Brussels Convention. Taking the form of a Regulation, it entered into force without the need for any further implementation by Member States, with the exception of Denmark which initially elected not to participate in the new scheme. The Regulation came to be known as Brussels I and in 2012 it was updated and replaced by a new Regulation which is generally referred to as Brussels I Recast (or 'Brussels Ir').[8] A further development occurred in 2007 in the form of the agreement of a revised text of the Lugano Convention between the EU, Denmark, Norway, Switzerland and Iceland,[9] which brought the text of the Lugano Convention into alignment with Brussels I (although Lugano has not subsequently been updated or 'recast' to take account of the changes introduced in Brussels Ir).

37.05 There matters rested until the decision of the UK to leave the EU. After a period of considerable uncertainty the future shape of the law is becoming clearer, although the clarity at present relates more to what will not form part of UK law after the end of the transition period rather than the precise form of the new law. At the end of the transition period the Brussels I Regulation and Brussels Ir will be revoked[10] as will the EU Council decision on the signing

---

[5] The Convention was signed on 27 September 1968 and the parties to it were France, Germany, Italy, Belgium, the Netherlands and Luxembourg. The Convention was subsequently amended on a number of occasions as new states, including the UK, joined the EEC/EU and acceded to the Convention.
[6] These countries being Austria, Finland and Sweden.
[7] Council Regulation (EC) No 44/2001 of 22 December 2000.
[8] Regulation (EU) No 1215/2012 of the European Parliament and of the Council of 12 December 2012.
[9] Convention on Jurisdiction and the Recognition and Enforcement of Judgments in Civil and Commercial Matters [2007] OJ L 339/3.
[10] See the Civil Jurisdiction and Judgments (Amendment) (EU Exit) Regulations 2019 (SI 2019/479) at paras 84, 89.

of the revised Lugano Convention.[11] The Brussels Convention and the Lugano Convention will also cease to be recognised.[12] The immediate effect of the revocation of the entire Brussels and Lugano systems will be, in the absence of an alternative, resort to the common law rules which pre-dated the Europeanisation of the law relating to jurisdiction.[13] But it is possible that there may be other alternatives. Provision is being made for the UK to accede to the Hague Convention on Choice of Court Agreements 2005 in its own right[14] (rather than, as at present, as a Member State of the EU) and it is possible that this will occur at the end of the transition period. Less likely, although possible, is a decision by the UK to seek to accede to the Lugano Convention but such a step would require a decision by the UK that this is the course of action which it wishes to adopt and, more importantly, it will require the agreement of the other parties to the Convention. In the present political climate, the latter seems unlikely but it cannot be ruled out given that agreement has still to be reached on the nature of the relationship between the UK and the EU at the end of the transition period.

37.06 Given that, at the time of writing, Brussels Ir remains in effect and binding on the UK, the approach that will be taken in this section is to concentrate attention on the current system, even though its future is likely to be very short. There are two reasons for adopting this approach. First, Brussels Ir will continue to be of considerable practical importance for some time given that it has been in place for a number of years and will continue to apply through to the end of the transition period. Second, it is impossible to be certain as to what will replace the Brussels and Lugano regimes so that the future shape of the law will be a matter for the next edition of this book rather than the current edition. With these introductory points in mind, let us now turn to an examination of the rules that determine whether an English court has jurisdiction.

(ii) The Brussels I Regulation Recast

37.07 The rules that determine whether an English court has jurisdiction over a particular matter are currently constituted by a complex layering of EU and domestic rules. The starting point in most commercial cases is presently Brussels Ir.[15] The scheme of the Regulation consists of three categories of rules: those which apply regardless of the place in which the defendant is domiciled; those which apply only where the defendant is domiciled in an EU Mem-

---

[11] Ibid at para 87.
[12] Ibid at para 82.
[13] See paras 37.29–37.38.
[14] See the Civil Jurisdiction and Judgments (Hague Convention on Choice of Court Agreements 2005) (EU Exit) Regulations 2018 (SI 2018/1124) and see also the Private International Law (Implementation of Agreements) Bill which is currently before Parliament, cl 1(2) of which inserts a new s 3D into the Civil Jurisdiction and Judgments Act 1982 which provides that the Hague Convention 'shall have the force of law in the United Kingdom' subject to 'any reservations or declarations made by the United Kingdom at the time of approval of the Convention.'
[15] See generally A. Dickinson and E. Lein (eds), *The Brussels I Regulation Recast* (2015).

ber State; and those which apply because the defendant is domiciled outside of the EU (in which case the Regulation incorporates the domestic English rules of jurisdiction into its general scheme).[16] The starting point differs in intra-UK cases: Schedule 4 of the Civil Jurisdiction and Judgments Act 1982, modelled on the 1968 Brussels Convention, supplies the relevant rules in a case where the English courts have to ascertain whether they have jurisdiction over a defendant domiciled in Scotland or Northern Ireland. This section will leave aside the intra-UK position and concentrate on the rules that an English court may be directed to apply pursuant to Brussels Ir.

37.08 Brussels Ir applies to 'civil and commercial matters'.[17] Broadly, an action will fall outside of this heading only if it concerns an action brought by or against a public authority founded upon some peculiarly public law right or power. However, art 1(2) of the Regulation goes on to carve out particular matters from the Regulation's scope, the most relevant being the insolvency and arbitration exclusions. The European Insolvency Regulation currently applies to intra-EU insolvency matters,[18] and the boundary between that instrument and Brussels Ir turns on the definition of the exception contained in art 1(2)(b) of the latter. It has been held that an action will fall within that exception – and thus outside the scope of Brussels Ir – where it derives directly from insolvency proceedings to which it is closely related.[19] Thus, proceedings relating to the effect of a reservation of title clause in an insolvency were held to fall within Brussels I as the rules determining its effectiveness were part of general property law, and thus were not derived from the insolvency proceedings directly.[20] Where the office holder acquires special powers upon insolvency that would not otherwise have been exercisable on or behalf of the debtor (such as transaction avoidance provisions), any exercise of those powers will be an excluded insolvency matter, except where the right of action has been assigned to a third party unconnected with the insolvency.[21] It has also been held that proceedings relating to schemes of arrangement do not necessarily take place against the backdrop of insolvency and therefore will fall within Brussels Ir.[22] As for arbitration, art 73(2) makes clear that Brussels Ir does not affect the application of the 1958 New York Convention on the Recognition and Enforcement of Foreign Arbitral Awards,[23] and Recital (12) makes clear that the Regulation does not preclude Member State courts from referring parties to arbitration, staying the proceedings in favour of arbitra-

---

[16] Brussels Ir, art 6.
[17] Article 1(1). Revenue, customs, and administrative matters are specifically excluded, as are actions based on *acta iure imperii*/acts of state. In a case falling outside the scope of Brussels Ir and any other European instrument, the national English rules will apply of their own accord rather than through art 6.
[18] Discussed at paras **31.85–31.89**.
[19] *Seagon v Deko Marty Belgium NV*: Case C-399/07, [2009] ECR I-767, [2009] 1 WLR 2168.
[20] *German Graphics Graphische Maschinen GmbH v van der Schee*: Case C-292/08, [2010] ILPr 1.
[21] *F-Tex SIA v Lietuvos-Anglios UAB Jadecloud-Vilma*: Case C-213/10, [2013] Bus LR 232.
[22] See eg *Re Rodenstock GmbH* [2011] EWHC 1104 (Ch); J. Payne, 'Cross-Border Schemes of Arrangement and Forum Shopping' (2013) 14 *European Business Organisation Law Review* 563.
[23] See further para **39.108**.

tion, or ruling on the validity of the arbitration clause. However, the scope of the exception remains unclear,[24] and English courts may not act to protect the efficacy of English arbitral proceedings where this would interfere with the jurisdiction of another Member State court under the Regulation.[25] The Brussels Ir Regulation also disapplies itself where jurisdiction for a particular matter is to be established pursuant to another specialist Convention, such as the 1952 Arrest Convention in maritime law.[26] As for the special position of suits which have sovereign states as a defendant, in general, matters from which a state would enjoy immunity from civil suit[27] fall outside of the scope of 'civil and commercial matters'.[28]

37.09 Those instances aside, it is unlikely that any of the issues discussed hitherto in this work will be outside of the scope of the Brussels Ir Regulation. As such, it will be necessary to determine the domicile of the defendant so that the applicable rules can be identified and applied. Domicile is to be determined at the date when the proceedings are initiated by the issue of the claim form.[29] In the case of natural persons, the Regulation leaves the definition of the domicile of individuals to national law.[30] In ascertaining whether the defendant has his or her domicile in England,[31] the court will apply the rules in Schedule 1 to the Civil Jurisdiction and Judgments Order 2001.[32] A defendant will be so domiciled[33] if he or she is resident in England and the nature and circumstances of that residence indicate a substantial English connection,[34] which will be presumed where the defendant has been resident there for three months prior to the raising of the action.[35] In the case of legal persons, the

---

[24] See for discussion T. Hartley, 'The Brussels I Regulation and Arbitration' (2014) 63 ICLQ 843; S. Camilleri, 'Recital 12 of the Recast Regulation: A New Hope?' (2013) 62 ICLQ 899.
[25] Eg by anti-suit injunction: *West Tankers Inc v Allianz SpA*: Case C-185/07, [2009] AC 1138, [2009] 1 All ER 435. However, the Regulation does not prevent a Member State from recognising an arbitral award prohibiting a party from raising a claim before its courts: *Gazprom OAO*: Case C-536/13, [2015] 1 WLR 4937. See further para **39.55**.
[26] Article 71. See also *Owners of cargo lately laden on board Tatry v Owners of Maciej Rataj, The Tatry*: Case C-406/92, [1994] ECR I–5439. Although note that, if the mechanisms of a convention conflict with the objectives of the Brussels Regime, the latter takes precedence: *TNT Express Nederlands BV v AXA Versicherung AG*: Case C-533/08, [2010] ILPr 35; cf *British American Tobacco Switzerland SA v Exel Europe Ltd* [2015] UKSC 65, [2016] AC 262.
[27] For the law in England, see the State Immunity Act 1978, discussed in H. Fox and P. Webb, *Law of State Immunity* (3rd edn, revised and updated, 2015).
[28] *Mahmadia v People's Democratic Republic of Algeria*: Case C-154/11, [2013] ICR 1.
[29] *Canada Trust Co v Stolzenberg (No 2)* [2000] UKHL 51, [2002] 1 AC 1, [2000] 4 All ER 481.
[30] Brussels Ir, art 62.
[31] When determining whether an individual is domiciled in another Member State, the law of that Member State should be applied: Brussels Ir, art 62(2).
[32] SI 2001/3929, as amended by the Civil Jurisdiction and Judgments (Amendment) Regulations 2014 (SI 2014/2947).
[33] Although there is, in effect, a presumption that, where the defendant is an EU national, they will be held to be domiciled in the state of nationality unless 'firm evidence' is advanced to the contrary: *G v de Visser*: Case C-292/10, [2013] QB 168.
[34] Sch 1, para 9(2) (UK domicile); para 9(3) (attribution of domicile to individual law unit, ie England).
[35] Sch 1, para 9(6).

Regulation provides an autonomous definition of domicile.[36] An entity will be domiciled in England if it has its 'statutory seat'[37] there, or if England is its place of central administration[38] or its principal place of business.

1. Jurisdiction regardless of domicile

37.10 Some jurisdictional rules of the Brussels Ir Regulation apply even where the defendant is not domiciled within the EU.[39] First, where the proceedings have as their principal object rights in immoveable property, certain corporate matters,[40] or stated forms of intellectual property rights, art 24 provides that specific courts will have exclusive jurisdiction based on their paramount territorial connection to such matters: for instance, matters concerning rights in real property may only be brought before courts of the *situs* of that property. Secondly, outside of the cases covered by art 24, any defendant may submit to being sued before an EU court by failing to contest the jurisdiction of the court seised.[41] Thirdly, if the consumer contract provisions are engaged,[42] then the counterparty can be sued in the courts of the consumer's domicile, even if that counterparty has its place of business or is otherwise established outside of the EU.[43]

---

[36] Article 63(1).
[37] Article 63(2) translates this for the purpose of the laws of UK and Ireland: a company will have its statutory seat in England if it has its registered office there, or, in the absence of any registered office, if it was incorporated there, or, if there has been no incorporation, if it was formed under English law.
[38] See *Young v Anglo American South Africa Ltd* [2014] EWCA Civ 1130, [2014] ILPr 40.
[39] The contrary interpretation of 'regardless of domicile' in *Choudhary v Bhatter* [2009] EWCA Civ 1176, [2010] ILPr 8 has been recognised as being incorrect and *per incuriam* (*Dar Al Arkan Real Estate v Al Refai* [2014] EWCA Civ 715, [2015] 1 WLR 135), but is yet to be formally overruled.
[40] That is, the validity of the constitution, the nullity or the dissolution of companies. As is true for all of art 24, this must form the principal matter of the proceedings, and not where the issue arises as a collateral question eg an allegation that a public authority had no authority to enter into a rate swap transaction is a collateral question and does not compel that entire dispute to be heard in the court indicated by art 24: *BVG v JP Morgan Chase Bank NA*: Case C-144/10, [2011] 1 WLR 2087. The exclusive jurisdiction provisions in art 24 are to be narrowly interpreted (*Koza Ltd v Akçil* [2019] UKSC 40, [2019] 1 WLR 4830; and *Ablynx NV v VHsquared Ltd* [2019] EWCA Civ 2192, [2020] 2 All ER 601, [2020] 1 WLR 1412).
[41] Article 26. Such submission will give jurisdiction even if inconsistent with a jurisdiction clause covered by art 25: *Elefanten Schuh v Jacqmain*: Case 150/80, [1981] ECR 1671. Article 26 does not, however, apply where the defendant has neither submitted observations to the court, nor entered an appearance: *ZX v Ryanair DAC*: C-464/18, [2019] 2 All ER (Comm) 834, [2019] 1 WLR 4202 at [37]–[41].
[42] That is, if a consumer (one acting outside of a trade or profession, in furtherance of their own private needs and consumption: *Benincasa v Dentalkit Srl*: Case C-269/95, [1997] ILPr 559) buys goods on credit terms, finances them through credit, or if the counterparty makes his services available in the consumer's domicile or directs his activities there: art 17. The question whether an individual is acting as a consumer has given rise to a degree of difficulty in the case law (see, for example, *Schrems v Facebook Ireland Ltd*: Case C-498/16, [2018] 1 WLR 4343), particularly where the person who claims to be a consumer makes an investment decision as a part of a substantial investment portfolio (see *Petruchová v FIBO Group Holdings Ltd*: Case C-208/18, [2020] CEC 326).
[43] Article 18(1).

37.11 Conflict of Laws

37.11 Of most practical importance, however, is art 25, relating to jurisdiction agreements. If the parties have designated the English court under a jurisdiction agreement,[44] then, provided that the clause meets certain formal requirements,[45] and the clause is not otherwise invalid by the law of the chosen court,[46] then the English courts have exclusive jurisdiction[47] in all disputes falling within the scope of the agreement.[48] The determination of the scope of the clause is a matter for the law of the forum.[49] English courts will apply the law which governs the main contract to questions of its interpretation and scope,[50] and, if this law is English law, the approach taken is a commonsense one, preferring commercial sensibilities over a technical focus on the precise terminology used.[51] The validity of the clause cannot be challenged by attacking the validity of the contract of which it forms a part: the doctrine of severability means that any challenge must be directed specifically to the jurisdiction clause.[52] Further, if a party does directly challenge the essential validity of the clause, art 25 directs the court chosen to apply its own choice of law[53] rules to determine whether the clause is valid in substance: again, an English court will apply the law which governs the main contract.[54] The standard of proof when seeking to determine whether the English court has jurisdiction under art 25 is whether the party asserting that the English court has jurisdiction has established a good arguable case in the sense that it has 'the better of the argument' on the available material.[55]

---

[44] On jurisdiction agreements generally see T. C. Hartley, *Choice of Court Agreements under the European and International Instruments* (2013); A. Briggs, *Agreements on Jurisdiction and Choice of Law* (2008).

[45] Generally, that the clause is in writing, or accords with a form previously used by the party or which coincides with the usage of the trade or area of commerce in which the parties are engaged.

[46] Including its choice of law rules: Recital (20).

[47] Unless the parties specifically agree that the jurisdiction clause is simply non-exclusive. An asymmetric jurisdiction is capable of being an exclusive jurisdiction clause for this purpose, at least in relation to the claim brought by the party who is contractually obliged to bring proceedings with a single jurisdiction: *Commerzbank AG v Pauline Shipping Ltd Liquimar Tankers Management Inc* [2017] EWHC 161, [2017] 2 All ER (Comm) 829; and *Etihad Airways PJSC v Flöther* [2019] EWHC 3107, [2020] 2 WLR 333. Note that special rules apply in insurance, consumer, and employment cases: art 25(4).

[48] The phrase that is used in art 25 is that the parties must have agreed that the court is to have jurisdiction to settle any disputes which have arisen or which may arise 'in connection with a particular legal relationship.' It is therefore important to identify the legal relationship in connection with which the agreement conferring jurisdiction was concluded and then to ascertain whether the dispute between the parties originated in a different relationship: *Powell Duffryn plc v Petereit*: Case C-214/89, [1992] IL Pr 300. A factor which the courts take into account when applying this test is whether the parties would be taken by surprise by the referral of the dispute to what is said to be the contractually agreed court: *Hydrogen Peroxide SA v Akzo Nobel NV (Evonik Degussa GmbH intervening)*: Case C-352/13, [2015] QB 906.

[49] Again, including its choice of law rules.

[50] *Sulamerica Cia Nacional de Seguros SA v Enesa Engenharia SA* [2012] EWCA Civ 368, [2013] 1 WLR 102.

[51] *Fiona Trust & Holding Corp v Privalov* [2007] UKHL 40, [2007] 4 All ER 951; see generally A. Briggs, 'The Subtle Variety of Jurisdiction Agreements' [2012] LMCLQ 364.

[52] Article 25(5).

[53] See Recital (20).

[54] *Sulamerica*, n 50. On determining the applicable law in contract, see paras **37.60** ff.

[55] *Airbus SAS v Generali Italia SpA* [2019] EWCA Civ 805, [2019] 4 All ER 745 at [49]–[51].

Jurisdiction 37.12

37.12 Importantly, an action within the scope of the Brussels Ir Regulation may not proceed in England if there is already identical litigation taking place between the same parties in another Member State. This is the effect of art 29, which embodies a *lis pendens* rule: the court first seised[56] has pre-eminent jurisdiction, to the exclusion of all other potential *fora*. If another court is seised thereafter, it must stay any proceedings brought there until and unless the court first seised reaches a decision that it lacks jurisdiction. For this rule to apply, the proceedings must be triply identical:[57] they must be between the same parties;[58] the actions must have the same *cause*;[59] and they must have the same *object*.[60] In other words, each of the claims involved must be a 'mirror image' of the other.[61] As art 29 applies regardless of domicile, it is irrelevant that proceedings have been brought pursuant to the Member State's national rules of jurisdiction. There are two exceptions to art 29's priority rule: firstly, if the court first seised has been seised contrary to the rules in art 24 pertaining to exclusive jurisdiction,[62] then the court which does have exclusive jurisdiction under the Regulation may proceed without waiting for the first court to decline jurisdiction;[63] secondly, it is provided that a court designated under a jurisdiction agreement has priority.[64] Article 30(1) provides for a discretionary stay mechanism, potentially operable if a 'related action' is already proceeding in the courts of another EU Member State. Actions will be deemed to be 'related' if they are so closely connected that there may be a risk of

---

[56] 'Seisin' is defined by art 32: a court is seised when the document instituting the proceedings (or an equivalent document) is lodged with the court (provided the claimant does not then fail to have service effected on the defendant) or, where a document has to be served before being lodged with the court, at the time the authority responsible for service receives it (provided the claimant does not then fail to take the steps it was required to take to have the document lodged with the court). For English purposes, this means that an English court is seised when the claim form is issued by the court: CPR 7.2(1), (2).

[57] The English text only refers to 'parties' and 'cause', but the CJEU has confirmed that the requirement of identity of 'object', as found in other language texts of the Regulation, is also required: *Gubisch v Palumbo*: Case C-144/86, [1987] ECR 4681.

[58] It has been held that where there is a parity of interests between different parties in separate actions (ie an insurer and the insured), this will enable them to be counted as one party: *Drouot Assurances SA v Consolidated Metallurgical Industries*: Case C-351/96, [1999] QB 497, [1998] ECR I-3075.

[59] 'Cause' refers to the actions having the same legal and factual basis, ie the same allegations of facts, rights, and obligations, allowing for differences of national classification: see *The Tatry*, n 26; *JP Morgan Europe v Primacom AG* [2005] EWHC 508 (Comm), [2005] 2 All ER (Comm) 764; *Easygroup Ltd v Easy Rent a Car Ltd* [2019] EWCA Civ 477, [2019] 4 All ER 1087, [2019] 1 WLR 4630.

[60] 'Object' refers to the end the action has in view (so a declaration of non-liability has the same object as an action to establish liability, as both are at core concerned with ascertaining the extent to which the defendant is liable: *The Tatry*, n 26). Both cause and object are to be determined without reference to the defences to the action: *Ganter Electronics GmbH v Basch Exploitatie Maatschappij BV*: Case C-111/01, [2003] ECR I-4207.

[61] *The Alexandros T* [2013] UKSC 50, [2014] 1 All ER 590.

[62] Asymmetric jurisdictions may constitute an exclusive jurisdiction clause for this purpose; see n 47 above and more generally L. Merrett, 'The Future of Enforcement of Asymmetric Jurisdiction Agreements' (2018) 67 ICLQ 37.

[63] *Weber v Weber*: Case C-438/12, ECLI:EU:C:2014:212, [2015] Ch 140, [2014] ILPr 29.

[64] See para **37.13**.

irreconcilable judgments stemming from divergent legal and factual conclusions being reached in different proceedings.[65]

37.13 If the courts of a Member State are designated pursuant to a jurisdiction agreement, then that court will have pre-eminent jurisdiction to rule on whether that clause is valid and applicable to the case before it. It is only if the court refuses to accept jurisdiction on the basis of the agreement,[66] or if the defendant waives the jurisdiction agreement, that another Member State can take jurisdiction under the Regulation. If a party breaches an exclusive jurisdiction agreement in favour of England by suing elsewhere, an English court may grant an anti-suit injunction to restrain that party from continuing to pursue the proceedings,[67] unless those proceedings are taking place before the courts of an EU Member State.[68] The innocent party may also sue for damages for the breach of the jurisdiction clause,[69] and it has been held that this remedy may lie even where the offending proceedings have taken place before the courts of another EU Member State.[70]

2. Jurisdiction where the defendant is an EU domiciliary

37.14 If the defendant is domiciled in a Member State, the English court can only exercise its jurisdiction over that person under the rules provided for in the Regulation.[71] In the absence of submission – whether by agreement or by appearance – to its jurisdiction, an English court will have jurisdiction over an EU-domiciled defendant only if that defendant is an English domiciliary, or if the rules of special jurisdiction in ss 2–7 of Brussels Ir[72] point to England.

37.15 Where the defendant is domiciled in England,[73] art 4 states that he 'shall' be sued there, unless the Regulation gives the claimant the option of suing elsewhere. This is seen as the general rule of the Regulation, which

---

[65] Article 30(3). On 'relatedness', see *Owens Bank v Bracco*: Case C-129/92, [1994] QB 509, [1994] 1 All ER 336; *FKI Engineering Ltd v Stribog Ltd* [2011] EWCA Civ 622, [2011] 1 WLR 3264; *The Alexandros T*, n 61.
[66] On the basis that the clause is formally or essentially invalid, or if it considers the dispute to be outside its scope.
[67] *Continental Bank NA v Aeakos Compañía Naviera SA* [1994] 1 WLR 588; *Donohue v Armco Inc* [2001] UKHL 64, [2002] 1 All ER 749.
[68] This follows from *West Tankers Inc v Allianz SpA*: Case C-185/07, [2009] AC 1138, which concerned an arbitration agreement.
[69] *Union Discount Co Ltd v Zoller* [2001] EWCA Civ 1755, [2002] 1 WLR 1517. But this is not free from controversy: compare A. Briggs, *Agreements on Jurisdiction and Choice of Law*, n 44, ch 8, with C. H. Tham, 'Damages for Breach of English Jurisdiction Clauses: More than Meets the Eye' [2004] LMCLQ 46.
[70] *Starlight Shipping Company v Allianz Marine & Aviation Versicherungs AG* [2014] EWCA Civ 1010, [2014] 2 Lloyd's Rep 579; *AMT Futures Ltd v Marzillier, Dr Meier & Dr Guntner Rechtsanwaltsgesellschaft GmbH* [2015] EWCA Civ 143, [2015] QB 699. Doubts can be entertained as to whether the CJEU would confirm the compatibility of such a damages claim with the Brussels Regime.
[71] Article 5.
[72] That is to say, pursuant to arts 7–26.
[73] For determining domicile, see para 37.09.

means that exceptions to it must, in principle, be given a narrow construction.[74]

37.16 Article 7 is one such exception. It provides for special rules of jurisdiction for selected types of action. For the purposes of this work, it is sufficient to focus on two of these: art 7(1), which gives jurisdiction in 'matters relating to a contract'; and art 7(5), relating to disputes arising out of the operation of a branch, agency, or other establishment.[75]

37.17 What constitutes a matter 'relating to a contract' is to be determined by the autonomous rules of interpretation of Brussels Ir, not by characterization under national law.[76] In *Jakob Handte*,[77] what is now the CJEU held that a claim by a sub-buyer against the manufacturer was not within art 7(1) as there was 'no obligation freely entered into in relation to another'. This obligation must be a contractual one: in *Tacconi*[78] the CJEU held that, while a contract need not have been formed, it must be possible to identify a contractual obligation, be it express or implied, which is at issue; breach of a free-standing rule of law for pre-contractual liability was not a matter relating to a contract.[79] What the courts are typically looking for in this context is an obligation which has been freely assumed by one party to another and on which the claimant's action is based.[80] Article 7(1) may also cover claims pleaded in tort and equity if the conduct complained of would also amount to a breach of a term of the contract between the parties.[81]

37.18 In *Effer SpA v Kantner*[82] the court held that a dispute as to the existence of a contract fell within art 7(1). In *Boss Group*,[83] which concerned proceedings for a negative declaration, the Court of Appeal made reference to *Effer SpA v Kantner* and held that, if the validity of a contract is disputed, art 7(1) may still apply even if the claimant is asserting, contrary to the

---

[74] See eg *Folien Fischer AG v Ritrama SpA*: Case C-133/11, [2013] QB 523; *Lungowe v Vedanta Resources plc (International Commission of Jurists intervening)* [2019] UKSC 20, [2019] 3 All ER 1013, [2019] 2 WLR 1051 at [29]; *Aspen Underwriting Ltd v Credit Europe Bank NV* [2020] UKSC 11, [2020] 2 WLR 919 at [19]. On the other hand, it has been pointed out that it is 'striking that although [art 4] is always said to be the fundamental rule on which the rest of the Regulation is constructed, its place in the hierarchy of rules is relatively low': A. Briggs, *The Conflict of Laws* (4th edn, 2018), p 70.
[75] Article 7(2), applying to matters relating to 'tort, delict, or quasi-delict', is the other Article commonly relied on, which allocates jurisdiction to the place where the harmful event occurred or may have occurred.
[76] *Jakob Handte & Co GmbH v Société Traitement Mécano-chimiques des Surfaces SA (TMCS)*: Case C-26/91, [1992] ECR I–3967.
[77] *Jakob Handte*, n 76.
[78] *Fonderie Tacconi v HWS Maschinenfabrik GmbH*: Case C-334/00, [2002] ECR I-7383.
[79] But a claim under the Contracts (Rights of Third Parties) Act 1999 is one relating to a contract: *WPP Holdings v Benatti* [2007] EWCA Civ 263, [2007] 1 WLR 2316.
[80] *Kerr v Postnov*: Case C-25/18, [2019] 1 WLR 5306.
[81] *Brogsitter v Fabrication de Montres Normandes EURL*: Case C-548/12, [2014] QB 753 (criticised by A. Dickinson, 'Towards an Agreement on the Concept of "Contract" in EU Private International Law?' [2014] LMCLQ 466); *Holterman Ferho Exploitatie BV v Spies von Bullesheim*: Case C-47/14, [2016] ICR 60.
[82] Case 38/81, [1982] ECR 825.
[83] *Boss Group Ltd v Boss France SA* [1997] 1 WLR 351.

37.18 Conflict of Laws

submission of the defendant, that an alleged contract is ineffective: art 7(1) is not confined to actions to enforce a contract or to obtain compensation for breach, but refers generally to 'matters relating to a contract'. It follows from *Effer SpA v Kantner* that the court has jurisdiction under art 7 which is not retrospectively displaced if at the end of the day the court finds that no contract existed.[84] A restitutionary claim for recovery of money paid under a contract later held to be void does not fall within art 7(1) – the contract does not exist, so there is no 'matter relating to a contract'.[85] Interestingly, a suit by a consumer association on behalf of consumers in relation to the consumers' contracts with the defendant is not a 'matter relating to a contract';[86] rather, it appears, the contracting parties themselves have to be the parties to the proceedings.

37.19 If the case is a 'matter relating to a contract', art 7(1) gives jurisdiction to the 'place of performance' of the 'obligation in question'. A distinction is drawn between three types of contract: contracts for the sale of goods, contracts for the supply of services, and all other contracts. Before investigating the approach to be taken in the first two cases, the approach to be adopted in the residual class of contracts will be outlined. The obligation in question in such a case is the obligation upon which the action is based: so, for instance, in a claim for damages, the obligation in question will be that of which the counterparty's dereliction is said to give rise to the claim.[87] To ascertain where the place of performance of that obligation is to be located, the court must apply its own rules of choice of law to determine where that place of performance would be under the applicable law.[88] However, if the obligation is one without a single place of performance, art 7(1) is no longer applicable,[89] and thus the claimant must return to the general rule of art 4.

37.20 However, an autonomous definition of the 'place of performance of the obligation in question' has been provided in the case of contracts for the sale

---

[84] This is consistent with the approach taken to negative declarations in tort in *Folien Fischer AG v Ritrama SpA*, n 74.
[85] *Kleinwort Benson Ltd v Glasgow City Council* [1999] 1 AC 153, [1997] 4 All ER 641, HL, where the parties had agreed that no contract existed and were merely litigating the consequences of a void contract (contrast in this respect the more recent decision of the CJEU in *Profit Investment v Ossi*: Case C-366/13, where it was held that art 7(1) did cover a restitutionary action to recover sums paid pursuant to an invalid contract). But a claim to set aside a contract for non-disclosure is a claim relating to a contract (*Agnew v Länsförsäkringsbolagens AB* [2001] 1 AC 223, [2000] 1 All ER 737), on the perhaps frail basis that, in the former case, there was no contract, but a contract did ensue in the latter.
[86] *Verein für Konsumenteninformation (VKI) v K H Henkel*: Case C-167/00, [2002] ECR I-8111. Rather, it is a 'matter relating to tort, delict or quasi-delict', falling within art 7(2).
[87] *De Bloos Spril v Bouyer SA*: Case 14/76, [1976] ECR 1497. If there are several obligations accessory to a main obligation, then the obligation in question will be that main obligation (*Shenavai v Kreischer*: Case 266/85, [1987] ECR 239), but not where the obligations are equal in rank (*Leathertex Divisione Sintetici SpA v Bodetex BVBA*: Case C-420/97, [1999] ECR I-6747).
[88] *Industrie Tessili Italiana Como v Dunlop AG*: Case C-12/76, [1976] ECR 1473, confirmed under the Brussels I Regulation in *Falco Privatstiftung v Weller-Lindhorst*: Case C-533/07, [2010] Bus LR 210.
[89] *Besix SA v WABAG*: Case C-256/00, [2003] 1 WLR 1113 (which concerned a non-compete clause which was to be honoured throughout the world).

of goods and for the supply of services. A contract for the supply of services is one in which one party (the service provider) carries out a particular form of activity in return for remuneration or consideration;[90] so, for instance, a claim for breach of a distribution agreement would fall under this heading, the consideration received being the exclusive right of the distributor to sell the goods in return for the activity of distribution.[91] What amounts to a contract for the sale of goods may seem self-evident, but difficult questions may emerge where the seller is also the manufacturer of those goods. So long as the 'buyer' does not supply the raw materials, and the 'seller' is responsible for the conformity of the goods with the contract, then it does not matter if the buyer has exact specifications for the desired goods: this will be a contract for the sale of goods, and not a contract for services.[92]

37.21 In the case of a contract for the sale of goods, the place of performance of the obligation in question is designated as being 'the place in a Member State where, under the contract, the goods were delivered or should have been delivered.'[93] 'Place of delivery' is to be defined autonomously: first, one should look to the contract to ascertain if the place of delivery intended by the parties can be derived from its terms; if that is not possible, the place of delivery will be where the physical transfer of the goods occurred, that transfer conferring on the *buyer* ultimate control over the goods at the final destination of the sales transaction.[94] As for a contract for the supply of services, the place of performance is deemed to be 'the place in a Member State where, under the contract, the services were provided or should have been provided.'[95]

37.22 Where there are multiple places of delivery or supply within a single Regulation state, jurisdiction is given to the local court at the 'principal' place of delivery or supply, to be determined on the basis of economic criteria. If this cannot be reasonably determined, or on examination each place of supply or delivery is found to be of equal importance, the claimant can elect where to sue.[96] The same test is to be applied if there are different places of delivery or supply across many Member States:[97] in the case of delivery, this would presumably be the place where the bulk of the goods were or were supposed to be delivered. The test is somewhat more difficult to apply in the case of the supply of services: if the principal place of supply cannot be determined from the contractual terms, then it must be concluded from an examination of the time spent supplying those services at each location, and the relative impor-

---

[90] *Falco Privatstiftung*, n 88.
[91] *Corman-Collins SA v La Maison du Whisky SA*: Case C-9/12, [2014] QB 431.
[92] *Car Trim GmbH v KeySafety Systems Srl*: Case C-381/08, [2010] Bus LR 1648.
[93] Article 7(1)(b).
[94] *Car Trim*, n 92.
[95] Article 7(1)(b).
[96] *Color Drack GmbH v LEXX International Vertriebs GmbH*: Case C-386/05, [2007] ECR I-3699.
[97] See eg *Rehder v Air Baltic Corp*: Case C-204/08, [2010] Bus LR 549 (place of arrival and departure are principal places of supply under a contract for air travel; indivisible so the claimant can elect).

37.22 Conflict of Laws

tance of the aspects performed there, so long as that is not contrary to the intention of the parties as evinced in their contract.[98]

37.23 Article 7(5) gives jurisdiction to the location of a defendant's branch, agency or other establishment in cases where the dispute arises out of the operations of such a secondary establishment. A secondary establishment has been defined as some seemingly permanent place of business under the direction and control of a parent body which is equipped to negotiate business with third parties.[99] 'Operations' has been defined widely so that, while it requires a nexus between the activities of the branch and the claim,[100] it will include any contractual obligations entered into by the secondary establishment in the name of the parent, wherever they have to be performed and even if they are to be performed by another secondary establishment.[101] The dispute must also concern either acts relating to the operations of a branch, or commitments entered into by such a branch on behalf of the parent body, if those commitments are to be performed in the state in which the branch is situated.[102]

37.24 Article 8 provides further exceptions to art 4.[103] Article 8(1) provides that, if one of a number of defendants is domiciled in England (the 'anchor defendant'),[104] the English courts will be clothed with jurisdiction over the co-defendants provided that the claims against all of the defendants are so closely related that procedural consolidation is desirable to guard against the risk of irreconcilable judgments that would be caused by separate proceedings.[105] Further, art 8(2) provides that, where the defendant is joined as a third

---

[98] *Wood Floor Solutions v Silva Trade SA*: Case C-19/09, [2010] 1 WLR 1900 (commercial agency: here, the principal place could not be derived from the contract, or from the nature of the performance of the services, so the CJEU located it at the place where the agent was domiciled).

[99] *ZX v Ryanair DAC*: Case C-464/18, [2019] 2 All ER (Comm) 834, [2019] 1 WLR 4202; *Somafer SA v Saar Ferngas AG*: Case 33/78, [1978] ECR 2183.

[100] *Anton Durbeck GmbH v Den Norske Bank SA* [2003] EWCA Civ 147, [2003] QB 1160.

[101] *Lloyd's Register of Shipping v Société Campenon Bernard*: Case C-439/9, [1995] ECR I–961.

[102] *ZX v Ryanair DAC*: Case C-464/18, [2019] 2 All ER (Comm) 834, [2019] 1 WLR 4202 at [34].

[103] The CJEU's case law on art 8, particularly art 8(1), is not consistent. For a valiant summary, see *Briggs*, n 1, paras 4.287–4.292. Evidence of the ongoing difficulties in rationalising the case law is provided by the lengthy analysis of these issues in both the majority and dissenting judgments of the Court of Appeal in *PJSC Commercial Bank Privatbank v Kolomoisky* [2019] EWCA Civ 1708, [2020] 2 All ER 319, [2020] 2 WLR 993.

[104] Jurisdiction over the anchor defendant must be founded under art 4 (ie they must be domiciled in the Member State forum): it cannot be founded under eg art 7 (see *Roche Netherland BV v Primus*: Case C-539/03, [2006] ECR I–6535).

[105] A particularly controversial question has been whether there is a limitation on art 8(1) such that it cannot be used to make a claim against a number of defendants for the sole purpose of removing one of them from the jurisdiction of the courts of the member state in which that defendant was domiciled. The principal authority in support of such a proposition is *Reisch Montage AG v Kiesel Baumaschinen Handels GmbH*: Case C-103/05, [2006] ECR I–6827. More ambivalent, in the sense that they have been the subject of conflicting interpretations, are *Freeport plc v Arnoldsson*: Case C-98/06, [2008] QB 634 and *Cartel Damage Claims (CDC) Hydrogen Peroxide SA v Akzo Nobel NV (Evonik Degussa GmbH intervening)*: Case C-352/13, [2015] QB 906. The authorities were recently reviewed by the Court of Appeal in

party in an action on a warranty or guarantee or in any other third party proceedings, he may be sued in the same court unless the proceedings were instituted solely with the object of removing them from the jurisdiction of the court which would be competent in his case.[106] Finally, art 8(3) provides for a rule of jurisdiction for counterclaims: on a counterclaim arising from the same contract or facts on which the original claim was based, a person may be sued in the court in which the original claim is pending.[107]

37.25 If the English court has jurisdiction under any of these provisions,[108] and if the provisions on *lis pendens* and related actions do not come into play,[109] then that jurisdiction is, prima facie, mandatory. That is to say that the court cannot stay the case on *forum non conveniens* grounds on the basis that a more appropriate forum exists, either in another Member State,[110] or in a Third State.[111] Cases can, however, be found in which the English courts have exercised a discretion to grant a stay in circumstances where there are connections with a Third State which, if it were a Member State, would attract the application of art 24, art 25, or the provisions on *lis pendens*.[112]

37.26 As to this last category of cases, the Brussels Ir now makes express provision for the situation where there is identical or related litigation already proceeding in a non-EU Member State. If there is identity of parties, and of the cause and object of the action, art 33 provides that the Member State court may stay its proceedings in favour of that court if that court will render a judgment that will be recognised or enforceable in that state, and if the stay is necessary for the proper administration of justice. Similarly, art 34 provides that, in the case of related actions, where it is expedient for both actions to be

---

PJSC Commercial Bank Privatbank v Kolomoisky, n 103, where the majority (Newey LJ dissenting) concluded (for the reasons given at [104]–[110]) that there was no such limitation attached to art 8(1), although it did recognise that a claimant cannot by artifice seek to satisfy the express requirements of art 8(1) (see at [102]). It may be no easy task to ascertain the limits of this notion of the 'abusive' invocation of art 8(1). See also the judgment of Lord Briggs in *Lungowe v Vedanta Resources plc (International Commission of Jurists intervening)* [2019] UKSC 20, [2019] 3 All ER 1013, [2019] 2 WLR 1051 at [23]–[40].

[106] Article 8(2) – unlike art 8(1) – leaves some discretion to the courts to apply their own procedural law to determine whether the case is admissible (C-365/88 *Kongress Agentur Hagen GmbH v Zeehaghe BV* [1990] ECR I-1845).

[107] Note that a pleaded set-off which does not exceed the claim is a defence, not a counterclaim, and need not be justified by reference to this rule (*Danvaern Production A/S v Schuhfabriken Otterbeck GmbH & Co*: Case C-341/93, [1995] ECR I-2053).

[108] And, *a fortiori*, those provisions which apply regardless of domicile.

[109] See para 37.12.

[110] *Custom Made Commercial v Stawa Metallbau GmbH*: Case C-288/92, [1994] ECR I-2913.

[111] *Owusu v Jackson*: Case C-128/02, [2005] QB 801.

[112] See *Ferrexpo AG v Gilson Investments Ltd* [2012] EWHC 721 (Comm), [2012] 1 Lloyd's Rep 588 (art 24 and *lis pendens*); *Konkola Copper Mines v Coromin* [2005] EWHC 898 (Comm), [2005] 2 Lloyd's Rep 555 (art 25). There is a debate as to whether this discretion is exercised by the Regulation making a remission to national law, or whether the Regulation itself applies reflexively in such circumstances, applying to Third State situations by analogy. See E. Peel, 'Forum Non Conveniens and European Ideals' [2005] LMCLQ 363 and A. Briggs, 'Forum Non Conveniens and Ideal Europeans' [2005] LMCLQ 378.

heard together,[113] then, provided those same two criteria are met, the Member State court has a discretion to grant a stay. In taking into account what is in the interests of 'the proper administration of justice', the Member State court can take into account all of the circumstances, including the stage that the Third State proceedings are at, and the length of time that it may take that court to render a judgment in the matter.[114]

37.27 Beyond instances of litigation already pending in a Third State court, the Brussels I Recast does little to address the two other instances where the English courts have asserted a residual discretion to grant a stay: in the case of Third State jurisdiction agreements, and in the case where that Third State would, applying art 24 by analogy, have exclusive jurisdiction over the matter. As for jurisdiction agreements, there is an argument that the Court of Justice has previously endorsed the view that Member States retain authority pursuant to their national law to stay a case in favour of a Third State designated by a jurisdiction agreement.[115] As for situations where one of the connecting factors prioritised by art 24 as clothing a Member State with exclusive jurisdiction is located in a Third State, there is authority for the view that the Regulation applies reflexively, allowing the English court to stay the action.[116]

3. *Jurisdiction where the defendant is not an EU domiciliary*

37.28 Article 6 provides that, where the defendant is not domiciled in an EU Member State, the national law rules of jurisdiction are to be applied to determine whether that court has jurisdiction over the defendant. Article 6 does, however, provide for four exceptions from this rule, namely for consumers, employees and cases in which the court of the Member State has jurisdiction under either arts 24 and 25 of the Regulation.[117] The effect of art 6 is to treat defendants not domiciled in a Member State differently from those who are domiciled in a Member State so that the former, unlike the latter, are not entitled to the jurisdictional protections of the Regulation. Thus national courts can apply their own national jurisdiction rules to non-EU domiciled defendants. It is important to note, however, that it is only via the general scheme of the Regulation that the application of national rules is permitted; therefore, not only will a judgment rendered pursuant to the national grounds be capable of recognition and enforcement in other Member States under its regime, but also the provisions on *lis pendens* will apply, barring a further

---

[113] It is not the case that the actions must be capable of consolidation before they can be held to be 'related' but the question whether or not they are capable of consolidation is a factor that will be taken into account by a court and the unavailability of consolidation may be 'a compelling reason' for refusing to grant a stay: *PJSC Commercial Bank Privatbank v Kolomoisky*, n 103, at [191] and [211].
[114] Recital (24).
[115] *Coreck Maritime GmbH v Handelsveem BV*: Case C-387/88, [2000] ECR I-9337.
[116] See *Ferrexpo AG v Gilson Investments Ltd*, n 112. Ferrexpo was held to have been correctly decided by the Court of Appeal in *PJSC Commercial Bank Privatbank v Kolomoisky*, n 102, at [112].
[117] Article 6(1) which expressly states that the general rule is subject to arts 18(1), 21(2), 23 and 24.

identical action being brought before the courts of another Member State.[118] This being the case, the court in such a case is still exercising jurisdiction pursuant to the Regulation (this jurisdiction has been termed its 'residual Regulation jurisdiction'[119]) which should not be equated for this purpose with 'the common law jurisdiction' of the courts exercised pursuant to the rules of the common law and statutes enacted by the UK Parliament which do not owe their origin to the UK's membership of the EU.

(iii) Jurisdiction at common law

37.29 The decision of the UK to withdraw from the Brussels and Lugano regimes at the end of the transition period[120] has the consequence that, in the absence of some form of agreement with the EU, the courts will have to fall back on the common law.[121] The application of common law rules in this context must be distinguished from their application in the context of art 6 of Brussels Ir where, as has been pointed out,[122] the court is nevertheless exercising a Regulation jurisdiction. In this instance, there is no question of the exercise of a Regulation jurisdiction. The jurisdiction that is being exercised is based firmly on the common law and is thus the exercise of a national jurisdiction.

37.30 The national English rules on jurisdiction are wedded to procedural notions of service; jurisdiction exists only where the defendant is served with a claim form, either within the jurisdiction as of right, or outside of it as the result of court-exercised discretion. If that service is properly made, and it is shown that England is an appropriate forum for that action to be heard, then the English courts will exercise their jurisdiction.

37.31 A claim form can be served upon a defendant, thus clothing the English forum with jurisdiction, if that defendant is present within the jurisdiction.[123] In the case of a natural person, it matters not that the presence is fleeting or transient: the mere fact of presence itself is sufficient.[124] In the case of a corporate defendant, it is not sufficient service to serve the claim form on a director when they happen to be present in the jurisdiction.[125] The standard required in order to establish the 'presence' of a corporation is more exacting than that required of an individual: the company must be carrying on business

---

[118] The converse of this being, as discussed in para 37.12, that if such an action is already proceeding in another Member State court, brought pursuant to its national rules of jurisdiction, then proceedings will be barred in England.
[119] A. Briggs, n 74, p 47.
[120] See para 37.05.
[121] A further alternative is to be found in the Hague Convention on Choice of Court Agreements 2005 to which the UK intends to accede in its own right. See further paras 37.39-37.41.
[122] See para 37.28.
[123] For the detail as to rules of service within the jurisdiction, see the CPR Part 6, and Practice Direction 6A.
[124] See *HRH Maharanee Seethaderi Gaekwar of Baroda v Wildenstein* [1972] 2 QB 283, [1972] 2 All ER 689; *Colt Industries Inc v Sarlie* [1966] 1 All ER 673, [1966] 1 WLR 440.
[125] *SSL International v TTK LIG Ltd* [2011] EWCA Civ 1170, [2012] 1 WLR 1842.

37.31 Conflict of Laws

within the jurisdiction before service can be made upon it on this ground.[126] However, these matters go to the existence of jurisdiction: the defendant may convince the court not to exercise that jurisdiction by tendering a plea of *forum non conveniens*, which we shall turn to in the context of its corollary in service out cases, *forum conveniens*.

37.32 The English courts may also have jurisdiction as a result of the submission of a party to the jurisdiction of the English courts. Thus a foreign claimant who commences an action in England will thereby submit to the jurisdiction of the English courts. Matters are slightly more complicated in relation to defendants. A defendant who acknowledges service and contests the claim brought against it will be held to have submitted to the jurisdiction of the court. But a defendant who acknowledges service does not thereby lose the right to dispute the jurisdiction of the court.[127] But a defendant who acknowledges service of process without thereafter taking objection to the jurisdiction within the prescribed time will be treated as having accepted that the court has jurisdiction to try the claim.[127]

37.33 If the defendant is not present in the jurisdiction and has not submitted to the jurisdiction of the English courts, then the claimant must seek permission to serve the defendant out of the jurisdiction.[128] Three requirements have to be met before the English court will exercise jurisdiction in these cases. Firstly, the claimant must show that the claim has a reasonable prospect of success:[129] this simply requires no more than that the claimant's 'chances of success are not fanciful'.[130] Secondly, the claimant must have a 'good arguable case' that one of the grounds set out in CPR Practice Direction 6B applies to

---

[126] The test of presence for a company was laid down for the purposes of judgment recognition and enforcement in *Adams v Cape Industries Plc* [1990] Ch 433, [1991] 1 All ER 929, and is similarly applicable here. CPR 6.3(2) and 6.20(2) provide that a company may be served: (a) by any method permitted under CPR Pt 6; or (b) by any of the methods of service set out in the Companies Act 1985 or the Companies Act 2006. Part 37 of the Companies Act 2006 deals with service on companies (ss 1139–1142). A document may be served on a company registered under the Act by leaving it at, or sending it by post to, the company's registered office (s 1139(1)), and in the case of an overseas company: (a) by leaving it at, or sending it by post to, the registered address of any person resident in the UK who is authorised to accept service of documents on the company's behalf; or (b) if there is no such person, or if any such person refuses service or service cannot for any other reason be effected, by leaving it at or sending it by post to any place of business of the company in the UK (s 1139(2)).

[127] CPR r 11.5. A defendant who wishes to object to the court having jurisdiction in a particular claim may make an application under CPR Pt 11. He is nevertheless required to file an acknowledgement of service (under CPR Pt 10, CPR r 11.2) and must make his application, objecting to jurisdiction, with supporting evidence within 14 days of filing the acknowledgement of service (CPR r 11.4).

[128] CPR r 6.36.

[129] CPR r 6.37(1)(b).

[130] *Seaconsar Far East Ltd v Bank Markazi Jomhouri Islami Iran* [1994] 1 AC 438, [1993] 4 All ER 456; *Carvill America Inc v Camperdown UK Ltd* [2005] EWCA Civ 645, [2005] 2 Lloyd's Rep 457.

the claim advanced.[131] Thirdly, the court must be satisfied that England is the proper place to bring the claim.[132]

37.34 The grounds, or 'gateways' of jurisdiction set out in CPR PD 6B para 3.1 most pertinent to commercial law are the rule in para 3.1(3) that allows a 'necessary or proper party' to be enjoined to a claim, and the grounds that relate to contracts found in para 3.1(6)–(8). The ground set out in para 3.1(3) is similar to the mechanism found in art 8(1) of the Brussels Ir, but is broader in its ambit. It may be used to bring in a third party wherever the English court has jurisdiction over an anchor defendant and that third party is a 'necessary and proper party' for the determination of the claim.[133] This will be satisfied if the claims against each of the defendants are 'closely bound up' and involve the one investigation, which may be easily satisfied if difficult questions of contribution may arise between the parties, and may be invoked even if the anchor defendant is being sued purely to bring the second defendant before an English court.[134]

37.35 The ground most commonly invoked in commercial service out cases are those concerning claims made in respect of a contract, namely:

(a) a claim is made in respect of a contract where the contract:
  (i) was made within the jurisdiction;
  (ii) was made by or through an agent trading or residing within the jurisdiction;
  (iii) is governed by English law; or
  (iv) contains a term to the effect that the court shall have jurisdiction to determine any claim in respect of the contract;[135]
(b) a claim is made in respect of a breach of contract committed within the jurisdiction;[136] or
(c) a claim is made for a declaration that no contract exists where, if the contract was found to exist, it would comply with the conditions set out in paragraph (a) above.[137]

37.36 The scope of the phrase 'made in respect of a contract' was once thought to be very broad, extending to claims based on unconscionable receipt and dishonest assistance, unjust enrichment claims, and claims under a related contract. However, the Court of Appeal has doubted this broad interpretation, and appears to be of the opinion that the contractual grounds may only be

---

[131] This has been held to mean that the claimant must have 'much the better of the argument': *Altimo Holdings and Investment Ltd v Kyrgz Mobil Tel Ltd* [2011] UKPC 7, [2011] 4 All ER 1027, [2012] 1 WLR 1804 at [71].
[132] CPR 6.37(3).
[133] Note that, following the decision in *Owusu v Jackson*, n 111, where the English court's jurisdiction is founded upon a provision of the Brussels Ir Regulation it cannot stay proceedings with regards to that defendant, and this therefore may, in the name of the desideratum of procedural consolidation, make it more difficult for a 'necessary proper party' to convince the English court that the appropriate forum lies elsewhere.
[134] *Altimo Holdings and Investment Ltd v Kyrgz Mobil Tel Ltd*, n 131, at [76]–[79].
[135] CPR PD 6B, para 3.1(6)(a)–(d).
[136] CPR PD 6B, para 3.1(7).
[137] CPR PD 6B, para 3.1(8).

relied upon where the claimant sues the defendant in order to assert a contractual right, or a right which has arisen as a result of the non-performance of a contract, and that this does not include a claim in respect of a contract to which the intended defendant is not a party.[138] Notwithstanding this limitation, the contract gateways are still extremely useful, grounding a *prima facie* application for service out of the jurisdiction wherever a contract has been made in England, or has English law as its applicable law.[139] Further, para 3.1(4A) of CPR PD6B provides that, where a claim is brought against the defendant under the contract gateways,[140] then the court will also have jurisdiction in respect of all claims arising against the defendant from the same or closely connected facts. Therefore, a court having jurisdiction under the contract grounds will also be able to hear a claim in tort or unjust enrichment arising out of the same factual matrix.

37.37 Of course, even if the claimant has much the better of the arguments that one of the gateways applies to his case, that is not the end of the matter. He must still demonstrate that England is the proper place to bring the claim, or, in other words, that England is the *forum conveniens*. That involves asking two questions: firstly, is England the place where the case can be suitably tried for the interests of all the parties and the ends of justice?; secondly, out of all such *fora*, is England clearly the appropriate forum?[141] The burden thus remains on the claimant throughout.[142] This is to be contrasted with the related doctrine of *forum non conveniens* which applies where a person is sued as of right in England (for our purposes, in cases of presence). In such cases, it is for the defendant who takes objection to the assertion of jurisdiction by the English courts to show that there is another available forum other than England where it would be more appropriate for the case to proceed. If the defendant succeeds, it is then for the claimant to demonstrate that, notwithstanding the availability of a more appropriate forum abroad, the interests of justice dictate that a stay should nevertheless be refused.[143]

37.38 Readers should look elsewhere for a full account of the operation of this doctrine.[144] Here we shall confine ourselves to a few general comments. Firstly, the fact that English law is the *lex causae* may generally point towards England being the appropriate forum, but this factor will have less importance if the legal issues to be determined are not complex, or if the dispute is primarily factual.[145] Generally, the convenience of witnesses and the language of proceedings may be an important practical factor, but technological advances and ease of translation may temper the importance of litigation occurring in a

---

[138] *Alliance Bank v Aquanta Corporation* [2012] EWCA Civ 1588, [2013] 1 All ER (Comm) 819.
[139] See generally P. Rogerson, 'Problems of the Applicable Law of Contract in the English Common Law Jurisdiction Rules' (2013) 9 *Journal of Private International Law* 387.
[140] This rule does not apply to all of the gateways, but is applicable to the contractual, tortious, and restitutionary ones.
[141] *Spiliada Maritime Corp v Cansulex Ltd* [1987] AC 460, [1986] 3 All ER 843.
[142] *Altimo Holdings and Investment Ltd v Kyrgz Mobil Tel Ltd*, n 111.
[143] *Spiliada*, n 141.
[144] See *Dicey*, n 1, paras 12-020 – 12-050.
[145] *VTB Capital plc v Nutritek International Corp* [2013] UKSC 5, [2013] 2 AC 337.

place convenient to witnesses, both geographically and linguistically.[146] Such matters go to the appropriateness of England as a forum: but the claimant may rely on other factors to show that, notwithstanding the fact that another forum is more appropriate, the interests of justice require that a stay be refused, or that permission to serve out of the jurisdiction should be granted. One may be that the proceedings would be time-barred in the other forum: if the claimant acted reasonably in not bringing proceedings there, that may go in his favour when the English court decides whether to allow proceedings to proceed here.[147] If the claimant is so impecunious that having to litigate abroad would mean he could not afford to pursue his claim, whereas trial in England would allow him to take advantage of funding mechanisms in place here, that generally will be determinative in favour of trial in England.[148] Inordinate delay in the foreign court may also convince the English court to continue to exercise its jurisdiction.[149] Finally, if the claimant claims that proceedings abroad would deny him justice, because of a lack of judicial impartiality or an otherwise corrupt judicial system, he not only has to demonstrate that there is a risk that justice will not be done, but must adduce 'cogent evidence' that the foreign court will fail him, which is a very high standard indeed.[150]

(iv) The Hague Convention on Choice of Court Agreements 2005

37.39 The Hague Convention on Choice of Court Agreements was concluded in June 2005 and the States to which it currently applies are the Member States of the European Union, Mexico, Montenegro and Singapore.[151] The UK has therefore currently acceded to the Convention by virtue of its membership of the EU but that will cease to be applicable at the end of the transition period. At that point the UK intends to accede to the Convention in its own right.[152] At present the Convention is of little practical significance within the UK given the limited number of States which have acceded to the Convention and given that, within the EU, the Brussels Ir is the operative legal instrument. But this will obviously change when the UK revokes Brussels Ir because at that point, assuming the UK's immediate accession to the Hague Convention, it will be the Hague Convention that will apply as between the UK and the Member States of the EU.

37.40 The Hague Convention applies where the parties are resident in different Contracting States and so is confined to international cases and does

---

[146] The importance thus varies case by case: compare *VTB Capital*, n 145, with *Pike v Indian Hotels Co Ltd* [2013] EWHC 4096 (QB).
[147] *Spiliada*, n 141 at 483–484.
[148] *RTZ v Connelly* [1998] AC 854, [1997] 4 All ER 335; *Lubbe v Cape* [2000] 4 All ER 268, [2000] 1 WLR 1545.
[149] *Pike v Indian Hotels*, n 146.
[150] *Altimo Holdings and Investment Ltd*, n 111; see the application in *Erste Group Bank AG (London) v JSC (VMZ Red October)* [2015] EWCA Civ 379, [2015] 1 CLC 706; *Mengiste v Endowment Fund for the Rehabilitation of Tigray* [2017] EWCA Civ 1326.
[151] See https://www.hcch.net/en/instruments/conventions/status-table/print/?cid=98.
[152] See the Civil Jurisdiction and Judgments (Hague Convention on Choice of Court Agreements 2005) (EU Exit) Regulations 2018 (SI 2018/1124) and the Private International Law (Implementation of Agreements) Bill, n 14 above.

not apply in a purely domestic context.[153] It applies to 'exclusive' choice of court agreements concluded in civil or commercial matters.[154] While it is open to Contracting States to make reciprocal declarations in relation to non-exclusive choice of court agreements (and thereby recognise and enforce judgments given by courts pursuant to such agreements),[155] the focus of the Convention is on exclusive jurisdiction agreements. Its principal effect is to require Contracting States to give effect to exclusive jurisdiction agreements which choose the courts of Contracting States[156] and to make provision for the recognition and enforcement of judgments given in accordance with the Convention.[157]

37.41 The requirement to give effect to the exclusive choice of court agreement is expressed both positively and negatively. In positive terms, the chosen court 'shall have jurisdiction' to decide the dispute to which the agreement applies (unless the agreement is null and void under the law of that State)[158] and it 'shall not' decline to exercise jurisdiction on the ground that the dispute should be decided in a court of another State.[159] The word 'shall' is important in so far as it demonstrates that we are not here in the realm of the exercise of discretionary power by the court. The court is directed as to how it is to respond. In negative terms, a court of a Contracting State which has not been chosen 'shall' suspend or dismiss proceedings to which the exclusive choice of court agreement applies.[160] The word 'shall' is, once again, important but the Convention proceeds to identify five exceptional cases in which a court is not bound to dismiss the case. These exceptions, of varying degrees of specificity, are (i) the agreement was null and void under the law of the State of the chosen court, (ii) a party lacked the capacity to conclude the agreement under the law of the State of the court seised, (iii) giving effect to the agreement would lead to a manifest injustice or would be manifestly contrary to the public policy of the State of the court seised, (iv) for exceptional reasons beyond the control of the parties, the agreement cannot reasonably be performed; or (v) the chosen court decided not to hear the case.[161]

---

[153] Article 1.
[154] Article 1(1). The Convention does not apply to a range of exclusive choice of court agreements listed in art 2 which include insolvency, compensation and analogous matters, carriage of passengers and goods, competition law matters, rights *in rem* in immovable properties, agreements relating to various intellectual property matters, nor does it apply to arbitration and related matters.
[155] Article 22.
[156] Articles 5 and 6.
[157] Articles 8 and 9.
[158] Article 5(1).
[159] Article 5(2).
[160] Article 6.
[161] Article 6(a)-(e).

2. RECOGNITION AND ENFORCEMENT OF FOREIGN JUDGMENTS[162]

(i) Overview

37.42 The natural counterpart to rules on jurisdiction are those rules which delineate when a judgment delivered by a foreign court will be given effect in England. This effect may take the form of recognition of the judgment, or perhaps additionally its enforcement. Recognition of a judgment essentially involves treating the foreign judgment as determinative of the claim upon which the foreign court adjudicated. This means that it can be set up as a defence, by way of cause of action estoppel or issue estoppel, to be used if fresh proceedings are brought in England by the unsuccessful party to the foreign action. If that unsuccessful party (the 'judgment debtor'), however, has assets in England, the successful party in the foreign action (the 'judgment creditor') can go on to enforce the judgment against them, which is to say that it will use the mechanisms of execution extant in English law to obtain satisfaction of the judgment debt.

37.43 The rules which operate to determine when a foreign judgment will be effective currently depend on the identity of the court of origin, ie that which granted the judgment recognition or enforcement of which is now sought.[163] If that court was the court of another EU Member State,[164] then the Brussels scheme will continue to apply until the end of the transition period. In all other cases, the national rules will apply. Though the English national rules take both common law and statutory forms, the general principles do not vary substantially. As shall be seen, although the national rules admit more potential to challenge a foreign judgment than the Brussels rules currently do, there is still a commitment to the notion that the principle of finality means that recognition and enforcement should not be refused lightly, albeit the process for obtaining that recognition and enforcement is not as straightforward as it is under Brussels Ir.

37.44 The revocation by the UK of the Brussels and Lugano regimes at the end of the transition period will also create difficulties in this area given the significant role which Brussels Ir in particular has played in developing a process for the efficient and effective recognition and enforcement of judgments from courts of other Member States. In the absence of an agreement at the end of the transition period, that efficiency will be lost. Instead reliance will have to be placed on the common law rules and on a small number of statutes which make provision for the recognition and enforcement of foreign judgments. It is also likely that a greater role will be played in the future by the Hague Convention on Choice of Court Agreements. In the longer term, there is the possibility that the 2019 Hague Convention on the Recognition and

---

[162] See generally *Briggs*, n 1, ch 6; *Dicey*, n 1, ch 14; *Cheshire*, n 1, chs 15–17
[163] This section will only discuss judgments *in personam* ie those which impose an obligation on the party against whom the judgment is effective; judgments *in rem*, ie those affecting status and proprietary rights, will not be discussed.
[164] With the Lugano II Convention having effect for EFTA-origin judgments.

37.44 *Conflict of Laws*

Enforcement of Foreign Judgments in Civil or Commercial Matters could do on the world stage what Brussels Ir has been able to achieve within Europe. But these are early days in the life of the 2019 Convention and it is far from clear that in our present fragmented world it will be able to play the role that its supporters hope and believe it should be permitted to play. In this section we shall first examine the role of Brussels Ir before turning to the common law and the existing UK statutory regime for the recognition and enforcement of judgments before concluding with a brief consideration of the two Hague Conventions.

(ii) **Brussels Ir and Judgments from an EU Member State**

37.45 A fast-track regime for the recognition and enforcement of judgments[165] granted by an EU Member State court exists under the Brussels Ir Regulation.[166] The scheme has been described as 'the most significant development in the private international law of foreign judgments for at least a century' given that it 'is a legislative instruction to the laws and courts of Member States, requiring them to treat judgments from courts of other Member States as legally effective and directly enforceable, almost as though they were not foreign judgments at all.'[167] Given the progress that has been made in this area, it is unfortunate that the scheme will no longer apply after the expiry of the transition period. The scheme is presently compulsory when enforcing EU-origin civil and commercial judgments in England.[168] Once a judgment is granted by the court of another Member State, it will be immediately recognised by the English court,[169] and instantly capable of enforcement through its execution mechanisms,[170] provided that an authentic copy of the judgment and the certificate set out in Annexe I of the Regulation[171] signed by the court of origin are produced.[172] If the judgment creditor does wish to enforce the judgment against the judgment debtor's assets in England, he must serve a copy of the judgment and the same certificate on the

---

[165] Article 33. 'Judgment' has been given a broad meaning: art 2(a). It includes a judgment delivered by a Member State court under art 6 pursuant to its national rules of jurisdiction (*Overseas Union Insurance Ltd v New Hampshire Insurance Co*: Case C-351/89, [1992] QB 434). It also includes a judgment of a procedural nature, eg a declaration that a jurisdiction agreement is valid under art 23 (*Gothaer Allgmeine Versicherung AG v Samskip GmbH*: Case C-456/11, [2013] QB 548).
[166] Similar discrete regimes exist for uncontested claims (the European Enforcement Order Regulation (Council Regulation (EC) No 805/2004)), undisputed debts (the European Payment Procedure Regulation (Council Regulation (EC) No 1896/2006)), and small claims (the European Small Claims Procedure Regulation (Council Regulation (EC) No 861/2007)).
[167] *Briggs*, n 74, pp 155–156.
[168] *de Wolf v Cox BV*: Case 42/76, [1976] ECR 1759.
[169] Article 36.
[170] Article 39: the requirement of a declaration of enforceability was removed in the Recast.
[171] See art 53.
[172] Article 37(1) (recognition); art 42(1) (enforcement). The court addressed may require the judgment creditor to provide a translation of the certificate (art 37(2); art 42(3)), but can only require production of a translation of the judgment itself if strictly necessary for it to proceed (art 37(2); art 42(4)).

judgment debtor.[173] In contrast to the common law rules, the Brussels Ir rules are not limited to the recognition of money judgments or those that are final and conclusive.[174]

37.46 It is open to the judgment debtor to apply for the refusal of recognition or enforcement of the judgment.[175] The Regulation offers even less scope for challenge of the judgment than the common law rules.[176] Firstly, the opportunity to impugn an EU Member State judgment on the basis of 'no jurisdiction' is extremely limited; indeed, public policy cannot be invoked to challenge the assertion of jurisdiction by that Member State's courts.[177] The only jurisdiction-level challenges afforded by the Regulation apply: (a) if the judgment debtor was a policyholder, insured, consumer, or employee, and the assertion of the court of origin's jurisdiction conflicted with the protective provisions designed to protect such parties; or (b) in the event that the court of origin exercised jurisdiction in spite of the fact that another Member State had exclusive jurisdiction under art 24.[178]

37.47 Secondly, there is no specific fraud or natural justice defence: leaving aside jurisdiction-level challenges, the Regulation only admits the following defences against the judgment:

(a) that recognition would be manifestly contrary to public policy in the Regulation state in which recognition is sought;[179]

(b) that, where it was given in default of appearance, the defendant was not served with the document which instituted the proceedings or with an equivalent document in sufficient time and in such a way as to enable

---

[173] Article 43(1). Under art 43(2), the judgment debtor may request a translation of that judgment if he is domiciled in a state other than the state of origin if he cannot speak the language in which the judgment was rendered.

[174] As to finality and conclusiveness, arts 38(a) and 51 make provision for a stay of recognition/enforcement when an appeal is brought against the judgment in the court of origin; art 44(2) provides that, if the enforceability of the judgment is suspended in the court of origin, this will similarly suspend enforcement proceedings taking place in England.

[175] Article 47. Such an application will suspend, on the application of the interested party, recognition of the judgment (art 38(b)), and that party may also apply for the suspension of enforcement, or the limitation of that enforcement to provisional measures, or to make enforcement conditional on the giving of security (art 44).

[176] The grounds of challenge, enumerated as to recognition in art 45, are applied to enforcement by art 46.

[177] Article 45(3), codifying *Krombach v Bamberski*: Case C-7/98, [2000] ECR I–1935.

[178] Article 45(1)(e).

[179] Article 35(1)(a). Clearly, reliance on this ground of refusal of recognition should be exercised extremely sparingly if Brussels Ir is not to be seriously weakened: as is illustrated by *Krombach v Bamberski*, n 177, and *Régie Nationale des Usines Renault SA v Maxicar SpA*: Case C-38/98, [2000] ECR I–2973: the judgment must be 'at variance to an unacceptable degree with the legal order of the state in which enforcement is sought in as much as it infringes a fundamental legal principle . . . regarded as essential in the legal order of the state in which enforcement is sought or of a right being recognised as fundamental'. In *Maronier v Larmer* [2002] EWCA Civ 774, [2003] QB 620, the Court of Appeal, while stressing the strong presumption that judgments of another Regulation state complied with art 6, ECHR, held that it would be contrary to public policy to enforce a judgment in The Netherlands against a defendant who was unaware that proceedings against him had been reactivated and was neither present nor represented at the trial.

him to arrange for his defence, unless the defendant failed to commence proceedings to challenge the judgment when it was possible for him to do so;[180] or

(c) that the judgment is irreconcilable with a judgment given in a dispute between the same parties in the state in which recognition is sought,[181] or is irreconcilable with an earlier judgment given in another Regulation state or a third state involving the same cause of action and between the same parties, provided that the earlier judgment fulfils the conditions necessary for its recognition in the state addressed.[182]

As is the case at common law, no review as to the substance of the judgment may be countenanced.[183]

37.48 The UK's revocation of Brussels Ir will take effect at the end of the transition period, subject to a complex savings provision for proceedings of which the court was seised before the end of the transition period and were not concluded before the end of that period.[184] Once Brussels Ir has ceased to be applicable, the recognition of foreign judgments will (subject to a possible role for the Hague Conventions[185]) be a matter for the common law or the various UK statutes which make provision for the recognition and enforcement of foreign judgments.

(iii) Common law and UK statutes

37.49 At common law and under the various statutes of the UK Parliament which deal with the recognition and enforcement of foreign judgments, a foreign judgment is treated quite differently from an English judgment. It is not directly enforceable, but must either be sued upon in a fresh action[186] or (where so provided by statute) registered as an English judgment and then enforced as such in the ordinary way.[187] In the former case it is the obligation that is created by the foreign judgment rather than the foreign judgment itself which is enforced in the English proceedings. In other words, it is the debt thereby created or the obligation to pay the fixed sum of money decreed to be payable by the foreign court which is enforced[188] and even then only where the

---

[180] Article 45(1)(b). *Hendrikman v Magenta Druck & Verlag GmbH*: Case C-78/95, [1996] ECR I-4943; *Klamps v Michel*: Case 166/80, [1981] ECR 1593; *Orams v Apostolides*: Case C-420/07, [2009] ECR I-3571, [2011] QB 519.
[181] Article 45(1)(c).
[182] Article 45(1)(d).
[183] Article 52.
[184] See Part 6 of the Civil Jurisdiction and Judgments (Amendment) (EU Exit) Regulations 2019 (SI 2019/479).
[185] See paras **37.53–37.54**.
[186] Or pleaded by way of defence and/or counterclaim.
[187] The claimant can no longer sue on the original cause of action (which anyway would rarely have been to his advantage) unless the foreign judgment is not enforceable or entitled to recognition in England (Civil Jurisdiction and Judgments Act 1982, s 34).
[188] It is for this reason that the rule is often expressed in the form that the English courts will only enforce an order to pay a debt or a fixed sum of money. Where the order of the foreign court is of a different type – for example, a specific performance order – then there is no debt which

foreign court had jurisdiction to give the judgment.[189] This will be the case (inter alia) where the defendant submitted to the jurisdiction (either by contract[190] or by appearance[191]) or was present in the foreign country in question at the time of institution of the proceedings[192] or was served with process while in the jurisdiction, even if only fleetingly.[193] One might have thought that an English court would also recognise a foreign court as having jurisdiction in any circumstances in which the English court would have assumed jurisdiction had the action been brought in England, but this is not the position in English law.[194]

37.50 Given that the foreign court had jurisdiction, then prima facie the judgment is conclusive as to the issues of fact and law decided by the foreign court and thus cannot be re-litigated in England.[195] So far as an English court is concerned, such issues have become *res judicata* in much the same way as if the judgment had been an English judgment.[196] So a claim on a foreign judgment, like a claim on a bill of exchange, is very much more powerful than a claim on the original cause of action.

37.51 There are, however, some limits to the conclusive nature of the foreign judgment.[197] In the first place, it must be final and conclusive, according to the law of the state in which it was given. The fact that it is appealable, or even under appeal, does not prevent it from being final for this purpose.[198] What is meant is that the judgment should not be interim in character or subject to variation by the court which gave it.[199] Secondly, a foreign judgment is

---

an English court can enforce and in such a case a party seeking redress in an English court may have to resort to some other proceedings in order to obtain redress (see, for example, *Briggs*, n 1, paras 6.218–6.220).

[189] *Godard v Gray* (1870) LR 6 QB 139; *Dicey*, n 1, paras 14R-020 ff.

[190] See *Vizcaya Partners Ltd v Picard* [2016] UKPC 5, [2016] 3 All ER 181.

[191] Otherwise than to contest the jurisdiction or to ask for dismissal or stay of the proceedings on the ground that the dispute should be referred to arbitration or to the courts of another country (Civil Jurisdiction and Judgments Act 1982, s 33(1)). See also *Marc Rich & Co AG v Società Italiana Impianti PA (No. 2), (The Atlantic Emperor)* [1992] 1 Lloyd's Rep 624. In *Rubin v Eurofinance* [2012] UKSC 46, [2013] 1 AC 236, it was held that the lodging of a proof of debt in the insolvency of a company amounted to submission to any and all claims that could be brought by the liquidator against that creditor. See A. Briggs, 'In For a Penny, In For a Pound' [2013] LMCLQ 26.

[192] *Dicey*, n 1, paras 14R-054 ff. See also *Adams v Cape Industries* [1990] Ch 433; *Rubin v Eurofinance SA*, n 191.

[193] *Dicey*, n 1, paras 14-061 ff; *Cheshire*, n 1, pp 529–531.

[194] *Rubin v Eurofinance SA*, n 191; *Dicey*, n 1, paras 14-090 ff; *Cheshire*, n 1, pp 543–544. For a different position, see Canada: *Morguard Investments Ltd v De Savoye* [1990] 3 SCR 1077; *Beals v Saldanha* [2003] 3 SCR 416.

[195] *Dicey*, n 1, para 14R-118.

[196] The party cannot seek a more favourable outcome in an English court (Civil Jurisdiction and Judgments Act 1982, s 34); *The Indian Grace (No 1)* [1993] AC 410, [1993] 1 All ER 998; *The Indian Grace (No 2)* [1998] AC 878, [1997] 4 All ER 380.

[197] *Cheshire*, n 1, pp 548 ff.

[198] *Colt Industries Inc v Sarlie (No.2)*, n 124.

[199] *Re Macartney* [1921] 1 Ch 522.

37.51 *Conflict of Laws*

impeachable for fraud,[200] though where the defendant has already made an unsuccessful attempt in the court of origin to have the judgment set aside for fraud, he is estopped from invoking fraud in enforcement proceedings in England.[201] Thirdly, an English court may refuse to give recognition to the judgment if the proceedings in which it was obtained were conducted in a manner contrary to natural justice.[202] Fourthly, a foreign judgment will not be recognised where its enforcement would be contrary to English rules of public policy.[203] Fifthly, a judgment for multiple damages or based on a provision or rule of law specified by the Secretary of State as concerned with restrictive trade practices will not be enforced.[204] Sixthly, English courts will not enforce foreign revenue, penal or other public laws indirectly through the recognition of a foreign judgment.[205] Seventhly, where there are two conflicting judgments on the same issue in two different jurisdictions and each is unimpeachable, it is the first in time that will be recognised and enforced.[206]

37.52 The route to enforcement at common law is not to seek enforcement of the foreign judgment per se given that English courts do not as such enforce foreign judgments[207] (although the foreign judgment may be recognised as *res judicata*[208]). Rather, it is the obligation to pay a debt or a fixed sum of money created by the foreign judgment which is recognised by the judgment of the English court and it is that judgment which is then enforced by execution.[209] The other route to enforcement is via registration of the foreign judgment pursuant to one of the statutory schemes enacted by the UK Parliament. Once registered in accordance with the relevant scheme, the foreign judgment is given the same force and effect in terms of enforcement as if it had been an English judgment. A foreign judgment may be registered automatically as an English judgment without the need for separate proceedings:[209]

(a) where it is a Scottish or Northern Ireland judgment;[210]
(b) where it falls within the Administration of Justice Act 1920 as a judgment of a superior court in a Commonwealth country with which there are reciprocal registration arrangements, not being a country covered by the Foreign Judgments (Reciprocal Enforcement) Act 1933;

---

[200] Dicey, n 1, para 14R-137; Cheshire, n 1, pp 568 ff. See also *Abouloff v Oppenheimer* (1882) 10 QBD 295; *Owens Bank Ltd v Bracco* [1992] 2 AC 443, [1992] 2 All ER 193.
[201] *House of Spring Gardens Ltd v Waite* [1991] 1 QB 241, [1990] 2 All ER 990, where it was held that alternatively an attempt to raise fraud was an abuse of the process of the court. See, generally, R. Garnett, 'Fraud and Foreign Judgments: The Defence that Refuses to Die' (2002) *Journal of Int Com Law* 161.
[202] Dicey, n 1, para 14R-162; Cheshire, n 1, pp 576 ff. For cases under the ECHR or the Human Rights Act 1998, see *Pellegrini v Italy* (2002) 35 EHRR 2; *US v Montgomery (No 2)* [2004] UKHL 37, [2004] 1 WLR 2241, [2004] 4 All ER 289. See further J. Fawcett, 'The Impact of Art 6(1) of the ECHR on Private International Law' (2007) 56 ICLQ 1.
[203] Dicey, n 1, para 14R-152; Cheshire, n 1, pp 574 ff.
[204] Protection of Trading Interests Act 1980, s 5; Cheshire, n 1, pp 553–555.
[205] Dicey, n 1, para 5R-019; Cheshire, n 1, pp 552–553. See eg *USA v Inkley* [1989] QB 255.
[206] *Showlag v Mansour* [1995] 1 AC 431.
[207] Briggs, n 1, paras 6.209–6.220.
[208] Briggs, n 1, paras 6.198–6.202.
[209] Briggs, n 1, para 6.210.
[210] Section 18, Civil Jurisdiction and Judgments Act 1982.

(c) where it falls within the Foreign Judgments (Reciprocal Enforcement) Act 1933 as a judgment of a superior court of a country, within or outside the Commonwealth, with which there is reciprocity, other than at present a country which is a contracting state under Brussels Ir or the Lugano Convention. There is a possibility that this statute could play a bigger role at the end of the transition period when there is the possibility of further reciprocal agreements being entered into.

Each of the enactments referred to in (a)–(c) above lays down grounds on which recognition may be refused, corresponding broadly to the grounds for refusal of recognition at common law.

(iv) The Hague Convention on Choice of Court Agreements 2005

37.53 The Hague Convention on Choice of Court Agreements 2005 has the potential to play a greater role in the future given the intention of the UK to accede to the Convention in its own right.[211] In terms of the recognition and enforcement of judgments, any judgment given by a court of a Contracting State designated in an exclusive choice of court agreement shall be recognised and enforced in other Contracting States subject to a limited number of exceptions set out in the Convention itself.[212] There is to be no review of the merits of the judgment nor any opening up of findings of fact.[213] Article 9 lists seven grounds on which recognition or enforcement may be refused, namely (i) the nullity of the agreement under the law of the State of the chosen court, (ii) lack of capacity to conclude the agreement under the law of the requested State, (iii) a lack of due process in certain prescribed respects in relation to the judgment, (iv) the judgment was obtained by fraud in connection with a matter of procedure, (v) recognition or enforcement would be manifestly incompatible with the public policy of the requested state, (vi) the judgment is inconsistent with an earlier judgment given in the requested state in a dispute between the same parties, and (vii) the judgment is inconsistent with an earlier judgment given in another state between the same parties on the same cause of action, provided that the earlier judgment fulfils the conditions necessary for its recognition in the requested State. Finally, recognition or enforcement of a judgment may be refused where the judgment awards damages, including punitive damages, that do not compensate a party for actual loss or harm suffered.[214]

---

[211] Section 4B of the Civil Jurisdiction and Judgments Act 1982 makes provision for the recognition and enforcement of judgments under the Hague Convention by way of registration in the prescribed manner. At present the Hague Convention takes effect by virtue of the UK's membership of the EU. In the future it is intended that it will take effect by virtue of the UK's accession to the Convention in its own right.
[212] Article 8(1).
[213] Article 8(2).
[214] Article 11.

(iv) The Hague Convention on the Recognition and Enforcement of Foreign Judgments in Civil or Commercial Matters

37.54 The most ambitious instrument to have been agreed thus far in terms of the recognition and enforcement of foreign judgments is the 2019 Hague Convention on the Recognition and Enforcement of Foreign Judgments in Civil or Commercial Matters.[215] It has been described as a sister Convention to the Hague Convention on Choice of Court Agreements and is intended to do for court judgments what the 1958 New York Convention on the Enforcement of Foreign Arbitral Awards has done for arbitration.[216] The Convention very much builds on the supra-national instruments which have been discussed in this chapter and it offers the prospect of greater enforceability of court judgments across the world. But it will only achieve this objective if it obtains the necessary support from governments. The New York Convention has been remarkably successful and so far has been ratified by 164 States.[217] It remains to be seen whether the 2019 Convention can in time achieve the same status.

3. APPLICABLE LAW

(i) Introduction

37.55 The fact that the court of a particular country has jurisdiction to entertain a claim does not necessarily mean that its own law will govern the dispute. Jurisdiction and applicable law are distinct questions.[218] It is for the forum to apply its own conflict of laws rules to determine by what law the matters in issue are to be decided, and such rules may lead to the application of its own law or that of one or more foreign states. Similarly, it is for the *lex fori* to determine the conditions in which, and the extent to which, a choice of law by the parties will be given effect. Where a state has adopted in its internal law a conflict of laws convention or a conflict rule in a substantive law convention, then its courts apply the convention or the rule, as the case may be, as part of its private international law, as in the case of Council Regulation

---

[215] See https://www.hcch.net/en/instruments/conventions/full-text/?cid=137.
[216] See paras **39.108–39.109**.
[217] See para **39.109**.
[218] Though the applicable law may influence jurisdiction. This was true at common law where an agreement between the parties that litigation or arbitration take place in a particular country typically gave rise to the inference that the parties intended to choose the law of that country as the law that was to govern their contract (*Evans Marshall & Co Ltd v Bertola SA* [1973] 1 WLR 349, 364 and *Compagnie d'Armament Maritime SA v Compagnie Tunisienne de Navigation SA* [1971] AC 572). In the case of the Rome I Regulation, recital (12) provides that an agreement between the parties to confer on one or more courts or tribunals of a Member State exclusive jurisdiction to determine disputes under the contract should be one of the factors to be taken into account in determining whether a choice of law has been clearly demonstrated. See further E. B. Crawford and J. M. Carruthers, 'Connection and Coherence Between and Among European Instruments in the Private International Law of Obligations' (2014) 63 ICLQ 1; Z. Tang, 'The Interrelationship of European Jurisdiction and Choice of Law in Contract' (2008) 4 *Journal of Private International Law* 35; J. J. Fawcett, 'The Interrelationships of Jurisdiction and Choice of Law in Private International Law' [1991] *Current Legal Problems* 39.

(EC) on the Law Applicable to Contractual Obligations, more generally known as 'Rome I'.[219] In the case of the UK, Rome I continues to be applicable until the end of the transition period and, in respect of the post-transition period, provision has been made for its retention, albeit with some minor amendments.[220] The transition from the Rome I Regulation as EU legislation (its current status) to retained EU legislation (its status after the expiry of the transition period) will not, at least initially,[221] make any significant difference to the law, such that it remains possible to refer to the Rome I Regulation, although in the post-transition world it must be remembered that the Regulation takes effect as retained EU law.

37.56 In contract and commercial matters the law determined by conflict of laws rules denotes the domestic law of the state in question, excluding its rules of private international law. In short, the doctrine of *renvoi* does not apply.[222]

37.57 The conflict rule to be applied depends on the way in which the *lex fori* characterizes the issue; that is, it determines the legal category to which the issue is to be assigned. Of particular importance is the distinction between a contractual issue, which in England was formerly determined by the proper law of the contract and is presently governed by Rome I, and a property issue, which is typically governed by the *lex situs* (or *lex rei sitae*). Upon this characterization depends the connecting factor; that is, the fact that links the issue to a particular legal system. In the case of a contractual question, the connecting factor is, as a starting position, the place of business of the party whose performance is characteristic of the contract. In the case of an issue relating to property, it is the location of the asset at the time of the relevant dealing or other event. In classifying the issue the court has regard to the international character of the matter rather than the classification adopted for purely domestic cases, so that, for example, where the case involves determining the law applicable to the rights of a party to whom a promise was made which would be binding under the law of the due place of performance though lacking the consideration required by English law, the court would treat the question as contractual even though under English law there would be no contract.[223] Not every classification under domestic law is, however, relevant for conflict of laws purposes. Thus while the conflict rule varies according to whether, for example, the issue relates to contract or property, it is immaterial for conflicts purposes whether a transfer of property is classified by domestic law as an outright transfer or a transfer by way of security. In both cases the applicable law is the *lex situs*.

---

[219] Regulation No 593/2008 of 17 June 2008 (2008 L177/6), art 24.
[220] The Law Applicable to Contractual Obligations and Non-Contractual Obligations (Amendment etc) (EU Exit) Regulations 2019 (SI 2019/834).
[221] It is possible that over time there may be a greater level of divergence but that will depend on the course of action that is taken by the EU and the UK respectively and that cannot presently be predicted.
[222] See Rome I, art 20. For the common law: see *Amin Rasheed Shipping Corpn v Kuwait Insurance Co* [1984] AC 50, [1983] 2 All ER 884.
[223] *Re Bonacina, Le Brasseur v Bonacina* [1912] 2 Ch 394.

37.58 An extremely important point to note at this juncture is that English private international law largely places the activation and application of foreign law at the initiative of the parties. Parties may, in spite of an otherwise applicable foreign law, proceed with the case as if it were a purely domestic one. Furthermore, as foreign law is treated as a matter of fact in an English court, then, if a party wishes to rely on a provision of foreign law, they must prove it to the satisfaction of the court. If such proof is not forthcoming, or is found deficient in the eyes of the judge, then English law will apply, qua *lex fori*, to the matter.[224] It is thus the case that the choice-of-law elements of a case, and proof of the relevant foreign law, may be left aside unless one of the parties perceives that it is to their advantage to go through the cost and time of activating the conflicts dimension of their case.

37.59 Every aspect of domestic English private law has its own set of choice of law rules. To fit the scope of this work, this section will only consider those most relevant to the commercial law and commercial transactions discussed previously: contracts, transfers of property, the assignment of debts, and securities held with an intermediary. We shall consider each in turn.

(ii) Choice of law in contract: The Rome I Regulation[225]

1. Introduction and background

37.60 Just as the landscape of jurisdiction has been 'Europeanised' in recent years, so too has that of choice of law, particularly that concerning the law of obligations. That trajectory will obviously change in many respects as a result of the UK's decision to leave the EU. But the consequence of this decision need not necessarily be that the UK will in future turn its back on all attempts to secure a greater degree of harmonisation of this area of law. In their ceaseless quest for the Holy Grail of certainty, courts and scholars of different countries have over many years striven for rules of universal application which would lead ineluctably to the appropriate law governing contractual disputes. Most systems have agreed that within certain limits the parties themselves should be free to choose the law by which their rights are to be determined.[226] But where the intention of the parties has not been made manifest, the courts themselves have had to fashion rules of selection; and it is widely accepted that they cannot be deprived of the power to determine the applicable law by a provision of the agreement purporting to exclude the application of all law or rules of law. Even where the agreement contains an arbitration clause empowering the arbitral tribunal to act as *amiable compositeur* or to give a decision *ex aequo et bono*, thus freeing it from the obligation (though not the right) to apply

---

[224] For a survey of this attitude to foreign law and its impact in practice, see R. Fentiman, *Foreign Law in the English Courts* (1998).
[225] See generally M. McPartland, *The Rome I Regulation on the Law Applicable to Contractual Obligations* (2015); *Dicey*, n 1, chs 32 and 33; *Briggs*, n 1, ch 7.
[226] See, for England, *Vita Food Products Inc v Unus Shipping Co Ltd* [1939] AC 277, [1939] 1 All ER 513, PC. See more generally A. Briggs, *Agreements on Jurisdiction and Choice of Law*, n 44.

rules which it considers would produce an unfair result, the tribunal remains bound by internationally mandatory rules or international public policy.

37.61 The range of options for determination of the applicable law in the absence of party choice is formidable: the nationality; the place of residence or place of business of one of the parties; the place where the contract was made; the contractual place of performance; the place having the closest connection with the contract; the location of the subject matter of the contract; the place where the breach complained of was committed; the forum; the state having the most compelling interest in the dispute. The spectrum of theories runs from highly mechanical rules at one end to policy approaches at the other which are so generalized as to amount to little more than an exhortation to the courts to select whatever law seems appropriate in the particular case. Moreover, it was long ago seen that not all aspects of the transaction ought necessarily to be governed by the same law. For example, the formal validity of a contract has usually been regarded as governed by the place where the contract was made, whereas the connection of such place with the performance of the contract might be too tenuous to make it appropriate for disputes as to the substantive effect of the contract. Further, the selection of the applicable law is influenced in no small measure by the way in which the issue before the court is classified.[227]

37.62 In order to reduce the problems created by the prevalence of different theories in different states, there was a concerted effort over the second half of the twentieth century to harmonize conflict of laws rules in specific areas. This, indeed, is the *raison d'être* of the Hague Conference on Private International Law, the activities of which have resulted in a number of conflict of laws conventions, though few of these have been significantly concerned with contract or commercial law. In 1980 there came a breakthrough with the conclusion in Rome of the EEC Convention on the Law Applicable to Contractual Obligations, the predecessor to the Rome I Regulation. The Rome Convention was given effect in the United Kingdom by the Contracts (Applicable Law) Act 1990, and, since it was universal in application,[228] it displaced the common law conflict rules relating to contracts except as regards matters excluded from the scope of the Convention.

37.63 Like most harmonizing measures, the Rome Convention had a long gestation period, a full decade elapsing between the start of the work and the conclusion. It was intended to cover both contractual and non-contractual obligations, but at a later stage it was decided to leave non-contractual obligations (such as torts, unjust enrichment claims, pre-contractual liability and certain equitable claims) to be dealt with in a separate convention, which was later agreed and is now generally known as Rome II.[229] Both Rome I and

---

[227] See para **37.78**.
[228] See para **37.66**.
[229] See Council Regulation (EC) No 864/2007 of 11 July 2007 on the Law Applicable to Non-contractual Obligations (OJ 2007 L199/40) (hereinafter referred to as 'Rome II'). See further A. Dickinson, *The Rome II Regulation: The Law Applicable to Non-Contractual Obligations* (2008) (and Updating Supplement (2010)).

Rome II represent a major advance towards the resolution of problems arising from lack of uniformity in conflict rules affecting the law of obligations. The significance of both Rome I and Rome II can be seen in the fact that, with minor amendments, both Regulations will be retained as part of UK law at the end of the transition period.[230]

2. Scope

37.64 The Rome I Regulation[231] applies to contracts entered into on or after 17 December 2009 and in the case of contracts entered into after the end of the transition period the Regulation will continue to apply as retained EU law. Contracts formed prior to 17 December 2009 will still be dealt with under the 1980 Rome Convention, which is to be found in Schedule 1 to the Contracts (Applicable Law) Act 1990. This section will proceed on the basis that the contract between the parties was entered into after 17 December 2009 but, as contracts can still be encountered in practice which were entered into prior to that date, the footnotes will draw attention to the most substantial points of difference between the Rome Convention and the Rome I Regulation.

37.65 The material scope of the Rome I Regulation is broadly co-extensive with that of the Brussels Ir Regulation, ie civil or commercial matters, but it specifically applies to conflict of laws situations involving contractual obligations.[232] Importantly, certain exceptions are set out in art 1(2). Most noteworthy for the purposes of this work are: (i) the exclusion of obligations arising under bills of exchange, promissory notes, cheques and other negotiable instruments to the extent that the obligations arising under such other negotiable instruments arise out of their negotiable character;[233] (ii) the exclusion of choice of court and arbitration agreements;[234] and (iii) the exclusion of the determination of when the acts of an agent bind a principal in relation to a third party.[235]

37.66 Rome I, like the antecedent Convention, is universal in character, requiring any law which it specifies to be applied whether or not it is the law of an EU Member State.[236] So, if the Regulation rules lead to the application

---

[230] The Law Applicable to Contractual Obligations and Non-Contractual Obligations (Amendment etc) (EU Exit) Regulations 2019 (SI 2019/834).
[231] Regulation (EC) No 593/2008 of the European Parliament and of the Council of 17 June 2008 on the Law Applicable to Contractual Obligations.
[232] On the demarcation between contractual and non-contractual obligations, and thus the Rome I and II Regulations, see *ERGO Insurance SE v If P&C Insurance AS*: Case C-359/14, [2016] ILPr 20; *Committeri v Club Mediterranee SA (t/a Club Med Business)* [2018] EWCA Civ 1889, [2019] IL Pr 19; *Verein für Konsumenteninformation v Amazon EU Sàrl*: Case C-191/15, [2017] QB 252.
[233] Article 1(2)(d): the pertinent choice of law rule, for English law, is found in the Bills of Exchange Act 1882, s 72, which provides generally that the validity or interpretation of the various acts (e.g. issue, indorsement, acceptance) that can be performed on a bill are to be determined in accordance with the law of the place where that act was carried out.
[234] Article 1(2)(e).
[235] Article 1(2)(g). See *Briggs*, n 1, paras 7.268–7.280.
[236] Article 2.

of the law of the State of New York, that law must be applied even though the United States is not a member of the EU.

3. *Party autonomy*

37.67 Party autonomy is one of the 'cornerstones' of the Regulation.[237] This is most clearly expressed in art 3(1) which provides that 'a contract shall be governed by the law chosen by the parties.' This ability to agree the law that is applicable to their contract is frequently invoked in practice. In order to take advantage of this right to choose, the Regulation only requires that the parties make their choice 'expressly' or that their choice is 'clearly demonstrated by the terms of the contract or the circumstances of the case.' Thus the designation may take place expressly, normally in the form of a choice of law clause,[238] but the lack of such a clause does not mean that there has been no choice of law. Designation may also be implicit, where the choice can be inferred from the surrounding circumstances.[239] Thus, if the contract takes a standard form which usually contains a specific choice of law, if the previous course of dealings between the parties evince a preference for the selection of a particular law, if there is a related contract or transaction with a choice of law clause,[240] if the contract makes reference to particular provisions of a particular substantive legal system,[241] or if it contains a jurisdiction or arbitration agreement in favour of a particular state,[242] that may go towards demonstrating that a choice has been made tacitly.[243] However, respect for party autonomy cuts both ways, and the courts must ensure that an implied choice is not imputed to the parties too readily: the party attempting to establish implied choice bears the burden of establishing with the requisite degree of certainty, on an objective basis, that the parties would have 'taken it without saying' that that law would be applicable, or that the application of that law to the contract is the 'only reasonable conclusion'.[244]

---

[237] Recital (11).
[238] Article 3(5) makes clear that provisions on consent and material validity (art 10), formal validity (art 11), and capacity (art 13) apply to determine the existence and validity of the consent of the parties to a choice of law clause.
[239] See *Dicey*, n 1, paras 32-059 – 32-065.
[240] So in *Golden Ocean Group v Salgaocar Mining* [2012] EWCA Civ 265, [2012] 1 WLR 3674, [2012] 3 All ER 842, the fact that a guarantee was expressly mentioned in the charterparty which it guaranteed and which contained a choice of law clause was sufficient clearly to demonstrate that the parties intended to apply that same law to it.
[241] Eg a reference to terms of the Sale of Goods Act 1979 may (without any obvious Scots or Northern Irish connection) point towards an intention for English law to apply.
[242] Recital (12) makes it clear that the designation of the courts of a particular place as having exclusive jurisdiction over matters between the parties may be a relevant factor, and see, under the Convention, *Oldendorff (Egon) v Libera Corpn (No. 2)* [1996] 1 Lloyd's Rep 380.
[243] Each of these factors is discussed in the Giuliano-Lagarde Report (OJ 1980 C282/1) which provides an authoritative commentary on the 1980 Rome Convention (see Contracts (Applicable Law) Act 1990, s 3(3)), and which should still, under the principle of vertical continuity, be relevant in interpreting the almost identical text of the Regulation.
[244] *Lawlor v Sandvik Mining* [2013] EWCA Civ 365, [2013] 2 Lloyd's Rep 98.

37.68 Article 3(1) requires that the parties choose 'the law' that is to govern their contract. By 'the law' is meant the law of a state.[245] This is not to say that the incorporation of references to 'the *lex mercatoria*', 'general principles of law' or the UNIDROIT Principles of International Contracts is of no effect. The first two, so far as ascertainable, can be applied by the court, and the UNIDROIT Principles, being set out in a published text, can be resorted to without difficulty in many cases; indeed, in international arbitration, arbitrators have resorted to all three of these sources of rights. But they can take effect only as terms of the contract incorporated by reference, not as part of the applicable law, and they are not within the scope of Rome I. The same applies to the incorporation of provisions of the Vienna Sales Convention where this has not been adopted by the state whose law is applicable to the contract. As Recital (13) to the Regulation makes clear, it does not preclude the parties from incorporating the provisions of such non-state laws into their contract as terms of the contract.[246] The bar applies to the designation of such laws, not their incorporation into the contract. The distinction between designation[247] and incorporation is that designation involves the subjecting of the contract to the entirety of the applicable law, whereas incorporation entails merely the transplanting of a specific part of the designated law into the contract as ordinary terms of the contract, leaving the rights and duties of the parties to be governed by the *lex causae* as otherwise designated by Rome I.

4. Dépeçage

37.69 The parties can select the law applicable to the whole of their contract or only part of it.[248] So they are free to engage in *dépeçage* by subjecting different obligations to different laws, though this may not be possible for 'the general obligation'[249] or for rights or groups of rights so interconnected that to subject them to different laws would be unworkable. Another form of *dépeçage* which now seems to be sanctioned, in the light of the parties' freedom to change the applicable law, is one under which the law of State A is made applicable as regards rights accrued up to a particular point in time or until the occurrence of a stated event, while rights accrued subsequent to the time or event are determined by the law of State B. Article 3(2) of the Regulation also allows the parties to agree at any time to subject the contract

---

[245] See *Dicey*, n 1, paras 32-049 – 32-051. This conclusion is reinforced by the distinction now drawn in international commercial arbitration between 'law' and 'rules of law'. See para **39.42**. Recital (14), however, makes a saving in relation to potential European Contract Law instruments.

[246] See *Dicey*, n 1, paras 22-056 – 22-058. An example of this process at work is *Halpern v Halpern* [2007] EWCA Civ 291, [2008] QB 195, where the Court of Appeal held that, while a contract could not be subject to Jewish law under the Rome Convention, that was not a bar on the parties incorporating provisions of Jewish law into their contract.

[247] Designation is chosen here in preference to selection, as it makes clear that the law need not be selected or chosen by the parties to be applicable: Rome I, art 4 may designate the applicable law in the absence of such choice.

[248] Article 3(1): see *Dicey*, n 1, paras 32-024 – 32-027.

[249] The undesirability of this has been endorsed by the Court of Appeal in *Centrax Ltd v Citibank NA* [1999] 1 All ER (Comm) 557 at 562, CA, per Ward LJ, approving what is now *Dicey*, para 32-026.

to a law other than that which previously governed it: such change will not prejudice the formal validity of the contract, and may not be effected if it is detrimental to the rights of third parties.[250] This provision appears to permit a wide diversity of change of law clauses, including a change of the applicable law either prospectively or retrospectively, and a choice of alternative laws, depending on alternative specified events.

5. Restrictions on party autonomy

37.70 There are, however, certain limits to the ability of the parties to choose the applicable law. As has already been mentioned, the law selected by the parties must be that of a state, and cannot be an international convention or some other supranational body of law. Secondly, it is unclear whether a 'floating law clause', under which the choice of law is left to be determined by a party at a later date, is permissible under the Regulation.[251] Thirdly, in the case of smaller-value insurance contracts and those for the carriage of passengers, the Regulation specifically limits the choice of the parties to certain nominate laws.[252] Other provisions prima facie permit the parties to choose the law of any state, but go on to provide for the supplanting in certain circumstances of the content of that law by provisions from another legal system. Account must be taken of the rules in art 9 allowing the forum to take into account the overriding mandatory rules of the forum or of the place of performance, and the potential operation of the public policy of the forum under art 21, which will be discussed later.[253]

37.71 Article 3 also contains within it provisions designed to prevent abuse. Article 3(3) provides that, where all other factors of the case point to a single state,[254] the choice of another law will not prejudice the operation of the

---

[250] Article 3(2).
[251] See M. N. Howard [1995] LMCLQ 1, at pp 7–8. English common law declined to recognize floating choice of law clauses on the grounds, firstly, that the governing law could not be changed retrospectively and, secondly, that the contract could not be left without a proper law pending the post-contract selection (*The Iran Vojdan* [1984] 2 Lloyd's Rep 380; *Armar Shipping Co Ltd v Caisse Algérienne d'Assurance et de Réassurance* [1981] 1 All ER 498, [1981] 1 WLR 207). The second of these two propositions was directed against the view of Mustill J at first instance that, pending selection, the proper law was 'floating'. But this is not a necessary conclusion. The fact that the parties have deferred an express choice of law until a later date does not mean that until then the contract is without an applicable law; merely that the applicable law up to the time of selection has to be determined by conflict of laws rules without reference to any choice by the parties. So at the end of the day the only true objection at common law was to a contractual provision for change in the applicable law, and recent judicial feelings on that matter have tempered: *Mauritius Commercial Bank Limited v Hestia Holdings Ltd* [2013] EWHC 1328 (Comm), [2013] 2 All ER (Comm) 898. The matter is therefore ripe for reconsideration under the Regulation.
[252] Article 5(2) (carriage of passengers); art 7(3) (non 'large-risk' insurance contracts).
[253] See paras **37.79** ff.
[254] The scope of art 3(3) is a narrow one: see *Dexia Crediop SpA v Comune di Prato* [2017] EWCA Civ 428, [2017] 1 CLC 969, approving *Banco Santander Totta SA v Companhia De Carris De Ferro De Lisboa SA* [2016] EWHC 465 (Comm) where it was held that the presence of 'international' elements (such as the use of ISDA or other standard documentation used internationally) removes the possibility of reliance on art 3(3).

non-derogable rules of that closer-connected legal system. 'Non-derogable' rules are those which may not be excluded by agreement of the parties, and need not be of the same vital social value that would entitle them to be considered as overriding mandatory provisions under art 9. Examples of non-derogable rules to be found in English contract law include the doctrine of consideration, the rule against penalties, and the restraint of trade doctrine. Article 3(4) provides that, where all connections seem to point towards a Member State law, but the parties agree upon the law of a Third State, then the non-derogable provisions of EU law will have effect, regardless of the fact that the law selected was not that of an EU Member State. Finally, in the context of consumer and employment contracts, the parties are free to choose the applicable law under art 3, but this will not affect the operation of the non-derogable rules of the law that would have been applicable in the absence of such choice under the provisions designed to protect the weaker parties to such relationships.[255]

6. *Applicable law in the absence of party choice*

37.72 To the extent that the law applicable to the contract has not been chosen by the parties in accordance with art 3 of Rome I, the Regulation supplies a suite of rules that apply in the absence of party choice. The next task is to ascertain whether the contract under consideration is one for which the Regulation supplies a specific rule in arts 5–8,[256] or if it falls under the general provisions of art 4. If it is such a general contract, art 4 provides the following scheme.

37.73 Generally, a contract is governed by the law of the habitual residence[257] of the party who is required to effect the 'characteristic performance' of the contract.[258] Habitual residence receives a limited definition in article 19: in the case of a company, the place of central administration will be where it is habitually resident;[259] in the case of an individual acting in the course of a business, this will be located at his or her principal place of business.

37.74 Article 4(1) supplies discrete rules for particular kinds of contract. Some of these rules simply designate a particular party as being the characteristic performer. Thus, in the case of a contract for the sale of goods, the applicable law will be that of the seller's residence; and for a supply of services, it will be that of the service provider's residence.[260] But certain provisions

---

[255] Article 6(2) (consumers); art 8(1) (employees).
[256] The Regulation provides discrete rules for contracts of carriage (art 5); consumer contracts (art 6); insurance contracts (art 7); and individual employment contracts (art 8). None of these will be discussed further.
[257] As determined at the time of contracting: art 19(3).
[258] Indeed, this is how art 4(1) of the Rome Convention was formulated.
[259] If the contract was concluded through a secondary establishment, art 19(2) locates the habitual residence at the place of that branch, agency or other secondary establishment.
[260] Article 4(1)(a) and (b). Recital (17) makes it clear that 'sale of goods' and 'supply of services' is to be interpreted consistently with Brussels I: see the discussion at para **37.20**.

derogate from this general rule: for instance, a contract relating to a right *in rem* in immoveable property is governed by the law of the situs of that property.[261]

37.75 If the contract under consideration does not accord with one of those listed in art 4(1), or has characteristics which mean that it straddles two or more of those classes of contract, art 4(2) requires the court to identify the characteristic performer, so that the law of their habitual residence can apply. The characteristic performer has broadly been defined as the party for whose performance the contract price is the consideration: in other words, mere payment does not usually make one a characteristic performer.[262]

37.76 If the contract is a complex one, and art 4(1) and 4(2) do not make it possible to identify the governing law, art 4(4) provides that the contract will be governed by the law with which the contract has its closest connection.

37.77 However, even if art 4(1) or (2) do succeed in designating the putatively applicable law, art 4(3) provides an 'escape clause', which may be used to oust the law determined under art 4(1) or (2) in favour of a law with which the contract is 'manifestly more closely connected.' Given its fervour for legal certainty, one may wonder at the circumstances in which the CJEU would countenance the use of this escape clause. When faced with its predecessor, art 4(5) of the Rome Convention, in the *ICF* case,[263] the Court of Justice opined that the escape clause is not limited to the situation where the law designated by the first part of art 4 has no genuine connection to the claim, but may be invoked wherever it is clear that the contract as a whole is more closely connected with another country. Article 4(3) of the Regulation, though different to its predecessor,[264] should be capable of operating in much the same way: the question should be whether there is a clear preponderance of factors favouring the application of the law of another country.[265]

7. Matters governed by the applicable law

37.78 Once the law has been designated by either art 3 or 4, that law will govern matters including the interpretation of the contract, the extinction of the obligation (including limitation periods), the consequences of nullity, and

---

[261] Article 4(1)(c).
[262] Guiliano-Lagarde Report, n 243, p 20. However, the global picture has to be assessed and the background to the contract may be of particular importance (*Print Concept GmbH v GEW (EC) Ltd* [2001] EWCA Civ 352, [2002] CLC 352, at [34]).
[263] *Intercontainer Interfrgo SC (ICF) v Balkenende Oosthuizen BV*: Case C-133/08, [2010] QB 411; see A. Dickinson, 'Rebuttable Assumptions' [2010] LMCLQ 27.
[264] For one, it operates as an exception to a general rule, and not to a presumption as art 4(5) did under the Convention. Furthermore, the Regulation adds 'clear' and 'manifestly' to the terms of the escape clause.
[265] That is the suggestion of Professor Dickinson (n 263). On escape clauses generally, see C. S. A. Okoli and G. A. Arishe, 'The Operation of the Escape Clauses in the Rome Convention, Rome I Regulation and Rome II Regulation' (2012) 8 *Journal of Private International Law* 512.

the consequences of breach, including the assessment of damages.[266] The applicable law will also govern issues relating to performance, but in the case of performance which is defective because of the mode in which it was carried out, regard shall be had to the law of the place of performance.[267] It will also govern, putatively, the question of whether a contractual term, or the contract itself, is valid.[268] That applicable law will normally govern the question of whether the parties consented but, if a party disputes this, and it would be unreasonable to apply the law of the contract to that question, that question may be referred to the law of that party's habitual residence.[269] As for formal validity, a rule of alternative reference applies: a contract is formally valid if it satisfies the formal requirements of either: (i) the law which governs it in substance; or (ii) the law of either of the countries where either of the parties or their agent is present at the time of conclusion of the contract; or (iii) the law of the country where either of the parties had his habitual residence at that time.[270]

8. Mandatory rules and public policy

37.79 However, the forum hearing the case has a discretion under Rome I to disregard parts of the applicable law identified pursuant to arts 3 or 4. Those that apply peculiarly to art 3, concerned with avoiding evasive choice of law, have already been discussed.[271] Here we shall discuss those that apply to both arts 3 and 4: overriding mandatory rules, and public policy. Overriding mandatory rules are positive rules of law which the parties cannot vary or exclude by the terms of their agreement, even by subjecting their contract to a different law. They are essentially one emanation of the public policy of the state, existing where a strand of public policy is elevated to a rule which must be applied by its courts regardless of the identity of the applicable law.[272] Public policy, in its general form, operates differently to overriding mandatory provisions. Whereas mandatory rules are rules of positive application, rules of public policy operate negatively, requiring the court to deny effect to an otherwise valid contract. In general, the effect of the two sets of rules is similar, though a contract which offends against public policy or morals is likely to be

---

[266] See the (non-exhaustive) list in art 12(1).
[267] Articles 12(1)(b) and 12(2). For an explanation of the distinction, see *Dicey*, n 1, paras 32-151 – 32-152.
[268] Article 10(1). On putativity generally, see E. B. Crawford, 'The Uses of Putativity and Negativity in the Conflict of Laws' (2005) 54 ICLQ 829.
[269] Article 10(2) (on which see *Sapporo Breweries Ltd v Lupofresh Ltd* [2013] EWCA Civ 948, [2014] 1 All ER (Comm) 484. See also art 13 on incapacity (though this deals with the capacity of a natural person only; questions of corporate capacity are excluded by art 1(2)(a), with English law resolving such questions by reference to the law of the place of incorporation: see *Haugesand Kommune v Depfa ACS Bank* [2010] EWCA Civ 579, [2012] QB 549.)
[270] See art 11. There is an exception in the case of consumer contracts: matters of form are here governed by the law of the consumer's habitual residence: art 11(4).
[271] Para 37.71.
[272] In *Duarte v Black and Decker Corporation* [2007] EWHC 2720 (QB), [2008] 1 All ER (Comm) 401, it was held that an overriding mandatory provision must take the form of a legislative enactment, and could not include a common law principle: *sed quaere* (see *Dicey*, n 1, para 33-255).

rendered wholly unenforceable, whereas a contract which is inconsistent with mandatory rules usually remains valid and enforceable except so far as inconsistent with those rules.

37.80 Article 9(1) of the Regulation defines an overriding mandatory provision as 'provisions the respect for which is regarded as crucial by a country for safeguarding its public interests, such as its political, social or economic organisation, to such an extent that they are applicable to any situation falling within their scope, irrespective of the law otherwise applicable to the contract under this Regulation.' So, for instance, the Statute of Frauds, or the rule against penalties, are not rules which apply regardless of the identity of the *lex causae*, and thus are not overriding mandatory provisions; by contrast, the court will apply the Hague-Visby Rules to a contract falling within its scope even if the parties have chosen to govern their contract by the law of a country that has not adopted the Rules, because the Hague-Visby Rules have the status of super-mandatory rules in England.[273] The CJEU has made clear that, as they amount to a substantial interference with party autonomy, the concept of 'overriding mandatory provisions' must be given a strict interpretation.[274]

37.81 Such provisions may have effect in two ways. Firstly, if the applicable law of the contract determined pursuant to Rome I is other than the *lex fori*, then the forum has a discretion to apply the overriding mandatory rules of its legal system. If this discretion is exercised under art 9(2), then this does not replace the applicable law; it simply overrides it to the extent that it is inconsistent with the overriding mandatory provision. Secondly, art 9(3) allows a more attenuated operation of the overriding mandatory rules of the place of performance of the contract. If the overriding mandatory rules of the place where the contract is to be performed would render that performance illegal, then the forum may apply those rules to override the applicable law which would condone such performance. This rule essentially reflects the pre-Regulation common law.[275] It is important to note that an overriding mandatory provision does not deny the application of the applicable law *holus bolus*: it simply overrides those parts of the applicable law which are inconsistent with it. So, if a particular provision in a contract governed by French law is held to infringe an overriding mandatory provision of an English statute, French law nevertheless remains the applicable law and will be applied in a dispute before an English court, but on the basis that the contractual provision in question is unenforceable. French law, as the otherwise applicable law, will determine what effect this has on the rest of the contract.

---

[273] *The Hollandia* [1983] 1 AC 565.
[274] *Unamar NV v Navigation Maritime Bulgare*: Case C-184/12, [2014] 1 All ER (Comm) 625. For a list of some of the overriding mandatory provisions in English law, see *Dicey*, n 1, paras 32-089 – 32-090, and the illustrations at para 32-105.
[275] *Foster v Driscoll* [1929] 1 KB 470; *Regazzoni v K C Sethia (1944) Ltd* [1958] AC 301, [1957] 3 All ER 286; *Royal Boskalis Westminster BV v Mountain* [1999] QB 674, [1997] 2 All ER 929, CA. See further, A. Chong, 'The Public Policy and Mandatory Rules of Third Countries in International Contracts' (2006) *J Priv Int L* 27. Cf art 7(1) of the Rome Convention, which adopted a more vague 'close connection' connecting factor, and did not limit itself to those provisions rendering performance illegal. This was seen as too broad by the UK, which entered a reservation on this point: see Contracts (Applicable Law) Act 1990, s 2(2).

37.82 The general public policy provision of the Regulation is to be found in art 21, which provides that the forum may only refuse to apply the law designated under the Regulation where to do so would be 'manifestly incompatible' with its public policy.[276] The linguistic similarity with art 45(1)(a) of Brussels Ir is clear, and it is likely that a similarly stringent test will apply: it is likely that it must be shown that the otherwise-applicable rule of law was at substantial variance with a fundamental principle seen as essential for the legal order of that state.[277] Into this category would likely fall, for example, a contract to commit an act which under English law would be a serious criminal offence or would infringe public international law.

(iii) **Choice of law for tangible movables**

37.83 The Uniform Law on International Sales (ULIS),[278] consistent with its aims as a self-contained code of substantive law applicable even in relation to non-contracting states, purported to exclude rules of private international law,[279] a device of questionable merit and even more doubtful effect.[280] The United Nations Convention on Contracts for the International Sale of Goods (CISG)[281] wisely eschews this Canute-like stance before the sea of private international law, bows to the inevitable and provides that questions concerning matters governed by the Convention which are not expressly settled in it are to be settled in conformity with the general principles on which it is based, or, in the absence of such principles, 'in conformity with the law applicable by virtue of the rules of private international law'.[282] The Hague Convention of 1955 on the Law Applicable to International Sales of Movable Corporeal Objects is in force, but has not been ratified by the UK,[283] and two subsequent conflicts conventions, the 1958 Convention on the Law Governing Transfer of Title in International Sales of Goods and the 1986 Hague Convention on the Law Applicable to Contracts for the International Sale of Goods, have not entered into force. Accordingly, where, in relation to a contract of sale of goods involving a foreign element, issues arise which are not covered by ULIS (or when operative in the UK, by CISG), resort must be had, as regards the contractual aspects, to the more general rules embodied in the Rome I Regulation.[284] That Regulation does not, however, purport to dictate applicable law rules as to the proprietary aspects of a sale. Indeed, choice of law in property remains one of the few areas of the commercial conflict of laws that has not been Europeanised, nor encroached upon by legislation. This is thus an

---

[276] See *Dicey*, n 1, paras 32R-181 – 32-195.
[277] See *Krombach v Bamberski*, n 177; para **37.47**(a) above.
[278] See para **33.02**.
[279] Article 2.
[280] See Graveson, Cohn and Graveson, *The Uniform Laws on International Sales Act 1967: A Commentary* (1968), pp 11 ff.
[281] See ch 33.
[282] Article 7(2).
[283] Nor has the 1958 Hague Convention on the Law Governing Transfer of Title in the International Sale of Goods.
[284] On the conflicts aspects of sales generally, see J. Fawcett, J. Harris and M. Bridge, *International Sale of Goods in the Conflict of Laws* (2005).

area of pure common law, although the dominance of the view that the law of the location of the asset governs proprietary matters is so embedded it surely would take legislation to dig it out.[285]

37.84 The proprietary aspects of a contract for the sale of goods, including the capacity to transfer, the formalities of a valid transfer, its essential validity, the time of the passing of the property, and the effect of a reservation of title in favour of the seller, are to be determined by the *lex situs*;[286] that is, the law of the place where the goods are situated at the time of the contract.[287] The *lex situs* will also govern proprietary issues where they arise solely between the parties to the contract and do not involve a third party.[288]

37.85 The starting point, then, is that the forum should recognise a title validly acquired under the *lex situs*, and should refuse to accept a claim to ownership not recognised by the *lex situs*, even if a different result would have been reached under the *lex fori*. The application of the principle is relatively straightforward where the *situs* of the goods remains unchanged at all relevant times. What, however, is the position where the goods move from State A to State B and while in State B are to be subjected to a new dealing? Here the position is that the law to be applied is the law of the *situs* of the goods at the time of the last dealing or event. It is for that law to determine whether earlier law has any relevance. If under the law of the second *situs* the transferee acquired an overriding title, irrespective of any defect in title of his transferor, the transferee succeeds and it is unnecessary for reference to be made to the law of the first *situs*. If, on the other hand, the law of the second *situs* says that the transferee acquires only such title as the transferor had to convey, then a court applying the law of the second *situs* will refer to the law of the first *situs* to see whether the transferor was, in fact, the unencumbered owner at the time immediately before the goods left the first *situs*. A good illustration of acquisition of an overriding title under the law of the second *situs* is *Winkworth v Christie, Manson and Woods Ltd*:[289]

> Certain works of art belonging to the plaintiff were stolen from him in England and taken to Italy, where they were sold to the second defendant, a bona fide purchaser without notice of the plaintiff's title. By the law of Italy, but not by English law, sale by a thief to a *bona fide* purchaser passed a good title. The second defendant subsequently returned the goods to England to be sold by the first defendant, a well-known firm of auctioneers. The plaintiff then brought proceedings against the defendants for detinue and conversion. The defendants contended that title had become vested in the second defendant as the result of the sale to him in Italy.

---

[285] On the dominance of the *lex situs*, and proposals for reform, see J. M. Carruthers, *The Transfer of Property in the Conflict of Laws* (2005).
[286] Technically, the proper term in the context of moveables is the *lex loci rei sitae*.
[287] *Hardwick Game Farm v Suffolk Agricultural Poultry Producers' Association* [1966] 1 WLR 287, per Diplock LJ at 330. See also *Glencore International AG v Metro Trading International Inc (No. 2)* [2001] 1 Lloyd's Rep 284.
[288] *Glencore International AG v Metro Trading International Inc (No. 2)*, n 287.
[289] [1980] Ch 496, [1980] 1 All ER 1121.

On the trial of a preliminary issue as to whether English or Italian law governed the title dispute, Slade J, applying *Cammell v Sewell*,[290] held that the effect of the sale to the second defendant was governed by the *lex situs* at the time of that sale, ie by Italian law, even though the goods had been removed to Italy without the plaintiff's consent and had subsequently returned to England.[291]

37.86 Similarly, a purported transfer of title treated as invalid by the *lex situs* will be so treated by an English court.[292] Let us suppose that S contracts to sell to B, under a contract governed by English law, goods situated in France, and the contract is void under French law. Suppose further that B brings the goods to England and then sells them to C. The starting point of the enquiry is the effect of English law. If under English law none of the exceptions to the *nemo dat* rule applies, S's continued ownership under French law will be upheld and C will not get a good title. But if the sale falls within one of the exceptions to the *nemo dat* rule,[293] it confers a good title on the purchaser, C, whether or not S himself had title, and no reference to French law is required. So a resale by B to C which falls within s 25 of the Sale of Goods Act 1979[294] makes it unnecessary for the court to determine S's original ownership by reference to French law, for it would in any event be overruled by the sale to C.[295]

37.87 More complicated is the case where the original title claimed is not void, but merely unperfected and thus void against third parties. For example, S supplies to B, on conditional sale, equipment situated in New York. Ownership is to remain in S until the full price has been paid. By the law of New York, the reservation of title in favour of S, though valid as between S and B, is of no effect against a subsequent purchaser unless filed in accordance with art 9 of the Uniform Commercial Code as adopted by the State of New York. S fails to file. If the equipment is sold by B to C while the goods are in New York and is then brought by C to London, an English court must uphold C's title as having been validly acquired under New York law.

37.88 Suppose, however, that the goods were brought to England by B and then sold to C while in England. Can C claim title on the ground that S had failed to perfect his security interest by filing in New York? No, because even if New York law purported to protect C in this situation, an English court would not consider New York law competent to govern the effect of a dealing in the goods after they had left the State of New York.[296] So the starting point for an English court would be that at the time of B's sale to C, S still had title

---

[290] (1860) 5 H & N 728.
[291] It may be noted that some of the goods which were the subject of the proceedings had been sold in England, so that English law would have determined the effect of that sale on the title acquired by the second defendant under Italian law, but, as Slade J noted (at 500), there was no suggestion in the agreed facts or on the pleadings that any person not a party to the proceedings ever acquired title to the goods, which would have destroyed the plaintiff's right to possession – or, one would add, the title of the second defendant.
[292] See *Islamic Republic of Iran v Barakat Galleries Ltd* [2007] EWCA Civ 1374, [2009] QB 22.
[293] Eg, s 25(1) of the Sale of Goods Act 1979. See para **16.58**.
[294] See para **16.57**.
[295] *Cammell v Sewell*, n 290.
[296] *Cammell v Sewell*, n 290.

Applicable Law **37.91**

to the equipment. Whether that title was overridden by the sale to C would be a matter for English law and would depend upon whether any of the exceptions to the *nemo dat* rule provided by English law[297] applied.

37.89 The *lex situs* is not appropriate in relation to dealings in goods in transit, though as between the parties it can be made to work by giving the goods an artificial *situs*. In the case of goods transported by a means of carriage for which there is an internationally recognised system of national registration, as in the case of ships and aircraft, there is much to be said for subjecting the transaction to the law of the state of registration. In other cases it may be necessary to rely on the law applicable to the transfer agreement itself[298] as regards formalities of transfer and proprietary rights as between the parties themselves, though this is unsatisfactory where the dispute relates to the rights of third parties. So far, English courts have not had to address the issue of which law should be applied in such a case.

37.90 The problem is especially acute where the goods themselves are transport vehicles or other receptacles for goods, and are thus in transit for most of the time in the course of business of their owner or user: examples are ships, aircraft, lorries and containers – or space assets, such as satellites and transponders which are not on Earth at all. No current conflicts rule works satisfactorily for mobile equipment of these kinds. The question particularly affects those providing finance on the security of mobile equipment or supplying it on lease or conditional sale and wishing to ensure that their rights are not overridden by improper dealings between the bailee and third parties.[299]

37.91 The Convention on International Interests in Mobile Equipment, prepared by UNIDROIT and concluded at Cape Town together with its Aircraft Equipment Protocol in 2001, is designed to resolve these problems in relation to four categories of high-value mobile equipment: railway rolling stock, aircraft objects, space assets and mining, agricultural and construction equipment.[300] These categories of mobile equipment have three characteristics

---

[297] See para **16.09**.
[298] Governed by the law chosen by the parties or determined in accordance with art 5 of Rome I (and previously by art 4(4) of the Rome Convention).
[299] Such difficulties may be compounded by the refusal to admit the doctrine of *renvoi* (see para **37.56**): *Dornoch v Westminster International BV* [2009] EWHC 1782 (Admlty), [2009] 2 Lloyd's Rep 420; *Blue Sky One v Mahan Air* [2010] EWHC 631 (Comm) (where the court adhered to the *lex situs* and declined to apply the *lex registri*).
[300] The Aircraft Protocol was followed by three more Protocols: the Luxembourg Protocol, relating to railway rolling stock, concluded on 23 February 2007; the Space Protocol, relating to space assets, entered into in Berlin on 9 March 2012; and the Pretoria Protocol, relating to mining, agricultural and construction ('MAC') equipment, adopted in Pretoria on 22 November 2019. MAC equipment did not feature in the Convention and was introduced under the procedure for additional Protocols provided by art 51 of the Convention. For a comprehensive analysis of the Convention and Protocols, see Roy Goode, *Convention on International Interests in Mobile Equipment and Protocol Thereto on Matters Specific to Aircraft Equipment: Official Commentary* (4th edn, 2019), and separate Official Commentaries on the *Convention on International Interests in Mobile Equipment and Protocol Thereto on Matters Specific to Railway Rolling Stock* (2nd edn, 2014) and the *Convention on International*

37.91 Conflict of Laws

as defined by the Convention: they are assets of high value; they move regularly across national borders; and each item is uniquely identifiable, typically by manufacturer's name, model and serial number. The Convention provides a set of uniform substantive law rules governing international interests in such equipment; that is, security interests, the rights of a person who is a conditional seller under a title reservation agreement and the rights of a person who is a lessor under a leasing agreement.[301] Compliance with relatively simple formalities suffices to establish the international interest.[302] Apart from prescribing default remedies for the creditor, with which we are not here concerned, the Convention establishes an international register for the registration of international interests and certain other kinds of interest,[303] administered by a registrar under the supervision of a supervisory authority,[304] and lays down a set of priority rules based on the order of registration. The primary rule is that a registered interest has priority over a subsequently registered interest and an unregistered interest.[305] The Convention and Protocol thus dispense with the need to resort to conflicts of laws rules as regards these four categories of object except where the Convention itself lays down a uniform conflicts rule.[306]

37.92 These instruments have a number of unique features. The international interest is the creation of the Convention and is not dependent on national law, so that an interest constituted in accordance with the Convention is effective even if it is of a kind not recognised by the applicable law. The International Registry for the registration of international and other interests is itself a unique creation. The Protocols are quite unlike the usual protocols in that they not only supplement the Convention but control it, so that the Convention does not come into force as regards a particular category of object unless and until a Protocol relating to that object has come into force. The instruments are

---

Interests in Mobile Equipment and Protocol Thereto on Matters Specific to Space Assets (2013). See also Roy Goode, 'Private Commercial Law and Public and Private International Law: The Radical Approach of the Cape Town Convention 2001 and its Protocols' (2016) 65 ICLQ 523. A few provisions of the Convention entered into force on 16 November 2001 pursuant to art 24(4) of the Vienna Convention on Treaties, but most of its provisions did not become operative until the relevant protocol entered into force on 1 March 2006. To date, 80 states and what is now the EU have ratified the Convention, and 77 states and what is now the EU have ratified the Aircraft Protocol. None of the other Protocols is yet in force. For the status and signatories of the Convention, see https://www.unidroit.org/status-2001ca petown. The United Kingdom signed the Convention on 16 November 2001 and ratified and implemented it by the International Interests in Aircraft Equipment (Cape Town Convention) Regulations 2015 (SI 2015/912), having effect from 1 November 2015. See generally the Cape Town Convention Academic Project, a joint project between the Universities of Oxford and Washington, the website of which is at http://www.ctcap.org/.

[301] Article 2(2).
[302] See arts 2, 7.
[303] Article 16.
[304] Articles 16–28.
[305] Article 29.
[306] As it does in art 2(4), which leaves to the applicable law as determined by the rules of private international law of the forum the question whether the creditor's interest is to be characterized as a security interest, the interest of a conditional seller or the interest of a lessor. On a few other issues the Convention lays down no substantive rule, but defers to the applicable law.

also distinctive in invading areas of law previously regarded as taboo, such as property rights, priorities and insolvency. Finally, the Convention and Protocols respect the legal philosophies of Contracting States by enabling them, on matters of which they are sensitive, to opt out of various provisions and by providing that certain other provisions will apply only if a Contracting State opts into them.

37.93 Both the Convention and the Protocols contain insolvency provisions, the latter in alternative forms, and where the strongest version is selected the creditor acquires powerful repossession rights with which the court has no power to interfere. The resulting reduction in uncertainty and risk has led to substantial savings in financing costs and credit insurance premiums. The Convention also contains detailed provisions on assignments, while the Space Protocol is distinctive in providing for the assignment to the creditor, by way of additional security, of so-called 'debtor's rights'; that is, rights exercisable by the debtor against third parties, such as rentals and licence fees for use of or access to space assets (for example, telecommunications). Such assignments are not capable of independent registration, the registration system being confined to physical assets, but their priority may be protected by recording them against the registration of the international interest to which they relate, priority being determined by the order of recording. Finally, the Pretoria Protocol has special provisions on inventory, reflecting the fact that a dealer in inventory may have large quantities of stock for which registration of individual items, which would anyway likely to be transitory as items of stock were sold off, would be burdensome, so that a debtor-based registration system under national law might be much less burdensome than an asset-based registration system.

(iv) Choice of law for intangible movables: the assignment of debts[307]

37.94 Debts and other rights are very frequently the subject of transfer under contracts having a foreign element, whether by way of sale (as in the case of international factoring) or by way of security. Article 14 of Rome I deals with these in the following terms:

'1. The relationship between assignor and assignee under a voluntary assignment or contractual subrogation of a claim against another person (the debtor) shall be governed by the law that applies to the contract between the assignor and assignee under this Regulation.
2. The law governing the assigned or subrogated claims shall determine its assignability, the relationship between the assignee and the debtor, the conditions under which the assignment or subrogation can be invoked against the debtor and whether the debtor's obligations have been discharged.

---

[307] See generally R. Goode, 'The Assignment of Pure Intangibles in the Conflict of Laws' [2015] LMCLQ 289, M. Smith and N. Leslie, *The Law of Assignment* (3rd edn, 2018), ch 33; T. Hartley, 'Choice of Law Regarding the Voluntary Assignment of Contractual Obligations under the Rome I Regulation' (2011) 60 ICLQ 29; M. Bridge, 'The Proprietary Aspects of Assignment and Choice of Law' (2009) 125 LQR 671; *Dicey*, n 1, paras 24R-050 – 24-070; *Briggs*, n 1, paras 9.80–9.114; Carruthers, n 285, ch 6.

3. The concept of assignment in this Article includes outright transfers of claims, transfers of claims by way of security and pledges or other security rights over claims.'

1. Assignor and assignee

37.95 The core of every assignment is, of course, the transfer of the debt from creditor to assignee. However, the assignment may also incorporate undertakings and warranties by the assignor, eg that the assigned debt is valid and enforceable and that if the debtor disputes payment, the assignor will re-purchase the debt.[308] In its contractual aspects (if any), the assignment is like any other contract. Accordingly, the mutual obligations of assignor and assignee are governed by the applicable law as determined by Rome I, as is the formal validity of the assignment so far as its contractual aspects are concerned, except that, as with other contracts, the assignment will also be formally valid as to its contractual aspects if it is in accordance with the *lex loci contractus* even if not fulfilling the formal requirements of the applicable law.[309]

37.96 As for proprietary matters arising between assignor and assignee,[310] it was unclear for some time as to whether this would fall outside of the provisions of the antecedent Rome Convention, more properly characterised as a property matter than a contractual one. However, Recital (38) of Rome I clarifies that art 14(1) also applies to the proprietary aspects of an assignment as between assignor and assignee, although this is limited to aspects of the relationship that are directly relevant to the assignment.

2. Assignee and debtor

37.97 As for the relationship between assignee and debtor, the Court of Appeal turned to this question in relation to the corresponding provision (art 12) of the Rome Convention in *Raiffeisen Zentralbank Österreich AG v Five Star General Trading LLC*.[311] There, Mance LJ concluded that the provisions not only governed the contractual aspects of the relationship between assignor and assignee, but also the effect of the assignment on the relations between assignee and debtor, on the basis that in that relationship what is involved is not an issue of property rights, but rather a contractual issue to be determined by the law governing the obligation assigned. So, although the assignee's right of recovery against the debtor may be dependent on its having acquired title to the debt, the issue essentially concerns the conditions in which the assignee succeeds to the assignor's contractual rights against the debtor. The definitive judgment by Mance LJ to this effect accords with the principle underlying what was then art 12 of the Rome Convention;

---

[308] An assignment pursuant to a block discounting agreement is a typical example. The assignment transfers the debts upon the terms of the underlying master agreement between the parties incorporating a set of warranties, recourse provisions and the like.
[309] Rome I, art 11(1).
[310] For proprietary issues relating to third parties, see paras **37.97** ff.
[311] [2001] EWCA Civ 68, [2001] QB 825.

namely, that a debtor's rights should not be affected by an assignment. The judgment also provides implicit support for the view previously expressed by scholars[312] that art 12 is not concerned with the proprietary effects of an assignment against third parties other than the debtor; for example, a competing assignee or the assignor's liquidator.[313] The same interpretation most likely prevails for art 14 of Rome I.

37.98 When we consider the rights of the assignee against the debtor, the distinction between contractual and proprietary rights ceases to be relevant, for the cardinal rule, now embodied in art 14(2) of Rome I, is that the debtor's position should not be affected by the assignment. The terms on which the debt becomes payable, the defences and rights of set-off open to the debtor, and the validity and effect of the contract under which the debt arises, are all matters for the 'law governing the assigned claim', which presumably means the law applicable to the contract under which that right arises if the right assigned is contractual in nature. Similar considerations apply to the assignability of the debt vis-à-vis the assignee. If the contract under which the debt arises contains a prohibition against assignment which by the law applicable to that contract entitles the debtor to ignore the title of the assignee, the debtor should have a right to invoke the contractual prohibition, whether or not it would be effective under the law applicable to the assignment.[314] Conversely, if the law governing the right under which the debt arises makes a prohibition against assignment ineffective vis-à-vis the assignee,[315] the debtor cannot be allowed to improve his position by invoking the applicable law of the assignment effectuating such a prohibition.

3. Priorities and third parties

37.99 Traditionally, the treatment of intangible property in private international law is consistent with other proprietary matters in adopting the *lex situs* rule. This would involve some artificiality in trying to ascribe a *situs* to an entity such as a debt.[316] As the *situs* of a debt has generally been held to be located at the place where it is exigible, ie the debtor's place of residence or

---

[312] See M. Moshinsky, 'The Assignment of Debts in the Conflict of Laws' (1992) 108 LQR 591, and the second edn of the present work, at pp 1126 ff. That view has recently found favour in Singapore: *WestLB AG v Philippine National Bank* [2012] SGHC 162.

[313] *Raiffeisen Zentralbank Österreich AG v Five Star General Trading LLC*, n 311, at [51] and [52].

[314] Of course, if the assignment is void even *inter partes* according to the law governing the assignment, it is unnecessary to go further. An assignee who has no title as against his assignor obviously has none against the debtor.

[315] See, for example, s 2–210(3) of the American Uniform Commercial Code, which has the effect of giving the assignee the right to collect from the debtor notwithstanding any prohibition against assignment. The purpose of the provision is to avoid the serious obstacles that would be faced by receivables financiers if they had to check every contract purchased to see whether it prohibited an assignment. Where the UNIDROIT Convention on International Factoring applies, the assignment is effective despite the prohibition (art 6(1)) except in a state that has made a declaration under art 18 (art 6(2)).

[316] P. J. Rogerson, 'The Situs of Debts in the Conflict of Laws – Illogical, Unnecessary and Misleading' [1990] CLJ 441.

business,[317] it may be preferable to formulate the rule simply as being that the proprietary consequences of assignment vis-à-vis third parties is governed by the law of the debtor's residence/place of business. This rule is effective enough in simple cases, and has the merit of probably according with the place where an intending assignee would expect to make inquiry of the debtor as to a prior notice of assignment.[318] But it can pose real difficulties in the case of bulk assignments, where the individual debtors making up a package of bundled claims may be resident in a number of different jurisdictions, and perhaps for this reason did not commend itself to any of the Member States when considering how art 14 of the Rome I Regulation should be formulated. But it seems to be, for the moment, the approach taken by the common law in England.[319]

37.100 Rome I initially proposed to deal with the proprietary consequences of assignment. The rule favoured there was that the third-party consequences of an assignment would be governed by the law of the assignor's place of business. While this has the merit of clarity, there was insufficient consensus on the matter for it to appear in the final version of Rome I. The review clause, in art 27(2), evinced the will on the part of the European Union to extend the Regulation to include the proprietary effects of assignment and priorities. Whether any revision will be forthcoming, some four-and-a-half years after the passing of the projected date for the submission of the report, is not at present clear, but the study of the British Institute of International and Comparative Law, although ultimately disappointing in its failure to reach a clear recommendation as to the rule which should be adopted, is rich in scholarship on the issue, and indeed private international law issues of assignment generally.[320] It put forward the following as the possible rules: the law of the creditor/assignor's habitual residence or place of business; the application of the law applicable to the contract between assignor and assignee; and the law governing the assigned claim. However, the report did not specify a preference for any of these rules over the other. Only time will tell which, if indeed any, of these will commend itself sufficiently to the Member States to justify the amendment of Rome I, but there is much to be said for the initial proposal to have such matters governed by the assignor's habitual residence.[321]

(v) Securities held with an intermediary

37.101 Since the 1980s there has been a sharp move from the direct holding of investment securities by entry in the issuer's register or possession of

---

[317] This is the *situs* of the debt even if it is payable elsewhere, eg in the creditor's country (*Re Helbert Wagg & Co Ltd's Claim* [1956] Ch 323, [1956] 1 All ER 129; *Kwok Chi Leung Karl v Commissioner of Taxation* [1988] 1 WLR 1035, PC).
[318] *Cheshire*, n 1, pp 1280–1282.
[319] Cf the 'proper law of the right' advocated by Professor Cheshire (see *Cheshire*, ibid), which attracted the support of Staughton LJ in *Macmillan Inc v Bishopsgate Investment Trust plc (No. 3)* [1996] 1 All ER 585, [1996] 1 WLR 387.
[320] Accessible at http://ec.europa.eu/justice/civil/files/report_assignment_en.pdf.
[321] R. Goode, 'The Assignment of Pure Intangibles in the Conflict of Laws' [2015] LMCLQ 289, 310–313.

certificates to bearer securities to indirect holdings through a securities account with a bank or other securities intermediary. Hand in hand with this shift has gone dematerialization of securities, which are now largely issued and transferred electronically[322] rather than in paper form. The substantive law governing the nature of an account-holder's rights, which are usually held in a pool with other account holders of the same intermediary having an interest in the same issue of securities, remains undeveloped, though it seems reasonably clear that under English law, in the absence of agreement to the contrary, the account holders are co-owners of the pool to the extent of their respective interests. But if the substantive law is not yet developed, this is even more true of the conflict of laws aspects of the indirect holding system.[323] In the one case in which the question arose,[324] the Court of Appeal equated the position with that applicable to directly held securities, leading to the law of the place of the issuer's incorporation. Though in the end this did not matter, since all routes led to New York law, this result has little to commend it. There is no relationship between the issuer and an account holder holding from an intermediary, nor, indeed, is there any between an intermediary and any account holder other than its own, and there is no way in which in the ordinary course of events an intermediary can be aware of lower-tier investors. Moreover, it is hard to see why the law of the issuer's incorporation in, say, France, should be thought to have any relevance to the proprietary rights of a New York business in respect of a securities account held with a New York bank which itself holds through an account with a German bank.

37.102 One attempt at addressing the issue can be found in the 2006 Hague Convention on the Law Applicable to Certain Rights in respect of Securities Held with an Intermediary.[325] The particular interest of this Convention for private international lawyers is the primary rule laid down in art 4(1) that the law selected by the parties to the account agreement to govern that agreement, or such other law as they choose to determine the various issues set out in art 2(1), applies not only to the rights of account holder and intermediary, but to the rights of third parties, the requirements for perfecting a security and the priorities of competing claimants. Such a rule, which was not that originally envisaged,[326] is counter-intuitive and is contrary to a well-

---

[322] In England, through CREST. See L. Gullifer, *Goode and Gullifer on Legal Problems of Credit and Security* (6th edn, 2017), ch 6.
[323] See generally M. Ooi, *Shares and Other Securities in the Conflict of Laws* (2003); M. Ooi, 'The Ramifications of Fragmentation in the Choice of Law for Shares' (2016) 12 *Journal of Private International Law* 411; *Dicey*, n 1, paras 24-071 – 24-073.
[324] *Macmillan Inc v Bishopsgate Investment Trust plc (No. 3)*, n 319.
[325] For a comprehensive analysis, see R. Goode, K. Kreuzer and H. Kanda, *Explanatory Report on the Hague Convention on the Law Applicable to Certain Rights in respect of Securities Held with an Intermediary* (2005). See also R. Goode, 'Rule, Practice and Pragmatism in Transnational Commercial Law' (2005) 54 ICLQ 539; M. Ooi, 'The Hague Securities Convention: a Critical Reading of the Road Map' [2005] LMCLQ 467. There is also the UNIDROIT Convention on Substantive Rules for Intermediated Securities (the 'Geneva Securities Convention'), but this has only been signed by Bangladesh.
[326] The intended rule was based on the place of the relevant intermediary approach (PRIMA); that is, the office of the intermediary where the particular account in question is maintained. But industry experts pointed out that today the activities of maintaining accounts may be dispersed

established principle that two parties to a contract cannot by their agreement affect the rights of third parties, still less subject those rights to a given law. The great merit of the rule is that it leads to the application of a single law and thus to enhanced predictability. Any third party intending to buy or lend against an account-holder's interest in securities will ask to see the account agreement and will thereby ascertain the applicable law. For the purposes of the Convention each account has to be looked at separately and is governed by its own law. The parties do not have complete freedom; they must select the law of a place where the intermediary is engaged in the business of maintaining securities accounts. There are three fall-back rules, arranged in a cascade, if the parties fail to make a choice, or an effective choice, of law.[327] What this example shows is the importance of involving industry specialists in the preparatory work on a conflict of laws convention rather than simply leaving it to legal experts who are not necessarily familiar with the various methods by which businesses are organised and transactions conducted. The Convention entered into force on 1 April 2017 after it had been ratified by three States (Switzerland, Mauritius and the USA). Although it has entered into force, the response to it has been extremely disappointing given the measure of support it appeared to have during its preparation. It remains to be seen what effect it will have in practice.

37.103 There have also been a number of piecemeal attempts within the EU to deal with the issue of legal certainty in the securities market; namely, Directive (EC) No 98/26 of 19 May 1998 on Settlement Finality in Payment Securities Settlement Systems[328] and Directive 2002/47/EC of 6 June 2002 on Financial Collateral Arrangements.[329] Both adopt the place of the relevant intermediary approach.[330] Plans have been afoot for some time to introduce European legislation on securities holding and dispositions, which is intended to contain choice of law rules, but the Commission has missed its self-imposed deadline for the promulgation of the draft legislation, and consultations remain ongoing.[331]

---

across offices in different countries, so that, for example, the account may be opened in State A and administered in State B, while statements may be sent from State C etc, and the location of the account may anyway be changed as the result of a decision to centralize accounting for administrative purposes and even to hold records in a 'virtual' office. So PRIMA was modified, retaining the concept of the relevant intermediary but dropping the place in favour of party autonomy.

[327] Article 5.
[328] OJ 1998 L166/45. Implemented in the UK by the Financial Markets and Insolvency (Settlement Finality) Regulations 1999 (SI 1999/2979).
[329] OJ 2002 L168/43. Implemented in the UK by the Financial Collateral Arrangements (No 2) Regulations 2003 (SI 2003/3226).
[330] See generally, *Cheshire*, n 1, pp 1301–1302; *Dicey*, n 1, para 24-072.
[331] The activity of the Securities Law project is documented at https://ec.europa.eu/info/business-economy-euro/banking-and-finance/financial-markets/post-trade-services/securities-and-claims-ownership_en. The latest communication issued by the Commission, dated 12 March 2018, is to be found at https://eur-lex.europa.eu/legal-content/EN/TXT/?uri=COM:2018:89:FIN.

4. FOREIGN MONEY OBLIGATIONS[332]

(i) Money of account and money of payment

37.104 Where a contractual obligation is expressed in foreign currency, two questions arise: how much money does the debtor have to pay? And in what currency must payment be made? The former is termed the *money of account* and represents the substance of the obligation, the measurement of the debtor's liability. The latter is termed the *money of payment* and is concerned simply with the method by which the obligation is to be discharged. The distinction is well brought out in a judgment of Lord Denning MR in *Woodhouse AC Israel Cocoa Ltd SA v Nigerian Produce Marketing Co Ltd*:[333]

> 'Suppose an English merchant buys twenty tons of cocoa-beans from a Nigerian supplier for delivery in three months' time at the price of five Nigerian pounds a ton payable in pounds sterling in London. Then the *money of account* is Nigerian pounds. But the *money of payment* is sterling. Assume that, at the making of the contract, the exchange rate is one Nigerian pound for one pound sterling – 'pound for pound'. Then, so long as the exchange rate remains steady, no one worries. The buyer pays £100 sterling in London. It is transferred to Lagos, where the seller receives 100 Nigerian pounds. But suppose that, before the time for payment, sterling is devalued by 14 per cent while the Nigerian pound stands firm. The Nigerian seller is entitled to have the price *measured in* Nigerian pounds. He is entitled to have currency worth 100 Nigerian pounds because the Nigerian pound is the *money of account*. But the *money of payment* is sterling. So the buyer must provide enough sterling to make up 100 Nigerian pounds. To do this, after devaluation, he will have to provide £116 5s [£116.25] in pounds sterling. So the buyer in England, looking at it as he will in sterling, has to pay much more for his twenty tons of cocoa-beans than he had anticipated. He will have to pay £116 5s [£116.25] instead of £100. He will have to pass the increase on to his customers. But the seller in Nigeria, looking at it as he will in Nigerian pounds, will receive the same amount as he had anticipated. He will receive 100 Nigerian pounds just the same; and he will be able to pay his growers accordingly. But, now suppose that in the contract for purchase the price had been, not five Nigerian pounds, but five pounds *sterling* a ton, so that the *money of account* was sterling. After devaluation, the buyer in England would be able to discharge his obligation by paying £100 sterling; but the Nigerian seller would suffer. For, when he transferred the £100 sterling to Nigeria, it would only be worth 86 Nigerian pounds. So instead of getting 100 Nigerian pounds as he had anticipated, he would only get 86; and he would not have enough to pay his growers. So you see how vital it is to decide, in any contract, what is the *money of account* and what is the *money of payment*.'

37.105 This passage also illustrates the principle of nominalism, which is universally adopted by states. Under this principle, it is the debtor's duty to pay

---

[332] See V. Black, *Foreign Currency Claims in the Conflict of Laws* (2010); C. Proctor, *Mann on The Legal Aspect of Money* (7th edn, 2012), ch 4; C. Proctor and V. Dixon (eds), *Goode on Payment Obligations in Commercial and Financial Transactions* (3rd edn, 2016), ch VI; *Dicey*, ch 37; *Cheshire*, pp 97 ff.

[333] [1971] 2 QB 23 at 54. For a comprehensive survey of the law, with provisional recommendations, see the Law Commission's Working Paper *Private International Law: Foreign Money Liabilities* (Law Com No. 80, July 1981), albeit these were not taken forward in the subsequent Report (Law Com No. 124, Cmnd 8318, October 1983).

the nominal amount, ie the face value, of the designated money of account, regardless of any changes in the internal or external value of the specified currency. So if a resident of the United States purchases goods from an English seller at the price of £10, the debt is discharged by payment of £10, even if the purchasing power of the pound in England at the due date of payment[334] is only half what it was at the date of contract (reduction in internal value) or the value of the pound in relation to the American dollar has halved or doubled in this time (change in external value). Whether a fall in the external value of the money of account prejudices the creditor depends upon whether he was intending to use that money to purchase the foreign currency in question.[335] If not, he suffers no loss, for the value of what he receives in relation to the foreign currency is of no concern to him.

37.106 Though English law does not provide for the revalorization of debts, if the applicable law is one which would allow revalorization in the particular case, then an English court seised of the matter must revalorize the debt in accordance with the applicable law.[336]

1. Money of account

37.107 The money of account is usually clear from the contract. If an Englishman sells goods to a Frenchman for £100, it is clear that the money of account is sterling; if a Frenchman sells goods to an Englishman for €100, the money of account is obviously euros. Occasionally, problems arise because the designated currency has the same label but different values in different countries and it is not clear which state's currency is meant. For example, if an Englishman sold goods to a Frenchman for $1,000, it might not be clear whether this was a reference to US dollars, Canadian dollars, Australian dollars or the dollar currency of some other country. Here the rules of construction of the applicable law must normally be applied.[337]

2. Money of payment

37.108 The debtor's obligation having been measured by the money of account, the next question is the currency in which the creditor is entitled to be paid. Where the contract does not specify any currency other than that of the due place for payment, there is, of course, no problem; payment is to be made in legal tender in the currency of that place. Where, however, the payment obligation is expressed in foreign currency, the matter is a little more complex. Suppose that an Englishman sells goods to a Frenchman for £100, the price to be paid in London in euros. There is nothing to stop the parties from providing for payment in a foreign currency; the question is whether there is an option for payment in sterling and, if so, who has that option. The

---

[334] For the position where the debtor does not pay the debt at the due date and there is a subsequent rise or fall in the value of the money of account, see below.
[335] See below.
[336] *Kornatzki v Oppenheimer* [1937] 4 All ER 133.
[337] *Dicey*, n 1, paras 37R-017 ff, 37-036, 37-037.

presumption of English law is that the option lies with the debtor,[338] but this can be excluded by the terms of the contract, in which event the debtor would get a good discharge only by tendering euros or sterling as directed by the creditor.[339] Where the debtor has an option to convert his payment obligation into sterling, the rate of exchange at which the conversion is to be made is governed by the law applicable to the contract and is that applicable on the day payment is made.[340]

(ii) Foreign currency judgments

37.109 Until 1975 it was considered settled law that an English court could give judgment only in sterling, even if the money of account and the money of payment were a foreign currency, and that the appropriate date for conversion of the foreign currency into sterling was not the date of judgment or the date of payment but the date of the breach. This long-standing principle was reaffirmed by the House of Lords in *Re United Railways of the Havana and Regla Warehouses Ltd*,[341] and the rule was considered applicable not only to a claim for damages but also to a claim for debt in a foreign currency. But in *Miliangos v George Frank (Textiles) Ltd*[342] the House of Lords took the unusual step of reversing its earlier decision in *United Havana* and ruled that where the justice of the case so required, the court could give judgment in favour of the claimant for the amount of the foreign currency due to him or its sterling equivalent at the time of payment,[343] which for this purpose is the date on which the court authorizes enforcement of the judgment in terms of sterling.[344] The House left open the question whether a similar rule should be

---

[338] *Dicey*, n 1, para 37-054. If payment in the foreign currency is impossible, the debt must be paid in sterling (*Libyan Arab Foreign Bank v Bankers Trust Co* [1989] QB 728, [1989] 3 All ER 252). *Quaere* whether this is so where the law applicable to the contract is not English.
[339] *Marrache v Ashton* [1943] AC 311, [1943] 1 All ER 276.
[340] *Dicey*, n 1, paras 37-054, 37-055.
[341] [1961] AC 1007, [1960] 2 All ER 332.
[342] [1976] AC 443, [1975] 3 All ER 801.
[343] Or may prove in an insolvency for the sterling value of the debt at the date of entry into liquidation or administration. While foreign currency creditors must be paid in full on proved claims, which are converted into sterling by reference to the exchange rates at the date of entry into liquidation, the same is not true in relation to non-provable debts. The Supreme Court has held that effect of rr 2.86 and 4.91 of the Insolvency Rules 1986 spelt out the full extent of a foreign creditor's rights and that such a creditor could not therefore claim as a non-provable debt the difference between the sterling value of the debt as at the date of entry into liquidation and the value of the debt at the date on which it was paid: *In re Lehman Bros International (Europe) Ltd (No 4)* [2017] UKSC 38, [2018] AC 465.
[344] The amount of the judgment entered in a foreign currency must be converted into sterling when the judgment comes to be executed. Given this fact, there seems no reason why a judgment should not be entered in terms of any unit of account agreed between the parties, even if it is not reflected in a physical currency issued by a state. So if the contract provides for payment in SDRs (Special Drawing Rights), it should be open to the claimant to enter judgment accordingly and convert this into sterling at the official conversion rate. The procedure in England for claiming debts or damages in foreign currency is set out in PD 16 to CPR Pt 16, para 9. See also S. Stern, 'The Courts and Foreign Currency Obligations' [1995] LMCLQ 494. Interest on foreign currency judgments may be awarded at such rate as the court

37.109 *Conflict of Laws*

adopted in claims for damages for breach of contract or in tort, but in subsequent cases it has been held that the power to give judgment in a foreign currency extends to these cases also,[345] and that a foreign currency credit balance in a bank is a debt due from the bank and can be attached in garnishee proceedings.[346]

37.110 There remains one question: in which foreign currency should judgment be given? Prima facie this should be the currency of the contract, but in a claim for damages there may be cases where this does not adequately compensate the claimant for his loss, eg because this is not the currency in which he has suffered his loss. In that event, the court should award damages in the currency which most truly expresses the claimant's loss, which is not necessarily the currency in which the loss immediately occurs but may be a third currency, eg that which the claimant, because he normally trades in it, has to use to purchase the currency in which his loss was suffered.[347]

---

thinks fit (s 44A of the Administration of Justice Act 1970, as added by the Private International Law (Miscellaneous Provisions) Act 1995, s 1).

[345] *Elftherotria (owners) v Despina R, The Despina R. and The Folias* [1979] AC 685, [1979] 1 All ER 421; *Jean Kraut AG v Albany Fabrics Ltd* [1977] QB 182, [1977] 2 All ER 116.

[346] *Choice Investments Ltd v Jeromnimon* [1981] QB 149, [1981] 1 All ER 225.

[347] *The Despina R*, n 345; *International Minerals & Chemical Corpn v Karl O Helm AG* [1986] 1 Lloyd's Rep 81. As a matter of principle, a third currency ought not to be selected unless the claimant can show that at the time of the contract the defendant knew or ought reasonably to have contemplated that such currency was likely to be that most truly expressing the claimant's loss. The question of what country's interest rates should be used to determine a claim for interest is the subject of conflicting authorities and of some interesting economic analysis. See the Law Commission's Working Paper No. 80 (n 333), pp 120–133, and literature there cited.

PART EIGHT
The Resolution of Commercial Disputes

Chapter 38

COMMERCIAL LITIGATION

38.01 Most commercial contracts are carried through to completion without serious difficulty, and such differences as do from time to time arise are resolved by discussion between the parties. But sometimes they cannot agree, and it is necessary to resort to an outside individual, court or tribunal to settle the matter.

1. LITIGATION AND ITS ALTERNATIVES

38.02 The principal methods by which contract disputes can be resolved are: litigation, arbitration and other forms of alternative dispute resolution ('ADR').[1] By litigation is meant resort to a court established by law. In England this takes the form of trial by a single judge.[2] The subject of the present chapter is commercial litigation. Arbitration is the voluntary submission of disputes not to a court[3] but to a person or tribunal chosen by the parties or designated by a third party whom they have nominated to make the

---

[1] Although there was no clear consensus previously as to whether the term 'ADR' encompassed arbitration, it now appears to be generally accepted in England that arbitration falls within the umbrella term of 'ADR' – see eg The Commercial Court Report 2018–2019 available at https://www.judiciary.uk/wp-content/uploads/2020/02/6.6318_Commercial-Courts-Annual-Report_WEB1.pdf and the policy paper published by the Department for Business Innovation & Skills on 23 June 2015 entitled 'Alternative dispute resolution for consumers' which includes mediation and arbitration as common forms of ADR (see https://www.gov.uk/government/publications/alternative-dispute-resolution-for-consumers/alternative-dispute-resolution-for-consumers). That is the sense in which the term is used in this chapter and the following chapter where arbitration is treated as a form of dispute resolution falling within the term 'ADR'.

[2] Jury trials in civil cases are now unusual. A party against whom fraud, malicious prosecution or false imprisonment is alleged has a right to trial by jury except where the case involves prolonged examination of documents or accounts, or any scientific or local investigation which cannot conveniently be made with a jury (Senior Courts Act 1981, s 69(1)). The judge may also sit with the assistance of assessors; and an action can be ordered to be tried by a Master or a special referee (Senior Courts Act 1981, ss 68 and 70, Civil Procedure Rule 2.4 and Practice Direction 2B, para 6.1). For the purpose of this chapter, trial by judge only is assumed.

[3] The arbitrator may be a judge, but then he acts qua arbitrator, not in a judicial capacity. If he is a judge of the Commercial Court an appeal against his award lies direct to the Court of Appeal with the leave of that court (Arbitration Act 1996, s 93, Sch 2).

appointment.[4] In contrast to litigation, arbitration is a consensual process in that a person cannot be required to submit to arbitration without his agreement. But once he has agreed, typically through an arbitration clause in his contract with the other party, he can be compelled to accept arbitration, and any award against him is binding. Arbitration is dealt with in chapter 39. It is to be distinguished from a decision by an expert appointed by the parties, whose role does not require him to decide on the basis of evidence and argument submitted by the parties but rather to make his own enquiries and to decide on the basis of his own expertise. Moreover, while arbitration presupposes the existence of a dispute, an expert may be appointed without any dispute having arisen; for example, where the parties have agreed that the price of an asset is to be fixed by expert determination.

38.03 ADR is a process by which a third party, at the invitation of the contestants, is brought in with a view to the dispute being resolved amicably and without a legally binding award.[5] ADR itself takes a variety of forms, including mediation and arbitration (the most common forms), conciliation and mini-trial.[6] Mediation and conciliation are often used interchangeably, but those working in the field tend to distinguish one from the other (though not

---

[4] There are also procedures which partake of the characteristics of both litigation and arbitration, such as 'rent-a-judge', where the parties engage a lawyer, often a retired judge, to hear the case in private but otherwise in much the same way as an ordinary judge, his award being given effect to as an order of the court. This procedure, developed in the United States, does not exist in the United Kingdom. Recent developments have seen the rise of multi-tier dispute resolution and more creative hybrid proceedings such as Med-Arb, Arb-Med and the Arb-Med-Arb procedure which have features of both mediation and arbitration. This trend in combining arbitration and ADR processes has been gaining traction worldwide and is driven in Asia in particular by the Belt and Road Initiative.

[5] However, in the context of mediation, where this results in an agreement, this will be binding if so intended by the parties. In *Cable & Wireless plc v IBM United Kingdom Ltd* [2002] 2 All ER (Comm) 1041 Colman J rejected an argument that an agreement to resort to mediation in accordance with the model procedure of the Centre for Effective Dispute Resolution was as uncertain as an agreement to negotiate and therefore void. See K. Mackie, 'The Future for ADR Clauses after *Cable & Wireless v IBM*' (2003) 19 *Arbitration International* 345. It is also possible, provided that the term is drafted in sufficiently clear terms, for contracting parties to agree that mediation or some other dispute resolution procedure shall operate as a condition precedent to the commencement of court proceedings: *Ohpen Operations UK Ltd v Invesco Fund Managers Ltd* [2019] EWHC 2246 (TCC), [2019] BLR 576. Matters may be otherwise where the reference to mediation lacks specificity: for example, a reference to submit to 'third party mediation' any unresolved difference between the parties may be too vague to be enforceable (see *Hyundai Engineering and Construction Co Ltd v Vigour Ltd* [2005] BLR 416), and similarly an undertaking by parties that 'prior to a reference to arbitration, they will seek to have the Dispute resolved amicably by mediation' was held not to be enforceable in the absence of a defined mediation process or a reference to the services of a specific mediation provider (*Sulamérica Cia Nacional de Seguros SA v Enesa Engenharia SA* [2012] EWCA Civ 638, [2013] 1 WLR 102). See also Sir A. Colman, 'ADR: An Irreversible Tide?' (2003) 19 *Arbitration International* 303.

[6] See, generally, S. Shipman, B. Waters, W. Wood QC and H. Brown, *Brown & Marriott's ADR Principles and Practice* (4th edn, 2018); K. Mackie, D. Miles, W. Marsh and T. Allen (eds), *The ADR Practice Guide: Commercial Dispute Resolution* (3rd edn, 2007); N. Blackaby and C. Partasides with A. Redfern and M. Hunter, *Redfern and Hunter on International Arbitration* (6th edn, 2015) (hereafter '*Redfern and Hunter*'), paras 1-135 ff. It is now sometimes also used to include Online Dispute Resolution ('ODR') – see para 38.12.

always consistently) according to the perceived role of the facilitator appointed to help the parties resolve the dispute. The exact role of the mediator can vary from mediation to mediation. At one end of the spectrum the role of the mediator may be cast purely in facilitative terms, that is to say, the mediator's function is simply to help the parties to reach their own agreement without expressing views or judgments of his own. At the other end of the spectrum the mediator may play a more 'evaluative' role in so far as he is asked to give an opinion which can guide the parties in their search for a resolution to their dispute. A mini-trial is a non-binding structured settlement process characterized by speed, limitation on disclosure of documents and relative brevity of the hearing. At the hearing lawyers for the two parties present their 'best case' to a panel consisting of a neutral adviser and senior representatives of the parties themselves with authority to negotiate a settlement. The neutral adviser may be asked to indicate his view of the likely outcome of litigation or arbitration if the parties fail to reach agreement. Various mediation bodies, such as the Centre for Effective Dispute Resolution ('CEDR'), provide model mediation contract clauses and mediation process documents, as well as lists of trained mediators, although larger law firms may also maintain their own databases of mediators which they can instruct directly. Mediation is not necessarily an *alternative* to arbitration but may be the first part of a multi-stage process. 'Med-Arb' is a procedure by which a mediator or other designated third party is authorized to act as arbitrator[7] and give a binding decision if the mediation is unsuccessful. In 'Arb-Med' the process begins with an arbitration and a non-binding arbitration award being issued followed by the parties working together with a mediator in an attempt to resolve their conflict. 'Arb-Med-Arb' entails the commencement of arbitration proceedings, followed by mediation in an attempt to reach an amicable resolution, failing which the arbitration proceedings continue.[8]

38.04 Mediation is gaining popularity in international commercial disputes, with an estimated 12,000 civil and commercial cases currently being referred to mediation in England and Wales each year due to its relatively low cost, speed of resolution, confidentiality and privacy, flexibility, perceived fairness, effectiveness and the ability to allow the parties' business relationship to be continued;[9] this is facilitated by the ability of the process to produce non-legal

---

[7] The appointment of the mediator himself as arbitrator may occasion difficulty, not least because of his receipt of confidential information during the course of the mediation.
[8] The Singapore International Arbitration Centre (SIAC) and the Singapore International Mediation Centre (SIMC) have formalised their own SIAC-SIMC Arb-Med-Arb Protocol (AMA Procol) to deal with disputes in accordance with an 'Arb-Med-Arb' clause. Parties wishing to take advantage of this tiered dispute resolution mechanism may incorporate the SIAC-SIMC Arb-Med-Arb Model Clause into their contracts. However, even if there is no prior agreed 'Arb-Med-Arb' clause the parties may agree to submit their dispute for resolution under the AMA Protocol.
[9] See Centre for Effective Dispute Resolution, 'The Eighth Mediation Audit: A survey of commercial mediator attitudes and experience in the United Kingdom' (10 July 2018) available at https://mk0cedrxdkly80r1e6.kinstacdn.com/app/uploads/2019/10/The_Eighth_Mediation_Audit_2018.pdf. This is 20% more than the 10,000 cases estimated in 2016 which suggests there has been an acceleration of growth after what appeared to be a slowing down. In particular, there has been remarkable growth in organised mediation schemes such as those

38.04 Commercial Litigation

outcomes satisfactory to both parties which could not be awarded by a court. In the Commercial Court judges have for many years sought to identify cases suitable for mediation and either suggest mediation to the parties or order them to attempt it.[10] It is now unusual for mediation or another form of ADR not to have been attempted at some point during the life of a matter before the courts, partly because a party runs the risk of not recovering its costs, even if it is successful in the action, if it unreasonably refuses to mediate.[11] The key question has become, not whether to engage in mediation, but when: if it takes place too early, the parties may not have sufficient information to make an informed decision about settlement; if too late, substantial costs may have been incurred and the parties may decide it is more effective to fight on. The Commercial Court now encourages parties to engage in ADR and parties must consider ADR in advance of the case-management conference ('CMC'), inform the court at the CMC of what consideration has been given to the issue and keep the court updated with the process.[12]

---

supported by NHS Resolution, leading employers and the courts. This area of activity grew by 45% between 2016 and 2018 and now accounts for 37.5% of all mediation activity. See also M. Wang, 'Are Alternative Dispute Resolution Methods Superior to Litigation in Resolving Disputes in International Commerce?' (2000) 16 *Arbitration International* 189.

[10] A survey conducted by Professor Hazel Genn in 2002, *Court-Based ADR Initiatives for Non-Family Disputes: the Commercial Court and the Court of Appeal*, showed that ADR was attempted in a little over half the cases in which an ADR order had been issued and that of these a little over half were settled by ADR, while of the 63% of cases in which ADR was not attempted, about 20% were said to have been settled as the result of the ADR order. See also the Second Report of the Working Party on ADR of the Commercial Court Committee (14 July 1998) and HM Courts & Tribunals Service, *The Commercial Court Guide (incorporating The Admiralty Court Guide)* (10th edn, 2017), available at https://www.gov.uk/government/uploads/system/uploads/attachment_data/file/508023/admiralty-and-commercial-courts-guide.pdf (hereinafter 'CCG'; all references are to paragraph numbers, unless otherwise indicated), G.1, G.2. In 2016, the Civil Justice Council set up an ADR working group to review the ways in which ADR is encouraged and positioned within the civil justice system in England. A final report was published in November 2018 available at https://www.judiciary.uk/wp-content/uploads/2018/12/CJC-ADR-Report-FINAL-Dec-2018.pdf. See, more generally, S. Roberts, '"Listing Concentrates the Mind": the English Civil Court as an Arena for Structured Negotiation' (2009) 29 OJLS 457.

[11] *Dunnett v Railtrack plc* [2002] EWCA Civ 303; *Halsey v Milton Keynes General NHS Trust* [2004] EWCA Civ 576. In *PGF II SA v OMFS Company 1 Ltd* [2013] EWCA Civ 1288, [2014] 1 All ER 970, [2014] 1 WLR 1386, the Court of Appeal held that failure to respond to an invitation to participate in ADR is generally unreasonable, regardless of whether there is a good reason for refusal. A delay in agreeing to mediate, with the claimants initially refusing to engage in mediation but subsequently changing their minds and agreeing to do so, will not automatically lead to adverse costs consequences: *Murray v Bernard* [2015] EWHC 2395 (Ch). In *Car Giant Ltd v London Borough of Hammersmith* [2017] EWHC 464 (TCC) at [27] it was held that: 'The courts should be slow to criticise a party's behaviour where decisions such as when to mediate are matters of tactical importance where different views may legitimately be held'. However, the overall message from the courts in recent years has been that mediation must be taken seriously. In *Thakkar v Patel* [2017] EWCA Civ 117 the Court of Appeal held that a costs sanction will be merited where one party frustrates the mediation process by delaying and dragging its feet for no good reason. Any costs sanctions for unreasonably refusing to mediate can apply equally to losing parties as well as successful parties: *Reid v Buckinghamshire Healthcare NHS Trust* [2015] EWHC B21 (Costs) (28 October 2015).

[12] The Commercial Court Report 2018–2019 (Business and Property Courts), available at https://www.judiciary.uk/wp-content/uploads/2020/02/6.6318_Commercial-Courts-Annual-Report_WEB1.pdf.

Mediation, being non-binding, has relatively little legal content and is not further discussed.

38.05 However, the fact that parties resort to litigation or arbitration does not necessarily mean that their relationship is at an end or even that they are hostile to each other. Commercial people tend to take a robust view of life and to learn to live with each other to their mutual advantage, and not infrequently matters in issue are left to be resolved by a judge or an arbitrator precisely because the parties, being unable to agree, are content to have their differences settled by an outsider, and to abide by his decision, without disturbing the continuance of their good business relationship. With the rise of the use of technology and artificial intelligence, there has been increased interest in the use of blockchain and smart contracts to deal with conflict resolution due to the perception they can eliminate the need for trust.[13]

38.06 Mention should also be made of procedures for interim adjudication pursuant to which, by statute or agreement of the parties, disputes concerning performance of a contract while it is ongoing can be referred to an expert or expert panel for an interim decision as to how the contract should proceed, this being without prejudice to the rights of the parties to have the question finally determined on the merits by the court or an arbitral tribunal if either of them disagrees with the decision, which meanwhile is binding. Such a procedure, which has been found particularly useful in disputes arising during the course of a construction contract, was agreed in the contracts providing for the construction of the Channel tunnel[14] and also features in legislation.[15] It finds its international counterpart in the pre-arbitral referee procedure of the International Chamber of Commerce under the ICC Rules.[16]

2. THE NATURE OF LITIGATION

38.07 A contested action is in many respects like a civilized war. It involves not only law but evidence and persuasion, tactics and strategy. It entails

---

[13] The Accord Project is one initiative that has been established to maintain a foundation for smart contracts. See the 'Legal Statement on the Status of Cryptoassets and Smart Contracts' published by the UK Jurisdiction Taskforce (November 2019), available at https://35z8e83m1ih83drye28oo9d1-wpengine.netdna-ssl.com/wp-content/uploads/2019/11/6.6056_JO_Cryptocurrencies_Statement_FINAL_WEB_111119-1.pdf. See also M. Zou, G. Cheng and M. S. Heredia, 'In Code We Trust? Trustlessness and Smart Contracts' originally published by the Society for Computers and Law (April 2019), available at https://www.scl.org/articles/10493-in-code-we-trust-trustlessness-and-smart-contracts. See further paras **1.56–1.63** and **40.16**.

[14] See *Redfern and Hunter*, n 6, paras 7-46 – 7-50.

[15] See the Housing Grants, Construction and Regeneration Act 1996, s 108. Adjudication is now the principal dispute resolution mechanism in construction contracts. There is now a substantial body of law surrounding adjudication (on which see Sir Peter Coulson, *Coulson on Construction Adjudication* (4th edn, 2018)). The courts have emphasised that the decision of an adjudicator must be respected and enforced unless it is plain that the question he has decided was not the one referred to him, or the manner in which he went about his task was obviously unfair (see, for example, *Carillion Construction Ltd v Devonport Royal Dockyard Ltd* [2005] EWCA Civ 1358, [2006] BLR 15, at [85]–[87]).

[16] ICC Rules for a Pre-Arbitral Referee Procedure 1990 (as revised in 2005 and 2006). See E. Gaillard and P. Pinsolle, 'The ICC Pre-Arbitral Referee: First Practical Experiences' (2004) 20 *Arbitration International* 13.

detailed preparation of one's client's case so as to present it in the strongest light either to the court, if the action reaches trial, or to the other side, for the purpose of negotiating a favourable settlement. The game must be played according to the rules, both written and unwritten. Reputable lawyers do not engage in sharp tactics. They remember that while they have a duty to the client, they also have a paramount duty to the court to act in a proper fashion. This involves, inter alia, ensuring that all relevant documents for which privilege cannot be claimed are fully and frankly disclosed; that evidence is not put before the court, whether by witnesses or by documents, which is known to be false; and that no unfair advantage is taken of the opponent. But within the rules the manner in which an action is handled can make or mar the client's case. Rules of court exist to ensure the proper conduct of the litigation, including the exchange of statements of case defining the issues and the disclosure and production of relevant documents. It is important that the rules should be thoroughly mastered and that the rights and benefits they confer should be fully utilized.[17]

38.08 Civil litigation in England is based on the adversarial system.[18] That is to say, the court adjudicates only on the issues which the parties present to it and upon the evidence which the parties choose to call. Apart from questions of illegality, the court cannot give a judgment on the basis of some issue not raised by the parties, nor has the court power to call witnesses of its own motion, other than experts. The adversarial system thus places a heavy burden on the lawyers on both sides, firstly, to ensure, by a proper selection of the issues, that they are litigating on the appropriate battleground and, secondly, that all the evidence which is available to establish the claims of their respective clients is properly collated and adduced at the trial. However, while the court cannot require parties to advance issues they do not wish to advance or adduce evidence they do not wish to adduce, the case management procedure does allow the court to control to some extent the issues in the action[19] and how they are presented.[20]

38.09 Litigation brings sharply into focus the difference between the theory and the practice of law. The client usually has no absorbing interest in the legal rules themselves; his concern is to secure a particular result. The problem he presents does not come neatly packaged as a tort, contract, unjust enrichment, trust or property problem but will usually cover a number of traditional subject boundaries. The essence of successful practice in litigation is the art of persuasion. The client must be asked to state his objective and then be advised to consider whether this is either sensible or attainable, and must be encouraged to take alternatives that might be advantageous to him and to

---

[17] See the *SRA Code of Conduct for Solicitors, RELs and RFLs* in the *SRA Standards and Regulations* issued by the Solicitors Regulation Authority relating to the duties of solicitors in England and Wales. See also the *Code of Conduct* in *The BSB Handbook* issued by the Bar Standards Board (Version 4.4) relating to the duties of barristers in England and Wales.
[18] This is in contrast to the inquisitorial system that is generally used in civil law jurisdictions. See J. A. Jolowicz, 'Adversarial and Inquisitorial Models of Civil Procedure' (2003) 52 ICLQ 281.
[19] CPR 3.1(2)(k). As to the CPR, see text and n 47.
[20] CPR 32.1(2).

The Nature of Litigation **38.11**

consider suitable opportunities for an out-of-court settlement.[21] The other side must be persuaded of the strength of the client's case, so that they will offer or accept terms of settlement favourable to him. The court must be persuaded to make a decision favourable to the client if the action has not been previously settled. Persuasion has to be exercised at various stages: in correspondence and oral negotiations, in statements of case,[22] in interim applications[23] and at the trial itself.

38.10 In most actions, questions of fact and practicality outweigh legal considerations. Is the client who proposes to bring an action eligible for state legal aid? If not, can he afford the costs of the proceedings?[24] Will the litigation promote or damage his reputation and his longer-term commercial interests? Is there sufficient evidence to prove his allegations?[25] Will the defendant be able to meet a judgment against him or is he a man of straw? The great majority of disputes involve questions of fact and of evidence rather than of law. But without a thorough knowledge of the law, the lawyer cannot know which facts are relevant.

38.11 The funding of litigation is another practical consideration. Commercial litigation has traditionally been funded by paying for a solicitor on an hourly rate basis, although there may be emerging a trend towards the bypassing of solicitors with the increasing use of direct access, which enables individuals and companies to access the services of a barrister directly in accordance with rules laid down by the Bar Council.[26] In recent years, however, especially as part of the Jackson reforms which came into force on 1 April 2013, more innovative forms of funding have become available, such as:

---

[21] Almost all actions are settled without trial. One of the weaknesses of English civil procedure used to be that it was primarily concerned to ensure a fair trial when only a very small percentage of disputed cases reached a hearing. The Civil Justice Review and subsequent developments, which led to the replacement of most of the Rules of the Supreme Court by the Civil Procedure Rules, shifted the focus to procedures designed to encourage and facilitate negotiations for early settlement. It may be asked whether the pendulum has swung too far in favour of negotiated settlements: see Roberts, n 10, and see further below.
[22] See below.
[23] See below.
[24] Not infrequently the client decides to initiate proceedings on the basis that he can always bring them to an end if, contrary to expectations, the defendant fails to settle. But litigation has a momentum of its own, and it is all too easy for a claimant to reach the point of no return where the cost of discontinuance is perceived to outweigh the risk of going on.
[25] This can be a particularly difficult question for the lawyer when first instructed, for at that stage he has only one side of the story.
[26] A large public access case involved a claim brought on behalf of over 300 buy-to-let borrowers and affecting over 6,000 borrowers, in which the borrowers successfully challenged the entitlement of the building society to vary the interest rate on tracker mortgages and to call for the repayment in full of the amount advanced by way of loan on the giving of one month's notice: *Alexander (as representative of the 'Property118 Action Group') v West Bromwich Mortgage Company Ltd* [2016] EWCA Civ 496, [2017] 1 All ER 942.

38.11 *Commercial Litigation*

(a) Damages-based agreements (DBA):[27] A DBA is a form of 'no win, no fee' arrangement which provides that the lawyer will generally not be entitled to be paid for any work done if the claimant is unsuccessful. However, if the claimant wins the case and obtains damages, then he will need to make a payment to his lawyer, the amount of which will be determined as a percentage of any compensation received and which will be subject to a cap. The size and operation of the cap will differ depending on the type of claim in question.[28] Prior to 1 April 2013, DBAs were only allowed in employment and some other tribunals which carried out non-contentious work but can now be used for almost all contentious matters (except for criminal and family proceedings).

(b) Conditional fee agreements (CFA): The CFA is similarly a form of 'no win, no fee' arrangement whereby it is agreed that the fees and expenses of the lawyer (or any part of them) will only be payable in specified circumstances, with different amounts being payable depending on the outcome of the case.[29] In general, the lawyer is not entitled to his fees or expenses if the claimant loses his case. However, if the claimant is successful, he will be liable to pay the fees and expenses of the lawyer as well as a success fee,[30] where the CFA provides for this. Since 1 April 2013, the success fee must be paid by the claimant and is no longer recoverable from the defendant, except in certain cases.[31]

(c) After the event (ATE) insurance: Some insurers are prepared to cover the other side's costs and disbursements, as well as the claimant's own disbursements, if the claimant is unsuccessful. This is a form of insurance

---

[27] Courts and Legal Services Act 1990, s 58AA (as amended). See also the Damages-Based Agreements Regulations 2013 (SI 2013/609). There has been limited use of DBAs and the 2013 Regulations have been widely criticised. An independent review of the 2013 Regulations was carried out by Professor Rachael Mulheron and Nicholas Bacon QC which has resulted in the draft Damages-Based Agreements Regulations 2019. This follows the structure of the 2013 Regulations but makes a number of significant changes including: moving from an 'Ontario model' to a 'success fee' model; reducing DBA recovery caps; permitting hybrid DBAs; setting out specific termination provisions; addressing cases in which the result will not involve monetary damages. See The Damages-Based Agreements Reform Project which is available at https://www.qmul.ac.uk/law/research/impact/dbarp/.

[28] The caps do not apply in appeal proceedings but otherwise vary from 25% for personal injury and clinical negligence claims, 35% for employment tribunal cases and 50% for most other types of claims. Depending on the type of claim, the cap may or may not be inclusive of VAT, counsel's fees and other disbursements. If the applicable cap is exceeded, this will render a DBA unenforceable against the client which means that the defendant will not be liable to pay any costs.

[29] See the Courts and Legal Services Act 1990, ss 58 and 58A (as amended).

[30] The success fee is an additional amount that is payable for the services of the lawyer in specified circumstances (ie usually where the client wins his case). This is over and above the amount that would normally be payable if there were no CFA and is expressed as a percentage uplift on the amount that would be payable if there were no CFA, with the maximum uplift being 100%. In personal injury cases, the success fee is subject to a cap of 25% of damages recovered at first instance.

[31] Such as publication and privacy proceedings, claims for damages in respect of diffuse mesothelioma and insolvency-related proceedings where the CFA was entered into before 6 April 2016. An exception will also apply where the CFA was entered into before 1 April 2013: see Legal Aid, Sentencing and Punishment of Offenders Act 2012, s 44(6); Legal Aid, Sentencing and Punishment of Offenders Act 2012 (Commencement No. 5 and Saving Provision) Order 2013 (SI 2013/77), art 4; CPR 48.2 and PD 48.

policy that is usually taken out after a legal dispute has arisen, in conjunction with another form of funding (such as a CFA or third party funding) to cover the claimant's own legal costs, and is available for almost all areas of litigation, except for criminal and matrimonial law. The cover may be deferred, and may only be payable if the case succeeds. This provides the advantages of costs protection for the claimant. Since 1 April 2013, an ATE premium is no longer recoverable from the defendant where the claimant has been successful, except in certain cases.[32]

(d) Qualified one-way costs shifting (QOCS): This has been available for personal injury claims[33] since 1 April 2013 and provides that defendants are generally ordered to pay the costs of successful claimants but, subject to certain exceptions, will not be able to recover their own costs if they are successful in defending their claim.

(e) Third party funding:[34] A funder with no prior connection to the litigation may pay the claimant's costs in return for a percentage of the damages recovered (commonly between 20% and 50%). As with ATE insurance, the advantages are costs protection and a tactical advantage (as the defendant will know, if informed of the funding, that the claimant can fund the action), but there is a need for a high prospect of success at the outset and throughout, and there is also a relatively high cost in terms of the proportion of the damages which must be paid over.

(f) Hedging risk: Claimants may sell off a proportion of a recovery if successful, and possibly a proportion of a liability if unsuccessful, thus hedging the risk of success or failure in an action. Such an arrangement might be available where the prospects of success are less than 50%.

(g) Other traditionally less common types of funding include: trade union funding; legal aid;[35] 'pure' funding;[36] and crowdfunding.

38.12 Although these various sources of funding have the potential to enable people who might not otherwise be able to obtain access to the courts to do so, there nevertheless remains a concern that the cost of litigation is now so high that it is no longer possible for many people and businesses to resort to the courts in order to vindicate their rights. The point was put in stark form by Lord Justice Briggs in his review of the civil courts structure[37] where he commented that 'the single, most pervasive and indeed shocking weakness of our civil courts is that they fail to provide reasonable access to justice for the ordinary individuals or small businesses with small or moderate value claims, save for certain specific categories of litigants.'[38] While the civil justice system

---

[32] See n 31 above: CPR 48.1 and PD 48.
[33] The Court of Appeal has clarified that the QOCS regime applies only to personal injury claims and that mixed claims do not automatically receive protection under QOCS (*Brown v Commissioner of Police of the Metropolis* [2019] EWCA Civ 1724, [2020] 1 WLR 1257).
[34] See *Arkin v Borchard Lines Ltd* [2005] EWCA Civ 655, [2005] 3 All ER 613, [2005] 1 WLR 3055, which held that third party funding does not infringe public policy rules on champerty and maintenance, provided the funder does not control the litigation.
[35] The availability of public funding in civil cases has greatly reduced since 1 April 2013.
[36] The person funding the action has no control over the management of the litigation and does not profit from it, recovering only the contribution that he has made in the event that the claim succeeds.
[37] Judiciary of England and Wales, *Civil Courts Structure Review: Final Report* (July 2016).
[38] Ibid at para 5.14.

generally works well for those who have the funds to engage in complex litigation which requires high quality professional legal services, it does not serve the broader population well. However, it is one thing to identify the problem, it is quite another to solve it. A number of attempts have been made in recent years to keep costs under control and to improve the efficiency of the legal system, but, while they have undoubtedly resulted in some improvements, they have failed to solve the problems. A more radical solution, put forward by Lord Justice Briggs in his report, was the creation of a so-called 'On-line Court',[39] which he has described as a 'new, more investigative, court designed for navigation without lawyers.'[40] The interest in the use of online court and tribunal services was accelerated and made necessary by the global COVID-19 pandemic which resulted in remote hearings being the default position in England during the national lockdown, with some or all of the participants attending by phone, video or an Internet platform including a bespoke HMCTS video hearing facility.[41] In an unprecedented move, a High Court trial for a claim worth US$530m was conducted from a 'virtual courtroom' using video conferencing service Zoom and streamed live on YouTube.[42] Although not all types of case can effectively be dealt with remotely, such as long hearings involving difficult evidence or high emotion, it is likely that there will continue to be sustained interest in and use of online court and tribunal services to facilitate Online Dispute Resolution ('ODR').[43]

38.13 These concerns about the current state of civil procedure in England and Wales provide a helpful reminder of the need to view the rules of substantive law (such as the rules that make up English commercial law) in the context of the law of civil procedure. Put bluntly, there is little practical point in improving the state of the substantive rules of English commercial law, if parties cannot access the legal system in order to vindicate the rights which they have been given. In this sense procedure is the handmaiden of the law. The two are inextricably entwined and the proper use of procedure plays a vital role in the establishment and enforcement of substantive rights. As we shall see, civil procedure can have a positive as well as a negative effect. So, for example, the courts have shown a remarkable degree of creativity in the development of procedural devices, the two most striking examples being freezing injunctions (formerly known as *Mareva* injunctions)[44] and search orders (formerly known as *Anton Piller* orders).[45] At the same time, there has

---

[39] Ibid, ch 6.
[40] Ibid at para 6.2.
[41] Known as the Cloud Video Platform ('CVP'). A new PD 51Y entitled 'Video or Audio Hearings During Coronavirus Pandemic' came into force on 25 March 2020. This was clarified by PD 51ZA which came into force on 2 April 2020.
[42] *National Bank of Kazakhstan v Bank of New York Mellon SA/NV, London Branch* [2020] EWHC 916 (Comm). The Coronavirus Act 2020 permits the court to direct that proceedings are broadcast to enable the public to see and hear the proceedings.
[43] In September 2016, the HM Courts & Tribunals Service ('HMCTS') reform programme was launched with £1 billion invested to modernise and upgrade the justice system. This is likely to be an area where courts will be influenced by developments around the globe. See Remote Courts Worldwide available at https://remotecourts.org/.
[44] See para **38.96**.
[45] See para **38.103**.

The Civil Procedure Rules and the Courts **38.15**

to be a recognition of the fact that there are times when complexity is an almost inevitable feature of commercial litigation, particularly where the case involves multiple parties[46] or multiple jurisdictions. But more remains to be done in terms of simplifying procedure in order to make it accessible to ordinary litigants.

3. THE CIVIL PROCEDURE RULES AND THE COURTS

(i) The Civil Procedure Rules[47]

38.14 The Civil Procedure Rules ('CPR'),[48] made by statutory instrument, took effect from 26 April 1999 and comprise the code governing civil procedure in the County Court, the High Court and the Court of Appeal (Civil Division). Civil procedure in England and Wales has undergone considerable change in the previous few decades. Despite the numerous reforms resulting from the Civil Justice Review,[49] as well as the measures taken by the senior judiciary,[50] pressure for more radical change to reduce the cost and delay of litigation and shorten the length of trials continued. Following Lord Woolf's *Access to Justice* reports in 1995 and 1996,[51] the CPR's comprehensive and far-reaching reforms were introduced. Lord Justice Jackson has introduced further reforms to the civil justice system (implemented on 1 April 2013) which seek further to control the costs and increase the efficiency of litigation. No doubt there will continue to be pressure for further reforms especially in the use of technology and remote hearings where practicable and in the interests of justice.[52]

38.15 The main concept underpinning the CPR is that of 'the overriding objective of enabling the court to deal with cases justly and at proportionate cost'.[53] This must be given effect to by the court when making decisions[54] and

---

[46] C. Hodges, *Multi-party Actions* (2001).
[47] SI 1998/3132 made by the Civil Procedure Rule Committee under the Civil Procedure Act 1997, ss 1, 2. See A. Zuckerman, *Zuckerman on Civil Procedure: Principles of Practice* (3rd edn, 2013), which is by far the best overall treatment of the subject. See also D. Dwyer (ed), *The Civil Procedure Rules Ten Years On* (2009).
[48] Referred to as the 'CPR'; all references in this chapter are to the CPR unless otherwise indicated. 'PD' indicates the Practice Directions supplementary to the rules. Very usefully, many of the materials, including regular updates of the CPR, are published on a government website: http://www.justice.gov.uk/courts/procedure-rules/civil.
[49] Report of the Review Body on Civil Justice (Cm 394, 1988). For a discussion, see T. M. Swanson, 'A Review of the Civil Justice Review: Economic Theories Behind the Delays in Tort Litigation' [1990] *Current Legal Problems* 185.
[50] These reforms included a major expansion in the jurisdiction of the County Court and in the transfer of cases from the High Court to the County Court; a more open approach to litigation through the exchange of witness statements and expert reports; the preparation of skeleton arguments for perusal by the opposing party and by the court prior to the hearing or appeal; the curtailing of opening speeches; and the abandonment of examination-in-chief.
[51] *Access to Justice: Interim Report to the Lord Chancellor on the Civil Justice System in England and Wales* (1995); *Final Report to the Lord Chancellor on the Civil Justice System in England and Wales* (1996).
[52] See para **38.12**.
[53] CPR 1.1.

38.15 Commercial Litigation

by actively managing cases,[55] and by the parties.[56] The emphasis on the efficient conduct of the business of litigation at proportionate cost has been an issue of some controversy recently in the context of applications for relief from any sanction in respect of a failure by a litigant to comply with any rule, practice direction or court order. The Court of Appeal caused a degree of consternation in *Mitchell v News Group Newspapers Ltd*[57] when it sought to halt what had been termed the 'culture of delay and non-compliance' and introduce a 'new more robust approach' to the grant of relief from sanctions, the effect of which was considerably to increase the burden on a defaulting party who wished to persuade the court to grant relief following upon its failure to comply with a rule, practice direction or court order.[58] As the Court of Appeal subsequently acknowledged,[59] litigation cannot be conducted efficiently and at proportionate cost without fostering a culture of compliance with rules, practice directions and court orders and co-operation between the parties and their lawyers.[60] Thus the courts will continue to attach 'particular importance'[61] to these factors when evaluating all the circumstances of the case so as to enable the court to deal justly with any application for relief from sanctions. The expected consequence of this approach is greater adherence by the parties to the rules and the more efficient conduct of litigation.

38.16 The CPR introduced several changes in terminology. Most importantly, the parties to an action are now referred to as the claimant and the defendant, the former writ of summons has become a claim form, pleadings are referred to as statements of case, and interlocutory applications are referred to as interim applications.[62] Statements of case include the claim form, particulars of claim, defence, Pt 20 claims (ie counterclaims), or reply to defence and any further information in relation to the above. All statements of case (including any amendments) must contain a statement of truth.[63] Obviously the parties

---

[54] CPR 1.1(2): by ensuring that the parties are on an equal footing, saving expense, dealing with the case in a proportionate, expeditious and fair manner, allotting an appropriate share of court resources to it, and enforcing compliance with rules, practice directions and orders.

[55] CPR 1.4: which includes encouraging and facilitating the use of alternative dispute resolution proceedings where the court considers this to be appropriate (CPR 1.4(2)(e)).

[56] CPR 1.3.

[57] [2013] EWCA Civ 1537, [2014] 2 All ER 430, [2014] 1 WLR 795. See also *Durrant v Chief Constable of Avon and Somerset Constabulary* [2013] EWCA Civ 1624, [2014] 2 All ER 757, [2014] 1 WLR 4313.

[58] *Mitchell* at [46].

[59] *Denton v TH White Ltd* [2014] EWCA Civ 906, [2015] 1 All ER 880, [2014] 1 WLR 3926.

[60] Ibid at [40].

[61] Ibid at [32]. In this respect the Court of Appeal may be said to have modified slightly the approach taken in *Mitchell* where the term used was 'paramount importance' (see *Mitchell* at [36]). But the change is one of degree (contrast in this respect the more liberal approach taken by Jackson LJ who was in the minority in that he declined to give greater weight to these considerations: see [85]). See also *McTear v Engelhard* [2016] EWCA Civ 487.

[62] For a more comprehensive list of the changes in terminology after the coming into force of the CPR, see S. Pettit, K. C. Rudd, B. Moys, C. Miller and V. Price, *Moys Classification and Thesaurus for Legal Materials* (4th edn, 2001), App Two although this has been removed from the 5th edition (being the latest edition).

[63] CPR 22.1; CCG B4.7, C1.5, C5.2. A statement of case remains effective (unless it is struck out as a sanction) even where it is not verified by a statement of truth, although it may not then be relied on as evidence (PD 22 paras 4.1–4.3; CCG C1.8). Where a person makes, or causes

cannot prepare for trial, or even negotiate effectively, unless each knows the nature of the case he has to meet. It is the function of statements of case to define the issues, so that the parties know what facts are disputed and will have to be proved, and what facts are admitted, making it unnecessary to call evidence about them. This laudable objective is not always achieved. Counsel settling statements of case are usually anxious to preserve the maximum amount of freedom to manoeuvre. This desire manifests itself in two ways: a reluctance to make admissions at an early stage in the proceedings, even where the allegation is unlikely to be seriously disputed at the trial; and the avoidance of particularity in the statements of fact set out in the statement of case, lest the party's case should be weakened if one of the details alleged is proved not to be correct. By contrast, counsel on the other side will endeavour to tie down his opponent to more precise contentions by requiring him to give further and better particulars of his statements of case.[64]

38.17 The drafting of statements of case is a task calling for considerable skill, judgment and legal knowledge. A statement of case is important for two reasons. Firstly, a party will not be allowed to put forward at the trial grounds of claim or defence which he has not included in his statement of case. If he finds at the trial that he has omitted such a ground, he will have to seek permission to amend his statement of case and at this late stage permission may be refused. Secondly, a good statement of case is designed to convey an indication of the strength of the party's case and thus to induce the other party to discontinue the action (if he is the claimant) or settle on reasonable terms.

38.18 Pre-action protocols set out, in certain specific areas,[65] the steps that potential parties to litigation should explore prior to commencing proceedings in seeking and providing information to each other.[66] Sanctions may be imposed where there is a failure to comply with pre-action protocols.[67] The Civil Justice Council consulted with the public on whether there should be a general pre-action protocol,[68] but decided against the proposal.[69] However, a

---

to be made, a false statement in a document verified by a statement of truth, without an honest belief in its truth, he may be the subject of contempt proceedings: CPR 32.14. PD 22 has been updated such that, since 6 April 2020, this must now be expressly set out in the statement of truth.

[64] See para **38.52**.
[65] These are: resolution of package travel claims, construction and engineering disputes, debt claims, media and communications claims, personal injury claims, resolution of clinical disputes, professional negligence, judicial review, disease and illness claims, housing conditions claims (England), housing disrepair cases (Wales), possession claims based on mortgage or home purchase plan arrears in respect of residential property, possession claims by social landlords, low value personal injury claims in road traffic accidents, claims for damages in relation to the physical state of commercial property at termination of a tenancy (the 'dilapidations protocol'), and low value personal injury (employers' liability and public liability) claims. As to the consequences of non-compliance with a protocol, see *Orange Communications Services Ltd v Hoare Lee (A firm)* [2008] EWHC 223 (TCC), 117 Con LR 76.
[66] PD – 'Pre-action Conduct and Protocols', para 6.
[67] Ibid, paras 15(c) and 16.
[68] Civil Justice Council, Consultation Paper: General Pre-Action Protocol and Practice Direction on Pre-Action Protocols (21 February 2008).

revised Practice Direction provides a guide to pre-action conduct for cases not subject to a specific pre-action protocol (without itself being a protocol).[70]

(ii) The civil courts

38.19 Litigation involving a commercial dispute will almost invariably be brought in either the County Court or the High Court,[71] either in the Queen's Bench Division ('QBD') or the Chancery Division ('ChD'). The Queen's Bench Division was historically selected for actions involving breach of contract and common law rights, the Chancery Division for disputes involving equitable rights, the enforcement of mortgages, company matters and the administration of estates, although this division has become slightly more fluid. Today, the work of the lists that compose the Chancery Division has commonality with the work undertaken in the civil lists of the Queen's Bench Division such that this work is grouped under the heading of the Business and Property Courts which is housed in the Rolls Building in London and which is the largest specialist centre for financial, business and property litigation in the world.[72] The Business and Property Courts became operational on 2 October 2017 and the full list of specialist courts, lists and sub-lists that make it up are: the Admiralty Court (QBD); the Business List (ChD) (with the Financial Services, Regulatory and Pensions sub-lists); the Commercial Court (QBD); the Competition List (ChD); the Financial List (ChD / QBD); the Insolvency and Companies List (ChD); the Intellectual Property List (ChD) (of which the Patents Court and IPEC are sub-lists); the Property, Trusts and Probate List (ChD); the Revenue List (ChD); and the Technology and Construction Court (QBD).[73] The Queen's Bench Division includes the following courts: the Circuit Commercial Courts (formerly The Mercantile Court); the Administrative Court; the Planning Court; and the Queen's Bench Civil Lists (see figure 38.1).[74] Although the remainder of this chapter addresses the general rules relating to civil procedure, these rules apply equally to the Commercial Court, unless it is otherwise noted.

---

[69] Civil Justice Council, General Pre-Action Protocol and Practice Direction on Protocols: Response to Consultation (8 October 2008).
[70] PD – 'Pre-Action Conduct and Protocols'.
[71] The High Court has always had unlimited jurisdiction except as provided by statute (eg the Consumer Credit Act 1974).
[72] There are also Business and Property Courts in the District Registries in Birmingham, Bristol, Cardiff, Leeds, Liverpool, Manchester and Newcastle.
[73] See HM Courts & Tribunals Service, *Chancery Guide* (February 2016), accessible at https://assets.publishing.service.gov.uk/government/uploads/system/uploads/attachment_data/file/869071/chancery-guide-eng.pdf.
[74] See Judiciary of England and Wales, *The Queen's Bench Guide* (2018), accessible at https://assets.publishing.service.gov.uk/government/uploads/system/uploads/attachment_data/file/760087/the-queens-bench-guide-20180906.pdf.

The Civil Procedure Rules and the Courts **38.21**

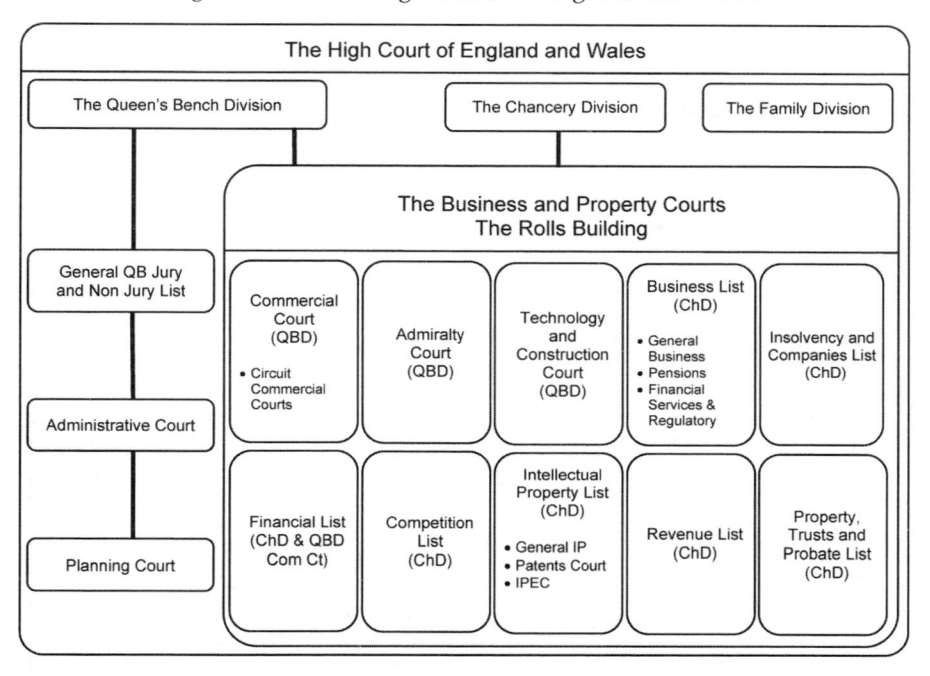

Figure 38.1   The High Court of England and Wales

```
The High Court of England and Wales
├── The Queen's Bench Division
│     ├── General QB Jury and Non Jury List
│     ├── Administrative Court
│     └── Planning Court
├── The Chancery Division
└── The Family Division

The Business and Property Courts
The Rolls Building
├── Commercial Court (QBD)
│     • Circuit Commercial Courts
├── Admiralty Court (QBD)
├── Technology and Construction Court (QBD)
├── Business List (ChD)
│     • General Business
│     • Pensions
│     • Financial Services & Regulatory
├── Insolvency and Companies List (ChD)
├── Financial List (ChD & QBD Com Ct)
├── Competition List (ChD)
├── Intellectual Property List (ChD)
│     • General IP
│     • Patents Court
│     • IPEC
├── Revenue List (ChD)
└── Property, Trusts and Probate List (ChD)
```

38.20 The Circuit Commercial Courts (previously known as the Mercantile Courts) deal with commercial disputes of all kinds apart from those which because of their size, value or complexity will be heard by the Commercial Court. Circuit Commercial Courts are to be found in London ('the London Circuit Commercial Court'), Birmingham, Bristol, Cardiff, Leeds, Liverpool, Manchester and Newcastle upon Tyne.[75] Circuit commercial claims will generally be heard or determined by a Circuit Commercial judge.[76]

(iii) **The Commercial Court**

1. *The history and objectives of the Commercial Court*

38.21 The Commercial Court was first created as a formal court, as part of the Queen's Bench Division, in 1970.[77] Prior to this it existed as a Commercial List established by resolution of the judges of the Queen's Bench Division in 1895.[78] The court is manned by judges of the Queen's Bench Division with particular experience of commercial work, assigned by the Lord Chief

---

[75] Proceedings in the Circuit Commercial Courts are governed by CPR Pt 59 and PD 59.
[76] PD 59 para 1.3.
[77] Senior Courts Act 1981, s 6(1)(b) provides for an Admiralty Court and a Commercial Court as part of the Queen's Bench Division.
[78] For the origins of the Commercial Court, see A. Colman, V. Lyon and P. Hopkins, *The Practice and Procedure of the Commercial Court* (6th edn, 2008), ch 1.

38.21 Commercial Litigation

Justice.[79] In 2000 the Lord Chancellor commissioned a study to 'examine the potential for establishing a new Commercial Court in London to handle a wide range of high value and international commercial litigation and to develop Britain's role as a global centre for dispute resolution.'[80] The CGEY Study[81] represented the most widespread survey at the time of those involved in commercial courts. It was followed by a consultation paper issued by the Court Service.[82] The Commercial Court is now housed in the Rolls Building which for the first time brings together under one roof the Commercial and Admiralty Court, Chancery Division, Technology and Construction Court and other related jurisdictions. Despite the uncertainties brought about by Brexit and the rise of new internationally-recognised commercial courts in other jurisdictions, the Commercial Court in London continues to dominate the English-language world of dispute resolution.[83]

38.22 Many years ago Mr Justice Robert Goff (as he then was) described[84] two characteristics of the court's work: the large amounts involved and the fact that in almost every action at least one of the parties was a foreigner. It would be fair to say that these are still characteristics of the court's work.[85] The fact that the Commercial Court attracts such cases (which is often, although not always, a reflection of other characteristics of the court's work: the complexity of the legal and factual issues involved) is no chicken and egg conundrum. As history shows,[86] the motivation behind the creation and maintenance of the Commercial Court was and has been the acknowledgement that, given the transactions conducted in and attracted by the commercial environment of

---

[79] See Constitutional Reform Act 2005, s 7(2) and the Crime and Courts Act 2013, s 21.
[80] Press release issued by the Lord Chancellor's Department's Press Office, 9 November 2000.
[81] *Commercial Court Feasibility Study* (March 2001) produced by Cap Gemini Ernst and Young (CGEY Study). Since then, other surveys have been conducted which look at the factors that influence decisions to seek redress in London's Commercial Court, including a publication by the Ministry of Justice – E. Lein, R. McCorquodale, L. McNamara, H. Kupelyants and J. del Rio, 'Factors Influencing International Litigants' Decisions to Bring Commercial Claims to the London Based Courts' (British Institute of International and Comparative Law, 2015). This paper suggests that, although London remains to be considered a popular and natural jurisdiction for the litigation of high value cross-border disputes, primarily owing to the reputation and experience of English judges and the quality, certainty and efficiency of English law, there is increasing competition in the international dispute resolution market with other jurisdictions (such as New York, Singapore and other EU Member States) marketing themselves to attract disputes traditionally adjudicated in London. See also G. F. Bell, 'The New International Commercial Courts – Competing with Arbitration? The Example of the Singapore International Commercial Court' (2018) 11 *Contemporary Asia Arbitration Journal* 193.
[82] *Modernisation of the Commercial Court* (10 December 2001).
[83] A report published by Portland Litigation Consulting in 2019 and available at https://portland-communications.com/publications/commercial-courts-report-2019/.
[84] 'The Commercial Court – How It Works' (1981) 77 LS Gaz 1053.
[85] In recent years there has been a steady upward trend of cases being heard in the London Commercial Court. Between March 2018 and March 2019, there were over 1,000 litigants who used the court which represented a 54% increase from the previous year, with 60% of users being non-UK litigants especially from Russia, Kazakhstan and Ukraine (Portland Report, see n 83).
[86] Colman, Lyon and Hopkins, *The Practice and Procedure of the Commercial Court*, n 78, ch 1.

The Civil Procedure Rules and the Courts **38.24**

London which has consistently been ranked in recent years as one of the leading global financial centres[87], there is a need to provide an equally commercial environment for the litigation of such disputes. It has also long been recognized that such an environment must be targeted and directed so that, against the backdrop of a general commercialism in the courts, there is a honed expertise regarding cases of a particular commercial flavour, hence the separate existence of Commercial, Admiralty, Technology and Construction, and Patents courts.

38.23 This background highlights the key objectives of the Commercial Court's procedure: speed, simplicity and service. Various procedural aspects particular to the Commercial Court ensure that there is an inherent degree of flexibility; for example, the provision for expedited applications, for trials without statements of case.[88] These aspects are juxtaposed against those which are more rigid under ordinary CPR. But that rigidity is traceable to the need to cater for the characteristic Commercial Court cases; for example, case management conferences are mandatory in the Commercial Court (as well as in the Technology and Construction Court and the Admiralty Court) because of the size and complexity of the cases brought there and because there will often be an international element to the case, requiring a greater degree of trial preparation and organization. Likewise, there are a greater number of guidelines regarding the preparation of the trial bundles and a greater degree of supervision of the case development. This is underscored by ensuring that, unlike ordinary Queen's Bench Division interim applications, those in the Commercial Court are heard before a commercial judge and not a Master. The expertise of the judiciary is buttressed by the accompanying administrative and developmental support particular to the Commercial Court (ie the Commercial Court Users' Committee and the Admiralty & Commercial Registry which is the administrative office of the Admiralty Court and the Commercial Court).[89]

38.24 The Judge in charge of the Commercial Court presides over the Commercial Court Users' Committee, a body set up in 1977 to act as a link between the Commercial Court and its users. The committee consists of commercial judges, and representatives of the commercial Bar, City solicitors, leading City arbitrators' associations, commodity trade organizations, foreign individuals and organizations and others whose role is to discuss matters of mutual interest and concern relating to the practice of the court and the resolution of commercial disputes.[90] The Commercial Court Users' Committee monitors the

---

[87] According to a detailed study of 120 financial centres by analysts at the think-tank Z/Yen (Financial Centre Futures, *The Global Financial Centres Index 27* (March 2020), available at https://www.longfinance.net/media/documents/GFCI_27_Full_Report_2020.03.26_v1.1_.pdf) although it is noted that many Asian financial centres including Tokyo, Shanghai, Singapore, Hong Kong and Beijing are not far behind in this rankings table.
[88] CPR 58.11. See also A. Hogan, *Fast Track Commercial Claims* in 'Civil Litigation in Practice' (1999).
[89] CCG A2.1.
[90] For a detailed account of the role of the Committee, see Colman, Lyon and Hopkins, *The Practice and Procedure of the Commercial Court*, n 78, ch 2.

38.24 *Commercial Litigation*

workings of the court and also produces reports on the state of the law in fields relevant to the work of the court, such as arbitration and carriage of goods by sea. It is also expected to assist the court in meeting the problems and continually changing needs of the commercial community.[91]

2. The CPR and the Commercial Court

38.25 The business of the Commercial Court is governed by CPR Pt 58, and the accompanying 'Practice Direction 58 – Commercial Court'.[92] Part 58 provides that the CPR and Practice Directions apply to claims in the commercial list unless Pt 58 or a practice direction provides otherwise.[93]

38.26 A Commercial Court Guide (incorporating The Admiralty Court Guide with The Financial List Guide and The Circuit Commercial (Mercantile) Court Guide)[94] supplements Pt 58 and PD 58. The role of The Commercial Court Guide is that it:

> 'is intended to promote the efficient conduct of litigation in the Commercial Court and its sister the Admiralty Court. The Guide is also used for cases in the Financial List. For cases in the Circuit Commercial Courts (the former Mercantile Courts), the Guide supplements the Circuit Commercial (Mercantile) Court Guide.
>
> The Guide does not however provide a complete blueprint for litigation and should be seen as providing guidance to be adopted flexibly and adapted to the exigencies of the particular case. It should not be understood to override in any way the Civil Procedure Rules or Practice Directions made under them, or as fettering the discretion of the Judges.'[95]

38.27 The conduct of litigation in the Commercial Court is therefore to be understood by combining the general CPR and Practice Directions with Pt 58, PD 58 and The Commercial Court Guide ('CCG').[96] The same terms apply to statements of case in the Commercial Court as elsewhere, although there are some forms that are exclusive to the Commercial Court. Section C of the CCG sets out requirements for the statements of case in the Commercial Court. There is a stipulation in the Commercial Court that a statement of case should be limited to 25 pages. The court may exceptionally give permission for a longer statement of case to be served where a party shows good reasons for doing so, in which case a summary will also be required to be served.[97]

38.28 It is still technically possible to have a trial without statements of case in the Commercial Court[98] but it is questionable how often this is likely to be invoked in fact, given the practical difficulties which would ensue. Although

---

[91] CCG A3.2.
[92] Hereinafter referred to as PD 58.
[93] CPR 58.3.
[94] The 10th edition is the latest edition and was published in September 2017, see n 10.
[95] CCG, Introduction.
[96] The functions and procedures of the Circuit Commercial Courts are governed by CPR Pt 59 and its accompanying Practice Direction.
[97] CCG C1.2(b) and (c).
[98] CPR 58.11; CCG B4.8.

there is no particular pre-action protocol for the Commercial Court, cases may sometimes be covered by an approved protocol, such as the Pre-Action Protocol for Professional Negligence and, in any case, it is incumbent upon potential Commercial Court and other litigants to seek to comply with PD – Pre-Action Conduct and Protocols.

3. The jurisdiction of the Commercial Court[99]

38.29 Rather than providing a definition of 'commercial claim', Pt 58 describes the ambit of the term by *example*, by including possible issues which *may* fall within 'commercial claims'. It provides:[100]

'58.1
(2) In this Part and Practice Direction 58, 'commercial claim' means any claim arising out of the transaction of trade and commerce and includes any claim relating to –
 (a) a business document or contract;
 (b) the export or import of goods;
 (c) the carriage of goods by land, sea, air or pipeline;
 (d) the exploitation of oil and gas reserves or other natural resources;
 (e) insurance and re-insurance;
 (f) banking and financial services;
 (g) the operation of markets and exchanges;
 (h) the purchase and sale of commodities;
 (i) the construction of ships;
 (j) business agency; and
 (k) arbitration.'

38.30 A commercial claim can be started in the commercial list[101] or an application may be made, and which will be considered by a judge in the Commercial Court, to transfer a claim there from another list.[102] A commercial judge may also order a claim started in the Commercial Court to be transferred elsewhere[103] (this is particularly true for cases which might more suitably be dealt with in one of the Circuit Commercial Courts or the London Circuit Commercial Court).[104]

38.31 It is theoretically open to a party to seek to challenge a commercial judge's discretion to treat a matter as either suitable or unsuitable for the Commercial Court by appealing to the Court of Appeal with the permission of the commercial judge or the Court of Appeal.

---

[99] Jurisdiction under the Brussels I Recast Regulation has already been considered in the previous chapter (see paras **37.03–37.28**). State immunity from suit is considered in the context of commercial arbitration at paras **39.96–39.101**.
[100] Where matters fall outside the specific examples set out in CPR 58.1, it appears that it is left to the practice (and possibly the discretion) of the commercial judges whether the Commercial Court is a suitable forum for a particular matter, and the best course, when in doubt, for ascertaining whether a matter will be treated as suitable is to consult (presumably for analogous cases) the index of *Lloyd's Law Reports* (Colman, Lyon and Hopkins, *The Practice and Procedure of the Commercial Court*, n 78, pp 35–36).
[101] CPR 58.4(1).
[102] CPR 58.4(2).
[103] Ibid.
[104] CCG B13.5.

4. THE INTERIM STAGES

38.32 A great deal of work goes on between the start of a contested action and the trial, which may not take place for some considerable time, sometimes years after the commencement of the proceedings. The various interim stages which occupy this interval have six primary objectives:

(a) To define the issues. This is the function of the pre-action protocol letters, the statements of case and lists of issues.[105]
(b) To elicit relevant documents, through a process known as disclosure,[106] and advance details of evidence through the service of witness statements and an exchange of experts' reports.
(c) To promote early settlement at as early a stage as possible, through early formulations of the case and disclosure.
(d) Where necessary, to give one of the parties interim protection pending trial, eg by way of an interim injunction or a search order.[107]
(e) To safeguard the fruits of success of the action, eg:
  (i) by an order for payment into court as a condition of giving a defendant leave to defend[108] – a safeguard for the claimant;
  (ii) by the grant of a freezing injunction restraining the defendant from dealing with his assets in this country or possibly worldwide pending trial – a safeguard for the claimant;[109] or
  (iii) by an order requiring the claimant to give security for the costs he would have to pay if unsuccessful – a safeguard for the defendant.
(f) To ensure that the action is in a proper state for trial.

5. JUDGMENT WITHOUT TRIAL

38.33 The CPR prescribe a variety of situations in which a party[110] may obtain judgment without trial. The principal among these are the following.

(i) Default judgment

38.34 If the defendant has not filed an acknowledgement of service or a defence and 14 days have expired since the particulars of claim were served or if the defendant has filed an acknowledgement of service but has not filed a defence and 28 days have expired after service of the particulars of claim,[111]

---

[105] Formerly called pleadings. See *Zuckerman on Civil Procedure: Principles of Practice*, n 47, ch 7.
[106] Formerly called discovery. See para **38.63**.
[107] See para **38.103**.
[108] This arises where the claimant applies for summary judgment. See para **38.37**.
[109] See para **38.96**.
[110] Not all of these are of general application, as is indicated below.
[111] For the relevant rules governing the filing and serving of statements of case, see paras **38.42** ff.

then the claimant can apply to the court for a default judgment.[112] In such cases there is often no hearing, and obtaining the default judgment is simply an administrative act. Default judgments cannot be obtained in certain cases,[113] including Pt 8 proceedings, admiralty proceedings and arbitration proceedings. The claimant is also prevented from obtaining a default judgment where the defendant has taken particular steps; for example, applying for summary judgment or to have the claimant's case struck out.[114]

38.35 The most common types of case in which default judgments are sought are for the recovery of money or the delivery of goods. In these cases default judgments can be obtained by filing a standard form request; there will be no hearing and no need to persuade the court to enter judgment. An application to the court will often be necessary in other cases; usually where equitable relief is being sought. Judgment in money claims can be made either as a final judgment (requiring the defendant to pay a particular amount within a specified period) or as an interim judgment for damages (where, although liability has been determined, the amount payable has still to be determined).

38.36 It is possible for a default judgment to be set aside or varied.[115]

(ii) **Summary judgment**

38.37 The summary judgment procedure enables the court, on the application of either party or of its own initiative, to eliminate the whole or parts of either a claim or a defence where the claim or defence does not have a real prospect of success. It is closely related to the court's power to strike out; both powers fulfil the overriding objective of active case management[116] by the summary disposal of issues that do not require full trials.[117] The difference between the two procedures is that summary judgment is used where the facts of the claim seem so weak that it has no real prospect of success and there is no other compelling reason why the case or issue should be disposed of at a trial, whereas in a strike out the elimination is levied on the basis on which the statement of case is presented.[118]

38.38 Summary judgment can be applied for by either party but only after the defendant has filed either an acknowledgement of service or his defence.[119] As with other interim applications, it is necessary to complete an application notice and serve this together with all relevant evidence on the other party and

---

[112] CPR 12.3. Pt 12 and PD 12 apply equally to the Commercial Court except that references to 'particulars of claim' should be read as reference to the claim form, because in the Commercial Court the period for filing the acknowledgement of service is taken from the service of the claim form (see para **38.49**): CPR 58.8(2), CCG B11.
[113] PD 12, paras 1.2, 1.3.
[114] CPR 12.3(3).
[115] CPR 13.
[116] CPR 1.4.
[117] CPR 1.4(2)(c).
[118] CPR 24.2, CPR 3.4(2).
[119] Unless the court permits or a PD provides otherwise: CPR 24.4(1).

the court, giving notice of at least 14 days before the summary judgment hearing.[120] The respondent has to file and serve any evidence in reply at least seven days before the summary judgment hearing.[121] If the applicant responds to the respondent's evidence, the reply evidence must be filed and served at least three days before the summary judgment hearing.[122]

38.39 After the hearing the court may give judgment on the claim, dismiss the application, strike out or dismiss the claim, make a conditional order, or a combination thereof.[123]

(iii) Striking out

38.40 Striking out of a statement of case, or a part thereof, can occur where it appears to the court that the statement of case discloses no reasonable grounds for bringing or defending the claim or is an abuse of the court's process or is otherwise likely to obstruct the just disposal of the proceedings or where there has been a failure to comply with a rule, practice direction or court order.[124] Striking out can occur at the application of a party or on the court's initiative.[125] If the particulars of claim are struck out, an action will be stayed or dismissed, whereas if a defence is struck out, judgment will be entered for the claimant.[126]

6. STAGES IN A CONTESTED QUEEN'S BENCH ACTION

38.41 The following are the principal stages in a typical contested action in the Queen's Bench Division.[127]

(i) Commencing proceedings

1. The claim form and particulars of claim

38.42 A case is commenced by the issue of a claim form under Pt 7 or Pt 8.[128] Commercial Court claim forms must be marked with 'Queen's Bench

---

[120] CPR 24.4(3).
[121] CPR 24.5(1).
[122] CPR 24.5(2).
[123] In deciding whether to bring an application for summary judgment or striking out, a party needs to weigh up the chances of success as against the potential cost if the application is unsuccessful. Summary assessment of costs means that the costs of an unsuccessful application are immediately determined and generally payable within 14 days, unless the court has directed otherwise.
[124] CPR 3.4(2).
[125] CPR 3.3(1); PD 3A, para 4.1.
[126] In relation to costs, see n 123.
[127] We shall for the moment defer discussion of the more urgent forms of interim protection, for example freezing injunctions and search orders. See paras **38.93** ff.
[128] Part 8 proceedings are appropriate either where the claimant 'seeks the court's decision on a question which is unlikely to involve a substantial dispute of fact' (CPR 8.1(2)(a)) or where a rule or Practice Direction requires or permits the use of Pt 8 (CPR 8.1(6)). PD 8A sets out a

Division, Commercial Court' in the top right corner.[129] Specific Commercial Court forms, corresponding to Pt 7 and Pt 8 claim forms, are available.[130] A Commercial Court claim form will be issued by the Admiralty and Commercial Registry.[131]

38.43 A claim form will include the names and addresses of the parties, a brief statement of the nature of the claim, the remedy sought and a statement of value where the claim is for money (although it may be that the amount cannot be stated). Particulars of claim, the formal written statement of the claimant's case, can be attached to the claim form or set out as a separate document.[132]

38.44 There is an insistence in the Commercial Court that the claim form (rather than, as is usual, only the particulars of claim) includes the basis for the claim of interest and the rate sought.[133] Furthermore, Commercial Court claim forms do not require a statement of value, as is generally needed under the CPR in the case of an ordinary Queen's Bench action.[134]

38.45 Service of the claim form must generally occur within four months of its being issued.[135] The claim form is served (either with or without the particulars of claim[136]) with a response pack, which contains forms relating to acknowledgement of service, admission, defence and counterclaim. Where the particulars of claim document is not served with the claim form, it must follow within 14 days of the service of the claim form and within the period of validity of the claim form.[137] Rule 6.3 sets out possible methods of service.[138] Where the claimant serves the claim form, the claimant must file a certificate of service with the court within 21 days of service of the particulars of claim unless all defendants have filed acknowledgments of service within that time.[139]

---

non-exhaustive list of situations in which proceedings must be commenced by a Pt 8 claim form (section B). A claimant must specifically state when using a Pt 8 claim form that Pt 8 applies and that he wishes or is required to proceed under it (CPR 8.2(a); PD 7A, para 3.3; CCG B5.2).

[129] PD 58 para 2.3.
[130] PD 58 para 2.4.
[131] PD 58 para 2.1.
[132] PD 16 paras 3.1–3.2. Commercial Court practice does not require particulars of claim to be served with the claim form either (CCG B4.4).
[133] CPR 58.5(3); CCG B4.9–4.10.
[134] CPR 16.3, 16.5, 58.5(2), CCG B4.3.
[135] CPR 7.5(1). This is extended to six months where the defendant is out of the jurisdiction: CPR 7.5(2).
[136] For specimen particulars of claim, see figure 38.2.
[137] CPR 7.4(1)(b) and 7.4(2).
[138] The court serves the claim form except in the circumstances specified in CPR 6.4(1). Where the defendant is outside the jurisdiction but the Brussels I Recast Regulation, Brussels Convention or Lugano Convention is applicable, it is not necessary to obtain permission in order to issue proceedings in England and serve them abroad (CPR 6.33). Permission will be necessary where the defendant is outside the jurisdiction and where the Brussels I Recast Regulation, Brussels Convention and Lugano Convention are not applicable (CPR 6.36, discussed at para 37.33).
[139] CPR 6.17(2); CCG para B7.6.

38.46 Where the particulars of claim are not served with the claim form, they must be served within 28 days after the filing of the acknowledgement of service,[140] rather than 14 days. A copy of the particulars of claim must be filed within seven days of the service, together with a certificate of service,[141] and service must be undertaken by the claimant rather than the court.[142]

2. Acknowledgement of service and defences

38.47 When a defendant receives a claim form, he has three options:

(a) He can admit the claim and file an admission (either of the whole claim or just a part).[143]

(b) He can contest the claim by filing a defence and/or counterclaim.[144] A defence must address every statement of fact in the particulars of claim by either admitting it, denying it or requiring the claimant to prove it;[145] otherwise the defendant is typically deemed to admit the fact alleged.[146] Where the defendant has a claim against the claimant,[147] instead of going to the trouble and expense of bringing a separate action he can make a counterclaim in the same proceedings. The counterclaim is included in the same document as the defence, the document then being termed a defence and counterclaim. A counterclaim is treated in all respects as if it were a claim, so that the claimant must serve a defence to it (combining this with his reply to form a reply and defence to counterclaim[148]), failing which the defendant may enter judgment in default on the counterclaim in the same circumstances as the claimant could have done on his claim.[149] The defendant is also entitled to invoke Pt 24 to obtain summary judgment on a counterclaim to which there is no defence, or to seek to strike out the statement of case or part thereof.

(c) He can simply file an acknowledgement of service. This can be used where he either lacks the time to put in a defence or where he wants to object to the court having jurisdiction.[150]

---

[140] CCG C2.1(a).
[141] CCG C2.3.
[142] PD 58 para 9; CCG B7.1.
[143] This allows the claimant to apply for judgment on the admission (CPR 14.3).
[144] For a specimen defence and counterclaim, see figure 38.3.
[145] CPR 16.5(1).
[146] CPR 16.5(5).
[147] See para **38.53** for the situation where the defendant wants to claim against a third party under Pt 20.
[148] For a specimen reply and defence to counterclaim, see figure 38.4.
[149] CPR 12.3(2).
[150] Although he will be required to make an application under Pt 11, he is still required to acknowledge service.

Figure 38.2   Particulars of Claim

IN THE HIGH COURT OF JUSTICE   Claim No. CC/4566/20
QUEEN'S BENCH DIVISION
COMMERCIAL COURT

WHEATSHEAF LIMITED   Claimant

-and-

CORNWALL PLC   Defendant

PARTICULARS OF CLAIM

1. The Claimant is a company incorporated under the laws of England and Wales and carrying on business as a cattle farmer. The Defendant is a company incorporated under the laws of England and Wales and carrying business as a manufacturer and supplier of cattle feed.

2. By an agreement in writing ('the Agreement') made between the Claimant and the Defendant on or about 15th January 2018 the Defendant agreed to make up and sell and the Claimant agreed to buy at the price of £5,000 a quantity of compound meal for feeding to the Claimant's cattle.

3. The following were, amongst others, express conditions of the Agreement:

   a. That the compound meal would be fit for the purpose of feeding to the Claimant's cattle.

   b. That the compound meal would be of satisfactory quality.

4. Further, or alternatively, the Agreement included the implied conditions that the compound meal would be fit for the purpose of feeding the Claimant's cattle and that it would be of satisfactory quality. These terms implied as a matter of law and/or to give business efficacy to the agreement.

5. The compound meal was delivered to the Claimant in June 2018, but it was unfit for its purpose of being fed to the Claimant's cattle and was not satisfactory quality.

Particulars

The compound meal contained a toxin poisonous to cattle. In consequence, 50 head of cattle fed with the meal became ill and died at an average age of 5 months when they would otherwise have been sold at the age of 11 months.

6. In the premises, the Defendant breached the express and/or implied conditions of the Agreement.

7. By reason of the Defendant's said breaches of the Agreement, the Claimant has suffered loss and damage.

Particulars of loss and damage

Sale value of 50 head of cattle at £550 each		£27,500
Less credit for six months' feed saved, ie 1.5 tonnes per head at £150 a tonne		£11,250
	Net loss of profit	£16,250
	Veterinary fees	£ 250
		£16,500

8. Further, the Claimants claims interest pursuant to section 35A of the Senior Courts Act 1981 at such rate and for such period as the court thinks fit.

And the Claimant Claims:

(1) Damages;
(2) Interest pursuant to section 35A of the Senior Courts Act 1981

JOHN DOUGHTY

The claimant believes that the facts stated in these particulars of claim are true.

Served the 16th day of February 2020 by Messrs. Battle & Axe of Action House, Sloe Street, London, WC2R 2LS, solicitors for the Claimant.

Stages in a Contested Queen's Bench Action **38.47**

Figure 38.3 Defence and Counterclaim

IN THE HIGH COURT OF JUSTICE   Claim No. CC/4566/20

QUEEN'S BENCH DIVISION

COMMERCIAL COURT

WHEATSHEAF LIMITED   Claimant

-and-

CORNWALL PLC   Defendant

DEFENCE AND COUNTERCLAIM

DEFENCE

1. Paragraph 1 of the Particulars of Claim is admitted.

2. Paragraph 2 of the Particulars of Claim is admitted; that pursuant to a written agreement ('the Agreement') the Defendant agreed to make up and sell a compound meal to the Claimant for feeding to the Claimant's cattle.

3. As to paragraph 3 and 4 of the Particulars of Claim:

   a. It is denied that it was either an express or implied condition of the Agreement that the compound meal would be fit for the purpose for which the Claimant alleges it was required.

   b. It is averred that the Claimant gave detailed instructions to the Defendant as to the required composition of the compound meal. The Claimant relied entirely on its own skill and expertise.

   c. Further or alternatively, if, which is denied, the Claimant did rely on the Defendant's skill and judgment, such reliance was unreasonable in the above circumstances.

   d. Further, it is denied that it was either an express or implied condition of the Agreement that the compound meal would be of satisfactory quality. As is noted in paragraphs 3b above, the Claimant specified the ingredients of the compound meal.

   e. It is averred that the only implied term of the Agreement was that each ingredient in the compound meal should be of satisfactory quality.

1299

4. As to paragraphs 5-7 of the Particulars of Claim:

   a. It is denied that the compound meal contained a toxin poisonous to cows.

   b. Further or alternatively, if, which is denied, the compound meal did contain such a toxin, it could still have been safely fed to cattle if administered in accordance with the accompanying instructions. It is averred that the Claimant failed to feed its cattle in accordance with such instructions.

   c. In the premises, the Defendant denies that it breached the express and implied conditions of the Agreement as alleged in paragraph 6 of the Particulars of Claim.

   d. By reason of the matters aforesaid, it is denied that the Claimant has suffered loss or damage as alleged or at all, and it is further denied that such loss and damage as the Claimant may establish was caused by any breach of the Agreement on the part of the Defendant.

5. Further or alternatively, the Defendant relies on clause 3 of the Agreement, which provides that the Defendant "shall not be liable for any defects in any goods made up or supplied by them, whether or not due to negligence on their part, and all representations, conditions and warranties, express or implied, as to the quality of the goods or their suitability for any purpose are excluded".

COUNTERCLAIM

6. The Claimant has failed to pay the agreed price of the compound meal, namely £5,000 on the due date, 30th June 2018.

7. Further, the Defendant claims interest pursuant to section 35A of the Senior Courts Act 1981 from 30th June 2018 at the rate of 4% above Barclays Bank base rate from time to time.

AND the Defendant counterclaims:

   (1) £5,000;

   (2) interest thereon pursuant to section 35A of the Senior Courts Act 1981 from 30th June 2018 at the rate of 4% above Barclays Bank base rate from time to time.

RICHARD ROBUST

The defendant believes that the facts stated in this defence and counterclaim are true.

Served the 10th day of March 2020 by Messrs Helmut, Shield & Co. of Defence House, Barricade Street, London EC3 4RZ.

Figure 38.4 Reply and Defence to Counterclaim

IN THE HIGH COURT OF JUSTICE   Claim No. CC/4566/20

QUEEN'S BENCH DIVISION

COMMERCIAL COURT

WHEATSHEAF LIMITED   Claimant

-and-

CORNWALL PLC   Defendant

REPLY AND DEFENCE
TO COUNTERCLAIM

REPLY

1. Paragraph 3b of the Defence, that the Defendant was supplied with instructions as to the required composition of the compound meal by the Claimant, is denied.

2. Further or alternatively, if, which is denied, the Defendant was supplied with such instructions, paragraph 4b of the Defence, that the Claimant failed to feed its cattle in accordance with such instructions, is denied.

3. It is admitted that clause 3 of the agreement provides as set out in paragraph 5 of the Defence. It is averred that clause 3 fails to satisfy the test of reasonableness required by sections 3 and 6 of the Unfair Contract Terms Act 1977.

Particulars

Clause 3 fails to satisfy the test of reasonableness because:

   a. the parties are not of equal bargaining power, the Claimant being a small private company while the Defendant is a large and powerful public company;

   b. the Defendant is the leading specialist in the manufacture and supply of cattle feed whereas the Claimant is merely a farmer with no specialist knowledge;

   c. the Defendant has, or alternatively could easily have, covered itself with insurance without significant cost;

   d. the Agreement, including clause 3, was printed in miniscule print which the Claimant could not reasonably have been expected to read, and its attention was not drawn to the said clause, of which they were unaware at the time of entering the Agreement.

DEFENCE TO COUNTERCLAIM

4. Paragraph 6 of the Defence is admitted, insofar as the Claimant has failed to pay the Defendant. It is averred that the compound meal supplied by the Defendant was of no value to the Claimant, and the consideration for the same has wholly failed.

5. In the premises, it is denied that the Claimant is liable to pay the said agreed price or any part of it for the compound meal.

JOHN DOUGHTY

The claimant believes that the facts stated in this reply and defence to counterclaim are true.

Served the 26th day of March 2020 by Messrs. Battle & Axe of Action House, Sloe Street, London, WC2R 2LS, solicitors for the Claimant.

38.48 In a Pt 7 application, a defendant is not obliged to acknowledge service of the claim form. He can simply file his defence within 14 days of service of the particulars of claim.[151]

38.49 In comparison, the defendant in an action commenced in the Commercial Court is *required* to file acknowledgement of service in every case,[152] with the 14-day period running not from the date of service of the particulars of claim, as is the case under ordinary CPR,[153] but from the date of service of the claim form.[154] This specific Commercial Court requirement to serve an acknowledgement of service after receiving the claim form may cause defendants, incorrectly assuming that the ordinary CPR practice applies, to fail to serve an acknowledgement of service and therefore enable claimants to obtain default judgment.[155] The defendant who intends to defend a claim must file and serve his defence 28 days after the service of the particulars of claim.[156]

38.50 Where the Pt 8 procedure is used, there is a uniform rule under both the ordinary CPR and in the Commercial Court that an acknowledgement of service must always be filed.[157] A default judgment cannot be obtained where the Pt 8 procedure is deployed.[158]

3. Subsequent statements of case: replies, further information and Part 20 proceedings

38.51 If a reply is required, in an ordinary Queen's Bench action the claimant must file his reply at the same time that he files his directions questionnaire.[159] Since no directions questionnaire is necessary in the Commercial Court, the reply is to be served and filed 21 days after service of the defence.[160]

38.52 It may be that to prepare his own case, or understand the case he has to meet, a party needs information beyond that contained in the statements of case, witness statements or documents obtained via disclosure. The CPR provide a procedure for obtaining such further information, provided that the request for it is concise and strictly confined to matters which are reasonably necessary and proportionate to the purpose.[161]

38.53 Part 20 proceedings include counterclaims, claims for indemnity or contribution and other remedies.[162] They include situations where the defendant wants to claim against a person other than the claimant (but in a closely

---

[151] CPR 15.4(1).
[152] CPR 58.6(1).
[153] CPR 9.1.
[154] CPR 58.6(2); CCG B9.1(b); B9.4(a).
[155] See para **38.34**.
[156] CCG C3.2.
[157] CPR 8.3, CCG B9.2.
[158] CPR 8.1(5).
[159] CPR 15.8, 26.3. See para **38.57**.
[160] CPR 58.10(1); CCG C4.3.
[161] PD 18 para 1.2.
[162] CPR 20.2.

related matter) and where the defendant claims that if the claimant succeeds, then a third party should pay either the whole (an indemnity) or a part of the claim (a contribution). The court retains a discretion whether to allow Pt 20 proceedings.

38.54 Part 20 claim forms are issued and served in the same way as ordinary claim forms. A defendant will not need permission if the Pt 20 claim form is issued before or at the same time as the defence is filed but will do so thereafter.[163] The rules regarding time limits and case management are the same as for ordinary Pt 7 claims. Despite the fact that Pt 20 proceedings piggyback on an underlying claim, they do have a separate existence and the life of the underlying claim is not unequivocally bound to that of the Pt 20 claim. Special Pt 20 forms exist in the Commercial Court.

4. Extensions of time and amendments

38.55 The court may extend or shorten any time limit in the rules, practice directions or a court order.[164] It is permissible for the parties to agree extensions of time (for example, in relation to the defence), provided this is evidenced in writing and notification is provided to the court.[165] Parties cannot agree to extend time limits relating to certain dates, for instance for case management conferences, trial dates or in relation to any step carrying a sanction in default.[166] In the Commercial Court extension by agreement of time between the parties is not permitted for the service and filing of the reply; and can be gained only via a court order.[167]

38.56 Amending a statement of case without permission is possible before the statement of case is served but otherwise either the consent of all parties or the permission of the court is needed.[168]

(ii) **Case management**

38.57 Active case management by the judiciary is an integral part of the system introduced by the CPR. The various aspects of active case management, which are detailed in a non-exhaustive way in CPR 1.4(2) include encouraging the parties to cooperate with each other in the conduct of the proceedings. To comply with the overriding objective of active case management, the court will

---

[163] CPR 20.7(3).
[164] CPR 3.1(2)(a).
[165] CPR 15.5(2); CCG C2.1, C3.2, C3.3.
[166] CPR 3.8(3).
[167] Because of the practical impact this could have on the subsequent stages of a contested action in the Commercial Court, in particular the timing of the Case Management Conference and its preparatory stages: CCG C4.4. There appears to be no provision for parties to agree an extension of time for the service of a reply under the CPR although CPR 26.3(6A) provides that the date for filing the completed directions questionnaire cannot be altered by the parties and, since this is the same as the date for filing of the reply under CPR 15.8(a), this would imply that parties cannot vary the date by which the reply must be filed.
[168] CPR 17.1.

Stages in a Contested Queen's Bench Action **38.59**

allocate every defended case to one of three case management tracks. This usually occurs after the defence has been filed, when the court will serve directions questionnaires on the parties (although this is not an essential requirement). These questionnaires ask about, for example, compliance with any pre-action protocol, details of witnesses, contemplated applications, and the parties' opinion on which track is most suitable. The allocation is made principally on the financial value of the claim, although other factors must also be considered.[169]

1. Small claims

38.58 With some exceptions (eg claims involving a disputed allegation of dishonesty[170]), the small claims track accommodates simple claims with a value of not more than £10,000.[171] Since they are easier to deal with than cases on other tracks, standard directions will usually be given. These typically provide that the parties are to serve documents on the other side no later than 14 days before the hearing, that the original documents must be brought to the hearing, that notice of the hearing date and the length of the hearing are given, and that the parties are to tell the court if they settle the case. There are various restrictions on the procedures that can be entertained in the small claims track; for example, most interim remedies,[172] requests for further information and Pt 36 offers and payments are inappropriate, and a narrower than standard form of disclosure applies. Final hearings in small claims are usually before County Court district judges.

2. Fast track

38.59 Claims over £10,000 and for not more than £25,000[173] where the trial is estimated to last for no longer than one day and where oral expert evidence at trial will be limited to one expert per party per field and expert evidence in two fields, are generally allocated to the fast track.[174] The preparation involved in these will be more protracted and detailed than the small claims track. When the court determines that a case is to be put on the fast track, directions will be given for a schedule regarding the stages of the litigation, including the trial, with the trial window within 30 weeks after the track allocation decision. These directions will be made on the court's own initiative but the directions questionnaires and statements of case will be taken into consideration. As well as the specific directions, the parties in a fast-track case will have to comply

---

[169] CPR 26.8.
[170] PD 26 para 8.1(1)(d) although this rule is not absolute.
[171] With some exceptions, for claims issued on or after 1 April 2013: CPR 26.6(3). For claims issued before 1 April 2013, the previous limit of £5,000 continues to apply. The Jackson reforms have meant that since 1 April 2013, parties no longer have the power that they previously had to consent to the allocation of a case to the small claims track even though it exceeds the small claims track limits.
[172] Interim injunctions are available in small claims.
[173] For proceedings issued on or after 6 April 2009: CPR 26.6(4) and (5). For proceedings issued before 6 April 2009, the previous limit of £15,000 continues to apply.
[174] CPR 26.6(5).

38.59 *Commercial Litigation*

with other limits (for example, requirements relating to the preparation of trial bundles or the serving of hearsay notices under the Civil Evidence Act 1995).[175] Pre-trial checklists (listing questionnaires), to gauge whether the parties have been complying with the directions made at the allocation stage and whether the case is prepared for trial, must be returned to the court by the parties by the specified date which will not be more than eight weeks before the trial date or the beginning of the trial period,[176] and statements of costs also must be filed. Fast-track trials often take place in the County Court before a district judge.

3. *Multi-track*

38.60 The most high value and complex cases, often specialist proceedings and cases commenced under Pt 8, will be allocated to the multi-track.[177] The principal defining feature of this track is that courts are given considerable flexibility to manage cases according to their specific requirements. When the case is allocated to the multi-track, the judge will decide whether to give directions, or arrange a case-management conference (CMC) or pre-trial review. The focus of CMCs is to ensure that the real issues between the parties are identified and the first CMC is the most suitable time for the consideration of any appropriate interim relief in a given case. Accordingly, parties are under an obligation to try to agree directions (or alternatively, proposals if agreement cannot be reached) in advance of the CMC. Where pre-trial reviews are deemed necessary, they are usually timetabled for between 8 and 10 weeks before the trial and are before the actual trial judge. The aim of pre-trial reviews is to finalize the statement of issues to be tried as well as a programme and budget. The court will set a trial date or the period in which the trial will occur as soon as is practicable[178] and will give directions for when listing questionnaires should be filed. The trial date will be discussed at a listings hearing.

4. *Case management in the Commercial Court*

38.61 Specialist courts have different procedures for dealing with case management. There is no allocation in the Commercial Court because all cases are automatically treated as multi-track.[179] The first CMC in a Commercial Court case is mandatory[180] and the responsibility of applying for it lies with the claimant,[181] although the court can arrange one on its own initiative.[182]

---

[175] For more information, see PD 28.
[176] CPR 28.5(2).
[177] CPR 26.6(6) states that the multi-track is the normal track for those cases for which the small claims track or fast track are not the normal track.
[178] CPR 29.2(2).
[179] CPR 58.13(1).
[180] CPR 58.13(3).
[181] PD 58 para 10.2.
[182] PD 58 para 10.6.

Stages in a Contested Queen's Bench Action 38.63

38.62 The CCG sets out the '13 key features' of case management in a normal Pt 7 claim form application.[183] These are noteworthy, as they highlight the role of the case memorandum and the list of issues,[184] the difference between the role of CMCs in non-Commercial Court and Commercial Court litigation, and that the progress monitoring date is distinct to the Commercial Court, giving the court a chance to revise case preparation and see whether it is ready for trial.[185] Further case management tools have also been introduced in line with proposals by the Commercial Court Long Trials Working Party, such as judicial settlement of the list of issues[186] and allocation of specific judges in larger cases.[187]

(iii) **Disclosure of documents and evidence**

38.63 As previously stated, disclosure is the process by which parties to an action are required to reveal to each other the existence of all documents[188] which have been or are within their control and which are material to the issues in the action. The usual method is for lists of documents to be exchanged after a case has been allocated to either the fast or the multi-track and after directions regarding disclosure have been given. The list must note the documents which are privileged, and which cannot therefore be inspected or copied (for example, those protected by legal professional privilege[189] or, more

---

[183] CCG D2.1.
[184] These are not specifically noted either under the ordinary CPR or in other courts with a commercial jurisdiction. CCG D5.2 sets out the necessary content for a case memorandum. The case memorandum and the information sheet in the Commercial Court take the place of the directions questionnaire under ordinary CPR (Pt 26), although they are not directly analogous as they have different functions, no allocation being necessary in the Commercial Court. CCG D7.2 sets out the content for the case management bundle; the preparation for which the claimant is responsible (CCG D7.1). The case management bundle must be lodged with the Commercial Registry at least seven days before the first CMC (CCG D7.5(a)).
[185] The progress monitoring date does not involve a hearing, simply a review by the judge of the progress monitoring information sheet and case management bundle: CCG D12.
[186] Report and Recommendations of the Commercial Court Long Trials Working Party, December 2007, sections A3 and D. See now CCG D6, in particular D6.3(b).
[187] See now CCG D4 which makes provision for the allocation of a designated judge and provides that, if an order is made for allocation to a designated judge, that judge 'will preside at all subsequent pre-trial Case Management Conferences and other hearings' (D4.3). Further, the Commercial Court Listing office will in all cases 'endeavour to ensure a degree of judicial continuity' (D4.4).
[188] This includes anything in which information of any description is recorded: CPR 31.4. This means that electronic documents need to be searched for and disclosed in the list of documents. This will need to comply with PD 31B – 'Disclosure of Electronic Documents' in addition to the disclosure obligations set out in Pt 31. Electronic document means any document held in electronic form including emails, text messages, voicemail, word-processed documents and databases, and documents stored on portable devices such as memory sticks and mobile phones. In addition to documents that are readily accessible from computer systems and other electronic devices and media, it includes documents that are stored on servers and back-up systems and documents that have been deleted. It also includes metadata and other embedded data which is not typically visible on screen or a print out (PD 31B, para 5(3)). PD 51U (para 2.5) which applies to the Business and Property Courts expressly makes reference to social media and audio or visual recordings.
[189] *Zuckerman on Civil Procedure: Principles of Practice*, n 47, ch 16.

rarely, requiring protection on grounds of public policy[190]), and those which are no longer available (indicating the reason for the unavailability). It is necessary for each party to provide a disclosure statement of the extent of the search that has been made and that the party understands the duty to disclose and has carried out the duty to the best of their knowledge. Each party can inspect and make copies of the documents disclosed by the other side.[191] Subject to some qualifications, documents provided in the course of disclosure can be used only for the purpose of the proceedings in which they are disclosed.[192] It is the solicitor's responsibility to ensure that his client has effected full disclosure as required. An order compelling disclosure can be made where a party fails to make the appropriate disclosure, and penalties may be imposed on a party who fails to make full and proper disclosure.[193]

38.64 Unless the court directs otherwise, an order for disclosure means standard disclosure.[194] Standard disclosure extends to documents upon which the party is relying, those which may adversely affect either *his own case* or that of another party, those which support another party's case and those required to be disclosed by a practice direction (contrast small claims where the duty is simply to disclose documents that will be relied upon).[195]

38.65 Parties may apply for specific disclosure by making a written request and providing evidence that in their belief the other party has or had those documents, that they are disclosable under standard disclosure or on an application of the overriding objective. If made, an order for specific disclosure may require the disclosure of documents or classes of documents, a particular search, or disclosure of documents resulting from that search.[196] As a result of the Commercial Court Long Trials Working Party report[197] and the Jackson reforms, the Commercial Court has now moved away from making orders for standard disclosure towards more tailored disclosure.

38.66 In May 2016, the Chancellor of the High Court, Sir Terence Etherton, established the Disclosure Working Group in response to widespread concerns regarding the perceived excessive costs, scale and complexity of disclosure. It was concluded that standard disclosure often produces large amounts of wholly irrelevant documents, leading to a considerable waste of time and costs.

---

[190] Ibid, paras 15.73 ff. The fact that a party owes a duty of confidentiality in regard to a document is not by itself a sufficient justification for failing to disclose it in proceedings.
[191] CPR 31.15.
[192] CPR 31.22(1).
[193] With the implementation of the Jackson reforms since 1 April 2013, there has been significantly greater emphasis on compliance with court orders and directions. A new rule provides that the court may contact parties from time to time to monitor compliance with directions (CPR 3.1(8)), and the checklist of matters to be considered when dealing with applications for relief from sanctions has been considerably shortened (CPR 3.9(1)). See further para **38.15**.
[194] CPR 31.5(1)(a).
[195] CPR 31.6.
[196] CPR 31.12(2).
[197] Report and Recommendations of the Commercial Court Long Trials Working Party, December 2007, sections A4 and E.

Stages in a Contested Queen's Bench Action **38.67**

This resulted in the introduction on 1 January 2019 of a two-year Disclosure Pilot Scheme in the Business and Property Courts in England and Wales under PD 51U – Disclosure Pilot for the Business and Property Courts.[198] This applies to qualifying cases[199] and is intended to promote a significant change in culture and approach to disclosure. CPR 31.5 has been significantly revised and now requires a far greater level of co-operation between the parties. Standard disclosure is no longer regarded as the default form of disclosure and is no longer ordered in every case. Instead, save where the parties agree to dispense with this and subject to some exceptions, parties will be expected to make 'Basic Disclosure' of key documents which they rely on and which are necessary for other parties to understand the case they have to meet. If 'Extended Disclosure' is required, the court is given open-ended discretion to make any order that it considers appropriate and has five models (Models A to E)[200] to choose from, ranging from an order for no disclosure in relation to a particular issue through to the widest form of disclosure requiring the production of documents which may lead to a train of enquiry. Disclosure duties that apply to the parties and their legal representatives are expressly set out in PD 51U including continuing duties of preservation and honesty and a duty to liaise and cooperate with the other parties or their legal representatives so as to promote the reliable, efficient and cost-effective conduct of disclosure including through the use of technology. Whilst the Pilot is limited to the Business and Property Courts and some of the more detailed provisions of CPR Pt 31 will remain unchanged (e.g. pre-action disclosure, subsequent use of disclosed documents, orders for disclosure against persons not a party, and others), the expectation is that the Pilot will lead to a wider reform in disclosure.

38.67 In addition to the above, special disclosure orders can also be made. For example, *Norwich Pharmacal* orders can be made against a person who has

---

[198] In *McParland & Partners Ltd v Whitehead* [2020] EWHC 298 (Ch) Sir Geoffrey Vos took the opportunity to clarify some aspects of the way in which the Disclosure Pilot is intended to work, in particular in relation to: the identification of issues for disclosure; the approach to choosing between disclosure models; and cooperation between the parties. It was emphasised that the Issues for Disclosure are very different from Issues for Trial and that the Disclosure Pilot is intended to operate proportionately for all kinds of case in the Business and Property Courts from the smallest to the largest and compliance with the Pilot need not be costly or time-consuming. However, this does not appear to be the case in practice where there have been reports of increased preparation time for CMCs and a massive increase in costs. Since many cases ultimately settle, this front-loading of costs has proved to be unpopular with court users.

[199] The Disclosure Pilot applies to Pt 7 proceedings with statements of case. Pt 7 claims without particulars of claim and Pt 8 claims are expressly excluded from certain requirements. The court has power to make an order for extended disclosure under the Pilot in a case proceeding under Pt 8.

[200] Model D (narrow search-based disclosure) is the equivalent of standard disclosure in non-pilot cases, ie documents likely to support or adversely affect any party's case in relation to the issue(s) identified. According to the minutes of a November 2019 Commercial Court Users' Group meeting available at https://www.judiciary.uk/wp-content/uploads/2020/02/Minutes-of-Comm-Ct-Users-Group-20.11.19.pdf, the model most commonly adopted in commercial cases is Model C (request-led search-based disclosure). This is similar to the approach often adopted in international arbitration.

facilitated some wrongdoing, requiring them to disclose to the prospective claimant the identity of the wrongdoer.[201] *Norwich Pharmacal* orders can also be sought to enable a prospective claimant to obtain documents necessary to bring a possible action in tort, even though, without the documents of which disclosure is sought, it could not be ascertained whether the alleged wrongdoer had actually committed a tort against the prospective claimant.[202] In addition, the Digital Economy Act 2010 enables parties to make effective use of *Norwich Pharmacal* orders in order to tackle copyright infringement.[203] *Norwich Pharmacal* orders are not restricted to any particular type of case.[204] Furthermore, they are discretionary; therefore, even if the basic conditions are made out, they may be refused, for example on public interest grounds.

38.68 Another special disclosure order that the court may order is pre-action disclosure against a *likely* defendant. This can be ordered where it is likely that the applicant and defendant will be party to subsequent proceedings, and where the defendant appears likely to have or had relevant documents in his possession, custody or power. Pre-action disclosure orders cater for the desirability in dealing with the anticipated proceedings fairly, to prevent the proceedings being commenced altogether or to save costs.[205]

38.69 It is possible for the court to order the inspection, preservation and detention of property which is relevant to proceedings. This can be done before the proceedings are issued, where property is in the possession of one of the parties,[206] or in the possession of a non party.[207] The Torts (Interference with Goods) Act 1977, s 4(2) provides that it is possible for the court to order the delivery up of goods which are or may become the subject matter of subsequent proceedings, or as to which any question may arise in proceedings. Applications under this statute are included in the interim remedies available under CPR 25.1(1)(e).

38.70 Another aspect of the 'cards on the table' approach is the requirement to serve witness statements and exchange experts' reports.[208]

---

[201] *Norwich Pharmacal Co v Customs and Excise Comrs* [1974] AC 133.
[202] *P v T Ltd* [1997] 4 All ER 200.
[203] The Digital Economy Act 2017 extends the maximum custodial sentence for online copyright infringement from two years to ten years.
[204] *British Steel Corpn v Granada Television Ltd* [1981] AC 1096. This has been emphasized in *Ashworth Security Hospital v MGN Ltd* [2002] 1 WLR 2033 where the House of Lords disapproved the views of Sedley LJ in *Interbrew SA v Financial Times Ltd* [2002] EWCA Civ 274, [2002] 2 Lloyd's Rep 229, that the detection of crime was not a proper object of the *Norwich Pharmacal* jurisdiction, as unduly restrictive and held that a *Norwich Pharmacal* order could be sought in cases where the wrongdoing was criminal, provided that the remedy was restricted to the victim of the wrongdoing.
[205] Senior Courts Act 1981, s 33(2).
[206] Ibid, s 33(1); CPR 25.1(1)(i), 25.5(1)(a).
[207] Ibid, s 34(3); CPR 25.1(1)(j), 25.5(1)(b).
[208] CPR 32, 35; PD 35. See *Zuckerman on Civil Procedure: Principles of Practice*, n 47, chs 20 and 21. The expert's primary duty is to the court, not to the party from whom he receives instructions (CPR 35.3). As to expert evidence in arbitral proceedings, see para **39.70**.

Stages in a Contested Queen's Bench Action **38.73**

(iv) Negotiations for settlement: Part 36 offers

38.71 Most cases are settled before trial, while the settlement of others may arise before the end of the trial or prior to or during the hearing of an appeal.[209] A Part 36 offer to settle is a method of exerting pressure on the other party to end the litigation.[210]

38.72 Part 36 offers (which are contrasted with eg Calderbank offers[211]) can be made by either the defendant or the claimant, but must be in writing and stated in specific terms.[212] They are said to be 'without prejudice except as to costs'.[213] This means that the Pt 36 offer cannot be used against the offeror on the question of liability but that the court can have regard to the offer when resolving costs and interest.

38.73 The proceedings are stayed where the claimant decides to accept the offer,[214] and he will be entitled to his costs up to the date of serving the notice of acceptance.[215] If the claimant declines the offer, the case continues without the court being informed of either the existence or the terms of the Pt 36 offer.[216] At the conclusion of the case, if the claimant fails to obtain a judgment more advantageous than the defendant's Pt 36 offer, the claimant will be required to pay the costs of the defendant for a specified period, plus interest.[217] Part 36 payments can be made at any time, including before the commencement of proceedings, and may be made in appeal proceedings.[218] Since 6 April 2015, a Pt 36 offer may only be withdrawn or its terms changed if the offeree has not previously served a notice of acceptance.[219] Before expiry of the relevant period, provided that the Pt 36 offer has not already been accepted, a notice of withdrawal or amendment of terms to make them less advantageous to the offeree will take effect at the end of the relevant period, provided that the offeree does not serve notice of acceptance of the original

---

[209] See generally D. Foskett, *Foskett on Compromise* (9th edn, 2019).
[210] Pt 36 has been extensively revised by the Civil Procedure (Amendment No. 8) Rules 2014 (SI 2014/3299). The main changes include: (a) allowing for time-limited offers; (b) permitting the judge to be told of the existence but not the terms of a Pt 36 offer after judgment has been given on the preliminary issues in the context of a split trial; (c) adding a new factor for the court to take into account in deciding whether it would be unjust to order Pt 36 costs consequences, namely, whether the offer was a genuine attempt to settle the proceedings; and (d) providing expressly that Pt 36 offers may be made in respect of a counterclaim or any additional claim.
[211] So named after the decision in *Calderbank v Calderbank* [1976] Fam 93, [1975] 3 All ER 333. A Calderbank offer can be a useful tool to settle disputes where a Part 36 offer does not apply eg cases allocated to the small claims track and arbitration proceedings. It is not governed by strict court rules and provides greater flexibility than a Part 36 offer.
[212] CPR 36.5(1).
[213] CPR 36.16(1).
[214] CPR 36.14.
[215] CPR 36.13.
[216] CPR 36.16(2).
[217] CPR 36.17 which similarly makes provision for the event that judgment against the defendant is at least as advantageous to the claimant as the proposals contained in the claimant's Pt 36 offer.
[218] CPR 36.4(2).
[219] CPR 36.9(1).

offer by then. If the offeree does serve such notice before the end of the relevant period, that acceptance will take effect unless the offeror successfully applies for permission to withdraw the offer or to change its terms. However, where the terms are amended to make them more advantageous to the offeree, this will not be treated as a withdrawal of the original offer but as the making of a new Pt 36 offer with a new relevant period. If the Pt 36 offer has not been accepted after the expiry of the relevant period, then it can be withdrawn or its terms amended without permission. Time-limited offers are now permitted under the new CPR rules. This means that a Pt 36 offer may be automatically withdrawn after expiry of the relevant period if the offer terms provide for this.

(v) Trial

38.74 Although it is preferable for a claim to be tried at once, it is sometimes necessary to deal with certain issues before others. In such cases three types of order can be made: there can be a trial of a preliminary issue on a question of law, a separate trial of preliminary issues on questions of fact or a separate trial of the issues of liability and damages. Parties can apply for trial of a preliminary issue (via an application notice or at a CMC/pre-trial review) or the court can order one on its own initiative.

38.75 It is the claimant's responsibility to prepare trial bundles and these must be filed by the claimant with the court not more than seven and not less than three days before the start of the trial.[220] Trial bundles typically contain the claim form and all statements of case, case summaries/chronologies where appropriate, requests for further information and the response to those requests, witness statements (where they are to be relied on as evidence) and summaries, any notices of intention regarding evidence, any medical/expert reports and the responses thereto, and any orders giving case management directions. The general rule is that for the purpose of all hearings before a judge, skeleton arguments should be prepared.[221] However, in the case of appeals, skeleton arguments are only compulsory in the Court of Appeal,[222] and should be lodged with the court and served on the other party at least three days before the hearing. They are intended to focus the judge on the relevant reading for the hearing and should summarize the parties' submissions on each issue, referring to and attaching the relevant authorities where appropriate.

38.76 All trials are in open court, unless, for example, publicity would defeat the point of the hearing.[223] Where witnesses are giving evidence, they will do

---

[220] CPR 39.5(2).
[221] See the Chancery Guide, n 73, para 21.73; CCG F5.5.
[222] PD 52C, para 31. In the case of appeals to the County Court and High Court, subject to any order of the court, the parties should file and serve skeleton arguments only where the complexity of the issues of fact or law in the appeal justify them or the skeleton argument would assist the court in respects not readily apparent from the papers in the appeal: PD 52B, para 8.3.
[223] Senior Courts Act 1981, s 67; CPR 39.2(3). See also the European Convention on Human Rights, art 6. Article 6 has begun to exert considerable influence on the practice and procedure of the courts.

so orally and in public,[224] although in certain cases, for instance where the witness is too ill to attend the trial, it is possible for evidence to be given in a deposition (ie, on oath before the trial).[225] The civil standard of proof is on a balance of probabilities (except contempt of court, which must be proved beyond reasonable doubt). The trial itself is generally conducted in the following order: the claimant will make an opening speech, which will be followed by the claimant's evidence.[226] The defendant may then make an opening speech and present his evidence. Thereafter, each party makes its closing speech, the defendant going before the claimant. Finally, judgment is given, either immediately (extempore judgment) or after an adjournment (reserved judgment), and costs are considered.

38.77 Proceedings may be stayed either on the application of any person, whether or not a party to the proceedings, or on the court's initiative.[227] There can be numerous reasons for staying proceedings, for example where the defendant raises *forum non conveniens*.[228] In contrast to a discontinuance,[229] staying proceedings does not terminate them; they are paused. It is also possible for proceedings to be tempered with court-imposed sanctions, where parties fail to comply with orders and directions.

7. FORUM NON CONVENIENS[230]

38.78 The court has an inherent power to stay proceedings on the ground of *forum non conveniens* where it is satisfied that another forum has competent jurisdiction and is one in which the case may be more suitably tried for the interests of all the parties and the ends of justice.[231] However, in *Owusu v Jackson*,[232] the Court of Justice of the European Union held that where a court in the United Kingdom had jurisdiction under art 4 of the Brussels I Recast Regulation ('Brussels Ir'),[233] it was not open to that court to decline to exercise the jurisdiction conferred on the ground of *forum non conveniens*.

38.79 In order to answer the question of whether Brussels Ir now permits a court to stay proceedings over which it has jurisdiction, it is helpful to examine six different sets of circumstances where this issue may arise, rather than simply provide a broad brush answer.[234] Firstly, if jurisdiction is taken on the

---

[224] CPR 32.2.
[225] CPR 34.8–34.12.
[226] Witnesses are no longer taken through their evidence by examination in chief; they are simply asked to verify their written witness statements and are then cross-examined.
[227] Senior Courts Act 1981, s 49(3).
[228] See below.
[229] Which can generally occur without obtaining the court's permission, except for the situations noted in CPR 38.2(2).
[230] See A. Briggs, *Civil Jurisdiction and Judgments* (6th edn, 2015), paras 4.17 ff.
[231] *Spiliada Maritime Corpn v Cansulex Ltd (The Spiliada)* [1987] AC 460. See also para 37.37.
[232] Case C-281/02, [2005] ECR I-1383.
[233] Regulation 1215/2012 (previously, art 2 of the Brussels Convention on Jurisdiction and the Enforcement of Judgments in Civil and Commercial Matters), on which see further paras 37.03 ff.
[234] See further A. Briggs, *Civil Jurisdiction and Judgments*, n 230, paras 2.304–2.306.

basis of art 4 of Brussels Ir, the court has no power to stay its proceedings, even if the natural forum for the trial would be the courts of a Member State. Secondly, where the English court has general discretion under art 4, it has no power to stay proceedings, even if there is a more appropriate forum in a non-Member State, as seen in the case of *Owusu v Jackson*.[235] Thirdly, where the court has general jurisdiction but the dispute is covered by a choice of court agreement for the courts of a non-Member State, the court may decline to exercise jurisdiction.[236] Fourthly, where the English court has general jurisdiction under art 4 but the dispute concerns title to land in a non-Member State, the court must in principle be permitted to decline jurisdiction. Fifthly, the situation where the jurisdiction of the English court is based on the residual jurisdictional rule in art 6 of the Regulation but there is a material connection with a non-Member State remains to be considered. Finally, there is also a great deal of uncertainty where the natural forum would be in a Member State but the court has jurisdiction on the basis of art 6. Where substantially the same dispute had been commenced at an earlier point in time and is still pending before the courts of a non-Member State, the court may stay the proceedings if it is expected that the court of the non-Member State will give a judgment capable of recognition and enforcement and the stay is necessary for the proper administration of justice.[237] Where the action before the court is related to an action that is pending before the courts of a non-Member State, the court may stay the proceedings if it is expedient to hear and determine the related actions together, it is expected that the court of the non-Member State will give a judgment capable of recognition and enforcement,[238] and the stay is necessary for the proper administration of justice.[239]

38.80 The legal position will change after 31 December 2020 at the end of the transition period following the UK's departure from the EU. The Withdrawal Agreement provides that Brussels Ir will continue to apply in respect of legal proceedings instituted before the end of the transition period or which are related to such proceedings.[240] After that date, the law remains to be determined. But the default position is that Brussels Ir will not apply after the end of the transition period with the result that, in the absence of any other agreement being put in place, the courts will presumably fall back on the more discretionary approach of the common law, as set out in cases such as *The Spiliada*,[241] according to which a stay will only be granted where the court is satisfied that there is another available forum, having competent jurisdiction, which is the appropriate forum for the trial of the action, that is to say, in

---

[235] Ibid.
[236] The Hague Convention on Choice of Court Agreements (30 June 2005) now offers a more transparent basis for giving effect to jurisdiction agreements for the courts of non-Member States which are party to the Convention. See paras 37.39–37.41.
[237] Brussels Ir, art 33.
[238] Ibid, art 34.
[239] Ibid.
[240] Article 67(1)(a) of the Withdrawal Agreement.
[241] *Spiliada Maritime Corpn v Cansulex Ltd (The Spiliada)* [1987] AC 460, [1986] 3 All ER 843.

which the case may be tried more suitably for the interests of all parties and the ends of justice.[242]

8. ANTI-SUIT INJUNCTION[243]

38.81 This is the antithesis of *forum non conveniens*. The court may grant an anti-suit injunction restraining the commencement or continuance of proceedings elsewhere if the English court has jurisdiction to grant it, England is the natural forum as having a sufficient interest in or connection with the matter in question, and the foreign proceedings are or would be vexatious and oppressive,[244] and the other party has been guilty of wrongful conduct of which the applicant is entitled to complain and which he has a legitimate interest to prevent.[245] Prima facie the applicant has a legitimate interest where he is relying on a contractual right not to be sued. In other cases he must show the existence of proceedings in England which he is entitled to have protected.[246] The English courts are sensitive to the need to promote international comity and will not lightly interfere with the pursuit of proceedings in another jurisdiction. Moreover, the Court of Justice of the European Union has held that it would be inconsistent with Brussels Ir to grant an injunction restraining proceedings in the courts of another member state of the EU having jurisdiction under the regulation even if the purpose of such proceedings is unconscionably to frustrate the English proceedings.[247]

38.82 As has been noted,[248] Brussels Ir will continue to apply in respect of legal proceedings instituted before the end of the transition period or which are related to such proceedings. Whether the courts will be able to issue an order restraining a person from commencing or continuing proceedings in an EU Member State when Brussels Ir no longer applies remains to be seen.

---

[242] Ibid at 496, per Lord Goff. See also *Connelly v RTZ Corpn plc* [1998] AC 854, [1997] 4 All ER 335 and *Lubbe v Cape plc* [2000] 4 All ER 268, [2000] 1 WLR 1545.
[243] See generally T. Raphael, *The Anti-Suit Injunction* (2nd edn, 2019); A. Briggs, *Civil Jurisdiction and Judgments*, n 230, paras 5.32–5.52.
[244] *British Airways Board v Laker Airways Ltd* [1985] AC 58.
[245] *Société Nationale Industrielle Aérospatiale v Lee Kui Jak* [1987] AC 871; *Airbus Industrie GIE v Patel* [1999] 1 AC 119; *Turner v Grovit* [2002] 1 WLR 107. See further Look Chan Ho, 'Anti-Suit Injunctions in Cross-Border Insolvency: A Restatement' (2003) 52 ICLQ 697; E. Peel, 'Anti-Suit Injunctions – The House of Lords Declines to Act as International Policeman' (1998) 114 LQR 543.
[246] *Turner v Grovit*, n 245, per Lord Hobhouse at [27].
[247] *Turner v Grovit*: Case C-159/02, [2005] 1 AC 101. See also *Allianz SpA (formerly RAS Riunione Adriatica di Sicurta SpA) v West Tankers Inc (The Front Comor)*: Case C-185/07, [2009] 1 Lloyd's Rep 413, discussed at para **37.13**, where a similar approach was adopted by the CJEU in the context of an attempt to obtain an anti-suit injunction to restrain proceedings commenced in breach of an arbitration agreement.
[248] See para **38.80**.

9. INTERIM APPLICATIONS[249]

38.83 Interim applications are those which occur before the actual substantive hearing of the claim, ie they are pre-trial applications. They can be dealt with either in a hearing or without a hearing.[250]

(i) General characteristics

38.84 Interim applications may be made either with or without notice. Applications with notice are the general rule.[251] They are made via an application notice with relevant evidence attached. A draft order may also be attached to the application notice. The application must be served as soon as practicable and in any event not less than three days before the application is to be heard.[252] The court responds with either specific details regarding a hearing or stating that the application will be disposed of without a hearing.

38.85 Applications without notice are made via an application notice and supported with written evidence, and are permitted only in certain circumstances, such as where there is exceptional urgency, the overriding objective is best furthered by doing so, all parties consent, court permission is given, a date for a hearing has been fixed and a party wishes to make an application at the hearing but does not have sufficient time to serve an application notice or where a court order, rule or practice direction so permits.[253] A party making an application without notice is compelled to make full and frank disclosure to the court of all material facts, including those which are *against* his own interests.

38.86 Where the matter is particularly urgent, it is possible for the court to waive the need for an application notice,[254] provided that informal notice, at least, is given to the other party (unless secrecy is necessary). Although such urgent applications can usually be brought only after a claim form has been issued, the court can dispense with this requirement too.[255]

38.87 The general rule is that any evidence necessary for the disposal of an interim application should be in writing rather than given as oral testimony. The CPR lay down specific stipulations for the provision of evidence in some cases.[256] In other cases, evidence is required so far as necessary to establish the merits of the application.[257]

---

[249] See I. Goldrein (ed), *Commercial Litigation: Pre-Emptive Remedies* (looseleaf); D. Bean, I. Parry and A. Burns, *Injunctions* (13th edn, 2018).
[250] Where the parties agree to this or as to the terms of the order sought or where the court considers that a hearing would be inappropriate: CPR 23.8.
[251] CPR 23.4(1).
[252] CPR 23.7(1).
[253] PD 23A, para 3.
[254] CPR 23.3.
[255] CPR 25.2(2).
[256] For example, CPR 25.5(2) regarding the inspection of property.
[257] PD 23A para 9.1.

(ii) Commercial Court characteristics

38.88 The Commercial Court is different from the remainder of the High Court (except in some respects the Admiralty Court) in that all interim and pre-trial applications are heard by a Commercial Court judge and not by Masters of the Queen's Bench Division.[258] An applicant must file an application notice containing the reasons for making the application and attaching a draft order. As with other Commercial Court documents, it is served by the party and not the court.[259] The mandatory CMCs result in a considerable number of pre-trial applications.

38.89 The Commercial Court Guide, section F, deals with applications in four groups according to type: applications without notice, expedited, ordinary and heavy applications. Applications without notice are the exception in the Commercial Court rather than the rule, as they are in the High Court in general.[260] They can be made on paper where no undertakings are required (eg an application for permission to serve a claim form out of the jurisdiction),[261] but otherwise the applicant must appear before the Commercial Court judge.[262] Expedited applications are possible where the applicant applies, on notice, to the court, and the Commercial Court judge deems that matter to be of 'sufficient urgency and importance' to merit expedited status.[263] Ordinary applications constitute the majority of the applications before the Commercial Court and are classified as those that are predicted to last no more than half a day.[264] Heavy applications, in contrast, are those that are predicted to last longer than half a day.[265]

(iii) Specific interim applications and relief

38.90 The principal specific kinds of interim applications and types of relief granted are as follows.

1. Interim Payments

38.91 Interim payments are payments on account of any damages, debt or other sum which one party to an action may be held liable to pay another party where that other party obtains final judgment. The court will order interim payment where it is likely that the claimant will be partly successful and where it would be unjust to delay the making of payment.[266] An interim payment will not include costs but may include interest and should not be for an amount

---

[258] PD 58 para 3.1.
[259] PD 58 para 9, CCG F1.4.
[260] CCG F2.1.
[261] CCG F2.2.
[262] CCG F2.3.
[263] CCG F3.1.
[264] CCG F5.1.
[265] CCG F6.1.
[266] A full list of the circumstances where interim payments can be ordered is set out in CPR 25.7.

38.91 Commercial Litigation

greater than what would constitute a reasonable proportion of what would ultimately be awarded at trial. At the main trial the parties cannot reveal the interim payment until liability and quantum have been decided.[267]

38.92 Interim payment applications are made on notice and must be served at least 14 days before the hearing with all relevant evidence attached.[268] Applications for summary judgment are commonly combined with those for interim payments, the former being available where the defence has no prospect of success and the latter being available where the claimant can show liability will be established.

2. Interim injunctions

38.93 Interim injunctions are provisional measures to prevent continuing and irreparable harm to the claimant by the defendant's actions in the time before the trial date. Before an interim injunction will be granted, the claimant must show that there is a pre-existing cause of action against the defendant.[269] Thereafter the claimant must satisfy the requirements laid down in *American Cyanamid Co v Ethicon Ltd*:[270]

(a) that there is a serious question to be tried;
(b) that damages would not be an adequate remedy for the claimant, who would suffer irreparable harm if the injunction were not to be granted; and
(c) that, should the defendant succeed at trial, he would be adequately compensated for any loss suffered by the undertaking in damages required to be given by the claimant as a condition of grant of the injunction.[271]

38.94 Where these criteria are finely poised between the parties, a balance of convenience analysis should be undertaken. The difficulty with *American Cyanamid* is Lord Diplock's insistence that once the threshold of a serious question to be tried, or an arguable case, had been shown, it was not the function of the court to assess the strength of the parties' claims on the merits. This aspect of the decision has been heavily criticized, and subsequent cases have tended to erode its significance.[272]

---

[267] Unless the defendant agrees or there is a public interest in the disclosure, for example to prevent the creation of a false market where two private companies are involved and there is a large amount in issue: *British and Commonwealth Holdings plc v Quadrex Holdings Inc (No 2)* (1988) Times, 8 December.
[268] CPR 25.6.
[269] *The Siskina* [1979] AC 210 per Lord Diplock at 256.
[270] [1975] AC 396.
[271] The reasoning behind this is that where an interim injunction is obtained but no eventual order against the defendant is made, the defendant will have been unjustifiably restrained by the injunction while it was in force. The claimant is therefore usually required to give an undertaking in damages that he will pay the defendant compensation for any loss the defendant actually incurs as a result of the injunction.
[272] For a good discussion, see *Zuckerman on Civil Procedure: Principles of Practice*, n 47, paras 10.29 ff.

38.95 Either party can apply for an interim injunction. Applications can even be made before the claim form has been issued, in urgent cases or where it is in the interests of justice to do so. Whether or not notice should be given to the other side depends on whether there is true impossibility in giving such notice.[273]

3. Freezing injunctions

38.96 In the mid-1970s an entirely new form of injunctive relief emerged, one of the most powerful ever to be devised by the courts, namely the *Mareva* injunction,[274] now known as the freezing injunction (or freezing order). The purpose of freezing injunctions is to prevent the defendant from rendering a judgment against him nugatory by transferring his assets abroad or otherwise dissipating them prior to the trial. This remedy, which has a curious history,[275] has now been put on a statutory basis.[276]

38.97 The grant of a freezing injunction is governed by principles quite distinct from those laid down for ordinary interim injunctions in *American Cyanamid Co*.[277] Before granting a freezing injunction the court will usually require to be satisfied that:

(a) the claimant has 'a good arguable case'[278] based on a pre-existing cause of action;[279]
(b) the claim is one over which the court has jurisdiction;[280]
(c) the defendant appears to have assets within the jurisdiction;[281]
(d) there is a real risk that those assets will be removed from the jurisdiction or otherwise dissipated if the injunction is not granted;[282] and
(e) there is a balance of convenience in favour of granting the injunction.[283]

---

[273] *Bates v Lord Hailsham of St Marylebone* [1972] 1 WLR 1373.
[274] So named after the injunction granted in *Mareva Compania Naviera SA v International Bulk Carriers SA* [1975] 2 Lloyd's Rep 509. See Colman, Lyon and Hopkins, *The Practice and Procedure of the Commercial Court*, n 78, ch 7.
[275] See the first edition of this work at pp 964–965.
[276] CPR 25.1(1)(f); Senior Courts Act 1981, s 37(3). It should be noted that s 37(3) enables the court to grant freezing injunctions not only to restrain a party to any proceedings from removing assets located in the jurisdiction of the High Court but also to restrain the party from otherwise dealing with assets if that would prevent the other party, should they succeed, from getting satisfaction from the judgment.
[277] See n 270.
[278] *Rasu Maritima SA v Perusahaan* [1978] QB 644, per Lord Denning MR at 661; *The Niedersachen* [1984] 1 All ER 398; *Aiglon Ltd v Gau Shan Co Ltd* [1993] 1 Lloyd's Rep 164.
[279] *The Niedersachen*, n 278; *The Veracruz* [1992] 1 Lloyd's Rep 353; *The P* [1992] 1 Lloyd's Rep 470.
[280] See *The Siskina*, n 269.
[281] *Third Chandris Shipping Corpn v Unimarine SA* [1979] QB 645. But in certain circumstances the court may grant a world-wide freezing injunction. See para **38.98**.
[282] Ibid; *Montecchi v Shimco (UK) Ltd* [1979] 1 WLR 1180; *Z Ltd v A-Z and AA-LL* [1982] 1 All ER 556.
[283] *Barclay-Johnson v Yuill* [1980] 1 WLR 1259.

38.97 *Commercial Litigation*

The court can also order disclosure of documents or the administration of requests for further information to assist the claimant in ascertaining the location of the defendant's assets.[284]

38.98 In exceptional cases, typically where large sums of money are involved (and somewhat more freely where the application is made *after* the judgment or arbitral award than *before*), the court will be prepared to grant a world-wide freezing injunction covering foreign assets and addressed to third parties.[285] But the court is sensitive to the need to avoid exorbitant jurisdiction over foreign subjects, so that any such order will incorporate a provision that, so far as it purports to have extraterritorial effect, no person shall be affected by it or concerned with its terms until it has been declared enforceable or to be enforced by a foreign court and then (except as regards the defendant and persons subject to the jurisdiction of the English court)[286] only to the extent of such declaration or enforcement. Moreover, an order having extraterritorial effect will rarely be made for the purpose of enforcing judgments of courts of another state[287] except where it is a party to Brussels Ir or the Lugano Convention.[288] The Annex to PD 25A and Commercial Court Guide Appendix 11 include different forms of wording for freezing injunctions, depending on

---

[284] *A v C* [1981] QB 956.
[285] This is known as the *Babanaft* proviso, so named after *Babanaft International Co SA v Bassatne* [1990] Ch 13; *Republic of Haiti v Duvalier* [1990] 1 QB 202; *Derby & Co Ltd v Weldon (No 1)* [1990] Ch 48. See also *Teo Siew Har v Lee Kuan Yew* [1999] 4 SLR 560, where the court held that a third party against whom the claimant has no cause of action may be joined as a defendant and a freezing injunction may be issued against him if a good arguable case could be shown that the third party was holding assets belonging to the original defendant.
[286] This is known as the *Derby and Weldon* proviso, so named after *Derby & Co Ltd v Weldon (Nos 3 and 4)* [1990] Ch 65. The cumulated version of the *Babanaft* and *Derby and Weldon* provisos is incorporated in the standard form freezing injunction in CCG Appendix 11, p 125 at para 19(2). The *Baltic* proviso (ie that the person against whom the freezing injunction is obtained will not be prevented by the terms of the injunction from complying with his civil obligations under the laws of the country in which his assets are situated; so named after *Baltic Shipping Co v Translink Pacific Shipping Ltd* [1995] 1 Lloyd's Rep 673) is also included as part of the standard form freezing injunction (CCG Appendix 11, p 125 at para 20). This presumably follows the recommendation by Tuckey LJ in *Bank of China v NBM LLC* [2002] 1 WLR 844, who, after considering the problems with the *Derby and Weldon* proviso, suggested that the *Baltic* proviso should be included in the standard form (para 22). See also CCG F15.10, F15.11; *Gangway Ltd v Caledonian Park Investments (Jersey) Ltd* [2001] 2 Lloyd's Rep 715; and *Taylor v Van Dutch Marine Holding Ltd* [2017] EWHC 636 (Ch), [2017] 4 All ER 627.
[287] *Rosseel NV v Oriental Commercial Shipping (UK) Ltd* [1990] 1 WLR 1387.
[288] Civil Jurisdiction and Judgments Act 1982, s 25(1). The approach to an application for interim relief under s 25 is to consider, firstly, if the facts would warrant the relief sought if the substantive proceedings were brought in England; and, secondly, if so, whether the fact that the court had no jurisdiction apart from s 25 made it inexpedient to grant the interim relief sought: *Refco v Eastern Trading Co* [1999] 1 Lloyd's Rep 159; *Credit Suisse Fides Trust SA v Cuoghi* [1998] QB 818. For a detailed consideration of the factors to be taken into account when making a freezing injunction under s 25, see *Ryan v Friction Dynamics Ltd* [2001] CP Rep 75. However, the ability of a party in future to obtain a worldwide freezing order against a European defendant may be a matter of some doubt: see para **38.80** and L. Merrett, 'Worldwide Freezing Orders in Europe' [2008] LMCLQ 71. The particular concern is that the CJEU will adopt a rather different approach to the one traditionally taken by the English courts.

whether the injunction relates to assets solely within the jurisdiction or not.[289] A freezing injunction may also be granted in aid of foreign proceedings, though this raises special considerations.[290]

38.99 The relief granted by a freezing injunction is purely personal in character; it is not designed to give the claimant security in the frozen assets so as to place him in a preferential position compared with other creditors,[291] and the court will not usually refuse to allow the defendant to use his assets as he wishes in the running of his business and for ordinary daily living, or to discharge his ordinary business debts[292] or legal expenses.[293] Moreover, the rights of secured creditors are unaffected,[294] as are accrued rights of set-off;[295] and while an injunction binds those having notice of it and may be made directly against a bank or other third party,[296] it will rarely be granted to restrain a bank from honouring a letter of credit issued at the defendant's request and debiting the defendant's account.[297] Further, the fact that the assets are covered by a freezing injunction is not a ground for ordering the defendant to give security for costs in respect of his counterclaim.[298]

38.100 As with interim injunctions in general, the High Court has a discretion over whether or not to grant a freezing injunction, ie provided it is just and convenient.[299] The purpose of freezing injunctions requires that they be made without notice. The evidence attached to the application notice must, exceptionally, be in the form of affidavits.[300] Freezing injunctions may be sought at any stage in the proceedings – even before a claim form is issued. The claimant must give an undertaking as to damages, must notify the defendant and affected third parties, and must indemnify any third parties for any expense incurred in complying with the order.[301]

---

[289] These standard forms of wording (which also include search orders) may be modified as appropriate in any particular case but any modification should be expressly referred to the judge's attention at the application hearing: CCG F15.7.
[290] *Motorola Credit Corpn v Uzan (No 2)* [2004] 1 WLR 113. See in the context of arbitrations para **39.81**.
[291] *Flightline Ltd v Edwards* [2003] 1 BCLC 427.
[292] *Polly Peck International plc v Nadir (No 2)* [1992] 4 All ER 769; *The Cretan Harmony* [1978] 1 Lloyd's Rep 425; *The Angel Bell* [1981] QB 65; *Hitachi Shipbuilding and Engineering Co Ltd v Viafel Compania Naviera SA* [1981] 2 Lloyd's Rep 498.
[293] *The Coral Rose (No 3)* [1991] 1 WLR 917; *Halifax plc v Chandler* [2001] EWCA Civ 1750.
[294] *The Cretan Harmony*, n 292. However, the secured creditor (or his receiver, if he has appointed one) will need to apply to discharge the injunction as regards the assets comprising the security.
[295] *The Theotokos* [1983] 2 All ER 65.
[296] P. Devonshire, 'Mareva Injunctions and Third Parties: Exposing the Subtext' (1999) 62 MLR 539.
[297] *Bolivinter Oil SA v Chase Manhattan Bank NA* [1984] 1 All ER 351.
[298] *Hitachi Shipbuilding & Engineering Co Ltd v Viafel Compania Naviera SA*, n 292.
[299] Senior Courts Act 1981, s 37(1).
[300] PD 25A, para 3.1. The principal difference between affidavits and witness statements (the more commonly used form of evidence) is that an affidavit is a sworn statement and a knowingly false statement in an affidavit is perjury, whereas a false statement of truth is a contempt of court.
[301] Where the claimant seeks an order freezing moneys in the defendant's bank account or other assets held for the defendant by his bank, the claimant will usually be required to give an

38.101 Commercial Litigation

38.101 It is possible for the defendant to apply to discharge the freezing injunction by undermining one of the basic conditions for the grant of the injunction (for example, showing that the claimant did not comply with its duty of full and frank disclosure in applying for the injunction) or by offering security for the claimant's claim instead.

38.102 The freezing injunction has now become a much-used and highly flexible device for protecting a claimant against removal or dissipation of the defendant's assets pending trial. It is a striking illustration of the importance of procedural law and the creative role of the judiciary.

4. Search orders

38.103 Equally striking is the *ex parte* search order (also known as the search and seizure order and formerly known as the *Anton Piller* order),[302] which came into being at about the same time as the freezing injunction and is a further demonstration of the power of the court to create new procedural devices where the justice of the case so requires. Search orders were a response to the huge growth of piracy in the world of sound and video reproduction by illegal operators of little financial substance who obtain temporary possession of films, tapes and records made by another and proceed to reproduce them and market the reproductions illegally, making a substantial profit at the expense of the proprietors of the patents, trade marks and copyrights which are thereby infringed. The type of *inter partes* application for discovery and detention and preservation of property prescribed by the civil procedure rules as they stood prior to the innovation of the *Anton Piller* order did not avail against such operators, who would destroy or conceal the evidence of their wrongdoing.

38.104 Search orders allow the defendant's home and/or business to be searched. They are a form of relief to be resorted to only where other, less extreme, forms have failed (eg an application on notice to enter and inspect the defendant's premises, under CPR 25.1(1)(h), or an order on notice for the defendant to deliver up documents to his solicitor).

38.105 The essence of the search order is its surprise. The application is made without notice and with affidavit evidence. While the court retains ultimate discretion on whether to make a search order, the applicant is nevertheless required to show that:

(a) there is an extremely strong prima facie case on the merits;
(b) the defendant's actions will cause serious potential or actual harm to the claimant's interests;

---

undertaking to indemnify the bank against liability and to pay any reasonable costs it incurs in complying with the injunction. See *Z Ltd v A-Z and AA-LL*, n 282, where detailed guidelines were laid down by the Court of Appeal.

[302] So named after the Court of Appeal decision in *Anton Piller KG v Manufacturing Processes Ltd* [1976] Ch 55. The jurisdiction to make search orders has now been put on a statutory footing and is to be found in the Civil Procedure Act 1997, s 7.

(c) there is clear evidence that the defendant possesses incriminating objects or papers; and
(d) there is a real possibility that the defendant will destroy them before an application on notice is made.[303]

38.106 The applicant has to give various undertakings (for example, not to use items seized other than for the purposes of the claim without the court's permission, and to serve the search order on the defendant), as does the claimant's solicitor (for example, to keep the documents/objects seized in safe custody). The CCG requires the search order to include an undertaking by the applicant not to disclose the search order or the case to any third parties until after a specified date.[304] Since 1992 it has been necessary to have a Supervising Solicitor to serve and execute the search order.[305]

38.107 Over time the orders have become increasingly detailed and stringent. The requirements in respect of search orders are set out in PD 25A, para 7. The defendant is commonly required not only to permit entry to his premises and inspection and removal of the documents, but also to disclose on affidavit the names and addresses of all persons engaged in the production, distribution or sale of illicit copies, and to list all documents relating to illicit records and sales or offers for sale. Further, where the proceedings are for infringement of, or apprehended infringement of, intellectual property rights or for passing off, or for apprehended passing off, the defendant has no privilege against self-incrimination.[306] The House of Lords has held that even in other cases the defendant will not be able to plead self-incrimination as a ground for claiming privilege if he is adequately protected, eg by an undertaking by those empowered to give it that only material obtained independently of what is produced in the course of compliance with the order will be used in any criminal prosecution.[307]

38.108 In addition, the court will in appropriate cases grant an injunction restraining the defendant from warning third parties of the existence of the proceedings, except for the purpose of taking legal advice, and an injunction until trial to restrain him from continuing to make or supply illicit recordings.

38.109 The hardship caused to defendants by the excessively liberal grant of search orders has led to a strong judicial reaction in recent years.

38.110 What is to be said of the *Anton Piller* procedure, which, on a regular and institutionalized basis, is depriving citizens of their property and closing down their businesses by orders made *ex parte*, on applications of which they

---

[303] *Anton Piller KG v Manufacturing Processes Limited*, n 302.
[304] CCG F15.12.
[305] *Universal Thermosensors Ltd v Hibben* [1992] 1 WLR 840. See also PD 25A, para 7.2.
[306] Senior Courts Act 1981, s 72.
[307] *Istel Ltd v Tully* [1993] AC 45.

know nothing and at which they cannot be heard, by orders which they are forced, on pain of committal, to obey, even if wrongly made?[308]

38.111 Refusal to comply with the search order can expose the defendant to contempt proceedings. Of course, it may also constitute damning evidence against the defendant at a subsequent trial.[309] A defendant may get the search order discharged if one or more of the basic conditions for its grant are not satisfied or where the claimant is guilty of material non-disclosure on the application.

5. Security for costs

38.112 It may be that a defendant considers that he has a good chance of successfully defending the claim brought against him but is concerned that in that event the claimant would not be able to meet the order for costs made at trial. In such a case the defendant can apply[310] for the claimant[311] to provide security for costs, ie to pay a certain amount, at the court's discretion, into court by a particular date. Although it is possible to apply for security for costs at any stage of the case, it is advisable to do so at the earliest possible stage, as any unnecessary delay can be considered against the defendant. This is emphasized in the CCG, which states that delay might well cause the application to fail and that first applications for security for costs should not be made later than at the CMC.[312]

38.113 The case will usually be stayed until the claimant has provided the security, although the preferred practice in the Commercial Court is to give the claimant (or other relevant party) a reasonable time to provide the security and, if he defaults, the other party can apply to the court for a stay.[313] The CPR[314] set out conditions which must be satisfied before security for costs can be ordered, but even then the court retains a discretion over whether to grant the security for costs.[315] Claimants can also apply for security for costs against a defendant in relation to the costs of a counterclaim.

38.114 Non-compliance with an order to provide security for costs can result in the court dismissing the claim. At the end of the case, if the defendant

---

[308] *Columbia Picture Industries Ltd v Robinson* [1987] Ch 38, per Scott LJ at 73–74, a line strongly endorsed by Hoffmann J in *Lock International plc v Beswick* [1989] 1 WLR 1268 at 1279.
[309] Per Ormrod LJ in *Anton Piller*, n 302, at 62.
[310] CPR 25.12.
[311] An application can also be made against a person other than the claimant where that person either assigned the claim to the claimant in order to avoid a costs order being made against him or has contributed or agreed to contribute to the claimant's costs in return for a share of the money or property which the claimant may ultimately recover (CPR 25.14).
[312] CCG, Appendix 10, para 1.
[313] Ibid, para 6.
[314] CPR 25.13(2).
[315] Factors the court should consider were set out in *Parkinson (Sir Lindsay) & Co Ltd v Triplan Ltd* [1973] QB 609.

succeeds, the money held as security can be used to pay his costs, whereas if the claimant is successful, the money will be returned.

38.115 Payment into court by way of security for costs constitutes a procedural security to which the claimant is entitled to resort on accepting the payment offer even if the defendant becomes insolvent.[316]

10. COMMERCIAL LITIGATION COSTS

(i) General principles

38.116 Generally, costs are a matter at the discretion of the court.[317] The general principle is that the unsuccessful party will be ordered to pay the costs of the successful party (formerly referred to as the 'costs follow the event' rule). However, the court can, and frequently will, make a different rule when it considers all the circumstances of the case, and in particular:

(a) the conduct of the parties, both before and during the proceedings. In particular:
 (i) the extent to which the PD – 'Pre-Action Conduct' or any relevant pre-action protocol was followed;
 (ii) whether the allegations or issues raised were reasonably raised, pursued or contested;
 (iii) the manner in which the case or a particular allegation or issue was pursued or defended; and
 (iv) whether the party that was successful (in whole or in part) exaggerated its claim;
(b) whether a party was partly successful even if not wholly successful; and
(c) any admissible offer to settle made by a party which is drawn to the court's attention, and which is not an offer to which costs consequences under Pt 36 apply.[318]

38.117 Once it has taken into account all of the above factors, the court may make a number of orders; for example, requiring a party to pay only a proportion of, or a stated amount in respect of, another party's costs, to pay costs from or until a certain date or in relation only to certain steps taken or certain parts of the proceedings, costs incurred before proceedings have begun, or interest on costs from or until a certain date, including a date before judgment.[319]

38.118 Costs are not generally ordered between the parties in small claims cases except regarding the fixed costs relating to issuing the claim, court and expert fees, witness expenses and a limited amount for legal advice and assistance in claims for injunctions or specific performance.[320]

---

[316] See paras **22.73–22.74**.
[317] CPR 44.2.
[318] CPR 44.2(4) and (5).
[319] CPR 44.2(6).
[320] CPR 27.14(2).

38.119 In fast-track cases, costs are normally dealt with at the end of the trial by the trial judge by way of summary assessment, ie the judge will decide how much the loser has to pay of the winner's costs. There are also fixed trial costs rules for fast-track cases.[321]

38.120 In relation to orders made following interim applications, the order will typically set out who will pay the costs of the application. This will depend on the court exercising its discretion as to who it considered to have been successful.[322] If the order does not refer to costs, then the general rule is that none are payable in relation to the proceedings to which the order relates.[323]

(ii) Quantification

38.121 When an order as to costs has been made, the amount will need to be quantified. This can be agreed between the parties or may be referable, in relation to certain items, to fixed costs. The court can undertake summary assessment after a hearing on the basis of the statement of costs filed by the parties. Alternatively, and in contrast, a detailed assessment of costs may be undertaken. This is conducted by a costs officer at an assessment hearing after the parties have submitted the costs being claimed in the dispute.

38.122 Costs orders will set out the basis on which quantification will be undertaken: either on a standard or indemnity basis. The commonly invoked standard basis requires the court to allow only those costs which are proportionate to the matter in issue and to resolve any doubt on whether costs were reasonably and proportionately incurred or were reasonable and proportionate in amount in favour of the paying party.[324] The indemnity basis is used in particular situations; for example, as a penalty for misconduct between parties to litigation or where a client is paying his own solicitor. It does not include a reference to proportionality and any doubt over whether costs were reasonably incurred is resolved in favour of the receiving party.[325]

11. ENFORCEMENT

38.123 If the defendant has no assets or income, then, needless to say, there is nothing the court can do to assist the judgment creditor. The point seems an obvious one, but many litigants appear quite unable to comprehend it. What is the use of the judgment if they cannot get their money? But where the debtor has income or assets capable of being reached, a whole range of enforcement measures is open to the judgment creditor. The selection depends on whether the judgment is a money judgment or a judgment requiring the debtor to perform some other act.

---

[321] CPR 45.38(1).
[322] As well as the factors set out in CPR 44.2(4).
[323] CPR 44.10(1) and PD 23A, para 13.2.
[324] CPR 44.3(2).
[325] CPR 44.3(3).

(i) Money judgments

38.124 Even before enforcement begins and in order to assist the judgment creditor[326] in identifying the assets of the judgment debtor[327] and, therefore, to ascertain the best method of enforcement, it is possible for the judgment creditor to apply to the court for an order to obtain information from the judgment debtor.[328] The most common method of enforcing a small money judgment is to take control of a judgment debtor's goods by issue of a writ of control.[329] A writ of control can only be issued in the High Court. In general, any goods belonging to the judgment debtor may be taken control of unless they are 'exempt goods', such as cookers, refrigerators or washing machines.[330] The enforcement agent will call at the judgment debtor's premises, gain entry to the premises and take control of goods to satisfy the judgment debt. Notice must first be given to the judgment debtor not less than seven days before the enforcement agent takes control, although application may be made without notice to shorten that period or to extend the period under which control may be taken. Notice must also be provided to the judgment debtor after the enforcement agent has entered the premises, giving information about what the enforcement agent is doing. Although an enforcement agent may take control of goods on any day of the week, he is generally prohibited from doing so before 6am and after 9pm unless he makes an application to do so.[331] The goods will be either secured on the premises where the enforcement agent finds them,[332] taken away and secured elsewhere,[333] or left in the building where the goods will remain in the custody of the judgment debtor if the officer enters into a 'controlled goods agreement' (previously known as a 'walking possession' agreement) with the judgment debtor.[334] If the debtor fails to pay up then the goods are sold. There may, of course, be other judgment creditors in the

---

[326] Defined as a person who has obtained or is entitled to enforce a judgment or order (CPR 70.1(2)(a)).
[327] Defined as a person against whom a judgment or order was given or made (CPR 70.1(2)(b)).
[328] CPR 71.2.
[329] CPR 83.9. This was previously known as a writ of *fieri facias* (commonly abbreviated to *fi fa*) before the Tribunals, Courts and Enforcement Act 2007, s 62 came into force on 6 April 2014.
[330] Tribunals, Courts and Enforcement Act 2007 and the Taking Control of Goods Regulations 2013 (SI 2013/1894). 'Exempt goods' are defined in reg 4 of the 2013 Regulations to include: (a) items or equipment which are necessary for personal use by the judgment debtor in his trade or business; (b) such items and provisions as are reasonably required to satisfy the basic domestic needs of the judgment debtor and every member of his household; (c) assistance dogs or domestic pets; (d) vehicles on which a valid disabled person's badge or health emergency badge is displayed or which is being used for police, fire or ambulance purposes.
[331] The Taking Control of Goods Regulations 2013 (SI 2013/1894), reg 13. Exceptions to the general 'prohibited hours' rule include the following: (a) where the court, on application by an enforcement agent, orders otherwise; (b) goods are located on the judgment debtor or another person's premises which are open for trade or business during the prohibited hours and the goods are used to carry on a trade or business of that person; or (c) the enforcement agent has begun to take control of goods and to complete taking control of goods it is reasonably necessary for him to continue to do so during prohibited hours, provided the duration of time spent is reasonable.
[332] Ways of securing goods such as guarding, storage, or fitting an immobilisation device are detailed in the Taking Control of Goods Regulations 2013 (SI 2013/1894), reg 16.
[333] Ibid, reg 19.
[334] Ibid, reg 15.

queue who come ahead of our creditor,[335] and their claims will have to be met first. If the debtor has a beneficial interest in land, stocks or units of a unit trust, or funds in court, or under a trust, the judgment creditor can apply for a charging order.[336] The effect of such an order, when made absolute,[337] is the same as that of an equitable charge created by the debtor by writing under his hand.[338] If the debtor is himself owed money (for example, if he has a bank account in credit), a third party debt order may be obtained requiring the judgment debtor's debtor (traditionally known as a garnishee) to pay his debt direct to the judgment creditor to the extent necessary to satisfy the judgment.[339]

38.125 All proceedings for the enforcement of any judgment or order for the payment of money either given or made in the Commercial Court will be automatically referred to a Master in the Queen's Bench Division or to a district judge unless the court orders otherwise.[340]

(ii) Other judgments

38.126 A judgment or order for possession of land may be enforced by a writ of possession[341] executed by the High Court enforcement officer. A judgment or order for the delivery of goods which does not give the debtor the option of paying their value may be enforced by a writ of specific delivery.[342] Where the judgment or order gives the debtor the option of paying the value of the goods (as will usually be the case),[343] the judgment creditor must first get the value assessed by the Master, after which he may issue a writ of delivery to recover the goods or their assessed value.[344]

---

[335] Priority is governed by the date of receipt of the writ of control by the person who is under a duty to endorse it (Courts Act 2003, Sch 7, paras 7 and 8).
[336] Charging Orders Act 1979, ss 1, 2; CPR Pt 73.
[337] The order is made nisi (ie unless the debtor shows cause to the contrary) in the first instance; if he fails to show why it should not be made, it is then made absolute.
[338] Charging Orders Act 1979, s 3(4).
[339] CPR Pt 72. Other remedies, used relatively infrequently, are the appointment of a receiver by way of equitable execution (CPR 69; see in particular CPR 69.2(1)(c) and PD 69, para 5) and attachment of earnings; but the latter is available only in the County Court which must be made to the County Court Money Claims Centre for any applications made after 6 April 2016, and the judgment would therefore have to be enforced in the County Court to attract this enforcement method (ie the High Court judgment would have to be transferred to the County Court, see Pt 89 and in particular CPR 89.3; CPR 70.3 provides that a judgment creditor wishing to enforce a High Court judgment or order in the County Court must apply to the High Court for an order transferring the proceedings).
[340] PD 58 para 1.2(2); CCG K3.1.
[341] CPR 83.13(1). Other means of enforcement include an order of committal or a writ of sequestration.
[342] CPR 83.14(1). Other means of enforcement include an order of committal or a writ of sequestration.
[343] Ie where it is a writ (or warrant) to enforce the relief in s 3(2)(b) of the Torts (Interference with Goods) Act 1977, known as a writ (or warrant) of delivery, as opposed to a writ (or warrant) to enforce the relief in s 3(2)(a) of the 1977 Act, known as a writ (or warrant) of specific delivery.
[344] CPR 83.14(2).

12. COMMERCIAL LITIGATION APPEALS

38.127 After a claim has been resolved, parties may wish to appeal from the judgment to a higher court. Although some appeals can be brought as a matter of right, most appeals can be brought only after permission has been obtained, either from the court that has given the judgment being appealed or, where this is refused, from the court to which an appeal is sought.[345] The threshold test for granting permission is whether the appeal has a real prospect of success or there is some other compelling reason why the appeal should be heard.[346] It should be noted that embarking upon an appeal generally does not prevent the underlying judgment or order being executed[347] but a stay can be obtained, either from the court appealed from or the one appealed to.

38.128 An appellant must file an appeal notice setting out the grounds on which it is alleged the judge erred and must include a request for permission to appeal where this is necessary.[348] The appeal notice must be filed within such period as may be directed by the lower court or, if there is no such direction, 21 days after the date of the decision being appealed[349] and must be served on the respondent within seven days after being filed.[350] A respondent can oppose an appeal:

(a) by arguing that the decision being appealed is correct for the reasons given in the judgment (in which case there is no requirement to file a respondent's notice);
(b) by arguing that it is correct for reasons other than those given in the judgment (in which case a respondent's notice must be filed,[351] and a request for permission to cross-appeal must be included where necessary);[352] or
(c) by cross-appealing that part of the judgment that went against the respondent (which requires a respondent's notice to be filed[353]).

38.129 Where a respondent's notice is required, it must be filed within such period as may be directed by the lower court or, if there is no such direction, within 14 days after the respondent is served with the appellant's notice (where permission to appeal is given by the lower court or no permission to appeal is required) or 14 days after notification that the appellant has permission to appeal (where this is required); and served on the appellant within 7 days of being filed.[354]

---

[345] CPR 52.3(1), (2).
[346] CPR 52.6(1).
[347] Unless the appeal court or the lower court orders otherwise or the appeal is from the Immigration and Asylum Chamber of the Upper Tribunal: CPR 52.16.
[348] CPR 52.12(1).
[349] CPR 52.12(2).
[350] CPR 52.12(3).
[351] CPR 52.13(2)(b).
[352] CPR 52.13(3).
[353] CPR 52.13(2)(a).
[354] CPR 52.13(4)–(6).

13. TRANSNATIONAL LITIGATION

38.130 Litigation in a foreign state or litigation in England which requires the assistance of a foreign court (eg in the examination of witnesses or the enforcement of judgments or orders) poses a range of problems for the practitioner over and above those he is likely to encounter in purely domestic litigation.

(i) Forum shopping

38.131 Since conflict of laws rules differ from state to state, and since matters of procedure are in principle to be determined by the *lex fori*, the prospects of success in an action, the amount which the successful claimant can expect to recover and the interim remedies open to him may depend heavily on the choice of jurisdiction. There may, of course, be cases where the courts of only one state are prepared to accept jurisdiction, but the typical international contract is likely to involve points of contact with several states, and this gives considerable opportunity to the claimant and his advisers to engage in forum shopping and to select the state whose law and procedural rules are most favourable to the claim.[355] This may be highly satisfactory for an English claimant but is less so for an English defendant, especially where the litigation takes place in a country where liability is strict, awards of damages are high and the extraterritorial reach of its laws and rules of procedure excessive. Particular concern has been voiced in a number of European countries as to the size of damages awarded by American juries and as to the scope of certain United States statutes, executive orders and rules as to discovery and evidence, which purport to apply to companies and individuals outside the United States.[356] The United States feels that such extraterritorial measures are

---

[355] See A. S. Bell, *Forum Shopping and Venue In Transnational Litigation* (2003). The scope for forum shopping within the European Union is presently substantially reduced by the Brussels I Recast Regulation which extends the rules relating to jurisdiction agreements and avoids parallel proceedings taking place (see para **37.03**); and in contract cases the advantages of forum shopping are greatly attenuated as the result of the Rome I Regulation, which applies a set of largely uniform rules throughout the EU (see para **37.60**). The position in relation to the first of these issues remains to be decided after the end of the transition period but it is likely that the position in relation to choice of law in contract cases will be substantially unchanged at the end of the transition period (see para **37.63**). See also the *ALI/UNIDROIT Principles of Transnational Civil Procedure* (2004) and M. Andenas, N. Andrews and R. Nazzini (eds), *The Future of Transnational Civil Litigation: English Responses to the ALI/UNIDROIT Draft Principles and Rules of Transnational Civil Procedure* (2004).

[356] Two examples of United States orders giving rise to disputed proceedings in England have been the Westinghouse litigation, in which Westinghouse obtained letters rogatory (also known as letters of request) in the United States addressed to the High Court in England requesting the latter to order the examination in London of the then present and former directors and employees of two British companies in the Rio Tinto Zinc group (*Rio Tinto Zinc Corporation v Westinghouse Electric Corp* [1978] AC 547), and the US Presidential Executive Order of 14 November 1979 purporting to block the dollar balances of the Iranian government and its nationals held by American banks and their branches overseas. The Westinghouse litigation, which involved a large number of actions against Westinghouse in different countries, was ultimately settled by a global compromise agreement which, though expensive for Westinghouse, was far below the amount of the liabilities it would have incurred if the claims had been

necessary to prevent evasion of its laws by its nationals, while other countries consider that these represent an invasion of their sovereignty. It was problems of this kind that led to the abandonment of the proposed United Kingdom-United States Judgments Convention[357] and which led to the passing of the Protection of Trading Interests Act 1980.

(ii) Practical problems

38.132 The English lawyer advising his client in England on overseas litigation has to face a number of practical problems: unfamiliarity with the intended overseas jurisdiction, its laws and procedures, its legal system and the structure of its legal profession; the selection of a lawyer who is competent, efficient and able to converse and correspond in English; the uncertainty of the level of costs his client will be incurring; the lack, in some cases, of procedural relief of a type available in England; and, of course, the question whether the intended court will assume jurisdiction and which law it will apply to determine the dispute.

(iii) Evidence

38.133 The taking of evidence abroad in an English action and the taking of evidence in England at the request of a foreign court are greatly facilitated by the 1970 Hague Convention,[358] where the other country concerned is a party to the Convention. In this and other cases, rules of court govern the procedure in England for securing the taking of evidence abroad[359] and the obtaining of evidence for foreign courts.[360]

---

successful. The outcome is interesting as showing a sensible appreciation by the commercial world that pursuing a claim to the point where it might put one's major supplier out of business will harm the claimant as well as the defendant.

[357] Convention on the Reciprocal Recognition and Enforcement of Judgments in Civil Matters, Cmnd 6771, 1976; (1977) 16 ILM 71.

[358] The Hague Convention of 18 March 1970 on the Taking of Evidence Abroad in Civil or Commercial Matters, ratified by the United Kingdom in 1976 and implemented by the Evidence (Proceedings in Other Jurisdictions) Act 1975.

[359] CPR 34.13. The CCG provides that permission may be given for the taking of evidence abroad: CCG H4.2. In very exceptional cases, especially where there is no reasonable opportunity for the witness to give evidence by video link, the court may be willing to conduct part of the proceedings abroad: CCG H4.3.

[360] CPR 34.16–34.21.

Chapter 39
COMMERCIAL ARBITRATION

1. THE NATURE OF ARBITRATION[1]

39.01 Arbitration is a form of dispute resolution in which the parties agree to submit their differences to a third party or a tribunal for a binding decision.[2] It differs from litigation in that it is consensual in origin (though once parties have agreed on arbitration, whether in the substantive contract or after the dispute has arisen, they are bound by their agreement) and the person determining the dispute is appointed by the parties themselves, or by a third party or institution designated by them, not by the state. The fact that the parties agree to be legally bound by the arbitrator's award distinguishes arbitration from other methods of alternative dispute resolution. Arbitration is also to be distinguished from valuation, certification and other expert determination. A reference to arbitration presupposes the existence of a dispute, and the arbitrator's role is to determine the rights of the parties in a judicial manner in the light of the evidence and representations they submit to him, not by use of his own knowledge. By contrast, expert determination does not necessarily involve any dispute at all – the parties may agree, for example, that the price to be paid under their contract is to be determined by a valuation made by an appointed expert – and the task of the expert is not to exercise

---

[1] The principal works on English arbitration generally include R. Merkin (ed), *Arbitration Law* (looseleaf); D. St. John Sutton, J. Gill and M. Gearing (eds), *Russell on Arbitration* (24th edn, 2015); J. Tackaberry and A. L. Marriott (eds), *Bernstein's Handbook of Arbitration and Dispute Resolution Practice* (4th edn, 2003); A. Tweeddale and K. Tweeddale, *Arbitration of Commercial Disputes: International and English Law and Practice* (2005); and M. Mustill and S. Boyd, *Commercial Arbitration* (2nd edn, 1989 and 2001 Companion). There are several excellent works on international commercial arbitration. See in particular N. Blackaby and C. Partasides with A. Redfern and M. Hunter, *Redfern and Hunter on International Arbitration* (6th edn, 2015) (referred to hereafter as 'Redfern and Hunter'); G. Born, *International Commercial Arbitration* (2nd edn, 2014) and, for comparative studies, J. Lew, L. Mistelis and S. Kröll, *Comparative International Commercial Arbitration* (2003); E. Gaillard and J. Savage (eds), *Fouchard, Gaillard, Goldman on International Commercial Arbitration* (1999); and J. Betancourt (ed), *Defining Issues in International Arbitration* (2016). For a fascinating insight into the culture of arbitration and arbitrators, see Y. Dezelay and B. Garth, *Dealing in Virtue* (1996) and more generally see J. Paulsson, *The Idea of Arbitration* (2013).

[2] The agreement is nowadays usually concluded as part of the primary agreement between the parties and before the dispute has arisen. Parties may, alternatively, submit to arbitration after the dispute has arisen in what is known as a *compromis*, or submission agreement, which in a number of countries was at one time the only form of agreement recognized by the courts.

39.01 *Commercial Arbitration*

judicial functions by determining the parties' rights after hearing them and weighing their competing arguments but to make a determination based on the application of his specialist knowledge to the facts presented to or ascertained by him.[3]

39.02 A contract may provide a two-stage approach in which the initial determination is to be by an expert and it is only after his determination that the parties may resort to arbitration.[4] The use of multi-tiered dispute resolution clauses is becoming increasingly popular due to their flexibility and versatility.[5]

39.03 In any discussion of arbitration it is important to distinguish the agreement from which the substantive dispute arises (which for brevity will be called 'the primary agreement') from the agreement to arbitrate, which is now recognized as a separate agreement even if not physically distinct but merely an arbitration clause in the primary agreement.[6]

2. ARBITRATION VERSUS LITIGATION

39.04 A great many commercial disputes are resolved not by litigation, but by arbitration. The relative merits of the two methods of determining disputes are a perennial topic of discussion and controversy.[7] Lawyers traditionally tend to prefer litigation, businessmen arbitration. The choice of arbitration predominates in international contracts but is by no means universal. Neither system has any innate superiority over the other. Much depends on the nature of the dispute and the objectives of the parties. These may not be the same at the time of the dispute as they were at the date of the contract. In particular, the attitude of a claimant may be very different from that of a defendant.

39.05 That arbitration possesses certain advantages for the commercial man is undeniable. The parties can select an arbitrator or arbitrators in whom they have confidence (or can have the appointment made for them by a person or body whose judgment they respect) and who can be expected to be familiar with the kind of business in which the dispute arises. The proceedings are less formal and more flexible than litigation; the parties have greater control over them;[8] the arbitral tribunal is not bound by rules of evidence or procedure

---

[3] See, for example, *Halifax Life Ltd v The Equitable Life Assurance Society* [2007] EWHC 503 (Comm), [2007] 1 Lloyd's Rep 528; *Land Securities plc v Westminster City Council (No 1)* [1993] 1 WLR 286; *Ipswich Borough Council v Fisons plc* [1990] Ch 709.
[4] As in *Channel Tunnel Group Ltd v Balfour Beatty Construction Ltd* [1993] AC 334, where the House of Lords held that the courts have an inherent power to stay proceedings brought before it in breach of an agreement to settle disputes by an alternative method.
[5] See para **38.03**.
[6] See para **39.53**.
[7] For an instructive extrajudicial discussion of the question, see Kerr J, 'International Arbitration v Litigation' in [1980] JBL 164, and for a hilarious spoof account by the same judge, 'Arbitration v Litigation: the Macao Sardine Case' (1987) 3 *Arbitration International* 79, whose citation in a number of learned journals bestowed upon it, as he whimsically observed, a measure of undeserved authenticity!
[8] This is one of the objects envisaged by the Arbitration Act 1996, s 1(b).

applicable to court proceedings, nor, in a case involving a foreign element, is it obliged to apply English conflict of laws rules; the venue can be fixed by agreement with the arbitrator and (a matter of considerable importance) the hearing is private; and the proceedings and award are relatively confidential.[9] Of particular importance in international commercial arbitration is the availability of enforcement of awards in other jurisdictions under the 1958 New York Convention.

39.06 Arbitration has the potential to be cheaper and speedier than litigation,[10] but this by no means necessarily follows. The court fees in an action, although they have risen in recent years, remain relatively modest, whereas in an arbitration the parties are responsible for the arbitrator's remuneration and travel and accommodation expenses (which may be particularly heavy if there are several arbitrators coming from different countries), the hire of accommodation for the hearing and the payment of a stenographer if they wish to have a full record of the evidence.[11] In the case of an institutional arbitration the parties also have to pay the administrative charges of the arbitral institution. On the other hand, the arbitrator's greater familiarity with the practices of the industry or market may shorten the proceedings and thus save expense. Arbitration may be faster if the parties cooperate in bringing the case to a swift hearing, but allows more opportunity for delay to a defendant wishing to prolong the proceedings. Moreover, most of the advantages of arbitration, including finality and confidentiality, are lost if an award comes before the court for judicial review. Multi-party proceedings are best suited to litigation, not arbitration. A party cannot be brought before an arbitral tribunal without its prior consent, and procedures such as intervention or joinder of third parties or consolidation of proceedings to avoid multiplicity of proceedings are not always as readily available unless provision is made for them in the parties' agreement to arbitrate.[12]

39.07 Arbitral tribunals in an international commercial arbitration have and exercise wide powers going well beyond those available to a judge of a national court – for example, as to the determination of the law applicable, the sources of law to which recourse may be made, the procedure to be adopted, and the

---

[9] See paras **39.62–39.66**.
[10] This is one of the objects envisaged by the Arbitration Act 1996, s 1(a).
[11] In an action the parties pay only for the transcript of the evidence, if they want it, not for the shorthand or machine recording itself.
[12] See *Sacor Maritima v Repsol Petroleo* [1998] 1 Lloyd's Rep 518; *Elektrim SA v Vivendi Universal SA (No 2)* [2007] EWHC 571 (Comm), [2007] 2 Lloyd's Rep 8; B. Hanotiau, 'A New Development in Complex Multiparty-Multicontract Proceedings: Classwide Arbitration', (2004) 20 *Arbitration International* 39, and 'Problems Raised by Complex Arbitrations Involving Multiple Contracts – Parties – Issues: An Analysis' (2001) 18 *J International Arbitration* 251. Some national laws provide a procedure for consolidation, for example, the Dutch Arbitration Act 2015 (which replaced the Arbitration Act 1986), constituting Book IV of its Code of Civil Procedure, prescribes a consolidation procedure (CCP art 1046), as does the Hong Kong Arbitration Ordinance 2011 (which replaced the Arbitration Ordinance 1997), Schedule 2 para 2. Arbitral institutions are increasingly adapting their rules and practices to take such issues into account: see generally Permanent Court of Arbitration (ed), *Multiple Party Actions in International Arbitration* (2009).

admissible evidence – and the grounds for review of arbitral awards are much more restricted than for appeals from the decision of a judge. Moreover, where enforcement of an award is sought outside England, the law of the state of enforcement controls the extent to which the award and any decisions in the country of origin upholding or setting aside the award will be recognized, though in a state which is party to the 1958 New York Convention on the Recognition and Enforcement of Foreign Arbitral Awards the grounds for refusal of recognition and enforcement are limited by art V of the Convention.

39.08 The atmosphere of arbitration is generally considered to be less hostile than that of litigation, and the arbitral award now has a greater degree of finality than a judgment.[13] As against this, the arbitrator's interlocutory powers, though reinforced by statute,[14] are still not as extensive as those of a judge, a fact of particular importance if one of the parties wants interim or provisional relief or summary judgment and in multi-party disputes where it may be desirable to bring all parties before the court in a single or consolidated proceeding.[15] Moreover, international commercial arbitration has in some ways become almost as formalized and protracted as litigation, so that over the past decade or more there has been increasing interest in commercial mediation with an estimated number of 12,000 cases currently being referred to mediation each year.[16] Finally, whereas judges are trained to think and act judicially and to treat the admissibility and weight of evidence with circumspection, some arbitrators without legal qualifications may be inclined to decide a case on their view of what is fair and without sufficient regard to the nature of the evidence or the appropriate rules of law.[17] To this the businessman will no doubt reply with conviction, and with some justification, that it is only natural for the lawyers to feel happier in their own habitat!

3. TYPES OF COMMERCIAL ARBITRATION

39.09 There are three main classifications of arbitration, ad hoc versus institutional arbitration, domestic versus international arbitration, and private versus statutory and conventional arbitration.

---

[13] See paras **39.83** ff.
[14] Arbitration Act 1996, s 39.
[15] Courts do have powers to assist in an arbitration to the extent that the arbitrators' powers are lacking.
[16] See Centre for Effective Dispute Resolution, 'The Eighth Mediation Audit: A survey of commercial mediator attitudes and experience in the United Kingdom' (10 July 2018), available at https://mk0cedrxdkly80r1e6.kinstacdn.com/app/uploads/2019/10/The_Eighth_Mediation_Audit_2018.pdf. There has been an acceleration of growth after what appeared to be a slowing down although it remains far from clear whether the decision of the UK to leave the EU will affect the popularity of mediation.
[17] This, of course, may be what the parties want, the arbitrator being able to act as *amiable compositeur* and to decide the case *ex aequo et bono*. For a critical comment on the supposed value of the broad procedural discretion given to arbitrators, see W. Park, 'The Value of Rules and the Risks of Discretion: Arbitration's Protean Nature' in W. Park, *Arbitration of International Business Disputes: Studies in Law and Practice* (2nd edn, 2012), p 525.

(i) Ad hoc and institutional arbitration

39.10 In an ad hoc arbitration the parties themselves prescribe the mode of appointment of the arbitrator, who upon being appointed controls the proceedings himself within the limits laid down by the parties and the law. The arbitration agreement may leave the procedure governing the arbitration to be determined by the parties themselves and the arbitrator or it may incorporate procedural rules promulgated by a trade association or a national or international organization, which may be an institution administering arbitrations[18] or a body having no arbitral functions of its own, such as the United Nations Commission on International Trade Law (UNCITRAL).[19] Ad hoc arbitration remains the first choice for the majority of international commercial arbitrations in London and has certain advantages.[20] It is likely to be quicker and also cheaper in that it avoids the administrative charges of the arbitral institution. It gives parties complete control over the appointment of an arbitrator who is willing to act, and the parties are less constrained procedurally. The arbitration agreement should provide that if the parties fail to agree on the appointment of an arbitrator, the appointment should be made by a designated appointing authority. The UNCITRAL Rules go on to provide that if no appointing authority has been agreed upon by the parties,[21] or if the appointing authority agreed upon refuses to act or fails to make the appointment within 30 days of receipt of a request to do so, either party may request the Secretary-General of the Permanent Court of Arbitration at The Hague to designate an appointing or substitute appointing authority.[22] Failing incorporation of rules such as the UNCITRAL Rules, the disadvantage of ad hoc arbitration is the ability of a party to slow the process by its refusal to cooperate in the appointment of an arbitrator and in the progress of the arbitration proceedings.

39.11 An institutional arbitration is one in which the arbitrator is appointed, the proceedings conducted and the award issued in accordance with the rules of a national or international arbitral organization, and the arbitration is administered, wholly or in part, by that organization. Institutional arbitration has the advantage of possessing a clear framework of procedure outside that prescribed by law and, in many cases, of institutional facilities for the conduct of the arbitration as well as, in some cases, an internal appeal system. Administrative oversight helps to keep the arbitration on the move, to ensure that time limits are not overlooked and that the award is in a form that is likely to be enforceable. Where the rules of the arbitral institution require its approval to the appointment of arbitrators, this helps to ensure that an

---

[18] See below. Usually parties adopting rules of an arbitral institution also agree to submit themselves to the supervisory function of that institution, but this is not necessarily the case.
[19] Which in 1976 issued its Arbitration Rules (revised in 2010 and again in 2013, with the 2013 version incorporating the UNCITRAL Rules on Transparency for Treaty-based Investor-State Arbitration). These are now widely used. See generally D. Caron and L. Caplan, *The UNCITRAL Arbitration Rules: A Commentary* (2nd edn, 2013).
[20] For further detail, see *Redfern and Hunter*, n 1, para 1-143.
[21] Article 6(2).
[22] Article 6(4).

39.11 *Commercial Arbitration*

arbitrator known to be unsuitable is not appointed. In addition, the arbitral institution may control the level of fees payable to the arbitrators.[23] Finally, the standing of the arbitral institution is likely to enhance respect for the award. These advantages necessarily involve some loss of flexibility but contribute greatly to consistency in the conduct of arbitrations within the system of business activity concerned. Among the London arbitral organizations are the London Court of International Arbitration (LCIA),[24] the London Maritime Arbitrators Association and the leading commodity associations, such as the Grain and Feed Trade Association (GAFTA)[25] and the Federation of Oils, Seeds and Fats Associations (FOSFA). Among the leading foreign national arbitral institutions are the American Arbitration Association (AAA),[26] the Swedish Chamber of Commerce, the Swiss Chambers' Arbitration Institution, the China International Economic and Trade Arbitration Commission (CIETAC), the Singapore International Arbitration Centre (SIAC), the Hong Kong International Arbitration Centre (HKIAC), and the Dubai International Arbitration Centre (DIAC), each of which has its own arbitration rules.[27]

39.12 There is a profusion of international organizations concerned with international commercial arbitration. Some of these are general and global in character, such as the International Chamber of Commerce (ICC)[28] and UNCITRAL. Others are specialist, such as the International Centre for Settlement of Investment Disputes (ICSID), the Arbitration and Mediation Centre of the World Intellectual Property Organization (WIPO), the Court of Arbitration for Sport (CAS), and the newly founded Court of Arbitration for Art (CAfA); or regional, such as the Inter-American Commercial Arbitra-

---

[23] There are two ways of fixing fees. The first, used by the International Chamber of Commerce, is *ad valorem*, the fees being set in bands geared to the amount of the claim; the second, adopted by the London Court of International Arbitration, is to fix fees by reference to an hourly rate. The Hong Kong International Arbitration Centre's 2013 Administered Arbitration Rules offer parties the choice to pay arbitral tribunal's fees either on a capped hourly rate basis or according to an ad *valorem*-based scale. Each has its advantages and disadvantages. The fixing of a fee linked to the amount in issue may result in the payment of fees at a level having no relation to the work actually undertaken by the arbitrators. This problem is avoided by the use of an hourly rate, which, however, depends for its fairness on the arbitrators' self-discipline in the use of their time and their integrity in specifying the time spent. A comparison of the costs of arbitrating at 18 major arbitral institutions using ad *valorem* rates has been published by GAR and is available at https://globalarbitrationreview.com/print_article/gar/editorial/1178433/arbitration-costs-compared?print=true. With the rise in the number of new arbitration centres springing up around the world, it is likely that the already enormous variation in fees will continue to increase.
[24] See generally P. Turner and R. Mohtashami, *A Guide to the LCIA Arbitration Rules* (2009).
[25] The GAFTA contracts and arbitrations are widely known and have been the subject of numerous reported cases in the courts. See generally D. Kirby Johnson, *International Commodity Arbitration* (1991) for a description of the arbitration rules and practices of the leading commodity associations.
[26] The American Arbitration Association also has an international division known as the International Centre for Dispute Resolution (ICDR).
[27] There are a number of books devoted to an explanation and analysis of these rules. See, for example, M. Moser and C. Bao, *A Guide to the HKIAC Arbitration Rules* (2017); J. Choong, M. Mangan and N. Lingard, *A Guide to the SIAC Arbitration Rules* (2nd edn, 2018); and J. Yu, L. Cao and M. Moser, *A Guide to the CIETAC Arbitration Rules* (2017).
[28] Whose Rules of Arbitration 2012 (as amended in 2017) and International Court of Arbitration are widely used.

tion Commission. ICC arbitrations are closely controlled by the ICC's International Court of Arbitration,[29] which exercises a high degree of procedural supervision with a view to ensuring that ICC awards are respected internationally and are, as far as possible, immune from challenge.[30]

39.13 An institutional arbitration operates at two levels, contractual and jurisdictional. The parties' adoption of institutional rules in their contract binds them *inter se* to observe the rules but does not in itself bring them into a relationship with the arbitral institution. That occurs only when the institution receives the request for arbitration,[31] thereby generating a separate contract between the institution and the parties, by virtue of which the latter submit themselves to the institution's administrative regime and powers. It is possible for parties to select the rules without the administrative machinery, as where they decide not to refer the arbitration to the institution or where the latter declines to accept it.[32]

(ii) Domestic and international arbitration

39.14 Arbitration may be domestic, international or transnational.[33] The Arbitration Act 1996[34] regards as 'domestic' an arbitration where the seat is in the United Kingdom, and where none of the parties to the arbitration agreement is a national of, habitually resides in, is incorporated in, or whose central control and management is exercised in a state other than the United Kingdom, though for the purposes of the Act the distinction now has no

---

[29] Though the ICC Court has various powers, including the confirmation or appointment and removal of arbitrators, it is a largely administrative body, not a court in the judicial sense, and it exercises no adjudicatory functions, these being the prerogative of the appointed arbitrators. Nor are its orders considered to be arbitral awards. See G. Petrochilos, *Procedural Law in International Arbitration* (2004), paras 4.110–4.111.

[30] See W. L. Craig, W. W. Park and J. Paulsson, *International Chamber of Commerce Arbitration* (3rd edn, 2000) and *Annotated Guide to the 1998 ICC Arbitration Rules with Commentary* (1998); Y. Derains and E. Schwartz, *A Guide to the ICC Rules of Arbitration* (2nd edn, 2005); H. Verbist, E. Schäfer and C. Imhoos, *ICC Arbitration in Practice* (2nd edn, 2015); T. H. Webster and M. W. Bühler, *Handbook of ICC Arbitration: Commentary, Precedents, Materials* (4th edn, 2018); J. Fry, S. Greenberg and F. Mazza, *The Secretariat's Guide to ICC Arbitration* (2012); J. Grierson and A. Van Hooft, *Arbitrating under the 2012 ICC Rules: An Introductory User's Guide* (2012).

[31] This is the position under both the LCIA Rules (art 1) and the ICC Rules (art 4(2)). Submission of the request is thus to be considered an acceptance of the institution's offer to the world of its arbitration facilities, though it is subject to the willingness of the parties to observe those rules of the institution which are mandatory.

[32] As in *Sumitomo Heavy Industries Ltd v Oil and Natural Gas Commission* [1994] 1 Lloyd's Rep 45. In that case the arbitration agreement incorporated the ICC Rules but the ICC declined jurisdiction because the contractual composition of the arbitral tribunal did not accord with the Rules. It was held that while this precluded the parties from using the administrative machinery of the ICC, including its scrutiny in relation to costs, this was not so fundamental as to frustrate the contract, since the parties remained free to use the ICC procedural rules so far as these did not depend upon actual participation by the ICC.

[33] Until comparatively recently, the transnational theory has received little attention in England but is now exerting an influence on the practice of commercial arbitration. See M. J. Mustill, 'Transnational Arbitration in English Law' [1984] *Current Legal Problems* 133.

[34] Section 85(2). Unless otherwise stated, all section references are to the Arbitration Act 1996.

significance.[35] The 1985 UNCITRAL Model Law on International Commercial Arbitration treats an arbitration as international if:

(a) the parties have their places of business in different states, or
(b) one of the following places is situated outside the state in which the parties have their places of business, namely the place of arbitration or any place where a substantial part of the obligations of the commercial relationship is to be performed or the place with which the subject matter of the dispute is most closely connected, or
(c) the parties have expressly agreed that the subject matter of the arbitration agreement relates to more than one country.[36]

39.15 Though not relevant under the provisions of the Arbitration Act 1996, the distinction between domestic and international arbitration, however defined, is of considerable practical and legal significance for other purposes. The international character of an arbitration may affect not only the approach to the applicable law but also the need to have regard to international usage and the fact that the parties or some of them may not be English.

39.16 Except for a few provisions relating to consumer arbitration agreements,[37] the Arbitration Act draws no distinction between non-commercial and commercial arbitration. By contrast, the UNCITRAL Model Law is confined to international *commercial* arbitration, though a footnote indicates that the term 'commercial' is to be given a wide interpretation.[38]

(iii) Private, statutory and conventional arbitration

39.17 The third classification relates to the source of the arbitrator's powers. Private arbitration derives from the agreement of the parties; statutory arbitration, from a special statute which imposes arbitration on the parties to the dispute;[39] and conventional arbitration from an international convention or other instrument, such as the Algiers Declarations of 19 January 1981, which brought an end to the hostage crisis at the US Embassy in Tehran in November 1979 and the subsequent freezing of Iranian assets by the United States, and established the Iran-United States Claims Tribunal as a semi-permanent body to deal with claims by US nationals arising from the dispute between Iran and the United States.

4. THE DEVELOPMENT OF ENGLISH ARBITRATION LAW

39.18 Prior to the enactment of the Arbitration Act 1996 the principal statute governing arbitration was the Arbitration Act 1950. This suffered many

---

[35] Because of a decision not to bring ss 85–87 into force, with the result that in relation to commercial arbitration the Act does not distinguish domestic from international arbitration. However, for other purposes there remain important differences between the two in that various considerations arise in international commercial arbitration which are not relevant to a domestic arbitration. See below.
[36] Article 1(3).
[37] Sections 89–91.
[38] Footnote 2 to art 1(1).
[39] For example, arbitration under the Agricultural Holdings Act 1986, s 84. Statutory arbitrations are provided for in the Arbitration Act 1996, ss 94–98.

deficiencies. Its rules on procedure were limited, it gave excessive powers of intervention to the courts[40] and there were several types of arbitral proceedings that it did not cover. Accordingly, prior to the coming into force of the 1996 Act, it could confidently be asserted that 'by far the most important source of English arbitration law is the common law',[41] a fact which made it largely inaccessible to those not expert in the field. Growing dissatisfaction with this state of affairs and with what were seen as unnecessary restrictions on the power of arbitral tribunals led to pressure for reform and the setting up of the Departmental Advisory Committee ('DAC') on Arbitration Law by the Department of Trade and Industry, which then took over a private initiative for new legislation. Having initially been somewhat hostile to the UNCITRAL Model Law in its Report of June 1989,[42] the DAC came to see the merits of it, and, while not recommending its wholesale adoption,[43] proposed legislation which sharply moved towards it. A Bill was drafted on which there was extensive consultation and a further report by the DAC,[44] culminating in what became the Arbitration Act 1996. It is no exaggeration to say that this completely changed the face of English[45] arbitration law, which for the first time set out in statutory form a clear and coherent framework of arbitration procedure, with stated underlying principles, in a logical sequence and in plain English,[46] and so comprehensive in its sweep that, though it does not provide a complete code of arbitration law, it does constitute a very detailed primary source.

5. THE SOURCES OF ARBITRATION LAW

(i) The arbitration agreement

39.19 In any analysis of arbitration it is necessary to distinguish the substantive law governing relations between the parties from the procedural law applicable to the arbitration. The sources of substantive law affecting com-

---

[40] Including, until it was repealed by the Arbitration Act 1979, the notorious case stated procedure, by which the arbitrator, in the course of an arbitration, could be asked to state a special case on a point of law for the opinion of the court.
[41] Mustill and Boyd, *Commercial Arbitration*, n 1, p 53.
[42] 'A New Arbitration Act for the United Kingdom? The response of the Departmental Advisory Committee to the UNCITRAL Model Law'. The report was later reproduced in (1990) 6 *Arbitration International* 3.
[43] There were various reasons for this, including the fact that the Model Law, being designed exclusively for international arbitration, did not address various issues relevant to domestic legislation and, moreover, was considered to restrict unduly the judicial power to review awards. As to this last, see also R. Goode, 'Arbitration: Should Courts Get Involved?' (2002) *Judicial Studies Institute Journal* 33 at pp 44–45.
[44] *Report on the Arbitration Bill* (February 1996).
[45] Scotland, whose arbitration law was much less developed, was happy to adopt the Model Law (see s 66 of, and Schedule 7 to, the Law Reform (Miscellaneous Provisions) (Scotland) Act 1990), so that the Arbitration Act 1996 does not apply to Scottish arbitrations which are now governed by the Arbitration (Scotland) Act 2010.
[46] As witness the thunderous applause given to the parliamentary draftsman, Mr Geoffrey Sellers, at a conference on the Bill at King's College London – an accolade surely without precedent in the annals of law making!

mercial transactions have been discussed in an earlier chapter.[47] They include national and international trade usage, and principles and rules of transnational commercial law to be extracted from international instruments, comparative case law and 'soft law' in the form of international or regional restatements, model contracts, contractually adopted trade rules, and the like. We consider a little later in the context of international commercial arbitration the nature of the international *lex mercatoria* and the basis of its entitlement to recognition as normative in character. The primary source of the parties' procedural rights and duties in an arbitration is not the law as such but the written agreement[48] of the parties as to the decision to arbitrate and the procedure to be adopted. This is because the Arbitration Act gives almost total supremacy to the wishes of the parties, with certain qualifications relating particularly to the right to challenge an award for lack of jurisdiction or serious irregularity. The express agreement of the parties may be supplemented by terms implied from the express terms or by usage or course of dealing or by law. In the case of an institutional arbitration the parties expressly or impliedly agree with each other and with the arbitral institution to observe the institutional rules laid down by the institution in question. So in an ICC or LCIA arbitration the parties agree to be bound by the 2017 ICC Arbitration Rules or the 2014 LCIA Arbitration Rules, as the case may be, except so far as those rules may be varied or excluded by the parties or the tribunal. The effect of institutional rules not only in defining the procedures to be adopted but also in potentially enlarging or restricting the powers of the arbitrators is not always understood, and while many of these take effect subject to the agreement of the parties, it should be borne in mind that the parties do not have an entirely free hand in modifying them, because the arbitral institution is entitled to have regard to its own position and the standing of awards made under its aegis. So it is clear, for example, that in an ICC arbitration the parties cannot exclude the role of the ICC International Court of Arbitration in supervising the arbitral process and in scrutinizing and approving the draft of the award,[49] a role designed to ensure the enforceability of ICC awards.

(ii) The lex arbitri

39.20 So far as the law is concerned, the arbitral proceedings will be governed by the law of the place where the arbitration has its seat, otherwise known as the *lex arbitri* or curial law, and by such other laws as the parties may agree to the extent that the application of these is permitted by the curial law. By the seat is meant the juridical seat designated by the parties to the arbitration

---

[47] See paras **1.16** ff.
[48] Except in relation to consumer arbitration agreements, the statutory provisions are confined to agreements in writing, this being given an extended meaning by s 5 of the Arbitration Act 1996 (which includes oral agreements that have been recorded in writing). On the scope of s 5 see *Toyota Tsusho Sugar Trading Ltd v Prolat SRL* [2014] EWHC 3649 (Comm), [2015] 1 Lloyd's Rep 344. What constitutes writing continues to give trouble, both under the Act and under the New York Convention, with the latter applying only to written arbitration agreements.
[49] Though without encroaching on the tribunal's right of decision on matters of substance.

agreement or by any arbitral or other institution or person vested by the parties with powers in that regard or by the arbitral tribunal if so authorized by the parties, or in the absence of any such designation, having regard to the parties' agreement and all the relevant circumstances.[50] The juridical seat is the place whose law is intended by the parties to govern the arbitral proceedings, not the place where the proceedings are actually held or the award given. The link establishing the seat is therefore legal, not territorial, a sound approach, for the place designated for a hearing or a pre-hearing meeting may have been chosen for convenience and not because of the relevance of its legal system.[51]

39.21 Identifying the seat of the arbitration is of great importance, as it is the law of the seat which determines the arbitrability of the issues referred to arbitration,[52] the constitution of the tribunal, the procedure for the arbitration, the duties, liabilities and immunities of the arbitrators and the procedure for challenges to an award.[53] All these matters are dealt with by the Arbitration Act, and most of its provisions apply only where the seat is in England and Wales or Northern Ireland.[54] Thus the Act does not apply merely because England is designated as the place where the arbitration is to be conducted; the relevant law is the *lex arbitri*, though through the power of states to control all activity within their borders the choice by the parties of a *lex arbitri* which is not that of the place of arbitration depends for its effectiveness on the *lex loci arbitri*.[55] An award is deemed to be made at the seat, regardless of where it was actually signed, dispatched or delivered.[56] Moreover, as the place under the law of which the award is made, the seat plays a significant role under art V(1)(a) and (e) of the New York Convention, a point which tends to be ignored by those who argue in favour of the concept of a stateless award.[57]

---

[50] For detailed analyses, see G. Petrochilos, 'On the Juridical Character of the Seat in the Arbitration Act 1996' [2002] LMCLQ 66 and *Procedural Law in International Arbitration*, n 29, paras 3.32 ff.
[51] *Enka Insaat Ve Sanayi AS v OOO 'Insurance Company Chubb'* [2020] EWCA Civ 574 at [46]. An appeal was heard by the Supreme Court on 27 and 28 July 2020.
[52] It is not, however, the only applicable law, for if the award comes before a foreign court for recognition and enforcement, it may apply its own rules of public policy to determine whether the award should be enforced (New York Convention 1958, art V(2)).
[53] *C v D* [2007] EWCA Civ 1282, [2008] 1 Lloyd's Rep 239. The Court of Appeal upheld the decision of Cooke J that, by choosing London as the seat of arbitration, parties must be taken as having agreed that challenges to the award should only be those permitted by English law. See also *Enka Insaat Ve Sanayi AS v OOO 'Insurance Company Chubb'*, n 51, at [89]–[104] where it was held that, in the absence of an express agreement by the parties to the contrary or to a different effect, the general rule should be that the law governing the arbitration agreement should be the *lex arbitri* or curial law, as a matter of the implied choice of the parties, subject only to any particular features of the case demonstrating powerful reasons to the contrary.
[54] Section 2(1). Every statutory arbitration is to be taken to have its seat in England and Wales or, as the case may be, in Northern Ireland (s 95(2)).
[55] See below and generally R. Goode, 'The Role of the *Lex Loci Arbitri* in International Arbitration' (2001) 17 *Arbitration International* 19.
[56] Section 53.
[57] See para **39.38**.

(iii) Any different procedural law selected by the parties

39.22 There is a strong presumption, nevertheless, that the place designated by the parties for the conduct of the arbitration is intended to be the seat, the law of which will govern the proceedings.[58] In theory, it is possible for the parties to choose a curial law other than that of the place where the arbitration is conducted.[59] But the disadvantages of selecting such a curial law when the physical control lies with the courts of the place of arbitration are potentially so serious that only in the most exceptional cases will the parties be taken to have intended to do so, and in general it will be assumed that where the arbitration is held in England, the reference to the foreign procedural law is intended purely to import the procedures there laid down into an arbitration governed by English law as the *lex arbitri*, so that the foreign procedural law takes effect only to the extent that it is not inconsistent with English arbitration law.[60]

(iv) Procedures agreed during the arbitral proceedings

39.23 There are certain stages of an arbitration which are common to many arbitrations, such as exchange of pleadings, disclosure and production of documents (discovery), and the making of written submissions where called for. But each arbitration, particularly at the international level, has its own distinctive features, and the parties will work with the arbitral tribunal to determine the most effective and efficient way of conducting the arbitration, the smooth progress of which greatly depends on cooperation by the parties and their lawyers. So much of what goes on is dictated less by rules than by party agreement and/or procedural orders of the tribunal.

6. THE ARBITRATION AGREEMENT

39.24 Reference has already been made to the importance attached to party autonomy, an underlying principle of the Arbitration Act. The parties control the form of the arbitration, the appointment of the arbitrators so far as this has not been delegated to a third party and the procedure to be adopted for the arbitration itself, though the procedural stages are often developed by the tribunal in consultation with the parties. It is worth taking some care in

---

[58] *Shashoua v Sharma* [2009] EWHC 957 (Comm), [2009] 2 All ER (Comm) 477; *Enka Insaat Ve Sanayi AS v OOO 'Insurance Company Chubb'*, n 51.
[59] *Channel Tunnel Group Ltd v Balfour Beatty Construction Ltd*, n 4, per Lord Mustill at 357; *James Miller & Partners Ltd v Whitworth Street Estates (Manchester) Ltd* [1970] AC 583, per Lord Wilberforce at 616–617; *Naviera Amazonica Peruana SA v Compania Internacional de Seguros del Peru* [1988] 1 Lloyd's Rep 116, per Kerr LJ at 119. In *Braes of Doune Wind Farm (Scotland) Ltd v Alfred McAlpine Business Services Ltd* [2008] EWHC 426 (TCC), [2008] BLR 321 Akenhead J held that English law was the curial law where an arbitration clause stated expressly that the seat of any arbitration was 'Glasgow, Scotland', but also selected the English Arbitration Act 1996 (which does not apply in Scotland) as the applicable procedural law.
[60] *Union of India v McDonnell Douglas Corpn* [1993] 2 Lloyd's Rep 48.

drafting the arbitration clause, but all too often it features as a boilerplate provision without regard to the particular parties or their circumstances. Among the matters to be considered are the following:

(a) *Is arbitration necessarily the best mode of dispute resolution?* Do the parties want to consider some prior step, such as a meeting of senior officers of both contestants, with a view to resolving issues amicably and, if not, deciding on the best method of proceeding? While, historically, English courts have been reluctant to recognise obligations expressed in such aspirational terms, there is authority to support the validity, and hence enforceability, of a term which requires the parties to seek to resolve a dispute by friendly discussions in good faith and within a limited period of time before the dispute could be referred to arbitration.[61] Recent developments have seen the rise of multi-tiered dispute resolution clauses and more creative hybrid proceedings which involve the combined use of mediation and arbitration at different stages.[62]

(b) *Which party can refer the dispute to arbitration?* Although arbitration agreements are usually symmetrical in that each party has the same right to decide how the dispute should be resolved, it is not unusual in certain industries such as construction and finance for parties to agree that only one of them can refer the dispute to arbitration. Whether such asymmetrical arbitration clauses are valid and enforceable may depend on the specific jurisdiction before which the validity of the clause is challenged. It is unlikely that an English court will decline on grounds of public policy to give effect to an asymmetric arbitration clause.[63]

(c) *What should be the scope of the arbitration agreement?* In particular, should it be confined to specific issues or cover all disputes that may relate to or arise out of the contract, a wide sphere of application and one that would embrace not merely claims in contract but claims in tort or unjust enrichment arising from the contract? The construction of an arbitration clause starts from the assumption that the parties are likely to have intended any dispute arising out of their relationship to be decided by the same tribunal.[64] No longer does the scope of the arbitration clause depend upon any difference between a dispute 'arising out of' rather than 'arising under' the contract.[65] Instead the

---

[61] *Emirates Trading LLC v Prime Mineral Exports Pte Ltd* [2014] EWHC 2104 (Comm), [2014] 2 Lloyd's Rep 457, albeit the court was not required on the facts of the case to consider the remedies that might be available in the event that there was a breach of the obligation to seek to resolve the dispute by friendly discussions (see further para **3.32**, n 84).

[62] See paras **38.02** and **38.03**.

[63] In the case of the Brussels I Regulation Recast (on which see para **37.11**), the English courts have held an asymmetric jurisdiction clause to be a valid exclusive jurisdiction clause (see *Commerzbank AG v Pauline Shipping Limited Liquimar Tankers Management Inc* [2017] EWHC 161 (Comm), [2017] 2 All ER (Comm) 829 and *Etihad Airways PJSC v Flöther* [2019] EWHC 3107 (Comm), [2020] 2 WLR 333).

[64] *Fiona Trust and Holding Corpn v Privalov* [2007] UKHL 40, [2007] 4 All ER 951, at [13].

[65] Prior to the decision of the House of Lords in *The Fiona Trust*, n 64, the question whether there was any difference between the two phrases was the subject of considerable case law and was also the subject of extensive academic commentary.

onus is on the party who wishes to exclude certain types of dispute from the scope of the arbitration clause to insert into the clause a form of words which makes it clear that these issues have been excluded from the jurisdiction of the tribunal.[66]

(d) *Is the arbitration to be institutional or ad hoc? And if institutional, which institution and under what rules?* The relative advantages and disadvantages of ad hoc and institutional arbitration have been discussed earlier.[67] It is an advantage to choose an arbitral institution located where the arbitration is to take place, though if this is the country of one of the parties, there may be a desire to choose another institution in the interests of neutrality. It goes without saying that in selecting the institution regard should be had to its standing, its reputation for care and efficiency and its ability to handle arbitrations of the type in question, as well as any facilities it offers for meetings and hearings. Finally, it is important to ensure that any selected institution still exists! In general, once the arbitral institution has been agreed, one would expect to choose the institution's own rules. But it may be willing to administer an arbitration under rules published by a non-administering body, such as the UNCITRAL Arbitration Rules 2013. However, if institutional arbitration is to be selected, the parties would be well advised to adopt the model arbitration clause suggested by the institution, with suitable modifications taking into account the matters discussed in this section.

(e) *How many arbitrators should be appointed?* Usually, the arbitration agreement provides either for a sole arbitrator or for three arbitrators, in order to avoid the risk of a deadlock. In international arbitrations the normal practice is to appoint three arbitrators, each party having an arbitrator of its choice, with an independent chairman, commonly appointed by the two party-appointed arbitrators and from a third country. There are several advantages to a three-person tribunal. Their combined knowledge and experience will be greater and more diverse than those of a single arbitrator. Each party is likely to feel more comfortable with having an arbitrator of its choice, usually one of its own nationals. The debate among arbitrators helps to ensure that each party's case is fully analysed, arguments focused and errors avoided. And a unanimous decision reduces the risk that the award will not be recognized or enforced. Inevitably there are disadvantages. Costs are considerably increased, meetings may be harder to arrange because of the number of diaries to be consulted and differences in time zones, and the duration of the arbitral process is likely to be longer.

(f) *What is to be the procedure for appointing or nominating arbitrators?* There are various possibilities, including appointment by the parties and appointment by a third party or institution designated for the purpose. The parties may specify that the arbitrators must possess particular qualifications.[68]

---

[66] *The Fiona Trust*, n 64, at [13].
[67] See para **39.10**.
[68] See, for example, *Allianz Insurance plc v Tonicstar Ltd* [2018] EWCA Civ 434, [2018] 1 Lloyd's Rep 389 where the issue was the meaning of the requirement that the arbitrator must possess 'not less than ten years' experience of insurance or reinsurance.'

(g) *What is to happen if the designated machinery for the appointment (eg appointment by a third person or institution designated for the purpose) breaks down?* This actually happened in *Soleh Boneh v Uganda*,[69] where the person designated to make the appointment under an agreement for arbitration under the ICC rules declined to do so, and the ICC Court made an appointment which was later subjected to a sustained challenge, both unsuccessfully in the arbitral proceedings and later in the Swedish courts, where the proceedings dragged on for many years before the case was finally settled following enforcement proceedings in England. In an English arbitration the Arbitration Act empowers the court to appoint an arbitrator if the agreed mechanism fails and the parties have made no provision as to what is to happen in that event.[70]

(h) *Where is the arbitration to have its seat?* The first golden rule is to choose a New York Convention state so as to be sure of enforcement in other convention states. The second is to avoid a jurisdiction where there is too great a readiness to subject arbitral proceedings and awards to judicial intervention. The third is to choose a location where all the necessary administrative, secretarial and stenographic skills are available, together with suitable accommodation. Finally, avoid a location which is likely to be involved in a civil war!

(i) *Are the arbitrators to be given power to decide* ex aequo et bono *or as* amiables compositeurs *rather than according to legal rules?* While examples can be found of agreements entered into in this form, it is not a common feature of arbitral practice at least in the UK because of the uncertainties generated, though it is permitted by agreement of the parties under s 46(1)(b) of the Arbitration Act 1996.

(j) *What should be the language of the arbitration?* It is normally convenient to choose the language of the contract.

(k) *Should the arbitration clause be drafted to exclude judicial review, so far as this is possible?* Yes, if finality is desired. Section 69(1) of the Arbitration Act 1996 allows the parties to exclude appeal on a point of law, though not a challenge as to substantive jurisdiction or serious irregularity.

(l) *How far should the arbitration clause seek to regulate the procedure of the arbitration?* In practice, it may be wise to avoid any detailed rules, which may fail to take account of the particular circumstances.

7. PRINCIPLES OF ENGLISH ARBITRATION LAW

39.25 The general principles underpinning the Arbitration Act and in accordance with which Pt I is to be construed, are stated succinctly in the following terms in s 1:

'(a) the object of arbitration is to obtain the fair resolution of disputes by an impartial tribunal without unnecessary delay or expense;

---

[69] ICC Case No 2321/1974, 'Two Israeli Companies v Government of an African State', (1976) YB CA 133, where in a preliminary award the arbitrator rejected the challenge to his appointment, holding that the parties must have intended to allow an effective machinery for the settlement of disputes covered by the arbitration clause.
[70] Arbitration Act 1996, s 18.

39.25 *Commercial Arbitration*

(b) the parties should be free to agree how their disputes are resolved, subject only to such safeguards as are necessary in the public interest;
(c) in matters governed by this Part the court should not intervene except as provided by this Part.'

39.26 Thus the three pillars are set up: fairness, party autonomy and very limited judicial intervention. These are supplemented by the following subsidiary principles:

'(a) There must be a dispute.
(b) The question must be arbitrable.
(c) The arbitration procedure operates within the confines of the law.
(d) The issues referred to arbitration must be determined in accordance with the applicable law except as otherwise agreed by the parties.
(e) The arbitrator must be impartial and, to that extent, independent.
(f) The arbitrator must act within his remit.
(g) The arbitrator cannot conclusively determine his own jurisdiction.
(h) The agreement to arbitrate is notionally separate from the primary agreement of which it forms part.'

8. THE PRINCIPLES EXAMINED

(i) The consensual nature of arbitration

39.27 The powers of the arbitrator derive from the agreement under which he is appointed. This fundamental principle of arbitration law pervades every aspect of arbitration. It means that the arbitrator cannot act at all in the absence of a valid agreement to arbitrate[71] or appointment by the court where it has power to do so,[72] nor can he adopt procedures inconsistent with those agreed by the parties, inquire into matters beyond his remit or exercise coercive powers for default in compliance with his orders except with the support of the court or as otherwise authorized by law.[73] Arbitration sets up a trilateral relationship based on the contract between the parties themselves and the separate contract between them and the arbitrator.[74] One should note, however, that after the enactment of the Contracts (Rights of Third Parties) Act 1999 it may be possible in some cases for a third party to enforce an arbitration agreement.[75]

39.28 But the agreement of the parties is not the sole source of the arbitrator's powers. These are supported and controlled by law and by such

---

[71] Whether in advance of the dispute or by a voluntary submission (*compromis*) after it has arisen.
[72] See Arbitration Act 1996, s 18.
[73] See para **39.74**.
[74] *K/S Norjarl A/S v Hyundai Heavy Industries Co Ltd* [1991] 1 Lloyd's Rep 524; *Compagnie Européene De Céréals SA v Tradax Export SA* [1986] 2 Lloyd's Rep 301.
[75] See in particular s 8(1); *Fortress Value Recovery Fund LLC v Blue Skye Special Opportunities Fund* [2013] EWCA Civ 367, [2013] 1 WLR 3466; *Nisshin Shipping Co Ltd v Cleaves & Co Ltd* [2003] EWHC 2602 (Comm), [2004] 1 Lloyd's Rep 38; M. Ahmed, 'Loosening the Grip of the Contracts (Rights of Third Parties) Act 1999 on Arbitration Agreements' (2014) 31 J Int Arb 515; C. Ambrose, 'When Can a Third Party Enforce an Arbitration Clause?' [2001] JBL 415.

jurisdictional and procedural rules of any arbitral body or appointing authority as the parties have accepted as between themselves and vis-à-vis the body or authority in question. The arbitrator is 'in no sense in a position of subordination to the parties.'[76] So the arbitrator's position has been described as partly a matter of contract and partly one of status.[77]

(ii) Fairness[78]

39.29 This entails, among other things, that the parties should be given, and be seen to be given, equality of treatment;[79] a reasonable opportunity to know the case they have to meet, to state their own case and to appear or be represented at all hearings; and an assurance of competence and impartiality on the part of the arbitrators.[80] This principle is crystallized in s 33(1) of the Act. Failure to observe it may lead to an award being remitted or set aside or even in extreme cases, to removal of the arbitrator.[81] Arbitrators also have a general duty to act in good faith.

(iii) The avoidance of unnecessary delay or expense

39.30 This again is embodied in s 33(1). The avoidance of delay is not always easy, particularly with a panel of three from three different countries, whose diaries have to be consulted with those of the lawyers for the parties as well as witnesses. Advance planning is the key to expedition, and a good arbitrator or chair will try to ensure this. Rather less thought tends to be given to the reduction of expense as the arbitration machine grinds on, but it is important for the parties.

---

[76] *Hashwani v Jivraj* [2011] UKSC 40, [2011] 1 WLR 1872 at [41].
[77] *K/S Norjarl A/S v Hyundai Heavy Industries Co Ltd*, n 74, per Sir Nicolas Browne-Wilkinson V-C at 536–537. See generally *Mustill & Boyd, Commercial Arbitration*, n 1, pp 220–221; M. Smith, 'Contractual Obligations Owed by and to Arbitrators: Model Terms of Appointment' (1992) 8 *Arbitration International* 17.
[78] For a detailed discussion, see G. Petrochilos, *Procedural Law in International Arbitration*, n 29, paras 4.50 ff.
[79] It would be a breach of this principle for an arbitrator to have communications with one of the parties without the knowledge of the others.
[80] For a discussion of the independence and the impartiality of an arbitrator, see paras 39.43–39.45 below.
[81] This duty of fairness may be said to be comparable to art 6(1) of the European Convention on Human Rights ('ECHR'). In *Stretford v Football Association Ltd* [2007] EWCA Civ 238, [2007] 2 Lloyd's Rep 31, the court held that an agreement to arbitrate is a waiver of at least some of the requirements of art 6 (such as the right to a public hearing) provided that the arbitration agreement has been entered into voluntarily and does not run counter to any important public interest. See also *Sumukan Ltd v Commonwealth Secretariat* [2007] EWCA Civ 243, [2007] 2 Lloyd's Rep 87, where the court held that the incorporation by reference of an agreement excluding a right of appeal from an award under s 69 was not contrary to art 6 of the ECHR.

(iv) A high degree of party autonomy

39.31 Party autonomy is central to arbitration, which principle involves a private dispute to be resolved by a private tribunal. The parties thus enjoy substantial freedom in the selection of an arbitrator and in setting out criteria for his appointment. So, for example, the Employment Equality (Religion or Belief) Regulations 2003 (later revoked by the Equality Act 2010) have been held not to apply to the appointment of an arbitrator.[82] It would not be wise to remove all legal controls from arbitration and there has to be some mechanism for recourse to the court to prevent an arbitrator from acting unfairly or with bias, exceeding his jurisdiction or committing serious procedural irregularities. There is less agreement about the circumstances in which appeals should be possible on a point of law. We return later to challenges to an award.

39.32 There is an apparent tension between the overriding right of the parties to agree on all procedural and evidential matters[83] and the general duty of the tribunal under s 33, which is mandatory and thus cannot be excluded by agreement,[84] to avoid unnecessary delay or expense in conducting the arbitral proceedings. But this tension is more apparent than real.[85] It is clear that if the parties choose to agree on a procedure which is extravagantly expensive or unnecessarily protracted, they cannot make complaint against the arbitral tribunal, though the arbitrators themselves, if they made protests which went unheard, might well be entitled to resign if burdens were being imposed on them substantially beyond what they could reasonably have expected. But if the arbitral tribunal is guilty of excessive delay or extravagance, its members will not be able to shield behind the terms of their appointment.

(v) The existence of a dispute

39.33 An agreement which provides for determination of matters other than disputes or differences, such as determination by an expert, is not an arbitration agreement.[86] Likewise, the court will not stay an action and refer the matter to arbitration if liability is not disputed or if the contention

---

[82] *Jivraj v Hashwani*, n 76, where it was held that the parties were entitled to stipulate that the arbitrators must be respected members of the Ismaili community and holders of high office within that community. This stipulation did not fall foul of the non-discrimination provisions in the Regulations because an arbitrator is not an employee: see text to n 172 below. However, even if the Regulations had applied, the stipulated criterion would nevertheless have been valid as a 'genuine occupational requirement', given that the requirement for the arbitrator to be a member of the Ismaili community was genuine, legitimate and justified.

[83] Section 34(1).

[84] Section 4(1).

[85] As Lord Clarke observed in *Jivraj v Hashwani*, n 76, at [42]: 'once an arbitrator has been appointed, at any rate in the absence of agreement between them, the parties effectively have no control over him. Unless the parties agree, an arbitrator may only be removed in exceptional circumstances.'

[86] See para **39.01**.

advanced had never been put to the claimant, so that there is no dispute,[87] or the right to dispute liability has been lost under the contract or by law.[88] Under the previous law the court could also refuse a stay if it considered the claim was not disputable and could give the claimant summary judgment. That approach is no longer open and so long as the claim is disputed, it must be referred to arbitration (in the absence of an applicable exception) even if the court considers that the defendant does not have an arguable defence.[89]

(vi) Arbitrability

39.34 In general, an issue is arbitrable if it is competent to the parties to determine it by agreement or if it involves the existence, validity or enforceability of the agreement from which the dispute arises.[90] But it is clear that an arbitrator cannot determine questions of legal status, such as marriage and divorce, criminal issues or matters exclusively within the public domain, such as the validity of a patent, nor can the arbitrator make awards affecting the rights of those who are not parties to the arbitration. On the other hand, there is growing international consensus that arbitrators are entitled to rule on the validity of the primary agreement itself even if this involves consideration of issues of public policy or of public law, such as restrictive trade practices legislation, intellectual property rights or the antitrust legislation of the United States.[91] Maritime cargo disputes have long been held to be arbitrable in England, and the US has taken a similar approach.[92]

---

[87] *Edmund Nuttall Ltd v RG Carter Ltd* [2002] BLR 312, a decision on adjudication. A dispute does not arise unless and until it emerges that the claim is not admitted, although a court may be able to infer from the silence of the other party that the claim is not admitted: *Amec Civil Engineering Ltd v Secretary of State for Transport* [2005] EWCA Civ 291, [2005] 1 WLR 2339, at [29] and [31].

[88] *Watkin Jones & Son Ltd v Lidl UK GmbH* (2002) 86 ConLR 155.

[89] *Halki Shipping Corpn v Sopex Oils Ltd* [1998] 1 WLR 726.

[90] As to the latter, see para **39.53**.

[91] See the landmark decision of the US Supreme Court in *Mitsubishi Motors Corpn v Soler Chrysler-Plymouth Inc* 473 US 614, 105 S Ct. 3346, 87 L Ed.444 (1985) holding that there was nothing to preclude arbitrators in a Japanese arbitration from considering whether a contract contravened US antitrust legislation, though the US courts retained the right to review this aspect of the award at the enforcement stage. Similarly, in *Scherk v Alberto-Culver Co* 417 US 506 (1974) the Illinois Supreme Court held that a claim based on a seller's fraudulent representations about its trade marks in violation of s 10(b) of the Securities Exchange Act of 1934 was nevertheless arbitrable. See, generally, K-H. Böckstiegel, 'Public Policy and Arbitrability' in *Comparative Arbitration Practice and Public Policy in Arbitration* (ICCA Congress series no 3, ed P. Sanders, 1987), at 177 ff; *Redfern and Hunter*, n 1, paras 2.124–2.160; J. D. M. Lew, 'Determination of Arbitrators' Jurisdiction and the Public Policy Limitations on that Jurisdiction' in J. D. M. Lew (ed), *Contemporary Problems in International Arbitration* (1986), ch 7, pp 78 ff; M. Blessing, 'Mandatory Rules of Law Versus Party Autonomy in International Arbitration' (1997) 14 *Journal of International Arbitration* 23; and International Law Association, *Final Report on Public Policy as a Bar to Enforcement of Arbitral Awards* (April 2002).

[92] The controversy in the United States turned on whether waiver of judicial remedies in an arbitration agreement was void under s 1303(8) of the Federal Arbitration Act 1925 as lessening the carrier's liability. See K-M. Curtin, 'Arbitrating Maritime Cargo Disputes – Future Problems and Considerations' [1997] LMCLQ 31.

39.35 Commercial Arbitration

39.35 The European Union dimension deserves separate mention, in particular following the departure of the UK from the EU on 31 January 2020.[93] While the impact of this for commercial law in the UK remains largely unknown, it is unlikely that the UK leaving the EU will have a significant impact on the conduct of arbitrations with a seat in London and which are governed by the Arbitration Act 1996, given that the latter is not subject to EU law. Equally, the international enforcement of awards subject to the New York Convention will not be affected by the withdrawal of the UK from the EU. If anything, given the uncertainty following the transition period surrounding the enforceability of English court judgments in the EU[94] and the ability of English courts to grant anti-suit injunctions to restrain proceedings brought in an EU member state court in breach of a London arbitration clause, the UK's exit from the EU may in fact act as a spur to the use of arbitration, at least in the short-term. However, the longer-term implications of the UK's withdrawal from the EU for the future of commercial arbitration in the UK are much more difficult to predict. Whilst London remains the most preferred and widely used seat for arbitration,[95] there has been an intensification of competition for arbitral business in recent years, with Paris (which follows behind London in second place) having revised its French Code of Civil Procedure in 2011 in order to provide for greater clarity which is in turn designed to make French arbitration law more accessible to international practitioners, and an increasing number of parties turning to arbitration in Singapore and Hong Kong (which follow in third and fourth place respectively). Nevertheless, the predominant view remains that London as a seat is not likely to be significantly affected by the UK's departure from the EU largely due to the strength of the English legal system in being perceived to be neutral and impartial; the English courts being supportive of arbitration; and the UK continuing to be a party to the 1958 New York Convention.

---

[93] For a comprehensive examination of the practice and the laws relating to arbitration in each Member State of the European Union and Switzerland, see 'Legal Instruments and Practice of Arbitration in the EU', a document published by the European Parliament in November 2014 available at http://www.europarl.europa.eu/RegData/etudes/STUD/2015/509988/IPOL_STU (2015)509988_EN.pdf. See also J. Basedow, 'EU Law in International Arbitration: Referrals to the European Court of Justice' (2015) 32 *J International Arbitration* 367; G. A. Bermann, 'Navigating EU Law and the Law of International Arbitration' (2012) 28 *International Arbitration* 397; R. Fentiman, 'Arbitration in Europe: Immunity or Regulation?' (2011) 1 IJPL 151; N. Shelkoplyas, *The Application of EC Law in Arbitration Proceedings* (2003); Lew, Mistelis and Kröll, *Comparative International Commercial Arbitration*, n 1, ch 19. See Blanke and Landolt, *EU and US Antitrust Arbitration: A Handbook for Practitioners* (2010) specifically in relation to competition law in the EU.

[94] A particular difficulty faced by the UK in leaving the EU relates to the Brussels I Regulation Recast (Regulation (EU) 1215/2012 of the European Parliament and of the Council of 12 December 2012 on jurisdiction and the recognition and enforcement of judgments in civil and commercial matters). The Withdrawal Agreement provides that Brussels Ir will continue to apply in respect of legal proceedings instituted before the end of the transition period or which are related to such proceedings. After that date, the law remains to be determined (see further paras 37.03–37.06).

[95] See the 2018 International Arbitration Survey conducted by Queen Mary University of London carried out in partnership with White & Case, available at http://www.arbitration.q mul.ac.uk/media/arbitration/docs/2018-International-Arbitration-Survey---The-Evolution-of-International-Arbitration-(2).PDF.

39.36 During the transition period, current EU rules and regulations remain applicable in the UK and therefore continue to be binding. The Court of Justice of the European Union has held that arbitrators are obliged to respect EU competition law[96] and that an award contrary to art 101 of the Treaty on the Functioning of the European Union (TFEU) (previously art 81 of the EC Treaty) should be refused enforcement by the courts of the member states.[97] Several questions arise. First, in what circumstances is EU law to be applied? In proceedings before a court in a member state of the EU the court has a duty to apply mandatory rules of EU competition law, where applicable,[98] even if the governing law is not that of a member state. What is the position of an arbitrator where the seat of the arbitration is in England? There are two ways in which it would be open to the tribunal to apply EU competition law. The first is through the conflict of laws route, the second by the application of EU competition law as mandatory law. It seems clear that the parties can contract into EU law, either directly or by choosing the law of a member state. Where there is no choice of law clause, so that determination of the applicable law is left to the arbitral tribunal, this may lead it to apply the law of a member state. It seems that in most cases the tribunal examines the application of EU law not of its own motion but because one of the parties invokes it by way of defence.[99] This is unsurprising in that it is for one of the parties to raise the issue of non-compatibility with EU law in the first instance, as this will typically involve questions of fact, and it is not the task of the tribunal to investigate facts not pleaded by either party. Where, however, the evidence put before the tribunal plainly indicates a breach of EU law, the tribunal does, it is thought, have an obligation to take notice of this and to address it even if it has not been put in issue by a party. In proceedings before an English court, the Rome Con-

---

[96] *Nordsee Deutsche Hochseefischerei GmbH v Reederei Mond Hochseefischerei Nordstern AG & Co KG*: Case 102/81, [1982] ECR 1095.
[97] See the decision of the Court of Justice of the European Communities in *Eco Swiss China Time Ltd v Benetton International NV*: Case C-126/97, [1999] ECR I-3055, [1999] 2 All ER (Comm) 44. However, in *Accentuate Ltd v Asigra Inc* [2009] EWHC 2655 (QB), [2010] 2 All ER (Comm) 738 Tugendhat J held that an arbitration agreement is 'null and void' or 'inoperative' under s 9(4) of the Arbitration Act 1996 if it purports to circumvent mandatory principles of EU law by applying a foreign law (a conclusion which seems to have been shared by Mann J in *Fern Computer Consultancy Ltd v Intergraph Cadworx & Analysis Solution Inc* [2014] EWHC 2908 (Ch), [2014] 2 CLC 326 where, although declining to follow *Accentuate* on other grounds, he referred (at [34]) to this aspect of the judgment of Tugendhat J without disapproval). For criticism of the latter two decisions on the ground that they are not easy to reconcile with the principle in *Eco Swiss* that an arbitral tribunal is under a duty to apply certain mandatory norms irrespective of the parties' choice of law, see K. Davies, 'Is an Arbitration Agreement "Null, Void" or "Inoperative" if it Applies A Foreign Law which Does Not Give Effect to Mandatory Principles of EU law?' *Kluwer Arb Blog* (6 July 2015) available at http://kluwerarbitrationblog.com/2015/06/16/is-an-arbitration-agreement-null-void-or-ino perative-if-it-applies-a-foreign-law-which-does-not-give-effect-to-mandatory-principles-of-eu-law.
[98] Article 101 of the Treaty on the Functioning of the European Union (TFEU) (formerly art 81 of the EC Treaty and before that art 85 of the Treaty of Rome) deals with anti-competitive acts which may affect trade between member states and which have as their object or effect the prevention, restriction or distortion of competition within the common market. Article 102 of the TFEU (formerly art 82 of the EC Treaty and before that art 86 of the Treaty of Rome) deals with an abuse of a dominant position in so far as it may affect trade between member states.
[99] N. Shelkoplyas, *The Application of EC Law in Arbitration Proceedings* (2003), p 160.

vention on the law applicable to contractual obligations, enacted by the Contracts (Applicable Law) Act 1990, would be applied or, in the case of contracts concluded after 17 December 2009 and before the end of the transition period, the court would apply the Council Regulation (EC) on the law applicable to contractual obligations,[100] which is generally referred to as 'Rome I'. But even sitting in England, the tribunal has no obligation to apply English conflict of laws rules, so that it is left to the arbitral tribunal to determine whether it is appropriate to apply the conflict rules of the Rome Convention or Rome I. In any event, in an arbitration having its seat in England, the tribunal should at least until the end of the transition period apply EU competition law not (or not necessarily) as the applicable law but as rules of public policy of the *lex arbitri*, which operate regardless of the otherwise applicable law where the contract in dispute had an effect on trade between member states.[101] Failure of the tribunal to do so could justify annulment of the award by the English courts.[102]

39.37 Arbitral tribunals face the additional difficulty that, unlike national courts of member states, an arbitral tribunal has no power to refer issues of EU law to the Court of Justice of the European Union for an advisory opinion, since it is a private body, not a 'court or tribunal' of the state.[103] Finally, if a tribunal decides not to apply EU law in cases where the contract between the parties produces effects within the EU, what is the consequence? It cannot, it is thought, be faulted for applying its own conflict rules to determine, in the absence of a choice of law by the parties, that the applicable law is not that of a member state. On the other hand, if the resulting award is sought to be

---

[100] No 593/2008 of 17 June 2008 (OJ 2008 L177/6). After the end of the transition period, the Rome I Regulation will continue to be applicable with very minor modifications but not as EU legislation. Rather, it will take effect in the UK as retained EU law (on which see the Law Applicable to Contractual Obligations and Non-Contractual Obligations (Amendment etc) (EU Exit) Regulations 2019 (SI 2019/834) and para 37.55).

[101] See Rome I, art 9 (previously Rome Convention, art 7(1)).

[102] *Eco Swiss China Time Ltd v Benetton International NV*: Case C-126/97, [1999] ECR I-3055, [1999] 2 All ER (Comm) 44. French courts have refused to set aside a final award on the ground of an alleged violation of European competition law, where the issue had not been raised before the arbitral tribunal: *Thalès Air Defence BV v GIE Euromissile and others* (Paris Court of Appeal, 18 November 2004). More recently, there has been a shift from this 'minimalist' standard of review, according to which the relevant breach of international public policy must be 'flagrant, actual and concrete,' towards a more substantive review of awards on the grounds of violation of international public policy (at least in cases of corruption): see *Sté Gulf Leaders for Management and Services Holding Company v SA Crédit Foncier de France* (Paris Court of Appeal, 4 March 2014); *Congo v SA Commissions Import Export* (Paris Court of Appeal, 14 October 2014); *SAS Man Diesel & Turbo France v Sté Al Maimana General Trading Company Ltd* (Paris Court of Appeal, 4 November 2014). For more details, see P. Peterson, 'The French Law Standard of Review for Conformity of Awards with International Public Policy where Corruption is Alleged: Is the Requirement of a "Flagrant" Breach Now Gone?' *Kluwer Arb Blog* (10 December 2014) available at http://kluwerarbitrationblog.com/2014/12/10/the-french-law-standard-of-review-for-conformity-of-awards-with-international-public-policy-where-corruption-is-alleged-is-the-requirement-of-a-flagrant-breach-now-gone.

[103] *Nordsee Deutsche Hochseefischerei GmbH v Reederei Mond Hochseefischerei AG & Co KG*, n 96. This has been confirmed in the more recent case of *Merck Canada Inc v Accord Healthcare Ltd, Alter SA, Labochem Ltd, Synthon BV, Ranbaxy Portugal – Comércio e Desenvolvimiento de Produtos Farmacêuticos, Unipessoal Lda*: C-555/13.

enforced in a member state, it would be open to the courts of that state to invoke public policy, in the sense of a duty to respect the EU's mandatory laws, as a ground for refusing to allow enforcement of the award. Indeed, in the *Eco Swiss* case the CJEU ruled that it was the duty of national courts to uphold EU law in this way.[104] Accordingly, since arbitral tribunals will wish to ensure as far as possible that their awards are enforceable,[105] an arbitral tribunal should have regard to EU law wherever the contract between the parties produces effects within the EU and there is a prospect of enforcement being sought in a member state, even if the applicable law is not that of a member state and the seat of the arbitration is outside the EU.[106]

(vii) **The stateless award?**

39.38 A question which has occasioned much debate is the source and content of the arbitrator's powers. Various theories have been propounded: that the source of the arbitrator's authority and the enforceability of his awards, though immediately deriving from the agreement of the parties, are ultimately determined by national law; that the arbitration agreement constitutes an autonomous source of authority wholly independent of any national legal system; that the arbitration agreement brings into play an autonomous arbitral order derived from the institutional character of arbitration and based on principles common to civilized states. The view of the proponents of arbitral autonomy, who include among their number several internationally respected scholars, has been forcefully expressed by a leading authority in the following terms:

> 'Perhaps the largest proportion of international commercial arbitrations are conducted outside both national and legal boundaries. They are totally detached from every national system of law and are independent of the State in which they are held. The proceedings are consequently governed by and in accordance with international or at least non-national arbitration rules.'[107]

39.39 The difficulty is that the total freedom from municipal law thus claimed for international arbitral procedure cannot exist except with the assent of the law of the place of arbitration, which in England entails application of the *lex arbitri*. This dependence on the *lex loci arbitri*, and through it the *lex arbitri*, coupled with the fact that all over the world states have enacted legislation governing international as well as domestic arbitrations, is wholly inconsistent with the autonomy claimed for international commercial arbitration. It is also inconsistent with the will of those parties whose arbitration agreement

---

[104] Note 102 at 3094, para 41.
[105] In the case of an ICC arbitration art 42 of the ICC Rules imposes an obligation on the arbitrators to make every effort to ensure that the award is enforceable at law.
[106] In *ET Plus SA v Welter* [2005] EWHC 2115 (Comm), [2006] 1 Lloyd's Rep 251, the court stayed proceedings considering that it was for the arbitral tribunal to decide finally on claims based on arts 101 and 102 of the Treaty on the Functioning of the European Union (previously arts 81 and 82 of the EC Treaty).
[107] J. D. M. Lew, *Applicable Law in International Commercial Arbitration* (1978). For a discussion of English law on this point, see Mustill and Boyd, *Commercial Arbitration*, n 1, pp 66–68.

39.39 *Commercial Arbitration*

designates the seat of the arbitration with the specific purpose of subjecting themselves to the *lex arbitri*. Moreover, even if the *lex loci arbitri* permits the parties to exclude its application, the result is potentially dangerous, for it leaves the parties with nowhere to go if the arbitrators need judicial assistance to enforce their orders and may create problems at the point of enforcement.[108] The object of arbitration is to secure an enforceable award, and national laws as well as the New York Convention confer considerable *privileges* on the successful party to an arbitration. Enforcement involves access to the machinery of the state in which the enforcement proceedings are to be taken, or in some other state, and this in turn presupposes that the award is recognized by the law of the state in question. Since most states impose at least some curbs on the power of arbitrators, and in most states arbitral proceedings and awards are in some measure subject to judicial review, it is scarcely possible to divorce arbitration proceedings from the law of the place where they are conducted. Indeed, if one can predicate an arbitral procedural law detached from any municipal law, it cannot be regarded as a closed system, for in so far as it is alleged to answer all queries of whatever character capable of arising in arbitration proceedings, it is uncodified and incapable of ascertainment, and in so far as it does not answer such questions, resort must be had to another source of authority. The law of the forum may, of course, permit reference to the law of another state (eg that selected by the parties in their contract) to govern their rights, but that other law will be allowed to operate only in the conditions and to the extent permitted by the *lex fori*.[109]

39.40 The proponents of the concept of the stateless award do, of course, recognize the power of courts to control what goes on in their own jurisdiction. Their point is that if it comes to enforcement in another jurisdiction the only relevant law is the law of the state of enforcement. French courts in particular have developed and applied the theory that an international award is not integrated into the national legal system of the state of origin of the award, so that in the state in which enforcement is sought the courts are free to allow enforcement of an award even if it has been set aside in the state of origin.[110] It is true that the courts of the state of enforcement necessarily have the last word, as expressly provided by art VII of the New York Convention. Nevertheless, the concept that the only relevant law is the law of state of enforcement is hard to reconcile with the freedom of parties to subject themselves to a designated *lex arbitri* and with the significance given to

---

[108] Belgium, with a view to attracting more international arbitration, once introduced a provision into its law excluding the power of Belgian courts to entertain an application for annulment of an award unless at least one of the parties to the dispute was Belgian (Judicial Code, art 1717(4)). This ingenious measure backfired because the arbitration community saw it as leaving parties having legitimate grounds for challenge to an award with no recourse anywhere (it is widely accepted that only courts of the state of origin have power to set aside an award), and the provision was changed in 1998 and has been maintained in art 1718 of the 2013 Belgian Judicial Code.

[109] *Union of India v McDonnell Douglas Corp* [1993] 2 Lloyd's Rep 48; *Tamil Nadu Electricity Board v ST-CMS Electric Co Pte Ltd* [2007] EWHC 1713 (Comm), [2008] 1 Lloyd's Rep 93. See also paras **39.103** ff.

[110] *Hilmarton Ltd v Omnium de Traitement et de* Valorisation (OTV) Cass le civ 23 March 1994, (1994) Rev de l'Arb 327.

the *lex arbitri* by art V(1)(a) and (e) of the New York Convention. It also does little to promote international comity (which involves mutual respect between the courts of different states), and has the severe practical disadvantage of exposing the party against whom an award is made to the application of a different law in every country in which enforcement is sought, thus undermining the internationality of arbitration, destroying the finality which the arbitral process seeks to ensure and producing a multiplicity of potentially conflicting judgments in different jurisdictions.[111]

39.41 This is not to deny the importance of the role of the courts in the state of enforcement. It is clear, first, that under art VII of the New York Convention the courts of the enforcing state may allow the beneficiary of an award which is open to challenge under the *lex arbitri* to avail itself of any wider rights given by the law of the enforcement state, and, secondly, that such courts may refuse recognition of an award on any of the grounds provided by art V of the Convention even if the award is upheld by courts of the country of origin. Subject to this, enforcing courts should have a strong inclination to respect decisions of courts of origin, particularly decisions setting aside or varying an award.[112] English law does not recognize the concept of an a-national (or delocalized) arbitration 'floating in the transnational firmament, unconnected with any municipal system of law',[113] in which the procedure is left entirely within the control of the parties and the arbitrators. But there is no objection to a 'floating' curial law[114] in which the place of arbitration (and thus, by inference, the curial law) is to be determined by the parties or one of them at a later date.[115]

(viii) Decision according to law

39.42 At one time English law appeared to take the position that every contract which was the subject of arbitration proceedings had to be governed by some municipal law and that it was not open to the parties to choose to have their rights governed by some system of 'law' other than English law or that of a foreign country or perhaps the principles of international law.[116] But the Arbitration Act 1996 makes it clear that the parties are not limited to

---

[111] For a fuller deployment of these arguments, see R. Goode (2001) 17 *Arbitration International* 19.
[112] See ibid at p 37.
[113] *Bank Mellat v Helleniki Techniki SA* [1984] QB 291, per Kerr J at 301. In *Dallah Real Estate & Tourism Holding Co v Ministry of Religious Affairs of the Government of Pakistan* [2010] UKSC 46, [2011] 1 AC 763, Lord Collins (at [117]) referred to the issue but it was not necessary for him to decide the issue and he did not do so. But the delocalization theory has gained ground steadily in international arbitration. See *Redfern and Hunter*, n 1, paras 3-73 ff.
[114] As opposed to a floating substantive law. See para 37.70.
[115] *Star Shipping AG v China National Foreign Trade Transportation Corp (The Star Texas)* [1993] 2 Lloyd's Rep 445. See M. N. Howard QC [1995] LMCLQ 1.
[116] See *Maritime Insurance Co Ltd v Assecurancz-Union von 1865* (1935) 52 Ll L Rep 16, per Goddard J at 20, cited by Megaw J in *Orion Compania Espanola de Seguros v Belfort Maatschappij voor Algemeine Verzekgringeen* [1962] 2 Lloyd's Rep 257 at 264.

39.42 *Commercial Arbitration*

choosing a legal system. They may agree that the tribunal should decide the dispute in accordance with other considerations.[117] This would include a decision in accordance with 'internationally accepted principles of law governing contractual relations'[118] or 'rules of law'.[119] It would also seem to include decisions by the tribunal acting *ex aequo et bono* or as *amiable compositeur*,[120] which English law had not recognized previously. But the tribunal can do this only if authorized by the parties. Where they have chosen a law to govern the dispute,[121] it is the duty of the tribunal to apply that law, though, in so far as its provisions are dispositive rather than mandatory, the tribunal is, of course, free to determine that they have been modified or excluded by agreement, including any applicable trade usage or *'lex mercatoria'*. In addition, arbitral tribunals regularly have recourse to other sources where the applicable law is undeveloped or does not explicitly cover the point, and there have been many awards in which arbitrators have drawn on the UNIDROIT Principles of International Commercial Contracts and, albeit to a lesser extent, on the Principles of European Contract Law prepared by the Commission on European Contract Law. Section 46(3) of the Arbitration Act 1996 makes it clear that where the parties have not chosen the law to govern the substance of the dispute, the tribunal does not have to apply English conflict of laws rules in order to determine the applicable law but can apply the conflict of laws rules it considers applicable. It must, however, select the governing law by some conflict of laws route rather than directly, as is provided in the legislation of some countries,[122] though it is free to apply a conflict rule which is not that of a particular national legal system but is to be found in general principles of private international law.[123]

---

[117] Section 46(1).
[118] *Deutsche Schachtbau-und Tiefbohrgesellschaft mbH v Ras Al Khaimah National Oil Co* [1990] 1 AC 295.
[119] It is interesting to see the progression of ideas. Article 33(1) of the UNCITRAL Arbitration Rules 1976 requires the tribunal to apply the *law* designated by the parties or, failing this, the *law* determined by the conflict of laws rules which it considers applicable. By contrast art 28(1) of the UNCITRAL Model Law on International Commercial Arbitration refers to the *rules of law* chosen by the parties, but if they have not designated the applicable law the tribunal is then required by art 28(2) to apply the *law* determined by the conflict rules it considers applicable. A further change was made in the UNCITRAL Arbitration Rules 2010, art 35(1) which provides that the arbitral tribunal shall apply 'the *rules of law* designated by the parties' and, failing that, 'the *law* which [the tribunal] determines to be appropriate' (emphasis added).
[120] These two phrases are often used interchangeably but are thought by some to mean different things. Either way, their effect would be to dispense with the need to use rules of law to arrive at the result and to empower the arbitrator to act in accordance with notions of equity and fairness.
[121] Which is to be understood as the substantive laws of the country in question, not its conflict of laws rules (s 46(2)).
[122] See J. Savage and E. Gaillard (eds), *Fouchard, Gaillard, Goldman on International Commercial Arbitration* (1999), paras 1552 ff.
[123] Ibid, paras 1548 ff.

(ix) Independence and impartiality

39.43 There are two connected principles concerning the suitability of an arbitrator: independence and impartiality.[124] The ICC Arbitration Rules require that the arbitrator be and remain impartial and independent of the parties involved in the arbitration,[125] but independence is not defined and the meaning of the requirement has given rise to much controversy.[126] The underlying idea is that the arbitrator should not have had a personal, social or financial relationship with one of the parties which is either reasonably liable to lead to bias or creates a reasonable apprehension of bias. It was not thought appropriate to provide expressly for independence in the Arbitration Act for fear of unnecessarily excluding perfectly suitable arbitrators but rather to pick it up through the requirement of impartiality. Thus the existence of a prior relationship with one of the parties is a ground for removal of an arbitrator by the court where it gives rise to justifiable doubts as to his impartiality.[127] It is open to the party potentially affected by the lack of impartiality to waive this requirement by failing to object to the arbitrator's continuance in post after full disclosure.

39.44 By impartiality is meant that the arbitrator must not be biased towards one of the parties or have a predisposition as to the outcome of the disputed issue,[128] though the mere fact that the arbitrator has, prior to the initiation of the arbitration, indicated a view on a question of law that later arises in the arbitration is not a ground for impeaching his impartiality. Bias or the appearance of bias may, of course, result from a pre-existing relationship,[129] but there are many other grounds for inferring bias,[130] including the fact that the arbitrator has a personal interest in the subject matter or outcome of the dispute or has indicated a concluded view before completion of the hearing or shown a predisposition to favour one party at the expense of the other. Impartiality is vital to the integrity of arbitration. So in a tribunal of three arbitrators, where each party appoints one arbitrator and appoints a neutral

---

[124] For a comparative treatment, see Lew, Mistelis and Kröll, *Comparative International Commercial Arbitration*, n 1, paras 11-11 ff.
[125] Article 11(1).
[126] T. H. Webster and M. W. Bühler, *Handbook of ICC Arbitration: Commentary, Precedents, Materials* (4th edn, 2018), paras 11-11 – 11-25. The ICC International Court of Arbitration adopted a Guidance Note on 12 February 2016 for the disclosure of conflicts by arbitrators which lists various situations that may call into question the independence or impartiality of arbitrators in the eyes of the parties and invites arbitrators and potential arbitrators to consider specifically these situations. See also the IBA Guidelines on Conflicts of Interest in International Arbitration (adopted by resolution of the IBA Council on 23 October 2014). The Non-Waivable Red List describes circumstances that necessarily raise justifiable doubts as to the arbitrator's impartiality or independence.
[127] Arbitration Act 1996, s 24(1)(a); *Russell on Arbitration*, n 1, para 4-124.
[128] The term 'neutrality' is often treated as synonymous with impartiality but is also used in other senses, eg to distinguish an arbitrator appointed by an arbitral institution, or by the other arbitrators as chairman, from one appointed by the parties.
[129] As in *Tracomin SA v Gibbs Nathaniel (Canada) Ltd* [1985] 1 Lloyd's Rep 586.
[130] The Council of the International Bar Association has approved some guidelines, *The IBA Guidelines on Conflicts of Interest in International Arbitration* (revised in 2015), which provide guidance on the circumstances which may give rise to bias.

party as chairman, each arbitrator must avoid bias towards the party who appointed him. On the other hand, it is perfectly legitimate for a party-appointed arbitrator to ensure that the evidence and arguments advanced on behalf of the party who appointed him are fully considered by the arbitral tribunal.

39.45 The balance to be struck here is a delicate one and it has proved to be a matter of some controversy, particularly in the case where an arbitrator who has been appointed in one arbitration subsequently accepts an invitation from one of the parties to that arbitration to act as an arbitrator in related proceedings and he accepts that invitation without making disclosure to the other party to the arbitration. The Court of Appeal in *Halliburton Co v Chubb Bermuda Insurance Ltd*[131] held that, while in such a situation an arbitrator ought to have disclosed this fact to the other party to the arbitration,[132] his failure to do so did not of itself give rise to justifiable doubts as to his impartiality as an arbitrator.[133] It was held that the mere fact that an arbitrator accepts appointment in multiple references concerning the same or overlapping subject matter with only one common party does not of itself give rise to an appearance of bias.[134] The Court of Appeal concluded that an arbitrator should be trusted to decide the case solely on the evidence or other material adduced in the proceedings in question. In order to give rise to an appearance of bias there must be 'something more' and that something more must be 'something of substance.'[135] While 'inside information' and 'inside knowledge' may be 'a legitimate concern'[136] for the parties to have in relation to overlapping arbitrations involving a common arbitrator but only one common party, this did not justify an inference of apparent bias. The starting point for the court in such a case was not one of an assumption of bias but rather that the arbitrator should be 'assumed to be trustworthy and to understand that they should approach every case with an open mind'.[137] The decision is a controversial one.[138] The case has been appealed to the Supreme Court and judgment is currently awaited.

(x) The arbitrator to act within his remit

39.46 The arbitrator must limit his inquiries and decision to the matters referred to him by the parties, whether in the arbitration agreement or by conduct amounting to submission to his jurisdiction over the issues in

---

[131] [2018] EWCA Civ 817, [2018] 3 All ER 709, [2018] 1 WLR 3361.
[132] Ibid at [91].
[133] Ibid at [96].
[134] Ibid at [53].
[135] Ibid.
[136] Ibid at [49].
[137] Ibid at [51].
[138] For criticism of the decision, see E. McKendrick, 'Arbitrations, Multiple References and Apparent Bias' in A. Calissendorff and P. Schöldström (eds), *Stockholm Arbitration Yearbook 2019* (2019), p 55.

question.[139] To the extent that the arbitrator goes beyond his remit, his award is liable to be set aside for want of substantive jurisdiction.[140]

(xi) The arbitrator's competence to determine his own jurisdiction

39.47 The question whether an arbitrator has power to determine his own jurisdiction – commonly described under the German law label *Kompetenz-Kompetenz* – has been much debated over the years. It is sometimes used to refer to the problem arising where there is a dispute as to the very existence or validity of the agreement under which the arbitrator was appointed, but this is a distinct issue of separability of the agreement to arbitrate, not a true example of *Kompetenz-Kompetenz*.

39.48 It is obvious that a party cannot deprive an arbitrator of power to continue with the case merely by challenging his jurisdiction, for otherwise parties could readily frustrate the agreement to arbitrate. However, the statement that the arbitrator has power to determine his own jurisdiction is used in at least three senses.

1. The arbitrator has exclusive power to determine his own jurisdiction

39.49 In its full sense as formerly used in German arbitration law, *Kompetenz-Kompetenz* means not only that the arbitrator can determine his own jurisdiction but that where the parties have by their agreement given exclusive competence to the arbitrator, his ruling on his jurisdiction is binding and cannot in general be challenged before the court. In this sense, the doctrine forms no part of English law, which insists that the ultimate decision on whether an arbitrator acted within his jurisdiction lies with the court, so that a court which is asked to enforce an arbitral award is not confined to a review of the award that has been made by the arbitral tribunal but is entitled to examine the matter afresh and to decide for itself on the basis of a full judicial determination of the evidence whether the arbitral tribunal did indeed have jurisdiction.[141]

2. The arbitrator's ruling in favour of his jurisdiction is binding until after issue of the award

39.50 An intermediate position on the jurisdictional question is that the arbitrator's ruling that he has jurisdiction is susceptible to judicial challenge but only after issue of the award. This is the position taken in some

---

[139] See *Westminster Chemicals & Produce Ltd v Eichholz & Loeser* [1954] 1 Lloyd's Rep 99.
[140] See para **39.88**.
[141] *Dallah Real Estate & Tourism Holding Co v Ministry of Religious Affairs of the Government of Pakistan*, n 113. In considering the evidence, the court might find it 'useful' to see how the arbitrators dealt with the question of jurisdiction (see *Dallah* at [160]) but there is no doubt that the question is ultimately one for the court asked to enforce the award, not for the arbitrators themselves.

jurisdictions but does not reflect English law, which allows for a court challenge to the jurisdiction while the arbitration is proceeding, and the same is also now true of German law.[142]

3. The court and the arbitrator have concurrent control over jurisdictional issues

39.51 The third position is that during the proceedings the court and the arbitrator have concurrent jurisdiction. This is the position in English law. The tribunal can rule on its own jurisdiction[143] but this does not affect a party's right to apply to the court while the arbitration is pending for a ruling that the tribunal lacks jurisdiction.[144] This concurrency of control has the advantage that it helps to avoid the risk that the parties will engage in a long and expensive arbitration only to find after the award that the arbitrator never had jurisdiction in the first place. However, there is also concern that recourse may be made to the court as a tactic to delay the arbitration proceedings. English law[145] here follows the UNCITRAL Model Law[146] in allowing the arbitration to continue despite a pending application to the court challenging the arbitrator's jurisdiction.

39.52 The arbitrator's ruling on jurisdiction may be given either by way of an interim award, if a party so requests and the issue is capable of being dealt with in this way,[147] or in the (final) award. A party who does not accept that the arbitrator has jurisdiction has a choice of methods open to him for dealing with the matter. He can decline to participate in the arbitration proceedings and challenge the award when made, a risky procedure in that if the arbitrator is found to have had jurisdiction and the award is adverse to the party, he may have no other ground of challenge; he can contest the jurisdiction before the arbitrator and challenge the award when made; or he can apply to the court during the arbitration proceedings for a declaration that the arbitrator lacks jurisdiction and/or an injunction to restrain the continuance of the proceedings. What he cannot do is to take part in the arbitration proceedings without raising the jurisdiction issue and then rely on it after the award, for by participating in the arbitration without objection to the jurisdiction he waives the right to challenge it. He must have raised his objection to the jurisdiction not later than the time he takes the first step in the proceedings to contest the merits of any matter in relation to which he challenges the jurisdiction,[148] but the mere fact that he has appointed or participated in the appointment of an arbitrator does not preclude him from raising an objection to the arbitrator's jurisdiction.[149]

---

[142] Arbitration Law 1998 (embodied in the German Code of Civil Procedure, Book 10), art 1040(3).
[143] Arbitration Act 1996, s 30.
[144] Ibid, s 32.
[145] Ibid, s 32(4).
[146] Article 16(3).
[147] It may not be possible to do this before a finding on the facts in dispute.
[148] Arbitration Act 1996, s 31(1).
[149] Ibid.

(xii) **The agreement to arbitrate is considered separate from the primary agreement**

39.53 In Europe and North America it has long been accepted that an agreement to arbitrate, even if not physically distinct but embodied as an arbitration clause in the primary agreement, is legally separate from the primary agreement, so that the arbitrator's jurisdiction is not affected by the invalidity, non-existence or unenforceability of the primary agreement,[150] still less by its termination, whether for breach or otherwise. English law finally came round to this position as a result of the landmark decision of the Court of Appeal in *Harbour Assurance Co (UK) Ltd v Kansa General Insurance Co Ltd*,[151] and is now enshrined in statute.[152] It follows that an arbitrator can rule on the validity and legality of the primary agreement without thereby impinging on the validity of his own appointment.[153] Thus the invalidity of the main contract does not necessarily entail the invalidity or rescission of the arbitration agreement.[154] The arbitration agreement must be regarded as a 'distinct agreement'[155] for this purpose because 'the doctrine of separability requires direct impeachment of the arbitration agreement before it can be set aside.'[156] This has been held to be an 'exacting test'[157] which requires that the invalidity relate to matters that are 'specific to the arbitration agreement' and are not simply 'parasitical'[158] to a challenge to the validity of the main agreement. However, if it is the notionally separate agreement to arbitrate that is found to be non-existent or void, the arbitrator's appointment is necessarily invalid.

9. EFFECTIVENESS OF THE AGREEMENT TO ARBITRATE

39.54 Prior to the Arbitration Act 1996 the court would usually stay proceedings brought by a party under an agreement containing an arbitration clause, but, in the case of a domestic arbitration agreement, the grant of a stay was a matter of discretion.[159] By contrast, in the case of a non-domestic arbitration agreement the grant of a stay was in given conditions compulsory under s 1 of the Arbitration Act 1975 unless the agreement was null and void, inoperative or incapable of being performed[160] or the court was satisfied that there was not in fact any dispute between the parties with regard to the matters

---

[150] See the UNCITRAL Model Law, art 16(1).
[151] [1993] QB 701. See also *Lesotho Highlands Development Authority v Impregilo SpA* [2005] UKHL 43, [2006] 1 AC 221, at [21].
[152] Arbitration Act 1996, s 7.
[153] See, for example, *Westacre Investments Inc v Jugoimport-SPDR Holding Co Ltd* [1999] QB 740.
[154] *Fiona Trust & Holding Corporation v Privalov* [2007] UKHL 40, [2007] 4 All ER 951, at [17]. This is so even in the case where the main agreement is set aside on a ground such as fraud or bribery.
[155] Ibid.
[156] Ibid at [35].
[157] Ibid.
[158] Ibid.
[159] Arbitration Act 1950, s 4(1).
[160] Reproducing verbatim a phrase in art II(3) of the New York Convention.

agreed to be referred, which was taken to include cases where, though the defendant disputed the claim, the court considered that it was not reasonably disputable.[161] However, under s 9 of the Arbitration Act 1996 a stay is now compulsory unless the court is satisfied that the arbitration agreement is null and void, inoperative or incapable of being performed,[162] and there is no longer power to refuse a stay on the ground that, in the opinion of the court, the defendant does not have an arguable defence.[163] There must, however, be a dispute.[164]

39.55 It may also be possible to obtain an anti-suit injunction to restrain proceedings brought abroad in breach of an arbitration agreement,[165] at least in the case of proceedings brought outside the EU. In such cases, where foreign proceedings are brought in breach of a London-seated arbitration agreement, the English Courts generally enforce the obligation on the parties not to bring foreign proceedings by granting an anti-suit injunction unless there are good reasons not to restrain the foreign proceedings.[166] Anti-arbitration injunctions may also be granted to restrain a party from pursuing arbitration proceedings in another jurisdiction.[167] The power of the court to grant an interim injunction in support of arbitral proceedings can be found in s 44 of the Arbitration Act 1996. The power of the court to grant anti-suit relief arises from the parties' choice of an English seat of arbitration and exists irrespective of the choice of governing law.[168] In the case of proceedings brought within the EU, the CJEU has held that it is incompatible with Brussels I for a court of a member state to make an order to restrain a person from commencing or continuing proceedings before the court of another member state on the ground that such proceedings would be contrary to an arbitration agreement.[169] At the end of the transition period, the position in relation to

---

[161] See para 39.33.
[162] It has been held that among such cases is the termination of the arbitration agreement as the result of a party's repudiatory breach in bringing an action despite the arbitration clause (*Downing v Al Tameer Establishment* [2002] 2 All ER (Comm) 545). However, it cannot be the case that the institution of proceedings is necessarily a repudiation of the arbitration agreement. A party may, for example, be doing no more than exercising his statutory right under s 30(2) of the Arbitration Act 1996 to challenge an interim award by the tribunal that it has jurisdiction.
[163] See para 39.33.
[164] Ibid.
[165] *Shashoua v Sharma* [2009] EWHC 957 (Comm), [2009] All ER (Comm) 477.
[166] *The Angelic Grace* [1995] 1 Lloyd's Rep 87. The English Commercial Court takes a robust approach in granting anti-suit injunctions where foreign proceedings are in breach of an arbitration agreement: see *Nori Holdings v Public Joint-Stock Company Bank Otkritie* [2018] EWHC 1343 (Comm), [2018] 2 All ER (Comm) 1009; and *Aqaba Container Terminal v Soletanche Bachy France SAS* [2019] EWHC 471 (Comm), [2020] 1 All ER (Comm) 86.
[167] See *Sabbagh v Khoury* [2019] EWCA Civ 1219, [2020] 1 All ER (Comm) 485 where the Court of Appeal confirmed that the grant of anti-arbitration injunctions generally remains an 'exceptional step' and provided guidance on the circumstances where the English courts may grant such injunctions.
[168] *Enka Insaat Ve Sanayi AS v OOO 'Insurance Company Chubb'* [2020] EWCA Civ 574.
[169] *West Tankers Inc v Riunione Adriatica di Sicurtà SpA (The Front Comor)*: Case C-185/07, [2009] 1 All ER (Comm) 435; A. Briggs, 'Fear and Loathing in Syracuse and Luxembourg' [2009] LMCLQ 161 and E. Peel, 'Arbitration and Anti-Suit Injunctions in the European Union' (2009) 125 LQR 365. Thus the remedy for a party in such a case is not to seek an

proceedings in EU Member States is likely to be assimilated with that applicable to proceedings brought outside the EU.

10. THE CONDUCT OF THE ARBITRATION

(i) The arbitration proceedings in outline

39.56 The arbitration is usually initiated by one party writing to the other requesting him to concur in the appointment of an arbitrator or arbitrators. Depending on the terms of the arbitration agreement, the appointment may be made by agreement of the parties, by each party appointing an arbitrator (and in the case of a panel of three, the two arbitrators appointing a neutral third person as chairman), by an arbitral institution in accordance with its rules[170] or by a third party designated in the arbitration agreement.[171]

39.57 In international arbitrations it is also necessary to determine the place where the arbitration is to take place, a matter of considerable importance because almost invariably this will be the legal 'seat' of the arbitration and its law will be the curial law, which will determine the degree of judicial assistance available and the measure of judicial control and review exercisable before and after the award. Moreover, if the place of the arbitration is a country which has not adopted the New York Convention the successful party may be unable to avail itself of that Convention for the purposes of recognition and enforcement of any award elsewhere. The place may be fixed by the terms of the arbitration, by subsequent agreement of the parties, by the arbitral tribunal or, in the case of an institutional arbitration, by that institution.

39.58 When the arbitrator has been appointed, it is usual to hold a preliminary meeting (such as a case management conference, with further case

---

anti-suit injunction but to seek a stay pursuant to s 9 of the Arbitration Act 1996 (see *Youell v La Reunion Arienne* [2009] EWCA Civ 175, [2009] 1 Lloyd's Rep 586, at [34]) or to bring an action in damages for breach of the arbitration agreement (*West Tankers Inc v Allianz SpA* [2012] EWHC 854 (Comm), [2012] 2 Lloyd's Rep 103). However, the CJEU has since held in *Gazprom OAO v Republic of Lithuania*: C-356/13, [2015] 1 Lloyd's Rep 610, that anti-suit injunctions issued by an arbitral tribunal (as opposed to the courts of a Member State) do not fall within the scope of the Brussels Regulation with the consequence that the Regulation did not preclude a court of a Member State from recognising and enforcing, or from refusing to recognise and enforce, an arbitral award prohibiting a party from bringing certain claims before a court of that Member State, since the Regulation does not govern the recognition and enforcement, in a Member State, of an arbitral award issued by an arbitral tribunal in another Member State. Although *Gazprom* was decided pursuant to the Brussels Regulation and not the new Regulation 1215/2012, it is very likely that the same decision would be reached under the Brussels Regulation Recast, in particular given the even clearer separation between arbitration and court proceedings established by Recital 12 of the Brussels Regulation Recast which is in line with the decision in *Gazprom*. See further C. Ojiegbe, 'From West Tankers to Gazprom: Anti-suit Injunctions, Arbitral Anti-suit Orders and the Brussels I Recast' (2015) J Priv Int L 267; S. Masters and B. McRae, 'Anti-suit Injunctions after Gazprom: Business as Usual' (2015) BJIB & FL 516. See para **37.08**.

[170] So in disputes governed by the Rules of the London Court of International Arbitration or the International Chamber of Commerce the appointment must be confirmed by the LCIA or the ICC, as the case may be.

[171] Eg, the President of the Law Society.

management conferences being held throughout the case as necessary) with the parties to discuss the procedural steps and a timetable, and to agree on directions as to pleadings etc. A practice unique to ICC arbitrations is the settlement of the Terms of Reference by the arbitrators in conjunction with the parties. The issues are then defined in pleadings – points of claim, points of defence, reply – in much the same way as in litigation. In international arbitration, parties often exchange rounds of submissions – fully written explanations of fact, law and evidence on which they rely – as well as documents, witness statements and expert reports. In addition, disclosure and production of documents usually follow the exchange of pleadings. Disclosure is often not as extensive as in UK litigation and is commonly either covered by the IBA Rules on the Taking of Evidence in International Arbitration 2010 or by a procedure which has been inspired by them. Except where the arbitration is on the basis of documents alone, a hearing is then fixed (which may be by means of telephone or video conferencing where attendance in person is not required or is not feasible) at which the parties and their witnesses give evidence and submissions are made by their lawyers. The final stage is the drawing up and issue of the award.

(ii) The arbitrator and the parties

39.59 The appointment of the arbitrator creates a contract between him and the parties, and, except as subsequently agreed by the parties, the arbitrator must work within the confines of that contract. This applies not only to the extent of his remit but also to the procedure to be adopted. However, this does not mean that the arbitrator is in an employment relationship with the parties. Although he will receive fees for his work and will render personal services to the parties which he cannot delegate, and may be asked to provide services for the purposes of VAT, the arbitrator is not an employee but, rather, is seen as being an independent provider of services who is not in a relationship of subordination with the parties to the arbitration who can be said to be in receipt of his services.[172] In the case of institutional arbitration the rules of the arbitral institution concerned will usually prescribe the procedure to be followed, and the parties are free to derogate from this only to the extent permitted, expressly or impliedly, by the rules themselves. In the case of an ad hoc arbitration the procedure will be agreed by the parties themselves, failing which it will be laid down by the arbitrator. It has become a well-established practice often in large and complex international arbitrations for a junior lawyer to be appointed as a tribunal secretary to assist the arbitrators. The ambit of the tribunal secretary's role has generated widespread concern of junior lawyers overstepping their administrative position and effectively becoming a decision-making 'fourth arbitrator'. Although there is as yet no uniform standard regarding their scope of work, some institutions have issued guidance on the use of such tribunal secretaries including expressly stating that

---

[172] *Jivraj v Hashwani*, n 76.

a tribunal may in no circumstances delegate its fundamental decision-making function.[173]

39.60 However, even in an ad hoc arbitration the autonomy of the parties is not complete. First, the arbitration must conform to the requirements and restrictions of the *lex arbitri*, though in an arbitration under the Arbitration Act 1996 these are relatively few. Secondly, having entered into a contractual engagement with the arbitrator involving a commitment on his part to conduct the arbitration with due diligence and at a reasonable fee,[174] the parties are not entitled to require him to implement a wider remit than, or perform his duties in a different way from, that originally agreed with him. This is a matter of simple contract law. What is unclear is the extent to which the arbitrator is obliged to implement agreements between the parties on procedural matters after the arbitration has commenced. No doubt, as a general rule, he should do so, but if the agreement is one which in his view is inimical to the proper and efficient conduct of the arbitration, he must surely have a right to indicate a line beyond which he will not go.[175] There is, indeed, a good deal to be said for greater management of arbitrations by the arbitrators, a process assisted by institutional rules to which the parties have agreed to submit. In practice, a good arbitral tribunal will usually have no great difficulty in ensuring a sensible approach to the arbitration, since neither party will wish to risk upsetting the arbitrators!

39.61 The parties themselves are required to do all things necessary for the proper and expeditious conduct of the arbitral proceedings. This includes complying without delay with any determination of the tribunal as to procedural or evidential matters or with any order or directions of the tribunal.[176] Both the parties and their lawyers owe a general duty to conduct the arbitral proceedings in good faith.[177]

39.62 It has been held to be an implied contractual term under English law that arbitral proceedings are both private and confidential.[178] The scope of the implied term is not confined simply to the hearing itself, but extends to the

---

[173] Eg Notes for Arbitrators published by the LCIA on 26 October 2017, paras 68 and 69. The Notes seek to provide more detail and clarity on the LCIA's approach to the role and use of tribunal secretaries. Parties are now required specifically to consent to the permissible tasks, remuneration and identity of a tribunal secretary. Other institutions and industry bodies including the ICC (2012), HKIAC (2014), and SIAC (2015) have similar provisions. Young ICCA and the IBA also have guidance on the use of tribunal secretaries. Some institutions have even instituted tribunal secretary training programmes including the HKIAC which was the first arbitral institution to do so.
[174] *K/S Norjarl A/S v Hyundai Heavy Industries Co Ltd*, n 74.
[175] See paras 39.31–39.32.
[176] Arbitration Act 1996, s 40, which also refers to taking without delay any necessary steps to obtain a decision of the court on a preliminary question of jurisdiction or law, where appropriate.
[177] See V. V. Veeder, 'The Lawyer's Duty to Arbitrate in Good Faith' (2002) 18 *Arbitration International* 431.
[178] *Ali Shipping Co v Shipyard Trogir* [1999] 1 WLR 314. For a helpful summary of the law and the underlying principles, see the judgment of Lawrence Collins LJ in *Emmott v Michael Wilson & Partners Ltd* [2008] EWCA Civ 184, [2008] 1 Lloyd's Rep 616, at [60]–[107].

39.62 *Commercial Arbitration*

existence of the dispute, the identity of the arbitrators, the publication of documents produced in the arbitration and the award itself. This has led to some criticism that arbitration is seriously impeding the development of the common law, and commercial law in particular, by removing cases away from the scrutiny of the national courts and allowing them to be decided behind closed doors.[179] However, there is also increasing symbiosis and a move from the old antithesis between arbitration and litigation towards a culture of cooperation between the courts and arbitral tribunals. Section 93 of the Arbitration Act 1996 permits the use of judge-arbitrators and provides that an eligible High Court judge may, if in all the circumstances he thinks fit, accept appointment as a sole arbitrator by or by virtue of an arbitration agreement but shall not do so unless the Lord Chief Justice has informed him that, having regard to the state of business in the High Court, he can be made available.[180] Although this practice remains rare, it is seen as contributing to the maintenance of judges' expertise and experience of the arbitral process. There is also encouragement in the use of section 45 which allows parties to seek a judicial decision on one or more legal issues whilst the arbitration proceeds on other issues.[181]

39.63 However, more recent authority indicates that the duty to keep arbitral proceedings confidential is not absolute.[182] In *Department of Economic Policy and Development of the City of Moscow v Bankers Trust Co*[183] the Court of Appeal held that, in principle, the consideration that the parties had elected for confidentiality and privacy was only the starting point and was not in itself

---

[179] See the Bailii Lecture given by Lord Thomas of Cwmgiedd as the Lord Chief Justice on 9 March 2016, 'Developing Commercial Law through the Courts: Rebalancing the Relationship Between the Courts and Arbitration', available at www.bailii.org/bailii/lecture/04.pdf. Lord Thomas warns that the diversion of more and more claims from the courts to arbitration reduces the potential for the courts to develop and explain the law and provides fertile ground for transforming the common law from a living instrument into 'an ossuary'. However, this call for reform has been refuted as a 'retrograde step'. See the Chartered Institute of Arbitrators (London Branch) AGM Keynote Address given by Sir Bernard Eder on 28 April 2016, 'Does Arbitration Stifle Development of the Law? Should s.69 be Revitalised?', available at https://www.londonarbitrators.org/sites/londonarbitrators.org/files/CIArb%20_%20EDER%20AGM%20Keynote%20Address%2028%20April%202016%20AMND.pdf. See also Lord Saville of Newdigate, 'Reforms will Threaten London's Place as a World Arbitration Centre', The Times, 28 April 2016.
[180] See eg *Equitas Insurance Limited v Municipal Mutual Insurance Limited* [2019] EWCA Civ 718, [2020] QB 418.
[181] *Goodwood Investments Holdings Inc v Thyssenkrupp Industrial Solutions AG* [2018] EWHC 1056 (Comm). See the keynote lecture given by Sir Rupert Jackson at the BIICL and Simmons & Simmons 17th Annual Review of the Arbitration Act 1996 Conference on 26 March 2019, 'The Interplay Between Judges and Arbitrators', available at https://www.simmons-simmons.com/en/publications/ck0aykbebe4un0b59c6mk50f3/270319-the-interplay-between-judges-and-arbitrators.
[182] As a response to the need for transparency and accountability surrounding the selection and appointment of arbitrators and the conduct of arbitral proceedings, many arbitral institutions have now taken steps to publicise their arbitrator lists, although the work of arbitrators remains hidden from the public eye. Since 1 January 2016, the names and nationalities of all arbitrators sitting on cases in the ICC are available to the public. Other publicly available information from the ICC includes who the appointment was made by, ie the court or the parties, and who the tribunal chairman is.
[183] [2005] QB 207.

determinative of the question whether the hearing should be in public or private, and that the public interest militated in favour of a public judgment. Nonetheless, in the case in question the decision of the judge at first instance that his judgment under s 68 of the Arbitration Act should remain private was upheld because of the confidentiality and sensitivity of the subject matter.[184]

39.64 In *Emmott v Michael Wilson & Partners Ltd*[185] Lawrence Collins LJ, while recognising that the obligation of confidentiality is 'still in the process of development on a case by case basis'[186], identified four exceptional cases in which disclosure of documents produced in arbitral proceedings is permissible: (i) where the parties expressly or impliedly consent to the disclosure; (ii) the disclosure is made pursuant to an order of the court or with the leave of the court; (iii) disclosure is reasonably necessary for the protection of the legitimate interests of an arbitrating party; and (iv) the interests of justice require disclosure and also (perhaps) where the public interest requires disclosure.[187]

39.65 The third and fourth of these exceptions were applied by Flaux J in *Westwood Shipping Lines Inc v Universal Schiffahrtsgesellschaft MBH*[188] where disclosure was held to be reasonably necessary for the protection of the claimant's legitimate interest in pursuing an arguable claim for unlawful means conspiracy and, in such circumstances, the court should not allow the 'confidentiality of arbitration materials in any sense to stifle the ability to bring to light wrongdoing of one kind or another.'[189]

39.66 It should be noted that confidentiality is not accepted as a principle of law in all jurisdictions,[190] and a party wishing to ensure confidentiality should specify it expressly in their arbitration clause.

---

[184] The leading judgment, given by Mance LJ, provides a detailed history and analysis of the various considerations, including art 6 of the European Convention on Human Rights.
[185] [2008] EWCA Civ 184, [2008] 1 Lloyd's Rep 616. See further A. Kawharu, 'The Limits of Confidentiality in Arbitration' [2009] LMCLQ 10.
[186] Ibid at [107].
[187] The scope of these exceptions is discussed by Lawrence Collins LJ in more detail in ibid, [93]–[102]. Thomas LJ described these exceptions in similar but not identical terms (see [130]–[132]). Carnwath LJ stated (at [134]) that he agreed with Lawrence Collins LJ but noted that his reasoning was 'substantially similar' to that of Thomas LJ. The principal doubts would appear to surround the existence of a 'public interest' exception and its relationship with the 'interests of justice' exception. Any 'public interest' exception should, however, be narrowly drawn given the starting point, namely that arbitration is a private process.
[188] [2012] EWHC 3837 (Comm), [2013] 1 Lloyd's Rep 670. See also *S v Lewis Silkin LLP* [2015] EWHC 687 (Ch).
[189] Ibid at [14].
[190] For example, it is not accepted in Australia: see the decision of the High Court of Australia in *Esso Australia Resources Ltd v Plowman (Minister for Energy and Materials)* (1995) 183 CLR 10.

(iii) Must the arbitrator observe rules of evidence?

39.67 The traditional view has been that, unless otherwise agreed by the parties, arbitrators are bound by the same rules of evidence as courts.[191] This approach, which in policy terms has absolutely nothing to commend it[192] and was widely disregarded in practice, was later shown to be without foundation.[193] The Arbitration Act 1996 makes it clear that, subject to the rights of the parties to agree any matter, it is for the tribunal to decide all procedural and evidential matters, including whether to apply strict rules of evidence (or any other rules) as to the admissibility, relevance or weight of any material (oral, written or other) sought to be tendered on any matters of fact or opinion, and the time, manner and form in which such material should be exchanged and presented.[194] So there is no reason why the arbitrator should not admit hearsay evidence,[195] secondary evidence (even where the best evidence is available) or extrinsic evidence to explain or interpret a contract even if this would be inadmissible under the parol evidence rule. These are matters which should go to relevance and weight, not to admissibility, with which English procedural law (in theory, at least) has an excessive preoccupation. But underlying these technical rules is a fundamental concern for the principles of fairness and natural justice, which the arbitrator must observe in every case. So each party has a right to know in good time the case he has to meet and to be given a proper opportunity to put his case and answer that of his opponent. In many arbitrations, the IBA Rules on the Taking of Evidence in International Arbitration 2010[196] will be applied in whole or in part. This ensures that the parties may only request specific documents that are in the possession, custody or control of the other party.

(iv) Witness evidence

39.68 Parties to an arbitration will normally rely on the evidence of witnesses of fact. Such evidence is generally submitted in written statements before the arbitral hearings. This has the advantage of saving time and costs at the hearing, as the statements can replace the evidence in chief and it also reduces the chances of fresh issues emerging during the hearing. The disadvantage is that the statements can be too heavily crafted by lawyers and not express the version of events as the witness would have done if left to express them himself.

---

[191] Mustill and Boyd, *Commercial Arbitration*, n 1, p 352; *Russell on Arbitration*, n 1, para 4-082.
[192] See R. Goode (1992) 8 *Arbitration International* 1 at pp 6–7.
[193] R. Buxton, 'The Rules of Evidence as Applied to Arbitrations' (1992) 58 *Journal of the Institute of Arbitrators* 229, approved extrajudicially by Steyn LJ (1994) 10 *Arbitration International* 1 at p 7.
[194] Section 34.
[195] In any event, the hearsay rule has been abolished in civil proceedings: Civil Evidence Act 1995, s 1.
[196] See also the Commentary on the 2010 IBA Rules prepared by the 1999 IBA Working Party and the 2010 IBA Rules of Evidence Review Subcommittee, available at https://www.ibanet.org/Document/Default.aspx?DocumentUid=DD240932-0E08-40D4-9866-309A635487C0.

39.69 Where evidence in a statement is disputed, there will normally be an opportunity to cross-examine the witness at the arbitral hearing. However, the arbitral tribunal has the power to decide when and how witnesses will be questioned.[197] It is also left to the tribunal to decide whether or not witnesses are to be examined on oath or affirmation.

(v) Expert evidence

39.70 It is for the tribunal to decide whether to admit expert evidence. The tribunal has the power to call its own experts[198] who may, exceptionally, be instructed without reference to the parties.[199] More commonly, the tribunal will direct the parties to appoint their own experts to produce a written report.

39.71 In the preparation of an opinion it is important for the expert to appreciate that his role is not that of an advocate but of an expert whose primary duty, as in the case of court proceedings, is to the tribunal, not to the party engaging his services. He must therefore state his honest belief in response to the questions posed. Whilst it is similarly imperative for the advocate to remember that their primary duty is owed to the tribunal, no such duty is imposed on them and their role is to advance arguments to support their client's case. There can be no objection to discussions between the expert and those instructing him with a view to clarifying the arguments, consideration of issues the expert may not have considered, and elucidating relevant facts. What is not proper is to seek to influence the expert to give an opinion he does not genuinely hold.

39.72 An expert opinion should set out the qualifications of the witness as an expert and should define the issues in the case to which the opinion is directed, state the assumptions of fact on which the opinion is based and list the documents or bundles of documents with which the expert has been supplied. Where the expert is in agreement with propositions advanced by the expert instructed by the other party, he should state this openly, both to reduce the range of issues, with consequent saving of time and cost, and to fulfil his duty as an independent expert. The expert should be careful not to trespass beyond his remit and, in particular, should confine his opinion to the issues involved in the case and avoid stating the conclusions to which the tribunal should come, this being a matter for the tribunal.

(vi) Must the proceedings be adversarial?

39.73 In common law jurisdictions, in contrast to civil law jurisdictions, proceedings are adversarial in character, the judge acting as a referee to ensure

---

[197] Arbitration Act 1996, s 34(2)(e).
[198] Ibid, s 37.
[199] *Hussman (Europe) Ltd v Al Ameen Development & Trade Co* [2000] 2 Lloyd's Rep 83, at [44]. The safest course of action is, however, for the panel to consult with the parties prior to instructing an expert.

fair play rather than taking the lead in examining witnesses. Whether in an English arbitration the arbitrator is bound to conduct the reference in an adversarial way in the absence of a contrary agreement by the parties was formerly a matter of uncertainty.[200] It is now clear that, either with or subject to the agreement of the parties, the tribunal is not obliged to adopt an adversarial system.[201] In certain instances, the parties may wish to adopt an inquisitorial procedure, where the parties select an arbitrator with expert knowledge in the area of dispute whom they wish to investigate the dispute itself.[202] In practice, the question is usually disposed of by express or tacit agreement of the parties as to the procedure to be used or the individual style of the arbitrator.

(vii) Procedural, evidential and conservatory measures

39.74 The Arbitration Act 1996 empowers the tribunal to decide all procedural and evidential matters subject to the agreement of the parties.[203] Under s 38(3) a claimant can be ordered to provide security for the costs of the arbitration.[204] In practice, such a power is exercised extremely sparingly. Also, with respect to evidence, s 38(4) empowers the tribunal to give directions to inspect, photograph, preserve, take into custody or detain a party's property, as long as the property is the subject-matter of the proceedings. Samples may also be taken from the property and observations may also be made and experiments conducted upon the property.

(viii) Powers of the tribunal in case of a party's default

39.75 Subject to any agreement between the parties, the arbitrator has wider powers to make orders for the conduct of the arbitration and greater coercive powers in the event of default in compliance with his orders. The tribunal may make an award against a party who, without showing sufficient cause, fails to attend or be represented at an oral hearing of which due notice was given or, where matters are to be dealt with in writing, fails after due notice to submit written evidence or make written submissions.[205] This could happen where the failure is by the claimant, but in the case of non-attendance by the respondent most arbitral tribunals would be reluctant simply to make an award and would

---

[200] J. Steyn, 'England's Response to the UNCITRAL Model Law' (1994) 10 *Arbitration International* 1, pp 8–10.
[201] See Arbitration Act 1996, s 34 and in particular s 34(2)(e): 'whether any and if so what questions should be put to and answered by the respective parties and when and in what form this should be done'.
[202] This was the case in *Checkpoint Ltd v Strathclyde Pension Fund* [2003] EWCA Civ 84, [2003] L & TR 22 where the parties agreed on an inquisitorial procedure. The court found that the arbitrator had failed to use his inquisitorial powers but had instead applied his own knowledge.
[203] Arbitration Act 1996, s 38(1) and (2).
[204] See also *Gater Assets Ltd v Nak Naftogaz Ukrainiy* [2007] EWCA Civ 988, [2007] 2 Lloyd's Rep 588, at [39] ff.
[205] Sections 41(3), 41(4).

prefer to hear the claimant's evidence and submissions. The arbitrator may make peremptory orders against a party that has failed to comply with any order or directions, and contravention of such peremptory orders may lead to an award against the party,[206] though again such a power is likely to be exercised sparingly.

(ix) Provisional awards

39.76 English arbitration law has no statutory definition of an award. In principle it is a determination of an issue or claim, as opposed to an order which addresses the procedural mechanisms of an arbitration. Moreover, unlike an order, an award is subject to challenge before the courts.[207] Section 39 of the Arbitration Act 1996 gives the tribunal power to make a provisional award where the parties have agreed to confer such a power in the arbitration agreement.[208] In practice, this usually arises from a submission to institutional rules.[209] This power includes a provisional order for the payment of money or the disposition of property as between the parties or an order to make an interim payment on account of the costs of the tribunal. The report of the Departmental Advisory Committee on Arbitration Law on the Arbitration Bill[210] states that this power does not allow arbitrators to grant freezing injunctions or search orders on the application of one party alone.[211] The provisional award is, of course, subject to the final award in the case.[212]

(x) Interim or partial awards and final awards

39.77 An award may determine all the issues or dispose only of some of the issues in the arbitration, leaving others to be determined at a later date.[213] If the arbitrator chooses to dispose of issues separately, these awards are known as interim or partial awards and are governed by s 47. These awards will, however, be determinative of the issues they cover. A final award is the last award issued by the arbitrator whether or not it determines all or simply the outstanding issues.

39.78 The award must be in writing and signed by the arbitrators.[214] An award of a tribunal whose seat is in England is treated as made in England, regardless of where it was signed, delivered or dispatched to the parties.[215] The

---

[206] Sections 41(5), 41(6), 41(7).
[207] Sections 67, 68 and 69.
[208] Despite the fact that s 39(1) refers to the making of provisional 'orders', the courts have determined that this section empowers the tribunal to make an award: see *Ronly Holdings Ltd v JSC Zestafoni G Nikoladze Ferroalloy Plant* [2004] EWHC 1354 (Comm), [2004] BLR 323.
[209] See, for example, art 25.1(iii) of the LCIA Rules.
[210] Note 44, para 201.
[211] For such orders, the parties would have to make an application to court: see below.
[212] Arbitration Act 1996, s 39(3).
[213] Section 47.
[214] Section 52(3).
[215] Section 53.

39.78 *Commercial Arbitration*

same rule applies for the purposes of the provisions of the Act relating to the New York Convention in the case of an award of a tribunal whose seat is elsewhere.[216] The award must contain the reasons for the award unless it is an agreed award or the parties have agreed to dispense with reasons.[217]

39.79 Within the limits set by his terms of reference, the arbitrator can, in principle, give any relief of a non-coercive nature that would be available against a party in private litigation, including payment of moneys due under the contract, damages, interest and costs. He can also grant injunctions, specific performance and rectification,[218] though he cannot, of course, impose penal sanctions for breach of such an order. But the arbitrator has no power to make an order affecting the rights of third parties.

(xi) **The arbitral proceedings and the court**

39.80 The court has a threefold role to play in the arbitral process – before, during and after the arbitral proceedings. Before a tribunal is constituted, the court can be called upon to decide upon the validity of the arbitration agreement, to grant anti-suit or anti-arbitration injunctions, to grant other urgent interim relief, or to assist with the appointment of an arbitrator.

39.81 During the course of the arbitration, the court's function is primarily supportive, as by directing compliance with peremptory orders made by the tribunal[219] or ruling on points of law referred to it,[220] issuing procedural orders as to the taking of evidence, preservation of evidence, inspection and preservation of property, sale of goods, and granting interim relief such as an injunction (including a freezing order) and the appointment of a receiver.[221] In practice, arbitrators rarely resort to the courts, taking the sensible view that arbitration should, as far as possible, be conducted along consensual lines. A party can issue a subpoena in the High Court to compel the attendance of witnesses or the production of documents at the hearing,[222] but the courts have been unwilling to allow parties to use the witness summons process as a means of obtaining the disclosure of documents from a third party witness.[223] Prior

---

[216] Section 100(2)(b), reversing the effect of the controversial decision of the House of Lords in *Hiscox v Outhwaite* [1992] 1 AC 562.
[217] Arbitration Act 1996, s 52(4).
[218] Section 48(5).
[219] Section 42. This section is not mandatory so an application cannot be made if the arbitration agreement excludes this section.
[220] Section 45. This can be done by a party only with the consent of the arbitrator or all the other parties. The court's powers under this section were helpfully analysed in *Taylor Woodrow Holdings Ltd v Barnes & Elliott Ltd* [2006] EWHC 1693 (TCC), [2006] 2 All ER (Comm) 735. See also *Goodwood Investments Holdings Inc v Thyssenkrupp Industrial Solutions AG* [2018] EWHC 1056 (Comm).
[221] Section 44. These powers are usually only used in cases of urgency: *Euroil Ltd v Cameroon Offshore Petroleum Sarl* [2014] EWHC 12 (Comm); *Belair LLC v Basel LLC* [2009] EWHC 725 (Comm); *Cetelem SA v Roust Holdings Ltd* [2005] EWCA Civ 618, [2005] 4 All ER 52.
[222] Section 43.
[223] See, for example, *Tajik Aluminium Plant v Hydro Aluminium AS* [2005] EWCA Civ 1218, [2006] 1 Lloyd's Rep 155.

to the award, the court has limited powers of control; for example, through a declaration that the arbitrator has no jurisdiction or an injunction restraining continuance of the arbitration. Generally, however, the conduct of the arbitration cannot be challenged until after issue of the award.[224] Furthermore, in *ASM Shipping Limited v Bruce Harris*[225] it was held that a party lost the right to raise an application to remove an arbitrator by continuing to take part in the proceedings after the grounds for objection were known.[226]

39.82 The third function of the court is to review awards and, where necessary, remit them to the arbitrator for further consideration and decision or set them aside altogether.

11. JUDICIAL REVIEW OF ARBITRAL AWARDS

39.83 The extent to which arbitral awards should be subject to judicial review is a question of some delicacy. On the one hand parties select arbitration for its privacy, its finality and the ability to have adjudication by a person or persons of their own choice. On the other, there is the perceived need for some form of judicial control of the arbitral system to ensure that proceedings are conducted fairly and that arbitrators do not go wildly wrong. Although a significant proportion of the claims issued in the Commercial Court relate to matters arising out of arbitrations,[227] there are concerns that without judicial input into the arbitral process, arbitration will seriously impinge on the development of the common law and commercial law in particular.[228]

39.84 Until the enactment of the Arbitration Act 1979, English law allowed far too much judicial intrusion into the arbitral process, both during the reference through the special stated case procedure, and after the award by way of appeal to the court to remit the award to the arbitrator for reconsideration or to set it aside for his 'misconduct', an unfortunate and rather offensive term conveying an implication of moral turpitude but, in fact, embracing such matters as error in procedure and errors of fact or law apparent on the face of the award.

39.85 The readiness of English courts to intervene in arbitral proceedings ran increasingly counter to opinion in other countries, particularly in relation to international arbitral proceedings. The general view was that since the parties had entrusted their dispute to the adjudicator of their choice on issues of both fact and law, they took the chance of error and should not be allowed further bites at the cherry. In consequence, London began to lose a substantial amount of arbitration work which had previously come to it from overseas; and in order to recapture this lost business, and to strengthen London as a world

---

[224] Arbitration Act 1996, s 32.
[225] [2007] EWHC 1513 (Comm), [2008] 1 Lloyd's Rep 61.
[226] The right was lost pursuant to s 73 of the Arbitration Act 1996.
[227] Roughly 25%. See the Commercial Court Report 2017–2018, available at https://www.judiciary.uk/wp-content/uploads/2019/02/6.5310_Commercial-Courts-Annual-Report_v3.pdf.
[228] See para **39.62**.

arbitration centre, the Arbitration Act 1979, implementing the recommendations of the Donaldson Report,[229] introduced major changes.

39.86 Further changes were made by the Arbitration Act 1996. Prior to an award, the court's role is limited in the ways outlined above; namely, the determination of a preliminary point as to the substantive jurisdiction of the tribunal,[230] making orders in support of the arbitral proceedings,[231] a step which in practice is rarely necessary, and to determining preliminary points of law.[232] Once the award has been made, a party seeking to impeach it has three possible grounds of attack: an erroneous assumption or rejection of jurisdiction, serious irregularity, and, in restricted circumstances, error of law. Outside these cases the court has no power to disturb an arbitral award either because of mistakes of fact or because of errors of law. Although there have been suggestions that the UK has gone too far in favouring the perceived advantages of arbitration as a means of dispute resolution in London over the development of the common law, it is unlikely that the pendulum will swing back the other way any time soon.[233]

(i) **Challenge as to jurisdiction**

39.87 Section 67 sets out the provisions for challenges to an award as to the tribunal's substantive jurisdiction.[234] A challenge to the jurisdiction could be on a number of grounds, for example, that the arbitrator was not validly appointed;[235] the award was against or in favour of a person not a party to the arbitration agreement;[236] the issue referred to the arbitral tribunal is outside the scope of the arbitration agreement or the respondent is entitled to state immunity from process.[237]

39.88 Two situations are dealt with in s 67: first, an award of the tribunal as to its substantive jurisdiction and, second, an award on the merits in which the tribunal has assumed jurisdiction, whether or not the jurisdiction issue was

---

[229] Report on Arbitration (Cmnd 7284, 1978).
[230] Arbitration Act 1996, s 32.
[231] Section 44. The power of the court extends to making an order for the taking of evidence by way of a deposition from a non-party witness in aid of a foreign arbitration: see *A and B v C D and E* [2020] EWCA Civ 409.
[232] Section 45(1).
[233] See Lord Thomas' speech, n 179. See also the 2018 *International Arbitration Survey*, n 95.
[234] Defined in s 30(1) as jurisdiction on the questions of whether there is a valid arbitration agreement, whether the tribunal is properly constituted and what matters have been submitted to arbitration in accordance with the arbitration agreement. Procedural irregularity, if serious, falls under s 68.
[235] *Sumukan Ltd v Commonwealth Secretariat*, n 81.
[236] *Hussmann (Europe) Ltd v Al Ameen Development Trade Co*, n 199 (award in favour of a person not party to the arbitration agreement) and confirmed in *Hussmann (Europe) Ltd v Pharaon* [2003] EWCA Civ 266, [2003] 1 All ER (Comm) 879. See also *Dallah Real Estate & Tourism Holding Co v Ministry of Religious Affairs of the Government of Pakistan*, n 113.
[237] See as to this para **39.96**.

before it.[238] In the first situation the award may be challenged not only where the arbitral tribunal rules that it has jurisdiction but also where it decides that it lacks jurisdiction. In the former case a successful challenge will result either in the award being set aside altogether if the lack of jurisdiction goes to the whole of it or in the varying of the award so as to expunge that part which was in excess of jurisdiction; in the latter, the setting aside of the no-jurisdiction award results from a ruling that the tribunal did, after all, have jurisdiction, so that it should proceed with the reference. Where the challenge to the jurisdiction is on the basis that the tribunal has made an award on the merits which it had no jurisdiction to make, the award will be set aside or varied to the extent that it is held that the tribunal exceeded its jurisdiction.[239] Where the tribunal's jurisdiction is upheld, the award will be confirmed.

39.89 The provisions of s 67 are mandatory, so that the right of challenge cannot be excluded by agreement. But a right of challenge based on want of jurisdiction[240] by a person who took part in the proceedings[241] will be lost in three cases. The first is where the challenger takes part or continues to take part in the arbitral proceedings without objecting to the jurisdiction forthwith or within such time as is allowed by the arbitration agreement or the rules.[242] The second is where there was an internal right of appeal under the applicable arbitration rules – for example, in a GAFTA or FOSFA arbitration, where the rules of the association provide for the possibility[243] of a two-tier arbitration system in which a right of appeal lies to an appeal panel – and the party concerned fails to exercise that right or to exercise it in proper time.[244] The third is where the tribunal gives an award that it has jurisdiction and the party concerned fails to challenge the award or to do so in proper time.[245] Where the party's contention is that the tribunal lacks jurisdiction at the outset, he must raise his objection not later than the time he takes the first step to contest the merits of any matter in relation to which he challenges the tribunal's jurisdiction.[246] Where the objection arises in the course of proceedings – as where the tribunal indicates its intention to deal with an additional matter which is alleged to be beyond its jurisdiction – the challenge must be made as soon as possible after the matter is raised.[247]

---

[238] This can occur because a person affected by the award is entitled to challenge the jurisdiction if he took no part in the arbitral proceedings. His right of challenge under s 67 of the Act does not depend on his having challenged the jurisdiction before the arbitral tribunal.
[239] *Ronly Holdings Ltd v JSC Zestafoni G Nikoladze Ferroalloy Plant*, n 208.
[240] As opposed to a declining of jurisdiction.
[241] Referred to in the Act as a 'party' to the proceedings, in contrast to one electing to take no part, described in s 72(1) of the Arbitration Act 1996 as a person 'alleged to be a party', to whom ss 70(2) (dealing with exhaustion of an available arbitral process of appeal or review) and 73 do not apply.
[242] Section 73(1)(a).
[243] An alternative single tier procedure by agreement of the parties, where no right of appeal exists and the dispute is determined by a sole arbitrator, is also available under the FOSFA rules.
[244] Section 73(2)(a).
[245] Section 73(2)(b).
[246] Section 31(1).
[247] Section 31(2).

(ii) Challenge based on serious irregularity

39.90 This is provided for by s 68, serious irregularity being defined in s 68(2) and replacing the former, rather offensive, term 'misconduct'. Like s 67, it is mandatory and cannot be excluded by agreement. Section 68 sets out the kinds of irregularity to which it applies. These include the tribunal exceeding its powers otherwise than by exceeding its substantive jurisdiction,[248] ie exceeding its procedural powers. Where serious irregularity is established or, in the case where it is shown that there is a real possibility that the tribunal is biased,[249] the court may remit the award to the tribunal, in whole or in part, for reconsideration or set it aside, wholly or in part, or declare it to be of no effect, in whole or in part. The power to set aside the award or declare it to be of no effect must not be exercised unless the court is satisfied that it would be inappropriate to remit the award.[250] So the primary remedy envisaged is remission. But it is not every irregularity that will justify the grant of a remedy. It must be demonstrated that there has been a 'serious irregularity' and the courts have emphasised that this sets a 'high threshold'[251] which must have caused or will cause substantial injustice to the applicant.[252]

(iii) Appeal on a point of law

39.91 The third form of challenge is an appeal on a point of law.[253] This form differs from the other two bases of challenge in that it is not mandatory and can therefore be excluded by the parties (as it is under the ICC and LCIA Rules). The starting position of the statutory provisions is that the parties, having entrusted the determination of their dispute to the arbitral tribunal, cannot complain if the tribunal gets things wrong, whether the error is of fact or law.[254] In case of errors of fact there is no right of appeal, though where the error in question arises through a serious irregularity, there is a right of challenge on that ground under s 68. As regards errors of law, the right of

---

[248] Section 68(2)(b).
[249] *ASM Shipping Ltd of India v TTMI Ltd of England* [2005] EWHC 2238 (Comm), [2006] 2 All ER (Comm) 122; [2007] EWCA Civ 1341, [2007] 1 Lloyd's Rep 136; *Norbrook Laboratories Ltd v Tank* [2006] EWHC 1055 (Comm), [2006] 2 Lloyd's Rep 485.
[250] Section 68(3).
[251] *Lesotho Highlands Development Authority v Impregilo SpA*, n 151, at [28].
[252] Section 68(2); *Lesotho v Impregilo*, n 151, at [28]. This approach has been followed in many cases including: *New Age Alzarooni 2 Ltd v Range Energy Natural Resources Inc* [2014] EWHC 4358 (Comm); *Primera Maritime (Hellas) Ltd v Jiangsu Eastern Heavy Industry Co Ltd* [2013] EWHC 3066 (Comm), [2014] 1 Lloyd's Rep 255; *Compton Beauchamp Estates Ltd v Spence* [2013] EWHC 1101 (Ch), [2013] 2 P & CR 15; *Abuja International Hotels Ltd v Meridien SAS* [2012] EWHC 87 (Comm), [2012] 1 Lloyd's Rep 461.
[253] Ie for a court in England and Wales, a question of the law of England and Wales (s 82(1)), not a foreign law. See *Reliance Industries Ltd v Enron Oil and Gas India Ltd* [2002] 1 All ER (Comm) 59.
[254] In *Alphapoint Shipping Limited v Rotem Amfert Negev Ltd 'The Agios Dimitrios'* [2004] EWHC 2232 (Comm), [2005] 1 Lloyd's Rep 23 the Commercial Court held that 'The philosophy and purpose underlying the section 69 procedure requires the achievement of finality of awards consistently with the on-going judicial development of English commercial law.'

appeal is closely circumscribed[255] and reflects the guidelines laid down previously by the House of Lords in *The Nema*[256] and *The Antaios*,[257] possibly with a slight expansion.[258] Leave to appeal can be given only by agreement of all the parties or with leave of the court[259] and if the four further conditions specified in s 69(3) are satisfied, and not even then if the parties have agreed to exclude the right of appeal.[260] These four conditions are:

(a) that the determination of the question will substantially affect the rights of one or more of the parties;
(b) that the question is one which the tribunal was asked to determine;
(c) that on the basis of the findings of fact in the award:
 (i) the decision of the tribunal on the question is obviously wrong, or
 (ii) the question is one of general public importance and the decision of the tribunal is at least open to serious doubt; and
(d) that, despite the agreement of the parties to resolve the matter by arbitration, it is just and proper in all the circumstances for the court to determine the question.

39.92 A party must also convince the courts that any appeal is based on a question of law and not one of fact. The courts have held that parties cannot bring an appeal on a question of fact which has been couched as if it were a question of law.[261] There can also be no appeal on a new point of law which the tribunal had not been asked to determine.[262]

39.93 It remains extremely difficult to challenge an arbitral award in the English courts.[263] The English courts are reluctant to intervene in the arbitral process with the requirement for permission to appeal effectively acting as a filter for unmeritorious appeals. However, even with all these restrictions, it remains difficult to predict with any reasonable degree of assurance in what circumstances the court will entertain an appeal that has not been the subject

---

[255] Arbitration Act 1996, s 69.
[256] *Pioneer Shipping Ltd v BTP Tioxide Ltd (The Nema) (No. 2)* [1982] AC 724.
[257] *Antaios Compania Naviera SA v Salen Rederierna AB (The Antaios)* [1985] AC 191.
[258] *CMA CGM SA Beteiligungs-Kommanditgesellschaft (The Northern Pioneer)* [2003] 1 Lloyd's Rep 212, per Lord Phillips MR at 216.
[259] There is no appeal to the Court of Appeal against a decision on an application for leave to appeal (*Henry Boot Construction (UK) Ltd v Malmaison Hotel (Manchester) Ltd* [2001] QB 388; *Bunge SA v Kyla Shipping Co Ltd* [2013] EWCA Civ 734, [2013] 2 Lloyd's Rep 463).
[260] Section 69(1). An exclusion agreement does not have to refer expressly to s 69 in order to be effective: *Sumukan Ltd v The Commonwealth Secretariat*, n 81.
[261] *Demco Investments and Commercial SA v SE Banken Forsakring Holding Aktiebolag* [2005] EWHC 1542 (Comm), [2005] 2 Lloyd's Rep 650.
[262] Arbitration Act, s 69(3)(b); see *Stx Pan Ocean Co Ltd v Ugland Bulk Transport AS (The Livanita)* [2007] EWHC 1317 (Comm), [2008] 1 Lloyd's Rep 86.
[263] In 2015, 34 claims were brought under s 68 and only 1 was successful whilst 60 claims were brought under s 69 with only 4 successful appeals. In 2016, 31 claims were brought under s 68 and 46 claims under s 69, none of which were successful. Between 2017 and March 2018, 47 claims were brought under s 68 none of which were successful whilst 56 claims were brought under s 69 with only 1 successful appeal. See Commercial Court Users' Group Meeting Report (13 March 2018), available at https://www.judiciary.uk/wp-content/uploads/2018/04/commercial-court-users-group-report.pdf.

of an exclusion agreement, particularly if the point of law involved is one which interests the court or is felt to require clarification.[264] It is therefore not a sufficient answer that leave to appeal is given in relatively few cases; the problem for parties to arbitration is that they have no means of predicting whether their case will be one of the few. There is a case for further restricting the availability of appeals on points of law.

12. THE ENFORCEMENT OF AN ENGLISH ARBITRAL AWARD

39.94 An English arbitral award may be enforced in this country by an action on the award, but such a procedure is rarely used. Instead, parties use the speedier procedure prescribed by s 66 of the Arbitration Act 1996, namely an application to the High Court for leave to enforce the award in the same manner as a judgment.[265] An English award will be recognized and enforced abroad in any state which is a party to the New York Convention.[266] The New York Convention has such wide coverage that it is generally far easier to enforce an arbitration award than a foreign judgment. On 2 July 2019, the Hague Conference on Private International Law ('HCCH') adopted a new multilateral Convention on the Recognition and Enforcement of Foreign Judgments in Civil or Commercial Matters.[267] When brought into force, this will require contracting states to recognize and enforce civil and commercial judgments rendered by the courts of other contracting states without a substantive review of the merits of the underlying dispute. The 2019 Convention is intended to complement the 2005 Hague Convention on Choice of Court Agreements and the 1958 New York Convention by filling a gap in the landscape of private international law.[268] Whether this will be a 'true gamechanger in international dispute resolution' remains to be seen. In any case, it is likely to be some time before the 2019 Convention garners enough signatories to have a real impact and to rival the 1958 New York Convention with its 164 contracting states.

---

[264] A salutary illustration of this is provided by the protracted *Panatown* saga previously mentioned (see para **3.123**), which should surely be regarded as an affront to a modern arbitration process. See also R. Goode, 'The Adaptation of English Law to International Commercial Arbitration' (1992) 8 *Arbitration International* 1, drawing attention to the nine pages of *Mustill and Boyd* analysing in detail the variety of phrases used to denote the requisite threshold for an appeal, only to conclude that, as all these were only guidelines, they were not exhaustive!
[265] Enforcement of a domestic award will be denied where it is shown that the tribunal lacked substantive jurisdiction: Arbitration Act 1996, s 66(3).
[266] Under art V of the Convention recognition and enforcement may be refused only on one or more of the grounds set out in that article.
[267] See https://www.hcch.net/en/instruments/conventions/full-text/?cid=137. See para **37.54**.
[268] Dr Christophe Bernasconi, Secretary General of the HCCH. See the article published by the HCCH on 8 July 2019 which is available at https://www.hcch.net/en/news-archive/details/?varevent=687.

13. INTERNATIONAL COMMERCIAL ARBITRATION AND INVESTOR-STATE ARBITRATION

39.95 A number of issues relevant to international commercial arbitration have already been discussed. We have seen that it is not necessary to adopt the theory of the stateless award[269] to recognize that in international commercial arbitration the arbitrators enjoy wide powers derived from the international character of the dispute and the parties, and from the fact that their award can be refused recognition only on very restricted grounds. But four matters particular to international arbitration can briefly be mentioned.

(i) States and state entities as parties[270]

39.96 The traditional sovereignty of states and the immunity flowing from this[271] has many facets which may impinge on the ability of a private contracting party to pursue arbitration (or litigation) against a state. In particular:

(a) each state is considered sovereign in its own territory, so that as a general principle of international law the courts of a foreign state will regard as outside their competence and non-justiciable issues concerning 'acts of state' performed by the first state within its own jurisdiction (the act of state doctrine);
(b) a state may not in principle be impleaded before the courts of a foreign state without the first state's consent (the doctrine of state, or sovereign,[272] immunity);
(c) the constitution of a state may contain limitations on the power of the state or its entities to enter into commercial contracts or to submit to arbitration;
(d) the law of a state may contain provisions limiting the range of persons having power to bind the state to contracts.

39.97 Act of state, non-justiciability and state immunity are separate concepts, though there is considerable uncertainty about where the line is to be drawn between them. An exploration of these complex issues is outside the scope of this work.[273] With regard to state immunity, which rests both on international and on municipal law, it is necessary to distinguish acts done in the exercise of sovereign or governmental power (*acta jure imperii*) from acts of a private law nature, such as entry into contracts (*acta jure gestionis*). States and state entities that are parties to commercial contracts at one time enjoyed absolute immunity from suit, no distinction being drawn between *acta jure imperii* and *acta jure gestionis*. But there has been a sharp shift in attitude, and

---

[269] See paras 39.38–39.41.
[270] See Lew, Mistelis and Kröll, *Comparative International Commercial Arbitration*, n 1, ch 27.
[271] See generally H. Fox and P. Webb, *Law of State Immunity* (3rd edn (revised and updated), 2015).
[272] The two terms are not fully interchangeable in that sovereign immunity encompasses the personal immunity of the sovereign.
[273] For a masterly treatment, see Fox and Webb, n 271, especially chs 7 and 11.

39.97 *Commercial Arbitration*

the view came to prevail that if a state wished to engage in trading, thereby bringing itself within the area of private law, it should not be entitled to avail itself of immunity; in other words, state immunity should be confined to *acta jure imperii*.

39.98 In England, as is the case in connection with court proceedings, immunity is no longer accorded to a foreign state[274] acting in a commercial capacity rather than in exercise of its sovereign powers.[275] In the case of a separate entity there is no immunity unless the proceedings relate to something done by the state entity in the exercise of sovereign authority and the circumstances are such that the state itself would have been immune.[276] Quite apart from this, a state which has entered into an agreement containing an arbitration clause thereby waives any right it might otherwise have had to claim state immunity from the arbitral proceedings[277] or from proceedings relating to the arbitration,[278] and this is also the case where it takes a step in the arbitral proceedings without raising the defence of state immunity.[279] But the mere participation of a state entity in arbitration proceedings does not constitute a waiver by the state itself, even if the state entity is an instrumentality of the state.[280] A waiver of immunity from jurisdiction does not extend

---

[274] Which includes the sovereign or other head of State in his public capacity, the government of that state and any department of that government but not any entity (a separate entity) which is distinct from the executive organs of government and capable of suing or being sued (State Immunity Act 1978, s 14(1)). The immunity of a head of State does not extend to his estate after his death in respect of private acts done while he was head of State: *Harb v Aziz* [2015] EWCA Civ 481, [2016] Ch 308.

[275] State Immunity Act 1978, s 3(1)(a). But this does not apply where the parties are states or have otherwise agreed in writing (s 3(2)). The expression 'in use . . . for commercial purposes' is to be given its ordinary and natural meaning so that, when considering whether property has been used for commercial purposes, the court should have regard not to the origin of the property but the use to which the State has chosen to put it: *SerVaas Inc v Rafidain Bank* [2012] UKSC 40, [2013] 1 AC 595.

[276] State Immunity Act 1978, s 14(1), (2). For an example, see *Kuwait Airways Corpn v Iraqi Airways Co* [1995] 1 WLR 1147.

[277] This is a general principle of international commercial arbitration and is based on the idea that submission to arbitration is not inconsistent with state immunity but, on the contrary, that the ability to submit to arbitration is an incident of sovereignty. See, for example, the notable award of the arbitrator in *Libyan American Oil Co (LIAMCO) v Government of the Libyan Arab Republic* (1981) 20 ILM 151, (1981) VI YBCA 89. The point is not covered by s 9 of the State Immunity Act 1978, which provides only that a state's agreement in writing to submit a dispute to arbitration removes its immunity to proceedings *in the courts* of the United Kingdom which relate to the arbitration and is silent on the effect of the agreement as a waiver of immunity from the jurisdiction of the arbitral tribunal.

[278] State Immunity Act 1978, s 9(1). For an example of proceedings to enforce an award against a state entity, see *Svenska Petroleum Exploration AB v Government of the Republic of Lithuania (No 2)* [2006] EWCA Civ 1529, [2007] QB 886.

[279] This must follow from the general principle that a party who seeks to protest the jurisdiction of the tribunal must either do so as soon as possible before the tribunal or the court or refrain from participating in the arbitration. A state cannot participate without raising state immunity and then seek to raise it at a later stage. It may be noted that a plea of state immunity is not an objection to substantive jurisdiction within the meaning of s 30 of the Arbitration Act 1996, which is silent on the issue.

[280] So held by the Swiss Supreme Court in *Westland Helicopters (UK) v Arab Republic of Egypt* (1991) XVI YBCA 174. See T. H. Webster and M. W. Bühler, *Handbook of ICC*

to any immunity the state might enjoy against enforcement of the award,[281] but such immunity is not available in respect of process to which the state has given its written consent or in relation to funds for the time being in use or intended to be used for commercial purposes.[282]

39.99 Another exception to state immunity is provided where the state in question has submitted to the jurisdiction of the English courts.[283] This can be done in a number of different ways, including by prior written agreement, or by submitting to the jurisdiction after the dispute has arisen, or by instituting or taking any steps[284] in the English courts in relation to the proceedings. In determining whether a state has waived its right to immunity, the determining factor is the conduct of the state in the proceedings, rather than any statement made regarding its intention to challenge jurisdiction.[285] There is no partial or temporal waiver of immunity. Once sovereign immunity is waived, the waiver operates with regard to the entire proceedings and extends to any decision relating to the proceedings which the state could have predicted would arise from the original proceedings.[286] It is important if a state wishes to claim immunity that this is done at the outset, otherwise the state will not be able to revive such claims at a later date.[287]

Arbitration: Commentary, Precedents, Materials (4th edn, 2018), paras 6-102 – 6-106. See, to similar effect, the Institute of International Law Resolution on Arbitration Between States or State Entities and Foreign Enterprises 12 September 1989, XVI YBCA 236 (1991).

[281] Lew, Mistelis and Kröll, *Comparative International Commercial Arbitration*, n 1, paras 27–54 ff. The High Court has clarified the scope of the State Immunity Act 1978 and the procedure to be followed when filing an application without notice seeking enforcement against a state party. In *Pearl Petroleum Co Ltd v Kurdistan Regional Government of Iraq* [2015] EWHC 3361 (Comm), [2016] 1 Lloyd's Rep 441, a claim to sovereign immunity made by the Kurdistan Regional Government of Iraq (KRG) was rejected on the basis that, although KRG was a 'separate entity' within the meaning of s 14(2) of the State Immunity Act 1978, it was exercising its own sovereign authority and not that of the state of which it formed a part (namely, the Federal Republic of Iraq). In any case, even if state immunity had been available, it would have been lost by virtue of the waiver of immunity clause in the agreement or by KRG's submission to jurisdiction. Similarly, in *Gold Reserve v Venezuela* [2016] EWHC 153 (Comm), [2016] 1 WLR 2829, a plea of immunity was rejected on the basis that the state in question had made a standing offer with the investor under the treaty and thereby consented to arbitration which meant that it could not then turn around and rely on state immunity in the award enforcement proceedings.

[282] State Immunity Act 1978, s 13(2),(4). The issue of sovereign immunity was considered in the case of *Taurus Petroleum Ltd v State Oil Marketing Co of the Ministry of Oil, Iraq* [2015] EWCA Civ 835, [2016] 1 Lloyd's Rep 42 where the Court of Appeal gave a clear indication that state-owned trading entities, whose day-to-day operations are dictated by the state, will find it difficult to take advantage of the principle of sovereign immunity even if they are not considered to be an organ of the state and the act in question is a commercial one and not one performed in the exercise of sovereign immunity. The argument on state immunity was not pursued on appeal to the Supreme Court [2017] UKSC 64, [2018] 2 All ER 675, which reversed the decision of the Court of Appeal.

[283] State Immunity Act 1978, s 2.

[284] Such as applying for relief under the Arbitration Act 1996: *London Steam Ship Owners Mutual Insurance Association Ltd v Spain ('The Prestige')* [2015] EWCA Civ 333, [2015] 2 Lloyd's Rep 33.

[285] Ibid.

[286] *High Commissioner for Pakistan in the United Kingdom v National Westminster Bank* [2015] EWHC 55 (Ch).

[287] *United States v Nolan* [2015] UKSC 63, [2016] AC 463, [2015] 3 WLR 1105.

39.100 Commercial Arbitration

39.100 It is a widely accepted principle of international commercial arbitration that a state on whose behalf an arbitration agreement has been concluded cannot set up as a bar to jurisdiction its internal law restricting the capacity of the state to enter into the arbitration agreement or the authority of the person entering into it on behalf of the state.[288]

39.101 In considering the role of states in arbitrations, it is important to mention the increasing importance of Investor-State arbitrations.[289] The last 35 years have seen the remarkable development of investment arbitrations, between a state and a private investor, based on arbitration agreements contained in multilateral[290] or bilateral investment treaties ('BITs') entered into between states. Pursuant to investment treaties, private investors of 'home states' may submit an investment dispute with a 'host state' to a binding international arbitration where consultation or negotiation has failed. This can be done directly with no need for intervention by the home government. Arbitration is usually provided for as an alternative to litigating in the host state. Institutional dispute resolution options provided for in BITs include arbitration in accordance with the ICC Rules, ICSID Arbitration Rules,[291] ICSID Additional Facility Rules (where one party is not a signatory to the ICSID Convention) and the SCC (Stockholm Chamber of Commerce) Rules. Many BITs also provide for ad hoc proceedings. Often in such arbitrations the UNCITRAL Arbitration Rules 2013 will be applied. The English courts have

---

[288] See *Fouchard, Gaillard, Goldman on International Commercial Arbitration*, n 1, paras 550 ff; Lew, Mistelis, Kröll, *Comparative International Commercial Arbitration*, n 1, para 27-15.

[289] See more generally C. McLachlan, L. Shore and M. Weiniger, *International Investment Arbitration: Substantive Principles* (2nd edn, 2017), which draws together and explains the principles emerging from the rapidly growing body of case law in this field. See also B. Sabahi, N. Rubins and D. Wallace Jr, *Investor-State Arbitration* (2nd edn, 2019); H. Kjos, *Applicable Law in Investor-State Arbitration: The Interplay Between National and International Law* (2013). For a brief judicial explanation see *City of London v Sancheti* [2008] EWCA Civ 1283, [2009] 1 Lloyd's Rep 117, at [1]–[3]. For a comprehensive analysis of the issue of proportionality in investor state arbitrations, see G. Bücheler, *Proportionality in Investor-State Arbitration* (2015) and C. Henckels, *Proportionality and Deference in Investor-State Arbitration: Balancing Investment Protection and Regulatory Autonomy* (2015); for a comprehensive coverage of the practice of international arbitral tribunals in awarding compensation and restitution in disputes between foreign investors and states, see B. Sabahi, *Compensation and Restitution in Investor-State Arbitration: Principles and Practice* (2011); for a detailed analysis of the role of the state in investor state arbitrations, see S. Lalani and R. Polanco Lazo (eds), *The Role of the State in Investor-State Arbitration* (2014); for a detailed analysis of the application of the UNCITRAL rules in investor state arbitrations, see D. Euler, M. Gehring and M. Scherer, *Transparency in International Investment Arbitration: A Guide to the UNCITRAL Rules on Transparency in Treaty-Based Investor-State Arbitration* (2015). A key issue is the relationship between obligations imposed by the bilateral investment treaty ('BIT') and obligations imposed by the contract with the host state, a matter of considerable complexity, on which see J. Crawford, 'Treaty and Contract in Investment Arbitration' (2008) 24 *Arbitration International* 351.

[290] Such as the Energy Charter Treaty or the North American Free Trade Agreement.

[291] On ICSID arbitrations, see C. Schreuer, *The ICSID Convention: A Commentary* (2nd edn, 2009). For more general information on the ICSID see also: A. R. Parra, *The History of ICSID* (2nd edn, 2017); R. Happ and N. Rubins, *Digest of ICSID Awards and Decisions: 1974–2010* (2021); R. D. Bishop and S. M. Marchili, *Annulment Under the ICSID Convention* (2012).

accepted their jurisdiction to rule on applications to set aside investment treaty awards where the arbitration seat is England.[292]

39.102 There have been concerns relating to costs, the standard of arbitrators and the consistency and correctness of arbitral awards which resulted in a Working Group III of the United Nations Commission on International Trade Law (UNCITRAL) being mandated in 2017 to identify and consider concerns regarding Investor-State Dispute Settlement (ISDS) and to consider and develop possible reform solutions. The Working Group has agreed to work towards developing structural reforms including consideration of the following: introducing a system of binding precedent and prior scrutiny of awards; introducing an appellate mechanism and establishing a multilateral investment court as a permanent international institution with full-time judges; establishing advisory centres and promoting dispute settlement mechanisms other than arbitration; and consideration of the use of third-party funding.[293] If these reforms are implemented, this may lead to a growth in the popularity of investor-state mediations which have been rarely used but which have seen a surge of interest in recent years, in part due to the Belt and Road Initiative projects.[294] The Singapore Convention on Mediation[295] adopted by the UN General Assembly on 20 December 2018 has further created a mechanism for global enforcement of mediated settlements giving 'teeth' to mediation and elevating such mediated settlements to the level of an arbitration award.

(ii) **The applicable law**

39.103 An international arbitration raises issues of conflict of laws which are not present in a purely domestic dispute. It is necessary to distinguish the agreement to arbitrate, the reference to arbitration, the arbitrability of the dispute, the arbitral procedure and the law applicable to the primary, or substantive, agreement between the parties to which the dispute relates. Each

---

[292] See, for example, *Republic of Ecuador v Occidental Exploration & Production Co (No 2)* [2007] EWCA Civ 656, [2007] 2 Lloyd's Rep 352 where the Court of Appeal, asked to interpret the BIT between the United States and Ecuador, dismissed Ecuador's challenge to the jurisdiction of the arbitrators under s 67 of the Arbitration Act 1996.

[293] See Note by the UNCITRAL Working Group III Secretariat on 'Possible reform of investor-State dispute settlement (ISDS)' at the 36th session, available at https://undocs.org/en/A/CN.9/WG.III/WP.149. See also UNCITRAL Working Paper nos 150, 151, 152 and 153.

[294] See eg *Systra v Philippines* which was a mediation under the IBA Rules for Investor-State Mediation. The Free Trade Agreements entered into by some states such as Vietnam, Malaysia, and China contain 'good offices, conciliation and mediation' provisions, and the EU-Korea FTA (2010) and the EU-Vietnam trade agreement (2018) prescribe mediation mechanisms. In 2019, the Singapore International Mediation Centre ('SIMC') signed a Memorandum of Understanding with the China Council for the Promotion of International Trade ('CCPIT') to establish a panel of mediators to resolve disputes arising out of China's Belt and Road Initiative projects.

[295] The United Nations Convention on International Settlement Agreements resulting from Mediation (see https://uncitral.un.org/en/texts/mediation/conventions/international_settlement_agreements).

39.103 *Commercial Arbitration*

of these has its own applicable law under English conflict of laws rules,[296] and, in theory, they could all be different.[297] In practice, they are often the same.

39.104 The main divide likely to occur is between procedural issues, which will be governed by the curial law (almost always the law of the place of the arbitration); and issues of substantive law affecting the primary agreement,[298] which will be governed by the law designated by the applicable conflict of law rules.[299] In England, section 46(1) of the Arbitration Act 1996 provides that the arbitral tribunal shall decide the dispute in accordance with the law chosen by the parties as applicable to the substance of the dispute or, if the parties so agree, in accordance with such other considerations as are agreed by them or determined by the tribunal. Where the parties have not given any indication as to the law which is to govern the arbitration agreement, then the law applicable to the validity of the arbitration agreement is likely to be that of the country where the relevant award is made.[300]

39.105 It is also possible that the substance of the dispute will be determined by reference to what has become known as the new *lex mercatoria*, that is to say, rules based on international usage as ascertained from a variety of sources – including expert evidence, international and regional restatements, and comparative law – and said by some scholars to be supranational in character. French scholars have been the leading exponents of the concept of the *lex mercatoria*, though what this encompasses remains a matter of debate.[301] To some it is a synonym for transnational commercial law, but this deprives us of a useful label for the law fashioned by merchants, the unwritten usages of trade that are the hallmark of the *lex mercatoria*, serving to distinguish it from rules that are binding as express terms of contracts, contractually incorporated uniform rules and international conventions, all of which, even if influenced by trade usage, change it in varying degree and constitute new and independent sources of obligation.[302]

---

[296] It will be recalled that neither the Brussels I Regulation Recast on jurisdiction and enforcement nor the Rome I Regulation on the law applicable to contractual obligations applies to arbitration agreements and awards (see para **37.08**). But in an arbitration in England or in the EU the law applicable to the primary agreement is normally to be determined by applying the rules of the Rome I Regulation.

[297] See H-L Yu, 'Choice of Law for Arbitrators: 2 Steps or 3?' (2001) 4 *International Arbitration L Rev* 152.

[298] This is to be distinguished from issues arising out of the interpretation of the agreement to arbitrate which itself may be governed by a law different from the law applicable to the main contract between the parties.

[299] Such as Rome I, on which see para **37.60** above.

[300] *Dallah Real Estate & Tourism Holding Co v Ministry of Religious Affairs of the Government of Pakistan*, n 113, although this is likely to be subject to any transnational law or transnational rules under that law (at [78]).

[301] One of the best discussions is to be found in that monumental comparative work *Fouchard, Gaillard, Goldman on International Commercial Arbitration*, n 1, paras 1443 ff.

[302] See R. Goode, 'Usage and Its Reception in Transnational Commercial Law' (1997) 46 ICLQ 1 at pp 2–3. See also B. Goldman, 'The Applicable Law: General Principles of Law – The *Lex Mercatoria*', in J. Lew (ed), *Contemporary Problems in International Arbitration* (1986); and Lord Justice Mustill, 'The New Lex Mercatoria: The First Twenty-Five Years' (1988) *Arbitration International* 88.

39.106 It is widely, though not universally, accepted that there can be no rights or duties without law, and that while parties enjoy a high degree of freedom in selecting the rules which are to govern their relations, they cannot remove their contract from governing law or rules of law.[303] What is, however, undeniable is that in international commercial arbitration, arbitral tribunals have, and not infrequently exercise, recourse to a wider range of sources than national judges. Their ability to do this stems from the delegation of authority by legislatures and courts, coupled with the judges' self-imposed restrictions on judicial review of arbitral awards, as provided for under art V of the New York Convention. So there have been numerous arbitral awards in which the outcome has been determined or reinforced by the UNIDROIT Principles of International Commercial Contracts or, albeit to a lesser extent, the Principles of European Contract Law or by principles seen as common to relevant legal systems.

39.107 Professor Goode has identified seven possible reasons why a tribunal might wish to avoid determining the applicable law under conflict of laws rules or relying on the law which would otherwise be applicable. They include situations in which the applicable law is insufficiently developed to answer the legal issues raised; the fact that the conflict rule would lead to the application of the law of one of the parties when the selection of a neutral law would be more responsive to sensitivities; the fact that the laws that come into consideration lead to the same result, so that no purpose is served by an elaborate exercise to determine which of them should be applied; and the fact that the choice between one legal system and another is so finely balanced that the tribunal finds it difficult to prefer one to the other. In policy terms most of these have at least some merit, though this is not true of a further reason for declining to apply the law found by the tribunal to be applicable under conflicts rules, namely that the tribunal does not favour the solution it offers. What we can say is that, in recognizing the wide powers enjoyed by arbitral tribunals and by the parties, it is neither desirable nor necessary to ascribe binding force to the will of the parties without dependence of any external legal order and thus to postulate some a-national or autonomous law represented by the contract itself. To allow contracting parties to make their own law without reference to any external criteria for the validity of their agreement would be to subject them to any terms they chose to agree, however unreasonable or oppressive. No legal system could tolerate such a freedom.

(iii) **Enforcement of foreign arbitral awards**[304]

39.108 The Arbitration Act 1996 re-enacts provisions of the Arbitration Act 1975, giving effect in the United Kingdom to the 1958 New York Convention on the Recognition and Enforcement of Foreign Arbitral Awards. Under the Act awards made in the territory of a foreign state which is a party to

---

[303] *Fouchard, Gaillard, Goldman on International Commercial Arbitration,* n 1, para 1441.
[304] See *Dicey, Morris & Collins on the Conflict of Laws* (15th edn, 2012), ch 16; D. R. Thomas, 'International Commercial Arbitration Agreements and the Enforcement of Foreign Arbitral Awards – A Commentary on the Arbitration Act 1975' [1981] 1 LMCLQ 17.

the Convention[305] are recognized and enforceable in this country,[306] except in the cases mentioned in the Convention or set out in s 103 of the Act. These include the fact that the arbitration agreement is not valid under the law to which it is subject (and validity for this purpose extends to the case where the party alleged to be bound by the agreement was not a party to the agreement)[307] or where recognition and enforcement would be contrary to English public policy, though this has to be construed in an international, not a purely domestic, sense.[308] Where a vitiating factor such as illegality is relied on, the court will not usually entertain it if it is not apparent on the face of the award and could have been raised during the arbitration and was not, or if it has been unsuccessfully pursued in another forum.[309] The position is otherwise if the illegality is apparent on the face of the award.[310] Certain other foreign awards are registrable as judgments under Pt II of the Administration of Justice Act 1920 or Pt I of the Foreign Judgments (Reciprocal Enforcement) Act 1933 if they have become enforceable in the same manner as a judgment in the place they were given,[311] and an award by ICSID is automatically registrable as a judgment pursuant to the Arbitration (International Investment Disputes) Act 1966. Foreign arbitral awards outside these categories are enforceable in the same way as domestic awards, namely by action on the award or by application to the court to enforce the award as a judgment pursuant to s 66 of the Arbitration Act 1996.

(iv) Recognition and enforcement of English awards in other states

39.109 A United Kingdom award will be recognized and enforceable abroad in states party to the New York Convention or receiving reciprocal treatment from the United Kingdom as described above. The Convention is one of the most successful ever to have been concluded, having now been ratified by 164 states.[312] It is one of the major factors influencing parties in favour of

---

[305] Arbitration Act 1996, s 100(1).
[306] Sections 101 and 103.
[307] As in *Dallah Real Estate & Tourism Holding Co v Ministry of Religious Affairs of the Government of Pakistan*, n 113, where the Supreme Court concluded that the evidence did not justify the view that the common intention of the parties was that the government of Pakistan should be or was a party to the arbitration agreement when the agreement itself was deliberately structured to be between Dallah and another party. The Supreme Court reached this conclusion as a matter of French law, which was the law applicable to the arbitration agreement. However, the Cour d'appel (Paris) reached the opposite conclusion when applying French law to the facts of the case! It concluded, on the basis of the pre-contractual negotiations between the parties, that the government of Pakistan was indeed a party to the arbitration agreement (see *Ministry of Religious Affairs of the Government of Pakistan v Dallah Real Estate & Tourism Holding Co* 154 Con LR 222).
[308] For a helpful summary of the applicable principles, see *RBRG Trading (UK) Ltd v Sinocore International Co Ltd* [2018] EWCA Civ 838, [2019] 1 All ER (Comm) 810 at [23]–[26].
[309] *Westacre Investments Inc v Jugoimport SPDR Holding Co Ltd*, n 153.
[310] *Soleimany v Soleimany* [1999] QB 785.
[311] Administration of Justice Act 1920, s 12(1); Foreign Judgments (Reciprocal Enforcement) Act 1933, s 10A.
[312] As at 1 July 2020.

arbitration rather than litigation, where the facilities for reciprocal enforcement of judgments are much more limited.[313]

---

[313] Although the Hague Conference on Private International Law has now adopted a new multilateral Convention on the Recognition and Enforcement of Foreign Judgments in Civil or Commercial Matters. See paras **37.54** and **39.94**.

PART NINE

Envoi

Chapter 40
FINAL REFLECTIONS

40.01 English commercial law is so vast, so complex, that it is all too easy for its structure to become buried in the detail of the common law rules and the statutory provisions. It is therefore necessary from time to time to throw off the shackles of rule and practice, of the latest case and the most recent business technique, and to examine the more durable abstract principles on which the network of case law is supported. In these last few pages we can stand back from the detail and reflect for a moment on the nature of English commercial law and on its future.

1. ARE THERE PRINCIPLES OF COMMERCIAL LAW?

40.02 Does commercial law exist? Are there unifying principles which bind the almost infinite variety of transactions in which businessmen engage, marking these off from other types of contract? The absence of anything resembling a commercial code makes this question harder to answer than might be imagined. If by commercial law we mean a relatively self-contained, integrated body of principles and rules peculiar to commercial transactions, then we are constrained to say that this is not to be found in England. The law affecting business transactions is not a seamless web, nor is it a jigsaw in which, with careful study and some luck, all the pieces can be fitted neatly together to make a harmonious whole. Rather it is a collocation of ill-assorted statutes bedded down on an amorphous mass of constantly shifting case law.

40.03 But if we view commercial law as the totality of the law's response to the needs and practices of the mercantile community, then, indeed, commercial law exists and flourishes in England, adapting itself constantly to new business procedures, new instruments, new demands.

40.04 This, then, is the essence of commercial law – the accommodation of rules, usages and documents fashioned by the world of business; the facilitation, rather than the obstruction, of legitimate commercial development. This is achieved not through ad hoc responses to particular problems but through the development of principles within a sound conceptual framework. Commercial law is rooted in principles of good faith, the sanctity of agreement, the recognition of trade usage as a source of contractual rights, and the maintenance of a fair balance between vested rights and the interests of third parties.

40.04 *Final Reflections*

It is part of the genius of the common law that despite the ritual and the formalism of its earlier life it has proved able to respond to the challenges of industrial growth. The significance of trade usage, the binding force of the documentary credit despite the absence of a deed or consideration, the concept of negotiability, the range and conceptual subtlety of the floating charge, all these bear witness to what Professor Harry Lawson happily called the rational strength of English law.

40.05 Thus commercial law is characterized primarily by those principles, rules and statutory provisions which are concerned to uphold and protect the acceptable customs and practices of merchants. And allied to the substantive law is its handmaiden, procedure, in which once again the creative role of the courts has shown itself. Yet there remains the question whether, flexible and sophisticated as it is, this diffuse and uncodified body of law is today sufficient to meet the proper demands of the world of commerce.

2. THE PHILOSOPHICAL FOUNDATIONS OF COMMERCIAL LAW[1]

40.06 No branch of law is a seamless web; each one embodies contradictions, competing policies, uncertainties and, on occasion, injustices. Commercial law too has its tensions, which are not easy to resolve. Where should the line be drawn between commercial law and commercial reality? The boundary between the two is increasingly blurred by a growth in the conferment of discretionary powers on courts and regulatory authorities. How should the choice be made between rules, in which the law is laid down in advance and has simply to be applied by the judge, and standards, in which the law is given content only at the point of decision by a judge, a tribunal or an administrator, and through the exercise of a discretion? To what extent should the form of a transaction rather than its substance or function be the determinant of rights and duties? And to what extent should private rights be made to give way to public law and regulation?

40.07 Such tensions are unavoidable and are evidenced by swings in the judicial pendulum as the courts strive on the one hand to respect the autonomy of the parties and on the other to secure fairness and justice. For its part, the business community, understandably enough, would like to have its cake and eat it. Obviously, businessmen look to the law to produce results that in the typical case commend themselves as reasonable and as responsive to legitimate commercial needs and practices. What they also expect of the law is predictability in its application and thus in the outcome of disputes on legal issues. This, however, involves a paradox, for the higher the degree of predictability required, the greater the detail in which the principles and rules have to be expressed; yet businessmen also attach great importance to flexibility, to a legal environment which enables them to develop new commercial instruments, new business practices, confident in the knowledge that they will be upheld by the courts as producing their desired legal effects,

---

[1] See R. Goode, *Commercial Law in the Next Millennium* (1998), pp 12 ff.

and this militates in favour of broad principle and discretions and against a high degree of detail and the predictability that comes with it. So the legislature and the courts have to maintain a balancing act, providing sufficient predictability of the rules to generate the confidence on which business transactions so heavily depend while at the same time ensuring that the law is at once responsive to legitimate commercial needs, allowing leeway for the evolution of new markets and instruments without countenancing injustice and unfair dealing.

3. SHOULD COMMERCIAL LAW BE CODIFIED?

(i) Of codes in general

40.08 Codes are the staple diet of the civilian lawyer, and truly they have served him well. The expression of principle, uncluttered by rule or by detail, can combine clarity with flexibility, enabling the courts to keep the law in tune with social and economic development. The French Civil Code of 1804 set out the law of torts in a mere five articles,[2] of which four are no more than three lines of print.

40.09 But there are codes and codes, and their aims and style vary widely. The Prussian Code of Frederick the Great, the Allgemeine Landrecht of 1794, sought to solve every possible legal problem in a massive array of over 19,000 sections. By contrast, the Swiss Civil Code, the work of the outstanding Swiss jurist Eugen Huber, gets by with a mere 977 articles. Some countries, such as France and Germany, have a separate commercial code: others, such as Switzerland, include the dealings of merchants in their civil code. The codification of law, or of a particular branch of it, may be made to serve a number of different objectives: to unify, to improve (or even revolutionize), to systematize, to simplify and to make more accessible. The existence of a number of territorial units within one country has proved the initial motive-power for most of the great codes. This is as true of the American Uniform Commercial Code in the twentieth century as of the European codes in the nineteenth. In England, as a unitary jurisdiction, this motive-power is lacking. The task of unification was done long ago by the post-Norman Conquest itinerant judge.

40.10 The codes do not, of course, dispense with the need to refer to judge-made law. What they do provide is a systematic arrangement of principle which signposts the judge in the direction he should go; and the nature of a code is such that the courts are discouraged from excessive reliance on judicial precedent. The major weakness of judge-made law is its immense diffusion and the consequent difficulty of access to it. In England the function of codes in systematizing the law and making it accessible, at least to lawyers, is performed by textbooks, encyclopaedic works and periodical literature. Even practitioners are not fully conscious of the degree of their dependence on these

---

[2] Articles 1382–1386.

40.10 Final Reflections

tools of the trade. Imagine the task of a barrister called upon to argue, or a judge to decide, a case on a point of law with which he was not familiar or which he had not had occasion to examine for some time if he were denied access to legal literature and were left simply with the law reports. How would he go about finding the principles involved and relating them to neighbouring principles? Where would he discover the detailed rules subsumed under the principles, the exceptions to the rules, the caveats and qualifications made by generations of judges? Left to trek through countless volumes of the law reports with no literature to guide him, his task would certainly be a thankless one.

40.11 The availability of legal literature, which is nowadays taken so much for granted, has had the effect of concealing the deficiencies of a non-code system, of enabling the English lawyer to take pride in the fact that we in England, with our commonsense, pragmatic approach, have no need of codes, that we get by perfectly well as we are and that conceptualism is for the theoretician, finding no place in the practical workings of the law.

40.12 Nothing could be further from the truth. Concepts matter; they matter enormously. Decision without principle is merely a reaction to a particular fact-situation, offering no guidance for the future, no indication to lawyers and their clients of the way in which a dispute over a different set of facts is likely to be resolved. Needless to say, English judges are fully conscious of the importance of theory and concepts. For intellectual rigour, subtlety and creative ingenuity they are certainly the equal of their civil law counterparts. But they also recognize that concepts must be our servants, not our masters, and that there are occasions on which established concepts must be modified to avoid injustice and when doctrinal purity must give way to commercial reality.

(ii) The codification of commercial law[3]

40.13 That the difficulty of access to judge-made law is a serious problem in English jurisprudence is borne out by the partial codifications of commercial law in the nineteenth century by that outstanding draftsman Sir Mackenzie Chalmers. Reared on the Sale of Goods Act 1893 and the Bills of Exchange Act 1882, we are prone to forget the problems of the nineteenth-century writer who had to delve for his law into a mass of undigested, often inconsistent, cases and then to impose his own system of arrangement, classification and statement of principle. But the textbook is not a code. The author does not create law, he merely expounds it; and the discursive nature of the modern textbook makes it too unwieldy, too diffuse, to serve as the equivalent of a

---

[3] See R. Goode, 'The Codification of Commercial Law' (the 1988 Wilfred Fullagar Memorial Lecture), (1988) Mon LR 135; M. Arden, 'Time for an English Commercial Code?' (1997) 56 CLJ 516; M. Bridge, 'The Future of English Private Transactional Law' [2002] *Current Legal Problems* 191; R. Goode, 'Removing the Obstacles to Commercial Law Reform' (2007) 123 LQR 602. For a contrary view, see M. Clarke, 'Doubts from the Dark Side: The Case Against Codes' [2001] JBL 605.

code.[4] We lack even the closest common law equivalent to a code, the Restatement, one of America's greatest contributions to the systematization of the common law.[5]

40.14 Whether commercial transactions or the affairs of merchants should be regulated in a separate commercial code or embodied in a broader civil code is a controversy we can leave to the civilians.[6] It need not trouble English lawyers, who at present have neither the one nor the other. No one pretends that commercial law is a closed system, isolated from the general principles of civil law. Even in countries which have both a civil and a commercial code, the concepts of the latter derive from, and in turn give nourishment to, the former. But a commercial code can serve a useful purpose even if its provisions are not confined to dealings between merchants, a fact borne out by the striking success of the Uniform Commercial Code, a great part of which does not distinguish commercial transactions from contracts between a business enterprise and a private individual. What is important is that the preparation of a commercial code involves a restatement of principle, in the course of which many latent inconsistencies, irrational rules, and deficiencies in legal policy are brought to the surface. If this is true of the common law, it is even more true of legislation, which in the field of commercial law has developed piecemeal, lacking any coherent pattern and pulling several ways at once.

> 'Individual statutes drafted one by one over fifty years and more, by different persons under different circumstances and with different points of view, run of necessity in perplexingly different directions.'[7]

Karl Llewellyn's strictures on American legislation, and his commendation of a commercial code, apply with equal force to English commercial law. The lack of integration, the absence of relationship between one statute and another, the verbiage and obscurity of present-day legislation, are lamentable. We have only to look at our statutes regulating security interests in personal property to see, as did the Crowther Committee,[8] how woefully inadequate is the statutory framework within which secured transactions operate. The Bills of Sale Acts,

---

[4] An exception is Dicey's great work *The Conflict of Laws*, now (*sub nom* Dicey, Morris & Collins) in its 15th edition.
[5] However, English law may yet develop in this direction. For possible first steps in this direction, see A. Burrows, *A Restatement of the English Law of Unjust Enrichment* (2012) and *A Restatement of the English Law of Contract* (2016). For an example of the influence of the latter Restatement on the development of English contract law, see the decision of the Supreme Court in *Patel v Mirza* [2016] UKSC 42, [2017] AC 467, esp at [82]–[94].
[6] See, for example, W. Muller-Freienfels, 'The Problem of Including Commercial Law and Family Law in a Civil Code' in *Problems of Codification* (ed S. J. Stoljar, 1977), especially at pp 103 ff.
[7] K. Llewellyn, 'Why We Need the Uniform Commercial Code', 10 U Fla L Rev 367 (1957), at p 371.
[8] *Report on Consumer Credit* (Cmnd 4596, 1971), ch 4.2. Despite subsequent endorsement of its principal recommendations in Professor Aubrey Diamond's report *Security Interests in Property* (1989), steps have not been taken to implement this part of the Committee's report. However, the case for reform continues to be made (see the Secured Transactions Law Reform Project: https://securedtransactionslawreformproject.org).

40.14 Final Reflections

archaic in form and in content,[9] have no link with credit legislation, with the Factors Acts or the Sale of Goods Act. The latter, though covering part of the same ground, have little relationship to each other. The general principles which unite sales law with that relating to negotiable instruments and to secured transactions are nowhere to be found in the legislation; they have to be extracted painfully from the cases. Our sales law for many years remained largely in the form in which it was enacted over 100 years ago. The reforms recently enacted in the Consumer Rights Act 2015 seem to have brought more complexity to an area where simplicity is a key requirement, and the quality of the drafting of the legislation, in comparison with the Sale of Goods Act 1893, leaves much to be desired. Moreover, we continue to lack a clear legal policy on the most fundamental questions. To what extent must remedies be exercised in good faith? How far do the principles of equitable obligation, in particular those delineating the concept of notice and the institution of the constructive trust, apply to commercial transactions? What constitutes value, and what is its significance?

40.15 It is not, of course, suggested that we in England should seek to codify the entirety of commercial law. Such an exercise would be both impracticable and pointless. There are many fields which can safely be left to existing statutes, case law and contractually incorporated trade rules, among them carriage of goods by sea, insurance, documentary credits, and demand guarantees – in fact, all the fields which together generate much of the work of the Commercial Court. What is advocated here is a code of the kind exemplified by the Uniform Commercial Code, restating, simplifying and modernizing the law in a small number of selected areas in order to make it more responsive to the practices and needs of modern commerce and finance while containing built-in mechanisms to allow for future development. Candidates for inclusion in such a code are the sale of goods, personal property security, electronic trading with particular reference to payment systems and dealings with goods in transit, interests in securities held with an intermediary and, perhaps, suretyship guarantees. Even codification in this restricted sense is not, of course, an easy task lightly undertaken.[10] On the contrary, it involves years of unremitting toil and a prodigious amount of time and resources. Sixty years ago the Law Commission began a project to codify the English law of contract but later abandoned it in favour of examination of a series of particular problems in contract law. But commercial law is narrower in compass, more readily reducible to principle and rule, and its codification, in the restricted sense in which this has been achieved by the Uniform Commer-

---

[9] A review of the law relating to Bills of Sale was undertaken by the Law Commission and it resulted in a report which recommended the repeal of the Bills of Sale legislation in its entirety and its replacement by a new Goods Mortgages Act which would govern the ability of individuals to use their existing goods as security (see *From Bills of Sale to Goods Mortgages*, Law Com No 376 (2017)). A draft Goods Mortgages Bill was then drafted and the Bill was included in the Queen's Speech in 2017 but the government subsequently announced in May 2018 that it had decided not to bring forward the legislation at that point in time. It remains to be seen whether the proposal to reform this archaic area of law will be revived.

[10] See generally, Stoljar, *Problems of Codification*, containing a series of thoughtful essays on the philosophy underlying some of the principal European civil and commercial codes.

cial Code, is an attainable goal. This would provide an opportunity not merely for restatement but for the fundamental reappraisal which is long overdue. It is ridiculous to imagine that statutes passed more than a century ago, when the volume and sophistication of commercial transactions were a fraction of what they are today, are still adequate for the needs of the commercial world. The technicality and rigour of negotiable instruments law, the property orientation of the Sale of Goods Act, require radical change if they are to accommodate the legitimate requirements of modern business and the effects of new technology on funds transfers and data interchange. Parties should not be expected to contract out of legislation with monotonous regularity; on the contrary, legislation should be so framed as to represent the typical solutions of the parties themselves. An excellent first stage, though not stated in terms of codification, was the Law Commission's project on the reform of personal property security law, using as a vehicle its remit to review the system on registration of company charges and to produce draft legislation.[11] Ideally, the Law Commission would have liked to produce a scheme not limited to security and quasi-security interests given by companies, but the exigencies of the parliamentary timetable led it to accept that it was better to have half a loaf initially, with the prospect of the rest to come, rather than no loaf at all. But even here progress has been painfully slow and the very limited reform achieved to date is a poor reward for the effort which has been put into the various consultations on proposals for reform.

40.16 A particular problem which is currently facing our commercial law is the challenge presented by the rapid developments in technology. There are a number of areas of commercial law where substantial trading is taking place on a legal foundation which is not as secure as it should be, in large part because the law has failed to keep pace with these developments. Examples include the law relating to intermediated securities,[12] cryptocurrencies[13] and electronic bills of lading.[14] In each case there is uncertainty as to the legal rules that are applicable to each of these topics. This uncertainty can be damaging. In the case of intermediated securities, Hildyard J recently observed that:

> 'the intermediated securities market is of great practical importance and huge significance to the financial strength of UK plc: uncertainty is the enemy of stability and reliability in financial markets. It may be regretted that legislation intended to modernise should adopt expressions derived from a now almost defunct way of doing business.'[15]

In the absence of up-to-date legislation, it will be left to the courts to adapt the law to a changing commercial environment. But the courts cannot initiate litigation: they respond to the issues that come before them and there can be a considerable time-lag between a development in the marketplace or in technology and that issue coming before the court for resolution. The

---

[11] See paras **24.69–24.71**.
[12] See paras **21.21–21.24**.
[13] See paras **32.68–32.73**.
[14] See paras **17.23–17.29**.
[15] *SL Claimants v Tesco plc* [2019] EWHC 2858 (Ch), [2020] Bus LR 250 at [73].

40.16 *Final Reflections*

consequence is that in an increasingly fast-moving world the law lacks clear-cut answers to some of the pressing problems of modern commercial practice.

40.17 The volatility of the modern world is graphically illustrated by the current COVID-19 pandemic. The speed with which the virus spread across the world, dislocating almost every aspect of civic and business life, will render the pandemic one of the most significant events in the world for a generation. Its ramifications for commercial law may be considerable. The likely collapse of many businesses may lead to a re-consideration of aspects of insolvency law. Its impact on commercial contract law may be seen most obviously in the attention it will give to the drafting of force majeure, hardship and material adverse change clauses. It may even cause English law to re-consider the scope of the doctrine of frustration,[16] although such a step could only be taken by the Supreme Court were a suitable case to come before it. The COVID-19 pandemic may also lead to greater governmental intervention in commercial matters. But that intervention may take unexpected forms. For example, the Cabinet Office in the UK responded to the pandemic by issuing guidance to contracting parties emphasising the importance of responsible contractual behaviour in the performance and enforcement of contracts impacted by the COVID-19 emergency.[17] The guidance is non-statutory and does not seek to override the express terms of the contract. Nevertheless, it sets a clear tone or expectation that parties will act responsibly and fairly in the performance and enforcement of contracts where there has been a material impact from COVID-19. Whether this guidance will prove to be effective remains to be seen. But what is clear is that the virus does not respect national boundaries: it is a global pandemic. It may be questioned whether national responses will prove to be a sufficient response to the crisis. A global crisis requires a global response.

4. TOWARDS A NEW LEX MERCATORIA?

40.18 A growing recognition that individual national laws are ill-suited to international transactions and to global challenges has resulted in a marked increase in international cooperation directed to the harmonization of law, particularly in the field of commercial transactions.[18] Among the commercial law harmonizing acts of recent times may be mentioned the Vienna Sales Convention,[19] the various transport conventions,[20] the Regulation on the Law

---

[16] See paras 3.173-3,180.
[17] See https://www.gov.uk/government/publications/guidance-on-responsible-contractual-behaviour-in-the-performance-and-enforcement-of-contracts-impacted-by-the-covid-19-emergency.
[18] See R. Goode, 'Reflections on the Harmonisation of Commercial Law' (1991) 1 *Uniform Law Review* 54, also published in R. Cranston and R. Goode (ed), *Commercial and Consumer Law* (1993), ch 1 and, more generally, R. Goode, *The Development of Transnational Commercial Law* (2019) which collects in one volume a number of Professor Goode's most influential contributions to this topic.
[19] See ch 33.
[20] See chs 32, 36.

Applicable to Contractual Obligations ('the Rome I Regulation'),[21] the European directives on unfair contract terms and commercial agents,[22] the UN Convention on the Assignment of Receivables in International Trade,[23] the UNCITRAL Model Law on International Commercial Arbitration,[24] the UNIDROIT Conventions on International Factoring,[25] International Financial Leasing and Mobile Equipment,[26] and, at the level of rules effectuated by contract, codifications of business practice by the International Chamber of Commerce, such as the Uniform Customs and Practice for Documentary Credits,[27] Incoterms,[28] and the Uniform Rules for Demand Guarantees.[29] A number of other prominent organizations are also concerned with this process, including the Council of Europe, the United Nations Commission on Trade and Development and, as regards conflicts of laws, the Hague Conference. Harmonizing measures take a variety of forms: a convention, a model law or set of uniform rules, a contractually incorporated codification of custom and usage or of trade terms, and model contracts and contractual conditions. More recently, scholars have turned their attention to general principles of the law of contract, with codifications such as the UNIDROIT *Principles of International Contracts* and a similar compilation, the *Principles of European Contract Law*, prepared by the Commission on European Contract Law.[30] Finally in this connection, mention may be made of the Draft Common Frame of Reference, which sets out possible principles, definitions and model rules for many areas of European Private Law, including contract law, contracts for the sale of goods, contracts for services, contracts for the lease of goods, mandate contracts, commercial agency, franchise and distributorship agreements, loan contracts, personal security, the acquisition and loss of ownership of goods and proprietary security in movable assets.[31] But whether the instrument of harmonization is permissive or mandatory, its objective is the same, namely to ensure as far as possible that in whatever state an issue is litigated the same law will be applied to determine the rights of the parties.

40.19 The ever-increasing volume and complexity of international trade have led to the resurgence of interest in a new *lex mercatoria*. The work of UNCITRAL and UNIDROIT directed to the progressive codification of substantive international trade law and of the Hague Conference on the

---

[21] See para **37.60**.
[22] See paras **3.83, 5.09**.
[23] See para **1.28**.
[24] See para **39.13**.
[25] See para **29.43**, n 76.
[26] See paras **28.15, 37.91–37.93**.
[27] See para **35.09**.
[28] See para **32.16**.
[29] See paras **35.158–35.159**.
[30] See paras **1.41–1.42**.
[31] See C. von Bar, E. Clive and H. Schulte-Nölke (eds), *Principles, Definitions and Model Rules of European Private Law: Draft Common Frame of Reference* (Outline edition, 2009). For more detailed consideration, see the six volumes edited by Professors von Bar and Clive and prepared by the Study Group on a European Civil Code and the Research Group on EC Private Law (Acquis Group): *Principles, Definitions and Model Rules of European Private Law: Draft Common Frame of Reference* (2010).

40.19 *Final Reflections*

unification of rules of private international law governing international commercial transactions indicates the revival of the spirit of internationalism which pervaded the old law merchant and reflects a willingness to embark on the preparation of international conventions in fields at one time thought off limits, such as proprietary rights in tangible and intangible movables.[32] This process, already manifest in international commercial arbitration, also drew support from a steady increase in the volume of EU and EU-related law, such as the Rome Regulation, the Brussels Regulation (recast) and the Insolvency Regulation, and by an increasing awareness that with the globalization of markets and transactions a move from domestic laws of international trade towards a more harmonizing transnational commercial law was essential. But this trend may be called into question, at least as far as the UK is concerned, by the UK's departure from the EU on 31 January 2020, following the referendum decision on 23 June 2016. However, it is unlikely that this decision will result in the UK pulling up the drawbridge and seeking to isolate itself from the rest of the world. While the decision to leave the EU will have a profound impact on the future shape of our commercial law, the forces of globalisation are too strong for the UK to be able to resist them without inflicting substantial harm on its economy. The decision to leave the EU should be seen as a set-back on the road to greater harmonisation, and possibly placing limits on that process, but it is unlikely to result in its reversal.

40.20 Professor Klaus Peter Berger, in a widely cited publication,[33] has analysed the doctrinal basis of the modern *lex mercatoria*[34] and has sought to introduce a coherent and systematic framework of transnational commercial law.[35] Professor Joachim Bonell has gone a step further and advocated a global commercial code.[36] We cannot, of course, hope to recapture the speed, the robustness and the pragmatism of the ancient merchant courts,[37] nor to achieve within a measurable time-span more than a fraction of what would be necessary to produce a truly international commercial code. But if the labours now under way do no more than bring about a rapprochement between the common law and the civil law systems and create a greater understanding

---

[32] See R. Goode, 'The Protection of Interests in Movables in Transnational Commercial Law' 1998–2/3 *Uniform Law Rev* 453; J. H. Dalhuisen, 'European Private Law: Moving from a Closed to an Open System of Proprietary Rights' (2001) 5 *Edinburgh L Rev* 273.

[33] *The Creeping Codification of the Lex Mercatoria* (1999).

[34] For an alternative analysis of the *lex mercatoria*, based on careful and rigorous scholarship, see O. Toth, *The Lex Mercatoria in Theory and Practice* (2017).

[35] Transnational commercial law, conceived as the product of the international harmonization process, whether through conventions, model laws, contractually incorporated trade rules, restatements or otherwise, has for several years been taught as a postgraduate course at Oxford University. The course has led to the production of a textbook: R. Goode, H. Kronke and E. McKendrick, *Transnational Commercial Law: Text, Cases and Materials* (2nd edn, 2015), and see also R. Goode, H. Kronke, E. McKendrick and J. Wool, *Transnational Commercial Law: International Instruments and Commentary* (2nd edn, 2012) which is aimed rather more at practitioners.

[36] M. J. Bonell, 'Do We Need a Global Commercial Code?' 2000–3 *Uniform Law Rev* 469.

[37] Not everyone supports what has been termed this 'rose-tinted memory' of a 'supposed golden age in the distant past': see, for example, Lord Briggs' 2019 Sultan Azlan Shah Law Lecture, 'International Commerce: Mapping the Law in a Borderless World' esp paras 8 and 9, available at https://www.supremecourt.uk/docs/speech-191105.pdf.

among states of the merits of each other's laws and institutions affecting commercial dealings, they will not be in vain.

40.21 It was his international approach to commercial law, his grasp of the civil law tradition, his absorbing interest in the universal customs of merchants that made Lord Mansfield one of the greatest commercial judges this country has ever known. It is fitting to conclude with a reference to *Luke v Lyde*,[38] in which in a single judgment he drew on Cicero, the Consolato del Mare, the Rhodian Laws, the Laws of Oléron, the Laws of Wisby, Roccius de Navibus et Naulo and the Ordinances of Louis XIV in order to resolve a disputed question of Admiralty law.

> 'The maritime law is not the law of a particular country but the general law of nations: *"non erit aulia lex Romae, alia Athenis; alia nunc, alia posthac; sed et apud omnes gentes et omni tempore, una eademque lex obtinebit"*'.[39]

---

[38] (1759) 2 Burr 882.
[39] The quotation is a somewhat inaccurate rendering of a passage from Cicero's *De Republica*, 3.22.33, which in fact reads: ' . . . *nec erit alia lex Romae, alia Athenis, alia nunc, alia posthac, sed et omnes gentes et omni tempore una lex et sempiterna et immutabilis continebit* . . . ' (' . . . there shall not be one law at Rome, another at Athens, one now, another hereafter, but one everlasting and unalterable law shall govern all nations for all time . . . ').

Index

A

Abandonment
  loss of legal ownership, and, 2.32
Abatement of price
  satisfactory quality, and, 11.84
Absence of impediment to use
  satisfactory quality, and, 11.83
Abstract payment undertaking
  consideration, and, 3.22
  negotiable instruments, and, 19.22
Acceptance
  see also **Acceptance of goods**
  bills of exchange, and, 20.19
Acceptance credits
  generally, 35.30–35.31
  specimen, 35.33
Acceptance of goods
  acknowledgment of perfect tender, and, 13.02–13.03
  act inconsistent with seller's ownership
    affirmation, 13.14–13.15
    generally, 13.09–13.13
    inability to restore, 13.16–13.18
  affirmation, 13.14–13.15
  anticipatory breach by buyer, and, 15.20–15.25
  buyer's duties, and, 15.07
  common law, at, 13.29
  delivery of wrong quantity
    excessive delivery, 13.37
    introduction, 13.31–13.34
    short delivery, 13.35–13.36
  delivery to subpurchaser, 13.28
  effect
    delivery of wrong quantity, 13.31–13.37
    introduction, 13.30
    severable contracts, 13.38
  examination of goods
    generally, 13.19–13.25
    place and time, 13.26–13.27
  excessive delivery, 13.37
  formation of contract, and, 3.27
  inability to restore, 13.16–13.18
  intimation, 13.08
  meaning, 13.01

Acceptance of goods – *cont.*
  methods
    act inconsistent with seller's ownership, 13.09–13.18
    affirmation, 13.14–13.15
    common law, at, 13.29
    delivery to subpurchaser, 13.28
    examination of goods, 13.19–13.27
    inability to restore, 13.16–13.18
    intimation, 13.08
    introduction, 13.07
    retention of goods, 13.19–13.25
  payment, and, 18.04–18.05
  rejection, and, 13.02–13.03
  remedies (sale of goods)
    anticipatory breach by buyer, 15.20–15.27
    tender of non-conforming goods, 14.38
  retention of goods, 13.19–13.25
  seller's remedies, and, 15.75
  severable contracts, 13.38
  short delivery, 13.35–13.36
  statutory provisions, 13.07
  tender of non-conforming goods, and, 14.38
Accommodation parties
  bills of exchange, and, 20.48–20.49
Account, orders for
  breach of contract, and, 3.112
Accounting
  creditor's view, 26.14
  debtor's view, 26.20
Acknowledgment
  acceptance, and, 13.02
Acknowledgement of service
  litigation, and, 38.47–38.50
Act inconsistent with seller's ownership
  affirmation, 13.14–13.15
  generally, 13.09–13.13
  inability to restore, 13.16–13.18
Acta jure gestionis
  sources of law, and, 1.40
  state immunity, and, 39.97
Acta jure imperii
  sources of law, and, 1.40
  state immunity, and, 39.97

Index

Action for the price
  non-payment, and, 15.57
Acts of God
  carriage by sea, and, 36.39
Actual authority
  agency, and, 5.18–5.19
Ad hoc agent
  apparent authority, and, 16.20–16.21
Ad hoc arbitration
  generally, 39.10
Administration
  administrator
    appointment, 31.59–31.60
    objectives, 31.61–31.62
    powers, 31.65
  commencement, 31.59–31.60
  conduct, 31.66–31.68
  effect, 31.63–31.64
  exits, 31.69
  nature, 31.56–31.58
  purpose, 31.61–31.62
Administrative receivership
  generally, 31.53–31.55
Administrators
  factoring, and, 29.48
Admiralty Court
  litigation, and, 38.19
Admiralty writ *in rem*
  secured financing, and, 22.74
Admission
  litigation, and, 38.47
ADR
  generally, 38.02–38.03
Advance payment guarantees
  demand guarantees, and, 35.165
Adversarial system
  commercial arbitration, and, 39.73
  litigation, and, 38.08
Adverse possession
  loss of legal ownership, and, 2.32
Affirmation
  acceptance, and, 13.14–13.15
  anticipatory breach by buyer,
    and, 15.28–15.29
  termination, and, 3.152
After-acquired property
  factoring, and, 29.42
  future goods, and, 8.72–8.76
  priorities, and, 24.58–24.61
Agency
  actual authority, 5.18–5.19
  apparent authority
    contract within
      principal's capacity, 5.22
    conditions, 5.20–5.22
    generally, 5.18–5.19

Agency – *cont.*
  apparent authority – *cont.*
    reliance by third party, 5.21
    representation by principal, 5.20
  authority
    actual, 5.18–5.19
    apparent, 5.18–5.22
    generally, 5.14
    introduction, 5.07
    termination of, 5.38–5.40
    usual, 5.18–5.19
  capacity of agent, 5.24
  contract of sale of goods, and, 7.40
  contract within principal's capacity, 5.22
  definition, 5.05–5.06
  disclosed, 5.33–5.35
  dispositions
    by A, 5.41
    to A, 5.42
  duties
    agent, of, 5.25–5.27
    principal, of, 5.28–5.32
  introduction, 5.11–5.04
  meaning, 5.05–5.06
  necessity, of, 5.15–5.17
  nemo dat quod non habet, and
    exceptions to rule, 16.10
    introduction, 16.01
  ratification of acts, 5.23
  relationship with principal
    capacity, 5.24
    duties of agent, 5.25–5.27
    duties of principal, 5.28–5.32
  reliance by third party, 5.21
  representation by principal, 5.20
  sources of law, 5.08–5.10
  termination of authority
    effect on third parties, 5.40
    principal's power, 5.38–5.39
  third party position
    agency disclosed, 5.33–5.35
    agency undisclosed, 5.36–5.37
  title conflicts, and, 16.01
  types of agent, 5.11–5.13
  undisclosed, 5.36–5.37
  usual authority, 5.18–5.19
Agreement to arbitrate
  effectiveness, 39.54–39.55
  separation from main agreement, 39.53
Allotment letters
  payment instruments, and, 19.05
Alternative dispute resolution (ADR)
  generally, 38.02–38.03
Amendments
  litigation, and, 38.55–38.56

Index

Amortization
finance lease, and, 28.03
Annexation
loss of legal ownership, and, 2.32
Anti-deprivation rule
winding-up, and
distinction from pari passu principle, 31.28
generally, 31.27
Anti-suit injunctions
conflict of laws, and, 37.13
litigation, and, 38.81–38.82
Anticipatory breach
buyer, by
acceptance of repudiation, 15.20–15.27
affirmation of contract, 15.28–15.29
introduction, 15.19
seller, by, 14.13–14.15
termination, and, 3.148
Vienna Convention, and, 33.33
***Anton Piller* orders**
litigation, and, 38.103–38.111
Apparent authority
contract within principal's capacity, 5.22
conditions, 5.20–5.22
generally, 5.18–5.19
nemo dat quod non habet, and
ad hoc agent, 16.20–16.21
generally, 16.13–16.16
mercantile agent, 16.17–16.19
reliance by third party, 5.21
representation by principal, 5.20
Apparent ownership
nemo dat quod non habet, and, 16.22–16.24
Apparent principal
finance lease, and, 28.25
Appeals
commercial arbitration, and, 39.91–39.93
litigation, and, 38.127–38.129
Appearance and finish
satisfactory quality, and, 11.78
Applicable law
see also **Conflict of laws**
contract, in
absence of party choice, 37.72–37.77
dépeçage, 37.69
'floating law clause', 37.70
introduction, 37.60–37.63
mandatory rules, 37.79–37.82
matters governed, 37.78
party autonomy, 37.70–37.71
public policy, 37.79–37.82
scope, 37.64–37.66

Applicable law – *cont.*
determining
choice of law for tangible movables, 37.83–37.93
choice of law for intangible movables, 37.94–37.100
choice of law in contract, 37.60–37.82
introduction, 37.55–37.59
securities held with an intermediary, 37.101–37.103
international commercial arbitration, and, 39.103–39.107
intangible movables, for
assignee and debtor, 37.97–37.98
assignor and assignee, 37.95–37.96
introduction, 37.94
priorities, 37.99–37.100
Rome I Regulation
absence of party choice, 37.72–37.77
dépeçage, 37.69
'floating law clause', 37.70
introduction, 37.60–37.63
mandatory rules, 37.79–37.82
matters governed, 37.78
party autonomy, 37.70–37.71
public policy, 37.79–37.82
scope, 37.64–37.66
securities held with intermediary, and, 37.101–37.103
tangible movables, for
goods in transit, 37.89–37.91
insolvency provisions, 37.93
introduction, 37.83
lex situs, 37.84–37.86
mobile goods, 37.89–37.91
nemo dat rule, 37.86
proprietary aspects, 37.84–37.93
sources of rules, 37.83
unperfected title, 37.87–37.88
Appointment of arbitrator
commercial arbitration, and, 39.59
Appointment of receiver
breach of contract, and, 3.112
consensual security, and, 22.24
enforcement of security, and, 23.39–23.40
equitable charges, and, 22.25
factoring, and, 29.47
legal security, and, 22.74
Appropriation
c.i.f. contracts, and, 34.25
enforcement of security, and, 23.42
identification of contract goods, and, 8.19–8.22
Approval, goods on
passing of property, and, 8.102–8.106
risk, and, 9.41

1407

Index

Arbitration
And see **Commercial arbitration**
ad hoc arbitration, 39.10
agreement to arbitrate, 39.54–39.55
arbitration agreement, 39.24
conduct of, 39.56–39.82
development of English law, 39.18
domestic arbitration, 39.14–39.16
enforcement of award, 39.94
institutional arbitration, 39.10
international arbitration, 39.14–39.16, 39.95–39.109
judicial review of awards, 39.83–39.94
nature, 39.01–39.03
overview, 38.02–38.05
principles of law, 39.25–39.53
private arbitration, 39.17
relationship with litigation, 39.04–39.08
sources of law, 39.19–39.23
statutory arbitration, 39.17
types, 39.09–39.17
Arrangements with creditors
corporate insolvency, and, 31.10
Article 95 declaration
Vienna Convention, and, 33.11
Ascertained goods
identification of contract goods, and, 8.08–8.09
Assets cycle
proceeds, 26.25–26.29
raw materials to cash, 26.22–26.24
Assignment
bills of exchange, and, 20.20
choses in action, 23.48
claims to fungibles, and, 2.89–2.91
conflict of laws, and
assignee and debtor, 37.97–37.98
assignor and assignee, 37.95–37.96
introduction, 37.94
priorities, 37.99–37.100
consensual dealings, and
choses in action, 23.48
contractual subrogation, 23.49
debts, 23.48
goods, 23.45
introduction, 23.44
land, 23.46
life policy, 23.47
subrogation, 23.49
Dearle v Hall, rule in
factoring, 29.42, 29.51
perfection, 24.14–24.15
documentary credits, and, 35.137–35.140
equitable ownership, and, 2.33, 2.35
goods, 23.45
grant of security, and, 23.04

Assignment – *cont.*
intangibles, and
documentary intangibles, 2.56–2.58
introduction, 2.53
pure intangibles, 2.54–2.55
land, 23.46
nemo dat quod non habet, and, 2.73–2.74
perfection by notice, 24.14–24.15
priority, and, 24.18
receivables financing, and
factor and client, 29.35–29.36
factor and customer, 29.37–29.41
factoring mechanism, 29.32–29.34
forms of, 29.21
non-notification basis, 29.31–29.31
notification basis, 29.21–29.30
priority conflicts, 29.42–29.52
sale and loan, 29.18–29.20
transfer of security, and
choses in action, 23.48
consensual dealings, 23.44
goods, 23.45
land, 23.46
life policy, 23.47
without debt, 23.56
Assumpsit
nature of commercial law, and, 1.06
sale of goods, and, 7.04
Assurance of payment
international trade, and, 32.40
Attachment of security interest
agreement for security, 23.10
conditions
agreement for security, 23.10
debtor's power to give asset in security, 21.13–21.14
delivery of possession, 23.19
fulfilment of contractual conditions, 23.18
generally, 23.07–23.09
identifiability, 23.12
subsistence of obligation, 23.15–23.17
transfer, 23.11
cross-over security, 23.29
debtor's power to give asset in security, 21.13–21.14
delivery of possession, 23.19
effect
cross-over security, 23.29
introduction, 23.20
number of security interests, 23.23–23.24
time, 23.21–23.22
value, 23.25–23.28
fulfilment of contractual conditions, 23.18
generally, 23.06

Index

Attachment of security interest – *cont.*
identifiability, 23.12
introduction, 22.78
number of security interests, 23.23–23.24
pledges, 23.19
possession, 23.19
subsistence of obligation, 23.15–23.17
time of, 23.21–23.22
transfer, 23.11
value, 23.25–23.28

Attornment
delivery, and, 10.10
possession, and, 2.45

Availability of vessel
carriage by sea, and, 36.26

'Available market'
see also **Market price**
introduction, 14.50–14.51
market price, 14.55
meaning, 14.52–14.54
non-acceptance, and
generally, 15.39–15.43
introduction, 15.33–15.38
non-delivery, and
generally, 14.19–14.22
introduction, 14.17–14.18
sub-contracts, and, 14.56–14.60
summary of rule, 14.61–14.65

Avoidance
frustration, and, 9.52
generally, 3.33–3.36
Vienna Convention, and, 33.29–33.30

B

Back-to-back credits
flow of documents, 35.144
generally, 35.141–35.143
introduction, 35.40

BACS
see also **Interbank credit transfers**
generally, 18.17

Bailment
carriage by sea, and
generally, 36.74
introduction, 36.05
dealings in goods, and, 2.51
stocking finance, and, 29.12–29.17

Bank money
characteristics, 17.20–17.21
introduction, 17.14

Bankers' drafts
payment instruments, and, 21.06–21.07

Banknotes
meaning of money, and, 17.06
payment instruments, and, 19.05

Bankruptcy
dealings in goods, and, 2.48
corporate insolvency, and, 31.09
legal ownership, and
acquisition, 2.32
loss, 2.32
transfer of security, and, 23.50

Bearer bonds
dealings in intangibles, and, 2.56
payment instruments, and, 19.05

Bearer debentures
payment instruments, and, 19.05

Bearer scrip certificates
payment instruments, and, 19.05

Bid bonds
guarantees, and, 30.02

Bid guarantees
generally, 35.165
specimen, 35.165

Bills of exchange
acceptance, 20.19
acceptors, 20.58–20.59
accommodation parties, 20.48–20.49
advantages, 20.127–20.134
amount payable, 20.15–20.16
autonomy of obligation, 19.19–19.20
assignment, 20.20
certainty, 19.21
classification, 19.04–19.07
date, 20.12–20.13
defences to claim
attack on holder in due course, 20.119–20.120
breach of underlying transaction, 20.115–20.118
fictitious party, 20.107–20.114
forged signature, 20.96–20.101
introduction, 20.92–20.96
non-existing party, 20.107–20.114
signature in representative capacity, 20.103–20.106
unauthorized alteration, 20.114
unauthorized signature, 20.96–20.101
want of capacity, 20.102
definition, 20.03–20.06
discharge, 20.121–20.123
discounting
accommodation parties, 20.48–20.49
generally, 20.20
dishonour
notice, 20.84–20.86
remedies, 20.88–20.91
drawers, 20.60–20.62

1409

Index

Bills of exchange – *cont.*
  effect on underlying
     contract, 20.124–20.125
  enforcement
    introduction, 20.76–20.77
    notice of dishonour, 20.84–20.86
    presentment for acceptance, 20.78
    presentment for payment, 20.79–20.83
    protest, 20.87
    speed, 20.134
  estoppels, 20.54–20.55
  exclusion of liability, 20.75
  face value, 20.15
  forged signature
    distinction from
     unauthorized, 20.98–20.99
    'forged', 20.97
    indoor management rule, 20.100
  guarantees, and, 29.06
  historical background, 19.11–19.15
  holder
    categories, 20.29–20.47
    holder claiming under holder in due
     course, 20.47
    holder for value, 20.32–20.34
    holder in due course, 20.35–20.47
    introduction, 20.26–20.28
    mere holder, 20.29
  holder in due course
    bill not overdue, 20.38
    'complete and regular on the face of
     it', 20.40–20.41
    good faith, 20.43
    'holder', 20.38
    introduction, 20.35–20.37
    no notice of defect in title, 20.45–20.46
    no notice of previous dishonour, 20.42
    value, 20.44
  indorsers, 20.63–20.64
  indorsement, 20.20–20.25
  introduction, 20.01–20.02
  issue
    amount payable, 20.15–20.16
    date, 20.12–20.13
    generally, 20.07
    parties, 20.08–20.11
    place of acceptance, 20.19
    place of drawing, 20.14
    signature, 20.18
    time of payment, 20.17
  liabilities
    acceptor, of, 20.58–20.59
    chain of, 20.56–20.57
    drawer, of, 20.60–20.62
    estoppels, 20.54–20.55
    exclusion of, 20.75

Bills of exchange – *cont.*
  liabilities – *cont.*
    generally, 20.50–20.51
    indorser, of, 20.63–20.64
    quasi-indorser, of, 20.65–20.73
    personal rights, 20.52–20.53
    real rights, 20.52–20.53
    transferor of bearer bill, of, 20.74
    warranties, 20.54–20.55
  marketability, 20.133
  nature, 19.04–19.07
  negotiability, 20.132
  negotiation, 20.20
  notice of dishonour, 20.84–20.86
  quasi-indorsers, 20.65–20.73
  parties, 20.08–20.11
  personal rights, 20.52–20.53
  place of acceptance, 20.19
  place of drawing, 20.14
  presentment for acceptance, 20.78
  presentment for payment
    acceptor, by, 20.80
    drawer, by, 20.81–20.83
    indorsers, by, 20.81–20.83
    introduction, 20.79
  protest, 20.87
  real rights, 20.52–20.53
  reservation of right of disposal,
    and, 8.107–8.113
  security, 20.126
  signature, 20.18
  substitution, 8.107–8.113
  time of payment, 20.17
  transfer, 20.20–20.25
  transferor of bearer bill, 20.75
  unauthorized signature
    distinction from forgery, 20.98–20.99
    generally, 20.96–20.101
  unconditionality, 19.21
  want of authority, 20.101
  want of capacity, 20.102
  warranties, 20.54–20.55
Bills of lading
  carriage by sea, and
    contents, 36.32
    issue, 36.32
    probative effect, 36.52
  carrier's rights and duties, and, 36.01
  characteristics, 32.52–32.63
  'clean' bills, 32.66–32.67
  condition of goods, and, 32.60
  document of title, as, 32.53–32.58
  documentary bills
    generally, 35.04–35.06
    SITPRO request, 35.06
  electronic bills, 32.69

Index

Bills of lading – *cont.*
  evidence, as
    apparent condition of goods, 32.60
    terms of contract of carriage, 32.61
  example, 32.55
  preparation, 32.37
  receipt by carrier, as, 32.59
  received for shipment bills
    sea waybills, and, 32.87
    seller's duties, 32.64
    specimen, 32.46
  requirements, 32.64
  seller's duties, 32.64–32.73
  shipped bills
    characteristics, 32.52–32.63
    specimen, 32.55
  straight, 32.55
  substitutes for, 32.79–32.88
  terms of carriage, and, 32.61
  time of dispatch, 32.89–32.90
  transfer of rights, and, 32.63
Bitcoin
  generally, 17.23–17.29
  introduction, 17.14
Block discounting
  generally, 27.07–27.09
  guarantees, and, 30.03
  introduction, 27.02–27.03
  receivables financing, and
    facultative agreements, 29.34
    generally, 29.21
    introduction, 29.19
    non-notification, 29.31
  relations between finance house and dealer, 27.26
'Blue pencil' test
  restraint of trade clauses, and, 3.165
Bolero
  electronic bill of lading, and, 32.69–32.70
Bona fide purchaser in market overt
  legal ownership, and, 2.32
Bona vacantia
  legal ownership, and, 2.32
Bonds
  payment instruments, and, 19.05
Booking space
  international trade, and, 32.35
Both-to-blame clauses
  carriage by sea, and, 36.39–36.40
Breach of contract
  remedies
    contract sum due, 3.116–3.118
    damages, 3.119–3.141
    injunctions, 3.114–3.115
    introduction, 3.107
    judicial remedies, 3.110–3.113

Breach of contract – *cont.*
  remedies – *cont.*
    mandatory injunction, 3.114
    prohibitory injunction, 3.115
    sale of goods, and, 14.01
    self-help, 3.108–3.109
    specific performance, 3.114
    termination, 3.142–3.156
  termination
    anticipatory breach, 3.148
    distinguished from rescission, 3.36
    effect, 3.142
    grounds, 3.143–3.147
    innocent party's options, 3.149–3.152
    withholding of performance, 3.153–3.154
Breach of warranty
  see also **Warranties**
  damages, and, 14.40–14.49
Brexit
  conflict of laws, and, 37.05
  contract of sale of goods, and, 7.42
  generally, 1.33–1.37
  sources of law, and, 1.30
Brussels Convention
  Brexit, and, 37.05
  generally, 37.03
Brussels I Regulation
  Brexit, and, 37.05
  generally, 37.03
Brussels I Regulation Recast
  see also **Conflict of laws**
  background, 37.03
  Brexit, and, 37.05
  'civil and commercial matters', 37.08
  defendant is an EU domiciliary, where, 37.14–37.27
  defendant is not an EU domiciliary, where, 37.28
  generally, 37.07–37.09
  introduction, 37.03–37.06
  recognition and enforcement of foreign judgments, 37.45–37.48
  regardless of domicile, 37.10–37.13
Bulk goods
  commingling from different suppliers, 8.39–8.44
  introduction, 8.38
  proprietary effects, 8.61–8.70
  risk, and, 9.40
  sale to different buyers from same bulk
    conditions, 8.55–8.60
    introduction, 8.45
    non-prepaying buyer, 8.46–8.50
    prepaying buyer, 8.51–8.54
  withdrawal from bulk, 8.71

Index

Bundles
  litigation, and, 38.74
Business efficacy
  implied terms, and, 3.57
Buyer
  contract of sale of goods, and, 7.23
  duties
    acceptance, 15.07
    introduction, 15.01
    payment, 15.08–15.16
    taking of delivery, 15.04–15.06
  remedies
    additional consumer remedies, 14.66–14.73
    anticipatory breach, 14.13–14.15
    'available market', 14.50–14.55
    Consumer Rights Act 2015, under, 14.66–14.73
    damages for breach of warranty, 14.40–14.49
    defect in seller's title, 14.39
    delay in delivery, 14.28–14.35
    introduction, 14.01
    market-price rule, 14.61–14.65
    non-delivery, 14.17–14.27
    outline, 14.02–14.12
    sub-contracts, and, 14.56–14.60
    tender of non-conforming goods, 14.36–14.38
    tort, in, 14.09–14.10
  remedies under Consumer Rights Act 2015
    background, 14.66
    discretion of court, and, 14.73
    generally, 14.66–14.67
    impossibility, and, 14.69
    price reduction, 14.72
    proportionality, and, 14.69
    reduction of price, 14.72
    refund of price, 14.72
    rejection of goods, 14.68, 14.70–14.71
    relationship with common law remedies, 14.68
    repair of goods, 14.69
    replacement of goods, 14.69
    specific performance, and, 14.69
  risk, and
    goods forming part of bulk, 9.40
    goods in buyer's possession, 9.38–9.39
    goods in transit, 9.36–9.37
    goods stored with third party, 9.28–9.29
Buyer obtaining possession, disposition by
  buyer, 16.60–16.62
  consent of seller, 16.64
  delivery, 16.66
  documents of title, 16.65

Buyer obtaining possession, disposition by – *cont.*
  good faith, 16.68–16.71
  introduction, 16.57–16.59
  pledge, 16.67
  possession of goods, 16.65
  sale, 16.67
  transfer, 16.67

C

***Calderbank* offers**
  see also **Part 36 offers and payments**
  litigation, and, 38.71
Capacity
  bills of exchange, and, 20.18
  formation of contract, and, 3.32
  unenforceability of contract, and, 3.35
Cargo
  deck, 36.28–36.31
  dangerous, 36.58
  deleterious, 36.58
  receipt likely to cause delay, 36.59
  shipment, 36.62
  shipper's duties and liabilities
    dangerous cargo, as to, 36.58
    deleterious cargo, as to, 36.58
    receipt likely to cause delay, as to, 36.59
    shipment, as to, 36.62
    tender, as to, 36.55
  tender, 36.55
  unitization, 36.79–36.83
CargoDocs DocEx
  electronic bill of lading, and, 32.69, 32.71
Carriage by sea contracts
  availability of vessel, 36.26
  bailment, 36.74
  bills of lading
    contents, 36.32
    issue, 36.32
    probative effect, 36.52
  cargo, 36.28–36.31
  Carriage of Goods By Sea Acts, 36.11
  carrier's duties and liabilities
    bills of lading, as to, 36.32
    cargo on board, as to, 36.28–36.31
    delivery of cargo, as to, 36.35–36.37
    excepted perils, 36.38–36.41
    introduction, 36.25
    limitation of actions, 36.50–36.51
    limitation of liability, 36.42–36.49
    ship, as to, 36.26–36.27
    voyage, as to, 36.33–36.34

Index

Carriage by sea contracts – *cont.*
  carrier's rights against transferees
    common law, at, 36.66
    statute, by, 36.67–36.68
  condition of vessel, 36.27
  conversion, and
    claimants, 36.71
    defendants, 36.72–36.73
    introduction, 36.69–36.70
  CT document, 36.94–36.96
  dangerous cargo, 36.58
  deleterious cargo, 36.58
  delivery of cargo, 36.35–36.37
  evidence in disputes
    onus of proof 36.53–36.54
    probative effect, 36.52
  excepted perils, 36.38–36.41
  formation, 36.23–36.24
  freight, 36.60–36.61
  Hague Rules, 36.09
  Hague-Visby Rules
    application, 36.14–36.16
    extension of scope, 36.16
    introduction, 36.09
    scope, 36.15
  Hamburg Rules, 36.09
  Himalaya clause, 36.75–36.78
  ICC Rules, 36.94–36.96
  introduction, 36.01
  limitation of actions, 36.50–36.51
  limitation of liability
    introduction, 36.42–36.43
    loss of, 36.49
    nature, 36.44–36.47
    persons entitled to invoke, 36.48
  London Convention 1976, 36.12
  loss of rights, 36.63–36.65
  multimodal transport operations
    CT document, 36.94–36.96
    ICC Rules, 36.94–36.96
    legal problems, 36.86–36.87
    operators, 36.84–36.85
    Rotterdam Rules, 36.98–36.100
    UNCTAD Convention, 36.88–36.93
    UNCTAD/ICC Rules, 36.97
    unitization, and, 36.79–36.83
  multimodal transport
    operators, 36.84–36.85
  negligence, and
    claimants, 36.71
    defendants, 36.72–36.73
    introduction, 36.69–36.70
  onus of proof in disputes, 36.53–36.54
  parties, 36.17–36.22
  proof in disputes, 36.53–36.54

Carriage by sea contracts – *cont.*
  Rotterdam Rules
    generally, 36.98–36.100
    introduction, 36.10
  shipment of cargo, 36.62
  shipper's duties and liabilities
    dangerous cargo, as to, 36.58
    deleterious cargo, as to, 36.58
    freight, as to, 36.60–36.61
    receipt of cargo likely to cause delay, as to, 36.59
    shipment of cargo, as to, 36.62
    supply of information, as to, 36.56–36.57
    tender of cargo, as to, 36.55
  sources of law
    bailment, 36.05
    contract, 36.03
    Convention rules, 36.06–36.10
    introduction, 36.02
    statute, 36.11–36.13
    tort, 36.04
  sub-bailment, 36.74
  supply of information, 36.56–36.57
  tender of cargo, 36.55
  third party rights, 36.13
  torts, and
    claimants, 36.71
    defendants, 36.72–36.73
    introduction, 36.69–36.70
  transfer of rights, 36.63–36.65
  UNCTAD Convention, 36.88–36.93
  UNCTAD/ICC Rules, 36.97
  unitization, and, 36.79–36.83
  unlawful interference with goods, and
    claimants, 36.71
    defendants, 36.72–36.73
    introduction, 36.69–36.70
  voyage, 36.33–36.34
Case management
  Commercial Court, in, 38.61–38.62
  fast track, 38.59
  generally, 38.57
  multi-track, 38.60
  overriding objective, 38.57
  small claims, 38.58
Case summaries
  litigation, and, 13.74
Caveat emptor
  conditions and warranties, and, 11.07
  correspondence with description, and, 11.34
  introduction, 7.02
  quality, and, 11.52–11.53
  sale of goods, and, 7.05
  satisfactory quality, and, 11.52–11.53

1413

Index

Central London Civil Justice Centre
  litigation, and, 38.20
Centre of main interests (COMI)
  cross-border insolvency, and, 31.84
Certainty
  bills of exchange, and, 19.21
  generally, 1.52–1.55
Certificates of deposit
  certainty, 19.21
  classification, 19.05
  conditionality, 19.21
  historical background, 19.16
Certificates of origin
  international sales, and, 32.77
Certificate of quality/quantity
  international sales, and, 32.78
Certified invoice
  international sales, and, 32.79
Cessation of business
  floating charges, and, 25.16
Chalmers, Sir Mackenzie
  influence of, 1.09
CHAPS
  see also Interbank credit transfers
  generally, 18.11–18.17
Charge-backs
  consensual security, and, 22.42
Charges
  equitable title, and, 2.36–2.37
  stocking finance, and, 29.08–29.11
Chattels
  goods, and, 7.20
Cheque Clearing
  see also Interbank credit transfers
  generally, 18.17
Cheques
  autonomy of obligation, 19.19–19.20
  bankers' drafts, 21.06
  classification, 19.05
  generally, 19.16–19.18
  historical background, 19.08
  travellers' cheques, 21.08–21.12
Choses in action
  generally, 2.16
  transfer of security, and, 23.48
Chronologies
  litigation, and, 38.74
C.i.f. contracts
  appropriation to contract, 34.25
  generally, 34.20–34.22
  introduction, 32.26
  payment of freight, 34.24
  rejection of documents, 34.39–34.41
  rejection of goods, 34.42–34.45
  reservation of right of disposal, and, 8.109

C.i.f. contracts – *cont.*
  risk
    introduction, 34.30–34.31
    loss after acceptance of documents, 34.32
    loss after contract and shipment, 34.34–34.36
    loss after shipment, 34.37
    loss after tender of documents, 34.33
    loss before shipment, 34.38
  shipment, 34.23
  tender of documents, 34.26
  transfer of property
    duty, 34.28–34.29
    timing, 34.27
Circular notes
  payment instruments, and, 19.05
Circularity
  priorities, and, 24.62–24.68
CISG Advisory Council
  generally, 33.20
CISG Convention
  see also Convention on Contracts for the International Sale Of Goods
  application of, 33.07–33.10
  background, 33.01–33.06
  conflict of laws, and, 37.83
  ratification, 33.02
  rights and duties of parties, 33.25–33.29
Civil courts
  litigation, and, 38.19–38.20
Civil Procedure Rules
  Commercial Court, 38.25–38.28
  drafting, 38.17
  generally, 38.14–38.18
  overriding objective, 38.15
  pre-action protocols, 38.18
  statements of case, 38.16–38.17
  terminology, 38.16
Claim form
  litigation, and, 38.42–38.46
Claims to fungibles
  personal property, and, 2.89–2.91
Clause paramount
  carriage of sea, and, 36.11
'Claused' bills
  generally, 32.66–32.67
  seller's duties, and, 32.64
'Clean' bills
  generally, 32.66–32.67
  seller's duties, and, 32.64
Clearing system
  see also Payment
  generally, 18.17
Codification of law
  commercial law, and, 40.13–40.17

Index

Codification of law – *cont.*
  generally, 40.08–40.12
Collateral contracts
  buyer's remedies, and, 14.11
  construction of contract, and, 3.71
Comfort letters
  statements, and, 3.40
Comité Maritime International (CMI)
  Rotterdam Rules, and, 36.98–36.100
Commencing proceedings
  acknowledgement of service, 38.47–38.50
  amendments, 38.55–38.56
  claim form, 38.42–38.46
  defences, 38.47–38.50
  extensions of time, 38.55–38.56
  further information
    freezing injunctions, 38.97
    generally, 38.52
    introduction, 38.16
    small claims, 38.58
    trial, 38.74
  Part 20 proceedings, 38.53–38.54
  particulars of claim, 38.42–38.46
  replies, 38.51
Commercial arbitration
  acting within remit, 39.46
  ad hoc arbitration, 39.10
  adversarial system, 39.73
  agreement to arbitrate
    effectiveness, 39.54–39.55
    separation from main agreement, 39.53
  appeal on point of law, 39.91–39.93
  applicable law, 39.103–39.107
  appointment of arbitrator, 39.59
  arbitrability, 39.34–39.37
  arbitration agreement
    generally, 39.24
    overview, 39.19
  arbitration award
    enforcement, 39.95
    generally, 39.82
    judicial review, 39.83–39.94
  arbitrator's powers, 39.38–39.41
  autonomy theory, 39.31–39.32
  avoidance of delay and expense, 39.30
  challenge of awards
    introduction, 39.83–39.86
    jurisdiction, as to, 39.87–39.89
    point of law, 39.91–39.42
    serious irregularity, based on, 39.90
  competence to determine
    jurisdiction, 39.47–39.52
  conduct of
    adversarial system, 39.73
    appointment of arbitrator, 39.59
    conservatory measures, 39.74

Commercial arbitration – *cont.*
  conduct of – *cont.*
    evidence, 39.67–39.72
    expert evidence, 39.70–39.72
    final awards, 39.77–39.79
    interim awards, 39.77–39.79
    outline, 39.56–39.58
    partial awards, 39.77–39.79
    parties, 39.59–39.66
    procedural orders, 39.74
    provisional measures, 39.76
    role of the court, 39.80–39.82
    rules of evidence, 39.67–39.72
    witness evidence, 39.68–39.69
  confidentiality, and, 39.06, 39.63–39.66
  consensual nature, 39.27–39.28
  conservatory measures, 39.74
  decision, 39.42
  development of English law, 39.18
  domestic arbitration, 39.14–39.16
  enforcement of award
    foreign awards, 39.108
    generally, 39.94
    recognition of English awards, 39.109
    scope of powers of tribunals, 39.07
  evidence
    expert evidence, 39.70–39.72
    observation of rules, 39.67
    witness evidence, 39.68–39.69
  existence of dispute, 39.33
  expert evidence, 39.70–39.72
  fairness, 39.29
  final awards, 39.77–39.79
  finality, and, 39.08
  independence and
    impartiality, 39.43–39.45
  institutional arbitration, 39.10
  interim awards, 39.77–39.79
  interlocutory powers, 39.08
  international arbitration
    applicable law, 39.103–39.107
    enforcement of English awards in other states, 39.109
    enforcement of foreign awards, 39.108
    introduction, 39.14–39.16
    overview, 39.95
    parties, 39.95–39.102
    recognition of English awards, 39.109
    state entities, 39.95–39.102
  investor-state arbitration, 39.95
  judicial review of awards
    introduction, 39.83–39.86
    jurisdiction, as to, 39.87–39.89
    point of law, 39.91–39.42
    serious irregularity, based on, 39.90
  lex arbitri, 39.20–39.21

Index

Commercial arbitration – *cont.*
  lex mercatoria, and, 39.19
  multi-party proceedings, and, 39.06
  multi-tiered dispute resolution schemes, 39.02
  nature, 39.01–39.03
  New York Convention, 39.05, 39.21, 39.24, 39.41
  observation of rules of evidence, 39.67
  overview, 38.02–38.06
  partial awards, 39.77–39.79
  parties, 39.59–39.66
  party autonomy, and, 39.31–39.32
  principles of law
    acting within remit, 39.46
    agreement to arbitrate considered separate, 39.53
    arbitrability, 39.34–39.37
    arbitrator's powers, 39.38–39.41
    avoidance of delay and expense, 39.30
    competence to determine jurisdiction, 39.47–39.52
    consensual nature, 39.27–39.28
    decision, 39.42
    existence of dispute, 39.33
    fairness, 39.29
    independence and impartiality, 39.43–39.45
    introduction, 39.25–39.26
    party autonomy, 39.31–39.32
  private arbitration, 39.17
  procedural orders, 39.74
  provisional measures, 39.76
  recognition of English awards
    generally, 39.109
    scope of powers of tribunals, 39.07
  relationship with litigation, 39.04–39.08
  role of the court, 39.80–39.82
  rules of evidence, 39.67–39.72
  scope of powers of tribunals, 39.07
  sources of law
    arbitration agreement, 39.19
    lex arbitri, 39.20–39.21
    procedural law selected by parties, 39.22
    procedures agreed during proceedings, 39.23
  stateless award theory, 39.38–39.41
  statutory arbitration, 39.17
  types, 39.09–39.17
  UNCITRAL Model Law, 39.16
  witness evidence, 39.68–39.69
Commercial contracts
  accounting considerations, 4.16–4.22
  avoidance of interest in subject matter, 4.17

Commercial contracts – *cont.*
  characterisation of transaction, 4.18
  choice of structure
    accounting considerations, 4.16–4.22
    assumption, 4.17
    avoidance of interest in subject matter, 4.17
    characterisation of transaction, 4.18
    commercial considerations, 4.14–4.15
    coordination of fractional interests, 4.20–4.22
    introduction, 4.12–4.13
    legal considerations, 4.16–4.22
    liability to be sued, 4.16
    networking, 4.19
    regulatory considerations, 4.23
    right to sue, 4.16
  commercial considerations, 4.14–4.15
  commodities markets
    futures, 4.28–4.29
    physical, 4.27
  coordination of fractional interests, 4.20–4.22
  derivatives markets, 4.31
  financial markets, 4.30
  introduction, 4.01–4.03
  legal considerations, 4.16–4.22
  liability to be sued, 4.16
  markets
    characteristics of organized market, 4.32
    commodities markets, 4.27–4.29
    derivatives markets, 4.31
    financial markets, 4.30
    functions served, 4.33
    introduction, 4.24
    legal power, 4.40–4.44
    position of non-member vis-à-vis exchange, 4.39
    position of non-member vis-à-vis members, 4.38
    powers of exchange vis-à-vis members, 4.37
    rules and usages, 4.35–4.39
    types of market, 4.25–4.31
  networking, 4.19
  regulatory considerations, 4.23
  right to sue, 4.16
  structures
    factors influencing choice, 4.12–4.23
    generally, 4.04–4.11
    types, 4.04–4.11
Commercial Court
  Civil Procedure Rules, 38.25–38.28
  historical background, 38.21
  jurisdiction, 38.29–38.31

Index

Commercial Court – *cont.*
  objectives, 38.21–38.24
Commercial invoice
  international trade, and, 32.75–32.76
Commercial law
  Brexit, and, 1.33–1.37
  codification, 40.08–40.17
  'consumer' sales, and, 1.10
  Covid-19 pandemic, 40.17
  custom and usage
    codified, 1.23–1.24
    uncodified, 1.21–1.22
  final reflections, 40.01
  founding of English law, 1.07–1.09
  future developments, 40.18–40.21
  judicial precedent, 1.44–1.46
  language, 1.47–1.51
  law merchant, 1.01–1.06
  nature, 1.10–11.12
  philosophical foundations, 40.06–40.07
  principle sources
    contract, 1.16–1.24
    custom and usage, 1.21–1.22
    domestic legislation, 1.25–1.27
    EU law, 1.30–1.38
    express terms, 1.17–1.20
    implied terms, 1.17–1.20
    international conventions, 1.28–1.29
    'soft' law, 1.43
    transnational, 1.39–1.42
  principles, 40.02–40.05
  protectable interests, 1.13–1.15
  technological developments, 40.16
Commingling
  goods forming part of bulk, and, 8.39–8.44
  loss of legal ownership, and, 2.32
Commitment to pay
  payment, and, 18.06
Commodity markets
  futures, 4.28–4.29
  physical, 4.27
Common law
  acceptance, and, 13.29
  conflict of laws, and
    general jurisdiction, 37.29–37.36
    recognition and enforcement of foreign judgments, 37.49–37.52
  exemption clauses, and, 3.77
  impediments to performance, and, 3.175
  implied terms, and, 3.60
  judicial remedies for breach of contract, and, 3.111
  privity rule, and, 3.86–3.88
  recognition and enforcement of foreign judgments, 37.49–37.52

Common law – *cont.*
  sale of goods, and, 7.05–7.07
Competition law
  restraint of trade clauses, and, 3.165
Compulsory winding up
  see also Winding up
  generally, 31.30
Computer equipment
  goods, and, 7.20
Condition of goods
  bill of lading, and, 32.60
Condition of vessel
  carriage by sea, and, 36.27
Conditional payment
  generally, 18.05
Conditional sale agreements
  block discounting
    generally, 27.07–27.09
    relations between finance house and dealer, 27.26
  direct collection
    generally, 27.04–27.06
    relations between finance house and dealer, 27.24–27.25
  disposition of motor vehicle, and
    finance purchaser, to, 16.89–16.90
    introduction, 16.72–16.73
    presumptions, 16.91–16.92
    private purchaser, to, 16.75–16.88
    relevant vehicles, 16.74
    trade purchaser, to, 16.89–16.90
  distinction from hire-purchase, 27.11–27.13
  generally, 27.10
  nature of technique
    block discounting, 27.07–27.09
    direct collection, 27.04–27.06
    introduction, 27.02–27.03
  relations between dealer and buyer, 27.27
  relations between finance house and dealer
    block discounting, 27.26
    direct collection, 27.24–27.25
  reservation of right of disposal, and, 8.108
  rights and duties of parties, 27.14–27.17
  rights of seller against third parties, 27.18
  tort remedies, and, 14.09
  tracing proceeds, 27.28–27.29
Conditional seller
  factoring, and, 29.50–29.51
Conditions and warranties
  bills of exchange, and, 20.54–20.55
  introduction, 11.02–11.03
  prior to Sales of Goods Act, 11.04–11.05
  rejection, and, 12.08
  under Sale of Goods Act, 11.06–11.10

1417

Index

Conduct
formation of contract, and
  agreement, 3.27
  formal requirements, 3.29–3.31
  other elements, 3.32
Confidentiality
commercial arbitration, and, 39.06,
  39.63–39.66
Confirmed credits
documentary credits, and, 35.29
Conflict of laws
anti-suit injunction, 37.13
assignment of debts, and
  assignee and debtor, 37.97–37.98
  assignor and assignee, 37.95–37.96
  introduction, 37.94
  priorities, 37.99–37.100
Brexit, and, 37.05
Brussels Convention, 37.03
Brussels I Regulation, 37.03
Brussels I Regulation Recast
  background, 37.03
  Brexit, and, 37.05
  'civil and commercial matters', 37.08
  defendant is an EU domiciliary,
    where, 37.14–37.27
  defendant is not an EU domiciliary,
    where, 37.28
  enforcement of foreign judgments from
    an EU state, 37.45–37.48
  generally, 37.07–37.09
  introduction, 37.03–37.06
  regardless of domicile, 37.10–37.13
common law
  jurisdiction, 37.29–37.36
  recognition and enforcement of foreign
    judgments, 37.49–37.52
dépeçage, 37.69
determining applicable law
  choice of law for tangible
    movables, 37.83–37.93
  choice of law for intangible
    movables, 37.94–37.100
  choice of law in contract, 37.60–37.82
  introduction, 37.55–37.59
  securities held with an
    intermediary, 37.101–37.103
domestic jurisdiction, 37.03
enforcement of foreign judgments
  Brussels I Recast, 37.45–37.48
  common law, 37.49–37.52
  Hague Convention on Choice of Courts
    Agreement, 37.53
  Hague Convention 2019, 37.54–37.41
  overview, 37.42–37.44
  UK statutes, 37.49–37.52

Conflict of laws – *cont.*
European Enforcement Order
  Regulation, 37.45
European Payment Procedure
  Regulation, 37.45
European Small Claims Procedure
  Regulation, 37.45
exclusive jurisdiction, 37.10–37.13
'floating law', 37.70
foreign money obligations
  foreign currency
    judgments, 37.109–37.110
  money of account, 37.104–37.107
  money of payment, 37.104–37.108
forum non conveniens, and
  defendant is an EU domiciliary, 37.25
  defendant is not an EU
    domiciliary, 37.31
Hague Convention on Choice of Courts
  Agreement 2005
  generally, 37.39–37.41
  introduction, 37.05
intangible movables, and
  assignee and debtor, 37.97–37.98
  assignor and assignee, 37.95–37.96
  introduction, 37.94
  priorities, 37.99–37.100
introduction, 37.01–37.02
jurisdiction
  Brussels I Regulation
    Recast, 37.07–37.28
  common law, at, 37.29–37.36
  Hague Convention on Choice of Courts
    Agreement, 37.39–37.41
  overview, 37.03–37.06
lis pendens, and
  defendant is an EU domiciliary,
    where, 37.25
  defendant is not an EU domiciliary,
    where, 37.28
  regardless of domicile, 37.12
Lugano Convention
  Brexit, and, 37.05
  introduction, 37.03
  revision, 37.04
party autonomy
  dépeçage, 37.69
  generally, 37.70–37.68
  restrictions, 37.70–37.71
public policy, 37.79–37.82
recognition of foreign judgments
  Brussels I Recast, 37.45–37.48
  common law, 37.49–37.52
  Hague Convention on Choice of Courts
    Agreement, 37.53
  Hague Convention 2019, 37.54–37.41
  overview, 37.42–37.44

Index

Conflict of laws – *cont.*
  recognition of foreign judgments – *cont.*
    UK statutes, 37.49–37.52
  Rome I Regulation
    absence of party choice, 37.72–37.77
    dépeçage, 37.69
    'floating law clause', 37.70
    introduction, 37.60–37.63
    mandatory rules, 37.79–37.82
    matters governed, 37.78
    party autonomy, 37.70–37.71
    public policy, 37.79–37.82
    scope, 37.64–37.66
  sale of goods, and
    goods in transit, 37.89–37.91
    insolvency provisions, 37.93
    introduction, 37.83
    lex situs, 37.84–37.86
    mobile goods, 37.89–37.91
    nemo dat rule, 37.86
    proprietary aspects, 37.84–37.93
    sources of rules, 37.83
    unperfected title, 37.87–37.88
  securities held with intermediary, and, 37.101–37.103
  Small Claims Procedure Regulation, 37.45
  sources of law, and, 1.39
  sovereign immunity, 37.08
  state immunity, 37.08
  tangible movables, and
    goods in transit, 37.89–37.91
    insolvency provisions, 37.93
    introduction, 37.83
    lex situs, 37.84–37.86
    mobile goods, 37.89–37.91
    nemo dat rule, 37.86
    proprietary aspects, 37.84–37.93
    sources of rules, 37.83
    unperfected title, 37.87–37.88

Conflicting property claims
  resolution
    first in time prevails, 2.77
    introduction, 2.72
    mere equities, 2.78
    nemo dat quod non habet, 2.73–2.74
    preference of legal over equitable interests, 2.76
    sheltering, 2.75
    volunteers, 2.79
  tracing, 2.66–2.71
  types, 2.61–2.65

Conformity with description
  condition, as
    prior to Sale of Goods Act, 11.05
    under Sale of Goods Act, 11.06–11.09

Conformity with description – *cont.*
  distinguishing identity from attributes
    exclusion of liability, 11.48
    generally, 11.36–11.44
    utility, 11.49–11.51
  elements, 11.32
  exclusion of liability
    consumer sales, 11.136
    introduction, 11.48
    non-consumer sales, 11.137–11.143
  introduction, 11.29–11.31
  reliance, 11.45–11.47
  specific goods, of, 11.34–11.35
  summary, 11.49–11.5
  term, as, 11.33
  Vienna Convention, and, 33.26

Consensus ad idem
  formation of contract, and, 3.32

Consent of owner
  disposition by buyer in possession, and, 16.64
  disposition by mercantile agent, and, 16.39–16.41

Consensual security
  asset, in, 22.62–22.63
  characterization issues
    charge-backs, 22.42
    consolidation clause, 22.32
    delivery of possession, 22.61
    deposit withdrawal restrictions, 22.43–22.44
    discounting of receivables, 22.36
    extended reservation of title, 22.33–22.35
    further security agreement, 22.47
    introduction, 22.26
    lien on sub-freights, 22.59
    loan on security, 22.27–22.37
    negative pledge clause, 22.45–22.46
    non-recourse financing against receivables, 22.37
    pledge-backs, 22.42
    possession and use under construction contract, 22.60
    purchase on security, 22.27–22.37
    reservation of title, 22.33–22.35
    sale and lease-back, 22.29–22.30
    sale and repurchase, 22.31
    set-off agreement, 22.38–22.41
    subordination agreement, 22.48–22.56
    sub-participation in loan assets, 22.58
    waiver of security rights, 22.57
    withdrawal restrictions, 22.43–22.44
  charge
    delivery of possession, 22.61
    generally, 22.21–22.23

1419

Index

Consensual security – *cont.*
  contractual lien, 22.20
  equitable charge, 22.24–22.25
  evolution of security devices, 22.17–22.25
  forms of security, 22.15–22.16
  liens
    delivery of possession, 22.61
    sub-freights, on, 22.59
  mortgage
    delivery of possession, 22.61
    generally, 22.21–22.23
  pledge
    delivery of possession, 22.61
    generally, 22.17–22.19
  proceeds, in, 22.62–22.63
  relationship between asset and proceeds, 22.62–22.63
  subordination agreement
    assignment of right to dividend, 22.56
    generally, 22.48–22.51
    simpliciter, 22.52
    undertaking not to prove in debtor's winding up, 22.54
    undertaking to account, 22.53
    undertaking to account for dividends received in debtor's winding up, 22.55
Consequential loss
  breach of warranty, and, 14.42
  defect in seller's title, and, 14.39
  delay in delivery, and, 14.34–14.35
  non-delivery, and, 14.27
Conservatory measures
  commercial arbitration, and, 39.74
Consideration
  contract of sale of goods, and
    introduction, 7.13
    money, 7.36
  introduction, 3.11
  nature, 3.13–3.14
Consignment
  nemo dat quod non habet, and, 16.45
Consolidation clause
  consensual security, and, 22.32
Construction contracts
  consensual security, and, 22.60
Construction of contract
  collateral contracts, 3.71
  consensual security, and,
    extended reservation of title, 22.33–22.35
    subordination agreement, 22.53, 22.55
  implication, by, 3.66
  interpretation, by, 3.63–3.65
  introduction, 3.62
  nature of process, 3.62–3.66

Construction of contract – *cont.*
  parol evidence rule, 3.67–3.70
  subordination agreement, and
    undertaking to account, 22.53
    undertaking to account for dividends received in debtor's winding up, 22.55
Constructive delivery
  attornment, by, 10.10
  buyer's continuing possession in his own right, by, 10.11
  carrier, to, 10.12–10.19
  introduction, 10.07
  object giving physical control, of, 10.09
  part in the name of the whole, of, 10.20
  transfer of document of title, by, 10.08
Constructive notice
  registration of security, and, 24.43–24.48
Consular invoice
  international trade, and, 32.80
Consumer credit agreements
  formation of contract, and, 3.29–3.31
Consumer protection
  nature of commercial law, and, 1.10–1.12
Consumer sales
  Brexit, and, 7.42
  contract of sale of goods, and, 7.42
  delivery by instalments
    generally, 10.46
    introduction, 10.29
  exemption clauses
    generally, 3.83–3.85
    introduction, 1.11
  nature of commercial law, and, 1.10–1.12
  price reduction, 14.72
  refund of price, 14.72
  rejection of goods
    final right, 12.06, 14.70
    generally, 12.05–12.06, 14.68
    introduction, 12.01
    short-term right, 12.05, 14.71
  remedies
    background, 14.66
    discretion of court, and, 14.73
    generally, 14.66–14.67
    impossibility, and, 14.69
    price reduction, 14.72
    proportionality, and, 14.69
    reduction of price, 14.72
    refund of price, 14.72
    rejection of goods, 14.68, 14.70–14.71
    relationship with common law remedies, 14.68
    repair of goods, 14.69
    replacement of goods, 14.69
    specific performance, and, 14.69

Index

Consumer sales – *cont.*
  repair of goods, 14.69
  replacement of goods, 14.69
Containers
  generally, 32.34
  unitization, and, 36.79–36.83
Continuing guarantees
  generally, 30.17–30.18
Contra proferentum
  exemption clauses, and, 3.77
Contract
  abstract payment undertaking, 3.22
  affirmation, 3.152
  agreement on essential terms, 3.25–3.28
  ascertaining the terms
    express language, 3.49–3.53
    implication, 3.54–3.61
    introduction, 3.48
  avoidance, 3.33–3.36
  business efficacy, 3.57
  capacity, 3.32
  collateral contracts, 3.71
  comfort letters, 3.40
  consensus ad idem, 3.32
  consideration
    introduction, 3.11
    nature, 3.13–3.14
  construction of contract
    collateral contracts, 3.71
    implication, by, 3.66
    interpretation, by, 3.63–3.65
    introduction, 3.62
    nature of process, 3.62–3.66
    parol evidence rule, 3.67–3.70
  contract sum due, 3.116–3.118
  course of dealing, 3.58
  custom and usage, 3.59
  damages
    contractual basis, 3.119–3.126
    liquidated, 3.141
    loss flowing from
      termination, 3.127–3.129
    measure of, 3.135–3.140
    recoverable loss, 3.130–3.132
    remoteness of damage, 3.133–3.134
    rescission, and, 3.98–3.99
  defences to claim, 3.157
  economic duress, 3.73
  estoppel, 3.95–3.97
  exemption clauses
    common law, at, 3.77
    Consumer Rights Act 2015,
      under, 3.83–3.85
    UCTA, under, 3.78–3.82
    UTCCR, under, 3.83

Contract – *cont.*
  expectation interest
    generally, 3.09
    introduction, 3.06
    measure of damages, 3.135
    promise inducing unrequested
      reliance, 3.20–3.21
  express language of contract
    generally, 3.49
    implied terms, and, 3.56
    incorporation by reference, 3.54
    signed and unsigned contracts, 3.50
    standard-term contracts, 3.51–3.53
  expressions of opinion, 3.40
  fairness, 3.72–3.73
  formal requirements, 3.29–3.31
  formation
    agreement on essential terms, 3.25–3.28
    capacity, 3.32
    consensus ad idem, 3.32
    formal requirements, 3.29–3.31
    intention to create legal relations, 3.32
    other, 3.32
  frustration
    accidental destruction, 3.176
    common law approach, 3.175
    fundamental change, 3.176
    introduction, 3.173
    meaning, 3.174
    relevant events, 3.176–3.180
    supervening events, 3.176
  function, 3.02–3.05
  good faith, 3.74–3.76
  grant of security, and, 23.02–23.06
  human rights, and, 3.01
  illegality
    effect on contract rights, 3.166–3.167
    effect on property rights, 3.168
    effect on unjust enrichment
      claims, 3.169–3.171
    initial, 3.159–3.165
    introduction, 3.158
    pleading, 3.172
    restraint of trade, 3.165
    supervening, 3.159–3.165
  impediments to performance
    change of circumstances, 3.173
    common law, at, 3.175
    frustration, 3.174–3.180
  implied terms
    business efficacy, for, 3.57
    common law, at, 3.60
    course of dealing, from, 3.58
    custom and usage, by, 3.59
    express terms, in, 3.56
    fact, in, 3.56–3.59

Index

Contract – *cont.*
  implied terms – *cont.*
    introduction, 3.55
    law, in, 3.60
    statute, by, 3.61
  improper advantage, 3.73
  incorporation by reference, 3.54
  inequality of bargaining power, 3.73
  infringement of law, 3.73
  injunctions
    mandatory, 3.114
    prohibitory, 3.115
  intention to create legal relations
    generally, 3.32
    will of the parties, and, 3.23–3.24
  introduction, 3.01
  judicial remedies for breach
    common law, at, 3.111
    contrast legal and equitable
      remedies, 3.113
    equity, in, 3.112
    function, 3.110
    nature, 3.110
  letters of intent, 3.40
  mandatory injunction, 3.114
  mere puffs, 3.40
  morality, 3.73
  nature, 3.02–3.05
  novation, 3.91–3.92
  nullity, 3.36
  parol evidence rule, 3.67–3.70
  penalty clauses, 3.73
  performance of contract, 3.104–3.106
  privity rule
    common law, at, 3.86–3.88
    damages, and, 3.123
    statute, under, 3.89–3.90
  procedural unfairness, 3.73
  prohibitory injunction, 3.115
  promise and bargain
    abstract payment undertaking, 3.22
    consideration, 3.13–3.14
    inducing unrequested
      reliance, 3.15–3.21
    introduction, 3.10–3.12
  public policy, 3.73
  public statements on characteristics of
    goods, 3.47
  reliance interest
    generally, 3.09
    introduction, 3.07
  remedies for breach
    contract sum due, 3.116–3.118
    damages, 3.119–3.141
    injunctions, 3.114–3.115
    introduction, 3.107

Contract – *cont.*
  remedies for breach – *cont.*
    judicial remedies, 3.110–3.113
    mandatory injunction, 3.114
    prohibitory injunction, 3.115
    sale of goods, and, 14.01
    self-help, 3.108–3.109
    specific performance, 3.114
    termination, 3.142–3.156
  remedies for misrepresentation
    damages, 3.98–3.99
    rescission, 3.98–3.102
  representations inducing contract
    generally, 3.41–3.45
    remedies for
      misrepresentation, 3.98–3.102
  rescission
    bars, 3.103
    distinguished from termination, 3.36
    generally, 3.98–3.99
    mode and effect, 3.100–3.102
  restitution, and, 3.06–3.09
  restraint of trade, 3.165
  restrictions on contract terms
    consequences of own fraud, 3.72–3.73
    economic duress, 3.73
    exemption clauses, 3.77–3.85
    fairness, 3.72–3.73
    good faith, 3.74–3.76
    improper advantage, 3.73
    inequality of bargaining power, 3.73
    infringement of law, 3.73
    morality, 3.73
    penalty clauses, 3.73
    procedural unfairness, 3.73
    public policy, 3.73
    unconscionability, 3.73
    undue influence, 3.73
    unfair terms, 3.77–3.85
  security, and, 23.02–23.06
  self-help, 3.108–3.109
  signed contracts, 3.50
  sources of law, and
    custom and usage, 1.21–1.24
    express terms, 1.17–1.20
    implied terms, 1.17–1.20
    introduction, 1.16
  specific performance
    generally, 3.114
    introduction, 3.112
  standard-term contracts, 3.51–3.53
  statements
    comfort letters, 3.40
    constituting terms of contract, 3.46
    devoid of legal effect, 3.40
    expressions of opinion, 3.40

Index

Contract – *cont.*
  statements – *cont.*
    inducing contract, 3.41–3.45
    introduction, 3.37–3.39
    letters of intent, 3.40
    mere puffs, 3.40
    public statements on characteristics of goods, 3.47
    remedies for misrepresentation, 3.98–3.102
  supervening illegality, 3.159–3.165
  termination for breach
    anticipatory breach, 3.148
    distinguished from rescission, 3.36
    effect, 3.142
    grounds, 3.143–3.147
    innocent party's options, 3.149–3.152
    withholding of performance, 3.153–3.154
  termination without breach, 3.155
  terms
    express language, 3.49–3.53
    implication, 3.54–3.61
    introduction, 3.48
  third party rights
    common law, at, 3.86–3.88
    statute, under, 3.89–3.90
  tort, and, 3.06–3.09
  unconscionability, 3.73
  undue influence, 3.73
  unenforceable contract
    void contract, 3.33–3.34
    voidable contract, 3.35
  unfair terms
    common law, at, 3.77
    Consumer Rights Act 2015, under, 3.83–3.85
    UCTA, under, 3.78–3.82
    UTCCR, under, 3.83
  enrichment claims, 3.169–3.171
  unsigned contracts, 3.50
  variation, 3.91–3.92
  void contract, 3.33–3.34
  voidable contract, 3.35
  waiver, 3.93–3.94
  will of the parties, 3.23–3.24
  withholding performance
    self-help remedies, and, 3.108–3.109
    termination, and, 3.153–3.154
Contract netting
  payment, and, 18.36–18.37
Contract of sale
  agency, and, 7.40
  consumer sales, 7.42
  'contract of sale of goods'
    contract of sale, 7.16–7.19

Contract of sale – *cont.*
  'contract of sale of goods' – *cont.*
    goods, 7.20
    making up of goods from another's materials, 7.22
    services, 7.21
  definition
    'buyer', 7.23
    'contract of sale', 7.16–7.19
    'contract of sale of goods', 7.16–7.22
    'goods', 7.20
    introduction, 7.13–7.15
    making up of goods from another's materials, 7.22
    'money consideration', 7.36
    'property', 7.24–7.30
    'seller', 7.23
    services, 7.21
    significance of, 7.37–7.40
    'transfers', 7.31–7.35
  documentary credits, and, 35.75–35.81
  documentary sales, 7.41
  introduction, 7.01
  Sale of Goods Act
    ambit, 7.02–7.07
    codification, 7.02
    common law rules, and, 7.05–7.07
    historical introduction, 6.01–6.10
    interpretation, 7.03–7.04
    language, 7.08–7.12
  services, 7.38–7.39
Contract sum due
  breach of contract, and, 3.116–3.118
Contracting out
  see also **Exclusion clauses**
  freedom from encumbrances, and, 11.25–11.28
  quiet possession, and, 11.25–11.28
  title, and, 11.25–11.28
Contracts for carriage by sea
  availability of vessel, 36.26
  bailment, 36.74
  bills of lading
    contents, 36.32
    issue, 36.32
    probative effect, 36.52
  cargo, 36.28–36.31
  Carriage of Goods By Sea Acts, 36.11
  carrier's duties and liabilities
    bills of lading, as to, 36.32
    cargo on board, as to, 36.28–36.31
    delivery of cargo, as to, 36.35–36.37
    excepted perils, 36.38–36.41
    introduction, 36.25
    limitation of actions, 36.50–36.51
    limitation of liability, 36.42–36.49

1423

Index

Contracts for carriage by sea – *cont.*
  carrier's duties and liabilities – *cont.*
    ship, as to, 36.26–36.27
    voyage, as to, 36.33–36.34
  carrier's rights against transferees
    common law, at, 36.66
    statute, by, 36.67–36.68
  condition of vessel, 36.27
  conversion, and
    claimants, 36.71
    defendants, 36.72–36.73
    introduction, 36.69–36.70
  CT document, 36.94–36.96
  dangerous cargo, 36.58
  deleterious cargo, 36.58
  delivery of cargo, 36.35–36.37
  evidence in disputes, 36.53–36.54
  excepted perils, 36.38–36.41
  formation, 36.23–36.24
  freight, 36.60–36.61
  Hague Rules, 36.09
  Hague-Visby Rules
    application, 36.14–36.16
    extension of scope, 36.16
    introduction, 36.09
    scope, 36.15
  Hamburg Rules, 36.09
  Himalaya clause, 36.75–36.78
  ICC Rules, 36.94–36.96
  introduction, 36.01
  limitation of actions, 36.50–36.51
  limitation of liability
    introduction, 36.42–36.43
    loss of, 36.49
    nature, 36.44–36.47
    persons entitled to invoke, 36.48
  London Convention 1976, 36.12
  loss of rights, 36.63–36.65
  multimodal transport operations
    CT document, 36.94–36.96
    ICC Rules, 36.94–36.96
    legal problems, 36.86–36.87
    operators, 36.84–36.85
    Rotterdam Rules, 36.98–36.100
    UNCTAD Convention, 36.88–36.93
    UNCTAD/ICC Rules, 36.97
    unitization, and, 36.79–36.83
  multimodal transport
    operators, 36.84–36.85
  negligence, and,
    claimants, 36.71
    defendants, 36.72–36.73
    introduction, 36.69–36.70
  onus of proof in disputes, 36.53–36.54
  parties, 36.17–36.22
  proof in disputes, 36.53–36.54

Contracts for carriage by sea – *cont.*
  Rotterdam Rules
    generally, 36.98–36.100
    introduction, 36.10
  shipment of cargo, 36.62
  shipper's duties and liabilities
    dangerous cargo, as to, 36.58
    deleterious cargo, as to, 36.58
    freight, as to, 36.60–36.61
    receipt of cargo likely to cause delay, as to, 36.59
    shipment of cargo, as to, 36.62
    supply of information, as to, 36.56–36.57
    tender of cargo, as to, 36.55
  sources of law
    bailment, 36.05
    contract, 36.03
    Convention rules, 36.06–36.10
    introduction, 36.02
    statute, 36.11–36.13
    tort, 36.04
  sub-bailment, 36.74
  supply of information, 36.56–36.57
  tender of cargo, 36.55
  third party rights, 36.13
  torts, and
    claimants, 36.71
    defendants, 36.72–36.73
    introduction, 36.69–36.70
  transfer of rights, 36.63–36.65
  UNCTAD Convention, 36.88–36.93
  UNCTAD/ICC Rules, 36.97
  unitization, and, 36.79–36.83
  unlawful interference with goods, and
    claimants, 36.71
    defendants, 36.72–36.73
    introduction, 36.69–36.70
  voyage, 36.33–36.34
Contractual lien
  generally, 22.20
Contribution
  guarantees, and, 30.47–30.51
Contributory negligence
  breach of contract, and, 3.157
Control
  secured financing, and, 24.16
Convention
  estoppel, and, 3.97
Convention on Contracts for the International Sale of Goods (CISG)
  acceptance of non-conforming goods, 33.31
  ambit of, 33.18–33.19
  anticipatory breach, 33.33

Index

Convention on Contracts for the International Sale of Goods (CISG) – *cont.*
application of
Article 95 declaration, 33.11
contractual incorporation, 33.13
excluded transactions, 33.16
exclusion by parties, 33.17
'gap-filling', 33.22
generally, 33.07–33.10
lex mercatoria, 33.15
other bases, 33.12–33.15
trade usage, 33.14
Article 95 declaration, 33.11
avoidance, 33.29–33.30
background, 33.01–33.06
conflict of laws, and, 37.83
conformity with contract, 33.26
contractual incorporation, 33.13
curing defects, 33.32
damages, 33.34
delivery, 33.26
excluded transactions, 33.16
force majeure, 33.36–33.39
formation of contract, 33.23–33.24
fundamental breach, 33.27–33.28
interpretation of, 33.20–33.21
lex mercatoria, 33.15
packaging, 33.26
ratification, 33.02
rejection, 33.29–33.30
rights and duties of parties
acceptance of non-conforming goods, 33.31
anticipatory breach, 33.33
avoidance, 33.29–33.30
conformity with contract, 33.26
curing defects, 33.32
damages, 33.34
delivery, 33.26
force majeure, 33.36–33.39
fundamental breach, 33.27–33.28
introduction, 33.25
packaging, 33.26
rejection, 33.29–33.30
risk, 33.35
risk, 33.35
trade usage, 33.14
variation by parties, 33.17
Conventions
sources of law, and, 1.28–1.29
Conversion
buyer's remedies, and, 14.09
carriage by sea, and,
claimants, 36.71
defendants, 36.72–36.73

Conversion – *cont.*
carriage by sea, and, – *cont.*
introduction, 36.69–36.70
generally, 16.96–16.100
identification of contract goods, and, 8.02
protection of property rights, and, 2.95
title conflicts, and, 16.96–16.100
tort remedies, and, 14.09
Conveyance
grant of security, and, 23.02–23.06
Co-ownership
legal ownership, and, 2.28–2.29
Cork Committee
insolvency law, and, 31.06
Coronavirus
codification of commercial law, and, 40.17
Corporate insolvency
acceleration of personal rights, 31.24
administration
see also Administration
administrator's powers, 31.65
commencement, 31.59–31.60
conduct, 31.66–31.68
effect, 31.63–31.64
exits, 31.69
nature, 31.56–31.58
purpose, 31.61–31.62
administrative receivership, 31.53–31.55
anti-deprivation
distinction from pari passu principle, 31.28
generally, 31.27
arrangements with creditors, 31.10
availability of assets, 31.15–31.18
bankruptcy, and, 31.09
beneficial ownership of assets, 31.29
centre of main interests, and, 31.84
contracting out of collective scheme, 31.25–31.27
conversion of personal rights, 31.19–31.20
cross-border procedures
COMI, and, 31.84
common law, 31.82
Cross-Border Insolvency Regulations, 31.83–31.84
EC Recast Regulation, 31.85–31.89
introduction, 31.78–31.81
statute, 31.82
UNCITRAL Model Law, 31.83–31.84
development of the law, 31.02–31.03
disclaimer of contracts, 31.29
distinction from bankruptcy, 31.09
EC Regulation, 31.85–31.89
fraudulent trading, 31.72
historical background, 31.02–31.03

1425

Index

Corporate insolvency – *cont.*
  improper trading
    fraudulent trading, 31.72
    introduction, 31.71
    wrongful trading, 31.73–31.77
  in specie interests, 31.29
  informal arrangements, 31.10
  insolvency law
    development, 31.02–31.03
    generally, 31.05
    objectives, 31.11–31.12
    principles, 31.13–31.29
    reform, 31.06–31.08
  objectives, 31.11–31.12
  pari passu principle
    contracting out of collective scheme, 31.26
    distinction from anti-deprivation, 31.28
    ranking of unsecured creditors, 31.21–31.23
  pre-liquidation rights, 31.14
  principles
    acceleration of personal rights, 31.24
    anti-deprivation, 31.27–31.28
    availability of assets, 31.15–31.18
    beneficial ownership of assets, 31.29
    contracting out of collective scheme, 31.25–31.28
    conversion of personal rights, 31.19–31.20
    disclaimer of contracts, 31.29
    in specie interests, 31.29
    introduction, 31.13
    pari passu, 31.26
    ranking of unsecured creditors, 31.21–31.23
    respect for pre-liquidation rights, 31.14
  property, and, 8.31
  ranking of unsecured creditors, 31.21–31.23
  reform of the law, 31.06–31.08
  respect for pre-liquidation rights, 31.14
  restructuring, 31.70
  types
    administration, 31.56–31.69
    administrative receivership, 31.53–31.55
    introduction, 31.10
    winding up, 31.30–31.52
  UNCITRAL Model Law, 31.83–31.84
  unsecured creditors, 31.21–31.23
  winding up
    see also **Winding up**
    distinction from bankruptcy, 31.09
    priority of debts, 31.35–31.36
    procedure, 31.30–31.32
    proof of claims, 31.33–31.34

Corporate insolvency – *cont.*
  winding up – *cont.*
    vulnerable transactions, 31.37–31.52
    workouts, 31.10
    wrongful trading, 31.73–31.77
Correspondence with description
  condition, as
    prior to Sale of Goods Act, 11.05
    under Sale of Goods Act, 11.06–11.09
  distinguishing identity from attributes
    exclusion of liability, 11.48
    generally, 11.36–11.44
    utility, 11.49–11.51
  elements, 11.32
  exclusion of liability
    consumer sales, 11.136
    introduction, 11.48
    non-consumer sales, 11.137–11.143
  introduction, 11.29–11.31
  reliance, 11.45–11.47
  specific goods, of, 11.34–11.35
  summary, 11.49–11.5
  term, as, 11.33
  Vienna Convention, and, 33.26
Correspondence with sample
  acceptance, and, 13.03
  condition, as, 11.09
  exclusion of liability
    consumer sales, 11.136
    non-consumer sales, 11.137–11.143
  generally, 11.125–11.129
Cost, insurance and freight (c.i.f.) contracts
  appropriation to contract, 34.25
  generally, 34.20–34.22
  introduction, 32.26
  payment of freight, 34.24
  rejection of documents, 34.39–34.41
  rejection of goods, 34.42–34.45
  reservation of right of disposal, and, 8.109
  risk
    introduction, 34.30–34.31
    loss after acceptance of documents, 34.32
    loss after contract and shipment, 34.34–34.36
    loss after shipment, 34.37
    loss after tender of documents, 34.33
    loss before shipment, 34.38
  shipment, 34.23
  tender of documents, 34.26
  transfer of property
    duty, 34.28–34.29
    timing, 34.27
Costs
  general principles, 38.116–38.120
  quantification, 38.121–38.122

Index

Council of Europe
  sources of law, and, 1.28
Counterclaims
  generally, 38.53–38.54
Course of dealing
  implied terms, and, 3.58
  sources of law, and, 1.20
Covid-19 pandemic
  codification of commercial law, and, 40.17
Credit
  fixed-sum credit, 22.11–22.12
  introduction, 22.01–22.04
  lease, 22.05–22.10
  loan, 22.05–22.10
  relationship between secured and unsecured creditors, 22.13–22.14
  revolving credit, 22.11–22.12
  sale, 22.05–22.10
  types, 22.05–22.12
Credit cards
  credit, and, 22.11–22.12
Credit Clearing
  see also **Interbank credit transfers**
  generally, 18.17
Cross-border insolvency
  COMI, and, 31.84
  common law, 31.82
  Cross-Border Insolvency Regulations, 31.83–31.84
  EC Recast Regulation, 31.85–31.89
  introduction, 31.78–31.81
  statute, 31.82
  UNCITRAL Model Law, 31.83–31.84
Cross-over security
  attachment, and, 23.29
Cryptocurrencies
  money, and, 17.23–17.29
Crystallization of floating charges
  automatic, 25.19–25.21
  cessation of business, 25.16
  effect
    chargee and third parties, as between, 25.24–25.32
    chargor and chargee, as between, 25.23
  exercise of intervention power, 25.18
  introduction, 25.15
  partial, 25.22
  termination of management powers, 25.17
CT document
  multimodal transport, and, 36.94–36.96
Curing defective tender
  defect in seller's title, and, 14.39
  deprivation of right
    conduct of seller, 12.26–12.27
    part of goods rejected, 12.25
    retender not possible, 12.24

Curing defective tender – *cont.*
  general right, 12.19–12.23
  Vienna Convention, and, 33.32
Custom and usage
  ascertaining contract terms, and express language, 3.49
  implication, 3.59
  rejection, and, 12.02
  sources of law, and
    codified, 1.23–1.24
    uncodified, 1.21–1.22
  Vienna Convention, and, 33.14
Customs clearance
  international trade, and, 32.40

D

Damages
  acceptance of goods, and, 14.06
  anticipatory breach, for
    buyer, by, 15.19–15.27
    seller, by, 14.13–14.15
  'available market'
    generally, 14.50–14.51
    'market price', 14.55
    meaning, 14.52–14.54
  breach of collateral contract, and, 14.11
  breach of warranty, for, 14.40–14.49
  contractual basis, 3.119–3.126
  conversion, and, 2.16, 14.09
  delay in delivery, for
    goods bought for resale, 14.32–14.33
    goods bought for use, 14.34–14.35
    introduction, 14.28–14.31
  documentary credits, and, 35.122–35.126
  introduction, 3.119–3.126
  liquidated, 3.141
  loss flowing from termination, 3.127–3.129
  'market price', 14.55
  measure of
    generally, 3.135–3.140
    Vienna Convention, 33.34
  misrepresentation, for
    generally, 14.10
    introduction, 3.119
  negotiating damages, 3.121–3.122
  non-acceptance, for, 15.33–15.51
  non-delivery, for
    consequential loss, 14.27
    generally, 14.16
    measure, 14.17–14.26
  non-payment, and, 15.57
  personal property, and, 2.16

1427

Index

Damages – *cont.*
  recoverable loss, 3.130–3.132
  refusal to take delivery, for, 15.30–15.32
  reliance interest, 3.119
  remoteness of damage, 3.133–3.134
  rescission, and, 3.98–3.99
  restitution, and, 14.05
  sub-contracts, and, 14.56–14.60
  termination, and, 14.05
  tort, in, 3.119
  Vienna Convention, and, 33.34

Dangerous cargo
  carriage by sea, and, 36.58

De minimis
  short delivery, and, 13.35

Dealings
  goods, in
    disposition of absolute interest, 2.49–2.50
    introduction, 2.48
    limited interests in goods, 2.51–2.52
  intangibles, in
    documentary intangibles, 2.56–2.58
    introduction, 2.53
    pure intangibles, 2.54–2.55

Dearle v Hall, rule in
  factoring, and, 29.42, 29.51
  perfection, and, 24.14–24.15

Death
  dealings in goods, and, 2.48
  legal ownership, and
    acquisition, 2.32
    loss, 2.32
  transfer of security, and, 23.51

Debentures
  equitable charges, and, 22.25
  payment instruments, and, 19.05

Debts
  transfer of security, and, 23.48

Deceit
  avoidance of contract, and, 3.35
  buyer's remedies, and, 14.10

Deck cargo
  carriage by sea, and, 36.28–36.31

Declaration of trust
  equitable ownership, and, 2.35

Declarations
  buyer's remedies, and, 14.12

Deemed acceptance
  act inconsistent with seller's ownership
    affirmation, 13.14–13.15
    generally, 13.09–13.13
    inability to restore, 13.16–13.18
  affirmation, 13.14–13.15
  common law, at, 13.29
  delivery to subpurchaser, 13.28

Deemed acceptance – *cont.*
  examination of goods
    generally, 13.19–13.25
    place and time, 13.26–13.27
  inability to restore, 13.16–13.18
  intimation, 13.08
  introduction, 13.07
  retention of goods, 13.19–13.25

Default judgment
  litigation, and, 38.34–38.36

Defective title
  holders in due course, and, 20.45–20.46

Defects
  buyer's remedies, and, 14.39
  finance lease, and, 28.20
  satisfactory quality, and, 11.64–11.65
  seller's title, and, 14.39

Defence
  generally, 38.47–38.50

Defences
  bills of exchange, and
    attack on holder in due course, 20.119–20.120
    breach of underlying transaction, 20.115–20.118
    fictitious party, 20.107–20.114
    forged signature, 20.96–20.101
    introduction, 20.92–20.96
    non-existing party, 20.107–20.114
    signature in representative capacity, 20.103–20.106
    unauthorized alteration, 20.114
    unauthorized signature, 20.96–20.101
    want of capacity, 20.102
  contract claims, and, 3.157

Deferred payment credits
  documentary credits, and, 35.30–35.31

Del credere agent
  agency, and, 5.11

Delay in delivery
  delivery, in
    goods bought for resale, 14.32–14.33
    goods bought for use, 14.34–14.35
    introduction, 14.28–14.31
  non-delivery, and, 14.16
  taking delivery, in, 15.52

Deliverable state
  meaning, 7.08
  specific goods, and
    generally, 8.82–8.83
    in a deliverable state, 8.87
    introduction, 8.79–8.81
    unconditional contract, 8.84–8.86

Delivery
  acceptance, and
    excessive delivery, 13.37

Index

Delivery – *cont.*
  acceptance, and – *cont.*
    short delivery, 13.35–13.36
    subpurchaser delivery, 13.28
    wrong quantity, 13.31–13.37
  actual delivery, 10.07
  buyer's duties, 10.28
  buyer's remedies, and
    goods bought for resale, 14.32–14.33
    goods bought for use, 14.34–14.35
    introduction, 14.28–14.31
  carriage by sea, and, 36.35–36.37
  carrier, to, 10.12–10.19
  constructive delivery
    attornment, by, 10.10
    buyer's continuing possession in his own right, by, 10.11
    carrier, to, 10.12–10.19
    introduction, 10.07
    object giving physical control, of, 10.09
    part in the name of the whole, of, 10.20
    transfer of document of title, by, 10.08
  delay in
    goods bought for resale, 14.32–14.33
    goods bought for use, 14.34–14.35
    introduction, 14.28–14.31
  delay in taking, 15.52
  grant of security, and, 23.02
  excuses for non-delivery, 10.27
  expenses, 10.26
  implied terms, and, 10.04–10.06
  instalment, by
    consumer sales, 10.46
    divisibility, 10.38–10.45
    divisible delivery obligation, 10.45
    global quantity by declaration, 10.36
    indivisible delivery obligation, 10.43–10.44
    introduction, 10.29–10.31
    selling terms contemplating specific orders, 10.35
    separate contract for each shipment or delivery, 10.37
    severability, 10.32–10.37
  international trade, and
    c.i.f., 32.26
    degrees of localisation, 32.17–32.20
    delivery at price, 32.27
    dispatch and arrival contracts, 32.15
    extended f.o.b., 32.23–32.25
    f.o.b., 32.22–32.25
    Incoterms® 2020, 32.16–32.20
    introduction, 32.13
    nature of obligation, 32.21–32.27
    price and delivery terms, 32.14
    strict f.o.b., 32.22

Delivery – *cont.*
  introduction, 10.01–10.03
  meaning, 10.02
  modes
    attornment, by, 10.10
    buyer's continuing possession in his own right, by, 10.11
    carrier, to, 10.12–10.19
    introduction, 10.07
    object giving physical control, of, 10.09
    part in the name of the whole, of, 10.20
    transfer of document of title, by, 10.08
  payment, and, 15.11–15.12, 18.04–18.05
  payment instruments, and, 19.02
  place, 10.21–10.23
  pledge, and, 23.19
  rejection, and, 10.06
  remedies for non-delivery, 10.47
  seller's remedies, and, 15.52
  subpurchaser, to, 13.28
  time, 10.24–10.25
  transfer of document of title, by, 10.08
  Vienna Convention, and, 33.26
  wrong quantity, of
    excessive delivery, 13.37
    introduction, 13.31–13.34
    short delivery, 13.35–13.36

Delivery at place (DAP)
  international trade, and, 32.27

Delivery ex ship (DES)
  international trade, and, 32.27

Delivery of cargo
  carriage by sea, and, 36.35–36.37

Delivery of documents
  strict f.o.b. contracts, and, 34.12

Delivery of possession
  attachment, and
    debtor's power to give asset in security, 23.13
    ingredients, 23.19
    value, 23.24
  breach of contract, and, 3.111
  enforcement of security, and, 23.34
  grant of security, and, 23.02
  mortgages, and, 22.21
  pledges, and, 23.19, 22.61

Delivery orders
  carrier's rights and duties, and, 36.01
  generally, 32.85
  specimen, 32.87

Demand guarantees
  abstract payment undertakings, and, 3.22
  advance payment guarantee, 35.165
  definition, 35.161
  documentary credits, and, 35.41
  'extend or pay' demands, 35.173–35.174

Index

Demand guarantees – *cont.*
formalities, 35.170–35.172
freezing injunctions, and, 35.176
guarantees, and, 30.14
ICC Rules, 35.158–35.159
introduction, 35.153
legal principles, 35.166–35.169
maintenance guarantee, 35.165
nature, 35.154–35.157
performance guarantee
  generally, 35.165
  specimen, 35.165
repayment guarantee, 35.165
retention guarantee, 35.165
structure of transactions, 35.162–35.164
tender guarantee
  generally, 35.165
  specimen, 35.165
termination, 35.175
terminology, 35.154–35.157
types, 35.165
UN Convention n Independent Guarantees and Stand-By Letters of Credit, 35.160
URDG, and, 35.154
warranty guarantee, 35.165
Dematerialization
investment securities, and, 21.21–21.24
Denominated value
money, and, 17.17
Dépeçage
conflict of laws, and, 37.69
Deposit receipts
payment instruments, and, 19.16
Deposit withdrawal restrictions
consensual security, and, 22.43–22.44
Derivatives
markets, and, 4.31
Description
sale of goods, and, 7.09–7.10
Description, correspondence with
condition, as
  prior to Sale of Goods Act, 11.05
  under Sale of Goods Act, 11.06–11.09
distinguishing identity from attributes
  exclusion of liability, 11.48
  generally, 11.36–11.44
  utility, 11.49–11.51
elements, 11.32
exclusion of liability
  consumer sales, 11.136
  introduction, 11.48
  non-consumer sales, 11.137–11.143
introduction, 11.29–11.31
reliance, 11.45–11.47
specific goods, of, 11.34–11.35

Description, correspondence with – *cont.*
summary, 11.49–11.5
term, as, 11.33
Vienna Convention, and, 33.26
Destruction
frustration, and, 3.176
loss of legal ownership, and, 2.32
Detention of property
litigation, and, 38.69
Digital cash
intangible money, and, 17.02
Direct collection
generally, 27.04–27.06
introduction, 27.02–27.03
relations between finance house and dealer, 27.24–27.25
Discharge
bills of exchange, and, 20.121–20.123
guarantors, and
  acts prejudicial to guarantor's rights, 30.40–30.44
  determination of guarantee, 30.46
  extinction of indebtedness, 30.45
  failure of consideration, 30.39
loss of legal ownership, and, 2.32
Disclaimer of contract
corporate insolvency, and, 31.29
Disclosed agents
finance lease, and, 28.24
Disclosure
detention of property, 38.69
experts' reports, 38.70
generally, 38.63–38.70
guarantees, and, 30.22
inspection of property, 38.69
list of documents, 38.63
Norwich Pharmacal orders, 38.67
Pilot for Business and Property Courts, 38.66
pre-action disclosure, 38.68
preservation of property, 38.69
special orders, 38.67–38.68
specific, 38.65
standard
  generally, 38.64
  proposed changes, 38.66
witness statements, 38.70
Discontinuance
litigation, and, 38.77
Discounting
bills of exchange, and
  accommodation parties, 20.48–20.49
  generally, 20.20
consensual security, and, 22.36
documentary credits, and, 35.100
personal property, and, 2.01

Index

Discounting – *cont.*
receivables, and, 22.36
Discrete guarantees
generally, 30.17–30.18
Dishonour
bills of lading, and
notice, 20.84–20.86
remedies, 20.88–20.91
documentary credits, and, 35.122–35.126
Dispatch
international trade, and, 32.36
Dispatch and arrival contracts
international trade, and, 32.15
Displacement
loss of legal ownership, and, 2.32
Disposals
agency, and
by A, 5.41
to A, 5.42
dealings in goods, and, 2.48
property, and, 8.34
Dispute resolution
see also under individual headings
alternative dispute resolution, 38.02–38.03
arbitration
ad hoc arbitration, 39.10
agreement to arbitrate, 39.54–39.55
arbitration agreement, 39.24
conduct of, 39.56–39.82
development of English law, 39.18
domestic arbitration, 39.14–39.16
enforcement of award, 39.94
institutional arbitration, 39.10
international arbitration, 39.14–39.16, 39.95–39.109
judicial review of awards, 39.83–39.94
nature, 39.01–39.03
overview, 38.02–38.05
principles of law, 39.25–39.53
private arbitration, 39.17
relationship with litigation, 39.04–39.08
sources of law, 39.19–39.23
statutory arbitration, 39.17
types, 39.09–39.17
decision by expert, 38.02
litigation
alternatives, 38.02–38.06
anti-suit injunction, 38.81–38.82
appeals, 38.127–38.129
case management, 38.57–38.62
civil courts, 38.19–38.20
Civil Procedure Rules, 38.14–38.18
commencing proceedings, 38.42–38.56
Commercial Court, 38.21–38.31
costs, 38.116–38.122
disclosure, 38.63–38.70

Dispute resolution – *cont.*
litigation – *cont.*
enforcement, 38.123–38.126
forum non conveniens, 38.78–38.80
interim applications, 38.83–38.115
interim stages, 38.32
introduction, 38.01
judgment without trial, 38.33–38.40
nature, 38.07–38.13
settlement negotiations, 38.71–38.73
trial, 38.74–38.77
mediation, 38.04
transnational litigation
evidence, 38.133
forum shopping, 38.131
introduction, 38.130
practical problems, 38.132
Dividend warrants
payment instruments, and, 19.05
Dividends
subordination agreement, and
assignment of right, 22.56
undertaking to account in
debtor's winding up, 22.55
Documentary bill
generally, 35.04–35.06
SITPRO request, 35.06
Documentary credits
abstract payment undertakings, and, 3.22
acceptance credits
generally, 35.30–35.31
specimen, 35.33
assignment of proceeds, 35.137–35.140
autonomy of credit, 35.52–35.57
back-to-back credits
flow of documents, 35.144
generally, 35.141–35.143
introduction, 35.40
bank's undertaking, 35.58–35.59
basic concepts
autonomy of credit, 35.52–35.57
bank's undertaking, 35.58–35.59
documentation, 35.60–35.65
enforceability of
bank's promise, 35.49–35.51
interpretation of UCP, 35.47–35.48
legal status of UCP, 35.42–35.46
nature of bank's promise, 35.49–35.51
strict compliance doctrine, 35.68–35.72
verification of documents, 35.66–35.67
withholding payment, 35.73
blocking payment
back-to-back credits, 35.141–35.143
dishonour of credit, 35.122–35.126
fraud, 35.105–35.114
introduction, 35.101–35.104

1431

Index

Documentary credits – *cont.*
  blocking payment – *cont.*
    nonconforming
      documents, 35.119–35.121
    nullity of documents, 35.115–35.117
    transfer of credit, 35.127–35.140
    unconscionability, 35.118
  confirmed credits, 35.29
  contractual relations
    between AB and S, 35.92–35.93
    between IB and AB, 35.88
    between IB and S, 35.89–35.91
    between parties, 35.82–35.87
    contract of sale, 35.75–35.81
    duty owed by AB to B, 35.94
    introduction, 35.74
  damages for dishonour, 35.122–35.126
  deferred payment credits, 35.30–35.31
  definition, 35.12–35.15
  demand guarantees, 35.41
  discount, 35.100
  dishonour of, 35.122–35.126
  eUCP, and, 35.09–35.11
  factors influencing use, 35.16–35.17
  fraud
    freezing injunctions, 35.114
    immunity from effects, 35.112
    introduction, 35.105
    joinder of beneficiary in
      proceedings, 35.113
    juridical basis of defence, 35.107
    meaning, 35.106
    standard of proof, 35.109
    time for providing evidence, 35.111
    underlying transaction, in, 35.108
  green clause credits, 35.38
  grounds for withholding or blocking
      payment
    back-to-back credits, 35.141–35.143
    dishonour of credit, 35.122–35.126
    fraud, 35.105–35.114
    introduction, 35.101–35.104
    nonconforming
      documents, 35.119–35.121
    nullity of documents, 35.115–35.117
    transfer of credit, 35.127–35.140
    unconscionability, 35.118
  introduction, 35.07–35.08
  irrevocable credits, 35.26–35.28
  ISBP, and, 35.09–35.11
  measure of damages for
      dishonour, 35.122–35.126
  negotiation
    authorized, 35.98–35.99
    discount, 35.100
    introduction, 35.95–35.96

Documentary credits – *cont.*
  negotiation – *cont.*
    without authority, 35.97
  negotiation credits, 35.32–35.37
  nullity of documents, 35.115–35.117
  opening
    application to bank, 35.20–35.21
    introduction, 35.18–35.19
    nomination of bank, 35.23
    notification, 35.22
    presentation of documents, 35.24
    specimen application, 35.21
  recovery of money paid, 35.119–35.121
  red clause credits, 35.38
  revocable credits, 35.26–35.28
  revolving credits, 35.39
  sight payment credits, 35.30–35.31
  standby credits, 35.41
  straight credits, 35.32–35.37
  strict compliance doctrine, 35.68–35.72
  transfer
    assignment of proceeds, 35.137–35.140
    flow of documents and money, 35.134
    generally, 35.127–35.132
    legal effect, 35.133–35.135
  transferable credits
    distinguished from negotiation
      credits, 35.136
    generally, 35.127–35.132
    introduction, 35.40
    legal effect, 35.133–35.135
    request for transfer, 35.131
    transfer, 35.131
  types
    acceptance credits, 35.30–35.31
    back-to-back credits, 35.40
    confirmed credits, 35.29
    deferred payment credits, 35.30–35.31
    demand guarantees, 35.41
    green clause credits, 35.38
    introduction, 35.25
    irrevocable credits, 35.26–35.28
    negotiation credits, 35.32–35.37
    red clause credits, 35.38
    revocable credits, 35.26–35.28
    revolving credits, 35.39
    sight payment credits, 35.30–35.31
    standby credits, 35.41
    straight credits, 35.32–35.37
    transferable credits, 35.40
    unconfirmed credits, 35.29
  UCP, and
    generally, 35.09–35.11
    legal status, 35.42–35.46
  unconfirmed credits, 35.29
  unconscionability, 35.118

Index

Documentary credits – *cont.*
 verification of documents, 35.66–35.67
 withholding payment, grounds for
  back-to-back credits, 35.141–35.143
  dishonour of credit, 35.122–35.126
  fraud, 35.105–35.114
  introduction, 35.101–35.104
  nonconforming documents, 35.119–35.121
  nullity of documents, 35.115–35.117
  transfer of credit, 35.127–35.140
  unconscionability, 35.118
Documentary intangibles
 see also **Documents of title**
 dealings, and, 2.56–2.58
 payment instruments, and, 19.02
 personal property, and, 2.16
 pledge, and
  delivery of possession, 22.61
  generally, 22.17–22.19
Documentary sales
 c.i.f.
  appropriation to contract, 34.25
  generally, 34.20–34.22
  introduction, 32.26
  payment of freight, 34.24
  rejection of documents, 34.39–34.41
  rejection of goods, 34.42–34.45
  risk, 34.30–34.38
  shipment, 34.23
  tender of documents, 34.26
  transfer of property, 34.27–34.29
 contract of sale of goods, and, 7.41
 delivery at price, 32.27
 dispatch and arrival contracts, 32.15
 extended f.o.b.
  generally, 34.18–34.19
  introduction, 32.23–32.25
 f.o.b., 32.22–32.25
 Incoterms® 2020, 32.16–32.20
 introduction, 32.13
 nature of obligation, 32.21–32.27
 price and delivery terms, 32.14
 strict f.o.b.
  delivery of documents, 34.12
  export licence, 34.10–34.11
  generally, 34.01
  introduction, 32.22
  loading, 34.08–34.09
  nomination of vessel, 34.04–34.06
  notice enabling buyer to insure, 34.07
  payment, 34.12
  port of shipment, 34.02–34.03
  rejection, 34.17
  risk, 34.16
  transfer of property, 34.13–34.15

Documents of title
 bill of lading, and, 32.54–32.58
 dealings in intangibles, and, 2.56–2.58
 delivery, and, 10.08
 disposition by buyer in possession, and, 16.65
 disposition by seller in possession, and, 16.52
 personal property, and, 2.01
 remedies for breach of contract, and, 3.112
Domestic arbitration
 commercial arbitration, and, 39.14–39.16
Domestic legislation
 sources of law, and, 1.25–1.27
Domestic sales
 see also **Sale of goods**
 acceptance, 13.30–13.38
 contract of sale, 7.01–7.42
 delivery, 10.01–10.47
 frustration, 9.48–9.53
 historical introduction, 6.01–6.10
 implied terms, 11.01–11.149
 passing of property, 8.01–8.113
 rejection, 12.01–12.27
 remedies for misrepresentation
  buyer's, 14.01–14.73
  seller's, 15.01–15.76
 risk, 9.01–9.47
 title conflicts, 16.01–16.101
Domicile
 conflict of laws, and, 37.10–37.13
Double possession rule
 possession, and, 2.41
Durability
 implied terms, and, 11.146
 satisfactory quality, and, 11.81–11.82
Duress
 avoidance of contract, and, 3.35
 rescission, and, 3.73

E

Economic duress
 contract claims, and, 3.73
edoxOnline
 electronic bill of lading, and, 32.69, 32.72
Electronic bills of lading
 generally, 32.68–32.73
Electronic money
 generally, 17.22
 introduction, 17.02
Electronic transmissions
 documentary credits, and, 35.09–35.11

Index

Electronic transmissions – *cont.*
  formation of contract, and, 3.29–3.31
Emblements
  goods, and, 7.20
Encumbrances. freedom from
  exclusion of liability
    generally, 11.134–11.135
    introduction, 11.25
  generally, 11.23
  warranty, as, 11.09
Enforcement
  arbitration awards, and
    foreign awards, 39.108
    generally, 39.94
    recognition of English awards, 39.109
    scope of powers of tribunals, 39.07
  bills of exchange, and
    introduction, 20.76–20.77
    notice of dishonour, 20.84–20.86
    presentment for acceptance, 20.78
    presentment for payment, 20.79–20.83
    protest, 20.87
  foreign judgments, and
    arbitration, 39.108
    Brussels I Recast, 37.45–37.48
    common law, 37.49–37.52
    Hague Convention on Choice of Courts Agreement, 37.53
    Hague Convention 2019, 37.54–37.41
    overview, 37.42–37.44
    UK statutes, 37.49–37.52
  guarantees, and, 30.21
  litigation, and
    introduction, 38.123
    money judgments, 38.124–38.125
    other judgments, 38.126
  secured financing, and
    appointment of receiver, 23.39–23.40
    appropriation of financial collateral, 23.42
    creditor's viewpoint, 26.08
    foreclosure, 23.41
    introduction, 23.30
    personal covenants, and, 26.08
    possession, 23.31–23.34
    sale, 23.35–23.38
Entire agreement clause
  parol evidence, and, 3.70
Equipment and machinery
  floating charges, and, 25.01
Equitable charges
  generally, 22.24–22.25
  obligation, and, 2.14
  real rights, and, 2.06
Equitable interests
  conflicting claims to goods, and, 2.36–2.37

Equitable interests – *cont.*
  obligation, and, 2.14
  ownership, and, 2.36–2.37
Equitable liens
  legal security, and, 22.67
Equitable mortgages
  obligation, and, 2.14
Equitable ownership
  acquisition, 2.33–2.35
  floating interests, 2.39
  inchoate interests, 2.38
  interest, 2.36–2.37
  title, 2.36–2.37
  transfer, 2.33–2.35
Equities
  conflicting claims to goods, and, 2.78
  generally, 2.10–2.11
essDOCS
  electronic bill of lading, and, 32.69, 32.71
Estoppel
  acceptance, and, 13.12
  bills of exchange, and, 20.54–20.55
  contract claims, and, 3.95–3.97
  nemo dat quod non habet, and, 16.11–16.12
E-Title
  electronic bill of lading, and, 32.69, 32.72
EU law
  Brexit, and, 1.33–1.37
  sources of law, and, 1.30–1.38
eUCP
  documentary credits, and, 35.09–35.11
European Enforcement Order Regulation
  conflict of laws, and, 37.45
European Payment Procedure Regulation
  conflict of laws, and, 37.45
European Small Claims Procedure Regulation
  conflict of laws, and, 37.45
Evidence
  carriage by sea, and
    onus of proof 36.53–36.54
    probative effect, 36.52
  commercial arbitration, and
    expert evidence, 39.70–39.72
    observation of rules, 39.67
    witness evidence, 39.68–39.69
  litigation, and, 38.63–38.70
  transnational litigation, and, 38.133
Ex turpi causa non oritur actio
  legal ownership, and, 2.22
Examination
  acceptance, and
    generally, 13.19–13.25
    place and time, 13.26–13.27
  satisfactory quality, and, 11.66–11.67

Index

Excepted perils
  carriage by sea, and, 36.38–36.41
Excessive delivery
  acceptance, and, 13.37
Exchange
  dealings in goods, and, 2.49
Exclusion clauses
  see also **Exemption clauses; Unfair contract terms**
Exclusive jurisdiction
  conflict of laws, and, 37.10–37.13
Execution creditors
  factoring, and, 29.49
Executory interests
  equitable title, and, 2.36
Exemption clauses
  see also **Unfair contract terms**
  common law, at, 3.77
  Consumer Rights Act 2015, under, 3.83–3.85
  implied terms, and
    consumer sales, 11.136
    correspondence with description, 11.136–11.143
    correspondence with sample, 11.136–11.143
    fitness for purpose, 11.136–11.143
    freedom from encumbrances, 11.25–11.28, 11.134–11.135
    introduction, 11.130–11.133
    non-consumer sales, 11.137–11.143
    quality, 11.136–11.143
    quiet possession, 11.25–11.28, 11.134–11.135
    title, 11.25–11.28, 11.134–11.135
  nature of commercial law, and, 1.11
  UCTA, under, 3.78–3.82
  UTCCR, under, 3.83
Existing goods
  time when property passes, and, 8.72–8.73, 8.76
Expectation interest
  generally, 3.09
  introduction, 3.06
  measure of damages, 3.135
  promise inducing unrequested reliance, 3.20–3.21
Expenses
  delivery, and, 10.26
Expert decision
  dispute resolution, and, 38.02
Experts' reports
  commercial arbitration, and, 39.70–39.72
  litigation, and, 38.70

Export Credits Guarantee Department
  guarantees, and, 30.02
Export licence
  generally, 32.32
  strict f.o.b. contracts, and, 34.10–34.11
Exports
  see also **International trade**
  delivery
    c.i.f., 32.26
    degrees of localisation, 32.17–32.20
    delivery at price, 32.27
    dispatch and arrival contracts, 32.15
    extended f.o.b., 32.23–32.25
    f.o.b., 32.22–32.25
    Incoterms® 2020, 32.16–32.20
    introduction, 32.13
    nature of obligation, 32.21–32.27
    price and delivery terms, 32.14
    strict f.o.b., 32.22
  example, 32.28–32.42
  particular problems, 32.09–32.10
  sources of law, 32.11–32.12
  trends, 32.04–32.08
Express language of contract
  generally, 3.49
  implied terms, and, 3.56
  incorporation by reference, 3.54
  signed and unsigned contracts, 3.50
  standard-term contracts, 3.51–3.53
Express terms
  generally, 3.49
  implied terms, and, 3.56
  incorporation by reference, 3.54
  signed and unsigned contracts, 3.50
  sources of law, and, 1.20
  standard-term contracts, 3.51–3.53
Expressions of opinion
  statements, and, 3.40
'Extend or pay' guarantees
  demand guarantees, and, 35.173–35.174
Extended f.o.b.
  generally, 34.18–34.19
  introduction, 32.23–32.25
Extensions of time
  litigation, and, 38.55–38.56
Extinction
  loss of legal ownership, and, 2.32
Extortionate credit bargains
  winding up, and, 31.51
Extrinsic evidence
  ascertaining contract terms, and, 3.67–3.70

1435

Index

F

Face value
  bills of exchange, and, 20.15
Facultative agreements
  factoring, and, 29.34
Factoring
  see also **Receivables financing**
  administrators, and, 29.48
  conditional seller, and, 29.50–29.51
  execution creditors, and, 29.49
  fixed charges, and, 29.46
  floating charges, and, 29.43–29.45
  introduction, 29.21
  liquidators, and, 29.48
  mechanism, 29.32–29.34
  mercantile agents, and, 29.52
  priority conflicts, 29.42–29.52
  receivers, and, 29.47
  relationship between factor and client, 29.35–29.36
  relationship between factor and customer, 29.37–29.41
Factors
  agency, and, 5.13
Fairness
  commercial arbitration, and, 39.29
  contract law, and, 3.72–3.73
Faster Payment Service (FPS)
  see also **Interbank credit transfers**
  generally, 18.17
Fictitious party
  bills of exchange, and, 20.107–20.114
Field warehousing
  stocking finance, and, 29.10
Filing
  secured financing, and, 24.08–24.13
Final awards
  commercial arbitration, and, 39.77–39.79
Finality
  commercial arbitration, and, 39.08
Finance Houses Association
  stocking finance, and, 29.05
Finance lease
  amortization, and, 28.03
  characteristics, 28.03
  developments of structure
    introduction, 28.23
    leveraged lease, 28.28–28.29
    novation, 28.26
    purchase by intending lessee, 28.24
    purchase by lessee, 28.27
    sale with lease-back, 28.27
    sub-lease, 28.28–28.29
  hire, and, 28.02
  introduction, 28.01–28.02

Finance lease – *cont.*
  minimum payment clause, 28.17
  nature, 28.03–28.04
  nemo dat rule, and, 28.30
  operating lease, and, 28.03
  purchase by intending lessee
    apparent principal, as, 28.25
    disclosed agent, as, 28.24
  reasons for use, 28.05
  relations between lessor and third parties, 28.30
  relations between lessor, lessee and supplier, 28.13–28.15
  rights and duties of lessor and lessee, 28.16–28.20
  setting up transaction, 28.06–28.12
  UNIDROIT Convention, 28.15
Financial assets
  winding up, and, 31.52
Financial transactions
  markets, and, 4.30
Financing of international trade
  demand guarantees
    definition, 35.161
    'extend or pay' demands, 35.173–35.174
    formalities, 35.170–35.172
    freezing injunctions, and, 35.176
    ICC Rules, 35.158–35.159
    introduction, 35.153
    legal principles, 35.166–35.169
    nature, 35.154–35.157
    structure of transactions, 35.162–35.164
    termination, 35.175
    terminology, 35.154–35.157
    types, 35.165
  documentary bills
    generally, 35.04–35.06
    SITPRO request, 35.06
  documentary credits
    assignment of proceeds, 35.137–35.140
    back-to-back credits, 35.141–35.143
    basic concepts, 35.42–35.73
    contractual relations, 35.74–35.94
    definition, 35.12–35.15
    discount, 35.100
    factors influencing use, 35.16–35.17
    fraud, 35.105–35.114
    fundamental concepts, 35.42–35.73
    grounds for withholding or blocking payment, 35.101–35.126
    introduction, 35.07–35.08
    measure of damages for dishonour, 35.122–35.126
    negotiation, 35.95–35.100

Index

Financing of international trade – *cont.*
  documentary credits – *cont.*
    nullity of documents, 35.115–35.117
    opening, 35.18–35.24
    recovery of money paid, 35.119–35.121
    transfer, 35.127–35.140
    types, 35.25–35.41
    UCP, 35.09–35.11
    unconscionability, 35.118
  generally, 35.01–35.03
  performance bonds, 35.154–35.157
  raising funds
    against drafts and
      credits, 35.144–35.146
    on security of goods, 35.147–35.152
    standby letters of credit, 35.154–35.157

Fitness for purpose
  communication of purpose
    introduction, 11.101
    maker of communication, 11.102
    particularity of
      statement, 11.104–11.109
    recipient of communication, 11.103
  condition, as, 11.06–11.09
  exclusion of liability
    consumer sales, 11.136
    non-consumer sales, 11.137–11.143
  introduction, 11.95–11.96
  normal purpose, 11.98–11.99
  quality, and, 11.77, 11.97
  reasonably, 11.110–11.112
  rejection, and, 14.03
  reliance on seller's skill or judgment
    introduction, 11.113–11.115
    partial, 11.117–11.118
    patent name, 11.116
    time at which established, 11.124
    trade name, 11.116
    unreasonable, 11.119–11.122
  satisfactory quality, and, 11.77, 11.97
  special purpose, 11.100
  time at which satisfied, 11.124

Fixed charges
  equitable charges, and, 22.25
  factoring, and, 29.46
  stocking finance, and, 29.08–29.11

Fixed guarantees
  generally, 30.16

Fixed-sum credit
  generally, 22.11–22.12
  guarantees, and, 30.17–30.18

Fixtures
  land, and, 7.20

Flawed asset
  secured financing, and, 22.43

Floating charges
  automatic crystallization, 25.19–25.21
  background, 25.01–25.03
  cessation of business, 25.16
  chargor and chargee, as between, 25.23
  competing interests
    after crystallization, 25.29–25.31
    prior to crystallization, 25.25–25.28
  creation, 25.10–25.14
  crystallization
    automatic, 25.19–25.21
    cessation of business, 25.16
    effect, 25.23–25.24
    exercise of intervention power, 25.18
    introduction, 25.15
    partial, 25.22
    termination of management
      powers, 25.17
  effect of crystallization
    chargee and third parties, as
      between, 25.24–25.32
    chargor and chargee, as between, 25.23
  equitable charges, and, 22.25
  factoring, and, 29.43–29.45
  future issues, 25.33
  nature, 25.04–25.09
  'present and future property', 25.10
  priorities, and
    after crystallization, 25.29–25.31
    prior to crystallization, 25.25–25.28
    statutory subordination, 25.32
  stocking finance, and, 29.08–29.11
  subordination, 25.32
  'undertaking', 25.10
  winding up, and, 31.49

Floating interests
  equitable ownership, and, 2.39

'Floating law'
  conflict of laws, and, 37.70

F.o.b. contracts
  delivery of documents, 34.12
  export licence, 34.10–34.11
  extended
    generally, 34.18–34.19
    introduction, 32.23–32.25
  generally, 34.01
  introduction, 32.22–32.25
  loading, 34.08–34.09
  nomination of vessel, 34.04–34.06
  notice enabling buyer to insure, 34.07
  payment, 34.12
  port of shipment, 34.02–34.03
  rejection, 34.17
  risk, 34.16
  strict, 32.22
  transfer of property, 34.13–34.15

Index

Force majeure
  frustration, and, 3.175
  strict f.o.b. contracts, and, 34.06
  Vienna Convention, and, 33.36–33.39
Foreclosure
  enforcement of security, and, 23.41
Foreign currency judgments
  conflict of laws, and, 37.109–37.110
Forfeiture
  loss of legal ownership, and, 2.32
  self-help remedies, and, 3.109
Forged signature
  bills of exchange, and
    distinction from unauthorized, 20.98–20.99
    'forged', 20.97
    indoor management rule, 20.100
    introduction, 20.96
Formation of contracts
  agreement on essential terms, 3.25–3.28
  capacity, 3.32
  carriage by sea, and, 36.23–36.24
  consensus ad idem, 3.32
  formal requirements, 3.29–3.31
  guarantees, and, 30.21
  intention to create legal relations, 3.32
  other, 3.32
  Vienna Convention, and, 33.23–33.24
Forum non conveniens
  conflict of laws, and
    defendant is an EU domiciliary, 37.25
    defendant is not an EU domiciliary, 37.31
  litigation, and, 38.78–38.80
Forum shopping
  transnational litigation, and, 38.131
Forwarder's certificate of receipt (FCR)
  international sales, and
    generally, 32.86
    specimen, 38.84
Forwarder's certificate of transport (FCT)
  international sales, and, 32.85
'Foul' bills
  generally, 32.66
  seller's duties, and, 32.64
Foundations of commercial law
  agency
    see also Agency
    authority, 5.07–5.22
    disclosure, 5.33–5.35
    dispositions, 5.41–5.42
    introduction, 5.01–5.04
    meaning, 5.05–5.06
    necessity, of, 5.15–5.17
    powers of agent, 5.14–5.17
    ratification of acts, 5.23

Foundations of commercial law – *cont.*
  agency – *cont.*
    relationship with principal, 5.24–5.32
    sources of law, 5.08–5.10
    termination of authority, 5.38–5.40
    third party position, 5.33–5.37
    types of agent, 5.11–5.13
    undisclosed, 5.36–5.37
  Brexit, and, 1.33–1.37
  certainty, 1.52–1.55
  commercial contracts
    see also Commercial contracts
    choice of structure, 4.12–4.23
    introduction, 4.01–4.03
    legal power of markets, 4.40–4.44
    market contracts, 4.24–4.39
    structures, 4.12–4.23
    types, 4.04–4.11
  contract law
    see also Contract law
    avoidance, 3.33–3.36
    consideration, 3.13–3.14
    construction, 3.62–3.71
    defences to claim, 3.157
    estoppel, 3.95–3.97
    formation, 3.25–3.32
    frustration, 3.173–3.180
    function, 3.02–3.05
    illegality, 3.158–3.172
    impediments to performance, 3.173–3.180
    intention to create legal relations, 3.32
    introduction, 3.01
    nature, 3.02–3.05
    novation, 3.91–3.92
    performance, 3.104–3.106
    privity rule, 3.86–3.90
    promise and bargain, 3.10–3.22
    remedies for breach, 3.107–3.156
    remedies for misrepresentation, 3.98–3.103
    restrictions, 3.72–3.85
    statements, 3.37–3.47
    terms, 3.48–3.61
    tort, and, 3.06–3.09
    unfair terms, 3.77–3.85
    variation, 3.91–3.92
    waiver, 3.93–3.94
    will of the parties, 3.23–3.24
  custom and usage
    codified, 1.23–1.24
    uncodified, 1.21–1.22
  founding of English law, 1.07–1.09
  information technology, 1.56–1.63
  judicial precedent, 1.44–1.46
  language, 1.47–1.51

Index

Foundations of commercial law – *cont.*
law merchant, 1.01–1.06
nature, 1.10–11.12
personal property
see also **Personal property**
characteristics, 2.17–2.19
classification of rights, 2.05–2.11
conflicting claims, 2.61–2.79
consensual transfer or rights, 2.59–2.60
dealings in goods, 2.48–2.52
dealings in intangibles, 2.53–2.58
definition, 2.15–2.16
equitable ownership, 2.33–2.39
identifying object of transfer obligation, 2.87–2.93
introduction, 2.01–2.04
legal ownership, 2.20–2.32
non-owner transfers, 2.80–2.86
obligation, 2.12–2.14
possession, 2.40–2.47
protection of rights, 2.94–2.95
philosophical foundations, 40.06–40.07
principle sources
Brexit, and, 1.33–1.37
contract, 1.16–1.24
custom and usage, 1.21–1.22
domestic legislation, 1.25–1.27
EU law, 1.30–1.38
express terms, 1.17–1.20
implied terms, 1.17–1.20
international conventions, 1.28–1.29
'soft' law, 1.43
transnational, 1.39–1.42
principles, 40.02–40.05
protectable interests, 1.13–1.15
information technology, 1.56–1.63
FPS (Faster Payment Service)
see also **Interbank credit transfers**
generally, 18.17
Fraud
contract law, and, 3.72–3.73
corporate insolvency, and, 31.72
documentary credits, and
freezing injunctions, 35.114
immunity from effects, 35.112
introduction, 35.105
joinder of beneficiary in proceedings, 35.113
juridical basis of defence, 35.107
meaning, 35.106
standard of proof, 35.109
time for providing evidence, 35.111
underlying transaction, in, 35.108
insolvency, and, 31.72
misrepresentations, and
avoidance of contract, 3.35

Fraud – *cont.*
misrepresentations, and – *cont.*
rescission, 14.02
tort remedies, 14.10
trading, and, 31.72
Fraudulent misrepresentation
avoidance of contract, and, 3.35
rescission, and, 14.02
tort remedies, and, 14.10
Fraudulent trading
corporate insolvency, and, 31.72
Free alongside (f.a.s.) contracts
price and delivery terms, 32.17
Free on board (f.o.b.) contracts
delivery of documents, 34.12
export licence, 34.10–34.11
extended
generally, 34.18–34.19
introduction, 32.23–32.25
generally, 34.01
introduction, 32.22–32.25
loading, 34.08–34.09
nomination of vessel, 34.04–34.06
notice enabling buyer to insure, 34.07
payment, 34.12
port of shipment, 34.02–34.03
price and delivery terms, 32.14
rejection, 34.17
risk, 34.16
transfer of property, 34.13–34.15
Freedom from encumbrances
exclusion of liability
generally, 11.134–11.135
introduction, 11.25
generally, 11.23
warranty, as, 11.09
Freedom from minor defects
satisfactory quality, and, 11.79
Freezing injunctions
demand guarantees, and, 35.176
fraud on documentary credits, and, 35.114
litigation, and, 38.96–38.102
Freight
c.i.f. contracts, and, 34.24
generally, 36.60–36.61
Frustration
accidental destruction, 3.176
common law approach, 3.175
fundamental change, 3.176
identification of contract goods, and, 8.02
introduction, 3.173
meaning, 3.174
property, and, 8.29
relevant events, 3.176–3.180
risk, and, 9.03

1439

Index

Frustration – *cont.*
  sale of goods, and
    common law, at, 9.53
    effect, 9.52
    grounds, 9.48–9.51
    introduction, 9.01
    risk, 9.03
  strict f.o.b. contracts, and, 34.06
  supervening events, 3.176
Fundamental breach
  Vienna Convention, and, 33.27–33.28
Funds transfer
  see also **Payment**
  contract netting, 18.36–18.37
  generally, 18.04–18.05
  interbank credit transfers
    completion of payment, 18.35
    effects, 18.30–18.34
    introduction, 18.11–18.20
    mechanism, 18.26–18.29
    methods, 18.22–18.25
    terminology, 18.21
  introduction, 18.11–18.20
  methods, 18.22–18.25
  money, and, 17.02
  netting by novation, 18.36–18.37
  settlement
    introduction, 18.38
    net, 18.39–18.40
    real-time gross, 18.41
  terminology, 18.21
Fungibles
  identification of contract goods, and, 8.10
  meaning, 2.89
  money, and, 17.17
  personal property, and, 2.89–2.91
Further information
  litigation, and
    freezing injunctions, 38.97
    generally, 38.52
    introduction, 38.16
    small claims, 38.58
    trial, 38.74
Future goods
  generally, 8.72–8.77
Future interests
  equitable title, and, 2.36

G

Gain-based money claims
  generally, 17.36
  introduction, 17.34
  personal claims, 17.37–17.39

Gain-based money claims – *cont.*
  proprietary claims, 17.40–17.42
Generic goods
  identification of contract goods, and, 8.10
Gift
  dealings in goods, and, 2.49
  legal ownership, and, 2.32
Good faith
  contract law, and, 3.08
  disposition by buyer in possession, and, 16.68–16.71
  disposition by mercantile agent, and, 16.44
  disposition by seller in possession, and, 16.54
  exemption clauses, 3.83
  formation of contracts, and, 3.32
  generally, 3.74–3.76
  illegality, and, 3.166
  remedies for breach of contract, and, 3.113
Goods
  transfer of security, and, 23.45
Goods forming part of bulk
  commingling from different suppliers, 8.39–8.44
  introduction, 8.38
  proprietary effects, 8.61–8.70
  risk, and, 9.40
  sale to different buyers from same bulk
    conditions, 8.55–8.60
    introduction, 8.45
    non-prepaying buyer, 8.46–8.50
    prepaying buyer, 8.51–8.54
  withdrawal from bulk, 8.71
Goods in buyer's possession
  risk, and, 9.38–9.39
Goods in seller's possession
  buyer's default, 9.22
  introduction, 9.16–9.17
  seller's duty as bailee, 9.18–9.21
Goods in transit
  goods otherwise at risk of buyer, 9.36–9.37
  goods otherwise at risk of seller, 9.33–9.35
  introduction, 9.30–9.32
Goods stored with third party
  breach of duty by seller, 9.24
  control by buyer, 9.28–9.29
  depositary's role, 9.25–9.26
  introduction, 9.23
  passing of property, 9.27
Governing law
  see also **Conflicts of law**
Government interference
  frustration, and, 3.176

1440

Index

Green clause credit
  documentary credits, and, 35.38
Groupage bills
  international trade, and, 32.85
Growing crops
  goods, and, 7.20
Guarantees
  acts prejudicial to
      guarantor's rights, 30.40–30.44
  analogous transactions, 30.12–30.13
  characteristics, 30.05–30.06
  continuing guarantees, 30.17–30.18
  contribution between
      guarantors, 30.47–30.51
  determination, 30.46
  discharge of guarantor
    acts prejudicial to
        guarantor's rights, 30.40–30.44
    determination of guarantee, 30.46
    extinction of indebtedness, 30.45
    failure of consideration, 30.39
  disclosure, 30.22
  discrete guarantees, 30.17–30.18
  distinction from primary
      undertaking, 30.07–30.11
  extinction of indebtedness, 30.45
  failure of consideration, 30.39
  fixed guarantees,
  30.16
  formation of contract, and, 3.27
  grounds of invalidity, 30.23
  guarantor's rights against debtor
    assignee's rights, 30.38
    indemnity, 30.31–30.34
    subrogation, 30.35–30.37
  hire-purchase, and, 30.19
  indemnity, 30.31–30.34
  independent guarantees, 30.14
  introduction, 30.01–30.04
  invalidity, 30.23
  legal nature
    analogous transactions, 30.12–30.13
    characteristics, 30.05–30.06
    independent guarantees, 30.14
    letter of comfort, 30.15
    primary undertaking, 30.07–30.11
  letter of comfort, 30.15
  other grounds of invalidity, 30.23
  primary undertaking, and, 30.07–30.11
  relations between creditor and guarantor
    correlation with debtor's liability, 30.29
    duty of disclosure, 30.22
    formalities, 30.21
    liabilities covered by guarantee, 30.30
    nature of undertaking, 30.24–30.28
    other grounds of invalidity, 30.23

Guarantees – *cont.*
  request of debtor, and, 30.16
  rights of guarantor against debtor
    assignee's rights, 30.38
    indemnity, 30.31–30.34
    subrogation, 30.35–30.37
  subrogation, 30.35–30.37
  termination, 30.46
  types, 30.16–30.19
  unilateral nature, 30.20

H

Hague Conference on Private International Law
  sources of law, and, 1.28
Hague Convention 1955
  conflict of laws, and, 37.83
  international sales, and, 33.02
Hague Convention 1970
  transnational litigation, and, 38.133
Hague Convention on Choice of Courts Agreement 2005
  generally, 37.39–37.41
  introduction, 37.05
  recognition and enforcement of foreign judgments, 37.53
Hague Convention on Recognition and Enforcement of Foreign Judgments 2019
  generally, 37.54–37.41
Hague Rules
  carriage by sea, and, 36.06–36.10
Hague-Visby Rules
  application, 36.14–36.16
  carrier's duties and liabilities
    bills of lading, as to, 36.32
    cargo on board, as to, 36.28–36.31
    delivery of cargo, as to, 36.35–36.37
    excepted perils, 36.38–36.41
    introduction, 36.25
    limitation of actions, 36.50–36.51
    limitation of liability, 36.42–36.49
    ship, as to, 36.26–36.27
    voyage, as to, 36.33–36.34
  contractual claims against carrier
    onus of proof 36.53–36.54
    probative effect, 36.52
  evidence in disputes, 36.53–36.54
  extension of scope, 36.16
  introduction, 36.06–36.10
  onus of proof, 36.53–36.54
  parties, 36.17–36.22
  probative effect, 36.52
  scope, 36.15

1441

Index

Hague-Visby Rules – *cont.*
  shipper's duties and liabilities
    dangerous cargo, as to, 36.58
    deleterious cargo, as to, 36.58
    freight, as to, 36.60–36.61
    receipt of cargo likely to cause delay, as to, 36.59
    shipment of cargo, as to, 36.62
    supply of information, as to, 36.56–36.57
    tender of cargo, as to, 36.55
Hamburg Rules
  carriage by sea, and, 36.09
Harmonisation
  sources of law, and, 1.40–1.41
Health certificate
  international sales, and, 32.84
***Himalaya* clause**
  carriage by sea, and, 36.75–36.78
Hire
  finance lease, and, 28.02
Hire purchase
  block discounting
    generally, 27.07–27.09
    relations between finance house and dealer, 27.26
  direct collection
    generally, 27.04–27.06
    relations between finance house and dealer, 27.24–27.25
  disposition of motor vehicles, and
    finance purchaser, to, 16.89–16.90
    introduction, 16.72–16.73
    presumptions, 16.91–16.92
    private purchaser, to, 16.75–16.88
    relevant vehicles, 16.74
    trade purchaser, to, 16.89–16.90
  distinction from conditional sale, 27.11–27.13
  generally, 27.19–27.23
  guarantees, and, 30.19
  introduction, 27.01
  nature of technique
    block discounting, 27.07–27.09
    direct collection, 27.04–27.06
    introduction, 27.02–27.03
  relations between dealer and buyer, 27.27
  relations between finance house and dealer
    block discounting, 27.26
    direct collection, 27.24–27.25
  sample agreement, 27.22
  tracing proceeds, 27.28–27.29
Holder of bill
  categories, 20.29–20.47
  holder claiming under holder in due course, 20.47

Holder of bill – *cont.*
  holder for value, 20.32–20.34
  holder in due course
    bill not overdue, 20.38
    'complete and regular on the face of it', 20.40–20.41
    good faith, 20.43
    'holder', 20.38
    introduction, 20.35–20.37
    no notice of defect in title, 20.45–20.46
    no notice of previous dishonour, 20.42
    value, 20.44
  introduction, 20.26–20.28
  mere holder, 20.29
Human rights
  contract law, and, 3.01
Hypothecation
  grant of security, and, 23.03
  real rights, and, 2.06

I

ICC Rules
  see also **Uniform Customs and Practice for Documentary Credits**
  demand guarantees, and, 35.158–35.159
  multimodal transport, and, 36.94–36.96
Identifiability
  attachment, and, 23.12
Identification
  contract goods, of
    appropriation to contract, 8.19–8.22
    ascertained goods, 8.08–8.09
    classification of goods, 8.04
    fungibles, 8.10
    generic goods, 8.10
    process of, 8.18
    purposes, 8.02–8.03
    quasi-specific goods, 8.14–8.17
    specific goods, 8.05–8.07
    unascertained goods, 8.10–8.13
  meaning, 7.09
Identified goods (risk)
  goods forming part of bulk, 9.40
  goods in buyer's possession, 9.38–9.39
  goods in seller's possession
    buyer's default, 9.22
    introduction, 9.16–9.17
    seller's duty as bailee, 9.18–9.21
  goods in transit
    goods otherwise at risk of buyer, 9.36–9.37
    goods otherwise at risk of seller, 9.33–9.35

Index

Identified goods (risk) – *cont.*
  goods in transit – *cont.*
    introduction, 9.30–9.32
  goods stored with third party
    breach of duty by seller, 9.24
    control by buyer, 9.28–9.29
    depositary's role, 9.25–9.26
    introduction, 9.23
    passing of property, 9.27

Illegality
  effect on contract rights, 3.166–3.167
  effect on property rights, 3.168
  effect on unjust enrichment claims, 3.169–3.171
  initial, 3.159–3.165
  introduction, 3.158
  pleading, 3.172
  restraint of trade, 3.165
  supervening, 3.159–3.165
  unenforceability of contract, and, 3.33–3.35

Immobilization
  investment securities, and, 21.21–21.24

Impartiality
  commercial arbitration, and, 39.43–39.45

Implied terms
  business efficacy, for, 3.57
  common law, at, 3.60
  conditions and warranties
    introduction, 11.02–11.03
    prior to Sales of Goods Act, 11.04–11.05
    under Sale of Goods Act, 11.06–11.10
  correspondence with description
    acceptance, and, 13.03
    contracting out, 11.48
    distinguishing identity from attributes, 11.36–11.51
    elements, 11.32
    exclusion of liability, 11.48, 11.136–11.143
    introduction, 11.29–11.31
    reliance, 11.45–11.47
    specific goods, of, 11.34–11.35
    summary, 11.49–11.5
    term, as, 11.33
  correspondence with sample
    acceptance, and, 13.03
    exclusion of liability, 11.136–11.143
    generally, 11.125–11.129
  course of dealing, from, 3.58
  custom and usage, by, 3.59
  delivery, and, 10.04–10.06
  durability, 11.146
  exclusion of liability
    consumer sales, 11.136

Implied terms – *cont.*
  exclusion of liability – *cont.*
    correspondence with description, 11.136–11.143
    correspondence with sample, 11.136–11.143
    fitness for purpose, 11.136–11.143
    freedom from encumbrances, 11.134–11.135
    introduction, 11.130–11.133
    non-consumer sales, 11.137–11.143
    quality, 11.136–11.143
    quiet possession, 11.134–11.135
    title, 11.134–11.135
  fact, in, 3.56–3.59
  fitness for purpose
    communication of purpose, 11.104–11.109
    exclusion of liability, 11.136–11.143
    introduction, 11.95–11.96
    normal purpose, 11.98–11.99
    quality, and, 11.97
    reasonably, 11.110–11.112
    reliance on seller's skill or judgment, 11.113–11.124
    special purpose, 11.100
    time at which satisfied, 11.124
  freedom from encumbrances
    exclusion of liability, 11.25, 11.134–11.135
    generally, 11.23
    warranty, as, 11.09
  information, 11.149
  introduction, 3.55
  law, in, 3.60
  quality
    abatement of price, and, 11.84
    absence of impediment to use, 11.83
    ambit of duty, 11.57–11.68
    appearance and finish, 11.78
    aspects, 11.74–11.83
    defects, 11.64–11.65
    durability, 11.81–11.82
    examination by buyer, 11.66–11.67
    exclusion of liability, 11.136–11.143
    fitness for all the purposes, 11.77
    freedom from minor defects, 11.79
    goods, 11.58
    goods supplied under the contract, 11.62–11.63
    in appropriate cases, 11.76
    in the course of business, 11.59–11.61
    introduction, 11.52–11.53
    sale by sample, 11.68
    latent defects, 11.89
    nature of concept, 11.94

Index

Implied terms – *cont.*
  quality – *cont.*
    safety, 11.80
    sale by sample, 11.68
    satisfactory quality, 11.54–11.56
    standard, 11.69–11.73
    state of knowledge, 11.88–11.93
    statements to public, 11.85
    time at which satisfied, 11.86–11.87
  quiet possession
    exclusion of liability, 11.25, 11.134–11.135
    generally, 11.24
  replaceability, 11.147
  sale of goods, and
    conditions and warranties, 11.02–11.10
    correspondence with description, 11.29–11.51
    correspondence with sample, 11.125–11.129
    exclusion of liability, 11.130–11.143
    fitness for purpose, 11.95–11.124
    freedom from encumbrances, 11.11–11.28
    introduction, 11.01
    other, 11.144–11.149
    quality, 11.52–11.94
    quiet possession, 11.11–11.28
    title, 11.11–11.28
  servicing, 11.148
  sources of law, and, 1.20
  spare parts, 11.148
  statute, by, 3.61
  suitability for immediate use, 11.145
  title
    condition, as, 11.13
    exclusion of liability, 11.25, 11.134–11.135
    generally, 11.20–11.22
    introduction, 11.11–11.12
    limitations, 11.25–11.28
    nature of seller, 11.14
    right to sell, 11.15–11.19
    time of sale, 11.20–11.22
Improper advantage
  contract law, and, 3.73
Improper trading
  fraudulent trading, 31.72
  introduction, 31.71
  wrongful trading, 31.73–31.77
Informal arrangements
  corporate insolvency, and, 31.10
In the course of business
  disposition by mercantile agent, and, 16.43

In the course of business – *cont.*
  exclusion clauses, and
    consumer sales, 11.136
    non-consumer sales, 11.137–11.143
  freedom from encumbrances, and, 11.14
  quiet possession, and, 11.14
  satisfactory quality, and, 11.59–11.61
  title, and, 11.14
Inability to restore
  acceptance, and, 13.16–13.18
Inchoate interests
  equitable ownership, and, 2.38
Inconvenience
  damages, and, 3.130
Incorporation by reference
  contract law, and, 3.54
Incoterms® 2020
  degrees of localisation, 32.17–32.20
  generally, 32.16
  trade usage, and, 33.14
Indemnity
  guarantees, and, 30.31–30.34
Independence and impartiality
  commercial arbitration, and, 39.43–39.45
Indorsement
  bills of exchange, and, 20.20–20.25
Industrial growing crops
  goods, and, 7.20
Inequality of bargaining power
  contract law, and, 3.73
Information
  implied terms, and, 11.149
Information technology
  codification of commercial law, and, 40.16
  generally, 1.56–1.63
Infringement of law
  fairness of contract, and, 3.73
Inherent vice
  carriage by sea, and, 36.39
Injunctions
  see also **Freezing injunctions**
  anti-suit injunctions
    conflict of laws, 37.13
    generally, 38.81–38.82
  breach of contract, and
    mandatory, 3.110
    prohibitory, 3.115
  interim injunctions, 38.93–38.95
Insolvency
  acceleration of personal rights, 31.24
  administration
    see also **Administration**
    administrator's powers, 31.65
    commencement, 31.59–31.60
    conduct, 31.66–31.68
    effect, 31.63–31.64

Index

Insolvency – *cont.*
  administration – *cont.*
    exits, 31.69
    nature, 31.56–31.58
    purpose, 31.61–31.62
  administrative receivership, 31.53–31.55
  anti-deprivation
    distinction from pari passu principle, 31.28
    generally, 31.27
  arrangements with creditors, 31.10
  availability of assets, 31.15–31.18
  bankruptcy, and, 31.09
  beneficial ownership of assets, 31.29
  centre of main interests, and, 31.84
  contracting out of collective scheme, 31.25–31.27
  conversion of personal rights, 31.19–31.20
  cross-border procedures
    COMI, and, 31.84
    common law, 31.82
    Cross-Border Insolvency Regulations, 31.83–31.84
    EC Recast Regulation, 31.85–31.89
    introduction, 31.78–31.81
    statute, 31.82
    UNCITRAL Model Law, 31.83–31.84
  development of the law, 31.02–31.03
  disclaimer of contracts, 31.29
  distinction from bankruptcy, 31.09
  EC Regulation, 31.85–31.89
  fraudulent trading, 31.72
  historical background, 31.02–31.03
  improper trading
    fraudulent trading, 31.72
    introduction, 31.71
    wrongful trading, 31.73–31.77
  in specie interests, 31.29
  informal arrangements, 31.10
  insolvency law
    development, 31.02–31.03
    generally, 31.05
    objectives, 31.11–31.12
    principles, 31.13–31.29
    reform, 31.06–31.08
  objectives, 31.11–31.12
  pari passu principle
    contracting out of collective scheme, 31.26
    distinction from anti-deprivation, 31.28
    ranking of unsecured creditors, 31.21–31.23
  pre-liquidation rights, 31.14
  principles
    acceleration of personal rights, 31.24
    anti-deprivation, 31.27–31.28

Insolvency – *cont.*
  principles – *cont.*
    availability of assets, 31.15–31.18
    beneficial ownership of assets, 31.29
    contracting out of collective scheme, 31.25–31.28
    conversion of personal rights, 31.19–31.20
    disclaimer of contracts, 31.29
    in specie interests, 31.29
    introduction, 31.13
    pari passu, 31.26
    ranking of unsecured creditors, 31.21–31.23
    respect for pre-liquidation rights, 31.14
  property, and, 8.31
  ranking of unsecured creditors, 31.21–31.23
  reform of the law, 31.06–31.08
  respect for pre-liquidation rights, 31.14
  restructuring, 31.70
  types
    administration, 31.56–31.69
    administrative receivership, 31.53–31.55
    introduction, 31.10
    winding up, 31.30–31.52
  UNCITRAL Model Law, 31.83–31.84
  unsecured creditors, 31.21–31.23
  winding up
    see also **Winding up**
    distinction from bankruptcy, 31.09
    priority of debts, 31.35–31.36
    procedure, 31.30–31.32
    proof of claims, 31.33–31.34
    vulnerable transactions, 31.37–31.52
  workouts, 31.10
  wrongful trading, 31.73–31.77
Inspection of goods
  international trade, and, 32.38
Inspection of property
  litigation, and, 38.69
Instalment deliveries
  Consumer Rights Act 2015, and generally, 10.46
  introduction, 10.29
  curing defective tender, and, 12.25
  divisibility
    divisible delivery obligation, 10.45
    introduction, 10.38–10.40
    indivisible delivery obligation, 10.43–10.44
  divisible delivery obligation, 10.45
  global quantity by declaration, 10.36
  indivisible delivery obligation, 10.43–10.44
  introduction, 10.29–10.31

1445

Index

Instalment deliveries – *cont.*
   repudiation, and, 12.15
   selling terms contemplating specific orders, 10.35
   separate contract for each shipment or delivery, 10.37
   severability, 10.32–10.37
Institutional arbitration
   commercial arbitration, and, 39.10–39.13
Instruments
   autonomy of obligation, 19.19–19.20
   bankers' drafts, 21.06–21.07
   banknotes, 19.05
   bearer bonds, 19.05
   bearer debentures, 19.05
   bearer scrip certificates, 19.05
   bill of exchange
     see also **Bills of exchange**
     accommodation parties, 20.48–20.49
     advantages, 20.127–20.134
     autonomy of obligation, 19.19–19.20
     certainty, 19.21
     classification, 19.04–19.07
     defences to claim, 20.92–20.120
     definition, 20.03–20.06
     discharge, 20.121–20.123
     dishonour remedies, 20.88–20.91
     effect on underlying contract, 20.124–20.125
     enforcement, 20.76–20.87
     historical background, 19.11–19.15
     holder, 20.26–20.47
     introduction, 20.01–20.02
     issue and acceptance, 20.07–20.19
     liabilities of parties, 20.50–20.75
     nature, 19.04–19.07
     security, 20.126
     transfer, 20.20–20.25
     unconditionality, 19.21
   certainty, 19.21
   cheques
     autonomy of obligation, 19.19–19.20
     classification, 19.05
     generally, 19.16–19.18
     historical background, 19.08
     travellers' cheques, 21.08–21.12
   circular notes, 19.05
   classes, 19.04–19.07
   decline in importance, 19.23
   dividend warrants, 19.05
   historical background, 19.08–18.18
   interest warrants, 19.05
   introduction, 20.01–20.02
   investment securities
     dematerialization, 21.21–21.24
     generally, 21.13–21.16

Instruments – *cont.*
   investment securities – *cont.*
     immobilization, 21.21–21.24
     negotiability, 21.18–21.19
     regulation, 21.20
     statutory application, 21.17
   letters of allotment, 19.05
   meaning, 19.04–19.07
   money orders, 19.05
   negotiable certificates of deposit, 19.05
   negotiable instruments
     abstract payment undertaking, as, 19.22
     autonomy of obligation, 19.19–19.20
     classes, 19.04–19.07
     decline in importance, 19.23
     historical background, 19.08–18.18
     introduction, 19.01
     investment securities, as, 21.13–21.24
     meaning, 19.02–19.03
   orders to pay, 19.06
   pension warrants, 19.05
   postal orders, 19.05
   promises to pay
     generally, 19.05
     promissory note, 21.02–21.05
   promissory notes
     see also **Promissory notes**
     autonomy of obligation, 19.19–19.20
     certainty, 19.21
     classes, 19.04–19.07
     decline in importance, 19.23
     historical background, 19.09–19.10
     introduction, 19.01
     meaning, 19.02–19.03
     unconditionality, 19.21
   scrip certificates, 19.05
   share warrants, 19.05
   travellers' cheques, 21.08–21.12
   treasury bills, 19.05
   unconditionality, 19.21
Insurance
   guarantees, and, 30.13
   international trade, and, 32.74
   risk, and, 9.42–9.47
   strict f.o.b. contracts, and, 34.07
Intangible money
   gains based claims
     generally, 17.36
     introduction, 17.34
     personal claims, 17.37–17.39
     proprietary claims, 17.40–17.42
   introduction, 17.30
   non-gains based claims
     generally, 17.35
     introduction, 17.34

Index

Intangible money – *cont.*
  personal claims
    gains based claims, 17.37–17.39
    generally, 17.31–17.33
    non-gains based claims, 17.35
  proprietary claims
    gains based claims, 17.40–17.42
    generally, 17.31–17.33
    non-gains based claims, 17.35
  real claims, 17.31–17.33
  types of claim, 17.30
Intangibles
  conflict of laws, and
    assignee and debtor, 37.97–37.98
    assignor and assignee, 37.95–37.96
    introduction, 37.94
    priorities, 37.99–37.100
  dealings, and
    documentary intangibles, 2.56–2.58
    introduction, 2.53
    pure intangibles, 2.54–2.55
  personal property, and, 2.16
Intention
  creation of legal relations, and
    generally, 3.32
    will of the parties, 3.23–3.24
  passing of property, and, 8.02
Interbank credit transfers
  completion of payment, 18.35
  effects, 18.30–18.34
  introduction, 18.11–18.20
  mechanism, 18.26–18.29
  methods, 18.22–18.25
  terminology, 18.21
Interest
  equitable ownership, and, 2.36–2.37
  legal ownership, and, 2.20–2.24
Interest warrants
  payment instruments, and, 19.05
Interests in funds
  personal property, and, 2.92–2.93
Interests *in specie*
  personal property, and, 2.88
Interference with goods
  carriage by sea, and
    claimants, 36.71
    defendants, 36.72–36.73
    introduction, 36.69–36.70
Interim awards
  commercial arbitration, and, 39.77–39.79
Interim injunctions
  litigation, and, 38.93–38.95
Interim payments
  litigation, and, 38.91–38.92
Interlocutory powers
  commercial arbitration, and, 39.08

International Chamber of Commerce (ICC)
  custom and usage, and, 1.23
International commercial arbitration
  applicable law, 39.103–39.107
  enforcement of English awards, 39.109
  enforcement of foreign awards, 39.108
  introduction, 39.14–39.16
  overview, 39.95
  parties, 39.96–39.102
  recognition of English awards, 39.109
  scope of powers of tribunals, 39.07
  state entities, 39.96–39.102
International conventions
  sources of law, and, 1.28–1.29
International Standard Banking Practice (ISBP)
  see also **Standby credits**
  documentary credits, and, 35.09–35.11
International trade
  carriage by sea, 36.01–36.100
  characteristics, 32.01–32.03
  CISG Convention
    And see **CISG Convention**
    application, 33.07–33.22
    background, 33.01–33.06
    formation of contract, 33.23–33.24
    ratification, 33.02
    rights and duties of parties, 33.25–33.29
  conflict of laws
    And see **Conflict of laws**
    assignment of debts, and, 37.94–37.100
    Brussels I Regulation Recast, 37.07–37.28
    common law jurisdiction, 37.29–37.38
    determining applicable law, 37.55–37.103
    domestic jurisdiction rules, 37.03
    enforcement of foreign judgments, 37.42–37.54
    foreign money obligations, 37.104–37.109
    Hague Convention on Choice of Courts Agreement, 37.39–37.41
    introduction, 37.01–37.02
    jurisdiction, 37.03–37.41
    recognition of foreign judgments, 37.42–37.54
    sale of goods, and, 37.83–37.93
    securities held with intermediary, and, 37.101–37.103
  delivery
    c.i.f., 32.26
    degrees of localisation, 32.17–32.20
    delivery at price, 32.27
    dispatch and arrival contracts, 32.15
    extended f.o.b., 32.23–32.25

Index

International trade – *cont.*
  delivery – *cont.*
    f.o.b., 32.22–32.25
    Incoterms® 2020, 32.16–32.20
    introduction, 32.13
    nature of obligation, 32.21–32.27
    price and delivery terms, 32.14
    strict f.o.b., 32.22
  documentary sales
    c.i.f., 34.20–34.45
    extended f.o.b., 34.18–34.19
    strict f.o.b., 34.01–34.17
  documentation
    bill of lading, 32.52–32.63
    breach of duty to tender, 32.91
    certificate of origin, 32.77
    certificate of quality/quantity, 32.78
    certified invoice, 32.79
    commercial invoice, 32.75–32.76
    consular invoice, 32.80
    health certificate, 32.84
    importance of, 32.42–32.47
    inspection certificate, 32.83
    insurance policy, 32.74
    key features, 32.50–32.51
    movement certificate, 32.81
    packing list, 32.82
    purpose, 32.48–32.49
    SITPRO, and, 32.46
  example transaction, 32.28–32.42
  export procedures
    delivery, 32.13–32.27
    example, 32.28–32.42
    particular problems, 32.09–32.10
    sources of law, 32.11–32.12
    trends, 32.04–32.08
  financing
    demand guarantees, 35.153–35.176
    documentary bills, 35.04–35.06
    documentary credits, 35.07–35.152
    generally, 35.01–35.03
    performance bonds, 35.154–35.157
    raising funds against drafts and credits, 35.144–35.146
    raising funds on security of goods, 35.147–35.152
    standby letters of credit, 35.154–35.157
  multimodal transport operations
    CT document, 36.94–36.96
    ICC Rules, 36.94–36.96
    legal problems, 36.86–36.87
    operators, 36.84–36.85
    Rotterdam Rules, 36.98–36.100
    UNCTAD Convention, 36.88–36.93
    UNCTAD/ICC Rules, 36.97
    unitization, and, 36.79–36.83

International trade – *cont.*
  procedural steps, 32.28–32.41
  SITPRO, and, 32.46
  sources of law, 32.11–32.12
  trends, 32.04–32.08
  unloading, 32.19
Intimation
  acceptance, and, 13.08
Investment securities
  dematerialization, 21.21–21.24
  generally, 21.13–21.16
  immobilization, 21.21–21.24
  negotiability, 21.18–21.19
  regulation, 21.20
  statutory application, 21.17
Invoice discounting
  see also **Receivables financing**
  receivables financing, and, 29.21
Irrevocable credits
  documentary credits, and, 35.26–35.28
ISBP
  see also **Standby credits**
  documentary credits, and, 35.09–35.11
Issue of bills
  amount payable, 20.15–20.16
  date, 20.12–20.13
  generally, 20.07
  parties, 20.08–20.11
  place of acceptance, 20.19
  place of drawing, 20.14
  signature, 20.18
  time of payment, 20.17
Ius ad re/ad rem
  classification of rights, and, 2.07
Ius in re sua
  secured financing, and, 22.15
Ius in rem
  classification of rights, and, 2.07
Ius tertii
  legal ownership, and, 2.22

J

Judgment without trial
  default judgment, 38.34–38.36
  striking out, 38.40
  summary judgment, 38.37–38.39
Judicial precedent
  limitations, 1.44–1.46
Judicial remedies for breach of contract
  common law, at, 3.111
  contrast legal and equitable remedies, 3.113
  equity, in, 3.112

Index

Judicial remedies for breach of contract – *cont.*
function, 3.110
nature, 3.110
Judicial review of arbitration awards
introduction, 39.83–39.86
jurisdiction, as to, 39.87–39.89
point of law, 39.91–39.42
serious irregularity, based on, 39.90

K

Knowledge
freedom from encumbrances, and, 11.26
satisfactory quality, and
characteristics not known to be harmful, 11.90
immunities not known, 11.91–11.93
introduction, 11.88
latent defects, 11.89

L

Land
dealings with secured financing, and, 23.46
Language
generally, 1.47–1.51
Lapse of time
loss of legal ownership, and, 2.32
Latent defects
satisfactory quality, and, 11.89
Law merchant
commercial arbitration, and, 39.19
conclusions, 40.18–40.21
conflict of laws, and, 37.68
nature of commercial law, and, 1.01–1.06
sale of goods, and, 7.02
Vienna Convention, and, 33.15
Laws of Oléron
mercantile custom, and, 1.02
Lease
see also **Financial lease**
credit, and, 22.05–22.10
Legal ownership
acquisition, 2.30–2.31
co-ownership, 2.28–2.29
indivisibility of, 2.25–2.27
interest, 2.20–2.24
loss, 2.32
title, 2.20–2.24
transfer, 2.30–2.31

Legal security
introduction, 22.64
liens
common law, 22.66
equitable, 22.67
introduction, 22.65
maritime, 22.68
possessory, 22.66
statutory, 22.69
procedural securities, 22.73–22.75
set-off, 22.71
statutory charge, 22.70
tracing, 22.72
Letters of allotment
payment instruments, and, 19.05
Letters of awareness
guarantees, and, 30.15
Letters of comfort
guarantees, and, 30.15
Letters of credit
see also **Documentary credits**
assignment of proceeds, 35.137–35.140
back-to-back credits, 35.141–35.143
basic concepts, 35.42–35.73
contractual relations, 35.74–35.94
definition, 35.12–35.15
discount, 35.100
factors influencing use, 35.16–35.17
fraud, 35.105–35.114
fundamental concepts, 35.42–35.73
grounds for withholding or blocking payment, 35.101–35.126
introduction, 35.07–35.08
measure of damages for dishonour, 35.122–35.126
negotiation, 35.95–35.100
nullity of documents, 35.115–35.117
opening, 35.18–35.24
recovery of money paid, 35.119–35.121
transfer, 35.127–35.140
types, 35.25–35.41
UCP, 35.09–35.11
unconscionability, 35.118
Letters of intent
statements, and, 3.40
Leveraged lease
finance lease, and, 28.28–28.29
Lex arbitri
commercial arbitration, and, 39.20–39.21
Lex causae
see also **Conflict of laws**
generally, 37.38
Lex fori
see also **Conflict of laws**
generally, 37.55

1449

Index

Lex mercatoria
see also **Law merchant**
commercial arbitration, and, 39.19
conclusions, 40.18–40.21
conflict of laws, and, 37.68
nature of commercial law, and, 1.01–1.06
sale of goods, and, 7.02
Vienna Convention, and, 33.15
Lex situs
conflict of laws, and, 37.57, 37.84–37.86, 37.99
Liens
characterization of security, and
delivery of possession, 22.61
sub-freights, on, 22.59
common law, 22.66
contractual, 22.20
dealings in goods, and, 2.51
delivery of possession, 22.61
equitable, 22.67
introduction, 22.65
maritime, 22.68
nemo dat quod non habet, and, 16.55
non-payment, and
generally, 15.60–15.63
introduction, 15.57–15.58
unpaid seller, 15.59
possessory, 22.66
self-help remedies, and, 3.109
statutory, 22.69
sub-freights, on, 22.59
Life interests
equitable title, and, 2.36
Life policy
transfer of security, and, 23.47
Limitation of actions
carriage by sea, and, 36.50–36.51
Limitation of liability
see also **Unfair contract terms**
carriage by sea, and
introduction, 36.42–36.43
loss of, 36.49
nature, 36.44–36.47
persons entitled to invoke, 36.48
Limited interests
conflicting claims, and, 2.64–2.65
dealings in goods, and, 2.51–2.52
equitable title, and, 2.37
legal title, and, 2.20
LINK
see also **Interbank credit transfers**
generally, 18.17
Liquidated damages
breach of contract, and, 3.141
Liquidators
see also **Winding up**

Liquidators – *cont.*
factoring, and, 29.48
winding up, and, 31.32
Lis pendens
conflict of laws, and
defendant is an EU domiciliary, where, 37.25
defendant is not an EU domiciliary, where, 37.28
regardless of domicile, 37.12
Litigation
acknowledgement of service, 38.47–38.50
admission, 38.47
adversarial system, 38.08
alternatives to
alternative dispute resolution, 38.02–38.03
arbitration, 38.02–38.05
introduction, 38.02
mediation, 38.04
amendments, 38.55–38.56
anti-suit injunction, 38.81–38.82
Anton Piller orders, 38.103–38.111
appeals, 38.127–38.129
bundles, 38.74
Calderbank offers, 38.71
case management
Commercial Court, in, 38.61–38.62
fast track, 38.59
generally, 38.57
multi-track, 38.60
overriding objective, 38.57
small claims, 38.58
case summaries, 38.74
Central London Civil Justice Centre, 38.20
chronologies, 38.74
civil courts, 38.19–38.20
Civil Procedure Rules
Commercial Court, 38.25–38.28
drafting, 38.17
generally, 38.14–38.18
overriding objective, 38.15
pre-action protocols, 38.18
statements of case, 38.16–38.17
terminology, 38.16
claim form, 38.42–38.46
commencing proceedings
acknowledgement of service, 38.47–38.50
amendments, 38.55–38.56
claim form, 38.42–38.46
defences, 38.47–38.50
extensions of time, 38.55–38.56
further information, 38.52
Part 20 proceedings, 38.53–38.54
particulars of claim, 38.42–38.46

Index

Litigation – *cont.*
  commencing proceedings – *cont.*
    replies, 38.51
    Commercial Court
      Civil Procedure Rules, 38.25–38.28
      historical background, 38.21
      jurisdiction, 38.29–38.31
      objectives, 38.21–38.24
  costs
    general principles, 38.116–38.120
    quantification, 38.121–38.122
  counterclaims, 38.53–38.54
  default judgment, 38.34–38.36
  defence, 38.47–38.50
  detention of property, 38.69
  disclosure
    detention of property, 38.69
    experts' reports, 38.70
    generally, 38.63–38.70
    guarantees, and, 30.22
    inspection of property, 38.69
    list of documents, 38.63
    Norwich Pharmacal orders, 38.67
    Pilot for Business and
      Property Courts, 38.66
    pre-action disclosure, 38.68
    preservation of property, 38.69
    special orders, 38.67–38.68
    specific, 38.65
    standard, 38.64
    witness statements, 38.70
  discontinuance, 38.77
  enforcement
    introduction, 38.123
    money judgments, 38.124–38.125
    other judgments, 38.126
  evidence, 38.63–38.70
  experts' reports, 38.70
  extensions of time, 38.55–38.56
  forum non conveniens, 38.78–38.80
  forum shopping, 38.131
  freezing injunctions, 38.96–38.102
  further information
    freezing injunctions, 38.97
    generally, 38.52
    introduction, 38.16
    small claims, 38.58
    trial, 38.74
  inspection of property, 38.69
  interim applications
    Anton Piller orders, 38.103–38.111
    characteristics, 38.84–38.87
    Commercial Court, in, 38.88–38.89
    freezing injunctions, 38.96–38.102
    interim injunctions, 38.93–38.95
    interim payments, 38.91–38.92

Litigation – *cont.*
  interim applications – *cont.*
    introduction, 38.83
    Mareva injunctions, 38.96–38.102
    search orders, 38.103–38.111
    security for costs, 38.112–38.115
  interim injunctions, 38.93–38.95
  interim payments, 38.91–38.92
  interim stages, 38.32
  introduction, 38.01
  judgment without trial
    default judgment, 38.34–38.36
    striking out, 38.40
    summary judgment, 38.37–38.39
  list of documents, 38.63
  Mareva injunctions, 38.96–38.102
  mediation, and, 38.04
  multi-party actions, 38.13
  nature, 38.07–38.13
  Norwich Pharmacal orders, 38.67
  overriding objective
    case management, 38.57
    disclosure, 38.65
    generally, 38.15
    interim applications, 38.85
    summary judgment, 38.37
    small claims, 38.58
  Part 20 proceedings, 38.53–38.54
  Part 36 offers and payments, 38.71–38.74
  particulars of claim, 38.45–38.46
  parties, 38.15–38.16
  pre-action disclosure, 38.68
  pre-action protocols, 38.18
  preliminary issue, 38.74
  preservation of property, 38.69
  pre-trial review, 38.74
  replies, 38.51
  search orders, 38.103–38.111
  security for costs, 38.112–38.115
  settlement negotiations, 38.71–38.73
  skeleton arguments, 38.74
  special disclosure orders, 38.67–38.68
  specific disclosure, 38.65
  standard
    generally, 38.64
    proposed changes, 38.66
  standard of proof, 38.75
  statements of case
    Commercial Court, 38.23, 38.27
    drafting, 38.17
    generally, 38.09
    interim stages, 38.32
    introduction, 38.07
    meaning, 38.16
  stay of proceedings, 38.77
  striking out, 38.40

1451

Index

Litigation – *cont.*
  summary judgment, 38.37–38.39
  transnational litigation
    evidence, 38.133
    forum shopping, 38.131
    introduction, 38.130
    practical problems, 38.132
    trial, 38.74–38.77
    witness statements, 38.70
Loading
  international trade, and, 32.39
  strict f.o.b. contracts, and, 34.08–34.09
Loan
  credit, and, 22.05–22.10
  dealings in goods, and, 2.49
  receivables finance, and, 29.18–29.20
Lock-out
  carriage by sea, and, 36.39
Locus standi
  winding up, and, 31.30
London Convention 1976
  generally, 36.12
Loss of bargain
  damages, and, 3.131
  defect in seller's title, and, 14.39
Loss of enjoyment
  damages, and, 3.130
Loss of rights
  carriage by sea, and, 36.63–36.65
Lost-volume seller
  non-acceptance, and, 15.47–15.51
Lugano Convention
  Brexit, and, 37.05
  introduction, 37.03
  revision, 37.04

M

Machinery
  floating charges, and, 25.01
Maintenance guarantees
  demand guarantees, and, 35.165
Making up of goods from another's materials
  contract of sale of goods, and, 7.22
Mandatory injunctions
  see also Freezing injunctions
  breach of contract, and, 3.110
Mansfield, Lord
  founding of commercial law, and, 1.09
Mareva injunctions
  litigation, and, 38.96–38.102
Maritime courts
  law merchant, and, 1.02

Maritime liens
  legal security, and, 22.68
Market price
  see also Available market
  anticipatory breach by seller, and, 14.13
  introduction, 14.50–14.51
  meaning, 14.55
  non-acceptance, and
    generally, 15.44–15.45
    introduction, 15.33–15.38
    lost-volume seller, 15.47–15.51
    summary, 15.46
  non-delivery, and
    available market, 14.19–14.22
    consequential loss, 14.27
    introduction, 14.17–14.18
    no available market, 14.23–14.26
  summary, 14.61–14.65
  Vienna Convention, and, 33.34
Marketability
  bills of exchange, and, 20.133
  payment instruments, and, 19.20
Markets
  characteristics, 4.32
  commodities, in
    futures market, 4.28–4.29
    physical market, 4.27
  derivatives, in, 4.31
  financial transactions, in, 4.30
  functions, 4.33
  introduction, 4.24
  legal power, 4.40–4.44
  rules and usages
    introduction, 4.35
    legal status, 4.36
    position of non-member vis-à-vis exchange, 4.39
    position of non-members vis-à-vis members, 4.38
    powers of exchange vis-à-vis member, 4.37
  types of market, 4.25–4.31
Marking
  international trade, and, 32.36
Marshalling
  secured financing, and, 23.53
Measure of damages
  documentary credits, and, 35.122–35.126
Mediation
  generally, 38.04
Mental distress
  damages, and, 3.130
Mercantile agent, disposition by
  agency, and, 5.13
  apparent authority, and, 16.17–16.19
  consent of owner, 16.39–16.41

Index

Mercantile agent, disposition by – *cont.*
  factoring, and, 29.52
  good faith, 16.44
  'in the ordinary course of business', 16.43
  introduction, 16.33–16.34
  pledge, 16.42
  possession of goods or title
    documents, 16.35–16.38
  sale, 16.42
  want of notice, 16.44
Merchantable quality
  see also **Satisfactory quality**
  abatement of price, and, 11.84
  ambit of duty, 11.57–11.68
  aspects, 11.74–11.83
  condition, as, 11.05
  exclusion of liability, 11.136–11.143
  fitness for all the purposes, 11.95–11.96
  introduction, 11.52–11.53
  meaning, 11.54–11.56
  rejection, and, 14.03
  standard, 11.69–11.73
  state of knowledge, 11.88–11.93
  statements to public, 11.85
  time at which satisfied, 11.86–11.87
Mere equities
  conflicting claims to goods, and, 2.78
  generally, 2.26
Mere puffs
  statements, and, 3.40
Merger
  payment obligations, and, 19.20
Minimum payment clause
  finance lease, and, 28.17
Misrepresentations
  avoidance of contract, and, 3.35
  remedies for
    damages, 3.98–3.99
    rescission, 3.98–3.102
    sale of goods, and, 14.02
  rescission, and, 3.41–3.45
Mistake
  avoidance of contract, and, 3.33
Mitigation of damage
  anticipatory breach by seller,
    and, 14.13–14.14
  delay in delivery, and, 14.34–14.35
  generally, 3.135–3.140
Model contracts
  sources of law, and, 1.18
Model laws
  sources of law, and, 1.28–1.29
Modification Regulation
  conflict of laws, and, 37.52
Money
  see also **Consideration; Payment**

Money – *cont.*
  bank money
    generally, 17.20–17.21
    introduction, 17.14
  bank notes and coins, 17.17
  Bitcoin
    generally, 17.23–17.29
    introduction, 17.14
  characteristics
    bank money, 17.20–17.21
    cryptocurrencies, 17.23–17.29
    electronic money, 17.22
    introduction, 17.15
    physical, 17.16–17.19
    virtual currencies, 17.23–17.29
  claims
    gain-based, 17.34, 17.36–17.42
    introduction, 17.30–17.34
    non-gain-based, 17.34, 17.35
    personal, 17.31–17.33, 17.37–17.39
    proprietary, 17.31–17.33, 17.40–17.42
    types, 17.30–17.34
  contract of sale of goods, and, 7.36
  cryptocurrencies, 17.23–17.29
  denominated value, 17.17
  electronic money
    generally, 17.22
    introduction, 17.02
  forms of
    bank money, 17.20–17.21
    cryptocurrencies, 17.23–17.29
    electronic money, 17.22
    introduction, 17.15
    physical money, 17.16–17.19
    virtual currencies, 17.23–17.29
  fungibles, 17.17
  gain-based claims
    generally, 17.36
    introduction, 17.34
    personal claims, 17.37–17.39
    proprietary claims, 17.40–17.42
  intangible money
    gain-based claims, 17.34, 17.36–17.42
    introduction, 17.30–17.34
    non-gain-based claims, 17.34, 17.35
    personal claims, 17.31–17.33,
      17.37–17.39
    proprietary claims, 17.31–17.33,
      17.40–17.42
    types of claim, 17.30–17.34
  introduction, 17.01–17.04
  legal tender, 17.05
  meaning
    overview, 17.05–17.10
    purpose of discussion, 17.11–17.14
  negotiability, 17.17

1453

Index

Money – *cont.*
  non-gain-based claims
    generally, 17.35
    introduction, 17.34
  notes and coins, 17.17
  personal claims
    gains based claims, 17.37–17.39
    generally, 17.31–17.33
    non-gains based claims, 17.35
  physical money, 17.16–17.19
  proprietary claims
    gains based claims, 17.40–17.42
    generally, 17.31–17.33
    non-gains based claims, 17.35
  real claims, 17.31–17.33
  storecards, 17.14
  types
    bank money, 17.20–17.21
    cryptocurrencies, 17.23–17.29
    electronic money, 17.22
    introduction, 17.15
    physical, 17.16–17.19
    virtual currencies, 17.23–17.29
  types of claim, 17.30
  virtual currencies, 17.23–17.29
Money of account
  conflict of laws, and, 37.104–37.107
Money of payment
  conflict of laws, and, 37.104–37.108
Money orders
  payment instruments, and, 19.05
Morality
  fairness of contract, and, 3.73
Mortgages
  affirmation, and, 13.14
  characterization, 22.26
  dealings in goods, and, 2.50
  delivery of possession, 22.61
  equitable ownership, and, 2.36
  generally, 22.21–22.23
  legal ownership, and, 2.31
Motor vehicles, disposition of
  finance purchaser, to, 16.89–16.90
  introduction, 16.72–16.73
  presumptions, 16.91–16.92
  private purchaser, to, 16.75–16.88
  relevant vehicles, 16.74
  trade purchaser, to, 16.89–16.90
Movement certificate
  international trade, and, 32.81
Multimodal transport operations
  CT document, 36.94–36.96
  documentation, 32.88
  ICC Rules, 36.94–36.96
  introduction, 32.34
  legal problems, 36.86–36.87

Multimodal transport operations – *cont.*
  operators, 36.84–36.85
  Rotterdam Rules, 36.98–36.100
  UNCTAD Convention, 36.88–36.93
  UNCTAD/ICC Rules, 36.97
  unitization, and, 36.79–36.83
Multi-party actions
  commercial arbitration, and, 39.06
  litigation, and, 38.13

N

Necessity
  agency, and, 5.18–5.19
Negative pledge clauses
  consensual security, and, 22.45–22.46
Negligence
  carriage by sea, and
    claimants, 36.71
    defendants, 36.72–36.73
    introduction, 36.69–36.70
  nemo dat quod non habet,
    and, 16.11–16.12
Negligent misrepresentations
  rescission, and, 14.02
  tort remedies, and, 14.10
Negotiability
  bills of exchange, and, 20.132
  investment securities, and, 21.18–21.19
  money, and, 17.17
Negotiable certificates of deposit
  payment instruments, and, 19.05
Negotiable bills of lading
  generally, 32.57
Negotiable instruments
  abstract payment undertaking, as, 19.22
  autonomy of obligation, 19.19–19.20
  classes, 19.04–19.07
  decline in importance, 19.23
  historical background, 19.08–18.18
  introduction, 19.01
  investment securities, as
    dematerialization, 21.21–21.24
    generally, 21.13–21.16
    immobilization, 21.21–21.24
    negotiability, 21.18–21.19
    regulation, 21.20
    statutory application, 21.17
  meaning, 19.02–19.03
  personal property, and, 2.01
Negotiating damages
  generally, 3.121–3.122
Negotiation
  bills of exchange, and, 20.20

Index

Negotiation – *cont.*
  documentary credits, and
    authorized, 35.98–35.99
    discount, 35.100
    introduction, 35.95–35.96
    without authority, 35.97
Negotiation credits
  documentary credits, and, 35.32–35.37
Nemo dat quod non habet
  agency, and, 16.10
  apparent authority
    ad hoc agent, 16.20–16.21
    generally, 16.13–16.16
    mercantile agent, 16.17–16.19
  apparent ownership, 16.22–16.24
  bills of exchange, and, 20.35–20.37
  c.i.f. contracts, and, 34.38
  conditional sale, and, 27.18
  conflicting claims to goods, and, 2.73–2.74
  consignment, 16.45
  disposition by buyer obtaining possession
    buyer, 16.60–16.62
    consent of seller, 16.64
    delivery, 16.66
    documents of title, 16.65
    good faith, 16.68–16.71
    introduction, 16.57–16.59
    pledge, 16.67
    possession of goods, 16.65
    sale, 16.67
    transfer, 16.67
  disposition by mercantile agent
    consent of owner, 16.39–16.41
    good faith, 16.44
    'in the ordinary course of business', 16.43
    introduction, 16.33–16.34
    pledge, 16.42
    possession of goods or title documents, 16.35–16.38
    sale, 16.42
    want of notice, 16.44
  disposition by seller in possession
    'continues or is in possession', 16.50–16.51
    delivery of goods or title documents, 16.52
    good faith, 16.54
    'having sold goods', 16.48–16.49
    introduction, 16.46–16.47
    pledge, 16.53
    sale, 16.53
    transfer of goods or title documents, 16.52
  disposition of motor vehicles subject to hire purchase

Nemo dat quod non habet – *cont.*
  disposition of motor vehicles subject to hire purchase – *cont.*
    finance purchaser, to, 16.89–16.90
    introduction, 16.72–16.73
    presumptions, 16.91–16.92
    private purchaser, to, 16.75–16.88
    relevant vehicles, 16.74
    trade purchaser, to, 16.89–16.90
  exceptions to rule
    consignment, 16.45
    disposition by buyer obtaining possession, 16.57–16.71
    disposition by mercantile agent, 16.33–16.44
    disposition by seller in possession, 16.48–16.54
    disposition of motor vehicles subject to hire purchase, 16.72–16.93
    forfeiture under statutory powers, 16.93
    introduction, 16.25–16.27
    lien, 16.55
    sale by seller exercising right of lien or stoppage, 16.56
    sale by seller with voidable title, 16.29–16.32
    sale in market overt, 16.28
    sale under statutory powers, 16.93
    stoppage in transit, 16.55
  finance lease, and, 28.30
  general rule, 16.09–16.12
  holders in due course, and, 20.35–20.37
  incidents of real security, and, 22.76
  introduction, 16.09–16.12
  law merchant, and, 1.07
  lien, 16.55
  nature of commercial law, and, 1.12
  personal property
    conflicting claims to goods, 2.73–2.74
    transfer by non-owner, 2.80, 2.82–2.86
  proceeds of sale, and, 16.79
  reform proposals, 16.101
  remedies, 16.96–16.100
  retention of title, and, 15.74
  sale by seller exercising right of lien or stoppage, 16.56
  sale by seller with voidable title, 16.29–16.32
  sale in market overt, 16.28
  sale of goods, and, 7.05
  security, and
    debtor's power to give asset in security, 23.13
    incidents of real security, 22.76
    perfection and priorities, 24.69
  stoppage in transit, 16.55

1455

Index

Nemo dat quod non habet – *cont.*
  title to sell goods, and, 11.19
  transfers by non-owners, and
    nature of interest acquired, 2.82–2.86
    validity, 2.80
Net settlement
  payment, and, 18.39–18.40
Netting
  payment, and, 18.04–18.05
  winding up, and, 31.52
Netting by novation
  payment, and, 18.36–18.37
New York Convention
  commercial arbitration, and, 39.05, 39.21, 39.24, 39.41
Nomination of vessel
  strict f.o.b. contracts, and, 34.04–34.06
Non-acceptance
  available market, 15.39–15.43
  introduction, 15.33–15.38
  lost-volume seller, 15.47–15.51
  market-price rule, 15.46
  no available market, 15.44–15.45
  non-payment, and, 15.57
Non-delivery
  anticipatory breach by seller, and, 14.13–14.15
  available market, 14.19–14.22
  consequential loss, 14.27
  generally, 14.16
  implied terms, and, 11.10
  measure of damages
    available market, 14.19–14.22
    consequential loss, 14.27
    introduction, 14.17–14.18
    no available market, 14.23–14.26
  tender of non-conforming goods, and, 14.36–14.38
  tort, and, 14.09
Non-existing party
  bills of exchange, and, 20.107–20.114
Non-gains based money claims
  generally, 17.35
  introduction, 17.34
Non-negotiable bills of lading
  generally, 32.55
Non-negotiable sea waybill
  generally, 32.85
  specimen, 32.88
Non-notification financing
  receivables, and, 29.31–29.31
Non-owner transfers
  nature of interest acquired by transferee, 2.82–2.86
  priority, 2.81
  validity, 2.80–2.81

Non-payment
  acceptance of repudiation, 15.75
  action for price, 15.57
  common law, at, 15.73–15.76
  introduction, 15.53–15.54
  liens, 15.60–15.63
  personal remedies, 15.55
  real remedies
    common law, at, 15.73–15.76
    SOGA, under, 15.56–15.72
  recovery of goods and damages, 15.57
  repurchase right, 15.76
  resale and damages, 15.68–15.72
  retention of title, 15.74
  statute, under, 15.57–15.72
  stoppage in transit, 15.64–15.67
  strength of buyer's payment obligation, 15.53–15.54
  withholding delivery, 15.60–15.63
Non-performance
  implied terms, and, 11.10
Non-recourse financing
  consensual security, and, 22.37
Norwich Pharmacal **orders**
  litigation, and, 38.67
Notes and coins
  money, and, 17.17
Notice
  dishonour of bills, and, 20.84–20.86
  perfection of security interest, and, 24.14–24.15
  rejection, and
    effectiveness, 12.11
    generally, 12.10
Notice enabling buyer to insure
  strict f.o.b. contracts, and, 34.07
Novation
  contract law, and, 3.91–3.92
  finance lease, and, 28.26
  netting, and, 18.36–18.37
  payment, and, 18.04–18.05
  secured financing, and, 24.04, 24.16
Nullity
  contract law, and, 3.36
  documentary credits, and, 35.115–35.117

O

Obligation
  personal property, and, 2.12–2.14
Offer and acceptance
  formation of contract, and, 3.27
Official Receiver
  winding up, and, 31.32

Index

Offset against price
buyer's remedies, and, 14.06
Oléron, laws of
mercantile custom, and, 1.02
On-demand guarantees
abstract payment undertakings, and, 3.22
advance payment guarantee, 35.165
definition, 35.161
documentary credits, and, 35.41
'extend or pay' demands, 35.173–35.174
formalities, 35.170–35.172
freezing injunctions, and, 35.176
ICC Rules, 35.158–35.159
introduction, 35.153
legal principles, 35.166–35.169
maintenance guarantee, 35.165
nature, 35.154–35.157
performance guarantee
generally, 35.165
specimen, 35.165
repayment guarantee, 35.165
retention guarantee, 35.165
structure of transactions, 35.162–35.164
tender guarantee
generally, 35.165
specimen, 35.165
termination, 35.175
terminology, 35.154–35.157
types, 35.165
UN Convention n Independent Guarantees and Stand-By Letters of Credit, 35.160
URDG, and, 35.154
warranty guarantee, 35.165
Onus of proof
carriage by sea, and, 36.53–36.54
Opening credits
application to bank, 35.20–35.21
introduction, 35.18–35.19
nomination of bank, 35.23
notification, 35.22
presentation of documents, 35.24
specimen application, 35.21
Operating lease
finance lease, and, 28.03
Operation of law
dealings in goods, and, 2.48
legal ownership, and, 2.32
Orders to pay
generally, 19.06
Ordre public
contract law, and, 3.73
Overriding objective
litigation, and
case management, 38.57
disclosure, 38.65

Overriding objective – *cont.*
litigation, and – *cont.*
generally, 38.15
interim applications, 38.85
summary judgment, 38.37
small claims, 38.58
Ownership
equitable
acquisition, 2.33–2.35
floating interests, 2.39
inchoate interests, 2.38
interest, 2.36–2.37
title, 2.36–2.37
transfer, 2.33–2.35
identification of contract goods, and, 8.02
legal
acquisition, 2.30–2.31
co-ownership, 2.28–2.29
indivisibility of, 2.25–2.27
interest, 2.20–2.24
loss, 2.32
title, 2.20–2.24
transfer, 2.30–2.31
real rights, and, 2.06

P

Packaging
international trade, and, 32.36
Vienna Convention, and, 33.26
Packing list
international sales, and
generally, 32.82
specimen, 32.84
Pacta sunt servanda
sale of goods, and, 7.01
Pain and suffering
damages, and, 3.130
Pari passu
characterization of security, and, 22.03
corporate insolvency, and
administration, 31.69
winding up, 31.21–31.23
negative pledge clause, and, 22.45
set-off, and, 22.40
subordination agreement, and, 22.54
winding-up, and
contracting out of collective scheme, 31.26
ranking of unsecured creditors, 31.21–31.23
Parol evidence
contract law, and, 3.67–3.70

1457

Index

Part 20 proceedings
  litigation, and, 38.53–38.54
Part 36 offers and payments
  litigation, and, 38.71–38.73
Partial awards
  commercial arbitration, and, 39.78–39.79
Particulars of claim
  generally, 38.45–38.46
Parties
  commercial arbitration, and, 39.59–39.66
  bills of exchange, and, 20.08–20.11
  litigation, and, 38.15–38.16
  stay of proceedings, 38.77
Party autonomy
  commercial arbitration, and, 39.31–39.32
  dépeçage, 37.69
  generally, 37.70–37.68
  restrictions, 37.70–37.71
Passing of property
  appropriation to contract, 8.19–8.22
  approval, goods on, 8.102–8.106
  ascertained goods, 8.08–8.09
  bulk goods
    commingling from different suppliers, 8.39–8.44
    introduction, 8.38
    proprietary effects, 8.61–8.70
    risk, and, 9.40
    sale to different buyers from same bulk, 8.45–8.60
    withdrawal from bulk, 8.71
  claims against third parties, 8.32–8.33
  commingling from different suppliers, 8.39–8.44
  deliverable state, 8.82–8.87
  disposal, 8.34
  frustration, and, 8.29
  fungibles, 8.10
  generic goods, 8.10
  goods forming part of bulk
    commingling from different suppliers, 8.39–8.44
    introduction, 8.38
    proprietary effects, 8.61–8.70
    risk, and, 9.40
    sale to different buyers from same bulk, 8.45–8.60
    withdrawal from bulk, 8.71
  goods on approval, 8.102–8.106
  identification of contract goods
    appropriation to contract, 8.19–8.22
    ascertained goods, 8.08–8.09
    classification of goods, 8.04
    fungibles, 8.10
    generic goods, 8.10
    process of, 8.18

Passing of property – *cont.*
  identification of contract goods – *cont.*
    purposes, 8.02–8.03
    quasi-specific goods, 8.14–8.17
    specific goods, 8.05–8.07
    unascertained goods, 8.10–8.13
  insolvency of party, 8.31
  introduction, 8.01
  property
    claims against third parties, 8.32–8.33
    contract of sale of goods, and, 7.24–7.30
    core of contract, as, 8.23–8.26
    disposal, 8.34
    effect of statutory provisions, 8.37
    frustration, and, 8.29
    insolvency of party, 8.31
    introduction, 8.23–8.26
    relevance, 8.27–8.36
    right to sue, and, 8.30
    risk, and, 8.29
    tracing, and, 8.35–8.36
  quasi-specific goods, 8.14–8.17
  risk, and, 8.29, 9.27
  sale or return, goods on, 8.102–8.106
  sale to different buyers from same bulk
    conditions, 8.55–8.60
    introduction, 8.45
    non-prepaying buyer, 8.46–8.50
    prepaying buyer, 8.51–8.54
  specific goods
    deliverable state, 8.82–8.87
    identification of contract goods, 8.05–8.07
    time of passing, 8.79–8.91
    unconditional contract, 8.84–8.86
  time of
    approval, goods on, 8.102–8.106
    introduction, 8.72–8.78
    quasi-specific goods, 8.100–8.101
    reservation of right of disposal, 8.107–8.113
    sale or return, goods on, 8.102–8.106
    specific goods, 8.79–8.91
    unascertained goods, 8.92–8.99
  tracing, and, 8.35–8.36
  unascertained goods
    categories, 8.11–8.13
    generally, 8.10
    time of passing, 8.92–8.99
  unconditional contract, 8.84–8.86
  withdrawal from bulk
    buyer, by, 8.68–8.69
    general right, 8.71
Payment
  see also **Money**

Index

Payment – *cont.*
  acceptance, and, 18.04–18.05
  bankers' drafts, 21.06–21.07
  banknotes, 19.05
  bearer bonds, 19.05
  bearer debentures, 19.05
  bearer scrip certificates, 19.05
  bill of exchange
    see also **Bills of exchange**
    accommodation parties, 20.48–20.49
    advantages, 20.127–20.134
    autonomy of obligation, 19.19–19.20
    certainty, 19.21
    classification, 19.04–19.07
    defences to claim, 20.92–20.120
    definition, 20.03–20.06
    discharge, 20.121–20.123
    dishonour remedies, 20.88–20.91
    effect on underlying
      contract, 20.124–20.125
    enforcement, 20.76–20.87
    historical background, 19.11–19.15
    holder, 20.26–20.47
    introduction, 20.01–20.02
    issue and acceptance, 20.07–20.19
    liabilities of parties, 20.50–20.75
    nature, 19.04–19.07
    security, 20.126
    transfer, 20.20–20.25
    unconditionality, 19.21
  buyer's duties, and
    conditions, 15.10–15.16
    general obligation, 15.08
    time of payment, 15.09
  buyer's remedies, and, 14.04
  cheques
    autonomy of obligation, 19.19–19.20
    bankers' drafts, 21.06
    classification, 19.05
    generally, 19.16–19.18
    historical background, 19.08
    travellers' cheques, 21.08–21.12
  c.i.f. contracts, and, 34.24
  circular notes, 19.05
  commitment to pay, and, 18.06
  concept, 18.02–18.03
  conditional, 18.05
  conditions
    delivery, 15.11–15.12
    introduction, 15.10
    payment 15.11–15.12
    right to sue, 15.13–15.16
  contract netting, 18.36–18.37
  delivery, and, 18.04–18.05
  dividend warrants, 19.05
  elements of, 18.07–18.10

Payment – *cont.*
  funds transfer, and, 18.04–18.05
  instrument, by
    abstract payment undertaking, as, 19.22
    autonomy of obligation, 19.19–19.20
    certainty, 19.21
    classes, 19.04–19.07
    decline in importance, 19.23
    historical background, 19.08–18.18
    introduction, 19.01
    meaning, 19.02–19.03
    unconditionality, 19.21
  interbank credit transfers
    completion of payment, 18.35
    effects, 18.30–18.34
    introduction, 18.11–18.20
    mechanism, 18.26–18.29
    methods, 18.22–18.25
    terminology, 18.21
  interest warrants, 19.05
  international trade, and, 35.01–35.03
  introduction, 18.01
  investment securities
    dematerialization, 21.21–21.24
    immobilization, 21.21–21.24
    introduction, 21.13–21.16
    negotiability, 21.18–21.19
    regulation, 21.20
    statutory application, 21.17
  letters of allotment, 19.05
  methods, 18.04–18.05
  money orders, 19.05
  negotiable certificates of deposit, 19.05
  negotiable instruments
    abstract payment undertaking, as, 19.22
    autonomy of obligation, 19.19–19.20
    classes, 19.04–19.07
    decline in importance, 19.23
    historical background, 19.08–18.18
    introduction, 19.01
    investment securities, as, 21.13–21.24
    meaning, 19.02–19.03
  netting, and, 18.04–18.05
  novation, and, 18.04–18.05
  orders to pay, 19.06
  pension warrants, 19.05
  postal orders, 19.05
  promises to pay
    generally, 19.05
    promissory note, 21.02–21.05
  promissory notes
    see also **Promissory notes**
    autonomy of obligation, 19.19–19.20
    certainty, 19.21
    classes, 19.04–19.07
    decline in importance, 19.23

1459

Index

Payment – *cont.*
  promissory notes – *cont.*
    generally, 21.02–21.05
    historical background, 19.09–19.10
    introduction, 19.01
    meaning, 19.02–19.03
    unconditionality, 19.21
  scrip certificates, 19.05
  set-off, and, 18.04–18.05
  settlement
    introduction, 18.38
    net, 18.39–18.40
    real-time gross, 18.41
  share warrants, 19.05
  strict f.o.b. contracts, and, 34.12
  suspension, 14.04
  systems
    contract netting, 18.36–18.37
    interbank credit transfers, 18.26–18.34
    introduction, 18.11–18.20
    methods, 18.22–18.25
    netting by novation, 18.36–18.37
    settlement, 18.38–18.41
    terminology, 18.21
  time of
    bills of exchange, 19.05
    sale of goods, 15.09
  travellers' cheques, 21.08–21.12
  treasury bills, 19.05
Payments into court
  secured financing, and, 22.74
Pecuniary loss
  damages, and, 3.131–3.132
Penalty clauses
  contract law, and, 3.73
Pension schemes
  winding up, and, 31.36
Pension warrants
  payment instruments, and, 19.05
Perfect tender rule
  acceptance, 13.02–13.03
  correspondence with description, 11.30
  during defective tender, and, 12.26–12.27
  delivery, 10.06
  delivery of wrong quantity
    excessive delivery, 13.37
    introduction, 13.31–13.34
    short delivery, 13.35–13.36
Perfection of security interest
  attornment, by, 24.16
  conclusions, 24.69–24.71
  control, by, 24.16
  filing, by, 24.08–24.13
  generally, 24.02
  introduction, 22.78

Perfection of security interest – *cont.*
  methods
    attornment, 24.16
    filing, 24.08–24.13
    introduction, 24.03–24.04
    notice, 24.14–24.15
    novation, 24.16
    possession, 24.05–24.07
    registration, 24.08–24.13
  notice to debtor, by, 24.14–24.15
  novation, by, 24.16
  possession of security, by, 24.05–24.07
  registration, by, 24.08–24.13
Performance
  contract law, and, 3.104–3.106
  self-help remedies, and, 3.109
  termination, and, 3.153–3.154
Performance bonds
  see also **Performance guarantees**
  abstract payment undertakings, and, 3.22
  generally, 35.154
  guarantees, and, 30.02
  terminology, 35.154–35.157
Performance guarantees
  generally, 35.165
  specimen, 35.165
Perils of the sea
  carriage by sea, and, 36.39
Personal money claims
  gains based claims, 17.37–17.39
  generally, 17.31–17.33
  non-gains based claims, 17.35
Personal property
  characteristics, 2.17–2.19
  claims to fungibles, 2.89–2.91
  classification of rights
    equities, 2.10–2.11
    introduction, 2.05
    purely personal rights, 2.09
    real rights, 2.06
    rights *ad rem*, 2.07–2.08
    rights *in personam*, 2.07–2.08
    rights *in rem*, 2.09
  conflicting claims
    resolution, 2.72–2.78
    tracing, 2.66–2.71
    types, 2.61–2.65
  consensual transfer or rights, 2.59–2.60
  dealings in goods
    disposition of absolute interest, 2.49–2.50
    introduction, 2.48
    limited interests in goods, 2.51–2.52
  dealings in intangibles
    documentary intangibles, 2.56–2.58
    introduction, 2.53

Index

Personal property – *cont.*
  dealings in intangibles – *cont.*
    pure intangibles, 2.54–2.55
  definition, 2.15–2.16
  disposition of absolute interest, 2.49–2.50
  documentary intangibles, 2.56–2.58
  equitable ownership, 2.33–2.39
  equitable ownership
    acquisition, 2.33–2.35
    floating interests, 2.39
    inchoate interests, 2.38
    interest, 2.36–2.37
    title, 2.36–2.37
    transfer, 2.33–2.35
  equities, 2.10–2.11
  floating interests, 2.39
  fungibles, 2.89–2.91
  hypothecation, 2.06
  identifying object of transfer obligation
    claims to fungibles, 2.89–2.91
    interests in funds, 2.92–2.93
    interests *in specie*, 2.88
    introduction, 2.87
  inchoate interests, 2.38
  interests in funds, 2.92–2.93
  interests *in specie*, 2.88
  introduction, 2.01–2.04
  legal ownership
    acquisition, 2.30–2.31
    co-ownership, 2.28–2.29
    indivisibility of, 2.25–2.27
    interest, 2.20–2.24
    loss, 2.32
    title, 2.20–2.24
    transfer, 2.30–2.31
  limited interests in goods, 2.51–2.52
  nemo dat non quod non habet
    conflicting claims to goods, 2.73–2.74
    transfer by non-owner, 2.80, 2.82–2.86
  non-owner transfers
    nature of interest acquired by transferee, 2.82–2.86
    priority, 2.81
    validity, 2.80–2.81
  obligation, and, 2.12–2.14
  ownership
    equitable, 2.33–2.39
    legal, 2.20–2.32
    real rights, and, 2.06
  possession, 2.40–2.47
  protection of rights, 2.94–2.95
  purely personal rights, 2.09
  real rights, 2.06
  rights *ad rem*, 2.07–2.08
  rights *in personam*, 2.07–2.08
  rights *in rem*, 2.09

Personal property – *cont.*
  security, and, 2.01
  tracing, 2.66–2.71
  transfers by non-owners, and
    nature of interest acquired, 2.82–2.86
    validity, 2.80
Physical inconvenience
  damages, and, 3.130
Pilot schemes
  disclosure, and, 38.66
Place of acceptance
  bills of exchange, and, 20.19
Place of drawing
  bills of exchange, and, 20.14
Pledge-backs
  consensual security, and, 22.42
Pledges
  affirmation, and, 13.14
  characterization of security, and
    delivery of possession, 22.61
    generally, 22.17–22.19
  dealings in goods, and, 2.51
  delivery of possession, 22.61
  disposition by buyer in possession, and, 16.67
  disposition by mercantile agent, and, 16.42
  disposition by seller in possession, and, 16.53
  generally, 22.17–22.19
  stocking finance, and, 29.09
Port of shipment
  strict f.o.b. contracts, and, 34.02–34.03
Possession
  charges, and, 22.61
  construction contract, and, 22.60
  dealings in goods, and, 2.51
  enforcement of security, and, 23.31–23.34
  equitable charge, and, 22.61
  identification of contract goods, and, 8.02
  liens, and, 22.61
  mortgage, and, 22.61
  payment instruments, and, 19.02
  perfection, and, 24.05–24.07
  pledge, and, 22.61
  real rights, and, 2.40–2.47
Possession *animo domini*
  acceptance, and, 13.11
  legal ownership, and, 2.21, 2.30
  title to sue, and, 11.16
  transfer by non-owner, and, 2.80, 2.82–2.86
Possessory liens
  legal security, and, 22.66
Postal orders
  payment instruments, and, 19.05

1461

Index

Pre-action disclosure
  litigation, and, 38.68
Pre-action protocols
  litigation, and, 38.18
Precedent
  limitations, 1.44–1.46
Preferences
  winding up, and, 31.44–31.48
Preliminary issue
  litigation, and, 38.74
Presentment for acceptance
  generally, 20.78
Presentment for payment
  acceptor, by, 20.80
  drawer, by, 20.81–20.83
  indorsers, by, 20.81–20.83
  introduction, 20.79
Preservation of property
  litigation, and, 38.69
Pre-trial review
  litigation, and, 38.74
Price abatement
  satisfactory quality, and, 11.84
Price and delivery terms
  generally, 32.14
  list, 32.20
Price reduction
  buyer's remedies, and
    Consumer Rights Act 2015, under, 14.72
    tender of non-conforming goods, 14.37
Prior course of dealing
  sources of law, and, 1.20
Priorities
  after-acquired property clause, 24.58–24.61
  basic rules, 24.18–24.19
  circularity problems, 24.62–24.68
  companies legislation, under
    certificate of registration, 24.36
    conclusive nature of certificate, 24.37–24.38
    constructive notice, 24.43–24.48
    effect, 24.36–24.49
    failure to register, 24.50–24.53
    general requirement, 24.30–24.32
    information omitted, 24.37
    out of time, 24.54–24.56
    registration process, 24.33–24.34
    registration requirement, 24.30–24.32
    voluntarily filed particulars, 24.46
  conclusions, 24.69–24.71
  floating charges, and
    after crystallization, 25.29–25.31
    prior to crystallization, 25.25–25.28
    statutory subordination, 25.32

Priorities – *cont.*
  general rules, 24.18
  initial advance made after notice of second mortgage, 24.23–24.25
  introduction, 22.78
  property legislation, under, 24.26–24.29
  purchase-money security interest, 24.58–24.61
  registration requirements
    companies legislation, under, 24.30–24.56
    other legislation, under, 24.57
    property legislation, under, 24.26–24.29
  registration requirements under companies legislation
    certificate of registration, 24.36
    conclusive nature of certificate, 24.37–24.38
    constructive notice, 24.43–24.48
    effect, 24.36–24.49
    failure to register, 24.50–24.53
    general requirement, 24.30–24.32
    information omitted, 24.37
    out of time, 24.54–24.56
    registration process, 24.33–24.34
    registration requirement, 24.30–24.32
    voluntarily filed particulars, 24.46
  registration requirements under property legislation, 24.26–24.29
  subsidiary rules, 24.19
  tacking further advances, 24.20–24.22
  types of conflict, 24.17
Priority of debts
  winding up, and, 31.35–31.36
Private arbitration
  commercial arbitration, and, 39.17
Private international law
  conflict of laws, and
    see also **Conflict of laws**
    generally, 37.01–37.02
  sources of law, and, 1.39
Privity rule
  common law, at, 3.86–3.88
  damages, and, 3.123
  statute, under, 3.89–3.90
Procedural orders
  commercial arbitration, and, 39.74
Procedural securities
  secured financing, and, 22.73–22.75
Procedural unfairness
  contract law, and, 3.73
Proceeds
  consensual security, and, 22.62–22.63
  nemo dat quod non habet, and, 16.79
Procurement of goods
  international trade, and, 32.31

Index

Prohibitory injunction
  breach of contract, and, 3.115
Promise and bargain
  abstract payment undertaking, 3.22
  consideration
    introduction, 3.11
    nature, 3.13–3.14
    inducing unrequested reliance, 3.15–3.21
    introduction, 3.10–3.12
Promises to pay
  generally, 19.05
  promissory notes
    see also **Promissory notes**
    autonomy of obligation, 19.19–19.20
    certainty, 19.21
    classes, 19.04–19.07
    decline in importance, 19.23
    generally, 21.02–21.05
    historical background, 19.09–19.10
    introduction, 19.01
    meaning, 19.02–19.03
    unconditionality, 19.21
Promissory estoppel
  contract law, and, 3.97
Promissory notes
  autonomy of obligation, 19.19–19.20
  certainty, 19.21
  classes, 19.04–19.07
  decline in importance, 19.23
  generally, 21.02–21.05
  historical background, 19.09–19.10
  introduction, 19.01
  meaning, 19.02–19.03
  unconditionality, 19.21
Proof of claims
  winding up, and, 31.33–31.34
Property
  claims against third parties, 8.32–8.33
  contract of sale of goods, and, 7.24–7.30
  core of contract, as, 8.23–8.26
  disposal, 8.34
  effect of statutory provisions, 8.37
  frustration, and, 8.29
  insolvency of party, 8.31
  introduction, 8.23–8.26
  relevance, 8.27–8.36
  right to sue, and, 8.30
  risk, and, 8.29
  tracing, and, 8.35–8.36
Proprietary estoppel
  contract law, and, 3.97
Proprietary money claims
  gains based claims, 17.40–17.42
  generally, 17.31–17.33
  non-gains based claims, 17.35

Proprietary rights
  see also **Real rights**
  personal property, and, 2.14
Protest
  bills of exchange, and, 20.87
Provisional measures
  commercial arbitration, and, 39.76
Public policy
  contract law, and, 3.73
  Rome I Regulation, and, 37.79–37.82
Publicity
  secured financing, and, 26.18
Purchase-money security interest
  after-acquired property clause, and, 24.58–24.61
Purchase on security
  consensual security, and, 22.27–22.37
Purchase order
  international trade, and, 32.29
Pure intangibles
  dealings, and, 2.54–2.55
Purely personal rights
  personal property, and, 2.09

Q

Quality
  abatement of price, and, 11.84
  absence of impediment to use, 11.83
  ambit of duty
    disclosed defects, 11.64–11.65
    examination by buyer, 11.66–11.67
    goods, 11.58
    goods supplied under the contract, 11.62–11.63
    in the course of business, 11.59–11.61
    introduction, 11.57
    sale by sample, 11.68
  appearance and finish, 11.78
  aspects
    absence of impediment to use, 11.83
    appearance and finish, 11.78
    durability, 11.81–11.82
    fitness for all the purposes, 11.77
    freedom from minor defects, 11.79
    in appropriate cases, 11.76
    introduction, 11.74–11.75
    safety, 11.80
  condition, as
    prior to Sale of Goods Act, 11.05
    under Sale of Goods Act, 11.06–11.09
  defects, 11.64–11.65
  durability, 11.81–11.82
  examination by buyer, 11.66–11.67

Index

Quality – *cont.*
  exclusion of liability
    consumer sales, 11.136
    non-consumer sales, 11.137–11.143
  fitness for all the purposes, 11.77, 11.97
  freedom from minor defects, 11.79
  goods, 11.58
  goods supplied under the
    contract, 11.62–11.63
  in the course of business, 11.59–11.61
  introduction, 11.52–11.53
  latent defects, 11.89
  nature of concept, 11.94
  rejection, and, 14.03
  safety, 11.80
  sale by sample, and, 11.68
  satisfactory quality, 11.54–11.56
  standard, 11.69–11.73
  state of knowledge
    characteristics not known to be harmful, 11.90
    immunities not known, 11.91–11.93
    introduction, 11.88
    latent defects, 11.89
    statements to public, 11.85
    time at which satisfied, 11.86–11.87

Quantum meruit
  illegality, 3.167

Quasi-specific goods
  identification of contract goods, and, 8.14–8.17
  risk, and, 9.11–9.15
  time when property passes, and, 8.100–8.101

Quiet possession
  exclusion of liability
    generally, 11.134–11.135
    introduction, 11.25
  generally, 11.24
  warranty, as, 11.09

R

Raising funds
  against drafts and credits, 35.144–35.146
  on security of goods, 35.147–35.152

Ratification of acts
  agency, and, 5.23

Real claims
  money, and, 17.31–17.33

Real rights
  bills of exchange, and, 20.52–20.53
  personal property, and, 2.06

Real security
  see also Secured financing
  consensual security, 22.15
  generally, 22.04
  incidents, 22.76–22.77

Real-time gross settlement
  payment, and, 18.41

Reasonable(ness)
  fitness for purpose, and
    generally, 11.110–11.112
    reliance on seller's skill or judgment, 11.113–11.124
  retention, and, 13.19–13.25

Recaption
  self-help remedies, and, 3.109

Receipts
  bill of lading, and, 32.59

Receivables
  consensual security, and
    discounting, 22.36
    non-recourse financing, 22.37
  discounting, 22.36
  floating charges, and, 25.01
  non-recourse financing, 22.37

Receivables financing
  block discounting
    facultative agreements, 29.34
    generally, 29.21
    introduction, 29.19
    non-notification, 29.31
  factoring
    introduction, 29.21
    mechanism, 29.32–29.34
    priority conflicts, 29.42–29.52
    relationship between factor and client, 29.35–29.36
    relationship between factor and customer, 29.37–29.41
  forms of, 29.21
  introduction, 29.01
  invoice discounting, 29.21
  non-notification basis, 29.31–29.31
  notification basis, 29.21–29.30
  sale and loan, 29.18–29.20

Received for shipment bills of lading
  sea waybills, and, 32.87
  seller's duties, 32.64
  specimen, 32.46

Receivers
  appointment
    breach of contract, 3.112
    consensual security, 22.24
    enforcement of security, 23.39–23.40
    equitable charges, 22.25
    legal security, 22.74
  factoring, 29.47

Index

Receivers – *cont.*
  legal security, 22.74
Recognition of foreign judgments
  arbitration, and, 39.109
  Brussels I Recast, 37.45–37.48
  common law, 37.49–37.52
  Hague Convention on Choice of Courts
      Agreement, 37.53
  Hague Convention 2019, 37.54–37.41
  overview, 37.42–37.44
  UK statutes, 37.49–37.52
Recovery of money paid
  documentary credits, and, 35.119–35.121
Recovery of possession
  enforcement of security, and, 23.34
  incidents of real security, and, 22.77
Red clause credits
  documentary credits, and, 35.38
Reduction of price
  buyer's remedies, and
    Consumer Rights Act 2015,
        under, 14.72
    tender of non-conforming goods, 14.37
Reefers
  export transactions, and, 32.39
Refusal to deliver
  see also **Non-delivery**
  tort remedies, and, 14.09
Refusal to take delivery
  seller's remedies, and, 15.30–15.32
Registration of security
  companies legislation, under
    certificate of registration, 24.36
    conclusive nature of
        certificate, 24.37–24.38
    constructive notice, 24.43–24.48
    effect, 24.36–24.49
    failure to register, 24.50–24.53
    general requirement, 24.30–24.32
    information omitted, 24.37
    out of time, 24.54–24.56
    registration process, 24.33–24.34
    registration requirement, 24.30–24.32
    voluntarily filed particulars, 24.46
  other legislation, under, 24.57
  perfection, and, 24.08–24.13
  priorities
    companies legislation,
        under, 24.30–24.56
    other legislation, under, 24.57
    property legislation, under, 24.26–24.29
  property legislation, under, 24.26–24.29
Rejection
  acceptance, and, 13.02–13.03

Rejection – *cont.*
  buyer's remedies, and
    Consumer Rights Act 2015,
        under, 14.68, 14.70–14.71
    generally, 14.03
    tender of non-conforming
        goods, 14.36–14.37
  c.i.f. contracts, and
    documents, 34.39–34.41
    goods, 34.17
  Consumer Rights Act 2015, and
    final right, 12.06, 14.70
    generally, 12.05–12.06, 14.68
    introduction, 12.01
    short-term right, 12.05, 14.71
  course of dealing, 12.02
  curing defects, and
    conduct of seller, 12.26–12.27
    general right, 12.19–12.23
    part of goods rejected, 12.25
    retender not possible, 12.24
  definition, 12.01
  delivery, and, 10.06
  effect, 12.16–12.18
  express provision, 12.02
  final right, 12.06, 14.70
  general right, 12.02–12.08
  introduction, 12.01
  loss of right, 12.12
  meaning, 12.01
  method
    effectiveness, 12.11
    generally, 12.10
  non-acceptance, and, 15.37
  repudiation, and, 12.13–12.15
  rescission, and, 12.16
  short-term right, 12.05, 14.71
  strict f.o.b. contracts, and, 34.17
  tender of non-conforming goods,
      and, 14.36–14.37
  termination for breach, and
    generally, 12.16–12.18
    introduction, 12.03
  time, 12.09
  trade usage, 12.02
  Vienna Convention, and, 33.29–33.30
Reliance
  agency, and, 5.21
Reliance interest
  generally, 3.09
  introduction, 3.07
Remainders
  equitable title, and, 2.36
Remedies
  breach of contract, for
    contract sum due, 3.116–3.118

1465

Index

Remedies – *cont.*
  breach of contract, for – *cont.*
    damages, 3.119–3.141
    injunctions, 3.114–3.115
    introduction, 3.107
    judicial remedies, 3.110–3.113
    mandatory injunction, 3.114
    prohibitory injunction, 3.115
    sale of goods, and, 14.01
    self-help, 3.108–3.109
    specific performance, 3.114
    termination, 3.142–3.156
  misrepresentation, for
    damages, 3.98–3.99
    rescission, 3.98–3.102
    sale of goods, and, 14.01
  nemo dat quod non habet, and, 16.96–16.100
  non-delivery, for, 10.47
  sale of goods, and
    see also **Remedies (sale of goods)**
    buyer's remedies, 14.01–14.73
    seller's remedies, 15.01–15.76
Remedies (sale of goods)
  acceptance
    anticipatory breach by buyer, 15.20–15.27
    tender of non-conforming goods, 14.38
  additional consumer remedies
    background, 14.66
    discretion of court, and, 14.73
    generally, 14.66–14.67
    impossibility, and, 14.69
    price reduction, 14.72
    proportionality, and, 14.69
    reduction of price, 14.72
    refund of price, 14.72
    rejection of goods, 14.68, 14.70–14.71
    relationship with common law remedies, 14.68
    repair of goods, 14.69
    replacement of goods, 14.69
    specific performance, and, 14.69
  affirmation of contract, 15.28–15.29
  anticipatory breach
    buyer, by, 15.19–15.27
    seller, by, 14.13–14.15
  anticipatory breach by buyer
    acceptance of repudiation, 15.20–15.27
    affirmation of contract, 15.28–15.29
    introduction, 15.19
  'available market'
    introduction, 14.50–14.51
    market price, 14.55
    meaning, 14.52–14.54
    sub-contracts, and, 14.56–14.60

Remedies (sale of goods) – *cont.*
  'available market' – *cont.*
    summary of rule, 14.61–14.65
  buyer's duties
    acceptance, 15.07
    introduction, 15.01
    payment, 15.08–15.18
    taking of delivery, 15.04–15.06
  buyer's remedies
    additional consumer remedies, 14.66–14.73
    anticipatory breach, 14.13–14.15
    'available market', 14.50–14.55
    breach of collateral contract, 14.11
    Consumer Rights Act 2015, under, 14.66–14.73
    damages for breach of warranty, 14.40–14.49
    declarations, 14.12
    defect in seller's title, 14.39
    delay in delivery, 14.28–14.35
    introduction, 14.01
    market-price rule, 14.61–14.65
    non-delivery, 14.17–14.27
    outline, 14.02–14.12
    sub-contracts, and, 14.56–14.60
    tender of non-conforming goods, 14.36–14.38
    tort, in, 14.09–14.10
  Consumer Rights Act 2015, under
    background, 14.66
    discretion of court, and, 14.73
    generally, 14.66–14.67
    impossibility, and, 14.69
    price reduction, 14.72
    proportionality, and, 14.69
    reduction of price, 14.72
    refund of price, 14.72
    rejection of goods, 14.68, 14.70–14.71
    relationship with common law remedies, 14.68
    repair of goods, 14.69
    replacement of goods, 14.69
    specific performance, and, 14.69
  conversion, 14.09
  damages
    acceptance of goods, and, 14.06
    anticipatory breach by buyer, for, 15.19–15.27
    'available market', 14.50–14.55
    breach of warranty, for, 14.40–14.49
    conversion, for, 14.09
    misrepresentation, for, 14.10
    non-acceptance, for, 15.33–15.51
    non-delivery, for, 14.17–14.27

Index

Remedies (sale of goods) – *cont.*
  damages – *cont.*
    refusal to take delivery,
      for, 15.30–15.32
    sub-contracts, and, 14.56–14.60
    termination, and, 14.05
  deceit, 14.10
  declarations, 14.12
  defect in seller's title, 14.39
  delay in delivery
    goods bought for resale, 14.32–14.33
    goods bought for use, 14.34–14.35
    introduction, 14.28–14.31
  delay in taking delivery, 15.52
  fraudulent misrepresentations, and, 14.10
  negligent misrepresentations, and, 14.10
  non-acceptance
    available market, 15.39–15.43
    introduction, 15.33–15.38
    lost-volume seller, 15.47–15.51
    market-price rule, 15.46
    no available market, 15.44–15.45
  non-delivery
    available market, 14.19–14.22
    consequential loss, 14.27
    generally, 14.16
    measure of damages, 14.17–14.27
    no available market, 14.23–14.26
    tort, and, 14.09
  non-payment
    acceptance of repudiation, 15.75
    action for price, 15.57
    common law, at, 15.73–15.76
    introduction, 15.53–15.54
    liens, 15.60–15.63
    recovery of goods and damages, 15.57
    repurchase right, 15.76
    resale and damages, 15.68–15.72
    retention of title, 15.74
    statute, under, 15.57–15.72
    stoppage in transit, 15.64–15.67
    withholding delivery, 15.60–15.63
  offset against price, 14.06
  payment, and
    conditions, 15.10–15.16
    general obligation, 15.08
    time of payment, 15.09
  price reduction, 14.72
  reduction of price, 14.72
  refund of price, 14.72
  refusal to take delivery, 15.30–15.32
  rejection of goods
    Consumer Rights Act 2015,
      under, 14.68, 14.70–14.71
    generally, 14.03

Remedies (sale of goods) – *cont.*
  rejection of goods – *cont.*
    tender of non-conforming
      goods, 14.36–14.37
  repair of non-conforming goods, 14.69
  replacement of non-conforming
    goods, 14.69
  rescission
    buyer, by, 14.02
    seller, by, 15.17–15.18
  restitution, 14.02
  seller's remedies
    anticipatory breach, 15.19–15.27
    delay in taking delivery, 15.52
    introduction, 15.01
    non-acceptance, 15.33–15.51
    non-payment, 15.53–15.76
    outline, 15.02–15.03
    refusal to take delivery, 15.30–15.32
    rescission, 15.17–15.18
  specific delivery, 14.09
  specific performance
    Consumer Rights Act 2015,
      under, 14.69
    generally, 14.07–14.08
  suspension of payment, 14.04
  tender of non-conforming
    goods, 14.36–14.38
  termination, 14.05
Remoteness of damage
  breach of warranty, and, 14.46
  damages, and, 3.133–3.134
Rental
  dealings in goods, and, 2.51
Renvoi
  conflict of laws, and, 37.56
Repair of defective goods
  acceptance, 13.05
  non-conforming consumer goods, 14.69
  tender of non-conforming goods, 14.37
Repayment guarantees
  demand guarantees, and, 35.165
Replacement of defective goods
  non-conforming consumer goods, 14.69
  tender of non-conforming goods, 14.37
Replaceability
  implied terms, and, 11.147
Reply to defence
  generally, 38.51
Repos
  secured financing, and, 22.31
Repossession
  conditional sale, and, 27.14–27.16
  self-help remedies, and, 3.109
Representations
  agency, and, 5.20

Index

Representations – *cont.*
generally, 3.41–3.45
nemo dat quod non habet, and, 16.12
remedies for misrepresentation
  damages, 3.98–3.99
  rescission, 3.98–3.102
Repudiation
acceptance, and
  generally, 13.11
  seller's remedies, 15.75
anticipatory breach by buyer, and, 15.19–15.27
curing defective tender, and, 12.26–12.27
non-delivery, and, 14.16
non-payment, and, 15.57
rejection, and, 12.13–12.15
seller's remedies, and, 15.75
tender of non-conforming goods, and, 14.36
Repudiatory breach
Vienna Convention, and, 33.33
Repurchase
seller's remedies, and, 15.76
Res inter alios acta
non-delivery, and, 14.20
Res perit domino
risk, and, 9.06–9.08
Resale
delay in delivery, and, 14.32–14.33
non-payment, and
  generally, 15.68–15.72
  introduction, 15.57–15.58
  unpaid seller, 15.59
self-help remedies, and, 3.109
Rescission
acceptance, and, 13.11
bars, 3.103
distinguished from termination, 3.36
generally, 3.98–3.99
mode and effect, 3.100–3.102
rejection, and, 12.16–12.18
remedies, and
  buyer, by, 14.02
  seller, by, 15.17–15.18
tender of non-conforming goods, and, 14.37
termination, and, 3.36, 14.02
Reservation of right of disposal
passing of property, and, 8.107–8.113
Reservation of title
conditional sale, and, 27.14
consensual security, 22.15
extended clause, 22.33–22.35
loan, sale and lease, 22.05
perfection, and, 24.12
priority, and, 24.46, 24.69–24.70

Reservation of title – *cont.*
sale and leaseback, 22.29
tracing, and, 27.28
Resolution of dispute
see also under individual headings
alternative dispute resolution, 38.02–38.03
arbitration
  ad hoc arbitration, 39.10
  agreement to arbitrate, 39.54–39.55
  arbitration agreement, 39.24
  conduct of, 39.56–39.82
  development of English law, 39.18
  domestic arbitration, 39.14–39.16
  enforcement of award, 39.94
  institutional arbitration, 39.10
  international arbitration, 39.14–39.16, 39.95–39.109
  judicial review of awards, 39.83–39.94
  nature, 39.01–39.03
  overview, 38.02–38.05
  principles of law, 39.25–39.53
  private arbitration, 39.17
  relationship with litigation, 39.04–39.08
  sources of law, 39.19–39.23
  statutory arbitration, 39.17
  types, 39.09–39.17
decision by expert, 38.02
litigation
  alternatives, 38.02–38.06
  anti-suit injunction, 38.81–38.82
  appeals, 38.127–38.129
  case management, 38.57–38.62
  civil courts, 38.19–38.20
  Civil Procedure Rules, 38.14–38.18
  commencing proceedings, 38.42–38.56
  Commercial Court, 38.21–38.31
  costs, 38.116–38.122
  disclosure, 38.63–38.70
  enforcement, 38.123–38.126
  forum non conveniens, 38.78–38.80
  interim applications, 38.83–38.115
  interim stages, 38.32
  introduction, 38.01
  judgment without trial, 38.33–38.40
  nature, 38.07–38.13
  settlement negotiations, 38.71–38.73
  trial, 38.74–38.77
mediation, 38.04
transnational litigation
  evidence, 38.133
  forum shopping, 38.131
  introduction, 38.130
  practical problems, 38.132
Restitutio in integrum
acceptance, and, 13.11

Index

Restitution
    buyer's remedies, and, 14.02
    contract law, and, 3.08
    damages, and, 3.101–3.103
    rescission, and, 3.101, 14.02
Restraint of trade
    illegality, and, 3.165
Restructuring
    generally, 31.70
Retender
    rejection, and, 12.24
Retention
    acceptance, and, 13.19–13.25
    credit, and
        consensual security, 22.33
        loan, sale and lease, 22.09
    incidents of real security, and, 22.77
    seller's remedies, and, 15.74
Retention guarantees
    demand guarantees, and, 35.165
Revocable credits
    documentary credits, and, 35.26–35.28
Revolving credit
    documentary credits, and, 35.39
    generally, 22.11–22.12
    guarantees, and, 30.17–30.18
Right to sue
    generally, 4.16
    payment obligation, and, 15.13–15.16
    property, and, 8.30
Rights *ad rem*
    personal property, and, 2.07
Rights *in personam*
    personal property, and, 2.09
Rights *in rem*
    personal property, and, 2.06
Risk
    approval, goods on, 9.41
    bulk goods, 9.40
    c.i.f. contracts, and
        introduction, 34.30–34.31
        loss after acceptance of documents, 34.32
        loss after contract and shipment, 34.34–34.36
        loss after shipment, 34.37
        loss after tender of documents, 34.33
        loss before shipment, 34.38
    frustration
        common law, at, 9.53
        effect, 9.52
        grounds, 9.48–9.51
        introduction, 9.01
        risk, and, 9.03
    general principle, 9.06–9.08
    goods forming part of bulk, 9.40

Risk – *cont.*
    goods in buyer's possession, 9.38–9.39
    goods in seller's possession
        buyer's default, 9.22
        introduction, 9.16–9.17
        seller's duty as bailee, 9.18–9.21
    goods in transit
        goods otherwise at risk of buyer, 9.36–9.37
        goods otherwise at risk of seller, 9.33–9.35
        introduction, 9.30–9.32
    goods on approval, 9.41
    goods stored with third party
        breach of duty by seller, 9.24
        control by buyer, 9.28–9.29
        depositary's role, 9.25–9.26
        introduction, 9.23
        passing of property, 9.27
    identified goods
        goods forming part of bulk, 9.40
        goods in buyer's possession, 9.38–9.39
        goods in seller's possession, 9.16–9.22
        goods in transit 9.30–9.37
        goods stored with third party, 9.23–9.29
    insurance, 9.42–9.47
    introduction, 9.01–9.02
    meaning, 9.03–9.05
    property, and, 8.29
    quasi-specific goods, 9.11–9.15
    res perit domino, 9.06–9.08
    sale of goods, and, 9.09–9.47
    sale or return, goods on, 9.41
    strict f.o.b. contracts, and, 34.16
    unascertained goods, 9.09–9.10
    Vienna Convention, and, 33.35
***Romalpa* clause**
    conditional sale, and, 27.14
    consensual security, 22.15
    extended clause, 22.33–22.35
    loan, sale and lease, 22.05
    perfection, and, 24.12
    priority, and, 24.46, 24.69–24.70
    sale and leaseback, 22.29
    tracing, and, 27.28
Rome I Regulation
    absence of party choice, 37.72–37.77
    dépeçage, 37.69
    'floating law clause', 37.70
    introduction, 37.60–37.63
    mandatory rules, 37.79–37.82
    matters governed, 37.78
    party autonomy
        dépeçage, 37.69
        generally, 37.70–37.68

Index

Rome I Regulation – *cont.*
  party autonomy – *cont.*
    restrictions, 37.70–37.71
    public policy, 37.79–37.82
    scope, 37.64–37.66
Rotterdam Rules
  electronic bill of lading, and, 32.73
  generally, 36.98–36.100
  introduction, 36.10
Running-account credit
  generally, 22.11–22.12
  guarantees, and, 30.17–30.18

S

Safety
  satisfactory quality, and, 11.80
Sale
  contract of sale of goods, and
    contract of sale, 7.16–7.19
    goods, 7.20
    making up of goods from
      another's materials, 7.22
    services, 7.21
  credit, and, 22.05–22.10
  dealings in goods, and, 2.49
  disposition by buyer in possession,
    and, 16.67
  disposition by mercantile agent,
    and, 16.42
  disposition by seller in possession,
    and, 16.53
  enforcement of security, and, 23.35–23.38
  legal ownership, and, 2.31
Sale and lease-back
  consensual security, and, 22.29–22.30
  finance lease, and, 28.27
Sale and loan
  receivables financing, and, 29.18–29.20
Sale and repurchase
  consensual security, and, 22.31
Sale by description
  condition, as
    prior to Sale of Goods Act, 11.05
    under Sale of Goods Act, 11.06–11.09
  distinguishing identity from attributes
    exclusion of liability, 11.48
    generally, 11.36–11.44
    utility, 11.49–11.51
  elements, 11.32
  exclusion of liability
    consumer sales, 11.136
    introduction, 11.48
    non-consumer sales, 11.137–11.143

Sale by description – *cont.*
  introduction, 11.29–11.31
  reliance, 11.45–11.47
  specific goods, of, 11.34–11.35
  summary, 11.49–11.5
  term, as, 11.33
  Vienna Convention, and, 33.26
Sale by sample
  acceptance, and, 13.05
  condition, as, 11.06–11.09
  exclusion of liability
    consumer sales, 11.136
    non-consumer sales, 11.137–11.143
  generally, 11.125–11.129
  satisfactory quality, and, 11.68
Sale in market overt
  nemo dat quod non habet, and, 16.28
Sale of goods
  see also under individual headings
  acceptance, 13.01–13.38
  caveat emptor, and
    generally, 7.05
    introduction, 7.02
  common law rules, 7.05–7.07
  conflict of laws, and
    goods in transit, 37.89–37.91
    insolvency provisions, 37.93
    introduction, 37.83
    lex situs, 37.84–37.86
    mobile goods, 37.89–37.91
    nemo dat rule, 37.86
    proprietary aspects, 37.84–37.93
    sources of rules, 37.83
    unperfected title, 37.87–37.88
  consumer sales, 7.42
  contract of sale
    consumer sales, 7.42
    definition, 7.13–7.40
    documentary sales, 7.41
    introduction, 7.01
    Sale of Goods Acts, 7.02–7.12
  delivery
    attornment, by, 10.10
    buyer's continuing possession in his own
      right, by, 10.11
    buyer's duties, 10.28
    carrier, to, 10.12–10.19
    delivery point, 10.21–10.23
    excuses for non-delivery, 10.27
    expenses, 10.26
    implied terms, and, 10.04–10.06
    instalment, by, 10.29–10.46
    introduction, 10.01–10.03
    modes, 10.07–10.20
    object giving physical control, of, 10.09
    part in the name of the whole, of, 10.20

Index

Sale of goods – *cont.*
  delivery – *cont.*
    place, 10.21–10.23
    remedies for non-delivery, 10.47
    time, 10.24–10.25
    transfer of document of title, by, 10.08
  documentary sales, 7.41
  frustration, 9.48–9.53
  goods forming part of bulk
    commingling from different suppliers, 8.39–8.44
    introduction, 8.38
    proprietary effects, 8.61–8.70
    risk, and, 9.40
    sale to different buyers from same bulk, 8.45–8.60
    withdrawal from bulk, 8.71
  historical introduction, 6.01–6.10
  identification of contract goods
    appropriation to contract, 8.19–8.22
    ascertained goods, 8.08–8.09
    classification of goods, 8.04
    fungibles, 8.10
    generic goods, 8.10
    process of, 8.18
    purposes, 8.02–8.03
    quasi-specific goods, 8.14–8.17
    specific goods, 8.05–8.07
    unascertained goods, 8.10–8.13
  implied terms
    conditions and warranties, 11.02–11.10
    correspondence with description, 11.29–11.51
    correspondence with sample, 11.125–11.129
    exclusion of liability, 11.130–11.143
    fitness for purpose, 11.95–11.124
    freedom from encumbrances, 11.11–11.28
    introduction, 11.01
    other, 11.144–11.149
    quality, 11.52–11.94
    quiet possession, 11.11–11.28
    title, 11.11–11.28
  international transactions
    see also **International trade**
    carrier's rights and duties, 36.01–36.100
    characteristics, 32.01–32.03
    conflict of laws, 37.01–37.110
    delivery, 32.13–32.27
    demand guarantees, 35.153–35.176
    documentary bills, 35.04–35.06
    documentary credits, 35.07–35.152
    documentary sales, 34.01–34.45
    documentation, 32.42–32.90
    export procedures, 32.04–32.08

Sale of goods – *cont.*
  international transactions – *cont.*
    financing, 35.01–35.176
    payment, 35.01–35.03
    performance bonds, 35.154–35.157
    raising funds, 35.144–35.152
    sources of law, 32.11–32.12
    standby letters of credit, 35.154–35.157
    Vienna Convention, 33.01–33.39
  lex mercatoria, and, 7.02
  nature of commercial law, and, 1.10–1.12
  pacta sunt servanda, and, 7.01
  passing of property
    goods forming part of bulk, 8.38–8.71
    identification of contract goods, 8.02–8.22
    introduction, 8.01
    property, 8.23–8.37
    time when property passes, 8.72–8.113
  property
    claims against third parties, 8.32–8.33
    contract of sale of goods, and, 7.24–7.30
    core of contract, as, 8.23–8.26
    disposal, 8.34
    effect of statutory provisions, 8.37
    frustration, and, 8.29
    insolvency of party, 8.31
    introduction, 8.23–8.26
    relevance, 8.27–8.36
    right to sue, and, 8.30
    risk, and, 8.29
    tracing, and, 8.35–8.36
  public statements, and, 3.47
  real rights, and, 7.01
  rejection, 12.01–12.27
  remedies for misrepresentation
    buyer's, 14.01–14.73
    generally, 3.98–3.102
    seller's, 15.01–15.76
  representations, and
    generally, 3.41–3.45
    remedies for misrepresentation, 3.98–3.102
  risk
    approval, goods on, 9.41–9.42
    general principle, 9.06–9.08
    identified goods, 9.16–9.40
    insurance, 9.42–9.47
    introduction, 9.01–9.02
    meaning, 9.03–9.05
    quasi-specific goods, 9.11–9.15
    sale or return, goods on, 9.41–9.42
    unascertained goods, 9.09–9.10
Sale of Goods Act
  ambit, 7.02–7.07

Index

Sale of goods – *cont.*
  Sale of Goods Act – *cont.*
    codification, 7.02
    common law rules, and, 7.05–7.07
    historical introduction, 6.01–6.10
    interpretation, 7.03–7.04
    language, 7.08–7.12
  time when property passes
    approval, goods on, 8.102–8.106
    introduction, 8.72–8.78
    quasi-specific goods, 8.100–8.101
    reservation of right of
      disposal, 8.107–8.113
    sale or return, goods on, 8.102–8.106
    specific goods, 8.79–8.91
    unascertained goods, 8.92–8.99
  title conflicts, 16.01–16.101
Sale of Goods Acts
  ambit, 7.02–7.07
  Code, as a, 7.02
  codification, 7.02
  common law rules, and
    generally, 7.06–7.07
    preservation, 7.05
  contract of sale
    'buyer', 7.23
    'contract of sale', 7.16–7.19
    'contract of sale of goods', 7.16–7.22
    'goods', 7.20
    introduction, 7.13–7.15
    making up of goods from
      another's materials, 7.22
    'money consideration', 7.36
    'property', 7.24–7.30
    'seller', 7.23
    services, 7.21
    significance of, 7.37–7.40
    'transfers', 7.31–7.35
  'contract of sale of goods'
    contract of sale, 7.16–7.19
    goods, 7.20
    making up of goods from
      another's materials, 7.22
    services, 7.21
  historical introduction, 7.08–6.10
  interpretation, 7.03–7.04
  language, 7.08–7.12
  locus classicus, 7.03
Sale of land
  avoidance of contract, and, 3.34
  formation of contract, and, 3.29–3.31
  specific performance, and, 3.114
  terms incorporated by reference, and, 3.54
Sale or return, goods on
  passing of property, and, 8.102–8.106
  risk, and, 9.41–9.42

Sale proceeds
  nemo dat quod non habet,
    and, 16.94–16.95
Salvage
  agency, and, 5.15–5.16
Sample, correspondence with
  acceptance, and, 13.03
  condition, as, 11.09
  exclusion of liability
    consumer sales, 11.136
    non-consumer sales, 11.137–11.143
  generally, 11.125–11.129
Satisfactory quality
  abatement of price, and, 11.84
  absence of impediment to use, 11.83
  ambit of duty
    disclosed defects, 11.64–11.65
    examination by buyer, 11.66–11.67
    goods, 11.58
    goods supplied under the
      contract, 11.62–11.63
    in the course of business, 11.59–11.61
    introduction, 11.57
    sale by sample, 11.68
  appearance and finish, 11.78
  aspects
    absence of impediment to use, 11.83
    appearance and finish, 11.78
    durability, 11.81–11.82
    fitness for all the purposes, 11.77
    freedom from minor defects, 11.79
    in appropriate cases, 11.76
    introduction, 11.74–11.75
    safety, 11.80
  condition, as
    prior to Sale of Goods Act, 11.05
    under Sale of Goods Act, 11.06–11.09
  defects, 11.64–11.65
  durability, 11.81–11.82
  examination by buyer, 11.66–11.67
  exclusion of liability
    consumer sales, 11.136
    non-consumer sales, 11.137–11.143
  fitness for all the purposes, 11.77, 11.97
  freedom from minor defects, 11.79
  goods, 11.58
  goods supplied under the
    contract, 11.62–11.63
  in the course of business, 11.59–11.61
  introduction, 11.52–11.53
  latent defects, 11.89
  nature of concept, 11.94
  rejection, and, 14.03
  safety, 11.80
  sale by sample, and, 11.68
  satisfactory quality, 11.54–11.56

Index

Satisfactory quality – *cont.*
  standard, 11.69–11.73
  state of knowledge
    characteristics not known to be harmful, 11.90
    immunities not known, 11.91–11.93
    introduction, 11.88
    latent defects, 11.89
    statements to public, 11.85
    time at which satisfied, 11.86–11.87
Scrip certificates
  payment instruments, and, 19.05
Sea waybill
  carrier's rights and duties, and, 36.01
  generally, 32.87
  specimen, 32.88
SeaDocs
  electronic bill of lading, and, 32.69
Search orders
  litigation, and, 38.103–38.111
Secured financing
  see also under individual headings
  ability to enter into transaction
    creditor's viewpoint, 26.06
    debtor's viewpoint, 26.16
  accounting
    creditor's viewpoint, 26.14
    debtor's viewpoint, 26.20
  assets cycle
    proceeds, 26.25–26.29
    raw materials to cash, 26.22–26.24
  attachment
    see also **Attachment of security interest**
    generally, 23.07–23.39
    introduction, 22.78
  cash flow, 26.17
  characterization
    charge-backs, 22.42
    consolidation clause, 22.32
    delivery of possession, 22.61
    deposit withdrawal restrictions, 22.43–22.44
    discounting of receivables, 22.36
    extended reservation of title, 22.33–22.35
    further security agreement, 22.47
    introduction, 22.26
    lien on sub-freights, 22.59
    loan on security, 22.27–22.37
    negative pledge clause, 22.45–22.46
    non-recourse financing against receivables, 22.37
    pledge-backs, 22.42
    possession and use under construction contract, 22.60
    purchase on security, 22.27–22.37

Secured financing – *cont.*
  characterization – *cont.*
    reservation of title, 22.33–22.35
    sale and lease-back, 22.29–22.30
    sale and repurchase, 22.31
    set-off agreement, 22.38–22.41
    subordination agreement, 22.48–22.56
    sub-participation in loan assets, 22.58
    waiver of security rights, 22.57
    withdrawal restrictions, 22.43–22.44
  classification of collateral, 26.32
  conditional sale
    see also **Conditional sale**
    generally, 27.01–27.18
  consensual dealings
    choses in action, 23.48
    contractual subrogation, 23.49
    debts, 23.48
    goods, 23.45
    introduction, 23.44
    land, 23.46
    life policy, 23.47
    subrogation, 23.49
  consensual security
    asset, in, 22.62–22.63
    characterization issues, 22.26–22.62
    contractual lien, 22.20
    equitable charge, 22.24–22.25
    evolution of security devices, 22.17–22.25
    forms of security, 22.15–22.16
    mortgage, 22.21–22.23
    pledge, 22.17–22.19
    proceeds, in, 22.62–22.63
    relationship between asset and proceeds, 22.62–22.63
  creditor's viewpoint
    ability to enter into transaction, 26.06
    accounting, 26.14
    enforceability of covenants, 26.08
    formalities, 26.09
    freedom from equities, 26.11
    freedom to deal with asset, 26.10
    liabilities, 26.12
    strength of security interest, 26.07
    taxation, 26.13
  debtor's viewpoint
    ability to enter into transaction, 26.16
    accounting, 26.20
    cash flow, 26.17
    flexibility/certainty, 26.21
    introduction, 26.15
    publicity, 26.18
    taxation, 26.19
  enforcement
    appointment of receiver, 23.39–23.40

1473

Index

Secured financing – *cont.*
  enforcement – *cont.*
    appropriation of financial
      collateral, 23.42
    creditor's viewpoint, 26.08
    foreclosure, 23.41
    introduction, 23.30
    personal covenants, and, 26.08
    possession, 23.31–23.34
    sale, 23.35–23.38
  factoring
    introduction, 29.21
    mechanism, 29.32–29.34
    priority conflicts, 29.42–29.52
    relationship between factor and
      client, 29.35–29.36
    relationship between factor and
      customer, 29.37–29.41
  finance lease
    see also **Finance lease**
    generally, 28.01–28.30
  flexibility/certainty, 26.21
  floating charge
    see also **Floating charge**
    generally, 25.01–25.33
  formalities, 26.09
  forms
    general considerations, 26.01–26.31
  freedom from equities, 26.11
  freedom to deal with asset, 26.10
  general considerations
    assets cycle, 26.22–26.29
    classification of collateral, 26.32
    selection of instrument, 26.01–26.21
    types of finance required, 26.30–26.31
  grant of security, 23.02–23.06
  guarantees
    see also **Guarantees**
    generally, 30.01–30.51
  hire-purchase
    see also **Hire-purchase**
    generally, 27.01–27.29
  introduction, 22.01–22.04
  legal security
    introduction, 22.64
    lien, 22.65–22.68
    procedural securities, 22.73–22.75
    set-off, 22.71
    statutory charge, 22.70
    tracing, 22.72
  liabilities, 26.12
  liens
    common law, 22.66
    equitable, 22.67
    introduction, 22.65
    maritime, 22.68

Secured financing – *cont.*
  liens – *cont.*
    possessory, 22.66
    statutory, 22.69
  perfection
    see also **Perfection of security interest**
    generally, 24.02–24.16
    introduction, 22.78
  publicity, 26.18
  receivables finance
    see also **Receivables financing**
    generally, 29.18–29.52
  selection of security instrument
    creditor's viewpoint, 26.06–26.14
    debtor's viewpoint, 26.15–26.21
    introduction, 26.01–26.05
  stocking finance
    see also **Stocking financing**
    generally, 29.02–29.17
  subordination agreement
    assignment of right to dividend, 22.56
    generally, 22.48–22.51
    simpliciter, 22.52
    undertaking not to prove in
      debtor's winding up, 22.54
    undertaking to account, 22.53
    undertaking to account for dividends
      received in debtor's winding
      up, 22.55
  taxation
    creditor's viewpoint, 26.13
    debtor's viewpoint, 26.19
  transfer of security rights, 22.79
  types of finance required, 26.30–26.31
Securities held with intermediary
  conflict of laws, and, 37.101–37.103
Securitization
  generally, 4.10–4.11
Security
  see also **Secured financing**
  personal property, and, 2.01
  self-help remedies, and, 3.109
  stocking finance, and, 29.07
Security for costs
  litigation, and, 38.112–38.115
  procedural securities, and, 22.74
Self-help
  bills of exchange, and, 20.126
  breach of contract, and, 3.109
Seller
  contract of sale of goods, and, 7.23
  remedies
    anticipatory breach, 15.19–15.27
    delay in taking delivery, 15.52
    introduction, 15.01
    non-acceptance, 15.33–15.51

Index

Seller – *cont.*
  remedies – *cont.*
    non-payment, 15.53–15.76
    outline, 15.02–15.03
    refusal to take delivery, 15.30–15.32
    rescission, 15.17–15.18
Seller in possession, disposition by
  'continues or is in
      possession', 16.50–16.51
  delivery of goods or title documents, 16.52
  good faith, 16.54
  'having sold goods', 16.48–16.49
  introduction, 16.46–16.47
  pledge, 16.53
  sale, 16.53
  transfer of goods or title documents, 16.52
Seller's possession of goods
  buyer's default, 9.22
  introduction, 9.16–9.17
  seller's duty as bailee, 9.18–9.21
Serious irregularity
  commercial arbitration, and, 39.90
Services
  contract of sale of goods, and, 7.21
  Sale of Goods Act, and, 7.38–7.39
Servicing
  implied terms, and, 11.148
Set-off
  consensual security, and
    charge-backs, 22.42
    generally, 22.38–22.41
    deposit withdrawal
      restrictions, 22.43–22.44
    pledge-backs, 22.42
    withdrawal restrictions, 22.43
  contractual, 22.64
  factoring, and
    generally, 29.23–29.26
    independent, 29.40
    transaction, 29.39
  legal security, and, 22.64
  non-contractual, 22.71
  payment, and, 18.04–18.05
  self-help remedies, and, 3.109
Settlement
  introduction, 18.38
  net, 18.39–18.40
  real-time gross, 18.41
Settlement negotiations
  litigation, and, 38.71–38.73
Severable contracts
  acceptance, and, 13.38
Share warrants
  payment instruments, and, 19.05
Sheltering
  conflicting claims to goods, and, 2.75

Shipment
  c.i.f. contracts, and, 34.23
Shipment of cargo
  carriage by sea, and, 36.62
Shipped bills of lading
  characteristics, 32.52–32.63
  seller's duties, and, 32.64
  specimen, 32.55
Shipper's duties and liabilities
  dangerous cargo, as to, 36.58
  deleterious cargo, as to, 36.58
  freight, as to, 36.60–36.61
  receipt of cargo likely to cause delay, as
    to, 36.59
  shipment of cargo, as to, 36.62
  supply of information, as to, 36.56–36.57
  tender of cargo, as to, 36.55
Shipping instructions
  generally, 32.29
  specimen, 32.32
Shipping note
  generally, 32.36
  specimen, 32.36
Short delivery
  acceptance, and, 13.35–13.36
Sight payment credits
  documentary credits, and, 35.30–35.31
Signature
  bills of exchange, and
    see also **Signature of bills**
    generally, 20.18
  contract law, and, 3.50
  electronic communications, and, 3.29–3.31
Signature of bills
  forgery
    distinction from
      unauthorized, 20.98–20.99
    'forged', 20.97
    indoor management rule, 20.100
    introduction, 20.96
  generally, 20.18
  representative capacity, 20.103–20.106
  want of authority, 20.101
  want of capacity, 20.102
SITPRO
  international trade, and, 32.46
Skeleton arguments
  litigation, and, 38.74
'Soft' law
  sources of law, and, 1.43
Software
  goods, and, 7.20
Sources of law
  agency, and, 5.08–5.10
  Brexit, and, 1.33–1.37

1475

Index

Sources of law – *cont.*
  commercial arbitration, and
    arbitration agreement, 39.19
    lex arbitri, 39.20–39.21
    procedural law selected by
      parties, 39.22
    procedures agreed during
      proceedings, 39.23
  carriage by sea, and
    bailment, 36.05
    contract, 36.03
    Convention rules, 36.06–36.10
    introduction, 36.02
    statute, 36.11–36.13
    tort, 36.04
  conflict of laws, and, 1.39
  contract
    custom and usage, 1.21–1.24
    express terms, 1.17–1.20
    implied terms, 1.17–1.20
    introduction, 1.16
  conventions, 1.28–1.29
  custom and usage
    codified, 1.23–1.24
    uncodified, 1.21–1.22
  domestic legislation, 1.25–1.27
  EU law
    Brexit, and, 1.33–1.37
    generally, 1.30–1.38
  express terms, 1.17–1.20
  external
    conventions, 1.28–1.29
    EU law, 1.30–1.38
    transnational, 1.39–1.42
  implied terms, 1.17–1.20
  international conventions, 1.28–1.29
  international trade, and, 32.11–32.12
  'soft' law, 1.43
  transnational, 1.39–1.42
  treaties, 1.28–1.29
Sovereign immunity
  conflict of laws, and, 37.08
  international commercial arbitration,
    and, 39.100
  sources of law, and, 1.40
Spare parts
  implied terms, and, 11.148
Special damages
  non-delivery, and, 14.17
Special disclosure orders
  litigation, and, 38.67–38.68
Specific delivery
  breach of contract, and, 3.111
  buyer's remedies, and, 14.09
  personal property, and, 2.16

Specific disclosure
  litigation, and, 38.65
Specific goods
  correspondence with description,
    and, 11.34–11.35
  identification of contract goods,
    and, 8.05–8.07
  meaning, 7.08–7.-09
  time when property passes, and
    deliverable state, 8.87
    generally, 8.79–8.91
    unconditional contract, 8.84–8.86
Specific performance
  breach of contract, and
    generally, 3.114
    introduction, 3.112
  buyer's remedies, and, 14.07–14.08
  identification of contract goods, and, 8.02
  non-conforming consumer goods,
    and, 14.69
  non-delivery, and, 14.16
  personal property, and, 2.18
Standard disclosure
  generally, 38.64
  proposed changes, 38.66
Standard of proof
  fraud on documentary credits, and, 35.109
  litigation, and, 38.75
Standard shipping note
  generally, 32.36
  specimen, 32.36
Standard-term contracts
  contract law, and, 3.51–3.53
Standby credits
  generally, 35.154–35.157
  guarantees, and, 30.14
  International Standby Banking Practice
    documentary credits, and, 35.09–35.11
    sources of law, 1.23
  introduction, 35.41
  specimen, 35.165
State immunity
  conflict of laws, and, 37.08
  international commercial arbitration,
    and, 39.97
  sources of law, and, 1.40
Stateless award
  commercial arbitration, and, 39.38–39.41
Statements
  comfort letters, 3.40
  constituting terms of contract, 3.46
  devoid of legal effect, 3.40
  expressions of opinion, 3.40
  inducing contract, 3.41–3.45
  introduction, 3.37–3.39
  letters of intent, 3.40

Index

Statements – *cont.*
  mere puffs, 3.40
  public statements on characteristics of goods, 3.47
  remedies for misrepresentation, and
    damages, 3.98–3.99
    rescission, 3.98–3.102
  satisfactory quality, and, 11.85
Statements of case
  litigation, and
    Commercial Court, 38.23, 38.27
    drafting, 38.17
    generally, 38.09
    interim stages, 38.32
    introduction, 38.07
    meaning, 38.16
Statute of Frauds
  sale of goods, and, 7.04
Statutory arbitration
  commercial arbitration, and, 39.17
Statutory charges
  legal security, and, 22.64
Statutory lien
  legal security, and, 22.69
Stay of proceedings
  litigation, and, 38.77
Stocking finance
  bailment, 29.12–29.17
  charge on stock, 29.08–29.11
  introduction, 29.01
  purpose, 29.02–29.06
  security, 29.07
Stoppage in transit
  insurance, and, 9.43
  nemo dat quod non habet, and, 16.55
  non-payment, and
    generally, 15.64–15.67
    introduction, 15.57–15.58
    unpaid seller, 15.59
  self-help remedies, and, 3.109
Storage of goods with third party
  breach of duty by seller, 9.24
  control by buyer, 9.28–9.29
  depositary's role, 9.25–9.26
  introduction, 9.23
  passing of property, 9.27
Stowed f.o.b.
  extended f.o.b., and, 34.18
Straight bills of lading
  generally, 32.55
Straight credits
  documentary credits, and, 35.32–35.37
Strict compliance doctrine
  documentary credits, and, 35.68–35.72
Strict f.o.b.
  delivery of documents, 34.12

Strict f.o.b. – *cont.*
  export licence, 34.10–34.11
  generally, 34.01
  introduction, 32.22
  loading, 34.08–34.09
  nomination of vessel, 34.04–34.06
  notice enabling buyer to insure, 34.07
  payment, 34.12
  port of shipment, 34.02–34.03
  rejection, 34.17
  risk, 34.16
  transfer of property, 34.13–34.15
Strikes
  carriage by sea, and, 36.39
Striking out
  litigation, and, 38.40
Structure of commercial relationships
  accounting considerations, 4.16–4.22
  choice of
    accounting considerations, 4.16–4.22
    commercial considerations, 4.14–4.15
    introduction, 4.12–4.13
    legal considerations, 4.16–4.22
    regulatory considerations, 4.23
  commercial considerations, 4.14–4.15
  factors influencing choice, 4.12–4.23
  generally, 4.01–4.03
  legal considerations
    avoidance of interest in subject matter, 4.17
    characterisation of transaction, 4.18
    coordination of fractional interests, 4.20–4.22
    liability to be sued, 4.16
    right to sue, 4.16
    networking, 4.19
  regulatory considerations, 4.23
Sub-bailment
  carriage by sea, and, 36.74
Sub-contracts
  available market, and, 14.56–14.60
Sub-freights
  liens, and, 22.59
Sub-lease
  finance lease, and, 28.28–28.29
Subordination agreement
  assignment of right to dividend, 22.56
  generally, 22.48–22.51
  simpliciter, 22.52
  undertaking not to prove in debtor's winding up, 22.54
  undertaking to account, 22.53
  undertaking to account for dividends received in debtor's winding up, 22.55

Index

Sub-participation in loan assets
  consensual security, and, 22.58
Sub-purchaser
  delivery, and
    acceptance, 13.05
    generally, 13.28
Subrogation
  guarantees, and, 30.35–30.37
  insurance, and, 9.46
  transfer of security, and
    consensual dealings, 23.49
    operation of law, by, 23.52–23.55
Suitability for immediate use
  implied terms, and, 11.145
Summary judgment
  litigation, and, 38.37–38.39
Supervening illegality
  frustration, and, 3.176
  generally, 3.159–3.165
Supervening impossibility
  frustration, and, 3.176
Supply of information
  carriage by sea, and, 36.56–36.57
Suspension of payment
  buyer's remedies, and, 14.04
SWIFT
  see also **Interbank credit transfers**
  generally, 18.11

T

Tacking further advances
  secured financing, and, 24.20–24.22
Taking of delivery
  buyer's duties, and, 15.04–15.06
  non-acceptance, and, 15.33–15.35
  remedies for refusal, and, 15.30–15.32
Tangible movables
  conflict of laws, and
    goods in transit, 37.89–37.91
    insolvency provisions, 37.93
    introduction, 37.83
    lex situs, 37.84–37.86
    mobile goods, 37.89–37.91
    nemo dat rule, 37.86
    proprietary aspects, 37.84–37.93
    sources of rules, 37.83
    unperfected title, 37.87–37.88
  personal property, and, 2.16
Taxation
  secured financing, and
    creditor's view, 26.13
    debtor's view, 26.19

Technological developments
  codification of commercial law, and, 40.16
  generally, 1.56–1.63
Tender
  buyer's remedies, and, 14.36–14.38
  c.i.f. contracts, and, 34.26
  rejection, and
    effect, 12.16–12.18
    general right, 12.02
    introduction, 12.01
    timing, 12.09
Tender of cargo
  carriage by sea, and, 36.55
Tender guarantees
  generally, 35.165
  specimen, 35.165
Termination
  agent's authority, of
    effect on third parties, 5.40
    principal's power, 5.38–5.39
  breach of contract, and
    anticipatory breach, 3.148
    effect, 3.142
    grounds, 3.143–3.147
    innocent party's options, 3.149–3.152
    rejection, and, 12.16–12.18
    rescission, and, 3.36
    self-help remedies, and, 3.109
    withholding of
      performance, 3.153–3.154
  buyer's remedies, and, 14.05
  demand guarantees, and, 35.175
  rejection, and, 12.16–12.18
  rescission, and, 3.36
Third parties
  agency, and
    agency disclosed, 5.33–5.35
    agency undisclosed, 5.36–5.37
    termination of agency, on, 5.40
  contract law, and
    common law, at, 3.86–3.88
    statute, under, 3.89–3.90
  property, and, 8.32–8.33
Third party rights
  generally, 36.13
  Himalaya clause, and, 36.78
Through bill of lading
  international transactions, and, 32.34
Title
  conditional sale, and, 27.11–27.13
  conflicts with third party, and
    see also **Title conflicts**
    competing claims, 16.04–16.08
    introduction, 16.01–16.03
    nemo dat rule, 16.09–16.93
    proceeds of sale, 16.94–16.95

Index

Title – *cont.*
  conflicts with third party, and – *cont.*
    reform proposals, 16.101
    remedies, 16.96–16.100
  hire purchase, and, 27.20
  implied terms, and
    condition, as, 11.13
    exclusion of liability, 11.25, 11.134–11.135
    generally, 11.20–11.22
    introduction, 11.11–11.12
    limitations, 11.25–11.28
    nature of seller, 11.14
    right to sell, 11.15–11.19
    time of sale, 11.20–11.22
  legal ownership, and, 2.20–2.24
Title conflicts
  agency, and, 16.01
  apparent authority
    ad hoc agent, 16.20–16.21
    generally, 16.13–16.16
    mercantile agent, 16.17–16.19
  apparent ownership, 16.22–16.24
  consignment, 16.45
  disposition by buyer obtaining possession
    buyer, 16.60–16.62
    consent of seller, 16.64
    delivery, 16.66
    documents of title, 16.65
    good faith, 16.68–16.71
    introduction, 16.57–16.59
    pledge, 16.67
    possession of goods, 16.65
    sale, 16.67
    transfer, 16.67
  disposition by mercantile agent
    consent of owner, 16.39–16.41
    good faith, 16.44
    'in the ordinary course of business', 16.43
    introduction, 16.33–16.34
    pledge, 16.42
    possession of goods or title documents, 16.35–16.38
    sale, 16.42
    want of notice, 16.44
  disposition by seller in possession
    'continues or is in possession', 16.50–16.51
    delivery of goods or title documents, 16.52
    good faith, 16.54
    'having sold goods', 16.48–16.49
    introduction, 16.46–16.47
    pledge, 16.53
    sale, 16.53

Title conflicts – *cont.*
  disposition by seller in possession – *cont.*
    transfer of goods or title documents, 16.52
  disposition of motor vehicles subject to hire purchase
    finance purchaser, to, 16.89–16.90
    introduction, 16.72–16.73
    presumptions, 16.91–16.92
    private purchaser, to, 16.75–16.88
    relevant vehicles, 16.74
    trade purchaser, to, 16.89–16.90
  exceptions to nemo dat quod non habet
    consignment, 16.45
    disposition by buyer obtaining possession, 16.57–16.71
    disposition by mercantile agent, 16.33–16.44
    disposition by seller in possession, 16.46–16.53
    disposition of motor vehicles subject to hire purchase, 16.72–16.93
    forfeiture under statutory powers, 16.93
    introduction, 16.25–16.27
    lien, 16.55
    sale by seller exercising right of lien or stoppage, 16.56
    sale by seller with voidable title, 16.29–16.32
    sale in market overt, 16.28
    sale under statutory powers, 16.93
    stoppage in transit, 16.55
  introduction, 16.01–16.03
  lien, 16.55
  nemo dat quod non habet
    apparent authority, 16.13–16.21
    apparent ownership, 16.22–16.24
    exception to rule, 16.25–16.93
    generally, 16.09–16.12
  proceeds of sale, 16.94–16.95
  reform proposals, 16.101
  remedies, 16.96–16.100
  sale by seller exercising right of lien or stoppage, 16.55
  sale by seller with voidable title, 16.29–16.32
  sale in market overt, 16.28
  stoppage in transit, 16.55
Title documents
  bill of lading, and, 32.53–32.58
  dealings in intangibles, and, 2.56–2.58
  delivery, and, 10.08
  disposition by buyer in possession, and, 16.67
  disposition by seller in possession, and, 16.52
  payment instruments, and, 19.02

1479

Index

Title documents – *cont.*
  personal property, and, 2.01
  remedies for breach of contract,
    and, 3.112
Torts
  buyer's remedies, and, 14.09–14.10
  carriage by sea, and
    claimants, 36.71
    defendants, 36.72–36.73
    introduction, 36.69–36.70
  contract law, and, 3.06–3.09
  non-delivery, and, 14.09
  protection of property rights,
    and, 2.94–2.95
Tracing
  conditional sale, and
    authorized disposals, 27.28–27.29
    unauthorized disposals, 27.17
  conflicting claims to goods, and, 2.66–2.71
  hire-purchase, and
    authorized disposals, 27.28–27.29
  intangible money, and
    gain-based personal claims, 17.38–17.39
    generally, 17.30
  legal security, and, 22.72
  personal property, and
    acquisition and transfer of equity
      ownership, 2.34
    conflicting claims, 2.66–2.71
    inchoate interests, 2.38
    property, and, 8.35–8.36
Trade usage
  see also Custom and usage
  Vienna Convention, and, 33.14
Trading stock
  floating charges, and, 25.01
Transactions at an undervalue
  winding up, and, 31.40–31.43
Transactions defrauding creditors
  winding up, and, 31.51
Transfer
  bills of exchange, and, 20.20–20.25
  documentary credits, and
    flow of documents and money, 35.134
    generally, 35.127–35.132
    legal effect, 35.133–35.135
  equitable ownership, and, 2.33–2.35
  legal ownership, and, 2.30–2.31
  loss of legal ownership, and, 2.32
  payment instruments, and, 19.02
Transfer of property
  c.i.f. contracts, and
    duty, 34.28–34.29
    timing, 34.27
  strict f.o.b. contracts, and, 34.13–34.15

Transfer of rights
  carriage by sea, and, 36.63–36.65
Transfer of security
  assignment, 23.56
  consensual dealings
    choses in action, 23.48
    contractual subrogation, 23.49
    debts, 23.48
    goods, 23.45
    introduction, 23.44
    land, 23.46
    life policy, 23.47
    subrogation, 23.49
  introduction, 23.43
  operation of law, by
    bankruptcy, 23.50
    death, 23.51
    subrogation, 23.52–23.55
Transferable credits
  distinguished from negotiation
    credits, 35.136
  generally, 35.127–35.132
  introduction, 35.40
  legal effect, 35.133–35.135
  request for transfer, 35.131
  transfer, 35.131
Transit goods
  goods otherwise at risk of
    buyer, 9.36–9.37
  goods otherwise at risk of seller, 9.33–9.35
  introduction, 9.30–9.32
Transnational laws
  sources of law, and, 1.39–1.42
Transnational litigation
  evidence, 38.133
  forum shopping, 38.131
  introduction, 38.130
  practical problems, 38.132
Transportation
  international trade, and, 32.33–32.34
Travellers' cheques
  payment instruments, and, 21.08–21.12
Treasury bills
  payment instruments, and, 19.05
Treaties
  sources of law, and, 1.28–1.29
Trial
  litigation, and, 38.74–38.77
Trimmed f.o.b.
  extended f.o.b., and, 34.18
Trust receipts
  generally, 35.153
Trustee in bankruptcy
  equities, and, 2.11
  real rights, and, 2.06

Index

Trusts
    choice of commercial contract, and
        coordination of fractional interests, 4.21
        securitisation, 4.10
    consensual security, and, 22.16
    dealings in goods, and, 2.49, 2.52
    equitable ownership, and, 2.34–2.35
    personal property, and, 2.03

U

Uberimmae fidei
    contract law, and, 3.74
UCP for Documentary Credits
    custom and usage, and, 1.23
    export sales, and, 32.47
    generally, 35.09–35.11
    legal status, 35.42–35.46
ULIS/ULFIS
    conflict of laws, and, 37.83
    international sales, and, 33.02–33.03
UN Convention n Independent Guarantees and Stand-By Letters of Credit
    generally, 35.160
Unascertained goods
    categories, 8.11–8.13
    common law rules, and, 7.06
    correspondence with description, and, 11.41–11.43
    generally, 8.10
    meaning, 7.12
    risk, and, 9.09–9.10
    time when property passes, and, 8.92–8.99
Unauthorized signature
    distinction from forgery, 20.98–20.99
    generally, 20.96–20.101
UNCITRAL
    commercial arbitration, and, 39.16
    cross-border insolvencies, and, 31.83–31.84
    sources of law, and, 1.28
Unconditional performance bonds
    guarantees, and, 30.14
Unconfirmed credits
    documentary credits, and, 35.29
Unconscionability
    contract law, and, 3.73
    documentary credits, and, 35.118
UNCTAD
    custom and usage, and, 1.23
    multimodal transport, and
        generally, 36.88–36.93
        introduction, 32.88

UNCTAD/ICC Rules
    multimodal transport, and, 36.97
Undertakings to account
    dividends received in debtor's winding up, for, 22.55
    generally, 22.53
Undue influence
    avoidance of contract, and, 3.35
    nullity, and, 3.36
    rescission, and, 3.73
    will of the parties, and, 3.23
Unenforceable contract
    contract law, and, 3.33–3.35
Unfair contract terms
    agent's duties, and, 5.26
    common law, at, 3.77
    Consumer Rights Act 2015, under, 3.83–3.85
    consumer sales, and, 11.136
    correspondence with description, and
        consumer sales, 11.136
        introduction, 11.48
        non-consumer sales, 11.137–11.143
    correspondence with sample, and
        consumer sales, 11.136
        non-consumer sales, 11.137–11.143
    fitness for purpose, and
        consumer sales, 11.136
        non-consumer sales, 11.137–11.143
    freedom from encumbrances, and
        buyer's knowledge, 11.26
        generally, 11.25
        introduction, 11.134–11.135
    implied terms, and
        consumer sales, 11.136
        correspondence with description, 11.136–11.143
        correspondence with sample, 11.136–11.143
        fitness for purpose, 11.136–11.143
        freedom from encumbrances, 11.25–11.28, 11.134–11.135
        introduction, 11.130–11.133
        non-consumer sales, 11.137–11.143
        quality, 11.136–11.143
        quiet possession, 11.25–11.28, 11.134–11.135
        title, 11.25–11.28, 11.134–11.135
    non-consumer sales, and, 11.137–11.143
    quality, and
        consumer sales, 11.136
        non-consumer sales, 11.137–11.143
    quiet possession, and, 11.25–11.28, 11.134–11.135
    rescission, and, 3.99

Index

Unfair contract terms – *cont.*
 sources of law, and, 1.26
 title, and
  generally, 11.25
  intention to transfer, 11.27
  introduction, 11.134–11.135
 UCTA, under, 3.78–3.82
 UTCCR, under, 3.83
UNIDROIT
 conflict of laws, and, 37.90–37.91
 finance leases, and, 28.15
 international sales, and, 33.04
 party autonomy, and, 37.68, 37.90–37.91
 sources of law, and, 1.28
Uniform Customs and Practice for Documentary Credits (UCP)
 custom and usage, and, 1.23
 export sales, and, 32.47
 generally, 35.09–35.11
 legal status, 35.42–35.46
Uniform Law on International Sale of Goods (ULIS)
 conflict of laws, and, 37.83
 international sales, and, 33.02
Uniform Rules for Demand Guarantees (URDG)
 And see **Demand guarantees**
 generally, 35.154
 introduction, 35.09
Unitization
 multimodal transport, and, 36.79–36.83
Unit-stocking plans
 stocking finance, and, 29.16
United States
 transnational litigation, and, 38.131
Unlawful interference with goods
 carriage by sea, and
  claimants, 36.71
  defendants, 36.72–36.73
  introduction, 36.69–36.70
Unloading
 international trade, and, 32.19
Unsecured creditors
 secured financing, and, 22.13–22.14
Unsolicited goods
 passing of property, and, 8.105
Usage
 ascertaining contract terms, and
  express language, 3.49
  implication, 3.59
 rejection, and, 12.02
 sources of law, and
  codified, 1.23–1.24
  uncodified, 1.21–1.22
 Vienna Convention, and, 33.14

Usual authority
 agency, and, 5.18–5.19

V

Value
 attachment, and, 23.25–23.28
Variation
 contract law, and, 3.91–3.92
 Vienna Convention, and, 33.17
Verification
 documentary credits, and, 35.66–35.67
Vienna Convention (CISG)
 see also **Convention on Contracts for the International Sale Of Goods**
 application, 33.07–33.22
 background, 33.01–33.06
 conflict of laws, and, 37.83
 formation of contract, 33.23–33.24
 ratification, 33.02
 rights and duties of parties, 33.25–33.29
Virtual currencies
 money, and, 17.23–17.29
Void contract
 contract law, and, 3.33–3.34
Voidable contract
 contract law, and, 3.35
Voluntary act
 loss of legal ownership, and, 2.32
Voluntary winding up
 see also **Winding up**
 generally, 31.30
Volunteers
 conflicting claims to goods, and, 2.79
Voyage
 carriage by sea, and, 36.33–36.34

W

Waiver
 contract law, and, 3.93–3.94
 security rights, and, 22.57
Want of authority
 bills of exchange, and, 20.101
Want of capacity
 bills of exchange, and, 20.102
War
 carriage by sea, and, 36.39
Warranties
 bills of exchange, and, 20.54–20.55
 introduction, 11.02–11.03
 prior to Sales of Goods Act, 11.04–11.05

Index

Warranties – *cont.*
  rejection, and, 12.04, 12.08
  under Sale of Goods Act, 11.06–11.10
Warranty guarantees
  demand guarantees, and, 35.165
Wave
  electronic bill of lading, and, 32.69
Waybill
  carrier's rights and duties, and, 36.01
  generally, 32.87
  specimen, 32.88
Whole turnover agreements
  factoring, and, 29.34
Wholesale finance
  see also **Stocking finance**
  generally, 29.02
Will of the parties
  contract law, and, 3.23–3.24
Winding up
  acceleration of personal rights, 31.24
  anti-deprivation
    distinction from pari passu principle, 31.28
    generally, 31.27
  availability of assets, 31.15–31.18
  beneficial ownership of assets, 31.29
  commencement, 31.30–31.32
  compulsory, 31.30
  contracting out of collective scheme
    anti-deprivation, 31.27
    introduction, 31.25
    pari passu, 31.26
  conversion of personal rights, 31.19–31.20
  disclaimer of contracts, 31.29
  distinction from bankruptcy, 31.09
  extortionate credit bargains, 31.51
  financial assets, 31.52
  floating charges given otherwise than for new value, 31.49
  grounds, 31.30
  in specie interests, 31.29
  inability to pay debts
    generally, 31.30
    proof, 31.31
  legitimate interest, 31.32
  liquidators, 31.32
  locus standi, 31.30
  members, by, 31.30
  Official Receiver, 31.32
  pari passu principle
    contracting out of collective scheme, 31.26
    distinction from anti-deprivation, 31.28
    ranking of unsecured creditors, 31.21–31.23
  pension schemes, and, 31.36

Winding up – *cont.*
  preferences, 31.44–31.48
  principles
    acceleration of personal rights, 31.24
    anti-deprivation, 31.27–31.28
    availability of assets, 31.15–31.18
    beneficial ownership of assets, 31.29
    contracting out of collective scheme, 31.25–31.28
    conversion of personal rights, 31.19–31.20
    disclaimer of contracts, 31.29
    in specie interests, 31.29
    introduction, 31.13
    pari passu, 31.26
    ranking of unsecured creditors, 31.21–31.23
    respect for pre-liquidation rights, 31.14
  priority of debts, 31.35–31.36
  procedure, 31.30–31.32
  proof of claims, 31.31
  respect for pre-liquidation rights, 31.14
  transactions at an undervalue, 31.40–31.43
  transactions defrauding creditors, 31.51
  types, 31.30
  unregistered charges, 31.50
  unsecured creditors' ranking, 31.21–31.23
  voluntary, 31.30
  vulnerable transactions
    extortionate credit bargains, 31.51
    financial assets, 31.52
    floating charges given otherwise than for new value, 31.49
    introduction, 31.37–31.39
    preferences, 31.44–31.48
    transactions at an undervalue, 31.40–31.43
    transactions defrauding creditors, 31.51
    unregistered charges, 31.50
Withdrawal
  deposit restrictions, and, 22.43–22.44
Withholding payment
  back-to-back credits, 35.141–35.143
  correlation of right with duty not to pay, 35.73
  dishonour of credit, 35.122–35.126
  fraud, 35.105–35.114
  grounds for
    back-to-back credits, 35.141–35.143
    dishonour of credit, 35.122–35.126
    fraud, 35.105–35.114
    introduction, 35.101–35.104
    nonconforming documents, 35.119–35.121
    nullity of documents, 35.115–35.117

1483

Index

Withholding payment – *cont.*
  grounds for – *cont.*
    transfer of credit, 35.127–35.140
    unconscionability, 35.118
  nonconforming documents, 35.119–35.121
  nullity of documents, 35.115–35.117
  transfer of credit, 35.127–35.140
  unconscionability, 35.118
Withholding performance
  self-help remedies, and, 3.109
  termination, and, 3.153–3.154
Witness statements
  commercial arbitration, and, 39.68–39.69
  litigation, and, 38.75
Wrong quantity
  excessive delivery, 13.37

Wrong quantity – *cont.*
  introduction, 13.31–13.34
  short delivery, 13.35–13.36
Wrongful interference with goods
  carriage by sea, and
    claimants, 36.71
    defendants, 36.72–36.73
    introduction, 36.69–36.70
  generally, 16.96–16.100
Wrongful possession
  protection of property rights, and, 2.94–2.95
Wrongful trading
  corporate insolvency, and, 31.73–31.77